虽然获得某种结果的需要是程序（方法、手段）的起源，但是程序一旦建立，可能就会被认为是达到这一结果的惟一正确、允许的手段。

——［美］乔治·卡特布

刑事诉讼的目的有三：一为实体事实之正确性；二为诉讼程序之合法性；三为为维护法和平而对被告为有罪之判决。

——［德］克劳思·罗科信

依法治国与刑事诉讼

卞建林法学文集

上

程序原理　诉讼制度

中国检察出版社

卞建林教授近影

作者简介

卞建林 江苏泰兴人，1953年10月出生，法学博士，深圳大学特聘教授，中国政法大学诉讼法学研究院名誉院长，教授，诉讼法学、证据法学博士生导师；兼任中国法学会常务理事、学术委员会委员，中国刑事诉讼法学研究会会长，中国检察学研究会副会长，国际刑法协会中国分会副主席，国家监察委员会第一届特约监察员，最高人民法院第五届特约咨询员，最高人民检察院专家咨询委员会委员，公安部特约监督员、法律顾问。曾任国务院学位委员会第五届、第六届法学学科评议组成员。

主要研究领域为刑事诉讼法学、证据法学、司法制度。先后主持国家社科基金重大项目“公正高效权威的中国特色社会主义司法制度研究”“十八届四中全会以来我国刑事诉讼制度重大改革实施效果的实证研究”和教育部人文社科重点研究基地重大项目“证据立法研究”“刑事诉讼庭前会议制度研究”等国家级、省部级科研项目数十项，在《中国法学》《法学研究》等学术刊物上发表论文二百多篇，主编《刑事诉讼法学》《证据法学》《外国刑事诉讼法学》等教材十余种，出版《刑事起诉制度的理论与实践》《刑事诉讼的现代化》《刑事证明理论》《司法规律研究》等专著数十部，翻译《美国刑事诉讼》《美国联邦刑事诉讼规则和证据规则》《加拿大刑事法典》等。

刑事诉讼现代化的期待

（代　序）

我于1979年10月进入北京政法学院法律系学习，是“文化大革命”后复校招收的第一届本科生。于我而言，虽年岁稍长，但总算拽着老三届的尾巴迈入了大学的殿堂。1983年夏本科毕业，恰逢学校更名为“中国政法大学”，办学规模也随之扩大，成“一校三院”建制。原北京政法学院成为本科生院，原中央政法干校成为进修生院，新建研究生院，并扩大了招生规模。学校的更名和规模扩张，反映了国家对法治人才的急需和中央对加强法治人才培养的重视。我于斯年考入本校研究生院攻读刑事诉讼法学专业硕士学位，跟随张子培教授并在导师组的集体指导下研习刑事诉讼法学和证据法学。1986年研究生毕业，又恰逢陈光中教授领衔的诉讼法学团队喜获国家授权培养博士学位研究生。蒙恩师陈光中先生厚爱，我留校任教，并成为新中国第一届诉讼法学专业博士研究生。自此，追随恩师，报效母校，一直在中国政法大学从事专职法学研究和教学工作。时光如梭，光阴荏苒，弹指之间，四十有年，我也从风华青年即将迈入古稀之年。

我个人学术兴趣和主要研究领域为刑事诉讼法学、证据法学和司法制度。长期的教学和研究，使我深刻认识到依法治国的伟大意义和正当程序的重要作用。刑事司法，是国家权力运作的典型场域。在刑事司法中弘扬程序正义理念，发挥程序对国家权力的规制作用，进而加强刑事司法领域的人权保障，至关重要。在推进国家治理体系和治理能力现代化的过程中，必须充分认识和发挥程序法的意义和作用。值此文集编撰出版之际，简要阐述一下我对进一步完善我国刑事诉讼制度的几点认识，借以表达对实现我国刑事诉讼现代化的期待。

第一，崇尚刑事程序法治，弘扬程序正义价值。

刑事程序是评价国家法治程度的标杆，刑事程序法治化水平是衡量一个国家治理体系和治理能力现代化的重要标准。刑事程序法治的意义在于将国家刑事司法权行使纳入确定的轨道，在使权力运作保持理性且适度的同时亦使公民能够建立起对权力行使的合理预期和适当监督，从而达到限制恣意、规制权力、保障权利的目的。我国存在“重实体、轻程序”的传统观念，刑事诉讼程序往往被视为实现刑事实体法目标的工具和手段，违法制裁与诉讼无效等程序制裁制度的缺失导致刑事程序法的一些规定被束之高阁。崇尚刑事程序法治，弘扬程序正义价值，是我国法治现代化的必然选择。程序法治的基本要求是尊重法律，有法必依，恪守程序。通过刑事程序的监督与约束，能有效地实现司法的公正和高效，避免法外因素对司法活动的干扰，规制公权力的行使，保障公民的合法权益，维护司法权威与法律秩序。在我国实现刑事程序现代化的进程中，刑事诉讼的参与各方均应牢固树立法律至上、程序至上的意识，严格遵守宪法和法律的规定。对于国家专门机关而言，法无授权不可为，行使职权时必须严格遵守法律规定和法定程序，违反法律规定和法定程序所实施的行为应归于无效并承担相应的法律后果。贯彻刑事程序法治原则，在刑事诉讼制度层面应当完善程序制裁措施，为程序性规范设定相应的责任后果，对程序违法行为和程序违法者予以制裁，以体现刑事程序法的权威性、强制性和义务性。

第二，更新刑事诉讼观念，强化人权保障意识。

在现代刑事诉讼中，被追诉人是具有独立人格、享有基本权利的诉讼主体。在刑事诉讼制度构建与完善过程中，应当为权利主体提供充分的人文关怀与法律关照，强化人权保障观念，在刑事程序立法、执法、司法等各个方面，自觉地以现代法治意识和诉讼观念为指导，健全权利保障和救济机制。具体而言，一是正确认识实体与程序的关系。要扭转“重实体、轻程序”的传统观念，强调程序的独立价值，充分发挥程序对权力的规制作用和对权利的保障作用。二是确立无罪推定原则。无罪推定原则是国际人权公约要求和各国刑事司法通行的重要准则，对于保障被追诉人权利至关重要。我国应当明确规定无罪推定原则，赋予犯罪嫌疑人、被告人沉默权，充分保障犯罪嫌疑人、被告人以辩护权为核心的各项诉讼权利。三是强化保障人权理念。宪法明确“国家尊重和保障人权”，这是我国人权发展的重要里程碑，也对刑事诉讼中的人权保障提出了更高要求。保障人权是一个全面保护的理念，既要保护社会公众人权、被害人人权、无辜者人权，更要保护以犯罪嫌疑人、被告人人权为重点的所有诉讼参与人人权。应当强化被追诉人权利保障机制，避免刑事司法对其人身、尊严、财产、隐私等基本权利造成不当侵害。

第三，优化刑事职权配置，强化权力制约监督。

我国刑事诉讼实行公检法三机关分工负责、互相配合、互相制约的原则。这是符合中国国情、具有中国特色的刑事司法职权配置和运行机制。要按照党的十八届四中全会《中共中央关于全面推进依法治国若干重大问题的决定》中关于“优化司法职权配置”的要求，对此原则作进一步的改革完善。其一，健全公安机关、检察机关、审判机关、司法行政机关各司其职，侦查权、检察权、审判权、执行权相互配合、相互制约的体制机制。其二，完善刑罚执行制度，统一刑罚执行体制，以实现执行权与侦查权、检察权、审判权分工、配合、制约的体制机制。其三，实行侦查与羁押相分离，以保证羁押这一审前限制人身自由强制措施的正确适用，保障犯罪嫌疑人、被告人的合法权益。其四，探索建立符合中国国情的针对强制性侦查行为的司法审查和令状许可制度。将侦查行为按照是否限制公民基本权利区分为强制性侦查行为和任意性侦查行为，对强制性侦查行为建立司法审查，实行令状许可，以保证强制性侦查行为的正确适用，对侦查权力加以规范和制约。其五，加强公诉权对侦查权的指导，强化检察机关对侦查活动的监督，既要提高侦查质量和效率，又要保证侦查活动依法规范进行。

第四，坚持以审判为中心，落实庭审实质化。

以审判为中心，体现刑事程序法治化之精义，符合现代刑事诉讼制度的内在规律和发展趋势，是一项全局性、统领性的改革。在我国刑事程序现代化进程中，应当持续推进以审判为中心的改革，落实庭审实质化，最终建构和完善体现以审判为中心的现代刑事诉讼制度。坚持以审判为中心，应当突出审判在刑事诉讼中的中心地位和法官在审判中的独立地位，坚持法官在定罪科刑方面的唯一性和权威性，保障法官依法独立行使审判权；应当强调法庭审理在审查证据、认定事实、公正裁判方面的实质意义，贯彻直接言词原则和集中审理原则，一切与定罪量刑有关的证据都要在审判中提交和质证，所有与判决有关的事项都要经过法庭辩论，法官判决必须建立在法庭审理基础之上；应当重视法庭审理的公开性、说理性、对抗性，通过建立公开、理性、对抗的平台，实现控辩双方当庭质证和有效对抗；应当保障被告人的辩护权，特别是被告人对不利自己证人当庭对质的权利，重视律师的辩护作用，认真听取律师辩护意见，保障辩护律师合法权利。除此之外，还要积极探索发挥审判对审前诉讼行为的指引与规范作用。

第五，完善认罪协商制度，优化程序分流机制。

认罪认罚从宽制度是我国在合作性司法领域进行的有益尝试。通过被追诉人认罪认罚，控辩协商达成合意，被追诉人在实体与程序上获得从宽和从快处理。同时能够有效解决诉讼纠纷，化解社会矛盾，节约司法资源。目前我国认罪协商制度具有明显的职权色彩，在检察机关单方主导下进行。未来我国认罪协商制度发展方向为建立控辩平等协商机制。一方面，检察机关规范行使权力，对被追诉人认罪认罚享有的相关权利进行充分告知，通过建立证据开示制度履行控方开示证据职责，并尊重被追诉方的表达权、自治权，与其进行平等基础上的充分协商。另一方面，强化被追诉人权利保障，解决控辩双方“信息不对称”“资源不对等”问题，保障被追诉人的知情权、程序选择权、辩护权等权利，强化辩护律师的实质参与，着力提升值班律师的法律帮助实效。认罪认罚从宽制度的设立为我国刑事案件的程序分流开拓了更多的路径。刑事程序分流的价值在于提高刑事诉讼效率，解决刑事司法资源难以满足实践需要的问题。刑事程序分流既包括审前程序诉与不诉的分流，也包括审理程序繁简有别的分流。在刑事诉讼现代化进程中，应当在诉讼的不同阶段进行合理的程序分流设计。在审前程序中，通过完善不起诉制度将缺乏起诉必要性的案件进行程序分流，使被不起诉人能够尽早摆脱诉累，修复社会关系，重新回归社会。在审理程序中，根据案件繁简程度、被追诉人认罪认罚等因素选择适用刑事速裁程序、简易程序与普通程序，通过多元化多层次的程序分流机制，提高诉讼效率，节约司法资源，减轻办案人员压力。

第六，响应轻罪治理要求，探索程序出罪机制。

当前我国犯罪态势和犯罪结构发生明显变化，严重犯罪持续减少，轻罪数量大幅上升并已成为犯罪治理的主要对象。刑法理论界提出我国犯罪治理已进入轻罪治理时代，刑事程序法对此应当作出积极响应和及时调整，注意发挥程序的独特功用。目前我国刑事诉讼机制和程序设置明显不适应轻罪治理要求，表现为程序的消极性、对抗性、严苛性、单一性和滞后性，应当及时更新诉讼观念，调整治理对策，完善程序设置。改革的方向是：适应轻罪治理要求，落实宽严相济刑事政策，改现行诉讼程序的消极性为能动性、对抗性为协商性、严苛性为宽缓性、单一性为多元性、滞后性为及时性，建立健全轻重有别、繁简分流、快慢分道的多元化多层次案件解决机制。特别是要根据轻罪治理需要，探索轻罪案件的审前程序出罪机制。应当充分认识检察机关在落实国家刑事政策方面的重要作用，在审查起诉环节确立起诉必要性审查。对于缺乏起诉必要性、“可诉可不诉”的案件，赋予检察机关适当的起诉裁量权，采取起诉以外的方式终结诉讼。应当看到，由于诉讼观念的偏差和制度设计的缺陷，我国现行不起诉制度在司法运用中存在诸多困惑。为化解不起诉适用的制度困境，有必要扩大不起诉适用范围，为检察机关行使不起诉裁量权提供充分的制度空间，这一点在我国确立认罪认罚从宽制度后显得尤为必要和紧迫。认罪协商与不起诉在制度上具有与生俱来的紧密性，认罪协商制度很大程度上依赖不起诉适用才得以充分运行。为此，应对现行不起诉制度作结构性调整、体系性完善。具体说来，就是完善现行酌定不起诉制度，扩大其适用范围；改革现行附条件不起诉制度，将适用主体扩展至部分成年人案件和单位犯罪案件；激活现行核准不起诉制度，明确适用条件，扩展适用范围，完善适用程序；增设企业合规不起诉制度，并与其他三种不起诉制度有效衔接。通过完善不起诉制度，对主观恶性小、再犯可能性低、不具追诉必要性的被追诉人进行程序出罪处理。

第七，谦抑行使刑罚权，禁止重复追究行为。

禁止重复追究，又称禁止双重归罪，一罪不二罚，是现代刑事诉讼制度的重要原则，体现国家刑罚权的有限性和谦抑性。国家对同一被告人的同一犯罪事实只应拥有一个刑事追诉权，只有一次追诉机会。无论结果如何，该追诉权都告耗尽，其后不得就同一被告人的同一犯罪事实再行追诉和惩罚。禁止重复追究，符合刑事诉讼内在规律，是联合国刑事司法准则的要求，有利于保障公民合法权利，维护生效判决的终局性和权威性，维护法秩序的有序性和稳定性。在我国刑事诉讼现代化进程中，应当确立禁止重复追究原则。在诉讼理念层面，要调适"实事求是，有错必纠"与禁止重复追究的关系，在实现实体正义的同时强化程序正义保障。据此，应当对现行刑事再审制度予以检讨，原则上不允许对业经生效判决确定有罪或宣告无罪者就同一行为再予追诉与惩罚，对于特殊情况下启动不利于被追诉人的再审事由应作出严格限制。

第八，迎接新兴技术挑战，强化数字权利保障。

随着信息化时代的发展，大数据、人工智能等新兴技术在刑事诉讼中的广泛运用，刑事司法机关办案迈向数字化与智能化，刑事诉讼活动的模式和方法均有创新。新兴技术在给刑事诉讼带来便利和高效的同时，也对刑事诉讼的理念原则、规范制度和司法实践带来挑战，存在冲击刑事正当程序、侵犯公民基本权利等潜在风险。刑事诉讼制度如何拥抱数字时代，而非在数字化冲击下迷失，是需要认真研究的问题。在刑事诉讼现代化过程中，应积极应对数字时代面临的理论挑战与制度变革，顺应数字时代技术发展趋势，吸纳科技最新成果，合理应用新兴技术，提高办案水平与办案效率。在获享信息技术、数字技术应用于刑事程序带来司法红利的同时，秉持理性谨慎态度，对刑事司法数字化、智能化存在的风险保持警惕。未来刑事司法改革和诉讼制度完善，应当科学界定数字技术在刑事诉讼中的地位和作用，加强刑事诉讼中对数字技术运用的监督和公民个人权利的保障，加强司法信息化建设的统筹规划和整体协调，有效防范数字技术冲击刑事诉讼制度的潜在风险，让数字技术更好地服务于刑事诉讼活动。一方面，对数字技术介入刑事司法的适用条件、法定程序、证据效力、救济机制等问题作出明确的规范，使之与刑事诉讼程序有效衔接，加强对新兴技术介入刑事诉讼的法律规制。另一方面，强化数字人权保障，维护数字正当程序，探索刑事数字开示，强化辩方数据获取能力，维护数字时代控辩平等原则，实现数字时代的正当程序和司法正义。

目录

程序原理

诉讼制度

程序原理

依法治国与刑事诉讼*

中国共产党第十五次全国代表大会的报告从继续推进政治体制改革的高度，第一次把“依法治国、建设社会主义法治国家”，作为党领导人民治理国家的基本方略在党的代表大会上郑重提出。这是我国治国方略的重大飞跃，为推进我国社会主义民主法制建设、完善我国司法体制提出了新的纲领和目标。刑事诉讼在国家法律制度和依法治国活动中占据特殊、重要的地位，直接体现了一国民主、法治的程度和人权保障的状况，因此刑事诉讼的完善与发展必然成为依法治国、建设社会主义法治国家的一个重要方面。我国法治化的进程实际上是从十一届三中全会开始的，值此纪念关于实践是检验真理唯一标准的讨论及十一届三中全会20周年之际，本文试对依法治国与刑事诉讼的关系和刑事诉讼制度的改革完善作初步的探讨。

一、依法治国方略的提出和现代法治的概念

（一）我国依法治国方略的提出

党的十五大报告中指出“我国经济体制改革的深入和社会主义现代化建设跨越世纪的发展，要求我们在坚持四项基本原则的前提下，继续推进政治体制改革，进一步扩大社会主义民主，健全社会主义法制，依法治国，建设社会主义法治国家”。在党的代表大会上，把依法治国提到治国方略的高度，这在我国尚属首次，是我国法制发展史上一次历史性的进步。依法治国方略的提出，标志着我国在执政方式和国家权力运作上的重大变革，必将对国家政治生活产生深远影响，也为我国司法体制改革和诉讼制度完善提出新的纲领和目标。

依法治国是邓小平建设有中国特色社会主义理论的重要组成部分，

---

* 原文载陈光中、江伟主编：《诉讼法论丛》（第2卷），法律出版社1998年版，与李菁菁合作。

他指出“民主是本质、是基础，法制是保障；法治的概念，是民主和法制相结合，而同人治相对立”。党的十五大报告中将我国依法治国的科学含义阐述为，“依法治国，就是广大人民群众在党的领导下，依照宪法和法律规定，通过各种途径和形式管理国家事务，管理经济文化事业，管理社会事务。保证国家各项工作都依法进行，逐步实现社会主义民主的制度化、法律化，使这种制度和法律不因领导人的改变而改变，不因领导人看法和注意力的改变而改变”。这段论述揭示了我国依法治国的内涵：(1)“依法治国”的主体是广大人民群众；(2)“依法治国”的客体是国家或政府的管理行为；(3)“依法治国”的手段是法律；(4)“依法治国”的实质是实现社会主义民主；(5)“依法治国”的基本要求是确立和维护宪法和法律的权威。

依法治国的核心是法治，而法治的关键在于以法治吏，以法治权，运用法律约束规范国家机关及其工作人员的职权行使，杜绝人治的恣意和权力的异化。为了准确把握依法治国方略的含义，我们有必要对现代法治的概念及其演变作一扼要的回顾和探讨。

（二）现代法治的概念及其演变

法治是人类文明发展的结晶，也是社会进步的一个历史选择。作为与非法专断、肆意妄为的人治相对立的治国理论，法治的思想渊源来自西方自然法观念。早在公元前11世纪至公元前3世纪，作为世界最早的民主理论发源地的古希腊，就出现了法治思想的萌芽。著名哲学家柏拉图虽然在早期推崇“贤人政治”，主张人治，但晚年他不得不承认法律统治的重要性，提出了法治理论，开创了西方法治理论之先河。柏拉图认为“法治的关键是树立法律至高无上的权威。如果统治者可以不受法律制约，甚至可以以言代法，那么不管在这个国度里有多少法律，也谈不上什么法治。法治的基础是节制，普遍的守法观念是实现法治的前提”。[①] 在其之后，他的学生亚里士多德发展了老师的法治思想，提出“法治应当优于一人之治”[②]，“法律是最优良的统治者”[③]。亚里士多德认为，法治的概念应有两重含义：一是“已成立的法律要获得普遍的服

① 刘全德主编：《西方法律发展史》，中国政法大学出版社1996年版，第10页。
② ［古希腊］亚里士多德：《政治学》，吴寿彭译，商务印书馆1965年版，第167页。
③ 刘全德主编：《西方法律发展史》，中国政法大学出版社1996年版，第71页。

从”；二是“大家服从的法律应是本身制定得良好的法律，良好的法律是法治的前提”。[①] 亚里士多德非常强调国家的执政人员要严格执行法律，“守法是法治的关键”。总之，亚里士多德建立了系统的法治主义法律哲学，对后世产生了深远的影响。

近现代意义的法治，是在欧洲经历了1200年的封建神权和王权联合专制之后的资产阶级革命的产物。资产阶级启蒙思想家们主张：“在自由国家中，法律便应该成为国王。”[②] 而“绝对的专断权力，或以不确定的法律进行统治，是与社会和政府目的不相符合的”[③]。洛克首先提出了要以个人自由权利来约束政治权力的法治思想。卢梭则从民主宪政国家的性质出发提出了较为全面的以法治国（rule of law）的原则和主张。他指出“在民主共和国的政治体制下，国家的治理必须依据法律，这是宪政体制的必然要求，不然就是共和国的变态”[④]；法律是治国的根本依据，良好的立法是实行法治的前提。孟德斯鸠则深信：一个国家没有法治就没有自由。法治是和自由保障有机联结在一起的，而“自由是做法律所许可的一切事情的权利”，“我们可以有一种政制，不强迫任何人去作法律不强制他做的事”。[⑤] 近现代法治理论的确立，是封建专制没落与近代民主发展的历史反映，是人类在政治意识形态上的重大变革，也是权利意识觉醒和升华的标志。

第二次世界大战以后，国际人权和民主运动蓬勃发展，西方法治理论的研究侧重于法治所包含的基本原则，即将法治这一抽象的治国理论量化为若干具体的标准。美国法学家富勒在战后首先提出了作为一个真正法律制度前提的八项原则：（1）法律对任何人都适用，同样情况应受同样待遇；（2）法律应予公布；（3）法律不溯及既往；（4）法律是明确的；（5）法律不应有矛盾；（6）法律不能要求做不可能实现的事；（7）法

① 刘全德主编：《西方法律发展史》，中国政法大学出版社1996年版，第199页。

② ［美］潘恩：《常识》，马清槐译，商务印书馆1965年版，第54页。

③ ［英］洛克：《政府论》（下），叶启芳、翟菊农译，商务印书馆1965年版，第85页。

④ 刘全德主编：《西方法律发展史》，中国政法大学出版社1996年版，第139页。

⑤ ［法］孟德斯鸠：《论法的精神》（上），张雁深译，商务印书馆1961年版，第154页。

律应是稳定的；（8）法官的行为和法律应是一致的。[①]

1959年在印度新德里召开的国际法学家大会上，通过了关于法治问题的《德里宣言》，确立了四个法治原则：（1）根据法治精神，立法机关的职能在于创造和维持使个人尊严得到尊重和维护的各种条件；（2）法治原则不仅要防范行政权力的滥用，而且还需要有一个有效的政府来维持法律秩序，借以保障人们具有充分的社会和经济生活条件；（3）法治要求正当的刑事程序；（4）司法独立和律师自由。[②]

纵观西方近现代法治概念的形成及演变，我们可以看出，法治作为国家政治制度的重要理论，实质上是关于人民权力、国家权力、法律、公民权利的关系如何定位的问题。西方学者认为国家权力来自人民权力，有了国家权力，通过行使立法权力的国家机关制定法律，才产生了公民的法律权利。为了防止国家权力被滥用及保护公民的权利，必须用法律来限制国家权力的行使和加强人民的监督。法治国家必须面对和正面回答的问题是：如何看待权利？法治国家必须保障公民的权利，法律之所以享有最高权威并成为治国的依据，在于其具有限制国家权力、实现公民权利的功能。现代法治的基本精神是强调用具有最高权威、体现人民公意的宪法和法律来规约国家权力的行使，以实现人民的公意和保障公民的权利。

我国，早在春秋战国时期，法家就首倡“法治”了。如“以法治国、则举措而已”（《管子·明法》）；“明王之治天下，缘法而治”（《商君书·君臣》）。韩非子更提出“以法为本”（《韩非子·饰邪》），“法不阿贵、强不绕曲”（《韩非子·有度》）。但这里提及的“法治”却远非现代意义上的“法治”，不过是君主专制中的法制概念罢了。真正具备民主萌芽色彩的法治意识，是明末黄宗羲提出的“君主之法是一家之法而非天下之法”，“一家之法”为“非法之法”，应以“天下之法”取而代之（《明表待访录·原法篇》）。到了孙中山，他对法治有了进一步认识，把法律作为“建国方略”，提出“吾国昔为君主专制国家，因人而治，所谓一君而天下定。只求正君之道，不思长治之方”，这样“民权

① 北京市法学会学术研究工作部：《法学信息》1998年第98期。

② ［法］孟德斯鸠：《论法的精神》（上），张雁深译，商务印书馆1961年版，第154页。

无保障，国家就混乱。改变这种状况，只有依靠法治，推行宪政”，“宪政者，国家之构成法，亦即人民权利之保障书”。① 中华人民共和国成立以来，从新中国成立之初的“砸烂伪法统”到三中全会后提出的“加强社会主义法制”，到现在党的十五大提出“建设社会主义法治国家”，反映了我国对现代法治认识的不断深入和提高，逐步形成了我国坚持党的领导、发扬人民民主、严格依法办事相统一的法治概念和理论。

（三）我国从“法制”迈向“法治”的重大飞跃

法制与法治是两个不同的概念，法制指法律制度，是一种静态的规范体系；法治则是以法治理，是一种动态的治理活动。法制与法治是国家法治化进程中两个既有区别又相互联系的发展阶段。法治既然是以法律来治理，则建设法治国家必须以具备较为完善的法律制度为前提和基础，即首先要做到“有法可依”；而这种静态的法制完备的实现，并不等于已经建立法治国家，还要求完备的法律制度在一国中得到普遍的遵守和服从，并将其作为管理国家事务的基本准则和依据。这一动态的法治活动是完成国家法治建设的关键，即保证做到“有法必依、执法必严、违法必究”。从法制到法治标志着国家法治建设的重大飞跃。

我国法治化的进程实际上是从党的十一届三中全会开始的。它经历了从 1978 年到 1991 年的恢复和加强法制阶段，这一阶段基本上强调依法管理，提出“有法可依、有法必依、执法必严、违法必究”，在立法上取得重大成就，但是有法不依、权大于法的现象仍然十分突出。从 1992 年邓小平同志南方谈话以后，我国进入与社会主义市场经济相适应的法制建设阶段，从提出市场经济是“法制经济”到提出是“法治经济”，反映出我国随着经济体制改革的深化，社会、政治生活“法治化”的要求已逐步提到国家建设的日程上来。到 1997 年，中国共产党第十五次全国代表大会这一世纪之交的盛会召开之际，我国的立法工作成绩斐然，完备的社会主义法律体系已基本确立，社会主义市场经济繁荣而有序地发展。与此同时，执法环节的薄弱和司法腐败的加剧也更显突出，这些都迫切需要国家在管理行为上实现法治化、合法化，把立法上取得的成就在国家生活中真正贯彻、实现。由此党的十五次代表大会

① 《孙中山全集》（第五卷），中华书局 1985 年版，第 325 页。

正式提出："依法治国，建设社会主义法治国家。"这一基本治国方略的提出，是国家执政方式的重大变革，标志着我国法治化进程从法制迈向法治的重大飞跃。

二、依法治国与刑事诉讼的关系

（一）刑事诉讼法在国家法制中居重要地位

刑事诉讼法在国家基本法体系中位居第一层次，构成国家法律的基本部分。按照近现代西方法治理论，宪法是国家的根本大法，具有最高的法律地位，它被视为"公民同国家之间签订的契约"[①]。从国家产生以后，公民就在国家的召唤下将自己的一部分自然权利出让给国家，这种出让的前提和目的是使公民所剩余的权利和自由得到由若干个人权利累积起来的更为强大得多的国家权力施予更为有效、可靠的保障。为了使这一目的得以实现，国家和公民之间签署了同样约束于他们的社会契约，即国家宪法，从而使宪法成为公民权利的基本法律保障。我国宪法是广大人民群众整体意志和利益的最高体现，它明确规定：我国是工人阶级领导的，以工农联盟为基础的，人民民主专政的社会主义国家。国家的一切权力属于人民。为保障人民实现当家作主，宪法赋予公民广泛的权利，并为其提供了最高的法律保护。可见一国宪法最大限度地体现了"人民的公意"，是国家对公民享有和充分行使自由、民主、权利的法律承诺和保障。[②]而刑事诉讼法的实施与公民的民主、自由、权利紧密相关，直接涉及公民最根本的宪法保障。国家必须在诉讼中就它和公民的合法权益进行权衡，并作出选择。国家在权衡和选择时必须履行它对公民作出的宪法性承诺，保障专门机关在诉讼中依法正当行使职权，并对公民的尊严和人权给予尊重和保护，保障公民得到正确的追究和适度的惩罚。鉴于刑事诉讼法与宪法之间这种极为密切的联系，就使得若干宪法性原则直接适用于刑事诉讼，成为刑事诉讼法的基本原则，也就使得刑事诉讼法的若干规定上升到宪法的高度，具有最高的效力和权威。例如，美国宪法前十条修正案，称为"权利法案"，其内容多为刑

---

① ［英］哈特：《法律的概念》，张文显等译，中国大百科全书出版社1996年版，第273页。

② 刘全德主编：《西方法律思想史》，中国政法大学出版社1996年版，第28页。

事诉讼的基本原则，为被告人提供了宪法性保障。加拿大的《公民自由与权利宪章》也对刑事诉讼起直接指导作用。可见刑事诉讼法的地位和效力应当仅次于宪法，在国家基本法律体系中位于第一层次，构成国家法律的基干部分。

从一定意义上讲，刑事诉讼法又是一部人权保障法，其直接标志着一个国家政治民主、司法文明的程度及人权保障的状况，在国家法制中占有特殊、敏感的地位。刑事诉讼法的功能之一是保障、规范国家刑罚权的具体运作乃至最终实现。刑罚权是国家对公民所动用的最为严厉的惩戒权，这一权力行使的过程以及最终实现的结果，都会对公民的人权造成限制甚至剥夺。因此，一旦这一权力偏离法律和正义的轨道，就会导致对人权的践踏和对法治的蔑视，使人们对司法丧失信心，造成恶劣后果。所以，刑事诉讼法不能把惩罚犯罪作为其唯一的目的，还必须将保障人权确立为积极追求和必须实现的理念价值目标。从这一意义上讲，刑事诉讼法也是一部人权保障法，其人权保障功能主要体现在三个方面：

（1）保障广大人民群众的人权。犯罪是对社会和广大人民群众正常生活、合法权益最严重的破坏和侵犯，因此，刑事诉讼法必须设置和保障准确、及时、有效查明、惩罚犯罪的追究机制，加大打击犯罪的力度，从而保障社会长治久安和广大人民群众的人权，这是集体化了的人权，其与惩罚犯罪的目标一致。

（2）保障无辜者的人权。刑罚是国家对公民最严厉的制裁和惩罚，因而只能对“罪有应得”者实施，如果殃及无辜，就会摧毁法律的正义，造成对法治的破坏。因此，刑事诉讼法确立了一系列重要的原则、制度，并在具体程序设置上力求严谨、缜密，以保障无辜的人不受错误的刑事追究，维护无辜者的人权。

（3）保障诉讼参与人的人权。国家专门机关不是刑事诉讼的唯一主体，除此之外还有诉讼参与人，特别是与案件结果有利害关系的被害人、犯罪嫌疑人、被告人，他们都是刑事诉讼主体，共同决定着诉讼的进程。然而诉讼参与人难以与专门机关相抗衡，其个人合法权益往往得不到专门机关的重视和保障。因此，刑事诉讼法必须注重保障诉讼参与人的人权，赋予其广泛的诉讼权利和必要的法律救济手段，制约、监督司法职权的公正行使，这是一个国家诉讼文明、民主的重要标志。

在刑事诉讼法对上述人权的保障中，后两者更为重要，构成“诉讼中的人权保障”，成为当今世界各国关注的焦点。从上述分析来看，刑事诉讼法在国家法制中占有特殊重要的地位，它的完善与发展是国家法制完备的重要表现，是实现动态“法治”的重要前提。

（二）刑事诉讼在国家法治活动中居重要地位

刑事诉讼是国家权力运作方式法治化的重要表现。刑罚权是国家权力的重要组成部分，其通过惩罚犯罪来维护国家安定和人民生活的正常进行，并起到预防犯罪和教育公民的作用。刑事诉讼是国家刑罚权具体行使乃至最终实现的动态过程，也就成为国家权力活动的一个重要表现。依法治国方略的提出，要求国家治理活动，尤其是权力活动的运作必须受到法律的规约，不能恣意于法制的堤坝之外。刑事诉讼正是通过设置若干程序，并规定诉讼参与人对这些程序的积极参与，以及通过诉讼阶段间的衔接与制约等，规范国家刑罚权依法公正行使，防止权力异化。由此，可以说刑事诉讼是国家权力运作方式法治化、全面实现依法治国的重要表现。

刑事诉讼也是依法司法、整肃执法、实现司法公正的重要方面。刑事诉讼不仅是体现国家意志的权力活动，也是重要的国家司法活动。依法治国要求司法活动要严格依法进行，加强执法力度，杜绝执法环节中的随意性和非法专断，实现公正司法。刑事诉讼的程序价值正在于保障裁判者的中立和公正，以及诉讼参与人对程序的充分参与和对裁判结果的积极影响，并对专门机关的随意、专断、权力异化设置了重重障碍和程序惩罚机制，其有利于促使刑事司法活动依法进行，实现程序和裁判公正的最大化，增强公众对司法的尊重和信任，从而为实现“依法治国”作出重要贡献。

刑事诉讼还是发扬社会主义民主，尊重、保障人权的重要体现，正如前面所述，刑事诉讼的过程和结果都与人权保障密切相关，直接反映着一个国家政治民主、司法文明、人权保障的程度。邓小平同志曾经指出“法治”的概念，是民主和法制相结合，民主是本质，法制是保障。我国的依法治国以发扬、健全社会主义民主为主要内容，这必然要求刑事诉讼充分发挥其人权保障功能，增强诉讼的民主性和科学性。当今刑事诉讼的发展趋势是注重诉讼中的人权保障，符合国际社会公认的最低标准，做好这一工作将全面推进国家民主发展的进程，为建设法治国家奠定基础、准备条件。

可见，刑事诉讼活动在国家法治建设中处于十分重要的地位，其自身民主、科学、文明与否是是否全面实现“依法治国”的重要标志。

依法治国是党中央确定的基本治国方略，必将对国家生活的方方面面产生深远的影响。具体到刑事诉讼中，依法治国要求探索、发掘作为国家法治建设重要组成部分的程序法的独立、特有价值以及刑事诉讼活动的客观规律和发展趋势；最大限度地均衡、协调国家和公民在诉讼中的利益冲突和矛盾；实现诉讼中的民主和人权保障、规制国家权力的依法行使；充分发挥刑事诉讼法的理性指导作用，规范刑事诉讼活动的依法有效进行。为了实现上述目标，依法治国还要求逐步推进刑事司法改革，贯彻联合国刑事司法准则，为我国加入《公民权利和政治权利国际公约》，顺应刑事诉讼国际发展趋势作好充分准备。

总体而言，依法治国对刑事诉讼的理性要求主要表现在以下方面：第一，实现程序正义，发挥刑事诉讼程序的内在独立价值，纠正“重实体轻程序”的错误认识和做法；第二，实现公正司法，整肃执法队伍，惩治司法腐败，纠正不正之风；第三，改革刑事诉讼机制，完善刑事诉讼程序；第四，借鉴国外有益经验、先进制度，逐步贯彻联合国刑事司法准则。下面就这些问题分别予以阐述。

三、程序正义是刑事诉讼法治的价值目标

（一）刑事诉讼程序价值的概念及相关理论

价值，从哲学上说，是一个关系范畴，指在主体与客体的相互关系中，客体的存在、作用以及它们的变化对于主体需要及其发展的一种满足和适应，即对主体有益的、积极的作用。正如马克思所说：“价值这个普遍的概念是从人们对待满足他们需要的外界物的关系中产生的。”[①]

刑事诉讼程序价值，是指在刑事诉讼程序主体和客体的相互作用和关系中，作为客体的程序对主体依照其内在需要而提出的应在刑事诉讼程序中予以实现和达成的某种理想和目标所努力给予的满足和实现。这

① 中共中央马克思恩格斯列宁斯大林著作编译局：《马克思恩格斯全集》（第19卷），人民出版社1963年版，第406页。

一概念包含以下几层含义：第一，刑事诉讼程序价值是程序主体与程序之间的一种相互作用关系，主体与程序任一方面都不能单独构成程序价值。具体到刑事诉讼中，国家专门机关与诉讼程序的关系表现为，专门机关必须依照程序办理案件，接受程序的规范和制约；诉讼参与人与诉讼程序之间的关系则是，诉讼参与人根据诉讼程序规定参与诉讼，而诉讼程序的进行离不开诉讼参与人的依法参与。第二，刑事诉讼程序价值是程序对程序主体内在需求的一种满足与实现。在刑事诉讼中，国家专门机关对诉讼程序的需求是，依照程序惩罚犯罪，实现国家刑罚权，并且使其所作出的裁判得到被告人乃至社会公众的信服和遵从。面对国家专门机关的上述需求，诉讼程序的价值表现为，一方面保障司法职权的有效行使，准确及时查明、惩罚犯罪；另一方面规范、约束司法职权，净化裁判结果。同样作为程序主体的诉讼参与人则要求诉讼程序保障其在诉讼活动中受到公正的待遇，享有和行使充分的诉讼权利，其中当事人还要求诉讼程序确保其获得公正裁判，对此诉讼程序也应当给予满足和实现。第三，刑事诉讼程序价值必须对程序主体的不同需求进行协调和统一。程序主体对诉讼程序的需求受制于他的诉讼立场，不同的诉讼立场有着不同的，甚至是相互冲突、矛盾的诉讼需求。例如，人民检察院是国家公诉机关，负责依法追究犯罪，这决定其诉讼需求必然主要表现为惩罚犯罪；而被告人是受到刑事追诉的普通公民，他在诉讼中处于被动、不利的地位，因而他的诉讼需求则更多的是保障人权。诉讼程序对于诉讼主体间这些相互矛盾、冲突的需求必须进行协调、统一，最大限度地兼顾和实现各方利益。

刑事诉讼程序价值分为两个基本层面：一是工具性价值，指刑事诉讼程序对于满足程序主体的实体目标是否有用和有效的价值标准。这里实体目标是相对独立的，主要指实体正义、和平、安全、秩序等，实现这些实体目标相对于作为手段和工具的程序而言，是一种外在的更高目标和追求。刑事诉讼程序如果能满足和促成这些实体目标，就被认为具有一种作为手段和工具的价值。即刑事诉讼程序的工具性价值是从程序结果那里派生出来的，其本身不能超越程序结果而独立存在。二是独立价值，又称为目的性价值，指刑事诉讼程序对于满足程序主体就程序本身提出的目标（程序性目标）能否有用、有效的价值标准。它是刑事诉讼程序内在的、本身固有的一种优秀品质。这种优秀品质与工具性价值相比，其对程序结果的影响是不同的，“即使公正、尊严和参与等（独立）价值并未增进判决的准确性，法律程序也要维护这些价值”①，因为独立价值“不依赖于判决结果，它们是来自程序本身的使人感到满意的东西”②。即独立价值独立于程序结果而单独存在。刑事诉讼程序的独立价值表明，程序主体在刑事诉讼过程中，不仅要从程序结果而且还要从程序本身获得满足，这使程序价值的实现不再仅仅依附于结果的公正，还要以程序本身的完善为目标。

程序正义是刑事诉讼程序的独立价值。首先，刑事诉讼就其本质而言虽然是国家查明、证实犯罪的活动，但纳入诉讼轨道后则表现为解决一定的法律争议，即围绕着“确定被告人的刑事责任”进行。这种争议包含两个方面：一是事实争议（factial issue），即被告人是否犯有被指控的罪行；二是法律争议（legal issue），即根据法律规定，被告人是否应当承担刑事责任。刑事诉讼的启动以上述争议的存在为前提，其全部活动也围绕解决这一争议而展开。所以，刑事诉讼不仅仅是一种查明真相的认识活动，更是为解决争议而对实体目标和程序价值进行选择和实现的过程。为了有助于争议的解决，刑事诉讼程序必须协调、均衡不同程序主体的不同需求，最大限度地兼顾各方利益。在这一过程中，程序正义弥补了诉讼参与人的被动与不利，保障其享有公正的诉讼待遇并对裁判结果的形成施予充分、积极的影响；在惩罚犯罪的同时，最大限度地兼顾了诉讼参与人的人权保障，更有助于从心理上解决争议。因此，刑事诉讼绝非以查明真相、惩罚犯罪为唯一目的，同时必须维护诉讼参与人的人权，实现程序正义。

其次，既然行使国家刑罚权的专门机关选择诉讼形式确定被告人的刑事责任，则其职权活动必须受制于程序，不能为了一味追求程序结果而不择手段、为所欲为。程序正义的独立价值就在于它在有助于达成裁判结果的工具性价值之外，为刑事诉讼程序另行确立了若干独立目标，这些目标的实现规范、制约了专门机关的权力行使，防止了国家权力在诉讼中的异化和恣意，保障了刑事诉讼法治的贯彻实施，集中体现了现

---

① ［美］迈克尔·D. 贝勒斯：《法律的原则》，张文显等译，中国大百科全书出版社 1996 年版，第 34 页。

② ［美］迈克尔·D. 贝勒斯：《法律的原则》，张文显等译，中国大百科全书出版社 1996 年版，第 34 页。

代法治的本质特征，即以法治吏、以法治权。程序正义迫使国家专门机关在追求惩罚犯罪、实现实体真实的同时，必须遵守程序规则，否则对程序规则的违反将直接导致诉讼程序的停滞、诉讼结论的排除（如非法证据排除规则）。可见，程序正义实际上为程序结果的达成设置了若干障碍，这使其截然不同于程序的工具性价值，具有明显的独立性。

关于刑事诉讼程序价值，国外有若干理论，这里主要介绍四种：

（1）绝对工具主义程序理论。该理论认为，刑事诉讼程序只是用以实现某种特定外在目的的工具和手段，这一外在目的就是刑事实体法的目标，即刑事诉讼程序的价值仅在于它具有形成好的判决结果的能力。

（2）相对工具主义程序理论。这一理论基本上坚持了程序工具论的立场，认为刑事诉讼程序是实施实体法的工具和手段，但它允许人们在追求程序工具性价值的同时兼顾一些独立的价值目标，即这一理论要求对刑事诉讼程序的工具性价值的追求给予一些非工具主义目标的限制。这些非工具主义目标主要有两个：一是无辜者不受定罪的权利；二是被告人获得公正审判的权利。

（3）程序本位主义理论。该理论对刑事诉讼程序价值作出了一种完全非工具主义的解释，认为程序的价值不在于其作为实现实体法的手段的有用性，而在于程序具有独立于实体的内在作用①，即程序本身所固有的优秀品质。有的学者进一步指出：程序法是实体法之母，主张以“程序法中心论”取代“实体法中心论”。②

（4）经济效益主义程序理论。这一理论认为，刑事诉讼活动的经济耗费主要包括“错误耗费”和“直接耗费”，刑事诉讼程序的唯一目标就是最大限度地减少“错误耗费”和“直接耗费”的总和，刑事诉讼程序仍只具有实现这一“外在目标”的工具价值。

我国学者对程序价值的研究起步较晚，近年来，为了顺应刑事诉讼的国际发展趋势，程序价值尤其是程序的独立价值日益受到我国学者的关注，对这一问题的研究得到加强并取得显著成绩，主要形成以下观点：

---

① 陈光中、王万华:《论诉讼法与实体法的关系——兼论诉讼法的价值》，载陈光中、江伟主编:《诉讼法论丛》（第1卷），法律出版社1998年版，第4页。

② ［日］谷口安平:《程序正义与诉讼》，王亚新、刘荣军译，中国政法大学出版社1996年版，第64页。

（1）坚持程序工具主义。我国学者关于刑事诉讼程序价值传统上坚持程序工具主义观点。这些学者认为刑事诉讼的程序价值在于它对保障实体法目标得以实现的有用性和工具性，这一价值依附于实体法目标的存在。根据这一理论，学者们大多把刑事诉讼法与刑法的关系理解为“形式与内容、手段与目标”的关系，并对有关立法产生直接影响。例如，我国《刑事诉讼法》第1条明确规定：“为了保证刑法的正确实施……根据宪法，制定本法。”蔡墩铭教授也指出：“刑法所规定者为刑罚权之内容，与此相对，刑事诉讼法所规定者为刑罚权实现之方法，由于二者之规定均与刑罚权有关，故刑法被称为实体刑法，而刑事诉讼法被称为形式刑法。”[①] 由此可见，程序的内在价值在我国长期以来一直被忽视，刑事诉讼法只被视为刑法的从属法、保障法。只要实体真实，即使程序违法也不影响刑事诉讼的顺利进行。这种观点助长了刑事执法中的非法专断、随心所欲，导致了实践中的“重实体、轻程序，重结果、轻过程”现象。

（2）主张程序至上。近年来，受崇尚“正当法律程序”的美国、日本等国学者提出的程序价值理论的影响，程序正义观念在我国逐渐兴起，一些学者开始对传统的程序工具主义价值观进行反思，深入探讨程序内在的独立价值，取得理论上的重大突破。这些学者认为程序（法）不仅仅只是一种手段、“从属法”或“手续法”，它有其独立的价值。“程序产生的结果由于具体程序过程的差异可以有较大的差异，所以创制实体权利义务或决定实体权利义务是否存在，并不仅仅在实体法这一层次上，而应该说主要在程序法这一层次上”，进一步说，“程序（法）具有实体（法）形成的母体作用”。[②] 这种程序至上的观点向我国传统的程序工具主义理论提出了挑战，发掘并强调了程序的独立价值，为振兴程序法学作出了重要贡献。然而这种观点片面强调程序的独立价值，甚至将程序法凌驾于实体法之上，未免失之偏颇，不能准确反映程序法与实体法的对立统一关系。

---

① 蔡墩铭：《刑事诉讼法论》（修订版），五南图书出版公司1993年版，第3页。

② 田平安、杜睿哲：《程序正义初论》，载《现代法学》1998年第2期。

（3）程序正义与程序工具价值并重，但以工具价值为首要价值。持这一观点的学者指出，刑事诉讼程序包括两方面的价值标准：一是保证实体法实施的程序工具价值；二是独立于实体法的本身价值，即诉讼法自身所体现出来的不取决于实体法实施的内在价值。[①]这两大价值标准各自有着其特定的、不可替代的功用。因此，诉讼法与实体法的关系应是“相互依存、相辅相成、构成统一的法制体系，不能有主次、轻重之分”[②]。但“保障实体法的正确实施，即诉讼法工具作用价值，这是诉讼法的首要价值。如果诉讼法没有保障实体法实施的作用，在一定意义上就失去了存在的依托，似有‘皮之不存，毛将焉附’之感”。[③]

此种观点指出刑事诉讼程序包括工具性和目的性两大价值，并强调二者相互依存、相辅相成，不能有主次、轻重之分，与唯工具主义和程序至上观点相比，无疑更为客观和全面。但它同时强调工具性价值是“首要价值”，一方面，在逻辑上必然使人产生目的性价值是“次要价值”或“第二位价值”的推断，与前述“不能有主次、轻重之分”的论点相左，令人费解；另一方面，运用于司法实践，当工具性价值与目的性价值发生冲突和矛盾时，势必要求“次要”的目的性价值为“首要”的工具性价值作出让步甚至牺牲，这不利于纠正司法实践中“重实体、轻程序，重诉讼结果、轻诉讼过程”的错误认识和做法，在理论上也反映出持此观点者仍然受到传统观念的影响，未能完全挣脱“程序工具主义”的樊篱。

（二）正确认识刑事诉讼程序工具价值与独立价值的关系

首先，工具价值与独立价值相互依赖、不分主次，构成一个问题的两个方面。刑事诉讼程序的独立价值（程序正义）与工具价值是程序主体对刑事诉讼程序所提出的两大目标和要求，也是人们评价刑事诉讼程序的两大基本价值标准。工具价值主要保障刑事实体目标的实现；而独

---

① 陈光中、王万华：《论诉讼法与实体法的关系——兼论诉讼法的价值》，载陈光中、江伟主编：《诉讼法论丛》（第1卷），法律出版社1998年版，第9页。

② 陈光中、王万华：《论诉讼法与实体法的关系——兼论诉讼法的价值》，载陈光中、江伟主编：《诉讼法论丛》（第1卷），法律出版社1998年版，第9页、第16页。

③ 陈光中、王万华：《论诉讼法与实体法的关系——兼论诉讼法的价值》，载陈光中、江伟主编：《诉讼法论丛》（第1卷），法律出版社1998年版，第9页。

立价值则确保那些其利益可能受到裁判结果直接影响的人获得公正的诉讼待遇，使其人格尊严得到尊重，保证诉讼程序公正、合理的进行。二者究其实质而言，是一种相互平行、独立的关系，构成一个问题的两个方面，而且根据辩证唯物主义所阐释的本质决定表象的原理，作为刑事诉讼程序内在的、自身的、本质目标的程序正义相对于依赖外在实体目标的工具价值，应更具有决定意义。与此相同，诉讼法与实体法的关系也不仅仅是所谓“手段和目的”“形式与内容”的关系，而是既相互独立、又相辅相成，同在国家法制中占有重要的、不可替代的地位。它们各自有着独立价值和特定功用，都对实现依法治国起着重要的保障作用。

其次，针对我国国情应把实现程序正义作为刑事诉讼法治的首要目标。长期以来，受我国传统法律思想的影响，“重实体、轻程序”的现象普遍存在于法制建设的各个领域。如立法上，1979 年《刑事诉讼法》第 138 条规定：“第二审人民法院发现第一审人民法院违反法律规定的诉讼程序，可能影响正确判决的时候，应当撤销原判，发回原审人民法院重新审判。”这表明不论原审判决如何严重违反法定程序，只有当其影响到案件实体处理时才能撤销原判，发回重审，予以纠正，在立法上公然将程序附属于实体。此外，修改后的《刑事诉讼法》仍然在第 1 条开宗明义地将“为了保证刑法的正确实施”作为制定刑事诉讼法的宗旨，却丝毫未涉及刑事诉讼法在实现程序正义方面的作用。

执法上，刑事诉讼中轻视程序的现象更为严重：刑讯逼供，非法搜查、扣押，超期羁押，变相拘禁，先定后审，非法限制、妨碍律师履行辩护职责，随意侵犯诉讼参与人的合法权益等做法屡禁不止，甚至愈演愈烈，严重损害了刑事司法的公正，造成恶劣影响。令人遗憾的是刑事诉讼法对上述这些严重违反程序的行为并未明确规定制裁、惩罚的措施和制度。

守法上，广大公民，甚至不少国家公务员、官员的“程序意识”极为淡薄，认为遵守法律就是遵守实体法，违反程序法不算是违法。上述这些忽视刑事诉讼法的内在独立价值，单纯把其作为实施刑法的手段和工具等错误认识和做法，助长了刑事诉讼法治建设中的功利主义，导致执法上的非法专断和随心所欲，扼杀了诉讼中的民主和人权保障，为恣意的“人治”创造了理想的温床。所以，为了在刑事诉讼中切实贯彻

"依法治国"，实现刑事诉讼法治，彻底根除"重实体、轻程序"的现象，应把实现刑事程序正义，凸显刑事诉讼程序的内在、理性特征作为当前的首要任务和目标。

（三）实现程序正义是贯彻刑事诉讼法治的"必由之路"

程序正义是刑事诉讼程序本身固有的一种过程性、复合性的价值目标，它对刑事诉讼活动提出了若干独立于结果公正的正义标准，这些标准的实现对于贯彻刑事诉讼法治有以下推动作用：

第一，程序正义有利于防止国家权力的异化，避免人治在诉讼中膨胀，为刑事诉讼法治的实现提供了保障。正是程序正义使得刑事诉讼程序具有了独立于实体目标之外的内在价值，从此结果公正不再是刑事诉讼程序主体追求的唯一目标，其还必须从程序本身获得满足，二者齐头并进，不可偏废。程序正义的独立性决定了国家专门机关绝不能为了追求惩罚犯罪而不择手段，违反诉讼程序的公正标准和原则，而必须在严格遵守公正程序的过程中实施刑法，实现国家刑罚权。可见，程序正义能够约束、规范国家司法权的正确行使，减少执法人员的非法专断和主观随意性；防止以人代法，以言代法，杜绝人治在诉讼中膨胀，为贯彻刑事诉讼法治提供程序保障。

第二，程序正义有利于增强诉讼中的民主和人权保障，推动刑事诉讼法治建设的顺利进行。程序正义的重要作用在于确保诉讼参与人，尤其是与案件结果有利害关系的当事人，在诉讼中受到公正的待遇并享有与国家专门机关平等的诉讼地位，使他们的个人力量在诉讼中得到补强，充分参与诉讼的全过程，并对程序结果产生积极、有效的影响，个人合法权益受到法律应有的保护。程序正义的这一功能，改变了国家在诉讼中的绝对主导地位，规制了司法权力的公正行使，发扬了诉讼中的民主，保障了诉讼中的人权。总之，它让社会公众切实感受到法律的正义与公正，维护了法律的权威，使"法治"观念、"程序意识"深入人心，为贯彻刑事诉讼法治减少阻碍，推动这一进程的顺利发展。

第三，程序正义自身体现了一国司法制度的公正与否，成为衡量刑事诉讼法治乃至国家法治程度的标准。刑事诉讼不仅仅是一种认识案件客观事实的活动，还是一个程序价值的选择和实现过程。程序正义的基本精神就在于它选择了程序本身的独立价值，从而使刑事诉讼程序呈现出公正、民主和法治的特性，使诉讼活动理性化。依照这一价值标准，刑讯逼供、秘密审判产生的判决，即使符合客观事实，也因其程序的野蛮专横和丧失理性而应被舍弃。从这一意义上说，程序正义自身体现着一个国家司法制度的公平与正义。同时，法治取决于一定形式的正义程序，一个国家和人民共同遵从程序的状态和程度是衡量该国法治程度的标准。

当前我国的刑事司法体制改革，应以完善、优化程序，加强程序正义的保障机制，提高诉讼法的独立地位为首要目标和任务。只有当程序正义的独立价值得到普遍承认和尊重，诉讼法与实体法受到同等的遵守和服从，法治程序化才会发展为法治现代化。

鉴于程序正义是一个抽象的价值目标，为了便于人们把握它的内涵，有的学者将它量化为若干具体标准：（1）法官中立原则；（2）程序参与原则；（3）程序对等原则；（4）程序公开原则；（5）程序及时和终结原则；（6）程序自治原则；（7）程序理性原则。笔者认为，根据我国诉讼实践状况，从程序正义的本质出发，它对贯彻刑事诉讼法治有如下基本要求：

首先，转变执法人员的诉讼观念，加强司法权力运作制约。

第一，转变执法人员的诉讼观念。一方面，增强诉讼中的平等观念，尊重诉讼参与人的程序主体地位。执法人员应当认识到，无论其手中的权力多么强大、所代表的国家专门机关位居何等重要的地位，只要介入刑事诉讼，就与诉讼参与人一样同为程序的主体，在诉讼中处于平等地位。对诉讼程序的遵守，执法人员不享有任何特权。因此执法人员应当尊重诉讼参与人的程序主体地位，保障其行使各项诉讼权利，共同推动诉讼的进程。另一方面，加强诉讼中的人权保障观念。既然专门机关与诉讼参与人同为程序主体，则执法人员必须尊重和保障诉讼参与人的人格尊严和基本人权，在诉讼中给予他公正的对待，严禁侵犯公民人权的违宪行为发生。此外，执法人员应当树立严格遵守办案程序的观念。执法人员应该摒弃长期以来形成的“重实体、轻程序”的错误观念，正确认识程序法的独立价值及其与实体法同等的权威，严格遵守办案程序，自觉将其职权置于程序的制约和监督之下，杜绝办案中的主观随意性，严禁为了追求实体真实而牺牲、减损程序正义。

第二，加强审判权对追诉权的制约。人民检察院是国家的法律监督机关，依法对刑事诉讼进行法律监督，但其同时也是公诉机关，依法行使刑事追诉权。人民检察院这种“一身两任”的特殊身份不利于它站在中立的立场，客观、全面地进行法律监督，容易导致追诉权的膨胀甚至异化，使诉讼参与人处于更为不利的地位。而人民法院是国家的审判机关，它依法对控辩双方的争执作出裁判，人民法院本身不是这一争执的参加者，不偏向于任何一方。正是人民法院这一中立的诉讼地位和裁判职能决定了由它监督、制约公安、检察机关追诉权（广义上的追诉权）的依法行使更为合理、有效。就我国刑事诉讼的现状而言，迫切需要法院运用审判权介入侦查、起诉程序，对公安、检察机关的追诉活动，尤其是与公民人权密切相关的强制措施的采取，进行审查和批准，并就诉讼参与人针对公安、检察机关的职权行为提出的申诉、控告作出裁断。以此为基础，逐步确立具有中国特色的人身保护令制度。

第三，进一步实现诉讼职能区分，尤其是控审职能的分离。诉讼职能区分是现代刑事诉讼文明、科学、进步的表现，也是实现程序正义的重要保障，其中控审职能的分离尤为重要，因为确保“任何人不得担任自己案件的裁判者”，是正义最朴素的要求。控审职能分离的关键在于彻底排除法院的证明责任，保障其在刑事诉讼中的中立地位。法院不得从事任何带有追诉倾向的诉讼活动，以免给被告人的辩护和防御带来不应有的限制和阻碍。刑事诉讼法修改后在控审分离上取得了一定进步，如变庭前实体审查为程序性审查、取消法院在庭前的调查权和退侦权、弱化法院在庭审中的主导地位、增加了“疑罪从无”的判决等，但同时，刑事诉讼法并没有明确规定证明责任的负担，有关司法解释还作出“庭后移送案卷材料”的变通规定，法院仍然享有庭审中的庭外调查权，等等，这些都可能导致法院变相承担证明责任，使控审职能发生混淆、交叉，使立法取得的进步得不到巩固和发展。因此，为了彻底实现诉讼职能区分，贯彻程序正义，还需继续付出艰苦的努力。

其次，增强犯罪嫌疑人、被告人的抗辩能力，实现权利对权力的制约。

犯罪嫌疑人、被告人作为国家刑罚权追诉的对象，在其介入刑事诉讼之前，其与国家专门机关在权利上是不对等的，地位上是不平等的，正是诉讼程序赋予犯罪嫌疑人、被告人充分的诉讼权利，并把他上升为能与国家平等对抗的诉讼主体地位。这使得犯罪嫌疑人、被告人能够充分参与诉讼的全过程，并能和控诉机关一样平等地向裁判者陈述自己的意见，进行积极的抗辩，从而对裁判的形成产生积极、有效的影响。为了确保上述目标得以实现，必须增强犯罪嫌疑人、被告人的抗辩权，其中最重要的是完善辩护人制度，这是程序法给予被追诉者最强有力的法律救济。根据联合国《关于律师作用的基本原则》，并针对我国律师辩护的司法实践，笔者建议：应当保障犯罪嫌疑人自被专门机关第一次讯问时或被采取强制措施之日起48小时内获得律师的帮助，对此执法人员有告知的义务；对专门机关进行的与犯罪嫌疑人人权紧密相关的侦查活动，应当允许律师在场；律师在侦查阶段会见犯罪嫌疑人应在“看得见而听不见”的情况下进行，律师在审查起诉阶段应当能够查阅侦查终结后移送的全部案卷，在审判阶段应允许律师了解控方掌握的全部案件材料；律师的调查取证权应得到充分保障，必要时法院、检察院应为其提供帮助；律师的辩护意见应同起诉书一起移送人民法院，防止法院庭前产生不利于被告人的偏见；对律师的辩护意见，合议庭评议时应予以充分的重视。

既然我们已经认识到裁判结果的公正并非刑事诉讼追求的唯一目标，除此之外还必须实现程序正义，这两个目标同等重要，不存在谁吸收谁、谁为谁作出让步的问题，那么在刑事诉讼中，对程序正义的违背和破坏就理应单独构成阻止诉讼进程，废止执法人员所作的诉讼结论的根据。因此，一旦程序正义所保护的诉讼参与人——特别是犯罪嫌疑人、被告人的合法权益遭到执法人员的非法侵犯，不论这种侵犯的后果是否影响案件的实体处理，都应当动用刑事诉讼程序本身对违法的执法人员给予制裁，并且还应排除这些执法人员通过侵犯犯罪嫌疑人、被告人的合法权益而获取的办案成果在诉讼中的适用。例如，应当增设“非法证据的排除规则”，将那些通过刑讯逼供、非法搜查、扣押等严重侵犯公民合法权益的非法执法行为获取的证据，排除在定案根据之外。这样做的目的在于实现权利对权力的制约，增强犯罪嫌疑人、被告人的防御能力和执法人员的程序观念，严格执法的力度，加强诉讼中的人权保障。

最后，加强对被害人的权利保障。

随着国家对犯罪干预程度的增强，被害人的地位不断下降，权利保障一直受到忽视，但从20世纪70年代中后期至90年代初，被害人在刑事司法制度中重新获得或正在恢复权利。许多国家的刑事司法政策由以犯罪人为中心转化为强调被害人与被告人权利的平衡，并开始强调被害人利益与国家利益的平衡。这种转变的原因是多方面的，主要有：其一，被害人学与犯罪学互动研究成果表明，在产生犯罪的原因中被害人的作用不可忽视，被害人在犯罪事件中并不单纯是一个消极、被动的客体，因此对被害人的心理治疗、人格保护、经济赔偿或补偿、法律帮助，以及扩大被害人的诉讼参与权等，成为世界范围内刑事司法改革的焦点问题。其二，被害人对控制犯罪有非常重要的作用，国家在这方面有赖于被害人的合作。例如，在1979年美国国会通过《1978年犯罪被害人法令》的修正案之后5年内，由于被害人的积极参与，起诉数量增加了40%至50%。[①]其三，对被害后果的科学认识，促进了对被害人权益的保护。美国绝大部分州、澳大利亚的南澳大利亚州和德国，以犯罪对被害人的影响后果为中心，确定了被害人影响陈述（Victim Impact Statements，VIS）制度。[②]为了顺应这一世界发展趋势，我国刑事诉讼法修改后加强了对被害人的权利保护，把公诉案件中的被害人从一般诉讼参与人上升为当事人，扩大了被害人的自诉权，确立了刑事代理制度，但这一改革仍有待进一步完善。

四、公正司法是刑事诉讼法治的必然要求

（一）公正是司法的核心

公正和正义作为千百年来人们始终不渝追求的理想和价值目标，其含义在不同历史时期有着不同的表述。美国法学家博登海默把公正和正义形象地描述为："正义具有一张海神般的脸，变幻无常，随时可呈现不同形状，并且具有极不相同的面貌。"[③]尽管如此，从历代法学家对公正和正义的经典阐释中，我们仍可了解和认识这一古老伦理目标的本质与内涵。古罗马的查士丁尼曾经指出"正义乃是使每个人获得其应得的东西的永恒不变的意志"。[④]西塞罗也把正义定义为"使每个人获得其应

① 郭建安：《犯罪被害人学》，北京大学出版社1979年版，第209页。

② ［德］汉斯·约阿希姆·施奈德：《国际范围内的被害人》，许章润等译，中国人民公安大学出版社1992年版，第410页。

③ ［美］博登海默：《法理学——法哲学及其方法》，邓正来译，华夏出版社1995年版，第240页。

④ ［美］博登海默：《法理学——法哲学及其方法》，邓正来译，华夏出版社1995年版，第240页。

得的东西的人类精神意向”。[①] 什么是“每个人所应得”的东西呢？西方学者普遍解释为，“一个人所应得的，就是他有权得到的”。[②] 可见正义是一个以权利为基础（right-based）而不是以目的为基础（goal-based）的价值目标。[③] 正义要求我们确保每个人获得他所应得的权益，这种权益不仅来自现实法律的规定，而且也来自自然法的要求。同时，正义还要求我们根据每个人的具体情况给予其相应的待遇，即英国哈特所说的“同样情况同样对待”（treat like cases alike）。[④]

公正和正义从其产生开始就与法律、司法有着千丝万缕的联系，成为法律、司法的本质要求和特征。西方许多国家和著名学者关于法律的解释都兼有正义、公正、公平的含义。罗马法学家凯尔斯把法定义为“公正的艺术”，亚里士多德所说的“本身制定得良好的法律”，即是最大限度地实现公正、正义的法律。[⑤] 我国的法字在古汉语中本作灋，《说文解字·廌部》将其解释为：“灋，刑也。平之如水，从水。廌，所以触不直者去之，从去。”即灋包含两部分——从水、从去，表明我国古代就把法解释为公平、正直。同时公正也是司法的应有之义。司法在英文里通常的表述是administration of justice，直译为“公正的实施”，而且西方国家法院的标志多为正义之神：一手持利剑，一手托天平，标明其司法的目标是惩治邪恶、实现公正。我国最高人民法院负责人也明确指出，“审判工作的核心是司法公正……我们要讲政治，法院最大的政治就是要坚持严肃执法，确保司法公正”[⑥]，“司法公正是社会公正的最后防线，如果一个国家没有司法公正可言，社会公正就无从谈起”[⑦]。为体现司法的公正性，中国法官在着装上“肩扛天平、头顶国徽”，时刻把公平、正义作为司法工作的最高准则。

---

① ［美］博登海默：《法理学——法哲学及其方法》，邓正来译，华夏出版社1995年版，第240页。

② ［美］艾德勒：《六大观念》，郗庆华译，三联书店1991年版，第191页。

③ 陈瑞华：《刑事审判原理论》，北京大学出版社1997年版，第52页。

④ ［英］哈特：《法律的概念》，张文显等译，中国大百科全书出版社1996年版，第153页。

⑤ 刘全德主编：《西方法律思想史》，中国政法大学出版社1996年版，第17页。

⑥ 载《南方周末》1998年6月26日，第9版。

⑦ 张耕主编：《中国法律援助制度诞生的前前后后》，中国方正出版社1998年版，第8页。

公正不仅是司法所应致力实现的内在伦理目标，也是人们用来评价一国司法制度、一项司法判决的实际标准。司法是国家司法机关及其工作人员具体适用法律、审理各种案件、保障公民权利、惩罚违法犯罪、维持社会秩序的专门活动，它直接关系着一国公民在何种范围和程度上被法律平等地对待，其权利义务在何种范围和程度上被法律公平、合理地确认和分配。由此，公正自然就成为人们评价司法程序和裁判结果最基本、最重要的客观标准。关于公正司法的具体标准，人们若干年来进行了不断的探索。崇尚“自然正义”的英国将这一古老的司法程序公正标准量化为两项基本要求：一是任何人不得做自己案件的法官；二是应当听取双方当事人的意见。联合国《世界人权宣言》和《公民权利和政治权利国际公约》也确立了公正审判的最低标准，一方面要求案件应由一个毫无偏袒的法庭进行审判，另一方面该法庭所进行的审判活动必须做到公平、公正。参考这些国际标准，我国部分学者也指出，要衡量司法是否公正，至少应有四个标准：（1）判决是否由法官独立作出，有无其他方面的干预；（2）判决是否依法作出；（3）判决是否依法律程序作出；（4）能否做到错案必纠。[①]

总之，公正是司法的本质和核心。公正司法是人们对司法制度以及由此确定的诉讼程序和相关活动的要求与企望，也是评判国家司法权行使状况的传统价值标准。司法活动无论从程序上，还是从实体上，都应体现其公正性。

（二）公正司法是刑事诉讼法治的必然要求

将依法治国的基本方略贯彻到刑事诉讼中，实现刑事诉讼法治，必然要求司法人员公正司法，维护司法的正义和廉洁。这主要因为：首先，公正司法最好地体现和贯彻了法治的基本原则。它要求把国家根据人民公意而制定的法律普遍地适用于一切公民，任何人均不享有超越法律的特权；同时，公正司法还要求司法机关及其工作人员在适用法律的过程中严格依法办案，做到有法必依、执法必严、违法必究，维护法律至高无上的权威；此外，公正司法还确保和实现了法律在适用上的平等。从而公正司法使法治的上述基本原则逐一得到贯彻和保障，成为刑事诉讼法治的必然要求。

---

① 北京市法学会学术研究工作部：《法学信息》1998 年第 104 期。

其次，公正司法是保障人民权利，实现社会正义的最后一道防线，它使法治观念深入人心，对公民起到教化作用。司法权的特征是具有强制性和终结性。这一权力的公正行使，使人民的合法权益得到及时、有效的维护；犯罪行为受到公正、应有的惩戒；社会正义能够彻底、普遍地伸张，从而成为保障人民权利，实现社会正义的最后屏障，这样公正司法就以“人们看得见的方式实现了正义”，增强了人们对法律的信赖，树立了法律至高无上的权威，使“刑事诉讼法治”观念深入人心，对公民起到了积极的教化作用，为最终实现刑事诉讼法治奠定了基础、创造了条件。

最后，公正司法规制国家权力在刑事诉讼中依法、优化行使。刑事诉讼是国家利益与公民个人利益冲突和协调的集中体现，标志着一国民主和人权保障的程度，同时刑事诉讼也是国家权力在诉讼中运作的典型代表，标志着一国诉讼法治化的程度，因此，国家权力在刑事诉讼中依法、公正行使，就显得尤为重要。公正司法通过设立若干程序和实体公正的标准，规范、制约了国家司法权的正确行使，防止其走向异化和腐败，最大限度地兼顾了公民与国家的利益，成为刑事诉讼法治的必然要求和目标。

然而在我国当前的刑事司法实践中，由于执法人员素质参差不齐、“法治”观念淡薄，加上司法机关缺乏有效的权力制约和监督机制等原因，导致在刑事诉讼活动中“司法不公”的现象严重。例如，地方保护主义、部门保护主义非法干扰办案；司法机关争夺管辖、越权办案、利用职权大搞创收；执法人员超期羁押、变相拘禁、刑讯逼供、非法限制、侵犯诉讼参与人的合法权益等。司法腐败现象屡禁不止，严重损害了司法的公正和权威，阻碍了刑事诉讼法治的建立和深化，造成一系列恶劣的后果和影响。鉴于此，今年春季以来，在中央统一部署下，全国司法系统开展了“集中教育整顿”，其重点即为惩治司法腐败，纠正不良风气，确保司法公正。

笔者认为，针对我国司法实际情况，实现公正司法应从理论和实践上着重探讨解决以下几个问题：

第一，司法机关独立行使职权与公正司法。

正如肖杨同志所言，“司法公正是社会公正的最后防线”，它维系着国家安危、社会安宁和公民生命财产安全，也标志着一个国家民主、文明的程度，成为刑事诉讼法治的必然要求。而司法的公正性在相当大程度上取决于它是否具有和能否保持独立的地位，因此司法机关独立行使职权是实现公正司法的重要途径和保障。对此我国《宪法》第126条、第131条和《刑事诉讼法》第5条均有明确规定：人民法院依照法律规定独立行使审判权，人民检察院依照法律规定独立行使检察权，不受行政机关、社会团体和个人的干涉。这表明司法机关独立行使职权不仅是我国的一项宪法原则，也是一项重要的诉讼原则。然而在我国的司法实践中，以言代法、以权代法、地方保护主义、部门保护主义非法干扰、阻碍司法机关独立办案的情况时有发生，违背了司法机关独立行使职权原则，损害了司法的公正，使法律规定难以贯彻落实。关于地方保护主义久杜不绝的原因，主要是司法机关在人、财、物上均受制于地方，完全置于地方权力的控制之下，使其在办案中不可避免地受到地方非法干扰，丧失独立自主的地位。因此为了全面贯彻司法机关独立行使职权原则，必须首先为其扫除"地方"障碍，可以考虑采取以下措施：（1）在法官、检察官的任命上，法院院长、检察院检察长应由上级人大作出决定，当地同级人大不能任命本级法院院长、检察院检察长，以免带上地方色彩，受到地方干预；（2）法院、检察院的财政经费，应由地方政府财政拨款转变为由国家财政统一拨款，避免司法机关在财政上受制于地方；（3）法院、检察院的设置应由按行政区划设置转变为跨行政区域设置若干司法审判区，以减少乃至杜绝地方非法干涉。

第二，收支分离与公正司法。

司法机关依法行使国家司法权，为了保证这一权力的廉洁与公正，司法机关在执法司法活动中不能以为本部门或个人谋取利益、增加创收为目的，否则就给国家的执法司法蒙上了营利、物欲的色彩，使其偏离廉洁、公正的轨道，从而滋生腐败和犯罪。因此公安司法机关的行政性收费以及办案中扣押的赃款、赃物，罚没收入都应实行收支分离、设立专门账号，进行严格管理，严禁利用职权以公谋私。

以前，由于公安司法机关对其行政性收费和罚没收入实行收支分离重视不够，造成公安司法机关违法乱收费、乱罚款、乱摊派，利用司法职权大搞创收、开办经济实体，私自使用、变卖扣押的赃款、赃物等种种腐败现象的滋生，严重损害了司法的公正和廉洁，破坏了国家财政管理制度。为从源头上预防和清理腐败，加强勤政、廉政建设，培养高素质的执法司法队伍，切实保障公正司法，中央制定了关于加强司法机关行政性收费和罚没收入“收支两条线”管理工作的规定，要求各级公安司法机关认真贯彻执行。

为把“收支两条线”的规定落到实处，最高人民检察院日前发出通知，提出四项要求：一是严格对扣押款物的管理；二是坚决制止越权办案，严格执行刑事诉讼法关于管辖的规定；三是坚决纠正乱收费、拉赞助问题；四是继续做好事业单位与所办经济实体的脱钩工作。最高人民法院也提出“巩固发展教育整顿成果，建设高素质的法院队伍”，并制订了六项具体工作措施，其中之一就是坚决落实关于“收支两条线”诉讼费管理制度，要求各级法院不得巧立名目，超标准、超范围收费，更不允许搞摊派，拉赞助。

第三，“隐形法律”与公正司法。

“隐形法律”是指没有向外界公布的在司法机关内部施行的办案规则和程序。之所以称其为“隐形”，是因为它未经有权机关正式制定、颁布，社会公众看不见、摸不着，其渊源为种种内部文件、解释、通知、批示、讲话、工作报告、经验总结、惯例、习惯等；之所以称其为“法律”，是因为它与正式的法律、法规几乎具有同等的效力和功能，有的甚至比法律、法规还管用。“隐形法律”既有实体内容，亦有程序内容，在司法实践中的存在和适用，对弥补立法不足虽有一定作用，但却严重损害了公正司法。

首先，“隐形法律”违背了司法公开的基本原则。司法从其产生一开始，就把公开作为它的基本原则和本质要求，它一方面要求适用法律的过程应向社会公开，另一方面要求被适用的法律本身是公开、明确的。贝卡里亚曾经指出，如果“法律是用一种人民所不了解的语言写成的，这就使人民处于对少数法律解释者的依赖地位，而无从掌握自己的自由，或处置自己的命运”。这就“把一部庄重的公共典籍简单变成了一本家用私书”。[①]从而使法律成为少数人愚弄、蹂躏人民的工具，其无任何正义可言。所以综观世界各国，无不把明确公开的法典和司法程序作为司法公正的基本原则和标准。我国公元前536年，郑国子产率先

① [意]贝卡里亚:《论犯罪与刑罚》，黄风译，中国大百科全书出版社1993年版，第15页。

“铸刑书于鼎，以为国之常法”（《左传·昭公六年》），这是我国最早公布的成文法，打破了“刑不可知、威不可测”的法律秘密状态。由此可见，“隐形法律”不管其本身内容是否公正、合法，只因其形式上不公开，就足以违背和损害司法公开的原则与形象，使公正司法蒙上徇私舞弊的阴影。

其次，“隐形法律”，阻碍了诉讼参与人和社会公众对司法的有效监督。“隐形法律”是司法机关内部掌握和运用的规则，诉讼参与人以及社会公众无从了解，无从查阅，也就无从对其提出质疑，进行有效的监督。这种秘密的司法状态极易助长执法人员的非法专断和主观随意性，使恣意的“人治”和司法腐败得以滋生、蔓延。

最后，“隐形法律”潜伏着以言代法，以土政策、土办法代替国家法律、法规的隐患，影响了国家法律的统一正确实施。

鉴于“隐形法律”对公正司法的毒害和破坏，我们必须对它彻底清理，并逐步完善、健全我国的司法解释制度，推动刑事诉讼法治的顺利开展。

第四，公开审判与公正司法。

公开审判这一重要的诉讼原则，是反对中世纪欧洲封建主义司法专横、审判秘密和法官擅断的有力武器，在司法制度的发展史上有巨大作用。它将法院的审判活动自觉置于社会公众的监督之下，加强了诉讼中的民主，提高了司法的透明度，规制了司法权的专断和异化，是实现公正司法的有力保障。世界各国均把公开审判规定在本国的宪法和法律中，使其成为一项国际公认的重要宪法原则和诉讼原则。联合国《世界人权宣言》《公民权利和政治权利国际公约》还把公开审判作为公正审判的最低标准加以确立。

意大利著名法学家贝卡里亚在其《论犯罪与刑罚》中提出，“审判应当公开。犯罪的证据应当公开，以便使或许是社会唯一制约手段的舆论能够约束强力和欲望，这样，人民就会说，我们不是奴隶，我们受到保护”。[①] 这一经典论述明确指出：审判应有两个层次的公开，一是法庭的审理和判决应当公开（即程序公开）。二是犯罪的证据应当公开。此

① ［意］贝卡里亚：《论犯罪与刑罚》，黄风译，中国大百科全书出版社 1993 年版，第 20 页。

外，从这一原则的产生和发展来看，公开的对象也包括两个层次：一是向诉讼参与人公开，尤其是案件的当事人；二是向社会公众公开，允许公众旁听，允许新闻媒体报道，接受公众和媒体监督。

我国《宪法》第125条、《刑事诉讼法》第11条也明确规定，人民法院审判案件，除法律另有规定的以外，一律公开进行。但多年的司法实践表明，我国对公开审判原则贯彻的力度不够，与这一原则的要求与目标尚存在一定差距，影响了司法的公正，急需解决以下问题：

在审判活动的公开方面，许多法院，尤其是基层法院以“干扰审判”为名，对不属于“法定不公开审理”的案件也不允许公众旁听，或仅允许当事人的亲属旁听，这违背、歪曲了公开审判的原则，也使《刑事诉讼法》第151条第5项的规定成为一纸空文。为实现公正司法、增强刑事诉讼的透明度和民主性，各级法院应当坚决贯彻公开审判原则，对不属于有关国家秘密或者个人隐私的案件及未成年人犯罪的案件，应一律向社会公开，允许公众旁听、新闻媒体报道。但对新闻媒体的报道，应当给予一定的限制和要求，“必须避免产生预先定罪或形成情感性审判的效果”[①]，以防干扰法院独立审判。对此，北京市中级人民法院日前制订了“公开审判”的新举措，在全国法院系统中引起较大反响。

五、改革、完善刑事诉讼程序，贯彻实施联合国刑事司法准则

依法治国要求我们不断探索和遵循刑事诉讼的客观规律，并借鉴参考国外有益经验、先进制度，研究刑事诉讼的国际发展趋势，逐步改革完善我国刑事诉讼程序，贯彻实施联合国刑事司法准则。根据我国国情和司法实践，这项工作应当着重以下方面：

（一）明确确立无罪推定原则，并赋予犯罪嫌疑人、被告人沉默权

无罪推定是一项重要的联合国刑事司法准则，明确规定在《公民权利和政治权利国际公约》第14条第2项中，中国参加制定的《联合

① 世界刑法学协会第15届代表大会《关于刑事诉讼法中的人权问题的决议》第15条。

国少年司法最低限度标准规则》也规定了此原则。我国修改后的《刑事诉讼法》第12条吸收了无罪推定原则的基本精神，但无论是立法机关还是司法部门都未正式确认这一原则，因此当前迫切需要由国家立法机关通过法律解释确认我国适用无罪推定原则，并进一步将其明确规定在刑事诉讼法和宪法之中。根据无罪推定原则，证明被告人有罪的责任由控诉方承担，被告人没有义务为控诉方这一责任的履行提供帮助，也不因不能证明自己无罪而导致有罪的认定。同时，无罪推定原则使得被告人在诉讼中享有完整的当事人权利，因此他有权决定是否开口说话，即犯罪嫌疑人和被告人在刑事诉讼中理应享有沉默权，对此《公民权利和政治权利国际公约》及中国签署加入的《联合国少年司法最低限度标准规则》都作了相应规定。但我国《刑事诉讼法》第93条却规定："犯罪嫌疑人对侦查人员的提问，应当如实回答。"这种供述义务的实质是强迫犯罪嫌疑人协助控诉方证明自己有罪，这不仅违背无罪推定原则的精神，也与举证责任制度矛盾，更易助长刑讯逼供的横行。因此，赋予犯罪嫌疑人、被告人沉默权已成为我国刑事诉讼改革的当务之急。

（二）确立禁止双重危险原则

任何人已受一次追诉或审判之后，不得因同一罪名再被追诉或审判，这就是联合国刑事司法准则所确认的一事不再理原则，在刑事诉讼中又称为"禁止双重危险"原则。其合理性在于既有利于保障被刑事追诉人的权利，又有利于维护生效裁判的既判力和法律的权威性。我国刑事诉讼立法未规定"禁止双重危险"原则，执法人员的这一观念也十分淡薄。目前，有的人针对法院根据《刑事诉讼法》第162条规定作出的"疑罪从无"判决，提出一旦日后发现新的证据，新的事实，可对其提起审判监督程序，使被告人再次受到审判。这显然违背了"禁止双重危险"的国际准则，也不符合再审程序规定的"在认定事实或适用法律上确有错误"的适用条件。所以在我国刑事诉讼中确立"禁止双重危险"原则，并与"实事求是、有错必究"相结合，改革、完善审判监督程序，纠正错误的认识和实践已势在必行。

（三）建立有中国特色的人身保护令制度

逮捕是暂时剥夺公民人身自由的一项最为严厉的刑事强制措施，人身自由是公民最基本的人权，是其他权利实现的前提。国家对公民采取逮捕措施必须严格依照法律规定的条件和程序，而且一旦发生错捕应及时补救。为了贯彻“慎捕”原则，英国最早确立了“人身保护令”制度，《公民权利和政治权利国际公约》第9条第4项将其规定为：“任何因逮捕或拘禁被剥夺自由的人，有资格向法庭提起诉讼，以便法庭能不拖延地决定拘禁他是否合法以及如果拘禁不合法时命令予以释放。”我国刑事诉讼法虽对逮捕的适用作了详细规定，并在国家赔偿法中确立了错捕赔偿制度，实践中在避免错捕和纠正超期羁押方面，仍存在很多问题。建议在保留人民检察院批捕权的同时，刑事诉讼法应增加规定：被逮捕的人如果认为逮捕不合法或者逮捕后超期羁押，有权向法院提出申诉，法院应通过听审程序审查逮捕是否合法，是否超期羁押，如申诉理由成立，应立即作出决定，释放被逮捕的人，以逐步建立有中国特色的人身保护令制度。

（四）完善追诉犯罪机制

就世界刑事追诉机制的发展趋势来看，自诉机制日趋萎缩，公诉占据主导地位，这是出于补救自诉人控诉能力的不足，加大打击犯罪力度的考虑。而我国刑事诉讼法修改后，自诉案件的范围有所扩大，追诉机制不够协调，存在若干问题：

首先，《刑事诉讼法》第176条规定的自诉案件范围太宽，不利于自诉人诉权的行使。自诉案件排斥了公安、检察机关的介入，完全靠公民个人的力量追诉犯罪，因此案件的范围应与公民的追诉能力相适应，如果案件范围过宽，就会导致公民诉权难以有效行使，使其合法权益得不到法律保护。因此，应严格界定自诉案件的范围。

其次，公诉与自诉交叉太多，导致重复追诉。根据《刑事诉讼法》第170条第3项的规定，被害人对公安、检察机关的不立案决定、检察机关的不起诉决定不服的，可由公诉转为自诉，向法院直接起诉。这使得被告人在国家决定对其不追究后，又因公民个人诉权的行使再次陷入追诉程序，导致了对他的重复追诉，不利于维护被告人的合法权益，也违背了“禁止双重危险”和诉讼及时终结的联合国刑事司法准则。在公诉与自诉并行的追诉机制中，正确的做法应当是追诉权在启动时，被害人应有选择权，对其有能力指控的案件，直接向法院提起自诉；而其无力举证的案件则由国家公诉机关依法公诉，即公诉与自诉任何一方启动并作出结论后，另一方即告终止，而不能反其道行之。

最后，就贯彻现有法律规定而言，公安机关应将不立案决定告知被害人，而且对于其立案后又撤销案件的决定也应告知被害人，以切实保证被害人的知情权并依《刑事诉讼法》第70条第3项向法院提起自诉。同时对这一条款规定的公诉转自诉案件，公安、检察机关应在决定不追究后立即将案件材料移送法院（而不应在法院受理之后才予移送），并允许被害人及其诉讼代理人前去法院查阅，以增强其证明能力，保障自诉权的有效行使。

（五）实现简易程序的正当化

正当程序的简易化已成为世界刑事诉讼发展的普遍趋势。然而必须肯定的是，程序正义和结果公正始终是刑事诉讼第一层次的目标价值，其次才是程序效益。即简易程序的设置必须首先满足程序正义和结果公正的基本要求，也就是所谓的简易程序的正当化。我国刑事诉讼法修改后，首次确立了简易审判程序，但现有法律规定与简易程序的正当化目标尚有一定差距，应逐步予以完善：

首先，明确界定适用简易审判程序的公诉案件范围。就《刑事诉讼法》第174条的规定而言，我国适用简易审判程序的公诉案件范围与其他国家相比过于宽泛，只限定了宣告刑，没有规定法定刑，可能导致若干犯罪性质严重的案件因情节轻微而流入简易审判程序，从而违背设立这一程序的基本原则。因此，应当确立宣告刑、法定刑的双重标准。另外，立法用语不够严谨，第174条规定的“三年以下”根据《刑法》第99条的解释，包括三年本数。而“三年以上”“三年以下”是刑法规定的不同量刑幅度，往往作为区分轻罪和重罪的界限，所以“三年”本数的重合，使得某些重罪案件也符合简易程序的法定适用条件，给法院、检察院在庭前选择上带来困难，因此，应排除“三年”这一本数。

其次，选择适用简易审判程序应征得当事人同意。据《刑事诉讼法》第174条规定，公诉案件适用简易审判程序是由检察院作出选择，自诉案件则完全由法院决定。二者均未规定须征求当事人意见。而程序的简化，使当事人的诉讼权利受到一定限制，增大了误判、错判的风险。因此，在选择适用简易程序时应当尊重当事人特别是被告人的意愿，征得其同意，让其决定是否甘愿冒此风险。

最后，应明确规定被告人必须享有的最基本的权利，规范简易庭审程序的运作。为了实现简易程序正当化的目标，应明确规定并切实保障被告人享有的最基本的权利，这些权利不能为了程序效益而作出牺牲或让步，如对简易程序的选择权、辩护权、聘请律师权、最后陈述权、上诉权等。同时应当进一步规范简易庭审程序的具体操作，特别是变更为普通程序的条件，防止由于程序的简化，导致案件的简单化。

（六）确立完备的证据规则

证据是能够证明案件事实的法律事实，是裁判者据以定案的根据。整个刑事诉讼都围绕着证据的收集与提出、证据的审查、证据的认定而进行，可以说证据是刑事诉讼的灵魂。鉴于证据的重要性，各国都相应确立了证据规则、证据法，而我国长期以来在这方面存在着空白，刑事诉讼法在证据一章中只作了 8 条规定，远不能满足诉讼的需要，可见我国的证据立法已迫在眉睫。我们应当借鉴外国证据法的优秀成果并总结我国司法实践的经验，逐步确立非法证据的排除规则，仅凭被告人口供不能定案的规则、证据的可采性规则、证明责任的分担规则等，完善我国的证据制度。

综上所述，依法治国方略的提出，对刑事诉讼法治建设在发挥程序内在独立价值、保障司法公正廉洁、推进刑事司法改革、贯彻实施国际刑事司法准则等方面均确立了重要任务和目标，本文试对上述问题作了初步探讨和研究，期望引起学界及实践部门的重视，为共同建设社会主义法治国家付出努力。

司法机关独立行使职权的保障 *

司法权独立行使的基本含义：一是指国家司法权只能由法院行使，其他任何机关，特别是立法和行政机关不得行使；二是指法官独立行使司法权，只服从宪法和法律，不受立法、行政和其他机关的干涉。法国启蒙思想家孟德斯鸠在《论法的精神》一书中一个重要立论就是：要想实现司法权对立法权和行政权的制衡，就必须保障司法权由法院独立行使。为此，西方国家采取了一系列措施和制度。首先是法院的机构独立，即行使司法权的法院与立法、行政机构分开，自成体系，从组织上保证其独立行使审判权。其次是对法官的任免、退休、薪金待遇有特殊的规定，试图通过对法官身份的保障，来实现行使审判权独立。

我国实行的司法机关依法独立行使职权原则，与西方国家相比，存在明显的差异。首先，如前所述，西方国家的司法独立是建立在三权分立的宪政理论和政治制度之上的，而在我国实行司法机关独立行使职权的基础是根据民主集中制原则建立起来的人民代表大会制度。其特点在于：(1) 国家的一切权力属于人民，人民行使国家权力的机关是全国人民代表大会和地方各级人民代表大会。人民代表大会在国家机构中处于国家权力机关的地位，这不同于作为三权分立下的立法机关的代议制议会。国家权力统一不可分割，立法、行政、审判、法律监督等，只是在统一行使国家权力中履行不同的职能。(2) 国家行政机关、审判机关、检察机关都由人民代表大会产生，对它负责，受它监督。其次，在我国司法机关独立行使职权包括人民法院独立行使审判权和人民检察院独立行使检察权。人民检察院是国家专门的法律监督机关，代表国家行使检察权。《宪法》第 131 条规定："人民检察院依照法律规定独立行使检察权，不受行政机关、社会团体和个人的干涉。"而在西方国家，司法机关主要指法院法官，司法独立主要指审判独立。检察机关的性质一

---

* 原文发表于《法学杂志》1995 年第 2 期。

般属于国家行政机关，如在美国，司法部长即总检察长。我国法律规定人民法院独立行使审判权、人民检察院独立行使检察权，是指法院、检察院作为一个整体独立审判或检察，而非审判员独立审判或检察员独立检察。法院审判案件的组织形式有独任庭、合议庭和审判委员会。独任庭只适用于轻微的刑事案件和简单的民事案件。合议庭是法院审判案件的一般形式，人民法院组织法明确规定，人民法院审判案件，实行合议制。审判委员会是人民法院内对审判工作实行集体领导的组织，任务是总结审判经验，讨论重大或疑难的案件和其他有关审判工作的问题。在人民检察院设立检察委员会，任务是讨论重大案件和其他重大问题。

我国实行的司法机关独立行使职权原则，总结了人民司法工作的长期实践经验，符合人民代表大会的政治制度和国情特点，是一项重要的诉讼原则。它对于保证人民法院依法正确处理案件，保证人民检察院充分行使检察权，维护社会主义法制，具有重要的意义。但是，也不能不看到，关于我国司法机关独立行使职权的形式，立法上仍存在不足，司法实践中也出现不少问题。比较突出的有以下几个方面:（1）一些地方法治观念淡薄，存在以人代法、以权代法的现象，干扰司法机关的正常工作，阻挠司法机关依法办案。也有一些地区和部门，为了保护本地区和部门的利益，目无法律，运用行政权力干涉司法。（2）虽然关于审判员和检察员有一些特殊规定，如各级人民法院院长由同级人民代表大会选举产生，副院长、庭长、副庭长和审判员由同级人大常委会任免。但实际上在审判人员的任免、调动、升迁、退休等问题上仍受行政权力影响，致使少数法院和法官屈从于外部的压力和阻力，不敢坚持原则、依法办事，而违心地作出违法裁判。（3）司法机关内部体制上也存在一些问题，影响独立行使职权原则的实现。以审判组织为例，前文已指出，我国审判包括独任庭、合议庭和审判委员会三种形式。审判委员会并不直接审理案件，但有权讨论重大疑难案件并作出决定。刑事诉讼法规定，对于审判委员会的决定，合议庭应当执行。这就可能出现合议庭审理案件，却无权作出决定；审判委员会不审理案件，却可以对案件作出决定；从而造成“审”和“判”的脱节，也不符合直接审理的原则。

司法机关独立行使职权，是实现社会主义法制的必然要求，是司法制度民主化和科学化的重要标志。如何保障司法机关独立行使职权，则是当前我国司法体制改革的一个重要课题。在此，本文仅概要地提出一些初步构想：第一，修订刑事诉讼法时明确增补关于保障司法机关独立行使职权的规定。现行刑事诉讼法是1979年通过的，其后于1982年颁布的宪法明确规定，人民法院依照法律规定独立行使审判权，人民检察院依照法律规定独立行使检察权，不受行政机关、社会团体和个人的干涉。1983年对人民法院组织法和人民检察院组织法修改时，以宪法为依据，均增添了相关条款。刑事诉讼法作为直接调整刑事诉讼法律关系，规定公安司法机关在诉讼中的地位、职权的重要部门法，应当贯彻宪法精神，将人民法院独立行使审判权和人民检察院独立行使检察权规定为刑事诉讼法的基本原则。第二，应从制度上、措施上落实宪法规定的司法机关独立行使职权原则，以有效地防止社会对司法机关独立办案的干扰。例如，进一步健全完善审判员、检察员任免制度，升迁制度，退休制度，适当提高司法人员的待遇，保证他们能够坚持严格执法，顶住“免职”“调职”的压力，解除他们的后顾之忧。同时，对司法机关的办案经费、行政开支都应有相应的保障，以抵制地方上可能对司法机关施加的不当影响。第三，从体制上理顺合议庭与审判委员会的关系，扩大合议庭独立办案的权限。做到既体现民主集中制精神，又贯彻直接言词审理原则。一般情况下，应由开庭审理的审判人员独立对案件作出判决。即使发现错误，也可以通过上诉程序、审判监督程序等加以纠正。

无罪推定原则及其在中国的适用*

一、无罪推定的法律渊源

无罪推定，是现代各国刑事司法通行的一项重要原则，是国际公约确认和保护的一项基本人权，也是联合国在刑事司法领域制定和推行的最低限度标准之一。1948年12月10日联合国大会通过的《世界人权宣言》首次在联合国文件中确认无罪推定原则，为在全球范围内贯彻这一原则提供了法律依据。该《宣言》第11条第1款规定："凡受刑事控告者，在未经获得辩护上所需的一切保证的公开审判而依法证实有罪以前，有权被视为无罪。"随后，一些重要的地区性人权公约也对无罪推定原则作出规定。如1950年11月4日在罗马签订的《欧洲人权公约》第6条第2款规定："凡受刑事罪的控告者在未经依法证明有罪之前，应被推定为无罪。"1966年12月16日联合国大会通过的《公民权利和政治权利国际公约》再次确认了无罪推定原则，其第14条第2款规定："凡受刑事控告者，在未依法证实有罪之前应有权被视为无罪。"将"推定无罪"作为所有人类家庭成员应当享有的一项公民权利和政治权利，要求各缔约国采取必要措施加以尊重和保障实施。上述国际人权公约和联合国随后制定的一系列有关刑事司法的标准和规范，例如，联合国少年司法最低限度标准规则，保护死刑犯权利的保障措施，禁止酷刑和其他残忍、不人道或有辱人格的待遇或处罚公约，保护所有遭受任何形式拘留或监禁的人的原则等，均将无罪推定作为刑事司法领域国际公认的法律标准之一，是"正当法律程序"概念中必然包含的重要内容。

作为一项联合国确认的刑事司法标准，无罪推定在世界范围内得到普遍尊重和贯彻，许多国家在宪法这一国家根本大法中对无罪推定作出明确规定，使无罪推定成为本国刑事司法的一条重要原则，成为公民宪

---

* 原文载陈光中等主编:《比较与借鉴：从各国经验看中国刑事诉讼法改革路径：比较刑事诉讼国际研讨会论文集》，中国政法大学出版社2007年版。

法性权利的重要组成部分。例如，1971年9月19日通过的《埃及宪法》第67条规定："被告人在法庭审判证实他有罪以前是无罪的。法庭审判时，为辩护而提供所有手段。"菲律宾1973年1月13日生效的《宪法》第4条人权法案第19款规定："在所有刑事诉讼中，直到犯罪被证明之前，被告人应推定无罪，并享有由其本人和辩护人进行陈述，被告知对其进行控告的性质和原因，要求进行迅速、公平和公开审判，同证人面对面对质，和要求以强制程序保证证人出庭并为其提供证据的权利。"作为1982年加拿大宪法第一部分的《加拿大权利和自由宪章》第11条（d）项规定，被告人"在由独立的不偏袒的法庭举行公平的公开审判依法证明有罪之前，应推定为无罪"。在有些国家，尽管法律上对无罪推定未作明确规定，但无论在诉讼理论上，还是在司法实践中，均毫无疑义地确认和适用无罪推定原则。

二、无罪推定的基本含义

无罪推定，是有罪推定的对称，指在刑事诉讼中，任何被怀疑犯罪或者受到刑事控告的人在未经司法程序最终确认为有罪之前，在法律上应假定其无罪或推定其无罪。无罪推定是刑事诉讼特有的原则，建立这一原则的基本出发点在于确定被告人在刑事诉讼中的地位，并据此设定被告人的诉讼权利和义务，设定控辩对抗的现代诉讼机制。"被告不等于罪犯"，这是无罪推定的首要之义。即在刑事诉讼中，无论何人，哪怕是现行犯，在未经法院依法审判确认有罪之前，其身份只能是"嫌疑人""被告人"；关于案由，只能是"涉嫌"做什么、"被控"做什么。只有确立无罪推定原则，被告人才成为诉讼主体，享有与原告对等的诉讼地位，享有以辩护权为核心的各项诉讼权利。法律首先假定嫌疑人或被告人无罪，以此为起点进行诉讼。如何才能确定被告人有罪，法律的要求基本上有两条：一是由控诉被告人犯罪的机关或人员提供确实、充分的证据来证明被告人被控犯罪的事实；二是由审判机关依照法律程序对被告人是否犯有被控犯罪行为作最后认定。

具体说来，第一条要求包含的内容有：（1）提供证据证明被告人有罪的责任由控诉一方承担，不得采用酷刑和其他非法方法收集证据；（2）控诉一方履行证明责任必须达到案件事实清楚、证据确实、充分或者不存在合理怀疑的程度，若不能证明被告人有罪或者证明达不到法律的要求，则应判定被告人无罪，所谓“疑罪从无”，疑案作有利于被告人的处理；（3）被告人有辩护的权利，却没有证明自己无罪的义务，不能因为被告人不能或没有证明自己无罪而认定被告人有罪。

第二条要求包含的内容有：（1）最终认定被告人有罪的机关只能是审判机关，即法律意义上的定罪权只能由法院行使，其他任何机关，包括警察和检察机关，都无权行使；（2）法院只有经过公开公正的审判后才能认定被告人有罪；（3）为保证审判的公正性，保障被告人利益，“审判时并须予以辩护上所需之一切保障”，具体说主要包括指控罪状通知本人的权利、保持沉默的权利、获得律师帮助的权利、传唤证人询问证人的权利、最后陈述的权利、上诉的权利[①]，等等。

关于无罪推定，在理解上还存在一些争议和分歧。主要围绕以下问题：

（一）“无罪推定”还是“无罪假定”

近年来，我国法学界有人提出“无罪推定”还是“无罪假定”的问题，指出无罪推定的译法不够确切，容易引起误解，应改译为“无罪假定”才更符合这一术语的原义和刑事诉讼的实际情况。从字面看，无罪推定的英文表达为“presumption of innocence”，法文为“présomption d’innocence”。法文的“présomption”，英文的“presumption”，以及与它们相应的动词“presumer”和“presume”，都有“推定”和“假定”等意思。甚至可以说，假定即推定，源自拉丁文 praesumptio[②]。中文的词义则有所不同。以中文的表达习惯而言，假定为姑且认定，常常表示事件发生的条件或前提，如“假定飞机正点起飞，两小时后将抵达北京”。而推定则与推断同义，表示根据已知事实断定其他相关事实，如某人长期失踪，经公告查找后仍无下落，法院根据这一事实可以推定其死亡。有人论道，在法律上，假定与推定都是关于事实的一种拟制，这种拟制通常是有条件的，允许以反证加以否定。[③]在刑事诉讼中，诉讼的目的是确定被告人是否有罪，而断定被告人有罪还是无罪，从认识论角度要

① 参见《联合国少年司法最低限度标准规则草案》第三部分说明。

② 林欣：《“无罪推定”还是“无罪假定”？》，载《中国社会科学》1983 年第 3 期；陈光中：《应当批判地继承无罪推定原则》，载《法学研究》1980 年第 4 期。

③ 宁汉林：《论无罪推定》，载《中国社会科学》1982 年第 4 期。

进行科学的证明活动，即依据已知事实（即证据）推断案件事实；在诉讼程序上则有待法院依法进行审理和判决。如果在诉讼伊始便断定被告人是无罪的，显然与诉讼的目的和人的思维逻辑不符。如果是“无罪假定”，则较为确切和符合逻辑，即被告人在被法院判决有罪之前，先假定其无罪，然后由控诉一方履行举证责任来否定这一假定。控诉方如果能够提供确实、充分的证据说服审判官确信被告人有罪，则推翻被告人无罪的假定，实现控诉主张。如果不能提供足够的证据使审判官得出被告人有罪的结论，则维持被告人无罪的假定，导致控方撤诉或者判决无罪的诉讼结果。对此，有美国学者曾经说道：“从被告人进入法庭的时候起，陪审团必须假定（must assume）他是无罪的。这种假定贯穿于整个审判过程，一直到检察当局以不存在合理怀疑的证据推翻这种假定为止。”

鉴于此，近年来我国翻译出版的联合国有关文件和国际公约，包括由中国政府官方翻译的《联合国预防犯罪和刑事司法标准和规范简编》，将“推定无罪”均译成“假定无罪”。我国最高立法机关通过的香港和澳门特别行政区基本法，采用的也是“假定无罪”的表述。因此，“无罪假定”的说法正在逐步取代“无罪推定”。据有关专家考证，原先无罪推定的中文译法源自日文，日文首先把这个原则译为“无罪推定”，日文中“推定”一词也是推断的意思，与中文语义相当，后转译为中文，沿用至今。[①]尽管无罪推定与无罪假定有一定差异，但似乎并无必要由此便论断无罪推定这一说法错了，不能再用，因为无罪推定作为一个长期沿用的刑事司法专业术语，早已具有人所熟知的确定内涵，无罪推定即无罪假定，应当不至于因译名上的某些不足致使对无罪推定原则产生歧义或误解。

（二）无罪推定的不同表述

长期以来，以中文出版的与无罪推定有关的大量国际和国内法律文件，关于无罪推定的表述不尽一致，造成我国立法、司法部门和理论界对无罪推定的理解存在歧义，并有学者对这些不同表述进行详尽的比较，试图分辨其间的差异。综观各国和国际有关法律文件，关于无罪推

① 林欣：《“无罪推定”还是“无罪假定”？》，载《中国社会科学》1983年第3期；陈光中：《应当批判地继承无罪推定原则》，载《法学研究》1980年第4期。

定的表述主要分为两类。一类是被告人在未经法院依法判决有罪之前，应当被假定无罪。比较典型的如"任何人在其未被宣告为犯罪以前，应当被假定为无罪"（法国《人权宣言》）；"凡受刑事控告者，在未经获得辩护上所需的一切保证的公开审判而依法证实有罪以前，有权被视为无罪"（《世界人权宣言》）。另一类则是被告人在未经法院最终判决之前，不得作为犯罪的人。例如，意大利 1947 年《宪法》第 27 条规定："被告人在最终定罪之前，不得被认为有罪。"《苏联和各加盟共和国刑事诉讼纲要》第 7 条也规定"非经法院判决，任何人不能被认定为犯罪人并受到刑事惩罚"。

应该说，第一种表述是典型的关于无罪推定的表述，为绝大多数国际法律文件和国内立法所采用。在联合国制定和推行的人权公约和刑事司法标准中，无一例外地采用这种表述。而目前在中文出版物中出现的无罪推定表述各异的现象，一个重要原因是翻译过程中的随意性而出现的不统一。以《世界人权宣言》为例，关于其第 11 条第 1 款的规定，过去的译法多为："凡受刑事控告者，在未经依法公开审判证实有罪前，应视为无罪，审判时并须予以答辩上所需之一切保障。"近年来却改为："凡受刑事控告者，在未经获得辩护上所需的一切保证的公开审判而依法证实有罪以前，有权被视为无罪。"上述译文，无论新旧，均未出现"假定"或"推定"的字样。查《联合国预防犯罪和刑事司法标准和规范汇编》英文版中收录的宣言原文，该条该款规定原义即为受刑事指控者在……之前"有权被假定无罪"，而不是视为无罪。其他如《公民权利和政治权利国际公约》第 14 条、《保护所有遭受任何形式拘留或监禁的人的原则》第 36 条、《联合国少年司法最低限度标准规则》第 7 条等以及《欧洲人权公约》《加拿大权利和自由宪章》等都采用同一表述，即有权被假定无罪或者应当被假定无罪。其中，《保护所有遭受任何形式拘留或监禁的人的原则》第 36 条原则第 1 项原义应为"涉嫌或被控犯有刑事罪行的被拘留人，在获得辩护上一切必要保证的公开审判中被依法确定有罪之前，应当被假定无罪和作为无罪对待"。而中译本却译为"应被视为无罪"，既忽略了"假定"的明确表述，又遗漏了"应被作为无罪对待"的内容。[①]

① 参见《联合国预防犯罪和刑事司法标准和规范汇编》中、英文本。

至于如意大利宪法中关于无罪推定的表述，则比较特殊。意大利现行《宪法》（1989年2月28日通过）第27条第1款与1947年《宪法》一样，仍是关于无罪推定的规定，从字面意思看为“被告人在最终判决作出之前不被认为有罪”，和“被告人在最终定罪之前，不得被认为有罪”的传统译法无太大区别。从内容上看，强调在诉讼过程中不能将被告人当罪犯看待，即被告不等于罪犯，体现了贝卡里亚在《论犯罪与刑罚》一书中所倡导的思想。意大利刑事立法和司法在阐述和贯彻这一宪法原则时，充分融入了现代无罪推定概念的内涵和要求，如证明被告人有罪的证据由控诉方承担；当没有证据证明犯罪事实成立或者犯罪由被告人所为，或者证据不充分或相互矛盾时，法官宣告无罪判决（第530条）；被告人有权不回答讯问（第64条）；不得使用足以影响被讯问者自主回答能力或者改变其记忆和评价事实的能力的方法或技术进行讯问（第64条）；等等。但严格说来，“不得被认为有罪”和“应当假定无罪”字义上还是有所区别，内涵也不尽相同，因此，类似意大利那样关于无罪推定的第二种表述，距离现代无罪推定的概念和联合国刑事司法准则仍有一定差距，鲜见为现代国际法律文件和其他国家国内立法所采用。

（三）无罪推定是否包含被告人的沉默权

无罪推定原则是否包含被告人沉默权的内容，或者说根据无罪推定能否引申出被告人有权保持沉默的规则，长期以来也是我国诉讼理论界争论的问题，特别是1996年对刑事诉讼法的修正，使得这一问题再次成为关注的热点。

如前所述，无罪推定原则的一项重要内容是，证明被告人犯罪的责任由控诉一方承担，被告人不负证明自己无罪的义务。不能因为被告人不能或没有证明自己无罪便认定其有罪，不能将被告人沉默作为认定其有罪的根据，不能因为被告人拒绝陈述便认为其认罪态度不好而加重刑罚。由此可见，在刑事诉讼中被告人有权保持沉默，被告人不必自我归罪，当是无罪推定原则的应有之义，对此联合国有关法律文件有明确规定。例如，《公民权利和政治权利国际公约》第14条第3项规定，在判定对被告人提出的任何刑事指控时，被告人享有的最低限度保证之一，就是“不被强迫作不利于他自己的证言或强迫承认犯罪”。有些国家为被告人享有沉默权提供了宪法性保障，如《美国宪法》第五修正案规定，任何人不得被迫自证有罪。《加拿大权利和自由宪章》第11条规定，被告人有权在针对自己的刑事指控中不被强迫作证。至于各国的刑事诉讼法律，更是普遍对犯罪嫌疑人、被告人的沉默权有明确规定。例如，《意大利刑事诉讼法》第64条规定，“被告人有权不回答讯问”。《德国刑事诉讼法》第136条a规定，初次讯问时便应当告诉被告人依法享有对案件不予陈述的权利。

随着无罪推定原则的发展，为了加强对被告人权益的保护，坚决制止执法人员滥用权力、使用刑讯逼供或其他非法方法获取被告人口供，联合国在确立和推行刑事司法国际准则的过程中，努力将沉默权作为被告人一项独立的诉讼权利，作为刑事司法的最低限度保障之一，加以确认和维护。例如，《公民权利和政治权利国际公约》第14条是关于刑事司法中人权保障的集中规定，其中第2项是无罪推定原则，第3项则列举了在刑事审判中被告人应当享有的最低限度的保证，如被告知指控性质和原因的权利、获得律师帮助的权利、辩护权、受审时间不被无故拖延的权利，等等。其中一项重要的保障，就是“不被强迫作不利于他自己的证言或强迫承认有罪”。《联合国少年司法最低限度标准规则》第7条“少年的权利”中，列举了在诉讼的各个阶段应予保证的基本程序方面的保障措施，诸如假定无罪、指控罪状通知本人的权利、保持沉默的权利、请律师的权利、要求父母或监护人在场的权利、与证人对质和询问证人的权利，以及上诉的权利等。据此，从联合国刑事司法准则的角度来理解沉默权与无罪推定的关系，可以说，沉默权既是无罪推定的重要内容，又是被告人在刑事诉讼中依法享有的一项独立的诉讼权利。说它是无罪推定的重要内容，不仅因为传统的诉讼理论一贯认为，根据无罪推定原则由被告人不负证明自己无罪的责任当然引申出被告人有拒绝陈述的权利，而且根据联合国确立的准则，沉默权属于“审判时并须予以辩护上所需之一切保障”之一。说它是被告人一项独立的诉讼权利，是鉴于沉默权在保障被告人合法权益方面的突出作用，为避免在对无罪推定内容的理解上产生歧义或曲解，联合国有关人权公约和刑事司法准则将沉默权单独作为被告人的一项基本诉讼权利、作为刑事司法正当程序的一项基本保障，加以强调和维护。

三、无罪推定的历史发展

将无罪推定确立为刑事诉讼的基本原则并使之法制化，是资产阶级革命的成果。封建专制时期的诉讼，其主要特点是严刑峻罚，罪刑擅断。对被告人从有罪推定出发，被告人不是诉讼的主体而是受审的对象，被告人的口供是定罪量刑的主要依据，刑讯逼供成了断狱决讼的主要手段，无辜被告人捶楚之下屈打成招的冤案比比皆是。法官断案时，即使对案件事实存在怀疑，对被告人也以有罪论处。资产阶级在反封建的斗争中，打着“天赋人权”“自由平等”的口号，对封建专制的野蛮黑暗进行了猛烈的抨击，在刑事诉讼中提出“无罪推定”来反对“有罪推定”。意大利著名刑法学家贝卡里亚在《论犯罪与刑罚》一书中率先提出，“在法官判决之前，一个人是不能被称为罪犯的。只要还不能断定他已经侵犯了给予他公共保护的契约，社会就不能取消对他的公共保护”。[①] 在法律上对无罪推定作出明确规定，始于法国大革命后制定的《人权宣言》。法国《人权宣言》第9条规定：“任何人在其未被宣告为有罪以前应被推定为无罪。”此后，欧洲大陆各国纷纷效仿法国，相继在宪法或法律中对无罪推定作出规定。俄国十月革命成功后，在刑事司法实践中适用无罪推定。1946年苏联最高法院全体会议决议指出：“被告人在他的罪过未经根据法定程序加以确认之前，不得认为是犯罪人。”在理论上，认为无罪推定是“被告人人身诉讼权利保障的基础”。[②] 东欧国家的立法和理论，同样确认无罪推定原则。这样，无罪推定逐步发展成为各国刑事诉讼普遍适用的一条基本原则，成为各国公民宪法性权利中的重要构成。

也有人提出，在法国《人权宣言》之前，在英国司法判例的不成文规则中，在古罗马“一切主张在未被证明前推定其不成立”的法律公式中，甚至在封建社会关于以证据定罪的某些规定中，都包含有无罪推定的实际内容或朦胧思想。[③] 需要指出的是，尽管在无罪推定的形成过程中，“谁主张谁证明”这一关于诉讼中举证责任分担的古老原则可能起

---

① ［意］贝卡里亚：《论犯罪与刑罚》，黄风译，中国大百科全书出版社1993年版，第31页。

② ［苏］波梁斯基：《苏维埃刑事诉讼中的无罪推定》，载《教学简报》1957年第34期。

③ 宁汉林：《论无罪推定》，载《中国社会科学》1982年第4期。

过一定的作用，但是无罪推定发展至今，特别是发展成为一条各国普遍适用的刑事诉讼原则和联合国倡导的刑事司法准则，绝不仅仅是上述古罗马诉讼证明规则在刑事诉讼中的反映或体现，而是具有更深刻的内涵和积极意义。

众所周知，刑事诉讼与民事诉讼的根本区别在于，刑事诉讼是国家专门机关追究犯罪、惩罚犯罪的活动，诉讼的一方是作为国家机器拥有庞大权力的检察和警察机关，另一方则是处于被侦查、被指控地位的犯罪嫌疑人、刑事被告人个人。对抗双方实际处于不平等的地位，这是由刑事诉讼的性质决定的。为了保障犯罪嫌疑人、被告人合法权益，防止国家侦查检控机关滥用权力，避免冤枉无辜错伤好人，法律为刑事诉讼设计了一道特殊的有利于被告人的保障机制，这就是无罪推定。所谓有利于被告人，就是收集提供证据证明被告人有罪的责任由国家检控机关承担；被告人不负证明自己无罪的义务；被告人有保持沉默的权利，有不被强迫自证有罪的权利；不能因为被告人拒绝陈述或不能证明自己无罪而认定其有罪；对犯罪嫌疑人、被告人采取强制措施或者提起刑事指控必须具有“适当理由”或“合理根据”，认定被告人有罪必须达到排除一切合理怀疑的程度；对于证据不足、处断难明的案件应当作有利于被告人的解释，即疑罪从无。一句话，诉讼的起点由被告人无罪开始，证明的天平首先向有利被告人一侧倾斜，公诉人的责任是逐一搬出证明被告人有罪的砝码堆放在对被告人不利的一侧，直至天平完全向被告人有罪一侧倾斜达到法律要求的定罪标准。这样，由无罪推定的前提出发，再对被告人辅之以辩护律师的帮助，以使被告人有力量、有可能在诉讼中与控诉一方对抗，使国家侦查检控机关权力的行使受到限制和制约，使诉讼更具公平性、抗争性，以保证程序正当、实现司法正义。

无罪推定原则的另一重要发展，表现在对定罪主体的严格限制和程序保障的日益严密上。最初，有关无罪推定的法律规定，如法国《人权宣言》和意大利宪法，只是突出被告人在未被宣告为有罪以前应被推定为无罪或不得被认为有罪，至于谁才具有宣告被告人有罪的资格和权力，则不甚明确。后来才逐渐将定罪权统一到审判机关手中，即只有法庭才可以宣告某人有罪，法庭只有在依法进行审判后才能作出这种宣告。其他任何机关，包括国家侦查和检察机关，都无权在法律上认定公民有罪，从而对定罪主体有了严格的资格限制，有效地防止政府部门滥用权力，保证法律的统一正确实施。而对审判活动程序上的要求日益严格、对被告人权利的保障日益加强，更是无罪推定原则发展至今所具有的鲜明特点。“二战”以后，刑事诉讼民主化的发展潮流和人权运动的高涨，给无罪推定原则注入了新的更丰富的内涵。1948 年联合国大会通过的《世界人权宣言》，明确宣告对被告人进行的审判应当是公开的，并且必须予以辩护上所需的一切保障。所谓“辩护上所需的一切保障”，根据联合国随后通过的《公民权利和政治权利国际公约》《联合国少年司法最低限度标准规则》等人权公约和刑事司法准则，具体说主要包括指控罪状本人得知的权利、保持沉默的权利、获得律师帮助的权利、传唤证人询问证人的权利、最后陈述的权利、上诉的权利等。这样，把被告人依据无罪推定所享有的程序权利或者说无罪推定为被告人所提供的程序保障，提高到新的前所未有的程度。

联合国刑事司法准则对无罪推定原则的发展，对指导各会员国改革本国刑事司法制度具有积极意义。许多国家对本国法律进行了修订，贯彻联合国这一准则的精神。例如，埃及 1971 年 9 月 10 日通过的宪法要求，对被告人进行审判时应为辩护而提供所有手段；菲律宾 1973 年 1 月 13 日生效的宪法明确规定，在所有刑事诉讼中，直到犯罪被证明之前被告人应推定无罪，并享有由其本人和辩护人进行陈述，被告知对其进行控告的性质和原因，要求进行迅速、公平和公开审判，同证人面对面对质，和要求以强制程序保证证人出庭并为其提供证据的权利。这些宪法性规定，均充分体现了联合国刑事司法准则对无罪推定的理解和要求，并且在其刑事诉讼立法和司法中予以贯彻实施。

四、无罪推定在中国的适用

无罪推定原则在中国得到确认和适用，经历了一个漫长曲折的过程。理论上，关于无罪推定原则是否适用于中国刑事诉讼的问题，长期以来看法不一，争论激烈。20 世纪 50 年代，法学界曾对此问题展开过讨论，否定批判的和肯定赞同的观点都有，双方各执一词，展开争鸣。整风运动时却将无罪推定作为资产阶级刑事诉讼的原则加以批判，主张在我国适用或借鉴无罪推定的人士也受到冲击，从此无罪推定成为法学研究的禁区。随着 1979 年刑事诉讼法的颁布施行，无罪推定问题被重新提了出来，但很快又作为资产阶级自由化倾向、精神污染再次加以批判。直至90年代初期酝酿刑事诉讼法的修订，无罪推定由于其在刑事诉讼中的重要地位再次成为研究的热点问题。此时，由于改革开放的深入和民主法制的加强，使得对无罪推定的学术讨论在自由平等的气氛中理性地进行，从而使理论上的研究取得丰硕成果并且为立法修订发挥积极的作用。

关于无罪推定是否适用于中国刑事诉讼的问题，学术上主要为两派意见。否定的观点认为，虽然无罪推定取代封建专制的有罪推定是一大进步，但其本身也存在严重的片面性、局限性，既没有揭示刑事诉讼活动的本质，也与中国有关刑事诉讼的法律规定不符。中国刑事诉讼实行的“以事实为根据，以法律为准绳”原则，无论是文字表达还是实际内容，都比无罪推定更科学、更合理。①肯定的观点认为，无罪推定符合中国社会主义法制的要求。在被告人未经法院判决确定为有罪之前，只能认为他还是一个无罪的人。不守住这条界线，就不能保障公民合法权利，就不能维护社会主义法制。无罪推定与“实事求是”和“以事实为根据，以法律为准绳”的原则并行不悖，是在刑事诉讼中贯彻实事求是原则的具体形式和途径。中国法律虽未明确规定无罪推定为刑事诉讼的基本原则，但在具体条文中已体现了无罪推定的有关内容。②

1996年修订刑事诉讼法时，参加研究起草修改方案的人士强烈主张将无罪推定写进修改方案。其主要理由是：无罪推定为各国刑事诉讼普遍适用，国际公约对此也反复确认；中国香港、澳门特别行政区基本法对无罪推定有明确规定；司法部门在司法实践中已经按照“疑罪从无”的精神处理疑难案件，最高人民法院1989年《关于一审判决宣告无罪的公诉案件如何适用法律问题的批复》和1994年《关于审理刑事案件程序的具体规定》对此均有规定。为了健全和加强中国刑事诉讼法制，在修改刑事诉讼法时将无罪推定确立为中国刑事诉讼的一项基本原则，很有必要。首先，只有确立无罪推定原则，才能在诉讼中有效地保障犯罪嫌疑人、被告人的诉讼权利；其次，只有确立无罪推定原则，才能真正保障被告人的辩护权，充分发挥辩护制度的作用；再次，确立无罪推定原则，有利于司法实践中疑难案件的解决；最后，在法律上明确规定

① 罗新民：《无罪推定不是社会主义的诉讼原则》，载《法学季刊》1982年第3期。

② 王乘新：《关于无罪推定原则的探讨》，载《西南政法学院学报》1979年第1期。

无罪推定原则，是对外开放、与国际惯例接轨的需要。

1996年3月17日第八届全国人民代表大会第四次会议通过的《关于修改〈中华人民共和国刑事诉讼法〉的决定》明确吸收了无罪推定原则的基本精神。修正后的《刑事诉讼法》第12条规定“未经人民法院依法判决，对任何人都不得确定有罪”，从而在基本原则部分直接对无罪推定作出规定。与此相联系，在法律上首次将犯罪嫌疑人和被告人加以区分，取消了检察机关长期实行的免予起诉制度。并且规定，人民检察院对于补充侦查后证据仍然不足不符合起诉条件的案件不予起诉；人民法院经过审理，对于证据不足，不能认定被告人有罪的，应当作出证据不足、指控犯罪不能成立的无罪判决。上述修改，充分体现了加强诉讼民主、健全诉讼法制的立法趋向，有利于克服司法实践中办案人员先入为主的错误观念，有利于犯罪嫌疑人、被告人充分行使以辩护权为核心的各项诉讼权利，从而保障犯罪嫌疑人、被告人的合法权益，使刑事案件得到正确处理。

但是，对于修正后的《刑事诉讼法》第12条的规定如何理解，理论界仍有不同看法。有人认为，第12条的规定就是立法确立了无罪推定原则，从条文表述看采用的是意大利宪法的模式，即“被告人在最终判决作出之前不被认为有罪”。对此观点有人予以坚决反对，认为刑事诉讼法增设第12条，是为了维护法院的统一定罪权，即只是强调“确定有罪权由人民法院依法行使”，而不具有无罪推定的含义。理由主要有两点：一是在修改刑事诉讼法的研讨过程中，国家立法机关的权威人士曾就无罪推定问题明确表示：“封建社会采取有罪推定的原则，资产阶级针对有罪推定提出了无罪推定。我们坚决反对有罪推定，但也不是西方国家那种无罪推定，而是以客观事实为根据。”① 二是修正后的《刑事诉讼法》第93条仍规定：“犯罪嫌疑人对侦查人员的提问，应当如实回答。”这与无罪推定所包含的被告人享有沉默权显然是对立的。客观地说，根据新《刑事诉讼法》第12条的规定并结合其他相关制度的修改，如起诉方负证明责任、取消免予起诉、疑罪作无罪判决等，明确体现了无罪推定的基本精神，或者说吸收了无罪推定的合理内容。这是毋庸置疑的，是历史的进步。但由于未赋予犯罪嫌疑人、被告人沉默权，法律

① 《法制日报》1996年2月3日，第2版。

并明确规定犯罪嫌疑人有如实回答侦查人员讯问的义务，在侦查、起诉、审判各阶段均有关于讯问犯罪嫌疑人、被告人的程序设置，因此很难说在中国刑事诉讼中已经完全确立了无罪推定原则，对此应当有一个清醒的认识。这反映出法律界和理论界尚未就无罪推定问题完全达成共识，并从一定意义上说明改变立法和执法上的传统观念、摆脱原有司法习惯的不良影响，是何等的艰难和曲折。今后仍需要继续加强对无罪推定原则的研究和宣传，为在我国刑事诉讼中真正确立无罪推定原则、贯彻联合国刑事司法准则而努力。

英国对沉默权的限制*

沉默权是现代刑事诉讼中犯罪嫌疑人、被告人享有的一项基本诉讼权利，也是刑事司法正当程序的一项重要保障。各国刑事诉讼法普遍对沉默权作了规定，有些国家甚至规定在宪法之中，使其上升为一项公民的宪法性权利。联合国在刑事司法领域确立和推行的国际标准也将沉默权作为被告人的一项基本人权，作为司法公正的最低限度标准之一，加以强调和维护。然而，历史上最早提出并率先确立沉默权的英国，近年来却对沉默权作了较大限制，引起人们的高度关注。本文拟对沉默权的含义及其发展作简要的考察，并对英国的最新动向予以公允的评析。

沉默权，又称反对自我归罪之特权。英国学者认为，从犯罪嫌疑人、刑事被告人的角度看，沉默权给了他拒绝回答警察提问的权利，不作为证人经过口头宣誓提供证据的权利，以及不提供宣誓证言接受交叉询问的权利。美国联邦最高法院通过判例，对美国宪法修正案“任何人不得被迫自我归罪”的规定作了如下解释：（1）这一特权仅适用于刑事案件，不仅指实质上导致自我归罪的陈述，而且包括所有可能导致自我归罪的其他证据；（2）这一特权不仅能为犯罪嫌疑人、被告人所主张，而且也能为证人所主张；（3）这一特权不仅可在侦查程序中主张，而且可以在审判过程中主张；（4）这一特权限于为本人利益而主张，不能扩大适用于他人利益；（5）这一特权只适用于自然人，不适用于法人。

在理论上，有学者认为沉默权与反对自我归罪的特权是两个不同的概念。沉默权可以拒绝提供任何情况，而反对自我归罪之特权在内容上仅限于拒绝回答导致自我归罪的问题。实际上，沉默权的说法侧重于行使此项特权的形式，而反对自我归罪则强调行使此项特权的目的，角度不同而已。另外，沉默权一般为犯罪嫌疑人、被告人主张，而反对自我归罪的特权可以适用于证人。因此，如从理论上详加剖析，两个概念之

* 原文发表于《比较法研究》1999年第1期，与郭志媛合作。

间可能存在一些细微的差别，若着重其在刑事诉讼中的意义和在司法实际中的适用，将两者视为一体也无不可。

一般认为，沉默权产生于17世纪英国普通法的支持者们反对教会和国王、争取宗教和宪法自由的斗争中。美国的沉默权问题专家莱纳德·利维在其《第五修正案的起源》一文中指出："沉默权是在两种对立的刑事诉讼制度的斗争中产生的，一边是支持公民权利和自由的普通法，它逐步形成发展了不得被迫回答可能导致自我归罪的权利沉默权，另一边是罗马法传统以及适用审讯制度的英国教会法庭，它的执法者们强烈反对沉默权。"① 两种诉讼模式的分立始于13世纪早期，当时普通法院与宗教法庭在英国并存，但宗教法庭管辖的范围远远超出宗教事务，因此普通法庭千方百计地限制宗教法庭的管辖权，两者间的争斗相当激烈。由于英国自13世纪起先后废除"宣誓作证"和"神明裁判"，为弥补判决方法上的不足，普通法院逐步发展了陪审制度，在当时的大陪审团审查起诉中已经出现了沉默权的萌芽，但此权利尚未适用于审判阶段。宗教法庭则采用了纠问式宣誓制度。② 此后，这两种不同类型法院适用的审判方式分别发展成控告式诉讼模式和纠问式诉讼模式。16世纪末英国国王利用星座法庭和高等委员会法庭强制推行宗教和政治正统，审判采用"依职权宣誓"的审讯制度。此时，沉默权作为主张取消"依职权宣誓"一方的有力武器而被提出并逐步丰富和发展。

至17世纪，宣誓与沉默权之争已演化为议会和普通法院与王室之间的政治斗争，发生在1639年的里普邦案件被认为是这场斗争的重大转折点。星座法庭指控里普邦贩运煽动性书籍，里普邦否认犯罪并拒绝回答可能导致其自我归罪的讯问。星座法庭以拒绝宣誓为由判处里普邦藐视法庭罪，将其监禁并施以肉刑。在执行鞭笞的过程中，里普邦向围观人群痛斥审判的不公，赢得民众的同情和支持，使舆论倒向议会一方。不到两年的时间议会掌握了政权。1641年议会宣布里普邦一案的判决不合法，废除了星座法庭和高等委员会，并且禁止在刑事案件中使用

---

① L. Levy, *Origins of the Fifth Amendment: The Right against Self–incrimination* (2nd. Ed. 1986).

② Edited by Gregory W. O'Reilly, *England limits the Right to Silence and Moves towards an Inquisitorial System of Justice*. The Journal of Criminal Law and Criminology, Vol. 85 No. 2, Fall 1994.

"依职权宣誓"。又一年后，在一起由议会审理的十二主教案中，沉默权被引用并得到确认。至 1688 年，沉默权在英国已完全站稳了脚跟。[①]

关于沉默权的起源，存在不同的观点。有人认为，罗马法与教会法混合形成的大陆法在沉默权的早期形成中起了重要作用。[②] 罗马法与教会法是欧洲法律的两大渊源，二者在十六七世纪许多大陆国家的司法实践中逐渐融合，英国特权法庭和宗教法庭即采用此种混合法。沉默权首次被提出是在宗教法庭而非普通法庭，而且依据是"教会法本身即包含沉默权的内容"。教会法认为人们只应向上帝坦白自己的罪过，而不应被迫向其他人承认罪行。教会法中有一条原则，即没有人能够被迫承担自证其罪的责任，因为没有人必须揭露自己的耻辱。在 16 世纪晚期至 17 世纪早期的法庭记录中，常会出现以教会法本身为依据拒绝宣誓或者拒绝回答可能导致自我归罪问题的情况。说明采用纠问审讯的宗教法庭虽然反对沉默权，但其适用的以教会法为主要渊源的混合法中却含有沉默权的精神。普通法的支持者们正是通过迫使宗教法庭遵守教会法中关于反对自我归罪的原则，逐渐确立并发展了沉默权，因此混合法对沉默权的形成具有不可忽略的影响。

英国主张沉默权的做法，首先为欧洲许多国家效仿，发展至今世界上绝大多数国家的法律都把沉默权作为犯罪嫌疑人、被告人在刑事诉讼中的一项重要权利加以确认。例如，德国《刑事诉讼法》第 136 条 a 项规定，应当告知被指控人"依法有就指控进行陈述或者对案件不予陈述的权利"。日本《刑事诉讼法》第 311 条第 1 款规定"被告得始终沉默或对各个讯问拒绝陈述"。此外，有些国家还为沉默权提供宪法性保障。典型的如美国宪法第五修正案规定，任何人"不得在刑事案件中被迫自证其罪"。加拿大《权利和自由宪章》第 11 条规定，被告人有权在针对自己的刑事指控中不被强迫作证。不仅如此，随着联合国确立和推行刑事司法国际标准的进程，沉默权作为一项独立的诉讼权利，作为司法公正最低标准之一，被许多联合国文件加以确认和维护。《公民权利和政

① Edited by Gregory W. O'Reilly, *England limits the Right to Silence and Moves towards an Inquisitorial System of Justice*. The Journal of Criminal Law and Criminology, Vol. 85 No. 2, Fall 1994.

② R. H. Hehnholz, *Origins of the Privilege against Self-incrimination*, the Role of the European Jus Communal. NYU Law Review, Vol. 65, No. 4.

治权利国际公约》第 14 条第 3 项规定，在判定对被告人提出的任何刑事指控时，被告人享有的最低限度保障之一，就是“不被强迫作不利于自己的证言或强迫承认犯罪”。与无罪推定、辩护权等一样，沉默权正在保障公民人权、促进司法公正方面发挥着重要作用。

从 20 世纪 70 年代起，英国就曾出现过限制沉默权的争论。刑事法律修订委员会在 1972 年的一份报告中建议，被告人如果在警察讯问中没有提及他后来赖以为己辩护的事实，那么应作不利于被告人的推论；假如被告人在审判中拒绝作证，也应作不利于被告人的推论。1982 年英国刑事法律修订委员会再次建议：（1）受到警察讯问的被告人如果在警察讯问时未提及他在审判中赖以为己辩护的事实，法庭可在决定争议时作适当的推论，沉默应被视为不利于被告人证据的事实；（2）对被告人享有沉默权的告知应被废除，代之以提醒被告人如果不提及他打算在其后的审理中用来为自己辩护的事实，可能对其产生不利的影响；（3）被告人不经宣誓提供证言的权利应当废除，应当要求被告人在进行口头宣誓后提供证据。被告人可以拒绝这样做，但法官或陪审团对此可作适当的推论，此拒绝行为应被视为对被告人不利的证据的事实。

1988 年北爱尔兰首先在反对恐怖主义活动中决定限制犯罪嫌疑人的沉默权，进而将对沉默权的限制扩大适用于一切刑事案件。同年，英国内务大臣道格拉斯·赫德向内务部建议将沉默权限制也适用于英格兰和威尔士，得到内务部的大力支持。但随后不久，由于警察在讯问和调查中有违法行为并因此而导致错误审判的事件曝光，限制沉默权的势头有所减弱。1994 年，英国通过了《刑事审判和公共秩序法》，将对沉默权的限制适用于英格兰和威尔士。该法规定：（1）犯罪嫌疑人在讯问中没有告诉警察期待提及的事实，而这一事实为辩护方审判中用作辩护依据，那么法官和陪审团可以作不利于被告人的推论；（2）假如被告人在审判中保持沉默，法官和控诉方可提请陪审团作任何认为适宜的推论，包括“同感推论”，并且这种推论不对不利于被告人的证据和被告人有罪的证据加以解释；（3）犯罪嫌疑人拒绝回答警察关于可疑物体、物质痕迹的提问，而这些物质在其身体、衣服上或者被逮捕地点被发现时，法官和陪审团可作不利于其的推论；（4）犯罪嫌疑人不向警察解释为何在发生犯罪的大致时间内在犯罪现场出现并因此而被捕，法官和陪审团可作不利于被告人的推论。

英国对沉默权的立法限制再度激起学界对沉默权存废的争论并得到部分人的支持。赞成者认为，限制沉默权是废除沉默权合乎逻辑的步骤。理由大致为：（1）沉默权并不能起到保护无辜的作用，无辜者的权利通过回答警察提问获得最好的维护[①]；（2）由于审讯的氛围本身就起到了钳制人的意志的作用，所以规定沉默权难以防止警察侵犯犯罪嫌疑人的合法权益；（3）规定沉默权并不能促使警察收集犯罪嫌疑人自白以外的其他证据，反而限制了警察从犯罪嫌疑人那里获得收集其他证据的线索；（4）对沉默权的限制并未减轻控诉方的证明责任，控诉方仍需证明被告人有罪达到不存在合理怀疑。

然而上述理由并非都能成立。首先，虽然无辜者在一般情况下的自然反应可能是与警方配合以洗刷犯罪嫌疑，但无辜者选择保持沉默也有适当的理由，如由于紧张、胆怯、顾虑、激动等而无法对自己的行为作出有说服力的解释，或者为了他人利益而保持沉默等。

其次，犯罪嫌疑人在侦查阶段的合法权益最易受到侵犯，沉默权是法律赋予犯罪嫌疑人保护自身利益的有力手段，也是刑事诉讼中法律特设的一道保障犯罪嫌疑人合法权益的重要屏障。如果取消或限制犯罪嫌疑人沉默权，将使其在与强大国家机关的对抗中处于更加不利的地位。

再次，尽管犯罪嫌疑人、被告人的自白是一种重要的证据，但这种自白具有证明作用的前提必须是犯罪嫌疑人、被告人自愿并且充分了解所带来的法律后果，沉默权明确赋予了犯罪嫌疑人、被告人决定供述与否的选择，保证了自白的任意性。如果沉默权遭到限制甚至取消，犯罪嫌疑人将失去选择是否与警方配合的权利，警方的工作重点将转向获取犯罪嫌疑人、被告人口供，刑讯逼供势必抬头。

最后，所谓限制沉默权并未减轻控诉方证明责任的说法更是站不住脚。显然，因犯罪嫌疑人沉默而允许作出对其不利的推定，实际已将证明被告人有罪的责任很大程度上转嫁于被告人，直接与现代刑事诉讼的无罪推定原则相悖。无罪推定原则要求提供证据证明被告人有罪的责任由控诉一方承担，控诉一方履行证明责任必须达到法律规定的标准，在

---

① Edited by Gregory W. O'Reilly, *England limits the Right to Silence and Moves towards an Inquisitorial System of Justice*. The Journal of Criminal Law and Criminology, Vol. 85 No. 2, Fall 1994.

英美国家也就是所谓的“不存在合理怀疑”，若不能证明被告人有罪或者证明达不到法律规定的要求，则应判定被告人无罪。被告人有辩护的权利，却没有证明自己无罪的义务，不能因为被告人不能或没有证明自己无罪而认定被告人有罪。因此，被告人有权保持沉默或者被告人有权拒绝陈述，是无罪推定原则的当然之义，是保障无罪推定原则得以实现的重要手段。如果仅因犯罪嫌疑人在侦查过程中未提及某项事实，便禁止其在随后的审判中将此事实用作辩护，实质上是剥夺了被告人的辩护权。在无罪推定这一专门适用于刑事诉讼的特殊机制下，沉默权与获得律师帮助、排除非法证据等一系列规则相配合，组成对被告人切实有效的保护，构成现代刑事诉讼正当程序的重要内容。

从司法实务看，据英国内政部提供的有关资料分析，限制沉默权的立法未必确有必要并取得预期效果。首先，英国实行限制沉默权的第一项内容是为防止恐怖分子使用“突袭辩护”而设计的。所谓“突袭辩护”是指涉恐犯罪嫌疑人在审讯期间保持沉默，至审判阶段才说出辩护理由的细节。这样使警察和控方不能为反驳辩护主张作充分准备。第二项内容是为了避免被告人在审判中逃避定罪，以不利推论来迫使被告人开口，并通过交叉询问来检验被告人的供述。但是，根据英国皇家委员会对修改立法前后刑事诉讼中使用沉默权的情况调查，反映出在立法修改前刑事案件嫌疑人主张沉默权的不到百分之几，绝大多数犯罪嫌疑人在接受讯问中是与警方合作的，并且其中大部分人实际上已认罪服法。因此，所谓“沉默权已成为被恐怖分子滥用以逃避定罪的一种毫无掩饰的伪装”的说法未免有些耸人听闻。而且实践中因“突袭辩护”而导致无罪判决的案子微乎其微，因此以限制沉默权来实现反恐怖分子目的的说法，也是夸大其词。调查还表明，在警方撤案、控方撤诉和法院判决无罪的案件中，因被告人行使沉默权而导致此种结果的仅是极个别情况，而大多数是出于政策原因或证据不足等技术原因。可见，沉默权并未构成阻挠警方追究犯罪的严重阻碍，因此限制沉默权也不可能达到加强惩治犯罪的预期目标。

如果说英国限制沉默权的做法并未达到预期的效果，那么这一立法上的倒退却对英国的司法制度产生许多负面的影响。首先，英国在 17 世纪确立沉默权以来，控告式的诉讼模式使控方进行诉讼主要依靠证人和其他证据而不是依靠被告人口供，限制沉默权的做法可能使英国的刑事诉讼发生逆转，使警方的注意力由调查收集证据转为千方百计获取犯罪嫌疑人口供，导致在司法实践中可能使用刑讯逼供或其他非法方法收集证据。其次，对沉默权的限制将会冲击无罪推定原则。沉默权是无罪推定的重要内容，不利推论的适用将使沉默权名存实亡，而代之以如实陈述的义务，从而削弱甚至最终取消无罪推定原则，危及整个现代诉讼制度。这实际上是向纠问式诉讼的倒退，与当今诉讼民主化的潮流不符，与联合国确立和推行的刑事司法国际准则相悖，似非进步民主之立法。

起诉的效力与审判范围 *

根据不告不理原则，审判受起诉范围限制，法院不得就未经起诉的犯罪进行审判。随着诉讼程序的发展，对原起诉事实可能发生主观认识上的变化，此时审判范围仍须与起诉事实保持同一。在适用法律方面，起诉书对被告人犯罪性质的认定，一般对法院没有拘束力。法官有权独立适用刑法，认定罪名。为贯彻控诉与审判职能的分离，保障被告人合法权益，我国应尽快建立撤销、变更、追加起诉制度。

不告不理，是现代刑事诉讼中调整起诉与审判关系的重要原则。通常认为，这一原则包含以下基本要求：控告与审判职能分离，由不同机关分别行使；审判以起诉为前提，未经起诉的案件，法院不得径行审判；审判受起诉范围限制，不得及于起诉以外的人与事。关于起诉的效力范围，在对人的效力方面，各国规定得十分明确，理解上也无争议。在对事的效力方面，涉及事实认定和法律适用两方面，情况要复杂一些，各国的立法与实践也不尽一致。我国最高人民法院《关于执行〈中华人民共和国刑事诉讼法〉若干问题的解释》第 176 条就此作出了规定，但在司法实践中产生了争议，理论界也有不同意见。本文试对此问题作初步的探讨。

一、关于指控事实方面的效力范围

诉讼理论认为，刑事诉讼具有两种关系：一种是国家与个人之间存在的具体的刑罚权关系，即处罚者与被处罚者的关系，称为诉讼客体，也就是案件。另一种是为确定具体的刑罚权而进行的诉讼关系，即裁判者与被裁判者的关系，称作诉。[①] 诉的目的就在于请求法院对被告人的特定行为确定是否需要刑事处罚和如何进行刑事处罚。

---

* 原文发表于《人民检察》2000 年第 7 期，与魏晓娜合作。

① 陈朴生:《刑事诉讼法实务》，三民书局 1987 年版，第 84 页。

根据不告不理原则，审判受起诉范围限制，法院不得就未经起诉的犯罪进行审判。这就涉及起诉在指控事实方面的效力范围。从静态角度观察，起诉的效力应及于单一事实的全部，理论上称此为起诉不可分原则。何谓单一事实？刑事诉讼旨在以适当的方式确定国家对被告人刑罚权的有无及范围，因此以刑罚权作为划分案件事实个数的依据。凡能够在刑法上产生一个具体刑罚权的事实，便构成一个不可再分的事实单元，即单一事实。由于犯罪行为实施方式的差异，单一事实既可能是一个单纯的犯罪行为，也可能包括数个法律性质相同的行为，如以数拳脚加害他人；还可能包括数个法律性质相异的行为，例如在故意杀人时有损害他人健康的行为，在抢劫或强奸时非法侵入住宅，在盗窃枪支时持有枪支等。杀人和伤害，抢劫、强奸和非法侵入住宅，盗窃枪支和非法持有枪支，均是法律规定的独立犯罪，分别充实了数个不同的构成要件。但在实际发生的犯罪现象中，它们有机结合在一起，在刑法规定的处罚原则中，以一罪论。①这在刑事诉讼中也只成立一个案件事实单元。基于此，凡对单一事实的一部分起诉，法院便可以对单一事实的全部行使审判权。单一事实的问题主要由刑法上的罪数论加以解决。

从动态角度观察，起诉随着诉讼程序的发展，原起诉事实可能发生变化。这种变化有时并非来自案件事实本身，而是对案件事实主观认识上的变化，或者在审理过程中出现了新的事实。此时审判范围仍须与起诉事实保持同一，不能超出起诉事实的范围。有人称此为起诉的纵向效力。在起诉的纵向效力涵盖范围内，检察官可以不受诉讼程序发展的影响，继续以原来的指控事实维持追诉。对法官而言，凡在起诉纵向效力涵盖范围内均可成为审判对象。何谓审判事实与起诉事实同一？大致有两种观点。

一是自然性事实同一说。认为只要审判中的事实与起诉事实属于同一个自然的或社会的事实，那么无论最后的审判结果定为何罪，都不算超出了起诉的事实效力范围。“法院之审判，固应以起诉之犯罪事实为范围，但于不妨害事实同一之范围，仍得自由认定事实，适用法律。所谓事实同一，非谓全部事实均须一致，只需基本事实相同，其余部分纵

① 阮齐林、侯国云：《简化不适用数罪并罚的犯罪形态及其处罚原则》，载《法学研究》1991年第6期。

或稍有出入，亦不失为事实同一。”[①]

二是法律性事实同一说。认为审判中认定的罪名或者审判事实的构成要件与起诉事实具有同质性或相似性，才能维持同一性，并认为犯罪是对刑法规范的违反，那么犯罪是否成立，应据各个刑法规范确定。如果对事实适用了不同的刑法规范，就不足以维持其同一性。

上述两种对起诉事实的不同理解，导致对审判范围认识的不同。自然性事实同一说认为，只要法院审理的范围不超出起诉书所指控的客观事实的范围，便可以自由适用法律。而法律性事实同一说在起诉事实中掺入了法的要素，变更罪名或法条的适用就会影响到起诉事实的同一性。对起诉事实效力范围认识上的差异对控辩裁各方诉讼主体可能产生以下影响：

对被告人来说，起诉事实同一性的范围扩大，在起诉书指控的事实范围内被告人被定罪的风险便增大，被告人的辩护权因方向不明确而难以有效地行使。这一点对被告人不利。另外，起诉效力涵盖的事实范围越大，既判力的范围也越广，受制于一事不再理原则，对被告人再行追诉的可能性便越小，因而有可能使被告人在不受双重处罚中获利。然而被告人在刑事诉讼中面临着被定罪的现实危险，此刻他最关心的是能否获得无罪判决。起诉事实范围的扩大，使辩护权的行使失去确定目标，增大了被定罪的可能性，不利于维护被告人合法权益。

对检察官来说，起诉事实同一性的范围越广，检察官受诉讼程序发展的影响便缩小。他可以继续以原来的事实为基础维持追诉，也可以基于同一事实不断变换追诉角度，实现被告人被定罪的预期结果。如果起诉事实与审判范围同一性的范围狭小，一旦诉讼过程中对案件事实的认定发生变化，检察官在继续维护公诉主张时将面临困境。另外，如果起诉事实同一性的范围窄小，则既判力的范围相应也受到限制。尽管检察官可能在此次起诉中败诉，但仍可能对同一自然性事实变换角度再行起诉。

对法院来说，虽然不存在因起诉事实范围大小而影响胜诉或败诉的问题，但法院最为关心的是减少错误判决，提高审判效率。如果起诉效力范围扩大，法院调查核实证据的范围也随之增大，这样可以增强法

① 刁荣华：《刑事诉讼法释疑》，汉苑出版社 1976 年版，第 123 页。

院查明案件事实的能力，降低认定事实错误的风险。同时，起诉效力范围扩大，法官对于审判事实可变更适用法条的余地也增加，使法院因变更法条而超出起诉范围的可能性相对减少。从诉讼效率上讲，起诉事实效力范围扩大，审判范围较广，使法官有可能在一次审判中彻底解决案件，有利于提高审判效率。如果起诉事实范围狭窄，可能造成对同一自然性事实多次审判，势必增加案件数量，加大法院负担。

由此可见，对起诉事实的界定，至少对以下三个方面产生重要影响：一是被告人辩护权的行使，关系到被告人合法权益的维护；二是定罪率的高低，影响到打击犯罪的力度；三是与追诉次数和审判负担有关，对诉讼效率有很大影响。

在起诉事实效力与审判对象问题上，不同国家或地区有不同做法，总的说来可分成英美法系与大陆法系两大类型。英美法系传统上实行诉因制度。对于起诉书，不仅要求详细记载犯罪事实，还要求列明诉因。在美国，“大陪审团起诉书或检察官起诉书应当就指控的每条罪状说明该行为违反的法律、法规、条例或其他法律规定，援引有关法律条文”[①]。在我国香港特别行政区，如果公诉书没有指出犯罪的基本要素，便构成公诉书的缺陷。如果缺陷严重，简单的修正已不能弥补，控告方与被告方均可以公诉书有缺陷为由，提出撤销公诉书的申请。诉因制度的确立，其目的有二：一是确定审判对象；二是确定当事人攻击防御的焦点，保证被告人充分行使辩护权。因此，在英美法系国家或地区，诉因事实便是起诉事实，审理对象就是相当于犯罪构成要件的诉因。法官、陪审官的职责就是通过审理判断控方诉因是否存在或是否成立。如果法官、陪审官不能以起诉状记载的诉因对被告人作出有罪判决时，在没有追加、变更起诉的情况下，不能径行对起诉状记载诉因以外的事实进行认定。即使是基于同一自然性事实，也与不告不理原则相悖。

大陆法系传统上不采诉因制度。起诉书上除要求记载犯罪事实外，也要求记载所犯法条。但此项记载，仅是进一步明确审判范围，并非起诉之绝对必要条件。“所谓起诉事实，只指可以构成犯罪之事实，亦毋庸具体地叙述其具有何种特别构成要件。”[②] 在起诉事实效力方面，实行

① 《美国联邦地区法院刑事诉讼规则》第 7 条（C）(1)。

② 陈朴生:《刑事证据法》，三民书局 1979 年版，第 29 页。

起诉不可分原则，起诉效力不仅及于单纯的一罪之全部，也及于实质的一罪，如继续犯、结合犯、吸收犯；甚至还及于裁判上的一罪，如想象竞合犯、牵连犯、连续犯。法官在未超出基本控诉事实的前提下，可以依职权进行为正确裁判所必需的一切调查。例如，《德国刑事诉讼法》规定：在起诉书所指控的人员和确定的行为范围内，法院有权力和义务自主行动。为了调查事实真相，法院应当依职权将证据调查延伸到所有对于裁判具有意义的事实、证据。①

二、关于适用法律方面的效力范围

起诉书在对被告人提出刑事指控时，应当明确被告人的行为构成何种犯罪，以便使被告人了解指控性质，针对指控行使辩护权。但是，这种对犯罪性质的认定只是起诉人员对刑法条文的理解和适用。一般来说，对法院没有拘束力。例如，检察官以杀人罪起诉某被告人。经审理，法院根据查明的案件事实，认为依照刑法规定不构成杀人罪，而应当是伤害致死；或者被告人行为虽然造成致人死亡的后果，但其行为本身属于正当防卫而受法律保护，因而不构成犯罪。法院在认定被告人行为性质上一般不受起诉请求范围的限制，因为定罪量刑本身就是审判机关的职责和权限。

大陆法系国家的刑事诉讼法对于法院自由适用法律问题一般均有明确规定。例如，《德国刑事诉讼法》第 155 条“审判的范围”规定，在起诉书指明的行为和被告人范围内，“法院有权力和有义务自主行动，尤其是在刑法的适用上不受检察机关提出的申请之约束”。在法国，立法同样允许法院作出不同于起诉书的对案件事实的法律评价。

在英美法系国家，审判人员的任务是认定诉因是否存在或是否成立。总的来说，由于诉因事实中包含有犯罪构成要素，因此审判人员变更适用法律条文的余地十分有限。具体而言，当审判人员不能根据起诉书记载的诉因对被告人作出有罪裁决时，可否在审理事实的基础上径行适用新的法律条文定罪，需要考察两个因素：一是是否超出起诉的效力范围；二是是否对被告人辩护权行使有不利影响。例如，美国《联邦地区法院刑事诉讼规则》第 31 条（C）规定：“被告人可以被确定犯有包容

① 参见《德国刑事诉讼法》第 155 条第（二）项、第 244 条。

于被控罪行之中的某项罪行，或者当意图本身构成犯罪时，被确定意图实施被控罪行或者实施必然包容在被控罪行之中的某项罪行。”加拿大法律也规定，在被控的整个罪行未得到证明时，被告人可以被定以“业经证明的包含在被控罪行之中的罪行”，或者“意图实施包含在被控罪行之中的罪行”。举例来说，当罪状指控被告人犯一级谋杀，而庭审证据不能证明一级谋杀，但可以证明二级谋杀成立或者意图犯二级谋杀时，陪审团可以裁定被告人一级谋杀罪名不成立，同时根据案情裁定被告人犯二级谋杀或意图犯二级谋杀。[①]可见，审判人员改变起诉书中的罪名情况仅限于认定之罪行包容于被起诉罪行之中，或者系较起诉罪行轻之罪行或系起诉罪行未完成形态，其实质是不得恶化被告人地位。

三、关于撤销、变更或追加控诉

诉讼理论认为，起诉、不起诉、撤销起诉、变更起诉或追加起诉，都属于起诉权不可分割的组成部分，由此构成完整、统一的起诉权。尽管现代刑事诉讼中，绝大多数案件由检察机关代表国家或社会提起公诉，但由于起诉的性质本身仍为向审判机关提出的一种诉讼请求，因此起诉方如果发现业已起诉的案件缺乏某方面起诉条件，如主要犯罪事实不清、证据不足，或者根据有关法律规定具有不应追究刑事责任的情形时，可以撤回自己的诉讼请求。此外，在提出控诉之后，如果发现在指控的犯罪人、犯罪事实和适用法律认定犯罪性质方面存在不足或出现错误时，可以予以补正，追加或变更控诉内容。综观大陆、英美两大法系具代表性国家的刑事诉讼法律，尽管有关撤回、变更或追加控诉的规定不尽相同，但大体上反映出以下几个问题：

首先，变更或追加控诉的事项应限于不妨害起诉事实同一性的事实或者与本案具有牵连关系的事实。在采诉因制度的国家，所谓起诉事实指作为原诉因基础的自然性事实。在此制度下，诉因是现实的审判对象，自然性事实是潜在的审判对象。在同一自然性事实范围内，潜在的审判对象可能由于起诉的变更或追加而成为现实的审判对象。在大陆法系国家，案件被提起公诉后，如果在庭审中发现与本案具有牵连关系的新事实，此时起诉的效力已难以涵盖这些新事实，必须经过变更或追加

① 参见《加拿大刑事法典》第662条。

起诉才能继续进行审判。所谓具有牵连关系的事实，通常指数人共同实施或者数人采取相互独立的行动造成犯罪结果，以及一人犯数罪，其中一些罪行是为了执行或掩盖另一些罪行而实施的等情况。[①]

其次，起诉人行使撤回、变更控诉的权力受审判机关制约。尽管撤销起诉、变更起诉属于起诉权的一部分，但为保证审判活动的顺利进行，保证刑事诉讼程序的公正合法，保障被告人合法权益，法院得对起诉人撤销、变更控诉权力的行使予以适当干预和限制。一是时间上的限制。各国一般规定，撤销起诉或变更起诉必须在第一审判决前提出，有的甚至要求截止于第一审辩论终结前提出。二是法院对起诉方关于撤销控诉或变更控诉的请求有一定的决定权。如《日本刑事诉讼法》规定，裁判所在审理程序中认为适当的时候，可以命令追加或者变更诉因或罚条;《德国刑事诉讼法》规定，法院在决定开始审判程序时，不受检察官要求撤销起诉申请的影响。

最后，变更或追加控诉不得妨碍辩护权行使，不得损害被告人合法权益。起诉的法律效力主要表现在确定诉讼系属，限制审判范围，明确控辩焦点。因此，在允许起诉方变更、追加控诉的同时，必须注意对被告人合法权益的保护，实现控辩平衡，不能对被告人搞突然袭击，搞暗箱作业。为此，各国一般规定，在审判期间，如果变更或追加控诉事实，应迅速将变更或追加的部分通知被告人及其律师，以使被告人一方有足够的防御准备，保障辩护权的行使。如果起诉的变更或追加可能不利于被告人之防御时，法院可以依辩护方申请或者主动决定延期审理。

综上所述，在现代刑事诉讼架构下，为贯彻控审分离，追求控辩平衡，实现审判公正，在起诉效力与审判范围问题上，应当遵循几个基本的准则：第一，审判范围受诉讼请求事项约束，不得及于未经起诉的人与事；第二，法官在事实同一基础上不得认定较起诉罪名为重之罪行；第三，起诉方变更、追加控诉，或者审判官变换适用刑法，均应及时告知被告方，以保障被告人辩护权的行使。

我国现行刑事诉讼制度在传统上更接近大陆法系，又受苏联很大影响。在起诉效力与审判范围问题上，刑事诉讼立法未明确规定。通行的观点认为，起诉的效力及于整个自然性事实即客观事实，适用刑法包

① 参见《意大利刑事诉讼法》第12条。

括认定罪名则属于法官的职权范围。1996年修改刑事诉讼法以前，在司法实务运作中并无太多问题。因人民法院对公诉案件在庭前实行实体审查，对于主要事实不清、证据不足的，包括定罪有问题的或者有漏诉漏罪的，均可退回人民检察院重新起诉或补充起诉。尽管当时也存在检法两家在认定罪名上不一致的争议，但相当一部分可以在庭审前协调解决。总的来说，矛盾并不突出。1996年修改刑事诉讼法时，为适应庭审方式改革，贯彻控审分离原则，弱化了人民法院对公诉案件的庭前审查程序，取消了法院审查后退回人民检察院补充侦查或者要求撤回起诉、补充起诉的做法。现行刑事诉讼法规定，只要人民检察院起诉的案件附有写明犯罪事实的起诉书、证据目录、证人名单、主要证据复印件或照片，法院就应当开庭，基本确立了有诉必审的原则。[①]因此，审判对象超出起诉范围，以及法院认定罪名与起诉罪名不一致的情况，司法实践中时有发生。针对此种情况，最高人民法院《关于执行〈中华人民共和国刑事诉讼法〉若干问题的解释》规定："起诉指控的事实清楚，证据确实、充分，指控的罪名与人民法院审理认定的罪名不一致的，应当作出有罪判决。"

对此解释，法学界有不同意见。认为这一解释没有刑事诉讼法上的根据，而且人民法院改变控方指控的罪名，一方面违反了控审分离的原则，是对法官角色的混淆；另一方面剥夺了辩护权，使得辩方无法针对实质定罪的罪名进行有效辩护。[②]

笔者认为，人民法院的司法解释排除了由于法院与检察院对同一事实适用刑法认定罪名的分歧而导致无罪判决的可能，从而确定了我国在起诉效力与审判范围问题上的基本立场。应该说，这种把起诉效力及于整个自然性事实或称案件客观事实的做法是可以肯定的。我国传统上未实行诉因制度，在起诉方指控事实的范围内，法官有权独立适用刑法，认定罪名。换言之，在采诉因制度的国家，法庭审理的目的是确定起诉方指控的罪名是否成立，包括被告人是否实施了被指控的行为，以及该行为是否构成起诉方指控的罪名。而在大陆法系国家，包括我国，法

① 张穹:《人民检察院刑事诉讼：理论与实务》，法律出版社1997年版，第344页。

② 参见1999年中国政法大学刑事法律研究中心主办《刑事诉讼法实施问题座谈会纪要》。

庭审理一方面是要查明被告人是否实施了被指控的行为，另一方面是根据查明的事实，适用刑法，认定被告人行为是否构成犯罪以及构成何种犯罪，这两者有着明显的区别。如前所述，在诉因国家，裁判者变更适用法律条文的余地极为狭窄。除可以认定指控罪名成立外，只能确定被告人犯有包容于被控罪行之中的某项罪行，或者意图实施被控罪行，或者意图实施必然包容于被控罪行之中的某项罪行。而不采诉因制度的国家，则基本上没有这方面的限制，法官可在起诉方指控事实范围内自由适用法律，包括作出不同于起诉书对案件事实的法律评价。

把起诉效力及于整个自然性事实，法官在作出判决时不受起诉指控罪名限制，凸显了大陆法系国家传统诉讼价值观念。首先，它赋予法官极大的主动权与积极性，促使法官努力查明案情，正确适用法律；其次，由于起诉效力涵盖范围较广，法官受起诉范围限制较小，增加了被告人被定罪量刑的可能性，从而有利于犯罪控制价值目标的实现；最后，从长远来看，起诉效力外延伸展的后果是相应扩大了一事不再理的适用范围，加强了公民法律地位的稳定性和主体行为的可预期性，从而有利于社会秩序的稳定。那么，是否大陆法系的法官在适用法律、变更罪名方面就不受任何限制呢？答案显然是否定的。为贯彻控诉与审判职能的分离，保障被告人合法权益，大陆法系国家在此方面同样有一套程序性的保障。主要表现在：相对完备的变更起诉、追加起诉制度；告知被告人以便其有效行使辩护权制度；延期审理制度；等等。

由此可见，最高人民法院相关解释的主要缺憾在于只是简单地自我授权，既没有对人民法院变更罪名施加任何限制，又没有设置必要的程序保障；既缺乏对公诉方追诉意志的尊重，又缺乏对被告人辩护权的保障，从而不能正确发挥司法解释弥补立法之不足的作用。依据控审分离的原理，按照公正审判的要求，借鉴其他国家经验，笔者认为，在调整起诉效力与审判范围方面应当注意以下几点：

第一，未经起诉之个人和事实，法院不得径行审理并定罪量刑。这是调整控审关系的基本原则。

第二，尽快建立撤销、变更、追加起诉制度。人民检察院在向审判机关提起公诉后，如果发现起诉案件在事实认定、证据判断、刑法适用等方面存在问题，不符合起诉条件时，可以撤回控诉；如果发现在指控的被告人、犯罪事实和适用法律认定犯罪性质、罪名方面存在不足或者出现错误时，可以请求补正、变更或追加控诉内容。人民法院在审理过程中发现指控事实与指控罪名不符，或者与本案有牵连关系之新事实时，经检察院要求可以允许变更控诉，法院也可以建议控方改变罪名，重新起诉。

第三，变更或追加控诉要立即通知被告人及其辩护律师。如果对被告人辩护权的行使有实质性影响，应当决定延期审理，以给被告人一方充分的准备时间。必要时，可以更新法庭审理程序。

第四，如果人民法院认为指控的罪名与指控事实不符，而人民检察院不同意法院变更指控罪名的建议时，法院应当向控辩双方告知改变指控罪名的意图，在控辩双方进行必要的准备后，再行审理和判决。

罪刑法定的程序性要素 *

引　言

自从刑法学家费尔巴哈将罪刑法定原则公式化为“无法律则无刑罚，无犯罪则无刑罚，无法律规定的刑罚则无犯罪”之后，对此原则的研究就从政治思想范畴转为刑事实体法的范畴。这种转折产生了两种结果：其一是将当时与此原则有牵涉的政治思想，在法律上将其固定下来，促成了现代刑法的发展；其二是后人研究此原则，都习惯遵循费尔巴哈的思路，以他的理论为研究的起点，而忽视在他之前的在现代仍有进步意义的思想。在此，本篇论文将重述费尔巴哈之前的历史，从十七八世纪的洛克、孟德斯鸠到贝卡里亚，甚至上溯至1215年的英国《大宪章》以及在17世纪初使《大宪章》“死灰复燃”的英国大法官爱德华·柯克爵士，意图论证罪刑法定思想的另一面：罪刑法定思想自其萌芽起，就兼有程序性要素。

本文所指的程序不局限于诉讼程序，这是由罪刑法定的历史决定的。按照通常的分类，法律程序包括诉讼程序和非诉讼程序。非诉讼程序又包括立法程序、选举程序和行政程序等。① 非诉讼程序以追求权力的合理分配为核心，现代的诉讼程序则更强调约束权力，赋予公民更多的权利。罪刑法定完整的程序性要素，体现在对权力和权利两者的追求上。如果将法律比作一头猎犬，那么权力之争就是争夺由谁来作其主人。事实是，十七八世纪西方思想家争论的首要问题便是“主人”之争。

从历史上看，强调个人权利和个人自由的民主制度和宪法政府，促使了罪刑法定思想的滋长、成熟。自由的历史基本上是奉行程序保障的

---

* 原文载陈兴良主编:《刑事法评论》(第11卷)，中国政法大学出版社2002年版，与刘月楚合作。

① 陈光中、王万华:《论诉讼法与实体法的关系》，载《陈光中法学文集》，中国法制出版社2000年版，第623页。

历史。利用程序规范和限制国家权力，应是程序正义的最初意义。从这一意义可以认为，程序具有制度上的独立价值。无视这一点，对法律精神的追求将导向形式上的正义，即仅仅是对法律规范的正确解释和严格遵守，而不管其实质性原则。

相应的，罪刑法定的程序性要素也就不拘泥于刑法典的制定、运作了，尤其是对于那些早先的思想家们而言。法律事业不仅仅是公正地制定和适用规则，而且也包括其他的管理方式，诸如投票选举、发布命令、任命官吏和宣布判决等。也许正因为某部分法律事业的缺失，或者这些事业不同的运作程序，而导致了不同的国家形态。法律事业的程序历史，也反映了国家观念从封建国家、专制国家到法治国家的发展转变过程。毫无疑问，罪刑法定处于这个历程终端的浪尖上，虽然这个名词在1801年费尔巴哈的刑法教科书中首次出笼。

有学术观点认为，中国古代就已经有罪刑法定思想。仅从罪刑法定的法典表现形式来看，中国古代的刑事法典与西方相比，不可谓不系统、严密。但这与罪刑法定毫无渊源，因为，现实情况是臣民一直受着单一的王权的统治，甚至在20世纪初，以限制君权为目的的“君主立宪”这场迟到的变革也流于失败。中国古代、近代思想家的“民权”观念，因为找不到一套有效的程序来制约王权，甚至反而有时为专制所利用。

罪刑法定是刑事法的核心。它不仅需要有完整的刑事实体法，更要求有相互协调的司法制度、诉讼程序和社会价值。本文采用比较、历史的方法，从“程序”入手研究罪刑法定，以探索更完善的方案。

一、从罪刑法定的历史探讨程序的独立价值

“程序”一词在社会生活中普遍应用，一般含义为“事情进行的先后次序”，是事情进行的过程。但在法律科学中，法律程序应该是有特定意义的概念。作为现代意义的法律程序概念应当包括两个层次：首先是各种社会主体权力、权利的分配，各种权力、权利要素之间关系密切，从而形成一种社会结构，并且这种社会结构是人为刻意的安排；其次才是各主体在其权力、权利范围之内按照一定的顺序、步骤进行法律决定的过程。法律程序的第一个层次，即社会结构层次是静态的；第二个层次，即决定过程是动态的。按照正当法律程序的要求，这两个层次

都不能违背。例如，行政人员对犯罪定罪量刑、法官断案先判后审，即使前者过程适当，后者行为符合其权限，都不能说法律程序正当。

所以，按照社会结构来划分，法律程序可分为立法程序、选举程序、司法程序和行政程序。这是一种基本的分类方法。所谓立法程序，是指立法机关在其权限范围内，为制定和颁布法律，按照一定的步骤和顺序进行的法律决定过程；选举程序，是指选民依其选举权利，为选举民意首领或代表，按照一定的步骤而进行的法律决定过程；行政程序，是指行政机构为制定一部行政法规或者作出一项行政决定，按照一定的步骤和顺序进行的法律决定过程；司法程序，是指司法机关按照法律规定的权限，按照一定的步骤进行司法裁判解决纠纷的过程。

但是按照权力或权利主体对程序进行的划分，也不过是近、现代才开始的，正如孟德斯鸠所说的，立法权、司法权、行政权“这三种权力原来应该形成静止或无为状态。不过，事物必然的运动迫使它们前进，因此它们就不能不协调地前进了”①。法律程序的发展必然地与权力、权利的协调前进密切相关。有意思的是，正是法律的正当程序开始了罪刑法定的思想历程。

（一）法律的正当程序：柯克和《大宪章》

罪刑法定最早的思想渊源当推1215年英王约翰签署的《大宪章》第39条：凡是自由民除经其贵族依法判决或遵照国内法律之规定外，不得加以扣留、监禁、没收其财产、剥夺其法律保护权，或加以放逐、伤害、搜索或逮捕。从整体看，《大宪章》基本上仍是一个封建文件，保障的是特定的封臣阶级的利益。但对后来人而言，它的重要性在于它宣布国王在当时、在将来均低于法律的原则，确定了“适当的法律程序”的法的基本思想。虽然第39条没有明确用这个词，但这一条的重要性只要看一下当时的英王约翰的表现就会更清楚。约翰喜欢亲自主持公道，常凭好恶使用法权，十分残忍，并且对司法格斗有病态的爱好。他甚至说“法律在我口中”。《大宪章》正是表达了英国贵族欲将反复无常的国王置于法律之下的意志。

《大宪章》本身起源于议会，后来议会迫使各个多少有些不情愿的

① ［法］孟德斯鸠：《论法的精神》（上册），张雁深译，商务印书馆1961年版，第164页。

国王认可《大宪章》达32次之多。至1225年，公布的《大宪章》中的“自由民”已经泛指“人民和大众”，而不仅仅是贵族了。在1354年爱德华三世的法令中首次出现了“法律的正当程序”一词。法令是这样规定的：未经法律的正当程序进行答辩，对任何财产和身份的拥有者一律不得剥夺其土地或住所，不得逮捕或监禁，不得剥夺其继承权和生命。此时的“法律的正当程序”，正如丹宁勋爵所说的，“是指为保持日常司法工作的纯洁性而认可的各种方法：促使审判和调查公正地进行，逮捕和搜查适当地采用，法律救济顺利地取得，以及消除不必要的延误等等”。①

《大宪章》产生的时代，也是英国社会出现一个新兴的、富有的、受过教育的阶层的时代。这个阶层包括绅士、商人及律师。他们促进了新的价值观念与新制度的产生。也是在这个时候，英国的民众向他们的国王传达了他们的意愿：国王依法律治国，而议会是法律的监守。在1368年，即英王爱德华三世统治时，以成文法的形式发布了一个宣示，即任何成文法规的通过，如与《大宪章》相悖，则必然无效。从限制王权的意义来说，此时的《大宪章》已有类似于近代所理解的宪法的性质了。

相应的，“法律的正当程序”一条也具有了最高法的性质，它轻易不受其他法律的更改。因此，似乎可以说，这种最早利用法律程序对君主专制的制约促进了罪刑法定思想的萌动。罪刑法定最初的进步意义在于与罪刑擅断的对抗。在实行君主专制的国家，君主独揽大权，并且权力不受约束，则必定会走上罪刑擅断的道路。但是，在当时，这样的限制仍是非常有限的，而且也不是根本性的，因为它取决于王权与贵族权力的孰强孰弱。在王权与贵族权力的对峙状态中，一个强而有力的国王可以重新取得他的专制权力。1397年，英国议会投票通过国王不可侵犯而反国王特权者为叛逆的提议，就是这样一个范例。

总体而言，《大宪章》仍是一个封建文献，一个多世纪的辉煌之后，在专制统治下湮没了。但“法律的正当程序”概念却作为一种传统保留在英国的法律制度中，并且在17世纪初得到复兴。这场复兴很大程度上应归功于爱德华·柯克爵士。

---

① ［英］丹宁：《法律的正当程序》，李克强等译，群众出版社1984年版，第68页。

柯克（1552—1634）是一位律师之子，个性易怒，精于法律，曾历任法律的公布人、王室检察长、高等民事法院院长、王座法院大法官和议会议员。他一生都在重申议会特权，限定国王权力，否定国王不提出明确指控而关押公民的权力。最后他被解除了所有职务，并被关押到伦敦塔内，获释后，他仍不改变态度，并成功地促成了《权利请愿书》的投票。与柯克同时期的国王是詹姆斯一世，詹姆斯相信自己是在用神权统治国家，并且发表言论说议会特权也由他而来。但17世纪的英国，律师阶层已经成熟，并且相当活跃，他们经济富裕，拥护议会，愿意向违反法律的国王挑战。

作为英国的大法官，柯克擅长于寻找“先例”，他重新利用《大宪章》来限制王权，尤其是“法律的正当程序”一条。1215年的《大宪章》是一个开端，在很大程度上，可以说是封建贵族向国王争取特权，但是17世纪柯克复兴的《大宪章》，已经可以说是英国人自由权的证明书了。美国宪法史学家认为，从柯克所理解的《大宪章》，经由1688年的《英国宣言》和1689年的《权利法案》，一脉相承地发展成为美国宪法早期的《人权法案》。柯克对“法律的正当程序”的理解和推动大致可以归纳为以下方面：

一是诉讼只能由法院单独作出裁决，国王没有资格亲自定案。国王认为法律是基于理性的，他本人和其他人，与法官一样，都具有理性，而且，法官也只不过是他的代表，因此，国王本人可以亲自定案。柯克的回答是，诉讼并不是依自然理性来决断的，而是依人为理性和法律的判断来决断的，法律是一门艺术，一个人只有经过长期的学习和实践，才能获得对它的认知。柯克通过坚持法律是法官的科学，阐明了他对国家执法问题的看法，即国王排除在执法权之外。

二是审理案件，应当按照法官应当遵循的程序来审理。国王认为涉及他自身的权力或利益的案件时，可以要求法官延缓审理，以便他有时间与法官们预先相互磋商，当然也包括有时间向法官们施加压力。当时所有的法官都作肯定回答，只有柯克回答“否”。

三是任何人在自己的案件中充当法官是非法的。当时有一个著名的博纳姆案：医生博纳姆没有取得伦敦医学院颁发的执照就在伦敦行医，医学院就依照议会法令处罚他。柯克认为这种行为蒙上了官方权威的色彩。他的评论是：学校的学监们不可能同时是法官、大臣和当事人；法官可以进行审判或判决，大臣可以进行传唤，当事人可以收取一半的罚金，任何人不得在自己的案件中担任法官，在自己的案件中充当法官是非法的。

柯克的准则还包括：任何人皆不应因同一过错而两次受罚；制定法应当是前瞻的，而不能追溯既往；每个人的居室就是他的藏身所；自己的代理权不应当委托他人代理；等等。除此之外，柯克还主张议会的权力也应当受限制。

刑法学家认为，罪刑法定主义，在本质上受刑事人权思想的支配。那么何谓“人权”？“国家权力发现自己的界限”是人权的基本要求。[①] 柯克努力使《大宪章》历史上形成的程序，成为约束权力特别是英国王权的永久手段。但柯克所做的仅仅是对王权的权力限制，而非分权。权力限制和分权是有区别的。所谓权力限制，是指由于传统或立法的限制，特定的主权者被臣民的权利所限制，这种限制需要强制性组织来保障，并且受其强制力或大或小的影响；分权，则是指一个主权者与另一个主权者的冲突，而两者是平等的。[②] 在柯克看来：依照自然法，臣民对主权者的忠诚与服从是正当的，任何法令都不能约束国王的特权，这些特权只属国王一人，且与他本人不可分。这些言论都反映了他的权力限制的思想，而非分权思想。历史的事实也说明了这一点。由贵族构成的议会，这种强制性组织力量的变弱，紧接着詹姆斯之后的国王又曾解散议会，实行专制统治。

（二）立法程序的正当性：洛克、孟德斯鸠

17 世纪的欧洲，法律作为防止专制的工具价值已经在人们思想观念中形成。政治法学理论开始强调个人自由，法律制度也凸显出保护个人权利的因素。从法律程序的角度来分析，第一层次即静态的社会结构已经松动，新兴阶级宣扬的“民意”开始渗入权力因素中，个人权利具有至高的地位。“自由”这个最初意为禁止地方行政官进入贵族辖区的地理概念，从中古的特权观念转变为普遍性权利的现代理念。社会结构变

---

① ［瑞士］托马斯·弗莱纳：《人权是什么？》，谢鹏程译，中国社会科学出版社 2000 年版，第 6 页。

② ［德］马克斯·韦伯：《经济与社会中的法律》，张乃根译，中国大百科全书出版社 1998 年版，第 49 页。

动的意图，表现在刑罚权方面，就是要限制这种国家权力的恣意行使，保护个人权利和自由。当时的洛克和孟德斯鸠等都对罪刑法定思想作了系统的阐释。

洛克（1632—1704）是自由主义的切实主张者。他对自由的定义是，处在社会中的人，只受他们同意建立的立法权的支配，只受他们委托的立法机关制定的法律的约束。法律的目的是保护和扩大自由，而不是废除或限制自由。“哪里没有法律，哪里就没有自由”[①]，可以说是洛克对自由与法律关系的高度概括。

洛克将国家权力分为立法权、执行权和对外权。立法权是制定和公布法律的权力，执行权是负责执行被制定和继续有效的法律的权力，两者往往分立。立法权是国家的最高权力，立法权的归属决定了国家的形式。但立法权至上是在法律范围内的至上，而不是一种高于法律的权力。

洛克主张，国家应该用明确不变的法规来公正、同等地对待一切当事人，由社会授权的资深法官按照法律规定的刑罚来处罚犯罪。洛克通过论述立法权的权威性和法律的目的，表达了他的罪刑法定思想。他强调，合法的立法程序，是确保罪刑法定的法的权威性的首要基础。

孟德斯鸠（1689—1755）继承了洛克的分权思想，他将国家权力分为立法权、司法权和行政权。根据他的三权分立学说，立法机关应该依据宪法规定独立地完成立法任务；司法机关依据刑事法律的明文规定独立地执行审判职责；行政机关则不能干涉立法与司法活动。一切有权力的人都容易滥用权力，为防止权力滥用，就必须以权力约束权力。孟德斯鸠设想的政制是，不强迫任何人去做法律所不强迫他做的事，也不禁止任何人去做法律所许可的事。因此，在立法与司法分立的前提下，就有必要将罪与刑用法律明文规定下来，人民可以通过法律确切地知道他所承担的义务。可以说，孟德斯鸠为罪刑法定主义奠定了政治制度基础。

在孟德斯鸠看来，法律是保障自由、反对专制的工具。“公民的自由主要是依靠良好的刑法”[②]，这是他对刑法的价值定位。刑罚不是依据

---

① ［英］洛克:《政府论》（下篇），叶启芳、瞿菊农译，商务印书馆 1981 年版，第 36 页。

② ［法］孟德斯鸠:《论法的精神》（上册），张雁深译，商务印书馆 1961 年版，第 188 页。

立法者一时的意念，而是依据犯罪性质来规定，就是自由的胜利。除了立法保障自由之外，司法诉讼程序也同样保障自由。对公民的荣誉、财富、生命与自由越重视，诉讼程序也就越多。公民的荣誉和财产，如果没有经过法定程序，不得剥夺；公民的生命，除了受国家的控诉之外，也不得剥夺，并且国家控诉他的时候，必须给他一切可能的手段为自己辩护。法官断案，除严格依照司法程序外，还必须以法律规定为依据，不得擅断。

洛克、孟德斯鸠从对政治制度的设计中推导出罪刑法定主义。他们强调立法程序的正当性、立法与司法的分立等。如果立法程序失去规约，立法可以将任何行为称为“罪”，罪刑法定也将失去原本的意义，甚至会产生严刑峻法的社会局面。

（三）法律适用程序的正当性：贝卡里亚、费尔巴哈

贝卡里亚自称是遵循孟德斯鸠这位伟人的足迹前进。贝卡里亚的犯罪与刑罚理论建构在社会契约论上，并以此揭示刑罚与惩罚权的来源。“人们牺牲一部分自由是为了平安无忧地享受剩下的那份自由。”[①]社会成员自愿出让的一份份最少量自由的结晶就构成了惩罚权。贝卡里亚总结出一条普遍公理：为不使刑罚成为对公民的暴行，刑罚应该公开、及时、必需，在既定条件下要尽量轻微、与犯罪相对称并由法律规定。后来的刑法学家据此归纳出三项刑法基本原则：罪刑法定主义、罪刑均衡原则和刑罚人道主义。其中罪刑法定主义的基本思想包含以下内容：

第一，只有法律才能规定犯罪与刑罚。只有代表根据社会契约而联合起来的整个社会的立法者才拥有这一权威。司法官员对犯罪公民的刑罚不能超越法律限度，否则就是不正义。可以看出，贝卡里亚主张立法权限制司法权，而且立法权本身应具有正当性，即立法的权威来源于社会契约。

第二，立法中不能出现严酷的刑罚，因为酷刑违背公正和社会契约的本质。刑罚是每个社会成员事先作出的许诺，即如果违背公共利益，则将丧失自由和权利，酷刑违背人的本性，因为没有人愿意丧失如此重大的自由。在此，贝卡里亚认为立法权也应有限度。根据罪刑法定，立

---

① ［意］切萨雷·贝卡里亚:《论犯罪与刑罚》，黄风译，中国大百科全书出版社1993年版，第8页。

法机关规定犯罪及其刑罚，但它不能任意规定某种行为为犯罪，也不能规定过于残暴的刑罚。

第三，必须由独立的司法官员来判定事实真相、适用刑罚，并且其判决为终极判决。贝卡里亚论述了司法权对立法权的限制，即立法机关只能制定法律，但不能同时又适用法律。是否构成犯罪，应当由作为第三者的司法机关来加以判定，而不能由立法机关来判定。

第四，任何犯罪人，都必须平等适用法律规定的刑罚。贵族和平民所犯的相同罪行，适用的刑罚应该一致。刑罚不能因身份不同而异，也不得用司法权以外的权力来妨碍司法权的正确行使，应是罪刑法定的当然之义。

第五，法律条文应当公开、明确，刑事法官没有解释刑事法律的权利。使人不得不进行解释的含混性法律是一个弊端，因为如果“法律是用一种人民所不了解的语言写成的，这就使人民处于对少数法律解释者的依赖地位，而无从掌握自己的自由，或处置自己的命运”①。对法官法律解释权的否定，隐含着对法律明确性的要求。“了解和掌握神圣法典的人越多，犯罪就越少。因为，对刑罚的无知和刑罚的捉摸不定，无疑会帮助欲望强词夺理。”②

第六，刑罚的及时性、确定性和必定性。贝卡里亚认为，犯罪与刑罚之间的时间隔得越短，在人们心中，犯罪与刑罚这两个概念的联系就越突出、越持续。相反，推迟刑罚只会产生使这两个概念分离开来的结果。如果有罪不罚，即犯罪并不引起刑罚的必然结果，则会在人们心中煽惑起犯罪不受处罚的幻想。对犯罪的约束力量不是刑罚的严酷性，而是刑罚的必定性。

刑法学者认为，近代刑法学的诞生以贝卡里亚的《论犯罪与刑罚》一书的出版为标志。③其实，《论犯罪与刑罚》除了论及刑法理论外，还大量地涉及刑事程序理论。贝卡里亚认为刑法是对国家行使惩罚权力的限制，因此，他的罪刑法定主义也是为限制国家的权力，尤其是限制司

---

① ［意］切萨雷·贝卡里亚:《论犯罪与刑罚》，黄风译，中国大百科全书出版社1993年版，第15页。

② ［意］切萨雷·贝卡里亚:《论犯罪与刑罚》，黄风译，中国大百科全书出版社1993年版，第15页。

③ 陈兴良:《刑法的启蒙》，法律出版社1998年版，第37页。

法权。法律适用程序的正当性可以有效地限制司法权。

1801年，德国刑法学家费尔巴哈第一次将罪刑法定主义公式化，并将它作为刑法的基本原则。他的罪刑法定主义以心理强制说作为理论基础。按照心理强制说，感性的冲动是犯罪的原因，为防止犯罪，必须抑制行为人的感性冲动，即对为害作恶的人科处刑罚，并使人们预先知道因犯罪而受刑的痛苦，大于因犯罪所得到的快乐，才能抑制其心理上萌生犯罪的意念。他从国家和个人两方面论述罪刑法定主义的功能。从国家方面来说，罪刑法定原则是一种裁判规范，它意味着对司法权的限制。国家只能在法律规定的范围内认定与处罚犯罪，没有触犯刑法，就没有犯罪；没有犯罪，也就没有刑罚。从个人角度来说，刑法是一种行为规范，它对公民的行为起引导作用。刑法的威慑性，使公民确信犯罪与刑罚的结合，从而达到一般预防的作用。在这两方面中，费尔巴哈特别强调刑法对法官的限制作用。①

心理强制说是费尔巴哈刑法理论的核心，他的罪刑法定主义、犯罪原因论、权利侵害说以及刑罚本质论、刑罚目的论都以此为理论基础。与洛克、孟德斯鸠等启蒙思想家相比，可以说，他的刑法理论失去了批判精神，局限于实定法的范畴，缺少对立法正当性的思考。仅仅对实定法的关注，是一种注释刑法学和规范刑法学的研究方法。后来，随着对19世纪下半叶兴起的法律实证主义理论的批判，费尔巴哈的心理强制说也因此受到批判而失去影响。

（四）罪刑法定对程序的依赖

从历史来看，强调个人权利和个人自由的民主制度，促使了罪刑法定思想的滋长、成熟。自由的历史基本上是奉行程序保障的历史。利用程序规范和限制国家权力，应是程序正义的最初意义。从这一意义可以认为，程序具有制度上的独立价值。无视这一点，对罪刑法定的法律精神的追求将导向形式上的正义，即仅仅是对法律规范的正确解释和严格遵守，而不管其实质性原则。罪刑法定对程序的依赖具体表现为以下两方面：

首先，程序具有规范和限制国家权力、保护个人自由的作用。从

① 马克昌：《近代西方刑法学说史略》，中国检察出版社1996年版，第87页。

此层面而言，程序具有独立的价值。有程序保障的罪刑法定，可以防止国家刑罚成为强权压服者。从历史来看，柯克复兴法律的正当程序的目的是为限制国王的权力，而非为实现实体法。通过诉讼由法院单独作出裁决，国王无权定案；任何人不能在自己的案件中充当法官；按照法官应当遵循的程序审理案件等原则，限制了国王的权力，争取到了具有较大自主性的司法权。后来的资产阶级启蒙思想家主张立法、司法的正当性，仍是为反对封建专制制度，提倡自由的民主制度。与程序是依照实体法来认定事实的工具价值论不同，他们所倡导的法律程序是为了解决社会的冲突，由此，可以将之称为以人为基础的法律程序，它关注更多的是对国家权力的限制、个人的自由，并侧重于用法律技术来保障政治自由。以人为基础的法律程序主要停留在程序概念的第一层次，即社会结构层次，并欲对社会结构作出重新安排。与此相连，罪刑法定作为对国家刑罚权的限制，为人民获得了部分自由，人们有权做国家法律没有禁止的一切行为。

19 世纪下半叶，法律实证主义开始兴起。法律实证主义理论将终极价值的考虑排除在法学研究范围之外，把法学研究的任务限定在剖析实在法律制度的范围之内。他们认为，只有实在法，即国家确立的法律规范，才是法律。统治者命令的任何东西都是法律，正义就是合法律性，亦即服从国家所制定的规则。① 法律就是承认有权立法的一个人或若干人制定的法律；法律是政治上居上者为政治上居下者制定的法律。这都是法律实证主义者界定的法律概念。一句话，强权就是法律，就是正义，从而削弱了法律作为自由保障的基础。

法律没有舆论的支持，它的力量就会大打折扣。通过公众舆论，把国家的法律转变为社会民众的普遍观念，法学理论研究者在此起到了很好的作用，尤其是如果他们采用实证的注释研究方法。费尔巴哈是最早为注释刑法学奠定基础的人。民众是他的心理强制说所要威吓的对象。黑格尔就此进行了批判，他说：威吓的前提是人不是自由的，因而要用祸害这种观念来强制人们，以威吓作为刑罚的根据，不是对人的尊严和自由的重视，而是像对待狗一样对待人，总之，心理强制仅仅跟犯罪在

① ［美］E. 博登海默：《法理学：法律哲学与法律方法》，邓正来译，中国政法大学出版社 1999 年版，第 361 页。

质和量上的差别有关，而与犯罪本身的本性无关，根据这种学说制定的法典缺乏真正的基础。[①]这个基础在黑格尔看来就是自由。国家法律作为当权者的意志，民众只能被动地接受。尤其是刑法，因民众对犯罪现象的普遍恐惧，使当权者自然地成为“保护者”，而在刑法上附加更多的东西，从而限制人民的自由度。犯罪的另外一个作用就是让国家警察的存在具有正当性。没有犯罪，就没有警察。正如福柯所反问的：如果不是由于害怕罪犯，人民怎能容忍警察的存在和控制呢？如果没有罪犯，没有每天的报纸告诉我们罪犯那么多，又那么危险，我们怎么可能容忍这样一批人在我们中间：唯有他们有权身穿制服，检查我们的证件，还在我们门前不怀好意地走来走去？[②]

法律的精神在于追求社会正义，但现实的情况却是：正义极易受到破坏，只有借助于强权的力量，正义才能统治社会。国家强权的存在是应当的，但必须将强权加入正义之中。这是法治国家的首要问题。法治取决于一定形式的正当过程，正当过程又主要通过程序来体现。所以，国家权力运作程序的正当化，是罪刑法定合理性的保障。

其次，从社会具体事务而言，程序可以保障立法的正当性，从而确保罪刑法定的“法”的正当性。法律的明确性，作为罪刑法定的派生原则之一，首先要正确界定什么是犯罪行为。刑事立法学理论一般只在外部形式上认定犯罪，它们把犯罪看作由法律禁止且应受到惩罚的社会危害性行为。换言之，刑法禁止的行为就是犯罪，犯罪就是刑法禁止的行为。这种界定只着眼于眼前的法律规范，而极少考虑犯罪的起源问题。从深层角度来分析，犯罪首先应属于社会学的范畴。与法学家所主张的原则不同，社会学家认为，犯罪是对情感的侵犯，即对仁慈感和正义感的侵犯。犯罪行为虽然存在于任何社会中，但是，犯罪事实，即由国家刑法认定的应受惩罚行为，却是随着社会文明的进步而越来越多。例如，在半文明的社会中，杀婴和卖婴是被允许的；而以往并不引起人们注意的行为，例如诽谤、侮辱、中伤等，随着尊重个人的公共意识的加

① ［德］黑格尔：《法哲学原理》，范杨、张企泰译，商务印书馆1996年版，第102页。

② 杜小真编选：《福柯集》，上海远东出版社1998年版，第125页。

强，就会被加入刑法，算作犯罪。[①]

在现存法律确认的犯罪中，并不是所有的行为在各个时期各个地方都认为是应受处罚的。换言之，犯罪行为的界定是有历史发展性的。法律并非既定的，它必须被制定。在将罪刑明确化的过程中，立法者被赋予了大量权力。通过立法，任何行为都可能成为一种“罪”。法律实证主义把法律等同于法律形式。根据形式概念，没有正义性的法律仍然可以是法律。因此，尽管立法可能是专制立法，却仍能不仅被称为法制，而且还会作为合法立法而受到尊重。以法治为基础的体系，如果仅注重法律的形式，则有可能转变为事实上以立法者统治为核心的体系。立法则完全有可能只反映居于优势地位的利益集团的意见，而置众多劣势者的愿望于不顾。虽然正义观念在一般人中都能正常的发展，但当它与个人利益相冲突时，很少有人会使其行为与这种观念保持一致。

立法程序必须为“法律仍然保持为正义的法律”创造条件。从程序的两个层次来看，为保障立法的正当性，首先要规定立法者的立法权限，其次必须规范立法过程，以减少立法的随意性。正义是个完整的环节。罪刑法定作为法官断案的基本原则之一，法本身的“合理性”问题，还需正当性程序来保障。

西方哲学家认为，在所有的文化里，法律都具有与宗教共享的四种要素：仪式、传统、权威和普遍性。立法、适用法律、判决等过程，也像宗教的各种仪式一样，是被深刻体验的价值的戏剧化，尤其是刑事审判程序。[②]正义应是“被深刻体现的价值”之一种。英国谚语说，正义不但要被伸张，而且必须眼见着被伸张。没有公开则无所谓正义。正义论专家罗尔斯说，在公平正义中，不存在任何哲学专家，公民们必定在其思想中有某些权利和正义的理念，也必定有某种他们自己的理性推理基础。因此，罪刑法定中的程序价值在于其具有敞开性，也就是开放性。

---

① ［法］埃米尔·迪尔凯姆:《社会学方法的规则》，胡伟译，华夏出版社 1999 年版，第 53 页。

② ［美］伯尔曼:《法律与宗教》，梁治平译，三联书店 1991 年版，第 129 页。

二、罪刑法定在现代法律中的体现

关于罪刑法定主义应该包含哪些内容，在刑事法学者中间存在着意见分歧。罪刑法定主义这一原则来源于针对国家权力而强调保护国民权利的近代思想。根据这种思想，罪刑法定主义蕴含两层含义：其一，对什么样的行为科以刑罚，由国民自己通过其代表者来加以决定；其二，对于一般国民来说，对什么样的行为科以刑罚，科以何种程度的刑罚必须是可能加以预测的。这也是重视三权分立，尤其强调立法权优越地位的大陆法传统的通说。与此相对，在承认法院的判例具有立法功能的英美法系看来，判决是否根据正当程序作出具有更重大的意义。这种观点在对于罪刑法定主义的理解上异于大陆法系的观点。

（一）罪刑法定在大陆法系的表现形式

罪刑法定不仅要求限制立法权，还要求限制司法权。罪刑法定思想与当时在理性主义启动下的立法运动相结合，产生了欧洲大陆式的罪刑法定制度。理性主义体现在法律上就是相信仅用理性的力量，人们就能够发现一个理想的法律体系，很自然，他们都力图系统地规划出多种多样的自然法原则和规则，并将它们全部纳入一部法典之中。在法典编撰运动中，法国率先将罪刑法定制度确立在法典之中。1789年法国的《人权宣言》第5条规定："法仅有权禁止有害于社会的行为。凡未经法律禁止的行为不受到妨碍，而且任何人都不得被迫从事法律所未规定的行为。"1810年《法国刑法典》第4条明确规定了罪刑法定原则："没有在犯罪行为时以明文规定刑罚的法律，对任何人不得处以违警罪、轻罪和重罪。"在此之后，德国、意大利等国都作出了类似规定。这场法典编撰工作的最大功绩之一，就是将一种法律制度隶属于立法制定的民主程序。但它同时也产生了法律实证主义观念的弊端。法被等同于君主的命令，法学研究忽视了对正义之法的探索。这种禁止法官自由裁量权的罪刑法定原则，使大陆法系的审判过程成为一幅机械操作图。法官酷似专门的工匠，他的作用仅仅在于找到正确的法律条款，把条款与事实联系起来，法律条款与事实的结合会自动产生解决办法，法官只是赋予这个解决办法以法律意义。

这种司法机械论观念除了受理性主义的影响之外，在刑事诉讼方面，还与罪刑法定的历史背景有密切的关系。罪刑法定是洛克、孟德斯鸠、贝卡里亚等被后人称为“古典自然法学派”所提倡的主张。古典自然法学派认为应该把全部社会秩序建立在对人的考虑上，法律是人类理性的产物，法律要力求系统化。他们的罪刑法定思想是：国家必须依据法律来统治，人民只受法律的约束；法律必须公开、明确；法官没有解释法律的权力，断案必须以法律为依据，不得擅断等，可以说表达了对刑法典系统化的追求。罪刑法定的本意在于限制国家的刑罚权，保障个人的基本人权和自由。为了保障个人的自由不被非法剥夺，罪刑法定要求在制度上将刑事立法权交由专门的立法机关行使，司法活动必须依据立法机关制定的法律进行，法官只能适用法律，而无权创造法律。例如，孟德斯鸠认为，共和国政制的性质要求法官必须以法律的文字为依据，国家的法官不过是法律的代言人，不过是一些呆板的人物，既不能缓和法律的威力，也不能缓和法律的严峻。其中最有代表性的是贝卡里亚的表述，他认为，刑事案件中的法官无权解释刑法，因为法官不是立法者。法典一经生效，就应当按字面意义去遵守。法官的唯一任务就是判定某一行为是否合于成文法。因此，法官对审理任何案件都只能进行三段论式的逻辑推理：大前提是一般法律，小前提是行为是否符合法律，结论是自由或者刑罚。

这种三段论式的断案方式设想，由于契合了欧洲大陆对法官的极端不信任传统，在当时得到普遍赞同。法官在欧洲大陆历史上属于贵族阶级，他们曾支持土地贵族反对农民、城市工人和中产阶级。就是司法官职本身，也被视为贵族的财产，可以买卖和继承。这和英国、美国的司法传统不一样，它们的法官是社会的进步力量，常常与人民站在一起反对统治者滥用权力。这种设想的意图在于尽量从司法过程中完全排除法官的自由裁量权。

但是在事实上，对法官自由裁量权的严格限制，需要满足以下几个前提：第一，立法者需要具有超人的预见能力；第二，立法过程中已经解决了法律的正义性问题，法官无须在司法过程中为正义操心；第三，社会生活要相对静止，否则法典会迅速地与前进的社会生活脱节。总之，法典规范的充分性和可适用性要达到使法官的自由裁量成为多余的程度。[①] 这是一个极端理想化的设想，但当时的自然法学家却是非常的

① 宗建文：《罪刑法定含义溯源》，载《法律科学》1995 年第 3 期。

乐观。他们相信在对人类社会进行理性分析的基础上能够建构起一个完整且令人满意的法律体系，理由是人类的理性力量是普遍的，它适用于所有的人、所有的国家和所有的时代。

这种立法至上观念，在德国第三帝国时期发展至极端。法官、法学家们为自己的过去辩护时，都将责任推诿于“实证主义对司法的误导”，法官的判决是“法律实证主义的灾难性后果”。可以说，司法机械论，不仅导致了法官的呆板，而且还导致了法律学说的呆板。

（二）罪刑法定在英美法系的表现形式

罪刑法定原则在英美法系国家有特殊的表现形式，其含义不同于大陆法系。英美法系刑法不注重罪刑法定原则的字面意义，而更注重与刑法的执行有密切联系的实际意义。有学者认为，美国宪法中虽然没有明文写出罪刑法定，但一系列宪法修正案实际上已经包含了罪刑法定原则的基本精神，特别是由于正当程序条款的建立而使这一原则得到了进一步的发展。

1. 正当法律程序的含义

“正当法律程序”包括“实质性正当程序”和“程序性正当程序”两个概念。实质性正当程序用于决定政府能采取的具体措施，要求联邦及州议会制定的法律必须符合公正与正义，其本质在于防止专横和不合理的行为；程序性正当程序则是约束政府行事的方式以及它所采用的执行机制，当政府剥夺一个人的生命、自由或财产利益时，第五和第十四修正案的正当程序条款要求程序上的公正性。

实质性正当程序所涉及的范围大体可分为两类，即社会经济方面的法律和妨碍个人基本权利的法律。一般而言，今天的美国最高法院对以上两种法律基本上分别采取了“自我克制”和“能动主义”两种不同的态度。前者意味着对立法机构保持尊重，后者则实行积极的干预。在1963年的“弗克森诉克鲁帕案”中，布莱克大法官代表最高法院说：“我们已回到了原来的宪法主张，即法院不能以它们的社会和经济信念来代替被选举出来制定法律的立法机构的判断。不论立法机构是否把亚当·斯密、赫伯特·斯宾塞、凯因斯勋爵或其他人奉若恩师，这都不关我们的事。一旦需要救助，那也不是我们的责任，而是为制定法律而建立的机构的责任。”[①] 因此，对于社会经济方面的法律，法院实际上已基

① 杨一平:《司法正义论》，法律出版社1999年版，第145—146页。

本取消了对其的司法审查。与此相反，当联邦和州的立法限制个人基本权利时，法院采用严格的审查标准。例如，当第一修正案[①]权利受到一项法律的限制时，法院将不维护该法律，即使该法与所允许的政府目标有理性关系，而且，法院还将要求政府确定，该法是严格地适应紧迫或重大的政府利益的。在基本权利领域，审查标准确是很严格的。但是，所用的标准并不始终如一。在很多基本权利案件中，法院要求州证实，有关州法的州的紧迫利益是必需的，也就是说要做严格的审查。但是，在其他情况下，审查的标准似乎比较温和。一般地讲，可以说随着对被保护权利施加的压力越大，就越强烈地要求政府申述理由。例如，一项完全禁止行使权利的法律，大概会比一项仅仅对行使权利的方式进行管制的法律，受到严格得多的标准的检验。

程序性正当程序，根据美国权威的《布莱克法律辞典》的具体解释是：任何权益受判决结果影响的当事人有权获得法庭审判的机会，并且应被告知控诉的性质和理由……合理的告知、获得法庭审判的机会以及提出主张和辩护等都体现在程序性正当程序之中。在美国学者看来，正当法律程序体现了正义的基本要求，而程序性正当程序更是体现了程序正义的基本观念。前联邦最高法院大法官杰克逊认为："程序的公正、合理是自由的内在本质"，如果有可能的话，人们宁肯选择通过公正的程序实施一项暴戾的实体法，也不愿意选择通过不公正的程序实施一项较为宽容的实体法。[②]

总之，实质性正当程序体现的是对联邦和各州立法权的一种宪法限制，它要求任何一项涉及剥夺公民生命、自由或者财产的法律不能是不合理的或者反复无常的，而应符合公平、正义、理性等基本理念；而程序性正当程序则涉及法律实施的方法和过程，它要求用以解决利益争端的法律程序必须是公正、合理的。

2. 禁止追溯既往的法律和禁止剥夺公权的法案

美国宪法禁止美国联邦政府和州政府制定任何追溯既往的法律，许多州的宪法也有类似的规定。美国最高法院对追溯既往的法律定义为：

---

① 第一修正案指出，国会不得制定关于下列事项的法律：确立国教或禁止宗教活动自由；限制言论自由或出版自由；或剥夺人民和平集会和向政府请愿申冤的权利。

② 陈瑞华：《程序正义论纲》，载陈光中主编：《诉讼法论丛》（第1卷），法律出版社1998年版，第29页。

第一，任何对该法通过以前所实施的无罪行为，作为犯罪加以处罚的法律；第二，任何对该法通过以前所实施的犯罪行为，作为加重犯罪予以处罚的法律；第三，任何改变刑罚，并允许对该法通过以前的犯罪，按较重刑罚处罚的法律；第四，任何为了证实罪犯而改变法定的证据规则，允许采纳比犯罪时法律所要求的不相同的或较少的证据。定义的前三项是对实体刑法的限制，第四项则是关于证据法的限定性规定，是对程序法的限制。

另外，美国宪法第1条明确禁止国会和各州议会通过“剥夺公权法案”。所谓“剥夺公权法案”，是指立法机关以任何方式，不经司法程序而对可确定的个人或一个组织的成员，直接处以刑罚的法令。

3. 其他与罪刑法定原则相关的规定

除了禁止追溯既往的法律、禁止通过剥夺公权的法案和正当法律程序外，还有一些相关的刑事法律，也在一定程度上体现了罪刑法定原则。

（1）刑事诉讼中当事人享有陪审团审判的权力。陪审团参加审理案件的制度是美国宪法第六和第七修正案所确定的，是一项基本的诉讼权利。美国民众更是将陪审制看作是一项宪法权利而世代相传，他们始终信赖由与自己同等地位的人所组成的陪审团。事实上在多数案件中，当陪审员受命去运用他们的经验和常识来判断法庭所提供给他们的证据时，亦往往能在人力所及的范围内秉公而断。

（2）禁止使用残酷和非常的刑罚。所谓残酷和非常的刑罚，通常是指过分严厉的，故意施加的、残忍、不人道或有辱人格的待遇和处罚。美国宪法禁止联邦政府对联邦犯罪施加任何酷刑和非常的刑罚。几乎所有的州也有类似的宪法性规定，禁止对州犯罪施加这样的刑罚方法。这些限制主要表现为：第一，对施加刑罚的方法加以限制；第二，对施加刑罚的数量加以限制；第三，在某些情况下禁止任何和所有的刑罚处罚。但是，作为衡量残酷和非常刑罚的标准不是绝对的，它随着社会的发展而不断地有所变化，因此，在有些情况下，即使没有施加任何身体上的虐待和痛苦，也可能被视为残酷的非常的刑罚，例如剥夺公民身份，也应属于现代社会所禁止的刑罚方法。

（3）禁止强迫认罪的法律。禁止强迫认罪的法律，可使当事人免受政府的非法追诉。体现在刑事诉讼中，当事人在被警察或执法人员拘留后有权保持沉默，有权在开庭审判前保持沉默不回答问题。当事人还可以要求他的律师到场，由律师回答问题，如果没有律师或请不起律师，可寻求政府的帮助。美国宪法第五修正案规定：“在任何刑事案件中不得强迫任何人自证其罪。”后来，美国最高法院对此作了扩大解释，即禁止陪审团和法官为了证明某人有罪，使用非法手段取得证据，特别是逼供取得证据。根据这一扩大解释，用逼供手段取得的证据或供词属实，也不能作为证据使用，法院应该宣布被告人无罪，因为其宪法权利受到了侵犯。同样，作为认定犯罪的物证，即使是最可靠、最无争议的物证，如果是用“官方的非法手段取得”，也必须被排斥。

（4）对刑事案件应迅速和公开审理。美国宪法第六修正案规定，任何刑事案件的被告人，均享有予以迅速和公开审理的权利。所谓迅速审判，就是从诉讼程序中的某一点开始，到开庭的那一天为止，不得超过一定的天数。这样规定的目的，是避免政府无故长期关押嫌疑犯。迅速审判的权利可以由被告人自愿放弃。这种情况一般发生在被告人律师认为有必要延长调查时间以取得充分证据，或由于其他原因而没有做好开庭的准备。公开审判的目的，根据美国联邦最高法院解释，是为了防止政府利用司法程序对公民加以迫害，它认为，公开审判的结果使整个审判过程直接受到公众舆论的监督，从而可以有效地限制司法人员滥用权力。然而，公开审判的权利并不是绝对的。根据联邦最高法院对宪法第六修正案的解释，如果公开审判不仅不会促进，反而会损害司法公正，那么法官可以全部闭庭或者禁止某一部分人旁听。

（5）禁止“一案再审”，即对同一罪名不得重复审判。1966 年联合国大会通过的《公民权利和政治权利国际公约》规定，任何人已依一国的法律及刑事程序被最后定罪或宣告无罪者，不得就同一罪名再予审判或惩罚。美国宪法第五修正案也规定：受同一罪行处分者，不得令其受两次生命和身体上的危险。

（三）两大法系的融合

罪刑法定原则以英国大宪章中的“法律的正当程序”为开端，至美国宪法修正案时，已经发展成为一种具有程序法意义的法定原则；而在法国 1810 年刑法中，则又进一步演变为实体法意义的法定原则。由此，奠定了英美法系国家和大陆法系国家在罪刑法定制度建构上的最初分野，即大陆法系国家的罪刑法定原则主要地表现为实体法的法定原则，而英美法系国家的罪刑法定原则主要地为现程序法上的法定原则。其中的原因主要是英美法系的法律渊源不同于大陆法系。英美法系具有其独特的判例法传统。受传统的决定性影响，英美法系没有对罪刑法定的制度和技术意义表现出过多的热情，相反，法典和立法常被视为“凶猛的暴君”和“最愚昧的发明”。英美法系不相信刑罚权行使的正义问题通过罪刑法定的立法技术就可以实现，而宁愿在法律程序中追求罪刑法定的观念价值。

但是在现代，两种法系有逐渐融合的趋向。以美国为例，在19世纪和21世纪初，多数州的立法机关制定了处理犯罪的法规条例，其中不少是对存在于该州的普通法的法典化。这一运动采取两种形式：（1）全部犯罪都规定在制定法中。刑事控告完全根据制定法。这就是说，普通法罪（由判例形成的罪名）已被废除，法官不能创造新罪名。废除普通法罪，并不意味着废除普通法的原则和制度（例如一些免罪原则和诉讼制度）。法官虽不能依据普通法来定罪，但仍可以引用体现某个普通法原理的判例来作为判决理由。（2）部分犯罪规定在制定法中，对另一部分犯罪（即制定法没有规定的犯罪）的控告仍然依据普通法。① 另外，大陆法系国家兴起了批判法学运动。它以批评理性主义为目标，逐渐使理性主义与经验主义合流，遵循法律渐变的色彩日益浓厚，立法至上的罪刑法定模式逐渐被抛弃，强调司法领域同样应当像立法一样发挥人的主观能动性，司法和立法一样对法律的发展起决定性的作用，在质的方面二者是一致的。

因此可以说，无论是在大陆法系国家还是在英美法系国家，罪刑法定原则作为一项重要的法制原则，并不是简单具有实体法意义或程序法意义，而是同时兼具实体法和程序法的双重意义。特别是随着各国刑事法的相互学习和借鉴，刑事立法的趋同化日益加剧，罪刑法定原则的这种双重意义就更加明显了。在这方面日本是一个突出的例子。日本明治维新以后，仿效和学习欧陆法律，在当时的宪法第23条规定：“非依法律规定，日本臣民不受逮捕、监禁、审讯、处罚。”这是以采用法国人权宣言思想的1850年普鲁士宪法为模式制定的。1907年制定的现行刑

① 储槐植：《美国刑法》，北京大学出版社1987年版，第20—21页。

法没有设同样的规定，而是在居于刑法上位的根本法——1889年宪法（即旧宪法）规定:“日本国臣民，除依法律处置外，不受逮捕、监禁、审问、处罚。”第二次世界大战后旧宪法被废止，1946年制定了现行宪法。该法以接近于美国宪法的表达方式确认了罪刑法定主义。“非经法律所定立的程序，对任何人均不得剥夺其生命或自由，亦不得科以其他刑罚”（第31条）;“任何人不得因实行时是合法的行为或者已被宣告无罪的行为而被追究刑事责任，亦不得因同一的行为而被重复追究刑事责任”（第39条）。

（四）罪刑法定与法制程序化

我国学者关于罪刑法定的理论论述，可以将之归纳为两类。第一类可以称为罪刑法定的法典学派。他们主张，罪刑法定主义的内容包括刑罚法规明确性原则、禁止事后法原则、禁止类推解释原则等。罪刑法定的核心则是刑法典的完善。第二类可以称为社会改革学派。他们认为，民主制度是罪刑法定思想滋生的土壤，我国的社会主义民主还有待完善，因此，罪刑法定除了追求完善的刑法典之外，迫切的任务乃是改善目前的司法环境。

通过对罪刑法定历史的解读，可以发现以上两类学说都缺少对程序问题的关注，中国的法制传统是将程序工具化，而忽视其独立的价值，尤其是制度上的独立价值。从程序的角度来看，国家制度对社会结构缺少合理、协调安排，权力或权利在有些地方倾斜得极其厉害，从而产生由国家法律规范造成的社会不公平状况。程序要件可以说是法治协调的有效途径。美国大法官威廉·道格拉斯曾言:“权利法案的大多数规定都是程序性条款，这一事实决不是无意义的。正是程序决定了法治与恣意的人治之间的基本区别。”①

中国古代法家的“以法治国”思想，也主张罪、刑由法而定，并公开颁行成文法，但这些并不是罪刑法定思想。主张个人权利和个人自由的民主制度，是罪刑法定主义的根基。民主需要程序来保障和规范。

法律并不只是一套规则，它还是一种程序，一种活生生的社会过程。因此，有学者提出了“法律形式化”“法制程序化”的观念。所谓

① 转引自季卫东:《法治秩序的建构》，中国政法大学出版社1999年版，第1页。

法律形式化，就是确立法律的权威，从立法到司法的每一个法律实践环节都必须遵循法定的程序，将国家权力纳入法律设定的轨道并且不同机关的权力均由法律加以明文规定，从而社会主体在这一有序化的法律体系中获得最大限度的自由①；所谓的法制程序化，从现象上表现为程序法规的增加、保证选择的自由与合理性的程序要件的完备、通过程序进行正统化，法律精神以程序为媒介向社会渗透等具体方式或形态，其结果是，法律可以理解为一方面是经历了民主主义正当化过程的结构性选择的结果，另一方面又向当事人、律师、法院以及行政机关提供了再进行过程性选择的工具、方式和步骤②。强调罪刑法定的程序要素，可以避免罪刑法定理论变为严刑峻法的依据。

三、罪刑法定与司法制度

罪刑法定具有多个层面的含义，主要包括观念意义上的罪刑法定、原则意义上的罪刑法定、制度意义上的罪刑法定、司法运作意义上的罪刑法定，它们之间组成一个互相作用的系统体系。观念意义上的罪刑法定强调罪刑法定的价值追求，要求刑事法律秩序必须实现公平、正义、保障人权，这种价值要求具有至上性、终极性。它是西方自然法观念在刑事法领域的延伸和展开，观念追求作为一种法律理想，是检讨和审视现实法的尺度和标准。原则意义上的罪刑法定是沟通观念、理想与现实的桥梁，注重在观念和制度间达成调和。原则性和灵活性相结合是原则意义上罪刑法定的特征，它是在制度和司法运作中实现罪刑法定的指南。制度意义上的罪刑法定揭示了罪刑法定的规范、技术含量，即对犯罪行为适用刑罚必须有明确的法律规定，大陆法系早期罪刑法定观的局限就在于将这一技术含量推向极端。司法运作中的罪刑法定能够由法官所把持，它以法律制度为出发点，但制度规则的原则性无法回避法官司法的自由裁量，因而，司法运作中的罪刑法定又成为实现观念罪刑法定的主要领地，同时也是原则意义上罪刑法定发挥作用的界域。在西方，法院司法被视为法治的中心环节，只有在司法运作中才能实现法的价

---

① 转引自陈兴良:《刑法的价值构造》，中国人民大学出版社1998年版，第185页。

② 季卫东:《法治秩序的建构》，中国政法大学出版社1999年版，第81页。

值，罪刑法定也不例外。[①]

刑事立法使罪刑法定主义法典化，刑事司法就是使罪刑法定主义现实化。刑事司法是一种适用法律的独立的实践活动，具有其内在规律性。它既可能使罪刑法定化的“死法”转化为“活法”，实现刑法的人权保障功能，也可能破坏罪刑法定，使刑法成为具文。

18 世纪的贝卡里亚认为：“法官对任何案件都应进行三段论式的逻辑推理。大前提是一般法律，小前提是行为是否符合法律，结论是自由或者刑罚。一旦法官被迫或者自愿做哪怕只是两种三段论推理的话，就会出现捉摸不定的前景。”[②] 可见，罪刑法定原则在司法运作中要求法官尊重法律，司法判决的权威来自于法律。罪刑法定的本源就是排除行政权的干涉，它本身要求在司法机关独立行使职权的基础上来行使刑罚权。下面就具体分析罪刑法定对独立的司法体制的要求。

法只有在适用中才对社会生活产生作用，离开了法的适用，法只是一种纯粹的语言条文形态，是一种没有生命力的“死法”。对于罪刑法定而言，在司法运作中强调司法机关独立行使职权，可以使司法权免受行政权等权力的干涉，使法官行使刑罚权时只服从于法律，从而真正贯彻立法层面的罪刑法定。

（一）司法机关独立行使职权的外在要求

就审判权来说，司法机关独立行使职权的外在要求是针对一切可能对法官施加影响的行政机关、社会组织以及个人而言的。对此，有学者归纳为：司法机关独立行使职权要求外界力量必须做到四点，即不侵权、不介入、不施压、不妄评。所谓不侵权就是审判机关享有对所有诉讼案件的管辖权，并且法院还有权按照法律确定管辖权的归属，任何机关、组织或者个人不得缩小审判机关对案件的管辖范围；不介入，是指不能违法进入司法程序干预司法裁决；不施压，是指禁止对司法官员和官署直接和间接施加某种压力，以特定和不特定的不利性后果迫使其按照施压者的意思作出司法决定；不妄评，是指在法律裁决作出之前，新

---

① 宗建文：《罪刑法定含义溯源》，载《法律科学》1995 年第 3 期。

② ［意］贝卡里亚：《论犯罪与刑罚》，黄风译，中国大百科全书出版社 1993 年版，第 12 页。

闻媒介和其他国家机关及其官员不得不负责任作出可能影响审判的报道和评论，司法决定作出后，在审判机关不争论的原则之下，新闻媒介和其他国家机关及其官员不得随意抨击和评论司法决定。①

一般而言，为了使行政机关、社会组织和个人能够对审判权的行使做到不侵权、不介入、不施压、不妄评，使得法官能够独立自主地行使审判权，各国通常都设计了严密有序的制度予以保障。具体而言，包括以下几个方面：

第一，组织保障。组织保障即是法院作为一个整体必须保持独立。现代法治国家，为了确保法院能够独立自主地行使审判职能，通常都将法院与行政机构、立法机构分开，自成体系。组织保障包含两方面的含义：首先，行政机关不能干涉法院内部的行政事务，如决定将具体的个案分派给某一法官或法院内的某一部门审理，确定具体的开庭日期和地点以及对法院内受理和审结案件的情况予以统计和上报；其次，是法院经费预算、办案设备以及编制等不应该完全由行政机关来控制。从各国的立法实践来看，法院的经费通常应由一个有资格的机构与法院共同编列，由法院拿出预算草案。

第二，身份保障。为了赋予法官抵御外来压力依法办案，各国都对法官的任期作了严格的规定。大致可分为两种：一种是终身制。所谓终身制，是指法官在退休之前，非经弹劾，不得被免职、撤职，或者令其提前退休，西方大多数国家都实行法官终身制，如美国、法国、荷兰、英国、加拿大等。另一种是任期制。采取这种立法模式的国家中，法官的任期通常较长，如日本最高法院院长以外的法官和下级法院的法官任期 10 年。多数国家还规定，只有法官犯了叛国罪、贿赂罪或其他严重罪行，才能对其启动弹劾程序，以决定是否对其免职、撤职或令其提前退休。

第三，经济保障。当今世界各国大多规定对法官实现高薪制，认为这是在职务上保持独立的必要条件和基本保障。此外，各国还规定，法官任期间薪水不能减少；不能因为国家经济状况原因而减少薪水。规定对法官实行高薪制的原因主要是：其一，高薪可以养廉，给法官以优厚

① 龙宗智、李常青:《论司法独立与司法受制》，载《法学》1999 年第 1 期。

的工资待遇可以使其抵御外来的物质引诱，保持其独立的地位；其二，高薪制是同法官的地位和尊严相适应的；其三，高薪制是同法官的责任相适应的。

第四，资质保障。西方国家遴选法官的方式主要是任命制和选举制两种途径，由于权力分立与制衡是西方政权的理论基础，在他们看来，选择法官最重要的作用是为了保证依法独立行使审判权而又能控制这种独立。事实上，无论是任命制还是选举制产生的法官，一般都由行政首脑或者国家元首决定，由于行政首脑难以把握法官候选人的专业素质，因此，世界上绝大多数国家都要求有志于法官职业者事先必须经过系统的法学教育，然后进行长期的法律实务训练，方可取得充任法官候选人的资格。如在日本，任何有志于从事法律职业者，事先必须经过统一的全国司法资格考试，法官司法资格考试是国家资格考试中最难的一种，每年约有 3 万人报考，只录取 500 多人，并且，资格考试通过之后，必须作为司法实习生进入司法研修所进行至少两年的学习，期满通过还要经过一次严格的考试才能作为法官候选人。美国和英国的法官候选人通常都是优秀的从业律师，是社会的精英。总而言之，对行政首脑在决定法官人选时所进行的种种限制是保证法官素质的一种切实有效的途径，有利于法官形成一个独立的职业群体。

（二）司法机关独立行使职权的内在要求

此处的内在要求是针对法官而言的，即要求法官必须具备专业素养，能够集权力与责任于一体，严格依照法律的规定实现社会正义。具体而言，就是要求法官独立具备三方面内容：审判根据的依法化、审判主体的专门化、审判过程的程序化。

1. 审判根据的依法化

审判根据的依法化是指法官只能以国家制定的实体法规范作为解决冲突的依据。这也是罪刑法定对司法的要求。审判的本质是一种理性的判断，是将抽象的法律规范应用于具体的个案的过程。审判的职责主要是适用法律，从这一意义上讲，可以说依据成文的实体法进行裁决是现代司法的基本特征。虽然事实上审判过程也包含了争议各方自主协商和交涉的活动，这些交涉活动还会对裁判者的结论产生程度不同的影响，但是裁判者在诉讼中对争端的解决方案，却不会被双方的意见所完全左右，而是相对独立地建立在所认定的事实和有关的实体法规则的基础之上。争议各方充其量只能对裁判者的结论尽力施加自己的影响，以促使裁判结论朝有利于自己的方向发展，但并不能完全决定判决的内容，因为有权制作裁判的只能是行使司法权的审判主体。

因此，可以说审判根据的依法化就是法官审理案件时以实体法的规定作为判决的根据，政党或社团的意志、与立法相抵触的道德规范或者情理、法官个人的好恶等都不应成为裁判的根据。

2. 审判主体的专门化

审判主体的专门化是指国家的审判权只能由职业法官来独立行使。随着社会分工的日益精密化，法律规范所调整的社会关系也日趋抽象化和复杂化，因此就更需要执掌国家审判权的法官具有专门的法律知识和技能。同时，法官独立还要求法官必须独立自主地行使审判权，如果法官不是司法裁判领域的专家，那么，他就难以胜任公正的行使审判权的重任。与此同时，只有形成裁判者的职业化，才有可能在法官之中形成特有的职业传统，而这种职业传统反过来又会成为一般强大的力量，确保法官阶层具有抵御外界干预的勇气和能力。因此，审判主体的专门化与法官独立之间是互动的：一方面，法官审判独立对法官自身提出了更高的素质要求，有利于审判主体专门化的形成；另一方面，审判主体专门化是法官审判独立的前提条件，如果法官的素质低下，就难以独立地行使审判权。

审判主体专门化的结果是：没有接受训练的外行人不得从事审判活动，只有接受了专门法律训练的人才能在国家的审判权中占有一席之地。为确保法官的素质，当今任何一个法治国家对法官的选任以及培训都规定得极为严格。因为对于复杂的社会冲突来说，担负社会矫正正义职责的法官要获得人们的信任，良好的法律教育背景和对法律知识的熟练掌握程度是很重要的，同时，法官的社会经验是否丰富也会影响到法官处理问题的技巧和水平，所以法官的高素质成为法官职业的内在要求，而法官职业的特殊性与独立性又赋予法官精神上的崇高感和成就感。由于严格程序选任和强大的司法权作为后盾，使得法官能够成为社会中的精英。高素质的法官及其扮演的角色也为其赢得了崇高的社会地位。

3. 审判过程的程序化

审判过程的程序化是指审判活动必须严格依照法定的程序来行使。为了确保审判公正，防止裁判者恣意行使审判权，必须要求审判严格按照法定程序来进行。换言之，在审判活动中，不仅仅要注重实体公正，而且首先要注重的是运行过程的公正。因为实体规则可能是好的，也可能是坏的，人们所关心的只是这些规则的实施应当根据形式公平的原则进行。程序公正要求审判过程必须严格按照国家已经设计好的程序来运作而不能有丝毫的偏离。国家为了保证能够公正合理地解决纠纷，最大限度地限制人们在解决纠纷过程中所可能出现的主观随意性，必须对审判的运行过程制定非常严密的程序和严格的规范。例如，法官在制作裁判结论时要受到诸多方面的限制，必须认真听取争议各方在庭审中提出的证据、意见、法律根据和辩论等。这些诉讼程序通常由一套科学的程序规则组成，反映了长期诉讼实践的经验，凝结着人类法律思想的精华。

同时，审判过程的程序化也是保障法官独立审判的一个重要因素。首先，任何试图干涉法官独立审判权的行为都是违反正当程序规定的，这样，就为法官抵御这些不当干涉提供了合法的理由和依据；其次，审判程序化也有利于保障法官的身份地位，因为如果法官依照严格的法定程序来行使审判权，即使作出了不公正的裁决，那么，法官也不会面临被免职的危险，这样，法官就可能心无旁骛地行使审判权。

罪刑法定是刑事法的核心，它不仅需要有完整的刑事实体法，而且还要求有相互协调的司法制度。这种司法制度的设置要体现对公民人权的双重保障，即不仅要保障每一个公民（包括犯罪嫌疑人）的实体权利，而且还要保障他们的程序权利。所谓保障其实体权利，就是他们在受到国家司法机关的追诉时，有权要求国家司法机关严格按照刑法明确规定的犯罪构成要件进行认定，而不能受到法外定罪；如果已经认定他们的行为构成犯罪时，他们有权要求国家司法机关按照刑法明确规定的法定刑幅度处以刑罚。所谓保障其程序性权利，就是他们在受到国家司法机关追诉时，有权要求国家司法机关严格按照法定程序要求，而不得任意地不受程序限制地进行追诉。因为，如果没有正当的法定程序的制约，而听任国家司法机关随心所欲地按照自己意志去追诉一个公民，是不可能有真正的罪刑法定原则的。

中国刑事司法的现代化图景 *

当下随着我国依法治国战略的确立及其展开，刑事司法改革因其直接指涉公民生命、自由等基本人权以及安全、公正等基本价值诉求而为民众所广泛关注并与中国依法治国战略进程紧密相连。在这一改革进程中，针对中国刑事司法改革的目标指向，学界不乏提出对指明中国刑事司法未来发展方向颇有助益的制度创新思路，并且因此激发了在理论和实践的双重层面上的广泛论证。一方面，民众与学界对中国刑事司法未来发展方向的关注和制度建构的努力使刑事司法日益为体制内权力主体所关注；另一方面，因为“社会生活的所有方面——经济、技术、政治、法律、美感以及宗教——构成为一个有意义的复合体，而且，如果没有被放在其他方面的关系中考察，任何一方面也无法被理解”①，将中国刑事司法的发展思路置于自70年代末以来中国对现代化渴求的宏观背景中加以检视，更会深刻体认到刑事司法的发展方向与中国整体的现代化诉求之间的紧密关联。

一如上述，中国的刑事司法改革以达至现代化为基本诉求，而经验层面之诸种价值论争表明人们对现代化图景本身尚未达成共识。针对上述困境，本文试图作明晰下列论说的努力：一是展示对中国刑事司法现代化图景进行架构的分析视角，并在全球化语境下对刑事司法现代化进程中的传统与现代的关系进行解读。二是说明何谓中国刑事司法现代化景观。当然，本文并不作建构具体制度的尝试，只着眼于作为现代化图景之构成的制度本身应具备的基本品质，并始终从权力与权利的二元对立与统一的景观中彰显对权利的基本关怀。三是指出中国刑事司法的现代化图景于当下实现的有利契机，意在说明中国刑事司法现代化图景的

---

* 原文发表于《川大法律评论》2003年春季卷，四川大学出版社2003年版，与韩阳、田心则合作。本书收录时有修改。

① Claude Levi-Strauss, 1972, *Structural Anthropology*, Vol.1, p.358.

精神意旨在实然层面亦存在生长的深厚土壤。

一、对中国刑事司法现代化图景的开放性考察

（一）以社会整体发展的视角对中国刑事司法现代化图景进行考察

法律总是力求独立自主，因为法律的许多制度都旨在保护权利和预期的安全，使它们免受各种假以公益或其他私利为名义的侵扰，因此“法律不得受政治或其他外部压力的影响，避免依赖于波动不定的经济情势，摆脱变幻无常的社会趋向的冲击，并且采取保障措施以杜绝不适当的偏见和因人而异的司法所可能产生的危险”。[①] 但是，“这并不意味着法律框架能始终不受那些形塑并改变社会生活结构的社会力量作用的影响。更为具体地讲，法律无法避免该共同体的道德意识与社会意识之变化的影响。那种在根本不考虑一项法律结果所具有的伦理后果和实际后果的情形下就试图证明该项法律结果必然性的法律教条主义，往往是自拆台脚和靠不住的”。[②] 刑事司法权力的运作区间极其广泛，并且与其他法律相比，它更是通过对公民名誉的否定评价，通过对公民人身自由、财产甚至生命的剥夺来系统化地提供正义，因此，基于刑事司法权力运作与社会意识的主体命运息息相关，构建现代化的刑事司法制度就绝对不能对社会意识的变迁无动于衷。

社会意识往往是对社会现实的映射，当社会进行变革从而导致社会现实发生变迁时，社会意识亦随之发生变迁。社会变革（social transformation）即“通过结构的部分性或全面性的改造和重新组合来解决社会危机，进而按照一定理想来形成新秩序这样一种有目的的社会变动过程”[③]，当下正在展开的中国社会变革，实际上是要完成从传统社会向现代社会的历史转型。因此，社会意识的变迁亦以现代性为价值取向。在现代性的社会中，公民往往具有共同的现代意识，亦即弗里德曼所言，“现代社会的公民之间无疑也共有一些传统社会成员之间不具有的文化特

① Rudolph von Jhering, *Der Deist des Rimishen Rechts*, 8th ed., Vol.2, pt.1, p.19-22.

② ［美］E. 博登海默：《法理学：法律哲学与法律方法》，邓正来译，中国政法大学出版社 1999 年版，第 242 页。

③ 季卫东：《宪政新论：全球化时代的法与社会变迁》，北京大学出版社 2002 年版，第 115 页。

质：他们对时间、对自然界、对家庭或死亡有共同的感情和认识”。[①]

随着在我国社会改革中所确立的依法治国战略的展开，“法治意识”已经成为当下人民全体以及权力主体的共识。倘若从权力运作的规范角度对法治进行单向度解读，所谓法治，“指通过明确的法律规则限制国家权力的滥用”[②]。而刑事司法的核心在于刑事司法权的行使，刑事司法权是对“刑事案件进行调查并在此基础上作出裁判的权力”[③]。从本质上言，刑事司法是国家权力运作的场域（field），因此，作为中国法治进程的一环，刑事司法的法治化亦即意味着在刑事司法场域中对国家权力予以规制。但是，法治不仅仅是个有关合理化统治的技术性问题，也不仅仅是个法律专业领域中的学术性问题，而总是与关于社会变革的讨论紧密联系在一起。因此，自中国改革开放始，中国刑事司法的“法治化”运行机制一直试图通过功能调整和替代与社会结构运作方式保持和谐与一致，力图体现社会变迁的动向和要求。

一如上述，中国社会变革的现代化指向成为中国刑事司法法治进程变迁的基本动向。在中国的社会现代化转型中，当代中国法制（包括刑事司法，下同）亦呈现出创新甚至现代化的发展趋势。从本质意义上言，这一法律发展趋势意味着法律文明价值的巨大创新，而这一历程所体现的，乃是整个社会在经济、政治、社会结构、意识形态、文化传统等方面的巨大变革。当然，不同领域中现代化的指标无论在量上抑或质上均存在重大分歧，但是，毋庸置疑的是，此前中国的刑事司法领域所进行的改革同正在进行的其他改革一样，均以现代化为基本诉求。

总之，现代化的刑事司法与现代化的社会紧密关联：一方面，就普遍意义上的法制现代化而言，它构成社会发展的动力。在学术界，一般认为社会系统由三个有机相关的要素构成，即经济要素、政治要素和文化（意识形态）要素。[④]社会现代化是以上述组成社会的每个要素的现

---

① ［美］劳伦斯·M. 弗里德曼:《法治、现代化和司法制度》，载宋冰主编:《程序、正义和现代化》，中国政法大学出版社 1998 年版，第 136 页。

② 季卫东:《宪政新论：全球化时代的法与社会变迁》，北京大学出版社 2002 年版，第 115 页。

③ 张建伟:《刑事司法体制原理》，中国人民公安大学出版社 2002 年版，第 17 页。

④ 参见金观涛、唐若昕:《西方社会结构的演变》，四川人民出版社 1985 年版。

代化为前提和基础的，而这三个要素的现代化，又都必须以法治化为模式，或者现代化法制必须要渗透其间。[①]另一方面，必须将刑事司法现代化图景置于社会发展的整体现代化进程中考量，没有现代化的社会就无从思量现代化的刑事司法，而社会的现代化属性将直接指涉刑事司法的现代化品质。

（二）以全球化视角对中国刑事司法现代化图景进行考察

审视晚近中国社会变革的外部环境，全球化构成当代世界的发展潮流与客观趋势。全球化是指“一个（或者一组）体现了社会关系和交易的空间组织变革的过程——可以根据它们的广度、强度、速度以及影响来加以衡量——产生了跨大陆或者区域间的流动以及活动、交往以及权力实施的网络”。[②]全球化的趋势肇始于全球经济的一体化，并且其进程深刻地触动和改变着世界政治、法律、文化的格局。其影响所及，对每一个国家的发展现状与前景都产生出难以估量的后果。更为关键的是，全球化也还从实践领域向意识、思想领域扩散，成为人们思考问题、洞察世界的新背景和新的视角框架，而这相对于经验层面上全球化所带给人们的物化后果，将更为深刻地影响人类历史发展的整体趋势。

人类的多样性导致了人类文化的多元，而法律无疑是各国民族历史文化的产物，植根于本民族深厚的历史传统之中，但是，全球化的趋势必然导致法律在某种程度上的全球化。[③]当然，法律的全球化主要体

---

① 谢晖:《法制现代化：社会动力·核心基点·要素结构》，载公丕祥主编:《法制现代化研究》(第2卷)，南京师范大学出版社1996年版，第66页。

② [英]戴维·赫尔德等:《全球大变革——全球化时代的政治、经济与文化》，杨雪东等译，社会科学文献出版社2001年版，第22页。

③ 有学者认为，经济的全球化必然导致法律的全球化，因为“经济的一体化和非国家化不单纯是经济的，它以国家的政策与法律的变革为先导，同时又进一步推动了国家政策与法律的变革，随着争夺市场和投资的国际竞争的加剧，在世界范围内，特别是第三世界国家、苏联和东欧国家，出现了一股以市场为导向的法律改革潮流。有没有健全的法律保障系统，已经成为判断是否具有良好的投资环境的关键性因素之一。而这些法律改革的基本原则和最终目标就是增加法的可预测性、可计算性和透明度，即实现法治，以保障资本的跨国界的自由流动，保证世界范围内的贸易自由”。参见朱景文:《关于法律与全球化的几个问题》，载《全球化与中国》，中央编译出版社1998年版，第102—103页。

现为技术性法律[①]的全球化，然而，随着全球化趋势下不同文明与文化之间的频繁交流，不同文化背景的非单纯技术性法律亦出现全球化的一面。比如，在晚近各国进行的刑事司法改革中，立基于不同诉讼模式的诉讼制度已经显现趋同的端倪。但是，在全球化话语当中我们不得不思考的问题是：全球化是谁的全球化？对此，考林·海（Collin Hay）曾经精辟地指出："居于支配地位的全球化话语已经被提升到这样一个高度：它似乎无所不在。之所以如此，至少部分原因是它给一个上升的社会阶段的政治利益以特殊地位，排除了其他阶级的发言权，这样一种话语使某些世界观具有了'正确性'，把它们简化为'常识'。但是它显然是西方常识，只在这里被认为是正常。"[②]全球化是一个西方国家居于主导地位的过程，那么，对于正在不懈追求现代化的中国而言，这是一个参与的过程，还是一个旁观的过程？是一个被动接受的过程，还是一个积极应对的过程？

毋庸讳言，无论是全球化还是现代化，都被打上了深深的"西方化"烙印[③]，但这并不应该成为我们抗拒现代化或者全球化进程的托词。相反，发达国家因其较高的发展程度而使其文明成为全人类共同的财富和后进国家追寻的目标。因此，对于当下积极诉求现代化的中国社会和中国刑事司法而言，必须坚持全球化的视角。事实上，我们从未超脱于全球化进程之外，而是一直身在其中，我们于现代化进程中所达致的种种成就无一不是置身于全球化背景下取得的。

因此，在架构中国刑事司法的现代化图景过程中坚持全球化的分析路向，不独是我们面临全球化压力下的积极回应，更是我们在诉求现代化的过程中找寻正确方向的自觉反思。而如何在全球化的分析框架内正确处理传统与现代、本土与西土之间的精神冲突，如何对传统加以正确

---

① 如商法、契约法。

② Collin Hay, Matthew Watson, *Globalization: "skeptical" notes on the 1999 Reith Lectures*, The political Quaterly, Vol.70, No.4, Oct-Dec 1999.

③ 当然，这个结论的得出，似乎为国人的情感很难接受。李泽厚先生尝言："的确，'现代化'并不等于'西方化'，但现代化又确乎是西方先开始，并由西方传播到中国来的……在这个最根本的方面——发展现代化大工业生产方面，现代化也就是西方化。"（李泽厚：《中国现代思想史论》，东方出版社1987年版，第333页。）而谢晖先生则认为，不独是大工业方面，社会生活的各个层面都打上西方化的痕迹，尤其是法制。参见谢晖：《价值重建与规范选择》，山东人民出版社1998年版，第88页以下。

解读无疑是我们在这一进程中首先要解决的问题。

（三）全球化视野中传统与现代的话语交流

舍勒（Max Scheler）尝言，对欧洲而言，现代现象是“事物的巨大变形”，其程度之深远和触面之广泛，远甚于欧洲中古向近代的演化。[①]而中国近代自五四运动始在向现代化的推进中，由于中国传统价值伦理信念与以西方文明为代表的现代精神之间的剧烈碰撞所导致的现代性裂痕，更使现代现象对百年来的中国士人而言，是“中国三千年来未有之大变局”[②]，又由于中国的现代化进程在中国是植入型而非原生型，所以中国的现代化裂痕就显示为双重性：不仅是传统与现代之冲突，亦是中西文化之冲突。

中国的刑事司法现代化诉求根植于中国社会整体的现代化和全球化的双重进程中，因此，同其他场域的社会变革相同，必然会遭遇传统与现代或者本土与西方之间的价值论争。比如关于沉默权、辩诉交易等具体刑事诉讼制度或者证据规则在中国的引进或者创设问题，无不关涉特定价值纷争。

中国第一代知识分子就具有强烈的反传统意识[③]，在林毓生先生看来，无论是从中国历史还是世界历史的角度看，五四新文化运动中的反传统思想都是一个独特的历史现象[④]：从社会和文化变迁的知识可以得知，社会和文化变迁有许多不同的形式，一般而言，创造新的东西并不需要彻底摧毁旧有的事物。因此反传统的思想虽然往往出现在各国现代化的过程中，但在抨击传统中有害的因素时，并不需要将传统和现代置于对立的地位；铲除传统中不合时宜和有害的成分，并不一定非要否定传统不可。一个传统若有很大的潜能，在有利的历史适然条件之下，传统的符号及价值系统经过重新的解释与建构，会成为有利于变迁的种

---

① 转引自刘小枫:《现代性社会理论绪论》，上海三联书店 1998 年版，前言第 1 页。

② 刘小枫:《现代性社会理论绪论》，上海三联书店 1998 年版，前言第 2 页。

③ 林毓生先生认为，现代中国的反传统思想，发端于第一代知识分子，并且在 1916 年袁世凯死亡之后，由于《新青年》等杂志的大力鼓吹，反传统的思想变得更为昌盛。林先生将激烈反传统思想的兴起归结为对个人愈形显著的关怀。详细参阅林毓生:《中国传统的创造性转化》，三联书店 1988 年版，第 163 页。

④ 林毓生:《中国传统的创造性转化》，三联书店 1988 年版，第 163 页以下。

子，同时在变迁的过程中，仍可以维持文化的认同。在这种情形下，文化传统中的某些成分不但无损于创建一个富有活力的现代化社会，反而为这种现代化社会的创建提供了有利条件。

林先生的上述洞察无疑会拓展我们建构刑事司法现代化图景的思路：对于固有的传统，我们应否进行多向度的解读？在传统中应否找寻于现代性制度构建有利的因素而不仅仅是将之视作发展的绊脚石？[①]

当然，上述对传统的再解读旨在发掘传统中的积极因素，但毋庸置疑的是，我们的中国文化传统一直缺乏对基本人权关注的情怀。[②]胡适先生对此曾感慨道："裹小脚的残酷心理，上夹板棍子打屁股的野蛮心理都还存在无数老少人们的心里，今日还是一个残酷野蛮的国家，所以始终还不曾走上法治的道路，更谈不上仁爱和平了。"[③]当下中国刑事司法改革的制度创新屡遭"中国国情论"者的非议，姑且不论其所怀有的善良动机，而潜藏于其后的，无疑是对传统中应抛弃的"糟粕"的抱残守缺心理。以刑讯逼供和超期羁押为例，之所以其在中国刑事司法中屡禁不止，在司法实践中许多办案人员对能够从根本上遏制刑讯逼供的被告人沉默权持抵触心理，不仅在于刑讯逼供和超期羁押所能够给其带来的种种益处，究其本质，仍在于胡适先生所言的国民"野蛮心理"的根深蒂固。因此，倘若不能将中国的传统置于全球化视野下予以正确检视，则必然会局囿于传统的偏见而无法对先进的、文明的、体现人类共同价值的制度正确解读。

---

① 以刑事诉讼法中对被告人和被害人诉讼权利的配置为例。二者权利并不呈现此消彼长之势，然二者在一定场域中会发生冲突却无可置疑。比如，实践和理论层面是否赋予被告人沉默权的争论所凸显的对传统解读的困境：赋予被告人以沉默权必然会放纵一部分有罪的被告人，如果从基于有罪必罚的中国人传统心理和现代程序正义观两方面对此进行设问"正义在此实现了么？"，我们必然会得出不同的答案，但是两种答案只能是有一种正确么？程序正义更多侧重于对被告人权利的保障。而一如上述，基于传统的对被害人因此所减损权利的关注是不是同样也是正确的呢？是不是也应该通过其他相关制度的架构来对此加以弥补？因此，在进行现代化的刑事司法制度构建时，必须对制度生存所依赖的传统环境进行正确解读，而不能做武断的、粗暴的或者简单的、单纯的理解，否则，据此架构的制度必然会存在生存的危机。

② 当然，此一命题的真伪，大有再讨论的空间。梁漱溟先生曾经认为，"中国文化之最大偏失，就是个人永不被发现这一点上。一个人简直没有站在自己立场说话的地方，多少感情要求被压抑，被抹煞"(《中国文化要义》)。

③ 胡适:《再论信心与反省》，载《胡适论说近著》，(上海)1935年版，第491页。

事实上，传统作为精神的载体，“并不是我们继承得来的一种先决条件，而是我们自己把它生产出来的。因为我们理解着传统的进展并且参与到传统的进展之中，从而也就靠我们自己进一步规定了传统”[①]。传统并不是完全的客观实在，传统的内容无从准确把握，这就使主观意志渗入传统机体具有了空间。传统的这种弹性特质，提醒我们可以对传统精神进行现代化阐释，使传统能够顺应周遭的制度现代性变迁。

在当下中国刑事司法的现代化图景建构过程中，依凭何种资源来生成现代性的制度以及因之所导致的“法律移植论”与“法律本土论”的论争构成一道独特的“风景”。双方根据各自的理论前设、经验观察甚至情感好恶而对中国刑事司法制度的创新道路进行正当化论证。此种论证的情势，“将在所谓的全球化与本土化的现代性论辩框架中继续成为中国论者关注的焦点”[②]。事实上，作为现代化的迟——外发型国家，中国的法律现代化道路从来没有摆脱过西方国家发展道路的影响，而中国虽然有重刑轻民的法律传统，但刑事司法程序却基本上是法律移植的产物。因此刑事司法的现代化图景建构过程更是形成对西方国家的路径依赖。一如上述，中国的现代化裂痕呈现双重性，即传统与现代之冲突亦表现为中西之冲突，而冲突的实质乃根本在于精神冲突。精神冲突的存在，尽管会使中国刑事司法现代化图景的建构步履蹒跚，但是对此种冲突如若加以正确解读，则对其的长远建设亦必定助益颇多。事实上，精神冲突的目的“并不是要贬扬某种文化，而是要追问历史文化中的意义真实。哪里有真实的价值，就奔向哪里，无论东方还是西方。民族的文化感情不是真理的评判标准，精神的冲突以相互辩难为共同基础，而不是一方强逼另一方。精神意义的共同性与普遍性从来不是作为某种既成的东西被占有的，它仅仅是在精神冲突的追问过程中显示出来的；当我们承认，冲突的双方都处在历史蒙蔽的虚妄之中仅有通过相互辩难才能消除蒙蔽，并且承认双方有一致的话题作为共同基础，冲突的对话就成为精神的追问”[③]。精神冲突旨在最终通过交流、辩难找寻到真实的价值。

诚如上述，传统与现代也即中土与西土之间既有精神裂痕与冲突也

① ［德］伽达默尔：《真理与方法》，载《哲学译丛》1986年第3期。

② 邓正来：《哈耶克法律哲学的研究》，法律出版社2002年版，第3页。

③ 刘小枫：《拯救与逍遥》，三联书店2001年版，第14—15页。

存在意念共识与交涉。因此，我们所要构建的刑事司法现代化图景与传统发生碰撞当是不可避免，直面二者的交锋而不是回避之并据此架构二者相同的话语体系，实现二者同一场域内的话语交流，将是我们在达致刑事司法现代化图景进程中所应做的必不可少的努力。

二、双重视角下中国刑事司法现代化图景的价值取向分析

本文并不尝试进行中国刑事司法现代化图景具体制度的架构，只试图以上述的双重视角、通过分析现代社会的特性来架构中国刑事司法现代化图景所应具有的精神宏旨，也即价值取向。

这一方面是因为，“没有任何一位观察家和评论家会对他最熟悉的制度感到满意”①，因而，与其纠结于制度构建的技术性纷争，毋宁“寻找支撑在不同语境中运作良好的差异制度之间的共同机理”②。另一方面，制度作为理念的物化，具有顺应周遭现实情境的流动性，也就是说，制度是易变而且善变的，基于人的理性有限性，人们根本无法建构与客观预期完全契合的制度，而支撑制度建构的理念则具有相对稳定性，在制度变动时，成熟的理念却保持“岿然不动”的品格。我们认为，在全球化的、现代整体社会发展的视野下，现代化的刑事司法所应体现的品质有二：一是对人权的尊重，二是对程序正义的强调。

（一）现代社会的主体性与刑事司法中的人权彰显

1. 现代社会的主体性

主体，就是指有意识、有思维能够把自己的活动同客观事物区别开来，进行自觉地调节和控制，形成和实现预期目的，并且能够自主地意识到自己的存在及其价值、自主地决定自己的行为和言论的个体。③主体性原则是指：赞扬自我，强调自我价值，反对把人与作为客体的物同等看待。主体不为客体所决定，亦不为其他主体所决定。康德指出：“人以及一般的任何理性存在物都作为自身的目的存在着，而不仅仅是在这个或那个意志任意使用的手段。在他的一切行动中，不管他们涉及自己

---

① Andreas F. Lowenfeld, *Introduction: The Elements of Procedure: Are They Separately Portable?* American Journal of Comparative Law, Vol.45, 1997, p.651.

② 傅郁林:《审级制度的建构原理》，载《中国社会科学》2002 年第 4 期。

③ 参阅《中国大百科全书·哲学卷》，“主体与客体”条，第 1240—1241 页。

还是其他理性存在物，都必须总是被当作目的。”“在行动中，要把不管是你自身的还是任何其他人的人性都永远当作目的，永远不能只当作手段。”[①]

黑格尔发现，主体性乃是现代的原则。根据这个原则，黑格尔阐明了现代世界的优越性，即一种充斥着关系到自我的结构的主体性。他认为：“说到底，现代世界的原则就是主体的自由，也就是说，精神总体性中关键的方方面面都应得到充分的发展。”在描绘“现代”（或现代世界）的外观时，黑格尔用“自由”和“反思”来解释“主体性”：“事实上，我们时代的伟大之处就在于自由地承认，精神财富从本质上讲是自在的。”就此而言，主体性主要包括以下四种内涵：第一，个人（体）主义：在现代世界中，所有独特不群的个体都自命不凡；第二，批判的权利：现代世界的原则要求，每个人都应认可的东西，应表明它自身是合理的；第三，行为自由：在现代，我们才愿意对自己的所作所为负责；第四，唯心主义哲学自由：黑格尔认为哲学把握自我意识的理念乃是现代的事业。现代的道德概念是以肯定个体的主体自由为前提的。因而，主体性就成了现代化的主要标志和基本特征。

2. 刑事司法中体现的主体性特征——对人权尊重的日益凸显

基于上述原因，刑事司法的现代性也必须体现主体性特征。黑格尔指出：“法的命令是：成为一个人，并尊重他人为人。”[②]主体性原则要求法律必须将人当作人看，尊重每个人的自由和尊严。“法律应实践出这个人文理想：每一个人都应该得到尊重和关怀，无论他是谁，无论他做过什么，不分种族、肤色……和其他特点。一个人应受到尊重，不为什么，只因为他是一个人，有独特的历史、性别和机构，以保障每个人的利益，防止它受到政府或其他人的侵犯，使每一个人都有机会过一种合乎人的尊严的生活。”[③]在刑事司法中，主体性原则要求将被指控犯有罪行的人作为有着其自身目的的主体看待，而不是将其作为惩罚的对象和单纯的客体。正如黑格尔指出的，“不是把罪犯看成是单纯的客体，即

① ［德］康德：《道德形而上学基本原则》，载《康德文集》，刘克苏等译，改革出版社 1997 年版，第 91—92 页。

② ［德］黑格尔：《法哲学原理》，范扬、张企泰译，商务印书馆 1961 年版，第 46 页。

③ 陈光中主编：《刑事诉讼修正全书》，中国检察出版社 1997 年版，第 620 页。

司法的奴隶，而是把罪犯提高到一个自由的、自我决定的地位”。[①] 刑事司法中的关涉保障人权的基本原则均以主体性原则为母原则。至于“自由”“民主”“公平”“正义”等诸多价值诉求亦以主体性原则为根本。

主体性原则的意义在于，在现代社会中，人是一切的根本。因此，在现代刑事司法中，基于对人的基本尊重和刑事司法中权力与权利易生龃龉之现实，最为紧要的就是不能使由个体人所行使的公权力沦为对人本体压迫、对人基本权利侵夺的工具。这除了于立法层面上法律能够为主体提供最基本的人文关怀之外，尚需于司法层面上规范权力的运作，保证权力内敛的品格，使权力主体能够将权利行使的区间视为雷池而不逾越。而要做到这一点，不仅依赖于权力主体的自我约束，更需要以完善的程序对公权力加以规制。因此，现代社会的第二个特征在于程序性。

（二）现代社会的程序性与刑事司法中的程序正义

1. 现代社会的程序性

在齐格蒙·鲍曼（Zygmunt Bauman）看来，现代社会的现代性毋宁是人类的一种反思的心态，“我们可以把现代性当作是一个时期，在这一时期，人们反思世界的秩序，人类生存地的秩序，人类自身的秩序，以及前面三方面的关联之秩序；现代性是一桩思的事情，是关切的事情，是意识到自身的实践，是一个逐渐自觉的实践意识”。[②] 基于人们对置身于其间的现代社会现代性的反思，自 18 世纪以来，人们日益发现现代社会已经演变为一个抽象的社会（abstract society），[③] 即在现代社会中，“每个人的具体生活降格成为一个思辨旁观和沉思冥想的世界，社会作为一个被冷眼旁观的场景（spectacle），是一个一般化的抽象物（generalized abstraction）”[④]，抽象化的现代社会具有下列重要特征[⑤]：

（1）程序性。在现代社会中，许多互动过程的进行是借助某种程

---

① 转引自中共中央马克思恩格斯列宁斯大林著作编译局译：《马克思恩格斯全集》（第八卷），人民出版社 1961 年版，第 578 页。

② Zygmunt Bauman, *Modemityand Ambivalence*, Cambridge: Polity, 1991, p.5, 10.

③ 李猛：《论抽象社会》，载《社会学研究》1999 年第 1 期。

④ Debord, G. *1987 Society of Spectacle*, Rebel Press, 1987, p.18-19.

⑤ 李猛：《论抽象社会》，载《社会学研究》1999 年第 1 期。

式化和类型化的做法。这一点突出地体现在科层制和现代市场交易中。“抽象社会”的这一特点还进一步体现在诸如“程序正义”这样的制度安排中，也就是说，价值理性（如公正、平等）的实现经常要依循程序的方式才能获得保证。

（2）反思性。在现代社会中，与程序性相关的一个特点是反思性，或者说是观念性和超然性。在抽象社会中，许多具体的互动和认同过程往往需要借助各种超越具体情境的框架，特别是各种以书面形式存在的话语体系。尽管在传统社会中，互动与认同也经常需要借助超情境的因素，但这些因素往往可以还原为行动者对具体情境的经验。但在现代社会中，这种还原过程几乎是不可能的，互动与认同所涉及的绝大多数抽象框架（既包括观念、知识，也包括技术和做法），很难还原为具体情境中的个人经验。用卢曼的话说，在现代社会中，不能再在社会互动的层面再现“社会”，随着社会的演化，在互动与社会之间出现了分化。[①] 而且，现代社会的“反思性”还进一步体现在各种超情境框架的重要组成部分就是针对自身的再生产机制和言说机制（例如各自有关方法的方法、程序的程序或者理论的理论），因此，反思性不仅是现代社会的心态特征，也是制度或社会机制的特征。

（3）非人格化。在现代社会中，绝大多数的互动过程涉及的机制、知识或观念，都与个人的具体特征或人际的具体关系无关。而且更进一步说，这些机制赖以运作的基础正是对人格关系的克服。这与传统社会中的、主要建立在个人特征和人际关系的基础上的互动形成了鲜明的对照。当然，这并不是说，现代社会中人消失了，或者说人成为了社会有机体的“零件”。

事实上，作为“现代化制度基石”的程序[②]，具有一种“作茧自缚”的效应[③]，也就是说，一俟程序运作展开，“人们的操作越来越受到限制，具体的言行一旦成为程序上的过去，即使可以重新解释，但却不能推翻撤回。经过程序认定的事实关系和法律关系，都被一一贴上封条，成为

① Luhman, *Essays on Self-Reference*, Columbia University Press 1990, p.113.

② 程序具有开放的机构和紧缩的过程，随着程序的展开，参加者越来越受到“程序上的过去”的拘束，而制度化的契机也由此形成。参阅季卫东:《法治秩序的建构》，中国政法大学出版社 1999 年版，第 3—11 页。

③ 季卫东:《法治秩序的建构》，中国政法大学出版社 1999 年版，第 18 页。

无可动摇的真正过去。而起初的预期不确定性也逐步被吸收消化。一切程序参加者都受自己的陈述与判断的约束。事后的抗辩和反悔一般都无济于事"[①]。即是说，程序运作的目的在于"去人格化"，通过程序控制处于其中的人们的交涉行为，避免预期的结果受到人们主观恣意的影响。所以，实际上，抽象现代社会的上述三个特征可以化约为"现代社会的程序性"本质。

在现代社会中，程序之所以能够在公权作用的领域受到如此的重视，源于权利主体对权力"爱恨交织"的复杂心绪：一方面，因之现代社会公共事务剧增，导致公权力日益扩展，个体更加倚重政府对公共事务的热心。另一方面，公权力的此种扩张，极易引起公权力跋扈，损害公民权利。而程序机制的存在，一方面能够通过技术性的精致设定，保证公权力内容意旨的完满实现，另一方面更在于通过"程序的功能自治性"[②]来限制权力主体的恣意。

2. 刑事司法中体现的程序性特征——对程序正义独立价值的探求

现代性的社会无不奉行法治，法治（rule of law）是"人们提出的一种应当通过国家宪政安排使之可以实现的政治理想"[③]，根据现代法治主义的各种理论，国家权力的行使必须依照通过某种民主程序订立的宪法，并且要求所有的社会活动在形式和实质这两个方面都符合宪制精神，不仅对于个人的违法行为，而且对于任何违宪的政府举措及法规都可以通过司法救济和司法审查等方式予以纠正，以保障每一个公民的尊严、自由和权利。当然，不同的语境下，对法治的内涵可以进行不同的厘定，但是毋庸置疑的是，法治绝对不仅仅是指一种治理手段，而更是一种权利保障措施，对此，现代社会的人们已经达成广泛共识。在美国最高法院大法官肯尼迪看来，法治包含三大要素：政府受法律的控制，法律面前人人平等，法律保护人的尊严。自然法学家约翰·芬尼斯则指出，法治作为一种特殊秩序类型，不仅仅是法律的内在优点（virtue），

---

① 季卫东：《法治秩序的建构》，中国政法大学出版社 1999 年版，第 19 页。

② 所谓功能自治（functional autonomy），是指为了达成一定目的而进行的活动，经过不断反复而自我目的化。参见季卫东：《法治秩序的建构》，中国政法大学出版社 1999 年版，第 16 页。

③ 邓正来主编：《布莱克维尔政治学百科全书》，中国政法大学出版社 1992 年版，第 675 页。

而且也是人类交往的一种善德（virtue）；通过限制专断的权力、使之服从法律统制，通过把确定性、可预测性等引入社会生活，法治让每一个个人成为他们自己，也就是说，成为能为自己行为负责的、拥有自主和尊严的个人。[①]因此，法治并不是旨在对公民施行法律压制，而是更倾向于对政府公权力的行使予以特殊“关照”，而程序的运作是达至上述目的的最佳路径。

“法治”包含“刑事司法法治”本是题中应有之义，而基于现代社会所具有的程序性特质，尤其需要我们在型构刑事司法现代化图景中树立程序观念及程序正义的理念。所谓程序正义，在一些学者看来，包含下列具体原则的实现:（1）受刑事裁判直接影响的人应充分而富有意义地参与裁判制作过程;（2）裁判者应在控辩双方之间保持中立;（3）控辩双方应受到平等的对待;（4）审判程序的运作应符合理性的要求;（5）法官的裁判应从法庭审判过程中形成;（6）程序应当及时地产生判决结果，并使被告人的刑事责任得到最终的确定。[②]

任何一种程序技术背后，都存在着各种不同的抽象价值的冲突。表面上来看，“程序正义”是一种正义实现的标准，毕竟正义观念本身渗透了太多人们的主观心理因素，因此需要设定客观标准将正义加以物化，而从更深层次考量，程序正义同对人的主体性地位的尊崇和个体价值及尊严的维护不谋而合。在刑事司法中，个体面临国家的刑法评价并承接因之所带来的任何后果，国家不能凭借强力蛮横对待主体性的个体，而必须理性地说服。同正义一样，必须通过客观标准的设定对国家的行为是否符合理性加以物化以利于评价，而丰富但不烦琐的程序则是最好的载体。

总之，刑事司法的现代化图景与现代社会的现代性基本特征紧密关联，并以之为依归。因此作为社会要素之一的刑事司法在架构其现代化图景时必须达到社会整体现代化进程中所凸显出来的价值。也即中国刑事司法现代化应凸显对个体人权的尊重及对公正程序的追求。

① John Finnis, *Timesltalic*: *Natural Law and Natural Rights*, Clarendon Press, 1996, p. 272-273.

② 陈瑞华:《刑事审判原理论》，北京大学出版社 1997 年版，第 60 页。

三、中国刑事司法应然价值实现之可能：实然条件之分析

中国刑事司法现代化图景坚持以人的主体性和程序正义观为精神依归，这固然是我们基于现代社会之“现代性”特质所得出的必然结论，然而这种“必然”并非仅是逻辑推演的结果，亦暗合于当下中国日新月异之社会变迁。

（一）经济市场化

党的十一届三中全会之后，因改革开放政策的确立，经济领域内的变革迅速开展。诚然，在经济体制改革的目标模式设定上，国家政策的抉择经历了长时间的考察、思索和筛选，其间甚至经历了痛苦的踌躇和徘徊，但是随着改革进程的不断深化，一方面，不同的经济成分在国民经济中所发挥的作用日渐出现分野，并由此导致了其经济地位的变化和经济角色的转换；另一方面，追求利益最大化的本能开始驱动各种类型的经济成分对自身的经营决策行为进行调整，以适应不断变化了的经济环境和社会结构。基于对上述现象的理性思考，国家政策的决策者最终明智地注意到了导致这所有变化的因素中，市场所发挥的核心作用，并深切地感受到了市场调节经济资源分配的魅力所在。因此，1992 年 10 月召开的党的十四大明确规定把建立社会主义市场经济体制作为经济体制改革的目标。

市场经济体制下，市场主体听从“市场”这只“看不见的手”的指挥，敏锐捕捉市场供需变化的信号并以此决定自己的经营行为。通过优胜劣汰的竞争，导致有限社会经济资源的合理流动，从而在整体上推动社会经济的进步与发展。但是，正如马克思的洞见，经济基础决定上层建筑，市场经济体制最终成为我国经济发展目标的主导模式，其意义并不仅在于对社会经济的推动上，因之市场经济的确立以及所带来的经济飞跃，成为加快中国社会现代化转型、进而带动中国刑事司法现代化的有利契机。

首先，市场经济需求自主化的发展空间，因此国家权力从社会经济领域部分撤退，经济运行克服行政化色彩而开始遵从自身的本原规律，国家与社会因此出现二元性分化，为中国市民社会的建构奠定了经济基础。黑格尔认为，市场经济构成市民社会的需求体系。[①] 在市场上，人

① ［德］黑格尔:《法哲学原理》，范扬、张企泰译，商务印书馆 1961 年版，第 203 页。

们虽说关心的是自己的得失，但其结果却满足了彼此的需求，由此产生了一种新的社会纽带。①

其次，市场经济促进了主体意识的增强及对国家公权力的警惕。基于市场经济所导致之利益多元以及市场主体间契约关系的确立，在市场竞争中人们日益树立风险意识、信用精神以及权利观念，个体的独立品格日趋张扬，其主体性愈加显明。同时在市场经济体制下，经营决策本应遵循市场规则，因此，市场主体对国家权力猖獗之可能以致侵夺市场主体自由发展空间始终抱有警觉之心，如是民众逐渐树立以权利对抗权力的信念。

最后，市场经济的发展促进了法律程序的重视。现代市场经济的中心课题是优化选择机制的形成，而公正合理的法律程序正是改善选择的条件和效果的有力工具。②从现代经济学的观点来看，在企业外部，价格的变动决定企业生产和商品流通的方向，并通过市场中的竞争原理调整企业间的贸易；另外，在企业内部起决定作用的是基于指令、计划、调整的组织原理。这种竞争与组织、市场与计划的相辅相成的关系如何区别确定，基本上取决于交易成本和组织成本的计算、比较。由于涉及权利义务的分配问题，交易成本和组织成本的计算标准、决定以及实施几乎不可能委诸私营机构。因此，市场经济体制下不能不依存于国家的司法系统。换言之，权利即社会资源的分配若欲达到效率最优，必须通过法治形成当事者之间自由交涉的条件，结果的决定均以交涉过程为基础。这意味着司法程序对市场机制的运行及其利用具有极其重要的作用。总之，“市场经济一方面要求紧凑的有效率的组织条件，另一方面要求选择的充分自由。法律程序的特性正好使两者协调”。③因此，市场经济一方面需求程序，另一方面通过竞争的磨砺也提升了市场主体的“程序观”以及“程序正义观”。

① ［德］黑格尔：《法哲学原理》，范扬、张企泰译，商务印书馆1961年版，第197—198页。

② 季卫东：《法治秩序的建构》，中国政法大学出版社1999年版，第10页。

③ 季卫东：《法治秩序的建构》，中国政法大学出版社1999年版，第47—48页。

（二）权力内敛化

除了原始社会外，所有社会形态都有设计良好的政府结构。现代政府的任务在于为所有公民提供生存、稳定以及经济和社会的福利。[①]为了实现上述目标，政府通过公权力的行使来进行社会治理。所谓权力是“对他人产生预期效果的能力”[②]，当然这种预期效果的达成有赖于政府存在所依凭的国家强制力。但是，如果政府权力的行使以经常性地付诸强制力即暴力的方式而实现，则一方面很容易导致政府存在合法性的危机，另一方面会导致权力本身的失效。[③]因此，为了保证权力行使的有效性和合法性，必须使权力的运作能够得到权力对象也即民众的自愿服从。这首先要求，公权力的行使空间必须有必要的边界，而不能将触角伸到社会的角角落落。事实上，权力直接关涉权利状态，因此，权力的范围应当是权利所能够主张的最大范围之外，权力必须保持谦抑的品格，将权利运作的空间视为禁区。刑事司法活动中，权力与权利（尤其是犯罪嫌疑人和被告人的权利）经常直接处于对峙的状态，但是，权力的行使目的在于通过正当程序合法剥夺公民应被剥夺的权利，而对其他权利，哪怕其享有者已遭到国家刑法的否定评价，但是只要法律仍然予以肯认，国家就有给予维护的必要和义务。由是观之，公权力内敛品格的形成，是权利能够得到完善行使的极为重要的保障。

我国传统上的政府公权力的运作空间广大，从人的出生到死亡，从经济领域到婚姻家庭领域，从物质产品生产到精神文化生活，无不留下了国家公权力的足迹。似乎唯有权力的如此行使，才能确保国家的安宁与人民生活的安宁，殊不知，公权力的如此热心不仅没有被权力对象啧啧称赞，反倒被其幽幽怨恨。权力之放纵最终导致了权利之不彰，在刑事司法领域所存在的大量践踏人权现象的出现，并不仅是因为制度本身科学性的匮乏，更重要的是权力不懂得自我节制、任性行使必然导致的恶果。

---

① ［美］迈克尔·罗斯金:《政治科学》，林震等译，华夏出版社 2001 年版，第 39 页。

② ［美］丹尼斯·朗:《权力论》，陆震纶、郑明哲译，中国社会科学出版社 2001 年版，第 3 页。

③ ［美］参见丹尼斯·朗:《权力论》，陆震纶、郑明哲译，中国社会科学出版社 2001 年版，第 102 页的相关论述。

伴随中国社会的现代性变迁，权力内敛品格的形成开始初现端倪：

其一，进入20世纪90年代后，市场经济的运作带来中国所有制结构的重大调整。这一调整使得非公有制经济在全社会所有制结构中的比重逐步增加，而国有或公有经济的比重相对降低。国家用于社会控制的经济资源大大减少；国家与社会成员进行交换并促使其服从国家意志的经济条件有所减弱。

其二，由于文化多元化趋势的形成，90年代以后，主流意识形态对社会生活过程的影响也明显弱化[①]，其无论在覆盖社会生活的范围上，抑或在对社会成员制约程度上都远异于先前。

其三，中国的改革过程是“一种多元力量参与的复杂互动过程”[②]，政府以政策调整、制度创新等方式参与其中并成为社会变革中最为重要的力量，但是“中国改革进程的种种结果却未必是各种力量（包括政府这种力量）能够经由各自的理性而事先设计或预见行为的直接结果”[③]，也就是说，社会的发展已经超越政府的理性能力之外，权力主体因为权力能力的相对降低而心余力绌，权力行使空间日益缩小。

总之，中国社会中市场经济的建立和对民主政治的诉求，培育了公权力的内敛品格，从而伸展了权利运作的空间。

（三）社会市民化

现代社会的主体性要求将人本身作为目的而不是手段来看待，社会主体的权利之被确认和实现，以及主体权利结构的合理安排，不是社会现代化进程结束的副产品，而是现代化的先决条件。现代化的权利系统往往同特定的社会结构紧密相连，此种社会，一般被定义为“市民社会”。对现代社会的现代性特征以及对主体权利保持终极关怀，有必要引入市民社会的概念。[④]

市民社会（civil society），最初是表示社会和国家的一个一般术语，与政治社会同义，后来表示国家控制之外的社会和经济安排、规则、制

① 党的十八大以后这一局面已有根本转变。

② 邓正来：《市民社会理论的研究》，中国政法大学出版社2002年版，第224页。

③ 邓正来：《市民社会理论的研究》，中国政法大学出版社2002年版，第225页。

④ 市民社会理论体系过于庞大，因此，本文的相关论述只能泛泛展开。

度。[1]当然，关于市民社会，西方学者的论述不完全相同。[2]市民社会绝对不是一种自然的、不变的东西，而是具有特质的社会现象。因此对市民社会应该置于特定的历史环境中加以考察。但市民社会同时又有许多共同特性，如“以市场经济为基础，以契约关系为中轴，以尊重和保护社会成员的基本权利为前提等等”。[3]因此，在市民社会中，“成员们行事时彼此体谅，承认个人基于其人性以及作为政治共同体成员而获得的尊严，这种承认在制度上得到体现并受到制度的保障”，而这是“官僚之粗暴与警察之凶残的对立面”。为了保障市民社会市民所享有的自主权，市民社会“必须拥有一个奉行法治、保障个人与机构自由的独立的司法制度”，以对国家进行程序性和实质性双重制约，从而从根本上“保护公民免受高位政治机构、官僚、警察、军队、富人、权贵的专断及非正义决定”。[4]市民社会作为一种价值符号，所体现出的价值内涵与现代社会的现代性紧密相连，市民社会为现代社会中的主体权利保障和正当程序的运作提供了一个理想的领域和空间。

尽管关于中国当下是否处于市民社会既存状态尚可讨论，但毋庸置疑的是，自1978年改革开放以来所导致的社会生活分化以及商品经济的发展，尤其是市场经济体制的确立，中国的市民社会至少处于营建状

---

① 参见邓正来主编:《布莱克维尔政治学百科全书》，中国政法大学出版社1992年版，第125页“市民社会”条。

② 如在自然法学者那里，市民社会乃是与自然状态相对的一种文明状态。黑格尔则批判了上述观点，并指出了市民社会的历史性。他认为市民社会是人类伦理生活逻辑展开的一个阶段，并将为国家所超越。黑格尔概括出市民社会的三个环节:(1)通过个人的劳动以及通过其他一切人的劳动与需要的满足，使需要得到中介，个人得到满足。(2)包含在上列体系中的自由这一普遍物的现实性。(3)通过警察和同业公会，来预防遗留在上列两体系中的偶然性，并把特殊利益作为共同利益予以关怀。马克思则立足于经济关系中探讨市民社会，并把市民社会等同于资本主义社会。在托克维尔眼中，市民社会是不受国家干预并防止国家专制的社会生活领域。

③ 邓正来:《市民社会理论的研究》，中国政法大学出版社2002年版，第7页。

④ 参见爱德华·希尔斯:《市民社会的美德》，载邓正来、J.C.亚历山大主编:《国家与市民社会》，中央编译出版社2002年版，第32—50页。

态。[①] 中国由过去的“全权”国家向多元力量的国家转变，并最终促成市民社会的建成，将不仅是中国诉求现代化的逻辑结果，在今后相当长的时期亦将是社会变迁的基本特征，并将直接推动中国刑事司法现代化图景的实现。可以说，市民社会成长的历程将与中国刑事司法现代化图景的实现休戚相关。

总之，处于整个世界发展过程中的中国目前显露出的经济市场化、权力内敛化及社会市民化三个变迁趋势，使个人的主体价值及程序的意义在整个国家机器的运转中日益彰显，这与我们所分析的中国刑事司法现代化所应具有的价值目标是完全吻合的。因此我们可以作出理性的推断：中国的发展现状为其刑事司法发展实现理想的现代化图景提供了切实的可能性。

① 邓正来先生认为，影响中国市民社会架构的主要是三种因素：由上而下的国家因素、由下而上的社会因素以及由外而内的外部因素。在中国自改革开放以来向现代化的社会转型进程中，上述三个方面因素在中国的大量出现足以表明：随着国家逐渐退出经济领域和社会生活领域、市场经济的繁荣、契约性关系在一些领域中的确立、市民社会力量的壮大和合法等，中国市民社会的雏形开始浮现；透过法律和政策的规定，中国市民社会与国家的二元性分化亦日趋形成。参见邓正来：《市民社会理论的研究》，中国政法大学出版社2002年版，第16—23页。

诉审关系论辩

——兼论对诉审关系异化的程序性抑制 *

诉讼是一种平息社会争议、化解社会冲突的特殊方式，诉讼的存在是以诉讼职能的分化和相互作用为前提的。“诉讼”一词勾画出了构成诉讼的基本的诉讼职能及其基本的联结方式：一是必须有提起诉讼的人，也即必须有承担控诉职能的控诉者，没有控诉者也就无所谓“诉”；二是必须有被提起诉讼的人，也即被告人，事实上也是承担辩护职能的人（即使在辩护并非被告人权利的情况下，其仍作为事实而存在），没有被告人也就无“讼”可“诉”；三是必须有受理“诉”和裁决“讼”的人，也即承担审判职能的审判者。所谓诉审关系就是指控诉职能和审判职能、承担控诉职能的控诉者和承担审判职能的审判者之间的关系。

诉讼是社会冲突激化的产物。当社会冲突发展到无法为私力救济所遏止和解决的程度时，就需要公共权力的介入来解决冲突。由审判机关和公诉机关分别承担审判职能和对犯罪的控诉职能，也即诉审分离，这是现代刑事诉讼最重要的标志之一。

诉审分离使得国家审判机关成为独立于控诉者与被告人之外的与冲突利益无涉的第三方主体，这为国家审判机关在诉讼中保持中立提供了前提。同时，审判机关和公诉机关具有天生的亲缘关系，它们都是国家机关，具有权力同源性，因此，审判机关的中立地位并不是天然的，而必须通过程序予以规制，如果说诉审分离为审判机关保持中立提供了前提，程序则为审判机关保持中立提供了保障。

因此，现代刑事诉讼必须对诉审关系的理想格局形成准确的认识，并设法通过程序去调整、规制诉审关系，以使其达到或尽可能地接近理想的格局。为此，本文试图针对我国诉审关系中的若干重要问题进行探

---

* 原文发表于《环球法律评论》2006 年第 5 期，与孙锐合作。

讨，以期能够澄清认识并有助于我国的刑事立法和司法实践。

一、诉审关系的理想格局

所谓诉审关系的格局是指控诉者和审判者在诉讼中的相对地位和相互关系，因此诉审关系的理想格局实际上也就是诉讼的理想格局。诉审分离使得诉讼回归为由控诉者、被控诉者和审判者构成的三方格局，诉审关系是这种三方格局的组成部分。对诉审关系的考察必须放在三方格局的整体背景之下。

由于起诉者和被起诉者是讼争双方，他们之间的对立关系是天然的和不可改变的。因此，控制格局基本态势的决定性因素，也即控制格局是否“理想”的决定性因素就有两个：一是作为审判者的第三方与其他两方的相对关系；二是控辩双方的力量对比关系。后者不属于本文所讨论的范围。因此，这里所要讨论的就是，审判者应与其他两方形成何种关系才是理想的，才是能够保障冲突得以公正解决的。

（一）审判者应与冲突利益无涉

自然正义的第一项要求就是“任何人不得作自己案件的法官”，实际上也就是要求审判者应与控辩双方的冲突利益无涉。这既要求审判者不得与冲突双方之任何一方存在共同利益，也要求审判者不得对诉讼标的主张独立的利益。唯其如此，审判者才能在对冲突的判断和处理中保持超然的立场，而不会以自身的利益需求作为评判的依据。从诉审关系来讲，即要求审判者与起诉者所主张的利益无涉。

（二）审判者应对控辩双方无偏倚

审判者应与冲突双方保持同等的距离，不偏不倚。《公民权利和政治权利国际公约》第 14 条就规定“……人人有资格由一个依法设立的合格的、独立的和无偏倚的法庭进行公正的和公开的审讯……”自然正义的第二项要求“审判应当听取双方当事人的意见”，实质上也是要求审判者保持中立，不偏不倚。美国学者戈尔丁将该项要求扩展解释为以下几方面的标准：纠纷解决者不应有支持或者反对某一方的偏见；对各方当事人的意见均应给予公平的关注；纠纷解决者应听取双方的论据和证据；纠纷解决者应只在另一方在场的情况下听取一方意见；各方当事人都应得到公平的机会来对另一方提出的论据和证据作出反应等。① 从诉审关系来讲，即要求审判者和控诉者之间不应存在比和被告人之间更密切的联系，对控诉者的意见不应给予比对被告人的意见更多的关注，只有在被告人在场的情况下才能听取控诉者的意见等。

（三）审判者应居主导地位

审判者在三方格局中的地位不仅应当是居于冲突双方中间的、不偏不倚的，而且应当是高于冲突双方的，在诉讼程序进程与实体争议解决中居主导地位。“任何社会冲突，都包含着对某一社会公正原则的扭曲，因此，矫正这种现象必须有公正的意识、公正的评价和公正的力量。”② 审判者与冲突利益无涉和审判者中立都只能保证其具有公正的意识和能够进行公正的评价，除此之外，还必须赋予审判者高于冲突双方的优势地位和可以排除一切可能干扰其公正审判之因素的独立地位，使其取得“公正的力量”。事实上，如果审判者缺乏这种公正的力量，其很难做到保持中立的立场和进行公正的评价。从诉审关系来讲，这要求审判者具有独立于控诉者并优于控诉者的地位，即审判者不受控诉者的牵制，而控诉者必须服从审判者的裁断。

从上面的分析中我们可以看出，理想的诉讼格局应呈现为等腰三角形，裁判者居于顶角，控辩双方则分别居于两个底角，诉审关系体现为这个等腰三角形的一边，它应与作为另一边的辩审关系等距。

二、对诉审关系异化倾向的程序性抑制

诉审分离为诉审关系理想格局的实现提供了前提，这也仅仅只是个前提而已。因为诉审关系的理想格局还有另外的两个要求，即审判者无偏倚和审判者居高临下。仅仅依靠诉讼职能的分离并无法满足这两项要求，必须从程序上对诉审关系予以规制，因为诉审分离并无法改变这样的一个事实：公诉机关和审判机关都是国家的机关，公诉机关承担的控诉职能和审判机关承担的审判职能都根源于国家权力。

诉审分离正是要在国家自身内寻求对国家的限制和改变，它通过分别设立承担控诉职能的公诉机关和承担审判职能的审判机关来使国家

① ［美］戈尔丁：《法律哲学》，齐海滨译，三联书店 1987 年版，第 240 页。

② 顾培东：《社会冲突与诉讼机制》，四川人民出版社 1991 年版，第 64 页。

作为虚幻主体的双重身份在现实社会中得以相互剥离，从而为诉审关系理想格局的实现提供了前提。但是，这种通过职能分离“对国家的限制和改变”毕竟是在“国家自身内”进行的，也就是说，公诉机关的控诉职能和审判机关的审判职能毕竟都来源于国家权力，这种权力的同源性必然会影响到诉审关系，使诉审关系产生背离其理想格局的倾向。对于诉审关系的这种异化倾向，必须通过各种程序性的制度和规则来加以抑制。

（一）唯起诉书主义对诉审关系异化倾向的抑制

审判机关和公诉机关之间具有天然的亲缘关系，这一方面使得审判机关在缺乏程序规制的情况下很容易对公诉机关的意见给予更多的关注，而难以真正做到不偏不倚；另一方面又使得公诉机关容易以与审判机关同为国家机关的身份取得与审判机关平起平坐的地位，并与审判机关共同凌驾于被告人之上。诉审关系的这种异化倾向使得诉讼很容易演变为公诉机关和审判机关共同居于被告人之上的倒三角形格局，从而使得诉讼实际上又沦为了国家与个人的两方对抗，而在这种对抗中，被告人显然缺乏对抗的能力而处于极端的弱势地位，其权利难以得到保障，利益难以受到维护。因此，必须通过程序对诉审关系的这种异化倾向予以抑制。唯起诉书主义的功能正在于此。

所谓唯起诉书主义，是指起诉机关在起诉时除向审判机关提交起诉书表明诉讼主张外，不得附加任何可能使法官产生预断的书面材料或其他物品，也不得引用附件内容。日本是实行唯起诉书主义的典型国家，英美实际上也采唯起诉书主义。但法、德等典型的大陆法系国家则不采唯起诉书主义，而实行卷宗移送制度。

卷宗移送制度非但没有抑制，反而强化了诉审关系的上述异化倾向。一方面，它使得法官在庭审前预先接触到公诉机关提交的证据材料，从而使得侦查结果对法官的心证形成了先入为主的影响，妨害了法官的中立；另一方面，它使得侦查程序和审判程序通过卷宗移送衔接起来，使得侦查程序成为了审判程序的准备，而审判程序成了侦查程序的继续，使得由公诉机关承担证明责任等一系列使公诉机关当事人化的规则流于形式。

而唯起诉书主义则切断了侦查程序和审判程序之间的衔接关系，一方面，防止了侦查结果对法官形成先入为主的影响，从而使审判机关更有可能保持中立。另一方面，也使得审判程序真正成为了诉讼的中心程序，而不是侦查程序的继续，从而使得审判中心主义得以确立，使得法官取得了凌驾于控辩双方之上的地位，也使得一系列与审判中心主义相联系的诉讼制度和证据规则能够真正得以确立和落实。

首先，在卷宗移送制度下，法官在侦查卷宗的影响下极易形成有罪推定的预断，这使得无罪推定原则和控方承担证明责任的规定流于形式。而唯起诉书主义则要求公诉机关在起诉时只能提交起诉书以表明诉讼主张，不得附加任何证据材料，这使得起诉成为纯粹的公诉机关向审判机关提出诉讼主张的行为，使审判活动得以围绕公诉机关的主张是否成立而展开，使公诉机关提出主张和举证证明主张这两项活动明显地分离开来，从而使对被告人实行无罪推定和由控方承担证明责任的原则得以落实。

其次，在卷宗移送制度下，法官预先通过书面审查的方式接触控方意见，这本身有违公开审判、直接言词和辩论原则等一系列堪称现代刑事审判基石的重要原则，而且也会使这些原则在庭审中的适用流于形式。相反，唯起诉书主义则使得法官只能依据控辩双方在庭审中的举证、质证和辩论来形成心证。

最后，在卷宗移送制度下，追诉机关将附带移送所有能支持其主张的证据材料或文书，这本身就有违传闻证据规则，同时，这些附件所涉及的证据也可能并不具有证据能力，却统统通过移送而毫无障碍地进入了法官的视野，对法官心证形成了影响，由此可见，在卷宗移送制度下，很多证据规则其实都难以确立。相反，唯起诉书主义则使得不具有证据能力的证据能够被排除在法官的视野之外。

（二）不告不理原则对诉审关系异化倾向的抑制

虽然审判机关与公诉机关的分离使得国家作为审判者和公共利益代表人的双重身份被剥离开来，但是审判机关毕竟是国家机关，国家作为公共利益代表人的身份仍对其具有潜在的影响。当犯罪这种侵害公共利益的行为发生时，审判机关很容易产生代表公共利益追诉犯罪的倾向，从而容易超越起诉的范围进行审判。审判机关超越起诉的范围进行审判，实际上就是不诉即审，这使得诉审关系远远地背离了其应然的格局。为了抑制诉审关系的这种异化倾向，世界各国的诉讼制度中普遍确立了不告不理的原则，该原则的核心含义就是审判范围应当受制于起诉的效力范围[①]。在人的方面，它要求审判机关只能对起诉书所指控的被告人进行审判，而不能对起诉书所指控的被告人以外的人进行审判；在事的方面，它要求审判事实必须与起诉事实保持同一，而不能超出起诉事实的范围。

不告不理原则的确立与适用从程序上抑制了审判权向追诉权扩张的倾向。该原则本来是诉审分离的应有之义，但如果单纯依靠公诉机关承担控诉职能和审判机关承担审判职能这样的基本原则，而不确立不告不理的程序性规则并将其加以细化，则很难有效地抑制诉审关系的上述异化倾向。

三、对我国诉审关系的反思与重塑

我国从整体上来说已经确立了诉审分离的基本原则，但在对诉审关系异化倾向的程序性抑制方面还存在很多问题，尤其是对公诉机关和审判机关共同凌驾于被告人之上的诉审关系异化倾向非但缺乏抑制，反而还从立法和程序上予以了强化，这非常值得我们反思。因此，对我国诉审关系的重塑就应当从对诉审关系异化倾向的程序性抑制着手。

（一）对我国公诉机关与审判机关共同凌驾于被告人之上的反思与抑制

我国对公诉机关和审判机关共同凌驾于被告人之上的诉审关系异化倾向非但缺乏抑制，反而还从立法和程序上予以了强化，这主要表现在以下三个方面：

第一，立法习惯对诉审关系异化倾向的强化。

如上文所述，审判职能和控诉职能的权力同源性是使诉审关系产生异化倾向的根源所在，现代刑事诉讼之所以将审判职能和控诉职能分别交由审判机关和公诉机关行使，就是要通过职能分离的方式来淡化其权力的同源性。但我国刑事诉讼立法非但没有尽力去淡化审判机关和公诉机关的这种权力同源性，反而对其加以强调。它不是按照诉讼职能的不

① 卞建林、魏晓娜：《从起诉效力看刑事审判中的罪名变更》，载陈光中、江伟主编：《诉讼法论丛》（第五卷），法律出版社2000年版，第160页。

同来分别规定承担不同职能的主体各自应如何行使职能，而是按照权力来源的不同将国家机关作为一个整体，分别规定国家机关和当事人各自应如何行使权力和权利，这种立法习惯使得公诉机关得以以和审判机关同为国家机关的共同身份获得了与审判机关共同凌驾于被告人之上的地位，从而强化了诉审关系的异化倾向。

第二，基本原则对诉审关系异化倾向的强化。

“人民法院、人民检察院和公安机关分工负责、互相配合、互相制约”的原则是我国刑事诉讼法的基本原则，该原则强调审判机关与公诉机关的权力同源性，未考虑被告方在诉讼中的地位，而是将审判机关和公诉机关都作为国家一方，单纯从国家一方的角度来分析和评价各个国家机关之间在权力行使方面的结构。因此，该原则非常容易使诉讼沦为国家和个人对抗的两方格局，从而使公诉机关和审判机关得以以国家机关的共同身份而共同凌驾于被告人之上。

第三，具体制度对诉审关系异化倾向的强化。

在侦查程序与审判程序的衔接上，我国既没有采取唯起诉书主义，也没有采取卷宗移送主义，而是实行折中的复印件移送制度。但是，复印件移送制度非但未能避免侦查结果对法官产生先入为主的影响，反而使得法官的预断比在卷宗移送制度下更加不利于被告人，因为在卷宗移送制度下，法官至少还能在全案卷宗中发现一些有利于被告人的证据，而在复印件移送制度下，何谓主要证据却完全由公诉机关决定，而公诉机关很有可能只移送对控方有利而对辩方不利的证据，因此，复印件移送制度实际上使得诉审关系更容易演变为公诉机关和审判机关共同凌驾于被告人之上的格局。

综上所述，我们必须从立法思路、基本原则和具体制度等几个方面对我国现行的诉审关系予以调整，以抑制公诉机关和审判机关共同凌驾于被告人之上的诉审关系异化倾向。

首先，改变立法思路。

应当从整体上改变我国刑事诉讼法强调审判机关与追诉机关权力同源性的立法习惯。这要求刑事诉讼立法应当按照职能的不同来分别规定承担不同诉讼职能的主体各自应如何行使职能，而不应按照权力来源的不同来分别规定国家机关和当事人各自应如何行使权力和权利，以此来充分实现职能分离和职能制约，避免其演变为国家权力的内部分配，避免公诉机关以与审判机关同为国家机关的共同身份获得与审判机关共同凌驾于被告方之上的地位，使公诉机关得以当事人化。

其次，取消“分工负责、互相配合、互相制约”的原则。

应当取消“人民法院、人民检察院和公安机关分工负责、互相配合、互相制约”的原则，淡化这些机关的权力同源性，改变它们之间“分工负责、互相配合”的关系，按照诉的内在规律来界定和调整侦查与起诉、起诉与审判的关系，促使公诉机关当事人化，保障审判机关中立地位，在不同诉讼阶段以履行不同诉讼职能之不同诉讼主体之间的互相制约取代国家专门机关间的“互相制约”关系。

最后，以唯起诉书主义取代复印件移送主义。

应以唯起诉书主义取代现行的复印件移送主义，以切断侦查程序和审判程序之间的线性衔接关系，防止侦查结果对法官形成先入为主的片面影响，防止公诉机关取得与审判机关平起平坐的地位而与审判机关共同凌驾于被告方之上，并促使审判中心主义和与之相关的一系列制度规则得以落实。

这里值得一提的是，在确立唯起诉书主义时，我们究竟是应当仿效英美确立与预审程序相结合的唯起诉书主义，还是仿效日本根本不设立预审程序，而设立控辩双方协商式的准备程序，这是个值得探讨的问题。我们赞同后一种方案，这是因为：预审程序所具有的导致程序重复、浪费司法资源等方面的弊端是其本身所难以克服的，而其在开示证据、明确讼争要点等方面的功能却完全可以通过效率更高的控辩协商式的准备程序来予以实现，至于其在公诉审查方面的功能则因起诉在审判中同样要受到检验与评判而多少显得有些多余。事实上，在诉讼效率越来越成为司法改革重要目标的今天，各国的预审程序普遍都呈现出了弱化的趋势。而在我国，要设立预审程序还存在着如何分离预审法官和庭审法官的特殊难题，一方面，我国现有法官资源的短缺使我们无法从人力上解决这一问题；另一方面，我国的法院设置和司法传统也使我们难以切断预审法官和庭审法官之间的联系，从而难以防止庭审法官形成预断。

因此，我们可以仿效日本确立彻底的唯起诉书主义，并构建与之配套的控辩协商式的庭前准备程序，事实上，这种庭前准备程序非但可以承载预审程序的大部分功能，避免预审程序的弊端，同时还具有预审程序所不具有的优势，因为在这种程序中，辩方更容易实质性地参与到准备程序中去。

（二）对我国审判机关超越起诉范围径行改变罪名的反思与抑制

对诉审关系的另一个异化倾向，即审判机关超越起诉范围进行审判，我国基本上确立了不告不理的原则来对其加以抑制，因此该倾向在我国的表现远没有上述倾向那么明显。但是，由于立法的粗疏，不告不理原则在我国的适用也存在一些问题。

由于我国不实行诉因制度，因此人民法院在起诉书指控的自然性基础事实的范围以内可以径行改变罪名，应该说，这种基本的立场是值得肯定的。但是，根据最高人民法院《关于执行〈中华人民共和国刑事诉讼法〉若干问题的解释》第 178 条的规定，“人民法院在审理中发现新的事实，可能影响定罪的，应当建议人民检察院补充或者变更起诉；人民检察院不同意的，人民法院应当就起诉指控的犯罪事实，依照本解释第一百七十六条的有关规定依法作出裁判”。而该解释第 176 条中的有关规定却仅为：“……起诉指控的事实清楚，证据确实、充分，指控的罪名与人民法院审理认定的罪名不一致的，应当作出有罪判决……”可见，该条并没有对发现“新的事实”应如何处理作出规定，因为“新的事实”显然并不属于“起诉指控的事实”。如果说对于这种情况，人民法院也可以径行改变罪名，那就新发现的事实来说，实际上是未经公诉机关起诉，审判机关就予以审理了，这显然有违不告不理的原则。此外，我国对人民检察院变更、追加起诉制度的规定也非常粗疏，这也影响了不告不理原则的有效适用。

因此，我国立法应当对不告不理的原则及与其相关的制度予以细化规定，明确法庭审理的范围，明确法庭可以变更罪名的条件，并确立完备的变更和追加起诉制度。具体应包括以下几个方面：

其一，法庭审理的范围应仅限于起诉书指控的被告人，并限于起诉书所指控的犯罪事实，但基于起诉不可分原则，对单一事实的一部分起诉，其效力应自然及于全部事实。由于我国并不实行诉因制度，因此这里的犯罪事实指的是自然性的基础事实。

其二，在上述审理范围以内，也即在起诉书的效力范围以内，法院可以径行变更罪名。如果变更罪名不会对辩护权的行使产生实质性的不利，法院可以无须任何程序直接变更罪名。如果变更罪名可能对辩护权的行使产生实质性的不利，则需履行一定的告知及异议程序。

其三，对在审理中发现了超出起诉书效力范围的事实时，如果该事实改变了原罪的性质，需要改变罪名，人民检察院可以变更起诉，人民法院可以通知人民检察院变更起诉，但是否变更由人民检察院决定。变更起诉，应立即通知被告人。如果对被告人辩护权的行使有实质性的影响，应当决定延期审理，以给被告方以充分的准备时间。必要时，还应更新法庭调查或法庭辩论程序。变更起诉，应限于对特定被告人的指控事实的变更，而不能变更作为指控对象的被告人。如果发现犯罪行为并非被告人实施，而是另有其人，仍应对本案被告人作出无罪判决，然后再由人民检察院确定新的被告人另行起诉，而不能通过变更起诉程序直接变更被告人。

如果新发现的事实与起诉事实有关联且合并审判有降低诉讼成本、提高诉讼效率之利，人民检察院可以追加起诉，人民法院可以通知人民检察院追加起诉，但是否追加应由人民检察院决定。追加起诉应在第一审法庭辩论终结前为之，具体程序可参照变更起诉程序处理。

论刑事诉讼中权力的和谐化 *

构建和谐社会是党和国家提出的新时期建设中国特色社会主义事业的宏大目标，刑事诉讼是国家权力运作和化解社会冲突的重要场域，因此，“和谐社会”必定成为我国当下刑事诉讼中各项制度健全和完善的基本语境。本文拟对刑事诉讼机制的核心结构要素即运作于刑事诉讼中的国家权力的和谐化作初步探讨。

一、刑事诉讼中权力和谐化的意义

作为一种严重的社会失范行为，犯罪不仅侵害了个人的各种法益，更是对国家试图建立和维护的法秩序的破坏，因此，国家将由犯罪行为所引起的社会冲突纳入国家权力干预和评价的范畴，并通过刑罚权的创制来实现对犯罪行为的追究和惩罚。在这一过程中，刑事诉讼程序成为国家权力追惩犯罪的天然载体。① 与其他纠纷解决方式以及民事诉讼等其他诉讼方式不同，刑事诉讼不仅是一种公共权力介入的社会冲突解决方法，而且“刑罚之权利，唯有国家方得行使之”②。在刑事诉讼中，国家权力表现出了对刑事诉讼全过程的主导性和控制性，从立案侦查到裁判和执行，国家权力的身影一直无处不在，无时不在：它以国家法律表现国家权力、以国家机构行使国家权力、以诉讼程序实现国家权力。因此，刑事诉讼就是一个以国家权力的运作为主线的过程和典型场域，国家权力构成了刑事诉讼机制的核心结构要素，甚至其静态的配置和动态的运行已经成为了不同诉讼模式分野的重要标识。这样看来，在“和

---

* 原文发表于《人民检察》2008 年第 4 期，与田心则合作。

① 如松尾浩也教授所指出的，“在以犯罪为由对犯人处以刑罚的时候，连接犯罪和刑罚不可或缺的一个环节就是程序”。参见［日］松尾浩也:《日本刑事诉讼法》(上册)，丁相顺译，中国人民大学出版社 2005 年版，第 1 页。

② ［德］克劳思·罗科信:《刑事诉讼法（第 24 版）》，吴丽琪译，法律出版社 2003 年版，第 4 页。

谐社会”的语境下探讨刑事诉讼制度完善和拓展刑事诉讼理论，就不能回避从“和谐”的视角来研究刑事诉讼中的权力运作。

刑事诉讼中的国家权力主要表现为侦查权、检察权和审判权，这些权力都是国家刑罚权的组成部分，具有同质性。其根本的价值取向，即在通过实现国家刑罚权来维护国家利益和社会秩序这一点上，具有一致性。但是，刑事诉讼机制为国家权力的具体运作提供了一个特殊的程序场景，国家刑罚权在进入到此场景后随着权力程序性的运作而发生了功能上的分化，不仅出现了不同的国家机构分别行使不同的国家权力的局面，更为重要的是承担不同功能的国家权力在根本目的一致的前提下各自具有了独立的权力运作目的，对这些具相对独立性的权力在权能上的不同配置将影响刑事诉讼总体目的的实现。所以，刑事诉讼中的权力和谐化首先应当是权力配置的和谐化。此外，正如政治学家所指出的，刑事诉讼中的国家权力具有积极扩张的本性，总是与难以避免的滥用以及因此而具有的侵犯性紧密相关，因此刑事诉讼中权力的和谐化又应当是权力运行的和谐化。

多年来，我国的刑事司法改革虽然取得了一定的成绩，但还未达到理想的目标，刑事诉讼立法和刑事司法实践都还存在许多问题，而在笔者看来，刑事诉讼中尚未建立科学的权力配置体系和有效的权力运行控制机制正是一个亟待突破的改革难点。比如，刑事冤错案的形成往往与侦查权的滥用有关，而在我国刑事程序中虽不缺乏对侦查权监督制约的制度设置但却实际收效甚微，表明了我国刑事诉讼中权力运行控制的理念和机制存在问题[①]，等等。毋庸讳言，我国刑事诉讼中权力的配置与运行存在许多不和谐的因素，甚至总体上尚处于一种不和谐的状态，如何改革以实现刑事诉讼中权力的和谐化已成为司法改革和诉讼理论研究的重要课题。

二、刑事诉讼中权力和谐化的特征

首先需要指出，在刑事诉讼中实现权力的和谐化并不等同于消灭矛

① 卞建林:《论我国侦查程序中检警关系的优化：以制度的功能分析为中心》，载《国家检察官学院学报》2005年第3期；田心则:《论程序法治语境下的侦查权控制》，载《黑龙江政法管理干部学院学报》2005年第5期。

盾。“和谐”是中国传统文化的核心理念，意指各部分彼此之间或者各部分与整体之间一种相应、协调或者均衡、匀称的关系。从表面上看，“和谐”是对矛盾的反动，而实际上依据唯物辩证法的矛盾学说，“对立的东西产生和谐，而不是相同的东西产生和谐”[①]，和谐实际上是矛盾的一种运动状态，因此和谐关系就是指有差异的事物能够相互并存、相互促进、共同发展的良性互动状态。在刑事诉讼中，存在着种种矛盾构成，例如行使权力追惩犯罪的国家与被追诉人之间的矛盾、作为国家利益代表的检控机关与存在私人利益诉求的被害人之间的矛盾、作为侵害者的被追诉人和被害人之间的矛盾，以及承担不同诉讼职能的国家专门机关之间的矛盾，等等。在这些复杂的矛盾关系中，可以基本划分为三种类型：即国家—个人 / 权力—权利关系，如国家与被追诉人之间的关系；国家—国家 / 权力—权力关系，如检警关系，诉审关系；个人—个人 / 权利—权利关系，如被追诉人和被害人之间的关系。在前两种关系中，国家权力的主导性毋庸置疑。即使是在后一种个人与个人的矛盾关系中，由于现代社会对犯罪的惩治权由国家垄断行使，不允许当事人自力救济或私下解决，因此国家权力仍在矛盾的冲突与解决中占主导地位。因此，刑事诉讼中的各种矛盾关系中均存在着国家权力的因素，权力的和谐化是在刑事诉讼的各种矛盾关系中寻求和谐，在矛盾解决中创造和谐。

依据“和谐”的基本语义和本文的前述分析，刑事诉讼中权力的和谐化主要是指侦查权、检察权、审判权的自身构成要素以及相互之间在刑事诉讼的配置和运行过程中所应形成的相应、协调或者均衡、匀称的关系。它应当包含以下三个特征：

（一）权力的结构性

权力的结构性是指在从权力内部对权力进行分解的基础上所形成的权力之间的相互关系性和制约性。权力的结构性是从客观技术的角度对权力的分析，它将权力看作一个可以由人的主观来加以安排的事物，从而打破了权力的神秘性以及对权力的盲目崇拜。在权力的结构性视角之下，形成了对权力安排的道德性超越。[②] 这种超越包含两个方面的内容：

① 北京大学哲学系：《古希腊罗马哲学》，商务印书馆 1961 年版，第 19 页。

② 周永坤：《规范权力：权力的法理研究》，法律出版社 2006 年版，第 221 页。

一是将权力主体作非道德化处理，即权力主体本身不是一个道德自洽的主体，它的道德性依赖于它产生的程序的正当性与它行为的正当性，特别是它的外部环境——它在权力的存在与牵制关系中的存在，也就是说，权力主体从产生之日起就应当在伦理与规范评价之下。二是将权力运作结果的价值评价同道德分离，即不是以主体的道德属性作为评价它的行为与结果的依据，而是将权力主体的行为及其结果看作权力结构的输出。权力结构不同自然其输出也不同，这与掌握权力的人的道德无关。既然权力的输出与权力的结构相关，不同的权力结构产生不同的权力行为与权力行为结果，那么权力正常作用的发挥、权力滥用的防止等现实的权力和谐化问题就转化为一个权力结构——在刑事诉讼中则体现为侦查权、检察权、审判权的权力配置所形成的权力结构——的和谐化问题。"和谐化"是一种对事物之间关系性的描述，所以权力的和谐化正是以权力的结构性为前提，而和谐的权力结构能够输出和谐的权力运作结果，二者呈现相辅相成、互为因果的关系。

（二）权力的规范性

权力的规范性是指权力的秩序性和可控性。秩序，即社会运行过程中存在的某种程度的一致性、连续性和确定性，是人类社会赖以存在的基础。"历史表明，凡是在人类建立了政治或社会组织单位的地方，他们都力图防止出现不可控制的混乱现象，也曾试图确立某种适于生存的秩序形式。"① 在法理上，权力"受瞬时兴致、任性和专横力量所控制"的蛮力和赤裸暴力的根本区别就是前者的行使被纳入到了外在制度框架中，可以受既定规则的评价和控制。刑事诉讼中的权力作为一种剥夺性的组织力量，作用对象是人以及人之为人的基本权利和存在依据，所以在和谐社会中对权力的制约与控制就尤为迫切。减少权力运作中的人格化因素而增加可预期的非人格化结果是控制权力、形成权力秩序的根本之策，而这取决于规范权力的制度性规则在与权力主体意志较量过程中的刚性程度。

① ［美］E. 博登海默：《法理学：法律哲学与法律方法》，邓正来译，中国政法大学出版社1999年版，第220页。

（三）权力的合理性

权力的结构性和权力的规范性分别从权力的内部与外部探讨了形成权力配置与运行和谐化的两种可能路径。至此可以看出，权力和谐化的本质实际上是如何实现有效控制权力与充分发挥权力效能之间的平衡。由于权力尤其是刑事诉讼中的国家权力所具有的巨大能量，在追求权力和谐化的过程中其重点应当放在对权力的控制上并兼顾权力效能的实现，这就需要权力应当具有合理性。从权力结构性的角度来看，权力的合理性是指权力各要素与各权力之间形成的相得益彰、相辅相成的权力结构关系，其中权力各要素之间的结构关系是微观权力结构关系，各权力之间的结构关系则是宏观权力结构关系。在刑事诉讼中，权力的合理性是指侦查权、检察权和审判权三种权力内部以及相互之间所形成的分工合理、运行有序、约束有度的结构性关系。从权力规范性的角度来看，权力的合理性是指权力外部制约性规则的合理性。在法治国家中就是指作为外部规则的法律的合理性，对此下文将予以进一步阐述。

三、刑事诉讼中权力和谐化的实现

探讨权力和谐化问题的关键在于如何实现刑事诉讼中权力的和谐化，而刑事诉讼中权力的和谐化涉及侦查权、检察权、审判权内部各要素以及相互之间在配置、运行整体动态运作过程中的和谐化，显然这是一个宏大的论题，远非本文的容量所能解决。为此，笔者主要从抽象的角度探讨刑事诉讼中权力和谐化的实现。

（一）权力的法治化

和谐社会是一个法治社会，而法治的第一要义是“法律至上”，即法律应当成为国家和公民个人行为的最高准则，是能够对人们施加强制的唯一根据。因此在和谐社会中，作为刑事诉讼中权力外部规范性规则的应当是法律，且只能是法律，这就是权力的法治化。权力的法治化虽然实现了和谐社会中的权力规范性，但是从权力和谐化的完整含义来看还需要权力规范自身的合理性。所以，现代法治下的法律至上原则必然伴随着另外一个重要原则即“良法之治”，“法治应包含两重意义：已成立的法律获得普遍的服从，而大家所服从的法律又应该本身是制定得良好的法律”[①]。在此，所谓良好的法律具有实质和形式两个方面的意义：良法实质上的含义是指自然法意义上的善法，即作为规则的法律应当体现出平等、自由、民主、人权等道德性要素，应当能够体现出对人的尊严与价值的认可和尊重。形式上的良法是指对法律规则运作形式上的要求，如富勒对法律的形式标准所提出的八点要求。[②]无论是实质意义上的良法还是形式意义上的良法，当其作为权力的外部规范时，就必须能够发挥对权力的控制功能。法治的历史是一个不断消解“人治”的历史，它的提出自始就与对权力的控制紧密相关，法治应当是指“通过明确的法律规则限制国家权力的滥用”[③]，这在当代法治国家已经形成共识。[④]法治一方面要使法律规则的形式强制性作用于权力，使无论何种国家权力都能受制于法律的规范；另一方面，虽然现代国家权力在实施法律以及为公民提供公共服务方面显然是极为必要的，但是这并不意味着其对于公民权利的维护总是有所帮助，如果国家权力不节制行使，动辄运用强制推行自己的决策和判断，势必会对公民个体的权利造成极为严重的侵害，因此法治的实质要素中也必须包含有对权力意志的控制要素。只有从两个向度均作出控制权力的努力，才是一种真正和全面的权力法治。现代法治这种对权力滥用和权力为害的高度防范使得国家权力直接成为法治的客体。“法治的客体是国家机器和国家权力。……根据马

① 齐延平:《人权与法治》，山东人民出版社 2003 年版，第 1 页。

② 这八点要求是：第一，法律规则的普遍性；第二，法律规则必须公布；第三，法律不能溯及既往；第四，法律规则必须明确，能够被人理解；第五，法律规则不能相互矛盾；第六，法律规则要求的行为必须是人们的力量所能及的；第七，法律规则必须具有相对稳定性；第八，法律规则的规定与实施必须一致。See Lon L. Fuller, *The Morality of Law*, Revised Edition. Yale University Press, 1969.p.46-94.

③ 季卫东:《宪政新论——全球化时代的法与社会变迁》，北京大学出版社 2002 年版，第 115 页。

④ 英美国家和欧洲大陆国家的法治在确立、发展并走向现代法治过程中表现出来了不同的模式，并形成了以英国为代表的“法的统治”和以德国为代表的“法治国”两种方式。“法的统治”（rule of law）意味着“法律主治”，在英国可以追溯到 1215 年《大宪章》时代，它强调国家和公民的活动都必须接受且只接受理性、正义之法的统治，其主旨是保障公民权利和个人自由，限制国家权力，法律和国家保持一定距离。德国的“法治国”（Rechtstaat）的理论是 19 世纪以后的事，主张法律与国家相结合，国家依法进行统治或“依法施政”，即“依法律之方法，正确规定并确保国家作用之方向与界限，以及市民自由之领域”。

克思主义的观点，国家是代表统治阶级管理社会的公共权力。所以，依法治国首先是治权、治吏是不言而喻的。古往今来在一切国家中，对法治的威胁和危害主要不是来自公民个人，而是来自公共权力和官员”。[①]事实上，由于权力的强制性属性，如果我们不把避免权力作恶的全部希望寄托于权力的自我约束上，那么在现代社会中就必须求诸法治，也“只有法治得到尊重时，强制性权力才会受到限制”[②]。而这也正是实现刑事诉讼中“权力法治化”的最大意义所在。

（二）权力的程序化

刑事诉讼中的国家权力是整体上的国家在功能上分化的产物，它是属于国家依据规定了“犯罪的法律要件及其法律效果”的刑事实体法而获得的国家刑罚权。而国家刑罚权的内容作用于权力对象客观上需要通过特定的权力主体以一定的权力形态经由确定的权力运作方式和运行步骤而诉诸实现。从这个意义上而言，刑事诉讼就是“确定并实现国家于具体刑事个案中对被告刑罚权的程序”[③]，国家刑罚权始终运行于刑事诉讼的程序之内。权力的程序化就是指刑事诉讼中的权力运行应当遵循诉讼程序之内的特定权力运行规则和权力运行逻辑，接受程序的调整、规范和制约。

在刑事诉讼中，程序不仅是形式化的特征，更是实质化的存在。从最为基本的意义来看，程序是指“按时间先后或依次安排的工作步骤”，尽管对刑事诉讼中的程序存在不同界定，但是所有的界定都不能脱离“程序”词源所表达的基本含义。在程序的运行逻辑中，有序性是其最为显著的特征，程序的有序性从时空两维引导权力的行使趋于有序。有序乃是无序的对立面，而无序意味着不可预期，更是“恣意”滋生的温床。程序以其有序化的运作逻辑构成引导权力运行秩序化和权力行使预期机制建立的基本法理。所以有学者认为：“按一定程序办事，是有组织社会的一个表征。由于完成诉讼任务的困难性、复杂性，人们编制出一

① 张文显:《法哲学范畴研究（修订版）》，中国政法大学出版社 2001 年版，第 159 页。

② ［英］戴维·赫尔德:《民主的模式》，燕继荣等译，中央编译出版社 2004 年版，第 326 页。

③ 林钰雄:《刑事诉讼法》（上册），中国人民大学出版社 2005 年版，第 4 页。

定的程序，如起诉程序、审判程序、监督程序等，使诉讼机制成为一种能相对有效地接纳、处理社会冲突的有机系统。同时为防止诉讼主体背离既定程序而专断独行、恣意妄为，还将既定程序规范化、制度化，视为不可逾越的界限。”① 在现代社会中，程序的反复运作过程在使权力的行使行为固定化的同时，还间接促进了与权力有关的相关法律规则和制度的确立，推动权力的运行走入法治的轨道。

由此可见，权力程序化的实现对刑事诉讼中的权力和谐化具有极为重要的推动作用：一方面程序以国家制定的“程序法”的形式构成了权力的一个外部规范；另一方面，权力的结构性安排既在程序中实现，又构成新的程序，合理化的程序即意味着合理化的权力结构，反之亦然。法律对权力外部规范的实效程度其实要逊于通过建立合理的权力结构而实现的权力之间的相互制约，所以，实现权力的程序化乃是达致权力和谐化的关键。在当下我国“重实体、轻程序”的观念盛行的环境下，认清这一点尤为重要。

（三）权力的人本化

以人为本是当前我国构建和谐社会的主题之一。所谓以人为本，就是要求一切社会行动皆应有助于提升人的价值、拓展人的自由、促进人的全面发展、谋求人的全面解放。即尊重人的生命和价值，强调人的主体地位，要求以人为中心对社会政治、经济和文化进行全方位的改造，建立起充分肯定人的价值和尊严的新社会秩序。② 在一定意义上，国家通过刑事诉讼垄断对犯罪的追惩权力、禁止自力救济就是人本精神的体现，因为它使霍布斯所说的“一切人反对一切人的战争”在很大程度上被制止了，避免了个人随心所欲的暴力性报复对人类自身发展的伤害。但是刑事诉讼又引发了另一场“战争”，即国家与个人之间的“战争”。刑事诉讼是国家对暴力的垄断而不是对暴力的放弃，国家若要使刑事诉讼能够发挥维护秩序、化解矛盾的作用就不能使自身沦为秩序的破坏者和人类尊严的伤害者。因此国家在刑事诉讼中行使权力的时候务须小心谨慎，不能偏离人本精神的轨迹以努力实现权力的人本化。权力的人本化就是国家在动用权力发动对个人的刑事追诉时，除为了刑事追诉的正

① 龙宗智、左卫民：《诉讼机制的社会意义》，载《中外法学》1992年第5期。

② 罗豪才、宋功德：《和谐社会的公法建构》，载《中国法学》2004年第6期。

常进行而必需的限制与剥夺外，应当尊重作为权力对象的人所享有的“人”的尊严和“人”的权利，弘扬人的主体性和价值性，对人权予以平等保护和尊重。

（四）权力的民主化

简单而言，民主即为“人民统治”，它作为一种思想的提出颠覆了君权神授的自然权力思想，引起了国家权力正当性基础的本质性变革。在刑事诉讼中，权力的民主化将为国家机关刑事司法权力的运行提供正当性依据。[①] 刑事诉讼中的国家权力在运行过程中要反映、顺应民意，具体一点就是，以公民个体为核心组合而成的国民或社会公众作为国家之主体或主人，能够通过直接参与、分割行使刑事诉讼中的国家权力，或者通过间接方式影响、监督和制约司法官与诉讼程序，将民意贯穿于国家对犯罪的追惩活动中，防止国家权力在刑事诉讼的行使过程中异化为镇压人民的工具、出现“少数人对多数人的暴政”。因此，权力的民主化的核心要义在于：独立于国家机关（立法、行政、司法机关）以外的普通社会公众能够影响、监督甚至参与刑事诉讼中的国家权力行使活动，其最终目的则是在国家权力的作用范围内仍然能够体现人的主体性价值和维护公民的个体权利。

从权力和谐化的角度来看，权力的程序化体现并实现了权力和谐化的结构性要素，权力的法治化满足了权力和谐化的规范性要素，权力的人本化和民主化则契合了我国构建和谐社会的基本语境要求，从而提升了权力和谐化的合理性要素。基于此，要克服我国刑事诉讼中权力运作的非和谐化，当务之急是要牢固确立起刑事程序法治的基本理念，即在刑事诉讼中由程序为国家刑罚权的运行过程提供刚性的程序性法律规范，它包含两层意思：一是刑事诉讼程序要体现为法律规范；二是法定的诉讼程序是刑罚权运行过程中的唯一指引，它为诉讼中权力的运行过程提供了一种来自于程序上的而非人的规制。又由于在现代法治国家中，程序法治理念与民主和人权观念息息相通，一脉相承，所以程序法治理念的确立必将全面推动我国刑事诉讼中权力和谐化的实现。

① 刘涛：《刑事诉讼主体论》，中国人民公安大学出版社2005年版，第133页。

刑事程序中“诉”的功能思考 *

1996 年 3 月我国刑事诉讼法作出重大修正，并于 1997 年 1 月 1 日起正式实施，至今已经 10 年。总体而言，刑事诉讼法的修改是成功的，但是从新法实施的情况来看并不令人满意，一些长期困扰我国刑事诉讼制度的诸多沉疴痼疾并未消除，有的依然如故，甚至变本加厉，有的改头换面，难以治本。以诉的观念为指引，在许多方面需要我们作新的认识和反思。

一、刑事程序中“诉”之缘起和功能

准确理解现代刑事程序，非常重要的前提就是围绕“诉”的法律关系对诉讼程序进行整体的严密审思。我国台湾学者陈朴生指出，在刑事诉讼中存在两种基础的关系，一种是国家与个人之间存在的具体的刑罚权关系；另一种是为确定具体的刑罚权而进行的诉讼关系，即裁判者与被裁判者的关系，称作“诉”。①“诉”的目的在于请求法院就被告人的特定行为确定是否需要刑事处罚和如何进行刑事处罚。在刑事诉讼的上述两种关系中，刑罚权关系更为注重对刑事诉讼本质的探究，是主要着眼于政治哲学的一种分析；而诉的关系则是在刑事诉讼中体现得更为基础的一种技术性设置。这一点就我国目前诉讼理论研究来说更为重要，因为它足以直接作为建构真正的“诉讼”体制、“诉讼”程序的理论工具和模型。正是以“诉”的理论为基础，现代诉讼才得以体现出其内在质的规定性并区别于其他解决纠纷的方式。

按照我国古代的术语，所谓“诉，告也”，“讼，争也”，诉讼就是以言辞表现的纷争。与西方“程序”的表达相比，“诉讼”一词更加突

---

* 原文载陈泽宪主编:《刑事法前沿》(第 4 卷)，中国人民公安大学出版社 2008 年版。

① 参见陈朴生:《刑事诉讼法实务》，海天印刷厂有限公司 1987 年版，第 84 页。

出诉的缘起和控辩裁的三方法律关系。所谓没有原告就没有被告，没有原被告就没有法官，“两造具备，师听五辞”。诉讼的原初含义，便清楚地表达出诉讼缘于诉并围绕诉进行的道理。但在诉讼史上，“诉”也并非一直扮演如此重要的角色。在封建纠问式程序中，严格说来，犯罪的追究其实与诉无关，官府集控告、侦查、追诉、审判、执行诸项职能于一体，“诉讼”初始意义上的原告与被告相争、法官居中裁断的三方法律关系异化为追究与被追究两方，罪案的处理是按照“国家一个人”二元对立的上下位纠问模式进行的，被告人沦为诉讼的客体，是被追究的对象。只有当资产阶级批判封建的纠问式诉讼，实现审检分立、控审分离，贯彻不告不理，完成诉讼形态的回归时，“诉”才重新具有了导引程序展开、贯穿程序始终的灵魂作用。在理解这一点时，域外法制的某些事实可以为我们提供有力的佐证。例如，在现代法治较早萌生和发展的法国，其刑事程序法典名称的变迁就颇耐人寻味。共和四年雾月三日法典，名称是《犯罪与刑罚法典》；19世纪初诞生的拿破仑诸法典之一、通常所称的1808年《刑事诉讼法典》，其法文名称是“Coded' instruction criminelle”，即《重罪审理法典》[①]。日本旧刑事诉讼法之前的法典，称作“治罪法”。这些与今天截然有别的法典称谓，令人领悟到当时残余的纠问式色彩。

现代诉讼，在对犯罪案件的处理中，“诉”对程序的启动和发展起着决定性的作用，因此对诉的运行状况应当认真剖析。“刑事诉讼”作为一种追究犯罪的法律机制，静态地从空间向度来看包含“控诉、辩护、审判”三方诉讼主体及其相互之间的关系，动态地从其作用方式来看包含诉之确定、提出、审理、消灭的完整流程。诉之内容须具备合法性，方可形成法律上之争点；诉之形式则必须确定，使得各方关系人能够有的放矢，使案件审理的过程能够有序、高效地进行。在刑事程序中确立“诉”的机制，是人类在处理罪案方面的重大创举，不论是在对民主性的彰显，还是对科学性的弘扬上，这一机制都居功至伟。就前者而言，刑事程序中引入“诉”的机制，意味着作为可能追究对象的被告人成为程序的主体，获得了“辩”的地位，他不再是被动地接受审判者

① 参见［法］卡斯东·斯特法尼等:《法国刑事诉讼法精义》(上)，罗结珍译，中国政法大学出版社1999年版，第2、86页。

单方的审问，而是与追诉犯罪的主体比肩而立，平等地对簿公堂，这无疑是对现代司法民主的最好诠释，也是人权思想在司法领域的自然要求；就后者而言，刑事程序采用“诉”的机制之后，将国家追诉权力易于膨胀和滥用的冲动巧妙地导入了一个新的机制中，让其用冷静的、谦抑的、法定的方式去表达和行使，使权力和权利之间的冲撞获得了一种理性的形态，这无疑是科学的。同时法律上通过“诉”的机制的严密运作，对诉讼条件的必要限制，也促使程序的各方参与主体规范其诉讼行为，从而有助于提高诉讼效率，避免法律正义在无谓的拖沓和迟延中消耗殆尽。

二、刑事诉讼构造之分析——以控审分离为基础

诉讼是一种平息社会争议、化解社会冲突的特殊方式，诉讼的存在是以诉讼职能的分化和相互作用为前提的。刑事诉讼的基本职能，按照通说，即控诉、辩护与裁判，因此诉讼主体主要由控诉、辩护和审判三方组成。实际上，诉讼活动就是“法官、检察官和被告人之间持续性的交涉过程”[①]，如果没有这三方，诉讼就不可能成立。而所谓诉讼构造，就是指诉讼主体在进行或参与刑事诉讼过程中所处的地位以及相互间的关系。

研究现代刑事诉讼主体与构造，必须建立在对控审分离原则的深刻把握上。控审分离在诉讼发展史上具有划时代的意义，是刑事诉讼现代化的重要标志。因控审分离，从而实现了诉讼本源意义上的回归，使对犯罪的追究由审判机关与被告人的直接对抗回归为控辩双方对抗、法官居中裁断的三方格局：因控审分离，促成了现代检察制度和辩护制度的诞生与发展；因控审分离，被告人由诉讼客体、被纠问的对象上升为诉讼的主体，享有充分的诉讼权利并得到法律的有力保障。

认同控审分离原则，有助于对刑事诉讼构造的正确认识。从本质上说，控诉方与被告人是诉讼的两造，是讼争的双方，他们之间是天然的对立关系。因此，要想使国家追诉机关与被告人个人之间的争议在理性与秩序中解决，要想实现和保持控辩裁三方在诉讼中的理想格局，关

① 陈光中、徐静村:《刑事诉讼法学》(修订版)，中国政法大学出版社2000年版，第56页。

键要素有两个：一是控辩双方的力量对比，二是作为裁判者的第三方与争讼两造的关系。对于前者，现代诉讼有一系列的原则和制度保障。例如，无罪推定，辩护和法律援助，不得被迫自证其罪，疑罪从无等，以努力实现控辩双方的地位平等和力量平衡，保证控辩双方在平等的基础上展开对抗。对于后者，则是裁判中立、裁判独立的要求和以裁判为中心的程序设置。

按照现代司法理念和正当程序要求，担任裁判者必须满足以下要素：第一，裁判者应当与争议利益无涉，即自然正义的第一项要求，“任何人不得作自己案件的法官”。这既要求裁判者不得与冲突双方之任何一方存在共同利益，也要求裁判者不得对诉讼标的主张独立的利益。第二，裁判者应当对控辩双方无偏倚。自然正义的第二项要求就是裁判者保持中立，不偏不倚。美国学者将此解释为：纠纷解决者不应有支持或者反对某一方的偏见；纠纷解决者应对各方当事人的意见给予公平的关注；纠纷解决者应听取双方的论据和证据；纠纷解决者应只能在另一方在场的情况下听取对方的意见；各方当事人均应得到公平的机会来对另一方提出的论据和证据作出反应；等等。[①]第三，裁判者应居主导地位。“任何社会冲突，都包含着对某一社会公正原则的扭曲，因此，矫正这种现象必须有公正的意识、公正的评价和公正的力量。”[②]与争议利益无涉和对争议双方无偏倚，只能保证裁判者具有公正的意识和能够作出公正的评价，除此之外，还必须赋予裁判者高于争议双方的优势地位和排除可能干扰其公正审判之因素的独立地位，使其取得公正的力量，即审判者不受争讼双方的牵制，而争讼双方必须服从审判者的裁断。因此，诉讼的理想构造，特别是审判阶段的理想构造，应呈现为等腰三角形，裁判者居顶角，控辩双方则分别居两个底角。其基本的含义是，控辩双方诉讼地位平等，在平等的基础上展开对抗；法官对控辩双方保持中立，在中立的前提下秉公裁断。

在公诉制度下，实现控审分离后的诉审关系是研究刑事诉讼构造的重要内容。公诉机关与审判机关都是国家机关，公诉权力与审判权力均

① ［美］戈尔丁：《法律哲学》，齐海滨译，生活·读书·新知三联书店1987年版，第240页。

② 顾培东：《社会冲突与诉讼机制》，四川人民出版社1991年版，第64页。

根源于国家权力。这种权力的同源性容易使理想的诉审关系格局产生异化，或者控诉与审判关系过于紧密，造成控审不分；或者审判机关为实现国家刑罚权而主动追究，造成不告而理。应当看到，控审分离使得诉讼回归为由控诉者、被控诉者和审判者构成的三方格局，诉审关系是这种三方格局的组成部分。若脱离这种三方格局而去单纯考察所谓诉审之间的配合与制约关系，很容易导致对诉审关系理解的片面化或扭曲，产生这样的认识：诉讼仍然是国家与个人的两方对抗，控诉与审判的分离只不过是国家专门机关之间的权力分工而已。这种认识将使得原本奠定现代刑事诉讼构造基础的控审分离演绎成了作为对立双方之国家一方内部的权力分配，使得诉讼职能之间的相互制约演绎成了一方主体的内部制约，从而完全曲解了控审分离的根本意义。

需要特别强调的是，被告人在现代刑事诉讼中是一方当事人，是与控方平等对抗的诉讼主体。在我国，被告人为当事人，这一点在法律上毋庸置疑，早在1979年刑事诉讼法中就有明确规定，但在司法现实中却大有疑问。由于我国侦控机关的地位特殊和权力庞大，由于犯罪嫌疑人、被告人应当如实回答侦控人员讯问的义务，由于辩护律师在诉讼中的地位弱小、作用受限，由于被告人权利救济保障机制的匮乏，由于侦查结论和公诉主张对法庭审判所具有的预决力，种种原因，使得被告人主体地位受到冲击和贬抑，出现客体化的趋势。而被告人与控方地位平等，所谓平等武装，平等对抗，这些理念也是1996年修法后诉讼理论研究的最新进步和前沿成果，尚未被大家普遍接受、被公权力部门认可。回顾1996年对刑事诉讼法的修改以及新法实施的过程，尽管立法修改时对被告方、辩护方的地位有所提高，对犯罪嫌疑人、被告人的权利保障有所加强，律师介入诉讼的时间有所提前，律师发挥作用的空间有所拓展，但客观地说，被告方或辩护方还远未达到与侦控方“分庭抗礼”的地步，修改立法时也缺乏这样的理念指导，更遑论已有的许多法律规定在实践中尚未得到真正的贯彻执行。辩护律师的作用得不到重视，犯罪嫌疑人、被告人的权利得不到充分保障，权利受到侵害时得不到及时有效救济，实际上仍是被追究的对象，是定罪口供的证据载体。如何扭转与纠正被告人被客体化的现象，仍是我国刑事诉讼立法与司法面临的当务之急与重要使命。

此外，在“诉”的机制下厘定刑事诉讼主体与建构刑事诉讼构造时，公诉案件被害人的诉讼地位也是一个不能忽视的问题，在现代刑事诉讼中，一方面，从私诉走向公诉、尽量限制自诉范围，并由检察机关代表国家垄断公诉的做法，已成为当今世界起诉发展之潮流和各国之通例，反映了人们对犯罪本质和国家职能达成的普遍共识。另一方面，在公诉案件中，检察官作为追诉主体，在审查决定起诉、出庭支持公诉时，代表的不仅是国家利益，也代表包括被害人利益在内的社会利益和公共利益。由于现代刑罚理念的更新与诉讼分流理论的兴起，检察机关决定对被告人提起公诉，不仅要依据事实和法律，还要基于刑事政策的考量和追诉利益的权衡，追求起诉的正当性和必要性。当发生犯罪时，通常会造成两个层面的法益损害，一是对国家法秩序的侵害，损害国家或社会的利益；二是对被害人私权利的侵害，造成被害人人身、财产等各方面的损失。作为被害人，必然具有惩罚加害人的要求和补偿因犯罪所受损害的愿望，被害人的这种要求和愿望应当得到关注，被害人的权利保障应当得到重视，但被害人的个人利益应纳入国家利益和社会利益的整体之中加以考量，既不能漠视和忽略，也不能唯被害人利益。在公诉制度下，对犯罪的追诉权由国家专门机关统一行使，被害人不是适格的追诉主体。由此可以透视出我国在1996年修改刑事诉讼法时处置有关被害人问题的不当之处。当时，考虑到被害人权利保障的需要，为回应老百姓“告状难”的舆情，制约国家侦控机关权力行使，法律规定，被害人为公诉案件的当事人，并扩大了自诉案件的范围，增设了公诉转自诉的机制。自诉案件的范围扩大，固然不符合诉讼规律和发展趋势，公诉案件的“控诉主体二元化”则问题更大。不仅违背了公诉机制的基本要求，也破坏了“正三角形”的刑事审判的应然构造，使原本处于弱势的辩护方地位更加恶化，使原本力量悬殊的控辩对抗进一步失衡。而且因控诉主体二元化可能造成的控诉主张多元化，会造成审判对象的模糊和不确定性，严重损害被告方的辩护权。这反映了我们在采取某项改革举措时缺乏理论上的充分论证，同时也暴露出我们在诉讼主体与构造理论研究方面的落后。

三、刑事诉讼中“诉”之启动与运行——以不告不理为中心

如果说引入诉的机制的效果，在静态的方面是改变了国家和个人的二元对立、改变了纠问式程序的线性构造的话，在动态的方面则是改变

了罪案在国家法环境中加工和运行的轨道和程式，用“诉”这一主线重新串联了刑事程序。

在现代刑事诉讼中，侦查居重要地位。侦查的首要任务就是发现和收集证据，查明和控制犯罪嫌疑人。当今社会，绝大多数犯罪的犯罪方法隐蔽，犯罪手段高明，犯罪技术先进，有的甚至称为智能性的犯罪。这样，犯罪发生之后，非经专业人士采取专门措施，便无从发现和提取与犯罪有关的证据，更不用说确定实施犯罪的人。因此，需要组建国家专门机关，动用国家强制力量，配置各种技术设备，采取各种非常措施，将案件侦破，将犯罪嫌疑人查获，以维护国家和个人的利益，保卫人民生命和财产安全，恢复遭犯罪行为破坏的社会秩序。这是现代刑事诉讼中侦查的直接任务，无论哪国概莫能外。我国台湾地区著名刑事法学者黄东熊先生指出，侦查的功能有两项：一曰寻找、保全罪犯；二曰搜集、保全证据。日本刑事诉讼法学家田口守一教授也说：所谓侦查，就是保全犯罪证据，保全犯罪嫌疑人人身。

但在现代法治国家，对犯罪的追究是通过检察机关代表国家将犯罪人诉交法院审判而实现的。“刑事诉讼由秩序受到犯罪扰乱的社会（检察官）针对犯罪行为人提起，目的是要求法院对犯罪人宣告法律规定的刑罚。”这样，立案侦查的犯罪案件，除在侦查程序中因各种原因自我终结的外，绝大多数都会由侦查程序过渡到起诉程序，因此在诉讼理论上将侦查程序作为公诉的准备程序。有人曾给侦查下这样的定义：“侦查者，以搜集必要材料断定起诉与不起诉为目的之检察官及辅助官所为之准备程序也。”[①]我国台湾地区学者陈朴生先生也认为，“侦查，乃检察官为提起公诉或实行公诉而调查犯人及证据之程序”。[②]非经侦查，无从发现犯罪证据，无从确定犯罪嫌疑人，也就无从决定是否起诉。日本学理上将此种侦查程序与公诉程序紧密联系起来的观点归纳为关于侦查程序目的的“公诉准备说”，即认为侦查属于提起公诉的准备活动，起诉则占据主导地位，并左右着侦查活动的结局和进程。据此，就侦查与起诉的衔接而言，侦查实际是为“诉之启动提供事实基础”。“公诉准备说”从诉讼阶段的发展递进关系上揭示了侦查程序的另一重要任务，即（最

---

① 郑竞毅：《法律大辞书》上卷，上海商务印书馆1936年版，第1177页。

② 陈朴生：《刑事诉讼法实务》，海天印刷厂有限公司1980年版，第267页。

终将案件移送起诉的）侦查程序所得出的侦查结论要能够有效地联结公诉，为公诉提供良好的证据和事实准备，以提高公诉的质量和效果。否则，如果侦查程序的运行不顾及后续的起诉阶段，不着眼于公诉的角度进行证据的收集和事实的查明工作，将会给其后的公诉活动造成障碍，甚至会导致侦查程序自身的工作归于无效。

我国目前在检警关系上以检警分立为基本特征。体制上检察机关与公安机关是平等协作关系，法律上的要求是分工负责、互相配合，大家各司其职、各负其责，共同承担追诉犯罪的任务。在侦查与起诉的关系上，是侦查为起诉之准备，起诉为侦查之目的。但因为警察是侦查阶段的主导机关，除逮捕以外，享有独立使用专门侦查手段和强制措施的权力，加之一切服从于打击犯罪的主流刑事意识影响，实际上形成警主检辅，以侦查为中心，公诉职能在一定程度上从属于、依附于侦查职能，[①]检察机关的审查起诉基本成为对公安机关侦查结论的确认和维护。

此外，一旦犯罪发生，作为侦查机关，警察首先关注的是侦破案件，查获犯罪嫌疑人，头脑中证据意识、为起诉服务的意识不强。在实践中，公安机关既不会针对侦查中收集、调取的证据是否符合公诉的要求向检察机关请求业务上的指导和帮助；检察机关也不会“提前介入”，主动对警察取证进行建议和指导，仅仅是在审查起诉阶段事后对侦查机关收集的证据作出评价，对未达到相应证据标准的案件作出补充侦查或者不起诉的处理。退回补充侦查或者因为证据不足不起诉，均意味着对侦查机关先期侦查工作的否定，可能导致侦查的无效或者低效，对犯罪的打击不力。从司法实践中检察机关退侦率的增加[②]来看，此方面的问

① 参见陈兴良:《警检关系的构造》，载樊崇义主编:《刑事审前程序改革与展望》，中国人民公安大学出版社 2005 年版，第 388 页。

② 以北京基层检察院的情况为例。2001 年北京顺义区人民检察院共受理侦查部门移送审查起诉案件 468 件，其中退补案件 95 件（包括侦查部门撤案或建议侦查部门撤案 11 件）占 22.9%：一次退补案件 78 件；二次退补案件 17 件。2002 年顺义区人民检察院共受理侦查部门移送审查起诉案件 611 件，其中退补案件 187 件（包括侦查部门撤案或建议侦查部门撤案 25 件）占 30.5%：一次退补案件 148 件；二次退补案件 39 件。退侦率有上升的趋势。而从补充侦查的事项上来看，绝大部分都是有关犯罪嫌疑人身份证明、赃物移送、证人证言、抓获经过以及排除证据矛盾等证据方面的问题，而就法律手续、法律程序、强制措施等方面要求补充侦查的事项相对较少。参见卢桂荣、郭小锋:《从退补情况析公诉引导侦查取证机制》，载 http://www.women.jcy.gov.cn/dispnews.asp?id=369。

题已比较明显。另外，由于缺乏检察机关的指导，在侦查过程中可能有些应当收集的证据没有收集而造成证据的灭失，可能由于侦查机关未按法定程序收集证据甚至采取非法手段收集证据而导致证据在审判中被排除，这些都将影响到公诉的效果和质量。

侦查终结如果需要追究犯罪嫌疑人的刑事责任，程序进入审查起诉阶段，程序的主导者是检察机关，程序进行的目的是审查侦查查明的事实、根据法律进行裁量，决定诉之启动与否。与侦查程序相比，在审查起诉中检察官需要考虑更多的事实外的因素，要把单个的犯罪案件放置在整个社会的大环境下，考虑起诉的社会效果，同时结合犯罪人本人的个别因素，综合裁量和权衡是否有充足的起诉利益。案件只有在犯罪事实要素和起诉利益要素两个方面都无可否认时，才算是具备了充足的起诉条件，检察官才作出起诉决定。也就是说，检察机关在裁量起诉时，不仅不能在事实方面出错，而且要衡量起诉的必要性，追求起诉的合理性与目的性。相比较而言，我国的公诉审查更为重视案件的事实和证据方面的因素，凡已经移送审查起诉经审查认定事实无误的，基本上都被检察官通过提起公诉而进入审判程序。酌定不起诉的适用范围非常狭小，检察官的起诉裁量权非常有限。但是这一做法已经明显暴露其不足。一方面，是相当一部分情节比较轻微、社会危害性不大的犯罪人在被追诉之后，反而产生了许多事关升学、就业、重新犯罪等社会问题；另一方面，则是不加区分的起诉政策使得各种犯罪不论轻重悉数走完程序，使刑事司法系统不堪重负，诉讼效率低下。基于这种状况，我国应当在起诉政策上作重大调整，贯彻新的刑罚理念，改变“有罪必诉”的做法。在起诉条件与起诉政策上实行起诉法定主义与起诉便宜主义相结合，重视起诉利益的权衡，使国家公诉权的行使更加合理，诉的启动更具正当性和必要性。

诉的提起，引起审判程序的发生。自近代诉讼史上实行控审分离以来，起诉便成为审判的前提和依据，没有起诉就没有审判。在公诉案件中，提起公诉的意义，首先，体现在通过对犯罪的追诉，为审判和处罚犯罪创造条件，奠定基础，以实行国家的刑罚权，保护国家、社会和公民的利益。其次，是确定被告人的诉讼地位，使犯罪嫌疑人成为刑事被告人。这一方面意味着被告人即将面临法庭的审判并可能遭受严厉的刑罚制裁，另一方面保障了被告人的合法权益，使刑事被告人区别于刑事罪犯，由纠问式诉讼中的诉讼客体成为诉讼一方当事人。根据无罪推定原则，凡受刑事控告者，在未经获得辩护上所需的一切保证的公开审判而依法证实有罪之前，有权被视为无罪。这一原则最基本的要求是两条：一是由控诉被告人犯罪的机关提供确实充分的证据来证明被告人被控犯罪的事实；二是由审判人员依照法律程序对被告人是否犯有被控犯罪行为作最后认定。这些要求所包含的主要内容有：提供证据证明被告人有罪的责任由控方承担，控方不得采用酷刑和其他非法方法收集证据；作为认定被告人有罪依据的证据必须在法庭上出示并经辩护一方质证；控方履行证明责任必须达到法律规定的要求，否则应判定被告人无罪，即疑罪作有利于被告人的处理；最终认定被告人有罪的机关只能是审判机关，即法律意义上的定罪权只能由法院行使；法院只有经过公开、公正的审判后才能认定被告人有罪；为保证审判的公正性，保障被告人利益，“审判时并须予以辩护上所需之一切保障”，主要包括获悉指控事由和根据的权利，保持沉默的权利，获得律师帮助的权利，传唤证人、询问证人的权利，辩护权，最后陈述权，上诉权，等等。

由于审判机关与公诉机关权力的同源性，使得审判机关容易对公诉机关的意见更加地关注，偏离其应有的中立、不偏不倚的立场，为此要加以程序上的规范和抑制。作为制度上的设计，唯起诉书的功能便在于此。所谓唯起诉书主义是指，公诉机关在提起公诉时除起诉书外，不得附带提出任何可能使法官对案件产生预断的文书或证物，起诉书也不得引用有关文书的内容。例如，日本《刑事诉讼法》第256条规定：“起诉书，不得添附可以使审判官对案件产生预先判断的文书和其他物品，或引用该文书内容。”日本在实行唯起诉书主义的同时，废除预审制度，以防止审判官员在开庭审理之前先行单方接触控诉方的材料，可能形成被告人有罪的预先判断。根据日本的诉讼理论，实行唯起诉书主义不是单纯的起诉形式问题，而是为了贯彻以审判为中心，维持当事人辩论主义的审判构造，切断原先审判与侦查程序之间的那种承继性质的联系，使审判完全基于起诉书，保护被告人合法权益。这对于正确认识我国侦查与起诉的性质，理顺起诉与审判的关系，以诉的理论来改造审判程序，是富有启迪和借鉴意义的。

在现代刑事诉讼中，调整起诉与审判关系的重要原则是“不告不理”。其基本要求为：审判以起诉为前提，未经起诉的案件，法院不得径行审判；审判受起诉范围限制，不得及于起诉以外的人与事。在对人的效力方面，各国法律规定得比较明确，理解上一般也不发生问题。在起诉事实和审判对象问题上，各国的立法和实践不尽一致，大致可分为英美法系和大陆法系两大类型。英美法系国家传统上实行诉因制度，对于起诉书，不仅要求记载犯罪事实，还要求列明诉因。例如，美国“大陪审团起诉书或检察官起诉书应当就指控的每条罪状说明该行为违反的法律、法规、条例或其他法律规定，援引有关法律条文”[①]。诉因制度的目的：一是确定审判对象；二是确定当事人攻防焦点。在采用诉因制度的国家，法官、陪审官的职责就是通过审理判断控方诉因是否存在或是否成立。在大陆法系国家，虽然起诉书上除要求记载犯罪事实外，也要求记载所犯法条，但此项记载，仅是进一步明确审判范围，并非起诉之绝对必要条件。在起诉事实效力方面，实行起诉不可分原则，法官在未超出基本控诉事实的前提下，可以依职权进行为正确裁判所必须的一切调查。例如，德国刑事诉讼法规定，在起诉书所指控的人员和确定的行为范围内，法院有权和有义务自主行动。为了调查事实真相，法院应当依职权将证据调查延伸到所有对于裁判具有意义的事实、证据上。关于起诉书在法律适用方面的效力，大陆法系国家通常规定法官在认定被告人行为性质上一般不受起诉请求范围的限制。所谓“对于事实之法律评价，即如何为法的适当运用，乃法院之职权，并不受起诉书所引应适用法条之约束”[②]。但法官变换适用刑法，应及时告知被告方，以保障被告人辩护权的行使。而在实行诉因制度的国家，法官变更适用法律条文的情况一般仅限于：认定之罪行包容于被起诉罪行之中，或者系较起诉罪行为轻之罪行或起诉罪行未完成形态，如果此未完成形态根据法律也构成犯罪的话。其实质是不得恶化被告人地位。

我国现行刑事诉讼制度在传统上更接近大陆法系国家，但在起诉效力与审判范围上，法律未作明确规定。在1996年修改立法之前，司法实务运作中并无太大问题。因法院对公诉案件在庭前进行实体审查，对于主要事实不清、证据不足、定罪有问题的，或者有漏诉的人或罪的，或者适用法律错误认定罪名不当的，均可退回检察院重新起诉或补充起

---

① 《美国联邦地区法院刑事诉讼规则》第7条（C）(1)。

② 参见陈朴生：《刑事诉讼法实务》，海天印刷厂有限公司1987年版，第93页。

诉。1996年修改刑事诉讼法时，为呼应庭审方式改革，贯彻控审分离原则，弱化了法院对公诉案件的庭前审查程序，取消了法院庭前退回检察院补充侦查或者要求检察院撤回、变更、补充起诉的做法。因此，审判对象超出起诉范围，或者法院认定罪名与起诉罪名不一致的情况，实践中时有发生。对此，最高人民法院《关于执行〈中华人民共和国刑事诉讼法〉若干问题的解释》第178条规定："人民法院在审理中发现新的事实，可能影响定罪的，应当建议人民检察院补充或者变更起诉；人民检察院不同意的，人民法院应当就起诉指控的犯罪事实，依照本解释第一百七十六条的有关规定依法作出裁判。"而该解释第176条的有关规定却为"起诉指控的事实清楚，证据确实、充分，指控的罪名与人民法院审理认定的罪名不一致的，应当作出有罪判决"，并未涉及对发现新的事实应当如何处理。如果对发现的新的事实，在检察机关未变更、未追加控诉的情况下，法官就径行审理，径行判决，显然违背了不告不理的原则。

因此，我国立法应当对不告不理的原则予以明确并对相关制度予以细化。在规范和调整起诉效力与审判范围方面，注意以下几点：第一，未经起诉之个人和事实，法院不得径行审理并定罪科刑。这是调整控审关系的基本原则。第二，尽快建立撤销、变更、追加起诉制度。第三，变更或追加控诉应当立即通知被告人及其辩护律师。如果对被告人辩护权的行使有实质性影响，应当延期审理。第四，如果法院认为指控的罪名与指控事实不符，而检察机关不同意法院变更指控罪名的建议时，法院应当向控辩双方告知改变指控罪名的意图，在控辩双方进行必要的准备后，再行审理和判决。

论刑事诉讼中检察机关的职权配置 *

如何准确理解检察机关在刑事诉讼中承担的不同职权的属性，是关系到检察权在刑事诉讼中有效运行的重大问题。

一、《刑事诉讼法》第 3 条规定的诉讼职权

作为国家专门机关的组成部分，我国检察机关在刑事诉讼中的基本职权和具体任务由《刑事诉讼法》第 3 条确定。1979 年通过的我国第一部《刑事诉讼法》第 3 条规定，批准逮捕和检察（包括侦查）、提起公诉，由人民检察院负责。1996 年《刑事诉讼法》修改时将第 3 条表述调整为“检察、批准逮捕、检察机关直接受理的案件的侦查、提起公诉，由人民检察院负责”。2012 年刑事诉讼法对此规定维持不变。

（一）提起公诉

“提起公诉”这一诉讼术语在不同场合运用具有多重含义。首先，在《刑事诉讼法》第 3 条所规定的职权原则中，“提起公诉”相对于侦查和审判而言是指追诉犯罪的职权，提起公诉由人民检察院负责，即明确在我国代表国家追诉犯罪的职权由检察机关统一行使，或者说检察机关是我国唯一的公诉机关。其次，在我国刑事诉讼法典结构上，“提起公诉”是一个独立的诉讼阶段，其活动内容包括对所有侦查终结的公诉案件进行审查以决定是否提起公诉或者不予起诉。最后，“提起公诉”是指检察机关根据《刑事诉讼法》第 172 条的规定，在对公诉案件进行审查后，认为犯罪嫌疑人的犯罪事实已经查清，证据确实、充分，依法应当追究刑事责任的，作出的一项起诉决定，是人民检察院代表国家将犯罪嫌疑人诉交人民法院，要求人民法院通过审判追究被告人刑事责任的一种诉讼活动。

---

* 原文发表于《中国刑事法杂志》2015 年第 1 期，与许慧君合作。

公诉被称为“检察机关核心的标志性的职能之一”[①]。公诉权的属性包括：(1)公诉权是公权力，是国家通过公诉机关针对犯罪嫌疑人的犯罪行为向法院提出控告、要求法院通过审理对指控的犯罪事实进行确认并对犯罪嫌疑人予以刑事处罚的诉讼权力，属于国家司法职权配置的重要内容。在我国，公诉权由检察机关统一行使。(2)公诉权是一种诉权，即程序请求权。公诉是“代表国家行使追诉权的专门机关向行使国家审判权的法院提出的一种诉讼请求”[②]。作为诉权的行使，产生引起审判发生、限定审判范围和确定被告人、明确辩护对象的效果。(3)公诉权是国家刑罚权的重要组成部分。刑罚权包含制刑权、求刑权、量刑权和行刑权，求刑权即指对犯罪分子提起刑事追诉的权力。在公诉案件中，对犯罪分子提起刑事追诉的权力就是公诉权。而在现代法治社会，由于无罪推定原则的作用，任何人未经法院依法判决不得确认有罪，当然更不能处以刑罚。因此公诉请求的内容既包括求罪，也包括求刑；首先是求罪，然后才是求刑。相对于裁判权的被动性、消极性而言，公诉权在行使过程中表现出“主动性和自主性”。主动性是指公诉机关对于发现事实真相、推进诉讼进程、关注裁判结果的积极作为，自主性则指向公诉主体独立行使公诉权的职权需要。[③](4)从诉讼构造来看，公诉权的确立及其与审判权的分野，完成了近现代刑事诉讼史上的重大变革。没有控审分离、审检分立，便没有审判中立，也没有控辩平等。正如拉德布鲁赫所言：“纠问程序的功绩在于使人们认识到追究犯罪并非受害人的私事，而是国家的职责。其严重错误则在于将追究犯罪的任务交给法官，从而使法官与当事人合为一体。如果说此前的控告程序依循的是‘没有人告状，就没有法官’，此时根据纠问程序的本质，则允许在没有人控告的情况下，由法官‘依职权’干预。如果过去的控告程序是在原告、被告和法官三个主体之间进行，则纠问程序中就只有法官和被控人两方。被控人面对具备法官绝对权力的追诉人，束手无策。对纠问

① 朱孝清：《对公诉理论研究的建议》，载《检察日报》2011年2月9日。

② 卞建林主编：《刑事诉讼法学》(第3版)，中国政法大学出版社2014年版，第250页。

③ 徐鹤喃：《公诉权的理论解构》，载《政法论坛》2002年第3期。

程序适用的谚语是‘控告人如果成为法官，就需要上帝作为律师’。”①

“提起公诉”在代表国家指控犯罪意义上而言，其活动内容主要包括四个方面，即审查起诉、提起公诉、支持公诉、二审抗诉。其中，审查起诉是提起公诉的准备，提起公诉是审查起诉的处理，支持公诉是提起公诉的实现，二审抗诉是支持公诉的继续。

其一，审查起诉。按照刑事诉讼法的规定，“凡需要提起公诉的案件，一律由人民检察院审查决定”。从案件来源或范围来说，既包括公安机关侦查终结移送审查的案件，也包括人民检察院直接受理侦查终结的案件，还包括国家安全机关以及其他侦查主体侦查终结的案件。这一规定表明，在公诉案件中，人民检察院是代表国家对犯罪追诉的唯一机关，其他任何机关、团体、个人都无权行使此项权力，体现了社会主义法制的统一性和严肃性。②审查起诉是刑事公诉案件的必经程序，是连接侦查程序和审判程序的纽带，对于正确处理刑事案件，实现刑事诉讼的任务具有重要意义。为顺利完成审查起诉的任务，保证公诉权的正确行使，既不让符合起诉条件、应当追究刑事责任的犯罪分子逃脱法网，又要避免让无辜的人遭受错误的刑事追究，并监督侦查活动依法进行，按照法律规定，人民检察院审查移送审查起诉的案件，必须查明：第一，犯罪嫌疑人身份状况是否清楚。第二，犯罪事实、情节是否清楚，认定犯罪性质和罪名的意见是否正确；有无法定的从重、从轻、减轻或者免除处罚的情节；共同犯罪案件的犯罪嫌疑人在犯罪活动中的责任认定是否恰当。第三，案卷材料、证据是否随案移送。第四，证据是否确实、充分。第五，有无遗漏罪行和其他应当追究刑事责任的人。第六，是否有属于不应当追究刑事责任的情形。第七，有无附带民事诉讼，对于国家财产、集体财产遭受损失的，是否需要由人民检察院提起附带民事诉讼。第八，采取的强制措施是否恰当。第九，侦查活动是否合法。第十，与犯罪有关的财物及其孳息是否扣押、冻结并妥善保管。

其二，提起公诉。经审查，人民检察院认为犯罪嫌疑人的犯罪事实已经查清，证据确实、充分，对犯罪嫌疑人应当追究刑事责任的，应

① ［德］拉德布鲁赫:《法学导论》，米健、朱林译，中国大百科全书出版社1997年版，第121页。

② 陈光中主编:《刑事诉讼法》（第四版），北京大学出版社、高等教育出版社2012年版，第296页。

当作出起诉决定，按照审判管辖的规定，向人民法院提起公诉。在公诉案件中，提起公诉的意义，首先体现在通过对犯罪的追诉，为审判和处罚犯罪创造条件，奠定基础，以实行国家的刑罚权，保护国家、社会和公民的利益。其次是确定被告人的诉讼地位，使犯罪嫌疑人成为刑事被告人。这一方面意味着被告人即将面临法庭的审判并可能遭受严厉的刑罚制裁，另一方面保障了被告人的合法权益，使刑事被告人区别于刑事罪犯，由纠问式诉讼中的诉讼客体成为诉讼一方当事人。从诉讼法的视角，提起公诉，就是作为公诉机关的人民检察院对被告人正式作出犯罪指控，向人民法院正式提出诉讼请求，要求人民法院通过审判追究被告人的刑事责任。同时，检察机关经审查认为，犯罪嫌疑人没有犯罪事实，或者有《刑事诉讼法》第15条规定的情形之一不需要追究刑事责任的，应当作出不起诉决定。对于犯罪情节轻微、依照法律规定不需要判处刑罚或者免除刑罚的，可以行使起诉裁量权，作出不起诉决定，以追求起诉的合目的性。

在提起公诉的职权中，还应包括变更公诉与撤回公诉。所谓变更公诉，是指变更刑事被告人或者指控的事实、情节等公诉请求的内容。“变更”一词意指修正或者追加。大致分为三种情况：第一，对指控事实的变更，即改变起诉书所认定的犯罪事实、情节以及其他对定罪量刑有意义的事实，包括修正和追加（补充）。第二，对法律评断的变更，包括指控的罪名和适用法律的变更。第三，对被告人的变更，包括对被告人身份事项的改变，如姓名、年龄；因追捕到案或因新的证据发现或新的事实认定等原因而追加被告人等。[①] 所谓撤回公诉，是指在检察机关提起公诉后，发现不应该起诉或者不必要起诉时，撤回已经提起的公诉。从比较法的角度，允许检察机关在提起公诉后变更公诉或撤回公诉，是各国通例。只不过因大陆法系、英美法系诉讼制度的差异，对变更公诉和撤回公诉的限制有所不同而已。我国现行刑事诉讼法对变更公诉和撤回公诉缺乏明确规定，司法解释对此作了相关补充，但因缺乏法律依据，“两高”的相关规定内容也不太一致，尚需在刑事诉讼立法上予以补充和完善。

其三，支持公诉。提起公诉，其法律效果只是引起审判的发生，而

① 龙宗智:《论公诉变更》，载《现代法学》2004年第6期。

公诉主张能否为法官确认和维护，则需要通过检察人员出庭支持公诉的活动来寻求达至这一诉讼目标，因此支持公诉是提起公诉的跟进和实现。根据无罪推定原则，“凡受刑事控告者，在未经获得辩护上所需的一切保证的公开审判而依法证实有罪之前，有权被视为无罪”。[①] 这一原则最基本的要求是两条：一是由控诉被告人犯罪的机关提供确实充分的证据来证明被告人实施被控犯罪的事实；二是由审判人员依照法律程序对被告人是否犯有被控犯罪行为作最后认定。《刑事诉讼法》第 184 条规定：“人民法院审判公诉案件，人民检察院应当派员出席法庭支持公诉。”修改后的《刑事诉讼法》第 210 条还规定：“适用简易程序审理公诉案件，人民检察院应当派员出席法庭。”从内容上看，公诉主张即诉讼请求包括两个方面：一是关于指控事实的主张，即指控被告人具体实施了某种危害社会的行为；二是关于适用法律的主张，即认为被告人实施的行为依照刑法已构成犯罪、需要承担刑事责任，包括应当定罪、构成何罪，应当处以刑罚、处以何种刑罚。同样，检察人员出庭支持公诉的活动应当围绕这两部分内容展开。一是履行举证责任，当庭出示证据。《刑事诉讼法》第 49 条明确规定，“公诉案件中被告人有罪的举证责任由人民检察院承担”。公诉人出庭支持公诉，其首要任务就是通过当庭出示证据，包括出示书证物证、讯问被告人、询问证人、宣读未出庭的证人证言等活动，来证明指控犯罪事实的存在，并且可以和辩护一方就证据和案件情况发表意见，相互辩论。二是发表公诉意见，开展法庭辩论。在法庭调查核实证据和认定案件事实的基础上，公诉人应当对案件的法律适用和定罪量刑发表意见，着重阐明追究被告人刑事责任的法律依据，分析被告人行为对社会造成的危害后果，以争取法官接受和确认己方提出的诉讼请求。

其四，二审抗诉。当一审法院作出判决但判决内容没有接受或满足公诉一方提出的诉讼请求，或者说判决结果与指控主张不一致，或者说检察机关认为法官判决存在错误，应当怎么办？各国刑事诉讼法均赋予检察机关相应的救济权力或后续手段，主要的形式就是提出上诉或者抗诉[②]。我国《刑事诉讼法》第 217 条规定：“地方各级人民检察院认为本级

---

① 《世界人权宣言》第 11 条第 1 款。

② 还有的称上告、抗告，基本含义相同，均指检察机关作为起诉一方不服一审裁判或认为一审裁判存在错误，在符合法定条件时实施的一种法律救济手段。

人民法院第一审的判决、裁定确有错误的时候，应当向上一级人民法院提出抗诉。”应当明确，检察机关对第一审判决、裁定的抗诉，实质上是提起公诉、支持公诉的继续，是为了维护和实现己方的诉讼主张。赋予公诉方上诉或抗诉的权力（利），既体现了对控诉方诉权的保障和救济，也是体现公诉权对审判权制约的一种程序设计。这就是为什么在许多国家，检察机关虽然不具有法律监督机关性质，但却普遍享有对法院一审判决、裁定提出上诉权的原因。当然，鉴于检察机关的国家立场和客观义务，应当尊重事实、尊重法律，不能仅仅因为判决未能满足己方的诉讼主张便提出上诉或抗诉。法律对检察机关提出上诉或抗诉设置了必要的条件，原则上必须是裁判确有错误。而不像被告人那样，只要对一审裁判不服，即使没有正当理由，也可以提起上诉，而且必然引起二审程序的发生。这是出于对被告人权益的特殊保障。

应当指出，公诉权自诞生之日起，便具有一定的监督属性，检察官作为“法律的守护者”被期待发挥监督侦查、制约审判的作用。我国台湾地区学者林钰雄认为：“检察官创制目的的一方面乃为废除由法官一手包办侦查的纠问制度，制衡法官权力，另一方面也为防范法治国沦为警察国，控制警察活动。换言之，检察官扮演国家权力之双重控制角色，既要保护被告免于法官之恣意，亦要保护其免于警察之恣意。”①检察官制度设计的目的是：一可以透过诉讼分权模式，以法官与检察官彼此节制的方法，保障刑事司法权行使的客观性和正确性；二可以通过检察官控制警察的活动，摆脱警察国家的梦魇；三可以让检察官守护法律，使客观的法意志贯通整个刑事诉讼程序，以追诉犯罪，保障民权。就公诉对侦查的制约而言，警察（包括其他侦查机关）侦查终结需要追究犯罪嫌疑人刑事责任的案件，必须移送检察机关审查。检察机关审查起诉，需要审查移送的案件在事实和证据方面是否符合起诉条件，犯罪嫌疑人的行为依据法律是否构成犯罪、警察认定的罪名是否正确、有无遗漏罪行和其他应当追究刑事责任的人、侦查活动是否合法等内容。这些活动无疑体现了公诉对侦查活动的监督。检察机关审查后，如果认为不符合追诉条件因而作出不起诉的决定，则体现了对侦查结论的否定和对侦查权力的规制。就公诉对审判的制约而言，首先，公诉是审判的前提，无

① 林钰雄：《检察官论》，学林文化事业有限公司1999年版，第16—17页。

公诉即无审判，所谓“不告不理”，从而抑制了审判机关不诉而审、主动追究的恣意和冲动，防止审判权任意扩张侵犯公民的合法权益；其次，公诉限定了审判的范围，法院只能就检察机关指控的人和事进行审判，所谓“诉审同一”，有效防止法院任意扩大审判范围，对未经起诉的人和事径行审判；最后，检察官出庭支持公诉，以及对一审裁判不服提出抗诉，既是对控方诉讼主张的坚持和维护，也是对法官审判权行使的制约和监督。

在我国的刑事司法体制和办案机制中，关于公诉与侦查和审判的关系，还有两点需要特别注意。第一，我国宪法和法律规定，公检法三机关进行刑事诉讼，实行分工负责，互相配合，互相制约。党的十八届四中全会《中共中央关于全面推进依法治国若干重大问题的决定》进一步提出，优化司法职权配置的主要任务是要健全公安机关、检察机关、审判机关、司法行政机关各司其职，侦查权、检察权、审判权、执行权相互配合、相互制约的机制。我们认为，此处的“检察权”应当作公诉权理解，只有公诉权才发生与侦查权、审判权、执行权互相配合、互相制约的问题，而不能涵括检察机关在刑事司法中的其他职权，更不能泛指法律监督意义上检察机关依法行使的所有职权。[①]第二，由于我国检察机关法律监督属性的定位和诉讼阶段的程序设计，我国的审查起诉作为一个独立的程序单独设置。在大陆法系国家，特别是德国、俄罗斯等国家，由于检察机关是法律上的侦查机关，同时又是公诉机关，因此一般没有独立的审查起诉程序，审查起诉活动等同于案件侦查终结的处理。“当案件已被调查清楚，而检察官已可决定要否起诉时，此时侦查程序即告终结。而检察官之决定不是中止诉讼程序（不起诉处分），就是起诉。”[②]在我国，绝大多数刑事案件由公安机关负责侦查，同时检察机关

① 除公诉权外，在刑事诉讼中检察机关还负责直接受理案件的侦查，除主体、范围与公安机关不同外，其性质与公安机关侦查相同，不可能说检察机关侦查权与公安机关侦查权互相配合、互相制约。诉讼监督权是法律赋予检察机关专属行使，公安机关的侦查权、法院的审判权、司法行政机关的执行权都属于检察机关诉讼监督的对象，更不可能说监督者与被监督者之间互相配合、互相制约。至于批准逮捕，实质是以法律监督机关之名行司法审查之实，是对公民人身自由的特殊保障和对强制性侦查行为的法律控制，也不能与侦查权互相配合、互相制约。

② [德]克劳思·罗科信：《刑事诉讼法（第24版）》，吴丽琪译，法律出版社2003年版，第363页。

具有法律监督机关性质，因此我国的审查起诉程序作为刑事诉讼的“第二道工序”，对侦查收集的证据和认定的事实进行全面审查，对侦查工作的成果进行质量检验和把关，并对侦查活动是否合法进行监督。

（二）检察机关直接受理的案件的侦查

除提起公诉外，检察机关还负责对部分刑事案件的侦查。《人民检察院组织法》第5条第2项“对于直接受理的刑事案件，进行侦查”和《刑事诉讼法》第3条“检察机关直接受理的案件的侦查，由人民检察院负责”的规定，是关于检察机关侦查权的基本法律授权。而《刑事诉讼法》第18条关于职能管辖的规定，“贪污贿赂犯罪，国家工作人员的渎职犯罪，国家机关工作人员利用职权实施的非法拘禁、刑讯逼供、报复陷害、非法搜查的侵犯公民人身权利的犯罪以及侵犯公民民主权利的犯罪，由人民检察院立案侦查”[①]，则进一步明确了检察机关直接侦查案件的范围。在司法实践中，通常将检察机关负责侦查的案件统称为职务犯罪，其犯罪主体为国家工作人员和国家机关工作人员，其犯罪形式表现为公职人员利用职权所进行的犯罪。此外，刑事诉讼法还规定：“对于国家机关工作人员利用职权实施的其他重大的犯罪案件，需要由人民检察院直接受理的时候，经省级以上人民检察院决定，可以由人民检察院立案侦查。”

关于检察机关的职务犯罪侦查权的属性问题，有人认为，职务犯罪侦查权属于行政权范畴，提议将职务犯罪案件交给公安机关统一侦查；也有人主张职务犯罪案件具有特殊性，应当设立专门机关承担职务犯罪的侦查职能，如主张将国家监察机构更名为“廉政公署”，使之成为与公安、安全并立的侦查机关。更有地方试图突破现行法律规定，进行所谓职务犯罪侦查机构的调整与侦查权重新配置的探索。[②]本文认为，由检察机关承担对职务犯罪的侦查任务是侦查权配置中区别普通犯罪侦查

① 另需注意的是，修订后的刑法已将渎职罪的主体修改为国家机关工作人员。根据这一修改，人民检察院管辖的“渎职犯罪”，是指刑法分则第九章规定的渎职罪。另外，刑法分则第四章第248条规定的监管人员殴打、体罚、虐待被监管人员罪，由人民检察院管辖。

② 据《南方都市报》2011年1月29日报道，广东省某市酝酿将反贪局和渎职侵权局从检察机关分离出来，新组建市监察审计和反贪局，与市纪委合署办公。新闻链接：http://gcontent.oeeee.com/3/2e/32e05616c8ed6594/Blog/7e7/0c7a85.html。

权的分权模式，也是对苏联检察机关职权配置的借鉴。

首先，从法律定位的角度，检察机关行使职务犯罪侦查权是履行法律监督职能的要求。法律之所以规定由检察机关行使对职务犯罪的侦查权，是由我国检察机关的法律监督性质和职务犯罪的特点所决定的。检察机关作为法律监督机关，要保证国家法律的统一正确实施，而国家法律是通过国家机关及其工作人员履行法定职责的活动来实施的。国家工作人员的职务行为是运用法律赋予的国家权力管理公共事务的行为，也是依据法律行使职权的行为。如果国家工作人员在行使法定职权、履行法定职责的过程中利用或滥用法律赋予的职权，侵吞国家财产，损害国家利益，或者侵害公民合法权利造成犯罪，其直接危害的首先是国家法律的正确实施，或者说职务犯罪的本质特征是妨碍或破坏了国家法律的正确实施，因此检察机关负责对职务犯罪的侦查，是为了履行宪法和法律赋予的法律监督职能。

其次，从比较考察的角度，检察机关行使职务犯罪侦查权是多数国家的制度和实践，特别是苏联检察制度的模式。在大陆法系国家，一般实行检警一体化，检察机关享有一般侦查权与指挥侦查权，但在司法实务中，因人力和能力限制，检察机关通常只对公职人员职务犯罪和白领犯罪、商业犯罪等刑事案件直接进行侦查。具有大陆法系背景的一些东亚国家或地区，如日本、韩国以及我国台湾地区等，查处公务人员职务犯罪更是检察机关的重要职能和普遍实践。在英美法系国家，公务人员利用职权所实施的犯罪存在于各类犯罪之中，分别由不同的侦查机构负责侦查。但检察机关主持或参与对职务犯罪以及白领犯罪、商业犯罪的调查也是通常的做法。联合国《关于检察官作用的准则》认可和强调检察官在侦查职务犯罪中的积极作用，其第15条规定："检察官应适当注意对公务人员所犯的罪行，特别是对贪污腐化、滥用权力、严重侵犯嫌疑犯人权、国际法公认的其他罪行的起诉，和依照法律授权或当地惯例对这种罪行的调查。"

再次，从职权运行的角度，检察机关的独立地位与一体化体制是实施职务犯罪侦查的保障。职务犯罪是由国家工作人员实施的与职务密切关联的犯罪行为，具有明显的特点：（1）职务犯罪是一种权力型犯罪，犯罪分子往往身居高位，手握公权，资源丰厚，关系网复杂，具有对抗、干扰或妨碍侦查工作进行的条件和能力。（2）职务犯罪是一种智能型犯罪，通常隐蔽性强，犯罪手段狡猾，给证据的收集和核查造成很大困难。为保证职务犯罪侦查任务的顺利实现，侦查主体必须具备一定的身份保障、地位保障和职权保障。我国检察机关的宪法定位以及独立行使检察权的职权行使原则，能够使检察机关有效排除侦查中可能遇到的来自侦查对象或其他机关、团体、个人的干扰。检察机关实行一体化体制，上下级是领导关系，可以在检察机关内部充分整合侦查资源，统一配备侦查力量，能够为职务犯罪侦查提供体制和机制保障，有效排除因地方保护或不当干涉对侦查活动可能产生的阻力或阻挠。

最后，从司法实践的角度，检察机关行使职务犯罪侦查权具有悠久传统和丰富经验。在我国人民政权建立发展过程中，检察机关负责职务犯罪案件的侦查是一贯做法。早在新民主主义革命时期，检察机关便承担查办贪污、行贿、浪费公款、渎职等犯罪行为的职责。新中国成立后，国家更以法律制度的形式，把职务犯罪的侦查权赋予检察机关，并逐步建立健全职务犯罪侦查体制。1951 年审议通过的《最高人民检察署暂行组织条例》和《各级地方人民检察署组织通则》均要求各级检察机关负责管辖和侦查政府机关公务人员的贪污等职务犯罪。1979 年制定的我国第一部刑事诉讼法明确规定，贪污罪、侵犯公民民主权利罪、渎职罪等刑事案件，由人民检察院立案侦查。其后法律虽经修改，但保留检察机关职务犯罪侦查权不变，只是在具体案件管辖范围上作了一些调整，使检察机关直接受理侦查的案件对象更符合其承担的法律监督职能。我国司法制度发展变迁的历史表明，职务犯罪侦查权，作为监督国家工作人员依法、规范、适当行使职权的有效手段，一直由承担法律监督职能的人民检察院行使。同时，检察机关在侦查职务犯罪的长期实践中，逐步积累经验，增强能力，培养人才，锻炼队伍，改进工作，健全制度，因此具有其他任何机关难以比拟的能力和优势。

关于检察机关自侦案件的范围立法上曾作过一些调整。1979 年《刑事诉讼法》第 13 条第 2 款规定：“贪污罪、侵犯公民民主权利罪、渎职罪以及人民检察院认为需要自己直接受理的其他案件，由人民检察院立案侦查和决定是否提起公诉。”按照最高人民法院、最高人民检察院、公安部关于刑事诉讼法管辖问题的规定，人民检察院直接受理侦查的案件包括：重大责任案；偷税、抗税案；挪用救灾、抢险款物案；假冒商标案；刑讯逼供案；诬告陷害案；破坏选举案；非法拘禁案；非法管制、搜查案；报复陷害案；非法剥夺宗教信仰自由案；伪证、陷害、隐匿罪证案；侵犯通信自由案；贪污案；行贿受贿案；泄露国家机密案；枉法追诉裁判案；体罚、虐待人犯案；私放罪犯案；玩忽职守案；以及人民检察院认为需要自己直接受理的其他案件。[①] 应当说，当时检察机关直接受理案件的范围比较广泛，自侦案件的数量是比较庞大的。1996 年刑事诉讼法修改，为纠正司法实践中有法定程序却不严格遵守的现象，加强检察机关对整个刑事诉讼活动的监督是司法实践的迫切需要，因而成为立法修改的重点内容。为此刑事诉讼法增加了一条基本原则，即第 8 条"人民检察院依法对刑事诉讼实行法律监督"。在赞成强化检察机关诉讼监督的同时，人们普遍认为，检察机关作为国家法律监督机关，应当集中主要精力进行法律监督，而不能把主要精力放在侦查案件上，侦查的案件越多，与监督的角色就越冲突，尤其表现在自侦案件的监督上。于是对检察机关自侦案件的范围进行了适当调整，将其主要限定于国家工作人员利用职务的犯罪，其他案件则由公安机关侦查、检察机关审查起诉。关于检察机关立案管辖的调整，权威的解释是："这样规定，一是有利于检察机关集中力量，对贪污贿赂犯罪、国家工作人员的渎职等犯罪案件进行侦查，这对加强反腐败斗争有重要意义；二是检察机关可以对公安机关的侦查加强监督，发挥检察机关的监督职能作用。"[②] 由此可见，对国家工作人员利用职权实施的犯罪案件直接受理立案侦查，与检察机关履行法律监督职责密切相关。但是，检察机关对直接受理案件的侦查活动本身不能等同于检察机关对刑事诉讼的法律监督；相反，应当同公安机关的侦查行为一样，作为侦查监督的对象而接受法律监督。

（三）批准逮捕

在我国刑事诉讼中，逮捕是指"公安机关、人民检察院和人民法院为防止犯罪嫌疑人、被告人逃避或者阻碍侦查、审判，继续犯罪，在

---

① 徐静村、樊崇义主编：《刑事诉讼法学》，中国政法大学出版社 1994 年版，第 124 页。

② 顾昂然：《关于〈中华人民共和国刑事诉讼法修正案（草案）〉的说明》，载胡康生、李福成：《〈中华人民共和国刑事诉讼法〉释义》，法律出版社 1996 年版，第 356 页。

一定期限内依法实行羁押、看管，暂时剥夺其人身自由的一种强制措施”[①]。《宪法》第37条第2款规定：“任何公民，非经人民检察院批准或者决定或者人民法院决定，并由公安机关执行，不受逮捕。”《人民检察院组织法》第12条和《刑事诉讼法》第78条也有类似的规定。这说明，在我国实行逮捕的批准权、决定权与执行权相分离的制度，是为了发挥公检法机关之间的相互制约，防止出现错捕滥捕等侵犯公民人身权利的现象。

人民检察院批准逮捕，是指公安机关侦查的案件需要逮捕犯罪嫌疑人的，提请人民检察院审查批准；人民检察院决定逮捕，是指人民检察院自行侦查的案件需要逮捕犯罪嫌疑人的，由侦查部门提请批捕部门审查决定。为保证逮捕措施的准确适用和慎用，法律明确规定：“人民检察院审查批准逮捕犯罪嫌疑人由检察长决定。重大案件应当提交检察委员会讨论决定。”这意味着，在检察机关内部，行使批准逮捕权实行双轨制——以个人领导为主体的检察长负责制和以集体领导为主体的检察委员会民主集中制。检察实务中，对于审查批准逮捕的案件，一般采用“个人阅卷，集体讨论，报检察长决定”[②]的方法。而重大案件，则应由检察长提请检察委员会讨论决定。即使在当前正在进行的主任检察官制改革试点中，批准逮捕也依然是由分管的副检察长决定。[③]

由检察机关行使批准逮捕的权力是由检察机关的法律监督地位决定的，是为了加强对侦查机关的监督、制约侦查权力，也是为了保证逮捕的质量，减少逮捕的数量。历史上，曾经实行过侦查机关既侦查犯罪，又抓捕人犯的做法。中华人民共和国成立后，在检察机关全面建立后，宪法和法律便明确要求批捕和起诉由人民检察院负责，与公安机关、人民法院实行互相配合互相制约。1954年宪法和检察院组织法颁布后，彭真同志多次强调检察机关的主要任务是批捕、起诉，必须由检察机关负责批捕、起诉工作，要求检察机关要全面承担起批捕、起诉的任务。同

① 卞建林主编：《刑事诉讼法学》（第3版），中国政法大学出版社2014年版，第158页。

② 陈光中、严端主编：《中华人民共和国刑事诉讼法释义与应用》，吉林人民出版社1996年版，第96页。

③ 邹开红：《部分试点检察院主任检察官的职权配置》，载《国家检察官学院学报》2014年第6期。

时，由检察机关批准逮捕也是与我国刑事司法体制相匹配的。在大陆法系国家，在检警关系上实行一体化，检察机关直接领导或指挥警察行为，是侦查权的主体。[①]这种体制下由检察机关批准逮捕显然难以实现对侦查权的有效控制。而在我国，绝大多数刑事案件由公安机关负责侦查，由检察院批准逮捕恰恰能实现刑事办案的分工负责和对公安机关侦查的监督。1955年初，彭真同志曾指示：检察院首先要把批准逮捕人犯的工作担负起来。“任何公民，非经人民法院决定或者人民检察院批准，不受逮捕”，这条法律必须兑现，必须执行。审查批准逮捕人犯是检察机关的职责，检察机关要负起责任来，做好这项工作。针对一部分同志认为逮捕人犯须经人民检察院批准太麻烦的思想，彭真同志说：“这里有一个错误和违法的问题。如果公安机关捕人未经检察机关批准，即使捕对了，也是违法的。公安机关捕人要经过检察机关批准，必须遵守法律，要按照法定程序办事，这样可以减少错误。”[②]

关于检察机关直接受理立案侦查的案件，由检察机关实行自侦自捕，缺少制约的问题，的确与刑事司法职权的整体配置不相吻合。尽管在检察机关内部实行分工负责、互相制约的措施，但效果如何存在疑问，同时也影响检察公信力。[③]近年来检察机关一直为解决自侦案件自侦自捕存在的问题作出努力。一是探索推行人民监督员制度，由人民监督员对自侦案件当事人不服逮捕决定的案件进行评议；二是实行省级以下检察机关自侦案件批捕权上提一级，即自侦案件的审查批准逮捕由上一级检察院负责。但不能就此认为，这一问题已经不复存在或者已经得到很好解决。

（四）检察

《刑事诉讼法》第3条规定中的“检察”，是一个值得探讨的概念。

首先，不能将其等同于一般意义上的“检察权”，后者常常作为对检察机关职权的统称而适用于法律规定和学术研究，在检察制度史曾经

---

① 林贻影：《中国检察制度发展、变迁及挑战——以检察权为视角》，中国检察出版社2012年版，第146页。

② 彭真：《在全国公安厅局长会议上的报告》，载《论新中国的政法工作》，中央文献出版社1992年版，第122页。

③ 朱孝清：《对检察制度若干争论问题的回应》，载《人民检察》2008年第13期。

具有“一般监督”的含义。1949年12月出台的《中央人民政府最高人民检察署试行组织条例（草案）》第2条规定：检察机关得以“检察全国各级政府机关及公务人员和全国国民是否严格遵守人民政协共同纲领，以及人民政府的政策方针与法律、法令”。继而1951年9月通过的《中央人民政府最高人民检察署暂行组织条例》规定，检察机关的职权包括“检察全国各级政府机关、公务人员和全国国民是否严格遵守中国人民政治协商会议共同纲领、人民政府的政策方针和法律法令”。显然，此时的“检察”具有一般监督的性质。1954年我国制定的第一部《宪法》第81条更进一步明确了检察机关“一般监督”的定位：“中华人民共和国最高人民检察院对于国务院所属各部门、地方各级国家机关、国家机关工作人员和公民是否遵守法律，行使检察权。地方各级人民检察院和专门人民检察院，依照法律规定的范围行使检察权。”[①] 同期通过的1954年《人民检察院组织法》第4条也增加了“地方各级检察院对地方国家机关的决议、命令和措施是否合法，国家机关工作人员和公民是否遵守法律，实行监督”的职权。但这种一般监督意义上的“检察”在共和国历史上只短暂出现便不复存在了，1982年宪法更明确将一般监督的权力赋予国家权力机关行使。

其次，“检察”一语与“侦查”同义或者包含侦查。1951年9月通过的《中央人民政府最高人民检察署暂行组织条例》规定，检察院“对反革命及其他刑事案件，实行检察，提起公诉”。此处的“检察”，含义显然指侦查。而之前通过的《中央人民政府最高人民检察署试行组织条例》关于检察机关的职权则规定，“对刑事案件实行侦查，提起公诉”。可见，当时“检察”与“侦查”并不作严格区分，对刑事案件的检察就是指侦查。[②] 1979年《刑事诉讼法》第3条规定的“检察（包括侦查），由人民检察院负责”，其含义主要也是指侦查，或者以侦查为主，但不限于侦查。但是，1996年修改的刑事诉讼法将“检察机关直接受理案件的侦查”从“检察”中剥离出来而与“检察”并列，显而易见，“检察”一语既不能指代“侦查”，也不包括“侦查”了。

最后，“检察”指除“批准逮捕、侦查、提起公诉之外的一切检

① 姜小川：《检察权定位：检察职权配置的关键》，载《法学杂志》2011年第9期。
② 王桂五：《论检察》，中国检察出版社2013年版，第7页。

察机关参与刑事诉讼的活动”，论者并列举如抗诉及各种法律监督活动等。[①] 此种解释有一定道理。如1951年9月通过的《中央人民政府最高人民检察署暂行组织条例》中所列举的检察机关职权中，就有“检察全国监所及犯人劳动改造机构之违法措施”，即现在的“监所检察”。无疑，对监所及其他执行活动所进行的检察活动是不包含在批准逮捕、侦查、提起公诉等职权之内的。但仍让人费解的是，1996年修改的《刑事诉讼法》增加了第8条，明确规定“人民检察院依法对刑事诉讼实行法律监督”。一般认为，监督范围包括立案监督、侦查监督、审判监督、执行监督。既然除批准逮捕、侦查、提起公诉之外的活动都已被包含在诉讼监督的内容之中，那么第3条“检察”一词所具有的确定含义岂不又虚化了吗？

基于以上分析，《刑事诉讼法》第3条规定的“检察”实际是一个不确定的概念。它可以泛指检察机关在刑事诉讼中所行使的一切职权，也可以仅指除批准逮捕、侦查、提起公诉之外检察机关在刑事诉讼中所承担的其他职权。很多场合还与检察机关所承担的法律监督职权同义或重叠，但如此理解又容易产生检察机关诉讼职权与诉讼监督职权的混淆，逻辑上不严谨。

二、《刑事诉讼法》第8条规定的诉讼监督职权

我国1982年《宪法》第129条规定：“中华人民共和国人民检察院是国家的法律监督机关。”随后，1983年修正的《人民检察院组织法》第5条明确规定，人民检察院对于公安机关的侦查活动是否合法，实行监督；对于人民法院的审判活动是否合法，实行监督；对于刑事案件判决、裁定的执行和监狱、看守所、劳动改造机关的活动是否合法，实行监督。其后制定的民事诉讼法和行政诉讼法也都在总则部分规定检察机关有权对民事审判和行政诉讼实行法律监督的基本原则[②]，1996年刑事诉讼法修改时，为了加强检察机关对整个刑事诉讼活动的监督，立法机

① 陈光中、严端主编:《中华人民共和国刑事诉讼法释义与应用》，吉林人民出版社1996年版，第6页。

② 2012年8月31日经第十一届全国人大常委会第二十八次会议修正的《民事诉讼法》第14条已将“人民检察院有权对民事审判活动实行法律监督”修改为“人民检察院有权对民事诉讼实行法律监督”。

关增加了一条基本原则，即第 8 条：“人民检察院依法对刑事诉讼实行法律监督。”一方面，从立法技术上保证了我国法律体系的配套与协调，使得刑事诉讼法与宪法以及与民事诉讼法、行政诉讼法等程序法的相关规定保持一致；另一方面，检察机关在刑事诉讼过程中的法律监督地位得到明确和强调，使检察机关对刑事诉讼活动进行监督有了明确的法律依据。

将人民检察院依法对刑事诉讼实行法律监督规定为刑事诉讼法的基本原则，是对公安机关依法行使侦查权、人民法院依法行使审判权、执行机关依法执行刑事裁判增设了一种新的监督机制，既明确了检察机关对侦查、审判、执行活动进行监督的职权和责任，也明确了公安机关、审判机关、执行机关进行刑事诉讼接受检察院法律监督的义务，从而有利于公安机关、审判机关、执行机关依法进行刑事诉讼，保证刑事案件得到公正正确的处理，也为纠正刑事诉讼过程中可能出现的程序违法、防止国家专门机关滥用权力、保障诉讼当事人及其他诉讼参与人合法权益增设了一种新的救济渠道。

人民检察院对刑事诉讼实行法律监督，主要包括以下四个方面的内容。

一是对公安机关立案活动的监督。1996 年修改的刑事诉讼法增加规定：人民检察院认为公安机关对应当立案侦查的案件而不立案侦查的，或者被害人认为公安机关对应当立案侦查的案件而不立案侦查，向人民检察院提出的，人民检察院应当要求公安机关说明不立案的理由。人民检察院认为公安机关不立案理由不能成立的，应当通知公安机关立案，公安机关接到通知后应当立案。① 人民检察院对公安机关不应当立案而立案的，也应当对之监督纠正。

二是对公安机关侦查活动的监督。检察机关对公安机关侦查活动的监督主要表现在审查批准逮捕、监督逮捕执行、审查起诉等方面。刑事诉讼法规定：“人民检察院在审查批准逮捕工作中，如果发现公安机关的侦查活动有违法情况，应当通知公安机关予以纠正，公安机关应当将纠正情况通知人民检察院。”② 刑事诉讼法还规定，人民检察院审查案件的

---

① 1996 年《刑事诉讼法》第 87 条，现行《刑事诉讼法》第 111 条。

② 1979 年《刑事诉讼法》第 52 条便有此规定，1996 年刑事诉讼法规定在第 76 条，2012 年刑事诉讼法规定在第 98 条。

时候，必须查明侦查活动是否合法。[1] 虽然1996年刑事诉讼法重视加强检察机关对侦查活动的监督[2]，却缺乏具体措施将侦查监督落到实处，以致侦查监督整体效果不佳。

三是对人民法院审判活动的监督。检察机关对人民法院审判活动的监督主要包括两个方面。第一，对人民法院作出的判决、裁定进行监督，包括对一审法院作出的还未发生法律效力的判决、裁定提起抗诉和对已经发生法律效力的判决、裁定依照审判监督程序提起抗诉。第二，对人民法院的审判活动是否遵循法定程序进行监督。1996年修改的刑事诉讼法增加规定："人民检察院发现人民法院审理案件违反法律规定的诉讼程序，有权向人民法院提出纠正意见。"[3] 笔者以为，对未生效判决裁定提起的抗诉是检察机关支持公诉活动的继续，体现公诉权对审判权的制约，而就程序违法问题向法院提出纠正意见和发现生效裁判确有错误而依审判监督程序提起抗诉则更具审判监督的性质。

四是执行机关执行活动的监督。刑事诉讼法规定："人民检察院对执行机关执行刑罚的活动是否合法实行监督。如果发现有违法的情况，应当通知执行机关纠正。"[4]

通过1996年刑事诉讼法的修改，检察机关在刑事诉讼中的法律监督地位得到明确和强化。但与此同时，检察机关的监督工作依然面临着不少问题，监督不力的情况并未得到根本好转。最高人民检察院于2009年12月颁发了《关于进一步加强对诉讼活动法律监督工作的意见》，对加强检察机关诉讼监督工作提出了全面要求。2010年7月，最高人民法院、最高人民检察院、公安部、国家安全部、司法部联合制定了《关于对司法工作人员在诉讼活动中的渎职行为加强法律监督的若干规定》。此外，北京、辽宁、四川、山东、江西、西藏等20多个省（直辖市、

---

① 1979年《刑事诉讼法》第96条，1996年《刑事诉讼法》第137条，2012年《刑事诉讼法》第168条。

② 徐静村、樊崇义主编：《刑事诉讼法学》，中国政法大学出版社1994年版，第124页。

③ 1996年《刑事诉讼法》第169条，现行《刑事诉讼法》第203条。

④ 1996年《刑事诉讼法》第224条，现行《刑事诉讼法》第265条。1979年《刑事诉讼法》第164条规定："人民检察院对刑事案件的判决、裁定的执行和监狱、看守所、劳动改造机关的活动是否合法，实行监督。如果发现有违法的情况，应当通知执行机关纠正。"其内容与《人民检察院组织法》第5条第5项前一句相同。

自治区）人大常委会先后通过有关加强人民检察院法律监督工作的决议或决定，为检察机关强化刑事诉讼监督提供了制度依据。在总结司法实践经验和理论研究成果的基础上，2012 年刑事诉讼法修改进一步强化了检察机关对刑事诉讼的法律监督，主要在如下方面取得了进展。

一是扩展诉讼监督的范围，增加诉讼监督的对象。主要内容为：（1）增加了羁押必要性审查制度，规定“犯罪嫌疑人、被告人被逮捕后，人民检察院仍应当对羁押的必要性进行审查。对不需要继续羁押的，应当建议予以释放或者变更强制措施”（《刑事诉讼法》第 93 条）。（2）增加了对指定居所监视居住强制措施的监督，规定“人民检察院对指定居所监视居住的决定和执行是否合法实行监督”（《刑事诉讼法》第 73 条第 4 款）。（3）增加了对死刑复核程序的监督，规定“在复核死刑案件过程中，最高人民检察院可以向最高人民法院提出意见。最高人民法院应当将死刑复核结果通报最高人民检察院”（《刑事诉讼法》第 240 条第 2 款）。（4）增加了对强制医疗措施的监督，规定“人民检察院对强制医疗的决定和执行实行监督”（《刑事诉讼法》第 289 条）。

二是明确诉讼监督重点，强化对侦查活动的监督。侦查以国家强制力为后盾，侦查活动的开展和侦查权力的行使，通常以限制甚至短期剥夺公民合法权益为代价，因此在法治国家必须对侦查权力进行规制。此外，侦查活动违法和侦查结论错误，往往给后面的诉讼活动造成难以纠正的严重后果，也是导致冤假错案的重要原因，因此一定要加强对侦查活动的监督和侦查权力的制约。侦查监督是检察机关刑事诉讼监督的重中之重。检察机关不仅要在审查起诉时注意查明“侦查活动是否合法”，而且要适时介入侦查活动，对侦查行为实行同步监督。新刑事诉讼法增加规定，人民检察院审查批准逮捕，对于侦查活动可能有重大违法行为的，应当讯问犯罪嫌疑人，并可以询问证人等诉讼参与人，听取辩护律师的意见。人民检察院接到报案、控告、举报或者发现侦查人员以非法方法收集证据的，应当进行调查核实。对于确有以非法方法收集证据情形的，应当提出纠正意见；构成犯罪的，依法追究刑事责任。此外，为了规范侦查机关的逮捕行为和逮捕后的讯问活动，防范刑讯逼供和其他非法取证侵害人权的行为，刑事诉讼法修改还增加了逮捕后送看守所羁押的规定，完善了逮捕后通知家属的规定，强调犯罪嫌疑人被送交看守所羁押后讯问应当在看守所内进行，并且对讯问过程进行录音录像。为贯彻新刑事诉讼法，强化侦查监督，最高人民检察院《人民检察院刑事诉讼规则（试行）》（以下简称最高检《规则》）将侦查监督的内容扩充至20项，集中规定在第565条中。

三是强化对执行活动的监督，保证刑事裁判的有效实现。行刑权是国家刑罚权的重要组成部分，刑事裁判的权威不仅来自于裁判结果的公正和审判程序的公正，还需要裁判内容得到不折不扣的实现。新刑事诉讼法加强了检察机关对刑罚执行活动的监督，特别是完善了暂予监外执行决定批准过程中的监督机制、暂予监外执行决定批准后的监督机制，以及变更刑罚执行决定减刑假释的监督机制。2014年2月25日，中央政法委出台关于严格规范减刑假释的指导意见，严禁以权花钱“赎身”。为贯彻刑事诉讼法规定，最高检《规则》将对刑事判决、裁判的监督细化为对交付执行的监督、对收押罪犯的监督、对看守所执行刑罚的监督、对释放罪犯的监督、对公安机关执行刑罚活动的监督、对法院执行财产刑的监督、对终止执行的监督，以及对缓刑、假释和暂予监外执行的监督等，并加强了驻监所检察人员的配备和建设。

三、刑事诉讼法新增的程序救济职权

（一）增加辩护人、诉讼代理人对阻碍其依法行使诉讼权利的申诉控告及处理程序

《刑事诉讼法》第47条规定：“辩护人、诉讼代理人认为公安机关、人民检察院、人民法院及其工作人员阻碍其依法行使诉讼权利的，有权向同级或者上一级人民检察院申诉或者控告。人民检察院对申诉或者控告应当及时进行审查，情况属实的，通知有关机关予以纠正。”对此，有关立法工作部门的同志作了解释：“在司法实践中，存在少数公安机关、人民检察院、人民法院和司法工作人员阻碍辩护人、诉讼代理人依法行使诉讼权利的情况，如辩护人要求会见犯罪嫌疑人、被告人依法不需要经过批准的，有个别看守所仍要求辩护人出具有关批准手续；有个别法院、检察院限制辩护人阅卷的时间或者收取不合理的费用；有个别法官在法庭上不恰当地限制辩护人、诉讼代理人进行质证、辩论等。这些做法，不仅是阻碍辩护人、诉讼代理人依法行使诉讼权利，更重要的是损害了犯罪嫌疑人、被告人、被害人等委托人的诉讼权利和合法权

益，影响到案件的正确处理和公正司法。有的律师反映，在执业过程中一旦遇到这种做法，往往感到救济途径不足，使这些不合理甚至不合法的做法难以得到纠正。”[①] 在此次修改刑事诉讼法时专门增加了辩护人、诉讼代理人对公安机关、人民检察院、人民法院及其工作人员阻碍其依法行使诉讼权利的申诉控告及处理程序的规定。

（二）增加对采取强制措施、侦查措施违反法律规定行为的申诉控告及处理程序

《刑事诉讼法》第115条规定：“当事人和辩护人、诉讼代理人、利害关系人对于司法机关及其工作人员有下列行为之一的，有权向该机关申诉或者控告：（一）采取强制措施法定期限届满，不予以释放、解除或者变更的；（二）应当退还取保候审保证金不退还的；（三）对与案件无关的财物采取查封、扣押、冻结措施的；（四）应当解除查封、扣押、冻结不解除的；（五）贪污、挪用、私分、调换、违反规定使用查封、扣押、冻结的财物的。受理申诉或者控告的机关应当及时处理。对处理不服的，可以向同级人民检察院申诉；人民检察院直接受理的案件，可以向上一级人民检察院申诉。人民检察院对申诉应当及时进行审查，情况属实的，通知有关机关予以纠正。”对此，有关立法工作部门的同志解释道：“刑事诉讼法赋予司法机关在办理案件过程中可以采取必要的强制措施和侦查措施，是为了能及时查明案情，惩治犯罪，公正办理案件。比如，为了防止犯罪嫌疑人将有关涉案财产转移或者藏匿，司法机关可以及时对这些财产采取查封、扣押或者冻结等措施。但是，在赋予侦查机关必要手段的同时，为了保护当事人和辩护人、诉讼代理人、利害关系人的合法权益不受侵害，防止司法机关及其工作人员滥用这些强制措施、侦查措施，也需相应设置必要的制约机制，使司法机关及其工作人员在采取强制措施、侦查措施的时候，受到一定的限制和监督。”[②] 因此，增加了上述对司法机关及其工作人员采取强制措施和侦查措施有违法情形时的申诉控告及处理程序。

---

① 王尚新、李寿伟主编，全国人大常委会法制工作委员会刑法室编著：《〈关于修改刑事诉讼法的决定〉释解与适用》，人民法院出版社2012年版，第37页。

② 王尚新、李寿伟主编，全国人大常委会法制工作委员会刑法室编著：《〈关于修改刑事诉讼法的决定〉释解与适用》，人民法院出版社2012年版，第123—124页。

对于法律新增的上述规定，从立法理由来看，是鉴于1996年刑事诉讼法修改后的立法的进步在实施过程中没有得到切实的遵守，有法不依的情况比较严重，特别是法律赋予当事人、辩护人、代理人的诉讼权利得不到公权力机关的应有尊重等状况。从诉讼观念来看，随着我国依法治国基本方略的确立和国家尊重与保障人权的入宪，人们的诉讼观念发生了很大变化，权利意识日益增强，程序正义深入人心，关于公民基本权利保障和国家权力合理运作的问题引起社会的高度关注。在此背景下，刑事诉讼法修改增设了诉讼当事人及其他参与人权利受侵害时的救济程序，主要是辩护人、诉讼代理人对公安机关、人民检察院、人民法院及其工作人员阻碍其依法行使诉讼权利的申诉控告及处理程序，以及对司法机关及其工作人员采取强制措施和侦查措施有违法情形时的申诉控告及处理程序。并且，这种对遭受程序违法行为侵害的法律救济重任，历史性地也是制度性地落在检察机关身上。“这两项新的法律规定，实质上是将刑事诉讼中的程序性救济权力赋予人民检察院。检察机关由此获得的权力，已经不是一般意义上的法律监督权，而是一种司法救济权。”①

笔者基本赞同这种判断，即立法修改新增的这两项规定，在性质上属于程序救济。为弘扬程序正义、实现程序公正，一方面，国家公权力机关违反程序的行为应当受到程序性制裁，使程序违法行为及其获得的结果归于无效，如非法证据排除规则的确立和实施；另一方面，遭受程序违法行为侵害的人的合法权益应当得到救济。法谚云：无救济则无权利。缺乏救济、得不到救济的权利在实践中只能是空中楼阁，水中镜月。在西方国家，获得此种救济的途径主要是起诉，而予以救济的机关主要是法院。例如，“加拿大的宪章第24条第1款规定，任何人在其宪章权利受到侵犯时都可以向法院要求获得公正的司法救济。这不仅是指其宪章权利受到侵犯的任何人都有向法院起诉，要求法院予以公正的处理的权利，而且也包含可以要求法院采取必要的措施来纠正各种政府一方违背程序公正原则行为的意思”。②但诉讼中的程序救济和一般意义上

① 龙宗智:《检察机关办案方式的适度司法化改革》，载《法学研究》2013年第1期。

② ［加］杨诚:《宪法权利与程序公正》，载卞建林、杨诚主编:《刑事正当程序研究——法理与案例》，中国检察出版社2006年版，第28页。

的司法救济还是有所区别的，我国的程序救济制度更与其他国家存在很大差异。一般意义上的司法救济，通常解释为："任何人当其宪法和法律赋予的权利受到侵害时，均享有向独立而无偏倚的法院提起诉讼并由法院经过正当审讯做出公正裁判的权利。"①因此，获得司法救济的前提首先是获得诉权，即向法院提起诉讼的权利。而在我国，基于强制措施和侦查行为不可诉，权利受害人只能通过申诉控告的方式来维护自己的合法权益。其次，在其他国家予以司法救济的是法院，而在我国，权利侵害人可能是公安机关、人民检察院和人民法院，而权利救济人则是人民检察院，法律赋予检察机关对申诉控告及时审查，并在查证属实的情况下，通知有关机关纠正的权力和责任。再者，作为司法救济，通常法院会作出或签发具有法律效力的司法文书，而在我国，则是通过检察机关实施纠正程序违法的诉讼监督行为来实现的。这是完全不同于其他国家的制度设计和程序安排，其原因还是根源于我国特有的刑事司法体制，根源于人民检察院的法律监督机关定位。但是，认识到这种纠正违法行为的程序救济性质，并与传统意义上检察机关对刑事诉讼实行的法律监督行为加以区分，在理论上还是十分必要并很有意义的。

四、刑事诉讼法规定的其他职权

除了上述职权外，刑事诉讼法还规定了检察机关在刑事诉讼中的其他职权。此外，从法治发达国家或地区经验来看，还有一些应当或者可以赋予检察机关行使的职权。

（一）提起附带民事诉讼

附带民事诉讼，是指在刑事诉讼中，在追究被告人刑事责任的同时，附带解决因被告人的犯罪行为所造成的物质损失的赔偿问题而进行的诉讼活动。附带民事诉讼，通常由因被告人的犯罪行为而遭受物质损失的被害人提起。被害人死亡或者丧失行为能力的，被害人的法定代理人、近亲属也有权提起。为维护国家和集体财产利益，刑事诉讼法明确规定："如果是国家财产、集体财产遭受损失的，人民检察院在提起公诉的时候，可以提起附带民事诉讼。"（《刑事诉讼法》第99条第2款）为

① 苗连营：《公民司法救济权的入宪问题之研究》，载《中国法学》2004年第5期。

此，法律要求人民检察院在对需要提起公诉的案件进行审查时，必须查明有无附带民事诉讼（《刑事诉讼法》第168条）。

（二）干预自诉

在追诉犯罪问题上，我国实行以公诉为主、自诉为辅的制度。自诉案件是指法律规定的可以由被害人或者其法定代理人、近亲属直接向人民法院起诉，要求追究被告人刑事责任，人民法院能够直接受理的刑事案件。按照法律规定，自诉案件包括以下三类：告诉才处理的案件；被害人有证据证明的轻微刑事案件；被害人有证据证明对被告人侵犯自己的人身权利、财产权利应当追究刑事责任，而公安机关和人民检察院不予追究被告人刑事责任的案件。

自诉的对象尽管主要是侵犯公民个人权益的犯罪，但既然构成犯罪，从根本上来说都是危害国家或社会利益的行为。当自诉机制由于某种原因发生障碍，致使被害人不能正常行使自己的诉讼权利，使犯罪分子有可能逃脱法律的制裁时，国家应进行必要的干预，以维护被害人的合法权益，保证法律的正确实施。①

国家对自诉进行干预主要适用于两种情况。第一种情况，被害人因各种原因不能或难以行使自己的起诉权。对此，国家需要进行干预，办法就是由检察机关提起追诉。例如，德国《刑事诉讼法》第376条规定，检察官为保护公益，可以对列为刑事自诉案件的八种犯罪提起公诉。一旦检察官提起公诉，便由检察官对案件负责，被害人退而成为诉讼参与人。我国《刑法》第98条也规定，对于告诉才处理的案件，如果被害人因受强制、威吓无法告诉的，人民检察院可以告诉。告诉才处理的案件就是《刑事诉讼法》第204条规定的第一类自诉案件。对于第二类自诉案件即被害人有证据证明的轻微刑事案件，属于自诉与公诉两种方式并存，如果出现被害人不能或难以行使诉权的情况，检察机关应当在公安机关立案侦查后依法提起公诉。

国家对自诉进行干预的第二种情况就是检察机关担当自诉，即被害人已经提起自诉，自诉程序已经进行，但被害人在提起自诉后因某种原因不能继续进行诉讼行为，如自诉人在诉讼过程中死亡或者丧失行为

① 卞建林主编：《〈中华人民共和国人民检察院组织法〉修改专家意见稿》，中国检察出版社2006年版，第107页。

能力，又没有适当的人承受诉讼，即缺乏被害人的法定代理人、近亲属接替被害人继续其未完成的诉讼行为，在此情况下，国家有必要进行干预，使已经开始的自诉程序得以进行下去。干预的方式是由检察机关介入，替代被害人行使支持控诉的职能。很多国家都有关于检察机关担当自诉的规定。

从概念上比较，检察机关对自诉案件提起控诉与检察机关担当自诉性质不同，前者适用于被害人因某种障碍而不能起诉或者该案件有特殊意义需要由检察机关提起控诉的情况。经检察机关起诉后，案件转为公诉案件，检察机关取得原告地位。而检察机关担当自诉则不同，适用于被害人已提起自诉却由于某种原因而不能继续自己诉讼行为的情况，检察机关担当自诉并不因此而取代被害人自诉的地位，案件也不因此而转化为公诉案件。在符合法定条件即被害人能够继续诉讼时，检察机关应当退出自诉程序，由原自诉人继续进行诉讼。诚如我国台湾地区学者陈朴生所言，“担当诉讼，乃诉讼之担当；详言之，即由检察官担当自诉人，在自诉程序上为诉讼行为。既非基于自诉人之委托；且其担当关系之存在，以有担当原因之存在为前提，乃具有法定代理之另一形态”，“因之，自诉案件不因检察官之担当诉讼而变为公诉，亦非代替自诉人成为当事人”。①

设置自诉担当制度具有重要的现实意义。我国应当在人民检察院组织法修改时增加担当自诉的职权，授权检察机关“对于自诉案件，当刑事自诉人在诉讼过程中丧失行为能力或者死亡，没有承受诉讼的人或逾期不予承受的，可以担当诉讼”。②并且在刑事诉讼法再修改时，增加完善相关程序。

五、关于审查批捕具司法审查属性的探讨

（一）关于审查批捕的司法审查属性

依据我国宪法、刑事诉讼法、人民检察院组织法，对逮捕公民进行审查批准的职权由人民检察院行使。从性质上看，审前羁押制度既是一

① 陈朴生：《刑事诉讼法实务（增订版）》，海天印刷厂有限公司1981年版，第388页。

② 卞建林主编：《〈中华人民共和国人民检察院组织法〉修改专家意见稿》，中国检察出版社2006年版，第3页。

种通过在一定期限内剥夺犯罪嫌疑人人身自由以保障刑事诉讼顺利进行的诉讼保障制度，更是一种防范个人人身自由不受国家权力任意侵犯的人权保障制度。为保证审前羁押的正确适用，国际人权公约和法治发达国家均从条件和程序方面对审前羁押予以严格规制，实行程序法定和司法审查原则。联合国《公民权利和政治权利国际公约》第9条第1款规定："人人有权享有人身自由和安全。任何人不得被任意逮捕或拘禁。除非依照法律所确定的根据和程序，任何人不得被剥夺自由。"从程序方面对审前羁押进行规制，就是实行司法审查和令状许可。司法审查，具体包括逮捕授权、羁押审查和羁押救济三个方面，构成防止错捕错押的三道防线。逮捕授权，就是审前羁押必须以取得令状的合法逮捕为前提，该逮捕令状必须由中立的司法官签发。羁押审查，是指被逮捕的人应被迅速带至司法官面前，由司法官亲自聆听其辩解，并决定是否应当或需要对其予以羁押。《公民权利和政治权利国际公约》第9条第3款规定："任何因刑事指控被拘捕或拘禁的人，应被迅速带见法官或其他经法律授权行使司法权力的官员，并有权在合理的时间内受审判或被释放。羁押救济，赋予被羁押人向法官申请终结不适当或不必要之羁押的权利。"第9条第4款规定："任何因逮捕或拘禁被剥夺自由的人，有资格向法庭提起诉讼，以便法庭能不拖延地决定拘禁他是否合法以及如果不合法时命令予以释放。"司法审查原则的基本指导思想是，羁押的必要性应由行使司法职能的官员审查，司法官有权并应在任何发现羁押不必要时解除羁押。

在我国，逮捕这一强制措施，既意味着抓捕，也意味着羁押。检察官作出批准逮捕决定即意味着签发逮捕令状。一旦逮捕决定作出，既应实施抓捕犯罪嫌疑人的行为，亦应将被抓捕的犯罪嫌疑人在法定期限内予以关押。为实行对逮捕措施的司法控制，宪法和法律规定批准或决定逮捕的权力由行使司法职能的人民检察院和人民法院行使，实际上就是确立了司法审查原则。我国检察机关对侦查机关提请批准逮捕的案件进行审查，实际上行使的就是司法审查职权。2012年刑事诉讼法修改，为增强审查批准逮捕程序的司法性和诉讼性，增加规定：人民检察院审查批准逮捕，除了审查公安机关移送的报捕材料以外，还可以讯问犯罪嫌疑人，对是否符合逮捕条件有疑问或者犯罪嫌疑人要求向检察人员当面陈述的或者侦查活动可能有重大违法行为的，应当讯问犯罪嫌疑人；可以询问证人等诉讼参与人；可以听取辩护律师的意见，辩护律师提出要求的，应当听取辩护律师的意见。此外，法律还增强人民检察院对逮捕执行的监督，增加规定犯罪嫌疑人、被告人被逮捕后，人民检察院仍应当对羁押的必要性进行审查。对不需要继续羁押的，应当建议予以释放或者变更强制措施。这些立法改革举措，充分说明我国逮捕制度和程序设置所体现的司法审查、司法控制、司法救济性质。因此把检察机关依法行使批准逮捕的职权理解为检察机关承担的诉讼职权，并且将批准逮捕与侦查行为之间的关系解释为互相配合互相制约的关系，是不恰当的。

（二）探索建立对强制性侦查行为的司法审查制度

在法治国家，不仅要对逮捕羁押进行司法审查，实行令状主义，而且要把所有强制性侦查行为都纳入司法控制的范围。从比较法的视野看，很多国家将侦查行为区分为任意侦查和强制侦查，实行任意侦查原则与强制侦查法定主义。如日本《刑事诉讼法》第179条第1款规定："为了达到侦查目的，可以进行必要的调查。但是，如本法无特别规定时，不得实行强制措施。"据日本学者解释，"所谓强制措施，就是侵犯个人重要利益的措施。使用强制措施的侦查叫作强制侦查，不使用强制措施的侦查叫任意侦查。因为强制侦查只限定在法律规定的领域，因此应该尽可能以任意侦查方式进行。这称为任意侦查的原则。在侦查中，任意侦查是原则，强制侦查是例外"。[①] 强制性侦查行为，因受强制权益的不同大致分为三类：一类是关涉公民人身自由的侦查行为，包括拘留、逮捕、羁押等；一类是关涉公民住宅权、财产权的侦查行为，包括搜查、扣押、查封、冻结等；一类是关涉公民隐私权、通信自由权的侦查行为，包括监听、窃听、检查邮件等。所有上述强制性侦查行为，侦查机关自身都无权采取，必须经过司法审查，获取令状许可。

在我国，除逮捕需提请检察机关审查批准外，所有其他强制性侦查行为，均可由公安机关自行决定和执行。这样的权力配置，存在不理性因素，一方面使侦查机关权力容易产生过度适用甚至滥用的风险；另一方面使检法机关对侦查权力缺乏制约，对侦查中的违法现象难以纠正。

---

① ［日］田口守一：《刑事诉讼法》，刘迪等译，法律出版社2000年版，第28页。

因此应考虑建立符合我国国情的对强制性侦查行为（包括强制措施）的司法审查和令状许可制度。在我国刑事诉讼法中，应当对公安机关的侦查行为作任意侦查与强制性侦查的区分，并且将强制性侦查作为司法审查与控制的对象，以期对侦查活动加以规制。诚如学者所言："在我国建立对强制侦查的司法审查制度，具有不容置疑的必要性，这不仅仅是出于解决我国强制侦查措施在运用过程中所存在的实际问题的对策考虑，更重要的是基于调整侦查权与审判权之间的相互关系、建立健全宪法权利的程序保障机制的战略需要。"① 建立强制性侦查行为司法审查与控制机制，首先需要明确，凡关涉限制或剥夺公民基本权益的侦查行为和强制措施，不能由侦查机关自行决定，而要由行使司法职权的机关或人员来审查批准。接下来的问题是根据我国现行司法体制，谁来具体行使司法审查的职权？对此可以组织专题研究，开展理论论证，甚至进行试点。笔者曾提出，"由检察机关主要负责对侦查机关的强制性侦查行为和强制措施进行审查和控制是我国现实国情下的合理选择"②，并且主张在人民检察院的职权中加上"对于侦查机关适用逮捕、拘留等限制人身自由的强制措施和搜查、扣押等强制性侦查行为进行审查，决定是否批准"③。理由是，"根据我国法制发展的现状，近期完全实行由法官控制强制措施和强制侦查行为的令状制度不太可能，而比较适宜于强化检察机关对侦查机关强制措施和强制侦查行为的监督和制约。为此，应考虑扩大检察机关侦查控制的范围，将那些直接限制或剥夺公民人身自由、财产权利及其他权利的强制措施和强制侦查行为，如拘留、逮捕、搜查、扣押等，都纳入检察机关的监控范围，侦查机关只有在提出申请、经检察机关批准后方可实施，而不能再由侦查人员自行决定、自行执行。由此，在刑事诉讼中负有客观、公正义务的检察官作为审前程序的中立者，负责对强制措施和强制侦查行为的审批，从而形成以检察官为顶点、以侦查机关和犯罪嫌疑人为对抗方的三角形诉讼结构。待条件成熟时，可以考虑确立完全由法官控制强制措施和强制侦查行为的司法审查

① 孙长永：《强制侦查的法律控制与司法审查》，载《现代法学》2005年第5期。

② 卞建林主编：《〈中华人民共和国人民检察院组织法〉修改专家意见稿》，中国检察出版社2006年版，第98页。

③ 卞建林主编：《〈中华人民共和国人民检察院组织法〉修改专家意见稿》，中国检察出版社2006年版，第3页。

机制”[①]。由于现阶段依然缺乏中立法官对强制性侦查行为行使司法审查权的制度条件[②]，而加强对侦查行为的监督和规制却更加迫切，因此笔者建议，由人民检察院以法律监督之名，行司法审查之实，融侦查监督与司法控制于一体。其制度关键，在于行使批准逮捕和司法控制的检察官必须保持中立地位，不得同时承担追诉职能，更不能与侦查机关互相配合、协作。

六、结语

按照我国宪法和法律对刑事诉讼的职权配置，检察机关“身兼数职，职权多元”，不同的职权可能具有不同的属性，呈现不同的特点，其运行也需要遵循不同的规律，而传统研究习惯将检察机关在刑事诉讼中的职权作为一个整体来定性和分析，因而出现单一化、片面化、简单化等诸多问题。如“法律监督论”把检察机关行使的侦查、批捕、公诉、监督诸项职权都归属于法律监督；又如“一元二能论”成为检察研究的大致共识，认为检察机关在刑事诉讼中主要行使诉讼职能和诉讼监督职能。本文通过对检察机关在刑事诉讼中职权配置的梳理，力图展示检察机关在刑事诉讼中职权的多样性，探讨这些职权内在的本质属性，分析不同职权之间的相互关系。自 1996 年刑事诉讼法修改增加人民检察院对刑事诉讼实行法律监督的基本原则后，检察机关在刑事诉讼中的角色变得复杂，与公安机关、人民法院的相互关系已经发生了变化。首先，检察机关是诉讼参与者，具体承担公诉职能和部分案件的侦查职能。其次，检察机关作为国家唯一公诉机关，与承担侦查职能的公安机关和负责审判工作的法院之间存在互相配合、互相制约的关系，既要形成合力完成追究犯罪、惩罚犯罪的共同任务，又要互相制衡，减少和防止诉讼中的错误。最后，检察机关作为国家法律监督机关，对刑事诉讼

---

① 卞建林主编:《〈中华人民共和国人民检察院组织法〉修改专家意见稿》，中国检察出版社 2006 年版，第 99 页。

② 在域外刑事诉讼制度中，批准逮捕和羁押权通常是交由“治安法官”或者“预审法官”行使的，这两类司法官并不负责对刑事案件的审判，加之法官独立的司法传统，因而程序设置的结果得以实现批准逮捕权和审判权的分离。但我国的法院系统尚不存在这样的建制和保障。

实行法律监督，主要是对公安机关立案侦查活动的监督、法院审判活动的监督和执行机关刑罚执行活动的监督等，以保证法律得到正确实施。笔者认为，唯有在理论上厘清检察机关在刑事诉讼中行使的不同职权、承担的不同职能，才能据此在检察机关内部优化职权配置，统合资源，调整机构，逐步健全检察权运行机制，以符合检察不同职权内在要求和自身规律的方式方法去规范和指引检察权的行使。

侦查权运行规律初探 *

侦查权是国家刑事司法权力的重要组成部分，其运行良否是刑事诉讼活动能否顺利推进的关键。侦查权的合理运作可以协助法官明晰案件真相、确定犯罪嫌疑人，维护社会正义与国家安全。同时，由于侦查权的运行往往与公民权利和自由息息相关，滥用侦查权会导致对基本人权的严重侵犯，造成司法不公，影响司法公信力。

在我国的刑事司法实践中，“侦查中心主义”长期占据主导地位。“重实体轻程序”的做法使得我国的侦查权的运行常常缺少必要的制约，侦查权的运行方式也日显落后，程序正义与实体正义均得不到有效的保证，侦查制度面临改革与完善。深化司法体制改革，要遵循司法活动的客观规律，坚持符合国情与遵循司法规律相结合。作为司法改革的重要一环，侦查制度的改革也必然要回归刑事司法规律，具体而言就是要求侦查权的运行必须遵循和符合侦查权的运行规律。本文旨在对侦查权的运行规律进行必要的理论探索，并在结合我国侦查实践的基础上提出完善侦查权运行的若干建议。

一、侦查权运行规律范畴之界定

（一）侦查权运行研究的两种视角

尽管侦查权运行于刑事诉讼轨道之内的观点已殊无争议，但囿于研究视角之差异，学界对于侦查权运行的研究始终处于一种“双轨并行”的状态。一部分学者以方法论为视角对侦查权运行进行探讨，目的在于寻找能够最大限度查明犯罪真相，收集犯罪证据，查获犯罪嫌疑人的方法和手段，侧重的是侦查权运行的有效性。这种研究被称为“侦查学”或“刑事侦查学”。它的研究内容包括侦查体制、侦查机制、侦查措施、侦查谋略以及各类案件的侦查方法。另一部分学者则以规范论作为研究

---

* 原文发表于《中国刑事法杂志》2017 年第 1 期，与张可合作。

的主要切入点，意图在于规范和限制侦查活动，避免侦查权在运行中肆意扩张，充分保障公民的合法权利，强调的是侦查权运行的合法性。这种研究一般被归类于诉讼法学的研究范畴。它的研究内容包括侦查主体、侦查权限、侦查程序、侦查构造以及犯罪嫌疑人的权利和保障。从之前的研究成果来看，两种视角下的侦查研究之间不仅缺少学术上的交流或交锋，而且甚至不存在进行交流和交锋的共同话语。①

（二）侦查权运行规律研究的应有视角

实际上，关于司法权力运行规律的研究应该是多角度多层次的。就侦查权的运行规律研究来讲，无论是从方法论还是从规范论的视角对其进行考量，其结果必然都是管中窥豹。正如伯尔曼所说，新的时代将是一个“综合的时代”，“无论在哪里，综合都是开启新型思维的钥匙，这种新的思维乃是我们正在进入的新时代的特色……非此即彼让位于亦此亦彼……”② 更加理性的做法应当是摒弃盲人摸象的片面研究观，在尊重两种研究视角共存之现实必要性的基础上，比较、融合双重视角下的研究成果，形成对侦查权运行规律的体系化认识。

侦查权，作为刑事司法权的重要组成部分，其运行首先要遵循刑事司法的一般规律。特别是在强调程序正义、重视人权保障的今天，更要重视对侦查权运行的规范、制约和监督，更要加强从程序法治的角度对侦查权运行规律的研究。但也应当看到，侦查权作为一种权力个体也有自身内生性的特征，其性质与审判权相比存在明显的差异，其运行规律当然与审判权运行规律具有很大的不同。如果忽视权力性质和运行规律之间的个性差异，仅仅从司法规律的一般视野上对侦查权的运行规律进行探索，只重视从规范论角度对侦查权运行进行研究，则只能发现浮现于侦查权运行表层之上的司法职权运行规律的共性特征，很难认识到发轫于侦查权内生运行规律的独特性，继而走向侦查学研究的形而上，不可避免地造成研究的局限性和片面性。

---

① 郝宏奎:《侦查模式若干问题思考》，载郝宏奎主编:《侦查论坛》（第一卷），中国人民公安大学出版社 2002 年版，第 25 页。

② ［美］伯尔曼:《法律与宗教》，梁治平译，生活·读书·新知三联书店 1991 年版，第 134 页。

（三）侦查权运行规律之范畴

侦查权运行规律内涵丰富，层次鲜明。其外延既包含方法论层面上的侦查权运行规律，也包含规范论层面上的侦查权运行规律。前者主要内生于侦查权运行的自身特质，追求的是侦查效益和社会公益的维护，强调保障侦查权的顺利运行和成效；而后者主要外源于刑事司法的一般要求，追求的是司法公正与个人权利的保障，侧重对侦查权运行的规制和约束。某种意义上说，两者是一种实然与应然的关系，即内生性规律是侦查权运行的一种实然需要，是对于侦查权能运行本质的现实描述，而外源性规律是侦查权运行的一种应然要求，是对侦查权能运行的理性规范。事实上，从宏观的整体的角度来看，在两种相互冲突的规律之中寻求协调、交错前进正是侦查权运行之总体规律和理想目标。

二、侦查权运行之内生性规律

从方法论的研究视角来看，侦查是一种发掘案件事实真相的活动或过程。侦查权运行的主要目的在于发现案件的实质真实，总体的指导思想应当是充分运用国家授予的侦查职权，努力发现和固定犯罪证据，查明案件事实，确定犯罪嫌疑人，维护国家安全、社会安定和人民群众生命财产安全。侦查权的内生性运行规律更多源发于侦查行为本身应对和查处犯罪、维护社会利益的专业性和技术性，而区别于其他司法职权的运行规律。

（一）侦查权运行是一个探索性的认识活动

刑事诉讼总体上是一个对已发生的犯罪事件从未知到已知的认识过程，无论是侦查、公诉还是审判本质上都是一种认识活动。然而与审判权运行主要是判断性的认识活动不同的是，侦查权的运行更应归类于一种探索性的认识活动。二者的主要区别在于：其一，探索性的认识活动往往不具备明确的认识对象，而判断性认识活动的认识对象则相对明确。刑事审判活动的认识对象是相对明确的，包括明确的被告人、有已经收集固定的证据等；而侦查活动中的认识对象常常是模糊的，不确定的。在立案和侦查初期，无论是犯罪嫌疑人还是犯罪证据都不甚明朗，甚至毫无头绪，需要侦查人员根据蛛丝马迹去分析研判，摸底排查。其二，探索性的认识活动需要更加复杂多元的知识运用，除了法律知识外，还需要运用心理学、社会学、犯罪学等各方面的知识，还需要具备各种专门的技能。而判断性认识活动的知识运用则相对单一，审判人员和审判活动主要是根据经验常识和法律知识对呈现的证据进行审查判断，对争议的案件事实进行认定。其三，探索性的认识活动具有反复性、多样性和复杂性，对案件性质的分析和证据的判断经常可能发生变化，既不能先入为主，也不能僵化固化。一旦发现新的线索和证据，可以随时调整侦查方向和侦查计划。而判断性的认识活动一般是单向的、不可逆的。公诉活动也好，审判活动也好，如果已经提起或者进行，一般不允许发生程序倒流的现象。特别是审判权的运行，一旦作出裁判并生效，则发生既判力的法律效力，受禁止双重危险抑或一事不再理原则束缚，非符合法律规定的情形，不得轻易推倒重来。

侦查权运行的这种探索性特质决定了它不同于检察权与审判权的独特属性。首先，侦查权的运行具有主动性。判断性的认识活动是一种被动性的活动，而探索性的认识活动无疑具有主动性。侦查权的运行是为了查明案件真相，收集犯罪证据，确定犯罪嫌疑人，要义在于发现。这就意味着侦查权无论是在启动上还是在行使上，以及运行的方式方法选择上都具有较强的自发性和能动性。其次，侦查权的运行具有扩张性。侦查权运行的主动性决定了其内在的不稳定性。一旦缺少必要的约束，侦查权的运行便可能为了达到破案之目的而脱离法治的轨道，肆意扩张。最后，侦查权的运行具有非终局性。刑事诉讼的本质在于认识，而认识的目的在于判断。刑事诉讼最终结果是对案情和证据作出一个判断。侦查权的运行作为一种探索性的认识活动自然无法像审判权运行那样具有终局性。

（二）侦查权运行是一个非公开的诉讼活动

司法公开是现代司法理念的普遍要求。一般而言，刑事司法职权的运行均应当遵循司法公开的原则。这主要基于三方面原因：第一，司法公开是获得公众司法认同的基本条件。转型时期社会价值多元，要求司法必须保持与社会沟通，通过对话寻求价值共识。[①] 没有公开的司法就没有沟通的桥梁。第二，司法公开是公众监督司法权的必要前提。缺少

---

① 吴英姿：《论司法认同：危机与重建》，载《中国法学》2016年第3期。

公众监督的国家权力必然走向扩张与泛化，造成专制。没有司法公开便没有监督的渠道。第三，司法公开是进行法治宣传，实现依法治国的重要保障。法治的要求是守法，守法的前提是知法。司法公开可以为群众提供生动的法律教育，增强公民的法律意识。但对于侦查活动而言则比较特殊。侦查权运行基于自身职能之需求，是一种具有隐秘性的活动。这主要取决于三方面原因：其一，侦查权的运行要防止情报外泄，影响侦查进展。公开侦查内容可能导致犯罪嫌疑人及其同伙串供、逃匿、毁灭隐藏证据等，影响侦查程序的顺利进行。其二，侦查权的运行要防止法官预先决断，维护法官独立审判。公开侦查内容容易在群众及媒体中形成偏见，干扰法官对案件的决断。其三，侦查权的运行要保障犯罪嫌疑人、被害人及其亲友的隐私权和名誉权。一方面，根据无罪推定原则，犯罪嫌疑人在未经审判前不应被认定为有罪，一旦公开侦查内容势必会对其名誉和隐私造成不可恢复的损害。另一方面，被害人在犯罪过程中已经遭受了不小的身心伤害，公开侦查内容有可能会使被害范围扩大，形成二次伤害。因此，与审判公开不同，世界各国的刑事诉讼法均规定侦查实行不公开原则。

司法公开的要求与侦查权运行隐密性的特点决定了侦查权运行在公开程度上有所保留的特质。具体而言，它包括两方面的内容：其一是侦查内容的绝对不公开。对于侦查中所获得的关涉犯罪嫌疑人、被害人及其他利害关系人隐私和名誉的信息以及案件具体的侦查计划、侦查谋略和侦查方法，应当坚持不公开的原则。其二是侦查程序的相对公开。这种相对是指在公开对象上要区别对待。对于诉讼参与人，特别是犯罪嫌疑人及其家属和律师，应当公开涉嫌犯罪的罪名、侦查的基本进展、所采取的强制措施以及已获得的证据清单；对于社会公众（主要是新闻媒体），则应限制性地公开上述内容，一般仅公布涉及罪名和侦查的基本进展。

（三）侦查权运行是一个效率优位的活动

从司法普遍规律的层面来看，效率是刑事诉讼价值的一个重要方面。正所谓“迟来的正义并非正义”。我国台湾地区学者许志雄指出：“诉讼法上，不问民事或刑事，有关迅速裁判之课题皆不容忽视。尤其是在刑事方面，裁判之迟速直接与人权保障攸关，更属瞩目。”[①] 日本田口守一教授认为：“作为犯罪嫌疑人、被告人，如果长期处于被侦查的地位，或者被审判的地位，一般来说是不利的。”[②] 一方面，这种不确定的状态不利于控辩双方及时摆脱诉累；另一方面，冗长的诉讼也会加重对无辜者的伤害。

鉴于侦查权能的客观要求，相较于其他司法职权的运行，效率在侦查权运行中一般会被优先考虑。首先，高效的侦查行为是控制犯罪的必然要求。迅速及时的侦查行为，一方面能够抓住战机，及时缉获犯罪嫌疑人，防止犯罪嫌疑人继续作案或破坏、藏匿犯罪证据，保证证据品质，避免“证据的品质会因时间一长而衰弱（例如尤其是证人的记忆力）”[③]；另一方面还有利于实现刑罚的威慑效果，阻吓潜在的犯罪行为人。“推迟刑罚尽管也给人以惩罚犯罪的结果，然而，它造成的印象不像是惩罚，倒像是在表演。”[④] 其次，高效的侦查行为是侦查效益的根本要求，迅速及时的侦查活动有利于减少侦查过程中的无效劳动。长时间的拖沓意味着每次被打断的侦查程序都需要通过侦查主体重新查阅、熟悉相关资料来恢复，这无疑会大幅度地降低侦查效益。最后，犯罪形势发展决定了效率在侦查权运行中的突出作用。当前刑事犯罪的暴力性、突发性、流动性和技术性越发凸显，犯罪的空间加大、领域加宽、频率加快、机动性增加，其逃避打击的可能性增多，侦查破案难度加大。[⑤] 以效率作为优先选择，才能在权力运行过程中有效保障权力之目的的实现。

三、侦查权运行之外源性规律

从诉讼法学的视角来看，侦查是与公民基本权利息息相关的一种活动。侦查权的运行需要符合刑事司法的普遍规律，以保证其运行的正确

① 许志雄：《迅速裁判之原则》，载《法学丛刊》1986 年第 1 期。

② ［日］田口守一：《刑事诉讼法》（第五版），张凌、于秀峰译，中国政法大学出版社 2010 年版，第 20 页。

③ ［德］Claus Roxin：《德国刑事诉讼法》，吴丽琪译，三民书局 1998 年版，第 148 页。

④ ［意］贝卡里亚：《论犯罪与刑罚》，黄风译，中国大百科全书出版社 1993 年版，第 56—57 页。

⑤ 刘冬生：《构筑刑侦破案新体系》，载《中国刑事警察》1998 年第 6 期。

方向。它的指导思想不仅包括维护社会秩序，还包括程序正义、限制公权力和保障人权。从比较法的视野来看，各国的刑事司法职权运行规律具有普遍性，总结起来主要为三点：一是运行过程严格依照法律；二是运行方式以审判为中心；三是运行力度恪守比例原则。这也是侦查权运行所需要遵循的一般规律。

（一）侦查权的运行应当严格依照法律

严格遵守法律是现代法治国家的基本要求，也是刑事司法职权运行的普遍规律。然而，每当言及于此，人们往往习惯于以一种“应然”的心态探讨政策落实的具体措施，而常常忘记思考“应然”背后的“实然”到底为何。法律制度是什么？为什么要遵循它？这些问题恰恰是严格依法之所以成为侦查权运行规律，乃至司法职权运行规律之关键。博登海默在《法理学：法律哲学与法律方法》一书中曾用秩序和正义这两个基本概念来分析法律制度，并得出法律旨在创设一种正义社会秩序的结论。[①]依笔者看来，这正是上述所有问题的答案。首先，严格依照法律是秩序的要求。人类文明由无序走向有序是一个必然的过程。这个过程一定是通过法律来实现的。“法律在本质上是对专断权力之行使的一种限制，因此它同无政府状态和专制政治都是对立的。”[②]一方面，通过私法制度，可以有效规范公民的行为和权利，避免无政府的混乱；另一方面，“通过一个行之有效的公法制度，可以努力限定和约束政府官员的权力，以防止或救济这种权力对确获保障的私人权益领域不恰当侵损、以预防任意的暴政统治”[③]。历史发展追求秩序的规律决定了侦查权作为公权力的一种必然运行于上述公法制度之中。其次，严格依照法律是正义的要求。正义是社会制度的首要德性，正像真理是思想体系的首要德性一样。[④]与秩序侧重于法律秩序形式结构不同的是，正义关注的

---

① ［美］E. 博登海默：《法理学：法律哲学与法律方法》，邓正来译，中国政法大学出版社 2004 年版，第 330 页。

② ［美］E. 博登海默：《法理学：法律哲学与法律方法》，邓正来译，中国政法大学出版社 2004 年版，第 246 页。

③ ［美］E. 博登海默：《法理学：法律哲学与法律方法》，邓正来译，中国政法大学出版社 2004 年版，第 246 页。

④ ［美］约翰·罗尔斯：《正义论》，何怀宏、何包钢、廖申白译，中国社会科学出版社 2009 年版，第 4 页。

是法律规范和制度性安排的内容。良法必然是有着与正义的基本价值追求相符的内容的法律。一个民主法治国家法律的基本内容必然反映着该历史时期的普遍正义观。就此而言，侦查权运行严格遵照法律便是正义的一种体现。

具体来说，侦查权运行严格依照法律的规定包含两点内容：一是有法必依。但凡法律中存在相关规定的，都必须严格遵守，以保证侦查权运行的合法性。二是无法不行。对于法律中没有相关规定的，绝不可肆意而为之，以避免侦查权运行的扩张性。

（二）侦查权的运行应当以审判为中心

“以审判为中心”的诉讼制度改革是党的十八届四中全会提出的重要改革举措，意在解决我国司法实践中长期存在的“以侦查为中心”的问题。虽然“以审判为中心”近年来才成为我国司法领域的研究焦点，但放眼世界不难发现，一直以来它都是各国刑事司法遵循的普遍规律。它规律性的根源来自以下方面：一是审判权的“判断权”属性。诉讼本身是一个判断事实真相的过程。在侦诉审三种权力中，只有审判权是一种典型的判断权。因此司法职权的运行自然是以审判为中心的。二是诉讼构造的基本规律。公认的良性诉讼构造是一个审判居中裁判，控辩两造平等对抗的等腰三角形结构。这种构造下，作为控诉一方的侦查权、公诉权与作为辩护一方的辩护权自然要围绕审判权来运行。三是司法的终局性。司法的终局性是司法与生俱有的基本属性，也是司法实现其社会功能的基础。它具体是指诉讼中关于案件事实的认定，特别是涉及公民人身、财产、隐私等重大权利的事项必须由法官经过正当审判后作出。司法职权的运行自然便应当以审判为中心。

侦查权作为司法职权的一种，其运行自然也恪守着以审判为中心的规律。那么，侦查权运行中以审判为中心的规律的外在表现应当为何？笔者认为，主要包括以下两个方面的内容：第一，侦查权的运行服务于审判权的运行。以审判为中心决定了侦查权、公诉权的运行都服务于审判权的运行。具体而言，侦查权的运行是在为公诉做准备，公诉权的运行是为审判作准备。侦查权是围绕促进审判权有效运行的目标来运行的。第二，侦查权的运行接受审判权的监督和制约。日本学者井户田侃认为，刑事诉讼构造存在于刑事诉讼的各个程序之中，是诉讼主体为达诉讼目的而以之为基础进行诉讼的诉讼法律关系。[①]那么在侦查程序中也应当存在着控辩裁的三方构造。这种三方构造也自然以等腰三角形结构为基本样态。在这种构造中，“以审判为中心”就是要发挥审判权作为裁判权对侦查权运行的制约和监督作用。

（三）侦查权的运行应当恪守比例原则

比例原则是法治国家公权力运行必须遵行的一项重要原则，在刑事诉讼中对侦查权的行使发挥着指引和规范作用。它缘起于英国，发展于德国，并迅速为西方各国普遍接受。许多国家甚至将比例原则上升为一项宪法性的原则。它的正当性基点在于社会对犯罪的反应不是一种本能的、专断的、盲目的反应，而是一种理性的反应。[②]“犯罪的扬弃是报复，因为从概念说，报复是对侵害的侵害，又按定在说[③]，犯罪具有在质和量上的一定范围，从而犯罪的否定，作为定在，也是同样具有在质和量上的一定范围。”[④]侦查行为作为一种对犯罪行为的否定，必须与其在质和量也即性质和程度上相适应。这种适应性主要体现于三个方面：其一，侦查权运行的适合性。每一项侦查行为都必须基于特定的社会公益，并以实现特定的诉讼职能为目标。在侦查行为的启动上，必须是为了国家和社会公共利益，绝不能用来谋取私人利益。在侦查措施的选择上，必须是为了并且能够实现特定的诉讼职能，而不能肆意为之。其二，侦查权运行的相称性。侦查行为对公民权利的损害不得大于该手段所能保护的国家和社会公益。换言之，侦查行为的强制力度应当与犯罪的社会危害程度成正比。对于社会危害程度较高的重罪案件，应当适用强制力度较大的侦查措施；对于社会危害程度较低的轻罪案件，应当适用强制力度较低的侦查措施。其三，侦查权运行的必要性。在强制性侦查手段、技术性侦查手段的适用上应当保持谦抑性。首先，对于可以不适用强制

---

① ［日］井户田侃：《刑事程序构造论的展开》，有斐阁 1982 年版，第 2 页。

② 万毅：《程序正义的重心：底限正义视野下的侦查程序》，中国检察出版社 2006 年版，第 103 页。

③ 在黑格尔的哲学观里有“自在”和“定在”两种概念。“自在”是指纯粹的自身联系。“定在”不具有实际形态，是指获得了规定的存在，它的规定性是存在着的规定性，是质。

④ ［德］黑格尔：《法哲学原理》，范扬、张企泰译，商务印书馆 1961 年版，第 104 页。

性、技术性侦查手段的案件，应尽量避免适用相应的侦查措施。其次，对于必须适用强制性、技术性侦查手段的案件，应尽量适用侵犯公民法益较小的侦查措施。最后，对于羁押性侦查措施的适用应当慎之又慎，作为穷尽其他侦查措施的最后选择。

四、我国侦查权运行存在之问题

（一）公安机关一家独大，侦查权泛化

公安机关是国家治安保卫机关，是武装性质的行政执法机关。在刑事诉讼中，既是主要的侦查机关，大部分刑事案件的侦查活动都由公安机关进行。公安机关也是刑罚的执行机关之一，担负着对判处拘役、剥夺政治权利等刑罚的执行。

为使公安机关有效侦查犯罪，法律赋予其广泛的职权。一是决定和执行除逮捕以外刑事强制措施的权力，包括拘留、取保候审、监视居住和拘传；二是实行强制性侦查行为的权力，包括搜查、扣押、查封、冻结、人身检查、邮件检查、通缉等；三是实行技术性侦查措施的权力，包括监听、窃听等；四是为侦查犯罪或保障诉讼活动顺利进行的其他权力，如边境控制等。此种权力配置，使得原本就具有探索性质的侦查权能过于强大，容易走向扩张和泛化。公安机关一家独大的局面赋予了侦查权相对于检察权和审判权的优势地位，不仅使得犯罪嫌疑人的基本人权在侦查程序中难以得到保障，而且导致检察机关审查起诉和法官审判程序沦为形式，异化为对侦查结论的确认和侦查行为的维护。

（二）侦查方法落后，侦查效率低下

更为严重的是，长期的强势地位和几乎不受制约的职权配置助长了侦查机关的官僚风气，形成了其臃肿的机构设置和拖沓的办案习惯。侦查机关不但缺少创新侦查方法、提高侦查效率的意识感和紧迫感，而且在传统的取证能力、取证方法上也达不到应有的水平。

近年来公安部门重视科技强警，重视大数据的运用，并采取“金盾”工程等一系列举措，致力于提高公安机关的信息化水平，强化侦查部门信息化侦查的能力，确实取得了一定的效果。但毋庸讳言，不同地区之间、不同部门之间的差距仍然很大。一方面，除江浙沪粤等沿海经济发达地区外，许多省份的侦查方法尚滞留于传统层面，侦查方法无论

从技术的先进性上还是从理念的创新性上都有待提高。另一方面，公安部门不同层级、不同警种之间，在侦查方式和侦查能力上依然存在不小的差距。

（三）侦查程序过于封闭

隐密性是侦查权运行的一个基本特质。这也就意味着侦查程序不会是一个开放性的程序。事实上，无论是从理论层面还是从实践层面，侦查权在公开性上有所保留不但是应当的而且是必然的。但是，过于隐秘的侦查程序也会由于缺少监督和制约产生专权和专断的风险。我国的侦查程序便陷入了这样一种困境。一方面，侦查程序对犯罪嫌疑人及其关系人是封闭的。犯罪嫌疑人在侦查程序中的人身权利和诉讼权利受到了极大的限制，其家属、律师对案件的知情权得不到有效的保障。从某种程度上而言，封闭的侦查程序极大地削弱了犯罪嫌疑人的诉讼主体地位。另一方面，侦查程序对其他司法职权也常常是封闭的。效率优位的价值追求已经使得侦查机关在侦查行为、强制措施的选择和决定上享有相当大的自由裁量权。检察机关作为公诉机关和侦查监督机关却依旧难以从公安机关方面及时有效地了解到最新的侦查进展和证据情况。这无论对于事实真相的查明还是对于犯罪嫌疑人权益的保护，都是不利的。

五、侦查权运行问题之成因分析

从宏观层面来看，当前我国侦查权运行上存在的诸多问题原因主要在于侦查权运行两大规律之间的冲突没有得到有效的调和。内生性规律主导了侦查权运行的发展进程，侦查权运行的外源性规律没有得到充分尊重。过分重视实然需要，忽视应然要求的结果必然是侦查权的膨胀和异化，不但侦查权的运行会偏离外源性规律的轨道，而且与内生性规律也会渐行渐远。具体到微观层面而言，对侦查权运行规律之背离表现为以下几个方面。

（一）侦查权的运行体制上缺乏司法权的有效介入

侦查权运行的司法介入主要指的是司法权对侦查权运行的监督和制约。比较中外的侦查权运行体制不难发现，在我国，司法权对侦查程序的介入是很有限的。首先，这种有限表现在介入的范围上。在我国的刑事侦查阶段，除了批捕权被划归同级检察机关行使外，侦查机关可以自行决定采取搜查、扣押、查封、冻结等涉及公民财产权利的强制性侦查行为和拘留、监视居住、取保候审等限制公民人身自由的强制措施。侦查机关通过秘密侦查或技术侦查手段获取证据也完全不需要司法机关的审批手续，享有相当大的自由裁量权。其次，这种有限表现在介入的主体上。在我国，侦查权运行中的监督体制是一种内部自律与外部监督二元并存的模式。在外部监督中，检察机关是侦查程序唯一的监督主体。然而，一方面，检察权与侦查权同属公权力，二者有着天然的亲密性；另一方面，检察权与侦查权同属控诉方，二者有着相同的诉讼方向。这就决定了检察权作为监督主体能够发挥的作用其实是有限的。最后，这种有限表现在介入的力度上。司法权对侦查权运行的监督力度需要以相应的制裁措施作为基础。由于我国缺乏程序性制裁制度，缺乏人身保护令等制度，对于侦查权运行过程中侵犯公民权利的行为，检察机关和审判机关往往无能为力，难有作为。或者是对侦查机关的违法行为无计可施，监督乏力；或者是对遭受侦查机关侵害的诉讼当事人及参与人听之任之，难以救济。对于侦查权运行过程中以严重违反法律规定、严重侵犯公民权利方式所取得的证据，尽管立法上已明确规定非法证据排除规则，但由于方方面面的原因，实践中排除非法证据依然非常艰难，侦查机关违反法律规定的取证行为并未得到有效遏制。

（二）侦查权的运行机制上缺乏公诉权的合理引导

如果对域外的法治经验进行梳理便不难发现，侦查权运行机制主要呈现三种模式：一是公诉权与侦查权相互重合，互为一体，即检察机关既负责侦查又负责起诉。二是公诉权领导或引导侦查权的模式，即由检察机关主导侦查的进程，警察机关起辅助作用。三是公诉与侦查相分离的模式，即检察机关负责公诉，警察机关主导侦查，二者各司其职。我国《宪法》第 135 条以及《刑事诉讼法》第 7 条将侦查权、公诉权、审判权之间的关系界定为“分工负责、互相配合、互相制约”。除职务犯罪等特定案件外，绝大多数刑事案件都由公安机关负责侦查，或者说公安机关是我国的主要侦查机关。侦查权与公诉权这种平等的地位意味着我国的侦查权运行机制属于第三种，警察机关主导着侦查权运行的进程。然而这种缺乏公诉权引导的侦查模式有着许多无法回避的弊端：第一，侦查权运行产生的证据禁不住庭审的检验。受选拔条件、培训程度的限制，我国的侦查人员在法律知识、证据意识方面存在一定的不足。一方面，导致了对证据的价值、证据之间的印证关系及证据链完备程度上的认识偏差，侦查人员收集的证据在证明力上无法满足定罪条件。另一方面也造成了滥用侦查措施，违法获取证据的行为，侦查人员提交的证据常常因不具备证据能力而不能作为认定有罪的证据。第二，侦查权运行中常常存在违反法定程序的做法。由于长期处于不受约束的状态，兼之“重实体轻程序”“重控制犯罪轻保障人权”的传统理念的影响，我国公安机关的侦查活动在规范性上是乏善可陈的。侦查权运行的不规范因素影响着我国的司法公正。第三，侦查权运行的效率低下。一方面，由于缺乏有效的提醒和指导，加之案多人少的压力，我国各级公安机关均存在侦查延迟的问题。大量的刑事案件被搁置，白白错过了侦破的最佳时机。另一方面，鉴于检察机关在立案监督上的有限性，公安机关在刑事立案上大多存在推诿扯皮的问题，存在消极被动思想。

（三）侦查权的运行过程中缺乏辩护权的充分参与

在传统的纠问主义诉讼模式中，侦查机关是刑事诉讼的主体，犯罪嫌疑人是刑事诉讼的客体，侦查权的运行是一种主体对客体的单方行为，侦查过程中犯罪嫌疑人享有的抗辩权是十分有限的。“以审判为中心”要求强化司法权对侦查权运行的有效介入，旨在充分发挥审判权对侦查程序的监督和制约功能。需要明确的是，审判权对于侦查权的这种监督功能的认识不能脱离刑事诉讼构造这个整体概念。审判机关与侦查机关的这种关系并不是国家权力之间的简单分工，而应当是辩护权充分参与其中的理性的三方组合诉讼构造。可以说，没有辩护权的充分参与，司法权对侦查权运行的有效介入就没有办法实现，“以审判为中心”更是无从谈起。然而，在我国侦查权的运行过程中，犯罪嫌疑人的辩护权并没有得到有力的保障。这主要表现在三个方面：第一，法律援助的覆盖范围与作用是有很大局限性的。尽管新刑事诉讼法将指定辩护的时间由审判阶段拓展到了侦查和公诉阶段，但是鉴于立法及法律援助制度本身人力、物力、律师素质的有限性，制度落实在审判阶段中尚属勉强，更遑论侦查阶段与公诉阶段了。第二，律师在侦查阶段的权利受到了很大的限制。新刑事诉讼法虽然对侦查阶段律师的阅卷、会见、调查取证等权利进行了一定程度的扩展，但是一方面，改革的步幅依旧过小，诸如侦查讯问中的律师在场权、录音录像制度的普遍推行都处于试点阶段，没有在法律中加以明确；另一方面，相关解释、规则、规定关涉律师权利的内容存在漏洞与含混不清之处，在司法实践中权利的主张受到了不小的阻碍。第三，依旧没有确立犯罪嫌疑人在侦查程序中的沉默权。刑事诉讼法中，“不得强迫自证其罪原则”与“如实作证的义务”的矛盾仍旧处于冲突和调和之中，犯罪嫌疑人的沉默权，至少明示的沉默权并没有得到我国法律政策的认可。

六、我国侦查权运行的改革与完善

我国司法实践中种种与侦查权运行规律相悖的状况意味着我国的侦查权运行面临着改革与完善，在结合我国基本国情的基础上，可行的做法应当包括以下三个方面。

（一）确立司法审查与司法令状制度，健全程序性制裁体系，强化对侦查权运行的司法控制

在一个良性的体制内，侦查权的运行应当是符合自身的运行规律的。然而，我国司法权对侦查权运行介入的有限性使得侦查权的运行缺乏外部控制，对侦查权的监督力度不够。因此，强化司法权对侦查权运行的控制应当成为促使我国侦查权运行回归司法规律的主要路径之一。镜鉴域外经验不难发现，世界范围内司法权规制侦查权运行的通行做法主要有两种：一种为以事前控制为主的司法审查与司法令状制度，另一种为以事后救济为主的程序性制裁制度。

所谓司法审查与司法令状制度是指以司法机关对强制侦查行为进行审查后颁布的司法令状作为侦查行为正当性的依据。[①] 此处的司法机关一般为法院。与中国实施检察权监督侦查权不同的是，国外普遍贯彻的是一种审判权监督侦查权的模式。这种模式的优势在于克服了监督者的亦控亦审的角色冲突，做到了侦查构造上的控审分离，更加符合“以审判为中心”的基本规律。虽然法院尤其是中国法院也有角色限制，但由于它在控辩审三方组合的三角式诉讼构造中处于“居于其间，踞于其

① 张可、陈刚:《审判中心视野下侦查程序的改革与完善》，载《河南社会科学》2016年第6期。

上”的中间和超越的位置，其角色限制相对较小。[1]从这个角度来看，以审判权监督侦查权运行的司法审查与司法令状制度应当是我国侦查权运行体制发展的必然趋势。在过渡阶段，改革的力度可以是渐进式的。切入点不妨放在两个方面：一是区分任意性侦查行为与强制性侦查行为，并按强制力之大小，对强制性侦查行为划分等级。二是暂行法院司法审查与检察院“准司法审查”相结合的二元式审查模式。依据强制力等级，可先将强制力较高的涉及人身自由的侦查行为的审批权由侦查机关、检察机关划归法院，其他强制性侦查行为审批权限暂由侦查机关划归检察机关，待条件成熟后逐步移交法院。

所谓程序性制裁是指警察、检察官、法官违反法律程序所要承受的一种程序性法律后果。与那种通过追究办案人员的行政责任、民事责任甚至刑事责任来实施“实体性制裁”措施不同，程序性制裁是通过宣告诉讼行为及由此产生的各类证据、措施、结论无效的方式来追究程序性违法者的法律责任的。[2]它的逻辑起点在于通过“剥夺违法者违法所得利益”来实现对违法诉讼行为的惩治，优势在于能够充分发挥程序法的独立价值，敦促司法职权运行严格遵守法律。目前我国的制度设置和司法实践中并非不存在程序性制裁的手段。事实上，非法证据排除规则、撤销原判发回重审都属于程序性制裁的范畴。但不容否认的是，我国尚未建立起完备的程序性制裁体系，尤其是缺乏诉讼行为无效的法律依据和实践做法，这应当作为我国司法改革下一步的努力方向。在体系建构中有两个问题需要特别予以说明：其一，应当根据违法状况及危害后果的严重程度区分程序性制裁的力度。贸然对所有违法侦查行为宣告无效必然会产生放纵犯罪的危险。其二，对违法侦查行为的程序性制裁并不能代替对违法行为人的实体性制裁。即使拥有了完备的程序性制裁制度，也不能忽视对刑法、民事侵权法相关空白与疏漏的完善。

（二）推行检警一体化的侦查模式，探索公诉权对侦查权的合理引导

我国侦查权运行机制缺乏合理引导的现实状况不但使得侦查权以

① 龙宗智：《我国检察学研究的现状与前瞻》，载《国家检察官学院学报》2011年第1期。

② 陈瑞华：《程序性制裁制度的法理学分析》，载《中国法学》2005年第6期。

审判为中心依法运行难以为继，还导致其陷入消极被动、冗杂拖延的境地。这既与侦查权运行的外源性规律相矛盾，又与侦查权运行的内生性规律相背离。机制上的革新是势在必行的。公诉权引导侦查权运行是大陆法系国家和地区侦查制度的普遍模式。它的外在表现即为检警一体化。检警一体化相对于检警分离的优越性在于：其一，检察机关作为公诉机关更加清楚庭审对于证据质量的要求，因此可以引导侦查机关有针对性、有规范性地收集和固定证据，既能够保证侦查的准确性、及时性和规范性，又能够保障证据的证据能力和证明力，充分发挥审判的中心作用。其二，检察官作为司法人员，一般有着丰富的法学知识和深厚的法律背景，对于法治以及程序正义有着更加深刻的理解，因此在引导警察人员开展侦查活动的过程中会严格守法，更加注重正当程序的实现和犯罪嫌疑人合法权利的保障。其三，警察机关与检察机关同属控诉机关，具有相同的诉讼追求。这种诉讼方向的一致性决定了检警一体化相较于检警分离更具合理性。

虽然检警一体化是我国侦查权运行机制的发展方向，但是鉴于我国现行侦查制度存在时间较长，侦查人员、检察人员对新制度的适应需要一个过程，改革的步伐不宜过快过猛。当前构建我国检警一体化模式关键在于确立检察引导侦查的制度。对于这种制度，应当明确三个方面的内容：首先，在引导的内容上，应当仅涉及侦查机关的取证活动，而不涉及其他。相较于引导其他侦查行为，检察机关对侦查取证的引导具有与生俱来的天赋。作为公诉机关，检察机关对于取证工作、证据制度均不陌生，并不需要通过过多的摸索来探索指导侦查机关进行取证的方法。将引导的内容限定在取证工作之上既可以让检察机关通过交流尽快地熟悉侦查业务，又不会犯下冒进的错误，带来混乱。其次，在引导的力度上，应当仅提供对于侦查工作的指导，而并非上令下从的领导。一方面，检警一体化强调的是检警机关内部沟通环节的顺畅，并非检察机关与警察机关组织体系的融合，一味强调检察机关对侦查机关的领导会产生检察引导侦查模式向公诉权与侦查权相互重合模式异化的危险。另一方面，当前我国检察机关也并不具备领导侦查机关的精力和能力，贸然地领导会带来不良的后果。因此，检察官对于侦查人员的引导应当是一种指导，而非领导。最后，在引导的范围上，应当重点介入重大案件，而非事必躬亲。一方面，杀人、强奸、抢劫等重大案件社会影响力高，侦查压力较大，容易发生错误，且在压力之下也极可能发生刑讯逼供、违规取证等违法侦查行为，需要检察机关的引导和监督。另一方面，在重大刑事案件中，侦查机关动用的侦查资源，采取的侦查手段都比较丰富，检察机关通过对侦查的引导，可以全方位地熟悉侦查工作的方式和方法，为将来推行彻底的检警一体化做准备。

（三）充分贯彻无罪推定原则，保障辩护权对侦查程序的有效参与

无罪推定原则是刑事诉讼的基本原则。贯彻无罪推定原则是侦查权运行规律的客观要求。首先，贯彻无罪推定原则是侦查权运行严格依照法律的必然要求。我国《刑事诉讼法》第 12 条明确规定："未经人民法院依法判决，对任何人都不得确定有罪。"因此，未经审判的犯罪嫌疑人理应在判决生效之前的侦查阶段被视为无罪。其次，无罪推定原则也是以审判为中心的题中之义。以审判为中心要求发挥审判权的判断权功能，任何实体性及程序性事实的认定，都必须由审判机关进行裁决。因此，侦查机关作为侦查权运行的主体并不具备认定犯罪嫌疑人是否有罪的资格，而只能将其视为无罪。

贯彻无罪推定原则的关键是要保障辩护权对侦查程序的有效参与，具体做法可以考虑以下几个方面的内容：其一，是要扩大和优化法律援助制度，落实和保障犯罪嫌疑人在侦查阶段获得律师帮助的权利。一方面，要不断完善刑事法律援助制度，扩大刑事法律援助范围，增加刑事法律援助经费，逐步实现法律援助的全覆盖，确保每个犯罪嫌疑人都能获得律师的法律帮助。同时要加大对刑事法律援助人员的培训，努力提高刑事法律援助质量。另一方面，进一步明确和落实侦查人员在第一次讯问犯罪嫌疑人或者对犯罪嫌疑人采取强制措施的时候告知犯罪嫌疑人有权委托辩护人的义务，包括侦查人员有义务告知犯罪嫌疑人享有获得法律援助的权利以及相应的途径和救济措施。其二，是要进一步拓展侦查阶段的律师权利，注意发挥辩护律师在侦查阶段的作用。例如，明确辩护律师在侦查期间的调查权，赋予辩护律师向有关机构单位调取或提取某些证据或资料的权利，保障辩护律师申请办案机关调取证据的权利，保障辩护律师向办案机关查阅有关讯问录音录像的权利，探索试点律师在侦查讯问中的在场权，等等。其三，是要确立我国的沉默权制

度，彰显侦查权运行中的程序正义。沉默权是犯罪嫌疑人辩护权的组成部分，是程序正义的重要体现。推行沉默权制度具体到侦查权的运行上即是要明确侦查人员在第一次进行讯问或采取强制措施时的几项告知义务：（1）告知犯罪嫌疑人有权不作出任何陈述并且不会因自己拒绝陈述而产生于己不利的法律后果；（2）告知犯罪嫌疑人如果陈述将产生的法律后果；（3）告知犯罪嫌疑人有权委托辩护律师或者获得法律援助；（4）告知犯罪嫌疑人如果自愿认罪悔罪可以获得宽大处理或从轻处罚。

审判权的理论展开与科学配置*

党的十九大报告强调，全面依法治国是国家治理的一场深刻革命，提出了“深化司法体制综合配套改革，全面落实司法责任制”等一系列重要思想、重要论断、重大举措。审判权是司法权的典型样态，探讨审判权的丰富内涵与科学配置，对深化司法改革，促进公平正义，具有积极意义。

一、审判权的本质探析

在现代社会中，国家权力由于调整对象的特点和自身功能的差异，在权力内部往往也存在分工，并依性质差异在整个国家权力体系中呈现不同的分布。探析审判权的本质，应当结合现代社会权力分工的背景，关注审判权在整个权力体系中的特殊定位。从当前理论界对审判的定义来看，虽然角度存在差异，繁简出现分别，但在以下两点存在共识：首先，普遍认为审判权是一种由国家主导，并由国家强制力保证实施的国家权力。其次，普遍认为审判权是一种判断性的权力，即关注纠纷，并通过判断来化解纠纷的权力。

作为一种特殊意义上的权力，审判权是通过司法判断的方式行使国家权力，发挥特殊的社会治理功能。从权力定位来看，立法、行政与司法作为不同的法律技术，其权能存在差异。从立法到行政再到司法的过程，就是一个从创设价值到推行价值，再到寻求价值救济的完整过程。其中司法是通过对推行和实施法律的过程中所产生的纠纷的处理来维护法律价值。判断是审判即司法的基本特征，而司法的判断是服务于纠纷的解决的。司法的判断权是服从于解决冲突的裁判性质的。这样一种定位的差异，决定了司法性的判断具有特殊的实现方式。立法权侧重于集合与提升公民意志，形成针对普遍主体的立法规范。行政权则是典型的

---

* 原文发表于《新疆社会科学》2018年第1期，与王帅合作。

执行权，以首长负责和上命下从为运作模式。司法则是法官通过个别的具体的主体之间的相互交涉与辩论，对他们之间存在争议的利益关系进行裁断和明确，以达到定分止争的作用。司法的结构也存在特殊性：司法化程序的核心是主体之间的关系结构，司法化的过程就是由单方程序结构、双方程序结构演变为三方程序结构，由弱三方程序结构演变为强三方程序结构的过程。强三方关系结构，即三方主体在同一时空下，按照直接、言词等原则进行裁判的程序结构。

这种具有独特性质的司法判断权，既区别于一般意义上的强制性的国家权力，也区别于其他权力行使时所运用的判断方式。它构成了审判权在整个国家权力体系中的特殊地位，也凸显了审判权的本质。

二、审判权的理论展开

审判权为司法判断权，从理论上对审判权进行解析，具有以下特征：审判权的判断对象是争讼事项，判断行为采诉讼方式，判断基础以证据为依据，判断标准以法律为准绳，判断结果为裁判终局。以下具体展开：

（一）司法判断对象：争讼事项

作为司法判断权，审判权具有被动性。这样一种被动性通过“诉”的机制展现出来。一方面，审判权的发动受到诉权的制约，没有起诉就没有审判，即“不告不理”。早在古罗马时期就流传着“没有原告就没有法官”“无告诉即无审判”的法谚。审判权只能在争端发生之后，方能应当事人或者公诉机关的请求被动地行使，裁判者不能主动启动审判程序。另一方面，审判权之作用范围受到争讼事项的制约，即审判受起诉范围限制，所谓“诉审同一”。

明确审判对象为争讼事项具有重要意义。它通过限制审判权的行使，避免审判权过分主动而丧失被动性，维护了审判的中立性，进而使审判权所处的控辩审关系形成司法化的三方结构关系。同时也避免了权力因过分集中所导致的独断与失控，体现出权力的理性与对人权的关切。

（二）司法判断行为：诉讼方式

审判权作为司法判断权，其行使是以诉讼的方式展开，受到诉讼结构的制约，并在诉讼过程中践行自身的特殊性。

以诉讼方式展开的审判权必然强调亲历性与集中审判。审判主体面对的是来自诉讼两造或控辩之间相互矛盾的证据和材料，只有审判主体亲自出庭审判，亲自接触案件事实材料，亲自听取原被告或控辩双方意见，才能够对证据进行评价，对事实进行认定。相应的，为保证事实认定者能够对案件事实证据保持清晰的、连贯的印象与认识，审判要求贯彻集中审理原则。集中审理，包括时间的集中性，即案件审理不得无故中断；主体的集中性，即法官不得无故更换，如确需更换法官审理必须重新进行；方式的集中性，即诉讼两造或控辩双方在法庭上的调查和辩论都必须严格围绕争议事项进行。

以诉讼方式展开的审判权，公正是其核心价值、首要价值，由此需要强调裁判者自身的中立性与独立性。中立性意味着审判者必须居于不偏不倚的地位，不得对任何一方存有偏见和歧视。独立性要求审判活动必须是一种依照法律独立进行的认识、判断和裁决活动。完整的审判独立应当包括实质独立、身份独立、集体独立和内部独立四个方面，缺一不可。

（三）司法判断依据：证据基石

作为司法判断权，审判是以证据为基石来作出的，故而必须坚持证据裁判原则。证据裁判原则包括三层含义：第一，认定事实必须依据证据，即证据是认定案件事实的唯一依据。第二，裁判必须是具有证据能力的证据，这是对证据资格的要求，现代法治尤其重视证据必须依法收集。第三，证据必须在法庭上出示，经过质证、认证方可作为裁判的依据，这是对法定证明程序的要求。

（四）司法裁判标准：法律准绳

审判权的判断标准是法律规范，审判权的运行就是法律适用的过程。审判权的行使应当以法律为准绳，必须遵从规范文义和规范思维的限制。就规范文义来看，司法必须要接受规范文义的制约，不得创设规范，这是司法与立法之区别，也是维持公民预期的需要。就规范思维来看，规范是法律思维的出发点和归宿，用法律方法看问题就是要用法律规范赋予事实以法律意义，用法律方法解决问题就是用规则、程序分配权利与义务、职权与责任、惩罚与救济等。这是其他学科的方法所不完全具备的。可见，审判权的规范性是由规范文义和规范思维共同塑造出来的，两者综合作用，使得审判权成为一种规范化的社会治理。

（五）司法判断结果：裁判终局

审判作为司法判断权，其结论具有终局性。司法的终局性是指法院对认为应由其管辖的所有司法性质的争议享有最终裁判权。其背后的原理在于程序自身的不可逆性、法律的稳定性、司法的权威性和人权保障的必要性。基于裁判终局的精神，司法将成为正义的最后一道防线，亦是解决纠纷的最后一种方式。同时，从裁判结果来看，审判权不仅对当事人具有效力，对其他机关、个人，包括审判者自身都具有效力，不可随意变更、撤销或者重新启动诉讼程序。

三、审判权的科学配置

审判权的科学配置就是要依照审判权的本质，对之进行科学的分解与整合，并在国家权力体系中进行合理的分配。通过推进审判权的科学配置，一方面实现审判权结构优化，促进审判权公正高效运行；另一方面实现审判权责明晰，确保对审判权的监督制约。

（一）审判权的宏观配置：法院专属

现代法治国家一般都遵循法院专属规律，即由法院专司审判权，且专享审判权。其他机关、组织与个人不得分割或变相享有审判权。审判权的法院专属规律源于审判权作为司法判断权在整个国家政治权力结构中的独特定位。在现代法治国家中，包括立法与行政的各种政治权力也成为法治的对象，政治权力在运行过程中产生的纠纷也要通过司法判断的方式来加以化解，从而发挥司法判断独特的功能，维持政治秩序的稳定。在政治权力无法避免成为争议事项的情况下，只有坚持审判权法院专属规律，排斥外部力量，尤其是权力的不当干预，才能使司法判断的功能落到实处。可见，审判权作为一种司法判断，绝不能与任何权力发生混同或与任何权力进行联合。享有审判权的法院正是由于切断了与其他机关、组织与个人等利益相关者的联系，才得以发挥维持政治秩序稳定的功能。

落实审判权法院专属规律，必然要求以下两点：第一，法院专司审判权。现代型法院是专一性相当强的法院，往往以解决纠纷为专责。只有专一性强，才能体现与其他权力机关的差异，进而实现机构自治。国家应避免让法院承担过于复杂的功能，从而避免法院沦为其他权力机关的附庸。第二，法院专享审判权。作为司法判断权的主体，法院必须从其他国家权力的影响中解脱出来，国家亦应排除外部力量对法院的不当干预。唯有此，才能使法院能够独立公正地作出裁判，才能使审判作为司法判断权，发挥其独特的国家治理和社会治理功能。

需要指出的是，强调审判权法院专属，并不排斥公众参与司法、人民监督司法。在现代司法制度中，人民陪审制或参审制都是公众参与司法的重要方式。审判权法院专属排斥的是其他机关、组织与个人对审判权的不当侵入和干预，公众通过陪审参审的方式与专业法官共同行使审判权，则与不当侵入和干预有着根本性的区别：一方面，陪审参审的公众能够进行更好的常识判断、情理判断与良心判断，从而在事实认定中发挥着特殊的作用。从域外的普遍做法来看，往往通过在专业审判与陪审参审中进行分职分权，实现二者的功能互补。另一方面，因为陪审、参审的公众独立于国家司法机关的身份，更能排除公权力的不当侵入和干预，反而能强化审判权的法院专属性，维护审判权的独立地位。

（二）审判权的纵向配置：审级分工

审判权的纵向配置通过审级分工来实现。它考虑的是不同级别法院的功能差异，实现案件在不同级别法院之间的分工。基于审判权作为司法判断权的本质，审级分工应当遵循以下规律：

首先，基于审级独立原则与各自的独特优势，形成不同级别法院在功能上的差异。审级关系不同于行政上的上下级领导关系，而是要在审级上保持相互的独立。上下级法院之间应呈现出权力的双向制约，不仅有上级法院对下级法院审判活动的监督制约，而且有下级法院对上级法院的反向制约。如此一来，才能避免上诉制度沦为变相的一审终审，避免侵害被告人的上诉利益。上下级法院之间没有功能分工，就可能为上级干涉下级留下空间。同时，功能分工还基于不同级别法院的独特优势：一方面，随着时间的流逝和空间的转换，事实被证明的可能随着审级的升高而递减，这就意味着审级越低的法院越便于查明事实真相；另一方面，随着审级的提高，法院与法官数量在减少，但管辖范围却越来越广，法官处理法律问题的能力与经验也呈现递增的趋势。在这样一种功能分工的思路下，域外大多确立了三审终审制度：初审法院负责事实审与法律审；上诉法院一般负责法律审，或进行有限的事实审；最高法院仅负责法律审，并且在上诉上采用许可制，即对审理什么样的案件，最高法院有自主选择权。

其次，司法被动性引出审判对象对审判权的限制，在审级制度中也要贯彻不告不理原则，主要体现为有限审查与上诉不加刑。现代审级制度的设立在很大程度上是要满足上诉的功能需求，为当事人提供多一重的救济，故而要考虑保障当事人的上诉权利与追求的利益。上诉审采用全面审查，不受上诉抗诉范围限制，或者上级审可以作出不利于上诉人的裁判变更，固然可以在客观上更好地纠正下级法院作出的错误裁判，却违背了审判作为判断权的定位和“不告不理”原则的贯彻，是对上诉人意思自治的违背，也使得对权利的救济沦为空谈。

最后，基于裁判终局的要求，审级制度中必然要设立终审制度，确保裁判具有既判力。审级制度的重要功能，就是穷尽所有的上诉途径最大化地为当事人提供权利救济。随着上诉程序终结，终局判决作出，案件就此了结。法院不能基于既决事由而对已决案件再次启动审判程序。从世界范围来看，基于既判力原则，大陆法系和英美法系分别确立了一事不再理原则与禁止双重危险原则，《公民权利和政治权利国际公约》则将禁止双重危险确立为公民的一项基本人权。

（三）审判权的横向配置：管辖制度

审判权的横向配置通过管辖制度来实现。管辖制度关注的是横向意义上不同法院之间的功能差异，确保一审案件在各级法院、同级法院、普通法院与专门法院之间的分工与协作。

一般而言，管辖制度的功能需求在于诉讼便利与诉讼公正，并且致力于在具体制度上实现二者的协调：一方面，只有实现了诉讼便利，才能够实现诉讼当事人与其他诉讼参与人的充分参与，才能够便于取证与质证，才更有利于法院查明案件事实真相，落实证据裁判原则与亲历裁判原则。另一方面，充斥着不当干预与自身擅断的审判也难以维持审判的独立与中立，亦是司法性的失落。管辖实际上是普遍地和事前地对每一起刑事案件确定出拥有审判权的法院，谜底在于防止外力的不当干预。在这样的功能定位下，审判管辖设置一般要遵循以下几个规律：

首先，司法管辖区的设置一般要求与行政区划适度分离。这种分离设置显然也是域外的一般经验：司法管辖区设置的最初动因就是打破封建领主对领地的司法控制。英国通过巡回法庭实现的是法制在一国主权范围内的统一，美国实行的管辖分离也在客观上起到维护司法机关独立行使职权的作用。而在大陆法系的德国与法国，法院设置与行政区没有关系，原则上是要便利诉讼，并要保证司法机关独立行使职权。

其次，在管辖主体上一般应当依据案件性质与审判需要设置种类多元的法院。随着社会发展矛盾的复杂性，纠纷冲突形式的差异化，法院自身的科学性程度也必然需要提高。体现在法院机构设置上，就是法院类型的多元化。例如德国，法院区分为宪法法院、普通法院、行政法院、财政法院、劳动法院和社会法院，体现出了专业化治理与精细化治理的思路，也得以更好地回应社会需求。

最后，管辖设置上一般应采用法定管辖为原则，变更管辖为补充的方式。其中法定管辖主要是为了排除外界对诉讼的不当干扰，避免确定案件管辖法院时的随意性，进而保障当事人的程序平等参与权。同时，避免不当干预力量通过挑选有利于自己的审判者，进而达到操纵审判结果的目的。在法定管辖的原则之外，也辅以必要的管辖权变更机制。如日本在立法中规定了变更管辖的两种情形。一是案件管辖法院由于法律上的理由或者其他特殊情况而不能或者不宜行使裁判权；二是案件管辖法院因犯罪性质、地方民意、诉讼的状况等情况可能难以保证对案件进行公正裁判。

（四）审判权的内部配置：法官主体

审判权的内部配置解决的主要是在某一法院内部，围绕法院院长、庭长、主审法官、审判组织之间的权力配置关系。审判权的内部配置一般应遵行办案法官主体的规律，这是贯彻审判权作为司法判断权的必然要求，也是落实司法责任制改革的重要内容。

法官主体就是在诉讼过程中，只能由办案法官完整地享有对案件的审理权和裁判权，并由办案法官承担责任。主要表现在两个方面：一是在法院内部，法官居于办案核心地位。每位主审法官都是一个相对独立的工作单位，依托独任庭或合议庭开展办案工作，谁审理、谁裁判、谁负责。其他都是辅助、服务、保障人员，其职责就是辅助法官、服务审判、保障诉讼。二是在诉讼活动中，法官居于主导地位。一方面，法官具有程序上的主导地位，法官依法定职权和程序，掌控诉讼活动节奏与进程，其他诉讼参与人均在法官指导下有序参加诉讼活动。另一方面，法官对裁判结论也有主导权。法官应当基于证据、事实和法律独立地作出裁判，任何组织与个体不得对裁判结论施加不当影响，干预裁判结论。不难发现，只有落实法官主体，才能契合审判作为司法判断权的中立性、独立性与亲历性的要求，才能够有效避免“审者不判、判者不审”的现象，才能够让诉讼呈现出“控辩审”三方互动的司法状态，而不是法院内部不同组织或个体互动的行政状态。

刑事诉讼模式的演化与流变

——以海峡两岸刑事司法改革为线索 *

一、职权主义传统与当事人主义改革

“模式论”是学术研究的基本范式之一。在刑事司法领域，美国学者哈伯特·帕克早在1963年即提出“犯罪控制”与“正当程序”两种刑事诉讼模式①，自此引发了长达50余年的理论争鸣。美国刑事诉讼法学研究中的模式学说，经我国青年学者引介后被刑事诉讼法学界所知悉。②受之影响，多位青年学者自20世纪90年代初开始对刑事诉讼模式进行系统研究③，并进一步深入至诉讼构造的微观领域④。其中部分成果影响深远，纵向发展的“弹劾式刑事诉讼模式”“纠问式刑事诉讼模

---

* 原文发表于《政法论坛》2019年第1期。

① ［美］哈伯特·L.帕克:《刑事制裁的界限》，梁根林等译，法律出版社2008年版，第151页。

② 除了帕克的“犯罪控制模式”与“正当程序模式”，还有格里费斯的“争斗模式”与“家庭模式”，戈德斯坦的“弹劾模式”与“纠问模式”，达马斯卡的“职权纠明模式”“当事人抗争模式”“阶层模式”“同位模式”等。参见李心鉴:《刑事诉讼构造论》，中国政法大学出版社1992年版，第21页以下。当然，“模式论”的运用不仅限于美国，在大陆法系国家同样有相关成果产出，参见［美］虞平、郭志媛主编:《争鸣与思辨：刑事诉讼模式经典论文选译》，北京大学出版社2013年版。

③ 这一时期的代表性成果可参见李心鉴:《刑事诉讼构造论》，中国政法大学出版社1992年版；龙宗智:《刑事诉讼价值模式论析》，载《现代法学》1993年第2期；左卫民:《价值与结构：刑事程序的双重分析》，四川大学出版社1994年版；谢佑平:《刑事诉讼模式与精神》，成都科技大学出版社1994年版；马贵翔:《刑事诉讼的理想结构与现实结构》，甘肃人民出版社1994年版；等等。

④ 需要说明的是，诉讼模式与诉讼结构并不等同。方法论意义上，“模式”一般指某个较长时间段内形成的具有某种显性特征的运作方式，是从历史视角宏观考察问题；“结构”一般指诉讼中各方权力（利）配置与关系，是以比较方法微观分析问题。国内部分学者将“诉讼模式”与“诉讼结构”混为一谈，值得商榷。

式”“混合式刑事诉讼模式”，以及横向比较的“当事人主义刑事诉讼模式”与“职权主义刑事诉讼模式”已然成为理论教义，为后来之研究者所广泛援引甚至直接在论证中作为模式分类加以使用。时至今日，大陆刑事诉讼模式理论仍在不断推进和发展，诸如“义务本位主义模式”[①]“私力合作模式”[②]“本土主义的现代型刑事诉讼模式”[③]等立足于大陆本土实践的模式理论逐步形成，持续提升着刑事诉讼法学研究的理论品质。

（一）两岸刑事诉讼之职权主义传统

“职权主义”与“当事人主义”显然是最基本的刑事诉讼模式划分，并且可以直接与域外进行理论对话和制度比较。在此基础上，大陆传统刑事诉讼模式被称为“强职权主义”，“正当程序”“人权保障”之理念的兑现相对艰难。[④]与域外职权主义国家相比，大陆刑事诉讼中控诉权更为强大、更为活跃，被告人主体弱化，审判权呈现出泛行政化之特质，这在1979年刑事诉讼法中得到集中呈现。而1996年刑事诉讼法修改，很大程度上弱化了强职权主义色彩，但仍以强职权主义为基调建构起混合式诉讼模式[⑤]。反观台湾地区，在继受民国时期法律之后，其职权主义传统也相应得到保留，尽管1967年之“修法”以来，曾引进诸如检察官举证责任、交互诘问等具有“当事人主义”精神的制度，但在新世纪之前，其职权主义之刑事实务并未产生太大改变，“审判庭上好似法官在追诉被告犯罪”“法官成为纠问官”“司法官动辄斥责嫌犯或被

---

① 陈瑞华:《刑事诉讼的前沿问题》(第5版)，中国人民大学出版社2016年版，第786页。

② 陈瑞华:《刑事诉讼的前沿问题》(第5版)，中国人民大学出版社2016年版，第389页。

③ 左卫民:《刑事诉讼的中国图景》，生活·读书·新知三联书店2010年版，第222页。

④ 当然，职权主义并非一无是处，即便是在古代的职权主义诉讼中，也存在防御性保障规则，但这些规则往往由于较为粗糙而被否定，甚至被忽视。对此，我们应当加以理性认识和客观审视，进而发掘职权主义诉讼模式中的合理元素。See Mirjan Damaska, *The Quest for Due Process in the Age of Inquisition*, 60 Am. J. Comp. L. 919 (2012).

⑤ 汪海燕:《刑事诉讼模式的演进》，中国人民公安大学出版社2004年版，第426页。

告”是描述我国台湾地区刑事司法的典型话语。[①] 当然，无论大陆抑或台湾地区，中国语境的职权主义刑事诉讼模式之所以产生，有着其特殊的历史原因，正如有学者认为的那样，中国的职权主义并非完全源自欧陆，更多是受到了中国古代司法实践的深远影响。[②] 而在光绪末年，职权主义与当事人主义之争即已初见端倪，沈家本、伍廷芳所拟《刑事民事诉讼法》草案所采审判方式即是当事人主义及交叉询问，但因受到张之洞为首的礼教派反对，草案未予公布即告作废；1910 年的《大清刑事诉讼律》转而采用职权主义，进而奠定了海峡两岸刑事诉讼与职权主义的密切关联。[③]

（二）两岸刑事诉讼之当事人主义改革

随着时代的发展和社会需求的转变，职权主义与当事人主义的界分已并非绝对，即使是作为职权主义之样板的德国也引入了刑事协商这一具有当事人主义色彩的制度[④]，而我国大陆和台湾地区也不约而同地在近 20 年吸收了大量当事人主义元素，以期改革和完善刑事诉讼制度。20 世纪 90 年代以来，大陆司法理念由职权主义向当事人主义靠近，当法官逐渐趋于被动中立，当现代司法格局更强调当事人主义下的双方对抗，当司法风格正在转向以当事人、律师扮演更为主导的角色时[⑤]，司法即被认为逐步由“强职权主义”色彩下的强势特征转向为需要遵守现代

---

① 王兆鹏:《当事人进行主义之刑事诉讼》，元照出版有限公司 2002 年版，第 5—6 页。

② See Richard Vogler, *A World View of Criminal Justice*, Ashgate Publishing Company, p. 91 (2005)；历史层面的影响，早在周朝以前即初具形态，参见汪海燕:《刑事诉讼模式的演进》，中国人民公安大学出版社 2004 年版，第 347 页以下。

③ 当然，沈家本、伍廷芳对职权主义与当事人主义并没有深入的思考，最初采用当事人主义，更多是因为伍廷芳作为英国律师的背景；而礼教派所反对的，主要也并非两种主义如何选择，而是伦常条款是否保留并处罚的问题。参见王兆鹏:《当事人进行主义之刑事诉讼》，元照出版有限公司 2002 年版，第 4—5 页。

④ 卞建林、谢澍:《职权主义诉讼模式中的认罪认罚从宽——以中德刑事司法理论与实践为线索》，载《比较法研究》2018 年第 3 期。

⑤ 需要说明的是，尽管职权主义理论并不强调当事人在发现真实中的主导地位，但并不意味着在此过程中当事人并不参与；同样，当事人主义理论强调当事人在发现真实中的主导地位，但也认为可能因此给予其隐藏或歪曲证据的机会。就此而言，并不能从这一点上界定何种模式更优，只能根据现实需要进行取舍。See Ellen E. Sward, *Values, Ideology, and the Evolution of the Adversary System*, 64 Ind. L. J. 301 (1989).

法治原则与规则的制度安排①。有观点认为，大陆1996年刑事诉讼法的修改开始体现出刑事诉讼模式中职权主义与当事人主义诉讼模式开始相互吸收与接近，被告人权利保护得到扩大和加强，被害人权利保护开始受到重视②。其后，无论是控辩审关系的调整，还是推进以审判为中心的诉讼制度改革，抑或认罪认罚从宽制度试点的兴起，均渗透着当事人主义元素。然而，这并不意味着大陆刑事诉讼模式已经走出职权主义传统进而完全转向当事人主义。正如同海峡对岸的台湾地区，尽管2002年之“修法”采改良式当事人进行主义，但“职权主义”与“当事人进行主义”之论战并未就此终结，台湾地区刑事司法改革持续体现着当事人主义元素，包括调整控辩审三方关系、建构第一审事实审之审判中心、引入刑事协商程序，等等。在这一过程中，随着当事人主义元素的持续汲取，刑事诉讼模式不断演进，理论与实践产生交织和碰撞，进而勾勒出刑事诉讼模式发展的基本方向。

二、构造平衡：调整控辩审之关系

刑事诉讼构造是由一定的刑事诉讼目的所决定的，主要是控诉、辩护和裁判三方的法律地位和相互关系③。尽管不能等同于刑事诉讼模式，但刑事诉讼构造却能在微观上体现刑事诉讼模式的具体特质。学者们对刑事诉讼构造本身的含义进行归纳和概括，不仅确定了刑事诉讼构造这一基本范畴的内容，还界定了影响刑事诉讼构造的主要因素与表现形式。④虽有争鸣，但在将控、辩、审三方关系作为诉讼构造的内容上达

① 卞建林主编:《现代司法理念研究》，中国人民公安大学出版社2012年版，第180页。

② 左卫民、谢佑平:《刑事诉讼发展的世界性趋势与中国刑事诉讼制度的改革》，载《中国法学》1996年第4期。

③ 李心鉴:《刑事诉讼构造论》，中国政法大学出版社1992年版，第7页。

④ 在有关刑事诉讼构造类型的研究上，有观点认为刑事诉讼构造有“三角结构”和“线性结构”的基本分类。所谓“三角结构”是指原告和被告形成一定的诉讼对抗，法官则是居于其间、居于其上的仲裁者，由此而形成一个正三角结构。而刑事诉讼“线性结构”是将诉讼活动视为一种“双方组合”，一方是国家权力机关，另一方则是犯罪嫌疑人、被告人。参见龙宗智:《刑事诉讼的两重结构辨析》，载《现代法学》1991年第3期。但有学者对“线性结构”提出质疑，认为把“线性结构”作为刑事诉讼的一重结构，于理论上难以立足。从概念上讲，真正的诉讼仅指控、辩、审的三方组合，严格意义的诉讼，就是法院和双方当事人的有机结合，这也是诉讼的基本形式。参见马贵翔:《刑事诉讼的“两重结构论”质疑——与龙宗智同志商榷》，载《现代法学》1991年第6期。

成了共识。实际上，当事人主义之对抗制诉讼的基本特征，即在于中立和被动事实发现者、控辩双方的证据陈述以及高度结构化的诉讼程序。[①]而我国大陆与台湾地区的刑事司法改革，也的确是逐步以理想之刑事诉讼构造为指引，进而加以推进的。

（一）大陆控辩审关系之调整

1996 年刑事诉讼法修改，赋予了当事人更多的程序参与权，强化了公检法之间的职能分工，进而实现调整控辩审三方关系之目的，使诉讼成为由控辩双方共同推进的程序，而不是国家专门机关一手包办的犯罪追纠程序。这一点，可以通过允许律师在侦查阶段“提前介入”、公诉案件庭前审查的弱化、取消法院退回补充侦查等制度充分得以体现。具体而言，首先，加强了对犯罪嫌疑人的权利保障，在侦查程序中就允许其聘请律师，提前介入，与其通信、会见，为其提供相应的法律帮助。其次，设立了指定辩护制度，为保障犯罪嫌疑人、被告人权利创设了新途径。对于符合法定条件的犯罪嫌疑人、被告人，国家为其指定承担法律援助义务的律师进行辩护。为落实指定辩护制度而不断发展壮大的法律援助制度，则成为刑事诉讼中的新生事物。最后，弱化了公诉案件的庭前审查，反映立法者改变“先定后审”的决心。刑事诉讼法修改后，公诉案件在向法院提出起诉时不再移送全部案卷材料，而是改为随起诉书只移送证据目录、证人名单、主要证据复印件或照片。通过如此改革，立法者力图使法官在开庭前无从对全案事实产生预断，促使法官注重庭审作用[②]。

2012 年刑事诉讼法再次修改，进一步通过调整控辩审三方关系，实现诉讼构造上的平衡，进而摆脱“强职权主义”的局限，走向控审分离、控辩平等、审判中立的等腰三角构造：首先，修改后的刑事诉讼法明确了律师在侦查阶段介入诉讼的辩护人身份，将原先关于犯罪嫌疑人在侦查阶段只能聘请律师提供法律帮助的规定修改为犯罪嫌疑人自被侦查机关第一次讯问或者采取强制措施起有权委托律师作为辩护人。并

---

① See Stephan Landsman, *A Brief Survey on the Development of the Adversary System*, 44 Ohio St. L. J. 713 (1983).

② 卞建林:《刑事程序法治化的期待——写在〈刑事诉讼法〉再修改之际》，载《中国司法》2008 年第 1 期。

且，保障了律师会见在押犯罪嫌疑人的权利和律师阅卷的权利，赋予辩护人申请回避的权利，增设了辩护人对阻碍其依法行使诉讼权利的申诉控告及处理机制。此外，进一步完善了法律援助制度，扩大了法律援助的适用对象、提前了法律援助的适用时间。[①] 其次，明确了刑事案件的举证责任，新增第 49 条之规定："公诉案件中被告人有罪的举证责任由人民检察院承担，自诉案件中被告人有罪的举证责任由自诉人承担。"

（二）台湾地区控辩审关系之调整

1999 年台湾地区司法改革会议指出了台湾刑事司法的两点关键缺失，即控辩审彼此实际权能不均导致公平法庭难以落实，以及诉讼制度设计不符经济效益导致虚耗司法资源。近年来，台湾地区刑事司法改革，可谓是调整和平衡控辩审三方关系的进程。[②]

首先，对于控方而言，其改革重点是落实检察官的实质举证责任。2002 年之前，台湾地区"刑事诉讼法"对于检察官的举证责任规定较为笼统，仅明确对于犯罪事实有举证责任。[③] 而在 2002 年之后，台湾地区"刑事诉讼法"第 161 条第 1 款对检察官的举证责任进行了细化，即"检察官就被告犯罪事实，应负举证责任，并指出证明之方法"。其中所谓"证明之方法"即包括证据调查途径、与待证事实的关联程度以及证据证明力等。同时，本条第 2 款设置了起诉审查标准，即检验检察官举证是否达到起诉标准："法院于第一次审判期日前，认为检察官指出之证明方法显不足认定被告有成立犯罪之可能时，应以裁定定期通知检察官补正；逾期未补正者，得以裁定驳回起诉。"并且，本条第 3、4 款明确了未达起诉标准的程序后果，即"驳回起诉之裁定已确定者，非有第二百六十条各款情形之一，不得对于同一案件再行起诉。违反前项规定，再行起诉者，应谕知不受理之判决"。由此，督促检察官进行实质举证，避免其"证明方法显不足认定被告有成立犯罪之可能"。

---

① 卞建林、谢澍：《"以审判为中心"与刑事程序法治现代化》，载《法治现代化研究》2017 年第 1 期。

② 参见张丽卿：《台湾近年刑事诉讼改革的脉动与展望》，中国政法大学 2016 年 3 月 30 日诉讼法学研究院讲座讲义。

③ 此项改革被我国台湾地区学者视为"中程"之改革，而在此之前，"近程"之改革是检察官与被告人之法庭席位对等。参见张丽卿：《刑事诉讼制度与刑事证据制度》，中国检察出版社 2016 年版，第 5—6 页。

其次，对于审方而言，其改革重点是限缩职权调查范围。在2002年之前，台湾地区遵循典型的职权调查原则，法院调查优先、法官应当讯问被告人。而在2002年之后，台湾地区“刑事诉讼法”第163条第1款明确调查证据以当事人为主导，即“当事人、代理人、辩护人或辅佐人得声请调查证据，并得于调查证据时，询问证人、鉴定人或被告。审判长除认为有不当者外，不得禁止之”。而根据本条第2款之规定，法院职权调查范围限缩为“于公平正义之维护或对被告之利益有重大关系事项”，并且本条第3款强调：“法院为前项调查证据前，应予当事人、代理人、辩护人或辅佐人陈述意见之机会。”由此可见，职权调查优先转为当事人调查主导，审判者居于更加客观中立的地位，除非对于维护公平正义和保障被告人利益确有必要，否则不得为发现真实而主动依职权调查证据。2012年，台湾地区第二次刑事庭会议决议进一步明确，唯有利于被告人的事项法院方有义务进行职权调查，进而再次限缩了职权调查范围。对于不利于被告人之证据，法院不再负有主动调查的责任，一方面，减轻法官责任，使其更加中立客观；另一方面，也促使检察官落实实质举证责任，进一步平衡诉讼构造。[①]

最后，对于辩方而言，其改革重点是强化诉讼防御权。辩护权，是维护诉讼防御权最为基本而重要的权利，台湾地区尽管经历多次“刑事诉讼法”修正，但有学者认为，辩护权相关配套措施仍有缺漏，辩护活动之困境未有实质改观，甚至因为“修法”引发新的不公平之现象，因而强化诉讼防御权的改革始终未曾停歇[②]。除自行选任辩护人，台湾地区“刑事诉讼法”还规定了强制辩护及指定辩护制度，倘若在审判中未选任辩护人，且最轻本刑为3年以上有期徒刑案件、高等法院管辖第一审案件、被告人因精神障碍或其他心智缺陷无法为完全之陈述的、被告人具原住民身份经依通常程序起诉或审判的、被告人为低收入户或中低收入户而声请指定的、其他审判案件审判长认有必要的，审判长应指定公设辩护人或律师为被告人辩护。为进一步保障被告人与律师的自由、充分沟通，2010年台湾地区“刑事诉讼法”进行了修正，其第34条规

---

① 吴巡龙：《举证责任与法院依职权调查证据》，载《检察新论》2012年第2期。

② 陈运财：《刑事诉讼法之修正与刑事辩护》，载《月旦法学杂志》2006年第10期。

定："辩护人得接见羁押之被告，并互通书信。非有事证足认其有湮灭、伪造、变造证据或勾串共犯或证人者，不得限制之。辩护人与侦查中受拘提或逮捕之被告或犯罪嫌疑人接见或互通书信，不得限制之。但接见时间不得逾一小时，且以一次为限。接见经过之时间，同为第九十三条之一第一项所定不予计入二十四小时计算之事由。前项接见，检察官遇有急迫情形且具正当理由时，得暂缓之，并指定实时得为接见之时间及场所。该指定不得妨害被告或犯罪嫌疑人之正当防御及辩护人依第二百四十五条第二项前段规定之权利。"

三、程序优化：推进审判中心改革

探讨某一国家或地区实行何种诉讼模式，是就这个国家或地区占主导地位或能够体现其诉讼理念内核的程序而言①。因此，从侦查到起诉再到审判，完整意义上的刑事诉讼程序往往更能体现诉讼模式的主要特征。其中，以侦查为中心抑或以审判为中心，以职权机关为主导抑或以当事人为主导，以及是否以第一审为中心、庭审是否实质化，均是影响诉讼模式界定的重要因素。为了实现程序优化，我国大陆与台湾地区均推行了审判中心改革，不同的是，大陆之审判中心是相对于侦查中心而言的，而台湾地区之审判中心是在审判程序中突出第一审事实审之中心地位，但均体现出吸收当事人主义元素的基本趋势。

（一）大陆以审判为中心的诉讼制度改革

推进以审判为中心的刑事诉讼制度改革，是针对"以侦查为中心"之现实弊病所提出的，而这也正是"强职权主义"的一个注脚。②其秉持的是一种纠问式侦查观，特征在于侦查机关对犯罪嫌疑人具有权威性和优位性，收集的证据在审判程序中可以轻易地被采用作为事实认定的根据。③尽管刑事诉讼制度是以诉讼阶段论为基础加以建构的，但由于

① 汪海燕：《刑事诉讼模式的演进》，中国人民公安大学出版社2004年版，第18页。

② 卞建林、谢澍：《"以审判为中心"与刑事程序法治现代化》，载《法治现代化研究》2017年第1期。

③ 这与日本职权主义语境中的"笔录裁判"颇为相似，参见［日］上口裕：《刑事诉讼法》，日本成文社2012年版，第59页以下。

诉讼阶段的程序设计与分工配合制约的司法体制难以协调，公、检、法三机关在侦查、审查起诉和审判三阶段却呈现出相互错位甚至各自缺位的异化现象，形成“以侦查为中心”的实践样态：侦查行为并非仅限于实现侦查本身之目的[①]，警察权实质上在刑事诉讼程序中承担了侦查职能以外的角色，权力空间突破侦查程序而延伸至其他诉讼阶段；庭审过分依赖侦查卷宗笔录等书面材料，庭审流于形式，使得刑事诉讼通过法庭审理发现事实真相和保障人权的价值大打折扣，既不利于有效追究犯罪，又容易导致冤假错案的发生，以致动摇司法权威、消解司法公信力。

2014 年 10 月 23 日，党的十八届四中全会通过的《中共中央关于全面推进依法治国若干重大问题的决定》（以下简称《决定》）中提出“推进以审判为中心的诉讼制度改革”。在此之前，“以审判为中心”业已有所“预热”：最高人民法院在 2013 年以来通过一系列强势的改革——推进司法公开、重提疑罪从无——尝试着改变审判机关的体制角色和社会境遇。2013 年 10 月 14 日至 15 日，最高人民法院召开的第六次全国刑事审判工作会议上，提出要坚持以庭审为中心，充分发挥庭审功能，全面提高庭审质量；2014 年 10 月 18 日至 19 日召开的中国刑事诉讼法学研究会 2014 年年会上，最高人民法院相关负责人进一步指出，从“以庭审为中心”到“以审判为中心”是刑事司法程序改革发展的基本方向，坚持以审判为中心，并不取决于人为的好恶，也不涉及各专门机关地位高低、作用大小等问题，它是程序法治应有的一个标准，更是法治社会应有的一种状态。党的十八届四中全会之后，为了落实《决定》所提出的以审判为中心的诉讼制度改革，中央深改组及有关部门先后审议通过、出台了多项文件。其中包括：2016 年 6 月 27 日经中央深改组第 25 次会议审议通过，7 月 20 日最高人民法院、最高人民检察院、公安部、国家安全部、司法部联合颁布的《关于推进以审判为中心的刑事诉讼制度改革的意见》；最高人民法院 2017 年 2 月 17 日颁布的《关于全面推进以审判为中心的刑事诉讼制度改革的实施意见》；2017 年 4 月 18 日经中央深改组第 34 次会议审议通过，2017 年 6 月 20 日最高人民法院、最

① 卞建林：《论我国侦查程序中检警关系的优化——以制度的功能分析为中心》，载《国家检察官学院学报》2005 年第 2 期。

高人民检察院、公安部、国家安全部、司法部联合颁布的《关于办理刑事案件严格排除非法证据若干问题的规定》；最高人民法院 2017 年 11 月 27 日颁布的《关于印发〈人民法院办理刑事案件庭前会议规程（试行）〉〈人民法院办理刑事案件排除非法证据规程（试行）〉〈人民法院办理刑事案件第一审普通程序法庭调查规程（试行）〉的通知》；等等。

在当前推进"以审判为中心"的改革要旨上，一方面需要恪守职权主义传统，但另一方面更要吸收当事人主义的有益元素。毕竟，"以审判为中心"并非职权主义抑或当事人主义所特有，美国、德国、日本、韩国等国家虽然诉讼模式有别，但均体现出"以审判为中心"的传统或经历了"以审判为中心"的改革。首先，"以审判为中心"的前提是优化司法职权配置、规范司法权力运行，重在理顺侦查权、检察权和审判权分工配合制约的关系，突出审判在刑事诉讼中的中心地位和法官在审判中的独立地位，保障其依法独立行使审判权；其次，"以审判为中心"的核心在于"以庭审为中心"，重在实现庭审的实质化，关键在于实现控辩有效对抗和当庭质证；再次，"以审判为中心"在诉讼程序上强调发挥第一审程序在事实认定和适用法律上的重要作用，使案件尽量在第一审程序得以解决，减少第二审和再审程序的诉累；最后，"以审判为中心"需要全面贯彻证据裁判原则，严格依法收集、固定、保存、审查、运用证据，完善证人、鉴定人出庭制度。①

（二）台湾地区建构第一审事实审之审判中心

与大陆"以侦查为中心"的实践样态相比，台湾地区总体而言是"以审判为中心"的，只是过往职权主义传统之下法院职权调查范围过大，加之诉讼常常往返于第二、三审，大量消耗司法资源。因而，台湾地区刑事诉讼程序优化的重点是建构第一审事实审之审判中心，而第二审之事后审以及第三审之严格法律审则建基于第一审之上，自下而上形成金字塔结构。

首先，第一审事实审之审判中心有赖于交互诘问的确立。交互诘问是当事人主义之产物，在此制度下，审判中由当事人主导证据调查，当事人双方有充分的机会提供对己方有利的证据并为己方有利的事实论

① 卞建林、谢澍：《"以审判为中心"与刑事程序法治现代化》，载《法治现代化研究》2017 年第 1 期。

辩，因而被视为发现真实之最佳方法[①]。2003 年台湾地区“刑事诉讼法”修改确立了交互诘问规则，主要是供法庭实务操作的技术性规则。例如，确定交互诘问之主体为当事人、代理人、辩护人及辅佐人，审判长或陪席法官也可以进行补充讯问；交互诘问之对象为证人和鉴定人，对被告人的询问可以准用部分规则；交互诘问的顺序依次为主诘问、反诘问、覆主诘问、覆反诘问；关于不当诘问之禁止，原则上规定“当事人、代理人或辩护人诘问证人、鉴定人时，审判长除认其有不当者外，不得限制或禁止之”，但对于一些具体情形明文加以限制，并且主诘问不得诱导；此外，还设置了限制或禁止诘问之程序。有观点认为，诘问规则有“立法过度”之嫌，仅有原则性规定需要入法，而技术性规定并不需要在法律中罗列，且诘问规则的实务可行性存疑[②]。但不可否认的是，具有鲜明当事人主义元素的交互诘问，其实施效果直接决定着由职权主义转向改良式当事人进行主义的成败。

其次，第一审事实审之审判中心有赖于法庭审理集中化。诉讼程序的集中是当事人主义的一大制度特征[③]，法院对案件的审理应当持续不间断地进行，以保证主审法官对案件事实有新鲜、清晰的判断，并扭转检察官与法官过分纠问的弊端[④]。台湾地区“刑事诉讼法”第 273 条规定法院应当在第一次审判期日前，传唤被告人或其代理人，并通知检察官、辩护人、辅佐人到庭，进行准备程序，其中就包括明确案件及证据之重要争点、有关证据能力之意见、证据调查之声请以及证据调查之范围、次序及方法。以期集中庭审之证据调查与证据裁判。2010 年台湾地区通过“刑事妥速审判法”，其第 4 条进一步明确集中审理原则，即“法院行准备程序时，应落实刑事诉讼法相关规定，于准备程序终结后，尽速行集中审理，以利案件妥速审理”。

---

① 黄翰义:《论交互诘问实施现况——以访视台湾嘉义地方法院之实务运作为中心》，载《法官协会杂志》2014 年第 2 期。

② 林钰雄:《干预处分与刑事证据》，北京大学出版社 2010 年版，第 313—320 页。

③ ［美］达马斯卡:《漂移的证据法》，李学军等译，中国政法大学出版社 2003 年版，第 2—5 页。

④ 张丽卿:《刑事诉讼制度与刑事证据制度》，中国检察出版社 2016 年版，第 7 页。

最后，第一审事实审之审判中心有赖于证据规则的完善。证据如何与犯罪事实建构关系之程序，即是证据规则，作为刑事诉讼之目的具体实现的重要部分，当然也随着改良式当事人进行主义的确立而发生改变。[①] 2003 年台湾地区“刑事诉讼法”修改进一步确立了无罪推定与证据裁判、自由心证与严格证明等原则，即“被告未经审判证明有罪确定前，推定其为无罪。犯罪事实应依证据认定之，无证据不得认定犯罪事实”，以及“证据之证明力，由法院本于确信自由判断。但不得违背经验法则及论理法则。无证据能力、未经合法调查之证据，不得作为判断之依据”。同时建构了证据排除法则、自白法则[②]和传闻法则[③]。而上述证据规则的完善，足以串联起其他诉讼制度，进而体现当事人主义之色彩。正如有学者所言，在改良式当事人进行主义的“刑事诉讼法”修正采用源自英美法制的交互诘问规则、证据排除法则、自白法则与传闻法则后，法庭活动于相当范围内，即由法官主导转为检察官与辩护律师主导。证据法则原为控辩双方如何进行与从事法庭活动之准则，因此若欠缺足够的法律知识，即难正确地依循复杂的证据法则进行有效的法庭攻防。相较于检察官所拥有的丰富法律知识，被告人往往因本身缺乏相关法律素养而于法庭活动中遭受不利，其间对于法律认知的差异，不但有违平等武装原则，亦有悖公正审判原则。因此，被告人在审判中得到律师协助并提出有利的辩护，即成为得以有效对抗检察官的重要机制。[④]

四、繁简分流：建构认罪协商制度

“辩诉交易”作为美国刑事诉讼乃至当事人主义的一大制度标签，其出发点是为了缓解犯罪日益猖獗、案件堆积如山、诉讼久拖不决的

① 我国台湾地区改良式当事人进行主义之刑事诉讼制度并非完全移植英美或日本之规定，其证据制度方面的差异，参见石木钦:《改良式当事人进行主义之证据法则》，元照出版有限公司 2008 年版，第 10 页。

② 张丽卿:《刑事诉讼制度与刑事证据制度》，中国检察出版社 2016 年版，第 120 页。

③ 增订传闻法则所体现的是我国台湾地区从“以直接审理为中心”转向“以对质权保障为核心”的刑事司法改革动态，参见张明伟:《传闻例外》，元照出版有限公司 2016 年版，第 42—43 页。

④ 张明伟:《改良式的证据法则与刑事诉讼》，五南图书出版公司 2008 年版，第 9 页。

压力，而对大量刑事案件寻求审判前解决的途径。[①]对于职权主义传统的国家或地区而言，辩诉交易抑或认罪协商同样具有制度层面的借鉴意义。被告人自愿的有罪答辩，不仅是一种对于准确认定案件事实具有极高价值的证据，更是被告人作为诉讼主体作出的理性选择。基于职权主义中国家追诉的性质，德国学说认为当事人并不能处分诉讼标的；而在英美当事人主义的理论框架下，控辩双方可以达成合意，当事人可以处分诉讼标的或放弃权利。这正是在认罪协商问题上界分职权主义与当事人主义的理论基础。[②]我国大陆和台湾地区在完善认罪认罚从宽制度与引入刑事协商程序的进程中，一定程度体现出当事人主义元素，但也恪守了职权主义传统。[③]

（一）大陆完善认罪认罚从宽制度

完善“认罪认罚从宽制度”既是党的十八届四中全会《决定》中的明确要求，也是当前司法机关针对刑事案件进行程序分流、合理分配司法资源的必要措施。作为先行试点，2014年6月27日全国人大常委会颁布了《关于授权最高人民法院、最高人民检察院在部分地区开展刑事案件速裁程序试点工作的决定》；2014年8月22日最高人民法院、最高人民检察院、公安部、司法部又联合发布《关于在部分地区开展刑事案件速裁程序试点工作的办法》。为期两年的刑事速裁程序试点取得了显著成效。为了进一步落实刑事诉讼程序之层次化改造，集中资源推进以审判为中心的诉讼制度改革，认罪认罚从宽制度试点由此提上日程。2016年，全国人大常委会通过《关于授权最高人民法院、最高人民检察院在部分地区开展刑事案件认罪认罚从宽制度试点工作的决定》，随后最高人民法院、最高人民检察院、公安部、国家安全部、司法部印发了《关于在部分地区开展刑事案件认罪认罚从宽制度试点工作的办法》，对

---

① See George Fisher, *Plea Bargaining's Triumph: A History of Plea Bargaining in America*, Stanford University Press, p. 19 (2003).

② 关于职权主义诉讼模式中的认罪协商程序，可参见卞建林、谢澍：《职权主义诉讼模式中的认罪认罚从宽——以中德刑事司法理论与实践为线索》，载《比较法研究》2018年第3期。

③ 关于大陆与台湾地区相关制度的比较，可参见卞建林、谢澍：《认罪认罚从宽与台湾地区刑事协商之比较研究》，载《法学杂志》2018年第5期。

认罪认罚从宽制度的案件适用范围、基本原则、法律援助、强制措施以及侦查程序、审查起诉程序、审判程序中的实施方式和具体问题加以初步规范，在注重激励机制的同时，较为充分地考虑到风险防范问题[①]，业已形成制度雏形，为试点之有序展开奠定基础。

认罪认罚从宽制度将宽严相济之刑事政策予以具化进而贯彻适用，其本身并非一项具体制度，需要速裁程序、简易程序乃至普通程序加以具体兑现，这就需要刑事诉讼法进行相应修正。2018 年 4 月 25 日提请十三届全国人大常委会第二次会议审议的《中华人民共和国刑事诉讼法（修正草案）》（以下简称《草案》）中，为了总结认罪认罚从宽制度、速裁程序试点工作经验，将可复制、可推广的有效做法上升为法律规范，特别将完善刑事案件认罪认罚从宽制度和增加速裁程序作为此次修正的重点之一，具体包括：其一，明确刑事案件认罪认罚可以依法从宽处理的原则，即“犯罪嫌疑人、被告人自愿如实供述自己的罪行，对指控的犯罪事实没有异议，愿意接受处罚的，可以依法从宽处理”。其二，完善刑事案件认罪认罚从宽的程序规定。包括侦查机关告知诉讼权利和将认罪情况记录在案、人民检察院在审查起诉阶段就案件处理听取意见、犯罪嫌疑人签署认罪认罚具结书、人民检察院提出量刑建议和人民法院如何采纳量刑建议、人民法院审查认罪认罚自愿性和具结书真实性合法性等。其三，增加速裁程序。适用于基层人民法院管辖的可能判处 3 年有期徒刑以下刑罚、被告人认罪认罚，民事赔偿问题已经解决的案件。其四，加强对当事人的权利保障。对诉讼权利告知、建立值班律师制度、明确将认罪认罚作为采取强制措施时判断社会危险性的考虑因素等作出规定。[②]

（二）台湾地区引入刑事协商程序

台湾地区在 2004 年 4 月确立了刑事协商程序，试图消解刑事审判日益繁重之负担，这也被视为“改良式当事人进行主义”的乘胜追击，

① 包括确立基本原则、以辩护权防范制度偏差以及以法律责任为威慑等三方面风险防范措施，相关解读可参见魏晓娜：《〈认罪认罚从宽制度试点工作办法〉评析》，载《人民法治》2017 年第 1 期。

② 参见《关于〈中华人民共和国刑事诉讼法（修正草案）〉的说明》。

对职权主义之传统造成巨大冲击。[①] 台湾地区刑事诉讼语境中的“刑事协商程序”[②] 之要点在于：其一，采起诉后协商制度；其二，仅限于“量刑协商”及“负担协商”，其中前者是协商程序之核心；其三，采“审判外”协商，法官因而不能介入协商；其四，对判决书的制作加以简化；其五，对审级救济进行一定程度的限制；其六，检察官于协商程序中应当征询被害人意见。[③]

刑事协商程序之适用范围较窄。根据台湾地区“刑事诉讼法”第455条之2规定，案件经检察官提起公诉或声请简易判决处刑，在第一审言词辩论终结前或简易判决处刑前，检察官可以在征询被害人意见之后，直接或依被告人、被告人之代理人、辩护人的请求，经法院同意，就相关事项[④] 于审判外进行协商，经当事人双方合意且被告人认罪的，由检察官声请法院改依协商程序而作出判决。当然，这一程序适用亦有明确的例外规定，即被告人所犯之罪为死刑、无期徒刑、最轻本刑3年以上有期徒刑或高等法院管辖第一审的案件除外。值得一提的是，这一范围与台湾地区刑事诉讼中的缓起诉、简式审判程序相同，加之简易判决处刑适用的扩大，相当于在立法上设置了四种疏解案件、程序分流的“选项”，但多重选项也引发如何选择的争议，同时各种程序的适用量也必然受到压缩[⑤]。

刑事协商程序，仅在检察官提起公诉后、第一审言词辩论终结前

① 有学者甚至认为，刑事诉讼被定义为具体实现国家刑罚权，并以发现真实为目的，在职权主义传统无法被舍弃的前提下，采用协商程序终将难以洗脱“买卖正义”的骂名。参见陈运财:《协商认罪制度的光与影》，载《月旦法学杂志》2004年第7期。

② 有学者将这一程序的概念诠释为：在普通程序与简易程序中，检察官与被告人就科刑等事项达成协商合意，由检察官向法院声请改依协商程序作出判决；法院在讯问被告人及向被告人进行权利告知后，如认定案件与法定要件相符，即可以不经言词辩论，在当事人协商合意范围内作出判决；对于这一判决，当事人原则上不得上诉，第二审对于协商案件的上诉审理采事后审及法律审，而非复审制。参见王兆鹏:《新刑诉·新思维》，元照出版有限公司2005年版，第170—171页。

③ 王皇玉:《认罪协商程序之法社会学考察：以台湾刑事司法改革为例》，载《台大法学论丛》2008年第4期。

④ 相关事项为：其一，被告人愿接受科刑范围或愿意接受缓刑；其二，被告人向被害人道歉；其三，被告人支付相当数额之赔偿金；其四，被告人向公库支付一定金额，并由该管检察机构依规定提拨一定比率补助相关公益团体或地方自治团体。

⑤ 黄朝义:《简易诉讼制度——协商程序》，载《月旦法学教室》2005年第9期。

或简易判决处刑前，方能启动。亦即，刑事协商程序之启动主体为检察官，参与刑事协商程序的主体是检察官和被告人，法院不得主动介入。并且，协商期间不得超过30日。当被告人违反协商协议之内容时，检察官可以在前项程序终结前，撤回启动协商程序的声请。根据台湾地区“刑事诉讼法”第455条之6规定，法院对于第455条之2第1项协商之声请，认为有第455条之4第1项各款所定情形之一的，应当裁定驳回，转而适用通常、简式审判或简易程序审判。倘若协商之声请符合“法律”规定，且检察官、被告人没有撤回或撤销协商，根据台湾地区“刑事诉讼法”第455条之3第1项之规定，法院应在接受前条之声请后10日内，讯问被告人并告知其所认罪名、法定刑和所要丧失的权利。现行法承认协商合意对法官有“相对拘束力”，应在协商合意范围内作出判决，但在这一范围内法官可以自行量定协商判决之刑期[①]。根据刑事协商程序作出的判决，除法定情形外，原则上不得上诉，对于符合例外情形之上诉，第二审法院之调查以上诉理由为限，如认为上诉有理由的，应将原审判决撤销，将案件发回第一审法院依判决前之程序审判。

五、余论：刑事诉讼模式之未来

通过本文分析可知，我国大陆和台湾地区刑事诉讼均根植于职权主义传统，但却不约而同地在近20年吸收了大量当事人主义元素，注重对国家公权力的制约和对个人权益的保障，努力使司法制度和诉讼程序更科学、更民主，实现惩罚犯罪与保障人权的平衡。其中，最为显著的改革措施包括：调整控辩审关系实现构造平衡、推进审判中心改革实现程序优化、建构认罪协商制度实现繁简分流。吸收当事人主义的合理元素，不仅是近20年来大陆和台湾地区刑事司法改革的显著成就，也是未来进一步改革的基本方向。当然，如果以“职权主义”与“当事人主义”诉讼模式作为参照，当前大陆之刑事诉讼模式仍是以职权主义为基础的，但过往之“强职权主义”色彩已逐渐褪去，取而代之的是兼采职权主义与当事人主义之长，进而保留或引入符合现实需求的合理元素，助力刑事司法改革。相比之下，台湾地区刑事司法改革走得更远，引入的当事人主义元素也相对更多，虽然同样未曾摒弃职权主义诉讼模

① 何赖杰:《从拘束力观点论协商程序》，载《月旦法学杂志》2005年第3期。

式之传统，但“改良式当事人进行主义”已经深入人心。尤其是交互诘问规则、证据排除法则、自白法则和传闻法则的建构与完善，直接推动了庭审的当事人进行主义之变革，尽管并非所有制度移植均达到理想效果——例如刑事协商程序即是未能达到预期的[①]——但其刑事诉讼模式演化与流变的总体趋势业已清晰。

实际上，近年来“职权主义”与“当事人主义”之界限逐渐模糊，二者已不再是非此即彼的关系。并非只有大陆与台湾地区这样根植于职权主义传统的国家和地区汲取当事人主义之养分，奉行当事人主义的国家也开始将理论视野延伸至职权主义诉讼模式的合理元素。例如，早有美国学者认识到，其司法制度中的许多严重问题，及其之所以无法解决这些问题，是源自对于当事人主义的崇拜和过度依赖。过往来自美国本土的视角总是以自鸣得意的态度看待其他国家的诉讼制度，并将其认为是“无意义的”；但全球化进程中，理论视野早就应当向外延伸，并认识到其他国家或地区的诉讼制度可能在诸多方面均优于本土的诉讼制度。[②]因此，未来在不同刑事诉讼模式之间的引介和借鉴上，需要适当摆脱“职权主义”与“当事人主义”的桎梏：一方面，有利于更加准确、完整地概括某一国家或地区具有显性特征的刑事诉讼运作方式；另一方面，有利于整合两大刑事诉讼模式中利于人权保障、程序正义、权力制约和权利救济的合理元素，进而推动刑事程序法治的现代化发展。

---

① 近年来，我国台湾地区刑事协商程序适用率逐年下降，但在本就不多的刑事协商程序适用案件中，却呈现出案件终结日数长、上诉率高之“怪现象”，相比于其他疏解案件的程序设置几乎没有优势。参见卞建林、谢澍：《认罪认罚从宽与台湾地区刑事协商之比较研究》，载《法学杂志》2018 年第 5 期。

② See Gordon Van Kessel, *Adversary Excesses in the American Criminal Trial*, 67 Notre Dame L. Rev. 403 (1992).

诉讼制度

论健全我国刑事回避制度 *

回避制度是刑事诉讼中的一项重要制度，指法律规定司法人员和某些诉讼参与人在与案件或案件当事人有利害关系或存在其他可能影响公正处理案件的情况时，不得参加该案有关诉讼活动。旨在保证诉讼活动顺利进行并使案件得到正确处理。我国刑事诉讼法施行以来，虽然体现了回避制度的重要作用，但也反映出现行规定尚不够完善。现对其中若干问题谈些粗浅的认识。

一、回避的对象

回避的对象即适用回避的人员。我国刑事诉讼法规定，回避主要适用于侦查、检察和审判人员，同时也适用于书记员、鉴定人和翻译人员。回避对象的范围广泛，是我国刑事回避制度的特点之一，主要体现在以下方面：

第一，回避不只适用于审判阶段，回避对象也不只适用于审判人员，而是贯穿于侦查、起诉、审判各个诉讼程序，适用于侦查、检察和审判人员。这与西方许多国家将适用回避的人员限于法官和陪审官相比，有很大不同。

第二，回避不仅适用于在刑事诉讼中起主导作用的司法人员，而且也适用于鉴定人、翻译人员等与案件结果并无利害关系，但有一定影响的独立的诉讼参与人。

第三，侦查、检察和审判人员不仅指具体从事或参加侦查、批捕、起诉和审判工作的办案人员，而且包括领导、指挥各个诉讼阶段工作、对案件处理实际拥有一定实权或重要影响的公安、检察和审判机关的负责人。

第四，在我国，检察、审判人员还应包括检察委员会、审判委员

---

* 原文发表于《法学研究》1987 年第 5 期，与刘玫合作。

会的成员。我国人民法院组织法规定，审判委员会是法院内部对审判工作实行集体领导的机构，是位于合议庭和独任审判员之上的一级审判组织，具有讨论和决定重大、疑难案件的任务和职权。显然，在处理某重大、疑难案件中，当该案提交审判委员会讨论、决定时，如果审判委员会某一成员符合法律规定应当回避的情形，该成员无疑应当回避。检察委员会与审判委员会性质相近，其成员对提交检察委员会讨论、决定的案件具备法定回避理由时，同样也应回避。这是我国人民法院、人民检察院实行集体领导、贯彻民主集中制的原则所决定的。

适用回避的人员范围如此广泛，体现了我国刑事回避制度的特色。从防患于未然出发，最大限度地排除一切可能影响诉讼活动正常进行的因素，以确保案件得到公正处理。

二、回避的类型、方式

在诉讼理论上，回避主要分为无因回避和有因回避两种。无因回避指申请人无须申诉回避理由。一般适用于申请陪审官回避，旨在确定陪审团组成人员时，尽可能选取可能有益于己方的陪审官人选。如法国刑事诉讼法规定，同一案件里被告方可要求五名陪审官无因回避。有因回避要求申请回避者必须陈述理由，而且法律对出现何种情况应当回避有明确规定。有因回避主要适用于法官。从我国法律规定来看，应当属于有因回避类型。《刑事诉讼法》第 23 条明确列举了适用回避的若干情形。遇有法定回避理由时，才能要求和同意回避。

在我国，现行回避的方式有两种。一是自行回避，即属于回避对象的人员发现自己具有应当回避的情形，主动提出不参加该案的诉讼活动。二是申请回避，即当事人及其法定代理人认为某司法人员或鉴定人等诉讼参与人应当回避，有权提出申请要求他们不参加本次的诉讼活动。两种方式，实质上都是申请或要求回避，只是提出要求的主体不同而已。从司法实践来看，这两种方式是否全面，尚需进一步研究。例如，某司法人员符合法律规定应当回避的情形，本人未自行回避：当事人因不了解情况也未提出申请。对此种情况应当如何处理，根据现行法律规定，尚缺乏有效的手段或适当的途径。从国外有关立法来看，某些国家和地区还规定有指定回避的方式。指定回避，又称命令回避、职权裁定回避，指对申请回避有权作出决定的机关或人员，如发现所属人员具有法定应予回避的情形时，依职权主动作出让其回避的决定。此种方式可以考虑为我国采用。司法机关负责人发现其属员存在应当回避的情形时，依据职权决定该员回避。

在我国，审判、检察、侦查人员的回避由谁决定，《刑事诉讼法》第24条对此已有明确规定。问题在于，审判委员会、检察委员会的成员以及书记员、鉴定人等的回避，应当由谁决定？对此看法不一。有人主张，书记员、鉴定人等的回避，应参照民事诉讼法的有关规定，由审判长决定。此种观点值得商榷。笔者认为：第一，不符合刑事诉讼的特点。刑事诉讼与民事诉讼的重要区别之一就是在审判程序发生之前，尚有侦查、提起公诉等程序的存在。因此，书记员、鉴定人等因诉讼需要不仅存在于审判阶段，在此之前可能早已参加诉讼，显而易见，不能把侦查、起诉阶段书记员、鉴定人等人的回避，留待以后由审判阶段的审判长来决定。第二，与《刑事诉讼法》第25条规定相违。该条规定书记员、鉴定人和翻译人员的回避，适用对审判、检察和侦查人员回避决定的程序。据此规定并结合刑事诉讼的特点，我们认为，书记员、鉴定人和翻译人员的回避，应当在不同诉讼阶段分别由所属或所聘请、所委派的主管司法机关负责人决定，关于审判委员会、检察委员会成员的回避应当由谁决定的问题，法学界目前对此尚缺乏研究。笔者认为，根据《刑事诉讼法》第23、24条的规定，审判、检察人员在概念上有广义、狭义之分。对第23条所指的审判、检察人员应作广义的理解，即审判人员包括审判员、陪审员、法院院长和审判委员会成员；检察人员包括检察员、检察长和检察委员会成员。而第24条所规定的审判、检察人员是狭义的，通常仅指进行审判、检察活动的具体办案人员。据此，对审判委员会、检察委员会成员回避的决定，可以有两条途径：一是将其视同具体办案的审判、检察人员，分别由法院院长、检察长决定；二是与法院院长、检察长同等看待，分别由该院审判委员会、检察委员会决定。在采用第二种方式时，审判委员会、检察委员会应当在被申请回避的成员退席后，由其他成员对此作出决定。

三、回避的理由

回避理由又称适用回避的条件，即法律规定应当回避的情形。我国刑事诉讼法对回避理由作了如下规定：（1）是本案的当事人或者是当事人的近亲属的；(2) 本人或者他的近亲属和本案有利害关系的；(3) 担任过本案的证人、鉴定人、辩护人或者附带民事诉讼当事人的代理人的；(4) 与本案当事人有其他关系，可能影响公正处理案件的。上述四种情形，可以归为两类。前三种情形为一类，属于硬性规定，即法律规定明确而具体。一旦具备这三种情形之一，有证据证明回避理由成立，就应当作出同意回避的决定，不能驳回要求回避的申请。第四种情形为另一类，属于柔性或弹性规定，所谓"与本案当事人有其他关系"，含义广泛而不确定，但不管属于何种关系，均以可能影响公正处理案件为条件。因此，即使申请回避人能够举证说明被要求回避的人员与本案当事人之间具有某种特殊关系，但判断这种关系是否可能影响公正处理案件，由有权决定的机关或人员裁量确定。

上述分类在外国刑事诉讼立法上都有类似规定。一般称前者为审判员依法不能执行职务，或者叫审判员丧失审判资格；称后者为执行审判职务有可能发生偏袒，或者叫审判员有偏袒嫌疑。前者是绝对的、明确的，后者是相对的、有条件的。因法律不可能详尽列举所有可能产生偏袒嫌疑的情况，只能授权有关执行机关或人员自由裁量，以确定申请回避者所举理由是否成立，所谓"有偏袒嫌疑"与我国法律规定中的"可能影响公正处理案件"含义大致相近。

此外，我国《刑事诉讼法》第 150 条规定："人民法院按照审判监督程序重新审判的案件，应当另行组成合议庭进行。"据此规定，原审合议庭组成人员在再审程序中应当回避，可以看作现行法律明确规定应当适用回避的第五种情形。

对于《刑事诉讼法》第 23 条第 4 项规定的可能影响公正处理案件的其他关系，应当如何理解？除上述五种情形外，是否还有其他情形应当适用回避？法学界意见不尽一致。对于"其他关系"一般法学教材中均解释为与当事人有某种亲疏、恩怨的特殊关系，如同事、友好，或相邻不睦等。也有同志指出，此种解释失之于过狭。"其他关系"，具体应当包括四种情况：(1) 与当事人之间曾有过某种特殊关系。总之，无非亲疏、恩怨两大类。(2) 在决定再审的案件中曾为原审法庭组成人员的，即《刑事诉讼法》第 150 条所规定的情况。(3) 在二审法院发回原审法院重新审理的案件中曾为原审法庭组成人员的。(4) 凡在本案某诉讼阶段曾与当事人有过诉讼关系的。

笔者认为，此种观点突破了传统理论上对“其他关系”所作解释的范围，对其他应当适用回避的情形，提出了一些颇有见地的意见。但将上述四种情形一概列入“其他关系”之列，却未必妥当。主要基于以下考虑：

首先，上述第二种情况，即原审法院审理再审案件应当另行组成合议庭进行的问题，刑事诉讼法在回避一章中对此并未涉及，而于第150条另作专门规定。显然，立法时并未考虑将其归入可能影响公正处理案件的其他关系之中。

其次，如前分析，所谓“其他关系”属于灵活性规定，以可能影响公正处理案件为条件，而判断其是否符合这种条件则由有权决定的机关或人员裁量确定。而再审和二审法院发回重审的案件应当另行组成合议庭进行的问题，以及凡在诉讼某一阶段已与当事人有过诉讼关系的人应予回避的问题，性质截然不同。如认为这种情况应当作为回避理由，同时鉴于现行法律对此未作明确规定，便将其纳入“其他关系”加以解释，未免差强原意，难以圆满。关键在于，原审法院审理二审法院发回重审的案件是否需要另行组成合议庭进行以及曾在本案某一诉讼阶段已与当事人有过诉讼关系的办案人员应否回避。

关于原审法院审理二审法院发回重审的案件，原合议庭组成人员是否应当回避的问题，笔者认为，回答应该是肯定的。理由如下：

第一，刑事诉讼法关于人民法院按照审判监督程序重新审判的案件应当另行组成合议庭进行有明确的规定。此规定，应同样适用于原审法院审理二审法院发还重审的案件，否则，同一法律，类似程序，却采取截然不同的两种做法，令人难以理解。

第二，尽管我国刑事诉讼法对此未作明确规定，但民事诉讼法弥补了这一不足。《民事诉讼法》第36条规定，“第二审人民法院发回重审的案件，原审人民法院按照第一审程序另行组织合议庭”。同一国家，同为程序法，刑事诉讼与民事诉讼在此问题上作法应当是协调一致，并行不悖的。

第三，从设立回避制度的意义、作用来看，也应当如此。以避免原审人员先入为主，持有偏见，或因考虑个人得失从而妨碍对案件的公正处理。

第四，从其他国家有关立法来看，一般均对此有明确限制。如苏俄《刑事诉讼法典》第60条规定，曾在第一审法院参加审理刑事案件的审判员，遇自己参与作出的刑事判决或关于终止诉讼的裁定被撤销时，不许在第一审法院参加该案的重新审理。

关于曾在本案某一诉讼阶段与当事人有过诉讼关系的司法人员，在该案其他诉讼阶段是否应当回避的问题，由于涉及的面很广，不能一概而论。应当区分不同情况，分别对待。

应当明确的是，审判人员如果已在本案某一诉讼阶段与当事人有过诉讼关系，在此后进行的各诉讼阶段应当回避。此种情况大致是指：在本案中曾参与过侦查、检察工作的审判人员，在一审案件中参与过审判工作的二审人员，在普通程序中参与过审判工作的再审人员，等等。此种情况应当适用回避，和再审案件原合议庭组成人员必须回避理由相同。此类情况，许多国家（如苏联、法国、联邦德国、日本等）一般在立法上均明令禁止，将此列为审判员丧失审判资格的范围。从我国司法实践情况来看，审判员重复参加审理案件的现象屡有发生，应当引起足够的重视。例如，某审判员调入中级法院，承办他在基层法院参加一审的上诉案件。此种作法违背两审终审制度，同时也大大削弱了设立刑事回避制度的作用，显然不妥。但此类现象的存在，和我国刑事诉讼法对此未作明确规定不能说没有很大关系。因此我们建议，对禁止审判人员重复参加审理案件的问题，在修改刑事诉讼法时应予明确。同时在立法体例上，可以考虑将审理再审案件以及二审法院发还重审的案件应当另行组成合议庭进行等问题一并归类，在回避一章中统一加以规定。

检察人员与审判人员不同，如果在本案某一诉讼阶段与当事人有过诉讼关系的，一般不适用回避。这是由检察机关的性质和地位所决定的。我国人民检察院是国家法律监督机关，在刑事诉讼中承担控诉职能，代表国家追诉犯罪。具体行使批捕、检察（包括侦查）、提起公诉、支持公诉等职权，同时对侦查和审判活动是否合法进行监督。检察机关自始至终参加刑事诉讼，在各诉讼阶段都有相应的任务、职权并发挥重要作用，因此，不能以检察人员曾在本案某一诉讼阶段与当事人有过诉讼关系为由要求回避。关于这一点，苏俄《刑事诉讼法典》在规定检察长的回避时就明确指出："检察长曾经参加侦查或调查，以及曾在法庭支持控诉，不能成为他继续参加诉讼的阻碍。"至于侦查人员，由于其在刑事诉讼中的职权和任务所决定，一般不存在在诉讼各阶段与当事人重复发生诉讼关系的问题。个别人员因工作调动恰好与案件在各诉讼阶段上的进程巧合，以致可能发生与当事人再打交道的现象。对此为贯彻司法机关分工负责、相互制约的原则，从设立回避制度的目的、作用出发，以该人员不再承办该案为宜。

四、有权申请回避的人员

《刑事诉讼法》第23条规定，当审判、检察和侦查人员具有法律规定应当回避的情形时，有权要求他们回避的为当事人及其法定代理人。从司法实践情况看来，这一规定尚有不足，主要表现在有条件帮助当事人行使申请回避权的辩护人（特别是辩护律师）无权提出要求。一般说来，由于辩护人在刑事诉讼中承担辩护职能，其责任是依据事实和法律，反驳控诉，维护被告人合法权益。因此，被告人在诉讼中所享有的诉讼权利，除具有人身性质的外，基本上都能由辩护人代为行使。申请回避的权利，同样也应如此。世界上大多数国家立法上对此均予确认。如苏联、德国、法国以及英美法系国家都明确规定，公诉人和辩护人均享有申请回避的权利。在我国，由于人民检察院兼有对侦查和审判活动是否合法进行监督的权力，一旦发现存在应当回避而未回避的情形，有权通知侦查和审判机关予以纠正。因此，无须另外赋予检察机关以申请回避的权利。但是，辩护人（尤其是辩护律师）应当享有申请回避的权利。理由如下：

首先，辩护律师是国家法律工作者，为保障法律的正确实施，对司法机关违反法律规定的行为，有权提出并要求纠正。

其次，辩护律师在刑事诉讼中的责任是依据事实和法律，维护被告人的合法权益。发现有法定应当回避的情形，应当履行自己的职责。

再次，辩护律师有权查阅案卷材料并进行必要的调查。与当事人（特别是被告人）相比，更有条件和可能了解是否存在应当回避的情况。

最后，《刑事诉讼法》第27条第2款规定："被告人是聋哑人或者未成年人而没有委托辩护人的，人民法院应当为他指定辩护人。"其立法意图，就是鉴于聋哑人、未成年人因生理、心理缺陷使行为能力受到一定限制，因此指定律师参加诉讼以帮助他们行使法律赋予的诉讼权利，维护他们的合法权益。在此类案件中，辩护人应享有申请回避权的问题，显得更为突出和重要。

五、申请回避的期间

申请回避的期间，指在刑事诉讼中当事人申请回避始于何时，止于何时。根据我国法律规定，着重探讨两个问题。

第一，在侦查阶段如何保障被告人行使申请回避权。从法律规定的回避对象的范围可以看出，被告人自侦查阶段便有权要求侦查人员回避。但实际上被告人这一权利的行使却很难保障。主要原因为：侦查是秘密进行的，被告人可能被羁押，使之对侦查人员个人情况以及是否具备应当回避的情形难以了解或知之甚微；法律对如何保障被告人在侦查阶段行使申请回避权亦缺乏相应的规定。申请回避对象限于审判人员的，当然不存在这一问题。适用回避的人员包括侦查人员的，一般对如何保障被告人行使申请回避权均有相应规定。如苏俄《刑事诉讼法典》第149条规定：侦查人员在提出控诉时，必须向被告人说明他在诉讼中享有的权利（包括申请回避权）。而且应在确定刑事被告人的决定中加以记载，并由被告人签名认证。我国刑事诉讼法对侦查人员在讯问被告人时应否首先向被告人说明他所享有的诉讼权利未作规定。这不仅关系到被告人申请回避的问题，而且涉及如何保障被告人行使辩护权等一系列诉讼权利。由于我国未规定专门确定刑事被告人的程序，因此当侦查人员首次讯问被告人时，应当向被告人说明他所享有的诉讼权利和应承担的诉讼义务。将来修改刑事诉讼法时对此应当有所考虑，加以明确。

第二，审判阶段当事人申请回避的起止。《刑事诉讼法》第113条规定：开庭时，审判长应告知当事人有权对合议庭组成人员、书记员、公诉人、鉴定人和翻译人员申请回避。此时，审判长应向当事人讲清回避的内容和意义，并询问他们是否申请回避，若申请回避，理由是什么。如果当事人提出申请、法庭可宣告暂时休庭，以便按照法律规定，作出应否批准回避申请的决定。法律这一规定，同样适用于第二审程序。问题在于，开始法庭调查后，当事人还能否提出申请，刑事诉讼法对此未作规定。相比之下，随后颁布的民事诉讼法规定比较明确。《民事诉讼法》第41条规定："当事人申请回避，应当说明理由，在案件开始审理时提出；回避事由得知或者发生在审理开始以后的，也可以在法庭辩论终结前提出。"这一规定比较全面、合理。既不搞"一刀切"，不加区别地一概不许；也不能不作限制，任凭当事人拖延诉讼。其他国家多数采取这一做法。如德国规定截至被告人最后陈述。刑事诉讼中如出现这一情况，目前可暂参照民事诉讼法的有关规定处理。这样既有利于诉讼的顺利进行，又不妨碍当事人申请回避权利的行使。

关于回避制度，还有一个问题十分重要，就是违反回避规定所产生的法律后果。一般说来，应当回避而没有回避，或者当事人申请回避有理而被驳回的，都属于严重违反程序法的行为。人民检察院发现公安机关的侦查活动存在这一情况时，应当通知公安机关纠正；人民法院对于人民检察院起诉的案件，认为有这种违法情况时，可以退回补充侦查。上级法院在审理上诉案件时，可以将此作为可能影响正确判决的诉讼程序上的违法行为，撤销原判，发回重审。人民检察院也可就此行使审判监督权。这样，才能真正发挥回避制度的作用，维护法律的尊严。

采用强制医疗措施的诉讼程序 *

一、概述

采用强制医疗措施的诉讼程序是区别于一般刑事诉讼程序的特殊诉讼程序。其主要特点是采用该程序的目的不是解决被告人或犯罪嫌疑人的刑事责任问题，而是决定是否对其实行强制医疗措施。

采用强制医疗措施的名称，各国表述不一。英美法系国家称之为强制医疗，苏联称之为采用医疗性强制方法，南斯拉夫、罗马尼亚、日本等国统称为保安处分（保安处分以强制医疗措施为主，也包括对酗酒、吸毒的人实行强行戒除）。尽管叫法不一，内容基本相同，指的都是对特定对象所采取的强制性医疗和看管防护措施。采用强制医疗措施的对象，主要限于精神病、精神障碍患者、痴呆低能者中实施过危害社会的行为或对社会有危险性而又丧失刑事责任能力的人。少数国家规定对醉酒和服麻醉品中毒的人亦可采取相应措施。根据各国法律规定，其具体条件，大致包括以下几类人：

第一，在无责任能力状态下实施危害社会的行为至诉讼时精神仍未恢复正常者。世界各国都规定，只有具备刑事责任能力的人才能成为犯罪的主体。如果某人在实施危害社会的行为时，因患精神病、精神障碍而不能辨认或控制自己的行为，即处于无责任能力状态，则不应承担刑事责任和受到刑罚。然而，由于这种人的精神状态和所实施行为的性质对社会有危害性，可以对其实行强制医疗。如《联邦德国刑事诉讼法》第 429 条规定，“如果有迹象表明被告人是在无责任能力的状态下犯下明文规定处罚的罪行，而且如果检察机关因为被告人无责任能力，不提起刑事案件，可以声请法院作出一个独立的裁定，把被告人送入医疗或护理处所”。采用强制医疗措施的特别诉讼，正是在这一意义上而言的。

---

* 原文载陈光中主编:《外国刑事诉讼程序比较研究》，法律出版社 1988 年版，与杨宇冠合作。

关于这种保安诉讼程序的性质，根据联邦德国刑事诉讼法中的有关解释，它与普通刑事诉讼的区别为：保安处分程序是为了社会治安把被告人交付一个处所，而刑事诉讼程序的目的是对被告人定罪和判处刑罚。

应当指出的是，行为人在实施危害社会行为时无责任能力，而诉讼时已恢复正常，则不发生强制医疗问题。

第二，在实施犯罪行为时精神正常，诉讼时患精神病者。刑事诉讼目的在于解决被告人或犯罪嫌疑人的刑事责任问题，被告人在诉讼中的活动很重要，他要进行陈述，法庭辩论，可以行使一系列权利。但如果被告人在诉讼期间患精神病，则影响其意志的正确表达，因而不能参加正常诉讼活动。另外，正常诉讼的结果，如果被告人有罪，则可能受到刑事处罚，但如被告人此时患精神病，对其实施刑罚是不妥当的；如果被告人无罪，按正常诉讼程序，则被告人立即可得自由，但对患精神病之被告人，如不加以一定限制，则可能再实施危害社会的行为。因此，对这种人不宜采用正常刑事诉讼程序，而必须采用强制性医疗措施。如苏联规定：对于在有责任能力状态中实施犯罪行为，但是在法院作出刑事判决以前患了精神病，失去辨认或控制自己行为能力的人，采用医疗性强制方法，这个人痊愈后，可对他适用刑罚（《苏联和各加盟共和国刑事立法纲要》第 11 条）。

第三，在服刑期间患精神病，失去辨别是非的能力，不能控制自己行为者。这种人还包括服刑期届满，即将释放者。对服刑中患精神病的人，无疑应施以医疗，因其特殊身份，这种医疗必须有一定的监护措施和强制性。如《苏联刑法》第 58 条规定，对于在服刑期间患了精神病，失去辨认或者控制自己能力的判刑人，也适用强制医疗。

对于刑期届满即将释放者，如发现有精神病，释放后可能危害社会和公众利益，也可适用强制医疗。这实际上是一种变通的监禁措施。如《美国联邦刑事诉讼条例》第 4247 条规定：对刑期届满的犯人，若经检查，发现其有精神病，释放后可能危害政府公职人员的安全、财产或合众国其他利益，法庭可将该犯交执法检察官予以收监。

此外，强制性医疗措施还可作为一种在判决前乃至整个诉讼过程中为保障诉讼顺利进行、他人或被告人自身和财产安全而采取的特殊强制措施来运用。其适用对象是处于诉讼未决期间的患精神病的被告人。如《南斯拉夫刑事诉讼法》第 493 条规定：当出现向法院申请对被告人采用必须的精神病医疗的情况时，已被拘留的被告人不予释放，而是在诉讼结束以前实行保安处分，将该人临时安置在适当的医疗机构或某个适当的场所。

从以上概述可看出，采用强制医疗措施的程序不是本来意义上的诉讼，而是按刑事诉讼规则进行的特别刑事法律程序；强制医疗措施不是一种刑罚，而是一种与限制公民人身自由有关的国家强制方法。因此，采用强制性医疗措施只能通过法院以特别程序决定。

二、提起程序和侦查

（一）有权提起的机关和个人

从各国法律规定来看，有权提起强制性医疗措施程序的机关和个人可分为以下两类：

一类是规定由检察机关、诉讼参与人或原告人提出申请，属于大陆法系的国家和苏联东欧一些国家基本上是这样规定的。如《奥地利刑事诉讼法》第 429 条规定：“若有充分理由认为已具备刑法典第 21 条第 1 款前提，则原告必须提出遣送精神异常违法者进收容所的请求。”《联邦德国刑事诉讼法》第 429 条规定：如果有迹象表明被告人是在无责任能力的状态下犯下明文规定处罚的罪行，而且如果检察机关因为被告人无责任能力，不提起刑事案件，可以申请法院作出一个独立的裁定，把被告人送入医疗或护理处所。《苏俄刑事诉讼法》第 406 条规定，侦查员作出向法院移送案件的决定后，由侦查员将决定书随同案卷一并送检察长审查，如同意则由检察长向法院提起。在有理由采用医疗性强制方法的时候，检察长即行终止诉讼，并应将该人的情况通知当地的卫生机关。《南斯拉夫刑事诉讼法》第 493 条规定：如果被告人是在无责任能力的状况下实施了犯罪时，公诉人要向法院建议改判保安处分，将该人送交医疗或护理处所进行必须的精神病医疗，或建议在自由条件下对该人实施精神病治疗。

另一类可以提起申请的不只局限于检察机关，被告人和法院都可以提出进行司法精神鉴定的要求，最后由法院决定。主要为英美法系国家。如《美国联邦刑事诉讼条例》第 4244 条规定：“每当被指控犯有反对合众国罪行的人，在他被逮捕后和判刑之前，或缓刑期满之前的任何阶段，如合众国执法检察官有充足理由认为该人目前可能是精神错乱不能明辨是非，或在精神的其他方面法律上无资格以至无能力理解对他所提出的诉讼或无能力为自己进行正常辩护时，执法检察官对被告这种精神状况应提出请求进行司法鉴定，并且向诉讼仍处于未决情况下的审判法庭提出这方面的理由。在这种以被告的名义提出的请求或类似请求下，或者由于法庭自己的请求，法庭应责成被告由一名有资格的精神病医生对他的精神状况进行检查，精神病医生应把检查的结果向法庭报告。”加拿大法律也规定：被告人可以精神障碍为由提出不适应接受审理的请求。

（二）申请程序

对于要求适用强制医疗措施，有些国家规定：由有关人员正式作出申请书，并规定了申请书的内容、格式等各方面的要求。如苏联在侦查终结后，侦查员认为具备理由对实施危害社会行为的人采用医疗性强制方法的时候，应当制作向法院移送案件的决定。在决定中应当说明作为提起刑事案件的有关理由的材料和侦查已判明实施危害社会行为的各种情况，对于在侦查过程中收集到的和已经查证的各种证据进行分析，对于行为和行为人的社会危害性，行为人的无责任能力状态和对行为人采取医疗性强制方法的必要性作出结论，并且指明采用这种方法的理由。决定书应当附有根据侦查员意见而确定的应该传唤到庭的人员名单以及与起诉书附件相类似的备注①。

《奥地利刑事诉讼法》第 429 条规定：遣送精神异常违法者至收容所的请求相当于起诉书，适用有关起诉书的各项规定。联邦德国也有类似规定。

其他国家对此无专门规定，只要有权提起申请的机关或个人依法向有管辖权的法院或法庭提出即可。

（三）临时监禁或者看管措施

对于在无责任能力状态下实施危害社会的行为和犯罪后丧失责任能力的刑事被告人，由于行为人的精神状况以及所实施行为的性质对社会具有的危害性，因此，在案件正式审理作出判决前，为保障社会和公众

---

① ［苏］И. В. 蒂里切夫等：《苏维埃刑事诉讼》，法律出版社 1984 年版，第 514 页。

的利益，同样也为保证被告人本人安全以及顺利进行司法精神鉴定的需要，有必要采取临时的看管和防护措施。从各国有关法律规定来看，这种临时监禁或者看管措施可以分为以下两类：

1. 一般强制措施

由于犯罪嫌疑人或刑事被告人是否在实施危害社会行为时处于无责任能力状态，或是否在犯罪后出现精神障碍并非在诉讼一开始就简单明了的，因此必须对此类案件进行侦查。除苏联对此类案件侦查程序有特殊规定外，其他国家无特别规定，同于一般侦查程序。所以在此类案件中，当确定了犯罪嫌疑人，查获了犯罪分子，发现够条件或有必要采取强制措施（处分）时，同样可以采用逮捕、拘留等限制人身自由的手段，当然也可以采取保释、具结释放等处理方法。

2. 适用医疗监禁

这是对患精神病的犯罪嫌疑人或刑事被告人所采取的一种特殊的临时监禁和看管措施。如《苏俄刑事诉讼法》第 188 条规定，当侦查期间需要对不在押的刑事被告人或者犯罪嫌疑人进行司法精神病学鉴定时，如果有必要作医院观察，经检察长批准，可以将他仍安置在精神病医疗机关。

美国《纽约州刑事诉讼法》第 730.20 条第 2 项规定，当法庭发出要求对被告人精神状态进行司法鉴定的诊察令时，如果被告人因保释或具结获得了释放而不在押，那么法庭可以命令按门诊病人的方式进行审查。如果院长认为为了进行有效的审查，有必要把被告人送入医院，那么，法庭可以命令把被告人送进由院长指定的医院，一直到审查结束为止。

此外，南斯拉夫、罗马尼亚、奥地利等国刑事诉讼法对这种临时性的医疗监禁都有类似的规定。

对患精神病的犯罪嫌疑人或刑事被告人采取临时医疗监禁措施通常由法院决定。在苏联则由检察长审查批准。

对已在押的刑事被告人，如有需要，也可送往医院进行这种临时监禁。如美国《纽约州刑事诉讼法》规定：如果被告人在押，根据院长要求，必须把被告人送往院长指定的医院，在有足够的看守监视的情况下进行监禁，一直到审查结束（同上条第 3 项）。

（四）侦查程序

对于采用强制医疗措施案件，其侦查程序基本同于一般刑事诉讼的侦查程序，因此大部分国家未作特殊规定，只有苏联例外。

《苏俄刑事诉讼法》将此类案件列为必须侦查的案件（苏联刑事案件有必须侦查和不必须侦查之分），按有关管辖分工分别由检察机关、内务机关或国家安全机关的侦查员侦查。调查机关在这些案件上具有的职能与在必须进行侦查的其他案件上所具有的职能相同。对于并非必须侦查的危害社会行为的案件，从需要查明被调查人责任能力问题出现起，或者从获得司法精神病学鉴定的相应结论时起，或者从获得证明该人患有精神病的正式医疗文件时起，调查机关必须将案件移交给侦查员，以便进行侦查。其侦查程序有以下特点：（1）在侦查过程中，为判明实施危害社会行为人的精神状态，必须进行司法鉴定。（2）从判明行为人患有精神病这一事实起，就允许辩护人参加诉讼（苏联一般刑事案件在侦查终结后才允许辩护人参加诉讼）。（3）不对该类人提出控诉。侦查结束时，侦查员作出下面两种决定之一：终止诉讼；将案件移送法院以便采取医疗性强制方法。侦查员将所作决定书随同案卷一并送给检察长，检察长审查案卷材料以后，作出下列各种决定之一：第一，同意决定书，将案件移送法院；第二，不同意决定书，将案件退回侦查员补充侦查；第三，具备法律规定的理由时，终止刑事诉讼。

三、司法精神病鉴定

对于解决是否采用强制医疗措施问题具有决定性意义的情况是查明实施危害社会行为人在实施行为时以及诉讼进行时是否患有精神病以及病情程度。为判明此类问题，各国法律规定必须进行司法精神病学鉴定。

司法精神病鉴定通常应当在法庭审理前进行。但对如何进行司法精神病鉴定，有的国家规定得并不具体。现就苏联、奥地利、英国、美国的有关规定，作一扼要介绍。

苏联规定，在侦查阶段，当有充分材料说明危害社会的行为确是被侦查人所实施，则可以鉴定其行为时和行为以后的精神状态。在进行鉴定时，如果有必要作住院观察，经检察长批准，可以将不在押的刑事被告人或犯罪嫌疑人安置在精神病医疗机关。

奥地利规定，在预审中，精神异常违法者至少要由一位精神病学鉴定人进行检查，在预审中每次审理时，预审法官可邀请1—2名鉴定人参加。

英国要求，至少有两名执业医生以书面或口头方式证明罪犯正患精神变态、精神失常或严重失常，而且应使法官确信其精神失常的性质和严重程度及对该人施以强制医疗是正当的。

如何对被告人进行司法鉴定的问题，美国规定得比较具体。《美国联邦刑事诉讼条例》规定：每当被指控犯有反对合众国罪行的人，在他被逮捕后判刑之前，或服刑期满前的任何阶段，检察官、被告人和法院都可主动（要求）对被告人进行司法精神病鉴定。法院可以责成被告人由一名有资格的医生进行检查并将检查被告人精神状况的结果向法院报告。

综上所述，可以看出对精神病罪犯或被告人进行司法精神病鉴定有下列特点：（1）应当在判决前，更确切地说是在法庭正式审理前进行，而在庭审中可对鉴定结论或精神病医生的证言进行审查。（2）鉴定人必须是合格的有经验的精神病医生，英国等国甚至要求必须由两名医生进行检查。（3）精神病医生由法院指定或聘请而充当鉴定人。（4）司法精神病鉴定的结果，只有当鉴定人报告被鉴定人确实患精神病时，才会引起审理决定适用强制医疗措施的一系列程序。如否定被告人患精神病，当依一般刑事诉讼程序进行。

四、审理

（一）管辖权

与未成年人案件不同，关于对精神病患者刑事案件的审判管辖问题，从现有资料看来，各国多未对此作出专门规定。一般仍按所控犯罪的性质、种类依照审判管辖的一般规定处理。如《联邦德国刑事诉讼法》第429条b第3项规定："邦地区法院刑事庭作为第一审审判庭时，对保安案件有管辖权。"南斯拉夫也明确规定，此类案件由管辖第一审审理法院进行审理作出裁定。英国由于审判管辖比较复杂，相应的对此类案件的管辖也不如大陆法系那样整齐划一。一般说来，英国治安法院和刑事法院对这类案件都有管辖权，但当对被告人作出强制医疗令的同时需作出限制释放的命令时，有些必须经国务大臣同意。对 14 岁以上的人作限制释放令时，治安法院可提交刑事法院处理。

（二）预审

苏联在将刑事案件交付正式审判前，都必须经过审判员或处理庭审查。采用医疗性强制措施的案件也不例外，当收到检察机关送来的案件后，审判员或法院院长，要依刑事诉讼法规定进行开庭前的准备工作。确认不存在妨碍对案件进行法庭审理的情况，即可决定审理案件；如认为有理由终止采用医疗性强制方法的诉讼或者将案件发回进行补充侦查，应当将案件交法院的处理庭作出裁定。

奥地利对预审作了详细的规定。奥地利刑事诉讼法关于遣送精神异常违法者收容所的程序中明确指出，在接受原告提出将被告人遣送精神病异常违法者收容所的请求以前，必须对精神异常违法者进行预审。此种预审的特点如下：（1）精神异常违法者必须有代理辩护人，辩护人有权对原告的请求采取有利于精神异常违法者（即使违反其意志）的态度。（2）精神异常违法者至少要由一位精神病学鉴定人进行检查。（3）每次审理精神异常案件，预审法官可邀请 1—2 名鉴定人。（4）若估计庭审不得不在精神异常违法者缺席情况下进行，则必须给原告、自诉参与人、精神异常违法者的辩护人和合法代理人以出席最后一次审问的机会。（5）如因精神异常违法者的状况不能对该人进行审问或在审问将明显危及其健康的情况下，则应取消对该人的审问。

（三）法庭审判

从各国立法来看，在对患精神病的被告人的法庭审理上，下列特点是多数国家所共同具有的。

1. 必要时可进行缺席审理

此类案件的刑事被告人由于患精神病或精神严重障碍，通常失去理解或辨认自己行为的能力，为照顾精神病被告人的身体健康，不影响法庭审理的正常进行，许多国家规定，必要时可以对被告人缺席审理。如《奥地利刑事诉讼法》第 430 条第 5 款规定：“如精神异常违法者的状况不允许在规定期限内出席庭审或出席有可能严重危害其健康，庭审则需在精神异常违法者缺席情况下进行。”联邦德国也有类似规定。如被告人不出庭，可以在法庭上宣读他以前的陈述。当然，如精神病被告人健康状况允许，也可以传唤到庭加以讯问。

2. 必须有被告人的辩护人、法定代理人参加

考虑到精神病被告人的健康状况，他不能依法行使自己的诉讼权利。为保护被告人合法利益，各国通常规定，在审理此类案件时，被告人必须有辩护人或法定代理人出庭以代行其诉讼权利，必要时甚至可以违背被告人的意志表示以维护其利益。如《奥地利刑事诉讼法》第430条第3款明确规定：“在整个庭审期间，必须有精神异常违法者的辩护人出席，该人有权对原告的请求采取有利于精神异常违法者（即使违反其意志）的态度，否则无效。”奥地利刑事诉讼法还规定应当将原告关于适用强制医疗措施的请求和法院所有决定像告诉精神异常违法者本人一样告诉其法定代理人。法定代理人行使被告人的申诉、上诉等权利。

3. 必须有精神病鉴定人出庭作证

正确认定该人在实施危害社会行为时和过后的精神状态，对于解决在无责任能力状态中实施危害社会行为的人或者犯罪以后患精神病的人采用医疗性强制方法问题有重大意义，因此，在法庭审理时必须传唤对被告人进行司法精神鉴定的人出庭作证。法庭审理人员以及出席庭审的公诉人、辩护人、法定代理人等可以对其证言加以询问。如《苏俄刑事诉讼法》第407条规定要传唤鉴定人、被告人、证人到庭。《奥地利刑事诉讼法》第429条规定：“必须邀请一名鉴定人出席庭审，否则无效。”南斯拉夫、美国、联邦德国也有类似规定。

关于法庭审理中的其他程序，如法庭调查、法庭辩论等，大多按照一审程序中有关规定进行，但也有的国家规定与此不尽相符。如《联邦德国刑事诉讼法》第429条c第3项规定，“法庭对于保安案件，就有关事项讯问被告人后，就结束审判”，无须进行进一步法庭辩论，但以被告人的情况需要这样做，或者不可能进行正常的审判为限。美国对精神病被告人的庭审程序也比较简单。根据《美国联邦刑事诉讼条例》第4244条规定，如果精神病医生鉴定报告结果证明被告人处于精神错乱状态，或精神上无法律资格，则法庭在预先通知情况下举行一次意见听取会，在会上可以提出被告人精神状态的证据，包括提出报告的精神病医生的证据，法庭可就有关证据作出裁定。

此外，应当指出的是，关于此类案件法庭审理的性质，有些国家认为与普通刑事案件有所不同。如苏联法学家认为，此类案件审理中不存在控诉，检察长此时不是以国家公诉人身份发言，而是以法律监督机关的代表身份对这类案件发言的。同样，辩护人也不是进行反驳控诉的辩护，而是保护其委托人在有关医疗性强制方法问题上的合法权利①。奥地利、联邦德国等国也都认为保安处分程序整个说来和刑事诉讼程序在本质上有所区别。

法庭审判的最后程序，是由法庭对精神病被告人是否适用医疗性的强制措施进行宣判。根据各国刑事诉讼法的规定，这种法庭宣判内容不外以下两大类。

第一，适用强制医疗措施。如认定行为人于实施危害社会行为时无责任能力，则免除其刑事责任，如符合采用医疗性强制措施的法定条件时，则对被告人实行强制医疗，并指出采用何种强制医疗的方法。

如日本刑法修正草案规定："保安处分下列二种由法院进行宣判：一、治疗处分；二、禁戒处分。""保安处分在同有罪判决或依照第16条第1款（责任能力）新规定的情由确定的无罪判决一起宣判。但是，具备保安处分的要件时，即使对行为人不进行刑事追诉，也可以经过一定的单独手续进行宣判。"

关于强制医疗的种类，一般由各国刑法作出规定。苏联精神病医院分普通和特别两种。普通精神病医院由苏联公共卫生部主管，特别精神病医院由苏联内务部主管。法庭应当以实施的危害社会行为性质和精神病人的精神状态为依据确定把被告人安排在哪一类精神病医院。南斯拉夫关于进行必须的精神病治疗，也有两种不同情况，一是送医疗机构进行必须的精神治疗，二是在该人自由条件下对该人进行必须的精神病治疗。其他国家一般也都有专门精神病医院或矫治中心，具体由法官在裁定中指定。

第二，恢复或变更为一般诉讼程序。如经过法庭审理，法庭认为受审人无责任能力的理由不能成立，则作出决定，将案件恢复或变更为普通刑事诉讼程序，依照一般规定继续审理，追究被告人的刑事责任。如作出该项裁定的法院对该案无管辖权，则移送有管辖权的法院。

① [苏]И.В.蒂里切夫等:《苏维埃刑事诉讼》，法律出版社1984年版，第517页。

对于恢复或变更为普通刑事诉讼程序的案件，有些国家还有进一步的规定。如《美国联邦刑事诉讼条例》规定，恢复诉讼后，被告人在检查其精神是否正常过程中所作的任何陈述不能作为宣告他有罪的证据，法官关于被告人精神上有能力受审讯的结论，决不应损害被告人作为一名辩护人对被指控的罪行作精神错乱的抗辩。此种结论不应列入证据，不能用另外方式提请陪审团注意。

《联邦德国刑事诉讼法》第 429 条 d 第 2 项规定，当变更为普通刑事诉讼程序后，“法院应将已变更的法律情况通知被告人并应当给他为自己辩护的机会。如果他认为自己对辩护没有作充分准备，应当根据他的申请，延期审判”。如果原审判是在被告人未到庭的情况下进行的，则被告人未到庭的审判部分应当作废。

除以上两类决定外，部分国家还规定法院可以作出其他决定。如《苏俄刑事诉讼法》第 410 条规定：如查明该人是在无责任能力状态中实施了犯罪行为，或者在犯罪以后患了精神病，但他实施的行为性质以及病况对社会没有危害性，或者法庭认为不能证实该人曾经参加犯罪或查明有不得进行诉讼的情况，法庭应作出终止诉讼的裁定，但将被告人患病情况通知卫生机关。《南斯拉夫刑事诉讼法》第 496 条规定：当法院对在犯罪时处于责任能力严重减退的状态下的人判处徒刑时，如果确定被告人存在进行必需的精神病医疗的处分的条件时，应在同一判决中宣布这一处分。

五、上诉

对于法庭作出的有关强制性医疗措施的判决或裁定，一般都规定可以上诉。如《奥地利刑事诉讼法》第 433 条、第 435 条规定，对精神异常违法者所作的判决，可通过上诉加以反对。《罗马尼亚刑事诉讼法》第 162 条规定，对法院确定的医疗措施可以单独上诉，但上诉期间不能终止执行保全措施。

关于有权对法庭是否适用强制医疗措施的判决裁定提出上诉的人或机关，各国规定不太一致。《苏俄刑事诉讼法》第 411 条规定，被告人的辩护人、受害人和他的法定代理人、受审人的近亲属可以上诉；检察员可以向上级法院提出抗诉。至于受审人，法律没有规定他有上诉权利，但苏联法学家认为，这可以理解为，只要健康状况不妨碍受审人实现上诉的权利，他就可以上诉[①]。《南斯拉夫刑事诉讼法》第494条第5项规定：除被害人外，所有有权对判决上诉的人都可以对法院的裁定提出上诉。其范围比较广泛，具体说来，包括上诉人、被告人、辩护人、被告人的法定代理人，等等。《奥地利刑事诉讼法》第431条规定：被告人法定代理人有权（即使违反精神异常违法者意志）为其对该项请求提出抗议并采取法律允许精神异常违法者所采取的一切法律申诉和上诉手段。如没有法定代理人，或法定代理人涉嫌参与或被证实参与实施犯罪行为，或该法定代理人由于其他原因不能协助精神异常违法者诉讼时，被告人的辩护人享有法定代理人的权利。

至于有关上诉的其他问题，如以口头还是书面提出，上诉书的要求，提出的程序以及上诉法院如何审理，等等，各国在采用医疗性强制措施的特别诉讼程序中均未作专门规定，当依刑事诉讼法有关上诉审的一般程序进行。

六、强制医疗措施的执行、撤销和变更

（一）交付执行

判决或裁定生效后便交付执行。从各国有关情况看来，基本上都是将患精神病者送至专门或法院指定的精神病医院进行监管和强制医疗。如美国将患精神病的被执行人送往专门的合众国身心不健全罪犯医院，或者其他依法授权接受被指控或犯有反对合众国罪行的精神病患者机构进行医疗监禁和看护。奥地利有专门的精神异常违法者收容所作为对精神异常违法者采用强制医疗措施的执行机构。联邦德国、英国、罗马尼亚等国家则规定将被执行人交付指定的医疗或护理处所，或者地方卫生部门执行。

（二）执行期限

由于精神病犯人能否恢复正常取决于病的性质、治疗方法以及许多其他因素，因此很难确定一个具体的确定期限。各国多数采用不定期医疗监禁，如苏联、联邦德国、南斯拉夫都未对强制医疗期限作出规定。

也有的国家就此问题作弹性规定。如英国规定，对精神病患者实行

① ［苏］И.В.蒂里切夫等：《苏维埃刑事诉讼》，法律出版社1984年版，第520页。

监禁的期限第一次为一年，但是如果负责患者的医官建议，可以延长监禁期限。加拿大、罗马尼亚规定经医院或法院认为被执行人精神已恢复正常，则强制医疗停止。

美国对执行期限的规定比较复杂。根据三种不同的执行对象，分别规定了三种不同的期限：（1）对服刑犯人患精神病的强制医疗，直至该执行医院院长审定认为该犯神智恢复正常或恢复健康，或者直至该犯被处徒刑的最后刑期期满为止。（2）对判决前采取临时医疗监禁措施的，直至被告人精神上有能力受审讯或者对被告人悬而未决的指控依法撤销为止。（3）对于服刑期满或即将期满的犯人因其精神错乱或精神上无法律资格有必要予以收监的，对他的监禁直至出现下列情况之一时为止：该人神智恢复了正常或精神上有资格，或者该人精神状况有了改善以及若将其释放，不会危害社会安全与公众利益，或由该犯居住所在地对他的禁闭与照管作了妥善安置时。

对于期限问题，外国法学界有不同的看法。特别是对监管期能否长于如该人有责任能力而可能被科刑的期限。一种意见认为不能超过，应以可能科刑期为限度。另一种意见认为应该以患精神病违法者恢复健康，消除对社会的危害为执行期限度。还有一种意见认为，超过了可能科刑期以后，强制医疗则应转成民事监护处理。

（三）撤销、变更

在适用强制性医疗措施的执行过程中可能遇到下列问题：如被认定为无责任能力的人已恢复健康或健康状况发生变化以至于继续执行强制医疗措施已无必要。根据被执行人的表现，病状需要变更强制医疗措施，如由法院强制医疗改为在自由条件下进行必要的精神病治疗，或者由后者改为前者等。因此，各国为解决执行中出现的这些问题，对强制医疗措施的撤销和变更都有一些相应的规定。

根据各国规定，撤销或变更强制医疗措施应当由进行强制医疗的精神病医院或其他医疗机构提出建议，或者被医疗人本人及其近亲属或法定代理人、监护人等提出申请，或者检察机关提出要求，或者由法院依职权主动决定。

撤销或变更强制医疗措施的要求提出后，由法院进行审理和决定。主要是原决定采用强制医疗方法的法院，辅之以执行地法院或被执行人居住地法院，同时规定法院在作出决定前征求医疗机关的诊断，听取检察部门的意见。如《苏俄刑事诉讼法》第412条规定，对于撤销或变更强制医疗措施的问题，应由作出裁定采用医疗性强制方法的法院，或者由采用这种方法的地点的法院加以解决，并且都必须有检察长参加。

各国刑事诉讼法规定，根据被执行人的不同情况，法院在调查审理后大体上可作出以下几种决定：（1）如被执行人精神确已恢复正常，无须继续强制医疗时以决定或裁定或命令撤销强制医疗措施。（2）犯罪后患精神病而被施以医疗性强制方法的人恢复健康后，法院决定撤销已采用的医疗性强制方法的同时，解决将案件交付调查或侦查，确定该人为刑事被告人和按一般程序向法院移送案件的问题。（3）对于具有部分刑事责任能力的犯罪人，当其从医疗机构释放，只在医疗时间少于被判徒刑的刑期时，法院要用关于释放的裁定来决定该人是否还要服完剩余的刑期，是否采取假释。（4）变更强制医疗措施。如根据医生的意见确定不再需要将犯罪人关在医院进行医疗时，法院既可决定终止这一处分，也可以规定犯罪人在自由的条件下进行必须的精神病医疗。原判处于自由条件下进行必须的精神病医疗的人，如并未就医或自行放弃医疗，或尽管在医疗，但对周围仍然有危险，以致必须将他送交医院治疗时，可改判被告人实行医疗机构强制性治疗。

必须指出，英国在对精神病犯人实行强制医疗时，因被告人年龄不同，而在释放问题上区别对待。这是其他国家所没有的。英国规定：（1）在患者已满16岁的案件中，患者本人及其近亲属可以每隔一定时间向有权下令释放他的精神健康再审法庭提出释放他的申请。根据《1959年精神健康法》第8条作出的命令，医院管理人员、负责治疗的医官或法院可以在任何时候将患者释放，他们的这种权利是不受限制的，患者一旦获释，就不应再将他召回。（2）患者未经批准离开医院时，如果他已满21岁，在他离开6个月以后，或者在某些情况下离开28日以后，就不得再行监禁。（3）法院在作出强制医疗令的同时，得再下达限制释放命令。该命令的作用在于，在命令有效期间内授权监禁精神病患者。患者只能由国务大臣同意后才能将他释放。释放可以是附条件的，患者在限制释放令有效期间，仍然可以被召回。

论国家对自诉的规制和干预 *

在我国刑事诉讼中，对犯罪的追诉实行公诉和自诉两种方式并存，以公诉为主、自诉为辅的制度。一方面，国家牢牢掌握追究犯罪的主动权、决定权，对绝大多数犯罪由人民检察院代表国家提起公诉。另一方面，对于少量犯罪性质不太严重、情节比较简单、加害人与被害人之间往往存在某种特定关系的轻微案件，允许被害人直接向人民法院提起诉讼，并且在审理程序和结案方式上采取诸如调解、和解、撤诉等一些有别于公诉案件的灵活做法。立法这样规定，是从我国的法律传统和现实国情出发，符合与犯罪作斗争的内在规律，符合马列主义关于以不同方法解决不同性质的矛盾以及抓主要矛盾的原理，从而有利于这部分刑事案件的解决，更有效地达到社会综合治理的效果。但是，自诉的对象尽管主要是涉及公民健康、人格、名誉、精神或物质财富等权益方面的犯罪，但既然构成犯罪，从根本上来说都是危害国家或社会利益的行为。而且如果这些案件得不到妥善处理，可能给国家和社会造成新的危害。因此，国家虽然允许自诉方式的存在，将部分案件的起诉权交由被害人行使，但绝不能就此撒手不管，听之任之。国家必须加强对自诉的规制和干预，以保护自诉机制的正常运转，保证法律的正确实施，在追究犯罪的问题上实现维护国家利益与公民个人利益之间的统一。

一、合理确定自诉案件的范围

国家对自诉的规制和干预，首先涉及合理确定和严格控制自诉案件的范围。从理论上分析，我国在追诉犯罪的问题上为什么不像有些国家那样实行国家垄断主义，而是保留自诉的方式，将一部分案件的起诉权交由受犯罪直接侵害的被害人行使，立法上主要出于以下考虑：一是针对不同犯罪的特点，实行区别对待的政策，以集中力量打击严重危害国

---

* 原文发表于《政法论坛》1993 年第 3 期。

家和社会利益的犯罪。二是运用马列主义以不同方法解决不同性质矛盾的理论，对于发生在人民内部之间的纷争，对其中一些性质比较轻微的尽量以刑罚外的方法解决，重在对行为人的教育、批评和疏导。三是尊重被害人意志，维护被害人利益。总之，在对绝大多数犯罪实行国家公诉的同时，对少量特定种类的轻微刑事案件，起诉权授予被害人行使，是否追究加害人刑事责任由被害人自行决定，不仅不会放纵犯罪、危及国家和社会的利益，相反更有利于这些案件的妥善解决，消除社会不安定因素，达到综合治理的效果。这就是法律设置自诉制度的出发点。为了实现这样的立法意图，国家必须对被害人起诉权的行使进行必要的规制，将允许自诉的案件控制在适当范围内。目前，我国法律确定的自诉对象包括两类案件，即告诉才处理和其他不需要进行侦查的轻微的刑事案件。告诉才处理的案件，刑法有明确规定，即第 145 条第 1 款规定的侮辱诽谤案、第 179 条第 1 款规定的暴力干涉婚姻自由案和第 182 条第 1 款规定的虐待案。关于其他不需要进行侦查的轻微刑事案件，法律未作具体规定。1979 年 12 月 15 日最高人民法院、最高人民检察院、公安部《关于执行刑事诉讼法规定的案件管辖范围的通知》对此类案件的范围加以确定。具体包括下列五种案件：（1）伤害案（《刑法》第 134 条第 1 款中有原告和被告，因果关系清楚，不需要侦查的）；（2）抗拒执行判决、裁定案（《刑法》第 157 条中拒不执行人民法院已经发生法律效力的判决、裁定的）；（3）重婚案（《刑法》第 180 条）；（4）破坏现役军人婚姻案（《刑法》第 181 条）；（5）遗弃案（《刑法》第 183 条）。

从以上案件的性质可以看出，我国对自诉案件范围的确定基本上是合理的，自诉案件的种类是有严格控制的。首先，允许自诉的案件只限于情节轻微、危害不大的普通刑事犯罪。如果情节恶劣，后果严重，便不能作为自诉案件，而应由人民检察院提起公诉。因此，犯罪情节是否轻微，危害是否严重，是我国确定自诉案件范围时首先考虑的因素，也是区分自诉与公诉的一条原则界限。其次，自诉的对象主要是侵犯公民个人权益方面的犯罪，或者是发生在家庭成员、亲属之间的犯罪，或者是上述二者的结合。例如暴力干涉婚姻自由，侵害的是个人婚姻自由，通常又发生在家庭成员之间，如父母包办、强迫婚姻，等等。如果以上犯罪，由侵害个人权益而发展为危害公共利益，案件的性质便很可能起变化。例如，侮辱诽谤的犯罪，刑法规定如果犯罪人的行为严重危害社会秩序和国家利益，则不属于告诉才处理的案件。这是立法确定自诉案件范围时考虑的第二个因素。最后，自诉案件必须案情简单，因果关系清楚，有明确的原被告，不需要进行侦查。这是立法在确定自诉案件范围时从诉讼角度的考虑。为使自诉案件得到正确处理，不能超出被害人和人民法院的能力。否则便不宜规定为自诉案件，即使规定了也将因司法实践中难以履行而沦为形式，反而不利于保护被害人的利益。

刑事诉讼法颁布实施以来十几年的司法实践，反映出我国关于自诉案件范围的规定也存在一些问题，集中表现在“其他不需要进行侦查的轻微的刑事案件”范围的确定上。对此法学界和司法实务部门的许多同志进行过探讨，针对伤害案、抗拒执行判决裁定案、重婚案、遗弃案和破坏军婚案等几种目前划归自诉的案件，分别提出了不少问题，建议适当调整自诉案件的范围，甚至有人主张人民法院应直接受理刑法规定告诉才处理的案件。笔者认为，目前关于自诉案件的范围在司法实践中存在的问题，大致分属于两种情况。第一种情况是，从案件的性质和特征看，确定为自诉案件本身并无不妥。但在司法实践中，由于各种原因又确实存在无人起诉或被害人起诉权难以行使的问题。例如重婚案、遗弃案便经常出现这种情况。对于此类情况，不能仅局限于从这些案件应否划为自诉案件来考虑问题，还涉及在我国如何加强国家对自诉的干预的问题，涉及如何健全自诉机制的问题。对此将在下文中作进一步的探讨。第二种情况是，由犯罪的性质决定不宜采用自诉的起诉方式。如抗拒执行生效判决、裁定案便属于这种情况。抗拒执行生效判决、裁定罪侵害的直接客体是人民法院生效裁判的权威和审判机关的正常司法活动，而不仅仅是使生效裁判确定的受益人的权利得不到实现。因此这种犯罪在性质上不属于主要侵害公民个人权益方面的犯罪，应当属于公诉案件。由人民检察院承担追诉犯罪人刑事责任的责任。由于被确定为自诉案件，致使在实践当中往往由于缺乏被害人提出控诉而无法处理，使犯罪分子气焰嚣张，社会主义法律的尊严和权威遭到践踏。为了解决无人控诉的难题，有的地方甚至出现了人民法院自告自审的现象，混淆了控诉与审判的职能和权限分工。破坏军婚案作为自诉案件在理论和实践上也都存在问题。从刑法理论上看，破坏军婚的犯罪不仅破坏了军人的婚姻家庭，侵害个人方面的权益，更严重的是它将直接影响军人的情绪，削弱斗志，扰乱军心，从而破坏国家的国防建设，其危害性决不容低估。因此将这种性质严重的犯罪确定为自诉案件，与立法意图不符，也与新中国成立以来长期的司法实践不符。1979 年制定刑法时，已经对破坏军婚罪的犯罪构成作了重要修改，在犯罪情节上由“通奸”提高到“同居”或者“结婚”的档次。在诉讼程序上再将其作为自诉案件，必然在客观上造成对此种犯罪打击不力的后果，不利于加强国家的国防建设。再从办案实践来看，作为破坏军婚罪被害人的军人，常常因各种原因难以履行依法享有的起诉权利。这是由军队的特殊性质所决定的。因此，对于抗拒执行判决、裁定和破坏军婚这两种犯罪，从维护国家利益出发，应当改为公诉案件，由人民检察院负责提起公诉，支持公诉。

二、加强检察机关对自诉的监督和干预

刑事诉讼，本质上是国家专门机关查明犯罪，控告犯罪，惩罚犯罪，以保障国家和人民利益的职能活动。自诉是刑事诉讼的重要组成部分。自诉案件能否得到妥善处理，直接影响到社会的安定，关系到国家和人民的利益。被害人追诉权的行使应接受国家的指导和制约，要服从国家与犯罪作斗争的需要。当自诉机制由于某种原因发生障碍，致使被害人不能正常行使自己的诉讼权利，使犯罪分子有可能逃脱法律的制裁时，国家要进行必要的干预，以维护被害人的合法权益，保证法律的正确实施。人民检察院作为国家专门法律监督机关，担负着监督刑事诉讼依法进行的职能，应当对自诉案件的诉讼活动实施监督，必要时进行干预，介入诉讼。

（一）检察机关在自诉案件提起阶段的干预

法律规定，自诉案件可以由遭受犯罪直接侵害的被害人向法院提出控告，由人民法院直接受理。但在司法实践中，被害人可能由于各种原因，不能或难以履行法律授予的起诉权。造成这种状况的因素是多种多样的。例如，被害人因受加害人强制、威吓而无法告，被害人因年老体弱、身患重病等而不能告，被害人顾虑控告后遭到打击报复而不敢告，被害人因缺乏法律知识或年幼无知而不知告，被害人还可能因其他原因而不愿告，等等。凡此种种，表面上似乎被害人自愿放弃了起诉权利，实际上却是不得已而为之，违背了被害人的真实意志，使被害人在遭受犯罪行为侵害后得不到法律上的救济。另外，从国家利益着想，法院将

由于无人起诉而无法对这些案件进行审理，无法依照法律程序对犯罪分子进行追究，致使犯罪分子逍遥法外。显然，此种状况不符合与犯罪作斗争的需要，也违背了法律保留自诉方式的立法意图。为此，国家要进行干预，干预的方法就是由检察机关提起追诉。《刑法》第87条规定，对于告诉才处理的犯罪，如果被害人因受强制、威吓无法告诉的，人民检察院可以告诉。告诉才处理的案件，如经检察机关提起控诉，案件性质发生变化，即由自诉转为公诉，由检察机关负责支持控诉，案件的审理采用公诉案件审判程序，被害人由案件当事人退而成为处于控诉一方的诉讼参与人。

无人控告的问题，不仅告诉才处理的案件存在，属于自诉案件范围的其他轻微的刑事案件也同样存在，有些甚至还很突出。例如，重婚案件的被害人，因顾虑断绝经济来源、担心婚姻关系不能维系、畏惧犯罪人报复、与第三者相安无事等各种原因而不提出控告。又如在遗弃案件中，被害人常常是未成年人，有的甚至是出生不久的婴儿。他们自己无诉讼行为能力，不能亲自提出控告。而他们的法定代理人又往往就是加害者，更不可能代替被害人行使起诉的权利。对此，有人提出调整自诉案件范围，将其改为公诉案件的主张。笔者认为，从国家保留自诉方式的立法意图看，根据这些案件的性质和特征，确定为自诉案件并无不妥。对于司法实践中存在的无人起诉的情况，不能仅局限于从这些案件应否划为自诉案件来考虑问题，还涉及在我国如何对自诉案件进行国家干预的问题，涉及如何健全自诉机制的问题。

长期以来，在我国诉讼法学界存在着一种误解，认为凡法律规定由人民法院直接受理的案件，起诉权绝对属于被害人。被害人向法院提出控告的，法院才能受理并通过审判追究犯罪人刑事责任。被害人不起诉或者撤回起诉的，国家便不能进行追究。这实际上意味着，一旦确定为自诉案件，是否追究犯罪人刑事责任完全由被害人决定，国家在此问题上完全处于消极被动的状态。理论上的这种认识，导致司法实际部门在处理无人控诉的自诉案件时束手无策，无能为力，听任犯罪分子逍遥法外。实际上，这种认识是对法律理解的偏差，在国家关于起诉权分配的问题上过于绝对化。诚然，对于法律确定的自诉案件，起诉权主要由被害人行使，是否追究被告人的刑事责任是被害人一项重要的处分权利。但是被害人的这种处分，是以其能够正常行使法定的诉讼权利为前提的。如果被害人的起诉权在行使过程中，遇到某种障碍，致使其无法正常行使法律授予的权利时，整个自诉机制便遭到破坏。在此情况下，国家检察机关可以提出控告，以维护被害人合法权益。《刑法》第 87 条的规定，充分说明了这一点。再者，即使自诉机制未出现障碍，检察机关从保护国家和社会利益出发，必要时也可对自诉案件提起公诉。这一点在那些在起诉方式上兼采被害人追诉、允许少量案件为自诉案件的国家，法律上均有明确规定。例如，《德国刑事诉讼法》第 376 条规定，检察官为保护公益，可以对列为刑事自诉案件的八种犯罪提起公诉。一旦检察官提起公诉，便由检察官对案件负责。原《苏俄刑事诉讼法典》第 27 条第 3 款也规定，在特殊情况下，如果法律规定属于被害人自诉的犯罪案件，具有特殊的社会意义，或者被害人由于某种原因而不能维护自己的权利和合法利益时，即使没有被害人的控诉，检察长也有权提起诉讼。类似这些规定，均反映了国家对自诉权行使的制约和干预。

在我国，法律同样赋予检察机关这方面的职权，那种以为检察机关不能对自诉案件提出控诉的看法是不能成立的。首先，刑法明文规定，对于告诉才处理的案件，人民检察院在法律规定的情况下可以提起公诉。告诉才处理的案件尚且如此，更毋庸说其他五种轻微的刑事案件。其次，《刑事诉讼法》第 13 条规定，贪污罪、侵犯公民民主权利罪、渎职罪以及人民检察院认为需要自己直接受理的其他案件由人民检察院立案侦查和决定是否提起公诉。这里规定的“人民检察院认为需要自己直接受理的其他案件”，应当理解为包括自诉案件中自诉人遇有障碍不能提出自诉，或虽无障碍，但事涉社会公益有公诉必要的案件。从立法体例上看，刑事诉讼法的这一规定是与刑法关于告诉才处理的规定相呼应的。此外，1983 年最高人民法院、最高人民检察院、公安部关于重婚案件管辖的调整，对自诉案件能否提起公诉的问题已予以明确回答。根据对重婚案件管辖分工的补充规定，现在对重婚罪的追诉实际上是“双轨制”，即自诉与公诉两种方式并存。对于由被害人提出控告的重婚案件，仍由人民法院直接受理。对于被害人不控告，而由人民群众、社会团体或有关单位提出控告的重婚案件，由人民检察院审查决定应否对该案提起公诉或免予起诉。显然，这是国家对自诉案件进行干预的有力措施。既注意保护了被害人的利益，又加强了对重婚犯罪的打击。目前，这种自诉与公诉两种起诉方式并存的制度在司法实践中还只局限于对重婚罪的追诉。总结我国关于重婚案件管辖分工的经验教训，借鉴其他国家合理有益的立法例，在修改刑事诉讼立法时应将其明确为一般的制度，对其他自诉案件也普遍适用。

（二）检察机关在自诉案件诉讼过程中的干预

国家对自诉进行干预的第二种情况是，被害人已经提出控诉，自诉程序已经进行，但被害人于提起自诉后因某种原因不能继续进行其诉讼行为，使自诉机制发生障碍。出现此种情况，国家同样有必要进行干预，使已经开始的自诉程序得以继续进行下去，干预的方式就是由国家公诉机关介入，替代被害人行使支持控诉的职能。这在诉讼理论上称为自诉的担当。

从概念上看，检察机关对自诉案件提起控诉与检察机关担当自诉性质不同。前者适用于被害人因某种障碍而不能起诉或者该案有特殊意义需要由检察机关提出控诉的情况。经检察机关起诉后，案件转为公诉案件，检察机关取得原告当事人的地位。而检察机关担当自诉则不同，它适用于被害人已提起自诉但由于某种原因而不能继续自己的诉讼行为的情况，检察机关担当自诉并不因此而取代被害人自诉的地位，案件也不因此而转化为公诉案件。诚如有的学者所言："担当诉讼，乃诉讼之担当，详言之，即由检察官担当自诉人在自诉程序上为诉讼行为，既非基于自诉人之委托，且其担当关系之存在，以有担当原因之存在为前提，乃具有法定代理之另一形态。""因之，自诉案件不因检察官之担当诉讼而变为公诉，亦非代替自诉成为当事人。"①

根据某些国家有关法律规定，需要检察机关担当自诉的情况主要是自诉人在诉讼过程中死亡或者丧失行为能力，又没有适当的人承受诉讼，即缺乏被害人的法定代理人、直系血亲或配偶接替被害人继续其未完成的诉讼行为。在此情况下，为使已经开始的诉讼进行到底，维护被害人的正当权益，才由检察机关介入担当诉讼。担当诉讼之检察官除在法庭审理中履行支持控诉的职能外，对于法院所为科刑、免刑、无罪之判决，如有不服可独立提出上诉。检察官在自诉案件中担当诉讼后，如果担当原因消失，即自诉人恢复行为能力，仍可以继续进行其诉讼行

① 陈朴生:《刑事诉讼法实务（增订版）》，海天印刷厂有限公司1981年版，第388页。

为。对于在自诉诉讼过程中的国家干预，苏联和东欧国家有另外的作法。根据原《苏俄刑事诉讼法典》第 27 条第 4 款的规定，检察长随时有权参加审判员根据被害人的控诉而对自诉案件的审理。如果为维护国家利益、社会利益或公民权利所需要，则应在法庭支持控诉。检察长参加诉讼，虽然不剥夺被害人所享有的诉讼权利，但在此场合，诉讼不能由于被害人与被告人和解而终止。保加利亚刑事诉讼法也有类似规定。根据该法第 10 条规定，检察员对于根据被害人控诉而追究侵害私益的犯罪案件可发表具体意见，检察员为维护社会利益而认为有必要参加案件时，由检察员支持诉讼，案件即不因当事人和解而撤销。

比较而言，苏联、东欧国家检察人员对自诉案件的干预或参与，与西方国家检察人员在自诉案件中担当诉讼存在很大区别。首先是目的不同。苏联、东欧国家检察人员参与自诉的目的是维护国家和社会的利益。而担当自诉的目的是协助自诉人进行诉讼，保护自诉人利益。其次是条件不同。苏联、东欧国家检察人员可以视案情需要随时参加诉讼，提出意见。而担当自诉必须具有担当自诉的原因，即自诉人死亡或丧失行为能力。再次是后果不同。苏联、东欧国家检察人员参加诉讼使自诉人的诉讼权利受到限制，使案件实际成为公诉与自诉的混合。而担当自诉不改变案件的性质，担当诉讼原因消失后，自诉人仍然可以行使自己的诉讼权利，继续其未完成的诉讼行为。显然，苏联、东欧国家的这种做法，更强调检察机关对刑事诉讼的监督职能，强调维护国家和社会的利益。

关于检察机关在自诉诉讼过程中介入的问题，目前我国刑事诉讼法尚未作出明确规定。根据刑事诉讼法颁布实施以来十几年的司法实践，总结自诉案件诉讼过程中存在的问题，研究这一问题、修改和补充有关立法，已显得十分迫切。笔者认为，为了充分实现保留自诉方式的立法意图，加强国家对自诉的干预，明确规定检察机关在自诉诉讼过程中介入，很有必要。理由主要有以下几点。

首先，由人民检察院的性质和职能决定。在刑事诉讼中，人民检察院的一项重要任务就是对法院的审判活动是否合法进行监督。审判监督不仅适用公诉案件，也应当包括自诉案件。检察机关通过参与自诉活动，监督审判活动是否合法，纠正错误的判决、裁定，保障公民的合法利益和诉讼权利，维护法律的正确实施。那种认为检察机关对自诉案件无权参与、不能过问的观点是不能成立的，显然与法律规定的人民检察院的性质、任务和职能不符。连民事诉讼、行政诉讼法律都明确规定人民检察院有权参与、进行监督，自诉案件的诉讼活动当然应属于刑事审判监督的范围之内。

其次，人民检察院担当自诉，早在我国民主革命时期便采用过。如1939年4月4日《陕甘宁边区高等法院组织条例》第14条规定，协助担当自诉是检察员的第五项职权。1943年1月20日《晋察冀边区法院组织条例》第18条规定："检察官之职权如下：实行侦查、提起上诉、协助自诉、实行公诉，担当自诉及指挥刑事裁判之执行。"在晋冀鲁豫、关东等其他根据地有关法令中也有类似规定。实践证明，这一制度对于保障根据地法律的实施，惩罚犯罪分子，维护劳动人民的合法利益，推动革命战争和根据地的各项建设事业发挥了积极的作用。

最后，为解决自诉机制现实存在的问题所需。在自诉案件的诉讼过程中，自诉人可能因死亡或丧失行为能力等原因使自诉机制出现障碍，如果缺乏法定代理人、直系亲属接替自诉人承受诉讼，已经开始的诉讼活动便难以继续进行。在此情况下，为维护自诉人的正当权益，保障法律的正确实施，作为国家法律监督机关的人民检察院应当介入，实施干预，履行支持控诉的职能。

当然，一方面检察机关有必要代表国家对自诉进行干预，另一方面这种干预又要适当，否则国家虽然在形式上将起诉权授予被害人，却又不尊重被害人意志，动辄进行干预，势必使自诉方式名存实亡，失去保留的意义。总的来说，从尊重被害人起诉权的行使和考虑检察机关的主要任务、人力物力出发，人民检察院只有在必要时才介入自诉案件的诉讼过程，实施干预。这种必要性体现在诉讼需要和实体需要两个方面。诉讼需要指自诉人出于某种原因在诉讼过程中不能继续自己的诉讼行为，自诉机制出现障碍。实体需要指根据案件的性质、影响，为维护国家和社会利益，保证法律的正确实施，人民检察院认为有必要参与诉讼，进行干预。人民检察院在自诉过程中参与的缘由，可以应当事人及其亲属的请求，可以根据人民法院的通知或要求，也可以根据有关机关、团体或公民的反映依职权的主动决定。

关于人民检察院参与自诉后的诉讼地位，这是探讨本论题时必须解决的问题。对此谈一点不太成熟的看法，以期抛砖引玉。从诉讼理论分析，借鉴他国有关法律规定，研究检察机关在自诉过程中介入后的诉讼地位，以下几点是应予考虑的。

第一，检察机关在自诉过程中介入应当和检察机关对自诉案件提起公诉的情况有所区别。前者主要适用于自诉人已经提起诉讼却无力完成诉讼的情况，起诉主体是自诉人，诉讼的发生系由自诉人的起诉行为所致，审判范围受自诉人诉讼请求限制。后者起诉主体是检察机关。既然人民检察院向法院起诉，当然必须按照刑事诉讼法有关审查起诉的规定，案件的审理当然也适用于公诉程序，被害人从一开始就不能取得当事人的诉讼地位。

第二，在我国，检察机关在自诉过程中介入，不同于西方国家的担当自诉。既非继承自诉人之地位，也非代理自诉人进行诉讼。这些都与人民检察院的性质和所担负的职能不符。检察机关介入自诉，一是履行支持控诉的职能，二是履行审判监督的职能。不能将国家法律监督机关代表国家进行的干预混同于普通一方诉讼当事人。

第三，由上述两点出发，认为检察机关介入自诉后完全改变案件性质，全部适用公诉程序，或者未改变案件性质，仍适用自诉的看法均有不妥。实际上，可以说这是公诉与自诉的混合。具体说来：(1）检察院不提出新的控诉主张，而是支持原由自诉人提出的控诉请求，在认定事实、查证证据、适用法律等各个方面发表意见。同时对审判活动是否合法进行监督，对法院所作判决裁定，如认为确有错误可提出抗诉。(2）自诉人未因检察机关的介入而完全失去当事人的地位，仍保留属于当事人的一些诉讼权利，如申请回避，申请通知新的证人到庭调取新的物证，申请重新鉴定或勘验，提起上诉等。但自诉人诉讼权利的行使却又因检察机关的介入受到限制，如不得和被告人私下和解或撤诉等。(3）被告人在自诉诉讼过程中在符合法定条件时仍可对自诉人（当然不可对人民检察院）提起反诉，法庭一并进行审理，人民检察院一并进行监督。这样有利于保护被告人合法权益，有利于查明案件事实，分清双方是非。(4）在自诉人恢复诉讼行为能力，能够继续进行其诉讼行为后，人民检察院不退出诉讼。当然，以上构想是针对检察机关介入自诉的两种情况（自诉机制出现障碍或出于维护公益的需要）而言。如果自诉人已经死亡，又无法定代理人等承受诉讼，在此实际上已失去自诉一方当事人的情况下，检察机关介入后，应完全按照公诉案件程序办理。

三、强化审判机关在自诉中的主导作用

加强国家对自诉的规制和干预，除了合理确定自诉案件的范围，加强检察机关对自诉的监督和干预外，还要进一步发挥审判机关在审理自诉案件中的主导作用。

由自诉案件的性质决定，我国刑事诉讼法对自诉案件的诉讼程序作了一些特殊的规定，如人民法院对自诉案可以进行调解，自诉人在宣告判决前可以同被告人自行和解或者撤回自诉，自诉案件的被告人在诉讼过程中可以对自诉人提起反诉，由此形成一些区别于公诉案件审理程序的特点。其中，被害人在诉讼程序开始后，可以放弃控诉请求，或者与被告人达成和解协议从而终结诉讼。这说明自诉案件的控诉主体在诉讼中具有一定的处分权，体现了法律将这部分刑事案件的起诉权交由被害人行使的一致性，从而更利于发挥自诉方式的优势。但是，自诉人的处分权不是绝对的、任意的，而是有条件的、受到限制的。自诉人在诉讼中的处分行为应接受人民法院的审查和监督。

诉讼中自诉人与被告人自行和解，指自诉人在提起诉讼后，因被告人的认罪悔改态度达成某种谅解，由于这种谅解，使自诉人放弃追究被告人刑事责任的要求，一般说来，被告人首先应对自己损害被害人合法权益的行为有所认识和悔悟，并诚心改过，自愿承担保障被害人合法权益的义务，或承认对被害人遭受的损害予以适当的补偿。由此换取被害人的谅解，从而放弃追究被告人刑事责任的要求，终结诉讼。这种结案方式，既使被告人受到法治教育而悔罪自新，有一个改过的机会，又化解了矛盾，弥合了双方当事人的感情伤痕，有利于社会秩序的稳定，也可使有关的民事赔偿和善后安排得到妥善解决。从刑事诉讼法的立法精神来看，对此是加以倡导的。但是，实践中自行和解经常发生与上述精神相违背的情况。或者某些自诉人受被告人威胁、欺骗、利诱而违心地放弃自己的正当要求，或者某些自诉人利用被告人及其家属希望免除追究刑事责任的迫切心情，提高价码，施行敲诈，甚至迫使被告人用违法行为来满足其要求。这样的和解是法律所不允许的。因此，自诉人与被告人自行和解的处分权利，必须在人民法院的监督下行使。人民法院应审查自诉人与被告人的和解是否出自双方自愿，和解协议内容是否遵守国家的法律法令，是否符合社会和当事人的利益。特别是像重婚这样的

案件，虽然法律未剥夺当事人自行和解的权利，但显然其行使要受到法律的限制。重婚者首先必须停止其重婚的犯罪行为，和解才能为人民法院所确认。

撤诉问题也同样如此。在自诉案件中，撤诉往往是和法律调解、当事人自行和解紧密相联的。调解成功或当事人之间达成和解，其结果通常为自诉人放弃追究被告人刑事责任的要求。当事人撤诉权的行使，同样要遵守规律的法定，要符合国家和社会的利益，要接受人民法院的监督和审查。民事诉讼是解决当事人之间民事纠纷，确立争议中的民事权益的诉讼，当事人在诉讼中有自行处分的权利，法律尚明确规定：原告申请撤诉的，是否准许，由人民法院裁定。人民法院裁定不准许撤诉的，原告如无正当理由拒不出庭，可以缺席判决。刑事诉讼，包括自诉案件，是与犯罪打交道的，自诉人的处分权受到更多限制。申请撤诉需经人民法院审查批准，其必要性更不待言。但应当注意，也有例外的情况，那就是告诉才处理的案件。对侮辱诽谤、暴力干涉婚姻自由、虐待三类案件，刑法明确规定被害人告诉才处理。刑事诉讼法也规定，告诉才处理的犯罪，没有告诉或者撤回告诉的，不追究刑事责任。已经追究的，应当撤销案件。由此可见，告诉才处理的案件和其他轻微的确定为自诉的案件在撤诉问题上应当有所区别。对于告诉才处理的案件，自诉人要求撤诉，人民法院只要查明系出自自诉人的真实意志，不存在威吓、胁迫、欺诈等非法原因，便应当尊重自诉人意愿，保障其法律赋予的诉讼权利，准予撤诉，终结审理。

综上所述，归纳一点，即公诉与自诉的划分不是绝对的、相互排斥的。国家出于与犯罪作斗争的需要，可以将一部分刑事案件的追诉权交由被害人行使。同样出于与犯罪作斗争的需要，国家需要对被害人自诉权的行使加以限制，加强干预。这种限制和干预体现在各个方面：合理确定自诉案件的范围；必要时对自诉案件提起公诉；必要时检察机关在自诉诉讼过程中介入；强化法院在审理自诉案件中的主导作用等。这样才能驾驭自诉案件的发展，使在追诉犯罪的问题上，以维护国家和社会利益为根本，同时兼顾被害人个人利益，但最终个人利益必须服从国家利益，被害人自诉权的行使必须符合国家刑事政策的需要。

直接言词原则与庭审方式改革 *

目前，我国刑事诉讼法的修订工作正在紧锣密鼓地进行。其中，审判程序，特别是一审程序的修改和完善，是刑事诉讼法修订的重要内容之一，格外令人关注。刑事诉讼法学界和司法实际部门许多有识之士纷纷撰文，见仁见智，各抒己见。本文谨就直接言词原则与庭审方式改革发表浅见，以期为我国审判程序的完善尽微薄之力。

一、直接言词原则

（一）直接言词原则的含义

直接、言词原则是现代各国审判阶段普遍适用的诉讼原则。直接原则又称直接审理原则、直接审理主义，其基本内容包括直接审理与直接采证两方面。前者指法官审理案件，应当在双方当事人（检察官、被告人）、辩护人在场的情况下进行。除法律另有规定外，不得以书面方式进行，对被告人也不得缺席审理。后者在前者的基础上，强调法官、陪审员应当以亲自在法庭上直接获取的证据资料作为裁判的基础。

言词原则指法庭对案件的审理，对证据的调查采取言词陈述的方式进行。被告人、被害人进行口头陈述，证人、鉴定人进行口头作证，检察官、辩护人进行口头询问和辩论。除法律有特殊规定者外，凡是未经当庭以言词方式调查的证据资料，不得作为判决的依据。

由此可见，直接原则与言词原则互相贯通，互相融合。直接原则是言词原则的基础，言词原则是直接原则的补充。在一定意义上二者可合为一项原则。

（二）直接言词原则的诉讼价值

直接言词原则产生于17世纪诉讼大变革时期，其后一直沿用至今。

---

* 原文发表于《中国法学》1995年第6期。

从理论上看，诉讼制度的发展需要以公开的直接言词审理取代秘密的间接的书面审理，是因为直接言词审理方式符合现代诉讼结构，有利于完成刑事审判任务，实现刑事诉讼的价值。主要体现在以下方面：

第一，有助于实现刑事审判的公正目标。审判，作为解决社会冲突最终和最权威的形式，其公正性是维护法律制度生命力的基础和保障。为了实现刑事审判的公正性，首先要求审判的主导者——法官保持公正的诉讼地位，在控方和辩方之间持不偏不倚的立场。直接言词原则要求法官在庭审前不得先行接触控方材料，以免形成预断或偏见，这就为法官站在全面、公正立场上行使职权，作出正确裁判从程序上提供了保障。

第二，符合现代诉讼结构，有助于保障控辩双方诉讼地位平等。诉讼的本意是控辩双方在法官居中裁断下实行对抗的活动。封建纠问式诉讼，使司法官集侦查、控诉、审判诸权于一身，混淆了控诉与审判的分工，扭曲了诉讼的本质，使被告人沦为诉讼的客体、刑讯的对象。近代诉讼的重大变革之一，就是重新实现控审分离，发展辩护制度，增强诉讼的对抗性，使诉讼回归其本来意义。直接言词原则的确立，为巩固控审分离、实现控辩平等提供了保障。

第三，为被告人、辩护人充分行使辩护权提供了可能，创造了条件。以言词方式进行直接审理，使被告人及其辩护人能够在法庭审理中通过举证，提出证明被告人无罪、罪轻的证据材料；通过对证人、鉴定人的质询，展现辩护证据的真实性和证明力，揭示控诉证据的矛盾、不合理性；通过辩论，阐述被告人无罪、罪轻或者可以或应当减轻、免除刑事责任的理由和依据。显然，没有直接言词原则，也就没有切实、充分和有效的辩护。

第四，有助于审判人员正确审查证据，认定案情。法庭审理是审判人员借助庭审方式认识案件事实的活动，时间、空间上的局限性对此认识活动提出很高的要求。长期的司法实践，使人们对怎样才能充分利用法庭审理的形式正确审查证据、准确认定案情逐步摸索出一套做法，直接言词原则便是在审判实践基础上总结出来的比较符合法庭审理自身规律的成功经验。

我国刑事诉讼法虽未明确将直接言词审理规定为刑事诉讼的基本原则，但对此原则的内容是予以肯定的。刑事诉讼法第三编第二章关于一审程序中的许多规定，都说明了这一点。但另一方面，无论是现行法律，还是审判实践，都未将直接言词作为一项重要的审判原则加以贯彻，甚至在许多方面与直接言词原则的要求相违背。这些恰恰表现为我国现行审判方式存在的主要弊端也是目前刑事诉讼法修订和审判程序改革所要研究解决的。

二、直接言词原则与庭前审查

在我国审判程序中，与直接言词原则相违的首推司法实践中大量存在的“先定后审”现象，而“先定后审”现象的存在和久杜不绝，则与现行庭前审查制度密切相关。《刑事诉讼法》第108条的规定，赋予法院庭前审查活动以重要意义，长期的司法实践又形成了包括庭前交换意见，调查核实证据，集体讨论案件，内部层层报批，甚至党委协调等在内的一整套庭审前的活动，由此造成“先定后审”的严重问题。

“先定后审”形式多样，例如，审判人员先“心”定，后审判，通过对起诉案卷的审查，对被告人是否有罪的问题已经形成内心确信并对开庭审判具有把握时，才决定开庭审理；或者，合议庭先定后审，即合议庭通过阅卷调查，经讨论已就被告人定罪量刑问题达成共识后再开庭审理；以及审判委员会先定，合议庭后审，上级法院先定，下级法院后审；等等。凡此种种，其要旨在于所有决定交付开庭审判的案件，实际上审判者已经肯定了控诉主张的成立。后果可想而知，必然使开庭审理只是走走过场，流于形式。这种重视庭前审查，忽视庭审调查，在诉讼程序上本末倒置的做法，根本违背了直接和公开审判的宗旨，弊端极大。

首先，审判人员庭审前在片面接触控诉方证据资料，无法兼听控辩双方意见的情况下对案件作出预先判断，形成先入为主的思维定式，使审判人员庭审中丧失应有的公正立场，使控诉证据成为判决的主要依据。其次，造成诉讼重心颠倒，使本为起诉预备的侦查程序成为刑事诉讼的重心，而本为诉讼中心的审判程序却降格为侦审连锁式诉讼结构中的一环，成为侦查起诉的后继程序，其职责只是对侦查起诉的确认，而不是对侦查起诉的审查和制约。再次，使庭审前的准备活动与正式的法庭审理发生错位。对证据资料的查核、案件事实的认定、刑法的适用，这一切都不再取决于正式的法庭审理，而在庭审前细致周详地准备活动中便已完成，使法庭审理流于形式。最后，使辩护制度失去意义。由于对案件的定性处理实际发生在庭前审查阶段的非公开活动中，其时辩护人不能介入，被告人未被告知控诉事由和依据，因此根本无法提出辩护意见。审判人员对案件作出判断完全依赖于公诉机关随案移送的证据材料和有限的补充调查核实。当形成内心确信后，审判人员的庭审活动在很大程度上只是在核实自己在开庭前已经作出的判断。在此情况下，被告人的辩解和辩护人的辩护很难发挥什么效用，刑事辩护可以说是名存实亡，失去意义。

针对上述现行庭前审查制度的弊端，不少人于抨击之后提出改进的方案，如借鉴起诉书一本主义，取消庭前审查①；或者实行“简便易行的改革——庭后阅卷”也或者改目前的实体审查为形式审查②；等等。笔者认为，庭前审查制度本身并不必然造成“先定后审”的结果，这是首先需要明确的。因为庭前审查的任务不是预先解决被告人是否有罪的问题，而是根据事实和法律审查对被告人的刑事指控是否存在适当的理由，确定是否将被告人交付审判，其目的是防止将那些缺乏证据或者依法无须追究的案件交付法庭审理，使被告人免遭不必要的审判。就性质而言，既考虑到保证案件质量，更强调保障人权，应该属于诉讼民主化的一项措施。从当今世界看，除日本实行严格的起诉书一本主义、彻底废除预审制度外，许多国家在正式进行法庭审理前，都不同程度地实行庭前审查制度。例如德国的“裁判是否开始审判程序”；法国的“二级预审制度”；英国治安法院对按正式起诉程序移送刑事法院的一审案件进行的书面或言词预审；美国职业法官对非由大陪审团审查起诉的案件进行的预审；以及苏俄刑事诉讼法典规定的“交付审判”程序；等等。因此先定后审的问题错不在庭前审查制度本身。明确了这一点，改革的重点应该是严格执法，禁止在法庭审理前以任何形式解决被告人是否有罪的问题，否则作为严重违反诉讼程序可能导致案件败诉或撤销判决，同时对现行《刑事诉讼法》第 108 条、第 109 条进行修订，删除一切可能模糊庭前审查任务、混淆法官职责的规定，纠正法官着力于庭外调查

---

① 李友忠:《略论我国刑事审判程序的公正性及实现》，载《法学评论》1994 年第 4 期。

② 李建明:《刑事审判程序改革的几点思考》，载《法学研究》1995 年第 1 期。

核实的错误做法。

关于审查人员可能先入为主，形成预断的问题症结在于同一法官身兼二任，既进行庭前审查，又主持或参加该案的正式法庭审理。解决的办法就是对症下药，从人员上将二者割裂，明令预审法官不得参加该案的法庭审理。对此许多国家都有明确的规定。在我国，对公诉案件的审查曾一度由预审庭进行。1956 年最高人民法院在《刑事审判程序总结》中曾明确要求，对人民检察院提起公诉的案件，需要组织预审庭进行审查，作出应否将被告人交付审判的决定。恢复五六十年代的做法，重建预审庭，明确预审庭与合议庭的分工是排除预断、保证庭审质量的有效途径。

三、直接言词原则与庭审方式

关于我国现行审判模式，有人称之为“强职权主义”①，也有人称之为“审判重心”②。总的特征，是审判长在庭审中居主导地位，指挥审判进程，并实际承担主要的控诉职能。法庭上，审判人员主动审问被告人，询问证人，出示物证，宣读未到庭的证人的证言、鉴定人的鉴定结论、勘验笔录和其他作为证据的文书。法庭外，审判人员可以进行勘验、检查、搜查、扣押和鉴定。加之庭前审查中审判人员对案件事实和证据已经掌握，整个庭审成为法官运用各种手段查证、核实自己预先判断的活动。由此特征可以看出现行审判程序的主要弊端是审判职能不明，法官包揽过多，造成被告人与法官对抗，使公诉人法庭活动消极化，辩护人辩护活动形式化。

在目前进行的刑事诉讼法修订工作中，关于如何改革审判程序，论者甚多，如“放弃纠问式，采用控辩式”；或者“将我国刑事审判程序结构由职权主义式的转变为以当事人主义为主兼职权主义为辅的模式”；或者“庭审方式采取‘开放式’和‘辩论式’”等。笔者以为，从现行审判程序的主要特征和存在的主要弊端来分析，结合直接言词原则，改革可着重围绕以下三个方面进行，即明确审判人员的职责，给法官在法

---

① 左卫民:《价值与结构——刑事程序的双重分析》，四川大学出版社 1994 年版，第 182 页。

② 李友忠:《我国刑事审判程序的公正性及实现》，载《现代法学》1994 年第 2 期。

庭的角色重新定位；建立、完善证据展示制度，充分发挥控辩双方在法庭的对抗作用；加强合议庭功能，纠正“审者不判，判者不审”的不正常现象。

（一）庭审法官的定位

在诉讼理论研究上，有人将刑事诉讼的基本结构归纳为两种：一种称为“三角结构”①，即诉讼结构呈现一种被称为“三方组合”的形态，其表征是作为双方当事人的原告、被告间相对立，法官（仲裁者）作为第三方居于其中，居于其上，公正裁判，解决纠纷。另一种称为“线性结构”，或“侦审连锁式结构”②，即将诉讼视为一种“双方组合”，一方是作为整体的国家司法机关，另一方是被告人（包括犯罪嫌疑人），诉讼的基本内容就是作为国家一方的司法机关进攻被告一方的活动。

可以说，诉讼的本意应当呈现“三方组合”的形态，即由于诉讼的性质、内容决定其采用等腰三角这种基本结构。如我国古代所说的“两造具备，师听五辞”，又如古罗马时期的“弹劾式”诉讼。诉讼结构主要反映的是国家专门机关（法院和控诉侦查机关）和主要诉讼参与人（被告人和辩护人）在诉讼中的地位，这种地位又是与各自在诉讼中所承担的职能密切相关的。众所周知，在刑事诉讼中有三种基本的职能，即控诉、辩护和审判，分别由控诉人、被告人及辩护人和法院承担。根据诉讼职能分工，收集证据、查明案情、控诉被告人应当是控诉机关的职责（传统诉讼理论将侦查附属于控诉职能），而不是法官的任务。法官的任务是通过审理确定控诉机关对被告人的指控是否成立，即事实是否清楚，证据是否充分，依法应否追究刑事责任。为履行控诉职责，控诉人不仅要向法官提出指控，而且要向法官“摆事实，讲道理”，举证据，释法律，努力使法官确信对被告人的指控是正确的，被告人是应该受到处罚的。这就是“支持控诉”，否则指控就要落空。明确了审判的任务与控诉的职责，法官在庭审中的地位便一目了然。任何收集证据、举证证明的行为都不应由法官所为，审查证据、辨别真伪才是法官分内之事。我国法院与公安检察机关诉讼目的上的一致性，并不因此而

---

① 左卫民：《价值与结构——刑事程序的双重分析》，四川大学出版社1994年版，第182页。

② 崔敏：《略论我国刑事审判方式的改革》，载《中国法学》1995年第1期。

混淆诉讼职能上的分工，模糊各自的职责。为了保护被告人利益，对抗国家追诉机关，同时也为帮助法官明察秋毫、明断是非，法律设置了辩护制度，这样便形成所谓“三角形结构”，要求控辩双方在法庭上的诉讼地位平等，要求法官在控辩两方之间保持等距，保持中立，其身份类似体育竞赛的裁判。一方面负责使竞赛按规则进行，制止犯规行为；另一方面裁判竞赛的最后结果。在我国现行刑事程序中，审判与侦查、起诉的关系，不是强调对侦查、起诉活动的检验和制约，而是有点像接力赛跑，法官接过侦查、检察人员传递过来的接力棒（根据侦查、起诉的事实和材料），再发挥自己的力量（进行必要的勘验、检查、搜查、扣押和鉴定），跑完全程（将被告人定罪判刑）。这种“线性结构”或“侦审连锁式构造”显然违背诉讼的特征，将司法程序混同于行政权力的运作。这是明确法官的角色定位时必须坚决摒弃的。

（二）建立证据展示制度

直接言词原则要求，庭审法官应当以亲自在法庭上直接获取的诉讼资料作为裁判的基础，目的是使庭审法官置身于法庭的氛围中，直接了解各种证据的来源，获得关于案件事实的第一手材料，从而能够客观、全面地评价证据，对案件事实得出正确的结论。应当承认，这一精神在我国刑事诉讼法中已有所体现，但规定得不够，司法实践中更是执行不力，表现在证人、鉴定人一般不出庭，不接受询问。法庭调查时审查证人证言和鉴定结论的方式，通常是宣读案卷中的笔录，而且多为节录式的宣读。为纠正这一现象，贯彻直接言词原则，在改革我国刑事审判程序时，要考虑建立必要的证据展示制度。具体构想是：

1. 明确控方负举证责任

控审分离，是现代诉讼调整起诉与审判关系的重要原则之一，是刑事司法走向发达、程序臻于完善的重要标志。只有伴随控诉与审判的分离，与控诉相对的辩护职能才得以产生。如果辩护的对立面不是控诉而是审判，显然辩护便没有意义。庭审程序的改革，必须改变由庭审法官包揽调查、举证的做法，明确由控诉方负举证责任。当审判长宣告法庭调查开始后，由公诉人宣读起诉书。此后，在审判长的主持下，应当由公诉人就起诉书中所指控的犯罪事实逐项讯问被告人，并传唤证人、鉴定人出庭作证，出示物证、书证，等等，履行从事实和证据方面支持公诉的职责。被告人、辩护人可以在法庭许可下传唤己方证人，以及出示有利于被告人的其他证据。但是应当明确，不能因被告人、辩护人在法庭的举证活动而免除或减轻控诉方的举证责任，也不能因被告人、辩护人未在法庭举证而使被告人遭受不利的结果。

2. 建立控方证据先泄制度

为了保证庭审中举证与辩护活动的顺利进行，需要建立配套的证据先泄制度。在英美等国家，由于起诉方在向法院指控被告人时不随案移送案卷材料和相关证据，因此辩护人无法通过事先阅卷了解控方掌握的证据。为使庭审活动顺利开展，保证辩护人做好辩护准备，控诉方有义务将准备传唤出庭作证的证人名单和其他准备在法庭用作证据的目录提供给法庭和辩护一方，并应法庭和辩护人的要求作出解释和说明。控方如果在开庭前未履行证据先泄义务，或者在法庭审理中突然提出未曾先行通报的证据，辩护人便可以要求法庭裁决，禁止该证据出示或者暂缓审理以便作辩护准备。这就是控方证据展示制度（discovery of prosecution's evidence），或称证据先泄制度，以区别庭审阶段的举证活动。如果辩护人准备在法庭上传唤证人，同样需要在开庭前向法官报告，但这是为保证庭审活动顺利进行而在程序方面的安排，和控诉方须履行举证责任性质有所不同。我国要改变现行审判模式，改由控辩双方举证，需要借鉴外国有关做法，建立一套适合我国国情的证据展示制度。

3. 建立询问规则

三角形的审判结构和直接言词原则强调在审判程序中控辩双方的对抗，以发挥诉讼当事人的积极性，法庭调查工作主要在检察官和辩护人之间进行。控辩双方传唤证人，以主询问方式展示己方证据及其证明的事实，以反询问方式暴露对方证据之不足，反驳对方之论点。法庭审理的主要内容表现为控辩双方的攻防活动，这种方式能够有助于充任裁判的法官正确地判断证据真伪，确定案件事实真相。在外国诉讼理论上，高度评价法庭询问特别是反询问（又称交叉询问，即 cross-examination）规则的积极作用。如美国法学家威格莫尔（John H. Wigmore）称其为查明事实真相而创立的最大法律装置。日本法学家何合弘之则说：控诉方对“真实”情况，是从右边致以亮光，而辩护方则从左边致以亮光，使审判官看清了“真实”情况。[①] 在进行审判程序改革时，需要考虑建立一套法庭询问、反询问的规则，以指导控辩双方在法庭调查阶段的攻防活动，方便法官主持庭审调查。

4. 保障证人出庭

贯彻直接言词原则，要求证人、鉴定人出庭作证，接受控辩双方询问、质证。侦查、起诉阶段制作的证人笔录等，只有在法律允许证人不出庭的例外情况下，以及在需要唤醒证人记忆（refreshing memory）和证人在法庭作证与先前陈述不一致（prior inconsistent statement of witness）的情形下，才允许在法庭宣读。为此，需要建立一套保障证人、鉴定人出庭的配套措施，明确规定证人、鉴定人出庭的义务，传唤证人、鉴定人出庭的程序，证人、鉴定人因作证所造成的经济利益方面损失的补偿，证人、鉴定人应该出庭并可以出庭作证但拒不出庭作证的责任和相应法律后果，以及在必要时强制证人、鉴定人出庭的措施，等等。

（三）强化合议庭功能

直接言词原则要求审判人员亲自接触案件，直接审查判断证据，从而对争议案件作出判决。然而，我国目前刑事审判制度存在的一个突出问题，就是合议庭的审理功能、裁决功能得不到有效发挥。由于实践中执行多年的法院内部审批手续，相当数量的案件，特别是大案、要案，须经审判委员会讨论决定，或者须报请庭长、院长批准，使合议庭“议而不决”“只审不判”的现象十分普遍，所谓“判者不审，审者不判”，造成审与判的分离。出现上述现象，原因当然是多方面的。如司法资源不足，司法人员素质不高，立法关于审判委员会的规定，以及法院内部权力行使行政色彩浓厚，等等。但无可否认，直接言词原则得不到应有重视，司法人员独立行使职权原则得不到切实保障，都是造成合议庭功能退化乃至衰竭的重要因素。改革现行刑事审判程序，就要研究强化合议庭审判功能，赋予合议庭独立审判的职权。一方面，要贯彻直接言词原则，建立合议庭负责制，强调对刑事案件的判决必须由具体审判人员根据自己对案件的亲自审理所形成的判断作出。任何个人，没有参加

---

① ［日］何合弘之:《律师职业》，康树华译，法律出版社 1987 年版，第 77 页。

案件的审理，便无权对该案的处理“指手画脚”“说三道四”。另一方面，要理顺合议庭与审判委员会的关系，重构法院内部权力结构。目前而言，由于部分司法人员的素质低下和法官队伍中存在的腐败现象，尚不宜从组织上完全取消审判委员会。但是要明确合议庭与审判委员会在案件“内部管辖”上的分工，明确合议庭提交审判委员会讨论决定案件的条件、程序。不能案件不分大小、罪行不分轻重，每案都要提交审判委员会决定，使合议庭名存实亡。从长远看，应当通过提高司法人员素质，消除司法队伍中的败类，建立法官责任制、错案追究制、冤案赔偿制等来提高法官执法水平，保证审判质量，最终从组织上取消审判委员会，或者取消审判委员会对案件的实体裁判权。

四、直接言词原则与更新审判

直接言词原则的精神，是使审判人员就法庭上陈述者之真意及其感情获得明晰之印象，以保证审判人员对证据的真伪和证明力的大小作出正确的判断，对争议中的案件事实得出正确的结论。同样道理，为保持审判人员基于直接言词审理对案件事实所形成的内心确信的连贯性、正确性，除法律有特别规定外，法庭审理应集中进行，连续开庭。称此为集中审理，又称不间断原则，实际寓意于直接言词原则之中[①]。据此，在某些国家和我国台湾地区，刑事诉讼规则方面有关于变更审判程序的规定。例如，德国《刑事诉讼法》第226条规定：“审判是在被召集作裁判人员、检察院和法院书记处一名书记员不间断地在场情形下进行。”出于法定原因，“审判长可以决定较短时间的中断”，但法律对中断审理的时间有明确限制。超过时限，“对审判应当重新开始”。我国台湾地区也规定，审判期日非一次期日所能终结者，除有特别规定外，应于次日连续开庭，如下次开庭因事故间隔至15日以上者，亦应更新其审判程序。此外，根据不间断审理的精神，如果在审判期间，由于某种原因，如因病或死亡、调任等，使承审法官不能继续案件审理时，同样需要解散法庭组成人员，另行组织和更新程序。[②]

我国刑事诉讼法规定，具有第123条所列几种情形，法庭可以决定

---

① 陈朴生:《刑事诉讼法实务（增订版）》，海天印刷厂有限公司1981年版，第405页。

② 《中国大百科全书·法学》，中国大百科全书出版社1984年版，第29页。

延期审理。至于延期审理的期限，超过中断审理期限后做何处理，是否对案件的审理重新进行，即是否变更或更新审判程序，以及审判人员因故不能继续审判时，是否需要重新开始审判程序等，对这些问题立法均没有明确，理论研讨时也较少涉及。在修订刑事诉讼法、改革审判程序时，应当对此有所考虑，作出相应规定，以全面贯彻直接言词原则，保证审判质量，保障被告人权益。

集中审理与延期审理之研究*

集中审理，又称审判连续进行、审判不间断原则，是现代审判程序通行的原则之一。而延期审理是集中审理原则的补充，用以解决审判中可能出现的一些情况。对此，各国刑事诉讼法律一般均有所规定。关于集中审理与延期审理的问题，我国法律规定不甚明确，理论研究也殊少涉及。本文试对此作初步的研究，以求教于诉讼法学界诸位先进、诸位同仁。

一、集中审理之概念及诉讼价值

集中审理，在我国通常称作不间断原则，指“法院开庭审理案件，应在不更换审判人员的条件下连续进行，不得中断审理的诉讼原则”①。与直接、言词审理和公开、辩论原则一样，同为现代审判程序的基本要求。尽管各国关于集中审理的法律规定不尽相同，英美法系与大陆法系国家之间也有较大差异，但总的说来，综合各国或地区之规定及理论之主张，集中审理原则基本包含以下内容：

第一，审理及辩论一经开始，应即继续进行而不间断，直至审判人员对案件事实和法律争议作出评断。这是集中审理的基本含义。早在十七八世纪诉讼大变革时期，英国的普通法和判例制度便确立了这一原则。在大陆法系，作为近代刑事诉讼成文法典楷模的1808年《法国刑事诉讼法典》第358条也率先对此作出明确规定。这一精神，为现代审判程序所保留和继承。例如，《法国刑事诉讼法典》第307条规定：“法庭审理不得中止，应当继续进行直到重罪法庭作出判决，案件终结为止。”② 其他国家或地区的刑事诉讼法律，对此也有类似规定。

---

* 原文载陈光中、蔡墩铭主编：《两岸比较刑事诉讼法》，五南图书出版公司1996年版，第六章第四节。

① 《中国大百科全书·法学卷》，中国大百科全书出版社1984年版，第29页。

② 《法国刑事诉讼法典》，方蔼如译，法律出版社1987年版，第99页。

第二，审判人员不得变更，如有变更，审判应当重新开始。如《日本刑事诉讼法》第315条规定："在开庭后更易审判官时，应当更新公审程序。"我国台湾地区的刑事诉讼亦采更新审判程序的做法，审判期日未由开庭时参与审判之推事始终出庭，而于中途有更易推事之情形时，应当更新审判程序。[①]

第三，如果法庭审理因故中断时，不得超过一定时日，否则应当重新开始。如意大利1988年《刑事诉讼法》第477条规定，"法官只能根据绝对的必要性中断法庭审理，这种中断的时间在任何情况下不得超过十日"。[②]《德国刑事诉讼法典》第229条也有类似规定[③]。在我国台湾地区，允许法庭审理因事故可以间隔15日，超过此限者不问缘由如何，均应更新审判程序[④]。

此外，在一些国家和地区，特别是英美法系国家的司法实务中，集中审理原则还当然要求审判人员在未完成本案审理任务的情况下，不得同时参与其他案件的审理。

从理论上探讨，审判之所以要求连续不断地集中进行或者密集进行，亦即集中审理原则所蕴含的诉讼价值，主要有以下几点。首先，集中审理与直接审理、言词审理互相贯通，融为一体，体现了现代审判方式的价值追求与认识客观事件的一般规律。直接审理要求法官、陪审官必须亲自接触案件的所有材料，在审判庭上直接审查证据。非经法庭在审判期日直接调查之证据，不得作定案的根据。言词审理指为使审判官员对陈述者之真意及其感情获得明晰之印象，一切诉讼资料须由当事人等在法庭上以口头陈述方式作出，否则不得采为证据。这种直接言词的审理方式，是与西方国家审查判断证据的原则相一致的，目的是保证审判人员对证据的真伪及证明力的大小作出正确的判断，对案件事实和法律争议得出正确的结论。既然如此，为保证审判人员通过法庭调查对证据真伪及证明力大小所形成的判断的清晰和连续，从而保证审判人员对争议事实所形成的内心确信的准确性，必然要求法庭审理应当集中进行，连续开庭。正如有学者论道"在此审理密集原则下，可促使法官在

① 陈朴生:《刑事诉讼法实务（增订版）》，海天印刷厂有限公司1981年版，第405页。
② 《意大利刑事诉讼法典》，黄风译，中国政法大学出版社1994年版，第171页。
③ 《德国刑事诉讼法典》，李昌珂译，中国政法大学出版社1995年版，第95页。
④ 黄东熊:《刑事诉讼法论》，三民书局1985年版，第439页。

对其审理诉讼客体之内容记忆尚极清晰时，即行判决，一方面可及早结案，另方面亦可以免因中断后，续行审理时，因为法官对于诉讼客体已是记忆模糊，而未能作成公平合理之判决”[①]。由此可见，集中审理与直接言词审理关系之紧密。在我国台湾地区的教科书中，有的将审理连续进行和更新审判程序归入“直接审理主义”之内容[②]，这是很有道理的。

其次，集中审理反映了“迅速”这一现代诉讼原则。刑事诉讼乃国家循法定程序行使刑罚权的活动，无论就国家之公益与被告人私权而言，迅速审理均有益处。“因为审理迅速一方面可以及时地绳不法者以法，而产生刑罚威胁功能，另方面则使无辜之被告，早日洗刷罪嫌，而恢复自由。”[③]本着保护被告人利益和及时查明犯罪、惩罚犯罪双重目的，许多国家的基本法和一些重要的国际公约将“迅速”确立为现代刑事诉讼的一项重要原则。[④]它要求刑事诉讼程序之实现，务必摒弃一切不必要或不正当的延误。从此意义上看，集中审理原则只是在普遍的快速原则下对开庭审理所规定的一个特别原则，或者说关于审判应当无间断地连续进行的规定，只是体现迅速原则的一个适当范例[⑤]。

再次，集中审理是保护被告人权益的要求。尽管“迅速原则”中已含有维护被告人利益的价值取向，但保障人权，特别是保障被告人人权，作为现代诉讼目的的一个重要方面，越来越得到世界各国和国际组织的高度重视，成为衡量程序公正与文明的重要价值尺度。集中审理，可以避免诉讼久拖不决、被告人超期羁押，可以使无辜被告人尽早解脱、有罪被告人尽快服法、社会秩序早日安定。

最后，集中审理还体现了提高诉讼效率、追求诉讼经济、减少诉讼消耗方面的价值目标。

---

① 林山田:《刑事诉讼程序之基本原则》，载中国政法大学刑诉教研室编:《程序法论》(内部资料)，第360页。

② 陈朴生:《刑事诉讼法实务（增订版）》，海天印刷厂有限公司1981年版，第405页。

③ 林山田:《刑事诉讼程序之基本原则》，载中国政法大学刑诉教研室编:《程序法论》(内部资料)，第360页。

④ [德]约阿希姆·赫尔曼:《德国刑事诉讼法典》，载《德国刑事诉讼法典》，李昌珂译，中国政法大学出版社1995年版，中译本引言第14页。

⑤ [德]约阿希姆·赫尔曼:《德国刑事诉讼法典》，载《德国刑事诉讼法典》，李昌珂译，中国政法大学出版社1995年版，中译本引言第17页。

二、我国刑事庭审程序概况

我国刑事诉讼法强调一切刑事案件的判处都要重证据，重调查研究。第一审法庭审理方式与大陆法系国家相接近，基本贯彻直接言词原则，要求审判人员直接了解案件材料，开庭审理时亲自听取当事人和其他诉讼参与人的举证、陈述和辩论。证人、鉴定人应当出庭作证，并接受审判人员和控诉、辩护双方的询问。物证应当在法庭出示并供辨认。对于未到庭的证人的证言笔录、鉴定结论、勘验检查笔录，必须当庭宣读，并经过控辩双方询问、查证属实后才能作为定案的根据。

关于集中审理的问题，立法规定虽不甚明确，但在一审程序的有关规定中反映了此方面的内容。一般来说，刑事案件的开庭审理是集中进行的，除少量重大、复杂的案件外，普通案件经过一、二次开庭审理即告结束。对于那些重大、复杂的案件，特别是集团犯罪案件，一旦交付法庭审判，审理也是连续、不间断进行的，例如最高人民法院特别法庭对林彪、“四人帮”反革命案件的审判。具体而言，法律对集中审理的规定主要体现在审判期限上。为了通过审判迅速及时查明犯罪，惩罚犯罪分子，同时保护被告人合法权益，法律要求除不能抗拒的原因或者有其他正当理由可以延期审理外，审判应当在规定时日内完成。公诉案件自法院受理后，应当在一个月内宣判，至迟不得超过一个半月。

研究我国刑事审判制度中集中审理的问题，需要注意几点。第一，需要了解法院在开庭前对公诉案件的审查在我国刑事审判程序中的重要作用。我国不实行起诉状一本主义，按照刑事诉讼法有关规定，检察院提起公诉需要随案向法院移送一切侦查案卷和证据材料，法院在开庭前应当对提起公诉的案件从事实、证据和适用法律方面进行审查，必要时可以进行勘验、检查、搜查、扣押和鉴定。这种对起诉进行实体审查和法官的庭外调查活动，使审判人员在正式开庭审理前对案件事实已经相当了解，这就相对减少了开庭审理的时间。

第二，所谓集中审理，在我国主要表现为法庭调查和法庭辩论活动，至于评议和宣判，法律并不要求紧随法庭调查和辩论程序后进行。宣告判决允许有两种方式：当庭宣判；对于不能当庭宣判的案件，可以另定日期宣判。关于另行宣判应当在多少时日内完成，法律没有明确的限制。

第三，根据刑事诉讼法和人民法院组织法有关规定，有些重大、疑难的案件还需提交审判委员会讨论决定。在此意义上，过于强调集中审理意义似乎不大。正如前述，集中、不间断审理与直接言词审理联系紧密，集中的目的主要是保证对案件用言词方式进行直接审理的审判人员保持对案件的清晰印象和正确心证。如果审理与判决分离，或者判决基于间接、书面材料作出，是否实行集中审理关系不大。正如有学者指出：若审理采直接、言词主义，审判者必依据其新鲜之记忆而为裁判，故易与审理集中主义相结合。若审理采间接、书面审理，则审判者必依据书面之记载内容而为裁判，故不论采审理集中主义抑或审理间隔主义，均属无关紧要。①

第四，关于变更审判人员是否重新开始审判程序的问题，以及审判人员在本案未结情况下不得同时兼理其他案件的限制，法律对此均缺乏规定。关于前者，司法实践中更换主审法官的情况不常见，如果审判人员因病一时不能履行职务，可以延期审理。②只有在特殊情况下才根据需要更换审判人员，此时是否重新开始审判程序，要视案件具体情况而定，各地做法也不统一。关于后者，似乎不太符合我国的司法实际。我国地广人多，司法资源相对不足，法院待审案件积压，审判人员往往需要同时对数起案件进行阅卷调查，作审理准备。要求法官在一定时期内只能接触一起案件，势必大大降低审判效率，不能适应与犯罪作斗争的需要。世界各国在此问题上也是做法不一。在法国，负责刑事审判的法官同时对多起案件阅卷，作开庭审理的准备，甚至半天审理数起案件的情况，也是屡见不鲜的。

三、延期审理

在法庭审理过程中，可能出现一些影响审判继续进行的情况，此时法官根据当事人申请或者主动依职权裁量，可以决定延期审理。对此，各国或地区立法均有相应的规定，以作为集中审理原则的例外情况。例如，《德国刑事诉讼法典》规定，在强制辩护情况下，如果辩护人未到庭参加审判，不合时宜地离开或者拒绝辩护时，法庭可以决定延期审

① 黄东熊：《刑事诉讼法论》，三民书局1985年版，第22页。

② 江平主编：《中国司法大辞典》，吉林人民出版社1991年版，第300页。

理。如果新被指定的辩护人表示缺少必要的时间准备辩护时，审判也可以延期。[①] 从我国台湾地区的有关规定看来，在审判应当连续进行的一般要求下，如果出现法律允许的“事故”，可以间隔不超过15日，否则必须更新审判程序。至于何谓“特别情形”，何种“事故”可以使审理间隔，尚不甚明了。

我国《刑事诉讼法》第123条规定，在法庭审判过程中遇有下列情况之一影响审判进行的，可以延期审理:（1）需要通知新的证人到庭，调取新的物证，重新鉴定或者勘验的;（2）检察人员发现提起公诉的案件需要补充侦查，提出建议的;（3）合议庭认为案件证据不充分，或者发现新的事实，需要退回检察院补充侦查或者自行调查的;（4）由于当事人申请回避而不能进行审判的。

延期审理的请求，可以由出庭支持公诉的检察人员或者诉讼当事人提出，由担任审判的合议庭或独任审判员决定，或者审判人员主动依职权决定。延期审理后再行开庭的日期和地点能够即时确定的，应当庭通知检察人员、诉讼当事人及其他诉讼参与人；不能即时确定的，可于确定后另行通知和公告。

在审判实践中，遇有下列情形影响审判继续进行的，也可以延期审理：一是在法庭审判过程中，被告人拒绝辩护人为其辩护，或者辩护人拒绝继续为被告人辩护，被告人要求另行委托或者指定辩护人的[②]；二是由于被告人生病或因身体状况确难继续承受审判的；三是合议庭成员、书记员、公诉人、辩护人身体不适，无法坚持审理的[③]。

在我国刑事诉讼中，除延期审理外，还有中止审理和终止审理的做法。中止审理指法院在审判过程中遇有影响案件正常审理的情形时，暂时停止审理活动，待障碍消失后再恢复审理。具备何种情形可以中止审理，刑事诉讼法本身未作规定，按照最高人民法院有关解释，主要适用于自诉人、被告人患精神病或者其他严重疾病，以及案件起诉到法院后被告人脱逃，致使案件在较长时间内无法继续审理的[④]。

---

① 《德国刑事诉讼法典》第145条（《德国刑事诉讼法典》，李昌珂译，中国政法大学出版社1995年版，第68页）。

② 最高人民法院《关于审理刑事案件程序的具体规定》第119条。

③ 江平主编:《中国司法大辞典》，吉林人民出版社1991年版，第300页。

④ 最高人民法院《关于审理刑事案件程序的具体规定》第128条。

终止审理则指法院在审判过程中遇有法律规定的情形致使审理不能继续进行或者没有必要继续进行时终结案件的审理。在司法实践中，主要适用于以下情形:（1）犯罪已过追诉时效期限不是必须追诉的;（2）经特赦令免除刑罚的;（3）被告人死亡的;（4）其他法律规定免予追究刑事责任的。对于不同情形，法院终止审理的同时应当分别作出不同处理。

延期审理与中止审理性质不同。延期审理是对不间断审理这种基本审判制度的补充，适用于因故不能按原定时间开庭或者开庭后不能继续进行的情况。延期审理只是适当延后案件审理的具体时间，而不是停止审判程序，开庭间隔的时间不能超过法律允许的范围，延期审理的期间应当计入审判期限。而中止审理则是在出现某种情况使审判在较长时间内无法继续时将案件搁置的一种程序性办法。因此，两者适用的条件不同，法律后果不同。按照有关规定，中止审理的期间不计入办案期限。

四、关于完善集中审理与延期审理制度的设想

目前，我国正在着手刑事诉讼法的修订工作。笔者认为，值刑事诉讼法修改之际，应当健全集中审理与延期审理方面的制度。修改与完善的重点可以围绕以下几方面:

第一，要结合刑事庭审方式改革，强调直接言词审理，一切事实必须当庭调查，一切证据必须当庭核实，这是贯彻审判不间断原则的前提和条件。换句话说，只有实行直接言词审理，集中审理才有意义。

第二，要改革现行庭前审查制度，明确审查的目的是根据事实和法律审查对被告人的指控是否存在适当的理由，确定是否将被告人交付审判，从而强化法庭审理的功能。

第三，强化合议庭功能，明确合议庭以及独任审判员与审判委员会的分工。直接言词原则要求审判人员亲自接触案件，直接审查判断证据，从而根据自己建立在直接审理基础之上的内心确信对争议事实作出判决。而不间断原则则是为了保证审判人员心证清晰、连贯和深刻，如果从事庭审的人员无权对主审的案件下判决，即使有了直接言词和不间接审理方面的规定，也只能是流于形式，沦为一纸空文。

第四，要建立更新审判程序制度。如前所述，当今许多国家的刑事诉讼法律都有关于变更审判程序方面的规定，如更换审判人员，或者审判间隔超过一定期限，必须重新开始审理。这是在提高司法效率的同

时，注意保障被告人利益、确保审判质量的一项重要措施，应当为我们参考和借鉴。

第五，对于不能当庭宣判的案件，在法庭审理与宣告判决之间要确定一个合理的期限，如5日或7日，不能休庭以后，久拖不决，造成审与判的脱节。集中审理原则要求法庭审理案件从开庭到判决应当尽可能连续进行，一气呵成，不要中断、不要延误，而不是仅仅对审理活动的要求。

关于延期审理，首先，需要了解，这不是一项基本的审判制度，而是作为集中审理原则的补充，用以解决因一些特殊情况使审判无法按原定计划继续下去的问题。从审判实践看，确实有这样的需要，否则出现某些使审判受阻的问题时便不好解决。从外国有关法律来看，也有类似的规定。但是，需要健全这方面的制度。首先要明确延期审理的期限，以必要性为限确定适当的时间范围，超过期限应当更新审判程序。其次，需要限制延期审理的条件，一要合理，二要适量，不能用得过于频繁，使例外变成一般，冲击不间断原则。

例如，在庭审过程中发现原起诉事实不清、证据不足这种情况，是否需要适用延期审理以便将案件发回侦查、起诉机关补充侦查，有进一步商榷之必要。从诉讼职能分工和证明责任理论来分析，收集证据、提供证据证明被告人犯有被控罪行是控诉机关的职责，检察官应当举出充分、必要的证据使审判人员确信被告人有罪，否则就要遭受对己不利的裁判。从各国有关法律规定和司法实务来看，若法庭经审理认定起诉事实不清、证据不足，通常应当作出无罪或者指控不能成立的裁决。在我国，法律规定所有公诉案件都必须由作为国家专门法律监督机关的检察院统一审查，认定犯罪事实清楚，证据确实、充分，并且依法应当追究刑事责任时，才能向审判机关提起公诉。法院在开庭前需要对起诉案件进行审查，从案件事实、证据和适用法律几个方面认定符合开庭条件的，才决定交付审判。在此双重审查、层层把关的制度下，如果在正式法庭审理期间发现事实不清、证据不充分，还要延期审理，将案件退回补充侦查，显然在程序设置上偏重惩罚犯罪，对保护被告人权益重视不够。特别是当审判人员认为案件证据不充分时，主动决定延期审理，以便检察机关作补充侦查，更有混淆审判与控诉职能分工之嫌。修订刑事诉讼法时，应当对有关规定加以研讨，合理限制延期审理条件，以便在惩罚犯罪与保障人权之间、审判公正与审判效率之间适度平衡、取得统一。

公诉审查制度研究*

审判方式改革是此次刑事诉讼法修改的重要内容，而法院对公诉案件的庭前审查作为审判程序的起始和前提，其设置是否合理是否适当，则直接关系到审判方式改革的成败，因此为立法者所重视。修正后的刑事诉讼法对原公诉审查制度作了较大幅度的修改，试图弱化庭前审查作用，减少主审法官预断，以加强控辩双方法庭对抗，避免庭审流于形式。目前面临的问题，首先是对法律的准确诠释，司法实践中因不同部门理解的分歧已严重影响到法律的有效实施。而引发的更深层的问题是，新法所确立的这种公诉审查制度是否能够实现立法者的意图，真正起到匡正旧制、根除积弊、保障和促进审判方式改革的作用。要回答这一问题，需要从理论上进一步加强公诉审查制度的研究，给审查制度以恰当的定位，理顺庭前审查与法庭审理的关系。同时，有必要对其他国家有关公诉审查的制度作些比较分析，以拓展思路，扬长弃短，舍弊存利，更好地为我所用，使我国的公诉审查制度进一步改革和完善。

一、关于公诉审查的设立

刑事案件经侦查终结，由检察机关提起公诉后，法院在正式开庭审理前对起诉案件进行初步审查，以确定起诉是否合法，是否有必要开庭审判，此种活动即公诉审查。在英美法系国家通常称此作“预审”①，如英国治安法院对按正式起诉程序移送刑事法院审理的案件进行的预审和美国刑事法院对非由大陪审团审查起诉的案件进行的预审。在德国称作庭审预备的“中间程序”，在苏联和俄罗斯刑事诉讼中则称作“交付审判”。法国因历史原因而存在“初级预审”和“二级预审”制度，其预

---

* 原文发表于《政法论坛》1998 年第 3 期，与姚莉合作。

① 美国通常称作 Preliminary hearingm, Preliminary examination；加拿大称作 Preliminary inquiry。

审的概念有所区别，指“法院对经检察官侦查完备而移送之案件，以断定其应否起诉为目的所为之处分程序”[①]。即在刑事诉讼程序和诉讼阶段上，检察机关提起公诉和审判机关公诉审查未作明确区分。预审法官提前介入诉讼，在侦查终结时便对检察机关要求公诉的申请书进行审查，确定是否批准起诉和应当向何刑事法院移送。如预审法官审查认为根据案件事实依法构成一种具有重罪性质的罪行时，在移送重罪法院前，必须将案卷和证据移送上诉法院起诉庭进行审查，以确定对被告人的指控有无充分理由，对构成重罪的由起诉庭裁定交付重罪法院审判。可以说，在当今不同社会性质、不同法律体系的刑事诉讼制度中，除日本“二战”后彻底废除预审制度外，其余各国均以不同形式在不同程度上对检察机关提起公诉的案件实行审查制度。尽管在审查的机关、审查的程序等方面各国因国情有别而做法不一，但其实质均为公诉受理或交付审判程序。公诉审查的任务，不是预先解决被告人是否有罪的问题，而是根据事实和法律审查对被告人的刑事指控是否存在适当的理由或合理的根据，以便确定是否将被告人交付审判。换言之，审查的目的是防止将未经过充分调查，缺乏足够证据，以及具备法律规定其他不予追究刑事责任的案件交付法庭审理，避免不必要或无根据的审判。

在现代诉讼中，庭前审查作为提起公诉与法庭审理之间的中间程序，十分必要，其意义主要体现在以下方面：首先，从人权保障的角度来看，是为了严格起诉条件，加强审前把关，防止将未经过充分调查，未收集到充分证据，对被告人指控缺乏适当理由或充分根据的案件交付审判。通过审查，为刑事被告人提供法律保障，即没有充分的事实基础和法律依据，他就不会被任意地交付审判和处于刑事受审人的地位，从而保护公民的合法权益。提起公诉是国家公诉机关向法院提出控告，要求追究被告人刑事责任的活动，其后果是被告人将面临法院的审判，并可能遭受限制自由甚至剥夺生命的严厉制裁，因此直接关系到公民的人身权利和其他合法权益。为了规范公诉机关的起诉行为，防止公诉机关滥用职权、错诉滥诉，保障公民个人的合法权益，法律对起诉的条件有明确的规定和限制。公诉审查的首要任务，就是提前把关，审查提起的公诉是否具备法律规定的条件，确认“是否有足够的不利被告人

---

① 郑竞毅编著：《法律大辞书》（下册），商务印书馆1949年版，第1748页。

的证据，可以正当地要求被告人在法庭的公开审判中回答对他提出的指控"[1]。一般说来，法院对公诉的审查主要是通过法庭审理活动来实现的，但是如果使无辜的人错误地接受刑事审判，即使审理以后可能宣告被告人无罪，但审判本身已经对被告人的精神、名誉、财产、体力以及家庭、就业等各个方面造成极大的损害。因此，在提起公诉后法庭审理前先作初步的审查，进行必要的把关，可以排除那些明显不符合起诉条件不应当开庭审判的情况，避免因无根据的审判给被告人造成伤害。由此可见，公诉审查的出发点首先是为了保护被告人利益，是为纠正错误起诉防止错误审判而设置的，属于诉讼民主化和人权保障的程序性措施。这一点在美国刑事诉讼中显得比较明显。在美国，对被控以重罪的被告人要进行预审，但预审对被告人而言是一项权利，被告人可以放弃预审而直接进入审判阶段[2]。

其次，从审判与起诉的关系来看，公诉审查是法院运用国家赋予的审判权对检察机关公诉权的监督和制约。起诉权与审判权分离，分别由检察机关和法院代表国家来行使，在控审关系上实行不告不理，是现代司法的重要特征。检察机关是否适当地行使国家赋予的追究犯罪的权力，在决定对被告人提起追诉时是否严格遵守了法律规定的条件，需要必要的监督和制约。这种对公诉机关起诉权的监督和制约，不仅依赖于当事人、辩护律师以及社会公众，更重要的是来自审判机关。通过对起诉案件开庭前的审查，可以及时发现并纠正侦查、起诉阶段可能存在的诸如刑讯逼供、非法取证等严重违反刑事诉讼法律的情况。从权力制约的性质来分析，由于西方检察机关大都属于国家行政体系，是政府职能部门，对犯罪的起诉与对犯罪的侦查一样，属于行政权力的行使。在英美，检察官就是原告，为控诉一方当事人。为维护公益追诉犯罪是政府的责任，提起公诉与个人自诉效果相同。因此，法院对公诉的审查，其实质是国家司法机关对作为政府职能部门的检察官是否适当行使追诉权的监督和制约，是司法权对行政权的监督和制约。

从公诉审查与法庭审理的关系来看，适当的公诉审查为顺利开始法庭程序进行必要准备，提供重要保障。例如，通过公诉审查，先期查明

① 德国海德尔堡大学施密特教授，转引自《法学译丛》1979年第5期。

② 参见《美国联邦刑事诉讼规则》第5条。

起诉书是否按照法律规定的要求制作，及时通知公诉机关补正起诉书中可能存在的错误；确定对被告人是否需要采取强制措施，或者审查对被告人已经采用的强制措施是否得当，是否需要撤销或变更；审查因犯罪行为遭受财产损失的被害人是否已提出附带民事赔偿诉讼请求，从而为法庭审理的顺利进行创造必要条件。通过对起诉案件的庭前把关、初步筛滤，将那些不符合诉讼条件、指控缺乏充分理由的案件，例如对被告人的指控缺乏充分证据，犯罪已过追诉时效，在起诉过程中存在严重违反法律程序等案件，排除在审判之外，从而保证交付审判案件的质量，减少审判案件的数量，集中审判力量，节省审判资源，缩短审判时间，加快办案速度，提高司法效率。需要注意的是，所谓保证交付审判案件的质量，指的是由于那些不符合起诉条件不具备适当理由的案件在审查中已得到排除，从而避免了不必要的审判的发生，也减少了在法庭审理中因出现这些情由而使审理不得不中止或终结的情况。而非指庭前审查时已经就被告人是否有罪得出结论，使法庭审理沦为确认庭前审查结论的程序性工具。

综上所述，庭前审查的目的是审查是否存在合理根据以支持对被告人提出的指控，以防止轻率地将被告人交付审判，保护被告人名誉及其他合法权益不受损害。其属于诉讼民主的措施、人权保障的机制，因此为现代各国普遍采用并逐步完善。日本废除预审制度，有其历史的原因。“二战”前日本的旧刑事诉讼法实行预审制度，规定刑事案件经侦查终结后，检察官不仅将起诉状提交有管辖权的法院，而且随案移送侦查阶段所查获的一切证据材料，由受理法院在开庭前进行预先审查。“二战”后日本在美国军事占领下实施法律改革，在刑事诉讼中实行起诉状一本主义，废除了预审制度。规定检察机关决定对被告人提起公诉后，只向有管辖权的法院提交一份起诉书，而不移送任何证据材料以及其他可能使审判官产生先入为主的文件和物品。法院在收到起诉书后，不作庭前审查，只进行公审前的必要准备。这种改变原本系迫于外来压力不得已而为之。但当代许多日本学者却不愿正视这一历史事实，相反竭力从诉讼理论上为取消预审辩护。有人提出，预审制度产生于纠问式的诉讼，弊病甚多：预审不公开进行，不允许辩护律师参加，使被告人的诉讼权益难以保障；审判官在举行正式庭审、听取控辩双方举证辩论前，先接触控方证据材料，容易先入为主，产生预断，影响对事实和证据的正确心证；预审法官在不公开情形下片面调查所得之证据，可以作为审判时依据，与直接、言词诸原则不符。他们认为，废除预审的主要意义在于排除法官预断，因此可称为排除成见原则[①]。此种观点看似不无道理，其实难以成立。

首先，所谓法官形成被告人有罪的先入为主，影响正确心证，是指预审法官既进行庭前审查，又参加法庭审理的情况而言的。实际上，凡实行庭前审查制度的国家，莫不明确规定，作庭前审查的法官不得参与对同一案件的法庭审理。例如，法国刑事诉讼法典规定，预审法官不得参与自己以预审法官的身份所熟悉的刑事案件的审判，否则审判无效。英国对按正式起诉程序向刑事法院起诉的案件，由治安法院进行预审。在德国、美国、苏联，预审和庭审均分别由不同的法官主持。其次，无论正式的法庭审理是由陪审团还是职业法官进行，预审法官不得向庭审人员先泄任何案情，否则将因严重违反诉讼程序导致审判无效。预审中出示的证据，只供预审法官确定对被告人指控有无充分证据时使用，不能作为法庭审判时认定案件事实的根据。再次，尽管预审一般不公开进行，但由于预审的目的不是确定被告人是否有罪，而是审查对被告人的指控是否符合法定条件，基本的出发点是防止将不具有充分理由的案件交付审判，应该不会因不公开进行而对被告人产生不利的后果。特别是随着诉讼民主化的发展潮流，有些国家已经注意到改进预审的程序，逐渐向公开化、抗辩式方向发展。例如，英国治安法院当被告人愿意提供证据或要求传唤证人时，进行言词预审，程序上已基本采用双方举证、进行询问辩论的抗辩式程序。[②]因此，所谓预审的主要弊端是预断、废除预审是为排除预断的说法，实际是站不住脚的。从实践情况来看，日本不实行预审确实也存在不利的方面。例如，根据日本刑事诉讼法的规定，法庭经过审理，发现下列情形，必须作出免诉的判决或者驳回公诉的裁判：案件业经确定判决时；依照犯罪后的法令废止刑罚时；有大赦时；时效业已结束时；对被告人没有裁判权时；对于已经提起公诉的案件重新在同一裁判所起诉时；提起公诉的程序由于违反规定而属无效

① ［日］井户田侃:《唯起诉书主义》，载立命馆大学《法学评论》1987年第2期。
② 程味秋:《西方国家刑事诉讼法概论》，中国政法大学出版社1989年版，第41页。

时；被告人死亡或者作为被告人的法人已不继续存在时等。显然，上述情况大多属于起诉的明显错误，这些错误在其他国家通常在庭前审查阶段便可发现并及时加以处理。由于日本没有公诉审查，致使这些问题在日本必须经过正式开庭审理才得以发现并且需要以判决的形式来解决。这与实行公诉审查制度的国家相比，在保障被告人合法权益、减轻审判负担、缩短诉讼时间、提高司法效率诸方面，未见其显示出优越性。

我国诉讼法学界许多人因原刑事诉讼法规定的公诉审查制度弊病较多、司法实践中先定后审现象十分严重，同样对公诉审查持批评或怀疑态度。毋庸讳言，原公诉审查程序确实存在很多弊端，但错并不在公诉审查概念本身，而是原有关公诉审查的立法有问题。我国传统诉讼模式，过于侧重公检法三机关之间的配合，片面强调集众家力量共同办案，不同职能部门前后诉讼程序各个诉讼阶段之间呈现的完全是接力式的承继关系，审判成为侦查的延续、公诉的保障，因此立法上才会规定：法院庭前审查认为指控事实不清、证据不足可以退回补充侦查，确认犯罪事实清楚、证据充分才能决定开庭审判，法院在庭审前可以进行勘验、检查、搜查、扣押和鉴定，因而造成审查实体化、庭审形式化、先定后审、定了再审等不正常现象的发生。这也正是立法修改的原因和亟须改革的对象。

二、关于公诉审查的范围

关于公诉审查的范围，人们通常认为，审查的内容和范围与提起公诉的方式有关。采卷证移送主义的国家，要求检察机关提起公诉时将案卷材料和证据一并移送法院，法院对起诉案件进行审查时实行全面审查或实体审查。采起诉状一本主义的国家，由于起诉时不随案移送证据材料，因此法院对公诉的审查主要是程序方面的，即主要对诉讼形式要件，诸如案件是否属于本法院管辖，起诉书是否符合法律格式、要求等进行审查[①]。实际上这种说法是否准确是颇有疑问的，如前所述，公诉审查的主要目的是庭前把关，排除不符合开庭审判条件的情况，防止不必要或无根据的审判发生，而认定是否符合开庭审判条件的首要标准，就是根据事实和法律审查对被告人提起的指控有无充分的理由或合理的根

① 参见徐静村主编:《刑事诉讼法学》(上)，法律出版社 1997 年版，第 257 页。

据，即所谓“是否有足够的不利被告人的证据，可以正当地要求被告人在法庭的公开审判中回答对他提出的指控”。由此可见，要完成公诉审查的任务、发挥公诉审查的作用，就离不开对事实的认定和证据的判断。单纯的程序审查或形式审查，是达不到审查目的的。从目前各国有关制度来看，只对公诉案件作形式审查的并不多见，一般均从实体和程序、内容和形式两方面进行审查，这样才有助于实现公诉审查的任务。只是，“预审是审查证据是否充分，起诉是否有理由，是否符合起诉的条件，而不是确定被告人是否有罪”①，因此审查的程度和证明的标准不能和正式的法庭审理同一而论。公诉审查对案件事实和指控证据的认定只要求达到一定的标准，这种标准在大陆法系国家一般称作“足认被告有犯罪嫌疑”或者“充分的重大嫌疑”，在美国要求具有“合理根据”或“或然诉因”，在英国则只要主持预审的治安法官认为起诉方的证据在形式上显示有理由，就可以决定移送起诉，交付正式审判②。而正式的法庭审理如果对被告人定罪，在大陆法系国家要达到审判员内心确信，在英美国家则要求“排除合理怀疑”。

再者，不能将起诉状一本主义与公诉审查之间的联系过于简单化，认为凡采起诉状一本主义就必然是程序性审查或者只能是程序性审查。在起诉程式要件方面，英美法系国家传统上采取诉状主义，起诉书中通常由起始、罪名和事实三部分构成。罪名部分包括具体罪名和援引据以追诉的法律条文，事实部分简要说明具体犯罪行为但不列证据③。但是，这并不意味着法院对公诉进行审查时，就只能对起诉书是否符合法律规定的格式、要求等形式要件，或者案件是否属于本院管辖等程序要件作审查。这与有关国家的立法规定和诉讼实践不符。例如，英国《1976 年刑事审判法》规定，预审时被告人必须出庭，其程序首先由起诉方告知法庭，全部证据均以书面陈述的形式提出，其副本已送交被告方；然后法庭向被告方宣读控告内容，询问被告方对起诉方的控告和书面陈述是否提出异议；如无异议，法庭将正式接受起诉方的控告和书面陈述；如

① 程味秋主编:《外国刑事诉讼法概论》，中国政法大学出版社 1994 年版，第 29 页、第 27 页。

② 参见英国《1980 年治安法院法》。

③ 程味秋主编:《外国刑事诉讼法概论》，中国政法大学出版社 1994 年版，第 29 页、第 27 页。

果被告方愿意提供证据或要求传唤证人，法庭则改为言词预审。言词预审中起诉方要当庭举证，并进行主询问和交叉询问，被告方可以陈述或者答辩，其步骤已经与正式庭审程序相仿。在美国，被告人被控以可由联邦治安法官审判的轻罪以外的罪行时，有权要求预审。预审中起诉方要提供证据显示存在合理根据，被告人可对控方证人进行交叉的询问，也可以提供证据。[①]可见，英美两国对公诉进行的庭前审查，都不是所谓的程序性审查或形式审查。只是，预审中了解的案情、接触的证据不得向庭审法官或陪审团泄露，庭审法官或陪审团事先也不准阅读任何案卷材料或证据，法庭审理从一纸诉状开始，一切证据必须当庭出示，当庭质证，以防止庭审前片面接触控方材料，形成于被告人不利的偏见或预断。因此，问题的关键是公诉审查与法庭审理主体不能同一，预审法官不能随后又任庭审法官；公诉审查与法庭审理在程序上必须分离，法庭审理不能在预审的基础上进行，不是预审的延续或者对预审的确认。

我国刑事诉讼法修正后对公诉审查的范围作了很大修改，以第150条取代了原第108条，规定："人民法院对提起公诉的案件进行审查后，对于起诉书中有明确的指控犯罪事实并且附有证据目录、证人名单和主要证据复印件或者照片的，应当决定开庭审判。"与此同时，废除了人民法院审查后可以退回补充侦查的做法，取消了原第109条关于法院在开庭审判前必要时可以进行勘验、检查、搜查、扣押和鉴定的规定。

上述修改使我国现行公诉审查制度具有以下两个基本特征：第一，立法将原人民法院对公诉案件实行全面审查的制度改为以程序性审查为主，但也不排斥法官在开庭前接触主要证据材料。根据修正后的刑事诉讼法，人民检察院向人民法院提起公诉时，随起诉书移送的案卷范围只限于证据目录、拟传唤出庭的证人名单和主要证据的复印件或照片，不再随案移送包括侦查卷宗和审查起诉卷宗在内的全部案卷材料和证据。人民法院对公诉审查的内容限于审查起诉书中有无明确的指控犯罪事实；有无证据目录、证人名单和主要证据复印件。显然，公诉审查的重点已由审查起诉主张的真实性、正确性转为对诉状文书等程序要件的审查。这种对法官庭前审查内容的限制，旨在减少法官庭前接触、了解案件事实的机会，促使法官在庭审中重视听取控辩双方的举证和辩论，在

① 参见《美国联邦刑事诉讼规则》第5.1条。

听证的基础上形成对案件事实的认定和适用法律的意见。反映出立法者着意改变过去那种预先对案件进行实体审理、先定后审的现象，强化法庭审理的作用。

第二，现行公诉审查制度不再要求从事实和证据方面审查起诉的实体质量，因此将难以发挥庭前审查本应具有的纠正错误起诉、防止不当审判的把关作用，淡化了审判权对起诉权的制约，削弱了对被告人合法权益的保障。正如前面分析公诉审查必要性时所言，设立公诉审查程序的意义首先体现在人权保障方面，即为了规范起诉行为，严格起诉条件，加强审前把关，避免将不该接受刑事审判的人交付审判。衡量的标准就是对被告人的指控有无充分理由或者是否有足够的证据表明应当使被告人接受审判。一个是对被告人的犯罪指控有无充分的理由，也就是指控有无事实方面的依据，有无足够的证据支持；一个是对被告人是否提出明确的犯罪指控，即起诉书中是否有明确的罪状，起诉书本身有无缺陷或瑕疵。本质的区别就在于此。可以这样认为，立法对公诉审查制度的改革实际上是一种"矫枉过正"的做法，在企图革除"先定后审"弊端的同时，却以放弃对公诉主张作实体审查为代价，从而客观上淡化了人民法院运用审判权对公诉机关是否适当行使追诉权的监督和制约，削弱了对被告人合法权益的充分保障。

目前，就刑事诉讼法的贯彻实施而言，司法部门分歧较大的主要是关于何谓"主要证据"的问题。从审判机关和检察机关各自有关的解释来看，对"主要证据"的理解相差甚远。审判机关将人民检察院起诉时应向法院移送的案件主要证据确定为"对认定被告人是否构成犯罪起主要作用，对定罪量刑有重要影响的证据"[①]，检察机关则将主要证据界定为"是对认定犯罪构成要件的事实起主要作用、对案件定罪有重要影响的证据"[②]。显然，法院确定的主要证据要远远大于检察机关的解释。分歧的焦点在于对主要证据证明对象的理解，即"主要证据"不管是指起主要作用的证据，还是指有重要影响的证据，这种作用或影响具体是针对证明什么而言的。也就是说，除了证明被告人犯罪的主要证据应当

---

① 参见最高人民法院《关于执行〈中华人民共和国刑事诉讼法〉若干问题的解释（试行）》第117条。

② 参见《人民检察院实施〈中华人民共和国刑事诉讼法〉规则（试行）》。

移送其复印件或照片外，影响对被告人量刑的主要证据还要不要移送。司法解释的不统一将直接影响法律的有效实施。要解决好这一问题，必须紧紧围绕庭审方式改革的目的和《刑事诉讼法》第150条的规定。从立法对公诉审查程序修改的方向来看，明显是着力于弱化庭前审查的作用，纠正以审查代审判的错误做法，因此改为以程序性审查为主替代以往那种全面审查的做法。《刑事诉讼法》第150条对原第108条的修改，便充分说明了这一点。从理论上对立法这种修改是否得当可以进一步探讨，但执法完全是另一回事。应当说第150条规定本身是清楚而明确的，主要证据应限于对定罪有主要作用或重要影响的证据，具有这些证据便基本能保证将被告人交付审判决定的正确。量刑是第二位的，有关的证据可留待法庭审理时出示。如果在适用法律的解释中随意对立法作扩大解释，则有违"以法律为准绳"和"有法必依、执法必严"的原则，必将造成实践中执法的混乱和部门间的冲突。

三、关于公诉审查后的处理

关于人民法院对公诉审查后的处理，修改后的立法取消了原先法院认为案件主要事实不清证据不足可以退回人民检察院补充侦查，以及认为不需要判刑可以要求人民检察院撤回起诉的做法，规定"人民法院对提起公诉的案件进行审查后，对于起诉书中有明确的指控犯罪事实并且有证据目录、证人名单和主要证据复印件或者照片的，应当决定开庭审判"。然而，对于不符合上述开庭条件或者存在其他问题时法院应当如何处理，立法没有明确。有关部门作出司法解释但规定不一，造成基层执法的困惑，理论界对此也是见仁见智，莫衷一是。

从诉讼原理上分析，刑事诉讼程序是法律规定司法人员办理刑事案件必须遵守并依次进行相互衔接的步骤、次序和程式。一个好的诉讼程序，应当尽可能规范、严谨、具体并具可操作性。例如，鉴于对公诉审查的必要性，法律设置了法院对检察机关提起公诉的案件在开庭前进行预先审查的程序。既然规定审查，就有可能出现各种情况，法律就要预先设定如何区分不同情况作相应处理。如果审查后只会出现一种情况，只能够作一种处理，那么就失去审查的必要。如果实际中可能出现多种情况而法律却未规定相应的解决办法，司法实践中必然是无法可依、无所适从，从而影响法律的正确实施。我国现行刑事诉讼法关于公诉审查程序的规定，可以说就属于此种情况。刑事诉讼法原第108条关于公诉审查后的处理规定了三种情况，但仍出现了遗漏，有关部门应司法实践的需要又作出了关于法院认为应当追究被告人刑事责任而检察机关未予起诉时应当如何处理的补充规定。修正后的第150条关于公诉审查后的处理只规定了一种情况即认为符合开庭审判条件的应当决定开庭审判。如果经审查认为不符合开庭条件的应当如何处理，法律却未予规定。

从外国有关规定来看，法院对公诉案件进行预审后，除了将符合开庭条件的决定交付审判外，对于不符合开庭条件或者具有其他情况的，可以根据不同情况作出驳回起诉，中止或终止诉讼，移送有管辖权的法院或者退回检察机关按管辖规定重新起诉，等等。在我国，目前关于公诉审查后的处理司法实践中最为突出的问题是，人民法院能否以裁定的形式驳回人民检察院提起的公诉。我们认为，法院未经法庭审理便以裁定驳回检察机关提起的公诉，缺乏法律依据。现代司法制度和诉讼机制的一个重要特征就是起诉权与审判权分离，分别由检察机关和法院代表国家行使。在我国，人民检察院作为国家专门法律监督机关，在刑事诉讼中不是诉讼当事人，而是具有特殊的诉讼地位。不仅代表国家追诉犯罪，而且依法对刑事诉讼实行法律监督。鉴于我国检察机关的特殊性质，即使在人民法院对公诉进行全面审查实体审查的时期，法律也未授权法院可以未经法庭审理便驳回人民检察院提起的公诉，更不用说现行对公诉的审查主要是关于程序要件形式要件的审查。这一点不能脱离我国国情，简单类比或照搬照抄西方国家的某些做法。从实践的角度看，裁定驳回公诉也缺乏可操作性，容易引起审判程序的混乱。因为一旦法院以裁定方式驳回公诉，检察机关当然有权对此裁定提出抗诉。其结果是一审法院不予受理的案件，二审法院却必须进行审理。因此，司法部门对法律的适用，不得与立法精神相违背。为明确控诉与审判的职权分工，理顺检法两家的关系，对于人民检察院提起公诉的案件，人民法院都应当受理。人民法院对提起公诉的案件进行审查后，对于起诉书中有明确的犯罪事实并且附有证据目录、证人名单和主要证据复印件或者照片的，应当决定开庭审判，不得以上述材料不充足为由而不开庭审判。如人民检察院移送的材料中缺少上述材料的，人民法院可以要求人民检察院补充材料，对补充的次数和期限可以作一定的限制。如果经人民检察院补充材料但法院与检察院认识仍不一致，而检察院又坚持提起公诉的，人民法院应当决定开庭审理，通过庭审最终认定案件事实，依法作出判决。

人民法院对公诉案件进行审查时，还应查明案件是否属于本法院管辖。《刑事诉讼法》第141条规定，人民检察院作出起诉决定后，应当按照审判管辖的规定，向人民法院提起公诉。管辖权是人民法院受理和审判刑事案件的前提，没有管辖权而对起诉案件进行审理和判决的，属于严重的诉讼程序错误可能导致撤销裁判。因此，法院对检察机关提起的公诉进行审查时，理应将管辖问题作为审查的内容。对于不属于本法院管辖的，或者退回公诉机关按管辖规定重新起诉，或者移送有管辖权的法院。

总之，为纠正错误追诉，保障被告人权益、避免或减少不必要或无根据的审判，发挥审判权对公诉权的监督和制约，有必要保留和完善公诉审查制度。而要建立较为完善的公诉审查制度，一方面应当切合我国国情，对公诉审查的方式、内容、范围、审查后的处理等作出合理而妥善的规定，真正发挥公诉审查应有的作用，实现公正审判的目标，否则就没有必要设立公诉审查程序；另一方面要注意避免公诉审查可能产生的副作用，妥善处理好公诉审查与法庭审理的关系，不能让预审代替庭审或者影响庭审。要做到这一目标，至少应当从以下方面努力：首先，要明确公诉审查的目的，庭前审查是审查对被告人的刑事指控有无依据，决定是否交付审判，而不是解决被告人是否有罪的问题，因此绝对不允许在正式审理前讨论和确定对案件的处理；其次，要科学界定审查的范围，既不能离开对指控事实和支持证据的必要审查，又不能过头，以庭审定罪的标准来衡量是否具备开庭审判的条件；再次，预审法官和庭审法官应分工明确，各司其职，明令禁止预审法官参加法庭审理；最后，公诉审查决定交付审判后，应当将起诉方移送审查的有关案卷证据退回公诉机关，庭审法官不得在审前接触任何控方材料，以保证其审判地位的中立性和判断证据认定案情的客观性全面性。

略论刑事简易审判程序中的若干问题 *

我国刑事诉讼法修改后，在第一审程序中增设了“简易程序”。由于设置简易程序在我国刑事诉讼中尚属首次，在理解和适用上均存在一些问题，立法本身也存在有待完善之处。本文拟对我国刑事简易审判程序中的若干问题作些初步的探讨，以供立法和司法部门参考。

一、关于适用简易审判程序的公诉案件范围

《刑事诉讼法》第 174 条规定，基层人民法院可以适用简易审判程序的公诉案件是依法可能判处 3 年以下有期徒刑、拘役、管制、单处罚金，事实清楚，证据充分的案件。这一规定表明，我国立法上界定适用简易程序公诉案件范围的依据是宣告刑，而对法定刑未作明确限制。从其他国家或地区的有关规定来看，大致分两类；一类是明确限定宣告刑，如英国治安法院以简易程序审结的案件，监禁最高不得超过 6 个月，罚金最高不得超过 5000 英镑。日本适用简易程序的案件宣告刑为 5000 元以下罚金及缓刑、没收或其他附加处分。法国适用简易程序的违警罪其宣告刑仅为判处罚金。另一类是同时规定法定刑和宣告刑。例如，澳门地区适用简易诉讼程序的案件，限于最高法定刑 3 年以下；适用最简易程序的，限于最高法定刑 2 年以下，并且实际科处罚金或非拘留性质的保安处分。与上述规定相比，我国适用简易程序的案件范围显然偏宽，且立法用语不够严谨。首先，适用简易程序应限于轻微的犯罪案件。所谓轻微，含犯罪性质轻微和犯罪情节轻微两方面。由于我国只以宣告刑界定案件范围，而未对案件种类加以限制，这意味着任何犯罪，无论性质多么严重，即使如杀人、纵火、抢劫、强奸等严重犯罪，如果情节较轻或者具有某种可以从轻、减轻处罚的情节，实际处刑可能

---

* 原文发表于《法学杂志》1998 年第 3 期，与李菁菁合作。

在3年以下，都可以适用简易程序。这显然与设置简易程序的指导思想不符，并使此类案件的审判质量难以保证。其次，按照《刑法》第99条的规定，所称“以上、以下、以内”均包括本数。我国刑法在规定刑罚时，以有期徒刑“三年以下”或“三年以上”为不同的量刑幅度，而且往往为区分轻罪和重罪的界限。由于“三年以下”与“三年以上”本数重合，确定简易程序案件范围又仅以宣告刑为依据，而实际科刑则在法庭审理之后，因此使得在庭审前选择是否适用简易程序十分困难，理论上大量的严重刑事案件都可以适用简易程序。如故意杀人罪，刑法规定情节较轻的，处3年以上10年以下有期徒刑，即为此例。据此，建议在司法解释时将适用简易程序案件范围限定为最高科处不超过3年有期徒刑。这样在庭审前对案件进行甄别筛选时，可将法定刑3年以上有期徒刑的犯罪案件全部排除在简易程序之外。

二、选择适用简易程序应当征得当事人同意

根据《刑事诉讼法》第174条的规定，公诉案件适用简易程序是由检察院在提起公诉时提出建议或者由法院征得检察院同意，即由检察院选择适用。自诉案件适用简易程序则完全由法院决定。无论公诉、自诉，法律均未规定需征求当事人意见或征得当事人同意。从设置简易程序的宗旨来看，对于那些犯罪轻微、案情简单、被告人罪责较易确定的案件，在保障实体公正的前提下，为节省司法资源、缩短诉讼时间、实现诉讼的效率目标而使程序公正作出某种适度的让步，即简化庭审程序，据以定案的证据不再强调以直接、言词为原则的当庭质证，因公诉人、辩护人可能不出庭而削弱了控辩双方的直接对抗。其中均隐含着被告人合法权益得不到充分保障，案件可能被误判、错判的风险。因此，在选择适用简易程序时应当尊重当事人特别是被告人的意愿，让当事人权衡是否愿意冒此风险。“简易程序的正当化”乃是当代刑事诉讼发展的重大课题。从世界范围看，举凡设置简易程序的国家，莫不规定有征得被告人同意这一程序要件。如意大利规定适用简易审判、快速审判程序时，需要被告人提出要求。1994年世界刑法学协会第十五届代表大会通过的《关于刑事诉讼中的人权问题》决议，也强调“立法机关应当规定实行简易审判的条件，并且规定保障被告人与司法机关合作的自愿性”。最高人民检察院有关适用刑事诉讼法的解释，便充分考虑到这一

点，将“被告人要求适用普通程序的”作为检察机关应当不予建议或者不予同意适用简易程序的情形，从而弥补了立法之不足。同样，对于自诉案件，法院决定是否适用简易程序时，应当事先征求被告人和自诉人的意见，解释简易程序的特点和潜在的风险，向当事人提供机会让其选择，以保障当事人的合法权益，实现程序公正。

三、关于简易程序公诉案件的审查和案卷材料的移送

刑事诉讼法对法院适用简易审判程序的公诉案件如何审查和案卷材料如何移送未作明确规定。笔者认为，应当区分公诉人出庭与不出庭两种情况作不同处理。对于公诉人出庭的案件，仍应贯彻庭审方式改革的精神，按照《刑事诉讼法》第150条的规定，与普通程序一样向法院移送起诉书、证据目录、证人名单和主要证据复印件或照片，由法院在庭审前作程序性的审查。因为此种情况下有公诉人出庭支持公诉，出示证据，履行控诉职能，不应造成法官角色错位，模糊控审界限。对于公诉人不出庭的案件，应当有别于普通程序，检察机关在建议适用简易程序并且决定公诉人不出庭支持公诉时，便将全部案卷材料证据移送法院作实体审查。道理很显然，由于公诉人不出庭，无人在法庭上行使控诉职能，法庭示证质证程序可能被简化或省略，控辩双方的对抗遭到削弱，在此情况下检察院若仍按普通程序向法院移送四种材料，要求法院只作程序性审查，完全在庭审时审查判断证据、认定案件事实是不现实的，案件质量得不到保证，此外实践中也无法操作。

根据最高人民法院的有关解释，对适用简易程序的公诉案件作实体审查时，发现具有下列情形之一的不能适用简易程序：公诉案件的被告人对于被指控的犯罪事实予以否认的；比较复杂的共同犯罪案件；被告人是盲、聋、哑人的；辩护人作无罪辩护的；被告人应当判处3年以上有期徒刑的；事实不清或者证据不充分的；以及其他不应或不宜适用简易程序的。通过庭审前的审查把关，可以防止不符合法定条件的案件进入简易程序，以免在庭审过程中引起审判程序的变更，延误诉讼时间，浪费司法资源，同时也为法官在庭审中准确认定案件事实、正确适用法律打好基础。

四、关于简易庭审程序的具体运作

简易程序，顾名思义就是要比普通程序简单、简化。《刑事诉讼法》第177条规定，适用简易程序审理条件，不受普通程序关于讯问被告人、询问证人、鉴定人、出示证据、法庭辩论程序规定的限制。至于究竟可以简化到何种程度，简易庭审具体应当如何运作，由于刑事诉讼法只是原则性的规定，仍是有待理论上探讨和实践中摸索的问题。基本要求，一方面要大大简化诉讼程序，以充分发挥简易程序的功用，达到立法设置简易程序的目的；另一方面要慎重，不能一味追求效率而降低审理质量，妨碍程序公正，侵犯或损害当事人合法权益。具体操作，对于公诉案件仍应区分公诉人是否出庭而不同。公诉人出庭的案件，为保护被告人合法权益，维护控辩双方的某种均衡，一般情况下被告人要有辩护人并且应当出庭，在司法利益有此需要时人民法院甚至可以指定。庭审的步骤为：公诉人宣读起诉书；被告人就起诉书指控的犯罪事实进行陈述；控辩双方相互示证质证；经审判长准许，被告人及其辩护人可同公诉人进行辩论；被告人最后陈述。庭审程序的简化主要表现在证人、鉴定人可以不出庭，次要证据或重复证据可以不出示。对于公诉人不出庭的案件，辩护人也可以不出庭，但应当将书面辩护意见提交法院。庭审程序可以大大简化，以被告人就起诉书指控事实进行答辩和审判人员讯问被告人就案件的某些问题或某些证据进行调查核实为主。被告人最后陈述仍为必经程序，但控辩双方当庭相互示证、质证以及法庭辩论程序可以省略。公诉人不出庭但辩护人出庭的案件，以及按照简易程序审理的自诉案件，其程序可参照上述程序进行。所不同的是，自诉人必须出庭，这是由自诉案件的特点决定的。因为自诉案件的审理，法院可以调解，双方当事人可以和解，自诉人可以撤诉，被告人可以提出反诉，如果自诉人不出庭，影响上述程序的进行。因此，对于适用简易程序审理的自诉案件，自诉人不出庭的应按撤诉处理，被告人提起反诉的按独立的诉讼案件审查受理。

《刑事诉讼法》第179条规定，人民法院在审理过程中，发现不宜适用简易程序的，应当及时变更为普通程序重新审理。上述规定，旨在在庭审过程中随时过滤，防止简易程序的错用或滥用，保证审判质量。执行这一规定的要害在于切实把握“变更条件”。既要防止将可能超过简易程序审判期限的案件通过变更普通程序延长审限，又要防止片面追求审判效率而将不应或不宜适用简易程序的案件以简易程序处理，甚至将某些可能或应当判处3年以上有期徒刑的案件以简易程序从轻处罚，放纵罪犯。为了避免司法实务中的随意性，建议在积累了一定司法经验，时机成熟时，在立法上对简易审判程序的“变更情形”作出可操作的列举，以逐步完善我国的刑事简易审判制度。

从起诉效力看刑事审判中的罪名变更*

与庭审方式改革相适应，现行刑事诉讼法弱化了公诉案件庭前审查的实体内容，基本上实行程序性审查，即只要符合“起诉书中有明确的指控犯罪事实并且附有证据目录、证人名单和主要证据复印件或照片”，法院就应当开庭。因此，检法认定罪名不一致的问题便由原来的庭前审查阶段转移到庭审阶段，并成为司法实践中的突出问题之一。

探讨这一问题的解决方案，不可避免地要触及控审关系问题。调整控审关系的最基本的诉讼原理便是不告不理原则。在现代刑事司法理论与实践中，不告不理原则的核心含义是审判范围应当受制于起诉的效力范围。起诉的效力，包括对人的效力和对事的效力。在对人的效力方面，起诉仅对检察官所指控的人发生效力而不涉及起诉书所列举的被告人以外的人；在对事的效力方面，情况则比较复杂。本文着重探讨刑事审判中的罪名变更问题，主要研究起诉的对事效力，“起诉效力”一词，在本文中也仅指起诉的对事效力。

一、起诉的双向效力

在刑事诉讼中，根据不告不理原则，案件的审理范围不得超出起诉的范围，即起诉的效力必须涵盖审判中的案件事实。起诉具有以下两方面的效力：

（一）起诉的横向效力：起诉不可分原则

从横向来看，起诉的效力及于单一事实的全部，这个效力又被表述为起诉不可分原则。何谓单一事实？以传统的观点来看，刑事诉讼旨在以适当的方式确定国家对被告人刑罚权的有无及范围，因此通常以刑罚权作为划分事实个数的依据。据此，凡能够在刑法上产生一个具体刑

---

* 原文载陈光中主编：《诉讼法论丛》（第5卷），法律出版社2000年版，与魏晓娜合作。

罚权的事实，便构成一个不可再分的事实单元，即单一事实。由于犯罪行为实施的方式、环境等具体情况的差异，单一事实既可能是单纯的一个犯罪行为，也可能包括数个法律性质相同的行为，如以数拳脚伤害他人；也可能包括数个法律性质相异的行为，比如在故意杀人时有损害他人健康的行为，在抢劫或强奸时侵入住宅，在盗窃枪支时持有枪支，等等。从法律观念而言，杀人和伤害，抢劫、强奸和侵入住宅，盗窃枪支和持有枪支是法律规定的独立犯罪，分别充实了数个不同的构成要件。但在实际发生的犯罪现象中，它们有机结合在一起，在刑法规定的处罚原则中，以一罪论。[①]在刑事诉讼中也只成立一个事实单元。基于这个效力，凡对单一事实的一部分起诉，法院便可以对单一事实的全部行使审判权。由于单一事实的问题主要由刑法上的罪数论加以解决，英美法系的刑法理论很少对罪数问题进行研究，加之在刑事诉讼中实行诉因制度，因此起诉不可分原则的适用受到了很大的限制。

（二）起诉的纵向效力：同一性原则

从纵向来看，起诉后，随着诉讼程序的发展，原来的起诉事实可能会发生变化（并非案件事实本身发生变化，而是对事实的认识发生变化）或出现新的事实，但是作为原则，审判事实必须与起诉事实保持同一，不能超出起诉事实的范围。这被称为同一性原则。相对于起诉横向效力的静态性，起诉的纵向效力是着眼于程序的发展而作动态考察的结果。在起诉的纵向效力所涵盖的范围内，检察官可以不受诉讼程序发展的影响，继续以原来的起诉事实维持其追诉；对法官而言，凡起诉的纵向效力所涵盖的范围，均可成为审判对象。在这个范围内，法官可以自由认定事实、适用法律。因此起诉的纵向效力在研究刑事审判中的罪名变更问题时意义重大，刑事审判中能否变更起诉罪名，以及变更罪名的幅度无不与起诉的纵向效力有关。

第一，同一性的两种理解。起诉的纵向效力在于维持审判事实与起诉事实的同一性。那么，什么样的审判事实与起诉事实具有同一性呢？对于这个问题，理论上的观点难以尽数，实践中的做法也多有差异。但

① 阮齐林、侯国云：《简论不适用数罪并罚的犯罪形态及其处罚原则》，载《法学研究》1991年第6期。

总体而言，大致有两种观点：一是自然性事实同一说。认为只要审判中的事实与起诉事实属于同一个自然的或社会的事实，那么无论最后的审判定为何罪，都不算超出了起诉的效力范围。“法院之审判，固应以起诉之犯罪事实为范围，但于不妨害事实同一之范围，仍得自由认定事实，适用法律。所谓事实同一，非谓全部事实均须一致，只须基本事实相同，其余部分纵或稍有出入，亦不失为事实同一”[①]，即属这种观点。二是法律性事实同一说。认为审判中认定的罪名或者审判事实的构成要件与起诉事实具有同质性或相似性，才能维持同一性。并认为犯罪是对刑法规范的违反，那么犯罪是否成立，应据各个刑法规范确定。如果对事实适用了不同的刑法规范，就不足以维持其同一性。不难看出，以上两种观点对起诉事实的理解是不同的，这导致了起诉纵向效力宽狭的不同，进而影响到审判范围。自然性事实同一说认为只要法院审理的范围不超出起诉书所指的客观事实的范围，便可自由适用法律。因此，法院的活动空间是相当大的。法律性事实同一说在起诉事实中纳入了法的要素，变更罪名或法条的适用也会影响到起诉事实的同一性。因此，法院的活动余地相当小。

第二，这种差异的存在，对各诉讼主体产生如下影响：

首先，对于被告人来说，起诉事实同一性的范围越大，即起诉的纵向效力涵盖的范围越广，辩护权因缺少明确的方向性而越难以行使，在起诉书所指出的客观事实范围内，被告人都有可能被定罪。这对于被告人是极为不利的。但另外，起诉效力涵盖的范围越广，既判力的范围也越广。受制于一事不再理原则，对被告人再行追诉的范围越小，因此对被告人越有利。换言之，起诉效力范围的扩大，使被告人在行使辩护权方面蒙受不利，同时又使之在一事不再理方面获得利益。可见，起诉效力的大小，对被告人来说，并非全部不利，也非全部有利。但被告人在刑事诉讼中，面临着被定罪的现实危险，此刻他最关心的当然是能否获得无罪判决。而起诉效力的扩大，使辩护权的行使去了确定的目标，增大了定罪的可能性，不利于维护被告人的利益。

其次，对于检察官来说，起诉事实同一性的范围越小，既判力的效

---

① 刁荣华:《刑事诉讼法释疑》，汉苑出版社 1976 年版，第 123 页。

力范围越小，检察官固然可以就同一自然性事实多次行使追诉权[①]，但是其后果是刑事案件增多，工作量加大。而扩大起诉效力范围则可以避免这些问题，使本来以数个起诉方能解决的案件在一个起诉中一次加以解决，提高了工作效率。而且，起诉效力涵盖的范围越大，检察官便可以较少受诉讼程序发展的影响，继续以原来的起诉维持其追诉，并可以基于同一事实，不断变换追诉角度，增加被告人定罪的可能性。

最后，对于法院来说，控辩双方的胜败得失对法院无所谓有利还是不利。法院最为关心的是减少错误判决，提高诉讼效率。起诉效力的扩大，法官得以调查证据的范围也相应扩大[②]，随之查明案件事实的能力也增大，降低了错误认定事实的可能性。而且起诉效力范围越大，法官对于审判事实可得变更使用法条的余地也扩大，因变更法条超出起诉事实范围的可能性减少，因此较少有抵触不告不理原则的违法裁判。从诉讼效率上讲，起诉效力扩大，使法官得以在一次审判中彻底解决案件，提高了效率。如果起诉范围缩小，那么可以成为审判对象的事实范围也相应缩小，法官不仅变更适用法律条文的幅度受到限制，而且由于起诉效力范围过于狭窄，时时有抵触不告不理原则而为违法裁判的危险。况且，对于同一自然性事实多次进行审判，势必增加案件数量，造成工作负担。可见缩小起诉效力的范围对法院是不利的。

从以上分析可以看出，对起诉事实的界定，直接影响到起诉纵向效力的宽狭，而起诉纵向效力的宽狭，至少对以下三个方面产生重大影响：第一是被告人辩护权的行使；第二是打击犯罪的力度；第三是诉讼效率。

二、两种实践——两种价值选择

在起诉效力问题上，不同的国家和地区有不同的做法，这也决定了各国在刑事审判范围以及罪名变更等一系列问题上的差异。但撇开诸多细枝末节的表象，我们仍能从中把握一些基本的方向性。总体而言，不

---

① 例如，根据香港刑事诉讼程序法，对某一共谋犯罪宣告无罪，并不排除对帮助和唆使共谋犯罪中的犯罪行为提出指控。参见赵秉志主编：《香港刑事诉讼程序法》，北京大学出版社 1996 年版，第 172 页。

② 《德国刑事诉讼法》第 224 条规定：“为了调查事实真相，法院应当依职权将证据调查延伸到所有的对于裁判具有意义的事实、证据上……”

同的制度传统和价值观念在主导着这种差异，形成了英美法系和大陆法系两大分野。这主要体现于以下几个方面：

（一）审判对象

英美法系传统上实行诉因制度。所谓诉因，指为了使控诉主张得到法官的支持而提出的相当于犯罪构成要件的事实。因此，对于起诉书，不仅要求详细记载犯罪事实，还要求列明诉因。在美国，“大陪审团起诉书或检察官起诉书应当就指控的每条罪状说明该行为违反的法律、法规、条例或其他法律规定，援引有关法律条文。”[①] 在我国香港，如果公诉书没有指出犯罪的基本要素，便构成公诉书的缺陷。如果缺陷严重，简单的修正已不能弥补，控方或被告人都可以以公诉书是有缺陷的为由，提出撤销公诉书的申请；如果缺陷十分严重，将会导致公诉书的无效。[②] 诉因制度的确立，其目的有二：一是确定审判对象；二是确定当事人攻击防御的焦点，保证被告人充分行使辩护权。因此，在英美法系国家，诉因事实便是起诉事实，审理对象就是相当于犯罪构成要件的诉因。法官或陪审团的职责也仅在于依证据判断诉因是否存在。原则上起诉书的记载应是一个犯罪事实，一个诉因，但为了应对起诉事实随着诉讼程序的发展而发生变化的情况，诉因也可以作选择性的记载。

大陆法系传统上不采诉因制度。虽然起诉书上除要求记载犯罪事实外，也要求记载所犯法条，但此项记载，仅是进一步明确审判范围，并非起诉之绝对必要条件。“所谓起诉事实，只指可以构成犯罪之事实，亦毋庸具体的叙述其具有何种特别构成要件。”[③]《德国刑事诉讼法》第155条第2项规定：“在此界限（起诉书中写明的行为和所指控的人员）范围内，法院有权和有义务自主行动，尤其是在刑法的适用上法院不受提出的申请之约束。”可见，这里的起诉事实，是基本上没有经过构成要件整理的自然性事实。至于起诉书中刑法条文的记载，仅具有辅助确定审判范围的作用，对法院不具有约束力。根据起诉不可分原则，起诉

---

① 《美国联邦刑事诉讼规则与证据规则》第7条（C）（1），卞建林译，中国政法大学出版社1996年版。

② 赵秉志主编：《香港刑事诉讼程序法》，北京大学出版社1996年版，第134—139页。

③ 陈朴生：《刑事证据法》，三民书局1979年版，第29页。

效力不仅及于单纯的一罪的全部，也及于实质的一罪，如继续犯、结合犯、吸收犯，甚至还及于裁判上的一罪，如想象竞合犯、牵连犯、连续犯。虽然这些犯罪包含有数个构成要件，但由于刑法上规定以一罪论，因此，审判范围不仅包括起诉书所指的犯罪事实，还包括与该犯罪事实有实质上一罪或裁判上一罪关系的相关事实。这些事实，均是起诉书效力所及，因此，检察官无须再就这些事实追加起诉。

（二）起诉的变更、追加

在英美法系，法官的基本任务在于依证据认定诉因存在与否。但是，如果法官不能以起诉状记载的诉因对被告人作出有罪判决时，可否径行依起诉状所记载的诉因以外的诉因对事实作出认定呢？根据上文分析，起诉效力所及仅仅是诉因事实，在没有变更、追加起诉的情况下，法官径行依起诉状所记载的诉因以外的事实进行事实认定，即使是基于同一自然性事实，也与不告不理原则相悖。《日本刑事诉讼法》第312条规定："经检察官请求时，法院于不妨害公诉事实的同一性的限度内，应准许对起诉书中所记载的诉讼原因或处罚条文予以追加、撤回或变更。"法律作如此规定的目的，在于防止由于法院与检察院对同一事实的法律评价不同而作出无罪判决或对被告人不利的判决。但是起诉的变更、追加必须满足以下条件：第一，起诉的变更或追加必须在不妨害公诉事实同一性的限度内。这里的公诉事实指原诉因的自然性事实基础。可见，自然性事实即使在诉因制度下，也是有其法律意义的。即自然性事实是潜在的审判对象，诉因是现实的审判对象。在同一自然性事实范围内，潜在的审判对象可能由于起诉的追加或变更而成为现实的审判对象。但追加或变更诉因之前，裁判者仍受原诉因的约束。立法之所以作此限制，其主旨也在于防止诉因的变更、追加漫无边际，不利于辩护权的行使。第二，法院应迅速将起诉变更、追加的部分通知被告人，以使被告方有足够的防御准备，保障辩护权的行使。第三，如果诉因的变更、追加，有于被告方之防御产生实质不利益之虞时，依辩护方申请，应当决定在必要的期间内停止公审程序。由以上可以看出，在诉因制度下，虽然允许变更、追加起诉，但立法对于被告人辩护权的行使仍是关怀备至。

在大陆法系，案件被提起公诉后，如果在庭审中发现事实不同于指控中描述的事实，或者出现了与本案具有牵连关系的新事实，此时起诉的效力已难以涵盖这些情况，因此必须经过变更、追加起诉程序才能继续进行审判。所谓具有牵连关系的新事实，并非前文提到的牵连犯，在意大利指数人共同实施或者数人采取相互独立的行为造成犯罪结果以及一人犯数罪，其中一些罪行是为了执行或掩盖另一些罪行而实施的等情况。[①] 我国台湾地区一般认为包括：（1）一人犯数罪；（2）数人共犯一罪；（3）数人在同一处所各别犯罪；（4）犯与本罪有关系的藏匿人犯、湮灭证据、伪证、赃物各罪的情况。[②] 虽然大陆法系对“具有牵连关系的事实”的理解不尽相同，但从本质上说，这些事实完全可以作为一个新的案件另行起诉，另行审判。之所以把这些案件合并于同一审判程序，无非出于诉讼经济的考虑。既然是出于诉讼经济的考虑，如果所追加的各诉与本诉毫无关系或法庭辩论已经终结，即使合并审判也难以达到诉讼经济的目的，因此一般把变更、追加起诉的范围限制于与本诉具有牵连关系的范围内。[③]

（三）裁判者径行变更罪名的范围

在英美法系，裁判者是否可以在审判事实的基础上、径行适用新的法律条文，主要考虑因素有两个：一是是否超出起诉效力的涵盖范围；二是是否对被告人行使辩护权有不利的影响。在完全不损及这两个因素的前提下，法律允许裁判者以审判事实为基础，径行适用新的法律条文对被告人定罪。但是由于实行诉因制度，起诉事实（即诉因事实）本身包含有犯罪构成（即刑法规范）的要素，因此，裁判者可得变更适用法律条文的范围是极为狭窄的。《美国联邦刑事诉讼规则》第 31 条（C）规定：“被告人可以被确定犯有包容于被控罪行之中的某项罪行，或者被确定意图实施被控罪行或者实施必然包容在被控罪行之中的某项罪行，如果意图构成犯罪的话。”在我国香港，法官应当指示陪审团，当有证据证实被告人所犯罪行要比指控的轻，即使被告人没指望陪审团考虑，陪审团也可以作出一个较指控罪行轻的裁定。但如果被告人以未遂犯罪

① 参见《意大利刑事诉讼法》第 12 条。

② 林山田：《刑事诉讼法》，汉荣书局有限公司 1981 年版，第 81 页。

③ 例如，我国台湾地区“刑事诉讼法”第 265 条规定：“……于第一审辩论终结前，得就与本案相牵连之犯罪或本罪之诬告罪，追加起诉。”

或者暴力威胁或者实施其他预备犯罪的罪名被指控，那么即使案件事实表明被告人的犯罪已经完成，也只就指控的罪名对被告人定罪。[①]《加拿大刑事法典》第662条规定："……被告人可以被定以：(1)业经证明的包含在被控罪行之中的罪行，尽管被控的整个罪行未得到证明；或者(2)意图实施包含在被控犯罪之内的罪行。"可见，裁判者改变起诉书中的定罪的情况仅限于：据以定罪之罪行是起诉罪行的一部分或较轻形态或未完成形态，使定罪罪行既完全包容于起诉效力范围内，又完全无害于辩护权的行使。例如，当罪状指控犯一级谋杀，而证据却不能证明一级谋杀，但可以证明犯二级谋杀或者意图犯二级谋杀时，陪审团可以裁定被告人一级谋杀罪名不成立，同时根据案情裁决犯二级谋杀或意图犯二级谋杀。[②]

在大陆法系，传统上认为在起诉效力所及的客观事实范围内，对于案件事实的法律评价属于法院的职权，法院可以依职权径行变更罪名而不受公诉意见的约束。但是，如果该项罪名变更将对被告人的防御产生实质性的不利，应当给予辩护方提出异议的机会和必要的准备时间。我国台湾地区规定：判决，得就起诉之犯罪事实，变更检察官所引应适用法条之拘束。在德国与法国，法院都可以作出不同于起诉书的对案件事实的法律评价。[③]

可见，由于起诉效力范围的差异，形成了英美法系与大陆法系在审判实践中不同的做法。在变更罪名的问题上，英美法系更强调审判对象的明确性以保障辩护权的有效行使，而大陆法系则在保障辩护权的同时更注重诉讼的经济。

三、我国的现状与设想

我国的刑事诉讼制度受苏联影响较大，从传统上更接近于大陆法系。在起诉的效力范围问题上，我国法律并没有直接规定。但从大多数学者们的观点来看，起诉的效力及于整个自然性（或客观的）事实，适用法条，包括认定罪名，是属于法官的职权范围。[④]最高人民法院《关

① 参见赵秉志主编：《香港刑事诉讼程序法》，北京大学出版社1996年版，第234页。
② 参见《加拿大刑事法典》第662条第2项。
③ 参见《法国刑事诉讼法》第351条，《德国刑事诉讼法》第207条第2项。
④ 张凤阁主编：《出庭公诉理论与实践》，电子工业出版社1996年版，第214页。

于执行〈中华人民共和国刑事诉讼法〉若干问题的解释》第176条第2项也规定，指控的罪名与人民法院审理认定的罪名不一致的，应当作出有罪判决。排除了由于人民检察院与人民法院对同一事实的法律评价的不同而导致无罪判决的可能性，从而决定了我国在起诉效力问题上的基本立场。

应该说，这种把起诉效力及于整个自然性事实的做法基本上是值得肯定的。首先，它把英美法中分解为数个起诉方能解决的案件于一次起诉，一次审判中得以解决，避免了反复举证和调查，符合经济效率的原则；其次，它赋予了法官极大的主动权与积极性，对于查明案件事实、正确适用法律有着正面的影响并利于犯罪控制价值目标的实现；再次，起诉效力及于整个客观事实，扩大了一事不再理原则的适用范围，增大了公民法律地位的稳定性和市场经济中主体行为的可预测性，有利于整个社会秩序的稳定；最后，由同一客观事实形成的不同诉因，最终归因于刑事实体法规的交叉与重叠，是属于立法技术问题，即使这个问题是不可避免或难以克服的，也不应由刑事被告人来承受这个后果。要被告人因一个行为遭受多个罪名的指控甚至一次次地处于被追诉状态，从社会心理上也是难以接受的。如果把起诉效力涵盖整个客观的事实，那么就在很大程度上弥补了法律规范的机械和严苛。

然而，不可否认，这一解释又过于笼统和概括，既没有设定人民法院变更罪名的界限，又没有设置必要的程序保障。况且，作为公诉机关的人民检察院还兼行法律监督职能，这就决定了人民法院在罪名适用问题上，必须对公诉意见给予充分的尊重与重视。从这个角度来说，诉因制度中对于诉讼主体自由意志（主要是起诉方）的尊重、对辩护权的严密防护以及贯彻控审分离原则的彻底性无疑是值得我们借鉴的。

在司法实践中，导致人民法院变更起诉罪名的原因，不外乎两种情况：一是事实，二是法律。[①] 变更罪名时的主要考虑因素也无非两个：一是是否超出起诉效力的涵盖范围，二是是否对被告人辩护权的行使有不利的影响。对于第一种情况，即由于案件事实超出起诉事实或发生重大变化而导致罪名变更时，主要考虑第一个因素，即起诉效力的因素。

① 在实行诉因制度的国家，起诉事实是经法律规范整理过的事实，与法律不可能截然分开。我国不实行诉因制度，因此这种区分可以是明确而不含糊的。

这种情况下，无论罪名的变更对被告人是否有利，由于原起诉的效力已难以涵盖目前的案件事实，均须经人民检察院变更、追加起诉程序，并对新的案件事实调查、辩论后，才能变更罪名。对于第二种情况，由于案件的基础事实没有发生变化，因此不存在超出原起诉效力的顾虑，而此时的主要考虑因素是对辩护权的影响。如果直接变更罪名将对被告人的防御产生实质性的不利，应当给予辩护方提出异议的机会和必要的准备时间。除此之外，人民法院可以直接变更罪名。因此，我们可以把涉及罪名变更的审判实践区分为三个层次：第一个层次，人民法院可以直接改变罪名而无须任何程序。这主要是指罪名的变更既不超出起诉的效力范围，也不会对辩护权的行使产生实质性不利的情况。第二个层次，人民法院须经一定的程序才能改变罪名。包括两种情况：由于事实发生变化而导致的罪名变更，必须经过人民检察院的变更、追加起诉程序；由于不同的法律适用而导致罪名变更，如果对辩护权的行使有实质性的不利时，则须经一定的告知及异议程序。第三个层次，人民法院不能改变罪名的情况。如果案件事实与原起诉事实无任何牵连关系，则只对原起诉事实作出判决。至于新的案件事实，由人民检察院作为新案件另行起诉，另行审判。

我国刑事诉讼法没有明确规定法庭审理的范围，也未建立完备的变更指控制度，但依据起诉效力的原理并参酌国外的实践，我们认为：

第一，法庭审理的范围应仅限于起诉书所指控的被告人，并限于起诉书所指控的犯罪事实，但基于起诉不可分原则，对单一事实的一部分起诉，其效力自然及于全部事实。

第二，应尽快完善变更、追加起诉制度。人民法院在审理过程中发现事实真相与起诉事实有较大出入或发现新的事实，经人民检察院要求或者由人民法院通知，可以变更、追加起诉，但变更、追加起诉的决定权在人民检察院。变更起诉，应立即通知被告人。如果对被告人辩护权的行使有实质性影响，应当决定延期审理，以给被告方以充分的准备期间。必要时，还应更新法庭调查或法庭辩论程序。变更起诉，应限于对特定被告人的指控事实的变更，而不能变更作为指控对象的被告人。如果发现犯罪行为并非本案被告人实施，而是另有其人，仍应对本案被告人作出无罪判决，然后再由人民检察院确定新的被告人另行起诉，而不能通过变更起诉程序直接变更被告人。追加起诉，应限于与本诉有特定关系、合并于同一审判程序确能达到诉讼经济之效的案件。具体包括：一人犯数罪中对漏罪的追加、共同犯罪的案件中对漏诉共犯的追加，以及对与本罪有关的包庇罪、窝赃销赃罪、妨害证据罪的追加等情况。而且，起诉的追加应在第一审法庭辩论终结前为之，具体程序仍应参照变更起诉程序办理。

第三，法院具有在一定限度内径行变更起诉罪名的权利。具体说来，法院改变起诉罪名的情况，大致有三种：（1）人民检察院以一罪名起诉，人民法院认为应定数罪。这又包括两种情况：一种是由于人民法院在审理过程中发现了新的事实，而且属于刑法上规定的应适用数罪并罚的情况。例如，人民检察院以收买被拐卖的妇女罪起诉，人民法院在审理过程中，发现被告人又有非法限制他人人身自由的行为。根据我国《刑法》第 241 条第 3 款、第 4 款的规定，应依照数罪并罚的情况处罚。在这种情况下，原起诉的效力已难以涵盖新发现的事实，实际上属于应追加起诉的情况。对此，可依照前述追加起诉的情况办理。另一种是检法两家对案件事实并无争议，但在法律适用上有不同的意见造成的。例如，人民检察院以生产、销售伪劣商品罪一个罪名起诉，人民法院认为应定生产、销售假药罪和生产伪劣兽药罪两个罪名。人民法院的定罪与人民检察院的起诉具有同一的自然性事实基础，并未超出起诉的效力范围。而此时两罪的并罚将会对被告人产生实质性的影响，因此人民法院仍有必要将此意向告知控辩双方，听取控辩双方的意见，并可由双方进行辩论，在此基础上作出判决。（2）人民检察院以数个罪名起诉，人民法院认为应定为一罪。例如牵连犯、想象竞合犯、吸收犯的情况。此时，法院据以定罪的事实既不超出起诉范围，又对被告人辩护权的行使不产生影响，因而既无须取得人民检察院的同意，也不必通知被告人，可径行变更罪名。人民检察院对此若有异议，尚有抗诉的补救机会。（3）人民检察院以此罪名起诉，人民法院认为应定为彼罪。这种情况应仅限于人民检察院和人民法院对事实的认定并无二致，仅仅是在定性上发生分歧的情况。否则，如果人民法院据以定罪的事实基础与起诉事实相比发生了重大变化，那么，必须经人民检察院变更起诉，才能继续进行审理。由于事实的同一性，因而不必担心审判事实会超出起诉的效力范围。这种情况之下又有两种可能：第一种是由重罪名变为轻罪名。这种情况下，由于对被告人不会产生不利的影响，法院可直接变更罪名。第二种是由轻罪名变为重罪名或另一相当的罪名。一方面，这种情况虽然也不超出起诉的效力范围，却会对被告人产生重要影响；另一方面，此时的案件事实已经调查清楚，罪名的适用仅属法律问题。据此，出于对各诉讼主体意志的尊重并保障被告人辩护权的目的，法院应将其适用新罪的意向告知控辩双方，听取双方的意见，控辩双方还可就此展开辩论，法院在此基础上作出判决，但最后的决定权仍在法院。

从我国刑事法庭设置看刑事审判构造的完善 *

刑事诉讼构造，一般是指受刑事诉讼价值观影响，由刑事诉讼目的决定，控、辩、审三方主体在刑事诉讼程序中所处的法律地位和相互关系。这是一个国家民主政治制度、法律文化传统、诉讼价值观念在司法运作中的突出反映，是构筑刑事诉讼具体制度、程序、措施的基石。审判程序是“三方组合”的诉讼形态最为完整的诉讼阶段，因此审判构造也是刑事诉讼构造最为集中的体现。构建科学合理的审判构造，是刑事诉讼庭审方式乃至刑事司法制度改革的重要内容。而刑事法庭的设置，客观、形象地反映了控、辩、审三方主体在刑事审判中所处的法律地位和相互关系，成为刑事审判构造的重要表征。

当前，尽管诉讼法学界对审判构造问题已经开展了较为深入的研究，但鲜见有人将法庭设置与审判构造相联系，从法庭设置对审判构造的映射作用，探讨我国审判构造的构建与完善。为此，笔者试图从我国刑事法庭现行设置入手，力求准确、形象地勾勒出其所反映的我国刑事审判构造的独特模式，分析这一独特模式形成的原因及其在司法实践中引发的弊端，并根据刑事审判的应然构造和联合国刑事司法准则的基本要求，对重塑我国刑事审判的“等腰三角形结构”提出改革和完善建议。

一、我国刑事法庭设置及其所反映的刑事审判构造

（一）我国刑事法庭设置及其特征

当今世界其他国家的刑事法庭设置，基本上可以划分为三类：一是传统英美法系当事人主义刑事法庭设置，特点为控辩双方平等武装、平

---

* 原文发表于《法学研究》2004 年第 3 期，与李菁菁合作，本书收录时有修改。

等对抗，法官消极、中立听证（如图1所示）。二是传统大陆法系职权主义刑事法庭设置，特点为法庭审判奉行职权主义，法官在庭审中占据主导地位，不是消极的仲裁者；检察官代表国家提起公诉并非一般当事人，控辩地位不完全对等（如图2、图3所示）。三是作为现代人权理念重要策源地的北欧国家的刑事法庭设置，其形式接近家庭法庭、未成年人法庭的“圆桌审判”模式，特点是审判凸显诉讼民主和人权保障，更具人文关怀色彩（如图4所示）。[①]

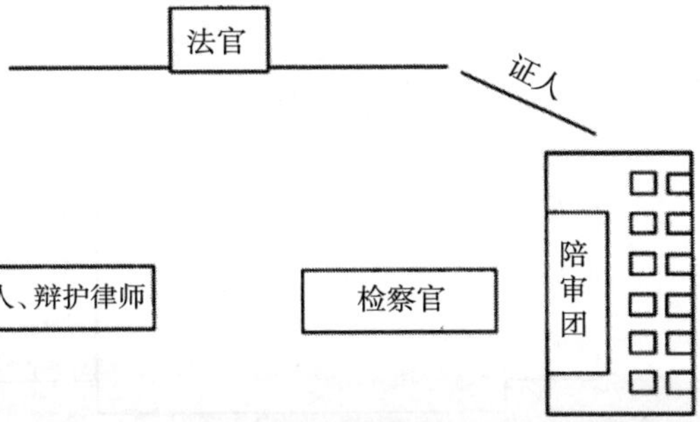

图1　美国陪审团刑事法庭设置

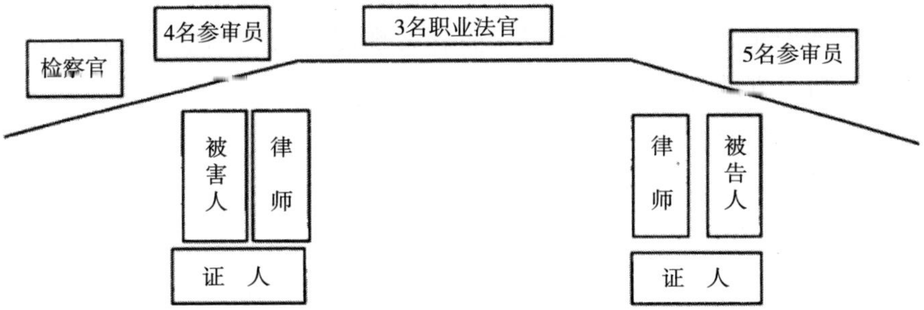

图2　法国重罪法庭设置

① 上述图示均根据作者对相关国家刑事法庭的实地考察绘制。

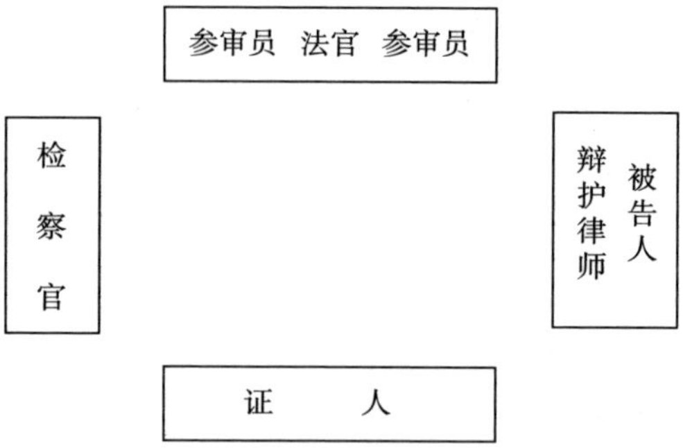

图 3 法国地方法院刑事法庭（舍芬庭）设置

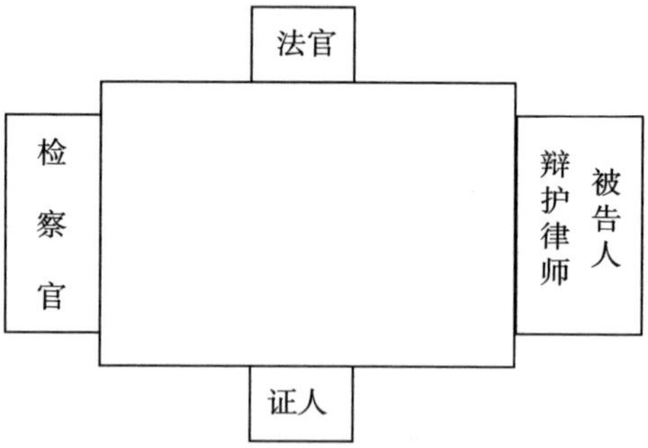

图 4 芬兰地方法院刑事法庭设置

根据刑事诉讼法和司法解释的有关规定，我国刑事审判庭控诉、辩护、审判三方的基本设置如图 5 所示。

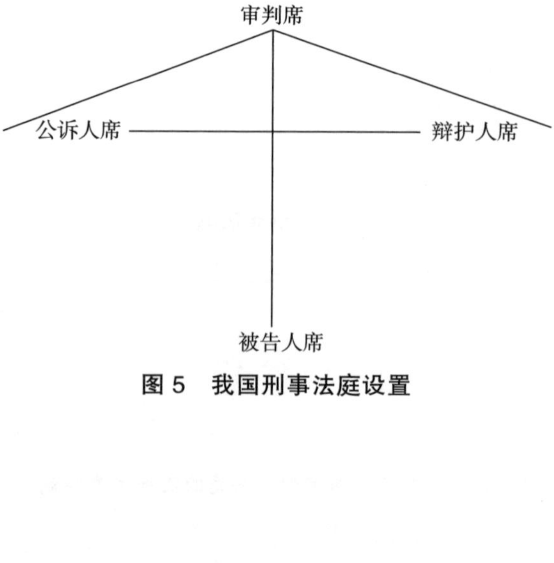

图 5 我国刑事法庭设置

同时，由于1996年刑事诉讼法修改后，被害人由公诉案件的一般诉讼参与人上升为当事人，有权自己并委托诉讼代理人参加法庭审判，与公诉机关共同履行控诉职能，从而导致审判中控辩力量对比发生变化，法庭设置变形为如图6所示。

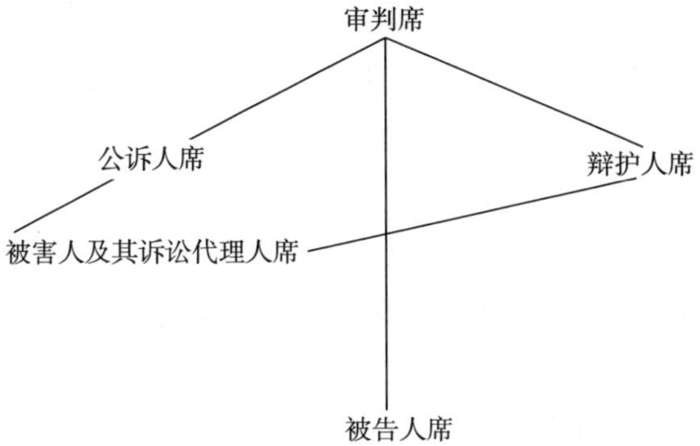

图6　刑事诉讼法修改后我国刑事法庭的现行设置

参照图5、图6，我国刑事法庭中的审判席（法官席），位于法庭正中的台基之上。根据刑事诉讼法的规定，审判人员在法庭审判中负责主持庭审，并可主动讯问被告人，询问证人、鉴定人；对法庭出示的证据，听取公诉人、当事人和辩护人、诉讼代理人的意见；对证据进行调查核实等。

公诉人席，位于审判席的左下方。根据刑事诉讼法的规定，公诉案件由检察机关派员出庭支持公诉：依法宣读起诉书，对被告人提出刑事指控；在法庭调查阶段，针对所指控的犯罪事实讯问被告人，询问有关证人、鉴定人，向法庭出示相关书证、物证等指控证据；在法庭辩论阶段，发表公诉意见，同辩护人展开法庭辩论，行使控诉职能。同时，检察机关作为法律监督机关，依据《刑事诉讼法》第169条的规定，对法庭审判活动实施监督。

被害人及其诉讼代理人席，与公诉人席并列设置。在庭审过程中，被害人享有当事人的一切诉讼权利：可以就起诉书指控的犯罪事实进行陈述；被害人及其诉讼代理人经审判长许可，可以向被告人、证人、鉴定人发问，并就当庭出示的证据发表意见；经审判长许可，被害人及其诉讼代理人可以参加法庭辩论。

辩护人席，位于审判席的右下方，与公诉人席和被害人席相对。在法庭审判中，经审判长许可，辩护人可以对被告人、证人、鉴定人发问；向法庭出示有关证据；申请通知新的证人到庭，调取新的物证，申请重新鉴定或者勘验；提出辩护意见，与公诉人和被害人及其诉讼代理人展开法庭辩论。

被告人席，位于审判席对面。根据刑事诉讼法的规定，在法庭审判中，被告人可以就起诉书指控的犯罪进行陈述；接受审判人员、公诉人、被害人及其诉讼代理人、辩护人的讯问；参与法庭辩论；进行最后陈述。

通过国内外刑事法庭设置的比较，可以看出：我国刑事法庭既不同于英美法系当事人主义的刑事法庭设置；也有别于大陆法系职权主义的刑事法庭设置；更与北欧国家人文主义的刑事法庭设置存在明显差距，从而呈现出一种独特的庭审模式。该模式具有以下基本特征：

一是审判人员不是消极、中立的听证者，既是庭审程序的“主持者”，也是案件实体真实的“发现者”，拥有强大的、几乎不受限制的法庭调查权，仍旧在一定程度上包揽举证尤其是代替控辩双方对证人进行询问。[①] 同时《刑事诉讼法》第158条赋予人民法院的“庭外调查权”，不受控辩双方意志的制约，并且通过庭外调查所收集的证据不经控、辩双方质证即可作为定案根据。这使得人民法院继续扮演了案件事实“发现者”的角色，并未真正成为中立的裁判者。法庭审判仍然带有强烈的职权主义色彩。

二是检察机关在法庭审判中“一身二任”，既作为公诉机关代表国家追诉犯罪，同时又是法律监督机关，依法对法庭审判实施监督。因此，检察机关在庭审中不是与辩护主体平等对抗的一方当事人，而是处于与审判机关共同作为国家专门机关追查犯罪并且又对审判活动进行监督的特殊诉讼地位。

三是被害人作为当事人参与法庭审判，与公诉机关相互配合、补充，构成公诉案件控诉主体的二元化，导致控、辩力量对比进一步失衡。

四是辩护人席与被告人席分隔设置，辩护人作为被告人合法利益的

---

① 参见龙宗智：《刑事庭审制度研究》，中国政法大学出版社2001年版，第116页。

维护者在整个庭审过程中不能与被告人及时交流、沟通和协商，只能根据《刑事诉讼法》第155条的规定，经审判长许可后向被告人发问，从而由“法律救济的提供者”蜕变为“法庭审问的参与者”。

五是被告人在法庭审判中不享有沉默权，必须接受审判人员、公诉人、被害人及其诉讼代理人乃至辩护人对其展开的轮番讯问，成为“讯问的对象”。并且，被告人孤身处于审判席的对面，在庭审中无法与辩护人交流意见，不能得到辩护人的指导与咨询，甚至对来自辩护人的发问也感到无从应答，处于孤立无援的境地，实际上被降格为诉讼客体。

由此可见，我国刑事审判构造既不是应然的“正三角形结构”，也非有的学者所提出的“倒三角形结构”①，而实际呈现出一种类似伞状的几何图形。即由审判人员、公诉人（加上被害人及其诉讼代理人）和辩护人共同组成一张伞面，被告人孤零零独自位于伞把一端的“伞形结构”。这一独特的审判结构，既秉承了我国古代“三司会审”“坐堂问案”的遗风，突显出被告人在法庭审判中就是受审对象，又鲜明地刻画了我国法庭审判中审判人员与公诉人的合作关系和辩护人在庭审中的尴尬境地。控、辩、审三方共同构成一张法网，将被告人作为“众矢之的”网在其中，或者成为一把大伞，将被告人罩在其下。这种状况发人深省，此种法庭审判的实质仍是“审讯”或者“审问”，而非其他。

（二）“伞形结构”形成的原因

1. 中国古代以“审讯”为核心的审判模式的影响

中国古代的诉讼制度，刑行不分、刑民不分、控审不分，采取纠问式诉讼模式。行政官吏掌有司法职权，并集侦查、控诉、裁判，甚至执行诸项职能于一身。法庭审判不是对当事人之间诉讼争议的裁断，而是采取“坐堂问案”的形式，带有浓厚的“审讯”色彩。此种法庭审判实质上是代表国家行使行政权、刑罚权的审判官与被告人之间的较量，是封建专制政权对扰乱统治秩序者的镇压和讨伐。唐朝大理寺、刑部、御史“三司会审”的审判组织形式，是封建专制在刑事审判中的集中体现。被告人在纠问式诉讼的审判中，完全处于诉讼客体地位。历代刑事法典均将“审讯”作为庭审断案的基本形式，并把被告人的供述视为发

① 参见裴苍龄:《刑事诉讼结构论》，载《诉讼法论丛》（第二卷），法律出版社1998年版，第99页。

现案件事实的基本来源，刑讯成风，据供定罪。[①] 这种以“审讯”为核心的纠问式诉讼的审判模式伴随着封建专制统治在中国存续了数千年，对我国近现代刑事审判构造的形成产生了根深蒂固的影响。当前我国刑事审判的目的仍旧是发现案件实体真实，而非解决诉讼争议；反映在刑事审判构造上，势必出现追查案件事实真相的控诉、审判机关与被告人对立的两方组合形态，并且“配合而非制衡”的原则成为构建控、审主体诉讼地位和相互关系的基本准则。被告人虽然名义上成为诉讼主体，依法享有抗辩权，但是在法庭审判中辩护职能严重受到抑制，依然要接受来自法官、检察官甚至辩护人的讯问，实质上仍为审讯的对象。古代纠问式诉讼的历史传统导致我国刑事审判至今带有强烈的“审讯”色彩，尚未真正走上“听证”的现代民主审判之路，从而呈现出“伞形”的特有构造。

2. 没有赋予被告人在法庭审判中的沉默权

沉默权是根据反对强迫自我归罪原则而派生的一项专属于被追诉人的诉讼特权。这一特权的目的和作用在于限制执法人员采取刑讯逼供或者其他强制手段非法逼取被告人的口供，确保被告人供述的自愿性和任意性。并且沉默权解除了被追诉人的供述义务，使他可以摆脱“讯问对象”“诉讼客体”的不利境地，有可能成为积极行使辩护职能的诉讼主体，也有助于实现控、辩之间的平等对抗。被追诉人在刑事审前程序和审判程序中均应享有沉默权，并且审判程序中被告人的沉默权是控辩平等对抗、法官中立裁判的“三角形”应然审判构造得以确立的基础。为此，两大法系均赋予了被告人在法庭审判中的沉默权，并且一般不允许法官和陪审团因被告人保持沉默而得出对其不利的推论。然而，我国在刑事审前程序和审判程序中均未赋予被追诉人沉默权。相反，审前程序规定了犯罪嫌疑人如实供述的义务，法庭审判设置了公诉人、被害人、审判人员甚至辩护人讯问被告人的专门程序，被告人口供向来被作为一种重要的证据来源。我国刑事审判在沉默权上的立法缺失，导致被告人仍未摆脱“讯问对象”的诉讼客体地位，无法与控诉方实现平等对抗，难以真正成为积极行使辩护职能的一方诉讼主体，从而被排斥、孤立于“伞形结构”的伞把一端，沦为“众矢之的”。

---

① 参见陈光中等:《中国古代司法制度》，群众出版社 1984 年版，第 126 页。

3. 刑事庭审方式改革不够彻底

随着我国民主与法治建设的发展，并顺应刑事诉讼制度发展的国际潮流，1996 年我国对刑事诉讼法作出了重大修改。在庭审方式改革上，增强了刑事审判的民主性和当事人的参与性，使我国刑事审判构造向应然的三角形结构迈进了一大步。但是，由于刑事诉讼的改革涉及国家司法体制和诉讼观念、法律传统等诸多复杂因素，从而导致这一改革多处受制，尚不能彻底实现预期目标。例如：取消庭前实体审查和案卷移送，使控、审职能有所分离，但又保留了庭前移送“主要证据复印件或者照片”，并对这一范围无明确界定；相对弱化法官对庭审的绝对主导权，却又保留了其在案件实体调查上的主导地位和独立的庭外调查权；加强控、辩双方法庭审理中的直接对抗但又未赋予被告人沉默权，也没有对刑事法庭设置作出相应调整，被告人仍不能与辩护人位处一体，在整个法庭审判活动中无法与辩护人及时交流、沟通、商量，以充分获得辩护人的法律帮助。改革的不彻底导致我国刑事审判构造未能完全走出“司法一体化”的藩篱，而是呈现出一种畸形样态——“伞形结构”。

（三）“伞形结构”引发的弊端

1. 控、审职能有所混淆，裁判中立无法实现

首先，我国法律将公、检、法三机关的诉讼关系确定为“分工负责、互相配合、互相制约”，这充分体现了“司法一体化”的诉讼理念，违背了诉讼职能区分的基本原理，扭曲了刑事审判“等腰三角形”的应然构造，损害了审判的中立性，使法官由中立的消极“裁判者”蜕变为带有治罪倾向的积极“审讯者”。其次，检察机关庭前移送的“主要证据复印件或照片”仍然容易导致法官对案件形成不利于被告人的预断，尚未彻底切断控、审之间的不当联系，不能排除法官产生“被告人有罪”的先入为主的可能。再次，意在实现审判中立、排除庭前预断的案卷移送方式的改革，无形中限制了律师的阅卷权，不利于控辩双方的平等武装和被告人辩护权的充分行使，在实质上影响了辩护的有效性。最后，立法保留了法院的庭外调查权，并且由于对庭外调查的目的、范围、效用、双方当事人对调查程序的参与等未作明确规范，可能导致这一权力的滥用，致使审判机关异化为追诉机关，严重背离审判中立原则，损害司法公正。

2. 检察机关“一身二任”，背离了其当事人属性，削弱了审判的权威

检察机关在我国刑事审判中既是公诉人，又担负庭审监督职责，这种“一身二任”的特殊身份导致其诉讼角色发生冲突。一方面，背离了检察机关“当事人”的诉讼属性和定位，使得法庭审判由控、辩、审三方组合演变为检察机关和审判机关两大国家专门机关协同作战、控审合一、共同以被告人为审讯对象的两方组合形态，使得控辩力量对比进一步悬殊，原本就处于劣势的被告人无法通过程序正义所要求的诉讼机制保障自身的合法权益，终究难以逃脱“诉讼客体”的宿命，影响了控辩平等对抗、审判中立听证的“等腰三角形”刑事审判构造的形成。另一方面，检察机关的庭审监督权与审判机关对法庭审判的主导权发生冲突，妨碍了审判机关庭审职能的正常发挥，削弱了审判的权威性和终局性，动摇了法官在审判构造中超然于控、辩双方之上，位居三角形顶端的主导、指挥地位。

3. 辩护权受到抑制，控、辩难以形成平等对抗

在我国现行刑事审判的“伞形结构”中：首先，由于被告人在法庭审判中不享有沉默权，只能被迫接受来自审判人员、公诉人、被害人及其诉讼代理人甚至辩护人的轮番“讯问”，从而难以摆脱“讯问对象”的诉讼客体地位，无法积极、有效地行使辩护职能并与控诉方形成平等对抗，在审判中始终处于被动挨打的“劣势”。其次，辩护人与被告人在法庭席位上不能位处一体，由此割裂了辩护方的整体性，限制甚至剥夺了被告人在法庭审判中及时、充分获得辩护人法律帮助的合法权益，将辩护人由“法律救济者”“被告人合法权益维护者”异化为“讯问参与者”，混淆了辩护人的诉讼地位和诉讼职能，使被告人在法庭审判中成为“众矢之的”，始终处于孤立无援的不利境地。最后，辩护律师在审前程序中的介入权、会见权、通信权、在场权、阅卷权、调查取证权等诸项权利均受到重重阻碍和限制，这种庭前控、辩的不平等武装，导致被告人的辩护权在法庭审判中严重受到抑制，从而终难实现控、辩之间的平等对抗。

4. 控诉主体的二元化违背公诉机制并导致控、辩力量对比进一步失衡

根据刑事追诉机制的原理，公诉案件的控诉权应完全由国家公诉

机关行使，被害人不再享有这一权利。而我国刑事诉讼法修改时，赋予公诉案件被害人诉讼当事人地位，并允许其委托诉讼代理人参加法庭审判，与公诉机关相互补充、配合，共同履行控诉职能，从而导致公诉案件控诉主体的二元化。这不仅违背了公诉机制的基本要求，也破坏了“三角形结构”的刑事审判格局，使原本就力量薄弱的辩护方进一步遭到削弱，控、辩力量对比进一步失衡。

二、刑事审判的应然构造及其内在机理

现代刑事审判构造主要有三种模式：一是英美法系当事人主义审判构造；二是大陆法系职权主义审判构造；三是以当事人主义为主、职权主义为辅或者在职权主义背景下融合当事人主义的“混合”式审判构造，以日本、意大利为代表。虽然一种审判构造模式的构建，是一个国家特定时期诉讼价值取向和多方利益权衡的结果，但其均须遵循审判的共同规律和诉讼的内在本质。

（一）刑事审判的应然构造

笔者赞成，刑事审判的应然构造是三角形结构，而且应当是一个正等腰三角形结构。理由简述如下：

1. 三角形结构由刑事诉讼价值所决定

刑事诉讼价值中的程序正义所具有的独立价值和功效更符合诉讼的特质：第一，诉讼是解决争议和纠纷的最高形式，程序正义通过正当的法律程序将被告人从讯问对象上升为诉讼主体，实现了控辩平等对抗，在惩罚犯罪的同时，最大限度地兼顾了被告人的人权保障，从而更有助于争议的解决。第二，如果说刑事实体法属于授权性规范，刑事诉讼法则多属于限权性规范。程序正义恰恰充分实现了刑事诉讼法的限权性功能，为国家刑罚权的行使和实体目标的达成设置了若干程序障碍，从而有效防止了国家权力在诉讼中的异化，保障了被告人的合法权益。根据程序正义的具体标准，刑事审判构造应作如下构建：控、辩双方是诉讼地位平等、权利义务对等的两大诉讼主体，位于三角形底边直线的两端，形成平等对抗；审判者应当超然于控、辩双方之上并与其保持同等距离，所谓不偏不倚，居中裁断，从而形成应然的等腰三角形结构。

2. 三角形结构由刑事诉讼目的所决定

刑事诉讼的直接目的应当是解决争议。争议不仅要从事实上解决，而且要从心理上化解。因此，国家在确立刑事诉讼的具体目标时，必须最大限度地兼顾争议双方的诉讼需求——惩罚与保障，不得失之偏颇。惩罚与保障兼顾的刑事诉讼目的决定了在刑事审判中，控诉主体和辩护主体，通过程序设置应当在诉讼中享有平等地位；审判主体，既不能是控诉方的“帮凶”，也不能是辩护方的“同谋”，必须独立并超然于二者之上，最大限度地兼顾和平衡惩罚与保障人权，使争议双方均在诉讼中遵守程序，亲历公正。为此，就必须确立等腰三角形的审判构造。

3. 三角形结构符合诉讼（主要指审判）的特性

所谓诉讼即是“三方组合”。法学家查比罗认为，可用“三方组合”的概念作为理解诉讼任务的出发点。在“三方组合”中，原告和被告形成一定的诉讼对抗，法官则是位于其中、居于其上的仲裁者，由此形成一个等腰三角形结构。由“三方组合”所构建的三角形结构正是诉讼结构区别于“命令—服从”行政管理结构的本质特征。

4. 三角形结构有助于判断和确定争议事实

三角形结构的程序特征是，强调当事人对抗在刑事审判中的重要意义。当事人对抗被认为是发现案件事实真相的最佳途径。采用控辩对抗的庭审制度，使案件置于正反两方面意见之间悬而未决，从而有时间探索它的一切特性和微妙差别，有助于法官兼听则明，明察秋毫，明断是非。

（二）三角形审判构造的内在机理

1. 审判至上

审判的至上性，源于审判解决争议的终局性。审判的终局性，决定了法官既要在程序上成为法庭审判的指挥者、组织者，保证审判顺利、不间断地进行，也要在实体上对控、辩双方之间的诉讼争议作出最后的明确裁决，最终决定被告人的诉讼命运。同样，审判至上还要求法官在审判权的行使上，既要有形式上的权威性，也要有内容上的终结处分性。

2. 控审分离

控审分离原则要求，控诉权与审判权分离，起诉机关与审判机关机构独立，互不隶属；审判以起诉为前提，只有经过合法有效的起诉，法院才能对案件进行审判；审判受起诉请求范围之限制，起诉效力只能及于起诉书指控的人与事。由此产生两项诉讼原则：一是不告不理原则；二是起诉与审判对象的同一性原则。

3. 法官中立

法官中立是审判公正的基本保障，包括三方面的要求：一是利益规避。二是角色分离，包括控、审分立，控、辩相争两项基本要求。三是同等距离，一方面要求法官不得与控、辩任何一方存在特殊关系，这是诉讼和其他冲突解决方式的重要区别之一；[①] 另一方面要求法官给予控、辩双方以平等参与的机会，并对各方的主张、意见和证据予以同等尊重和关注。

4. 法官独立

法官独立的意义在于它为程序的公正和裁判的理性创造了前提：一是坚持法官独立，才能保障法官中立；二是坚持法官独立，才能实现审判公正；三是坚持法官独立，才能明确法官责任，树立法官权威，保证司法裁决的严肃和慎重。

5. 控辩平等对抗

这一原则首先要求确立被告人在刑事诉讼中的主体地位；其次肯定辩护人在法庭审判乃至整个诉讼中的能动作用，确保辩护人的充分参与和辩护职能的积极有效行使；最后保证控辩双方平等武装，平等对抗。

三、以三角形结构为目标，改革、完善我国刑事审判构造

上述对我国现行刑事审判构造弊端的分析和刑事审判应然构造的探索表明，我国的刑事审判构造必须加以改造。改造的目标是：彻底消除以“讯问”为核心的中国封建庭审模式对我国现行刑事审判构造的负面影响，保障被告人由“讯问对象”上升为充分参与审判程序并在一定程度上能够自主选择、影响审判进程，对裁判结果的达成能够施以积极、有效影响的诉讼主体，使刑事审判由旧式的“审问”真正走上体现现代司法文明与民主品格的“听证”之路，从“三方组合”的诉讼本质出发建立“等腰三角形结构”的现代审判构造。为此，需要对我国现行刑事

---

① 参见左卫民:《价值与结构——刑事程序的双重分析》，四川大学出版社 1994 年版，第 187 页。

审判构造作以下改革和完善：

（一）实现控审职能分离，确保法官中立

1. 完善“分工负责、互相配合、互相制约”原则，理顺侦查、起诉、审判三机关的关系

刑事诉讼法确立的公检法三机关“分工负责，互相配合，互相制约”原则表明我国长期以来一直将刑事诉讼看作国家专门机关与犯罪分子之间展开的一场较量，因此认为同为国家专门机关的公安机关、人民检察院和人民法院尽管在诉讼中行使的职能不同，但诉讼任务却是共同的——追究被告人的刑事责任。由此，将法庭审判视为国家专门机关追查犯罪的进一步延续，是对侦查结论和控诉主张的一种确认和维护，以协作、配合取代了控、审分离的诉讼职能区分原理，导致审判格局由控辩平等对抗、双方举证质证、法官中立听证的程序异化为法检联手、相互配合的“审理讯问”程序。被告人作为公、检、法三机关构成的“司法流水线”上的“物件”在法庭审判阶段仍为讯问的对象和诉讼的客体。可见，此原则所强调的“司法一体化”，违背程序正义基本理念和诉讼职能区分原理，不符合“三方组合”的诉讼特质，扭曲了刑事审判的应然构造，从而使我国的刑事审判具有浓厚的治罪色彩，因此必须加以改革和完善。

2. 改革“案卷移送主义”，实行唯起诉书主义①

唯起诉书主义的作用在于：（1）排除有罪预断，纠正先定后审，强调控审分离，防止法官在庭前单方面受到控诉方的影响从而产生不利于被告人的先入为主，保障审判中立。（2）保障控、辩双方在法庭审判中的地位平等、机会均等，防止检察官通过事先移送案卷和证据材料在庭前占据优势地位，导致法官形成肯定或倾向控诉观点的偏见，使被告人在审判伊始便处于被动、不利的境地。（3）确保审判中心原则，彻底切断侦查、起诉与审判间的锁链，使法庭审判完全围绕起诉书所提出的控诉主张进行，一切争议事实的认定必须以法庭出示并经法庭质证的证

① 在1996年刑事诉讼法修改过程中，人们逐渐熟悉了一个诉讼术语，即“起诉书一本主义”，并借鉴其以改造我国传统的“卷证移送主义”。实际上，在日本，关于“起诉书一本主义”还有另外一个说法，即“唯起诉书主义”。起诉书一本主义是此项原则的形式，唯起诉书主义才是该原则的本质。

据为依据，使法庭审判真正成为案件处理的实质阶段，而不是对侦查结论或控诉主张的简单确认和维护。可见，唯起诉书主义对于实现控审分离，审判中立，切实构建三角形审判构造有着重要的作用和意义。1996年刑事诉讼法修正后，我国刑事诉讼的起诉方式由原先的全卷移送改为仅移送“起诉书、证据目录、证人名单、主要证据复印件或照片”。这与唯起诉书主义相比，仍有较大差距，控、审之间的联系尚未得到彻底阻断，法官仍然可能从“主要证据复印件”中得出不利于辩护方的预断，从而在庭审中丧失中立立场。为此，应当彻底改革司法一体化下线性结构的“案卷移送主义”，严格实行唯起诉书主义，特别是确立审判应当围绕起诉书这一张“白纸”进行的诉讼观念，保障三角形审判构造的最终确立。

3. 规范和限制法院庭外调查权的行使

从长远来看，应当逐步取消法庭进行庭外调查的权力，在目前，则应对法庭庭外调查权的行使加以规范和限制。第一，法院行使“庭外调查权”的目的，只能是对控辩双方提出的证据进行审查和核实，而非追求揭露和证实犯罪，所以法院所进行的调查核实活动不得带有任何追诉倾向。第二，坚持不告不理，法院调查的范围必须限定在控辩双方已经提出的证据范围之内且存在疑问的基础之上，严禁法官针对证据不足而进行补充收集证据。第三，法院在行使“庭外调查权”的过程中，应保障控辩双方的充分、平等参与。并且，通过庭外调查所取得的证据，必须经控、辩双方当庭质证、辩论之后，才能作为定案的根据。

（二）妥善处理检察机关出庭支持公诉与履行审判监督的关系

我国检察机关在审判中“一身二任”，不仅造成其在诉讼角色和职能上的矛盾与冲突，也导致其所承担的法律监督职能因缺乏中立性而不能充分发挥效用。司法实践证明，检察机关的“双重身份”阻碍了应然“三角形”刑事审判构造的确立，对审判格局造成负面影响。为此，有必要对检察机关“一身二任”的“双重身份”进行改革，使其尽早摆脱既是控诉者、又是审判监督者的尴尬境地。

改革的目标，就是妥善处理好检察机关出庭支持公诉和行使法律监督职能的关系，改变出庭支持公诉人员“一身二任”的问题。为此必须改革审判监督的现有模式。所谓检察机关对审判活动的监督，只能在诉讼的正常渠道内进行。即如果认为裁判有错误，无论是认定事实、采纳证据方面的，还是适用法律、定罪量刑方面的，或者违反法定程序方面的，只能通过依法提起二审抗诉、再审抗诉来要求纠正。另外，如果在法庭上发现审判活动有违法情况，1979 年刑事诉讼法规定出庭的检察人员有权向法庭提出纠正意见，1996 年刑事诉讼法修改时改为“人民检察院发现人民法院审理案件违反法律规定的诉讼程序，有权向人民法院提出纠正意见”。这有利于正确处理检察机关出庭支持公诉和履行法律监督职能的关系，也有利于维护法庭的尊严和法庭审判的正常进行。

（三）强化辩护职能，保障控辩平等对抗

1. 赋予被告人在法庭审判中的沉默权

首先，沉默权是保障被告人供述的自愿性、任意性并免除其供述义务的一项其在刑事诉讼全过程都应享有的基本诉讼权利。尤其是审判中的沉默权，它可以使被告人彻底从接受讯问的义务中解脱出来，打消控诉方和审判者对通过讯问被告人发现案件事实真相的依赖，改变以“审讯”为核心的庭审方式，帮助被告人由“讯问对象”“诉讼客体”真正上升为与控诉方平等对抗、积极行使辩护职能的一方诉讼主体。因此，应当赋予被告人沉默权，特别是法庭审判中的沉默权，将被告人从“众矢之的”的“伞把”一端还原为构建、支撑三角形审判构造的诉讼主体之一，并且将“伞形结构”的“审讯程序”改造为“三角形结构”的“听证程序”。其次，在赋予被告人沉默权的同时，还要设置鼓励被告人作出有罪答辩的相应机制。经法庭审查，有罪答辩如系被告人自愿、明智、明知作出的，则它不仅是有效认定案件事实真相的证据材料，更是被告人作为诉讼主体对程序运作方式和实体权益的选择与处分。被告人作有罪答辩，意味着他自愿放弃了对抗制的若干程序保障和被无罪开释的权利，降低了控诉方发现、证明犯罪的难度，减少了通过平等对抗终结诉讼的成本，从而应当简化诉讼程序，并对被告人在刑罚上给予宽大处理。

2. 改革被告人和辩护人的法庭席位设置，确保庭审中辩护职能的充分、有效行使

我国目前将辩护人席与被告人席分开设立的法庭设置，人为地割裂

了辩护方的整体性，限制甚至剥夺了被告人在法庭审判中及时、充分获得辩护人法律帮助的合法权益，从而导致被告人在法庭审判中成为“众矢之的”，由行使辩护职能的一方诉讼主体沦落为接受各方讯问的诉讼客体，在审判中处于孤立无援的不利境地。此种法庭设置扭曲了刑事审判应然的“三角形结构”，将现代审判这一“举证—质证—认证”三方组合的听证程序扭曲为“讯问—供述、审问—受审”的审讯程序。为此，必须根据“三角形”审判构造的内在机理，重新调整刑事法庭设置，将辩护席与被告席并肩设立，并与公诉人席保持在同一水平线上，控、辩双方分别位于审判席的两侧或下方，以便被告人在庭审中充分得到辩护人的法律帮助，针对法庭审理的进展情况及时交流意见、适时调整辩护策略，共同构成行使辩护职能的一方，与控诉方地位平等，充分对抗。

3. 完善辩护律师在审前程序中的诉讼权利，为法庭审判做好充分准备

（1）及时介入诉讼。根据联合国刑事司法准则和大多数国家的通例，应当将我国律师介入刑事诉讼的时间改为犯罪嫌疑人被“第一次讯问时或自采取强制措施之日起”，并规定介入时间至迟不得超过“自逮捕或拘留之时起 48 小时内”。（2）赋予讯问时的在场权。规定侦查机关在讯问犯罪嫌疑人之前，应告知他有获得律师帮助的权利，如果犯罪嫌疑人要求律师在场，则讯问必须在律师到场后方可开始，除非他自愿、明知、明智地放弃这一权利。（3）完善会见、通信权。侦查机关应按照相关司法解释规定，普通案件在 48 小时以内、重大复杂案件在 5 天内安排律师会见犯罪嫌疑人，并提供时间和条件保障。在会见方式上，侦查机关一般不应派员在场。因案件特殊需要派员在场的，应采取“看得见但听不见”的方式进行监督，不得监听谈话内容。对“涉及国家秘密的案件”，应严格限制为案情或案件性质涉密。对上述规定的违反，构成程序严重违法和无效。此外，在赋予律师会见权的同时，也赋予其与犯罪嫌疑人通信的权利，并对通信权作广义理解，包括交换物品和文件。[①]（4）建立证据开示制度，确保律师知情权。律师在审前知悉案情

① 参见宋英辉、吴宏耀:《刑事审前程序辩护律师权利之保障》，载 www. procedurallaw.com。

的途径主要有两种：一种是大陆法系的律师阅卷制度，另一种是英美法系的证据开示制度。鉴于我国刑事起诉方式由案卷移送主义向起诉书一本主义的改革目标，以及目前控辩双方在证据信息沟通上的单方性和片面性，需要建立证据开示制度，以保障辩护方对案件和控方证据的知悉权。违反开示义务的一方向法庭提交的证据，不得被采纳为定案根据。（5）赋予律师充分的调查取证权并完善相关配套措施。如完善辩护律师现有的自行取证权和申请取证权，规定辩护律师有权向有关单位和个人收集与本案有关的材料；有关单位和个人如果不提供，辩护律师有权申请人民法院取证；人民法院不同意律师申请的，应当有正当理由，同时赋予律师申请复议的权利。也可以规定，对于律师提出的调查申请，法院无正当理由未采取证据保全措施导致证据灭失的，应作有利于辩方的处理甚至构成撤销案件或宣告被告人无罪的理由。

4. 取消检察机关在法庭审判中的补充侦查建议权

根据程序正义的诉讼原理和公正审判的基本要求，控诉与辩护在审判阶段应当地位平等，在平等的基础上相互对抗。实际上就是要求控诉与辩护双方在参与审判活动和影响审判进程上权利义务基本对等。然而，我国《刑事诉讼法》第165条规定，在法庭审判中，控诉一方享有补充侦查的建议权，并且法庭可根据这一建议决定延期审理。这一规定，单方赋予了控诉方对审判进程的控制权，造成了控、辩双方在影响、推动诉讼进程以及诉讼资源配置上的不平等。并且，这种程序上的倒流违背诉讼发展的客观规律，造成诉讼的不必要拖延，实际延长了被告人的羁押期限，损害了被告人及时受审的合法权益，并有致被告人双重不利的嫌疑，不符合公正审判、司法正义的要求。因此，建议取消检察机关在庭审中的补充侦查建议权，保证诉讼轨迹的单向性，保障被告人及时获得公正审判的权益，约束检察机关的追诉权，使其正当、有效地行使。

5. 取消控诉主体的二元化，重新界定被害人的诉讼地位

在我国现行刑事审判构造中，控诉主体的二元化和被害人的当事人地位，不符合公诉案件的追诉机制，打破了控、辩平等对抗的诉讼格局，扭曲了“正三角形”的刑事审判应然构造。被害人以控方当事人身

份出席庭审，可能因控诉利益的不同而造成与公诉人控诉主张的冲突[①]，可能因被害人参与庭审而影响被害人陈述这种独立证据的客观性和公正性，在诉讼实践中引发诸多弊端。为此，应当根据公诉机制，重新界定被害人的诉讼地位，将其由当事人调整为一般的“诉讼参与人”[②]，恢复原有的控诉主体一元化，改变控辩力量严重失衡的诉讼格局，为建立“三角形结构”的刑事审判结构创造条件。同时，为了兼顾被告人和被害人的权益保护，可以给予被害人区别于一般证人的特殊诉讼待遇，包括：检察机关在审查起诉时和法庭审判前应当充分听取被害人的意见；将诉讼程序进展情况及时通知被害人；被害人有权委托诉讼代理人参加相关的诉讼活动；保留被害人对一审判决不服请求检察机关抗诉的权利；等等。

（四）加强法庭举证、质证，增强法庭调查的抗辩性

1. 贯彻直接、言词原则，完善证人出庭制度

直接、言词原则是西方国家在摒弃封建纠问式诉讼的间接审理和书面审理的基础上确立的。大陆法系国家将直接审理、言词审理确立为公正审判的重要原则，英美法系则通过禁止传闻证据规则使直接、言词原则在法庭审理中得到了充分的，甚至是更为严格的体现。[③]直接、言词原则的诉讼价值在于：（1）审判法官自始至终参与审判，通过证人、鉴定人当庭作证陈述，控辩双方当庭对诘质证，有利于发现案件实体真实。（2）确保实现程序正义。直接、言词原则有利于使审判真正成为解决诉讼争议的实质性阶段，有利于实现法官中立和控辩平等对抗，有利

---

① 据报道，某市一起刑事伤害案件中，公诉人与被害人之代理人就如何认定被告人行为的性质产生争议。检察机关指控被告人的行为属于防卫过当，而被害人之代理人则认为被告人的行为构成故意伤害致人死亡。庭审过程中，公诉人与被害人之代理人意见产生强烈冲突，公诉人在十分被动的局面下，请求审判长阻止代理人对案件性质发表意见未被采纳，公诉人遂未经审判长许可中途退庭，导致全场一片哗然，审判无法进行。参见《中国律师》2003 年第 12 期。

② 参见龙宗智：《刑事庭审制度研究》，中国政法大学出版社 2001 年版，第 221 页以下。

③ 参见樊崇义主编：《刑事诉讼法实施问题与对策研究》，中国人民公安大学出版社 2001 年版，第 429 页以下。

于保障当事人的质证权。[①]（3）直接、言词原则要求审判集中、不间断地进行，有利于提高审判效率，减少对被告人超期羁押的现象。

我国刑事诉讼法1996年修改时，对案卷移送方式和法庭审理方式进行改革，企图阻断侦审联系，避免先定后审，加强庭审对抗。但由于立法对案卷移送方式改革不彻底，对“主要证据”界定不明确，对证人出庭作证的义务、程序、法律保障、经济补偿等缺乏详细规定，致使我国目前刑事审判中法官在庭前仍能单方面接触控方材料，证人出庭率普遍过低，法庭审理基本上仍集中于对控方书面证据（包括证人书面证词）的审查。为此，有必要在立法上明确直接、言词审理原则，建立传闻证据排除规则，完善证人出庭制度，确保被告人的对质权。如通过庭前证据展示，控、辩双方相互提供准备在庭审中使用的证据和出庭的证人名单，并将证人名单提交法院，由法院通知证人出庭；规定对证人不出庭作证的制裁措施，动用国家强制力保证其履行作证义务；加强对证人的人身保护和经济补偿等。

2. 建立交叉询问制度，增强法庭调查的对抗性

交叉询问是英美法系法庭审理中对言词证据的基本调查方式，是当事人主义对抗制审判模式的主要特色，被英美法学家誉为“发现案件真实的最关键的法律装置”，同时也是使诉讼体现出对抗性的最重要的程序机制。英美法系交叉询问的对象是证人，包括一般证人、被害人、放弃沉默权出庭作证的被告人、专家证人等。我国刑事诉讼法修改后，对庭审方式作了较大改革，在法庭调查中相对弱化了法官的证据调查权，强化了控辩双方的举证、质证活动，改革的总体方向是实现由职权主义审判模式向对抗制审判模式的转变。因此，为了切实增强法庭调查的对抗性，实现庭审方式的改革目标，有必要借鉴英美法系的经验，尽快建立符合我国实际的交叉询问制度，包括主询问、反询问、再主询问、再反询问程序，己方证言导出规则，对方证言质证规则，传闻证据、意见证据排除规则，诱导性问题异议规则，证据能力异议规则等。

① 联合国《公民权利和政治权利国际公约》将“与控方证人对质并在同等条件下询问对己有利的证人”作为被告人获得公正审判的一项重要权利。

论我国侦查程序中检警关系的优化

——以制度的功能分析为中心 *

我国侦查程序①中的检警关系究竟应当如何构建？以往学界的分析思路多是将两大法系主要国家的检警关系模式作为我国制度构建的参照标准，即在对域外检警关系进行分析、研究和归纳之后，指出其中可以为我国借鉴之处并以之为基础提出改革我国检警关系的方案。本文试图运用一种制度功能分析的方法来对此问题进行探讨：笔者认为，侦查程序中的检警关系乃是以“侦查程序”为共同的制度运作空间，因此在侦查程序中对检警关系进行正确定位的根本目的——也可以说是唯一目的——是要通过构建恰当的检警关系来保证侦查程序目的的顺利实现。这样，评价检警关系是否合理的标准就应该是其是否具备有利于侦查程序运作目的实现的功能。基于此，本文首先从三重视角分析了侦查程序所要实现的目的，以此目的的最大化实现来设定合理的检警关系——我们追求的目标制度——所应该具备的基本功能，并以此制度功能作为分析进路检讨我国现行侦查程序中检警关系模式的得失，进而提出切合我国司法现实的侦查程序中检警关系的优化方案。

一、检警关系目标制度的功能设定：基于侦查程序的目的

在现代刑事诉讼中，侦查占据重要地位。尽管出于历史的原因，有些国家传统上未将侦查作为刑事诉讼的一个独立阶段，但对于侦查在刑事诉讼中的重要作用，各国已达成普遍的共识。如美国学者彼得·哈伊认为：“刑事诉讼程序是一个广泛的概念，它陈述了从警察开始的刑事诉

---

* 原文发表于《国家检察官学院学报》2005 年第 3 期，与田心则合作。

① 本文所探讨的我国侦查程序是指以公安机关为侦查权行使主体的侦查程序。

讼的整个领域，因而不限于从提起公诉开始的实际追诉。”[①] 日本刑事诉讼法学者井户田侃也强调，侦查程序，其本身就是一个独立的目的、独立的程序。从侦查在现代刑事诉讼中所承担的功能分析，侦查程序具有以下目的：

（一）侦查程序的目的之一：收集证据、查获犯罪嫌疑人

侦查程序的首要目的就是要发现和收集证据，查明和控制犯罪嫌疑人。现代社会，多数犯罪的犯罪方法隐蔽，犯罪手段高明，犯罪技术先进，有的甚至称为智能性的犯罪。这样，犯罪发生之后，非经专业人士采取专门措施，便无从发现和提取与犯罪有关的证据，更不用说确定实施犯罪的人。因此，需要组建国家专门机关，动用国家强制力量，配置各种技术设备，采取各种非常措施，将案件侦破，将犯罪嫌疑人查获，以维护国家和个人的利益，保卫人民生命和财产安全，恢复遭犯罪行为破坏的社会秩序。这是现代刑事诉讼中侦查的直接任务，无论哪国概莫能外。我国台湾著名刑事法学者黄东熊先生指出，侦查的功能有两项：一曰寻找、保全罪犯；二曰搜集、保全证据。日本刑事诉讼法学家田口守一教授也说，所谓侦查，就是保全犯罪证据，保全犯罪嫌疑人人身。在西方国家，特别是大陆法系国家，侦查的此项目的明确反映在立法规定和诉讼理论上。例如在法国，侦查被直接定义为查明案件的行为或活动：“侦查（也称‘正式侦查’）是指，在决定是否将犯罪嫌疑人提交审判法庭进行审判之前，由预审法官受理案件并对案件进行深入调查。”[②] 我国澳门特别行政区《刑事诉讼法典》第245条（侦查之目的及范围）规定：“侦查系指为调查犯罪是否存在、确定其行为及行为人之责任，以及发现犯罪及收集证据，以便就是否提出控诉作出决定而采取之一切措施之总体。”侦查程序此项目的的实现，对于保障刑事诉讼活动的顺利进行具有重要的意义。通过侦查，可以缉获犯罪嫌疑人，并通过将其交付起诉和审判以最终实现国家刑罚权、达到控制犯罪的目的。总之，侦查程序首先要能够实现查明犯罪的目的，这也是实现侦查程序其他

① ［美］彼得·哈伊：《美国法律概论》，沈宗灵译，北京大学出版社1983年版，第265页。

② ［法］卡斯东·斯特法尼：《法国刑事诉讼法精义》，罗结珍译，中国政法大学出版社1999年版，第339页。

目的的前提。

（二）侦查程序的目的之二：联接起诉、为公诉作准备

现代法治国家，对犯罪的追究通过检察机关代表国家将犯罪人诉交法院审判而实现。刑事诉讼由秩序受到犯罪扰乱的社会（检察官）针对犯罪行为人提起，目的是要求法院对犯罪人宣告法律规定的刑罚。这样，立案侦查的犯罪案件，除在侦查程序中因各种原因自我终结的外，绝大多数都会由侦查程序过渡到起诉程序，因此在诉讼理论上将侦查程序作为公诉的准备程序。有人曾给侦查下这样的定义："侦查者，以搜集必要材料断定起诉与不起诉为目的之检察官及辅助官所为之准备程序也。"① 我国台湾学者陈朴生先生也认为"侦查，乃检察官为提起公诉或实行公诉而调查犯人及证据之程序"②。非经侦查，无从发现犯罪证据，无从确定犯罪嫌疑人，因而也无从决定是否起诉。日本学理上将此种侦查程序与公诉程序紧密联系起来的观点归纳为关于侦查程序目的的"公诉准备说"，即认为侦查属于提起公诉的准备活动，起诉则占据主导地位，并左右着侦查活动的结局和进程。"公诉准备说"虽然只是有关侦查目的诸多学说中的一种，但却从诉讼阶段的发展递进关系上揭示了侦查程序运作的另一重目的，即（最终将案件移送起诉的）侦查程序所得出的侦查结论要能够有效地联接公诉，为公诉提供良好的证据和事实准备，以提高公诉的质量和效果。否则，如果侦查程序的运行不顾及后续的起诉阶段，不着眼于公诉的角度进行证据的收集和事实的查明工作，将会给其后的公诉活动造成障碍，甚至会导致侦查程序自身的工作归于无效。鉴于侦查程序与公诉程序之间的紧密联系，大陆法系甚至不认为侦查是一个独立的诉讼阶段，而是将侦查程序与公诉程序作为一个整体规定在审前程序中。例如在德国，作为刑事诉讼程序中的"第一步骤"，"侦查程序是在为检察机关关于决定是否应提起公诉时所作的准备工作"③，因此在刑事诉讼法"公诉的准备"一章中规定侦查的有关内容，侦查和公诉则一起合而成为相对于审判程序这一主要程序而言的预备程序。

---

① 郑竞毅:《法律大辞书》上卷，商务印书馆 1949 年版，第 1177 页。

② 陈朴生:《刑事诉讼法实务》，海天印刷厂有限公司 1980 年版，第 267 页。

③ ［德］克劳思·罗科信:《刑事诉讼法（第 24 版）》，吴丽琪译，法律出版社 2003 年版，第 354 页。

（三）侦查程序的目的之三：规制侦查权力、保障公民权利

现代刑事诉讼贯穿正当程序理念，在实现惩治犯罪、保证刑事实体法正确实施的工具价值的同时，更注重发挥程序在规制国家公权力、保障公民私权利方面的独立价值。作为刑事诉讼的一个重要阶段，侦查程序不仅要达致收集证据、查明犯罪、为公诉作准备的目的，而且要担当起规范和控制侦查权力的行使、实现诉讼民主、保障公民人权的重要职责。一方面，刑事侦查不可能依赖被侦查的对象主动、自觉地提供信息，为了发现提取证据、查获犯罪嫌疑人，需要运用国家强制力，采取搜查扣押、逮捕羁押等专门侦查手段和强制性措施；另一方面，这些专门侦查手段和强制性措施必然给公民被法律授予并保护的基本权利造成限制或损害。问题是，侦查机关为了获得和保全证据，究竟可以在何种条件下、在何种程度上干涉公民的基本权利？怎样才能既保证侦查任务的顺利实现，又能防止和控制侦查权的异化和滥用，保护犯罪嫌疑人和其他诉讼参与人的合法权益？这便是在现代诉讼理念下侦查程序所要追求的第三重目的，即实现正当程序，规制侦查权力，保障公民人权。为此，要在侦查程序中确立一系列基本原则，例如无罪推定原则、程序法治原则、客观与诉讼关照义务原则、比例原则、适度原则、任意侦查原则、强制侦查行为法定原则，等等。这些基本原则要求国家侦查机关在侦查程序中既要注意侦查职能的行使，又要注意保护被追诉者的合法权益；为保护国家和社会公益而不得不采取限制或剥夺公民个人权利的行为时，要尽可能选择对个人权利损害较小的措施。总之，作为国家公权力的典型样态，侦查权力的行使必须谦抑，要适度，为此在侦查构造上要注意控辩双方的适度平衡，强化犯罪嫌疑人的地位，发挥辩护律师的作用；在侦查程序上要加强司法权对侦查权的制约，对强制侦查行为实行司法审查，贯彻令状主义。正如我国台湾有学者而言：“对于侦查权力之发动，在程序上必须订有相关之规范，使侦查机关及实施侦查之人员得以遵循，就人权保障而言，侦查实具有重要之意义。”①

以上是现代侦查程序所应实现的三重目的。从制度上来说，检警关系亦是侦查程序的一个重要组成部分。为顺利实现甚至最大化地实现侦

① 康顺兴：《刑事诉讼适用正当法律程序之探讨》，载《刑事法杂志》第43卷第4期。

查程序的上述目的，合理的检警关系模式，也即我们寻求建构的目标制度，相应地应当具备以下功能：

第一，要具备能够迅速及时地查明犯罪事实、查获犯罪嫌疑人，以有效惩治和预防犯罪的功能。在诉讼地位上，检察官和警察同为国家专门机关，代表国家（政府）进行刑事诉讼，共同承担着追究犯罪、惩罚犯罪，以维护国家和公民个人利益，维护良好社会秩序的诉讼任务，并为此享有法律赋予开展专门侦查活动的广泛职权。一旦犯罪发生，应当依职权主动追究。德国诉讼理论称此为“职权原则”。《德国刑事诉讼法》第 152 条规定“在有足够的事实根据时，检察院负有对所有的可予以追究的犯罪行为作出行动的义务”；第 160 条规定“通过告发或其他途径，检察院一旦了解到有犯罪行为嫌疑时，应当对事实情况进行审查，以决定是否提起公诉”。在诉讼职能上，侦查和起诉诉讼目标一致，同属于行使控诉职能。有人甚至主张侦查本身不单独构成刑事诉讼的基本职能，而是从属于控诉职能，或者说是控诉职能的拓展和延伸，是保证控诉职能顺利实现的必要准备。鉴于检察官与警察诉讼地位的共同性和侦查与起诉诉讼目标的一致性，许多国家在检察官与警察的关系上采取检警一体模式，即作为国家公诉机关的检察官同时为法定侦查主体，享有侦查权或侦查指挥权。警察，主要指司法警察或刑事警察，为检察官侦查之助手或辅助机关。例如，《法国刑事诉讼法》第 12 条规定：“司法警察职权，由本编所指定的官员、公务员和行政职务人员在共和国检察官的领导下进行。”第 19 条规定，司法警察官“在知悉发生重罪、轻罪和违警罪后，有义务立即报告共和国检察官。在行动结束以后，应将符合他所进行的取证笔录的正本并附副本以及有关的文件送交共和国检察官”。第 41 条规定：“检察官有权指挥所在法院辖区内的司法警官或司法警察的一切活动”，“享有法律授予司法警官的一切权力和特权”。在德国，依照法律规定，检察官是侦查活动的主导者，可以亲自侦查，也可以领导侦查。为此，有权指挥和利用警察的力量。《意大利刑事诉讼法》第 327 条也明确规定：“公诉人领导侦查工作并且直接调动司法警察。”日本采取所谓“混合式”模式，检察官与司法警察职员都有独立的侦查权，并在侦查案件范围上无明确分工。即便在实行检警分立的美国，实践中由于“美国的检察官经常被称为当地执法系统的首长，实际上他们也确实可以指导甚至直接领导警察的犯罪侦查活动”。[①]实行检警一体或检警结合模式的优势，首先体现在能够充分发挥国家追诉的主动性，集中侦查力量，提高侦查效率。同时由于行使公诉权的检察官参与、指挥侦查活动，有助于检察官更加准确及时地根据侦查结论作出是否起诉的决定，使刑事诉讼活动更加快速、有效，实现刑事诉讼的效益价值。

第二，要具备能够有效联接起诉，为公诉做准备，保证公诉质量和效果的功能。如前所述，当代诉讼理论一般将对犯罪的侦查视为提起公诉的必要准备，起诉或不起诉则是侦查终结的法律处理。侦查程序是在为检察机关关于决定是否应提起公诉时所作的准备工作。所谓非经侦查，无从确定应否起诉；查明犯罪而不进行起诉，则有可能放纵犯罪，使侦查活动失去意义。因此，侦查工作要有为起诉服务的意识，检警关系应能有利于追诉职能充分地发挥，有利于国家追诉权的正确有效行使。在实行检警一体模式的国家，把检察官与警察统一于共同的追诉任务之中，可以实现追诉主体优秀侦查能力与良好法律素质的结合。即警察机关具有优秀的侦查人员、先进的侦查技术和丰富的侦查经验，而检察官则具有良好的法律意识和专业的法律水平，能够更好地处理侦查中的法律事务，以公诉人的职业眼光去评判证据，在侦查中指导警察正确合法地开展证据的收集和保全。在日本，尽管检察官与警察更多的是一种协作关系，而不是领导与服从的关系，但由于检察官是公诉官，检察官可以从起诉的角度对司法警察职员给予指示和指挥。如果司法警察职员没有正当理由而不服从检察官的指示或指挥，可能会受到惩戒和罢免的处分。即便在实行检警分立制的英国，为克服警察与检察官在是否补充侦查问题上的摩擦，使有罪的罪犯不致因警察与检察官意见不一而被放纵，皇家司法委员会的改革报告也建议，当警察机关与检察机关在补充侦查问题上发生不同看法时，应当将案件交各自的上级机关通过协商解决；检察机关应“提前介入”，给予警察以必要建议，指导警察搜集或发现充分的证据。在最近的司法改革中，英国检察机关开始向警察机关派出律师，对侦查提出建议。而在严重欺诈案件侦查局侦查的案件

① 徐家力:《美国检察官在刑事诉讼中的主导作用》，载《国家检察官学院学报》2002 年第 1 期。

中，更是采取了类似大陆法系国家检察官指挥侦查的做法，即由出庭律师指导侦查，以提高侦查、起诉的效率。再者，尽管检察官与警察在追诉问题上目标一致，但检察机关作为“社会公益的代表”，还负有客观义务。因此，检察机关在指挥或领导警察进行侦查时，不仅要注意收集证明被告人有罪的证据，还要注意收集证明被告人无罪或罪轻的证据。

第三，要具备能够有效规制侦查权力、保障公民权利，从而实现侦查程序人权保障目的的功能。从概念上分析，侦查程序不等于侦查行为或侦查活动。侦查行为或侦查活动的目标指向主要是发现收集证据，查明犯罪嫌疑人，但侦查程序的内涵却要丰富许多。一方面，侦查程序要赋予侦查机关为完成侦查任务所需的特殊职权，规定侦查机关采取专门侦查措施的手续、程式和步骤；另一方面，侦查程序要规制侦查权力的行使，保证侦查机关严格依照法定授权和程序开展侦查工作。而且，随着刑事诉讼民主的加强和法制的健全，侦查程序此方面的目的将更加突出，更加重要。恰当的检警关系，应当具备有利于促进侦查民主、加强人权保障方面的功能。在西方侦查程序中，侦查权的行使受到来自司法官员和辩护律师等多重制约，但无论如何，检察官对警察的监督和指导是制约侦查权行使的重要方面。为了保证侦查活动顺利进行，防止警察滥用职权，法律明确规定警察的侦查活动需要接受检察机关的监督。在侦查中需要采取涉及公民人身权利、财产权利、住宅权利以及其他基本权利的侦查手段或强制措施时，除了需要报请司法官员审查批准外，有时需要得到检察官的同意。例如《法国刑事诉讼法》规定，司法警察官对拒绝履行作证义务的人需要使用警察力量强制其到庭时，应当报请共和国检察官批准。拘留重罪嫌疑犯时，应在24小时内解送共和国检察官。经共和国检察官书面许可，可以将此期限延长24小时。在德国，检察官作为“法律的守护人”，“负有彻头彻尾实现法律要求的职权”①，其应该通过客观关照义务的担当时刻检视刑事诉讼中其他公权力的行使状况，以防范由于国家公权力的滥用而造成对被追诉人权利的侵犯。在美国和日本，侦查机关要羁押犯罪嫌疑人，必须通过检察官向法官提出申请，实质上体现了检察官从中审查和监督的职能。从发展趋势看，随着现代刑事诉讼职能分工越来越明细，侦查犯罪专业性、技术性越来越

① 林钰雄:《检察官论》，学林文化事业有限公司1999年版，第34页。

强，侦查机关在诉讼中的地位相对独立，检察机关作为国家公诉机关其工作重心主要落在审查起诉和支持公诉上，同时兼使对诉讼活动合法性的监督职能。在侦查犯罪方面，逐渐由直接负责对犯罪案件的侦查转为对警察侦查活动的指挥和监督。用德国作为范例来说，实际情况是，主要由警察局相当独立地掌握侦查程序，并把结果提交给检察官，然后由检察官决定撤销指控或者提出指控。但是，检察官应负责把侦查限制在诉讼法所容许的限度之内。

至此，侦查程序中检警关系的构建具有了相对明确的参照标准，即是否具备能够保证侦查程序目的顺利实现的制度功能。凡是具备了有利于侦查程序目的实现功能的，都是合理的检警关系；反之，不具备实现侦查程序目的的功能甚至不利于实现侦查程序目的的，就不能认为是合理的检警关系。

二、我国侦查程序中检警关系的功能缺陷

我国侦查程序中现行检警关系模式形成的法律基础是《宪法》第135条和《刑事诉讼法》第3条、第7条、第8条、第66条、第68条等，依据这些法律规范所建立起来的我国侦查程序中的检警关系模式主要具备以下三个特征：

第一，检警“分工负责”。即公安机关是侦查职能的主要承担者，负责绝大多数刑事案件的侦查工作，检察机关主要承担控诉职能和法律监督职能，同时也承担着一部分的侦查职能，但是检察机关受理侦查的案件范围与公安机关受理侦查的案件范围不存在交叉，检察机关一般不介入公安机关的具体侦查活动，也不存在检察机关对公安机关侦查工作的指挥或者领导。公安机关开展侦查工作相对独立，是侦查程序的主导机关。

第二，检警“互相制约”。最为典型的表现是在逮捕措施的批准上。检察机关负责审查批准公安机关的逮捕申请，而公安机关对于检察机关的不批准逮捕决定可以要求复议，如果检察机关不接受，可以向上一级检察院提请复核。二者形成了一种职权行使行为上的相互制约关系。

第三，检察机关监督公安机关。与检警之间的互相制约关系不同，检察机关对公安机关的监督是单向的，即只能是检察机关依据其所承担的法律监督职能对公安机关的侦查活动进行监督，而不能相反。

不难看出，我国上述检警关系模式，是以“分工负责、互相配合、互相制约”和检察机关的法律监督职能为基础的一种具有鲜明特色的模式。一方面，检警机关在侦查程序中均相对独立地行使各自的诉追权，此与英美国家的检警分立模式相似，但是因为检警之间又存在着互相配合、互相制约的关系，这使之又区别于英美国家模式；另一方面，检察机关对警察机关的侦查活动可以进行监督，此与大陆法系国家的检警结合模式在理念上有相通之处，但在警察机关对检察机关的职权行为可以进行制约以及警察机关享有广泛而独立的侦查权方面，又与大陆法系模式显然不同。从实现侦查程序的目的，完善刑事审前程序的角度看，我国现行检警关系存在着下述主要的制度功能缺陷：

首先，警主检辅，以侦查为中心。我国目前在检警关系上以检警分立为基本特征。体制上检察机关与公安机关是平等协作关系，法律上的要求是分工负责，互相配合，大家各司其职，各负其责，共同承担追诉犯罪的任务。在侦查与起诉的关系上，是侦查为起诉之准备，起诉为侦查之目的。但因为警察是侦查阶段的主导机关，除逮捕以外，享有独立使用专门侦查手段和强制措施的权力，加之一切服从于打击犯罪的主流刑事意识影响，实际上形成警主检辅，以侦查为中心，公诉职能在一定程度上从属于、依附于侦查职能[①]，检察机关的审查起诉基本成为对公安机关侦查结论的确认和维护。

其次，案件终结缺乏制约，影响国家追诉权的统一有效行使。在现行制度下，对于刑事案件公安机关是否立案侦查，或者在侦查过程中是否撤销案件、终结侦查，由公安机关自行确定。尽管1996年刑事诉讼法修改，增加了检察机关对警察立案活动的监督，但如果公安机关对于检察机关要求立案的通知拒不执行将会承担什么后果或者存在什么补救措施，法律没有明确；或者公安机关立案后又作了撤销案件的处理，既不需要告知要求立案的检察机关，检察机关也无必要的纠正手段，这就很可能造成许多本应及时追究的案件得不到及时追究，甚至根本得不到追究，导致放纵犯罪的后果，影响国家刑事追诉权的统一有效行使。

再次，侦查为起诉服务的意识不强，影响公诉的效果和质量。一

① 陈兴良:《警检关系的构造》，载樊崇义:《刑事审前程序改革与展望》，中国人民公安大学出版社2005年版，第388页。

旦犯罪发生，作为侦查机关，警察首先关注的是侦破案件，查获犯罪嫌疑人，头脑中证据意识、侦查为起诉作准备的意识不强。实践中，公安机关既不会针对侦查中收集、调取的证据是否符合公诉的要求向检察机关请求业务上的指导和帮助；检察机关也不会“提前介入”，主动对警察取证进行建议和指导，仅仅是在审查起诉阶段事后对侦查机关收集的证据作出评价，对未达到相应证据标准的案件作出补充侦查或者不起诉的处理。退回补充侦查或者因为证据不足不起诉，均意味着对侦查机关先期侦查工作的否定，可能导致侦查的无效或者低效，对犯罪的打击不力。从司法实践中检察机关退侦率的增加[①]来看，此方面的问题已比较明显。另外，由于缺乏检察机关的指导，在侦查过程中可能有些应当收集的证据没有收集而造成证据的灭失，可能由于侦查机关未按法定程序收集证据甚至采取非法手段收集证据而导致证据在审判中被排除，这些都将影响到公诉的效果和质量。

最后，检察监督警察不力，侦查权滥用现象比较严重。我国侦查程序和检警关系存在的一个重大缺陷，就是侦查机关的权力过于庞大，缺乏有效的监督和制约。受一切为了查明犯罪这一诉讼观念的支配和检警分工负责诉讼结构的影响，我国的侦查机关享有几乎不受任何限制的侦查权力。除逮捕以外，无论是对公民财产采用搜查、扣押、查封等强制性侦查手段，还是对公民人身实施拘留羁押等强制措施，完全由侦查机关自行决定，自行实施。不存在法官的司法审查，也无须经过专门的令状许可程序。尽管现行法律规定由检察机关对侦查活动进行监督，但由于立法的粗疏和操作的障碍，使得检察机关的侦查监督存在不少问题，监督的手段软弱，监督的时间滞后，监督的范围狭窄，监督的程序不完

① 以北京基层检察院的情况为例。2001 年北京顺义区检察院共受理侦查部门移送审查起诉案件 468 件，其中退补案件 95 件（包括侦查部门撤案或建议侦查部门撤案 11 件）占 22.9%：一次退补案件 78 件；二次退补案件 17 件。2002 年顺义区检察院共受理侦查部门移送审查起诉案件 611 件，其中退补案件 187 件（包括侦查部门撤案或建议侦查部门撤案 25 件）占 30.5%：一次退补案件 148 件；二次退补案件 39 件。退侦率有上升的趋势。而从补充侦查的事项上来看，绝大部分都是有关犯罪嫌疑人身份证明、赃物移送、证人证言、抓获经过以及排除证据矛盾等证据方面的问题，而就法律手续、法律程序、强制措施等方面要求补充侦查的事项相对较少。参见卢桂荣、郭小锋：《从退补情况析公诉引导侦查取证机制》，载 http：//www．women.jcy.gov.cn/dispnews.asp?id=369。

善，监督的效力不明确，使侦查监督的效果很不理想，甚至流于形式。从侦查实践的现状来看，侦查权滥用的情况未得到有效遏制，刑讯逼供、超期羁押等侵犯人权的现象仍十分严重。全国人大执法检查组2000年在对天津、内蒙古、黑龙江、浙江、陕西等六省（自治区、直辖市）进行检查后这样总结："从这次执法检查看，在刑事诉讼法贯彻实施中存在着一些不容忽视的问题。首先是一些地方超期羁押仍然比较突出，仍有一批超期羁押多年的案件没有得到解决，而且旧的超期羁押问题清理了，又出现新的超期羁押，变相超期羁押情况也增多了。其次是刑讯逼供仍不同程度地存在，在有些地方还比较严重，社会影响恶劣。最后是在保障律师履行职务方面仍存在'三难'：在侦查阶段会见犯罪嫌疑人难，律师会见受到限制较多；阅卷难，留给律师查阅、摘抄、复制案件诉讼文书和技术性鉴定材料及所指控的犯罪事实材料的时间短，而且有的只提供一部分材料；复核取证难。"①

三、优化我国侦查程序中检警关系的设想

鉴于前述合理的检警关系所应具备的在实现侦查程序目的方面的制度功能和我国现行检警关系存在的主要缺陷，提出如下优化或完善我国检警关系的构想：

（一）坚持公安机关为侦查主体、享有独立侦查权的现行侦查体制

从诉讼发展趋势看，侦查犯罪逐步实行与控诉犯罪权限上的分离、程序上的独立。在英美法系国家，警察一直就是主要的侦查机关，享有完整而独立的侦查权。而在大陆法系国家，虽然检察机关是法律上的侦查权主体，警察是其助手或辅助机关，但从司法实践的实际状况来看，警察承担主要的侦查任务并实际上享有独立侦查权的现象已比较普遍。德国的情况已如前述，在其他典型的大陆法系国家比如法国，作为享有侦查指挥权的检察官在实践中也是很少亲自负责侦查，而是由警察承担绝大多数的侦查工作。②

---

① 《执法检查：不走过场》，载《法制日报》2001年3月1日。

② See Richard S. Frase, *Comparative Criminal Justice as a Guide to American Law*. 78 Calif.L.539.at 557 (1990).

警察在实践中承担着绝大多数的侦查工作有其必然性。“由于现代科学的犯罪侦查乃属于一项具有高度专业性、复杂性以及强调团体组织分工合作之活动，且须依照刑事诉讼法所规定的程序进行。因此，犯罪侦查活动之指挥主导者与实施执行者，不仅应具有相当程度的法律素养，同时更应具有专业的刑事科学侦查与刑事科学鉴识的知识与能力，此外，尚须拥有丰富的侦查实务经验以及完善充足的仪器设备与人力，否则难以胜任。检察官本身固然法律素养颇佳，唯不可否认的是，其在犯罪侦查方面所需具备的能力经验、设备人力却甚为有限，以至于实务上大部分的侦查工作会转而由具有专业侦查知识能力、丰富侦查经验与庞大人力物力的警察来承担负责，此乃势所必然。”[①] 而且，警察担当侦查主体并享有独立的侦查权，在侦查构造及其之于人权保障方面具有重要意义，它能够使检察官在警察所从事的犯罪侦查活动中，“脱离与犯罪嫌疑人之对立关系，站在公正第三人之立场，审核监督警察之侦查活动”[②]，以确保“公正审判的三面诉讼关系”亦“能够落实于犯罪侦查阶段”[③]，从而从侦查构造上防止警察机关滥用职权和保障人权。因此，鉴于我国刑事司法传统和公安机关的性质，为了实现侦查程序的直接目的，以公安机关为侦查主体、享有独立侦查权的现行侦查体制应当坚持。

（二）建立检察指导警察进行侦查取证的制度

侦查的任务之一就是为公诉做准备。为了保证起诉的效果和质量，为公诉权的适当行使提供良好的基础条件，警察在开展侦查活动中接受作为起诉机关的检察官的指导和建议是十分必要的。我国现行检警关系的主要不足之一就是检察机关与公安机关的侦查活动实际上相脱离，检察机关一般不参加公安机关的侦查活动，也不对如何收集保全证据提出建议，所以在指导公安机关侦查方面发挥的作用非常有限。同时，公安

---

① 褚剑鸿:《侦查机关与侦查犯罪权限之比较研究（下）》，载《法令月刊》第48卷第9期。

② 参见郑善印:《检警关系调和论》，载甘添贵、林山田:《如何建立一套适合我国国情的刑事诉讼制度》，学林文化事业有限公司2000年版，第304页以下。

③ 康顺兴:《正当法律程序原则与检警关系之研究》，中国台湾地区警察大学法律研究所硕士论文。

机关在侦查中也不会针对收集、调取的证据是否符合公诉的要求主动向检察机关请求业务上的指导和帮助。这样既不利于检察机关准确把握案件的全部情况，对侦查结论在事实和证据方面作出正确评价，同时侦查人员因为得不到检察官从公诉角度对侦查的期待和要求，而影响侦查人员业务素质和办案能力的提高。为此，必须建立检察官从起诉角度指导警察进行侦查取证的工作机制。实践中已经在推行“检察引导侦查”试点，即检察机关通过参与侦查机关对案件的侦查，对证据的收集、提取、保全及侦查取证的方向，提出意见和建议，并对侦查活动实行法律监督的工作机制。这样的探索应当予以肯定，并应在试点经验的基础尽早将其上升为制度。

实际上，鉴于侦查与起诉在诉讼职能上的一致性，以及侦查为起诉之准备的程序定位，不管在检警关系上二者是结合还是分立，履行公诉职能的检察官对专事侦查职责的警察，在侦查取证方面予以指导和在法律事务方面予以咨询，都是天经地义、毋庸置疑的。我国尽管在检警关系上实行分工负责，但作为公诉机关的检察院对公安机关在侦查取证方面予以指导，同样是遵循诉讼原理并符合法律现行规定的。《刑事诉讼法》第140条规定，检察机关对公安机关移送起诉的案件进行审查，认为事实不清、证据不足、需要退回补充侦查的，可以退回公安机关补充侦查。《人民检察院刑事诉讼规则》第266条规定，检察机关认为需要补充侦查的，应当提出具体的书面意见，连同案卷材料一并退回公安机关补充侦查。这里所谓的具体书面意见，就是对公安机关补充侦查在案件事实和证据收集方面提出的要求和进行的指导。只是这种要求和指导，通常只理解为适用于补充侦查，但是这样的理解显然是有问题的。既然检察机关可以对公安机关的补充侦查提出要求和进行指导，当然也可以对公安机关的整个侦查活动提出要求和进行指导。而且，如果将检察机关的要求和指导仅局限于补充侦查，在程序上已经明显滞后，因为检察机关只能通过审查起诉发现问题，而此时侦查程序已经终结，势必造成程序的回流，影响诉讼效率，浪费侦查资源。

除此之外，现行刑事诉讼法还有其他一些关于检察机关参与公安机关侦查的规定。例如，《刑事诉讼法》第107条规定，人民检察院审查案件的时候，对公安机关的勘验、检查，认为需要复验、复查时，可以要求公安机关复验、复查，并且可以派检察人员参加。因此，我们需要在观念上确立检察指导警察侦查活动的正当性和必要性，并且在制度上明确检察指导侦查的途径和程序，眼前首先要做的就是将刑事诉讼法的上述规定在实践中加以贯彻和落实。

（三）强化检察机关对警察机关的侦查监督制度

调整检察与警察关系的另外一个重要方面，就是要切实加强检察对警察的监督，强化公诉对侦查的制约，保证侦查权的适当行使，减少侦查过程中的违法现象。在西方国家，侦查程序中对警察权力加以规范和控制主要是通过司法审查的途径解决。此外，犯罪嫌疑人地位的强化和辩护律师的适时介入，也对侦查权的行使产生一定的制约作用。在我国现行司法体制下，法院不介入审前程序，因此警察的侦查活动不会受到法院的直接制约。1996 年刑事诉讼法修改后，虽然律师在侦查阶段可以介入，但由于种种原因发挥的作用极其有限，对犯罪嫌疑人的法律帮助基本上只具有象征性的意义，对侦查机关的制约作用更是微乎其微。因此，对公安机关侦查活动进行监督和制约的职责现阶段主要由作为国家法律监督机关的检察院承担。这既是我国司法体制的特色，但在诉讼原理上也不乏合理性。有学者分析，从发展的角度看，即便将来我国司法体制发生变化，对审前程序作较大改革，警察的侦查活动可以受到来自法官和律师的较为有效的制约，基于完善追诉权主体内部结构和追诉职能的需要，也应当进一步强化检警关系中的制约机制。①

1996 年修改刑事诉讼法时，增加了“人民检察院依法对刑事诉讼实行法律监督”的基本原则。理论界一致认为，检察机关诉讼监督的重心应当放在对侦查活动的监督上。为此，立法采取了一些措施，例如增加了检察机关对公安机关立案进行监督的规定。但总体而言，目前检察机关对侦查机关的法律监督仍存在许多问题，例如，监督乏力、监督缺位、监督滞后、监督程序不健全、监督效力不明确，等等。因此，需要切实加强检察机关对侦查机关的法律监督，改变目前监督不力的状况。特别是要增强检察机关发现和纠正侦查违法的能力，完善检察机关介入侦查的法律规定，增加或明确检察机关对侦查机关诉讼违法情况进行调查和处理的手段；要明确侦查机关接受检察机关法律监督的义务，追究

① 宋英辉:《刑事诉讼中警检关系模式》，载樊崇义:《刑事审前程序改革与展望》，中国人民公安大学出版社 2005 年版，第 397 页。

拒不接受检察监督的侦查机关及其工作人员的责任；要加大对公安机关刑事立案和撤案的监督力度，赋予检察机关一定的机动侦查权；要完善现行的逮捕审查批准程序，同时将严重关涉公民基本人权的强制性侦查措施的审查批准权交由检察机关行使；要增设检察机关对刑讯逼供、超期羁押等违法行为利害关系人的申诉、审查和救济程序。总之，在改革我国侦查程序、构建恰当检警关系时，要注意强化检察机关对侦查活动的监督，丰富其监督手段，扩大其监督范围，完善其监督程序，明确其监督效力，以奏侦查监督之功效。

中国刑事诉讼制度科学构建论纲 *

1978年党的十一届三中全会召开，这一标志着我国政治生活进入一个崭新时代的重大历史事件，也为我国法学研究的复兴和发展创造了难得的机遇和广阔的空间。从1978年至2008年这30年间，作为我国法学研究重要组成部分的刑事诉讼法学研究不仅取得了长足的进步与发展，而且也为促进我国刑事诉讼制度的改革完善作出了突出的贡献。本文将通过对我国30年来刑事诉讼法学研究的梳理与审视，凝练出对刑事诉讼制度科学构建具有重要影响的理论成果，并以此为基础探讨如何进一步发展和健全我国的刑事诉讼制度。

一、端正刑事诉讼目的，确立人权保障意识

刑事诉讼目的理论是刑事诉讼法学研究的一个基本命题，它作为国家进行刑事诉讼所要期望达到的目标，是国家权力意志的体现，反映的是国家对于刑事诉讼的价值评价。立法者在制定刑事诉讼法律时，赖以为基的任何重大理论问题，如刑事诉讼主体的确定、刑事诉讼职能的划分、刑事诉讼构造的安排，等等，都需要以对刑事诉讼目的的认识和判断作为逻辑原点。因此，对刑事诉讼目的的完整理解和准确设定是科学构建刑事诉讼制度的出发点和归宿。在1978年之前，受阶级斗争观念的直接影响，我国的刑事诉讼立法和司法奉行的是一切为了并服从于惩罚犯罪的一元目的观。由于这种刑事诉讼目的观过于强调实体真实地发现和惩罚犯罪，而忽略或漠视当事人特别是被追诉人的权利保障，因此在1978年之后，尤其是1990年以来，伴随着市场经济的发展所带来的公民权利意识的觉醒，“权利本位主义”逐渐取代了“权力本位主义”而成为不同部门法学研究的法理基础，刑事诉讼法学界亦对“惩罚犯罪”的一元刑事诉讼目的观进行了全面的反思，并逐渐在所形成的各种

---

* 原文发表于《北方法学》2009年第1期，与田心则合作。

二元甚至多元的刑事诉讼目的观中确立起了“保障人权”的诉讼观念。[①]刑事诉讼目的的端正，保障人权观念的树立，为刑事诉讼制度的科学构建开辟了新的视角，并提出了新的要求。

首先，在传统的刑事诉讼目的观中，“促进实体真实的发现”具有普遍意义，是刑事诉讼的唯一目的。但是，在现代法治社会中，通过刑事诉讼发现真实进而实现国家刑罚权却不能“不择手段、不问是非及不计后果”[②]。刑事诉讼的最大特征就是以国家权力为主导，以国家强制力作后盾，而单纯以“惩罚犯罪”为目的的刑事诉讼体现的则是国家权力对公民个人特别是被追诉人的单向度作用力，强调的是国家维护治安、恢复秩序的需要，公民个人则缺乏对国家权力的防范能力。所以，在刑事诉讼制度的构建过程中，强调的是对国家公权力恣意及对侵犯公民权利可能性的防范，其在诉讼理念上就直接体现为人权保障目的观的确立。在这一目的观的指导下，诉讼制度应当能够清晰界定刑事诉讼中国家与个人的各自行为界限，以确保国家能够在完成其追诉职能的同时，也为个人提供有效的保护。由此来看，在刑事诉讼中，公民权利的充分享有与国家权力的恰当行使同等重要，因为在刑事诉讼中，公民权利的实现意味着权利相对方即国家权力的行使受到制约，从而使公民具备了制衡国家权力进而维护自身权利的基础。所以，人权保障目的观的确立就使得完善诉讼中的公民权利保障与救济体系成为刑事诉讼制度科学构建的现实要求和评价标准。

其次，刑事诉讼中的人权保障应当以犯罪嫌疑人、被告人即被追诉人为核心关切。这是因为：其一，刑事诉讼乃“确定并实现国家于具体刑事个案中对被告刑罚权的程序”[③]，即国家刑罚权在刑事诉讼中运作的最终目标是要解决被追诉人的犯罪与刑罚问题，从这一意义而言，被追诉人是刑事诉讼中的关键人物，没有被追诉人也就没有刑事诉讼；其二，刑事诉讼中被追诉人的力量与国家相比严重失衡，被追诉人在诉讼中天然处于弱势地位，国家则享有对被追诉人使用暴力的合法根据，比如逮捕、讯问、羁押等都是国家合法暴力的体现，而且此种国家暴力在

---

① 例如，惩罚犯罪与保障人权的统一、实体真实与法律程序的统一等。参见樊崇义等:《刑事诉讼法修改专题研究报告》，中国人民公安大学出版社 2004 年版。

② 林钰雄:《刑事诉讼法》(上册)，中国人民大学出版社 2005 年版，第 3 页。

③ 林钰雄:《刑事诉讼法》(上册)，中国人民大学出版社 2005 年版，第 4 页。

诉讼中通常只能对被追诉人行使，因此理论上被追诉人权利在诉讼中最易遭致国家权力的主动侵犯；其三，人们对犯罪与罪犯的天然排斥心理会引发对犯罪的追诉欲望，而这极易成为诉讼中国家权力的行使者对被追诉人的侵犯动机，因此，实践中对被追诉人的刑讯等行为在任何国家和任何时代中都无法禁绝。基于上述原因，被追诉人因在刑事诉讼中天然处于弱势地位，因而其权利保障更为迫切与重要，尤其是在实行强职权主义诉讼模式与长期受有罪推定思想影响的我国，被追诉人在诉讼中的地位存在客体化的现象，被追诉人的权利更是缺乏有效保障。因此，如何改善被追诉人的诉讼地位，如何加强被追诉人的权利保障，是改革并科学构建我国刑事诉讼制度最为急迫的任务之一。为此，必须明确规定无罪推定原则，确立被追诉人享有诉讼主体地位的程序基石；必须真正尊重被追诉人不受强迫自证其罪的权利，赋予被追诉人在被追诉全过程中的沉默权；必须切实保障被追诉人以辩护权为核心的各项诉讼权利，建立其与追诉方对抗以捍卫自身合法权益的保障制度。

最后，要充分意识到“无救济则无权利”，如果法律赋予公民个人的权利得不到执法、司法机关的尊重，公民的合法权益受到侵害时得不到及时有效的救济，那么所谓权利就只能是空中楼阁，法律的规定也只能是一纸空文，保障人权的刑事诉讼目的观更是无法实现。因此，科学构建我国的刑事诉讼制度，不能仅仅满足于在纸面上对诉讼参与人权利的宣告，还必须加强诉讼参与人权利救济机制的健全与完善，使得那些权利被不当侵犯、自由被错误剥夺的公民能够切实获得救济和纠正的机会。从我国刑事诉讼的现状来看，虽然存在一些权利救济的制度或渠道，如申诉、上诉、提出控告等，但总体而言，救济的制度还很不完善，救济的渠道还很不通畅，对公民权利的保障力度也远远不够。因此有必要将强化诉讼参与人对办案机关程序违法行为的及时申诉和控告、申请审查与救济、要求变更或解除等权利及其制度保障，作为构建完善的刑事诉讼权利救济机制的重点。

二、弘扬程序法治理念，健全程序制裁机制

30 年来，特别是近十年来，由于刑事诉讼法学界的大力弘扬，程序正义的理念正日益被人们接受和认同，这与人们对程序价值的认识转变紧密相关。在“重实体、轻程序”的年代里，人们只看重程序的工具

性价值，即由实体结果和实体目标所决定的手段性而非目的性的程序价值。而在程序正义理念的影响之下，人们开始对程序价值的目的性进行重新认识，将其提高到与程序的手段性价值等量齐观甚至更高一筹的程度，认为刑事诉讼程序具有内在的、不受实体结果影响的价值，这种价值的实现自身就能够满足程序主体在某一方面的利益诉求。以这种认识为基础，人们也开始对刑事诉讼中程序的功能进行全新的解读，并逐步认识到在现代法治国家中，“正是程序决定了法治与恣意的人治之间的基本区别”，即程序乃是实现权力运作法治化的基本依凭。

所谓程序，是指“按时间先后或依次安排的工作步骤”[①]，尽管对刑事诉讼中的程序存在不同界定，但是所有的界定都不能脱离“程序”词源所表达的基本含义。在刑事诉讼中，作为主导力量的国家权力的运行不是不受规制、不可预期的，而是需要遵循一定的步骤、方式、方法，即要遵循程序对权力的引导要求而进行。这样，在刑事诉讼中，程序的运行逻辑就构成了权力的运行逻辑。而在程序的运行逻辑中，有序性是其最为显著的特征，程序的有序性从时空两维引导权力的行使趋于有序。有序乃是无序的对立面，而无序意味着不可预期，更是“恣意”滋生的温床。程序以其有序化的运作逻辑构成引导权力运行秩序化和权力行使预期机制建立的基本法理。[②]所以，有学者认为：“按一定程序办事，是有组织社会的一个表征。由于完成诉讼任务的困难性、复杂性，人们编制出一定的程序，如起诉程序、审判程序、监督程序等等，使诉讼机制成为一种能相对有效地接纳、处理社会冲突的有机系统。同时为防止诉讼主体背离既定程序而专断独行、恣意妄为，还将既定程序规范化、制度化，视为不可逾越的界限。”[③]在现代社会中，程序的反复运作过程在使权力的行使行为固定化的同时，还间接促进了与权力有关的相关法律规则和制度的确立，推动权力的运行走入法治的轨道。现代成文法国家的刑事诉讼法典大都条文众多，比如《俄罗斯联邦刑事诉讼法典》473条、《德国刑事诉讼法典》477条、《意大利刑事诉讼法典》746条、《法国刑事诉讼法典》803条，繁多的条文背后实际上所体现的是刑事

---

① 《辞海》(缩印本)，上海辞书出版社1980年版，第1752页。

② 田心则:《刑事诉讼中的国家权力与程序》，中国人民公安大学出版社2008年版，第110页。

③ 龙宗智、左卫民:《诉讼机制的社会意义》，载《中外法学》1992年第5期。

诉讼程序的细致、缜密，它可以保证在整个刑事诉讼过程中，运行于其中的国家权力行使行为都被程序仔细加以引导。虽然程序中的权力对象也要遵守程序的规定，但是程序主要是用来规范国家权力和引导国家权力的。对此，《德国刑事诉讼法典》第十章"讯问被指控人"中的5个条文作出了最好的诠释：在这5个条文内容中，每一条规定均以对国家权力的规范和引导为基本着眼点，在讯问被指控人这一特定事项上既设定了国家权力行使时程序上的限制，又安排了国家权力行使时的行为步骤，使刑事诉讼场域中最易发生国家权力滥用的场景受到了程序的严密监控。总之，"既然行使国家刑罚权的专门机关选择诉讼形式确定被告人的刑事责任，则其职权活动必须受制于程序"[①]，在程序正义视角下对刑事程序功能的这种解读并结合现代法治主义，最终形成程序法治（the procedural rule of law）原则。

刑事程序法治原则是科学构建刑事诉讼制度的基本指导方针。在刑事诉讼中要坚持这一原则，就要求参与诉讼各方牢固树立法律至上、程序至上的意识，尤其是对国家专门机关而言，法无明确授权不可为，行使法定职权时必须严格遵守法律的规定和程序的要求，对公民依法享有的诉讼权利必须予以尊重和保障。

总之，尊重程序法律规定，恪守刑事诉讼程序，乃是刑事程序法治的基本要求。但是长期以来，受程序无用和程序附庸等观点的影响，在我国的刑事司法实践中，程序的价值却未得到应有的尊重，程序性违法行为，例如非法取证甚至刑讯逼供时常发生而且得不到有力的制止。因此，为了贯彻并实现刑事程序法治，就必须明确程序违法的法律后果，建立程序违法的制裁制度，通过对程序违法者不正当利益的剥夺促使其遵守法律所规定的诉讼程序，从而体现程序法的权威性、强制性和义务性。检讨我国现行刑事诉讼立法与实践，具有程序制裁性质的规定有一些，例如上诉审法院针对一审法院违反法定程序行为撤销原判、发回重审的做法，以及最高人民法院、最高人民检察院通过司法解释确立的非法言词证据排除规则，但总体而言，制裁的范围比较狭窄，制裁的手段比较单一，而且实际执行的力度不大，效果不佳。为此，应当进一步明确程序违法的后果，扩大程序性制裁的范围，使其能够涵盖所有严重违

① 卞建林：《刑事诉讼的现代化》，中国法制出版社2003年版，第8页。

反刑事诉讼程序的行为。特别要明确的是，侦查阶段的严重程序违法行为如超期羁押、刑讯逼供、侵犯律师合法权利等，是程序制裁关注的重点。同时要丰富和增加程序性制裁的手段和方式，从其他国家的做法来看，程序性制裁的方式主要有撤销原判、排除非法证据、终止诉讼、诉讼行为绝对无效、诉讼行为相对无效、从轻量刑六种。[①] 在统一认识、坚定决心的基础上，我们要认真研究司法实践中程序违法的形式和原因，并借鉴国外有益的经验和做法，逐步建立起适应我国国情，能够适用于侦查、起诉、审判等不同诉讼阶段，轻重有别、手段多样的程序性制裁系统。

三、遵循诉讼运行规律，理顺控诉审判关系

刑事诉讼制度的科学构建，应当以对诉讼客观规律及其内在运作机理的科学认知为基础。其中确立"诉"在诉讼中的主导地位，充分理解"诉"的现代性内涵，尊重和遵循"诉"自身的运行原理和要求，从而能够以"诉"的视角审视我国刑事程序的设置和运作，正确认识侦查与起诉、起诉与审判之间的应然关系，对于构建科学的刑事诉讼制度至关重要。刑事诉讼中存在两种基础关系：一种是国家与个人之间的具体的刑罚权关系；另一种就是"诉"，它是请求法院确定是否就被告人的特定行为给予其刑事处罚和如何进行刑事处罚而进行的诉讼关系，即裁判者与被裁判者的关系。在上述两种关系中，刑罚权关系更为注重对刑事诉讼本质的探究，主要着眼于政治哲学的分析；而"诉"的关系则是在刑事诉讼中体现得更为基础的一种技术性设置，这一点对我国刑事诉讼制度的科学构建来说更为重要，因为它足以直接作为建构真正的"诉讼"制度、"诉讼"程序的理论工具和模型。正是以"诉"的理论为基础，现代诉讼才得以体现出其内在"质"的规定性并区别于其他解决纠纷的方式。按照我国古代的术语，所谓"诉，告也"，"讼，争也"；"诉讼"就是以言词表现的纷争。与西方"程序"的表达相比，"诉讼"一词更加突出"诉"的缘起和控、辩、裁的三方法律关系。所谓没有原告就没有被告，没有原被告就没有法官。"两造具备，师听五辞。"诉讼的原初含义清楚地表达出诉讼缘于"诉"并围绕"诉"进行的道理。但在

① 参见陈永生：《刑事诉讼的程序性制裁》，载《现代法学》2004 年第 1 期。

诉讼史上，“诉”也并非一直扮演如此重要的角色。在封建纠问式程序中，严格说来，犯罪的追究其实与“诉”无关，官府集控告、侦查、追诉、审判、执行诸项职能于一体，诉讼初始意义上的原告与被告相争、法官居中裁断的三方法律关系异化为追究与被追究两方，罪案的处理是按照“国家—个人”二元对立的上下位纠问模式进行的，被告人沦为诉讼的客体，是被追究的对象。只有当资产阶级批判封建的纠问式诉讼，实现控审分离、审检分立，贯彻不告不理，完成诉讼形态的回归时，“诉”才重新具有了导引程序展开、贯穿程序始终的灵魂作用。

现代诉讼在对犯罪案件的处理中，“诉”对程序的启动和发展均起着决定性的作用。从“诉”的视角来看，“刑事诉讼”作为一种追究犯罪的法律机制，静态地从空间向度上包含了“控诉、辩护、审判”三方诉讼主体及其相互间的关系，动态地从其作用方式上包含了“诉”之确定、提出、审理、消灭的完整流程。“诉”的内容须具备合法性，方可形成法律上的争点；“诉”的形式也必须确定，方能使各方关系人有的放矢，使案件审理的过程有序、高效地进行。在满足惩治犯罪与保障人权这两项现代法治国家对刑事诉讼的基本要求方面，“诉”的理论对诉讼制度的民主性与科学性的弘扬均发挥了重大的作用。在刑事程序中建立“诉”的机制，意味着作为可能被追究刑事责任对象的被追诉人成了程序的主体，获得了“辩”的地位，可以与控诉一方相抗衡，从而与诉讼主体理论遥相呼应。刑事程序中建立“诉”的机制，将国家追诉权力易于膨胀和滥用的冲动巧妙地导入了一种程序的规制中，让其用法定的方式和谦抑的立场去表达和行使，使权力和权利之间的冲撞获得了一种理性的形态，这又与程序正义的理念不谋而合。总之，“诉”的机制的形成，使得诉讼活动成了“法官、检察官和被告人之间持续性的交涉过程”[①]，而“诉”以及诉讼活动这种基本特征的维护又有赖于“控审分离”和“不告不理”这两个重要的程序原则的支持。前者在组织和程序上对诉审机关进行了分离，从静态方面改变了国家和个人的二元对立，改变了纠问式程序的线性构造，使诉讼机制实现了对犯罪的追究由审判机关与被告人的直接对抗向控辩双方对抗、法官居中裁断的三方格局转化的

① 陈光中、徐静村主编:《刑事诉讼法学》(修订版)，中国政法大学出版社2000年版，第56页。

本源性回归，从而有利于实现刑事诉讼构造的合理布局。后者要求审判以起诉为前提，未经起诉的案件，法院不得径行审判，同时审判受起诉范围限制，不得及于起诉以外的人与事，这样就从动态的方面改变了案件在国家法环境中加工和运行的轨道和程式，科学引导了“诉”的启动和运行，从而确保诉讼过程中“诉”的形态的维持。但是在实践中，由于刑事诉讼是一种公力救济制度，公诉机关和审判机关都是国家机关，公诉权力与审判权力均根源于国家权力，这种权力的同源性容易使上述理想的诉讼格局发生异化，破坏控审分离原则和不告不理原则的根基。这个问题在我国刑事诉讼的控审关系中表现得尤为明显。由于我国检察机关是国家的专门法律监督机关，检察机关与审判机关存在着法定的“互相配合、互相制约”的特殊关系，同时我国刑事诉讼法缺乏对起诉效力和审判范围的明确规定，从而容易导致起诉与审判的关系出现问题——或诉审之间的关系过于紧密，控审不分；或审判机关为实现国家刑罚权而主动追究，不告而理。因此，我们要在“诉”的理论主线的指引下，坚决贯彻控审分离原则，落实不告不理原则，理顺控诉与审判的关系，并通过相关制度的改革予以实施和保障。比如，在规范和调整起诉效力与审判范围方面，有关程序的完善可以着重以下方面：第一，明确未经起诉的个人和事实，法院不得径行审理并定罪科刑；第二，尽快建立健全撤销起诉、变更起诉与追加起诉制度；第三，变更或追加控诉应当即时通知被告人及其辩护律师，如果对被告人辩护权的行使有实质性影响，应当延期审理；第四，如果法院认为指控的罪名与指控事实不符，而检察机关不同意法院变更指控罪名的建议时，法院应当向控辩双方告知改变指控罪名的意图，在控辩双方进行必要的准备后，再行审理和判决。

四、发展诉讼主体理论，完善刑事诉讼构造

从整个刑事诉讼的历史演进来看，刑事诉讼主体理论是在对欧洲大陆中世纪末期盛行的纠问式诉讼程序中被告人沦为诉讼客体的反思和批判的基础上形成的。我国刑事诉讼法学界对刑事诉讼主体理论的研究最早可以上溯至民国时期，但是新中国成立后，在阶级斗争理论的长期影响下，被追诉人的诉讼主体地位遭到了漠视，刑事诉讼主体理论也因而萎缩。直至近年来因应刑事诉讼目的观的转型和程序正义理念的确立，

刑事诉讼主体理论才获得了新的发展。

“主体”是一个重要的哲学概念，刑事诉讼主体理论也具有深厚的哲学意义和伦理学意义。承认一个人的主体地位，就意味着承认他的目的性和人格尊严，即“主体概念的核心要义是对作为主体的人的价值和地位的一种描述，这种描述是相对于客体的被动性和消极性而言的”[①]。因此，刑事诉讼主体理论的发展其实就是对现代法治语境下刑事诉讼中规范国家权力和保障公民权利的一种伦理要求与哲学表达。刑事诉讼主体理论又是因被追诉人的诉讼地位问题而发端的，与被追诉人的权利保障问题息息相关。“在历史上，被告人的诉讼角色经历了从仅仅是一种诉讼客体到一种能够积极参与和影响诉讼程序进程的刑事诉讼主体的变化，由于拥有了逐渐增多的权利保障，而其中每一项权利的范围又不断扩大，被告人作为诉讼主体的诉讼角色也同时得到了巩固。”[②]这一论断实际上提供了一种通过保障被追诉人的诉讼权利来实现被追诉人的诉讼主体地位的基本思路。同时，被追诉人的诉讼主体地位又为其应受保障的诉讼权利开出了明确的清单。人的主体地位具有四个价值向度，即人格尊严、意志与选择自由、主体意义上的平等以及维权与反抗。相应的，被追诉人在刑事诉讼中拥有四项重要权利：无罪推定权、程序参与及选择权、平等对抗权和辩护权。这四项权利可以被视为被追诉人权利构成体系中最低限度的、本原的、起始的权利，是被追诉人在不同的诉讼阶段拥有其他相应的程序生成性权利的基础。比如无罪推定权开放出了反对被迫自我归罪特权、保释权、疑罪从无权；程序参与及选择权开放出了知悉权、在场权、表达意见权；平等对抗权开放出了证据保全权、证据开示权、质证权；辩护权开放出了会见权、阅卷权、辩解权等。因此，诉讼主体理论一方面为科学认识被追诉人所享有的主体性权利体系提供了理论支撑，另一方面也为保障被追诉人的权利提供了确定的实现路径，即可以根据诉讼阶段的不同，有的放矢，通过对被追诉人相应的程序性生成权利的授予和保障来最终实现其主体性元权利。

在刑事诉讼制度的科学构建中，刑事诉讼主体理论的发展必然涉及刑事诉讼构造的完善。所谓诉讼构造，就是指诉讼主体在进行或参与

---

① 刘涛:《刑事诉讼主体论》，中国人民公安大学出版社2005年版，第31页。

② 陈瑞华:《刑事审判原理论》，北京大学出版社1997年版，第221页。

刑事诉讼过程中所处的地位以及相互间的关系。从本质上说，控诉方与被告方是诉讼的两造，是讼争的双方，他们之间是天然的对立关系。要想使国家追诉机关与被告人个人之间的争议在理性与秩序中解决，要想实现和保持控、辩、裁三方在诉讼中的理想格局，重要的是确认和维护被告人的诉讼主体地位。为此，现代诉讼有一系列的原则和制度予以保障，例如无罪推定和疑罪从无、不得被迫自证其罪的原则，律师辩护和法律援助制度等，以努力实现控辩双方的地位平等和力量平衡。需要指出的是，在我国，被告人为诉讼当事人因而成为诉讼主体，这一点在法律上毋庸置疑，早在1979年的刑事诉讼法中就有明确规定，但在司法实践中却大有疑问。由于我国侦控机关的地位特殊、权力庞大，由于犯罪嫌疑人、被告人承担应当如实回答侦控人员讯问的义务，由于辩护律师在诉讼中的地位弱小、作用受限，由于被告人权利救济保障机制的缺失或不力，由于侦查结论和公诉主张对法庭审判所具有的预决力等种种原因，使得被告人的主体地位受到冲击和贬抑，出现客体化的趋势。而所谓被告人与控方地位平等、平等武装、平等对抗的理念在1996年修法时尚未被大家普遍接受或被公权力部门认可。尽管在修订后的刑事诉讼法中被告方、辩护方的地位有所提高，对犯罪嫌疑人、被告人的权利保障有所加强，律师介入诉讼的时间有所提前，律师发挥作用的空间有所拓展，但客观地说，被告方或辩护方还远未达到与侦控方“分庭抗礼”的地步，更遑论已有的许多法律规定在实践中尚未得到真正的贯彻执行。辩护律师的作用得不到尊重；犯罪嫌疑人、被告人的权利得不到保障，权利受到侵害时得不到应有的法律救济，他们实际上仍是被追究的对象，是定罪口供的证据载体。如何扭转与纠正被追诉人客体化的现象，仍是我国刑事诉讼立法与司法面临的当务之急与重要使命。值得指出的是，2008年6月1日，我国新修订的律师法正式实施。修改后的律师法对近年来刑事辩护在诉讼实践中的几个难点问题作出了相关规定，并大幅度增加了律师的执业权利。例如律师阅卷权，根据刑事诉讼法的规定，在审查起诉阶段，律师只能查阅、摘抄、复制本案的诉讼文书、技术性鉴定材料。在审判阶段，律师只能看到主要证据的复印件和有关的证人名单等。而修订后的律师法规定，在审查起诉阶段，受委托的律师有权查阅、摘抄和复制与案件有关的诉讼文书及案卷材料。在审判阶段，受委托的律师有权查阅、摘抄和复制与案件有关的所有材料。应当说，律师法修订的这些内容有助于解决司法实践中律师辩护难的问题，应当成为我国刑事诉讼法修改和完善的重要参照。

此外，发展诉讼主体理论，完善刑事诉讼构造，亦需正确处理刑事被害人的诉讼地位，建立起适当的被害人权利保障机制。我国刑事诉讼制度科学构建的基本方向之一是要在人权保障刑事诉讼目的观的指导下加强对被追诉人权利的保障，但是在这一过程中也不能忽视甚至损害被害人的利益，而如何在符合诉讼规律的前提下对被害人的权利予以保障更是一个亟待澄清的重大理论问题。1996 年修订的刑事诉讼法赋予了被害人当事人的诉讼地位，并且扩大了自诉案件范围，创设了公诉转自诉机制。但这些规定是否符合诉讼发展的规律和诉讼构造的原理，这些措施在司法实践中是否取得了预期的功效，均需要人们去认真总结和思考。笔者认为，对被害人权利的保障应当以尊重诉讼基本原理为前提，以提升被害人的人格尊严、修补被害人因犯罪而受损的权益为重点。在具体制度构建上，可以从以下几个方面着手：一是要保障被害人的知情权和参与权，知情权是被害人行使其他权利的基础，保证被害人能够及时了解案件的进程并适当参与是对被害人基本利益诉求的满足；二是要在诉讼过程中对被害人加强保护，尤其是对家庭暴力的犯罪、性侵害的犯罪，要采取一些特殊措施以防止被害人在诉讼过程中再次受到伤害；三是要建立被害人的国家救助与补偿制度，即对被害人在犯罪过程中所遭受的物质损失甚至精神损失由国家给予适当的救助与补偿。

五、引入谦抑比例原则，规制追诉权力行使

作为一种严重的社会失范行为，犯罪不仅侵害了个人的权利，而且也是对国家试图建立和维护的统治秩序——自法律出现之后则表现为法秩序——的破坏，因此，国家将由犯罪行为所引起的社会冲突纳入其权力干预和评价的范畴，并通过刑罚权的创制来实现对犯罪行为的追究和惩罚。“刑罚之权利，唯有国家方得行使之”[①]，国家权力不仅强制性地介入原本为私人之间的冲突解决中来并最终形成一种常规机制，而且还垄断了该种权力的行使，“由国家权力而非冲突主体来解决社会冲突，

① ［德］克劳思·罗科信:《刑事诉讼法（第 24 版）》，吴丽琪译，法律出版社 2003 年版，第 4 页。

这是诉讼的本质特征所在。诉讼制度在其后几千年的发展，只是诉讼技能的逐步完善，而没有改变这一特征”[①]。然而，虽然在对刑事犯罪的追惩中，人们放弃了自力救济的权利，并将其全部让渡给国家，从而使刑事诉讼过程中从案件事实真相的查明直至最终处罚结果的作出以及执行的整个过程中都流动着国家权力的身影，但这并不意味着法秩序因为国家权力的介入就能够顺利得以重建。事实上，刑事诉讼中的国家权力是一把“双刃剑”：一方面，它以权力的强制性和资源的无限性形成与犯罪作斗争的强大力量，保护社会秩序和公众利益；另一方面，可能因权力行使的过度和扩张而使权力发生异化，对公民利益和社会秩序本身造成危害。随着社会的法治化与民主化进程的发展，人们对国家权力负面作用的警惕之心会越来越强烈，有效规制国家追诉权力的行使便成为现代刑事诉讼制度科学构建的重要内容。

在刑事诉讼中引入谦抑原则和比例原则，对于规制国家追诉权力的正当行使具有重要意义。这两个原则均是公法上的重要概念，表达了基本类似的法律理念，其根本作用就在于规制公权力行使的手段与方法，引导国家机关妥善、审慎地行使公权力。要求公权力的行使，特别是限制公民个人权利行为的采取，除必须是达到公益目的的手段外，还要选择对公民权利造成损害或限制最小的手段，而且这种造成损害的手段要与目的达成后所获得的利益处于均衡的状态。具体而言，是指“在符合宪法的前提下，先考察手段的有效性，再选择对公民权益侵害最小的手段来实现同样可以达到目的的目标。最后还必须进行利益上的总体斟酌。考察此手段实现的目标价值是否过分高于因实现此目标所适用的手段对公民的人身财产等基本权利的损害价值”[②]。这两个原则引入刑事诉讼中可以作宏观与微观两种理解。宏观上的谦抑原则和比例原则表明了对刑事诉讼中国家权力运行方式的基本立场，要求合理确定国家权力行使的界限和尺度，要求在诉讼中国家权力的行使总体上应当是克制内敛的，而不是放纵桀骜的；应当是温和谦恭的，而不是残暴跋扈的。微观上的谦抑原则可理解为必要性原则，是指刑事诉讼中对公民实施限制或

---

① 柴发邦主编:《体制改革与完善诉讼制度》，中国人民公安大学出版社 1991 年版，第 25 页。

② 范剑虹:《欧盟与德国的比例原则——内涵、渊源、适用与在中国的借鉴》，载《浙江大学学报》2000 年第 5 期。

剥夺其基本权利的强制行为，应当在用尽其他非剥夺公民权利的措施仍不能达致目标之后才宜采取；微观上的比例原则又称为适度性或相称性原则，是指刑事诉讼中公权力的行使在具备目的性和必要性的基础上仍要考虑是否会给相对人造成过度的侵害或过度的负担。例如，在判断对犯罪嫌疑人、被告人是否需要采取强制措施以及决定采取何种强制措施时，就要遵循谦抑和比例原则。

在我国刑事诉讼中贯彻谦抑原则和比例原则，将会对制度的构建和程序的设置产生以下影响：首先，应当确立一事不再理、一罪不二罚原则，不允许对业经生效判决确定有罪或宣告无罪者就同一行为再予追诉与惩罚。这一原则鲜明地体现了国家刑罚权的有限性和自我控制的意图，即国家对同一被告人的同一犯罪事实只应拥有一个刑事追诉权，只有一次追诉机会，无论结果如何，该追诉权都告耗尽，此后，不得就同一被告人的同一犯罪事实再次追诉和惩罚。据此，应当检讨我国现行的刑事再审制度，对提起不利于被追诉人的再审事由应作出严格限制。其次，应当区分任意侦查与强制侦查，实行强制侦查法定原则。任意侦查是指侦查行为的采取以相对人自愿为前提，不对相对人的正常生活和基本权益强制性地造成损害。强制侦查则指为了收集或保全犯罪证据、查获犯罪嫌疑人而通过强制方法对相对人进行的侦查，如人身羁押、住宅搜查、财产扣押等。为了防止国家侦查权的扩张使用而对人权造成侵害，各国宪法和法律普遍要求侦查行为应当尽可能不用或少用强制手段，而强制侦查仅在例外情况下根据法定程序并经司法审查批准方得进行。这正是对国家权力行使的谦抑性方面的要求。最后，在采取强制性侦查行为或强制措施时，要进行必要性与适度性方面的考量，将强制性侦查或强制措施控制在必要的限度内，切实纠正有罪必捕、以捕代侦等滥用强制措施的现象。

六、贯彻宽严相济政策，探索新型诉讼程序

在现代国家的法治环境下，法治的特征决定了刑事法律只是类型化的标准，最终必须通过国家刑罚权的具体运行而实现，而在运行的过程中，必将包含对社会背景的认知水平和政策导向，所以法治规则为国家权力的行使提供了标准，刑事政策则为刑事程序法治的实现提供了途

径。[①]对刑事诉讼制度科学构建的探讨不能游离于党和国家所制定的刑事政策之外，否则，刑事诉讼制度将因其社会性的缺失而丧失科学性。2006年，中共十六届六中全会在《中共中央关于构建社会主义和谐社会若干重大问题的决定》中提出了要实施“宽严相济的刑事司法政策”，随之，最高人民检察院和最高人民法院相继出台了贯彻该政策的决定[②]。宽严相济刑事政策的出台，改变了我国已经实行了二十多年的“从重从严”的高压政策。在制度理念上，它既是我国刑事司法领域对构建和谐社会这一总体目标的呼应，也是在现代社会条件下对犯罪认识趋于理性化的反映，是对我国惩治犯罪传统经验的扬弃继承和对西方国家“轻轻、重重”复合刑事政策的学习借鉴。贯彻这一政策对于矫正和克服长期以来存在的重刑主义弊端，从而更加适度理性地运用国家刑罚权具有重要的现实意义。可以预期的是，这一刑事政策会在相当长的时期内成为我国刑事司法领域的主导性政策并对我国刑事诉讼制度的科学构建产生深远影响。宽严相济要求在刑事司法活动中对刑事案件以及刑事被追诉人的处理要“当宽则宽，当严则严，宽严互补，宽严有度”，而此种“宽严”的标准虽然主要是由刑事实体法意义上对案件与被追诉人处理的严厉与宽缓程度所决定，但是，因为刑法的适用、刑事政策的贯彻，需要通过一定的程序来实现，所以“刑事程序的设置与运行状况对政策的贯彻将产生很大程度的减损或增益的作用”[③]。因此，从程序的角度思考宽严相济刑事政策的贯彻是摆在刑事诉讼理论界与实务界面前的一个重大的现实课题。当前有些部门已经开展了一些具体制度的改革探索与尝试。笔者认为，将来改革的重点可以围绕以下几个方面进行：

第一，要实行轻简、重繁的程序设计，即对轻微刑事案件尽可能适用简易化的程序，以提高诉讼效率，节省司法资源，并使当事人尽快摆脱讼累，减轻负担；对重罪案件尤其是可能判处死刑的案件的处理则应该适用严格程序，以充分发挥缜密的程序所具有的查明事实与保障权利

① 苏惠渔、孙万怀:《论国家刑权力》，北京大学出版社2006年版，第144页。

② 参见最高人民检察院《关于在检察工作中贯彻宽严相济刑事司法政策的若干意见》，2006年12月28日发布；最高人民法院《关于为构建社会主义和谐社会提供司法保障的若干意见》，2007年1月29日发布。

③ 龙宗智:《通过程序实现“宽严相济”刑事政策》，载《社会科学》2007年第5期。

的机能，确保案件质量。

第二，要推进协商性司法与恢复性司法，努力探索新型案件解决方式，如刑事和解制度、暂缓起诉制度等，以实现程序分流，及时化解矛盾，终结诉讼。

第三，对于未成年人犯罪，应当坚持教育、感化、挽救的方针，坚持“教育为主、惩罚为辅”的原则，并据此进行有别于成年人的程序设计，这是贯彻宽严相济刑事政策的一个重要组成部分。

第四，要充分认识检察机关在实施宽严相济刑事政策方面的重要作用，赋予检察机关充分的起诉裁量权，在审查起诉过程中注意公诉权行使的目的性与谦抑性，同时要注意逮捕权运用的必要性与中立性，并在查处职务犯罪中认真贯彻宽严相济的刑事政策。

我国审前羁押制度的科学构建 *

一、导论

如何科学构建审前羁押制度是我国刑事程序法治进程中的一个重大课题。所谓“科学”，应当能反映事物的本质及其发展规律。因此，要构建科学的审前羁押制度首先要把握住审前羁押制度的本质。审前羁押制度既是一种通过在一定期限内剥夺犯罪嫌疑人人身自由以保障诉讼顺利进行的诉讼保障制度，更是一种防范个人人身自由不受国家权力任意侵犯的人权保障制度。如果仅仅从保障诉讼顺利进行的角度来看，那么只需要直接将犯罪嫌疑人羁押即可，而根本不需要对审前羁押予以严格的条件限制与程序规范。因此，真正使审前羁押成为一种法律制度的，并非来自保障诉讼顺利进行的需要，而是来自保障个人权利与自由不受国家权力任意侵犯的需要。或者可以说，羁押行为本身是为了保障诉讼活动的顺利进行，而羁押制度却是为了防范国家权力对个人自由的任意侵犯。也正是基于对审前羁押制度本质的此种认识，《世界人权宣言》、联合国《公民权利和政治权利国际公约》等国际人权公约和很多国家的宪法及宪法性文件均从人权、公民权利的角度对审前羁押制度予以了不同程度的规范，这说明：

首先，联合国及法治发达国家是将审前羁押制度视为一种人权或公民权利的保障制度，而不仅仅是一项诉讼保障制度。因此，判断审前羁押制度是否科学的第一个标准就是，审前羁押制度的构建是否把握住了审前羁押制度的本质，即能否使得审前羁押制度成为一种人权保障制度，保障个人的人身自由不受国家权力的任意侵犯。

其次，科学构建审前羁押制度还要能反映出审前羁押制度的发展趋势。作为一种防范个人人身自由不受国家权力任意侵犯的人权保障制

---

* 原文载最高人民检察院侦查监督厅编:《侦查监督指南》(创刊号)，中国检察出版社 2011 年版，与孙锐合作。

度，审前羁押制度的发展趋势取决于个人权利与国家权力的关系之发展趋势。自近代资产阶级革命胜利以来，个人权利与国家权力关系发展的一个基本趋势就是从“国家本位”走向“个人本位”或“以人为本”，在这一进程中出现的所有逆历史潮流而动的寻求与维护“国家本位”的尝试均以失败告终，有些甚至带来了灾难性的后果。因此，审前羁押制度的构建应当反映出个人权利与国家权力关系的这种变化，反映出“以人为本”的价值取向。

最后，科学构建审前羁押制度还要使其能够契合本国的政治制度和基本国情。“南橘北枳”的现象在法律制度的移植与借鉴中已屡见不鲜，无论法律制度构建的目标在理论上有多完美，如果其在本土的政治制度与基本国情下难以生根发芽，那么，这种注定夭折的制度都称不上是科学的。真正科学的态度就是要正视和重视制度构建的基础环境，在构建制度的时候就考虑到环境的许容性，并通过与环境的相互作用和循序渐进来逐步完善，因此，要科学地构建审前羁押制度就必须对当前中国的政治制度与基本国情有客观的认识和宏观的把握，只有在中国的政治制度与国情下，能够有效发挥人权保障功能的审前羁押制度才称得上是科学的。

二、逮捕与羁押的概念解读

在审前羁押制度中，有两个容易混淆的概念，即“逮捕”与“羁押”，需要予以辨析。

根据《辞海》解释，“逮”意为“捉。如猫捉老鼠”。[①]“捕”意为“捉拿；捉取”。[②]可见，从“逮捕”一词的本义来看，其所标表的应当是抓捕的行为，具有暂时性。而“羁”意为“系住”。[③]“押”意为“拘留；看管；监督”。[④]可见，从“羁押”一词的本义来看，其所标表的应当是一种剥夺被羁押人人身自由的状态，具有一定时间的持续性。

从联合国《公民权利和政治权利国际公约》及法治发达国家所确立的审前羁押制度来看，一方面，“逮捕”与“羁押”是相互分离的，“羁

① 《辞海》，上海辞书出版社2002年版，第281页。
② 《辞海》，上海辞书出版社2002年版，第137页。
③ 《辞海》，上海辞书出版社2002年版，第755页。
④ 《辞海》，上海辞书出版社2002年版，第1945页。

押”并非“逮捕”的必然后果。“逮捕令（羁押令）”的签发仅仅意味着申请者得依该令状实施抓捕之行为，而并不意味着必然可据此对被捕者予以持续性的羁押，哪怕该令状在名称上即为“羁押令”，也仅仅意味着得依此羁押令实施抓捕行为。被捕者应当被迅速地带至司法官面前，由司法官来裁决是否需要对其予以一段时间的持续羁押，经司法官裁决，被捕人可能被继续羁押，也可能被释放。另一方面，“逮捕”与“羁押”又是紧密联系的，在多数国家，“逮捕”与“羁押”的分离仅仅意味着逮捕的行为并不必然导致持续羁押的状态，而并不意味着“逮捕”与“羁押”是两个相互独立的强制措施，可以说，“逮捕”是“羁押”必要而不充分的条件，“羁押”是“逮捕”可能而非必然的后果。换句话说，在多数国家，法官对被捕人的司法审查只是用于确定是否应当或需要羁押，从而将不应当或不需要羁押的犯罪嫌疑人释放，而并非用于确定在“逮捕”之后是否需要采取另一个叫作“羁押”的强制措施。①

与联合国的要求和法治发达国家的普遍做法不同，我国当前刑事诉讼中的“逮捕”既意味着抓捕的行为，也意味着羁押的状态，其并非羁押的前置程序，其本身产生的后果就是羁押。一旦逮捕决定作出，则既应实施“抓捕”之行为，也应随之将犯罪嫌疑人予以一段时间的持续羁押。

三、现代审前羁押制度之通行原则

如前文所述，审前羁押制度就其本质而言，实为一种保障个人自由免受国家权力任意侵犯的人权保障制度，因此审前羁押制度的科学性首先取决于其是否具备此人权保障功能。为实现此功能，联合国《公民权利和政治权利国际公约》与法治发达国家均从程序与条件两个方面，对审前羁押的适用予以了严格的规范与限制，并由此形成了现代审前羁押制度的通行原则。

① 除日本外，多数国家并不区分逮捕令与羁押令，但无论名称如何，依该令状抓捕嫌疑人之后，都需迅速带至法官面前，由法官决定是否应当或需要羁押，而即便需要羁押，也无须再签发其他令状。

（一）关于审前羁押之程序规制的原则

从程序角度对审前羁押予以规制的最基本的原则就是程序法定原则。根据程序法定原则，适用审前羁押的程序应为法律预先予以明确的规定，只有适格主体严格依照法定的程序，并依正当的理由才能作出羁押的决定。联合国《公民权利和政治权利国际公约》第9条第1款规定："人人有权享有人身自由和安全。任何人不得被任意逮捕或拘禁。除非依照法律所确定的根据和程序，任何人不得被剥夺自由。"《美国宪法第四修正案》规定："人民的人身、住宅、文件和财产不受无理搜查和扣押的权利，不得侵犯。除非有合理的根据认为有罪，以宣誓或郑重声明保证，并详细开列应予搜查的地点、应予扣押的人或物，不得颁发搜查和扣押证。"被载入《法国宪法》序言的《人权宣言》第7条规定："除非在法律所规定的情况下并按照法律所指示的手续，不得控告、逮捕、拘留任何人。"以上规定均反映了审前羁押制度需遵循程序法定的原则。

在程序法定这一总的原则之下，现代审前羁押制度还需遵循三个具体的程序性原则，即司法授权原则、司法审查原则和司法救济原则，这三个原则也是防止不应当或不必要之羁押的三道防线。

1. 司法授权原则

司法授权原则，也有称逮捕前置及令状主义原则，意味着审前羁押必须以取得令状的合法逮捕为前提，且该令状应由中立的司法官签发。逮捕前置及令状主义是防止不应当或不必要之羁押的第一道防线。需要指出的是，很多国家采羁押中心主义，认为逮捕只是实现羁押的前置程序或必要手段，因此，从这个角度讲，逮捕前置及令状主义原则也可视为直接针对审前羁押的司法授权原则，尽管这一授权实际上仅仅意味着被授权者能够依此授权逮捕嫌疑人，而并不意味着被授权者依此授权即可对嫌疑人予以持续的羁押。

2. 司法审查原则

司法审查原则要求被逮捕的人应被迅速地带至司法官面前，由司法官亲自聆听其辩解理由，并决定是否应当或需要对其予以继续羁押。司法审查原则是防止不应当或不必要之羁押的第二道防线。联合国《公民权利和政治权利国际公约》第9条第3款规定："任何因刑事指控被拘捕或拘禁的人，应被迅速带见审判官或其他经法律授权行使司法权力的官员，并有权在合理的时间内受审判或被释放。”《德国刑事诉讼法》第115条规定：“（一）根据逮捕令逮捕被指控人后，应当不迟延地向管辖案件的法官解交。（二）解交后，法官应不迟延地，至迟是在第二天对被指控人就指控事项予以讯问。”美国则通过判例确立了“麦克纳布－马洛里规则”，排除在逮捕后不将被捕人迅速带至法官面前而对其予以讯问所取得的自白，此种自白因未能保障被告人在逮捕后被迅速带见法官的权利而被认为是非法的。[①] 其他法治发达国家也均有类似规定。

此外，司法审查原则还包括，当需要延长被羁押人的羁押期限时，亦需由中立的司法官对需要延长羁押的理由予以审查并作出是否延长羁押期限的决定，只是在这一环节，一般并不要求必须把被羁押人带至司法官面前。根据《德国刑事诉讼法》第121条的规定，因特殊情况需要延长羁押期限的，须由州高级法院作出继续待审羁押的决定。根据《法国刑事诉讼法》第145条的规定，须由预审法官签发附理由的命令方可延长羁押期限，并且，该命令应当在通知检察官后，必要时还应在听取被审查人或其律师的意见后方能签发。

3. 司法救济原则

司法救济原则赋予了被羁押人向中立的法官请求终结不适当或不必要之羁押的权利，有些国家还规定了法官依职权主动进行羁押复查的制度。司法救济当然包括对超期羁押的救济，但更主要的是指，在羁押期限以内，法官即可依申请或依职权对羁押之必要性予以复查，并解除不必要之羁押。司法救济原则是防止不应当或不必要之羁押的第三道防线。联合国《公民权利和政治权利国际公约》第9条第4款规定：“任何因逮捕或拘禁被剥夺自由的人，有资格向法庭提起诉讼，以便法庭能不拖延地决定拘禁他是否合法以及如果拘禁不合法时命令予以释放。”《德国刑事诉讼法》第117条第1款规定：“在待审羁押期间，被指控人可以随时申请法院复查是否应当撤销逮捕令，或者依照第一百一十六条延期执行逮捕令。”第117条第5款规定：“待审羁押已经执行了三个月，被指控人在这期间既未申请羁押复查也未对羁押提起抗告的，应当依职权进行羁押复查，但被指控人如果有辩护人时除外。”第120条第1款规

① ［美］伟恩·R. 拉费弗等：《刑事诉讼法》，卞建林等译，中国政法大学出版社2003年版，第348页。

定："一旦待审羁押的前提条件不再成立，或者情况表明继续待审羁押与案件的重大程度和可能的刑罚或者矫正及保安处分不相称时，要撤销逮捕令……"《法国刑事诉讼法》第148条第1款、第2款规定："任何被审查人、任何轻罪被告人或重罪被告人，不论案件进展情况如何，也不论在诉讼的任何阶段，均可提出释放的请求。负责对要求释放的申请作决定的法院，均应在听取检察院、被告人或其律师的意见后方作出决定。受理的法院，按其属于一审或二审的不同，分别在收到申请后10日内或20日内作出决定。但是如果在接到此项请求时，尚未对原先的要求释放的申请或者原先不服拒绝释放的复议申请作出决定，则上述10日或20日的期限，应自有管辖权的法院作出决定之日起计算，在期限届满时仍未决定，就当解除羁押；被控告人如果没有其他原因需要羁押，应当释放。法庭的决定应当立即执行，而不妨碍申请复议。如果被告人继续羁押，法院应在接到复议申请后的20日内作出决定，否则，被告人如无其他原因需要羁押，应当释放。"《英国人身保护令法案》亦有类似规定。

值得指出的是，司法授权原则、司法审查原则及司法救济原则贯穿始终的一个基本的指导思想就是，羁押的必要性应由行使司法职能的司法官予以审查，司法官有权并且应当在任何发现羁押之不必要时解除羁押。可以说，广义的、完备的司法审查原则是贯穿审前羁押制度之始终的，包括在逮捕之前的事前审查、逮捕之后的迅速审查、羁押期间的复查以及对是否需要延长羁押期限的审查。概言之，关于审前羁押之程序规制的基本原则就是程序法定和司法审查原则，司法授权原则、司法审查原则（狭义）、司法救济原则都是对广义的司法审查原则的分解。

（二）关于审前羁押之条件限制的原则

除了从程序上对审前羁押的适用予以严格规制以外，各国还从限定审前羁押的适用条件入手来防止审前羁押的滥用。而在确立审前羁押的适用条件时，需遵守的两个基本原则即为必要性原则和比例原则。

所谓必要性原则，是指只有在确实有必要对犯罪嫌疑人予以羁押、采用羁押替代措施无法保障诉讼顺利进行的前提下，方可适用羁押。羁押是对犯罪嫌疑人人身自由的剥夺，是最严厉的强制措施，从性质上讲，是在不能确定犯罪嫌疑人有罪的情况下，即剥夺其人身自由，因此其适用要慎之又慎。《德国刑事诉讼法》第 112 条第 2 款规定，只有根据一定的事实，可以确定被指控人逃跑或者隐藏，或分析案件情节，认为存在被指控人逃避刑事诉讼程序的危险，或被指控人有妨害证据的重大嫌疑且该妨害证据的行为将可能导致难以侦查事实真相之危险的，才构成羁押的理由。该规定即体现了必要性原则。法治发达国家也都有类似规定。但是，值得指出的是，对必要性的判断与对必要性原则的遵循，更多的是有赖于法官在犯罪嫌疑人被捕之后的当面的、具体的审查，而无法仅通过法律的一般性规定就得实现，这也正是犯罪嫌疑人被捕之后要被迅速带见法官的原因所在。

所谓比例原则，一般是指在选择适用何种强度的强制措施时所要考虑的原则，也即所要适用的强制措施的强度应当与犯罪嫌疑人罪行的轻重、人身危险性的大小以及妨害诉讼的可能性成比例。《德国刑事诉讼法》第 112 条第 1 款规定："如果构成逮捕理由，对具有重大行为嫌疑的被指控人允许命令待审羁押。若与案件的重大程度和可能的刑罚、矫正及保安处分不相称的，不允许命令待审羁押。"此条规定即为比例原则之体现。比例原则的适用要求存在不同幅度的适用对象，否则就谈不上成比例的问题。针对羁押的适用而言，也可以将比例原则理解为，羁押的期限应当与被羁押人犯罪的严重程度、人身危险性的大小、妨害诉讼的可能性等成比例。各国一般都明确规定了羁押不能超过的最长期限，在这一期限届满之前，通过对羁押必要性的复查，羁押得随时被终止，而从根本上来说，羁押是否被终止仍取决于羁押有无必要性，对这一问题的判断又必然要遵循比例原则，因此，从此角度来说，实际的羁押期限的长短仍然反映了比例原则。

此外，羁押期限的延长也应遵循必要性与比例原则，只有在期限届满仍确有必要继续羁押犯罪嫌疑人的情况下，才能够延长羁押的期限，并且可延长的时间也应当与导致需要继续羁押犯罪嫌疑人的理由成比例。《德国刑事诉讼法》第 121 条规定："……只能在由于特别的侦查困难、范围或者其他重要原因使得还不能做出判决，并且在这些情况要求继续待审羁押的条件下，才允许因为同一行为维持待审羁押超过六个月。"其中，"这些情况要求继续待审羁押"的条件规定就体现了必要性原则。

四、我国现行审前羁押制度之评介

（一）刑事诉讼法所确立的审前羁押制度之评介

我国刑事诉讼法也是从程序和条件两个方面对审前羁押的适用予以规范的。

在适用羁押的程序方面，除少量由人民法院直接决定的外，我国刑事诉讼法将审前羁押的决定权交给了人民检察院，尽管在法条上，该权利被表述为“逮捕”批准权，但因其实际上具有羁押之效力，因此实为“羁押”决定权。该决定得依公安机关请求作出，亦可由人民检察院直接作出。公安机关请求检察院批准羁押的，通常事先已将犯罪嫌疑人予以拘留，但仍只需将相关的文书、案卷、证据移送检察院审查，而无须将犯罪嫌疑人交由检察院聆讯审查。检察院通过书面审查，认为符合法定的逮捕条件，即可作出批准逮捕的决定。值得指出的是，最高人民检察院、公安部于2010年联合发布了《关于审查逮捕阶段讯问犯罪嫌疑人的规定》，对人民检察院仅通过书面审查来决定是否逮捕的审查方式予以了修正，要求人民检察院办理审查逮捕案件，必要时应当讯问犯罪嫌疑人，并对应当讯问犯罪嫌疑人的案件范围作出了规定。对犯罪嫌疑人要求讯问的，一般也应当讯问犯罪嫌疑人。对被拘留的犯罪嫌疑人即使不予讯问，也应当送达听取犯罪嫌疑人意见书，听取其书面意见。无论经何种审查方式，逮捕决定均既可成为抓捕尚未被拘留的犯罪嫌疑人的依据，也可成为对尚未或已被拘留的犯罪嫌疑人予以持续羁押的依据。羁押期限由法律预先规定，但延长羁押期限需经人民检察院批准。被羁押人可以申请取保候审，超期羁押的，可以要求解除羁押。人民检察院和公安机关发现审前羁押不当的，应当及时撤销或变更，发现超期羁押的，应当对犯罪嫌疑人予以释放或依法变更为其他强制措施。

在适用羁押的条件方面，我国刑事诉讼法规定，只有对有证据证明有犯罪事实，可能判处有期徒刑以上刑罚，且采取取保候审、监视居住尚不足以防止发生社会危险性，而有逮捕必要的，才能决定逮捕。《人民检察院刑事诉讼规则》第86条又将“有证据证明有犯罪事实”进一步解释为：“（一）有证据证明发生了犯罪事实；（二）有证据证明该犯罪事实是犯罪嫌疑人实施的；（三）证明犯罪嫌疑人实施犯罪行为的证据已有查证属实的。”此外，根据我国刑事诉讼法的规定，羁押的期限取决于办案的需要，延长羁押的条件则为因案件重大、复杂或有其他特殊原因而在羁押期限届满尚不能办结。

综上所述，应当说，我国的审前羁押制度在审前羁押的适用条件方面还是遵循了必要性原则和比例性原则的，其立法意图也在于严格控制审前羁押，避免不必要的羁押。但是，在实践中，我国审前羁押的适用却普遍存在违反必要性原则和比例性原则的现象。审前羁押成为对待犯罪嫌疑人的一种常态化处置从而被普遍适用，犯罪嫌疑人解除羁押的请求也很少受到重视。这当然有诉讼观念方面的原因，例如对羁押制度功能认识的偏差、对人权保障的忽视以及对实践中存在的一些驱动利益的追求等，但更有制度方面的原因，具体来说，我国审前羁押制度中的条件规制在实践中之所以没能发挥充分的作用，是因为我们在程序规制方面有着较大的缺陷，而缺乏程序规制的条件必然是形同虚设。

归纳起来，我国审前羁押制度在程序规制方面的主要缺陷在于，在防止羁押滥用的三道防线中，作为第二道防线的司法审查制度无从确立，作为第三道防线的司法救济制度则形同虚设。

一方面，我国现行审前羁押制度没有区分“逮捕”与“羁押”，“逮捕”本身即意味着羁押，这使得存在于“逮捕”之后、“羁押”之前的防止羁押滥用的第二道防线，也即司法审查制度在我国无从确立。从国际通行的审前羁押制度来看，为防范对公民人身自由的不必要侵犯，法治发达国家均实行逮捕与羁押分离的制度，从而使得对公民人身自由的剥夺要经令状主义原则和司法审查原则的双重规制。在我国，检察机关亦属司法机关，属于联合国《公民权利和政治权利国际公约》中所指的“经法律授权行使司法权力的官员”。因此，就抓捕犯罪嫌疑人的行为须以检察机关的逮捕决定为依据而言，应当说，我国的审前羁押制度还是遵循了令状主义原则的。但是，由于我国的逮捕本身就意味着羁押，公安机关在依检察机关的逮捕决定抓捕犯罪嫌疑人后就当然享有对其予以持续羁押的权力，而无须再将犯罪嫌疑人交由检察机关审查，这就使得犯罪嫌疑人丧失了可能重获自由或者被适用非羁押性强制措施的机会，也使检察机关丧失了通过讯问犯罪嫌疑人以发现羁押之不应当或不必要之情形的机会，从而必然导致羁押适用范围的扩大化。

需要指出的是，对于公安机关先行拘留犯罪嫌疑人的情形，由于没有取得检察机关的批准，实际上违反了令状主义原则，类似于西方的紧急逮捕或无证逮捕。但对于先行拘留的犯罪嫌疑人，公安机关若想持续的羁押，则必须请求检察机关审查批准，而检察机关在此审查过程中，根据上述《关于审查逮捕阶段讯问犯罪嫌疑人的规定》，却可以甚至在某些情况下应当讯问犯罪嫌疑人，这又类似于西方的司法审查制度，使得检察机关可以在讯问犯罪嫌疑人、听取其辩护理由的基础上来审慎地审查是否有对其予以羁押的必要。只不过我国法律规定的公安机关在拘留犯罪嫌疑人之后向人民检察院申请批准逮捕的期限过长，违反了将犯罪嫌疑人“迅速地”“不迟延地”带至司法官面前的原则。由此可见，在我国，违反了令状主义原则的无证逮捕却实存司法审查之规制，而遵循了令状主义原则的有证逮捕却反无司法审查之规制，除却公安机关先行拘留犯罪嫌疑人的期限过长这一因素，无证逮捕对犯罪嫌疑人自由与权利的保障却似乎比有证逮捕更为周全，这显然是一个悖论。

除了在人权保障方面有欠周全之外，逮捕与羁押不分和司法审查制度的缺失还使得检察机关在作出逮捕决定的时候陷于两难的境地：不批准逮捕，将可能导致有羁押必要的犯罪嫌疑人因未被羁押而实施妨害诉讼的行为；批准逮捕，因再无通过直接讯问犯罪嫌疑人以确定羁押之必要性的机会，可能导致将并无羁押必要的犯罪嫌疑人予以羁押。

另一方面，作为防止羁押滥用第三道防线的司法救济制度在我国则形同虚设。尽管我国刑事诉讼法在原则上赋予了被羁押人申请取保候审的权利和要求解除超期羁押的权利，但是却没有为其规定实现权利的具体途径，如应当向谁提出申请，申请的效力如何，接受申请者应以何种方式审查该申请，审查后应作出何种处理，该处理的效力如何，等等。这使得被羁押人的救济实际上处于无法可依的状态，也往往导致公安司法机关对被羁押人的救济请求置之不理，从而迫使被羁押人的亲友等诉诸“上访”或向新闻媒体披露等途径来实现其目的，使得本应作为法律问题、可通过司法途径加以解决的问题，由于司法救济的途径不畅，而变成社会问题甚至政治问题。[①] 同时，我国刑事诉讼法虽然也规定了有关机关发现羁押不当的，应当及时撤销或变更，发现超期羁押的，应当对犯罪嫌疑人予以释放或依法变更为其他强制措施，但同样没有为其规定具体的复查途径与程序、效力。实践中，人民检察院作为法律监督机

① 陈瑞华:《未决羁押制度的理论反思》，载《法学研究》2002年第5期。

关，并出于清理超期羁押任务的需要，可能会对羁押案件予以复查，但此种复查多以“专项行动”等方式开展，而没有形成稳定的法律制度，且人民检察院对于超期羁押的犯罪嫌疑人，除自侦案件或审查起诉阶段自己决定逮捕的以外，一般也没有直接决定释放的权力，这也并不符合完备的司法审查原则。

此外，我国的审前羁押制度在羁押期限及延长羁押期限的条件方面也存在缺陷。羁押期限的长短和羁押期限的延长条件都应体现必要性原则和比例性原则，而我国刑事诉讼法关于羁押期限与羁押期限延长条件的规定却都只以办案需要为依据，不考虑必要性与比例性原则，这给被羁押人带来了不必要的权利侵害，也可能因此而引发不必要的社会矛盾。

（二）《刑事诉讼法修正案（草案）》所修正的审前羁押制度之评介

《刑事诉讼法修正案（草案）》（以下简称《修正案（草案）》）也是从条件限制和程序规制两个方面来对刑事诉讼法所确立的审前羁押制度予以修正的。

在羁押的适用条件方面，《修正案（草案）》将羁押的必要性条件细化规定为：“可能实施新的犯罪的；有危害国家安全，公共安全或者社会秩序的现实危险的；可能毁灭、伪造、隐匿证据，干扰证人作证或者串供的；可能对被害人、举报人、控告人实施打击报复的；可能自杀或者逃跑的。”并补充规定“对有证据证明有犯罪事实，可能判处十年有期徒刑以上刑罚的，或者可能判处徒刑以上刑罚，曾经故意犯罪或者身份不明的犯罪嫌疑人、被告人，应当予以逮捕”。在羁押的期限及延长羁押的条件方面则未作实质性的修改。

在羁押的适用程序方面，《修正案（草案）》对现行审前羁押制度的修正主要包括以下几个方面：第一，对人民检察院审查批准逮捕的程序与方式予以了进一步的规范，规定人民检察院审查批准逮捕，可以讯问犯罪嫌疑人；对是否符合逮捕条件有疑问的、犯罪嫌疑人要求向检察人员当面陈述的、侦查活动可能有重大违法行为的，应当讯问犯罪嫌疑人；可以询问证人等诉讼参与人，听取辩护律师的意见；辩护律师提出要求的，应当听取辩护律师的意见。第二，规定逮捕后，应立即将被逮捕人送看守所羁押。第三，规定人民检察院就羁押必要性予以复查的职责，即人民检察院在逮捕后仍应对羁押的必要性予以审查，对不需要继续羁押的，应建议予以释放或者变更强制措施。第四，规定被羁押人就超期羁押请求司法救济的具体途径，即可向羁押机关提出申诉或者控告，对处理不服的，可向同级或上一级人民检察院申诉，人民检察院对申诉应及时审查，必要时可对有关情况进行调查核实，对情况属实的，应依法予以纠正。

从修法目的来看，《修正案（草案）》的规定力图从条件与程序两个方面对羁押的适用予以规制，以防范不应当或不必要之羁押，在大方向上体现了“以人为本”、减少羁押的理念，具有一定的科学性，也能在一定程度上起到防止滥用羁押的作用。但是，《修正案（草案）》并未触及我国现行审前羁押制度中的一些根本性缺陷。

首先，《修正案（草案）》并没有改变现行审前羁押制度不区分“逮捕”与“羁押”的基本制度框架，从而也就仍然无从在“逮捕”与“羁押”之间建立司法审查制度。

其次，如果把拘留视为无证逮捕，《修正案（草案）》所规定的人民检察院审查批准逮捕的程序倒接近于司法审查，但是由于《修正案（草案）》并没有对刑事诉讼法所规定的拘留后得提请批准逮捕的期限作出修改，因此其仍然不符合联合国关于逮捕后要将被捕人“迅速地”带至司法官面前的基本要求。

再次，《修正案（草案）》恐难以改变当前审前羁押制度中司法救济虚无化的现状。一方面，《修正案（草案）》仍然没有为被羁押人规定请求复查羁押必要性或者申请取保候审的具体途径与程序，从而导致被羁押人的此项权利仍然难以实现。另一方面，《修正案（草案）》虽然规定了人民检察院对羁押必要性负有复查的职责，但却没有对其启动复查的条件或期限作出硬性规定，从而很有可能导致检察院怠于履行此项职责。而且，更为重要的是，《修正案（草案）》没有赋予人民检察院在羁押期限届满前就因羁押之不必要而释放被羁押人的权力，而仅仅规定其有建议权，而此“建议权”在实践中能发挥多大的作用殊值忧虑。此外，针对超期羁押，《修正案（草案）》虽然为被羁押人之申诉或控告规定了具体的救济渠道，但是对人民检察院“纠正”超期羁押的具体途径、方式及其效力却未予以明确规定，这同样可能导致针对超期羁押的司法救济难以顺利实现。

最后,《修正案(草案)》并未涉及审前羁押的期限及延长羁押期限的条件,从而也就未能改变刑事诉讼法在这一问题上只以办案需要为依据,不考虑必要性与比例性原则的做法,未能从控制羁押期限和控制延长羁押期限的条件的角度来防止不必要的羁押。

综上所述,我国审前羁押制度的根本缺陷就在于:在程序上,没有将司法审查原则(广义)贯彻始终;在条件上,或者也可以说是在实体上,没有将必要性原则与比例性原则贯彻始终。

五、我国审前羁押制度的科学构建

综上所述,在我国构建科学的审前羁押制度,就是要把握住将审前羁押制度作为一种人权保障制度的基本定位,以"以人为本"为价值导向,以联合国《公民权利和政治权利国际公约》的相关规定为要求,以法治发达国家的通行做法为参考,探索在我国现行的政治制度和基本国情下,如何将司法审查原则(广义)和必要性及比例性原则贯彻于审前羁押制度的始终。又由于条件限制是通过程序规制来实现的,因此这里首要的问题又集中于如何将司法审查原则(广义)贯彻始终。

(一)审查主体的选择

这里首先要解决的一个问题就是,由谁来作为司法审查的主体。根据国际惯例,司法审查的主体一般都是法官,但是根据联合国《公民权利和政治权利国际公约》的相关规定,这里的司法审查主体还包括"其他经法律授权行使司法权力的官员"。由于该公约所规定的权利保障制度实际上是国际通认的对人权保障的最低要求,因此其在制度设计时本身就要考虑不同国家的容许度和承受力问题,这里关于司法审查主体范围的规定就是一个体现。但是,即便如此,公约仍然难以周全地顾及每一个国家的特殊的政治制度与国情,因此,公约实质上的要求似为,其他适格司法审查的主体所行使的权力应能在司法审查中发挥与司法权同等的作用,也即能以中立者的姿态对犯罪嫌疑人应否被逮捕或羁押作出中立的裁决。

由此,就我国来说,在讨论检察机关能否成为司法审查的主体时,所要讨论的问题就不再是检察机关是否也行使司法权的问题。根据我国宪法的规定，检察机关是我国的法律监督机关，其行使的权力就是法律监督权，这是在我国政体下的一种特殊权力，与西方国家的司法权本无可比性，因为彼此在权力划分的标准上就根本不同。因此，需要探讨的问题关键在于法律监督能否发挥与司法审查同等的作用，也即中立裁判的作用。①

那么，行使法律监督权的检察机关在司法审查中能够发挥出中立裁判的作用吗？所谓裁判，作为一种诉讼职能，是指第三方对冲突双方不同意见的考量与裁决，因此，只要是存在由冲突双方和需要对其冲突意见作出裁决的第三方所组成的三方构造，那么，该第三方所承担的实际上就是一个裁判职能，而无论承担者本身是否具有法官的身份。因此，在审前程序中，由于存在侦查机关与犯罪嫌疑人之间的冲突，那么无论由谁来对此冲突予以裁决，他所承担的职能当然都属于裁判职能。由此，关键的问题就演变为：如果由检察机关来对是否需要逮捕或羁押的问题予以裁判，其能否保持中立？

中立取决于裁判者独立和由此所形成的对冲突双方的超脱。在西方国家的政体下，由于检察机关与作为冲突之一方的侦查机关都隶属于政府，行使的都是行政权，因此检察机关实际隶属于冲突一方，不具有独立性，也就不可能具有超脱于冲突之外的中立立场，因此，其当然无法发挥中立裁判的作用②，也就不能担当司法审查的主体。而我国的检察机关则是独立地行使法律监督权，其并不隶属于政府，在侦查机关与犯罪嫌疑人的冲突之中，它是超脱于冲突之外的，可以发挥中立裁判的作用，从而当然可以担当司法审查的主体。

综上所述，在我国审前程序中，由检察机关来对逮捕或羁押的必要性予以审查，在理论上是不存在问题的，也不违反联合国《公民权利和政治权利国际公约》的基本要求。并且，在实践操作中，由检察机关对

① 据此，联合国《公民权利和政治权利国际公约》所要求的“法官以及其他经法律授权行使司法权力的官员”，相当于要求“萝卜以及其他能提供与萝卜同等之维生素的果蔬”，而非“萝卜以及其他也具有萝卜属性的果蔬”。

② 也正因为如此，在是否需要交付审判的问题上，西方国家普遍设立了由预审法官就应否将被告人交付审判予以裁决的预审制度，美国还设立了大陪审团制度，其原因正在于，对是否交付审判的问题作出决定本身也是在履行裁判职能，而隶属于政府的检察机关无法在此裁判中保持中立的立场。

逮捕或羁押的必要性予以审查也是切实可行的。一方面，检察机关具有专门负责审查批捕的机构和人员，在组织机构、人员配备，甚至工作经验的积累等方面都有很好的基础；另一方面，由检察机关来担任审查主体，符合宪法关于检察机关享有逮捕批准权的规定，对包括人民检察院组织法、刑事诉讼法等法律的规定及整个国家的刑事法律制度的变动与冲击都是最小的，符合科学构建审前羁押制度的第三个原则。

此外，从另外一个角度来说，在我国的审前程序中，如果由法官来就逮捕或羁押的必要性予以审查，将比由检察官审查产生更大的理论困惑与实践困难。一方面，根据我国宪法的规定，人民法院是国家的审判机关，其所行使的就是审判权，这与西方国家的司法权还是有区别的，所谓审判应指在提起公诉之后的裁判。另一方面，除了在组织机构和人员配备上，人民法院无力行使此审查职责外，更为重要的是，西方国家是由独立的、区别于庭审法官的治安法官、预审法官或侦查法官来对羁押的必要性予以审查的，因此无论其决定如何，都不会影响庭审法官的裁判立场。但是我国却没有独立于庭审法官的专门法官来承担此审查职责，因此，如果由法官来担当司法审查的主体，一旦作出逮捕或羁押的决定，在作出“错捕”决定的机关需承担国家赔偿责任的压力下，即便更换法官，其裁判立场也会受到影响，不敢或不愿判决无罪，其结果反而更不利于被告人的人权保障。

综上所述，在我国的审前程序中，应当由检察机关对逮捕或羁押的必要性予以审查。尽管由于我国检察机关行使的是法律监督权，因此对其所进行的审查批捕冠以“司法审查”一词未必准确，但是，鉴于“司法审查”一词已经为普遍接受且具有确定内涵，而人民检察院的法律监督权在此羁押审查中所发挥的作用实则与司法审查一致，因此下文在必要处仍沿用“司法审查”一词。

（二）审查制度的构建

在确定了审查主体之后，下一步就是具体制度的构建。如上文所述，科学构建我国审前羁押制度的关键问题在于，如何将司法审查原则（广义）贯彻始终，而广义的司法审查可以被分解为逮捕前的授权，逮捕后、羁押前的审查（狭义）和羁押中的救济三个环节或者说三道防线。

1. 司法授权制度的构建

所谓司法授权制度，是指侦查机关在逮捕之前应取得人民检察院签发的许可逮捕的令状方可实施逮捕。这一制度在我国现行的审前羁押制度中已经存在。此外，世界各国均规定，侦查机关在法定的紧急情况下，来不及申请逮捕令的，可先行逮捕，之后再将嫌疑人带至法官面前审查是否需要羁押，一般谓之为无证逮捕。我国的拘留制度与此类似，只是拘留后暂行羁押的期限过长，需要改造。

至于逮捕条件，各国一般并不在立法上将之与羁押条件予以区分。如果不符合法定的羁押条件，自然不可逮捕。如果符合法定的羁押条件，则可许可逮捕，但是否确有必要羁押，则要待法官当面聆讯被告人之后，方可决定。也就是说，法律所规定的羁押条件虽需体现必要性原则，但究竟有无羁押必要，并非根据法律的一般性规定就可判断，而需法官根据案件及犯罪嫌疑人的现实情况作具体的判断。或者也可以理解为，授权逮捕是就羁押的合法性予以审查，许可羁押则是就羁押的合理性予以审查。据此，我国刑事诉讼法及《修正案（草案）》对逮捕条件的规定亦可视为对羁押条件的规定，因其基本上反映了必要性原则与比例性原则，可以沿用。

2. 司法审查制度的构建

这里的司法审查制度，是指犯罪嫌疑人被捕（包括无证逮捕）之后，人民检察院应当尽快对其予以当面讯问，听取被逮捕人辩解和辩护律师的意见，以确定有无必要对被逮捕人予以羁押。

在此审查制度的具体构建中，有几个基本的问题需要解决：

一是犯罪嫌疑人被捕后须由检察官当面聆讯的时限，也即所谓的“不拖延”“迅速”“尽快”最长得为多长时间。《德国刑事诉讼法》的规定是“至迟在第二天”，英国在无证逮捕的情况下不得超过 24 小时，有证逮捕的情况下不得超过 36 小时。我国也可以此为参考，确定犯罪嫌疑人被捕后须由检察官予以讯问的时限，对现行公安机关拘留犯罪嫌疑人，向人民检察院提请批准逮捕的期限予以大幅压缩。

二是审查的方式与程序。联合国《公民权利和政治权利国际公约》对此未作明确要求，各国的规定也不尽一致。德国采取的是带有浓重职权主义色彩的法官讯问的方式，但其主要目的仍在于听取被指控人的辩解。《德国刑事诉讼法》第 115 条规定：“……（三）讯问时，法官应向被指控人告知对他不利的情况，告诉他有权对指控作出陈述或对案件保持缄默。法官要给予被指控人消除嫌疑、逮捕理由以及提出对自己有利的事实的机会。（四）维持逮捕时，要对被指控人告知他有权抗告和其他法律救济。”《法国刑事诉讼法》第145条第2款规定，“决定对被审查人进行羁押的预审法官，应当告知被审查人有权在一定期限内做辩护准备……预审法官主持召开预审，庭上经过双方辩论后，听取检察官的意见，听取被审查人的陈述，必要时还可以听取律师发言……如果最后决定不予以临时羁押，应予以释放”。笔者认为，羁押审查的目的主要是防止不必要的羁押，因此完全可以参考德国的做法，以听取嫌疑人的辩解为主。此种方式在我国的司法实践中也更为可行，可由检察官根据侦查机关的逮捕回执，在法定时限内去看守所讯问犯罪嫌疑人即可。

三是羁押的期限，也即检察机关经过审查，如果认为确有必要羁押，是否应当同时决定羁押的期限以及如何确定羁押的期限。考察西方法治国家的普遍做法，一般并不要求法官在决定羁押的同时决定羁押的期限，以免产生被羁押人在此期限内不得被解除羁押之误解，而是为羁押规定一个一般的法定期限，在此期限以内，法官得依申请或依职权随时审查羁押之必要性并可随时解除不必要的羁押；如此期限届满，仍需继续羁押，则必须经由法官决定，法官在作出此延长羁押的决定时，一般应一并决定可延长的期限，这一期限也有一个最长规定，法官可在此期限内决定应予延长的期限。是否延长羁押及可延长期限的长短仍应取决于羁押的必要性，对不符合羁押条件或无羁押必要的，不得延长羁押期限。在此阶段如何审查有无继续羁押之必要，各国的规定不尽一致，根据《法国刑事诉讼法》的规定，法官在决定是否羁押时应采取对席裁决的方式，但在决定是否需要延长羁押时却不必如此，而只需通知检察官，在必要的时候才需要听取被审查人或其律师的意见。根据《德国刑事诉讼法》的规定，法官在决定是否羁押时须采取讯问嫌疑人的方式，而在决定是否需要延长羁押时，可依申请或依职权裁量决定经言词审理而裁判。此外，西方各国还普遍为羁押规定了最高期限，即无论经过几次延长（有些情况下会限制延长次数），羁押都不得超过一定的期限，到此期限如仍未判决，则羁押必须解除。

通过比较考察，我国当前关于羁押期限之长短的规定尚属合理，可以沿用。需要改造的是延长羁押的条件与审查有无延长必要的方式。根据目前的规定，我国延长审前羁押的条件基本为案件重大、复杂、取证困难等，而与羁押的必要性无关，这一点显然需要纠正。延长羁押的条件应与羁押的条件一致，只有符合羁押条件、具有羁押必要的，才能延长羁押。建议在目前延长羁押的条件后增添“符合羁押条件”或“且有羁押必要”之类的表述。至于审查有无延长必要的方式，刑事诉讼法没有规定，《修正案（草案）》也没有涉及，我们认为，至少要在听取被羁押人的意见后方可作出延长决定。且每次延长，均需同时决定延长的期限，且此期限不宜过长。

3. 司法救济制度的构建

针对羁押的救济，从对象上可以分为对羁押期限内的不必要的羁押的救济和对超期羁押的救济；从启动方式上可以分为依申请的救济和依职权的救济。

就依职权的救济而言，《修正案（草案）》规定了人民检察院就羁押必要性予以复查的职责，即人民检察院在逮捕后仍应对羁押的必要性予以审查，对不需要继续羁押的，应建议予以释放或者变更强制措施。

但是，一方面，此规定对检察院启动复查的条件或期限没有作出硬性规定，可能导致检察院怠于履行此项职责。对此，可借鉴有关国家的做法，规定在一定的期限届满时，如果被羁押人并未申请取保候审或解除羁押，且其没有辩护人的，那么人民检察院应主动对羁押之必要性予以复查。基于司法实践中超期羁押现象仍在一定程度上存在，被羁押人维权意识薄弱、能力有限，多数被羁押人无律师帮助的情况，规定人民检察院在一般羁押期限及延长期限届满之后，仍需对羁押予以复查，仍有现实的需要。

另一方面，此条规定仅规定了人民检察院对不必要之羁押有予以解除的“建议权”，而非“决定权”，这有违羁押须由人民检察院审查并决定的基本原则。确立羁押审查制度的目的就在于防止不必要之羁押，羁押之存在与继续的唯一条件就是具有羁押的必要性。因此，对羁押必要性的审查应贯穿于批准逮捕之前、逮捕之后决定羁押之前和羁押之后的整个过程中，在逮捕之前发现无羁押必要性则不应许可逮捕，在逮捕之后决定羁押之前发现无羁押必要性则不应许可羁押，在羁押之后发现无羁押必要性则应立即解除羁押，此才为完备的羁押审查。如果人民检察院经审查认为没有必要羁押，那么无论在何阶段，都应当有权阻止对犯罪嫌疑人人身自由的剥夺。因此，应当将人民检察院对羁押必要性予以审查的原则贯彻始终，规定只要人民检察院发现羁押之不必要，得随时解除羁押，由此也可以改变将羁押期限等同于办案期限的问题。至于超期羁押，人民检察院更应有权立即解除。

就依申请的救济而言，首先，完备的救济应当包括在羁押期限内对不必要羁押的救济和对超期羁押的救济，法律应为这两种救济规定可行的路径，包括由谁申请，向谁申请，如何申请，申请的效力如何，受申请者以何种方式审查，审查的效力如何，等等。

其次，就超期羁押的救济而言，《修正案（草案）》规定了被羁押人可向执行羁押的机关提出申诉或者控告，对处理不服的，可向同级或上一级人民检察院申诉，人民检察院对申诉应及时审查，必要时可对有关情况进行调查核实，对情况属实的，应依法予以纠正。这里，主要的问题是人民检察院对超期羁押的审查方式和效力。就审查方式而言，我们认为，由于这里不涉及羁押必要性问题，只需审查羁押是否超期，因此完全可以采用书面审查的方式；就审查效力而言，如上文所述，人民检察院应当有权立即解除确属超期实则违法的羁押。

最后，就羁押期限内对不必要之羁押的救济而言，可以通过申请取保候审或解除羁押的方式实现。具体程序可结合我国现行刑事诉讼法和《修正案（草案）》的有关规定，在人民检察院许可羁押后的一段期限内（可规定为5日或7日），被羁押人如对检察机关批准羁押的决定不服，可以向上一级检察机关申诉，上一级检察机关应当对羁押的必要性予以复查，以作出是否变更的决定。至于检察机关依申诉审查羁押之必要性的方式，可参考国外的规定。如德国规定可以而非必须采取言词审理的方式，法国规定法官应当在听取检察院、被告人或其律师的意见后方作出决定。结合我国实际，出于必要性与代价之平衡考虑，可以规定：对被羁押人之申诉可先采书面审查方式，若认为其申诉有理，则应解除羁押，必要时可听取侦查机关的意见；若认为申诉明显无理，可以驳回；若认为根据书面申诉难以确定羁押有无必要，则应当当面听取被羁押人或其律师的意见。至于上一级检察院对下级检察院作出的羁押决定或延长羁押的决定，则可采取书面审查的方式，必要时可以听取被羁押人或其律师的意见。但无论以何种方式，只要发现羁押之不必要，均应立即解除羁押或允许被羁押人取保候审。

庭前会议制度在司法实践中的问题及对策*

庭前会议制度是2012年修改后的刑事诉讼法增加的一项制度，是庭审制度改革的重要内容之一。在法庭审判前对可能影响公正审判的问题听取意见，了解情况，有助于法官确定庭审重点，提高庭审效率，保障庭审质量。

为全面了解新刑事诉讼法实施以来庭前会议制度在司法实践中的实施情况，中国政法大学诉讼法学研究院于2015年1月至6月先后赴北京、无锡、盐城三地部分人民法院和检察机关进行实证调研。① 通过调研，笔者发现上述地区司法机关在实务中对庭前会议制度进行了有益的探索，形成了很多好的经验。但新刑事诉讼法在庭前会议的功能定位、程序设置、法律效力等方面存在诸多不足，在一定程度上影响了司法实务部门适用该制度的积极性，影响了庭前会议制度的适用效果，需要结合司法改革的相关内容加以改进和完善。

---

* 原文发表于《法律适用》2015年第10期，与陈子楠合作。

① 中国政法大学诉讼法学研究院庭前会议项目组分别于2015年1月30日、3月24日和3月25日，在北京市第二中级人民法院、江苏省盐城市中级人民法院和无锡市中级人民法院就庭前会议制度的实施情况召开座谈会，并向北京市第二中级人民法院、北京市人民检察院第二分院、北京市东城区人民检察院、北京市东城区人民法院、盐城市中级人民法院、盐城市人民检察院、东台市人民法院、东台市人民检察院、无锡市中级人民法院、无锡市人民检察院、无锡市高新技术产业开发区人民法院、无锡市高新技术产业开发区人民检察院等单位中的法官和检察官随机发放了《庭前会议项目调研问卷》，共636份（其中单位问卷32份，个人问卷604份），对2013年至2015年3月庭前会议的相关问题进行考察。本文中的调研数据均来自上述问卷调查。

一、实践维度——基于庭前会议实施情况的检视

总体上我国司法实务部门都在尝试适用庭前会议制度，不少地区专门出台了庭前会议制度的相关实施细则或暂行规定。[①]但通过调研发现，庭前会议制度在实施过程中存在适用率偏低，制度认同度不高的现实情况，有必要从主观和客观两个方面对其加以考察，以探寻这些现象形成的原因及其相互关系。

（一）对庭前会议的客观考察

调研发现，新刑事诉讼法自2013年实施以来，北京、无锡、盐城三地部分人民法院和检察机关刑事案件审判中庭前会议的适用比率比较低。这主要体现在总体适用率和个体参与程度两个方面。

从总体适用率上看，江苏省盐城市两级法院2013年刑事案件总数为4459件，2014年刑事案件总数为4817件，但两年内仅有38件刑事案件召开过庭前会议。其中2013年有18件，适用比率为0.40%；2014年略有上升，有20件召开庭前会议，适用比率为0.42%。北京市第二中级人民法院2013年和2014年共有10件一审案件召开了庭前会议，仅占该两年审结一审案件数（502件）的2%。2013年、2014年两年中，无锡市两级法院共召开庭前会议26次，主要涉及的问题为非法证据排除、证据开示、证人出庭名单、管辖、回避等。

此外，根据江苏省无锡市和盐城市5个基层检察院[②]2013年1月至2015年3月中刑事公诉案件数和参与庭前会议数的统计，5个基层检察院在上述期间共对6803件刑事案件提起公诉，但仅有19件召开了庭前会议，适用率只有0.28%。具体来看，5个地区的检察机关2013年和2014年参与庭前会议的数量均不超过4次，有的检察机关全年没有参加过庭前会议，2014年的适用率有所增加（见表1）。

---

① 例如，无锡市滨湖区人民法院、人民检察院和司法局共同签署了《刑事案件庭前会议实施纪要》；盐城市亭湖区人民法院、人民检察院和司法局共同通过了《刑事公诉案件庭前会议实施意见（试行）》等。

② 5个基层检察院在表1中均用A地、B地、C地、D地、E地指代。

表 1 江苏省无锡市、盐城市 5 个基层检察院庭前会议实施情况

基层检察院	刑事案件数			庭前会议数		
	2013 年	2014 年	2015 年（1—3 月）	2013 年	2014 年	2015 年（1—3 月）
A 地	480	491	209	1	2	0
B 地	553	561	205	0	3	1
C 地	449	430	193	1	3	0
D 地	657	607	281	2	4	1
E 地	779	816	92	0	1	0
总计	2918	2905	980	4	13	2

从法官和检察官个体对庭前会议的参与程度来看，北京、盐城、无锡 3 个地区的受访检察官中均有接近半数没有参加过庭前会议。在有庭前会议经历的检察官中，约 87% 的检察官仅参加过“1—3 次”，三地参加过 4 次及以上庭前会议的检察官均只有个位数。与此相反的是 3 个地区受访法官中参加过庭前会议的人数要超过没有庭前会议经历的人数。但与检察官的情形相同，大多数受访法官只参加过 1—3 次庭前会议，“4—6 次”和“7 次及以上”的人数也很少。

（二）对庭前会议的主观认识

司法实务部门对庭前会议的主观认识主要包括两个方面，一是对庭前会议制度存在价值的认识，二是对该制度在司法实践中适用效果的认识。

首先，通过调研发现，多数受访者认为庭前会议制度“很有必要”，肯定了新刑事诉讼法设置该制度的必要性，而选择“没有必要”选项的仅是极少数。不容忽视的是，还有近 45% 的受访者认为庭前会议存在的必要性为“一般”。且笔者在座谈中发现，有些法官和检察官对于庭前会议制度本身的现实意义存在质疑。例如，有的法官提出在庭前会议制度缺位和效力不明的情况下，召开庭前会议往往没有实际的作用；在办案压力的影响下，司法实践中法官召集庭前会议的积极性并不高。这种对庭前会议制度否定或“一般”性的评价从一个侧面反映出庭前会议

制度存在的诸多问题对司法实务部门造成的影响。而法官和检察官对庭前会议必要性的漠视态度，也正是客观上庭前会议适用率较低的原因之一。此外，受访法官和检察官在“很有必要”和“一般”两者间选择情况的反差（受访检察官中选择“很有必要”选项的人数大于选择“一般”选项的人数，而受访法官选择的情况正好相反），表明受访检察官较于法官而言更能认同庭前会议的制度作用，希望在庭前会议中更多地了解被告人及其辩护人对非法证据排除、回避、出庭证人名单等问题的意见，为庭审做更充分的准备。

其次，在对本单位庭前会议开展效果的评价上，认为效果为“不好”的仅占受访者总数的3%。多数受访者选择的是“一般”选项，占总数的56%，还有41%的受访法官和检察官认为本单位当前庭前会议开展效果“好”。这表明受访者倾向于对当前庭前会议制度适用总体情况给予积极的评价，认同该制度在一定程度上发挥了明确案件争点，提高庭审效率的作用。

从以上两组数据中可以看出，受访者对目前庭前会议实施情况的总体评价仍倾向于正面，但不可否认的是还存在影响司法实务部门对庭前会议运行效果评价的负面因素，导致两组数据的中间评价，即选择“一般”选项的受访者比例较大。而这些因素也正是庭前会议制度在运行过程中所亟待解决的问题。对于这些影响因素具体内容的考察，笔者选择庭前会议程序本身、司法实务部门关系和办案人员主观态度三个方面加以描述。从受访者选择的情况来看，“庭前会议具体程序的制定”排在第一位，“公检法三机关的配合”和“办案人员执法理念的更新”分列第二和第三。仅有4%的受访者选择了其他因素。从上述数据可以认识到以下几点：第一，“其他”选项的比例很低，表明绝大多数受访者认可上述三个因素是影响庭前会议适用的主要难点。第二，三个主要因素之间的差距并不大，都是庭前会议制度在适用过程中必须改进和完善的重要问题。第三，在三者之间关系上，程序规则的缺失是庭前会议制度客观存在的问题，在某种程度上影响和制约着司法实务人员在具体程序中的实施和配合，并进而影响其主观上的司法理念。

二、理论维度——对庭前会议制度构建问题的分析

囿于概括的法律和司法解释，庭前会议制度在实践中面临诸多争议。这在一定程度上影响了司法实务部门对庭前会议的主观认同度，进而在实践中体现为庭前会议适用比率偏低的现实状况。因此，有必要对庭前会议制度本身存在的问题详加分析，以期能够更有针对性地提出完善建议。

（一）功能定位不明确

第一，庭前会议的制度定位是保障庭审质量，提高庭审效率。庭前会议在程序问题和实体问题处理上的功能定位和限度是协调庭前会议与法庭审判关系，更好地服务和推进以审判为中心的诉讼制度改革。但是新刑事诉讼法中“了解情况，听取意见”的规定较为模糊，既可以理解为人民法院的活动应严格限定于“了解情况，听取意见”；也可以理解为法律并未禁止法院在庭前会议中就相关问题作出具有一定效力的处理。以非法证据排除为例，最高人民法院《关于适用〈中华人民共和国刑事诉讼法〉的解释》（以下简称《解释》）第99条的规定倾向于对“了解情况，听取意见”的含义进行更为宽泛的理解，规定“人民检察院可以通过出示有关证据材料等方式，对证据收集的合法性加以说明”，又于第184条规定“审判人员可以询问控辩双方对证据材料有无异议，对有异议的证据，应当在庭审时重点调查；无异议的，庭审时举证、质证可以简化”。

第二，新刑事诉讼法和《解释》虽然列举了庭前会议所涉事项，并以“与审判相关的问题”为限，但执行中对此范围的理解还存在一定的差异。例如，笔者在座谈中了解到很多地区庭前会议的内容除非法证据排除、回避申请、证人名单等程序性事项外，还涉及附带民事诉讼和刑事和解的调解工作；有的地区会就案件事实和证据材料等事项询问控辩双方的意见，控辩双方可就证据能力和证明力等相关问题进行协商等。立法规范的模糊使得司法实务部门只能根据自身的认知来加以解读和执行，导致司法实践中庭前会议在各地的适用情况存在较大区别。

（二）程序设置存在空白

我国新刑事诉讼法和相关司法解释对庭前会议的程序性规定，例如庭前会议的参与主体、召开方式、地点、次数等都存在一定空白。实

践中有的地区出台了较为细致的程序性规定，但不同地区庭前会议的适用程序规定存在较大差异，同一地区不同案件的适用程序也存在一定差异。这不仅不利于庭前会议制度的健康发展，而且有损于程序正义和被告人诉讼权利的保障，亟须作出统一和细致的规定。以下着重对庭前会议的参与主体作简要分析。

首先，关于庭前会议的启动者与主持者。法律和《解释》均规定，根据案件需要，审判人员可以召开庭前会议。尽管并未对庭前会议的主持者作出明确规定，但在司法实践中庭前会议的主持者往往由案件的承办法官担任。这就引出两方面的问题，一方面是庭前会议的启动权完全在审判机关，控辩双方是否有权申请召开庭前会议和申请如未被采纳是否存在相应的救济措施；另一方面是同一个法官庭前既决定程序性问题又参与后续案件实体性问题的裁判，对被告人程序权利和实体权利保障不利。

其次，被告人是否应当参加庭前会议。《解释》第 183 条规定，法院召开庭前会议，根据案件情况，可以通知被告人参加。即是否通知被告人参加，赋予法官自由裁量权。实践中被告人在开庭审理前往往处于被羁押状态，这就给庭前会议中被告人的出席增加了困难。司法实践中很多情况下庭前会议的参与方只有公诉机关与辩护人，没有被告人的参与。就办案人员而言，庭前会议是否应当有被告人参加，认识也不尽一致。根据实证调查，超过半数（占总数的 52%）的受访者认为被告人是否出席庭前会议应当“视情况而定”，认为庭前会议“需要”被告人出庭的为 239 位（占总数的 39%），而认为被告人不需要参加庭前会议的仅占受访者总数的 9%。这些数据说明司法人员对于被告人参加庭前会议的作用具有较为统一的认识，并且认同当前在被告人参与问题上法官裁量权的合理性。但不可忽视的是，这种“视情况而定”的裁量主要以被告人对庭前会议中相关问题讨论的积极作用和被告人参加庭前会议的方便程度为衡量标准，很少将被告人的诉讼权利保障作为决定的重要因素。实证调查反映，由于被告人未出席庭前会议而出现一些问题。[①]

---

① 例如，笔者在针对江苏省泰州市非法证据排除问题的调研中了解到，在被告人没有参加的情况下，检察机关要求辩护人在参加庭前会议前要征求被告人的意见，并及时将庭前会议情况告知被告人。但由于上述要求不具备强制力，庭前会议的情况被告人在开庭审理前可能一无所知，即使被告人知悉了庭前会议的情况，也有可能否认庭前会议的结果，使庭前会议流于形式。

再次，辩护律师与诉讼代理人是否应当出席庭前会议。对此法律及相关《解释》没有明确，实践中做法也不尽相同。从调研情况看，关于被告人在庭前会议是否需要获得辩护律师或代理律师帮助的问题上，认为“需要”和“视情况而定”的受访者人数大致相当，分别为296人和282人；而认为被告人“不需要”辩护或代理律师帮助的非常少，仅为4%。由此可见，绝大多数受访者均倾向于认同庭前会议中需要为被告人提供必要的律师帮助。

最后，对于证人、鉴定人等出席庭前会议的问题，54%的受访者认为应“视情况而定”，认为证人需要参加庭前会议的仅有40位，占总数的7%；认为证人不需要参加庭前会议的有236位。与对待被告人出席庭前会议的态度不同，绝大多数受访者认为在一般情况下不需要案件证人参加庭前会议，但是也不排除在必要的情况下通知证人参与庭前会议，实践中也确实存在证人出席庭前会议的案例。①

（三）法律效力存在争议

庭前会议的处理结果是否对控辩双方在庭审中的诉讼活动具有法律约束力是目前司法实践中争议的焦点问题，也是影响审判人员和控辩双方在司法实践中适用庭前会议积极性的核心问题之一。②该问题包含三个方面，即庭前会议是否要作出处理结果、处理结果的形式，以及处理结果的效力。对这些问题的回答，现行法律法规和《解释》之间还存在一些不一致，造成司法实践中的困惑与争论，需要法律或《解释》对庭前会议结果的形式和效力作出明确的规定。例如，“庭前会议只能了解情况和听取意见，法院不在庭前会议中对非法证据排除等程序性事项作出裁定、决定。对于庭前会议达成的共识，也不具有法律效力”③。但根

① 在江苏盐城的调研中笔者了解到，在崔某涉嫌滥用职权、受贿罪一案中，被告人提出侦查阶段受到刑讯逼供，损失认定的证据不充分。为此，法院召开庭前会议并通知23名证人到庭对相关证据问题加以调查核实。

② 就笔者所见，当前基层检察院的检察官们提及最多的问题就是非法证据在庭前会议中处理的效力问题。如在北京市密云县召开的“刑事案件庭前会议相关问题研究”研讨会上，绝大部分与会检察官认为应当赋予庭前会议一定的法律效力，即对庭审程序的约束力，这样才能真正做到明确庭审焦点，提高诉讼效率，避免庭前会议程序虚置。

③ 江必新主编:《〈最高人民法院关于适用《中华人民共和国刑事诉讼法》的解释〉理解与适用》，中国法制出版社2013年版，第190页。

据最高人民检察院《人民检察院刑事诉讼规则（试行）》（以下简称《规则》）第431条第3款的规定，庭前会议具有“解决有关程序问题”的功能，实际上是倾向于认为庭前会议中的处理结果具有一定的法律效力。更为重要的是，如果庭前会议不能对相关问题作出处理，则不能有效发挥提高庭审效率的作用，甚至造成程序繁复，增加当事人诉讼负担。这也是庭前会议适用率不高的主要原因。

关于庭前会议是否有必要对所涉及的事项作出处理结论的问题，在调查中有37%的受访者认为“庭前会议最后应当对有关事项作出处理结论”，认为“庭前会议最后不应当作出处理结论”的占22%，而选择“视情况而定”这一选项的最多，占总数的41%。这种3个选项各占1/3的情况在一定程度上真实反映了当前司法实务部门在该问题上的争论与迷茫。但从总体上看，认为在一定情况下审判人员可以作出处理结论处于大多数（约占78%），而认为绝对不能作出结论的仅是少数。所以，规定审判人员在庭前会议中作出一定处理结论是符合司法实务部门的主观期望的。

如果庭前会议可以对相关问题作出处理结论，这种处理结论又应当采取何种形式？大部分受访者选择了“决定”和“会议纪要”，分别为209人和197人；而选择“裁定”的仅占总数的17%。此外，63%的受访者都认为庭前会议的处理结果应当对庭审各方都有约束力，只有17%认为控辩双方在庭审中仍可就相关事项提出申请。与此形成鲜明对比的是，笔者在与法官的座谈中了解到，司法实践的经验表明庭前会议一般不会出现处理结果。大部分的法官们不认为自己有权或者不知道自己是否有权对相关问题作出处理。如果控辩双方在庭前会议中就某些问题达成一致意见的，多数情况下是通过会议记录的方式加以体现。但是这种会议记录对于庭审不具有法律上的约束力，控辩双方对协议的遵守只能是出于自觉和自愿。如果一方在庭审中对相关问题提出异议，法庭还是需要重新启动调查程序。

庭前会议效力的实然状态与司法人员主观期望之间的差距反映出庭前会议制度立法和司法之间的矛盾与困境。如果严格按照现行法律和《解释》的规定为之，不承认庭前会议处理结果的法律效力，则控辩审三方在司法实践中都没有适用庭前会议的积极性，最终恐难免成为“食之无味，弃之可惜”的具文；如果司法人员坚持庭前会议处理结果具有约束力，则个人将承担较大的法律风险，特别是涉及庭前会议排除定案关键证据的情形。因此，及时对庭前会议的效力问题作出适当的规定对于庭前会议制度的良性发展具有十分重要的意义。

三、对策建议——庭前会议的制度完善

针对目前庭前会议制度在实践中出现的问题，笔者认为可以从明确庭前会议的功能定位、规范庭前会议的程序设置，以及明确庭前会议结果的形式和效力三个方面对我国现行庭前会议制度加以改进细化。在此基础上，按照全面推进依法治国的决定精神和司法改革的部署要求，进一步探索庭前会议制度的发展完善。

（一）明确庭前会议的功能定位

关于庭前会议的功能，从立法的本意来看，直接的作用就是为庭审做准备。根据立法规范，庭前会议的内容被规定在《刑事诉讼法》第182条中，其时间处于法院对公诉案件进行审查并决定开庭审判之后，正式庭审之前；其内容均为开庭前的准备。为何召开庭前会议，据立法机关职能部门的解释，“在庭审前对这些可能影响公正审判的问题听取意见，有助于法官确定庭审的主要争议点，妥善安排庭审过程”①。最高人民法院也认为庭前会议是“为确保庭审程序的顺利和高效进行而设置的，并非确定案件事实的审判程序。因此，庭前会议主要是程序性审查，即围绕回避、出庭证人名单、非法证据排除等与审判相关的问题，了解情况和听取意见”。② 由此根据现行法律规定，庭前会议的主要功能应当是为庭审做准备，以保证庭审活动的顺利进行，提高庭审效率，保证庭审质量。同时，通过司法实践积累经验，发现问题，为配合以审判为中心的诉讼制度改革和其他相关司法改革打好基础，创造条件。

（二）规范庭前会议的程序设置

完善的程序设置是庭前会议制度有效适用的前提，针对实践中存在

① 郎胜主编:《中华人民共和国刑事诉讼法释义》，法律出版社2012年版，第395页。

② 张军主编:《〈中华人民共和国刑事诉讼法〉适用解答》，人民法院出版社2012年版，第295页。

的问题，可以从启动方式、参与主体、地点，以及召开程序等方面加以明确。

其一，庭前会议的启动权。根据我国的实际情况，应当明确赋予审判人员召集庭前会议的裁量权，同时公诉人、当事人及其辩护人、诉讼代理人可以在庭审前向人民法院申请召开庭前会议。对符合庭前会议适用情形的案件，审判人员认为有必要的，可以召集庭前会议。

其二，庭前会议的参与人。对于被告人参加庭前会议的问题，笔者认为，为彰显被告人的诉讼当事人地位和加强对被告人诉讼权利的保障，原则上应当通知并保障被告人出席庭前会议。庭前会议中对证据收集合法性进行的调查以及就此作出的相关决定可能对被告人的定罪量刑具有重要的意义，被告人参与庭前会议“并不只是被动地充当质证者的角色，还有可能充当积极的举证者”①，因为被告人是非法取证行为的直接受害者与亲历者，他的供述和质证对于法庭开展证据收集合法性调查具有很高价值。因此确立被告人参与庭前会议的权利有利于促进诉讼程序正义。但考虑到被告人处于审前羁押的状态和现代城市交通日益拥堵的现实，可以探索通过视频出席庭前会议的做法，并且被告人在有辩护律师充分代理的情况下，可以明示放弃行使出席庭前会议的权利。此外，由于对证据收集合法性的调查涉及专业的法律知识与技能，很多被告人仅凭借自身能力难以胜任举证与质证的诉讼行为，需要有律师在场提供必要的协助。因此，凡被告人自己委托辩护人或者应当享有法律援助的，法院应当通知其辩护人出席庭前会议。出席法庭的公诉人应当参加庭前会议，人民法院在必要时还可以通知案件侦查人员、鉴定人、证人等参加庭前会议。人民法院召集庭前会议的决定应当对各诉讼参与人具有强制力。经人民法院通知，公诉人、当事人及其辩护人、诉讼代理人，以及其他诉讼参与人，除有正当理由或特殊原因外，应当参加庭前会议。

其三，庭前会议的地点。庭前会议召开的地点应当以法庭为一般原则，但考虑到实践中的特殊情况，在只有公诉人和辩护人、诉讼代理人参加的情况下，也可以在人民法院的办公室、会议室或审判人员认为合适的地点召开。如果人民法院认为被告人有必要参加庭前会议，但被

① 陈瑞华:《刑事证据法学》，北京大学出版社2014年版，第353页。

告人被羁押且押解到庭存在困难的，也可以在看守所召开庭前会议。

其四，庭前会议的适用程序。庭前会议开始时，主持庭前会议的法官查明公诉人、当事人及其辩护人、诉讼代理人是否到会。被告人参加庭前会议的，人民法院应当告知其享有的相关诉讼权利。之后，对于人民法院依职权召集的庭前会议，主持庭前会议的法官应当宣布召集庭前会议的事由，并征询公诉人和当事人及其辩护人、诉讼代理人的意见；对于人民法院依公诉人和当事人及其辩护人、诉讼代理人申请召集的庭前会议，主持庭前会议的法官应当先听取申请人的意见，再由另一方发表意见。

庭前会议中需要听取意见，了解情况的事项较多的，人民法院应当依次分别进行。公诉人、当事人及其辩护人、诉讼代理人对某一事项的意见存在分歧的，经主持庭前会议的法官的要求或者许可，可以提出证据加以证明。

（三）明确庭前会议结果的形式和效力

“从法官立场来看，庭前会议如能形成更具实质性与权威性的程序处理决定，其在中国会有相当的制度前景。”[①] 赋予庭前会议一定的法律效力对实现庭前会议功能和完善我国刑事审判程序都将十分有益。并且从域外经验来看，“对于庭前程序中达成的一致意见，英美法系国家均要求采取书面方式加以固定，并赋予其相应的法律效力”[②]。美国和英国的诉讼规则都规定[③]，书面形式的备忘录或陈述中详细载明的控辩双方在庭前程序中达成一致的证据及其他问题，对各方在庭审程序中的行为具有一定程度的法律约束力。

由此，笔者认为可以将我国庭前会议的效力表现为形式和实质两个方面。在形式方面，庭前会议的全部活动应当由书记员写成庭前会议记录，交给公诉人、当事人及其辩护人、诉讼代理人阅读。公诉人、当

① 左卫民：《未完成的变革——刑事庭前会议实证研究》，载《中外法学》2015 年第 2 期。

② 陈子楠、杨宇冠：《非法证据在庭前会议中的排除方式研究》，载《南京社会科学》2015 年第 3 期。

③ 详见《美国刑事诉讼规则》（Federal Rules of Criminal Procedure）第 17.1 条，英国《2013 年刑事诉讼规则》（The Criminal Procedure Rules 2013）第 1531 条。

事人及其辩护人、诉讼代理人认为记载有遗漏或者差错的，可以请求补充或者改正；核对无误的，应当签名或者盖章。在实质方面，庭前会议中，公诉人、当事人及其辩护人、诉讼代理人就回避、出庭证人名单、非法证据排除等与审判相关的问题达成一致意见的，或者人民法院已经对相关问题作出处理的，没有新的事实和理由，控辩双方不得在庭审中再次提出异议。此外，人民法院在开庭审理时应当宣读并再次确认庭前会议中公诉人、当事人及其辩护人、诉讼代理人达成的一致意见。为适应相关程序改革，可以规定庭前会议中就指控的犯罪事实和证据达成一致意见的，在法庭审理时可以简化。

（四）庭前会议制度的进一步发展

党的十八届四中全会提出“推进以审判为中心的诉讼制度改革”[①]，结合当前最高人民法院开展的刑事案件速裁程序、认罪认罚从宽制度和人民陪审员制度等试点工作，笔者认为可以进一步完善与扩大庭前会议功能，一定程度上赋予庭前会议处理实体问题的权力。

第一，探索庭前会议法官与庭审法官相分离。我国庭前会议多由案件主审法官主持，有时合议庭成员都会参与庭前会议的讨论。从域外经验来看，国外多是由预审法官主持庭前庭审，由审判法官主持法庭的审理活动。正如美国联邦最高法院在莱戈诉特姆伊案（Lego V. Twomey）中的多数意见所述：“恰是因为无论是强迫或自愿作出的有罪自白，都可能是真实而有力的证据，我们不相信陪审团可以被要求忽视一个真实的但却是受到胁迫而作出的自白的证明价值。我们认为，在判断自愿性的过程中，陪审团也可能会受到准确叙述事实的自白可靠性的影响。”[②]也即存在区别庭前会议和法庭审判中审判人员的现实必要性。笔者认为，

---

① 《中共中央关于全面推进依法治国若干重大问题的决定》，载《中国共产党第十八届中央委员会第四次全体会议文件汇编》，人民出版社2014年版，第45页。

② “Precisely because confessions of guilt, whether coerced or freely given, may be truthful and potent evidence, we did not believe a jury could be called upon to ignore the probative value of a truthful but coerced confession; it was also likely, we thought, that in judging voluntariness itself the jury would be influenced by the reliability of a confession it considered an accurate account of the facts.” From Lego v. Twomey, 404 U.S. 477, 92 S.Ct. 619.30 L.Ed.2d 618 (1972). See Wayne R. LaFave, Jerold H. Israel, Nancy J. King, Orin S. Kerr, *Criminal Procedure*, Fifth Edition, Minnesota: West, pp. 568.

我国也可以借鉴国外的这种程序设置，由立案庭的法官或者法官助理担任庭前会议的主持者，刑事审判庭的法官和人民陪审员则专门负责开庭后的审判活动，以实现将非法证据排除于事实裁判者视线之外的程序初衷。人民陪审员作为合议庭成员，在案件评议过程中可以独立就案件事实认定问题发表意见。这也是人民陪审员制度改革的重点之一。对案件事实的认定必须建立在客观、合法和关联的证据之上。而目前司法实践中庭前会议解决的主要问题即为非法证据排除问题。如果事实的裁判者参与庭前会议，难免会受到相关证据的影响。

第二，扩大“了解情况，听取意见”的事项范围。根据《刑事诉讼法》第182条和《解释》第184条的规定，目前庭前会议中，审判人员向控辩双方“了解情况，听取意见”的内容具体包括管辖权异议、申请回避、出庭证人名单、调取和提供新证据、申请排除非法证据、申请不公开审理等。从实践中的情况来看，可以将申请变更强制措施、确认自首、立功情形、了解辩护意见、附带民事诉讼中当事人达成和解协议、申请人民法院审查双方当事人达成的和解协议书或主持双方当事人协商以达成和解等情况也纳入庭前会议讨论的事项范围，听取控辩双方的意见。

第三，将庭前会议与简易程序和刑事案件速裁程序改革相结合。从调研的情况来看，在庭前会议中增加征求被告人适用简易程序意见的功能获得绝大多数受访者（约占总数的86%）的认同。据此，笔者认为可以尝试在庭前会议中设置被告人答辩程序。在被告人及其辩护人对起诉书指控的犯罪事实和证据不存在异议的情况下，法官可以在庭前会议中核实被告人认罪的真实性、自愿性，以及充分知悉认罪的法律后果。此后，根据法律规定的条件，决定适用简易程序或速裁程序。

第四，探索建立认罪认罚从宽制度。将庭前会议与刑事案件速裁程序相结合的重要一环就是探索增加认罪认罚从宽制度。在调研中，约70%认为可以在庭前会议中增加认罪认罚程序，持相反意见的仅占总数的19%。不仅如此，北京、无锡、盐城三地受访者对增加认罪认罚程序的认识结构较为相似，持赞成态度的受访对象在各地区中均远超半数，其中无锡检察院和盐城检察院的认同比例更是分别达到77%和76%。

被告人认罪认罚从宽程序是司法改革的一项重要内容，该程序在庭前会议中的适用需要符合哪些要求？从调研的数据来看，北京、无锡、盐城三地受访检察官和法官认为排在前3位的分别是“明确知道认罪的法律意义与后果”“主观上出于个人自愿”和“经过审慎地考虑”，除此之外，也有超过半数的受访者选择了“获得辩护律师的帮助”这一选项。绝大部分的受访者认为被告人在庭前会议中的认罪认罚必须符合明知、自愿和明智三个要素，并且需要充分保障被告人获得辩护律师帮助的权利，以实现诉讼效率和保障人权的平衡。而“公诉机关同意”和“会前与公诉机关就可能判处的刑罚达成一致意见”两项选择较少，均约占总数的1/3。可见，公诉机关需要在庭前会议中被告人认罪认罚程序内扮演积极的角色，但是大多数受访者认为这种影响并不应当具有决定性的作用，辩护方的意见和态度应当受到更多的重视。

综上所述，笔者认为将来针对一些符合法定条件的刑事案件，在庭前会议中被告人自愿认罪、自愿接受处罚、积极退赃退赔的，人民法院可以要求公诉机关在庭前会议中提出量刑建议，被告人及其辩护人可以对量刑建议发表意见。之后，人民法院可以通过刑事案件速裁程序，根据已经查明的事实、证据和有关的法律规定，结合控辩双方的量刑建议和意见，直接作出判决。

检察机关基于法律错误提起再审抗诉之探讨

——以马乐案为例*

作为案发时被称为全国基金业有史以来最大的“老鼠仓”案件，马乐案前后经历深圳市中级人民法院一审判三缓五，深圳市人民检察院提起二审抗诉，广东省高级人民法院二审维持原判，最高人民检察院提起再审抗诉，最高人民法院按照审判监督程序再审改判，本案的整个处理过程和结果都受到法学理论界、司法实务界和社会大众的广泛关注。不过，社会各界更多探讨的是本案所涉及的刑事实体问题，即对刑法条文的理解、情节认定和刑罚适用等问题，而较少论及本案所涉诉讼程序方面的问题。本案经过一审程序、二审程序，直至最高人民检察院向最高人民法院提出再审抗诉而启动审判监督程序，核心问题在于审判机关和检察机关对法律条文的规定存在不同理解。本文拟通过对马乐案适用诉讼程序的简要梳理，对我国检察机关基于法律理解不同或者法律适用错误而对法院已生效裁判提起再审抗诉的规定加以探讨和分析，并进一步对我国刑事审判监督程序面临的若干理论困境进行反思，进而提出改革和完善我国刑事审判监督程序的基本考虑。

一、马乐案基本案情与程序适用

2011年3月9日至2013年5月30日期间，马乐担任博时精选股票证券投资基金经理，全权负责投资基金、投资股票市场，掌握了博时精选股票证券投资基金交易的标的股票、交易时点和交易数量等内幕信息以外的其他未公开信息。马乐在任职期间利用其掌控的上述内幕信息

---

* 原文发表于《河南社会科学》2016年第10期，与王贞会合作。

以外的其他未公开信息，从事与该信息相关的证券交易活动，私下操作自己实际控制的三个股票账户，通过临时购买的不记名神州行电话卡下单，先于（1—5个交易日）、同期或稍晚于（1—2个交易日）其管理的“博时精选”基金账户买入相同股票76只，累计成交金额人民币10.5亿余元，非法获利人民币18833374.74元。

2013年7月17日，马乐主动到深圳市公安局经济犯罪侦查支队投案。深圳市公安局于同日对马乐立案侦查并对其采取刑事拘留。侦查终结后，本案被移送至深圳市人民检察院审查起诉。经深圳市人民检察院审查后认为，马乐的行为已经构成利用未公开信息交易罪，应当依法追究其刑事责任，遂向深圳市中级人民法院提起公诉。

在本案一审的法庭审理中，被告人马乐表示认罪，对指控的犯罪事实没有异议。马乐的辩护人指出，马乐自动投案的自首行为成立，同时其无任何挥霍赃款的行为，并愿意全部退赃，其主观恶性和社会危害性不大，请求法庭对被告人马乐从轻、减轻处罚。2014年3月24日，深圳市中级人民法院经过一审认定被告人马乐构成利用未公开信息交易罪，依法判处马乐有期徒刑3年缓刑5年，并处罚金1884万元，对其违法所得1883万余元予以追缴。

本案一审判决作出后，深圳市人民检察院认为深圳市中级人民法院的一审判决适用法律错误、量刑明显不当，于2014年4月4日向广东省高级人民法院提出抗诉，请求依法改判。广东省人民检察院支持抗诉。2014年10月20日，广东省高级人民法院组成合议庭对本案进行二审，终审裁定驳回抗诉，维持原判。

本案二审裁定生效后，广东省人民检察院于2014年11月27日提请最高人民检察院抗诉启动再审程序。2014年12月8日，最高人民检察院认为本案终审裁定适用法律错误，导致量刑明显不当，决定按审判监督程序向最高人民法院提出抗诉。这是2014年最高人民检察院提起的唯一一起刑事抗诉案。

2015年7月8日，最高人民法院依法组成合议庭对本案进行了重新审理，最高人民检察院派出两名检察官出庭履行抗诉职责。最高人民法院经依法审理认为本案第一审判决、第二审裁定认定犯罪事实清楚，证据确实、充分，定罪准确，但因对法律条文理解错误，导致量刑不当，应予纠正。另查明，马乐非法获利数额应为人民币19120246.98元，原审认定马乐非法获利数额人民币18833374.74元属于计算错误，应予更正。

2015年12月11日，最高人民法院依法公开宣判，对原审被告人马乐改判有期徒刑3年，并处罚金1913万元；违法所得19120246.98元依法予以追缴，上缴国库。至此，本案程序最终画上句号[①]。

二、检察机关提起刑事再审抗诉的意义阐释

诉讼活动在本质上是人的一种认识活动，是借助证据对已经发生的案件事实进行回溯性构建的认知过程。由于人的认知能力有限、证据灭失以及其他各种主客观原因，一个刑事案件即使经过严格的法庭审理程序作出最终的生效裁判，仍然可能存在一定错误。我国立法和司法传统历来强调刑事诉讼程序在寻求和发现事实真相方面的积极作用，要求刑事诉讼活动必须建立在客观事实的基础之上。例如，《刑事诉讼法》第6条规定，“人民法院、人民检察院和公安机关进行刑事诉讼，必须依靠群众，必须以事实为根据，以法律为准绳”。党的十八届四中全会通过的《中共中央关于全面推进依法治国若干重大问题的决定》指出，“推进严格司法。坚持以事实为根据，以法律为准绳，健全事实认定符合客观真相、办案结果符合实体公正、办案过程符合程序公正的法律制度”。从我国刑事诉讼法设立审判监督程序的目的和意义来看，审判监督程序主要是为了纠正人民法院在事实认定或者法律适用方面确有错误的生效裁判，从而保证正确认定案件事实和准确适用法律，既要准确有效地惩罚犯罪分子，又要保障无罪的人不受刑事追究，从根本上做到严格司法、实事求是、不枉不纵。

根据刑事诉讼法的有关规定，有权启动刑事审判监督程序的主体包括各级人民法院院长和审判委员会、最高人民法院和上级人民法院、最高人民检察院和上级人民检察院。各级人民法院院长发现本院作出的已生效裁判在事实认定或法律适用方面确有错误的，可以提交审判委员会

① 本案案情主要引自“原审被告人利用未公开信息交易案再审刑事判决书（2015）刑抗字第1号”“马乐利用未公开信息交易二审刑事裁定书（2014）粤高法刑二终字第137号”“马某利用未公开信息交易罪一审刑事判决书（2014）深中法刑二初字第27号”。相关法律文书可通过“中国裁判文书网”（网址为http://www.court.gov.cn/zgcpwsw/）检索获取。

讨论决定启动审判监督程序；最高人民法院对各级人民法院作出的确有错误的已生效裁判、上级人民法院对下级人民法院作出的确有错误的已生效裁判，有权提审或者指令下级人民法院再审；最高人民检察院有权对包括最高人民法院在内的各级人民法院作出的确有错误的已生效裁判向最高人民法院提出再审抗诉；上级人民检察院有权对下级人民法院作出的确有错误的已生效裁判向同级人民法院提出再审抗诉。并且按照刑事诉讼法的规定，检察机关对法院的已生效裁判提出再审抗诉并不区分是否有利于被告人的情形，只要发现法院作出的已生效判决或裁定在事实认定或法律适用方面确有错误，检察机关就有权向同级人民法院提出再审抗诉，既包括有利于被告人的再审抗诉，也包括不利于被告人的再审抗诉，宗旨就是实事求是、有错必纠。

我国《宪法》第 129 条规定“中华人民共和国人民检察院是国家的法律监督机关”，《刑事诉讼法》第 8 条规定“人民检察院依法对刑事诉讼实行法律监督”。检察机关对刑事诉讼的法律监督贯穿于立案、侦查、审查起诉、审判和执行等整个诉讼的全过程。因此，就宪法和法律对检察机关的定位而言，检察机关对法院作出的确有错误的已生效裁判提出再审抗诉在本质上是履行宪法和刑事诉讼法赋予的法律监督职责的主要途径，具有重要意义。

（一）有助于保证准确认定案件事实

法院对案件作出裁判应当建立在准确认定案件事实的基础上。但是，因案件的复杂性和人对客观事物的认知能力有限等原因，原审法院作出的已生效裁判可能发生事实认定的错误。英国学者波普尔曾经说过，“科学是可以有错误的，因为我们是人，而人是会犯错误的。因此，错误是可以原谅的。只有不去尽最大的努力避免错误，才是不可以原谅的”[①]。当发现法院作出的已生效裁判在认定事实方面确有错误时，检察机关通过依法履行法律监督职能提出再审抗诉，可以督促再审法院及时发现原审法院在认定事实方面存在的问题，重新对案件作出正确处理，纠正确有错误的原审裁判，确保事实认定经得住法律和历史的检验。

① ［英］波普尔：《科学知识进化论——波普尔科学哲学选集》，纪树立编译，生活·读书·新知三联书店 1987 年版，前言。

（二）有助于保证法律得到统一正确实施

认定案件事实不可避免地会出现这样或那样的错误，同时由于办案人员对法律条文的理解有所偏差甚至是故意违法作出裁判，致使法院作出的已生效裁判也可能存在法律适用错误或违反法定程序的错误。根据《刑事诉讼法》第242条第3—4项的规定，原判决、裁定适用法律确有错误，或者违反法律规定的诉讼程序并可能影响公正审判，当事人及其法定代理人、近亲属提出申诉的，人民法院应当重新审理。同样，对于法律适用确有错误或者有违反法定诉讼程序且可能影响公正审判的情形的，检察机关应当依法向法院提起再审抗诉，通过审判监督程序纠正原审裁判中存在的法律适用错误或违反法定程序的问题，确保法律得到统一正确实施，维护程序正义。

（三）有助于保障被告人、被害人等诉讼当事人的合法权益

在刑事诉讼中，错误的已生效裁判一旦被执行，往往会对当事人尤其是被告人的身体、自由或财产等基本权利造成侵害，严重的甚至可能会危及被告人的生命。有的错误裁判则会给被害人的合法权益造成一定的消极影响甚至给被害人带来再次伤害。因此，对于法院作出的确有错误的已生效裁判，检察机关通过依法向法院提起再审抗诉，可以纠正确有错误的生效裁判，避免因执行错误裁判而对被告人、被害人等诉讼当事人的合法权益造成进一步侵害，使当事人的合法权益得到及时有效的救济和保障。

（四）有助于防范司法权滥用和司法腐败现象的发生，保证司法廉洁性，提高司法公信力

根据我国《刑事诉讼法》第242条第5项的规定，审判人员在审理该案件的时候，有贪污受贿、徇私舞弊、枉法裁判行为，当事人及其法定代理人、近亲属提出申诉的，法院应当重新审理。基于此，检察机关对法院作出的已生效裁判提起再审抗诉，其监督效果并不仅限于纠正原审法院作出的确有错误的已生效裁判，还可以将原审法院审判人员在审判案件时的司法活动置于检察机关的有效监督之下，及时发现原审法官在审判中的不当行为或违法犯罪行为，防止审判人员滥用司法权或司法腐败现象的发生。

三、刑事审判监督程序的理论困境

检察机关对确有错误的已生效裁判提出再审抗诉从而启动刑事审判监督程序，对案件进行重新审判，对错误裁判加以纠正，符合我国宪法对“人民检察院是国家的法律监督机关”的基本定位，有助于落实检察机关对刑事诉讼的法律监督职责。但是，从我国刑事诉讼法对审判监督程序的定位和审判监督程序的设计来看，立法者过于执着于“实事求是、有错必纠”的理念，将“纠错”视为该程序的唯一功能，忽略了该程序本应具有的“救济”功能，在价值取向上体现为一种纯粹的程序工具主义①，包括检察机关有权对已生效裁判提起再审抗诉而启动刑事审判监督程序的规定，实际上与法的安定性理论、生效裁判的既判力理论等基础理论相冲突，也与禁止双重危险或一事不再理原则、有利被告原则等诉讼原则相悖，不符合司法规律和诉讼原理的要求。理论层面遇到的困境与迷惑，在很大程度上影响了我国刑事审判监督程序的改革步伐和实际成效，也与推进以审判为中心的刑事诉讼制度改革的要求不相适应，有待进一步厘清。

（一）与法的安定性理论冲突

法的安定性既包括立法层面的安定，也包括司法层面的安定。前者是指法律制定上的可预测性和稳定性。基于此，作为社会行为准则的法律一旦制定就应当是相对稳定的，不能朝令夕改，人们可以通过事先的法律规定预测自身行为可能受到的法律评价和后果。后者是指法律适用程序上的秩序性和终结性，意味着对纠纷的司法处理不是无序的、无限度的、无休止的，而应当是有序的、有限度的、终局性的。即“判决一经确定之后，基于法安定性之考量，不得再许争执”②。法律的事先制定、可预测性和稳定性、司法程序的有序性、节制性和终结性、生效裁判的终局效力等都是法的安定性的应有之义。

在刑事诉讼中遵循法的安定性是必要的，对于维护司法公正、权威和秩序价值具有重要意义。法的安定性，首先是法的公正性的重要内

① 宋英辉：《刑事诉讼法修改问题研究》，中国人民公安大学出版社2007年版，第489页。

② 林钰雄：《刑事诉讼法》（下册），中国人民大学出版社2005年版，第313页。

容。德国著名法学家拉德布鲁赫指出："我们必须追求正义，但同时也必须重视法的安定性……而要重建法治国，就必须尽可能考量这两种思想。"[①]同时，法的安定性也是维护法律权威及实现秩序价值的必然要求。如果法没有一定的安定性，朝令夕改，公正就无从谈起，法律权威就难以确立，秩序价值就难以实现。程序结束之后，不得基于同一事实再行提起诉讼，目的在于维护秩序的稳定及法律的安宁，是在一定条件下追求实体真实价值目标让位于法的安定性价值的结果[②]。遵循法的安定性，在某种情况下可能会阻碍事实真相的发现和实体公正的实现，但是作为一般原则应当将维护法的安定性置于优先考量的地位。只有符合法定之例外情形，才可为追求事实真相而牺牲法的安定性。否则，不遵守法的安定性而一味追求事实真相，便可能会给整个社会对司法公正和法律的信赖利益产生严重的不利影响。正如德国学者考夫曼所言，"没有任何法律会基于它的一般性而对于所有的个案都是公正的。然而如果因此剥夺法律的效力，便会造成一个显著的法律不安定性，人们便可能不再信赖法律"。[③]因此，在对任何一起案件的处理上，裁判者必须依据法律作出一个明确的、终局性的裁判结果，即使这个结果在实体上可能会导致个案的不公正。

在我国，根据刑事诉讼法的规定，对已生效裁判确有错误的，法院、检察院有权启动刑事审判监督程序进行重新审判并予以纠正，以此保证案件事实认定的准确性和法律实施的统一性，切实做到实事求是、有错必纠，根本上追求的是客观真实和实体公正。"在三大诉讼错案纠正的问题上，长期以来我们坚持的指导思想就是'实事求是，有错必纠'，即无论是认定案件事实错误，还是适用法律错误，都应加以纠正，按照全错全改、部分错部分改的原则加以纠正。"[④]以"实事求是"和"有错必纠"为指导思想构建的刑事审判监督程序，虽然有助于及时发现和纠正错误，对于准确认定案件事实、规范和统一法律适用起到积极

① ［德］古斯塔夫·拉德布鲁赫:《法律智慧警句集》，舒国滢译，中国法制出版社2001年版，第18页。

② 宋英辉:《刑事诉讼原理导读》，中国检察出版社2008年版，第142页。

③ ［德］考夫曼:《法律哲学》，刘幸义等译，法律出版社2004年版，第277页。

④ 陈光中等:《中国司法制度的基础理论问题研究》，经济科学出版社2010年版，第385页。

作用，但这一做法在很大程度上与法的安定性理论和法秩序价值相悖，可能导致司法程序始终处于一个不确定、无休止的循环状态，司法秩序得不到有效维护，司法裁判的权威性也会大打折扣。而且，现代诉讼理念要求真相的查明应当是通过正当程序来实现的，没有权力制约而一味地追求实体真实往往会忽视程序公正，其结果又可能导致实体不公。另外，诉讼价值的追求是多元的，公正之外还必须追求效率。因此，“实事求是，有错必纠”的原则在司法实践中由于程序的保障和资源的有限性不可能得到完全贯彻①。

（二）与既判力理论冲突

既判力的概念起源于罗马法，对于刑事诉讼、民事诉讼和行政诉讼均适用，解决的是生效裁决对同一事项的后续诉讼的拘束力问题。既判力最为重要的作用在于界定先前裁决的范围，对于解读裁判文书、决定某一诉讼事项是否已被解决具有决定性的意义②。简言之，既判力的基本含义指的是判决确定以后，判决中针对当事人请求而作出的实体判断就成为规定当事人之间法律关系的基准，此后当事人不能再提出与此基准相冲突的主张来进行争议，法院也不得作出与此基准矛盾的判断③。通常而言，既判力理论有两方面的意义：一是法院不得作出与已生效判决所确认的事实和法律关系相矛盾的新的判断；二是已生效判决涉及的当事人双方不得就同一诉讼标的及理由再起诉争。也就是说，裁判的既判力具有排除法院和当事人双方再次发起同一诉讼的效力。

在刑事诉讼中，既判力理论具体表现为一事不再理原则或者禁止双重危险原则。大陆法系一般称作“一事不再理原则”，侧重于对程序安定性和裁判确定性的维护。英美法系一般称作“禁止双重危险原则”，侧重于强调任何人不得因同一行为而遭受两次不利。美国联邦宪法第五修正案首次将禁止双重危险原则上升到宪法性权利的高度，随后许多国家在宪法中确立了这一原则。而且，“一事不再理原则”或“禁止双重

---

① 陈光中、郑未媚：《论我国刑事审判监督程序之改革》，载《中国法学》2005年第2期。

② 李哲：《刑事裁判的既判力研究》，北京大学出版社2008年版，第2页。

③ 王亚新：《对抗与判定——日本民事诉讼的基本结构》，清华大学出版社2002年版，第338页。

危险原则”作为一项国际刑事司法准则被规定在联合国和其他国际组织公约中。例如，联合国《公民权利和政治权利国际公约》第14条规定“任何人已依一国的法律及刑事程序被最后定罪或宣告无罪者，不得就同一罪名再予审判或惩罚”。此外，《美洲人权公约》《欧洲人权公约》等国际性公约也都将该原则作为一项基本人权予以规定。尽管大陆法系的“一事不再理原则”和英美法系的“禁止双重危险原则”在立足点和侧重点上有所不同，但精神和内涵基本一致，都是指对被追究者的同一行为，一旦作出具有法律效力的确定判决，不论是有罪还是无罪的判决，都不得再次启动新的刑事诉讼程序，即对同一行为不得再次进行审理和处罚。“一事不再理原则”或者“禁止双重危险原则”有助于保护被告人的合法权益，防止国家权力的滥用。

我国刑事诉讼法并未严格按照既判力理论的要求来建构审判监督程序，也没有明确规定“一事不再理原则”或“禁止双重危险原则”，审判程序的设置主要是以实事求是、追求客观真实为目标指向的，在实行两审终审制的同时，还规定了审判监督程序来纠正确有错误的生效裁判。本着实事求是、有错必纠的精神，无论已生效裁判是由哪级法院、哪个法院作出的，也不论已生效裁判已经作出多久、是否已经实际执行甚至执行完毕等，只要发现在事实认定或法律适用上确有错误，法院、检察院就应当启动审判监督程序予以纠正。其中，对于检察机关提出再审抗诉的，法院必须依法启动审判监督程序并进行重新审判，无须进行实质性审查，也不能拒绝启动再审程序。这种随时随地可以对生效裁判启动审判监督程序的做法，违背了既判力理论，与“一事不再理原则”或“禁止双重危险原则”的要求明显不符，导致即便是已生效裁判也始终处于一种不确定、可推翻的状态，这既不利于树立法院权威，也会削弱社会公众对司法程序和法院裁判的信任。综观世界主要法治国家错案纠正的通行做法，错案的纠正，除了要保证被错误定罪或在司法裁判中遭受严重不公的人能及时地获得平反以外，还必须受到裁判的既判力理论和禁止双重危险原则的限制[①]。

① 陈光中等:《中国司法制度的基础理论问题研究》，经济科学出版社2010年版，第386页。

（三）与有利被告原则冲突

有利被告原则的产生是罗马法时期诉讼世俗化、诉讼国家化、诉讼正义化以及基督教的传播等多种因素综合促成的结果。罗马法渊源中存在着大量直接体现有利被告原则的条文，它们也同时成为无罪推定、疑罪从无、一事不再理（禁止双重危险）、禁止类推、法律解释宽缓化等制度的雏形[①]。在现代社会中，有利被告已经成为刑事司法的一项重要原则和基本理念，被世界各国和国际刑事司法准则所确认。对有利被告原则可作两方面的理解：一是无罪推定，即任何人在未经法院依照正式的司法程序最终确认有罪之前，应在法律上假定其无罪；二是案件存疑时应作有利于被告人的处理，即疑点利益应当归于被告人。有利被告原则体现了尊重基本人权和人格尊严的理念，是人类追求个人自由与社会秩序多元价值的必然结果。对于有利被告原则的适用对象，学界有不同认识。有的学者认为有利被告原则只适用于"事实存疑"的情形，即案件事实不清时，法官应作有利于被告人的认定[②]；有的学者认为有利被告原则既适用于"事实存疑"的情形，也适用于"法律存疑"的情形，即对法律条文理解有争议时，均应作有利于被告人的解释。严格来讲，有利被告原则既适用于定罪问题，也适用于量刑问题；既适用于事实认定，也适用于法律适用。[③]进一步而言，在定罪量刑上，要坚持罪疑从无、刑疑从轻的有利被告原则；在法律适用上，当条文规范存在歧义时，要作有利于被告人的解释。

在实体法层面，有利被告原则主要体现在刑法溯及力方面。当今大多数国家和地区的刑法在溯及力问题上都奉行从旧兼从轻原则，我国《刑法》第12条关于溯及力的规定也遵从这一原则。从旧兼从轻的落脚点是"从轻"，而"从轻"的本质在于"有利被告"。当不同的有利被告人的情形分别出现于新旧刑法中时，应可以分别适用新旧刑法的有关规定，在行为时法和裁判时法之间存在中间法时，如中间法最轻，应适用

---

① 何诗扬：《有利被告原则的历史重考与当代应用释疑》，载《政法论坛》2011年第4期。

② 孙谦：《援引法定刑的刑法解释——以马乐利用未公开信息交易案为例》，载《法学研究》2016年第1期。

③ 邱兴隆：《有利被告论探究——以实体刑法为视角》，载《中国法学》2004年第6期。

中间法[①]。

在程序法层面，有利被告原则要求，在定罪问题上，如果控方证据不能确切证明被告人有罪或者对被告人有罪的证明存在合理怀疑时，应当对被告人作出无罪的处理；在量刑问题上，如果对罪轻还是罪重存在不同理解时，应当对被告人处以较轻的刑罚。此外，如果对同一法律条款存在不同理解或者对适用哪一法律条款有争议时，也应按照有利被告原则进行解释和适用。

我国实际上也确立了处理疑案时有利于被告人的罪疑从无、刑疑从轻原则。我国《刑事诉讼法》第 12 条规定，“未经人民法院依法判决，对任何人都不得确定有罪”。第 195 条第 3 项规定，“证据不足，不能认定被告人有罪的，应当作出证据不足、指控的犯罪不能成立的无罪判决”。最高人民法院《关于适用〈中华人民共和国刑事诉讼法〉的解释》第 241 条第 4—5 项规定，证据不足，不能认定被告人有罪的，应当以证据不足、指控的犯罪不能成立，判决宣告被告人无罪；案件部分事实清楚，证据确实、充分的，应当作出有罪或者无罪的判决；对事实不清、证据不足部分，不予认定。此外，经中央全面深化改革领导小组第二十五次会议审议通过，最高人民法院、最高人民检察院、公安部、国家安全部和司法部于 2016 年 7 月 20 日联合印发的《关于推进以审判为中心的刑事诉讼制度改革的意见》第 2 条第 3 款规定：“人民法院作出有罪判决，对于证明犯罪构成要件的事实，应当综合全案证据排除合理怀疑，对于量刑证据存疑的，应当作出有利于被告人的认定。”第 15 条规定：“严格依法裁判。人民法院经审理，对案件事实清楚，证据确实、充分，依据法律认定被告人有罪的，应当作出有罪判决。依据法律规定认定被告人无罪的，应当作出无罪判决。证据不足，不能认定被告人有罪的，应当按照疑罪从无原则，依法作出无罪判决。”

根据我国刑事诉讼法的规定，审判监督程序的功能定位是对法院作出的确有错误的已生效裁判予以纠正的一种纠错程序，这种在本质上以纠错为出发点的程序设置，在对当事人尤其是被告人权利保障与救济方面明显不足，与有利被告原则的各项要求还有一定差距，甚至是相互矛盾的。一方面，该程序没有区分基于事实错误的再审和基于法律错误

① 刘仁文:《关于刑法溯及力的两个问题》，载《现代法学》2007 年第 4 期。

的再审。只要发现已生效裁判确有错误，包括事实认定和法律适用两个方面的各种情形的错误，法院、检察院都要依法启动审判监督程序进行重新审判、予以纠正。另一方面，该程序没有区分有利被告人与不利被告人的再审。不管是有利于被告人的情形还是不利于被告人的情形，均要启动审判监督程序进行重新审判予以纠正，既可以作出减轻原审被告人定罪量刑的裁判，也可以作出加重原审被告人定罪量刑的裁判。此外，我国刑事诉讼法赋予作为追诉一方的检察机关向法院提起再审抗诉从而启动审判监督程序的权力，客观上造成检察机关享有不受制约的、持续对被告人发动追诉和指控的权力，检察机关俨然扮演着一种实质意义上的裁判者的角色。而一旦案件进入再审程序之后，检察机关发现抗诉不成立的，又可以随时撤回抗诉，这严重影响了审判监督程序的严肃性，不仅造成了司法资源的浪费，也破坏了人民法院生效裁判的稳定性和权威性①。

四、刑事审判监督程序的改革完善

由于我国刑事诉讼法没有明确规定“一事不再理原则”或“禁止双重危险原则”，实践中片面追求实事求是、有错必纠的理念，导致片面强调实体公正而随时启动审判监督程序，加之制度设计存在许多背离现代刑事诉讼理念的缺陷，致使有些案件反复申诉、缠诉、多次重审及申诉立案难等，裁判权威性及司法公信力下降，当事人的合法权利得不到保障。针对这些问题，刑事诉讼法再修改时，必须对刑事审判监督程序制度进行完善。科学合理的刑事审判监督程序需要在发现事实真相、追求司法公正与维护法的安定性、裁判的稳定性和终局性之间进行协调，刑事审判监督程序实际上就是在法的安定性与法的公正性之间寻求平衡的特别救济程序。刑事诉讼的整体设计，必须求取法的安定性与实体正义的平衡点，而确定判决既判力之维护与排除，正是为了求取这种平衡的体现②。总体而言，我国的刑事审判监督程序改革应当以法的安定性理论和既判力理论为指导思想，平衡保障人权与惩罚犯罪动态并重的现代

① 宋英辉：《刑事诉讼法修改问题研究》，中国人民公安大学出版社 2007 年版，第 498 页。

② 林钰雄：《刑事诉讼法》（下册），中国人民大学出版社 2005 年版，第 314 页。

刑事司法理念，以实现刑事审判监督程序依法纠错与维护司法权威的双重价值。在此基础上，在立法层面确立禁止双重危险原则，区分有利于被告人的再审和不利于被告人的再审，区分对事实错误的再审和对法律错误的再审，适当限制检察机关作为追诉一方发动再审的权力，进行有针对性的制度改革与完善。

（一）更新传统的司法理念，确立禁止双重危险原则

刑事诉讼活动实质上是诉讼价值的实现与选择过程，在追求客观真相时必须兼顾程序公正和诉讼效益。我国刑事审判监督程序长期坚持实事求是、有错必纠的思想而片面追求实体公正具有历史局限性，深刻反思这一传统思想理念要求我们更新刑事诉讼理念并在刑事诉讼法中确立禁止双重危险原则，使之从实事求是、有错必纠转化为兼顾保障人权、尊重法的安定性、维护既判力、注重程序公正与诉讼效益。根据禁止双重危险的原则，一旦法院作出生效裁判，案件事实认定和法律评价即已完成，针对被告人的刑事诉讼程序即告终结；除非具备法定之情形，否则不得基于同一事由再次启动对被告人的追诉程序。

（二）区分有利于被告人的再审和不利于被告人的再审

确立“禁止双重危险原则”，可以有效维护法的安定性和生效裁判的既判力，保证司法的权威与效益价值，有助于实现惩罚犯罪和保障人权的平衡。但是，维护法的安定性和生效裁判的稳定性并不完全否定刑事再审制度，在特殊情况下仍然可以启动再审程序来纠正事实和法律错误。“再审制度，乃所以调和判决确定力与实体真实发现主义之冲突，盖自实体真实主义言，刑事判决若不合于真实，亦应推翻，而自判决确定力而言，则判决一经确定，即应不问其是否合乎真实，均不许动摇。此二者固为极端冲突，但判决违反真实而不许动摇，坐视其错误，固非正当，而判决于确定以后，仍许轻易动摇，亦不妥适，再审制度，即谋此二者之调和，一面许确定判决于认定事实有错误时，仍得请求更正，一面又对于请求之条件，于法律明加限制，不合条件，即不许请求。故再审具有消减判决确定力的重大效果。”①

---

① 刘绍猷:《刑事再审之理论》，载陈朴生主编:《刑事诉讼法论文选辑》，五南图书出版公司 1984 年版，第 377 页。

尽管法律允许在特定情形下启动再审程序来纠正事实和法律错误，但应当进一步细化法律条文中关于“新的事实”“新情况”“新证据”“确有错误”等表述的内涵，并区分有利于被告人的再审情形和不利于被告人的再审情形。2004年9月在北京召开的第十七届国际刑法大会通过的《国内和国际刑事司法管辖权竞合和“一事不再理”原则决议》规定，一事之再理“只能是在符合正义的最高利益和法律明确规定的特别情况下，尤其是在有利于被告人的情况下才可以被允许”。总体而言，基于充分保障人权和维护司法公正的考量，对启动有利于被告人的再审情形可以适当放宽，“原则上只要有明确、具体、可信的理由，再审申请都可以接受”①。但是，对启动不利于被告人的再审情形应当加以严格限制，只有在极其特殊的情形下且由法律作出明确规定，才可以启动再审程序。这主要是考虑到维护法的安定性和生效裁判的既判力，也是为了更好地保障被告人的合法权益。参考德国、法国、日本等国家的立法经验，我国审判监督程序的适用情形可做如下设计。

其一，启动有利于被告人的再审，主要包括以下情形：（1）发现原判决依据的物证、书证是伪造或者变造的，或者原判决所依据的言词证据经查是通过不合法手段获取或不真实的；（2）新的证据或者新发现的情况可以证明被告人应当被判定无罪或者较轻刑罚的；（3）发现原判决所采纳的证人证言、鉴定意见或者翻译是虚假的；（4）参与该案的原有关人员在办理本案履行职务过程中有违法行为的；（5）原判决在适用法律上的错误导致罪名错误、量刑过重的；（6）作为原判决所依据的其他判决已被依法撤销或者变更的；（7）原案诉讼过程中存在严重程序违法情形，可能影响公正审判的。

其二，启动不利于被告人的再审，主要包括以下情形：（1）严重犯罪因原判证据不足被判无罪的，现有新的证据证明被告人实施了犯罪行为的；（2）被告人被判无罪之后在法庭外做了值得令人相信的严重犯罪行为自白的；（3）原审时被采纳的对被告人有利的物证、书证、证人证言等证据是伪造或者变造的；（4）为了被告人利益而参与该案的原侦查人员、检察人员、审判人员在办理本案过程中有收受被告人贿赂、徇私

① 张毅：《刑事诉讼中的禁止双重危险规则论》，中国人民公安大学出版社2004年版，第419页。

舞弊、枉法裁判行为的;(5)有证据证明原案被告人串通证人、鉴定人、翻译人员致使他们作了伪证、虚假鉴定和翻译的。除此之外，无论是检察机关还是法院，都不得提起不利于被告人的再审。

(三)区分对事实错误的再审和对法律错误的再审

我国刑事诉讼法没有对启动审判监督程序的事由作出明确分类和限制，只要发现法院作出的已生效裁判确有错误(既包括事实认定错误，也包括法律适用错误)，检察机关就可以提起再审抗诉而启动审判监督程序，法院也可以依职权启动审判监督程序进行再审。这种笼统的不区分事实认定错误和法律适用错误的立法，既不利于维护被告人的合法权益，也有损法院生效裁判的权威，可能会削弱社会公众对司法的尊崇和信任。因此，有必要参考国际上的普遍做法，区分对事实认定错误的再审和对法律适用错误的再审。其中，对于事实认定错误的再审，其目的在于为个案提供救济途径，以实现个案处理的实体公正。通常只能提起有利于被告人的再审，除非不纠正事实错误将会造成司法的严重不公且法律作出明确规定，才可以提起不利于被告人的再审。对于法律适用错误的再审，其目的主要是统一法律解释和适用，并不在于纠正个案错误，因而除非再审作出的裁判有利于被告人，否则其再审效力不及于原审个案的被告人。

我国刑事诉讼法没有区分事实认定的错误和法律适用的错误，也没有针对事实认定错误和法律适用错误规定不同的救济程序，这就使得通过审判监督程序无论是纠正事实错误还是纠正法律错误，其意义都限于实现个案公正的层面，无法起到通过纠正个案中的法律错误来统一全国法律正确实施的作用。实际上，纠正事实错误重在发现个案真实和实现个案公正；而维护和保证法律的正确理解与统一实施，则是通过再审程序来纠正个案中适用法律错误所应发挥的首要价值。因此，应当区分事实认定错误和法律适用错误并对其设置不同的纠错和救济程序。

在程序设置上，可以借鉴日本、韩国以及我国台湾地区“刑事诉讼法”关于再审程序和非常上告程序的规定来进行改革。在日本和韩国的刑事诉讼中，立法将针对已生效裁判的救济程序区分为再审程序和非常上告程序。其中，再审程序主要是以事实认定错误为由而对已生效裁判进行重新审理的非常救济程序。非常上告程序是指以判决违反法令为由请求撤销已生效裁判或诉讼程序的一种司法救济程序，目的在于统一解释法律、维护法律的确定力，而非对个案公正的补救。这一做法也被我国台湾地区“刑事诉讼法”采纳，分别在其第五编和第六编规定了“再审”和“非常上告”[①]。以下主要对日本刑事诉讼中的非常上告程序做扼要介绍，以资参考和借鉴。

日本《刑事诉讼法》第454条至第460条规定了针对法律适用问题的非常上告程序。检察总长在判决确定后发现案件的审判违反法令时，可以向最高法院提起非常上告。检察总长在向最高法院提起非常上告时，应当向最高法院提出记载其理由的申请书。对于检察总长提起非常上告的申请，最高法院必须开庭审理。审理中，法院可以在申请书记载的事项范围以内进行调查，也可以就法院的管辖、公诉的受理及诉讼程序进行事实的调查。经过审理，最高法院认定非常上告没有理由的，应当作出不受理的判决。如果认定非常上告有理由，原判决确实违反法令的，则撤销该判决中违法的部分。对于原判决不利于被告人的，应当撤销原判决，并就案件重新作出判决。如果是诉讼程序违反法令的，则撤销该违法的诉讼程序。除重新作出有利于被告人的判决外，非常上告的判决效力不及于被告人。换句话说，非常上告作出的判决只是针对原判决违反法令或程序违法的事项，不涉及原判决中关于被告人定罪量刑的事项。韩国《刑事诉讼法》第441条至第447条也对已生效裁判违反法律的非常上告程序作了类似的规定[②]。

鉴于此，我国可以考虑将审判监督程序分为对事实认定错误的再审程序和对法律适用错误的特别抗诉程序两类。其中，再审程序只适用于已生效裁判存在事实认定错误的各种情形。基于事实认定错误而启动再审程序的，应当区分有利于被告人的再审和不利于被告人的再审，严格限定提起不利于被告人的再审。再审程序总体保持现行刑事诉讼法关于审判监督程序的程序架构，但应严格限制检察机关提起不利于被告人的再审抗诉的权力。

特别抗诉程序只适用于法律适用错误的各种情形。当法院作出的

---

① 详见我国台湾地区“刑事诉讼法”第420条至第440条（再审）、第441条至448条（非常上告）。

② 《世界各国刑事诉讼法》编辑委员会编译：《世界各国刑事诉讼法·亚洲卷》，中国检察出版社2016年版，第268页。

已生效裁判存在法律适用错误而需要纠正时，因涉及法律在全国范围内的统一正确实施，应由最高人民检察院向最高人民法院提出特别抗诉。对于最高人民检察院基于法律适用错误提起特别抗诉的，最高人民法院应当依法受理并组成合议庭对已生效裁判中的法律适用问题进行开庭审理，作出是否撤销已生效裁判或者已生效裁判中的违法事项，并重新作出裁判。最高人民法院作出的新裁判，只针对原生效裁判中法律适用错误的内容，除非新裁判有利于被告人，否则，其效力不及于原审被告人。

监察机关办案程序初探*

根据党中央决策部署，2016年12月，第十二届全国人大常委会第二十五次会议通过《关于在北京市、山西省、浙江省开展国家监察体制改革试点工作的决定》(以下简称《决定》)；2017年6月，《监察法（草案）》提交全国人大常委会初次审议。目前草案虽未向社会公开征求意见，但各界对监察法起草、监察机关设立、监察权配置和规范的探讨却已颇为热烈，其中针对监察机关办案程序的研究也在逐步展开。本文拟对国家监察机关查处职务犯罪案件若干程序问题作初步的探讨，谈谈个人的看法和意见。

一、职务犯罪监察调查的性质

关于国家监察机关性质及其办案程序，权威来源称，国家监察机关既不是行政机关也不是司法机关，而是代表党和国家行使监察权的专责机关。监察法区别于刑事诉讼法，监察机关行使的调查权不同于刑事侦查权，监察机关调查职务违法和职务犯罪适用监察法，案件移送检察机关后适用刑事诉讼法。[①] 社会和学界对此高度关注，并存在不同声音，提出国家监察委应当适用刑事诉讼法的意见。为厘清二者之间的关系，笔者在此谨对侦查与调查的联系和区别作简单的剖析。

何谓“侦查”？我国《刑事诉讼法》第106条明确指出：“‘侦查’是指公安机关、人民检察院在办理案件过程中，依照法律进行的专门调查工作和有关的强制性措施。”可见，侦查本质上就是一种调查，是依照法律规定进行的专门调查工作。但侦查为何源于调查而又高于调查、严于调查呢？究其原因，一是侦查专门针对刑事案件而言，以刑事

---

* 原文发表于《法律科学（西北政法大学学报）》2017年第6期。

① 《使党的主张成为国家意志》，中央纪委监察部网站，http://www.ccdi.gov.cn/xsjw/series27/201707/t20170716_102950.html，2017年7月17日发布。

案件为侦查对象，通过侦查努力收集和固定证据，查明涉案犯罪嫌疑人和犯罪事实；二是侦查以国家强制力作后盾，由于侦查的对象是刑事犯罪，为保证侦查活动的顺利进行，侦查权的行使、侦查活动的开展，特别是强制性侦查行为的实施，以一定程度限制甚至剥夺公民依法享有的基本权利为代价。因此，为了规制侦查权的行使，保护公民个人合法权益，法律对侦查，包括侦查的主体、侦查的条件、侦查的行为、侦查的程序等均有明确的规定、严格的规范。第一，侦查权只能由法定的机关行使。《刑事诉讼法》第106条将侦查主体限定为公安机关和人民检察院。根据《刑事诉讼法》第4条和第290条之规定，针对特定案件行使侦查权的还有国家安全机关、军队保卫部门和监狱。第二，侦查活动的开展有严格的条件。侦查始于立案，立案必须符合法定的条件，即审查后认为“有犯罪事实需要追究刑事责任”。立案是我国刑事诉讼法规定的法定程序，是刑事诉讼的开始。规定立案程序的目的是规范国家权力的行使，因为侦查一旦启动，后果十分严重，不能轻率发动。第三，每项侦查行为的开展都有法定的程序和要求。除针对人身自由的强制措施外，刑事诉讼法规定的侦查行为有讯问犯罪嫌疑人，询问证人、被害人，勘验、检查，搜查，查封、扣押物证、书证，鉴定，通缉；2012年刑事诉讼法修改又增加了技术侦查措施。对于每一项侦查措施，刑事诉讼法都以专节加以规定，严格其适用条件和程序。第四，为防止侦查权的滥用和异化，防止因侦查权不当行使给公民合法权益造成侵害，法律专门规定了人民检察院对侦查活动的法律监督，和遭受不法侦查活动侵害的被害人的权利救济。由此可见，侦查权由刑事诉讼法规范，由国家专门机关行使，针对刑事案件进行，必须遵守法定程序，因此已成为具有特定含义、明显区别于一般调查的刑事司法行为。在长期的司法实践中，尽管公安机关和人民检察院针对犯罪线索在审查判断其是否符合法定立案条件时，需要进行初步的和必要的调查活动，但只能称之为“初查”，不能与侦查相提并论。二者最大的不同，就是在初查期间，不允许对相关人采取人身强制措施和实行以限制个人基本权利为特征的强制性侦查行为。[①]

从《决定》和《监察法（草案）》有关内容来看，国家监察机关对

① 参见《公安机关办理刑事案件程序规定》第171条。

职务违法和职务犯罪所进行的调查（以下简称监察调查）与刑事侦查相比较，具有以下联系与区别：

第一，法源不同。国家监察机关对职务犯罪的调查权来自国家监察法的授权，是深化国家监察体制的重大制度创新，目的是构建集中统一、权威高效的中国特色监察体系，实现对公权力行使监察的全覆盖。为此，《决定》将试点地区人民检察院查处贪污贿赂、失职渎职以及预防职务犯罪等部门的相关职能整合至监察委员会，即将检察机关对职务犯罪的侦查权实行移转，相关部门和人员实行转隶。而普通犯罪的侦查权则源于刑事诉讼法，依照1979年刑事诉讼法的规定，原先具有侦查权的只限于公安机关和人民检察院。当国家安全机关设立后，1996年刑事诉讼法修改，专门增加第4条“国家安全机关的职权”，规定：“国家安全机关依照法律规定，办理危害国家安全的刑事案件，行使与公安机关相同的职权。”除此之外，军队保卫部门和监狱对部分案件行使侦查权。笔者以为，监察法作为由全国人民代表大会通过的基本法律，与刑事诉讼法位阶相同，授予新组建的国家监察机关对涉嫌贪污贿赂、失职渎职方面的犯罪行使调查权，应该说是毋庸置疑的。

第二，对象不同。新组建的国家监察机关其职责是监督、调查、处置。其中，调查的对象是涉嫌贪污贿赂、滥用职权、玩忽职守、权力寻租、利益输送、徇私舞弊以及浪费国家资财等职务违法和职务犯罪。也就是说，调查的对象既有职务违法，也有职务犯罪。而众所周知，侦查的对象是刑事犯罪。在我国，根据法律规定，罪与非罪有严格的界限区分，不容模糊，也不容混淆。从此意义上说，由于监察调查对象的广泛性，如果将监察调查改称监察侦查，也是不恰当的。侦查作为具有特定含义的专业诉讼术语，不能适用于对职务违法行为的调查。

第三，内容不同。如前所述，刑事诉讼法规定的侦查行为有：讯问犯罪嫌疑人，询问证人、被害人，勘验、检查，搜查，查封、扣押物证、书证，鉴定，技术侦查和通缉。而监察调查所具有的权限，根据《决定》规定和有关试点实践，监察委员会可以根据需要，采取谈话、讯问、询问、查询、冻结、调取、查封、扣押、搜查、勘验检查、鉴定、留置等措施。仔细分析这些调查措施，实际上具有不同性质，应当区别对待。例如，查询、复制、冻结、扣留、封存等措施，是现行行政监察法已有规定的，监察法只是沿袭现有做法[①]。而且像谈话、询问、查询、调取等调查措施，尽管相对单位和个人具有服从或配合的义务，但究其性质，尚不具有限制公民基本权利的强制力。而搜查、扣押、查封、冻结、留置则具有完全不同的性质。搜查、扣押、查封、冻结，这些措施涉及对公民和单位财产权利的限制。宪法明确规定，公民的合法私有财产不受侵犯。而留置的性质更完全相当于审前羁押，是对被调查人人身自由的限制或剥夺，而且经过延长后留置的时间可以长达6个月，强制性非常严厉。应当说，有关立法草案对留置的羁押性质实际上是有充分认识的，因此规定被留置人员涉嫌犯罪移送司法机关后，被依法判处管制、拘役和有期徒刑的，留置期限应当折抵刑期。留置一日折抵管制两日，折抵拘役、有期徒刑一日。

第四，主体不同。监察调查的主体是拟组建的各级国家监察机关，而侦查主体，根据刑事诉讼法的规定，有公安机关、检察机关、国家安全机关、军队保卫部门和监狱，各自按照管辖的分工，对特定刑事案件行使侦查权。

通过以上分析，可以看出：由于国家监察调查的对象包括职务违法和职务犯罪，因此不能把监察调查完全等同于刑事侦查；同时由于例如搜查、扣押、查封、冻结、留置、技术侦查等调查措施所具有的强制性质，可能对公民个人合法权益造成很大限制或者侵害，也不能因为称其为调查便掩盖其侦查的实质。特别是像留置这样长时间限制或剥夺人身自由的措施，不容掩饰其实际具有的羁押性质。我国《宪法》第37条第2款规定，任何公民，非经人民检察院批准或者决定，或者人民法院决定，并由公安机关执行，不受逮捕。这是宪法对公民人身自由的保障。而留置是与逮捕强制性、严厉性相当的措施，应当像逮捕那样，由法律明确其适用条件、批准权限、审查程序、执行程序，同样应当贯彻比例原则，进行必要性审查，少用慎用。特别是，应当实行决定权与执行权的分离，实行司法审查和令状许可，以保证留置措施的正确适用，维护和保障人身自由。

总之，出于反腐败的需要，通过监察法设立新型国家监察机关并赋予其相应的调查权限是可以的，也是必要的。但应当区分对职务违法

---

① 参见《行政监察法》第20条、第21条。

行为的调查和对职务犯罪行为的调查，区分不限制公民基本权利的调查措施和限制公民基本权利的调查措施。必须明确，针对职务犯罪进行的监察调查，其性质相当于对普通犯罪进行的刑事侦查。可以说是名为调查，实为侦查。或者说，以调查之名，行侦查之实。其实质是针对特定案件，调整管辖分工，增设侦查机关。因此，此种针对职务犯罪进行的调查活动应当严格依照刑事诉讼法的规定，或者监察法关于对职务犯罪进行监察调查的规定应当与刑事诉讼法的规定相一致。这涉及国家法治的统一、完整和尊严。就像查处职务犯罪在实体法上必须以刑法为依据一样，是否构成犯罪、构成何种犯罪、应否处以刑罚、处以何种刑罚，都必须以刑法为准绳。在程序上同样如此，不可能单起炉灶，另搞一套。按照现行立法构想，即使将对职务犯罪的侦查称为调查，以监察法加以调整，但调查后的程序还是要依照刑事诉讼法进行，人民检察院对调查终结移送起诉的案件进行审查，人民法院对职务犯罪案件进行审判，在程序上适用的都是刑事诉讼法，都要以刑事诉讼法对之前的监察调查行为进行审查，进行评价。很难想象，同一起案件，之前相当于侦查的调查不适用刑事诉讼法，而其后的审查起诉和法庭审判却以刑事诉讼法为准绳来审查和评价前面的调查行为。解决的途径无非两种，一是调查职务犯罪的整个活动全都适用刑事诉讼法，就像《刑事诉讼法》第 290 条规定“军队保卫部门、监狱办理刑事案件，适用本法的有关规定”；二是监察法单独规定职务犯罪监察调查的权限和程序，但要体现现代法治精神和与刑事诉讼法规定相一致。甚至明确，除监察法有特殊规定的以外，其他均适用刑事诉讼法的规定。

二、职务犯罪监察调查的原则

党的十八届四中全会通过的《中共中央关于全面推进依法治国若干重大问题的决定》(以下简称党的十八届四中全会决定)，指出依法治国，是坚持和发展中国特色社会主义的本质要求和重要保障，是实现国家治理体系和治理能力现代化的必然要求。强调“制度化、规范化、程序化是社会主义民主政治的根本保障”。如上所述，国家监察机关对职务犯罪的调查实质上具有刑事侦查的性质，因此应当依照宪法和法律的规定，贯彻尊重和保障人权，遵循正当程序要求，体现司法改革成果。鉴于监察调查的性质和特点，特别应当确立以下原则。

（一）罪刑法定原则

1997年刑法修改，确立三个基本原则，即罪刑法定原则、平等适用刑法原则、罪刑相适应原则。《刑法》第3条明确规定："法律明文规定为犯罪行为的，依照法律定罪处刑；法律没有明文规定为犯罪行为的，不得定罪处刑。"根据国家监察体制改革方案，新组建的国家监察机关依法监察公职人员行使公权力的情况，监察的范围包括党的机关、人大机关、行政机关、政协机关、监察机关、审判机关、检察机关、民主党派和工商联机关的公务员及参照公务员法管理的人员，法律、法规授权或者受国家机关依法委托管理公共事务的组织中从事公务的人员，国有企业管理人员，公办的教育、科研、文化、医疗卫生、体育等单位中从事管理的人员，基层群众性自治组织中从事集体事务管理的人员以及其他依法履行公职的人员，实现对所有行使公权力的公职人员进行监督的全覆盖、无死角。而监察调查的对象也包括涉嫌贪污贿赂、滥用职权、玩忽职守、权力寻租、利益输送、徇私舞弊以及浪费国家资财等职务违法和职务犯罪。由此可见，监察的范围固然极其广泛，调查的对象也涉及方方面面。既包括职务违法，也包括职务犯罪。但其中某些概念却非法律概念，内涵不够清晰，实施起来难以界分。因此必须强调罪刑法定原则，是否构成犯罪、构成何种犯罪，只能以刑法为唯一依据。而且，由于监察机关有处置权，还要强调平等适用刑法原则[①]。要明确罪与非罪的界限，区分职务违法和职务犯罪的调查与处置，既不能相互混淆，也不能相互替代。对涉嫌构成犯罪的，要将调查结果移送检察机关依法审查起诉，履行司法程序。不能以政务处分代替刑事处罚，防止放纵犯罪，惩治不力；也不能以刑事手段来处置违法行为，滥用刑法重器，侵害公民权益。

（二）程序法治原则

程序法治是指通过建构和完善程序法律制度来实现国家法治目标的模式。程序法治的核心是程序正义，就是说通过正当的法律程序，保障诉讼结果的公正性，同时保障法律实施过程中的正当性、合理性，抑制

① 《刑法》第4条规定："对任何人犯罪，在适用法律上一律平等。不允许任何人有超越法律的特权。"

权力的恣意行使，防止权力的异化滥用，加强诉讼中的人权保障，以人们看得见的方式实现公正，或者说“让人民群众在每一个司法案件中感受到公平正义”。通过刑事诉讼法的两次修改，通过不断深化司法改革，程序正义的理念已经深入人心，并不断落实到具体法律制度中。例如，确立无罪推定、疑罪从无原则，明确任何人不得被强迫自证其罪，加强侦查程序的司法控制，实现控辩平等、均衡对抗，保障被追究人及时获得律师有效帮助，保证被追究人获得独立的公正的审判，等等。这些体现程序正义的法律制度和原则，理应在监察调查程序中得到遵循和适用。2004 年 9 月，第 17 届国际刑法学大会在中国北京举行，会议通过了《关于刑事诉讼原则在纪律程序中的适用》的决议。决议阐述了在纪律程序中适用刑事诉讼基本原则的重要性，要求在纪律程序中，被告人必须享有受到公正并且快速审理的重要权利，包括：无罪推定及与之相关的疑罪从无；对辩护权的尊重，包括保持沉默的权利、不以任何方式合作以自证其罪责、询问或者通过律师询问不利于己的证人以及与控方平等地获得本方证人的权利；被告知决定之根据的权利；在纪律程序的全过程，被告人必须有权获得一名由他亲自选定的独立的律师的有效帮助；等等①。

（三）人权保障原则

尊重和保障人权是民主政治的基本要求，是社会政治文明的重要标志。1997 年 9 月党的第十五次代表大会报告指出，共产党执政就是要“保证人民依法享有广泛的权利和自由，尊重和保障人权”。人权首次被写入党的正式文件。此后，尊重和保障人权被作为中国共产党执政的基本目标。2004 年 3 月，第十届全国人民代表大会第二次会议通过宪法修正案，明确规定“国家尊重和保障人权”，使其成为国家根本大法的一项重要原则。2012 年刑事诉讼法修改，把尊重和保障人权增加规定于刑事诉讼法的任务中。贯彻人权保障原则是所有法律法规、所有国家机构应尽的职责，监察法和监察委员会也不例外。国家监察法的制定和国家监察权的行使，同样必须落实宪法规定的人权保障原则。我国著名法学

① 国际刑法学协会第 17 届国际刑法大会决议（专题三）“刑事诉讼原则在纪律程序中的适用”，参见陈光中教授主编：《21 世纪域外刑事诉讼立法最新发展》，中国政法大学出版社 2004 年版，第 86 页。

家陈光中先生指出："由于监察权属于公权力之列，因而在民主法治国家应当首先遵循惩治腐败与保障人权相平衡的原则。"[①] 对于留置这一强制性严厉的调查措施，他认为，"留置是对于人身自由的严格限制，其强度接近于监禁，《监察法》应设置适用留置的具体标准。比如，规定留置只适用于比较严重的职务犯罪案件，在有比较确实、充分的证据证明犯罪事实存在的情形下，才可采取留置；被留置后的24小时之内，通知被调查人的家属，后者有权通过监察人员向被调查人提供生活用品和药物；留置期间，应当为被调查人在居住、饮食等方面提供正常的生活条件；留置期间讯问被调查人，严禁刑讯逼供和采用威胁、引诱、欺骗以及其他非法调查方法，讯问时原则上应当全程录音录像"，并且主张"允许被调查人在被留置后聘请律师，以确保他具备必要的防御能力"。[②]

（四）证据裁判原则

证据裁判原则是证据法的首要原则，强调对于诉讼中争议事实的认定应当依据有关的证据作出，没有证据，不得认定事实。我国1979年制定的刑事诉讼法便确立"以事实为根据，以法律为准绳"原则，强调对一切案件的判决都要重证据、重调查研究，不轻信口供。明确规定，只有被告人口供，没有其他证据的，不能认定被告人有罪和处以刑罚。在深化司法改革过程中，为了防范冤假错案，加强人权保障，中央政法委和最高人民法院、最高人民检察院等中央政法机关多次出台规范性文件，要求贯彻证据裁判原则，强调"认定案件事实，必须依据证据"。国家监察机关调查和处置职务犯罪案件，同样必须以事实为根据，以法律为准绳，贯彻证据裁判原则。根据有关规定，监察机关对职务违法和职务犯罪案件，应当进行调查，收集、调取被调查人有无违法犯罪以及情节轻重的证据，查明违法犯罪事实。要求监察机关依法收集、鉴别证据，形成相互印证、完整稳定的证据链。严禁以威胁、引诱、欺骗及其他非法方法收集证据，严禁侮辱、打骂、虐待、体罚或者变相体罚被调查人。为保障收集证据的合法性，要求调查人员在进行讯问以及调

---

① 陈光中、邵俊：《我国监察体制改革若干问题思考》，载《中国法学》2017年第4期。

② 陈光中：《制定〈监察法〉应贯彻人权保障原则》，载财新网，http://china.caixin.com/2017-08-17/101131939.html。

取、查封、扣押等重要取证工作时，应当对全过程进行录音录像，留存备查。并且确立了非法证据排除规则，明确：“以违法方法收集的证据应当依法予以排除，不得作为案件处置的依据。”这些都是应当予以肯定和赞扬的。

（五）公正调查原则

公正是司法的核心价值。党的十八届四中全会决定指出，“公正是法治的生命线。司法公正对社会公正具有重要引领作用，司法不公对社会公正具有致命破坏作用。必须完善司法管理体制和司法权力运行机制，规范司法行为，加强对司法活动的监督，努力让人民群众在每一个司法案件中感受到公平正义”。深化国家监察体制改革是党中央作出的重大决策部署，是事关全局的重大政治体制改革。制定监察法，深化国家监察体制改革成果，完善和创新国家监察制度，对于实现党中央的决策部署，构建集中统一、权威高效的中国特色监察体系，具有重要意义。但监察机关的监督、调查、处置，特别是监察调查所采取的搜查、扣押、查封、冻结、留置、技术调查等调查措施，关涉公民的人身自由、住宅财产、通信自由等基本权利，实际上是一种具有司法性质的活动，必须秉持司法公正理念，确立公正调查原则。必须按照上述决定的要求，“坚持以事实为根据，以法律为准绳，健全事实认定符合客观真相、办案结果符合实体公正、办案过程符合程序公正的法律制度”。树立权威，追求高效，必须以事实为基础，以公正为前提，坚持程序公正，保障实体公正。

三、职务犯罪监察调查的程序

按照国家监察体制改革方案，监察机关调查职务违法和职务犯罪适用国家监察法。那么，监察法具体规定了哪些调查措施以及应当遵循什么样的程序呢？

（一）监察范围与管辖

制定监察法，就是要通过制度设计实现对所有行使公权力的公职人员监督全覆盖，体现依规治党与依法治国、党内监督与国家监察有机统一，不断提高党和国家的监察效能，促进国家治理体系和治理能力现代化。据此，规定监察机关按照管理权限对下列公职人员进行监察:（1）中国共产党的机关、人大机关、行政机关、政协机关、监察机关、审判机关、检察机关、民主党派和工商联机关的公务员及参照公务员法管理的人员;（2）法律、法规授权或者受国家机关依法委托管理公共事务的组织中从事公务的人员;（3）国有企业管理人员;（4）公办的教育、科研、文化、医疗卫生、体育等单位中从事管理的人员;（5）基层群众性自治组织中从事集体事务管理的人员;（6）其他依法履行公职的人员。具体确定各级监察机关办理案件范围的依据是对上述公职人员的管理权限，既包括地域因素，也包括级别因素。

为解决上下级监察机关和同级监察机关之间在办理案件范围与权限上可能出现的问题，有关立法草案确立了指定管辖和移送管辖制度。规定：上级监察机关可以办理下一级监察机关管辖范围内的监察事项，必要时也可以办理所辖各级监察机关管辖范围内的监察事项。监察机关之间对监察事项有争议的，由其共同的上级监察机关确定。上级监察机关可以将其所管辖的监察事项指定下级监察机关管辖，也可以将下级监察机关有管辖权的监察事项指定给其他监察机关管辖。监察机关认为所管辖的监察事项重大、复杂，需要由上级监察机关管辖的，可以请求移送上级监察机关管辖。

（二）立案

监察机关履行监察职责，内部分为问题线索处置、调查、审理等部门，要求各部门建立相互协调、相互制约的工作机制，严格按照程序开展工作。监察机关对监察对象的问题线索，按照有关规定提出处置意见，履行审批手续，进行分类办理。监察机关采取初步核实方式处置问题线索的，应当依法履行审批程序，成立核实组，对问题线索进行初步核实。此步骤类似于检察机关查处职务犯罪案件，在正式立案前所进行的初查工作。初步核实工作结束后，核查组应当撰写初核情况报告，提出处理建议。承办部门应当提出分类处理意见。初核情况报告和分类处理意见报监察机关主要领导人员审批。

经过初步核实，对涉嫌存在违法犯罪行为，需要追究法律责任的，监察机关应当按照规定的权限和程序办理立案手续。由于监察调查的对象既包括职务违法行为，又包括职务犯罪行为，因此监察调查立案的法律条件是存在违法犯罪行为，需要追究法律责任，而证据条件则为存在违法犯罪行为的嫌疑。由此可见，监察调查立案的条件实际借鉴或吸收了刑事诉讼法的相关规定。

决定立案并启动监察调查，需要经过严格的审批并履行法定手续。依照规定，监察机关主要领导人员依法审批立案报告，主持召开专题会议，研究确定调查方案，决定需要采取的调查措施。与刑事诉讼程序相比较，规定立案程序的目的是相同的，即设置门槛，严格把关，慎重启动调查程序，以防止调查权力的轻率发动，造成不该有的负面效应。但刑事诉讼中立案的审查主要是对立案条件的把握，从程序上体现对侦查权的规制，立案时一般不对如何制订侦查方案、采取何种侦查措施作出决定，由侦查人员根据犯罪线索和证据情况制订侦查方案、开展侦查活动，并根据案件侦查情况不断调整、不断修正。而监察调查在批准立案的同时，就要由主要领导召开专题会议，研究确定调查方案，决定需要采取的调查措施。反映了查处职务违法与职务犯罪的特点，以及与侦查一般刑事犯罪的区别，即调查对象明确、调查事项确定。调查方案经确定后具有拘束力，调查人员应当严格执行调查方案，不得随意扩大调查范围、变更调查对象和事项，体现了监察调查的严肃性。

为了保障被调查人及其家属的合法权益，以及单位和社会的知情权，立案调查决定应当向被调查人宣布，并通报相关组织。严重违法或者涉嫌犯罪的，应当通知被调查人家属，并向社会公开发布。

（三）调查

经批准立案后，监察机关对职务违法和职务犯罪案件，应当进行调查，收集、调取被调查人有无违法犯罪以及情节轻重的证据，查明违法犯罪事实。监察立法拟将目前监察机关实际使用的调查措施以国家立法形式固定下来。根据有关规定，监察机关开展调查时可以采取以下措施：

（1）讯问被调查人。对涉嫌贪污贿赂、失职渎职等职务犯罪的被调查人，监察机关可以进行讯问，要求其供述涉嫌犯罪的情况。

（2）询问证人。在调查过程中，监察机关可以询问证人等人员。

（3）搜查。监察机关可以对涉嫌职务犯罪的被调查人以及可能隐藏被调查人或者犯罪证据的人的身体、物品、住处和其他有关的地方进行搜查。在搜查时，应当出具搜查证件，并有被搜查人或者其家属等见证人在场。

（4）调取、查封、扣押。监察机关在调查过程中可以调取、查封、扣押用以证明被调查人涉嫌违法犯罪的财物、文件，并应当收集原物原件，会同持有人或者保管人、见证人，当面逐一拍照、登记、编号，开列清单，由在场人员当场核对、签字，并将清单副本交财物、文件的持有人或者占有人。对调取、查封、扣押的财物、文件，监察机关应当设立专用账户、专门场所，确定专门人员妥善保管，严格履行交接、调取手续，定期对账核实，不得损毁或者用于其他目的。对价值不明物品应当及时鉴定，专门封存保管。

（5）勘验检查、鉴定。监察机关在调查过程中，可以直接或者指派、聘请具有专门知识、资格的人员在调查人员的主持下进行勘验检查、鉴定，形成勘验检查笔录或者鉴定意见，由参加勘验检查、鉴定的人员和见证人签名或者盖章。

（6）技术调查。监察机关在调查涉嫌重大贪污贿赂、失职渎职等职务犯罪时，根据需要，履行严格的批准手续，可以采取技术调查措施，按照规定交有关机关执行。批准决定应当明确采取技术调查措施的种类和适用对象，自签发之日起 3 个月以内有效；对于复杂、疑难案件，期限届满仍有必要继续采取技术调查措施的，经过批准，有效期可以延长，每次不得超过 3 个月。

（7）通缉。被调查人如果在逃，监察机关可以决定在本行政区域内通缉，由公安机关发布通缉令，追捕归案。通缉范围超出本行政区域的，应当报请有权决定的上级监察机关决定。

（8）限制出境。监察机关为防止被调查人及相关人员逃匿境外，经省级以上监察机关批准，可以对被调查人及相关人员采取限制出境措施，依法由公安机关执行，对于不需要继续采取限制出境措施的，应当及时解除。

（9）留置。留置是监察调查中限制人身自由的调查措施，实质是现行纪律检查和行政监察中“双规”“双指”措施的法定化或替代措施。为了规范留置的适用，监察立法草案对留置的对象、条件、程序作了比较具体详细的规定。根据规定，被调查人涉嫌贪污贿赂、失职渎职等严重职务违法或者职务犯罪，监察机关已经掌握其部分违法犯罪事实及证据，仍有重要问题需要进一步调查，并有下列情形之一的，经监察机关依法审批，可以将其留置在特定场所：涉及案情重大、复杂的；可能逃跑、自杀；可能串供或者伪造、销毁、转移、隐匿证据的；可能有其他妨碍调查行为的。对涉嫌行贿或者共同职务犯罪的涉案人员，监察机关可以按照上述规定采取留置措施。

省级以下监察机关采取留置措施，应当由监察机关领导人员集体研究决定，报上一级监察机关批准。省级监察机关决定采取留置措施，应当报国家监察委员会备案。采取留置措施后，除有碍调查的，应当在24小时以内，通知被留置人所在单位或家属。监察机关应当保障被留置人员的饮食、休息，提供医疗服务。讯问被留置人员应当合理安排讯问时间和时长，讯问笔录由被讯问人员阅看后签字。留置时间不得超过3个月。在特殊情况下，决定采取留置措施的监察机关报上一级监察机关批准，可以延长一次，延长时间不得超过3个月。

为保证调查措施依法进行，监察立法草案还规定监察人员采取讯问、询问、留置、搜查、调取、查封、扣押、勘验检查等措施时，均应当依照规定出示证件，出具书面通知，由两人以上进行，形成笔录或者报告、意见等书面材料，并由相关人员签字、盖章。并要求调查人员在进行讯问以及调取、查封、扣押等重要取证工作时，应当对全过程进行录音录像，留存备查。强调严禁以威胁、欺骗及其他违法方法收集证据，严禁侮辱、打骂、虐待、体罚或者变相体罚被调查人。并明确，以违法方法收集的证据应当依法予以排除，不得作为案件处置的依据。

（四）处置

监察机关根据监督、调查结果，区分不同情况，分别可作如下处置：

1. 处理

对违法的公职人员依照法定程序作出警告、记过、记大过、降级、撤职、开除等处分决定。

2. 建议

对监察对象所在单位廉政建设和履行职责存在的问题等提出监察建议。

3. 问责

对不履行或者不正确履行职责的，依照权限对负有责任的领导人员直接作出问责决定，或者向有权作出问责决定的机关提出问责建议。

4. 移送起诉

对公职人员涉嫌职务犯罪，监察机关经调查认为犯罪事实清楚，证据确实、充分的，制作起诉意见书，连同被调查人、案卷材料、证据一并移送检察机关依法提起公诉，检察机关依法对被移送人员采取强制措施。

（五）监督

为防止监察机关或监察人员滥用职权，保障监察工作依法进行，拟从以下方面规定对监察机关和监察人员的监督：一是人大监督。各级监察委员会由同级人民代表大会产生，对同级人民代表大会及其常委会负责，并接受监督。各级人大常委会可以听取和审议本级监察机关的专项工作报告，并组织执法检查。县级以上各级人民代表大会及其常务委员会举行会议时，人大代表或者常委可以依照法律规定程序就监察工作中的有关问题提出询问或者质询。二是自我监督。监察立法将与党的纪律检查机关监督执纪工作规则相衔接，将有关做法上升为法律规范，要求监察机关应当加强对监察人员执行职务和遵守法律情况的监督，规定了对打听案情、过问案件、说情干预的报告和登记备案制度，监察人员的回避，脱密期管理和对监察人员辞职、退休后从业限制等制度。三是社会监督。规定监察机关应当公开监察工作信息，接受民主监督、社会监督、舆论监督。

（六）救济

为维护被调查人及其家属的合法权利，加强对监察机关和监察人员的监督，监察立法应设置必要的权利救济措施，规定监察机关和监察人员有下列行为之一的，被调查人及其近亲属有权提出申诉：留置法定期限届满，不予以解除的；查封、扣押、冻结与案件无关的财物的；应当解除查封、扣押、冻结措施而不解除的；贪污、挪用、私分以及违反规定使用查封、扣押、冻结的财物的。要求受理申诉的监察机关应当及时处理。申诉人对处理不服的，可以向上一级监察机关申请复查。上一级监察机关应当及时处理，情况属实的，予以纠正。还规定，被监察人员对监察机关涉及本人的处理决定不服的，可以依法提出申诉。申诉处理期间，不停止处理决定的执行。申诉受理机关审查认定处理决定有错误的，原处理机关应当及时予以纠正。

四、监察调查与刑事诉讼的衔接

国家监察机关对职务犯罪的调查，实质相当于检察机关对职务犯罪的侦查，对于调查终结认为犯罪事实清楚，证据确实、充分的，应当移送检察机关审查起诉并开始适用刑事诉讼法的规定，因此国家监察法与刑事诉讼法有密切联系，国家监察机关与刑事诉讼专门机关有密切联系，国家监察调查程序与刑事诉讼程序有密切联系。从以下几个方面简要分析之。

（一）与司法机关的关系

我国《宪法》第135条规定："人民法院、人民检察院和公安机关办理刑事案件，应当分工负责，互相配合，互相制约，以保证准确有效地执行法律。"《刑事诉讼法》第7条也有相似的规定。这里的公安机关，泛指刑事诉讼中行使侦查职权的机关。这条原则主要调整和规范代表国家行使侦查、公诉、审判职权的各专门机关之间的相互关系。新组建的国家监察机关负责对职务犯罪的调查，相当于职务犯罪的侦查机关，与公安机关、检察机关、审判机关存在互相配合、互相制约的关系。因此，监察机关行使职权，应当严格遵守监察法和其他法律的有关规定，与司法机关互相配合、互相制约，保证法律准确有效执行。

1. 互相配合

虽然监察法赋予新组建的监察机关调查职务犯罪的职责以及为开展调查所需要的权限，但由于监察调查是与犯罪打交道，需要高度的专业能力和技术手段，也需要以国家强制力作后盾，因此需要刑事诉讼中的国家专门机关，特别是公安机关的配合和支持。这一点在监察调查中有多处体现。例如，监察机关进行搜查时，可以根据工作需要提请公安机关配合。公安机关依法予以协助。监察机关在调查涉嫌重大贪污贿赂、失职渎职等职务犯罪时，根据需要，履行严格的批准手续，可以采取技术调查措施，按照规定交有关机关执行。被调查人如果在逃，监察机关可以决定在本行政区域内通缉，由公安机关发布通缉令，追捕归案。监察机关为防止被调查人及相关人员逃匿境外，经省级以上监察机关批准，可以对被调查人及相关人员采取限制出境措施，依法由公安机关执行。监察机关采取留置措施时，可以根据需要提请公安机关配合。公安机关依法予以协助。

2. 互相制约

互相制约是我国司法权运行机制的一大特点，目的是发挥不同职权之间互相制衡的作用，以防止权力的滥用，减少诉讼中的错误。在查处职务犯罪诉讼过程中，检察机关对监察机关的制约主要体现在审查起诉环节。按照有关规定和试点做法，对监察机关移送的案件，检察机关经审查后，认为需要补充核实的，应当退回监察机关补充调查，必要时可以自行补充侦查。对于证据不足、犯罪行为较轻，或者没有犯罪事实的，应当征求监察机关意见并报经上一级检察机关批准，依法作出不起诉的决定。监察机关对检察机关作为公诉机关的制约主要体现在，监察机关认为不起诉的决定有错误的，可以要求复议。此规定与《刑事诉讼法》第 175 条的规定类似。该条规定："公安机关认为不起诉的决定有错误的时候，可以要求复议，如果意见不被接受，可以向上一级人民检察院提请复核。"从有关规范内容看，监察立法并未对向谁要求复议、是否允许提请复核作出详细规定，在具体操作时可能存在歧义。

依据试点经验和有关规定，监察机关与司法机关的关系主要体现在与公安机关的互相配合和与检察机关的互相制约上，与审判机关的关系基本没有涉及，但实际上不仅存在审判机关对监察机关的制约关系，而且应当重视发挥其作用。按照党的十八届四中全会决定的要求，当下我国正在推进以审判为中心的诉讼制度改革，其主要内容就是要确保侦查、审查起诉的案件事实证据经得起法律的检验，保证庭审在查明事实、认定证据、保护诉权、公正裁判中发挥决定性作用。其目的是使各办案部门重视庭审的决定性作用，严格证据标准，确保案件质量，从而有效防止冤假错案的发生。以审判为中心对侦查工作提出很高要求，一方面要提升侦查能力，提高侦查质量；另一方面要规范侦查行为，制约侦查权力。以审判为中心的改革精神同样应当体现在职务犯罪的查处上。审判机关要通过庭审，对监察调查的结论进行裁判，对监察调查的行为进行评价，对监察调查收集的证据进行审查，对以违法方法收集的证据进行排除，实际发挥法庭审判对监察调查的审查作用，反映审判机关对监察机关的制约关系。

3. 法律监督

《刑事诉讼法》第 8 条规定：“人民检察院依法对刑事诉讼实行法律监督。”这是刑事诉讼法 1996 年修改时新增条文，其目的是加强对国家专门机关诉讼活动的监督，保障法律的准确实施，保证法定的诉讼程序得到遵守。这样，人民检察院在刑事诉讼中既作为公诉机关，与行使侦查权的公安机关和行使审判权的人民法院存在互相配合、互相制约的关系，又作为法律监督机关，对公安机关、审判机关、执行机关的诉讼活动实施法律监督，具体内容包括立案监督、侦查监督、审判监督和执行监督，同时对检察机关的诉讼活动强化自身监督。对于国家监察机关和监察人员的监督，目前在制度设计上主要是人大监督、自身监督和社会监督，未涉及检察机关对监察调查活动的法律监督。但从法理上讲，国家监察机关对职务犯罪的调查活动，其性质相当于对职务犯罪的侦查，理应纳入检察机关法律监督的范围；从必要性讲，监察机关监察范围广，监察权限大，根据权力配置和运行原理，应当接受检察机关的法律监督，以保证权力依法运行，不被滥用。

（二）与职能管辖的竞合

由于国家监察机关监察范围广泛，涵盖一切行使公权力的公职人员，而调查的对象也很广泛，被授权对涉嫌贪污贿赂、滥用职权、玩忽职守、权力寻租、利益输送、徇私舞弊以及浪费国家资财等职务违法和职务犯罪进行调查，因此可能与刑事诉讼中的案件管辖产生交叉或竞合。对此，监察立法确定了由监察机关为主导的原则，规定：审判机关、检察机关、公安机关、审计机关等国家机关在工作中，发现公职人员涉嫌贪污贿赂、失职渎职等职务违法或者职务犯罪问题线索，由监察机关依法调查处置。被调查人既涉嫌严重职务违法或者职务犯罪，又涉嫌其他违法犯罪的，应当由监察机关为主调查，其他机关予以协助。

（三）与诉讼程序的衔接

国家监察机关的职责是监督、调查、处置。其中，监督是指监察机关对公职人员依法履职、秉公用权、廉洁从政从业以及道德操守情况进行监督检查，基本与刑事诉讼不产生关联。而监察机关对涉嫌贪污贿赂、失职渎职等职务犯罪进行调查，经调查认为犯罪事实清楚，证据确实充分的，制作起诉意见书，连同被调查人、案卷材料、证据一并移送检察机关依法提起公诉。按照制定监察法的制度设计，此时正式适用刑事诉讼法，产生与诉讼程序的衔接。

我国实行国家公诉主义和公诉权检察院独占主义。即所有公诉案件，不管侦查主体是谁，侦查终结后一律移送人民检察院审查起诉。《刑事诉讼法》第 167 条规定“凡需要提起公诉的案件，一律由人民检察院审查决定”，以保证国家公诉权行使的合法性、统一性和严肃性。而在程序设置上，我国刑事诉讼法规定的审查起诉是公诉案件的必经程序，是连接侦查与审判的中间环节，作用是对案件事实、证据、法律等进行全面审查，严格把关，以确保公诉质量，同时对侦查活动是否合法进行监督。按照刑事诉讼法的规定，人民检察院审查案件的时候，必须查明：犯罪事实、情节是否清楚，证据是否确实、充分，犯罪性质和罪名的认定是否正确；有无遗漏罪行和其他应当追究刑事责任的人；是否属于不应追究刑事责任的；有无附带民事诉讼；侦查活动是否合法。

为了保证审查起诉活动的进行和审查起诉决定的正确，法律对检察机关审查起诉的程序作了详尽细致的规定，要求人民检察院审查案件，应当讯问犯罪嫌疑人，听取辩护人、被害人及其诉讼代理人的意见；可以要求侦查机关提供法庭审判所必需的证据材料；认为可能存在以非法方法收集证据情形的，可以要求侦查机关对证据收集的合法性作出说明，发现有应当排除的证据的，应当依法予以排除，不得作为起诉决定的依据；对于需要补充侦查的，可以退回侦查机关补充侦查，也可以自行侦查；等等。人民检察院对案件进行审查后，根据不同情况作出相应处理。认为犯罪事实已经查清，证据确实充分，依法应当追究刑事责任的，应当依照《刑事诉讼法》第 172 条的规定作出起诉决定。对于犯罪嫌疑人没有犯罪事实，或者有《刑事诉讼法》第 15 条规定情形之一的，应当依照《刑事诉讼法》第 173 条第 1 款的规定作出不起诉的决定。对于犯罪情节轻微，依照刑罚规定不需要判处刑罚或者可以免除刑罚的，可以依照《刑事诉讼法》第 173 条第 2 款的规定作出不起诉的决定。对于经过二次退回补充侦查的案件，仍然认为证据不足，不符合起诉条件的，应当依照《刑事诉讼法》第 172 条第 4 款的规定作出不起诉的决定。

对于监察机关调查终结移送的案件，根据制定监察法的立法原则，案件移送检察机关后适用刑事诉讼法，因此检察机关应当严格按照刑事诉讼法的规定进行审查和处理。为避免对此产生歧义，出现误解，监察立法草案对检察机关对监察机关移送案件的审查和处理作了简要规定，其内容与刑事诉讼法基本一致，即保留了检察机关退回补充调查以及必要时自行补充侦查的权力，以及针对不同情况分别作出绝对不起诉、裁量不起诉和证据不足不起诉决定的权力。但也存在一些问题：一是没有规定退回补充调查的次数，相应的，也未明确作出证据不足不起诉的决定是否以退回补充调查为前提，即经审查认为证据不足的情况下，是否首先应当退回补充调查，在补充调查后仍然认为证据不足时才可以作出不起诉的决定；二是要求检察机关在作出不起诉决定时应当征求监察机关的意见并报经上一级检察机关批准。笔者认为这样规定存在不妥。依照宪法和法律规定，人民检察院独立行使检察权，应当在对案件进行审查后依法独立作出决定。监察机关作为调查机关，与检察机关是互相配合、互相制约的关系，为体现互相制约的制度安排，检察机关作出不起诉决定后，授权监察机关可以要求复议是正确的，但事先征求意见则混淆了互相制约的关系，对检察机关独立行使职权形成干预或威慑。为保持监察法与刑事诉讼法一致，建议监察法规定："对于监察机关移送的案件，人民检察院依照刑事诉讼法的规定进行审查和处理。如果作出不起诉决定的，应当报经上一级人民检察院批准。监察机关认为不起诉的决定有错误的，可以要求复议。"

在与刑事诉讼程序进行衔接时，还有下列情形需要处理。

第一，人民检察院对监察机关移送的案件，根据案件情况，依据法律规定，对被移送审查起诉的人员采取强制措施。

第二，监察机关经调查，对违法取得的财物，依法予以没收、追缴或者责令退赔。对涉嫌犯罪取得的财物，应当在移送检察机关依法提起公诉时随案移送。

第三，监察机关调查的贪污贿赂、失职渎职等重大职务犯罪案件的被调查人逃匿、失踪或者死亡的，经省级以上监察机关批准，认为有必要继续调查的，应当继续调查并作出结论。被调查人逃匿、失踪，在通缉一年后不能到案的，或者死亡的，由监察机关提请检察机关依法定程序，没收违法所得。

（四）对调查证据的使用

证据是诉讼的基石，现代诉讼贯彻证据裁判原则，它包括以下三方面的要求："首先，裁判所认定的案件事实必须以证据为依据；其次，裁判所依据的证据是具有证据能力的证据；最后，作为综合裁判所依据的证据，必须达到法律规定的证明标准。"[①]党的十八届四中全会决定要求推进以审判为中心的诉讼制度改革，明确提出"全面贯彻证据裁判原则，严格依法收集、固定、保存、审查、运用证据"。国家监察机关调查处置职务犯罪案件，同样应当落实党的十八届四中全会精神，应当贯彻证据裁判原则，应当与刑事诉讼法的规定相一致。

在过往的司法实践中，纪律检查和行政监察收集的证据在刑事诉讼中其证据合法性往往成为问题。对于纪检监察部门收集的言词证据一般要实行司法转化才能作为定案的根据。一般做法是，纪委在对职务违法行为调查之后，对于构成犯罪需要追究刑事责任的，将案件移送检察机关立案侦查，进入司法程序。检察机关对于纪检部门移送的言词证据要重新收集，实行转化。"通常是对犯罪嫌疑人、证人等重新讯问、询问，形成新的笔录，但是对于物证、书证等只有审查判断而无司法转化的可能，亦即这些证据可以直接采纳为起诉依据和定案根据。""法庭审判中有时会发生纪委调查取证合法性的争议，辩护方要求依据刑事诉讼法确立的非法证据排除规定，排除取证合法性有疑问的证据，往往造成审判方的困难。"[②]但客观上，"对于物证、书证、视听资料、电子数据等实物证据，如果要求侦查机关重新收集，会在很大程度上增加侦查机关的负担，而且很多实物证据实际上也无法'重新'收集。如果这些证据材料不能在刑事诉讼中作为证据使用，司法机关查明案件事实就会存在严重困难，对于打击犯罪、保障人权都是不利的"[③]。因此，2012年刑事诉讼法修改时，对行政执法和查办案件中收集的实物证据的使用问题作了补充性规定，明确："行政机关在行政执法和查办案件过程中收集的物

① 陈光中:《刑事诉讼法》，北京大学出版社、高等教育出版社2016年版，第167页。

② 张建伟:《法律正当程序视野下的新监察制度》，载《环球法律评论》2017年第2期。

③ 郎胜:《中华人民共和国刑事诉讼法释义（最新修正版）》，法律出版社2012年版，第111页。

证、书证、视听资料、电子数据等证据材料，在刑事诉讼中可以作为证据使用。”但对于纪检监察收集的言词证据的采用仍是遗留的问题。此次国家监察立法，由于明确赋予新组建的监察机关对职务违法和职务犯罪行使调查权，而且实行检察机关职务犯罪侦查权移转和机构人员转隶后，监察机关已替代检察机关成为职务犯罪的实际侦查机关，因此必须在法律上解决监察调查收集证据在刑事诉讼中的使用问题。对此应明确：监察机关依照监察法规定收集的物证、书证、证人证言、被调查人供述和辩解、视听资料、电子数据等证据材料，在刑事诉讼中可以作为证据使用。但是，“可以作为证据使用”，是指这些证据具有进入刑事诉讼的资格，不需要刑事侦查机关再次履行取证手续。但这些证据能否作为定案的根据，还需要根据刑事诉讼法的其他规定由检察、审判机关进行审查判断。经审查如果属于应当排除的或者不真实的，不能作为定案的根据。[1]

① 郎胜:《中华人民共和国刑事诉讼法释义（最新修正版）》，法律出版社 2012 年版，第 111 页。

统一行使死刑案件核准权：十年回顾与展望 *

一、统一行使死刑案件核准权的直接效用

2006年12月13日，最高人民法院下发《关于统一行使死刑案件核准权有关问题的决定》，宣布自2007年1月1日起，死刑除最高人民法院判决的以外，各高级人民法院和解放军军事法院依法判决和裁定的，应当报请最高人民法院核准。作为死刑案件的"最后一关"，死刑复核程序对于死刑之准确适用和慎重适用具有不可替代的重要意义。对此，最高人民法院、最高人民检察院、公安部、司法部联合发布的《关于进一步严格依法办案确保办理死刑案件质量的意见》（以下简称《死刑案件质量意见》）强调："中央决定将死刑案件核准权统一收归最高人民法院行使，是构建社会主义和谐社会，落实依法治国基本方略，尊重和保障人权的重大举措，有利于维护社会政治稳定，有利于国家法制统一，有利于从制度上保证死刑裁判的慎重和公正，对于保障在全社会实现公平和正义，巩固人民民主专政的政权，全面建设小康社会，具有十分重要的意义。"时光飞逝，转眼十年。在这十年中，最高人民法院统一行使死刑案件核准权所取得的成绩有目共睹，中央决定将死刑核准权收归最高人民法院统一行使的直接目标已经实现，效用明显。主要表现在以下三个方面。

（一）防止错杀、冤杀

在司法过程中，由于人的认知能力有限，产生错误难以避免。但对于可能剥夺犯罪分子生命的死刑案件而言，司法错误又是不能容忍的，俗话说"人命关天""人死不能复生"，死刑一旦执行即不可逆转。"人的生命只有一次，这就决定了生命具有一旦失去即不复拥有的不可逆转

---

* 原文发表于《甘肃政法学院学报》2017年第3期。

性。”[①]这也决定了世界各法治国家对于死刑这一最严厉的刑罚方式之适用均是非常慎重的，要求在适用死刑的过程中必须采取一切可以采取的措施以避免错杀和滥杀。但在我国过往的刑事司法实践中，“严打”的政策、程序的疏漏、司法人员的懈怠都有可能导致司法错误的形成。尤其是“以侦查为中心”的刑事诉讼实践造成庭审过分依赖侦查卷宗笔录等书面材料，庭审流于形式，使得通过法庭审理发现事实真相和保障人权的价值大打折扣，既不利于有效追究犯罪，也容易导致冤假错案的发生。[②]更重要的是，作为“严打”时期之历史产物，由省一级高级人民法院行使相当一部分死刑案件的复核权，不仅难以保证死刑质量，控制死刑数量，也使作为防止错杀和滥杀特殊屏障的死刑复核程序成为名存实亡的一纸空文。而死刑执行数量越多，错杀、冤杀的概率也就越大，近期平反的呼格吉勒图案、聂树斌案即是这一时期的典型冤错案件。即便现今得以昭雪，但呼格吉勒图、聂树斌们的生命也已无法挽回。历史的教训惨痛而深刻，必须汲取。令人欣慰的是，自 2007 年死刑案件核准权收归最高人民法院统一行使以来，最高人民法院恪守职责，兢兢业业，严把死刑案件证据关、质量关，尚未发现一起错杀、冤杀的案例。

（二）贯彻少杀、慎杀

“保留死刑，严格控制死刑”是我国的基本死刑政策。基于我国现实状况，当前完全废除死刑的条件还不成熟，但应逐步减少适用。正如《死刑案件质量意见》指出的，“办理死刑案件，必须根据构建社会主义和谐社会和维护社会稳定的要求，严谨审慎，既要保证根据证据正确认定案件事实，杜绝冤错案件的发生，又要保证定罪准确，量刑适当，做到少杀、慎杀”。我国 1998 年签署的联合国《公民权利和政治权利国际公约》第 6 条明确规定：“人人有固有的生命权。这个权利应受法律保护。不得任意剥夺任何人的生命……在未废除死刑的国家，判处死刑只

① 边沁认为，可逆转性（亦称可撤销性）是刑罚所必备的基本特征之一，而死刑缺乏可逆转性则是死刑的弊端之一。参见［英］杰里米·边沁：《刑罚的一般原理》，邱兴隆译，载邱兴隆主编：《比较刑法》（第二卷：刑罚基本理论专号），中国检察出版社 2004 年版，第 339 页。

② 卞建林、谢澍：《“以审判为中心”与刑事程序法治现代化》，载《法治现代化研究》2017 年第 1 期。

能是作为对最严重的罪行的惩罚，判处应按照犯罪时有效并且不违反本公约规定和防止及惩治灭绝种族罪公约的法律。这种刑罚，非经合格法庭最后判决，不得执行。”我国是一个人口大国，同时亦是死刑适用数量大国，但控制死刑是世界范围的基本共识，因而过往我国的死刑适用也受到了来自国际社会的广泛关注。正是在此背景下，少杀、慎杀、降低死刑适用数量一直以来都是我国刑事司法的目标和方向。特别是在2007年最高人民法院全面收回死刑案件核准权之后，死刑数量大幅下降，尽管具体数字尚未公开，但相关人士诸如“从万字号下降到了千字号”“十年少杀了60%”等表述①，已从侧面印证其基本发挥了少杀、慎杀的直接效用。

（三）统一死刑案件法律适用标准

因为国家刑事政策及社会治安形势的需要，最高人民法院自1980年以来根据全国人大常委会的有关决定和《人民法院组织法》原第13条之规定，先后8次授权各高级人民法院核准死刑。其中，1997年的第8次授权是在刑事诉讼法和刑法先后修改的背景下。按照刑事诉讼法和刑法之规定，死刑除依法由最高人民法院判决的外，都应当报请最高人民法院核准。但由于人民法院组织法相关规定尚未修改，最高人民法院在征得全国人大常委会的同意后发布了《关于授权高级人民法院和解放军军事法院核准部分死刑案件的通知》。②此举凸显了法律规范之间的矛盾和冲突，刑法和刑事诉讼法关于死刑复核的规定是一致的，强调由最高人民法院统一行使，但人民法院组织法关于死刑复核的规定却与刑法、刑事诉讼法不一致，相抵牾。死刑复核权继续下放的后果是可能造成死刑适用数量难以减少和死刑适用质量难以保证的问题，由于各高级法院辖区内的社会、经济发展水平以及社会治安情况各不相同，导致各省适用死刑的标准不尽一致，出现同罪不同判的现象。同样的犯罪情节

---

① 李蒙:《收回死刑复核权后取得了哪些成就》，载《民主与法制》2016年第39期。

② 1997年9月26日，最高人民法院下发《关于授权高级人民法院和解放军军事法院核准部分死刑案件的通知》，指出“鉴于目前的治安形势以及及时打击严重刑事犯罪的需要”，有必要继续“将部分死刑案件的核准权继续授权由各高级人民法院、解放军军事法院行使”。

在此省适用死刑，在彼省可能就不会适用死刑，显然与法律面前人人平等的原则相悖。[①]但也应当看到，正是由于刑法与刑事诉讼法坚持底线不动摇，为最高人民法院收回死刑案件核准权提供了充分的法律依据。2007年最高人民法院全面收回死刑案件核准权之后，统一掌握死刑适用的标准和尺度，有利于维护我国法治的统一，体现法治的尊严。

二、统一行使死刑案件核准权的深远影响

最高人民法院收回死刑复核权除了带来防止错杀、冤杀，贯彻少杀、慎杀，以及统一死刑案件法律适用标准等直接效用外，还产生了更为深远的影响。这意味着，最高人民法院收回死刑核准权不仅仅是一项重要的司法改革成果，其本身也是进一步深化司法改革的催化剂，直接推动了证据规则的完善、程序正义的彰显，并为推进以审判为中心的诉讼制度改革奠定了基础，做好了铺垫。

（一）完善证据规则

证据是诉讼的基石，是公正的基础。由于死刑核准权的收回，最高人民法院得以对死刑案件之质量进行审查。作为中国的最高审判机关，从而有机会对以命案为代表的重大刑事案件的办案情况特别是证据方面存在的问题，有了直接和充分的了解。实践中，审判机关与侦查机关时常对同一案件、同一证据的认识存在分歧。特别是，侦查机关在侦查取证中存在很多不足。例如，不能按照审判定罪的要求客观全面地收集证据，片面重视收集证明被告人有罪或者罪重的证据而不重视收集提取对被告人有利的证据，重视获取被告人认罪供述而不重视客观证据的收集，不能严格遵照法定程序收集证据，等等。这些问题严重影响审判机关对死刑案件的正确处理，促使最高人民法院对此进行思考并逐步采取措施加以解决，包括2010年“两高三部”“两个证据规定”的出台，首先就是建立在广泛了解死刑案件司法实践的基础之上。2010年之前，我国有关证据的法律规定相当粗疏，关于证据如何出示、质证、审查判断的规则更是近乎空白，远远不能适应刑事诉讼法修改后的形势和审判方式改革的需要。与此同时，为解决刑事司法实践中证据运用方面存在的

① 李洪江：《关于统一行使死刑案件核准权有关问题的决定》，载《人民司法》2007年第2期。

问题，适应刑事司法实践特别是案件审理的客观需要，一些地方司法机关着手尝试和探索建立地方性的证据规则。这些地方性证据规则的出台和适用，在全国引起了广泛关注。一方面是地方司法机关有无权力制定证据规则的问题引发了法律界的质疑，另一方面地方性证据规则的适用必然会造成全国范围内证据审查运用标准的不同甚至冲突，破坏国家刑事法制的统一，损害司法公正和司法权威。有鉴于此，“完善刑事诉讼证据制度”成为中央司法体制和工作机制改革确定的一项重要任务。在此背景下，“两高三部”联合印发了“两个证据规定”，即《关于办理死刑案件审查判断证据若干问题的规定》（以下简称《办理死刑案件证据规定》）和《关于办理刑事案件排除非法证据若干问题的规定》（以下简称《非法证据排除规定》）。“两个证据规定”以刑事案件为对象，以死刑案件为重点，明确了证据审查和采信的原则，制定了各类证据的审查和运用规则，细化了不同诉讼程序的证明要求，区分了定罪事实与量刑事实的认定标准，完善了证人、鉴定人出庭作证制度和保护制度等，很大程度上丰富和完善了我国刑事证据规则，明确了判断标准，增强了可操作性，有利于司法实践中侦查人员、检察人员与审判人员在证据的审查与运用上统一认识、减少异议、共同遵守。

《办理死刑案件证据规定》的出台，延续了2007年最高人民法院全面收回死刑案件核准权的改革方向。死刑案件可能涉及生命的剥夺，其质量问题尤为重要，在认定事实和采信证据上更容不得半点的马虎和差错。在这一点上，公安司法人员已经达成共识，必须强化证据意识，贯彻证据裁判。为此，《办理死刑案件证据规定》第2条强调，“认定案件事实，必须以证据为根据”。这是现代刑事诉讼普遍奉行的证据裁判原则在我国法律规范性文件上的首次明文确认。它强调，审理刑事案件，对被告人犯罪事实的认定，必须依据证据；作为认定被告人犯罪事实依据的证据，必须确实、充分。而法官审案要实行直接言词审理，贯彻证据裁判原则，这就要求作为定案根据的证据必须在法庭审理中出示并经过控辩双方的质证和审判人员的认证。《办理死刑案件证据规定》第4条明确规定，“经过当庭出示、辨认、质证等法庭调查程序查证属实的证据，才能作为定罪的根据”。强调对于应当出庭作证并经依法通知不出庭作证证人的书面证言经质证无法确认的，不能作为定案的根据。因而，可以说，“两个证据规定”的出台是死刑核准权收回所带来的深远影响之一，是我国刑事证据制度进一步科学化、法治化的重要标志，为2012年刑事诉讼法的再修改打下一个良好的基础。①

（二）彰显程序正义

2007年最高人民法院全面收回死刑案件核准权的目的，绝不仅仅是在实体上保证死刑适用的准确性，还包括在程序上保证死刑适用的正当性。程序正义是刑事诉讼程序本身固有的内在价值，它对刑事诉讼活动提出了独立于实体正义的基本标准，包括法官中立、程序参与、程序对等、程序公开、程序及时、程序自治、程序理性等，对于实现刑事程序法治具有显著的推动作用：其一，程序正义有利于防止国家权力的异化，避免人治在诉讼中膨胀，为刑事程序法治的实现提供保障；其二，程序正义有利于增强诉讼中的民主与人权保障，推动刑事程序法治建设的顺利进行；其三，程序正义自身体现出司法制度的公正与否，是衡量刑事程序法治乃至国家法治程度的重要标尺。②“公正是司法的本质和核心，公正司法是人们对司法制度以及由此确定的诉讼程序和相关活动的要求和企望，也是评判国家司法权行使状况的传统价值标准。司法活动无论在程序上，还是在实体上都应体现其公正性。”③司法中的程序公正与实体公正，二者缺一不可，否则司法公正无法实现，司法活动也将失去价值与生命力。按照韦伯的观点，一种统治如果要具备合法性，则至少应该具备两个条件：（1）必须从正面建立规范秩序；（2）在法律共同体中，人们必须相信规范秩序的正当性，即必须相信立法形式和执法形式的正确程序。这样，合法性信念就退缩成为一种正当性信念，满足于诉诸作出一种决定的正当性程序。④贝卡里亚也曾言：“在进行审判时，手续和仪式是必需的。这是因为它们可以使司法者无从随意行事；因为这样可以昭示人民：审判不是纷乱和徇私的，而是稳定和规则的。”⑤尽

---

① 卞建林：《铸证据基石，促司法公正》，载《法学杂志》2010年第7期。

② 卞建林：《刑事诉讼的现代化》，中国法制出版社2003年版，第14—15页、第48—50页。

③ 卞建林：《刑事诉讼的现代化》，中国法制出版社2003年版，第22页。

④ ［德］哈贝马斯：《合法化危机》，刘北成等译，上海人民出版社2000年版，第127—128页。

⑤ ［意］贝卡里亚：《论犯罪与刑罚》，黄风译，中国法制出版社2002年版，第25页。

管死刑案件在复核之前业已经历两次庭审，但由于死刑的严厉性，其所经历的“手续和仪式”显然应当比普通案件更复杂、更细致。而过往由高级人民法院——二审审判机关进行复核的程序并不能够保障程序的正当性。最高人民法院全面收回死刑案件核准权后，改变了二审审判机关与复核机关同一的情况，不仅在实体上有利于防止错杀、冤杀，贯彻少杀、慎杀，还进一步彰显了程序正义的理念和要求。在办理死刑案件中贯彻落实非法证据排除规则，就是弘扬程序正义、增设程序制裁的典型例证。我国法律明令禁止刑讯逼供，但在刑事司法实践中刑讯逼供却屡屡发生，屡禁不止。其成因固然十分复杂，但缺乏非法证据排除规则，片面追求定罪效果，允许以刑讯逼供获取的证据定案，无疑是其中一个重要的因素。有鉴于此，《办理死刑案件证据规定》强调采取刑讯逼供等非法方法取得的被告人供述，不能作为定案的根据；以暴力、威胁等非法方法取得的证人证言，不能作为定案的根据。为使排除非法证据的要求落到实处，《非法证据排除规定》对排除非法证据的程序加以明确和细化，包括排除程序的启动、法庭初步的审查、证明责任的承担、控辩双方质证和法庭的认定处理等。[①] 对此，2012 年刑事诉讼法修改基本予以吸收，非法证据排除规则由此在中国立法上正式确立，这无疑是最高人民法院全面收回死刑案件核准权所带来的深远影响之一。

（三）推动以审判为中心的诉讼制度改革

某种意义上，正是以死刑核准权收回为契机，最高人民法院能够对死刑案件的程序、证据等方面的问题进行深入了解，进而对死刑案件质量进行严格把关。死刑案件往往案情复杂、证据种类和数量众多，因而此类案件最有可能凸显出刑事诉讼程序中存在的各方面问题；加之我国幅员辽阔、情况复杂，各地执法司法环境不一，情况有别。最高人民法院全面收回死刑案件核准权后，有机会对各地区的刑事审判工作进行广泛了解，掌握各级审判机关审理死刑案件的情况，并进而认识到侦查机关办案理念、侦查质量以及公诉、辩护等各方面存在的问题。我国刑事司法实践最突出的问题，莫过于“以侦查为中心”“庭审形式化”以及“案卷中心主义”等，刑事庭审过分依赖侦查卷宗笔录等书面材料，庭

① 卞建林:《铸证据基石，促司法公正》，载《法学杂志》2010 年第 7 期。

审流于形式或庭审走过场，使刑事诉讼通过法庭审理发现事实真相和保障人权的价值大打折扣，既不利于有效追究犯罪，也容易导致冤假错案的发生。[①] 在此背景下，最高人民法院召开了全国第六次刑事审判工作会议。有论者将此次会议誉为新中国刑事审判史上一次具有里程碑意义的重要会议。会议的历史价值主要体现在重申和确立了一系列现代科学的刑事司法理念，其中非常重要的一点就是明确提出：要坚持以庭审为中心，充分发挥庭审功能，全面提高庭审质量。庭审中心主义是相对于传统的“卷宗中心主义”而言的，其本质要求是追求庭审的实质化，克服庭审的形式化，防止庭审“走过场”，重点在于防止将侦查、起诉中带有明显追诉倾向的意见简单地、不加甄别地转化为人民法院对被告人的有罪判决。坚持以庭审为中心，必须强化庭审中心意识，逐步落实直接言词、法庭辩论、司法中立、公开审判、集中审理等原则，以充分发挥庭审的功能作用。而要实现以庭审为中心的目标要求，前提是树立和坚持以审判为中心的理念，努力构建“以审判为中心”的诉讼制度。党的十八届四中全会通过的《中共中央关于全面推进依法治国若干重大问题的决定》中提出：“推进以审判为中心的诉讼制度改革，确保侦查、审查起诉的案件事实证据经得起法律的检验。全面贯彻证据裁判规则，严格依法收集、固定、保存、审查、运用证据，完善证人、鉴定人出庭制度，保证庭审在查明事实、认定证据、保护诉权、公正裁判中发挥决定性作用。”这表明，从“以庭审为中心”到“以审判为中心”是刑事司法程序改革发展的基本方向，强调庭审在审判中的核心地位，要求充分发挥庭审在事实认定和保障人权、实体公正和程序公正、有效防范冤假错案等方面的决定性作用。[②] 可以说，在推进以审判为中心的诉讼制度改革中，最高人民法院全面收回并统一行使死刑案件核准权发挥了基础的、重要的促进作用。

三、死刑复核程序的完善构想

自从最高人民法院统一行使死刑核准权以来，效用明显，成绩斐

① 卞建林、谢澍：《“以审判为中心”：域外经验与本土建构》，载《思想战线》2016年第4期。

② 卞建林、谢澍：《“以审判为中心”视野下的诉讼关系》，载《国家检察官学院学报》2016年第1期。

然。但在全面深化改革、全面推进依法治国的形势下，司法改革需要进一步深化，死刑复核程序也需要进一步完善。在此主要从以下三个方面谈谈完善死刑复核制度的构想。

（一）深化死刑复核程序诉讼化改革

有论者将我国死刑控制模式称为“审查导向型”，是指以高级别法院对死刑案件自上而下的审查为核心构建的死刑程序控制体系，该模式并非不给被告人权利预留空间，但程序规则的设置并不以此为中心，死刑控制体系的运作也不依赖于被告人行使权利而带动。相反，整个程序控制系统往往从司法权力运行的视角设置规则，当事人行使权利的空间相对有限。①也有学者认为最高人民法院的死刑复核程序本质上仍然是一种行政化裁判程序，寄希望于行政方式实现司法正义的制度设计是不现实和不合理的。②死刑复核程序，本质上是一种诉讼程序，是专门适用于死刑案件的特殊程序。因此必须遵循司法的内在规律，符合诉讼的一些基本要求。这就是法官中立、程序公开、当事人参与、控辩裁三方架构等。因而，死刑复核程序完善的目标和路径，应当是进一步深化诉讼化改革。对此，2012 年刑事诉讼法修改已经明确完善思路并作出一些制度安排。例如《刑事诉讼法》第 240 条规定，“最高人民法院复核死刑案件，应当讯问被告人，辩护律师提出要求的，应当听取辩护律师的意见。在复核死刑案件过程中，最高人民检察院可以向最高人民法院提出意见。最高人民法院应当将死刑复核结果通报最高人民检察院”。进一步的发展方向，可以考虑规定：必要时对死刑复核的案件采取“听审”的方式，在办案法官的主持下，让公诉人、辩护人、被告人、被害人及家属有一个一起交流的平台，可以充分交换意见，也可以就一些有争议的问题进行辩论，让办案法官充分听取双方意见居中裁量。③再有，扩大死刑合议庭规模，增加死刑合议庭法官人数；或者提高死刑核准裁判的门槛，由简单多数改为一致同意。总之，随着死刑案件数量大幅减

① 魏晓娜：《死刑程序为谁而设？》，载《比较法研究》2014 年第 4 期。

② 陈瑞华：《通过行政方式实现司法正义？——对最高人民法院死刑复核程序的初步考察》，载《法商研究》2007 年第 4 期。

③ 李蒙：《收回死刑复核权后取得了哪些成就》，载《民主与法制》2016 年第 39 期。

少，随着国家法治进一步健全，需要对死刑复核程序进一步地严格规范，充分发挥程序公正对实体公正的促进和保障作用，保障国家死刑政策的贯彻，体现对生命的尊重和敬畏。

（二）健全强制辩护制度

保障死刑案件质量，完善死刑核准程序，辩护律师的作用十分重要。从死刑司法实践来看，辩护律师参与的程度相当之低，辩护律师作用的空间十分有限。据统计，2014年至2016年，中国裁判文书网上公布的255个死刑复核案例中，有辩护律师参与的仅22例，占比8.63%。[①]律师参与率如此之低，令人震撼。我国《刑事诉讼法》第34条规定："犯罪嫌疑人、被告人可能被判处无期徒刑、死刑，没有委托辩护人的，人民法院、人民检察院和公安机关应当通知法律援助机构指派律师为其提供辩护。"死刑案件，人命关天，更应加强律师在死刑案件中的参与，发挥辩护律师的作用。联合国经济社会理事会1989年5月通过了题为《保护死刑犯权利的保障措施的执法情况》的1989/64号决议，其中第1条建议会员国"给予被判处死刑的人特别保护，使其有时间准备辩护并为其提供便利，包括在诉讼的每一阶段有律师充分协助，要超过非死刑案件的情况下所给予的保护"。[②]但在我国现行死刑复核程序中，对此并没有相关要求。显然，提高律师在死刑复核程序中的参与程度，拓展律师在死刑复核程序中发挥作用的空间，刻不容缓。为此，要探索建立死刑复核强制辩护制度，扩大死刑复核的法律援助。明确规定：最高人民法院办理死刑复核案件，被告人没有委托辩护人的，应当通知法律援助机构为其提供辩护。同时，为了保证死刑复核的质量，提升死刑复核的辩护效果，应当明确死刑复核程序中辩护律师的权利，并探索建立死刑复核程序辩护律师的准入标准，对其学历、从业资质以及辩护经历提出相应要求。

---

① 滑璇、朱岱临:《死刑复核上收十年：律师能为死刑犯做什么》，载《南方周末》2016年9月16日。

② 杨宇冠主编:《死刑案件的程序控制》，中国人民公安大学出版社2010年版，第39页。

（三）探索建立死刑案件三审程序

当今世界主要国家，在法院审级上均实行三级三审终审制。通常二审为事实审，三审为法律审。对于保留死刑的国家或司法管辖区，更是要求穷尽一切救济手段，以保证死刑的正确适用。例如美国死刑判决的救济程序。对于初审法院作出的死刑判决，联邦和保留死刑的各州提供了广泛的救济渠道。这些救济既有司法救济，也有行政救济。司法救济又包括通常救济手段和非常救济手段。司法非常救济手段指，“死刑判决的被告人如果在通常上诉程序中未能获得期待的救济，并且仍然希望获得推翻有罪判决的，除可以原审侵犯了自己的宪法权利或者发现了足以推翻原判决的新证据为由向原审法院申请重审以外，还可以通过‘人身保护程序’继续寻求救济，这种人身保护程序又被称为‘间接审查程序’。其中，州法院判决的被告人，必须先在州法院系统申请‘人身保护令’，州法院拒绝签发人身保护令的，可以进一步向联邦法院申请；联邦法院判决的被告人一般应当通过联邦地区法院提出‘人身保护令’申请。所有的申请人对人身保护审法院的判决不服的，还可以依据通常上诉程序逐级提出上诉，直至上诉至联邦最高法院”[①]。我国法院分四级设置，但在审级上却实行二审终审。立法为发挥二审的监督把关和纠错作用，实行二审全面审理原则，不受上诉抗诉范围限制。但在诉讼理论上却有违不告不理原则，背离法官的中立立场和被动地位，使审理范围超出当事人双方的诉讼请求。更有甚者，司法实践中由于司法权的行政化运作，使有些上下级法院之间的审级监督关系蜕变为隶属关系或领导关系，疑难案件的内部请示报告制度更是实际存在的潜规则或隐规则，使二审终审制受到挑战，甚至名存实亡。死刑案件，人命关天，必须实行最严密的诉讼程序，以尽可能避免发生错误。多年以前，笔者曾经提出“将死刑复核程序进行诉讼化改造，实际上就为最终在死刑案件中实行三审终审制铺平了道路”。[②] 在司法改革中，也有学者建议尝试实行死

① 赵秉志、邱兴隆主编:《死刑正当程序之探讨》，中国人民公安大学出版社 2004 年版，第 55 页、第 57 页。

② 卞建林、韩阳:《死刑的正当程序与死刑的控制》，载赵秉志、邱兴隆主编:《死刑正当程序之探讨》，中国人民公安大学出版社 2004 年版，第 43—46 页。

刑案件二审强制上诉制度或建构限于死刑案件的三审终审制。[①]在此，笔者仍然主张，以死刑案件为试点，探索建构三审终审制度，将最高人民法院的死刑复核程序改革为三审程序。对上述观点简要论证如下。

首先，死刑案件的进一步诉讼化改革，实际上将达致使复核程序成为三审程序的目标。我国1979年刑事诉讼法所确立的死刑复核程序，一方面将其定性为"一种特殊的审判程序"，规定在刑事诉讼法的"审判"编；另一方面，在长期的司法实践运作中使其成为一种法院内部报批审核程序。死刑案件核准，由法院层层报批，既不公开进行，也不允许当事人及其辩护人、代理人介入，甚至游离于检察机关的诉讼监督之外，因此广受诉讼理论界诟病。通过司法改革和刑事诉讼法修改，才适当引入诉讼的要素，要求"最高人民法院复核死刑案件，应当讯问被告人，辩护律师提出要求的，应当听取辩护律师的意见"。但还不够，为推动复核程序的完善，有论者仍主张深化对死刑复核程序的诉讼化改革。由于死刑复核程序是每个死刑案件的必经程序，又要进一步按照诉讼化要求进行改革，不如顺势将其改成第三审程序，使死刑案件名正言顺地实行三审终审制。正如有论者指出，"其实，这种改革必然导致该程序的实质发生变化，死刑复核程序不再是原本意义上的程序，而是向独立的审级即'第三审'转换，即意味着对死刑案件实行三审终审制的改造"。[②]当然，具体程序设置要体现三审程序的特点，当控辩双方对案件事实有争议时，可以对案件事实进行审理；当案件事实无争议时，主要对适用法律进行审理；当定罪无争议时，主要对量刑特别是是否适用死刑进行审理。

其次，尊重和保障当事人诉权行使。诉权是公民依法享有的基本权利之一。上诉权是当事人诉权的延伸。法律的正当程序应当充分保障当事人诉权包括上诉权的行使。同时，鉴于法官的中立被动地位，根据现代诉讼"不告不理"原则，审判以起诉为前提，没有起诉就没有审判；审判受起诉范围限制，不得就当事人未起诉的事项径行审判。不仅一审要遵循诉审分离、不告不理的原则，上诉审同样如此。因此，我国现行

---

① 陈卫东、刘计划:《死刑案件实行三审终审制改造的构想》，载《现代法学》2004年第6期。

② 陈卫东、刘计划:《死刑案件实行三审终审制改造的构想》，载《现代法学》2004年第6期。

二审实行全面审理，不受上诉抗诉范围的限制，从诉讼原理上是违反不告不理原则的，也侵犯了当事人的诉权。

最后，克服现行二审终审的弊端。我国现行二审终审制度，每一级法院都有权全面审理事实问题和法律问题，当事人在不同审级法院享有几乎完全相同的诉讼权利，审级呈现出柱形结构。[①]这种诉讼结构和程序设置，实际上是由上级法院对案件重新审理一遍，既没有尊重当事人诉权，未体现上诉审程序的权利救济品性；又不利于实现司法公正，提高司法效率。过往审判实践中经常发生此种现象，二审一而再、再而三地以事实不清、证据不足为由撤销原判、发回重审，一审诉讼期间届满，原审法院便原封不动地坚持维持原判。上下级法院相互推诿，诉讼卷宗来回传送，除徒增当事人讼累外，对司法公信力造成极大伤害。鉴于此，2012 年刑事诉讼法修改，增加规定：原审人民法院对于二审法院以事实不清、证据不足为由发回重审的案件作出判决后，被告人提出上诉或者人民检察院提出抗诉的，第二审人民法院应当依法作出判决和裁定，不得再发回原审人民法院重新审判。此外，寄希望以审判监督程序来纠正二审可能存在的错误，并非明智之举。在二审终审之后，开口极大的审判监督程序可能使二审判决的终局性消失殆尽，并掩盖对三审程序的需要。[②]不如以死刑案件为样本，探索构建三审终审制，科学界定不同审级各自功能，明确二审三审的目的任务。这样，既有利于保障当事人权益，促进司法公正，又有利于优化审判资源配置，提高审判效率。

① 傅郁林:《审级制度的构建原理——以民事程序视角的比较分析》，载《中国社会科学》2002 年第 4 期。

② 卞建林、韩阳:《死刑的正当程序与死刑的控制》，载赵秉志、邱兴隆主编:《死刑正当程序之探讨》，中国人民公安大学出版社 2004 年版，第 45 页。

认罪认罚从宽与我国台湾地区刑事协商之比较研究*

一、比较研究之前提

认罪认罚从宽制度试点早已过半[①]，但对于认罪认罚从宽制度中的一系列问题，仍存在理论争议，尚未达成共识。有部分学者在回应相关问题时，试图以域外理论与实践为借镜，期望对认罪认罚从宽制度有所启示，其中尤其以美国辩诉交易制度为典型。[②]然而，比较研究之前提是较为接近的制度土壤和文化背景，并且，作为比较对象的法律形式应当同时具有类似的功能并执行类似的任务。[③]在这一点上，海峡对岸的我国台湾地区相关制度或许更有比较意义。我国大陆与台湾地区之刑事诉讼，均有较为深远的职权主义传统。20世纪90年代以来，我国大陆刑事司法理念由职权主义向当事人主义靠近，逐步由“强职权主义”之

---

* 原文发表于《法学杂志》2018年第5期，与谢澍合作。

① 2017年11月1日，在第十二届全国人民代表大会常务委员会第三十次会议上，最高人民法院院长周强、最高人民检察院检察长曹建明分别作了《关于人民法院全面深化司法改革情况的报告》《关于人民检察院全面深化司法改革情况的报告》。在报告中，周强院长透露，截至2017年9月，251个试点法院审结认罪认罚案件6.9万件7.8万人，占同期全部刑事案件的42.7%，非监禁刑适用率达41.4%。同时，曹建明检察长指出，截至2017年9月，276个试点检察院共对6.36万件案件适用认罪认罚从宽制度，占同期办结刑事案件总数的34.7%。

② 域外“辩诉交易”适用范围更广、检察官权力更大，其目的主要是从司法机关角度出发，减轻案件数量的压力、降低胜诉难度和提高有罪判决率。而认罪认罚从宽制度，限于犯罪嫌疑人、刑事被告人自愿如实供述自己罪行，对指控的犯罪事实没有异议，同意人民检察院量刑建议并签署具结书的案件。参见卞建林、谢澍:《美国检察官是辩诉交易中的主导者》，载《检察日报》2016年5月31日，第3版。

③ [德] K. 茨威格特、H. 克茨:《比较法总论》，潘汉典等译，法律出版社2003年版，第63页。

下的强势特征转向为需要遵守现代法治原则与规则的制度安排。[①]我国1996年刑事诉讼法修改借鉴了当事人主义审判模式的制度设计，加强了庭审的对抗性和审判的中立性，但职权主义色彩依然显著。而当前以审判为中心的诉讼制度改革，强调庭审的对抗性和审判的中立性，强化当事人主义色彩的改革趋势仍在继续，却并未从根本上颠覆我国刑事诉讼的职权主义传统。[②]而在海峡对岸，两种主义的争论同样激烈。由于德日刑事法理论与实践的长期影响，我国台湾地区刑事诉讼制度形成了典型的职权主义传统。世纪之交，“职权主义”与“当事人进行主义”之论战开启，并以2002年2月之“修法”采改良式当事人进行主义方才稍告歇息。事实上，早在光绪末年，职权主义与当事人主义之争即已初见端倪，沈家本、伍廷芳所拟《刑事民事诉讼法》草案所采审判方式即是当事人主义及交叉询问，但因受到张之洞为首的礼教派反对，草案未予公布即告作废；1910年的《大清刑事诉讼律》转而采用职权主义，进而奠定了海峡两岸刑事诉讼与职权主义的密切关联。[③]既然海峡两岸刑事诉讼皆有职权主义之传统，那么，在这样的刑事诉讼构造中嵌入被认为具有当事人主义元素的协商程序，其实效究竟如何？未来将如何发展？是故，笔者试图将认罪认罚从宽制度与台湾地区刑事协商程序在规范与实践层面进行比较[④]，对台湾地区刑事协商程序的经验和教训加以总结，进而初步探索认罪认罚从宽制度之完善路径。

二、认罪认罚从宽制度与刑事协商程序之确立

完善“认罪认罚从宽制度”既是党的十八届四中全会通过的《中共中央关于全面推进依法治国若干重大问题的决定》中的明确要求，也是

---

① 参见卞建林主编：《现代司法理念研究》，中国人民公安大学出版社2012年版，第180页。

② 参见卞建林、谢澍：《“以审判为中心”视野下的诉讼关系》，载《国家检察官学院学报》2016年第1期。

③ 当然，沈家本、伍廷芳对职权主义与当事人主义并没有深入的思考，最初采用当事人主义，更多是因为伍廷芳作为英国律师的背景；而礼教派所反对的，主要也并非两种主义如何选择，而是伦常条款是否保留并处罚的问题。参见王兆鹏：《当事人进行主义之刑事诉讼》，元照出版有限公司2002年版，第4—5页。

④ 本文中“认罪认罚从宽制度”专指我国大陆现有试点之制度，“刑事协商程序”专指我国台湾地区所规定之协商程序。

当前司法机关针对刑事案件进行程序分流、合理分配司法资源的必要措施。此前刑事速裁程序之试点业已取得实效，为了进一步落实刑事诉讼程序之层次化改造，集中资源推进以审判为中心的诉讼制度改革，认罪认罚从宽制度试点由此提上日程。2016年，全国人大常委会以及最高人民法院、最高人民检察院、公安部、国家安全部、司法部先后通过和印发了《关于授权最高人民法院、最高人民检察院在部分地区开展刑事案件认罪认罚从宽制度试点工作的决定》《关于在部分地区开展刑事案件认罪认罚从宽制度试点工作的办法》(以下简称《办法》)。其中,《办法》对认罪认罚从宽制度的案件适用范围、基本原则、法律援助、强制措施以及侦查程序、审查起诉程序、审判程序中的实施方式和具体问题进行了初步规范，在注重激励机制的同时，较为充分地考虑到风险防范问题[①]，业已形成制度雏形，为试点之有序展开奠定了基础。

我国台湾地区在接受“改良式当事人进行主义”之后，又在2004年4月确立了饱受争议的刑事协商程序，试图消解刑事审判日益繁重之负担。在此之前，台湾地区司法事务主管部门曾于2002年向立法事务主管部门提出“协商程序”一编，但因部分“立法委员”反对，未能随证据章节一同通过。2003年，司法事务主管部门又委请尤清委员提出“协商程序”草案，后大幅采纳民间团体版草案，形成现有立法版本。简言之，台湾地区刑事诉讼语境中的“协商程序”[②]之要点在于：其一，采起诉后协商制度；其二，仅限于“量刑协商”及“负担协商”，其中前者是协商程序之核心；其三，采“审判外”协商，法官因而不能介入协商；其四，对判决书的制作加以简化；其五，对审级救济进行一定程

① 包括确立基本原则、以辩护权防范制度偏差以及以法律责任为威慑等三方面风险防范措施，关于《办法》的深入解读，参见魏晓娜:《〈认罪认罚从宽制度试点工作办法〉评析》，载《人民法治》2017年第1期。

② 王兆鹏教授将这一程序的概念诠释为：在普通程序与简易程序中，检察官与被告人就科刑等事项达成协商合意，由检察官向法院声请改依协商程序作出判决；法院在讯问被告人及向被告人进行权利告知后，如认定案件与法定要件相符，即可以不经言词辩论，在当事人协商合意范围内作出判决；对于这一判决，当事人原则上不得上诉，第二审对于协商案件的上诉审理采事后审及法律审，而非复审制。参见王兆鹏:《新刑诉·新思维》，元照出版有限公司2005年版，第170—171页。

度的限制；其六，检察官于协商程序中应当征询被害人意见。[①]

我国台湾地区所确立的刑事协商程序，可以视作“改良式当事人进行主义”的“乘胜追击”，但这一程序自三读通过以来，理论批判之声就未曾断绝，尤其以德日派学者为代表。例如，有教授指出，这是“契约取向”对“原则取向”刑事诉讼的本质性颠覆，审判相关的直接、言词、公开等三大支柱原则，以及其他相关基本原则，均有可能因此动摇。[②]还有教授甚至认为，刑事诉讼被定义为具体实现国家刑罚权，并以发现真实为目的，在这一宿命无法被舍弃的前提下，采用协商程序终将难以洗脱“买卖正义”的骂名。[③]此外，刑事协商程序还被质疑抵触法官保留原则，使得犯罪事实的认定虚有其表。[④]理论批判虽然激烈，但毕竟不能阻挡司法实践，刑事协商程序在2004年“入法”后究竟实践效果如何，理论质疑是否随着实践发展逐步减缓，其中是否有值得认罪认罚从宽制度借鉴和总结的经验与教训，这正是本文试图深入研究和解析的。

三、认罪认罚从宽制度与刑事协商程序之比较

在我国台湾地区，2004年之前虽未明确刑事协商程序，但司法实践中，检察官与被告人之间就认罪、科刑等事项私下协商的情况并不鲜见。例如实务上有观点指出，台湾地区“刑事诉讼法”1999年修正时，即吸收了美国辩诉交易之精神，将第451条之1第1项原本有关被告人就愿受科刑范围表示权之规定进行了扩充修正[⑤]，进而指出此乃创设轻微案件之“侦查中求刑协商程序[⑥]。当然，在台湾刑事诉讼中，狭义的协商

① 参见王皇玉:《认罪协商程序之法社会学考察：以台湾刑事司法改革为例》，载《台大法学论丛》2008年第4期。

② 包括证据裁判、无罪推定、罪疑唯轻、自白任意性、不自证己罪、法官中立性、检察官客观性等。参见林钰雄:《干预处分与刑事证据》，元照出版有限公司2008年版，第203—242页。

③ 参见陈运财:《协商认罪制度的光与影》，载《月旦法学杂志》2004年第7期。

④ 参见杨云骅:《协商程序与法官保留原则》，载《月旦法学杂志》2005年第4期。

⑤ 台湾地区“刑事诉讼法”第451条之1第1项规定:“被告于侦查中自白者，得向检察官表示愿受科刑之范围或愿意接受缓刑之宣告，检察官同意者，应记明笔录，并即以被告之表示为基础，向法院求刑或为缓刑宣告之请求。”

⑥ 参见林俊益:《求刑与求刑协商之辨正》，载《月旦法学杂志》2004年第6期。

程序仅指“第七编之一”所规范的内容。为避免产生理论分歧，笔者比较研究主要以现有《办法》及台湾地区“刑事诉讼法”为准，兼顾我国大陆及台湾地区刑事司法实践样态。

（一）认罪认罚从宽制度与刑事协商程序的适用范围

认罪认罚从宽制度适用范围广泛，《办法》第1条对于可以依法从宽处理之情形作出了基础性规定，同时，第2条明确了四种不适用认罪认罚从宽制度的情形。这意味着，除上述四种情形以外，只要符合《办法》第1条之规定的刑事案件均可以适用认罪认罚从宽制度，只是在速裁程序、简易程序和普通程序的具体选择上有所限制。

相比之下，我国台湾地区刑事协商程序之适用范围较窄，根据其“刑事诉讼法”第455条之2，案件经检察官提起公诉或声请简易判决处刑，在第一审言词辩论终结前或简易判决处刑前，检察官可以在征询被害人意见之后，直接或依被告人、被告人之代理人、辩护人的请求，经法院同意，就相关事项[①]于审判外进行协商，经当事人双方合意且被告人认罪的，由检察官声请法院改依协商程序作出判决。当然，这一程序适用亦有明确的例外规定，即被告人所犯之罪为死刑、无期徒刑、最轻本刑3年以上有期徒刑或高等法院管辖第一审的案件除外。值得一提的是，这一范围与台湾地区刑事诉讼中的缓起诉、简式审判程序相同，加之简易判决处刑适用的扩大，相当于在立法上设置了四种疏解案件、程序分流的“选项”，但多重选项也引发如何选择的争议，同时各种程序的适用量也必然受到压缩。[②]

（二）认罪认罚从宽制度与刑事协商程序中的当事人权利保障

对于认罪认罚从宽制度中的当事人权利保障，《办法》第3条即予以明确，这与我国刑法、刑事诉讼法之基本原则相适应，强调“以事实为根据，以法律为准绳”。具体而言，在被害人权利保障问题上，一方

---

① 相关事项为：其一，被告人愿接受科刑范围或愿意接受缓刑；其二，被告人向被害人道歉；其三，被告人支付相当数额之赔偿金；其四，被告人向公库支付一定金额，并由行使管辖权的检察署依规定提拨一定比率补助相关公益团体或地方自治团体。

② 参见黄朝义：《简易诉讼制度——协商程序》，载《月旦法学教室》2005年第9期。

面，重视听取被害人及其代理人意见；另一方面，将被追诉人是否与被害人达成和解协议或赔偿被害人损失，并取得被害人谅解，视为量刑的重要考虑因素。同时，《办法》还规定，经确认后，原属被告人的涉案财物及其孳息，应依法返还被害人，并且被告人与被害人或其代理人没有就附带民事赔偿等事项达成调解或者和解协议的，不得适用速裁程序审理。在被告人权利保障问题上，首先，《办法》规定，应当保障被追诉人获得有效法律帮助，确保其了解认罪认罚的性质和法律后果，自愿认罪认罚。值班律师和法律援助律师分别可以提供法律帮助与辩护，办案机关应当就相关事项听取被追诉人及其辩护人或值班律师的意见。其次，在强制措施的选择上，对于没有社会危险性的被追诉人，应当取保候审、监视居住。最后，在侦查程序、审查起诉程序、审判程序中，办案机关均应告知被追诉人享有的诉讼权利和认罪认罚可能导致的法律后果。另外，《办法》还规定庭审时应当着重审查认罪认罚的自愿性以及具结书内容的真实性、合法性；被告人不服第一审判决的可以提起上诉。

我国台湾地区刑事协商程序中检察官应当征询被害人意见。台湾地区“刑事诉讼法”第455条之2规定，检察官就“被告人向被害人道歉”以及“被告人支付相当数额之赔偿金”两项与被告人进行协商时，应得到被害人的同意。在被告人权利保障问题上，明确其有撤销协商的权利。[①] 相应的，第455条之4规定了不得作出协商判决的几种情形[②]，除此之外，法院应当不经过言词辩论，在协商合意范围内作出判决，其中科刑以宣告缓刑、2年以下有期徒刑、拘役或罚金为限。为保障被告人合法权利，台湾地区“刑事诉讼法”第455条之5第1款规定了公设辩护人指定的具体条件，第2款明确了辩护人在协商程序中可以就协商事项发表关于事实和法律的意见，进而协助进行协商，但不能和被告人

---

① 台湾地区“刑事诉讼法”第455条之3规定：“法院应于接受前条之声请后十日内，讯问被告并告以所认罪名、法定刑及所丧失之权利。被告得于前项程序终结前，随时撤销协商之合意。”

② 具体包括：第一，有前条第2项之撤销合意或撤回协商声请的；第二，被告人协商的意思并非出于自由意志的；第三，协商合意明显不当或显失公平的；第四，被告人所犯之罪非第455条之2第1项所定得以声请协商判决的；第五，法院认定的事实与协商合意的事实明显不符的；第六，被告人有其他较重罪名之犯罪事实的；第七，法院认为应当免刑或免诉、不受理的。

所明示的协商意见相反。此外，第455条之7还规定了协商过程中的陈述不能在本案或其他案件中采纳为对被告人或共犯不利之证据。需要说明的是，根据第455条之10，依协商程序作出的判决不得上诉，但出于保障当事人利益的需要，明确有前述第455条之4第1项第1、2、4、6、7款所规定情形之一，或协商判决违反同条第2项之规定的，不在此限。

（三）认罪认罚从宽制度与刑事协商的程序运作

根据《办法》相关规定，认罪认罚从宽制度在侦查、审查起诉和审判阶段普遍适用，而其程序启动于侦查或审查起诉阶段，在告知犯罪嫌疑人享有的诉讼权利和认罪认罚可能导致的法律后果，并就相关事项听取犯罪嫌疑人及其辩护人或者值班律师的意见后，犯罪嫌疑人表示愿意认罪认罚的，即可启动认罪认罚从宽制度。《办法》第9条之规定，犯罪嫌疑人不仅自愿如实供述涉嫌犯罪事实，并且有重大立功或者案件涉及国家重大利益，需要撤销案件的，侦查机关可以作出相应实质处理，而其他情形下只需要在起诉意见中写明犯罪嫌疑人自愿认罪认罚的情况。根据《办法》第11条、第13条，在审查起诉阶段，检察机关可以作出三种处理：其一，提起公诉，检察机关应当在起诉书中写明被告人认罪认罚情况，提出量刑建议，并同时移送被告人的认罪认罚具结书等材料；其二，犯罪嫌疑人自愿如实供述涉嫌犯罪的事实，有重大立功或者案件涉及国家重大利益的，经最高人民检察院批准，既可以作出不起诉决定，也可以对涉嫌数罪中的一项或者多项提起公诉；其三，具有法律规定不起诉情形的，依照法律规定办理。而根据《办法》第15条，在审判阶段，应当着重审查认罪认罚的自愿性以及具结书内容的真实性、合法性。并且，刑事诉讼现有的三种审判方式，即速裁程序、简易程序、普通程序，在认罪认罚案件中均可适用。① 此外，《办法》还对涉案财物处理和第二审程序作出了规定。

---

① 具体而言，《办法》第16条规定："对于基层人民法院管辖的可能判处三年有期徒刑以下刑罚的案件，事实清楚、证据充分，当事人对适用法律没有争议，被告人认罪认罚并同意适用速裁程序的，可以适用速裁程序……" 第18条规定："对于基层人民法院管辖的可能判处三年有期徒刑以上刑罚的案件，被告人认罪认罚的，可以依法适用简易程序审判……"《办法》第17条规定不适用速裁程序或第19条规定应当转为普通程序的情形除外。而对于不属于基层人民法院管辖的案件，适用普通程序审理。

根据前文梳理，认罪认罚从宽的启动显然需要以“认罪认罚”为前提。但在台湾地区刑事协商程序中，启动是否以“认罪”为前提存在争议。有台湾地区学者认为协商之前提即是“认罪”[①]；亦有观点认为，现行规范只是将被告人认罪规定为检察官声请依协商程序判决的前提要件，但并没有要求被告人必须认罪在先，检察官方能启动协商[②]。但明确的是，仅限于检察官提起公诉后、第一审言词辩论终结前或简易判决处刑前，刑事协商程序方能启动。亦即，刑事协商程序之启动主体为检察官，参与刑事协商程序的主体是检察官和被告人，法院不得主动介入。并且，协商期间不得超过30日。当被告人违反协商协议之内容时，检察官可以在前项程序终结前，撤回启动协商程序的声请。根据台湾地区“刑事诉讼法”第455条之6，法院对于第455条之2第1项协商之声请，认为有第455之4第1项各款所定情形之一的，应当裁定驳回，转而适用通常、简式审判或简易程序审判。倘若协商之声请符合“法律”规定，且检察官、被告人没有撤回或撤销协商，根据台湾地区“刑事诉讼法”第455条之3第1项之规定，法院应在接受前条之声请后10日内，讯问被告人并告知其所认罪名、法定刑和所要丧失的权利。具体而言，分为四部分：其一，法院应讯问被告人；其二，法院应向被告人作出权利告知；其三，法院应在公开法庭进行讯问和权利告知；其四，法院应于接受声请书后10日内进行讯问和权利告知。[③]协商合意对法官有“相对拘束力”，应在协商合意范围内作出判决，但在这一范围内法官可以自行量定协商判决之刑期。[④]而根据台湾地区“刑事诉讼法”第455条之9，协商判决只需要由书记官将主文、犯罪事实要旨及处罚条文记载在宣示判决笔录中，以此代替判决书。但在宣示判决之日起10日内，当事人声请法院交付判决书的，法院仍应制作判决书。前已述及，根据刑事协商程序作出的判决，除了存在法律规定构成准许上诉之例外事由的，原则上不得上诉，第二审法院认为符合准许上诉事由的，应将原审

① 参见黄朝义:《简易诉讼制度——协商程序》，载《月旦法学教室》2005年第9期。

② 参见王兆鹏:《新刑诉·新思维》，元照出版有限公司2005年版，第185页。

③ 参见王兆鹏:《新刑诉·新思维》，元照出版有限公司2005年版，第194页。

④ 这里所指的是程序法上一般而言的拘束力，而不是判决的拘束力。参见何赖杰:《从拘束力观点论协商程序》，载《月旦法学杂志》2005年第3期。

判决撤销，将案件发回第一审法院依判决前之程序审判。

四、认罪认罚从宽制度之完善：刑事协商程序的若干启示

认罪认罚从宽制度将宽严相济之刑事政策予以具化进而贯彻适用，其本身并非一项具体制度，需要速裁程序、简易程序乃至普通程序加以具体兑现。而刑事协商程序只是台湾地区刑事诉讼程序中的一种，与缓起诉、简易判决、简式审判等并列，甚至适用范围有所交叉。因而，如果仅仅从适用比率来评价二者显然是有失公允的。但刑事协商程序在实务中呈现出逐步限缩适用的趋势（如表1所示），也是不争的事实。2015年仅有4549件适用协商程序的案例，占同年所有地方法院刑事第一审案件终结总数的2.54%；2016年同样仅有4688件适用协商程序的案例，占同年所有地方法院刑事第一审案件终结总数的2.58%。[①]就此而言，台湾地区刑事协商程序在多大程度上发挥了疏解案件的功能，是值得怀疑的。更重要的是，在本就不多的协商程序适用案件中，却呈现出案件终结日数长、上诉率高之“怪现象”，相比于其他疏解案件的程序设置几乎没有优势。[②]而在理论上，随着立法的尘埃落定，以及其他学术热点的逐步出现，对于刑事协商程序的研究热度有所下降。尽管如此，相关学者的批判态度依旧，甚至英美派的学者也对当前刑事协商程序的立法与司法现状感到不满。面对理论学说批判和实务适用限缩，刑事协商程序可谓“腹背受敌”，由此观之，这一制度的引入的确并不十分成功。

表1　近年我国台湾地区地方法院刑事第一审案件协商程序适用情况

年份	地方法院一审终结总数	协商程序终结总数	协商程序适用率
2007	171326	8968	5.23%
2008	187189	12132	6.48%

① 当然，在最初几年，亦曾呈现过逐年递增趋势，我国台湾地区2004年4月开始实施协商程序，至同年底为止的9个月间，共有1948件案件适用协商程序，2005年共6239件，2006年共7871件。参见王兆鹏、张明伟、李荣耕:《刑事诉讼法》(下)，瑞兴图书有限公司2015年版，第92页。

② 有学者统计，台湾地区刑事协商程序案件终结日数接近90天，上诉率接近七成。参见王皇玉:《认罪协商程序之法社会学考察：以台湾刑事司法改革为例》，载《台大法学论丛》2008年第4期。

续表

年份	地方法院一审终结总数	协商程序终结总数	协商程序适用率
2009	176441	8775	4.97%
2010	170860	5911	3.46%
2011	167631	8061	4.81%
2012	162992	8218	5.04%
2013	164616	6789	4.12%
2014	178544	5685	3.18%
2015	179173	4549	2.54%
2016	181995	4688	2.58%

对于认罪认罚从宽而言，刑事协商程序当然也有可借鉴之处，但更要总结其经验教训，避免出现理论根基不稳、实践效果不彰的现象。具体而言，认罪认罚从宽制度需要充分调动控辩双方积极性、强化对犯罪嫌疑人及被告人的认罪自愿性审查并明确值班律师的定位。

（一）充分调动控辩双方积极性

有台湾地区学者认为，台湾地区协商程序适用率低的主要原因是“检察官不喜欢”，由于不得就罪名和罪数进行协商，因而很难实质上降低检察官的追诉难度，其推动协商程序的积极性不高。[①] 此外，前已述及，我国台湾地区刑事协商制度的适用范围与缓起诉范围大致相同，检察官认为适宜缓起诉的案件，通常不会进入协商程序；而适合简易判决处刑的案件检察官本无须出庭言词辩论，法官制作判决书绝大部分直接引用检察官声请书之事实、证据及法条，非常简易。故而均缺乏适用协商程序之动机。[②] 当然，认罪认罚从宽制度并不是一个具体程序，且速裁程序、简易程序和普通程序的界限相对清晰，无适用范围重叠的问题。但在调研中我们发现，经过一年多的试点，部分地区司法机关适用认罪认罚从宽制度的动力依旧不足，甚至有通过行政化指令向法官、检察官布置“任务”的现象，即每年或每月至少完成一定数量的认罪认罚

---

① 这一观点系张明伟教授与本文作者之一谢澍交流时提出的。

② 参见吴巡龙：《我国协商程序实务问题的探讨》，载《月旦法学教室》2004年第8期。

从宽案件。因此，决定认罪认罚从宽制度之未来走向的关键之一即是能否充分调动控辩双方积极性。

对此，认罪认罚从宽制度试点中已有一些积极尝试，值得推广。以北京市海淀区司法机关为例，其调动积极性的主要举措在于：其一，在刑事诉讼启动之初即进行“认罪认罚”的案件分流，进而启动“全流程”简化，强调各机关之配合；其二，倘若公安机关建议适用速裁程序，检察院可以派员提前介入侦查，避免下一阶段重复审查；其三，削减各机关内部流转环节，同时有效压缩案件流转的时间；其四，规范量刑激励并简化文书，避免书面流转的工作繁复。而对于被追诉人而言，量刑激励是调动其积极性的最主要手段。简言之，充分调动控辩双方积极性，一方面，需要简化诉讼程序和内部手续，使得司法机关有足够意愿助推认罪认罚从宽之启动；另一方面，需要在提供足够法律帮助的前提下，给予犯罪嫌疑人、辩护人一定宽宥以激励其选择认罪认罚从宽。

（二）强化对犯罪嫌疑人、被告人的认罪自愿性审查

关于认罪自愿性问题，应当从两方面加以研讨，一是认罪自愿性保障，二是认罪自愿性审查。首先，在认罪自愿性保障问题上，需要更新对于“认罪认罚”的认识。所谓“量刑协商”与“坦白从宽”之间存有实质区别，前者是被追诉人作为诉讼主体的理性程序选择，而后者是对于认罪的政策性引导。当前司法实践中，仍然将“认罪认罚”局限于通过坦白等方式换取宽大处理的传统认识，却尚未意识到“认罪认罚”是被追诉人作为诉讼主体参与诉讼程序的理性选择之一。尤其是我国刑事诉讼法尚未确立完整意义上的沉默权，因而更需要避免其异化为“以口供为中心”而强迫或诱导被追诉人“认罪认罚”。在这一问题上，我国台湾地区的经验值得借鉴，其规定，在法院讯问被告人并告知所认罪名、法定刑及所丧失权利之前，被告人可以随时撤销协商协议。反观大陆，《办法》中规定，犯罪嫌疑人、被告人自愿如实供述罪行并接受量刑建议后所签署文书名为“具结书”，而非协商协议，同时也并未明确犯罪嫌疑人、被告人是否可以主动撤销，只是强调法院应当注重审查被告人是否有违背意愿认罪认罚或否认指控之犯罪事实的情形。有鉴于此，笔者认为应当改“具结书”为“协商协议”，强调其协商性和自愿性，并明确犯罪嫌疑人、被告人在庭审结束前可以将其撤销，进而退出

认罪认罚从宽程序，转为普通程序。

在认罪自愿性审查问题上，需要明确“以审判为中心”。当然，这里所指并非一般意义上举证质证、事实认定“以审判为中心”[①]，而是犯罪嫌疑人、被告人的认罪自愿性审查“以审判为中心”。审前程序中表示自愿认罪但审判程序中否认认罪自愿性的，应当以审判程序中的意思表示为准。正如有论者所言，审判在刑事诉讼的各种程序中都居于中心地位，在不同程序中，“以审判为中心”可能有不尽相同的表现形式，但不能因此怀疑认罪认罚案件之诉讼程序仍应“以审判为中心”。[②]具体到审查标准上，至少需要同时满足以下几点：首先，被追诉人应当明知并理解认罪认罚的法律后果；其次，被追诉人应当是主动供述罪行进而作出不违背自身意志的理性选择；再次，这种选择有助于实现刑罚之预防目的，降低再犯风险；最后，被追诉人在认罪认罚从宽程序中获得辩护人或值班律师的有效帮助。[③]

（三）明确值班律师的定位

我国台湾地区公设辩护人制度较为成熟[④]，在刑事协商程序中同样加以适用。但有台湾地区学者指出，从法条文义上看，往往是被告人认罪与同意科刑范围后辩护人才介入。并且，并非所有协商案件皆可获得辩护人之协助，有一定前提[⑤]，因而需要考虑落实全面性的辩护[⑥]。

2017年最高人民法院与司法部联合发布了《关于开展刑事案件律师辩护全覆盖试点工作的办法》，其中认罪认罚从宽制度的律师参与，即

① 参见卞建林、谢澍：《“以审判为中心”：域外经验与本土建构》，载《思想战线》2016年第4期。

② 参见朱孝清：《认罪认罚从宽制度中的几个理论问题》，载《法学杂志》2017年第9期。

③ 参见赵恒：《认罪及其自愿性审查：内涵辨析、规范评价与制度保障》，载《华东政法大学学报》2017年第4期。

④ 台湾地区公设辩护人制度的运作，参见林钰雄：《刑事诉讼法（上）》，元照出版有限公司2017年版，第216页。

⑤ “被告表示所愿受科之刑逾有期徒刑六月，且未受缓刑宣告。”

⑥ 参见黄朝义：《简易诉讼制度——协商程序》，载《月旦法学教室》2005年第9期。

是“全覆盖”的重点之一。[①] 然而，对于认罪认罚从宽制度中的值班律师之定位，尚存争议，现有相关文件均将值班律师定位为“提供法律帮助”而非“提供辩护”。质言之，值班律师并无“辩护人”之定位，不享有阅卷权、调查取证权等。对此有观点指出，应当明确值班律师的“辩护人”之定位，并肯定其阅卷权、量刑协商权等，使其积极参与认罪认罚从宽程序，而不仅仅是作为消极的“见证人”。[②] 亦有学者认为，应当赋予值班律师以“准辩护人”之定位，将其视为“量刑结果协商者”和“诉讼程序监督者”，而非止步于“司法机关合作者”。[③]

前已述及，认罪认罚从宽制度中需要调动控辩双方积极性并强化对犯罪嫌疑人、被告人的认罪自愿性审查。其中，调动辩方积极性的前提是排除辩方的后顾之忧进而敢于进行量刑协商，这就需要具备法律知识的帮助者加以协助，而出于诉讼效率的考量，类似“急诊医生”的值班律师显然是履行这一职责的最佳选择，得以在第一时间给予法律帮助。同时,《办法》强调，犯罪嫌疑人自愿认罪，同意量刑建议和程序适用的，应当在辩护人或者值班律师在场的情况下签署具结书。如果犯罪嫌疑人、被告人在签署具结书时没有委托辩护人，则在场的值班律师即是证明其认罪自愿与否的最佳人选。但倘若值班律师没有“辩护人”之定位，显然不得阅卷或调查取证，亦不得在庭审过程中协助法官对被告人认罪自愿性进行审查。有鉴于此，笔者认为，应当赋予犯罪嫌疑人、被告人选择权，没有委托辩护人，并愿意委托先前曾提供法律帮助的值班律师作为辩护人的，则该值班律师可以作为辩护人继续提供辩护；不愿意委托先前曾提供法律帮助的值班律师作为辩护人的，应当依法通知法律援助机构另行指派律师为其提供辩护。如此一来，则赋予值班律师更为灵活的诉讼定位，申言之，一般意义上值班律师定位于“法律帮助者”，经犯罪嫌疑人、被告人认可和委托后，可以转为“辩护人”提供辩护。

---

① 当然，“全覆盖”的真正落实还需要形成社会合力，参见谢澍:《刑事法律援助之社会向度》，载《环球法律评论》2016 年第 2 期。

② 参见闵春雷:《认罪认罚案件中的有效辩护》，载《当代法学》2017 年第 4 期。

③ 参见姚莉:《认罪认罚程序中值班律师的角色与功能》，载《法商研究》2017 年第 6 期。

职权主义诉讼模式中的认罪认罚从宽

——以中德刑事司法理论与实践为线索*

一、引论：中德刑事司法之职权主义传统

“完善刑事诉讼中认罪认罚从宽制度”是《中共中央关于全面推进依法治国若干重大问题的决定》所明确的改革方向。在全面推行认罪认罚从宽制度改革的进程中，一方面，应当及时总结现有问题，发挥试点应有的作用，为认罪认罚从宽制度进一步推广作理论和实践准备；另一方面，需要借鉴成功的域外经验，进而提出有益的改革思路。与我国同属职权主义传统的德国，其刑事协商制度的发展与变革，对于我国建立认罪认罚从度制度具有启发意义。

在我国刑事诉讼法学研究中，对于“职权主义”存在一定的理论偏见。但凡论及职权主义，学界往往片面地认为其与当事人主义相比存在较为明显的缺陷，更重视发现真实而非人权保障。进而，学者们将其作为大陆法系刑事诉讼的高度概括，与代表英美法系刑事诉讼的当事人主义进行比对，最终得出应当从职权主义走向当事人主义的理论观点。正如有论者所指出的那样，职权主义作为我国学者不假思索即可使用的话语，却是未经知识考古和理性检讨的。而职权主义话语在我国的演进历程，某种程度上也凸显出整个中国刑事诉讼知识体系在20世纪的发展与转型：从学习大陆法系的知识体系，到接受苏联法系的意识形态，再到崇尚英美法系的理论谱系。[①] 正是相对多元甚至混杂的知识摄取，加之缺乏理论概念上的追根溯源，从而导致一些认识误区的产生。传统观点认为，英美法系当事人主义诉讼模式与大陆法系职权主义诉讼模式在诉讼

---

* 原文发表于《比较法研究》2018年第3期，与谢澍合作。

① 参见左卫民:《职权主义：一种谱系性的“知识考古”》，载《比较法研究》2009年第2期。

理念和程序结构方面存在重大差异：前者以人权保障为优位价值理念，注重程序的正义性和正当性；后者以犯罪控制为指导性理念，其程序运作也更为注重真实的发现。而在过往，我国刑事诉讼模式亦被称为“强职权主义”，“正当程序”“人权保障”之理念的兑现相对艰难。① 20世纪90年代以来，传统司法理念由职权主义向当事人主义靠近，当法官逐渐趋于被动中立，当现代司法格局更强调当事人主义下的双方对抗，当司法风格正在转向律师扮演更为主导的角色时，司法即被认为逐步由“强职权主义”色彩下的强势特征转向为需要遵守现代法治原则与规则的制度安排。② 1996年我国刑事诉讼法的修改借鉴了当事人主义审判模式的制度设计，加强了庭审的对抗性和审判的中立性，但职权主义审判模式的影响依然显著，因此有学者将此称为“混合型”刑事诉讼模式。③而当前以审判为中心的诉讼制度改革，依然强调庭审的对抗性和审判的中立性，强化当事人主义色彩的改革趋势仍在继续，但这并未从根本上颠覆我国刑事诉讼的职权主义传统。④

德国始终被认为是职权主义的典型代表，其贯彻职权调查原则的刑事诉讼程序堪称职权主义之模板。⑤ 罗科信教授与许乃曼教授所著的教科书强调，基于职权调查原则（Instruktionsprinzip 或 Inquisitionsprinzip），法庭自行调查案情、不受控辩双方申请和说明之约束，进而兑现实质真实原则（Prinzip der materiellen Wahrheit）。职权调查原则又进一步被称为“职权主义”。⑥ 而德国于19世纪经历一系列改革，在此前后的所谓“职

---

① 当然，这样的刑事诉讼模式之所以产生，有其特殊的历史原因。正如有学者认为的那样，中国的职权主义并非完全源自欧陆，更多是受到了中国古代司法实践的深远影响。Richard Vogler, *A World View of Criminal Justice* 91 (Ashgate Publishing Company 2005).

② 参见卞建林主编:《现代司法理念研究》，中国人民公安大学出版社2012年版，第180页。

③ 谢佑平:《“混合型”刑事诉讼模式评论——〈刑事诉讼法修改决定〉随想》，载《法学》1996年第5期。

④ 参见卞建林、谢澍:《“以审判为中心”视野下的诉讼关系》，载《国家检察官学院学报》2016年第1期。

⑤ Stephen C. Thaman, *World Plea Bargaining: Consensual Procedures and the Avoidance of the Full Criminal Trial* 50 (Carolina Academic Press 2010).

⑥ Claus Roxin/Bernd Schünemann, *Strafverfahrensrecht*, 27. Aufl., 2012, §15 Rn. 3 ff.

权主义”业已不再指涉同一内涵，改革前可以称为“纠问式”，改革后更多被称为“改良式”（das reformierte Strafverfahren）。所谓纠问式与改良式之区别较大，前者基本上意味着法官包办一切，后者区分了检察官负责起诉、法官负责审判，审判之依据是庭审而非侦查之结果。[①]易言之，就是“控告式（审前）程序加上审问式（区别于纠问式）审判程序”。[②]除此之外，德国19世纪的改革还涉及了公开原则、直接言词原则、法官独立、从法定证据转向自由心证以及引入陪审团制度等。[③]其中，有的改革举措出现了变化，例如陪审团，而对心证的自由也进行了限制；有的则较为完整保留下来，例如公开和直接言词原则，当然，最有决定性的还是控审分离原则。职权主义传统之下，发现实质真实系刑事诉讼之根本目的[④]，并且，实质真实的发现只能在法治程序中进行[⑤]。质言之，任何控诉和审判之目的均是发现实质真实，而不仅仅局限于控辩双方所证明之所谓“真实”。[⑥]但近年来，也开始有德国学者认为，对被告人定罪只得基于所谓“程序性”的真实（procedural truth），一方面，过去发生的情形永远不能被精确重建，另一方面，发现真实的过程只能运用程序法所规定的手段和路径。[⑦]以现代社会为背景，无论是英美国家还是欧洲大陆国家，即使诉讼模式存在技术性差异，仍坚持了大致相同的、以人权保障为优位价值理念的制度设计。因而，职权主义与当事人主义在具体制度的选择上，也一定程度体现出趋同之走向，其中认罪协商制

① Roxin/Schünemann (Fn. 7), §17 Rn. 3，5.

② Roxin/Schünemann (Fn. 7), §17 Rn. 6.

③ Heinrich Henkel, *Strafverfahrensrecht*, 2. Aufl., 1968, S. 57. Robert v. Hippel, *Deutsches Strafrecht*, Bd. I, 1925, S. 313. Elisabeth Kreuzer, *Die Bestimmung des Umfangs der Beweisaufnhame im deutschen*, französischen und italienischen Strafprozess, 1964, S. 11.

④ 与我国通说之刑事诉讼目的在于惩罚犯罪和保障人权不同，有论者参考德国刑事诉讼正当性理论，认为刑事诉讼的最终目的在于为正当刑罚服务，服务的具体方式是查明真相与诉讼经济，它们是刑事诉讼的次级目的，对各个目的之追寻受限于最低限度的程序正义。参见刘昶:《刑事诉讼的目的、限制与正当性——德国刑事诉讼正当性理论及其启示》，载《西部法学评论》2016年第6期。

⑤ 参见林钰雄:《刑事诉讼法》(上)，元照出版有限公司2017年版，第61页。

⑥ Michael Bohlander, *Principles of German Criminal Procedure* 27 (Hart Publishing Ltd 2012).

⑦ Folker Bittmann, *Consensual Elements in German Criminal Procedural Law*, 15 Germany Law Review 15, 15(2014).

度即是典型。[①]

本文试图以此为逻辑起点，首先在梳理德国刑事司法理论与实践的基础上，分析认罪协商与职权主义传统之间的紧张关系，以及由此产生的理论争议；其次，本文将对我国当前试点之认罪认罚从宽制度与德国刑事协商制度进行初步比较，介绍两国在认罪协商的参与主体、适用阶段、适用条件、协商范围、制度属性等方面的异同之处；最后，本文将在反思德国经验的基础上，梳理德国刑事协商制度的可借鉴之处，并对我国认罪认罚从宽制度的理论与实务发展方向作出初步探索。

二、德国刑事协商制度的生成与理论争议

认罪协商并非英美法系当事人主义所独有。作为合议性解决方法的协商，在 20 世纪 70 年代初期就开始在德国刑事司法实践中形成，这与美国联邦最高法院判例正式确立辩诉交易制度的时间[②]相近。而刑事协商制度在德国兴起的原因主要在于：第一，司法机关工作负荷过重引发了诉讼经济的考量。1982 年至 1994 年，刑事案件程序由平均 153 天增加至 196 天，约增长 30%。第二，与辩护方式的改变相关。德国的刑事辩护活动直到 20 世纪 70 年代，都是相当被动、消极地与法院合作，但新一代律师发现刑事诉讼中有些规定可以阻扰或延迟审判程序，法院因此倍感压力，倾向于采取较快捷的诉讼程序。第三，德国《刑事诉讼法》第 153a 条至第 153f 条之起诉便宜原则适用的规定，亦即审判前附条件不起诉之协商给付金额的做法，已经让实务开始接受如同处理民事案件一般，以协议的方式处理刑事案件。[③]第四，刑罚理论的转型。刑罚的首要功能从报应转向普遍和具体的震慑（deterrence），因此，除了

① 当然，“趋同”并非意味着“相同”。Jenia I. Turner, *Plea Bargaining and Disclosure in Germany and the United States: Comparative Lessons*, 57 William & Mary Law Review 1551, 1555（2016）; Thomas Weigend & Jenia I. Turner, *The Constitutionality of Negotiated Criminal Judgements in Germany*, 15 Germany Law Review 81, 82 (2014).

② “辩诉交易”往往被视为认罪协商的典型，这一制度在美国的兴起，最早可追溯至 19 世纪，但直到 1970 年的“布拉迪诉美国”案，这一制度才由美国最高法院以判例的形式正式确立，遂在美国刑事司法中得到广泛采用。参见卞建林、谢澍:《美国检察官是辩诉交易中的主导者》，载《检察日报》2016 年 5 月 31 日，第 3 版。

③ 参见张丽卿:《验证刑诉改革脉动》，五南图书出版有限公司 2008 年版，第 289—290 页。

正义，程序运行的时间和成本也被视为刑事司法体系的目标。[①]

当然，自认罪协商在德国兴起之日起，认罪协商与职权主义之间的矛盾和冲突就始终是理论与实务的争论焦点。[②]职权调查原则与个人罪责原则，被视为阻止类似辩诉交易之制度在德国兴起的两项基础性原则。[③]最初，协商被有保留地使用，仅仅限制在对不重要的犯罪行为之诉讼程序中。到了20世纪70年代末期，协商开始越来越多地被运用于那些涉及面广、证明技术上有困难、法律适用上有困难的诉讼程序中，以应对经济犯罪、毒品犯罪、环境犯罪和税收犯罪。实践中协商的适用范围进一步扩展，严重犯罪案件也逐渐被包含进来，甚至涉及暴力犯罪和故意杀人犯罪的诉讼程序。[④]联邦宪法法院和联邦最高法院的多个判例中——尤其是1993年、1997年和2005年的判例——原则上都承认了认罪协商的容许性。[⑤]2009年，刑事协商制度被正式引入德国《刑事诉讼法》，标志着德国数十年来"无法可依"的非正式协商制度被法律所承认。而在此之前，一些交换利益（exchanging benefits）的举措其实已经被运用于刑事诉讼程序，司法人员的行为远远超越了德国《刑事诉讼法》本身的文义和精神范畴。[⑥]2013年3月19日，德国联邦宪法法院

① Regina E. Rauxloh, *Formalization of Plea Bargaining in Germany: Will the New Legislation Be Able to Square the Circle*, 34 Fordham International Law Journal 296, 301 (2011).

② 事实上，也可以说是魏玛时期以来争论的延续，此前的一系列改革措施，已经让德国学者认为对刑事程序的实际面貌产生了根本影响，进而引发"结构性的紧张关系"。质言之，传统德国刑事程序建立的两个基础假设已经动摇，这两个基础假设是：其一，所有犯罪嫌疑都应尽可能地完全厘清，而使每一犯罪行为受到制裁，每一犯罪人受到公正的刑罚；其二，刑事程序必须发现实质真实，且这一实质真实，最好是由一个独立的法院在所有必要参与者到场下，于公开的审判期日中，透过呈现与检验所有事实与证据方法的方式来得出。参见Hans-Jürgen Kerner:《德国刑事追诉与制裁》，许泽天、薛智仁译，元照出版有限公司2008年版，第148页。

③ Weigend & Turner, supra note 15, at 84.

④ 参见［德］约阿希姆·赫尔曼:《德国刑事诉讼程序中的协商》，王世洲译，载《环球法律评论》2001年第4期。

⑤ 参见Manfred Nötzel:《刑事诉讼中的辩诉交易与认罪协商——司法实务角度的解读》，载《中德刑事诉讼法学高端论坛"公正审判与认罪协商"论文集》，第89页。

⑥ Regina E. Rauxloh, *Plea Bargaining in Germany—Doctoring the Symptoms without Looking at the Root Causes*, 78 The Journal of Criminal Law 392, 393 (2014).

作出的判决，确认了德国协商制度之合宪性，有学者将其称为近年来对刑事诉讼程序产生最重要和最根本影响的判决之一，但同时也认为德国《刑事诉讼法》正经历着1877年以来最大的危机。[①]然而，这一判决很大程度上是妥协性的，联邦宪法法院所表达的不少内容并无新意，只是阐述了立法者想要规范或已经规范的内容，并且这一判决肯定也无法终结关于认罪协商的理论争议。[②]

其中，当事人是否能处分诉讼标的进而达成合意，即是理论争议焦点之一。职权主义刑事诉讼的一项基本内涵即是当事人不得任意处分案件之诉讼标的，这也是与当事人处分原则之下的民事诉讼之本质区别。例如，被告人自白并无拘束法院之效力，因而，法院不但不能仅凭被告人自白作出有罪判决，并且还负有澄清义务，仍应调查其他必要证据以证明其是否与事实相符。正因为这一实质真实的要求，职权主义刑事诉讼本质上与认罪协商的理念存在冲突。[③]而美国实行典型的当事人主义诉讼制度，检察官尽管作为政府或社会公益的代表追诉犯罪，但在诉讼中的地位只是处于控诉方的当事人。其所作之起诉、不起诉决定尽管具有终结诉讼的效力，但性质并非司法机关对案件实体问题作出的司法性裁判，而只是一种对当事人的处分。[④]这也奠定了当事人主义刑事诉讼中控辩合意、当事人处分诉讼标的之理论基础。

对此，德国学者许乃曼教授认为，刑事协商并非合意而是屈服，合意只能存在于权力大致相等的主体之间，无权者只能放弃他本就微弱的反抗而屈服。在美国，辩诉交易发生于检察官和被告人之间，所以被告人仍有机会接受无偏见之陪审团裁决；但在德国，由法庭进行认罪换减刑的协商，如果被告人拒绝了法庭的相关提议，同一法庭将继续负责审判程序，由此被告人必定会认为其不再有真正机会获得无罪判决。故而，即使在德国式的被告人与法庭间的刑事协商中，也不存在被告人真

---

① Christoph Safferling & Elisa Hoven, *Forward: Plea Bargaining in Germany after the Decision of the Federal Constitutional Court*, 15 Germany Law Review 1, 1 (2014).

② Andreas Mosbacher, *The Decision of the Federal Constitutional Court of 19 March 2013 on Plea Arrangements*, 15 Germany Law Review 5, 13 (2014).

③ 参见林钰雄:《刑事诉讼法》(上)，元照出版有限公司2017年版，第60—61页。

④ George Fisher, *Plea Bargaining's Triumph: A History of Plea Bargaining in America* 19 (Stanford University Press 2003).

正的同意，与之相反，是被告人在结构性强制下的屈服。因此，把刑事协商建立在合意原则基础上的尝试必然是错误的。美国至今尚未认识到这一点，是由于英美法从未严格区分民事法与刑事法，因而刑事诉讼的构造与民事诉讼相同。双方当事人互相对抗，与此相应的是，一方可以认可另一方的控告。德国立法者虽然认识到了这一矛盾，但试图借助程序设计加以克服。依据德国《刑事诉讼法》并不存在有罪答辩，或者说不存在承认指控而处分诉讼标的之机制，被告人作出供述只是一种证据。相应的，立法者“虚构”了法官通过接受供述履行其澄清案件之义务并且达到实质真实的情形。①更何况，虽然德国联邦宪法法院的判决认可了刑事协商的合宪性，但与辩诉交易适用率高达 90% 以上的美国相比，德国刑事协商的适用率显然并不高。但实际上，德国在设计刑事协商程序时本就没有追求美国式的效率以降低协商中产生强制及真相扭曲的风险。②甚至有来自德国实务部门的观点认为，总体而言，法院内部存在一种减少适用认罪协商的趋势，慕尼黑法院部分刑事法庭的审判长已经明确表示，他们将不再进行任何的认罪协商。③

三、认罪认罚从宽与德国刑事协商：制度样态之比较

2016 年 9 月 3 日，全国人大常委会通过《关于授权最高人民法院、最高人民检察院在部分地区开展刑事案件认罪认罚从宽制度试点工作的决定》；2016 年 11 月 11 日，最高人民法院、最高人民检察院、公安部、国家安全部、司法部印发《关于在部分地区开展刑事案件认罪认罚从宽制度试点工作的办法》（以下简称《办法》）。自此，为期两年的认罪认罚从宽制度试点开始步入正轨。《办法》对认罪认罚从宽制度的案件适用范围、基本原则、法律援助、强制措施以及侦查程序、审查起诉程序、审判程序中的实施方式和具体问题作出初步规定，在注重激励机制

---

① 参见 Bernd Schünemann:《公正程序（公正审判）与刑事诉讼中的协商（辩诉交易）》，载《中德刑事诉讼法学高端论坛“公正审判与认罪协商”论文集》，第 23 页。

② Turner，supra note 15, at 1596.

③ 参见 Manfred Nötzel:《刑事诉讼中的辩诉交易与认罪协商——司法实务角度的解读》，载《中德刑事诉讼法学高端论坛“公正审判与认罪协商”论文集》，第 89 页。

的同时，较为充分地考虑到风险防范问题[①]，认罪认罚从宽业已形成制度雏形。可以说，相比于德国刑事协商制度数十年的“无法可依”，认罪认罚从宽制度在起步之初总体上是较为规范的。但在试点实践中究竟运作样态如何，还需要实证研究加以检验。

德国联邦宪法法院 2013 年 3 月 19 日作出的判决尽管确认了刑事协商制度的合宪性，但同时指出，立法机关必须不断审查保障机制的有效性，一旦上述机制被证明是不完整或不适当的，立法机关必须及时作出改善，保证在法律规定的框架下进行协商，任何法律规定以外的非正式协商均是不被允许的。[②]经过 2009 年的修正，德国《刑事诉讼法》以第 257c 条为核心明确了法院与诉讼参与人之间的协商程序，法院可以在适当的情形下，依据本条款，与诉讼参与人就嗣后之诉讼进程及结果进行协商，而此时，第 244 条第 2 款规定的“法院为查明真相，应依职权，将证据调查涵盖对裁判具有重要性之所有事实及证据方法”不受影响。一旦被告人及检察官同意法院之提议时，即达成协商协议。但倘若法律或事实上具有重要性之情况被忽略或新出现，且法院因此确信，先前承诺之刑罚范围不再与犯罪行为或罪责相当时，则法院不受协商协议之拘束。这也同样适用于被告人的嗣后诉讼行为与法院预测所根据之行为不一致时。此时，被告人的自白不得被使用，法院应及时告知将背离先前承诺。[③]当然，除此之外，还有一些其他条款也涉及刑事协商程序，例如第 302 条第 1 款和第 35 条 a 对法律救济途径进行了规范。同时，作为保障，德国联邦宪法法院认为，判断刑事协商制度是否违宪的标准包括基本法所明确的罪责原则以及确定实质真实的相关义务，同时公正审判原则、无罪推定原则和法院保持中立的职责确保诉讼参与人不得自

---

① 包括确立基本原则、以辩护权防范制度偏差以及以法律责任为威慑等三方面风险防范措施。关于《办法》的深入解读，可参见魏晓娜:《〈认罪认罚从宽制度试点工作办法〉评析》，载《人民法治》2017 年第 1 期。

② Legal Regulation of Plea Bargaining is Constitutional–Informal Agreements are Impermissible(Press Release No. 17/2013 of 19 March 2013), https: //www.bundesverfassungsgericht.de/SharedDocs/Pressemitteilungen/EN/2013/bvg13–017.html，最后访问时间：2018 年 1 月 2 日。

③ 参见《德国刑事诉讼法——附德国法院组织法选译》，连孟琦译，元照出版有限公司 2016 年版，第 278—279 页。

由决定如何确定事实、如何适用法律进行判决。[①]

具体而言，我国认罪认罚从宽与德国刑事协商在制度层面的异同包括以下几方面。

（一）认罪协商的参与主体与适用阶段

中德两国在认罪协商中最显著的区别或许就在于协商的参与主体和适用阶段。根据《办法》规定，我国的认罪认罚从宽制度贯彻于刑事诉讼进程始终，侦查、审查起诉和审判阶段中，侦查人员、检察人员、审判人员均有义务告知犯罪嫌疑人、被告人享有的诉讼权利和认罪认罚可能导致的法律后果，听取犯罪嫌疑人、被告人及其辩护人或者值班律师的意见。但正如我国学者所言："只要是自愿、真实的认罪认罚，当然是越早越好。因为越早，犯罪事实发现得就早，挽回或减少犯罪危害后果的机会就大，侦查破案、收集证据的难度、阻力就小。"[②]所以认罪认罚从宽制度的启动大多在审前程序之中，认罪协商的主体是侦查人员、检察人员[③]与犯罪嫌疑人，审判人员并不直接参与认罪协商。而在德国，过往实践中被告人因为认罪而受到优待的协商，可以发生在刑事诉讼程序的各个阶段；但根据德国《刑事诉讼法》第257c条，刑事协商指法

① BVerfG，Judgment of the Second Senate of 19 March 2013 2 BvR 2628/10–2 BvR 2883/10–2 BvR 2155/11，https://www.bundesverfassungsgericht.de/SharedDocs/Entscheidungen/EN/2013/03/rs20130319_2bvr262810en.html，最后访问时间：2018年1月5日。

② 顾永忠：《关于"完善认罪认罚从宽制度"的几个理论问题》，载《当代法学》2016年第6期。

③ 当然，侦查人员与检察人员的处理权限并不相同。《办法》规定，侦查机关不得作出实质处理，仅有"对拟移送审查起诉的案件，侦查机关应当在起诉意见中写明犯罪嫌疑人自愿认罪认罚情况"，《办法》第9条规定的"犯罪嫌疑人自愿如实供述涉嫌犯罪的事实，有重大立功或者案件涉及国家重大利益，需要撤销案件的"情形除外。根据《办法》第11条、第13条的规定，审查起诉阶段，检察机关可以作出三种处理：其一，人民检察院向人民法院提起公诉的，应当在起诉书中写明被告人认罪认罚情况，提出量刑建议，并同时移送被告人的认罪认罚具结书等材料；其二，犯罪嫌疑人自愿如实供述涉嫌犯罪的事实，有重大立功或者案件涉及国家重大利益的，经最高人民检察院批准，人民检察院可以作出不起诉决定，也可以对涉嫌数罪中的一项或者多项提起公诉；其三，具有法律规定不起诉情形的，依照法律规定办理。

院和其他诉讼参与人对诉讼进程和结果进行协商。因此，狭义的认罪协商发生在审判程序之中，主导协商的是法官，即法官与诉讼参与人进行协商。[①] 这也意味着法官不仅可以启动协商，还应遵循德国《刑事诉讼法》第 257c 条第 3 款之规定，告知协商所能包括之内容，并在对案件所有情况及综合量刑考量进行自由评价后，提出刑罚的上限及下限。[②]

此外，德国《刑事诉讼法》第 202a 条、第 212 条鼓励审判长在控方提起公诉后、法院裁决开启审判前，以及审判程序开始后，启动刑事协商程序；第 243 条第 4 款规定，审判长有义务向公众宣布是否进行了协商，如果达成协商协议则需说明主要内容，并且，倘若上述告知所关涉的事项后来发生了变动，那么审判长在接下来的审判程序中也有义务告知；第 273 条第 1 款 a 规定，法院所制作的审判记录必须包括协商的重要过程、内容及结果，以及相关通知和告知义务的遵守情况，倘若未进行协商也应当注明。[③]

（二）认罪协商的适用条件与协商范围

德国刑事协商的前提条件是被告人承认被指控的犯罪事实，同时并未设定适用协商程序的具体案件范围。德国《刑事诉讼法》第 257c 条

---

① 过往，缺乏交流是德国刑事诉讼，尤其是审判程序中被诟病的一点，并不是说法庭上没有任何交流，而是说法院与诉讼参与人没有制度化的双向沟通方式，这也是推动协商制度发展的重要因素之一。Stefan König & Stefan Harrendorf, *Negotiated Agreements and Open Communication in Criminal Trials: The View point of the Defense*, 15 Germany Law Review 65, 68 (2014).

② 参见《德国刑事诉讼法——附德国法院组织法选译》，连孟琦译，元照出版有限公司 2016 年版，第 278 页。当然，也有理论观点提出，德国法律要求法官独立和中立，而这一规定也使得法官在刑事协商中处于冲突的角色定位之中，进而认为控辩双方达成认罪协议的过程中法官并不应当介入。Maike Frommann, *Regulating Plea-Bargaining in Germany: Can the Italian Approach Serve as a Model to Guarantee the Independence of German Judges* ? 5 Hanse Law Review 197, 218 (2009).

③ 参见《世界各国刑事诉讼法》编辑委员会编译:《世界各国刑事诉讼法 · 欧洲卷》(上)，中国检察出版社 2016 年版，第 245 页。

第1款所规定“适当的情形”原则上由法官自由裁量，[①] 同时该条第2款规定：“协商标的仅限于下列内容，即能成为判决及所属裁定内容之法律效果，以及在裁判基础之侦查审判程序中的其他与程序相关处分及诉讼参与人之诉讼行为。任何协商均应包括自白。有罪宣告和保安处分不得为协商标的。”[②] 关于我国认罪认罚从宽制度的适用条件，《办法》第1条规定：“犯罪嫌疑人、被告人自愿如实供述自己的罪行，对指控的犯罪事实没有异议，同意量刑建议，签署具结书的，可以依法从宽处理。”同时，第2条明确了四种不适用认罪认罚从宽制度的情形，即犯罪嫌疑人、被告人是尚未完全丧失辨认或者控制自己行为能力的精神病人的；未成年犯罪嫌疑人、被告人的法定代理人、辩护人对未成年人认罪认罚

① 对此，德国刑事法学界存在争议。例如，认为“适当的情形”就是被告人必须有辩护人（必要辩护/强制辩护），并认为少年案件不属于适当情形。SK/Velten，Bd. V（§§246a–295 StPO），4. Aufl.，2012，§257c Rn. 9. 而 Meyer–Goßner 认为，“适当的情形”这一限制并无意义，因为很难界定哪些属于“不适当”。现有判例认定不适当的包括：对被告人责任能力存疑之时，对团伙犯罪尚未查清全部情况就与其中个别成员协商之时。即使是谋杀案中，也有试图在罪责是否特别严重这一点上达成协议的（更不必说杀人和其他致死后果的案件了，德国刑法典规定谋杀处以终身自由刑，所以不能在量刑上协商，只能在刑罚执行方式上动脑筋，即今后是否能假释，而假释前提之一是判决时确定罪责不是特别严重）。因而，可以猜测律师会在每个案件里尝试是否存在协商的可能以及需要什么条件。Meyer–Goßner/Schmitt/Meyer–Goßner，60. Aufl.，2017，§257c Rn. 6. 同时，Meyer–Goßner 认为少年案件中并不绝对排斥协商，但是要注意不得和少年刑事程序的教育思想冲突。Meyer–Goßner/Schmitt/Meyer–Goßner，60. Aufl.，2017，§257c Rn. 7. 还有观点批评“适当的情形”不过是句空话，立法理由说明也未能阐明其内容，只是说要根据具体情况判断。目前尚不清楚哪些属于不适当。学者们各持己见，有的认为由州法院参审法庭一审的案件（谋杀/杀人、导致死亡结果的故意犯罪，以及特别严重的危害公共安全的犯罪，如通过核能制造爆炸）不适当，或者危害国家安全类案件不适当，或者涉及罪责是否特别严重问题的案件不适当。一致意见是认为对被告人责任能力存疑，需要专家鉴定的案件不适当；复杂案件，如经济案件中，个人无法对全部案情有了解的，属于不适当。但是说到底，是法官自行判断。LR/Stuckenberg，Bd. Ⅵ/Teil Ⅱ（§§256–295 StPO），26. Aufl.，2013，§257c Rn. 26. 同时，考虑到少年刑罚的特殊量刑规则和教育思想，立法者在立法理由说明里认为多数情况下少年案件属于不适当的情形，但是没有绝对排除协商的适用，认为其可在例外情况下进行。LR/Stuckenberg，Bd. Ⅵ6/Teil Ⅱ（§§256–295 StPO），26. Aufl.，2013，§257c Rn. 27.

② 参见《德国刑事诉讼法——附德国法院组织法选译》，连孟琦译，元照出版有限公司2016年版，第278页。

有异议的；犯罪嫌疑人、被告人行为不构成犯罪的；以及其他不宜适用的情形。这意味着，除了上述情形以外，只要符合《办法》第 1 条之规定的刑事案件均可以适用认罪认罚从宽制度。此外，我国刑法确立了罪刑法定和罪责刑相适应原则，在定罪量刑上也确立了严格的犯罪构成要件和量刑种类及幅度，认罪认罚从宽制度中的控辩协商不得以罪名为协商筹码，一般也不得以罪数为协商筹码，量刑减让的幅度通常也不得超过三成。同样，德国刑事协商制度也禁止罪行协商，不仅定罪不得成为协商的对象，并且量刑范围建议必须考量所有情节和一般量刑因素。显然，中德两国刑事诉讼中的协商都与美国之“辩诉交易”存在本质区别，后者通常以撤销指控、降格指控或者请求法官从轻判处刑罚为“交易”条件，换取有罪答辩，进而达成协议。

（三）认罪认罚从宽与德国刑事协商的制度属性

认罪认罚从宽制度是由一系列具体诉讼程序组成的集合性法律制度，而德国刑事协商是一项具体诉讼程序。认罪认罚从宽制度与宽严相济的刑事政策紧密相连，并将后者的政策内涵具化为法律制度进而贯彻适用，试图在程序向度彰显刑事政策之实践效果。易言之，认罪认罚从宽制度需要速裁程序、简易程序乃至普通程序加以具体兑现。《办法》第 16 条规定：“对于基层人民法院管辖的可能判处三年有期徒刑以下刑罚的案件，事实清楚、证据充分，当事人对适用法律没有争议，被告人认罪认罚并同意适用速裁程序的，可以适用速裁程序……”第 18 条规定：“对于基层人民法院管辖的可能判处三年有期徒刑以上刑罚的案件，被告人认罪认罚的，可以依法适用简易程序审判……”《办法》第 17 条规定不适用速裁程序或第 19 条规定应当转为普通程序的情形除外。而对于不属于基层人民法院管辖的案件，适用普通程序审理。而在德国《刑事诉讼法》中，刑事协商制度主要被规定于“第 2 编第一审程序”中的“第 6 章法庭审理”之下，与“第 6 编特别程序”中的“处刑命令程序”“保安处分程序”“快速审理程序”等并无直接交集，是第一审中的一项具体诉讼程序，并非集合性法律制度抑或刑事政策。可见，认罪认罚从宽制度与德国刑事协商制度在制度属性上存在区别。

四、认罪认罚从宽制度的未来：德国经验之启示

十多年前，我国理论界曾有过一次关于辩诉交易的集中讨论[①]，而现今推行的认罪认罚从宽制度也明显有别于当时受到部分学者批判的美国式辩诉交易，即不得对罪名、罪数进行“交易”。同时，认罪认罚从宽制度的推行，采取了较为温和的渐进式发展模式，从前期的刑事速裁程序试点到认罪认罚从宽制度试点，均允许制度试错，而非“一刀切”的修法式变革。就我国刑事司法而言，其运作土壤有别于德国抑或美国，一方面职权主义传统延续至今，另一方面近年来的改革进程中吸收了当事人主义元素。基于职权主义国家中追诉的性质，德国学说认为当事人并不能处分诉讼标的；而在英美当事人主义的理论框架下，控辩双方可以达成合意，当事人可以处分诉讼标的或放弃权利。这正是在认罪协商问题上界分职权主义与当事人主义的理论基础。对此，我们应当认真思考和回应。当然，认罪认罚从宽制度并不一定要在绝对的职权主义与当事人主义之间作出抉择，探索折中乃至本土化的理论基础与实践进路，或许实效更佳。毕竟，程序传统、组织文化、司法资源和犯罪率的细微差异，都会限制一种诉讼模式中的程序设计导入另一种诉讼模式。[②]在试点阶段，最重要的是于实践过程中发现问题、总结问题，进而作出理论推进，为解决本土问题提供思路，保障认罪认罚从宽制度的实施效果。质言之，理论与实务应当形成有效互动，避免陷入理论热而实务冷的窘境。然而，在调研中我们发现，经过一年多的试点，部分地区司法机关适用认罪认罚从宽制度的动力仍然不足，甚至有通过行政化指令向法官、检察官布置“任务”的现象，即每年或每月至少完成一定数量的认罪认罚从宽案件。倘若如此，即便官方数据颇为可观，[③]

---

① 主要相关探讨可参见卞建林:《如何看待被告人有罪答辩——辩诉交易的一点启示》，载《政法论坛》2002年第6期；陈光中主编:《辩诉交易在中国》，中国检察出版社2003年版。

② Turner，supra note 15, at 1596.

③ 2017年11月1日，在第十二届全国人民代表大会常务委员会第三十次会议上，最高人民法院、最高人民检察院分别作了《关于人民法院全面深化司法改革情况的报告》和《关于人民检察院全面深化司法改革情况的报告》。在报告中，最高人民法院透露，截至2017年9月，251个试点法院审结认罪认罚案件6.9万件，涉及7.8万人，占同期全部刑事案件的42.7%。其中，适用速裁程序审结的占69.7%，非监禁刑适用率达41.4%。而最高人民检察院的报告指出，截至2017年9月，276个试点检察院共对6.36万件案件适用认罪认罚从宽制度，占同期办结刑事案件总数的34.7%。此外，速裁程序试点过程中，审查起诉周期由过去平均20天缩短至5天。

试点之实质效果也是值得质疑的。是故，经过前文的初步梳理和比较，在借鉴与反思德国经验的基础上，需要完善认罪认罚从宽制度，进而夯实其理论基础和保障其运行实效。

（一）厘清“实体从宽”“程序从简”的正当性基础

当事人是否能处分诉讼标的进而达成合意，既是德国学界关于刑事协商程序的理论争议焦点，也是在认罪协商问题上界分职权主义与当事人主义的理论基础。通过引入协商因素，传统德国刑事诉讼运行中单方作出裁决的过程，正在一定程度上受到控辩审三方之协作过程的冲击。有观点认为，2009 年德国《刑事诉讼法》修正案导致的结果是传统诉讼模式与协商式诉讼模式并存。在前者中，被告人虽然属于诉讼程序的主体，但却处于屈从于法律的地位；而在协商式诉讼模式中，被告人对于诉讼结果有更多的影响力，而且能足够保障其基本权利。[①] 德国刑事司法体制中的这一转变也符合德国现代刑罚思想。过去法官对被告人处以其应得的刑罚，而现在法官们认识到，被告人自己主动接受刑罚，才是最有利于挽救与改造被告人的。[②] 但需要明确的是，在德国刑事诉讼中，供述作为被告人手中的“主要交换物”并非处分声明，而是一种人证，它和其他证据一样要接受法官的证据评价，在证据体系里不享有任何优先地位。[③] 在德国刑事协商程序中，《刑事诉讼法》第 244 条第 2 款所规定的“法院为查明真相，应依职权，将证据调查涵盖对裁判具有重要性之所有事实及证据方法”并未动摇，这也意味着国家追诉、实质真实、公正审判等原则依然应当坚守，且法院不但不能仅凭被告人自白而作出有罪判决，还负有澄清义务，仍应调查其他必要证据以证明其是否与事实相符。申言之，在德国职权主义的语境之下，量刑协商的正当性基础在于：其一，被追诉人认罪所表现出的真诚悔过降低了其社会危险性，刑罚之特殊预防的需要也随之相应降低；其二，有罪供述本身降低了案

---

① 参见 Manfred Nötzel:《刑事诉讼中的辩诉交易与认罪协商——司法实务角度的解读》，载《中德刑事诉讼法学高端论坛“公正审判与认罪协商”论文集》，第 89 页。

② 参见［德］约阿希姆·赫尔曼:《协商性司法——德国刑事程序中的辩诉交易》，程雷译，载《中国刑事法杂志》2004 年第 2 期。

③ 参见 Thomas Rönnau:《在试验台上的德国协商模式——在鼠疫和霍乱之间》，载《中德刑事诉讼法学高端论坛“公正审判与认罪协商”论文集》，第 161 页。

件的复杂程度并节约了司法资源，使得案件更容易达到证明标准。在此过程中，被追诉人并无可放弃或处分之诉讼标的与权利，其最终所受刑罚也并非仅凭其有罪供述所作出。

在我国认罪认罚从宽制度推进的过程中，有论者开始将“实体从宽”“程序从简”的正当性基础定义为“权利放弃对价说”，即由于被追诉人在明知且自愿的前提下主动放弃全部或者部分诉讼权利，国家可以采取省略乃至简化诉讼环节的方式，从而少受或者免受复杂且高成本程序带来的部分压力，国家据此对被追诉人从宽处罚，被追诉人还可因此少遭诉累，取得彼此互赢的结果。显然，这一观点更接近当事人主义，而非职权主义。但对于同样具有职权主义传统的我国而言，这一学说或许并不适合，理由有三：首先，保证准确、及时地查明犯罪事实，正确适用法律，是我国刑事诉讼的根本任务之一，国家追诉、发现真实之语境下，被追诉人是否有罪、判处何种刑罚，均是由事实和法律所决定的，并非被追诉人放弃或处分权利之对价；其次，我国《刑事诉讼法》第53条明确规定，只有被告人供述，没有其他证据的，不能据此定案，有罪供述只是降低了证明难度，但并未降低证明标准、转移证明责任，亦未免除法院审查判断之义务；最后，当前“认罪认罚”更多仍局限于犯罪嫌疑人、被告人通过坦白等方式换取宽大处理的传统认识，尤其是在尚未全面确立沉默权的前提下，倘若将被追诉人“权利放弃”视为“对价”进而左右是否有罪、判处何种刑罚，则可能异化为“以口供为中心”而强行要求或诱导被追诉人“认罪认罚”，反而不利于其权利保障。我们认为，可以将“认罪认罚”视作犯罪嫌疑人、被告人作为诉讼主体参与诉讼程序的理性选择之一，但绝非放弃或处分诉讼标的及权利。否则，一方面，违背认罪认罚从宽制度之初衷；另一方面，可能导致实践乱象之生成。因而，在这一点上，仍应坚持职权主义传统：“实体从宽”的正当性基础在于，被追诉人真诚认罪悔罪，刑罚之特殊预防的需要随之相应降低；“程序从简”的正当性基础在于，有罪供述降低了案件证明难度，通过相对简化的程序即可达到法定证明标准。

（二）明确认罪认罚从宽制度中参与主体之角色

因为认罪认罚从宽大多在审前程序中即已启动，所以检察人员和侦查人员主要承担发起者的角色，而我国法官的主要任务是审查认罪认罚的自愿性和认罪认罚具结书内容的真实性、合法性，而非启动协商。毕竟总体上我国法官尚不能像德国法官那般超然、中立，因而这样的制度设计是具有现实合理性的。但这并不能免去我国法官的职权调查义务，在这一点上，德国经验是值得借鉴的，而审查的重点应当是有罪供述的真实性和自愿性。被告人认罪既是诉讼中协商的目标和结果，也是程序简化的前提和基础。因而，庭审在法官的主持下，应当对被告人的有罪答辩进行缜密的审查判断，即通过对其答辩自愿性的审查、对其答辩能力的判断、对其是否理解指控的判断、对其是否理解有罪答辩可能产生后果的判断、对其是否理解自己放弃之权利的判断、对答辩之事实性基础的判断，保障被告人有罪答辩的自愿性、明智性和明知性。当然，除了启动认罪认罚从宽制度，检察机关作为承上启下并把控程序分流的关键一环，仍应积极履行法律监督职能，保障当事人合法权益。此外，德国刑事协商制度所明确的提示和告知义务以及禁止欺骗和误导行为的规定，亦是值得借鉴的。申言之，履行提示和告知义务亦即认真对待被告人的主体地位，只有当告知其相关信息后，才可称之为公正地对待了被告人；而审判机关和检察机关应当信守承诺，作为刑事追诉机关，不得进行恶意的欺骗，这也被视为是公正审判原则的一部分。同时，前文提到刑事协商制度在德国兴起的原因之一即是辩护方式的改变。因而，充分且有效的辩护是必需的，并且辩护律师应当与检察官一样，拥有获得相关信息的同等权利。[①] 协商程序并不会减少律师的工作量和难度，有德国律师认为，刑事协商制度的确立，反而意味着律师需要为案件进行更多的准备工作，包括证据收集等。[②] 2017 年 10 月，我国最高人民法院与司法部联合发布了《关于开展刑事案件律师辩护全覆盖试点工作的办法》，进一步强调适用简易程序、速裁程序审理的案件，被告人没有辩护人的，人民法院应当通知法律援助机构派驻的值班律师为其提供法

① 参见 Andreas Mosbacher:《公正审判原则——以德国联邦最高法院的判例为视角》，载《中德刑事诉讼法学高端论坛“公正审判与认罪协商”论文集》(北京，2017)，第 63 页。

② See Alexander Schemmel, Christian Corell & Natalie Richter, *Plea Bargaining in Criminal Proceedings: Changes to Criminal Defense Counsel Practice as a Result of the German Constitutional Court Verdict of 19 March 2013*, 15 Germany Law Review 43, 63 (2014).

律帮助。但当前值班律师之定位模糊，只是“提供法律帮助”而非“提供辩护”，这也就意味着值班律师的职责限定于法律咨询、程序选择、申请变更强制措施、见证具结书签署等程序性法律帮助事项，区别于“辩护人”，不享有阅卷权、调查取证权等。因此，如何在保证“量”的全覆盖的同时，给被告人提供切实且有效的法律帮助，是需要进一步研究的课题。

（三）探索进一步简化诉讼程序的可能

前已述及，认罪认罚从宽制度是由一系列具体诉讼程序组成的集合性法律制度，而德国刑事协商是一项具体诉讼程序。因此，认罪认罚从宽制度的实效，需要通过各种快速审理程序加以具体呈现。然而，我国刑事诉讼程序对于轻罪案件的处理，实际上是依照刑法中所谓“重罪重刑”结构设计，无法与快速处理轻罪案件的效率要求相适应。因此，为轻罪案件建构相匹配的诉讼程序具有必要性，刑事案件速裁程序也正是由此付诸试点。但对于刑事案件速裁程序本身，依然存在制度优化的必要，例如，刑事案件速裁程序需通过法庭审理，尽管由一名审判员独任审判、检察人员集中出庭，却仍对司法资源产生一定消耗，具备进一步简化之空间。当前试点中较为成功的“全流程简化模式”[①]，也仍然是在速裁程序的制度框架下进行的。以德国为镜鉴，其刑事案件程序分流机制包括“快速审理程序”和“处刑命令程序”，如果将我国刑事案件速裁程序与之比较，则更接近快速审理程序，而未达到处刑命令的简化程度。根据德国《刑事诉讼法》第6编第1章的相关规定，处刑命令程序是由检察官书面建议，法院根据检察官提出的证据及量刑作书面审理。法官经审查认为对签发处刑命令没有疑虑时，则同意检察官的申请，签发处刑命令，送达被告人，若被告人在规定期限内没有提出异议，处刑命令等同于发生法律效力的判决；若有异议，则转入一般审理程序。上述处刑命令被限制在罚金或吊销驾驶执照等，但是在被告人有辩护律师或指定有辩护律师的情况下，也可以包括通过缓刑方式执行的不超过1

---

① 这一模式强调在纵向构造上削减案件流转环节和流转时间。参见北京市海淀区人民法院课题组:《关于北京海淀全流程刑事案件速裁程序试点的调研——以认罪认罚为基础的资源配置模式》，载《法律适用》2016年第4期。

年的自由刑。[①]处刑命令程序虽然相对于一般程序作了简化，但依然建立起控辩双方平等、裁判者中立的“等腰三角形”结构，由控方发起，裁判者中立审查，辩方可以提出异议，尊重和保障了各方选择的权利，符合程序正义。因而，在案件事实清楚，证据确实、充分，被告人自愿认罪，当事人对适用法律没有争议，并尊重和保障被告人程序选择权、辩护权的前提下，对于轻微刑事案件可以探索进行类似处刑命令的书面审理，以进一步完善程序分流、节约司法资源。

① 参见［德］克劳思·罗科信:《刑事诉讼法（第24版）》，吴丽琪译，法律出版社2003年版，第602页。

配合与制约：监察调查与刑事诉讼的衔接 *

2018年3月20日，第十三届全国人民代表大会第一次会议表决通过了监察法。随着监察法的颁布实施，我国监察体制基本确立，国家监察体制改革步入新的发展阶段。国家监察体制改革的重要内容之一，是将检察机关原职务犯罪侦查职权转由监察机关专门行使。自监察机关专门行使职务犯罪调查权后，最重要的问题是监察机关如何与司法机关配合制约以及监察调查如何与刑事诉讼衔接。为了实现监察法与刑事诉讼法之间无缝衔接的目标，修正后的刑事诉讼法对上述问题作出了重点回应。此外，这一问题亦有赖学界同仁从理论层面给予深入研究。本文拟围绕监察调查与刑事诉讼衔接过程中的若干重要问题展开探讨。

一、监察法与刑事诉讼法之关系

要实现监察法与刑事诉讼法之间无缝衔接的目标，首先必须正确认识两法之间的关系。有论者提出，刑事诉讼法在法律体系中应从属于监察法，依据在于监察法的源头性、引领性和刑事诉讼法的部门性、后继性。[①] 笔者对此观点并不认同。其主要理由如下：

第一，从法律位阶看，由于监察法和刑事诉讼法皆属于国家基本法律，因此两者并不存在从属关系。宪法和立法法均将法律分为基本法律和其他法律，分别由全国人民代表大会和全国人民代表大会常务委员会制定。这是基于全国人民代表大会和全国人民代表大会常务委员会各自行使的立法权限所作出的区分，相应的，基本法律的效力要高于其他法

---

* 原文发表于《法商研究》2019年第1期。

① 参见吴建雄、王友武：《监察与司法衔接的价值基础、核心要素与规则构建》，载《国家行政学院学报》2018年第4期。

律的效力。从监察法和刑事诉讼法的立法权限与立法程序看，两者均是根据宪法由全国人民代表大会制定的基本法律，性质上都是“中国的国家立法，具有最高性、根本性、完整性和独立性”①，故其法律效力仅次于宪法，而高于其他法律、行政法规、地方性法规和各种规章。因此，从法理上讲，监察法与刑事诉讼法是同位法，并无上下位之分，更无从属关系可言。

第二，监察法的重要性并不消解刑事诉讼法的重要性。有论者提出，监察法作为我国第一部反腐败国家立法，是一部体现党和国家自我监督的基本法律，因而处于源头性、引领性的重要地位。②笔者认为，这一观点值得商榷。监察法的颁布实施是将我国监察体制改革的成果固定化、法治化，对于全面依法治国、建设法治国家有着重要意义。应当将监察法的源头性、引领性理解为我国反腐败领域一部具有统领性、基础性作用的基本法律，并从全面深化改革、完善和发展中国特色社会主义制度、推进国家治理体系和治理能力现代化的大局去考量。刑事诉讼法确保对被告人基本权利的干预与宪法具有合致性③，这也是其被誉为“应用宪法”或“宪法测震仪”的原因所在。在刑事程序法领域，刑事诉讼法同样具有统领性、基础性的作用，其不仅是实现全面依法治国、建设法治国家目标的刑事程序法保障，而且是“国家治理法治化的重点”。④从这个角度看，监察法和刑事诉讼法在“全面依法治国”的时代主题之下均具有不可替代的重要价值，因此，以监察法具有源头性、引领性的作用来消解刑事诉讼法在国家法律体系中的重要地位并不妥当。

第三，刻意弱化刑事诉讼法的地位将有碍国家监察体制改革目标之实现。监察体制改革以后，我国职务犯罪由国家监察机关统一调查。监察机关所享有的这一调查权是为案件进入司法程序而服务的，其目的

---

① 周旺生：《立法学》，法律出版社2004年版，第189页。

② 参见吴建雄、王友武：《监察与司法衔接的价值基础、核心要素与规则构建》，载《国家行政学院学报》2018年第4期。

③ 参见林钰雄：《刑事诉讼法》（上册），中国人民大学出版社2005年版，第18页。

④ 参见卞建林、谢澍：《“以审判为中心”与刑事程序法治现代化》，载《法治现代化研究》2017年第1期。

在于查明犯罪事实并追究被调查人的刑事责任。[1]加之，对监察机关调查行为的后续评价仍然需要遵循刑事诉讼法的相关规定，因而尽管监察机关的调查权不受刑事诉讼法的规范，但是其最终仍将产生等同于刑事诉讼法上侦查权的法律效果。要实现国家监察体制改革的目标，保障国家监察权的法治化、规范化、制度化，就应当依照宪法和法律的规定，尊重和保障人权，遵循正当程序要求，体现司法改革成果。前述论者以刑事诉讼法具有部门性和后继性为由主张其在法律体系中处于从属地位，实质上是未正确认识刑事诉讼法在监察体制改革中重要作用的表现。笔者认为，只有充分尊重与肯定刑事诉讼法基本法律的重要地位，发挥程序法治对于监察机关的制约作用，才能确保将监察机关的调查行为最终纳入法治轨道，以实现国家监察体制改革的目标。

二、案件管辖之协调衔接

（一）刑事案件职能管辖的基本内容

职能管辖的实质是办案机关直接受理刑事案件的权限划分。国家监察体制改革的重要内容，是将检察机关的职务犯罪侦查职能和人员转隶监察委员会，由后者实际承担原由检察机关承担的职务犯罪侦查职能。[2]这一转变重构了我国刑事案件职能管辖的格局，结合修正后的刑事诉讼法的相关内容，当前刑事案件职能管辖的基本内容如下：（1）除法律另有规定之外，刑事案件由公安机关管辖。（2）人民检察院可以管辖在对诉讼活动实行法律监督过程中发现的司法工作人员利用职权实施的非法拘禁、刑讯逼供、非法搜查等侵犯公民权利、损害司法公正的犯罪案件。对于公安机关管辖的国家机关工作人员利用职权实施的重大犯罪案件，需要由人民检察院直接受理时，经省级以上人民检察院决定，也可以由人民检察院管辖。（3）人民法院管辖自诉案件。（4）监察委员会管辖公职人员实施的职务犯罪案件。

---

① 参见汪海燕：《监察制度与〈刑事诉讼法〉的衔接》，载《政法论坛》2017年第6期。

② 参见龙宗智：《监察与司法协调衔接的法规范分析》，载《政治与法律》2018年第1期。

（二）监察机关管辖的案件范围

在实践中，职务犯罪调查可能涉及监察机关与公安机关、检察机关在管辖上的协调衔接，因此应首先明确监察机关管辖案件的具体范围。

《监察法》第 3 条规定："各级监察委员会是行使国家监察职能的专责机关，依照本法对所有行使公权力的公职人员（以下简称公职人员）进行监察，调查职务违法和职务犯罪……"该法第 11 条规定，监察委员会依照本法和有关法律规定履行监督、调查、处置职责，对涉嫌贪污贿赂、滥用职权、玩忽职守、权力寻租、利益输送、徇私舞弊以及浪费国家资财等职务违法和职务犯罪进行调查；对涉嫌职务犯罪的，将调查结果移送人民检察院依法审查、提起公诉。上述内容是监察机关职务犯罪调查的依据，并从宏观上界定了监察机关管辖案件的范围，即公职人员在行使公权力过程中实施的职务犯罪案件。随后，由中共中央纪律检查委员会、国家监察委员会颁行的《国家监察委员会管辖规定（试行）》则进一步明确了监察机关管辖的案件内容，具体包括 6 类犯罪 88 个罪名，共涉及刑法条文 95 条（见表 1）。

表 1　监察机关管辖罪名的具体内容

贪污贿赂犯罪（17 个）	贪污罪，挪用公款罪，受贿罪，单位受贿罪，利用影响力受贿罪，行贿罪，对有影响力的人行贿罪，对单位行贿罪，介绍贿赂罪，单位行贿罪，巨额财产来源不明罪，隐瞒境外存款罪，私分国有资产罪，私分罚没财物罪，非国家工作人员受贿罪，对非国家工作人员行贿罪，对外国公职人员、国际公共组织官员行贿罪
滥用职权犯罪（15 个）	滥用职权罪，国有公司、企业、事业单位人员滥用职权罪，滥用管理公司、证券职权罪，食品监管渎职罪，故意泄露国家秘密罪，报复陷害罪，阻碍解救被拐卖、绑架妇女、儿童罪，帮助犯罪分子逃避处罚罪，违法发放林木采伐许可证罪，办理偷越国（边）境人员出入境证件罪，放行偷越国（边）境人员罪，挪用特定款物罪，非法剥夺公民宗教信仰自由罪，侵犯少数民族风俗习惯罪，打击报复会计、统计人员罪
玩忽职守犯罪（11 个）	玩忽职守罪，国有公司、企业、事业单位人员失职罪，签订、履行合同失职被骗罪，国家机关工作人员签订、履行合同失职被骗罪，环境监管失职罪，传染病防治失职罪，商检失职罪，动植物检疫失职罪，不解救被拐卖、绑架妇女、儿童罪，失职造成珍贵文物损毁、流失罪，过失泄露国家秘密罪

续表

徇私舞弊犯罪（15 个）	徇私舞弊低价折股、出售国有资产罪，非法批准征收、征用、占用土地罪，非法低价出让国有土地使用权罪，非法经营同类营业罪，为亲友非法牟利罪，枉法仲裁罪，徇私舞弊发售发票、抵扣税款、出口退税罪，商检徇私舞弊罪，动植物检疫徇私舞弊罪，放纵走私罪，放纵制售伪劣商品犯罪行为罪，招收公务员、学生徇私舞弊罪，徇私舞弊不移交刑事案件罪，违法提供出口退税凭证罪，徇私舞弊不征、少征税款罪
重大责任事故犯罪（11 个）	重大责任事故罪，教育设施重大安全事故罪，消防责任事故罪，重大劳动安全事故罪，强令违章冒险作业罪，不报、谎报安全事故罪，铁路运营安全事故罪，重大飞行事故罪，大型群众性活动重大安全事故罪，危险物品肇事罪，工程重大安全事故罪
公职人员其他犯罪（19 个）	破坏选举罪，背信损害上市公司利益罪，金融工作人员购买假币、以假币换取货币罪，利用未公开信息交易罪，诱骗投资者买卖证券、期货合约罪，背信运用受托财产罪，违法运用资金罪，违法发放贷款罪，吸收客户资金不入账罪，违规出具金融票证罪，对违法票据承兑、付款、保证罪，非法转让、倒卖土地使用权罪，私自开拆、隐匿、毁弃邮件、电报罪，职务侵占罪，挪用资金罪，故意延误投递邮件罪，泄露不应公开的案件信息罪，披露、报道不应公开的案件信息罪，接送不合格兵员罪

（三）检察机关管辖的案件范围

修正后的刑事诉讼法保留了检察机关的部分侦查权。具体而言，人民检察院作为法律监督机关，可以在履行法律监督职责的过程中，管辖司法工作人员利用职权实施的侵犯公民权利、损害司法公正的犯罪案件。具体涉及徇私枉法罪，民事、行政枉法裁判罪，执行判决裁定失职罪，执行判决裁定滥用职权罪，私放在押人员罪，失职致使在押人员脱逃罪，徇私舞弊减刑、假释、暂予监外执行罪，非法拘禁罪，非法搜查罪，刑讯逼供罪，暴力取证罪，虐待被监管人罪，非法侵入住宅罪等罪。此外，对于公安机关管辖的国家机关工作人员利用职权实施的重大犯罪案件，需要由人民检察院直接受理的，经省级以上人民检察院决定，也可以由人民检察院管辖。

笔者认为，给检察机关保留部分侦查权，体现了法律监督性、补充性、灵活性三个方面的特征。法律监督性，指保留的部分职务犯罪侦查权在本质上是“适应检察监督权特点的需要”①，其目的是更好地实现检察机关的诉讼监督职能，以防止“将职务犯罪侦查职能剥离后，检察机关缺少落实法律监督的重要手段”②。补充性，指保留的部分侦查权并不破坏监察机关职务犯罪调查权的完整性，其主要起补充与配合的作用。灵活性，指继续保留检察机关对公安机关管辖的国家机关工作人员利用职权实施的重大犯罪案件的机动侦查权，由检察机关根据案件的具体情况来决定是否予以管辖。

（四）职能管辖竞合的协调处理

结合监察法与修正后的刑事诉讼法的规定可以看出，立法者对于案件管辖作出了较为清晰的安排。尽管如此，由于监察机关的监察范围广泛，因此在实践中可能出现两个以上的办案机关对案件都有管辖权的情况，为此有必要对监察机关、公安机关、检察机关在职能管辖竞合上的问题予以解决。

第一，监察机关管辖的案件范围是公职人员在行使公权力过程中实施的职务犯罪案件。值得注意的是，一些公职人员实施的犯罪可能与行使公权力或职务便利无关，在此种情况下应依法由公安机关管辖案件。换言之，在由监察机关管辖的88个罪名中，有些属于监察机关的专属管辖，有些则属于监察机关与公安机关共同管辖。公职人员在行使公权力过程中涉嫌的上述罪名，应由监察机关管辖；反之，则由公安机关管辖。

第二，由于《监察法》第3条、第11条的规定可能导致监察法中的公职人员与刑法中的国家工作人员无法完全对应，因此一部分公职人员可能并不具有刑法规定的国家工作人员之身份，但其在履行公职过程中实施的犯罪也属于职务犯罪，应当由监察机关依法管辖。

第三，修正后的刑事诉讼法所保留的检察机关的部分侦查权，即人民检察院管辖的司法工作人员利用职权实施的侵犯公民权利、损害司法公正的犯罪案件，应当基于实现法律监督职责的考量由人民检察院行使

① 参见朱孝清:《国家监察体制改革后检察制度的巩固与发展》，载《法学研究》2018年第4期。

② 秦前红:《全面深化改革背景下检察机关的宪法定位》，载《中国法律评论》2017年第5期。

管辖权，但由于犯罪主体存在交叉重合，因此并不意味着检察机关具有专属管辖权。

第四，以监察机关为主导的原则。根据《监察法》第34条的规定，被调查人既涉嫌严重职务违法或者职务犯罪，又涉嫌其他违法犯罪的，一般应当以监察机关为主进行调查，其他机关予以协助。

笔者认为，处理职能管辖竞合比较妥当的方式，是先由监察机关与公安机关、检察机关等协商解决管辖问题，即建立案件管辖的前置协调沟通机制。因为“一刀切”地适用以监察机关为主导的原则，可能与监察机关承担的反腐败职能不符，从而不利于案件的办理。从司法实践的经验看，当产生职能管辖竞合的情况时，通常分别立案侦查，但以涉嫌主罪来确定管辖主体。[①] 例如，在“赵黎平故意杀人、受贿、非法持有枪支、弹药、非法储存爆炸物案”[②] 中，行为人既有受贿犯罪，也涉及故意杀人、非法持有枪支、弹药、非法储存爆炸物等重大刑事犯罪。因此，在主罪系普通刑事犯罪的情况下，由公安机关负责管辖、监察机关予以配合将更有利于案件之办理。据此，为了确保刑事案件管辖分工之清晰，同时确保刑事案件办理之高效，有必要加强监察机关、公安机关、检察机关之间的管辖协调。这也与《监察法》第4条确立的互相配合原则相一致。

三、留置措施与刑事强制措施之衔接

留置对人身自由严格限制的强度接近于监禁。[③] 鉴于留置措施的严厉性与干预性，笔者认为，只有将留置措施纳入法治轨道，实现与刑事

---

① 参见最高人民法院、最高人民检察院、公安部、国家安全部、司法部、全国人大常委会法制工作委员会《关于实施刑事诉讼法若干问题的规定》第1条：“公安机关侦查刑事案件涉及人民检察院管辖的贪污贿赂案件时，应当将贪污贿赂案件移送人民检察院；人民检察院侦查贪污贿赂案件涉及公安机关管辖的刑事案件，应当将属于公安机关管辖的刑事案件移送公安机关。在上述情况下，如果涉嫌主罪属于公安机关管辖，由公安机关为主侦查，人民检察院予以配合；如果涉嫌主罪属于人民检察院管辖，由人民检察院为主侦查，公安机关予以配合。”

② 参见《内蒙古政协原副主席赵黎平涉故意杀人等被公诉》，载http: //www.souhu.com/a/112385685_155403，最后访问时间：2018年12月20日。

③ 参见陈光中、邵俊：《我国监察体制改革若干问题思考》，载《中国法学》2017年第4期。

强制措施之间的良好衔接，才能依法保障被调查人的合法权益。

（一）留置措施的规范

用留置替代“双规”是摆脱纪法难容困境、整合反腐资源的重要改革举措。①《监察法》第22条、第43条、第44条对留置措施的适用作出了较为详细的规定，是我国法治建设的重大进步。

第一，留置的条件。被调查人涉嫌贪污贿赂、失职渎职等严重职务违法或犯罪，监察机关已经掌握部分违法犯罪事实及证据，且具有案情重大、复杂，或可能逃跑、自杀，或可能妨碍收集证据，或妨碍调查情形的，可以经审批采取留置措施。

第二，留置的决定。各级监察机关采取留置措施，都应当经本机关领导人员集体研究决定。就批准权限而言，市级、县级监察机关决定采取留置措施的，还应当报上一级监察机关批准。省级监察机关决定采取留置措施的，还应当报国家监察委员会备案。

第三，留置的时间。留置原则上不得超过3个月。在特殊情况下，可以延长一次，延长时间不得超过3个月。

第四，留置的场所。目前实践中一般选择在监察机关的办案场所或公安机关管理的场所如看守所（专门的留置区域）等地实施留置。

第五，留置的监管。监察机关对被调查人采取留置措施后，应当在24小时以内通知被留置人员所在的单位和家属，保障被留置人员的饮食、休息和安全，提供医疗服务等。

遗憾的是，监察法并未对留置期间辩护律师的介入等问题作出规定，且尚有许多具体的技术性问题未能落实，如专门留置场所的建设、留置监管人员的确定等。正如有的学者所言，留置运行中仍存在不少程序性障碍②，继而可能妨碍与刑事诉讼程序的后续衔接。

（二）留置措施的衔接

监察机关根据调查结果认定被调查人涉嫌的犯罪事实清楚，证据确

---

① 参见刘艳红、夏伟:《法治反腐视域下国家监察体制改革的新路径》，载《武汉大学学报（哲学社会科学版）》2018年第1期。

② 参见叶青:《监察机关调查犯罪程序的流转与衔接》，载《华东政法大学学报》2018年第3期。

实、充分的，就应当移送人民检察院依法审查、提起公诉。在监察机关已经对被调查人采取留置措施的情况下，案件一旦进入刑事诉讼程序就面临留置措施如何与刑事强制措施衔接的问题。

对此，《监察法》第47条作出了原则性的规定："对监察机关移送的案件，人民检察院依照《中华人民共和国刑事诉讼法》对被调查人采取强制措施。"修正后的刑事诉讼法则进一步明确："对于监察机关移送起诉的已经采取留置措施的案件，人民检察院应当对犯罪嫌疑人先行拘留，留置措施自动解除。人民检察院应当在拘留后的十日以内作出是否逮捕、取保候审或者监视居住的决定。在特殊情况下，决定的时间可以延长一日至四日。人民检察院决定采取强制措施的期间不计入审查起诉期限。"由此可见，在监察机关调查的案件进入刑事诉讼以后，应当先由检察机关采取拘留措施作为过渡，并利用拘留的期限进行审查，然后作出是否适用刑事强制措施的决定。

这其中涉及两个重要的问题应予解决。

第一，留置措施与刑事强制措施如何衔接。笔者认为，留置措施与刑事强制措施的衔接并非自行衔接，而必须是经过检察机关严格审查后的依法衔接。即对已经采取留置措施的被调查人，检察机关应当利用先行拘留的过渡期，对是否适用逮捕、取保候审或者监视居住等强制措施进行审查。如果检察机关决定适用逮捕措施，那么必须依照刑事诉讼法的规定进行批捕与羁押必要性审查。这是将留置措施纳入法治轨道的应有之义。否则，可能会如有的学者指出的那样，会使留置成为一块完全不受刑事诉讼法影响、渗透的"飞地"。①

第二，留置措施与刑事强制措施如何转换。即检察机关审查起诉时决定逮捕的犯罪嫌疑人需要退回监察机关补充调查的应当如何处理。这其中涉及强制措施的转换、羁押地点的改变、期间的计算甚至刑期折抵等问题。笔者认为，应当坚持"案退、人不退"的原则，即使发生程序流转，案件退回监察机关补充调查，也不宜恢复留置措施。因为退回补充调查并未改变案件已进入审查起诉阶段的事实，且无论是从便利与效率方面考量，还是基于对被羁押人监管安全方面的考量，都无必要再重

---

① 参见魏晓娜:《职务犯罪调查与刑事诉讼法的适用》，载《中国人民大学学报》2018年第4期。

新恢复适用留置措施，而应当参照刑事诉讼法关于补充侦查的相关规定进行处理。

四、监察程序与刑事诉讼程序之衔接

笔者认为，监察调查与刑事诉讼程序的衔接应当建立在配合与制约的原则之上，即监察机关行使职权应当严格遵守监察法和其他法律的有关规定，与司法机关互相配合、互相制约，保证法律得到准确有效的执行。更为重要的是，监察调查与刑事诉讼程序的衔接必须贯彻法治精神，体现司法改革成果，发挥程序法治的价值。

（一）与公诉程序的衔接：发挥检察机关的法律监督职能

有学者指出，监察法的出台打破了以往的“侦查—公诉”格局，呈现出一种全新的“调查—公诉”模式。[①]这是因为国家监察体制改革并未改变国家公诉主义和公诉权检察院独占主义，对于监察机关调查终结的职务犯罪案件，凡须请求国家动用刑罚权追究被调查人刑事责任的，都必须经过人民检察院的审查起诉。根据《监察法》第45条的规定，监察机关对被调查人涉嫌的职务犯罪调查后，认为犯罪事实清楚，证据确实、充分的，应当制作起诉意见书，连同案卷材料、证据一并移送人民检察院依法审查、提起公诉。此时即是由监察程序向公诉程序转换，正式出现与刑事诉讼程序衔接的问题。笔者认为，在监察调查与检察公诉的衔接过程中，应当重点发挥检察机关的法律监督职能。

第一，审查起诉。检察机关应当依法对监察机关移送的案件进行审查，决定是否提起公诉。这既是检察机关与监察机关制约关系的主要体现，也是检察机关履行公诉职能的重要手段。在公诉制度产生之初，即以分权制衡为理论基础，而检察机关作为侦查机关与审判机关之间的楔子，负责刑事追诉之审查，即“实现对侦查权与审判权的双向控制”。[②]检察机关依法独立行使职权，有助于实现刑事诉讼法追诉犯罪与保障人权的双重目标，使得对法益之保护贯穿于整个刑事诉讼程序。[③]审查起诉是检察机关公诉职能的重要部分，为了保证国家公诉权行使的合法

① 参见李奋飞：《“调查—公诉”模式研究》，载《法学杂志》2018年第6期。

② 朱孝清、张智辉主编：《检察学》，中国检察出版社2010年版，第8页。

③ 参见林钰雄：《检察官论》，学林文化事业有限公司1999年版，第17页。

性、统一性和严肃性，检察机关应对监察机关移送案件的事实、证据、法律等进行全面审查，严格把关，以确保公诉质量，同时还应对监察机关的调查活动是否合法进行监督，以实现监察程序与刑事诉讼程序“依法衔接”。

第二，决定不起诉。《监察法》第47条规定：“人民检察院对于有《中华人民共和国刑事诉讼法》规定的不起诉的情形的，经上一级人民检察院批准，依法作出不起诉的决定。监察机关认为不起诉的决定有错误的，可以向上一级人民检察院提请复议。”相较此前监察法（草案）所限定的不起诉条件，以及“征求意见＋报经批准”的不起诉程序[①]，监察法的规定较为妥当，从制度上具体落实了互相制约的原则，从而确保检察机关能够依法独立行使职权。不过，考虑到我国不起诉制度适用情况本身就不理想的现实，检察机关不宜再出台内部的规定或指标对监察案件适用不起诉决定进行特别的约束。

第三，补充侦查。根据《监察法》第47条的规定，人民检察院经过审查，认为需要补充核实的，应当退回监察机关补充调查，必要时也可以自行补充侦查。修正后的刑事诉讼法对于补充侦查亦作出了同样的规定。正如有的学者所言，我国检察机关的补充侦查权并不依附于侦查权，而是公诉权派生出来的应有权力。[②]因此，检察机关的补充侦查权体现了公诉权的本质，本身就具有监督属性，与检察机关承担的法律监督职能具有内在的逻辑联系。当前部分检察机关内部出台相关规定，禁止检察机关对监察机关移送的案件退回补充侦查。笔者认为，这一做法并不妥当，既与监察法、刑事诉讼法的相关规定相背离，又混淆了检察机关与监察机关互相制约的关系，将对检察机关独立行使职权产生不利影响，继而可能损害检察机关法律监督职能之实现。

（二）与审判程序的衔接：发挥以审判为中心的实质作用

党的十八届四中全会决定明确提出：“推进以审判为中心的诉讼制

① 《中华人民共和国监察法（草案）》第45条规定：“……对于证据不足、犯罪行为较轻，或者没有犯罪事实的，应当征求监察机关意见并报经上一级检察机关批准，依法作出不起诉的决定。监察机关认为不起诉的决定有错误的，可以要求复议。”

② 参见陈卫东：《职务犯罪监察调查程序若干问题研究》，载《政治与法律》2018年第1期。

度改革，确保侦查、审查起诉的案件事实证据经得起法律的检验。”当下我国正在推进以审判为中心的诉讼制度改革，其主要内容就是要确保侦查、审查起诉的案件事实证据经得起法律的检验，保证庭审在查明事实、认定证据、保护诉权、公正裁判中发挥决定性作用；其主要目的是使各办案部门重视庭审的决定性作用，严格证据标准，确保案件质量，从而有效防止冤假错案的发生。要实现“以审判为中心”的目标，首先应当进一步理顺侦查权、检察权与审判权分工配合制约的关系，强化审判权在司法权力配置和运行中的核心地位。①从这个角度看，其与强调监察机关与审判机关的制约关系也是相契合的。笔者认为，贯彻以审判为中心的改革精神，体现以审判为中心的改革成果，就是要审判机关通过庭审对监察调查的结论进行裁判，对监察调查的行为进行评价，对监察调查收集的证据进行审查，对以违法方法收集的证据进行排除，继而实质性地发挥审判对监察调查的制约作用，避免监察调查重新走上“以侦查为中心”的老路。

第一，排除非法证据。《监察法》第33条规定：“以非法方法收集的证据应当依法予以排除，不得作为案件处置的依据。”该法第40条规定：“严禁以威胁、引诱、欺骗及其他非法方式收集证据，严禁侮辱、打骂、虐待、体罚或者变相体罚被调查人和涉案人员。”上述规定表明，监察法已经认可非法证据排除规则之精神，使该规则同样适用于监察调查。因此，当监察案件进入审判阶段，人民法院理应有权适用非法证据排除规则对监察机关非法收集的证据予以排除。尤其是考虑到监察调查程序相对封闭，欠缺足够的司法审查与公众监督，加上职务犯罪案件本身就对言词类证据高度依赖，人民法院应以非法证据排除规则来作为制约监察机关调查权的主要手段。在适用非法证据排除规则时，人民法院应以刑事诉讼法及司法解释的相关规定为依据，严格适用刑事诉讼法规定的标准来认定及排除非法证据。

第二，监察人员出庭作证。庭审实质化是“以审判为中心”的重要内容，而证人出庭作证又是推进庭审实质化的重要举措之一。《刑事诉讼法》第59条第2款规定：“现有证据材料不能证明证据收集的合法性

① 参见卞建林、谢澍：《“以审判为中心”：域外经验与本土建构》，载《思想战线》2016年第4期。

的，人民检察院可以提请人民法院通知有关侦查人员或者其他人员出庭说明情况。”遗憾的是，监察法和刑事诉讼法均未对监察人员出庭作证作出规定，因而人民法院在审查处理监察调查收集证据合法性问题时可能会陷入较为尴尬的境地，并且也不利于人民法院适用非法证据排除规则。笔者认为，在监察调查案件进入审判阶段后，应当遵循刑事诉讼法规定的程序进行审理，因此监察人员自然不应成为出庭作证的例外。建议参照侦查人员出庭作证的相关规定，即人民法院认为监察人员有必要出庭时，应当通知监察人员出庭说明情况，以证明监察调查的合法性。

五、监察调查与律师介入

由于监察机关行使的调查权实质上是不冠名的“刑事侦查权”[①]，因此程序法治原则应当成为监察调查的原则之一。程序法治，是指通过建构和完善程序法律制度来实现国家法治目标的模式，其核心是程序正义，就是要通过正当的法律程序，保障诉讼结果的公正性，同时保障法律实施过程的正当性。[②]程序法治原则的核心是加强诉讼中的人权保障。诚如有的学者所言：“人权保障实际上就是要为公权力设定界限，成为制约权力的重要手段。”[③]因此，监察体制改革不能“只转权力、不转权利”[④]，应当将被调查人的权利保障考虑在内，合理制约监察机关权力的行使，防止权力被乱用。

笔者认为，允许律师介入监察调查是程序法治原则在监察调查中的重要体现。遗憾的是，当前的监察调查并未给律师介入留下空间，剥夺了被调查人的律师帮助权，架空了被调查人的防御权。这显然与体现程序法治价值的目标相背离。更为严重的是，如此制度安排可能造成监察法与刑事诉讼法在衔接上的不畅。例如，监察法与刑事诉讼法均规定监察案件可以适用认罪认罚从宽制度，而律师帮助又是认罪认罚从宽制度的必要保障，若将律师排除在监察调查之外，则会造成监察案件适用认

---

① 参见张建伟：《法律正当程序视野下的新监察制度》，载《环球法律评论》2017年第2期。

② 参见卞建林：《监察机关办案程序初探》，载《法律科学》2017年第6期。

③ 韩大元：《完善人权司法保障制度》，载《法商研究》2014年第3期。

④ 熊秋红：《监察体制改革中职务犯罪侦查权比较研究》，载《环球法律评论》2017年第2期。

罪认罚从宽制度出现重大障碍的后果。因此，允许律师介入监察调查具有正当性与必要性。当然，考虑到我国监察体制改革的特殊性以及当前反腐败斗争形势的严峻性、复杂性，可以结合实际情况有条件地准许律师介入。为此，笔者提出如下建议。

第一，自被调查人被监察机关采取留置措施之日起，应当允许律师介入职务犯罪调查程序。一方面，这一时间的设定参照遵循了刑事诉讼法的有关规定，能够较为妥当地实现与刑事诉讼程序的衔接；另一方面，亦考虑了监察调查的特殊性，即违法调查与犯罪调查的界限确实比较模糊，因而未在第一次讯问被调查人时即允许律师介入。因此，将律师介入的时间限定为“被调查人被监察机关采取留置措施之日起”，既不至于给监察调查带来风险，又能保证监察调查程序的正当性。

第二，对于监察机关正在调查的重大职务犯罪案件，可以给律师介入设置一定的条件。从立法意图看，作如此制度安排与修正前的刑事诉讼法对特别重大的贿赂犯罪在律师会见方面作出限制是相通的。即可依法设定可能有碍监察机关调查的情形，在有碍调查的情形消失后，律师可以不经许可会见被调查人，且在调查终结前应当许可律师会见被调查人。

刑事速裁程序的实践观察与立法展望*

一、刑事速裁程序的改革背景

我国刑事速裁程序的试点改革，不仅是对其他法治发达国家和地区刑事司法实践经验的有益借鉴，更是立足我国国情和司法现实而作出的重要探索。

（一）回应日益突出的人案矛盾，构建刑事案件繁简分流机制

近年来，随着社会管理的不断创新和刑事立法的日趋完善，尤其是刑法修正案将一些过去仅是违法的行为犯罪化，我国的入罪门槛有所降低，轻微刑事案件的数量不断增多，其在全部刑事案件中所占比例呈持续上升趋势。加之我国劳教制度于 2013 年年底被正式废止，其中亦有相当一部分轻微犯罪被纳入刑事处罚的范围。在此背景之下，司法机关“案多人少”的矛盾日益突出，我国刑事司法实践迫切需要创设更符合轻微刑事案件特点、更为快速简便的诉讼程序，以分担因轻微刑事案件数量增加而带来的现实压力。

正是为了回应日益突出的人案矛盾，我国以构建刑事案件繁简分流机制为目标，开展了刑事速裁程序的试点改革。2014 年 6 月，全国人大常委会通过了《关于授权最高人民法院、最高人民检察院在部分地区开展刑事案件速裁程序试点工作的决定》，授权在北京等 18 个城市开展刑事案件速裁程序试点工作，对于符合条件的依法可能判处一年以下有期徒刑、拘役、管制的案件，或者依法单处罚金的案件，进一步简化刑事诉讼法规定的相关诉讼程序。2016 年 9 月，全国人大常委会又通过了《关于授权最高人民法院、最高人民检察院在部分地区开展刑事案件认罪认罚从宽制度试点工作的决定》，授权在上述 18 个城市继续开展刑事案件认罪认罚从宽制度的试点工作；同时，将刑事速裁程序纳入新的试

---

* 原文发表于《中国政法大学学报》2019 年第 1 期，与吴思远合作。

点继续进行探索，并将其适用范围扩大至基层人民法院管辖的可能判处3年有期徒刑以下的案件，进一步提升了刑事速裁程序分流轻微刑事案件的效能。

通过刑事速裁程序实现刑事案件的繁简分流，本质上是针对不同案件特点对刑事司法资源进行优化配置和效益提升。试想，如果不顾刑事案件的多样性而盲目地对每一件案件都适用同样的诉讼程序，投入相同的司法资源，其可能产生的后果只有两种：一是简单的案件无必要地经历了复杂烦琐的诉讼程序，造成诉讼资源的浪费；二是复杂的案件由于投入的司法资源相对不足，却难以保证公正公平的处理。故刑事速裁程序的试点改革建立在我国司法实践的现实需求之上，着眼于节省司法资源，提高诉讼效率，从程序设置上努力化解案多人少的矛盾。

（二）针对简易程序结构性缺憾，营造多元化的刑事诉讼格局

当今世界，针对不同案件特点构建多元化的诉讼程序是刑事诉讼发展的潮流。正如陈光中教授所言，刑事速裁程序“符合中国实际的需要，也符合世界的潮流”①。相较之下，我国现行“普通程序 / 简易程序”的二元划分的确略显单一，更是显露了现行简易程序的结构性缺憾。一方面，由于审前阶段缺乏繁简有别的诉讼分流机制，导致对案件的处理一条道走到底，大量案件涌入审判程序，严重挤占有限的司法资源，造成法院不堪重负；另一方面，简易程序并不简易，无论审判组织、开庭准备，还是法庭调查、法庭辩论，到底如何简化程序，法律规定并不明确。特别是，由于2012年刑事诉讼法修改后的简易程序不再仅仅适用于轻罪案件，因其适用范围跨度过大而难以适应刑事案件日益多样化、复杂化的实践需要，造成轻罪案件程序并不简化，而重罪案件程序又不宜简化。其结果是案件审理质量既得不到保证，当事人合法权益也难以保障。

正是关注到了简易程序的结构性缺憾，刑事速裁程序的试点改革即试图化解上述问题，以营造多元化的刑事诉讼格局。刑事速裁程序通过对刑事诉讼法所规定的简易程序进行了“再简化”，打破了现有简易程序种类单一、简化程度不高的困境，对我国现行的“普通程序 / 简易程序”格局形成一种必要的补充。这一改革举措丰富与完善了我国的刑事诉讼

---

① 冉容、何东青:《推动刑事案件速裁程序试点健康深入开展——试点中期评估论证会专家意见摘编》，载《人民法院报》2015年9月9日，第6版。

制度，有助于推动我国多元化刑事诉讼格局的形成，从而使得我国刑事诉讼程序之发展更加体系化。

更为重要的是，正是认识到所有刑事案件一律按照同一种诉讼程序进行处理并非科学合理，刑事速裁程序即成为了一种“按犯罪的性质、轻重等情况区别对待，与之相应地适用既简略迅速又能保持公正的程序”①。此举有助于规制国家追诉权力的行使，防止程序对被追诉人造成过度的侵害或负担。从这个角度来看，刑事速裁程序较为鲜明地体现了国家权力自我克制的意图，并为刑事诉讼场域中权力与权利之平衡提供了基本依托。

（三）顺应刑事轻缓化发展方向，落实宽严相济刑事司法政策

我国宽严相济刑事司法政策的提出，不仅充分彰显了我国法治建设与法治观念的进步，并且顺应了刑事轻缓化的全球潮流。一方面，宽严相济刑事司法政策本质上是“一种和谐化政策，是对刚性规定的中和化策略”②，其适时纠正了极端化刑事司法政策的弊端，不仅是对我国“严打”政策的反思，更是对构建和谐社会需要的理性回应；另一方面，这一政策充分体现了刑事轻缓化的色彩，反映了对犯罪认识的日益理性。这既意味着现代社会在对付犯罪的反应方式趋向多样化的同时，也更趋向人道、文明、经济。③

正是为了顺应刑事轻缓化发展方向，刑事速裁程序的试点改革从程序法层面提供了实现途径，以落实宽严相济刑事司法政策。毕竟，刑事司法政策的兑现最终仍然有赖于程序。当然，在现代国家的法治环境下，法治规则为国家权力的行使提供了标准，刑事政策则为刑事程序法治的实现提供了途径。④因此，刑事诉讼程序之完善与发展本身也不能游离于党和国家所制定的刑事司法政策之外，其即构成了刑事程序法治

---

① 田宫裕:《刑事程序的简易化》，载西原春夫主编:《日本刑事法的形成与特色》，李海东等译，中国法律出版社、日本成文堂1997年版，第406页。

② 孙万怀:《宽严相济刑事司法政策应回归为司法政策》，载《法学研究》2014年第4期。

③ 参见梁根林:《非刑罚化——当代刑法改革的主题》，载《现代法学》2006年第6期。

④ 苏惠渔、孙万怀:《论国家刑权力》，北京大学出版社2006年版，第144页。

的重要内容。[①]

通过刑事速裁程序从程序层面落实宽严相济刑事司法政策，亦有利于实现人权保障重要目标。刑事速裁程序充分考量了我国普通的刑事诉讼程序在保障人权方面可能存在的盲点，如审前效率低、周期长、羁押跟着程序走等问题。故通过引入刑事速裁程序，实现程序从简从快，可以大大缩短案件在诉讼各阶段的办案期限，在诉讼效率大幅提升的同时，也避免了被追诉人审前羁押期限超过实际被判处刑期的情况，有利于遏制押判倒挂的问题，帮助其尽快摆脱讼累，“减轻捉摸不定给犯人带来的无益而残酷的折磨”[②]；同时，法院在最终判决时对轻罪被告人依法从宽处罚，尽可能通过轻缓的方式教育、感化及挽救被告人，也将有助于被告人早日矫正犯罪、回归社会，最大限度地减少社会的对立面。

二、刑事速裁程序的制度设计

我国刑事速裁程序经历了两个阶段的发展：其一，2014 年 6 月，全国人大常委会作出授权最高人民法院、最高人民检察院在部分地区开展刑事案件速裁程序试点工作的决定，我国正式开展刑事速裁程序的改革探索；其二，2016 年 9 月，全国人大常委会又作出授权最高人民法院、最高人民检察院在部分地区开展刑事案件认罪认罚从宽制度试点工作的决定，刑事速裁程序纳入新的试点继续进行探索。经过两个阶段的发展，刑事速裁程序的制度设计不断优化，臻于完善。

（一）适用范围：由窄及宽、不断扩大

从适用范围来看，刑事速裁程序的适用面由窄及宽、不断扩大。先前试点城市在适用刑事速裁程序时，应当满足三大条件：一是案件基本条件，即案件事实清楚，证据充分，被告人自愿认罪，当事人对适用法律没有争议；二是案件类型条件，即限于危险驾驶、交通肇事、盗窃、诈骗、抢夺、伤害、寻衅滋事等情节较轻的犯罪案件可以适用这一程序；三是宣告刑条件，即限定为依法可能判处一年以下有期徒刑、拘

---

① 参见卞建林、田心则：《中国刑事诉讼制度科学构建论纲》，载《北方法学》2009 年第 1 期。

② ［意］贝卡里亚：《论犯罪与刑罚》，黄风译，中国大百科全书出版社 1993 年版，第 56 页。

役、管制的案件，或者依法单处罚金的案件。不少试点地方都反映了适用范围偏小的这一问题[①]，正因如此，也就限制了程序在实践中的功效。基于这一考虑，当前刑事速裁程序的适用范围突破了罪名种类的限制，即对于基层人民法院管辖的可能判处3年有期徒刑以下刑罚的案件，事实清楚、证据充分，当事人对适用法律没有争议，被告人认罪认罚并同意适用程序的，就可以适用这一程序，继而有助于吸收更多案件进入刑事速裁程序之中。

刑事速裁程序适用条件之改变，从根本上来说，也意味着被追诉人的主体地位得到了进一步的提升。即程序适用弱化了案件条件之客观限制，而将被追诉人的自愿性作为核心要素。这正如黑格尔指出的，“不是把罪犯看成是单纯的客体，即司法的奴隶，而是把罪犯提高到一个自由的、自我决定的地位”[②]。现代刑事诉讼程序，应当始终“以被追诉人为刑事诉讼的核心关切”[③]。故当前刑事速裁程序的设计除了考量到国家权力运行之便利，更考虑到了被追诉人的权利保障，充分体现了被追诉人的主体性特征，并赋予其决定诉讼命运的可能。

（二）程序设计：由点到面、不断简化

从程序设计来看，刑事速裁程序与简易程序之间的梯度不断凸显。先前试点地方在适用刑事速裁程序时，其与简易程序的区分并不明显。除了办案期限显著缩短以外，刑事速裁程序基本没有突破刑事诉讼法的相关规定，仍于简易程序的基本框架下进行[④]，因而程序自身的独立性特征有待增强。当前刑事速裁程序之设计得以进一步完善，愈发凸显了刑事速裁程序自身的特点。主要体现为人民检察院起诉书可以简化、人民法院由审判员一人独任审判、送达期限不受刑事诉讼法规定的限制、不再进行法庭调查与法庭辩论、当庭宣判等。由此可见，刑事速裁程序的设计除了缩短办案期限之外，更多考量了与轻微刑事案件相适应的程

① 参见最高人民法院刑一庭课题组:《关于刑事案件速裁程序试点若干问题的思考》，载《法律适用》2016年第4期。

② 转引自易延友:《沉默的自由》，中国政法大学出版社2001年版，第146页。

③ 卞建林、田心则:《中国刑事诉讼制度科学构建论纲》，载《北方法学》2009年第1期。

④ 吴思远:《轻微刑事案件速裁程序研究》，华东政法大学2015年硕士学位论文，第26页。

序特点，继而与简易程序形成了愈发明显的区分，并逐渐构成了层次鲜明的“普通程序 / 简易程序 / 速裁程序”刑事诉讼格局。

刑事速裁于程序设计方面的完善，亦符合国际司法实践的基本经验做法。正如学者所言，刑事速裁程序本身就比简易程序更加简便，其简便表现在诉讼过程的各个环节上，而程式化即成为了其突出的特征。[①]当前我国刑事速裁程序所体现出的简化性特征，是基于我国刑事司法改革经验所作出的调整，充分发挥了程序的自觉与理性，继而将更大程度地助益宽严相济刑事司法政策之实现。此外，亦如前文所述，多元化的刑事诉讼格局亦体现了国家构建理性适当的诉讼程序之意图，从本质上来看，此举将有助于遏制国家追诉权力行使的扩张与异化，以防诉讼程序对被追诉人造成过度的侵害或负担。

（三）保障机制：从无到有、不断完善

从保障机制来看，刑事速裁程序的一些经验做法得以不断地巩固与完善。例如，值班律师制度。值班律师制度于刑事速裁程序试点中被首次明确提出，其内涵在认罪认罚从宽制度试点中进一步得以丰富。各地普遍建立与探索值班律师制度，根据人民法院、看守所实际工作需要，通过设立法律援助工作站派驻值班律师、及时安排值班律师等形式提供法律帮助，确保犯罪嫌疑人、被告人充分知悉法律后果、获得法律帮助、自愿认罪认罚。再如，量刑规范机制。各试点城市通过量刑指导意见，推动量刑规范化，实行量刑激励。上海市即制定了类案量刑标准，探索智能辅助量刑系统，完善量刑建议机制，提升了量刑建议和刑罚裁量水平。此外，如诉讼文书简化、社会调查、社区矫正等配套保障，也在试点改革中逐渐落实到位，确保刑事速裁程序得以平稳高效运行。

通过逐步推进与完善各项保障机制，刑事速裁程序牢牢把握了刑事诉讼最为重要的人权保障原则。即刑事速裁程序在实现自身程序运行快捷高效的同时，并不以牺牲被追诉人的权利为代价。这亦与刑事程序法治现代化所强调的人权保障这一关键要义是相一致的。[②]从效果来看，各项保障机制之推行将有效确保被追诉人适用刑事速裁程序的自愿性和

---

① 参见李本森：《刑事速裁程序的司法再造》，载《中国刑事法杂志》2016 年第 5 期。

② 卞建林、谢澍：《“以审判为中心”与刑事程序法治现代化》，载《法治现代化研究》2017 年第 1 期。

真实性，防止制度的异化与失控。应当说，刑事速裁程序各项保障机制的构建与落实，体现了刑事速裁程序改革的谨慎性与渐进性，其充分考察了我国刑事司法的发展现状，符合我国刑事司法的现实情况，从而保障“简程序”不“减权利”目标之实现。

三、刑事速裁程序的实践观察

自刑事速裁程序试点工作全面推进以来，各试点地方积极探索、勇于创新，进行了富有成效的改革。根据最高人民法院、最高人民检察院公布的《关于在部分地区开展刑事案件认罪认罚从宽制度试点工作情况的中期报告》，以及不少学者针对刑事速裁程序所进行的实证调研，经过前后两轮的试点改革，刑事速裁程序已经积累了大量有益的经验，取得了相当的成效。不过，在刑事速裁程序总体运行情况较好的情况下，试点改革亦暴露了其存在的些许缺憾，应当得到我们的重点关注。

（一）刑事速裁程序的成效总结

1. 显著提升了诉讼效率，服务于以审判为中心的诉讼制度改革

试点改革充分说明了刑事速裁程序符合诉讼的基本规律，其通过繁简分流，对有限的司法资源进行了合理的配置，达到了“简案快审、疑案精审”之效果。[①] 根据最高人民法院、最高人民检察院《关于在部分地区开展刑事案件认罪认罚从宽制度试点工作情况的中期报告》，适用速裁程序审结的案件占到全部认罪认罚案件的68.5%，其中当庭宣判率达93.8%，办案效率得到了显著提升。刑事速裁程序更有利于实现以审判为中心的诉讼制度改革，确保在更高层次上实现公正与效率的统一。以审判为中心的诉讼制度改革，关键在于推进庭审的实质化，克服庭审的形式化。[②] 亦如学者所言，“无论是审判过程与裁判结果都应当真真正正地呈现于庭审之上，而不是走个过场或进行一次表演”。[③] 故为了实现这一目标，就必须对不同的案件进行合理的区分，确保能将有限的司法

---

① 汪利民:《提高效率与保障权利并重》，载《人民法院报》2015年3月15日，第5版。

② 卞建林、谢澍:《“以审判为中心”：域外经验与本土建构》，载《思想战线》2016年第4期。

③ 叶青:《以审判为中心的诉讼制度改革之若干思考》，载《法学》2015年第7期。

资源更多用在重大疑难有争议的案件上，真正发挥庭审的实质作用。从这个角度来看，刑事速裁程序即是推进以审判为中心的诉讼制度改革的必要配套机制，其有效之运行无疑将直接有益于以审判为中心的诉讼制度改革。

2. 有效保障了诉讼权利，强化了刑事诉讼对于人权的司法保障

刑事速裁程序除了显著提升诉讼效率，同时注重适用速裁程序案件的办理质量，尤其是强调发挥刑事诉讼对于人权的保障。具体体现为：一是适用刑事速裁程序案件的非羁押强制措施和非监禁刑适用比例进一步提高。根据“两高”关于刑事速裁程序中期报告提供的数据显示，对刑事速裁案件被告人适用非监禁刑的比例为36.88%，比简易程序高6.93个百分点。这充分说明了刑事速裁程序进一步区别于现行简易程序，得以发挥自身在贯彻宽严相济刑事司法政策方面的优势，而此举从客观上将利于被告人的改造与回归，最大限度地减少社会对立面，促进社会和谐稳定。二是刑事速裁程序强调被告人和被害人的有效参与，通过调解和解、量刑激励、法庭教育，敦促被告人退赃退赔、赔礼道歉，有效保护被害人权益，及时化解社会矛盾。从全国试点的情况来看，试点法院审结的侵犯公民人身权利案件中，达成和解谅解的占39.6%。检察机关抗诉率、附带民事诉讼原告人上诉率均不到0.1%，被告人上诉率仅为3.6%。[①]三是适用刑事速裁程序案件充分保障被告人各项诉讼权利，不以效率牺牲公正，强化犯罪嫌疑人、被告人的诉讼主体地位。通过保障被告人认罪的自愿权、程序的选择权、获得律师帮助权、发表意见权、最后陈述权、上诉权等一系列权利，确保无罪的人不受刑事追究、有罪的人受到公正惩罚，维护与促进司法公正。故刑事速裁程序试点改革得到被告人的高度认可，有学者通过实证调研即证实了程序在人权保障方面取得的成绩。[②]

3. 创新优化了办案模式，助力于推进员额制与司法责任制改革

试点城市在推进刑事速裁程序试点工作时，均在办案模式方面不

---

① 参见最高人民法院、最高人民检察院《关于在部分地区开展刑事案件认罪认罚从宽制度试点工作情况的中期报告》。

② 有学者通过实证调研发现，被告人对刑事速裁程序的满意度高达97.7%；而法官、检察官、律师、警察的满意度亦均达到了90%以上。参见李本森:《刑事速裁程序试点研究报告——基于18个试点城市的调查问卷分析》，载《法学家》2018年第1期。

断创新优化，主要体现为探索速裁程序的集中办案、专人办案。集中办案要求在各个诉讼环节上以批量化、集约化的方式代替普通诉讼程序中“一案一办”的方式，具体表现为公安机关集中移送起诉、检察机关集中提讯与起诉、法院集中排庭审理、检察机关集中出庭支持公诉；专人办案则是在侦查、起诉、审判阶段指定专人或成立专门组来办理适用刑事速裁程序的案件，如北京市海淀区推行的“3+2+2”刑事速裁模式[①]，再如上海浦东新区法院推行的速裁办案组等。基于刑事速裁程序办案模式的完善，一些试点城市即与员额制、司法责任制改革等举措相结合，进一步扩大了改革的积极作用。通过刑事速裁案件当庭宣判、当庭送达，减少案件办理过程中不必要的审批手续，适当下放案件的审批权限，切实落实主审法官、主任检察官办案责任制，强化了司法体制改革的整体效果。

（二）刑事速裁程序的缺憾剖析

1. 刑事速裁程序联动机制之危机

构建刑事速裁程序侦、诉、审、执、司的联动机制，不仅是司法实践中较为常见的做法，并且更为不少学者所推崇。[②]这一做法固然有助于提高刑事速裁程序的整体效果，即通过形成公检法司之间的协同合力来实现程序的全程提速，但其亦存在相当的危机，值得我们重点关注。申言之，刑事速裁程序联动机制可能有违以审判为中心的诉讼制度改革之方向。以审判为中心的诉讼制度改革是一项系统性的改革，其从本质上触及了我国刑事司法职权的配置，试图改变此前线性结构之下三机关“配合有余、制约不足”的缺陷，并扭转刑事诉讼重心向侦查阶段倾斜的倾向。故推进以审判为中心的诉讼制度改革，应当正确把握控、辩、审之关系，推进“正向递进关系”与“反向指引作用”之形成。[③]然而，

---

① 所谓“3+2+2”刑事速裁模式，是指包括公检法机关的3个“刑事速裁办公室”，2个法庭（一个是看守所内的速裁法庭，另一个是法院内的同步数字法庭），以及法律援助律师值班室和犯罪嫌疑人视频会见室。公检法司四机关就近办公，既能有效压缩案件流转的在途时间，又方便办案人员互相沟通，迅速推进案件流转。

② 刘广三、李艳霞:《我国刑事速裁程序试点的反思与重构》，载《法学》2016年第2期。

③ 卞建林、谢澍:《“以审判为中心”视野下的诉讼关系》，载《国家检察官学院学报》2016年第1期。

刑事速裁程序联动机制则将加强司法机关之间的合作配合，尤其是在效率价值的追求之下，可能会进一步弱化制衡与监督的关系，继而与以审判为中心的诉讼制度改革之方向有所背离。更为重要的是，刑事速裁程序联动机制与程序正义之基本要素，即裁判中立、控审分离、控辩平等等亦有所抵触，可能造成刑事诉讼结构关系之紊乱，继而有损刑事诉讼对人权保障的核心价值。

2. 刑事速裁程序审理方式之争议

在先后两轮试点过程中，刑事速裁程序的审理方式究竟应为书面审抑或开庭审始终是理论界与实务界关注的焦点之一。有学者即指出，当前刑事速裁程序的适用效果并未达到改革预期，而很大一部分原因是程序之简化仍不到位，导致程序之效率优势并不明显。[①] 故提倡未来刑事速裁程序实行处罚令或书面审的学者并不为少数。[②] 而在实践探索中，甚至已有部分地方的法院尝试刑事速裁程序的书面审理方式，规定提讯后直接作出判决而不再开庭审理。我们认为，在我国刑事司法发展仍有待完善的情况下，直接采取刑事速裁程序书面审做法并不适宜。正如有研究者提出的那样，从程序正义的角度来讲庭审的意义，开庭审理即是对被追诉人公正审判权的基本要求。[③] 现代法治国家所遵从的程序正义，很大一部分是通过审判程序实现的，这是由审判机关中立的诉讼地位与裁判职能所决定的，而其本质目标就在于防止国家权力运行之异化与膨胀，而保障公民之权利不受侵犯。显然，不公开的书面审理与上述要求背道而驰，其舍弃了审判程序的特质与控辩审三方的基本程序构造，难以确保刑事速裁程序的底线正义。

3. 刑事速裁程序权利保障之盲点

尽管刑事速裁程序着力于人权保障目标之实现，但在试点实践中亦暴露了一些方面的保护盲点。一是被追诉人的权利保障方面。在当前我

---

① 刘方权:《刑事速裁程序试点效果实证研究》，载《国家检察官学院学报》2018年第2期。

② 参见李本森:《刑事速裁程序的司法再造》，载《中国刑事法杂志》2016年第5期；汪海燕、付奇艺:《刑事速裁程序的两种模式——兼论我国刑事速裁程序的构建》，载《安徽大学学报（哲学社会科学版）》2016年第5期。

③ 贾志强:《“书面审”抑或“开庭审”：我国刑事速裁程序审理方式探究》，载《华东政法大学学报》2018年第4期。

国刑事辩护情况仍有待完善的情况下，刑事速裁程序完全依赖于值班律师制度来发挥被追诉人权利保障之功能，恐将面临效果上的限度。这是由于当前值班律师之定位并非辩护人，能够提供的法律帮助较为有限，导致实践中被追诉人知悉权、程序选择权与辩护权等权利难以充分落实到位。除此之外，有研究者亦通过实证调查发现，由于对认罪自愿性缺乏审查判断标准，刑事速裁程序缺乏对认罪自愿性的实质审查环节①，其亦可能有损于程序正义的完整性。二是被害人的权利保障方面。当前对于刑事速裁程序中被害人的权利保障关注明显欠缺，其原因在于相关立法规定得过于粗略，故实践中时常出现侵害被害人程序参与权与知情权等合法权益的情况。这与将被害人的权利保障作为实现程序正义重要方面的要求相比②，显然尚有不少反思与改进的空间。

四、刑事速裁程序的立法展望

2018年4月，十三届全国人大常委会第二次会议首次审议了全国人大常委会委员长会议关于提请审议《刑事诉讼法修正案（草案）》（以下简称《修正草案》）的议案。其中，《修正草案》总结了认罪认罚从宽制度、速裁程序试点工作经验，提出了完善刑事案件认罪认罚从宽制度和增加速裁程序等内容，拟将试点工作中可复制、可推广的有效做法上升为法律规范，在全国范围内实行。以民主科学的刑事诉讼立法为基础的刑事程序法治是现代法治的重要构成部分。③刑事诉讼法迎来的再次修正，理应与时俱进，体现司法改革之成果，彰显依法治国与国家治理现代化的时代背景。④

此次刑事诉讼法再修改基本认可了刑事速裁程序试点改革的经验做法。具体来看，《修正草案》第21条增加了速裁程序，拟将速裁程序单独规定为刑事诉讼法第三编第二章第四节。其一，速裁程序的适用范

① 李本森：《刑事速裁程序试点研究报告——基于18个试点城市的调查问卷分析》，载《法学家》2018年第1期。

② 卞建林：《刑事诉讼的现代化》，中国法制出版社2003年版，第19页。

③ 卞建林：《刑事程序法治化的期待——写在〈刑事诉讼法〉再修改之际》，载《中国司法》2008年第1期。

④ 有关此次刑事诉讼法修改的具体解读与探讨，参见卞建林、谢澍：《刑事诉讼法再修改：解读与反思》，载《中共中央党校学报》2018年第6期。

围，即基层人民法院管辖的可能判处3年有期徒刑以下刑罚的案件，案件事实清楚，证据确实、充分，被告人认罪认罚并同意适用速裁程序的，可以适用速裁程序；其二，速裁程序的审判组织，即由审判员一人独任审判；其三，不宜适用速裁程序的情形，具体包括：被告人是盲、聋、哑人，或者是尚未完全丧失辨认或者控制自己行为能力的精神病人的，有重大社会影响的，共同犯罪案件中部分被告人对指控的事实、罪名、量刑建议有异议的，被告人与被害人或者其法定代理人没有就附带民事诉讼赔偿等事项达成调解或者和解协议的，或其他不宜适用速裁程序审理的；其四，速裁程序的主要内容，即不受送达期限的限制，不进行法庭调查、法庭辩论，但应当听取辩护人的意见和被告人的最后陈述意见，同时应当当庭宣判。人民法院在审理过程中，发现有被告人违背意愿认罪认罚、被告人否认指控的犯罪事实或者其他不宜适用速裁程序审理的情形的，应当重新审理。

值得关注的是，《修正草案》并未对速裁程序中被告人的上诉权进行限制，同时与认罪认罚从宽改革进行了理性衔接，使程序构成了认罪认罚从宽制度化的重要工具。我们认为，刑事速裁程序在把握刑事诉讼规律的基础上，结合我国司法实践的具体情况，探索了一条适合我国国情的改革道路。刑事速裁程序通过试点改革即将入法，深刻把握了“凡属重大改革都要于法有据”的要求，充分践行了我国运用法治思维与法治方式在法制轨道上开展工作的原则，是我国刑事诉讼法制建设与法治国家建设进步的重要成就。

认罪认罚从宽制度中的量刑建议 *

引 言

2018年刑事诉讼法修改标志着我国认罪认罚从宽制度自此确立，公立协商性司法模式在我国兴起。虽然法律文本上并未有关于量刑协商的具体表述，但实质上是蕴含了量刑协商意思表示的。《刑事诉讼法》第173条第2款规定，犯罪嫌疑人认罪认罚的，人民检察院应当告知其享有的诉讼权利和认罪认罚的法律规定，听取犯罪嫌疑人、辩护人或者值班律师、被害人及其诉讼代理人对犯罪事实、罪名及适用的法律、从轻、减轻或者免除处罚等从宽处罚的建议以及审理适用的程序等方面的意见，并记录在案。此款规定中，人民检察院告知义务、听取被告方关于若干实质性问题的意见等，实际上就是在进行协商。

认罪认罚案件中形成最终量刑定论的流程与不认罪案件的流程存在显著差别，这种差别主要体现在认罪案件中的量刑是由检察官与被追诉人及其辩护人或值班律师双主体决定的，即由控辩双方之间形成合意，继而由法院通过审查予以判定。在这一过程中，检察机关的量刑建议作为公诉权的一部分，在认罪认罚从宽制度中具有承上启下的重要作用。一方面，在审前程序，量刑建议是被追诉人审前阶段认罪认罚的结果载体，是被追诉人与检察机关协商之后的有效成果。另一方面，认罪认罚从宽案件中，由于定罪问题实质上已无较大争议，量刑建议毫无疑问将会是审判程序的重点内容。在此背景下，量刑建议将成为解决量刑问题的“牛鼻子”，也是能否真正贯彻落实认罪认罚从宽制度的关键所在。

认罪认罚从宽制度确立后，为量刑建议注入了新的内容，但同时也带来了新的问题。譬如在量刑建议的生成主体上产生了新的变化，在量刑建议的精准与幅度问题上存在争议，在量刑建议的效力上也存在与人民法院的协调衔接等问题。这些新情况与新问题，亟待学界进一步深入

---

* 原文发表于《国家检察官学院学报》2020年第1期，与陶加培合作。

研究论证。有鉴于此，本文希望通过对认罪认罚从宽中量刑建议制度作深度的考察分析，以期推动我国司法实践更好地落实和发展认罪认罚从宽制度。

一、认罪认罚从宽与量刑建议的逻辑关系

认罪认罚从宽作为我国刑事司法改革中一项较为系统之制度，涉及的问题纷繁复杂，尤其是其赋予了量刑建议新的内容，使得检察机关的量刑建议一跃成为认罪认罚从宽制度乃至整个认罪案件刑事诉讼程序的核心焦点。为准确认识这一深刻变化，可以从以下几方面来诠释。

（一）认罪认罚所承载的制度价值

价值问题是认罪认罚从宽制度绕不开的基础性理论问题，是解释制度出现、发展与运行的必要性前提。

首先，从效率与公正的角度来看。我国刑事司法传统注重客观真实发现，长期的司法习惯注重惩罚有罪，实行的乃是积极的实质真实发现主义。[①] 这种积极的实质真实发现主义带有浓厚的职权主义特征，在我国刑事诉讼领域引入当事人主义模式之后，实际上已然发生转变。认罪认罚从宽制度带有形式真实发现主义的特征，法院所获取的事实与证据，一定程度上会受到被追诉人的意思所拘束。但这种拘束并非损益之事，其带来的显著变化就是实现了节约司法资源与提升诉讼效率的双重效果。沟通协商理念已为现代刑事司法较为普遍地接受，积极的真实发现主义在一定程度上面临被置弃的风险。效率与公正并不必然存在位阶差异，认罪认罚量刑协商模式实质上是公正与效率统一的表现形式，实现了实体公正与程序公正在更高层次上的统一。

其次，从人权保障与和谐司法理念角度来看。认罪认罚从宽制度中

---

① 积极的实质真实发现主义具有两重特征。首先，实质真实发现主义是相对于形式真实发现主义。两者相区别的关键在于法院关于事实及证据是否为当事人的意思所拘束。不为当事人的意思所拘束者，为实质真实发现主义；为当事人的意思所拘束者，为形式真实发现主义。其次，积极的实质真实发现主义是相对于消极的实质真实发现主义。前者目的在判明一切犯罪，借以避免误有罪为无罪，重在无纵；后者，其目的在减少犯罪之误认，借以避免误无罪为有罪，重在无枉。参见陈朴生：《刑事诉讼制度于实体的真实主义之影响》，载“中华学术与现代文化丛书（九）”《法学论集》，1983 年版；参见张建伟：《从积极到消极的实质真实发现主义》，载《中国法学》2006 年第 4 期。

人权保障和促进社会和谐价值具有突出性与重要性。因为，这种以被追诉人通过权利行使或放弃来影响诉讼进程与结果的模式，是诉讼程序乃至诉讼结构上的宏观性变革，也是促使检察机关审查起诉阶段协商合意制度设计的主要动因。就认罪协商而言，协商本身的过程就是教育矫正手段的体现，在协商中提出的轻缓化量刑建议过程实际上也是对犯罪嫌疑人晓之以理的挽救帮助过程，这体现出认罪协商程序所具有的教育改造功能，彰显了和谐司法理念。有学者认为，认罪认罚从宽制度实施的初衷，不是简单的权力转移或者是程序简化，而是化“对抗性司法”为“恢复性司法”，促使被追诉人认罪认罚而后与国家、被害人和解，从而达到化解矛盾、促进和谐的目的。[①] 对于认罪认罚从宽制度所承载的价值追求，不能作单方面的、片面的理解，不能仅站在公权力机关的角度来理解，应当从多主体、多方面、多元化的视角看待其所包含的制度价值。

（二）检察机关所担负的主导责任

诚如张军检察长所言，修改后的刑事诉讼法确立的认罪认罚从宽制度，是一个十分典型的以检察官主导责任为基础的诉讼制度设计。[②] 检察机关在认罪认罚从宽制度中的主导责任主要体现在以下方面：

首先，检察机关作为国家追诉的执行者，应当在落实认罪认罚从宽中发挥主导作用。现代法治国家，对犯罪的追究是通过检察机关代表国家将犯罪人诉交法院审判而实现的，侦查系公诉之准备活动。认罪认罚从宽制度中，一方面，检察机关可以提前介入侦查，视案情需要提出有关证据收集的意见；另一方面，检察机关可以及时了解犯罪嫌疑人自愿如实供述和主动认罪认罚的情况，以保证认罪认罚从宽的程序顺利适用。在量刑建议上，检察机关还要根据案件事实以及被追诉人的认罪认罚态度，向法院就主刑、附加刑、是否适用缓刑等提出妥当的量刑建议，以保障被追诉人认罪认罚后得到相应的从宽处理。

其次，检察机关作为刑事政策的调控者，应当通过认罪认罚从宽落实宽严相济的刑事政策。我国宽严相济的刑事政策强调“根据犯罪的具

---

① 胡云腾:《正确把握认罪认罚从宽保证严格公正高效司法》，载《人民法院报》2019 年 10 月 24 日。

② 张军:《关于检察工作的若干问题》，载《国家检察官学院学报》2019 年第 5 期。

体情况，实行区别对待，做到该宽则宽，当严则严，宽严相济，罚当其罪”。认罪认罚从宽制度与宽严相济的刑事政策紧密相连，并将后者的政策内涵具化为法律制度加以贯彻适用。由此，检察机关通过公诉权的审慎行使，对不符合起诉条件的案件进行把关过滤，对虽然符合起诉条件但无起诉必要的予以分流转处。

再次，检察机关作为程序分流的主导者，应当在控辩协商形成合意的基础上选择程序适用。传统诉讼观念中，强调按照案件性质、罪行轻重选择适用程序，检察机关通过对审判程序选择之建议，帮助实现审判程序的分流，进而将更多案件引向多样化的审判方式，从而节约司法成本，提高诉讼效率。而在认罪认罚从宽制度中，检察机关根据被追诉人认罪与否进行程序分流、提出程序适用建议。或者在审查起诉环节，对符合法定条件的予以不起诉处理，终结诉讼；或者建议选择简易程序、速裁程序对案件进行审判。

最后，检察机关作为诉讼活动的监督者，应当在认罪认罚从宽制度中维护法律的正确实施，确保案件质量。作为宪法意义上的法律监督机关，检察机关依法对刑事诉讼活动实行法律监督，以维护法律的正确实施。对于认罪认罚的案件，检察机关应当注重对被追诉人认罪认罚之自愿性、明智性的审查，重点关注犯罪嫌疑人、被告人是否自愿认罪、真诚悔罪，愿意接受处罚，注意审查侦查过程中是否存在威胁、引诱、欺骗等违法行为，一旦发现及时纠正。对于有被害人的案件，或者存在附带民事诉讼情形的案件，还要审查被告人是否积极赔偿，获取被害人谅解，以提出恰当的量刑建议。

（三）量刑建议所表征的协商合意

量刑建议的生成主体在认罪认罚从宽制度确立之后产生了实质变化。过往，量刑建议是指检察机关在刑事诉讼中对被告人应当判处的刑罚依法向法院提出的建议，是控诉一方的单方意思表示；现在，量刑建议是控辩双方协商的产物，是诉讼合意的表示。

贯彻认罪认罚从宽，其要义是以罪责刑相适应原则为基准，以宽严相济刑事政策为指引，对认罪认罚的犯罪嫌疑人、被告人依法从宽、从简、从快处理。在实体法上，这是落实宽严相济刑事政策、推动坦白从宽制度化，根据犯罪嫌疑人、被告人罪行轻重、认罪态度、悔罪表现、退赃赔偿等情况，对自愿认罪真诚悔罪者予以宽大处理。在程序法上，这是实行程序分流的重要制度设置，体现了一个重大的诉讼理念更新，即由传统的“单方追究”转换为“控辩协商”，通过“控辩协商”达成“诉讼合意”，根据“诉讼合意”决定程序的适用和最终的处理。换言之，实行认罪认罚从宽，不仅是坦白从宽政策的制度兑现，更重要的是对犯罪嫌疑人、被告人诉讼主体地位的肯定和尊重，即处于被追究一方的犯罪嫌疑人、被告人可以通过自己的意思表示，通过自身诉讼权利的行使，来影响诉讼方式、诉讼进展、诉讼结果。因此，通过控辩协商产生的量刑建议，不再是控方的单方意思表示，而是控辩协商后的双方诉讼合意。在此背景下形成的量刑建议当然具有重要作用与地位。

综上所述，实际上三个方面存在层层递进的逻辑关系。即从认罪认罚从宽制度价值上来看，效率提升与实现公正导向的是要求审前程序着重繁简分流，实现人权保障，促进和谐司法，减少审判压力。为了实现制度价值，检察机关不可避免地需要担负起一定的主导责任，这是由其本身职能与定位所决定的。而在认罪认罚从宽制度下，检察机关主导责任的关键所在就是与被追诉人及其辩护人或值班律师之间通过协商合意确定的量刑建议。量刑建议之所以成为认罪认罚从宽制度的关键部分，也正是因为此逻辑关系。

二、量刑建议的主要内容：精准与幅度

如前所述，量刑建议在认罪认罚从宽制度下具有了新的内容，也成为整个认罪案件处理的核心方面。这种新的变化，使得量刑建议制度的若干具体问题有了需要重新审视和研究的必要性。尤其是关于量刑建议的精准与幅度问题，当前已然成为理论与实践的争议焦点。认罪认罚从宽制度下检察机关量刑建议应当是幅度还是精准，或者说应当偏向精准还是偏向幅度，争议较大，尤其是检法机关对此有较大分歧。因此，现阶段为使认罪认罚从宽制度下量刑建议在种类适用上有较清晰的思路，有必要对精准刑量刑建议与幅度刑量刑建议进行全面分析。

（一）问题缘何产生

司法实践中问题的产生大多与法律规范的模糊相关，幅度刑量刑建议与精准刑量刑建议亦然。但除此之外，还有更深层次的原因亦产生了

助推作用。

首先，从表象原因上看。在认罪认罚从宽制度试点过程中，要求量刑建议一般应当包括主刑、附加刑，并明确刑罚执行方式，可以提出相对明确的量刑幅度，也可以根据案件具体情况提出确定刑期的量刑建议；建议判处财产刑的，一般应当提出确定的数额。2018 年刑事诉讼法修改吸收了试点中的这一做法，第 176 条第 2 款规定，犯罪嫌疑人认罪认罚的，人民检察院应当就主刑、附加刑、是否适用缓刑等提出量刑建议。但对于主刑是相对确定还是绝对确定，没有明确。既然法律规范没有明确，那么就存在裁量空间，问题也就旋即产生。

其次，从深层原因上看。幅度与精准问题虽看似简单，但其实质内容涉及检察机关量刑求刑权与法院量刑裁判权的关系，即在认罪认罚从宽制度下检察机关刚性的量刑求刑权是否侵犯了法院的量刑裁判权。从实质意义上看，宪法规定的检察机关独立行使公诉权与法院独立行使审判权是一项基本的司法原则。求刑权作为公诉权的一部分，本身是不会也不可能对审判权造成侵犯，虽然说量刑建议由检察机关提出，最终的决断权还是由法院掌握，但是在认罪认罚从宽制度实施过程中，法院对于量刑建议的采纳率达到了空前的高度，在这种情况下，检察机关根据协商合意确定的精准刑量刑建议很大程度上就成为法院最终的量刑裁判，量刑功能产生事实性前移。据此，异议者就认为检察机关还是应当以幅度刑量刑建议为主，由法院掌握最终的裁断权。由此，即产生了精准与幅度的博弈。

（二）精准刑量刑建议模式

所谓精准刑量刑建议，是指建议的刑罚没有幅度，包括刑种、刑期与执行方式等都是具体的。这种确定的量刑建议在认罪认罚从宽制度下具有新的价值意义。

首先，精准刑量刑建议有助于保证认罪认罚从宽适用的稳定性。对于被追诉人而言，量刑建议是其最能直观理解认罪认罚实体后果的依据，量刑建议越精准，认罪认罚后的不确定性也就越低。犯罪嫌疑人之所以选择认罪，就是想换取一个比较确定的刑罚预期，让从宽处理的激励成为现实，以避免庭审的不确定性和潜在风险。如果量刑建议不确定，犯罪嫌疑人就缺乏足够的认罪动力，可能犹豫观望，甚至选择对抗，妨碍宽严相济、坦白从宽刑事政策的落实。

其次，精准刑量刑建议是彰显协商合意的最充分有效方式。在认罪认罚从宽制度中，具结书的内容包含罪名、量刑建议与程序适用等，作为我国刑事诉讼法对于量刑协商结果的固定称谓，体现出一定的协议性质。检察机关依据被追诉人的“认罪”事实，提出确定刑建议不仅是检察机关追诉犯罪职能的表现，更是兑现法律明确的对认罪认罚的犯罪嫌疑人、被告人从宽处理的郑重承诺。①

最后，精准刑量刑建议有助于进一步优化诉讼效率。我国认罪认罚从宽制度设计体现出对于效率价值的热切追求。比如，速裁程序中取消法庭调查和举证质证程序，在案件处理上设置较短期限等。就量刑建议而言，如果是不确定的或者不精准的，在庭审和裁判中，控辩审三方可能对刑罚出现不同预期，进而产生争议。既妨碍庭审活动顺利进行，影响诉讼效率，又可能导致被告人上诉，使诉讼程序反复，耗费司法资源。

（三）幅度刑量刑建议模式

所谓幅度刑量刑建议，是指建议的刑罚是在一定的幅度范围之内，即在法定幅度之内实现相对明确的幅度。在认罪认罚当中，幅度刑量刑建议也具有了新的意义。

首先，幅度刑量刑建议有助于促进量刑裁判更加公正公允。认罪认罚从宽对检察机关在量刑方面提出了新的要求，认罪案件中提出具有妥当性和合理性的量刑建议成为检察机关重要职责之一。但不可否认的是，就量刑问题而言，检察机关能达到的精准程度显然要逊色于长期在量刑实践前线的人民法院，量刑的技术性和要求相对较高，倘若一味地追求量刑建议的精准，同时检察官们又面临内部量刑建议采纳率的考核标准，难免就会使得量刑建议的合理性产生一定的折损。幅度刑的量刑建议有助于将审判机关拉入量刑的讨论之中，凭借其相对丰富的量刑经验，有助于实现认罪认罚从宽制度下量刑裁判的公正公允。

其次，幅度刑量刑建议为部分案件交涉性辩护创造了场域。“交涉性辩护”是相对于“对抗式辩护”而言的，意指在被告人自愿认罪的前

① 陈国庆:《量刑建议的若干问题》，载《中国刑事法杂志》2019 年第 5 期。

提下，通过沟通、协商、对话，并通过认罪认罚具结书的签署见证，让公诉方作出不起诉处理，或向法庭提出较为轻缓的量刑建议来进行辩护的新形式。[①] 认罪认罚从宽并没有适用案件范围的限制，部分重罪疑难的案件会适用普通程序审理，庭审中依然存在法庭调查、辩论与举证质证，对于这类案件抑或是被追诉人只认罪不认罚的案件，倘若检察机关提出幅度刑的量刑建议，辩护律师在庭审阶段针对量刑的辩护就有了新的场域，有助于实现有效辩护。

最后，幅度刑量刑建议为应对新情况与新事实预留了空间。从诉讼规律的角度来看，伴随着诉讼程序的推进，审判阶段出现新的量刑情况与事实，是不可避免之事。虽然说，审查起诉阶段由三方签署了具结书，但不能否认新情况与新事实的出现。比如发现新的从宽情节，立功、退赔退赃、取得被害人谅解等，或者新的从重情节，前科或者累犯情节等。为应对这些新的变化，幅度刑量刑建议相较于精准刑量刑建议而言，更能节约诉讼资源，避免需要重新达成新量刑建议所耗费的时间成本。

（四）精准为主、幅度为辅的新模式

在认罪认罚从宽制度确立之前，精准刑量刑建议是一种较为特殊、不常适用的建议形式。彼时，量刑建议是以幅度刑量刑建议为主，以精准刑量刑建议为辅的模式。但是，在2019年10月“两高三部”发布《关于适用认罪认罚从宽制度的指导意见》（以下简称《认罪认罚从宽指导意见》）之后，这种情况已经产生转变。根据《认罪认罚从宽指导意见》第33条的规定，办理认罪认罚案件，人民检察院一般应当提出确定刑量刑建议；对新类型、不常见犯罪案件，量刑情节复杂的重罪案件等，也可以提出幅度刑量刑建议；提出量刑建议，应当说明理由和依据。自此，在检察机关量刑建议方面，实际上形成了双重分化。即在不认罪案件中，检察机关量刑建议一般应当以幅度刑为主、精准刑为辅；在认罪案件中，检察机关的量刑建议一般应当以精准刑为主、幅度刑为辅。

要理解《认罪认罚从宽指导意见》为何规定检察机关量刑建议模式应当以精准为主、幅度为辅，需要从两个方面来看。即为何要以精准为

① 李奋飞：《论“交涉性辩护”——以认罪认罚从宽作为切入镜像》，载《法学论坛》2019年第4期。

主和为何要以幅度为辅，这是同一问题的不同侧面。

首先，为何要以精准为主。精准刑量刑建议成为认罪认罚案件中检察机关主要的量刑建议模式是有法理依据的。第一，从实现和保障认罪认罚从宽制度的稳定性方面来看，精准刑量刑建议更有助于满足被追诉人的内心期待。幅度刑量刑建议容易产生幅度内的轻重判断，导致认罪协商的各主体抱有不同的内心期待，使认罪认罚趋于相对不稳定的状态。第二，认罪认罚从宽制度下，检察机关具有提出精准刑量刑建议的基础条件，这是不认罪案件所不具备的。被追诉人在侦查阶段、起诉阶段如果选择认罪认罚从宽，其对于案件事实、案件细节、案件证据的交代显然是较为全面详尽的，这就给检察机关提供了根据详尽事实拟定精准量刑建议的基础，检察机关也理应据此提出确定的刑罚建议。第三，精准刑量刑建议与认罪认罚从宽制度的价值追求契合。精准刑量刑建议所包含的协商合意和推进案件审理效率的价值与认罪认罚从宽制度强调认罪协商和提升诉讼效率的价值存在耦合。第四，精准刑量刑建议并不背离以审判为中心。以审判为中心追求庭审实质化，实践中主要针对不认罪案件，一般适用普通程序或简易程序，要坚持证据裁判原则、直接言词原则、集中审理原则。大量认罪案件一般适用速裁程序，实质化审理并没有发挥效用的场域，精准刑量刑建议也并不必然影响以审判为中心。

其次，为何要以幅度为辅。根据《认罪认罚从宽指导意见》第33条规定，幅度刑量刑建议主要适用于新类型、不常见犯罪案件，量刑情节复杂的重罪案件等。对此，也有学者认为，检察官也可以根据案件是由法官独任审理还是组成合议庭审理，来判断是提出精准刑量刑建议还是幅度刑量刑建议。如果是独任法官，应当提出精准刑量刑建议，因为独任审判一般案件事实较为清楚，情节较为简单。如果是组成合议庭审判的案件，可以提出幅度刑量刑建议，供合议庭量刑时参考，因为这类案件往往事实情节较多。有幅度的量刑建议既能体现对量刑的慎重，也能体现对合议庭的尊重。[①] 笔者认为，以幅度刑量刑建议为辅，在认罪认罚从宽制度下，是可行的也是必然的，是符合诉讼规律与司法实践的，这是由认罪认罚从宽制度适用范围的全面性所决定的。《认罪认罚

① 胡云腾:《正确把握认罪认罚从宽保证严格公正高效司法》，载《人民法院报》2019年10月24日。

从宽指导意见》第 5 条第 2 款规定，认罪认罚从宽制度没有适用罪名和可能判处刑罚的限定，所有刑事案件都可以适用。那么，囿于刑事案件的疑难性、复杂性与多样性，对于检察机关量刑建议而言，也不宜一刀切式地强令只适用精准刑建议。为综合考虑，实现量刑建议的合理性与规范性，理应要以幅度刑量刑建议作为补充或例外选择。

三、量刑建议的关键所在：效力问题

2018 年修改后的《刑事诉讼法》第 201 条对量刑建议的效力问题作出了较为具体的规定。其第 1 款规定，对于认罪认罚案件，人民法院依法作出判决时，一般应当采纳人民检察院指控的罪名和量刑建议，但有下列情形的例外，即被告人的行为不构成犯罪或者不应当追究其刑事责任的，违背意愿认罪认罚的，否认指控的犯罪事实的，起诉指控的罪名与审理认定的罪名不一致的以及其他可能影响公正审判的情形。第 2 款规定，人民法院经审理认为量刑建议明显不当，或者被告人、辩护人对量刑建议提出异议的，人民检察院可以调整量刑建议。人民检察院不调整量刑建议或者调整量刑建议后仍然明显不当的，人民法院应当依法作出判决。当前，实务界围绕量刑建议的效力，存在诸多争议，尤其是在异议产生与处理方面，出现一些新的适用情况与问题。鉴于此，对量刑建议效力的若干问题进行分析研究确有必要。

（一）量刑建议发挥效力的场域

量刑建议的核心问题实际上还是其效力问题，是关涉整个认罪认罚从宽的核心环节，也是落实认罪协商的关键所在。具体而言，量刑建议发挥效力的场域可以从其对诉讼主体的约束效力和其在诉讼程序中的作用两个方面来看。

从诉讼主体上来看，量刑建议对指控方、被追诉方、裁判方均应具有相应的约束效力。首先，对被追诉方而言，同意量刑建议是衡量其是否愿意接受处罚的重要标尺。客观上，犯罪嫌疑人因认罪并认罚，得到了检察机关从宽处理的量刑建议，并在辩护人或者值班律师在场的情况下签署认罪认罚具结书。此同意和具结无疑对犯罪嫌疑人、被告人有拘束力，除非出现特定情由，不得反悔，否则会动摇认罪认罚从宽的制度基础。其次，对于法院也有约束效力。根据《刑事诉讼法》第 201 条的规定，人民法院依法作出判决时，一般应当采纳人民检察院指控的罪名和量刑建议。按照现代诉讼原理，法院应当以中立的立场对控辩双方的争议予以审查和判断，采纳量刑建议体现了裁判方在合法范围内对“诉讼合意”的尊重和认可，是认罪协商制度有效运行的基础。最后，量刑建议对控方同样具有拘束力。除法定原因外，控方不得违背控辩协商的结果，不得否定业已得到被告人同意并具结的量刑建议。

从诉讼流程上来看，审判阶段是发挥量刑建议效力的主要场域。根据我国认罪认罚从宽制度的相关规范，在审查起诉阶段，被追诉人及其辩护人或值班律师与检察机关的协商合意可以看作量刑建议的生成阶段。这一过程的实质是使被追诉人认罪效果通过量刑建议与具结书的形式固定下来，以一个规范的文书形式，来展现认罪认罚带来的诉讼效果。量刑建议承载着被追诉人对于认罪带来收益的内心期待，在审查起诉阶段生成量刑建议，相当于对认罪事实的及时回应。在我国刑事诉讼流程中，审判阶段无疑是最终的裁判定论阶段。因此，在审查起诉阶段生成的量刑建议，发挥效用的主要场域也应是在审判阶段。即判断审查起诉阶段提起的量刑建议是否有效，应当是以法院审理是否最终采纳量刑建议为标准，这是无可厚非的。

（二）“一般应当”的规范表述

围绕《刑事诉讼法》第201条中“人民法院依法作出判决时，一般应当采纳人民检察院指控的罪名和量刑建议”的表述，曾有过较大争议。争议之处主要有二：第一，刑事诉讼法作为基本法律规范，用“一般应当”的表述，似乎有模棱两可之嫌，不够具体，会给实践操作带来现实困惑。第二，“一般应当”是不是理解为除了例外情况的全部“应当”采纳，而且现阶段《认罪认罚从宽指导意见》第33条明确了检察机关要以精准刑量刑建议为主，那么法院是否还有量刑裁量的空间。对于这些问题需要有清晰的认知。

首先，关于“一般应当”的规范表述。最高人民法院胡云腾大法官认为，“一般应当”体现了对“合意”的尊重，但并不是“照单全收”。法院仍应当严格审查，对存在明显不当情形的要依法处理。[①] 最高人民

① 胡云腾:《正确把握认罪认罚从宽保证严格公正高效司法》，载《人民法院报》2019年10月24日。

检察院陈国庆副检察长认为，人民法院“一般应当采纳”的规定，一定程度上就是将法官自由裁量权部分让渡于检察机关，实现司法资源的优化配置，提升诉讼效率。[①]从刑事诉讼法解释学的角度来看，“一般应当”的立法技术，至少包含两个方面的内容。第一，从合目的性的解释角度来看。合目的性要求解释不仅要在形式上符合相关法律的规定，也要符合立法意图和精神；不仅关注纯粹技术层面问题，而且也重视通过实体的价值判断来对法律解释进行实质性评判。[②]对检察机关而言，在审查起诉阶段提起的量刑建议从此有了法院采纳的立法依据。“一般应当”的延伸意义是，法院无正当理由不得作出弃置量刑建议的行为。实际上是一种赋予检察机关量刑建议刚性的授权规范。对人民法院而言，法院对待认罪案件的量刑建议从此有了一般应当采纳的规范要求，不同于不认罪案件的规范要求。实际上是一种限制法院量刑裁量权的限权规范。但无论是授权还是限权，其根本目的是保障认罪认罚从宽制度的核心价值追求，即通过控辩协商合作，提升诉讼程序效率。第二，从权力谦抑的解释角度来看。刑事诉讼法解释中的权力谦抑原则是指在解释法典过程中，对于法律没有规定或者规定不明确的，解释不能突破现行法的授权扩充专门机关的权力。[③]正如“一般应当”之规定，在认罪认罚从宽制度下，“一般”的用词恰如其分地限制了检察机关量刑建议权力的刚性。即在尊重“协商合意”的前提下，法院也依然享有一定的裁量权力。综上所述，“一般应当”的表述，至少在立法技术层面并无不妥，既充分肯定了认罪协商模式，也对认罪认罚从宽制度下检法机关的职能与衔接关系作出一定的谦抑表示。

其次，关于检察机关量刑建议权与法院量刑裁量权互斥方面。在讨论这一问题之前，需要明确的是，根据宪法与刑事诉讼法的规定，我国检察机关与人民法院分别独立行使公诉权与审判权，刑事诉讼实行控审分离原则。量刑建议权本质上归属于“求刑权”，是公诉权的一部分，其根本属性还是建议性质。法院享有终局的量刑裁判权力。虽然在实践过程中，检察机关量刑建议很大程度上成为法院最终的量刑依据，但这

---

① 陈国庆:《量刑建议的若干问题》，载《中国刑事法杂志》2019年第5期。

② 汪海燕:《刑事诉讼法解释论纲》，载《清华法学》2013年第6期。

③ 汪海燕:《刑事诉讼法解释论纲》，载《清华法学》2013年第6期。

并不必然消解法院量刑裁判权力，人民法院对于检察机关提出的量刑建议依然应当进行审查，并对量刑建议有一定的处理权力。例如，《认罪认罚从宽指导意见》第40条规定，对于人民检察院起诉指控的事实清楚，量刑建议适当，但指控的罪名与审理认定的罪名不一致的，人民法院可以听取人民检察院、被告人及其辩护人对审理认定罪名的意见，依法作出裁判。可以说，“一般应当”的规定，较为妥当地调和了认罪认罚从宽制度下检察机关量刑建议的刚性和法院量刑裁判弱化之间的矛盾，给予两机关较为妥当的权力裁量空间。

（三）辅助参考到主要依据的变化

在认罪认罚从宽制度下，量刑建议效力较为显著的变化是在法院量刑裁判阶段由辅助性参考资料转变为主要性依据资料。这一变化，实质上反映出法院在认罪案件与不认罪案件处理方式上的变革。

过往，在不认罪案件的诉讼程序中，量刑建议是检察机关单方的意思表示，对于法院没有强制拘束力，法官在行使定罪量刑权力时，量刑建议发挥的效用是一种辅助性参考资料，最终定罪量刑裁判的生成还是由法官根据案件事实等因素综合考量。现在，在认罪认罚从宽制度中，量刑成为整个认罪案件的重点部分，量刑建议一跃成为诉讼的关键所在。它承载着检察机关与被追诉人协商合意的意思表示，开始对法院产生一定的拘束作用。对法官的审判活动而言，已然具备实质性效果，是法官定罪量刑的主要依据资料。相较于传统的量刑建议，呈现出诉讼效力上趋向实质化的特征。①量刑建议效力的实质化不是偶发的，其效力刚性根植于认罪协商制度的价值追求和我国刑事审判制度的既定模式。

从世界范围来看，国际社会将激励被告人答辩有罪而放弃正式审判的制度统称为“放弃审判制度”。顾名思义“放弃审判制度”，是指通过认罪，放弃完整审判权。案件审理重心当然地转移至审前程序。根据案件类型不同，其具有不同的价值追求，在轻微案件中适用主要是出于诉讼效率价值考量，在疑难复杂的重罪案件中主要是出于提高定罪概率考量。②我

① 皇甫长城:《认罪认罚从宽制度中量刑建议工作机制研究》，载《上海法学研究》2019年第7卷。

② 熊秋红:《比较法视野下的认罪认罚从宽制度——兼论刑事诉讼“第四范式”》，载《比较法研究》2019年第5期。

国推行的认罪认罚从宽制度适用的案件范围并没有限定，那么无论是在轻微刑事案件还是在疑难复杂的刑事案件中，为了提升诉讼效率和增加定罪概率，审判机关将检察机关量刑建议作为其定罪量刑裁判的主要依据，也是应有之义。

我国刑事审判方式在定罪与量刑程序关系上，维持了大陆法系国家一体化的模式，而不采取英美法系国家定罪与量刑程序分离模式。按照这一模式，刑事审判程序的设置主要是围绕着定罪问题而展开的，对犯罪人的量刑不是法庭审判所要解决的主要问题。[①]一体化模式的主要不足之处在于，由于缺失控辩双方围绕量刑进行的辩论，法官在具有较大量刑裁量权的同时又无法获取充分有效的量刑裁量信息。认罪认罚从宽制度的确立，在案件类型上实现了认罪与不认罪的区分，虽然在审判方式上依然是定罪与量刑一体化模式，但在诉讼流程和程序重心上开始转向围绕量刑问题展开，而且解决量刑问题的主要场域不再局限于审判程序，审查起诉阶段开始发挥越来越重要的作用，尤其是体现控辩双方量刑协商成果的量刑建议，理应成为法院裁判的主要依据。

（四）量刑建议调整的规范缘由

《刑事诉讼法》第 201 条第 2 款规定了检察机关可以调整量刑建议的两项前置缘由，即法院审理认为量刑建议明显不当和被告人、辩护人对量刑建议提出异议。对于该规定，可以从以下方面来理解。

首先，关于量刑建议不予采纳与调整。从刑事诉讼法对量刑建议效力的规定来看，在法院审判阶段是存在三种效力形态的，即采纳、不予采纳和调整，这是认罪认罚从宽制度下量刑建议效力的新内容。采纳是量刑建议的一般结果，自无须赘言；不予采纳是量刑建议的例外情形，对此法律有明确列举，尽管其中第五种情形即“其他可能影响公正审判的情形”属于兜底条款，具有一定的弹性，实践中可能产生模糊或争议。调整则不同于不予采纳。第一，调整不适用《刑事诉讼法》第 201 条第 1 款规定的几种例外情形，而是由于法院经审理认为量刑建议明显不当或者被告人、辩护人对量刑建议有异议；第二，不予采纳意味着量刑建议不再有适用空间，而调整意味着量刑建议经过修改之后，依然有

① 陈瑞华:《定罪与量刑的程序分离——中国刑事审判制度改革的另一种思路》，载《法学》2008 年第 6 期。

适用的可能。二者不可混同。

其次，关于明显不当与被告人异议。在明确界分不予采纳与调整之后，需要对明显不当与被告人异议作出适当理解。

《刑事诉讼法》第201条并未对何谓“明显不当”列举情形，《认罪认罚从宽指导意见》也未对此加以解释。根据刑法理论，所谓量刑明显不当，通常指“量刑畸重畸轻”。“量刑畸重畸轻”，指超出刑法规定的量刑幅度科以刑罚。如果从宽处理包括从轻处罚、减轻处罚和免除处罚，则有可能出现量刑建议明显不当、畸轻畸重的情形。当下，对于从宽处理的含义一般理解为在法定量刑幅度内从轻处罚。《认罪认罚从宽指导意见》对此理解也予以确认，在第8条第2款明确规定：对于减轻、免除处罚，应当于法有据；不具备减轻处罚情节的，应当在法定幅度以内提出从轻处罚的量刑建议和量刑；对其中犯罪情节轻微不需要判处刑罚的，可以依法作出不起诉决定或者判处免予刑事处罚。由此可见，检察机关的量刑建议正常情况下是不可能出现“明显不当”的。如果出现“明显不当”的情形，则说明检察机关违反法律规定，超出刑法规定的量刑幅度而提出量刑建议。因此，法院应当慎用裁量权，不能轻率判断量刑建议明显不当。

关于被告人及其辩护人对量刑建议提出异议，可以看作刑事诉讼法特别设置的一种救济程序，以在认罪认罚案件中注重对被告人合法权益的保障。如前所析，在认罪认罚从宽制度中，被告人认罪认罚是获得从宽处理的前提条件，检察机关的量刑建议是建立在被告人认罪认罚基础之上的，被告人对此予以认可并签署具结书。因此，一般来说量刑建议对被告人而言是有法律约束力的。但是，实践中也不排除被告人虽不违反意愿，但对认罪认罚和量刑建议产生一定误解的可能，或者认为辩护律师或值班律师在与控方量刑协商中未能提供有效帮助，等等。在此情况下赋予被告人及其辩护人对量刑建议提出异议的权利，体现了刑事诉讼法加强人权司法保障的立法宗旨。但显而易见，这种异议权是有条件的、受限制的。如无正当理由，不得随意反悔、轻易异议。因此，《认罪认罚从宽指导意见》第41条对被告人异议作出一定限制，增加了提出异议需“有理有据”的条件。这是可以理解的，也是恰当的。何谓“有理有据”，就是被告人提出异议时应当有正当合理的理由并提供相应的证明，如积极赔偿、取得被害人的谅解，与被害人达成和解或主动退赃等可以进一步从宽处理的情况。

（五）量刑建议异议处理程序

《刑事诉讼法》第201条第2款规定，人民法院经审理认为量刑建议明显不当，或者被告人、辩护人对量刑建议提出异议的，人民检察院可以调整量刑建议。人民检察院不调整量刑建议或者调整量刑建议后仍然明显不当的，人民法院应当依法作出判决。笔者认为，此规定实际上可以称为“量刑建议异议处理程序”，即当法院提出明显不当和被告方提出异议之后，后续程序应当如何操作和运行的规范。可以从以下几个方面来理解和诠释。

第一，检察机关应当获得量刑建议未被采纳需要调整的通知。从结果意义上看，明显不当和异议引起的法律后果，第一个是法院没有直接采纳量刑建议，量刑建议处于一种待调整、待维持、待采纳的状态；第二个就是检察院可以调整量刑建议。那么在程序上，法院未直接采纳与检察院调整之间就存在程序上的衔接关系，即法院应当告知检察机关没有采纳量刑建议及其原因，以及检察机关需要调整量刑建议，而不能径行作出判决。

第二，检察机关享有调整与不调整量刑建议的权力。检察院作为量刑建议的主要拟制主体，理应享有自主调整量刑建议的权力，既可以听取法院或被告人的意见调整量刑建议，也可以维持之前的量刑建议。笔者认为，对于调整量刑建议，检察机关可以区分情况处理。首先，对于法院审理认为明显不当的情况，检察院应当根据法院提出的明显不当的理由，综合考虑全案情况，与被告人、辩护人或值班律师再行协商，提出新的量刑建议。当认为法院提出的明显不当理由不成立时，也可以维持原量刑建议。其次，对于被告人提出异议的情况，应当重点审查被告人提出的理由和证明材料，确有重新调整量刑建议必要的，应当与被告人、辩护人或值班律师达成新的量刑建议。笔者认为，如果对明显不当和异议本身已存在较为严格的限制，比如法院应当说明具体理由，被告人异议应当有理有据。那么，意味着之前量刑建议存在问题的可能性较大。对于检察机关而言，应当审慎对待，需要调整量刑建议的就坚决调整，不要固执己见，更不能逞强斗气。

第三，检察机关调整或维持量刑建议是法院判决的前置程序。在检察机关接到法院调整量刑建议的通知后，无论是调整还是维持量刑建议，都应当及时向法院反馈。也就是说，检察机关就是否调整量刑建议向法院反馈，应当是法院作出判决的必经前置程序。首先，这是法律规范蕴含的意思表示。第 201 条第 2 款规定了量刑建议调整程序中人民法院应当依法作出判决的两种情况，即人民检察院不调整量刑建议或者调整量刑建议后仍然明显不当。既然法院作出判决需要以检察机关调整量刑建议与否或调整适当与否作为条件，显然检察机关调整或维持量刑建议是法院判决前的必经程序。其次，这有助于贯彻认罪协商理念。如上所述，量刑建议的调整不同于不予采纳，调整意味着还有继续适用认罪认罚从宽制度的空间，那么相应地就应当给予控辩双方重新达成协议的机会，法院根据调整情况依法裁判也是应有之义。简言之，法院不能在认为有明显不当和出现异议的情况下径行作出裁判，必须告知检察机关调整量刑建议，并结合检察机关量刑建议的调整情况作出裁判。即《认罪认罚从宽指导意见》第 41 条第 1 款规定的："人民法院认为调整后的量刑建议适当的，应当予以采纳；人民检察院不调整量刑建议或者调整后仍然明显不当的，人民法院应当依法作出判决。"

第四，程序性违法与检察机关的应对。应当明确的是，在调整量刑建议过程中，如人民法院未告知检察机关调整量刑建议并听取检察机关意见，直接作出裁判，属于严重的程序性违法，可以纳入检察机关法律监督的范围，提出纠正违法意见或者依法提起抗诉。量刑建议作为体现控辩双方诉讼合意的法定载体，应当得到法院的尊重，在调整量刑建议的程序中亦是如此。当出现需要调整量刑建议的情形时，人民法院应当履行告知职责，等待检察机关与被告人、辩护人或值班律师再行协商提出新的量刑建议。如果检察机关不调整量刑建议或者调整后仍然明显不当，才能依法作出裁判。如果法院跳过此步骤或省略此环节，将会严重削弱量刑建议的严肃性、有效性和公信力，最终妨碍认罪认罚从宽制度的实现。

中国的认罪认罚从宽制度 *

完善“认罪认罚从宽制度”既是党的十八届四中全会《中共中央关于全面推进依法治国若干重大问题的决定》(以下简称十八届四中全会《决定》)中的明确要求，也是当前中国司法机关针对刑事案件进行程序分流、合理分配司法资源的必要措施。2016年9月，在刑事速裁程序试点的基础上，全国人大常委会通过了《关于授权最高人民法院、最高人民检察院在部分地区开展刑事案件认罪认罚从宽制度试点工作的决定》。随后，最高人民法院、最高人民检察院、公安部、国家安全部、司法部印发了《关于在部分地区开展刑事案件认罪认罚从宽制度试点工作的办法》(以下简称《试点办法》)，开始为期两年的认罪认罚从宽制度试点。2018年10月刑事诉讼法修改，对认罪认罚从宽制度和刑事速裁程序试点的成功经验和有益做法予以充分肯定和吸收，以法律形式巩固了司法改革成果，使认罪认罚从宽成为刑事诉讼法的一项基本原则和重要制度。作为近年来中国刑事司法改革的重要成果，本文试图从认罪认罚从宽制度的发展沿革、基本内容以及未来探索出发，进行解读和阐释。

一、认罪认罚从宽制度的发展沿革

(一)认罪认罚从宽制度的试点进程

2014年10月，十八届四中全会《决定》中提出完善刑事诉讼中的“认罪认罚从宽制度”。全国人大常委会先后授权最高人民法院、最高人民检察院在北京等18个省、市进行了为期两年的认罪认罚从宽制度试点，并把2014年开始的刑事速裁程序试点纳入其中。总体而言，认罪认罚从宽制度试点效果良好，即使在非试点地区，也积极探索轻案快

---

* 原文载虞平主编:《法治流变及法律制度构建》，元照出版公司2020年版，与谢澍合作。

办机制，以适应提高诉讼效率、节约司法资源、完善程序分流的实践需要。最高人民法院院长周强在认罪认罚从宽制度试点情况的中期报告中，列举了一系列数据，充分展示了这一制度的实践样态。截至2017年11月底，18个试点地区共确定试点法院、检察院各281个，适用认罪认罚从宽制度审结刑事案件91121件103496人，占试点法院同期审结刑事案件的45%。其中检察机关建议适用的占98.4%。试点地区法律援助机构在看守所、法院、检察院设立法律援助工作站630个，其中设在看守所、法院的法律援助工作站覆盖率分别为97%和82%。检察机关对认罪认罚案件依法提出从宽量刑建议，其中建议量刑幅度的占70.6%，建议确定刑期的占29.4%，法院对量刑建议的采纳率为92.1%。认罪认罚案件犯罪嫌疑人、被告人被取保候审、监视居住的占42.2%，不起诉处理的占4.5%，免予刑事处罚的占0.3%，判处3年有期徒刑以下刑罚的占96.2%，其中判处有期徒刑缓刑、拘役缓刑的占33.6%，判处管制、单处附加刑的占2.7%，非羁押强制措施和非监禁刑适用比例进一步提高。对于认罪认罚案件，检察机关审查起诉平均用时26天，人民法院15日内审结的占83.5%。适用速裁程序审结的占68.5%，适用简易程序审结的占24.9%，适用普通程序审结的占6.6%；当庭宣判率为79.8%，其中速裁案件当庭宣判率达93.8%。①

（二）认罪认罚从宽制度的立法进程

2018年10月26日，第十三届全国人民代表大会常务委员会第六次会议通过《全国人民代表大会常务委员会关于修改〈中华人民共和国刑事诉讼法〉的决定》（以下简称《修改决定》），这标志着中国刑事诉讼法的第三次修改业已完成。为了将可复制、可推广的试点工作经验上升为法律规范，完善认罪认罚从宽制度和增设刑事速裁程序，成为2018年刑事诉讼法再修改的重点之一。此次《修改决定》中，有关认罪认罚从宽制度与刑事速裁程序的共有13条，达到《修改决定》内容的半数。具体包括：其一，明确刑事案件认罪认罚可以依法从宽处理的基本原则，即“犯罪嫌疑人、被告人自愿如实供述自己的罪行，对指控的犯罪

---

① 参见《最高人民法院、最高人民检察院关于在部分地区开展刑事案件认罪认罚从宽制度试点工作情况的中期报告——2017年12月23日在第十二届全国人民代表大会常务委员会第三十一次会议上》。

事实没有异议，愿意接受处罚的，可以依法从宽处理”。其二，完善刑事案件认罪认罚从宽的程序规定。包括侦查机关告知诉讼权利和将认罪情况记录在案、人民检察院在审查起诉阶段就案件处理听取意见、犯罪嫌疑人签署认罪认罚具结书、人民检察院提出量刑建议和人民法院如何采纳量刑建议、人民法院审查认罪认罚自愿性和具结书真实性及合法性等。其三，增加速裁程序。适用于基层人民法院管辖的可能判处 3 年有期徒刑以下刑罚、被告人认罪认罚，民事赔偿问题已经解决的案件。其四，注意对当事人的权利保障。对诉讼权利告知、建立值班律师制度、明确将认罪认罚作为采取强制措施时判断社会危险性的考虑因素等作出规定。[①] 总体而言，《修改决定》吸收了此前《试点办法》的主要内容，先前《试点办法》已对认罪认罚从宽制度的案件适用范围、基本原则、法律援助、强制措施以及侦查程序、审查起诉程序、审判程序中的实施方式和具体问题加以规范，形成制度雏形并在试点中证明行之有效[②]，此次刑事诉讼法修改对试点经验基本予以认可[③]。

二、认罪认罚从宽制度的基本内容

（一）认罪认罚从宽制度的参与主体

中国的认罪认罚从宽制度贯彻于刑事诉讼始终，侦查、审查起诉和审判阶段中，侦查人员、检察人员、审判人员均有义务告知犯罪嫌疑人、被告人享有的诉讼权利和认罪认罚可能导致的法律后果，听取犯罪嫌疑人、被告人及其辩护人或者值班律师的意见。但正如有中国学者所言，“只要是自愿、真实的认罪认罚，当然是越早越好。因为越早，犯罪事实发现的就早，挽回或减少犯罪危害后果的机会就大，侦查破案、收集证据的难度、阻力就小”。[④] 所以认罪认罚从宽制度的启动大多在

---

① 参见关于《中华人民共和国刑事诉讼法（修正草案）》的说明。

② 参见《最高人民法院、最高人民检察院关于在部分地区开展刑事案件认罪认罚从宽制度试点工作情况的中期报告——2017 年 12 月 23 日在第十二届全国人民代表大会常务委员会第三十一次会议上》。

③ 参见卞建林、谢澍:《刑事诉讼法再修改：解读与反思》，载《中共中央党校学报》2018 年第 6 期。

④ 顾永忠:《关于“完善认罪认罚从宽制度”的几个理论问题》，载《当代法学》2016 年第 6 期。

审前程序之中，参与的主体是侦查人员、检察人员[①]与犯罪嫌疑人，审判人员并不直接参与审前认罪认罚从宽程序。申言之，因为认罪认罚从宽大多在审前程序中即已启动，所以检察人员和侦查人员主要承担发起者的角色，而法官的主要任务是审查认罪认罚的自愿性，认罪认罚具结书内容的真实性、合法性以及检察机关量刑建议是否适当。此种制度设计，重视法官职权调查义务，法官在审理被告人认罪认罚案件时，应当对被告人认罪认罚进行缜密的审查判断，即通过对认罪答辩自愿性的审查、对答辩能力的判断、对是否理解指控的判断、对被告人是否理解有罪答辩可能产生后果的判断、对被告人是否理解自己放弃之权利的判断、对答辩之事实性基础的判断，保障被告人有罪答辩的自愿性、明智性和明知性。[②]当然，检察机关作为承上启下并把控程序分流的关键一环，在认罪认罚中承担重要责任，除履行审查起诉职能外，还要积极履行法律监督职能，注意保障当事人合法权益，其中包括履行提示和告知义务，保障辩护律师或值班律师依法履行职责。

（二）认罪认罚从宽制度的适用范围

关于中国认罪认罚从宽制度的适用条件，2018 年修改后的《刑事诉讼法》第 15 条规定："犯罪嫌疑人、被告人自愿如实供述自己的罪行，承认指控的犯罪事实，愿意接受处罚的，可以依法从宽处理。"这与此前《试点办法》第 1 条的表述基本一致："犯罪嫌疑人、被告人自愿如实供述自己的罪行，对指控的犯罪事实没有异议，同意量刑建议，签署具结书的，可以依法从宽处理。"同时，《试点办法》第 2 条明确了四种不

---

① 当然，侦查人员与检察人员的处理权限并不相同。《试点办法》规定，侦查机关不得作出实质处理，"对拟移送审查起诉的案件，侦查机关应当在起诉意见中写明犯罪嫌疑人自愿认罪认罚情况"，《试点办法》第 9 条规定的"犯罪嫌疑人自愿如实供述涉嫌犯罪的事实，有重大立功或者案件涉及国家重大利益，需要撤销案件的"之情形除外。根据《试点办法》第 11 条、第 13 条的规定，审查起诉阶段，检察机关可以作出三种处理：其一，人民检察院向人民法院提起公诉的，应当在起诉书中写明被告人认罪认罚情况，提出量刑建议，并同时移送被告人的认罪认罚具结书等材料；其二，犯罪嫌疑人自愿如实供述涉嫌犯罪的事实，有重大立功或者案件涉及国家重大利益的，经最高人民检察院批准，人民检察院可以作出不起诉决定，也可以对涉嫌数罪中的一项或者多项提起公诉；其三，具有法律规定不起诉情形的，依照法律规定办理。

② 参见卞建林、谢澍：《职权主义诉讼模式中的认罪认罚从宽》，载《比较法研究》2018 年第 3 期。

适用认罪认罚从宽制度的情形，即犯罪嫌疑人、被告人是尚未完全丧失辨认或者控制自己行为能力的精神病人的；未成年犯罪嫌疑人、被告人的法定代理人、辩护人对未成年人认罪认罚有异议的；犯罪嫌疑人、被告人行为不构成犯罪的；以及其他不宜适用的情形。这意味着，除了上述情形以外，只要符合《刑事诉讼法》第15条之规定的刑事案件均可以适用认罪认罚从宽制度。此外，刑法确立了罪刑法定和罪责刑相适应原则，在定罪量刑上也确立了严格的犯罪构成要件和量刑种类及幅度，认罪认罚从宽主要体现在量刑上，控辩之间不得进行关于罪名和罪数的协商，量刑减让的幅度通常也有一定的限制。

（三）认罪认罚从宽制度的程序运作

根据刑事诉讼法的有关规定，认罪认罚从宽制度在侦查、审查起诉和审判阶段均可适用，而其程序一般启动于侦查或审查起诉阶段，在告知犯罪嫌疑人享有的诉讼权利和认罪认罚可能导致的法律后果，并就相关事项听取犯罪嫌疑人及其辩护人或者值班律师的意见后，犯罪嫌疑人表示愿意认罪认罚的，即可启动认罪认罚从宽制度。侦查阶段，犯罪嫌疑人自愿认罪的，应当记录在案，随案移送，并在起诉意见书中写明有关情况。审查起诉阶段，犯罪嫌疑人自愿认罪，同意量刑建议和程序适用的，应当在辩护人或者值班律师在场的情况下签署认罪认罚具结书。人民检察院应当就主刑、附加刑、是否适用缓刑等提出量刑建议，并随案移送认罪认罚具结书等材料。审判阶段，被告人认罪认罚的，审判长应当告知被告人享有的诉讼权利和认罪认罚的法律规定，审查认罪认罚的自愿性和认罪认罚具结书内容的真实性、合法性。对于认罪认罚案件，人民法院依法作出判决时，一般应当采纳人民检察院指控的罪名和量刑建议。人民法院经审理认为量刑建议明显不当，或者被告人、辩护人对量刑建议提出异议的，人民检察院可以调整量刑建议。人民检察院不调整量刑建议或者调整量刑建议后仍然明显不当的，人民法院应当依法作出判决。中国刑事诉讼现有的三种审判方式，即速裁程序、简易程序和普通程序，在认罪认罚案件中均可适用。具体而言，基层人民法院管辖的可能判处3年有期徒刑以下刑罚的案件，案件事实清楚，证据确实、充分，被告人认罪认罚并同意适用速裁程序的，可以适用速裁程序；对于基层人民法院管辖的可能判处3年有期徒刑以上刑罚的案件，被告人认罪认罚的，可以依法适用简易程序审判；对于不属于基层人民法院管辖的案件，适用普通程序审理。

除以上一般规定外，刑事诉讼法还增加一条，作为第182条，其第1款规定："犯罪嫌疑人自愿如实供述涉嫌犯罪的事实，有重大立功或者案件涉及国家重大利益的，经最高人民检察院批准，公安机关可以撤销案件，人民检察院可以作出不起诉决定，也可以对涉嫌数罪中的一项或者多项不起诉。"这是关于认罪认罚从宽的特殊规定。

（四）认罪认罚从宽制度的权利保障

对于认罪认罚从宽制度中的当事人权利保障，《试点办法》第3条即予以明确："办理认罪认罚案件，应当遵循刑法、刑事诉讼法的基本原则，以事实为根据，以法律为准绳，保障犯罪嫌疑人、被告人依法享有的辩护权和其他诉讼权利，保障被害人的合法权益，维护社会公共利益，强化监督制约，确保无罪的人不受刑事追究，有罪的人受到公正惩罚，确保司法公正。"修改后的刑事诉讼法对此同样予以强调。在被告人权利保障问题上，首先，检察机关应当恪守客观公正义务，对于被追诉人的认罪认罚态度、从宽情节等进行客观评价，明确告知被追诉人享有的诉讼权利和认罪认罚可能导致的法律后果。在强制措施的选择上，对于认罪认罚没有社会危险性的被追诉人，应当取保候审、监视居住。其次，法官在庭审过程中应当着重审查认罪认罚的自愿性以及具结书内容的真实性、合法性，如认为量刑建议明显不当可以依法作出判决。最后，应当保障被追诉人获得有效法律帮助，确保其了解认罪认罚的性质和法律后果，自愿认罪认罚。法律援助机构可以在办案机关或看守所派驻值班律师，为犯罪嫌疑人、被告人提供法律咨询、程序选择建议、申请变更强制措施、对案件处理提出意见等法律帮助，并在犯罪嫌疑人签署认罪认罚具结书时在场。

此外，在被害人权利保障问题上，一方面，要求办案机关重视听取被害人及其代理人意见；另一方面，将被追诉人是否与被害人达成和解协议或赔偿被害人损失，并取得被害人谅解，作为考虑量刑减让和程序适用的重要因素。

三、认罪认罚从宽制度的深入探索

（一）关于检察机关的主导责任

近年来，为适应“以审判为中心”的诉讼制度改革需要，中国的检察机关积极探索在落实以审判为中心的诉讼制度改革和完善认罪认罚从宽制度中检察机关的地位和作用。如湖北省检察机关提出“两主一重”，即强化检察机关在审前程序中的主导作用，充分发挥检察机关在审判中指控犯罪的主体作用，以审判为中心开展对诉讼活动的法律监督。北京市检察机关提出适应以审判为中心的诉讼制度改革要求，检察机关必须发挥在审前程序中的主导作用，在庭审中指控和证明犯罪的主体作用，确立了“两主”的工作部署，并在全市范围内安排理论探讨和实践试点，试点经验汇集为《检察机关主导和主体作用例证指导》。在2019年全国大检察官研讨班上，最高人民检察院张军检察长提出，要切实履行检察官在刑事诉讼中的主导责任。

为切实承担检察机关在认罪认罚从宽中的主导责任，最高人民检察院要求各地检察机关，要认真审查犯罪嫌疑人认罪认罚的自愿性和真实性，要努力做到适用认罪认罚从宽中量刑建议的精准化和规范化，要探索扩大对轻罪案件犯罪嫌疑人认罪认罚适用酌定不起诉，要加强对认罪认罚诉讼过程的法律监督和对被追究人的合法权益保障。

关于检察机关在认罪认罚从宽中的职能和作用，笔者也曾撰文探讨，提出：检察机关作为国家追诉的执行者、刑事政策的调控者、程序分流的主导者、诉讼活动的监督者、案件质量的把关者，这多重角色决定了检察机关在认罪认罚从宽中承担主导责任，发挥重要作用。[①] 当下，关于检察机关在认罪认罚从宽中的主导责任或主导作用，理论界正在积极开展探讨，检察机关在实践中予以推行和推广。

（二）关于量刑建议的内容与效力

传统上，中国刑事诉讼活动内容主要围绕被告人定罪问题展开，而在被告人自愿认罪的情况下，定罪一般已不成问题，量刑遂成为诉讼活动的重中之重。根据刑事诉讼法的制度设计，检察机关的量刑建议显然

① 参见卞建林：《多角色决定检察机关在认罪认罚从宽中承担主导责任》，载《检察日报》2019年4月30日，第3版。

成为解决量刑问题的"牛鼻子"，也是真正贯彻落实认罪认罚从宽制度的关键所在。[①]

其一，关于量刑建议的内容。《刑事诉讼法》第176条第2款规定，犯罪嫌疑人认罪认罚的，人民检察院应当就主刑、附加刑、是否适用缓刑等提出量刑建议。但对于主刑是相对确定还是绝对确定，没有明确。我们认为，认罪认罚从宽语境下的量刑建议，刑罚和刑期应当尽可能明确。这是因为，在认罪认罚从宽制度运用中，检察机关提出合法、合理、公正的量刑建议对于落实刑事诉讼法要求，发挥认罪认罚从宽制度功能，激励犯罪嫌疑人及时认罪、真诚悔罪，提升司法效率，具有重要意义。对于犯罪嫌疑人而言，量刑建议是其最能直观理解认罪认罚后实体后果的依据，量刑建议越精准，认罪认罚后的不确定性也就越低。

其二，关于量刑建议的效力。认罪认罚从宽制度中的量刑建议，对指控方、被告人、裁判方均应具有相应的效力。简言之，对控辩而言，有遵守义务；对法院而言，有尊重职责。首先，对犯罪嫌疑人、被告人而言，同意量刑建议是衡量其是否愿意接受处罚的重要标尺。客观上，犯罪嫌疑人因认罪并认罚，得到了检察机关从宽处理的量刑建议，并在辩护人或者值班律师在场的情况下签署认罪认罚具结书。此同意和具结无疑对犯罪嫌疑人、被告人有拘束力，除非出现特定情由，不得反悔，否则会动摇认罪认罚从宽的制度基础。其次，量刑建议是法院量刑的基本依据。《刑事诉讼法》第201条明确规定，对于认罪认罚案件，除法律列举的几种例外情形外，人民法院依法作出判决时，一般应当采纳人民检察院指控的罪名和量刑建议。按照现代诉讼原理，法院应当以中立的立场对控辩双方的争议予以审查和判断，采纳量刑建议体现了裁判方在合法范围内对"诉讼合意"的尊重和认可，是认罪协商制度有效运行的基础。最后，量刑建议对控方同样具有拘束力。除法定原因外，控方不得违背控辩协商的结果，不得否定业已得到被告人同意并具结的量刑建议。同时，在控辩协商和诉讼进程中检察机关应当注意维护犯罪嫌疑人、被告人的合法权益，保障辩护人和值班律师依法履行职责。

---

① 参见卞建林:《认罪认罚从宽制度赋予量刑建议全新内容》，载《检察日报》2019年7月29日，第3版。

（三）关于被追诉人的上诉权限制

在认罪认罚从宽制度中，在控辩协商、沟通的基础上，被追诉人以具结书的方式承认检察机关指控的罪名和量刑建议，并且在此过程中得到辩护律师或值班律师的帮助，相应的，检察机关的量刑建议应当对被告人具有拘束力。但在司法实践中，部分被告人不仅对原本认可的量刑建议提出异议，而且对采纳量刑建议的一审判决提出上诉。[①] 对于此类案件，有的检察机关针对性地提出抗诉，使得二审法院不受上诉不加刑的限制而获得改判加刑的权力，以此来警告认罪认罚的被告人慎用上诉权。关于被告人事先同意量刑建议事后又提出异议或上诉的情况，引起理论界的关注，从而产生关于认罪认罚的被告人是否享有异议权和上诉权的思考。有人主张，同意量刑建议是犯罪嫌疑人、被告人获得从宽处罚的前提条件，对于在审查起诉中被追诉人自愿认罪认罚并签署具结书，并得到了律师的帮助，在此情况下应当考虑对被追诉人的异议权和上诉权作出一定限制，否则会动摇认罪认罚从宽的制度基础。从其他国家和地区的有关立法和司法实践来看，也不乏这样的例子。例如，美国联邦以及大多数州允许控方在答辩协议中要求作出有罪答辩的被追诉人放弃对量刑的上诉权；而我国台湾地区更是直接规定除列举之特殊情形以外，协商程序的判决不得上诉。上述做法可资参考和借鉴。

（四）关于值班律师的定位与作用

2017 年最高人民法院与司法部联合发布了《关于开展刑事案件律师辩护全覆盖试点工作的办法》，其中认罪认罚从宽制度中的律师参与，是“全覆盖”的重点之一。然而，对于认罪认罚从宽制度中的值班律师之定位，尚存争议，相关文件均将值班律师定位为“提供法律帮助”而非“提供辩护”，这也就意味着值班律师的职责限定于法律咨询、程序选择、申请变更强制措施、见证具结书签署等程序性法律帮助事项。质言之，值班律师并无“辩护人”之定位，不享有阅卷权、调查取证权

---

① 参见卞建林、谢澍:《刑事检察制度改革实证研究》，载《中国刑事法杂志》2018 年第 6 期。

等。2018年刑事诉讼法在修改过程中对于这一问题同样存在争议。[①]正是因为值班律师定位模糊、作用有限且相关制度保障不足[②]，试点中部分地区出现了值班律师不到岗的现象，更有一些地区值班律师甚至发挥了帮助司法机关说服被追诉人认罪认罚的作用，背离了制度的初衷。

认罪认罚从宽制度中需要调动控辩双方积极性并强化对犯罪嫌疑人、被告人的认罪自愿性审查。其中，调动辩方积极性的前提是排除辩方的后顾之忧进而敢于进行量刑协商，这就需要具备法律知识的帮助者加以协助。从中国目前律师状况考量，设置值班律师是弥补辩护律师力量不足的有效措施。然而关于值班律师的定位却存在不同认识，修法过程中也曾出现反复。修法草案稿曾经规定，由值班律师为犯罪嫌疑人、被告人提供法律咨询、程序选择建议、代理申诉控告、申请变更强制措施、对案件处理提出意见等辩护意见。通过后的《修改决定》改为：由值班律师为犯罪嫌疑人、被告人提供法律咨询、程序选择建议、申请变更强制措施、对案件处理提出意见等法律帮助。我们认为，总体上可以赋予值班律师辩护人身份，但其诉讼权利应因其所处诉讼阶段的不同而有所区别。此外，在现阶段可以赋予犯罪嫌疑人、被告人选择权，如果犯罪嫌疑人、被告人没有委托辩护人，并愿意委托先前曾提供法律帮助的值班律师作为辩护人的，则该值班律师可以作为辩护人继续提供辩护；不愿意委托先前曾提供法律帮助的值班律师作为辩护人的，可以另行委托律师辩护。申言之，现行法律意义上值班律师被定位为“法律帮助者”，经犯罪嫌疑人、被告人认可和委托后，可以转为“辩护人”提供辩护。[③]

---

① 一审稿中规定：“犯罪嫌疑人、被告人没有委托辩护人，法律援助机构没有指派律师为其提供辩护的，由值班律师为犯罪嫌疑人、被告人提供法律咨询，程序选择建议，代理申诉、控告，申请变更强制措施，对案件处理提出意见等辩护。”二审稿中规定：“犯罪嫌疑人、被告人没有委托辩护人，法律援助机构没有指派律师为其提供辩护的，由值班律师为犯罪嫌疑人、被告人提供法律咨询、程序选择建议、申请变更强制措施、对案件处理提出意见等法律帮助。”

② 参见闵春雷：《认罪认罚案件中的有效辩护》，载《当代法学》2017年第4期。

③ 参见卞建林、谢澍：《认罪认罚从宽与台湾地区刑事协商之比较研究》，载《法学杂志》2018年第5期。

论我国补充侦查制度的发展与完善 *

从 1979 年刑事诉讼法第一次规定补充侦查制度开始，补充侦查制度已经运行了 40 多年。在此期间，补充侦查制度的内涵不断深化、实践逐渐深入，发挥了重要的制度效用。2020 年 3 月，为进一步加强和规范补充侦查工作，最高人民检察院、公安部联合制发了《关于加强和规范补充侦查工作的指导意见》(以下简称《指导意见》)，首次系统地对补充侦查工作进行了指导和规范，使补充侦查制度有了新的发展。本文试图对补充侦查制度的内涵、价值以及实践问题进行分析，并结合《指导意见》梳理补充侦查制度的发展，探索补充侦查制度的完善进路。

一、补充侦查制度的类型

《指导意见》第 2 条规定："补充侦查是依照法定程序，在原有侦查工作的基础上，进一步查清事实，补充完善证据的诉讼活动。"该规定明确了补充侦查的概念，充实了补充侦查制度的内涵。补充侦查存在于刑事诉讼的多个节点，在不同诉讼阶段中，补充侦查的目的、适用条件以及执行主体等不尽相同。伴随着国家监察体制改革的深入发展，检察机关原有的职务犯罪侦查职能转隶至监察机关，2018 年修改后的刑事诉讼法对此作出了相应调整，同时也明确保留了检察机关的一部分自行侦查权，补充侦查制度的格局随之有所改变。

(一) 侦查阶段的补充侦查

"侦查中由人民检察院批准、决定逮捕"是逮捕审查制度的中国模式。[①] 逮捕是最为严厉的刑事强制措施，直接影响被追诉人的人身自由权利，所以，我国建立了具有中国特色的逮捕审查与控制机制，由检察

---

* 原文发表于《法治现代化研究》2021 年第 1 期，与李艳玲合作。

① 参见刘计划:《逮捕审查制度的中国模式及其改革》，载《法学研究》2012 年第 2 期。

机关对逮捕的要件进行审查，批准或者决定是否逮捕。根据《刑事诉讼法》第90条和2019年修正后的《人民检察院刑事诉讼规则》（以下简称《刑诉规则》）第299条的规定，检察机关对公安机关提请批捕的案件、负责捕诉的部门对于本院负责侦查的部门移送的案件，经审查后认为现有的材料、证据无法充分证明有逮捕必要的，有权不予批准、决定逮捕，需要补充侦查的，通知公安机关、本院侦查部门补充侦查。从检察机关审查批准、决定逮捕权的程序意义出发，检察机关在侦查阶段适用补充侦查的目的在于促使公安机关、本院侦查部门继续补充收集证据、材料，进一步确认是否有逮捕犯罪嫌疑人的必要。一方面，经补充侦查后对确有必要逮捕的犯罪嫌疑人及时适用逮捕，保障诉讼活动的顺利进行；另一方面，经补充侦查，防止错捕和不当逮捕，有效保障犯罪嫌疑人的合法权益。

侦查阶段的补充侦查有两种形式：一种是通知公安机关补充侦查。根据《刑事诉讼法》第90条和《刑诉规则》第257条、第285条的规定，检察机关对于公安机关提请批准逮捕的案件进行审查后，作出批准逮捕或者不批准逮捕的决定，对于不予批准逮捕中需要补充侦查的，应当制作补充侦查提纲，写明补充侦查的内容、需要补充收集的证据及其证明作用等，通知公安机关补充侦查。另一种是通知本院侦查部门补充侦查。2018年修正后的刑事诉讼法虽然删去了检察机关对职务犯罪案件行使侦查权的规定，但也保留了部分侦查权。[①] 根据《刑事诉讼法》第19条的规定，人民检察院在对诉讼活动实行法律监督中发现的司法工作人员利用职权实施的非法拘禁、刑讯逼供、非法搜查等侵犯公民权利、损害司法公正的犯罪，有权立案侦查。《刑诉规则》第299条规定，对于这类由检察机关自行侦查的案件，负责捕诉的部门在不予决定逮捕后，对于需要补充侦查的，同样应当制作补充侦查提纲，通知本院侦查部门补充侦查。

（二）审查起诉阶段的补充侦查

作为连接侦查与审判活动的中间环节，审查起诉阶段是整个刑事诉讼活动中承前启后的一个关键性阶段，是公诉案件的必经程序，它对于

① 卞建林：《检察机关侦查权的部分保留及其规范运行——以国家监察体制改革与〈刑事诉讼法〉修改为背景》，载《现代法学》2020年第2期。

增强检察人员的法律监督意识、强化侦查监督职能、保证办案质量具有重要意义。[①] 检察机关在审查起诉阶段，对凡需要提起公诉的案件进行审查并作出相应决定。根据《刑事诉讼法》第 175 条的规定，人民检察院审查案件，对于需要补充侦查的，可以退回公安机关补充侦查，也可以自行侦查。检察机关在审查起诉阶段适用补充侦查的目的在于：一是进一步查明案件事实、补充完善证据。侦查过程中收集的犯罪证据，是公诉的准备和基础，检察机关对事实不清、证据不足的案件进行补充侦查，是为了完善证据体系、强化刑事指控。二是查补漏罪、漏犯。根据控审分离的原则，检察机关的起诉内容是法院审判的范围和依据，通过补充侦查查补遗漏的罪行和同案犯，是为了充分实现国家追诉权，防止放纵犯罪。三是加强人权保障。检察机关通过补充侦查进一步查明案件情况，对于不应追究刑事责任的依法作出不起诉的决定，防止公民受到错误的指控和追究，从而加强司法人权保障。

审查起诉阶段的补充侦查有退回补充侦查和自行补充侦查两种形式，其中，退回补充侦查是实践中适用得最多的一种，对补充侦查制度整体运行产生了重要影响。根据《刑事诉讼法》第 175 条第 2 款和《刑诉规则》第 342 条、第 345 条的规定，案件存在“犯罪事实不清、证据不足或者存在遗漏罪行、遗漏同案犯罪嫌疑人等情形”时，检察机关认为需要补充侦查的，可以退回公安机关补充侦查；负责捕诉的部门认为需要补充侦查的，可以退回本院侦查部门补充侦查。为维护正常的办案秩序，防止过分的诉讼拖延，刑事诉讼法和《刑诉规则》还规定，退回补充侦查的期限在一个月以内，以两次为限。

随着国家监察体制改革，监察机关吸收检察部门对职务犯罪的侦查职能，成为反贪、反渎和预防职务犯罪的专门国家公权机构。[②] 根据《监察法》第 3 条的规定，监察机关作为行使国家监察职能的专责机关，对公职人员涉嫌的职务犯罪进行调查，并将调查结果移送检察机关依法审查、提起公诉。《刑事诉讼法》第 170 条规定，对于监察机关移送起诉的案件，人民检察院依照刑事诉讼法和监察法的有关规定进行审查。经

① 参见卞建林:《论检察》，中国检察出版社 2013 年版，第 406 页。

② 参见姚莉、秦文峰:《国家监察体制改革语境下的若干刑诉法问题应和》，载《求索》2018 年第 4 期。

审查，认为需要补充核实的，应当退回监察机关补充调查。退回监察机关补充调查，应当视为退回补充侦查的一种特殊形式。

检察机关自行补充侦查是审查起诉阶段补充侦查的另一种形式。法律对自行补充侦查的情形没有详细规定，在实践中一般作为退回补充侦查的补充手段，通常适用于涉及犯罪嫌疑人自首、立功等法定量刑情节和涉案未成年人年龄、关键证人证言核查等方面。确立非法证据排除规则后，对于侦查人员是否存在非法取证情形，也由检察机关自行调查核实为宜。与退回补充侦查不同的是，根据《刑诉规则》第 348 条的规定，检察机关在审查起诉阶段决定自行侦查的，需要在审查起诉期限内完成。相比退回补充侦查，检察机关在法定审查起诉期限内既要完成补充侦查又要完成审查起诉，面临的时间压力更大。

需要注意的是，对于公安机关（此处含其他有侦查权的机关）侦查终结移送审查起诉的案件和监察机关调查终结移送起诉的案件，检察机关在决定是否自行补充侦查时选择有所区别。对于公安机关移送的案件，检察机关可以根据案件具体情况，选择退回补充侦查或者自行补充侦查，而对于监察机关移送的案件，检察机关认为需要调查核实的，应当退回监察机关补充调查，仅在必要情况下可以自行补充侦查。《刑诉规则》第 344 条进一步规定了在监察机关移送的案件中，检察机关可以自行补充侦查的几种情形，即证人证言、犯罪嫌疑人供述和辩解、被害人陈述的内容主要情节一致，个别情节不一致的；物证、书证等证据材料需要补充鉴定的；其他由人民检察院查证更为便利、更有效率、更有利于查清案件事实的情形。但在实践中如何准确把握“必要时”这一条件，仍然是一个值得研究的问题，以防止监察机关移送案件中检察机关自行补充侦查权的虚置。

（三）法庭审理阶段的补充侦查

根据《刑事诉讼法》第 204 条的规定，在法庭审判过程中，检察机关发现公诉案件需要补充侦查的可以提出建议，法院可以延期审理。《刑诉规则》第 420 条进一步将补充侦查的情形细化为发现“事实不清、证据不足，或者遗漏罪行、遗漏同案犯罪嫌疑人，需要补充侦查或者补充提供证据的”以及“被告人揭发他人犯罪行为或者提供重要线索，需要补充侦查进行查证的”。

根据《刑诉规则》的规定，在审判过程中，对于需要补充提供法庭审判所必需的证据或者补充侦查的，人民检察院应当自行收集证据和进行侦查，必要时可以要求监察机关或者公安机关提供协助，也可以书面要求监察机关或者公安机关补充提供证据。补充侦查不得超过一个月。概言之，法庭审理阶段的补充侦查只能由检察机关自行进行，这对检察机关收集补充证据的能力提出了很大的考验，同时也为检察机关加强诉讼监督提供了一个重要方式。

（四）审判监督程序中的补充侦查

根据《刑诉规则》第 591 条的规定，对于有新证据证明原判决、裁定认定的事实确有错误、可能影响定罪量刑的，检察机关应当按照法律监督程序向法院提出抗诉，并对新的线索、证据进行调查核实、补充收集。对在审判监督程序中检察机关补充收集证据的活动是否属于补充侦查，论者之间存在一些争议。有论者认为，这属于对证据材料本身的审查、调查核实手段，只是强调检察机关应当秉承客观性义务，全面、准确地收集并核实证据[①]，所以不应归属于补充侦查。然而，根据《指导意见》对补充侦查制度内涵的阐述，检察机关在审判监督程序中补充收集证据的活动本质上仍然是对原有侦查工作的一种补充完善，因而也属于广义的补充侦查。

二、补充侦查制度的功能

补充侦查不是刑事案件的必经程序，却具有不可忽视的程序价值和意义。通过补充侦查制度能够进一步核对查明案件事实，补充完善证据，查补追诉漏罪漏犯，从而保障追诉犯罪的效果，促进诉讼监督的落实。概言之，补充侦查制度是检察权能的重要载体，也是侦查活动的目的得以实现的必要保障。

（一）补充侦查制度是完成侦查任务的有效手段

侦查的直接目的在于查找和寻获犯罪证据、查缉和甄别犯罪嫌疑

① 参见吴宏耀、范仲瑾：《检察机关补充侦查权的规范化运用》，载《人民检察》2018 年第 14 期。

人。[①] 犯罪发生后，侦查机关需要以国家强制力量为支持，采用各种侦查技术、采取各类非常措施来侦破案件、查获犯罪嫌疑人，以维护国家和公民的利益，保护公民的生命和财产安全，恢复被犯罪行为损害的社会关系和社会秩序，这是现代刑事诉讼中侦查的直接任务，任何国家和地区概莫能外。[②] 此外，侦查更深层次的目的还在于为起诉做准备，提升公诉的质量和效果。正如我国台湾地区学者陈朴生所提出的，“侦查，乃检察官为提起或实行公诉，而调查犯人及证据之程序”。[③] 侦查活动更深层次的期待还在于有效连接起诉，提交符合法律规定的证据材料，为检察机关提起公诉提供良好的事实和证据基础，从而提升公诉的质量和效果。侦查目的的实现具有重要意义，正如日本学者田口守一所说的，同犯罪做斗争的成败，在很大程度上取决于是否善于进行侦查工作。[④] 通过侦查活动，查明事实，收集证据，确定犯罪嫌疑人，进而启动起诉活动，才能最终实现国家刑罚权，达到惩罚和控制犯罪的目的。

补充侦查是侦查活动的延续，是完成侦查任务的有力手段，是实现侦查目的的必要保障。一方面，补充侦查能够补充案件事实和证据，查补漏罪漏犯，有利于保障侦查活动直接目的的实现。受案件情况的影响和侦查能力的限制，侦查机关原先的侦查结果可能存在事实上的缺陷、证据上的不足甚至遗漏了其他罪行和同案犯，此时就需要通过补充侦查对原有侦查工作进行补充，弥补其中的不足，从这个意义上说，补充侦查更加偏重于追求实体真实、实体正义。另一方面，补充侦查能够强化案件的事实证据基础，有利于保障侦查更深层次目的的实现。根据法律规定，检察机关指控犯罪必须满足“犯罪事实清楚，证据确实、充分”的条件，但是侦查机关因各种原因在证据收集上存在问题，导致原有侦查结果不能符合起诉要求的情况并不少见。此时，通过补充侦查能够坚实事实依据、强化证据基础，为检察机关的起诉提供支撑，从而实现对犯罪的指控和追究。

---

① 参见卞建林:《论我国侦查程序中检警关系的优化——以制度的功能分析为中心》，载《国家检察官学院学报》2005 年第 4 期。

② 参见卞建林:《论检察》，中国检察出版社 2013 年版，第 452 页。

③ 陈朴生:《刑事诉讼法实务（增订版）》，海天印刷厂有限公司 1981 年版，第 267 页。

④ 参见［日］田口守一:《刑事诉讼法》，刘迪等译，法律出版社 2000 年版，第 122 页。

（二）补充侦查制度是实现检察权能的重要载体

现阶段，检察机关是补充侦查的唯一启动主体，这经过了一定的演变过程。1979年7月我国制定了第一部刑事诉讼法（以下简称1979年刑事诉讼法），奠定了我国补充侦查制度的基本架构。根据规定，检察机关有权启动补充侦查，同时1979年刑事诉讼法还保留了法院的补充侦查启动权。一是法院对公诉案件进行审查后认为主要事实不清、证据不足的，有权退回检察机关补充侦查①；二是法院在法庭审判中认为案件证据不充分，或者发现新的事实的，有权退回检察机关补充侦查，并且在此情形下合议庭可以延期审理②。这是由于当时的刑事诉讼理念与制度受强职权主义的深刻影响，强调法院与侦查机关、起诉机关的互相配合、共同协作，以有效打击犯罪，不让一个犯罪分子逃脱法网。随着诉讼理念的更新和诉讼制度的发展，1996年3月第八届全国人民代表大会第四次会议通过了《关于修改〈中华人民共和国刑事诉讼法〉的决定》，此次修法的一个重要倾向就是弱化强职权主义的色彩，吸收当事人主义的优点。因此，1996年修正后的刑事诉讼法废除了法院的补充侦查启动权，以进一步促进控审分离，加强被追诉人的权利保障。自此，法院只能在法定情形下建议检察机关补充侦查，是否启动则由检察机关自主决定，检察机关成为补充侦查的唯一启动主体。

由检察机关作为补充侦查的决定主体，这是与我国检察机关的职能定位相契合的。检察机关是我国的法律监督机关，《刑事诉讼法》第8条规定“人民检察院依法对刑事诉讼实行法律监督”，并由此延伸出公诉权和诉讼监督权两项重要权能。公诉权是检察机关运用公权力对违反

---

① 1979年《刑事诉讼法》第108条规定，人民法院对提起公诉的案件进行审查后，对于犯罪事实清楚、证据充分的应当决定开庭审判；对于主要事实不清、证据不足的，可以退回人民检察院补充侦查；对于不需要判刑的，可以要求人民检察院撤回起诉。

② 1979年《刑事诉讼法》第123条规定，在法庭审判过程中，遇有下列情形之一影响审判进行的，可以延期审理：（1）需要通知新的证人到庭，调取新的物证重新鉴定或者勘验的；（2）检察人员发现提起公诉的案件需要补充侦查，提出建议的；（3）合议庭认为案件证据不充分，或者发现新的事实，需要退回人民检察院补充侦查或者自行调查的；（4）由于当事人申请回避而不能进行审判的。

刑事法律构成犯罪的人诉请国家审判机关依法追究其刑事责任的权力[①]。检察机关作为唯一的公诉机关，在公诉案件中承担着证明责任，检察机关需要提供充足的证据，说服法官或者合议庭支持自己的诉讼主张，公诉方的一切活动都是围绕着这一目的展开的[②]。如果证据缺失或者证据不足以证明犯罪事实，则被告人的罪名就无法成立，检察机关的指控目的就无法达到。所以，通过补充侦查制度对案件事实证据的薄弱之处和缺漏之处进行弥补，是为了充分行使检察机关的追诉权、有效追诉和惩罚刑事犯罪，故而检察机关的补充侦查权是"公诉权所派生出来的应有权力"。[③]同时，检察机关通过行使诉讼监督权，对诉讼活动进行监督，来维护国家法律的统一正确实施。检察机关对侦查活动的监督就是其中的重要内容。检察机关通过启动补充侦查来保证案件的处理符合法定标准、维护法律的遵守和实施，因此，补充侦查制度又与检察机关的诉讼监督职能有着内在的逻辑联系。

（三）补充侦查制度是加强人权保障的必要屏障

在我国刑事诉讼中，审查起诉是承接侦查与审判的独立程序。其制度设计，既贯彻公安机关、人民检察院、人民法院进行刑事诉讼实行分工负责、互相配合、互相制约的原则，又体现人民检察院作为法律监督机关在刑事诉讼中的重要地位和作用。检察机关进行审查起诉，对事实不清、证据不足的案件决定补充侦查，既要防止漏罪漏犯，切实履行好代表国家追诉犯罪的职能，又要切实保障人权，防止将无辜的人或者依法不应追究刑事责任者错误地诉上法庭。因此，补充侦查的任务不仅是进一步收集补充证据，为提起公诉打下坚实的事实证据基础，也需要通过补充侦查，进一步查清事实，核实证据，甄别是非，解除嫌疑，以避免冤枉无辜，错伤好人。为此，1996年刑事诉讼法修正，增加"对于二次补充侦查的案件，人民检察院仍然认为证据不足，不符合起诉条件的，可以作出不起诉的决定"的规定。2012年刑事诉讼法修改，更是将"可以"作出不起诉的决定改成"应当"。由立法的演变可以看出，对

① 参见张智辉:《公诉权论》，载《中国法学》2006年第6期。

② 参见卞建林:《刑事诉讼的现代化》，中国法制出版社2003年版，第475页。

③ 陈卫东:《职务犯罪监察调查程序若干问题研究》，载《政治与法律》2018年第1期。

补充侦查制度更全面更科学的定位，有利于在准确及时追究犯罪的同时加强刑事司法中的人权保障，赋予补充侦查制度保障无辜、避免冤假错案的功能。

三、补充侦查制度的问题

长期以来，补充侦查发挥了积极的制度效用。但是，由于法律规定的不尽完善和司法实践中的操作误区，补充侦查制度也暴露出一些问题，特别是在审查起诉阶段的退回补充侦查，对于这些问题应给予高度重视，努力加以解决。

（一）退回补充侦查的适用比例偏高，且有滥用的现象

在实践中，审查起诉阶段适用退回补充侦查的比例偏高已是不争的事实。有实证调研结果显示，有的检察机关全年一次退回补充侦查案件占一审公诉案件总数的比重达到了25%以上[①]，重大、复杂刑事案件退回补充侦查的比例则更高。退回补充侦查的适用比例偏高，在某种程度上体现了检察机关坚持起诉标准、审慎办理案件的态度，但是适用比例的长期居高不下实际上是违背补充侦查制度设立初衷的。补充侦查制度应当是且只能是补救性的、非常态的，而实践中却有从补救程序演变为一种常规程序[②]的趋势，这在使得补充侦查制度“变质”的同时，也带来了一些消极影响。大量案件被退回补充侦查会导致诉讼效益低下、侦查资源紧张，还会对侦查人员形成误导，有的侦查人员习惯于利用补充侦查进行补救而忽视了原有侦查工作质量的提高。

更加值得警惕的是，实践中还存在利用退回补充侦查互借诉讼时间、滥用补充侦查制度的现象。有的侦查人员由于自身业务水平不够高或者案件难度较大等原因，在侦查期限临近却又难以查清案件事实、无法收集足够证据时，往往选择先行移送审查起诉，然后利用检察机关退回补充侦查来延长侦查时间。反之，也有检察机关利用将案件退回补充侦查来缓解办案压力，“甚至部分案件承办人在特殊时期内或者在年终

① 参见胡卫列、韩大元主编:《以审判为中心的诉讼制度改革与检察工作发展——第十一届国家高级检察官论坛论文集》，中国检察出版社2015年版。

② 参见吴宏耀、范仲瑾:《检察机关补充侦查权的规范化运用》，载《人民检察》2018年第14期。

将退回补充侦查作为一种规避考核的办法”①。诸如此类“互借时间”的现象，造成了极不好的影响，减损了补充侦查制度的价值。

（二）有的侦查机关补充侦查的质量不高、效果不佳

在实践中，有的侦查机关补充侦查工作的质效不好，这一点也久被诟病。有的侦查机关对补充侦查重视不够，案件经过补充侦查后，没有很好地收集补充证据，使案件仍然无法满足起诉的标准和要求。在一次补充侦查质效不佳的情况下，检察机关只能继续退回补充侦查，造成实践中较高的二次退回补充侦查比例，对诉讼效率、办案质效等造成了更加不利的影响。

造成补充侦查质效不佳的原因有多个方面。从侦查人员的角度来看，有的侦查人员侦查水平不高、证据意识不足，对证明标准的理解与把握也不够，这是造成补充侦查质效不佳的重要原因。另外，不可否认的是，在实践中不少侦查人员对补充侦查抱有抵触情绪，不愿在同一案件上花费额外的时间和精力，对补充侦查的重视程度和积极性并不高。从检察机关的角度来看，一是检察机关对补充侦查的引导不够。根据法律规定，检察机关决定补充侦查的，需要制作补充侦查提纲，指明补充侦查的方向、阐明需要补充侦查的事项，但在实践中，有的检察机关制作的补充侦查提纲非常简略，没有准确传递补充侦查的目的和要求，无法有效地引导具体补充侦查工作的开展。二是检察机关对补充侦查的监督不足。长久以来，检察机关对补充侦查工作没有形成有效的监督机制，对于侦查人员在补充侦查中的拖延、懈怠甚至违法情况无法及时制止和纠正，不利于保障补充侦查的质效。

（三）自行补充侦查的适用率较低，且面临现实的困境

虽然刑事诉讼法明确赋予检察机关在审查起诉阶段的自行补充侦查权，但在实践中，检察机关自行补充侦查的情况很少，其作用未能得到有效发挥，主要是由于检察机关行使自行补充侦查权的积极性不足。自行补充侦查不仅需要付出额外的时间和精力，还可能导致一定的风险，相比之下，退回补充侦查省时省力，责任也小，还能获得更多的办案时

---

① 参见胡卫列、韩大元主编:《以审判为中心的诉讼制度改革与检察工作发展——第十一届国家高级检察官论坛论文集》，中国检察出版社2015年版。

间。[①] 对于监察机关监察调查后移送审查起诉的案件，检察机关行使自行补充侦查权还面临一些困境：第一，检察机关对职务犯罪案件行使自行补充侦查权受到限制。根据刑事诉讼法的规定，对于监察机关移送的案件，检察机关仅在"必要时"可以自行补充侦查，而"必要时"这一条件较为模糊，法律也未作出更详细的解释，很大程度上限制了检察机关对职务犯罪案件进行补充侦查的主动权。第二，转隶后检察机关的侦查力量不足。随着国家监察体制改革，检察机关的职务犯罪侦查职权和人员均转隶至监察机关，现阶段检察机关内部缺乏足够的侦查力量，检察机关如果行使自行补充侦查权将面临侦查技术、经验、人力以及资源等各方面的困难。

（四）补充侦查中被追诉人的权利保障有待加强和完善

在审查起诉阶段，退回补充侦查会产生程序回转的效果，在弥补原先侦查活动之不足、防止追诉犯罪之缺漏的同时，不可避免地增加了被追诉人的诉累，造成了被追诉人羁押期限的延长，有可能使得被追诉人处于更加不利或更加危险的境地。[②] 所以，退回补充侦查中应当格外重视和加强被追诉人的权利保障。但是，从现行法律规定来看，退回补充侦查中被追诉人的权利保障尚有不完善之处，仅在《刑诉规则》第 47 条中进行了规定，检察机关退回补充侦查的应当及时告知辩护律师，对被追诉人的辩护权进行了一定保障，而被追诉人的其他权利，如知情权、救济权等的保障则基本处于空白。

四、补充侦查制度的发展

2020 年 3 月，最高人民检察院与公安部联合发布的《指导意见》立足于我国补充侦查制度的实践现状，细化了关于补充侦查的相关规定，提出了一些颇有价值的制度创新，旨在提高补充侦查质效，促进司法公正。随着《指导意见》的颁布施行，补充侦查制度的运行得到了进一步规范，迎来了一个新的发展阶段，本部分将择其要点进行分析。

---

① 参见罗欣等：《检察机关补充侦查权的运行与完善》，载《人民检察》2018 年第 21 期。

② 参见汪海燕：《论刑事程序倒流》，载《法学研究》2008 年第 5 期。

（一）进一步明确了补充侦查制度的适用情形

《刑诉规则》对补充侦查制度的适用情形做了概括性的规定，但表述较为模糊，在实践中不易把握。《指导意见》在此基础上进一步说明了补充侦查制度的适用情形。

首先，《指导意见》规定了检察机关适用补充侦查制度的基本原则。《指导意见》第3条规定了开展补充侦查工作所要遵循的五项原则，其中就包括在适用补充侦查时应当遵守必要性原则与可行性原则。根据这两项原则的要求，适用补充侦查一方面必须是有现实必要的，不得以与案件事实、证据无关的理由退回补充侦查；另一方面应当是可行、可操作的，对于无法通过补充侦查收集证据材料的，不能适用补充侦查，这就从原则上为补充侦查的适用提供了指导。

其次，《指导意见》列举了一般不退回补充侦查的情形。在实践中，检察机关在审查起诉阶段退回补充侦查的比例偏高，退回补充侦查的随意性较大，因此，《指导意见》从司法实践出发，从反面列举了退回补充侦查的适用情形。《指导意见》第9条规定："具有下列情形之一的，一般不退回补充侦查：（一）查清的事实足以定罪量刑或者与定罪量刑有关的事实已经查清，不影响定罪量刑的事实无法查清的；（二）作案工具、赃物去向等部分事实无法查清，但有其他证据足以认定，不影响定罪量刑的；（三）犯罪嫌疑人供述和辩解、证人证言、被害人陈述的主要情节能够相互印证，只有个别情节不一致但不影响定罪量刑的；（四）遗漏同案犯罪嫌疑人或者同案犯罪嫌疑人在逃，在案犯罪嫌疑人定罪量刑的事实已经查清且符合起诉条件，公安机关不能及时补充移送同案犯罪嫌疑人的；（五）补充侦查事项客观上已经没有查证可能性的；（六）其他没有必要退回补充侦查的。"明确不适用退回补充侦查的情形具有重要意义，有利于节约侦查资源，提高补充侦查质效，使侦查机关得以将有限的人力物力投入到那些确有补充侦查必要又具有补充侦查可行性的案件中，同时还能有效防止退回补充侦查的滥用，规范补充侦查制度的总体运行。

值得一提的是，《指导意见》还对二次退回补充侦查进行了规范。《指导意见》第6条规定："人民检察院第一次退回补充侦查时，应当向公安机关列明全部补充侦查事项。在案件事实或证据发生变化、公安机关未补充侦查到位，或者重新报送的材料中发现矛盾和问题的，可以第二次退回补充侦查。”该规定包含了通过提高一次退回补充侦查质效来减少二次退回补充侦查的思想，且对二次退回补充侦查施加了一些限制条件。其目的在于改善实践中二次退回补充侦查率较高的情况，以缓解侦查资源紧张，维护正常的办案秩序。

（二）进一步加强了检察机关对补充侦查的引导力度

检察机关制作的补充侦查提纲、退回补充侦查提纲是对具体补充侦查工作进行引导的重要方式，但在实践中，有的补充侦查提纲、退回补充侦查提纲不够规范、较为简略，无法为补充侦查工作提供准确、有力的引导，进而降低了补充侦查的质效。因此，《指导意见》在《刑诉规则》的基础上，充实了相关规定，以加强检察机关对补充侦查的引导力度和效果。

一方面，《指导意见》增强了补充侦查提纲、退回补充侦查提纲的说理性，强化了检察机关对补充侦查的实质性引导。《指导意见》第3条中明确规定了制作提纲的基本原则——说理性原则。根据说理性原则的要求，检察机关应当制作尽可能全面、详细的补充侦查提纲、退回补充侦查提纲，为侦查机关的补充侦查工作指明方向、提供助力。同时，《指导意见》还在第7条中规定了补充侦查提纲、退回补充侦查提纲一般应当包括的内容，对《刑诉规则》第257条进行了细化，进一步为检察机关制作说理性强、指引性高的提纲提供了参照。

另一方面，《指导意见》明确了公安机关遵循补充侦查提纲、退回补充侦查提纲的责任，确保了提纲引导作用的切实发挥。补充侦查提纲、退回补充侦查提纲引导作用的发挥，不仅需要检察机关增强提纲的说理性，还有赖于侦查机关遵循提纲的内容开展补充侦查工作。在实践中，有的侦查人员并不重视提纲，仅凭自己对案件的理解进行补充侦查，造成了消极后果。因此，《指导意见》第5条、第16条明确规定侦查机关应当遵循提纲的引导进行补充侦查，及时、认真地补充完善相关证据材料。具体来说，一方面，侦查机关应当根据提纲上指明的内容进行补充侦查，妥善完成各项补充侦查事项，保障补充侦查的质效；另一方面，侦查机关应当准确把握补充侦查的范围，不超出提纲的内容，以提高补充侦查的效率，防止侦查资源的不必要浪费。

（三）进一步落实了检察机关对补充侦查的监督职能

侦查监督是检察机关承担的一项重要使命[①]，检察机关在对侦查活动进行监督的过程中，督促侦查机关依法行使侦查权，提升侦查活动的质效，并保障公民的合法权益不受侵害。在实践中，检察机关对补充侦查工作的监督不足且稍显滞后，《指导意见》对此针对性地完善了相关监督措施，落实了检察机关的监督职能。

首先，《指导意见》落实了检察机关对补充侦查过程的监督。《指导意见》第17条规定："对公安机关未及时有效开展补充侦查工作的，人民检察院应当进行口头督促，对公安机关不及时补充侦查导致证据无法收集影响案件处理的，必要时可以发出检察建议。"该规定明确将检察机关进行监督的时间提前到了补充侦查工作过程中，避免了监督的滞后，并规定了具体的监督举措，以转变实践中侦查机关退而不查、拖延懈怠的情况。其次，《指导意见》落实了检察机关对补充侦查结果的监督。根据《刑诉规则》第347条的规定，补充侦查期限届满后，公安机关决定不将案件重新移送审查起诉的，应当向检察机关说明理由，检察机关发现公安机关违法撤销案件的，应当提出纠正意见。《指导意见》在此基础上作了更加细化的规定，根据第18条的规定，检察机关的监督方式除提出纠正意见以外，还包括要求公安机关书面说明理由，要求公安机关重新移送审查起诉以及对违法撤案进行立案监督等。最后，《指导意见》落实了检察机关对补充侦查合法性的监督。根据《指导意见》第14条的规定，当检察机关发现可能存在非法取证行为的，"可以要求公安机关对证据收集的合法性作出书面说明或者提供相关证明材料，必要时，可以自行调查核实"。根据第17条的规定，检察机关确认存在非法取证行为的，"应当依法启动调查核实程序，根据情节，依法向公安机关发出纠正违法通知书，涉嫌犯罪的，依法进行侦查"，而对于非法取得的证据，检察机关应当依法排除并提出纠正意见，同时可以建议公安机关另行指派侦查人员重新调查取证，必要时也可以自行调查取证。

---

① 参见卞建林：《论检察》，中国检察出版社2013年版，第83页。

（四）进一步强化了检察机关与公安机关的沟通配合

检察机关与公安机关在补充侦查中加强沟通配合，形成办案合力，是提高补充侦查质效的关键。故而，《指导意见》中明确了配合性原则，提倡检察机关与公安机关在补充侦查中应当就案件情况加强沟通、促进协作，并在多处强化了检察机关与公安机关的沟通配合。

一方面，《指导意见》加强了检察机关与公安机关在具体案件的补充侦查工作中的沟通配合。《指导意见》第 8 条规定，案件退回补充侦查后，检察机关与公安机关应当加强沟通、及时沟通，特别是在重大复杂案件和公安机关提出请求的案件中，检察机关可以提出建议，必要时还可以列席公安机关的案件讨论并发表意见。另一方面，《指导意见》作出了许多重要的制度创新，旨在强化检察机关与公安机关在补充侦查制度整体运行中的沟通配合。根据《指导意见》第 20 条的规定，检察机关、公安机关应当建立联席会议、情况通报会等工作机制，并适时组织联合调研检查，以便检察机关及时动态了解补充侦查的情况，发现和解决实践中的问题，探讨和平息制度运行中的争议，与公安机关形成统一认识，共同提升补充侦查工作的整体质效，协力促进补充侦查制度的有效运行。

（五）进一步完善了自行补充侦查的适用条件和程序

自行补充侦查有着不可忽视的作用和意义。首先，自行补充侦查有利于保障收集证据的质量。检察机关作为公诉机关，对证据的认识更加深入，对证明标准有着更准确的把握，且检察机关在审查起诉时，对侦查结果中的事实缺陷、证据缺失有着更直观、明确的认识，故而由检察机关自行补充侦查有利于保障收集证据的质量。其次，自行补充侦查有利于保障收集证据的效率。自行补充侦查免去了退回侦查机关所要花费的时间、手续成本，工作效率较高，特别是针对一些证据容易灭失、收集证据时间紧迫的案件，自行补充侦查能够及时收集和固定证据，有效避免了证据失而难得的风险。最后，自行补充侦查还有利于促进司法公正。侦查机关在补充侦查中需要对已经形成的侦查结果进行补充核实，有的侦查结论甚至需要推倒重来，一些侦查机关难免会产生抵触情绪，拖延懈怠。由检察机关自行补充侦查，能够避免因侦查机关消极补充侦查而可能对案件产生的不利影响，促进个案公正。

然而，在刑事诉讼法和《刑诉规则》中自行补充侦查的有关规定并不完善，在实践中自行补充侦查的适用比例非常低。对此，《指导意见》进一步说明了自行补充侦查的适用情形，并完善了相关程序规定，对避免自行补充侦查权的空置、发挥自行补充侦查的效用具有重要意义。一方面，《指导意见》第 11 条从必要性原则和可行性原则出发，规定了检察机关可以自行补充侦查的几种情形，检察机关行使自行补充侦查权有了更加明确的依据；另一方面，《指导意见》第 12 条完善了自行补充侦查的具体程序和人员配置，并规定了必要时检察机关技术部门和警务部门派员协助义务，明确了公安机关的配合义务，从而保障了自行补充侦查的顺利开展。

五、补充侦查制度的完善

《指导意见》的发布，回应了补充侦查实践中迫切需要解决的问题，促进了补充侦查的规范运行，推动了补充侦查制度的整体发展。补充侦查制度是刑事诉讼中的重要制度，也是我国司法体制改革中一个不可忽视的命题。下一步应当落实司法改革的要求，结合实践的具体需要，推动补充侦查制度的进一步完善。

（一）围绕审判中心，充实补充侦查工作的指导理念

2014 年 10 月，党的十八届四中全会通过了《中共中央关于全面推进依法治国若干重大问题的决定》（以下简称《决定》），提出“推进以审判为中心的诉讼制度改革……确保侦查、审查起诉的案件事实证据经得起法律检验”。“以审判为中心”的诉讼制度改革是“党的十八届四中全会为健全司法权运行机制、完善刑事诉讼程序而作出的重要部署”[①]，对我国刑事诉讼制度有着重大意义和深远影响。2016 年 10 月，为贯彻落实《决定》的相关要求，“两高三部”联合制发了《关于推进以审判为中心的刑事诉讼制度改革的意见》（以下简称《意见》）。《意见》明确提出要完善补充侦查制度，并就规范和促进补充侦查工作进行了规定，补充侦查制度成为“以审判为中心”的诉讼制度改革中的重要一环。围绕“以审判为中心”的诉讼制度改革，应当从以下方面充实和完善补充

① 卞建林、谢澍：《“以审判为中心”视野下的诉讼关系》，载《国家检察官学院学报》2016 年第 1 期。

侦查工作的指导理念。

一是树立服务审判理念。在我国刑事司法实践中，“侦查中心主义”长期存在，审判并非诉讼活动的中心，而“实际上为侦查专美于前，刑事诉讼是以侦查为诉讼活动的重心的”。[①]“以审判为中心”的诉讼制度改革，就是旨在解决“以侦查为中心”的问题，突出审判在整个诉讼活动的中心地位，促使侦查活动为审判服务。补充侦查是侦查活动的延续，所以，服务审判的理念有必要延续到补充侦查制度中。在补充侦查中，侦查人员应当克服侦查中心主义带来的弊端，不能仅从侦查角度补充收集证据，而应当树立侦查要接受审判检验的理念，依照审判的要求和标准完成补充侦查工作。

二是强化证据裁判理念。证据是诉讼的基石，“在刑事诉讼中，从立案、侦查、起诉到审判，全部诉讼活动都是围绕着证据来展开和推进的。任何案件在发生之后，对案件事实的认定都唯有依赖证据”[②]。我国刑事诉讼法虽然没有明确规定证据裁判原则，但在具体规定中体现了该原则的精神和要求。《决定》中提出要全面贯彻证据裁判原则，严格依法收集、固定、保存、审查、运用证据。作为补充完善证据的重要机制，补充侦查工作也应当遵循证据裁判原则。侦查人员应当全面、客观地补充收集证据，检察机关应当依法审查证据，补强薄弱证据，排除非法证据。

三是加强人权保障理念。人权保障是刑事诉讼运行中的一个重要话题，《决定》中也提出要完善人权司法保障制度。保障被追诉人即犯罪嫌疑人、被告人和罪犯的权利是刑事司法人权保障中最基本层次的要求。[③]补充侦查工作应当加强人权保障理念，坚持疑罪从无，杜绝刑讯逼供，保障被追诉人的各项合法权益不受损害。

---

① 张建伟:《审判中心主义的实质内涵与实现路径》，载《中外法学》2015年第4期。

② 卞建林、倪润:《证据裁判原则在我国的确立与贯彻》，载《贵州民族大学学报(哲学社会科学版)》2015年第4期。

③ 参见陈光中:《应当如何完善人权刑事司法保障》，载《法制与社会发展》2014年第1期。

（二）落实检察职能，扮演好补充侦查中的检察角色

检察机关是启动补充侦查制度的唯一主体，在补充侦查工作中承担着重要的职责，发挥着关键性作用。在未来的补充侦查实践中，检察机关应当在《指导意见》的基础上，进一步落实检察职能，结合检察系统内部改革的要求，扮演好在补充侦查中的各种角色。

首先，办案效率的提升者。“案－件比”是张军检察长提出的检察机关办案质量评价核心指标，“案－件比”指的是司法实践中发生的具体案件与案件进入司法程序之后所经历的诉讼环节之间形成的对比关系。案件所经历的诉讼环节越少，说明案件花费的司法成本越低，办案时间越短，因此，降低“案－件比”能够提高检察机关的办案效率，维护较好的办案秩序。补充侦查制度作为刑事诉讼的一个额外环节，不当适用或者滥用将会引起“件”的增加，进而影响“案－件比”指标。检察机关在考虑适用补充侦查制度时，要牢牢把握必要性原则和可行性原则，准确判断是否应当适用补充侦查制度，避免补充侦查成为办案常态。此外，《指导意见》第10条规定了检察机关可以直接发出《调取证据材料通知书》，通知公安机关直接补充移送相关证据材料的情形。检察机关应当充分利用这一规定，对一些不属于关键证据或者补充移送难度不大、花费时间不多的证据，可以直接要求公安机关补充移送，而不适用补充侦查制度，以进一步提高办案效率，促进司法公平正义。

其次，补充侦查的引导者与监督者。随着内设机构的调整，检察机关开始实行“捕诉一体”的办案机制，将案件的审查批捕工作与起诉工作交由同一个检察官或者办案组负责。在过去“捕诉分离”的模式下，公诉部门侧重于指导侦查，使侦查查明的案件事实、收集的证据材料符合起诉的需要；侦监部门侧重于监督侦查，使侦查活动符合法律程序的规定和要求，侦监部门缺乏对起诉、审判的证据要求的重视，对捕后侦查取证的引导和监督不足。“捕诉一体”机制将检察机关的审查批捕职能和公诉职能连接起来，有利于将检察机关对侦查取证的引导和监督提前，更早地向侦查人员传递起诉、审判的证据要求。在补充侦查中，检察机关应当发挥“捕诉一体”机制的优势，加强对补充侦查工作的引导和监督。一方面，检察机关要做好介入补充侦查的工作，将起诉、审判的标准和要求准确传递到侦查过程中；另一方面，检察机关要充分重视

审查逮捕阶段的工作，对于不批准逮捕中需要补充侦查的，应当详细列明补充侦查提纲，引导补充侦查工作的开展，对于批准逮捕中确有必要的，应当提出捕后侦查意见，引导公安机关在捕后进一步完善证据，补正证据合法性，全面查清事实。

（三）树立庭审意识，以庭审标准改进补充侦查水平

《指导意见》第20条提出要“推行办案人员旁听法庭审理机制，了解指控犯罪、定罪量刑的证据要求和审判标准”。该规定也体现了“以审判为中心”的诉讼制度改革的要求，通过树立侦查人员的庭审意识，加强侦查人员对庭审标准和要求的理解，有利于提升补充侦查水平、保障补充侦查质效。侦查人员在补充侦查工作中，应当注重以下几方面内容，使补充侦查结果经得起法律和庭审的检验。

其一，侦查人员在补充侦查中应当遵循司法审判标准。根据我国刑事诉讼法的规定，“事实清楚，证据确实、充分”是侦查终结、提起公诉以及认定犯罪所要达到的证明标准。虽然法律规定中的证明标准是统一的，但在实践中，有的侦查人员由于对审判不够重视、侦查水平不高等原因，所核查的案件事实、收集的证据材料达不到庭审要求的“事实清楚，证据确实、充分”的证明标准，减损了庭审的质量。所以，侦查人员在补充侦查中应当向审判看齐，认识和把握庭审标准，严格遵循庭审的标准和要求来核对案件事实、补充完善证据。

其二，侦查人员在补充侦查中应当全面收集证据。《刑事诉讼法》第52条规定：“审判人员、检察人员、侦查人员必须依照法定程序，收集能够证实犯罪嫌疑人、被告人有罪或者无罪、犯罪情节轻重的各种证据。”但在实践中，侦查人员倾向于收集有罪证据，怠于收集无罪、罪轻证据的现象较为常见，最终导致庭审无法全面审查证据、准确认定犯罪，损害了司法公正，甚至极易导致冤假错案的发生。在补充侦查中，由于大多数补充侦查都是出于强化刑事指控、有效追诉犯罪的目的，故而侦查人员收集有罪证据的倾向可能更为明显，有必要进行规范。侦查人员在补充侦查中应当注重全面收集和移送证据，为庭审提供良好的证据基础。

其三，侦查人员在补充侦查中应当规范取证行为。违法取证行为不仅严重侵犯了被追诉人的权利，还是导致审判错误、造成冤假错案的

主要原因。在补充侦查中，侦查人员应当自觉规范取证行为，避免因盲目追求打击犯罪而实施违法取证行为，确保所收集证据的真实性和合法性。《指导意见》第17条也规定："公安机关发现办案人员非法取证的，应当依法作出处理，并可另行指派侦查人员重新调查取证。"

（四）优化检警关系，构建补充侦查检警配合新模式

《刑事诉讼法》第7条规定："人民法院、人民检察院和公安机关进行刑事诉讼，应当分工负责，互相配合，互相制约，以保证准确有效地执行法律。"配合制约原则是"调整我国公、检、法三机关关系的指导性准则，也是我国配置侦、控、审三项刑事司法权力的基本方案"①，据此，公安机关与检察机关之间的关系是分工负责、互相配合、互相制约。在补充侦查中，检察机关与公安机关更多体现的是互相配合的关系。"从程序推进角度看，侦诉工作的目的有所不同，侦查的目的是收集犯罪证据，为公诉做准备。而公诉的目的，是启动审判程序，请求依法追究被告人的刑事责任；从诉讼目的角度看，侦诉工作的目的则是同一的，即均是为了有效指控犯罪，实现刑事诉讼惩罚犯罪的目标。"②公安机关的侦查职能与检察机关的公诉职能存在诉讼方向上的一致性，公安机关与检察机关都负有追诉和惩罚犯罪的职责，从而共同构成了公诉案件的控诉方。补充侦查的核心任务就是为有效追诉犯罪提供事实根据和证据支撑，所以，检察机关与公安机关在补充侦查中互相配合、促进协作就显得尤为重要。未来在补充侦查制度的完善过程中，应当注重优化检警关系，在"分工负责、互相配合、互相制约"基本原则的基础上，促进检察机关与公安机关之间的沟通协作，探索构建补充侦查中检警配合的新模式。检警之间应当进一步完善补充侦查的沟通机制，确保沟通的及时性、有效性，统一认识，增进协作，共同提升补充侦查的质效。

（五）监督与保障并行，发挥自行补充侦查效用

《指导意见》明确了检察机关可以自行补充侦查的情形，在一定程

---

① 谢佑平、万毅：《刑事诉讼法原则：程序正义的基石》，法律出版社2002年版，第409页。

② 潘金贵：《侦诉协作：我国检警关系改革的目标模式》，载《法学》2008年第4期。

度上避免了检察机关自行补充侦查权的空置化、边缘化，同时《指导意见》还完善了具体程序和人员配置，有利于自行补充侦查的顺利开展和质效保障。今后，自行补充侦查将会受到越来越多的重视，应当从建立自行补充侦查的监督机制和提升检察机关的侦查力量、保障自行补充侦查的质效两方面入手，促进自行补充侦查发挥积极效用。

首先，建立和完善自行补充侦查工作的监督机制。对自行补充侦查工作进行监督的内容主要有两方面：一是对启动自行补充侦查的监督，检察机关决定自行补充侦查应当切实依照《刑诉规则》和《指导意见》，满足必要性原则和可行性原则的要求；二是对自行补充侦查过程的监督，检察机关开展自行补充侦查工作，应当严格落实刑事诉讼法、《刑诉规则》中对侦查程序的要求，以及《指导意见》中的具体程序规定，不得采取非法取证行为，不得滥用侦查手段。对自行补充侦查的具体监督措施可以包括在检察业务应用系统上留痕、将自行补充侦查纳入案件质量评审范围以及增设投诉举报通道等。①

其次，巩固和提升检察机关的自行补充侦查能力。职务犯罪侦查职能和人员转隶之后，检察机关现有的侦查能力不足，对自行补充侦查造成了较大的阻碍。所以，当前应当巩固和提升检察机关的侦查能力，增加检察机关适用自行补充侦查的信心，保障自行补充侦查的效果。一方面，应当整合现有的侦查力量和资源。虽然侦查职权和人员已经转隶至监察机关，但检察机关仍然保留着一部分侦查力量和资源，对这些人财物应当进行有效整合和充分利用。“倘若过往曾有反贪、反渎工作经验的办案人员应当优先加入检察机关内部的侦查队伍，并作为骨干力量委以重任”②，并将一些原供侦查适用的装备、资产配置给这些人员使用。另一方面，应当加强对检察人员侦查能力的培养。在日常培训中，应当重视侦查技能的培训，提高检察人员的侦查技术水平和知识水平。除此之外，还要加强检察机关与公安机关等的交流合作，促使检察人员掌握侦查技能，积累侦查经验。

---

① 参见刘戈等:《检察机关自行补充侦查权研究》，载《南方论刊》2019年第8期。

② 卞建林:《检察机关侦查权的部分保留及其规范运行——以国家监察体制改革与〈刑事诉讼法〉修改为背景》，载《现代法学》2020年第2期。

认罪认罚从宽制度适用中的若干问题 *

2018 年修改后的刑事诉讼法正式确立了我国的认罪认罚从宽制度，并在司法实践中全面推进。与此同时，在认罪认罚从宽制度的理解和适用中仍有若干问题存在争议，有必要进行深入研究。有鉴于此，本文针对其中的四个重点问题进行了分析论证，期望有助于推动认罪认罚从宽制度的正确实施，进一步发挥该制度的积极效用。

一、认罪认罚案件“从宽处理”的理解与适用

从宽处理是认罪认罚从宽制度适用中的核心要义，在贯彻落实宽严相济刑事政策、有效激励被追诉人认罪认罚以及提高诉讼效率、优化司法资源配置方面有着重要意义。从宽处理包括实体和程序两方面的内容，实体上的从宽处罚包括从轻、减轻以及免除处罚三种形态，程序上的从宽处理表现为适用或变更为轻缓强制措施、撤销案件、作出不起诉决定以及适用简化审理程序等形式。为推动认罪认罚从宽制度的全面实施，彰显其制度成效，应当进一步落实从宽处理。

（一）“从宽处理”的意义

首先，有利于落实宽严相济刑事政策。宽严相济是我国的基本刑事政策，是构建和谐司法、加强人权保障的重要体现，意在根据犯罪的具体情况，实行区别对待，做到该宽则宽，当严则严，宽严相济，罚当其罪。“认罪认罚从宽制度是宽严相济刑事政策的直接产物。”[①] 体现了宽严相济刑事政策区别对待、宽严并举的内在精神，丰富了宽严相济刑事

---

* 原文发表于《法治研究》2021 年第 2 期，与李艳玲合作。

① 李仲民:《认罪认罚从宽制度的刑法衔接探讨》，载《重庆大学学报（社会科学版）》2020 年第 6 期。

政策的程序法内涵。[①] 在认罪认罚从宽制度中，“该宽则宽”“宽严协调”的要求最终是通过从宽处理来落到实处的。从宽处理不仅落实在实体之宽，还体现在程序之宽。法院依法对认罪认罚的被告人作出从宽处罚，帮助被告人更好地回归社会，发挥了“刑罚最佳的预防犯罪的效果”[②]。办案机关依法对认罪认罚案件从简从快处理，在提高办案效率的同时，也减轻了被追诉人诉讼负担。因此，从宽处理集中体现了刑罚宽缓的核心理念，落实了宽严相济的刑事政策。

其次，有利于激励被追诉人认罪认罚。只有越来越多地被追诉人认可和选择认罪认罚从宽制度，该制度才能得到全面实施，并发挥理想的制度效用。从宽处理通过依法给予认罪认罚的被追诉人实体和程序两方面的“好处”，能够有效激励被追诉人选择适用认罪认罚从宽制度。反之，如果缺少从宽处理，必然会极大地削减被追诉人认罪认罚的意愿和热情。正如有学者指出:“在认罪认罚从宽制度以及类似制度的激励机制中，最为关键的激励因素是该制度能够在实现公正、效率的基础上给被追诉人带来‘好处’。离开了这一点，该制度所能带来的其他好处将难以实现。”[③]

最后，有利于提高诉讼效率、优化资源配置。司法资源是有限的，在确保公正、合法的基础上，应当尽可能地提高诉讼效率，优化司法资源配置。否则，就会导致司法机关的工作负荷过重，程序的拖延也十分不利于被追诉人、被害人的权益保障。提高诉讼效率、优化司法资源配置是认罪认罚从宽制度的重要价值，这主要是通过从宽处理来实现的。办案机关通过依法对认罪认罚案件简办、快办，提高了诉讼效率，缓解了“案多人少”的矛盾。同时，从宽处理有效推动了繁简分流，节省了一部分司法资源，使办案机关因此能够将更多的人力、物力投入到重大疑难复杂案件或者被追诉人不认罪的案件中，最大化地发挥了有限的司法资源的作用。

---

① 参见卞建林、张可:《中国刑事司法改革的路径思考》，载《中国司法》2017年第1期。

② 陈兴良:《宽严相济刑事政策研究》，载《法学杂志》2006年第1期。

③ 熊秋红:《适用认罪认罚从宽制度的激励机制》，载《检察日报》2020年10月16日，第3版。

（二）“从宽处理”的理解

认罪认罚案件的从宽处理包括实体上的从宽处罚和程序上的从宽处理，理解这两方面的内涵，是充分落实认罪认罚案件的从宽处理，并获得从宽处理之伴随益处的前提和基础。

1. 实体上从宽处罚的理解

2020 年 10 月 15 日，在第十三届全国人民代表大会常务委员会第二十二次会议上，张军检察长作了《最高人民检察院关于人民检察院适用认罪认罚从宽制度情况的报告》（以下简称《报告》）。《报告》总结了认罪认罚从宽制度的实施效果，全面展现了检察机关在适用认罪认罚从宽制度中履行的主导责任。然而，《报告》反映出，认罪认罚案件的从宽处理正有演变为“从轻处罚”的趋势。在司法实践中，检察机关普遍采取了较为审慎的态度，基本是在“从轻”的幅度之内提出量刑建议，很少提出“减轻处罚”或者“免除处罚”的建议。法院在判决时也大多是进行从轻处罚的实际量刑，被告人获得减轻或者免除处罚的情况少之又少。

笔者认为，认罪认罚案件的实体从宽处罚应当包括三种形态，即从轻处罚、减轻处罚以及免除处罚。根据案件的具体情况，检察机关可以提出从轻、减轻或者免除处罚等从宽处罚的量刑建议，法院也可以作出从轻、减轻或者免除处罚的实际量刑。这一理解不仅符合有关法律条文的规范含义，而且更加符合认罪认罚从宽的制度设计。

首先，这是由有关法律规范得出的当然理解。2016 年 11 月，“两高三部”印发了《关于在部分地区开展刑事案件认罪认罚从宽制度试点工作的办法》（以下简称《试点办法》）。《试点办法》第 10 条规定，在审查起诉的过程中，检察机关可以就“从轻、减轻或者免除处罚等从宽处罚的建议”听取犯罪嫌疑人及其辩护人或者值班律师的意见。根据该条文规定，检察机关可以根据案件情况，选择提出其中一种从宽处罚的量刑建议，并与辩方进行沟通协商。《试点办法》第 22 条规定，法院经审理后，对不具有法定减轻处罚情节的认罪认罚案件，应当在法定刑的限度以内从轻判处刑罚，确实需要在法定刑以下判处刑罚的，应当层报最高人民法院核准。犯罪情节轻微不需要判处刑罚的，可以依法免予刑事处罚。根据该条规定，法院可以作出的从宽处罚结果包括从轻处罚、减轻处罚或者免予处罚三个选项，但并未明确犯罪嫌疑人、被告人认罪认罚是否可以作为独立的从宽处罚的量刑情节。2018 年修改后的刑事诉讼法正式确立了认罪认罚从宽制度。《刑事诉讼法》第 173 条[①]对《试点办法》第 10 条进行了吸收，保留了检察机关可以就“从轻、减轻或者免除处罚等从宽处罚的建议”听取意见的规定，可以视为在刑事诉讼立法上延续了《试点办法》中从宽处罚的内涵。同时，《刑事诉讼法》第 201 条第 2 款[②]还规定了法院经审理后，认为“量刑建议明显不当”的处理程序。在我国刑法上，量刑“明显不当”通常指量刑畸轻畸重，即超出法定的量刑幅度予以量刑。因此，只有当检察机关在刑法规定的量刑幅度之外提出从宽处罚的建议时，才有可能出现量刑建议明显不当的情况。如果从宽处罚仅理解为在量刑幅度之内从轻处罚，一般是不会出现“明显不当”的情形的，因此《刑事诉讼法》第 201 条设置的针对量刑建议明显不当的救济程序，显得没有必要。关于从宽处罚的理解，2019 年 10 月“两高三部”出台了《关于适用认罪认罚从宽制度的指导意见》（以下简称《指导意见》），其中第 8 条第 2 款[③]中对认罪认罚案件的从轻、减轻以及免除处罚作出了要求，进一步说明从宽处罚应当包括这三种形态。

---

① 《刑事诉讼法》第 173 条规定：“人民检察院审查案件，应当讯问犯罪嫌疑人，听取辩护人或者值班律师、被害人及其诉讼代理人的意见，并记录在案。辩护人或者值班律师、被害人及其诉讼代理人提出书面意见的，应当附卷。犯罪嫌疑人认罪认罚的，人民检察院应当告知其享有的诉讼权利和认罪认罚的法律规定，听取犯罪嫌疑人、辩护人或者值班律师、被害人及其诉讼代理人对下列事项的意见，并记录在案：（一）涉嫌的犯罪事实、罪名及适用的法律规定；（二）从轻、减轻或者免除处罚等从宽处罚的建议；（三）认罪认罚后案件审理适用的程序；（四）其他需要听取意见的事项。人民检察院依照前两款规定听取值班律师意见的，应当提前为值班律师了解案件有关情况提供必要的便利。”

② 《刑事诉讼法》第 201 条第 2 款规定：“人民法院经审理认为量刑建议明显不当，或者被告人、辩护人对量刑建议提出异议的，人民检察院可以调整量刑建议。人民检察院不调整量刑建议或者调整量刑建议后仍然明显不当的，人民法院应当依法作出判决。”

③ 《关于适用认罪认罚从宽制度的指导意见》第 8 条第 2 款规定：“办理认罪认罚案件，应当依照刑法、刑事诉讼法的基本原则，根据犯罪的事实、性质、情节和对社会的危害程度，结合法定、酌定的量刑情节，综合考虑认罪认罚的具体情况，依法决定是否从宽、如何从宽。对于减轻、免除处罚，应当于法有据；不具备减轻处罚情节的，应当在法定幅度以内提出从轻处罚的量刑建议和量刑；对其中犯罪情节轻微不需要判处刑罚的，可以依法作出不起诉决定或者判决免予刑事处罚。”

从实体法规范中也可以得出相同理解。在我国刑法中，被追诉人犯罪后的态度表现是法定或酌定从宽情节。刑法中规定了自首和坦白制度，对被追诉人自愿认罪、真诚悔罪的，因其刑罚的特殊预防需要随之相应降低，在量刑上可以给予一定的从宽对待。对于自首，根据《刑法》第 67 条第 1 款、第 2 款[①]的规定，一般自首有可以从轻、减轻以及免除处罚的从宽幅度。另外，分则中还规定一些罪名存在认罪、悔罪、积极赔偿等“特殊自首”情节的，可以减轻或者免除处罚[②]。对于坦白，根据《刑法》第 67 条第 3 款[③]的规定，有可以从轻、特殊情况下减轻处罚的从宽幅度。案件的实体处理应当以刑法为准绳，如果案件情节满足可以减轻、免除处罚的规定，但却因被追诉人认罪认罚而被限制在从轻处罚的幅度内，这显然不合理，阻碍了认罪认罚从宽制度应有功能的发挥。因此，将从宽处罚理解为从轻、减轻以及免除处罚三种形态，更加契合刑法、刑事诉讼法的规定，有利于促进刑事立法上对于认罪认罚从宽制度的衔接。

其次，这是由认罪认罚从宽的制度初衷得出的应然理解。（1）这是认罪认罚案件程序从简、从快的基础。认罪认罚案件的证明标准并没有降低，程序从简、从快的正当性基础在于：被追诉人的有罪供述降低了案件的证明难度，通过相对简化、快速的诉讼程序即可达到法定的证明标准，对案件作出处理。[④]程序上的从宽处理，是由实体上从宽处罚带来的。给予被追诉人从宽处罚的预期，且从宽处罚的力度更大时，才能

---

① 《刑法》第 67 条第 1 款规定：“犯罪以后自动投案，如实供述自己的罪行的，是自首。对于自首的犯罪分子，可以从轻或者减轻处罚。其中，犯罪较轻的，可以免除处罚。”第 2 款规定：“被采取强制措施的犯罪嫌疑人、被告人和正在服刑的罪犯，如实供述司法机关还未掌握的本人其他罪行的，以自首论。”

② 例如，《刑法》第 164 条规定，对非国家工作人员行贿罪中，行贿人在被追诉前主动交待行贿行为的，可以减轻处罚或者免除处罚；第 276 条之一规定，拒不支付劳动报酬罪中，尚未发生严重后果，在提起公诉前支付劳动者的劳动报酬，并依法承担相应赔偿责任的，可以减轻或者免除处罚；第 392 条规定，介绍贿赂罪中，介绍贿赂人在被追诉前主动交待介绍贿赂行为的，可以减轻处罚或者免除处罚等。

③ 《刑法》第 67 条第 3 款规定：“犯罪嫌疑人虽不具有前两款规定的自首情节，但是如实供述自己罪行的，可以从轻处罚；因其如实供述自己罪行，避免特别严重后果发生的，可以减轻处罚。”

④ 参见卞建林、谢澍：《职权主义诉讼模式中的认罪认罚从宽——以中德刑事司法理论与实践为线索》，载《比较法研究》2018 年第 3 期。

有效促使被追诉人作出认罪认罚的意思表示，并增强认罪认罚的自愿性和真实性，进而实现程序从简、从快的制度效应。（2）这是认罪认罚从宽制度价值的体现。认罪认罚从宽制度符合诉讼经济原则的要求，也符合近年来倡导的恢复性司法的理念。[①] 根据案件具体情况，对被追诉人予以减轻、免除处罚，兑现更大的量刑优待，有利于帮助被追诉人更好地回归社会，更妥善地修复被破坏的社会关系。

司法实践中，认罪认罚案件的从宽处罚实际适用为从轻处罚，这极大地限缩了从宽处罚的空间，影响了认罪认罚从宽制度的适用效果。对此，第十三届全国人大常委会第二十二次会议分组审议最高人民检察院关于人民检察院适用认罪认罚从宽制度情况的报告时，与会委员也指出，认罪认罚案件的从宽尺度，应当根据被追诉人认罪认罚的具体情况和相关法律规定来确定，不应局限于从轻处罚。[②] 在认罪认罚从宽制度的进一步适用中，应当准确把握从宽处罚的含义，落实从宽处罚的要求，更好地发挥其制度功能。

2. 程序上从宽处理的内容

对认罪认罚的被追诉人予以程序上的从宽处理，有其独有的价值与意义：对被追诉人而言，简化、快速的诉讼程序能够有效减轻被追诉人的诉累，使被追诉人尽快脱离权利不确定的状态。对司法机关而言，认罪认罚案件的简办、快办提高了诉讼效率，缓解了办案压力。而对案件本身而言，在我国司法实践中，案件的程序处理往往会对实体结果产生一定的微妙影响。一个典型的表现就是，法官面对已被羁押的被告人，在决定刑期时，往往会根据被告人的羁押状态以及羁押时间进行考虑。因此，程序上的从宽处理，在一定程度上有利于促进案件结果的公正。在认罪认罚案件中，对被追诉人采取的一系列简化、快速化以及轻缓化的程序处理都属于程序从宽的内容，基本形成了适用或变更为轻缓强制措施、撤销案件、作出不起诉决定以及适用简化审理程序等多元化的程序从宽处理形式。

---

① 参见张建伟:《认罪认罚从宽制度的价值功能》，载《检察日报》2020 年 10 月 14 日，第 3 版。

② 参见谢文英:《十三届全国人大常委会第二十二次会议与会人员分组审议时建议——进一步探索认罪认罚如何“从宽”等问题》，载《检察日报》2020 年 10 月 18 日，第 1 版。

适用或变更为轻缓强制措施，是指将被追诉人认罪认罚作为对其是否适用羁押性强制措施以及是否由羁押变更为较为轻缓的强制措施的从宽考量因素。这类从宽处理于法有据，刑事诉讼法明确规定，被追诉人认罪认罚是判断社会危险性的重要参考。[①] 在具体实施中，一是经过考量，对于可以不适用羁押性强制措施的被追诉人，应当决定不适用羁押性强制措施。对该被追诉人，公安机关不再提请检察机关审查批捕，公安机关提请逮捕的，检察机关应当作出不批准逮捕的决定。二是经过审查，对于已被逮捕的被追诉人，检察机关、法院认为没有继续羁押的必要的，应当及时变更为取保候审、监视居住等较为轻缓的强制措施。根据《报告》中的数据，认罪认罚案件的不捕率高于整体刑事案件 18.3 个百分点[②]，体现了此类从宽处理在实践中的充分运用。

撤销案件，是指公安机关在侦查过程中，对于被追诉人认罪认罚，且满足《刑事诉讼法》第 182 条规定的“犯罪嫌疑人自愿如实供述涉嫌犯罪的事实，有重大立功或者案件涉及国家重大利益的”，经过最高人民检察院核准，可以撤销案件。这将从宽处理提前到了侦查阶段，更大程度地发挥了程序分流的作用。

作出不起诉决定，是指检察机关对于被追诉人认罪认罚，且满足刑事诉讼法相关规定的，可以依法作出不起诉决定。检察机关的不起诉在一定意义上与法院的无罪和免刑判决具有相似的效力，具有裁断性与终局性。[③] 作为国家法律监督机关，检察机关是行使公诉权的唯一主体，起诉裁量权是由我国检察机关的职能定位所派生出来的。这类从宽处理有三种情况：一是被追诉人认罪认罚，且符合《刑事诉讼法》第 177 条第 2 款规定的“犯罪情节轻微，依照刑法规定不需要判处刑罚或者免除刑罚的”，检察机关可以依法作出不起诉决定。二是被追诉人认罪认罚，且满足《刑事诉讼法》第 182 条第 1 款规定的“犯罪嫌疑人自愿如实

① 《刑事诉讼法》第 81 条第 2 款规定：“批准或者决定逮捕，应当将犯罪嫌疑人、被告人涉嫌犯罪的性质、情节，认罪认罚等情况，作为是否可能发生社会危险性的考虑因素。”

② 参见张军：《最高人民检察院关于人民检察院适用认罪认罚从宽制度情况的报告》，载《检察日报》2020 年 10 月 17 日，第 2 版。

③ 参见龙宗智：《论检察权的性质与检察机关的改革》，载《法学》1999 年第 10 期。

供述涉嫌犯罪的事实，有重大立功或者案件涉及国家重大利益的”，经过最高人民检察院核准，检察机关可以依法作出不起诉决定，或者对涉嫌数罪中的一项或者多项不起诉。三是被追诉人是未成年人的，认罪认罚，且满足《刑事诉讼法》第282条[①]规定的，检察机关可以作出附条件不起诉的决定。2019年，检察机关对犯罪嫌疑人作出不起诉决定的有208754人，占适用认罪认罚从宽制度办理案件总人数的11.3%。[②]提高适用不起诉的比例、发挥起诉裁量权在提高办案效率、推动案件分流中的作用，是今后认罪认罚从宽制度适用中不可忽视的内容。

适用简化审理程序，是指通过简易、迅速的审理程序对认罪认罚案件作出裁判、定罪量刑，包括适用速裁程序、简易程序以及普通程序简化审等。张军检察长在《报告》中指出，检察机关适用认罪认罚从宽制度办理的案件，起诉到法院后适用速裁程序审理的占27.6%，适用简易程序审理的占49.9%，适用普通程序审理的占23%，比2018年有所下降。[③]

（三）“从宽处理”的落实

从宽是认罪认罚从宽制度的生命。[④]在深刻认识从宽处理的意义、准确把握从宽处理的内涵的基础上，应当积极总结实践经验、严格遵循法律规定，进一步落实从宽处理。

1.努力转变办案理念

在办理认罪认罚案件的过程中，办案机关应当转变以往重打击犯罪的理念，把握从宽处理所蕴涵的宽严相济刑事政策和恢复性司法理念，

---

①《刑事诉讼法》第282条规定：“对于未成年人涉嫌刑法分则第四章、第五章、第六章规定的犯罪，可能判处一年有期徒刑以下刑罚，符合起诉条件，但有悔罪表现的，人民检察院可以作出附条件不起诉的决定。人民检察院在作出附条件不起诉的决定以前，应当听取公安机关、被害人的意见。对附条件不起诉的决定，公安机关要求复议、提请复核或者被害人申诉的，适用本法第一百七十九条、第一百八十条的规定。未成年犯罪嫌疑人及其法定代理人对人民检察院决定附条件不起诉有异议的，人民检察院应当作出起诉的决定。”

② 参见张军：《最高人民检察院关于人民检察院适用认罪认罚从宽制度情况的报告》，载《检察日报》2020年10月17日，第2版。

③ 参见张军：《最高人民检察院关于人民检察院适用认罪认罚从宽制度情况的报告》，载《检察日报》2020年10月17日，第2版。

④ 参见陈卫东：《认罪认罚案件量刑建议研究》，载《法学研究》2020年第5期。

认识到从宽处理可能带来的诉讼效益。对符合条件的被追诉人，办案机关应当依法、充分从宽处理。

2. 敢用善用起诉裁量权

检察机关享有起诉裁量权是现代公诉制度的显著特征之一。随着犯罪数量增加导致的司法资源紧张以及人本化、非犯罪化刑事司法理念的推广，检察机关正确行使起诉裁量权，可以提高诉讼效率、实现诉讼经济，更重要的是可以克服立法局限，兑现刑事政策。[①] 落实从宽处理的重点不仅在审判阶段，还在审前阶段。以全面推进认罪认罚从宽制度为契机，检察机关应当进一步敢用、善用起诉裁量权，逐步提高酌定不起诉、附条件不起诉等的适用比例。同时，检察机关还应当对现有的起诉裁量权进行完善和发展，合理扩大附条件不起诉的适用，将适用范围扩大到成年人案件，以充分落实从宽要求，更好地实现在审前阶段对认罪认罚案件的程序分流。

3. 积极适用速裁程序

"认罪认罚从宽制度的实效，需要通过各种快速审理程序加以具体呈现。"[②] 刑事速裁程序极大地提高了认罪认罚案件，特别是简单、轻刑案件的审理效率。然而，从数据上看，实践中认罪认罚案件适用速裁程序的比例仍然偏低。现阶段，应当进一步扩大速裁程序的适用。检察机关应当积极履行职责，深入释法说理，促使认罪认罚的被追诉人同意适用速裁程序，并在提起公诉时建议法院适用速裁程序。对于符合《刑事诉讼法》第 222 条第 1 款[③] 规定的认罪认罚案件，法院应当积极适用速裁程序。同时，在速裁程序的框架下，办案机关应当积极探索更加简化的案件处理模式。实践中出现的"一站式"刑拘直判办理平台、危险驾驶案件 48 小时速裁办理机制[④] 等，就是依托速裁程序，探索认罪认罚案

① 参见卞建林:《论检察》，中国检察出版社 2013 年版，第 516—517 页。

② 卞建林、谢澍:《职权主义诉讼模式中的认罪认罚从宽——以中德刑事司法理论与实践为线索》，载《比较法研究》2018 年第 3 期。

③ 《刑事诉讼法》第 222 条第 1 款规定:"基层人民法院管辖的可能判处三年有期徒刑以下刑罚的案件，案件事实清楚，证据确实、充分，被告人认罪认罚并同意适用速裁程序的，可以适用速裁程序，由审判员一人独任审判。"

④ 参见史兆琨:《兼顾办案质量与效率推动落实速裁程序——最高人民检察院第一检察厅厅长苗生明解读认罪认罚案件适用速裁程序典型案例》，载《检察日报》2020 年 10 月 14 日，第 2 版。

件诉讼程序再简化的有益探索。

二、认罪认罚案件"量刑建议"的产生与效力

量刑建议是真正贯彻落实认罪认罚从宽制度的关键所在。[①] 在认罪认罚案件中，量刑建议不再是检察机关单方面的意思表示，而是控辩协商或沟通后诉讼合意的体现，量刑建议的生成过程中还凸显了检察机关的主导责任、重视了被追诉人的权利保障。量刑建议应当以确定刑为主、幅度刑为辅。量刑建议对被追诉人、检察机关而言有遵守义务，对法院而言则有尊重职责。

（一）"量刑建议"的生成

量刑建议在我国刑事司法实践中已经有约 20 年的发展历史。过去，量刑建议是检察机关履行公诉职能、行使国家求刑权的结果，体现了公诉权对审判权的制约、检察机关对审判机关的监督。在认罪认罚从宽制度下，量刑建议的生成具有了全新内容。

首先，量刑建议的生成体现了控辩诉讼合意。在过去，量刑建议是检察机关依据案件事实和法律规定，依据职权向法院提出的对被追诉人判处刑罚的建议，是检察机关的单方面意思表示，被追诉人并不参与其中。在认罪认罚从宽制度下，这一状态有了根本性转变。根据《刑事诉讼法》第 173 条第 2 款的规定，检察机关应当就涉嫌的犯罪事实、罪名及适用的法律规定，从轻、减轻或者免除处罚等从宽处罚的建议以及认罪认罚后案件审理适用的程序等事项听取被追诉人的意见。"听取意见"蕴含了控辩协商的意味。因此，在认罪认罚案件中，被追诉人不仅是案件"事实"信息的提供者，还成为了"意见"的表达者[②]，增加了作为协商一方主体的身份，有权向检察机关表达意见。"实行认罪认罚从宽制度，不仅是坦白从宽政策的制度兑现，更重要的是对犯罪嫌疑人、被告人诉讼主体地位的肯定和尊重，即承认处于被追究一方的犯罪嫌疑人、被告人可以通过自己的意思表示，通过自身诉讼权利的行使，来影响诉

① 参见卞建林:《确定刑：认罪认罚从宽制度下量刑建议精准化之方向》，载《检察日报》2019 年 7 月 29 日，第 3 版。

② 魏晓娜:《结构视角下的认罪认罚从宽制度》，载《法学家》2019 年第 2 期。

讼方式、诉讼进展、诉讼结果。”[①] 检察机关与被追诉人进行沟通协商，达成诉讼合意，并以量刑建议作为载体确定下来。因此，认罪认罚案件中的量刑建议不再是检察机关的单方面意思表示，而是经过控辩协商后的双方诉讼合意的体现。

其次，量刑建议的生成凸显了检察机关的主导责任。我国认罪认罚从宽制度的确立，体现了对世界范围内普遍兴起的协商性司法的借鉴。在此背景下，检察机关因其职能定位，在认罪认罚案件的办理中形成了毋庸置疑的主导责任。在量刑建议的生成过程中，检察机关的主导责任愈加突出，主要体现在：一是向被追诉人、辩护人或者值班律师听取意见方面。量刑建议的生成是控辩协商、达成合意的结果。我国的控辩协商是以检察机关就包括从轻、减轻以及免除刑罚等从宽处罚的建议在内的相关事项听取辩方意见的方式呈现的，因此，有学者将我国的控辩协商模式称为“听取意见模式”。[②] 整个听取意见的过程，是在检察机关的主导下进行的，检察机关在其中充分行使了职责，整个过程体现了典型的检察主导特征。[③] 二是向被害人及其诉讼代理人听取意见方面。根据刑事诉讼法的规定，检察机关还应当向被害人及其诉讼代理人听取意见，深入了解案件事实以及被追诉人的认罪认罚情况，并在生成量刑建议时加以考量。

最后，量刑建议的生成重视了被追诉人权利保障。在认罪认罚案件中，原本封闭的、单方面地生成量刑建议的过程逐渐向被追诉人方开放，吸纳了被追诉人方的参与。为确保被追诉人参与的充分性、有效性，刑事诉讼法对被追诉人的权利保障进行了明确。一是对被追诉人知悉权的保障，根据《刑事诉讼法》第 173 条第 2 款的规定，对于认罪认罚的被追诉人，检察机关应当告知其享有的诉讼权利和认罪认罚的法律规定。知悉权是被追诉人行使其他各项诉讼权利的基础，故而是被追诉人权利保障的重点。检察机关切实履行权利告知义务和说明义务，能够

① 卞建林、陶加培:《认罪认罚从宽制度下检察机关的主导责任》，载《人民检察》2019 年第 23 期。

② 参见闫召华:《听取意见式司法的理性建构——以认罪认罚从宽制度为中心》，载《法制与社会发展》2019 年第 4 期。

③ 参见李奋飞:《量刑协商的检察主导评析》，载《苏州大学学报（哲学社会科学版）》2020 年第 3 期。

有效保障被追诉人认罪认罚的自愿性、明智性，同时也为更好地生成量刑建议提供了坚实的基础。二是对被追诉人获得律师帮助权的保障。按照认罪认罚从宽的制度设计，辩护人、值班律师肩负着重要职责。在量刑建议的生成中，被追诉人获得辩护律师或者值班律师帮助的权利保障也在刑事诉讼法中有所体现。根据《刑事诉讼法》第 173 条第 2 款、第 3 款的规定，检察机关应当听取辩护人、值班律师的意见，并记录在案，听取值班律师意见时，还应当提前为值班律师了解案件有关情况提供必要的便利。

（二）“量刑建议”的内容

量刑建议的内容，是指量刑建议应当以何种形式提出，易言之，就是检察机关提出幅度刑的量刑建议，还是将其精确化、提出确定刑的量刑建议的问题。量刑建议的精准与幅度问题，已然成为理论和实践的争议焦点。

在认罪认罚从宽制度试点过程中，《试点办法》第 11 条规定：“量刑建议一般应当包括主刑、附加刑，并明确刑罚执行方式。可以提出相对明确的量刑幅度，也可以根据案件具体情况，提出确定刑期的量刑建议。建议判处财产刑的，一般应当提出确定的数额。”2018 年修改后的刑事诉讼法对试点中的做法予以吸收，《刑事诉讼法》第 176 条第 2 款规定：“犯罪嫌疑人认罪认罚的，人民检察院应当就主刑、附加刑、是否适用缓刑等提出量刑建议。”但对于主刑是确定的还是幅度的，没有明确规定。由此，量刑建议的内容模式选择问题以及相关争议旋即产生。

为解决司法实践中对量刑建议内容认识不一的问题，《指导意见》在第 33 条中明确指出：“办理认罪认罚案件，人民检察院一般应当提出确定刑量刑建议。对新类型、不常见犯罪案件，量刑情节复杂的重罪案件等，也可以提出幅度刑量刑建议。提出量刑建议，应当说明理由和依据。”修订后的《人民检察院刑事诉讼规则》规定，对于非认罪认罚案件，量刑建议“可以具有一定的幅度，也可以提出具体确定的建议”。①

---

① 《人民检察院刑事诉讼规则》第 364 条第 1 款规定：“人民检察院提起公诉的案件，可以向人民法院提出量刑建议。除有减轻处罚或者免除处罚情节外，量刑建议应当在法定量刑幅度内提出。建议判处有期徒刑、管制、拘役的，可以具有一定的幅度，也可以提出具体确定的建议。”

而对于认罪认罚案件，“量刑建议一般应当为确定刑。对新类型、不常见犯罪案件，量刑情节复杂的重罪案件等，也可以提出幅度刑量刑建议”[①]。《指导意见》和《人民检察院刑事诉讼规则》中提出的这种“以确定刑为主、幅度刑为辅”的做法，在实践中获得了广泛支持，“认罪认罚案件的量刑建议模式已形成了以采取精准量刑建议为主，幅度量刑建议为辅的情况”[②]。

然而，关于量刑建议内容模式的探讨依然存在。有学者认为，认罪认罚案件的量刑建议宜以幅度刑的形式提出。首先，量刑建议是在审前阶段形成的，虽然包含了控辩合意，但案件仍需经过审判来得出实际量刑结论。为尊重审判权、维护“以审判为中心”，提出幅度化量刑建议更加合理。其次，控辩双方在达成合意的过程中往往有不同预期，与其费时费力协商调整，不如直接提出幅度刑量刑建议来交由法院裁判。再次，幅度刑量刑建议有利于避免检法之间的权力冲突，且符合我国检法“分工负责”原则。最后，检察机关有提出稍重的量刑建议的习惯，如果检察机关提出略重的确定刑量刑建议，并被法院确认，则对被追诉人不公，因此，提出幅度刑量刑建议更有利于保障被追诉人的权利。[③]也有学者提出，相比强调检察机关应当提出确定刑量刑建议，较为合适的做法是提倡检察机关根据认罪认罚案件的不同情况，选择提出不同内容的量刑建议。例如，对于适用速裁程序的案件，可以提出确定刑量刑建议，对适用简易程序的案件，可以提出确定刑量刑建议或者幅度较小的量刑建议，对于适用普通程序的案件，原则上提出幅度刑量刑建议。[④]对于可能判处无期徒刑甚至死刑的案件，可以提出最高刑量刑建议。[⑤]

量刑建议确定与幅度的问题看似简单，但实质上涉及检察机关量刑建议权与法院量刑裁判权的关系、量刑建议的社会基础以及认罪认罚从

---

① 参见《人民检察院刑事诉讼规则》第275条。

② 参见杨宇冠、王洋：《认罪认罚案件量刑建议问题研究》，载《浙江工商大学学报》2019年第6期。

③ 参见陈卫东：《认罪认罚案件量刑建议研究》，载《法学研究》2020年第5期。

④ 参见熊秋红：《认罪认罚从宽制度中的量刑建议》，载《中外法学》2020年第5期。

⑤ 参见吴宏耀：《凝聚控辩审共识，优化量刑建议质量》，载《检察日报》2019年6月10日，第3版。

宽制度的配套保障机制等深层次问题。笔者认为，“确定刑为主、幅度刑为辅”仍然是检察机关应当坚持的量刑建议内容模式，且这一做法具有较为充分的依据和基础。

首先，为何要以“确定刑为主”。

一是“确定刑为主”符合认罪认罚从宽的制度设计。根据认罪认罚从宽的制度设计，认罪认罚案件在办案机关之间呈现“击鼓传花式”的分工和协作：在侦查阶段，侦查人员向被追诉人“宣示政策”，告知被追诉人如实供述自己的罪行可以从宽处理和认罪认罚的法律规定。在审查起诉阶段，检察机关向被追诉人“细化政策”，与其协商并达成诉讼合意，将从宽处理的内容确定下来，其中从宽处罚的合意就体现在量刑建议中。在审判阶段，法院向被追诉人“兑现政策”，尊重控辩双方的诉讼合意，采纳检察机关的量刑建议，作出从宽处罚的裁判。在认罪认罚案件中，法律明确规定，被追诉人必须既“认罪”又“认罚”，才能获得从宽处理。从整个办案过程来看，侦查是诉讼的初始阶段，犯罪嫌疑人主要是认罪，尚不存在认罚的问题，因此刑事诉讼法规定，犯罪嫌疑人自愿认罪的，应当记录在案，随案移送，并在起诉意见书中写明有关情况。但是到了审查起诉阶段，犯罪嫌疑人不能仅做宣告性的认罪，而且要有认罚即接受处罚的表示，认罚就表现为同意量刑建议。因此，量刑建议中的刑罚应当是明确的、具体的。如果是幅度的、模糊的量刑建议，则不利于准确评价犯罪嫌疑人的认罚情况，也不利于兑现对犯罪嫌疑人的从宽处罚承诺。

二是“确定刑为主”契合认罪认罚从宽制度的价值追求。在不损害司法公正的情况下最大程度地提高诉讼效率、促进繁简分流是认罪认罚从宽制度的重要价值追求。确定刑量刑建议与之有着契合性：一方面，检察机关提出确定刑量刑建议，并得到法院的尊重和认可，这就极大地提升了认罪认罚案件的审理效率。另一方面，通过确定刑量刑建议节省了一部分司法资源，法院得以有条件对重大疑难复杂案件进行精审。从这个意义上，确定刑量刑建议起到了服务和推进“以审判为中心”的作用，有助于在重大案件中充分发挥庭审的决定性作用，凸显“以审判为中心”的改革成效。

三是“确定刑为主”有利于维护认罪认罚从宽制度的稳定性。对认罪认罚案件的被追诉人而言，量刑建议是其最能直观理解认罪认罚后实体效果的依据，量刑建议越精准，认罪认罚后的不确定性也就越低。如果量刑建议不确定，被追诉人就缺乏足够的认罪动力，可能犹豫观望，甚至选择对抗，妨碍宽严相济、坦白从宽刑事政策的落实。[①]确定刑量刑建议给予了被追诉人明确的心理预期，有利于控辩双方顺利开展协商、尽快达成合意，且判决后被追诉人上诉的可能性也相应降低。相比之下，幅度刑量刑建议不利于控辩双方达成合意，且法院判决后，可能不符合被追诉人对从宽处罚的预期，导致心理失衡，进而容易引起被追诉人上诉，使认罪认罚从宽制度的适用趋于不稳定的状态。

四是“确定刑为主”适应司法实践的现实需要。在当前的司法实践中，认罪认罚案件以盗窃案、危险驾驶案等轻刑案件为主。在这些案件中，法定的量刑幅度本身较小，此时如再提出幅度刑量刑建议则意义不大，反而不必要地耗费了许多办案资源。提出确定刑量刑建议，使实践中大量存在的轻刑认罪认罚案件可以依法得到快速处理，更加符合司法实践的需要。

五是“确定刑为主”具备比较充分的实施基础。在认罪认罚从宽制度试点和全面推开后，确定刑量刑建议已成为司法实践中比较常用的量刑建议形式。面对检察机关是否具有提出确定刑量刑建议的能力的怀疑，实践表明，“认罪认罚从宽制度下，检察机关具有提出精准性量刑建议的基础条件，这是不认罪案件所不具备的。被追诉人在侦查阶段、起诉阶段如果选择认罪认罚从宽，其对于案件事实、案件细节、案件证据的交代显然是较为全面详尽的，这就给检察机关提供了根据详尽事实拟定精准量刑建议的基础，检察机关也理应据此提出确定的刑罚建议”[②]。而“智慧检务”建设的推进、大数据在量刑建议中的广泛应用，进一步为检察机关作出确定刑量刑建议提供了有力辅助，检察机关提出确定刑量刑建议已然具备了比较充分的实施基础和可能。据统计，2019年1月至8月，量刑建议采纳率为87.7%。其中，提出确定刑量刑建议率从27.3%上升至76%；庭审对确定刑量刑建议采纳率为89.9%，高于

① 参见卞建林：《确定刑：认罪认罚从宽制度下量刑建议精准化之方向》，载《检察日报》2019年7月29日，第3版。

② 卞建林、陶加培：《认罪认罚从宽制度中的量刑建议》，载《国家检察官学院学报》2020年第1期。

幅度刑量刑建议采纳率 4.3 个百分点。[①]

其次，为何要以“幅度刑为辅”。

《指导意见》第 33 条规定，幅度刑量刑建议主要适用于新类型、不常见犯罪案件，量刑情节复杂的重罪案件等。在认罪认罚从宽制度下，以幅度刑量刑建议为辅是必然的。首先，以幅度刑为辅符合诉讼规律和司法实践。对于新类型、不常见犯罪案件以及量刑情节复杂的重罪案件，检察机关在实践中积累的相关经验较少，且由于这些案件的事实情节往往较多且复杂，检察机关提出确定刑量刑建议有困难，因而提出幅度刑量刑建议更能体现对量刑的慎重，也更能体现对庭审的尊重。其次，以幅度刑为辅适应认罪认罚从宽制度适用范围的全面性。《指导意见》第 5 条规定，认罪认罚从宽制度没有适用罪名和可能判处刑罚的限制，所有刑事案件均可依法适用。据此，认罪认罚从宽制度适用的案件可能是疑难、复杂案件，如果“一刀切”地要求检察机关提出确定刑量刑建议，并不符合认罪认罚从宽制度适用的客观情况。因此，将幅度刑作为补充选择，充分适应了认罪认罚案件范围的需要。

总之，确定刑为主、幅度刑为辅的做法更具合理性和必要性，更利于督促检察机关履职尽责，更能够保证认罪认罚从宽制度顺利实施，行稳致远。在今后的司法实践中，应当进一步加强控辩协商中被追诉人的权利保障，进一步确保所达成的诉讼合意能够平衡控辩双方的不同期待，进一步提升检察机关提出精准量刑建议的能力和水平。

（三）“量刑建议”的效力

量刑建议的核心问题是其效力问题。量刑建议的效力如何，是落实控辩量刑协商效果的关键所在，也是关涉整个认罪认罚从宽实施效果的重要问题。具体而言，量刑建议发挥效力的场域可以分为其对诉讼主体的拘束力和其在诉讼程序中的影响力两方面的内容。

一方面，量刑建议对被追诉人、检察机关、法院均应有相应的拘束力。在认罪认罚案件中，量刑建议不再仅仅是检察机关的单方面“请求”，而是控辩双方共同提出的“建议”[②]，并由检察机关移送法院进行最

---

① 张军:《最高人民检察院关于人民检察院适用认罪认罚从宽制度情况的报告》，载《检察日报》2020 年 10 月 17 日，第 2 版。

② 参见陈卫东:《认罪认罚案件量刑建议研究》，载《法学研究》2020 年第 5 期。

终判断。因此，受到量刑建议效力影响的主体包括被追诉人、检察机关以及法院三方。量刑建议对三方的拘束力不尽相同。简言之，控辩双方对量刑建议有遵守的义务，法院对量刑建议有尊重的职责。首先，对被追诉人而言，被追诉人同意量刑建议并在辩护人或者值班律师在场的情况下签署认罪认罚具结书，量刑建议即对被追诉人产生拘束力，被追诉人应当遵守量刑建议所包含的控辩合意，接受量刑建议可能带来的最终结果。除非出现特定的情由，被追诉人不得轻易反悔。其原因在于，根据认罪认罚从宽的制度设计，被追诉人认罪并且认罚，才可能获得从宽处理，同意量刑建议并签署认罪认罚具结书是评价被追诉人认罚情况的重要标准。如果被追诉人违背遵守义务，随意反悔或对量刑建议提出异议，就会动摇认罪认罚从宽的制度基础。其次，对检察机关而言，检察机关根据控辩诉讼合意形成量刑建议，这无疑对检察机关自身也产生遵守义务。除法定原因外，不得随意否定已经过被追诉人同意的量刑建议。具体来说，检察机关既不能随意否定量刑建议，也不能随意删减、更改量刑建议中的某一具体内容。被追诉人通过认罪认罚，放弃了依法享有的某些诉讼权利，来争取从宽处理，如果检察机关轻易抛弃或变更经协商后形成的量刑建议，则违背了认罪认罚从宽制度的初衷，损害了被追诉人的权益。最后，对法院而言，法院对量刑建议的尊重职责体现在，量刑建议是法院作出量刑裁判的基本依据。根据《刑事诉讼法》第201条第1款的规定，法院在依法作出判决时，除法定情形外，一般应当采纳检察机关指控的罪名和量刑建议。法院采纳量刑建议作出裁判，体现了法院作为最终裁判方在合法范围内对控辩双方诉讼合意的尊重和认可，这既是量刑建议对裁判效力的体现，也是落实控辩协商成果、促进认罪认罚从宽制度有效运行的基础。

另一方面，量刑建议发挥效力的主要场域在于审判阶段。量刑建议经历审查起诉阶段和审判阶段两个诉讼阶段。审查起诉阶段是量刑建议的生成阶段。在审查起诉阶段，检察机关与被追诉人及其辩护律师或者值班律师进行控辩量刑协商，达成诉讼合意，在此基础上形成量刑建议。“这一过程的实质是使被追诉人认罪效果通过量刑建议与具结书的形式固定下来，以一个规范的文书形式，来展现认罪认罚带来的诉讼效果。量刑建议承载着被追诉人对于认罪带来的收益的内心期待，在审查起诉阶段生成量刑建议，相当于对认罪事实的及时回应。”[①] 量刑建议生成后，即对控辩双方开始产生效力。审判阶段是量刑建议发挥效力的主要场域。虽然量刑建议在审查起诉阶段生成，并开始对被追诉人和检察机关产生一定拘束力，但量刑建议真正产生效力、发挥影响是在审判阶段。根据我国刑事诉讼流程，审判阶段是对案件作出最终裁判、得出定论的唯一阶段，因此，审查起诉阶段中生成的量刑建议，其最终发挥效力的场域也应该是在审判阶段。法院审理后是否采纳量刑建议，是判断量刑建议是否有效的标准，也是判断控辩合意能否真正影响案件结果的关键。

三、《刑事诉讼法》第 201 条的规范解读

《刑事诉讼法》第 201 条是认罪认罚从宽制度的重要法律规范，规定了认罪认罚案件的审理模式、量刑建议的效力以及量刑建议异议处理程序等方面的内容。认罪认罚轻刑案件的法庭审理对象，应当是被追诉人认罪认罚的自愿性和认罪认罚具结书内容的真实性、合法性。“一般应当采纳”体现了量刑建议对法院裁判的拘束力，除五种例外情形外，法院应当采纳检察机关的量刑建议。在量刑建议的异议处理程序中，法院应当告知检察机关量刑建议需要调整，且检察机关调整或者维持量刑建议是法院判决的前置程序，法院违反前述内容的，属于程序性违法，检察机关可以将此纳入法律监督的范围。

（一）认罪认罚案件的审理模式

现阶段，认罪认罚从宽制度主要适用于盗窃案、危险驾驶案等轻刑案件。在这些认罪认罚的轻刑案件中，检察机关提起公诉后，法院对案件如何审理，是一个值得探讨的问题。许多法院人士认为，在认罪认罚轻刑案件中，法院也应当坚持进行实体审理。也有学者提出，不能因为被告人认罪认罚而忽视案件事实基础的审查，法院仍然要对被告人所犯之罪进行实质性审查。[②] 笔者对此持不同意见，从《刑事诉讼法》第 190

① 卞建林、陶加培：《认罪认罚从宽制度中的量刑建议》，载《国家检察官学院学报》2020 年第 1 期。

② 参见王迎龙：《认罪认罚从宽制度下轻罪冤假错案的防范》，载《人民法院报》2019 年 2 月 14 日，第 6 版。

条、第 201 条的规定来看，实体审理缺乏必要性和可行性。

首先，根据《刑事诉讼法》第 201 条的规定，实体审理缺乏必要性。《刑事诉讼法》第 201 条第 1 款规定，除五种法定情形外，法院一般应当采纳检察机关指控的罪名和量刑建议。“法院对指控罪名和量刑建议的采纳是以认可指控事实为前提的。”[①] 对于经被追诉人“认罪”后由检察机关指控的犯罪事实，除法定情形外，法院一般应当进行确认，作为进一步采纳检察机关指控罪名和量刑建议的基础。

其次，根据认罪认罚轻刑案件的特殊性，实体审理不具备现实条件。其一，实体审理缺乏争议基础。实体审理旨在通过审判职能的充分行使，对控辩双方的实体性争议和程序性争议进行依法裁断，达到定分止争的目的。然而，在认罪认罚案件中，情况较为特殊。“在被告人已经认罪认罚的情况下，无论是适用速裁程序，还是适用简易程序，抑或是普通程序，法庭审理的对象都与被告人不认罪认罚的情况有所差异。在被告人已经认罪认罚的情况下，无论是对事实认定，还是对证据采信，抑或是法律适用，控辩双方通常已经没有争议。”[②] 正因为如此，在认罪认罚轻刑案件中，由于争议事项的缺乏，实体审理已经失去了发挥作用的空间。如果不考虑案件的特殊情况，仍然坚持进行实体审理，无疑会造成司法资源不必要的损耗，而且违背了现代诉讼法院居中裁断的职能定位。其二，实体审理缺少程序支撑。要进行实体审理，并取得实质性的效果，必须有相应的庭审程序予以支持。法庭调查、法庭辩论是庭审的核心环节，是裁判者审查核实诉讼证据、全面调查案件事实的程序基础。目前，有超过四分之三的认罪认罚案件是适用简易程序、速裁程序审理的。根据刑事诉讼法的规定，适用简易程序审理案件，不受普通程序中关于送达期限、讯问被告人、询问证人和鉴定人、出示证据、法庭辩论程序规定的限制。简言之，简易程序中的法庭调查、法庭辩论环节可以简化，实践中也基本都作了简化处理。适用速裁程序审理案件，则一般不再进行法庭调查、法庭辩论。由此可见，实践中大部分认罪认罚轻刑案件的审理都未经过完整的法庭调查、法庭辩论环节，进

① 闫召华：《“一般应当采纳”条款适用中的“检”“法”冲突及其化解——基于对〈刑事诉讼法〉第 201 条的规范分析》，载《环球法律评论》2020 年第 5 期。

② 李奋飞：《论“确认式庭审”——以认罪认罚从宽制度的入法为契机》，载《国家检察官学院学报》2020 年第 3 期。

行实体审理缺少现实可行性，在此条件下如果仍然坚持实体审理，最终也会难以避免地流于形式。其三，实体审理缺乏对抗因素。在刑事案件的审判过程中，被告人与检察机关各有其诉讼利益和目标，他们参与审判活动的直接目的就在于实现这些利益和目标。[①]在非认罪认罚案件中，控辩双方因其诉讼目标的不同，存在明显的对抗关系：作为行使国家公诉权的主体，检察机关在审判过程中会追求这样一种诉讼目标——证实被告人的罪行，促使法庭对他定罪和判刑。与此相反，被告人作为检察机关刑事追诉的对象，与诉讼结局有着直接利害关系，被告人在审判中会竭力证明检察机关的指控不能成立，促使法庭作出无罪或罪轻裁判。[②]控辩之间的对抗关系是推动法庭实体审理的重要因素，实体审理正是在判断控辩双方对立观点的过程中实现其审理意义。然而，认罪认罚轻刑案件中，情况发生了关键转变，控辩双方在庭审之前就已经达成了合意，他们参与庭审的目标更大程度上在于希望庭审对合意予以认可和确认。法院此时如果再围绕指控的事实和罪名进行实体审理，“注定得不到控辩双方的积极响应”[③]。

既然认罪认罚轻刑案件不需要进行实体审理，那么此类案件的法庭审理应当审什么、怎么审呢？对此，《刑事诉讼法》第190条第2款实际上已经作出回答。根据该款规定，在认罪认罚案件的审理中，审判长应当告知被告人享有的诉讼权利和认罪认罚的法律规定，审查认罪认罚的自愿性和认罪认罚具结书内容的真实性、合法性。据此，认罪认罚轻刑案件的法庭审理内容应当是被追诉人认罪认罚的自愿性和认罪认罚具结书的真实性、合法性。有学者将认罪认罚轻刑案件的此种审理模式归纳为“确认式庭审”，并提出，考虑到被追诉人认罪认罚的自愿性对于认罪认罚从宽制度适用中的重要意义，并且简易程序、速裁程序的适用都以认罪或认罪认罚的自愿性为前提，因此，对认罪认罚自愿性的审查应当放在法庭审理中更加紧要的位置。[④]对于被告人认罪认罚的自愿性，

---

① 参见陈瑞华:《刑事审判原理论》，法律出版社2020年版，第237页。

② 陈瑞华:《刑事审判原理论》，法律出版社2020年版，第238页。

③ 李奋飞:《论“确认式庭审”——以认罪认罚从宽制度的入法为契机》，载《国家检察官学院学报》2020年第3期。

④ 李奋飞:《论“确认式庭审”——以认罪认罚从宽制度的入法为契机》，载《国家检察官学院学报》2020年第3期。

法院应当审查认罪认罚是不是被告人出自内心的理智选择，包括被告人是否已经充分知晓认罪认罚从宽的法律规定，被告人是否已经准确了解认罪认罚的性质和后果，认罪认罚过程中是否存在办案机关威胁、引诱、欺骗被告人的情况等。对于具结书的真实性，法院应当审查具结书是否准确载明了主要犯罪事实、影响量刑情节等案件情况，是否真实反映了控辩双方的协商合意，以及具结书是否由被告人本人签署等。对于具结书的合法性，法院应当审查本案是否存在法定不需要签署具结书的情形，被追诉人签署具结书时是否有辩护人或者值班律师在场等。法庭对认罪认罚自愿性和认罪认罚具结书真实性、合法性的审查，主要通过当庭询问被告人以及听取辩护人、值班律师意见的方式进行。法庭在审理过程中，一旦发现有被告人的行为不构成犯罪或者不应当追究其刑事责任、被告人违反意愿认罪认罚、被告人否认指控的犯罪事实或者其他可能影响公正审判的情形，应当按照《刑事诉讼法》第 226 条的规定，以普通程序或者简易程序重新审理。

（二）“一般应当采纳”的规范含义

关于《刑事诉讼法》第 201 条第 1 款中“对于认罪认罚案件，人民法院依法作出判决时，一般应当采纳人民检察院指控的罪名和量刑建议”的表述，理解时出现不同意见。“一般应当采纳”的规定，既涉及认罪认罚案件中量刑建议的效力问题，也体现了量刑建议对法院量刑裁量权的制约作用。对于“一般应当采纳”的规范含义，应当从以下两方面进行理解和把握。

首先，“一般应当采纳”应当理解为在认罪认罚案件中，除了法定的五种例外情形外，法院应当采纳检察机关的量刑建议。根据《刑事诉讼法》第 201 条第 1 款的规定，对于认罪认罚案件，法院在依法作出判决时，一般应当采纳检察机关指控的罪名和量刑建议，但被告人不构成犯罪或者不应当追究刑事责任、被告人违背意愿认罪认罚、被告人否认指控的犯罪事实、起诉指控的罪名与审理认定的罪名不一致以及其他可能影响公正审判的情形除外。与“一般”相对应的，就是五种不予采纳的例外情形。在这五种情形中，对于被告人的行为不构成犯罪或者不应当追究刑事责任的，由于案件不符合追诉和定罪的条件，因而不存在对被告人定罪量刑的问题；对于被告人违背意愿认罪认罚的，则案件不具备适用认罪认罚从宽制度的前提；对于被告人否认指控的犯罪事实的，则案件不符合认罪认罚从宽制度的“认罪”要件；对于审理认定的罪名与起诉指控的罪名不一致的，因法院不认可起诉指控的罪名，说明检察机关对被告人行为的法律评价可能存在错误，也说明法庭需要对该案进行实体审理。总而言之，当出现法律列举的几种情形时，案件已经不适合采用认罪认罚从宽的程序审理，量刑建议对法院的拘束力也随之失去。

在认罪认罚案件中，“量刑建议效力较为显著的变化是在法院裁判阶段由辅助性参考资料转变为主要性依据资料”①。法院在认罪认罚案件和非认罪认罚案件的处理方式上有了明显的区别。过去，在非认罪认罚案件中，量刑建议是检察机关作为控方单方面对法院提出的建议，对于法院没有强制拘束力。法院在裁判时，量刑建议只是作为一种辅助性参考资料来发挥效用，最终的定罪量刑裁判还是由法官根据审理后查明的案件事实作出的。现在，在认罪认罚案件中，量刑建议因其承载了检察机关与被追诉人之间的诉讼合意，对法院产生拘束作用，成为法院定罪量刑的主要依据资料。这就是立法规定法院“一般应当采纳”检察机关指控的罪名和量刑建议的考虑。相对于传统的量刑建议，认罪认罚案件中的量刑建议呈现出诉讼效力上趋向实质化的特征。②这种效力实质化不是偶然的，量刑建议在认罪认罚案件中的效力刚性源于我国认罪认罚从宽制度的价值追求和认罪认罚案件法庭审理的制度设计，旨在构建一个消解诉审权力冲突、促进检法良性互动的机制，最终兑现对被告人的从宽处理承诺，维护认罪认罚从宽制度的适用基础。

其次，如果出现法律列举的几种例外情形致使法院不采纳检察机关量刑建议的，案件应当恢复以普通程序进行审理。“一般应当采纳”的规定并不排除法院对被告人定罪量刑的最终决定权，法官审查判断是否存在第 201 条第 1 款所列举的例外情形，既是保障认罪认罚案件实行底限公正审判的需要，也体现了审判权对公诉权的制约作用。但这种判断不能任性、制约不能过分。法官的量刑裁量权受到法律严格规范，即

① 卞建林、陶加培:《认罪认罚从宽制度下检察机关的主导责任》，载《人民检察》2019 年第 23 期。

② 参见皇甫长城、刘强、周健:《认罪认罚从宽制度中量刑建议工作机制研究》，载《上海法学研究》2019 年第 7 卷。

法院不采纳检察机关的量刑建议的前提必须是认为存在法律规定的几种例外情形。同时，当法官判断存在这几种例外情形以致不能采纳检察机关量刑建议时，案件已不宜继续采取认罪认罚的简化程序审理，应当按照法律规定恢复以普通程序进行审理。其原因在于：其一，当出现被告人违背意愿认罪认罚、否认指控的犯罪事实等情形时，本案已不属于认罪认罚案件，且案件事实和法律适用存在较大争议。此时，法院不应再通过认罪认罚案件的审判方式进行审理，而是应当将案件恢复到普通程序，在查明案件事实的基础上定罪量刑。其二，大多数认罪认罚案件适用简易程序、速裁程序审理，简化或者省略了法庭调查、法庭辩论等环节。当认罪认罚存在问题或者案件定性出现争议时，理应恢复普通程序，经过充分的法庭调查和控辩辩论进行审理，这样既有利于查明案件事实，正确适用法律，也有利于保障被告人合法权益。

（三）量刑建议的异议处理程序

《刑事诉讼法》第 201 条第 2 款规定，人民法院经审理认为量刑建议明显不当，或者被告人、辩护人对量刑建议提出异议的，人民检察院可以调整量刑建议。人民检察院不调整量刑建议或者调整量刑建议后仍然明显不当的，人民法院应当依法作出判决。该款规定了“量刑建议的异议处理程序”，即法院经审理认为量刑建议明显不当，或者被告人方提出异议的，相关程序如何运行。

启动量刑建议异议处理程序有两种缘由。一是法院经审理认为量刑建议明显不当。关于“明显不当”，应当作两方面的理解：一方面，根据刑法理论，此处的明显不当，通常是指量刑畸轻或者畸重。当从宽处理包括从轻、减轻和免除处罚时，才有可能出现量刑建议畸轻畸重、明显不当的情况。另一方面，量刑建议的不当需要达到“明显”程度，“法院对于有小误差的量刑建议要保持一定的宽容度和容错性”。[①] 二是被告人、辩护人对量刑建议提出异议。“关于被告人及其辩护人对量刑建议提出异议，可以看作刑事诉讼法特别设置的一种救济程序，以在认

① 董坤:《认罪认罚案件量刑建议精准化与法院采纳》，载《国家检察官学院学报》2020 年第 3 期。

罪认罚案件中注重对被告人合法权益的保障。”① 当然，这种异议权应该是有条件的、受限制的。出于对量刑建议的遵守义务，被告人及其辩护人若没有正当理由，不得轻易反悔和异议。

法院经审理认为量刑建议明显不当，或者被告人、辩护人对量刑建议提出异议后，后续程序如何进行，可以从以下几方面进行理解和诠释。

第一，法院应当承担告知检察机关调整量刑建议的义务。法院经审理认为量刑建议明显不当，或者被告人及其辩护人对量刑建议提出异议后会产生两个结果，一是法院暂不采纳量刑建议，量刑建议处于效力待定的状态，二是检察机关需要调整量刑建议。要衔接起这两种结果，必然要求法院对检察机关进行告知，所以法院的告知义务是不言而喻的。检察机关若不知晓量刑建议暂未被采纳及其原因，则无法对量刑建议进行调整。基于此，《指导意见》第 41 条作了明确规定：“人民法院经审理，认为量刑建议明显不当，或者被告人、辩护人对量刑建议有异议且有理有据的，人民法院应当告知人民检察院……”具体而言，法院不仅对于自己认为量刑建议明显不当的应当告知检察机关，对于被告人方提出异议的，也应当转告检察机关。在告知检察机关时，为便于检察机关把握调整方向、提高办案效率，法院既应当告知量刑建议暂未被采纳，还应当具体指明量刑建议为何明显不当或者被告人、辩护人提出了何种异议以及相关依据。

第二，检察机关调整或者维持量刑建议是法院判决的前置程序。在法院告知量刑建议暂未被采纳以及相关情况后，检察机关可以调整量刑建议。无论是调整量刑建议还是维持量刑建议，检察机关都应当及时向法院反馈。需要强调的是，检察机关调整或者维持量刑建议，应当是法院作出判决的必经前置程序。首先，这是法律规范的明确要求。《刑事诉讼法》第 201 条第 2 款明确规定，人民检察院不调整量刑建议或者调整量刑建议后仍然明显不当的，人民法院应当依法作出判决。“既然法院作出判决需要以检察机关调整量刑建议与否或调整适当与否作为条

① 卞建林、陶加培：《认罪认罚从宽制度中的量刑建议》，载《国家检察官学院学报》2020 年第 1 期。

件，显然检察机关调整或维持量刑建议是法院判决前的必经程序。”①《指导意见》第41条的规定更加明确而详细，即“人民法院认为调整后的量刑建议适当的，应当予以采纳；人民检察院不调整量刑建议或者调整后仍然明显不当的，人民法院应当依法作出判决”。其次，这是尊重控辩合意的必然要求。量刑建议集中体现了控辩双方对裁判结果的共同期待，为尊重控辩双方的诉讼合意和前期付出，应当给予控辩双方重新协商并达成协议的机会。如果法院不经检察机关调整量刑建议而径行作出判决，很可能导致被告人上诉、检察机关抗诉的情况。正如有学者的调研结果显示：实践中，一些审判人员出于追求快速结案等原因，未告知检察机关调整或者告知后未待检察机关调整就直接作出判决，这样的做法看似提高了办案效率，但导致了被告人方和检察机关的不满，实际上引发了很多“后顾之忧”。② 对于立法上的用语是“检察院可以调整量刑建议”，而非“应当调整量刑建议”。笔者认为，此处的“可以调整”更多强调的是检察机关享有调整或者不调整量刑建议的权力，即检察机关可以提出新的量刑建议，且新的量刑建议应当听取被告方的意见，也可以综合考虑全案情况后维持原来的量刑建议，是否调整由检察机关因情形而定，但并不否定该操作的前置地位。

第三，检察机关可以对程序性违法进行监督。根据如上分析，在量刑建议异议处理程序中，当出现启动缘由后，法院应当告知检察机关调整量刑建议，待检察机关决定调整或者维持量刑建议。法院认为调整后的量刑建议恰当的，应当采纳，对于检察机关维持量刑建议或者调整后仍然明显不当的，才能依法作出判决。因此，如果法院未告知检察机关调整量刑建议并等待检察机关作出决定，直接作出判决的，属于严重的程序性违法。检察机关可以将此纳入法律监督的范围，提出纠正违法意见或者依法提起抗诉。

四、认罪认罚案件被告人上诉权问题

对于认罪认罚案件被告人上诉权的问题，刑事诉讼法没有特别规

---

① 卞建林、陶加培:《认罪认罚从宽制度中的量刑建议》，载《国家检察官学院学报》2020年第1期。

② 参见杨宇冠、王洋:《认罪认罚案件量刑建议问题研究》，载《浙江工商大学学报》2019年第6期。

定，《指导意见》等文件中则作了确认的表示。实践中，确有认罪认罚的被告人通过上诉维护了自己的合法权益、促进了裁判公正，但也出现了“投机型上诉”“技术性上诉”等问题。在认罪认罚案件中，被告人的上诉权应当受到保障，同时也有必要施加一定合理限制。以认罪认罚案件被告人上诉程序的调整为契机，将带动我国刑事审级制度的进一步改革与完善。

（一）认罪认罚案件被告人上诉的实践检视

上诉权是被告人的基本诉讼权利之一。我国《刑事诉讼法》第 227 条第 1 款明确赋予了被告人上诉的权利：被告人不服地方各级人民法院第一审的判决、裁定，有权用书状或者口头向上一级人民法院上诉。同时第 3 款规定，对于被告人的上诉权，不得以任何借口加以剥夺。对于认罪认罚案件中被告人的上诉权，《刑事诉讼法》没有作出特别规定，《试点办法》《指导意见》等文件中则对此作了确认的表示[①]，实践中也出现了一些被告人行使上诉权的实例。

实证研究结果显示，一些认罪认罚案件的被告人通过行使上诉权，确实保障了自己的合法权益、促进了裁判的公正。例如，有的被告人以一审中检察机关在未与被告人协商的情况下就自行变更量刑建议，且量刑建议畸重为由提起上诉，二审法院经审理查明后，进行了从轻改判。又如，有的被告人以出现其与被害人达成赔偿谅解协议、社区矫正机关为其出具《调查评估意见书》等新事实、新证据为由提起上诉，二审法院经审查后也予以了轻判。[②]可以看出，认罪认罚案件中被告人的上诉权在实践中的确发挥了一些积极作用。

与此同时，实践中也出现了一些突出问题。第一个问题是“投机型上诉”。我国《刑事诉讼法》第 237 条规定了上诉不加刑原则，在只有被告人一方上诉而没有检察机关抗诉的情况下，被告人没有被二审法院加重刑罚的顾虑，而有减轻刑罚的可能。实践中，有的认罪认罚案件的

---

① 参见《试点办法》第 23 条、《指导意见》第 45 条。

② 参见张丽霞：《认罪认罚案件上诉与抗诉的法理辨析》，载《中国人民公安大学学报（社会科学版）》2020 年第 1 期；张琦：《权利与义务之间：认罪认罚案件中被告人上诉权的必要限制——以 286 份认罪认罚上诉案件裁判文书为样本》，载《“认罪认罚从宽制度理论与实务研究”征文活动获奖论文集》，山西太原，2020 年 11 月，第 401 页。

被告人在享受了一审判决中的量刑优惠后，就试图利用上诉不加刑原则在二审中获得更为轻缓的刑罚。这些被告人的上诉理由并不充分，大多是提出诸如原判量刑过重等模糊的理由，或者重复强调一些一审中的情节，并没有提出新事实、新证据或者指出某项足以否定一审判决的既有事实，其“投机上诉”的意图较为明显。有调研结果显示，实践中有的被告人甚至假装认罪认罚，得到一审的从宽处罚后再选择上诉，通过上诉不加刑原则，这些被告人依然可以在不认罪的情况下得到认罪的从宽好处。[①]第二个问题是为留所服刑的“技术性上诉”。我国《刑事诉讼法》第264条规定，对被判处有期徒刑的罪犯，在被交付执行刑罚前，剩余刑期在3个月以下的，由看守所代为执行。在有的被告人看来，与监狱相比，看守所所处位置更近，服刑条件相对较好，管理更为宽松。因此，一些剩余刑期接近3个月的被告人就试图通过上诉来延缓判决生效，以达到留在看守所服刑的目的。这些被告人并非对一审判决不服，其上诉呈现出无实质理由的“技术性”。这些被告人在提起上诉时，大多数会直接在上诉理由中写明留所服刑，少数则会以不服一审判决为由提起上诉，但在法官提讯或者二审庭审中则会表明对一审判决无异议，上诉的目的是留所服刑。[②]有数据表明，此类上诉中，被告人留所服刑的失败率为四分之一左右[③]，也就是说，大多数被告人都得以通过上诉的方式达到避免或者延缓去监狱服刑的目的。

以上“投机型上诉”“技术性上诉”，虽然都是被告人在法律规定的范围内行使上诉权的表现，但仍有不少学者认为，“投机型上诉”“技术性上诉”在一定程度上歪曲了上诉权的意义，且显然不符合认罪认罚从宽制度提高诉讼效率、节约司法资源的目的。法院、检察机关对此的“反感”情绪更为明显，并逐渐形成了一些应对措施。针对“投机型上诉”，有的检察机关会随即提起抗诉，以消解上诉不加刑原则的适用。实践中，为便于检察机关抗诉，有的法院还会与检察机关进行一定配

① 参见王洋:《认罪认罚案件上诉问题研究》，载《中国政法大学学报》2019年第2期。

② 参见闵丰锦:《认罪认罚何以上诉：以留所服刑为视角的实证考察》，载《湖北社会科学》2019年第4期。

③ 参见闵丰锦:《认罪认罚何以上诉：以留所服刑为视角的实证考察》，载《湖北社会科学》2019年第4期。

合，普遍晚于被告人5日向检察机关送达一审判决书、裁定书，以防止检察机关的抗诉期限早于被告人的上诉期限届满。[①]针对“技术型上诉”，有的法院以迅速驳回等方法对案件进行快速处理，防止被告人通过上诉规避法律。出于办案压力、考核指标的考虑，有的法院则通过释法说理来劝说被告人撤回上诉，或者协调满足被告人留所服刑目的来促使被告人撤回上诉。[②]

法院、检察机关的这些应对措施，虽然在一定程度上起到了减少认罪认罚案件上诉率、维护认罪认罚从宽制度实施效果的作用，但由于缺乏明确的法律依据，特别是检察机关的跟进抗诉有违现行法中抗诉权的启动规则[③]，正当性受到质疑，难以广泛运用。在此背景下，研究者的目光更多地聚焦到了认罪认罚案件被告人的上诉权问题上，相关讨论也因此不断展开。

（二）被告人上诉权的保障与限制

认罪认罚案件被告人在一审判决后能否提出上诉？理论界与实务界对此进行了广泛讨论。有观点主张对适用速裁程序审理的认罪认罚案件实行一审终审，主要理由在于，允许被告人上诉将严重影响认罪认罚从宽制度带来的效率价值[④]，在被告人认罪认罚的情况下，适用速裁程序作出的一审判决在大多数情况下并不存在被告人的实质异议[⑤]，被告人获得从宽处罚后又提出上诉有悖诉讼诚信原则。受上诉不加刑原则的影响，二审判决可能有失公平，且实践中极低的上诉率表明，即使取消上诉权也不会产生不良影响。[⑥]鉴于实践中存在的“投机型上诉”“技术性上

---

① 参见王洋:《认罪认罚案件上诉问题研究》，载《中国政法大学学报》2019年第2期。

② 参见闵丰锦:《认罪认罚何以上诉：以留所服刑为视角的实证考察》，载《湖北社会科学》2019年第4期。

③ 参见郭烁:《二审上诉问题重述：以认罪认罚案件为例》，载《中国法学》2020年第3期。

④ 参见陈卫东:《认罪认罚从宽制度研究》，载《中国法学》2016年第2期。

⑤ 参见艾静:《刑事案件速裁程序的改革定位和实证探析——兼论与“认罪认罚从宽制度”的理性衔接》，载《中国刑事法杂志》2016年第6期。

⑥ 参见最高人民法院刑一庭课题组:《关于刑事案件速裁程序试点若干问题的思考》，载《法律适用》2016年第4期。

诉”，出于降低司法成本、提高诉讼效率等考虑，取消认罪认罚案件被告人上诉权的观点受到了很多实务界人士的欢迎。

笔者认为，上诉权是法律赋予被告人的一项基本诉讼权利，应当予以保留和保障。在现阶段，取消认罪认罚案件被告人的上诉权很可能导致一些消极后果。主要原因如下：

第一，有利于保障被告人认罪认罚的自愿性和明智性。被告人认罪认罚的自愿性、明智性不仅是适用认罪认罚从宽制度的前提，也是确保认罪认罚案件判决结果公正的基础。现阶段，如何确保被告人认罪认罚的自愿性、明智性是一个严重问题。一方面，被告人在认罪认罚的过程中获得的律师帮助十分有限。有实证研究结果显示，在某省 2019 年 22498 件一审认罪认罚案件中，委托辩护律师的为 4731 件，占比 21%，获得指定辩护的为 3051 件，占比 13.56%[①]，有将近三分之二的被告人没有辩护律师为其提供法律帮助。且值班律师制度尚不完善，值班律师由于定位受限，也难以为被告人提供有效的法律帮助。因此，一些被告人在尚未准确认知认罪认罚的后果、理性分析案件走向的情况下，就向办案机关作出了认罪认罚的意思表示。另一方面，鉴于被告人认罪认罚可能带来的办案效益或者追求适用率的压力，实践中办案人员通过威胁、引诱、欺骗等方法促使被告人违背意愿认罪认罚的情况仍时有发生。鉴于此现实，有必要继续保留认罪认罚案件被告人的上诉权，对违背其意愿的认罪认罚进行救济，否则“所谓被告人认罪认罚的自愿性就将缺乏任何制度保障”。[②]

第二，有利于切实发挥刑事二审程序的功能。我国实行两审终审制，被告人上诉将会引起二审程序发生。二审程序主要具有以下功能：一是纠正一审法院的错误裁判，有效防范冤假错案；二是落实对被告人的救济，保护被告人的合法权益；三是加强上级法院对下级法院的指导与监督。实践中，大部分认罪认罚案件都适用简易程序、速裁程序审理，庭审环节有所简化甚至省略，且认罪认罚轻刑案件中法院审理的重

① 参见张琦:《权利与义务之间：认罪认罚案件中被告人上诉权的必要限制——以 286 份认罪认罚上诉案件裁判文书为样本》，载《“认罪认罚从宽制度理论与实务研究”征文活动获奖论文集》，山西太原，2020 年 11 月，第 401 页。

② 参见陈瑞华:《认罪认罚从宽制度的若干争议问题》，载《中国法学》2017 年第 1 期。

点在于认罪认罚的自愿性和认罪认罚具结书内容的真实性、合法性，加之认罪认罚案件中律师的帮助作用尚显薄弱，一审裁判可能存在错误。保障被告人上诉权，为被告人保留一个寻求救济的渠道，使二审法院得以及时纠正确有错误的一审判决，对有效保障司法公正，加强上级法院对下级法院的审判监督，具有积极意义。

认罪认罚案件中应当赋予被告人上诉权，而对于实践中出现的各种问题以及上诉权与认罪认罚从宽制度之间的价值冲突也有必要予以重视，并找出破解途径。对此，不少学者提出，在保留认罪认罚案件被告人上诉权的基础上，应当对被告人行使上诉权进行一定限制，在具有正当理由的情况下，才能允许被告人提出上诉。也有学者持不同意见，认为此种设计有变相剥夺被告人上诉权之嫌，且被告人完全可以在上诉状中假述某种法定或正当上诉理由，其防范滥用上诉权的目的并不能完全实现。①

笔者认为，认罪认罚案件被告人的上诉权可以受到一定合理限制，主要原因在于：首先，限制认罪认罚案件被告人的上诉权，符合量刑建议的效力设定。如前文所述，建立在控辩协商基础上的量刑建议和被告人自愿签署的认罪认罚具结书，应当对被告人有拘束力，被告人对此有遵守义务，提出异议和提出上诉的行为都应当受到一定限制。因此，被告人应当遵守认罪认罚具结书的内容，维护量刑建议所依据的诉讼合意。除非出现被告人非自愿认罪等情由，或者有新事实、新证据等正当理由，被告人不得随意提出上诉。其次，合理限制认罪认罚案件被告人的上诉权，是实现认罪认罚从宽制度价值的必然要求。推动繁简分流、提高诉讼效率是认罪认罚从宽制度的重要价值。大量的“投机型上诉”“技术性上诉”不仅使审前阶段和一审阶段办案机关的相关工作前功尽弃，还耗费了宝贵的二审资源，显然与认罪认罚从宽制度的价值相违背。“上诉权不仅是个人权利，而且更具有公共属性。”② 因此，为充分实现认罪认罚从宽制度的价值，应当对被告人上诉权进行必要限制，过滤不具有正当理由的上诉。

---

① 参见汪海燕：《被追诉人认罪认罚的撤回》，载《法学研究》2020 年第 5 期。

② 牟绿叶：《我国刑事上诉制度多元化的建构路径——以认罪认罚案件为切入点》，载《法学研究》2020 年第 2 期。

至于以何种标准对认罪认罚案件被告人上诉权进行限制，有学者主张，办案机关应当明确告知被告人自愿认罪认罚后一般不得上诉，同时为保障被告人的合法权益，应当由法律严格设定允许上诉的例外情形，包括被告人确有理由主张无罪或者量刑畸重，被告人因受到暴力、威胁、引诱而违背意愿认罪认罚的，被告人认罪认罚时的认知能力和精神状态不正常，等等。[①]也有学者认为，对认罪认罚案件中定罪量刑等实体问题有错误，程序有重大违法，以及被告人认罪认罚不自愿、受胁迫等情形允许上诉。[②]笔者认为，允许被告人上诉的正当理由应当包括以下内容：第一，被告人非自愿认罪认罚的。例如，办案机关未履行说明告知义务的，或者办案机关存在威胁、引诱、欺骗等不法行为，致使被告人违背意愿认罪认罚的。第二，案件程序存在重大违法或者明显错误的。例如，被告人签署认罪认罚具结书时没有辩护律师或值班律师在场，或者辩护律师或值班律师没有履行职责，直到一审中或者一审后才发现的。第三，有新事实、新证据表明原审定罪量刑不当的。例如，被告人与被害人达成赔偿谅解协议、社区矫正机构出具适格的评估意见等。

综上所述，对于认罪认罚的被告人提起上诉的案件，总体上应当维护我国实行的刑事案件两审终审制，同时由于认罪认罚从宽制度本身就是建立在控辩双方协商一致的基础上，出于提高诉讼效率、优化司法资源配置等考量，可以探索在一定情形下限制被告人的上诉权，或者被告人的上诉并不必然引起二审程序发生。具体而言，如果是一审适用普通程序、简易程序审理的认罪认罚案件，应当继续沿用目前的权利型上诉，直接启动二审程序，并在二审庭审中对被告人的上诉理由进行审理，以更好地查明真相、解决争议。如果是一审适用速裁程序审理的认罪认罚案件，应当实行裁量型上诉，被告人在上诉时应当在上诉状中写明理由，由二审法院对上诉理由进行审查，判断理由是否正当，进而决定是否启动二审程序，以防止被告人滥用上诉权，维护认罪认罚从宽制度的适用效果。

① 参见张建伟:《协同型司法：认罪认罚从宽制度的诉讼类型分析》，载《环球法律评论》2020 年第 2 期。

② 参见董坤:《认罪认罚从宽案件中留所上诉问题研究》，载《内蒙古社会科学（汉文版）》2019 年第 5 期。

此外，针对实践中存在的“技术性上诉”问题，笔者认为，这反映了目前刑罚执行方式中的问题。对于留所服刑，被告人不应当试图通过上诉来达到目的，而对于被告人的这种行为，检察机关也不应当通过抗诉予以回应。2012 年刑事诉讼法修改时将留所服刑的刑期规定为 3 个月，当时认罪认罚从宽制度尚未确立。如今，基于认罪认罚从宽制度的实践现状，为减少“技术性上诉”现象，应当进一步完善法律规定，优化刑罚执行方式，设置更为合理的留所服刑的刑期标准。

（三）改革与完善刑事审级制度的设想

认罪认罚案件的上诉程序，是我国刑事审级制度的组成部分，对认罪认罚案件被告人上诉权的调整，将影响我国刑事审级制度的设置。以认罪认罚从宽制度的全面推进以及认罪认罚案件被告人上诉权的相关讨论为契机，可以带动我国刑事审级制度的进一步改革与完善。

审级制度，“是指一个国家内从中央到地方设立多少等级审判机关以及其职能分工，刑事案件最多经过几级审判机关的审理，其作出的判决或裁定即发生法律效力的制度”[①]。新中国成立后不久，我国就确立了四级两审终审制的刑事审级制度，并一直沿用至今。我国从中央到地方，设立了最高人民法院、高级人民法院、中级人民法院以及基层人民法院四个等级的审判机关，呈现典型的金字塔结构。四级法院都有初审管辖权，除最高人民法院受理的初审刑事案件以外，其他刑事案件最多经过两级法院审判即告终结，所作的判决、裁定即发生法律效力。死刑裁判在经过最高人民法院、高级人民法院的死刑复核程序之后，才能发生法律效力。作为特定历史时期的产物，四级两审终审制的确立是与新中国成立初期地域辽阔、人口众多但经济尚不发达、交通不便的国情相关联的，在较长的一段时期内发挥过重要作用。然而，随着社会经济的发展，四级两审终审制的设立依据发生了明显变化，降低办案成本、便利公民诉讼等理由已经无法为其合理性提供足够辩解。鉴于我国现行刑事审级制度的固有缺陷，以及实际运行中的诸多问题，不少学者都呼吁对其进行修改与完善，并提出了具体建议。

目前，学界普遍主张在我国探索建立三审终审制，只是具体方案有

① 刘根菊、张建:《我国刑事审级制度的重新构建》，载《法学论坛》2005 年第 5 期。

所不同。一是建立完全的三审终审制。该方案主张对所有刑事案件均适用三审终审制。在维持现行四级法院等级结构不变的基础上，调整各法院对一审案件的管辖，即由基层人民法院和中级人民法院管辖全部第一审刑事案件，其中中级人民法院管辖重大刑事案件。高级人民法院、最高人民法院则定位为上诉审法院。二审程序实行事实审与法律审的混合审，三审程序除死刑案件以外为法律审，并将死刑复核程序纳入三审终审制中。[①]此外，有学者还提出应当建立仅针对法律问题的越级上诉制度。[②]二是建立有限的三审终审制。该方案主张对不同的刑事案件适用不同的审级。有学者提出，在调整级别管辖的基础上，对于危害国家安全的犯罪，可能判处15年以上有期徒刑、无期徒刑、死刑的案件，一审判无罪但二审判有罪的案件，二审中的重大程序性违法案件，实行三审终审制。除此之外的其他刑事案件则实行两审终审制。实行三审终审的案件，二审既审查事实又审查法律，三审只对法律适用问题进行审查，且二审与三审的审查范围均只限于当事人上诉不服的部分。[③]也有学者提出，可以首先在死刑案件中试行三审终审制，在条件成熟后再逐步推广到所有刑事案件中。[④]

笔者认为，从制度价值以及域外实践看，三审终审制的确是较为理想的刑事审级制度，可以作为我国刑事审级制度的改革目标。但是，现阶段，由于尚不具备足够的法治基础，在我国建立三审终审制并不现实。例如，建立三审终审制要求区分事实审与法律审，但我国法律规定中并没有明确区分事实问题与法律问题，且我国法官在长期既审理事实问题又审理法律问题的情况下，根本没有养成事实审和法律审相区分的思维习惯和司法技艺。[⑤]贸然增加第三审法律审可能会让法官难以适应。又比如，在三审终审制下，需要对事实问题和法律问题进行准确判断，

---

① 参见顾永忠:《刑事上诉程序研究》，中国人民公安大学出版社2003年版，第119—123页。

② 参见朱立恒:《刑事审级制度研究》，法律出版社2008年版，第278页。

③ 参见陈卫东、李训虎:《公正、效率与审级制度改革》，载《政法论坛》2003年第5期。

④ 参见陈瑞华:《对两审终审制的反思——从刑事诉讼角度的分析》，载《法学》1999年第12期。

⑤ 参见朱立恒:《刑事审级制度研究》，法律出版社2008年版，第257页。

且法律问题往往专业性较强。由于我国刑事案件的律师参与率较低，一些被告人在没有律师充分帮助的情况下，难以有效行使自己的第三审上诉权，第三审的实施效果也可能大打折扣。因此，我国目前建立三审终审制的阻碍较大，应当充分认识我国刑事审级制度改革的复杂性、长期性和渐进性，有计划、分阶段地进行刑事审级制度的改革。现阶段，应当在总体维护我国现行刑事审级制度的基础上，克服四级两审终审制中的立法缺陷，解决司法实践中的紧迫问题。具体而言，第一，合理设置我国的法院等级制度。应当合理划定我国各级法院管辖一审刑事案件的范围，即将现行由最高人民法院、高级人民法院管辖的一审案件交由中级人民法院管辖，并加强审级独立，确保法院依法独立公正行使审判权。第二，切实优化我国的刑事一审程序。一审程序是刑事审级制度的基础，应当进一步推进“以审判为中心”的诉讼制度改革，落实庭审实质化，提升一审程序的质量，切实发挥一审程序在审查证据、认定事实、保护诉权、公正审判中的决定性作用。第三，探索多元化构建我国的刑事上诉程序。以认罪认罚案件为切入口，促进我国刑事上诉程序的多元化构建，对适用速裁程序审理的认罪认罚案件实行裁量型上诉，并在此过程中为事实问题与法律问题的区分打下基础。第四，推进改造死刑案件的三审终审制。现行的死刑复核程序过于行政化，不利于充分发挥对死刑裁判的把关作用。因此，应当对死刑复核程序进行诉讼化改造，探索建立适用于死刑案件的特殊的第三审程序，努力使最高人民法院作为最高司法机关从死刑案件的事实认定中解脱出来，而专注于死刑案件的法律适用和死刑政策的正确实施。

认罪认罚案件审理程序的若干问题*

2018年修改后的刑事诉讼法正式在我国确立了认罪认罚从宽制度，认罪认罚从宽制度在司法实践中全面推行。对于认罪认罚的案件，法院应当怎么审、审什么？学界和司法实务界都在积极探索。《刑事诉讼法》第201条是规范认罪认罚案件审理程序的重要条文，但在理解和适用上意见不一。有鉴于此，本文结合对《刑事诉讼法》第201条的理解，对认罪认罚案件审理程序的几个问题谈些个人的看法，期望有助于推动认罪认罚从宽制度的正确实施，进一步发挥该制度的积极效用。

《刑事诉讼法》第201条规定了认罪认罚案件的审理模式、量刑建议的效力以及量刑建议的调整处理程序等方面的内容，是认罪认罚从宽制度的重要法律规范。该条规定："对于认罪认罚案件，人民法院依法作出判决时，一般应当采纳人民检察院指控的罪名和量刑建议，但有下列情形的除外：（一）被告人的行为不构成犯罪或者不应当追究其刑事责任的；（二）被告人违背意愿认罪认罚的；（三）被告人否认指控的犯罪事实的；（四）起诉指控的罪名与审理认定的罪名不一致的；（五）其他可能影响公正审判的情形。人民法院经审理认为量刑建议明显不当，或者被告人、辩护人对量刑建议提出异议的，人民检察院可以调整量刑建议。人民检察院不调整量刑建议或者调整量刑建议后仍然明显不当的，人民法院应当依法作出判决。"为准确理解和适用上述规定，需着重围绕以下问题展开研讨。

一、认罪认罚案件的审理模式

对于认罪认罚的案件应当如何审理、审理什么这一核心问题，存在不同认识。有观点主张，"法院审查认罪认罚案件必须进行实质审查，如果流于形式审查，审判程序的监督、把关作用就会失守，法院一定意

---

* 原文发表于《中国刑事法杂志》2022年第1期。

义上就会成为橡皮图章或签字先生”，基于此提出“认罪认罚的案件事实及量刑建议都必须经过法院开庭审查，是否合适和采纳还是由法院审判以后才能最终决定，法院有权变更罪名，调整量刑等”。[①] 也有观点认为，不能因为被告人认罪认罚而忽视对案件事实基础的审查，法院仍然要对被告人所犯之罪进行实质性审查。[②]

笔者以为，认罪认罚从宽，既要在实体处理上体现从宽，也要在程序适用上体现从简。认罪认罚的案件在庭审方式和适用程序上必须与不认罪的案件有明显区别，因为适用认罪认罚从宽制度的目的之一就是节省司法资源、提高诉讼效率，以便集中有限的司法资源审理那些重大疑难复杂而被告人不认罪的案件。“修改后刑事诉讼法构建了诉讼程序与案件复杂程度、认罪与否、刑罚轻重相适应的多层次案件处理机制，推动繁简分流、简案快办、难案精办。”[③] 根据法律规定，在审判环节人民法院可以视案件情况，分别适用普通程序、简易程序、速裁程序来审理认罪认罚案件。总体而言，对于认罪认罚的案件，无论适用何种程序，实体审理均缺乏必要性和可行性。

（一）实体审理缺乏必要性

鉴于认罪认罚案件的特殊性，实体审理缺乏必要性。传统上，审判是对被告人定罪和量刑的中心环节，也是定罪公正性最为关键的保障机制。而认罪认罚从宽制度的确立，意味着对传统刑事审判程序作出某种变通甚至放弃，即建立起一种认罪案件替代程序。公正审判国际组织对世界上 90 个国家和地区的认罪案件处理机制进行了考察，发现“消失的审判”（The Disappearing Trial，即定罪未经正式审判）现象在全球范围内传播——被追诉人通过答辩有罪而放弃了正式审判，法律制度通过降低指控、减轻量刑等鼓励被追诉人这样做。这种做法首先与美国的辩诉交易联系在一起，在过去的 25 年间已经席卷全球。据统计，截至

---

① 胡云腾：《正确把握认罪认罚从宽　保证严格公正高效司法》，载《人民法院报》2019 年 10 月 24 日，第 5 版。

② 王迎龙：《认罪认罚从宽制度下轻罪冤假错案的防范》，载《人民法院报》2019 年 2 月 14 日，第 6 版。

③ 张军：《最高人民检察院关于人民检察院适用认罪认罚从宽制度情况的报告》，载《检察日报》2020 年 10 月 17 日，第 2 版。

2015年底，在90个国家和地区中，有66个建立了鼓励被告人认罪、放弃完整审判权的制度，简称“放弃审判制度”（Trial Waiver Systems）。[①]从美国的辩诉交易到德国的量刑协商，“放弃审判制度”在大部分程序中取消了以直接言词原则为核心的证据调查，造成了对实质真实原则、罪刑法定原则、无罪推定原则等的动摇，在追求案件实质真实发现方面，“真实符合论”让位于“真实共识论”，刑事诉讼制度发生了根本性的变革。

相较于其他国家或地区的做法，我国的认罪认罚从宽制度没有放弃审判程序，但无疑确立了一种区别于不认罪案件的审理程序。有学者指出，我国的认罪认罚从宽制度本质上也属于检察主导的替代程序，认罪认罚从宽程序的检察主导特征直接影响了审判环节的性质和功能，即不管认罪认罚案件最终在形式上适用何种审判程序进行，其本质上均是以检察机关提出建议，法院加以审查和核准的方式进行的，审判在一定程度上转变为审核。在这一环节，法院的工作重点是审查认罪认罚的自愿性和具结书内容的真实性与合法性，其对案件事实或证据问题的关注点也与非认罪认罚案件有明显不同。从《刑事诉讼法》第201条的表述看，对于认罪认罚案件，法院“一般应当采纳”指控意见的前提是作出有罪判决。也就是说，除非不符合认罪认罚从宽制度的适用条件，法院一般应判处有罪。第201条的裁决标准根本没有涉及证据特别是证据的充分性问题。“之所以如此，反映出的还是‘检察建议，法院审核’的检察主导特征。认罪认罚案件既不应该也无必要与非认罪认罚案件一样，将对案件事实与证据的法庭调查与法庭辩论作为庭审的重心。”[②]也有学者将我国对认罪认罚案件的审理模式命名为“确认式庭审”，认为“与‘实质化庭审’迥然不同，‘确认式庭审’的主要特质体现在，审理形式的简约性，裁判生成的即时性，以及程序周期的精练性，其形塑机理既在于前置条件的实体化，也在于审查对象的特定化，更在于裁判结

① 熊秋红：《比较法视野下的认罪认罚从宽制度——兼论刑事诉讼“第四范式”》，载《比较法研究》2019年第5期。

② 闫召华：《检察主导：认罪认罚从宽程序模式的构建》，载《现代法学》2020年第4期。

论的耦合化趋势”。[①]

（二）实体审理不具备可行性

鉴于认罪认罚案件的特殊性，实体审理不具备可行性。其一，实体审理缺乏争议基础。实体审理旨在通过审判职能的充分行使，对控辩双方的实体性争议和程序性争议进行依法裁断，达到定分止争的目的。然而，在认罪认罚案件中，情况较为特殊。“在被告人已经认罪认罚的情况下，无论是适用速裁程序，还是适用简易程序，抑或是普通程序，法庭审理的对象都与被告人不认罪认罚的情况有所差异。在被告人已经认罪认罚的情况下，无论是对事实认定，还是对证据采信，抑或是法律适用，控辩双方通常已经没有争议。”[②]正因为如此，在认罪认罚案件中，由于缺乏争议事项，实体审理已经失去了发挥作用的空间。如果不考虑案件的特殊情况，仍然坚持进行实体审理，无疑会造成司法资源不必要的损耗，而且违背了现代诉讼法院居中裁断的职能定位。

其二，实体审理缺少程序支撑。要进行实体审理，并取得实质性的效果，必须有相应的庭审程序予以支持。法庭调查与法庭辩论是庭审的核心环节，是裁判者审查核实诉讼证据、全面调查案件事实的程序基础。据统计，目前有超过四分之三的认罪认罚案件是适用简易程序、速裁程序审理的。[③]根据刑事诉讼法的规定，适用简易程序审理案件，不受普通程序中关于送达期限、讯问被告人、询问证人和鉴定人、出示证据、法庭辩论程序规定的限制。简言之，简易程序中的法庭调查、法庭辩论环节可以简化，实践中也基本都作了简化处理。适用速裁程序审理案件，则程序更加简化，一般不再进行法庭调查、法庭辩论。由此可见，实践中大部分认罪认罚案件的审理都未经过完整的法庭调查、法庭辩论环节，进行实体审理缺乏现实可行性，在此条件下如果仍然坚持实

---

① 李奋飞：《论“确认式庭审”——以认罪认罚从宽制度的入法为契机》，载《国家检察官学院学报》2020年第3期。

② 李奋飞：《论“确认式庭审”——以认罪认罚从宽制度的入法为契机》，载《国家检察官学院学报》2020年第3期。

③ 检察机关适用该制度办理的案件，起诉到法院后适用速裁程序审理的占27.6%；适用简易程序审理的占49.9%；适用普通程序审理的占23%。参见张军：《最高人民检察院关于人民检察院适用认罪认罚从宽制度情况的报告》，载《检察日报》2020年10月17日，第2版。

体审理，最终也难以避免地流于形式。

其三，实体审理缺乏对抗因素。在刑事案件的审判过程中，被告人与检察机关各有其诉讼利益和目标[①]，他们参与审判活动的直接目的就在于实现这些利益和目标。在非认罪认罚案件中，控辩双方因其诉讼目标的不同，存在明显的对抗关系。作为行使国家公诉权的主体，检察机关在审判过程中会追求这样一种诉讼目标：证实被告人的罪行，促使法庭对他定罪和判刑。与此相反，被告人作为检察机关刑事追诉的对象，与诉讼结局有着直接利害关系，被告人在审判中会竭力证明检察机关的指控不能成立，促使法庭作出无罪或罪轻裁判。[②]控辩之间的对抗关系是推动法庭实体审理的重要因素，实体审理正是在判断控辩双方对立观点的过程中实现其审理意义。然而，在认罪认罚案件中，情况发生了根本转变，控辩双方在庭审之前就已经达成了诉讼合意，他们参与庭审的目标更大程度上在于希望庭审对双方的诉讼合意予以肯定和认可。

（三）认罪认罚案件审理方式和审理内容

既然认罪认罚的案件一般不需要进行实体审理，那么此类案件的法庭审理应当审什么、怎么审呢？对此，《刑事诉讼法》第190条第2款实际上已经作出回答。根据该规定，在认罪认罚案件的审理中，审判长应当告知被告人享有的诉讼权利和认罪认罚的法律规定，审查认罪认罚的自愿性和认罪认罚具结书内容的真实性、合法性。据此，认罪认罚案件的法庭审理内容应当是被追诉人认罪认罚的自愿性和认罪认罚具结书的真实性、合法性。考虑到被追诉人认罪认罚的自愿性对于适用认罪认罚从宽制度的重要意义，并且简易程序、速裁程序的适用都以认罪或认罪认罚的自愿性为前提，因此，对认罪认罚自愿性的审查应当放在法庭审理中更加重要的位置。对于被告人认罪认罚的自愿性，法院应当审查认罪认罚是否是被告人出自内心的理智选择，包括被告人是否已经充分知晓认罪认罚从宽的法律规定，被告人是否已经准确理解认罪认罚的性质和后果，认罪认罚过程中是否存在办案机关威胁、引诱、欺骗被告人的情况等。对于具结书的真实性，法院应当审查具结书是否准确载明了主要犯罪事实、影响量刑情节等案件情况，是否真实反映了控辩双方

① 参见陈瑞华:《刑事审判原理论》，法律出版社2020年版，第237页。

② 参见陈瑞华:《刑事审判原理论》，法律出版社2020年版，第238页。

的协商合意，以及具结书是否由被告人本人签署等。对于具结书的合法性，法院应当审查本案是否存在法定不需要签署具结书的情形，被追诉人签署具结书时是否有辩护人或者值班律师在场等。法庭对认罪认罚自愿性和认罪认罚具结书真实性、合法性的审查，主要通过当庭询问被告人以及听取辩护人、值班律师意见的方式进行。法庭在审理过程中，一旦发现有被告人的行为不构成犯罪或者不应当追究其刑事责任、被告人违反意愿认罪认罚、被告人否认指控的犯罪事实或者其他可能影响公正审判的情形，可以确定已然不属于认罪认罚的案件，应当按照《刑事诉讼法》第226条的规定，以普通程序或者简易程序重新审理。

为贯彻落实刑事诉讼法确立的认罪认罚从宽制度，2019年10月24日，最高人民法院、最高人民检察院、公安部、国家安全部、司法部联合发布《关于适用认罪认罚从宽制度的意见》(以下简称《指导意见》)。其中第39条规定了人民法院在审判阶段如何审查认罪认罚自愿性、合法性："办理认罪认罚案件，人民法院应当告知被告人享有的诉讼权利和认罪认罚的法律规定，听取被告人及其辩护人或者值班律师的意见。庭审中应当对认罪认罚的自愿性、具结书内容的真实性和合法性进行审查核实，重点核实以下内容：(一)被告人是否自愿认罪认罚，有无因受到暴力、威胁、引诱而违背意愿认罪认罚；(二)被告人认罪认罚时的认知能力和精神状态是否正常；(三)被告人是否理解认罪认罚的性质和可能导致的法律后果；(四)人民检察院、公安机关是否履行告知义务并听取意见；(五)值班律师或者辩护人是否与人民检察院进行沟通，提供了有效法律帮助或者辩护，并在场见证认罪认罚具结书的签署。"审查方式主要是"庭审中审判人员可以根据具体案情，围绕定罪量刑的关键事实，对被告人认罪认罚的自愿性、真实性等进行发问，确认被告人是否实施犯罪，是否真诚悔罪"。同时，该条款规定了程序转换的情形，如发现"被告人违背意愿认罪认罚，或者认罪认罚后又反悔，依法需要转换程序的，应当按照普通程序对案件重新审理"。

2021年1月26日，最高人民法院发布《关于适用〈中华人民共和国刑事诉讼法〉的解释》(以下简称《刑诉法解释》)，其中增设第十二章"认罪认罚案件的审理"，明确人民法院对检察机关提起公诉的案件，采取"审查式的庭审"方式。《刑诉法解释》第351条规定："对认罪认罚案件，法庭审理时应当告知被告人享有的诉讼权利和认罪认罚的法律规定，审查认罪认罚的自愿性和认罪认罚具结书内容的真实性、合法性。”为便于审判人员准确判断被告人认罪认罚的自愿性和认罪认罚具结书的真实性、合法性，加强对检察机关依法履职的监督，同时也为保障被害人的合法权益，《刑诉法解释》第 349 条还规定，“对人民检察院提起公诉的认罪认罚案件，人民法院应当重点审查以下内容:（一）人民检察院讯问犯罪嫌疑人时，是否告知其诉讼权利和认罪认罚的法律规定;（二）是否随案移送听取犯罪嫌疑人、辩护人或者值班律师、被害人及其诉讼代理人意见的笔录;（三）被告人与被害人达成调解、和解协议或者取得被害人谅解的，是否随案移送调解、和解协议、被害人谅解书等相关材料;（四）需要签署认罪认罚具结书的，是否随案移送具结书”，并强调，未随案移送前款规定的材料的，应当要求人民检察院补充。

二、“一般应当采纳”的规范含义

关于《刑事诉讼法》第 201 条第 1 款中“对于认罪认罚案件，人民法院依法作出判决时，一般应当采纳人民检察院指控的罪名和量刑建议”的表述，出现了不同理解。“一般应当采纳”的规定，既涉及认罪认罚案件中量刑建议的效力问题，也体现了量刑建议对法院量刑裁量权的制约作用。

（一）“一般应当采纳”的规范含义

对于“一般应当采纳”的规范含义，笔者认为应当从以下两方面进行理解和把握。

第一，“一般应当采纳”应当理解为在认罪认罚案件中，除了法定的五种例外情形外，法院应当采纳检察机关的量刑建议。根据《刑事诉讼法》第 201 条第 1 款的规定，对于认罪认罚案件，法院在依法作出判决时，一般应当采纳检察机关指控的罪名和量刑建议，但存在被告人不构成犯罪或者不应当追究刑事责任、被告人违背意愿认罪认罚、被告人否认指控的犯罪事实、起诉指控的罪名与审理认定的罪名不一致以及其他可能影响公正审判的情形的除外。因此，与“一般”相对应的，就是五种不予采纳的例外情形。在这五种情形中，对于被告人的行为不构成犯罪或者不应当追究刑事责任的，由于案件不符合追诉和定罪的条件，因而不存在对被告人定罪量刑的问题；对于被告人违背意愿认罪认罚的，则案件不具备适用认罪认罚从宽制度的前提；对于被告人否认指控的犯罪事实的，则案件不符合认罪认罚从宽制度的“认罪”要件；对于审理认定的罪名与起诉指控的罪名不一致的，法院不认可起诉指控的罪名，反映了检察机关对被告人行为的法律评价可能存在错误，由此法庭需要对该案进行实体审理。总而言之，当出现法律列举的情形时，案件已经不适合采用认罪认罚的简化程序审理，量刑建议对法院的拘束力也随之失去。

第二，如果出现法律列举的例外情形致使法院不采纳检察机关量刑建议的，案件应当恢复以非认罪认罚案件的普通程序进行审理。“一般应当采纳”的规定并不排除法院对被告人定罪量刑的最终决定权，由法官审查判断是否存在第 201 条第 1 款所列举的例外情形，既是保障认罪认罚案件实行公正审判的需要，也体现了审判权对公诉权的制约作用。但这种判断不能随意，制约不能任性。法官的量刑裁量权受到法律严格规范，即法院不采纳检察机关量刑建议的前提必须是认为存在法律规定的例外情形。同时，当法官判断存在例外情形以致不能采纳检察机关量刑建议时，案件已不宜继续采取认罪认罚的简化程序审理，应当按照法律规定恢复以普通程序进行审理。其原因在于：其一，当出现被告人违背意愿认罪认罚、否认指控的犯罪事实等情形时，本案已不属于认罪认罚案件，且案件事实和法律适用存在较大争议。此时，法院不应再通过认罪认罚案件的审判方式进行审理，而是应当将案件恢复到普通案件的审理程序，在查明案件事实的基础上定罪量刑。其二，大多数认罪认罚案件适用简易程序、速裁程序审理，简化或者省略了法庭调查、法庭辩论等环节。当认罪认罚存在问题或者案件定性出现争议时，理应恢复普通程序，经过充分的法庭调查和控辩辩论进行审理，这样既有利于查明案件事实，正确适用法律，也有利于保障被告人合法权益。

（二）量刑建议的效力

“一般应当采纳”的规定，关乎认罪认罚案件中的诉审关系，直接影响量刑建议在审判场域的效力或者说量刑建议对法院的拘束力。这也是《刑事诉讼法》第 201 条在理解和适用上争议的焦点问题。笔者认为，认罪认罚从宽制度的确立，赋予了检察机关量刑建议新的内容，特别是量刑建议的生成主体和承载内涵发生了实质变化，从而使量刑建议的效力完全不同于既往。过去，量刑建议是检察机关在刑事诉讼中对被告人应当判处的刑罚依法向法院提出的建议，是控诉一方的单方意思表示；现在，量刑建议是控辩双方协商的产物，是诉讼合意的表示。据此，量刑建议的效力表现为对诉讼主体的拘束力和对审判程序的影响力。

一方面，量刑建议对被追诉人、检察机关、法院等诉讼三方主体均应有相应的拘束力。简单来说，控辩双方对量刑建议有遵守的义务，法院对量刑建议有尊重的职责。首先，对被追诉人而言，由于同意量刑建议是衡量被告人是否认罚的重要标尺，被追诉人同意量刑建议并在辩护人或者值班律师在场的情况下签署认罪认罚具结书，量刑建议即对被追诉人产生拘束力，被追诉人应当遵守量刑建议所包含的控辩合意，接受量刑建议可能带来的裁判结果。除非出现特定的情由，被追诉人不得轻易反悔。其次，对检察机关而言，检察机关根据控辩协商提出量刑建议，检察机关自身也产生遵守义务。除法定原因外，检察机关不得随意否定已经过被追诉人同意的量刑建议。易言之，检察机关既不能随意否定量刑建议，也不能轻率删减、更改量刑建议中的某一具体内容。如果检察机关轻易抛弃或变更经协商后形成的量刑建议，则违背了认罪认罚从宽制度的初衷，损害了被追诉人的权益。最后，对法院而言，除法定情形外，对量刑建议应予尊重和认可。根据《刑事诉讼法》第 201 条第 1 款的规定，法院在依法作出判决时，除法定情形外，一般应当采纳检察机关指控的罪名和量刑建议。法院采纳量刑建议作出裁判，体现了法院作为最终裁判方在合法范围内对控辩双方诉讼合意的尊重和认可。这既是量刑建议对裁判效力的体现，也是落实控辩协商成果、促进认罪认罚从宽制度有效运行的基础。

另一方面，量刑建议成为法官量刑的主要依据。量刑建议经历审查起诉和法庭审判两个诉讼阶段。审查起诉阶段是量刑建议的生成阶段，检察机关与被追诉人及其辩护律师或者值班律师进行控辩量刑协商，达成诉讼合意，在此基础上形成量刑建议。“这一过程的实质是使被追诉人认罪效果通过量刑建议与具结书的形式固定下来，以一个规范的文书形式，来展现认罪认罚带来的诉讼效果。量刑建议承载着被追诉人对于认罪带来的收益的内心期待，在审查起诉阶段生成量刑建议，相当于对认罪事实的及时回应。”[1]量刑建议生成后，即对控辩双方开始产生效力。但量刑建议真正产生效力、发挥影响是在审判阶段。在认罪认罚案件中，量刑建议效力较为显著的变化是在法院裁判阶段由辅助性参考资料转变为主要性依据资料。[2]法院在认罪认罚案件和非认罪认罚案件的处理方式上有了明显的区别。过往，在非认罪认罚案件中，量刑建议是检察机关作为控方单方面对法院提出的建议，对于法院没有强制拘束力。法院在裁判时，量刑建议只是作为一种辅助性参考资料来发挥效用，最终的定罪量刑裁判还是由法官根据审理后查明的案件事实和量刑情节作出的。现在，在认罪认罚案件中，量刑建议因承载了检察机关与被追诉人之间的诉讼合意，对法院产生拘束作用，成为法院定罪量刑的主要依据资料。这就是立法规定法院“一般应当采纳”检察机关指控的罪名和量刑建议的考虑。相对于传统的量刑建议，认罪认罚案件中的量刑建议呈现出诉讼效力趋向实质化的特征。[3]这种效力实质化不是偶然的，量刑建议在认罪认罚案件中的效力刚性源于我国认罪认罚从宽制度的价值追求和认罪认罚案件法庭审理的制度设计，旨在构建一个消解诉审权力冲突、促进检法良性互动的机制，最终兑现对被告人的从宽处理承诺，维护认罪认罚从宽制度的适用基础。

关于量刑建议的采纳，《指导意见》第40条明确规定：“对于人民检察院提出的量刑建议，人民法院应当依法进行审查。对于事实清楚，证据确实、充分，指控的罪名准确，量刑建议适当的，人民法院应当采纳。具有下列情形之一的，不予采纳：(一)被告人的行为不构成犯罪或者不应当追究刑事责任的；(二)被告人违背意愿认罪认罚的；(三)被告人否认指控的犯罪事实的；(四)起诉指控的罪名与审理认定的罪名不一致的；(五)其他可能影响公正审判的情形。对于人民检察院起诉指控的事实清楚，量刑建议适当，但指控的罪名与审理认定的罪名不一致

---

① 卞建林、陶加培：《认罪认罚从宽制度中的量刑建议》，载《国家检察官学院学报》2020年第1期。

② 参见卞建林、陶加培：《认罪认罚从宽制度下检察机关的主导责任》，载《人民检察》2019年第23期。

③ 参见皇甫长城、刘强、周健：《认罪认罚从宽制度中量刑建议工作机制研究》，载《上海法学研究》(2019年第7卷)，第302—316页。

的，人民法院可以听取人民检察院、被告人及其辩护人对审理认定罪名的意见，依法作出裁判。人民法院不采纳人民检察院量刑建议的，应当说明理由和依据。”

需要指出的是，《指导意见》中所规定的采纳量刑建议的条件与刑事诉讼法的规定是否一致是存有疑问的。如前所述，审理认罪认罚案件适用的是简化了的审判程序，实质上已由审理变为审查，审查的重点是认罪认罚的自愿性和认罪认罚具结书的真实性、合法性。鉴于认罪认罚案件的特殊性，实行实体审理既无必要，也不可行。如果法院在办理认罪认罚案件时，有权力而且有义务从事实上和法律上进行全面审理，并且如《指导意见》第40条所要求的那样，只有“对于事实清楚，证据确实、充分，指控的罪名准确，量刑建议适当的”，才能采纳量刑建议。那么，认罪认罚的案件和不认罪认罚的案件在审理上还有何区别？《刑事诉讼法》第201条规定法院判决时一般应当采纳检察机关指控的罪名和量刑建议，并规定不采纳量刑建议的五种例外情形，还有什么意义？对此，有学者一针见血地指出：“显然，该条司法解释与《刑事诉讼法》第201条的立法精神并不一致，也有悖于认罪认罚从宽制度改革的基本思路，甚至与《指导意见》第41条法院只在量刑建议明显不当时才告知检察机关调整的规定自相矛盾。”[①]对此问题，最高人民法院《刑诉法解释》未明确表明态度，也未重述《指导意见》的规定，甚至未正面涉及《刑事诉讼法》第201条“一般应当采纳”的规定，只是第352条针对《刑事诉讼法》第201条所列第四种例外情形在具体审理程序上作出补充规定：“对认罪认罚案件，人民检察院起诉指控的事实清楚，但指控的罪名与审理认定的罪名不一致的，人民法院应当听取人民检察院、被告人及其辩护人对审理认定罪名的意见，依法作出判决。”

（三）《刑事诉讼法》第201条“但书”规定

毋庸讳言，人们之所以在理解和适用《刑事诉讼法》第201条第1款规定时产生分歧，除了在实质方面对认罪认罚从宽制度中的诉审关系

① 闫召华：《“一般应当采纳”条款适用中的“检”“法”冲突及其化解——基于对〈刑事诉讼法〉第201条的规范分析》，载《环球法律评论》2020年第5期。

存在不同认识以外，法条自身不够严谨也是一个重要原因。《刑事诉讼法》第201条第1款的规定，在法律规范上属于“但书”规定。众所周知，在法律规范中一个条文的同一款中包含两个或两个以上意思的，在学理上称为前段、后段，或者第一段、第二段。在具有这种结构的条款中，如有用“但”或“但是”这个连接词来表示转折关系的，则从“但”或“但是”开始的这段文字，学理上称为“但书”。“但书”多是对前段内容的例外、限制、补充或相反规定。“但书”在刑法中使用广泛且研究深入，在刑事诉讼法中也有规定，只是理论上对“但书”重视不够，研究不多。《刑事诉讼法》第201条第1款就使用了“但书”的规定，以表达后段对前段的例外关系。该“但书”列举了五种例外的情形。

这款“但书”规定主要存在两个问题，因此受到一些学者质疑或诟病。第一个问题是关于“一般应当”的表述。有学者认为“‘一般应当’的准确含义具有模糊性，迷失在‘一般’与‘特殊’，‘应当’与‘可以’的范畴之中，这既无法满足法律确定性理论之要求，也使司法公正招致损害”。[①] 该学者进一步指出，立法者应力求法律的准确性与明确性，着力避免因语言的模糊或歧义而导致法律的不确定性，使得法律语言在准确性与模糊性之间取得平衡。从法律语言角度而言，“一般”被视为任意性法律规范的范畴，其表意为一般情况下的可以作为和特殊情况下的不作为；“应当”则属于强制性法律规范的范畴，其指引行为主体必须做某种行为。而由任意性法律规范的“一般”和强制性法律规范的“应当”混搭的“一般应当”则含糊其词，与法律确定性要求不符。

第二个问题是关于例外情形的设定。有学者指出，《刑事诉讼法》第201条第1款是“原则”与“例外”的关系，“一般应当采纳”针对的是“但书”规定的五种不应当采纳的例外情形。这些例外情形已不具备适用认罪认罚从宽制度的条件，那么将这些情形视为量刑建议刚性约束力的例外并不妥当，因为根据第201条的明确要求，“一般应当采纳”本来就是以“认罪认罚案件”为对象，适用前提不存在，“一般应当采

① 张斌：《“一般应当”之“应当”与否——兼论〈刑事诉讼法〉第201条的理解与调整》，载《中国人民公安大学学报（社会科学版）》2020年第2期。

纳”原则自然无法适用。[①]

笔者基本赞同以上分析，认为《刑事诉讼法》第201条第1款作为“但书”规定，前段与后段确立的是“原则”与“例外”的关系，在强制性规范用语“应当”之前加上“一般”，既无必要，也不严谨。事实上，在刑事诉讼法修改过程中其初步方案使用的用语就是“应当”，但反对者认为如此规定，量刑建议的效力过于刚性，是以检察机关量刑建议权取代或侵犯了审判机关的量刑裁量权，也与以审判为中心的诉讼制度改革不符，因此后来的修改草案在“应当”前增加了“一般”的字样。有学者指出：“在早期的立法讨论稿中，相应的表述是‘应当’，最高人民法院的同志提出异议，认为‘应当’的表述没有体现出法院在量刑中的决定地位；后经法律起草部门研究，确定了‘一般应当’的表述，但是由于该款规定将‘一般情形’与‘除外情形’作了P与非P的绝对划分，‘采纳’和‘不采纳’之间只能择其一，并与前述‘一般情形’和‘除外情形’形成对应关系，因而只能推导出：法院只能在量刑建议属于五种法定除外情形之一时，不采纳量刑建议；只要不属于除外情形，法院对量刑建议都必须采纳。”[②]

三、量刑建议的调整处理程序

《刑事诉讼法》第201条第2款规定：“人民法院经审理认为量刑建议明显不当，或者被告人、辩护人对量刑建议提出异议的，人民检察院

---

① 《刑事诉讼法》第201条规定了五种例外情形。在第一种例外情形下，被追诉人本来不构成犯罪或者不需要追究刑事责任，被追诉人所认的罪或罚根本就不存在；第二种例外情形下，被追诉人认罪认罚违背了自己的真实意愿，即使签署了具结书，有认罪认罚之“形”，但实质上对指控事实、罪名或量刑建议都有不同意见，无认罪认罚之“实”；第三种例外情形则更是被追诉人对认罪认罚的直接否定，不管是何种原因，都不再是认罪认罚案件；第四种情形下，法院不认可指控罪名，则被追诉人认罪认罚的对象也出现了问题，虽然有继续适用认罪认罚从宽制度的可能，但相当于重启认罪认罚从宽程序；第五种情形即“其他可能影响公正审判的情形”是一个兜底条款，主要包括的是那些因为限制被追诉人的诉讼权利、违反诉讼原则或是出现了新的客观情况，从而影响了认罪认罚的自愿性、明智性或是认罪认罚从宽制度适用正当性的情形。参见闫召华:《“一般应当采纳”条款适用中的“检”“法”冲突及其化解——基于对〈刑事诉讼法〉第201条的规范分析》，载《环球法律评论》2020年第5期。

② 陈卫东:《认罪认罚案件量刑建议研究》，载《法学研究》2020年第5期。

可以调整量刑建议。人民检察院不调整量刑建议或者调整量刑建议后仍然明显不当的，人民法院应当依法作出判决。”该款规定了量刑建议的调整处理程序，即法院经审理认为量刑建议明显不当，或者被告方对量刑建议提出异议时，相关程序如何运行。

（一）量刑建议调整处理程序的启动

启动量刑建议调整处理程序有两种缘由。一是法院经审理认为量刑建议明显不当。何谓“明显不当”？据立法机关工作部门的同志解释：“明显不当”是指刑罚的主刑选择错误，刑罚的档次、量刑幅度畸重或者畸轻，适用附加刑错误，适用缓刑错误等。[①] 而参与制定《指导意见》的最高人民检察院的同志则认为，“明显”描述的是不当的程度，应当从一般人的正常认知角度进行判断，具体可以从量刑建议违反罪责刑相适应原则、与同类案件处理明显不一致、明显有违一般司法认知等方面把握。[②] 为在司法实践中准确把握“明显不当”的标准，减少检法之间的歧见，有些地方的实务部门基于对量刑实践经验的总结，制定了地方性的参考标准。[③] 从司法实践出发，结合刑法理论，对于量刑建议“明显不当”大致可从以下方面予以把握：对在共同犯罪中的地位作用认定错误，如主犯、从犯等；未考虑或未认定影响量刑的因素，如自首、立功或累犯等；主刑刑种适用错误；附加刑、缓刑适用错误；有期徒刑的刑罚量刑档次适用错误；在同一刑罚量刑档次内，量刑畸轻畸重，出现同案或类案不同判的情况；等等。通常，法院认为量刑建议明显不当，都是在影响量刑的事实认定方面与检察机关出现分歧，如被告人交通肇事后是否有逃逸情节，能否认定有自首情节等，从而影响对量刑建议的判断。对于量刑建议有所不当但达不到明显不当的，为维护认罪认罚从宽制度在司法实践中的有效适用，法院不必过于较真。有学者主张“法

---

① 王爱立主编:《〈中华人民共和国刑事诉讼法〉释义》，法律出版社 2018 年版，第 432 页。

② 苗生明、周颖:《认罪认罚从宽制度适用的基本问题——〈关于适用认罪认罚从宽制度的指导意见〉的理解和适用》，载《中国刑事法杂志》2019 年第 6 期。

③ 如 2019 年 11 月山东省高级人民法院、省人民检察院、省公安厅、省安全厅、省司法厅联合印发的《关于适用认罪认罚从宽制度办理刑事案件的实施细则（试行）》第 52 条从七个方面明确了具体的判断标准。

院对于有小误差的量刑建议要保持一定的宽容度和容错性”[①]，这是符合立法的精神的。

关于量刑建议明显不当的问题，最高人民法院参与起草《刑诉法解释》的同志认为，“相关问题不宜一概而论，应当区分情况，根据审理认定的犯罪事实、认罪认罚的具体情况，结合相关犯罪的法定刑、类似案件的刑罚适用等作出审查判断”。[②]基于此，《刑诉法解释》第354条对量刑建议明显不当的判断作了原则性的指引规定，明确：“对量刑建议是否明显不当，应当根据审理认定的犯罪事实、认罪认罚的具体情况，结合相关犯罪的法定刑、类似案件的刑罚适用等作出审查判断。”

二是被告人、辩护人对量刑建议提出异议。刑事诉讼法授权被告人及其辩护人对量刑建议有权提出异议，可以视之为程序救济和权利保障。对于这一规定，在理解和适用时需要注意两点：

其一，在法庭审理中被告方有权对量刑建议提出异议，这是法律赋予被告人及其辩护人的重要权利，也是保障认罪认罚案件底限正义的重要措施。但是，基于检察机关的量刑建议实际是控辩协商的结果，同意量刑建议是衡量被告人是否认罚的重要标志，为维护控辩协商的严肃性，保证认罪认罚从宽制度的有效运行，笔者认为，这种异议权不应该是无条件的、不受限制的。出于对量刑建议的遵守义务，被告人及其辩护人若没有正当理由，不得轻易提出反悔和异议。目前，尽管立法未对被告方行使异议权施加任何限制，但也未赋予其必然引起人民检察院调整量刑建议或者人民法院依法作出判决的法律后果，可以说兼顾了两者之间的平衡。

其二，立法赋予被告人和辩护人同等的异议权。也就是说，不管是被告人对量刑建议提出异议，还是辩护人对量刑建议提出异议，均产生同样的法律效果。对于这样的规定，不少人有不同的意见。因为在我国刑事诉讼中，辩护人具有相对独立的诉讼地位，可能出现与被告人意见不一致的情况，而且在认罪认罚从宽的制度设计中，在认罪或认罚能否成立的问题上并未赋予辩护人独立的诉讼权利。在司法实践中，被告

---

① 董坤：《认罪认罚案件量刑建议精准化与法院采纳》，载《国家检察官学院学报》2020年第3期。

② 《刑事诉讼法解释》起草小组：《〈关于适用刑事诉讼法的解释〉的理解与适用》，载《人民司法》2021年第7期。

人认罪而辩护人做无罪辩护的情况也并非罕见。第 201 条第 2 款直接赋予辩护人独立地对量刑建议提出异议的权利，而且与被告人提出异议具有相同的效果，未必妥当。有学者分析道：当辩护人对量刑建议提出异议，第 201 条第 2 款直接赋予其“检察院不调整量刑建议时，法院应当依法判决”的效力。但是，由于辩护人的意见相对独立于被追诉人，认罚的成立也不以辩护人接受量刑建议为条件，而且，辩护人对量刑建议的异议本身也不一定合理，采用如此缺乏弹性的处理机制反而容易激起“检”“法”冲突，妨碍认罪认罚从宽制度的适用，不利于保障被追诉人的从宽利益。[①] 笔者认为，由于认罪认罚案件量刑建议的特殊性，应当对辩护人就量刑建议提出异议的权利加上“经被告人同意”的限制。

（二）量刑建议调整处理程序的运行

法院经审理认为量刑建议明显不当，或者被告人、辩护人对量刑建议提出异议后，后续程序如何进行，可以从以下几方面进行理解和诠释。

第一，法院应当承担告知检察机关调整量刑建议的义务。法院经审理认为量刑建议明显不当，或者被告人及其辩护人对量刑建议提出异议后会产生两个结果。一是法院暂不采纳量刑建议，量刑建议处于效力待定的状态。二是检察机关可以调整量刑建议。要衔接起这两种结果，必然要求法院对检察机关进行告知，所以法院的告知义务是不言而喻的。检察机关若不知晓量刑建议暂未被采纳，以及未被采纳的原因，则无法对量刑建议进行调整。基于此，《指导意见》第 41 条作了明确规定，“人民法院经审理，认为量刑建议明显不当，或者被告人、辩护人对量刑建议有异议且有理有据的，人民法院应当告知人民检察院”。具体而言，法院不仅应当将自己认为量刑建议明显不当的告知检察机关，对于被告人方提出异议的，也应当转告检察机关。在告知检察机关时，为便于检察机关把握调整方向、提高办案效率，法院不仅应当告知量刑建议暂未被采纳，还应当具体指明量刑建议为何明显不当，或者被告人、辩护人提出了何种异议以及相关依据。

第二，检察机关调整或者维持量刑建议是法院判决的前置程序。在

① 闫召华：《“一般应当采纳”条款适用中的“检”“法”冲突及其化解——基于对〈刑事诉讼法〉第 201 条的规范分析》，载《环球法律评论》2020 年第 5 期。

法院告知量刑建议暂未被采纳以及相关情况后，检察机关可以调整量刑建议。无论是调整量刑建议还是维持量刑建议，检察机关都应当及时向法院反馈。需要强调的是，检察机关调整或者维持量刑建议，应当是法院作出判决的必经前置程序。首先，这是法律规范的明确要求。第201条第2款明确规定，人民检察院不调整量刑建议或者调整量刑建议后仍然明显不当的，人民法院应当依法作出判决。亦即，检察机关调整或者维持量刑建议是法院判决前的必经程序。《指导意见》第41条的规定更加明确而详细，即“人民法院认为调整后的量刑建议适当的，应当予以采纳；人民检察院不调整量刑建议或者调整后仍然明显不当的，人民法院应当依法作出判决”。其次，这是尊重控辩合意的必然要求。量刑建议集中体现了控辩双方对裁判结果的共同期待，为尊重控辩双方的诉讼合意和前期付出，应当给予控辩双方重新协商并达成协议的机会。如果法院不经检察机关调整量刑建议而径行作出判决，很可能导致被告人上诉、检察机关抗诉的情况。有学者的调研结果显示：实践中，一些审判人员出于追求快速结案等原因，未告知检察机关调整或者告知后未待检察机关调整就直接作出判决，这样的做法看似提高了办案效率，但导致了被告方和检察机关的不满，实际上引发了很多“后顾之忧”。[①] 对于立法上的用语是“检察院可以调整量刑建议”，而非“应当调整量刑建议”。笔者认为，此处的“可以调整”更多强调的是检察机关享有调整或者不调整量刑建议的权利，即检察机关可以提出新的量刑建议，且新的量刑建议应当听取被告人、辩护人的意见，征得被告人的同意；也可以综合考虑全案情况后维持原来的量刑建议，是否调整由检察机关因情形而定，但并不否定该操作的前置地位。

第三，检察机关可以对程序性违法进行监督。根据如上分析，在量刑建议异议处理程序中，当出现启动缘由后，法院应当告知检察机关调整量刑建议，待检察机关决定调整或者维持量刑建议。法院认为调整后的量刑建议恰当的，应当采纳，对于检察机关维持量刑建议或者调整后仍然明显不当的，才能依法作出判决。因此，如果法院未告知检察机关调整量刑建议并等待检察机关作出决定，径行作出判决的，属于程序性

---

① 参见杨宇冠、王洋:《认罪认罚案件量刑建议问题研究》，载《浙江工商大学学报》2019年第6期。

违法。检察机关可以将此纳入法律监督的范围，根据具体情况提出纠正违法意见或者依法提起抗诉。

在认罪认罚从宽制度施行初期，法院未告知检察机关调整量刑或者未经过检察机关调整量刑建议的环节而径行判决的情况多有发生，处理方式也不尽相同。据有关实证资料，对于一审法院未建议或者未告知检察院调整量刑建议而径行判决的，有些二审法院认为只要判决结果正确，就只是不影响公正审判的轻微程序瑕疵，而非影响公正审判、需要发回重审的重大程序违法。例如，河南省焦作市中级法院对一起一审法院未建议检察院调整量刑建议而增加拘役 15 日的案件，认为“一审法院根据犯罪事实、情节，依据认罪认罚从宽制度和量刑规范化标准，判决并无不当，原审法院未书面建议人民检察院调整量刑建议，即作出判决，做法不妥”。[①]河南省郑州市中级法院对一起一审法院未建议检察院调整量刑建议而宣告缓刑的案件，认为“未经向公诉机关提出建议而直接适用缓刑，程序上确有不当之处，但其量刑结果、缓刑适用与罪责、认罪情节相适应，亦未造成‘影响公正审判’的后果”。[②]当然，也有二审法院支持检察院抗诉的。在一起一审法院未建议检察院调整量刑建议而增加罚金 1000 元的案件中，检察院以程序错误抗诉，安徽省淮南市中级法院认为“抗诉意见正确，原判决违反了《刑事诉讼法》第 201 条规定”，改判并采纳一审量刑建议，一审法院还要退回多收的 1000 元罚金。[③]

笔者认为，法律规定量刑建议调整处理的程序，明确法院在依法判决前，应给予检察机关调整量刑建议的机会，是为了维护认罪认罚案件在审前程序中检察机关与被追究方达成的诉讼合意，维护建立在诉讼合意基础上的量刑建议的严肃性，同时又不损害法院作为最终裁判者的地位和作用。在立法规定本身不存在歧义的情况下，各级审判机关应当强化法治意识，严守法定程序，以程序公正促进实体公正，保证认罪认罚从宽制度的正确有效实施。

---

① 参见河南省焦作市中级人民法院（2019）豫 08 刑终 172 号刑事裁定书。

② 参见河南省郑州市中级人民法院（2017）豫 01 刑终 724 号刑事裁定书。

③ 参见安徽省淮南市中级人民法院（2019）皖 04 刑终 143 号刑事判决书。

认罪认罚从宽制度下量刑建议生成机制研究 *

在司法资源合理配置、诉讼效率有效提高的价值驱动下，世界范围内合作性司法蓬勃发展，认罪协商机制不断丰富。认罪认罚从宽制度是中国在合作性司法领域进行的有益尝试，其在实现案件繁简分流、节约司法资源、化解社会矛盾方面效果显著。但作为新生性制度，在理论尚不成熟以及制度框架初步构建的背景下，认罪认罚从宽制度的适用存在些许不确定性和争议性，其中以量刑建议最为典型，理论界与实务界对其性质、效力、调整机制等问题争议未休。合作性司法下的量刑建议有其特质，特质产生的根源在于认罪认罚案件量刑建议的生成机制与非认罪认罚案件存在本质差异。“两高三部”《关于适用认罪认罚从宽制度的指导意见》(以下简称《指导意见》) 第 33 条对认罪认罚案件量刑建议的提出进行如下表述:“犯罪嫌疑人认罪认罚的，人民检察院应当就主刑、附加刑、是否适用缓刑等提出量刑建议。人民检察院提出量刑建议前，应当充分听取犯罪嫌疑人、辩护人或者值班律师的意见，尽量协商一致。”《指导意见》首次使用“协商一致”的表述，但未规定控辩双方如何就量刑建议进行协商、协商不一致当如何处理，即对认罪认罚案件量刑建议的具体生成机制并未阐明。研究该机制对于回应目前理论与实践上针对认罪认罚案件量刑建议的争议性问题至关重要。本文拟从认罪量刑机制的不同模式出发，确定中国认罪认罚量刑建议生成机制的属性定位，厘清其得以存在的内在逻辑，进而分析认罪认罚量刑建议的生成要件以及如何保障认罪认罚量刑建议生成机制良性运转。

---

* 原文发表于《云南社会科学》2022 年第 1 期，与钱程合作。

一、认罪认罚从宽制度下量刑建议生成机制的模式与定位

认罪认罚从宽制度下量刑建议的生成机制即认罪认罚案件量刑建议是如何形成的，其定位问题主要着眼于该机制是协商性机制还是非协商性机制，量刑建议生成这一过程是双方合意还是单方行权。域外认罪量刑机制呈现不同样态，以协商性模式居多，协商性模式中又有控辩双方协商与控辩审三方协商之分。中国认罪认罚下量刑建议的生成具备协商机制的基本要素，属于检察机关主导下的控辩协商模式。

（一）域外认罪量刑机制的不同模式

20 世纪 80 年代以来，世界范围内以"放弃正式审判"为特征的刑事诉讼"第四范式"逐渐形成。"放弃审判制度"为解决沉积案件提供了一条有益路径，通过被告人认罪，引入协商机制以实现刑事案件繁简分流以及纠纷的迅速解决。域外认罪案件处理机制主要分为两大类：一类是在降低指控、减轻量刑等机制推动下被追诉人主动认罪；另一类是控辩协商后被追诉人以认罪换取实体及程序的优待。[①]不同诉讼模式、司法环境下认罪案件处理呈现不同特点，认罪量刑机制存在协商与非协商之差别，总体上合作性司法解决机制以协商模式为主，在刑事司法中适度引入意思自治和契约精神，旨在高效解决纠纷，恢复社会秩序，实现公正与效率的平衡。域外认罪量刑制度以协商模式为主，参与协商的主体和可协商范围不尽相同。

英美法处分主义底色下的认罪协商制度中控辩双方可协商范围较为宽泛，美国辩诉交易制度最为典型。美国辩诉交易制度属于控辩双方协商模式，控辩双方可以就罪名、罪数、具体量刑情况协商，法官基本不参与双方协商交易。检察官自由裁量空间较大，可以通过撤销案件、降低指控、减少指控、建议从宽量刑等方式激励被追诉人选择有罪答辩，罪名、罪数、刑罚种类、刑罚幅度、执行方式均可被协商，控辩双方可就控罪和量刑两方面达成交易。法官一般情况下会采纳控辩协商达成的协议，并将其内容作为裁判依据。[②]在认罪量刑机制中也存在非协商模

---

① 熊秋红：《比较法视野下的认罪认罚从宽制度——兼论刑事诉讼"第四范式"》，载《比较法研究》2019 年第 5 期。

② 陈瑞华：《刑事诉讼法》，北京大学出版社 2021 年版，第 329—330 页。

式，英格兰和威尔士即属于典型的非协商性量刑模式，法官掌握被追诉人有罪答辩后的量刑权，检察官并不享有量刑建议权，控辩双方也无量刑协商的空间，由法官依据量刑指南或已有判例对有罪答辩的被告人就量刑问题进行裁判。[①]

大陆法国家职权主义传统深厚，认罪协商机制的适用相对稳健保守，可协商范围不似美国辩诉交易制度宽泛。大陆法国家将协商范围基本限定为量刑问题，被告人所涉罪行的性质不在协商范围内，意大利、法国、德国均是如此。意大利存在简易程序和辩诉交易程序两种控辩协商程序，其中辩诉交易程序属于更典型的量刑协商机制，控辩双方可协商范围限于被追诉人的应受刑罚，其犯罪行为的定性问题不可协议，法官对控辩双方协议审查如无不妥，则不再进行法庭审判。法国的认罪答辩制度也是一种控辩双方协商机制，轻罪案件中被告人认罪，即可与检察官就量刑问题展开协商，达成量刑协议，法院审查后作出判决。德国的量刑协商机制带有明显的“辩审协商”色彩。在被告人自愿认罪的前提下，由法院主持控辩双方就诉讼程序的进程和结果展开协商。德国对量刑协商的内容、结果作出严格限制，将是否有罪的法律定性、构成犯罪时适用的法律条文、司法机关法定职权事项等内容排除于可协商范围。德国量刑协商程序以法官主导为特点，法官在全面查明案件事实基础上提出针对已认罪被告人的量刑方案，检察官、被告人、辩护人、附属起诉人均可提出意见。[②]

（二）中国认罪认罚从宽制度下量刑建议生成机制的模式定位

中国认罪认罚从宽制度是刑事诉讼“第四范式”的一种样态，其协商性司法的特征集中体现于量刑建议生成机制，《指导意见》第 33 条规定的“听取意见”“协商一致”都蕴含着中国认罪量刑机制的协商性。有学者认为中国目前认罪认罚中的控辩协商程序不是完整意义的、有严格边界限制的控辩协商，其程序内容更偏向于控方单方的合意邀约和辩

---

① 熊秋红:《比较法视野下的认罪认罚从宽制度——兼论刑事诉讼“第四范式”》，载《比较法研究》2019 年第 5 期。

② 陈瑞华:《刑事诉讼法》，北京大学出版社 2021 年版，第 331—336 页。

方的自主同意。[①] 诚然，目前认罪协商机制保有明显的职权色彩，检察机关在量刑建议生成中占据主导地位，辩方的信息知悉程度和资源享有范围尚不能与检方媲美，在信息不对称与资源不足的缺憾下，控辩双方缺乏真正平等协商的能力基础。但检察机关主导量刑建议生成并不能掩盖协商机制的本质，认罪认罚案件与非认罪认罚案件的量刑建议生成过程存在实质差异，这种差异即被追诉人的意思表示以及控辩合意在量刑建议生成过程中发挥的关键作用。尽管认罪案件量刑建议生成在程序运行前期与以往量刑建议生成机制高度相似，但认罪案件量刑建议生成的后部分程序机制截然不同，即检察机关就量刑建议向辩方征求意见，经控辩双方讨论后就量刑建议达成合意，控辩达成合意标志着量刑建议最终生成。可见，中国实然层面的认罪认罚案件量刑建议生成机制具备协商机制的必备要素，应归属于协商性机制，具体模式上属于检察机关单方主导下的量刑协商模式。

在认罪认罚从宽制度适用初期，量刑协商以检察机关行使职权方式主导推进是不可避免的现实，但是合作性司法必然迈向控辩平等协商的未来。认罪认罚从宽制度承载着合作性司法、恢复性司法的价值理念，蕴含着合理配置司法资源、各方利益兼得以及协商性程序正义的多重追求。[②] 被追诉人自愿悔罪，通过实质性参与协商来选择行使权利或是放弃权利以实现自己对实体结果的影响，是充分尊重被追诉人主体地位的体现。被追诉人自愿悔罪并放弃部分权利为自己实现实体从宽、程序从简的同时，也减轻了侦控机关的工作难度和体量，便于成功实现定罪量刑，能够有效节约司法资源和提升诉讼效率。实现认罪认罚从宽制度价值的核心在于被追诉人自愿真实悔罪，通过真实有效的协商程序进行权利处分，故量刑协商应当是真实充分且实质有效的协商，这需要通过控辩双方平等协商模式来实现。目前认罪认罚量刑建议生成机制为检察机关单方主导下的量刑协商模式，应当逐步向控辩双方平等协商模式过渡，即检察机关与被追诉人就量刑种类和具体量刑幅度展开平等协商，控辩双方可进行一定程度的让步与协调，最终依据双方协商结果形成量刑建议。

---

① 陈卫东:《认罪认罚从宽制度的理论问题再探讨》，载《环球法律评论》2020 年第 2 期。

② 陈瑞华:《刑事诉讼的公力合作模式——量刑协商制度在中国的兴起》，载《法学论坛》2019 年第 4 期。

二、认罪认罚从宽制度下量刑建议生成机制的内在逻辑

认罪认罚从宽制度下量刑建议生成机制为一种控辩协商机制，该机制得以存在的核心问题在于缘何控辩双方可以就被追诉人的量刑问题进行协商以达成合意。这一问题可以在认罪认罚从宽制度下量刑建议生成机制的内在逻辑中得到回应，即认罪认罚被追诉人的具体量刑在法定量刑幅度内允许协商，且参与协商的双方主体均存在权力（利）妥协和放弃的空间。申言之，认罪认罚案件量刑建议得以生成源自认罪认罚案件量刑的可协商性、被追诉人部分权利的可放弃性以及检察机关量刑建议权的可裁量性。

（一）认罪认罚案件量刑的可协商性

认罪认罚量刑建议生成的一个重要基础在于认罪认罚案件中量刑问题具有可协商性，即在被追诉人自愿承认其实施的犯罪行为、被指控的犯罪事实、行为性质、罪数基础上，控辩双方可以就量刑的具体刑种、刑期、行刑方式进行协商。这种量刑可协商性是在中国刑事诉讼职权主义传统和现实司法环境共同作用下形成的。近年来，庞大的刑事案件基数和社会秩序的有效修复都要求探索一种效率更高、成本更低的刑事司法模式，以控辩协商为内核的合作性司法能够符合这一现实需要。在开展刑事速裁程序、认罪认罚从宽制度试点之后，2018 年刑事诉讼法修改对试点成果予以巩固，对两项制度进行正式立法确认，中国以认罪认罚从宽制度的形式对控辩协商机制进行一定程度的认可和尝试。

中国刑事诉讼职权主义根基深厚，尽管近年来深入推进以审判为中心的诉讼制度改革，持续强调庭审的对抗性和审判的中立性，着力强化当事人主义色彩，但并未从根本上颠覆中国刑事诉讼的职权主义传统。[①] 中国刑事程序法仍保持社会利益优先的价值导向，国家权力主导的制度特点以及追求客观真实的司法传统[②]，刑事实体法仍坚定遵循罪行法定、罪责刑相适应的原则。认罪协商制度是通过当事人对部分实体权利、程序权利的放弃实现的，权利放弃属于权利处分的一种表现形式，这与职

① 卞建林、谢澍:《“以审判为中心”视野下的诉讼关系》，载《国家检察官学院学报》2016 年第 1 期。

② 施鹏鹏:《为职权主义辩护》，载《中国法学》2014 年第 2 期。

权主义中权利不可处分相悖。同时，在公权力与私权利协商互助下，减少对事实的调查，不排除存在部分事实认定的相对“模糊化”，这与职权主义追求实质真实也是相悖的。可见，认罪认罚从宽制度中的协商色彩与中国刑事诉讼职权主义本色存在冲突，这种冲突在大陆法国家的认罪协商制度中均有所体现。从前文对域外认罪协商模式考察可知，奉行当事人处分原则的美国，其辩诉交易制度中检察官虽有国家公诉人的身份，但其在刑事诉讼构造中当事人特征十分明显，控辩双方作为两造对立的当事人自愿对其权利进行处分，故罪名、罪数、量刑均有可协商性；德国、法国、意大利作为职权主义模式的代表，坚持国家追诉原则、实质真实原则，当事人不能任意处分诉讼之标的①，故其认罪协商机制中仅量刑问题有可协商性。中国与大陆职权主义国家更为相似，职权主义与协商司法的冲突导致中国认罪协商机制较为保守，控辩双方可协商的范围、协商的程度难以冲破职权主义结构性要求和罪刑法定、罪责刑相适应的刑事实体原则要求，在定罪标准、指控罪名和指控犯罪数量方面未给予协商合意的空间，只能在“法定从宽”范围内对具体量刑问题进行试探性的协商尝试。是故，目前中国认罪协商机制不容许控辩双方就起诉的罪名数量以及指控罪名本身进行协商，但是法定量刑幅度内案件具体量刑情况控辩双方有谈判和妥协的空间。②

（二）被追诉人部分权利的可放弃性

有学者将中国认罪认罚从宽制度归为“放弃审判制度”的一种。③“放弃审判制度”的核心机理在于刑事被告人通过自愿放弃部分权利换取较轻的指控与程序的优待。中国认罪认罚案件量刑建议的生成也是基于被追诉人对部分权利的自愿放弃，在其可放弃范围与检察机关可裁量范围达成意思一致。有学者将此称为“可弃权性”，即被追诉人对刑事诉讼中的程序正义价值与公正审判拥有选择放弃的权利。④权利放弃是

① 卞建林、谢澍：《职权主义诉讼模式中的认罪认罚从宽——以中德刑事司法理论与实践为线索》，载《比较法研究》2018年第3期。

② 陈瑞华：《认罪认罚从宽制度的若干争议问题》，载《中国法学》2017年第1期。

③ 熊秋红：《比较法视野下的认罪认罚从宽制度——兼论刑事诉讼“第四范式”》，载《比较法研究》2019年第5期。

④ 陈瑞华：《论协商性的程序正义》，载《比较法研究》2021年第1期。

权利处分的一种表现形式，英美法系国家权利处分理论与实践较为丰富，其刑事诉讼与民事诉讼界限不甚明显，刑事诉讼中亦确立了当事人处分原则，被追诉人得以自愿进行权利行使与放弃。不同于英美法国家，职权主义国家刑事诉讼中尚不接受当事人基于意思自治与契约合意进行权利处分，但近年来在认罪协商制度中也有所松动，在坚持实质真实与法定追诉主义基础上也允许就量刑问题协商，接受被追诉人在一定程度上进行一定范围的权利处分。权利处分主义得以逐渐越过法系限制在职权主义模式中进行扩展，得益于其在合作性司法中独有的价值，被追诉人自愿弃权体现其真诚悔罪的意愿，有助于修复被破坏的社会关系，同时减轻侦控审难度，有效整合司法资源，减轻司法运行难以承受的负担，对诉讼效率的提升大有裨益。

认罪认罚从宽制度是中国被追诉人权利放弃的重要尝试，虽未在制度层面明确被追诉人权利放弃规则，但被追诉人自愿认罪认罚，放弃无罪辩护、放弃庭审中更详尽的诉讼程序皆是对自己实体权利、程序权利放弃的体现。被追诉人得就部分权利进行放弃的正当性在于被追诉人作为具备处分能力的理性权利主体，在知悉其权利享有与放弃的结果全景下，出于内心的利益权衡考量，自愿选择放弃一种利益而换取或实现另一种利益，达到自己在程序或实体层面的有利收益。被追诉人的权利放弃会产生弃权相应的法律效力，其弃权行为应当符合权利人弃权的基本要件，即权利人所放弃的权利属于该权利主体可处分的权利范围；权利人放弃权利的主观意识明确，并以客观可知悉的方式（明示或默示）作出其放弃权利的意思表示。为了防止公权力以被追诉人权利放弃之名侵蚀私权利行使，被追诉人权利放弃有其可适用的范围和界限，并非所有权利均可被处分进行自我放弃。被追诉人可放弃的权利是基于理性与自由保护而生，放弃内容当与第三人权利行使无涉，与法律优位限制无涉，与公共利益维护无涉。[①]同时，辅之以相应的弃权保障，如被追诉人非出于其真实自愿的弃权行为应视为无效的弃权行为；被追诉人是否放弃权利难以判断则应视为其未放弃权利等。中国被追诉人权利放弃理论尚不完备，但“可弃权性”意义深远，其为认罪认罚从宽制度提供正

① 郭松:《被追诉人的权利处分：基础规范与制度构建》，载《法学研究》2019年第1期。

当性来源，为控辩协商提供运行空间，更是认罪认罚案件量刑建议生成内在机理的重要因素。

（三）检察机关量刑建议权的可裁量性

在认罪认罚案件量刑建议生成的内在逻辑中，检察机关量刑建议权的可裁量性与被追诉人部分权利的可放弃性相对应，构成量刑协商的空间范围。量刑建议又称为“求刑建议”，是检察机关依据法律、案件事实与证据，就被追诉人所应判处的刑罚向法院提出的具体求刑建议。[①]检察机关不享有刑罚裁判的权力，其得以就被追诉人应处刑罚问题向法院提出量刑建议，源自检察机关享有的公诉职能与权力属性。检察机关为法定的公诉机关，代表国家行使公诉权，公诉权是法定追诉机关向法定审判机关针对被追诉人提出求罪与求刑的诉讼请求。从本质上而言，公诉权是一种刑事程序请求权，这一诉讼请求既包括求罪也包括求刑[②]，在权力项上体现为定罪请求权和量刑请求权。检察机关量刑建议权源自量刑请求权，检察机关提出量刑建议实则为其行使量刑请求权的一种表现。2018年刑事诉讼法修改对检察机关提出量刑建议予以确认，即检察机关就被告人的定罪量刑问题向审判机关提出请求的过程中，就量刑问题可提出刑罚种类、刑罚幅度、刑罚执行方式的具体建议。就权力来源看，量刑建议权源自公诉权中的量刑请求权，检察机关提出量刑建议本就是公诉权行使的应有之义，提出量刑建议是行使量刑请求权的一种方式。[③]中国公诉裁量权内容丰富，表现形式多样，作为公诉权权力束中的一项子权力，量刑建议权承继上位权力的裁量属性，具有可裁量性。

一方面，基于检察机关行使职权的裁量性，认罪认罚从宽制度下控辩量刑协商机制得以充分运行。中国认罪认罚从宽制度为检察机关主导的量刑协商模式，检察机关有量刑建议的裁量权，在法定量刑幅度内，可以与被追诉人进行量刑协商。另一方面，认罪认罚从宽制度强化了司法实践对量刑建议权可裁量性的要求。检察机关量刑建议权的裁量

---

① 朱孝清：《论量刑建议》，载《中国法学》2010年第3期。

② 卞建林、许慧君：《论刑事诉讼中检察机关的职权配置》，载《中国刑事法杂志》2015年第1期。

③ 杨宇冠、王洋：《认罪认罚案件量刑建议问题研究》，载《浙江工商大学学报》2019年第6期。

性是检察机关得以与辩方协商的"筹码"，如检察机关无给予被追诉人实体权利或程序权利优惠之可能，被追诉人显然缺乏认罪认罚的动力，控辩缺乏协商空间。在量刑协商中量刑建议权裁量空间越大，检察机关所提供的量刑方案越多，与被追诉人达成一致的可能性越高。[①]检察机关的量刑建议权与被追诉人权利处分权相对应，权力和权利行使均有其范围和界限，归属于主体可行使或放弃的空间就是二者可协商的空间范围。奉行法定主义量刑理念下，认罪认罚案件量刑建议具体裁量空间遵循"阶梯式从宽处理"的原则，综合考量被追诉人有无其他法定量刑情节以及被追诉人认罪认罚的阶段，在法定量刑幅度内进行梯度式从宽处理。

三、认罪认罚从宽制度下量刑建议生成要件

认罪认罚案件量刑建议的生成与非认罪认罚案件存在本质差异，二者生成要件大不相同。认罪认罚从宽制度下量刑建议生成需要四个必备要件，即意思要件、主体要件、行为要件以及结果要件，四个要件齐备相互作用下，量刑建议生成机制得以完整。

（一）意思要件：被追诉人自愿认罪认罚

被追诉人自愿真实地认罪认罚是认罪认罚案件量刑建议得以生成的一项基本意思要件，也是认罪认罚量刑建议生成机制运行的核心驱动力。非认罪认罚案件的量刑建议是检察机关定罪量刑请求权作用下形成的，认罪认罚案件量刑建议则是在检察机关定罪量刑请求权基础上，包含了被追诉人同意的因素。[②]可以说，非认罪认罚案件与认罪认罚案件的量刑生成机制存在的首要差别在于一个是以公权力单方意思为起点，另一个以控辩双方意思为起点。被追诉人自愿认罪认罚是认罪协商机制运行的基石，是控辩协商的正当性来源，如缺乏自愿性将导致程序失去运行的正当性基础，认罪量刑协商不复存在。被追诉人自愿认罪认罚这一意思要件贯彻于量刑建议生成始终，认罪程序启动、控辩量刑协商、达成诉讼合意，任何一个阶段都需要被追诉人自愿认罪认罚予以维系，

① 贺江华:《检察裁量权的再配置——在"认罪认罚从宽"背景下展开》，载《苏州大学学报（哲学社会科学版）》2020年第6期。

② 陈卫东:《认罪认罚案件量刑建议研究》，载《法学研究》2020年第5期。

缺失这一要件必然导致程序终止。控辩协商达成量刑协议后，量刑建议生成，但在法院庭审中，如果发现被告人为违背真实意愿认罪认罚或认罪认罚后又反悔，则量刑协议破裂或归于无效，引发程序倒流，生成的量刑建议也会失去效力。因此，保障被追诉人真实自愿地认罪认罚是量刑建议良性生成必不可少的一环。

（二）主体要件：控辩双方

认罪认罚案件与非认罪认罚案件的量刑建议的生成主体存在本质差异。非认罪认罚案件量刑建议是控诉一方的单方意思表示，量刑建议的生成主体即为检察机关。现在认罪认罚案件中量刑建议是控辩双方协商的产物，是诉讼合意的表示。量刑建议的生成主体为控辩双方，主要发生在审查起诉阶段。

中国认罪量刑机制的主体要件与域外不同，虽同为控辩双方协商，但不同于美国辩诉交易制度下的控辩双方协商。中国就量刑建议的协商主要发生于检察官与被追诉人之间，律师在这一协商过程中的地位尚不够明显，在被追诉人未委托辩护律师的案件中，值班律师基本不发挥辩护律师参与协商的作用。而美国辩诉交易主要发生于检察官与辩护律师之间[①]，辩护律师在与检察官的谈判交易中，"协商者"身份发挥得宜，协商实际效果显著。中国认罪量刑机制主体要件与大陆法系国家亦不相同，中国量刑协商程序中并无法官参与，量刑协议生成后法官在庭审中进行审查，决定是否予以采纳。意大利、法国、德国的量刑协商程序在法官监控甚至直接主持下进行，由于法官直接参与并实时监控量刑协商的过程，所以法官一般不会轻易推翻或者不采纳协商达成的量刑协议。[②]域外量刑协商机制中，控辩双方协商和控辩审三方协商两种模式下量刑协议基本被法院采纳，协商的结果稳定性较强，很大程度上得益于控辩双方能够实质性平等协商或法官有效参与协商。相比之下，中国检察机关主导的量刑建议生成机制在协商主体平等性不足以及无法官参与下运行，存在量刑建议不被法官接受的隐患。

---

① 陈瑞华：《刑事诉讼法》，北京大学出版社 2021 年版，第 340 页。

② 李倩：《德国认罪协商制度的历史嬗变和当代发展》，载《比较法研究》2020 年第 2 期。

（三）行为要件：控辩协商

相较于非认罪认罚案件，认罪认罚案件量刑建议的形成机制多了一个"与被告人讨论"的过程[①]，这一过程即是控辩协商。控辩协商是量刑建议生成的行为要件，其作为认罪认罚从宽制度中的一个核心环节，也是认罪认罚案件与非认罪认罚案件在诉讼程序层面的最大区别。[②]作为行为要件，控辩协商也是量刑建议生成的主要推动力，这一行为对控辩双方均形成激励机制，即通过控辩协商就量刑建议达成一致，被追诉人获得更低的量刑可能以及程序的简化，诉讼结果的可预期提高，同时检察机关公诉难度降低，能够提升求刑的有效性和预期性，充分节省诉讼资源。目前实然层面的控辩协商是在检察机关主导下进行的，存在控辩信息不对称、资源不对等的缺憾，辩方难以获得与控方实质平等协商的地位和能力。在大量案件中控辩协商程度尚不充分，被追诉人具备自愿认罪认罚意思要件后，检察官即根据被追诉人所涉嫌的犯罪情况，在法定基准刑基础上进行一定幅度的量刑优惠，将其量刑方案告知被追诉人，被追诉人同意，即量刑协议生成。未来控辩双方平等协商模式指向于逐渐达到实质意义的控辩平等协商，被追诉人能够获得辩护人足够的帮助，而非仅是程序的"见证人"。辩方应有主动进行协商的程序启动权，能够提出有益于被追诉人的量刑协商"筹码"，协商成功达成合意，则控辩双方利益兼得，协商失败，也不会给被追诉人带来利益损伤。

（四）结果要件：量刑协议

控辩双方协商在法定从宽范围内就具体量刑方案达成量刑协议，此量刑协议正是认罪认罚案件量刑建议生成机制的结果要件。但量刑协议又不仅仅是最终就量刑方案协商达成的合意结论，而应体现一个完整的控辩协商结果，包括协商参与主体、时间、具体量刑方案（刑种、刑期、行刑方式）、量刑协议效力等重要内容。中国对刑事领域中"交易""协议"等表述相对敏感，目前没有明确的量刑协议书，在量刑协商达成合意后有认罪认罚具结书和量刑建议书两种与量刑协议书相关联

---

① 陈卫东：《认罪认罚案件量刑建议研究》，载《法学研究》2020 年第 5 期。

② 朱孝清：《认罪认罚从宽制度相关制度机制的完善》，载《中国刑事法杂志》2020 年第 4 期。

的结果形式。根据《指导意见》第31条和第32条的规定可推知，先有量刑建议合意的达成，而后被追诉人签署认罪认罚具结书和检察机关形成量刑建议书。量刑建议书为检察机关提起公诉时量刑建议的承载体，内容通常包括犯罪事实、量刑情节、建议的刑罚种类、刑罚幅度、刑罚执行方式、提出量刑建议的依据等。量刑建议书本身并不是协议性质，而是公权力文书，其体现协商合意后最终量刑建议的结论，但并未体现协议全貌。故作为结果要件的量刑协议，目前并无直接有效的载体。有学者认为认罪认罚具结书具有"量刑协议书"的性质，也是确定检察机关量刑建议书的依据。[①] 其观点不无道理，具结书是目前承载量刑协议的相对合适选择，但仍有待完善，需要更明显地体现协议性质及协议的完整内容。

四、认罪认罚从宽制度下量刑建议生成的保障机制

为保障认罪认罚从宽制度下量刑建议生成机制良性运行，量刑建议生成应遵循必要的程序安排，制度层面主要从以下方面完善：规范检察机关权力行使机制；优化被追诉人权利保障机制以及强化被害人量刑协商参与机制。

（一）规范检察机关权力行使机制

基于当前检察机关在认罪认罚案件量刑建议生成机制中的主导地位，规范检察机关权力行使对保障量刑建议生成机制良性运行尤为重要。同时，应通过必要的制度探索提高检察机关协商能力，以推动量刑建议生成机制向控辩双方平等协商模式逐步转化。规范检察机关权力行使，发挥检察机关推动模式转化作用可从以下方面着手：第一，检察机关履行权利告知义务，探索证据开示制度。目前值班律师权利有限、庭前会议的证据交换时间滞后，现有的证据交换机制难以满足认罪认罚被追诉人知悉权的实现，被追诉人知情权不足会导致其缺乏与检察机关进行协商的筹码和空间。在检察机关强势推动认罪机制下，被追诉人认罪认罚的真实性与自愿性存在被削减的风险与可能。[②] 为更好地保障被追

① 陈瑞华:《论量刑协商的性质和效力》，载《中外法学》2020年第5期。

② 卞建林、谢澍:《认罪认罚从宽与台湾地区刑事协商之比较研究》，载《法学杂志》2018年第5期。

诉人权利，《指导意见》第 29 条也提出探索证据开示制度。探索认罪认罚案件证据开示制度的重点在于检察机关履行证据开示职责。首先，认罪认罚案件侦查终结进入审查起诉阶段后，检察机关应依职权主动进行证据开示，在量刑协商前充分开示全部案卷材料。被追诉人在证据信息交换机制中处于相对弱势地位，且相较于非认罪认罚程序，认罪认罚量刑协商程序对被追诉人的程序参与能力提出更高要求，被追诉人知悉控方证据信息是控辩平等实质性协商的基础且必要条件，故检察机关应当依职权主动在进入量刑协商前充分开示证据。其次，认罪认罚案件证据开示应为控辩双向开示，非控方单方开示，但应以控方开示为主。检察机关应提供便利的证据开示环境，向被追诉人及其律师进行证据展示。最后，证据开示范围为全案证据，包括入罪证据、出罪证据以及罪轻证据。检察机关在证据开示过程中，不得仅出示入罪证据而隐瞒出罪证据、罪轻证据，应通过全案证据开示为辩方提供平等的信息资源，以实现量刑问题的实质性协商。

第二，尊重认罪量刑机制中程序参与人的表达权，与被追诉人及其律师进行充分、平等、实质性的量刑协商。在目前的认罪量刑机制中，检察机关主导量刑协商程序的推进，应尊重被追诉人、被害人的意思表达。为保障程序参与人的表达权，检察机关应履行程序释明职责，对于被追诉人及被害人对量刑协商程序以及其享有的诉讼权利所存在的困惑，检察机关应当予以明确且充分的说明和解释，客观且全面地告知被追诉人与被害人量刑协商的程序、效力以及其依法享有的权利，不得隐瞒、误导程序参与人或阻碍其与律师进行沟通。在未来模式转向中，应给予辩方量刑协商程序启动权。辩方可主动提出量刑方案，检察机关应对其方案慎重考量研究，给予被追诉人及其辩护律师（包括值班律师）充分的表达机会，在法定量刑幅度内可以进一步协商并接受。检察机关提出量刑方案，辩方表示明确拒绝的情况下，检察机关可以尝试调整方案与辩方进一步协商，但不得以协商失败将加重量刑建议的方式对被追诉人施压，迫使其接受量刑方案。

第三，规范检察机关量刑建议权的行使。目前，检察机关仍在中国认罪协商机制中占据主导地位，在一定程度上认罪认罚量刑建议的规范生成有赖于检察机关量刑建议权的规范行使。一方面，制定法检统一适用的认罪认罚从宽制度量刑指南。通过量刑指南明确并细化量刑标准，为检察机关提出规范、精准的量刑方案提供参考。法检适用统一的量刑指南能够为检察机关行使求刑权与法院行使裁判权提供相对一致的参考依据，使得法检在量刑问题上更容易达成一致，有助于提高法院对量刑建议的采纳度。另一方面，检察机关应合理应用人工智能、大数据等量刑辅助手段。近年来检察系统智慧检务建设不断推进，大数据、人工智能辅助检察工作程度持续深入。应用人工智能量刑辅助系统是认罪认罚案件量刑建议精准化、规范化的重要发展方向。[①]检察机关量刑建议辅助系统的适用有助于推动检察官从经验思维逐步转向数据思维，提出更准确的量刑建议，有效提升检察机关量刑协商水平，避免量刑建议畸轻或畸重，对同类案件的海量司法数据检索和人工智能量刑参考意见的辅助，能够增强被告人对量刑从宽的可预见性，一定程度上辅助消解同案不同判、类案不类判的难题。[②]

（二）优化被追诉人权利保障机制

规范检察机关权力行使机制与优化被追诉人权利保障机制是保障量刑建议生成机制运行的两条主线。强化被追诉人的权利保护，旨在通过保障被追诉人知情权、提升辩方协商能力来解决认罪认罚案件量刑建议生成过程中控辩双方“信息不对称”和“资源不对等”的问题。前文所述的检察机关履行权利告知职责、确立证据开示制度除了起到规范检察权运行作用外，本身也是保障被追诉人知情权的重要机制。优化被追诉人权利保障机制还应强化律师在量刑协商程序中的有效参与，提升辩方协商能力，并通过对认罪认罚具结书的“协议化”调适，为辩方在协商程序中争取到更平等有利的地位。

第一，强化律师的有效参与，着力提升值班律师的法律帮助实效。在侦控机关公权力强势运行下，被追诉人往往缺乏与其平等协商的能力，需要律师有效帮助以获取足够的证据信息和专业的法律支持，提高辩方协商能力。一方面，强化辩护律师在协商程序中的地位，应当赋予辩护律师全程参与协商的权利，检察机关不得阻止辩护律师发表意见、

① 孙道萃：《人工智能辅助精准预测量刑的中国境遇——以认罪认罚案件为适用场域》，载《暨南学报（哲学社会科学版）》2020年第12期。

② 卞建林：《人工智能时代中国刑事诉讼制度的机遇与挑战》，载《江淮论坛》2020年第4期。

不得阻碍辩护律师与被追诉人进行沟通。另一方面，值班律师应逐步向辩护人身份转化。在大量认罪认罚案件中，被追诉人没有委托辩护律师，仅在值班律师帮助下完成认罪认罚。然而，目前值班律师恐有“见证人化”趋向，值班律师虽在场却程序参与度不高、影响力不大，实难发挥实质性的法律帮助作用。故应着力保障值班律师的程序参与权，尤其是量刑协商程序中的程序参与，以推动值班律师为被追诉人提供充分必要且实质有效的法律帮助。逐步提高值班律师的待遇，促进值班律师向辩护律师身份的转化，使得值班律师成为控辩协商中被追诉人强有力的助力，帮助被追诉人在与检察机关平等实质协商后达成量刑协议。

第二，调适认罪认罚具结书制度，将具结书逐步转化为控辩协商量刑协议的载体。目前检察机关与被追诉人量刑协商达成合意后，并没有以明确的量刑协议形式呈现量刑建议，量刑建议生成机制缺乏结果载体，量刑协议无处安放。认罪认罚具结书本身以被追诉人保证并承诺认罪认罚为要义，其形式难以体现控辩协商主体的平等性，其内容缺乏对量刑协议实质性完整表达。为逐步向控辩平等协商模式转化，即便由认罪认罚具结书承载量刑协商的结果，也应对其进行“协议化”调适，使其能够充分体现控辩双方地位的平等以及发挥有效承载量刑协议的作用。“协议化”的认罪认罚具结书内容应当包括控辩双方的主体身份、量刑协商的具体内容、量刑建议的合意结果、被害人意见、控辩双方的权力（利）义务及具结书对控辩双方的效力。对认罪认罚具结书进行调适，使其向量刑协议过渡，有助于将量刑协商的成果以明确的形式完整地呈现，体现控辩双方在协商中的平等地位，强化量刑协议对控辩双方的约束力。

（三）强化被害人量刑协商参与机制

被害人不应当在合作性司法中被遗忘，虽然认罪认罚案件量刑建议的生成主体为控辩双方，但被害人的主体地位和权利应得到充分的尊重和保障。被害人实质性参与量刑协商，与控辩双方共同促成量刑建议的生成，有助于实现恢复性司法的目的，满足被害人对程序正义的合理期待，充分化解矛盾，修复社会关系，实现公正与效率的平衡。强化被害人量刑协商参与机制可从以下方面予以落实：

第一，提升被害人对量刑建议生成的实质影响，强化过程性与结果性的双重参与。一方面，在充分保障被害人知情权与表达权的基础上，探索构建被害人对量刑建议影响细则。《指导意见》虽在被害方权益保障部分将被追诉人赔偿被害方损失、与被害方和解、被害方谅解等情况作为从宽处罚的重要参考和衡量因素，但并未构建明确的被害人对量刑建议生成的实质影响规则，仅形式化概括性地规定为“考虑因素”恐难以奏效。故应探索构建具体的被害人对量刑建议影响细则，将赔礼道歉、积极赔偿和获得谅解这三个要素作为被害人具体影响量刑建议的标准，形成梯度性的被害人影响细则，以强化被害人意见对认罪认罚案件量刑建议生成的实质影响。① 另一方面，给予被害人必要的程序救济。为防止被害人意见在量刑协商程序中被形式化考虑，未对量刑协议产生实质性影响，可以尝试赋予被害人对量刑协议的异议权。将被害人对控辩双方提出的量刑建议所发表的观点和意见进行明确的书面记录，并在最终的量刑协议或认罪认罚具结书中明确体现被害人对量刑方案的最终意见。如果被害人对量刑协议有异议，可以在庭审中提出，法庭应对量刑建议的异议进行重点审查，允许被害人当庭发表意见，法庭对被害人异议的审查结果或将关涉量刑协议的效力。

第二，为有效保障被害人在量刑协商中的权益，在法律援助层面给予被害人更多的帮助。在缺乏律师帮助的情况下，被害人与被追诉人相同，处于相对弱势地位，对于程序和实体性权利的行使缺乏专业能力。值班律师作为认罪认罚从宽制度的配套机制，为被追诉人的权利保护提供了底线保障，但是在被害人一方并不存在这样一个法律帮助的最低保障。大量的被害人处于经济弱势地位，无力委托律师，其在认罪协商程序中难以充分行使知情权、表达权、异议权，故应给予其必要的法律帮助。《人民检察院刑事诉讼规则》第 55 条增设了检察机关应当对经济困难未委托诉讼代理人的被害人方予以告知其可申请法律援助的内容。目前被害人法律援助制度尚不成熟，具体内容也有待细化落地。但这一努力方向是极有价值的，通过法律援助为被害人提供必要的法律支持，维护其在认罪认罚案件量刑协商中的权利，这在认罪协商机制中十分必要。

---

① 焦俊峰：《认罪认罚从宽制度下被害人权益保障问题研究》，载《法商研究》2021 年第 1 期。

职务犯罪监检管辖之分工与衔接 *

2018 年 3 月 20 日，第十三届全国人大一次会议审议通过监察法，从法律层面巩固了国家监察体制的改革成果，确立了党统一领导、全面覆盖、权威高效的国家监察体制。该法第 3 条规定："各级监察委员会是行使国家监察职能的专责机关，依照本法对所有行使公权力的公职人员进行监察，调查职务违法和职务犯罪，开展廉政建设和反腐败工作，维护宪法和法律的尊严。"人民检察院原有的反贪、反渎、预防的机构、人员、职能也随着国家监察体制改革的推进而转隶到监察机关。2018 年 10 月 26 日修改通过的《刑事诉讼法》第 19 条第 2 款因应监察法的规定，对人民检察院的立案侦查权作出了调整，即人民检察院在对诉讼活动实行法律监督中发现的司法工作人员利用职权实施的非法拘禁、刑讯逼供、非法搜查等侵犯公民权利、损害司法公正的犯罪可以立案侦查。由此形成了监察机关对公职人员职务违法和职务犯罪监察全覆盖与检察机关对部分司法工作人员在诉讼中利用职权实施的职务犯罪可以立案侦查的共存共管局面。特别是，由于监察机关确立监察调查管辖的原则和具体规定与刑事诉讼管辖制度不尽相同，因此深入研究职务犯罪监检管辖的分工与衔接，妥善解决职务犯罪监检管辖之间可能出现的问题，健全完善职务犯罪监检管辖的相关法律制度，十分迫切而重要。

一、职务犯罪的监察调查管辖

深化国家监察体制改革的目标是"整合反腐败资源力量，加强党对反腐败工作的集中统一领导，构建集中统一、权威高效的中国特色国家监察体制，实现对所有行使公权力的公职人员监察全覆盖"。[①] 依《监察法》

---

* 原文发表于《法学评论》2021 年第 5 期。

① 《李建国作关于监察法草案的说明》，载新华网，http：//www.xinhuanet.com//mrdx/2018-03/14/c_137037469.htm，最后访问时间：2021 年 6 月 25 日。

第3条、第11条、第15条的规定，监察委员会对下述公职人员实施的职务违法和职务犯罪进行监察调查。

（一）作为监察对象的公职人员范围

《监察法》第3条明确了监察调查的对象是所有行使公权力的公职人员，第15条则进一步规定了公职人员的范围，包括：

1. 公务员与参公管理人员

根据《公务员法》第2条的规定，公务员是指“依法履行公职、纳入国家行政编制、由国家财政负担工资福利的工作人员”，即《监察法》第15条第1项中所列举的中国共产党机关、国家机关、各民主党派机关及人民团体中的公务员。参公管理人员则是指《公务员法》第112条规定的，法律、法规授权的具有公共事务管理职能的事业单位中除工勤人员以外的经批准参照公务员法进行管理的工作人员。

2. 授权委托人员

主要是指相关组织中，除参公管理人员以外的其他对公共事务履行组织、领导、管理、监督等职责的人员，如在银行保险、证券等监督管理机构的工作人员，在注册会计师协会、医师协会等具有公共事务管理职能的行业协会等组织中从事公务的人员，以及在法定检验检测、检疫等机构中从事公务的人员。

3. 国有企业管理人员

主要指：（1）在国有独资、全资公司、企业中履行组织、领导、管理、监督等职责的人员；（2）经党组织或国有独资、全资公司、企业，事业单位提名、推荐、任命、批准等方式而在国有控股、参股公司及其分支机构中履行组织、领导、管理、监督、经营等职责的人员；（3）经国家出资企业中负有管理、监督国有资产职责的组织批准或研究决定而代表其在国有控股、参股公司及其分支机构中从事组织、领导、管理、监督、经营等工作的人员。

4. 公办单位管理人员

作为监察对象的“公办的教育、科研、文化、医疗卫生、体育等单位中从事管理的人员”，是指在为社会公益目的、由国家机关举办或者其他组织利用国有资产举办的上述相关单位及其分支机构中从事组织、领导、管理、监督等活动的人员。

5. 自治组织管理人员

作为监察对象的“基层群众性自治组织中从事管理的人员”，主要是指在诸如村民委员会、居民委员会等组织中从事集体事务和公益事业管理，或者从事集体资金、资产、资源管理，以及协助人民政府从事行政管理工作的人员。其中，“协助人民政府从事行政管理工作”主要包括:（1）救灾、防疫、抢险、防汛、优抚、扶贫、移民、救济款物的管理;（2）社会捐助公益事业款物的管理;（3）国有土地的经营和管理;（4）土地征用补偿费用的管理;（5）代征、代缴税款;（6）有关计划生育、户籍、征兵工作;（7）协助人民政府等国家机关在基层群众性自治组织中进行的其他管理工作。

6. 其他公职人员

《监察法》第15条第6项所称“其他依法履行公职的人员”主要包括:（1）履行职务的各级人民代表大会代表、中国人民政治协商会议各级委员会委员、人民陪审员、人民监督员、仲裁员;（2）虽未列入国家机关人员编制，但在国家机关中从事公务的人员;（3）在集体经济组织等非国有单位、组织中，由党组织和国家机关、国有独资公司、企业、国家出资企业中负有管理监督国有和集体资产职责的组织、事业单位提名、推荐、任命、批准等，从事组织、领导、管理、监督等活动的人员;（4）在依法组建的评标委员会、谈判小组、询价小组中代表国家机关、国有公司、企业、事业单位、人民团体临时履行公共事务组织、领导、管理、监督等职责的人员;（5）其他依法行使公权力的人员。需要注意的是，对其他公职人员不能作无限制的扩大解释，主要是视其是否行使公权力，所涉嫌的职务违法或者职务犯罪是否损害了公权力的廉洁性。①

（二）监察机关管辖的职务犯罪罪名

《监察法》第11条第2项规定，监察委员会“对涉嫌贪污贿赂、滥用职权、玩忽职守、权力寻租、利益输送、徇私舞弊以及浪费国家资财等职务违法和职务犯罪进行调查”。《国家监察委员会管辖规定（试行）》第12—17条进一步明确，监察机关管辖的职务犯罪共六大类，涉及88

① 中共中央纪律检查委员会、中华人民共和国国家监察委员会法规室编:《〈中华人民共和国监察法〉释义》，中国方正出版社2018年版，第114页。

个罪名。

1. 贪污贿赂犯罪

包括贪污罪；挪用公款罪；受贿罪；单位受贿罪；利用影响力受贿罪；行贿罪；对有影响力的人行贿罪；对单位行贿罪；介绍贿赂罪；单位行贿罪；巨额财产来源不明罪；隐瞒境外存款罪；私分国有资产罪；私分罚没财物罪；非国家工作人员受贿罪；对非国家工作人员行贿罪；对外国公职人员、国际公共组织官员行贿罪。

2. 滥用职权犯罪

包括滥用职权罪；国有公司、企业、事业单位人员滥用职权罪；滥用管理公司、证券职权罪；食品监管渎职罪；故意泄露国家秘密罪；报复陷害罪；阻碍解救被拐卖、绑架妇女、儿童罪；帮助犯罪分子逃避处罚罪；违法发放林木采伐许可证罪；办理偷越国（边）境人员出入境证件罪；放行偷越国（边）境人员罪；挪用特定款物罪；非法剥夺公民宗教信仰自由罪；侵犯少数民族风俗习惯罪；打击报复会计、统计人员罪。

3. 玩忽职守犯罪

包括玩忽职守罪；国有公司、企业、事业单位人员失职罪；签订、履行合同失职被骗罪；国家机关工作人员签订、履行合同失职被骗罪；环境监管失职罪；传染病防治失职罪；商检失职罪；动植物检疫失职罪；不解救被拐卖、绑架妇女、儿童罪；失职造成珍贵文物损毁、流失罪；过失泄露国家秘密罪。

4. 徇私舞弊犯罪

包括徇私舞弊低价折股、出售国有资产罪；非法批准征收、征用、占用土地罪；非法低价出让国有土地使用权罪；非法经营同类营业罪；为亲友非法牟利罪；枉法仲裁罪；徇私舞弊发售发票、抵扣税款、出口退税罪；商检徇私舞弊罪；动植物检疫徇私舞弊罪；放纵走私罪；放纵制售伪劣商品犯罪行为罪；招收公务员、学生徇私舞弊罪；徇私舞弊不移交刑事案件罪；违法提供出口退税凭证罪；徇私舞弊不征、少征税款罪。

5. 公职人员在行使公权力过程中发生的重大责任事故犯罪

包括重大责任事故罪；教育设施重大安全事故罪；消防责任事故罪；重大劳动安全事故罪；强令违章冒险作业罪；不报、谎报安全事故罪；铁路运营安全事故罪；重大飞行事故罪；大型群众性活动重大安全事故罪；危险物品肇事罪；工程重大安全事故罪。

6. 公职人员在行使公权力过程发生的其他犯罪

包括破坏选举罪；背信损害上市公司利益罪；金融工作人员购买假币、以假币换取货币罪；利用未公开信息交易罪；诈骗投资者买卖证券、期货合约罪；背信运用受托财产罪；违法运用资金罪；违法发放贷款罪；吸收客户资金不入账罪；违规出具金融票证罪；对违法票据承兑、付款、保证罪；非法转让、倒卖土地使用权罪；私自开拆、隐匿、毁弃邮件、电报罪；职务侵占罪；挪用资金罪；故意延误投递邮件罪；泄露不应公开的案件信息罪；披露、报道不应公开的案件信息罪；接送不合格兵员罪。

最近，由国家监委研究起草并向社会公布征求意见的《监察法实施条例》[①] 对监察调查管辖的罪名作了微调，在第一类贪污贿赂犯罪案件中增加了公职人员在行使公权力过程中实施的职务侵占罪、挪用资金罪；在第二类滥用职权犯罪案件中增加了司法工作人员以外的公职人员利用职权实施的非法拘禁罪、虐待被监管人员罪、非法搜查罪；这样使监察机关监察调查管辖的罪名达到 93 个。

（三）职务犯罪监察调查管辖

1. 职务犯罪监察调查管辖的原则

职务犯罪监察调查管辖是指对某个监察对象涉嫌职务犯罪的案件确定由哪一级或者哪一个监察机关进行立案调查的法律制度。“监察机关各司其职，各尽其责的前提是责任清晰，权限明确。对监察机关的管辖范围作明确规定，既可以有效避免争执或推诿，又有利于有关单位和个人按照监察机关的管辖范围提供问题线索，充分发挥人民群众反腐败的积极性。”[②] 根据《监察法》第 16 条第 1 款的规定，各级监察机关按照管理权限管辖本辖区内本法第 15 条规定的人员所涉监察事项。

“按照管理权限”，是指按照干部管理权限，如国家监察委员会管辖中管干部所涉监察事项，省级监委管辖本省省管干部所涉监察事项等，

---

① 为更好地执行监察法，国家监察委员会研究起草了《中华人民共和国监察法实施条例（征求意见稿）》。2021 年 5 月 17 日，中央纪委国家监委网站公布了条例全文，公开征求社会各界意见。

② 中共中央纪律检查委员会、中华人民共和国国家监察委员会法规室编：《〈中华人民共和国监察法〉释义》，中国方正出版社 2018 年版，第 115 页。

其具体内容包括：地方各级监察委员会可以依法管辖本辖区内有关公职人员涉嫌职务违法和职务犯罪案件；设区的市级以上监察委员会按照管理权限，依法管辖同级党委管理的公职人员涉嫌职务违法和职务犯罪案件；县级监察委员会按照管理权限，依法管辖本辖区内公职人员涉嫌职务违法和职务犯罪案件；派驻或者派出的监察机构、监察专员根据派出机关授权，按照管理权限依法对派驻或者派出监督单位、区域的公职人进行监督，对职务违法和职务犯罪进行调查、处置。此外，监察机构、监察专员可以按规定与地方监察委员会联合调查严重职务违法、职务犯罪，或者移送其调查；未被授予职务犯罪调查权的监察机构、监察专员发现监察对象涉嫌职务犯罪线索的，应当向派出机关报告，由派出机关调查或者依法移交有关地方监察委员会调查。

监察机关调查公职人员涉嫌职务犯罪案件，可以依法对涉嫌行贿犯罪、介绍贿赂犯罪或者共同职务犯罪的涉案人员中的非公职人员一并管辖。非公职人员涉嫌利用影响力受贿罪的，按照其所利用的公职人员管理权限确定管辖的监察机关。

2. 提级管辖

《监察法》第16条第2款规定："上级监察机关可以办理下一级监察机关管辖范围内的监察事项，必要时也可以办理所辖各级监察机关管辖范围内的监察事项。"在监察实践中，上级监察机关对于下一级监察机关管辖范围内的职务违法和职务犯罪案件，具有下列情形之一，认为由其管辖更为适宜的，可以依法提级管辖：（1）在本辖区有重大影响的；（2）涉及多个下级监察机关管辖的监察对象，调查工作开展难度大的；（3）其他需要提级管辖的重大、复杂案件。

上级监察机关对于所辖各级监察机关管辖范围内的有重大影响的案件，认为有必要时，可以依法直接调查或者组织、指挥、参与调查。地方各级监察机关所管辖的职务违法和职务犯罪案件，具有规定情形的，可以依法报请上一级监察机关管辖。

3. 指定管辖

根据监察调查的实际需要，上级监察机关可以将其所管辖的案件指定下级监察机关管辖。其中，设区的市级监察委员会将同级党委管理的公职人员涉嫌职务违法或者职务犯罪案件指定下级监察委员会管辖的，应当报省级监察委员会批准；省级监察委员会将同级党委管理的公职人员涉嫌职务违法或者职务犯罪案件指定下级监察委员会管辖的，应当向国家监察委员会备案。

上级监察机关对于下级监察机关管辖的职务违法和职务犯罪案件，具有下列情形之一，认为由其他下级监察机关管辖更为适宜的，可以指定给其他下级监察机关管辖：（1）管辖有争议的；（2）指定管辖有利于案件公正处理的；（3）下级监察机关报请指定管辖的；（4）其他有必要指定管辖的。

被指定的下级监察机关未经指定管辖的监察机关批准，不得将案件再行指定管辖。发现新的职务违法或者职务犯罪线索，以及其他重要情况、重大问题，应当及时向指定管辖的监察机关请示报告。

4. 双管管辖

按照我国干部管理权限，监察对象可能存在条块结合、双重管理的情况，据此需要明确双管管辖的规定。对于工作单位在地方、管理权限在主管部门的公职人员涉嫌职务违法和职务犯罪，一般由驻在主管部门、有管辖权的监察机构、监察专员管辖；经协商，监察机构、监察专员可以按规定移交其工作单位所在地的地方监察委员会调查，或者与地方监察委员会联合调查。地方监察委员会在工作中掌握的上述工作人员有关问题线索，应当向驻在主管部门、有管辖权的监察机构、监察专员通报，并协商确定管辖。这些单位的其他工作人员涉嫌职务违法和职务犯罪，一般由地方监察委员会管辖；驻在主管部门的监察机构、监察委员会自行立案调查的，应当及时通报地方监察委员会。

地方监察委员会调查上述案件，应当将立案、留置、移送司法机关、撤销案件等重要情况向驻在主管部门的监察机构、监察专员通报。

5. 管辖争议

“管辖争议”是指对于同一监察事项，有两个或者两个以上监察机关都认为自己具有或者不具有管辖权而发生的争议。“管辖权争议可分为积极的管辖权争议和消极的管辖权争议，前者指两个或两个以上的监察机关都认为自己对某一监察事项有管辖权，争着办理这一事项；后者指两个或两个以上监察机关均认为自己对某一监察事项无管辖权，都不愿办理这一事项。”[①]《监察法》第16条第3款明确规定：“监察机关之间

① 马怀德主编：《监察法学》，人民出版社2019年版，第228页。

对监察事项的管辖有争议的，由其共同的上级监察机关确定。”其中，“共同的上级监察机关”，是指同发生管辖争议的两个或者两个以上监察机关均有领导与被领导关系的上级监察机关。

二、职务犯罪的检察立案管辖

随着监察体制改革的推进，检察机关原有的反贪、反渎、预防的机构、人员、职能转隶到监察机关，检察机关是否还应保留一定的侦查权，成为亟待解决的问题。根据2018年修改后的《刑事诉讼法》第19条第2款的规定，可以由人民检察院立案侦查的职务犯罪案件主要是检察机关在对诉讼活动实行法律监督中发现的司法工作人员利用职权实施的非法拘禁、刑讯逼供、非法搜查等侵犯公民权利、损害司法公正的犯罪。检察机关是国家法律监督机关，依法对诉讼活动实行法律监督是检察机关的重要职责。“由检察机关继续行使对诉讼活动实行法律监督中发现的司法工作人员利用职权实施的侵犯公民权利、损害司法公正的犯罪的侦查权，是检察机关维护司法公正和保障诉讼活动顺利进行的必要手段。”①

要准确把握检察机关管辖的职务犯罪范围，需要注意以下几点：第一，这里的“司法工作人员”，根据《刑法》第94条的规定，是指有侦查、检察、审判、监管职责的工作人员。第二，这里的“诉讼活动”，在刑事诉讼中包括侦查、审判、执行的全过程，在诉讼类型上涵盖刑事诉讼、民事诉讼和行政诉讼。从实践来看，在侦查阶段可能涉及的罪名包括：非法拘禁罪（《刑法》第238条）、非法搜查罪（《刑法》第245条）、刑讯逼供罪（《刑法》第247条）、暴力取证罪（《刑法》第247条）等；在审判阶段可能涉及的罪名为徇私枉法罪（《刑法》第399条第1款），民事、行政枉法裁判罪（《刑法》第399条第2款）等；对于监管、执行过程中可能涉及的罪名包括：虐待被监管人罪（《刑法》第248条），执行判决、裁定失职罪（《刑法》第399条第3款），执行判决、裁定滥用职权罪（《刑法》第399条第3款），私放在押人员罪（《刑法》第400条），失职致使在押人员脱逃罪（《刑法》第400条第2款）、徇私舞弊减刑、

① 王爱立主编：《〈中华人民共和国刑事诉讼法〉修改与适用》，中国民主法制出版社2019年版，第10页。

假释、暂予监外执行罪（《刑法》第401条）等。此外，发生在司法活动中的司法工作人员玩忽职守罪、滥用职权罪（《刑法》第397条）也属于“对诉讼活动实行法律监督中”发现的司法工作人员利用职权实施的侵犯公民权利、损害司法公正的犯罪。第三，这类犯罪的性质主要是司法工作人员在进行诉讼活动时利用职权实施的犯罪行为，即在诉讼活动过程中徇私舞弊，徇情舞弊，滥用职权，玩忽职守，乱作为或不作为，有法不依，执法司法违法，从而造成侵犯公民基本权利，损害司法公正的严重后果。第四，这类犯罪行为必须是检察机关依法履行职责，在对诉讼活动实行法律监督中发现的。至于立案的材料来源，既可以是来自有关单位和个人的报案、举报、控告，也可以是检察机关在履行诉讼监督职能时主动发现的案件线索。第五，依照法律规定，人民检察院对此类犯罪“可以立案侦查”。此处的“可以”是授权性规范，即人民检察院有权立案侦查，但不是强制性规定，也不实行排他性管辖。根据监察委员会对所有行使公权力的公职人员实现监察全覆盖的要求，监察委员会“可以对司法工作人员涉嫌犯罪案件依法开展调查。也就是说，对司法工作人员实施的相关职务犯罪，监察委员会和人民检察院都有管辖权”①。

之所以将司法工作人员在进行诉讼活动中的职务犯罪授权检察机关立案侦查，主要是这些犯罪有的单纯是由于执法不严格、司法不规范、违反法定程序或者适用法律错误等造成的，虽然具有一定的腐败属性，但主要与人民检察院实行法律监督职权密切相关。“总的来看，这些犯罪不是典型的‘腐败型’犯罪，对这些在诉讼监督中发现的司法工作人员不严格执法、违背司法公正、侵犯当事人权利的犯罪，由检察机关行使侦查权，不仅有利于检察机关有效履行法律监督职能，维护司法公正和保障诉讼正常进行，也有利于监察机关集中精力‘反腐败’，保证深化国家监察体制改革目标的实现，符合监察机关和检察机关的定位。”②

2018年11月1日，最高人民检察院第十三届检察委员会第八次会

① 陈国庆主编：《司法工作人员职务犯罪侦查与认定》，中国检察出版社2019年版，第19页。

② 王爱立主编：《中华人民共和国刑事诉讼法释义》，法律出版社2018年版，第39页。

议通过的《关于人民检察院立案侦查司法工作人员相关职务犯罪案件若干问题的规定》(以下简称《立案侦查规定》),明确人民检察院在对诉讼活动实行法律监督中,发现司法工作人员涉嫌利用职权实施的以下14种侵犯公民权利、损害司法公正的犯罪案件可以立案侦查:(1)非法拘禁罪(《刑法》第238条)(非司法工作人员除外);(2)非法搜查罪(《刑法》第245条)(非司法工作人员除外);(3)刑讯逼供罪(《刑法》第247条);(4)暴力取证罪(《刑法》第247条);(5)虐待被监管人罪(《刑法》第248条);(6)滥用职权罪(《刑法》第397条)(非司法工作人员滥用职权侵犯公民权利、损害司法公正的情形除外);(7)玩忽职守罪(《刑法》第397条)(非司法工作人员玩忽职守侵犯公民权利、损害司法公正的情形除外);(8)徇私枉法罪(《刑法》第399条第1款);(9)民事、行政枉法裁判罪(《刑法》第399条第2款);(10)执行判决、裁定失职罪(《刑法》第399条第3款);(11)执行判决、裁定滥用职权罪(《刑法》第399条第3款);(12)私放在押人员罪(《刑法》第400条第1款);(13)失职致使在押人员脱逃罪(《刑法》第400条第2款);(14)徇私舞弊减刑、假释、暂予监外执行罪(《刑法》第401条)。

此外,《立案侦查规定》还明确,对上述司法工作人员职务犯罪案件,由设区的市级人民检察院立案侦查,基层人民检察院发现犯罪线索的,应当报设区的市级人民检察院决定立案侦查;设区的市级人民检察院可将案件交由基层人民检察院立案侦查,或者由基层人民检察院协助侦查;最高人民检察院、省级人民检察院发现犯罪线索的,可以自行决定立案侦查,也可以将案件线索交由指定的省级人民检察院、设区的市级人民检察院立案侦查;在检察机关内部,具体由负责刑事检察工作的专门部门负责侦查。

三、职务犯罪监检管辖之衔接

深化监察体制改革是以习近平同志为核心的党中央作出的事关全局的重大政治体制改革,是强化党和国家自我监督的重大决策部署。改革的目标是,整合反腐败资源力量,加强党对反腐败工作的集中统一领导,构建集中统一、权威高效的中国特色国家监察体制,实现对所有行使公权力的公职人员监察全覆盖。根据监察体制改革的要求,检察机关原有的反贪、反渎、预防的机构、人员、职能转隶到监察机关;根据修改后《刑事诉讼法》第19条第2款的规定，检察机关保留对在诉讼活动实行法律监督中发现的司法工作人员利用职权实施的非法拘禁、刑讯逼供、非法搜查等侵犯公民权利、损害司法公正的犯罪的立案侦查权，由此产生了监察委员会和人民检察院对此类犯罪同时具有管辖权的局面。对此，一方面，要统筹好监察委员会对公职人员行使公权力的监察全覆盖和人民检察院对司法工作人员诉讼中职务犯罪行为的法律监督，实现监察机关监察调查权与检察机关立案侦查权双剑合璧，形成合力，有效预防和惩治司法工作人员在诉讼活动中利用职权实施的犯罪，保障公民权利，维护司法公正；另一方面，要准确理解监察调查管辖与检察侦查管辖之间的分工，妥善处理好监察调查管辖与检察侦查管辖之间的衔接，健全完善监察调查管辖与检察侦查管辖相关的法律制度。

（一）案件互涉与管辖竞合

在刑事诉讼领域，所谓"案件互涉以及引起的牵连管辖"，"主要是指检察机关与公安机关在按照法定分工侦查的案件涉及对方管辖的案件时，针对这种互涉情形的个案所规定的一种牵连管辖"[①]。1996年刑事诉讼法第一次修改，调整了检察机关自侦案件的范围。为解决实践中检察机关与公安机关互涉案件的牵连管辖，"六部委"，即最高人民法院、最高人民检察院、公安部、国家安全部、司法部、全国人大常委会法制工作委员会于1998年1月19日联合制定的《关于刑事诉讼法实施中若干问题的规定》中对上述互涉案件的管辖作出原则性规定："如果涉嫌主罪属于公安机关管辖，由公安机关为主侦查，人民检察院予以配合；如果涉嫌主罪属于人民检察院管辖，由人民检察院为主侦查，公安机关予以配合。"

国家监察体制改革后，监察委员会负责调查行使公权力的公职人员涉嫌贪污贿赂、滥用职权、玩忽职守、权力寻租、利益输送、徇私舞弊以及浪费国家资财等职务犯罪案件，具体包括贪污贿赂犯罪案件、滥用职权犯罪案件、玩忽职守犯罪案件、徇私舞弊犯罪案件、公职人员在行使公权力过程中发生的重大责任事故犯罪案件，以及公职人员在行使公权力过程中发生的其他犯罪案件。而修改后的《刑事诉讼法》第19条

① 朱孝清等：《我国职务犯罪侦查体制改革研究》，中国人民公安大学出版社2008年版，第86页。

第 2 款也明确规定，人民检察院在对诉讼活动实行法律监督中发现的司法工作人员利用职权实施的非法拘禁、刑讯逼供、非法搜查等侵犯公民权利、损害司法工作的犯罪，可以立案侦查。实践中，监察机关与检察机关按照法定分工进行调查或侦查的案件，可能涉及对方管辖的案件。例如，刑法规定的徇私枉法罪、私放在押人员罪，属于司法工作人员职务犯罪，可以由人民检察院立案侦查。但司法工作人员实施枉法裁判、私放罪犯等行为的背后，可能存在利益输送，权钱交易，司法工作人员拿了人的钱才帮人办事。妨碍司法公正的职务犯罪与接受贿赂的腐败犯罪相互牵涉、相互交结，前者可以由人民检察院立案侦查，后者则应该由监察机关监察调查，这就形成监察机关调查与检察机关侦查的案件互涉，并由此发生互涉案件的牵连管辖问题。

"管辖竞合"，是指对于司法工作人员实施的相关职务犯罪，监察委员会和人民检察院同时都有管辖权的情况。前已述及，根据刑事诉讼法的相关规定，人民检察院在对诉讼活动实行法律监督中发现的司法工作人员利用职权实施的非法拘禁、刑讯逼供、非法搜查等侵犯公民权利、损害司法公正的犯罪，可以进行立案侦查。但由于监察委员会对所有行使公权力的公职人员实行监察全覆盖，当然对司法工作人员的职务犯罪享有管辖权，这就形成了监察调查管辖与检察侦查管辖的管辖竞合。

（二）监察调查为主与检察优先管辖

在刑事诉讼立案侦查中如何处理互涉案件，一般采取"主罪原则"。如何确定主罪，通常根据罪行轻重决定，即根据犯罪嫌疑人所犯的数项罪行，挑出一项可以被判处重刑的罪名，认定为主罪。例如，内蒙古自治区政协原副主席赵黎平故意杀人、受贿、非法持有枪支、弹药、非法储存爆炸物案，2016 年 11 月 11 日，山西省太原市中级人民法院公开宣判，判决被告人赵黎平犯故意杀人罪，判处死刑，剥夺政治权利终身；犯受贿罪，判处有期徒刑 15 年，并处没收个人财产人民币 200 万元；犯非法持有枪支、弹药罪，判处有期徒刑 5 年；犯非法储存爆炸物罪，判处有期徒刑 3 年，决定执行死刑，剥夺政治权利终身，并处没收个人财产人民币 200 万元。对于此案，被告人赵黎平既涉嫌受贿罪，又涉嫌故意杀人罪、非法持有枪支、弹药罪、非法储存爆炸物罪，其主要犯罪显然是故意杀人罪，最后判处死刑也是故意杀人罪的量刑。司法实践中，确定互涉案件的牵连管辖，除遵循“主罪原则”外，还要考虑案件发生的实际情况和诉讼经过，考虑是否有利于案件的侦破和证据的收集，等等。按照“主罪原则”确定案件管辖后，有关司法机关实行相互移送，以保证侦查活动的顺利进行。

如何处理监察机关与检察机关及其他机关的互涉案件，监察法确立了监察调查为主的原则。该法第34条明确规定：“被调查人员既涉嫌严重职务违法或者职务犯罪，又涉嫌其他违法犯罪的，一般应当由监察机关为主调查，其他机关予以协助。”同条还规定：“人民法院、人民检察院、公安机关、审计机关等国家机关在工作中发现公职人员涉嫌贪污贿赂、失职渎职等职务违法或者职务犯罪的问题线索，应当移送监察机关，由监察机关依法调查处置。”据此，《公安机关办理刑事案件程序规定》第29条规定，由公安机关负责侦查的刑事案件的犯罪嫌疑人如涉及监察机关管辖的案件，应当及时与同级监察机关协商，并且一般应当由监察机关为主调查，公安机关则予以协助。《人民检察院刑事诉讼规则》第17条也规定：检察机关办理直接受理侦查的案件时，如发现犯罪嫌疑人还涉嫌监察机关管辖的职务犯罪线索的，应及时与同级监察机关沟通，如认为全案由监察机关管辖更为适宜的，应将案件和相应职务犯罪线索一并移送监察机关；如认为由监察机关和检察机关分别管辖更为适宜的，应将监察机关管辖的相应职务犯罪线索移送监察机关，对依法由人民检察院管辖的犯罪案件则继续进行侦查。

诉讼理论上，对互涉案件一律实行“监察调查为主”原则存在讨论和疑问。有的学者就指出，在关联案件的管辖方面，《监察法》第34条作出的单向的案件移转方式以及监察机关强势主导案件的规定存在着一些不合理之处，不利于关联案件的处理。[①] 如上述赵黎平故意杀人、受贿、非法持有枪支、弹药、非法储存爆炸物案，其主罪即重罪是故意杀人，案发也是因为杀人未遂，对于侦破蓄谋故意杀人这样的犯罪，收集证据、侦破案件需要经验丰富的侦查人员和专门技术，而且为防止罪犯逃脱或者毁坏隐匿证据，甚至继续危害社会，侦破案件要快，收集证据要迅速及时。虽然赵黎平同时犯有受贿罪，但如果将案件交由监察机关

① 参见袁相亭、刘方权：《监察与司法的管辖衔接机制研究》，载《交大法学》2019年第4期。

为主进行调查，就可能出现“力不从心”的问题，因为监察机关对职务犯罪调查经验丰富，具有明显优势，但对故意杀人、抢劫、强奸、黑社会性质犯罪等的侦查则相对缺乏经验。因此，如果以监察机关调查为主，不仅与其职能相违背，而且也会影响办案质量与效果。① 考虑到监察机关在侦查普通犯罪方面从侦查技术、侦查经验、侦查人员、侦查能力等方面都与公安机关无法相提并论，尤其是在一些重大复杂的危害国家安全犯罪、危害公共安全犯罪、侵犯公民人身权财产权犯罪侦查等方面，以监察机关调查为主，公安机关予以配合，将很难发挥侦查优势，在瞬息万变的案件侦破中，容易贻误战机，造成后续的破案、取证、抓捕困难。诚然，检察机关立案侦查的案件属于职务犯罪案件，与危害国家安全、公共安全、严重侵害公民人身财产权利的犯罪，不可相提并论，但仍具有自身的特殊性，实施侦查的便利性。应当根据案件情况和侦查需要，合理确定互涉案件的管辖，而不宜简单化、“一刀切”地一律实行由监察调查为主、其他机关配合的做法。

对于监察机关与检察机关管辖竞合，即两机关都有管辖权的案件，笔者赞成检察立案侦查管辖优先的意见。这实际上是管辖问题上一般与特殊、整体与局部的关系。在实行监察机关对所有行使公权力的公职人员实行监察全覆盖的前提下，通过对刑事诉讼法的修改，一方面删去了人民检察院对贪污贿赂等案件行使侦查权的规定，另一方面又保留检察机关对诉讼监督中发现的司法工作人员利用职权实施的非法拘禁、刑讯逼供、非法搜查等侵害公民权利、损害司法公正犯罪的侦查权，“是考虑到人民检察院依法对刑事、民事、行政诉讼活动实行法律监督，对诉讼活动中司法工作人员利用职权实施的侵犯公民权利、损害司法公正的犯罪，人民检察院在履行法律监督职责中比较容易发现。由其立案侦查，有利于及时依法惩治这类犯罪，维护公民诉讼权利和各项权利，维护司法的公正和权威。保留人民检察院对这类犯罪的侦查权，也有利于维护检察机关法律监督的刚性，确保监督效果”②。

实践中，对于检察机关在对诉讼活动实施法律监督中发现的司法工

① 参见王秀梅、黄玲林:《监察法与刑事诉讼法衔接若干问题研究》，载《法学论坛》2019 年第 2 期。

② 王爱立主编:《中华人民共和国刑事诉讼法释义》，法律出版社 2018 年版，第 4 页。

作人员职务犯罪，交由检察机关立案侦查，有利于收集审查证据，提高诉讼效率，节省办案资源。例如，人民检察院可以在审查证据合法性、排除非法证据的过程中，对刑讯逼供、暴力取证犯罪进行侦查；可以在实施诉讼监督的过程中，及时收集司法工作人员徇私枉法、枉法裁判、执行判决、裁定失职，失职致使在押人员脱逃，徇私舞弊减刑、假释、暂予监外执行等情形的；可以在调查核实、纠正违法的同时，发现犯罪线索的，及时进行对相关犯罪的侦查取证。

需要指出的是，对此类司法工作人员职务犯罪实行检察立案侦查管辖优先并不绝对。个别案件，特殊情况，根据办案实际需要，实行监察调查管辖仍有其必要性和正当性。《监察法实施条例（征求意见稿）》第52条规定："监察机关必要时可以依法调查司法工作人员利用职权实施的非法拘禁、刑讯逼供、非法搜查等侵犯公民权利、损害司法公正的犯罪，并在立案后及时通报同级人民检察院。监察机关在调查司法工作人员贪污贿赂等职务犯罪中，可以对其涉嫌的前款规定的犯罪一并调查，并及时通报同级人民检察院。人民检察院在办理直接受理侦查的案件中，发现犯罪嫌疑人同时涉嫌监察机关管辖的其他职务犯罪，经沟通全案移送监察机关管辖的，监察机关应当依法进行调查。"重要的是，在监察机关和检察机关各自按照法定职权分工，对管辖案件履行好调查或侦查职责的同时，对互涉案件和管辖竞合的案件，要加强沟通和协调，注意发挥监察机关和检察机关各自的优势，实现监察监督和法律监督双剑合璧，形成监督合力，健全监察调查与检察侦查的衔接机制，以有效预防和惩治司法工作人员职务犯罪，完善国家权力监督体系，推进国家治理体系和治理能力现代化。

依法治国与刑事诉讼

卞建林法学文集（中）

刑事辩护　诉讼监督　证据制度

中国检察出版社

目录

刑事辩护

诉讼监督

证据制度

刑事辩护

更新律师执业观念，完善律师执业制度 *

修改后的刑事诉讼法对我国刑事辩护制度作了重要改革，辩护律师在刑事诉讼中的地位和作用得到进一步提高和加强。为了迎接新刑事诉讼法的实施，开创律师刑事辩护工作的新局面，需要更新执业观念，提高执业水平，落实配套措施。

一、培养刑事辩护人才，壮大辩护律师队伍

修改后的刑事诉讼法将犯罪嫌疑人有权委托律师的时间提前至审查起诉阶段，同时规定犯罪嫌疑人在被侦查机关第一次讯问后或者采取强制措施之日起，可以聘请律师为其提供法律咨询、代理申诉、控告。法律的这一规定，使得对刑事辩护律师的需求量大大增加。我国目前现有律师总数约 9 万人，而其中从事刑事辩护工作的尚不足一半，辩护律师人才短缺、供不应求的矛盾非常突出。要贯彻刑事诉讼法关于刑事辩护的新规定，首先要有人力资源方面的保证。这就需要抓紧刑事辩护人才的培养，提高辩护律师专业素质，发展壮大辩护律师队伍。

二、纠正重经轻刑不良倾向，提高律师刑事辩护水平

在市场经济大潮的冲击下，律师业出现重经济案件代理、轻刑事案件辩护的不良倾向。有些律师片面追求经济效益，忽视社会效益，不愿接受当事人委托或者人民法院指定从事刑事案件的辩护工作。另外，由于现行庭审方式存在的弊端，使律师辩护的作用得不到充分发挥，严重挫伤了律师进行刑事辩护的积极性。针对这种现象，要教育律师树立为民服务的正确观念，同时适当调整刑事辩护收费标准，以改变重经轻刑的不良倾向，加强律师刑事辩护工作，提高律师刑事辩护水平。

---

* 原文发表于《政治与法律》1996 年第 4 期。

三、健全辩护律师行为规范，完善律师管理监督机制

为了保障辩护律师合法权益，保证律师正常开展工作，同时避免对执法部门和司法机关的侦查、审判活动造成不当干扰，需要对律师在刑事诉讼中的行为加以规范，明确律师的权利义务，保障律师执业的外部环境，明确律师的法律责任，加强对律师的监督管理。律师从事刑事辩护，必须恪守职业道德和执业纪律，认真履行法定义务，严格依法办事。对律师队伍中乱收费，贿赂司法人员，编造虚假证明或指使他人提供伪证，干扰司法机关诉讼活动等违法违纪行为，要严肃查处，以树立律师队伍良好形象，保障律师刑事辩护事业健康发展。

四、建立律师法律援助制度

修改后的刑事诉讼法首次在我国确立法律援助制度，这是社会文明进步和诉讼法制健全的重要标志。建立符合中国国情的法律援助制度，主要是解决律师的法律援助问题，特别是诉讼法律援助。对于法律援助的对象和范围，刑事诉讼法已有了原则性的规定，当务之急是要抓紧制定相关的配套法律，设立法律援助机构，建立法律援助基金，明确律师法律援助义务，以逐步探索建立有中国特色的法律援助制度。

国外规范律师辩护行为的立法与实践 *

被告人在刑事诉讼的每个重要阶段都可以获得律师的帮助，已经成为当今国际通行的标准。在1990年第八届联合国预防犯罪和罪犯待遇大会上通过的《关于律师作用的基本原则》中，明确规定所有公民自被逮捕、拘留或被指控为刑事被告人始，就有权委托律师为其提供律师帮助或进行辩护。

为了保证律师能够卓有成效地开展工作，同时避免对政府部门和司法机关的侦查、审判活动造成不当干扰，需要从法律上规范律师的辩护行为。从关于律师作用的国际性法律文件和某些国家的律师职业行为规则来看，规范律师辩护行为，总体上分两大方面，即保障律师执业的外部环境和加强律师执业的内部自律。

前者如《关于律师作用的基本原则》中确立的律师职务秘密原则、保障律师合法权益原则，规定“确认和尊重律师与委托人联系的秘密权利”，除非法律有特别要求，律师不得被迫泄露在执业过程中与其委托人联系的内容；律师依法履行职责，不受恫吓、妨碍或不适当的干涉，不受起诉或行政、经济或其他制裁及这方面的威胁，安全受到威胁时应得到当局的充分保障；律师有权查阅案卷材料，执行职务而发表的言论“应享有民事和刑事豁免权”等。

后者指律师进行辩护应恪守执业纪律，遵循职业行为规范。在一般意义上，例如称职代理，要求律师必须具备进行代理所需要的法律知识和技能，并为代理做必要的调查和准备；勤勉服务，要求在代理过程中勤奋工作，讲究效率，遵从委托人意思，不得损害委托人利益，不得从事利益冲突的代理，以及收费合理，保守秘密，等等。在刑事诉讼中，不得故意向法庭就有关事实或法律作虚假陈述，或隐瞒重要事实，提供虚假证据；不得阻止对方当事人收集证据，或非法改变、破坏、隐藏具

---

* 原文发表于《政治与法律》1996年第2期。

有证据价值的文书和材料，教唆或帮助证人作伪证；不得私下与法官、陪审员或法庭其他成员联系，以法律禁止的手段对这些人施加影响；不得发表超越权限、不利于审判程序的陈述；特别是，律师不得帮助委托人实施犯罪或欺诈。如果律师在执行职务中获悉委托人将要实施杀人、重伤等严重危害社会和人身安全的行为，为了防止该行为发生，有义务将之公开。一切违背律师职业行为规范和执业纪律的行为，都要受到律师管理机构的严肃查处。

刑事法律援助制度研究*

现代法制对于刑事审判公正原则的基本要求之一，就是任何确定刑事被告人是否构成犯罪及如何处罚的审判，都必须给予被告人充分的辩护权，包括保障其获得律师帮助的权利。没有律师辩护的刑事审判，在程序上就不能说是公正的，这已成为国际社会的共识，并由一系列联合国文件确立为刑事司法准则之一。刑事法律援助，是国家对某些经济困难或特殊案件的当事人给予减、免费用提供法律帮助的一项法律制度，目的是贯彻法律面前一律平等的法制原则，使公民获得平等的司法保护，保障当事人依法享有的诉讼权利，以实现司法公正。

一、联合国刑事法律援助准则之确立

法律援助制度的萌芽，有学者认为产生于500年前的英伦三岛。1495年，英王亨利七世签署的一项法案中规定，“正义应当同样给予贫困的人”，“根据正义原则任命的律师应同样地为穷苦人服务”，并承认贫穷者享有免付诉讼费的权利。[①] 在英格兰，高等法院和上诉法院依据《最高法院章程》，对不能支付民事诉讼费用的人给予法律援助。在苏格兰，一度创立了贫穷者登记册，在册者如果提起诉讼，则可免费得到法律顾问和代理人的帮助。这些可以称得上是法律援助制度的雏形。

随着十七十八世纪资产阶级民主革命的胜利，产生了近代资产阶级律师制度，近代刑事法律援助制度也以“公设辩护人”的形式随之出现。1771年西班牙国王查理三世颁布皇室法令，命令律师协会处理涉及关押在法院拘留所的贫穷者的案件时，实行轮换为贫穷者免费服务的

---

* 原文载陈光中、[加拿大]丹尼尔·普瑞方廷主编:《联合国刑事司法准则与中国刑事法制》，法律出版社1998年版，第十三章。

① 张耕主编:《法律援助制度比较研究》，法律出版社1997年版，第7页。

制度。[①] 1773年法国《雅各宾宪法》第96条也规定:“被告人应有自行选定的辩护人或公设辩护人。”公设辩护人一般附属于法院,领取固定薪金,其职责是为无力聘请律师的被告人辩护。但直至19世纪末以前,法律援助通常被认为是律师为了公共利益或因职业道德要求,通过免收或减收代理费用而自发地向贫穷者提供援助的一项慈善事业。[②] 20世纪初开始,随着社会平等观念的发展和资产阶级人权运动的高涨,使传统以“贫穷者”阶层为施舍对象的法律援助的理论基础和社会根源都发生根本变化,法律援助作为人人都应享有的一项政治权利,在西方各国普遍得到确认。通过适当的法律援助计划,使包括贫穷者和某些社会特殊群体在内的每个人公平地获得司法保障和救济的机会,被公认为各国政府的责任。这标志着法律援助开始由个人慈善行为向政府行为、国家责任转化,使法律援助成为国家法律制度的重要组成部分。

在国际上,联合国自1945年创建以来,开展并逐步加强了在预防犯罪和刑事司法领域的活动并制定了大量国际文书,致力于在刑事司法领域确立和推广一套具有原则性、规范性、示范性、普遍性的国际准则,平等、公平、正义应是各国刑事司法追求的首要价值目标,法律援助由于其在实现平等、保障人权方面的特殊作用,遂成为联合国刑事司法准则的重要内容。1955年8月第一届联合国预防犯罪和罪犯待遇大会通过的《囚犯待遇最低限度标准规则》要求:“未经审讯的囚犯为了准备辩护、而社会上又有义务法律援助,应准申请此项援助。”[③] 1966年12月联合国大会通过的《公民权利和政治权利国际公约》将被告人获得法律援助的权利作为刑事审判公正的最低限度保证之一加以确认,规定被告人有权“出席受审并亲自替自己辩护或经由他自己所选择的法律援助进行辩护;如果他没有法律援助,要通知他享有这种权利;在司法利益有此需要的案件中,为他指定法律援助”。1985年在意大利米兰由第七届联合国预防犯罪和罪犯待遇大会通过的《发展和国际经济新秩序环境中预防犯罪和刑事司法的指导原则》提出,“法律制度应该通过旨在克服社会经济、民族、文化、政治上所存在的不平等或差距的适当政策,

① 张耕主编:《中国法律援助制度诞生的前前后后》,方正出版社1998年版,第3页。

② 张耕主编:《法律授助制度比较研究》,法律出版社1997年版,第8页。

③ 联合国经社理事会1957年7月31日第663(XXIV)号决议通过。

尽量使社会上各阶层尤其是最易受伤害的阶层得到司法的保护。应当按照司法的要求，在没有这类机制的地方建立提供法律援助和保护基本人权的适当机制。法律制度还应当……保证任何人能够得到迅速而公平的司法行动和半司法行动的保护，并对所有有需要的人提供使他们有效辩护的广泛法律援助”。同年11月在北京通过的《联合国少年司法最低限度标准规则》(“北京规则”）明确要求，“在整个诉讼程序中，少年应有权由一名法律顾问代表，或在提供义务法律援助的国家申请这种法律援助”。[①] 1988年12月联合国大会通过的《保护所有遭受任何形式拘留或监禁的人的原则》规定:“被拘留人如未自行选择法律顾问，则在司法利益有此需要的一切情况下，应有权获得由司法当局或其他当局指派的法律顾问，如无充分的支付能力，则无须支付。”[②] 1990年在古巴哈瓦那召开的第八届联合国预防犯罪和罪犯待遇大会通过了《关于律师作用的基本原则》，其中关于“刑事司法事件中的特别保障”强调:“任何没有律师的人在司法需要情况下均有权获得按犯罪性质指派给他的一名有经验和能力的律师以便得到有效的法律帮助，如果他无足够力量为此种服务支付费用，可不交费。”

二、联合国刑事法律援助准则之内容

由联合国通过或确认的一系列国际文书来看，联合国关于在刑事司法领域提供法律援助的准则主要有以下内容:

（一）建立刑事法律援助准则的目的

刑事司法是各国行使刑事追诉权和刑罚权的活动，在此过程中将不同程度地限制或剥夺犯罪嫌疑人、被告人的一定权利，诉讼的结果可能使被告人遭受剥夺自由、财产乃至生命等各种刑罚的严厉制裁。为了保障犯罪嫌疑人、被告人在刑事诉讼中的合法权益，监督和制约国家专门机关依法行使职权，保障刑事案件得到正确合法的处理，法律赋予犯罪嫌疑人、被告人以辩护权，并允许专职法律人员为犯罪嫌疑人、被告人进行辩护和提供法律帮助，建立起刑事辩护制度。鉴于现代刑事诉讼中辩护律师或虽无正式律师身份但行使律师职能的人在维护正义、保障人

① 联合国大会1985年11月29日第40/33号决议通过。
② 联合国大会1988年12月第43/173号决议通过。

权方面的重要作用，不能使某些犯罪嫌疑人或被告人仅仅由于经济贫困等原因便得不到律师的有效帮助，从而损害其诉讼权利和实体利益。联合国刑事法律援助准则的确立，就是要求各国“确保涉及刑事司法过程中所有人受到平等和公平待遇”[①]，使公民不分贫富贵贱都能获得公平和平等的司法保护。《关于律师作用的基本原则》第2条明确规定：各国政府应确保向在其境内并受其管辖的所有的人，不加任何区分，诸如基于种族、肤色、民族、性别、语言、宗教、政治或其他见解、原国籍或社会出身、财产、出生、经济或其他身份地位等方面的歧视，提供关于平等有效地获得律师协助的迅速有效的程序和机制。

（二）适用刑事法律援助的对象

从理论上讲，根据平等公正原则，任何人都有权获得法律援助，但由于刑事法律援助主要指在刑事司法过程中为有需要的人免费、减费提供律师辩护及其他法律帮助，因此适用法律援助的对象以犯罪嫌疑人、被告人为主。从联合国有关法律文书来看，刑事司法中适用法律援助的对象可以分为一般对象和特殊对象。一般对象即所有遭受刑事指控、面临刑事审判的个人，亦即普通的犯罪嫌疑人、被告人。《公民权利和政治权利国际公约》第14条第3款规定，任何受到刑事指控的人完全平等地有权获得以下最低限度的保证，其中就包括被告知和获得法律援助的权利。但是，由于各国在司法资源、律师队伍以及机构经费等方面的不足和限制，要保证每个没有律师的人都能免费获得法律援助实际上是很难做到的。因此，在制定联合国准则时必须充分考虑必要性和可行性，一方面标准不宜过高，否则将因不切实际难以履行而沦为一纸空文；另一方面要努力使那些确有需要的犯罪嫌疑人、被告人能够获得必需的法律帮助。据此，联合国在要求各国在刑事司法过程中为犯罪嫌疑人、被告人提供法律援助或指定律师辩护时，设立了一个限制性的条件，即“在司法利益有此需要的一切情况下”[②]。所谓“司法利益需要”，是一个原则的抽象的概念，没有确定的标准，也难以确定一个统一的标准。从联合国有关规定和各国实践来看，衡量是否符合“司法利益需要”的条件通常考虑的因素首先是案件的严重程度，包括指控的性质、

① 参见《发展和国际经济新秩序环境中预防犯罪和刑事司法的指导原则》。

② In any case in which the interests of justice so require.

可能判处的刑罚。在英国和加拿大等国的司法实践中，凡被告人可能被处 1 年以上监禁的，都被认为属于“司利益需要”的情况，应当提供法律援助；其次是案件的复杂程度，包括事实、证据和适用法律；最后是犯罪嫌疑人、被告人的情况，主要指个人身心状况、自行辩护的能力和收入财产状况。特别要指出的是，为保护贫穷者利益，防止因经济条件的不平等而造成事实上适用法律上的不平等，联合国准则明确要求，犯罪嫌疑人、被告人因贫穷无钱请律师的，要为其免费提供法律援助。

第二类是特殊对象。除上述一般对象外，联合国及其下属组织通过或确认的一些法律文书还对某些特定对象的法律援助问题作了专门规定。例如，对于被羁押的未决犯，规定被拘留人如未自行选择法律顾问，应有权获得由司法当局或其他当局指派的法律顾问①；未经审讯的囚犯为了准备辩护，而社会上又有义务法律援助，应准申请此项援助，并准会见律师，以便商讨辩护②。对于死刑犯，规定“任何被怀疑或被控告犯了可判死刑罪的人有权在诉讼过程的每一阶段取得适当法律协助”。对于少年犯，规定“在整个诉讼程序中，少年应有权由一名法律顾问代表，或在提供义务法律援助的国家申请这种法律援助”。③

除了犯罪嫌疑人、被告人可以申请或获得法律援助外，随着现代被害人学的兴起和保障被害人权益呼声的高涨，法律援助的对象有扩大到刑事被害人的趋向。联合国大会 1985 年 11 月 29 日第 40/34 号决议通过的《为罪行和滥用权力行为受害者取得公理的基本原则宣言》，以联合国决议形式集中规定了保障罪行受害者的基本原则，其中就包括“在整个法律过程中向受害者提供适当的援助”，并且要求对警察、司法、社会服务及其他有关人员进行培训，使他们认识到受害者的需要，使他们对准则有所认识以确保适当和迅速的援助。

（三）获得法律援助的时间

为了及时充分保障犯罪嫌疑人、被告人的合法权益，发挥法律援助的应有作用，联合国准则确认所有面临刑事指控的人“都有权请求由其选择的一名律师协助保护和确立其权利并在刑事诉讼的各个阶段为其

---

① 参见《保护所有遭受任何形式拘留或监禁的人的原则》。

② 参见《联合国囚犯待遇最低限度标准规则》。

③ 参见《联合国少年司法最低限度标准规则》。

辩护"，包括获得法律援助的权利。[①]联合国大会通过的《保护所有遭受任何形式拘留或监禁的人的原则》规定，主管当局应在被拘留人被捕后"及时告知"其有获得法律顾问协助的权利，并向其提供行使该权利的适当便利。上述规定的意义在于使犯罪嫌疑人、被告人尽快获得所需的法律帮助，充分行使法律赋予的辩护权利。同时律师尽早介入刑事诉讼，可以防止或减少刑讯逼供、超期羁押等非法行为的发生，及时发现、收集有利于被告人一方的证据，切实保障犯罪嫌疑人、被告人的合法权益。

（四）无支付能力者应当免费获得法律援助

建立法律援助制度的目的是保障刑事司法过程中的所有人受到平等和公平的待遇，不因经济或其他原因而受歧视。据此，联合国一系列相关文书均明确规定，当被拘留人、被指控人无经济能力支付法律服务费用时，应免费获得法律援助。例如，《公民权利和政治权利国际公约》规定，在司法利益有此需要的案件中，应为出庭受审的人指定法律援助，"而在他没有足够能力偿付法律援助的案件中，不要他自己付费"。《保护所有遭受任何形式拘留或监禁的人的原则》规定，被拘留人如无充分能力支付为其指派的法律顾问的费用时，则无须支付。1990年在古巴哈瓦那由第八届联合国预防犯罪和罪犯待遇大会通过的《关于律师作用的基本原则》要求：任何没有律师的人在司法需要情况下均有权获得按犯罪性质指派给他的一名有经验和能力的律师以便得到有效的法律帮助，如果他无足够力量为此种服务支付费用，可不交费。

（五）实施刑事法律援助的保障

法律援助，作为一项法律制度来说，应当是一种国家责任、政府行为，是衡量一国民主法治与人权保障发展状况的重要尺度。为了使有关刑事法律援助的准则落到实处，联合国要求各国应为建立和实施法律援助提供必要的保障，主要有以下方面：第一，关于律师资格和培训。律师应有良好的职业素质和业务能力，这是律师进行有效辩护和提供法律援助的必备条件。《关于律师作用的基本原则》要求，各国政府、律师专业组织和教育机构应确保律师受过适当教育和培训，具有对律师

① 参见《关于律师作用的基本原则》。

的理想和道德义务以及对国内法和国际法所公认的人权和基本自由的认识。第二，关于适当机制和程序。《发展和国际经济新秩序环境中预防犯罪和刑事司法的指导原则》中指出，“法律制度，包括刑事司法应当有助于推动有益而公平的发展，并且推动对人权和社会正义的考虑的充分注意”，“法律制度应该通过旨在克服社会经济、民族、文化、政治上所存在的不平等或差距的适当政策，尽量使社会上各阶层尤其是最易受伤害的阶层得到司法的保护。应当按照司法的要求，在没有这类机制的地方建立提供法律援助保护基本人权的适当机制”。第三，关于法律援助资金。如上所述，联合国准则要求，对无支付能力的受援对象应当免费提供法律援助，但并非要求提供法律援助的律师免费服务。因此，国家必须承担指派律师或其他法律服务人员的费用，包括援助律师的必要报酬、法律援助机构或组织的办公经费、日常开支及有关人员的教育培训等。《关于律师作用的基本原则》明确指出，各国政府应确保向贫穷者并在必要时向其他处境不利的公民提供法律服务所需的资金和其他资源。

三、中国刑事法律援助制度的创建和发展

在中国，法律援助制度是一项新生事物，1994 年初开始在部分有条件的城市进行试点，1996 年中央级法律援助机构司法部法律援助中心经批准设立[①]。但短短几年，法律援助这株幼苗已经在中国这片古老的土地上扎下了根，并在加强社会主义民主法制建设和精神文明建设的社会氛围中茁壮地成长。

新中国成立以前，中国仅在少数大城市存在为数有限的律师，且都是私人执业，实行收费服务。中华人民共和国成立后，虽然未将法律援助作为一项法律制度建立起来，但与法律援助有关的内容在一些法律法规中已有所体现。例如，1954 年颁布的第一部人民法院组织法在赋予被告人辩护权的同时，还规定人民法院认为有必要时可以指定辩护人为被告人辩护。1956 年 10 月司法部发布的《律师收费暂行办法》也规定了律师免费或减费给予法律帮助的具体案件范围。1979 年以后陆续颁布

① 1996 年 12 月 18 日，中央机构编制委员会办公室批复（中编办字〔1996〕168 号）：同意成立司法部法律援助中心。

实施的刑事诉讼法、民事诉讼法、《律师暂行条例》和《律师收费办法（试行）》等法律规范，也都规定了一些与法律援助有关的内容。但是，作为制度化的法律援助，只有在改革开放和社会主义市场经济深入发展的条件下才得以建立，它反映了中国社会主义民主法制不断健全完善的客观要求。

1994 年初，司法部正式提出建立法律援助制度的设想。此后，一方面组织有关法律援助制度的理论研究和可行性论证，另一方面提倡在有条件的地方先行法律援助的试点工作。很快，北京、上海、武汉、广州、无锡、郑州等大中城市陆续开展了法律援助的试点工作，一些地方还建立了法律援助机构或组织，制定了有关法律援助的规章制度①。1996 年 3 月 17 日第八届全国人民代表大会第五次会议通过的《关于修改〈中华人民共和国刑事诉讼法〉的决定》率先规定了刑事法律援助的内容。同年 5 月 15 日全国人大常委会通过的律师法又以专章对法律援助作了规定，在法律上明确了法律援助的性质和地位，规定了具有中国特色的法律援助制度的主要原则和基本框架。1997 年 4 月 17 日，最高人民法院与司法部发出《关于刑事法律援助工作的联合通知》。根据刑事诉讼法、律师法有关规定和最高人民法院与司法部联合通知的精神，中国的刑事法律援助制度主要具有以下内容。

其一，关于刑事法律援助的对象和案件范围。《刑事诉讼法》第 34 条规定：公诉人出庭公诉的案件，被告人因经济困难或者其他原因没有委托辩护人的，人民法院可以指定承担法律援助义务的律师为其提供辩护。被告人是盲、聋、哑或者未成年人而没有委托辩护人的，被告人可能被判处死刑而没有委托辩护人的，人民法院应当指定承担法律援助义务的律师为其提供辩护。确定被告人是否经济困难依据各地政府规定的经济困难标准。至于法律规定的“其他原因”，明确为以下几种情况：本人确无经济来源，其家庭经济状况无法查明的或其家属不愿为其承担辩护律师费用的；共同犯罪案件中，其他被告人已委托辩护人而该被告人没有委托辩护人的；外国籍被告人没有委托辩护人的；有重大社会影响的案件；人民法院认为起诉意见和移送的案件证据材料有问题，有可

① 参见张耕主编：《中国法律援助制度诞生的前前后后》，方正出版社 1998 年版，第 48 页。

能影响法院正确定罪量刑的。

其二，关于提供刑事法律援助的程序。人民法院指定的刑事法律援助案件，由该人民法院所在地的法律援助机构统一接受并组织实施；尚未设立法律援助机构的地方，由法院所在地的同级司法行政机关接受并组织实施。法律援助机构或者司法行政机关接到指定辩护通知书和起诉书副本后，应于3日内指派承担法律援助义务的律师提供辩护。接受承办法律援助事务的辩护律师征得刑事被告人同意后，即可依照刑事诉讼法的有关规定履行辩护职责。

其三，关于刑事法律援助的资金。由于法律援助制度在中国尚处于初建阶段，目前中央和地方各级政府尚未将法律援助的经费纳入财政预算，接受法院指定辩护的律师主要是义务承担刑事法律援助工作。同时，中央和某些地方成立了法律援助基金会，接受和募集海内外社会各界的捐赠，用于创立和扶持法律援助事业。

总的说来，法律援助在中国才刚刚起步，一切尚处在初创阶段，虽然总体发展趋势是好的，但还面临很大困难，存在不少问题。例如，许多地方法律援助机构还没有设立，用于法律援助的经费也得不到落实，各级政府和社会各界，包括一些司法部门和执法人员对法律援助，特别是对犯罪嫌疑人、刑事被告人提供法律援助的意义还认识不够。今后，需要进一步加大对法律援助的宣传力度，使各级政府和社会各界从依法治国、建设社会主义法治国家的高度，充分认识建立和实施法律援助制度的重要性，加强人权保障意识，同时要尽快建立和完善各级法律援助机构，落实法律援助经费，壮大法律援助队伍，培训法律援助人员，真正贯彻落实刑事诉讼法、律师法的有关规定，贯彻联合国有关刑事法律援助的准则，改进和完善中国的刑事法律援助制度。

困境与对策：律师在侦查阶段介入刑事诉讼现象透析 *

近现代随着人本主义思潮的兴起，尊重和关怀人的自由和尊严成为现代法治国家创设各项制度的重要价值目标。反映在刑事诉讼中，则表现为加强对犯罪嫌疑人、被告人的人权保障，不仅仅把其视为“单纯的客体，即司法的奴隶”，而是把其“提高到一个自由的、自我决定的地位”（黑格尔语）。为此，刑事诉讼法创设了辩护制度，赋予犯罪嫌疑人、被告人辩护权，将其作为有着自身目的的主体来对待，使之能有充分的机会、有效的手段维护自身的合法权益。“辩护制度是近现代社会催生出的一朵文明之花，其重要意义随社会的发展日益彰显，日本有学者甚至将其视为‘决定现行法生死存亡的核心点’。”[①] 辩护从理论上可以分为自行辩护、委托或指定辩护人辩护。由于知识匮乏、经验不足、心理障碍以及程序中受到的人身自由限制，犯罪嫌疑人、被告人自行辩护有很大的局限性。无论从法律规定还是实践情况看，律师辩护是刑事辩护中最有效、最重要的辩护方式。

我国《刑事诉讼法》第 33 条明确规定，公诉案件自案件移送审查起诉之日起，犯罪嫌疑人有权委托护人。因此，审查起诉阶段和审判阶段的律师辩护因为法律的规定而“名正言顺”，实践中所受关注颇多。殊不知，侦查阶段的律师介入更具重要性，侦查阶段的律师权利保障更具迫切性。

随着我国在国际人权领域的日渐活跃以及国内刑事司法改革的深入，受到国际社会不同形式、不同程度承认和支持的联合国刑事司法准则对我国的刑事司法制度改革起着越来越重要的指导和参考价值。本

---

* 原文载陈卫东主编：《司法公正与律师辩护》，中国检察出版社 2002 年版，与高淑琴合作。

① 左卫民、周长军：《刑事诉讼的理念》，法律出版社 1999 年版，第 79—80 页。

文拟从此角度分析我国律师在侦查阶段介入刑事诉讼的若干问题及其对策。

一、律师介入侦查阶段的理论背景

1970年颁布的刑事诉讼法规定，被告人只有在审判阶段才可以委托辩护人。换句话说，辩护律师通常只是在开庭7日以前才介入诉讼。1996年修改后的刑事诉讼法规定，犯罪嫌疑人在被侦查机关第一次讯问后或者采取强制措施之日起，可以聘请律师为其提供法律咨询、代理申诉、控告。这一规定，被誉为我国刑事辩护制度的重大进步，实质意味着深层次的侦查程序价值取向、目的以及构造的变化。

（一）侦查程序价值取向的变化

一切形态的刑事诉讼制度中，都潜存着两种基本的价值追求：安全价值，“即保障社会多数成员不受各种犯罪行为的侵害，维护社会秩序和社会安全，表现为社会的一般利益”；自由价值，“即保障作为个人的社会成员所享有的免于某种或某些限制的自由，以及从事某种或某些活动的自由”，“由此主要表现为一种个体利益”。[①]

在中国，几千年的封建统治早已使国民习惯于政府的集权。为民做主的父母官，加上秩序为重、和谐为美的道德追求，编织成一张大网笼罩着中国每一个角落。而犯罪是对现存秩序最大的蔑视与挑战，中国人善良的天性在对罪犯的深恶痛绝这一点上显露无遗。为了社会的安全，从重从快打击犯罪那是人人拍手称快的事情。有中国特色的“严打”正是追求安全价值的重要表现。

时至今日，尽管传统安全价值是中国刑事诉讼的主流价值，但是中国现代诉讼价值取向中已渗入不少自由和人权的因素。随着依法治国基本治国方略的确立、公民素质的提高、人权状况的改善以及中西方文化交流的深入，传统的单一价值取向受到了挑战和质疑。赋予犯罪嫌疑人诉讼主体地位以及有效的防御手段，成为有识之士的普遍呼声。正是诉讼价值取向从单一走向多元的背景，使律师在侦查阶段介入刑事诉讼从“应然”走向“实然”。

① 左卫民、周长军：《刑事诉讼理念》，法律出版社1999年版，第96页。

（二）侦查程序目的的变化

传统观点认为，侦查目的是“查明案情，收集证据和查缉案犯”。① 而“在我国，侦查是全部刑事诉讼程序中的一个独立诉讼阶段”。② 既然把侦查阶段纳入诉讼程序，就不得不重新审视上述侦查目的。

根据宋英辉教授的观点，我国刑事诉讼的直接目的是“控制犯罪与保障人权的统一”。侦查属于广义上的诉讼活动，那么传统的侦查目的似乎走向了“犯罪控制”的极端，与整个刑事诉讼的目的产生了冲突。在这种目的观下，只注重追究犯罪，单纯追求破案率，势必导致严重侵犯犯罪嫌疑人的权利。更重要的一点是，国家专门机关对公民权利的侵犯会在公民的心理上投下抹不去的阴影，产生社会离心力和对政府的不信任感，而这一切都是造成社会动荡的因素。人们确信，执法者的不公，侦查过程中对公民权利的粗暴侵犯，在某种程度上更甚于刑事犯罪本身对国家法治和社会秩序的破坏。

因此，忽视“人权保障”这一目的，“犯罪控制”的实现必然落空。只有把这两者统一起来，才能相得益彰。律师提前介入刑事诉讼，正是为了更好地保护犯罪嫌疑人的权利，以防止刑讯逼供、非法取证等违法行为的发生，平衡刑事诉讼的目的。

（三）侦查程序结构的变化

“作为侦查活动框架的侦查程序结构无论怎么规划，都不能僭越立法者的本意，即侦查目的。”“侦查目的是侦查程序结构的基点。”③ 侦查目的的变化，必然导致结构的变化。

“犯罪控制”的目的决定必须设立这样一种结构：侦查机关享有各种侦查权力，为查明事实真相服务；犯罪嫌疑人是调查的客体和获得证据的工具，其辩护权受到畸形弱化。这种结构与大陆法系的“纠问式”类似，我国修改以前的刑事诉讼法确立的基本上是此结构。

而“犯罪控制与保障人权统一”的目的决定应设立这样一种结构：侦查机关与犯罪嫌疑人处于对抗地位，对侦查机关的权力进行限制，赋

① 邹明理主编:《侦查学》，法律出版社1996年版，第1页。

② 陈光中、徐静村主编:《刑事诉讼法》（修订版），中国政法大学出版社2000年版，第282页。

③ 陈岚:《侦查程序结构论》，载《法学评论家》1999年第6期。

予犯罪嫌疑人主体地位以及一系列保障性权利，其中获得律师帮助权是最重要的一项权利，即辩护权必须得到保障。这种结构接近于英美法系的“弹劾式”。

由于我国缺少“弹劾式”侦查结构的合理因素，为了适应更新的侦查程序目的，必须吸收这种结构中的制度设置。为了优化侦查程序结构、实现侦查程序目的、反映侦查程序价值取向，必须切实保障律师介入侦查程序的可行性和有效性。

二、律师介入侦查阶段所面临的困境

1996年刑事诉讼法修改至今，已经几年过去了，修改后的刑事诉讼法明确规定了律师在侦查阶段就有权参与刑事诉讼，这是我国诉讼法制建设的重大进步。但是，几年的实践下来，改革举措步履艰难，律师介入侦查阶段障碍重重，一系列诉讼权利只停留在立法层面，实践中贯彻极为不力，甚至有律师慨叹：“会见难，取证难，阅卷难，处处难关，难以逾越；遭驱除，囚铁窗，受绑架，律师蒙难，屡见不鲜。”①

其艰难主要表现在以下几个方面：

一是大部分侦查人员的观念停留在以前，国家本位、权力本位、义务本位的观念仍在相当多的侦查人员思想中占主导地位，犯罪嫌疑人的地位独立、人格尊严等没有受到相应的重视。因此，律师在侦查人员眼里也被视为司法的“异己”力量。

二是许多犯罪嫌疑人不清楚自己“被侦查机关第一次讯问后或者采取强制措施之日起”享有聘请律师提供法律帮助的权利，而侦查人员在大多数情况下并没有按照法律规定告知犯罪嫌疑人享有此权利。所以实践中律师介入侦查阶段的比例偏低，没有发挥这项制度应有的功能。

三是律师普遍感到“会见难”。对于律师提出的会见要求，侦查机关“制造种种理由、借口无限拖延；非涉密案件还要经过批准，一批就是几个月；受委托的律师会见被监视居住的犯罪嫌疑人经过侦查机关同意使律师的会见难上加难；对律师同犯罪嫌疑人的会见限定时间，限制次数，控制问话内容，禁止记录等，使会见流于形式”。②会见的目的达

① 周宗全：《律师千年赋》，载《中国律师》2001年第2期。

② 樊崇义：《刑事辩护制度实施的现实分析》，载《法制日报》2001年4月8日。

不到，就使律师“提供法律咨询，代理申诉、控告”成为空穴来风。

四是侦查人员讯问犯罪嫌疑人时律师没有在场权，导致实践中刑讯逼供现象时有发生，久禁不绝，而且在随后的诉讼程序中因对“非法取证”难以取证、难以举证，而使非自愿的供述“冠冕堂皇”地合法化。

五是立法对律师在侦查阶段的调查取证权，未作明确规定。没有法律的保障，律师无权去调查取证；没有证据的支撑，“控告和申诉”只能是一纸空文。

六是法律的某些限制性甚至歧视性规定很大程度上挫伤了律师介入侦查阶段的积极性。修订后的《刑法》第306条将律师作为伪证罪的特殊主体，增加了律师指使、诱使证人作伪证的规定。这规定如一把悬挂在律师头顶的达摩克利斯之剑，使律师在介入侦查阶段时诚惶诚恐，如履薄冰。律师界正流传这样几种比喻：“律师提前介入刑事诉讼，是一个铺满鲜花的陷阱”；“律师伪证罪，猛于虎”。[①] 律师的执业安全得不到保障，严重影响其履行辩护职责。

三、摆脱困境的若干对策

法典上规定的权利要变为诉讼参与人实实在在享有的权利，必须有相应的制度与措施加以保障。发挥律师在侦查阶段的应有功能，实现立法的最初意图，应该考虑下面几个方面的对策来解决上述问题。

（一）更新执法人员诉讼观念

引进律师介入侦查阶段的目的就是使侦查阶段“控辩”双方也能平等对立，以利于更准确地查明事实，更充分地保障人权。现代意义上的诉讼形态就是双方的“障碍赛跑”或者国家机关“戴着锁链跳舞”。因为我国在侦查阶段缺乏中立司法机关对侦查机关的有效制约，所以律师介入以加强犯罪嫌疑人一方的力量，可对侦查机关与犯罪嫌疑人之间“畸形”的强弱对比起到一定的缓冲作用。另外，套用一句古老的法谚：“正义不仅应当实现，而且还应该以人们看得见的方式得到实现”，即实体正义应该以公正的程序得以实现。律师介入侦查程序，有利于对侦查活动进行有效监督与制约，及时发现办案人员的违法侵权行为，提出纠

① 陈秋兰：《一个不得不说的话题：律师伪证罪》，载《中国律师》2000年第3期。

正意见，保证侦查工作依法正确进行；有利于维护犯罪嫌疑人的合法诉讼权利，侦查阶段是对犯罪嫌疑人权利威胁最大的阶段，也正是犯罪嫌疑人最需要辩护人帮助的时刻；能保证律师有充分的时间了解案情、调查必要的证据，使律师能够切实有效地履行自己的辩护职责。律师介入正是公正程序的必然要求。

侦查人员必须树立以上观念，当然，树立这些观念以前，必须扭转一个根本性的认识，即犯罪嫌疑人是独立的具有尊严的个人，其固有的自然权利不容侵犯。律师也不是犯罪嫌疑人的“代言人”，是具有独立诉讼地位的参与人，律师的介入是诉讼民主的表现。只有基于这种认识，其他的观念转变才成为可能。

（二）明确律师在侦查阶段的地位

我国刑事诉讼法并未明确规定律师在侦查阶段属于“诉讼参与人”中的哪一种。“受犯罪嫌疑人委托的律师”“法律帮助人”“犯罪嫌疑人的法律顾问”等，理论与实践中称呼不一。为了律师能够在侦查阶段有效行使权利，为律师“正名”实为必要。

诉讼理论通说认为，刑事诉讼有三种基本职能，即控诉、辩护和审判。与诉讼结果无利害关系的诉讼参与人具有“协助诉讼的功能”①，但其协助的只能是三种基本职能中的一种。我国刑事诉讼法规定，犯罪嫌疑人、被告人享有辩护权，可以自行辩护，也可以委托律师代为行使。“律师的职责就是依据事实和法律为委托人进行辩护，使委托人获得公正合法的诉讼结果。因此，律师只要接受被控告者的委托介入诉讼，无论在什么诉讼阶段介入，他在本质上都是辩护人，在诉讼过程中，他只属于‘辩护人’这一种诉讼参与人。”② 其实，分析一下律师在侦查阶段的诉讼活动，“向侦查机关了解犯罪嫌疑人涉嫌的罪名”，“会见在押的犯罪嫌疑人，向犯罪嫌疑人了解有关案件情况”，“提供法律咨询、代理申诉、控告”，我们可以发现律师的这一切活动旨在帮助犯罪嫌疑人准备正确应诉，实行有效防御，这一切均是辩护人的责任。因此，侦查阶

① 陈光中、徐静村主编:《刑事诉法》(修订版)，中国政法大学出版社2000年版，第53页。

② 陈光中、徐静村主编:《刑事诉法》(修订版)，中国政法大学出版社2000年版，第145页。

段的律师除了辩护人之外，其他称谓都是不必要的，也是不正确的。

律师在侦查阶段作为辩护人介入诉讼，就应按照刑事诉讼法和律师法的规定享有其作为辩护人的权利，侦查机关不能剥夺或限制这种权利。

（三）保障犯罪嫌疑人获得律师帮助的权利

律师有权介入侦查阶段，这是修改后的刑事诉讼法新增的内容。但是由于法律知识的缺失，许多犯罪嫌疑人可能并不清楚这项权利；而侦查人员为职业利益所驱，在法律并未明确不“告知”要负法律责任的情况下，理所当然地不“告知”，以致修改的初衷根本无从实现。

《人民检察院刑事诉讼规则》第145条规定：“检察人员第一次讯问犯罪嫌疑人后或者对其采取强制措施之日起，应当告知犯罪嫌疑人可以聘请律师为其提供法律咨询、代理申诉、控告或为其申请取保候审，并将告知情况记明笔录。”《公安机关办理刑事案件程序规定》第36条也规定：“公安机关在对犯罪嫌疑人依法进行第一次讯问后或采取强制施之日起，应当告知犯罪嫌疑人有权聘请律师为其提供法律咨询、代理申诉、控告，并记录在案。”虽然法律明确了侦查人员的告知义务，但并没有规定违背此义务的法律后果，所以实践中“告知”义务履行情况并不乐观。对于侦查人员违背“告知”义务，我们认为需要通过综合治理予以改进。公安机关、检察机关内部加强法制教育和宣传是一方面，更应对违反规定的侦查人员按警察法或检察官法予以惩戒。另外，在立法方面寻找对策也不失为解决问题的另一出路。我国目前正在酝酿证据法草案，可考虑确立非法证据排除规则，侦查人员不履行告知义务，以“程序非法”论，取得的犯罪嫌疑人供述不得作为证据使用。只有从立法上明确规定这种法律后果，才能切实保障侦查人员的告知义务不会成为弹性条款。

这一做法在国际上也是通行的。联合国《关于律师作用的基本原则》第5条规定：“各国政府应确保由主管当局迅速告知遭到逮捕或拘留，或被指控犯有刑事罪的所有的人，他有权得到自行选定的一名律师提供协助。”英国《法官规则》规定：“警察在讯问犯罪嫌疑人以前，必须口头告知被羁押的人有权获得律师的帮助。加拿大的法律关怀更是“体贴入微”。《加拿大权利与自由大宪章》第10条规定：“被逮捕或拘留的任何人有权毫不延迟地委托和指定律师，并且他应被告知这一权利。告知的时间在警察开始讯问之前，并且警察应确保犯罪嫌疑人理解这一权利。假如犯罪嫌疑人不能理解这一权利，警察应与其作进一步的沟通，如对这一权利作进一步的解释或者提供翻译。”

同时，笔者认为侦查人员仅负有“告知”义务还不够，侦查机关应确保每一个犯罪嫌疑人能得到律师的帮助。我国刑事诉讼法规定，人民法院有义务保证被告人得到辩护，即当被告人由于经济困难或者其他原因而无力聘请辩护人时，人民法院为其指定承担法律援助义务的律师进行辩护。这一规定过于偏狭，应该把犯罪嫌疑人也列为法律援助的对象，明确侦查机关有义务保证犯罪嫌疑人获得律师帮助。《关于律师作用的基本原则》第1条规定：“所有的人都有权请求由其选择的一名律师协助保护和确定其权利并在刑事诉讼的各个阶段为其辩护。”第6条又规定：“任何没有律师的人在司法需要情况下均有权获得按犯罪性质指派给他的一名有经验和能力的律师以便得到有效的法律协助，如果他无足够力量为此种服务支付费用，可不交费。”侦查阶段是犯罪嫌疑人权利的“脆弱期”，最易受侵犯，最需要保护，应当确保每一个犯罪嫌疑人有律师协助，不因诉讼之外的其他原因而影响权利，真正体现法律对每一个人的平等关注。

（四）疏通律师与犯罪嫌疑人会见的渠道

在押的犯罪嫌疑人与律师会见权是最基本的权利。通过会见，律师可以从犯罪嫌疑人那里了解案件有关情况，了解犯罪嫌疑人是否受到侦查机关的不当对待并能为其提供法律咨询。这是律师在诉讼过程中发挥辩护职能的基础。

联合国《保护所有遭受任何形式拘留或监禁的人的原则》第18条第2款规定：“应允许被拘留人或被监禁人有充分的时间和便利与其法律顾问进行磋商。”我国《刑事诉讼法》第96条规定，被聘请的律师，有权在犯罪嫌疑人第一次讯问后或被采取强制措施之日起会见犯罪嫌疑人。“六部委”《关于刑事诉讼法实施中若干问题的规定》第11条也对律师在侦查阶段会见犯罪嫌疑人最短的时限作了规定，而且指明“对于不涉及国家秘密的案件，律师会见犯罪嫌疑人不需要经过批准”。

但是侦查机关各自从部门的需要出发，对法律条文的含义和逻辑结构作出有违立法本意的解释。比如，法律明确规定律师会见犯罪嫌疑人除涉及国家机密案件外不需要经过批准，而他们则规定必须经过批准；最短时限48小时被当作除外条款来执行；法律没有规定律师会见的次数和每次会见持续的时间，而他们内部规定律师只准会见一次，每次45分钟为限；等等。这种司法解释的部门化，与保障犯罪嫌疑人人权、保障律师诉讼权利的法律要求背道而驰。司法解释部门化，是有法不依、执法不严的表现。从司法解释部门化很可能发展为司法解释地方化、私人化，从而导致更为严重的后果。因此，这是保障律师会见权必须解决的一个重要问题。为了确保高位阶的法律规定落到实处，必须对国内低层次的立法和司法解释进行协调，将与高位阶的法律规定相矛盾相冲突的立法和司法解释予以修改或废除。《关于律师在侦查阶段介入刑事诉讼活动的暂行规定（试行）》《人民检察院实施〈中华人民共和国刑事诉讼法〉规则（试行）》均对律师会见犯罪嫌疑人的次数和时间作出了很大的限制，前者已经废止，后者中这方面的规定也应取消。"为了真正发挥律师在加强国家民主法制建设中的作用，给予律师比较充裕的会见时间是必要的；会见次数也不应当限定为一两次。律师会见犯罪嫌疑人的次数、时间长短，基本上应当由律师根据实际需要来确定。"[①]立法上可以借鉴日本刑事诉讼法规定的"指定接见制度"，由侦查机关指定二者会见的具体时间和场所，但对会见的次数和每次会见的时间，除要求其遵守监管机关的一般规定外，不作限制。

另外，我国刑事诉讼法规定，律师会见犯罪嫌疑人时，由侦查机关决定是否派员在场。这一法律规定在司法实践中更是被侦查机关淋漓尽致地扩张解释。派员在场成为律师会见的前提条件。按侦查机关内部规定，派员在场一定要派承办人员，其他人员不熟悉案情。由于派员在场的人员的特定性，会见律师须围绕承办人员转。承办人员声称"忙"，律师即无法实现会见权。而迟到的会见，实际上已无必要，律师会见形同虚设。侦查人员在百忙之中安排会见，又事前警告、事后追问，使犯罪嫌疑人与律师之间的交谈毫无保密性可言，更使犯罪嫌疑人心理负担过重，严重影响其与律师的交流沟通。

联合国《保护所有遭受任何形式拘留或监禁的人的原则》第18条

① 李宝岳：《律师参与刑事诉讼的若干问题及对策》，载《中国律师》2001年第2期。

第3款明确："除司法当局或其他当局为维持安全和良好秩序认为必要并在法律或合法条例具体规定的特别情况外，不得中止或限制被拘留人或被监禁人接受其法律顾问来访和在既不被搁延又不受检查以及在充分保密的情形下与其法律顾问联络的权利。"随后第4款又规定："被拘留人或被监禁人与其法律顾问的会见可在执法人员的视线范围内但听力范围外进行。"《关于律师作用的基本原则》第8条规定："遭逮捕、拘留或监禁的所有的人应有充分机会、时间和便利条件，毫无迟延地、在不被窃听、不经检查和完全保密情况下接受律师来访和与律师联系协商。这种协商可在执法人员能看得见但听不见的范围内进行。"第22条规定："各国政府应确认和尊重律师及其委托人之间在其专业关系内的所有联络和磋商均属保密性的。"这些规定在各国的刑事诉讼法中均得到了不同程度的体现。

因此，建议我国立法应明确侦查人员的在场应是"看得见但听不见"的在场，这样既可防止犯罪嫌疑人的危险举动，又能确保其与律师安全交谈。律师会见犯罪嫌疑人的权利，是律师介入侦查阶段真正发挥辩护职能的一个基础性、保障性权利，是律师进行其他诉讼活动的前提。这种会见只有在保密的情况下进行才有实质意义，而现行立法关于侦查人员会见时可以派员在场的规定及其执行状况大大削弱了律师会见权所应发挥的作用。更有甚者，有些地方的侦查机关在不告知律师的情况下，以录音、录像方式进行秘密监控。这种做法严重侵犯了律师与犯罪嫌疑人之间的秘密交流权，应当明确加以禁止。简而言之，法律对会见权的限制越来越少，应是未来的发展趋势，特别是会见的保密问题，必须得到法律的认可。

（五）规定律师在侦查人员讯问犯罪嫌疑人时有在场权

讯问中犯罪嫌疑人的权利是需要特殊保护的。一方面，侦查人员由于职业趋向，容易先入为主，难以摆脱"有罪推定"的思维定式。一些大案要案，由于备受社会舆论的关注和领导的重视，侦查人员有些破案心切，急功近利。虽然我国刑事诉讼法规定，侦查人员讯问犯罪嫌疑人时，应当首先讯问犯罪嫌疑人是否有犯罪行为，让他陈述有罪的情节或者无罪的辩解，但实践中侦查人员"有罪推定"的思维定式容易形成"如实回答"就是"有罪供述"的观念，往往对犯罪嫌疑人无罪的辩解置若罔闻。以上种种因素，使侦查人员在讯问中很难做到客观、公正、全面地对待犯罪嫌疑人的供述和辩解。当侦查人员将破案的重心放在获取犯罪嫌疑人口供而又未能如愿时，刑讯逼供或其他非法取证的现象便随之发生了。另一方面，被讯问的犯罪嫌疑人多数处于被羁押状态，人身自由受到限制，对法律不熟悉，对个人权利不清楚，保护意识差，对抗能力弱，在强大的侦查机关面前显得单薄无力、孤立无援。律师的在场对于犯罪嫌疑人不仅仅是一种精神上的依赖，更是实质意义上的协助，犯罪嫌疑人可以随时要求停止讯问，及时寻求律师的咨询意见。因此，为了在讯问中防止侦查机关滥用权力，增强犯罪嫌疑人的对抗能力，赋予律师在讯问时的在场权是十分必要的。

谈到律师的在场权，我们不能不强调它对遏制刑讯逼供的积极意义。我国刑事诉讼法明令禁止刑讯逼供，包括对犯罪嫌疑人身体和精神的任何强制，但司法实务的状况并不尽然，刑讯逼供仍然是一个难以解决的顽症，经媒体曝光的“血淋淋的事实”常使人们义愤填膺，惊骇震撼。刑讯逼供作为一种司法现象，其原因是多种多样的，要从根本上遏制是一项复杂的系统工程，涉及侦查人员法律素质的提高，侦查阶段配套措施的完备，责任追究机制的健全，非法证据排除规则的确立等，而律师的在场权是这一系统工程的重要一环。因为讯问时律师在场，既可以指导犯罪嫌疑人回答侦查人员的提问，又可以对侦查人员的讯问活动进行监督，防止出现不应有的强制，使犯罪嫌疑人能够真正充分自由地陈述案情或者回答提问。

从比较法的角度来看，注重人权保障的英美法系国家对犯罪嫌疑人接受讯问时律师的在场权十分强调并予以充分保障。美国法规定：“只要嫌疑人坚持律师到场的，没有律师在场就不能讯问嫌疑人；嫌疑人先前放弃律师帮助权，在讯问过程中又明确主张需要律师到场的，讯问必须立即中止，直到律师到场才能恢复讯问。”[①] 英国法规定，在讯问开始时或者进行过程中，被拘留人被允许咨询律师而且可能咨询到律师的情况下，必须允许该律师在讯问过程中在场。传统上注重犯罪控制的大陆法系国家虽然对律师的在场权颇多限制，但新的意大利刑事诉讼法典却赋

---

① Arizona v. Roberson, 486 U. S. 675，108 S. Ct. 2093，100 L. Ed. 2D 704（1988）.

予辩护人广泛的在场权，这一立法动向值得注意。意大利法规定，除法律规定的特殊情况外，没有辩护人到场不得讯问犯罪嫌疑人，否则获得的陈述在审判中不具有证据能力。[①]目前，中国尚未确立沉默权制度（虽然我们一直力主建立这一制度），但并不影响设立律师在场制度。因为法律已经明确律师在侦查阶段可以介入刑事诉讼，如果犯罪嫌疑人接受讯问时允许律师在场，可以防止侦查人员以刑讯逼供或威胁、引诱、欺骗等其他非法手段取得犯罪嫌疑人供述，可以保证犯罪嫌疑人供述的自愿性和真实性，从而既能及时有效地维护犯罪嫌疑人权益，又有利于犯罪嫌疑人口供这一重要证据的合法收集。

当然，从立法的前瞻性来看，为了切实有效地保障犯罪嫌疑人在侦查阶段的人权，除赋予律师在侦查人员讯问犯罪嫌疑人时的在场权外，还需要考虑设立相关的配套制度，如明确犯罪嫌疑人的沉默权，实行讯问官员与羁押官员的分离，并可以借鉴英国经验在讯问时进行双卡录音、同步录像等。

（六）赋予律师侦查阶段一定的调查取证权

在我国，对犯罪的侦查权由侦查机关代表国家集中垄断行使。《刑事诉讼法》第89条规定："公安机关对已经立案的刑事案件，应当进行侦查，收集、调取犯罪嫌疑人有罪或者无罪、罪轻或者罪重的证据材料。"要求侦查机关全面收集犯罪嫌疑人有罪、无罪的证据，这是基于对警察人格的理想假设。实际情况是，公安机关既然已经立案，通常他们就会"想方设法"认定犯罪嫌疑人就是"罪犯"，并竭尽全力地维护他们认定的准确性。我们的程序在设计上不能以个人的品格高尚为基础，而应当考虑到每个人都具有实施恶的行为的可能性。陈兴良教授认为："人性是善还是恶这是一个难以实证的问题。但与其假定人性善，不如假定人性恶。"[②]既然侦查人员受其诉讼倾向和职业习惯驱使，不大可能做不偏不倚的"圣人"，我们就不应强人所难，硬要求他们收集犯罪嫌疑人无罪或罪轻的证据材料，把这一权利赋予律师，岂不两全其美？

---

① 孙长永：《沉默权制度研究》，法律出版社2001年版，第123页。

② 陈兴良：《罪刑法定的当代命运》，载《法学研究》1996年第2期。

此外，律师要代理犯罪嫌疑人申诉、控告，没有一定的调查取证权根本不行。申诉、控告时，根据“谁主张，谁举证”的原则，犯罪嫌疑人或律师要负举证责任。律师调查取证权实质是诉讼当事人举证权利的延伸，是履行举证责任的保障。如果律师无权收集证据，举证责任很难履行，申诉、控告就成为只有承诺而无法实现的权利。

刑事诉讼法规定律师自审查起诉之日起，享有调查取证权。收集证据贵在神速，许多物证、人证时过境迁之后，或者难以收集，或者面目全非。所以，应该赋予律师在侦查阶段的调查取证权，使其最大可能地收集到最原始的证据。也许有人担心律师的调查取证会妨碍“国家的公务活动”，我们认为这种担心没有必要。“侦查人员有权采取公开和秘密的调查取证权，有先进的技术设备帮助，有强制措施为后盾；而律师只享有询问证人、被害人和徒手提取证物等调查取证权，仅凭律师的两只手和两条腿，一支笔和一张嘴，岂能妨碍侦查人员调查取证？”[①]

（七）立法应该赋予律师执业特权

律师介入刑事诉讼，争辩曲直，横议是非，自然会遭到各种意想不到的麻烦，其中包括来自当事人的人身威胁和来自官方的追究。从目前的司法实践来看，辩护律师遇到的执业危险可能更多地来自侦查或司法机关。

我国修订后的《刑法》第306条规定：“在刑事诉讼中，辩护人、诉讼代理人毁灭、伪造证据，帮助当事人毁灭、伪造证据，威胁、引诱证人违背事实改变证言或者作伪证的，处三年以下有期徒刑或者拘役；情节严重的，处三年以上七年以下有期徒刑。”在侦查阶段，律师可以会见犯罪嫌疑人，在会见后如果犯罪嫌疑人推翻了先前对侦查机关的供述或者作出了与先前不一致的供述，律师就很可能被认为在其中起了作用，构成指使证人改变证言或者作伪证的嫌疑。目前，律师担任辩护人后可以进行一定的调查取证行为。拿询问证人来说，如果律师调查所得的证人证言与侦查机关收集的证人证言不一致，特别是证人原先对犯罪嫌疑人不利的证言变成了对犯罪嫌疑人有利的证言，那么在法庭质证

① 刘根菊：《刑事诉讼法与律师制度热点问题研究》，黑龙江人民出版社2000年版，第246页。

时，证人很可能陷入两难境地：要么是对侦查机关撒了谎，要么是对法庭撒了谎。面对咄咄逼人的控方询问，证人为了解脱自己，免除或减轻改变证言的责任，最简单也是最常见的手法就是把改变证言的责任推到律师身上。律师再次面临妨碍作证的风险。

据统计，“新《刑法》实施后，律师执业中涉及‘伪造证据罪’、‘妨害证据罪’的案件占全部维权案件数量的80%”[①]。律师因涉嫌“伪证罪”而被司法机关拘留、逮捕、判刑的案件日趋上升。律师界中有人分析：“不能否认，确有极少数律师受经济利益驱动，执业中故意帮助犯罪嫌疑人伪造证据，或诱导证人出具虚假证言，干扰司法机关的正常诉讼活动，因而受到刑事处罚。”“但是，在当前律师涉嫌伪证被采取强制措施，乃至被判刑的数起案件中亦不乏蒙冤受屈者。”[②]最常见的就是将律师执业中工作上的错误或失误，或者违背律师职业道德或执业纪律的行为认定为犯罪。

《刑法》第306条把律师作为伪证罪的特殊主体，在立法上是对律师的歧视。在诉讼中违法乱纪、制造伪证的并不限于律师，为什么要对律师单独加以规定？每个人都有作证的义务，任何人如果作伪证，都会构成伪证罪，因此伪证罪的犯罪主体应该是一般主体。把律师作为伪证罪的特殊主体，有强调意味，会起误导作用，对于正处于恢复、发展和健全时期的中国辩护制度是极为不利的。特别是律师介入侦查阶段，其权利更是需要特殊“关照”而不是“歧视”待遇。因此，立法应该取消律师作为伪证罪的特殊主体，赋予其一定的执业特权。

《关于律师作用的基本原则》第20条规定：“律师对于其书面或口头辩护时所发表的有关言论或作为职责任务出现于某一法院、法庭或其他法律或行政当局之前所发表的有关言论，应享有民事或刑事豁免权。”赋予律师刑事辩护豁免权，保障律师在刑事诉讼中的人身权利和诉讼权利不受侵犯，减少律师执业风险，能确保辩护职能有效履行和刑事诉讼顺利进行。

律师有权在侦查阶段介入刑事诉讼，这是修改后的刑事诉讼法的一大进步。但源于方方面面的原因，法律的规定并未在司法实践中得到很

① 陈秋兰：《一个不得不说的话题：律师伪证罪》，载《中国律师》2000年第3期。

② 陈秋兰：《一个不得不说的话题：律师伪证罪》，载《中国律师》2000年第3期。

好的贯彻实施，律师介入侦查阶段面临很多的风险和问题。我们应当意识到这一问题的严重性，从立法和司法等各个层面探讨对策，以便使立法所取得的进步真正在司法实践中得到贯彻实施，使律师在侦查阶段能够积极有效地履行职务，使我国的刑事诉讼更加民主、更加文明。

如何看待被告人有罪答辩

——辩诉交易的一点启示 *

作为美国刑事司法实践中所生成的制度，辩诉交易能否切合我国刑事司法需要进行整体移植并发挥积极作用目前尚有争论，但这并不影响我们抽象出其中的合理因素，并为检视中国刑事司法实践中与辩诉交易密切相关的问题即如何全面看待被告人有罪答辩提供思考的路径。被告人的自愿有罪答辩，绝不仅是一种对于准确认定案件事实很有价值的证据，如果能够将其视作被告人作为诉讼主体而对自身权益所作的一种明智选择或处分并且给予其相应从轻处罚的实体处理和构建相对简化的诉讼程序，则更能彰显追求司法公正、注重人权保障、强化诉讼民主、提高诉讼效率等多重价值并重的现代司法理念。

一、辩诉交易制度中被告人有罪答辩的审查机制

辩诉交易的常见形式，是控方以减少指控、降格指控或减刑建议等作为条件换取被告人作有罪答辩。一旦被告人对指控答辩有罪，便意味着放弃了反对自我归罪的权利，放弃了由陪审团进行审判并与控方质证等关于公正审判的宪法性保障，从而可以省略正式的法庭审理，可以由法官径行定罪科刑。因此，辩诉交易的核心是被告人认罪。被告人认罪既是控辩双方谈判、协议的目标和结果，也是审判程序简化的前提和基础。从表面看，被告人因与控诉方进行交易作出有罪答辩从而丧失了宪法所提供的一系列权利保障，在宣扬正当法律程序的美国，这引起了人们对被告人个人权益保障不力的普遍担心。美国联邦最高法院因应这种情绪，通过一系列判例逐步确立了关于辩诉交易对被告人有罪答辩进行审查判断的缜密机制，从而保障被告人有罪答辩的自愿性（voluntary）、

---

* 原文发表于《政法论坛》2002 年第 6 期。

明智性（intelligent）和明知性（knowingly）。

第一，对答辩自愿性的审查。当被告人在传讯阶段在法庭上作出有罪答辩或对指控不持异议的答辩时[①]，法院必须判断答辩是否系被告人自愿作出。联邦最高法院为此确立下列判断标准:（1）被告人有罪答辩的作出必须以充分意识到自己行为的后果为前提，这种充分的意识同时包括“法院、检察官或被告人的律师对被告人作出的任何承担义务的承诺的实际价值”。（2）这一有罪答辩的作出必须排除威胁（如“如果其作出有罪答辩，就停止不适当的侵害”的承诺）、错误的表达（如没有完成或不可能完成的诺言）或与检察官职责没有关系的不恰当的承诺诱导的影响。同时，法院有义务根据这一标准就“答辩的作出是否有任何威胁或不恰当承诺引诱的结果”进行询问，并形成内心确信。[②]

第二，对答辩能力的判断。对自愿性的判断并不包括对被告人答辩能力的询问，但是，庭审法官亦对此负有宪法性的判断职责。[③]无论何时，只要法官有合理的根据怀疑被告人的能力，他就必须推迟接受该被告人作出的有罪答辩或者对指控不持异议的答辩，同时提议举行相关的程序，对该被告人的精神状况进行审查并作出判断。目前，在美国的刑事立法中尚无一个切实可行的判断标准，实践中通常采用判断被告人是否有能力接受庭审的标准来作为判断其答辩能力的标准，即审查被告人是否有足够的、现实的能力与其律师进行讨论，并对这种讨论具有一定程度的合理的、理性的理解和对于不利于自己的程序有理性的、实际的理解。[④]

第三，对是否理解指控的判断。在传讯阶段，法官的另一项职责是判断被告人是否理解他作出的有罪答辩或者对指控不持异议的答辩所针对的指控的意义。《美国联邦刑事诉讼规则》第 11 条（C）“对被告人忠告”规定:“在接受有罪答辩或对指控不持异议的答辩前，法庭必须在公开法庭与被告人亲自对话，告知被告人并确定被告人理解下列事项:

---

① 在美国，被告人在审前的传讯阶段可能作出以下四种答辩:（1）无罪答辩;（2）有罪答辩;（3）以精神病为由的无罪答辩;（4）对指控不持异议的答辩（旧译不愿辩护但也不承认有罪的答辩）。

② See Brady v .United States, 397U .S .724， 90 S .Ct .1463, 25 L.Ed .2d 747 (1970).

③ See Pate v. Robinson, 383 U.S.375, 86 S .Ct .736, 15 L .Ed .2d 815 (1966).

④ See Dusky v. United States, 362U.S.402, 80 S .Ct.788, 4 L .Ed .2d 824 (1960).

（1）答辩所针对的指控的性质；法定强制最低刑（如果有的话），法定可能最高刑，包括任何特别假释或监视释放的效力；法庭量刑时应予考虑的可适用的量刑准则和在某些情况下可以不适用这些规则，以及当适用时法庭也可以命令被告人赔偿犯罪被害人损失……”

判例确认，法官必须告知被告人其有罪答辩所针对的罪行的性质和要素，也就是说，使被告人理解检察官要证明其有罪必须加以证明的被告人的行为、精神状况以及相关的环境。虽然法官没有必要总是详细描述每一个犯罪的要件，但要将关键性因素告知被告人。至于何谓关键性要素，司法实践中下级法院常常理解为：如果忽略或不对该要素进行解释，是否将增加答辩所针对的罪行的指控等级和严重程度。总之，法官使被告人理解对其所作出的指控的告知非常重要，正如联邦最高法院在麦卡锡诉美利坚合众国一案中曾经说过的：“除非被告人确实了解了相关的法律，否则其作出的有罪答辩就不能被认为是自愿的。”[①]

第四，对被告人是否理解有罪答辩可能产生后果的判断。如果被告人作出了有罪答辩或者对指控不持异议的答辩，那么法官的另一项职责就是告知被告人如果其有罪答辩被接受，将会产生什么样的后果。传统的做法是：这些所应告知之后果仅指“直接后果”，而不涉及那些本质上具有“附随”性质的后果。当然，如何判断某一后果属于“直接后果”抑或“附随后果”在美国的刑事司法实践中尚未达成共识。

实践中所形成的关于“直接后果”与“附随后果”的判断标准之一是：是否会对被告人的量刑范围产生确定和直接的效果。凡与可能会科处的刑罚相关的事实一般都是直接后果。法官应当告知被告人指控所依据的成文法中的量刑条款、加重处罚情节以及被告人有可能被判处的最高刑罚。而关于假释或保释的事项，则没有必要专门告知被告人。但是由于被告人一般都会认为自己有被保释的可能性，因此如果其答辩所针对的犯罪不能够被保释，则法官应对被告人予以告知。

第五，对被告人是否理解自己放弃的权利的判断。一如上述，倘若被告人选择有罪答辩，则同时意味着被告人自愿选择放弃了一部分的宪法权利，而法官的职责则是判断被告人对自己所放弃之权利是否明知，并提醒被告人：如果他们作出有罪答辩，相对于不作出有罪答辩将失去

① See McCarthy v. United States, 394U .S .459, 89 S .C t.1166 , 22 L Ed .2d 418 (1969).

什么样的宪法权利。除非被告人得到这种告知，否则他们放弃这些权利的行为就是不明知的。同时，对被告人所放弃之“反对强迫自我归罪权”“获得陪审团审判的权利”“与控方证人对质的权利”必须经过书面记录方使此种放弃为有效。

另外，联邦最高法院在20世纪70年代初审理的四个案件[①]中认为，被告人作出有罪答辩，就代表被告人对自己有罪的承认和对相关权利的放弃；如果有罪答辩是在律师的充分帮助下进行的，那么法院就可以直接认定有罪。这样通常就存在一种情况——被告人作出一项自愿的和理智的有罪答辩，就意味着他对所有申诉权利的放弃。因此，法官亦应对被告人是否明知此权利的放弃加以判断。

第六，对答辩的事实性基础的判断。近年来，在美国的许多州对法官接受有罪答辩时的义务附加了额外的规定，即要求法官对被告人有罪答辩的准确性进行判断。此种判断常见的方式包括询问被告人、检察官，审查有关的报告或者综合使用这些方法。对事实性基础的判断可以保护那些理解指控的性质，但却没有意识到自己的行为并没有构成指控所针对的犯罪就自愿作出有罪答辩的被告人。另外，该种判断亦可以使法院对被告人作出答辩的能力、意志以及他对指控的理解作出判断。

美国联邦最高法院没有明确该事实性基础所应达致的程度，实践中，当作出有罪答辩的被告人否认犯罪时，倘若法官还要坚持接受这种答辩，则支持有罪答辩的事实性基础其证明程度要高于证明其他事实的证据。

二、在我国关注被告人有罪答辩的因由

被告人的有罪答辩，即被告人作出的有罪供述，在实践中往往又被称作口供[②]，是我国刑事诉讼法所规定的法定证据种类中的一种。作为一种直接证据，被告人的口供如果真实，可以对案件事实的证明发挥其他

---

① “布雷迪诉美利坚合众国”（Brady v. United States, 397 U.S.742, 1970）、“迈克曼诉里查得逊”（McMann v. Richardson, 397 U.S.759, 1970）、“帕克诉北卡罗林纳州”（Parker v. North Carolina, 397 U.S.790, 1970）和“陶莱特诉亨德森”（Tollett v. Henderson, 411 U.S.258, 1973）。

② 当然，被告人的口供亦包括被告人的辩解。但是显然，司法实践部门所关注并积极追求的，往往是专指被告人的有罪供述。

证据难以比拟的独特作用。另外，作为被追诉者和刑事责任的可能承担者，被告人往往不愿如实陈述或坦诚相告，而是虚虚实实或真真假假，这就造成了被告人口供的两重性。鉴于我国长期封建专制诉讼中“断狱必取输服供词”“无供不录案”的司法传统和现行司法实践中对被告人口供的青睐和倚重，立法在被告人口供问题上持审慎的态度，采取了“不轻信口供”的基本立场。但也就仅限于将被告人供述作为证据的一种，或者说一种特殊的证据，缺乏将被告人对指控承认有罪视为程序主体某种权益处分方面的考量。此外，即使是被告人口供作为一种证据运用方面的立法关心和限制，在司法实务中也因种种对口供的“热情追逐”而几乎沦为一纸空文。因此，源于被告人口供的特殊性，在下列方面所存在的问题足以有理由引起我们对被告人有罪答辩的高度关注：

第一，在运用口供证明案件事实的原则上，我国的刑事诉讼法规定：查明案件事实要重证据、重调查研究，不轻信口供；仅凭口供不能定罪；没有口供，其他证据确实、充分的，可以定罪。立法的这种规定，充分考虑到了被告人口供来源的特殊性，其目的在于防止被告人基于各种原因而作出虚假的或者非自愿的供述，防止公安司法机关过分倚重口供而非法取证甚至搞刑讯逼供，从而损害司法公正、侵犯被告人人权。这当然是应该予以充分肯定的。但是，同时不应否认，被告人作出的有罪答辩亦有真实的可能，特别是在被告人自愿供述的情况下。因此，对于一些特殊的案件，如流窜作案的案件、没有被害人的案件，如果能够通过缜密的程序设置保证被告人对犯罪的供认出于自愿，是否仍有必要强调对被告人口供的运用必须有补强证据呢？另外，基于对被告人口供的倚重，“不轻信口供”的证据运用原则并未消减办案人员对被告人口供追求的“热情”，这不仅表现在隐性司法中侦查人员以刑讯等非法方法逼取口供的现象屡禁不止，亦表现于显性司法中经常将“被告人供认不讳”作为认定案件事实无误的重要标志。因此，倘若因被告人口供本身所有的价值而无法消减司法实务人员对获取口供的热衷，那么是否可以转换一下思路，通过建立相应的机制允许和激励更多的具有自愿性、真实性的被告人认罪答辩进入诉讼程序的渠道，同时防止和减少各种非法逼供的现象发生？

第二，如果被告人已经自愿供述有罪，且能够与其他证据相互印证，辩护律师对案件事实和证据也没有异议，是否仍有必要遵循严格的法庭调查程序，一一对证据进行“示证”和“质证”呢？近年来，有些地方开展的对被告人承认有罪的案件适用普通程序案件简易审的改革，就反映了司法实务部门企图突破现行法律限制、着眼简化诉讼程序、提高司法效率的尝试。而有关媒体发出的“被告人都认罪了，你还审个啥”的疑问，某种意义上更是对那些被告人已认罪的案件审判仍在走过场的不满。

第三，与如何正确对待被告人有罪答辩关系密切的是我国“坦白从宽”的刑事政策。“坦白从宽，抗拒从严”是我国一直宣示的一项重要刑事政策。但从现行刑事法律规定来看，“坦白”即被告人承认有罪并不构成法定的量刑减轻或从轻情节。司法实践中因被告人承认犯罪因而被定罪且未得到宽大处理，甚至其刑罚处遇劣于拒不认罪者的现象，更令人们对此项刑事政策心存疑问，并实际产生误导犯罪嫌疑人对抗侦查、拒不认罪的负面影响。而侦查人员在讯问期间对犯罪嫌疑人所作“如实交代，宽大处理”的允诺，因在审判阶段得不到法官的支持和兑现，又引起人们对司法诚信原则的普遍关注。

总之，我国在对被告人自愿作出有罪答辩相应程序上的阙如已经凸显出刑事立法不敷司法实际需求之间的尖锐矛盾，警示我们在随后将要进行的刑事司法改革中必须对被告人自愿作出的有罪答辩进行重新审视，并将与之相关的程序保障如证据开示、庭前审查、量刑折扣等纳入制度创新的视野。

三、对被告人有罪答辩的重新审视

美国的辩诉交易制度究竟能够给我们以何种启示？这是我们在对美国的辩诉交易制度进行考察和研究时需要时时思考的问题，也是我们讨论辩诉交易能否在我国适用或者为我国借鉴时必须搞清楚的问题。关于此，笔者以为，时下最为紧要的是更新诉讼理念，给予被告人自愿作出的有罪答辩之价值以全方位、多视角的审视和肯定。

首先，视被告人对指控所作的认罪答辩为被告人作为诉讼主体对刑事程序运作方式的一种选择，而不仅仅是证据的一种，是认定案件事实的手段之一。刑事诉讼的核心是解决被告人的刑事责任问题。在纠问式诉讼制度下，被告人作为诉讼客体只是被讯问和惩罚的对象，几乎不享有任何诉讼权利。现代诉讼，强调诉讼民主和维护人权，被告人作为诉讼主体享有广泛的诉讼权利和程序保障。在我国，传统上讲维护犯罪嫌疑人、被告人合法权益，主要着眼于两个方面：一是对于确实未实施犯罪行为或行为不构成犯罪的犯罪嫌疑人、被告人，要避免冤枉好人、伤害无辜，造成冤假错案；二是对于事实上有罪的犯罪嫌疑人、被告人，要予以实体上的公正处理，正确定罪量刑。近年来，提倡程序正义理论，呼吁实体公正与程序公正并重，强调对犯罪处理的过程公正与处理的结果公正同等重要。然而，刑事案件的被告人可否有权对决定自己命运的程序运作作一定的取舍和选择，这一问题尚未得到人们应有的关注。当我们将目光投向美国等当事人主义抗辩式的诉讼模式时，应当从中有所领悟。美国前十条修正案号称"权利法案"，其中很多条款都与刑事诉讼和被告人息息相关。例如，反对被迫自证其罪的权利；由公正的陪审团进行迅速、公开审理的权利；获得律师帮助的权利；等等。这些构成"正当法律程序"的重要内容。但值得注意的是，美国人将这些重要的权利称作对公民（主要是犯罪嫌疑人和被告人）个人权利的宪法性保障，或者对国家权力行使的宪法性限制，而不是刑事诉讼的必经程序。是权利，被告人就可以选择，就可以放弃。像辩诉交易那样，被告人选择答辩有罪而彻底放弃一系列为公正审判所提供的宪法性保障，更是将这种程序选择权和实体处分权发挥到极致。依循经济学的视角对人之本性的基本洞察，人乃是其自利的理性最大化者。在功利主义者看来，"自然则把人类置于两位主公——快乐和痛苦——的主宰之下。只有它们才指示我们应当干什么，决定我们将要干什么"①，即是说，人有趋利避害的本能，此种本能使人能够在诸多备选项中作出对己最为有利的抉择。在刑事诉讼中，当需要在接受刑事审判和作出有罪答辩之间进行取舍时，被告人会基于利弊权衡而作出最有利于自己的选择，而且作为诉讼主体和将来刑事责任的承担者，应当有权进行选择。应当真正承认被告人的主体地位并对被告人的程序选择权和权益处分权予以尊重。

其次，需要建立激励被告人自愿作出有罪答辩的机制。既然允许被告人在程序运作方式方面作某种选择并且期望被告人尽早作出认罪陈述，那么必须许以被告人认罪后好处，而且这种好处应当是确定的和可

① ［英］边沁：《道德与立法原理导论》，时殷弘译，商务印书馆2002年版，第57页。

预期的。例如，在英国刑事诉讼中有一种所谓“量刑折扣”的做法。基本的原则便是被告人认罪越早，量刑折扣越大。实际上，这符合现代刑罚思想，也与我国“坦白从宽”的刑事政策相一致。被告人自愿承认有罪本身就体现了被告人具有良好的认罪态度及悔过倾向，可据以推断出其怀有相对较小的社会抵触心理，更易于教育、改造、挽救和回归社会。从诉讼的角度，被告人承认有罪减轻了侦查机关收集证据和认定事实的负担和难度，节省了诉讼成本和司法资源。因此，有必要将坦白从宽的政策制度化程序化，以切实的措施、有效的手段鼓励被告人尽早认罪，以合作换取宽大处理。

再次，对于被告人主动认罪、自愿作出有罪答辩的案件，要简化诉讼程序。对辩诉交易的经济分析表明，辩诉交易的最大利益就是简化诉讼程序，节省诉讼成本，提高诉讼效率。通常，如果被告人承认有罪确实出于自愿，那么这种自愿性将保证其陈述的真实性，而真实的被告人陈述将大大减轻侦查的难度，有利于及时全面收集其他证据，有利于准确认定案件事实。那么在被告人对指控犯罪事实“供认不讳”并能与其他证据相互印证的情况下，再耗费大量的人力、物力使审判走过场，显然没有必要。

最后，要建立健全对被告人有罪答辩自愿性、明智性的审查机制，这是尊重被告人意思选择、简化诉讼程序、对被告人从宽处理等一切措施的前提和基础。应当强调，唯有被告人自己而不是他人，才能依据理性的利益判断选择对指控作有罪答辩，一切有违被告人本意，以压迫、威胁、引诱、欺骗、误导等手段获取的被告人承认有罪都应当归于无效。因此，在对被告人有罪答辩进行重新审视并赋予其新的内涵时，必须建立起相应的配套措施。除了要尽早赋予犯罪嫌疑人、被告人沉默权、获得律师帮助权，建立法律援助制度、证据开示制度以外，可以参考和借鉴美国辩诉交易的有益经验，建立起一套对被告人有罪答辩自愿性、明智性、明知性进行审查的切实有效的程序和机制。无疑，这是赋予被告人认罪陈述新的含义的一切努力的前提和保障。

中国刑事辩护的困境与出路 *

中国的刑事辩护事业从改革开放之始获得发展直至今日，已历二十余年，其间经历了与刑事辩护最为密切相关的两部法律即刑事诉讼法和刑法的修改。作为刑事司法中犯罪嫌疑人和被告人权益最有力的维护行为，刑事辩护活动能否获得良性发展直接标示着一国的法治化程度，因此，人们也期冀刑法和刑事诉讼法尤其是后者的修改能够为原本萎靡的刑事辩护活动提供最为强劲的发展动力和发展保障，而这也是司法改革进行过程中一项必然却又毫不过分的要求。令人尴尬的是，虽然上述两部法律的修订在一定程度上促进了中国刑事辩护事业的发展，但是不可否认的是，不仅刑事辩护活动中的有些痼疾没有获得很好的解决，甚至因为法律的修订又产生了一些新的不利于刑事辩护事业发展的因素。

基于对上述情势的体察，本文首先试图从现实层面上检视中国的刑事辩护活动所遭致的困境。笔者以为这种困境的出现固然是因为中国的刑事司法改革本身尚未进入一个健康发展的轨道，从而在相关的制度构建上处于严重缺失状态，但是更为深刻的原因乃是公众——无论是普通民众抑或公安司法人员——所长期抱有的对刑事辩护活动和刑事辩护律师的观念偏见甚至到了偏执的程度，中国法治道路之艰辛由此可见一斑。因此，找寻走出刑事辩护困境的路径的努力，根本乃在于在民众中进行现代法治思维的培育，唯有如此，才能使相关的制度能够卓有成效地发挥作用。但是“仅仅培养一种公正待人和关心他人的精神态度，其本身并不足以使正义处于支配地位。推行正义的善意，还必须通过旨在实现正义社会的目标的实际措施和制度性手段来加以实施”[1]，因此努力构建良善的制度和程序并使之被人们“敬畏”式地遵守和执行，对法治

---

* 原文载陈卫东主编:《“3R”视角下的律师法制建设——中美“律师辩护职能与司法公正”研讨会论文集》，中国检察出版社 2004 年版，与田心则合作。

① ［美］E. 博登海默:《法理学：法律哲学与法律方法》，邓正来译，中国政法大学出版社 1999 年版，第 265 页。

思维的养成无疑大有裨益。所以，在前者必定是一个系统工程和长期作业的情况下，因循刑事司法中的一些基本理念，针对现行立法和实践中所暴露出的问题，从制度建设的层面上寻找走出刑事辩护困境的出路，是我们于当下迫切需要做的事情。

一、艰难与危机：中国刑事辩护面临困境的现实检视①

2003年4月4日北京市公、检、法、司、安（安全局）联合印发的《关于律师会见在押犯罪嫌疑人、被告人有关问题的规定》正式开始实施。依据该规定，“凡是不涉及国家秘密的刑事案件，办案机关应在律师提出会见要求后48小时内安排会见在押的犯罪嫌疑人、被告人；办案机关的具体办案部门要有专人负责接待，提供适合的会见场所，保证会见正当的时间和次数不受限制，对办案机关或看守部门违反法律或者其他有关规定的，律师本人、该律师所在律师事务所可以直接向办案机关或者看守部门的主管机关投诉，接受投诉的主管机关必须在10日内予以答复”。当下刑事辩护活动中的“会见难”一直为刑事辩护律师所诟病，因此北京市出台的这个规定就被人们视为司法实务界试图解决此难题的一种积极努力，但是该规定中关于“不涉及国家秘密的案件律师提出会见要求后应当在48小时内安排会见”这一核心精神早在1998年“六部委”《关于刑事诉讼法实施中若干问题的规定》（以下简称“六部委”《规定》）第11条中就已明确，而从立法的角度而言，后者的法律位阶显然高于前者。在此，笔者不能不心存疑虑：倘若国家制定的法律和法规已经明确设定了律师会见权，而在实践中该权利仍然屡被侵犯，那么地方性法规又何以能够在保障律师的此项权利上更胜一筹？因此在笔者看来，北京市的这一规定所标示的与其说是一种提升司法文明的努力，不如说反映了中国的刑事辩护活动正面临的严重危机的一个侧面。事实上，不独是“会见权”，辩护人所应当享有的其他相关权利亦遭到严重侵害，使辩护人辩护活动的开展举步维艰；而刑法的修改针对刑事辩护律师所设立的第306条更使专事维护犯罪嫌疑人和被告人权利的律师无力维护自身执业权利，甚至有身陷囹圄之虞。因之上述因素的交互

① 为论说简洁，本文中的刑事辩护仅指辩护人辩护中的律师辩护，因此本文中的辩护人亦仅指辩护律师。

作用，刑事辩护率连年降低势成必然。

（一）刑事辩护活动遭遇困难重重

刑事辩护活动的顺利开展，必须以辩护人相应诉讼权利的完满实现为前提。唯有如此，辩护人才能够依凭自身对法律的理解，以维护犯罪嫌疑人和被告人的合法权益为己任开展辩护活动，从而使刑事辩护的功能价值得以实现。但是，当下中国“刑事辩护难”几乎已经在律师界达成“共识”，在国外往往被律师作为展示自己口才和法律素养最重要平台的刑事辩护活动在我国被律师视为畏途，其中最为重要的原因乃在于律师相应诉讼权利的缺失和被侵犯，辩护人在重重阻力和困难之下往往无法顺利开展辩护活动。

1. 阅卷难

查阅案卷材料是律师开展刑事辩护活动非常重要的工作，如果律师无法查阅全部案卷材料，就无法提出证明犯罪嫌疑人、被告人无罪、罪轻或减轻、免除其刑事责任的材料和意见，无法维护他们的合法权益。但是，有相当一部分刑事辩护律师认为1996年修订的刑事诉讼法不仅没有加强对律师阅卷权的保障，反而增加了律师阅卷的困难，主要表现为：

第一，原《刑事诉讼法》第29条规定律师可以查阅案件全部材料，而新《刑事诉讼法》第36条规定在审查起诉阶段，律师只有部分阅卷权，即“可以查阅、摘抄、复制本案的诉讼文书、技术性鉴定材料”。在一审阶段，“可以查阅、摘抄、复制本案所指控的犯罪事实的材料”。根据《刑事诉讼法》第150条的规定，公诉机关提供的案卷材料只包括起诉书和“证据目录、证人名单和主要证据复印件或者照片”。实践中，公诉机关提供的案卷材料中，这些“证据目录”，往往只有目录而无证据；这些“证人名单”，时常只有名单而无证人证言；这些“主要证据”，一般只是有罪的证据，而没有无罪、罪轻、减轻或免除处罚的证据，有的甚至连一份被告人口供都没有。有的公诉人认为主要的证据才提供，大量的能够证明被告人无罪或罪轻的证据，公诉人认为不是主要的证据或者以此为由不予提供。也有的证据，律师在开庭前无法查阅，开庭中公诉人突然抛出新的证据，使律师措手不及。由于公诉机关只提供被告人有罪和罪重的证据材料，律师看不到全部案卷材料，更没有无罪、罪轻的证据材料，律师阅卷权受到限制，就无法发挥律师的辩护作用，律师不能更好地维护被告人的合法权益。

第二，虽然“六部委”《规定》第13条第2款规定律师认为侦查机关“收集的证明被告人无罪或者罪轻的证据材料需要在法庭上出示的，可以申请人民法院向人民检察院调取”，并可以由律师查阅，但是，由于律师不能参加侦查，未能查阅全部案卷材料，因此不可能知道案卷中是否有无罪或罪轻的证据材料，既然律师无法知道，显然无法“申请人民法院向人民检察院调取”。而在实践中，即使律师知道有被告人无罪或罪轻的证据线索，但是倘若公诉人不认为其是主要证据的，仍然会不予提供，因此律师也无法申请调取和无法查阅案卷。

2. 调查取证难

刑事辩护律师调查取证之所以遭遇困境，其首要原因乃在于立法不仅对律师的调查取证权缺乏特殊的保障机制，反而设置重重障碍，使律师的调查取证能力明显弱于控方，导致控辩双方的力量对比失衡加剧。

第一，辩护律师通过阅卷所获得的证据非常有限。一如上述，依据《刑事诉讼法》第36条的规定，在审查起诉阶段，律师虽可以查阅、摘抄、复制本案的诉讼文书、技术性鉴定材料，但并非全部材料。即使进入审判阶段，也只能看到证据目录、证人名单和主要证据复印件，其他证据材料却无法见到。而控方移送的材料中都是指控被告人有罪的证据，律师只能从移送的有罪证据中寻找有利于被告人的证据或进行推理分析。

第二，法律对律师向被害人、证人调查取证设定诸多限制。在侦查阶段，律师虽然能够介入，但没有调查取证权，只能向侦查机关了解犯罪嫌疑人涉嫌的罪名，会见在押犯罪嫌疑人，并向其了解有关案件情况。在提起公诉和审判阶段，辩护律师享有一定的调查取证权，但是，依据《刑事诉讼法》第37条的规定，形式上法律赋予律师有自行收集证据的权利和申请人民法院、人民检察院收集、调取证据的权利，实质上这种权利并没有法律强有力的保障，律师能否取得证据，取决于有关单位或个人是否愿意或同意。特别是对被害人的调查不仅要本人同意还要经人民检察院或人民法院同意，否则律师的取证无法进行。所以，相对于被害人、证人向侦控机关提供证据乃是一种义务而言，证人和被害人是否向律师提供证据显然缺乏法律的强制性约束力，导致律师的调查取证权在此一方面亦遭遇严重阻碍。

第三，刑事诉讼法及相关规定在关于律师的调查取证请求权的规定上也存在缺陷。《刑事诉讼法》第 37 条规定，辩护律师可以申请人民检察院、人民法院收集、调取证据，或者申请人民法院通知证人出庭作证。但“六部委”《规定》第 15 条又进一步规定：对于辩护律师申请人民检察院、人民法院收集、调取证据，人民检察院、人民法院认为需要调查取证的，应当由人民检察院、人民法院收集、调取证据，不应当向律师签发准许调查决定书，让律师收集、调取证据。该条对律师的调查取证请求权以“认为需要”等模糊语言来作为检察院、法院是否启动调查权的前提条件。对什么情况下检察院、法院应当同意或不予批准律师的调查取证申请，不予批准后的救济程序，如何监督制约检察院、法院行使权力等未作明确规定。

第四，《刑法》第 306 条设定的辩护人、诉讼代理人伪证罪，更使律师在行使本已十分有限的调查取证权时，顾虑重重，唯恐触犯该条而身陷囹圄，因此不能不在调查取证时浅尝辄止。关于《刑法》第 306 条规定对刑事辩护活动的消极影响，将在下文详细阐述。

另外，实践中的律师调查取证权亦很难得到确保。

其一，律师会见犯罪嫌疑人以及进行其他法律帮助时，要受到侦查机关的监督和监视已成为不争的事实，在这种情况下，律师从犯罪嫌疑人和被告人那里获得重要证据的可能性大大降低。

其二，依据上述的分析，辩护律师的调查取证权不具有强制性，对被调查人而言也就不具有义务性。在无罪推定观念在我国民众中还远没有确立的情况下，由于辩护律师的职责是要证明犯罪嫌疑人和被告人无罪或罪轻，而民众又认为犯罪嫌疑人和被告人就是罪犯的情况下，加之辩护律师对证人不能给予有效的保护，因此当下我国的民众对律师的调查取证活动多采取不予配合的态度，致使辩护律师取证经常费尽周折而又收效甚微。而行使调查取证请求权时，由于检察院、法院对是否同意律师的调查取证申请，缺乏客观的约束标准，律师的调查取证请求权在司法实践中亦难以操作。

3. 会见难

在侦查阶段，律师只有会见犯罪嫌疑人、深入了解案情，才能切实履行提供法律咨询、代理申诉、控告、代为申请取保候审等职责。可以说，律师与在押犯罪嫌疑人会见权是侦查阶段律师所享有的最重要的一项诉讼权利。但是在实践中律师在侦查阶段会见在押犯罪嫌疑人的权利受到了种种的限制。

第一,《刑事诉讼法》第96条规定，受委托的律师在侦查阶段“可以会见在押犯罪嫌疑人”，且“六部委”《规定》第11条亦规定，对于不涉及国家秘密的案件，律师会见犯罪嫌疑人不需要经过批准。但是实践中，律师会见犯罪嫌疑人，无论案件是否涉及国家秘密，都必须向侦查机关申请，而且是多重批准。各地公安机关、检察机关自行规定，律师先向侦查机关递交会见申请，办案人员同意后，由预审部门负责人批准，最后由主管局长或者检察长批准。这一审批过程一般需要一个月，大大超过“六部委”《规定》第11条所设定的“侦查机关应当在48小时内，至多在5日内安排律师会见”的要求。在检察机关的自侦案件中，许多会见的申请往往还不被批准。而且即使是公安机关准许会见的，办案人员仍然以工作繁忙为由一再推延。甚至有的办案人员故意躲避律师，导致律师往往两三个月还见不到犯罪嫌疑人，无法履行职责。

第二，即使律师的会见要求得到了满足，侦查机关也在律师会见犯罪嫌疑人时设置重重障碍。一些地方侦查机关要求律师会见犯罪嫌疑人要向看守所提供会见内容提纲，会见时不允许超过提纲的询问范围，限制律师向犯罪嫌疑人了解有关案件情况；有的在场侦查人员还直接发问和插话；一些地方侦查机关不允许律师制作会见笔录；一些看守所要求律师会见犯罪嫌疑人时，由律师自备手铐，会见前先为犯罪嫌疑人戴上手铐；有的地方侦查机关规定律师提供法律咨询仅限于宣读法律条文或者对法律条文本身进行解释；还有的地方看守所采取摄像、录音等监控手段，使律师无法顺利进行正常的会见活动。此外，公安、检察机关一般都对律师会见犯罪嫌疑人的次数和时间作出限制，如一个案件会见不得超过两次，每次不得超过15至45分钟不等，使律师会见犯罪嫌疑人后仍然很难了解案情。[①]

（二）刑事辩护律师难保自身合法权益

刑事辩护律师的职责乃是维护犯罪嫌疑人和被告人的合法权益，但是我国的刑事辩护律师在实践中不仅上述诉讼权利和执业权利无法获得

① 陈光中主编:《刑事诉讼法实施问题研究》，中国法制出版社2000年版，第30—31页。

保障，屡被侵犯，尤为严重的是，随着修改后的《刑法》第306条即“辩护人、诉讼代理人毁灭证据、伪造证据、妨害作证罪”的设立，刑事辩护律师因辩获罪的事例大大增加[①]，律师甚至连自身的合法权益都无法维护。实践中律师被以第306条定罪的错案率和疑案率之高[②]亦足以说明，该条不仅充分表征了对律师的职业歧视倾向，而且亦在一定程度上沦为侦控方对律师进行职业报复的工具，律师的执业风险因此大大增加了。

第一，第306条制裁的是“毁灭证据、伪造证据和妨害作证”的行为，毋庸置疑，能够实施这些行为的主体并不局限于律师，在案件的侦查活动中，侦查人员和检控方接触证据和证人的机会要远远多于律师，从而在理论上能够实施“毁灭证据、伪造证据和妨害作证”的行为可能性亦大于律师，而且作为国家公权力的行使者，一旦侦控方实施这种行为，则对案件事实真相的查明必定危害更大，在我国的司法实践中屡禁不止的刑讯逼供现象就是侦控方实施上述行为的直接表征。倘若如此，为什么实施同样的行为，却仅仅因为主体的不同而获致的待遇出现如此分殊？一个可能的合理解释乃是立法者认为律师实施上述行为的可能性要远远大于侦控方。

第二，第306条中所谓“威胁、引诱证人违背事实改变证言”缺乏可操作的客观标准，极易成为检察机关任意追诉律师进行“职业报复”的手段。实践中，检察机关在不少案例中都以自己一方的证人因律师的调查而改变证言为由，对辩护律师实施拘留或逮捕。但是，律师究竟是否对该证人实施过威胁或引诱行为？证人改变的证言是真实的还是虚假的？证人向检察官和律师所作的不同证言孰假孰真？以上诸多疑问，似乎并不属于检察机关所关注的对象，他们所关注的是律师的调查导致其证人改变证言这一事实与被告人翻供的后果是一样的，即检控方在法庭

---

① 关于律师因为辩护而无端获罪的真实事例，可参见刘正清:《中国第一例律师罢辩的台前幕后——一个蒙难律师的回忆》，载《中国律师》1999年第11期；张思之:《不实的律师伪证》，载《中国律师》2002年第6期；胡喜盈、端木正阳:《不敢替“刑事犯罪嫌疑人”辩护的中国律师》，载《中国律师》2002年第7期；田恒胜:《刑法第306条杂感》，载《中国律师》2003年第1期以及2002年《全国律师协会维权工作报告》；等等。

② 以1997年为例，当年全国律师协会受理的辩护人、诉讼代理人“伪证罪”“妨害证据罪”投诉中，42.85%为错案，42.85%为疑案。参见杜福海:《因“辩”获罪折射律师执业困境》，载《法律服务时报》2002年3月8日。

上实现胜诉的希望遭到破灭。这一点往往是检察机关对辩护律师实施刑事追诉的真正原因，也是导致追究辩护律师的行为沦为“职业报复”的主要因素。

总之，作为专事维护犯罪嫌疑人、被告人合法利益的刑事辩护律师倘若连自身的合法权益都维护不了，在履行其职责时惶悚不安，人们又怎么能够期待犯罪嫌疑人和被告人的合法权益会得到捍卫和彰表？在笔者看来，这恰是我国刑事辩护制度最大的悲哀。

（三）刑事辩护率连年降低

因之上述诸多困境，中国刑事辩护事业的危机日益凸显，其中最为直接的表征乃是刑事辩护率的逐年降低。近几年，我国各级法院审理刑事案件逐年增多，律师人数及其受案量也大大增加，但与此形成鲜明对比的是，律师年人均办理刑事案件数却呈下降趋势，有的地方甚至下降到年人均不足 1 件。以北京为例，北京的律师业在全国是最为发达的，2000 年北京有律师 5495 人，但是全年办理刑事案件只有 4300 件，占年度业务的 10.2%。人均办理刑事案件从 1990 年 2.64 件下降到 2000 年的 0.78 件。在北京，目前律师接办刑事案件的现状是，20% 的律师办 80% 的案件。①

就全国总体形势而言，从 1980 年到 1995 年，由律师参加刑事辩护的案件占同期法院受理的刑事案件总数的 50% 左右，占律师同期全部诉讼业务的 40%。② 这个比例在刑事诉讼法修改后不仅没有提高反而下降到 2001 年的 30%③。当然，对此有人会提出论辩，指出律师业务刚刚恢复时，刑事案辩护曾是律师的主要业务，后来随着业务类型的不断发展，经济案、民事案逐渐增多，刑事案件的辩护率自然会下降。这的确是原因之一，但是律师辩护率下降到年人均办理不足 1 件案件这样低的比例，无论从哪个层面而言都是极不正常的。

---

① 胡喜盈、端木正阳：《不敢替“刑事犯罪嫌疑人”辩护的中国律师》，载《中国律师》2002 年第 7 期。

② 《中国法律年鉴（1996）》，中国法律年鉴社 1996 年版，第 181 页。

③ 《法制日报》2003 年 1 月 13 日。

二、理念迷失与制度缺位：刑事辩护陷入困境的原因解读

（一）理念迷失

辩护权乃是犯罪嫌疑人和被告人所享有的最重要的一项权利，而获得辩护人尤其是律师辩护无疑能够更为切实地保障处于刑事诉讼程序中的犯罪嫌疑人和被告人的基本人权。因此，从人权保障的面向而言，“刑事诉讼的进化历史也可以说是辩护权发展的历史”[①]，刑事辩护与刑事诉讼的发展紧密互动。既然如此，探究中国刑事辩护于当下遭致困境的原因，就不能拘泥于刑事辩护本身，而应当从当下中国刑事司法改革遭遇瓶颈，始终无法获得突破这一整体进程加以把握。笔者始终以为，制度构建的技术性层面的优劣固然是中国刑事司法改革以及刑事辩护遭致困境的原因，但是因之我国自身传统诉讼法律文化的长期浸染，而使得当下我国民众中下列现代诉讼理念的迷失乃是根本原因。

1. 无罪推定理念

作为现代法治国家所普遍承认和确立的一项刑事诉讼原则，无罪推定在现代刑事诉讼中占有地位之重要自不待言，此理念已经成为“刑事程序民主概念的核心”[②]，而刑事辩护制度亦以无罪推定原则的确立为前提。

第一，无罪推定原则确立了被指控人的诉讼主体地位，是其享有辩护权的根据和前提。根据无罪推定原则，任何人在未经依照正当程序的司法审判最终确认为有罪之前，有权被推定为无罪。“被指控人并不就是罪犯”乃是无罪推定原则的首要之义，被指控人被推定无罪的身份，使得其可以享有以辩护权为核心的各种诉讼权利，从而真正建立起控辩对抗的诉讼体制。

第二，无罪推定原则设定了证明责任的分配原则，使辩护成为被指控人的权利而非义务。根据无罪推定原则，对被指控人所指控的各种罪行，都要有充分的证据加以证明，不能证明被指控人有罪，被指控人就被视为无罪。这必然引申出证明责任由控诉方承担，而被告人不负举证

---

① ［日］西原春夫主编:《日本刑事法的形成与特色》，李海东等译，中国法律出版社、日本国成文堂联合出版 1997 年版，第 432 页。

② Mireille Delmas-Marty, *The Criminal Process and Human Rights*, Martinus Nijhoff Publishers (1995), at 18.

责任以及疑罪从无的规则。因此在无罪推定原则之下，被指控人所实施的辩护行为，实乃其的一项权利，而非义务，即使其消极行使，但是倘若控方的证明程度无法达到法定的定罪标准，被指控仍然被视为无罪。正是无罪推定原则使被指控人所享有的辩护权得以进一步正当化。

一如上述，中国的律师在进行刑事辩护活动时困难重重，甚至连自身的合法权益都无法获得保障。透过这些中国刑事辩护所面临困境的表层，当下中国的民众、公安司法人员甚至立法者对刑事辩护活动和刑事辩护律师所存有的深深偏见无疑是更为深刻的原因。而这些偏见之所以长期存在，实乃民众受传统有罪推定思维影响，而无罪推定的理念没有获得确立和张扬：一个公民一旦成为犯罪嫌疑人或者被告人，基于有罪推定的思维定式，人们在心理上就会认为其就是罪犯，既然如此，那么为被指控人辩护岂非就是在为邪恶开脱？因此不仅刑事辩护行为会招致非难，人们会为刑事辩护活动设置重重障碍，而且刑事辩护的律师也被视为在为“魔鬼”辩护从而“与正义无关”了①，刑事辩护律师在当下中国的遭遇自然成为必然。

虽然中国的法治化进程的推行已颇有一段时日，但是无罪推定理念的确立情势仍然无法令人乐观，各地经常发生的公开逮捕行径以及大众传媒经常在犯罪嫌疑人和被告人尚未被判决有罪之前就详细报道案情，甚至刊发照片和姓名的做法，都是有罪推定的典型表现。因此，倘若中国的刑事辩护活动意图走出困境，刑事辩护活动和刑事辩护律师能够得到民众的理解和支持，必须大力宣扬无罪推定观念，舍此所进行的制度建设必定会因为缺乏民众的现实心理支撑而名不副实，从而功亏一篑。

2. 程序正义理念

无罪推定理念通过假定被指控人在未经法院正式作出有罪判决前为无罪，从而使被指控人所享有的辩护权获得了存在的合理基础。但是我们不能就此进行逆向推理，即如果被指控人在确定有罪的情况下就不应当享有辩护权，不应当获得律师辩护。在我国，被指控人最终被确认为无罪的比率相当低，也就是说，大部分的犯罪嫌疑人和被告人最终都将

---

① 事实上，此种思维逻辑并非国人所独有，但是在法治国家，制度的刚性以及人们对法律理性的服从能够抵消民众的此种非理性思维的消极影响。关于此，可参见［美］博西格诺等:《法律之门》，邓子滨译，华夏出版社 2017 年版，第 457 页。

被定罪，正是此种情势，导致无罪推定观念在我国的确立遭遇阻力。因此，倘若我们赞同上述论辩，即确定有罪的人不应当获得辩护，那么一方面表明无罪推定的精髓依然没有被民众吸收，另一方面也表明，程序正义的理念亦在民众中处于迷失状态，而这也是中国刑事辩护遭遇困境的深层原因之一。

程序正义相对于实体正义，程序正义是否达致，衡量的标准乃在于司法判决形成过程是否遵循正当程序。当然，何谓“正当程序”亦包括许多判断标准，而控辩对抗机制的建立和控辩双方力量的平衡无疑是衡量程序是否正当，从而判断程序正义是否实现的标准之一。

控辩对抗机制的建立确保了裁判者能够兼听则明，通过体察双方针对同一事实的理性争辩而最终洞察案件事实，从而作出正确的判决，这亦完全符合人类的一般认知规律，正如富勒所言：“律师们的辩论等于使案件置于正反两方意见之间悬而未决。使案件的正确类属如此维持在未确定状态中，便有时间可以探索它的一切特性和微妙差别。”[①] 因此，即使被指控人最终被确认为有罪，但是如果裁判者判决的作出是建立在公平听取控辩双方意见的基础之上，则不仅极大地提升了裁断为正确的可能性，而且亦充分彰显了法治规则下肯认不同利益、不同意见合理存在的社会宽容精神，满足了被指控人渴望被人尊重和重视的心理欲求，从而使该判决能够得到被指控人内心的接受。

但是，必须指出，控辩对抗机制上述机能的实现，必须以控辩双方力量平衡为前提。倘若一方力量过分弱小，而另一方力量相对非常强大，那么不仅理性论辩无法展开，导使力量弱小一方无法同对方对抗之事实表征为“理屈词穷”，从而极易遮蔽事实，而且反而消解了被指控人参与诉讼的积极性，从而扭曲被指控人接受判决的心理基础。但是，因为：第一，检察官作为国家利益的代表，以国家的名义行使刑事追诉权，他对刑事诉讼的参与旨在履行法律所赋予的职责和权力。而被告人的参与固然也受到法律的保护，但他是以个人名义并旨在维护个人利益而进行防御活动，他不拥有国家权力的保障。第二，检察官进行刑事追诉活动，可获得并利用国家提供的司法资源。在侦查活动中，检察官

① 转引自［美］哈罗德·伯曼编:《美国法律讲话》，陈若恒译，三联书店 1988 年版，第 32 页。

还可以获得专门侦查机关——司法警察机关的协助和支持，后者拥有为有效收集证据所必需的设备、人力和权力。被告人尽管也拥有收集证据的权利，但由于被告人一般不精通法律，又往往被限制了人身自由，他本人无法充分地从事收集和调查证据的活动。第三，检察官可以将被告人的陈述作为支持其指控的一项重要证据。所以，在作为控方的检察官力量“天然”强大的情况下，倘若不对力量相对弱小的被指控人一方给予一定的补救，那么控辩双方力量势必失衡。而允许被指控人聘请辩护人尤其是专门从事法律服务的律师协助其辩护，并赋予辩护人以种种能够同控方展开有效对抗的权能，无疑能够极大地矫正控辩双方的这种力量对比失衡状态，进而促使程序正义能够得以实现。

毋庸讳言，中国法律文化传统中“重实体、轻程序”的因子不仅导致当下刑事司法实践中刑事诉讼法不能良好地被贯彻，而且亦使程序正义的理念无法获得人们的接纳，反倒是作为衡量实体正义标准的“有罪必罚”观念从来都是大行其道。因此，实践中律师的刑事辩护活动因为有可能使一些犯罪嫌疑人被无罪释放或者减轻处罚从而被视为“站错队”“替坏人讲话”，等等。殊不知，即使被告人、犯罪嫌疑人真的有罪，哪怕是罪大恶极，依据程序正义的理念，律师的刑事辩护活动也是极有助益的。

综上所述，刑事诉讼程序中两个最重要理念在民众——既包括普通的百姓，亦包括公安司法人员以及立法者——中的迷失，导使刑事辩护活动和刑事辩护律师地位极其尴尬：一方面，社会现代化的变迁趋势使国人意图通过法律移植在一夜之间实现对法制现代化的诉求；另一方面，民众现代法治思维的培育严重滞后于制度的构建进程，致使制度与理念之间出现断裂。表现于刑事辩护制度中就是：一方面通过对西方法律制度的学习，人们知道现代刑事诉讼程序中应当赋予被指控人以辩护权和获得律师帮助的权利；另一方面，又没有真正意识到赋予被指控人上述两种权利的真正目的乃在于在无罪推定和程序正义理念的引导下，充分尊重被指控人作为人所应当享有的主体性地位，从而保障被指控人之基本人权，而传统的有罪推定和单纯注重实体结果的观念还在严重地影响着人们的思维模式。在刑事辩护制度同后两种观念易生龃龉的情况下，中国的刑事辩护怎能不出现困境？

（二）制度缺位

理念上的迷失是当下中国的刑事辩护遭遇困境的主要原因，但是这并非意味着当下在保障被告人刑事辩护权完满行使和律师的刑事辩护活动顺利开展的相关制度建设上已经至善至美。恰恰相反，不仅许多现行相关制度难言精密、完善，而且尚有许多制度处于缺位状态，从而亦导致中国的刑事辩护遭遇困境。

1. 律师权利特殊保障机制的匮缺

一如前述，作为个体的被指控人的力量显然无法与以国家为后盾的控方相抗衡，即使立法者设定辩护人制度，允许公众尤其是律师帮助其行使辩护权，控辩双方的力量亦在事实上无法达致平衡。因此，一方面基于对此一事实的体察，另一方面亦是在程序正义理论之指导下，刑事诉讼程序发达的英美等国家致力于在刑事诉讼程序中贯彻“平等武装”原则，即依据辩方力量相对于控方绝对弱小之事实，加强对被告人的特殊保护，使其拥有一些特权，在这些特权中，“被告人有权获得充分的时间和便利进行辩护准备活动”以及“被告人有权获得辩护律师的有效协助”是尤为重要的两个层面。[①]

上述两项赋予被告人的特权一方面肯定了被指控人获得律师帮助对于实现控辩之间平等武装的重要性，而另一方面更为关键之处乃在于强调了被指控人所获得的这些辩护活动必须能够经过“充分的时间和便利”进行“辩护准备”，从而实现一种“有效”的辩护。在此乃是从辩护活动的“有效性”这一实体维度强调刑事辩护的特殊意义。显然，要保证辩护活动能够达致“有效性”，最为重要的举措乃在于保障刑事辩护律师相关诉讼权利能够完满行使，从而能够充分有效地收集证据、查明案情，进而针对案件事实作出对被指控人最为有力的辩护。因此，建立律师能够顺利行使辩护职能的权利特殊保障机制就尤显必要。

但是为我国当下从事刑事辩护的律师所诟病的是，我国不仅没有建立起律师权利的特殊保障机制，许多在法治发达国家确立的律师权利保障制度在我国处于严重匮缺状态（具体是哪些制度，将在下文中详述），反而是现行立法中的许多规定刻意限制律师诉讼权利的行使，比如刑事诉讼法中关于律师阅卷权和调查取证权的规定。因此，律师权利特殊保

① 陈瑞华:《刑事审判原理论》，北京大学出版社 1997 年版，第 262 页。

障机制的匮缺无疑极为严重阻碍了中国当下刑事辩护事业的正常发展。

2. 中立裁判者在侦查、起诉阶段的缺席

通过检视上述律师在刑事辩护活动中所遭致的困境可见，律师在进行刑事辩护活动中所遇到的困难和阻力大部分来自作为控方的侦查机关和检察机关。这实乃在控辩对抗的诉讼体制下，侦查机关和检察机关自身的职业角色和职能定位使然。以检察机关的职业角色为例，检察官事实上在刑事诉讼中处于控告者的地位，这是因为：

第一，检察官代表国家担当刑事起诉者的诉讼角色。刑事审判开始的前提在于国家追诉机关确认被告人有罪，并将他起诉至法院。作为一种特殊的法律主体，国家虽有独立自主的意志，却无法像自然人那样亲自实施诉讼行为，也无法直接参与裁判过程，而必须委派一专门诉讼代表人——检察官，代为诉讼行为。检察官本人虽然与案件结果不存在直接利害关系，却代表国家发动控诉和支持起诉，担当控告者的诉讼角色。

第二，检察官与被告人及其辩护人处于直接对抗的地位。检察官在审判过程中所实施的申请、举证、质证、辩论等诉讼行为，其目标在于向法庭证实自己提出的指控事实，说服法官接受自己的论据和结论。检察官的这些行为对被告人而言是不利的，法官一旦确认检察官的指控成立，被告人就将因此被定罪、判刑，其生命、自由或财产就会被剥夺。可以说，检察官与被告人在诉讼目标及具体诉讼行为上都存在一些冲突。

第三，检察官具有追求有利于国家的裁判结局的心理基础和利害动机。检察官一旦向法院提起公诉，一般就会在心理上确信被告人有罪，并会主动追求使被告人受到法庭定罪这一结果，很难想象一个检察官会在起诉后请求法庭对被告人作出无罪判决。不仅如此，检察官与追诉活动的成功一般有着直接的利害关系——追求“胜诉”结果对于他个人职业的成功是一种有力的推动。法庭一旦对检察官起诉的案件最终判决无罪，就等于驳回了或者否定了后者的控诉请求，这种“败诉”的结果对于他个人而言构成了一种挫折，而一个屡屡在法庭上“败诉”的检察官显然无法承担起惩治犯罪、维护公共安宁的责任。[①]

① 陈瑞华:《刑事审判原理论》，北京大学出版社 1997 年版，第 238 页。

事实上，作为侦查机关的警察也具有与检察官上述相似的职业角色和职业心理，因此，在控辩对抗的诉讼机制下，控方和辩方职业角色的对抗性质以及因之所导致的心理层面的冲突和抵触会导使彼此缺乏对对方行为和活动予以配合的动力，更为严重者甚至设置重重障碍，这似乎也颇为符合人类之一般本性。显然，在控辩双方之间，因为控方力量的“天然”强大，甚至其在设置“障碍”上也拥有主动性。

总之，因为控辩双方在诉讼利益上存在对抗之事实，为了避免使辩方在侦查阶段和起诉阶段受到控方不合理的处遇，则一方面要尽量减少控方对辩方行使合法诉讼权利的影响力，另一方面在现行诉讼体制下，在辩方尤其是辩护律师的许多诉讼权利——如会见权、阅卷权、调查取证申请权等——的行使依然有赖于控方予以配合的情况下，当辩方与控方之间就权利的行使产生矛盾和分歧时，赋予辩方向控辩双方之外的中立裁判者寻求救济的机会，对于刑事辩护活动的顺利开展尤为重要且必要。但是，显然，根据我国现行的刑事诉讼构造，在侦查和起诉阶段，中立的裁判者处于严重缺席的状态，这不仅表现为对强制措施以及强制性侦查措施予以控制的司法审查体制在我国没有确立起来，而且亦表现在刑事辩护制度中，当辩护人以及律师的合法诉讼权利被侵犯时，也无法从中立的裁判者那里获得救济，而依然不得不从与之发生冲突的机关的上级主管部门那里寻求帮助，如前文所述北京市出台的《关于律师会见在押犯罪嫌疑人、被告人有关问题的规定（试行）》明确，对办案机关或看守部门违反法律或其他有关规定的，律师本人、该律师所在律师事务所可以直接向办案机关或看守部门的主管机关投诉，接受投诉的主管机关必须在10日内予以答复。侦查和起诉阶段中立裁判者的缺位，是导致律师的诉讼权利在遭到侵犯后无法获得有效救济的根本原因，倘若侦控方侵犯辩护方合法权利的违法行为无法得到及时和有效的惩戒和制裁，则实际上等于变相鼓励侦控方对辩护方的这种权利侵犯行为，从而必然在相当程度上加剧中国的刑事辩护所遭遇的困境。

综上所述，在制度层面上，一方面是辩护律师据以顺利开展辩护活动的相关权利存有严重瑕疵，许多旨在保障律师权利的制度在我国严重匮缺；另一方面，因中立裁判者在侦查、起诉阶段的缺席，导使刑事辩护律师所享有的一些权利在遭到侵害时亦无从获取救济，律师参与刑事辩护的积极性被严重打击。

三、角色定位与制度建构：走出刑事辩护困境的路径找寻

刑事诉讼的发展趋向以实现公权力作用范围内的人权保障为最终旨归，因此，作为刑事诉讼中对维护被指控人基本人权最有助益的制度，刑事辩护在我国的刑事司法运作过程中必将占有日益重要的地位。而中国的刑事辩护事业在当下正遭遇困境，在笔者看来，实乃中国刑事诉讼现代化转型过程中的阵痛和必然副产品。走出刑事辩护困境的根本出路，有赖于现行刑事司法体制及其观念作为整体的转型成功，比如对抗制诉讼模式的完全确立，裁判者中立的彻底诉诸实现以及程序正义、无罪推定等现代法治理念在民众的思维模式中占有根本的统治地位。当然，这并不意味着我们现在只能无所作为，消极等待司法改革的成功，事实上，作为中国刑事司法改革总体进程的一部分，我们亦可以通过对与刑事辩护相关的制度建设与完善从最基础层面找寻走出刑事辩护困境的路径，并为刑事司法改革的成功助一臂之力。

一如上述，刑事辩护律师是被指控人合法权益的捍卫者，因此，特定社会氛围下刑事辩护律师的地位及其享有权利的多寡不仅直接表征该社会中犯罪嫌疑人和被告人的权利获致保障程度，亦成为一国法治化发展进程的标尺。因此通过对刑事辩护律师的职业角色予以恰当定位，并参照律师权利保障的国际标准切实保障刑事辩护律师的合法权利，不失为解决当下中国刑事辩护困境的一个颇佳进路。

（一）刑事辩护律师职业角色的重新定位

长期以来，律师一直被定位为“依法取得律师执业证书，为社会提供法律服务的执业人员”[①]，此一定位，不仅没有揭示出律师与社会提供其他服务者之间的本质区别，而且亦容易使人们抱持过于强烈的商业获益模式心理来框定律师职业，从而使律师的身份沾染上过重的商业色彩，这种心理必然会导致人们形成下列观念，即律师的执业行为虽然表现为法律框架内对法条的精湛理解和娴熟运作，但是这并不能遮蔽律师职业乃纯粹是一种谋取私利之行为的性质。显然，这种观念极为不利于中国刑事辩护事业的发展，因为此种观念及上述有罪推定观念的交互影响，极易使人们一方面对刑事辩护律师产生偏见，认为律师乃“逐利之

① 《律师法》第2条。

徒”，通过狎玩法律而为罪恶开脱以谋利，职业信念中毫无正义可言；另一方面因此种对律师的偏见，必亦会认为刑事辩护制度本身是律师达致上述目的的平台，从而产生对刑事辩护制度质疑甚至否定的心理倾向。倘若基于此点对中国刑事辩护所遭致的困境加以考量，似乎也能够探究出个中原因。因此，我们有必要对律师尤其是刑事辩护律师的社会角色及其功能予以重新定位，重塑刑事辩护律师在民众中的职业形象，确立刑事辩护律师的职业尊严，进而提升刑事辩护制度及其价值在民众中的地位。

一如上述，刑事辩护律师的执业目的的确首先乃在于谋利，但是基于人的本能，谋利以为生存显然在伦理上是极为可欲的，因此这不仅无法推导出律师行为的“纯粹谋利性”结论，而且更不能据此认定律师是“邪恶的护身符”，并进而否定刑事辩护律师所具有的其他社会功能。但是，并非非此即彼地可以据此论断律师乃“正义的化身”，在笔者看来，唯有秉持正义、居中裁断的法官才有资格享此种殊荣。而刑事辩护律师正确职业角色的定位实乃通过法律赋予其的职责，即依据事实与法律维护犯罪嫌疑人和被告人的合法权益的积极、完美履行而获得下列角色的担当。

首先，刑事辩护律师是人权保障的实践者。刑事辩护律师对保障被指控人基本人权之重要性已有前述，此处不赘言。

其次，刑事辩护律师是法治社会的推动者。在哈耶克看来，法治社会的实质乃在于“政府除非实施众所周知的规则以外不得对个人实施强制”[①]，从而保障自由。很显然，“众所周知的规则”实乃意指国家制定法，即法治社会乃是运用法律规制国家权力的社会。但是，随着人类文明的日益进化，一些部门法律所凸显出的技术性特征越来越明显，其中刑事诉讼法“规制国家公权力”功能的达致更是有赖于所设定程序的缜密与完善，因此导致其对于普通民众而言“界面友好性”大大降低，这将极其不利于公民个人在此公权力与私权利发生最激烈碰撞的场域中运用法律以规制公权力，从而维护私权利。当然，这也不利于法治社会和法治国家的形成。而律师职业的出现，极大地改善了此种面貌：作为法

① ［英］冯·哈耶克：《自由秩序原理》，邓正来译，三联书店出版社1997年版，第260页。

治国家私权利的民间代表，律师通过发挥其熟稔、精通法律的优势，能够最大限度地帮助私权利制衡公权力，从而推动法治社会的进程。

上述两种职业角色定位，不仅会使律师形象大为改观，从而增进律师的社会地位，最为关键的乃是民众在获得了对此两种角色的内心体认后亦会形成对辩护制度的心理认同，从而为走出当下中国刑事辩护困境奠定良好的民众基础。

（二）贯彻律师权利的国际标准，切实保障刑事辩护律师的合法权利

一如上述，律师权利特殊保障机制的匮缺乃是当下中国刑事辩护遭致困境的制度性原因之一，因此我国应当贯彻律师权利保障的国际标准，参酌法治发达国家的相关立法经验，通过具体制度的构建与完善，切实加强对刑事辩护中律师最易遭受侵害的权利的保障。

1. 保障律师的阅卷权和调查取证权

联合国《关于律师作用的基本原则》第 21 条要求：主管当局有义务确保律师能有充分的时间查阅当局所拥有或者管理的有关资料、档案和文件，以便使律师能向其委托人提供有效的法律协助，应该尽早在适当时机提供这种查阅的机会。因此，为切实贯彻准则的精神，解决律师在刑事辩护活动中的阅卷难以及相应的调查取证难的问题，当下我们至少应做以下努力：

第一，为保障律师有充分的阅卷权，应在刑事诉讼法中明确规定，自法院受理案件之日起，辩护律师应当拥有到检察院查阅全部案卷材料的权利，包括查阅、摘抄、复印尚未移送法院的本案有关材料。

第二，减少对律师调查取证权的限制，赋予律师更大的调查取证权。现行刑事诉讼法规定，在侦查阶段的律师仅能提供法律帮助，无调查取证权。为了实现控辩平等，笔者认为除了严格按照有关规定保护律师了解案情、会见犯罪嫌疑人的权利外，还应当赋予律师在侦查阶段享有一定的调查取证权。同时，修改刑事诉讼法和律师法中关于律师调查取证须经有关证人及有关单位和个人同意的规定，明确规定律师有权向了解案情的单位和个人调查取证，单位和个人不同意的，律师有权向人民检察院和人民法院提出申请。

第三，完善我国辩护律师调查取证请求权制度。必须看到，辩护律

师调查取证请求权制度对解决当下我国辩护律师调查取证难的现象以及实现辩护律师在调查取证方面与侦、控机关的平等，具有非常重要的意义。因此，必须对此制度加以完善，最关键措施乃在于对检察院和法院在决定是否批准律师提出的调查取证请求方面予以规则细化，明确规定律师提出的哪些调查取证请求法院和检察院必须予以批准，从而通过限制法院和检察院的自由裁量幅度而使律师的该项权利真正得以落实。

2. 建立庭前证据展示制度，保障律师通过正当途径获取充分证据的权利

一如上述，由于检察院在提起公诉时只是移送起诉书以及主要证据的复印件和证据目录、证人名单，因此辩护律师通过庭前阅卷所能获得的证据非常有限，同时亦应当看到，与拥有能够采取强制措施和强制性侦查措施的侦控机关相比，律师在调查取证的能力上要远远逊色于后者，因此，律师通过自己的调查取证而获得数量足够充足的能够同控方展开充分对抗的证据，难度颇大。所以，为保证控辩力量平衡的实现，在强化律师现有的调查取证的权能的前提下，使律师能够通过其他的法定渠道获取证据、分享证据资源，从而克服其先天调查取证能力的不足，有必要在我国建立庭前证据展示制度。笔者以为，能够保证满足律师对证据欲求的证据展示制度至少应当包括如下要点：

第一，控方向辩方展示的证据范围应该是特定种类证据之外[①]其所收集的全部证据，即控方应当展示其所拥有的所有有利于或不利于被告人的证据，所有可能在法庭上出示或者拟不在法庭上出示的证据。当然，为了保障公正裁判之实现，避免“证据突袭”，笔者提倡证据展示应为双方展示，即控方与辩方所各自收集到的证据的双向展示，但是辩护人所收集到的不利于被告人的证据不在展示之列。

第二，确立违反证据展示制度的程序性制裁措施，即对于检察官应当展示但是没有展示的不利于被告人的证据禁止在法庭上出示，并可以排除之作为定案的根据。

第三，如果辩护方有足够理由认为控方隐瞒了有利于被告人的证据，则可以向法院提出申请，要求控方予以展示，从而使证据展示的要

① 至于哪些属于特定的不需要展示的证据种类，委诸立法者结合中国的具体情势加以确定，但是笔者认为，这些不需要展示的证据的种类不宜过多。

求一直持续至庭审结束。如果控方不能提出不予展示的法定理由[①]，仍然不予展示的，法官可以自由裁量降低控方现有全部证据所已经达到的证明程度。

3. 保障律师的会见权

联合国《关于律师作用的基本原则》第8条规定：遭到逮捕、拘留或监禁的所有的人应有充分机会、时间和便利条件，毫无迟延地、在不被窃听、不经检查和完全保密情况下接受律师来访和与律师联系协商。这种协商可在执法人员能看得见但听不见的范围内进行。《囚犯待遇最低限度标准规则》第93条规定：未经审讯的囚犯可以会见律师，警察或监所官员对于囚犯与律师间的会谈，可用目光监视，但不得在可以听见谈话的距离以内。上述联合国的相关准则不仅明确了律师享有会见犯罪嫌疑人的权利，而且同时规定了侦查人员在律师会见犯罪嫌疑人时的权利和义务，即“可用目光监视，但不得在可以听见谈话的距离以内”。这一规定具有较强的科学性：在看得见但听不见的距离之中的在场监督不致影响到律师与犯罪嫌疑人之间的自由的交流。这样既满足了侦查机关监督的需要，又能保证秘密的自由交流。而一旦突破这一界限，在场监督就会使会见完全流于形式，实质上就是剥夺了律师会见权，而这种监督方式的性质也随之由合法变成非法了。我国的律师在刑事辩护活动中所遭遇的会见方面的难题不仅是难以见到犯罪嫌疑人，而且即使见到了犯罪嫌疑人也常常因为侦查人员的在场监视而使律师根本无法获取相关的案情和证据。因此，保障律师的会见权，除了要保证形式上的会见权，即律师会见犯罪嫌疑人的要求只要符合法律的规定，则任何部门、人员不得以任何借口阻碍，而应给予及时和有效的配合；同时亦要保证律师实质上的会见权，即在律师会见到了犯罪嫌疑人时，禁止侦查人员对律师与犯罪嫌疑人之间的交流内容予以监视。对于有违反此规定的行为发生的，律师得向法院申请寻求救济。

4. 建立律师刑事辩护豁免权制度，保障律师正当执业权利

《关于律师作用的基本原则》第16条规定，各国政府应确保律师能够履行其所有职责而不受到恫吓、妨碍或者不适当的干涉；不会由于其按照公认的专业职责、准则和道德规范所采取的任何行动而受到或者被

① 比如对该证据的展示可能有损公共利益等。

威胁会受到起诉或者行政、经济或者其他制裁。而在我国刑事司法实践中涉及《刑法》第306条罪名的错案率和疑案率之高，以及因为该条的存在所导致的律师对于刑事案件代理的拒斥心理和在代理刑事案件后的畏葸不前足以表明，律师的刑事辩护活动事实上已经受到了刑法该条的“恫吓、妨碍、威胁”，因此为了贯彻准则，应当废除刑法该条而明确设立律师刑事辩护豁免权制度。

总体而言，构建中国的律师刑事辩护豁免权制度应当包括以下一些要素：

第一，律师刑事辩护豁免权制度设立的场域。（1）律师刑事辩护之豁免只能发生在执业活动中，非执业活动行为所引起的刑事责任不能豁免。（2）只能对在刑事诉讼中从事刑事辩护的律师赋予刑事豁免权，不及于民事诉讼中从事民事代理行为的律师。（3）所豁免之责任仅指刑事责任，不包括民事责任、行政责任或行业责任。对于律师确实有违法、违规行为，在排除刑事制裁手段之后，可以运用民事、行政或者行业制裁的方式处罚之。

第二，律师刑事辩护豁免制度的主要内容。（1）刑事辩护律师在刑事辩护中发表的言论不受法律追究。包括：对辩护言词中所可能造成的第三者之名誉的消极影响不承担责任；对于法庭上公民对被告人进行攻击时，律师可以发表反对意见并进行评论，而不能以违反法庭纪律论处。（2）律师在刑事诉讼中向法庭提供或出示的文件、材料失实时，凡非故意伪造者，不追究其刑事责任。（3）律师在刑事诉讼进程中人身自由权利受法律保护，不受非法拘传、拘留、逮捕而使刑事辩护工作中断。

第三，律师刑事辩护豁免权与《刑法》第306条的关系。笔者认为，为了维护法律的尊严和正常的司法秩序，对于律师确有“毁灭证据”“伪造证据”和“妨害作证”的行为的，不受律师刑事辩护豁免权的保护，也要追究其刑事责任。但是刑法专设一条针对律师的此种行为，似有不妥，一方面会引起律师的心理抵触，另一方面亦会使律师形象蒙尘。因此，应当废除《刑法》第306条，对于有上述行为的律师，检察、审判机关可以在休庭后，向其所在地方的司法行政机关发出司法建议书，由当地的司法行政机关对律师的违法犯罪行为先行调查。如属违法行为，由司法行政机关直接对其进行行政处罚；如属犯罪行为，则移送公安机关处理，但是对于其所适用的法律依据应当同其他任何人——包括公安司法人员——所适用的法律为同一。同时，对于律师有涉嫌实施这一行为的，应当由管辖其所代理的刑事案件以外的公、检、法机关负责侦查、起诉和审判，以防止可能发生的控方“职业报复”行为。

总之，律师刑事辩护豁免权制度的要义乃在于保障律师的辩护活动能够顺利进行，并致力于通过非刑事制裁手段规制律师行为，因此除非律师在刑事辩护活动中所实施的与辩护相关的职权行为已严重触犯刑律，否则不应动辄动用刑事手段对律师刑事辩护行为予以制裁。

5. 保障律师寻求司法救济的权利

一如前述，因为控辩对抗之事实的存在，律师的权利在侦查、起诉阶段最易遭致侵害，因此为切实保障律师权利，应当改变当下律师权利被侵犯后无处寻求救济或者只能向侵犯其权利的主管上级机关寻求救助的局面。为此，立法应当明确规定，倘若律师的上述人身权利、诉讼权利和执业权利在刑事辩护活动中被侵犯，则除可以向有关主管机关反映外，亦可以向法院申请救济，由法院对律师与侦查机关、起诉机关之间发生的纠纷和冲突加以司法裁决。上述规定倘若能够推行，需要对法院在刑事诉讼中的权力予以重新配置，同时，如果能够建立起刑事诉讼中的司法审查机制与之配套，则效果更佳。此举不但可以切实改变当下刑事辩护律师权利屡被侵犯的局面，而且可以实现审判机关对侦控机关的制约，进而优化我国当下的整体刑事诉讼构造。

被追诉人主体性权利构成论要*

近年来，伴随人权保障的勃兴，关于诉讼主体性及其权利的研究呈现兴盛趋势，而被追诉人主体性权利问题，自然成为诉讼主体理论及其研究的首要课题。但由于长期以来，对诉讼主体及其主体性问题的探究，基本上是从传统的、单向的主客体认识论角度展开的，即是从“单数”主体视角出发的，而缺少从主体间性视角或称“复数主体”的背景审视被追诉人主体性。本文试图从主体间性背景看待被追诉人的主体性，从中得出被追诉人主体性权利构成的一些新的认识，以就教于学界同仁。

一、从主体间性看被追诉人主体的内向性与外向性

（一）主体间性对审视被追诉人主体的意义

主体间性（intersubjectivity）又被译为“交互主体性”“主体际性”“主观际性”“主体通性”“共主体性”等。主体间性是关系范畴，意指在存在多个主体的情况下，主体的互动、关联、作用和影响。“所谓主体间性是指人作为主体在对象化的活动方式中与他者的相关性和关联性。主体间性范畴的具体内涵是人作为认知主体、生存主体、伦理主体、实践主体超越自身界限，涉及同样作为认知、生存、伦理和实践主体的他者的方面和维度。主体间性包含着不同主体之间的诸种关联方式和作用方式。”① 作为一个哲学范畴，主体间性的思想可以追溯到亚里士多德以及康德、费希特、黑格尔等人。而作为现代西方哲学的一个专属术语，最早是现象学哲学大师胡塞尔提出的。其注重的一方面是主体间的认识关系，另一方面是主客体认识关系的主体间效应。

---

* 原文载《金陵法律评论》2007年春季卷，与林林合作。

① 王晓东:《西方哲学主体间性理论批判》，中国社会科学出版社2004年版，第22页。

主体间性理论对我们审视被追诉人主体性问题无疑打开了新的视角。

第一，对被追诉人主体性的探究，必须考虑主体之间的关系，以刑事诉讼的其他主体同在为条件和前提。没有其他诉讼主体作为“他者”存在，并与被追诉人主体构成诉讼主体关系，被追诉人主体的存在就失去价值与意义。这即是说，对被追诉人主体性的考察，离不开主体间性的理论与社会现实这个“背景”。第二，被追诉人主体与其他刑事诉讼主体随程序进路的展开，而客观上处于交互主客体的关系。被追诉人由于处于被追诉的地位，作为公民的低限权利往往处于被冻结或克减乃至剥夺的状态，其主体被客体化的事实是客观存在的。第三，被追诉人主体性的彰显，必须从“关系”之中，在诉讼程序展开过程中各种关系的利益消长和平衡之间，方能得以实现。

被追诉人与追诉方之间本质上是利益冲突的关系，因此，两者主体性权利的主张不仅意味着彼此需要得到对方的承认和尊重，同时，也意味着对对方权利的克减和限制。在这种矛盾关系的现实面前，被追诉人主体性的彰显，不仅需要自身获得权利与义务的平衡，而且也意味着，被追诉人主体性权利的主张，必须从对象性主体关系构成中、从彼此的利益平衡中去获取。比如，平等对抗权、辩护权，本质上是主体间性背景下的主体性张扬以及主体之间关系和利益对等、平衡的结果，仅从单数的主体性角度，是推导不出辩护权、平等对抗权在被追诉人主体性权利中的地位和价值的。可以说，主体间性认识论对主体认识论的发展，使主体性问题有了主体间性的背景和基础，为我们认识被追诉人主体性，并进而构筑其主体性权利开辟了新的思路。

（二）被追诉人人格主体的内向性和外向性

从主体间性视角看待被追诉人的主体性，逻辑上就自然生发出内向和外向两个考察视域。前者侧重于强调主体自身的人格和自由意志、理性所主导的自觉、自决、自主、自由等主体性属性，而后者侧重强调任何一个主体都必然以其他主体共存为条件，因而主体性的另一半即外向性部分——与其他主体的平等、对等，与其他主体发生利益冲突时的维权和自卫，也就必然地成为该主体的属性构成。

英文“人格”一词“personality”源于拉丁文“persona”，原意是指面具，即戏剧演员所扮演的角色的标志。引申出来，所谓人格是指个人在人生舞台上的行为表现，是其表演或扮演的“角色”。“因此，人格这个概念应该从两方面来定义：首先是外在的人格，即个人被他人知觉和描述的方面；其次是内在的人格，涉及一些内在因素，可以解释为什么一个人被他人认为是这样的。”①

人格的内在性与外在性根源于其个体性和社会性。舍勒认为，人格是人与周围环境和整个世界各种关系建构的前提条件，因而，从本质上说人格是社会的，还是开放的。“个人是存在于人类社会历史中的个人，他是‘个体的’，又是‘集体的’。”“个人的道德人格使他成为自我控制的和负责任的（对自我责任和对集体共同责任的承担），所以他既是个人的内在性的，又是社会性的存在。”②由此，个人价值可以区分为个人的自我价值和个人的社会价值。前者具有对内的“为我”性，即表现为个人对自身需要的特殊的肯定关系；后者具有对外的“为他”性，表现为个人对身外其他主体需要的特殊的肯定关系。一些法学家们也认识到并应用了这种内向性和外向性的理论区分。例如，哈特对法律“内在”方面与“外在”方面作了区分，分析了受制于规则的人，外在态度与内在态度之不同。③人们往往将“内向性和外向性”对立起来，并用以说明外部行为受法律约束，而内部行为受道德规定的观念。对此，拉德布鲁赫分析说：“外部行为也是可以受到道德审判的，同样，内部行为也可能受到法律审判，并不存在一个既不能受到道德评价，又不能受到法律评价的内部行为或者外部行为的范围。”④可见，作为主体性的两个侧面，内向性与外向性的区分不是对立的，而是交互的，内向性倾向于传统的单数主体性认识视域，而外向性可以视为主体间性视角下主体与主体关系的表现，它们共同丰富了人的主体性价值。

1. 被追诉人主体内向性价值指向之一：人格尊严

人格价值与人的尊严是紧密联系在一起的。承认人的价值存在，即

---

① 郭永玉：《人格心理学》，中国社会科学出版社2005年版，第3页。

② 冯景源主编：《现代西方价值观透视》，中国人民大学出版社1993年版，第89页。

③ 参见［英］韦恩·莫里森：《法理学》，李桂林译，武汉大学出版社2003年版，第392页。

④ ［德］G. 拉德布鲁赫：《法哲学》，王朴译，法律出版社2005年版，第39页。

意味着尊重人自己以及尊重他人的存在。这种尊重，不仅包括人自身和他人的生存价值，更重要的是人的精神价值。每个具有主体性的人（即使是罪犯）都有自己独立的人格，有自己的尊严，尊重其人格和自尊，即是尊重人的生命的价值。因此，被追诉人主体内向性的要义是体现被追诉人独立的人格价值，也即是尊重人之为人的人格尊严。人格天然地包含了至高无上的生存价值基础上的生存权和发展权——人的生命健康权、姓名权、名誉权、荣誉权等，必须得到肯认和维护，这是人格命题的绝对命令和先验定律，具有真理的向度。①

2. 被追诉人主体内向性价值指向之二：意志与选择自由

人的主体性突出表现在主观能动性上，即人之为人具有其独立性、自主性、自为性、自觉性。人是有精神活动的动物，精神活动决定了人具有意志的自由。而从价值论角度看，人的自由意味着理性的选择，因而，选择又是自由的核心和本质表征。康德把人的理性选择能力表述为意志②，而动机是由人的意志支配的，意志过程就是人的动机的选择过程。

选择的概念与人的主体性紧密相联，是表示人的主体能力与状况的一个术语。主体选择性作为人的自由的本质表现，其内涵包括：（1）主体选择是一种自觉的价值选择。选择是能动地吸收对主体有价值的东西，因而主体在选择时对客体对象和客观世界的关系，表现为一种价值关系。（2）主体选择是实现主客体统一的具体形式。（3）主体选择是主观能动性的生动体现，体现了主体的自主性和创造性。③被追诉人由于处于被追诉的不利地位，其自由选择的主体性更显得重要和不可或缺。

3. 被追诉人主体外向性价值指向之一：主体性意义上的平等

它从主体间性意义上衍生出来，能更好地理解主体作为个体与社会的关系，主体与其他主体之间的交互关系。个体是社会性的个体，社会也是个体性的社会，人作为独立自主的主体，是个体性与社会性、内向性与外向性的统一体。就个体的外向性而言，每个主体彼此之间的

---

① 杜宴林：《法律的人文主义解释》，人民法院出版社 2005 年版，第 56 页。

② ［德］康德：《法的形而上学原理》，苗力田译，上海人民出版社 2005 年版，第 10 页。

③ 参见陈兴良：《刑法的人性基础》（第二版），中国方正出版社 1999 年版，第 278—279 页。

存在，都是以对方的存在为条件的，每个人如果要实现自身的自在目的，不仅仅把自己及他人当作工具和手段，就必然首先需要确立人人平等的理念，在此理念基础上，方能实现社会的契约，并建立起规范性的秩序。

法律首要的任务是调整因每个人根据其价值而获得待遇的不平等之关系。如此，方能使每个人都处于适当的地位，法律对此加以确认并将保证各方平等和协商一致，而避免违反相互权利行为的发生。[①]平等除了对人之为人的主体性实存给予平等的对待，赋予同样的权利外，还有一个重要的内容是机会的平等或过程的平等。罗尔斯将机会的平等视为实现正义的第二个原则，如此，机会公平平等的自由主义原则与纯粹程序正义观念就联系在了一起。罗尔斯以赌博为例论证道："在纯粹程序正义中，不存在对正当结果的独立标准，而是存在一种正确的或公平的程序，这种程序若被人们恰当地遵守，其结果也会是正确的或公平的，无论它们可能会是一些什么样的结果。"[②]强调平等的程序规则，与尊重被追诉人主体平等地位一样，在其权利的主张和实现过程中，都是不可或缺的。

4. 被追诉人主体外向性价值指向之二：维权与反抗

从人的主体性以及主体间性视角看，主体与主体之间是利益冲突与协调的共同体。主体性的外向性本质表现为主体间关系的协调与统一，因而，尊重对方、捍卫自身的权利和人格尊严，抵御来自国家或其他团体、个人的侵害，就是主体性存在的本质需要。1948 年联合国制定的《世界人权宣言》序言第一句话就开宗明义："鉴于对人类家庭所有成员的固有尊严及其平等的和不移的权利的承认，乃是世界自由、正义与和平的基础。"宣言同时强调指出"鉴于为使人类不至迫不得已铤而走险对暴政和压迫进行反抗，有必要使人权受法治的保护"。由此确认了人们有反抗暴政的习惯权利（customary right）[③]。上述两个方面构成了主体

---

① 转引自［美］罗斯科·庞德:《普通法的精神》，唐前宏等译，法律出版社 2001 年版，第 60 页。

② ［美］约翰·罗尔斯:《正义论》，何怀宏等译，中国社会科学出版社 1988 年版，第 86 页。

③ 参见杨宇冠:《人权法——〈公民权利和政治权利国际公约〉研究》，中国人民公安大学出版社 2003 年版，第 10 页。

自我保障的权利基础，也可以视为公民享有的辩护权的立论根源。

关于辩护权的理论基础，我国学者作了不同的梳理。有的学者认为："从广义上说，辩护权是人类反抗压迫权的重要内容之一。""辩护权正是反抗压迫权在刑事诉讼领域的延伸和彰显。""刑事辩护权的产生是对控诉的回应，是实在法对被告人在受到刑事指控时，对指控予以抵抗的心理本能的肯定。"[①] 有的学者认为，"保障被指控人的辩护权，使其能够针对指控实施防御，是被指控人作为程序主体所拥有的最基本的人权。因为，如果缺乏这一权利，被指控人只是消极、被动地接受国家专门机关的处理，他就谈不上是程序主体"。[②]

二、从被追诉人主体性的四维向度论被追诉人权利构成

由被追诉人主体性的四个价值向度，即人格尊严、意志与选择自由、主体意义上的平等和维权与反抗，我们可以符合逻辑地推衍出被追诉人权利的四个指向：无罪推定权、程序参与及选择权、平等对抗权和辩护权。这四项权利，可以视为被追诉人主体性权利构成体系中，最低限的、原初的、基始的权利，是被追诉人从社会人、自然人成为诉讼主体、进入诉讼程序之初始的本原性权利，在此，我们称为元权利（如图1所示）。随着被追诉人进入不同诉讼阶段，而伴随和相应生成的权利，我们称为程序生成性权利。

（一）被追诉人主体性权利构成：元权利与程序生成性权利

元权利和程序生成性权利之间的构成机能，可以从法律作为一个自组织的具有自我生殖力的系统来认识。卡多佐说："每个判决都有一种生殖力，按照自己的面目再生产。"[③]"法律确实是一种历史的衍生物"，"法律又是一种有意识的和有目的的生成物"。[④] 他在论述先例的规则时，进一步指出，"先例有沿着逻辑发展路线自我延伸的倾向。无疑，这种感

① 谢佑平主编：《刑事诉讼国际准则研究》，法律出版社2002年版，第324—325页。

② 熊秋红：《刑事辩护论》，法律出版社1998年版，第98页。

③ ［美］本杰明·卡多佐：《司法过程的性质》，苏力译，商务印书馆1998年版，第9页。

④ ［美］本杰明·卡多佐：《司法过程的性质》，苏力译，商务印书馆1998年版，第64页。

情大大地得到强化，完全是由于人们在智识上强烈地爱好司法的逻辑性（elegantia juris），爱好形式与实质的对称”。①

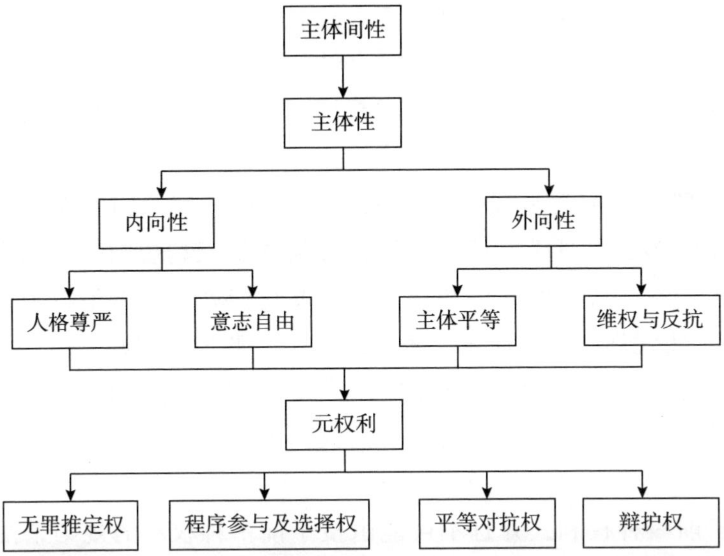

图 1　被追诉人主体性权利构成

把系统论和控制论引入法理学，对法律的认识打开了全新的视角。比如，认识到在任何社会系统中，秩序建立的过程应视为组织和自组织的，由此，托伊布勒建立了反应型法模式，以进化性自治的概念来重新阐述法律的发展，提出，法律是自主发展的过程，是用自己的要素自我生产的法律系统。②控制论对法理学的理论贡献，使我们能从系统反馈控制的机制效应，思考法律程序的展开过程中权利的构成及实现。诉讼过程具有逻辑生成性，在没有成为诉讼主体之前，被追诉人主体是显在的社会人的道德主体以及潜在的法律人的法律主体，其享有的道德权利和宪法性权利对所有公民来说，都是一致的。而在被追诉人成为诉讼主体进入诉讼程序之后，其权利就进入了诉讼程序性权利的范畴，道德性权利消解，诉讼性权利上升。这种权利的逻辑生成特性，来源于法律的

① ［美］本杰明·卡多佐：《司法过程的性质》，苏力译，商务印书馆 1998 年版，第 19 页。

② 参见［德］阿图尔·考夫曼、温弗里德·哈斯默尔主编：《当代法哲学和法律理论导论》，郑永流译，法律出版社 2002 年版，第 417 页。

自组织性和自我生殖力，因而支持着被追诉人主体性权利的构成原理：被追诉人的权利构成是这样一个逻辑生成的体系——从被追诉人原初状态下的“元权利”出发，随诉讼程序的推衍和逻辑展开，相应地生成其各程序阶段的程序性权利；被追诉人权利的构成，既是一个纵向的程序系统，又是每个程序阶段横向的程序结构体系，是一个纵向、横向相交集的权利结构矩阵；这个权利构成系统，是自组织的，具有可控性和反馈性的机能。

权利理论被称为是现代法律的“元叙事”，其原因就在于“权力对社会秩序的形成尽管必不可少，但它必须囿于权利规则的范围之内实施才具有正当性，权利的话语和技术的主要功能就是要抵消权力的内在支配性”[①]。而就规则构成而言，米尔恩关于“调控性规则”与“构成性规则”的区分无疑给了我们权利构成规则的理论灵感。他指出，“不要将规则授予的权利同作为规则之前提的权利混淆起来。授予某些权利的构成性规则也有可能是以其他一些权利为前提的。这后一种权利在逻辑上优先于前一种权利，并且不可能由授予前一种权利的规则来授予”。[②]循着前述概念点的逻辑线索，笔者进一步提出，被追诉人主体性权利由两部分构成：其一是“元权利”，其二是随程序逻辑演进而相应生成的“生成性权利”。无论是“元权利”还是“生成性权利”，都是由构成性规则支配的，都是依赖于程序逻辑的。元权利与生成性权利的关系为元权利优先于生成性权利，生成性权利是元权利随诉讼程序进路而生成的程序性权利，但又不完全是元权利的对应生成的产物；元权利与生成性权利之间，除了逻辑的生成关系外，还有相对独立的一面，一些生成性权利只是在不同诉讼阶段的相对独立的权利，该诉讼阶段结束即告终止，而一些生成性权利则贯穿所有的诉讼阶段。

程序生成性权利是上述四项元权利随不同程序阶段的进路展开相应形成的。值得指出的是，元权利在判决生效之前不同的程序阶段既贯穿始终，又随程序性质不同外化为具体程序性权利的；在不同的程序阶

① ［法］福柯：《权力的眼睛——福科访谈录》，严峰译，上海人民出版社1997年版，第229—230页。

② ［英］A. J. M. 米尔恩：《人的权利与人的多样性——人权哲学》，夏勇等译，中国大百科全书出版社1995年版，第128—130页。

段，四项元权利都可以得到体现，但强度会有所不同。比如，在侦查程序，无罪推定权体现得更为充分和强烈，而在法庭审判阶段，平等对抗权和辩护权上升为主要权利。至于救济性权利，是诉讼程序系统反馈机制的体现，作为一个完整的诉讼程序系统，每一诉讼阶段可以视为一个子系统，每一子系统都具备反馈机制，即程序救济的机制，每一子系统的程序反馈（救济）机制，综合构成被追诉人的救济性权利。但救济性权利并不是被追诉人主体性权利的核心构成。综合以上分析，我们可以对被追诉人主体性元权利构成建立一个矩阵模型（如图 2 所示）。

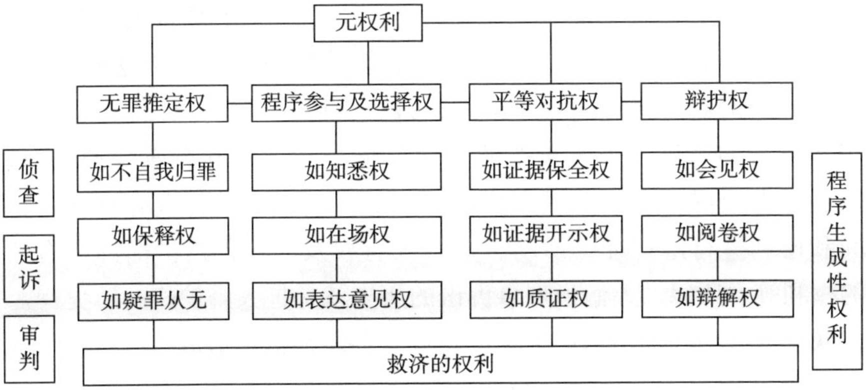

图 2　被追诉人主体性元权利构成矩阵

（一）元权利相互关系解说

被追诉人主体性所具有的四种元权利（无罪推定权、程序参与及选择权、平等对抗权和辩护权）之间既是横向串联关系，又是纵向并列关系，纵横交织共同构成了被追诉人的权利矩阵。例如，无罪推定权是辩护权的基础；辩护权又是平等对抗的基础；而程序参与及选择权同时是其他三个权利的基础；每一权利的保障和实现，都反过来加强了其他权利的权能。

在关于无罪推定是否可以作为辩护权基础的问题上，我国学者提出了不同的见解。如有的认为辩护权的确立早于无罪推定原则的确立；从无罪推定原则的基本内容看，其与被告人辩护权的确立并无内在和必然的联系；由于无罪推定原则对辩护权的行使基本上持消极态度，因此，将无罪推定原则作为辩护权的存在依据有局限性。[①] 但多数学者认为可以将无罪推定原则作为辩护权存在的依据，认为，"无罪推定被视为现代刑事诉讼的基石，是被指控人享有辩护权的基础"，"根据无罪推定原则，被指控人在未经司法程序（通常指生效判决）确认为有罪以前，应在法律上假定其无罪……由此点出发，被指控人不仅不能被拷问，而且应当有权利申辩自己无罪。被指控人是否有罪是诉讼过程中有待证实的问题，追诉机关应当认真听取被告方的辩护意见"。[②]

从诉讼构造职能看，控辩平等对抗两造关系中，若无辩方参与，或辩方权能过弱，平等对抗即无法实现。由此可以说，赋予被追诉人辩护权，是实现其平等对抗权的先决性条件。由于事实上被告人与侦控机关强大的国家公权力相比，处于先天性的弱势地位，故而为达到控、辩、审三方诉讼构造与运行的相对平衡，被告人除需获得主体性地位而不是被当作诉讼的客体之外，重要的方面是赋予和加强其有效辩护的权利，使被追诉人获得控辩从形式到实质的平等。例如，被告人有权获得充分时间和便利进行辩护准备活动，被告人有权及时获得辩护律师的有效辩护的权利等。所以"人们说刑事诉讼的历史就是扩大辩护权的历史"[③]。目前，联合国公约和刑事司法准则以及世界各国都把被追诉人的辩护权视为最低限的权利，"获得辩护实际上意味着被告人获得充分而富有意义地参与裁判制作过程的机会，被告人据此可与作为刑事追诉一方的检察官展开平等的抗衡，并对法庭的裁判结论施加积极而有效的影响"[④]。

随着现代社会政治民主化思潮的不断勃兴，司法领域的民主化进程也得以加速，反映在刑事诉讼中，即对程序参与及选择权的重视和权利保障。"人们至少有理由期望，在作出关系他们的判决之前，法院听取其意见，即他们拥有发言权。"[⑤] 保障当事人的参与及选择权的观念基础

---

① 参见熊秋红：《转变中的刑事诉讼法学》，北京大学出版社2004年版，第36—37页。

② 陈卫东主编：《刑事诉讼法资料汇编》，法律出版社2005年版，第109页。

③ ［日］田口守一：《刑事诉讼法》，刘迪等译，法律出版社2000年版，第89页。

④ 陈瑞华：《刑事审判原理论》（第二版），北京大学出版社2003年版，第232页。

⑤ ［美］迈克尔·D. 贝勒斯：《法律的原则——一个规范的分析》，张文显等译，中国大百科全书出版社1996年版，第35页。

源于诉讼民主理论，而就刑事诉讼活动来说，既是诉讼主体性理念的必然反映，也是程序正义原则所必须。只有被追诉人首先拥有充分的程序参与及选择权，他才有可能行使和处分所拥有的其他权利。以程序参与及选择权之知情权为例[①]，在日本，犯罪嫌疑人获得信息权被视作是其基本的权利。“向犯罪嫌疑人提供信息的理由，不单是为了解除犯罪嫌疑人的不安，而且也意味着让他以主体地位参与自己的案件的处理”，“承认犯罪嫌疑人的‘知情权’，是因为犯罪嫌疑人也有参加程序的权利”。[②]从知情权角度，我们可以看到程序参与及选择权对被追诉人来说，具有基础性的、最低限权利的性质。

程序参与及选择权贯穿刑事诉讼程序始终，主要体现在：（1）程序所涉及其利益的人或其代表，在办案机关作出与其利益相关的决定时，能够到场并陈述意见。（2）程序所涉及其利益的人或其代表有参与诉讼的顺畅途径，从而对程序的进行及诉讼结果的产生发挥实质性影响。（3）程序所涉及其利益的人或其代表有充分的机会实质性地参与诉讼活动并影响裁判结果。[③]可见，参与选择权对于其他元权利而言，也具有基础性、最低限的意义。

总之，四个元权利构成了纵横相交的权利矩阵，由此，也决定了各元权利所派生出的程序生成性权利具有矩阵的交互关系。而程序生成性权利，从发生学视角可以有力地说明，其既有元权利随程序进路逻辑衍生的价值向度，又有因程序进路达到某一阶段而相应产生的权利价值。

三、被追诉人元权利的主体性价值分析

（一）无罪推定权的主体性价值

无罪推定的价值有多种指向，如有利于实体公正的实现，有利于程序公正的实现，有利于节省司法资源，体现了诉讼的文明等，这无疑都是正确的。但笔者认为，与上述诸价值相比，无罪推定的首要价值体现在对被追诉人主体性人格尊严的尊重上。康德说，“只有那种构成事

---

① 杨宇冠：《人权法——〈公民权利和政治权利国际公约〉研究》，中国人民公安大学出版社 2003 年版，第 259 页。

② ［日］田口守一：《刑事诉讼法》，刘迪等译，法律出版社 2000 年版，第 87 页。

③ 参见宋英辉：《刑事诉讼原理》，法律出版社 2003 年版，第 107 页。

物作为自在目的而存在的条件的东西，不但具有相对价值，而且具有尊严”。[①]《世界人权宣言》第1条即开宗明义：“人人生而自由，在尊严和权利上一律平等。”“正因为被刑事指控人权利维护作为人权问题的焦点，而成为特殊的人权问题，最能体现、反映这种特殊性的人权维护原则便是无罪推定。”[②]

由于无罪推定成为前导性权利，才使其与正当法律程序相融合。美国在资产阶级革命胜利后，借鉴了英国的无罪推定原则，《美国联邦宪法》第五修正案、第十四修正案均规定：“公民的人身权、财产权非经正当法律程序不被剥夺。”美国学者丹尼尔·威伯斯特道：正当法律程序要求“判刑前需进行审理，根据调查结果进行起诉，审问结束后才能作出判决”。换一种表达，即非经正当法律程序作出有罪判决前，“所有的人都被推定为无罪”。[③]

无罪推定权贯穿于整个诉讼程序，由此衍生出一系列程序生成性权利，如被告知指控罪状权、沉默权、保释权等。然而，从被追诉人主体性权利角度看，对人身自由的保障应当成为焦点，特别是针对审前强制措施实施中对被追诉人的权利保障上，如令状制度、保释权等。“按照世界刑法学协会的解释，无罪推定原则应当包括以下几方面的内容：被告人在整个诉讼过程中享有无罪推定的待遇；在与强制措施有关的活动中适用比例性原则；审前羁押应根据案件具体情况由法官命令才能实施；辩护权在诉讼的一切阶段予以保障；被告人有权保持沉默；法官对诉讼双方公正不倚等。”[④]

（二）程序参与及选择权的主体性价值

参与和选择，都是主体自由意志的体现，因此，该权利内涵的两方面内容，即参与及选择既相互关联，又在诉讼价值上相对独立，体现了不同的价值向度。彰显程序参与及选择权有助于实现法律制度的三大基

---

① ［德］康德：《道德形而上学原理》，苗力田译，上海人民出版社2005年版，第54—55页。

② 谢佑平主编：《刑事诉讼国际准则研究》，法律出版社2002年版，第170页。

③ ［美］卡尔威因：《美国宪法释义》，徐卫东等译，华夏出版社1989年版，第85页。

④ 参见《关于刑事诉讼法中的人权问题的决议》，世界刑法学协会第十五届代表大会1994年里约热内卢全体大会通过。

本价值——秩序、公平、个人自由。[①]

程序参与及选择权的主体性价值，首先体现了被追诉人的意志自由。被追诉人在程序参与过程中有处分自己权利的自由。“作为权利本质属性或构成要素的自由，指的是权利主体可以按个人意志去行使或放弃该项权利，不受外来干预或胁迫。”[②]其次体现了司法公正的最低限度保障，是程序公正的基本前提，没有被追诉人的程序参与及选择权，被追诉人在诉讼中就完全地处于被处置的对象，程序公正就无从实现。最后，程序参与及选择权之于“秩序”的价值也是显而易见的。不难想象，如果被追诉人的程序参与权遭到剥夺，他们对判决制作过程的不满不仅影响其本身对裁判的服从，他们的愤懑情绪也许会一直伴随他们，轻者影响被追诉人自身的改造和回归社会；重者则会带来消极的社会影响，因为被追诉人可能因此抗拒改造，甚至报复社会，酿成新的、更加严重的犯罪。

被追诉人作为诉讼不可或缺的诉讼当事人，其扮演的角色职能不可替代，因此，其主体性价值意味着，作为主体积极参与诉讼，与作为客体消极参与诉讼有本质不同。积极参与诉讼将充分主张其主体性权利，自愿选择作为或不作为，同时积极承担其义务；反之，消极参与或被动、被迫参与，是消解其主体性，因而其对权利的主张是消极的，无作为的，结果往往沦为形式参与的奴隶。形式参与，则抹杀了选择。如在德国刑事诉讼法中，对被告人主动和被动参与刑事诉讼程序的权利就作了区别：在所有被告人之主动参与权中最重要的是，其有要求法庭审判之权利，如法院之裁判只得就诉讼参与者已对事实、证据等有机会陈述自己之意见时，对此种陈述所得之结果作为裁判基础；被告人在诉讼任一阶段均有权选任辩护人，有权要求于调查证据时在场，有权向证人及鉴定人进行讯问，当传唤期间未被遵守时，其有权申请审判之延期等。而即使被告人只是一被动的参与诉讼者时，其法律地位也为许多的慎重的预防措施维护着。例如，其为国家强制力之客体时，其人格尊严也必

① ［英］彼得·斯坦、约翰·香德：《西方社会的法律价值》，王献平译，中国法制出版社 2004 年版，第 2 页。

② 夏勇：《人权概念起源——权利的历史哲学》（修订版），中国政法大学出版社 2001 年版，第 48 页。

须受到维护。[①]

选择是体现理性东西的自由意志的必然行为。萨特认为，人的一切特性不是与生俱来或是上帝的创造，而是自为的人依据个人的意愿和主观谋划自己造成和选择的，人始终处于选择的可能性之中，不选择也是一种选择，是选择了不选择。[②]程序参与内蕴着主体程序选择的权利，涵盖了在参与的过程中表达意见、积极介入控辩对抗并积极影响裁判结果的内涵。其中，比较典型的如辩诉交易程序，被追诉人也有着自主的参与、选择权。在美国有大约90%的案件都是通过辩诉交易解决的。可以说，程序参与及选择权是一个问题的两个方面，参与为选择提供了程序过程的“通道”，而选择体现了被追诉人主体参与的积极性和自主性，如果只有参与而没有选择，或者虽然赋予了被追诉人选择权，却不能实质上参与，都不能达到司法民主和人权保障的结果。

（三）平等对抗权的主体性价值

平等对抗权作为被追诉人主体性权利的核心之一，对于刑事诉讼多元价值目标的实现具有积极意义，在刑事诉讼过程中的价值尤为重要。

首先，平等对抗权体现了诉讼构造价值。平等对抗是诉讼构造平衡的要件之一。在控、辩、审三项诉讼职能关系中，除了控、审职能分离外，控、辩职能的平衡决定着诉讼构造能否保持平衡，而控辩职能的平衡则取决于控辩双方诉讼地位的平等、诉讼权重和诉讼权利的对等。

其次，平等对抗权的价值实现有利于程序公正。美国学者戈尔丁认为程序公正有九项原则：（1）任何人不能做有关自己案件的法官；（2）结果中不应包含纠纷解决者个人的利益；（3）纠纷解决者不应有支持或反对某一方的偏见；（4）对各方当事人的意见给予同等关注；（5）纠纷解决者应听取双方的辩论和证据；（6）纠纷解决者只应在另一方当事人在场的情况下听取对方的意见；（7）各方当事人应得到公平的机会来对另一方提出的辩论和证据作出反应；（8）解决的诸项内容需应以理性推演为依据；（9）分析推理应建立在当事人作出的辩论和提出的证据基

① 参见［德］克劳思·罗科信：《刑事诉讼法（第24版）》，吴丽琪译，法律出版社2003年版，第138—141页。

② 王晓东：《西方哲学主体间性理论批判》，中国社会科学出版社2004年版，第151页。

础上。[①]

最后，平等对抗权有助于实现实体真实。赫尔曼教授指出："在对抗制审判中，事实真相的查明被称作是试验性的和竞争性的。它证实了民主价值，不仅仅因为案件是由陪审团作出裁断，而且因为两方主要当事人在法官面前进行平等的竞争。在对抗制审判中，被告方所起的相对主导作用是要求个人为自己辩护的自由主义哲学的结果。"[②]

但是，平等对抗权的实现需要首先解决不平等的现况问题。拉德布鲁赫就指出："平等在现实中是不存在的，它从来都只是从一定的观察角度对存在的不平等的抽象概括。"[③]可以说，平等的命题本身就包含着"不平等"的悖论。而且，"平等待遇原则本身并不能自动排除对社会中不得势的群体采取压制性的待遇"[④]。对被追诉人而言，境况更是如此。

面对不平等的现实，如何达致平等的理想呢？罗尔斯的办法是承认不平等的存在，"以一种不平等为前提，即对先天不利者和有利者使用并非同等的而是不同的尺度，也就是说，为了事实上的平等，形式上的平等要被打破，因为事实上不同等的个人使用同等的尺度必然会造成差距"。[⑤]

赋予被追诉人平等对抗的主体性权利，核心价值在于使被追诉人成为真正的诉讼主体，能够与追诉方形成平等对抗的权能，从程序的平等对抗努力达到控辩两造的平等和诉讼构造的均衡。为此，需将"平等"的概念转换为"对等"[⑥]，并从三个层次实现之：（1）改变被追诉人的先天

---

① ［美］马丁·P. 戈尔丁：《法律哲学》，齐海滨译，三联书店1987年版，第240—241页。

② 转引自［德］赫尔曼：《中国刑事审判方式的改革》，载《诉讼法学新探》，中国法制出版社2003年版，第837—838页。

③ ［德］G. 拉德布鲁赫：《法哲学》，王朴译，法律出版社2005年版，第75页。

④ ［美］E. 博登海默：《法理学：法律哲学与法律方法》，邓正来译，中国政法大学出版社1999年版，第309页。

⑤ ［美］罗尔斯：《正义论》，何怀宏等译，中国社会科学出版社1988年版，译者前言。

⑥ 博登海默提出，除了要关注用立法行为来配置和分配权利、权力和利益外，"我们还需要对交换对等之平等（commutativa equality）的领域进行探究"。［美］E. 博登海默：《法理学：法律哲学与法律方法》，邓正来译，中国政法大学出版社1999年版，第310页。

弱势地位，通过张扬被追诉人的主体性，使其“主体地位”能与追诉方“对等”。（2）赋予被追诉人补强性权能，使被追诉人与追诉方天然的实际权利落差得以弥补，使其“实际权能”能与追诉方所享有的实际权能对等。（3）在上述两个层次对等的基础上，实现程序资源分配和机会、手段的对等。

（四）辩护权的主体性价值

格老秀斯认为，自卫权属于天赋权利。[①] 刑事诉讼进化的历史被认为既是辩护权得到彰显和发展的历史，也是被追诉人主体地位不断得到强化的历史。从主体间性视角看，被追诉人的主体存在既是以追诉方的存在为前提的，也是以追诉方的利益诉求为利益对策的。这决定了辩护权的价值实质对于被追诉人来说，就是最低限的主体性存在，如果连有限的辩护权都不能享有，其他权利更无从谈起，也没有任何意义；而对被追诉人和追诉方之间的主体交互性而言，辩护权的存在和增强同时是追诉方权利存在的对象和理由，如果没有辩护权或者辩护权很弱，国家追诉机关就没有必要加强，代表被追诉人利益的辩护人制度也不可能得以发育起来。赋予被追诉人辩护权的价值，还在于促进辩护人主体意识的提高、辩护制度的健全、辩护技巧的提升，以及控、辩、审诉讼职能的完善和刑事诉讼的民主化、现代化。

如果辩护权行使的目的在于维护被追诉人的合理自卫权，那么，辩护权的主体性价值同时还要体现在主体的有效辩护上。所谓主体有效辩护，是被追诉人及其委托的辩护人能充分体现主体意志并获得成效辩护，辩护从实体效果上能减轻甚或免除对被追诉人的处罚。就辩护权的主体交互关系进行分析，这种交互关系尤以被追诉人与委托辩护人利益与意志契合及如何契合为关键。尽管辩护人服务于被追诉人利益，但作为独立存在的“主体”，实际上处于被追诉人权利价值和追诉方所代表的国家公诉利益价值的双重制约之中。为使被追诉人达到有效辩护的目的，被追诉人的辩护权就必然要加以“委托”，对其主体性的考量也要相应地向主体间性转移，在这一转换的过程中，需要关注的是被追诉人主体与辩护人主体能否在权利价值向度上取得一致，需要关注律师与被

① 转引自［爱尔兰］J. M. 凯利:《西方法律思想简史》，王笑红译，法律出版社2002年版，第218页。

追诉人主体利益协调的问题，切实维护被追诉人的主体性权利，帮助被追诉人达到无罪、罪轻的裁判结果，而不是作为程序性的存在，甚至违反勤勉规则，在运用证据进行辩护方面严重失职，或违背辩护职责造成被追诉人合法权益的损害。

从“单数”主体性和“复数”的主体间性双重视角考察被追诉人主体性权利构成，突出强调的是：作为被追诉人因为身处被追诉地位，事实上和常态中被强制处分，其主体性的张扬及其权利保障，就必然处于与他者的“关系”之中，受其他诉讼主体的制约，其被客体化的现实是客观存在的；无论是元权利还是随程序进路展开衍生出的程序生成性权利，都必然受制于各方“关系”利益考量和关系变量的影响；被追诉人主体性权利的价值，也就不仅意味着被追诉人自身要主张其主体性权利，而且意味着必须倡导各诉讼主体，特别是行使公权力的诉讼主体，从总体关系的利益平衡中去共同尊重和保障被追诉人的权利主张，改善被追诉人被事实上客体化的地位。

加强辩护律师的执业权利保障 *

从刑事诉讼视角审视，律师执业的作用最为关键，其存在的问题也相对突出，应当依法保障律师执业权利，从司法机关自身出发，正确认识律师在刑事诉讼中的重要地位。

一、刑辩律师的积极作用

刑事司法制度是现代国家民主与法治的“测震仪”，而辩护制度完善是其中的具体标志之一，尊重和保障律师权利就是尊重和保障当事人与公民的权利。一方面，刑辩律师能为犯罪嫌疑人、被告人提供法律帮助，有效遏制公权力滥用，确保被追诉人的人权不受非法侵害；另一方面，刑辩律师的实质参与，可以兑现控辩平等的诉讼构造，保障控辩双方平等武装、平等保护，在有效对抗的刑事诉讼程序中，提升事实认定和法律适用的准确性，切实防范冤假错案，维护司法公正。

二、刑辩律师的执业困境

刑事司法实践中，“会见难”“阅卷难”“调查取证难”被称为刑辩律师的“三难”问题，不仅影响律师正常执业，更有碍犯罪嫌疑人、被告人的权利保障。2012 年刑事诉讼法修改后，传统的“三难”问题得到了一定缓解，却又出现“发问难”“质证难”“辩论难”的“新三难”问题，似乎是将律师所面临的困难从审前阶段转移到了庭审之上。以审判为中心的刑事诉讼制度改革，需要确立审判程序的中心地位，而审判程序的重点在于庭审，保障律师发问、质证、辩论的权利，方能提升庭审的实质化程度。

---

* 原文发表于《中国司法论坛》2015 年第 10 期。

三、刑辩律师的权利保障

构建司法人员与律师之间的新型关系，主动权在司法机关。这一观点可谓一语中的，道出了问题的症结和解决良策。

其一，全面贯彻落实法律规定的律师执业权利。刑事诉讼法对于律师权利的保障，并不局限于总则第四章的“辩护与代理”之中，除了重新定位辩护人的责任、明确侦查阶段辩护律师的法律地位、完善刑事法律援助制度等，此次修法还对刑辩律师的执业权利保障进行了全面、整体的优化。因此，不能仅限于某一章节，更不能转移矛盾，应当全方位地、一以贯之地保障律师权利，从而兑现“尊重和保障人权”与无罪推定原则。

其二，司法机关应当从自身做起，正确认识律师在刑事诉讼中的重要地位。刑事诉讼中，司法人员应当树立正确的司法理念，主动创造相互尊重、相互支持、相互监督的前提条件，在正当交往中实现良性互动，将律师视为法律职业共同体中的平等同行，尊重律师正常的发问和质证，提供充分辩论的机会，认真审查律师提出的证据和意见。

论认罪认罚从宽制度中的律师参与机制*

从我国古代的“自首制度”到近代的“坦白从宽、抗拒从严”、宽严相济的刑事政策，可以看出认罪认罚从宽制度在我国由来已久。党的十八届四中全会作出的《中共中央关于全面推进依法治国若干重大问题的决定》明确提出，要“完善刑事诉讼中认罪认罚从宽制度”。该制度进一步丰富了刑事诉讼制度的内容，对贯彻宽严相济的刑事政策、节约司法资源、提高诉讼效率等具有重大意义。认罪认罚从宽制度是刑事诉讼程序的创新，体现了现代刑事司法文明的宽容精神。认罪认罚从宽制度需要明确参与主体，厘清犯罪嫌疑人、侦查机关、检察机关、辩护律师、被害人、法院等各方的权利与义务，其中辩护律师在认罪认罚从宽制度中对于保护犯罪嫌疑人合法权益，对其理性选择“认罪认罚”实体及程序范畴事项起着重要作用。不断探索完善认罪认罚从宽制度中辩护律师的有效参与机制，对于保障人权以及适应以审判为中心的司法改革具有重要的意义。

一、认罪认罚从宽制度概述

（一）认罪认罚从宽制度的历史沿革

我国认罪认罚从宽制度并非一蹴而就的，与西方“辩诉交易”制度也存在本质的区别，是由相关刑事政策逐步演变而来的。1940年，毛泽东同志在《论政策》一文中提出，“应该坚决地镇压那些坚决的汉奸分子和坚决的反共分子，非此不足以保卫抗日的革命势力，但是绝不可多杀，绝不可牵涉到任何无辜的分子，对于反动派中的动摇分子和胁从分子，应有宽大的处理”。1952年至1956年，毛泽东同志在对“三反”“五

---

* 原文发表于《河南社会科学》2019年第2期，与刘华英合作。

反”运动作出的重要指示中，提出在斗争中坚持“坦白从宽、抗拒从严，立功折罪、立大功授奖”的刑事政策。至此，我国认罪认罚从宽制度的雏形已经初步形成。

2003 年 3 月 14 日，最高人民法院、最高人民检察院、司法部颁布了《关于适用普通程序审理“被告人认罪案件”的若干意见（试行）》，该文件虽已经被废止，但系第一次明确提出“认罪”的概念，即“被告人对指控的基本犯罪事实无异议”，并且规定“人民法院对自愿认罪的被告人，酌情予以从轻处罚”，开启了我国刑事诉讼中被告人认罪认罚从宽的司法实践。2012 年刑事诉讼法修改时，增设了当事人和解的刑事案件诉讼制度，为认罪认罚从宽制度的推行和发展奠定了一定的法律基础。

2014 年 6 月 27 日，全国人大常委会作出《关于授权最高人民法院、最高人民检察院在部分地区开展刑事案件速裁程序试点工作的决定》，授权最高人民法院、最高人民检察院在部分地区开展刑事案件速裁程序试点工作，对事实清楚、证据充分，被告人自愿认罪，当事人对适用法律没有异议的危险驾驶、交通肇事、盗窃、诈骗、抢夺、伤害、寻衅滋事等情节较轻，可能判处一年以下有期徒刑、拘役、管制的案件或者依法单处罚金的案件，提出了进一步简化被告人认罪案件相关诉讼程序的要求。2014 年 10 月，党的十八届四中全会作出的《中共中央关于全面推进依法治国若干重大问题的决定》明确提出：要优化司法职权配置，完善刑事诉讼中认罪认罚从宽制度。2016 年 7 月 22 日，中央全面深化改革领导小组第二十六次会议审议通过了《关于认罪认罚从宽制度改革试点方案》，提出完善刑事诉讼中认罪认罚从宽制度中审前和庭审程序。2016 年 11 月 11 日，最高人民法院、最高人民检察院、公安部、国家安全部、司法部印发《关于在部分地区开展刑事案件认罪认罚从宽制度试点工作的办法》（以下简称《试点工作办法》），标志着认罪认罚从宽制度试点工作的正式启动运行。

（二）认罪认罚从宽制度的概念及特征

刑事案件认罪认罚从宽制度，是指在刑事诉讼中，被告人（犯罪嫌疑人）对被指控的基本犯罪事实无异议并自愿接受所认之罪在实体法上带来的刑罚后果，进而获得适用简化程序和相对较轻惩罚的一系列规范组成的制度体系。[①] 被告人认罪认罚从宽制度是刑事诉讼中一项具有重要意义的诉讼制度，被告人认罪认罚节约了司法资源，对被告人（犯罪嫌疑人）从宽处罚也是刑罚的应有之义。认罪认罚从宽制度具有下列特征：

1. 认罪认罚从宽制度兼具实体法和程序法双重属性

所谓“认罪”是指被告人承认自己所犯的罪行，对指控的犯罪事实没有异议；所谓“认罚”是指被追诉人对公诉机关所指认的犯罪事实、罪名以及量刑建议没有异议。认罪认罚既包含被告人对被指控犯罪事实的认同，也包含对简化审判程序的选择，“从宽”则是对被告人量刑和减轻其刑事程序负担两方面的从宽处理。

2. 认罪认罚从宽制度中审判组织、审判程序、法律文书制作相对简化

对于认罪认罚的案件，被告人对于检察机关指控的犯罪事实没有异议，当事人对适用法律没有争议，再实行普通庭审程序进行完整的法庭调查、法庭辩论等审理，就会显得程序冗长繁杂且没有实际意义，最终导致司法资源的浪费。如《试点工作办法》中规定，对于基层人民法院管辖的刑期可能在3年有期徒刑以下的认罪认罚案件，被告人同意适用速裁程序的，可以适用速裁程序，“由审判员独任审判，送达期限不受刑事诉讼法规定的限制，不进行法庭调查、法庭辩论，当庭宣判”。就进一步简化法律文书制作而言，以北京市某基层院为例，认罪认罚从宽案件中审查逮捕与审查起诉结案报告合一，起诉书与量刑建议书合一。

3. 认罪认罚从宽制度中突出了检察机关的作用

认罪认罚从宽制度的启动必须以检察机关告知犯罪嫌疑人享有的诉讼权利和认罪认罚可能导致的法律后果为前提，并且在辩护人或值班律师在场的情况下签署具结书为形式要件，进一步凸显了检察机关审前阶段的诉讼地位，更好地保障了犯罪嫌疑人的诉讼权利。基于签署具结书过程，控辩双方对于案件事实和法律适用不存在争议，在量刑上控辩双方及当事人均认可予以从轻处罚，因此，在整个诉讼过程中，控辩双方更多体现的是协商与合作。

---

① 陈严法:《认罪认罚从宽制度研究》，法律出版社 2017 年版，第 3 页、第 91 页。

二、认罪认罚从宽制度中的律师参与

认罪认罚从宽制度贯穿于整个刑事诉讼程序，辩护律师在不同的诉讼阶段均扮演重要角色，从立案、审查起诉、庭审辩护等不同阶段研究辩护律师在认罪认罚从宽制度中的职能，有利于不断完善该项制度中的律师参与机制，更好地保护当事人的合法权益。

（一）不同诉讼阶段律师参与的范围

1. 立案侦查阶段：法律帮助与调查取证

在立案侦查阶段，犯罪嫌疑人在被侦查机关采取强制措施后，由于法律知识欠缺、信息严重不对称，在讯问过程中往往不知如何保障自身的合法权益，容易导致冤假错案的发生。此外，部分犯罪嫌疑人存在侥幸心理，认为侦查机关无法掌握全部犯罪证据而拒不认罪，不利于犯罪嫌疑人认罪认罚从而获得从宽处理。因而，我国法律规定犯罪嫌疑人自被侦查机关第一次讯问或者采取强制措施之日起，有权委托辩护人，辩护人可以同在押的犯罪嫌疑人、被告人会见和通信。辩护律师在侦查期间可以为犯罪嫌疑人提供法律帮助，为犯罪嫌疑人提供全面、清晰的涉案法律知识；对自身行为已经构成犯罪但不自知或者抱有侥幸心理的犯罪嫌疑人，律师帮助他们充分认知“认罪认罚从宽制度”的具体内容和含义，让他们知道自身认罪认罚对其量刑的益处，从而能够积极配合侦查机关，争取从轻或减轻处罚。

辩护律师在侦查阶段享有申请调查取证权和调查取证权，辩护律师认为在侦查期间侦查机关收集的证明犯罪嫌疑人无罪或者罪轻的证据材料未提供的，有权申请人民检察院、人民法院调取；辩护律师经证人或者有关单位和个人同意，可以向其收集与本案有关的材料，也可以申请人民检察院、人民法院收集、调取证据。

2. 审查起诉阶段：审查阅卷和提出辩护意见

《刑事诉讼法》第 40 条规定，“辩护律师自人民检察院对案件审查起诉之日起，可以查阅、摘抄、复制本案的案卷材料”。辩护律师调查取证权具有一定的局限性，对整个案件事实的了解与掌握一定程度上需要依赖行使公权力的侦查机关。辩护律师只有在全面、翔实地了解案情之后，方能充分告知犯罪嫌疑人，以助其自愿作出是否认罪认罚的选择。此外，侦查机关在办理案件的过程中，可能存在遗漏收集对犯罪嫌疑人有利的、能证明其罪轻的证据，辩护律师全面审查案卷可核查侦查机关移送审查起诉的证据中是否存在不实或者错误证据，是否将罪轻和减刑证据一并移送等，避免给后续的庭审辩护造成不必要的麻烦。

辩护律师在审查案卷、了解案情的基础上，为犯罪嫌疑人向检察机关提出辩护意见和量刑建议。《刑事诉讼法》第173条规定，“人民检察院审查案件，应当讯问犯罪嫌疑人，听取辩护人或者值班律师、被害人及其诉讼代理人的意见，并记录在案。辩护人或者值班律师、被害人及其诉讼代理人提出书面意见的，应当附卷”。在认罪认罚案件中，犯罪嫌疑人对犯罪事实不持异议，但由于存在违法阻却事由，如正当防卫、紧急避险等情况，或存在犯罪嫌疑人被胁迫、被诱骗参与犯罪等情形，辩护律师可以建议检察机关作出法定不起诉或酌定不起诉的决定，并提供所依据的证据材料和法律依据。

3. 庭审辩护阶段：罪轻辩护和证据把关

认罪认罚案件往往适用速裁程序或简易程序，庭审是案件实体处理的关键环节。认罪认罚案件中案件事实证据虽然不是法庭查明的重点，法庭调查、法庭辩论程序简捷甚至可省略，但法庭仍需对犯罪的性质、情节及危害后果等予以核实，听取控辩双方对定罪量刑的意见，当庭核实被告人认罪认罚的自愿性，以及签署具结书的真实性、合法性。这一切程序都需要辩护律师参与，结合在案证据材料，在法律规定的量刑幅度范围内，最大限度地实现对犯罪嫌疑人的罪轻辩护。

认罪认罚程序的简单化，在一定程度上缩短了庭审时间，辩护律师应当将辩护的战场向审前延伸。《刑事诉讼法》第187条第2款规定，“在开庭以前，审判人员可以召集公诉人、当事人和辩护人、诉讼代理人，对回避、出庭证人名单、非法证据排除等与审判相关的问题，了解情况，听取意见”。作为庭审前的最后一道关卡，辩护律师有义务对相关事项予以审查并提出法律意见。在认罪认罚案件中，一般不存在罪与非罪、此罪与彼罪的争议问题，争议的焦点往往在量刑上。因此，与量刑相关的证据材料的真实性、相关性、合法性等影响证明力的相关问题会成为关注焦点，若控辩双方对这些问题能够达成一致意见，检察机关基于证据及协商共识，提出有针对性的量刑建议，将会大幅缩短庭审时间，提高司法效率。[①]

（二）认罪认罚从宽制度中律师参与的必要性

1. 保障认罪协商合法有效，维护犯罪嫌疑人合法权益

刑事诉讼过程中，犯罪嫌疑人大多文化程度不高，欠缺相关法律知识，不能有效地保障自身的合法权益，在涉及罪与非罪的问题上特别需要专业人士提供咨询和帮助。辩护律师通过查阅案卷、调查取证等工作，可以为犯罪嫌疑人提供准确、充分的法律咨询意见，让犯罪嫌疑人在充分、有效权衡证据和自身权益的基础上，理解认罪与否对自身权益的影响，从而作出是否认罪认罚的自愿选择。

《试点工作办法》规定，犯罪嫌疑人自愿认罪，同意量刑建议和程序适用的，应当在辩护人或者值班律师在场的情况下签署具结书；人民检察院向人民法院提起公诉的，应当在起诉书中写明被告人认罪认罚情况，提出量刑建议，并同时移送被告人的认罪认罚具结书等材料。可见，公诉机关和犯罪嫌疑人定罪量刑的协商结果只有在辩护律师参与见证下方能生效。这种第三方参与制度的设计，有助于防止犯罪嫌疑人在盲目的状态下被迫认罪或在严重的信息不对称的基础上作出对自己不利的选择，从而维护犯罪嫌疑人的合法权益。

2. 保障认罚的公正性，防止量刑不当

《试点工作办法》规定对于认罪认罚的案件，人民法院依法作出判决时，一般应当采纳人民检察院指控的罪名和量刑建议。换言之，犯罪嫌疑人在立案侦查、审查起诉阶段以签署具结书的形式同意了检察机关指控的罪名和量刑建议，就意味着预知了未来的裁判结果。认罪认罚程序的启动，以犯罪嫌疑人自愿认罪，同意检察机关的量刑建议和程序适用，并签署具结书为前提。无论认罪抑或是认罚，对犯罪嫌疑人而言均处于劣势地位，检察机关在审查证据的基础上适用法律并提出量刑建议，应重点考虑是否会存在指控罪名错误或提出量刑建议偏颇等情形，以及是否会存在基于“案多人少”的办案压力或考评指标等匆忙结案，从而导致公平与效率之间的失衡等情况。如果存在上述两种情况，处于

① 周嘉禾、吴高庆：《认罪认罚从宽制度中律师的主要职能和作用》，载《浙江警察学院学报》2016年第6期。

劣势地位且权利受限的犯罪嫌疑人根本无法保障自身的合法权益，这时就要求辩护律师有效参与认罪认罚的全部过程，为犯罪嫌疑人提供专业支持，帮助其分析罪与非罪、此罪与彼罪以及是否存在违法阻却事由、影响量刑的情节等，让犯罪嫌疑人在了解事实、认知法律的基础上更加理性地判断认罪认罚的后果以及是否同意检察机关的量刑建议。

3. 保障审理程序理性选择，有效实现繁简分流

刑事司法实践中司法资源的有限性和不断增长的案件数量之间的矛盾日益突出，认罪认罚制度的实行进一步推进诉讼程序和诉讼阶段上的及时分流，释放繁简分流的空间，科学有效分配司法资源。①《试点工作办法》中规定了基层人民法院在办理认罪认罚案件中可能判处3年有期徒刑以下刑罚的案件，事实清楚、证据充分，当事人对适用法律没有争议，且被告人同意适用速裁程序的，可以适用速裁程序；对可能判处3年有期徒刑以上刑罚的案件，被告人认罪认罚的，可以依法适用简易程序；若存在被告人违背意愿认罪认罚、被告人否认指控犯罪事实等情形，已经适用速裁或简易程序的案件应转换为普通程序审理。可见，《试点工作办法》为被告人设置了速裁程序、简易程序和普通程序三种诉讼程序，赋予当事人程序选择权。在部分案件中，被告人为摆脱"讼累"或者早日实现人身自由，往往在与检察机关认罪认罚"协商"过程中违心认罪认罚，从而适用速裁或者简易程序，缩短审理期限，这不仅无法保障繁简分流的真正实现，也在一定程度上为冤假错案的发生埋下伏笔，无法保障当事人的合法权益，与认罪认罚从宽制度的设计初衷背道而驰。辩护律师的积极参与，有助于诉讼过程中程序正义的实现，使认罪认罚从宽制度优化司法资源配置与保障人权的设计初衷得以实现。鉴于此，最高人民法院颁布了《关于进一步推进案件繁简分流、优化司法资源配置的若干意见》，其中明确规定要"重视律师对案件繁简分流和诉讼程序选择的意见"。②

① 吴春妹、贾晓文:《认罪认罚从宽制度的实践经验与理性》，载《中国检察官》2017年第11期。

② 韩旭:《辩护律师在认罪认罚从宽制度中的有效参与》，载《南都学坛（人文社会科学学报）》2016年第6期。

三、完善认罪认罚从宽制度中律师“有效辩护”

在认罪认罚从宽制度的适用过程中，无论是认罪认罚的自愿性保障，还是从宽量刑、程序适用的理性选择；无论是对犯罪嫌疑人的诉讼权利保障，还是对侦查机关、检察机关的权力制衡，辩护律师均发挥着重要的作用。健全完善我国法律援助及值班律师制度、保障律师在不同诉讼阶段的辩护权利，对于实现辩护律师有效参与认罪认罚从宽案件，维护当事人合法权益具有重要意义。

（一）建立健全值班律师制度

律师有效参与到认罪认罚从宽案件的办理过程中来，既能起到保障犯罪嫌疑人合法权益的作用，又可以发挥制约公权力行使的功能，这些也是最高层面设计试点文件的初衷。《试点工作办法》中明确规定，办理认罪认罚案件，应当保障犯罪嫌疑人、被告人获得有效法律帮助，确保其了解认罪认罚的性质和法律后果，自愿认罪认罚；法律援助机构可以根据人民法院、看守所的实际工作需要，通过设立法律援助工作站派驻值班律师、及时安排值班律师等形式提供法律援助；犯罪嫌疑人、被告人自愿认罪认罚，没有辩护人的，人民法院、人民检察院、公安机关应当通知值班律师为其提供法律咨询、程序选择、申请变更强制措施等法律援助。值班律师制度是本次试点工作的一大亮点，值班律师的职责不同于辩护律师，其主要职责是及时为犯罪嫌疑人、被告人提供法律咨询和建议，作为第三方告知犯罪嫌疑人、被告人认罪认罚的性质和法律后果，帮助其进行程序选择和量刑协商，依法维护犯罪嫌疑人、被告人的合法权益。目前，《试点工作办法》中仅对值班律师制度作了原则性的规定，而如何调动法律援助值班律师的积极性、延伸其辩护职能与制衡职能等亟须在实践中予以探索，并以文件的形式予以明确，为认罪认罚从宽制度中值班律师的有效参与制度在全国推广提供翔实的依据。

（二）完善律师在庭审前诉讼阶段的“有效参与”

认罪认罚从宽案件中，“主战场”已经不再是普通案件的审判阶段，而是实现了战场的延伸，前移至审查起诉阶段，甚至前移至侦查阶段。[①]

① 陈严法:《认罪认罚从宽制度研究》，法律出版社 2017 年版，第 3 页、第 91 页。

辩护律师阅卷权的规定有助于其在审查案件证据材料的基础之上，为犯罪嫌疑人、被告人是否认罪认罚提供专业的法律意见，保障犯罪嫌疑人确实在“自愿”的情况下认罪认罚。我国刑事诉讼法规定，辩护律师自人民检察院对案件审查起诉之日起，可以查阅、摘抄、复制本案的案卷材料。笔者认为，应探索实行辩护律师在侦查阶段的阅卷权，配合逮捕案件公开审查听证制度。具体而言，在侦查阶段，辩护律师不仅享有向侦查机关了解涉案罪名和案件有关情况的权利，更应具体到辩护律师有权查阅相关案卷，及时发现对犯罪嫌疑人有利而未被采用的相关证据；在逮捕阶段，依托审查逮捕公开听证制度，保障辩护律师查阅关于逮捕所依据的案卷材料的权利。

此外，适用认罪认罚从宽制度的前提是犯罪嫌疑人对案件知情，而辩护律师的会见是其行使知情权的唯一途径。我国法律规定，辩护律师可以同在押的犯罪嫌疑人、被告人会见和通信，除部分特殊案件外无须批准，看守所应当及时安排会见，至迟不得超过 48 小时。实践中，会见时间限制被滥用的情况存在，造成部分案件会见难的问题。笔者认为，应明确辩护律师与犯罪嫌疑人、被告人的会见程序及时间规定，以更好地帮助犯罪嫌疑人适用认罪认罚从宽机制，在节约司法资源的同时保障其合法权益。如辩护律师持律师执业证书、律师事务所证明和委托书或者法律援助公函要求会见在押犯罪嫌疑人、被告人的，看守所应当在 12 小时内及时安排会见。

（三）完善法律援助制度

认罪认罚从宽制度中值班律师可为犯罪嫌疑人、被告人提供法律咨询与帮助，但其职责不同于辩护律师，其并不享有案件的阅卷、会见、调查取证等一般辩护人依法享有的权利。认罪认罚案件犯罪嫌疑人、被告人审查起诉、庭审阶段诉讼权利如何保障，仍需探索完善法律援助制度。近年我国的法律援助制度发展迅速，但在调动律师积极性、落实指定援助机制等方面存在不足。例如，我国法律援助经费不足影响了援助律师的辩护积极性。目前，我国审判阶段每年有 100 万件左右的刑事案件、120 万名左右的被告人，法院援助经费只有十三四亿元，以全国人口计算，人均 1 元左右；而美国财政 2005 年为贫困被告人支付 41 亿美元、2008 年支付 53 亿美元，可见我国的法律援助经费与法治高度发达的国家尚存在一定差距。[1]此外，我国《刑事诉讼法》第35条规定了法律援助辩护，其中对于盲、聋、哑人或者尚未完全丧失辨认或者控制自己行为能力的精神病人以及可能被判处无期徒刑、死刑的犯罪嫌疑人、被告人，人民法院、人民检察院、公安机关应当指定承担法律援助义务的律师为其提供辩护；但对于犯罪嫌疑人、被告人因经济困难或其他原因没有委托辩护人的，人民法院、人民检察院等部门并没有明确、法定地指定辩护人的义务。在实践中，因经济困难而未委托辩护人的往往占大多数，犯罪嫌疑人、被告人的辩护权等诉讼权利如何保障与实现亟待完善。笔者认为，在认罪认罚从宽案件中，应积极探索法律援助值班律师与一般法律援助律师的转化与衔接，从而保障辩护权在刑事案件中的全面覆盖和无缝衔接。

① 冀祥德、李瑛:《律师介入认罪认罚从宽制度研究》，载《人民检察》2016年第18期。

诉讼监督

论起诉监督 *

提起公诉，是联结侦查与审判活动的中间环节，是刑事诉讼中的一个重要阶段。如何保障检察机关正确地行使国家追诉权，如何监督检察机关审查起诉活动严格依照法律规定进行，是刑事诉讼制度的重要课题。本文试图从比较的角度，就如何加强对检察机关审查起诉活动的法律监督谈一些看法。

一、对起诉实行法律监督的必要性

在人类诉讼史上，对犯罪的控告经历了一个由私人追诉到国家追诉的发展演变过程。14 世纪法国开始设立代表国家对犯罪进行追诉的检察官和检察机关，一种新的起诉方式由此产生，这就是公诉。

控告犯罪、要求惩罚犯罪的权利，由被害人个人转移到国家方面，这就产生了一系列的问题，主要体现在三个方面：首先，对国家和社会来说，如何保证专门起诉机关能够正确地代表统治阶级的意志和利益，适当地行使国家对犯罪的追诉权。既要做到将真正的犯罪分子诉交法院，又要注重保障无辜，不使无罪的人错误地受到刑事追究。其次，对被告人来说，由与被害人个人抗争转而面对强大的国家起诉机关，如何保障他在国家专门机关审查起诉活动中应有的合法权益，防止受到不公正的对待，避免遭到错误的追究或者国家起诉官员违法行为的侵害。最后，对被害人来说，如何在保护国家社会利益的同时充分考虑被害人的个人利益，在决定是否对犯罪人起诉时兼顾二者的统一。综合这三方面的因素，表明了对公诉案件审查起诉活动进行法律监督的必要性。特别是当今世界刑事诉讼程序的发展趋势，是扩大和保护被告人、被害人的诉讼权利，增加诉讼过程的公开性和合法性，加强对国家专门机关诉讼活动的监督和制约。因此，提高公诉案件起诉活动的透明度，对检察机

---

* 原文发表于《中国法学》1991 年第 3 期。

关审查起诉活动实行切实有效的法律监督，意义更为重大。

对公诉案件审查起诉活动实行法律监督，着重在两个方面：一是审查起诉的决定是否正确；二是审查起诉的活动是否合法。这二者是紧密相连的。衡量起诉的决定是否正确，必须以法律为准绳，就离不开合法性的问题。而起诉的活动是否合法对起诉的决定又有直接影响。一方面，审查起诉的活动未遵守法定的程序，便难以作出正确的决定。另一方面，即使起诉的决定可能是正确的，由于起诉活动违法也可能使正确的决定失去法律效力。因此，审查起诉决定的正确性和合法性构成了起诉监督的完整内容。

二、外国对起诉监督的一些规定

为了加强对国家控诉机关行使公诉权的监督和制约，同时注意在提起公诉阶段保护被告人、被害人的合法权利，各国刑事诉讼法都相应规定了一些措施和制度。尽管各国具体做法不尽相同，但总的看来均着重对公诉机关审查起诉所作出的决定方面的审查和监督，此类审查和监督在具体方式或监督主体上大致有以下方面：

（一）被害人

从各国有关规定来看，法律赋予被害人在实行公诉监督方面的权利或途径有：

第一，被害人有权及时了解诉讼进程。当检察机关决定对被告人不予起诉时，应当将不起诉的决定和理由及时告知被害人。如日本《刑事诉讼法》第 261 条规定，检察官在对有控告、告发或请求的案件不提起公诉的场合，必须迅速将不起诉的理由告知控告人、告发人或请求人。

第二，被害人不服检察机关所作出的对被告人不起诉的决定，有权声明不服或提出申诉。如联邦德国刑事诉讼法规定，被害人对检察机关所作的不起诉处分不服，可以向上级检察机关提出申诉，请求上级检察机关予以纠正。日本也规定被害人可以向检察审查委员会申诉，请委员会复查检察官不起诉的决定是否正确。

第三，被害人以民事当事人的身份提起诉讼，以私诉权启动公诉程序。如法国刑事诉讼法规定，凡因重罪或轻罪遭受损害的人，可以向有管辖权的预审法官提出申诉书，由预审法官将申诉书转交检察官，以便提出公诉书。

第四，被害人不服检察机关对被告人不起诉的决定，可以向有管辖权的法院提出申请，由法院裁定将案件交付审判或指令检察机关提起公诉。这在日本称为裁判上的准起诉程序，在联邦德国称为起诉强制程序。

第五，被害人作为自诉参与人，有权在特定情况下，取代检察官提起公诉或维持公诉。如奥地利刑事诉讼法规定，当检察官驳回被害人告诉时，只要被害人声明参与刑事诉讼，即有权向法院设立的参议室提出进行预审的请求。如果检察官在被告人由于犯罪行为而处于被告地位之后撤回对其犯罪的追诉，被害人可以以自诉参与人的身份向预审法官声明维持追诉。法院只要认为存在应对被告人继续追诉的理由，即裁定进行或重新进行预审，可根据自诉参与人的声明宣布其为原告。奥地利这种辅助控告的法律规定，更便于被害人切实维护自己的合法权益，同时对检察机关公诉权的行使是一种有效的制约和监督。

（二）辩护律师

为了在刑事诉讼中切实保障被告人的合法权益，使被告人得到及时有效的法律帮助，同时也为了监督侦查、起诉机关的诉讼活动严格按照法律规定的程序和要求进行，防止司法人员滥用职权，侵犯人权的现象发生，各国刑事诉讼法一般均允许辩护律师提前介入诉讼，即被告人在被羁押或受到指控后，便有权委托律师进行辩护或参与诉讼活动。

（三）专门的审查起诉机构

在西方国家，尽管普遍实行国家追诉主义，公诉权属于检察官，但要对刑事被告人正式发出指控，提交法院审判，在某些国家并不完全由检察机关决定，法律另外还设有专门的审查起诉机关，对检察机关起诉的意见进行审查批准。例如美国，在联邦系统和部分州的法庭，对重罪和不名誉罪刑事案件的起诉要由大陪审团审查决定。即由检察机关提出起诉意见书，由法庭召集大陪审团进行听证审查。如果大陪审团多数成员认为，检察官所提出的证据和他听审所调查的情况，足以支持控告某人犯有某种罪行，大陪审团便同意签发起诉书，向有管辖权的法院正式对被告人发出指控。如果大陪审团认为控告的证据不足，可以宣告检察官的起诉意见书不能成立。法国刑事诉讼法规定，重罪案件的起诉必须经上诉法院起诉庭审查决定。即当初级预审法官根据查明的事实认为被告人依法构成一种具有重罪性质的罪行时，便命令将案卷和有关证据移送至上诉法院检察长，由检察长送起诉庭审查。起诉庭对于提交的案件，不仅要对事实和证据部分进行审查，确定对被告人的指控有无充分理由，同时要审查诉讼程序是否合法，如果发现某种不合法因素，应当将受其影响的行为宣布无效。凡是起诉庭认为指控事实不构成重罪，也不构成轻罪或违警罪，或者对被告人的指控没有充分理由的，即宣布诉讼中止进行，并将已被拘留的被告人立即释放。英国则要求凡是按正式起诉程序由刑事法院审理的案件，除法律另有明确规定的外，先要经过治安法院的预审。在预审中被告人有权对控告提出异议，辩护律师可以代表被告人作陈述和答辩。治安法院根据控辩双方的提证和陈述，区分不同情况分别作出驳回起诉或者移送起诉的决定。像这样由专门的审查起诉机关对检察官起诉的决定进行审查，可以从程序上多把一道关，确保交付审判的案件的质量，防止对被告人作出错误的或不必要的指控，及时纠正检察人员可能发生的错误。

（四）审判机关

对检察机关行使公诉权进行法律监督的另外一条有效途径，就是由审判机关运用司法裁判权对检察机关的起诉活动进行干涉和制约。这种司法权对公诉权的干涉主要体现在对公诉机关起诉或不起诉决定的审查和纠正。

在日本，根据《刑事诉讼法》第262条规定，对滥用职权的犯罪进行控告或告发的人，对检察官不提起公诉的处置不服时，可以在法定期限内向该检察官所属检察厅所在地的管辖裁判所请求将案件提交裁判所审判，由裁判所组成合议庭对该请求进行审理及裁判。当裁判所认为请求有理时，以裁定方式将案件交付管辖该案件的地方裁判所审判。此种裁定一经作出，即视为对该案的公诉业已提起，由法院在律师中指定人选在该案审判中充任支持公诉人。联邦德国的做法有所不同。该国刑事诉讼法规定：刑事案件的被害人对检察机关所作的不起诉处分不服，可向直接上级检察官提出申诉。如果直接上级检察官拒绝申诉，可以在法定期限内申请法院裁定。法院如认为申请有理，应当命令检察官提起公诉，检察官有责任执行法院这项命令。当然，日本和联邦德国对适用裁判上的准起诉程序或起诉强制程序的案件，在范围上有严格限制。但不管怎么说，这种直接运用司法审判权来干涉公诉机关如何行使起诉权的做法，是很值得注意的。

另一种情形是对于那种指控理由不充分或者法律规定不应当追究刑事责任的案件，如果检察机关作出了提起公诉的决定，根据有些国家的规定，作为审判机关的法院有权予以纠正和制止。例如，在苏俄刑事诉讼中，在检察长提起公诉和法庭正式审理之间，有一道交付审判的中间程序。交付审判程序是为防止把未经过充分调查的案件，也就是未搜集到充分证据的案件，或者有其他严重违反刑事诉讼法律情况的案件交付审判提供重要保障。同时也是为刑事被告人提供保证，即没有充分的事实材料和法律依据，他就不会被交付审判和处于受审人的地位。如果负责交付审判的审判员或法庭发现该案具有不得进行刑事诉讼的情形，例如缺乏犯罪构成、已过追诉时效等或者已经尽到一切可能搜集补充证据，而不能证明刑事被告人参加实施犯罪行为的，有权决定终止诉讼。在美国，如果案件未经大陪审团审查，由检察官径行起诉，刑事被告人有权要求法官在正式庭审前举行预审。通过预审确定检察官对被告人的指控有无理由，能否成立。

由此可见，无论是英美法系还是大陆法系以及像苏联、东欧国家，对检察机关公诉权的行使，都不同程度地存在司法审查的问题。这种司法审查，或者是与检察机关审查起诉同步进行，成为检察机关正式对被告人提出指控、诉诸法院所必须履行的手续，或一道必经的程序；或者是在检察机关向审判法院提出起诉以后，在正式交付法庭审理之前，对检察机关起诉的决定是否正确进行审查。这在一定程度上反映出对不告不理原则不能作过于机械的理解。如果认为基于起诉与审判职能的分开，起诉权完全由国家公诉机关独立行使，作为审判机构的法院丝毫不得干涉，这种说法未免失之偏颇。

三、完善我国起诉监督制度的设想

在我国，对犯罪的追诉采取人民检察院代表国家提起公诉为主的制度。为了保证人民检察院能够正确地行使公诉权，刑事诉讼法不仅对提起公诉、免予起诉和不起诉的条件作了明确的规定，同时规定了一些对检察机关起诉活动实行监督的措施。具体表现为以下几方面：

1. 公安机关的要求复议、复核权

我国刑事诉讼法规定，对于公安机关移送起诉的案件，人民检察院决定免予起诉或不起诉的，应当将免予起诉或不起诉的决定书送达公安机关。公安机关认为免予起诉或不起诉的决定有错误时，可以要求作出决定的检察院复议。如果意见不被接受，公安机关可以向上一级人民检察院提请复核。这一规定使得作为主要侦查机关，对案件情况有充分了解的公安机关可以对是否应当追究被告人的刑事责任阐明自己的观点，对检察院是否正确运用法律，适当行使公诉权发挥制约和监督作用。

2. 被告人、被害人的申诉权

我国法律规定，人民检察院对已经构成犯罪，但依法不需要判处刑罚或者可以免除刑罚的被告人，可以作出免予起诉的处理。尽管免予起诉的结果是不将被告人交付审判，但由于免予起诉性质上是一种有罪的决定，为了保护被告人的合法权益，法律规定被告人如果对免予起诉的决定不服，有权在 7 日内向人民检察院提出申诉。人民检察院应当作出复查的决定并通知被告人。与此同时，考虑到被害人在诉讼中的利益和其要求追究犯罪、惩罚犯罪的愿望，被害人应当有权及时了解检察机关的决定并作出反应，以便对检察机关的起诉活动进行监督，捍卫自己的利益。法律规定对于有被害人的案件，检察机关应当及时将对被告人免予起诉或不起诉的决定通知被害人，并授予被害人对决定不服进行申诉的权利，要求检察机关应当认真复查，将复查结果告知被害人。

3. 人民法院对公诉案件的审查权

为了防止将案件事实不清、起诉根据不足，或者不应当追究刑事责任的被告人交付法庭审判，刑事诉讼法规定，在人民检察院提起公诉以后，法庭正式审理之前，人民法院要对提起公诉的案件进行审查，以解决是否交付审判的问题。经过审查，对于主要事实不清、证据不足的案件，可以退回人民检察院补充侦查；对于不需要判处刑罚的，可以要求人民检察院撤回起诉；对于人民检察院未起诉或决定不起诉、免予起诉的同案人，人民法院如认为有追诉必要，可以商请人民检察院同意改变原决定，重新起诉或者补充起诉。这些规定表明人民法院可以以司法审判权对公诉机关的决定进行一定的干预和制约。

法律规定的这些措施无疑对保证公诉案件的质量、监督检察机关审查起诉的活动有着积极的意义。但从司法实践的情况看来，无论是法律关于起诉监督方面的规定，还是对现行法律规定的贯彻实施，都还存在一些问题。属于执法方面的问题主要是：现行法律规定的某些监督措施，得不到检察机关的足够重视，未能很好地贯彻执行。以申诉制度为例，尽管被告人和被害人依法享有在法定期限内提出申诉的权利，实际上却由于几乎丝毫不能影响检察机关已经作出的决定而流于形式。属于立法方面不太完善的问题是：且不论被告人、被害人的申诉，即使是公安机关要求人民检察院复议、复核，或者人民法院对公诉案件审查后的处理，对于改变或纠正人民检察院已经作出的提起公诉、免予起诉和不起诉的决定来说，都不具有强制力，因而难以形成切实有效的制约和监督。要解决起诉活动中存在的问题，实际上最终仍完全取决于检察机关自身。因此，这种对起诉的监督从机制上来看就是不健全的，缺乏有效的保障和真正的制约。此外，目前法律有关起诉监督的手段和途径，规定得仍不够广泛和全面。鉴于此种状况，有必要进一步加强和改善我国对检察机关起诉活动的法律监督，并在立法上作出必要的修改和补充。我们认为，要纠正目前在起诉监督方面存在的问题，主要应从以下三个方面着手。

首先，从思想上提高对检察机关起诉活动加强法律监督的认识。从司法实践的情况来看，目前在检察机关审查起诉的活动中主要存在两方面的问题：在审查起诉的处理决定方面，问题集中在免予起诉上，即不能严格把握提起公诉、免予起诉和不起诉三种不同决定各自适用的条件，混淆罪与非罪的界限，或者将不构成犯罪或不应追究刑事责任的案件作了免予起诉的处理，冤枉了好人，或者将应当交付审判追究刑事责任的情况以免予起诉的决定终结了诉讼，放纵了犯罪。在审查起诉的活动方面，也不同程度地存在一些刑讯逼供、非法取证、超过羁押期限甚至隐瞒事实真相等违法现象。因此，一定要充分认识对检察机关起诉活动实施法律监督的意义和作用。

其次，要将现行法律关于起诉监督方面的措施认真付诸实施。人民检察院对公安机关要求复议的意见，对被告人、被害人提出的申诉，对人民法院建议改变原决定的要求，都要予以足够的重视，严格依照法律规定进行认真的复查，发现原决定有错误时坚决加以纠正，防止使刑事诉讼法的有关规定流于形式。

最后，要从立法上进行必要的修改和补充，加强和健全对检察机关起诉活动的监督制度。我们认为，可以从以下方面予以考虑：

第一，允许辩护律师在提起公诉阶段参加诉讼。律师在提起公诉阶段参加诉讼，使辩护与审查起诉同步进行，可以为被告人及时提供必要的法律帮助，维护被告人的合法权益；可以促使检察机关客观公正地对侦查机关确认的犯罪事实及其处理意见进行事实和法律上的全面审查，提高审查起诉工作的质量；可以及时发现和制止检察人员在审查起诉过程中可能发生的违法现象。应当在法律上明确规定，人民检察院讯问被告人时应通知辩护律师到场，律师对讯问中的违法情形有权制止，讯问笔录经律师签字后才能作为证据使用；检察机关作出的不起诉或免予起诉决定，在送达被告人的同时应通知律师。如果被告人对免予起诉的决定不服，律师有权协助被告人申诉或提请检察院复议。

此外，从保护被害人的合法权益和加强对检察机关起诉活动的监督着想，也应允许担任被害人代理人的律师在提起公诉阶段参加诉讼，并赋予其为履行职责所应具有的诉讼权利。

第二，增加被害人在公诉案件中的诉讼权利。如果被害人对免予起诉、不起诉的决定不服，在向作出决定的检察机关申诉无效时，可以允许向上一级人民检察院提出申诉。某些案件，例如直接侵犯公民人身或民主权利的案件，可以允许被害人通过一定程序提请人民法院对检察机关的决定进行审查，由法院裁定提起公诉或交付审判。

第三，由于免予起诉是一种有罪的决定，直接关系被告人的工作、职务、晋升等切身利益，并且对被告人的家庭也有重要影响。如果被告人对检察机关所作免予起诉处理不服，坚持要交付审判依法裁判时，有权向人民法院申请，通过审判程序来确定被告人是否有罪的问题。

第四，加强人民法院对检察机关起诉活动的监督。这主要通过人民法院对公诉案件的审查来实现。其一，法院对公诉案件的审查在内容上应包括起诉活动是否合法。如发现违法行为，应宣布受其影响的部分无效。其二，法院对那些明显事实不清，证据不足，屡经补充侦查仍不能符合法定要求的起诉，或者依照法律不需要追究刑事责任的案件，有权驳回起诉或作出终止诉讼的处理。

第五，人民检察院要加强对自身起诉工作的法律监督。除了提高思想认识，纠正有法不依、执法不严的现象外，在程序和措施上要加以落实。检察院自行侦查的案件，负责侦查和审查起诉的机构和人员要分开，加强内部机构之间的互相制约。同时作为国家专门法律监督机关，不仅要搞好侦查和审判监督，而且要重视自身监督。可以考虑建立专门的投诉机构，接受被害人、被告人的申诉，认真复查处理。

第六，发挥国家权力机关对检察部门工作上的监督。各级人大组织要定期对人民检察院的起诉活动进行检查，发现问题，及时纠正。此外，人民检察院应当提高检察活动的透明度，增加审查起诉活动的公开性和民主性，接受广大人民群众和舆论机关的广泛监督。

媒体监督与司法公正 *

媒体监督，是指报纸、刊物、广播、电视等大众传媒对各种违法违纪行为特别是国家公职人员的违法犯罪、渎职腐败行为所进行的揭露、报道、评论或抨击。在现代法治国家，司法权是国家权力的重要部分，媒体对司法活动进行报道并监督司法权的行使，已是一种司空见惯的社会现象。在我国，传统上媒体对司法的监督作用非常有限。近年来，随着进行司法改革、促进司法公正的呼声日益强烈，加强对司法的监督成为一项紧迫的任务。党的十五大报告特别指出，要“推进司法改革，从制度上保证司法机关依法独立公正地行使审判权和检察权”，要“把党内监督、法律监督和群众监督结合起来，发挥舆论监督的作用”。由于媒体报道是舆论的主导，舆论监督主要通过新闻媒体的监督来实现，因此媒体监督已成为我国加强司法监督、促进司法公正的一支重要力量。

媒体监督，由于其自身所特有的开放性与广泛性，为我国的监督体系注入了新的活力，在促进司法公正、遏制司法腐败方面发挥了积极作用。然而，媒体监督是一把“双刃剑”，缺乏制约或运用不当便可能对司法公正造成负面的影响，从而妨碍或破坏司法公正。在此，本文试对媒体监督与司法公正的互动关系作初步的探讨。

一、媒体监督与审判公开

审判公开是现代诉讼的一项基本原则，是司法民主的重要标志。著名刑法学家贝卡里亚在其名著《论犯罪与刑罚》中便指出，“审判应当公开，犯罪的证据应当公开，以便使或许是社会唯一制约手段的舆论能够约束强力和欲望；这样，人民就会说，我们不是奴隶，我们受到保护”。[①] 这里，贝卡里亚不仅强调公开审判的重要性，而且把舆论监督与

---

* 原文发表于《政法论坛》2000 年第 6 期。

① ［意］贝卡里亚：《论犯罪与刑罚》，黄风译，大百科全书出版社 1993 年版，第 20 页。

审判公开相提并论，使我们不难看出二者之间的紧密关系。审判公开是舆论监督的前提和条件，而审判公开的目的之一便是借助舆论来促进审判公正，制约监督司法权的正当行使。

有学者认为，审判公开在方式上有直接公开和间接公开之分。直接公开是指允许公民旁听法庭审理和宣告判决，间接公开是指允许新闻记者采访和报道。① 媒体报道是实现审判公开的重要手段，甚至其实际功用要大于公民旁听。对此林山田先生曾论述道，“由于现代大众传播工具之发达，使公开原则更能发挥监督国家刑事司法之功能，因为经由新闻记者在法庭之现场采访，以及就审理与审判内容所作之新闻报道，更使公开原则从早期之直接公开，转化为间接公开，除法庭现场直接公开外，尚有大众传播工具所提供之间接公开，而扩大公开原则所及之范围。故与事实相符，且于适当时机发表之新闻报道，自当符合公开之本旨，而为刑诉法所允许”。② 审判公开原则是现代民主政治对审判的要求，其出发点是实现社会公众对司法的监督，满足公众的知情权。因此，媒体的参与和报道，不仅符合审判公开的宗旨，而且可以使这项重要的诉讼原则落到实处，成为实现审判公开目的的重要手段。

以媒体报道间接实现审判公开具有以下特点：一方面，现代社会人们工作繁忙，时间紧张，居住分散，不太可能经常以旁听的方式去了解司法、监督司法，因此使直接审判公开出现一定的局限，而公民对于法院审判的案件应当享有知情权，这样就为间接审判公开留下了合理的空间。媒体报道和监督恰恰充当了扩大审判公开范围、最大限度实现公民知情权与监督权的角色。另一方面，直接审判公开需要必要的物质条件，许多地区法院由于受审判场所、设施所限，往往不能满足群众旁听的需要，有时甚至发生影响法庭秩序的情况。通过媒体报道实现间接公开，可以弥补审判场所、设施的不足，成为公民了解司法、监督司法的主要途径。

我国1979年刑事诉讼法便把审判公开作为一项重要的诉讼原则，但实际执行情况却不能令人满意，法院以各种理由将旁听群众和媒体采

① 参见程味秋、周士敏:《论审判公开》，载樊崇义主编:《刑事诉讼法专论》，中国方正出版社1998年版，第57页。

② 林山田:《刑事诉讼法》，汉荣书局有限公司1981年版，第218页。

访挡在法院大门之外，直至近两年此种状况才开始得到改变。1998 年 4 月在全国法院整顿工作座谈会上，时任最高法院院长肖扬强调要把宪法和法律规定的公开审判制度落实，各类案件除法律另有规定不予公开审理的以外，一律实行公开审判制度，不许实行“暗箱操作”。公开审理案件，除允许公众自由参加旁听外，逐步实行电视和广播对审判活动的现场直播，允许新闻机构以对法律自负其责的态度如实报道。[①]1998 年 6 月 10 日，北京市第一中级人民法院宣布：年满 18 周岁的我国公民持身份证即可进入该院旁听审判，新闻记者可以对法律负责的态度报道公开审理的案件。1998 年 11 月 16 日北京市高级人民法院作出《关于公民旁听审判案件的规定》和《关于新闻记者旁听采访公开审判案件的决定》，要求从同年 12 月 1 日开始，北京市各级法院对依法公开审理的案件一律公开审理。旁听或采访的新闻记者应遵守法庭规则，对公开审判案件的报道应实事求是，客观公正，文责自负。目前，在全国范围内，除依法不应公开审理的案件外，法院审判案件基本都已做到公开进行。

与此同时，媒体监督也蓬勃发展起来。中央电视台于 1998 年 7 月 11 日对十大电影厂提起的电影版权侵权损害赔偿案的法庭审理首次进行现场直播。在此之前或之后，地方新闻媒体，包括报纸、杂志、电视、广播，也很热衷于报道审判活动，特别是各级电视台，一时间“庭审记实”“现在开庭”“法庭直播”等栏目成为公众关注的收视热点，电视直播庭审过程似乎成为法院公开审判、媒体监督司法的一种时尚。对此，司法界、新闻界及社会大众褒贬不一。有人认为，电视直播揭开了法庭审判的神秘面纱，把司法活动直接置于人民群众的监督之下，有利于遏制司法腐败，促进审判公正，因此应该大力推广这种监督方式。也有人担心，现场直播把庭审过程这样赤裸裸地曝光于公众，会妨碍法官理性判断的形成，从而与公正司法背道而驰。[②]

在我们看来，在我国目前审判条件、设施受限制的情况下，发展媒体监督以间接实现审判公开无疑是一个可取的思路，也是一种比较行之有效的办法。但在媒体监督方式上则不宜过于依赖电视的现场直播。本文在后面将对法庭录像与电视直播问题作进一步探讨。

---

① 载《南方周末》1998 年 5 月 29 日，第 5 版。

② 贺卫方:《对电视直播庭审过程的异议》，载《中国律师》1998 年第 9 期。

二、媒体监督与司法机关独立行使职权

媒体监督是一把“双刃剑”，在实现审判公开的同时，又可能对另一重要的法治原则——司法机关独立行使职权构成威胁。诚如有学者所言：“现代大众传播工具如新闻报纸、无线电与电视等之发达，往往对于法官独立性构成威胁。由于大众传播工具对于司法领域之报道，而对司法之影响程度亦日渐上增，因为整个社会舆论，均为大众传播工具所控制，有些法官之审判，就可能受此等组织之传播系统所控制之舆论所左右，而失却独立审判之立场。”①

司法机关独立行使职权，是一项为现代法治国家所普遍承认和确立的基本法律准则。作为一项宪法原则，它确认司法权的专属性和独立性，是现代法治的基石；作为一项审判原则，它确保法院审判权的公正行使，防止法官的审判过程和审判结果受到来自其他政府部门和外界力量的干涉和影响。事实上，从历史的经验和当代的实际来看，对司法机关独立行使职权的最大威胁除了来自行政机关的非法干涉以外，新闻媒体的过度渲染和炒作，也是一个重要的影响因素。

审判本身是一个以主观认识客观，以已知探求未知的活动，理性思维与独立判断是法官正确认识案件事实和适用法律的基础。在此理性判断与逻辑推理的过程中，排除任何形式的干涉和影响，包括来自媒体的渲染和影响，对于承审法官是十分必要的。德国学者曾将司法机关独立行使职权具体化为八个方面，其中一项即明确规定“独立于新闻舆论”。

新闻的自由性原则、典型性原则以及及时性原则对司法机关独立行使职权具有天然的侵犯性。首先，新闻自由是指采集、发布、传送和收受新闻的自由，包括报刊的出版自由；电台电视台的播放自由；新闻采访与报道的自由；媒体发表意见和进行批评的自由。②当新闻用于报道和监督司法活动时，由于司法活动的严肃性和司法判决在社会上的重要影响，新闻自由的范围和程度应当受到限制。不仅新闻的采集、发布和传送要遵照有关法律规定进行，而且发表意见和进行批评更要慎重。也就是说，从事司法报道和监督的记者要采取对法律负责、对真实性负责

① 林山田：《刑事诉讼法》，汉荣书局有限公司 1981 年版，第 60 页。

② 季立新：《关于当前处理新闻纠纷的原则》，载《上海大学学报（社会科学版）》1997 年第 12 期。

的态度，要承担更重的法律责任。实践中，新闻工作者常常过多地强调新闻自由，对司法活动的报道往往超越了法律的界限，从而对司法机关独立行使职权和司法公正造成伤害。

其次，新闻的典型性原则要求新闻媒体从社会公众心理考虑，抓住典型、重大、疑难、复杂案件进行报道，引起公众关注与参与，形成舆论热点。在片面追求轰动效应、提高收视率的利益驱动下，媒体可能会对某些案件的情节过于渲染或妄加评论，从而对法官判案形成强大的舆论压力和心理负担。

最后，新闻的及时性原则要求新闻报道要快，要及时，最好在现场报道，这样才能反映新闻的应有价值。而司法活动的过程和程序具有很强的特殊性，不合时宜的报道可能对诉讼公正产生消极影响。如审判前对案件事实的大量披露，审判过程中对控辩双方举证和论辩的轻率表态，都可能对诉讼当事人的合法权益造成伤害，可能对法官独立判断、依法办案施加影响。

如上所述，媒体监督与司法机关独立行使职权之间本质上表现为侵犯与排斥的关系。由于司法机关独立行使职权是司法公正的前提和必要条件，因此需要对媒体监督加以规范与限制。既要坚持媒体监督，充分发挥其遏制司法腐败、促进司法公正的积极作用，又要维护司法机关独立行使职权，排除包括媒体在内的一切非法干扰，消除媒体监督可能产生的消极影响。

三、媒体监督与司法公正

司法公正是人们对司法活动的企盼，也是司法本身所应具有的品质。人们常说，司法正义是社会正义的最后防线。一个社会，如果连司法都达不到公正，法治根本就无从谈起了。为实现我国“依法治国，建立社会主义法治国家”的基本治国方略，司法公正显得分外重要。要实现司法公正，一方面要“推进司法改革，从制度上保证司法机关依法独立公正地行使审判权和检察权”；另一方面，要“把党内监督、法律监督和群众监督结合起来，发挥舆论监督的作用”。

司法公正不仅要求最终的诉讼结果公正，即认定事实准确，适用法律正确，实体处理恰当，而且要求司法过程公正，诉讼程序民主，即严格遵照正当法律程序进行诉讼，尊重和保障当事人和其他诉讼参与人的合法权益。西方有句古老的法律格言:“正义不仅应当得到实现,而且应当以人们能够看得见的方式得到实现。”这不仅是审判公开的法理根源,也是媒体监督司法的理论基础。从某种意义上讲,公开是司法民主本身的要求之一,同时也是实现司法公正的有力保障,而媒体的报道则大大增加了司法活动的公开性和透明度。

根据我国国情,当前媒体对司法活动的报道,除了那些公众关注的大案要案外,大都集中于以下几种类型的案件:司法、执法机关对于应当追究的案件而不追究,被害人告状无门,冤屈难伸的;或者司法、执法机关知法违法,执法犯法,判决结果或诉讼程序显失公正的;或者地方保护主义严重,行政干预司法的;或者办案人员非法取证,刑讯逼供,造成冤假错案的;等等。这些案件通常在媒体的披露报道下,可能在全国或本地区产生强烈反响,对司法机关造成舆论压力,或者引起上级领导甚至高层领导重视,下达批示,最终对被告人依法追究,绳之以法,或者对案件重新秉公处理,纠正错案。例如,1995 年发生在山西省临汾地区被委托人家属伙同他人殴打残害代理律师的案件。犯罪人在光天化日之下,公然在律师事务所行凶,殴打残害临汾市律师事务所主任马海旺律师。案发一个月后,凶手依然逍遥法外。此案经中央和地方各级新闻媒体连续报道后,在全国激起强烈反响,最终经过中央高层领导多次批示,才将犯罪人起诉审判。[①]媒体监督与舆论压力对司法公正的促进作用,是有目共睹、不可抹杀的。

与此同时,媒体监督对司法公正可能产生的消极影响也是一个不容忽略的问题。例如,对某地一起交通肇事逃逸案的处理便是一个很典型的案例。该案中,被告人因行为恶劣,后果严重,民愤极大,最终被处极刑。然而不可否认,在此案中媒体所起的煽情作用和舆论导向,对案件的处理显然不无影响。可以说,在舆论穷追猛打、百姓一片喊杀声中,在法庭审判前实际已失去对被告人公正审理的程序保障。本案最终以数罪并罚处被告人死刑,在我国对交通肇事罪的处理中实属罕见,甚至可以说是绝无仅有。在这里,法律的天平严重倾斜。据报道,被告人在审理过程中,曾强烈要求主审法官不要受新闻舆论的影响。而且,在此之前,同一地区发生一起情节大体相同的案件,犯罪人最终仅以交通

---

① 《中国律师》1996 年第 3—4 期。

肇事罪判刑2年6个月。这不能不引起我们对媒体舆论可能对司法造成的消极影响深刻地进行反思。

既要最大限度地发挥媒体监督对司法公正的促进作用，又要尽可能地消除媒体大量覆盖可能造成的消极影响，这就需要探索建立合理的媒体监督模式，需要将媒体监督纳入法治的轨道。建立合理的媒体监督模式，重要的是要寻求法律所保护的各种权益之间的平衡。审判公开是一项基本的诉讼原则，公众和媒体了解司法是宪法赋予的一项重要权利，与此同时，还要考虑被告人获得公正审判的权利，社会的安全，国家秘密，被害人、证人的权益，等等。从媒体的角度，要加强自律，报道司法活动要采取对法律负责的态度，遵守新闻工作的要求，做到实事求是，客观公正，文责自负。从司法执法机关的角度，要主动配合媒体报道，提供方便。要参考国外有关做法，在司法机关、执法机关建立发言人制度、记者招待会制度，由专门的机构或人员定期适时地发布司法活动的信息，以便使公众和媒体及时地了解事件的真相或诉讼的进展。要根据案件的不同情况和诉讼的不同阶段，确定可以公开或应予公开的内容。要形成一套制度和规则，以便媒体和司法执法机关共同遵守。在此方面，美国有一些经验和做法，值得我们参考和借鉴。

美国律师协会制定有一套“关于职业行为的道德准则”，分别对法官、检察官和辩护律师执业中应当遵守的职业道德规范作了详细规定，其中就有关于法官、检察官、警官处理与公众和媒体关系的专门规定，包括办案人员发布与案件有关信息应考虑的因素和注意事项。[①]美国联邦司法部也有专门关于“媒体关系”的政策宣言即部颁规章，内容包括制定的目的；必须平衡的利益；保密的需要；新闻自由和审判公开的需要；一般责任；新闻发言人的指定和责任；在刑事案件或民事案件中可以公开的信息和不予透露的信息；协助新闻媒体等，非常广泛和具体，使全国的联邦检察系统和司法部其他下属部门在与新闻媒体打交道时，有章可循，职责明确。总的原则是要求检察官在透露与案件有关的信息时，要实现公众知情权、被告人获得公正审判权和政府能够有效执法和司法这三者间的平衡。[②]这同样应是我们在正确处理媒体监督与司法公

---

① American Bar Association, Model Rules of Professional Conduct (1995 ed.).

② USAM 1-7.00. Media Relations.

正关系时需要考虑的基本因素。

四、法庭录像与电视转播

自中央电视台现场直播对十大电影厂提起的电影版权侵权损害赔偿案和重庆綦江虹桥垮塌案的开庭审理后，一时之间电视转播法庭审理成为时尚，同时也引发了法学界对电视转播庭审利弊的讨论。

从传统上看，为维护法庭的神圣和权威，一般是禁止在庭审过程中录音录像的，更不用说是现场转播了。美国联邦法院系统，迄今为止不许录音录像设备进入法庭。美国最高法院的法庭审理公开进行，但不允许摄影和录像，而是专门有两名画师在庭上作速写，然后将速写画提供给各新闻媒体发表。法国刑事诉讼法也明确规定，自开庭时起，禁止使用任何录音和放音设备、电视或电影摄影机以及照相机，违者处以罚款。[①]《德国法院组织法》第169条规定："在法庭上进行的程序，包括宣布判决和判令都是公开的。无线电和电视传递以及为后来传播其内容的录音和拍片，均不允许。"

然而，法庭排斥摄影、录像的情况并不是一成不变的。纽约州法院法官约瑟夫·特里希（Justice Joseph Teresi）便宣布，将允许电视台转播轰动一时的4名纽约警察枪杀黑人青年阿马德·迪阿罗（Amadou Diallo）案件的法庭审理过程，从而结束了48年来纽约州法禁止电视台进入法庭的历史。

1952年，纽约州通过了自己的民权法，其中第52条规定：禁止照相机以及摄影器材进入州法庭。1987年，纽约州法院法第218条规定，法庭可以有限制地对新闻媒体开放，试行期为10年。而今，特里希法官终于宣布纽约州法的有关禁令违背了美国宪法和纽约州宪法中的言论自由条款，从而将迪阿罗案的法庭审理置于电视的镁光灯下。

在对《法庭电视》（Court TV）的申请作出的裁决中，特里希法官认为：美国宪法第一修正案要求所有的刑事审判，除具有强制的和明显的不应公开的理由外，必须对媒体和公众开放。纽约州宪法第1条第8款也保障媒体和公众观察法庭审判的权利。

据报道，目前美国已有48个州允许新闻媒体在法庭审理过程中

---

① 《法国刑事诉讼法典》，余叔通、谢朝华译，中国政法大学出版社1997年版。

进行一定的录音录像报道，其中37个州准许电视台对法庭审理进行转播。[①]美国最高法院对于州法院系统是否允许进行转播或录像态度不是很明朗，而且先后有过一些变化。在伊斯迪（Estes）案[②]中，最高法院认为广播电视媒体根据宪法第一修正案并不享有不受限制接近法庭的权利。多数法官甚至认为，仅凭摄像机在法庭出现便侵犯了被告人由第六宪法修正案所保障的获得公正审判的权利。随后，在卡兰德勒（Chandler）案中，最高法院摒弃了在伊斯迪案件中的立场，确认宪法并不禁止录音录像进入法庭。[③]

对电视设备进入法庭持批评态度的人担心，这样做会危害被告人的利益。他们认为，证人可能在电视观众面前改变其证词；录像设备可能转移或分散法官、律师和其他法庭人员的注意力；电视的公开可能导致陪审团得出流行的裁决；案件的选择、镜头的角度和现场直播的其他方面可能会做迎合观众的处理。这些问题将影响到被告人接受公正审判的权利。特别是电视对庭前程序的报道，将使得寻找公正的陪审员几乎不可能。

赞成电视报道庭审过程的人则指出：宪法第一修正案保障公众了解法庭审理情况的权利，宪法第六修正案保障被告人获得公开审判的权利，他们都要求录像镜头作为文字媒体的必要补充来报道司法制度，他们能够对法庭审理作最客观的展现。摄影录像设备进入法庭，可以对公众进行司法程序的教育，促进公众对大家关心的案件的处理增强信心。[④]

当然，允许录音录像设备进入法庭，绝不意味着法官在法庭上权威的削弱。相反，需要加强法官对庭审的主导和控制。首先，就具体个案而言，是否允许摄像机进入法庭，由主审法官根据案件具体情况加以确定。允许镜头进入法庭不是绝对的，并非所有的案件都适宜进行电视转播或录音录像。其次，在允许电视转播的案件审理中，为保障被告人获得公正审判的权利，法官要加强对法庭审理活动的主导和法庭秩序的维

---

① Jennifer L. Reichert, *New York Judge Rules Ban on Cameras in Court Unconstitutional.*

② Estes V. Texas, 381 U. S. 532 (1965).

③ Chandler V. Florida, 449 U. S. 560 (1981).

④ Jennifer L. Reichert, *New York Judge Rules Ban on Cameras in Court Unconstitutional.*

护，不能失去对法庭的有效控制。关于这一点，常常被作为反面典型而被引用的便是加州最高法院对 O. J. 辛普森案的审判。人们一致认为主审法官必须对失去对法庭的有效控制负责。在美国司法界，一项无可置疑的原则便是法官是法庭的主宰，必须对法庭中发生的一切负责。[①]美国法院法规定：法庭和法庭中的一切受法庭的控制。刑法规定：法庭有权控制有关刑事审判的公开程度。在此方面，美国最高法院的经典案例便是发生在 1966 年的美国诉谢帕德案。在该案中，最高法院认为州主审法官在谋杀案的审理中未能保护被告人获得正当法律程序所要求的公正审判权利，未能保护被告人不受审前弥漫全社区的偏见和在法庭审理中因媒体报道而产生的不良影响的伤害。这一案件成为联邦法院系统不许录音录像进入法庭的重要判例。[②]

综上所述，在我国实行司法改革的过程中审判对社会公众和新闻媒体的开放，产生了各种各样的问题。一方面，新闻媒体增强对司法活动的关注和报道是一种可喜的趋向，体现了大众传媒和公众舆论对司法的监督，并进而体现了公民对政府权力的监督和制约，可以起到促进司法改革、减少司法腐败、实现司法公正的积极作用。另一方面，大量的新闻报道、偏颇的公众舆论，可能对司法机关的工作产生负面的不良影响。舆论的导向和社会的压力可能影响办案人员独立地根据事实和法律作出决定，社会舆论的过于关注可能引起党政部门对司法机关对社会热点案件的处理加以干涉，从而妨碍司法权的独立行使。因此，在新形势下，探索既能充分发挥大众传媒对司法的监督和促进作用，又能避免大众传媒对司法可能造成的负面影响；既能保护公民依法享有的言论自由和媒体享有的新闻自由，又能维护司法机关独立行使职权的原则和司法的权威的途径，是法学界和新闻界需要共同研究的重要课题。

① 美国法院法规定：法庭和法庭的一切设施受法庭控制。刑法规定：法庭有权控制有关刑事审判的公开程度；报纸、电台和电视对刑事审判的过度报道，连同新闻媒体在法庭设置的本身，剥夺了被告人在司法中依法享有的尊严和宁静。

② Sheppard v. Maxwell, 384 U. S. 333 (1966).

个案监督研究

——兼论人大审判监督的合理取向 *

我国的各级人民代表大会作为国家权力机关，有权对法院的审判工作进行监督，这是我国政治制度和司法体制的一个特点。近年来人大对审判工作的监督出现了一些新的举措，突出的一点就是加强了对人民法院办理具体案件的监督。有的地方还推出了“人大监审团制度”[①]，开展“个案监督年”等活动。这种个案监督是否合法，它对人民法院公正审判具有怎样的作用？本文拟从保障审判公正的角度对这一问题展开探讨，并对人大监督工作的改进提出一些建议。

一、个案监督的现状及评析

（一）个案监督的现状

近年来许多地方的人大都在推行个案监督，其中的确有一些成功的事例，但也有许多不尽如人意。值得注意的是，随着各地个案监督的迅速发展，人大监督个案的负面影响正在更多地暴露出来，引起了法学界和媒体的普遍关注。个案监督不是一个法律明确规定的称谓，对其具体内容，法学理论界和实际部门之间在理解上、不同地方的人大在操作上都存在很大的差异。概括地说，我国目前的个案监督，根据实践中的具体表现，可以总结为是地方人民代表大会对审判机关、检察机关和行政执法机关工作中出现的违法行为、所办错案或可能出现的错案，采取的一些具体监督措施。在实践中，人大的个案监督又以对同级人民法院审判工作的监督居多。

第一，关于监督的对象问题。全国人大常委会起草的《关于对审

---

* 原文发表于《政法论坛》2002 年第 3 期，与姜涛合作。

① 张晖：《人大监审团监督审判》，载《中国商法》1999 年第 11 期。

判、检察工作中重大违法案件实施监督的规定》草案中，从题目上表明了监督的对象是审判、检察工作中的“重大违法案件”。实践中许多地方人大监督的范围则十分宽泛，监督的范围涵盖了审判、检察工作中的违法行为和造成的错案。对错案的认定标准，一般并无具体的规定，属于人大自己因时因事认定的内容。有的地方确定的监督对象则明显太大，将审判机关的“执法行为可能造成错案的”也列入监督事项中，人大的监督实行“预防错案与纠正错案相结合”的原则。①

第二，关于监督的提起。通过以下方式确定监督的具体案件：公民、法人和其他组织申诉、控告、检举或者以其他方式反映的案件；人大代表所提出的案件；上级机关交办或领导批示重点督办的案件；司法机关、行政执法机关反映或者要求监督的案件。但在实践中由于条件限制，不可能对所有案件都全部过问，主要是针对人大代表提出的案件和领导批示、交办的案件。

第三，关于监督的具体实施，采取以下形式：将案件转交被监督机关，限期办理并报告结果；责成被监督机关向同级人大常委会、主任会议或工作委员会汇报案情；调卷审查；成立特定问题调查委员会进行调查；对有关机关提出询问、质询。此外，某些地方还采取一些特殊的做法，组织人员较全面地审查、评议已决案件；有的地方人大通过新闻媒体公示，在当地设若干点接待公众对法院的投诉，并要求法院限时作出复查和答复；等等。②

第四，关于监督的主体。各地的监督实践中基本上没有通过人民代表大会进行个案监督的，主要是由人大常委会及其工作机构实行监督。人大内部的监督主体多而无序，形成了多头监督的局面。从机构上看，人大常委会、内务司法委员会、法工委、办公室、信访处都在行使监督权；从人员上看，人大常委会主任、各下属工作机构的主任、代表个人都可以向法院要结果。

第五，关于监督的一般程序。由于没有统一规范，具体的监督方法和程序不一而足。通常的监督流程大致是：收到具体案件之后，人大常

① 参见《潍坊市人民代表大会常务委员会关于对市级司法和行政执法机关实行个案监督的暂行办法》第3条。

② 国家法官学院司法审判研究中心编:《司法审判研究动态》2001年第4期。

委会所属工作委员会负责进行初步审查，认为需要进行个案监督的，转交人民法院办理并要求其报告处理结果。人大常委会各工作委员会将案件办理情况定期向主任会议汇报。对人民法院报告的处理结果，认为属错案的，发出《个案监督通知书》或通过口头通知，要求其限期办结并报告结果。对已转办或发出《个案监督通知书》的案件，人大常委会、主任会议或有关工作委员会根据情况通过听取汇报、调卷审查、组织人员调查等形式，监督人民法院对案件的处理。对处理结果仍不满意的，成立特定问题调查委员会进行调查，然后根据特定问题调查委员会的调查报告作出相应的决议或决定。在监督过程中，对不认真执行《个案监督通知书》，对监督的案件久拖不办的，向被监督人民法院提出质询。

（二）个案监督的法律依据问题

人民代表大会是我国的国家权力机关，人民法院由它产生，对它负责，受它监督。所以，各级人大对同级人民法院的审判工作，拥有法定的监督权力，这一点毋庸置疑。但是，人大对法院的审判，有没有个案监督权呢？

根据宪法、全国人民代表大会和地方各级人民代表大会代表法、地方各级人民代表大会和地方各级人民政府组织法、人民法院组织法的规定，县级以上人大及其常委会监督人民法院审判工作的权力主要有以下几个方面：（1）评议并表决法院的年度工作报告；（2）对法院的人事任免权；（3）宪法实施监督权；（4）质询权，即在各级人大会议期间或常务委员会会议期间，代表有权通过法定程序向人民法院提出质询案，受质询法院必须作出答复；（5）对特定问题组织调查并作出决议权；（6）特赦权；（7）对人大代表逮捕和刑事审判的许可权，即人民法院逮捕或审判（刑事）人大代表须经人大主席团或常委会许可。

在以上7种监督权力中，只有后4种与具体案件的处理有关。其中，特赦权和对人大代表逮捕和审判许可权只适用于特定身份人员的特定事项，并不是个案监督关注的焦点。至于质询权和特定问题组织调查权，在实践中的确被许多地方人大引为进行个案监督的依据。根据地方各级人民代表大会和地方各级人民政府组织法的规定，在地方各级人大或其常务委员会举行会议期间，一定数量的代表可以联名向本级人民法院提出书面质询案；县级以上的地方各级人民代表大会及其常务委员会可以组织关于特定问题的调查委员会，调查委员会的组成须经该级人大全体会议或人大常委会的全体会议决定。上述两种监督方式，都是适用于较为重大的问题，法律也都已规定了严格的提起条件，须由法定数量的代表或委员提起。实践中地方人大进行个案监督有的采用了组织特定问题调查委员会的形式。应该说，随意启用这些方式进行具体案件监督工作，把纯属人民法院行使审判职能的某些案件提高到“重大问题”的高度上，应属对人大权力的一种曲解，是对宪法和法律规定的扩大解释。

如前文所介绍，目前人大实行个案监督时所采用的常见方法是将特定案件转交人民法院办理、要求限期办结并报告结果、听取汇报、调卷审查、组织人员进行调查等。这些具体方法在宪法和法律中都没有明确规定。可见，宪法和法律并未明确赋予人大直接介入具体案件的处理、即进行个案监督的权力。对此，主张个案监督的论者又引用了《宪法》第 41 条和《地方各级人民代表大会和地方各级人民政府组织法》第 44 条的规定，即公民“对于任何国家机关和国家工作人员的违法失职行为，有向有关国家机关提出申诉、控告或者检举的权利”，县级以上的地方各级人民代表大会常务委员会拥有监督本级人民法院工作、受理人民群众对人民法院及其工作人员的申诉和意见的权力。而当人大常委会受理申诉、控告、检举法院及其工作人员时，不可能不涉及对具体案件的监督。也就是说，人大的“个案监督”是处理公民申诉、控告、检举的一种必要形式。从以上这些观点中可以发现，对实践中主要采用的个案监督方法，其法律依据只能从宪法和有关组织法的规定中逆推得出。但是，在现代法治国家里，任何国家权力均须由法律明确授予，而不可依常理反证或逆推而得。在我国实行依法治国方略的今天，同样必须贯彻这一要求。

综上可见，我国现行法律当中并没有关于人大对法院审判具体案件进行监督的明确规定，人大的个案监督没有严格的法律依据。根据一些代表的提案，全国人大从 1999 年起已经全面开始对人大监督问题进行立法调研。监督法的早日颁布，对消除和纠正目前一些地方人大制定的个案监督规定与宪法、诉讼法的冲突，合理设计人大监督审判工作的制度，应能发挥重要的作用。

（三）对个案监督的评价

个案监督的出台，是地方各级人大为了加强监督力度、遏制司法腐败，切实维护人民群众的申诉、控告、检举权而采取的一项措施。各地人大推行个案监督以来，确实在一定程度上实现了对人民法院审判工作的监督制约，纠正了一些冤案、错案。但是由于这一制度使人大这一权力机关行使了专业司法机关的职能，不符合现代法治的一般规律，而且本身缺乏法律规范，所以并不是一个可行的做法，在实际执行中也产生了一些难以避免的问题。

个案监督存在的弊端主要有以下方面：（1）从监督主体方面来看，极易形成个人监督，违背民主原则。人民代表大会及其常务委员会由于组成人员众多、主要以议事为其工作特征，所以不可能经常性地监督个案的处理。所以对具体案件进行监督的主体往往是人大常委会主任、其他委员或代表个人。这样，由人大领导或个别人大代表单独进行监督的做法，无形中就放弃了会议制这一体现民意的工作方式，使个案监督发展成个人监督，丧失了人大监督制度的根本性价值——人民民主监督。（2）从监督案件的范围来看，具有很大的随意性，不能为公民提供普遍的救济。由于人大不是专门的司法机关，没有足够的人、财、物资源用于解决具体的案件，所以监督的案件只能局限在较小的范围之内。这决定了个案监督不能成为一种经常性的、普遍性的救济制度。尤其是人大监督成功的案例引起公众注意之后，会有更多的案件涌入这一渠道，如此则人大必然不堪重负。（3）从个案监督对案件实体处理的作用来看，容易受多方面因素的影响，偏离法律轨道。最突出的一点是，我国人大作为人民行使国家权力的议事机关，其组成人员的成分要求具有广泛的代表性，代表分别来自不同的职业，对代表的法律素质并无严格要求。受此影响，由人大代表对个案的法律问题作出具体的判断和处理，极易导致“情感审判”。个案监督单纯照顾了司法民主的实现，却极大地冲击了司法的专业化和精英化。另外，地方人大作为当地利益的代表，容易产生地方保护主义色彩。（4）从个案监督对正常诉讼程序的影响来看，易对正常的审判工作造成不当冲击。人大监督个案的方法，有的是在审判程序进行中直接过问案件的处理，这对办案法官的独立判断不可避免地会造成一些影响。有的在法院作出生效裁判之后，反复要求重新办理，完全无视判决的稳定性。至于人大进行调查取证、询问证人，直接办理案件的情形，则彻底背弃了我国现行诉讼制度规定的法定程序。（5）从个案监督的实际后果来看，由于受案标准的不确定性，人大监督的启动就失去了衡准，因此救济的机会就不均等，违反了法律面前一律平等的原则。不管人大在选取监督对象时是否掺加了人为的因素，都在事实上产生了新的社会不公：有的案件得到了人大监督的救济，同样的案件则可能得不到这样的机会。更常见的情况是，“对司法个案的监督往往是通过人大办公机构的领导的‘批示’方式来进行的，谁能找到批示人，谁能找到高权力位阶的批示人，谁就有了左右法官的可能”①，结果是，监督启动标准的随意性带来了新的司法腐败通道。

二、个案监督与审判独立

面对我国实践中人大通过个案监督对案件进行实质性处理的情形，赞同和反对者褒贬不一，对人大的个案监督权分别从法律依据和理论基础上作出了不同的阐释。对此，如果换一个角度来考虑，也许可以更清晰地得出结论，那就是：诉讼案件的审判权是否应该专属于法院，抑或可以在某些情况下转交给其他机关（例如人大）呢？答案是显而易见的。我国已经在宪法中确立了审判独立原则。因此，审判权只能是专属人民法院行使的法定职权，一切案件的审判权都集中于人民法院，不能割裂。

（一）审判独立原则的产生和确立

在国家的治理活动中划分不同权力的思想，由来已久。早在古希腊、罗马奴隶制时代，亚里士多德、波比里阿等思想家便分别在其著作《政治学》《罗马史》中提出过分权制衡的问题。这一思想给后来的西方思想家们提供了重要的启迪，终于在资产阶级大革命时期发展完善为著名的“三权分立”学说，为资产阶级反对封建专制的启蒙运动提供了重要的思想武器。这一学说的主要代表人物法国著名思想家孟德斯鸠在论述权力分立的理论时深刻地指出：“如果司法权不同立法权和行政权分立，自由也就不存在了。如果司法权和立法权合二为一，则将对公民的生命和自由施行专断的权力，因为法官就是立法者，如果司法权同行政

① 徐显明：《司法改革二十题》，载《法学》1999年第9期。

权合二为一，法官便将握有压迫者的力量。”① 随着资产阶级革命的胜利，分权学说的精神先后为许多国家的立法所肯定和采纳。分权学说促成了近现代西方国家司法机关的独立建置。

自 20 世纪中叶以来，司法权独立行使也在联合国的多部重要法律文件中得以规定。其核心内容可以概括为：从事法庭审判的人员在进行审理活动和制作司法裁判方面拥有自主性和独立性，除服从宪法和法律的规定之外，不受外界任何组织或个人的干预。这一原则的内在标准可以划分为以下三个方面：一是司法权归属的专有性。国家的司法权专属于法院，不能由任何其他机关、组织、个人代行司法事务。二是司法权行使的独立性。法官在依法履行司法职务时，不受任何外界势力的干扰、影响和控制。三是司法权行使的合法性。司法权独立行使必须以遵守国家宪法和法律为前提，否则就会导致司法专横和司法腐败。

我国宪法、三大诉讼法和人民法院组织法明确规定了人民法院是国家唯一的审判机关。《宪法》第 126 条则确立了审判独立原则：“人民法院依照法律规定独立行使审判权，不受行政机关、社会团体和个人的干涉。”就我国宪法对审判独立的这一表述方法，有学者认为不如 1954 年宪法的规定精当，建议恢复 1954 年宪法对审判独立的表述方法，规定为“人民法院独立进行审判，只服从法律”。这一主张值得考虑。

（二）个案监督与审判独立的矛盾

在完善的法治状态下，法院应能自足地解决一切诉讼案件，社会生活中发生的各种纠纷都以法院的审判作为最终的救济途径。有限的社会资源不可能全部投入某一种社会事务中去。因此，社会分工决定了纠纷的解决也应该由一定的专门组织承担。而对这种职能的特殊性和重要性的逐步认识，使得人类在长期的政治社会实践中逐渐达成了一种共识，即审判权须专属于某一权威的机构来独立掌握。审判独立原则的确立，是由人类社会长期法律实践的经验所决定的。公正的审判必须排除法律本身以外的一切外力影响和左右，哪怕这种外来力量也以公正为名，或者打着更高公正性的旗帜。正如美国学者亨利·米斯所指出的：“在法官作出判决的瞬间，被别的观点，或者被任何形式的外部权势或压力所控

① ［法］孟德斯鸠：《论法的精神》（上），张雁深译，商务印书馆 1961 年版，第 155 页。

制或影响，法官就不复存在了。”[①]

在审判独立的具体标准中，审判权归属的专有性与其行使的独立性是两项紧密相连的内容。独立性是前提，专属性是结果。审判权之所以应当独立，是由其所具有的以下特征所决定的：（1）中立性。审判权的中立地位，是其作为一种纠纷解决方式所天然应该具备的。人民法院依照法律规定审判案件时，必须在诉讼双方之间保持不偏不倚的地位，这是法院判决的公信力来源。如果人大对案件的处理享有指挥、决定的权力，法官就不得不考虑人大对案件的倾向性，审判权的中立性要求也就难以保证了。（2）被动性。根据不告不理的现代诉讼原则，审判权不能自行开启，而只有当原告向法院告诉以后诉讼才能开始。这种对审判权的消极设置，可以使得法院作为一个社会纠纷的权威解决主体，其权力无从四处扩张。这就与行政权主动介入和干扰社会事务的特性区别开来，不致产生一种难以控制的强大司法势力。可见，被动性的设置可以有效地避免法院审判权的扩张和滥用。正因如此，法治国家中议会监督的重点都是行政权的滥用和失控，对司法的监督并不多见。（3）公开性。公开是审判权运行的一个基本原则。除了少数为了保护更大的社会利益、由法律明确授权可以不公开审理的情形外，审判必须是面向外界予以公开的，案件的利害关系人、其他普通公民、新闻媒体都可以旁听案件的审理。阳光是最好的防腐剂，这种透明的审理机制是审判公正的最好保障。我国目前审判工作改革的一个重要内容就是贯彻庭审的公开性，许多法院开始真正把公民旁听审判落实下来，此外还有加强合议庭职权，改革判决书的写作等措施。如果这些促进公开审判的内部机制能够真正得到改善，那么审判结果的公正性就有了可靠的保证。（4）终局性和权威性。法院的审判程序结束之后，得出的生效裁判具有终局性，并且产生一事不再理的效力。即使在一定情况下可以重新审判，也必须是出现了法定的再审事由。只有这样才能维护判决的权威性和终局效力。而且生效裁判的稳定也有利于社会关系的稳定。在我国推行依法治国宏伟战略的进程中，依照现代法治国家的通行原则确立法院在社会中的权威，也是一个必要的前提。正如澳大利亚前首席大法官杰勒德·布

① ［英］罗杰·科特威尔：《法律社会学导论》，潘大松等译，华夏出版社1989年版，第236页。

伦南所说，法治取决于甚至可以说等于法院的公信力。摧毁公众对法院的信任，也就毁坏了法治的基础。①

因为审判权具有以上几个重要的特征，所以具备了公正处理社会纠纷的专门结构。那么，将对案件进行审判的权力交给法院独立行使，本身即能够产出整体上公正合理的判决。人大或是其他机构不适当地介入这一领域，反而会对法院这一专门生产公正的封闭、独立体系造成破坏。因此，审判独立是一个建设、维系一个法治社会的必要条件。审判权的独立性，要求其只能够由特定的部门行使。在现代社会的法律制度下，法院就是这一特定部门。如果说法院的独立地位尚能通过赋予其行使职权的各种保障和制约措施求得实现的话，其他的外界非审判机关的独立性则是难以保证的。人大作为一种以议事为特征的机构，其工作方式和组织体制均与专门从事纠纷解决的司法机关大相径庭。由人大来对个案进行救济，通过对个案的处理来求得具体案件的公正，实有越俎代庖、事倍功半之虞。究其原因，一是在专业特点上，人大的设置不是一种适合进行司法的体制，难以产出公正的裁判；二是由司法机关以外的机关解决纠纷，将国家的司法资源弃置不用，使得社会对正义的实现付出了更高的代价，不符合司法效率的原则。

客观地说，我国目前的司法实践中，宪法和法律所要求的审判独立还未能真正落实。人民法院审判案件时经常受到来自外界的不当干涉。而且，法院审判中也存在司法腐败、徇私枉法的现象，法官素质参差不齐也是不争的事实。正是这些原因产生了个案监督的土壤。不可否认，个案监督是一个非常具体的、有力的监督措施。但是，这种监督方法符合我国的政治体制和司法体制吗？

我国政治体制的根本特征是，人大并非与审判机关平行分权的国家机关，而是居于更高位阶的国家权力机关，一府两院均自之而出。我国的人民代表大会制度设置，并未采用“议会”这一国外普遍的“立法机关”设置，将其作为鼎足而立的国家权力中的一极，而是把人大定位为更高层次上的权力机关，就是考虑到了在我国人民民主专政的新型体制

① ［澳］杰勒德·布仁南:《是“为人民的法院”，不是“人民的法院”（上）——1995 年 7 月 26 日在迪金大学法学院开学典礼上的演讲（节选）》，于秀艳、蒋惠岭译，载《人民司法》1999 年第 3 期。

下，人民当家作主可以有更充分的体现，所以作为人民代表大会，其执行的权力不同于行政机关和司法机关的权力，并不是一种直接执行某一类国家事务的权力。对于这些具体的国家事务，是通过专业化的分工赋予了一府两院。人大则通过选举、罢免制度和法定的对重大问题的监督制度，确保这些机关完成其各自分工事项。如果我们在人大设计监督程序时孜孜以求的是人大要与行政、司法机关分享国家权力，就必然会使得我国人民代表大会体制的这一精微之处失去意义。如果人大对法院审判进行个案监督，则不可避免地身陷入具体审判工作中，破坏国家整体上的分工体制，使人民法院的权力难以行使，责任难以明确，宪法所赋予其独立地位长期难以形成。

个案监督对我国司法体制所造成的冲击则更为明显。突出地表现在下列问题上：人大代表监督具体案件时，不参与庭审而干预案件裁判，使得合议庭和法官对案件的决定功能减弱甚至消解；人大由于其组成人员的特征，主要是代表着本地区内各方面的利益关系，因此在个案监督中经常不可避免地倾向于对地方利益的保护；我国的选举制度决定了人大代表具有广泛的职业代表性，并不强调代表的法律学养，人大代表并不是职业议员，其法律素质并不明显高于普通公民，而是各自具有与其职业和社会身份相应的特殊利益，因此很难保证其在行使个案监督职权时能够始终以坚持国家法治统一为原则；个案监督针对的是少数重大疑难案件，这些案件的提起往往已经具备了倾向性极为明显的舆论导向，人大的个案监督一般是为了顺应民意、平息民愤，这就容易形成对案件处理结果的倾向性，难以保持在案件中的公正立场。从以上几个方面可见，人大对个案实行监督，由种种具体因素决定，很难坚守法律的立场而心无旁骛，这与审判独立的要求有着根本性的矛盾。

三、个案监督与程序公正

人大实行个案监督，在体制上与审判独立的要求难以协调，在程序上则与现代诉讼制度的原理相悖，会对人民法院的正常审判程序造成诸多负面影响。当人大对审判职能进行实质性的干预时，正常的诉讼程序就瘫痪了。

程序是社会正义在法律王国中得以体现时所借助的必要设置。法律程序的功能性自治是“限制恣意的基本的制度原理”[①]。法律对正义的守护并非无所不在，而是只能在程序的规约下伸张。法官的使命就只在这一有限的境地内完成，所以程序公正（而且只有程序公正）是对审判者的绝对要求，法院不能逾越程序的限制。实体公正则是相对意义上的[②]，它的实现需要借助程序公正，是一种间接达到的正义。

法院站在法律的立场上，只固守确定的程序；诉讼中的公民站在自身利益的立场上，关心的则是判决传达的实体正义。参加到案件审判中来的人大，通常是与后者站在同一立场上的，是在接受某些公民的控告、申诉之后介入审判，因而主要关心的是案件的实体处理结果是否正确，不是案件处理的程序公正。一旦人大为了追求实体正义的目标开始干预案件的实体处理时，程序的规约往往被放弃了，从而造成与程序公正直接的冲突。

（一）个案监督与收案标准

在正常的审判程序中，法院对起诉的案件按照法定的立案标准进行审查，对符合起诉条件的一律受理，然后通过审理作出裁判。个案监督的实际操作范围则没有、也难以设定明确的标准。如果人大的个案监督广泛地开展，成为一种普遍设置的法定程序，则既会对现有的监督体制、审级制度造成冲击，而且一旦正式地启动了这一救济渠道，势必会有大批不服法院生效判决的当事人转而寻求人大对案件的复查处理，造成大批案件涌入人大，国家有限的法律资源将为此付出巨大的代价。这在我国目前司法资源已经非常紧张、司法效率亟待提高的现状下，事实上是不可行的。那么，对个案监督的范围作一严格限制是否可行呢？目前实践中的个案监督也基本上只能给予极少数人以救济。但是，这些当事人和案件的选定难以制定明确的标准，各地制定的个案监督规定中提出了“错案”“可能发生错案”“重大违法案件”等多种表述，都由于缺乏明确的法定条件而很难操作。实践中一些与人大代表本人或人大常委

① 季卫东:《法治秩序的建构》，中国政法大学出版社 1999 年版，第 16 页。

② 正如日本学者谷口安平教授所指出的，实体正义是很难实现的一项指标。人类由于认识能力和实践能力的局限性，并不总是能够发现实体正义。因此，需要借助程序正义，达成一种相对的妥协。参见［日］谷口安平:《程序的正义与诉讼》，王亚新、刘荣军译，中国政法大学出版社 1996 年版，第 3—4 页。

会主任、委员有某种关系的人则更容易得到这种机会。这种选择监督对象的方法显然违反了“法律面前人人平等”的宪法原则和诉讼法原则。

（二）个案监督与法庭审理

法院的审判程序是通过诉讼双方和裁判者的共同参与来最后得出结论的，而且法院审理案件必须遵循特定的程序和原则，这是现代诉讼程序公正的必要保障。我国自修正刑事诉讼法以后，也在庭审方式上进行了积极的改革，总的趋向是更加体现出诉讼程序的科学性和对当事人权利的保障。如果在法院办理案件过程中，允许人大以提出具体的意见、建议、进行批示等方式进行监督，则必然影响到审判人员对案件的处理。至少会违反以下审判原则：其一，与辩论原则的冲突。法院对案件的审理主要是通过让诉讼双方展开充分辩论、对抗的方式来实现的，通过双方针对性的辩论，法官对案件事实作出判断。在进行个案监督的情况下，人大不经双方对特定事项的辩论就下结论，侵犯了双方的诉讼权利。其二，与直接审理原则的冲突。正常的法院审判，应该由法官在控辩双方在场的情况下，组织和听取辩论，当庭接收案件事实信息，形成其内心对事实的判断。在实行个案监督时，人大往往向法院提出结论性的意见，或把自己调查得来的情况作为事实的依据要求法官接受，显然不符合直接原则。其三，与言词原则的冲突。现代诉讼制度下要求审判以言词辩论的方式进行。法官通过听取当事人、证人的陈述和必要时进行询问来了解案情，把案件中的疑问充分暴露出来，清晰地获得对案件事实情况的了解。而如果进行个案监督，无论是采取调卷审查，还是批示、建议等方法，都使庭审的言词辩论对案件的决定作用被否定了。

（三）个案监督与救济程序

个案监督在实践中有的是在案件生效裁判未作出时进行的，有的是在普通审理程序结束、判决确定之后开启的，这种“事后”进行的个案监督是否可行呢？我国现行的审级制度是两审终审制。案件最多在经过两级人民法院审理之后，就得出了生效裁判。生效判决作为人民法院经过法定诉讼程序之后所得出的结论，是对讼争事实的权威性解决结果。如果没有法律规定的特定事由，不应随意地启动再审程序否定已经作出的生效裁判。这也是维护法院权威性和判决稳定性的要求。毕竟，如果特定的涉讼法律关系长期不能归于稳定的话，既会给当事人带来讼累，也使国家有限的司法资源不能均衡、高效地配置，导致积案久拖不决，影响人民法院整体上的审判效率。而个案监督若能随意开启再审程序，就会使已决案件长期处于飘摇不定的危险之中。结果是，对个案正义的过分追求，造成了整体制度上的无效率，而这种整体制度上的无效率，如果导致案件的积累拖沓，则产生了新的个案的非正义。最高人民法院院长肖扬曾明确指出，迟到的公正不是公正，迟来的正义等于无正义。在现行制度下，法官的选任和罢免最终受制于人大，而人大选任、罢免法官的标准并不明确，可以通过合法的程序对法官的命运拥有决定权。因此，即使在作出生效裁判之后，法院认为没有错误的案件，如果人大提出具体的修改意见，法官也不会明确反对和抵制。如果因此启动再审、对案件作出改判，则会出现两种情况：一种是人大监督的意见错误，则改判导致了公正和效率的双重失落；另一种是，人大的监督意见如果是正确的，改判确实纠正了原来的错判，则那些通过个案监督合法利益得以维护的当事人，对整个案件处理过程的评价无疑是“人大纠正了错案”，对司法的怀疑和轻视则加深了，而且对其他公民也形成了“司法裁判可以被怀疑和轻视”的心理暗示。可见，不论改判是否成功维护了实体法律关系，从国家法治的整体角度上来看，案件的处理都难称圆满。在个案的实体裁判得以纠正时，司法的权威性却遭到了践踏。

个案监督与诉讼程序的冲突之处，还体现在回避制度、公开审理、案件审判范围、错案追究等许多方面。总之，完善的审判体制应该是一个自足的体系，其中存在的问题也必须主要通过对其内部结构的调整来最终解决，通过外力对案件审判包办代替或具体干预，包括人大进行的个案监督，都难以达到治本的效果。相反，往往会因为这些外力与审判规律的异质性而产生许多新问题。

四、对人大监督审判工作的几点思考

基于以上考虑，笔者认为把个案监督作为人大监督审判的主要形式并不适宜。听取和审议国务院及其有关部门和最高人民法院、最高人民检察院的工作报告，是人大常委会进行工作监督的基本方式。我国人大对审判工作进行监督的内容，应该立足于在更高的层次上进行全局性的监督。具体来说，人大目前对审判工作的监督主要应着眼于以下几个方面。

（一）司法解释越权、冲突和部门化问题

司法机关在执行法律或解释法律时，必须忠实于立法原意，这是关系到国家法律统一执行的全局性问题，人大对这样的问题应该进行有效监督，或作出权威性的解释。例如我国1996年修改后的刑事诉讼法把判决的种类明确规定为“有罪判决”“无罪判决”“证据不足、指控的犯罪不能成立的无罪判决”，而最高人民法院《关于执行〈中华人民共和国刑事诉讼法〉若干问题的解释》第176条却规定在“被告人是精神病人，在不能辨认或者不能控制自己行为的时候造成危害结果，不予刑事处罚”的情况下，应作出“被告人不负刑事责任”的判决。有学者就此明确指出：“这一规定在有罪判决和无罪判决外又增加了性质不明确的、被告人不负刑事责任的判决，与刑事诉讼法的规定明显不符。”[①] 无疑，该条司法解释使得刑事诉讼法中已经明确了的判决种类问题又变得含混不清了。此外，“两高”对适用法律中的某些问题所作解释发生冲突、撞车的现象，司法解释中不适当地夹杂本部门利益因素的情况也并未完全消除，全国人大和人大常委会应该就此有效地行使监督权力，保障法律的准确适用。

（二）死刑核准权问题

死刑作为直接剥夺被告人生命的刑罚方法，是所有刑罚中最严厉的一种。由于死刑所具有的这种极端严厉性和不可逆转性，我国刑事法律中出于人道主义精神，向来坚持“少杀”“慎杀”的方针。在现行刑法和刑事诉讼法中，对于判处死刑立即执行案件的核准权，都明确规定属于最高人民法院。应该说，这样的规定对于保证死刑的严肃、审慎、正确适用是极为重要的，最高人民法院必须严格遵照执行。但是，实践中的做法却是相当一部分死刑立即执行案件都只是由高级人民法院行使核准权。这种做法的依据在于，我国人民法院组织法规定，杀人、强奸、抢劫、爆炸以及其他严重危害公共安全和社会治安判处死刑的案件

① 陈光中主编：《刑事诉讼法实施问题研究》，中国法制出版社2000年版，第5页。

的核准权，最高人民法院在必要的时候，得授权省、自治区、直辖市的高级人民法院行使。针对上述现象，我们认为，刑法和刑事诉讼法作为全国人大制定的基本法律，效力等级高于全国人大常委会制定的人民法院组织法，而且刑法和刑事诉讼法都是在人民法院组织法制定后重新修改的，所以理应优先适用。最高人民法院下放部分案件死刑核准权的做法，固然有立法矛盾、冲突的因素影响，但是按照新法优于旧法、高位阶法优于低位阶法的原则，最高人民法院仍然应该主动创造条件收回死刑核准权。但是，实践中最高人民法院并未及时采取相应措施，事实上使得刑法和刑事诉讼法的规定成为一纸空文。对此，一方面人大应当尽快对人民法院组织法的有关规定作出修改；但是，从另一方面讲，在刑法和刑事诉讼法这两部基本法律已经生效的情况下，首先就应督促最高人民法院严格遵照刑法和刑事诉讼法的规定执行。事关死刑案件的程序立法，人大不可不察，必须进行严肃审慎的监督。

（三）审判机构改革中的“良性违宪”问题

作为国家机关体系中重要的组成部分，我国各级人民法院的产生、设立、变更及其组织、活动原则都必须遵守宪法和人民法院组织法的有关规定，而不仅仅是完全由人民法院自行决定的内部事项。但是在目前人民法院的机构改革中，却出现了一些“良性违宪”现象。不可否认，这些改革措施的初衷都是为了实现司法资源的优化配置，更好地完成审判职责。但是，“良性违宪”毕竟属于“违宪”，尤其是对于人民法院来说，其“司法犯法”的后果较之普通公民、法人的违法行为无疑更为严重，直接危及“依法治国”方略的贯彻和落实。例如我国法院系统正在推行的取消经济审判庭、建立大民事审判庭的改革措施，在提出之后已有多个省份的高级人民法院取消或准备取消经济审判庭。这样的重大举措是否属于地方法院职权范围之内呢？根据人民法院组织法的规定，现行立法中对中级和高级人民法院设刑事、民事、经济审判庭的规定是一种强行性规范，不能任意选择。所以，在立法未进行修改以前，许多省份的高级法院裁撤经济审判庭的做法当属违法之举。即便这种改革措施有再多的好处，也不能够违反现行法律擅自推行。针对当前各级地方法院争先恐后、“雨后春笋”般地取消经济审判庭，已经影响到国家法制统一、宪法和法律严格执行的现象，人大应该进行有效的监督。

（四）人大对法院人事监督权的真正落实

为了加强对审判工作的监督力度，人大应该将法律明确授予其的对法院院长的选举、罢免权和对审判员的任免权切实加以行使，使人大的人事监督权更具有刚性。人大的监督需要避免不合理地追求更多的监督渠道、更大的监督范围的思想倾向，而立足于强化对现有监督权力的有效行使。总体来看，我国目前人大对其法定的人事监督权的行使还极为薄弱，而这是属于人大的一项重要的监督权力。这方面的例子不胜枚举，“三盲”院长的出现；陕西省富平县法院屡次曝出轰动新闻（某法官因坚持依法审判而被迫“下岗”；刑事判决得不到执行，成为法律“白条”；“舞女”当上执行庭法官等），该院院长加某仍然安居宝座；以及在沈阳“慕马”大案事发之后牵出的“十大贪官”中，该市中级人民法院院长贾某及副院长焦某、梁某“十居其三”，司法机关的主要领导几乎集体腐败。当这些不正常现象在当地群众中乃至全国范围内引起强烈反响时，当地人大的监督却令人遗憾地缺位了，未能避免、遏止或及时纠正这些不正常的现象。在法院的人事任免、监督方面，各级人大的确任重道远。

（五）人大为保障国家法律统一实施而对重大案件进行监督的改革思路

人大对审判工作的监督不能以个案监督为主，这是司法机关独立行使职权的制度设置和程序公正的诉讼规律所内在决定的。不过，完全排斥人大对个案的监督，尤其是其对某些涉及重大法律适用问题的案件的监督也是不合理的。这就需要科学地设定人大可以监督的个案的标准，以及人大监督个案所产生的法律效力。我们建议，对人大可以监督的个案的标准，应该限定为该案件的处理“反映出审判工作中普遍存在的某一重要问题、该问题已经影响到法律的正确适用”的情况。只有在个案的处理具有上述特征时，人大才应该介入，进行必要的监督。具体的监督方式，可以借鉴日本的非常上告程序，即当发现案件的审判违反法令时，可以启动一种非常上告程序，非常上告的目的不是个案的改判和纠正，而是统一解释法令。建议我国结合具体国情设立类似的程序，即可以通过立法授权全国人大及其常委会，对于反映审判工作中某一普遍性重大问题的具体案件，有权向最高人民法院提起监督程序，最高人民法院不必更改该案的生效裁判，但是必须就案件中反映的普遍性法律适用问题作出正确解释；认为该项解释违背立法原意的，全国人大及其常委会直接作出立法解释。这种监督方式的合理性在于：其一，有利于监督审判权的正确行使。全国人大通过要求最高人民法院对某一重要的法律适用问题进行解释，或自己作出权威解释，纠正审判工作中存在的普遍性问题，维护了国家法治的统一。其二，维护了既判力。人大采用这样的方式监督法院审判，并不改变具体案件的判决，维护了生效裁判的既判力，不会损害法院判决的权威性。其三，堵塞了某些人大成员利用监督审判工作的权力谋取私利的缺口。既然人大对案件的监督与具体案件的处理结果不再直接联系，就使得某些为了谋求私利而热衷于监督审判工作的个别人大成员失去了监督的兴趣，从而使得监督的动机纯洁了。人大对审判的监督得以坚守在国家法律的立场上。

概括而言，人大对审判工作的监督，必须坚持两个原则，以求达到人大监督与法院独立审判的合理平衡：其一，法治原则。人大的监督工作，必须严格按照法律的授权进行。对于宪法和法律已经明确规定、要求人大行使的权力，人大有权充分运用，而且有义务积极有效地行使。对于宪法和法律没有明确授予的权力，地方人大不可自己创设，或者通过对法律的扩大解释甚至任意解释来创造监督权力。人大的监督工作，不能避重就轻，对全局性的、重大的问题、往往也是不涉及切身利益的问题，就听之任之，不去过问。对一些具体的、涉及某些人大代表自身利益的问题，却投入很大的精力去施加影响，甚至为此违反法律的规定。所以，人大的监督必须坚持法治原则，一切监督措施都必须在法律授权的范围之内施行。其二，保障审判权依法独立行使原则。人大对审判权的监督，目的是排除审判权行使中所受到的不正常干扰，排除影响公正审判的各种非法律因素，说到底是为了保障审判权能够公正、独立地行使，而决不能代替法院行使审判职权。人大除了不代行审判权之外，还应该积极采取措施为法院的公正审判排除干扰，创造条件。也就是说，人大对审判工作的监督，除了对人民法院进行的监督以外，当前更重要的应该是对审判机关以外的其他机关、组织、团体和个人不当干预审判的监督。尤其是在我国目前，司法机关由于其自身在整个国家机关体系中的弱势地位而难以对抗一些来自外界的干预势力，人大作为国家权力机关对此就应该从外部进行监督，为人民法院创造一个独立司法的空间。对此，李鹏委员长在1998年9月16日全国人大内务司法委员会上指出："人大监督个案的目的是督促、支持审判、检察机关公正司法，而不是代替司法机关办理案件。要在不断摸索，总结经验的基础上，使人大监督工作进一步规范化、制度化。"可见，全国人大对其监督司法的根本出发点也很明确，就是为了督促和支持公正司法，发挥保障作用，而不能使人大异化为事实的最终裁判者。

人民监督员制度立法刍议 *

作为检察机关贯彻和落实党的十六大确定的推进司法体制改革的一项重要改革举措，人民监督员制度经过各地的试点已经取得了初步成效。按照中央和最高人民检察院的要求，结合前期的试点经验以及存在问题，对该项制度的试点工作将会继续深化下去，而与此有关的理论研究也必将随之拓展开来。依法治国的基本要义之一是“有法可依”，因此可以预见，根据检察改革实践的要求，如何将“人民监督员制度”上升为法律将会成为理论研究的重点。

一、人民监督员制度立法的必要性

2003 年 10 月 15 日最高人民检察院为推进检察改革，强化法律监督，根据宪法和人民检察院组织法等有关法律，制定并颁布了《关于人民检察院直接受理侦查案件实行人民监督员制度的规定（试行）》，并决定在全国各省自治区、直辖市进行试点工作。2004 年 7 月，为进一步完善人民监督员制度，推动试点工作取得新的成效，最高人民检察院根据试点工作情况对实行人民监督员制度的有关规定进行了修改和补充，即《最高人民检察院关于实行人民监督员制度的规定（试行）》（修订稿）、《关于适用〈最高人民检察院关于实行人民监督员制度的规定（试行）〉若干问题的意见》以及《最高人民检察院关于进一步扩大人民监督员制度试点工作的方案》。建立和推行人民监督员制度，是在司法改革过程中职务犯罪侦查权继续由检察机关行使的前提和背景下，通过拓展外部监督来解决监督者也要接受监督的问题。

从这一制度在各地试点的情况以及所反馈的信息来看，通过人民监督员制度，检察机关建立了比较有效的查办职务犯罪案件的监督机制，防止了案件办理中的偏差，从而在实践中发挥了实效。根据最高人民检

---

* 原文发表于《人民检察》2006 年第 15 期，与田心则合作。

察院在2006年“两会”上所作的工作报告，截至2005年底，全国有80%的检察院已经实行了人民监督员制度，人民监督员共对9652件拟作撤案、不起诉处理和犯罪嫌疑人不服逮捕决定的职务犯罪案件进行了监督，其中不同意办案部门原拟定意见的484件，经检察长或检察委员会研究，检察机关决定采纳218件。此外，最高人民检察院还积极拓展人民监督员制度的适用范围，增加了人民监督员对检察机关查办职务犯罪工作中该立案不立案或立案不当，违法搜查、扣押等“五种情形”的监督，促进了检察机关的规范执法，提高了检察机关查办职务犯罪案件的整体办案质量，从而消解了人民监督员制度在最初试点时许多人恐其会流于形式的担心。

从理论上来看，人民监督员制度在实践中的试点和推行也发展了社会主义司法民主的形式，丰富了社会主义民主政治的内涵。人民参与司法，是现代法治国家司法文明与进步的重要标志。在此方面，我国刑事诉讼制度中早已确立了人民陪审制度与公开审判制度，成为我国实践司法民主之先声，而人民监督员制度的创设和试点，则是在检察领域中保障民众直接参与司法的崭新探索，其对检察机关公正执法的监督与促进作用，进而对贯彻党的十六大精神、推进司法文明和检察改革具有重大的积极意义。应当说，人民监督员制度的实行，不仅有助于促进检察机关提高职务犯罪案件的查办质量，而且是社会主义民主政治在刑事诉讼领域中的全新体现，创建了一条落实民主监督的新途径。从这个意义上说，人民监督员制度是一项切合法治、民主观念、富于时代精神的制度探索和创新。

正是由于人民监督员制度在试点过程中所体现出来的上述重大价值，使其被写入国务院新闻办公室发表的《中国民主政治建设白皮书》以及中央《关于司法体制和工作机制改革的初步意见》，构成了我国刑事司法改革过程中的一道亮丽风景。但是，需要注意的是，目前人民监督员制度仅仅是最高人民检察院通过其内部规章而确立的一项改革试点，尚未在我国刑事诉讼法或者人民检察院组织法中获得正式的“名分”。如果该制度长期不能获得立法的确认和规范，可能给社会主义法制统一原则造成消极影响。因此，如何及时总结人民监督员制度在改革试点中所取得的经验和成效，并在适当时候通过国家的立法将其确立为一项正式的法律制度，成为摆在立法机关面前的一项迫切任务，同时也是检察理论和诉讼理论研究的重大课题。

二、人民监督员制度立法的基本思路

人民监督员制度是我国国家权力运行架构体系下实现社会主义民主监督的一种新的形式，它具有深厚的宪法底蕴，体现了丰富的民主原理，因此它除了具有程序性这一基本特征之外，更具有民主性和社会性的特征。最高人民检察院对该制度进行试点和推行的过程中所依据的正是宪法中关于人民有权依法“通过各种途径和形式管理国家事务”以及“一切国家和国家工作人员必须依靠人民的支持，经常保持同人民的密切联系，倾听人民的意见和建议，接受人民的监督，努力为人民服务”的规定。因此，宪法中的这一原则应当成为人民监督员制度立法的基本指导思想。

然而，作为一项正在试点中的改革举措，人民监督员制度虽然可以在我国宪法中找到法理上的支撑，但在相关部门法律中却缺乏明确的依据，迫切需要进行立法的增补和完善工作。人民监督员制度的立法，不仅涉及人民检察院组织法的修改，也涉及刑事诉讼程序的完善，既要明确人民监督员的性质、组织、产生和职权，又要规定人民监督员在诉讼过程中具体行使职权的路径和方式，因此对人民监督员制度的立法应当贯彻民主监督的思想，注意相关法律的修改与协调。

从最高人民检察院的有关举措来看，以人民监督员制度的试点实践来推动相关理论的发展，再以这些理论来指导试点的实践并最终推动该制度的法制化进程，是建立人民监督员制度的一个基本工作思路。结合我国目前的法制化进程和实践，我们认为人民监督员制度的立法工作也应当借鉴这一工作思路，并按照以下步骤逐步开展：首先，在中央司法体制改革领导小组的统一协调下，最高人民检察院可以积极配合全国人大常委会，组织力量开展人民监督员制度立法调研和理论研究。重点对实行人民监督员制度的必要性、可行性，人民监督员制度的宪法、法律及理论根据，人民监督员的地位、条件、产生程序，人民监督员的职权、责任及其保障、制约机制，人民监督员监督案件的范围、程序及效力等方面进行调研和论证。其次，在立法调研和理论论证的基础上，抓住人民检察院组织法和刑事诉讼法修改的契机，一方面将人民监督员制度写入修改后的人民检察院组织法，解决人民监督员制度的法律地位问题，为该项制度的确立和完善提供明确的法律依据，并授权最高人民检察院制定相关的人民监督员条例，以此带动对人民监督员制度更大范围的关注和认同，促进人民监督员制度的试点和深化；另一方面，在刑事诉讼法的修改中，明确人民检察院在行使职务犯罪侦查和公诉职能中，实现人民监督员制度，并就人民监督员行使职权的路径、方式、效力作出一些基本的规定。最后，在条件成熟时，由最高人民检察院向国家立法机关提出立法建议，制定单行的人民监督员法，以法律的形式规定人民监督员的性质和地位，条件和产生，权利和责任，监督范围和效力，保障和制约机制，等等。同时根据刑事诉讼法的原则规定，以最高人民检察院的司法解释，将人民监督员在刑事诉讼中具体行使监督职权的程序和方式予以细化，以贯彻和落实刑事诉讼法和人民监督员法的相关规定。

三、人民监督员制度立法的重要问题

人民监督员制度的立法工作是一项系统工程，需要立法者认真总结该制度在实践运行中的成功经验并结合各地的具体作法，科学合理地设计该制度的操作规则和运行程序。而撇开一些具体的技术性问题不谈，我们认为在人民监督员制度的立法过程中需要着力解决好以下两个问题。

（一）要实现人民监督员制度由“体制内”向“体制外”的转化

人民监督员制度是由检察院主动启动和试点的，这就决定了目前的人民监督员制度具有检察机关“体制内的监督”的特征。从现有的试点模式来看，人民监督员制度的这种“体制内”性突出地表现在两个方面：一是检察机关交给人民监督员监督的案件，不再经过其他司法机关和诉讼程序，完全由检察机关“体制内”作出决定。人民监督员在对职务犯罪案件及相关侦查活动的监督中，行使的监督权表现为信息知悉权、评议纠错权、启动纠错程序权等程序性的权力。如果参加监督案件的多数人民监督员不同意检察机关拟作出的决定，则由检察长来决定案件的处理，或者将启动本级检委会决议，甚至启动案件复核程序，即由上一级检察机关对人民监督员表决的案件进行复核。由此可见，人民监督员作出的决定，并不具有确定的法律效力，它只能启动相关的检察机关的内部监督程序。二是人民监督员监督活动的开展离不开检察机关的组织与管理。首先，人民监督员的办事机构——人民监督工作办公室，由检察机关设立，并由专职的检察人员负责相关的工作；其次，人民监督员开展监督工作所需的经费，由检察机关提供，在检察机关业务经费中列支；再次，对人民监督员所提出的申请回避，其决定权由检察长行使；最后，人民监督员的监督时限，计算在检察机关的办案期限中，检察机关不得因人民监督员的监督而超过法定的办案期限。

最高人民检察院试点人民监督员制度的初衷是解决监督者也要受到监督的问题。因此，从权力的运行规律看，人民监督员制度的发展趋势应该是由检察机关的“体内”监督逐步转化为“体外”监督。“体外”监督是一种外部监督，所谓外部监督，是指监督主体和监督对象不属于同一组织或系统的外部交互监督。其特征是:（1）独立性。监督主体和监督对象属于互不隶属的组织系统，易于排除系统内部的长官意志、人情世故的干预，客观公正地评判监督对象的行为，并使监督结论较少带有利益色彩，能够为社会公众所接受。（2）制约性。各种监督方式在监督主体的职能范围内可以交叉适用，互相协调，使每个监督对象都在外部监督的网络之中，受“越权无效”的限制。（3）权威性。外部监督的内容、范围、方式、程序一般由法律明确规定，因此具有确定性、强制性的特点。[①] 外部监督所具有的这些特征决定了人民监督员制度只有转换为“体外”性质，通过拉开监督者和被监督者之间的距离，摆脱监督者受被监督者影响的局面，这样的监督才会更有实效，监督程序也才更符合程序正义的要求。

可喜的是，作为人民监督员制度积极推动者的检察机关并未因自己的被监督角色而囿于部门利益固守人民监督员的“体内”属性，而是拓宽思路，积极推动人民监督员制度属性的转换。按照最高人民检察院的改革设想，“检察机关自己把人民监督员制度建立起来后，要逐步变成一种对检察机关的‘体外’监督”。[②] 应当看到，这实际上为我国人民监

① 汤唯、季萍:《法律监督论纲》，北京大学出版社 2001 年版，第 13 页。

② 孙谦:《要着重解决检察机关正确行使权力的保障机制问题》，载《检察日报》2004 年 7 月 20 日。

督员制度的立法工作指明了一个基本的发展方向。因此，我们对于人民监督员的选任、培训、组织、管理以及贯彻该制度的经费来源、制度保障等诸多问题的研究都要在此方向的指引下进行思考和谋划，以推进人民监督员制度属性的转化。

（二）要实现检察机关独立行使检察权和人民监督员独立行使监督权的统一

《宪法》第131条和《人民检察院组织法》第9条规定："人民检察院依照法律规定独立行使检察权，不受行政机关、社会团体和个人的干涉。"《刑事诉讼法》第5条也有同样的规定。这些规定要求检察机关在行使检察权时不受任何外部的干涉，只依照法律行事。它作为一项宪法原则，调整着检察机关与立法、行政、审判等其他机关之间的关系，以保障检察权的专属性和公正性，是现代法治的要求和检察制度的基础。与此同时，为了确保人民监督员制度在实践中真正发挥实效，防止人民监督员制度陷入形式化、象征化的困境，我们还要坚持人民监督员独立行使监督权原则。这就要求人民监督员依照有关规定独立行使监督权，不受任何机关，社会团体和个人的干涉。

应当看到，检察机关独立行使检察权和人民监督员独立行使监督权二者既存在统一，也存在矛盾。从二者统一的角度来看，它们所共同防范的是其他机关、社会团体和个人对检察工作的不当侵扰，保证检察机关的办案质量，保障检察权的正确行使；而从二者矛盾的方面来看，任何一方都有可能成为对方工作职责正当行使的障碍，如检察机关有可能借口独立行使检察权而排斥或者拒绝人民监督员的依法监督，反之，人民监督员也有可能借口独立行使监督权而干扰检察机关的正常办案。因此，在我国的人民监督员立法工作中，必须要积极寻求并促成二者之间的统一，防止和杜绝二者之间出现矛盾。

从保障检察机关独立行使检察权来看：首先要确立适当的人民监督员制度的作用范围。人民监督员制度的试点范围从最初的"不服逮捕决定、拟撤销案件、拟不起诉"三类案件扩展到了还可以监督检察机关查办职务犯罪案件中的"五种情形"，即"应当立案而不立案或者不应当立案而立案的；超期羁押的；违法搜查、扣押、冻结的；应当给予刑事赔偿而不依法予以确认或者不执行刑事赔偿决定的；检察人员在办案中有徇私舞弊、贪赃枉法、刑讯逼供、暴力取证等违法违纪情况的”。从最高人民检察院的这些规定来看，人民监督员的监督范围已经涵盖了检察机关查办职务犯罪案件的司法程序、司法行为和司法结果，但监督重点是三类案件。有种观点主张为了加强对检察机关的监督力度、人民监督员制度的作用范围应当随着检察机关自由裁量权的扩大而扩大，即以后凡是涉及检察机关自由裁量权的行使，都应当纳入人民监督员的监督范围，而不应限于现行的职务犯罪案件。笔者认为，从充分发挥人民监督员制度功能的角度考虑，不排除随着这一制度的日臻成熟而逐步扩大人民监督员的监督范围，但同时必须对人民监督员的监督权力予以必要的限制，以保障检察机关检察权的独立行使。这是由人民监督员制度的“非专业性”所决定的。人民监督员只是社会中的普通一员，不是司法系统的专业人员，这一特性决定了人民监督员不可能对检察业务中的一些专业问题，特别是涉及法律适用和政策考量的问题，进行超越职权的监督，否则就有可能出现“外行人”领导或干预“内行人”的局面，极易妨碍检察机关检察权的正当行使。再者，为了保障检察机关独立行使检察权，我们还要正确理解人民监督员监督活动的性质，即人民监督员对案件行使的仅仅是监督权，即监督检察机关秉公执法，依法办案，而不是直接参与或者替代检察机关的执法活动。

从保障人民监督员独立行使监督权来看，需要注意以下内容：首先，检察机关要为人民监督员独立行使监督权提供良好的外部环境。虽然人民监督员制度属性可能要实现由体制内向体制外的转变，但是人民监督员制度功能的发挥绝对离不开检察机关的配合，检察机关要确保所有属于监督范围的案件最终都能够顺利地进入监督程序，这是发挥人民监督员制度功效的前提。其次，要提升人民监督员的专业素质，加强人民监督员自身修养。人民监督员应当具备行使监督权所需要的知识和水平，需要增强防范各种外部不当干涉的能力，忠于职守，廉洁自律，同时要建立必要的制约惩戒机制，防止人民监督员滥用手中的权力。最后，要确保人民监督员评议和表决的独立性。在评议过程中，必须让人民监督员独立又充分地发表个人的观点和理由，人民监督员不得以任何理由对其他监督员施加不正当的影响，不得泄露评议表决的内容，表决过程必须采用无记名投票方式，按照少数服从多数原则形成意见。

实践证明，人民监督员制度充分体现了宪法中的人民主权原则，是查办职务犯罪工作中贯彻落实宪法赋予公民的监督权的具体举措，是在现行法制框架内的一种实践的创举，符合宪法保障人权，促进民众参与司法的基本理念，是加强对检察工作监督、促进司法公正的重要举措。因此，随着该项制度的全面推行和深化，应当加强对该制度的成果总结和理论论证，并推动对该制度的立法工作，争取早日以法律的形式对此制度予以确认和规范。

关于加强诉讼监督的初步思考 *

诉讼监督是指检察机关依照法定程序对诉讼活动中所存在的违法行为进行监督纠正以维护法律统一实施的诉讼活动，包括刑事立案监督、刑事侦查监督、刑事审判监督、刑罚执行和监管活动监督以及民事审判和行政诉讼监督等方面。诉讼监督是检察机关依法行使法律监督权的主要体现，是督促国家公权力依法行使、保障公民合法权益不受侵害的重要方式。当前，深入推进司法体制和工作机制改革，建设公正、高效、权威的社会主义司法制度已经成为我国社会主义法治建设的首要任务。面对这一新的形势和要求，如何正确认识和理性看待检察机关的诉讼监督，如何以更为有效、有力、有序的诉讼监督来维护司法公正、提高司法效率、树立司法权威、促进社会和谐，自然成为诉讼理论和司法实务界共同关注的话题。

一、加强诉讼监督的必要性

（一）实现司法公正

公正历来是司法追求的首要价值目标，是司法的生命和灵魂。从诉讼法的角度来看，所有的诉讼都不能摆脱公正而存在，所有的诉讼都必须以公正为目标，所有的诉讼也只有在公正之下才能真正地消除。只有公正才能最终消灭诉讼、化解矛盾、解决纠纷，社会才有真正的和谐安宁。[①] 司法公正包括实体公正和程序公正两个方面。实体公正是从实体权利、义务、责任的确定和分配结果方面对司法所提出的要求；程序公正则是从整个司法活动所遵循的程序方面对司法所提出的要求。长期以来，强调实体公正，重视对案件结局的最终公正处理一直是我国司法活动追求的目标，而程序的独立价值和重要作用则未能引起足够关注。

---

* 原文发表于《国家检察官学院学报》2011 年第 1 期，与李晶合作。

① 参见卓泽渊:《法的价值论》(第二版)，法律出版社 2006 年版，第 415—416 页。

"在考虑法制建设时，我国的法律家更多地强调令行禁止、正名定分的实体合法性方面，而对在现代政治、法律系统中理应占据枢纽位置的程序问题则语焉不详。偶有论及者，也并未把程序看作一个具有独立价值的要素。"① 时至今日，随着正当程序已经发展成为一个超越国家和法系界限的、具有普适意义的法律概念与价值，程序公正逐渐获得普遍认可和尊重并与实体公正一同成为我国司法的主要目标和价值追求。

加强诉讼监督对实现实体公正和程序公正都具有重要的现实意义：其一，对刑讯逼供等违法取证行为的制止可以避免冤假错案的发生，对法院量刑裁量权的监督可以减少量刑畸重畸轻等不当量刑行为的发生，对违法减刑、假释、暂予监外执行等的纠正可以保证刑罚权的公正实现，上述监督事项都关乎到当事人在刑事诉讼中实体权利义务的确定和分配，是通过诉讼监督实现实体公正的生动写照；其二，无论是检察机关依法对存在严重程序违法或者侵害诉讼参与人诉讼权利的侦查活动进行监督、加以纠正，还是对确有错误的刑事判决或者违反法定程序的审判活动提起抗诉，督促改正，都表明了程序在诉讼过程中的权威性和强制力，是通过诉讼监督实现程序公正的有力体现。

（二）保障诉讼人权

"无论哪一个国家都无法堂而皇之地否认人权，人权已经成为神圣的观念，全世界都在提倡对人权 的保障和尊重。"② 人权所涵盖的范围较为广泛，包括人身权利、财产权利、政治权利以及经济、社会和文化权利等许多方面。由于界定标准的差异性以及道德文化的多样性，世界各国对于人权内涵与外延的认识和理解并不一致，但这种分歧并不影响各国在尊重各自特殊性的同时对一些获得普遍认可的人权范畴达成共识。根据《世界人权宣言》的相关规定，与诉讼活动密切相关且需要加以保障的人权主要包括：不得加以酷刑，或施以残忍的、不人道的或侮辱性的待遇或刑罚；获得法律人格；法律面前人人平等；基本权利遭受侵害时获得补救；不得加以任意逮捕、拘禁或放逐；公正审判；无罪推定以及罪刑法定；住宅、通信、私生活等不受任意干涉；财产不得任意剥夺

① 季卫东：《程序比较论》，载《比较法研究》1993 年第 1 期。

② ［日］大沼保昭：《人权、国家与文明》，王志安译，三联书店 2003 年版，第 75 页。

等。1966 年通过的《公民权利和政治权利国际公约》则在此基础之上，对诉讼中的人权，特别是刑事诉讼中的人权进行了更为详细的规定，推动了世界人权保障和人类诉讼文明的发展与进步。

加强诉讼监督的主要目的就是通过规范国家专门机关的权力行使来保障诉讼过程中的人权实现。在检察机关建立之初，监督与规制警察的权力和活动，就是检察机关的一项重要使命。萨维尼曾指出："警察官署……的行动自始蕴藏着侵害民权的危险，而经验告诉我们，警察人员经常不利关系人，犯下此类侵害民权的错误。检察官的根本任务，应为杜绝此等流弊并在警察一行动时就赋予其法的基础。如此一来……此新创制（指检察官）才能在人民眼中获得最好的支持。"[①]权力如果不受监督和制约，则易于因其内在的膨胀与扩张倾向而出现恣意，最终导致对公民人权的侵害甚至剥夺，这在刑事诉讼中表现尤甚。诉讼监督对于诉讼活动中侵犯公民实体性权利（如人身自由权、财产权等）以及程序性权利（如程序参与权、公正审判权等）等基本人权的违法行为具有预防与纠正作用，加强诉讼监督显然对强化诉讼活动中的人权保障意义重大。

（三）回应司法实践

"法律的生命不是逻辑而是经验。可以感受到的时代的要求、盛行的道德和政治理论，明确的或不自觉的对公共政策的直觉，甚至法官们与其同胞所分享的偏见，所有这些都影响着约束人们行为的那些规则的决定过程，其作用丝毫不亚于三段论。"[②]法律制度的萌芽和生长，并非纯粹的逻辑推导与演绎，更多的是对司法实践需求的一种反馈与总结，并力求在制度设计、功能选择、价值定位等诸多方面与司法实践需求保持一致，并随着司法实践需求的不断发展与变化而作出及时回应。

随着我国进入社会转型时期，司法在实际运行过程中所面临的问题与挑战也日益凸显，并成为我国社会主义法治建设的掣肘。例如，某些司法人员的法治意识相对薄弱，司法活动中违法违纪现象屡有发生；司

---

① 转引自林钰雄：《刑事诉讼法》（上册），中国人民大学出版社 2005 年版，第 102 页。

② ［美］霍姆斯：《普通法》，冉昊、姚中秋译，中国政法大学出版社 2006 年版，第 1 页。

法程序的纠纷解决能力不强，社会弱势群体的利益难以得到充分保护，进而导致社会群体性纠纷或者冲突频发；司法裁决的认可度和权威性不高，民众“信访不信法”；司法职权配置与司法制度设计方面有的尚存不足或漏洞，为少数司法人员权力滥用提供了便利空间等。面对这些问题与挑战，通过加强检察机关对立案、侦查、起诉、审判、刑罚执行与监管以及民事审判、行政诉讼等一系列诉讼活动的法律监督，监督公权力规范与谦抑行使，遏制和减少诉讼过程中违法行为的滋生与蔓延，以回应司法实践的现实需求，满足老百姓对司法的迫切期盼。

二、加强诉讼监督的立法回顾

1979 年 7 月 1 日通过、1980 年 1 月 1 日施行的刑事诉讼法标志着我国追究惩罚犯罪的活动初步走上了法制的轨道。其中，第 3 条和第 5 条确定了公安司法机关在刑事诉讼中的职权分工与相互关系，即“对刑事案件的侦查、拘留、预审，由公安机关负责。批准逮捕和检察（包括侦查）、提起公诉，由人民检察院负责。审判由人民法院负责”；“人民法院、人民检察院和公安机关进行刑事诉讼，应当分工负责，互相配合，互相制约，以保证准确有效地执行法律”。因此，分工负责，互相配合，互相制约，这是指导和处理人民法院、人民检察院和公安机关相互之间关系的一项基本原则。按照立法者的理念，在这一原则中，分工是前提，公、检、法三机关进行刑事诉讼，要严格按照《刑事诉讼法》第 3 条的分工，“各尽其职，各负其责。彼此之间，既不能互相代替，更不允许由其中任何一个部门独自包办”。“同时，又要在有明确分工的条件下，实行互相配合和互相制约。所谓互相配合，就是要互通情况，互相支援和协作。所谓互相制约，就是要互相监督，互相防止和纠正在诉讼过程中可能发生和已经出现的错误。”[①] 据当时的理解，制约就是监督，而且这种制约和监督是互相的。“三机关互相存在制约与被制约、监督与被监督的关系。”[②] 根据这一原则，人民检察院在刑事诉讼中，除依法履行法律所赋予的诉讼职能外，还承担着一定的诉讼监督职能。但是，这种监督职能不是检察机关独自享有的，而是公检法三机关共同具

① 王国枢：《刑事诉讼法概论》，北京大学出版社 1981 年版，第 80 页。
② 张子培：《刑事诉讼法教程》，群众出版社 1982 年版，第 83 页。

有，而且监督是互相进行的，而不存在所谓“制约是双向的，监督是单向的”说法。

1982年《宪法》第129条明确规定：“中华人民共和国人民检察院是国家的法律监督机关。”据此，民事诉讼法、行政诉讼法均规定人民检察院对民事审判或行政诉讼实行法律监督。而原刑事诉讼法对此却没有作出规定。1996年刑事诉讼法修改时，“如何加强对公、检、法机关的监督和互相制约，保证法律的严格执行，是这次修改刑诉法的重点问题之一”[①]。同时，如何根据检察机关的宪法定位，合理配置和调整检察机关在刑事诉讼中的职权，以充分发挥检察机关的法律监督职能，也是立法者认真思考的问题。通过此次修改，强化了检察机关的诉讼监督职能，也加强了对刑事诉讼各个环节的监督。主要增加了以下规定：

第一，在总则基本原则部分明确规定“人民检察院依法对刑事诉讼实行法律监督”。一方面，从立法技术上保证了我国法律体系的配套与协调，使得刑事诉讼法与宪法这一根本大法以及与民事诉讼法、行政诉讼法等相关部门法在关于检察机关进行诉讼监督方面保持一致；另一方面，也在刑事诉讼立法中充分体现了检察机关的法律监督地位，使得检察机关对整个刑事诉讼活动进行监督有了更为明确的依据和支撑。

第二，增加和修改了检察机关进行诉讼监督的具体规定，加强了检察机关对刑事诉讼各个环节的监督。具体说来，在立案监督方面，增加规定人民检察院认为或者被害人向人民检察院提出公安机关应当立案侦查的案件而不立案侦查的，人民检察院应当要求公安机关说明不立案的理由，人民检察院认为不立案理由不能成立的，应当通知公安机关立案，公安机关接到通知后应当立案；在侦查监督方面，增加了检察机关对逮捕的执行以及强制措施的变更进行监督的规定，要求公安机关应当将执行情况以及变更情况通知检察机关，以便检察机关进行监督；在审判监督方面，增加规定检察机关有权对法院违反法定程序的审判活动提出纠正意见以及法院对检察机关提起抗诉的案件应当开庭审理等；在刑罚执行活动监督方面，增加规定检察机关在发现减刑、假释裁定以及暂

① 顾昂然：《关于〈中华人民共和国刑事诉讼法修正案（草案）〉修改情况的汇报》，载胡康生、李福成主编：《〈中华人民共和国刑事诉讼法〉释义》，法律出版社1996年版，第350页。

予监外执行决定不当后有权向裁定或者决定机关提出书面意见并要求重新审核，并将检察机关对“监狱、看守所、劳动改造机关的活动”实行监督修改为对“执行机关执行刑罚的活动”实行监督，以强调检察机关的执行监督范围是监管机关的诉讼活动而非其他生产、生活活动。

为了检察机关集中力量履行好法律监督职能，刑事诉讼法对检察机关自侦案件的范围作了适当调整，即检察机关自侦案件的范围主要限于国家工作人员利用职务的犯罪。“这样规定，一是有利于检察机关集中力量，对贪污贿赂犯罪、国家工作人员的渎职等犯罪案件进行侦查，这对加强反腐败斗争有重要意义；二是检察机关可以对公安机关的侦查加强监督，发挥检察机关的监督职能作用。”①

通过对1996年刑事诉讼法的修改，检察机关在刑事诉讼中的法律监督地位得到明确和强化，先前检察机关进行刑事诉讼监督时依据不足、措施不力的局面得到缓解和改善。近年来，随着诉讼监督在维护司法公正、保障基本人权等方面的重要性日益凸显，检察机关对诉讼活动的监督力度也逐步加强。“从近五年的统计数据看，2005年检察机关纠正诉讼违法的总数（不包括抗诉）为6万多件次，到2009年已跃升到12万多件次，足见这些年诉讼监督加强之程度。”②但与此同时，囿于观念认识偏差、监督机制落后等因素，检察机关的诉讼监督工作依然面临着不少问题与挑战，如检察人员不愿、不敢、不善监督，其他机关不配合监督等。为进一步加强和推进诉讼监督，保证诉讼监督工作取得实效，北京市人大常委会率先于2008年9月作出《关于加强人民检察院对诉讼活动的法律监督工作的决议》，随后相继有10多个省级人大常委会通过了关于加强检察机关对诉讼活动进行法律监督的决议或决定。2009年12月，最高人民检察院在总结多年工作经验的基础上制定了《关于进一步加强对诉讼活动法律监督工作的意见》，从五个方面对加强诉讼监督提出了具体意见。一些地方检察机关也在加强诉讼监督工作方面积极探索，采取了一些改革措施，建立了一些有效机制，如内部联动

① 顾昂然：《关于〈中华人民共和国刑事诉讼法修正案（草案）〉的说明》，载陈光中、严端主编：《〈中华人民共和国刑事诉讼法〉修改建议稿与论证》，中国方正出版社1999年版，第476页。

② 童建明：《加强诉讼监督需把握好的若干关系》，载《国家检察官学院学报》2010年第5期。

机制、监督事项人大备案机制、检察建议约谈机制等。未来应当考虑从国家立法的层面进一步加强和规范检察机关的诉讼监督工作，明确检察机关进行诉讼监督的范围、手段、后果等内容，解决好监督与制约、监督别人与自身监督等问题，并适时将现行司法实践中行之有效的诉讼监督创新机制转化为法律规定。

三、加强诉讼监督的可能进路

（一）理顺控诉职能和监督职能的关系

要加强检察机关在刑事诉讼中的监督职能，必须理顺控诉职能与监督职能的关系。有观点认为，检察机关在刑事诉讼中同时履行控诉职能和监督职能存在理论缺陷和逻辑混乱，应当对这两项职能进行分离，避免检察机关同时担任“运动员”和“裁判员”的双重角色。其实，这种观点是否成立还是颇有疑问的。一方面，根据我国的诉讼理论，检察机关的控诉职能和监督职能是难以截然分离的，从广义角度看检察机关进行的自侦案件的侦查和提起公诉的活动，都包括在法律监督职能之中。如曾是最高人民法院刑事诉讼法修改小组重要成员的周道鸾等资深法官在阐释新增加的人民检察院对刑事诉讼实行法律监督条文时，就认为“在刑事诉讼中，这种法律监督作用主要表现在：通过对公安机关侦查的案件进行审查并决定是否逮捕、起诉，对直接受理的案件进行侦查，对刑事案件进行提起公诉、支持公诉，对司法机关和诉讼参与人的诉讼活动是否合法，实行法律监督”。[①]另一方面，在现代检察制度诞生之地的法德等大陆法系国家，检察官在刑事诉讼中也非“一造当事人”，简单追求甚至片面追求控诉成效，而是“法律的守护人”。“不但应一律注意于被告有利及不利之情形，亦得为被告之利益提起上诉、再审或非常上诉”，这是检察官的客观性义务使然。检察官的客观性义务不仅是刑事诉讼发现实体真实目的的一贯表现，也是平衡国家与被告方实力差距的补偿措施。[②]联合国《关于检察官作用的准则》第 11 条指出：“检察官

---

① 周道鸾、张思汉：《刑事诉讼法的修改与适用》，人民法院出版社 1996 年版，第 32 页。

② 转引自林钰雄：《刑事诉讼法》（上册），中国人民大学出版社 2005 年版，第 106—107 页。

应在刑事诉讼、包括提起诉讼，和根据法律授权或当地惯例，在调查犯罪、监督调查的合法性、监督法院判决的执行和作为公众利益的代表行使其他职能中发挥积极作用。”可以看出，检察机关同时承担控诉职能和监督职能，在国际上也并非无类似先例，亦不与联合国刑事司法准则提倡的精神相违背。

但毋庸讳言的是，在我国的司法实践中，有些检察机关或者检察人员确实存在对控诉职能片面追求和对监督职能不够重视的现象，将控诉理解为胜诉，用配合代替监督，这主要表现为：从诉讼实践来看，检察机关在审查批捕和审查起诉中往往优先考虑的是犯罪事实是否清楚以及案件证据是否充分等，而对证据取得方式以及侦查行为的合法性等则一般仅作宽松要求，即使发现问题也很难较真；从诉讼流程来看，审查起诉作为刑事诉讼中承前启后的关键环节，不仅具有输入审判和案件分流的功能，同样具有侦查监督和侦查导向等功能，但检察机关往往疏于诉讼监督权的行使，偏重追诉权的实现，其所进行的审查起诉更多表现为对侦查活动的继受与承接，审查起诉的结果更大程度上是对侦查结论的确认和维护①；从考核指标来看，法院是否接受检察机关的起诉主张、是否作出有罪裁决以及二审抗诉是否改判等是检察机关进行考评的重要依据且占有较大权重，而诉讼监督的数量、质量等指标则相对处于被冷落甚至被忽视的地位。这种控诉职能与监督职能的实然行使状况使得检察机关更多地呈现出与侦查机关联合形成“大控方”的态势，甚至被称为“利益共同体”。在此背景之下，检察机关能否履行以及在何种程度上履行法律赋予的诉讼监督职能自然令人担忧。为切实加强对诉讼活动的法律监督，必须首先理顺控诉职能与监督职能的相互关系，转变“重控诉、轻监督”“重打击、轻保护”的片面职能行使模式，将诉讼监督工作放到检察工作的重要位置，实现诉讼监督职能与控诉职能的并重并举与有机结合。

（二）完善诉讼监督的手段体系

根据违法行为的情节和性质不同，现时检察机关的诉讼监督主要通过要求说明不立案理由、通知立案、口头或者书面纠正违法、提出检

① 参见卞建林、李晶：《宽严相济刑事政策下的公诉改革若干问题》，载《人民检察》2009 年第 11 期。

察建议等手段进行。这一看似种类繁多、轻重有别的诉讼监督手段体系在实践中的效果往往不尽如人意，监督手段所形成的强制力不够、执行力不强、权威性不高。存在违法行为的机关对于检察机关的诉讼监督建议和要求经常消极对待或置之不理，甚至出现公然拒绝监督的情形。据统计，某市公安机关2005年对于检察机关纠正违法通知书的回函率为51%，而对于检察建议的回函率仅为33.3%。[①] 面对检察机关诉讼监督的无力与无奈，如何构建一套行之有效的诉讼监督手段体系以强化诉讼监督的效果显得十分迫切。对此，是否赋予检察机关一定形式的处分权以应对诉讼活动中的违法行为是理论争论的焦点。

一般认为，“检察机关对诉讼活动的法律监督基本上是一种建议和启动程序权。对诉讼中的违法情况提出监督意见，只是启动相应的法律程序，建议有关机关纠正违法，不具有终局或实体处理的效力。诉讼中的违法情况是否得以纠正，最终还是要由其他有关机关决定”[②]。而解决法律监督无力的出路，并不在于是否赋予检察机关实体处分权，而在于法律如何规定有关机关和人员的法律义务。[③] 从防止单一机关权力过度集中以及分工行使国家职权的角度来说，上述理解具有相当的合理性，也符合权力制衡理论的内在要求。但与此同时，“一个法律制度，如果没有可强制实施的惩罚手段，就会被证明无力限制非合作的、反社会的和犯罪的因素，从而也就不能实现其在社会中维持秩序与正义的基本职能”[④]。诉讼监督亦是如此。通过明确规定有关机关和人员的法律义务固然是解决监督乏力的一个重要方面，除此之外，对于情节特别严重的违法行为特别是严重侵害当事人宪法权利的行为，检察机关作为对行为违法与否的确认者和监督者，如果能以一种更为主动的姿态适当行使一定形式的处分权以彰显司法公正、树立司法权威亦不失为解决监督乏力的另一有效选择。例如，对于侦查机关严重侵犯当事人宪法权利的侦查行为，检察机关可以直接宣告该侦查行为无效等。

---

① 参见邹开红:《诉讼监督工作研究》，载《国家检察官学院学报》2009年第3期。

② 邱学强:《论检察体制改革》，载《中国法学》2004年第5期。

③ 参见张智辉:《法律监督三辨析》，载《中国法学》2004年第5期。

④ [美] E.博登海默:《法理学：法律哲学与法律方法》，邓正来译，中国政法大学出版社1999年版，第340页。

（三）健全诉讼监督的决定程序

无论是向有关机关发出检察建议或者纠正违法通知书，还是向投诉人或者投诉机关发出答复通知，检察机关进行诉讼监督的决定程序基本是单一的，即通过其自行调查、判断和认定最终形成一种指令式的通知或者建议。虽然检察机关在作出决定前有时会听取有关人员以及单位的意见，但整体而言，检察机关诉讼监督结论的形成过程是单向和封闭的，具有很强的行政色彩。这种决定程序的弊端主要有两点：其一，因缺乏有关各方的充分说理以及检察机关的充分解释而易于导致对后续法律行为产生不必要的理解偏差或认知错误，进而使得监督结论的正确性和合理性受到质疑，甚至导致错误结论的产生。“法秩序没有任何理由可以把不是双方意指的含义强加给他们。假使受领表示者对表示的理解，与表示者所意指者不同，在法律上既非当然取决于事实上所意指者，亦非当然取决于实际上所理解者。”[①] 其二，因无法保证当事方的有效参与和申辩而易于导致当事方对最终的监督结论产生怀疑甚至对立情绪，不愿予以接受。利益各方能够积极有效地参与到与其利益相涉的程序之中并有足够机会阐述其立场与理由是其信赖并尊重程序结论的基本前提，也是程序正义原则的基本要求。

因此，未来检察机关在进行诉讼监督时，可以探索实施更加多元和便宜的决定程序：如果对于行为违法与否事实清楚、证据充分且争议不大，则在进行一般调查的基础上即可作出相应结论；如果对于行为违法与否事实不清或者争议较大，检察机关则可借鉴听证等程序模式，允许当事各方分别陈述其立场与理由并出示有关证据，适当时可以进行相互辩论，检察机关在此基础之上再对行为的合法性与否作出裁断并予以充分说理。

① ［德］卡尔·拉伦茨：《法学方法论》，陈爱娥译，商务印书馆2003年版，第179页。

刑事诉讼法律监督制度的健全与完善 *

在我国，检察机关是国家的法律监督机关，这是由宪法和相关法律确定的。《宪法》第129条规定："中华人民共和国人民检察院是国家的法律监督机关。"《人民检察院组织法》第1条亦有同样的规定。理论上有人主张，在刑事诉讼中检察机关的法律监督职能包含两个方面的内容：一是诉讼职能，二是诉讼监督职能。[①] 诉讼职能主要是指检察机关所承担的与控诉相关的一系列职权和职责，最为典型的就是提起公诉。诉讼监督则是指检察机关依照法定程序对诉讼活动中存在的违法行为进行监督纠正以维护法律统一实施的职能，包括刑事立案监督、刑事侦查监督、刑事审判监督、刑罚执行和监管活动监督等方面。2012年3月14日，第十一届全国人民代表大会第五次会议通过了《关于修改〈中华人民共和国刑事诉讼法〉的决定》。其中，改善和强化检察机关对刑事诉讼活动的法律监督是立法修改的重要内容。如何准确理解和把握刑事诉讼立法修改的要义，充分履行立法修改所赋予和强化的诉讼监督职能，是检察机关面临的新形势和新任务。基于此，本文将首先回顾我国刑事诉讼法关于检察机关诉讼监督的立法进程，进而对本次刑事诉讼法修改在强化法律监督方面所取得的重要成果加以梳理，并对未来检察机关法律监督工作可能遇到的新问题和新挑战予以简要探讨。

一、刑事诉讼监督的立法回顾

作为调整刑事诉讼活动的基本法律，我国刑事诉讼法关于检察机关

---

* 原文发表于《国家检察官学院学报》2012年第3期，与李晶合作。

① 有论者指出，对于检察机关职权的理解应当坚持二元论的立场，区分公诉权与诉讼中的法律监督权。二者虽然有所契合，但是各自所适用的主体、客体以及适用中所遵守的原则和规律都存在根本区别。因此，应当将公诉职能从法律监督职能中分离出来，变检察职权的一元论为二元论。参见蒋安杰、胡新桥：《"两个适当分离"机制备受关注》，载《法制日报》2012年4月25日。

法律监督职能的规定经历了一个逐步发展的过程。1979年7月1日通过、1980年1月1日施行的刑事诉讼法是新中国第一部刑事诉讼法典，标志着我国追究惩罚犯罪的活动初步走上了法制轨道。该法第3条和第5条确定了公安司法机关在刑事诉讼中的职权分工与相互关系，即“对刑事案件的侦查、拘留、预审，由公安机关负责。批准逮捕和检察（包括侦查）、提起公诉，由人民检察院负责。审判由人民法院负责”；“人民法院、人民检察院和公安机关进行刑事诉讼，应当分工负责，互相配合，互相制约，以保证准确有效地执行法律”。据此，“分工负责，互相配合，互相制约”成为指导和处理人民法院、人民检察院和公安机关间关系的一项基本原则。按照立法者的理念，在这一原则中，分工是前提，公、检、法三机关进行刑事诉讼要严格按照刑事诉讼法的分工，“各尽其职，各负其责。彼此之间，既不能互相代替，更不允许由其中任何一个部门独自包办”[①]。“在有明确分工的条件下，实行互相配合和互相制约。所谓互相配合，就是要互通情况，互相支援和协作。所谓互相制约，就是要互相监督，互相防止和纠正在诉讼过程中可能发生和已经出现的错误。”[②]根据当时的一般理解，制约就是监督，而且是双向的，即“三机关互相存在制约与被制约、监督与被监督的关系”[③]。也就是说，国家专门机关“分工负责、互相配合、互相制约”这一原则中已经包含检察机关实行监督的内容。“所谓相互制约，也就是相互监督，即相互监察与相互督促。”[④]

1982年《宪法》第129条明确规定：“中华人民共和国人民检察院是国家的法律监督机关。”其后出台的《民事诉讼法（试行）》（1982年颁布）、《民事诉讼法》（1991年颁布）和《行政诉讼法》（1989年颁布）均在总则部分规定检察机关对民事审判以及行政诉讼进行法律监督，但是先于宪法颁布的刑事诉讼法却一直没有对此作出回应。1996年刑事诉讼法修改时，“如何加强对公、检、法机关的监督和互相制约，保证法

① 王国枢：《刑事诉讼法概论》，北京大学出版社1981年版，第80页。

② 王国枢：《刑事诉讼法概论》，北京大学出版社1981年版，第80页。

③ 张子培：《刑事诉讼法教程》，群众出版社1982年版，第83页。

④ 中国法学会诉讼法研究会编：《刑事诉讼法的修改与完善》，中国政法大学出版社1992年版，第220页。

律的严格执行，是这次修改刑诉法的重点问题之一”①。同时，如何根据检察机关的宪法定位，合理配置和调整检察机关在刑事诉讼中的职权，以充分发挥检察机关的法律监督职能，也是立法者认真思考的问题。通过此次修改，检察机关在刑事诉讼中的法律监督职能得到了明显强化，加强检察机关对刑事诉讼各个环节的监督成为立法修改的主要内容之一，具体分述如下：

第一，在总则基本原则部分明确规定“人民检察院依法对刑事诉讼实行法律监督”。一方面，从立法技术上保证了我国法律体系的配套与协调，使得刑事诉讼法与宪法这一根本大法以及与民事诉讼法、行政诉讼法等相关部门法的相关规定保持一致；另一方面，检察机关在刑事诉讼过程中的法律监督地位得到了充分体现，检察机关对整个刑事诉讼活动进行监督有了更为明确的法律依据。

第二，增加和修改了检察机关进行诉讼监督的具体规定，加强了检察机关对刑事诉讼各个环节的监督。具体说来，在立案监督方面，增加规定人民检察院认为或者被害人向人民检察院提出公安机关应当立案侦查的案件而不立案侦查的，人民检察院应当要求公安机关说明不立案的理由，人民检察院认为不立案理由不能成立的，应当通知公安机关立案，公安机关接到通知后应当立案；在侦查监督方面，增加了检察机关对逮捕的执行以及强制措施的变更进行监督的规定，要求公安机关应当将执行情况以及变更情况通知检察机关，便于检察机关进行监督；在审判监督方面，增加规定检察机关有权对法院违反法定程序的审判活动提出纠正意见以及法院对检察机关提起抗诉的案件应当开庭审理等；在刑罚执行活动监督方面，增加规定检察机关在发现减刑、假释裁定以及暂予监外执行决定不当后有权向裁定或者决定机关提出书面意见并要求重新审核。

此外，为保证检察机关集中力量履行好法律监督职能，刑事诉讼法对检察机关自侦案件的范围进行了适当调整，将其主要限定于国家工作人员利用职务的犯罪，其他案件则由公安机关侦查、检察机关审查起

① 顾昂然:《关于〈中华人民共和国刑事诉讼法修正案（草案）〉的说明》，载胡康生、李福成:《〈中华人民共和国刑事诉讼法〉释义》，法律出版社1996年版，第350页。

诉。“这样规定，一是，有利于检察机关集中力量，对贪污贿赂犯罪、国家工作人员的渎职等犯罪案件进行侦查，这对加强反腐败斗争有重要意义；二是，检察机关可以对公安机关的侦查加强监督，发挥检察机关的监督职能作用。”①

二、刑事诉讼监督的立法完善

通过1996年刑事诉讼法的修改，检察机关在刑事诉讼中的法律监督地位得到明确和强化，先前检察机关进行刑事诉讼监督时依据不足、措施不力的局面得到缓解和改善。近年来，随着诉讼监督在维护司法公正、保障基本人权等方面的重要性日益凸显，检察机关对刑事诉讼活动的监督力度也逐步加强。但与此同时，由于方方面面的因素，检察机关的监督工作依然面临着不少问题，其中法律规定不够明确、制度设计不够精细、监督措施不够到位，成为影响检察机关监督职能行使的重要原因。基于此，本次刑事诉讼法修改主要取得了如下几方面的重要成果：

（一）扩展诉讼监督的范围，增添诉讼监督的内容

根据现行法律规定，检察机关对刑事诉讼的法律监督主要体现在四个方面，即刑事立案监督、刑事侦查监督、刑事审判监督、刑事执行监督。此次刑事诉讼法修改，为强化检察机关的诉讼监督职能，扩展了诉讼监督的范围，增添了诉讼监督的内容。

死刑复核程序是刑事诉讼程序的重要内容，包括判处死刑立即执行和死刑缓期执行的核准程序。设置死刑复核程序的目的就是确保死刑案件的审判质量，防止错杀、误杀，实现少杀、慎杀。但长期以来，司法实践中的死刑复核程序却只是法院内部的报批核准程序，既不对诉讼当事人和辩护人、诉讼代理人公开，也不接受检察机关的法律监督，故而受到理论和实务界的诟病。改造和完善死刑复核程序，加强检察机关对死刑复核程序以及复核结果的监督，是中央确定的关于深化司法体制工作机制改革的重要任务，也是刑事诉讼法修改的重要方面。修改后的《刑事诉讼法》第240条第2款规定：“在复核死刑案件过程中，最

① 顾昂然：《关于〈中华人民共和国刑事诉讼法修正案（草案）〉的说明》，载胡康生、李福成：《〈中华人民共和国刑事诉讼法〉释义》，法律出版社1996年版，第356页。

高人民检察院可以向最高人民法院提出意见。最高人民法院应当将死刑复核结果通报最高人民检察院。”除此之外，此次刑事诉讼法修改还增设了“依法不负刑事责任的精神病人的强制医疗程序”。适用强制医疗程序，虽然并不追究相关行为人的刑事责任，但强制医疗实质上剥夺了相对人的人身自由。为了保证强制医疗程序的正确适用，保护被申请人或者被告人的合法权利，必须充分发挥检察机关的法律监督职能。修改后的刑事诉讼法除却在强制医疗程序的设置方面规定法律援助和法律救济程序外，更是明确指出“人民检察院对强制医疗的决定和执行实行监督”。

除了因应我国刑事程序法治的发展而扩展检察机关诉讼监督的范围之外，此次刑事诉讼法修改还在现行监督范围的基础上新增了诉讼监督的内容。例如，为了贯彻刑事强制措施适用中的比例原则，控制和减少审前羁押，在保留检察机关审查批准逮捕的职权外，赋予检察机关在逮捕后对羁押必要性的审查权。又如，为了保证指定居所监视居住这一强制措施的正确适用，修改后的《刑事诉讼法》第 73 条第 4 款规定:“人民检察院对指定居所监视居住的决定和执行是否合法实行监督。”

（二）丰富诉讼监督的手段，明确诉讼监督的效力

长期以来，检察机关行使诉讼监督职能时，往往由于监督手段的缺乏或者监督效力的薄弱而影响监督实效。此次刑事诉讼法修改，在扩展诉讼监督范围、增添诉讼监督内容的同时，注意总结司法实践经验和理论研究成果，适当增加了诉讼监督的手段，明确了诉讼监督的效力。例如，在贯彻非法证据排除规则、强化侦查监督方面，修改后的《刑事诉讼法》第 55 条规定:“人民检察院接到报案、控告、举报或者发现侦查人员以非法方法收集证据的，应当进行调查核实。对于确有以非法方法收集证据情形的，应当提出纠正意见；构成犯罪的，依法追究刑事责任。”发现违法行为是纠正违法行为的前提，欲要强化检察机关的侦查监督，首先就要保证检察机关的知情权和调查权，因此授权检察机关对侦查机关非法取证行为进行调查核实，实属必要和有效之举。

同时，为了改变实践中监督滞后的状况，保障检察机关及时知悉有关诉讼活动以便适时开展监督，本次立法修改着重强调有关机关在采取某种诉讼行为或者作出某种诉讼决定时，要将相关行为或者决定同时告

知检察机关。例如，修改后的《刑事诉讼法》第255条规定：“监狱、看守所提出暂予监外执行的书面意见的，应当将书面意见的副本抄送人民检察院。人民检察院可以向决定或者批准机关提出书面意见。”第256条规定：“决定或者批准暂予监外执行的机关应当将暂予监外执行决定抄送人民检察院……”第262条第2款规定：“被判处管制、拘役、有期徒刑或者无期徒刑的罪犯，在执行期间确有悔改或者立功表现，应当依法予以减刑、假释的时候，由执行机关提出建议书，报请人民法院审核裁定，并将建议书副本抄送人民检察院。人民检察院可以向人民法院提出书面意见。”此外，针对司法实践中监督乏力、监督效果不明确等问题，本次立法修改亦作了一些补充性、强制性规定。例如，为了减少不必要的审前羁押，修改后的刑事诉讼法规定，犯罪嫌疑人、被告人被逮捕后，人民检察院仍应当对羁押的必要性进行审查；对于不需要羁押的，应当建议予以释放或者变更强制措施；检察机关提出释放或者变更强制措施的建议后，有关机关应当在10日以内将处理情况通知人民检察院。

（三）强化诉讼监督的责任，健全诉讼监督的程序

在我国，检察机关在刑事诉讼中不仅是国家公诉机关，更是国家法律监督机关，依法对刑事诉讼实行法律监督，可谓责任重大、使命光荣。因此，检察机关要正确认识法律所赋予的光荣使命和神圣职责，妥善处理好诉讼职能和诉讼监督职能的相互关系，不能仅仅将自身定位于追诉机关或者控告一方。检察机关要着力保证法律的正确实施，实现司法的公平正义，维护诉讼参与人特别是犯罪嫌疑人、被告人及其辩护人的合法权益。基于上述考虑，此次立法修改强化了检察机关履行诉讼监督职能方面的责任。例如，为维护辩护人的合法权益，保证辩护人依法履行职务，修改后的《刑事诉讼法》第47条规定：“辩护人、诉讼代理人认为公安机关、人民检察院、人民法院及其工作人员阻碍其依法行使诉讼权利的，有权向同级或者上一级人民检察院申诉或者控告。人民检察院对申诉或者控告应当及时进行审查，情况属实的，通知有关机关予以纠正。”又如，为了维护诉讼参与人的合法权益，监督专门机关及其工作人员依法办案，实现程序正义，修改后的刑事诉讼法规定当事人和辩护人、诉讼代理人、利害关系人针对司法机关及其工作人员诉讼中有违法行为侵犯其合法权益的，有权向该机关申诉或者控告。对受理申

诉或者控告的机关的处理不服的，可以向同级或者上一级人民检察院申诉。人民检察院对申诉应当及时进行审查，情况属实的，通知有关机关予以纠正。

此外，为了切实加强检察机关对刑事诉讼活动的法律监督，本次立法修改还吸收了司法改革的成功经验和理论成果，改善和健全了检察机关诉讼监督的程序，特别是检察机关实行侦查监督、审查批准逮捕的程序。修改后的《刑事诉讼法》第86条规定："人民检察院审查批准逮捕，可以讯问犯罪嫌疑人；有下列情形之一的，应当讯问犯罪嫌疑人：（一）对是否符合逮捕条件有疑问的；（二）犯罪嫌疑人要求向检察人员当面陈述的；（三）侦查活动可能有重大违法行为的。人民检察院审查批准逮捕，可以询问证人等诉讼参与人，听取辩护律师的意见；辩护律师提出要求的，应当听取辩护律师的意见。"

通过本次刑事诉讼法修改，检察机关的诉讼监督职能得到进一步改善和加强。这有利于加强对国家专门机关职权行使的规制，加强对公民个人合法权益的保障，保障刑事诉讼活动严格依法进行，诚可谓为刑事诉讼法的再修改增添了浓墨重彩的一笔。

三、刑事诉讼监督的新问题与新挑战

法律的生命在于实施。随着刑事诉讼法的修改，检察机关的法律监督工作在迎来新机遇的同时更面临着新的问题和挑战，需要进一步加强理论研究和制度创新，以保证法律所赋予和强化的诉讼监督职能能够得到切实贯彻履行。因篇幅有限，在此仅就若干问题作初步的探讨。

（一）关于羁押必要性审查

审前羁押制度既是一种通过在一定期限内剥夺被追诉人人身自由以保障诉讼顺利进行的诉讼保障制度，更是一种保障公民人身自由免受国家权力不当和恣意侵犯的人权保障制度。科学构建审前羁押制度，是保证检察机关依法履行法律监督职能的一项重要内容。修改后的刑事诉讼法对审前羁押制度进行了较大调整和完善，进一步明确细化了逮捕的条件，改革完善了审查批准逮捕的程序，增加规定了检察机关在逮捕后对羁押必要性的审查，以保证审前羁押措施的准确适用和减少适用。从修法内容来看，立法试图从条件与程序两个方面来强化对羁押适用的规制，以防范不应当或不必要的羁押。但如何在批准逮捕后开展对羁押必要性的审查工作，对检察机关而言是个新的课题。

第一，关于羁押必要性审查的意义。逮捕是法律规定得最为严厉的强制措施，且逮捕后羁押时间较长，如果采取逮捕措施不当，会给公民造成难以弥补的损害。从刑事诉讼法设置强制措施的目的来看，主要是为了保障诉讼活动的顺利进行。如果采用严厉性较小的强制措施同样能起到保障诉讼活动顺利进行的作用，那就没有必要逮捕。这种严格限制、尽量少用强制措施的立法精神，不仅应当体现在审查批准逮捕上，在批准逮捕以后，如果情况发生变化，羁押的必要性不复存在时，也应当及时解除羁押措施。增加对羁押必要性的审查，既体现了国家对公民人身权利的保护，也强化了检察机关对逮捕执行活动的监督。第二，关于羁押必要性审查的主体，仍以检察机关侦查监督即审查批捕部门进行为宜。根据检察机关内部职权分工，侦查监督部门主要履行审查批捕的职能。在批准逮捕之后对羁押的必要性进行审查，实质上是批捕职能的延伸和继续。从域外有关经验来看，负责对审查羁押措施进行司法审查的官员通常进行双重审查甚至三重审查。[①]因此，由检察机关审查批捕的部门从事对羁押必要性的审查，是顺理成章的职责延伸。第三，关于羁押必要性审查的方式。笔者认为，检察机关在批准逮捕后对羁押必要性的审查，既可以定期审查，也可以不定期审查；既可以主动审查，也可以应犯罪嫌疑人、被告人及其法定代理人、近亲属或者辩护人的申请或要求进行审查。第四，关于羁押必要性审查后的处理。修改后的《刑

---

① 第一是对逮捕措施的审查批准，即司法官员在收到侦查机关的提请批准逮捕申请后，应当对犯罪嫌疑人是否符合逮捕要件进行严格审查。经审查决定批准逮捕的，司法官员应当签发逮捕令状并交由侦查机关执行，逮捕的令状应当明确被逮捕人、逮捕事由和执行时间等。第二是逮捕后对被逮捕人是否予以羁押的审查。侦查机关逮捕犯罪嫌疑人之后，认为需要对其予以羁押的，应当在逮捕之后的法定时间内（例如，24小时或者48小时）向批准逮捕的司法官员提出羁押申请。司法官员应当对羁押的事实依据、法律依据和羁押必要性进行审查。羁押审查以聆讯的方式进行，审查官员应当讯问犯罪嫌疑人并听取其辩护律师的意见，可以要求办理案件的侦查人员到场说明情况，陈述羁押的理由与必要性。审查后，可以根据案件和犯罪嫌疑人个人的具体情况作出批准羁押或者允许保释甚至无保释放等决定。第三是羁押后对羁押必要性的持续审查。司法官员批准羁押后，仍应当定期对羁押的必要性进行审查，对于因情况变化而不需要继续羁押的，应当及时解除羁押措施；需要采取其他强制措施的，亦应作出相应决定。

事诉讼法》第93条规定:"犯罪嫌疑人、被告人被逮捕后,人民检察院仍应当对羁押的必要性进行审查。对不需要继续羁押的,应当建议予以释放或者变更强制措施。有关机关应当在十日以内将处理情况通知人民检察院。"按照法律的规定,检察机关进行监督的方式是"建议予以释放或者变更强制措施"。规定为"建议"而非强制性要求,主要是从监督角度考虑的,人民检察院在审查中发现被羁押人没有必要继续羁押的,提出建议,由有关机关作出处理,既考虑了监督的性质、特点,不代替其他机关作决定,又体现了对于解除、变更羁押措施的慎重。[①]

(二)关于非法证据排除

作为司法改革的重要成果,"两高三部"于2010年联合发布《关于办理刑事案件排除非法证据若干问题的规定》,对刑事案件非法证据排除的范围和进行法庭调查的程序进行了详细规定,在实践层面确立了非法证据排除规则。本次刑事诉讼法修改充分吸收了上述司法改革的成果,从立法层面进一步确立和完善了非法证据排除制度。修改后的刑事诉讼法界定了在刑事诉讼中应当排除的非法证据的范围,明确了侦查机关、检察机关、审判机关排除非法证据的义务,增加了人民检察院对侦查人员非法收集证据的行为进行调查核实和处理的规定,强化了检察机关对证据收集合法性的举证责任。对于检察机关而言,需要从公诉机关和诉讼监督机关双重维度去理解和贯彻非法证据排除规则。

审查起诉是检察机关对侦查结论进行审查以决定是否提起公诉的重要程序,效果如何既关系到提起公诉的质量,又关系到对侦查活动的监督。如果在此过程中能够及时发现并且排除以非法手段获取的证据,既能保证公诉质量,避免无辜的人遭受错误追诉的危险,又能及时发现侦查活动的问题并加以纠正。因此,在审查起诉活动中,既要注意审查甄别证据的真实性、充分性,以确定是否符合提起公诉的事实条件,又要注意审查判断证据的合法性,注意发现和排除非法证据。法律明确规定,在审查起诉时发现有应当排除的证据的,应当依法予以排除,不得作为起诉决定的依据。为了能够及时发现和排除非法证据,在审查起诉过程中,要认真对待犯罪嫌疑人的辩解和对侦查机关非法取证的反

---

① 参见王尚新、李寿伟主编,全国人大常委会法制工作委员会刑法室编著:《关于〈修改刑事诉讼法的决定〉释解与适用》,人民法院出版社2012年版,第108页。

映，注意听取辩护律师的意见，要求侦查机关提供讯问时的同步录音录像等资料，发现存在非法取证的线索或材料时要认真核查。在对非法证据进行调查核实时，应当将对证据是否非法取得的调查核实和对非法取证人员的调查处理区分开，前者主要是程序问题，而后者则主要是实体问题，两者不能混为一谈，否则会妨碍证据合法性调查核实工作的有效、顺利开展。经过调查核实，如果认为侦查机关（部门）移送审查起诉的证据确系违法取得的，或者认为侦查机关（部门）移送审查起诉的证据不能排除刑讯逼供或者暴力、威胁等非法取证嫌疑的，应当依法予以排除。如果排除非法证据后，其他证据不能证明犯罪嫌疑人实施犯罪行为，应当依法作出不起诉的决定。此外，检察机关在调查核实后发现侦查人员存在刑讯逼供或者暴力、威胁等非法取证行为的，应当及时提出纠正意见，同时要求侦查机关（部门）另行指派侦查人员重新调查取证，必要时也可以自行调查取证。

除了注意在审查起诉程序中对非法证据的发现和排除外，检察机关还要重视在审判程序中对证据合法性的证明。倘若不能在审判程序中对合法性存有疑问的证据进行有效证明，则可能出现如下两种消极后果：或者因证据不被法院采信而导致放纵犯罪，或者因法院采信非法证据而导致冤假错案。对于审前供述的合法性证明，在当前缺乏律师或者其他见证人有效介入讯问的前提下，讯问笔录的制作很大程度上仍由讯问人员单方掌控，讯问人员出庭作证在短期内恐怕摆脱不了“走过场”的命运，所以真正具有实际意义和说服力的还是提供讯问时全程录音录像，检察机关应当对此予以重视和落实，在条件具备的情况下应当与侦查机关探讨建立侦查讯问同步录音录像随案移送机制，将审查侦查讯问同步录音录像资料作为发现、排除非法证据及补强合法证据的重要手段和方法。对于物证、书证的合法性证明，虽然当前立法对排除此类证据依然存在较多限制，再加上我国目前在实物证据收集方面司法审查制度的缺失，辩护方对物证、书证合法性的质疑很难启动，但检察机关亦当未雨绸缪，主动加强对实物证据收集与固定工作的适时监督，以保证实物证据的合法性，这也是强化诉讼监督职能的内在要求。

侦查监督是检察机关承担的一项重要使命。在侦查过程中，检察机关作为法律监督机关，必须注意对侦查活动合法性的监督。修改后的《刑事诉讼法》第 55 条规定：“人民检察院接到报案、控告、举报或者发现侦查人员以非法方法收集证据的，应当进行调查核实。对于确有以非法方法收集证据情形的，应当提出纠正意见。构成犯罪的，依法追究刑事责任。”据此，检察机关负有对侦查人员非法取证行为进行调查和处理的责任。为履行好对侦查活动进行监督的职能，检察机关要认真对待犯罪嫌疑人的辩解、申诉甚至翻供，认真听取辩护律师的意见和反映。发现存在非法取证嫌疑时，要高度重视，坚决核查，不能简单听信侦查机关关于证据合法收集的证明。检察机关经审查认为存在刑讯逼供或者暴力、威胁等非法取证行为嫌疑的，应当要求侦查机关（部门）提供全部讯问笔录、原始的全程同步录音录像或者犯罪嫌疑人出入看守所的健康检查表等其他证据，必要时可以询问其他证人或者其他在场人员、看守管教人员以及检察机关驻看守所人员等。如果仍然不能排除嫌疑的，检察机关可以以听证方式对证据合法性进行调查核实，通知犯罪嫌疑人及其聘请的律师以及侦查人员出席听证，要求侦查人员对存疑证据的合法性进行说明，允许犯罪嫌疑人及其聘请的律师对证据合法性进行质证并与侦查人员辩论。

需要指出的是，尽管刑事诉讼法并未明确在审查批捕过程中适用非法证据排除，但从法理和立法确立非法证据排除程序的出发点考虑，在审查批捕环节是应当适用非法证据排除的。从时间上看，审查批捕环节距离非法取证行为的发生时间最近，比较而言也更容易发现存在非法取证行为。从法理上看，凡是违法法定程序的诉讼行为都是无效的，既然非法获取的证据不能作为起诉意见、起诉决定和判决书的依据，同理，以非法手段获取的证据，也不能作为批准逮捕的依据。在审查批捕环节注意对非法证据的发现和排除，是实行侦查监督的重要任务，也有利于在刑事诉讼过程尽早发现和排除非法证据，以免对以后的诉讼活动造成消极影响。在审查批捕程序中，如果检察机关认为侦查机关（部门）提请逮捕的证据确系合法取得，应当依法作出不予排除的决定并告知犯罪嫌疑人理由。如果检察机关认为侦查机关（部门）提请逮捕的证据确系违法取得，或者认为侦查机关（部门）提请逮捕的证据不能排除刑讯逼供或者暴力、威胁等非法取证嫌疑，应当依法予以排除。如果排除非法证据后其他证据不能证明犯罪嫌疑人实施犯罪行为，应当依法作出不予批准逮捕的决定；如果案件已经移送审查起诉，应当依法作出不起诉的决定。检察机关排除非法证据，应当告知侦查机关（部门）理由。此外，检察机关在调查核实后发现侦查人员存在刑讯逼供或者暴力、威胁等非法取证行为的，应当及时提出纠正意见，同时要求侦查机关（部门）另行指派侦查人员重新调查取证，必要时也可以自行调查取证。

（三）关于简易程序派员出庭

为了在诉讼程序上更好地贯彻和体现宽严相济的刑事政策，实现刑事案件的繁简分流以提高诉讼效率，本次刑事诉讼法修改扩大了简易程序的适用范围，规定凡基层人民法院管辖的案件，如果案件事实清楚和证据充分、被告人承认自己所犯罪行且对指控犯罪事实以及适用简易程序没有异议的，则可以适用简易程序进行审判。但与此同时，与1996年刑事诉讼法所规定的“适用简易程序审理的公诉案件，人民检察院可以不派员出席法庭”不同，修改后的《刑事诉讼法》第210条第2款强调：“适用简易程序审理公诉案件，人民检察院应当派员出席法庭。”这一修改对于检察机关而言关系重大。关于检察机关派员出席简易程序审判的意义和必要性，可以从以下几方面理解：

首先，公诉人出庭是履行控诉职能的需要。在公诉案件中，检察机关代表国家提出控诉，公诉人出庭的任务就是支持公诉，通过当庭出示证据，参与法庭调查，进行法庭辩论来履行控诉职能。公诉人如果不出庭，其控诉和举证职能就不能充分履行，亦无法与被告方开展相互质证和辩论。并且，如果出现被告人提出自首、立功情节，被告人对某些事实有异议或对案件定性问题提出辩解等情形，是否需要转换程序，本可由法官当庭与公诉人商量或征求意见，因公诉人缺席则只能中断简易程序的适用，反而不利于诉讼效率的提高。

其次，公诉人出庭是庭审构造的需要。在审判过程中，控、辩、审三方应当总体呈现出控辩平等对抗、法官居中裁断的等腰三角形结构，通过诉讼过程正当性的实现来最大限度保证裁判结果的公正性。公诉人不出庭，而由法官代替其诉讼职能，宣读起诉书、出示证据、宣读量刑建议等，法官身兼控诉和审判二任，其中立地位荡然无存，不符合“控审分离”的诉讼原理。对于被告方而言，公诉人不出庭则导致其无法在法庭上就案件事实和证据问题与公诉方展开有效辩论，是对其辩护权与质证权的严重侵犯。庭审结构的失衡，阻断了审判公正的实现路径，进而影响了案件的审判质量以及法律和社会效果。

最后，公诉人出庭是进行审判监督的需要。检察机关是国家的法律监督机关，在法庭审理过程中履行公诉职能的同时亦肩负诉讼监督职能。检察机关发现人民法院审理案件违反法律规定的诉讼程序，有权向人民法院提出纠正意见。在简易程序中，检察机关对法院的诉讼监督表现为对不宜适用简易程序的向人民法院提出意见以及对一般程序违法的纠正等。公诉人不出庭，显然会导致检察机关对公诉案件简易程序诉讼监督的缺位。

公诉人出庭支持公诉是履行控诉职能的重要诉讼行为，即使在简易程序中，公诉人仍应出席法庭，以实现法庭审理的实体公正与程序公正。同时应注意到，公诉人出庭支持公诉需与简易程序的特点相适应和相符合，如在讯问被告人、出示证据、法庭辩论等方面均可有所简化。客观来讲，检察机关对适用简易程序审理公诉案件一律派员出庭，对公诉工作是个严峻挑战，如何协调好简易程序出庭的办案力量、提高简易程序出庭的实际效果，真正使得简易程序中公诉人员出庭能够实现审判公正和诉讼效率的双重目标，是检察机关需要认真加以对待的现实问题。[①]

① 参见吕伟、王沿琰:《简易审公诉人出庭成都早是“死命令”》，载《检察日报》2012年4月18日。

刑事诉讼监督的立法发展 *

在我国，检察机关是国家的法律监督机关，这是由宪法和相关法律确定的。对刑事诉讼实行法律监督，是检察机关履行法律监督职能的重要内容和集中体现。2012 年 3 月 14 日，第十一届全国人民代表大会第五次会议通过《关于修改〈中华人民共和国刑事诉讼法〉的决定》。其中，改善和强化检察机关对刑事诉讼活动的法律监督是立法修改的重要内容。如何准确理解和把握刑事诉讼立法修改的要义，充分履行立法修改所赋予和强化的诉讼监督职能，是检察机关面临的新形势和新任务。

一、刑事诉讼监督的立法回顾

作为调整刑事诉讼活动的基本法律，我国刑事诉讼法关于检察机关法律监督职能的规定经历了一个逐步发展和强化的过程。1979 年 7 月 1 日通过、1980 年 1 月 1 日施行的刑事诉讼法是新中国第一部刑事诉讼法，该法第 3 条和第 5 条确定了公安司法机关在刑事诉讼中的职权分工与相互关系，即“对刑事案件的侦查、拘留、预审，由公安机关负责。批准逮捕和检察（包括侦查）、提起公诉，由人民检察院负责。审判由人民法院负责”；“人民法院、人民检察院和公安机关进行刑事诉讼，应当分工负责，互相配合，互相制约，以保证准确有效地执行法律”。据此，检察机关在刑事诉讼行使的职权中并未明确有诉讼监督的内容，而“分工负责，互相配合，互相制约”成为指导和处理人民法院、人民检察院和公安机关相互之间关系的一项基本原则。按照立法者的理念，在这一原则中，分工是前提，公、检、法三机关进行刑事诉讼要严格按照刑事诉讼法的分工，“各尽其职，各负其责。彼此之间，既不能互相代替，更不允许由其中任何一个部门独自包办”[①]。与此同时，“在有明确分

---

* 原文发表于《河南社会科学》2012 年第 7 期。

① 王国枢:《刑事诉讼法概论》，北京大学出版社 1981 年版，第 80 页。

工的条件下，实行互相配合和互相制约。所谓互相配合，就是要互通情况，互相支援和协作。所谓互相制约，就是要互相监督，互相防止和纠正在诉讼过程中可能发生和已经出现的错误”[①]。根据当时的理解，制约就是监督，而且这种制约和监督是双向的，即“三机关互相存在制约与被制约、监督与被监督的关系”[②]。“所谓相互制约，也就是相互监督，即相互监察与相互督促。”[③]

1982年《宪法》第129条明确规定：“中华人民共和国人民检察院是国家的法律监督机关。”其后出台的《民事诉讼法（试行）》（1982年颁布）、民事诉讼法（1991年颁布）和行政诉讼法（1989年颁布）均在总则部分规定检察机关对民事审判以及行政诉讼进行法律监督，但是先于宪法颁布的刑事诉讼法却一直没有对此作出回应。1996年刑事诉讼法修改时，“如何加强对公、检、法机关的监督和互相制约，保证法律的严格执行，是这次修改刑诉法的重点问题之一”[④]。同时，如何根据检察机关的宪法定位，合理配置和调整检察机关在刑事诉讼中的职权，以充分发挥检察机关的法律监督职能，也是立法者认真思考的问题。通过立法修改，检察机关在刑事诉讼中的法律监督职能得到了明确和强化，加强检察机关对刑事诉讼各个环节的监督成为立法修改的主要内容之一，具体分述如下：

第一，在总则“基本原则”部分增加规定“人民检察院依法对刑事诉讼实行法律监督”。一方面，这从立法技术上保证了我国法律体系的配套与协调，使得刑事诉讼法与宪法这一根本大法以及与民事诉讼法、行政诉讼法等相关部门法在检察机关实行法律监督方面保持一致；另一方面，检察机关在刑事诉讼中的法律监督地位得到了明确和加强，检察机关对刑事诉讼活动进行监督有了充分的法律依据。

---

① 王国枢：《刑事诉讼法概论》，北京大学出版社1981年版，第80页。

② 张子培：《刑事诉讼法教程》，群众出版社1982年版，第83页。

③ 中国法学会诉讼法研究会编：《刑事诉讼法的修改与完善》，中国政法大学出版社1992年版，第220页。

④ 顾昂然：《关于〈中华人民共和国刑事诉讼法修正案（草案）〉修改情况的汇报》，载胡康生、李福成主编：《〈中华人民共和国刑事诉讼法〉释义》，法律出版社1996年版，第350—356页。

第二，增加和修改了检察机关进行诉讼监督的具体规定，加强了检察机关对刑事诉讼各个环节的监督。具体说来，在立案监督方面，增加规定人民检察院认为或者被害人向人民检察院提出公安机关应当立案侦查的案件而不立案侦查的，人民检察院应当要求公安机关说明不立案的理由，人民检察院认为不立案理由不能成立的，应当通知公安机关立案，公安机关接到通知后应当立案。在侦查监督方面，增加了检察机关对逮捕的执行以及强制措施的变更进行监督的规定，要求公安机关应当将执行情况以及变更情况通知检察机关，以便检察机关进行监督。在审判监督方面，增加规定检察机关有权对法院违反法定程序的审判活动提出纠正意见以及法院对检察机关提起抗诉的案件应当开庭审理等。在刑罚执行监督方面，增加规定检察机关在发现减刑、假释裁定以及暂予监外执行决定不当后有权向裁定或者决定机关提出书面意见并要求重新审核。

第三，对检察机关在刑事诉讼中的职权作了调整，适当缩小了检察机关自侦案件的范围。为保证检察机关集中力量履行好诉讼监督职能，刑事诉讼法对检察机关自侦案件的范围进行了适当调整，将其主要限于国家工作人员利用职务的犯罪，其他案件则由公安机关侦查、检察机关审查起诉。“这样规定，一是，有利于检察机关集中力量，对贪污贿赂犯罪、国家工作人员的渎职等犯罪案件进行侦查，这对加强反腐败斗争有重要意义；二是，检察机关可以对公安机关的侦查加强监督，发挥检察机关的监督职能作用。”①

二、刑事诉讼监督的立法完善

通过1996年刑事诉讼法的修改，检察机关在刑事诉讼中的法律监督地位得到明确和强化，先前检察机关进行刑事诉讼监督时依据不足、措施不力的局面得到一定缓解和改善。近年，随着诉讼监督在维护司法公正、保障基本人权等方面的重要性日益凸显，检察机关对刑事诉讼活动的监督力度也逐步加强。但与此同时，由于方方面面的因素，检察机

① 顾昂然:《关于〈中华人民共和国刑事诉讼法修正案（草案）〉修改情况的汇报》，载胡康生、李福成主编:《〈中华人民共和国刑事诉讼法〉释义》，法律出版社1996年版，第350—356页。

关的监督工作依然面临着不少问题，其中法律规定不够明确，制度设计不够精细，监督措施不够到位，成为影响检察机关监督职能行使的重要原因。基于此，强化法律监督依然成为本次刑事诉讼法要修改的重要内容，主要在以下方面取得进展。

（一）扩展诉讼监督的范围，增添诉讼监督的内容

根据现行法律规定，检察机关对刑事诉讼的法律监督主要体现在四个方面，即刑事立案监督、刑事侦查监督、刑事审判监督、刑事执行监督。此次刑事诉讼法修改，为强化检察机关的诉讼监督职能，扩展了诉讼监督的范围，增添了诉讼监督的内容。

死刑复核程序是刑事诉讼程序的重要内容，其特别适用于死刑案件，包括判处死刑立即执行和死刑缓期执行的核准程序。设置死刑复核程序的目的就是确保死刑案件的审判质量，防止错杀、误杀，实现少杀、慎杀。但长期以来，司法实践中的死刑复核程序却只是法院内部的报批核准程序，既不对诉讼当事人和辩护人、诉讼代理人公开，也不接受检察机关的法律监督，故而受到理论和实务界的诟病。改造和完善死刑复核程序，加强检察机关对死刑复核程序以及复核结果的监督，是中央确定的关于深化司法体制工作机制改革的重要任务，也是刑事诉讼法修改的重要方面。修改后的《刑事诉讼法》第240条第2款规定："在复核死刑案件过程中，最高人民检察院可以向最高人民法院提出意见。最高人民法院应当将死刑复核结果通报最高人民检察院。"除此之外，此次刑事诉讼法修改还增设了"依法不负刑事责任的精神病人的强制医疗程序"。适用强制医疗程序，虽然不追究相关行为人的刑事责任，但强制医疗其实质是剥夺了相对人的人身自由。为了保证强制医疗程序的正确适用，保护被申请人或者被告人的合法权利，必须充分发挥检察机关的法律监督职能。修改后的刑事诉讼法除在强制医疗程序的设置方面规定法律援助和法律救济程序外，更明确指出"人民检察院对强制医疗的决定和执行实行监督"。

除了因应我国刑事程序法治的发展而扩展检察机关诉讼监督的范围之外，此次刑事诉讼法修改还在现行监督范围的基础上新增了诉讼监督的内容。例如，为了贯彻刑事强制措施适用中的比例原则，控制和减少审前羁押，在保留检察机关审查批准逮捕的职权外，赋予检察机关在逮

捕后对羁押必要性的审查权。又如，为了保证指定居所监视居住这一强制措施的正确适用，修改后的《刑事诉讼法》第73条第4款规定："人民检察院对指定居所监视居住的决定和执行是否合法实行监督。"

（二）丰富诉讼监督的手段，明确诉讼监督的效力

长期以来，检察机关行使诉讼监督职能时，往往由于监督手段的缺乏或者监督效力的薄弱而影响监督实效。此次刑事诉讼法修改，注意总结司法实践经验和理论研究成果，适当增加了诉讼监督的手段，明确了诉讼监督的效力。例如，在贯彻非法证据排除规则、强化侦查监督方面，修改后的《刑事诉讼法》第55条规定："人民检察院接到报案、控告、举报或者发现侦查人员以非法方法收集证据的，应当进行调查核实。对于确有以非法方法收集证据情形的，应当提出纠正意见；构成犯罪的，依法追究刑事责任。"显然，发现违法行为是纠正违法行为的前提，欲要强化检察机关的侦查监督，首先就要保证检察机关的知情权和调查权，因此授权检察机关对侦查机关非法取证行为进行调查核实，实属必要和有效之举。

同时，为了改变实践中监督滞后的状况，保障检察机关及时知悉有关诉讼活动以便适时开展监督，本次立法修改着重强调有关机关在采取某种诉讼行为或者作出某种诉讼决定时，要将相关行为或者决定同时告知检察机关。例如，修改后的《刑事诉讼法》第255条规定："监狱、看守所提出暂予监外执行的书面意见的，应当将书面意见的副本抄送人民检察院。人民检察院可以向决定或者批准机关提出书面意见。"第256条规定："决定或者批准暂予监外执行的机关应当将暂予监外执行决定抄送人民检察院……"第262条第2款规定："被判处管制、拘役、有期徒刑或者无期徒刑的罪犯，在执行期间确有悔改或者立功表现，应当依法予以减刑、假释的时候，由执行机关提出建议书，报请人民法院审核裁定，并将建议书副本抄送人民检察院。人民检察院可以向人民法院提出书面意见。"此外，针对司法实践中监督乏力、监督效果不明确等问题，本次立法修改亦作了一些补充性、强制性规定。例如，为了减少不必要的审前羁押，修改后的刑事诉讼法规定，犯罪嫌疑人、被告人被逮捕后，人民检察院仍应当对羁押的必要性进行审查；对于不需要羁押的，应当建议予以释放或者变更强制措施；检察机关提出释放或者变更强制

措施的建议后，有关机关应当在10日以内将处理情况通知人民检察院。

（三）强化诉讼监督的责任，健全诉讼监督的程序

在我国，检察机关在刑事诉讼中不仅是国家公诉机关，更是国家法律监督机关，依法对刑事诉讼实行法律监督。因此，检察机关要正确认识法律所赋予的使命和职责，妥善处理好诉讼职能和诉讼监督职能的相互关系，不能仅仅将自身定位于追诉机关或者控告一方。检察机关要着力保证法律的正确实施，实现司法的公平正义，维护诉讼参与人特别是犯罪嫌疑人、被告人及其辩护人的合法权益。正是基于上述考虑，此次立法修改注意强化了检察机关履行诉讼监督职能方面的责任。例如，为维护辩护人的合法权益，保证辩护人依法履行职务，修改后的《刑事诉讼法》第47条规定："辩护人、诉讼代理人认为公安机关、人民检察院、人民法院及其工作人员阻碍其依法行使诉讼权利的，有权向同级或者上一级人民检察院申诉或者控告。人民检察院对申诉或者控告应当及时进行审查，情况属实的，通知有关机关予以纠正。"

此外，为了切实加强检察机关对刑事诉讼活动的法律监督，本次立法修改还吸收了司法改革的成功经验和理论成果，改善和健全了检察机关诉讼监督的程序，特别是检察机关实行侦查监督、审查批准逮捕的程序。修改后的《刑事诉讼法》第86条规定："人民检察院审查批准逮捕，可以讯问犯罪嫌疑人；有下列情形之一的，应当讯问犯罪嫌疑人：（一）对是否符合逮捕条件有疑问的；（二）犯罪嫌疑人要求向检察人员当面陈述的；（三）侦查活动可能有重大违法行为的。人民检察院审查批准逮捕，可以询问证人等诉讼参与人，听取辩护律师的意见；辩护律师提出要求的，应当听取辩护律师的意见。"

三、刑事诉讼监督的若干问题

法律的生命在于实施。随着刑事诉讼法的成功修改，检察机关的法律监督工作在迎来新机遇的同时面临着新的问题和挑战，需要进一步加强理论研究和制度创新，以保证法律所赋予和强化的诉讼监督职能能够得到切实贯彻履行。因篇幅有限，在此仅就若干问题作初步的探讨。

（一）关于羁押必要性审查

审前羁押制度既是一种通过在一定期限内剥夺被追诉人人身自由以保障诉讼顺利进行的诉讼保障制度，更是一种保障公民人身自由免受国家权力不当侵犯的人权保障制度。修改后的刑事诉讼法对审前羁押制度进行了较大调整和完善，明确细化了逮捕的条件，改革完善了审查批准逮捕的程序，增加规定了检察机关在逮捕后对羁押必要性的审查，以保证审前羁押措施的准确适用和减少适用。从修法内容来看，立法试图从条件与程序两个方面来强化对羁押适用的规制，以防范不应当或不必要的羁押。但如何在批准逮捕后开展对羁押必要性的审查工作，对检察机关而言是个新的课题。在此谈一些初步的意见。

首先，关于羁押必要性审查的意义。逮捕是法律规定得最为严厉的强制措施，且逮捕后羁押时间较长，如果采取逮捕措施不当，会给公民造成难以弥补的损害。因此，刑事诉讼法对逮捕的条件和程序作了严格规定。少捕慎捕的立法精神，不仅应当体现在审查批准逮捕上。在批捕以后，如果情况发生变化，羁押的必要性不复存在时，还应当及时解除羁押措施。增加对羁押必要性的审查，既体现了国家对公民人身权利的保护，也强化了检察机关对逮捕执行活动的监督。

其次，关于羁押必要性审查的主体。根据检察机关内部职权分工，对羁押必要性的审查可以由侦查监督部门或者监所检察部门进行。从《刑事诉讼法》第93条的现行规定来看，目前可以由监所检察部门承担此项任务。但从长远来看，由侦查监督即审查批捕部门进行审查更为适宜。因为在批捕以后对羁押的必要性进行审查，实质上是批捕职能的延伸和继续。从域外有关经验来看，负责对审查羁押措施进行司法审查的官员通常进行双重审查甚至三重审查。因此，由检察机关审查批捕的部门从事对羁押必要性的审查，是顺理成章的职责延伸。

再次，关于羁押必要性审查的方式。笔者认为，检察机关在批准逮捕后对羁押必要性的审查，既可以定期审查，也可以不定期审查；既可以主动审查，也可以应犯罪嫌疑人、被告人及其法定代理人、近亲属或者辩护人的申请或要求进行审查。

最后，关于羁押必要性审查后的处理。《刑事诉讼法》第93条规定："对不需要羁押的，应当建议予以释放或者变更强制措施。有关机关应当在十日以内将处理情况通知人民检察院。”按此规定，检察机关进行监督的方式是“建议予以释放或者变更强制措施”。规定为“建议”而非“决定”，按照有关解释主要是从监督角度考虑的，人民检察院在审查中发现被羁押人没有必要继续羁押的，提出建议，由有关机关作出处理，既考虑了监督的性质、特点，不代替其他机关作决定，又体现了对于解除、变更羁押措施的慎重。[①]但笔者以为，这样的做法未必符合宪法规定的本意和职权配置的要求。将来进一步完善审前羁押制度时，应当同时赋予检察机关批准逮捕和决定释放的职权，以保证逮捕措施的正确适用和发挥检察机关的监督职能。

（二）关于非法证据排除

作为司法改革的重要成果，“两院三部”于2010年联合发布《关于办理刑事案件排除非法证据若干问题的规定》，对刑事案件非法证据排除的范围和进行法庭调查的程序进行了详细规定，在实践层面确立了非法证据排除规则。本次刑事诉讼法修改充分吸收了上述司法改革的成果，从立法层面进一步确立和完善了非法证据排除制度。修改后的刑事诉讼法界定了在刑事诉讼中应当排除的非法证据的范围，明确了侦查机关、检察机关、审判机关排除非法证据的义务，增加了人民检察院对侦查人员非法收集证据的行为进行调查核实和处理的规定，强化了检察机关对证据收集合法性的举证责任。对于检察机关而言，需要从公诉机关和诉讼监督机关双重维度去理解和贯彻非法证据排除规则。

审查起诉是检察机关对侦查结论进行审查以决定是否提起公诉的重要程序，效果如何既关系到提起公诉的质量，又关系到对侦查活动的监督。如果在此过程中能够及时发现并且排除以非法手段获取的证据，既能保证公诉质量，避免无辜的人遭受错误追诉的危险，又能及时发现侦查活动的问题并加以纠正，履行法律监督。因此，在审查起诉活动中，既要注意审查甄别证据的真实性、充分性，以确定是否符合提起公诉的事实条件，又要注意审查判断证据的合法性，注意发现和排除非法证据。法律明确规定，在审查起诉时发现有应当排除的证据的，应当依法

---

① 王尚新、李寿伟主编，全国人大常委会法制工作委员会刑法室编著：《〈关于修改刑事诉讼法的决定〉释解与适用》，人民法院出版社2012年版，第108页。

予以排除，不得作为起诉决定的依据。为了能够及时发现和排除非法证据，在审查起诉过程中，要认真对待犯罪嫌疑人的辩解和对侦查机关非法取证的反映，注意听取辩护律师的意见，要求侦查机关提供讯问时的同步录音录像等资料，发现存在非法取证的线索或材料时要认真核查。经过调查核实，如果检察机关认为侦查机关（部门）移送审查起诉的证据确系违法取得的，或者认为侦查机关（部门）移送审查起诉的证据不能排除刑讯逼供或者暴力、威胁等非法取证行为嫌疑的，应当依法予以排除。如果排除非法证据后其他证据不能证明犯罪嫌疑人实施犯罪行为的，应当依法作出不起诉的决定。此外，检察机关在调查核实后发现侦查人员存在刑讯逼供或者暴力、威胁等非法取证行为的，应当及时提出纠正意见，同时要求侦查机关（部门）另行指派侦查人员重新调查取证，必要时也可以自行调查取证。

除了注意在审查起诉程序中对非法证据的发现和排除外，检察机关还要重视在审判程序中对证据合法性的证明。对于审前供述的合法性证明，在当前缺乏律师或者其他见证人有效介入讯问的前提下，讯问笔录的制作很大程度上仍由讯问人员单方掌控，即使是讯问人员出庭作证在短期内恐怕也摆脱不了“走过场”的命运，所以真正具有实际意义和说服力的还是提供讯问时全程录音录像，检察机关应当对此予以重视和落实，与侦查机关探讨建立侦查讯问同步录音录像随案移送机制，将审查侦查讯问同步录音录像资料作为发现、排除非法证据及补强合法证据的重要手段和方法。

侦查监督是检察机关承担的一项重要使命。在侦查过程中，检察机关作为法律监督机关，必须注意对侦查活动合法性的监督。修改后的《刑事诉讼法》第 55 条规定：“人民检察院接到报案、控告举报或者发现侦查人员以非法方法收集证据的，应当进行调查核实。对于确有以非法方法收集证据情形提出纠正意见。构成犯罪的，依法追究刑事责任。”据此，检察机关负有对侦查人员非法取证行为进行调查和处理的责任。为履行好对侦查活动进行监督的职能，检察机关要认真对待犯罪嫌疑人的辩解、申诉甚至翻供，认真听取辩护律师的意见和反映。发现存在非法取证嫌疑时，要高度重视，坚决核查，不能简单听信侦查机关关于证据合法收集的证明。检察机关经审查认为存在刑讯逼供或者暴力、威胁等非法取证行为嫌疑的，应当要求侦查机关（部门）提供全部讯问笔录、原始的全程同步录音录像或者犯罪嫌疑人出入看守所的健康检查表等其他证据，必要时可以询问其他证人或者其他在场人员、看守管教人员以及检察机关驻看守所人员等。如果仍然不能排除嫌疑的，检察机关可以以听证方式对证据合法性进行调查核实，通知犯罪嫌疑人及其聘请的律师以及侦查人员出席听证，要求侦查人员对存疑证据的合法性进行说明，允许犯罪嫌疑人及其聘请的律师对证据合法性进行质证并与侦查人员辩论。

需要指出的是，检察机关履行侦查监督的职能部门主要是审查批捕部门，尽管刑事诉讼法并未明确在审查批捕过程中适用非法证据排除，但从法理和立法确立非法证据排除程序的出发点考虑，在审查批捕环节是可以或者应当适用非法证据排除的。从时间上来看，审查批捕环节距离非法取证行为的发生时间最近，比较而言也更容易发现存在非法取证行为。从法理上来看，凡是违反法定程序的诉讼行为都是无效的，既然非法获取的证据不能作为起诉意见、起诉决定和判决书的依据，同理，经查证属实以非法手段获取的证据，也不能作为批准逮捕的依据。从监督主体来看，在检察机关内部，主要由审查批捕部门履行侦查监督职能，而进行侦查监督的主要方式是进行审查批准逮捕，因此在审查批捕环节注意对非法证据的发现和排除，是实行侦查监督的重要任务，也有利于在刑事诉讼过程尽早发现和排除非法证据，以免对以后的诉讼活动造成消极影响。在审查批捕程序中，如果检察机关认为侦查机关（部门）提请逮捕的证据确系违法取得的，或者认为侦查机关（部门）提请逮捕的证据不能排除刑讯逼供或者暴力、威胁等非法取证行为嫌疑的，应当依法予以排除。如果排除非法证据后其他证据不能证明犯罪嫌疑人实施犯罪行为的，应当依法作出不予批准或者决定逮捕的决定。

（三）关于简易程序派员出庭

为了在诉讼程序上更好地贯彻和体现宽严相济的刑事政策，实现刑事案件的繁简分流以提高诉讼效率，本次刑事诉讼法修改扩大了简易程序的适用范围，规定凡基层人民法院管辖的案件，如果案件事实清楚和证据充分、被告人承认自己所犯罪行且对指控犯罪事实以及适用简易程序没有异议的，则可以适用简易程序进行审判。但与此同时，修改后的《刑事诉讼法》第 210 条第 2 款强调："适用简易程序审理公诉案件，人民检察院应当派员出席法庭。"这一修改对于检察机关而言关系重大。关于检察机关派员出席简易程序审判的意义和必要性，可以从以下几方面理解：

首先，公诉人出庭是履行控诉职能的需要。在公诉案件中，检察机关代表国家提出控诉，公诉人出庭的任务就是支持公诉，通过当庭出示证据，参与法庭调查，进行法庭辩论来履行控诉职能。公诉人如果不出庭，其控诉和举证职能则不能充分履行，亦无法与被告方开展相互质证和辩论程序。

其次，公诉人出庭是庭审构造的需要。在审判过程中，控、辩、审三方应当总体呈现出控辩平等对抗、法官居中裁断的等腰三角形结构，通过诉讼过程正当性的实现来最大限度保证裁判结果的公正性。公诉人不出庭，而由法官代替其诉讼职能，宣读起诉书、出示证据、宣读量刑建议等，法官身兼控诉和审判二任，其中立地位荡然无存，不符合"控审分离"的诉讼原理。对于被告方而言，公诉人不出庭则导致其无法在法庭上就案件事实和证据问题与公诉方展开有效辩论，是对其辩护权与质证权的严重侵犯。庭审结构的失衡，阻断了审判公正的实现路径，进而影响案件的审判质量以及法律和社会效果。

再次，公诉人出庭是进行审判监督的需要。检察机关是国家的法律监督机关，在法庭审理过程中履行公诉职能的同时亦肩负诉讼监督职能。检察机关发现人民法院审理案件违反法律规定的诉讼程序，有权向人民法院提出纠正意见。在简易程序中，检察机关对法院的诉讼监督表现为对不宜适用简易程序的向人民法院提出意见以及对一般程序违法的纠正等。公诉人不出庭，显然会导致检察机关对公诉案件简易程序诉讼监督的缺位。

最后，公诉人出庭支持公诉是履行控诉职能的重要诉讼行为，即使在简易程序中，公诉人仍应当出席法庭，以实现法庭审理的实体公正与程序公正。同时应该注意到，在简易程序中，公诉人出庭支持公诉需要与简易程序的特点相适应和相符合，如在讯问被告人、出示证据、法庭辩论等方面不一定完全等同于普通程序。客观来讲，检察机关对适用简易程序审理公诉案件一律派员出庭，对公诉工作是个严峻挑战，如何协调好简易程序出庭的办案力量、提高简易程序出庭的实际效果，真正使得简易程序中公诉人员出庭能够实现审判公正和诉讼效率的双重目标，是检察机关需要认真加以对待的现实问题。[①]

① 吕伟、王沿琰:《简易审公诉人出庭成都早是“死命令”》，载《检察日报》2012年4月18日，第5版。

刑事执行检察监督：资源整合与体系建构 *

2014年末，经中央机构编制委员会办公室批复同意，最高人民检察院“监所检察厅”正式更名为“刑事执行检察厅”，这意味着过往的监所检察工作“名正言顺”地向刑事执行检察工作转变和扩展。在此之前，为贯彻中央领导指示精神和中央政法委《关于严格规范减刑、假释、暂予监外执行切实防止司法腐败的意见》，最高人民检察院自2014年3月起在全国检察机关部署开展了减刑、假释、暂予监外执行专项检察活动。其间，先后制定了《关于对职务犯罪罪犯减刑、假释、暂予监外执行案件实行备案审查的规定》和《人民检察院办理减刑、假释案件规定》，并与最高人民法院、公安部、司法部、国家卫生计生委联合出台了《暂予监外执行规定》，加大刑事执行监督力度、完善刑事执行监督机制。从开展专项检察活动、出台相关规定再到调整机构名称，综观2014年，刑事执行监督无疑是人民检察院履行法律监督职能的浓墨重彩。然而，刑事执行检察并非仅仅局限于刑事执行阶段，还被赋予了很多“执行”以外的监督职能。根据2013年起实施的《人民检察院刑事诉讼规则（试行）》（以下简称《规则》），刑事执行检察监督贯穿于整个刑事诉讼过程。甚至从长远看，可能成为检察机关诉讼职能与诉讼监督职能优化配置的突破重点。是故，本文试图在梳理刑事执行检察监督当下变革的同时，展望刑事执行检察监督的发展方向，以及对于检察监督体系完善可能具有的积极意义[①]。

---

* 原文发表于《河南社会科学》2015年第7期，与谢澍合作。

① 刘风景：《修法：司法体制改革的重要手段》，载《河南大学学报（社会科学版）》2014年第6期。

一、机构调整：刑事执行检察监督的新起点

自1979年1月设立起至2014年年末更名止，“最高人民检察院监所检察厅”的称谓整整沿用了三十余年。这一具有时代特色的称谓，在当下检察改革的背景下愈来愈凸显出其历史局限性，这也正是此次机构更名的直接动因。人民检察院内设业务部门一般根据工作性质命名，唯有“监所”检察部门以工作场所命名，以期直观地反映检察机关对刑罚、刑事强制措施与行政强制措施执行场所的监督。但随着劳教废止，以及2012年刑事诉讼法修改后赋予监所检察部门诸多新职责、新任务，如刑罚变更执行同步监督、羁押必要性审查、指定居所监视居住执行监督、社区矫正监督、死刑执行临场监督、强制医疗执行监督、财产刑和没收违法所得执行监督等，已然超过了看守所、监狱的工作场所限制。加上“监所检察”的名称晦涩、不易理解，长期以来，影响这一检察工作的宣传效果和对外交流，因而，机构调整势在必行。[①]此外，我国看守所、监狱的设置与检察机关并非一一对应，监狱设置相对集中，而看守所设置也非覆盖所有基层司法辖区。因此，部分辖区内没有监所的检察机关，容易呈现出机构设置与职能定位相脱节的情形。在此次最高人民检察院对监所检察机构调整之前，部分地区即展开了试点探索，将监所检察机构变更为刑事执行检察机构。以山东省临沂市费县人民检察院为例，在经历了三年多的羁押必要性审查试点之后，费县检察院于2012年末撤销监所科、驻看守所检察室两个内设机构，成立刑事执行检察局。其出发点之一是辖区内无监狱，在一定程度上导致机构设置与职能定位相割裂，无法适应检察实践之需要。[②]此外，江苏、河南、内蒙古等省、自治区在贯彻新刑事诉讼法、探索建立刑事执行检察机构方面也已经有初步效果，有针对性地突出部门职责和权力属性，将刑事执行检察的职能定位于刑罚执行检察、刑事强制措施执行检察、强制医疗执行检察和其他与刑事执行检察相关的职能。[③]

---

① 袁其国:《设立刑事执行检察机构的思考与探讨》，载《人民检察》2014年第13期。

② 李蕊、左银刚:《刑事执行检察局创设的个案研究——源于山东费县检察院的试点》，载《济南大学学报（社会科学版）》2013年第5期。

③ 主要是指对罪犯又犯罪案件的审查批捕审查起诉，查办刑事执行中的职务犯罪案件等。参见袁其国:《设立刑事执行检察机构的思考与探讨》，载《人民检察》2014年第13期。

2014年，刑事执行检察监督共纠正“减假暂”不当23827人，同比上升42.6%；监督有关部门对2244名暂予监外执行罪犯依法收监执行，其中原厅级以上干部121人；查办违法“减假暂”背后的职务犯罪252人。[①] 专项检察活动的深入开展、试点项目的卓有成效，也使得最高人民检察院有信心将刑事执行检察机构的调整全面铺开。此番更名即意味着在全国推行刑事执行检察机构的设置，监所检察向刑事执行检察发展的转型取得了实质成果。有论者认为，2009年即进入了这一转型期，当时一些被羁押人员意外死亡事件相继披露，“躲猫猫死”“做噩梦死”“喝开水死”等引发社会热议，受到高层重视，监所检察工作面临前所未有的压力，进而展开一系列专项活动整治监所检察工作的弱点、盲区。以此为契机，监所检察被实质性地纳入刑事执行检察之范畴，试图与侦查监督、审判监督一道构成科学、完备的检察监督权力体系，进一步优化检察职权配置与运行。[②] 而2012年刑事诉讼法修改对这一改革动向予以认可，通过立法加强刑事执行检察监督的力度、扩大刑事执行检察监督的范围、丰富刑事执行检察监督的手段，为此番机构调整作出制度准备、提供法律依据。[③]

二、资源整合：刑事执行检察监督的新变革

实际上，机构称谓的变更不过是“表面功夫”，机构调整的实质标志是职能的扩展与转变，从监所检察监督到刑事执行检察监督，检察监督职能得到显著强化。修改后的刑事诉讼法及《规则》赋予刑事执行检察部门的新职能共有八项：刑罚变更执行同步监督、羁押必要性审查、指定居所监视居住执行监督、社区矫正监督、死刑执行临场监督、强制医疗执行监督、财产刑和没收违法所得执行监督以及在押人员诉讼权利保障。面对全新的任务和挑战，刑事执行检察工作需要通过机构调整带动资源整合，从而更有效地履行监督职能。新的机构名称能够全面、准确地反映部门的工作性质和职责范围，体现部门名称、工作职责的一致性和法定性，且有利于最高人民检察院加强对全国检察机关刑事执行检

① 《最高人民检察院工作报告》，2015年3月12日。
② 卢乐云：《论刑事检察理念的更新》，载《中国刑事法杂志》2013年第12期。
③ 冀祥德：《论司法权配置的两个要素》，载《中国刑事法杂志》2013年第4期。

察工作的统一领导、管理和协调，推进刑事执行检察业务全面深入开展。[①]但在刑事执行检察监督范围拓展的同时，工作负荷必然加重，整体工作量明显加大，人手不足、素质不高的劣势愈加凸显。即使废除劳教后，全国仍有3300余个监狱、看守所，绝大多数虽已完成设置派驻检察室的工作，但平均每个派驻检察室只有2.5名检察人员。除了派驻任务外，还要对监外执行罪犯进行监督，本就有些力不从心；何况派驻检察室的实际效用受到质疑，特别是在“躲猫猫”事件之后，派驻检察与巡回检察孰优孰劣、谁主谁辅值得探索。更重要的是，现今刑事执行检察监督已不限于监所之特定区域。是故，刑事执行检察机构成立之后的首要任务，是配置符合业务需求的检察队伍，更新监督观念，整合监督资源，加强技能培训，以适应工作职能调整所带来的新挑战，并需辅之相应的工作保障，避免因机构调整、职能扩展所导致的人员紧张和资源短缺。

需要指出的是，所谓“资源”整合，涉及的不仅是人、财、物的问题，更重要的是权力资源整合。刑事执行检察职能的转变，正是资源整合在权力配置向度上的显著体现。机构调整之后，《规则》所明确的“监所检察部门”之职权配置自然转移至“刑事执行检察部门”，而涉及具体职责的条文共有22条[②]，从第57条接收并依法办理辩护人、诉讼代理人关于看守所及其工作人员行为的申诉、控告，到第665条受理和审查处理被强制医疗的人及其近亲属、法定代理人的控告、举报和申诉，刑事执行检察部门的职责贯穿刑事诉讼程序的始终，而不是仅限于诉讼阶段论所划分的“执行”阶段。此次机构名称的变更，强调的是此项监督职能的核心——“执行”，由此进一步明确了监督的对象。而关于“执行”的理解，并不囿于执行阶段，即不局限于生效判决裁定的执行。刑罚执行检察、刑事强制措施执行检察、强制医疗执行检察和其他与刑事执行检察相关的职能，均是刑事执行检察机构职责。职能要随着新的任

---

① 徐盈雁:《刑事执行检察的“前世今生”》，载《检察日报》2015年1月30日，第2版。

② 包括《规则》第57条、第120条、第138条、第147条、第148条、第169条、第326条、第350条、第547条、第566条、第575条、第578条、第593条、第615条、第617条、第622条、第629条、第633条、第635条、第661条、第665条和第666条。

务而拓展，权力要与所承担的职能相匹配，资源要适应职能的调整而整合，以适应新的刑事执行检察监督工作的需要。在整合权力资源的基础上，借助执行检察监督职权的配置与运行，推动建立刑事执行检察监督新体系。质言之，机构调整是开端，资源整合是基础，完成刑事执行检察监督体系建构则是改革之目的与方向。

三、体系建构：刑事执行检察监督的未来发展

传统意义上，刑事执行检察监督的方式是事后监督、被动监督，不仅监督具有滞后性，而且监督效力不强，很大程度影响着监督实效。[①]过往的司法实践中，由于人民法院每年集中开展一到两次提请、裁定减刑、假释活动，大量案件往往集中审理、裁定，检察机关很难按照1996年刑事诉讼法所规定的在20日内对所有案件的裁定完成审查；而且由于服刑人员与检察机关同时收到裁定书副本，而服刑人员接到裁定后即可立即出狱，因而，倘若检察机关在事后监督中发现错误，裁定也已生效执行，导致错误难以得到纠正，即使得到纠正，也大大增加了监督和纠错成本。[②]正是为了解决这一实践中突出存在的问题，检察机关通过派驻检察与巡回检察相结合的方式，为刑罚执行的同步监督奠定基础，并在2012年刑事诉讼法修改中予以明确。执行机关提出减刑、假释、暂予监外执行的书面意见或者建议书的，应当将书面意见或者建议书副本同时抄送检察机关，保障检察机关的同步知情权，为同步监督创造必要条件。[③]此外，此次刑事诉讼法修改对刑事执行检察监督的强化，不仅是将事后监督、被动监督转为同步监督、主动监督，而且接收并依法办理涉及刑事执行的申诉、举报、控告也被纳入刑事执行检察监督的职责范畴。《规则》第57条规定："辩护人、诉讼代理人认为看守所及其工作人员有阻碍其依法行使诉讼权利的行为，向人民检察院申诉或者控告的，监所检察部门应当接受并依法办理；控告检察部门收到申诉或者控告的，应当及时移送监所检察部门办理。"申请救济作为一种依申请提

---

① 卞建林、李晶：《刑事诉讼法律监督制度的健全与完善》，载《国家检察官学院学报》2012年第3期。

② 黄太云：《刑事立法的理解与适用》，中国人民公安大学出版社2014年版，第355页。

③ 《刑事诉讼法》第225条、第262条。

请检察监督的方式，丰富了执行检察监督的启动方式，完善了刑事执行检察的监督途径，借此提升监督功效，及时纠正减刑、假释、暂予监外执行可能存在的违法现象，加强对相关利害关系人的权益保障，从而为建构全面、动态的刑事执行监督体系迈出坚实的一步。

需要重视的是，为尊重和保障人权，实现程序公正，2012 年刑事诉讼法修改新增了一系列程序救济的职权。例如，《刑事诉讼法》第 47 条规定："辩护人、诉讼代理人认为公安机关、人民检察院、人民法院及其工作人员阻碍其依法行使诉讼权利的，有权向同级或者上一级人民检察院申诉或者控告。人民检察院对申诉或者控告应当及时进行审查，情况属实的，通知有关机关予以纠正。"第 115 条规定："当事人和辩护人、诉讼代理人、利害关系人对于司法机关及其工作人员有下列行为之一的，有权向该机关申诉或者控告：（一）采取强制措施法定期限届满，不予以释放、解除或者变更的；（二）应当退还取保候审保证金不退还的；（三）对与案件无关的财物采取查封、扣押、冻结措施的；（四）应当解除查封、扣押、冻结不解除的；（五）贪污、挪用、私分、调换、违反规定使用查封、扣押、冻结的财物的。受理申诉或者控告的机关应当及时处理。对处理不服的，可以向同级人民检察院申诉；人民检察院直接受理的案件，可以向上一级人民检察院申诉。人民检察院应当及时进行审查，情况属实的，通知有关机关予以纠正。"

对于法律新增的上述规定，从立法理由来看，是鉴于 1996 年刑事诉讼法修改所取得的立法进步未能在实施过程中得到切实遵守，有法不依的情况比较严重，特别是法律赋予当事人、辩护人、代理人的诉讼权利得不到公权力机关的应有尊重。从诉讼观念来看，随着我国依法治国方略的确立和国家尊重与保障人权入宪，人们的诉讼观念发生很大变化，权利意识日益增强，程序公正深入人心，关于公民基本权利保障和国家权力合理运作的问题引起社会的高度关注。从诉讼监督视角来看，这种对遭受程序违法行为侵害的法律救济责任，历史性地也是制度性地落在检察机关身上。[①]"这两项新的法律规定，实质上是将刑事诉讼中的程序性救济权力赋予人民检察院。检察机关由此获得的权力，已经不是

① 孙谦：《走中国特色社会主义法治道路》，载《中国刑事法杂志》2013 年第 3 期。

一般意义上的法律监督权，而是一种司法救济权。”[①] 也可以说，在现行司法体制下，检察机关是假诉讼监督之名行司法救济之实。当权利被侵害人提起请求司法救济的申诉或控告后，检察机关接收、审查和处理仍是以法律监督的方式展开的。进而，法律监督权与司法救济权在行使过程中出现了一定程度的耦合。由此，刑事执行检察监督体系从单纯的诉讼监督性质，转向诉讼监督与程序救济相互耦合，二元并存。

综上，经刑事诉讼法律的修订和监所检察职能的转变与拓展，我国刑事执行检察监督工作已经形成新的监督体系。主要表现在：监督的场域已由固定的看守所、监狱等监禁场所拓展至监禁场所之外如社区矫正监督、死刑执行临场监督等；监督的对象已由单一的自由刑刑罚执行发展至包括刑罚执行、刑事强制措施执行和强制医疗措施执行等；监督的时间已由传统的事后监督转变为一定程度的同步监督；监督的方式已由静止的驻所检察发展至动态的巡回检察、专项检察；监督的性质已由通常意义上的诉讼监督扩展至包含程序救济、司法救济在内的法律监督等。

从长远来看，刑事执行检察监督职能的转变与监督体系的构建对于整个检察监督职能的强化和监督体系的完善，具有明显的启迪和促进作用。可以逐步探索将刑事执行检察机构拓展为专门的诉讼监督机构，监督范围进一步向刑事执行检察监督以外延伸，借此对检察机关同时承担的诉讼职能和诉讼监督职能进行适度分离，实现检察机关诉讼职能与诉讼监督职能的优化配置。以羁押必要性审查为例，《刑事诉讼法》2012年修改新增羁押必要性审查制度。该法第93条规定：“犯罪嫌疑人、被告人被逮捕后，人民检察院仍应当对羁押的必要性进行审查。”关于具体进行羁押必要性审查的主体，《规则》第617条细化为：“侦查阶段的羁押必要性审查由侦查监督部门负责；审判阶段的羁押必要性审查由公诉部门负责。监所检察部门在监所检察工作中发现不需要继续羁押的，可以提出释放犯罪嫌疑人、被告人或者变更强制措施的建议。”这意味着侦查监督部门在侦查阶段作出批准逮捕决定后，仍要负责对羁押必要性进行审查。这导致在诉讼理论和司法实务中产生一系列问题和困惑。

首先，关于批捕权的属性。批捕权是诉讼职能还是诉讼监督职能，

① 龙宗智:《检察机关办案方式的适度司法化改革》，载《法学研究》2013年第1期。

理论界存在不同认识。从《刑事诉讼法》第3条规定来看，批捕权是根据分工负责的原则由检察机关在刑事诉讼中承担的一项基本职能。而从对侦查行为的制约来看，批捕权又具有明显的侦查监督性质。有学者分析称：若将诉讼职能界定为检察机关直接、自我行使的权力，则批准逮捕权具有诉讼职能性质，但从批捕中权力行使的状态观察，则更接近监督职能，是间接实现诉讼职能的。① 从检察机关内设机构来看，最高人民检察院原刑事检察厅一分为二为公诉厅和批捕厅，后批捕厅改为侦查监督厅，全国检察机关也随之对内设机构作出相应调整。顾名思义，审查批捕具有侦查监督性质而且是侦查监督的主要任务。其次，关于羁押必要性审查的属性。对于立法新增的这项制度，立法职能部门的意见非常明确。“人民检察院在对羁押必要性审查后，如果认为不需要继续羁押的，应当建议予以释放或者变更强制措施。规定由检察机关对逮捕的必要性继续进行审查，是为了加强检察机关对逮捕这种限制人身自由的强制措施的监督。因此，人民检察院依法对逮捕必要性进行审查后，如果认为不需要继续羁押的，必须作出相应的处理，提出监督意见。按照法律的规定，人民检察院提出监督意见的方式是‘建议予以释放或者变更强制措施’。规定为‘建议’而非强制性要求，主要是从监督角度考虑的。人民检察院在审查中发现被羁押人没有必要继续羁押的，提出建议，由有关机关就羁押必要性进行全面审查，既考虑了监督的性质、特点，不代替有关机关作出决定，又体现了对于解除、变更羁押措施的慎重。”② 从理论上讲，批捕部门既然作出批准逮捕的决定，说明已对逮捕必要性包括羁押必要性有既定认识，短时间内又要求其继续履行羁押必要性审查的职能，改变自己已经作出的逮捕决定，似乎不太现实或难以奏效。而刑事执行检察部门在空间上更“接近”被羁押人员，且有单纯担负监督职能的优势，由其统一履行羁押必要性审查职能，显然更为合适。

当前，最高人民检察院将“推动建立重大、疑难案件侦查机关听

① 陈卫东:《检察机关角色矛盾的解决之策》，载卢希、卞建林主编:《检察机关诉讼职权与监督职权优化配置问题研究》，法律出版社2011年版，第79页。

② 全国人大常委会法制工作委员会刑法室编:《〈关于修改《中华人民共和国刑事诉讼法》的决定〉条文说明、立法理由及相关规定》，北京大学出版社2012年版，第124页。

取检察机关意见建议制度”作为2015年年度工作重点[①]，而检察介入侦查、公诉指导侦查制度也已有一定制度基础和实践经验[②]。倘若检察介入侦查，更亟待厘清公诉指导侦查与检察监督侦查的关系，以避免诉讼职能与诉讼监督职能的混淆。越来越多的学者认为，需要对检察机关承担的诉讼职能与诉讼监督职能适度分离，同时需要通过在检察机关内部设立专门的监督机构以集中统一行使诉讼监督职能。在此意义上看，将刑事执行检察机构进一步拓展为专门的诉讼监督机构，看起来更符合检察改革的总体趋势，具有相当的合理性与可行性。当然，以上仍处于理论层面的探索，现阶段切实履行好法律已经赋予的监督职能，仍是刑事执行检察监督的工作重点。2015年2月10日，最高人民检察院刑事执行检察厅印发《关于在刑事执行检察工作中防止和纠正冤假错案的指导意见》，要求充分发挥刑事执行检察的监督职能，全方位提高发现和纠正冤假错案的工作力度[③]；而这次机构调整和资源整合的实效也需要经受司法实践的实证检验。2015年10月，全国人大常委会将听取最高人民检察院关于刑罚执行监督工作情况专项报告，届时，我们可以对此番变革成效进行进一步研判，并更有针对性地展望其未来发展。

---

① 《最高人民检察院工作报告》，2015年3月12日。

② 例如，《刑事诉讼法》第132条规定：“人民检察院审查案件的时候，对公安机关的勘验、检查，认为需要复验、复查时，可以要求公安机关复验、复查，并且可以派检察人员参加”。最高人民检察院在《关于切实履行检察职能、防止和纠正冤假错案的若干意见》中也要求：“对命案等重大复杂案件、突发性恶性案件、争议较大的疑难案件、有重大社会影响的案件，应当与侦查机关协商，通过介入现场勘查、参加案件讨论等方式，引导侦查机关依法全面收集、固定和完善证据。”参见卞建林：《健全司法权分工配合制约机制的思考》，载《河南社会科学》2015年第1期。

③ 袁其国等：《刑事执行检察纠防冤假错案作用独特》，载《检察日报》2015年3月20日，第3版。

启动刑事审判监督程序的困境与出路 *

党的十八届四中全会通过的《中共中央关于全面推进依法治国若干重大问题的决定》提出，“保证公正司法和提高司法公信力与努力让人民群众在每一个司法案件中感受到公平正义；提出再审重在解决依法纠错、维护裁判权威和健全冤假错案有效防范、及时纠正机制保障当事人依法行使申诉权利，对不服司法机关生效裁判、决定的申诉，逐步实行有律师代理制度以及对聘不起律师的申诉人，纳入法律援助范围。”然而，我国审级制度在法律层面存在一审、二审和再审定位不清、功能交叉等问题，伤害了各个审级功能的发挥并影响司法效率，特别是当下的刑事审判监督程序之启动已陷入困境之中，大量申诉而又不能进入再审程序的案件，严重威胁司法公信。从媒体这几年公开报道的依法纠正的刑事错案中，不难发现我国现行刑事审判监督程序价值取向、人权保障和司法理念存在很大的局限性，启动审判监督程序关切民生却又法律依据不足，理论支撑不够，故研究启动刑事审判监督程序的困境和出路具有重要的理论价值和现实意义。

一、问题的提出

刑事审判监督程序（又称刑事非常救济程序、刑事再审程序）是指“人民法院、人民检察院对已经发生法律效力的判决或裁定，因发现在认定事实上或者在适用法律上确有错误，而依法提起并对案件进行重新审判的程序”。[①] 刑事审判监督程序是补救性程序即救济性程序，属于“审判之上的审判”，但并不是刑事诉讼的必经程序，同时还有别于审判监督、第二审程序和死刑复核程序等概念。其价值功能包括：（1）是

---

* 原文发表于《法学》2016 年第 4 期，与桂梦美合作。

① 陈光中主编：《刑事诉讼法》，北京大学出版社、高等教育出版社 2015 年版，第 387 页。

为了实现公平正义。公正是法治的生命线，也是诉讼的生命和灵魂。对生效裁判启动审判监督程序目的在于纠正错误和实现公正而成为最后一道防线。如美国《联邦刑事诉讼规则》第7章第33条规定："根据被告人申请，如果出于公正利益需要，法庭可以批准对被告人重新审判。"[①]（2）是维护法律统一实施。尽管我国刑事审判监督无事实再审和法律审之分，但对事实认定和适用法律都要审查的目的之一也在于实现法律统一。"法律统一则是其设立对生效裁判进行重新审理的主要目的所在。"[②]如大陆法系国家中，法国规定向最高法院上诉就是为了纠正违法和法律利益统一，日本刑事诉讼法中非常上告程序之目的在于统一解释法令。（3）保障人权。刑事判决涉及对被告人的生命、自由、财产等的处分，若有判决错误必然会伤害其合法权利。作为纠正错误的审判监督程序显然具有保障当事人合法权利之功能。英美等国家采取签发人身保护状、调卷令、禁审令、训令等方式纠正判决中的错误，大陆法系德国法规定有利于受有罪判决人的再审与法国利益再审原则，即"传统上再审被说成是法的安定与正义的相克上成立的制度但在现行法下直截了当地被纯化为救济无辜的制度"[③]，目的都是保障当事人的合法权利或人权。（4）终局性规则下的利益均衡与程序自治，促进司法机关独立行使职权。程序一方面要求终结性，另一方面也要求实现司法公正，这两者之间存在冲突紧张关系。再审制度实质上是打破了终局性规则取得利益均衡，再审程序作为纠错防错的救济程序具有程序自治和促进审判独立的作用。

我国2012年《刑事诉讼法》第241条至第247条对审判监督程序作出规定并使用了申诉、重新审判、再审和审判监督程序等概念，从中可以看出审判监督程序包括启动程序和审理程序两个递进部分。其中，启动程序是指当事人提出再审申请后，由有关司法机关（法院、检察院）审查判断是否满足启动条件并决定是否进入审理程序，此环节又可称为申请再审阶段，我国实践中称之为申诉复查或申诉审查阶段。根据

---

① 《美国联邦刑事诉讼规则和证据规则》，卞建林译，中国政法大学出版社1996年版，第74页。

② 徐静村主编：《刑事诉讼法学》（上册），法律出版社1997年版，第294页。

③ ［日］西原春夫编：《日本刑事法的形成与特色》，李海东等译，中国法律出版社、日本国成文堂联合出版社1997年版，第60页。

我国当前启动程序的实际状况，我们发现该程序具有适用案件范围广、启动主体多元、指导思想绝对单一（即实事求是与有错必纠）、各级法院都有权决定是否进入审理程序以及启动再审理由抽象等特征。最高人民法院虽然于2001年和2002年先后公布了两个司法解释对我国启动程序进行了创新与完善，且具有可操作性并一定程度彰显问题导向之进步意义，但是其职权性、行政性要素依旧存在而难以实现救济程序之应有的功能与价值。[①]思考之余，我们认为刑事审判监督程序由于受我国传统文化及旧理念思维的渲染而陷入违背现代刑事诉讼理念的困境，导致再审功能难以实现，如何走出困境，首先要以禁止双重危险原则为基点来重塑人权保障与犯罪惩罚动态并重的现代司法理念，在此基础上进行立法顶层制度设计，以期实现刑事再审之目的。

二、禁止双重危险原则与刑事审判监督程序的发起

禁止双重危险原则（The Rule Against Double Jeopardy）只存在于刑事诉讼中，其基本含义是任何人均不能因同一犯罪而遭受两次或两次以上的刑事追诉。该原则滥觞于古罗马法和教会法，从其历史演变来看最初使用了一事不再理概念，即法院依法对案件一经作出生效判决后产生既判力，无论裁判结果是否正确，任何人都不得随意推翻。结合当时罗马法的法理和制度，诉权消耗论即诉权因诉讼系属而消耗便不能二次诉讼系属的出现至今，大陆法系国家继续沿用一事不再理原则于刑事诉讼或民事诉讼等诉讼中。受欧陆法律影响以及英美法系国家普通法的兴起，禁止双重危险原则成为现代各国刑事诉讼中最为惯用的概念并被明确规定在有关法律中。如美国宪法修正案关于人权法案中强调，“任何人均不得因同一犯罪而被迫两次遭受生命或身体上的危险”[②]。1966年联合国《公民权利和政治权利国际公约》第14条规定，“任何人已依一国

① 最高人民法院2001年12月26日公布了《关于刑事再审案件开庭审理程序的具体规定（试行）》，2002年9月10日公布了《关于规范人民法院再审立案的若干意见（试行）》。这两个司法解释出台的背景是因刑事诉讼法对审判监督程序的规定过于原则，由此出现了实践中存在“五无限”，即审级无限、主体无限、理由无限、次数无限、时间无限，大量申诉上访案件导致难以维护司法公正和提高司法效率。

② 参见美国《人权法案》中译本，载董云虎等编著:《世界人权约法总览》，四川人民出版社1991年版，第290页。

的法律及刑事程序被最后定罪或宣告无罪者，不得就同一罪名再予审判或惩罚”。[①] 该原则禁止属性体现在通过禁止重复追究来保障公民的权利，属于一项权利规则。所以，禁止双重危险原则不仅被许多国家的宪法和刑事诉讼法所规定，还在一些国际公约或者区域公约中明确规定为国际刑事司法准则。当然，对于禁止双重危险与一事不再理二者关系有许多争论，但其实质上即称谓上在大陆法系国家为一事不再理原则强调三大诉讼程序的安定性与生效裁判的既判力，而英美法系国家则用禁止双重危险原则着重于避免任何人在刑事诉讼各个阶段因同一罪行受到双重危险，两者的精神内核是一致的。[②]

各国和有关国际公约对禁止双重危险原则的吸纳和确认表明该原则蕴含着多层次价值和功能，其首要的价值和功能在于维护裁判权威性及终局性从而实现诉讼经济和法的安定性，人权兴起又反映了刑事诉讼所追求的目标并非单一的实体公正，而要考虑追求多元目标价值体系中的权利保护与诉讼效益价值或曰形式真实主义之理论根基。同时，禁止双重危险原则在抑制追诉权滥用、避免错误定罪、减少刑事审判过程给被告人带来的痛苦以及再审提起等方面具有重要作用，成为人权保障的重要手段。

刑事审判监督程序的发起，是由于各种原因和因素会导致裁判在事实认定上或法律适用上有错误而基于实现实体公正就需要对错误的裁判予以纠正的启动活动。因此而发起，与禁止双重危险原则的价值与功能之间有着剧烈的紧张关系，这种关系是否意味着发起与原则之间绝对对立呢？我们认为不能简单理解禁止双重危险原则。有原则必有例外，例外包括允许提起对被告人不利或者有利的再审。很多国家在确立禁止双重危险原则的同时也规定了刑事再审制度，在强调原则的限制作用时又要求在紧张关系中寻求平衡点。如英国 2003 年刑事司法法规定了对生效的无罪判决又发现新的和令人信服的证据，可以再审。[③] 美国最高法

① 杨宇冠:《国际人权法对我国刑事司法改革的影响》，中国法制出版社 2008 年版，第 321 页。

② 学界通常认为，大陆法系国家沿袭一事不再理原则称谓且适用于刑事诉讼、民事诉讼和行政诉讼；英美法系国家则称禁止双重危险原则且限定在刑事诉讼领域。

③《英国 2003 年刑事司法法立法说明》，郑旭译，载陈光中主编:《21 世纪域外刑事诉讼立法最新发展》，中国政法大学出版社 2004 年版，第 101 页。

院通过判例确立了该原则的例外，如失审、无罪开释或有罪判决后等三种重新起诉的情形。[①]在法国，再审程序有两种，即由总检察长向最高法院提出的为法律利益的上诉程序和因事实错误而申请再审程序旨在维护被告人利益。日本法采取了与法国法类似做法的救济程序并明确区分为非常上告与再审，其中再审是为了被告人利益，对于不利于被告人的再审则不得提出。[②]德国规定了非常救济程序，即“有利于被告人的再审和不利于被告人的再审两种。有利于被告人的再审不受时效限制，不利于被告人的再审有时效限制”[③]。另外，联合国人权委员会对有关国际公约在例外情况下进行再审也做了一般性意见说明，这和其他国家法规定的精神一致并强调禁止双重危险原则具有总抓手的作用，刑事审判监督即再审是一种例外的特别救济诉讼程序。

有研究分析我国古代再审启动模式对刑事审判监督程序的启动亦具有重要的借鉴意义。通过阅读中国诉讼历史及分析部分冤案发现，古代再审启动模式有两类：（1）是司法机关自行启动再审机制，包括三司会审制度、审转结案制度、死刑复核与复奏机制、监察机构审查机制和录囚制度（又称虑囚）等；（2）是当事人申诉再审启动制度，包括乞鞫制度、逐级上诉机制、直诉制度等。我们认为，古代再审启动制度中蕴含禁止双重危险原则的精神要求。

总而言之，发起再审必须在禁止双重危险原则的要求下坚守程序公正与实体公正相结合的底线，吸收“实事求是、有错必纠”的营养成分，实现诉讼公正与诉讼效率和谐统一。只有在这样的理论基础之上的再审启动，才能做到努力让人民群众在每一个司法案件中感受到公平正义。

三、启动刑事审判监督程序的困境

由于我国刑事诉讼法没有规定禁止双重危险原则，实践中片面追求实事求是、有错必纠的理念占主导地位而导致过于强调实体公正、查明

---

① ［美］伟恩·R. 拉费弗等：《美国刑事诉讼法》，卞建林等译，中国政法大学出版社2003年版，第1305页。

② ［日］田口守一：《刑事诉讼法》，刘迪等译，法律出版社2000年版，第323页。

③ ［德］克劳思·罗科信：《刑事诉讼法（第24版）》，吴丽琪译，法律出版社2003年版，第548页。

事实真相就可以随时启动审判监督程序，加上制度设计存在许多背离现代刑事诉讼理念的缺陷，导致有些案件反复申诉、缠诉、多次重审及申诉立案难等，裁判权威性及司法公信力下降，当事人的合法权利得不到保障。针对这些问题，刑事诉讼法再修改时，必须对刑事审判监督程序制度进行完善。启动我国刑事审判监督程序的困境，主要表现为以下六个方面。

（一）刑事审判监督程序的行政化色彩浓厚

从提起再审主体的规定来看，审判监督程序要求司法机关特别是上级司法机关对各级法院生效判决进行监督和制约。根据《现代汉语词典》，“监督”意思是：“（1）动词，察看并督促；（2）名词，做监督工作的人”。[①]可以看出审判监督本身就具有行政化内涵，结合提起对象，即“发现已经发生法律效力、在认定事实和适用法律上确有错误的判决和裁定”，更加突出了惩罚犯罪的强职权主义理念支配着全部审判监督程序，而保障人权的当事人主义理念严重缺位。有关机关只要认为确有错误就可以提起再审而不限定是否有利于被告人的利益，这种不以人权保障为理念却仍坚守“实事求是、有错必纠”的犯罪控制理念属于典型的行政职权程序化模式而不具有“诉讼”的特征。该模式特点是启动再审权掌握在法院和检察院手中，而当事人只有申请启动的请求权，从而导致当事人申诉非常艰难。

（二）启动理由抽象宽泛、不具有可操作性

《刑事诉讼法》第 242 条规定了法院重新审判的五种情形，最高人民法院《关于适用〈中华人民共和国刑事诉讼法〉的解释》（以下简称《解释》）第 375 条第 2 款规定了有九种情形之一的应当决定重新审判，最高人民法院《关于规范人民法院再审立案的若干意见（试行）》（以下简称《意见》）第 7 条规定了法院应当再审的九种情形，最高人民检察院制定的《人民检察院复查刑事申诉案件规定》第 17 条列出人民检察

① 中国社会科学院语言研究所词典编辑室编：《现代汉语词典》（第 5 版），商务印书馆 2007 年版，第 663 页。

院应当从六个方面来审查原处理决定、判决或裁定是否有错的可能。[①]这里的“新证据”“证据不确实、不充分、依法应当予以排除”“适用法律有错误”“程序违法”“审判人员有违法失职行为”等条件如何理解，没有具体规定，尽管有关司法解释或文件给予了相应说明，但仍然是比较抽象、宽泛而不具有可操作性甚至导致启动比较任性。

（三）法院、检察院可以直接启动审判监督程序

我国《刑事诉讼法》第243条规定，各级法院院长、上级法院、最高人民法院和上级检察院及最高人民检察院均可以对已经发生法律效力的裁判有权决定再审或者因抗诉必然导致再审。当事人却没有该项权利，只有再审申诉请求权且并不必然发生再审。法院主动提起再审违背控审分离、不告不理、中立性以及被动性和消极性的现代刑事诉讼原则与原理，造成法院自身角色重叠，即既当运动员又当裁判员的司法不公

---

① 《刑事诉讼法》第242条规定的五种情形是:（1）有新的证据证明原判决、裁定认定的事实确有错误，可能影响定罪量刑的;（2）据以定罪量刑的证据不确实、不充分、依法应当予以排除，或者证明案件事实的主要证据之间存在矛盾的;（3）原判决、裁定适用法律确有错误的;（4）违反法律规定的诉讼程序，可能影响公正审判的;（5）审判人员在审理该案件的时候，有贪污受贿，徇私舞弊，枉法裁判行为的:

《解释》第375条第2款规定的九种情形是:（1）有新的证据证明原判决、裁定认定的事实确有错误，可能影响定罪量刑的;（2）据以定罪量刑的证据不确实、不充分、依法应当予以排除的;（3）证明案件事实的主要证据之间存在矛盾的;（4）主要事实依据被依法变更或者撤销的:（5）认定罪名错误的;（6）量刑明显不当的;（7）违反法律关于溯及力规定的;（8）违反法律规定的诉讼程序，可能影响公正裁判的;（9）审判人员在审理该案件的时候，有贪污受贿，徇私舞弊，枉法裁判行为的。

《意见》第7条规定的九种情形是:（1）有审判时未收集到的或者未被采信的证据，可能推翻原定罪量刑的;（2）主要证据不充分或者不具有证明力的;（3）原裁判的主要事实依据被依法变更或者撤销的;（4）据以定罪量刑的主要证据自相矛盾的;（5）引用法律条文错误或者违反《刑法》第12条的规定适用失效法律的;（6）违反法律关于溯及力规定的;（7）量刑明显不当的;（8）审判程序不合法，影响案件公正裁判的;（9）审判人员在审理案件时索贿受贿、徇私舞弊并导致枉法裁判的。

《人民检察院复查刑事申诉案件规定》第17条规定的六种情形是:（1）申诉人员是否提出足以改变原处理结果的新的事实或证据;（2）据以定案的证据是否确实、充分或者证明案件事实的主要证据之间是否存在矛盾;（3）适用法律是否正确;（4）处罚是否恰当;（5）有无违反案件管辖权限及其他严重违反诉讼程序的情况;（6）侦查、检察、审判人员在办理该案件的时候，有无贪污受贿、徇私舞弊、枉法裁判行为。

局面。[①]另外，程序启动不平等即当事人等仅是申诉的主体而不是提起再审的主体，其申诉权只是启动审判监督程序的材料来源，而不具有直接启动再审的效力。所以，申诉人与检察院抗诉地位不平衡的事实严重违背了控辩平等原则，导致上访多、申诉难且片面夸大了检察院的法律监督职能，使法院的生效裁判受到严重威胁，不利于保障程序的安定性和裁判权威性。

（四）启动程序未区分是否有利于被告人再审的类型

对启动程序的提起理由和适用条件在我国刑事诉讼法未规定任何有利和不利的区分，对提起不利于被告人的再审无任何附加严格条件，如新证据、被告人自白、限制被害人申诉等。司法机关只要相信生效裁判确有错误，便能启动再审，而不论其对被告人是否有利。法律监督机关的抗诉导致被告人可能被反复追究或加重其刑罚，与再审理论上不得恶化被告人诉讼地位和再审不加刑制度是相背离的，不利于被告人的人权保障。

（五）如何审查、复查和管辖法院不清

启动审判监督程序的审查、复查程序不明确，即人民法院对当事人或案外人的申诉如何进行审查或者复查在法律上及有关司法解释或文件上都没有明确的具体规定，从而导致了实践中乱象丛生。在审查、复查过程中，人民法院使用书面形式、书面加调查相结合形式或者召开听证会的形式均没有任何依据，指定异地人民法院审查、复查、延期复查更是具有随意性。《解释》第373条规定申诉由原审人民法院或其上一级人民法院直接审查处理。按说接受申诉进行审查的是哪家人民法院应该是很明确的，但是实践中出现管辖法院不明的现象主要是基于申诉案件性质认定上的分歧。再者，终审人民法院“自查自纠之难”可以想象，“由原审法院纠正自己的错误，就如同病人自己切除自己身上的病灶一样困难”[②]。甚至终审人民法院在申诉人初期递交申诉材料上进行形式审

---

① 万毅:《论刑事审判监督程序的现代转型》，载《上海交通大学学报》2005年第6期。

② 景汉朝、卢子娟:《论民事审判监督程序之重构》，载《法学研究》1999年第1期。

查时就可能不予受理申诉，如借口有关法律文书不齐等。聂树斌案便能说明前述所有问题：聂母十多年申诉之路现仍在审查、复查阶段，先后经历了河北省高级人民法院不予受理申诉（因聂母没有判决书）、受理申诉并审查、驳回申诉、最高人民法院指定山东省高级人民法院异地复查、山东高院创新性公开举行听证会并已经四次向最高法院申请延期复查，至今仍无结果。

（六）启动审判监督程序申诉、抗诉期限不明

我国刑事诉讼法及《解释》没有规定申诉、抗诉时限，但在《意见》中明确规定了申诉期限，即第10条规定：申诉的期限一般为刑罚执行完毕后2年内提出，超过2年提出申诉的不予受理，同时第10条还规定了不受2年申诉期限限制的例外情形。[①] 分析该意见，我们认为第10条规定存在不足之处，如被告人被判无罪或量刑较轻处罚的而由被害人提出申诉的期限没有规定。另外，申诉人认为人民法院的生效的裁判可能有错误时，向检察院提出申诉的期限也没有明确规定。因此前述意见中规定的申诉期限难以实现申诉权节制性和督促当事人尽快行使申诉权之目的，并导致启动审判监督程序申诉、抗诉期限更加不明确，从而出现申诉多、反复申诉、缠诉而不能及时终结程序。

四、重构启动刑事审判监督程序的出路

针对上述困境，建立切实可行的刑事审判监督程序必须坚持中国问题导向与国际原则相结合，写入禁止双重危险原则目的不仅在于限制和规范刑事审判监督程序，更在于关注人权保障之现代刑事诉讼理念背景下的遵循司法原理与发挥刑事审判监督程序基本功能。作为禁止双重危险原则的一种例外，刑事再审的启动有严格条件限制。我国现行刑事审判监督程序缺乏这一原则的指导，与其他国家以禁止双重危险原则来限制刑事再审程序启动的做法相比，我国在保障人权、维护既判力和注重程序公正等方面还是有很大差距。科学、合理、规范地重构我国启动刑事审判监督程序亟待解决。由于启动程序涉及的问题比较多，在这里我

---

① 《意见》第10条规定的申诉期限的例外，即具有下列情形之一超过两年提出申诉的，人民法院应当受理：（1）可能对原审被告人宣告无罪的；（2）原审被告人在规定期限内向人民法院提出申诉，人民法院未受理的；（3）属于疑难、复杂、重大案件的。

们选出其中八个重要问题，提出相对具体的改革与出路。

（一）更新我国刑事诉讼理念，确立禁止双重危险原则

刑事诉讼活动实质上是诉讼价值的实现与选择过程，在追求客观真相时必须兼顾程序公正和诉讼效益。我国刑事审判监督程序长期坚持实事求是、有错必纠的思想而片面追求实体公正具有历史局限性，深刻反思这一传统思想理念就要求我们更新刑事诉讼理念并在刑事诉讼法中确立禁止双重危险原则，使之从实事求是、有错必纠转化为兼顾保障人权、维护既判力、注重程序公正与诉讼效益的理念。“禁止双重危险原则是联合国《公民权利和政治权利国际公约》规定的重要刑事司法准则之一，且我国已于1998年签署了该公约和我国现行宪法及刑事诉讼法也都已明文规定了保障人权，这也为确立禁止双重危险原则提供了法理依据。”①

（二）取消“监督”用语，用“刑事再审程序”替代“刑事审判监督程序”

从现行称谓本身来看，我国现行刑事再审程序的启动带有较强的行政色彩，不仅缘于“监督”二字，更由于我国强职权主义诉讼模式。从提起刑事再审主体上可以看出各级人民法院和人民检察院对法院生效裁判可以行使监督权和制约权，尤其是人民检察院的抗诉必然会产生刑事再审的结果。所以，去行政化色彩要理顺诉讼角色，把启动刑事再审程序也纳入诉讼化结构中，即法院被动、中立、居中裁判及检察院与申诉当事人平等地位。

（三）细化再审理由、区分有利于和不利于被告人再审的情形

确立禁止双重危险原则并不是否定刑事再审制度，而是在例外情况下仍然可以启动刑事再审程序。应当细化“新的事实”“新情况”“新证据”“确有错误”等内涵，还要规定再审的类型即有利于被告人的再审和不利于被告人的再审。这里需要说明的是，可以借鉴国外立法经验将再审分为纠正事实认定错误的再审和纠正法律适用错误的再审两种，如

① 法律出版社法规中心编:《常用国际公约与国际惯例》(应用版·48)，法律出版社2015年版，第236页。

日本、法国。参照德国、法国、俄罗斯法的有关规定[①]，有利于被告人再审的理由可以规定如下情形：（1）发现原判决依据的物证、书证是伪造或者变造的，或者原判决所依据的言词证据经查是不合法手段获取或不真实的；（2）新的证据或者新发现的情况可以证明被告人应当被判定无罪或者较轻刑罚的；（3）发现原判决所采纳的证人证言、鉴定意见或者翻译是虚假的；（4）参与该案的原有关人员在办理本案履行职务过程中有违法行为的；（5）原判决在适用法律上的错误导致罪名错误、量刑过重的；（6）作为原判决所依据的其他判决已被依法撤销或者变更的；

① 《德国刑事诉讼法典》第359条规定："下列情形，对由确定判决所终结的程序准许进行对受有罪判决人有利的再审：（1）法庭审理中对受有罪判决人不利的作为真实证书出示的证书，系伪造或变造；（2）证人或鉴定人在提供对受有罪判决人不利的证言或鉴定时，故意或者过失违反宣誓义务，或者故意作出虚假的未经宣誓的陈述；（3）参与判决的法官或陪审员，在有关案件的问题上作出违反职务义务的可罚行为，以此违反行为非由受有罪判决人引起为限；（4）刑事判决所依据的民事法院判决，已被另一确定判决撤销；（5）提出新的事实或者新的证据材料，单独或与先前提出的证据结合，使得有理由宣告被告人无罪，或者对其适用较轻刑法从而判处较轻刑罚，或者判处重大不同的辩正及保安处分；（6）如果欧洲人权法院确认违反《欧洲人权和基本自由保护公约》或其议定书，而该判决以此项违反为基础。"参见《德国刑事诉讼法典》，宗玉琨译，知识产权出版社2013年版，第249页。

《法国刑事诉讼法典》第622条规定："有下列情况之一，任何人可以为任何被判定犯有重罪或轻罪的人对已确定的刑事判决进行申诉：（1）在判处杀人罪之后，有足够的证据证明所认定的被杀害的人仍然活着；（2）在判决一项重罪或轻罪以后，对同一案件事实又作出另一新的裁定或判定，对另一被告人定罪判刑，而这两个判决不能统一并存，其矛盾证明有一名被判罪人是无辜的；（3）在定罪以后，证人之一被追诉并判定时被告人犯有伪证罪，因此在新的审理中被判罪的证人，不得再行作证；（4）在定罪以后，以提供或揭发出原判决法院在审理时所不知悉的新的事实或证据，足以对被判罪人是否有罪产生怀疑。"参见《法国刑事诉讼法典》，罗结珍译，中国法制出版社2006年版，第371页。

《俄罗斯联邦刑事诉讼法典》第413条规定："新发现的情况包括：（1）已经发生法律效力的法院刑事判决确认，被害人或证人故意做虚假陈述、鉴定人故意提供虚假鉴定结论，以及伪造的物证、侦查行为、审判行为笔录和其他文件、或者翻译人员做故意不正确的翻译，导致作出了不合法的、没有根据的或不公正的刑事判决，导致作出了不合法的或没有根据的裁定或裁决；（2）已经发生法律效力的法院刑事判决确认，调查人员、侦查人员或检察长的犯罪行为导致作出了不合法的、没有根据的或不公正的刑事判决，导致作出了不合法的或没有根据的裁定或裁判；（3）已经发生法律效力的法律刑事判决确认，法官在审理该刑事案件时实施了犯罪行为。"参见《俄罗斯联邦刑事诉讼法典》，黄道秀译，中国人民公安大学出版社2006年版，第331页。

(7) 原案诉讼过程中存在严重程序违法情形的，可能影响公正审判的。不利于被告人再审的理由需要更加严格的限制，可以设计如下情形：(1) 严重犯罪因原判证据不足被判无罪的，现有新的证据证明被告人实施了犯罪行为的；(2) 被判无罪之后在法庭外做了值得令人相信的严重犯罪行为自白的；(3) 原审时被采纳的对被告人有利的物证、书证、证人证言等证据是伪造或者变造的；(4) 为了被告人利益而参与该案的原侦查人员、检察人员、审判人员在办理本案过程中有收受被告人贿赂、徇私舞弊、枉法裁判行为的；(5) 有证据证明原案被告人串通证人、鉴定人、翻译人员致使他们作了伪证、虚假鉴定和翻译的。[①]

(四) 科学界定启动再审的主体

现行法律规定，启动再审主体是人民法院和人民检察院，当事人不是启动再审的主体。考虑到我国实际情况，陈光中教授认为，“对于不利于被告人的再审，法院不得主动提起。对于有利于被告人的再审若检察院没有抗诉或当事人没有提出申诉请求的，法院可以主动提起”。[②] 为了防止自我纠正的困难性或法外不正当因素的干扰，启动再审应当由原审法院的上一级法院或最高法院发起，同时上一级法院或最高法院决定启动再审审查时要听取检察机关和当事人的意见。另外，对于检察院的再审抗诉权，应当按照控辩平等司法原理要求将申诉权与抗诉权置于同等地位，应当强化当事人的申诉权并进行诉权改造。对再审抗诉问题，法院也应当首先依法审查在符合再审法定理由时才能决定启动再审程序。当然，启动再审的严重任意性和随机性还在于法院主动启动再审有违控审分离、不告不理、居中裁判的司法精神，如若严格按照司法规

① 关于不利于被告人再审的理由设计，参照了德国法的规定，即《德国刑事诉讼法典》第 362 条：“下列情形，对由确定判决所终结的程序准许进行对被告人不利的再审：(1) 法庭审理中对被告人有利的作为真实证书出示的证书，系伪造或变造；(2) 证人或鉴定人在提供对被告人有利的证言或鉴定时，故意或过失违反宣誓义务，或者故意作出虚假的未经宣誓的陈述；(3) 参与了判决的法官或陪审员，在有关案件的问题上作出违反职务义务的可罚行为：(4) 被宣告无罪人在法庭上或法庭外就犯罪行为作出了可信的自白。”参见《德国刑事诉讼法典》，宗玉琨译，知识产权出版社 2013 年版，第 250 页。

② 陈光中主编：《刑事再审程序与人权保障》，北京大学出版社 2005 年版，第 193 页。

律，那么最科学的办法就是取消法院自行启动再审权而只是授予法院再审审查权。

（五）规定审查程序、审查方式、审查内容与范围、审查结果公布和审查期限

刑事再审审查程序是指人民法院对其受理的再审申请或再审抗诉的案件和人民检察院对其受理的申诉案件进行审查，判断是否符合法定再审条件并决定是否再审和提起抗诉的程序。审查程序分为两个步骤，一是形式审查，二是实质审查。形式审查包括申请再审的受理和初步审查两个环节。有申诉权的人向有权受理的人民法院或人民检察院提出再审申请并按规定提交材料，接收材料的单位对提交的材料是否齐全进行审查，材料不全的不予受理即初步审查。[①]实质审查是再审审查程序的关键阶段，是指审查机关对其受理的申诉案件进行审查，判断是否符合法定再审条件并决定是否再审和提起抗诉程序的阶段。实质审查包括审查方式、审查范围、审查结果公布等问题。审查方式包括三种：书面审查、书面审查加调查询问、公开举行听证会。每一种审查方式都应当明确规定其具体的适用范围和步骤。审查范围应规定实行全面审查原则。[②]审查结果如何公布以及审查期限都要明确规定并严格遵守，不得随意申请或决定延长复查期限而影响审查效率。[③]

（六）明确提起再审期限、次数、管辖、律师参与、再审不加刑

有利于被告人的再审启动，其提起期限和次数不应当受到限制；但对于不利于被告人的再审，其提起时间和次数应当给予限制，即2年内再审一次即一审终审。管辖法院应当是原审生效判决法院的上一级人民法院或最高人民法院。启动再审过程中应当规定有律师参与，因为律师

---

① 《解释》第372条、第373条的规定和《人民检察院复查刑事申诉案件规定》第18条的规定。

② 《人民检察院复查刑事申诉案件规定》第3条、第21条的规定。

③ 聂树斌案自2014年12月最高人民法院指令山东省高级人民法院复查以来，山东高院已分别申请延期四次，即2015年6月12日延至2015年9月15日和延至2015年12月15日以及延至2016年3月15日和2016年6月15日。最高人民法院依据审理期限的有关规定，多次决定是否延长复查期限是无理论根据的。

介入申诉有助于平衡申诉人和受理申诉机关之间的矛盾，也起到定分止争、提高效率的作用。关于再审不加刑问题，学界有些争论，但我们认为应当明确再审不加刑原则，这样有利于保障被告人的合法权益，防止被害人或检察机关滥用权力和确保上诉不加刑真正得到贯彻，符合国际刑事诉讼发展趋势。[①]同时，对于再审不加刑也应当规定例外情形。

（七）完善有关配套的司法制度

启动再审难，有时候不完全在于刑事再审制度本身，还在于有关配套司法制度的缺失或不完善。如再审审查期间是否停止执行刑罚、鉴定制度的启动机制不完善、原案卷宗和物证保管制度不健全（DNA 技术纠错）、被害人救助制度得不到落实、国家刑事赔偿制度不到位等。因此，为了更好地化解启动刑事审判监督程序的困境，就必须完善与之有关的配套司法制度。

（八）建议成立刑事申诉案件复查组织

刑事申诉复查组织同法院内设的审判监督庭性质不一样，可以是民间性质的或者半官方性质的，主要任务是申诉人在正式向法院申请再审之前由该组织先行复查并出示是否申诉的意见。成立这一独立法院系统之外的中间机构对大量的申诉案件具有过滤、筛选作用，对法院而言意义在于缓解压力、节约司法资源和提高效率。该建议是借鉴美国无辜者计划（民间纠错机构）和英国刑事案件复查委员会（官方机构）的经验基础上得出的，至于该组织的性质和构建是另外研究的内容。也有学者提出，在各级人民代表大会之下设立独立机构来专门受理申诉案件，具有进步意义。

① 陈卫东:《刑事审判监督程序研究》，法律出版社 2001 年版，第 216 页。

证据制度

关于建立和完善我国证据规则的思考 *

证据是诉讼活动的基础。在诉讼活动中，一方面对案件的实体处理首先取决于能否准确地运用证据认定案件事实，另一方面诉讼程序的演进与程序正义的实现也有赖于证据之理念及其应用。正如我国台湾地区学者李学灯先生所指出的："唯在法治社会之定分止争，首以证据为正义之基础，既需寻求事实，又需顾及法律上其他政策。认定事实，每为适用法律之前提。因而产生各种证据法则，遂为认事用法之所本。"① 证据规则的重要性，已尽在其中。

当今世界，证据规则以英美法系国家最为发达。英美法系国家在诉讼制度上奉行当事人主义及陪审团制度，证据的提出、调查、质证均由当事人负责。为了规范当事人的举证、质证活动，防止对由非职业法官组成的事实审判者——陪审团产生误导，在长期的司法实践中通过判例逐步形成了一套相对完备、系统的证据规则，主要集中于证据能力方面，如传闻证据规则，最佳证据规则，意见证据规则，证据相关性规则，任意自白规则，等等。美国在20世纪60年代司法革命时期，为了规范侦查权力的运作，加强人权保障，维护程序公正，又进一步确立了非法证据排除规则。在大陆法系国家，实行职权主义诉讼，法官对程序的进行和证据调查起主导作用，证据的取舍及其证明力的大小由法官依其人格、能力、知识、经验而判断，因此为充分发挥法官的主观能动性以查明案件事实，对证据的证明能力方面不作过多限制。尽管如此，有些大陆法系国家，如德国，在借鉴英美证据规则合理因素的基础上，立法上亦确立了一些证据规则以对证据的范围和运用予以规范，并在诉讼理论上形成了所谓程序禁止和证据禁止的学说。

我国现代证据制度秉承大陆法系的传统，虽自诉讼法颁布以来，在

---

* 原文发表于《法商研究》1999年第3期，与姚莉合作。

① 李学灯:《证据法比较研究》，五南图书出版公司1992年版，序。

各诉讼法内均以专章对证据问题作出规定，并应司法实践之需颁布了少量涉及证据内容的司法解释，但显然不存在系统完备的证据规则体系。立法上关于证据的规定既粗疏、抽象，难以操作，实践中基于职权主义和客观真实的要求，一般对司法人员调查证据的权力和范围又不予太多的限制。因此，关于证据的可采性，关于证据的证明能力与证明力，关于证据的出示、质证、认证，均缺乏明确的证据规则指南。在理论研究上，证据法学同样未摆脱作为诉讼法学、程序法学附庸的尴尬境地，多年来基本上仍处于停滞不前、低迷徘徊的状态。这进一步导致了司法工作人员对证据规则认识上的浮浅和操作中的漠视。显然，此种状况已远远不能适应我国诉讼法制发展的需要，不能适应审判方式改革实践的需要。鉴于此，理论界和司法实务部门要求加强证据理论研究，振兴证据法学，尽快建立和健全我国证据规则的呼声越来越高。笔者以为，在现阶段研究建立和完善我国证据规则的时机已经成熟，而且迫在眉睫。

首先，建立和完善证据规则是依法治国的客观需要。党的十五大正式确立了依法治国的基本治国方略，修正后的宪法也明确规定，中华人民共和国实行依法治国，建设社会主义法治国家。法治意味着政府的全部活动应受预先确定并予以宣布的规则的制约——这些规则能够使人们明确地预见到在特定情况下当局将如何行使强制力，以便根据这种认知规划个人的事务。因此，基于依法治国的要求，在诉讼中一方面要赋予司法机关特别是审判机关较大的权力和权威，以充分发挥其定分止争、治国安邦的作用；另一方面要求对司法权的运作进行严格的制约，对法官裁量评判证据的活动予以规范。

其次，建立和完善证据规则是诉讼法制健全的重要内容。依法治国这一基本治国方略的确立，为我国诉讼法制建设和法学繁荣创造了空前优越的社会环境，同时也对诉讼和法学研究提出了更高的要求。就机制上分析，一个先进健全的诉讼制度，至少应包含科学的程序构造和完备的证据制度这两个方面。近几年，刑事诉讼法的修改和方兴未艾的民事经济审判方式改革，在很大程度上推动了我国诉讼制度的发展和完善。相比之下，证据制度方面的建设则明显滞后。因此，从规范证据的形式和运用入手，探索建立适合我国国情的证据规则，并以此为契机，引导我国证据制度理论研究的深入，既是进一步促进我国诉讼制度改革的要求，也是繁荣证据法学的必然。

再次，建立和完善证据规则是审判方式改革的必然要求。我国正在进行的审判方式改革，基本是在原有职权主义模式的基础上，吸收借鉴当事人主义的合理制度和理论，以改善诉讼结构，加强诉讼民主，实现控、辩双方或诉讼两造间的平等对抗。这种审判方式的改革方向，要求对当事人的举证、质证活动予以引导和规制，明确竞赛规则，实现公平对抗，以保障当事人的合法权益，保证诉讼活动的顺利进行。

最后，建立和完善证据规则是为了及时总结司法实践经验，巩固审判方式改革成果，发挥理论对实践的指导作用。近几年，为贯彻修改后的刑事诉讼法，推进刑事、民事、经济审判方式改革，最高人民法院和最高人民检察院先后通过一些司法解释，进行了确立证据规则的初步尝试。例如，明确宣布通过非法手段获取的言词证据不得作为定案的根据。此外，关于原始证据与传来证据的效力、关于专家鉴定等问题，也吸收了一些英美法系最佳证据规则、意见证据规则的相关内容。对于司法实务部门的这些努力和尝试，迫切需要从理论上加以总结、进行论证，以推动立法、指导司法。

建立与完善我国证据规则，应当考虑以下因素：第一，我国诉讼模式传统上属于大陆法系，法官在审判过程中起主导作用，这与英美法系国家采用陪审制审判有很大区别，在规划设置证据规则时要充分注意到这一点。第二，证据规则的建设应当针对司法实践的实际需要并尊重我国的现实社会条件，解决司法实践中迫切需要解决的问题，不能脱离实际，闭门造车，或者过于理想，过于超前。第三，应当注重对外国有关立法、理论和司法实践经验的研究，并结合我国国情和实际需要有甄别、有选择地吸收、借鉴。英美法系国家在证据规则方面因长期的积累和演变已形成相对完备的体系，具有丰富的制度资源和实践经验，若为我们合理地借鉴吸收，可收“他山之石，可以攻玉”之效。但同时应当看到，英美证据规则因判例而形成，历史久远，又具有结构散乱、内容庞杂并随形势和判例的变化而变化的特点，且部分内容与其特有的诉讼制度密切相关。因此，切忌盲目推崇，形而上学，生搬硬套。第四，证据规则的设置应当坚持一般性与特殊性相结合，原则性与灵活性相结合。一方面，规则的内容应尽可能明确、具体、完备，富有可操作性，既有一般适用的普遍规则，又要规定适当的例外，以应对丰富多彩、千变万化的诉讼实践；另一方面，应将证据规则的建设与发挥司法人员主观能动性有机地结合，为证据规则随着司法实践的需要而发展留下空间。

在我国证据规则的具体规划和建设上，笔者以为，初步可以考虑以下几个方面的内容：

其一，关于证据能力方面的规则。我国诉讼法规定，证明案件真实情况的一切事实，都是证据，并规定了诉讼证据的几种法定表现形式。在未经法庭审理证据属实之前，这些仅具证据形式的材料只能说是某种证据资料或证据来源。如果让所有证据资料或证据来源都不加鉴别地进入诉讼程序，很可能造成诉讼资源的极大浪费，耗时而低效，而且这些良莠不齐、混淆视听的证据可能对法官造成不当影响甚至误导，妨碍法官对案件事实作出正确评断。而证据能力，又称证据资格，指的就是证据资料在法律上允许其作为证据的资格。建立证据能力方面的规则，从证据的证明资格或证明能力方面进行审查，是为了卡严进口，将那些经验证不具证明价值或证明价值很小但极具误导性的证据，或者虽具一定证明价值但出于其他法律、政策方面的考虑不能采纳的证据，排除在诉讼程序之外，以避免不适当的证据对诉讼证明的负面影响。仅从立证资格方面考虑，可建立的规则大致有排除法则，优先法则，分析法则，预防法则，定量法则，等等。

其二，关于证据证明价值方面的规则。证明价值又称证明力，指证据对案件事实或待证事实证明作用之有无和程度。现代诉讼制度一般不对不同证据形式的证明力预先作出规定，证据证明价值的大小由法官根据自己在法庭审理中形成的内心信念进行自由判断。但是，根据经验法则，对于某些形式的证据，为了避免在运用中出现错误，需要确立一定的规则来规范这类证据的使用，如最佳证据规则，补强证据规则，等等。我国立法对某些证据的证据价值已规定了一些运用规则，例如，现行《民事诉讼法》第 67 条关于公证证明的证明力，现行《刑事诉讼法》第 46 条关于被告人供述证明力的规定等。近年来，最高人民法院在一些司法解释中（如《关于民事经济审判方式改革问题的若干规定》），也作出了一些确立有关证据证明价值方面规则的尝试，尚有待进一步健全完善。

其三，关于拒绝作证特权方面的规则。一般说来，如实作证，协助司法机关准确认定案件事实，是公民应尽的义务。但在有些场合，法律出于保护其他权益的需要或者法律保护的其他权益高于个案中特定证人作证所获得的利益，此时法律可以就证人作证问题作出一些特殊的规定。综合有关国家的规定，属于此类情况的大致有：夫妻之间，律师与委托人之间，牧师与信徒之间，医生与病人之间，银行与储户之间，等等。凡因某种特殊身份、特殊关系或从事某种特殊行业的需要，法律可赋予有关人员免除作证的义务或者赋予其拒绝作证的特权。出于其他法律、政策方面的考虑，还可以有另外的特殊规定，例如，在刑事诉讼中，赋予犯罪嫌疑人、被告人、证人反对被迫自我归罪的特权等。

其四，关于举证、质证等程序方面的规则。诉讼过程中对案件事实或争议事项的认定，是一个对证据收集、出示、审查判断的动态过程，因此对诉讼中证据的出示、核查、认定，也需要有相应的程序性规则予以配套，例如，证据展示规则，直接询问规则，交叉询问规则，对不具可采性证据提出异议、反驳、裁断的规则，等等。

其五，关于排除非法证据的规则。证据能够被允许进入诉讼轨道作为定案的根据，首先必须具有合法性。特别是在刑事诉讼或行政诉讼中，绝不允许国家机关滥用权力违法收集证据，侵犯公民的合法权益。对采取刑讯逼供或以威胁、引诱、欺骗等其他非法方法收集的证据，不得作为诉讼证据使用。

最后，建立和完善证据规则，既要尊重诉讼的共同规律，又要考虑三大诉讼的各自特点。民事诉讼、行政诉讼活动与刑事诉讼活动既有共性，又各具个性，差异明显。证据规则的建设既要体现出一般诉讼的共性，也要对各自的特性予以反映。

略论我国证据制度的理论基础 *

我国传统证据理论，视证据制度“所要解决的核心问题”为“如何保证司法人员能够正确认识案件事实，亦即如何保证其主观符合客观”，因此将辩证唯物主义认识论作为我国证据制度的唯一指导思想和理论基础。① 实际上，证据法学不仅要研究运用证据查明案件事实或争议事实真相的方法和规律，而且要研究借以发现事实真相的手段、途径和方法如何符合法律的规定和程序正义的要求。也就是说，诉讼中的证明活动不仅要符合人类主观认识客观世界的一般规律，而且要强调用于发现事实真相的手段和方法的合理性、正当性、公平性。因此，辩证唯物主义认识论的原理和程序正义的理论应当是指导我国证据制度建设的理论基础。

一、辩证唯物主义认识论原理

辩证唯物主义认识论揭示了人类认识自然、认识社会的普遍规律，是指导人们认识客观世界的科学理论。在一切诉讼或其他非诉讼法律事务的处理过程中，应当说首要的任务是查明案件事实或争议事实。这就是“以事实为根据”，“认定事实，每为适用法律之前提”。诉讼中的案件事实或争议事实，通常是过去发生并难以再现的。司法人员要正确认识这些过去发生并不可能再现的事实，只能依靠证据，只能按照辩证唯物主义认识论的原理去发现证据、收集证据、审查判断证据，并最终运用证据认定案情。但问题在于，我们要真正把握辩证唯物主义关于认识客观世界原理的真谛，正确理解存在与意识、主观与客观的关系，而不是机械地、片面地，甚至形而上学地去看问题。在若干证据重大理论问题的研究上，就需要我们真正运用辩证唯物主义的理论去检讨、去反思。

---

* 原文发表于《人民检察》2000 年第 11 期。

① 陈一方:《证据学》，中国人民大学出版社 1991 年版，第 93 页。

（一）关于证据的客观性问题

传统证据理论认为，证据是客观存在的事实，是在案件事实发生之前、之中或之后产生的并与案件事实具有某种联系的客观事实。它或是案件事实发生时对客观外界产生的影响，如犯罪时留下的物品和痕迹，或是案件事实作用于人的感官而留下的影像，如证人证言。总之，证据是客观的，它与案件事实之间的联系也是客观的。这种客观性就像一把刀子摆在你面前那样确定无疑。然而，人们在与法律所规定的各种证据具体接触时，却总是免不了对证据的客观性产生怀疑。

以刑事诉讼法规定的七种证据为例。按照这七种证据的表现形式，大致可以归为三类：第一类是物证、书证，属于确确实实客观存在，并能以其存在形式、外部特征、内部属性或所记载的内容证明案件事实或争议事实的物品、痕迹或文字材料。属于这一类的还有视听资料，在证据分类中可以统统归为物证或实物证据。第二类是证人证言、被害人陈述、犯罪嫌疑人、被告人供述和辩解。这类证据都是在案发之时，通过人的感官对所发生的案件事实加以感知或反映，经过人脑储存、记忆后，再通过人的表述再现出来或固定下来。在证据分类中属于人证或言词证据。第三类是勘验检查笔录和鉴定结论。这些都是在案发后或诉讼中由不了解案件情况的人对与案件有关的场所、物品、尸体、人身进行观察、检验活动后所作的记载，或者是由具特殊技能者对案件中某些专门性问题进行分析、判断后所作的结论性意见。

由此三类证据可以看出，除第一类物证、书证和音像资料是实实在在的物质，因而是客观的以外，其他两类证据都很难说它们是完全客观的。证人证言、被害人陈述、被告人供述和辩解这类人证，分别是人这一认识主体主观对客观事物的感知或反映，尽管这种感知或反映必须以客观的事物为基础，以区别于纯粹的主观臆断、毫无根据的猜测以及梦幻的情节等，但经过了人脑感知、储存、再现的过程，便不可避免地打上人的烙印，掺杂了主观的因素。此时仍把证人证言等说成是跟物证、书证一般纯粹客观存在的东西，显然不无疑问，至少其应当是主客观的结合，或者是主客观的统一。我们在分析实物证据与言词证据各自的特点时，认为实物证据的最大特点就是客观性、稳定性强，不易失真，而言词证据的突出弱点是容易受各种主客观因素的影响而出现虚假或失真。[1]应当说，这种分析是符合物证和人证各自的基本特征的。那么为什么我们在探索证据的一般特性时，却又无视这种区别了呢？至于第三类证据，如鉴定结论，则完全是鉴定人对鉴定事物的分析和判断，更是属于主观的范畴。因此，在英美证据法中称此为意见（opinion），以区别于事实（fact）；并称可以发表意见的为专家证人（expert）以区别于普通证人（witness）。证人只能陈述所了解的案件事实，不能发表个人的看法或意见。专家证人却不了解案件事实，他所能提供的只是根据其本人的专业知识或特殊技能而对案件中某特定事项所形成的判断或看法。如果“司法人员对案件事实的认定，是意识对存在的反映，属于主观范畴，是第二性的”[2]，那么鉴定人员对案件事实中特定事项的分析判断，无疑也应当属于主观的范畴，是第二性的。勘验、检查也属于同样性质的问题。如果我们对这些基本的东西都辨别不清，那就根本混淆了客观与主观、存在与认识的界限。

（二）关于“客观真实”的证明标准

辩证唯物主义认为，世界是可知的，总体而言，人类是有能力认识一切客观真理的。传统证据理论将辩证唯物主义这一命题运用到诉讼证明中，认为案件事实是客观存在的，因而也是完全可以认识的。只要司法人员充分发挥主观能动性，重视调查研究收集证据，案件事实真相是完全可以发现的，并据此将我国诉讼活动中的证明目标确定为：查明案件客观事实。用法律语言的要求便是“案件事实清楚，证据确实、充分”。

然而，辩证唯物主义可知论原理中还有一部分非常重要的内容为人们所忽略了，那就是人类认识能力的无限性与有限性的关系问题。恩格斯在《反杜林论》中曾精辟地指出：“一方面，人的思维的性质必然被看作是绝对的，另一方面，人的思维又是在完全有限地思维着的个人中实现的。这个矛盾只有在无限的前进过程中，在至少对我们来说实际上是无止境的人类世代更迭中才能得到解决。从这个意义来讲，人的思维是至上的，同样又是不至上的。它的认识能力是无限的，同时又是有限的。按它的本性、使命、可能和历史的终极目的来说，是至上的和无限

---

① 何家弘：《新编证据法学》，法律出版社2000年版。

② 陈一方：《证据学》，中国人民大学出版社1991年版，第93页。

的；按它的个别实现和每次的现实来说，又是不至上的和有限的。”①

恩格斯的上述精辟论述，令人茅塞顿开。原来，人们对案件事实的认识都属于认识的“个别实现”，都是“在完全有限地思维着的个人中实现的”，都是不可能无止境无限期地进行下去的。而且，人们对案件事实的认识还受到众多主客观因素和条件的限制。因此，人们在具体案件中对案件事实的认识，在能力上只能是不至上的和有限的，在目标上只能是追求“相对真理”，而不是“绝对真理”。以人类在整体上在永无止境的世代更迭中所具有的对客观世界的无限认识能力或所能实现的终极认识目标，作为具体诉讼中所要达到的证明标准，其中的谬误无须言说也可以想见。理论上的误区造成立法上的缺憾，更给司法实务的运作造成难以逾越的障碍。没有理论上的正本清源，要想在诉讼证明标准的研究上有所突破，必然是难上加难。

二、程序正义理论

辩证唯物主义认识论原理为我们提供了认识客观世界的武器与方法，然而认识活动虽然是诉讼证明活动中的重要内容，但绝不是诉讼证明活动的全部。而且，也不能将诉讼活动完全等同于诉讼证明活动，从而再与认识活动画等号。诉讼中争议事项的解决，虽然通常以查明争议事实为基础，但却不是必然前提，还要遵循现代诉讼的原理，符合程序正义的要求，或基于其他法律政策的考量。例如，根据刑事诉讼法的规定，法庭经审理后，对于证据不足，不能认定被告人有罪的，应当作出证据不足、指控犯罪不能成立的无罪判决。同样，在民事诉讼中，承担举证责任的一方如果不能向法庭提供充分必要的证据证明争议事实的存在，证明己方法律主张的成立，或者所举出的证据不能达到法律规定的要求，那么就要承担败诉的法律后果，法庭将作出对其不利的裁决。显然，在上述情况下法庭作出的裁判，并没有建立在案件事实真相已经查明的基础上。有的时候，尽管诉讼中的认识活动由于某种原因未能完成或并无明确结果，但显然案件不能没完没了地拖延，犯罪嫌疑人、被告人也不能长期被羁押。这时对案件的解决，更多的可能出于其他法律价

① 中共中央马克思恩格斯列宁斯大林著作编译局编译:《马克思恩格斯选集》(第3卷)，人民出版社1972年版，第126页。

值的考虑，如诉讼经济、人权保障、社会安定，等等。

即便是诉讼中的认识活动，也不同于其他社会领域中的认识活动，除了必须遵循辩证唯物主义关于主观认识客观的规律原理，运用逻辑和经验的法则知识外，还要受到程序法律的规范，体现程序正义的理念。例如，在证据的收集上，司法人员必须严格按照法律要求，遵循法律程序。如果司法人员违反法律规定，采取刑讯逼供或以威胁、引诱、欺骗及其他非法方法收集证据，即使这些证据从内容上看能够起到证明案件真实情况的作用，由于其取证手段违法，也不能用来作为定案的根据。再如，虽然犯罪嫌疑人、被告人对自己是否实施了犯罪行为最清楚，犯罪嫌疑人、被告人如果能够如实陈述，将对查明案件事实真相有益，但为了保护犯罪嫌疑人、被告人利益，防止侦查人员滥用权力，杜绝或减少刑讯逼供，联合国人权公约和许多国家的法律授予犯罪嫌疑人、被告人沉默权，规定不得强迫犯罪嫌疑人、被告人自证其罪。这显然出于立法和司法中对法律价值的选择，而不是认识规律在起作用。

程序正义理论，还直接涉及法官在认识案件客观事实中的作用问题。根据现代诉讼构造，法官作为裁判一方，应当与控诉和辩护双方保持等距离的关系，以维护其地位的中立与超然。在控审关系上，实行不告不理，即审判以合法有效的起诉为前提，审判事项受起诉范围限制。法院既不能自告自审，也不能不告而审。受制于这一现代诉讼原则，法官在审理中就不能随意扩大需要查明或认定的案件事实范围，而只能将法庭调查限制在控诉的范围之内。而且，法庭对案件事实进行审理的目的，不是发挥法官的主观能动性去探知未知的案件客观事实真相，而是从事实和证据的角度去审查诉讼各方的诉讼主张是否成立。以刑事诉讼为例，探求案件事实真相的认识活动主要是在侦查阶段完成的，在审查起诉阶段可以继续或作必要的补充，但到决定提起公诉时，公诉人员已经对案件事实形成了确定的主观结论，同时也宣告由侦查、检察人员共同进行的对案件客观事实的认识活动已告终结。审判人员法庭审理的任务，只是在控辩双方的平等对抗下，在关于示证、质证的严密程序下，通过对法庭上出示证据的审查判断，来评价侦检人员主观对案件客观事实的认识是否正确，认定控方关于被告人应当负刑事责任的主张在事实和法律上能否成立。检察一方能够举出充分证据并使审判人员确信被告人犯有被控罪行的，就判决被告人有罪，反之则判决被告人无罪。

因此审判人员本身并不承担证明案件事实的任务。如果法官承担证明责任，就模糊了现代诉讼关于控诉与审判的分工，混淆了法官的职责，恶化了被告人的地位，实际取消了辩护的职能，而使审判模式回到过去那种侦审不分、控审不分、侦控审三位一体合力追究犯罪的纠问式诉讼构造中。

概而言之，现代诉讼的目的是要正确解决事实争议和法律争议。实现这一目的，通常以准确认定案件事实为基础，但不是必然前提。现代诉讼证明，不仅要努力查明案件事实，使办案人员主观对案件客观事实的认识尽量符合或接近客观事实真相，而且要规制发现事实真相的手段和方法，使证明的途径和程序符合现代司法民主和文明的理念，具有正义性、合理性、公平性。可以说，辩证唯物主义认识论为我们提供了正确认识客观世界的方法和途径，程序正义理论则为我们从法律上规范和制约这些认识方法和途径的正当性。二者的对立统一，成为指导我们证据制度建设的理论基础。

论诉讼证明的相对性 *

证明是诉讼活动的重要组成部分。在诉讼活动中，一方面对案件的实体处理通常首先取决于能否准确地运用证据认定案件事实，另一方面诉讼程序的演进与程序正义的实现也有赖于证明之理念及其正确应用。我国台湾地区有学者曾言道："惟在法治社会之定分止争，首以证据为正义之基础，既需寻求事实，又需顾及法律上其他政策。认定事实，每为适用法律之前提。"[①] 证明在诉讼中的重要性，可见一斑。

诉讼证明属于社会科学领域的一种证明。就其性质而言，诉讼证明首先属于人们主观对客观发生的社会事件的一种认识活动，因此必须遵循认识论的普遍规律；诉讼证明也是人类的一种逻辑思维活动，必须运用辩证思维的形式和方法，符合形式逻辑和辩证逻辑的一般规则；诉讼证明又是一种诉讼行为，必须接受程序法律和证据规则的调整和制约，符合程序正义的要求。近年来，法学界对证据理论的研究掀起了一股热潮，特别是对证明标准问题更是见仁见智，争议较大。笔者在此提出一些观点，就教于法学界同仁。

一、认识的相对性

传统证据理论认为，查明案件事实的过程，就是一个证明过程，也就是人们主观对客观世界的一种认识活动。我国诉讼中证明的任务是确定案件的客观真实。所谓"客观真实"，就是"司法机关所确定的这些事实，必须与客观上实际发生的事实完全符合，确实无疑"[②]。在他们看来，确定案件的客观真实既是完全可能的，也是应当做到的。因为马克思主义认识论认为，世界是可知的，人类有认识世界的能力。将此命题

---

* 原文发表于《中国法学》2001 年第 2 期，与郭志媛合作。

① 李学灯:《证据法比较研究》，五南图书出版公司 1992 年版，序。

② 巫宇甦主编:《证据学》，群众出版社 1983 年版，第 78 页。

运用到诉讼证明中，就是：案件事实是客观存在的，因而也是完全可以认识的。只要司法人员充分发挥主观能动性，重视调查研究收集证据，完全有可能掌握对查明案情具有意义的一切事实。[①]因此，要探讨诉讼证明问题，首先有必要从认识论着手，正确认识存在与意识、主观与客观、绝对真理与相对真理的关系，以求正本清源，把握马克思主义关于认识客观世界理论的真谛。

辩证唯物主义认识论由三个基本的理论要素构成：一是反映论，即认为物质（或存在）是第一性的，意识（或思维）是第二性的，物质决定精神，意识是物质的反映。唯物主义反映论坚持从物质到精神、从客观到主观的认识路线，从而同唯心主义区别开来。二是可知论，即认为思维与存在之间具有同一性。[②]物质世界虽然客观存在于人之外，但人的认识可以提供客观世界的正确图景，也就是承认意识能够正确地反映物质。辩证唯物主义的可知论是以科学的实践论为基础的，认为认识来源于实践，实践又是检验真理的唯一标准。三是坚持认识论的辩证法。首先，从主观与客观、认识与实践的对立统一运动中考察人对客观世界的认识，把认识看作在实践基础上能动地把感性材料加工为理性知识的过程，能动地从个别性的认识上升到规律性的理解，又能动地用理论去指导实践的过程。其次，把人类的认识看作一个无限发展的过程，认为人对事物的终极认识有无限接近客观真理的可能性。由此可见，以能动的反映论和可知论为基础的辩证唯物主义认识论，既坚持认识论的唯物论，又坚持认识论的辩证法，从而科学地揭示了认识的本质。我国传统证据理论对辩证唯物主义认识原理理解上之不足，在于片面强调了认识论的唯物论，即反映论、可知论，却忽略了认识论的辩证法，曲解了绝对真理与相对真理的辩证关系。

辩证唯物主义认识论坚持可知论，认为人的思维是至上的，是能够认识现存世界的，在此意义上说，认识是绝对的。但是这里所说的“人的思维”，不是指个人的思维，而是“作为无数亿过去、现在和未来的

---

① 巫宇甦主编:《证据学》，群众出版社 1983 年版，第 79 页。

② 恩格斯曾着重指出:“我们的主观思维与客观世界都是服从于同一的规律的。”又说:“因此，它们在结果方面不能相互对立而应该是一致的。”参见［德］恩格斯:《自然辩证法》，人民出版社 1957 年版，第 223—224 页。

人的个人思维而存在”[①]，而且承认人的思维具有至上性的前提是“只要人类足够长久地延续下去，只要在认识器官和认识对象中没有给这种认识规定出界限”[②]。正如恩格斯在《反杜林论》中所指出的：“思维的至上性是在一系列非常不至上地思维着的人们中实现的；拥有无条件的真理权的那种认识是在一系列相对的谬误中实现的；二者都只有通过人类生活的无限延续才能完全实现。”[③]这就是说，辩证唯物主义的可知论是从人类在整体上、在永无止境的世代更迭中所具有的对客观世界的无限认识能力或所能实现的终极认识目标上来说的，而不是说我们的每一次具体的认识活动都能发现或达到绝对真理。相反，从人对具体事物的认识这一意义上看，认识又是相对的。这种相对性首先表现为认识能力的相对性、不至上性，也反映在认识结果的相对性、不确定性，并且还具有阶段性的特点。这就涉及绝对真理与相对真理的关系。

辩证唯物主义认为，绝对真理与相对真理之间是相互渗透、相互转化的关系。一方面，绝对真理与相对真理是辩证统一的，任何相对真理之中都包含绝对真理，绝对真理总是通过相对真理表现出来。因此，绝对真理并不是在认识发展的某个地方、某个时刻孤立地存在和突然出现的，它的成分、萌芽、基础就在现实的真理及其发展之中。另一方面，人类的认识是一个从相对真理走向绝对真理、接近绝对真理的动态的、无限的过程。换言之，真理是一个过程，它永远处在由相对到绝对的转化和发展中。[④]人类的认识，总是要经过一个从不知到知，从不完全、不确切的认识到比较完全、比较确切的认识的不断深化、不断丰富、不断发展的过程。

关于人类认识能力的无限性与有限性的关系问题，或曰绝对真理与相对真理的相互关系问题，马克思主义哲学的经典著作中早就有过精辟

① 引自[德]恩格斯:《反杜林论》，载《马列著作选读·哲学》，人民出版社1988年版，第96页。

② 引自[德]恩格斯:《反杜林论》，载《马列著作选读·哲学》，人民出版社1988年版，第96页。

③ 引自[德]恩格斯:《反杜林论》，载《马列著作选读·哲学》，人民出版社1988年版，第97页。

④ 参见肖前、李秀林、汪永祥主编:《辩证唯物主义原理》(修订本)，人民出版社1991年版。

的论述。恩格斯在《反杜林论》中就明确指出："一方面，人的思维的性质必然被看作是绝对的，另一方面，人的思维又是在完全有限地思维着的个人中实现的。这个矛盾只有在无限的前进过程中，在至少对我们来说实际上是无止境的人类世代更迭中才能得到解决。从这个意义上来讲，人的思维是至上的，同样又是不至上的。它的认识能力是无限的，同时又是有限的。按它的本性、使命、可能和历史的终极目的来说，是至上的和无限的；按它的个别实现和每次的实现来说，又是不至上的和有限的。"[①] 列宁在《唯物主义和经验批判主义》一文中也对绝对真理与相对真理的关系问题进行了论述，认为："人类思维按其本性是能够给我们提供并且正在提供由相对真理的总和所构成的绝对真理的。科学发展的每一阶段，都在给这个绝对真理的总和增添新的一粟，可是每一科学原理的真理的界限都是相对的，它随着知识的增加时而扩张、时而缩小。"[②]

先哲们的上述精辟论述，令人茅塞顿开。原来，人们对案件事实的认识都属于认识的"个别实现"，都是"在完全有限地思维着的个人中实现的"，都是不可能无止境、无限期地进行下去的。而且，人们对案件事实的认识还要受到众多主客观因素和条件的限制。因此，人们在具体案件中对案件事实的认识，在能力上只能是不至上的和有限的，在目标上只能是追求"相对真理"，而不是"绝对真理"。认识到这一点，并不意味着否定绝对真理，也不否认对案件事实求得的相对真理中包含绝对真理的因素。因为，绝对真理是一条历史发展的"长河"，相对真理则是这条"长河"中的"水滴"或"河段"。绝对真理的长河由每一颗这样的水滴或河段组成，每一相对真理之中都包含绝对真理的颗粒。[③] 正如列宁在《唯物主义和经验批判主义》中指出的："马克思和恩格斯的

---

① ［德］恩格斯：《反杜林论》，载《马列著作选读·哲学》，人民出版社 1988 年版，第 97 页。

② ［苏］列宁：《唯物主义和经验批判主义》，载《马列著作选读·哲学》，人民出版社 1988 年版，第 226 页。

③ 毛泽东在阐述这一思想时说："马克思主义者承认，在绝对的总的宇宙发展过程中，各个具体过程的发展都是相对的，因而在绝对真理的长河中，人们对于在各个一定发展阶段上的具体过程的认识只具有相对的真理性。无数相对的真理之总和，就是绝对的真理。"参见中共中央文献编辑委员会：《毛泽东选集》（第 1 卷），人民出版社 1991 年版，第 272 页。

唯物主义辩证法无疑地包含着相对主义，可是它并不归结为相对主义，这就是说，它不是在否定客观真理的意义上，而是在我们的知识向客观真理接近的界限受历史条件制约的意义上，承认我们一切知识的相对性。”①显然，若以人类在整体上、在永无止境的世代更迭中所具有的对客观世界的无限认识能力或所能实现的终极目标，作为具体诉讼中所要达到的证明标准，其中的谬误无须言说也可以想见。

二、诉讼证明的相对性

以证明对象为划分标准，可以把人类的证明活动粗略地划分为以自然界为对象的自然证明和以社会为对象的社会证明两大部分。诉讼证明作为社会证明活动的一种，首先必须遵循辩证唯物主义认识论的一般原理，受认识普遍规律的规范和制约。但诉讼证明作为一种特殊的社会证明，又具有不同于自然证明和一般社会证明的特点。

首先，从性质上看，诉讼证明是一种回溯性的证明，或曰“历史证明”。②诉讼证明的对象是已经发生过的具体事件，而非事物的规律性。③这种回溯性的历史证明有以下两个特点：一是作为证明对象的案件事实不可能通过科学实验来证明，司法人员只能运用证据以推论的方式对诉讼中的争议事实加以“追溯”或“再现”，这就不可避免地要受到各种主客观因素的影响，难以达成绝对性的认识。二是对案件事实的结论也不能通过科学实验来检验。诉讼证明是司法人员依靠经验法则与伦理法则对既往事实进行的主观推导，其结论是否与案件的客观事实完全相符，由于不可能以科学实验或其他实证方法进行验证而具有不确定性。

其次，从证明目的看，诉讼证明与自然证明和其他社会证明也存在很大差异。自然科学证明和一般社会证明是为了揭示、解释、概括自然领域、社会领域中客观存在的各种现象和规律，或者是为了追求客观真理。而诉讼证明的目的则在于论证诉讼中的争议事实以维护己方的诉讼

① ［苏］列宁:《唯物主义和经验批判主义》，载《马列著作选读·哲学》，人民出版社 1988 年版，第 229 页。

② ［日］田口守一:《刑事诉讼法》，刘迪等译，法律出版社 2000 年版，第 223 页。“根据诉讼上的证明的特征，首先可以把证明分为论理证明和历史证明。前者是自然科学使用的概念；后者是法律学使用的概念。”

③ 陈一云主编:《证据学》，中国人民大学出版社 1991 年版，第 113 页。

主张。无论何种诉讼，其实质都是通过诉诸法律而定分止争，换言之，诉讼是以确认法律权益、解决利益争端为目的的法律实施活动。在诉讼证明中，诉讼各方必须努力提出确实、充分的证据来证明自己所主张的案件事实，实现己方的法律诉求。尽管诉讼中争议事项的解决通常以查明争议事实为基础，但当事人对争议事实的证明和司法机关对争议事实的认定只要达到法律规定可以解决争议的程度即可。这就是说，此种对事实的认识，实际上是法律认可的真实，即诉讼中的真实。由于不同种类的诉讼解决的争议性质不同，法律在确定证明标准时应当有所不同，而且同一诉讼中因证明事项的不同在证明标准上也应区别对待。

最后，诉讼证明是一种具体的诉讼行为，直接受诉讼法律和证据法则规范和调整。这区别于一般的抽象思维活动。诉讼证明除了必须遵循辩证唯物主义认识论原理，符合逻辑和经验的法则外，还涉及一系列法律价值的选择和权衡，必须体现程序正义的理念。例如，在证据的收集上，司法人员必须严格按照法律要求，遵循法律程序。如果司法人员违反法律规定，采取刑讯逼供或以威胁、引诱、欺骗及其他非法方法收集证据，即使这些证据从内容上看能够起到证明案件真实情况的作用，由于其取证手段违法，也不能作为定案的根据。

概而言之，无论从认识活动的属性，还是从诉讼行为的属性来看，诉讼证明都只能达到相对真实，而非绝对真实。①这不仅是由认识的相对性决定的，也是由诉讼证明自身的特殊性所决定的。具体地说，影响诉讼证明的因素主要有：

1. 证明主体的局限性

这主要表现在两个方面：一是证明主体主观能力的限制。无论是国家公诉人员，还是普通的诉讼当事人，都是基于其对案件事实的主观认识来从事证明活动的，都必然受到其自身主观能力如感受能力、记忆能力、理解能力、表述能力的限制，这些都必然对证明活动的履行和效果产生一定的影响。关于诉讼主体主观能力的限制，我国台湾地区学者曾有精辟论述："人性固然有情绪或其他的弱点，同时人的能力也有一

① 在哲学上，绝对真理与相对真理是在两种意义上使用的：一是指真理的绝对性与相对性两种普遍特征；二是指完全的、最终的真理和近似的、具体的真理两种类型。本文系从宏观上探讨诉讼证明，因此是在第二种意义上使用绝对真理（绝对真实）与相对真理（相对真实）这一对概念。

定的限制。任何人的观察，都可能发生偏差，在心理学上已成为公认的事实。人类之记忆，每与时俱逝。时日愈久，记忆愈淡。所谓‘记忆犹新’，有时亦只不过是零碎的片段而已。……就是通常有陈述能力的人，其陈述亦可能有所欠缺。陈述纵无欠缺，语义是否确实，有否误解，亦可能发生问题。”[①]二是诉讼利益对证明主体的影响。由于证明主体（特别是诉讼当事人）与案件处理存在法律上的利害关系。在证明活动中，当事人基于趋利避害的本能，有可能只陈述对自己有利或对对方当事人不利的案件事实，甚至凭空捏造所谓的“案件事实”，而对那些对自己不利或对对方有利的案件事实则不予陈述甚至加以隐瞒。在刑事诉讼中，尽管检察机关作为国家专门法律监督机关或社会公益的代表负有全面收集证据的义务，但司法实践中，公诉人员大都倾向于证明被告人有罪，真正保持客观公正的殊属难得。斯人有言：“寻求真实的，争执其为真实或不真实的，以及第三人参与活动的，都是人。人类的行为，每受情绪或其他影响而不自制，有时受其影响而不自知。无论是出于有意或无意，都可能对于过去的事实，加以或多或少的歪曲。在东方，古人早已说过‘人心惟危’；在西方，近代的学者亦多归之于人性。”[②]

2. 证明客体的局限性

诉讼证明并非科学原理或自然定律的证明，而是一种社会性证明，其证明对象不是外在的、唯一的客观规律，而是特定主体实施某一具有法律意义的行为所形成的事实。这一事实是人为的事实，不可避免地掺夹了行为主体的心理因素和主观意识，从而使得案件事实成为外在特征与内在特征的统一体，而这个统一体便是诉讼证明的对象。[③]如果证明的目的是把已成历史的这种事实统一体转化为原原本本复现的事实，在哲学上是不可能实现的。因为尽管案件事实的外在部分可以通过证据加以认识，但其内在部分则需要认识主体与认识客体的完全契合才能获得

① 李学灯:《证据法比较研究》，五南图书出版公司 1992 年版，第 689—690 页。

② 李学灯:《证据法比较研究》，五南图书出版公司 1992 年版，第 689—690 页。

③ 林山田:《刑事诉讼法》，汉荣书局有限公司 1981 年版，第 207 页。“证明之主要目的乃在于认定犯罪事实，故证明之客体即为事实，包括外在事实与内在事实。前者系指构成犯罪行为之客观事实，后者即指被告主观之不法意图。犯罪事实之认定必须兼就外在事实与内在事实而为综合判断，不得仅以犯罪之客观外在事实而推断内在事实以作为认定犯罪之依据。”

一致认识。但是，这种作为认识客体的主体意识在其发展历程上是转瞬即逝、而且一去不复返的。即使是相同的主体，也不可能重现其有过的主观意识。渗透于案件事实中的主观因素既然不能再现，那么证明必然是相对的。[①] 此外，作为证明根据的材料来源因提供者主观因素的影响也可能带有很大的不确定性，如证人、被害人、被告人会按照自己的理解受自身动机的支配提供证明材料。真实的证明材料有可能无法进入诉讼，虚假的证明材料却可能在证明结论中被加以肯定。换句话说，证明对象中所含的案件事实，与案件的客观事实相比较，有可能“增加”，也有可能“减少”，而这些被“增加”或“减少”的案件事实的存在，对证明结论与案件客观事实之间的一致性显然有很大影响。

3. 证明时空和资源的局限性

在自然科学的证明中，人们为发现某一科学原理或定律，可以不受时空限制地进行，有时甚至汇多国之精英，集数代人之努力，直到发现客观真理。而诉讼证明却不可能那么做。诉讼证明的特点之一就是证明受到法定期限和特定地域的限制。诚如我国台湾地区有学者论道：“古往今来的审判，虽有时因求真之不易，以致经年累月而难以终结，但终究不能为无限度之延长。否则不独当事人有俟河之清，人生几何之感；并且时日愈远，困难愈多。有时还可使人感于正义的迟延，每为正义的否定。”西方也有所谓“迟来的正义是非正义”的法谚。而且司法是有严格的地域限制的，“纵有司法上的协助，亦不能如自然科学方面的寻求资料，容易打破时空的障碍”[②]。这就可能产生这样的现象，即证明主体在法律规定的诉讼期限内由于某种原因未能完成证明活动或根据已有的证据无法得出明确的证明结论，但案件不能无限拖延，犯罪嫌疑人、被告人也不能无限期地处于羁押或被调查的状态，必须对案件作出处理。这时对案件的解决，更多的是出于人权保障、诉讼效率、社会正义等法律价值和其他政策的考虑，而不是基于争议事实已经查明的前提。此外，诉讼证明还要受到有限资源的制约，考虑人力、财力的因素。不可想象，为寻求某一案件的绝对真实而要求司法机关不惜成本，不计代价。因此，从时空和资源限制的角度，对诉讼证明结论的相对性要求也

① 参见江伟主编：《证据法学》，法律出版社1999年版，第51页。
② 李学灯：《证据法比较研究》，五南图书出版公司1992年版，第691页。

是不难理解的。

4. 证明程序和证明规则的制约

现代诉讼，为追求诉讼的公正、民主与文明，加强对个人权益的保障，对证明责任的分担，对证明的方法、手段、过程均有明确的法律要求和严密的程序保障。具体表现在：证明的活动必须严格依据确定的证明程序和规则来进行，即证据的取得、提出和质证等活动均须遵循相应的程序，证据的使用和采信必须符合一定的证据规则。例如，证据的收集程序必须合法，司法人员违反法律规定，采取刑讯逼供或威胁、引诱、欺骗及其他非法方法收集的证据，即使具有真实性和关联性，也不能作为定案的根据。再如，犯罪嫌疑人、被告人对自己是否实施了犯罪行为最清楚，如果他们能够如实陈述，对查明案件事实真相将十分有益。但是，为了保护犯罪嫌疑人、被告人合法权益，防止侦查人员滥用权力，杜绝和减少刑讯逼供，联合国人权公约以及许多国家的法律赋予犯罪嫌疑人、被告人沉默权，规定不得强迫犯罪嫌疑人、被告人自证其罪。应当承认，“非法证据排除规则”也好，“反对被迫自我归罪的特权”也罢，从是否有助于查明案件事实真相的角度，显然都是弊大于利的。有时可能因犯罪嫌疑人、被告人保持沉默或者因关键证据的排除而影响对案件事实的认定，甚至致使某些案件事实不可能被查明。这些显然也影响到诉讼证明的真实性和确定性。

综上所述，诉讼证明因其自身的特殊性，即证明主体、证明客体、证明时空和资源的局限性以及证明程序和证据规则的制约，决定了诉讼证明在大多数情况下达不到证明结果与案件客观事实完全一致的程度，因此承认诉讼证明的相对性原理才是实事求是的态度。

三、证明标准探析

在诉讼领域，证明是指国家公诉机关和诉讼当事人在法庭审理中依照法律规定的程序和要求向审判机关提出证据，运用证据阐明系争事实，论证诉讼主张的活动。为有助于对此概念的理解，现简要分析如下：

第一，诉讼证明是与法庭审判紧密联系的概念，解决的是在审判程序中由谁提出诉讼主张并加以证明的问题。因此，严格意义上的诉讼证明只存在于审判阶段，庭审前的收集、提取证据只是为法庭上的证明活动奠定基础，创造条件。这是由审判程序在诉讼中的地位以及唯有法院有权对诉讼证明活动作出最终评价所决定的。

第二，诉讼证明的目的是阐明诉讼中的争议事实，论证己方的诉讼主张，以便说服作为裁判者的法官或陪审团确认或接受己方所主张的事实和权益，最终获得于己方有利的判决。诉讼证明的目标指向是审判人员，即证明给裁判者或者向裁判者证明。正如我国台湾地区学者所言："提出证据，而使法官获得完全之确信者，即为证明。"①

第三，诉讼证明的主体是国家公诉机关和诉讼当事人，或者为简单起见，可统一理解为诉讼当事人。在刑事诉讼中，虽然公安机关承担主要的侦查任务，协助检察机关行使控诉职能，但是其侦查行为只是为公诉机关在法庭上进行诉讼证明做准备，公安机关本身并不成为诉讼证明的主体。法院的职责是居中裁断，即对诉讼双方当事人的证明活动作出评价。法院本身既无自己的诉讼主张，也不允许有任何偏袒的诉讼倾向，更不会因证明不能或证明不力而承担任何败诉的风险，因此法院不可能为诉讼证明主体。否则现代诉讼所谓控审分离、不告不理的原则和作为被告人权益保障核心的辩护制度，均将沦为空谈。

第四，诉讼证明受证明责任所影响或支配。亦即法律对诉讼中的证明责任分配有明确规定，如果依法承担证明责任的诉讼主体未能按照法律的要求实施证明行为，履行证明责任，将要承担相应的法律后果，最直接的不利后果就是可能面临败诉的风险。

第五，诉讼证明是一种具体的诉讼行为，直接受各类诉讼法律规范所调整。它是一项旨在使法官相信系争事实存在与否的过程，包括经由对证据的审查而采信，对全案证据作综合评价而获得心证，以作为判决依据之整个过程。

诉讼证明的概念一旦界定，证明标准的问题便应迎刃而解。就定义而言，证明标准即法律关于负有证明责任的诉讼主体运用证据证明争议事实、论证诉讼主张所须达到的程度方面的要求。在英美证据法理论中，证明标准也被理解为负有证明责任的一方当事人，对其主张的事实予以证明应达到的水平、程度或量。也就是说，证明标准是指为了避免遭到于己不利的裁判，负有举证责任的当事人履行其责任必须达到

① 林山田：《刑事诉讼法》，汉荣书局有限公司1981年版，第207页。

的法律所要求的程度。[①]例如，艾里欧特认为，证明标准是“承担举证责任的当事人举证的分量相对于对方当事人举证分量来说，应当超过多少？”[②]摩非则认为，证明标准“是指履行举证责任必须达到的范围或程度。……是证据必须在事实裁判者头脑中造成的确定性或者盖然性的程度，是承担举证责任的当事人在有权赢得诉讼之前使事实裁判者形成确信的标准。从证明责任的履行来看，证明标准是证据质量和证明力的测试仪”。[③]

法律对证明标准的设定，对诉讼各方均有约束力，即证明标准既作用于当事人的举证行为，也作用于审判者的裁判行为。具体而言，法官以证明标准为依据对当事人的证明活动进行法律评价，如果当事人履行证明责任达到了法定的证明标准，法官就认定该当事人的诉讼主张成立。反之，法官则应判定其诉讼主张不成立。对当事人来说，负担证明责任者依循证明标准确定和组织用于证明的证据，并努力按照证明标准来履行自己的举证行为；不负担证明责任的当事人则依循证明标准来抨击或质疑对方的举证行为，并选择己方是否有必要提供用来反驳的证据。控、辩、审三方诉讼主体均可借助于证明标准预测相互之间的行为动向和即将采取的程序步骤，同时决定自己所将采取的诉讼措施。

法律设定证明标准，需要考虑以下几个因素：首先，证明标准应当是一种明确的、具体的、可操作的法律标准。因为诉讼中确立证明标准的目的就是为诉讼当事人和事实裁判者进行相应的诉讼行为提供基准和参照，因此，将证明标准理解为一种应然模式或理想状态是不符合诉讼实践需要的。其次，证明标准应当是大多数诉讼在时空限制和资源许可的情况下所能达到的标准。诉讼证明总是在特定的时空范围内进行的，受到有限资源的制约，必须考虑成本、效益、效率等因素。若对履行举证责任的诉讼一方要求过高，则不利于保护当事人的合法权益。若要求司法机关为寻求某案件的绝对真实而不惜一切代价，不计任何成本，同

---

① Peter Murphy, *A Practical Approach to Evidence*, Blackstone Press Limited 1992, p.104.

② Phipsonand Elliot, *Manual of The Law of Evidence*, 11th ed, Sweet & Maxwell 1980, p.70.

③ Peter Murphy, *A Practical Approach to Evidence*, 4th ed., Blackstone Press Limited 1992, p.104.

样也是脱离司法实际的。最后，诉讼证明的标准还应根据诉讼性质的不同而加以区别。刑事诉讼由于涉及对被告人定罪量刑的问题，其法律后果最为严重，因此各国无一例外地将被告人定罪判决的证明标准定为最高。即使在同一诉讼中，因证明对象系实体事实还是程序事实，是主要事实还是次要事实，也要有所区别。例如，在一些国家的证据理论上，有按照是否要求使法官获得完全之确信的不同，将证明分为狭义证明和释明。对于实体法事实，必须进行狭义证明，对于诉讼程序上之特定事实，则可以适用释明。①

证明标准的定义既如此，那么何谓我国诉讼中的证明标准？特别是何谓刑事诉讼中定罪、判决的证明标准？如前分析，既然诉讼证明的目的是阐明诉讼中的争议事实，论证己方的诉讼主张，以便说服作为裁判者的法官或陪审团确认或接受己方所主张的事实和权益，最终获得于己方有利的判决，那么证明的标准就是在何种情况下作为事实裁判者的法官或陪审团便可以确认或接受证明方所提出的有关争议事实之主张，实际上也就是法官或陪审团对证明方关于争议事实的说法所确信的程度。因此，英美证据法中证明责任中有一部分，而且是非常重要的部分，那就是“说服责任”，即说服法官或陪审团采信己方关于争议事实的说法。证明标准是法律预先明确设定的，并且按诉讼性质的不同而对法官或陪审团确信的程度要求不同。例如，在英美证据法中，对民事诉讼证明只要求证据占优势或者占优势的盖然性，而在刑事诉讼中则要求达到“排除合理怀疑”。而且，尽管法律对证明标准有明确要求，但在实务运作中，判断、衡量证明方举证是否达到了法律规定的要求或标准，却是由在具体诉讼中担任事实裁判者的法官或陪审团根据自己的知识、理性、伦理而自行判断的。

在我国，由于立法价值观念之缺憾和证据理论研究之不足，法律对诉讼证明标准的设定并没有因诉讼性质的不同而作任何区别，一概要求必须达到“案件（犯罪）事实清楚，证据确实、充分”，也就是所谓“查明案件的客观真实”。按传统解释，即“司法机关在刑事诉讼中所认定的有关被告人刑事责任的事实，在民事诉讼中所判明的对当事人的权

① 林山田:《刑事程序法》(增订二版)，五南图书出版有限公司1999年版，第351页。

利、义务有意义的事实，在行政诉讼中所确认的具体行政行为是否合法的事实，必须与客观上实际存在过的事实一致”[①]。近年来，随着证据理论研究的深入，大家已经意识到，因诉讼性质的不同，在证明标准上应当有所区分。而且由于刑事诉讼的特殊性质，对被告人定罪判决所要求的证明标准应当高于民事、行政等诉讼中的证明标准，同时也应当高于刑事诉讼中对其他事项的证明标准。这一点已基本形成共识，关键是对被告人定罪到底在事实认定上要求达到什么样的标准。基于以上对认识的相对性和诉讼证明的相对性的分析，应明确诉讼中的证明要达到“客观真实”，也就是主观认识与客观实际完全一致是不可能的，法律以不可能实现的目标作为诉讼证明必须达到的标准，则是非理性的。因此，需要我们去研究探索，重塑刑事诉讼的证明标准。

笔者认为，在我国刑事审判中，法官若作出有罪判决，必须在内心确认被告人实施了被控犯罪行为并且已达到坚信不疑的程度。姑且称此为“法官内心确信无疑”。从上述诉讼证明的概念出发，应当说这一标准是不难理解的。试想，如果法官对被告人是否实施被控犯罪行为都将信将疑，他怎么能够下判？但是，在诉讼证明的现实中，法官内心对控、辩双方的举证、质证是可能形成不同心态的，即对被告人是否实施了被控犯罪行为可能确信其有，或确信其无，这比较容易下判。但在半信半疑的时候，也就是遇到司法实践中所说的疑案时，就涉及法律价值的权衡选择，受制于程序正义的要求了。刑事诉讼中，由于无罪推定原则的作用，关于证明责任的分配采取有利于被告人的原则，即证明被告有罪的责任由控诉机关承担，控诉方证明被告人犯罪必须达到法定的标准，疑案应当作有利于被告人的解释。

需要指出的是，法官内心确信无疑的标准，是从诉讼证明的角度来界定的，实际上也是一种“主观”的证明标准，即从法官主观去衡量其对案件事实的认定程度。要全面准确地理解法官的“内心确信无疑”，需要把握以下几点：第一，法官所有对指控事实的判断和认定，都必须建立在控方的举证和辩方的质证之上。认定案件事实，必须以证据为依据，以区别法官的主观臆断。第二，法官的这种“内心确信无疑”是指在排除任何人为和非人为干扰的情况下，在其自身知识和经验范围内，

---

① 陈一云主编:《证据学》，中国人民大学出版社 1991 年版，第 114 页。

感到对事实认定确有把握，而不是似是而非、疑惑不定，也就是排除了任何有根据的合理怀疑[1]。第三，根据司法实践经验的积累，法官“内心确信无疑”是建立在对单个证据的真实性、关联性的审查采信和全案证据的综合判断基础之上。正如有学者所归纳的：证据要具有相互印证性；证明方向形成一致性；证据锁链达到闭合性；证明结论具有唯一性。[2] 这样的证据体系，是法官形成内心确信、排除合理怀疑的基础。

从认识论的角度，也就是从司法人员对案件事实的主观认识与客观存在的案件实际的关系来看，由于人的认识能力具有相对性，诉讼证明具有特殊性，人们对诉讼中案件事实的认识与客观存在的案件事实不可能达到完全吻合的程度，即使是刑事诉讼中的定罪判决，也就是诉讼证明中的最高标准，其证明的程度也只能是最大限度地接近客观真实，即在诉讼的有限时空和资源内，尽最大努力使司法人员对案件事实的认定最大程度地符合案件事实的本来面貌。因此，“最大限度地符合或接近案件客观事实”可以称为诉讼证明的客观标准。准确地说，应当是定罪判决这一诉讼证明的最高要求所能达到的客观标准。

---

① 加利福尼亚刑法典中曾将“合理怀疑”解释为“它不仅仅是一个可能的怀疑，而是指该案的状态，在经过对所有证据的总的比较和考虑之后，陪审员的心里处于这种状况，他们不能说他们感到对指控罪行的真实性得出永久的裁决已达到内心确信的程度”。

② 参见龙宗智:《相对合理主义》，中国政法大学出版社 1999 年版，第 440—441 页。

诉讼证明：一个亟待重塑的概念 *

引　言

在证据法学领域，诉讼证明的概念问题，堪称证据理论研究的“重中之重”。这是因为，诉讼证明的概念如何界定，不仅直接涉及证明主体和证明客体的确定，而且与证明责任、证明标准等一系列重大证据理论问题均有着密不可分的联系。甚至可以毫不夸张地说，诉讼证明的概念不仅能够提纲挈领地勾画出某种证据制度的总体框架，而且可以折射出该种证据制度所体现的深层次价值理念。事实上，诉讼证明的概念不仅浓缩了整个证据制度的精华，是我们了解某种特定证据制度的“窗口”，还直接影响到诉讼模式的确立与具体程序的设置，对诉讼民主与法治起到促进或制约的作用。由于诉讼证明概念问题在证据法学乃至整个诉讼法学领域所处的重要地位，构造一个科学合理的诉讼证明概念，无疑是使我国证据理论研究进一步走向深入、成熟，诉讼制度进一步走向科学、民主的重要前提。

然而，长期以来，我国传统证据法学始终未对诉讼证明的概念问题予以应有的重视，即并没有意识到诉讼证明概念中所蕴含的证据理论精髓及其对整个证据制度构建的影响，殊少将其作为一个重要的理论问题来加以研究，使对证明概念的理解失之于简单和肤浅。这种过于简单化的认识，导致学术界满足于对证明概念理解的表面一致，鲜见有人对其科学性、合理性质疑。从目前可以参考的证据学教材、有关论文及有关专著来看，一般认为，我国刑事诉讼中的证明，在通常意义上，应当指公安司法机关和当事人以及他们所委托的辩护人、代理人收集、运用证据认定刑事案件事实的活动。按照这一理解，“证明的主体包括公安司法机关及其办案人员、当事人以及诉讼参与人；狭义而言则仅指公安

---

* 原文载何家弘主编:《证据学论坛》(第 3 卷)，中国检察出版社 2001 年版，与郭志媛、韩阳合作。

司法机关及其办案人员。证明客体为案件事实。证明过程包括侦查、起诉和审判的全部程序”[①]。此种观点，长期以来在我国证据理论研究中占据主导地位，不仅奠定了我国证据制度的基调，其影响还延伸至整个诉讼法学领域，反映在诉讼构造和诸多具体诉讼制度与程序的设置上。然而，此种奉为正统的诉讼证明概念在理论上却存在自身固有的不足与缺陷，从而制约了我国证据理论的深入与发展，并对我国诉讼制度特别是刑事诉讼制度产生了消极影响。

一方面，传统证据制度对于证明主体、证明对象、证明过程等基本要素的界定与现代证据理论及诉讼基本原理的要求不相协调，致使许多重要理论问题的研究因无法突破诉讼证明概念所框定的藩篱而陷入难以自圆其说的尴尬境地，举证责任与证明责任这两个概念及其相互关系问题就是一个明显的例证。由于传统证据理论将诉讼证明视为贯穿于诉讼全过程的一种认识活动，因此顺“理”成章地认为，所有在探求案件事实真相的活动中起主导作用的诉讼专门机关和当事人都是证明主体，并据以得出法院也承担证明责任的错误结论。此种观点不仅主宰着我们的理论研究，而且直接反映在相关立法上。例如，刑事诉讼法明确规定，审判人员应当收集能够证明犯罪嫌疑人、被告人有罪或者无罪、犯罪情节轻重的各种证据；在法庭审理过程中，法院在庭外拥有除通缉以外的几乎一切调查权力和手段。民事诉讼也是如此，若当事人在起诉时不能履行举证责任，人民法院有义务进行调查，收集证据。类似的这些规定，模糊了控审职能的基本分工，违背了法官中立的基本要求。近年来，司法实务部门推行的审判方式改革，与上述传统证据理论与立法发生了碰撞。其一，审判方式改革的一项重要内容就是对法官角色重新定位，还控诉职能于原告一方，法官应当保持不偏不倚居中裁断的地位；其二，受传统法官承担证明责任理论的束缚，法官仍保留有进行庭

---

① 参见陈光中等:《刑事证据制度与认识论》，载《中国法学》2001 年第 1 期；巫宇甦主编:《证据学》，群众出版社 1983 年版；陈一云主编:《证据学》，中国人民大学出版社 1991 年版；裴苍龄:《证据法学新论》，法律出版社 1989 年版；刘金友主编:《证据理论与实务》，法律出版社 1992 年版。难怪有人说，我国传统证据理论对诉讼证明概念的理解，“学术界没有多少分歧，均认为是司法机关或当事人在诉讼过程中运用依法收集的证据，去查明、证实案件事实的活动，只是在表述上有差异”。参见崔敏主编:《刑事证据理论研究综述》，中国人民公安大学出版社 1989 年版，第 69 页。

外调查的权力，仍承担着收集证据的责任。立法与司法实务运作上呈现的此类矛盾，反映出证据理论研究上的困惑。为了解决这些矛盾，曾有人煞费苦心地主张将证明责任与举证责任区分开来，提出：证明是国家专门机关的一种职权活动，主体只能是公安司法机关；举证是当事人的诉讼行为，主体甚至可以延伸至证人，鉴定人。[①]但是这一区分远未解决问题，反而使问题变得更为复杂。学术界就证明责任与举证责任的相互关系问题分别提出了"同一说""并列说""包容说""大小说""前后说"等多种学说[②]，使本就不甚明了的证明责任理论越发错综复杂，莫衷一是。

另一方面，传统诉讼证明概念中所体现的指导思想与价值理念，不可避免会对诉讼制度产生直接或间接的影响，我国刑事诉讼的结构设计便充分反映了这一点。一般认为，控辩平等对抗、法官居中裁判的三角形诉讼结构最能体现诉讼的民主性和科学性，符合现代诉讼法制的要求。因此我国刑事诉讼法在修改时，特别注意借鉴了当事人主义诉讼模式的某些合理因素，通过加强对被告人的诉讼权利保护，改进辩护制度，增强了控辩双方在诉讼中的对抗性，同时适当削弱了审判机关的职权作用，特别是改变法官在庭审中大包大揽的做法，从而在立法上形成职权主义与当事人主义交融的刑事诉讼新格局[③]。但是这种改革后的刑事诉讼模式在司法实践中并没有得到真正确立，传统"强职权主义"模式的影响仍然无处不在。这种立法与实践相分离状态的形成具有多方面的原因，但其中传统证明概念的影响无疑是一个主要的因素。

具体说来，传统证据理论认为刑事诉讼证明贯穿于诉讼的全过程，公检法三机关都是证明主体，而且诉讼证明的目的是查明案件的事实真相。在此种证明观的指导下，公安机关、检察院和法院在处理刑事案件的过程中呈现出一种前后递进接力互补的关系，有人形象地将其比作工厂的"流水线作业"或体育比赛中的接力赛。换言之，正因为公检法三机关同为证明责任的承担主体，代表国家进行刑事诉讼，又是为了实现一个共同的诉讼目的——查明案件事实真相，将犯罪人绳之以法，才形

---

① 参见宋世杰：《举证责任论》，中南工业大学出版社 1996 年，第 188 页。

② 参见樊崇义主编：《刑事诉讼法学研究综述与评价》，中国政法大学出版社 1991 年版，第 263 页。

③ 参见徐静村主编：《刑事诉讼法学》（上），法律出版社 1997 年版，第 105 页。

成目前这种警检分工不分家、诉审关系密切化的线性诉讼结构。众所周知，现代诉讼构造的一个基本特征就是要求控辩审职能分离并由不同机构行使，而且行使不同诉讼职能的机构之间要形成相互制约的机制。我国刑事诉讼的现实模式显然与这一要求尚有很大距离。毋庸讳言，诉讼证明概念上的不明不白，无疑是诉讼结构畸形建构、庭审改革举步维艰的重要原因。

笔者认为，传统证据理论之所以在构建以证明概念为核心的诉讼证明体系时存在诸多缺陷，主要有两个方面的原因：一是与我国传统证据制度将证明活动完全等同于认识活动有关。在传统证据理论中，诉讼证明活动仅被视为主观对客观世界的一种认识活动，而且仅仅是一种认识活动，相应地将辩证唯物主义认识论作为我国证据制度的唯一理论基础。人们以为，“证据制度要解决的核心问题是如何保证司法人员能够正确认识案件事实，亦即如何保证其主观符合客观”[1]。把诉讼证明等同于认识活动的后果，是将所有在发现案件客观真实过程中发挥作用的专门机关和诉讼参与人都纳入证明主体的范畴，从而得出公安司法机关及其办案人员、当事人以及诉讼参与人都承担证明责任的结论，并且认为诉讼证明贯穿于侦查、起诉和审判各个阶段，证明目的是查明案件的客观真实，证明要求是“犯罪事实清楚、证据确实、充分”，理论上概括为“客观真实”。可见，对诉讼证明本质理解的片面性以及由此导致的证据制度理论基础的单一性，是诉讼证明概念建构不合理的直接原因。

二是与我国传统的诉讼结构有关。证据理论与诉讼结构之间是相互影响、相互依存的关系。我国传统诉讼结构是典型的线性诉讼结构，或者叫“超职权主义”诉讼模式，公检法三机关在刑事诉讼中分别是侦查阶段、审查起诉阶段和审判阶段的主导机关，查明案件的客观真实是三机关的共同任务，起诉和审判只是对侦查阶段所查明的案件事实的核查和认定。在这种诉讼模式下，诉讼呈现出典型的流水作业的特征。传统的诉讼证明概念，与此种“超职权主义”的线性诉讼模式和公检法三机关分工负责、互相配合、互相制约的办案机制是相符合、相适应的。但是我国现行立法所确立的诉讼模式，已经由“超职权主义”向当事人主义与职权主义相融合的混合诉讼模式转变，诉讼目的也已由单一的惩治

① 参见陈一云主编:《证据法学》，中国人民大学出版社 1991 年版，第 96 页。

犯罪转为惩治犯罪与保障人权并重、实体真实与程序正义并重、司法公正与司法效率并重等多项法律价值选择。新的诉讼价值理念和新的诉讼模式对诉讼程序和制度设计有一些基本的要求，如阻断侦查与审判的联系，以法庭审判为中心，庭审实行对抗制等。但是，在诉讼价值理念转变并带动诉讼模式改造的同时，传统的证据理论却相对停滞不前（1996年修改刑事诉讼法时对证据部分修改的动作很小，几乎未涉及原有的证据体系）。实践表明，传统的证据理论不仅无法适应新的诉讼模式，而且正成为一种妨碍新的诉讼模式切实确立的因素，对我国诉讼制度的健全和完善起着消极的影响。

显然，要从根本上改变此种状况，使法律的改革能够真正符合现代诉讼原理，同时立法上的进步又能真正在司法实践中得到贯彻和保障，重塑诉讼证明概念，转变诉讼证明观念，澄清在诉讼证明概念问题上的认识误区，无疑是一项十分重要而又迫切的工作。可以预见，诉讼证明概念的重新定位，必将“牵一发而动全身”，起到纲举目张的效果。笔者根据自己研究这一问题的心得，尝试就诉讼证明概念问题作初步的探讨，以期引起法学界同仁的重视与兴趣，共同将证据理论的研究推向深入。

一、诉讼证明的概念

在诉讼领域，证明应当是指国家公诉机关和诉讼当事人在法庭审理中依照法律规定的程序和要求向审判机关提出证据，运用证据阐明系争事实，论证诉讼主张的活动。为有助于对此概念的理解和接受，可以从以下不同角度进行剖析：

从诉讼证明的主体来看，应当是国家公诉机关和诉讼当事人，或者为简单起见，可统一理解为诉讼当事人。这是由于，所谓证明主体即证明责任的承担主体，而从证明责任的本义来看，它是一个与诉讼主张和证明不力时所要承受的不利后果紧密联系的概念，即只有在诉讼中提出了具体诉讼主张的诉讼当事人才承担证明责任。而且从证明责任的本质来看，它是行为责任与结果责任的统一，承担证明责任者必须是可能承受不利后果甚至败诉风险的诉讼主体，因此是否有自己的诉讼主张以及是否可能因证明不力而承受于己不利的裁判是判断证明主体的唯一标准。按照这一标准，无论在何种性质的诉讼中，能够成为证明主体的都只能是诉讼当事人。由于在我国刑事诉讼中，公诉人不属于当事人，所以证明主体应为国家公诉机关和诉讼当事人。具体而言，在民事诉讼中，由于遵循“谁主张，谁举证”的原则，任何一方当事人对已方的诉讼主张都必须举证加以证明，否则就可能承担已方诉讼主张不被法院支持甚至败诉的风险，因此原告和被告均可能成为证明主体。在行政诉讼中，根据“举证责任倒置”原则，被告负主要的证明责任，原告一般不负证明责任。在刑事诉讼中，公诉机关和自诉人实际上处于原告一方的地位，因此负有向法院提出足够证据以证明被告人有罪的责任，否则其要求法院追究被告人刑事责任的诉讼主张便不成立。被告人原则上不负证明责任，仅在特定情况下（巨额财产来源不明案）承担证明责任。但无论如何，刑事诉讼的证明主体应只限于公诉机关及有关的诉讼当事人。公安机关虽承担主要的侦查任务，协助检察机关行使控诉职能，但是其侦查行为只是为公诉机关在法庭上进行诉讼证明做准备，公安机关本身并不成为诉讼证明的主体。法院的职责是居中裁断，即对诉讼双方当事人的证明活动作出评价。法院本身既无自己的诉讼主张，也不允许有任何偏袒的诉讼倾向，更不会因证明不能或证明不力而承担任何败诉的风险，因此法院不可能为诉讼证明主体。否则现代诉讼所谓控审分离、不告不理的原则和作为被告人权益保障核心的辩护制度，均将沦为空谈。事实上，法院不是证明主体，而是收受证明的主体。诉讼证明的目标指向是审判人员，也就是证明给裁判者看或者向裁判者证明，而不是由裁判者来证明。正如我国台湾地区学者所言：“提出证据，而使法官获得完全之确信者，即为证明。”①

从诉讼证明的客体即对象来看，应当是诉讼中的争议事实。因为，无论何种性质的诉讼，其实质均在于定分止争，也就是解决当事人之间存在的争议。诉讼中的争议分为两类，一类是事实争议，另一类是法律争议，有时也表现为事实争议与法律争议的结合。美国著名的证据法学家摩根曾指出，“在当事人对等辩论主义诉讼制度下，法院之功能，为解决影响及于诉讼当事人间法律关系之争执。争执所在，或为法律，或为事实，或兼此二者”。② 当事人提出诉讼主张，必须以一定事实为基础；

① 林山田:《刑事诉讼法》，汉荣书局有限公司 1981 年版，第 207 页。

② [美] 摩根:《证据法之基本问题》，李学灯译，世界书局 1982 年版，第 29 页。

司法机关解决诉讼，通常也以查明争议事实为前提。这就是“以事实为根据”。而司法机关对诉讼中的争议事实是否存在以及真相如何事前并无了解，即所谓“唯法院对于争议之存在或有关系争之事实，非俟适当提供其注意时本无所知”[①]。因此要求提出事实主张者在法庭上对自己主张的事实举证加以证明。如果对方当事人对事实主张者所主张的事实并无异议并予以承认，则不产生事实争议，或者说关于事实的争议已经消弭，这样既免除了事实主张者提供证据证明的举证责任，同时也排除了法院依职权调查证据作出与承认事实相反的认定权力。[②]在此情况下，法院只需径行适用法律，作出判决。可见，在诉讼中法院并非对案件的全部事实以及涉及的所有问题进行裁判，而只是针对诉讼当事人之间的事实争议和法律争议。据此，从承担证明责任一方的角度来看，既然裁判只针对事实争议和法律争议进行，那么需要他们提供证据加以证明的便也仅限于有争议的事实。由此说明，诉讼证明以阐明争议事实、论证己方主张为己任，当事人的证明和法院的判断均围绕着争议事实（包括与争议事实相关的事实）进行。争议事实虽然以客观存在的案件事实为基础，但既不能完全等同于案件客观事实，也不能涵盖与案件有关的全部客观事实（关于诉讼证明对象的问题，本文将在第四部分予以详述）。证明对象决定着证明的目的，传统证明概念以案件事实为证明对象，相应地其证明目的即查明案件的真实情况。[③]我们认为诉讼证明的对象应当是争议事实，因此诉讼证明的目的是阐明诉讼中的争议事实，论证己方的诉讼主张，以便说服作为事实裁判者的法官或陪审团确认或接受己方所主张的事实和权益，最终获得于己方有利的判决。

从证明过程来看，诉讼证明是与法庭审判紧密联系的概念，解决的是在审判程序中由谁提出诉讼主张并加以证明的问题。因此，严格意义上的诉讼证明只存在于审判阶段。那么审前阶段公安、检察机关收集、固定、保全以及审查判断证据的活动是何性质呢？对此问题，法学界最近有人提出：侦查人员、检察人员在审前阶段对证据的收集审查活动属

---

① ［美］摩根:《证据法之基本问题》，李学灯译，世界书局 1982 年版，第 29 页。

② 何家弘主编:《新编证据法学》，法律出版社 2000 年版，第 140 页。

③ 如“法律意义的证明，是指在法律程序中特定的机关、组织和人员，本着查明案件真实情况的目的，依法运用证据确定和阐明未知案件事实的活动”。参见刘金友主编:《证据理论与实务》，法律出版社 1992 年版，第 117 页。

于“查明”，而非“证明”。“‘查明’与‘证明’是两个既有联系又有区别的概念。‘查明’是‘证明’的前提或基础，‘证明’是‘查明’的延续或目的。但是，‘查明’并不等于‘证明’。用通俗的话讲，查明是让自己明白，而证明则不仅要让自己明白，更重要的是要通过证明让别人明白。自己明白的事情，并不一定就能让别人也明白。在很多案件中，让自己明白并不难，难的是让别人都明白。民事纠纷的当事人可能自己对案件事实一清二楚，刑事案件的调查人员在破案之后也可能对案件事实心中有数，但是他们还要用证据说服法官相信他们所说的就是事实，而这往往才是最难的啊！”[①] 应当说，此解释通俗而易懂，形象又简明，一语道破了侦查起诉中运用证据活动与法庭审理中证明活动的联系与区别，有助于人们正确辨别或者理解查明与证明的区别。诉讼证明的要旨，乃在于通过法庭上的举证论证使担任事实裁判者的法官或陪审团采信与确认己方的事实主张。在现代刑事诉讼中，侦查为起诉之准备，起诉书所指控的被告人犯罪事实是侦查机关侦查终结对案件事实作出的认定结论，或者是公诉机关对侦查部门关于案件事实所作结论的采信。但由于现代诉讼唯有法院有权对被告人作有罪之确认，因此起诉书所指控被告人之犯罪事实，只是公诉机关关于被告人犯罪的一种事实主张，是公诉人在法庭上进行证明的起点和对象。可见，庭审前的收集、提取证据只是为法庭上的证明活动奠定基础，创造条件，而不属于严格意义上的诉讼证明。

从证明的动因来看，诉讼证明受证明责任所影响或支配。亦即法律（包括实体法和程序法）对诉讼中的证明责任分配有明确规定，如果依法承担证明责任的诉讼主体对待证事实即证明客体的证明未能达到法律要求的标准，则要承担相应的法律后果，最直接的不利后果就是可能面临败诉的风险。在诉讼证明的各个构成环节中，证明责任是衔接各个环节的桥梁和纽带，它不仅直接决定证明的主体，而且通过行为责任与证明客体联系起来，通过结果责任与证明标准联系起来，因此证明责任可谓诉讼证明的中心环节。诉讼证明的实质，就是证明主体履行其证明

① 何家弘：《“事实”断想》，载《证据法论坛》（第一卷），中国检察出版社 2000 年版，第 6—7 页。

责任，将对证明客体的论证达到证明标准的活动。[①]整个诉讼证明活动均在证明责任的支配和作用下进行，不承担证明责任者就没有证明的义务，也无证明的必要。证明责任不仅提供了证明的动因，而且确定了证明的目标，这一目标即证明客体和证明标准的统一。一方面，证明将在多大范围内进行，这是证明客体所要解决的问题；另一方面，证明需要达到什么样的程度，这是证明标准所回答的问题。总之，对诉讼证明的准确理解离不开对证明责任作用的正确认识。

从证明的属性来看，诉讼证明不仅是一种抽象思维活动（认识活动），还是一种具体的诉讼行为，直接受各类诉讼法律的规范和调整。具体而言，它是一项旨在使法官相信系争事实存在与否的过程，包括经由对证据的审查而采信，对全案证据作综合评价而获得心证，以作为判决依据之整个过程。诉讼证明是一种具体诉讼行为或曰诉讼活动的命题，在我国证据理论研究中早已提出，早期的证据学教科书对证明概念的界定，最后均落到“诉讼活动”上。但是在传统的证据理论中，往往过于强调诉讼证明作为认识活动的属性，而忽视其作为一种具体诉讼行为的诉讼属性，这大概与认识论在传统证据制度中唯一的理论基础地位不无关系。诉讼证明是一种认识活动，但不仅是一种认识活动，而且是“抽象思维活动与具体诉讼行为的统一”[②]。有人把证明的基本属性归纳为“证明的主观性”与“证明的法律性”，其中主观性就是指证明作为一种人的主观意识活动的特征，法律性则指诉讼中证明必须依法进行，也就是诉讼中的一切证明活动必须合法。法律性是诉讼证明所特有的属性。[③]

我们认为，诉讼证明作为一种具体诉讼行为的属性，主要体现在以下方面：首先，诉讼是以解决利益争端和纠纷为目的的活动。在解决争端和纠纷的过程中，裁判者固然会通过审查诉辩双方提供的证据材料，对争议中案件事实作出揭示，但这种对事实的揭示只是为争端和纠纷的

---

① 有人认为，证明“在近、现代的诉讼制度中，指证明主体在证明责任的作用和支配下，运用证据这个证明方法求证或探知证明客体的抽象思维活动和具体诉讼行为，简单地说，证明就是认知案件事实的理念运动和具体过程的统一”。参见何家弘主编：《新编证据法学》，法律出版社2000年版，第263页。

② 参见何家弘主编：《新编证据法学》，法律出版社2000年版，第263页。

③ 参见裴苍龄：《证据法学新论》，法律出版社1989年版，第148—149页。

解决提供一定的事实基础作依据，创造一定的条件，而不是诉讼的终极目的。定分止争、断狱息讼才是诉讼证明的最终目标。诉讼中争议事项的解决，虽然通常以查明争议事实为基础，但并不是必然前提。在很多情况下，如民事诉讼中推定的运用，刑事诉讼中“疑罪从无”规则的适用等，裁判者的裁判结论作为对有关利益争端和纠纷的解决方案，并没有建立在案件事实真相得到查明的基础上。换言之，诉讼所蕴含的认识活动即使不能最终完成，或者并无任何明确的结果，裁判者也必须作出旨在解决争端的法律裁判结论。

其次，诉讼证明是在程序法规制下进行的活动。“程序法定”原则是三大诉讼法共同适用的基本原则，“诉讼必须依法进行”的要求一方面体现在裁判者在诉讼中必须正确适用实体法的有关规定，另一方面体现在整个诉讼活动要受到程序法的调整和规范。这些调整和规范使得诉讼中的证据运用活动，不仅包含着一种特殊的事实认定过程，而且还负有实施程序法的责任。程序法对诉讼证明的影响主要表现在：裁判者在审查判断证据时要保持适当的消极性和被动性，遵循“不告不理”原则，审判受起诉范围限制，不能任意扩大需要认定和裁判的事实范围；裁判者对原被告双方之间争端的解决一般主要应限制在法庭上，限于对原被告双方提交的证据材料和提出的意见进行听审和裁判；裁判者必须以开庭方式审查证据，通过直接、言词、集中、辩论的方式解决原被告双方的利益争端；诉讼受严格的时间限制，诉讼证明不可能无休止地反复进行，而必须在法定期间内终结；法院经法定程序所作的判决结论，包括有关证据的采纳、事实的认定和实体法的适用，一旦发生法律效力，就具有一定的终结性和权威性，新的诉讼的启动必须受到极为严格的法律限制。

最后，诉讼证明活动蕴含着一系列法律价值的实现和选择过程。如果说认识活动所解决的主要是“实然”的问题，也就是客观事实真相究竟是什么的问题，那么，伦理评价和价值实现活动则要回答“应然”问题，也就是什么是善，什么是恶，什么是公平、正义，什么是不公平、非正义的问题。诉讼活动直接涉及一系列法律价值的选择和实现过程，例如，刑事法官经过审判发现控诉方掌握了一定的有罪证据，但证明被告人有罪的证据并不确实、充分，也就是案件处于“疑罪”的状态，这时究竟是作出有罪判决还是罪疑从无呢？如果作有罪判决，从形式上看是惩罚了犯罪，但有冤枉无辜之嫌，而选择无罪判决，虽确保使无罪者免受错误的追究，但又有放纵犯罪之嫌。显然，对以上问题的解答，属于典型的价值评价和价值选择的问题，与认识活动关系不大。

综上，诉讼证明应当是特定的证明主体（国家公诉机关和诉讼当事人）为避免证明不力时所应承担的不利后果责任，在法庭审理中依照法律规定的程序和要求向审判机关提出证据，运用证据阐明系争事实，论证诉讼主张的活动。可见诉讼证明活动虽包含一定的认识过程，但此种认识活动既不具有终局的意义，对争端的解决也不具有决定性的影响。要准确把握诉讼证明的概念，还必须扭转长期以来证据理论研究中存在的一些错误观念：

其一，将诉讼证明视为公安司法机关运用证据认定案件事实的职权活动，认为刑事证明贯穿于侦查、起诉、审判的各个阶段。

实际上，狭义的诉讼证明仅存在于审判阶段，其理由如下：从诉讼证明的本义和起源看，在拉丁文中，“证明”表述为 ATTESTATIO（后演变为 ATTESTATION）或 DEDUCTIORATIONIS[①]，意为当庭宣誓证明；英文 proof 一词也是当庭证明，由法官单独审理证据的意思[②]。而在汉语中，所谓“诉，告也”，“讼，争也”。[③]诉讼就是当事人将争议提交裁判者并向其举证证明的活动。上述词源方面的考察说明，从诉讼这种公力救济方式在历史上出现时起，诉讼证明就只存在于审判阶段，且构成审判的本质与核心部分，这一点在神示证据制度、法定证据制度以及自由心证证据制度中均未改变。即使在当代，各国证据理论中也大多认为证明仅存在于审判阶段。颇具权威性的《布莱克法学大辞典》将证明定义为“以证据使事实裁判者或法庭形成对相关事实的符合要求的确信”[④]，“法官或陪审团从证据中得出对某一事实予以肯定或否定的信念”[⑤]。美国法学家保罗（Paul）指出：“学习证据法的过程就是学习证明的合法

---

① 薛波主编：《汉英法律词典》，外文出版社 1995 年版，第 89 页。

② 五南编辑部编：《法律英汉辞典》，五南图书出版公司 1988 年版，第 627 页。

③（汉）许慎：《说文解字》，中华书局 1963 年版，第 56 页。

④ Bryan A. Garnered., *Black's Law Dictionary* (*Fifth Edition*), Thomson Reuters West, 1979, p. 1093.

⑤ Bryan A. Garnered., *Black's Law Dictionary* (*Sixth Edition*), Thomson Reuters West, 1979, p. 1215.

规则的过程，而这种证明是用来在诉讼的审判阶段就事实问题说服法官的。”[①] 英国法学家克罗斯（Cross）和威尔金斯（Wilkins）也认为：“事实的证明力就是力图促使法官相信该事实的存在。司法证据就是法庭准备考虑或是让陪审团在确定处于争论的事实是否已经得到证明之前考虑问题。”[②] 日本学者按照证明影响法官心证形成程度的不同，将证明与释明进行了区分[③]，说明日本理论界也认为证明只存在于审判阶段。

此外，审判在诉讼中的中心地位也决定了证明只存在于审判阶段。在现代诉讼制度中，只有在审判阶段才能最终决定特定被告人的刑事责任问题，侦查、起诉、预审等程序中主管机关对于犯罪嫌疑人罪责的认定仅仅具有程序内的意义，而不产生认定有罪的法律后果。[④] 证据必须在法庭上经过双方质证、查证属实之后才能作为定案的根据，这是证据裁判主义的应有之义，也是对抗式审判制度的基本要求。因此，对于案件事实的证明过程只能发生在审判阶段。审前阶段公检机关运用证据的活动属于单方的职权活动，其职责在于认识、再现（查明）案件事实，或在审查侦查事实基础上形成是否向法院起诉的主张，这些活动只是为证明作准备，而不属于真正的诉讼证明。

传统证据理论将诉讼证明视为公安司法机关的一种职权活动，因此得出诉讼证明贯穿于侦查、起诉和审判各个阶段的结论。这种认识不仅直接影响着刑事诉讼结构的基本特点，而且制约着诉讼结构的改造和进一步完善。经过审判方式改革，我国现行诉讼结构关于审判阶段的控辩审关系，已基本呈现出“对抗式”诉讼的特征，但从整个刑事诉讼的纵向结构来看，属于典型的“流水作业式”结构。侦查、起诉和审判这三个彼此独立、互不隶属的诉讼阶段，犹如工厂生产车间的三道工序，公安机关、检察院和法院相当于流水线上的三个主要“操作员”，通过前后接力、互相配合和互相补充的活动，共同致力于刑事诉讼任务的

---

① Paul F. Rothstein, *Evidence: State and Federal Rules*, West Publishing Co., 1982, p. 1.

② Cross & Wilkins, *Outline of the Law of Evidoice*, 5th ed., London Butterworths, 1980, p. 13.

③ 参见［日］田口守一：《刑事诉讼法》，刘迪等译，法律出版社 2000 年版，第 222 页。

④ 参见孙长永：《审判中心主义及其对刑事程序的影响》，载《现代法学》1999 年第 4 期。

实现。应当看到，诉讼结构所体现出的控辩审关系并非抽象的法律关系，而是具体地存在于诉讼程序和证据规则之中。公检法三机关“分工负责，互相配合，互相制约”的办案机制就是法律上对“流水作业式”诉讼结构的确认。此外，三机关不仅担负着共同的诉讼任务（《刑事诉讼法》第2条），还拥有为完成这一任务所必需的活动方式，如三机关“都有权向有关单位和个人收集、调取证据”（《刑事诉讼法》第45条），而且“审判人员、检察人员、侦查人员必须依照法定程序，收集能够证实犯罪嫌疑人、被告人有罪或者无罪、犯罪情节轻重的各种证据”（《刑事诉讼法》第43条）。类似这种要求三机关共同遵守的规定在刑事诉讼法中并不罕见，这便使公安、检察和法院之间的法定职能分工失去了实质意义，事实上，其“分工负责”“互相制约”经常被“互相配合”所代替。例如，刑事诉讼法修改之前，检察机关向法院提起公诉时要将全部案卷材料连同起诉书一并移送法院。这些记载着侦查证据、成果和侦查过程的案卷作为前一程序连接后一程序的纽带，使后一机构得以在前一机构的基础上继续进行诉讼活动，审前程序与审判程序便呈现出一种前后递进和接力互补的关系，由此导致法院以侦查阶段形成并作为控方指控的案卷作为裁判被告人是否有罪的直接根据，此种裁判不过是对侦查结论的确认而已。在侦查卷宗的连接下，侦查、起诉和审判实际构成真正意义上的“第一审”“第二审”和“第三审”程序，使得法院之审判实际上失去了对追诉方意见和证据进行独立审查的能力。刑事诉讼法修改之后，检察院不再向法院移送全部案卷材料，而只限于移送证据目录、证人名单和主要证据的复印件和照片。从理论和立法的层面来看，此项改革对切断侦查与审判的联系必将起到一定的作用，但是实践中的种种变通做法，却几乎使改革的成效付诸东流。目前检察院虽然在庭前不向法院移送全部案卷，但在法庭审理结束后的3日以内，仍然要将全部案卷材料移送法院，由合议庭进行阅览，以为制作裁判之基础。这种由“庭前中心主义”到“庭后中心主义”的转变，在实质上并没有完全阻断侦查与审判的联系，因为无论是庭前还是庭后，案卷移送仍然发生在法庭作出裁判之前，法庭仍然将阅卷作为采纳证据、认定事实和适用法律的主要根据，控方案卷对法院裁判结论的直接影响和决定作用仍然广泛地存在。由此说明，现行改革与传统诉讼观念之间存在尖锐的冲突，不从根本上转变观念，诉讼制度的改革和完善将无法得到真正的推行。

其二，将诉讼中的证明活动完全等同于人们对案件事实的认识活动。

传统证据理论认为，诉讼证明是公安司法机关和当事人运用证据，认定或阐明案件事实的活动，也就是人们主观认识客观的抽象思维活动。实际上，围绕诉讼主张而进行的证明活动是以确认法律权益、解决利益争端为直接目的的，尽管此种证明活动无疑包含有认识活动，但绝不仅仅是认识活动，也不能完全等同于认识活动。以刑事诉讼为例，一般而言典型的认识活动只发生在侦查阶段。当犯罪案件发生后，侦查机关通过深入调查，收集判断证据以侦破案情，查明犯罪嫌疑人。至侦查终结，这种对已发生犯罪事件的认识活动已经完成并得出结论。经审查起诉而提起公诉，说明公诉机关已接受和确认侦查机关对案件事实的认定。然而，无论是侦查机关对案件事实的认定，还是公诉机关对案件事实的认定，都不具有法律的权威性，也就是说都不具有使犯罪人接受惩罚的效力。控诉方要使自己的结论具有权威性，就必须在法庭上向裁判者直接证明和说服，使那些事先并不了解案情的裁判者信服其指控的内容。这样，在法庭上所进行的都是“向裁判者证明”或“证明给裁判者看”的活动。此种证明活动与那种单纯探求未知事物和知识的认识活动相比，有着明显的区别。这里有法律上关于证明责任的分配，有着明确的证明对象和待证事实，存在因无罪推定而产生的保护被告人的特殊机制，适用与各种诉讼性质相适应的证明标准。可见，诉讼证明会涉及认识问题，但更多的是法律规则的适用和法律价值的选择过程，因此，决不能把诉讼证明活动与认识活动完全对应起来。应当看到，诉讼证明是一种既涉及认识范畴又涉及价值范畴的复杂活动，在进行诉讼证明时，既要遵循认识论的一般规律，遵守经验法则和逻辑法则，同时又要满足程序正义的要求，接受程序法规范和证据规则的调整与制约。

传统证据理论将证明活动完全等同于认识活动的做法在立法和实践中产生了一系列弊端。由于坚持诉讼证明活动就是一种认识活动，而且以辩证唯物主义认识论原理为证据制度的唯一理论基础，我国在立法上难以避免地犯了简单化、单一化、理想化的错误。如要求公安机关、检察机关和法院在适用法律对案件作出处理时（无论是实体性处理还是程序性处理），其处理决定均需建立在查清案件客观真实的基础上。在诉讼证明领域表现为要求所有诉讼活动均应达到统一的证明标准，即公安机关侦查终结移送起诉、检察院审查起诉移送审判以及法院审理后作出裁判时都要达到“犯罪事实清楚，证据确实、充分”(《刑事诉讼法》第129条、第141条、第162条)。应当看到，对不同诉讼阶段的活动提出整齐划一的证明标准，不仅具有现实的困难，而且也不符合主体对客体的认识有一个逐步深入的过程这一认识规律。

我国刑事诉讼法在设计证明标准时实际隐含着这样一种逻辑前提：诉讼证明是国家专门机关各自独立认识案情的过程的总和，通俗地说，就是刑事案件一旦进入刑事诉讼程序，先由公安机关等侦查机关或部门查明案情，公安查完了检察院再查，检察院查完了法院再查，后一机关在检验前一机关调查所得结果的基础上可以进行补充调查，而且后一机关一旦发现案件事实不清、证据不足，就可以推动程序“逆向运行”。如检察机关在审查批捕、审查起诉阶段，发现公安机关侦查终结的案件事实不清、证据不足的，可以退回公安机关补充侦查。在法庭审理中，虽然刑事诉讼法修改后，法院已不能直接将案件退回检察院补充侦查，但公诉人认为需要补充侦查而向法院提出建议延期审理的，法院一般均会批准。同时，合议庭发现被告人可能有自首、立功等法定量刑情节，而起诉和移送的证据材料中没有相关证据的，还应当建议检察院补充侦查。可见，即使进入法庭审理阶段，公诉人或合议庭仍然可以使案件退回到审判前的追诉阶段。尽管现行刑事诉讼法规定，前述补充侦查均以两次为限，且一次不得超过一个月，在一定程度上避免了刑事诉讼法修改之前案件可以不受限制地退回补侦所导致的诉讼拖延、被告人超期羁押等弊端，但是，侦查、起诉和审判“逆向运行”的情况仍然没有得到实质性的改变。

二、证明主体与证明责任

证明主体的确定是合理界定诉讼证明概念的首要前提。我国传统证据理论对证明主体的认识鲜有分歧，基本上把公检法机关和诉讼当事人都作为诉讼证明的主体来看待，当然也有人把其他诉讼参与人也纳入诉讼证明的主体。其主要原因是传统证据理论将诉讼证明视为贯穿于诉讼全过程的一种认识活动，故此顺理成章地认为，所有在探求案件事实真相的活动中起主导作用的诉讼专门机关和当事人都是证明主体，从而得出公安机关、法院以及某些诉讼参与人也承担证明责任的错误结论。由此产生的一个最突出的矛盾，即如果将法院也列入证明主体，我国的证明责任概念便与其初始含义无法调和。虽然某些学者通过将证明责任与举证责任加以区分的办法试图弥补理论上的漏洞，但始终未能解决问题，反而使问题趋向复杂化。因为证明责任与举证责任显然存在交叉，而且在证明责任是行为责任与结果责任的统一这一点上，法院始终是一个无法解释的障碍。

所谓证明主体，就是在诉讼活动中，提出自己的诉讼主张并有义务承担证明责任的诉讼主体。可见，证明主体与诉讼主张及证明责任有着密切的联系。证明主体的确定直接取决于证明责任的分担，而证明责任的承担又以诉讼主张的提出为必要前提，换言之，只有提出诉讼主张者才须承担证明责任，而只有承担证明责任者才是证明主体。因此我们可以把有否诉讼主张和是否承担证明责任这两个因素作为衡量某一诉讼主体是否属于证明主体的标准。

证明主体与证明责任是同一问题的两个方面，不能割裂开来，孤立地考察。因此，正确理解证明责任的基本含义和有关理论是我们研究证明主体问题的理论起点。

从世界各国证据理论的研究现状看，一般都比较重视对证明责任制度的研究，这是因为证明责任不仅直接决定了诉讼证明的主体，从而为其证明行为提供了依据；而且通过为证明主体科加未尽证明责任之时要承担败诉风险的结果责任，说明了一切证明行为的动因。有关证明责任制度的文章可谓卷帙浩繁，本文不可能面面俱到地对所有学说和流派加以评论，在此仅作简要回顾：

证明责任制度最早萌芽于古罗马时代，当时的立法者就已经强调双方当事人的对抗以及主张事实者的证明责任。学者们将这种证明责任制度及其分配原则概括为以下几个公式：（1）主张之人有证明之义务，否定之人则无之；（2）事物之性质上，否定之人无须证明；（3）原告不举证证明，被告即获胜诉；（4）原告对于其诉，以及以其诉讼请求之权利，须举证证明之；（5）若提出抗辩，则就其抗辩有举证之必要。从这些公式可以看出，在古罗马时代，证明责任制度已经发展到比较完善的程度，包含了后来发展的一切可能性。

到了德国普通法时代[①]，裁判宣誓制度作为法官解决疑案的配套和补充制度得以确立，从而为法官断定是非、解决疑案提供了明确可循的统一规则。[②]但是，当时的证明责任仅指诉讼法上的提供证据责任，即近代所谓的主观的证明责任，客观证明责任的含义尚未发掘出来。德国学者优理务斯·格拉查（Julius Glasser）于1883年率先提出了证明责任概念的分层理论。该理论认为，可以把证明责任概念的内涵分解为两个层次：一是形式的或主观的证明责任。该责任的目的在于要求当事人提供证据进行诉讼活动，而不是光主张事实不提出证据加以证明，或者用证据外的方法，如宣誓、决斗、神明裁判等方法对事实作出证明。由于这层意义上的证明责任强调的是当事人的举证行为，而不涉及诉讼后果的问题，因而又称之为行为意义上的证明责任，简称为行为责任。二是实质的或客观的证明责任。该责任的目的在于供法官解决案件事实真伪不明之时的疑难案件。根据这层意义上的证明责任，在诉讼程序结束的时候，如果案件的要件事实处于真伪不明存否不定的状态，法官既不得任意下判，也不得拒绝下判，而必须根据证明责任的负担确定案件的胜败结果。由于这层意义上的证明责任与诉讼的结果有关，所以称之为结果责任。继格拉查提出客观证明责任的概念之后，罗森贝克和莱昂哈德两位德国学者相继著书立说，进一步发展和完善了客观证明责任的理论，并使之成为德国以及其他一些国家的通说[③]。

在英美法系，证明责任通常被称为证明负担（burden of proof）或证明责任（onus of proof）。虽然这一概念在数种意义上使用，但按照美国诉讼法学理解释，它具有三重含义：一是当事人向法庭提出诉讼主

① 自德国继受罗马法时起，直至300年德国民法典的颁行。

② 根据1847年汉诺威王国的《一般民事诉讼法》第170条的规定，当时盛行的裁判宣誓制度被称为“通常必要的宣誓”。其中又分为两种，一是补充宣誓，二是雪冤宣誓。前者适用于负担证明义务的当事人；后者适用于不负证明义务的当事人。如果负担证明义务的当事人所提供的证据虽不充分，但在证明程度上已经超出一半，该当事人便取得了补充宣誓权；经过补充宣誓后，法官即可认定该待证事实为真。反之，如果该当事人所提供的证据尚未达到证明程度的一半，对方当事人则取得了雪冤宣誓权；经过雪冤宣誓后，法官则应认定该待证事实为假。

③ 例如，客观证明责任的概念经过日本学者雉本朗造的博士论文《举证责任的分配》的介绍，很快传到了日本，成为日本学者奉行的通说。

张的责任，二是当事人向法官提供足够的证据，以使案件交付陪审团进行事实认定的行为责任，三是当事人对交付陪审团进行事实认定的案件，在审判程序的最后阶段，因事实真伪不明而承担的诉讼不利。前两者通常称为“提供证据的责任（负担）”（the burden/duty of producing evidence），后者通常称为“说服责任”（the burden of persuasion）。在立法方面，美国法学会曾在1942年起草的《示范证据法》中，以“对事实的说服责任”和“对事实的提供证据责任”对“burden of proof”的双重含义作了定义解释。前者是指“应就事实的存在或不存在作出决定的法院被足够的断定事实存在的证据说服时，负担就此卸下”；后者是指“当足够的证据已经提出以支持作出该事实存在的断定时，负担就此卸下”。[①] 此外，《美国联邦证据规则》第301条分别以“提供证据的责任”（the burden of going forward with evidence）和“不说服的风险”（the risk of nonpersuasion）对“证明负担”（burden of proof）的双重含义作了概念上的区别。[②]

由此可见，无论是以德国为代表的大陆法系，还是以美国为首的英美法系，都看到了证明责任的内涵具有多重性的特征，尽管两大法系关于证明责任的理论研究各有侧重，但其对证明责任的理解无疑存在相通之处。我国学者在批判地吸收其他国家现有成果的基础上，在该问题的研究领域取得了一定进展。目前，多数学者赞同双重含义说，即证明责任是行为责任与结果责任的统一。为有助于理解，现简要分析如下：首先，诉讼主张的存在是证明责任产生的前提。在任何性质的案件中，诉讼主张都是诉讼活动的起点和归宿，全部诉讼活动都围绕当事人双方的诉讼主张而展开。当事人的主张不仅是其举证加以论证的对象，而且限定了法院的审理范围。因此当事人诉讼主张的存在是证明责任产生的潜在前提。其次，证明责任包含提供证据的责任。即双方当事人在诉讼过程中，应当根据诉讼进行的状态，就其主张的事实或者反驳的事实提供

---

① The Uniform Rules of Evidence, Rule 1 (4), (5).

②《美国联邦证据规则》第301条规定：“一项推定赋予其针对的当事人举证反驳或满足该推定的责任，但未向该当事人转移未履行说服责任即需承担风险意义上的证明责任。该证明责任仍由在审判过程中原先承担的当事人承担。”引自《美国联邦刑事诉讼规则和证据规则》，卞建林译，中国政法大学出版社1996年版，第104页。

证据加以证明。也有学者称这一责任为“利用证据推进的责任”或“形式上的举证责任”。再次，证明责任还包含说服责任，即负有证明责任的诉讼当事人应当承担运用证据对案件事实进行说明、论证，使法官形成对案件事实的确信的责任。由此可见，仅仅提出证据还不算履行了证明责任，还必须尽可能地说服裁判者相信其所主张事实存在或不存在。最后，证明责任最终表现为不利后果责任。即如果承担证明责任的一方当事人不能提出足以说服法官确认自己诉讼主张的证据，则需承担败诉或者其他不利后果的责任。

从以上分析来看，我国证明责任理论中所谓提供证据的责任相当于国外理论中的主观的、形式的、行为意义上的证明责任，而说服责任以及不利后果责任则相当于所谓的客观的、实质的、结果意义上的证明责任。关于行为责任与结果责任之间的关系，有学者曾经论述道，“承担结果意义上的举证责任的可能性的存在，是当事人必须履行行为意义上的举证责任的原因”。其理由是:“正是事实的真伪在诉讼中尚未确定，而这将会给主张事实的当事人带来灾难性的后果，才使得提供证据证明成为必要。如果该事实已被先前的裁判所确定，或者该事实已为对方当事人在法庭上承认，承担不利诉讼结果的可能性已不复存在，当事人提供证据的必要性也就随之消失。另一方面，当事人可以通过诉讼中积极的举证活动避免承担不利益的诉讼后果，当事人积极履行行为意义上的举证责任，其目的也正是为了避免承担结果意义上的举证责任。”① 由此可见，结果责任的存在是敦促证明主体履行其行为责任的动因，而行为责任的实际承担也正是以避免承担结果责任为目的。但是需要指出的是，不利后果责任只是一种潜在的风险，只有在案件事实经过一系列证明活动，特别是当承担证明责任的主体实际履行了说服责任之后，案件事实仍处于真伪不明状态时，才会实际发生。这表明行为责任和结果责任在证明责任的外化过程中是相继地呈现出来，先是结果责任在实体法中的预先设定，后是行为责任的实际履行。行为责任实际履行后，结果责任有可能出现，也可能不出现。倘若结果责任出现，证明责任便发挥了它解决疑案的功能，证明责任的内涵意义达到了最大化。

---

① 李浩:《民事举证责任研究》，中国政法大学出版社 1993 年版，第 16 页。

根据对证明责任内涵的剖析，证明主体应当是在诉讼中提出自己的诉讼主张，并提供证据证明其诉讼主张，而且在诉讼程序结束之时，如果案件事实处于真伪不明的状态，由其承担败诉或不利诉讼后果的一方当事人。按照证明主体的定义，其衡量标准有二：一是凡属证明主体者必须有自己的诉讼主张，二是证明主体不仅是提供证据行为的承担者，更主要的还是未尽证明责任时诉讼不利后果的承担者。以此为标准对各种诉讼主体进行分析，不难得出证明主体应限于诉讼当事人（包括我国刑事诉讼中的国家公诉人）的结论。具体理由如下：第一，诉讼中的证明责任应如何分担是实体法和程序法所共同解决的问题，实体法是用来规范当事人的权利义务关系的，它与依据它对案件作出实体判决的审判者没有关联，因而，实体法永远不可能责令外在于实体权利义务关系的审判者承担证明责任。证明责任从来就是当事人的事，而与审判者无关。[①]第二，证明主体必须有自己的诉讼主张。只有提出了明确的诉讼主张，证明才能有针对性地进行。而在众多的诉讼主体中只有当事人才有自己的诉讼主张，因此只有当事人才有可能成为证明主体。第三，证明主体未能充分履行证明责任时有可能承担败诉或其他不利的诉讼后果。在诉讼中，当事人是与案件审理结果有直接利害关系的人，从实体法的角度讲，败诉的风险只能在当事人之间分配，因此只有诉讼当事人才能成为证明主体。实际上，在西方刑事诉讼法学界，已有许多学者明确指出了公诉机关和诉讼当事人的证明主体地位。例如，英国法学家克罗斯和威尔金斯就曾经说过，“在几乎所有的案件中原告或是公诉人都必须证明大量的事实”[②]，“所谓争议事实就是所有为了赢得诉讼而由民事诉讼案件中的原告或是刑事诉讼案件中的公诉人必须加以证明的事实，以及所有的遭到控诉的被告人为了有效地进行辩护而必须进一步证明的事实”[③]。可见，将证明主体限定在公诉人和当事人的范围内并非我国之独创，而是世界范围内的共同做法。

---

① 江伟主编:《证据法学》，法律出版社 1999 年版，第 49 页。

② Cross & Wilkins, *Outline of the Law of Evidence (Fifth Edition)*, London Butterworths, 1980, p. 1.

③ Cross & Wilkins, *Outline of the Law of Evidence (Fifth Edition)*, London Butterworths, 1980, p. 1.

具体而言，在我国刑事诉讼中，证明主体首先是控诉机关和负有证明责任的当事人，即公诉案件中的公诉人和自诉案件中的自诉人，只有他们才应依照法定程序承担证明犯罪事实是否发生、犯罪嫌疑人或被告人有罪、无罪以及犯罪情节轻重的责任，这是证明责任理论中"谁主张，谁举证"的古老法则在刑事诉讼中的直接体现。此外，根据"否认者不负证明责任"的古老法则和现代无罪推定原则的要求，犯罪嫌疑人、被告人不负证明自己无罪的责任。因此，从整体上看，刑事诉讼中的证明责任是一个专属于控诉方的概念。但遵循"有原则必有例外"的规律，在少数法律推定其有罪的特定案件（如巨额财产来源不明案件）中，犯罪嫌疑人和被告人也负有证明自己无罪的责任，这在各国刑法以及刑事诉讼法中大多有所规定。在民事诉讼和行政诉讼中，证明主体是当事人这一点基本不存在争议。其中民事诉讼实行典型的"谁主张，谁举证"原则，证明主体可能是双方当事人中的任何一方；而在行政诉讼中，由于遵循"举证责任倒置"的原则，其证明主体是被告行政机关，原告一般不负证明责任。

我国传统证据理论对刑事诉讼中的证明主体分别作了广义和狭义的理解，其中狭义的证明主体不仅包括国家公诉人（检察院），而且包括侦查机关和法院；广义的证明主体则除了公安司法机关及其办案人员以外，还包括当事人和其他诉讼参与人。[①] 通过上文对证明主体概念的深入剖析，我们认为，传统证据理论对证明主体范围的界定显然值得商榷。在此，笔者拟将刑事诉讼中的诉讼主体分为三大类，即当事人、当事人的延伸以及法院，并以前文所述证明主体的构成要件为标准，对其逐一加以分析，以澄清我国传统证据理论在证明主体问题上的某些模糊认识。

其一，实质性的当事人。

（1）公诉人。我国刑事诉讼理论出于种种考虑，认为公诉人不属于

---

① "证明的主体包括公安司法机关及其办案人员、当事人以及诉讼参与人；狭义而言则仅指公安司法机关及其办案人员。证明客体为案件事实。证明过程包括侦查、起诉和审判的全部程序。"参见陈光中:《刑事证据制度与认识论》，载《中国法学》2001年第1期。

当事人。[①]然而在公诉案件中，检察人员以公诉人身份出席法庭支持公诉，实际上处于原告一方的地位，可以视其为实质意义上的当事人。由于证明责任并非纯粹程序法意义上的概念，而是实体法与程序法所共同规范的范畴，因此在诉讼证明中，证明责任的承担者应当是指实质意义的当事人，而非程序法上规定的当事人。公诉人与被告人双方通过在法庭上举证、质证、认证等活动，进行平等的理性争斗，目的在于阐明诉讼中的争议事实，论证己方的诉讼主张，以说服作为裁判者的法官确认或接受己方的诉讼主张，从而发挥诉讼这种公力救济方式“确认法律权益、解决利益争端”的功能。一方面，公诉人作为争议的一方在诉讼中有自己明确的诉讼主张，即指控被告人的行为构成犯罪，并要求法院依法追究其刑事责任；另一方面，如果公诉人未能“排除合理怀疑”地证明被告人犯有所指控的罪行，就要承担起诉失败的后果，这也是一种不利的诉讼后果。由此可以肯定，公诉人担负着证明“被告人有罪”这一核心诉讼主张的证明责任，从而成为刑事诉讼中最主要的证明主体。值得注意的是，在适用简易程序审判的案件中，如果公诉人出席法庭审判，他自然是证明主体，如果他不出庭，也不影响其证明主体地位，因为在此种情况下，只是证明的方式发生了变化，其控诉方的诉讼地位并未改变，仍是诉讼主张的提出者和诉讼不利后果的潜在承担者。

（2）自诉人。由于自诉案件在诉讼结构、审判方式、审判原则等方面更类似于民事诉讼，如诉讼主体主要是法院与双方当事人，自诉案件

---

① 我国不把公诉人作为刑事诉讼当事人的原因在于，首先根据当事人的概念，当事人必须是在诉讼中处于追诉（原告）或被追诉（被告）地位，执行控诉（起诉）或辩护（答辩）职能，并同案件事实和案件处理结果具有切身利害关系的诉讼参与人。而公诉人作为国家追诉权的具体执行者，同案件事实之间并不存在直接具体的切身利害关系。其次，公诉人作为国家法律监督机关的代表，他参加刑事诉讼的目的和任务，不仅在于追究犯罪，支持公诉，而且在于监督法院的审判活动是否合法，在于维护法律的统一、正确实施，维护所有诉讼参与人其中也包括被告人的合法权益。这一点是当事人双方都不具备的。再次，公诉人虽然在形式上是处于原告一方的地位，但其实际享有的诉讼权利同作为当事人的另一方的被告人是不平等或不对等的。最后，公诉人同审判人员之间，在参加诉讼的任务和目的，在诉讼中的地位和作用等方面所具有的共同点或相似之处，要多于公诉人同自诉人、被告人等当事人在这些方面的共同点或相似之处。所以从实质上看，把公诉人同审判人员并列比把公诉人同自诉人、被告人等并称为当事人更为适宜。参见王国枢主编:《刑事诉讼法学》，北京大学出版社 1999 年版，第 42 页。

的审判可以适用调解、自诉人可以与被告人自行和解或者撤诉，自诉案件的被告人可以提出反诉等。因此自诉案件中证明责任的分配也与民事诉讼类似，都遵循“谁主张，谁举证”的基本原则。自诉人作为自诉案件的原告一方，是诉讼的发动者，自然负有不可推卸的证明责任。我国《刑事诉讼法》第 171 条第 2 款规定：“缺乏罪证的自诉案件，如果自诉人提不出补充证据，应当说服自诉人撤回自诉，或者裁定驳回。”说明自诉人未履行证明责任将导致被驳回起诉的不利诉讼后果。因此，自诉人属于证明主体之一这一点几乎没有人提出异议。

（3）被告人。无论是公诉案件还是自诉案件的被告人，基于现代诉讼无罪推定原则的特殊保护机制，都不负证明责任。但是被告人不负证明责任这一原则也存在例外情况：其一是在法律推定其有罪的特定案件中，例如我国刑法中规定的巨额财产来源不明案，被告人要承担证明自己无罪的证明责任，这是被告人基于实体法的推定而承担证明责任的例外。其二是被告人对于其抗辩主张要提供相应证据加以证明，否则其抗辩主张可能不被法院所采纳。在自诉案件中，被告人对其反诉主张承担证明责任，则是不言而喻的。有人承担的证明责任不同，其证明标准要低于后者，此种观点尚有待深入探讨，但被告人在某些特殊情况下可能成为证明主体这一点却基本达成共识。

（4）附带民事诉讼当事人。附带民事诉讼在本质上是一种特殊的民事诉讼，其诉讼程序和审判原则均适用民事诉讼法。因此在证明责任的分配上，刑事附带民事诉讼也受“谁主张，谁举证”原则的调整，附带民事诉讼原告人对其民事赔偿请求所依据的事实负有提出证据加以证实的责任，而附带民事诉讼被告人则对其提出的抗辩事实以及反诉主张负有证明责任。

其二，当事人的延伸（辅助机关或辅助人）。

（1）侦查机关（包括公安机关、国家安全机关、人民检察院、军队保卫部门和监狱）。在现代社会，犯罪的复杂性决定了国家提起公诉必须以侦查为前提和基础，而侦查机关的职责在于协助公诉机关行使控诉职能，因此，侦查机关发现、提取并保全证据的活动实质上在为公诉机关在法庭审判阶段更为有效地履行举证责任作准备。传统证据理论认为，侦查机关作为国家专门机关之一也属于证明主体。然而，如果依照证明主体的构成要件加以分析，侦查机关显然不属于证明主体。一方面，由于诉讼证明责任是与审判阶段相联系的特定概念，解决的是审判过程中由谁提出诉讼主张和诉讼证据以及由谁承担因无法证明或者证明不力而导致的不利后果的问题。侦查机关不是审判阶段的诉讼主体，除个别侦查人员以警察证人或鉴定人身份出庭作证外，一般不参与审判活动，从这个角度看侦查机关不可能是证明主体。另一方面，从侦查活动的性质看，侦查机关收集证据的行为是一种依职权对案件事实的认识活动，在侦查阶段还没有提出明确的诉讼主张，更不需承担不利的诉讼后果，因此不能将其列为证明主体。实际上，如前所述，侦查机关可以称为查明案件事实的主体，但绝非证明主体。

（2）辩护人和诉讼代理人。在刑事诉讼中，被告人的辩护人、自诉人等的诉讼代理人参与诉讼的目的在于协助当事人行使辩护职能或者控诉职能，争取对被代理人有利的诉讼结果，而不是获取于已有利的裁判。就辩护人而言，由于被告人与辩护人之间是一种特殊的代理关系，即辩护人具有不依赖被告人而提出辩护意见的独立性，但是辩护人行为的法律后果仍归属于被告人。也就是说辩护人虽然有权独立提出诉讼主张（主要是辩护主张），但不承担任何败诉的风险，不完全具备证明主体的构成要件。就诉讼代理人而言，由于刑事代理制度是民事代理制度在刑事诉讼中的移植，诉讼代理人几乎具备民事代理人的全部要素，即诉讼代理人必须以被代理人的名义在授权范围内进行代理活动，而且其代理行为的法律后果及于被代理人。这表明诉讼代理人在诉讼中既没有自己的诉讼主张，也不承担证明不力时的败诉风险，因此不属于证明主体。

其三，法院和其他诉讼参与人。

法院在诉讼中的地位和职能决定了，他作为中立的裁判一方，在诉讼证明过程中只是收受证明的主体，而不是证明主体。把法院视为证明主体，会导致法院一身二任的情况，即法院既作为证明主体履行证明责任，又作为裁判者对待证事实进行评价。这种情况不仅与控审分离的诉讼原理相悖，而且实际上必然造成法官的角色混乱与心理冲突。此外，以证明主体的构成要件来衡量，法院本身既无自己的诉讼主张，对争议中的事实也无既定的看法，更不会因证明不力而承担任何败诉的风险，因而不可能成为证明主体。

在诉讼实践中，由于法院承担着审查判断证据的责任，必要时也需在法庭上讯问被告人，询问被害人、证人等。但是法院进行上述活动并不属于履行证明责任的行为，而是在履行法律赋予的审理职责。此外，法官的讯问、询问只是补充性的，是法官职权主义在证据调查中的表现，大陆法系的法官也享有类似的权利，不能将其作为法官承担证明责任的标志。我国《刑事诉讼法》第158条规定："法庭审理过程中，合议庭对证据有疑问的，可以宣布休庭，对证据进行调查核实。人民法院调查核实证据，可以进行勘验、检查、扣押、鉴定和查询、冻结。"有人把这一规定作为法院承担证明责任的主要依据。事实上，法官休庭调查核实证据，目的不是收集、调取新的证据，而是对法庭上由控辩双方出示的证据，甚至是由控方提出来的证据，辩护人提出了疑问，法官认为有道理，又难以认定的，可以在庭外通过其他调查方法来判定庭上的证据哪个是真，哪个是假，应否采信。例如两个证人在法庭上的证言互相矛盾，又难以排除其中一个，法官对此有疑问，就要调查一下他们的背景，他们的感知能力，他们耳闻目睹犯罪事实时的环境、条件等，以此来判定哪一个证人的证言可能是真实的。这样的调查核实对于法官判定证据，形成内心确信，很有帮助。此时回到法庭，法官就可以把调查了解的情况向法庭作客观的介绍，说明哪个能采信、哪个不能采信。由此可见，法官在法庭审理过程中的庭外调查与侦查阶段的调查证据有着本质的区别。从性质和目的上看，法官的庭外调查是复核性的，不是为了取得新证据，而是为了判断控辩双方出示的证据哪方真哪方假，往往是在证据之间出现矛盾的时候，作为判断的基础。此外，法官对证据进行复核之后，回到法庭上主要是介绍自己复核的情况，并对采信哪一方的证据加以说明，听取双方的意见，而不是出示新的证据。

至于其他诉讼参与人如证人、鉴定人和翻译人员是否属于证明主体的问题，由于这些诉讼参与人与诉讼结果没有直接的利害关系，他们参与刑事诉讼活动，要么是为了协助某一方当事人充分有效地履行诉讼职能，要么是为了给诉讼各方提供证据资料或为诉讼的顺利进行提供服务和帮助，发挥着协助诉讼的功能，因此他们在诉讼中都没有自己的诉讼主张，而且也不承担证明不力时的不利诉讼后果，因此这些诉讼参与人也不属于证明主体。

三、证明对象与证明标准

证明对象是诉讼证明的另一个主要构成环节。所谓证明对象（亦称证明客体），是指证明主体运用一定的证明方法所欲证明的系争要件事实。一方面，证明对象是证明的最初环节或出发点，只有明确了证明对象，才能进一步明确由谁负责证明（证明主体和证明责任），证明到何种程度为止（证明标准），以及如何进行证明（证明程序）等问题。另一方面，证明对象标示了证明主体的行为指向，在诉讼证明的阶段中又居于终点地位，构成了证明活动的目标和归宿。证明对象既是证明的出发点，又是证明的落脚点，因而在整个诉讼证明活动中居于核心地位。值得注意的是，证明对象的重要性不仅体现在上述证据法学领域，其在诉讼法领域也有重大意义。例如，证明对象有助于确定起诉范围或诉讼对象。证明对象属于抽象的未知领域，它概括了当事人未来诉求的各个方面，但是它需要通过起诉或公诉行为来具体化。本着诉讼上的不告不理原则，证明对象可以转化为特定案件中的诉讼对象。比如，在民事诉讼中，因当事人的起诉而使证明对象明朗化为诉讼对象，也即诉讼标的。在刑事诉讼中，诉讼对象以请求裁判的犯罪事实为其基本内容。有人把证明对象称为诉讼对象的派生或"投影"①，并认为两者之间存在表里关系，这一概括可谓极其恰切。

作为诉讼证明的首要和中心环节，证明对象具有如下特征：（1）客观性与主观性的统一。所谓客观性是指证明对象具有外在于诉讼程序的客观实在性，它最初产生于诉讼过程之外，不因诉讼而发生，也不因诉讼而消灭。在诉讼证明的所有构成环节中，证明对象是最具稳定性和客观性的一个环节，但这种客观性也不是绝对的，一旦进入诉讼过程，证明对象就难免受到证明主体、诉讼请求、诉讼模式等程序因素的影响，而带有一定的主观色彩，因此说证明对象是主客观的统一。②（2）普遍性。证明对象是法律（包括实体法和程序法）所规定的要件事实，其结

① 陈刚:《证明责任法研究》，中国人民大学出版社2000年版，第66页。

② 林山田:《刑事诉讼法》，汉荣书局有限公司1981年版，第207页。"证明之主要目的乃在于认定犯罪事实，故证明之客体即为事实，包括外在事实与内在事实。前者系指构成犯罪行为之客观事实，后者即指被告主观之不法意图。犯罪事实之认定必须兼就外在事实与内在事实而为综合判断，不得仅以犯罪之客观外在事实而推断内在事实以作为认定犯罪之依据。"

构具有普遍性。所谓要件事实是指某一裁判得以合法成立的事实，具体而言，在刑事诉讼中主要是指被指控的犯罪行为构成要件和量刑情节的事实；在民事诉讼中主要是民事法律关系发生、变更和消灭的事实，也就是民事法律关系构成要素的事实；在行政诉讼中主要是被诉具体行政行为合法成立的事实。（3）特殊性。证明对象是当事人主张或者争议并且应当举证证明的待证事实，由于证明对象与当事人的诉讼主张以及证明责任密切相联，因此在每一个具体的案件中，证明对象的内容因当事人争议或诉讼主张的不同而有所差异，因此证明对象又具有特殊性。（4）必要性。证明对象是指有必要提供证据加以证明的事实。证明对象的概念自身便含有需用证据加以论证和探知的期待性，因此已知事实显然应排除在证明对象之外。我国传统证据理论一般较重视对证明对象的普遍性和必要性的研究，而很少有人对其特殊性予以关注。实际上，证明对象的特殊性恰恰体现了诉讼证明区别于自然科学证明和其他社会证明的特殊之处，而且对证明标准的确定也存在直接的影响，因此有必要对证明对象的特殊性加以深入研究。

如上所述，证明对象的研究具有极其重要的理论价值。遗憾的是，迄今为止，我国三大诉讼对证明对象的研究仍停留在较浅的层次上。笔者认为，为促进我国证明对象理论向深入发展，有必要从其他国家的相关理论中汲取经验和灵感。

在大陆法系，某一案件所涉及的、可能在当事人间引起争议的事实大致可分为三类：一是主要事实（亦称法律构成要件事实、要件事实、生活事实等，以下统称法律构成要件事实），指相当于规定法律效力发生、变更或消灭的法律构成要件的事实；二是间接事实，指推认主要事实存在的事实；三是补助事实，指有关证据能力和证明力的事实。①由于大陆法系的裁判实质为法官将法治国家的制定法适用于已认定的事实，其过程是，以假言命题的法为大前提，以法官已认定的事实为小前提，按照三段论式的演绎逻辑程序，得出作为归结命题的判决规范。因此，法院要裁判当事人的主张是否成立，必须通过判断当事人主张的法律构成要件的要件事实是否存在为依据。在要件事实被证明为存在的情况下，对该要件事实进行抽象的法律构成要件即可发生法律效力，证

① 参见张卫平：《程序公正实现中的冲突与衡平——外国民事诉讼研究引论》，成都出版社1993年版，第21—25页。

明为不存在的情况下，法律构成要件将不发生法律效力。从这个意义上说，法律构成要件事实无疑是证明的对象。至于间接事实和补助事实，由于它们在诉讼中的实际意义受制于要件事实，其作用相当于证据材料，只存在查证属实，而不存在证明的问题，因而大陆法系的证明对象只有法律构成要件事实。

在英美法系，与大陆法系要件事实相对应的概念是争点事实（或称争议事实）。争点事实包括两项内容：一是诉讼原因的构成事实；二是抗辩的构成事实。所谓诉讼原因（cause of action），是指原告作为请求理由而主张的同一生活关系（same transaction）。[①]需要指出，诉讼原因并非指单纯意义上的生活事实，而是指能够被实体法评价的事实。在此意义上，诉讼原因相当于大陆法系的法律事实（法律构成要件）。由于诉讼原因是指能够被实体法进行评价的事实，它具有类似于法律事实的抽象性特点，所以，在英美法系中，原告一方必须在诉状中明确记载诉讼原因的构成事实。正是由于诉讼原因的构成事实相当于大陆法系的要件事实，其能够证明诉讼原因的存在，因而它是原告必须予以证明才能使自己获得胜诉的事实。如果诉讼原因的构成事实未被证明，陪审团将评议当事人未对诉讼原因的存在加以说服，并由法官作出原告的诉讼请求不成立的裁判。另外，从被告对原告主张的诉讼原因提出抗辩的立场上看，被告应当对其提出的抗辩的构成事实予以证明才能使自己获得胜诉。在此种意义上，抗辩的构成事实也相当于大陆法系的要件事实。只不过原告主张的诉讼原因的构成事实相当于大陆法系的权利成立要件事实，而被告主张的抗辩的构成事实相当于权利消灭要件事实而已。由于诉讼原因和抗辩的过程事实都是当事人必须予以证明的事实，并且是有可能发生争议的案件事实，因此，英美法学者通常将两者合一称为争点事实（facts in issue）。[②]由于英美法系的裁判是对案件本身进行法的评价，它从事实出发，以“汝于余事实，吾于汝权利”的逻辑方式处理纠纷，实现社会的法秩序。因此个案中争点事实的确定，从实体法角度看，应当从诉因或抗辩所适用的实体法中去寻找争点事实，从诉讼法立场出发，则应在当事人诉答文书的基础上整理争点事实。

---

① ［日］中村英郎：《民事诉讼论集·第五卷》，成文堂1985年版，第49页。

② 参见沈达明：《英美证据法》，中信出版社1996年版，第23页以下。

由上可见，虽然大陆法系和英美法系诉讼制度的目的和模式不尽相同，其裁判过程适用的逻辑方法也不一样，但都遵循一条相同的原则，即法院只对当事人主张的争点事实（要件事实）进行审理，当事人也只对本案的争点事实承担证明责任。因此，我国学者对证明对象问题的研究也应当在上述原则的基础上进行。

我国传统证据理论将证明对象概括为案件客观事实，但从两大法系对诉讼证明对象理论研究的基本观点看，笔者认为，我国诉讼中的证明对象应当概括为“争议事实”（facts in issue）。争议事实与案件客观事实是两个既有联系又有区别的概念。“所谓争议事实就是所有为了赢得诉讼而由民事诉讼案件中的原告或是刑事诉讼案件中的公诉人必须加以证明的事实，以及所有遭到控诉的被告人为了有效地进行辩护而必须进一步证明的事实。”① 所谓案件客观事实则包括构成案件发生全过程的所有事实。在英美法系国家，立法上虽然很难找到关于证明对象的规定，但其司法实践认为，诉讼一方可以证实所有与争议事实有关的情况而不能去证实别的东西，从而明确了诉讼证明的对象仅限于当事人双方的“争议事实”，而非案件的全部事实。由此可见，争议事实只是案件客观事实的一部分；争议事实与其他不需证明或者无法证明的事实一道构成案件的客观事实。从认识论的角度来看，案件的客观事实是不可能完全被认识的；从诉讼证明的特殊性来看，也不需要对案件客观事实加以证明，因此证明对象只限于诉讼当事人的争议事实，而不是涵盖与案件有关的全部事实。

首先，这是由诉讼的本义和目的所决定的。东汉人许慎所著《说文解字》中对诉讼的解释为“诉，告也”，“讼，争也”。② 对此有些现代学者将其解释为，“诉讼就是原告一方告于官府，而后原告被告进行争讼，由官府进行决断”③，或者“诉讼就是告于司法机关以争辩是非曲直”④。但也

---

① Cross & Wilkins, *Outline of the Law of Evidence*, 5th ed., London Butterworths 1980, p. 1.

② （汉）许慎:《说文解字》，中华书局 1963 年版，第 56 页。

③ 陈光中、沈国峰主编:《中国古代司法制度》，北京大学出版社 2017 年版，第 47 页。

④ 陈光中、徐静村主编:《刑事诉讼法学》，中国政法大学出版社 1999 年版，第 3 页。

有的学者将其解释为“把争议告于官府，使官府进行决断”[①]。无论哪一种解释，都能够得出诉讼的核心目的是解决争议、定分止争的结论。从这一意义上看，证明主体只需阐明争议事实，论证己方的诉讼主张，说服作为裁判者的法官（在有些国家还包括陪审团）确认或接受己方所主张的事实和权益，就能最终获得于己方有利的判决。诉讼中的证明不是为了使法官对案件的来龙去脉有个全面的了解，或者至少不是以此为终极目的，而是以争取法官在争议事实上作出于己方有利的裁判为最终追求，因此，当事人没有必要对案件的所有事实情节均加以证明（事实上这一目标也无法实现），而只需证明与其诉讼主张有关的“争议事实”即可。

其次，这是由证明对象与诉讼主张之间的密切联系所决定的。在诉讼过程中，当事人提出的诉讼主张包括实体法上的权利主张以及支持其诉辩请求的事实主张。为了使其诉辩请求得到满足，当事人必须首先努力使裁判者相信其事实主张成立，这是“谁主张，谁举证”的古老法则提出的必然要求。从这个角度讲，证明责任的界限也是由证明对象的范围所限定的。

最后，这是“不告不理”原则的必然要求。“不告不理”是现代诉讼调整起诉与审判关系的重要原则，通常认为，该原则包含三项基本要求：（1）控审职能分离，由不同机关分别行使；（2）审判以起诉为前提，未经起诉的案件，法院不得径行审判；（3）审判受起诉范围限制，不得及于起诉以外的人与事。从诉讼证明的角度理解，一方面，当事人的诉讼主张划定了待证事实的范围、边界，使与诉讼主张无关的其他事实被排除在证明对象之外，证明主体只需围绕当事人的诉讼主张来向裁判者（包括法官和陪审团）证明有关要件事实。另一方面，从裁判者的角度看，其评判对象也只限于由当事人的诉讼主张所确定的范围（即所谓的“争议事实”），而不能随意扩大评判对象的范围，这实际上是“不告不理”原则在诉讼证明领域的要求。理论界有种观点认为，证明对象范围的大小受诉讼模式的影响，在不同的诉讼模式中，证明对象的范围各不相同：在当事人主义诉讼模式下，证明对象由当事人确定，证明对象的实际范围直接取决于当事人的主张和请求；而在职权主义诉讼模式下，

① 中国政法大学郑禄教授即持此观点。

证明对象的确定还受法院的干预，证明主体可能还须证明自己所未主张或请求的事实，因而证明对象的范围较之当事人主义模式更为宽泛。这种观点忽视了“不告不理”原则在诉讼证明问题上的重要作用，把职权主义诉讼模式下的不合理实践作为合理的存在来加以研究，并得出证明对象的范围与诉讼模式有关的结论，犯了倒果为因的错误。我们认为，无论在何种诉讼模式下，证明对象都只能由当事人提出的诉讼主张所限定，法官作为事实和法律问题的裁判者，应在诉讼中保持与其审判职能相符的中立地位，作为收受证明的主体，应保持评判者的消极地位，而不应任意扩大证明对象的范围，为当事人增加证明负担。当然，诉讼实践中当诉讼当事人没有履行应有的证明责任时，法官提醒其注意对特定证明对象负有证明责任的情况，则另当别论。

明确证明对象为“争议事实”有利于正确认识诉讼证明的特殊性，从而深刻领会诉讼证明的相对性原理，并以此为基础对证据理论中的证明标准问题进行反思。现具体论述如下：

第一，认识的相对性。

传统证据理论认为，查明案件事实的过程，就是一个证明过程，也就是人们主观对客观世界的一种认识活动。我国诉讼中证明的任务是确定案件的客观真实。所谓“客观真实”，就是“司法机关所确定的这些事实，必须与客观上实际发生的事实完全符合，确实无疑”①。在他们看来，确定案件的客观真实，是完全可能的，也是应当做到的。因为马克思主义认识论认为，世界是可知的，人类有认识世界的能力。将此命题运用到诉讼证明中来，就是：案件事实是客观存在的，因而也是完全可以认识的。只要司法人员充分发挥主观能动性，重视调查研究收集证据，完全有可能掌握对查明案情具有意义的一切事实。②因此，要探讨诉讼证明问题，首先有必要从认识论着手，重温辩证唯物主义认识论的有关原理，正确认识存在与意识、主观与客观、绝对真理与相对真理的关系，以求正本清源，把握马克思主义关于认识客观世界理论的真谛。

辩证唯物主义认识论由三个基本的理论要素构成：一是反映论，即认为物质（或存在）是第一性的，意识（或思维）是第二性的，物质决

---

① 巫宇甦主编:《证据学》，群众出版社 1983 年版，第 78 页。

② 巫宇甦主编:《证据学》，群众出版社 1983 年版，第 78 页。

定精神，意识是物质的反映。唯物主义反映论坚持从物质到精神、从客观到主观的认识路线，从而同唯心主义区别开来。二是可知论，即认为思维与存在之间具有同一性。[①]物质世界虽然客观存在于人之外，但人的认识可以提供客观世界的正确图景，也就是承认意识能够正确地反映物质。辩证唯物主义的可知论是以科学的实践论为基础的，认为认识来源于实践，实践又是检验真理的唯一标准。三是坚持认识论的辩证法。首先，从主观与客观、认识与实践的对立统一运动中考察人对客观世界的认识，把认识看作在实践基础上能动地把感性材料加工为理性知识，能动地从个别性的认识上升到规律性的理解，又能动地用理论去指导实践的过程。其次，把人类的认识看作一个无限发展的过程，认为人对事物的终极认识有无限接近客观真理的可能性。由此可见，以能动的反映论和可知论为基础的辩证唯物主义认识论，既坚持认识论的唯物论，又坚持认识论的辩证法，从而科学地揭示了认识的本质。我国传统证据理论在对辩证唯物主义认识原理理解上之不足，在于片面强调了认识论的唯物论，即反映论、可知论，却忽略了认识论的辩证法，曲解了绝对真理与相对真理的辩证关系。

辩证唯物主义认识论坚持可知论，认为人的思维是至上的，是能够认识现存世界的，在此意义上说，认识是绝对的。但是这里所说的“人的思维”，不是指个人的思维，而是“作为无数亿过去、现在和未来的人的个人思维而存在”[②]，而且承认人的思维具有至上性的前提是“只要人类足够长久地延续下去，只要在认识器官和认识对象中没有给这种认识规定出界限”[③]。正如恩格斯在《反杜林论》中所指出的：“思维的至上性是在一系列非常不至上地思维着的人们中实现的；拥有无条件的真理权的那种认识是在一系列相对的谬误中实现的；二者都只有通过人类生

① 恩格斯曾着重指出：“我们的主观思维与客观世界都是服从于同一的规律的。”又说：“因此，它们在结果方面不能相互对立而应该是一致的。”参见［德］恩格斯：《自然辩证法》，人民出版社1957年版，第223—224页。

② 引自［德］恩格斯：《反杜林论》，载《马列著作选读·哲学》，人民出版社1988年版，第96页。

③ 引自［德］恩格斯：《反杜林论》，载《马列著作选读·哲学》，人民出版社1988年版，第96页。

活的无限延续才能完全实现。”[①]这就是说，辩证唯物主义的可知论是从人类在整体上在永无止境的世代更迭中所具有的对客观世界的无限认识能力或所能实现的终极认识目标上来说的，而不是说我们的每一次具体的认识活动都能发现或达到绝对真理。相反，从人对具体事物的认识这一意义上看，认识又是相对的。这种相对性首先表现为认识能力的相对性、不至上性，也反映在认识结果的相对性、不确定性，并且还具有阶段性的特点。这就涉及绝对真理与相对真理的关系问题。

辩证唯物主义认为，绝对真理与相对真理之间是相互渗透、相互转化的关系。一方面，绝对真理与相对真理是辩证统一的，任何相对真理之中都包含绝对真理的颗粒，绝对真理总是通过相对真理表现出来。因此，绝对真理并不是在认识发展的某个地方、某个时刻孤立存在和突然出现的，它的成分、它的萌芽、它的基础就在现实的真理及其发展之中。另一方面，人类的认识是一个从相对真理走向绝对真理、接近绝对真理的动态的、无限的过程。换言之，真理是一个过程，它永远处在由相对到绝对的转化和发展中。[②]人类的认识，总是要经过一个从不知到知，从不完全、不确切的认识到比较完全、比较确切的认识这样不断深化、不断丰富、不断发展的过程。

关于人类认识能力的无限性与有限性的关系问题，或曰绝对真理与相对真理的相互关系问题，马克思主义哲学的经典著作中早就有过精辟的论述，恩格斯在《反杜林论》中就明确指出：“一方面，人的思维的性质必然被看作是绝对的，另一方面，人的思维又是在完全有限地思维着的个人中实现的。这个矛盾只有在无限的前进过程中，在至少对我们来说实际上是无止境的人类世代更迭中才能得到解决。从这个意义上来讲，人的思维是至上的，同样又是不至上的。它的认识能力是无限的，同时又是有限的。按它的本性、使命、可能和历史的终极目的来说，是至上的和无限的；按它的个别实现和每次的现实来说，又是不至上的和

① 引自［德］恩格斯：《反杜林论》，载《马列著作选读·哲学》，人民出版社1988年版，第97页。

② 以上内容参见肖前、李秀林、汪永祥主编：《辩证唯物主义原理》（修订本），人民出版社1991年版。

有限的。”[1] 列宁在《唯物主义和经验批判主义》一文中也对绝对真理与相对真理的关系问题进行了论述，认为：“人类思维按其本性是能够给我们提供并且正在提供由相对真理的总和所构成的绝对真理的。科学发展的每一阶段，都在给这个绝对真理的总和增添新的一粟，可是每一科学原理的真理的界限都是相对的，它随着知识的增加时而扩张、时而缩小。”[2] 在该文中列宁还引用了约·狄慈根的话形象地说明了绝对真理与相对真理的关系：“约·狄慈根在《漫游》中说，‘我们可以看到、听到、嗅到、触到绝对真理，无疑地也可以认识绝对真理，但它并不全部进入认识中’……‘不言而喻，图画不包括对象的全部，画家落后于他的模特儿……图画怎么能够和它的模特儿一致呢？只是近似地一致’。”[3]

先哲们的上述精辟论述，真如醍醐灌顶，令人茅塞顿开。原来，人们对案件事实的认识都属于认识的“个别实现”，都是“在完全有限地思维着的个人中实现的”，都是不可能无止境无限期地进行下去的。而且，人们对案件事实的认识还要受到众多主客观因素和条件的限制。因此，人们在具体案件中对案件事实的认识，在能力上只能是不至上的和有限的，在目标上只能是追求“相对真理”，而不是“绝对真理”。认识到这一点，并不意味着否定绝对真理，也不否认对案件事实求得的相对真理中包含绝对真理的因素。因为，绝对真理是一条历史发展的“长河”，相对真理则是这条“长河”中的“水滴”或“河段”。绝对真理的长河由每一颗这样的水滴或河段组成，每一相对真理之中都包含绝对真理的颗粒。[4] 正如列宁在《唯物主义和经验批判主义》中指出的：“马克思和恩格斯的唯物主义辩证法无疑地包含着相对主义，可是它并不归结

---

① ［德］恩格斯：《反杜林论》，载《马列著作选读·哲学》，人民出版社 1988 年版，第 97 页。

② ［苏］列宁：《唯物主义和经验批判主义》，载《马列著作选读·哲学》，人民出版社 1988 年版，第 226 页。

③ ［苏］列宁：《唯物主义和经验批判主义》，载《马列著作选读·哲学》，人民出版社 1998 年版，第 226 页。

④ 毛泽东在阐述这一思想时说：“马克思主义者承认，在绝对的总的宇宙发展过程中，各个具体过程的发展都是相对的，因而在绝对真理的长河中，人们对于在各个一定发展阶段上的具体过程的认识只具有相对的真理性。无数相对的真理之总和，就是绝对的真理。”参见中共中央文献编辑委员会：《毛泽东选集》（第 1 卷），人民出版社 1991 年版，第 272 页。

为相对主义，这就是说，它不是在否定客观真理的意义上，而是在我们的知识向客观真理接近的界限受历史条件制约的意义上，承认我们一切知识的相对性。”[①] 显然，若以人类在整体上、在永无止境的世代更迭中所具有的对客观世界的无限认识能力或所能实现的终极目标，作为具体诉讼中所要达到的证明标准，其中的谬误无须言说也可以想见。

第二，诉讼证明的相对性。

以证明对象为划分标准，可以把人类的证明活动粗略地划分为以自然界为对象的自然证明和以社会为对象的社会证明两大部分。诉讼证明作为社会证明活动的一种，首先必须遵循辩证唯物主义认识论的一般原理，受认识普遍规律的规范和制约。但诉讼证明作为一种特殊的社会证明，又具有不同于自然证明和一般社会证明的特点。

首先，从性质上看，诉讼证明是一种回溯性的证明，或曰“历史证明”。[②] 诉讼证明的对象是已经发生过的具体事件，而非事物的规律性。[③] 这种回溯性的历史证明有以下两个特点：一是作为证明对象的案件事实不可能通过科学实验来证明，司法人员只能运用证据以推论的方式对诉讼中的争议事实加以“追溯”或“再现”，这就不可避免地要受到各种主客观因素的影响，难以达成绝对性的认识。二是对案件事实的结论也不能通过科学实验来检验。诉讼证明是司法人员依靠经验法则与伦理法则对既往事实进行的主观推导，其结论是否与案件的客观事实完全相符由于不可能以科学实验或其他实证方法进行验证而具有不确定性。

其次，从证明目的看，诉讼证明与自然证明和其他社会证明也存在很大差异。自然科学证明和一般社会证明的目的是揭示、解释、概括自然领域、社会领域中客观存在的各种现象和规律，或者说是为了追求客观真理。而诉讼证明的目的则在于论证诉讼中的争议事实以维护己方的诉讼主张。无论何种诉讼，其实质都是通过诉诸法律而定分止争，换言之，诉讼是以确认法律权益、解决利益争端为目的的法律实施活动。在

---

① [苏]列宁:《唯物主义和经验批判主义》，载《马列著作选读·哲学》，人民出版社1998年版，第229页。

② [日]田口守一:《刑事诉讼法》，刘迪等译，法律出版社2000年版，第223页。根据诉讼上证明的特征，首先可以把证明分为论理证明和历史证明。前者是自然科学使用的概念；后者是法律学使用的概念。

③ 陈一云主编:《证据学》，中国人民大学出版社1991年版，第113页。

诉讼证明中，诉讼各方必须努力提出确实充分的证据来证明自己所主张的案件事实，实现己方的法律诉求。尽管诉讼中争议事项的解决通常以查明争议事实为基础，但当事人对争议事实的证明和司法机关对争议事实的认定只要达到法律规定可以解决争议的程度即可。这就是说，此种对事实的认识，实际上是法律认可的真实，即诉讼中的真实。由于不同种类的诉讼解决的争议性质不同，法律在确定证明标准时应当有所不同，而且同一诉讼中因证明事项的不同在证明标准上也应区别对待。

最后，诉讼证明是一种具体的诉讼行为，直接受诉讼法律和证据法则规范和调整。这区别于一般的抽象思维活动。诉讼证明除了必须遵循辩证唯物主义认识论原理，符合逻辑和经验的法则外，还涉及一系列法律价值的选择和权衡，必须体现程序正义的理念。例如，在证据的收集上，司法人员必须严格按照法律要求，遵循法律程序。如果司法人员违反法律规定，采取刑讯逼供或以威胁、引诱、欺骗及其他非法方法收集证据，即使这些证据从内容上看能够起到证明案件真实情况的作用，由于其取证手段违法，也不能用来作为定案的根据。

概而言之，无论从认识活动的属性，还是从诉讼行为的属性来看，诉讼证明都只能达到相对真实，而非绝对真实。[①]这不仅是由认识的相对性决定的，也是由诉讼证明自身的特殊性所决定的。具体地说，影响诉讼证明的因素主要有：

其一，证明主体的局限性。这主要表现在两个方面：一是证明主体主观能力的限制。无论是国家公诉人员，还是普通的诉讼当事人，都是基于其对案件事实的主观认识来从事证明活动的，都必然受到其自身主观能力如感受能力、记忆能力、理解能力、表述能力的限制，这些都必然对证明活动的履行和效果产生一定的影响。关于诉讼主体主观能力的限制，我国台湾地区学者曾有精辟论述："人性固然有情绪或其他的弱点，同时人的能力也有一定的限制。任何人的观察，都可能发生偏差，在心理学上已成为公认的事实。人类之记忆，每与时俱逝。时日愈久，记忆愈淡。所谓'记忆犹新'，有时亦只不过是零碎的片段而已。就是

---

① 在哲学上，绝对真理与相对真理是在两种意义上使用的：一是指真理的绝对性与相对性两种普遍特征；二是指完全的、最终的真理和近似的、具体的真理两种类型。本文系从宏观上探讨诉讼证明，因此是在第二种意义上使用绝对真理（绝对真实）与相对真理（相对真实）这一对概念。

通常有陈述能力的人，其陈述亦可能有所欠缺。陈述纵无欠缺，语义是否确实，有否误解，亦可能发生问题。”①二是诉讼利益对证明主体的影响。由于证明主体（特别是诉讼当事人）与案件处理存在法律上的利害关系。在证明活动中，当事人基于趋利避害的本能，有可能只陈述对自己有利或对对方当事人不利的案件事实，甚至凭空捏造所谓的“案件事实”，而对那些对自己不利或对对方有利的案件事实则不予陈述甚至加以隐瞒。在刑事诉讼中，尽管检察机关作为国家专门法律监督机关或社会公益的代表负有全面收集证据的义务，但司法实践中，公诉人员大多倾向于证明被告人有罪，真正保持客观公正的实属难得。斯人有言：“寻求真实的，争执其为真实或不真实的，以及第三人参与活动的，都是人。人类的行为，每受情绪或其他影响而不自制，有时受其影响而不自知。无论是出于有意或无意，都可能对于过去的事实，加以或多或少的歪曲。在东方，古人早已说过‘人心惟危’；在西方，近代的学者亦多归之于人性。”②

其二，证明客体的局限性。诉讼证明并非科学原理或自然定律的证明，而是一种社会性证明，其证明对象不是外在的、唯一的客观规律，而是特定主体实施某一具有法律意义的行为所形成的事实。这一事实是人为的事实，不可避免地掺杂了行为主体的心理因素和主观意识，从而使得案件事实成为外在特征与内在特征的统一体，而这个统一体便是诉讼证明的对象。③如果证明的目的是把已成历史的这种事实统一体化为原原本本复现的事实，在哲学上是不可能实现的。因为尽管案件事实的外在部分可以通过证据加以认识，但其内在部分则需要认识主体与认识客体的完全契合才能获得一致认识。但是，这种作为认识客体的主体意识在其发展历程上是转瞬即逝、而且一去不复返的。即使是相同的主体，也不可能重现其曾有过的主观意识。渗透于案件事实中的主观因素既然不能再现，那么证明必然是相对的。④此外，作为证明根据的材料来源因提供者主观因素的影响也可能带有很大的不确定性，如证人、被害人、被告人会按照自己的理解受自身动机的支配提供证明材料。真实

① 李学灯:《证据法比较研究》，五南图书出版公司1992年版，第689—690页。
② 李学灯:《证据法比较研究》，五南图书出版公司1992年版，第689—690页。
③ 林山田:《刑事诉讼法》，汉荣书局有限公司1981年版，第207页。
④ 参见江伟主编:《证据法学》，法律出版社1999年版，第51页。

的证明材料有可能无法进入诉讼，虚假的证明材料却可能在证明结论中被加以肯定。换句话说，证明对象中所含的案件事实，与案件的客观事实相比较，有可能“增加”，也有可能“减少”，而这些被“增加”或“减少”的案件事实的存在，对证明结论与案件客观事实之间的一致性显然有很大影响。

其三，证明时空和资源的局限性。在自然科学的证明中，人们为发现某一科学原理或定律，可以不受时空限制地进行下去，有时甚至汇多国之精英，集数代人之努力，直到发现客观真理。而诉讼证明却不可能那么做。诉讼证明的特点之一就是证明受到法定期限和特定地域的限制。首先是时间不等人，诚如有学者论道：“古往今来的审判，虽有时因求真之不易，以致经年累月而难于终结，但终究不能为无限度之延长。否则不独当事人有俟河之清，人生几何之感；并且时日愈远，困难愈多。有时还可使人感于正义的迟延，每为正义的否定。”西方也有所谓“迟来的正义是非正义”的法谚。而且司法是有严格的地域限制的，“纵有司法上的协助，亦不能如自然科学方面的寻求资料，容易打破时空的障碍。”[①]这就可能产生这样的现象，即证明主体在法律规定的诉讼期限内由于某种原因未能完成证明活动或根据已有的证据无法得出明确的证明结论，但案件不能无限拖延下去，犯罪嫌疑人、被告人也不能无限期地处于羁押或被调查的状态，必须对案件作出处理。这时对案件的解决，更多的是出于人权保障、诉讼效率、社会正义等法律价值和其他政策的考虑，而不是基于争议事实已经查明的前提。此外，诉讼证明还要受到有限资源的制约，考虑人力、财力的因素。不可想象，为寻求某一案件的绝对真实而要求司法机关穷全部之资源，不惜成本，不计代价。因此，从时空和资源限制的角度，对诉讼证明结论的相对性要求也是不难理解的。

其四，证明程序和证明规则的制约。现代诉讼，为追求诉讼的公正、民主与文明，加强对个人权益的保障，对证明责任的分担，对证明的方法、手段、过程均有明确的法律要求和严密的程序保障。具体表现在：证明的活动必须严格依据确定的证明程序和规则来进行，即证据的取得、提出和质证等活动均须遵循相应的程序，证据的使用和采信必须

① 李学灯：《证据法比较研究》，五南图书出版公司 1992 年版，第 691 页。

符合一定的证据规则。例如，证据的收集程序必须合法，司法人员违反法律规定，采取刑讯逼供或威胁、引诱、欺骗及其他非法方法收集的证据，即使具有真实性和关联性，也不能用来作为定案的根据。再如，犯罪嫌疑人、被告人对自己是否实施了犯罪行为最清楚，如果他们能够如实陈述，对查明案件事实真相将十分有益。但是，为了保护犯罪嫌疑人、被告人利益，防止侦查人员滥用权力，杜绝和减少刑讯逼供，联合国人权公约和许多国家的法律授予犯罪嫌疑人、被告人沉默权，规定不得强迫犯罪嫌疑人、被告人自证其罪。应当承认，“非法证据排除规则”也好，“反对被迫自我归罪的特权”也好，从是否有助于查明案件事实真相的角度，显然都是弊大于利的。有时可能因犯罪嫌疑人、被告人保持沉默或者因关键证据的排除而影响对案件事实的认定，甚至致使某些案件事实就不可能查明。这些显然也影响到诉讼证明的真实性和确定性。

综上所述，诉讼证明因其自身的特殊性，即证明主体的局限性，证明客体的局限性，证明时空和资源的局限性以及证明程序和证据规则的制约，决定了诉讼证明在大多数情况下达不到证明结果与案件客观事实完全一致的程度，因此承认诉讼证明的相对性原理才是实事求是的态度。

第三，证明标准探析。

证明标准是指法律关于负有证明责任的诉讼主体运用证据证明争议事实、论证诉讼主张所须达到的程度方面的要求。在英美证据法理论中，证明标准也被理解为负有证明责任的一方当事人，就其主张的事实予以证明应达到的水平、程度或量。也就是说，证明标准是指为了避免遭到于己不利的裁判，负有举证责任的当事人履行其责任必须达到的法律所要求的程度。[①] 例如，艾里欧特认为，证明标准是“承担举证责任的当事人举证的分量相对于对方当事人举证分量来说，应当超过多少？”[②] 摩非则认为，证明标准“是指履行举证责任必须达到的范围或程度。……是证据必须在事实裁判者头脑中造成的确定性或者盖然性的程

① Peter Murphy, *A Practical Approach to Evident*, Blackstone Press Limited, 1992, p. 104.

② Phipson and Elliot, *Manual of The Law of Evidence*, 11th ed., Sweet & Maxwell 1980, p. 70.

度，是承担举证责任的当事人在有权赢得诉讼之前使事实裁判者形成确信的标准。从证明责任的履行来看，证明标准是证据质量和证明力的测试仪”。①

法律对证明标准的设定，对诉讼各方均有拘束力，即证明标准既作用于当事人的举证行为，也作用于审判者的裁判行为。具体而言，法官以证明标准为依据对当事人的证明活动进行法律评价，如果当事人履行证明责任达到了法定的证明标准，法官就认定该当事人的诉讼主张成立。反之，法官则应判定其诉讼主张不成立。对当事人来说，负担证明责任者依循证明标准确定和组织用于证明的证据，并努力按照证明标准来履行自己的举证行为；不负担证明责任的当事人则依循证明标准来抨击或质疑对方的举证行为，并选择己方是否有必要提供用来反驳的证据。控辩审三方诉讼主体均可借助于证明标准预测相互之间的行为动向和即将采取的程序步骤，同时决定自己所将采取的诉讼措施。

法律设定证明标准，需要考虑以下几个因素：首先，证明标准应当是一种明确的、具体的、可操作的法律标准，因为诉讼中确立证明标准的目的就是为诉讼当事人和事实裁判者进行相应的诉讼行为提供基准和参照，因此将证明标准理解为一种应然模式或理想状态是不符合诉讼实践需要的。其次，证明标准应当是大多数诉讼在时空限制和资源许可的情况下所能达到的标准。诉讼证明总是在特定的时空范围进行的，受到有限资源的制约，必须考虑成本、效益、效率等因素。若对履行举证责任的诉讼一方要求过高，则不利于保护当事人的合法权益。若要求司法机关为寻求某案件的绝对真实而不惜一切代价，不计任何成本，同样也是脱离司法实际的。最后，诉讼证明的标准还应根据诉讼性质的不同而加以区别。刑事诉讼由于涉及对被告人定罪量刑的问题，其法律后果最为严重，因此各国无一例外地将被告人定罪判决的证明标准定为最高。即使在同一诉讼中，因证明对象系实体事实还是程序事实，是主要事实还是次要事实，也要有所区别。例如，在一些国家的证据理论上，有按照是否要求使法官获得完全之确信的不同，将证明分为狭义证明和释明。对于实体法事实，必须进行狭义证明，对于诉讼程序上之特定事

① Peter Murphy, *A Practical Approach to Evidence*, 4th ed., Blackstone Press Limited 1992, p. 104.

实，则可以适用释明。[①]

证明标准的定义既如此，那么何谓我国诉讼中的证明标准呢，特别是何谓刑事诉讼中定罪判决的证明标准呢？如前分析，既然诉讼证明的目的是阐明诉讼中的争议事实，论证己方的诉讼主张，以便说服作为裁判者的法官或陪审团确认或接受己方所主张的事实和权益，最终获得于己方有利的判决，那么证明的标准就是在何种情况下作为事实裁判者的法官或陪审团便可以确认或接受证明方所提出的有关争议事实之主张，实际上也就是法官或陪审团对证明方关于争议事实的说法所确信的程度。因此英美证据法中证明责任中有一部分，而且是非常重要的部分，那就是“说服责任”，即说服法官或陪审团采信己方关于争议事实的说法。证明标准是法律预先明确设定的，并且按诉讼性质的不同而对法官或陪审团确信的程度要求不同。例如，在英美证据法中，对民事诉讼证明只要求证据占优势或者占优势的盖然性，而在刑事诉讼中则要求达到“排除合理怀疑”。而且，尽管法律对证明标准有明确要求，但在实务运作中判断、衡量证明方举证是否达到了法律规定的要求或标准，却是由在具体诉讼中担任事实裁判者的法官或陪审团根据自己的知识、理性、伦理自行判断的。

在我国，由于立法价值观念之缺憾和证据理论研究之不足，法律对诉讼证明标准的设定并没有因诉讼性质的不同而作任何区别，一概要求必须达到“案件（犯罪）事实清楚，证据确实、充分”，也就是所谓“查明案件的客观真实”。按传统解释，即“司法机关在刑事诉讼中所认定的有关被告人刑事责任的事实，在民事诉讼中所判明的对当事人的权利、义务有意义的事实，在行政诉讼中所确认的具体行政行为是否合法的事实，必须与客观上实际存在过的事实一致”[②]。近年来，随着证据理论研究的深入，大家已经意识到，因诉讼性质的不同在证明标准上应当有所区分。而且由于刑事诉讼的特殊性质，对被告人定罪判决所要求的证明标准应当高于民事、行政等诉讼中的证明标准，同时也应当高于刑事诉讼中对其他事项的证明标准。这一点已基本形成共识，关键是对

---

① 林山田:《刑事程序法》(增订二版)，五南图书出版有限公司1999年版，第351页。

② 陈一云主编:《证据学》，中国人民大学出版社1991年版，第114页。

被告人定罪到底在事实认定上要求达到什么样的标准。“高”要高到什么样的程度？基于以上对认识的相对性和诉讼证明的相对性的分析，已明确诉讼中的证明要达到“客观真实”也就是主观认识与客观实际完全一致是不可能的，法律以不可能实现的目标作为诉讼证明必须达到的标准，则是非理性的。因此需要我们去研究，去探索，重塑刑事诉讼的证明标准。

笔者认为，在我国刑事审判中，法官若作出有罪判决，必须在内心确认被告人实施了被控犯罪行为并且已达到坚信不疑的程度。姑且称此为“法官内心确信无疑”。从上述诉讼证明的概念出发，应当说这一标准是不难理解的。试想，是法官在那儿审案断案，如果法官对被告人是否实施被控犯罪行为都将信将疑，半信半疑，他怎么能够下判，那岂不是“葫芦僧错判葫芦案”吗？但是，在诉讼证明的现实中，法官内心对控辩双方的举证质证是可能形成不同心态的，即对被告人是否实施了被控犯罪行为可能确信其有，或确信其无，这都比较容易下判决。但也有半信半疑、将信将疑、难下定论的时候，这就是司法实践中所说的疑案。遇到此种情况，就涉及法律价值的权衡选择，受制于程序正义的要求了。刑事诉讼中由于无罪推定原则的作用，关于证明责任的分配采取有利于被告人的原则，即证明被告人有罪的责任由控诉机关承担，控诉方证明被告人犯罪必须达到法定的标准，疑案应当作有利于被告人的解释。

需要指出的是，法官内心确信无疑的标准，是从诉讼证明的角度来界定的，实际上也是一种“主观”的证明标准，即从法官主观去衡量其对案件事实的认定程度。要全面准确地理解法官的“内心确信无疑”，需要把握以下几点：第一，法官所有对指控事实的判断和认定，都必须建立在控方的举证和辩方的质证之上。认定案件事实，必须以证据为依据，以区别法官的主观臆断。第二，法官的这种“内心确信无疑”是指在排除任何人为和非人为干扰的情况下，在其自身知识和经验范围内，感到对事实认定确有把握，而不是似是而非、疑惑不定、心中无底，也就是排除了任何有根据的合理怀疑。第三，根据司法实践经验的积累，法官“内心确信无疑”是建立在对单个证据的真实性、关联性的审查采信和全案证据的综合判断基础之上。正如有学者所归纳的：证据要具有相互印证性；证明方向形成一致性；证据锁链达到闭合性；证明结论具有唯一性。[①] 这样的证据体系，是法官形成内心确信、排除合理怀疑的基础。

从认识论的角度，也就是从司法人员对案件事实的主观认识与客观存在的案件实际的关系来看，由于人的认识能力具有相对性，诉讼证明具有特殊性，人们对诉讼中案件事实的认识与客观存在的案件事实不可能达到完全吻合、完全一致的程度，即使是刑事诉讼中的定罪判决，也就是诉讼证明中的最高标准，其证明的程度也只能是最大限度地接近客观真实，即在诉讼的有限时空和资源内尽最大努力使司法人员对案件事实的认定最大限度地符合案件事实的本来面貌。因此，“最大限度地符合或接近案件客观事实”，可以称之为诉讼证明的客观标准。准确地说，应当是定罪判决这一诉讼证明的最高要求所能达到的客观标准。

① 参见龙宗智:《相对合理主义》，中国政法大学出版社 1999 年版，第 440—441 页。

刑事被告人证明责任研究 *

证明责任的分配是指证明被告人有罪、无罪或其他与犯罪有关的特定事项的责任如何在有关机关和个人之间进行配置的问题。科学合理地分配证明责任不仅有利于保障被告人的权利，而且有利于实现司法公正和诉讼证明任务的完成以及刑事政策的实现。一般认为，刑事证明责任的分配远非民事证明责任那么复杂，其证明责任分配理论也相对简单。无论是大陆法系还是英美法系均遵循一个基本规则，即证明被告人有罪的责任始终应由控诉方承担，刑事被告人不承担证明自己有罪和无罪的责任。证明责任作这样的分配有其理论依据即无罪推定原则。既然现代各国都遵奉无罪推定原则，将证明有罪的责任赋予控诉机关，那么为什么英美法系和大陆法系（包括我国）又规定了那么多被告人承担证明责任的例外情形，这是我们研究证明责任分配理论必须正视和予以回答的问题，只有科学地回答了这个问题，让被告人承担证明责任才具有正当性、合理性和可行性。“在当事人之间分配一定的利益或不利益时必须提供某种正当化的理由。”①

一、特定情况下被告人承担证明责任的理论依据

笔者认为，在刑事诉讼中，将部分或局部的证明责任分配给被告方主要是基于以下考虑：

（一）刑事政策

一般由实体法作出特别规定，体现立法者严厉打击某种犯罪的意图，通过对证明规则的改变加大对该类犯罪的打击力度。从国际范围看，随着贪污、受贿、贩毒和有组织犯罪的猖獗，其社会危害越来越

---

* 原文发表于《法学论坛》2002 年第 3 期，与韩旭合作。

① ［日］谷口安平:《程序的正义与诉讼》，王亚新、刘荣军译，中国政法大学出版社 1996 年版，第 249 页。

严重，各国政府深感头痛和忧虑，纷纷采取各种措施预防和控制该类犯罪。其中在成文法中将证明责任分配给被告方承担不失为一种有效办法，目的在于严厉惩治官员的经济犯罪和危害较大的有组织犯罪。英国为了惩治恐怖犯罪，1994年通过的《刑事审判和公共秩序法》对沉默权作了限制，法庭和陪审团可以从被告人的沉默中作出对被告人不利的推论。从国际上来看，第八届联合国防预犯罪和罪犯待遇大会通过的《反腐败的实际措施》文件中对刑事诉讼证明责任倒置规则也作了明确规定。

（二）证明难易

刑事诉讼的目的是控制犯罪和保障人权，二者应当并重。而要实现这一目的就必须通过证据来查明案件的事实真相。按照司法正义的当然要求，公诉机关不仅要证明犯罪构成要件的各项事实，而且还应当证明对被告人有利的情况，但在很多情况下完全由公诉人证明对被告人有利的情况不仅非常困难，而且实际上使刑事诉讼无法有效地进行。由被告人对其有利的情况承担一定的举证责任是必要的，因为被告人为此所遇到的困难远远小于公诉人的困难，完全由公诉人承担一切举证责任对司法正义和司法效率都不利。[①] 在证明责任制度中，这就要求在无损于公正审判的前提下尽可能地由更易于举证的一方当事人承担举证责任，即当被告人证明自己无罪显然易于控方证明被告人有罪时，被告人并不能绝对地免除举证责任。[②] 在英国，立法者将证明责任置于被告方，是以接触证据来源和提供证据的便利性为理由的。在司法实践中，有些情况只有被告人本人了解，只有被告人易于接触证据来源。而检察官和侦查官是不可能办到或难以证明的，因而将这些问题的证明责任置于被告方是合理的。例如，占有毒品罪的指控，法律只要求起诉方证明被告人占有吗啡粉末，其指控即可成立。法律不要求起诉方提供被告人不具有他可占有毒品的有效处方，其理由是，检察官要到每个诊所了解每位有关大夫出具的全部处方，工作量太大，难以办到，而被告人证明他具有一张占有吗啡的有效处方，却是轻而易举的事情，因此法律将证明责任置于被告方。又如，在殴打罪中，被告人在辩护时说，在殴打前对方曾恐吓过他，他是出于自卫而还击的。被告人的心灵中对生命安全有无恐惧

---

① 高家伟:《行政诉讼证据的理论与实践》，中国工商出版社1998年版，第83页。

② 王利民:《论刑事举证责任》，载《中国法学》1992年第2期。

感，只有被告人本人知道，检察官和侦查官无从知道，因而证明责任由被告方承担。[①] 如果在被告人易于取得证据和证据在其控制或掌握之下时，仍要控方承担证明责任，不免强人所难，有失诉讼公平之理念。

（三）诉讼效益

刑事证明活动的价值是多元的，它不仅要追求实体正义和程序正义，也要讲究效益和效率。在刑事诉讼活动中，对某些案件中某些事实和情节的证明，公安、检察机关可能耗费极大的人力、物力和财力，耗时多日，倒不如被告人轻易地提供一个证据。由于被告人对某些证据享有证据信息优势，由被告人提供这些证据可以节省司法成本和资源，有利于迅速及时地查明案情，如上面提到的英国关于提供吗啡处方的案件。同时证明活动还要考虑诉讼效率，任何案件都不可能旷日持久地进行下去，“迟来的正义为非正义”。

二、外国和我国港台地区关于特定情况下被告人承担证明责任的规定

世界各国和地区尽管法文化和法传统有所不同，但在遵循无罪推定原则的前提下，出于各种考虑，在立法上和判例上都认为被告人在例外情况下应当承担证明责任，至于仅仅是提出证据的责任还是包括说服责任在内的完整的证明责任，还存在认识上的分歧。

按照英国法律的规定，在一些特定的个案中，被告人承担证明自己无罪的完整责任。这里包括几种情况：（1）谋杀案件。根据英国1957年《谋杀法》的规定，控方指控被告人实施杀人行为，并举证证明被告人的行为与被害人的死亡有直接关系时，被告人如果否认谋杀，辩称意外事件所致或征得对方同意，则必须承担提出如此主张的举证责任。（2）持有凶器犯罪。按照英国1953年《犯罪预防法》的规定，任何人在一个公开场合，未有法律批准或合理理由而携带犯罪凶器均是非法行为，行为人必须承担证明自己的行为合法和合理的责任，否则将以犯罪论处。（3）受贿。按照英国1906年的《贿赂防范法》或1889年《公共机构贿赂法实施法典》的规定，由某一特定人支付、给予的现金、礼物

① 王以真：《英美刑事证据法中的证明责任问题》，载陈光中主编：《刑事诉讼法学五十年》，警官教育出版社1999年版，第332页。

或其他实物，除非接受人能提出证据证明这些现金、礼物等来源的合法性和正当性，否则将视为受贿所得。（4）精神错乱。精神错乱可以作为被告人为自己进行无罪辩护的一个重要理由。但按照1964年英国《刑事审判法》的规定，当辩护方提出被告人在犯罪中处于精神错乱或有其他免责的疾病作为辩护理由时，辩护方必须就精神错乱问题承担举证责任，否则辩护方的辩护将不能成立。[①]另外，援引成文法中的但书或免除责任等例外情形的案件，被告人主张他是符合例外规定时，就应当承担令人信服的责任。如1972年《道路交通法》第84条规定，驾驶机动车辆时必须有驾驶执照；1964年《执照法》第160条规定，售酒人必须有治安法官签发的售酒执照，但是这两项法律中又都有例外规定。[②]

英国议会1994年11月通过的《刑事审判与公共秩序法》通过对被告人沉默权的限制，在广度和深度上强化了被告人证明自己无罪的责任，被告人的沉默可以被用作对他不利的证据。该法第34~37条对沉默权进行了较大的限制。第34条规定的是被告在受到讯问或指控时没有提供特定事实的法律后果。该条的规定可分解为三点：（1）被告人没有提供的事实必须是他用作辩护根据的事实，而这种事实由他亲自提供被认为是合理的；（2）被告人没有提供事实的场合包括起诉前的讯问阶段以及提起公诉或被正式告知可能受到起诉以后的阶段；（3）被告人如果没有提供上述事实，其后果是法庭或陪审团可以在法定的情形下作出“看起来适当”的推论。第35条规定的是被告人在法庭审判过程中保持沉默的法律后果。根据该条规定，法庭或陪审团在决定被告人是否犯有被指控的罪行时，可以因为他在法庭审判过程中没有提供证据或者无正当理由拒绝回答问题而作出“看起来适当”的推论。适用这一条的前提在于：被告人已年满14岁，他被指控的犯罪有待证明，并且法庭认为他的身体和精神条件适于提出证据。第36条规定的是被告人对特定情况下的物品、材料或痕迹没有或拒绝解释的法律后果。根据该条规定，警察在被逮捕者的身边、衣物、住处或被捕地发现了任何物品、材料或痕迹，确信这些物品、材料或痕迹系通过参与他被指控的犯罪所得，在将这一确信告知被捕者以后要求他对此作出解释，该被捕者仍然没有或

① 牟军：《论英国刑事证明责任》，载《现代法学》2000年第1期。
② 陈光中主编：《刑事诉讼法学五十年》，警官教育出版社1999年版，第332页。

者拒绝这样做。在这种情况下，法庭或者陪审团可以从中作出“看起来适当”的推论。第37条规定的是被告人没有或拒绝解释他出现于特定地方的法律后果。根据该条规定，警察发现被他逮捕的人在犯罪发生前后的时间里出现在某一地方，并确信他在那时出现于那一地方是因为他实施了被指控的罪行，而且警察在告知被捕者这种确信后要求其对此作出解释时，被捕者仍然没有或拒绝这样做。在这种情况下，法庭或陪审团可以从中作出“看起来适当”的推论。[①]在这里，“看起来适当”的推论也就是对被告人不利的推论。

在美国证据法上，对于下列情形，被告人也负有提出证据证明特定事项的义务：(1) 如果被告方在辩护时提出被告人患有精神病或不适于接受审判，被告方应对此提出证据加以证明；(2) 如果某制定法规定，在没有合法授权、正当理由、特殊情况或例外情况下，实施某种行为就是非法，那么被告方就有责任举证说明存在合法授权、正当理由、特殊情况或例外情况；(3) 如果被告人主张其行为曾取得许可、出于意外事件、受到胁迫、为了自卫等，此时便负有举证证明存在上述情况的责任；(4) 如果被告方意图推翻制定法对某些事实的推定，或者意图援引法律条文中的但书、例外或豁免，这时被告方也负有举证责任。[②]对于“犯罪时不在现场”和被告人“独知的事实”，被告人只承担“用证据推论的责任。所谓独知的事实，如被告人是不满18岁的未成年人；被告人具有合法的营业执照；要求引渡者，有责任证明他不是逃犯；被告人的精神状态；行为出于自卫等”[③]。

在日本，犯罪嫌疑人方面除对认定本方请求调查的证据具有证据能力的事实负有举证责任外，在法律规定的一些特殊情况下，还承担证明有关实体法事实的责任。日本理论界将举证责任（证明责任）分为主观的举证责任和客观的举证责任，认为违法阻却事由和责任阻却事由是由被告人承担的主观的举证责任，即被告人有责任形成上述事由存在的争

---

① 陈瑞华：《在公正与效率之间——英国刑事诉讼制度的最新发展》，载《中外法学》1998年第6期。

② 《美国联邦刑事诉讼规则和证据规则》，卞建林译，中国政法大学出版社1996年版，第21页。

③ 王以真：《外国刑事诉讼法学》，北京大学出版社1994年版，第220页。

点。在例外的情况下，客观的举证责任也可以转换给被告人。[①]例如，（1）证明不属于《刑法》第207条同时伤害的事实；（2）证明《刑法》第230条中有关用损害名誉的揭发事实的真实性；（3）证明不知道《儿童福利法》第60条第3款中儿童年龄方面无过失；（4）证明不存在爆炸物品取缔法则中的犯罪目的。[②]根据日本《刑法》第207条的规定，二人以上施加暴力致使他人受到伤害，在不能辨认所加害的轻重或不能辨认是何人所伤时，虽非共犯也应依共犯的规定处断。也就是说，对同一人施暴的行为人，在检察官不能查明是谁造成何种伤害后果的情况下，犯罪嫌疑人负证明自己行为及其后果的责任。又如，对持有爆炸物的行为人，必须负担证明其不是出于妨害治安和侵害他人人身或财产的目的，否则，作犯罪论。

德国也有证明责任倒置的法律规定，如20世纪90年代颁布的《反有组织犯罪法》，在举证责任上，要求被告人就某些辩护主张举证，否则就被推定有罪。比如被告人贩卖1000马克的海洛因被认定，又在其家中查出上万马克的现金或同其收入不相称的大量财富，就被推定也是犯罪所得，予以定罪没收，如想免除罪责，被告人必须举证说明其钱财来源是合法的。[③]

我国香港特别行政区刑法中对被告人承担证明责任也有明确规定。如《危险物品条例》第47条第1款规定，任何人被证明实质藏有下列物品的，除非能提出相反的证据，否则应能被推定为持有毒品：（1）任何装载毒品；（2）任何装有毒品的袋子、公文包、盒子、箱子、壁橱、抽屉、保险储藏柜、保险柜及其他类似容器的钥匙。第2款规定，如果一个人被证明或者推定持有毒品，除非能提出相反证据，否则将被推定为已经知道该毒品的性质。

我国台湾地区“刑法”也有被告人承担证明责任的规定。如台湾地区“刑法”第310条规定，对于所诽谤之事，能证明其为真实者不罚。诽谤罪的成立是由于不实之事实的散布，因此，被告人若能提出真实性的证明，其被指控的诽谤罪就不能成立。依此，被依诽谤罪起诉之被告

---

① 在日本，有些学者对举证责任的分配和转换不分，误以为分配为转换，将举证责任倒置与举证责任转移加以混用。

② ［日］田口守一：《刑事诉讼法》，刘迪等译，法律出版社2000年版，第227页。

③ 周密：《德国刑事法律制度的新变化》，载《中国法学》1996年第3期。

人，对于事实之真实性，应负实质的举证责任。[①] 同时，蔡墩铭先生还认为，被告人虽应受无罪之推定，但原告提起之证据显然不利于被告人时，被告人为防御起见，每每提出正当化事由或阻却违法事由作为犯罪不成立之理由，在此情况下，被告人须对其犯罪不成立负举证责任。至于被告人主张其在行为时陷于精神障碍之状态时，则被告人对于此项无责任能力或限制责任能力之抗辩事实亦应负证明责任。[②]

上述国家和我国港台地区关于被告人承担证明责任的立法和实践对于我们研究证明责任分配理论具有很好的借鉴作用。

三、我国刑事诉讼中被告人应当承担证明责任的情形

在我国，由控诉方承担证明被告人有罪的责任，被告人不承担证明自己有罪的责任是一项原则，但不是绝对的。在法律规定的例外情况下，被告人仍要对特定事项承担局部的证明责任，这种证明责任主要是证明自己无罪的责任。由于公诉案件中的刑事被告人在追诉过程中明显处于不利地位，在绝大多数公诉案件中证明责任无疑都应该主要由控方承担。但是，认为公诉案件刑事被告人绝对不负证明责任，这既不符合诉讼合理主义的要求，同时也无法解释刑事司法实践中的实际情况。事实上，刑事被告人不仅在巨额财产来源不明罪中负有证明自己无罪的责任，而且在其他案件中和对某些程序性问题上也有可能承担证明责任。

（一）被告人对某些积极抗辩事由应当承担证明责任

一提到被告人的抗辩，我们很自然地会想到辩护和解释，在大多数情况下，被告人的辩护和辩解是他们的一项权利，具有权利性质。但在有些情况下却不仅仅是一项权利，因为作为辩护权既可以行使也可以放弃，如果放弃的话并不必然承受不利的诉讼后果。由于我国的控诉机关是对被告人有利和不利的情况一律注意，即使被告人不行使辩护权，如果事实查明后，也可以对被告人作出有利的判决。而在有些情况下，被告人不辩解却会遭致不利甚至有罪的判决。这种情况就是，被告人针对控诉方的指控提出了新的主张，这一主张提出与否直接影响罪与非罪或罪行轻重的认定，然而这一事实未被控方所掌握。对于此种情况，被告

① 蔡墩铭：《刑事证据法论》，五南图书出版公司 1997 年版，第 305 页。

② 蔡墩铭：《刑事证明与举证》，载《法学家》1996 年第 5 期。

人如果不作抗辩，不提出新的主张，就可能会遭到有罪或罪重的判决。我国台湾地区学者认为，在构成要件事实已证明其存在之情况，一般认为得对违法性及有责性予以事实上推定，亦无须证明阻却违法或阻却责任事由之不存在。对于此项事实上之推定，被告人为证明阻却违法性事由之存在，遂不得不提出反证。例如，控方指控甲犯有故意杀人罪，甲认诺了故意杀人的事实，但提出了正当防卫的辩护理由，这种情况下，甲对其辩护主张就需承担证明责任。因为如果甲不能举证证明其正当防卫的辩护主张具有合理的可能性，那么法官很可能要根据控方所指控的事实判甲有罪，而这种不可放弃性即是被告人履行证明责任所独有的特性。有时为了便于弄清事实真相或获得有利于被告人的诉讼结果，被告人进行辩解、说明、解释是必要的、有益的。如果被告方根本不辩解、不说明、不解释，起诉方的指控及有罪证明就得不到反驳，法庭就可能单凭起诉方的有罪证明作出有罪判决。例如，甲被控实施了盗窃行为，唯一的证据是从甲住处发现的赃物，甲如不说明该赃物的合法来历，盗窃罪就成立。甲如果不仅说明该物品是正当途径得到的，而且对此提供了足以反驳指控的证明，法庭就可能对甲裁判无罪。[①] 倘若甲不主张不辩解，控方和法庭便无从知晓，甲极有可能被判有罪。要知道检察官和法官都是人，并非圣贤，也非神灵，既然是人，就会受主客观条件的影响，存在认识局限性，甚至错误认识的可能，如果被告人不主张不辩解，错判发生的风险和机会就会增大，从这个意义上讲，被告人也有承担证明责任的现实必要性。总之，被告人因提出了诉讼主张而承担的相应的证明责任，不能被看作有损于被告人的合法权益和不利于贯彻司法民主之举。正是这种积极的做法给被告人的辩护权提供了实际内容和实现保证。[②]

（二）存在一个可反驳的推定时，被告人应承担证明责任

所谓推定，是指依照法律规定或由法院按照经验法则，从已知的基础事实推断未知的推定事实存在，并允许当事人提出反证予以推翻的

① 王以真:《英美刑事证据法中的证明责任问题》，载陈光中主编:《刑事诉讼法学五十年》，警官教育出版社 1999 年版，第 334 页。

② 曾斯孔:《我国刑事诉讼中的证明责任》，载《中国法学》。

一种证据法则。[①] 推定有多种分类方法，即法律上的推定和事实上的推定，可反驳的推定和不可反驳的推定，有罪推定和无罪推定等。我们研究的重点应是可反驳的法律推定和事实推定，因为它们与证明责任密切相关。推定在司法实践中的诉讼价值主要体现在以下几点：(1) 通过推定可以大致准确地认定案件事实。由于事物之间存在密切而有规律的联系，这种联系使人们根据日常生活经验即可判断，当某一事物存在时，只要没有意外情况，就会合乎逻辑地引起另一事实的发生。[②] (2) 可以缓解某些证明上的困难，避免诉讼陷入僵局，从而解决所谓“一般证据走入死胡同”的问题。(3) 它的实质是降低证明标准，即由一般的定罪标准“排除合理怀疑”降低为一种“优势证明”，即“更大的可能性”的证明。[③] (4) 有些事实的查明必须运用推定。这主要是针对当事人某些主观状况的认定而言的。因为人们内在的主观世界是无法直接加以认证的，除非自己承认。对当事人的内心意愿便只能凭借其外在行为加以推测。(5) 可以尽可能公平地分配举证责任。当与争议事实有关的证据材料完全处于一方当事人的控制之下时，由对方当事人来承担举证责任显然是不合理的，这就需要举证责任倒置或转移。[④] 例如，某人被指为小偷，而且从他的口袋里找出了他人的钱包，这时如果他什么都不说的话，那他无疑可以被认定为小偷。但如果他立即反驳说自己并没有从别人口袋里拿这个钱包，而是刚才经过自己身边的另一个人把手放进了自己的口袋。还指出那个人现在正往哪里跑。这样的话，就可能产生另外的推测，即此人实际上并不是小偷，而是真正的小偷把偷到的钱包放进了不相干人的口袋里。也就是说，遭到怀疑时不提出反驳或什么都不说的话就会被推测为小偷，如果不是小偷就应该说点什么，这就是一种经验法则。通过这样的经验法则而推出的就是反证提起责任的概念。[⑤] 英国刑事法学家 J. W. 塞西尔 · 特纳将被告人的这种证明责任称为“必要的肯定性反证”。他提出：“在某些情况下，为了当事人的利益，需要

---

① 卞建林：《证据法学》，中国政法大学出版社 2000 年版，第 371 页。

② 沈达明：《英美证据法》，中信出版社 1996 年版，第 71 页。

③ 龙宗智：《相对合理主义》，中国政法大学出版社 1999 年版，第 471 页。

④ 赵钢、刘海峰：《试论证据法上的推定》，载《法律科学》1998 年第 1 期。

⑤ [日] 谷口安平：《程序的正义与诉讼》，王亚新、刘荣军译，中国政法大学出版社 1996 年版，第 249 页。

对罪行加以‘否定性证明’，而用以进行这种否定证明的事实（如果存在的话）又只有当事人自己知道，这时候，困难就产生了。因为在这种特殊的情况下，一旦控诉人提出的证据在一个有理智的人看来已足以对罪行作出肯定性的判定，那么，提出肯定性反证对罪行作出否定性证明的责任就落到了被告人身上。因此，如果他不能提出这种证据，就会被认为不具有这种证据，相应地，就可以认为控告人的指控是能够成立的。因而，在对一起隐匿叛逆罪行为的指控中，虽然要由控诉一方来证明被告人知悉叛国罪，但却要由被告人来证明自己已解除了由此而产生的向治安法官检举揭发的责任。同样地，在关于没有资格而行医，无照销售赌具以及未经剧作者同意而排演戏的诉讼中，一旦被断言的行为得到了证实，然后就需要由被告来证明自己具备资格、拥有执照以及经过了作者同意等。”[①] 推定和举证责任倒置在诉讼制度和证据法比较发达的国家已成为普遍认可的实践。如在美国，如果“已证明的事实和最终推定的事实之间存在合理的联系”，即符合“极有可能”的标准，可作出推定。美国最高法院还通过一个判例确认了纽约州的一项法律推定：在一辆汽车中发现一支枪，可以推定当时在该汽车内所有人员共同非法持有该枪，除非该枪实际上属于车内某特定人所有。英国证据法同样规定特别情况下由犯罪嫌疑人负担举证责任，否则应推定有罪。《牛津法律大辞典》称：“在某些情况下，法律规定某些特定行为可由一定事实（如占有毒品）推定有罪，并赋予被告人申辩无罪的义务。”[②] 我国法律对推定已有规定，如刑法规定的巨额财产来源不明罪等。

持有型犯罪，在我国刑法中是一类在证明责任上独具特色的犯罪，是将行为人事实上支配或者控制违反法律规定的特定物品的不法状态作为追究刑事责任的客观基础。“持有”一般表现为行为人对特定物品的占有、收藏、控制、保管等方面，但是并不要求行为人将特定物品随身携带或者将特定物品置于自己的住所。只要该特定物品处于行为人的控制状态，即视为“持有”。[③] 综观我国刑法分则，属于持有型犯罪的罪名

① ［英］J. W. 塞西尔·特纳：《肯尼刑法原理》，王国庆、李启家等译，华夏出版社 1989 年版，第 508 页。

② 转引自翁晓斌、龙宗智：《罪错推定与举证责任倒置》，载《人民检察》1999 年第 4 期。

③ 刘刚：《论持有型犯罪》，载《黑龙江省政法管理干部学院学报》1999 年第 2 期。

共计8个，即《刑法》第128条第1款规定的非法持有、私藏枪支、弹药罪，第130条规定的非法携带枪支、弹药、管制刀具、危险物品危及公共安全罪，第172条规定的持有、使用假币罪，第282条第2款规定的非法持有国家绝密、机密文件、资料、物品罪，第297条规定的非法携带武器、管制刀具、爆炸物参加集会、游行、示威罪，第348条规定的非法持有毒品罪，第352条规定的非法买卖、运输、携带、持有毒品原植物种子、幼苗罪，第395条第1款规定的巨额财产来源不明罪。关于持有型犯罪，有刑法学者认为，“除了持有、使用假币罪以外，司法机关只需发现行为人持有、私藏、携带、拥有特定物品或超过合法收入的巨额财产的客观现状，便可认定行为人构成上述犯罪（排列式罪名中的其他行为自当别论），而无须证明行为人在主观上具有故意或过失的心态”。[①] 对此观点，笔者不敢苟同，尽管对持有型犯罪究竟是作为、不作为还是第三种行为学界存在很大争议，但刑法总则规定的犯罪构成要件在主观罪过方面对分则具有统摄作用，笔者认为持有型犯罪的主观方面只能是“明知”故意。因此，仅查明“持有”状态还不够，还必须证明被告人“明知”，否则无异于英美刑法中的“严格责任原则”。立法上之所以规定这类犯罪，就是由于持有型犯罪的上游和下游行为难以举证证明，证明现状要比证明现存事实的来源或去向容易得多。因此在控诉方证明被告人“持有”这一事实后，即可推定被告人主观上是明知的，给被告人以充分辩驳的机会，持有并不意味着必然明知而持有，推定也只是一种极大的可能性，如果被告人辩称持有枪支是经过授权、拥有持枪证件，或持有毒品是被人陷害等，只要能提出合理的不明知理由，则对明知的推定就无效，如果被告人根本不辩解、不说明，那么他就很可能被判有罪。被告人对“不明知”的辩解应是一种义务，是其应承担的证明责任。这种做法在实际案件的处理中应当说是合情合理的，也符合法律应有的精神，并且具有相当可行的操作性。虽然个案中个别犯罪分子可能因精心设计而逃脱惩罚，但为求得司法的全局公正，我们应当有作出这种让步的勇气。

① 陈兴良:《刑法哲学》，中国政法大学出版社1992年版，第49页。

（三）对于独知的事实，被告人应承担证明责任

依据某种只有他自己知道的事实而提出某种主张的当事人必须证明他所依据的事实，否则将承受不利的法律后果。例如某市曾发生一起杀人碎尸案，被告人张某因有重大嫌疑而被拘留。拘留理由有三：一是已证实死者失踪前与被告人在一起；二是被告单人宿舍内地面、墙壁、门缝中均有人血痕迹，血型与死者的一致；三是已证实被告人于死者失踪两天后的夜里从他宿舍所在大院内用自行车推出一个包袱，包袱大小、形状与装死者碎尸的包袱相仿。查清第三个问题是弄清此案的重要突破口。经讯问被告人，被告人坚决否认他运出的包袱与此案有关，同时，被告人拒绝对这一否定命题加以证明。此时，便发生了“包袱与此案无关”这一命题的证明责任问题。①笔者认为，“包袱与此案无关”应是被告人的诉讼主张，其主张的这一事实属于被告人独知的事实，存在证明的必要性，也存在证明的可能性。首先，客观上存在被告人证明该主张的必要性，因为根据已有的证据和自然法则可以说明运出的这个包袱与案件有关或极有可能，如果没有联系，被告人理应说明，但说无妨。从公民人身权和隐私权的角度分析，对公民人身权的保护应当优位于对隐私权的保护，因此被告人有义务说明包袱内所装之物。如果否认这种相关性，必须有一定的证据加以证明，“被告人说出点什么才是”，否则其主张是不能成立的。其次，存在被告人证明该命题的可能性，即被告人张某没有理由不知道他运出的包袱内装的是什么，运到哪里去了。如果硬要公安司法机关来证明该主张显然是比较困难的。

（四）主张精神不正常的事实，被告人应当承担证明责任

其理论依据是正常精神状态的推定。对人们的行为一般都推定为在神志正常的状态下进行的，行为人是理解其行为的意义和后果的，因而对行为人的精神状态没有必要加以证明。基于这一推定，控诉方在指控某人犯有罪行时，对被告人犯罪时的精神状态正常性不承担任何证明责任。一旦被告方提出行为时精神错乱，实际上是对这一推定的否定，因而证明责任就必然由被告方承担。一般认为，被告人对其所控制和掌握

① 刘季幸:《试论刑事被告人的相对举证责任》，载《西北政法学院学报》1985年第2期。

的有关自己的情况特别是自己在犯罪行为发生时的精神状态承担提出证据的责任。在加拿大1985年的一个刑事案件中，被告人被指控危险驾驶和不遵守停车命令。被告人辩称在事件发生的当时，他没有意识，不能控制其行为，纯属自发事件，因此自己是无罪的。对这个辩护理由，Goddard勋爵认为，“正如案件事实所表明的那样，（被告人）驾驶是需要运用技术的行为，因此毫无疑问，证明处于自发性状态的责任应由被告人承担。这不仅与精神失常的辩护理由相通，而且是证据法上的规则之一，即为一方当事人所独占掌握的事实，由该方当事人主张时，举证责任由其承担。当然，被告人承担举证责任所应符合的条件不应当比公诉人严格”。Derlin勋爵也认为，“如果被告人主张的是法律意义上的精神失常，确定证明责任自始至终由被告人承担是适当的。但是也必须承认，在刑事法律上被告人承担的只是较轻的提供证据的举证责任，这并未解除公诉人必须在最后证明构成犯罪行为的各项事实的证明责任”。①虽然Goddard勋爵和Derlin勋爵对刑事被告人承担举证责任的程度是推进责任还是说服责任存在一定分歧，但基本方面是一致的，即刑事被告人应当对由其控制和掌握的本证承担提出证据的责任。在我国刑事司法实践中，被告人主张患有精神疾病，属于无刑事责任能力人或限制刑事责任能力人，也是常见的情况。一般认为这是被告方行使辩护权的表现，因为即使被告人不提出，司法机关在对被告人的精神问题有怀疑时也会依职权主动为之，即进行司法精神疾病鉴定或进行必要的调查取证，并不必然导致对被告人不利的后果。笔者认为，对精神疾病方面的主张，被告人应负有证明责任，这是符合客观实际的，被告人有义务形成对该问题的争点，使之有审理之必要，这种责任的证明程度只需达到“表面可信”即可解除。被告人若不提出，这一问题很可能不会成为审理的争点，即可认为不存在责任阻却事由，法庭可径行判决被告人有罪。故被告人出于利益性和必要性，对精神疾患有提出证据责任。我国台湾地区学者陈朴生认为，犯罪构成要件事实之存在，即可推定阻却违法性事由及阻却责任性事由之不存在。系抗辩事实，应由被告人负主张及提出证据责任。②另一位台湾地区学者蔡墩铭亦认为，被告人内在之主观事实，

① 转引自高家伟:《行政诉讼证据的理论与实践》，工商出版社1998年版，第83页。

② 陈朴生:《刑事证据法》，三民书局1972年版，第311页。

被告人自己最为清楚，因此被告人在未能对于要证事实予以反证其不存在时，遂反证其有责任阻却事由之存在，以防止其被指控之犯罪成立。例如被告人提出精神医院的诊断证明，以证明其罹患精神病，而主张其犯罪时心神丧失。[①]

（五）被告人先前行为的犯罪性导致其对后续行为承担证明责任

在贪污受贿案件中，被告人常常辩称所得的赃款没有非法据为己有，而是为公请客送礼支出，总之没有装入自己腰包，要求宣告无罪或从轻处罚。法官要求其提供证据，有的被告人仅仅是提出主张，或含糊其词，说不清具体的时间、地点、接受人（参加人）等事项；有的被告人不仅提出主张，还提供了确实、充分的证据。对此，合议庭就产生了意见分歧，有的认为被告人能够证明的确实为公支出的部分应该从赃款总额中扣除，有的认为这一部分不能从犯罪总额中扣除，而应作为在量刑时考虑的一个情节，其理由是先前的犯罪行为已经完成，已经符合犯罪构成的全部要件，至于是为公还是为私只是赃款下落问题。笔者同意后一种观点，因为对控方的证明程度不能作无限制的要求，只要控方完成了对犯罪构成各个要素的证明，其证明的义务就已基本完成，由于犯罪构成要素证明的完成也就意味着被告人有罪证明的完成，被告人此时在事实上已被证明构成了犯罪。赃款的去向和用途是犯罪既遂以后的事实。[②] 如果被告人对此加以否定或提出了并非私有的利己主张，那么随之而来就产生了被告人对其主张进行证明的责任：其有义务说明其转移所有权的行为是有另一种非个人意图和实际用途，如果被告人不履行或不能有效履行这一证明责任，应当推定其非法占有，即据为己有。其履行证明责任的表现就是举出具体的原因、时间、地点、经过、证明人等，这些情况经查可以证实，或者即使难以印证，但其陈述符合情理，可能性很大，可以认为嫌疑人完成了证明责任。[③] 如果将证明犯罪构成要件之外的事实的证明责任完全赋予控方，将使控方感到困难重重，不

① 蔡墩铭:《刑事证据法论》，五南图书出版公司 1997 年版，第 259 页。

② 游伟、肖晚祥:《论被告人在刑事诉讼中的证明责任》，载《人民司法》2001 年第 5 期。

③ 龙宗智:《相对合理主义》，中国政法大学出版社 1999 年版，第 472 页。

堪重负，从而消耗大量的社会资源。比如，要由控方进一步证明每一笔贪污受贿赃款的去向和用途，是非常困难甚至不可能的。相反，由被告人来证明，则相对容易得多。被告人刘某某系某市工商银行办事处主任，4 年时间采用各种非法手段侵吞库款 410 万元，对贪污 410 万元的事实，刘某某供认不讳，且与司法会计鉴定及有关书证相印证。经审理发现，有 100 余万元赃款下落不明，刘辩称她实际并未占有这 100 万元，但拒绝供述其去向和下落，检察机关也未能查明，但这并未影响对该案的定罪和量刑，一审法院认定其贪污数额为 410 万元并判处其死刑，最高人民法院也核准了一、二审的判决。在该案中，法院就适用了赃款下落不明情况下"个人非法占有"的推定。

（六）被告人主张其不在犯罪现场的，应当承担证明责任

犯罪时被告人是否在现场，是涉及被告人是否实施犯罪的重要事实之一。被告人声称自己在案件发生的时候不在犯罪现场，被告人有提出证据的责任，只要举出证据证明他不在犯罪现场就可以了，至于证据是否充分，并不影响其证明责任的完成。不能因为被告人不能证明其不在现场而推定其犯罪时就在现场，从而认定其有罪。证明被告人在现场的责任始终在起诉方，并且要达到排除合理疑点的程度。我国台湾地区学者也认为，对于不在场之证明，被告人应提出证据之反证。即必须前往现场始可实施之犯罪，被告人应提出当时其在他处之不在场证明。

（七）被告人主张不可抗力、意外事件的，应当承担证明责任

不可抗力，是指行为在客观上虽然造成了损害结果，但不是出于故意或过失，而是由于不能抗拒的原因所引起的情形。在这种情况下，行为人虽然已经认识到危害结果的发生，但意志上受到外力的作用，丧失了意志自由，因而主观上缺乏罪过，不认为是犯罪。如驾驶人员驾车行驶在马路上，由于机械突然出现故障使汽车失去控制撞死撞伤行人。对刹车失灵这一不可抗拒的外力，被告人有责任提出证据予以证明，对此免责事由，被告人是独知的，否则很可能被判有罪。意外事件，是指行为在客观上虽然造成了损害结果，但不是出于故意或者过失，而是由于不能预见的原因所引起的情形。在这种情况下，行为人缺乏认识并且缺乏认识能力，既没有预见也无法预见，因而主观上缺乏罪过，不认

为是犯罪。[1] 有这样一个案例：某矿务局干部傅某女儿出嫁，当天请客已吃了四桌酒席，下午6点多钟又有6名工人、家属和几个小孩吃最后一桌。饭桌摆在同一栋房黄某家，先在桌上倒了6杯“桂青”酒。入座后，曹某问：“有没有甜酒？”同桌吃饭的邹某即到傅家找酒，在傅家房内看到床底下有一瓶子贴着葡萄酒商标，邹以为是内装葡萄酒（实为无水钠，即烧碱），拿来交给曹。曹把原来倒的白酒转倒进瓶内，随后将这瓶无水钠当作葡萄酒分成6杯。朱某和曹某先喝，感觉不对味，便跑到外面吐了。其余4人喝后不久即倒下，经送医院抢救，两人死亡，一人残废。[2] 在这一案例中，无论是曹某还是邹某，对于损害结果的发生都是不能预见的，属于意外事件。对这一意外事件，邹某应承担提出证据的责任，证明其确实是在傅某家拿了一瓶贴有葡萄酒标识的“酒”，按社会常识和一个正常人的理解，外面的标识代表了里面的内容，即表里一致性，对内装的烧碱，邹某是不具备预见能力的，因而不应追究其刑事责任。

① 陈兴良：《刑法疏议》，中国人民公安大学出版社1997年版，第92页。
② 马克昌：《犯罪通论》，武汉大学出版社2000年版，第368页。

刑事证明标准探析 *

刑事证明既是一种认识活动，又是一种诉讼行为，因此，除了应该遵循认识论的普遍规律外，还应接受程序法律和证据规则的调整和制约。认识本身的相对性和刑事证明的特殊性决定了人们对案件事实的认识不可能达到与客观存在的案件事实完全一致、绝对真实的程度。基于刑事证明的相对性原理，应当重塑我国刑事诉讼中定罪判决的证明标准，其主观标准可以概括为“法官内心确信无疑”，其客观标准则为“最大限度地符合或接近案件客观事实”。

一、认识能力的相对性

辩证唯物主义认识论认为，人的思维是至上的，是能够认识现实世界的，在此意义上说，认识是绝对的。但是，这里所说的“人的思维”，不是指个人的思维，而是“作为无数亿过去、现在和未来的人的个人思维而存在”，而且承认人的思维具有至上性的前提是“只要人类足够长久地延续下去，只要在认识器官和认识对象中没有给这种认识规定出界限”。从人对具体事物的认识这一意义上看，认识又是相对的。这种相对性首先表现为认识能力的相对性、不至上性，也反映在认识结果的相对性、不确定性，并且还具有阶段性的特点。恩格斯曾明确指出：“一方面，人的思维的性质必然被看作是绝对的；另一方面，人的思维又是在完全有限地思维着的个人中实现的。这个矛盾只有在无限的前进过程中，在至少对我们来说实际上是无止境的人类世代更迭中才能得到解决。从这个意义上来讲，人的思维是至上的，同样又是不至上的。它的认识能力是无限的，同时又是有限的。按它的本性、使命、可能和历史的终极目的来说，是至上的和无限的；按它的个别实现和每次的现实来

---

* 原文载陈光中、江伟主编：《诉讼法论丛》（第7卷），法律出版社2002年版。

说，又是不至上的和有限的。”[①] 人们对案件事实的认识属于认识的“个别实现”，是“在完全有限地思维着的个人中实现的”，而且不可能无止境无限期地进行下去，因此，人们在具体案件中对案件事实的认识，在能力上只能是不至上的和有限的，在目标上只能是追求“相对真理”，而不是“绝对真理”。

二、刑事证明的特殊性

刑事证明作为一种特殊的社会证明活动，具有不同于自然证明和一般社会证明的鲜明特点。首先，从性质上看，刑事证明是一种回溯性的证明，其证明对象是已经发生过的并不可重复、不可再现的具体事件，从总体上既不能通过科学实验来证明，对证明结论也不能通过科学实验来检验。司法人员只能运用证据以推论的方式对被告人被指控的犯罪事实加以“追溯”或“再现”，这就不可避免地要受到各种主客观因素的影响，难以达成绝对性的认识。其次，从证明目的看，刑事证明作为诉讼证明的一种，其目的是提出证据论证诉讼中的争议事实以维护己方的诉讼主张，当事人对争议事实的证明和司法机关对争议事实的认定只要达到法律规定可以解决争议的程度即可。最后，刑事证明是一种具体的诉讼行为，直接受诉讼法律和证据法则规范和调整，涉及一系列法律价值的选择和权衡，必须体现司法公正、程序正义的理念。概言之，因刑事证明的特殊性，对证明的要求只能是达到相对真实或诉讼真实。具体地说，影响刑事证明的因素主要有：

其一，证明主体的局限性。主要表现在两个方面：一是证明主体主观能力的限制。无论是国家侦查公诉人员，还是普通的诉讼参与人，都是基于其对案件事实的主观认识来从事证明活动的，都必然受到其自身主观能力如感受能力、记忆能力、理解能力、表述能力的限制，这些都必然对证明活动的履行和效果产生一定的影响。二是诉讼利益对证明主体的影响。由于当事人与案件处理存在法律上的利害关系，在证明活动中基于趋利避害的本能，有可能只陈述对自己有利或对对方当事人不利的案件事实，甚至凭空捏造所谓的“案件事实”，而对那些对自己不利

---

① ［德］恩格斯：《反杜林论》，载《马列著作选读·哲学》，人民出版社1988年版，第97页。

或对对方有利的案件事实则不予陈述甚至加以隐瞒。在刑事诉讼中，尽管检察机关作为国家专门法律监督机关或社会公益的代表负有全面收集证据的义务，但司法实践中，公诉人员大都倾向于证明被告人有罪，真正保持客观公正的实属难得。

其二，证明客体的局限性。刑事证明是特定主体实施某一具有法律意义的行为所形成的事实。这一事实是人为的事实，不可避免地掺夹了行为主体的心理因素和主观意识，从而使得案件事实成为外在特征与内在特征的统一体。[①] 如果证明的目的是把已成历史的这种事实统一体化为原原本本复现的事实，在哲学上是不可能实现的，因为作为认识客体之一的行为主体意识在其发展历程上是转瞬即逝、而且一去不复返的，即使是相同的主体，也不可能准确重视其曾有过的主观意识。

其三，证明时空和资源的局限性。刑事证明作为诉讼证明之一种，一个显明的特点就是证明受到法定期限、特定地域和有限资源的制约，需要考虑时间、人力、财力的因素。

其四，证明程序和证明规则的制约。现代刑事诉讼，为追求诉讼公正、实现程序正义，加强对个人权益的保障，对证明的方法、手段、过程均有明确的法律要求和严密的程序保障。证据的取得、提出和质证等活动均须遵循相应的程序，证据的使用和采信必须符合一定的证据规则。例如，证据的收集程序必须合法，司法人员违反法律规定，采取刑讯逼供或威胁、引诱、欺骗及其他非法方法收集的证据，即使具有真实性和关联性，也不能用来作为定案的根据。有些规则，如反对被迫自我归罪，证人免证特权，则出于保障或实现其他价值而确立，这些均将对刑事证明的真实性和确定性产生影响。

三、刑事证明标准探析

对证明标准的探讨离不开对证明概念的正确认识。在刑事诉讼领域，证明是指国家公诉机关和诉讼当事人在法庭审理中依照法律规定的

---

① 林山田:《刑事诉讼法》，汉荣书局有限公司 1981 年版，第 207 页。“证明之主要目的乃在于认定犯罪事实，故证明之客体即为事实，包括外在事实与内在事实。前者系指构成犯罪行为之客观事实，后者即指被告主观之不法意图。犯罪事实之认定必须兼就外在事实与内在事实而为综合判断，不得仅以犯罪之客观外在事实而推断内在事实以作为认定犯罪之依据。”

程序和要求向审判机关提出证据，运用证据阐明系争事实、论证诉讼主张的活动。其特征为：第一，刑事证明是与法庭审判紧密联系的概念，即刑事证明只存在于审判阶段，庭审前的收集、提取证据只是为法庭上的证明活动奠定基础，创造条件。第二，刑事证明是为了阐明指控被告人犯罪的事实，论证控方的诉讼主张，以便说服审判人员以裁判形式确认或接受控方的主张。刑事证明的目标指向是审判人员，即证明给裁判者看或者向裁判者证明。第三，刑事证明的主体是国家公诉机关和诉讼当事人。在刑事诉讼中，虽然公安机关承担主要的侦查任务，协助检察机关行使控诉职能，但是其侦查行为只是为公诉机关在法庭上进行诉讼证明做准备，公安机关本身并不成为诉讼证明的主体。第四，刑事证明受证明责任影响或支配。即法律对刑事诉讼中的证明责任分配有明确规定，如果依法承担证明责任的诉讼主体未能按照法律的要求实施证明行为，履行证明责任，将要承担相应的法律后果。第五，刑事证明是一种具体的诉讼行为，直接受刑事诉讼法律规范和调整。

刑事证明的概念一旦界定，证明标准的问题便应迎刃而解。就定义而言，证明标准即法律关于负有证明责任的诉讼主体运用证据证明争议事实、论证诉讼主张所须达到的程度方面的要求。法律设定证明标准，需要考虑以下几个因素：首先，证明标准应当是一种明确的具体的可操作的法律标准，因为诉讼中确立证明标准的目的就是为诉讼当事人和事实裁判者进行相应的诉讼行为提供基准和参照，因此将证明标准理解为一种应然模式或理想状态是不符合诉讼实践需要的。其次，证明标准应当是大多数诉讼在时空限制和资源许可的情况下所能达到的标准。诉讼证明总是在特定的时空范围进行的，受到有限资源的制约，必须考虑成本、效益、效率等因素，若对履行举证责任的诉讼一方要求过高，则不利于保护当事人的合法权益；若要求司法机关为寻求某案件的绝对真实而不惜一切代价，不计任何成本，同样也是脱离司法实际的。最后，诉讼证明的标准还应根据诉讼性质的不同而加以区别，即使在同一诉讼中，因证明对象系实体事实还是程序事实，是主要事实还是次要事实，证明标准也要有所不同。对被告人的定罪判决，其法律后果最为严重，因此证明标准为最高。

何谓我国刑事诉讼中定罪判决的证明标准？基于以上对认识能力相对性和刑事证明特殊性的分析，已明确诉讼中的证明要达到“客观真实”也就是主观认识与客观实际完全一致是不可能的，法律以不可能实现的目标作为诉讼证明必须达到的标准，则是非理性的。笔者认为，在我国刑事审判中，法官若作出有罪判决，必须在内心确认被告人实施了被控犯罪行为并且已达到坚信不疑的程度。这种“法官内心确信无疑”，是从刑事证明的角度来界定的，实际上也是一种“主观”的证明标准，即法官作为“事实裁判者”主观对当事人提供证据的评价和对诉讼争议事实的认定。要全面准确地理解法官的“内心确信无疑”，需要把握以下几点：第一，法官所有对指控事实的判断和认定，都必须建立在控方的举证和辩方的质证之上。认定案件事实，必须以证据为依据，以区别法官的主观臆断。第二，法官的这种“内心确信无疑”是指在排除任何人为干扰的情况下，在其自身知识和经验范围内，感到对事实认定确有把握，而不是似是而非、疑惑不定、心中无数，也就是排除了任何有根据的合理怀疑①。第三，法官“内心确信无疑”是建立在对单个证据的真实性、关联性的审查采信和全案证据的综合判断基础之上。确实、充分的证据，是法官形成内心确信、排除合理怀疑的基础。

从认识论的角度，也就是从司法人员对案件事实的主观认识与客观存在的案件实际的关系来看，证明的程度只能是最大限度地接近客观真实，即在诉讼的有限时空和资源内尽最大努力使司法人员对案件事实的认定最大限度地符合案件事实的本来面貌。因此，“最大限度地符合或接近案件客观事实”，可以称为刑事证明的客观标准。准确地说，应当是定罪判决这一诉讼证明的最高要求所能达到的客观标准。

---

① 加利福尼亚刑法典中曾将“合理怀疑”解释为“它不仅仅是一个可能的怀疑，而是指该案的状态，在经过对所有证据的总的比较和考虑之后，陪审员的心理处于这种状况，他们不能说他们感到对指控罪行的真实性得出永久的裁决已达到内心确信的程度”。

刑事证明责任的分配与转移 *

引 言

证明责任不仅集中、动态地体现于整个审判过程中，并直接影响着诉讼的结果，而且早在审判开始之前就已经在指挥着人们的诉讼行为，因此，能否很好地履行证明责任是诉讼成败的关键。有法谚云，"证明责任乃诉讼的脊梁"，如此评价证明责任似乎并不过分。不仅如此，证明责任在诉讼证明的理论体系中也堪称"脊梁"。这是因为，在诉讼证明的各个构成环节①中，证明责任是唯一能与其他各环节都直接关联的要素，是衔接其他各个环节的桥梁和纽带，它不仅直接决定了诉讼证明的主体，从而为其证明行为提供了依据；而且通过为证明主体课加未尽证明责任之时要承担败诉风险的结果责任，说明了一切证明行为的动因，这一点从证明责任的概念中便可见一斑。所谓证明责任，即证明主体为了使自己的诉讼主张得到法院裁判的确认，所承担的提供和运用证据支持自己的主张以避免对于己方不利的诉讼后果的责任。可见，诉讼证明的实质，就是证明主体履行其证明责任，使对证明客体的论证达到证明标准的活动②，整个诉讼证明活动均在证明责任的支配和作用下进行。

既然证明责任在证明理论研究中占据如此重要的枢纽地位，难怪各国学者无不对其倾尽心力，悉心研究，其中颇值一提的是德国学者在该领域作出的杰出贡献。早在德国普通法时代，证明责任仅指诉讼法上的

---

* 原文载樊崇义主编:《诉讼法学研究》(第3卷)，中国检察出版社2002年版，与郭志媛、韩旭合作。

① 目前理论界普遍认为，诉讼证明包括证明主体、证明客体(证明对象)、证明责任、证明标准、证明依据(证明手段)、证明程序、证明方法等几个构成环节。

② 有人认为，证明"在近、现代的诉讼制度中，指证明主体在证明责任的作用和支配下，运用证据这个证明方法求证或探知证明客体的抽象思维活动和具体诉讼行为，简单地说，证明就是认知案件事实的理念运动和具体过程的统一"。参见何家弘主编:《新编证据法学》，法律出版社2000年版，第263页。

提供证据责任，即近代所谓的主观证明责任，客观证明责任的含义尚未发掘出来。德国学者尤利乌斯·格拉查（Julius Glasser）于1883年率先提出了证明责任概念的分层理论。该理论认为，可以把证明责任概念的内涵分解为两个层次：一是形式的或主观的证明责任。该责任的目的在于要求当事人提供证据进行诉讼活动，而不是光主张事实而不提出证据加以证明，或者用证据外的方法，如宣誓、决斗、神明裁判等方法对事实作出证明。由于这层意义上的证明责任强调的是当事人的举证行为，而不涉及诉讼后果的问题，因而又称为行为意义上的证明责任，简称为行为责任。二是实质的或客观的证明责任。该责任的目的在于供法官解决案件事实真伪不明的疑难案件。根据这层意义上的证明责任，在诉讼程序结束时，如果案件的要件事实仍处于真伪不明、存否不定的状态，法官既不得任意下判，也不得拒绝下判，而必须根据证明责任的负担确定案件的胜败结果。由于这层意义上的证明责任与诉讼的结果有关，所以，又称之为结果责任。继格拉查提出客观证明责任的概念之后，从莱昂哈特的提出证明说，其间经过罗森贝克的规范说，直到普维庭教授的修正规范说为止，关于客观证明责任的论争在德国法学界持续长达一个世纪。尽管普维庭教授的学说被称作证明责任理论研究的休止符，自其专著问世以来，德国法学界对于证明责任的研究也就告一段落，但毋庸置疑的是，关于证明责任理论的研究远未穷尽，还有许多问题值得进一步探讨。

与国外法学同行相比，我国在该领域的研究还相当落后。长期以来，研究者们或者拘泥于某些用语的辨析，或者在证明责任的内涵、性质等纯理论性的问题上争论不休，几乎无人去关注并深入挖掘证明责任的功能及其具体运作，而在笔者看来，这两者才应是证明责任理论研究的重心和归宿。可喜的是，近年来，随着学术交流活动的增多以及一些法学译著的问世，国外的研究成果对我国证明责任理论的研究起到了启蒙和推动的作用。越来越多的学者意识到，证明责任的功能实际上在于克服事实真伪不明的状态，而该状态无论在何种诉讼中都不可避免而且广泛存在。认识论和方法论同时告诉我们，受所处的具体历史条件的限制，人类永远不可能穷尽客观真理。这不仅意味着我们所掌握的真理只能是相对的，而且在认识的某个阶段和某个方面，甚至连相对真理都无法达到。换句话说，在人类认识的所有领域都存在未知领域，没有任何一种证明调查程序能够必然地查清所争议的事实。当诉讼终止时事实处于真伪不明状态，如何按照法律（主要是实体法）的预先设置在当事人之间分配败诉风险，即法官如何按照证明责任的分配原则对事实真伪不明的案件作出裁判，这就是证明责任的功能。

明确了证明责任的功能之后，在逻辑上便顺理成章地过渡到证明责任的分配与转移，因为证明责任解决疑案功能的实现端赖于证明责任分配和转移的具体规定。对此，我国传统证据理论的研究过于简单化，关于三大诉讼中证明责任的分配只有某些原则性的概括，如民事诉讼中按照“谁主张，谁举证”的原则分配证明责任；刑事公诉案件中司法机关应承担主要的证明责任，被告人一般情况下不负证明责任，但在“巨额财产来源不明”的案件中，被告人要负证明责任；自诉案件中，自诉人对其自诉主张承担证明责任，被告人一般不负证明责任，但被告人提出反诉的，对其反诉主张应负证明责任；行政诉讼中，按照“举证责任倒置”的分配原则，被告行政主体应负证明责任，原告一般情况下不负证明责任。[①] 在理论上进行这样的概括，不仅因过于抽象而缺乏实际操作性，也因未能涵盖实践中的所有情况而失之片面。从国外的有关研究来看，证明责任的分配与转移不但是个极其复杂的理论问题，也是一个与司法运作紧密相联的实务问题。对该问题的研究不仅涉及诉讼法的技术性规则，而且牵涉对实体法规范的理解。目前，我国法学界鲜见有人对其进行系统、深入的研究，限制了证明责任理论的进一步发展与完善，也影响了证明责任制度在处理疑难案件中的重要作用。笔者根据自己研究这一问题的心得，尝试作一些初步的探讨，以期引起学界的关注与重视，共同将证明责任理论的研究推向深入。

一、刑事证明责任的分配[②]

由于证明责任的分配与转移系以客观证明责任（结果责任）与主观证明责任（行为责任）的区分为逻辑前提，在进入正题之前，有必要对证明责任的内涵加以简要分析：

---

① 陈一云主编:《证据学》，中国人民大学出版社 1991 年版，第 154—161 页。

② 三大诉讼的证明均涉及证明责任的分配与转移问题，但囿于篇幅，本文将重点研究刑事诉讼中证明责任的分配与转移。

首先，证明责任总是与一定的诉讼主张相联系。诉讼主张既是审判程序的原动力，又是诉讼活动的终结与归宿。无论在何种性质的案件中，诉讼活动都是围绕着当事人双方的诉讼主张而展开、进行的。当事人的主张不仅是其举证加以论证的对象，而且限定了法院的审理范围。在刑事诉讼中，检察机关指控被告人构成犯罪，请求法院给予刑事处罚，即是向法院提出的诉讼主张，该起诉主张具有对法院审判构成拘束的法律效力。在采取诉因制度的国家，法院不得抛开起诉范围而审理指控以外的人和事，甚至不得将甲罪名变更为乙罪名。此外，从权利义务一致的角度分析，如果说提出诉讼主张是当事人的一项诉讼权利，那么当事人要实现该权利，以期法院作出有利于自己的判决，就必须承担相应的义务，而证明责任从本质上讲就是一种证明义务。如果当事人不履行或没有很好地履行这一义务，其诉讼权利就难以实现，这正体现了权利义务相统一的原理。[①] 因此，当事人诉讼主张的存在是证明责任产生的潜在前提。

其次，证明责任是提供证据责任与说服责任的统一。所谓提供证据的责任，即双方当事人在诉讼过程中，应当根据诉讼进行的状态，就其主张的事实或者反驳的事实提供证据加以证明，也有学者称这一责任为“利用证据推进的责任”或“形式上的举证责任”。所谓说服责任，即负有证明责任的诉讼当事人应当承担运用证据对案件事实进行说明、论证，使法官形成对案件事实的确信的责任。由此可见，仅仅提出证据并不等于履行了证明责任，还必须尽可能地说服裁判者相信其所主张的事实存在或不存在。

最后，证明责任总是和一定的不利诉讼后果相联系。证明责任最终表现为，如果承担证明责任的一方当事人不能提出足以说服法官确认自己诉讼主张的证据，则需承担败诉或者其他不利后果的责任。这种不利后果的负担是一种潜在的风险，只有在经过一系列的诉讼证明活动之后、诉讼结束之时才有可能发生。在刑事诉讼中，如果控诉方不能提供确实充分的证据或诉讼结束时案件仍处于事实真伪不明的状态，指控的罪名便不能成立，被告人将被宣告无罪，这实质上是指控的失败，从诉讼意义上讲，这一结果就是刑事控告方的“不利后果”。这种把证明责

① 纪敏主编:《证据全书》，中国民主法制出版社 1999 年版，第 61 页。

任同诉讼结果相联系，以证明责任的方式调动当事人诉讼积极性的方法，实在是诉讼发展史上的里程碑，它既找到了双方当事人可以接受的法官判断案件的标准，又便于诉讼的顺利进行。[①]

从以上分析可以看出，我国证明责任理论中所谓提供证据的责任相当于国外理论中的主观的、形式的、行为意义上的证明责任，而说服责任以及不利后果责任则相当于所谓的客观的、实质的、结果意义上的证明责任。关于行为责任与结果责任之间的关系，有学者曾经论述道，"承担结果意义上的举证责任的可能性的存在，是当事人必须履行行为意义上的举证责任的原因"。其理由是："正是事实的真伪在诉讼中尚未确定，而这将会给主张事实的当事人带来灾难性的后果，才使得提供证据证明成为必要。如果该事实已被先前的裁判所确定，或者该事实已为对方当事人在法庭上承认，承担不利益诉讼结果的可能性已不复存在，当事人提供证据的必要性也就随之消失。另一方面，当事人可以通过诉讼中积极的举证活动避免承担不利的诉讼后果，当事人积极履行行为意义上的举证责任，其目的也正是为了避免承担结果意义上的举证责任。"[②]由此可见，结果责任的存在是敦促证明主体履行其行为责任的动因，而行为责任的实际承担也正是以避免承担结果责任为目的。但是需要指出的是，不利后果责任只是一种潜在的风险，只有在案件事实经过一系列证明活动，特别是当承担证明责任的主体实际履行了说服责任之后，案件事实仍处于真伪不明状态时，才会实际发生。这表明行为责任和结果责任在证明责任的外化过程中是相继地呈现出来的，先是结果责任在实体法中的预先设定，后是行为责任的实际履行。行为责任实际履行后，结果责任有可能出现，也可能不出现。倘若结果责任出现，证明责任便发挥了它解决疑案的功能，证明责任的内涵意义达到了最大化。

事实上，当我们说证明责任如何在当事人双方之间进行"分配"时，我们所指的是客观证明责任，即结果责任。而当我们提及证明责任的"转移"时，转移的只是提供证据的责任，而并非结果责任的转移。在某类具体的案件中，客观证明责任是一种法定的风险分配形式，它是固定于当事人一方的。而主观证明责任或曰行为责任则可根据法官的证

---

① 纪敏主编:《证据全书》，中国民主法制出版社 1999 年版，第 61 页。

② 李浩:《民事举证责任研究》，中国政法大学出版社 1993 年版，第 16 页。

据评价在当事人双方之间进行反复转换。区分行为责任与结果责任的意义正在于此。

(一)证明责任分配的代表性学说

证明责任的本质功能在于，当诉讼结束，事实仍处于真伪不明的状态时，为法官提供将不利益的诉讼后果判决给某一当事人承担的法律依据。因此，证明责任理论研究的核心课题即证明责任的分配——由何方当事人承担证明责任。在这个意义上，实体法上的请求权以及实体法的价值之实现都依存于证明责任的分配。但是，在既定的法律秩序下，立法者除特别情形外，通常并不在制定法中为每条法律的适用都明确证明责任分配，因为这样做不仅会使整个制定法体系变得更为庞杂，而且也不符合制定法的传统表现形式。因此，确定一条证明责任分配的基本原则就具有了极高的理论和实践价值。

证明责任分配法则的起源在大陆法系可追溯到罗马法上的两条法则："主张者承担证明，否定者不承担证明"(ei incumbit probation，qui dieit，non qui negat)和"事物的性质上不要求否定者承担证明"(cum per rerum naturam negantis nulla probation sit)。将这两条法则予以合并，就成了著名的证明责任分配法谚，即"肯定者承担证明，否定者不承担证明"(affirmanti incumbit probation non neganti)。[①] 而英美法系的旧判例和若干立法则规定：对争点持肯定主张的当事人承担证明责任；或某事实对自己的主张是必需(essential)的，提出该主张的当事人应当承担证明责任。[②] 由此可见，两大法系传统的证明责任分配原则[③] 实质上强调的是同一个规则，即在诉讼中主张积极性(肯定)事实的当事人承担证明责任，而将消极性(否定)事实引入诉讼的当事人无须对此承

---

① [意]桑德罗·斯奇巴尼选编:《民法大全选译——司法管辖权 审判 诉讼》，黄风译，中国政法大学出版社 1992 年版，第 57—58 页。

② 判例可参见 Walker v. Carpenter, 144N. C. 674, 676, 57S. E. 461(1907)等。立法例有佐治亚州、俄亥俄州、加利福尼亚州等。

③ 需要说明的是，传统证明责任分配理论除包括本文介绍的"消极事实说"(该说为当时理论界的通说)之外，还有其他若干学说，如主体分类说、内界事实说以及法规分类说等等。详细内容可参见刘金友主编:《证据法学》，中国政法大学出版社 2001 年版，第 275—278 页。

担证明责任。两大法系的学者能够不约而同地发现并确认这一规则，说明它本身具有一定的合理因素，并为近现代证明责任分配理论奠定了重要基础。但是，“积极性事实”（“肯定性事实”）与“消极性事实”（“否定性事实”）属于相对概念，一些肯定性事实可以用否定性用语来表达，反之，一些否定性事实也可以用肯定性用语来表达。因此，仅从肯定、否定用语来界定对该主张事实有无证明责任，难以确保证明责任分配的确定性。即使抛开形式上的拘束而以实质上为肯定主张还是否定主张来决定证明责任的分配[①]，也会因法官判断上的任意性而最终导致证明责任分配的不确定。况且，尽管从事物的性质上看，积极性事实通常容易得到证明[②]，但当事人并不是对所有的消极性事实都存在难以举证的情形。在某些情形下，当事人对消极性事实进行举证还易于对积极性事实进行举证。例如，“不在场”虽属于消极性事实，但主张该事实的当事人在提供证人证明其当时“不在场”方面，比起相对方来证明其“在场”方面，虽说不容易但至少也可谓难易相当。而且，消极性事实有时还是法律关系发生、变更或消灭的要件，如果主张消极性事实者无须提供证明，那么这方面的证明将得不到充分论证，甚至落空。由于上述不足，传统证明责任分配原则受到了许多学者的批判。作为传统证明责任分配理论的反动，大陆法系的格尔查、莱昂哈特和罗森贝克等，以及英美法系的赛叶和威格曼等学者逐渐建立了现代证明责任分配理论。

大陆法系的现代证明责任分配理论以德国为代表，其中罗森贝克的著名学说——“规范说”具有划时代的意义，它使深奥复杂的证明责任分配理论趋于平易，便于人们理解和操作，因而，在长达半个多世纪的时间里，成为德国学术界占绝对支配地位的学说，并为德国判例所接受。该说因罗森贝克主张以法规要件分类为出发点，并主要以法律条文的表义和构造为标准分析法律规定的原则和例外，以及基本规定与反对

---

① 我国台湾地区学者骆永家曾提出：“不应受形式上的拘束，应以实质上为肯定的主张还是否定的主张来决定举证责任的分配。”参见骆永家：《民事举证责任论》，商务印书馆1981年版，第72页。

② 罗马法规定，当原告承认无法证明自己的主张时，不得要求被告作与其立场相反的证明。因为按照事物的本性来说，否认某一事实的人所给予的证明是无效的。引自［意］桑德罗·斯奇巴尼选编：《民法大全选译——司法管辖权　审判　诉讼》，黄风译，中国政法大学出版社1992年版，第57—58页。

规定之间的关系，并以此来分配证明责任而得名。罗森贝克认为：证明责任分配原则只有一条原理——对不适用某一条法律规定就不能获得诉讼请求效果的当事人而言，其应当对该项法律规定的构成要件在事实上存在与否承担证明的责任。据此，罗森贝克将实体法规范划分为权利发生规范、权利妨碍规范、权利消灭规范、权利限制规范四类，并在此基础上，确定了如下证明责任分配原则：请求权人承担权利形成要件的客观证明责任，请求权人的对方当事人承担权利妨碍要件、权利消灭要件和权利阻碍要件的客观证明责任。尽管规范说的证明责任分配原则具有一定的合理性、说服性和实践性，而且符合法的安定性和可预测性要求，但是，它仍然存在某些难以克服的缺陷。自20世纪60年代开始，德国学者便针对规范说展开了激烈的批评，批评的焦点在于，根据罗森贝克的规范说，并不能引导出证明责任分配的具体标准。而且证明责任分配标准不应单一化，而应依多样化标准进行分配。此外，从证明责任分配的性质上看，证明责任对象必须限定为一个要件事实并由一方当事人承担，而不能限定于一个相对性事实并由双方当事人承担。而罗森贝克关于权利根据规定与权利障碍规定的划分只具有概念设置上的意义，在实践中并无截然的界限，因此，这些概念并不能作为证明责任分配的标准。

继罗森贝克提出规范说之后，当代德国又出现了“修正规范说”与“实质分配标准说”两大学派。其中，“修正规范说”的代表性学说“危险领域说”，将特定诉讼中的证明责任分配给实际控制危险领域的一方当事人。该说在根据证据距离远近区别立证难易以及预防损害发生方面，充分体现了实质性分配的考量，但其只适用于责任法领域而缺乏普遍的适用性。“实质分配标准说”的代表性学说“盖然性说”，则在批判规范说的基础上，强调以实质分配（“盖然性考量”）作为证明责任分配的标准，力图构筑新的证明责任分配体系。该学说在综合当事人间利益考量以及强调被害者救济或社会保护方面具有一定的合理性，但其认可“法官创造证明责任规范”的做法必然导致证明责任分配因案而异的结果，从而丧失证明责任分配标准的统一性。此外，盖然性说将证明尺度纳入证明责任分配标准领域，使其进一步复杂化，也是招致批判的一个方面。以上各学说虽均有其合理因素，但由于证明责任问题的复杂性，任何一种学说都无法独立解决证明责任的分配问题。

英美法系现代证明责任分配标准的通说则认为，证明责任分配不存在一般性标准，只能在综合若干分配要素的基础上作个别性决定。换言之，就是综合各种利益的衡量，具体问题具体对待。英美法系的学者通过总结，认为在对具体案件进行证明责任分配时所考虑的要素包括：(1)政策(policy)；(2)公平(fairness)；(3)证据所持(possession of proof)或称证据距离；(4)方便(convenience)；(5)盖然性(possibility)；(6)经验规则(ordinary human experience)；(7)请求变更现状的当事人理应承担证明责任；等等。由于英美法系实际上是综合各种诉讼利益，以实证方式分配证明责任的，所以，可以将这种分配证明责任的学说称为“利益衡量说”。在具体进行证明责任分配时，应当重视哪些要素？对此，尽管英美学者们在分析上述七大要素对证明责任的决定性影响方面有一定的差异，但他们就证明责任分配应当综合政策、公平（包括证据距离）、盖然性（包括经验规则）这三个要素进行衡量以形成共识。

综上所述，英美法系的证明责任分配原则表现在多元要素的集合（利益衡量说），具有灵活性、司法对策性强的特点，但也存在任意性、不统一性的缺点。而大陆法系“法律要件分类说”[①]的证明责任分配原则具有分配标准明确、便于司法操作和实体法调和的优点，但在灵活性、司法对策性方面则暴露出明显的不足。为此，两大法系在证明责任分配标准上已逐渐互相沟通和借鉴，实现优势互补。以判例法为传统的英美法系国家虽然在原则上采用利益衡量说，但随着制定法的不断完善和发展，法院也将分析法律条文的文义作为证明责任分配的一个要素，这说明英美法系证明责任分配的标准和制定法规之间也有一定的联系。而普遍采取法律要件分类说的大陆法系国家出于对传统的、被斥之为“机械法学”“概念法学”的实证主义法学观的反省，尤其是面对“现代型诉讼”日益发展，在重新认识裁判与法官的互动关系之后，不再将法官作为被动地适用制定法的装置，而开始强调法官在诉讼中发现法的作用。德国“规范修正说”及“实质分配标准说”的出现即标志着其已注意到实质性考量在证明责任分配中的重要性。

① 罗森贝克的“规范说”传入日本后，日本学者将以此为基础建立的学说统称为“法律要件分类说”。这主要是因为规范说及其后来的学说均以德国民法典规定的要件事实为证明责任对象。

（二）刑事证明责任的分配理念

如上所述，鉴于证明责任问题的复杂性，其分配标准不应单一化、绝对化，而应依多样化标准进行分配。证明责任分配标准体系不仅应包括某些规范性的标准，还应包括许多其他法理上的、实质的分配标准，即形式标准与实质标准的结合。按照前述思路构筑的证明责任分配体系，不仅能够得益于规范性标准所保障的法的安定性、可预测性，而且能够充分发挥法官在分配证明责任中的能动性。

在刑事诉讼中，证明责任的分配是指证明被告人有罪、无罪或其他与犯罪有关的特定事项的责任如何在有关机关和个人之间进行配置的问题。科学合理地分配证明责任，不仅有利于保障被告人的权利，而且有利于实现司法公正和诉讼证明任务的完成以及刑事政策的实现。一般认为，刑事证明责任的分配远非民事证明责任那么复杂，其证明责任分配理论也相对简单。无论是大陆法系还是英美法系，在刑事诉讼的证明责任分配中均遵循一条基本原则，即证明被告人有罪的责任始终由控诉方承担，刑事被告人不承担证明自己有罪和无罪的义务。可见，无罪推定原则是刑事证明责任分配的主要标准。但无罪推定并非刑事证明责任分配的唯一标准，世界各国刑事法律中关于被告人承担证明责任的例外规定说明，我们在刑事诉讼中分配证明责任时除无罪推定这一基本准则外，还需考虑其他分配要素。正如有学者所指出的，“在当事人之间分配一定的利益或不利益时必须提供某种正当化的理由”。[①] 这些正当化的理由即刑事证明责任分配的理念，或曰证明责任分配的实质标准。英美法系“利益衡量说”在分配证明责任时考虑的要素包括政策、公平、证据距离、盖然性、经验规则、方便等七个要素。可见，证明责任最终在当事人之间如何分配并不取决于某一单个的因素，而是各种因素综合考虑的结果。由于证明责任分配既涉及实体法上的败诉风险在当事人之间的分担是否合理，又关系到诉讼活动是否能够顺利进行，因此，我们把刑事证明责任的分配理念界定为无罪推定原则、利益衡量原则和诉讼便利原则。兹分述如下：

---

① ［日］谷口安平：《程序的正义与诉讼》，王亚新、刘荣军译，中国政法大学出版社 1996 年版，第 249 页。

1. 无罪推定原则

意大利著名刑法学家贝卡里亚在其名著《论犯罪与刑罚》中精辟地指出:“在法官判决之前，一个人是不能被称为罪犯的。只要还不能断定他已经侵犯了给予他公共保护的契约，社会就不能取消对他的公共保护。”① 尽管也有人提出，在英国司法判例的不成文规则中，在古罗马“一切主张在未被证明前推定其不成立”的法律公式中，甚至在封建社会关于以证据定罪的某些规定中，都包含有无罪推定的实际内容或朦胧思想②，但贝氏的上述论述一直被公认为关于无罪推定原则最早、同时也是最经典的表述。自1789年法国《人权宣言》首次将无罪推定原则写入成文法以来，世界各国纷纷将其纳入本国刑事诉讼法典，甚至上升为宪法原则。特别自20世纪中叶以来，随着《世界人权宣言》《公民权利和政治权利国际公约》等重要国际法律文件的先后确认，无罪推定原则已成为一条世界各国普遍适用的联合国刑事司法准则。

无罪推定原则不仅直接确立了“被告人不等于犯罪人”的观念，明确了被告人在刑事诉讼中的诉讼主体地位，还引申出两条基本要求：一是由控诉被告人犯罪的机关或人员提供确实充分的证据来证明被告人被控犯罪的事实；二是由审判机关依照正当法律程序对被告人是否犯有被控罪行作最后认定。可见，无罪推定原则发展至今，已经包含了相当丰富的内涵。但其核心在于，通过假定每个公民（包括被告人）均处于无罪的原始状态，赋予控诉机关推翻这种原始状态时必须提供充分证据证明的义务。正如英国的罗纳德·沃克所言，无罪推定无须证明基础事实，因而仅仅是确定首先由谁负担证明责任的问题。③ 从这个意义上看，无罪推定的本质乃在于明确控诉机关在刑事诉讼中的证明责任。具体而言，无罪推定原则要求:（1）提供证据证明被告人有罪的责任由控诉一方承担，不得采用酷刑和其他非法方法收集证据;（2）控诉一方履行证明责任必须达到案件事实清楚，证据确实、充分或者不存在合理怀疑的程度，若不能证明被告人有罪或者证明达不到法律的要求，则应判定被告人无罪，所谓“疑罪从无”，就是应对疑案作有利于被告人的处理;（3）被告

① ［意］贝卡里亚:《论犯罪与刑罚》，黄风译，中国大百科全书出版社1993年版，第40页。

② 宁汉林:《论无罪推定》，载《中国社会科学》1982年第4期。

③ 转引自徐静村主编:《刑事诉讼法学》，法律出版社1997年版，第177—178页。

人有辩护的权利，却没有证明自己无罪的义务，不能因为被告人不能或没有证明自己无罪而认定被告人有罪。

作为刑事诉讼的特有原则，无罪推定系针对刑事诉讼的特殊性，专门为被告人设计的保障机制。与民事诉讼解决平等当事人之间争议的性质不完全相同，刑事诉讼是国家专门机关追究犯罪、惩罚犯罪的活动，诉讼的一方是作为国家机器、拥有庞大权力的检察和警察机关，另一方则是处于被侦查、被指控地位的犯罪嫌疑人、刑事被告人个人。对抗双方实际上处于不平等的地位，这是由刑事诉讼的性质决定的。为了保障犯罪嫌疑人、被告人的合法权益，防止国家侦查检控机关滥用权力，避免冤枉无辜、错伤好人，刑事诉讼中实行无罪推定，即诉讼的起点由被告人无罪开始，证明的天平首先向有利被告人一侧倾斜，公诉人的责任是逐一搬出证明被告人有罪的砝码堆放在对被告人不利的一侧，直至天平完全向被告人有罪一侧倾斜，达到法律要求的定罪标准。这样，由无罪推定的前提出发，再对被告人辅之以辩护律师的帮助，以使被告人有力量、有可能在诉讼中与控诉一方对抗，使国家侦查检控机关权力的行使受到限制和制约，使诉讼更具公平性、抗争性，以保证程序正当、实现司法正义。

无罪推定不仅是适应保护被告人、实现诉讼武器对等的要求而产生的一项原则，也符合自然法则的基本要求。罗马法中著名的损害赔偿原则——“攻击者原理”（Casum senit dominus）即指任何人对于自己受到的损害，只要其损害赔偿请求权没有在法律上或事实上得到承认，就必须由自己承担证明义务。为此，向他人提出损害赔偿请求的人必须就自己请求权的成立进行主张和立证。攻击者原理旨在强调维护法的和平、占有状态和既存状态。按照攻击者原理分配证明责任，实质上就是在原则上要求主张与既存事实状态不同的一方当事人即攻击者承担证明责任，它与从诉讼武器对等原则、平等分配败诉风险或机会均等等方面以盖然性考量为标准得出的证明责任分配结果具有一致性。在刑事诉讼中，控诉机关代表国家对被告人提出指控，并请求法院对被告人判处刑罚的行为，实质上也属于一种行使请求权的行为。按照攻击者原理，控诉机关必须对其指控所依据的犯罪事实进行证明。综上，刑事诉讼中的证明责任基本规则概括地反映在“遇疑义时有利于被告人”这条基本原则之中。由此，在事实真伪不明时，总是有利于被告人，证明责任在检察机关一方。这里证明责任的“一边倒”也可以理解为证明责任的分配，这是由刑事诉讼当事人不平等的性质所决定的。

此外，将无罪推定原则作为刑事诉讼证明责任分配的基本原则具有哲学上的公正性。人们在对事物进行判断时应当遵循一条重要的原理：相信存在的合理性和理智性。这即是说，谁对现实存在的合理性和理智性提出对立性主张，谁就应当对现实的反面提供证明。从哲学上考虑，对现实的合理性和理智性的反面提供证明应当属于一种负担，因为现实如果能够被轻而易举地否定，则意味着提供证明不再是一种负担，而证明责任也就失去了持久的生命力。正因为证明责任很难摆脱，所以，证明责任所产生的持久影响才符合每一个理性的人的期望。

我国 1979 年刑事诉讼法中并没有确立无罪推定原则，1996 年修改后的《刑事诉讼法》第 12 条明确规定：“未经人民法院依法判决，对任何人都不得确定有罪。”这被认为是我国确立了无罪推定原则或吸收了无罪推定原则的基本内容的标志。无罪推定原则与证明责任的关系在我国刑事诉讼法中具体体现为两点：一是进一步明确了控诉方的举证责任（提出证据责任）。《刑事诉讼法》第 140 条规定，“人民检察院审查案件，可以要求公安机关提供法庭审判所必需的证据材料”，以便支持其公诉。第 141 条规定：“人民检察院认为犯罪嫌疑人的犯罪事实已经查清，证据确实、充分，依法应当追究刑事责任的，应当作出起诉决定，按照审判管辖的规定，向人民法院提起公诉。”同时，对于起诉书有明确的指控犯罪事实并且附有证据目录、证人名单和主要证据复印件或者照片的，人民法院应当决定开庭审判。在法庭审判过程中，由公诉人提出控方证据，展示说明控方证据内容、为其公诉主张服务。二是明确了控诉方的说服责任，确立了“疑罪从无”原则。根据《刑事诉讼法》第 162 条第 3 项之规定：“证据不足，不能认定被告人有罪的，应当作出证据不足、指控的犯罪不能成立的无罪判决。”该条规定实质上是一条证明责任规范，即在案件事实或要件事实真伪不明，既不能肯定有罪、也不能否定有罪的情况下，法官既不能任意下判，也不得拒绝裁判，而必须作出有利于被告人的解释——无罪判决。按照认识论原理，在没有完成对事实真相认识的情况下，诉讼证明不可能无限期地拖延，因此，必须根据证明责任规则作出裁决。实践中有大量的无罪判决都是法官援引该条作出的。正是这条规则的预设，促使控诉方积极提出证据证明其主张，而且其所举证据必须达到确实充分的程度以说服法官形成内心确信，否则，责任未解除，负担未卸下，则需承担证明不力的法律后果。该项规定具有化解疑案的功能，是法院解决疑难案件的裁判规范，也是我国证明责任制度逐步走向成熟的标志之一。

2. 利益衡量原则

所谓利益衡量原则，是指在某些特殊的刑事案件中，基于其他各种综合因素的考虑而将部分或局部的证明责任分配给被告人一方，从而使刑事案件“一边倒”的证明责任分配模式得到适当平衡。具体而言，美国在分配证明责任时考虑的要素主要包括政策、公平、证据距离、盖然性、经验规则、方便等。在实务中，通常是以相当近似的意义使用公平和证据距离，或盖然性和经验规则的概念。此外还认为，可以将方便包括在盖然性的概念中，将请求变更现状的当事人理应承担证明责任包括在政策的概念里。在进行证明责任分配时，究竟哪些要素值得特别关注？对此，美国学者虽各有不同的解释，但他们就证明责任分配应当综合政策、公平（包括证据距离）、盖然性（包括经验规则）这三个要素（policy，possession of proof，possibility）进行衡量则达成共识。英国学者认为，在刑事案件中，影响证明责任分配的主要因素有法律上的逻辑、证明获得的难易程度、证据来源的可行性及公众对特定结果的倾向程度。日本学者石田穰教授则提出，法官依判例形成证明责任分配规范时应考虑的要素包括“证据的距离”“依事实性质立证的难易”“关于事实的存在或不存在的盖然性”“诚实信用原则”或“禁反言”，等等。可见，英美及日本学界在分配证明责任时所考虑的因素不外乎政策、公平（证据距离）和方便等。据此，笔者认为，在刑事诉讼中，将部分证明责任分配给被告人主要是基于以下考虑：刑事政策、证明难易和诉讼效率。

（1）刑事政策。为了体现立法者严厉打击某种犯罪的意图，往往可以通过改变证明规则来加大对该类犯罪的打击力度，因此，基于刑事政策的考虑而将证明责任分配给被告人一般是由实体法作出特别规定。从世界范围来看，随着贪污、受贿、贩毒和有组织犯罪的猖獗，对社会危害的日益严重，各国政府均采取各种措施预防和控制上述犯罪，其中行之有效的措施之一就是在成文法中将证明责任分配给被告人承担。例如，英国为了惩治恐怖犯罪，1994 年通过的《刑事审判和公共秩序法》

对沉默权作了限制，法庭和陪审团可以从被告人的沉默中作出不利于被告人的推论。此外，第八届联合国预防犯罪和罪犯待遇大会通过的《反腐败的实际措施》文件中对刑事诉讼证明责任的倒置规则也作了明确规定。

（2）证明难易。刑事诉讼具有控制犯罪与保障人权的双重目的，因此，公诉机关在进行证明时负有客观中立的义务，既要证明犯罪构成要件的各项事实，又要证明对被告人有利的事实。但是在很多情况下，完全由公诉人证明对被告人有利的情况不仅非常困难，而且使诉讼无法有效进行。事实上，被告人证明对自己有利的情况时所遇到的困难一般都远远小于公诉人的困难，因此，有学者提出，在证明责任制度中，在无损于公正审判的前提下应尽可能地由更易于举证的一方当事人承担举证责任，即当被告人证明自己无罪显然易于控方证明被告人有罪时，被告人并不能绝对地免除举证责任。在英国，立法者以接触证据来源和提供证据的便利性为理由将证明责任置于被告人一方。因为在司法实践中，有些情况只有被告人本人了解，只有被告人易于接触证据来源，而检察官和侦查官是不可能办到或难以证明的，因此，将这些问题的证明责任置于被告人一方是合理的。如对于占有毒品罪的指控，法律只要求起诉方证明被告人占有吗啡粉末，其指控即可成立，而不要求起诉方提供被告人不具有其可以占有毒品的有效处方。其理由是，检察官要到每个诊所去了解每位医生出具的全部处方，工作量过大，难以办到，而被告人提供他拥有占有吗啡的有效处方的证明，却是轻而易举的事情。又如，在殴打罪中，被告人在辩护时提出，由于对方恐吓他，出于自卫才还击。那么，被告人的心灵中对生命安全有无恐惧感，只有被告人本人知道，检察官和侦查官均无从知道，在这种情况下，证明责任应由被告方承担。[①] 显然，在被告人易于取得证据和证据在其控制和掌握之下时，仍要求控方承担证明责任，不免强人所难，有失诉讼公平之理念。

（3）诉讼效率。刑事证明活动不仅要追求实体正义和程序正义，也要讲究诉讼效率。在刑事诉讼活动中，对某些案件中的某些事实和情节、公诉人投入较大的人力、物力、财力，消耗较多的时间后，也能够

---

① 王以真：《英美刑事证据法中的证明责任问题》，载陈光中主编：《刑事诉讼法学五十年》，警官教育出版社 1999 年版，第 332 页。

取得证据加以证明，但如果被告人对这些证据享有证据信息优势，由其提供证明，则不仅可以节省司法资源、降低诉讼成本，同时也有利于迅速及时地查明案情，使被告人早日摆脱讼累。正如贝勒斯所言，当“一方当事人被认为具有一种获取信息的特别条件，让较少有条件获取信息的当事人提供信息，既不经济，又不公平”。[①] 此外，虽然刑事诉讼中还未确立举证时效制度，但由于诉讼证明不可能无限期地进行下去，效率无疑是分配证明责任时必须考虑的一个因素。

值得注意的是，利益权衡要素的取舍是由现实生活的事实过程的复杂性所决定的。在具体的个案中，根据上述几个要素所得出的证明责任分配并不总是一致的，这时就需要立法者与司法者从中作出选择，其选择往往体现出他们对其中某个和某几个要素的特别重视。事实上，大多数情况下，根据上述几个要素所得出的证明责任分配是一致的，因为这几个要素本身就互相重叠，不能也不可能仅以其中一个要素为依据。如根据证据距离所确定的证明难易而作出的证明责任分配一定有利于证明效率的提高，而刑事政策也往往是兼顾证明难易的。

3. 诉讼便利原则

如果把美国“利益衡量说”中包含的七要素进行归类，政策上的特别考虑可以单独成为一种考虑要素，证据距离（或曰证明难易）与公平可以归为一类，并且可以概括为公平，当然此处的公平主要是从实体法的角度，即根据待证事实的性质判断由哪一方当事人证明更为轻易。盖然性与经验规则似乎均可纳入方便的范畴，因为由何方举证更为便利往往是基于经验和盖然性的推测。至于让请求变更现状的一方当事人承担证明责任这一因素则属于自然法则，而且如前所述，它与刑事诉讼中无罪推定的原则互为表里，属于刑事案件证明责任的原则性的分配标准。笔者之所以将刑事诉讼证明责任的分配理念概括为无罪推定、利益衡量和诉讼便利，乃是从主要原则、需要综合考虑的实体性要素以及需要考虑的程序性要素这几个角度进行划分的。

所谓诉讼便利原则，即根据经验法则判断在某种刑事案件中一般由何方当事人举证更为便利，或者根据对盖然性的预测，让主张不符合通

① ［美］迈克尔·D. 贝勒斯:《法律的原则》，张文显等译，中国大百科全书出版社 1996 年版，第 67 页。

常情形的当事人承担证明责任，因为一般认为，已经确立的状态在持续方面的盖然性高，所以，应当让对确立的状态进行变更并从中获益的当事人承担证明责任。当然，有时根据证据距离所进行的证明责任分配也可以理解为在程序上基于诉讼便利的考虑。综上所述，诉讼便利也是诉讼公平的应有之义，它与利益衡量原则中根据证明难易而进行的证明责任分配共同构成公平的内涵。

二、刑事诉讼中证明责任的分担

“确立证明责任有两个最基本的目的：其一，是要解决证明主体的问题，即对所主张的事实谁负证明的义务；其二，是要确立证明的具体场合（occasion），即两造当事人在哪些情形下负证明事实的义务，以及用何种方法履行此种义务的问题，因此，证明责任的分担方式是证据法所要解决的根本问题。”①

（一）诉讼模式与证明责任的分担

1. 当事人主义诉讼模式下证明责任的分担

证明责任的分担与诉讼模式密切相关。在实行当事人主义诉的模式的英美法系国家，基于无罪推定原则，证明被告人有罪的证明责任始终在控诉方，而作为控方的相对方的被告人，在总体上不承担证明责任，但也有例外。其中刑事被告人不承担证明自己有罪的责任，这一原则是绝对的、无条件的；至于被告人不承担证明自己无罪的责任只是一项一般性的原则，不具有绝对性的意义。此外，当事人主义诉讼模式下，法官和陪审团不承担任何证明责任。②这主要是基于审判公正的考虑，因为如果法官积极参与调查取证，不仅与当事人主义的诉讼模式相悖，而且容易从感情上偏向当事人一方，很难再恪守中立的立场。正如英国著名的上诉法院法官格林勋爵所言：“法官如果亲自检验证人的证词，那他

① 李浩：《英国证据法中的证明责任》，载《比较法研究》1992年第4期。

② 在当事人主义诉讼模式下，强调控辩双方在诉讼过程中的积极性和主动性，“两造”通过提证、质证等活动，推进诉讼的进程，而法官或陪审团始终处于消极和中立的地位，与控辩双方保持等距关系，不偏不倚，静态听证，完全依双方当事人举证的情况和辩论的结果，作出符合法律规则的裁判，而无证明责任。参见牟军：《论英国刑事证明责任》，载《现代法学》2000年第1期。

就是自甘介入争论，从而有可能让甚嚣尘上的争吵遮住明断的视线。”[①]

具体而言，控诉方既要承担提供证据的责任，又要承担说服责任。为使事实审理者信服被告人实施了所控罪行，控诉方有义务“排除合理怀疑”地证明被告人的罪责，推翻有利于被告人的“无罪推定”，否则，控诉方就要败诉，这可称为控诉方的说服责任。控诉方的提供证据责任则体现在：庭审开始时，控诉方应向法庭就其指控的罪行的要件提供证据，主审法官根据其提供的证据判断控诉方是否具有初步证据（或表面证据）。如果主审法官认定具备初步证据的，庭审继续进行；否则，法官就可以不通过陪审团而直接作出无罪裁断或撤销诉讼。一般认为，控诉方的说服责任具有不可转移性，即在庭审阶段自始至终由控诉方承担，而提供证据的责任则可以在庭审的全过程中在控辩双方之间不断转移。

控诉方在刑事诉讼中始终负证明责任这一基本原则是英国上议院在Woolmington v. DPP/D. P. P.（1935）案件中确立的。此案的被告人伍尔明顿（Woolmington）是一位农场工人，婚后不久其妻子回娘家多日未归，伍尔明顿去探望妻子，并随身携带了一支手枪，藏在大衣里面。当他和妻子见面时，他的妻子被从这支枪里射出的一颗子弹打死。检察官指控伍尔明顿谋杀其妻，在初审法庭上，伍尔明顿为自己辩解说，他想以自杀吓唬妻子，可是拿出枪时不慎走火了。这是以意外事故为理由的一种辩护。审理该案件的斯威福特法官向陪审团作指示说，如果确立了伍尔明顿的妻子的死是由于他的行为造成的结果这一事实，伍尔明顿就有责任使陪审团相信这是一次意外事故。上议院认为初审法官的这一指示是错误的，维斯康特·桑克爵士就此作了如下阐述：“必须由起诉方来证明被告人有罪，而该被告人则没有证明自己无辜的责任。因此他完全有理由对自己被判有罪提出怀疑。纵观英国刑事法律，我们可以看到一条金线贯穿始终，这就是起诉方要承担证明被告人有罪的责任。即使是被告方提出了精神不正常的辩护理由，或者是存在成文法规定的例外情况也依然如此。如果在案件审理结束时或是整个案件的审理过程中，对于被告人是否有怀着恶意杀死了被害人这一事实存在合情合理的怀疑，

① ［英］丹宁勋爵:《法律的正当程序》，李克强等译，法律出版社 1999 年版，第 53 页。

而且这种怀疑是由于起诉方或者辩护方所提出的证据造成的，那么起诉方则没有证明所提出的指控是成立的，被告人则有权受到无罪宣判。无论是何种指控，无论是在什么地方进行审判，必须由起诉方来证明被告人有罪的原则都是英国普通法的组成部分。而且，任何削弱这条原则的尝试都是不能被接受的。”①

需要指出的是，虽然控诉方在整个审判过程中负有证明责任，但被告人在例外情形下也负有一定的证明义务。以英国为例，根据其法律规定和审判实践，被告人在下述例外情形得负一定的证明责任：

第一，成文法明文规定被告方负有证明责任的例外情形。如《道路交通法》规定，驾驶车辆时，驾驶人血液中的酒精浓度是否超越法定界限有争议时，证明酒精浓度并未超越法定界限的责任在被告方。1906年《贿赂防范法》规定，由某一特定人支付、给予的现金、礼物或其他实物，除非接受人能提出证据证明这些现金、礼物等来源的合法性和正当性，否则将视为受贿所得。即是说，证明未受贿赂的责任在被告方。《滥用毒品罪》规定，被告人主张他不知道或没有怀疑该物品是毒品时，他负有证明责任。1953年《犯罪预防法》规定，任何人在一个公开场合，没有法律批准或合理理由而携带犯罪凶器均属非法行为，行为人必须承担证明自己的行为合法和合理的责任，否则将以犯罪论处。

第二，被告方主张被告人行为时处于精神错乱的状态。即如果被告人在审判中提出精神错乱（insanity）的抗辩，被告方便有义务证明精神错乱的事实，以推翻对其不利的“神智正常”的推定（presumption of sanity）。这是因为法律一般推定人们是在神智正常的状态下实施行为的，行为人对其行为的意义和后果应当是理解的，因而没有必要证明行为人实施行为时的精神状态。根据这一法律推定，控诉方在指控某人犯有罪行时，对被告人实施犯罪行为时的精神状态的正常性不承担任何证明责任。一旦被告人提出行为时精神错乱，实际上是对这一法律推定的否定，因而证明责任就必然落至被告方。

第三，被告方拟引用成文法所规定的例外、免除责任、但书等为自己辩护时，他应当证明这些事实。如英国《1980年治安法院法》规定，如果被告人要援引法律规定的但书（proviso）、例外（exception）、免责

① Woolmington v. DPP [1935] A C 462.

条款（excuse）等以期获得利己裁判，那么，被告人负有证明存在相关事实的义务。1972年《道路交通法》第84条规定，驾驶机动车辆时必须有驾驶执照；1964年《执照法》第160条规定，售酒人必须有治安法官签发的售酒执照。但是，这两项法律的有关条款中又都规定了例外。被告人主张他符合该条款中的例外规定时，就应当承担令人信服的证明责任。再如，被告人被指控拥有受禁止的药物，他辩称自己是医生，则需提供他有医生的开业执照来证明；被告人在审判中提出正当防卫（self-defense）、受害人挑衅（provocation）的抗辩时，证明防卫、挑衅事实的义务由被告方承担。

第四，被告方拟推翻成文法所推定的事实。比如，一个男人与一个妓女共同生活，或将她置于自己的控制之下，法律推定该男人是以妓女卖淫所得为生。被告人推翻此法律推定，必须进行证明。

在美国证据法上，对于下列情形，被告人也负有提出证据证明特定事项的义务：（1）如果被告方在辩护时提出被告人患有精神病或不适于接受审判，被告方应对此提出证据加以证明；（2）如果某制定法规定，在没有合法授权、正当理由、特殊情况或例外情况下，实施某种行为就是非法，那么，被告方就有责任举证说明存在合法授权、正当理由、特殊情况或例外情况；（3）如果被告人主张其行为曾取得许可、出于意外事件、受到胁迫、出于自卫等，此时便负有举证证明存在上述情况的责任；（4）如果被告方意图推翻制定法对某些事实的推定，或者意图援引法律条文中的但书、例外或豁免，这时被告方也负有举证责任。[①] 对于“犯罪时不在现场”和被告人“独知的事实”，被告人只承担“用证据推进的责任”。所谓独知的事实，如被告人是不满18岁的未成年人；被告人具有合法的营业执照；要求引渡者，有责任证明他不是逃犯；被告人的精神状态；行为出于自卫；等等。[②]

我国香港特别行政区的法律中也有被告人承担证明责任的明确规定。如香港刑事诉讼法规定，在以下法定的例外条件下，被告方也应承担举证责任：（1）被告人以患精神病、不适于受审、病理性醉酒等作为

① 《美国联邦刑事诉讼规则和证据规则》，卞建林译，中国政法大学出版社1996年版，第21页。

② 王以真主编：《外国刑事诉讼法学》，北京大学出版社1994年版，第220页。

主张减免刑事责任的辩护理由时；(2)某些成文法规定的应由被告方负有举证责任的事实，如行为有合法授权、有正当理由或持有执照等；(3)被告方拟推翻成文法对某些事实的推定。或者拟引用条文中的但书、例外或豁免；(4)被告人主张其行为曾取得同意、出于意外、由于受胁迫、基于义愤或目的在于自卫等。[①]又如《危险药物条例》第47条规定，任何人被证明实质藏有下列物品的，除非能提出相反的证据，否则应能被推定为持有毒品：其一，任何毒品；其二，任何装载毒品的袋子、公文包、盒子、箱子、壁橱、抽屉、保险储藏柜、保险柜及其他类似容器的钥匙。该条同时规定，如果一个人被证明或者推定持有毒品，除非能提出相反证据，否则将被推定为已经知道该毒品的性质。

综上可见，在实行当事人主义的英美法系国家或地区的法律中，被告人在许多例外情形下也负有证明责任，但需明确的是，就证明责任的性质而言，控诉方既然提出指控，就必须对诉讼中的每一个问题予以证明，以说服陪审团作出有罪裁决，从这个意义上讲，控诉方的责任是“法定的”或“最终的”责任，是一种无可推卸的义务；而被告方受无罪推定原则的保护，原则上不承担证明责任，但是，为了有效反驳控诉方的指控，被告人可能在法庭上提供证据证明自己是无辜的。被告人承担的这种责任，就其性质而言，是“暂时的”或“提证的”责任，可以认为是被告人享有的一项诉讼权利，此其一。其二，就证明要求而言，控诉方的证明责任自始至终要达到排除合理怀疑的程度，而在被告方负有提出证据证明有关事项的情况下，他所要做的只是在盖然性占优势的基础上证明其主张，即优势证明即可。也就是说，所证明的事实的真实性略大于虚假性，事实即存在。

2. 职权主义诉讼模式下证明责任的分担

19世纪初，大陆法系与英美法系在刑事审判中均沿用民事诉讼证明责任的分配原则，控方证明范围只限于犯罪构成要件，而阻却违法事实和阻却有责事实则由被告方提出证据予以证明。19世纪末，随着大陆法系国家和地区进一步将刑事诉讼视为对犯罪进行的职权性追究活动，控方对犯罪构成要件的该当性、违法性和有责性都应当予以证明。辩护方可以于法庭上提出反证，但这只是被告人的权利而非提出证据的责任。

① 甄贞：《香港刑事诉讼法》，河南人民出版社1997年版，第150—151页。

此外。由于大陆法系的刑事诉讼程序奉行职权主义原则，追求客观真相的发现，注重对犯罪的控制，负责预审和审判的法官在诉讼中均非消极的仲裁者，法律赋予他们一系列收集、调查证据的权力，因此，法官本身也有查明案件事实的义务，肩负着同犯罪作斗争的使命。正如我国台湾地区学者刁荣华所指出，在大陆法系，实质的举证责任（证明责任），仍须由法院依职权为之，即法院因发现真实之必要，应依职权调查证据。另一位台湾地区学者张昌邦也认为，在职权主义的刑事诉讼中，证据的收集与调查，均属法院的职权。法国、德国的刑事诉讼法典中也有相应的规定[①]。所以，大陆法系刑事诉讼的证明责任基本上是由检察官、预审法官和主审法官来共同承担的。

大陆法系的刑事诉讼中，被告人虽原则上不负任何证明责任，只有举证、反驳控诉、证明自己无罪和罪轻的权利，但在某些例外情形下，被告人也需承担一定的证明责任。如在法国，理论界及实践界认为，“由检察院负举证责任的原则，在适用时会引起诸多困难”。因而，立法及判例确认，在特定情形下，被告方也必须承担一定范围的举证责任：（1）受追诉方主张其存在“正当辩护理由”。如被告方主张其行为属于正当防卫，或者是由合法当局所指挥，或者被告方援引其他可以免除其刑事责任的事由时，这包括制定法明确要求被告方承担举证责任及制定法虽未作规定，但判例要求被告方承担举证责任两种情形。（2）在涉及不可归责于行为人的事由，如受到强制、精神错乱等情形时，判例也要求被告方承担举证责任。（3）如果被告方为了摆脱其责任，援引足以使犯罪实际上不可能存在的事实，对这一事实也应由被告方提出可以证明其存在的证据，如被告方主张其犯罪构成的要件事实是由于某一自动的机械运转故障所引起的，就应当由被告人证明该机械运作不良之事实。[②]德国 90 年代颁布的《反有组织犯罪法》，在举证责任上，要求被告人就

---

① 法国刑事诉讼法有关条文规定，法庭庭长享有自由决定的权力，可以本着荣誉和良心，采取自己认为有利于查明事实真相的一切措施，必要时用拘票传任何人到庭，或者根据庭审情况使之提交自己认为有利于查明事实真相的一切新证据。德国《刑事诉讼法》第 155 条第 2 款、第 244 条第 2 款规定了法官的启蒙义务和调查原则，即“法官应当自主地，也就是独立于诉讼参加人的声明、所作证据申请而全面查清事实真相”。

② ［法］卡斯东·斯特法尼等：《法国刑事诉讼法精义》，罗结珍译，中国政法大学出版社 1998 年版，第 36—42 页。

某些辩护主张举证，否则，就被推定为有罪。比如，被告人贩卖1000马克海洛因的事实已被认定，在其家中查出上万马克的现金或同其收入不相称的大量财富，该笔钱财就被推定为犯罪所得，予以定罪没收，如果想免除罪责，被告人必须举证证明其钱财来源是合法的。① 我国台湾地区也有被告人承担证明责任的规定。如台湾地区“刑法”第310条规定，对于所诽谤之事，能证明其为真实者不罚。诽谤罪的成立是由于不实之事实的散布，因此，被告人若能提出真实性的证明，其被指控的诽谤罪就不能成立。依此，被依诽谤罪起诉之被告人，对于事实之真实性，应负实质的举证责任。② 同时，蔡墩铭还认为，被告人虽应受无罪之推定，但原告提起之证据显然不利于被告人时，被告人为防御起见，每每提出正当化事由或阻却违法事由作为犯罪不成立之理由，在此情况下，被告人须对其犯罪不成立负举证责任。至于被告人主张其在行为时陷于精神障碍之状态时，则被告人对于此项无责任能力或限制责任能力之抗辩事实亦应负证明责任。③

3. 混合式诉讼模式下证明责任的分担

作为一个注重实用性的民族，日本一直注重外来文化的吸收，其诉讼结构在“二战”之前承袭大陆法系的传统，具有明显的职权主义特征，在“二战”后，由于受到美国的影响，制定了新宪法，并相应地修改了刑事诉讼法，大量吸收了英美法的特点，因此，学界一般将日本的诉讼模式作为“混合式”的代表。由于混合式的诉讼模式既有职权主义的特征，又有当事人主义的特点，其在诉讼证明责任分配方面也具有独特的色彩。就刑事诉讼而言，日本实行“国家追诉主义”，“公诉由检察官提起”（日本《刑事诉讼法》第247条），证实犯罪事实的责任由检察官承担。根据“存在疑义时作有利于被告人的解释”的原则，对构成犯罪的事实，如果证明不能达到排除合理怀疑的程度，就应认为被告人是无罪的。日本《刑事诉讼法》第336条“无罪的判决”指出，“被告案件不成立犯罪的或被告案件没有犯罪的证明的，应当以判决宣告无罪”。这体现了“无罪推定”的原则。不存在排除违法的事由和排除责任的事

① 《德国刑事法律制度的新变化》，刘迪等译，法律出版社2000年版，第227页。

② 蔡墩铭:《刑事证据法论》，五南图书出版公司1997年版，第305页。

③ 蔡墩铭:《刑事证明与举证》，载《法学家》1996年第5期。

由，由检察官负举证责任；存在排除违法的事由和排除责任的事由，则必须由被告人提出证据。关于处罚条件、刑罚的加重或减免的事由的存在或不存在，也由检察官负举证责任。

根据无罪推定原则，被告人原则上不负证明责任，“但作为例外，有时被告人要负举证责任（证明责任）”[①]。在日本，犯罪嫌疑人方面除对认定本方请求调查的证据具有证据能力的事实以及对存在排除违法的事实和排除责任的事由负有举证责任外，在法律规定的一些特殊情况下，还承担证明有关实体法事实的责任。如毁损名誉出于公益目的的不受罚（《刑法》第230条之2）；爆炸物的制造、进口、持有或定货不是出于妨害治安或伤人的目的（《爆炸物管理罚则》第6条）；使用儿童劳动不知其年龄无过失（《儿童福利法》第62条第3款）；毁损名誉罪中指摘事实真实的证明（《刑法》第230条）；同时伤害罪中关于伤害结果是何人造成及其伤害程度的证明；等等。[②]

在日本的刑事诉讼中，法院具有调查证据的职权，但在证明主体未履行证明责任的情况下，法院也可以放弃调查证据的权利，直接作出不利于该证明主体的判决。因此，原则上法院不负证明责任。

（二）我国刑事诉讼中证明责任的分担

总体而言，在我国刑事诉讼中，证明责任的承担主体首先是控诉机关和负有证明责任的当事人，即公诉案件中的公诉人和自诉案件中的自诉人，只有他们才应依照法定程序承担证明犯罪事实是否发生、犯罪嫌疑人或被告人有罪、无罪以及犯罪情节轻重的责任，这是证明责任理论中“谁主张，谁举证”的古老法则在刑事诉讼中的直接体现。此外，根据“否认者不负证明责任”的古老法则和现代无罪推定原则的要求，犯罪嫌疑人、被告人不负证明自己无罪的责任。这表明，从整体上看，刑事诉讼中的证明责任是一个专属于控诉方的概念。但遵循“有原则必有例外”的规律，在少数法律推定其有罪的特定案件（如巨额财产来源不明案件及非法持有国家绝密、机密文件、资料、物品罪）中，犯罪嫌疑人和被告人也负有证明自己无罪的责任，这在各国刑法以及刑事诉讼法中大都有所规定。此外，以狭义的证明责任观之，侦查机关和人民法院

---

① 《日本刑事诉讼法》，宋英辉译，中国政法大学出版社2000年版，第25页。

② ［日］田口守一：《刑事诉讼法》，刘迪等译，法律出版社2000年版，第227页。

均非证明责任的承担主体。兹分述如下：

1. 公诉案件证明责任的承担

公诉机关是刑事公诉案件证明责任的主要承担者，其证明责任主要表现在以下四个方面：一是提出诉讼证明的主张。《刑事诉讼法》第141条规定：“人民检察院认为犯罪嫌疑人的犯罪事实已经查清，证据确实、充分，依法应当追究刑事责任的，应当作出起诉决定，按照审判管辖的规定，向人民法院提起公诉。”提起公诉的方式是向人民法院移送起诉书，载明被告人所触犯的罪名和犯罪事实、犯罪情节，提请法院依法惩处。《刑事诉讼法》第153条规定，人民法院审判公诉案件，人民检察院应当派员出席法庭支持公诉。公诉人不仅在法庭上宣读起诉书，提出其诉讼主张，而且还要发表公诉词，以进一步阐述论证或补充其诉讼主张。二是提供证据的责任。《刑事诉讼法》第150条规定：“人民法院对提起公诉的案件进行审查后，对于起诉书中有明确的指控犯罪事实并且附有证据目录、证人名单和主要证据复印件或者照片的，应当决定开庭审判。”即检察机关在提起公诉时必须向人民法院提供证据目录，证人名单和主要证据复印件或者照片。根据《刑事诉讼法》第157条之规定，在开庭审理阶段，公诉人还应当向法庭出示物证，让当事人辨认，对未到庭的证人证言笔录、鉴定人的鉴定结论、勘验笔录和其他作为证据的文书，应当当庭宣读。三是说服责任。说服法官或者合议庭形成内心确信，支持自己的起诉主张，是开庭审理中控诉方的主要目的。公诉方的一切活动都是围绕这一目的而展开的，因此，其不仅要出示、宣读所提供证据，而且还要对证据的证据能力和证明力、证据与案件事实的关系等问题进行严密的逻辑推理和论证，使证据之间相互印证，形成证据链条，使自己的诉讼主张得到充分的证明。四是不利后果负担的责任。刑事诉讼中的控告方与被告方的立场和目标是针锋相对的。控诉方的目标就是证明其对被告人的指控罪名成立，使被告人受到刑事处罚。为达此目标，控诉方必须竭尽全力地提供证据并进行说服论证。如果控诉方不能提供证据或提供的证据不能证明犯罪事实，则被告人的罪名不能成立，控诉方的目标就没有达到。从诉讼的意义上讲，这一结果就是刑事控告一方的“不利后果”。同时，这也意味着指控的失败，是对公诉人甚至检察机关工作业绩的否定，这也可以理解为一种“不利后果”。在刑事公诉案件中，被告人基于无罪推定原则，在一般情况下不负证明责任，仅在法律有特殊规定的例外情况下承担一定的证明责任。因此，公诉案件证明责任的承担明显地表现出“一边倒”的特征，这是由刑事诉讼当事人先天不平等的诉讼结构以及刑事诉讼惩罚犯罪与保障人权并重的特殊任务所决定的。

2. 自诉案件证明责任的承担

在刑事自诉案件中，自诉人是直接向人民法院提起诉讼，要求法院依法追究被告人刑事责任的一方当事人。作为自诉案件的原告人，自诉人须独立承担控诉职能，不仅要向法院提交自诉状，还必须提供相应的证据，否则，根据《刑事诉讼法》第171条第2项之规定：“缺乏罪证的自诉案件，如果自诉人提不出补充证据，应当说服自诉人撤回自诉，或者裁定驳回”。由此可见，首先，自诉人有自己具体的诉讼主张，该主张既限定了法院审理的范围，也是自诉人履行证明责任的对象。其次，自诉人对其起诉主张必须承担提供证据加以证明的责任，该责任履行与否是人民法院决定是否受理自诉人起诉的重要条件。最后，自诉人提出证据后，其证明责任并未卸下，他还必须在整个诉讼过程中积极履行其说服责任，即运用已经提出的证据尽量去影响法官，使法官最终作出被告人有罪的认定。如果自诉人未能完成其证明责任或者其证明行为未能使法官形成对其有利的心证，自诉人必须承担败诉的不利后果。因此，自诉人是自诉案件证明责任的承担者。在自诉案件中，被告人同样不负证明责任，仅在例外情形下或者当被告人提出反诉时，被告人才会成为证明责任的承担者。

3. 侦查机关和人民法院不负证明责任

由于大陆法系国家的刑事诉讼具有浓厚的职权主义色彩，警察、检察官和法官（包括预审法官）为发现案件的事实真相，均积极主动地去调查收集证据。因此，大陆法系的传统证明责任理论认为，刑事诉讼中的所有国家机关都应承担证明责任。我国传统证据理论也认为“公诉案件的证明责任由司法机关承担”[①]，并把原《刑事诉讼法》第32条（现行《刑事诉讼法》第43条）“审判人员、检察人员、侦查人员必须依照法定程序，收集能够证实被告人有罪或者无罪、犯罪情节轻重的各种证据”以及第34条第1款（现行《刑事诉讼法》第45条第1款）“人

① 陈一云主编：《证据学》，中国人民大学出版社1991年版，第154页。

民法院、人民检察院和公安机关有权向有关的国家机关、企业、事业单位、人民公社、人民团体和公民收集、调取证据”作为公、检、法三机关承担证明责任的法律依据。不仅如此，传统证据理论还认为，“在公诉案件中，收集证据的责任主要由公安机关和检察机关承担”，“公安机关、检察机关对各自所管辖的案件侦查终结后，认为应当起诉或者免予起诉，均必须做到案件事实清楚，证据确实、充分。否则，检察机关对公安机关移送审查起诉或者免予起诉的案件，可以退回公安机关补充侦查；人民法院对检察机关提起公诉的案件，可以退回检察机关补充侦查。人民法院对被告人定罪量刑，也必须以确实充分的证据作为认定案件事实的根据。第一审人民法院的未生效判决如果证据不足，将由第二审人民法院改判或者撤销原判，发回原审法院重新审判。死刑复核案件如果证据不足，将由最高人民法院或者被授权的高级人民法院撤销原判，发回原审人民法院重新审判。生效判决如果证据不足，也将由法定的机关依法提起审判监督程序，对案件进行再审”。[①]“在自诉案件中人民法院也负有证明责任，人民法院受理案件后，不应受自诉人或反诉人所提证据的限制，而应在庭审前和庭审中主动调查，收集能够证实被告人有罪或无罪、罪重或罪轻的证据。”[②]可见，传统证据理论系将实际参与收集证据，进行一定诉讼行为时的证据要求，以及未达证明要求所导致的退回补充侦查、发回重审、引起再审等作为判断公、检、法三机关承担证明责任的理由。且不说现行刑事诉讼法的规定与原刑事诉讼法的有关规定已有所不同[③]，法庭审理方式也有较大改变，仅从证明责任的几个基本要件来衡量，侦查机关和人民法院也不是证明责任的承担主

① 陈一云主编:《证据学》，中国人民大学出版社 1991 年版，第 154—155 页。

② 陈一云主编:《证据学》，中国人民大学出版社 1991 年版，第 158 页。

③ 修改后的《刑事诉讼法》虽然仍然保留有原《刑事诉讼法》第 32 条（现第 43 条）、原第 34 条第 1 款（现第 45 条第 1 款）等规定公、检、法机关依法收集证据的内容，但同时也删掉了原第 108 条中的可以退回人民检察院补充侦查，原第 123 条的第 3 项（合议庭认为案件证据不充分，或者发现新的事实，需要退回人民检察院补充侦查或者自行调查的），以及原第 126 条第 3 项中关于对自诉案件，经人民法院调查又未能收集到必要的证据等规定。此外，将人民法院在必要的时候，可以进行勘验、检查、搜查、扣押和鉴定（原第 109 条），修改为现第 158 条，即法庭审理过程中，合议庭对证据有疑问的，可以宣布休庭，对证据进行调查核实。人民法院调查核实证据，可以进行勘验、检查、搜查、扣押、鉴定和查询、冻结。

体。对侦查机关来说，收集证据、查明案件事实，以明确犯罪嫌疑的有无，是其重要的法律职责。在此阶段，侦查机关进行的活动主要是认识活动，需要查明谁是犯罪嫌疑人，具体实施了哪些犯罪活动，犯罪的情节、危害后果以及涉嫌的罪名等，只有这些基本情况查清了，才能在此基础上提出明确的控诉主张，此其一。其二，有人根据《刑事诉讼法》第129条的规定（“公安机关侦查终结的案件，应当做到犯罪事实清楚，证据确实充分，并且写出起诉意见书，连同案卷材料、证据一并移送同级人民检察院审查决定”）认为公安机关应当向人民检察院进行证明。实际上，侦查机关与检察机关在诉讼证明中是种辅助与被辅助的关系。虽然侦查机关是证据的主要收集者，但其只是为公诉机关在法庭上进行诉讼证明奠定基础，创造条件。《刑事诉讼法》第140条“人民检察院审查案件，可以要求公安机关提供法庭审判所必需的证据材料”正说明了侦诉机关之间的这种关系。其三，人民检察院对于侦查机关侦查终结、移送审查起诉或不起诉的案件，认为证据不足的，可以退回侦查机关补充侦查，此种后果并不属于证明责任意义上的不利诉讼后果，而是侦查机关承担法定职责的表现。其四，由于证明责任是与审判阶段相联系的特定概念，解决的是审判过程中由谁提出诉讼主张和诉讼证据以及由谁承担因无法证明或者证明不力而导致的不利后果的问题。侦查机关不是审判阶段的诉讼主体，除个别侦查人员以警察证人或鉴定人身份出庭作证外，一般不参与审判活动，因此，侦查机关不承担证明责任。

就人民法院而言，首先，《刑事诉讼法》第43条规定的基本精神是对公、检、法三机关依法取证的职责要求，并非证明责任承担的法律规定。此外，《刑事诉讼法》第45条的规定只是说明了法律赋予人民法院取证权。至于第158条规定，不应孤立地看待，而应将其同第43条、第45条结合起来理解，即该条虽然规定了法院的庭外调查权，但将法院的取证权限制在庭审中，而且限制在对控辩双方当庭所举证据有疑问的基础上，并非抛开控辩双方的举证任意取证。

其次，从证明责任的内涵看，人民法院不承担证明责任。（1）证明责任的产生以诉讼主张的提出为前提，而人民法院在刑事诉讼中既无自己独立的诉讼请求，也无自己的诉讼主张，只是对当事人双方的诉讼主张居中裁判。人民法院不能自己提出诉讼主张，否则就是“自我裁判”，任何人不应成为自己的法官乃是自然法则对公正审判提出的要求之一。法院行使的司法权具有消极性、被动性和应答性等特点，所谓“无当事人即无法官”，只有当事人提出诉讼主张之后，司法权才介入。正如有些学者所指出，“法官的任务并不在于亲自调查事实真相，而是斟酌、取舍控辩双方的诉讼主张及证据并作出法律评价”。[①]具体讲，“裁判者须在听取争议各方主张、证据、意见的基础上，对争议的事实作出认定，并将实体法确立的有关原则和规则适用于该事实；如仅系法律争端，则须按照法律原则、规则、先例或者有关理论，对有争议的法律问题作出裁决”。（2）提出证据责任是证明责任所包含的重要内容。所谓提出证据，是指提出诉讼主张的一方当事人必须向法庭提出相应的证据，运用证据说服法官使其相信、支持自己的主张，否则将承担其主张不能成立的法律后果。在我国刑事诉讼中，人民法院虽享有某种程度上的调查、取证权，但该取证权是法院作为裁判者为认定案件事实所进行的审查判断证据的活动，也就是说，法院为调查存在疑问的证据而进行的一系列类似侦查机关调查、收集证据的行为，目的在于排除内心对特定证据的疑问，不是为取证而取证，即使在调查过程中发现了新的证据，法院也不应自行收集，而应由控辩双方收集。在庭外调查中取得的证据必须有控辩双方在场，并在恢复庭审时经双方质证后方可采信。由此可见，法院并不承担提出证据的责任，而且由于它本身就是收受证明的主体，它也不可能承担提出证据的责任。（3）证明责任总与一定的不利诉讼后果相联系，而不利诉讼后果只能在与案件有利害关系的两造当事人之间分配，不可能由作为中立裁判者的法院承担，法院即使没有取证或者取证不力，也不会遭受败诉的不利后果。至于上级法院通过二审、死刑复核以及审判监督程序对一审法院的裁判进行改判或发回重审，属于上级法院对下级法院的审判监督，与证明责任制度中所谓的不利诉讼后果并不是一回事，因此，人民法院不应承担任何证明责任。

最后，从控审分离的角度看，人民法院也不应负证明责任。诉讼职能区分原理作为刑事审判制度中的一项重要原则，已得到两大法系的普遍确立。而控审职能的分离，无疑是刑事审判中职能区分赖以维持的首要保障。“刑事审判的一项实质性特征在于，裁判者和控诉一方都是国

① 左卫民、周光权：《刑事证明责任分配机制的法理学分析》，载《现代法学》1993年第3期。

家专门机关的代表，也都拥有国家的司法权。控审职能能否实现合理、适当的分离，关系着法院能否作为独立的司法审判机构，在国家利益和公民个人利益之间保持适当的平衡，也关系着法庭审判能否达到最低的公正标准，从而得到被告人及其他社会公众的满意和尊重。”[①]控审职能分离的一项基本要求就是保持法院的中立地位，法院不得从事任何带有追诉倾向的活动。在刑事诉讼中，证明责任原则上专属于控诉方，检察机关行使公诉职能的活动与其履行证明责任的活动基本重合，都是通过收集调取证据用以证明被告人有罪的控诉主张，从而实现其求刑权。而法院则是对证明责任的履行情况进行审查判断，行使定罪权与量刑权，它本身并不是证明责任的承担者，否则就会越俎代庖，混淆控审职能，丧失中立无偏的地位。因此，在现代刑事诉讼中，应当排除法院的证明责任，强化控诉方的证明责任，这是刑事审判方式改革的需要，也是实现司法公正的需要。

4. 被告人原则上不负证明责任，但在某些例外情况下也承担一定的证明责任

虽然按照无罪推定原则的基本要求，控方负证明责任一直是指导各国刑事立法及司法的一条黄金定律，但从世界各国在证明责任分配上的立法与实践来看，被告人不承担证明责任只是一项概括性的原则，在法律规定的例外情况下，被告人仍要对特定事项、尤其是证明其无罪的事项承担局部的证明责任。这就是说，被告人不负证明自己有罪的责任这一点是绝对的、无条件的，而被告人不负证明自己无罪的责任这一点却是相对的、有条件的。事实上，在坚持控方对被告人有罪（而不是全部）的要件事实进行证明的基础上，要求被告方对一部分由其证明更为方便的无罪、罪轻的事实也承担证明责任，不仅不会损害对被告人权利保护的力度，而且有利于查清案件事实，提高诉讼效率。但是，根据我国刑事立法及诉讼理论，除巨额财产来源不明罪及非法持有国家绝密、

① 陈瑞华:《刑事审判原理》，北京大学出版社 1997 年版，第 233 页。

机密文件、资料、物品罪①以外，刑事诉讼中的证明责任全部由控诉方承担，辩护方不承担任何证明责任。这表明我国刑事证明责任制度的研究还处于比较落后的阶段，只是片面强调了对被告人权利的尊重和保护，却忽略了事实真相的发现、诉讼效率等其他重要价值。从上文两大法系国家以及日本辩护方负证明责任的有关立法和司法来看，被告人对于以下几类事实应当承担一定的证明责任：

（1）制定法明确规定应由被告人承担证明责任的情形或者其他可反驳的法律上的推定

所谓推定，是指依照法律规定或由法院按照经验法则，从已知的基础事实推断未知的推定事实存在。依据不同的分类标准，可将推定分为法律上的推定和事实上的推定，可反驳的推定和不可反驳的推定，有罪推定和无罪推定等，其中与证明责任密切相关的是可反驳的法律推定和事实推定。推定在诉讼证明中具有如下意义：一是通过推定可以大致准确地认定案件事实。由于事物之间存在密切而有规律的联系，这种联系使人们根据日常生活经验即可判断，当某一事物存在时，只要没有意外情况，就会合乎逻辑地引起另一事实的发生。二是可以缓解某些证明上的困难，避免诉讼陷入僵局，从而解决所谓“一般证据走入死胡同”的问题。②它的实质是降低证明标准，即由一般的定罪标准“排除合理怀疑”降低为“优势证明”，即“更大的可能性”的证明。③三是有些事实的查明必须运用推定。这主要是针对当事人的主观状况的认定而言的。因为人们内在的主观世界是无法直接加以认定的，除非自己承认。因此，对当事人的内心意愿便只能凭借其外在行为加以推测。四是有利于尽可能公平地分配举证责任。当与争议事实有关的证据材料完全处于一方当事人的控制之下时，由其对方当事人来承担证明责任显然是不合理

---

① 巨额财产来源不明罪是1988年全国人大常委会《关于惩治贪污罪贿赂罪的补充规定》规定的，其举证责任的倒置已在国内学者中达成共识。非法持有国家绝密、机密文件、资料、物品罪是1997年修正刑法时增加的一个罪名。《刑法》第282条第2款规定：“非法持有属于国家绝密、机密的文件、资料或者其他物品，拒不说明来源与用途的，处三年以下有期徒刑、拘役或者管制。”

② 沈达明：《英美证据法》，中信出版社1996年版，第71页。

③ 龙宗智：《相对合理主义》，中国政法大学出版社1999年版，第471页。

的，这就需要举证责任倒置或转移。[①]

推定实际上是经验法则在诉讼证明中的运用。例如，某人被指责为小偷，而且从他的口袋里找出了他人的钱包，这时如果他什么都不说的话，那就可以被认为是小偷无疑了。可是，如果他此时立即反驳说自己并没有从别人口袋里拿这钱包，而是刚才经过自己身边的另一个人把手放进了自己的口袋，还指示出那个人现在正往哪逃跑，这样的话，就可能产生另外的推测，即此人实际上并不是小偷，而是真正的小偷迫于无奈，把偷到的钱包放进了不相干的人口袋里。也就是说，遭到怀疑时不提出反驳或什么都不说的话就会被推测为小偷，如果不是小偷就应该说点什么，这就是一种经验法则。通过这样的经验法则而推出的就是反证提起责任的概念。[②]英国刑事法学家 J.W. 塞西尔 · 特纳将被告人的这种证明责任称为"必要的肯定性反证"。他提出："在某些情况下，为了当事人的利益，需要对罪行加以'否定性证明'，而用以进行这种否定证明的事实（如果存在的话）又只有当事人自己知道，这时候，困难就产生了。因为在这种特殊的情况下，一旦控诉人提出的证据在一个有理智的人看来已足以对罪行作出肯定性的判定，那么，提出肯定性反证对罪行作出否定性证明的责任就落到了被告人身上。因此，如果他不能提出这种证据，就会被认为不具有这种证据，相应地，就可以认为控告人的指控是能够成立的。因而，在对一起隐匿叛逆罪行为的指控中，虽然要由控诉一方来证明被告人知悉叛国罪，但却要由被告人来证明自己已解除了由此而产生的向治安法官检举揭发的责任。同样地，在关于没有资格而行医，无照销售赌具以及未经剧作者同意而排演戏的诉讼中，一旦被断言的行为得到了证实，然后就需要由被告来证明自己具备资格，拥有执照以及经过了作者同意等。"[③]

由推定引起的举证责任倒置在诉讼制度和证据法比较发达的国家已成为普遍认可的实践。如在美国，如果"已证明的事实和最终推定的事实之间存在合理的联系"，即符合"极有可能"的标准，可作出推定。

---

① 赵钢、刘海峰：《试论证据法上的推定》，载《法律科学》1998 年第 1 期。

② ［日］谷口安平：《程序的正义与诉讼》，王亚新、刘荣军译，中国政法大学出版社 1996 年版，第 248—249 页。

③ ［英］J. W. 塞西尔 · 特纳：《肯尼刑法原理》，王国庆、李启家等译，华夏出版社 1989 年版，第 508 页。

根据1973年最高法院对巴恩斯诉合众国一案的判决意见，确立了一个举证责任倒置和事实上有罪推定的原则：根据某人最近明知且排他地拥有某犯罪赃物——无法解释或解释很无力——的事实可以对其作有罪的推断。判例法确认，占有最近失窃的赃物者对犯罪知情。美国最高法院还通过一个判例确认了纽约州的一项法律推断——在一辆汽车中发现一支枪可以推定当时在该汽车内所有人员共同非法持有该枪，除非该枪实际上属于车内某特定人所有。英国证据法同样规定，特别情况下由嫌疑人负担举证责任，否则应推定有罪。《牛津法律大辞典》称："在某些情况下，法律规定某些特定行为可由一定事实（如占有毒品）推定有罪，并赋予被告人申辩无罪的义务。"可见，制定法上明文规定由被告人承担证明责任的情形均属于可反驳的法律推定，但后者并不总是明确规定反驳的责任属于被告人。因此，凡是对被告人不利的可反驳的法律上的推定，特别是那些法律明确将证明责任分配给被告人的案件，应由被告人负证明责任。

我国《刑法》第395条巨额财产来源不明罪规定，国家工作人员的财产或者支出明显超过合法收入，差额巨大的，可以责令说明来源。本人不能说明其来源是合法的，差额部分以非法所得论。该条规定被学者们公认为举证责任倒置的代表。《刑法》第282条第2款规定，非法持有属于国家绝密、机密的文件、资料或者其他物品，拒不说明来源与用途的，处3年以下有期徒刑、拘役或者管制。多数学者认为该条规定也属于法律明确将举证责任分配给被告人的案件。有的刑法学者甚至提出，对于持有型犯罪，"除了持有、使用假币罪外，司法机关只需发现行为人持有、私藏、携带、拥有特定物品或超过合法收入的巨额财产的客观现状，便可认定行为人构成上述犯罪（排列式罪名中的其他行为自当别论），而无需证明行为人在主观上具有故意或过失的心态"[①]。应当指出，持有型犯罪的确是我国刑法上独具特色的犯罪，除了巨额财产来源不明罪，非法持有国家绝密、机密文件、资料、物品罪以外，我国刑法分则中还规定了其他6个属于持有型犯罪的罪名。即《刑法》第128条第1款规定的非法持有、私藏枪支、弹药罪，第130条规定的非法携带枪支、弹药、管制刀具、危险物品危及公共安全罪，第172条规定的持

① 陈兴良:《刑法哲学》，中国政法大学出版社1992年版，第49页。

有、使用假币罪，第297条规定的非法携带武器、管制刀具、爆炸物参加集会、游行、示威罪，第348条规定的非法持有毒品罪，第352条规定的非法买卖、运输、携带、持有毒品原植物种子、幼苗罪。笔者认为，对于持有型犯罪，仅查明“持有”状态还不够，还必须证明被告人“明知”，但“明知”的证明却不一定要由控诉方来承担。因为立法之所以规定这类犯罪，就是由于持有型犯罪的上游和下游行为难以举证证明，证明现状比证明现存事实的来源或去向容易得多，因此在控诉方证明被告人“持有”这一事实后，即可推定持有者主观上为明知，并给予其充分的辩驳机会。持有并不意味着必然明知而持有，推定也只是一种极大的可能性，如果被告人辩称持有枪支系经过授权，拥有持枪证件，或持有毒品是被人陷害等，只要能提出合理地不明知的理由，则对明知的推定就无效。如果被告人根本不辩解、不说明，那么他就很可能被判有罪。也就是说，被告人对“不明知”的辩解具有义务性，是一种应当承担的证明责任。我国可以考虑在持有型犯罪中逐渐实行主观方面举证责任的倒置。

（2）阻却违法性及有责性的事实

从有关立法和司法判例来看，精神不正常、无意识、不可抗力、意外事件、正当防卫、紧急避险等事实一般应由被告方承担证明责任。这些事实在刑法理论上称之为阻却违法性事实和阻却有责性事实。该类事实由被告方承担证明责任的理论依据在于，在构成要件事实已证明其存在之情况，一般认为得对违法性及有责性予以事实上推定，被告为证明阻却违法性事由之存在，遂不得不提出反证。[①]可见，证明阻却违法性事实与阻却有责性事实的责任在控辩双方之间的分配也是受推定影响的产物。

例如，精神不正常的证明，对该事实的证明责任分配系基于正常精神状态的推定，也就是说，对人们的行为一般都推定为在神智正常的状态下进行，行为人是理解其行为的意义和后果的，因而对行为人的精神状态是没有必要加以证明的。同理，控诉方在指控某人犯有某种罪行时，对被告人犯罪时的精神状态的正常性也不需承担证明责任。如果被

① 陈朴生认为，犯罪构成要件事实之存在，即可推定阻却违法性事由及阻却责任性事由之不存在。参见陈朴生：《刑事证据法》，三民书局1972年版，第311页。

告方提出行为时精神不正常或者处于无意识状态，实际上是对正常精神状态推定的否定，因而证明其精神不正常的责任必然落在被告方的身上。而且一般认为，被告人对自己所控制和掌握的有关情况特别是自己在犯罪行为发生时的精神状态比控诉方更易于提供证明。我国台湾地区学者蔡墩铭教授指出，被告人内在之主观事实，被告人自己最为清楚，因此，被告人在未能对于要证事实予以反证其不存在时，遂反证其有责任阻却事由之存在，以防止其被指控之犯罪成立。例如，被告人提出精神医院的诊断证明，以证明其罹患精神病，而主张其犯罪时心神丧失。①

在加拿大1985年的一个刑事案件中，被告人被指控危险驾驶和不遵守停车命令。被告人辩称，事件发生的当时，他处于无意识状态，不能控制其行为，纯属自发事件，因此自己是无罪的。对于这个辩护理由，Goddard勋爵认为，"正如案件事实所表明的那样，（被告人）驾驶是需要运用技术的行为，因此毫无疑问，证明处于自发性状态的责任应由被告人承担。这不仅与精神失常的辩护理由相通，而且是证据法上的规则之一，即为一方当事人所独占掌握的事实，由该方当事人主张时，举证责任由其承担。当然，被告人承担举证责任所应符合的条件不应当比公诉人严格"。Derlin勋爵也认为，"如果被告人主张的是法律意义上的精神失常，确定证明责任自始至终由被告人承担是适当的，但是也必须承认，在刑事法律上被告人承担的只是较轻的提供证据的举证责任，这并未解除公诉人必须在最后证明构成犯罪行为的各项事实的证明责任"。虽然Goddard勋爵和Derlin勋爵对刑事被告人承担举证责任的程度是推进责任还是说服责任存在一定分歧，但基本方面是一致的，即刑事被告人应当对由其控制和掌握的本证承担提出证据的责任。②

由前述理由可知，被告人对于阻却违法性和阻却有责性事实承担证明责任的必要性在于，一方面，要推翻不存在阻却违法性和阻却有责性事实的推定，必须提供相应的证据；另一方面，如果被告人不提出阻却违法性和有责性事实作为抗辩理由，这些事实很可能不会成为审理的争点，法庭根据控诉方对犯罪构成要件事实的证明可径行作出被告人有罪的判决，因此，被告人出于利益性和必要性，有义务形成该问题的争

① 蔡墩铭：《刑事证据法论》，五南图书出版公司1997年版，第259页。

② 高家伟：《行政诉讼证据的理论与实践》，工商出版社1998年版，第83页。

点，使之有审理之必要。此外，被告人对于证明该类事实的证据具有举证的便利性，因此，由被告人证明该类事实也符合证据法的一般规则。

不可抗力，是指行为在客观上虽然造成了损害结果，但不是出于故意或过失，而是由于不能抗拒的原因所引起的情形。在这种情况下，行为人虽然已经认识到危害结果的发生，但意志上受到外力的作用，丧失了意志自由，因而主观上缺乏罪过，不认为是犯罪。如驾驶人员驾车行驶在马路上，由于机械突然出现故障使汽车失去控制，撞死撞伤行人。对刹车失灵这一不可抗拒的外力，被告人有责任提出证据予以证明，对此免责事由，被告人是独知的，否则很可能被判有罪。意外事件，是指行为在客观上虽然造成了损害结果，但不是出于故意或者过失，而是由于不能预见的原因所引起的情形。在这种情况下，行为人缺乏认识并且缺乏认识能力，既没有预见也无法预见，因而主观上缺乏罪过，不认为是犯罪。[①] 对于此免责事由，被告人也应承担提供证据进行证明的责任。

同样的，作为阻却违法性和有责性事由之一的正当防卫，被告人也必须提出证明。例如，控方指控甲犯有故意杀人罪，甲认诺了杀人的事实，但提出了正当防卫的辩护理由，这种情况下，甲对其辩护主张就需承担证明责任。因为如果甲不能举证证明其正当防卫的辩护主张具有合理的可能性，那么，法官很可能根据控方所指控的事实判甲有罪，而这种不可放弃性即是被告人履行证明责任所独有的特性。

（3）被告方的某些积极抗辩主张

从性质而论，辩护是被告方的一项重要诉讼权利，被告人对于该权利，既可以行使，也可以放弃。但是，根据被告人提出抗辩内容的不同，又有所谓积极抗辩和消极抗辩之分。对于消极性的抗辩事由，被告人可以只提出主张即可，而对于积极性的抗辩事由，一般要求被告人提供相应的证据予以支持，否则不仅该辩护主张不被法官确认，在某些情况下被告人还会招致不利甚至有罪的判决。这种情况是指被告人针对控诉方的指控提出了新的主张，这一主张提出与否直接影响罪与非罪或罪行轻重的认定，然而这一事实却未被控方所掌握。对于此种情况，被告人如果不作抗辩，或者只提出抗辩主张而没有予以证明，就可能遭到有罪或罪重的判决。例如，甲被控实施了盗窃行为，唯一证据是从被告人

① 陈兴良主编：《刑法疏议》，中国人民公安大学出版社 1997 年版，第 92 页。

住处发现的赃物，被告人如不说明该赃物的合法来历，盗窃罪就成立。被告人如果不仅说明该物品是正当途径得到的，而且对此提供了足以反驳指控的证明，法庭就可能对被告人裁判无罪。[①]这说明，有时为了弄清事实真相或获得有利于被告人的诉讼结果，被告人进行辩解、说明是必要的，也是有益的。如果被告人根本不辩解、不说明，起诉方的指控及有罪证明得不到反驳，法庭就可能单凭起诉方的有罪证明作出判决。被告方提出积极抗辩主张的目的在于动摇法官内心逐渐形成的被告人有罪的心证，为了使这种对被告人不利的心证减弱，被告人只是提出抗辩事由还远远不够，他必须同时提供一定的证据加以证明，从而使法官内心的天平向对被告人有利的方向倾斜。

在被告人须提供证明的积极抗辩事由中，不在犯罪现场是一个典型的代表，各国和地区立法和司法实践无一例外地将证明责任分配给提出该主张的被告人。这不仅因为不在犯罪现场属于积极性的抗辩，如果该主张成立，控方的有罪证明就会被完全推翻，而且还因为，在犯罪发生的时间段内被告人是否在犯罪现场被告人本人最清楚，由他提供证明显然比由控诉方提出证明更为便利。需要指出的是，犯罪时被告人是否在现场，是涉及被告人是否实施犯罪的重要事实之一。被告人声称自己在案件发生的当时不在犯罪现场，应当提出不在场的证据。但是证据是否充分，并不影响其证明责任的完成。不能因为被告人不能证明其不在犯罪现场而推定其犯罪时就在现场，从而认定其有罪。证明被告人在现场的责任始终在起诉方，并且要达到排除合理怀疑的程度。我国台湾地区学者也认为，对于不在场之证明，被告人应提出证据之反证。即必须前往现场始可实施之犯罪，被告人应提出当时其在他处之不在场证明。除此之外，被告方主张被告人的行为系合法授权的行为或者引用法律条文中的但书、例外或豁免进行抗辩时，都要负证明责任。

（4）被告方主张的程序性事实

从其他国家和地区的立法和司法实践看，被告方主张的程序性事实，如证据的可采性、法官及陪审员是否应当回避等事实，应当由被告人承担证明责任。因为被告方的程序性活动通常是在案件发生以后在律

① 王以真：《英美刑事证据法中的证明责任问题》，载陈光中主编：《刑事诉讼法学五十年》，警官教育出版社1999年版，第334页。

师的协助或主持下实施的，举证难度不大，且程序性活动通常不会直接影响到被告方的实体性权益，对程序性事实举证不能也不必然导致有罪判决，而且对于程序性事实的证明要求也不如实体法事实的证明要求那么严格，因此可以由被告方承担。以我国刑事诉讼为例，应当由被告方证明的程序性事实包括下列几种：一是关于回避理由的事实，被告人提出回避申请的，应当对其主张的回避的理由提供证据加以证明，以便法院在此基础上作出是否批准回避申请的决定。二是关于耽误诉讼期间理由的事实，我国《刑事诉讼法》第 80 条规定，当事人由于不能抗拒的原因或者有其他正当理由而耽误期限的，在障碍消除后 5 日以内，可以申请继续进行应当于期满以前完成的诉讼活动。对于是否属于法律所规定的正当理由，被告人有义务向法院证明。三是影响采取某种刑事强制措施的事实。例如我国《刑事诉讼法》第 60 条第 2 款规定，对应当逮捕的犯罪嫌疑人、被告人，如果患有严重疾病，或者是正在怀孕、哺乳自己婴儿的妇女，可以采用取保候审或者监视居住的办法。被告人提出取保候审、监视居住申请的，应当同时提出证据证明自己确实患有严重疾病或正在怀孕、哺乳自己婴儿的事实。四是犯罪已过追诉时效的事实。犯罪行为实施后已经过多年，超出了刑法所规定的追诉时效，如果追诉机关对其进行追诉，犯罪嫌疑人或被告人应当提出证据证明犯罪已超过了追诉时效期限。五是被告人不适于受审的事实，如在庭审前患有严重疾病、丧失听力或语言表达能力、精神错乱等。六是需要变更执行所依据的事实。如《刑事诉讼法》第 219 条规定，被判处罚金的罪犯，如果由于不能抗拒的灾祸缴纳确有困难的，人民法院可以裁定减少或者免除。被告人如果提出减免罚金的主张，就有责任证明发生了不能抗拒的灾祸等事实。

（5）被告方独知的事实

依据某种只有他自己知道的事实而提出主张的当事人必须证明他所依据的事实，否则将承受不利的法律后果。例如，某市发生一起杀人碎尸案，被告人有如下重大嫌疑：一是已证实死者失踪前与被告人在一起；二是被告单身宿舍内地面、墙壁、门缝中均有人血痕迹，血型与死者一致；三是已证实被告人于死者失踪两天后的夜里从他宿舍所在大院内用自行车推出一个包袱，包袱大小、形状与装死者碎尸的包袱相仿。查清第三个问题是弄清此案的重要突破口。经讯问，被告人坚决否认他运出的包袱与此案有关，同时，被告人拒绝对这一否定命题加以证明。此时，便发生了“包袱与此案无关”这一命题的证明责任。[①]笔者认为，“包袱与此案无关”是被告人的主张，该主张所依据的事实属于被告人独知的事实，存在证明的必要性，也有证明的可能性。从客观上看，已有证据和经验法则表明运出的这个包袱与案件有关或极有可能有关，如果没有关系，被告人理应说明。因为从公民人身权与隐私权的角度分析，对公民人身权的保护应当优位于对隐私权的保护，因此，被告人有义务说明包袱内所装之物，否则其主张是不能成立的。另外，被告人没有理由不知道他运出的包袱内装的是什么，运到哪里去了。这表明被告人证明该命题是具有可能性的。一般来说，被告人独知的事实，由控诉方证明往往难度较大，而且该事实对于案件的查明属于关键问题，因此，根据经验法则以及证据距离、举证难易的考虑，理应由被告方对其独知的事实承担证明责任。

根据上述被告方承担证明责任的事实范围，可以归纳出以下三个特点：

其一，只有在控方对被告人构成犯罪的基本事实进行证明之后，辩方才需要对法定的应由其证明的部分辩护事实进行证明。这与西方犯罪构成的基本理论有着直接的联系。在大陆法系国家，虽然出现过各种各样的犯罪构成理论，但其共同之处在于，都认为对犯罪及刑事责任的评价包括三个层次：构成要件符合性的评价、排除违法性的评价及阻却责任性的评价。在前述三种评价中，构成要件的评价是前提和基础，一般情况下，行为在构成要件上具有符合性，那么通常也就具有违法性和可责性。在英美法系国家，犯罪构成包括两个层次的要件。一是犯罪本体要件，包括犯罪行为和犯罪心态，犯罪本体要件是从正面、从积极的角度规定具备哪些条件，行为才能成立犯罪；二是责任充足要件，是从反面、从消极的角度规定在哪些情形下，即使行为符合本体要件，也不构成犯罪或不需要承担刑事责任。责任充足要件往往又被称为合法辩护事由，主要包括未成年、错误、精神病、醉态、被迫行为、警察圈套、安乐死、紧急避险、正当防卫等。英美法系的责任充足要件大体相当于大

① 刘季幸：《试论刑事被告人的相对举证责任》，载《西北政法学院学报》1985年第2期。

陆法系的违法阻却要件和责任阻却要件。在英美法系的本体要件与充足要件的双层结构中，本体要件是一般，责任充足要件是例外，通常情况下，行为符合本体要件，行为人即构成犯罪并要承担刑事责任。从证明责任的分配来看，无论是在大陆法系国家还是在英美法系国家，犯罪构成的基本事实，即构成要件的符合性或犯罪的本体要件都必须由控方承担证明责任。并且，只有当控方已履行其证明责任，并已达到排除合理怀疑的程度之后，辩护方才需要对法定的、应由其承担证明责任的辩护事由进行证明，从而动摇控方主张的可信性，否则，辩方即可直接申请法官作出无罪判决而无须对辩护理由进行证明。

其二，即使是对于法定的部分应由被告方承担证明责任的辩护理由，在辩方履行证明责任之后，最终反驳其存在的责任仍然是由控诉方承担。在西方国家，不同主体对不同待证事实的证明要求是不同的。通常情况下，辩护方的证明只需达到优势证明程度（preponderance of evidence），即待证事实存在的可能性比不存在的可能性更大或有初步证据（more than a scintilla of evidence），即在事实裁判者心目中形成合理的怀疑即可。而控方要想法庭否定被告方的辩护理由，其证明标准则必须达到内心确信或排除合理怀疑（beyond reasonable doubt）的程度。在刑事诉讼中，一旦被告方提出证据对其辩护理由进行证明，并足以在事实裁判者心中产生合理的怀疑或使事实裁判者认为该辩护理由存在的可能性比不存在的可能性更大，被告方的证明责任即已完成。至于辩护理由到底是否存在及是否真实，被告方无须证明。只要控诉方不能以排除合理怀疑的证据证明该辩护理由是不成立的，被告人即可获得如同该辩护理由完全成立的法律裁判：宣告无罪或减免责任。而控方要想否定被告方的辩护理由，其证明则必须达到排除合理怀疑的程度，否则，控方就必须承担被告方辩护理由被推定为成立的法律后果。

其三，只有那些控方无法证明或难以证明，且辩方有可能证明的事实才应由辩护方承担证明责任。从证据与控辩双方之间的关系来看，客观上大体有三种类型。一是控方容易收集而辩方难以收集的证据；二是控辩双方收集的难易程度相当的证据；三是辩方易于收集而控方难以收集的证据。在以上三类证据中，只有第三类才应由被告方进行收集和证明，因为这类证据由控方收集难度较大，有的甚至无法收集，而由辩方收集的难度则比较小，因而，由辩方收集更有利于查清案件真相以及提高诉讼的效率和效益。从各国立法和司法实践来看，要求由被告方承担证明责任的基本上都是这类事实，如无意识行为、精神病、病理性醉酒、认识错误、基于挑衅、胁迫、有正当理由、获得授权等，都是被告方很容易进行证明的事实，而由控方证明则往往难度很大，如果没有被告人的配合，有时甚至无法证明。

三、刑事证明责任的转移

从广义上讲，证明责任的转移是指在特殊案件中或者特别情况下，原本由控方承担的证明责任转移给辩方承担，或者相反。实际上，该意义上的证明责任转移包括两种类型：证明责任的倒置和证明责任的转移（狭义）。前者又可称为证明责任的法定转移，是实体法根据当事人举证的难易以及是否符合实体法的立法宗旨，将原本属于一方当事人的证明责任，规定由对方当事人承担。后者则是指，当肯定某项事实的一方所提供的证据具有表面上的证明效力，即可假定该事实成立，这时，相对一方若要推翻该事实就必须提供相反的证据，证明责任在这时发生转移，这种随当事人之间诉辩主张而转移的证明责任可以称为证明责任的自然转移。

严格说来，证明责任的转移与倒置具有本质上的区别。第一,二者所属法域不同。证明责任倒置属于实体法调整的范畴，而证明责任的转移则属于程序法领域，与实体法无涉。第二，二者的价值取向不同。证明责任倒置旨在实现立法者的立法宗旨，往往出于刑事政策的考虑，为加大对某类犯罪的打击力度而加重被告方的证明责任；而证明责任转移则出于推动诉讼进行的需要，控辩双方基于追求胜诉的心理而依次承担提供证据推进诉讼向纵深方向发展的责任。第三，是否具有强制力不同。证明责任倒置是立法者基于多种考虑而作出的选择，体现了立法者的意志，具有法律效力，不允许司法人员任意改变，否则构成违法；而证明责任的转移是一种来自自身的责任，是一种在诉讼中求胜的本能使然，并非法律的强加，不具有强制力。第四，二者的法律后果不同。在证明责任倒置的情况下，若不履行证明责任必然导致不利的后果；而在证明责任转移的情况下，若不履行证明责任，只是其提出的主张不能成立，并不必然导致最终被定罪的结局。第五，来源不同。证明责任倒置与法律推定相联系，往往存在一个法律上可反驳的推定；而证明责任转移则与被告方的积极抗辩相关联。单纯的肯定或否定控方主张均不会导致证明责任的转移，只有在肯定或否定的基础上又提出一个新的积极的主张，证明责任才发生转移。第六，在刑事诉讼中，证明责任的倒置专指证明责任由控诉方转移给辩护方承担，而证明责任的转移则是双向的，既可以由控方向辩方转移，也可以由辩方转移回控方。第七，证明责任的倒置以证明责任分配的一般原则为基准，属于证明责任的一种非常态分配，只发生一次转移，而且既经转移后，就成为一种静态的规则。而证明责任的转移则可以在控辩双方之间来回移转，是一种动态的转移。

（一）证明责任的倒置

证明责任倒置属于德国法上的概念，它是为修正法律要件分类说而提出的。是指法律出于维护法律政策或法秩序的需要，没有遵循证明责任分配的基本规则而特别设置一些让相对方承担证明责任的例外规定。这种意义上的“举证责任倒置”相对于证明责任分配一般原则或法律要件分类说而言，虽属倒置，但由于它表现的是法律适用的原则性与例外性的关系，并不随具体诉讼的进行情况发生变动，因而，从证明责任分配的实质意义上分析，证明责任并没有发生倒置。由于“倒置”不过是对法律之例外规定的形象描写，因而，只有把证明责任倒置定义为依据法定的、基本的证明责任分配的例外才有意义。一般而言，当主张者提出某些非寻常的或者不太可能的情势时，必须由其负责证明。反之，如果例外的情形得不到证实，法官只能被经验知识说服。前文所列举的被告方负证明责任的例外情形中大部分属于证明责任的倒置。

虽然证明责任的倒置也属于广义上的证明责任转移，但由于其属于实体法调整范畴，不属于本文讨论重点。下文如无特别说明，均指狭义的证明责任转移。

（二）证明责任的转移

按照大陆法系学者的观点，证明责任的转移是指，在诉讼的审理进行中，承担证明责任的当事人提出本证对要件事实予以证明后，相对方基于使该项证明发生动摇的必要性所承担的提供证据责任。需要指出，“证明责任转移”的德语“Umkehrung，Verschiebung”，原意是指“反方向行使”，在这个意义上，不是说“本来由此方当事人承担的证明责任转换给彼方当事人承担”，而是指“应由此方当事人承担的证明责任被免除，由彼方当事人对本来的证明责任对象从相反方向承担证明责任”。对此，已故的诺克斯教授也曾精辟地指出，“证明责任转移是指：甲卸去负担，而乙又承担起另一种负担。但甲绝不是将其负担推给乙，乙也不将其负担推还给甲。转移的虽然是义务，然而却是证明不同事实的义务”。① 可见，证明责任转移是指在具体的诉讼中，当事人提供证据与法官形成心证之间的关系问题，而不是证明责任由一方当事人向另一方当事人的转换。

英美国家的大多数学者也认为证明责任具有转移的效力，即所谓证明责任转移（shifting of the burden of proof）是指：“在审判过程中，证明责任因当事人一方履行完毕从而移向他方当事人的情形。”②

如前所述，证明责任是一个包括主张责任、提供证据责任和说服责任在内的总概念，在证明责任转移的情况下，转移的是部分责任还是全部责任，这是我们研究证明责任转移时首先必须回答的问题。

在大陆法系，证明责任的转移以客观证明责任与主观证明责任（又称提出证据责任）的划分为逻辑前提。客观证明责任是一种抽象而一般的实体法上的风险分配，它不仅体现在诉前准备、诉讼进行中和诉讼结果当中，而且在诉讼之外也有一般而抽象的前置作用，对人们的日常生活和经济生活产生深远的影响。提出证据责任是指当事人提出足够证据或与对方主张之相反事实，使其主张形成争点（issue）之责任。其中，抽象的证明责任与证明责任分配规范有关，而具体的提供证明责任则是与证明评价分不开的。当法官对负担（抽象）证明责任的一方当事人的事实主张获得了临时心证时，具体的证明提供责任随时可以作不同的分配（转移）。由此可见，证明责任的转移并非客观证明责任的全部转移，而是主观证明责任基于法官证明评价而发生的转移。

英美法系的学者认为，在刑事诉讼中，原告方自始至终都负有说服责任，必须用证据证明每个实体性的争议事实。但是，当原告方将案件

① 胡锡庆等主编：《诉讼证明学》，中国法制出版社 2001 年版，第 537 页。

② 转引自胡锡庆等主编：《诉讼证明学》，中国法制出版社 2001 年版，第 537 页。

证明到“表面充分”(prima facie case)[①] 时，他暂时解除了证明责任。此时，被告方进入危险区，即如果被告方不提出证据反对原告方，他就有可能承担败诉的风险——被定罪科刑。需要指出的是，根据法律，被告方完全有权不提出任何证据，由于原告方负有完全的证明责任，法官仍有义务按照法律规定的标准从总体上考虑整个案件。特别是刑事诉讼中，控方证明案件必须达到“排除合理怀疑”这样一个很高的要求，这对被告人是非常有利的。但是，当控方证明达到“表面充分”的程度之后，潜在的败诉风险使被告人产生必须利用证据使案件处于真伪不明或使裁判者内心达不到确信状态的动力，这一义务又称为“利用证据推进的责任”。正是进入“危险区”后，控辩双方利用证据推进，试图将败诉的风险转移给对方，才使得证明责任在当事人之间相互转移。

由此，笔者认为，在证明责任转移的情况下，只是提出证据责任的转移，而不包括说服责任的转移，或者说转移的只是主观的或者行为意义上的证明责任，客观证明责任或曰结果意义上的证明责任始终固定于控诉方。我国台湾地区著名学者陈朴生指出：“立证责任，本有举证责任与提出证据责任之分。前者，包括举证负担与说服负担，具有效果性；后者，仅系举证负担，具有必要性，利益性。如举证责任，始终属于控方，不生转移问题；而提出证据责任，则按公平便利等原则作技术性之分配，且每因诉讼之进展而转移。”[②] 此外，在苏联法学界也曾围绕被告人的证明责任和提出证据责任问题展开过激烈的争论。维辛斯基认为，证明责任变换的原则，只能简明规定如下：证明确认控诉罪行的情况是控诉人的义务；证明反驳控诉罪行的情况是被告人的义务。维辛斯基提出的让被告人承担证明反驳控诉罪行的情况的义务，主要指的是提出证据的义务。他举例说：当检察长证明了某甲实施了抢夺行为，而被告人也承认了他从被害人那里夺去了物品这一事实，但他辩解说：这是为了“开玩笑”。这时，“问题首先归结为是谁——控诉人或被告人有义务提出的”。他还认为，不能因为被告人在特定情况下负有提出证据的义务，而让被告人承担证明自己无罪的义务。维辛斯基针对在刑事诉讼中被告

① 所谓“表面充分”的证据要求，是指如果没有相反的证据提出，仲裁者将作出有利于原告的裁判。

② 陈朴生：《刑事证据法》，三民书局 1979 年版，第 315 页。

人不负有任何提出证据责任的消极做法，主张在刑事诉讼中不仅要有法院和控诉人的积极性，而且也要有被告人的积极性。[①]应当说，维辛斯基提出的证明责任可以转移，在诉讼进行中由被告人承担提出证据责任的观点具有积极的合理因素，对我们研究证明责任转移理论具有借鉴价值。也就是说，当被告方提出了一个不为控诉方所掌握、也不可能掌握的新主张时，提出证据的责任便转移给被告方，此时被告人不能消极无为，而必须积极有为，否则，控方的指控将可能成立，被告人便要遭受被定罪的危险。

（三）证明责任转移与证明标准

根据证明责任转移理论，刑事诉讼中的证明责任原则上由控方承担，被告方不承担证明自己无罪的责任；但是当控方履行了举证责任以后，特别是控方继续履行其说服责任、使其控诉主张变得清晰明了或即将趋于清晰明了（证据以及推论很有说服力）之时，被告方不仅在心理上，而且在诉讼上产生了一种负担，该负担即为在诉讼中被定罪科刑的现实可能性。其外化为被告人负担举证责任，即提出证据为自己辩解，使案件回复到真伪不明的状态。但是，控方和被告方为履行各自的证明责任所要达到的标准是不同的，这主要基于如下理由：

其一，控辩双方在举证能力上的差异要求他们在分别承担证明责任时适用差别证明标准。国家一般赋予控诉机关相当的权力以及为行使这些权力而应有的各种手段，如讯问、勘验、检查以及对犯罪嫌疑人实行人身、财产强制等。这些权力是控方获取大量证据的依据和前提基础。此外，控诉机关也具有获取全面充分的证据的实际能力。这主要表现在控诉机关（包括其辅助机关——侦查机关）对人、财、物的配置上。他们不仅具有较高层次的法律素养和丰富的侦查经验，而且还有相对充足的司法资源的保证。这些都为控诉机关顺利行使职权，充分举证奠定了物质基础。相比之下，被告方在举证责任能力上有明显的欠缺。首先，被告方调查取证的权利和手段不足，对被告人权利进行一定的限制是保障侦查工作职权有效、顺利进行的必要手段和措施。其次，被告方缺乏有效承担证明责任的主观条件。这不仅是指被告人缺乏相应的法律

① ［苏］安·扬·维辛斯基:《苏维埃法律上的诉讼证据理论》，王之相译，群众出版社 1957 年版，第 287 页。

知识，同时也包括被告方由于经济方面的原因在手段上所受的限制。如在实行双轨制侦查模式的英美国家，被告方可以与控方同时展开辩护性调查，并享有较大的权利，但被告人或因人身自由受限，或不具备相应法律知识与技能，而不得不求助于私人律师和侦探，而这又非一般公民经济条件所能承受。故而，在控辩双方承担证明责任和能力如此悬殊的情形下，强调在标准问题上一视同仁，只会加剧二者在事实上的不平等，进一步恶化被告方的诉讼地位，使得对犯罪嫌疑人、被告人的人权保障在很大程度上落空。

其二，控辩双方所承担的“责任”性质的不同也要求实行差别证明标准。根据无罪推定原则和控诉职能，控方承担说服责任，这种责任具有法定性、最终性和不可转让性，由此决定了控方在庭审过程中不仅要从行为上提出证据证明自己的主张，而且要说服裁判者其主张成立——即达到“排除合理怀疑”的程度。对被告方而言，证明责任或提出证据的责任是由潜在的“危险”督促而生成的，即为了摆脱这种潜在危险而负起的责任。从另一方面看，被告人提出证据为自己辩解是行使辩护权利的一种体现。即如果被告人不提出任何证据，控方仍要将案件证明到法定标准。毕竟，这种潜在的危险与现实的危险还是有区别的。从目的和功能来看，被告方承担该项责任必然意在推翻或部分推翻指控。从证明标准的角度分析，只要破坏控方的证明体系，使主审法官或陪审团认为控方证明尚未达到法定证明标准，不能卸除其说服责任即可。如前文所提及的控方的证明必须达到“排除合理怀疑”的程度。因此，被告方只要证明控方的证明尚存合理疑点，或使法官或陪审团获得这样的印象便可达到目的。因此，将被告方承担的提出证据的责任的证明标准设置为对于有罪认定造成合理怀疑，即成为理所当然的选择。

控辩双方适用证明标准的差异性体现在：控诉方是刑事诉讼证明责任的主要承担者，他对被告人有罪的证明必须达到“排除合理怀疑”或者“内心确信”的程度。而被告方负担证明责任时，与控方相较而言，证明标准大为降低。英国的罗纳德·沃克认为，“被告人的证明只要达到可能性平衡的标准，而不是排除合理怀疑的标准”。[①]有学者认为，被告方的证明只需要达到证据占优势的程度，即与普通民事案件所适用的

① 转引自陈光中:《陈光中法学文集》，中国法制出版社2000年版，第368页。

证明标准相同。按照摩根的解释，证据占优势证明是指：“凡于特定事实之存在，有说服负担之当事人，必须以证据之优势证明其存在。法官通常解说所谓证据之优势与证人多寡或证据之数量无关，证据之优势乃在其使人信服的力量（convincing force）。有时并建议陪审团，其心如秤（mental scales），以双方当事人之证据分量分置于其左右之秤盘，并从而权衡何者具有较大之重量。”[①] 对于“证据占优势”的确切含义，学者和判例迄今未形成一个统一的解释，它是一个非常微妙且难以解释的问题。但是毫无疑问，证据占优势的证明低于排除合理怀疑标准。美国证据法学家乔恩·R. 华尔兹认为，“如果一个肯定辩护意见（affirmative defense）（如正当防卫）的证据已被提出……那么公诉方就必须承担超出合理怀疑地推翻该证据的责任。在此适用的有两种证明标准，因为肯定性辩护意见只要有优势证据即可，但要推翻它则必须有超出合理怀疑的证据。这两种证明标准可以用一个简单方法来说明：在 1 分和 10 分的评分表上，超出合理怀疑的证明需要 9 分，而优势证明只需要 6 分”。[②] 可见，被告方承担证明责任的标准应低于控诉方证明的标准这一点已被大多数国家的司法实践所接受。我国诉讼理论界不仅对辩方负证明责任的例外情形研究不够，更没有对控辩双方承担证明责任适用差别证明标准进行系统的研究，这无疑是一个亟待研究和解决的课题。

---

① 李浩：《民事举证责任研究》，中国政法大学出版社 1993 年版，第 127 页。

② ［美］乔恩·R. 华尔兹：《刑事证据大全》，何家弘等译，中国人民公安大学出版社 1993 年版，第 313 页。

刑事证明主体新论

——基于证明责任的分析 *

作为诉讼证明的首要环节，证明主体理论研究的深度与广度不仅制约着整个证据制度的进一步发展，而且对刑事诉讼中其他制度的设置与完善也有着直接或间接的影响。虽然我国传统证据理论对刑事证明主体的认识鲜有分歧，但这种表面的一致并不能代表我国对证明主体理论的研究已臻于完善，相反，对表面上达成共识的满足不仅束缚了研究者的进一步探索，而且已经成为现阶段推进司法改革的阻碍力量。因此，抛开传统观点的影响，以崭新的视角对刑事证明主体理论进行重新审视并深入剖析，不仅有着重大理论价值，而且具有极强的现实指导意义。鉴于证明责任在整个诉讼证明体系中居于核心地位，证明主体的确定直接取决于证明责任的分担，因而对证明主体问题的探讨必然离不开对证明责任理论的回顾与剖析，而且，证明责任问题的研究成果也必将服务于证明主体问题的解决。本文试从证明责任的视角出发，对传统证据理论中关于证明主体的界定加以辨析，以期促进证明主体理论研究的深化。

一、证明主体与证明责任

所谓证明主体，就是在诉讼活动中，提出自己的诉讼主张并有义务承担证明责任的诉讼主体。这一概念表明，证明主体与诉讼主张及证明责任这三者之间存在极为密切的联系。简言之，只有提出诉讼主张者才须承担证明责任，而只有承担证明责任者才是证明主体。可见，证明责任与证明主体是两个无法单独存在的概念，有人甚至提出，证明主体与证明责任是同一问题的两个方面，不能割裂开来，孤立地考察。因此，正确理解证明责任的基本含义和有关理论应当作为我们研究证明主体问

---

* 原文发表于《中国刑事法杂志》2003 年第 1 期，与郭志媛合作。

题的理论起点。

从世界各国证据理论的研究来看，无不将证明责任作为其理论研究的重点。这是因为，一方面，证明责任的存在为诉讼证明提供了动因，整个诉讼证明活动均在证明责任的支配和作用下进行，不承担证明责任者无证明义务，亦无证明之必要。具体而言，法律（包括实体法和程序法）对诉讼中的证明责任分配预先作了明确规定，如果依法承担证明责任的诉讼主体对待证事实（即证明客体）的证明未能达到法律要求的标准，则要承担相应的法律后果，最直接的不利后果就是可能面临败诉的风险。另一方面，在诉讼证明的各个构成环节中，证明责任是衔接各个环节的桥梁和纽带，它不仅直接决定证明的主体，而且通过行为责任与证明客体相联（证明客体是证明主体履行证明责任的对象），通过结果责任与证明标准相联（证明标准是证明主体履行证明责任所应达到的目标，证明主体是否承担结果责任取决于其证明是否达到法定的证明标准）。因此，证明责任可谓整个诉讼证明体系的中心环节。诉讼证明的实质，就是证明主体履行其证明责任，将对证明客体的论证达到证明标准的活动。[①] 此外，证明责任不仅提供了证明的动因，而且确定了证明的目标，这一目标即证明客体和证明标准的统一，证明将在多大范围内进行，这是证明客体所要解决的问题；证明需要达到什么样的程度，这是证明标准所应回答的问题。因此，准确理解证明责任是将证据理论研究推向深入的必要前提，也是对传统证据制度加以系统化、科学化的基石。

证明责任制度萌芽于古罗马时代，当时的立法者就已经强调双方当事人的对抗以及主张事实者的证明责任。学者们将这种证明责任制度及其分配原则概括为以下几个公式：（1）主张之人有证明之义务，否定之人则无之；（2）事物之性质上，否定之人无须证明；（3）原告不举证证明，被告即获胜诉；（4）原告对于其诉以及以其诉讼请求之权利，须举证证明之；（5）若提出抗辩，则就其抗辩有举证之必要。到了德国普通法时代，自德国继受罗马时起，直至1900年《德国民法典》的颁行。

① 有人认为，证明“在近、现代的诉讼制度中，指证明主体在证明责任的作用和支配下，运用证据这个证明方法求证或探知证明客体的抽象思维活动和具体诉讼行为，简单地说，证明就是认知案件事实的理念运动和具体过程的统一”。参见何家弘主编：《新编证据法学》，法律出版社2000年版，第263页。

裁判宣誓制度作为法官解决疑案的配套和补充制度得以确立，从而为法官断定是非、解决疑案提供了明确可循的统一规则。[①]但是，当时的证明责任仅指诉讼法上的提供证据责任，即近代所谓的主观的证明责任，客观证明责任的含义尚未发掘出来。德国学者尤力乌斯·格拉色（Julius Glasser）于1883年率先提出了证明责任概念的分层理论，将证明责任的研究引向一个新的高度。该理论认为，可以把证明责任概念的内涵分解为两个层次：一是形式的或主观的证明责任。该责任的目的在于要求当事人提供证据进行诉讼活动，不是只主张事实而不提出证据加以证明，或者用证据外的方法，如宣誓、决斗、神明裁判等方法对事实作出证明。由于这层意义上的证明责任强调的是当事人的举证行为，而不涉及诉讼后果的问题，因而又称之为行为意义上的证明责任，简称为行为责任。二是实质的或客观的证明责任。该责任的目的在于供法官解决案件事实真伪不明之时的疑难案件。根据这层意义上的证明责任，在诉讼程序结束时，如果案件的要件事实处于真伪不明、存否不定的状态时，法官既不得任意下判，也不得拒绝下判，而必须根据证明责任的负担确定案件的胜败结果。由于这层意义上的证明责任与诉讼的结果有关，所以又称之为结果责任。继格拉色提出客观证明责任的概念之后，罗森贝克和莱昂哈德两位德国学者相继著书立说，进一步发展和完善了客观证明责任的理论，并使之成为德国以及其他一些国家的通说。例如，客观证明责任的概念经过日本学者雉本朗造博士所著博士论文《举证责任的分配》的介绍，很快传到了日本，成为日本学者奉行的通说。

在英美法系，证明责任通常被称为证明负担（burden of proof）或证明责任（onus of proof）。根据美国诉讼法的学理解释，它具有三重含义：一是当事人向法庭提出诉讼主张的责任，二是当事人向法官提供足够的证据，以使案件交付陪审团进行事实认定的行为责任，三是当事人对交

---

① 根据1847年汉诺威王国的《一般民事诉讼法》第170条的规定，当时盛行的裁判宣誓制度被称为“通常必要的宣誓”。其中又分为两种，一是补充宣誓，二是雪冤宣誓。前者适用于负担证明义务的当事人；后者适用于不负证明义务的当事人。如果负担证明义务的当事人所提供的证据虽不充分，但在证明程度上已经超出一半，该当事人便取得了补充宣誓权；经过补充宣誓后，法官即可认定该待证事实为真。反之，如果该当事人所提供的证据尚未达到证明程度的一半，对方当事人则取得了雪冤宣誓权；经过雪冤宣誓后，法官则应认定该待证事实为假。

付陪审团进行事实认定的案件，在审判程序的最后阶段，因事实真伪不明而承担的诉讼不利责任。美国学者赛叶（Thayer）率先提出区分“证明责任”双重含义的必要性，并将“证明责任”的前两种含义合称为“提供证据的责任（负担）”（the burden/duty of producing evidence），而将第三种含义称为“说服责任”（the burden of persuasion）。[①]赛叶的主张得到了威格莫、摩根、马克库米克、马哥莱、克莱利、杰姆兹等证据法学者的极大肯定和推崇，从而成为现代美国证据法上的代表性学说。在立法方面，美国法学会曾在1942年起草的《模范证据法》中，以“对事实的说服责任”和“对事实的提供证据责任”对“Burden of proof”的双重含义作了定义解释。前者是指“应就事实的‘存在’或‘不存在’作出决定的法院被足够的断定事实‘存在’的证据说服时，负担就此卸下”；后者是指“当足够的证据已经提出以支持作出该事实存在的断定时，负担就此卸下”。[②]此外，《美国联邦证据规则》第301条分别以“提供证据的责任”（the burden of going forward with evidence）和“不说服的风险”（the risk of nonpersuasion）对“证明负担”（burden of proof）的双重含义作了概念上的区别。[③]

由此可见，无论是以德国为代表的大陆法系，还是以美国为首的英美法系，都已经认识到证明责任的内涵具有多重性的特征，尽管两大法系关于证明责任的理论研究各有侧重，但其对证明责任的理解无疑存在相通之处。我国学者在批判地吸收其他国家现有成果的基础上，在该问题的研究领域取得了一定进展，多数学者赞同“双重含义说”，即证明责任是行为责任与结果责任的统一。但由于对“提供证据责任”与“证明责任”之间关系的理解有异，又可分为“提供证据责任一元论的双重含义说”与“提供证据责任与证明责任相区别的双重含义说”两大派

---

① Thayer, *The Burden of Proof*, 4Harv.L.Rev.45, 1890；Thayer, *A Preliminary Treatise of Evidence at the Common Law*, Little Brown & Co., 1898, p. 355–364.

② The Uniform Rules of Evidence, Rule (4), (5).

③《美国联邦证据规则》第301条规定：“一项推定赋予其针对的当事人举证反驳或满足该推定的责任，但未向该当事人转移未履行说服责任即需承担风险意义上的证明责任。该证明责任仍由在审判过程中原先承担的当事人承担。”转引自《美国联邦刑事诉讼规则和证据规则》，卞建林译，中国政法大学出版社1996年版，第104页。

别。[①] 笔者基本上倾向于后一种观点，现对证明责任的含义提出如下几点分析：第一，诉讼主张的提出是证明责任产生的前提。在任何性质的案件中，诉讼主张都是诉讼活动进行的起点和归宿，可以说全部诉讼活动都是围绕当事人双方的诉讼主张而展开的。当事人的主张不仅限定了法院的审理范围，而且是其举证加以论证的对象，因此当事人诉讼主张的存在是证明责任产生的潜在前提。第二，证明责任首先是指提供证据的行为责任。双方当事人在诉讼过程中，应当根据诉讼进行的状态，就其主张的事实或者反驳的事实提供证据加以证明。也有学者称这一责任为“利用证据推进的责任”或“形式上的举证责任”。第三，证明责任还应包含说服责任，即负有证明责任的诉讼当事人应当承担运用证据对案件事实进行说明、论证，使法官形成对案件事实的确信的责任。这表明，证明主体仅仅提出证据还不算完全履行了证明责任，他还必须尽可能地说服裁判者相信其所主张的事实存在或不存在。第四，证明责任最终表现为不利后果责任。如果承担证明责任的一方当事人不能提出足以说服法官确认自己诉讼主张的证据，则需承担败诉或者其他不利的后果。

根据以上分析，我国证明责任理论中所谓提供证据的责任相当于国外证据理论中所谓主观的、形式的、行为意义上的证明责任，而说服责任以及不利后果责任则相当于所谓客观的、实质的、结果意义上的证明责任。关于行为责任与结果责任之间的关系，有学者曾经论述道，“承担结果意义上的举证责任的可能性的存在，是当事人必须履行行为意义上的举证责任的原因”。其理由是：“正是事实的真伪在诉讼中尚未确定，而这将会给主张事实的当事人带来灾难性的后果，才使得提供证据证明成为必要。如果该事实已被先前的裁判所确定，或者该事实已为对方当事人在法庭上承认，承担不利益诉讼结果的可能性已不复存在，当事人提供证据的必要性也就随之消失。另一方面，当事人可以通过诉讼中积极的举证活动避免承担不利的诉讼后果，当事人积极履行行为意义上的举证责任，其目的也正是为了避免承担结果意义上的举证责任。”[②] 由此

① 具体内容参见陈刚:《证明责任法研究》，中国人民大学出版社 2000 年版，第 39—45 页。

② 李浩:《民事举证责任研究》，中国政法大学出版社 1993 年版，第 16 页。

可见，结果责任的存在是敦促证明主体履行其行为责任的动因，而行为责任的实际承担也正是以避免承担结果责任为目的。但是需要指出的是，不利后果责任只是一种潜在的风险，只有在案件事实经过一系列证明活动，特别是当承担证明责任的主体实际履行了说服责任之后，案件事实仍处于真伪不明状态时，才会实际发生。这表明行为责任和结果责任在证明责任的外化过程中是相继地呈现出来，先是结果责任在实体法中的预先设定，后是行为责任的实际履行。行为责任实际履行后，结果责任有可能出现，也可能不出现。倘若结果责任出现，证明责任便发挥了它解决疑案的功能，证明责任的内涵意义达到了最大化。

二、证明主体的内涵与外延

根据上文对证明责任含义的剖析，我们可将证明主体定义为：在诉讼中提出自己的诉讼主张，并提供证据证明其诉讼主张，而且在诉讼程序结束之际，如果案件事实处于真伪不明的状态，由其承担败诉或不利诉讼后果的一方当事人。可见，证明主体的内涵系由证明责任的内涵所决定，其基本构成要件有二：有自己的诉讼主张并且需要承担证明责任（包括行为责任与结果责任）。随之产生的另一问题是刑事诉讼中证明主体的范围应当如何界定？这属于刑事证明主体的外延问题。从哲学上讲，任何一个概念的外延均由其内涵所决定，由证明主体的定义或构成要件可以看出，一个普通的诉讼主体要成为证明主体至少需要满足两个条件：一是凡属证明主体者必须有自己的诉讼主张，二是证明主体必须实际承担证明责任，也就是说证明主体不仅应是提供证据行为的承担者，更主要的还是未尽证明责任时诉讼不利后果的承担者。以此为衡量标准对各种诉讼主体进行分析，可以得出如下结论：

第一，证明主体只能是当事人[①]。原因在于，诉讼中证明责任应如何分担是实体法和程序法所共同解决的问题，而实体法是用来规范当事人的权利义务关系的，它与依据它对案件作出实体判决的审判者没有关联，因而，实体法永远不可能责令外在于实体权利义务关系的审判者承担证明责任。也就是说，证明责任从来就是当事人的事，而与审判者

① 这里的“当事人”并非程序意义上的当事人，而是指实质意义或实体意义上的当事人，即处于追诉地位的原告一方以及处于辩护地位的被告一方。

无关。[①]

第二，证明主体必须有自己的诉讼主张。只有提出了明确的诉讼主张，证明才能有针对性地进行，审判者才能明确审判的事项范围。所谓诉讼主张的提出是成为证明主体的潜在前提，即无诉讼主张者无证明之义务，亦无证明之必要。而在众多的诉讼主体中，只有当事人才有自己的诉讼主张，其他诉讼参与人没有也不应当有自己的诉讼主张，因此只有当事人才有可能成为证明主体。

第三，证明主体必须实际承担提供证据证明自己所主张的事实成立的行为责任。这是任何一个证明主体在客观外在表现上的共性，具体体现为在刑事诉讼中发现、收集和保全证据的各种诉讼行为上。但值得注意的是，此要件是成为诉讼证明主体的必要而非充分条件，只满足这一构成要件者不一定都是证明主体。

第四，证明主体有可能承担案件事实真伪不明时的结果证明责任，即证明主体未能充分履行证明责任以说服事实裁判者相信其诉讼主张时，需承担败诉或其他不利的诉讼后果。在诉讼中，只有双方当事人与案件审理结果有着直接的利害关系，这是因为，从实体法的角度讲，败诉的风险只能在当事人之间分配，因此只有诉讼当事人才有可能承担举证不力时的败诉风险，从而具备证明主体的构成要件。

以上四个条件是成为证明主体的必备要素，而且必须同时具备，缺一不可。据此，我们认为，我国刑事诉讼中的证明主体应当限于控诉机关和负有证明责任的当事人。具体而言，在我国刑事诉讼中，证明主体首先是公诉案件中的公诉人和自诉案件中的自诉人，因为只有他们才应依照法定程序承担证明犯罪事实是否发生、犯罪嫌疑人或被告人有罪、无罪以及犯罪情节轻重的责任，这是证明责任理论中“谁主张，谁举证”的古老法则在刑事诉讼中的直接体现。此外，根据“否认者不负证明责任”的古老法则和现代无罪推定原则的要求，犯罪嫌疑人、被告人不负证明自己无罪的责任。因此，从整体上看，刑事诉讼中的证明责任是一个专属于控诉方的概念。但是遵循“有原则必有例外”的规律，在少数法律推定其有罪的特定案件（如巨额财产来源不明案件）中，犯罪嫌疑人和被告人也负有证明自己无罪的义务，这在各国刑法及刑事诉讼

① 江伟主编:《证据法学》，法律出版社 1999 年版，第 49 页。

法中大多有所规定。刑事附带民事诉讼当事人对民事赔偿部分的事实按照“谁主张，谁举证”的原则分担证明责任，附带民事原告人和被告人都有可能成为证明主体。

三、刑事证明主体之辨析

我国传统证据理论对刑事诉讼中的证明主体有广义和狭义两种解释，狭义的证明主体不仅包括国家公诉人（检察院），而且包括侦查机关和法院；广义的证明主体则除了公安司法机关及其办案人员以外，还包括当事人和其他诉讼参与人。[①] 传统证据理论中之所以出现刑事证明主体泛化的现象，其主要原因在于，以往的研究者均将诉讼证明视为贯穿于诉讼全过程的一种认识活动，故此顺“理”成章地认为，所有在探求案件事实真相的活动中起主导作用的诉讼专门机关和当事人都是证明主体，从而得出公安机关、法院以及某些诉讼参与人也承担证明责任的错误结论。

这种观点不仅主宰着我们的理论研究，而且直接反映在相关立法上。例如刑事诉讼法明确规定，审判人员应当收集能够证明犯罪嫌疑人、被告人有罪或者无罪、犯罪情节轻重的各种证据；在法庭审理过程中，法院在庭外拥有除通缉以外的几乎一切调查权力和手段。类似的这些规定，不仅模糊了控审职能的基本分工，而且违背了法官中立的基本要求。

近年来，司法实务部门推行的审判方式改革，与上述传统证据理论与立法发生了激烈的碰撞。一方面，审判方式改革的重要内容之一就是对法官角色重新定位，还控诉职能于原告一方，法官应当保持不偏不倚居中裁断的地位；另一方面，受传统的“法院承担证明责任”理论的束缚，法官仍保留进行庭外调查的权力，仍承担着收集证据的责任。立法与司法实务运作上呈现的此类矛盾，反映出证据理论研究上的困惑。为了解决这些矛盾，曾有人煞费苦心地主张将证明责任与举证责任区分开来，提出：证明是国家专门机关的一种职权活动，主体只能是公安司法机关；举证是当事人的诉讼行为，主体甚至可以延伸至证人、鉴定

① “证明的主体包括公安司法机关及其办案人员、当事人以及诉讼参与人；狭义而言则仅指公安司法机关及其办案人员。证明客体为案件事实。证明过程包括侦查、起诉和审判的全部程序。”参见陈光中:《刑事证据制度与认识论》，载《中国法学》2001年第1期。

人。[1]但是这一区分远未解决问题，反而使问题变得更为复杂。[2]因为证明责任与举证责任显然存在交叉，而且在“证明责任是行为责任与结果责任的统一”这一点上，法院始终是一个无法解释的障碍。

通过上文对证明主体的内涵及其构成要件的深入剖析，笔者认为，传统证据理论对证明主体范围的界定显然值得商榷。在此，笔者拟将刑事诉讼中的诉讼主体分为三大类，即当事人、当事人的延伸以及法院及其他诉讼参与人，并以前文所述证明主体的构成要件为标准，对其逐一加以分析，以澄清我国传统证据理论在证明主体问题上的某些模糊认识。

（一）实质性的当事人

1. 公诉人

我国刑事诉讼理论出于种种考虑，认为公诉人不属于当事人。[3]然而在公诉案件中，检察人员以公诉人身份出席法庭支持公诉，实际上处于原告一方的地位，可以视其为实质意义上的当事人。由于证明责任并非纯粹程序法意义上的概念，而是实体法与程序法所共同规范的范畴，因此在诉讼证明中，证明责任的承担者应当是指实质意义的当事人，而非程序法上规定的当事人。公诉人与被告人双方通过在法庭上举证、质

---

① 参见宋世杰:《举证责任论》，中南工业大学出版社 1996 年版，第 188 页。

② 学术界曾就证明责任与举证责任的相互关系问题分别提出了“同一说”“并列说”“包容说”“大小说”“前后说”等多种学说，使本就不甚明了的证明责任理论越发错综复杂，莫衷一是。参见樊崇义主编:《刑事诉讼法学研究综述与评价》，中国政法大学出版社 1991 年版，第 263 页。

③ 我国不把公诉人作为刑事诉讼当事人的原因在于：首先，根据当事人的概念，当事人必须是在诉讼中处于追诉（原告）或被追诉（被告）地位，执行控诉（起诉）或辩护（答辩）职能，并同案件事实和案件处理结果具有切身利害关系的诉讼参与人。而公诉人作为国家追诉权的具体执行者，同案件事实之间并不存在直接具体的切身利害关系。其次，公诉人作为国家法律监督机关的代表，他参加刑事诉讼的目的和任务，不仅是在于追究犯罪，支持公诉，而且还在于监督法院的审判活动是否合法，在于维护法律的统一正确实施，维护所有诉讼参与人其中也包括被告人的合法权益。这一点是当事人双方都不具备的。再次，公诉人虽然在形式上是处于原告一方的地位，但其实际享有的诉讼权利同作为当事人的另一方的被告人是不平等或不对等的。最后，公诉人同审判人员之间，在参加诉讼的任务和目的，在诉讼中的地位和作用等方面所具有的共同点或相似之处，要多于公诉人同自诉人、被告人等当事人在这些方面的共同点或相似之处。所以从实质上看，把公诉人同审判人员并列比把公诉人同自诉人、被告人等并称为当事人更为适宜。参见王国枢主编:《刑事诉讼法学》，北京大学出版社 1999 年版，第 42 页。

证、认证等活动，进行平等的理性争斗，目的在于阐明诉讼中的争议事实，论证己方的诉讼主张，以说服作为裁判者的法官确认或接受己方的诉讼主张，从而发挥诉讼这种公力救济方式“确认法律权益、解决利益争端”的功能。一方面，公诉人作为争议的一方在诉讼中有自己明确的诉讼主张，即指控被告人的行为构成犯罪，并要求法院依法追究其刑事责任；另一方面，如果公诉人未能“排除合理怀疑”地证明被告人犯有所指控的罪行，就要承担起诉失败的后果，这也是一种不利的诉讼后果。由此可以肯定，公诉人担负着证明“被告人有罪”这一核心诉讼主张的证明责任，从而成为刑事诉讼中最主要的证明主体。值得注意的是，在适用简易程序审判的案件中，如果公诉人出席法庭审判，他自然是证明主体，如果他不出庭，也不影响其证明主体地位，因为在此种情况下，只是证明的方式发生了变化，其控诉方的诉讼地位并未改变，仍是诉讼主张的提出者和诉讼不利后果的潜在承担者。

2. 自诉人

由于自诉案件在诉讼结构、审判方式、审判原则等方面更类似于民事诉讼，如诉讼主体主要是法院与双方当事人，自诉案件的审判可以适用调解，自诉人可以与被告人自行和解或者撤诉，自诉案件的被告人可以提出反诉等。因此自诉案件中证明责任的分配也与民事诉讼类似，都遵循“谁主张，谁举证”的基本原则。自诉人作为自诉案件的原告一方，是诉讼的发动者，自然负有不可推卸的证明责任。我国《刑事诉讼法》第171条第2款规定：“缺乏罪证的自诉案件，如果自诉人提不出补充证据，应当说服自诉人撤回自诉，或者裁定驳回。”说明自诉人未履行证明责任将导致被驳回起诉的不利诉讼后果。因此，对于“自诉人属于证明主体之一”这一论断，几乎没有人提出异议。

3. 被告人

无论是公诉案件还是自诉案件的被告人，基于现代诉讼无罪推定原则的特殊保护机制，都不负证明责任。但从世界各国在证明责任分配上的立法与实践来看，被告人不承担证明责任只是一项概括性的原则，在法律规定的例外情况下，被告人仍要对特定事项尤其是证明其无罪的事项承担局部的证明责任。这就是说，被告人不负证明自己有罪的责任这一点是绝对的、无条件的，而被告人不负证明自己无罪的责任这一点却是相对的、有条件的。事实上，在坚持控方对被告人有罪（而不是全部）的要件事实进行证明的基础上，要求被告方对一部分由其证明更为方便的无罪、罪轻的事实也承担证明责任，不仅不会损害对被告人权利保护的力度，而且有利于查清案件事实，提高诉讼效率。从两大法系辩护方负证明责任的有关立法和司法实践来看，被告人对于以下几类事实应当承担一定的证明责任：

（1）制定法明确规定应由被告人承担证明责任的情形或者其他可反驳的法律上的推定。所谓推定，是指依照法律规定或者由法院按照经验法则，从已知的基础事实推断未知的推定事实存在。依据不同的分类标准，可将推定分为法律上的推定和事实上的推定，可反驳的推定和不可反驳的推定，有罪推定和无罪推定等。其中与证明责任密切相关的是可反驳的法律推定和事实推定。推定在诉讼证明中具有如下意义：其一，通过推定可以大致准确地认定案件事实。由于事物之间存在密切而有规律的联系，这种联系使人们根据日常生活经验即可判断，当某一事物存在时，只要没有意外情况，就会合乎逻辑地引起另一事实的发生。其二，可以缓解某些证明上的困难，避免诉讼陷入僵局。它的实质是降低证明标准，即由一般的定罪标准“排除合理怀疑”降低为“优势证明”，即“更大的可能性”的证明。[①]其三，有些事实的查明必须运用推定。这主要针对当事人主观状况的认定而言。其四，有利于尽可能公平地分配举证责任。当与争议事实有关的证据材料完全处于一方当事人的控制之下时，由对方当事人来承担证明责任显然是不合理的，这就需要举证责任倒置或转移。[②]

（2）阻却违法性及有责性的事实。从相关立法和司法判例来看，精神不正常、无意识、不可抗力、意外事件、正当防卫、紧急避险等事实一般应由被告方承担证明责任。这些事实在刑法理论上被称为阻却违法性事实和阻却有责性事实。该类事实由被告方承担证明责任的理论依据在于，在构成要件事实已证明其存在之情况，一般认为得对违法性及有责性予以事实上推定，被告人为证明阻却违法性事由之存在，遂不得不提出反证。[③]可见，证明阻却违法性事实与阻却有责性事实的责任在控

---

① 龙宗智:《相对合理主义》，中国政法大学出版社 1999 年版，第 471 页。

② 龙宗智:《相对合理主义》，中国政法大学出版社 1999 年版，第 471 页；赵钢、刘海峰:《试论证据法上的推定》，载《法律科学》1998 年第 1 期。

③ 陈朴生认为，犯罪构成要件事实之存在，即可推定阻却违法性事由及阻止责任性事由之不存在。参见陈朴生:《刑事证据法》，三民书局 1972 年版，第 311 页。

辩双方之间的分配也是受推定影响的产物。例如精神不正常的证明，对该事实的证明责任分配系基于正常精神状态的推定，也就是说，控诉方在指控某人犯有某种罪行时，对被告人犯罪时的精神状态的正常性不需承担证明责任。如果被告方提出行为时精神不正常或者处于无意识状态，实际上是对正常精神状态推定的否定，因而证明其精神不正常的责任必然落在被告方的身上。而且一般认为，被告人对自己所控制和掌握的有关情况特别是自己在犯罪行为发生时的精神状态比控诉方更易于提供证明。我国台湾地区学者蔡墩铭教授指出，被告人内在之主观事实，被告人自己最为清楚，因此被告人在未能对于要证事实予以反证其不存在时，遂反证其有责任阻却事由之存在，以防止其被指控之犯罪成立。例如被告人提出精神医院的诊断证明，以证明其罹患精神病，而主张其犯罪时心神丧失。①

（3）被告方的某些积极抗辩主张。从性质而论，辩护是被告方的一项重要诉讼权利，被告人对于该权利，既可以行使也可以放弃。但是根据被告人提出抗辩内容的不同，又有所谓积极抗辩和消极抗辩之分。对于消极性的抗辩事由，被告人可以只提出主张即可，而对于积极性的抗辩事由，一般要求被告人提供相应的证据予以支持，否则不仅该辩护主张不被法官确认，在某些情况下被告人还会遭致不利甚至有罪的判决。这种情况是指被告人针对控诉方的指控提出了新的主张，这一主张提出与否直接影响罪与非罪或罪行轻重的认定，然而这一事实却未被控方所掌握。对于此种情况，被告人如果不作抗辩，或者只提出抗辩主张而没有予以证明，就可能遭到有罪或罪重的判决。被告方提出积极抗辩主张的目的在于动摇法官内心逐渐形成的被告人有罪的心证，为了使这种对被告人不利的心证减弱，被告人只是提出抗辩事由还远远不够，他必须同时提供一定的证据加以证明，从而使法官内心的天平向对被告人有利的方向倾斜。在被告人须提供证明的积极抗辩事由中，不在犯罪现场是一个典型的代表，各国和地区立法和司法实践无一例外地将证明责任分配给提出该主张的被告人。这不仅因为不在犯罪现场属于积极性的抗辩，如果该主张成立，控方的有罪证明就会被完全推翻，而且还因为，在犯罪发生的时间段内被告人是否在犯罪现场，被告人本人最清楚，由他提供证明显然比由控诉方提出证明更为便利。

---

① 蔡墩铭：《刑事证据法论》，五南图书出版公司1997年版，第259页。

（4）被告方主张的程序性事实，如证据的可采性、法官及陪审员是否应当回避等事实，应当由被告方承担证明责任。因为被告方的程序性活动通常是在案件发生以后，在律师的协助或主持下实施的，举证难度不大，且程序性活动通常不会直接影响到被告方的实体性权益，对程序性事实举证不能也不必然导致有罪判决，而且对于程序性事实的证明要求也不如实体法事实的证明要求那么严格，因此可以由被告方承担。

（5）被告方独知的事实。依据某种只有他自己知道的事实而提出主张的当事人，必须证明他所依据的事实，否则将承受不利的法律后果。一般来说，被告人独知的事实，由控诉方证明往往难度较大，而且该事实对于案件的查明属于关键问题，因此，根据经验法则、举证难易的考虑，理应由被告方对其独知的事实承担证明责任。根据上述被告方承担证明责任的事实范围，可以归纳出以下三个特点：其一，只有在控方对被告人构成犯罪的基本事实进行证明之后，辩方才需要对法定的应由其证明的部分辩护事实进行证明。其二，即使是对于法定的部分应由被告方承担证明责任的辩护理由，在辩方履行证明责任之后，最终反驳其存在的责任仍然是由控诉方承担。其三，只有那些控方无法证明或难以证明，且辩方有可能证明的事实才应由辩护方承担证明责任。

有人主张公诉案件被告人在例外情况下所承担的证明责任与公诉人、自诉人所承担的证明责任不同，其证明标准要低于后者，此种观点尚有待深入探讨①，但被告人在某些特殊情况下可能成为证明主体这一点却基本达成共识。

---

① 笔者认为，刑事诉讼中控辩双方履行证明责任需要达到的证明标准或证明程度不应强求一致，其理由如下：第一，控辩双方调查、收集证据的能力悬殊，如果要求辩方举证达到与控方相同的证明程度，未免破坏控辩双方地位的平等和攻防力量的平衡。第二，控方的证明属于“证实”，即控方应当提供能够证明每一个犯罪构成要件的基本证据，任何一个证明环节的缺失都将导致其诉讼主张的不成立，因此其证明责任要达到相当高的证明标准；而辩方的证明属于“证伪”，即辩方只要提供证据攻击控方证明锁链的某个环节，从而使裁判者对控方的证明形成“合理怀疑”即可。第三，刑事诉讼涉及公民个人的名誉、财产、自由乃至生命的剥夺，其关涉价值的重要性决定了非达到高度之证明，不可轻易下结论，否则其错误无法弥补。我国古代“与其杀不辜，宁失不经”的慎刑思想从某个角度也体现了对控方履行证明责任的严格要求。而辩方受“无罪推定”原则的保护，本不需要承担证明自己无罪的义务，其在特殊案件中需要承担一定的证明责任，是因为在此情况下期待被告人作出说明具有一定的合理性，这时辩方履行证明责任属于法定的例外，无须达到与控方相同的证明程度。

4. 附带民事诉讼当事人

附带民事诉讼在本质上是一种特殊的民事诉讼，其诉讼程序和审判原则均适用民事诉讼法，因此在证明责任的分配上，刑事附带民事诉讼也受“谁主张，谁举证”原则的调整，附带民事诉讼原告人对其民事赔偿请求所依据的事实负有提出证据加以证实的责任，而附带民事诉讼被告人则对其提出的抗辩事实以及反诉主张负有证明责任。

（二）当事人的延伸（辅助机关或辅助人）

1. 侦查机关（在我国刑事诉讼中包括公安机关、国家安全机关、人民检察院、军队保卫部门和监狱）

在现代社会，犯罪的复杂性决定了国家提起公诉必须以侦查作为前提和基础，尽管侦查机关的职责不应局限于为提起公诉而挖掘犯罪，而应将重点放在犯罪事实的查明上。但在最终提起公诉的案件中，侦查机关发现、提取并保全证据的活动在客观上发挥了协助公诉机关行使控诉职能的作用，即为公诉机关在法庭审判阶段更为有效地履行举证责任作了必要的准备工作。据此，传统证据理论认为，侦查机关作为执行控诉职能的国家专门机关之一，也应属于证明主体。然而，若依据前述证明主体的构成要件加以分析，侦查机关显然不是证明主体。一方面，从侦查机关在诉讼证明活动中的地位来看，由于证明责任是与审判阶段相联系的特定概念，解决的是审判过程中由谁提出诉讼主张和诉讼证据以及由谁承担因无法证明或者证明不力而导致的不利后果的问题。侦查机关不是审判阶段的诉讼主体，除个别侦查人员以警察证人或鉴定人身份出庭作证外，一般不参与审判活动，也就是说侦查机关不是审判阶段证明责任的承担者，因此，侦查机关不是诉讼证明的主体。另一方面，从侦查活动的性质看，侦查机关收集证据的行为是一种依职权对案件事实的认识活动，其目的在于明确犯罪嫌疑的有无，进而才决定起诉与否，即在此阶段侦查机关尚未提出明确的诉讼主张，更不需承担不利的诉讼后果，因此不能将其列为证明主体。

实际上，对于审前阶段侦查机关收集、固定、保全以及审查判断证据的活动属于何种性质的问题，法学界最近有人提出：侦查人员、检察人员在审前阶段对证据的收集审查活动属于“查明”，而非“证明”。

"'查明'与'证明'是两个既有联系又有区别的概念。'查明'是'证明'的前提或基础,'证明'是'查明'的延续或目的。但是,'查明'并不等于'证明'。用通俗的话讲,查明是让自己明白,而证明则不仅要让自己明白,更重要的是要通过证明让别人明白。自己明白的事情,并不一定就能让别人也明白。在很多案件中,让自己明白并不难,难的是让别人都明白。民事纠纷的当事人可能自己对案件事实一清二楚,刑事案件的调查人员在破案之后也可能对案件事实心中有数,但是他们还要用证据说服法官相信他们所说的就是事实,而这往往才是最难最难的啊!"[①] 应当说,此解释通俗易懂,形象简明,一语道破了侦查起诉中运用证据活动与法庭审理中证明活动的联系与区别,有助于正确辨别或者理解查明与证明的区别。因此,侦查机关可以被称为查明案件事实的主体,但绝非证明主体。

2. 辩护人和诉讼代理人

在刑事诉讼中,被告人的辩护人、自诉人等诉讼代理人参与诉讼的目的在于协助当事人行使辩护职能或者控诉职能,争取对被代理人有利的诉讼结果。就辩护人而言,由于被告人与辩护人之间是一种特殊的代理关系,辩护人具有不依赖被告人而提出辩护意见的独立性,但是辩护人行为的法律后果仍归属于被告人。换言之,辩护人虽然有权独立提出诉讼主张(主要是辩护主张),但不承担任何败诉的风险,不完全具备证明主体的构成要件。就诉讼代理人而言,由于刑事代理制度是民事代理制度在刑事诉讼中的移植,诉讼代理人几乎具备民事代理人的全部要素,即诉讼代理人必须以被代理人的名义在授权范围内进行代理活动,而且其代理行为的法律后果及于被代理人。这表明诉讼代理人在诉讼中既没有自己的诉讼主张,也不承担无法证明或证明不力时的败诉风险,因此不属于证明主体。

(三)法院及其他诉讼参与人

法院在诉讼中的地位和职能决定了其作为中立的裁判一方,在诉讼证明过程中只是收受证明的主体,而不是证明主体。把法院视为证明

---

① 何家弘:《"事实"断想》,载《证据法论坛》(第一卷),中国检察出版社2000年版,第6—7页。

主体，会导致法院一身二任的情况，即法院既作为证明主体履行证明责任，又作为裁判者对待证事实进行评价。这种情况不仅与控审分离的诉讼原理相悖，而且实际上必然造成法官的角色混乱与心理冲突。此外，以证明主体的构成要件来衡量，法院既无自己的诉讼主张，对争议中的事实也无既定的看法，更不会因证明不力而承担任何败诉的风险，因而不可能成为证明主体。在诉讼实践中，由于法院承担着审查判断证据的责任，必要时也需在法庭上讯问被告人，询问被害人、证人等。但是法院进行上述活动并不属于履行证明责任的行为，而是在履行法律赋予的审理职责；此外，法官的讯问、询问只是补充性的，是法官职权主义在证据调查中的表现，大陆法系的法官也享有类似的权利，不能将其作为法官承担证明责任的标志。我国《刑事诉讼法》第158条规定："法庭审理过程中，合议庭对证据有疑问的，可以宣布休庭，对证据进行调查核实。人民法院调查核实证据，可以进行勘验、检查、扣押、鉴定和查询、冻结。"有人把这一规定作为法院承担证明责任的主要依据，事实上，法官休庭调查核实证据，目的不是收集、调取新的证据，而是对法庭上由控辩双方出示的证据，甚至是由控方提出来的证据，辩护人提出了疑问，法官对这些认为有道理，又难以认定的，可以在庭外通过其他调查方法来判定庭上的证据哪个是真，哪个是假，应否采信。例如两个证人在法庭上的证言互相矛盾，又难以排除其中一个，法官对此有疑问，就要调查一下他们的背景，他们的感知能力，他们耳闻目睹犯罪事实时的环境、条件等，以此来判定哪一个证人的证言可能是真实的。这样的调查核实对于法官判定证据，形成内心确信，很有帮助。此时回到法庭，法官就可以把调查了解的情况向法庭作客观的介绍，说明哪个能采信、哪个不能采信。由此可见，法官在法庭审理过程中的庭外调查与侦查阶段的调查证据有着本质的区别。从性质和目的上看，法官的庭外调查是复核性的，不是取得新证据，而是判断控辩双方出示的证据哪方真哪方假，往往是在证据之间出现矛盾的时候，作为判断的基础。此外，法官对证据进行复核之后，回到法庭上主要是介绍自己复核的情况，并对采信哪一方的证据加以说明，听取双方的意见，而不是出示新的证据。至于其他诉讼参与人如证人、鉴定人和翻译人员是否属于证明主体的问题，一方面，由于这些诉讼参与人与诉讼结果没有直接的利害关系，他们参与刑事诉讼活动，要么是为了协助某一方当事人充分有效地履行诉讼职能，要么是为了给诉讼各方提供证据资料或为诉讼的顺利进行提供服务和帮助，发挥着协助诉讼活动进行的功能，他们在诉讼中都没有自己的诉讼主张，而且也不承担证明不力时的不利诉讼后果，因此，这些诉讼参与人也都不属于证明主体。

中国刑事证据立法的基本理念 *

证据制度是一国诉讼制度中重要的组成部分，证据法的完善程度及其在实践中的功能发挥，直接体现该国诉讼制度的文明和进步程度。我国于1996年修改的刑事诉讼法借鉴了法治先进国家的许多有益经验，尤其吸收了当事人主义诉讼模式的合理因素，为刑事诉讼制度的改革奠定了基础。然而该法并未对证据立法作出足够的充实和完备，证据立法仍然过于粗疏，可操作性差，不能满足司法实践的需要。

文明、科学的诉讼制度需要济之以同样文明、科学的证据制度。面对21世纪刑事诉讼现代化的要求证据制度必须充分体现现代诉讼法制的价值观念。因此规划和设计证据立法必须始终秉持现代诉讼法制的基本理念，唯此方能将证据立法造就成一部良法。

一、证据立法的价值目标

要构建一个良好的证据制度需要在法治的总体目标下结合具体时代的现实对立法的价值目标预先作出合理选择。

（一）刑事证据制度的基本价值

诉讼活动中运用证据的初衷无疑是求得案件事实真相的发现。但是诉讼证据制度作为国家法律控制体系的重要环节，并不单纯以事实的查明为唯一目的。在现代诉讼文明的背景下，人们对个人权利、尊严等价值同样予以深切关注。证据制度不再单纯注重发现真实的目标，而是形成一个多元价值相互交织的复合价值体系。

1. 发现真实

在整个诉讼制度体系中，证据制度最为突出地体现着发现真实的价值目标。在一定意义上，人们创设证据这种法律现象、确立证据裁判主

---

* 原文发表于《江苏行政学院学报》2003年第1期，与姜涛合作。

义这一现代诉讼制度的通行原则就是为了更好地发现案件事实真相。不论是口供、证人证言、物证、书证这些传统的证据形式还是鉴定结论、视听资料这些新型证据形式，人们借之以探寻的都是具体案件事实。同样，围绕证据的收集、审验、采纳、运用的一系列规则也大多是为了查明真相而设立的。因为“实体真实主义是刑事诉讼法的基本原理”[①]。

2. 保障人权

证据制度虽然以查明事实真相为主要目标，但是并不能为了这一目标而“不择手段”。事实的探求须有界限，真相的查明须依规则。设定这些限制的目的最主要的就是保障诉讼中的人权。处于被追诉地位的公民个人，其力量与代表国家的追诉机关悬殊。为了维护其在诉讼中的基本人权，各国证据法上创制了许多必要的规范，如被告人拒绝自证其罪的特权、询问证人并与之对质的权利。这些规范也许在具体的案件中会阻碍真相的发现，但是却因代表了现代诉讼文明发展的趋势而日益得到重视。

3. 注重效益

正义需要成本，这是人们无法回避的现实。在处理犯罪案件时证据制度也须相应地设立一些规则，使得诉讼程序不致过于繁复。如推定、举证责任分配、证明标准、证据开示等制度均能够将裁判者认定案件事实的活动限定在一定的证据法律框架下，避免为了查明真相无休止、无节制地拖延诉讼程序。在现代诉讼证据制度中，效益价值正受到人们越来越多的关注。

（二）刑事证据法价值的权衡

刑事证据制度兼有上述基本价值目标，已经得到人们普遍认同。但是这些不同价值之间的关系、配置和权衡却还必须详加探讨。整体来看，根据不同国家、一国不同时期对上述几项价值尤其是前两项价值的偏重和选择，大致可以将证据法制划分为两类：

1. 发现真实型的证据法制

在法治水平相对落后的国家，证据法律制度更为倾向于发现案件事实真相，尚未充分建立保障人权的相关规范。在这样的证据制度下，立

---

① ［日］田口守一：《刑事诉讼法》，刘迪等译，法律出版社2000年版，第10页。

法和执法的主要目的是通过尽可能广泛地惩罚违反实体法的行为来维持社会的普遍安全和秩序。例如，我国的刑事证据制度在证明责任问题上并未根据现代诉讼原则作出清晰的划分，因而法官依职权查明事实的倾向过重，证明的目的在一定程度上就是给犯罪人“贴标签”，对其程序性权利则甚少顾及，在必罚主义的影响下体现出鲜明的追求客观真实的特点。

2. 正当程序型的证据法制

符合现代诉讼文明趋势和要求的证据制度应当是以遵循正当程序为特征的，而衡量正当程序的核心要素则主要在于该程序“保障人权”的水平和程度。法治程度较高的国家多在其宪法和刑事诉讼法中详细规定刑事程序中的人权保障规范，其中涉及证据制度的规范，如反对强迫自证其罪、自白任意性规则、非法证据排除规则等，使该国的证据法制具备了正当程序型的特点。值得注意的是，我国已经签署联合国《公民权利和政治权利国际公约》，公约对诉讼中的人权保护提出了较高要求，这也对我国证据法制向正当程序型发展演进，提出了现实的要求。

（三）刑事证据法价值的实现

刑事证据法制的诸项价值，在具体的实现方法上也存在微妙的差别，因而需要作出区分。“发现真实”的目标是许多证据制度的功能所系，但是就其本身而言，“真实”只是宏观的、间接的目标，适合于在立法的层面上妥善配置，而不宜在具体的司法实践中直接引为采取法律行为的依据。与此相反，“保障人权”的目标则因其直接与具体的公民基本权利相关，而依据“无救济即无权利”的原理，这些事关人权保障的证据规范因而也体现出更明显的制度刚性。

1. 在立法层次上的配置

立法应该兼顾多种价值而求得适度平衡。实体真实的目标应该充分考虑到发现真实所需配备的证据法律规范，如品格证据规则、类似事件规则、传闻规则、最佳证据规则、交叉询问规则等。诉讼效益的价值也需要在立法中预先设定，如推定和司法认知、证据开示制度都有助于诉讼效益的实现。除了立法所设定的这些制度之外，一般不得在司法过程中再采取一些临时的措施以求“查明真相”或“提高效率”，因为那样极易伤及诉讼当事人的人权，如不合理地缩短上诉期限的做法。

同时，在立法中完善涉及人权保障的证据法规范也至为重要。公民的基本权利需要法律作出明示的规定，而且要有可行的救济途径。例如，我国需要明确规定无罪推定原则、拒绝自证其罪特权、非法证据排除规则、辩护人的调查取证权、被告人对对方证人的对质权等。

2. 在司法层次上的贯彻

与“发现真实”相关的规范，需要借助于案件最终的、全局性的实体处理，因而当具体到每一项证据规范的运行时，难以直接评判其对“发现真实”价值的作用，可以说其贯彻是隐性的。而有关“人权保障”的证据法规范，则是程序性的，消极性的，如辩护人的调查取证权一旦被侵犯则昭然于众，可见其贯彻是显性的，因而也易于实现。在这个意义上，程序价值在具体问题上一般要优先于实体价值，因为对实体的追求受制于程序的规约。

对价值目标的实现，必须通过严格的司法程序，而不能规避程序规范甚至直接违反法定程序来追求某一价值。在这方面，实践中亦不乏例证，比较明显的如许多地方在“严打”期间，为了单纯追求“发现真实”和“提高效益”的目标，往往忽视了对犯罪嫌疑人、被告人法定诉讼权利的保障。抽象的价值代替了具体的权利规范，显然有违法治的基本要求。

二、证据制度的理论基础

传统证据法学中强调辩证唯物主义认识论的单一基础性地位，悠悠万事，唯此为大。在真理的名义之下，其他因素均不具有可与“实事求是”的认识目标相比肩的地位。[①]但是，证据制度的全部意旨，是否能够被“实事求是”的认识目标一语道尽呢？随着我国法治进程的发展和程序法学的日渐兴起，证据制度的理论基础问题正在重新整合和构建。一个基本的趋向是，在不捐弃辩证唯物主义认识论的同时，引入程序正义理论，丰富和充实证据制度的理论基础。

（一）对认识论的误读和匡正

辩证唯物主义认识论的真理性，是已经实践证明得到公认的。在普

① 新近出版的教科书大多冠名为“证据法学”，而以往则是“证据学”。也许正是这一字之差便暗示了传统证据理论中“法”的要素作为一种独立的范畴先天性的缺位。

遍性的人类认识世界的过程中，辩证唯物主义堪为最有效的认识工具和检验人们认识的科学尺度。但是，科学的理论必须得到准确的解读，才能发挥理论所蕴含的力量。无论出于何种原因所致的误解和偏失都会造成人们认识上和行动中的谬误。我国传统证据法学理论在引入认识论的时候，在很大程度上出现了严重的误读。

辩证唯物主义认识论主要包括三点内容，即可知论、反映论和实践论。对于上述内容，传统证据法学至少在以下几方面存在误读或误用，因而亟待匡正：

1. 可知论与诉讼认识的具体性和相对性

辩证唯物主义坚持可知论，认为世界是可知的，人类是有能力认识一切客观真理的。传统证据理论将这一命题引入诉讼证明领域作为设定证据法律制度的出发点，本身无可厚非。但是，世界的可知性应当在总体上把握，一旦在诉讼证明领域中加以运用，就必须结合诉讼证明活动本身的特点重新考虑。

其一，诉讼证明活动是认识世界目的的一种个别和局部实现，与整体意义上的探寻客观真理不尽相同。可知论作为认识论的组成部分，价值主要在于其宏观意义和全局意义，即认为从总体而言世界万物是可以被人们认识的。但是，如果我们采取一种现实的、理性的态度则能够发现在具体的、个别的案件中，不一定能够真相大白水落石出。正因如此，刑事诉讼制度中才会有“证据不足、指控的犯罪不能成立”的无罪判决。

其二，诉讼证明活动是认识世界目的在法律上的一种相对实现，可知论并不意味着人类可以如己所愿地查明一切案件事实。受到众多主客观因素和条件的限制，人们对案件事实的认识在能力上只能是有限的和非至上的，在目标上只能是追求“相对真理”而非“绝对真理”。在一个刑事案件中，人们可以通过证据实现对案件主要事实的了解和认识，但是案件中很多细枝末节，不仅从法律意义上没必要深究，而且人们也不可能事无巨细将全部案件事实予以绝对地重现。

2. 反映论与诉讼主体的角色划分

诉讼主体的角色不同，职能也截然不同。两个积极主动的当事方，处于直接抗辩的对立地位，他们对案件事实的反映往往掺入了其他因素。因此，诉讼证据制度不能简单地依靠其中任何一方的“反映”作为认定事实的基础。这就是诉讼活动相对于一般认识活动的结构性特质（存在职能迥异的三方主体）所导致的现实。

除了控辩双方以外，中立的第三方——法官能否承担起这一“反映”的责任呢？的确，诉讼活动需要在三方共同参与庭审过程之后最终由法官形成心证、作出裁断。但是，辩证唯物主义的能动反映论在此仍需作必要的修改，核心的一点是法官不可过于强调其主观能动性的发挥，而应在很大程度上保持中立和消极被动的立场。在必要的情况下，宁可置发现实体真实的目标于不顾，也不能舍弃其他利益考虑而单纯求得“反映”客观世界。我国目前司法实践中，法官主动调查、庭外调查证据的范围仍然太宽泛，对此，过分强调“反映”客观事实的传统思想难辞其咎。

3. 实践论与诉讼活动的有限性

实践论在诉讼证明活动中的作用，主要体现在其作为检验认识的真理性的唯一尺度上。在一般意义上，人们说“实践是检验真理的唯一标准”是适当的，但在诉讼证明活动中这一理论同样需要仔细参详。

其一，何谓“真理”？实践究竟适合于检验何种“真理”？在我们看来，能够为人类实践所检验的真理，应该是一种内在地蕴含了逻辑的力量、经得起反复验证的规律性认识。唯其如此，真理才具有普遍性、反复性，可资在未来作为验证的对象。但是，诉讼证明的对象——案件事实，是否具有此种特质呢？显然不是。对于过去的事实或过去的某个认识，只存在核查，不存在验证。案件事实作为人们个别的、偶然的行为，一经发生便即消灭难以重复和再现；且其具体过程本身包含了大量人为的因素，所形成的只是一件“事实”或“事件”，并非所谓具有逻辑性的“真理”，人们又何以在将来的社会实践中重新体味这已经永远消逝的历史呢？①

其二，实践标准与诉讼证明活动遵循的程序有限性规律是否相契？辩证唯物主义在承认实践标准的同时，还根据真理的无限性指出实践检验也具有无限性。在一个诉讼案件中，可能在一审终结之后发现足以推

---

① 实践中多见的所谓“实践检验”发现错案的，是在一个冤案发生以后，真凶因为别的案件落网之后又供出了原来的犯罪事实，先前的被告人因而沉冤得雪，轰动一时的云南杜培武案即属此类。但是，这种毫无目的性的“撞大运”并不能称为实践，而且也并不能被人们作为一种恒定的工作方式掌握。

翻原来裁决的新的证据，还可能在据此改判之后又发现新的足以支持一审判决的更新的证据。这时，从纯粹认识论的标准来看，诉讼证明的结论也可能会发生多次反复，甚至悬而不决。但是人类出于更大利益考虑而设置的判决终局性、安定性、权威性的制度，要求诉讼证明制度必须遵循有限性规律，不能无休止地迁延和变更。所以，实践论与诉讼程序的基本规律并不协调。我国司法机关目前实行的错案追究制，在很大程度上就滥觞于以扭曲的“实践论”[①]代替诉讼规律的指导思想。

（二）证据立法与程序正义

作为程序法的重要组成部分，证据制度也遵循着根本的程序正义理念，这是其另一个理论基础。诉讼证明之所以不同于一般的认识活动，就在于它是在法定程序的框架之内进行的，因此常常在法律的规制之下，不得不放弃对真相的探求。程序正义对证据制度的影响，既表现在抽象的法律价值的配置上，也表现在具体的诉讼程序模式对证据法的直接影响上。

1. 诉讼程序的多元价值

从价值论的角度看程序正义包含了丰富的内容，主要有人权保障、社会伦理、诉讼经济等内容。例如，联合国人权公约和许多国家的刑事诉讼程序中赋予公民反对强迫自证其罪的权利，如果单纯从发现和认识案件事实真相的角度来看，这种制度并无促进作用，相反可能会有阻碍，正是为了另外的价值——人权保障，才作出了这样的立法选择。又如，配偶间拒绝作证特权、律师对其委托人的案件拒绝作证的特权，都是意在保障某种特定的社会伦理关系。

2. 诉讼程序的现代构造

程序正义理论对证据制度的影响，还体现在现代诉讼制度构造的许多方面都决定着证据的具体运用状况，法官在诉讼程序中的地位和作用就是最典型的例证。在现代刑事诉讼构造的设计中，法官作为居中裁判者，应当与控辩双方保持等距离的关系，以维护判决的公正性。在控审关系上，实行不告不理原则，即审判须以起诉为前提，审判的事项也应该受起诉范围限制，法庭审判中调查、核实的证据的范围也应限于控

---

① 如在评价诉讼活动的成功与否时，简单地用法院的审判“实践”检验检察院的起诉工作，用二审法院的审判“实践”检验一审法院的审判工作，如此等等。

辩双方提交的证据。法庭的职责只在于就控方所提证据是否足以证明指控犯罪事实作出判断，而没有义务主动去收集证据、调查案件的事实真相。同理，在庭审举证、质证过程中，法官并不承担证明责任，其角色只是秩序的维护者和意见的听取者，而不是质证和辩论的直接参与者。

3. 诉讼程序的严格羁束性

诉讼制度的一个显著特点，是集中体现着“法治”精神，更加严格地具有程序化、形式化的特点。与一个国家广泛的社会控制体系中其他权力主体（典型的如行政机关）不同，法院作为司法机关，是事后的纠纷解决者，且其裁决具有终局性效力，这种处理对象和处理后果上的严肃性、重要性，内在地要求其实行一种非常正式的、充分体现公平性的严格诉讼程序，因此司法权行使中的自由裁量幅度远远小于行政自由裁量幅度，主要体现出程序受到严格羁束的特点。与此相应，作为诉讼程序运行所依赖的基本线索，其证据制度也严格地遵从一定的法律程序。

三、证据立法的并行原则

（一）对法律制度的依赖和附随

证据法律制度要扎下牢固的根基，单纯求得证据法的完善远远不够，法律制度的进化和落实对此具有看似遥远实则根本的决定作用。宪法中确立的国家司法体制的模式、公民宪法性基本权利，都关系到证据法制的内容和运行效果。

在刑事司法活动中，需要同时追求两个目的：惩罚犯罪与保障人权，二者不可偏废。与证据制度相关，公民身涉刑事诉讼时，除了接受国家司法机关的调查、处理之外，还始终享有宪法所赋予公民的各项基本权利，除非依法被剥夺。在实践中，公检法机关片面强调打击和惩罚犯罪，在调查取证之时往往忽略了公民的宪法权利，尤其是对人身权利的不法侵犯极为普遍和严重，犯罪嫌疑人、被告人的口供还被视为“证据之王”。因此，刑讯逼供、超期羁押、滥用强制措施的现象时有发生，这无疑是对现代司法文明的公然践踏，对基本人权的严重侵害。我国已经签署加入联合国人权公约，真正落实对公民基本人权的保障已经刻不容缓，应当借鉴国外法治国家和联合国人权公约的经验，在宪法中作必要的改动：赋予公民反对强迫自证其罪的特权，赋予公民对一切非法侵害人身权利的行为请求司法令状保护的权利。

在宪法中增加规定上述基本权利的同时，还应该注意到宪法中已经规定的人身、财产、住宅等公民基本权利的落实是更复杂的工程。我国亟须赋予宪法可诉性，同时赋予法院对违宪的法律法规审查权。只有这样才能使公民的宪法性基本权利在受到侵害之后，能够通过普通诉讼程序和宪法诉讼程序得到救济。

（二）严格的规则之治

证据立法的内容涉及证据的法定形式、取证规则、举证规则、质证规则、认证规则、非法证据排除规则等多个方面。事实上，我国目前在刑事诉讼法及相关司法解释中已经有了相当规模的证据法律规定，但实践中仍然存在证据运用极其混乱的情况，证据法律规范未得到严格遵守。

严格的规则之治是唯一的出路。首先，刑事证据法作为国家刑事程序法律的有机组成部分，其性质属于强行性规范，而非任意性规范。同时，证据法作为重要的程序法律，是国家法而不能是某部门、某地区的法规，这是法治统一性的要求，不能允许省市和机关出台五花八门的“证据规定”。其次，对违反证据法规范的法律后果须作明确限定，这也是非法证据排除规则的意义，在证据立法做到充分详尽、明确之后，就可通过立法规定非法证据排除规则，斩除证据违法的“效益”，使证据违法者难以获益。最后，革除某些现存的不科学的行政、司法考绩制度，如个案侦破的“军令状”、错案追究制等，消除公检法人员在通过合法途径无从获取证据时实施非法取证的动机，同时对非法取证的个人，设置严格、明确的惩戒制度。

严格的规则之治，是就证据法的效力所说。对于其内容而言，在涉及证据能力，证据的收集、审查判断等问题时，需要制定严格的规则，这也是目前我国证据立法的主要内容。涉及证据的证明力即其证明价值的问题时，应防止陷入“法定证据制度”的泥淖，而应吸收自由心证的合理因素，赋予法官以自由判断的权力，凭其公正信念和理性思维对证据的采用和全案事实作出判断。

（三）与诉讼程序改革共进和同步

在现代实行证据裁判的司法制度里，诉讼程序的运行主要是围绕证据的收集、运用、审查和采纳开展的。我国刑事诉讼法中虽然没有明示“证据裁判原则”，将其规定在总则里，但在分则“证据”章里规定“对一切案件的判处都要重证据，重调查研究”，而且在具体制度的设置上也遵循了这一原则。由此可见，证据制度已经成为现代刑事诉讼制度的核心和基础。证据制度中的许多问题和相关的诉讼程序问题互为表里。例如，犯罪嫌疑人、被告人反对强迫自证其罪的权利，既是证据法上有关取证规则和非法证据排除规则的一项重要内容，又是诉讼法上有关侦查讯问制度的核心问题。此外，相关的证据制度和诉讼制度之间，往往互相构成对方良性运作或不良运作的条件，如刑事诉讼制度中对律师辩护权利限制过多、律师调查取证缺乏法律保障，结果只有侦查机关才可能充分地调查取证，辩护制度的这种严重孱弱必然导致辩方取证、质证上的力不从心。由于无证可举，辩护律师经常只能以给控方“挑毛病”的方式作法律上的辩护，无从开展事实上的辩护。证据制度的问题影响诉讼制度功效的也不胜枚举，如证人出庭问题长期难以解决，就几乎使刑事诉讼法修改后庭审方式改革寸步难行。

鉴于证据制度与诉讼制度的这种紧密关系，在进行证据立法改革时也必须对相应的诉讼制度进行改革。因此，证据也可不单独立法而是学习大陆法系国家的立法体例，在刑事诉讼法中大幅度充实“证据”的内容，同时对相关的诉讼程序问题一并作出修改。这种方案的另一个好处是能够避免单独制定证据法典可能与诉讼法相关内容发生矛盾、冲突的潜在危险。

（四）对本土资源的合理关照和必要限制

20 世纪 90 年代以来我国刑事诉讼制度和证据制度的改革得益于改革开放后对西方法治国家经验的借鉴，取得了显著的进步。在当前证据立法改革中，借鉴国外反映诉讼文明、民主的趋势且行之有效的制度，仍然是一个基本的发展方向。尤其是联合国人权公约及其他一系列国际性法律文件中确立的刑事司法国际标准，更因我国加入公约而显出其现实紧迫性。

目标明确之后，还需探寻合理的路径。我国现实的国情始终是我们讨论证据立法方案时必须回到的原点。每一项具体制度的设计，都要从我国的制度土壤出发，保持对本土资源的合理关照。对于执行起来可能会困难的制度，或者完善配套制度为其实施创造条件，或者退而求其次，在不致严重影响该制度效果的前提下采用较容易落实的方案。因为，如果忽略了本土资源的强大力量，就可能使苦心设计的一项制度无法落实。例如，在确立反对强迫自证其罪特权和自白任意性规则之后，侦、检机关的工作难度会显著加大，口供不能"强攻"，只能"智取"，这就需要立法建立配套制度，提高被告人供认犯罪之后的待遇，将"坦白从宽"的刑事政策吸纳入法律，尝试设置辩诉交易制度、扩大简易程序的适用范围。

对待我国法律本土资源，还须因事制宜，有所区别。存在的事物如果并不合理，就必须进行改革，现实国情并不能成为拒绝进步的理由。对于我国目前存在的落后的、本质上不符合文明、民主、法治精神的制度，必须通过改革予以纠正。例如，针对证人不出庭作证，由于其足以构成对现代刑事诉讼制度的根本伤害，因此无论这种现象的背后有多少现实原因和困难，证据立法不能回避，只能选择可行的配套制度以保障其落实，如设立传闻规则、证人补偿制度、强制作证义务、拒绝作证责任、证人保护制度等。要通过这种渐进的努力对我国传统中非理性的因素进行必要的限制和艰辛而持久的改造，真正确立符合现代法治精神的社会制度。

刑事证明的理念 *

刑事证明的理念，就是作为刑事证据立法、刑事证明实践以及刑事证据法学研究的指导观念和理论支持。换言之，就是我们在刑事证据立法和实践活动中需要遵循和体现的价值追求，也是我们在进行证据法学研究时据以衡量某一证据制度是否科学合理的基本尺度。刑事证明的理念具有多元化的特征，我国证据法学界有人将其归纳为秩序、自由、人权、真实、公正、效率等。在此我们想转换一下研究的角度，以刑事证明应当具有的特征为切入点，阐述刑事证明的基本理念。我们认为，刑事证明应当具有客观性、相对性和正当性，而满足了这“三性”要求的刑事证明，必然遵循和体现了秩序、自由、人权、真实、公正以及效率等价值追求。

一、刑事证明的客观性

在刑事诉讼领域，证明是指国家公诉机关和诉讼当事人在法庭审理中依照法律规定的程序和要求向审判机关提出证据，运用证据证明系争事实，论证诉讼主张的活动。由此可见，刑事证明首先涉及人们主观对客观世界即案件事实的认识，因此，刑事证据立法、刑事证明活动和证据法学研究均需遵循认识论的一般原理，符合认识活动的基本规律。我国证据制度的认识论基础是马克思主义的辩证唯物主义认识论，它要求刑事证明应当具有客观性。

（一）刑事证明的认识活动属性

我们所说的认识（cognition），是指“能够确定某一人或事物是这

---

* 原文载卞建林主编：《刑事证明理论》，中国人民公安大学出版社 2004 年版，第二章，与郭志媛合作。

个人或事物而不是别的”或者指“人的头脑对客观世界的反映”。[①] 认识在心理学上有广义、狭义两种含义：广义的认识是指认知的各个要素最为显著的心理历程，即感觉、知觉、想象、思维等之总称，与感情、意志对称；狭义的认识是指感知对象的状态，不管它为事为物，属内在的性质还是外在的表象，都领会其内容产生具有确实性的意识。哲学上的认识，指含有判断作用之知的作用，与知识之意相似，所不同的是，知识是系统的和确实的。[②] 说得明白一点，亦即认识就是认识者对于所认识者的明白了解。认识由判断的形式加以完成，“无论何人判断其确已得到某种认识时，便是相信其所认识之对象真实存在，其内容即是所表现的样子，不管吾人认识他与不认识他，他仍然存在”。科学意义上的认识“不仅倚赖感官知觉并深有赖于理智的溶解之作用”。也就是说，感官知觉与理智都对知识的发生具有贡献作用。[③] 所以认识活动就是在感官知觉与理智的共同参与下对一定的事物明白了解的过程。推而广之，诉讼中的认识活动就是公安司法机关的人员和诉讼参与人依感官知觉与理智的作用而对与案件有关的事实进行感知、判断从而达到了解的过程。

认识活动贯穿于刑事诉讼活动的始终。犯罪行为人在为犯罪活动进行准备时，就可能被他人所感知；被害人在受害过程中对于自己被侵害的性质、过程和结果以及侵害人的情况存在感知和判断；犯罪人对于犯罪过程、结果和被害人的情况也存在感知和判断。证人是了解案件事实的第三人，对于案件事实的感知是其具有证据资格的基础；对犯罪嫌疑人的抓捕、扭送，也是将被抓捕、扭送的人确认为有犯罪嫌疑的人的结果，这种确认是建立在一定的感知和判断基础上的。鉴定人对所要检验、判别的事物运用专门知识和技能进行检验、判别，更是少不了官能感知和判断的参与。此外，公安机关进行立案和侦查活动、检察机关进行审查批准逮捕和审查起诉、人民法院进行审查立案和法庭审理等活动，对于立案条件所包含的事实，对于侦查对象事实、逮捕条件、起诉

① 中国社会科学院语言研究所词典编辑室编:《现代汉语词典》，商务印书馆1996年版，第1067页。

② 舒新城主编:《中华百科辞典》，中华书局1930年版，第1000页。

③ ［奥］威廉·耶路撒冷:《西洋哲学概论》，陈正谟重译，商务印书馆1928年版，第36—37页。

和不起诉条件所包含的事实以及人民法院进行裁决所依据的事实，都必须通过感官感知、理性判断加以认识，然后才能作出推进、中止、终结诉讼进程或者进行实体处理等决定或者裁判。没有认识活动的参与，刑事诉讼就无法进行。

认识活动在诉讼证明中具有重要的意义。对于控诉方而言，对指控对象和案件事实的认识活动虽然说在审前阶段已基本完成，有关的结论已经产生、明确并转化为控诉主张，但这并不意味着认识活动已完全结束，控诉方在法庭上仍然需要调动感官和理智对于对方当事人提出的事实、证据、申辩进行感知和判断，产生新的认识。这种新的认识可能会强化、补充、动摇甚至根本上摧毁已有的认识，所以控诉方可能会基于新的认识而撤回、变更或者追加控诉。证明活动中的这些内容仍然属于认识活动。对于法院来说，恰恰需要通过控辩双方的证明活动来探求自己所未知的事物。“各种过去发生的事实（其中也包括在每一个刑事案件中必须加以确认的主要事实，即被告人实施犯罪这个事实），并不是经审判员直接感受到的。过去的事实乃是间接认识的对象，即我们运用思维活动而取得的那种知识。这种思维活动就是我们把个别的直接为我们所感受的事实加以对比，而从这种事实中推论出关于未知事实的结论。这种思维活动也就是证明的过程。”①

法官在审读起诉书甚至阅读案卷后进行开庭，起诉书和案卷材料为其提供了认识案件事实的基础，但无罪推定原则和排除预断等的制度设计，要求法官不能未经审理而对案件事实作出预断，特别是不能作不利于被告人的假定。他应当不顾及起诉书和案卷材料给他实际上造成什么样的印象，坚持法律所认可的一种假定，即被告人无罪的假定，“头脑一片空白”地开始审判活动。

当然这种假定是法律上可推翻的推定，审判过程中法官最终形成的认识可以否定这一假定。对于审判方来说，一切结论必须等到法庭举证、辩论后根据举证、辩论给法官的感官和理智所带来的认识而定。所谓证明责任承担者的说服责任，就是通过法庭举证、辩论给法官的感官

---

① ［苏］列宁：《唯物论与经验批判论》，人民出版社1953年版，第115页。转引自［苏］切里佐夫：《苏维埃刑事诉讼》，张仲麟等译，法律出版社1955年版，第200页。

和理智施加影响，使之形成有利于己方的判断。

法官的判决通常要建立在一定的事实基础之上，是通过证据对一定的事实存在与否，对这些事实的性质、意义和法律与这些事实的契合性进行感知、判断所形成的结论。这些事实中的绝大部分是承担证明责任的当事人进行证明或者释明的对象，也有一些属于司法认知的内容，也就是说，法官的判决通常是在对证据、事实、法律及其相互关系进行认识的基础上形成的。

无论审判阶段要求查明实质真实还是形式真实，无论查明事实真相的重心是在审前阶段还是审判阶段，都不影响证明活动是认识活动或包含认识活动这一命题的成立。因为无论是对实质真实还是形式真实的查明和确认，都离不开认识的参与；无论查明事实真相的重心是在审前阶段还是审判阶段，也不影响认识活动在审判阶段的性质。此外，法官在查明事实真相方面的作用是消极的还是积极的，也不影响其在审理案件中有认识的参与。法官主动调查取证并在此基础上得出结论和不主动调查取证而在当事人举证的基础上得出结论，都要通过认识活动来完成。因此，无论是作用消极的法官还是作用积极的法官，也无论他追求的是实质真实还是形式真实，都有责任尊重事实，在证据裁判主义和诉讼系属原理的约束下就证据作出客观的判断。审判阶段证明活动的目的就是使裁判者对诉讼争议事实达成特定的认识，认识是判决的基础，而裁判者的这种认识是通过当事人的证明活动并建立在对当事人证明活动的评价之上的。

（二）刑事证明的客观性是辩证唯物主义认识论的必然要求

由于刑事证明是一种认识活动，它必须遵循和体现其证据制度赖以存在的某种特定的认识论，并受该认识论的规范与制约。

认识论（epistemology）是哲学的一部分，是“关于人类知识的来源、发展过程，以及认识与实践的关系的学说”。[①]它的任务是研究人类认识的起源与发展，并考察组织异常复杂的认识作用。其基本问题包括认识的起源问题、认识的确实性问题和认识的本质问题。

对于认识的起源问题，主要有三派观点：一为理性主义（rationalism），

① 中国社会科学院语言研究所词典编辑室编:《现代汉语词典》，商务印书馆1996年版，第1067页。

一为经验主义（empiricism），一为批评主义（criticism）。理性主义者认为认识乃是先天固有的，其起源在于思考；经验主义者认为认识起源于内外之经验；批评主义调和于两说之间，认为先天和经验同为知识的源泉。

对于认识的确实性问题。主要有独断论（dogmatism）、怀疑论（skepticism）、批评论（criticism）、实证论（positivism）等几种流派：（1）独断论是不加验证而独断其真实的观念，信奉者完全信赖感觉与知识的结果，认为世界的事实情况与我们所见和所想的完全一致。例如，宗教是独断的，宗教活动人士坚信其所持教义的真确性，即使对超感觉的不可能产生经验的对象也深信不疑；哲学上也有一个相当长的时期是独断的，例如柏拉图认为世界的本质是由非物质的观念或者原型组织而成的，等等。（2）怀疑论与独断论相反，极端怀疑认识的可能性，因而不作一切积极的主张。怀疑论起源于公元前300年的比罗（Pyrrho），当时哲学家所持的见解彼此矛盾，莫衷一是，因此诱发了怀疑论的产生。到了罗马时代，怀疑论更加盛行，其动机在于寻求精神上的安宁，为达到这一目的而避免卷入学派论战的漩涡中。怀疑论的贡献在于告诫人们在断案的前提未达到完全时不要轻易下判断。在反对独断论方面，怀疑论起到了积极的作用。如《百科全书》就是在怀疑论的基础上写成的；贝尔依据怀疑论极力主张宗教教义是不能证实的。（3）批评论注重研究认识的限度与可能、发展与起源，目的在于发现经验的产生依赖主观要素的状况，并认识人类所能认识的范围。批评论主张者对教条和自己的认识能力持批评态度，认为无论何事，不先考证确实，不能信以为真。古代埃里亚学派否认感官的认识能力，德谟克利特认为酸、甜、冷、热都不是物的真性，只不过是人的主观感觉。这些都含有批评的精神。自洛克、柏克、休谟等人的著作出现之后，考察认识的官能更加重要。康德受休谟的影响建立了哲学的批评论。因康德的研究，独断论受到了致命的重创。（4）实证论（positivism）以为认识的确实只限于经验范围之内，只主张科学研究现象的法则，不要研究实体究竟如何，那是不可知道的，以法国的孔德、英国的穆勒为代表。

对于认识的本质问题，有观念论、现象论两大主要观点。观念论认为认识不能获知外物的真实，外物只不过是我们意识中的观念，“吾人之世界观中被认识的东西，始是由感性之固有的法式——时间与空间——规定之，殆后由悟性之范畴规定之。所以所认识的东西与经验之范围内的东西，只是主观的元素。除了经验中主观的元素，还有‘物之真如’（thing-in-itself），是绝对不可知的。这个‘物如’是纯粹客观的。离吾人而独立，极其精确，不过难于知道罢了。所以客观的元素是有的，唯完全不知道”。“譬如我们观察一头忠实的狗，我们实际上并不知道这头狗是真实存在的，因为它也许只是我们种种感觉的总和。”不只是狗，天地、山川、海陆等都不过是我们的观念而已，所以普罗塔哥拉说：“人是万物的尺度，是存在的事物存在的尺度，也是不存在的事物不存在的尺度。”①实在论（realism）认为认识是意识描摹的客观事物。朴素（naive）的实在论认为周围独立存在的世界的表现就是真相。现象论属于实在论的一种，其主张者认为人们所能知道的只限于现象。如康德所说：“我们一点都不知道事物本身是些什么东西，我们仅仅知道事物的现象，即事物对我们的感觉发生作用时在我们之内所产生出来的表象。”②

历史上证据制度、证明活动和证据法学曾深受上述认识论的影响，如神示证据制度以独断论为其理论基础，神灵的存在是不能得到切实证明的，它被认为是“能想象的最伟大存在体”，存在于人们的信仰之中，在人们的信仰中“这个实在体是必然存在的，因为它若不存在，它就不是能想象的最伟大存在体了”③。实际上等于对未经切实证明的事物的存在坚信不疑，而神明的启示被认为是神向人的晓谕，是神通过一定的方式把真理（真相）告诉人们，否则单靠个人的力量可能永远不能获知真理和事物的真相。法定证据制度也带有独断论的影响，中世纪欧洲大陆法定证据制度盛行之时，经院哲学大行于世。虽然其时哲学屈服在神学之下，但人类的理性也有所伸张，经验与归纳的研究法——即寻求观察正确的条件，从个别的经验事实寻求普遍适用的结论或原则。法定证据制度中对证据证明力所作的若干预先规定，目的在于防止缺乏经验的法官在认定证据和确认案件事实中发生错误，将来源于司法实践中的经验

---

① 转引自［苏］柯普宁：《科学的认识论基础和逻辑基础》，王天厚等译，华东师范大学出版社1989年版，第45页。

② ［德］康德：《导论》，转引自［苏］柯普宁：《科学的认识论基础和逻辑基础》，王天厚等译，华东师范大学出版社1989年版，第46—47页。

③ ［美］罗宾·凯利编：《当代信仰手册》，校园书房出版社1990年版，第19页。

结合等级观念总结、概括为一系列客观标准，并对这些客观标准采取了教条的、独断的态度。近现代诉讼中的盖然性理论，则是与认识不可能精确描摹客观事物的观念互为表里的。

我国的证据法学以马克思主义的辩证唯物主义认识论为理论基础，它是一种实在论和批评论相结合的认识论。按照实在论的观点，我们由思虑和知觉所了解的，是离我们独立存在的，如绿色的树叶，不因我们不去感觉它就不绿，不因黑夜、没有光线就不绿，即使无光、不去看，树叶仍然具有发生绿色的性质，也就是说，存在发生绿色视觉的条件，这种条件是客观地属于树叶的。但单纯的实在论观念很难持久，因为就我们的日常经验来说，感觉所发生的错误也使我们不敢相信感觉的可靠性。如将棍棒入水，其状如曲折，单靠感觉就不一定靠得住。除了感觉以外，还需要悟性加以判断，以便发现感觉间的联系与本质，完成从感性到理性的过程。但人的理性判断也会发生错误，不能将我们的观念与判断不加检验地认为就是事实真相，例如患病时看见、听见或者感觉到许多与客观事实不一致的景象、声音或者其他情况，幻想许多与客观不同的东西。所以实在论还需要批评论加以限定。

辩证唯物主义认识论的基本内容包括:（1）认为存在是在思维之外，而且不依赖于思维而客观地存在的。用马克思自己的话说，就是“意识在任何时候都只能是被意识到了的存在”。[①]（2）对于人和人的实践活动来说，认识客观世界的现象、本质及其运动规律是必要的。（3）对于整体的、延续的人类的认识能力抱有乐观的态度，认为整体的、延续的人类能够认识客观世界的现象、本质及其运动规律。唯物主义认识论相信认识世界的可能性。（4）就具体的个人或者人群来说，由于主观和客观因素的限制，其认识能力是有限的。

由此可见，辩证唯物主义认识论要求认识必须具有客观性，即主体对客体的反映应当符合客观世界的本来面目。换言之，正确的认识应当是主观与客观相统一。刑事证明是一种认识活动，因此它也必须具有客观性。

刑事证明的客观性即要求公安司法人员必须按照事物的本来面目去

---

① 中共中央马克思恩格斯列宁斯大林著作编译局编译:《马克思恩格斯全集》(第3卷)，人民出版社1972年版，第29页。

认识案件事实，尽量查明案件的事实真相。具体而言，刑事证明的客观性要求：一方面，据以定案的证据必须是客观存在的事实，“而不是主观性推测、主观想象或者是人们捏造的东西”[①]。另一方面，法律事实必须与客观事实相符合。[②]法律事实是指裁判者基于查证属实的证据在判决书中用法律语言重构和再现的案件事实；客观事实则是指实际上发生的案件事实。当然，无论从哲学还是实践的角度考察，法律事实与客观事实都不可能达到完全一致的程度，但是刑事证明的客观性要求，运用证据再现的法律事实应当尽可能接近客观事实，直至与客观事实相重合。至于法律事实与客观事实的符合程度，属于证明标准的范畴，由于认识论的不同，各种证据制度的要求也不尽一致。辩证唯物主义认识论对人的认识能力持有乐观的态度，认为只要公安司法人员发挥主观能动性，客观事实是可以认识的。但是从现实的角度来看，诉讼中通过证明活动重构和再现的案件事实只能最大限度地接近客观事实。因此，刑事证明的客观性并非要求证明结果具有绝对的真理性，而只要求做到证明手段和过程的客观性。

刑事证明的客观性要求体现了其对秩序、真实和实体公正的追求。刑事诉讼的目的之一即惩罚犯罪，以维护法律所保障的社会秩序，而这一目的的实现又必须以追诉的准确性为前提。只有查明案件的事实真相，才能对真正的犯罪分子行使国家刑罚权，发挥刑罚的特殊预防功能，避免社会秩序再次受到破坏。客观性要求刑事证明应当追求实质真实，因为诉讼的基本功能在于解决纠纷，而要很好地解决利益争端和纠纷就必须建立在实质真实的基础上。如果没有建立在实质真实基础上，对利益争端和纠纷的解决只是形式上的解决，而不能使争端和纠纷得到实体正义的实现。所以，理想状态的诉讼结果的产生，不可或缺的基础是实质真实的发现和确认。只有在不能发现实质真实，或者在权衡其他因素之后只以发现形式真实为满足，才在形式真实和无从确认事实的基础上作出裁判。

① 程荣斌主编:《中国刑事诉讼法学》，中国人民大学出版社 1997 年版。

② 对于诉讼中的案件事实，可以从三层意义上予以划分：一是客观事实，即实际上发生的案件事实；二是证据事实，即诉讼中证据表明或建构的案件事实；三是法律事实，即判决认定的案件事实。

二、刑事证明的相对性

客观性是刑事证明的首要要求和基本属性，但是对于刑事证明的客观性应当辩证地理解，不能将其绝对化。从哲学上讲，刑事证明的客观性相当于认识的真实性或曰真理性。正如真理也存在绝对真理和相对真理之别，对刑事证明的客观性要求也有绝对和相对之分。我们认为，鉴于认识本身具有相对性，而诉讼证明又是一种特殊的认识活动，刑事证明只能达到相对的客观真实。

（一）认识的相对性

辩证唯物主义认识论由三个基本的理论要素构成：一是反映论，即认为物质（或存在）是第一性的，意识（或思维）是第二性的，物质决定精神，意识是物质的反映。唯物主义反映论坚持从物质到精神、从客观到主观的认识路线，从而同唯心主义区别开来。二是可知论，即认为思维与存在之间具有同一性。[①] 物质世界虽然客观存在于人之外，但人的认识可以提供客观世界的正确图景，也就是承认意识能够正确地反映物质。辩证唯物主义的可知论是以科学的实践论为基础的，认为认识来源于实践，实践又是检验真理的唯一标准。三是坚持认识论的辩证法。首先，从主观与客观、认识与实践的对立统一运动中考察人对客观世界的认识，把认识看作在实践基础上能动地把感性材料加工为理性知识的过程，能动地从个别性的认识上升到规律性的理解，又能动地用理论去指导实践的过程。其次，把人类的认识看作一个无限发展的过程，认为人对事物的终极认识有无限接近客观真理的可能性。由此可见，以能动的反映论和可知论为基础的辩证唯物主义认识论，既坚持认识论的唯物论，又坚持认识论的辩证法，从而科学地揭示了认识的本质。

我国传统证据理论在对辩证唯物主义认识原理理解上之不足，在于片面强调了认识论的唯物论，即反映论、可知论，却忽略了认识论的辩证法，曲解了绝对真理与相对真理的辩证关系。如果我们认真地解读辩证唯物主义认识论，并且怀有尊重事实的态度的话，则应当承认，如果正确理解和运用辩证唯物主义认识论，是不会无节制地夸大人的认识能

① 恩格斯曾着重指出："我们的主观思维与客观世界都是服从于同一的规律的。"又说："因此，它们在结果方面不能相互对立而应该是一致的。"参见［德］恩格斯：《自然辩证法》，曹葆华等译，人民出版社 1957 年版，第 223—224 页。

力的。苏联以及深受苏联影响的我国证据法学确有夸大人的认识能力的缺陷，如苏联学者过于乐观地认为："法院虽然在解决个别案件上可能发生错误，但无论如何不能否认苏维埃法院必然能寻求到客观真实。""我们在使用马克思列宁主义认识论原理时就可以断定说，正像其他各种调查研究工作一样，诉讼上的调查研究工作是可以认识到客观真实的，这就是说是可以认识到正确的、与现实的事实相符合的实施犯罪的情况的。"[①]这显然低估了人的认识能力在主客观条件制约下的局限性，夸大了马克思列宁主义认识论原理和社会主义法律意识在认识具体案件中的实际作用。我国较早的法学教材也常常有此种过于乐观的表述，实际上，不应忽视的是，这种低估和夸大并非不能为辩证唯物主义认识论所匡正。

辩证唯物主义认识论坚持可知论，认为人的思维是至上的，是能够认识现存世界的，在此意义上说，认识是绝对的。但是这里所说的"人的思维"，不是指个人的思维，而是"作为无数亿过去、现在和未来的人的个人思维而存在"[②]，而且承认人的思维具有至上性的前提是"只要人类足够长久地延续下去，只要在认识器官和认识对象中没有给这种认识规定出界限"[③]。正如恩格斯在《反杜林论》中所指出的："思维的至上性是在一系列非常不至上地思维着的人们中实现的；拥有无条件的真理权的那种认识是在一系列相对的谬误中实现的；二者都只有通过人类生活的无限延续才能完全实现。"[④]这就是说，辩证唯物主义的可知论是从人类在整体上在永无止境的世代更迭中所具有的对客观世界的无限认识能力或所能实现的终极认识目标上来说的，而不是说我们的每一次具体的认识活动都能发现或达到绝对真理。相反，从人对具体事物的认识这一意义上看，认识又是相对的。这种相对性首先表现为认识能力的相对性、不至上性，也反映在认识结果的相对性、不确定性，并且还具有阶段性的特点。这就涉及绝对真理与相对真理的关系。

---

① 转引自张建伟：《证据法学的理论基础》，载《现代法学》2022年第2期。

② ［德］恩格斯：《反杜林论》，转引自《马列著作选读·哲学》，人民出版社1988年版，第96页。

③ ［德］恩格斯：《反杜林论》，转引自《马列著作选读·哲学》，人民出版社1988年版，第96页。

④ ［德］恩格斯：《反杜林论》，转引自《马列著作选读，哲学》，人民出版社1988年版，第97页。

辩证唯物主义认为，绝对真理与相对真理之间是相互渗透、相互转化的关系。一方面，绝对真理与相对真理是辩证统一的，任何相对真理之中都包含绝对真理的颗粒，绝对真理总是通过相对真理表现出来。因此，绝对真理并不是在认识发展的某个地方、某个时刻孤立存在和突然出现的，它的成分、它的萌芽、它的基础就在现实的真理及其发展之中。另一方面，人类的认识是一个从相对真理走向绝对真理、接近绝对真理的动态的、无限的过程。换言之，真理是一个过程，它永远处在由相对到绝对的转化和发展中。[①]人类的认识总是要经过一个从不知到知，从不完全、不确切的认识到比较完全、比较确切的认识这样不断深化、不断丰富、不断发展的过程。

关于人类认识能力的无限性与有限性的关系问题，或曰绝对真理与相对真理的相互关系问题，马克思主义哲学的经典著作中早就有过精辟的论述，恩格斯在《反杜林论》中就明确指出："一方面，人的思维的性质必然被看作是绝对的，另一方面，人的思维又是在完全有限地思维着的个人中实现的。这个矛盾只有在无限的前进过程中，在至少对我们来说实际上是无止境的人类世代更迭中才能得到解决。从这个意义上来讲，人的思维是至上的，同样又是不至上的。它的认识能力是无限的，同时又是有限的。按它的本性、使命、可能和历史的终极目的来说，是至上的和无限的；按它的个别实现和每次的现实来说，又是不至上的和有限的。"[②]列宁在《唯物主义和经验批判主义》一文中也对绝对真理与相对真理的关系问题进行了论述，认为："人类思维按其本性是能够给我们提供并且正在提供由相对真理的总和所构成的绝对真理的。科学发展的每一阶段，都在给这个绝对真理的总和增添新的一粟，可是每一科学原理的真理的界限都是相对的，它随着知识的增加时而扩张、时而缩小。"[③]在该文中，列宁还引用了约·狄慈根的话形象地说明了绝对真理与相对真理的关系："约·狄慈根在《漫游》中说，'我们可以看到、听

---

① 参见肖前、李秀林、汪永祥主编:《辩证唯物主义原理》(修订本)，人民出版社 1991 年版。

② [德] 恩格斯:《反杜林论》，转引自《马列著作选读·哲学》，人民出版社 1988 年版，第 97 页。

③ [苏] 列宁:《唯物主义和经验批判主义》，转引自《马列著作选读·哲学》，人民出版社 1988 年版，第 226 页。

到、嗅到、触到绝对真理，无疑地也可以认识绝对真理，但它并不全部进入认识中’……‘不言而喻，图画不包括对象的全部，画家落后于他的模特儿……图画怎么能够和它的模特儿一致呢？只是近似地一致’。”[①]

先哲们的上述精辟论述，真如醍醐灌顶，令人茅塞顿开。原来，人们对案件事实的认识都属于认识的“个别实现”，都是“在完全有限地思维着的个人中实现的”，都是不可能无止境、无限期地进行下去的。而且，人们对案件事实的认识还要受到众多主客观因素和条件的限制。因此，人们在具体案件中对案件事实的认识，在能力上只能是不至上的和有限的，在目标上只能是追求“相对真理”，而不是“绝对真理”。认识到这一点，并不意味着否定绝对真理，也不否认对案件事实求得的相对真理中包含绝对真理的因素。因为，绝对真理是一条历史发展的“长河”，相对真理则是这条“长河”中的“水滴”或“河段”。绝对真理的长河由每一颗这样的水滴或河段组成，每一相对真理之中都包含绝对真理的颗粒。[②]正如列宁在《唯物主义和经验批判主义》中指出的：“马克思和恩格斯的唯物主义辩证法无疑地包含着相对主义，可是它并不归结为相对主义，这就是说，它不是在否定客观真理的意义上，而是在我们的知识向客观真理接近的界限受历史条件制约的意义上，承认我们一切知识的相对性。”[③]显然，若以人类在整体上、在永无止境的世代更迭中所具有的对客观世界的无限认识能力或所能实现的终极目标，作为具体诉讼中所要达到的证明标准，其中的谬误无须言说也可以想见。

（二）诉讼证明的相对性

众所周知，刑事诉讼活动是一个复杂的对犯罪案件的历史性回溯，由于具体的个人在认识上存在的局限性和诉讼活动本身的时空条件限

---

① ［苏］列宁：《唯物主义和经验批判主义》，转引自《马列著作选读·哲学》，人民出版社1998年版，第226页。

② 毛泽东在阐述这一思想时说：“马克思主义者承认，在绝对的总的宇宙发展过程中，各个具体过程的发展都是相对的，因而在绝对真理的长河中，人们对于在各个一定发展阶段上的具体过程的认识只具有相对的真理性。无数相对的真理之总和，就是绝对的真理。”参见中共中央文献编辑委员会：《毛泽东选集》（第1卷），人民出版社1991年版，第272页。

③ ［苏］列宁：《唯物主义和经验批判主义》，转引自《马列著作选读·哲学》，人民出版社1998年版，第229页。

制，这种回溯的真实性和准确性只能得以相对实现。有时即使对全案的犯罪事实有无、犯罪人的认定等基本事实的认定得到了正确认识，但是案件中的某些局部事实也可能存在偏差甚至谬误。刑事证明的这种相对性是由诉讼证明的特殊性所决定的。

以证明对象为划分标准，可以把人类的证明活动粗略地划分为以自然界为对象的自然证明和以社会为对象的社会证明两大部分。诉讼证明作为社会证明活动的一种，首先必须遵循辩证唯物主义认识论的一般原理，受认识普遍规律的规范和制约。但诉讼证明作为一种特殊的社会证明，又具有不同于自然证明和一般社会证明的特点。

首先，从性质上看，诉讼证明是一种回溯性的证明，或曰历史证明。[①] 诉讼证明的对象是已经发生过的具体事件，而非事物的规律性。[②] 这种回溯性的历史证明有以下两个特点：一是作为证明对象的案件事实不可能通过科学实验来证明，司法人员只能运用证据以推论的方式对诉讼中的争议事实加以“追溯”或“再现”，这就不可避免地要受到各种主客观因素的影响，难以达成绝对性的认识。二是对案件事实的结论也不能通过科学实验来检验。诉讼证明是司法人员依靠经验法则与伦理法则对既往事实进行的主观推导，其结论是否与案件的客观事实完全相符，由于不可能以科学实验或其他实证方法进行验证而具有不确定性。

其次，从证明目的看，诉讼证明与自然证明和其他社会证明也存在很大差异。自然科学证明和一般社会证明的目的是揭示、解释、概括自然领域、社会领域中客观存在的各种现象和规律，或者说是为了追求客观真理。而诉讼证明的目的则在于论证诉讼中的争议事实以维护己方的诉讼主张。无论何种诉讼，其实质都是通过诉诸法律而定分止争，正如有学者指出的：“诉讼的重要功能之一是鼓励诉讼当事人恢复安宁，案件一旦结束就把争执置之脑后。”[③]“1924 年 Chafee 说过：‘审理不是抽象地寻求真情，而是试图在两个人之间不经过武斗解决争端。’”[④] 换言之，诉

① “根据诉讼上的证明的特征，首先可以把证明分为论理证明和历史证明。前者是自然科学使用的概念；后者是法律学使用的概念。”见［日］田口守一:《刑事诉讼法》，刘迪等译，法律出版社 2000 年版，第 223 页。

② 陈一云主编:《证据学》，中国人民大学出版社 1991 年版，第 113 页。

③ 参见沈达明编著:《英美证据法》，中信出版社 1996 年版，第 6 页。

④ 参见沈达明编著:《英美证据法》，中信出版社 1996 年版，第 6 页。

讼是以确认法律权益、解决利益争端为目的的法律实施活动。在诉讼证明中，诉讼各方必须努力提出确实、充分的证据来证明自己所主张的案件事实，实现己方的法律诉求。尽管诉讼中争议事项的解决通常以查明争议事实为基础，但当事人对争议事实的证明和司法机关对争议事实的认定只要达到法律规定可以解决争议的程度即可。这就是说，此种对事实的认识，实际上是法律认可的真实，即诉讼中的真实。由于不同种类的诉讼解决的争议性质不同，法律在确定证明标准时应当有所不同，而且同一诉讼中因证明事项的不同在证明标准上也应区别对待。

最后，诉讼证明是一种具体的诉讼行为，直接受诉讼法律和证据法则规范和调整。这区别于一般的抽象思维活动。诉讼证明除了必须遵循辩证唯物主义认识论原理，符合逻辑和经验的法则外，还涉及一系列法律价值的选择和权衡，必须体现程序正义的理念。例如，在证据的收集上，司法人员必须严格按照法律要求，遵循法律程序。如果司法人员违反法律规定，采取刑讯逼供或以威胁、引诱、欺骗及其他非法方法收集证据，即使这些证据从内容上看能够起到证明案件真实情况的作用，由于其取证手段违法，也不能用来作为定案的根据。

概而言之，无论从认识活动的属性还是从诉讼行为的属性来看，诉讼证明都只能达到相对真实，而非绝对真实。①这不仅是由认识的相对性决定的，也是由诉讼证明自身的特殊性所决定的。具体地说，影响诉讼证明的因素主要有以下方面：

其一，证明主体的局限性。

这主要表现在两个方面：一是证明主体主观能力的限制。无论是国家公诉人员，还是普通的诉讼当事人，都是基于其对案件事实的主观认识来从事证明活动的，都必然受到其自身主观能力如感受能力、记忆能力、理解能力、表述能力的限制，这些都必然对证明活动的履行和效果产生一定的影响。关于诉讼主体主观能力的限制，我国台湾地区学者曾有精辟论述："人性固然有情绪或其他的弱点，同时人的能力也有一定的限制。任何人的观察都可能发生偏差，在心理学上已成为公认的事实。

---

① 在哲学上，绝对真理与相对真理是在两种意义上使用的：一是指真理的绝对性与相对性两种普遍特征；二是指完全的、最终的真理和近似的、具体的真理两种类型。本文系从宏观上探讨诉讼证明，因此是在第二种意义上使用绝对真理（绝对真实）与相对真理（相对真实）这一对概念。

人类之记忆，每与时俱逝。时日愈久，记忆愈淡。所谓‘记忆犹新’，有时亦只不过是零碎的片段而已……就是通常有陈述能力的人，其陈述亦可能有所欠缺。陈述纵无欠缺，语义是否确实，有否误解，亦可能发生问题。”[①] 例如，法庭审判对于目击证人十分重视，“这种重视根植于如下假设的基础之上，即认为人能够精确地看和听，而且更有甚者，认为他们能够清晰地记住他们看到和听到的，即使该事件发生在审判的一年甚至更长时间以前”。但心理学家指出，这些假设是虚妄的，证人证言并不像人们普遍相信的那样完整和精确，人们经常赋予他们所感知的片断事实以结构和意义，这种现象被巴特莱特（Bartlett）为“想象的再创造”（imaginative reconstruction），在司法实践中，证人证言受提问者措辞的影响很大，而且发生的指认错误十分常见。所以，对于人的感知能力、记忆能力和表达能力不能抱有过分夸大的态度。在诉讼中，一方面应当承认发生过的案件事实是客观存在的，我们对于案件事实的正确认识是对客观存在的事实的反映；另一方面也应当承认在一些案件（不是所有案件）的诉讼调查研究工作中会得出错误的结论，诉讼活动可以采取一系列办法诸如选任适格的司法人员、维护法定的正当程序等手段来减少错误认识的发生，将审判的重心置于防错和纠错，反对一口断定“我国法院所作的判决，永远都反映真实情况”，这种断定“乃是把主观愿望的东西认作是现实存在的东西”[②]。

二是诉讼利益对证明主体的影响。由于证明主体（特别是诉讼当事人）与案件处理存在法律上的利害关系。在证明活动中，当事人基于趋利避害的本能，有可能只陈述对自己有利或对对方当事人不利的案件事实，甚至凭空捏造所谓的“案件事实”，而对那些对自己不利或对对方有利的案件事实则不予陈述甚至加以隐瞒。在刑事诉讼中，尽管检察机关作为国家专门法律监督机关或社会公益的代表负有全面收集证据的义务，但司法实践中，公诉人员大都倾向于证明被告人有罪，真正保持客观公正的殊属难得。斯人有言：“寻求真实的，争执其为真实或不真实的，以及第三人参与活动的，都是人。人类的行为，每受情绪或其他影

① 李学灯：《证据法比较研究》，五南图书出版有限公司 1992 年版，第 689—690 页。

② ［苏］列宁：《唯物论与经验批判论》，人民出版社 1953 年版，第 115 页。转引自［苏］切里佐夫：《苏维埃刑事诉讼》，张仲麟等译，法律出版社 1955 年版，第 200 页。

响而不自制，有时受其影响而不自知。无论是出于有意或无意，都可能对于过去的事实，加以或多或少的歪曲。在东方，古人早已说过‘人心惟危’；在西方，近代的学者亦多归之于人性。”①

其二，证明客体的局限性。

诉讼证明并非科学原理或自然定律的证明，而是一种社会性证明，其证明对象不是外在的、唯一的客观规律，而是特定主体实施某一具有法律意义的行为所形成的事实。这一事实是人为的事实，不可避免地掺杂了行为主体的心理因素和主观意识，从而使得案件事实成为外在特征与内在特征的统一体，而这个统一体便是诉讼证明的对象。②如果证明的目的是把已成历史的这种事实统一体化为原原本本复现的事实，在哲学上是不可能实现的。因为尽管案件事实的外在部分可以通过证据加以认识，但其内在部分则需要认识主体与认识客体的完全契合才能获得一致认识。但是，这种作为认识客体的主体意识在其发展历程上是转瞬即逝，而且一去不复返的。即使是相同的主体，也不可能重现其曾有过的主观意识。渗透于案件事实中的主观因素既然不能再现，那么证明必然是相对的。③此外，作为证明根据的材料来源因提供者主观因素的影响也可能带有很大的不确定性，如证人、被害人、被告人会按照自己的理解，受自身动机的支配提供证明材料。真实的证明材料有可能无法进入诉讼，虚假的证明材料却可能在证明结论中被加以肯定。换句话说，证明对象中所含的案件事实与案件的客观事实相比较，有可能增加，也有可能减少，而这些被增加或减少的案件事实的存在，对证明结论与案件客观事实之间的一致性显然有很大影响。对此，美国著名的证据法学家摩根曾论证道：“法律工作者认识到诉讼不是也不可能是发现真情的科学调查研究。诉讼中应调查的事项是诉讼当事人决定的。当事人可能排除科学家

---

① 李学灯:《证据法比较研究》，五南图书出版有限公司1992年版，第689—690页。

② “证明之主要目的乃在于认定犯罪事实，故证明之客体即为事实，包括外在事实与内在事实。前者系指构成犯罪行为之客观事实，后者即指被告主观之不法意图。犯罪事实之认定必须兼就外在事实与内在事实而为综合判断，不得仅以犯罪之客观外在事实而推断内在事实以作为认定犯罪之依据。”见林山田:《刑事诉讼法》(增订二版)，五南图书出版有限公司1999年版，第207页。

③ 参见江伟主编:《证据法学》，法律出版社1999年版，第51页。

会坚持考虑的许多因素。法院没有发现当事人不知道的或未经他们披露的信息渊源的手段。法院必须主要依赖利害关系人提供的信息资料。”①

其三，证明时空和资源的局限性。

在自然科学的证明中，人们为发现某一科学原理或定律，可以不受时空限制地进行下去，有时甚至汇多国之精英，集数代人之努力，直到发现客观真理。而诉讼证明却不可能那么做。诉讼证明的特点之一就是证明受到法定期限和特定地域的限制。首先是时间不等人，诚如有学者论道：“古往今来的审判，虽有时因求真之不易，以致经年累月而难于终结，但终究不能为无限度之延长。否则不独当事人有俟河之清，人生几何之感；并且时日愈远，困难愈多。有时还可使人感于正义的迟延，每为正义的否定。”西方也有所谓“迟来的正义是非正义”的法谚。而且司法是有严格的地域限制的，“纵有司法上的协助，亦不能如自然科学方面的寻求资料，容易打破时空的障碍”②。这就可能产生这样的现象，即证明主体在法律规定的诉讼期限内由于某种原因未能完成证明活动或根据已有的证据无法得出明确的证明结论，但案件不能无限期拖延下去，犯罪嫌疑人、被告人也不能无限期地处于羁押或被调查的状态，必须对案件作出处理。这时对案件的解决，更多的是出于人权保障、诉讼效率、社会正义等法律价值和其他政策的考虑，而不是基于争议事实已经查明的前提。此外，诉讼证明还要受到有限资源的制约，考虑人力、财力的因素。不可想象，为寻求某一案件的绝对真实而要求司法机关穷全部之资源，不惜成本，不计代价。因此，从时空和资源限制的角度，对诉讼证明结论的相对性要求也是不难理解的。

其四，证明程序和证明规则的制约。

现代诉讼为追求诉讼的公正、民主与文明，加强对个人权益的保障，对证明责任的分担，对证明的方法、手段、过程均有明确的法律要求和严密的程序保障。具体表现在：证明的活动必须严格依据确定的证明程序和规则来进行，即证据的取得、提出和质证等活动均须遵循相应的程序，证据的使用和采信必须符合一定的证据规则。例如，证据的收集程序必须合法，司法人员违反法律规定，采取刑讯逼供或威胁、引

① 沈达明编著:《英美证据法》，中信出版社 1996 年版，第 1 页。

② 李学灯:《证据法比较研究》，五南图书出版有限公司 1992 年版，第 691 页。

诱、欺骗及其他非法方法收集的证据，即使具有真实性和关联性，也不能用来作为定案的根据。再如，犯罪嫌疑人、被告人对自己是否实施了犯罪行为最清楚，如果他们能够如实陈述，对查明案件事实真相将十分有益。但是，为了保护犯罪嫌疑人、被告人利益，防止侦查人员滥用权力，杜绝和减少刑讯逼供，联合国人权公约和许多国家的法律授予犯罪嫌疑人、被告人沉默权，规定不得强迫犯罪嫌疑人、被告人自证其罪。应当承认，非法证据排除规则也好，“反对被迫自我归罪的特权”也好，从是否有助于查明案件事实真相的角度，显然都是弊大于利的。有时可能因犯罪嫌疑人、被告人保持沉默或者因关键证据的排除而影响对案件事实的认定，甚至致使某些案件事实就不可能查明。这些显然也影响到诉讼证明的真实性和确定性。

综上所述，诉讼证明因其自身的特殊性，即证明主体的局限性、证明客体的局限性、证明时空和资源的局限性以及证明程序和证据规则的制约，决定了诉讼证明在大多数情况下达不到证明结果与案件客观事实完全一致的程度，因此，承认诉讼证明的相对性原理才是实事求是的态度。

三、刑事证明的正当性

所谓刑事证明的正当性，就是要求刑事证明活动必须遵守相关程序法的规定，符合正当法律程序的要求和程序正义的理念。违反正当法律程序进行的收集和运用证据的活动，均可能导致该诉讼行为无效的法律后果。从某种意义上说，正当性主要是对刑事证明的程序要求。

综观世界各国的刑事证据立法，收集和运用证据要严格遵守诉讼程序的要求主要体现在“法制国家程序原则”或者“法律的正当程序”理念当中。联邦德国用“法制国家程序原则”来表达这样的要求：当今联邦德国的法学观点认为，此原则含有两重含义。一方面，我们可以由此推导出要公正地实施程序的规定。这一点，在禁止国家滥用权力，要求国家权力自我限制，应当给予公民防御权利，借以抵御国家权力侵犯的规定上得到了体现。另一方面，这一原则也要求建立能够发挥作用的刑事司法制度，没有这样的制度就不能伸张正义。①

① ［德］赫尔曼：《德国刑事诉讼法典》，李昌珂译，中国政法大学出版社 1995 年版，中译本引言，第 11—12 页。

“法律的正当程序”（due process of law）是盎格鲁－美利坚司法的基本观念，这一观念在当代对一些欧洲大陆国家和很多亚洲国家都具有一定影响，几乎成为一项各国公认的现代诉讼的基本原则。正当程序作为一种观念，早在英国国王约翰于1215年6月15日签署的旨在限制国王权力的《自由大宪章》中就得到了昭示。其中第38项规定：“任何自由人，如未经其同级贵族之依法裁判，或经国法判决，皆不得被逮捕，监禁，没收财产，剥夺法律保护权，流放，或加以任何其他损害。”[①]这里确立的“正当程序”（due process）的观念，给英美法系各国的刑事诉讼带来了深远的影响。美国宪法第五修正案规定了正当程序条款，无论何人，“不经正当法律程序，不得被剥夺生命、自由或财产”。法国《人权宣言》也确立了这一原则，第7条规定：“除非在法律所规定的情况下并按照法律所指示的手续，不得控告、逮捕、拘留任何人。”德国基本法第二编“德国人民之基本权利及基本义务”也体现了这一原则，例如该编第一章第114条规定：“人身之自由不得侵犯。凡用公共权力以妨害或褫夺人身之自由者，唯依法律始得为之。”“凡被褫夺自由之人，最迟应于翌日受通知，由何官署，以何理由下令将其自由褫夺，并应给予其人以机会，使对于被褫夺自由提出抗辩。”程序正当性原则还被国际社会纳入刑事司法的国际标准，联合国《公民权利和政治权利国际公约》第9条第1项规定：“除非依照法律所确定的根据和程序，任何人不得被剥夺自由。”

在英美法系国家，“法律的正当程序”这一理念有两个内容，一是实质性的正当程序，是针对立法而言的，它要求立法机关制定的程序具有正当性；二是程序性的正当程序，是针对法律的执行机关而言的，它要求执行法律的机关必须严格地遵行具有实质正当性的法律或者符合程序正当的要求。“程序性正当程序”是对行政机关和司法机关的限制，旨在消除那些能够影响一个公民人身和财产权利的司法和行政活动中的专横和不公平的程序。这一理念本身要求听证和审判应当及时，被控告的人在中立的法官和陪审团面前拥有提供有利于自己的证据的机会，在依合法取得的证据证明有罪之前应被推定为无罪，判决应建立在业已提供的证据的基础之上等要求，也包含在“正当程序”的理念中。一部具

① 《世界人权约法总览》，四川人民出版社1990年版，第231页。

有实质正当性的法律如果在刑事司法活动中得不到认真的遵行，或者司法机关在刑事司法活动中采取的措施不具有实质的正当性，都不能实现司法公正。

违反程序的证据法上的效果应当是消极的。这种消极效果的最突出表现是以违反正当程序的方法取得的证据被宣告为不能采纳，甚至由这些非法取证间接引导出的证据也可能被宣告为无效。在美国，“排除规则不限于警察非法行为所直接产生的证据，例如强迫作出的自白或者非法搜查获得的证据。这项规则还要求排除作为侵犯一个人宪法权利的结果而间接获得的证据。这类证据有时被称为‘派生证据’或者‘第二手证据’”。在 1920 年，希沃佐恩木材公司诉美国（Silverthorne Lumber Co. v. United States）案件中，法院裁决以非法搜查获得的资料为依据签发的传票无效。法院指出：“禁止以某种方法取得证据的规定的本质不仅是不能在法庭上使用以该方法取得的证据，而且是根本不能使用这些证据。”这样一来，控诉方不能在法庭上使用从违宪搜查中所直接或者间接取得的证据。美国学者指出：“禁止使用派生证据或者传来证据通常被称为反对采纳‘毒树之果’（fruit of the poisonous tree）规则，‘树’指的是非法搜查，‘果’指的是作为这种搜查的间接结果的证据。这种果实，亦即间接获取的证据，有时被称为‘污点’证据。尽管禁止采纳‘毒树之果’规则最早出现于将排除规则适用于违宪搜查的判决中，它也同等适用于其他违宪行为所间接获取的证据。故此，如果基于非法逮捕、非法辨认程序或者强迫性自白而间接获取的证据也不能被采纳。”① 这样做的目的是通过宣布违反程序的取证行为无效，来迫使国家执法人员严格遵守法定程序，并在法定程序的约束下选择理性的替代方法去发现案件的真相。

与美国对非法证据采取绝对排除或严格禁止不同，一些国家对待违反法定程序取得的证据采取了较为务实的态度，它们不是绝对加以排除，而是由法官行使自由裁量权加以权衡，以确定对这些非法证据的取舍。在这一过程中，法官考虑的主要因素包括：违法行为的严重程度；涉嫌犯罪的性质和情节轻重；该证据的种类及其在案件证明活动中所具有作用的大小。有些证据经过法官的权衡被接受了，这并不意味着恶意

---

① John N. Ferdico, *Criminal Procedure*, West Publishing Co, 1989, p. 51–52.

违反诉讼程序的行为可以被原谅，对违反法定程序进行取证的执法人员，根据不同情况可以通过提起刑事控诉、进行行政纪律约束或者提起民事诉讼等方法追究其法律责任或者加以惩戒。当上述方法不能切实有效地发挥遏制非法取证行为发生的效果的时候，排除规则的使用将会更加普遍。美国最高法院在马普案中的判决就反映出法院有着这样一种观念：可供选择的诸方法——诸如对执法人员进行刑事控诉、对执法人员进行行政纪律约束或者对执法人员提起民事诉讼——均不是实施宪法第四修正案的足够有效的方法，只有排除规则才是唯一有效的方法。①

在一个缺乏程序意识的社会，强调法律的正当程序的理念是必要的。程序意识缺乏的原因往往在于程序设计本身存在缺陷，特别是对执法者违反程序的行为缺乏有力的制约造成的，这包括对执法人员追究刑事责任、民事责任和进行行政纪律约束缺乏规定或者规定不能充分发挥作用。除此之外，还有一个原因也不可忽视，那就是违法取证行为没有或者鲜有招致消极的后果——如果一个证据是非法取得的，该证据仍然可以被堂而皇之地作为起诉和定罪的根据，则执法人员使用非法方法的利益性就不能被排除，其继续实施违反法定程序的动机就不能被消除。

在我国现行刑事证据法律制度创制过程中，不能说立法者对于严格遵守法律程序的重要性缺乏意识，也不能说法律界人士对司法实践中大量存在的非法取证行为缺乏敏感。从法律规定上看，刑事诉讼法以严厉的措辞规定严禁刑讯逼供，强调禁止以暴力、胁迫、利诱和欺骗等非法的方法取证，刑法中还对刑讯造成严重后果的行为人追究刑事责任。这些规定鲜明地表达了立法者对非法取证行为的否定态度。但在刑事侦查过程中存在的非法取证行为——特别是刑讯逼供的久禁不绝——与这些法律规定形成了鲜明对照，这表明这些规定自身及其运作当中存在缺陷，包括以下方面：

（1）法律责任规定不够严密。针对非法取证行为比较普遍的现实，在遏制非法取证行为的法律制度设计方面应当做到周密而严格。例如，我国法律对于非法取证行为没有规定可以对行为人提起民事诉讼，追究其民事责任；也没有规定违反法定程序取证在证据法上有何不利后果，使得以非法方法获得的证据在实践中仍然能够被法庭采纳并作为定罪量

---

① John N. Ferdico, *Criminal Procedure*, West Publishing Co, 1989, p. 48.

刑的依据。

（2）证明责任设定不尽合理。在一个违法取证相当严重的领域，需要加重执法者的举证负担，以增强其程序意识和遵从法律的责任心。在一个几乎完全封闭的环境中执法而又不必自我证明其行为的合法性，相反要求几乎没有获取证据、固定证据能力的对方承担证明取证行为非法的责任，这样的证明责任分担制度是达不到遏制违反程序行为的立法意图的。

（3）对违反程序的非法取证行为表现出过分宽容。刑法虽然规定了刑讯逼供罪，但在此类行为的追究中，不但因侦查活动存在暗箱操作，致使检察机关查处困难，大量案件因证据不足根本不可能被提起公诉，而且对于少量有幸被诉交审判的案件，人民法院对行为人也往往表现出过度的宽容，量刑几乎普遍偏轻甚至畸轻。这种过分宽容的处理容易在执法人员的心目中造成误解，认为违反程序不是一个严重的问题，即使造成了严重的后果，也不过如此。

在我国，进行正当的程序运作不仅仅是一个观念转变问题，而且需要通过完善现有的诉讼程序和证据规则，使国家权力得到合理、切实的抑制。在刑事证明活动中，最大的威胁并不是来自当事人。犯罪嫌疑人、被告人为了逃避法律的惩罚，可能在诉讼中自行或者勾结他人转移、损坏、湮灭罪证或者伪造、变造证据，甚至威胁、绑架、伤害、杀害证人、被害人及其亲属。对于这些行为，国家专门机关可以运用法律赋予的职权追究有关人员的法律责任，保障诉讼活动的顺利进行，维护公民的合法权利不受侵犯。公民的自由或者其他权利如果受到此类人员的侵犯，也有足够的司法渠道获得救济。相比之下，一旦对公民自由权利的侵害来自国家权力的时候，这种侵害往往具有更大的杀伤力，同时，受害人往往得不到有效的救济。因此，为公民自由权利计，为国家权力不被滥用计，必须强调刑事诉讼活动应当符合法定程序，为此，必须在刑事证据制度中完善取证程序的规定和证据规则，对于违反法定程序进行非法取证行为发挥有效的遏制作用。

刑事证明的正当性体现了对人权保障和程序公正的价值追求。凡是体现正当性要求的证据制度都应当充分保障所有诉讼参与人，特别是被追诉者的诉讼权利；应当使国家专门机关及其工作人员的权力受到有效的制约与限制；应当保证对公民个人权利的任何限制、剥夺均须以证据为根据并遵循正当程序；应当赋予被追诉者与国家追诉机构相抗衡的能力和机会，使其能够有效地抵御国家权力的非法侵犯。

四、刑事证明中的价值权衡

罗斯科·庞德曾说："价值问题虽然是一个困难的问题，它是法律科学所不能回避的。即使是最粗糙、最草率的或最反复无常的关系调整或行为安排，在其背后总有对各种互相冲突和互相重叠的利益进行评价的某种准则。"[①] 在刑事证据制度的设计和刑事证明活动中，当然也需要对各种互相冲突和互相重叠的利益进行评价和权衡。

（一）刑事证明中的多元价值

价值是经济学和伦理学中的基础概念，当它是指"值得追求的或者美好的事物的概念，或者值得追求的或者美好的事物本身"时，可以用"value"一词表达。这里的价值反映的是每个人所追求的东西——目标、爱好、追求的最终地位，或者反映的是人们心中关于美好的和正确事物的观念，以及人们"应当"做什么而不是"想要"做什么的观念。价值是内在的、主观的概念，它所提出的是道德的、伦理的、美学的和个人喜好的标准。一个人所持的或者一个团体所持的一组相关价值，称为价值系统。任何价值判断都是将价值运用于一定的事物或者状态。价值为人们的行为或者不行为提供了某种动机。[②]

对于这一含义下的刑事司法价值，可以开列出如下价值清单，即秩序、自由、公平和效率。

1. 秩序

寻求和维护社会秩序符合人类的天性。格老秀斯曾经说过，秩序即所谓自然法，"此种维持社会秩序之倾向，实合于人类之智识，而为自然法之本源，例如他人之物者，应以本益归之物主，有约必践，有害必偿，皆所谓自然法也"。在近现代社会，人们认识到社会秩序是法治的基础，社会秩序若陷入崩溃，法治也就无从谈起，因此，美国学者彼

---

① ［美］罗斯科·庞德：《通过法律的社会控制》，沈宗灵译，商务印书馆1984年版，第55页。

② ［美］杰克·普拉诺等：《政治学分析辞典》，胡杰译，中国社会科学出版社1986年版，第187页。

得·斯坦等人在《西方社会的法律价值》一书中指出，“与法律永相伴随的基本价值，便是社会秩序”，“法律规则的首要目的，便是使社会中各个成员的人身和财产得到保障，使他们的精力不必因操心自我保护而消耗殆尽”。这是因为，“维持社会和平是实现其他法律价值的先决条件”，“必须先有社会秩序，才谈得上社会公平。社会秩序要靠一整套普遍性的法律规则来建立。而法律规则又需要整个社会系统地、正式地使用其力量加以维持”。①

当格老秀斯意义上的“秩序”发生紊乱，需要司法权主动或者被动地介入予以干预之时，体现自然公正的干预的结果必须通过发现案件的真相并公正地适用法律加以实现，这一结果乃是“善恶有报，各得其所”(to give everyone his due)。

秩序在刑事诉讼价值序列中处于第一层次，是刑事诉讼所追求的重要价值之一。人们通常认为，司法公正首先表现为对案件事实和证据有着正确的判断，发现案件的是非曲直，并正确适用实体法律，也就是实现实体公正。实体公正的先决条件之一是发现案件真相，发现案件真相是实现刑事诉讼目的的必要条件。

发现案件真相之所以重要，主要原因在于刑事司法的目的在于确认犯罪事实的发生和犯罪人是谁，并在此基础上实现国家的刑罚权。适用国家刑罚权来惩治和预防犯罪、维护社会秩序是刑事司法赖以存在的基础。偏离这一基本功能，刑事诉讼便成为一场单纯的游戏，也就失去了维护秩序这一立足之地。因此，刑事证据制度的建构不能不考虑怎样有利于发现案件的实质真实，并为将实体法律正确应用于具体案件积极地创造条件。值得注意的是，在刑事证据制度中设定某些证据规则的有说服力的理由之一，恰恰是它们具备发现案件真实和正确适用法律的能力。无论是程序立法还是司法运作，只有考虑到或者实际遇到证据不足以确认被告人有罪的情况，亦即事实上的正义无法实现，才退而求其次，实现法律所确认的“正义”——在一些案件中将实际上犯罪而没有得到证明的被告人释放——这是人为的“正义”，而不是自然的正义。

---

① [美]彼得·斯坦等:《西方社会的法律价值》，王献平译，中国人民公安大学出版社 1989 年版，第 38 页。

2. 自由

维护社会秩序并非刑事法律的唯一价值，个人自由同样是法律特别是刑事法的重要价值。自由的重要性可以一言以蔽之，那就是："社会正义、人权、人类尊严甚至责任及罪责皆根源于人类自由。"①

我们通常谈到的自由，是与个人相联系的自由，或者直截了当地说是个人自由。它是现代社会的重要价值。这些自由可以分为两类，一类是消极的自由，就是"免于……的自由"；另一类是积极的自由，就是"去做……的自由"。

在谈到自由的时候，密尔提出，人类自由的适当领域包括：第一，"意识的内向境地，要求着广义的良心的自由；要求着思想和感想的自由；要求着在不论是实践的或思考的是科学的、道德的或神学的等一切题目上的意见和情操的绝对自由"。第二，"这个原则还要求趣味和志趣的自由；要求有自由制定自己的生活计划以顺应自己的性格；要求有自己照自己所喜欢的去做，当然也不规避会随来的后果"。第三，个人之间相互联合的自由。"这就是说，人们有自由为着任何无害于他人的目的而彼此联合，只要参加联合的人们是成年，又不是出于被迫或受骗。"密尔强调："任何一个社会，若是上述这些自由整个说来在那里不受尊重，那就不算自由，不论其政府形式怎样；任何一个社会，若是上述这些自由在那里的存在不是绝对的和没有规限的，那就不算完全自由。"②

美国学者阿德勒也提出了自己对自由的观点，他认为，我们拥有这样一些自由，诸如，一种是选择的自由，有了自由选择这种内在能力，每个人都能够决定自己应该做什么和应该发展成什么样子，从而创造性地改变自己的性格。我们都拥有帮助自己改造成我们所选择的那种人的自由。另一种是拥有某种意志的自由，这种意志因美德而习惯地成为它应该成为的那种意志，这种自由意味着挣脱了我们自身的低级人性的束缚、能够理性地控制感情和自主选择进行正当行为的自由。还有一种是"为所欲为"的自由，是根据我们自己的意愿而行事的自由，即能够在公开场合实现我们所作的决定的自由。这里所谓"为所欲为"的自由是需要由正义加以制约的，"我们能够要求于社会的唯一自由，是在正义

① ［德］亚图·考夫曼：《法律哲学》，刘幸义译，五南图书出版有限公司2001年版，第235页。

② ［英］约翰·密尔：《论自由》，许宝骙译，商务印书馆1959年版，第12—13页。

的限制之下做自己想做的事的自由"[①]。

按照阿德勒的划分，自由有三种主要形式：一是人性中固有的自由，包括理性思考、综合说话能力等，这种自由是人类特有的，称为"天生的自由"（natural freedom）；二是与智慧和美德相联系的自由，只有在其个人发展过程中已经获得了一定程度的美德和智慧的人才拥有的这种自由，称为"后天的自由"（acquired freedom）[②]；自由的第三种形式完全依赖于有利的外部环境，每一个人对这种自由的拥有情况会因时因地而有所不同，它完全取决于外部环境对他有利还是不利，称为"环境自由"（circumstantial freedom）[③]。相对于不同的环境，人们拥有自由的程度有着或大或小的差别。宽松的外部环境为人们按照自己的欲求去选择与众不同的生活方式提供了条件。不利的环境含有强迫、限制、束缚因素，它可能强迫一个人去做他所不愿去做的事，或者限制人们的选择范围，使一个人只能在限定的范围内进行选择。

国家秩序对于一个人来说，构成一种社会环境。人们很早就对秩序与自由的关系问题充满兴趣。例如，在英国早期的政党中，辉格党人注重自由；托利党人注重秩序；持折中观点的人（如柏克）则认为秩序是

① ［美］M. J. 阿德勒:《六大观念》，陈珠泉、杨建国译，团结出版社 1989 年版，第 146 页。

② 这前两项自由涵盖了叔本华依据自由属性的不同而划分的三种自由。叔本华将自由分为天然的自由（physische freiheit）、智力的自由（intellektuelle freiheit）和道德的自由（moralische freiheit）。天然的自由意味着各种物质障碍不存在，自由的最常见的特征是出于自己的意志进行活动而没有物质障碍加以妨害。"所以，动物和人类，当他们的行动既无镣铐，又无监狱，更不麻痹，即大概无一天然的、物质的障碍足以阻挡的时候，且他们的行动是依意志进行的，然后在概念的此种天然的意义下面被称为自由的。"（此种自由即是康德所谓"反面意义的自由"；叔本华称"自由"为"一个消极的概念"，与之相反的是所谓积极的自由，又称"正面意义的自由"或者"行事的自由"。）智力的自由是与人的悟性、认识力有关的概念，悟性、认识力是动机的媒介，通过它，动机才能作用于人的意志之上。如果一个人的悟性、认识力是正常的，可以正常地发挥其机能，并由此产生相应的动机供意志进行选择，意志可以按其本性进行决定，"如此人才是智力的自由，即他的行动，为其意志反映其动机上的结果，这些动机对他所呈现的也如对人人所呈现的一般"。道德的自由涉及的则是意志自由的问题。参见［德］叔本华:《意志自由论》，张木权译，商务印书馆 1937 年版。

③ ［美］M. J. 阿德勒:《六大观念》，陈珠泉、杨建国译，团结出版社 1989 年版，第 146 页。

自由的条件，没有秩序就谈不到自由，而只能招致强暴和混乱。① 秩序是自由前提的命题，人们广为接受，美国联邦最高法院时常提到的“有秩序的自由的概念”（the concept of ordered liberty）就含有对这一命题的认同。“有秩序的自由”与法国《人和公民的权利宣言》第4条为自由所下定义是契合的，该定义为：“自由就是指有权从事一切无害于他人的行为。”也就是说，自由不是绝对的，它的界限在于“无害于他人”这一戒律。但这一命题不能被夸大成为以秩序为名压制自由的理由，法国人权宣言特别强调：“各人的自然权利的行使，只以保证社会上其他成员能享有同样权利为限制。此等限制仅得由法律规定之。”按照联合国人权约法所确立的标准，只有当一个国家处于其本身的存在受到威胁的社会紧急状态并经正式宣布时才能克减自己所承担的在保障公民权利和自由方面的义务，但这种克减有着严格的实体和程序限制，并且包括生命权、思想、良心和宗教自由等权利不得克减。②

对人及其存在的价值和尊严的尊重是法治的最高价值追求，自由是人及其存在的价值和尊严的重要体现和保障，因而也是现代社会最重要的法律价值之一。对个人自由的尊重在诉讼中表现为符合公正标准的程序被严格遵行。在司法活动中，正当程序理念包含了严格执行程序的要求。

3. 公平

公平在这里的含义是平等，主要体现为法律的平等适用，即要求法律无偏倚地适用于每一个人，做到使人们不感到自己受到的对待与和自己地位相似的人不同。法律本身公正性的一个基本要求是在法律中确立平等适用的原则。这里需要防止因性别、民族、种族等造成法律适用中的偏袒和歧视现象，特别需要防止权力因素造成法律适用中的不平等现象。在诉讼中，公平体现在“公平对待”（fair treatment）、“公平游戏”（fair play）等人们所喜爱的简短格言中。它是法律程序正当性的重要表现，它意味着不偏不倚，意味着按照恰当的标准对司法权力和资源进行合理配置，对当事人权利进行平等尊重和保护。

4. 效率

通过诉讼渠道解决法律纠纷，意味着司法资源的投入，如何以较少

① ［美］柏克：《法国革命论》，何兆武、彭刚译，商务印书馆1998年版，第3页。

② 见联合国《公民权利和政治权利国际公约》第4条。

的投入取得最大的收益，是立法、司法机关和诉讼参与人乃至一般民众都关心的问题。当代诉讼越来越关注诉讼效率问题，其结果是促成了简易、速决程序的确立，即对于情节较轻或者被告人自愿供述有罪的案件等采取相对于普通程序简洁、明快的程序，以减少司法资源的不必要的丧失。对于像我国这种发展中国家来说，如果有司法资源投入较小而又无损于公正和廉洁的制度，就应当优先考虑采用这样的制度。当然，只有在公正得到有效保障的条件下才能进行这类选择，因为，在法律的诸价值中，公正是首要的价值，为效率而牺牲公正显然是得不偿失的。

在刑事司法中，存在偏重效率的诉讼模式。偏重效率在根本上注重的是秩序，因为效率无非是为保持秩序而提出的要求。正像自由取向的模式并非不顾及效率一样，效率取向的模式也并非不顾及自由。两者的区别实际在于：当出现价值冲突的时候，何者被置于优先考虑的地位——前者将自由置于效率之上，反对为追求效率而损害个人自由，在刑事证据制度中的表现是注重通过法律的正当程序达到实质真实发现，将法律的正当程序和实质真实发现并重看待，甚至为维护法律的正当程序不惜牺牲实质真实发现；后者则反之，将效率置于自由之上。

上面所述的只是刑事证据制度的主要价值，这里必须指出，在刑事证据制度中，作为其基础的法律价值具有多元化的特征，并不只限于以上四项价值。除上述价值外，还有其他一些价值，有的价值甚至超越了诉讼本身而具有更为深远的意义，这种意义不是简单以“实体正义”（发现案件实质真实）或者“程序正义”（正当程序）所能尽数涵盖的。

例如，现代诉讼中，许多国家的刑事诉讼法赋予律师拒绝披露他从履行辩护职责中获知的其当事人的情况，除非其当事人同意他这样做（但该当事人不能被强迫作出这种同意）。1901 年豪斯伯里（Halsbury L. C.）指出：“为了完美地司法和保护律师与其当事人之间存在的信任关系，基于信任而提供的信息不作为提供的对象被确立为一项公共政策原则。”[①] 这一刑事诉讼法的规则直接保护的对象是律师与其当事人之间存在的信任关系。法国学者色何勒－皮埃尔·拉格特等人就此指出：“法律保护当事人对于他的律师的信任。各个成员国这样做的目的是相同的，即保护每个需要借助法律实现他的权利和维护他的自由的人能够求助于

---

① William Shaw, *Evidence in Criminal Cases*, Butterworth & Co. Lid, 1954, p. 224.

律师的指点和帮助，并保证法律的正确实施。只有在律师和当事人相互信任的情况下，这些目的才能实现。因此也就产生并且形成了律师的权利和义务，这与其说是为了律师个人的利益，倒不如说是为了社会和社会的利益。因为在这个问题上，律师以及律师的法律服务成了自由社会里保护个人自由的一个必不可少的因素。”①“诚信”在这里是法律所保护的价值，通过对它的保护，防止辩护制度的大厦倾覆并进而对辩护权乃至实体权利提供保护。医师与病人、宗教活动者与信徒之间的信任关系也受到同样的保护，通过保护隐私权不受侵犯，最终保护医疗中的信赖性和安全性或者宗教制度的存续和发展。

有些证据规则保护的是国家重大利益，许多国家的刑事诉讼法规定，国家公职人员对于公务秘密负有保密义务，他们不得就这样的事实作证。例如意大利《刑事诉讼法典》第202条第1项规定：“公务员、公共职员和受委托从事公共服务的人员有义务不就属于国家秘密的事实作证。”又如日本《刑事诉讼法典》第144条规定：“对公务员或者曾任公务员的人得知的事实，本人或者该管公务机关声明是有关公务秘密的事项时，非经该管监督官厅的承诺，不得作为证人进行询问。但该管监督官厅，除有妨碍国家重大利益的情形以外，不得拒绝承诺。”这一类规定，既不是为了发现案件的实质真实，也不是为了维护所谓程序正义，而是将国家重大利益作为法律所保护的价值而在具体制度设计中加以保护。

（二）刑事证明中多元价值的平衡

如上所述，刑事证明中的价值既不是一元的（如实质真实或者程序正义），也不是二元的（实质真实与程序正义），而是多元的。理想类型的诉讼，案件涉及的多元价值应能得到协调一致的体现，现实类型的诉讼虽然也有不少案件能够使上述价值得到较为完美的体现，但也有相当数量的案件，诸价值间存在此消彼长的矛盾关系，这便存在如何进行价值选择的问题。价值的选择取决于选择者心目中各种价值的分量，因此具有一定的主观性和相对性。

在刑事诉讼法律制度、程序和规则的设计中，刑事诉讼中的多元价

---

① ［法］色何勒－皮埃尔·拉格特、［英］帕特里克：《西欧国家的法律制度》，陈庚生等译，吉林人民出版社1991年版，第178页。

值应当得到兼顾，力求达成平衡。美国学者卓尔·萨马哈指出，平衡乃刑事诉讼程序的核心问题，刑事诉讼程序是按照平衡相互冲突的利益的中心议题而组织的。詹姆斯麦迪逊在《联邦党人文集》中清楚地表达了在宪政民主的国家刑事诉讼法的基本特征就是平衡，主要是国家权力与个人隐私、自由和财产之间的平衡。卓尔·萨马哈提出，刑事诉讼程序中包含如下平衡关系：（1）社会与个人；（2）目的与手段；（3）法律、社会与意识形态；（4）联邦、州和地方政府；（5）政府的行政、立法与司法部门；（6）正式的规则与自由裁量权。

卓尔·萨马哈承认保持这些关系的平衡是困难的，他引述美国联邦最高法院首席大法官伦奎斯特的话说："在我们国家，贯穿政治理论长期历史和宪法发展历程的，最难以裁决的案件是存在两种相互冲突的价值的案件，每一价值都能够得到应有的尊重，但它们却相遇在此消彼长的竞争当中。"①

前述价值之间往往存在冲突，特别是秩序与个人自由——在刑事诉讼中体现为实体正义与程序正义——之间存在的冲突颇为显著。

实体正义与程序正义的关系实质上就是伦理学中所谓"目的善"与"手段善"之间的关系。②对此汤因比曾经指出："目的不能使手段正当化。目的和手段在伦理上必须有一贯性。这是从经验中产生的原理。在第一阶段做坏事，而在第二阶段想要做好事，这从心理上说，也是不可能的。就是说，出发点错了，就绝不会达到正确的终点。"③因此，必须强调实现目的的手段的正当性，在司法活动中就是要强调法律程序的正当性。

在《正义论》中，罗尔斯将程序正义分为完善的程序正义、不完善

---

① Joel Sarnaha, *Criminal Procedure*, West Wadsworth Publishing Company, 1999, p. xxii.

② 英国著名学者乔治·爱德华·穆尔提出，"善"（good）是伦理学的核心概念，有三层意思：第一，善性质是什么，即人们用"善"这一观念所表示的那种性质是什么；第二，什么是目的善，即哪些事物本身就具有善性质，或者说，哪些事物是因其本身缘故就值得追求的；第三，什么是手段善，即哪些事物可以作为使善事物本身产生或者存在的工具、原因，或者说哪些事情是应该做的。穆尔指出，凡是能够产生最大的善结果的行为就是应该做的。因此，在"善"这一概念下，结果的善和行为的善是两个相对应的属概念，它们的区别在于是行为还是行为的结果构成判断行为正当的唯一基础。

③ ［英］汤因比、［日］池田大作：《展望21世纪——汤因比与池田大作对话录》，荀春生、朱继征、陈国梁译，国际文化出版公司1997年版，第250—252页。

的程序正义和纯粹的程序正义。

完善的程序正义以切蛋糕为例，“一些人要分一个蛋糕，假定公平的划分是人人平等的一份，什么样的程序将得出这一结果呢？我们把技术问题放在一边，明显的办法就是让一人来划分蛋糕并得到最后一份，其他人都被允许在他之前拿。他将平等地划分这蛋糕，因为这样他才能确保自己得到可能有的最大一份。这个例子说明了完善的程序正义的两个特征。首先，对什么是公平的分配有一个独立的标准，一个脱离随后要进行的程序来确定并先于他的标准。其次，设计一种保证达到预期结果的程序是可能的”①。罗尔斯指出，完善的程序的这个例子存在一定的前提假设，如均等地划分这些“蛋糕”在技术上是可能的，并且有想得到最大份额的蛋糕的愿望。他还指出：“在具有重大实践利害关系的情形中，完善的程序正义如果不是不可能，也是很罕见的。”②

纯粹的程序正义的特征是，“不存在对正当结果的独立标准，只存在一种正确的或公平的程序，这种程序若被人们恰当地遵守，其结果也会是正确的或公平的，无论它们可能会是一些什么样的结果。这种程序可以以赌博为例。如果一些人参加了一系列公平的赌博，在最后一次赌博后的现金分配是公平的（或无论这种分配是什么，至少不是不公平的）”③。罗尔斯指出：“纯粹程序正义的一个明显特征是：决定正当结果的程序必须实际被执行，因为在这些情形中没有任何独立的、参照它即可知道一个确定的结果是否正义的标准。”“一种公平的程序解释其结果的公平性只是在它被实际地执行的时候。”值得注意的是，罗尔斯特别指出：“我们不能因为一种特殊结果是在遵循一种公平的程序中达到的就说它是正义的。这个口子开得太大，会导致荒唐的不正当的结果。”

在完善的程序正义和纯粹的程序正义外，存在不完善的程序正义，其特征是存在对正当结果的独立标准，却没有保证达到它的程序。罗尔斯将刑事审判程序归类为不完善的程序，即在刑事审判中，“期望的结

---

① ［美］罗尔斯：《正义论》，何怀宏、何包钢、廖申白译，中国社会科学出版社1988年版，第85—86页。

② ［美］罗尔斯：《正义论》，何怀宏、何包钢、廖申白译，中国社会科学出版社1988年版，第86—87页。

③ ［美］罗尔斯：《正义论》，何怀宏、何包钢、廖申白译，中国社会科学出版社1988年版，第87页。

果是：只要被告犯有被控告的罪行，他就应当被宣判为有罪。审判程序是为探求和确定这方面的真实情况设计的，但看来不可能把法规设计得使它们总是达到正确的结果”。“即便法律被仔细地遵循，过程被公正恰当地引导，还是有可能达到错误的结果。一个无罪的人可能被判有罪，一个有罪的人却可能逍遥法外。在这类案件中我们看到了这样一种误判：不正义并非来自人的过错，而是因为某些情况的偶然结合挫败了法律规范的目的。不完善的程序正义的基本标志是：当有一种判断正确结果的独立标准时，却没有可以保证达到它的程序。”① 他进而指出：“犯罪审判的程序也可能不正义——即不是一种公平审判的程序——除非它已经得到理智的处理，以使该程序能作出正确决定，至少在大部分时间内能够如此。我们知道，一些错误在所难免，这部分是出于我们设定了一个很高的判决标准，并力求不冤枉无辜；而部分也是由于不可避免的人类失误性和在取证过程中靠不住的偶然性。然而，这些错误不能太多太经常，否则该审判程序就不再公正。”② 也就是说，一个诉讼程序即使再公正不过，如果适用的结果只导致实体正义的失落，而且没有使该程序能作出正确决定的理智的处理方法，这种程序就不应被视为公正，那它就应当不被采纳。

理想的司法状态是程序正义与实体正义同时获得实现，在大多数情况下，能够做到如此。一般地说，程序正义是实体正义的保障，但做到程序正义并不必然能够达到实体正义的结果。不过，如果离开程序正义，往往使程序正义和实体正义两败俱伤。因此，在两者存在冲突时，需要司法人员根据法律的强制性规范进行取舍，或者根据法律授予的自由裁量权并综合两方面因素进行权衡然后决定取舍。在刑事诉讼领域，为达目的不择手段的马基雅维里式的信条已遭摈弃，正当程序的理念产生了前所未有的影响力，手段的正当性得到极大尊重。在刑事诉讼中，多数案件能够通过正当程序达到实质真实发现的目的，从而实现正当程序与实质真实发现的统一，使刑事诉讼本身几近理想状态。但也有不少案件，在正当程序与实质真实发现之间存在矛盾，形成鱼与熊掌不可兼

① 参见［美］罗尔斯：《正义论》，何怀宏、何包钢、廖申白译，中国社会科学出版社1988年版，第86页。

② ［美］罗尔斯：《政治自由主义》，万俊人译，译林出版社2000年版，第450页。

得的局面，这就需要在两者间进行权衡和作出选择。

注重自由的选择者更倾向于维护法律的正当程序，卓尔·萨马哈指出："刑事诉讼程序是按照在相互冲突的价值间保持平衡的中心主题而建构的。首先，刑事诉讼法在特定案件中取得正确结果所包含的利益和与之相对的在所有案件中保持程序公正所包含的利益取得平衡。平衡结果与过程就是目的调整手段的永远困惑（timeless puzzle）的例子。在刑事程序中，目的是承办的案件的正确结果，手段是取得结果所依赖的程序。刑事诉讼法认识到取得正确结果的重要性，那就是使无辜者自由，使有罪者受罚；但刑事诉讼法也抬高了按照公平程序实施法律的价值。换句话说，在刑事诉讼法中，目的并不能总是使手段正当化。实际上，当被迫进行选择时，我们的宪法制度要求公平程序的手段必须优先于取得正确结果这一目的。易言之，人人得享公平程序比以不公平程序定一个即使是有罪的人（的罪）更为重要。"①

在刑事诉讼中，当实质真实与正当程序存在冲突的情况下，取正当程序舍实质真实，这一选择建立在认为国家起源于极恶、国家权力对公民自由权利的威胁极大、它被滥用之害大于个别犯罪人被放纵之害的基本理念之上。取正当程序舍实质真实的选择，并不意味着对实质真实的重要性的贬低。在多数情况下，是可以通过法律的正当程序达到发现实质真实的目的的。例如，为禁止非法取证而设置的非法证据排除规则，禁止的是非法取证行为，对于证明被告人有罪的证据，人们往往可以通过理性的替代行为——依法取证——来获取，进而达到实质真实发现的目的。虽然在个别案件中这类程序规定或者证据规则会导致实质真实失落的后果，但唯有这一选择才能够促使国家官员依法律的正当程序去发现实质真实，并有希望最终促成正当程序与实质真实同时得到实现的前景。如美国的马普案件的裁决就体现了这样一种信念："可供选择的诸方法——诸如对于执法人员进行刑事控诉、对执法人员进行行政纪律约束或者对执法人员提起民事诉讼——均不是实施宪法第四修正案②的足够

---

① Joel Sarnaha, *Criminal Procedure*, West Wadsworth Publishing Company, 1999, p. xxii.

② 美国宪法第四修正案规定："人民保护其人身、住房、文件和财物不受无理搜查、扣押的权利不得侵犯；除非有合理的根据认为有罪，以宣誓或郑重声明保证，并详细开列应予搜查的地点、应予扣押的人或物，不得颁发搜查和扣押证。"

有效的方法，只有排除规则才是唯一有效的方法。”[①] 相反的选择——舍弃正当程序——却容易造成正当程序与实质真实双双失落的境况。也就是说，对于个别案件，取正当程序舍实质真实的选择，会导致实质真实失落；但对于整个司法活动而言，这一选择对于发现案件的实质真实和对犯罪的惩罚的损害只是局部的，而且可以通过提高侦查能力等理性的替代方法在一定程度上弥补这一缺陷。

但辩证地看，刑事诉讼是围绕被告人的刑事责任进行的，发现案件的真相始终是人们追求的目标，不能因强调程序公正便将实体正义置于可有可无、无足轻重的地位。仍以美国非法证据排除规则为例，该规则虽然在确立正当程序、规范警察权力、加强人权保障方面发挥了重要作用，但过于严格、过于苛求也有可能在查明案情、惩罚犯罪方面带来负面影响，这也就是排除规则自其产生之日起便伴随着批评和异议的原因。而且正是这些批评和改革的建议导致对排除规则适用的限制。由于联邦最高法院的大法官们与某些公共机构一样，抱怨排除规则在遏制警察违法行为方面缺乏实效，因此由沃伦·伯格主持的最高法院逐步对其前任所建立的被告人权利保障方面的判例附加了多项限制和例外。这些批评、限制和例外，实际上也是企图在打击犯罪与保障人权、实体正义与程序正义之间寻求平衡。

惩罚犯罪与保障人权之间的冲突是刑事证据制度需要解决的另一对主要矛盾。犯罪是对国家和社会危害最大的违法行为，它侵犯公民的人身权利、财产权利和其他权利，危害国家安全，破坏社会秩序，严重损害国家、人民的根本利益和眼前利益。为了有效地追究犯罪、惩罚犯罪，国家不仅要制定刑事实体法，对罪与罚作出明确规定；还要制定刑事程序法和证据法，以保证准确有效地惩治和遏制犯罪。国家具有特殊组织和特殊权力，其基本职能包括抵御外部侵略、维护内部秩序和防御自然灾害等。惩罚犯罪是国家维护内部秩序这一职能的具体表现，它是保护人民的人身权利、财产权利和其他合法权利使之不受犯罪侵害，并且在受到侵害后取得相应救济的有效方法。

需要指出的是，通过及时惩处犯罪人来保护公民的人身、财产、生命等合法权利，以及在打击犯罪的同时保障无罪的人不受刑事追究，只

① John N. Ferdico, J. D, *Criminal Procedure*, West Publishing Co., 1989, p. 48.

是保护人民的一个重要方面，公民的财产乃至生命等权利不仅可能受到犯罪行为的侵害，也可能因为国家权力的滥用而遭受损害，因此刑事诉讼中“保护人民”的内涵还应当包括：保障包括犯罪嫌疑人、被告人、被害人在内所有诉讼参与人的诉讼权利使之得到充分行使；保障有罪的人受到公正的惩罚，即做到程序合法、事实准确、定罪正确、量刑适当。一部刑事诉讼法不仅是赋予国家机关一定权力的法律，也是限制国家权力以防止公民个人权利受到政府侵害的法律。现代法治社会要求，社会生活的各个方面都应当纳入法制的轨道，由法律予以规范。在国家权力与个人权益的关系上，要求国家对个人权益的任何剥夺均需具备正当的法律根据和法律程序，这就是“法律的正当程序”的理念。体现在刑事诉讼中，就要求通过程序设置赋予被追诉者与国家追诉机构相抗衡的能力和机会，使其有效抵御国家权力的非法侵犯。刑事诉讼法承担着在法律上对此加以保障的职责。

法治社会的基本要求是国家权力应当纳入法制的轨道，由法律予以规范。在国家权利与公民权益的关系上，要求国家对公民权益的任何剥夺均需具备正当的法律根据和法律程序，祛除武断专横的权力。在刑事司法活动中，则要求从程序上赋予被追诉者与国家追诉机构相抗衡的能力和机会，使其有效抵御国家权利的非法侵犯。这需要由刑事证据制度承担起在法律上加以保障的职责。

刑事证据制度并不限于维护秩序、惩罚犯罪这一单一功能，它也发挥着保障人权的独立作用。通过对犯罪人的及时惩处，保护公民的人身、财产、生命等合法权利，在打击犯罪的同时保障无罪的人不受刑事追究，这只是权利保障的一个方面；更为重要的是，公民的财产乃至生命等权利不仅可能受到犯罪行为的侵害，也可能因为国家权力的滥用而遭受损害。这就需要由刑事诉讼法等法律承担起限制和规范国家权力的作用。刑事诉讼法是就刑事诉讼的主体及其职权的配置和范围，或者其诉讼权利的赋予、诉讼义务的设定，以及刑事诉讼的活动的原则、规则、程序等为内容的。这些内容的设定有两大功能，一是保障发现案件的客观真实，使犯罪人受到应有的惩罚，并保障无罪的人不受刑事追究，它体现了国家维护安全和秩序的意志；二是保障涉讼的公民个人（包括事实上有罪的被刑事追究的人）的人身权利、财产权利以及其他权利不受来自国家权力的恣意侵犯，保证对上述权利的限制和剥夺应维持在程序正当的范围内，它所体现的是对人及其存在的尊严的尊重。

卡尔·雅斯贝斯曾言："在我们意志的所有对立面中，今天只有一点似乎是一致的。一切民族、个人和政体，全都一致要求自由。至于什么是自由，达到自由要求什么，立即就有了广泛的观点分歧。""在自由的名义下人们几乎要求一切。在自由的名义下甚至会踏上奴役之路。"[①] 摩狄曼·J. 阿德勒在谈到"自由"一词的时候也不禁感慨："跟别的大多数伟大观念一样，自由也有其内在的复杂性。"[②]

在注重自由的价值取向中，面临个人利益和社会利益发生冲突，其选择往往是，"因为对个人来说最有利的并不总是对作为一个整体的社会来说也是最有利的"[③]，当个人利益与社会利益发生冲突的时候，注重自由便意味着保障每个人的利益不受侵犯，因此在利益方面取个人主义而非集体主义的价值模式。

所谓自由，就是不受强制的状态，"其意即谓个人有舒展选择其生活之权，而不受分界禁条之节制"[④]。伯特兰·罗素将自由称为"最伟大的政治福利"，而"政府和法律按其实质来说是对自由的限制和约束"，"虽然目前还需要有一定形式的法律和政府，但必须记住，一切法律和政府在某种程度上本身就是祸害"。尊崇自由的人通常认为，法律和政府只有在能够阻止其他更大的罪恶发生时才有存在的价值，每次行使国家权力时都必须经过慎重考虑，并且应当在不致造成个人专横暴虐的情况下尽量削弱国家权力。[⑤]

注重自由并不意味着忽视秩序，因为秩序往往是实现自由的条件之一。自由主义者心中的自由并不是绝对意义上的自由。自由通常意味着一个人能做他所愿意做的事，但自由是有限制的，为所欲为的自由是没有的，"可能有人持不同看法，比如认为每个人有权不受任何妨碍和限

① [德] 卡尔·雅斯贝斯：《历史的起源与目标》，魏楚雄、俞新天译，华夏出版社 1989 年版，第 174 页。

② [美] M. J. 阿德勒：《六大观念》，陈珠泉、杨建国译，团结出版社 1989 年版，第 146 页。

③ [美] 戴维·波普诺：《社会学》，李强译，中国人民大学出版社 1999 年版，第 488 页。

④ [英] H. L. 拉斯基：《现代国家自由论》，何子恒译，商务印书馆 1932 年版，第 1 页。

⑤ [英] 伯特兰·罗素：《自由之路》，李国山译，商务印书馆出版，第 71—72 页。

制地生活下去，但我们中的多数人会同意，我们绝没有在感情冲动的情况下砍下自己的邻居的脑袋之自由”①。这就是说，自由隐含着“有秩序的自由的概念”（concept of ordered liberty）②，如果允许社会成员危害社会而又不加以限制的话，那么自由就不复存在。所以，自由应当不损害与别人共同生活的社会所拥有的社会利益和他人利益，否则就会出现人与人自由的冲突，最后便以强者压制弱者的强权限制人们的自由，形成强者拥有更多的为所欲为的自由而弱者拥有更少的自由却承担更多的服从义务的秩序③，秩序与自由在这个意义上是处于和谐状态的。

对自由的限制是依据正义原则加以确定的。④这种限制应当严格恪守必要性和合理性的原则，不得对自由加以额外的限制，包括以秩序为理由的额外的限制。“一切法律都限制个人某种程度的自由，但是被限制的这些自由，往往是不能让其成员享有的自由。”⑤

刑事司法活动中，秩序与自由常常存在冲突，如以限制甚至侵犯个人自由的手段往往有利于高效率地发现案件真实，以稳定和维护秩序，但这种做法在程序方面损害个人权利，并且往往损害实体正义的实现，有时反而破坏了社会秩序，特别是损害了人们对法制的尊重的意识，因此应当反对以侵犯个人自由的方式实现和维护秩序，从自由原则出发，刑事司法体制的功能是在个人权利与政府权力之间起着调节作用，这种调节作用是通过裁决案件来实现的，正如美国联邦最高法院法官威利斯·V. 德万特所云：“……审判人员……是整个审判体系的平衡轮，起

---

① ［美］小查尔斯·F. 亨普希尔：《美国刑事诉讼》（上册），中国政法大学教务处1984年印制，第5页。

② 自由与放纵的区别在于，放纵乃是非法地或者非正义地行使一个人做他喜欢做的事情的能力，这意味着自由的滥用。

③ ［美］M. J. 阿德勒：《六大观念》，陈珠泉、杨建国译，团结出版社1989年版，第146页。

④ 自由由正义加以实质的约束，由法律和道德加以形式的约束。法律和道德都应当符合正义。自由就是在符合正义要求的法律和道德所允许的范围内的自由选择和自由行动的权利。这样的法律往往对自由加以一定的合理的限制，如对于鼓吹战争的宣传，鼓吹构成煽动歧视、敌视或强暴的关于民族、种族或宗教仇恨的主张，法律均加以禁止，又如允许在符合法定条件的情况下对被怀疑犯罪的人采取暂时限制甚至剥夺其人身自由的强制措施，等等。

⑤ ［美］小查尔斯·F. 亨普希尔：《美国刑事诉讼》（上册），中国政法大学教务处1984年印制，第5页。

着维持个人权利与政府权力之间的调节作用。”[①] 司法的宗旨有两项，是通过司法程序的进行以防止犯罪，立法机构制定法律，然后由法院承担起解释和实施这些法律的责任。这一制度的目的，一是保障全体公民的生命权、自由权和追求幸福的权利，与此同时保护他们免受他人刑事犯罪活动的侵害；二是保护个人反对暴政，法院充当的是“个人自由的保护人”[②] 的角色，“法院必须保护个人的自由，因为‘自由的历史基本上曾经是遵守保护性程序的历史’[③]，法院应当坚持个人对自己的行为负责，而同时还必须努力保护被告人不受暴政的迫害，在这两方面衡量得失，作出裁断”[④]。

美国刑事诉讼中的排除规则，体现了法院在个人权利保障与政府权力运作之间的平衡作用，体现了法官在实质真实发现与正当程序这一对诉讼价值之间进行的利害权衡——这意味着在理想的诉讼状态与现实的诉讼状态间谨慎地调整着距离。排除规则是在正当程序与实质真实出现矛盾的时候，将正当程序置于实质真实发现之上的选择模式的产物。这种舍实质真实就正当程序的做法当然不是刻意贬低实质真实发现的法律价值，而是试图通过消除违法取证行为的利益性达到遏制该行为的目的。司法实践表明，不彻底消除违法行为的利益性，就难以解决违法行为的泛滥问题，就难以实现正当程序与实质真实的和谐状态。在保护个人权利方面，美国联邦最高法院的许多案例在美国司法乃至政治中起到了举足轻重的作用，有的著名案例甚至保持着一种里程碑意义。故而美国学者约瑟夫·R. 费茨曼等人指出：“美国联邦最高法院的判例构成了美国政治高超文化的核心内容。”

注重自由的刑事证据制度，提供的是防止暴政的机制。这种暴政往往是自上而下的，也可能来自与承审案件的法院处于水平线上的其他权力，因此它要形成一种自下而上地遏制暴政的机制和遏制来自水平线上的暴政的机制，要做到这一点，必须使法官能够独立行使审判权，并保

① 参见1920年埃文斯诉戈尔一案的判决，载《联邦报告》第243卷，第245页。

② 法国宪法第66条的规定体现了这一精神，该引语来自该条的规定。

③ 美国联邦最高法院大法官费利克斯·富兰克福特在麦克纳布诉美国一案赞同多数的发言，载《联邦报告》第318卷第332页及《最高法院报告》第63卷第609页。

④ ［美］小查尔斯·F. 亨普希尔：《美国刑事诉讼》下册，中国政法大学教务处1984年印制，第7页。

证其具有人权意识、公正意识等司法理性。司法机关不独立行使职权，就难以发挥法院的遏制暴政的作用，自由也就岌岌可危了。正如英国学者拉斯基（H. L. Laski）所言："法官之职务，广言之，即在遇有政府与人民或人民自身间发生争讼之时，须不偏不倚以解释法律。设政府控一人以叛国之罪，而司法者慑于政府之势，舞文弄法，掩饰政府诬告之非，坐人以叛国之罪，则其人之自由，不已戕贼净尽耶？"①

注重自由的社会，时时警惕权威对自由的威胁，因此注重对国家权力的限制。密尔曾经对个人自由受到威胁的状况表示担忧，他说："世界上还广泛地有着一种日益增长的倾向，要把社会凌驾于个人的权力不适当地加以伸展，既用舆论力量，甚至也用立法力量。既然世界上发生着的一切变化是趋向于加强社会的权力而减弱个人的权力，可见这个侵蚀就不是那种趋于自动消失的灾祸，相反是会增长得愈来愈可怕的。"②表现在刑事司法活动中，就是注重抑制在刑事司法活动中运作的国家权力，从而更倾向于建立起一种权力抑制型司法模式。包括：重视诉讼中的人权保障，加强犯罪嫌疑人、被告人的防御权，给予辩护律师较为充分的活动空间；强调审判活动中的对抗性，这种对抗性还往往延伸到审前阶段；对国家机关的活动设置多项制约机制进行限制，以令状制度保障某些侦查行为的正当性，对于严重侵犯个人自由权利的证据进行排除，等等。在案件真实发现方面，往往遵行消极的实体真实主义，"'积极地'对被起诉的犯罪事实进行周密的批评"，力图做到无罪者不予处罚。这里可以与秩序—效率模式进行一个对比，秩序—效率模式遵行的是积极的实体真实主义，"力图做到必定发现犯罪、处罚无一漏网"，往往"承认非法侦查取得的证据能力，或者承认诉因变更命令的形成能力。这就是必罚主义"。③

过去很长一段时间内，在我国刑事证据的立法和司法实践中，惩罚犯罪几乎是唯一的价值选择。随着国家民主法治的不断健全和法学研究的不断发展，人们对于刑事诉讼法律价值的认识也发生了变化。现在人们认识到刑事诉讼的价值是多元的，不仅惩罚犯罪是刑事诉讼追求的目

---

① ［英］H. L. 拉斯基：《现代国家自由论》，何子恒译，商务印书馆1932年版，第21页。

② ［英］约翰·密尔：《论自由》，许宝骙译，商务印书馆1959年版，第16页。

③ ［日］田口守一：《刑事诉讼法》，刘迪等译，法律出版社2000年版，第10页。

标，同时保障人权和诉讼效率也是刑事诉讼追求的目标。这就需要我们将视野放宽，充分认识诉讼价值的多元性和相对性，在设计和运作刑事证据制度中，努力在秩序与自由、公正与效率、惩罚犯罪与保障人权、实体真实与程序正当等价值范畴中建立起均衡模式。

我国司法改革的一项重要内容是要解决长期以来存在的“重实体，轻程序”的问题，但是，在对旧疾进行疗救的时候，如果矫枉过正，可能会又催“重程序，轻实体”之新恙。正如有的学者所警告的那样，它会造成以程序公正掩盖实体不公正的现象的发生。美国哈佛大学法学院德肖微茨教授在参加中美审判实务高级研讨班时曾指出，中国学者不断呼吁，应切实加强犯罪嫌疑人和被告人的诉讼权利。而在美国，犯罪分子正因为获得了法律赋予的广泛权利，已经越来越不把警察和检察官放在眼里了。法律强调充分保障罪犯人权的代价，便是当今美国犯罪率的上升。如引起我国法学界激烈争论的犯罪嫌疑人能否享有沉默权的问题，赞成派明显占了上风。美国是在法律中明文规定沉默权的国家，德肖微茨先生却说：“这是一项糟糕的制度。”一个极端的例子是，他的一位当事人在法庭上傲慢地呵斥检察官：“我有权拒绝告诉你我的姓名。”所以，德肖微茨教授认为美国司法改革的方向是要减少对犯罪嫌疑人的法律保护，而中国却应在原先的起点上，逐步增加刑事诉讼过程中犯罪嫌疑人和被告人的正当权利。德肖微茨还预言说：“也许有一天我们会走到一起。”[①] 这是应当引起我们深思的。

刑事证明的理念，就是作为刑事证据立法、刑事证明实践以及刑事证据法学研究的指导观念和理论支持。换言之，就是我们在刑事证据立法和实践活动中需要遵循和体现的价值追求，也是我们在进行证据法学研究时据以衡量某一证据制度是否科学合理的基本尺度。刑事证明的理念具有多元化的特征，我国证据法学界有人将其归纳为秩序、自由、人权、真实、公正、效率等。在此我们想转换一下研究的角度，以刑事证明应当具有的特征为切入点，阐述刑事证明的基本理念。我们认为，刑事证明应当具有客观性、相对性和正当性，而满足了这“三性”要求的刑事证明，必然遵循和体现了秩序、自由、人权、真实、公正以及效率等价值追求。

---

① 载《中国青年报》2001年3月26日。

刑事证明观的重建与诉讼模式的转型 *

围绕我国刑事诉讼模式的转型，笔者谈谈重新构建我国刑事证明理论体系、特别是确立新的证明观的重要性和必要性。主要谈以下三点：

一、刑事诉讼模式与刑事证明观的互动

所谓刑事证明观，指的是人们对于刑事证明和证据运用所持的基本观念和立场，是构建证明理论体系的核心和起点。刑事证明观既来源于刑事司法活动和证明实践，转而又指导刑事证明的立法与司法活动；既受制于一个国家的诉讼模式，又反作用于诉讼模式，对诉讼模式的进化和诉讼制度的构建产生影响。以分析不同诉讼模式下侦查与审判的关系和法官在查明案件事实中的作用为例，可以领略到诉讼模式与证明观之间的互动关系。

在大陆法系国家，由于奉行职权主义诉讼模式，侦查程序带有明显的纠问色彩，强调国家机关运用职权对案件事实的发现，注重在审判前进行有效侦查的必要性，并且侦查程序具有较强的单向性和职权性。同时，为弥补因辩护方在侦查中的弱势地位而可能造成的失衡，防止侦查官员基于"必罚"的信念而忽视有利被告人的证据，在法庭审理阶段，重视法官在发现案件事实方面的作用，要求法官依职权将证据调查延伸到所有对于裁判具有意义的事实、证据上。显然，在此种刑事诉讼模式下，证明对象已不仅仅局限于控方所主张的事实，也无论该事实主张在控辩双方之间是否存有争议。在英美法系国家，由于严格贯彻"审判中心主义"和"证据裁判原则"，认为当事人间抗辩式的公开言词辩论不仅是程序公正的内在要求，也是发现案件真实情况的"最佳法律装置"，因此将侦查仅看作控方为提起控诉而进行的准备，侦查的结论对审判没有任何预设的效力。并且在侦查中同样奉行对抗制，允许处于对立当事

---

* 原文发表于《法学研究》2004 年第 6 期。

人地位的犯罪嫌疑人及其辩护人进行必要的事实调查和证据收集。这样，法庭审理中的证明活动紧紧围绕起诉方指控而辩方不予承认的事实进行。即仅将争议事实作为待证事实，并且“控方负有证明所有争议事实的法定责任”。

刑事证明观虽受制于诉讼模式，但亦能够反作用于诉讼模式，影响着不同诉讼模式下的具体制度特征。例如，在职权主义的证明观中，对证明功能的认识主要着眼于国家权力运行的层面，并对司法官员高度信任，为此在诉审关系和庭审程序上都确立了与此证明观相契合的诉讼制度，如在起诉方式上实行卷证移送主义；在庭审程序上采用审问制，贯彻调查原则，又称实质真实原则。而在当事人主义的证明观中，则将证明活动的推进建立在控辩双方平等对抗的基础之上，充分信任诉讼两造在收集证据和提供证据上的热情和能力，认为作为中立裁判者的法官没有必要介入控辩双方的证明活动中去。控辩双方在证明中对抗不仅可以最有效地发现案件事实，而且能够抵制国家权力的不当侵入。为此在起诉方式和庭审结构上分别确立了与此证明功能观相契合的相关制度，即实行非卷证移送主义（在日本则被称为起诉状一本主义）和抗辩制。控辩双方地位平等，控审职能完全分离，法官消极听证、居中裁断。

二、我国传统刑事证明观的不足及其对诉讼模式转型的消极影响

我国传统证明观念已明显滞后于诉讼理论的发展和司法实务改革，不但不能适应刑事诉讼制度改革的要求，而且正在阻碍诉讼模式的转型和司法改革的推进。主要表现在以下方面：

第一，传统证明观将诉讼中运用证据认定案件事实的活动基本等同于办案人员主观认识客观世界的活动，研究重点始终局限于认识论的层面，最终形成脱离诉讼法律研究诉讼证据、脱离诉讼活动研究诉讼证明的现象，从而妨碍证据法律的健全和证据规则的建立。

第二，刑事证明理论与刑事诉讼理论发展相脱节、相背离，从而阻碍诉讼制度的健全完善。近年来我国刑事诉讼理论研究已取得可喜成绩和长足进步。在程序正义理论指引下，人们普遍意识到，我国长期实行的司法一体化的办案机制，使诉讼具有强烈的行政治罪的色彩，侦查、起诉、审判相互间呈现的是一种前后递进、接力互补的关系。在此诉讼

构造下，被告人完全客体化，沦为司法流水线上的“物件”，因此必须加以改革，阻断侦查与审判的联系。而传统证明观，坚持认为证明贯穿诉讼的全过程，公检法三机关都是证明的主体，并且强调审判人员的证明责任。立法上仍予维持的关于审判人员必须“收集能够证实犯罪嫌疑人、被告人有罪或者无罪、犯罪情节轻重的各种证据”的规定，就是明显的例证。

第三，传统的证明观正在阻碍我国审判方式改革的继续推进。按照现代审判理论，合理的审判构造应当为正三角形的样态，即控诉与审判分离，控诉与辩护平等对抗，法官不偏不倚，居中裁断。反映在证明问题上，要求控方负举证责任，证明不能或证明不力会招致不利后果。控辩双方当庭举证质证，法官的职责是听证认证，在双方举证质证的基础上对证据的证据能力加以裁决，对证据的证明力加以判断，最终对争议事实作出结论。而我国传统证明观却强调法官也是证明责任的承担者，为此赋予法官庭上庭外进行调查的广泛权力。这样的证明理论必然和当下进行的审判方式改革趋向相抵触，并使有关审判程序改革的举措沦为空谈。

三、因循刑事诉讼模式转型，重建我国刑事证明观

因应我国刑事诉讼模式转型的趋势，我们应当探讨如何确立新的证明观并构建新的证明体系。限于篇幅，仅提出以下粗略构想。

（一）重建我国刑事证明的诉讼观

依据“审判中心主义”和“证据裁判原则”的要求，回归诉讼证明的本义，将证明的场域限定在法庭，明确证明就是当事人特别是控诉一方在法庭审理中依法提出证据，运用证据阐明指控事实，论证诉讼主张的活动，这样才能实现由“以侦查为中心”向“以审判为中心”的诉讼模式转移，将理论研究和立法重点集中到庭审证明规则、证明程序的制度设计上来。

（二）重建我国刑事证明的认识观

要纠正将刑事证明完全等同于认识活动的传统观念，意识到诉讼中的证明是一种既涉及认识范畴又涉及价值范畴的复杂活动，既需要遵循

认识论的一般规律，遵守经验法则和逻辑法则，同时又要满足程序正义的要求，接受程序法规范和证据规则的调整与制约。

（三）重建我国刑事证明的功能观

要对诉讼证明的功能重新认识，证明是诉讼两造为争取对己有利的结果而向中立的法庭所进行的权利行使活动，而不只是国家旨在打击犯罪的职权活动，才有可能将法官从证明主体中分离出去，才不会继续对被告人、辩护人的证明权利予以漠视，才有可能理顺诉审关系，构建合理的审判构造。

（四）重建我国刑事证明的价值观

刑事诉讼的价值取向应该是多元的而不是单一的，秩序与自由，公正与效率，实体公正与程序公正，惩治犯罪与保障人权，证明制度的建立涉及多重价值之间的选择与平衡。只有明确多元的证明价值观，一些提议中的制度，如证人作证豁免特权、反对被迫自我归罪等，才有可能在我国建立。

再论刑事证明观的更新 *

当下，证据理论研究呈现空前繁荣、百家争鸣的局面，诉讼证明问题也由长期为人忽略而逐渐引起学界的关注。笔者自2001年在何家弘教授主编的《证据学论坛》(第3卷)上发表《诉讼证明：一个亟待重塑的概念》以来，一直致力于刑事证明理论方面的研究，呼吁因应我国诉讼模式的转型，更新诉讼证明观念。值此何家弘教授主编《证据学论坛》(第10卷)之际，再借贵论坛一方宝地，概要阐述笔者关于诉讼证明观念更新的若干考虑，以期引起法学界对此问题的进一步关注和争鸣。

一、传统证明定义与应然证明概念

我国传统证据理论，一般认为刑事诉讼中的证明，指公安司法机关和当事人以及他们所委托的辩护人、代理人收集、运用证据认定刑事案件事实的活动。按照这一理解，证明的主体包括公安司法机关及其办案人员、当事人以及诉讼参与人；狭义而言则仅指公安司法机关及其办案人员。证明客体为案件事实。证明过程包括侦查、起诉和审判的全部程序[①]。此种观点，长期以来在我国证据理论研究中占据主导地位，然而却存在自身固有的不足与缺陷，从而制约了我国证据理论研究的深入与发展，并对我国刑事诉讼制度产生了消极影响。

首先，此定义将诉讼证明基本等同于办案人员主观认识客观世界的活动，因此证据理论研究始终局限于认识论的层面，使我国的刑事证据理论长期呈现一种脱离诉讼活动研究诉讼证明、脱离诉讼法律研究诉讼证据的奇特现象，从而妨碍证据法律的健全和证据规则的建立。其次，

---

* 原文载何家弘主编:《证据学论坛》(第10卷)，中国检察出版社2005年版。

① 参见陈光中等:《刑事证据制度与认识论》，载《中国法学》2001年第1期；巫宇甦主编:《证据学》，群众出版社1983年版；陈一云主编:《证据学》，中国人民大学出版社1991年版；裴苍龄:《证据法学新论》，法律出版社1989年版；刘金友主编:《证据理论与实务》，法律出版社1992年版等。

此定义将运用证据认识案件事实亦即所谓诉讼证明的主体限定为公安司法机关及其办案人员。而诉讼当事人虽为“当事”，却被排除在证明主体之外，在运用证据证明案件事实方面基本上无可作为，或者即使能有所为，作用也微乎其微。再次，此定义将刑事证明看作贯穿诉讼全过程的一种认识活动，认为公、检、法三机关都是证明主体，并且强调审判人员的证明责任。刑事诉讼立法上仍予维持的关于审判人员应当“收集能够证实犯罪嫌疑人、被告人有罪或者无罪、犯罪情节轻重的各种证据”的规定，便是明显的例证。最后，此定义与审判构造理论相背离。按照现代审判原理，合理的审判构造应当呈现正三角形的样态，即控诉与审判分离，控诉与辩护对抗，法官不偏不倚，居中裁断。反映在刑事证明上，要求提出诉讼主张者负证明责任，证明不能或证明不力将招致主张不能得到维护或确认的不利后果。控辩双方当庭举证质证，法官的职责是听证认证，在双方举证质证的基础上对证据的证据能力加以裁决，对证据的证明力加以判断，最终对争议事实和诉讼主张作出结论。而传统证明理论强调法官的证明责任，为此并赋予法官庭上庭外进行调查的广泛权力，显然模糊了控审职能的基本分工，违背了法官中立的基本要求，与审判的应然构造相脱节，与审判方式改革的趋向相背离。

实际上，刑事证明的应然概念应当是指国家公诉机关和诉讼当事人在法庭审理中依照法律规定的程序和要求向审判机关提出证据，运用证据阐明系争事实，论证诉讼主张的活动。简要作以下剖析：

首先，从刑事证明的主体来看，应当是诉讼的两造，指国家公诉机关和诉讼当事人。这是由于，所谓证明主体即证明责任的承担者，从证明责任的本义来看，它是一个与诉讼主张和证明不能或不力时所要承受的不利后果紧密相联的概念，只有在诉讼中提出了具体诉讼主张的诉讼当事人才承担证明责任。有学者指出：“所谓证明，即使望文生义，也可以解释为以证据明了之。而在诉讼程序中，证明是与当事人的请求或主张结合在一起的。也就是说，提出请求或主张者，才有证明自己的请求或主张成立的必要。所以，如果在诉讼程序这一特定的环境下，很显然证明就只可能由提出请求或主张的当事人进行。”[①]法官的职责是对当事人的证明活动进行评判。法院本身既无自己的诉讼主张，也不允许有

① 刘荣军：《目的与方法、证明与裁判》，载《法学研究》2004年第6期。

任何偏袒的诉讼倾向，更不会因证明不能或证明不力而承担任何败诉的风险，因此，法院不可能为刑事证明主体。否则现代诉讼所谓控审分离、不告不理的原则和作为被告人权益保障核心的辩护制度，均将沦为空谈。事实上，证明就是向法官证明，而不是由法官来证明。正如我国台湾地区有学者所言："提出证据，而使法官获得完全之确信者，即为证明。"①

其次，从刑事证明的对象来看，应当是与控辩双方的诉讼主张关涉的事实，主要是控诉方指控被告人实施的犯罪事实。诉讼的实质在于定分止争，也就是解决当事人之间存在的争议；诉讼的形式在于原告、被告两造对抗，法官居中裁断。自刑事诉讼由封建纠问制回归现代控告制以来，国家（政府）对犯罪的追究通过检察机关向法院提出指控，诉请法院通过审判确认被告人有罪并施以刑罚而实现。指控含两部分内容：一是控方关于事实的主张，即被告人实施了控方所认定的行为；二是控方关于法律适用的意见，即认为根据刑法被告人实施的行为已构成某种犯罪需要追究其刑事责任。从证明的角度来看，实则反映为控辩双方关于指控事实的争议和适用法律的争议。控方提出刑事指控，必须以一定事实为基础；法院对指控作判决，通常也以查明争议事实为前提。因此刑事审判，首先要解决被告人是否实施了被指控的行为这一有关事实方面的争议，这就是"以事实为根据"。而法院对被告人被指控的争议事实是否存在以及真相究竟如何事前并无了解，即所谓"惟法院对于争议之存在或有关系争之事实，非俟适当提供其注意时本无所知"②，因此要求提出事实主张者即控方在法庭上对自己主张的事实举证加以证明。当然，在诉讼中可能产生证明责任转移的情况，当被告方提出某些抗辩主张时也需履行一定的证明责任。总体而言，在刑事诉讼中，争议事实的范围即证明对象的范围要受证明主体——国家公诉机关和诉讼当事人诉讼主张的约束。证明主体的诉讼请求划定了待证事实的范围，其中主要是刑事实体法上的归责要件事实，使与当事人诉讼主张无关的事实被排除在证明对象之外。

再次，从刑事证明的场域来看，应限定在刑事法庭这一特定的空

① 林山田:《刑事诉讼法》，汉荣书局有限公司 1981 年版，第 207 页。

② 林山田:《刑事诉讼法》，汉荣书局有限公司 1981 年版，第 44 页。

间。现代刑事诉讼，审判是关键阶段，在此阶段被追诉者的刑事责任问题要得到最终确定，法庭要对被告人是否有罪以及应否处以刑罚的问题作出终局性的、权威性的裁决。在以审判为中心的诉讼程序设置中，证明始终是与法庭审判紧密联系的概念，解决的是在审判程序中由谁提出诉讼主张并加以证明的问题。证明的要旨，乃在于通过法庭上的举证论证使担任事实裁判者的法官采信与确认己方的事实主张。在现代刑事诉讼中，侦查为起诉之准备，起诉书所指控的被告人犯罪事实是侦查机关侦查终结对案件事实作出的结论，或者说公诉机关对侦查部门关于案件事实所作结论的采信。但由于现代诉讼唯有法院有权对被告人作有罪之确认，因此起诉书所指控被告人之犯罪事实，只是公诉机关关于被告人犯罪的一种事实提主张，是公诉人在法庭上进行证明的起点和对象，审前的收集、调取证据等一切活动只是为公诉人在法庭上的证明活动奠定基础，创造条件，提供论据。

最后，从刑事证明的属性来看，刑事证明不仅是一种抽象思维活动（认识活动），还是一种特定的诉讼行为，直接受诉讼法律的规范和调整。刑事证明是一种具体诉讼行为或曰诉讼活动的命题，在我国证据理论研究中早已提出，早期的证据学教科书对证明概念的界定，最后均落到“诉讼活动”上来。但是在传统的证据理论中，往往过于强调刑事证明作为认识活动的属性，而忽视其作为一种诉讼行为的诉讼属性。刑事证明作为一种具体诉讼行为的属性，主要体现在以下方面：其一，刑事证明是在刑事程序法规制下进行的活动。“程序法定”是刑事诉讼的基本原则，程序法对刑事证明的影响主要表现在：裁判者必须遵循“不告不理”原则，受起诉范围限制，不能任意扩大需要认定和裁判的事实范围；裁判者作为认定事实的依据只限于控辩双方在法庭上举证质证的证据；裁判者必须以开庭方式审查证据；等等。其二，刑事证明活动蕴含着一系列法律价值的实现和选择过程。例如，法官经审理发现控诉方掌握了一定的有罪证据，但证明被告人有罪的证据并不确实充分，也就是案件处于“疑罪”的状态，这时究竟是作出有罪判决还是罪疑从无呢？如果作有罪判决，从形式上看是惩罚了犯罪，但有冤枉无辜之嫌，而选择无罪判决，虽确保使无罪者免受错误的追究，但又有放纵犯罪之虞。又如，控方所使用的不利于被告人的证据系采取非法手段获得，是采纳为定案的根据还是予以排除？显然，对以上问题的解答，属于典型的价值评价和价值选择的问题。其三，诉讼是以解决利益争端和平定纠纷为目的的活动。诉讼中争议事项的解决，虽然通常以查明争议事实为基础，但并非必然前提。刑事诉讼中“疑罪从无”规则的适用，因证据不足而作出的指控不能成立的判决，就没有建立在案件事实真相得到查明的基础上。换言之，诉讼所蕴含的认识活动即使不能最终完成，或者并无任何明确的结果，裁判者也必须作出旨在解决争端的裁判结论。

二、查明、证明、判明——侦、诉、审在认定案件事实上的分工

我国传统证明理论视刑事证明为国家专门机关的职权活动，认为公、检、法三机关都是证明主体，共同承担查明案件事实、惩罚犯罪人的任务。此种观点模糊了公安、检察、法院在认定案件事实中的不同角色，混淆了侦查、起诉、审判诉讼职能的基本分工，因此长期阻碍着我国刑事诉讼构造的合理建构。

如前所述，在刑事诉讼领域，证明主要指国家公诉机关在法庭审理中依照法律规定的程序和要求向审判机关提出证据，运用证据阐明指控事实、论证公诉主张的活动。人民检察院是国家公诉机关，其法定职责是代表国家向被告人提起公诉，然后在法庭审理中派员出庭支持公诉。所谓支持公诉，有两项基本内容：首先是按照现代刑事诉讼证明责任分配理论，在法庭上提出证据，运用证据证明被告人犯有被指控的犯罪事实；其次是在证明指控事实成立的基础上适用法律，结合被告人犯罪情节的轻重和个人情况，论证被告人的行为构成何罪，应当如何处罚。因此，公诉人出庭支持公诉的首要任务便是进行刑事证明，即运用证据说服作为事实裁判者的法官采信控方的指控主张。

现代刑事诉讼，由犯罪的复杂性、隐蔽性决定，非经侦查，无从决定是否起诉。侦查为公诉之预备，公诉以侦查为基础。当刑事案件发生后，侦查人员通过深入的调查研究，运用专门的侦查手段，发现证据，收集证据，以查明案情，查获犯罪嫌疑人。当侦查人员认为案件事实已经清楚，证据已经确实充分，便终结侦查，将自己认定的案件事实、收集的证据以及适用法律的意见一并移送公诉机关审查。公诉机关如采信侦查人员关于案件事实的认定并据以向被告人提出刑事指控，侦查机关所获得的关于案件事实的认识转化为公诉中的事实主张，成为公诉人员

在法庭上需要运用证据加以证明的对象。因此，查明案件事实的活动是为公诉人员提起公诉、支持公诉服务的。“查明”是“证明”的前提或基础，“证明”是“查明”的目的或动因。

作为裁判职能的承担者，法官的职责是通过法庭审理认定被告人是否犯有被指控的行为，确定被告人是否应当为此行为负刑事责任。尽管法官作出刑事判决应以事实为依据，因此不可避免要涉及对案件事实的认定，但这种认定和侦查机关收集证据、借助证据发现案件事实真相是截然有别的。法官在认定案件事实上的任务是通过审理判明控诉机关对被告人的指控是否成立，即公诉人指控被告人实施某种犯罪行为是否有事实依据，是否有足够的证据予以支持。这种判明是建立在控辩双方当庭举证、质证基础之上的，是必须遵循现代诉讼证明规则的。换言之，根据证明责任分配原理，根据现代诉讼职能分工，法官庭审的任务是审查、检验、判断公诉机关是否依法适当履行了应尽的证明责任，在公诉机关实施举证行为后确定其对案件事实的证明是否已经符合或达到法律规定的标准。承担证明责任者，若举证不能或举证不力，则将承担诉讼主张不能成立的法律后果。所谓诉讼主张不能成立，就是其诉讼主张不为法官所确认、所支持。法官判明指控罪名不能成立，并不意味着被告人客观上一定没有实施起诉书所指控的罪行，只是因为控诉证据不足以定罪，公诉方没有很好地履行证明责任而已。因此，“证明”是公诉人在法庭上向法官提出证据、运用证据“证明”，而法官“判明”则是对公诉人证明活动的判断结论。“查明”“证明”“判明”，这就是侦查、起诉、审判三机关在认定案件事实上的基本分工。

三、刑事证明观的更新与诉讼模式的转型

刑事证明观，指的是人们对于刑事证明和证据运用所持的基本观念和立场，是构建刑事证明制度和理论体系的核心和起点。刑事证明观的形成不能脱离刑事诉讼活动实践，同时刑事证明理论应当与刑事诉讼理论协调发展，相互促进。但是在我国，二者之间却出现了背离和脱节：一方面，刑事诉讼理论研究取得可喜成绩，在程序正义理论的指引下刑事诉讼模式的转型正在积极进行；而另一方面，刑事证明理论却没有呼应刑事诉讼理论的发展，滞后于刑事诉讼模式转型的现实。

概言之，传统刑事证明观对当下正在进行的诉讼模式转型和诉讼制

度完善产生了负面影响或消极作用，主要体现在以下方面：

第一，传统证明观将刑事诉讼中运用证据认定案件事实的活动基本等同于办案人员主观认识客观的活动，研究重点始终局限于认识论的层面，最终形成脱离诉讼法律研究诉讼证据、脱离诉讼活动研究诉讼证明的现象，从而使刑事证明理论与刑事诉讼理论相脱节，甚至相背离，既妨碍了证据法律的健全和证据规则的建立，也制约了诉讼程序的改革和诉讼制度的完善。

第二，传统证明观片面地认为刑事证明仅仅是一种认识活动，将辩证唯物主义的认识论作为建立刑事证明理论和指导刑事证明活动的唯一理论基础，对案件事实的认定追求客观真实。显然，在此理念的指导下，作为主要是收集证据、查明案情并且据此为此后的起诉与审判提供事实基础的侦查阶段的地位得到重视和加强就实属必然。

第三，传统证明观坚持认为证明贯穿刑事诉讼全过程，公、检、法三机关都是证明主体，为我国的司法一体化办案机制提供了错误的理论支持。近年来，我国刑事诉讼理论研究取得长足进步。人们普遍意识到，我国长期实行的司法一体化的办案机制，使刑事诉讼具有强烈的行政治罪色彩，侦查、起诉、审判相互间呈现的是一种前后递进、接力互补的关系。在此诉讼构造下，被告人完全客体化，沦为司法流水线上的“物件”或“产品”。因此必须加以改造，以理顺侦查与起诉、起诉与审判的关系，阻断侦查与审判的联系。但传统证明观认为公、检、法三机关都是证明主体，共同担负证明职责的观点，显然与上述诉讼构造理论背道而驰。

第四，传统证明观正在阻碍我国审判方式改革的继续推进。按照现代审判理论，合理的审判构造应当为正三角形的样态，即控诉与审判职能分离，控诉与辩护平等对抗，法官不偏不倚，居中裁断。反映在证明制度上，要求控方负举证责任，证明不能或证明不力会招致不利后果。控辩双方当庭举证、质证，法官的职责是听证认证，在双方举证、质证的基础上对证据的证据能力加以裁决，对证据的证明力加以判断，最终对争议事实作出结论。而我国传统证明观却强调法官也是证明责任的承担者，为此并赋予法官庭上庭外进行调查的广泛权力。这样的证明理论必然和当下进行的审判方式改革趋向相抵触，并使立法上有关审判程序改革的举措难以实施。因此，围绕我国刑事诉讼模式的转型，尽快更新刑事证明观念，重新构建我国刑事证明理论体系，意义重大并十分紧迫。

首先，重建我国刑事证明的诉讼观。

传统的刑事证明观一直认为刑事证明活动贯穿侦查、起诉、审判的各个阶段，但是随着我国诉讼模式由“侦查中心主义”向“审判中心主义”转变，传统的刑事证明诉讼观显然已经不能适应我国刑事诉讼制度的现代化变革。这是因为，“侦查中心主义”的实质是法官对侦查机关所调查获取的证据高度信任，法官通常会将这些证据直接作为裁判的基础和依据。而“审判中心主义”则通过庭审过程中控辩双方平等举证、质证，对证人交叉询问等程序机制来甄别证据，认定事实。侦查结论转化为控方的起诉主张，与辩方的反驳主张相比，对法官而言并不具有任何天然的优势，这样就使法庭审判在审查证据、认定案情从而正确适用法律上具有了核心的地位。由此可见，在“侦查中心主义”和“审判中心主义”不同的语境中，证明发生的场域完全不同：在前者，由于庭审程序对审查证据和认定事实不发挥实质的作用，所以证明实际上在侦查机关的侦查活动中就已经完成；而在后者，侦查人员在侦查阶段对案件事实的认定仅仅是一种“查明”案情的行为，其对于犯罪嫌疑人罪责的认定只具有程序上的意义而不能产生认定有罪的法律后果，侦查结论若要得到法庭的最终采信和支持，需要检察机关将之转化为公诉指控中的事实主张，并在法庭上向法官进行达到法定要求程度的证明。这样侦查活动中的“查明”行为就仅仅是“证明”活动的前提或基础，并不构成证明活动本身，真正的诉讼证明应该发生在法庭审判阶段中。

此外，我国从“侦查中心主义”转变到“审判中心主义”，并因此重建我国的刑事证明诉讼观亦是无罪推定原则的必然要求。在有罪推定观念下，犯罪嫌疑人一旦进入侦查的视野就沦为了“人犯”。一旦侦查机关认定其有罪，其后的审查起诉和法庭审判只是形式化地对侦查结论加以维护和确认。而我国以1996年刑事诉讼法修改为标志的诉讼模式转型，一项重要的内容就是确立了“未经人民法院依法判决，对任何人都不得确定有罪”的原则。这既是借鉴了无罪推定原则的合理内核，也是确立“审判中心主义”的正当要求。既然唯有法院才能够确定被告人是否有罪，那么控辩双方就被告人是否犯有指控罪行的证明活动就只应当发生在审判阶段而非侦查阶段。

总之，我们应当依据“审判中心主义”和“证据裁判原则”的要求，回归诉讼证明的本义，将证明的场域限定在法庭，明确证明就是当事人特别是控诉一方在法庭审理中依法提出证据，运用证据阐明指控事实，论证诉讼主张的活动，这样才能实现由“以侦查为中心”向“以审判为中心”的诉讼模式转移，将证据理论研究的重点集中到庭审证明规则、证明程序的制度设计上来。

其次，重建我国刑事证明的认识观。

传统的刑事证明观认为，刑事证明是公安司法机关和当事人收集证据、运用证据认定案件事实的活动，也就是人们主观认识客观的抽象思维活动。但实际上，刑事诉讼中典型的认识活动只发生在侦查阶段，而法庭上的证明活动与单纯探求未知事物的认识活动相比，有着明显的区别。这里有法律上关于证明责任的分配，有特定的证明对象，存在因无罪推定而产生的保护被告人的特殊机制，适用于与各种诉讼性质和待证事实相适应的证明标准。这种围绕诉讼主张而进行的证明活动是以确认法律权益、解决利益争端为直接目的的。尽管此种证明活动无疑包含有认识活动，但绝不仅仅是认识活动，也不能完全等同于认识活动，它更多的是法律规则的运和法律价值的选择过程，即刑事证明是一种既涉及认识范畴又价值范畴的复杂活动。传统的刑事证明认识观是与侦查中心主义相应而生的。在后者的逻辑下，侦查活动成为诉讼中最为重要的阶段，而侦查活动的主要任务和内容就是收集证据、发现犯罪嫌疑人，刑事证明也就因此全部成为一种认识活动了。而“审判中心主义”在我国诉讼模式转型中的确立，要求我们在重建刑事证明诉讼的同时，亦要重建刑事证明的认识观。在进行刑事证明活动时，既要遵循认识论的一般规律，遵守经验法则和逻辑法则，同时又要满足程序正义的要求，接受程序法规范和证据规则的调整与制约。

将刑事证明活动完全等同于认识活动，必然导致在刑事证明理论和实践中将查明案件的真实情况作为证明的最终目的。相应的，案件的全部客观事实也就成为了认识对象即证明的对象，而无论这些事实是否为控辩双方所主张。其实这是一种误导，或者说一种错觉，是违背诉讼的基本原理的。根据诉讼的原理，诉讼证明对象的确定首先要受当事人诉讼主张的约束。正是当事人的诉讼主张划定了待证事实的范围与边界，使与诉讼主张无关的事实被排除在证明对象之外。同样，证明主体所要承担的证明责任也是紧紧围绕其所主张的事实来确定的，因此才有“谁主张，谁举证”的证明责任分担原则，也才能据此衡量证明主体有未履行证明责任并要求其承担相应的法律后果。主张了而不能举证证明，主张便不能成立，说了等于没说，这是分配证明责任的基本原则；举证了但未能达到法律规定的要求，主张同样不能成立，即得不到法官的认可和维护，这是解决疑罪案件的派生法则。只有重新建立科学的刑事证明认识观，才能分辨案件客观事实与诉讼主张事实的区别，才能合理地界定刑事诉讼中的证明对象，也才能理解所谓“裁判受起诉范围限制”的原则和“证据不足，指控罪名不能成立”的法律规定。

再次，重建我国刑事证明的功能观。

传统刑事证明观的一个显著特点，就是将刑事证明活动等同于主观认识客观世界的活动，而又将认识案件事实这一客观世界的主体局限于公安司法机关及其办案人员。准确及时地查明案件事实是办案人员正确处理案件的前提和基础，也是法律对办案人员的基本要求。加之我国刑事诉讼一直奉行公、检、法三机关“分工负责、互相配合、互相制约”的原则，该原则将刑事诉讼看作是国家专门机关与犯罪分子之间所展开的一场较量，公、检、法三机关应当共同承担追究被告人刑事责任的诉讼任务。在此种证明观的指导下，公安机关、人民检察院和人民法院在处理刑事案件的过程中呈现一种前后递进、接力互补的关系，有人形象地将其比作“工厂的流水线作业”或体育比赛中的“接力赛”。换言之，正是公、检、法三机关同为刑事证明的主体，代表国家进行刑事诉讼，又是为了实现一个共同的诉讼目的，查明案件事实真相，将犯罪人绳之以法，才形成我国特有的警检分工不分家、诉审关系密切化的线性诉讼构造。而在证明功能的认识上也发生畸变，即认为刑事证明主要是一种旨在打击犯罪的国家专门机关的职权行为，法官是承担这一任务的重要主体。这里，看不出与诉讼当事人有什么关系，至少关系不是很大，因此，当事人的证明活动便得不到应有的关注。

1996 年刑事诉讼法的修改和司法实务部门进行的审判方式改革，总体趋向是更多地吸收和借鉴当事人主义审判模式中的合理因素，强调法庭审理中的控辩对抗，当庭举证质证，要求法官中立听讼，居中裁断。这样，法庭调查活动主要由两部分构成：一是诉讼当事人的举证、质证活动；二是审判人员的听证、认证活动。此种审判方式的改革，使审判人员对案件事实的认识和判断主要建立在庭审中双方当事人的证明和反驳的基础之上，于是当事人的证明活动逐步在法庭调查中占主导地位。刑事证明的功能便发生变化，证明不再是法官惩治犯罪的职权行为，而是当事人为争取使自己的诉讼主张得到法官确认或维护的诉讼行为，其本质是一种行使诉讼权利或履行诉讼义务的行为。法官也不再是证明的主体，而是接受证明的主体，即证明是向法官证明或者证明给法官看。

最后，重建我国刑事证明的价值观。

在人们看来，1996 年刑事诉讼法修改最为成功之处是将单纯“打击犯罪、惩罚犯罪分子”的立法目的转变为“打击犯罪与保障人权并重”。刑事诉讼目的的转换体现了立法者所考持的价值理念法的更新，即由对“秩序”价值的单一追求到对“秩序”和“自由”的等量齐观。此一价值取向的多元化不仅反映了诉讼文明的发展和进步、法治理念的提升和张扬，更是我国刑事诉讼模式转型的必然趋势。因此，我国刑事证明的价值观也必须要进行与之相应的调整与重建，摒弃追求“秩序”单一价值的传统做法而实现“秩序”与“自由”“公正”“效率”等诸价值的并重和权衡。

一方面，在我们所重建的刑事证明价值观中，“人权”是应该得到最大限度张扬的理念和价值。在我国的刑事诉讼模式转型中，许多的制度变革都体现了这种加强诉讼中人权保障的理念。比如，在我国的庭审方式改革中，借鉴当事人主义的合理因素，绝对不只是意味着技术层面审判方式的变革，更是提高权力运作场域内人权保障力度的制度选择。因为当事人主义的审判模式建立在高度尊重个人主体性和强调正当程序的程序正义理念之上。因此，向当事人主义庭审模式转变本身就意味着对人权的尊崇和对人性的张扬。为此，我们重新构建刑事证明的价值观时，必须要弘扬诉讼民主和保障人权的主旋律，将“人权”价值作为我们进行制度选择时的重要理念。

另一方面，在我国传统的刑事证明价值观中，“秩序”一直被视为是最高的价值追求，即刑事证明的活动应当能够达到发现案件事实真相、查获犯罪分子从而打击和惩罚犯罪的目的。因此传统刑事证明中的许多规则和制度设计都旨在实现此一价值而否认和忽视其他价值的存在。但是实际上，除了“秩序”价值之外，刑事诉讼所关涉的许多其他价值同样需要法律的关照和呵护，甚至在一定意义上这些需要法律加以保护的价值和利益的重要性要超过“秩序”价值。比如，在证人作证问题上，许多国家都规定了证人拒绝作证的特权，即赋予某些知道有关情况的人员根据法定理由免除其作证义务的权利。立法规定证人享有此一权利的本质乃是法律将某些特定的利益和价值——如伦理亲情、宗教信仰、职业操守等视为高于或者等于秩序价值，因此法律对其施加特殊保障并在价值权衡时予以优先选择。而在我国，由于传统诉讼模式长期以来对“事实真相查明”的热衷和对“秩序”价值的青睐，一直强调“凡是知道案件情况的人，都有作证的义务”[①]。显然这不仅不利于其他价值的维系与保障，反而有可能造成对社会秩序的再次破坏，致使传统刑事证明价值观所秉持的维护社会秩序的初衷亦无法实现。因此，无论哪项关涉证明的制度的建立都涉及多重价值之间的选择与平衡。只有确立多元的证明价值观，一些提议中的制度，如证人作证豁免特权，反对被迫自我归罪等才有可能在我国建立。

① 1979 年《刑事诉讼法》第 37 条，1996 年《刑事诉讼法》第 48 条。

规范司法鉴定程序之立法势在必行 *

司法鉴定改革是我国司法改革的重要内容，也是近年来学术讨论及立法工作的重点。但是，学界及立法部门的关注点多集中于司法鉴定体制的完善及鉴定活动的统一管理，而忽略了对鉴定程序的规范和完善，造成我国司法鉴定改革的片面发展。在当前三大诉讼法均面临修改的大好时机下，如何借机推动司法鉴定的程序立法是摆在学术界和立法部门面前的一个共同课题。本文对此试作探讨，以求抛砖引玉，共同将司法鉴定的改革推向一个更高的境界。

一、司法鉴定管理立法的重大进步使规范鉴定程序立法的迫切性日益凸显

司法鉴定是指在诉讼活动中，鉴定人运用科学技术或者专门知识对诉讼涉及的专门性问题进行鉴别和判断并提供鉴定意见的活动。① 由于鉴定结论在诉讼中的重要作用日益增强，建立和完善司法鉴定法律制度的需要也日益迫切。

针对我国司法鉴定工作中机构和人员资格管理和执业管理分散混乱，分类不科学统一，操作规程不健全完善等突出弊端，司法部近年来相继出台了《司法鉴定机构登记管理办法》《司法鉴定人管理办法》《司法鉴定执业分类规定（试行）》《司法鉴定许可证管理规定》《司法鉴定程序通则（试行）》《司法鉴定文书示范文本》等一系列部门规章和规范性文件。最高人民法院也在2002年分别发布了《人民法院司法鉴定工作暂行办法》和《人民法院对外委托和组织司法鉴定管理办法》，就司法鉴定机构和人员的管理问题作出了相关规定。

---

* 原文发表于《中国司法鉴定》2005年第4期，与郭志媛合作。

① 全国人大常委会《关于司法鉴定管理问题的决定》（2005年2月28日通过）第1条之规定。

全国人大也一直高度重视司法鉴定的法制建设。九届全国人大三次、四次和五次会议分别有5个省团161位、8个省团266位、7个省团234位人大代表提出有关司法鉴定体制改革和司法鉴定法制建设的议案。全国人民代表大会内务司法委员会在反复征求政法各部门意见、深入基层调查研究、广泛论证的基础上，起草了《全国人民代表大会常委会关于司法鉴定管理问题的决定》草案。该决定于2005年2月28日第十届全国人民代表大会常务委员会第十四次会议通过，并将于2005年10月1日正式施行。

《关于司法鉴定管理问题的决定》(以下简称《决定》)首先解决了鉴定机构的独立性问题。它排除了侦查机关向社会接受委托从事有偿鉴定服务及法院和司法行政部门自设鉴定机构的情况，把鉴定机构放在一个不依附于任何司法机关、更为中立的立场上。

其次,《决定》确立了以司法行政机关为主的、统一的司法鉴定管理体制，这种管理体制将改变多头鉴定、重复鉴定的局面。

再次,《决定》确立了鉴定人负责制，还规定了鉴定人和鉴定机构违法时的法律责任制度，不仅有助于排除对鉴定人的非法干涉和影响，为鉴定人独立、客观地作出鉴定结论提供了可能，而且有利于促进鉴定行为的规范化。

最后，与鉴定人负责制相联系,《决定》还进一步规定了鉴定人出庭作证制度。要求鉴定人出庭作证，不仅有助于增强鉴定人的责任心，减少鉴定的“暗箱”操作，保证鉴定结论的客观准确，而且使得对鉴定结论有不同意见的当事人能在法庭上与鉴定人质证，从而体现了程序的公正。

从《决定》的内容来看，其性质实际上是关于司法鉴定管理活动的行政法，所以它涉及了鉴定的范围、鉴定的登记、鉴定人和鉴定机构的条件、鉴定具体的行政管理和鉴定人的责任，而没有涉及司法活动中鉴定的程序、鉴定结论的审查运用、鉴定结论的效力、鉴定的主体等问题。作为司法鉴定改革实践中的阶段性成果,《决定》所解决的就是司法鉴定的统一管理问题，即司法行政机关应当做到登记的统一、资质的统一、培训的统一、鉴定标准的统一、收费的统一、违规处罚的统一。

虽然《决定》的出台对司法鉴定体制进行了重大改革，对目前司法鉴定工作存在的突出问题进行了规范，但是我们要看到，司法鉴定是一个涉及司法体制、诉讼程序和证据制度的多方面的复杂工程，总体来看，适应建立有中国特色法律体系的司法鉴定制度尚未真正形成，司法鉴定的启动机制、运行程序、实施程序、采信机制、监督机制等，尚属法律或实际操作上的空白。因此，仅有《决定》不可能全面解决当前司法实践中有关鉴定的问题，鉴定制度改革应和诉讼体制改革保持同步，将其与诉讼法的修改和证据规则的制定结合起来通盘考虑。目前三大诉讼法都在进行修改，怎样运用诉讼程序来规范与鉴定有关的活动，保证鉴定结论的可靠性，保障司法的公正性，是一个值得深入研究的问题，也是司法鉴定立法的当务之急。

二、我国司法鉴定程序中存在的主要问题

司法鉴定本质上是一种协助司法机关解决诉讼中某些专门性问题的科学认识活动，旨在补充司法人员专门领域知识之不足，以达到正确判断之目的。它既有科学性的内容，又有法律性的要求，体现了法律性与科学性的统一。就其科学性而言，具体的鉴定活动是由掌握专门科学知识和技能的鉴定人运用科学知识、方法、手段，借助科学技术设备进行科学鉴别判断活动；鉴定的结果直接涉及的是从科学角度推理、概括的结论而非法律性的评价。就其法律性而言，鉴定主体必须具有法定的资格；鉴定人的鉴定活动不能脱离法律程序；鉴定的结果必须依照法律规定的方式提出并终将被运用到法律性质的活动即诉讼中。因此可以说，鉴定是一种以科学性为基础，以法律性为保障的诉讼活动。

从程序的角度来看，一方面，鉴定的进行与诉讼程序紧密相联，诉讼各主要阶段都可能出现需要运用鉴定手段解决的问题，而且鉴定的正确运用有助于推动诉讼程序的顺利进行；另一方面，鉴定活动本身就是一个彼此连接、由一定直接目的决定并按一定顺序进行的各种与鉴定有关的行为组成的完整过程。通常把整个鉴定程序划分为鉴定的启动程序、鉴定实施程序、鉴定结论的提交与审查判断程序，以及补充和重新鉴定程序等。

规范的鉴定程序应该是科学、民主、便捷的，并能体现现代诉讼兼顾公正与效率的精神。完善的鉴定程序立法应当包括以下内容：（1）鉴定的启动程序，涉及诉讼过程中，由谁在什么时候启动鉴定程序的问题；（2）鉴定的实施程序，应对鉴定事项的明确性、送检材料的标准、

司法机关的监督权以及完成鉴定的期限等加以界定；（3）鉴定结论的提交审查程序，主要涉及鉴定结论的形式要件以及鉴定人出庭接受法官和当事人询问的程序；（4）补充鉴定及重新鉴定程序，应对补充鉴定、重新鉴定的申请权、决定权，重新鉴定对鉴定机构的要求以及对次数的限制等作出规定。

而我国现行立法对于鉴定程序的规定可谓寥寥无几，即使有，也存在诸多问题，这些问题主要包括：

（一）鉴定的启动程序具有较大的任意性

一方面，公检法机关都有权自行委托鉴定机构进行鉴定，并将该机构出具的鉴定结论作为一种证据材料提交法院。另一方面，立法并未赋予当事人鉴定申请权，而仅仅规定了当事人对侦查机关鉴定结论不服时有申请补充鉴定或重新鉴定的权利，不利于对当事人的权利保护。

（二）缺乏对鉴定实施程序和鉴定结论质证程序的规定

前者主要是对鉴定科学性的保证，而后者则是鉴定客观公正性的保障。由于没有对鉴定对象、鉴定管辖、鉴定期限、鉴定监督以及鉴定人回避、鉴定人出庭作证制度等的具体规定，很难保证鉴定活动按照科学规律和法律要求进行，因而鉴定结论的证明力也很难符合“科学结论”的称谓，司法鉴定在公众心目中的权威性和公信力大大减弱。

（三）重新鉴定程序存在诸多问题

1. 鉴定结论的效力问题

包括横向鉴定与纵向鉴定两种情况。横向指公检法部门各有一套独立的鉴定系统，应以哪一家的鉴定结论为准？纵向指级别较高的鉴定机构所作出的鉴定结论，在效力上是否当然优于下级鉴定机构所作的鉴定结论？

2. 重新鉴定没有次数限制

一个案件可能从基层到中央历经层层鉴定，而每次的鉴定结论很可能又不一致，究竟对鉴定次数应不应当作出限制，能否规定普通案件实行两级鉴定制，一次为初级鉴定，一次为上级复核？

3. 关于重新鉴定的机构

由于法律并未规定重新鉴定的机构应在级别上高于原鉴定机构，实践中有时会出现越申请重新鉴定，鉴定机构级别越低的现象，而级别较低的鉴定机构所作出的鉴定结论权威性不够，难以令对方当事人信服，从而成为其再次申请重新鉴定的原因。

4. 关于申请重新鉴定的程序

目前的实践是提出重新鉴定申请的一方当事人向法院提供所选定的鉴定机构，法院一般都会批准，并告知对方当事人，但没有给对方当事人表示意见的机会。这样，如果重新鉴定结果不一，对方当事人大都会对重新鉴定的结论表示异议并再次申请重新鉴定，从而导致诉讼久拖不决，极大地影响诉讼效率。

三、规范鉴定程序立法的几点建议

综上所述，明确、完备的程序规定是形成科学鉴定结论的重要保障，鉴定程序立法直接决定着我国司法鉴定能否走上法制化、规范化的道路，因此鉴定程序立法之规范势在必行。笔者拟针对目前鉴定实践中与程序有关的主要问题，在借鉴其他国家有益经验的基础上，提出几点建议，供立法者参考。

（一）健全司法鉴定的启动程序

鉴定的启动权包括鉴定的决定权和委托权，该权力（或权利）究竟应由谁来行使，各国的做法不尽一致。以刑事鉴定为例，大陆法系国家的普遍做法是，法官在遇到专门性问题时，或者根据控辩双方的请求，或者依职权决定启动鉴定程序，即法官拥有鉴定的最终决定权和鉴定人的委托权。例如，法国《刑事诉讼法》第 156 条规定："任何预审法官或审判法官，在案件出现技术方面问题时，可以根据检察院的要求，或者依自己职权，或者一方当事人的要求，命令进行鉴定。"值得指出的是，控辩双方的请求对法官并无必然的约束力，只是在法国，"预审法官认为不应当满足进行鉴定的要求时，应当作出附有理由的裁定"。英美法系国家则由双方当事人自行决定是否选择、何时选择以及选择于己有利的那些专家提供专家意见，供陪审团和法官参酌。虽然美国《联邦证据规则》第 706 条规定，法庭可以指定经当事人同意的任何专家证人，也可以根据自己的选择指定专家证人，但同时也规定此规则不限制当事人根据自己的选择传唤专家证人。而实际上，专家证人作为当事人争得有利裁判的主要手段，基本上是当事人根据自己的需要与选择进行传唤的。可见，由于诉讼模式的不同，两大法系国家在司法鉴定权的归属上作出了截然不同的规定。但是近年来，世界各国在鉴定的决定权问题上，出现了相互吸收和融合的趋势，而且其中以英美法系国家借鉴大陆法系国家的法官控制鉴定启动，双方当事人享有平等请求权的模式最为显著。①

我国目前采用的鉴定启动模式与大陆法系类似，但是在鉴定程序的启动中发挥职权作用的主体除了法官之外，还包括侦查机关和检察机关。这种模式可能导致如下问题：一方面，侦查机关、检察机关自行启动鉴定难以保证鉴定的客观中立性；另一方面，侦查机关、检察机关自行启动鉴定也是造成“多头鉴定”和“重复鉴定”的最主要原因。鉴于此，我国应取消侦查机关自行启动鉴定的权利，由法院统一行使鉴定的最终决定权。当然，这一改革的实现有赖于侦查活动中司法审查机制的引入。笔者认为，我国可以借鉴俄罗斯的做法，从限制侦查机关的鉴定启动权逐渐过渡到完全取消其鉴定启动权。

在我国，公检法共同享有鉴定启动权，而当事人仅享有补充鉴定和重新鉴定的请求权，这种鉴定启动模式显然有悖于控辩平等原则。我国审判方式正从审问式向对抗式转换，当事人举证责任的增强与鉴定启动受限之间产生了不可调和的矛盾。在当事人举证责任日趋强化的情况下，法律不应排除当事人自己选择鉴定的权利，司法鉴定的启动权不宜全部由司法机关行使，当事人应当可以因举证需要而委托鉴定，也有权通过鉴定活动取得有利于自己的证据。这也是增强控辩双方对鉴定程序的参与能力、规范司法鉴定活动、树立司法鉴定结论公信力的一条有效途径。作为司法鉴定机构，面对诉讼中大量的当事人鉴定需求，也没有理由不提供必要的鉴定服务。

因此，为了保障当事人的参与性和鉴定程序的民主性，应当赋予控辩双方平等的委托鉴定申请权，最终决定权属于法院。同时规定，只要当事人、侦查机关提出的鉴定申请符合程序性要件，法院就应当批准，不得对控辩双方实行差别对待或歧视。法院不批准当事人的鉴定申请需

① 俄罗斯2001年12月18日颁布的新《刑事诉讼法典》对鉴定制度的重大改革就是一个典型例证。它在严格限制侦查员的鉴定启动权，将该权力交给法庭的前提下，赋予了辩护方平等的鉴定请求权。

说明理由。

（二）完善鉴定结论的质证程序

任何证据都须经查证属实才能被用作定案根据，鉴定结论也不例外。对鉴定结论进行质证是指鉴定人向法院提交鉴定结论并出庭接受交叉询问的过程和方法。完善此程序需注意以下问题：

1. 确保鉴定人出庭作证

鉴定人经过鉴定，必须以明确结论的形式提出其意见，以作为法官评定的对象和认定事实的根据。由于鉴定结论是鉴定人对鉴定客体的主观认识，对鉴定结论的质询与采信，只有在鉴定人出席法庭的情况下才能有效地进行。因此，世界各国的鉴定制度都规定了鉴定人的出庭作证义务。鉴定人必须出席法庭对鉴定过程、鉴定技术标准进行陈述，对鉴定结论的真实可靠性发表意见，同时接受当事人对鉴定人的交叉询问和对鉴定结论的质证。

我国刑事诉讼法和其他有关规范性文件[①]虽然明确规定了鉴定人应当出庭作证，但是目前司法实践中仍然以宣读鉴定结论代替鉴定人出庭。由于鉴定人不出庭作证，当事人对鉴定结论有疑问却无从解决，只能再找其他鉴定机构重复鉴定，客观上加重了司法成本和当事人的负担，也容易引起当事人及社会对鉴定乃至司法公正性的质疑。这种做法无疑大大损伤了鉴定结论的证明力和证据能力，也是实践中虽有几份鉴定结论仍不能定案的原因之一。因此，法律应增加强制性规范，明确规定鉴定人必须出庭接受质证的情形以及违反此义务应承担的法律后果，以确保鉴定人出庭作证。

《决定》第 11 条规定，在诉讼中，当事人对鉴定意见有异议的，经人民法院依法通知，鉴定人应当出庭作证。该条较之其他法律“鉴定人应当出庭”的笼统规定更加具体，明确了鉴定人必须出庭作证的两个要件：一是当事人对鉴定意见有异议，二是经人民法院依法通知。不仅如此，《决定》第 13 条还规定，鉴定人经人民法院依法通知，拒绝出庭作证的，由省级人民政府司法行政部门给予停止从事司法鉴定业务 3 个月以上 1 年以下的处罚；情节严重的，撤销登记。

① 例如，最高人民法院《人民法院司法鉴定工作暂行规定》第 8 条规定，鉴定人有“依法出庭宣读鉴定结论并回答与鉴定相关的提问”的义务。

《决定》虽然在确保鉴定人出庭接受质证方面有了重要进步，但是这些规定还远远不够。要切实保障鉴定人出庭，还需完善以下几方面的立法：

（1）明确规定鉴定人出庭例外的法定情形。与证人在法定情形下可以不出庭的原理相同，鉴定人在特定情形下并经人民法院准许，也应享有不出庭的权利。笔者认为，符合法定条件的出庭例外应当包括以下情形：一是诉讼双方及法官对鉴定结论均无异议的；二是经过庭审质证，诉讼双方对鉴定结论均无异议，但鉴定文书存在标点、错别字或语言不规范等方面的瑕疵的；三是年迈体弱、患有重病或行动极不方便且在较长时间内无法恢复的；四是鉴定人已经死亡、失踪或者居所不明的；五是因路途遥远且交通不便无法出庭的；六是因自然灾害等不可抗力或者其他意外事件无法出庭的；七是经合议庭认可的其他特殊原因。鉴定人出庭例外的法定情形与鉴定人必须出庭的法定情形相结合，能够更加明确地界定鉴定人的出庭义务。

（2）确立鉴定人强制出庭制度，完善鉴定人不出庭的法律后果。如前所述，《决定》只从行政管理处罚的角度规定了鉴定人不出庭的法律后果，而没有从程序制裁以及程序后果上规定鉴定人不出庭应承担何种法律后果。对此，可以借鉴其他国家和地区的有关规定，对于接到出庭通知或者有证据表明已接到出庭通知的鉴定人，无正当理由仍不出庭或拒绝出庭的，可采取训诫、责令具结悔过，并责令其到庭质证；经训诫后仍不到庭或仍不质证者，法庭可以采取传唤、拘传等措施，强制其出庭作证；对仍不质证的鉴定人或被拘传到庭的鉴定人仍拒不质证者，应视具体情节追究其行政责任（如罚款、拘留），并建议取消其司法鉴定人资格或从司法鉴定人名册中删除；审判组织也可以因此不采纳该鉴定人作出的鉴定结论，或认定其鉴定结论无效，并承担相应的民事责任；对于经过法庭多次传唤仍不出庭参与质证的鉴定人，情节特别严重构成犯罪的，应追究其刑事责任。

（3）建立、完善鉴定人出庭质证的经济补偿制度。鉴定人出庭作证是一种承担法律义务的行为，必然需要一定的权利为保障。由于鉴定人出庭作证时要支付交通费、食宿费等，还要承担误工等其他损失，为保障鉴定人的合法权益，提高鉴定人出庭质证的积极性和社会地位，有必要给予鉴定人适当的经济补偿。而我国法律对有关鉴定人因出庭作证而受到的经济损失如何补偿问题，除最高人民法院《关于行政诉讼证据若干问题的规定》第75条有相应的规定外，尚未作出明确具体的规定。笔者认为，为了鼓励鉴定人出庭作证，可以借鉴其他国家的立法经验，结合我国国情，尽快建立鉴定人出庭作证的经济补偿制度，既要明确补偿范围，也要明确由谁支付补偿费用。

（4）健全与完善鉴定人出庭的司法保护制度。在司法实践中，鉴定人出庭作证往往具有一定的风险性，甚至波及他们的近亲属。鉴定人及其近亲属的人身和财产安全能否得到保障，直接影响到鉴定人是否出庭作证、是否愿意接受质证的积极性，同时，还会影响到其他鉴定人出庭作证或接受询问。因此，许多国家或者通过专门立法或者在诉讼法典中设专章规定鉴定人权益保护制度。我国民事诉讼法、行政诉讼法以及最高人民法院关于民事和行政的诉讼证据规定中虽对鉴定人的司法保护作出了原则性规定，但是这些规定尚不足以消除鉴定人出庭作证的后顾之忧，因此应在立法上进一步完善鉴定人出庭的司法保护制度，包括明确界定保护对象、保护范围、保护机关并建立为鉴定人保密的制度等。

2. 完善鉴定结论的交叉询问程序

世界各国对鉴定结论的质证一般通过交叉询问程序进行。例如美国《加州证据法典》第721条a款规定："按照b款，专家可以和其他证人在同等程度被交叉询问。"可见鉴定人出庭作证的程序应与证人相同。由于交叉询问被誉为发现真相的最有力武器，许多大陆法系国家也吸收交叉询问规则来对鉴定人的意见进行审查判断。如意大利《刑事诉讼法》第501条第1款规定："询问鉴定人和技术顾问遵循有关询问证人的、可适用的规定。"但不同的是，在大陆法系国家，对鉴定人的询问以法官为主，当事人的询问只是一种补充；而在英美法系国家，主要由当事人双方对鉴定人进行交叉询问，法官则一般保持消极。

随着我国审判方式的改革，对证人出庭作证的，已经在采用具有我国特色的交叉询问方式。对鉴定人的质证可以采用类似的交叉询问规则。笔者认为，询问鉴定人应遵循以下规则：（1）发问的内容应当与本案的鉴定相关；（2）不得提出诱导性问题；（3）不得威胁鉴定人，也不得损害鉴定人的人格尊严；（4）法官对于向鉴定人的发问内容与本案鉴定无关或者发问方式不当的，应当制止；（5）鉴定人认为发问的内容与本鉴定无关或者发问方式不当提出异议的，法官应当判明情况予以支持或者驳回；（6）发问应遵循交叉询问的顺序，即由先提出鉴定人出庭申请的一方对鉴定人进行主询问，然后由对方进行反询问，就其中有争议的问题向鉴定人质疑，再由申请方进行主询问，以恢复鉴定结论的证明力，然后再由对方进行反询问。如果鉴定人出庭是诉讼双方同时申请或法院依职权提出，询问的顺序由双方当事人协商决定，在不能决定时由审判长决定。当某个专门性问题存在多份鉴定，而鉴定结论互相矛盾时，法庭可以安排鉴定人之间对质，由双方互相阐明自己作出的鉴定结论的真实性和可靠性，在辩论中可以检验不同的鉴定人对该问题的研究水平，使鉴定结论的不合理之处得以暴露，为法官判断鉴定结论的证明力提供参考。

3. 建立并完善专家辅助人制度

鉴于司法鉴定涉及专业知识与特殊技能，只有具有相关专业知识的人才能对鉴定人的鉴定结论展开实质性的质证活动。因此，我们建议吸收两大法系鉴定制度的有关经验，设立专家辅助人制度。

专家辅助人又称技术顾问，按其功能可分为“为法院服务的技术陪审员”和“为当事人服务的技术顾问”两种。技术陪审员的职责在于协助法院处理其掌握技术和经验之事项，他必须完全忠实于法院、忠实于科学。技术陪审员根据法院指令参与诉讼程序，特别是法院可指令技术陪审员出席全部或部分开庭审理，就有关类似问题向法院提出建议。技术陪审员与当事人不发生直接联系，因此具有独立性和中立性。为当事人服务的技术顾问（或曰专家辅助人），是指为了保证当事人有效行使对鉴定人进行交叉询问的权利，法律允许其分别聘请具有专门知识的辅助人为本方当事人的利益询问鉴定人，鉴定人对当事人及其专家辅助人提出的问题应予以详细解答。当事人聘请专门人员代理出庭在法庭上对证据（包括鉴定结论）进行质证、认证，有利于提高法庭对鉴定结论的认证能力。

目前我国在民事诉讼中已经确立了专家辅助人制度，最高人民法院《关于民事诉讼证据的若干规定》第61条规定，当事人可以向人民法院申请由一至两名具有专门知识的人员出庭就案件的专门性问题进行说明。人民法院准许其申请的，有关费用由提出申请的当事人负担。审判人员和当事人可以对出庭的具有专门知识的人员进行询问。经人民法院准许，可以由当事人各自申请的具有专门知识的人员就案件有关问题进行对质，具有专门知识的人员可以对鉴定人进行询问。笔者认为，刑事诉讼及行政诉讼中也应引入为当事人服务的专家辅助人制度。此外，还应建立为法院服务的技术陪审员制度，或者在人民法院内部聘请鉴定咨询委员，为审判人员审查采纳鉴定结论提供技术参考意见。

（三）规范重新鉴定程序，解决鉴定结论的效力问题

从科学的角度讲，正确的鉴定结论只有一个，同一案件出现了不同的鉴定结论只能说明鉴定的主观、客观方面发生了偏差，重新鉴定无疑是检验和纠正错误鉴定结论、得出正确结论的唯一途径，因此各国鉴定制度无一例外地规定了重新鉴定的权利。然而正如权力有被滥用的倾向，权利的行使也只有在到界限时才会停止。我国司法鉴定实践中存在的一个主要问题即重新鉴定申请权的无限制行使，导致同一问题反复鉴定，鉴定结论之间的矛盾不仅无法排除，而且益发复杂。这种多头鉴定、重复鉴定问题，已严重影响了司法鉴定的客观性、科学性和权威性，在一定程度上影响了司法公正，也浪费了相当多的司法资源。

有人指出，多头鉴定和重复鉴定有两个原因：一是鉴定机构的利益驱动。我国 20 世纪 50 年代就有司法鉴定，那时完全是免费的，也自然没有重复鉴定。改革开放以后，司法鉴定开始收费，众多鉴定机构开始出现，也就因此产生利益驱动。二是送鉴人的利益驱动，想得到有利于自己的结论。笔者认为，引起多头鉴定、重复鉴定的原因是多方面的，其中有司法机关的原因，也有鉴定问题本身的原因，还有鉴定人、鉴定机构的水平和当事人的利益不协调性等因素。因此，多头鉴定、重复鉴定问题不仅仅是鉴定法和鉴定管理法调整的问题，也应当是程序法的调整对象。

由于重新鉴定是对以前的鉴定结论产生怀疑，或几个鉴定人对鉴定结论存在分歧意见，因而需要对原鉴定事项进行再次鉴定，故重新鉴定一般必须由级别更高、检测设备更为完善、技术力量更为雄厚的鉴定机构来承担。对此最高人民法院《人民法院司法鉴定工作暂行规定》第 14 条规定，有下列情形之一需要重新鉴定的，人民法院应当委托上级法院的司法鉴定机构做重新鉴定：鉴定人不具备相关鉴定资格的；鉴定程序不符合法律规定的；鉴定结论与其他证据有矛盾的；鉴定材料有虚假，或者原鉴定方法有缺陷的；鉴定人应当回避没有回避，而对其鉴定结论

有持不同意见的；同一案件具有多个不同鉴定结论的；有证据证明存在影响鉴定人准确鉴定因素的。

重新鉴定机构不仅在权威性上应高于原鉴定机构，其选定过程还应体现出公开性、公正性和合意性。即由法院依职权决定重新鉴定的机构，要取得双方当事人的同意。如果申请重新鉴定的一方当事人同时提出拟选定的鉴定机构，法院审查后应告知对方当事人，并告知其有申请回避和提出异议的权利。一般来说，异议的理由只能是该机构的权威性低于原鉴定机构。

但是，《决定》仅解决了第一步的鉴定权属问题，在司法实践中仍会遇到不同鉴定结论的效力问题。笔者认为，要解决重复鉴定问题，必须在诉讼法律体系中建立司法鉴定的层级制度，限制鉴定次数，规范重新鉴定程序。

首先，建立司法鉴定层级制度，限制重新鉴定次数。可以考虑将我国的司法鉴定层级分两级，鉴定的次数限制为一般至多两次。之所以分两次，主要是为确保诉讼双方各有一次申请鉴定的权利。第一级为首次鉴定程序，即由具备鉴定资格的鉴定人进行的鉴定。鉴定人应从通过统一鉴定资格考试并录入鉴定人名册中选任，以确保首次鉴定的质量。第二级为复核鉴定程序，以刑事鉴定为例，可由省级以上医院的主任医师、法医学教授、专门从事实践的资深法医等专家组成的复核鉴定专家委员会进行复核鉴定。一般而言，控方行使首次鉴定权，根据首次鉴定结论决定是否提出控诉。为保护被告人合法权益，如辩方异议成立的，可以申请复核鉴定。当然也存在例外情况，公安机关申请鉴定后，如检察机关在审查起诉阶段发现该鉴定确有问题，需要复核鉴定的，则由检察机关行使申请权，再根据复核鉴定的结果决定是否起诉。在这种情况下，由于辩方的复核鉴定申请权被控方行使，为确保公平，辩方可以启动特别程序，即申请作出原决定的复核鉴定专家委员会另行聘请其他专家再次鉴定，再次鉴定的程序类似监督程序，其效力高于复核鉴定。

其次，建立复核鉴定监督程序，在必要时纠正确有错误的复核鉴定。应当明确，重新鉴定的鉴定结论并不使初次鉴定的鉴定结论当然无效，哪一个鉴定结论更具有科学性和证明力，应当由法官通过审查判断来认定。正如有的学者所指出的，鉴定的质量并不必然取决于鉴定的次数，也不取决于鉴定机构级别的高低，而是取决于鉴定人的专业素质、法律素质及思想素质。因此，任何一份鉴定结论在法官面前都具有同等的效力。如法官裁定复核鉴定不予采信，诉讼一方可以申请启动复核鉴定监督程序。由作出原决定的复核鉴定专家委员会另行选聘专家组成监督鉴定专家委员会再次鉴定。参与复核鉴定的专家根据回避的原则不得再次作为鉴定人，但可以应再次鉴定人员的要求列席鉴定，说明复核鉴定的理由。

需要指出的是，复核鉴定的监督程序属于一种特殊程序，应当严格限制其启动。笔者认为，否定复核鉴定终结性效力的条件应当包括：（1）鉴定人不具备相关鉴定资格的；（2）鉴定程序不符合法律规定的；（3）鉴定结论与其他证据明显有矛盾的；（4）鉴定材料有虚假，或者原鉴定方法有缺陷；（5）鉴定人应当回避没有回避；（6）有证据证明存在其他影响鉴定人准确鉴定的因素的；（7）有证据证明鉴定人弄虚作假的；（8）现有的科学技术已经能够证明当时复核鉴定结论明显错误的，现有纠正必要的；（9）复核鉴定明显存在不合理，是有失公正情形的。

论司法鉴定的诉讼程序立法*

2005年2月28日通过、10月1日正式施行的《关于司法鉴定管理问题的决定》(以下简称《决定》)是我国司法鉴定管理立法取得重大进步的标志。但是，正如有关专家所指出的，“《决定》还只能是一个我国进行司法鉴定改革的初步成果或阶段性成果，离一些司法鉴定制度比较完善的国家还有相当的差距，还需要在实践中不断摸索，不断完善”。以刑事诉讼为视角，司法鉴定的改革包括静态制度的改革与动态制度的改革两个方面，前者即司法鉴定的管理，主要涉及司法行政活动，后者则是司法鉴定的程序，主要涉及诉讼活动。除了应当在司法鉴定活动的规范管理方面继续深化改革之外，当前最为突出的问题是加快司法鉴定诉讼程序的规范与完善，使司法鉴定改革的两个主要方面获得平衡发展。

一、规范和完善司法鉴定诉讼程序的必要性

(一)规范和完善司法鉴定的诉讼程序是司法鉴定活动的本质要求

《决定》第1条明确规定:“司法鉴定是指在诉讼活动中鉴定人运用科学技术或者专门知识对诉讼涉及的专门性问题进行鉴别和判断并提供鉴定意见的活动。”该规定重新定位了司法鉴定的概念，强调了其诉讼属性，即明确了司法鉴定必须存在于诉讼活动中，而不是“涉及诉讼”，这就将司法鉴定与一般的鉴定区别开来。①这就是说，司法鉴定既有科学性的内容，又有法律性的要求，体现了科学性与法律性的统一。科学性是指具体的鉴定活动是由掌握专门科学知识和技能的鉴定人运用科学知识、方法、手段，借助科学技术设备进行科学鉴别判断活动。鉴定的

---

* 原文发表于《中国司法鉴定》2006年第4期，与郭志媛合作。

① 张玉镶:《〈决定〉的定位与进一步完善》，载《中国司法鉴定》2005年第3期。

结果直接涉及的是从科学角度推理、概括的结论而非法律性的评价。法律性是指鉴定主体必须具有法定的资格，鉴定人的鉴定活动不能脱离法律程序，鉴定的结果必须依照法律规定的方式提出并终将被运用到法律性质的活动即诉讼中。实际上，司法鉴定是一种以科学性为基础，以法律性为保障的诉讼活动。这一特殊属性要求司法鉴定不仅要遵循科学定律，而且要受诉讼程序的调整与制约。这就对完善与司法鉴定有关的诉讼程序提出了直接要求。

（二）规范和完善司法鉴定的诉讼程序是深化司法鉴定体制改革的要求

《决定》对司法鉴定管理体制作了重大改革，提出了相应的举措。但是，能否真正健全完善司法鉴定管理体制，从而实现为司法公正提供有效保障的目标，则与“是否具备良好的诉讼环境、程序公正能否成为法律职业群体乃至全社会的共识”有着密切的关系。[①] 正因为二者之间存在如此紧密的关联，为保证《决定》的全面实施，司法部司法鉴定体制改革工作办公室负责人明确指出:“司法部将积极推动对涉及《决定》顺利实施的有关法律的修改和完善，如三大诉讼法的修改，相应证据规则以及司法解释的修改和完善，尤其是在刑事诉讼中，如何根据法治的宗旨和与之相适应的现代司法理念，主动适应审判方式的改革要求。进一步保护双方当事人平等的诉讼地位，保障当事人的诉讼权利。”[②] 由此可见，规范和完善司法鉴定的诉讼程序也是深化司法鉴定体制改革所必需的。

（三）规范和完善司法鉴定的诉讼程序是全面推进司法鉴定改革的迫切要求

司法鉴定的改革既包括鉴定体制改革，也包括鉴定程序改革，还包括与鉴定结论有关的证据制度改革。《决定》虽然解决了许多长期以来司法鉴定实践中比较突出的问题，如统一管理、鉴定机构社会化、鉴定

---

① 王俊民:《司法鉴定的程序性公正若干问题研究》，载《中国司法鉴定》2005 年第 4 期。

② 孙春英、于呐洋:《司法部抓紧鉴定配套制度建设》，载《法制日报》2005 年 6 月 8 日，第 1 版。

人中立等，但是也遗留下一些问题尚未解决，其中最明显的就是缺乏与司法鉴定的诉讼程序有关的规定，例如，《决定》中没有涉及司法鉴定的启动主体，也没有明确规定鉴定人的有关权利，更没有规定当一个案件中出现多个鉴定结论时如何采信的问题。上述领域在立法上的缺失并非《决定》规定不完善所致，而是亟须诉讼法作出相应的调整和规范。正如有学者所指出的，司法鉴定问题是一个涉及鉴定体制、诉讼程序和证据制度等多方面的复杂工程。为了司法公正的实现，除了严格地执行《决定》外，我们还应抓紧三大诉讼法的修改，完善司法鉴定程序、建立专家辅助人制度等配套措施。

（四）规范和完善司法鉴定诉讼程序也是诉讼法修改的必然要求

目前三大诉讼法的修改均已提上立法日程，无论是作为诉讼行为的鉴定还是作为法定证据种类的鉴定结论，都需要立法作出相应调整加以规范和完善。因此，规范和完善与司法鉴定有关的诉讼程序也是修改诉讼法的必然要求。笔者认为，应当借诉讼法修改的大好时机，推进司法鉴定的改革，以收一举两得之效。

二、规范和完善司法鉴定诉讼程序的几点设想

由于我国采取在诉讼法中规定证据制度的立法体例，因此规范和完善司法鉴定的诉讼程序应当也包括对与鉴定结论有关证据制度的完善。笔者认为，除了健全司法鉴定的启动程序、完善鉴定结论的质证程序及规范重新鉴定程序之外①，还应当在诉讼法中确立或者完善以下几个方面的规定：

（一）明确鉴定人的诉讼权利与义务

鉴定人作为一种重要的诉讼参与人，应当享有法定的诉讼权利并履行相应的诉讼义务。诉讼法和《决定》均强调了鉴定人如实鉴定的义务，但对其权利则少有规定。为了体现“权利与义务相统一”的法理精神，应当在诉讼法中明确规定鉴定人在诉讼活动中实施鉴定活动时应当

---

① 卞建林、郭志媛：《规范司法鉴定程序之立法势在必行》，载《中国司法鉴定》2005年第4期。

享有的诉讼权利以及应当履行的诉讼义务。

鉴定人的权利义务常常与其诉讼地位相联系。实行职权型鉴定制度的国家将鉴定人看作“法官的智慧辅助机关”，为使鉴定人能帮助法官解决诉讼中遇到的带有技术性质的疑难问题，法律赋予了鉴定人相对广泛的权利。由于将鉴定人置于近似于“法官辅助人”地位，加之法官对鉴定事项缺乏必要的专门知识，实践中鉴定人作出的鉴定结论往往不经批判性的审查就被肯定其证明价值，这其实过分抬高了鉴定人的诉讼地位。而实行当事人型鉴定制度的国家却走向另一个极端，他们仅将鉴定人看作一种证人，并允许当事人双方随意选任。这不仅侵害了鉴定人独立的诉讼地位，而且容易使鉴定人充当起“当事人的代理人”的角色，由此导致人们对鉴定意见的客观公正性产生怀疑，法官也会降低对“专家证言”的信赖程度，最终必然削弱鉴定人在诉讼中的地位和作用。上述两种极端性的认识和做法无疑都失之偏颇，其根源皆在于将鉴定人置于不适当的诉讼地位。

我国的大部分学者一致认为，鉴定人的地位既非“法官的辅助人”，也非当事人一方的“专家证人”，而是独立的诉讼参与人。鉴定人虽是帮助司法机关解决诉讼中专门性问题的专家，但他们仅是刑事诉讼中的诉讼参与人之一，并不居于优越于其他诉讼参与人的特殊的诉讼地位。鉴定人提出的鉴定结论，虽然具有一定的“科学性”，但并不具有“科学判决”的性质，它作为法定的证据种类之一，同其他种类的证据资料如证人证言、被害人陈述等一样，都有待审判人员进行审查判断以最终确认其证据价值。笔者认为，应当肯定鉴定人“独立的诉讼参与人”地位，但实际上这种诉讼地位与“法官的辅助人”并不矛盾，所谓的“辅助”，是指鉴定人协助法官认识、分析、判断某些专门性问题而言的，而不是指鉴定人在诉讼地位上处于类似于法官的地位。鉴定人应当具有一定的独立性，他既不依附于当事人，也不附属于法官，他在进行鉴定的过程中要遵循科学性原则、客观性原则和独立性原则。只有对鉴定人的诉讼地位作如此理解，才能发挥鉴定制度的应有功能。对于鉴定人权利义务的规定，要与其诉讼地位相符，即一方面保证鉴定人能顺利完成鉴定工作，另一方面又要确保鉴定的客观公正性。

总结各国的有关立法和司法实践，鉴定人应享有以下基本权利：

其一，拒绝鉴定权。在司法机关提出的问题超出了鉴定人的知识范围或者司法机关提供的检材不充分而无法作出鉴定结论的情况下，鉴定人有权拒绝鉴定。俄罗斯《刑事诉讼法》第 82 条规定:“鉴定人必须依照调查人员、侦查员、检察长和法院的传唤到场，并对所提出的问题提供客观的意见。如果所提问题超出鉴定人专门知识的范围或者提供给他的材料对于提出鉴定意见不够充分，鉴定人应当用书面方式通知指定鉴定的机关，说明不能提供鉴定意见。”

其二，实施鉴定的自主权。鉴定人有权决定鉴定活动的开始与终结，有权选择鉴定的具体方法与所使用的仪器设备，有权在鉴定结论上署名。一个案件有几个鉴定人时，可以互相讨论，意见一致时，可以共同写出鉴定结论；意见不一致时，每个鉴定人都有写出自己意见和理由的权利。这一权利是独立鉴定原则的体现。

其三，知情权。例如，俄罗斯《刑事诉讼法》第 82 条规定:“鉴定人有权了解有关鉴定对象的案件材料；请求提供鉴定意见所必需的补充材料……”但是鉴定人的知情权应当存在一定的限制，一般而言，应以鉴定人能够顺利实施鉴定为界限，因为了解的案情过多有时候也会影响鉴定结论的客观性。

其四，在法院指导下进行调查和检查的权利。德国《刑事诉讼法》第 80 条规定:“为准备鉴定，鉴定人可以询问证人、被指控人，进一步了解事实；为同一目的，鉴定人可以查阅案卷，询问证人、被指控人是在场并且直接发问。”法国《刑事诉讼法》第 164 条规定:“为了更准确地完成鉴定任务，鉴定人可以听取被审查人以外的其他人的陈述，作为参考。除非法官由于特殊原因撤销原来附理由的指派，如果鉴定人认为有讯问被审查人的必要，可以由预审法官或者主审法官所指派的法官在鉴定人在场的情况下，并在任何情况下按照第 114 条第一款和第二款和第 119 条所规定的形式和条件，对被审查人进行讯问。”

其五，取得必要费用和经济补偿的权利。鉴定人对于鉴定的实际开支可要求委托机关支付，还可要求补偿鉴定人出庭的差旅费和提供一定的报酬。对此大多数国家在刑事诉讼法或证据法中作了明确规定，如美国《联邦证据规则》706（b）也规定:“如此指定的专家证人有权在法庭许可的范围内，获得合理报酬。”有些国家通过特别立法的方式对鉴定人的经济补偿问题进行具体规定，如德国《刑事诉讼法》第 84 条规定:“应当根据《证人、鉴定人补偿法》给鉴定人支付补偿费。”

鉴定人应当承担如下义务：

第一，如实鉴定的义务。鉴定人在接受司法机关的指派或聘请后，必须认真负责，运用科学方法，客观地进行鉴定，忠实于事实真相，对交付鉴定的问题，应作出明确的回答，写出鉴定结论，并签名。例如越南《刑事诉讼法典》第55条规定："鉴定人对要求鉴定的问题作出结论，并对所作出的结论承担法律责任。如鉴定由多名鉴定人进行，鉴定结论须有全体鉴定人员的签名。如意见不一，各人单独签署本人的鉴定意见。"俄罗斯《刑事诉讼法》第80条规定："鉴定人根据他的专门知识所进行的调查研究，应以自己的名义提出意见，并对他所提出的意见负责。"

第二，在指定期间完成鉴定工作的义务。法国《刑事诉讼法》第161条规定："任何指定鉴定人的决定，都应规定完成鉴定任务期限。如果特殊情况需要，此项期限可以根据鉴定人的要求，由法官或指定该法官的主管法院以附理由的决定，加以延长。"德国《刑事诉讼法》第73条规定："法官决定需要聘请的鉴定人及其人数。法官应当与鉴定人约定鉴定期限。"此外，德国《刑事诉讼法》第77条还规定了违反该项义务的后果："负有鉴定义务的鉴定人拒绝与法官约定第72条第一款第二句的适当期限或者延误约定期限时，可以科处秩序罚款。科处秩序罚款之前，必须先行告诫。鉴定人仍然延误期限的，可以再次科处秩序罚款。"

第三，出庭作证义务。俄罗斯《刑事诉讼法》第289条规定："在鉴定人宣读意见书以后，可以向他提出问题，以便说明或补充他所提供的意见。"美国《联邦证据规则》第706条规定："法庭或任何一方当事人均可传唤该专家证人出庭作证。该专家证人应接受包括传唤其作证的一方当事人在内的每一方当事人的交叉盘问。"违反该义务同样要承担一定的后果，如德国《刑事诉讼法》第77条规定："负有鉴定义务的鉴定人应传不到或者拒绝作鉴定的，应当承担由此产生的费用。同时科处秩序罚款。鉴定人再次不接受指派的，可以再一次责令承担费用和科处秩序罚款"。除此之外，鉴定人还应遵守鉴定纪律，妥善保管提供鉴定的物品和材料，不得丢失、损坏或挪用，还应保守鉴定过程中获知的有关秘密等。

（二）设立鉴定结论的告知或者开示程序

鉴于鉴定结论在证明案件事实上的关键作用，它是一种对于控辩审三方都至关重要的证据，因此及时向对方当事人告知鉴定结论的有关内容应当成为诉讼双方的一项不容忽视的法定义务。实践中，由于诉讼当事人在法庭上提交新的鉴定结论而导致对方当事人要求重新鉴定，从而造成诉讼拖延的情况屡见不鲜。这在某种程度上反映出庭前告知义务并未得到严格的履行。

完善鉴定结论的告知程序具有非常重要的意义：

首先，从逻辑上看，鉴定结论的告知义务与当事人对证据的先悉权是一个问题的两个方面。鉴定结论与其他所有法定证据种类一样，都没有预定的法律效力，都必须在法庭上经过诉讼双方的充分质证之后才能被法庭所采信。因此确保对方当事人享有对鉴定结论内容的先悉权，使其有机会在开庭审判之前就对这一证据的质证进行充分准备（包括聘请专家辅助人协助准备质证或者自行委托鉴定），有利于促使庭审中鉴定结论的质证程序实质化。

其次，提前告知鉴定结论也是避免“突袭审判”、保证庭审集中进行的必要步骤。如果事先不了解鉴定结论的内容，当事人凭借自己的知识很难当庭对鉴定结论进行有效的质证，在这种情况下他们多采用申请重新鉴定或者补充鉴定的方式来使自己暂时摆脱不利的境地。而重新鉴定或者补充鉴定的任意启动又是导致延期审理，使庭审不能集中进行的原因之一。因此，提前告知鉴定结论不仅有利于确保对方当事人行使申请重新鉴定或者补充鉴定的权利，而且在客观上避免了法庭审理的中断和由此导致的诉讼拖延。

最后，提前告知鉴定结论还具有整理法庭审理争点、确定庭审证据调查范围的功能。通过庭前告知鉴定结论，对于对方当事人没有争议的鉴定结论，法院可以不通知其鉴定人出庭作证，法庭调查中也可以对鉴定结论的举证质证过程进行相应的适当简化。这不仅能在某种程度上解决鉴定人不出庭的突出矛盾，而且有利于庭审的顺利进行和诉讼效率的提高。

2002年4月1日最高人民法院《关于民事诉讼证据的若干规定》中已经规定了审前交换证据程序，而刑事诉讼中还没有类似的程序规定。

笔者认为，在刑事诉讼中确立鉴定结论的庭前开示程序，主要应当包括以下几个方面的内容：

第一，在侦查和审查起诉阶段，侦查机关和公诉机关应当将用作证据的鉴定结论告知犯罪嫌疑人或被告人及其法定代理人、辩护人，被害人及其法定代理人、诉讼代理人，并为其查阅、摘抄、复制鉴定结论提供方便，或者为其提供鉴定结论副本。以便犯罪嫌疑人或被告人、被害人等及时了解鉴定情况，考虑是否申请重新鉴定。

第二，法院在开庭前应当组织控辩双方对拟提交法庭作为证据使用的鉴定结论予以相互开示。这里需要注意两个问题，一是鉴定结论的庭前开示应在法院主持下进行，但是为了避免庭审法官的先入为主，可以考虑由立案庭的法官主持鉴定结论的庭前开示。二是鉴定结论的开示应为双向开示，对于被告人委托鉴定，且其鉴定结论能够证明被告人不负刑事责任的，也应向控方开示。

第三，控辩双方在鉴定结论的庭前开示程序中，应当就对方的鉴定结论内容表示是否持有异议，并由法院记录在案。对于双方没有异议的鉴定结论，可以不通知鉴定人出庭作证；对于有异议的鉴定结论，根据异议的理由，可以通过补充鉴定或者重新鉴定的方式解决。法院应将有异议的鉴定结论列入法庭调查的重点，并通知相应的鉴定人出庭作证。

第四，法律应明确规定，无法定事由庭前未经开示的鉴定结论，不得在庭审中提出。法庭采纳这种鉴定结论的，经对方当事人异议，可以作为上诉的理由。

（三）明确规定对鉴定结论证据能力的审查

与其他证据一样，对鉴定结论的质证也应当围绕证据能力和证明力这两个方面进行。法官在考察鉴定结论的证据能力时应当从以下几方面入手：

1. 鉴定主体是否合法

鉴定主体是否具备国家承认的鉴定人资格，或是否有司法机关的特别委托；鉴定人同案件或案件当事人是否有利害关系或亲属关系；鉴定人在鉴定过程中是否受到外界的影响等。

2. 鉴定过程是否合法

在整个鉴定过程中，鉴定人是否恪守职业道德，遵守相关的鉴定工作规则，客观公正地完成鉴定活动，独立出具鉴定结论。

3. 鉴定结论的形式是否合法

首先，鉴定结论应符合规定的格式。许多国家在法律中明确规定了鉴定结论应当包含的内容。如俄罗斯《刑事诉讼法》第191条规定：“鉴定人在实行必需的考察研究之后，即制作意见书，其中应该指明：何时、何地、何人（姓、名和父名，文化程度，专长，学位等级和称号，所任职务），根据什么理由进行鉴定，在进行鉴定时有何人在场，鉴定人利用过什么材料，进行过什么样的考察研究，向鉴定人提出什么问题和他的说明理由的解答。如果在进行鉴定的时候，鉴定人判明对于案件具有意义但并没有就此向他提出问题的情况，他有权在自己的意见书中指明。”其次，鉴定结论要有规定的“署名”。如俄罗斯《刑事诉讼法》第191条规定：“意见书应当用书面形式制作，并由鉴定人签名。”有些国家还规定，由鉴定人所在的机构以及鉴定人本人共同签字盖章，才能够生效。为了维护鉴定结论的严肃性和权威性，以上形式要件亦不容忽视。

（四）明确规定鉴定结论的审查判断

1. 明确列举审查判断鉴定结论的考虑因素

为了规范法官对鉴定结论的审查判断，有必要在诉讼法中明确列举审查判断鉴定结论时必须考虑的主要事项，以帮助法官全面审查并准确判断鉴定结论的证明价值。笔者认为，对鉴定结论证明力的审查判断，应当考虑以下因素：（1）鉴定人的鉴定能力；（2）鉴定结论所依据的设备仪器；（3）鉴定结论所依据的检材；（4）鉴定结论所依据的科学原理和方法；（5）其他影响鉴定结论的因素。

2. 综合审查判断与多鉴定人鉴定

在审查判断鉴定结论时，还应注意下面两个问题：（1）由于鉴定结论往往“只能用来认定案件中的个别或部分事实，而不能据以认定全部案件事实”，因此要求法官结合案内其他证据综合分析、对比研究。（2）如果当事人委托或聘请了数名鉴定人的，鉴定人之间可以互相讨论，将达成一致的意见作为鉴定结论提交法官审查判断。如果鉴定人之间不能达成一致意见，可以分别作出鉴定结论，并各自署名。由法官最后决定采纳哪一鉴定结论。我国《澳门刑事诉讼法典》第143条规定:“如鉴定系由超逾一名鉴定人进行，而各鉴定人之间有不同意见者，则各自呈交其报告；如属结合不同学科知识之鉴定，亦须各自呈交报告。属合议方式之鉴定者，该报告得载有投票中取胜及落败者之意见。”这种规定有利于法官审查判断时予以参考。

3. 法官对鉴定结论进行自由心证的立法限制

明确鉴定结论没有预定的法律效力，其证明价值必须由法官来判断，是各国的普遍认识。但是，很多国家在立法中确立了法官在否决鉴定结论时需要说明理由的制度，即法官在判断鉴定结论的证明力时，一般应当相信鉴定人在本专业范围内的知识、技能、经验和一定的逻辑推理力。当法官有充分理由对鉴定结论中的专业性推理存在异议时，他必须在公开其所依据的理由的前提下，才可以否定鉴定结论的效力。我国也应借鉴这一立法经验，在诉讼法中确立类似制度。这是因为，鉴定结论兼具科学性与法律性，因此法官对鉴定结论的自由心证要受到比其他证据更为严格的限制。日本学者庭山英雄曾对法官与鉴定人的职权分工作过如下论述:“审判是审判官的事，而不是鉴定人的事。然而，审判也不是只由审判官就能办到的事。法律学必须果断地把属于科学支配的领域让给科学去承担，不应当在规范科学的名义下侵犯已经明确了的自然科学的领域。在这个意义上，鉴定的问题确实可以称为是‘审判科学化’的问题。”① 这说明法官在一般情况下应当尊重鉴定人对“证据固有之技术、科学或艺术上之判断”②。但是，由于审判是作为行使国家权力而进行的而且是在规范科学的名义下进行的，所以往往敢于作出和科学的结论相违背的结论。“审判的科学化也是有限度的。”③ 正是基于鉴定人与法官之间存在上述分工，法官对鉴定结论的审查判断才具有现有的特点，即法官决定不同意鉴定结论时，应当提出明确的理由。这一规定既是国家对鉴定制度的信任，对科学的尊重，也是对法官自由裁量权的制

---

① [日]上野正吉:《刑事鉴定的理论和实践》，徐益初、肖贤富译，群众出版社1986年版，第4—5页。

② 《澳门刑事诉讼法典》第139条。

③ 卞建林、郭志媛:《规范司法鉴定程序的立法势在必行》，载《中国司法鉴定》2005年第4期。

约。其合理性在于，当鉴定结论不能说服法官时，或者是因为该鉴定结论在一般的经验法则和逻辑法则上出了差错，对此，法官依其素养容易识别当然应予指出；或者法官已从鉴定结论以外的地方得出了心证，如果此心证对被告人不利，那么从要求保护被告人角度来说，说明不同意鉴定结论的理由更是不可缺少的。

我国非法证据排除的若干重要问题*

非法证据排除规则对于实体正义和程序正义的实现所具有的重要促进意义在我国学界已经基本达成共识。立法上，该规则在“两高”的司法解释中已有初步规定，预期正在进行的刑事诉讼法再修改也会对该规则予以正式确立。现存的问题是，理论界对于我国究竟应该确立什么样的非法证据排除规则、对于该规则的诸多技术性细节应该如何规定依旧存在论争，而司法实务部门依据“两高”解释对该规则的贯彻亦难言彻底，由于非法收集证据所导致的冤案、错案更是不能完全杜绝。为此，本文试图针对我国非法证据排除规则中的若干重要问题进行重点探讨，以期能够澄清认识并有助益于我国的刑事立法和司法实践。

一、关于非法证据排除的标准

学界通常将非法证据分为三类，即通过非法手段获取的言词证据、实物证据以及在非法获得的证据的基础上进一步获得的派生证据。西方各国在这三者应否排除的制度安排上存在很大差异：从非法言词证据来看，在国外，一般侧重于对非法口供的研究，并形成了自白法则或者任意自白法则。英国的现行立法确立了对非法获取口供的“自动排除”及“自由裁量的排除”两种方式。美国对非法口供排除的标准则经历了从“任意性标准”到“违法性标准”的演变过程。大陆法系国家中，德国和日本等国均规定了采用非法手段获得的犯罪嫌疑人、被告人口供不得作为认定案件事实的根据。此外，鉴于该规则对于人权保障所具有的重大意义，许多国际人权公约还将其作为公民的一项重要人权加以规定。与对待非法言词证据的态度不同，就非法物证来看，各国对其的排除基本上都是坚持有限制的排除原则，即对于那些严重违反法定程序、侵犯诉讼参与人合法权利所获得的物证，各国都规定必须予以排除；而对

---

* 原文发表于《国家检察官学院学报》2007年第1期。

那些违法程度较轻、对当事人权利损害不大的行为获取的物证则不予排除。并且，在何种情况下应予排除，何种情况下不予排除，大多数国家都规定由法官进行权衡予以决定。在关于通过非法证据来获取的派生证据即所谓“毒树之果”问题上，除美国外，西方各国基本持否定态度。

应该说，西方国家对“非法证据”的不同排除标准对我国具有重要的参考价值，但是并不等于就是提供了一种标准答案，而需要结合我国的国情进行慎重的制度选择：一方面，要看到的是，非法证据排除规则虽然是遏制刑讯逼供的一个有效手段，但却不是唯一手段，也不是灵丹妙药，因此不能规定过于宽泛的排除标准，将过多的证据排除于案件事实的认定之外，否则容易妨害刑事诉讼通过证据查明案件事实的功能，阻碍实体正义的实现；另一方面，对于一些主张我国的非法证据排除规则应该按照分类来规定不同的排除标准，即非法的言词证据要排除，非法取得的物证不排除，“毒树之果”不排除的意见，我们也不能苟同，这样必然会产生一种潜在的危险，即在确立非法证据排除规则的同时却赋予了大量非法证据以合法性和正当性，这极易宽纵公权力的违法，有违程序正义，更不利于对被追诉人权利的保障。因此，在非法证据排除规则中，如何将需要排除的“非法证据”界定在一个合理的范围实是一个重大的理论问题。

我们认为，结合西方国家的经验和做法，我国对非法证据排除与否原则上应该以非法证据种类和对人权的侵犯程度以及在刑事诉讼中可否替代的程度等多元要素作为标准：首先，就非法言词证据而言，鉴于对言词证据的非法收集方法往往涉及对公民人身权甚至生命权的侵犯，因此，对该种类的非法证据的排除应该比较彻底。立法上，最高人民法院和最高人民检察院分别在各自的司法解释中明确规定了“凡经查证属实属于采用刑讯逼供或者威胁、引诱、欺骗等非法方法取得的证人证言、被害人陈述、被告人供述，不能作为定案的根据”，这些规定既是对《刑事诉讼法》第43条的具体贯彻，也表明了我国对待非法言词证据排除的基本立场。其次，就非法物证而言，在决定是否排除时应该采取利益权衡原则，即如果排除该证据利大于弊，则予以排除；如果排除后所保护的利益并不重大，则可予以保留。因为毕竟非法获取的物证同非法获取的口供不一样，它通常不会影响物证本身的真实性，并且非法获取物证的行为对公民权利造成的损害通常比非法获取口供的行为对公民权利造成的损害小。具体来看，在决定非法获取的物证应否排除时，以下应该作为重点考量的因素：一是该行为本身的违法程度。对于根本性违法，如没有获得法定机关的批准进行搜查、扣押而获得的证据应予排除；而对于一般性的程序违法，如只是搜查、扣押的程序、时间、方式等与法律规定有出入而获取的物证则可不予排除。二是对公民权利的损害程度。对公民权利损害较大，如导致公民重病、死亡或其他恶劣影响的应予排除；对公民权利损害不大，如虽实施了非法搜查、扣押，但未造成任何人身或财产损害的就可不予排除。三是所侦控的犯罪的危害程度。对于一般性刑事犯罪采用非法手段所取得的物证通常应予排除；而对于严重刑事犯罪，如危害国家安全罪、黑社会性质犯罪等则可不予排除，等等。总之，要综合非法取证行为所涉及的各种权利和利益，权衡排除与保留该证据的利与弊及各自的分量，最终决定是否应予以排除。① 最后，就“毒树之果”而言，在我国现有的司法环境下，如果将证据排除的范围扩大到“毒树之果”，很有可能会导致诉讼中必须予以排除的证据范围过大，导致定罪量刑时可以利用的证据的数量大大减少，最终影响对犯罪的追诉力度以及刑事诉讼的顺利进行。因而，除了严重损害公民合法权利的，我国对“毒树之果”原则上应不予排除。

二、关于非法证据排除的举证责任

非法证据排除规则中举证责任的分配是该规则能否正确运用的关键。在其他规定了非法证据排除规则的国家和地区中，通常都同时规定了对于非法证据的举证责任由控诉方承担，也就是说，只要辩护方基于合理的理由提出控诉方的证据是以非法手段取得的，法院就应当要求控诉方对该证据的合法性进行证明，并且证明要达到排除合理怀疑的程度。我们认为，“谁主张，谁举证”是举证责任分配的基本原理，因此在非法证据排除规则中亦应贯彻这一原则，亦即，谁提出证据为非法取得的主张，谁就应当对此承担证明责任。唯有如此，才可防止对相对方造成过分的诉讼负累或者出现无法克服的诉讼意外，确保刑事诉讼活动顺利、高效地运行。当然，必须要承认的是，由于证据非法的主张通常

① 卞建林主编:《刑事证明理论》，中国人民公安大学出版社 2004 年版，第 359—360 页。

是由辩方提出的，因此如果贯彻该举证责任分配原则意味着通常要由辩方对于证据是否为非法取得承担举证责任。显然，这种举证责任的分配虽然有利于对犯罪的打击和控制，但是从我国当前刑事诉讼活动中辩方所实质享有的诉讼权利以及由其所决定的取证能力来看，如果不健全相应的制度，就规定由辩方承担举证责任确实有些勉为其难。

解决的方法有二：其一是降低辩方证明证据为非法取得的证明标准，即当辩方提出侦控方的证据为非法取得的主张后，对其非法性的证明无须达到“事实清楚、证据充分”或者“排除合理怀疑”的程度，而只要达到优势证明程度，从而能够使法官对证据的合法来源产生合理怀疑即可。使法官产生这种合理怀疑的方法有很多，例如“身上有击打的痕迹、有带血的衣服，有同监号犯罪嫌疑人的证明，等等。法院就应当认为其已经履行了举证责任”①。其二是通过相关配套制度的建立和健全来解决当前我国刑事辩护人取证能力不足的问题，以配合上述非法证据排除规则中举证责任的贯彻落实。参考国外的成功做法，这些配套制度应当包括：扩大辩护律师对侦查程序的参与范围与参与程度。比如，讯问犯罪嫌疑人时应当允许律师在场，甚至只要不会影响侦查活动，在实施一些重要的侦查行为，如搜查、扣押、鉴定时，都可以允许律师在场。强化对侦查过程的记录和保全。比如，大力推行讯问犯罪嫌疑人时的全程录音录像制度，通过科技手段对讯问程序予以即时保全；注重发挥并扩大见证人制度的作用，通过侦查活动之外的第三方来为具体的侦查行为合法性进行保全；建立司法人身检查制度，侦查机关在每次讯问犯罪嫌疑人之后应当依职权或应当事人要求而对其进行人身检查并予以及时记录。

由于辩方对非法证据的证明标准大大降低，再辅之以上述制度以进一步提高辩护律师的举证能力，可以想见，刑事诉讼活动中将会有更多的关于非法证据的主张可以经由适当的证据证明而获得法官的支持。无疑这将会成为侦控机关自觉规范自身的诉讼行为、遵守程序法治的根本动力，从而既能够有效预防其通过侵害犯罪嫌疑人合法权利等非法方式收集证据行为的发生，真正做到“防患于未然”，又能够保证刑事诉讼

① 陈光中:《中华人民共和国刑事证据法专家拟制稿》，中国法制出版社 2003 年版，第 486 页。

活动的有效运行，促进实体正义的实现。

三、关于非法证据的排除程序

由于我国刑事诉讼法没有规定非法证据排除规则，因此关于非法证据的排除程序也无法找到法律上的直接依据，但是结合我国刑事诉讼法的相关条文及其立法宗旨，我们认为在刑事诉讼的以下阶段中可以进行非法证据的排除工作：

一是检察机关的审查批捕程序。由于在我国逮捕即意味着对犯罪嫌疑人较为长期的羁押，因此侦查机关在报捕之前比较注重相关的证据收集工作，以符合“有证据证明有犯罪事实”这一法定的逮捕证据标准。检察机关在审查批捕阶段及时排除非法证据有助于避免对犯罪嫌疑人的错误逮捕和羁押，从而将侦查机关通过非法取证而可能产生的对犯罪嫌疑人合法权利的侵害程度降至最低。

二是检察机关的审查起诉程序。我国《刑事诉讼法》第137条第5项规定了人民检察院审查起诉案件时，必须查明侦查活动是否合法，其中就包含了对侦查机关的收集证据活动是否合法和是否存在非法取证行为的审查。我国的检察机关除了享有代表国家针对犯罪行为的追诉权外，更是专门的法律监督机关。其监督职能体现在侦查活动中就是依法享有侦查监督权，负有发现、纠正侦查机关违法行为的职责，以维护侦查活动中犯罪嫌疑人的合法权益。检察机关的这一职能宗旨与非法证据排除规则的宗旨不谋而合，所以，在上述两个程序中，检察机关既可以依照犯罪嫌疑人及其辩护律师的申请而对证据的合法性进行审查并排除非法证据，更可以依职权主动审查侦查机关所收集证据的合法性、排除所发现的非法证据。

三是人民法院的法庭审理程序。最高人民法院明确规定了非法取得的言词证据不能作为定案的依据，在司法实践中，被告人及其辩护人也多是在审判阶段提出证据为非法取得并要求法院排除该证据的主张。但是，如果将所有的证据排除异议及裁决都留到法庭上，必然会导致控方或法庭为了对是否为非法证据进行调查核实而不断延期审理，降低诉讼效率，同时，认定案情的法官和陪审员在形成心证时极可能受到本应予以排除的非法证据的影响，以致对案件事实的认定产生错误认识。

美国作为确立非法证据排除规则的主要国家，最初也主要是在法庭审判阶段对非法证据进行排除，但是目前大多数的州已经改变了传统作法，而采用由被告方提出动议的方式通过审前程序加以解决。借鉴这一做法，我国亦可以对现行的庭前审查程序进行改造，改变其纯粹的程序性审查特征，赋予其对非法证据进行审查这一实质性职责。当然还可以考虑其他改革方案，比如增设庭前会议制度，以其来解决非法证据排除等与审判相关却不宜在审判程序中解决的重要问题。

概而言之，设立我国非法证据排除的程序应当坚持以下几个原则：一是不应将非法证据排除程序单一化，即固定由某一程序担当此一职责，也不应将排除非法证据的主体单一化，即限定为法院一家。应当充分发挥检察机关的检察监督职能，尤其是其侦查监督职能，注重调动检察机关在非法证据排除程序中的主动性和积极性。所以，审查批捕程序、审查起诉程序、庭前审查程序、法庭审理程序中都可以进行非法证据排除。二是不应将非法证据排除限定为必须依据申请才可进行，检察机关和法院都可以基于维护程序正义和实体正义的根本目的而主动对所发现的非法证据进行排除。三是注重对产生非法证据的源头进行清理，亦即在越早进行的诉讼阶段中发现非法证据并对其排除越好。但是，对由于某种原因而没有在前一程序中排除的非法证据，应当允许法院、检察院或者犯罪嫌疑人、被告人及其辩护人在后续阶段解决或者提出。

诉讼模式视角下的证明责任 *

证明责任制度不仅是连接实体法与程序法的桥梁[①]，也是沟通证据制度与诉讼程序的重要制度安排之一。对于后者，有学者曾精辟地指出，“证明责任问题不是一个孤立的问题，它涉及诉讼的基本模式、辩论主义、自由心证原则、诉讼基本价值范畴等周边问题”[②]。本文拟从诉讼模式对证明责任制度的影响这一角度对两大法系的证明责任概念、性质及其制度功能加以比较，试图揭示诉讼模式与证明责任基本范畴之间的内在关系，以期为证明责任理论研究提供一种新的视角。

一、不同诉讼模式下的证明责任概念

对于证明责任概念的解析，学者们多从共性出发，寻求两大法系证明责任的共同内涵，并由此得出统一的（具有对应关系的）证明责任概念。在此过程中，人们往往忽略了诉讼模式对证明责任的影响，造成证明责任概念的简单化，这也是证明责任的理论研究停滞不前，无法进一步深化的原因之一。笔者认为，若将证明责任置于各自的诉讼模式之下进行考量，则两大法系的证明责任特性大于共性。

（一）对抗式诉讼中的证明责任概念

在英美法系，证明责任（burden of proof）的定义虽然众说纷纭，但是主流观点均承认其包括“提供证据责任”（burden of producing

---

* 原文发表于《甘肃政法学院学报》2008 年第 6 期，与郭志媛合作。

① 黄维智博士的专著《刑事证明责任研究——穿梭于实体与程序之间》正是以此作为研究基点，他认为，证明责任理论是建立刑事一体化的基石，足见证明责任在沟通实体法与程序法中所起的重要作用。参见黄维智：《刑事证明责任研究——穿梭于实体与程序之间》，北京大学出版社 2007 年版。

② 张卫平：《证明责任概念解析》，载《郑州大学学报（社会科学版）》2000 年第 6 期。

evidence)[1] 和“说服责任”（burden of persuasion)[2] 两层含义。如英国学者泰勒指出，“在我们对抗制诉讼中一个当事人——无论在刑事诉讼还是在民事诉讼中——为击败对方当事人必须做两件事：他必须提供足够的证据以满足法律审理者，他提供的证据还必须在要求的程度上最终说服事实审理者。换言之，一个当事人要赢得诉讼，有责任证明其主张的事实，并且其证明应达到必要的标准”。[3] 又如美国法学会模范证据法典对证明责任的定义是：“称事实之举证责任者，谓当提供充分之证据，以支持发现该事实之存在时，即告解除之负担。称事实之说服责任者，谓当决定存否之审判机关，已由充分证据之说服者发现事实存在时，即告解除之负担。”[4]

英美法系的“双层证明责任概念”是1890年由美国学者塞耶首先提出的。在此之前相当长的一段时期内，学者们都是从提供证据责任的立场来把握证明责任的本质。塞耶认为，证明责任的第一层含义是指“提出任何事实的人，如果该事实为对方所争执，他就有承担特殊责任的危险——如果在所有的证据都提出后，其主张仍不能得到证明，他就会败诉”；第二层含义是指“在诉讼开始时，或是在审判或辩论过程中的任何阶段，首先对争议事实提出证据的责任”。[5]

提供证据责任意谓，当事人提供证据证明其主张构成法律争端从而值得或者应当由法院进行审理，并引发法官或者陪审团对该主张进行审查判断的证明责任。提供证据责任的证明对象是案件初步的、细节化的事实，实际上就是那些与案件无争议事实相联系的事实。提供证据责任一般发生于诉讼前期阶段，即在案件纳入法庭审判之初。目的在于确定案件能否由法官听证审理，或将案件交付陪审团裁决。提供证据责任的解除标准是表面可信证据（prima facie evidence），又称初步证据，即在没有相反证据的情况下，足以确认某一待证事实的依据。提供证据责任

---

③ 该责任在英美法系学者的论述中又被称为利用证据推进责任（负担）、举证责任（义务）、证据责任或者不提供证据的危险。

② 该责任在英美法系学者的论述中又被称为法定责任、最终责任、或者不能说服的风险。

③ Alan Taylor, *Principle of Evidence*, Cavendish Publishing Ltd., 2000, p. 13.

④ 杨建华:《民事诉讼法论文选辑（下）》，五南图书出版公司1984年版，第623页。

⑤ Rupert Cross, *Cross on Evidence*, Butterworths, 1978, p. 85.

一般首先由原告承担，如果原告提不出证据或者未能提出有效证据支持自己的诉讼主张，法庭可以依职权或依被告“无辩可答”的动议，作出不将争议事实交付陪审团裁决或者停止听审的决定。如果负有提供证据责任的当事人提出了足够证据，则提出证据责任就转移给对方当事人。若对方当事人提出相反的证据进行反驳或者出示证据确立了抗辩理由，则形成应由陪审团裁定的有争议的问题。设若对方当事人并未履行提供证据责任，此时产生何种法律后果则视原当事人提供证据的数量和质量而定。因当事人是否卸除提供证据责任属于法律问题，由法官进行裁决，故而该责任又称“通过法官的责任”（duty of passing the judge）或“说服法官的责任”（pass to jury）。

说服责任则指当事人提出证据使法官或者陪审团确信其诉讼主张成立，否则必然遭受不利裁判的证明责任。说服责任以案件的争议事实为证明对象，只有在当事人履行了提供证据责任且提供了所有证据时，说服责任才成为一个关键性因素。在案件审理过程中，说服责任并不从一方当事人转移到另一方当事人，因为说服责任直到裁决时才进行分配。说服责任的卸除要求证明主体努力提供更多的、有说服力的证据并进行有效的论证，达到法定的证明标准，以使法官和陪审团相信其所证明的争议事实或诉讼主张，最终作出对其有利的裁决。否则，法官或者陪审团将判决负担说服责任的当事人败诉。

英美法系的证明责任是提供证据责任与说服责任两种不同层次、内部互动且有机结合的统一体。其中提供证据责任是初级责任，如果未能履行这一责任，审判程序将无从开启和继续，说服责任也就无从产生。说服责任不仅是提供证据责任履行优劣的反映，而且预示着对方当事人提供证据责任的产生。但是，证明责任的这两个组成部分又各有独立的存在价值，二者之间具有如下区别：（1）规范功能不同。提供证据责任通过要求当事人提供足够证据以使争议得以移交事实审理者，防止发动没有（充分）依据的诉讼；而说服责任则有助于事实审理者作出最后的裁判。正如威廉姆斯所言：“（提供）证据责任决定着法官所为：将争议问题交由陪审团审理，或将其从陪审团撤回。说服责任决定着法官所言：指示陪审团如何作出裁决。”[①]（2）产生后果不同。提供证据责任的

① Colin Tapper, *Cross and Tapper on Evidence*, Butterworths, 1999, p. 111.

卸除与否将影响到案件能否移交陪审团裁决或者由法官继续听审，是一种程序法上的后果；而说服责任的卸除与否则与实体法上的法律后果相关联，决定着最终的裁判。换个角度看，提供证据责任与败诉风险没有必然联系，当事人是否履行提供证据责任只能加大或减少这种风险，而承担说服责任的当事人如果不能提出有利的证据，就要面对败诉的后果。（3）可否转移不同。提供证据责任可以由一方当事人转移到另一方当事人，而说服责任则固定于一方当事人，除非法律有明确规定，一般来说，说服责任始终在积极主张的一方当事人。（4）证明标准不同。卸除提供证据责任的要求比较低，只要提供初步证据就已足够；而说服责任的证明标准较高，在民事案件中要求盖然性占优势，刑事案件中要达到排除合理怀疑。

英美法系的证明责任分层理论对于合理分配当事人的证明责任具有重要意义。如果对证明责任不加以分层而完全固定于一方，就无法合理解释双方当事人举证行为的性质。特别在刑事诉讼中，证明责任分层理论对于解释犯罪嫌疑人、被告人在特定情况下承担部分证明责任，理解这种责任的性质、大小和后果是很有意义的，有利于防止证明责任分配理论的僵化，并使证明责任的实际分配更为科学。正如王以真教授所言："英美证据法中证明责任的多层学说，总体上看是科学的。它基本上反映了审判实践中各方当事人在不同情况下承担的证明责任，不仅有利于证明责任的理论研究，而且有利于指导诉讼实践！"①

（二）非对抗式诉讼中的证明责任概念

自1883年德国学者尤利乌斯·格拉查将证明责任区分为主观证明责任和客观证明责任以来，罗马法传统上的"谁主张，谁举证"等简单的证明责任分配规则就让位于更复杂的证明责任规则。虽然德国的诉讼法学者对这一划分进行了深入的研究和批判，但是都基本认可或者采用这一划分方法。②

接受德国诉讼法理论影响的大陆法系学者普遍认为，证明责任（Beweislast）一词包括双重含义：一是主观证明责任（或称形式上的证明责任），即当事人在具体的诉讼中，为了避免败诉的危险而向法院提

① 王以真:《英美刑事证据法中的证明责任问题》，载《中国法学》1991年第4期。
② 黄永:《刑事证明责任概念的比较法分析》，载《政治与法律》2003年第6期。

出证据，证明其主张的行为责任。主观证明责任又可分为抽象的主观证明责任和具体的主观证明责任，前者是指法律对一个抽象的法律关系所做的有关主观证明责任的分配；后者则是解决一个具体诉讼的具体阶段应由何方当事人承担主观证明责任的问题。二是客观证明责任（或称实质上的证明责任），是指在口头辩论结束后，事实的存在与否不能确定（即事实处于真伪不明状态）时，应由何方当事人承担不利诉讼后果。

德国现代证明责任理论认为，客观证明责任在证明责任体系中占据了更为重要的位置，是证明责任的本质。在辩论主义[①]下，主观证明责任是客观证明责任的派生或投影，具有独立的存在价值。但主观证明责任的形成必须以客观证明责任为基础和前提，并且是从客观证明责任中分离出来的，必须依赖于客观证明责任的存在。因此，主观证明责任和客观证明责任之间是一种相辅相成的关系。但是，由于大陆法系在其刑事诉讼中采取职权主义而非辩论主义，其证明责任又表现出不同于民事诉讼的特色。从理论上讲，即使控诉方不提出任何证据或者提不出充分证据，也不一定承担不利的诉讼后果。因为法官会根据其所负担的客观真实义务去主动调查、收集相关证据来查明案件的事实真相。难怪有学者认为，“法官的越俎代庖使检察机关的举证重要性大为降低，主观的证明责任形同虚设”。[②]不仅如此，法官的职权调查还使刑事诉讼中的行为责任与结果责任相脱节，而不像民事诉讼中两者之间形成一一对应关系。大陆法系刑事诉讼中的“主观证明责任”与英美法系的“提供证据的责任”相去甚远。在这里，只有“行为”而没有“责任”。[③]当然，在实践中，控诉方会积极主动地收集、调查证据来证明案件事实真相，被告人也会尽力提出对自己有利的主张、事实和证据，但是这一切对法官来说，仅仅是向他提供了查明案件事实真相的线索。法官在当事人提供证据的基础上，全面分析，综合评价，高举实质真实的旗帜，积极主动

---

① 即当事人主导主义，是与职权主义相对的大陆法系民事诉讼奉行的最基本原则。

② 杨大器:《论检察官之举证责任》，载刁荣华主编:《比较刑事证据法各论》，汉林出版社 1984 年版，第 183 页。

③ 张昌邦在《刑事诉讼之提出证据责任》一文中认为，“在主观证明责任体系中，不包含行为模式——法律后果的逻辑结构以及两者经验上的因果联系”。载刁荣华主编:《比较刑事证据法各论》，汉林出版社 1984 年版，第 167 页。

地去查明案件真相。正如我国台湾地区学者陈朴生所指出的："在采职权主义立法例，法院之审理义务较当事人的立证责任为重，不特别重视立证负担，亦不承认当事人有形式的举证责任，故当事人虽未提出相当证据，而法院仍应依其职权调查取证，以判明要证事实之是否应为无罪之裁判。"① 因此可以说，在大陆法系刑事诉讼中，客观证明责任的存在在客观上并不决定当事人承担主观证明责任，但从主观上看，正是由于客观证明责任的存在，才促使当事人积极提供证明。②

二、不同诉讼模式下的证明责任解析

从两大法系对证明责任所下的抽象定义中，易使人得出提供证据责任与主观证明责任、说服责任与客观证明责任分别对应的印象。然而，深入探究其内在逻辑结构，则会发现它们之间存在显著区别。

首先，英美法系的证明责任具有层次性、阶段性，而大陆法系的证明责任具有整体性。英美国家实行对抗制，其诉讼程序是阻断式的，当事人必须跨过一道关口之后，才能进入下一个诉讼环节。在证明责任的承担上，当事人双方首先要负担将其争议交由陪审团审判的责任，也就是提出足够的证据促使法官相信其主张的事实存在可能性根据，否则应当承担由此带来的不利或者败诉后果。这一责任发生在诉讼早期阶段，如果当事人未提供或未能提供充分证据，则法官无须将案件交付陪审团进行事实认定，而是采用指示评议、撤诉、驳回请求等方式，直接裁判承担提供证据责任的一方当事人败诉。如果法官认为证据充分从而决定将案件交由陪审团进行事实认定，则当事人就完成了第一次证明负担，跨过了第一道关口。接下来，当事人要面对的是说服责任，即对证据进行解释、说明和论证，以说服事实认定者相信其主张的事实完全真实，否则将承担败诉的后果。如果当事人利用证据进行的说服达到了法定证明标准，他就完成了第二次负担，跨过了第二道关口，获得诉讼的胜利。由此可见，英美国家的证明责任是分层次、分阶段的，当事人要想胜诉，必须成功地完成两次证明负担。

德法等国采取职权主义（非对抗式），其诉讼程序并不像英美国家

① 陈朴生:《刑事证据法》，三民书局 1979 年版，第 310 页。

② 黄维智:《刑事证明责任研究——穿梭于实体与程序之间》，北京大学出版社 2007 年版，第 17 页。

那样类似障碍性赛跑，由于提起公诉时采取卷宗移送主义，有些国家预审法官与庭审法官同一，因此其审判与侦查、起诉具有直接关联性。从某种意义上甚至可以说，审判的结果是建立在侦查和起诉成果基础之上的。当事人只要在审判阶段提出证据支持自己的主张，并对证据进行解释、说明和论证以使法官相信其主张为真，就可能获得最终的胜利。也就是说，在职权主义诉讼模式下，当事人只需负担一次证明责任，而且其提供证据的责任就表现在庭审阶段。由此以观，德法等国的证明责任具有整体性的特点，并不像英美那样分阶段履行。

其次，提供证据责任在英美法系具有独立存在的意义，而大陆法系的主观证明责任依附于客观证明责任而存在。在英美法系，当事人未履行提供证据责任的，法官将适用指示评议制度进行裁判。如果承担证明责任的当事人没有提供充分的证据，法官将不等待相对方提供反证而直接停止案件的审理，裁判承担证明责任的一方当事人败诉；或在承担证明责任的当事人已提供充分证据的情形下，如果对方没有提供反证也将被判决为败诉。而在大陆法系，主观证明责任相对于承担客观证明责任的当事人而言，表现为提供本证的行为责任；相对于对方当事人的防御方法而言，表现为提出反证的行为责任。而客观证明责任是由实体法预置的，是当事人在主要事实真伪不明时接受不利益裁判的责任。换言之，主观证明责任只是基于客观证明责任并以此为前提所进行的本证或反证的责任。

不仅如此，英美法系的提供证据责任与大陆法系的主观证明责任在结构上也是不同的。虽然提供证据行为实际上就是说服的行为，但是其本身的结果中还有其他的不利后果，那就是案件根本不会由陪审团裁决而直接被法官驳回。大陆法系的主观证明责任只是针对法官在具体案件中的临时心证来决定哪一方当事人有提出证据的必要，着重其提出证据这一行为本身，而不去考虑其提出证据的证据能力及证明力等问题。这种主观证明责任即使履行不力也不会产生独立的程序性后果。因此有人认为，主观证明责任强调行为本身而忽视行为的结果，导致主观证明责任与不利后果之间无必然的因果关系，成为一种只有行为、没有责任的“行为责任”。[①]

① 王永明:《论两大法系证明责任理论的差异》，载《求索》2005年第3期。

再次，英美法系的提供证据责任与说服责任之间存在承接递进关系，而大陆法系的主观证明责任与客观证明责任则缺乏此种逻辑联系。在当事人主义诉讼模式下，法官保持消极中立，严格贯彻不告不理原则，因此证明责任完全由当事人承担。一般来说，在诉讼中首先负担提供证据责任的一方当事人也要负担说服责任，否则其提出的诉讼主张就得不到法官的支持，并将承担败诉的后果。因此，可以说，对抗式诉讼中，当事人能否胜诉直接取决于其证明责任是否成功卸除。但是，在大陆法系的刑事诉讼中，由于采取职权主义诉讼模式，法官并非完全中立，而是以追求实质真实为目标，经常主动扩大证据调查范围，从而使主观证明责任与客观证明责任之间缺乏行为模式——法律后果的逻辑对应关系。即使当事人未能提供充分证据证明自己的主张，如果法官利用职权调查查明了事实真相，负担客观证明责任的一方当事人仍然可能胜诉。换言之，诉讼后果无法直接反映承担客观证明责任一方当事人履行证明责任的优劣，而是当事人履行证明责任与法官自由心证共同作用的结果。

最后，英美法系当事人的举证行为与不利后果之间存在逻辑对应关系，而大陆法系当事人的举证行为与不利后果之间不存在这种联系。在英美国家，由于消极中立的法官并不负责调查，因此证据都是以双方举证的方式提交法庭的。作为事实裁判者的陪审团，更是不可能接触到任何双方证据以外的信息，因此，当事人提供的证据成为陪审团裁决的唯一依据。举证不能或举证不力与败诉后果之间就建立了确定的因果关系。在大陆法系，由于法官的主动调查活动，其实际用于裁决的信息远远多于当事人提供的证据，因此当事人举证行为与裁判结果之间并不存在逻辑上的必然关系。也就是说，不利后果不一定是举证不能或举证不力的必然结果。

两大法系证明责任的差异，不仅是因为法律的规范结构不同，更重要的是其司法体制、裁判组织、诉讼构造之间的分歧，以及制度背后深层的诉讼价值观的选择。正如我国台湾地区学者李学灯所言："因各国法律之规定及所采政策之不同，更因法官自行搜集证据之职权，可以缓和当事人举证之责任，遂使此一问题之理论及其重点，并非完全相一致。尤以英美法系，在审判中特别置重于当事人举证，益以陪审制度之特征，至少在刑事诉讼上与大陆法系置重于法官查证之职权者，各有所偏倚。”① 笔者认为，诉讼模式的不同是形成两大法系证明责任差异的主要原因。兹分述如下：

其一，英美法系说服责任与提供证据责任间的区别，与其诉讼中陪审团与法官的权力分工有着密不可分的互动关系。英美法系国家实行陪审团制度，根据法律问题和事实问题划分法官和陪审团的职责。陪审团的唯一职责是裁判被告人是否有罪，而法官则要审理包括案件应否受理、争点是否成立、证据是否可采在内的大量法律问题。因此，陪审团的证明责任规则是简明的，即控方承担排除合理怀疑地证明被告人有罪的说服责任。这种证明责任承担及证明标准的单一性适合陪审团欠缺法律知识和法律技巧的特点。而法官面临的则是复杂的证明责任规则。英美法系强调针对法官和陪审团的不同证明责任，体现的是证明责任对程序的顺应关系，背后起到支配作用的是英美构建诉讼程序的价值诉求。

大陆法系在一审中不区分法律问题和事实问题，裁判主体单一，因而也就没有类似于适用指示评议制度的裁判，控方举证的过程与说服的过程合二为一，主观证明责任依附于客观证明责任而存在，证明责任具有整体性的特点。然而，需要注意的是，虽然大陆法系更为注重结果责任，将客观证明责任视为证明责任的本质，但是主观证明责任并未被客观证明责任所吸收。由于客观证明责任的存在，使积极履行主观证明责任成为避免不利诉讼后果的有效途径，因此主观证明责任也有着不容置疑的独立存在价值，对于督促当事人积极举证发挥了重要作用。

其二，当事人主义与职权主义诉讼模式中法官地位的不同决定了两大法系证明责任的主要差异。当事人主义诉讼强调法官的消极中立，鼓励双方当事人的积极诉讼行为，法官裁判的依据限于当事人举证的范围，因此当事人举证不力或者瑕疵与案件事实不清具有逻辑上的对应关系，承担说服责任的当事人所负担的是一种严格意义上的结果责任。职权主义诉讼强调法官在审判中的主导作用，法官可以将调查扩大到任何他认为对形成心证有意义的证据。案件的结局如何，取决于法官的职权调查而不是双方当事人的举证。因此，大陆法系的证明责任并非一种严

① 李学灯：《证据法比较研究》，五南图书出版公司 1998 年版，第 352 页。

格的责任体制①，不仅主观证明责任与客观证明责任之间不具有对应关系，而且当事人的举证行为与不利后果之间也缺乏逻辑上的必然联系。

三、不同诉讼模式下的证明责任性质

关于证明责任的法律性质，民事诉讼法学界曾有过激烈的争论，并提出了“权利说”“义务说”“负担说”“败诉风险说”“风险分配说”等多种学说。上述争论产生的根本原因在于，学者们在对证明责任定性时，依然是将提供证据责任（主观证明责任）和说服责任（客观证明责任）混同在一起，希望一以贯之地对证明责任的性质加以概括。殊不知，由于主观证明责任和客观证明责任在责任内容、承担主体、承担方式等方面都存在诸多不同，很难用一种单一的观点进行统一的概括。

“责任”在法学上意指某种法律后果，并且通常是指某种违法行为所引起的不利法律后果，如民事责任、行政责任和刑事责任。此外，法律上还把某些与违法行为不相干的法律后果也称为责任，如保险责任、合同标的物意外灭失的风险责任，这是“责任”的引申含义。而证明责任正是在此种引申意义上使用“责任”一词的，主要涉及当事人进行或参与诉讼的诉讼期望、诉讼利益和诉讼风险。

大陆法系的客观证明责任是在事实没有得到证明或不能认定时所承担的一种责任，而不是当事人因为没有提出证据所要承担的一种责任，也就是说不是当事人进行证明活动所伴随的必然承担的一种责任。即使当事人不举证，如果事实真伪是明确的，那么当事人也不会因此而承担败诉的后果。法官在诉讼中对双方所主张的证据都要予以斟酌，并根据自由心证的原则来确定某事实的存在与否，一旦出现不能对某事实的存在与否加以确认时，就存在谁因此承担败诉结果的问题，此时也才参考客观证明责任的分配进行裁判。德国学者汉斯·普维庭教授认为，客观证明责任既和“证明”无关，又和“责任”没有任何关系，只是一种法定的风险分配机制。客观证明责任规范是对真伪不明的风险分配，即对事实状况的不可解释性的风险进行的分配。这种抽象的风险分配在每一

① 作为一种责任体制，是直接对应行为违法而得出的结果，这种必然性的结果是内含于规范的结构之中的，即举证不能时，负有举证义务一方承担不利后果。在逻辑上，两者应是充分必要条件关系。

个诉讼开始之前就已经存在，就像实体法的请求权规范一样。[①] 因此客观证明责任不同于主观证明责任，它具有法律规范的属性，是一种由实体法预置的败诉风险分配。

大陆法系的主观证明责任在本质上属于一种败诉风险负担，而不是一项义务。这是因为，义务要求人们无条件地遵守，违反了义务就等于违法，必将受到法定的制裁。而主观证明责任的承担结果充其量只是自己利益的丧失，并未侵害他人的利益，因此，将其界定为一种风险负担似乎更为合适。风险是一个内涵丰富的概念，常被人们在不同的意义上使用。在经济学上，所谓风险是指某种不利事件或损失发生的概率及其后果的函数。换言之，即指人们因对未来行为的决策及客观条件的不确定性而可能引起的后果与预定目标发生多种偏离的综合。证明责任与合同风险责任、保险责任有很大的相似性。它们都不是违反义务的结果，都与责任承担者主观上有无过错无关，都不具有制裁性质。事实上，德文“证明责任”“Beweislast”中的后缀“last”的正确译法就是“风险”。而风险作为一个法律术语进入诉讼法的视野，源自德国法学家哥尔德施密特。他不满足运用僵死的权利义务关系来解释诉讼法律关系，而独创了法律状态说，用“期望”和“风险”来描述诉讼过程，希望能够动态地反映诉讼状态。[②] 罗森贝克在其名著《证明责任论》中也曾以民法中的“间接义务”来类推证明责任的性质，此处的“间接义务”与哥尔德施密特提出的“风险”概念异曲同工，即“实施一行为就会带来利益，尤其是获得或维持一权利，不实施一行为就会带来不利益，尤其是丧失或不能获得一权利，无需规定某人有行为的义务，另一人有行为的权利”。[③] 因此，作为风险的主观证明责任与义务、权利这些法学基本概念是完全不等同的，它是当事人对因自己的不作为或者作为不当所导致的败诉风险的承担。英美法系的提供证据责任和说服责任在性质上均属于“承担某种不利后果的风险”。其中既包括当事人不能举证的风险负担，

---

① ［德］汉斯·普维庭:《现代证明责任问题》，吴越译，法律出版社 2000 年版，第 26—27 页。

② 张卫平:《程序公正实现中的冲突与衡平》，成都出版社 1993 年版，第 59—63 页。

③ ［德］罗森贝克:《证明责任论》，庄敬华译，中国法制出版社 2002 年版，第 61 页。

又包括当事人举证不充分时的风险负担。英美法系证明责任的这一性质体现了它兼跨实体法与程序法两大法域的特点。将英美法系的证明责任定性为“风险”，就不难理解英文中将提供证据责任又称为“不能提供证据的风险”，以及将说服责任表述为“不能说服的风险”。

四、不同诉讼模式下的证明责任制度价值

德国现代证明责任理论认为，证明责任规范①的存在主要是为了克服诉讼结束之际的真伪不明状态，从而确保法官履行其裁判义务。的确，事实真伪不明是裁判过程中不可避免的客观现象。正如德国著名民事诉讼法学者罗森贝克所言:“鉴于我们认识手段的不足及我们认识能力的局限性，在每一个诉讼中均有可能发生当事人对事件的事实过程的阐述不可能达到使法官获得心证程度的情况。法院几乎每天都出现这样的情况，不仅民事法庭、刑事法庭如此，行政法庭也同样如此。因为不管将判决所依据的资料交由当事人提供，还是委托给法院调查，当事人或法院均必须对在诉讼中引用的事实情况的真实性进行认定，并对此负责，认定程序最终会受制于所谓的形式真实或所谓的实体真实的原则——常常会出现这样的情况，即作为争讼基础的事件不可能在每一个细节上均能得到澄清，对于法官的裁决具有重要意义的事实，既不能被查明已经发生，也不能查明没有发生。”②在事实处于真伪不明时，证明责任规范实际上是通过败诉风险的法定分配拟制了一种案件事实，以作为法官裁判的基础和依据。

从客观上看，两大法系的证明责任制度均具有克服事实真伪不明、防止法官拒绝裁判的功能。但是，二者的侧重点又有所不同。大陆法系客观证明责任强调的是法院不能查明真相时的处理，针对的是法院的认定；而英美法系说服责任的重点则在于控方的说服过程和效果，规范的是当事人的举证。因此有人提出，客观证明责任的适用对象是法官，而说服责任的适用对象是当事人。

客观证明责任“不仅使得法官在对事实问题存有怀疑的情况下，避

① 主要指客观证明责任的分配。

② [德]罗森贝克:《证明责任论》，庄敬华译，中国法制出版社2002年版，第1—2页。

免法律问题的不可裁决成为可能，而且它还清楚地规定了在此等情况下法官裁决的内容”[①]。也就是说，证明责任规范不仅是对自由心证的必要补充，而且限制了法官对证明责任的分配，使事实真伪不明情况下的法官裁判具有可预见性，避免了因证明责任“自由”分配而导致的不确定和不统一。为此罗森贝克指出：“证明责任的规定必须以法律规范来实现，允许上告法院对它的适用进行审查，且证明责任的规定必须产生一个固定的、与具体诉讼的偶然性无关的结果，对于法官来说这个结果是一个安全指路牌，对于当事人来说，在他们决意参与诉讼之前就一定能考虑到这一结果。”“证明责任的有规律的和始终如一的分配，是法安全性的先决条件。”[②]

就提供证据责任而言，英美法系当事人只有卸除提供证据责任，才能将争议提交事实审理者裁判，因此当事人具有提供充分证据的必要和动力。提供证据责任在客观上为原告或控方成功开启诉讼设置了障碍，具有防止随意提起诉讼的过滤功能，是对抗式诉讼模式的直接体现。而在大陆法系，由于不实行阻断式的诉讼程序，当事人的举证行为在审判中一次完成，其举证是否充分并没有程序性的不利后果，而只是加大事实真伪不明的可能性，导致客观证明责任的适用，因此主观证明责任对当事人的强制作用不如英美法系提供证据责任，但是不管怎样，主观证明责任的存在对于指导和督促当事人的举证活动仍然具有重要作用。

---

① ［德］罗森贝克:《证明责任论》，庄敬华译，中国法制出版社 2002 年版，第 67 页。

② ［德］罗森贝克:《证明责任论》，庄敬华译，中国法制出版社 2002 年版，第 68 页。

西方司法证明科学的新发展 *

在过去的几十年间，西方司法证明科学的研究呈现出富有启示性的发展趋势：越来越多地关注证明过程的科学品性，开始引入其他学科中已臻成熟的理论和方法。那么，在这一趋势之下具体有哪些方面的内容？又该怎样客观公允地看待这些新发展？这是一个很值得我们认真研究和思考的问题。笔者在本文中将对过去西方几十年证明科学的发展予以梳理，希望能够达致“他山之石，可以攻玉”之效。

一、贝叶斯定理的运用

当证据学鼻祖吉尔伯特在1761年出版《证据法》一书时便注定了司法证明与盖然性的不解之缘[①]，也为后世贝叶斯定理应用到司法证明研究中作了铺垫。自18世纪以来，所有关于证据规则的专著都暗含着这样一种思维——一项事实主张必然具有一定程度的盖然性，这种盖然性通过逐层的推论最终将转移到结论中去。[②] 这些对盖然性的定义准确地说属于“古典盖然性”。就特定案件而言，推理者可以看似为真的事实前提为基础进行推理，得出案件结论。也就是说，即便推理者对前提的真实性并不确信，依然可以将前提看作具有一定可能性，并且在推理的过程中将这种可能性转移到结论中去。谓其“古典”，是说它不同于现代统计学中盖然性的概念。[③] 这种古典盖然性并不以数值的大小作为衡量可能性高低的标准，它以一个正常人在通常情况下的行为决策作为衡量

---

* 原文发表于《证据科学》2008年第2期，与王佳合作。

① See Gilbert Geofery, *The Law of Evidence*, 5th ed., Philadelphia: John Crukshank, 1788.

② See Jeremy Bentham, *An Introductory View of the Rationale of Evidence, Works of Jeremy Bentham*, Mill J. S. ed., Edin-burgh: William Tait, 1843; W. D. Evans, *A General View of the Decisions of Lord Mansfield in Civil Cases*, London: Printed for Richard Phillips, 1804.

③ 现代盖然性理论是在盖然性上附上精确的数字，代表它可能为真的机会大小。

标准，即一个人正常情况下根据公众经验能否得出与已有结论相同的结论。它更似于似真性——以一个暂时视为真的前提，暗示即使日后有新的信息出现，现在所推导的结论依然有可能为真。进行这种推理时，保证信息的开放性至关重要，通过不断对新信息进行分析来验证先前结论的有效性。这种古典盖然性理论虽能有效地解释通常情况下裁判者作出胜负断定的缘由，但无法动态地解释司法证明过程中在信息不对称的情况下，一方当事人所示证据盖然性的高低变化与证明过程之间的关系。于是，在证明科学领域利用贝叶斯定理对事实裁判者的认知过程加以量化，便成为这种"古典盖然性"证明理论的现代化身。

所谓贝叶斯定理是概率理论中的一个基本知识点，是由贝叶斯爵士创造的以主观性为特征的数学概率理论，用于分析原有的概率和新证据引入后概率的变化及决策方式，强调先验信息与新信息的结合，但先验信息的确定一直是理论研究的难点。就司法证明来说，证明的起点对被告人所做的是无罪推定，则概率赋值为零，随着新证据的不断涌入，相应的概率随之发生变化。[①] 如果我们以 p 和 d 分别代表原告和被告，P(p)代表原告事实主张为真的概率，P（d）代表被告事实主张为真的概率，而 U（p，d）代表错误判决被告人有罪的社会成本，U（d，p）代表错判被告人无罪的社会成本。在刑事案件中，既有的社会信念告诉我们错判被告人有罪的社会成本要远远超过了因此所得的收益，也就是说 U（p，d）>（1-P）U（p，d），所以，证明标准应当是：

$$P > \frac{1}{1+U(d,p)/U(p,d)}$$

在民事案件中由于 U（p，d）=U（d，p），所以我们对证明标准的设定界限为 P=0.5。总之，在任何的案件中最佳的证明标准设定点的公式可以表达为：

$$O(G/E)= \frac{P(E/G)1}{P(E/not\text{-}G)}$$

① 这方面的具体论述可以参阅尼森（Nissan）、艾伦（Ronald J. Allen）、雷德梅因（Mike Redmayne）等就贝叶斯定理专门出版的一本探讨贝叶斯精炼的特刊。See R. J. Allen and M. Redmayne (eds.), *Bayesianism and Juridical Proof*, 1 International Journal of Evidence And Proof, Special Issue, (1997).

在此，O（G）代表被告人有罪或应承担责任的概率；O（G/E）代表新证据引入后判定被告人有罪或应承担责任的概率；P（E/G）代表如果被告人有罪或应承担责任获得解决案件争议的关键证据的几率；P（E/not-G）代表如果被告人无罪或不应承担责任获得解决案件争议的关键证据的概率。

自1950年沃尔德（A.Wald）的判决统计理论产生后，贝叶斯定理开始成为证据学者进行分析判断的重要工具，他们将贝叶斯定理主要用于分析证明责任、在证据信息不确定情形下的判决过程等。另外，贝叶斯定理最重要的贡献在于它为诸如相关性规则等证据规则的分析开启了另一扇视窗。根据贝叶斯定理，证据的相关性主要取决于该证据能在多大程度上改变预先的可能性，而这又取决于假定该证据所主张的事实确实存在，以及人们能够在多大程度上获得该项证据。例如，欲证明留在犯罪现场的头发源于被告人，在基因匹配理论问世之前，事实判定者认为毛发来源于被告人与非来源于被告人的比率是2：1，但如果它引入了贝叶斯定理对上述问题进行分析，他就有可能运用“似然函数”乘以原先的2：1的比率，以此随着新信息的引入不断更新他对上述比率的判定。“似然函数”是由专家证言证实现场遗留毛发与被告人的毛发相匹配的概率比上专家证实毛发与被告人的毛发不匹配的概率，两种概率相比之后得出的一个统计数据。如果专家证言证实相匹配的概率与不匹配的概率相比为10：1，则运用贝叶斯定理，事实判定者得出的毛发源于被告人与非源于被告人的比率就变成了20：1。

“贝叶斯定理”最突出的特征是将证据的形式与内容进行了二元分类，更多地关注证据的逻辑属性而非内容本身，以此来凸现那些原本为我们所忽视的盖然性推理的细节。但这种方法也有它的不足之处。以“贝叶斯精炼”为例，“贝叶斯精炼”强调“有条件的完全非独立”（conditional nonindependence），并把它作为该理论的主要分析工具，用来捕捉和表征建立在证据基础上的逻辑推理中的细节，但“有条件的完全非独立”的前提假设是两个或多个证据（即证据群）的证明力，显然不同于这些证据个体所具有的证明力。然而我们无法断言，人们将采取怎样的推理路径来对一堆证据中的单个证据进行组合，构成一个闭合的逻辑链条，即诸多证据组成证据群的排列组合是任意的，也就无法预计在这些证据个体间将产生怎样的反应——或增强或削弱证据个体原有的证明力。显然，上述前提假设也就难以成立。

所以，对贝叶斯定理，学者们也是褒贬不一。贝叶斯定理的重要倡导者、密歇根大学法学院的弗莱德曼教授（Friedman）认为，不确定性是诉讼的固有主观特征，无论贝叶斯定理与我们在其他自然科学探索中所使用的方法有何不同，它都为我们分析司法证明过程提供了帮助。他还认为，任何一种其他的方法都不会得出与贝叶斯定理相反的结论，所以它的正确性毋庸置疑。正如一出好戏需要有具有一定欣赏能力的观众一样，想让作为数学外行的事实判定者掌握并运用复杂的统计学知识，着实是一件难事。[①]但耶鲁大学的客座教授斯坦（Stein）则认为，贝叶斯理论的要素“主观盖然性”不具有合理性，缺乏现实、确定的判定标准。[②]贝叶斯定理的反对者认为，在司法证明中应用贝叶斯定理，由于计算得过于复杂而可能引起事实判定者产生不必要的混乱；另外概率的大小也不能成为对个体权利剥夺的依据。将贝叶斯定理应用到证明过程，并不是简单地对统计学原理的移植，它还涉及心理学和社会学的层面。而结合心理学与社会学来分析司法证明过程已成为较为普遍的研究方法。近来，围绕着贝叶斯定理展开的争论不再如往常那般炽热，两大阵营的学者更愿意进行对话而不是争吵，致力于开展怎样能够运用贝叶斯定理的某些优势，帮助事实判定者作出准确结论的实证研究。

二、似真推理的发现

威格莫尔将基本的逻辑推理方法归纳为两大类——归纳推理和演绎推理，他认为，司法证明中的论辩形式主要是归纳推理；而演绎推理则并非如先前亚里士多德经典三段论所预想的在司法证明过程中占据主要位置。这是因为，司法证明体系是一个相对开放的系统，在这个系统中结论并不必然总是建立在经过严格逻辑定律验证的基础上，因为要在司法证明过程这样一个相对无限开放的情境下挑出一个永恒为真的前提是不可能的，总会有这样或那样的例外或偶然，并且对案件背景的概括往

① R. D. Friedman, *Answering the Bayesian skeptical challenge*, In R. J. Allen and M.Redmayne (eds.), *Bayesianism and Juridical Proof*, 1 International Journal of Evidence And Proof, Special Issue, s276–s291 (1997).

② Alex Stein, *Against Free Proof*, 31 ISRAEL L. REV., 573 (1997).

往隐藏在论辩中，人人皆知不必挑明，如果硬要照搬经典三段论，无异于在众目睽睽之下将本已被大家熟悉的东西翻出来再说一遍而已。[①]笔者认为，威氏如此说自有他的道理，在时间有限的法庭之上，将所有或者相当数量的相关前提概括并逐一陈述，未免过于冗长乏味而且不合时宜。同时，事实裁判者的使命仅在于对讼争做个了断，如果硬要板着一副怀疑主义的面孔对那些被我们视为知识的“共识 ”的自明性进行证成，则无异于打开了“潘多拉的魔盒”。

西方最近的法律论证理论认为除了上述两种推理之外，还存在第三种推理方法：似真推理（ presumptive reasoning/plausible reasoning ）。似真推理又被称为溯因推理、推定推理或合情推理。对于似真推理目前尚无统一的定义，并且对上述三种称谓间的区别也无明确界定。[②]“似真推理”的一般表达是：在一般情况下，如果 x 是 F，那么 x 是 G；由于，a 是 F；因此，a 是 G。如果出现了新的证据作为推理的前提，则原先的推论完全可被推翻。合情推理建立在概率理念的基础上，之所以断定某一命题为真，是因为它与该案的其他证据吻合不悖，并且根据事物出现的一般概率，这种推论也具有合理性。换句话说，根据特定的证据，某一命题具有可能性；根据其他的证据，它的反命题同样具有可能性。庭审中两造根据各自收集的不同证据对同一事实争点提出不同版本的解说，

① See John H. Wigmore, *The problem of proof*, 8 ILLINOIS L.REV., 77–103 (1913).

② 根据约瑟夫森（Josephson）在 1994 年提出的定义，溯因推理是指为现象寻找最佳解释方案的推理过程。推定推理是指在缺乏确定性及相关知识时，在事实的探索或对话中试探性地提出某种能够为普遍接受的假说来推进推理的过程，直至将来有新的证据表明这种假说的非真性，姑且将其视为真，推定推理有一点是与归纳推理相似的，它们都是非单调性推理。非单调逻辑是由麦卡锡在 20 世纪 70 年代提出的。经典逻辑遵循由已知事实推出结论的方法，并且即使已知事实增加，结论依然有效，因此逻辑学者将其称之为“单调的”。然而实际生活中人类面临的往往是信息的不对称性，随着事物的发展变化和人类认识水平的提高原有的结论被否定或取消，也就是说现实生活中的“非单调逻辑”（nonmonototic logic）可因事实的增加而使结论丧失其有效性。在刑事诉讼中非单调逻辑的典型例证是“无罪推定”原则。非单调逻辑的简单表达可概括为“如果我们不认为那个证明 p 为真，我们便假定它为假”，而无罪推定的逻辑表述恰恰是如果不能证明某人有罪，则假定他无罪，而一旦发现了新的证据证明其有罪，该人依然可以被判定为有罪。See John R. Josephson and Susan G. Josephson, ed., *Abductive Inference: Computation, Philosophy, Technology*, Cambridge University Press, 1994, p. 27–29.

就是这种情况的典型。合情推理总是与支持它的相关证据密切联系，如果依赖的证据不同，则一切皆有可能。反之，这种可能性就不存在了。[①]当然，无论我们以怎样的名称来命名这种除归纳推理和演绎推理之外的第三种推理，它存在于法律论辩中都是不争的事实。其实，威格莫尔在撰写《司法证明原则》一书时已经认识到这种似真性问题的存在，但囿于当时逻辑学的发展，威格莫尔只能将它们列为归纳推理的一种类型。在他的书中列出了这样一个例子：

"A 本欲杀死 B，所以有可能 A 杀了 B。虽然这种情况与传统的三段论没有任何相似性，但我们依然可以将它演变为归纳论证的形式：

大前提：具有特定意图的人往往会采取行动实现他的意图。

小前提：A 具有杀 B 的意图。

结论：A 有可能实施了他的意图，杀死了 B。"

采用似真推理的角度来分析上述例证，已知 B 被杀害，根据 A 平时的言行得知 A 具有杀害 B 的企图。根据上文所述，虽然如上前提的证明力大小可以转移到结论中来，但这种推论是可变的，它本身并不足以证明 A 杀害了 B，一旦有新的证据引入，上述结论就有可能被推翻。威格莫尔显然也认识到了这种推理的特殊性："对于作为证明基础的事实的解

---

① 它与归纳推理的区别在于，概率计算定理中的排除规则（negation rule）不适用于合情推理，却适用于归纳推理。似真推理早在古希腊和古罗马时代就已被当时的哲学家和司法审判者熟知，后来伴随着传统逻辑学的兴盛逐渐淡出人们的视野。将似真推理作为人类能力所及的最佳论辩方案是在后柏拉图时代的事情，卡尼阿德斯（Carneades）是似真推理的最早倡导者。在他看来，所谓的似真性是指某些事物看上去为真，或者说它与周围看似为真的事物相协调，如果经过了检验并且这些事物是相对静止的，此时它就具有了更大的似真性。卡尼阿德斯的理论被后世称为"似真性理论"，它与现代数学、统计学中的概率观点有着异曲同工之妙。虽然卡尼阿德斯笔下的"可能性"的概念不同，然而他依然针对当时带有垄断色彩的抽象哲学——将真理视为独立于人类思想之外的客观存在，提供了另一种解答——哲学并不是一种抽象的理论，而是一种生活方式。在日常生活中人们采取各种标准来评判发生在他们周围的事物，而这些标准却未必总是正确的。卡尼阿德斯提出了解决这种悖论的方法：当主体在面临某个陈述时，一种陈述显然为真，另一种显然为假。在这些被主体判定为显然为真的陈述时必然有些内容是模糊不清的——例如那些看似瘦弱的人有可能十分强壮。也就是说当前提并不必然是真的，判断主体可以姑且暂时将其视为真。See John R. Josephson and Susan G. Josephson, ed., *Abductive Inference: Computation, Philosophy, Technology*, Cambridge University Press, 1994, p. 27–29.

说，除了目前提出的事实解释版本，一定也还有其他的解释版本。就某一案件而言，对于推论真伪的根本判定标准是：目前提出的事实解释版本是否在诸多的解释版本中是最佳的？”①

按照似真性理论，整个证明过程可以划分为三大阶段。与之相应，证据也被划分了三种不同的类别。第一阶段，证据材料的收集阶段。这一阶段所收集的证据材料是整个证据的根基，它由一个或几个主张组成，这里的主张未必都是真的，它们只是对一种状态的语言说明，这种说明只是把与结论相关的事实组合起来。第二阶段，根据上述证据材料作出对案件的推论，并由推论形成初步的结论。这一阶段中需要有目的地对证据进行归类，判定它们是否具有足够的证明力来证成或者证伪某个争点。笔者把该阶段称为证据的对话层面，它与证据的运用目的有着密切的联系，从而帮助我们更好地理解“相关性”概念。根据派特森（Patterson）在1965年提出的证据功能分析理论，“相关性是证据与欲证明的结论间的本质联系，由证据得出的推论决定了证据的相关性”。②根据似真性理论，相关性不仅由推论间的紧密性决定，这些推论形成一条闭合的链条指向欲证明的结论，同时论辩所使用的对话类型也对相关性有着决定性的作用。自然科学对证据的定义显然不同于司法证明中对证据的理解，根据似真性理论，所谓的证据就是那些与事实发现工作相联系的东西，要完成事实发现的使命就不得不采用任何合理的手段来收集这些东西，并与这些东西发生对话，使它不单成为证明己方观点的一种工具，同时也是反驳相反论调的经得起考验的结论。所以，在似真性理论的视角下，证据不再是单一的反映事实的片段，而是一种理性与欲求结论密切相关联的、整个论辩推理链条的一部分。证据的核心并不限于反映事实，还在于契合整个论辩的逻辑需求，因而，由这种证据推导出的推论也可被视为证据的一种。在似真推理看来，证据是论辩必不可少的构成部分，它是一系列事实和事实主张的集合体，从中推导出的推论本身就可以用来证成或证伪某个论断。第三阶段是论辩主张的证成。那么，按照上文所言，证明某项主张的证据与论辩之间是否就可以画上了

① See John H. Wigmore, *The problem of proof*, 8 ILLINOIS L.REV., 78.

② See L. Ray Patterson, *Evidence: A Functional Meaning*, 18 VAND. L. REV., 875, 1965.

等号呢？虽然两者都是支撑主张的框架，但证据较之论辩则更具有证明力，它意味着存在一个前提具有似真性的论辩，它的前提在正常的理性人眼中具有真实性，如果没有与上述前提相悖的信息引入，那么他的结论就是正确的。可见，证据对结论的证成具有限定性，随着时间的流逝，原先被认定为具有真实性的证据有可能不再具有证成效力。例如，当 DNA 作为证据被引入法庭中时，建立在血型鉴定基础上的证据有时就可以轻而易举地被证伪。所以说，证据的证明力是一个具有情境限制的概念，它与案件发生，审判的时间、地点，社会环境密切联系。

三、似真推理的平台——对话理论的应用

目前，似真证明得到前所未有的重视，但是进行似真证明需要一个处理它的系统平台，这就是理斯切尔（Rescher）提出的“对话系统”。所谓的“对话”，是指多方主体参与的、多目的性的推理过程，通过一问一答来实现论证过程。以司法证明为例，其中一方是负有证明责任的正方，正方通过似真推理来断定自己的主张为真；而反方则通过对正方的诘问来质疑对方的主张，在这一过程中，双方必须遵循对话规则。对对方主张的理性接受是对话理论的中心理念，如果接受了对方论辩的前提，并且对方论辩符合逻辑的结构要求，则必然要接受对方的结论，除非自己能提出恰如其分的质疑。于是，说服对方同时也说服事实判定者就成了法律论辩的中心，但这不是法庭论辩的唯一目的。现代论辩理论认为，在法庭论辩中存在不同种的对话形式，不同的对话有不同的目的。

研究对话理论的代表人物除了理斯切尔之外，还有佩雷尔曼（Chaim Perelman）、莱内斯（Ronald Leenes）、科恩（Jonathan Cohen）、沃尔顿（Douglas Walton）等学者，他们提出了形形色色对话理论的标准模型。这些模型仅仅是对审判特征的抽象化，它并不能完全囊括审判的各个方面。所以，我们评判这些模型的最佳策略也许就是在透视镜前同时涂上理想主义与现实主义的色彩来看待这些模型——它们既代表着理想化的审判进程，又反映了囿于现实情形的不得已的对公正的异化。

其实，对话理论并不新鲜，它是由古希腊的论辩术衍化而来。正反两方通过语言交换来辩解某一目标，尽管在这一过程中两者的关系主要是对抗性的，但又不得不遵循着交换原则。它要求任何一方采取的行动

必须与对话所处阶段相适宜，能够在一定限度内为对方所接受，绝不能像小孩子撒野般地捣毁对方所能接受的底线，否则谈话将无法继续。这种对话分为四个阶段：开场白阶段→质询阶段（取得一致并明确争点）→论辩阶段（提出、证明己方观点并接受对方诘问）→最终陈词阶段。对某个对话阶段有效的论辩一旦转到对话的其他阶段则未必有效。换句话说，对于证明的评判是整体性的，它不以某个或者某几个推论的有效与否为依据，而是将整个证明过程视为一条逻辑链条，是一个整体化的故事。前一阶段的行为可以直接决定后一阶段论证的有效与否，同时证明的目标也是评判阶段性论辩是否有效的重要依据 。一般说来，把对话分为五种类型①：

（一）说服对话

正方通过令人信服的论证证明自己的主张为真，并使反方接受自己的观点。而反方的主要目的则是对对方提出的论证进行质疑，或者证明与正方完全相反的主张为真。在这种对话中，双方进行论证的前提都是为使对方接受己方观点，而不是设定论证的前提。说服对话最为典型的就是批判对话。按照艾默伦（Eemeren）和葛鲁顿第斯特（Grootendorst）的观点，这种批判对话的目标是为了解决在对话中双方的冲突，它必须遵循如下几项规则②:（1）双方不得阻止对方提出主张。（2）必须对对方的诘问进行回应。（3）只能就与对方论辩相关的问题进行质疑。（4）只能通过与主张相关的论辩来对对方的观点进行反驳。（5）主张者可不明示众所周知的前提。（6）由双方可接受的前提推出的符合逻辑推理要求的论辩被视为确定的论断。（7）如果有其他新的未言明的前提出现，论断的结论依然有效。（8）论断必须清晰。

对说服对话的理解离不开“认诺”（commitment）这一概念。认诺不同于信奉，信奉要求某事代表我们接受并肯定某种观点，并且我们相

① Douglas N. Walton and Eric C. Krabbe, *Commitment in Dialogue: Basic Concepts of Interpersonal Reasoning*, New York: State University of New York Press, 1995, p. 179. 这五种分类也许并不能完全囊括所有类型的对话形式，但其他形式的对话实际上都是如下五种对话的复合体，如法庭论辩实际上就是说服型对话与争斗型对话的混合，在选举或立法机关出现的政治论辩是具有争斗色彩的说服对话。

② See Frans H. van Eemeren, Rob Grootendorst, J. Anthony Blair, and Charles A. Willard, *Argumentation: Perspectives and Approaches*, Foris Publications, 1987, p. 382.

信该观点是真的。而认诺则不然，持有认诺的人很有可能不认为他的主张是真的，更不必说从精神上信奉他所提出的主张，他所做的只是一种证明方式的尝试，用论辩技巧来达到自己的目标，它是论辩者接受了什么、又采取了哪些策略来证实自己的主张的一种记录。根据汉宾（Hambin）在1970年提出的观点，参与到对话中的任何一方都有一组主张，我们把这种主张的集合体称为“认诺库存”。对话参与人由认诺出发来证明他的理论，然后在对话的不同阶段采取不同的策略，根据策略对库存中的主张进行调整，或增加或删除他原先的主张。认诺库存代表了对话者立场的理想模型，在库存中的主张都是能够有力证明对话者观点的主张，同时库存中主张的内容又影响了对话人论证目标的实现。①

（二）问询对话

此对话是渐进性的，对话者在已有的前提下逐层推进自己的主张，前面的结论成为后面的前提，整个对话结构是线型的，因此那种反复的循环论证在这种对话中并无用武之地。问询对话可分为3个阶段：信息收集阶段→分析、讨论、解释信息并最终得出结论的阶段→将结论拿到更广泛的范围内接受审视的阶段。法官与当事人的对话往往属于此类。问询对话的主要目的无非是证明主张或真或伪，或无法证明它的真伪。一旦某项主张在对话的某个阶段被接受为“真”，则无法在下个阶段进行否定。整个寻求信息对话的结构式是树状的，在它的上面分布着诸多具有关键作用的证据事实构成的节点，如果我们认可了这些证据事实，则进入一条论证路径，否则将是不同的道路。道路不同，得出的结果也不同。

（三）信息对话

此对话的目的是交流信息。具体说来，这种类型的对话又可以分为如下两种：（1）面对面对话；（2）咨询对话或专家意见对话。在面对面

① See C. L. Hamblin, *Fallacies*, London: Methuen, 1970. 汉宾的上述言论代表了美国新近实证主义者的观点。他们力图跳出传统哲学信仰的定义，强调存在这样一种精神状态：我可以暂时相信看似为真的某个主张的真理性，但伴随着其他新信息的涌入，这种信奉状态极有可能发生变化。在说服对话中对话人可以自由地改变他的认诺库存而无须付出任何代价。

的对话中，获得对方信息是唯一的目的。咨询对话的目的是获得对方对某事的意见，以此来作出某个行为或解决问题，对话双方并无对抗的意味。专家意见对话可以说是咨询对话的另一种形式，当非专业人士遇到某一专业化问题或者需要某种专业知识时，需要专业人士提出建议来帮助他以一种理性的方式完成他的行为或者解决他所面临的难题。在这种对话中专家有义务使用明确清晰的语言向他的当事人提供最佳建议，同时允许当事人对他的建议质疑。当事人则有义务用清晰的语言进行提问。当事人向律师的咨询就是这种专家意见对话的典型。

（四）协商对话

此对话的主要目标是在不断的讨价还价中达成一种双方都能接受的协议。这是一种博弈的过程，双方都竭力想套出对方最想要的东西和能够接受的成本。仲裁便是这种协商对话的典型。

（五）争斗对话

对话双方完全是对抗性的，战胜对方的目的需要远远超过了通过合乎逻辑的推理和正当的程序来发现事实真相的要求。这种对话中正反双方采取一种类似争吵的态度，双方将彼此当作攻击的目标，原先被压抑的情感不断升级直至最后迸发。用平和、有礼、有节来形容这种对话状态并不恰当，在这种争论性对话中对话的思路是跳跃式的，抓住对方的小辫子由一个话题引向自己最为熟悉和拿手的另一个话题。与批判型对话不同，在此双方决非要开诚布公地交换双方的意见，也非致力于逻辑规则的攻讦，相反则是一种潜在、隐藏的情感的宣泄，任何一方都试图通过指责对方论证的不合理性和逻辑来占据对话的上风。争斗型对话这种看似作为情感宣泄途径的毫无章法可言的对话形式，实则具备独有的优势，它能够使双方在情感的表达中增进双方的了解并改善双方的关系，它可以作为原始形态复仇的一种更为文明的替代形式。

在司法证明过程中，参与对话的不仅有原被告两方实质参与论辩的律师，还有第三方——裁判者。尽管反复强调第三方的“中立性”，然而双方辩手却要费尽心思地去讨好第三方，却是不争的事实。裁判者潜在地控制着论辩的进行。除了中立的裁判者之外，还有其他主体和因素影响着对话的进行——律师仅是当事人意图的代表，当事人的行为选择直接决定了律师在对话中采取的策略。律师就像剧目中的演员，却不是剧本的作者，只是在庭审中剧本并不是提前撰写好了的，而是由当事人表达一种基本的意图，律师进行创造性的表演，裁判者如同观众般跟上演出行进的步伐并从中作出评判。其实更为公允地说，司法证明活动与争斗型对话更具相似之处，双方当事人及其律师进行对话的唯一目的在于战胜对方、赢得官司。这就使得整个证明对话更像是一种纯粹的为了一争高下的论战。另外，对话形式的转换——由一种类型的对话转为另一种类型的对话，也是在司法证明中具有重要意义的现象。如律师的开场论辩本应是说服性的，但当律师在询问证人时，他希望从与证人的对话中获得对他有益的信息，而证人有可能是普通的目击证人，也有可能是专家证人，但都是向法庭提供信息的人，此时对话的形式转为寻求信息的对话。一旦质证完毕转入论辩阶段，此时的对话形式又与争斗型对话更具相似之处。

四、信息技术的引入

将信息技术引入法律中来发端于20世纪40年代。在20世纪60年代，人工智能研究在司法证明领域主要集中于借助计算机读取信息，由雅科夫·切克（Yaakov Chouek）主持的以色列希伯来大学的Responsa项目为该国的律师在亲属法领域提供了重要的信息索取资源，探索庭审决策的模式是该项目研究的重点。法哲学家亨利克·冯·赖特将道义逻辑定义为在逻辑模型下义务与许可的逻辑。这一定义使得70年代的学者的焦点转向了人工智能对自然语言的理解和专家系统的建构。这一时期的代表作有布坎南（James Buchanan）①发表的《关于人工智能和法律推理若干问题的考察》。该文将人工智能与法律推理联系起来，强调人工智能对描述法律知识、处理开放性结构的重要性，沿着模拟归纳推理和法律分析这两条路径展开对建构专家系统的研究。此时的研究主要集中于利用人工智能对法律条文进行逻辑分析。80年代，人工智能在法律领域的研究试图将法律规则转化为以文本形式出现的模板，把证据规则与概率理论结合起来，以此来表述不同信仰程度下得出的结论的差异

① See Buchanan & Headrick, *Some Speculation about Artificial Intelligence and Legal Reasoning*, 23 Stanford L.R. 40–62 (1970).

性。自此，人工智能对法律的渗透开始进入更为细化的领域，人们开始重视将模糊数学理论应用到对布尔逻辑的研究中去，从而得出在信息不断变化的情境下影响判决的重要因素。[①]将人工智能应用到司法证明是“人工智能与法律”起步较晚的领域，至今是否应将统计学应用到司法证明过程依然是人们争论不休的话题。与此同时，采用图式形式对论辩过程进行分析再度得到了重视。在20世纪80年代，被人们遗忘的威格莫尔图式伴随着舒姆（Schum）等结合人工智能知识提出的新模型再度走入人们的视野，司法证明的科学性也得到了空前广泛的探讨。20世纪80年代，加拿大滑铁卢大学哲学教授保罗（Paul Thagard）的ECHO（Explanatory Coherence by Harmony Optimization）项目与奈森（Nissan）的ALIBI项目均试图将人工智能与司法证明融合起来，前者侧重于事实解释的协调性，在这一项目中研究者试图借助人工神经网络来模拟陪审团对谋杀案件的判决，而且这一案件是已经发生在美国加州并由当地法院作出判决的真实案件。奈森的项目则强化将控诉分解为几个基本的行为和责任形式，然后对它们按照树状结构进行重构。

人工智能技术为整个司法证明过程提供一种科学性的模型，这种模型中存有已经被验证了的知识和推理方式。为了确保这种科学方法科学效用的最大发挥，我们需要对计算机已有的嵌入式、传统的人机交流的处理证据方式进行改进。如同对专家意见的采信设立了种种程序上的限制一样，我们也需要对计算机分析证据设立一系列的程序限制，以此保证数据分析的公正性，同时也为实现数字化审判奠定基础。

如果将司法证明视为一种向事实裁判者出示信息的过程，那么在这份长长的信息名单上将包括：指控、被告人答辩、控方陈词、辩方陈词、证人证言、事实裁判者对证人的观察、证人对法官的观察、控方最后陈述、辩方最后陈述、指导事实裁判者作出裁判的程序规则、证据规则和实体法要求等。那么，事实裁判者作出裁断的整个过程可以被简化为图1。

---

① 布尔逻辑得名于乔治·布尔（George Boole），他是国立科克大学（College Cork）的英国数学家。他在19世纪中叶首次定义了逻辑的代数系统 。现在，布尔逻辑在电子学、计算机硬件和软件中有很多应用。

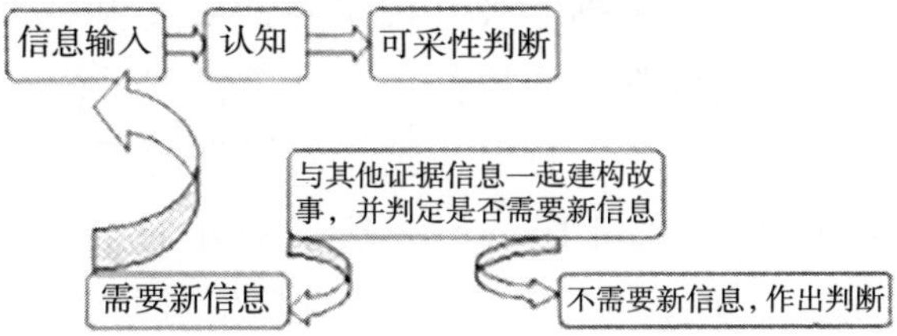

图 1　事实裁判者作出裁判过程示意

在获取了上文所述的信息之后，事实裁判者所要做的第一步就是对所有的信息进行解码——找出它们的真正含义；接下来是选取那些按照法定标准具有可采性的证据，即只考虑那些具有可采性的证据；在划定了事实判断的范围之后，便是对证据的可信性进行判断，他们选取最具可信性的证据条目建构案件故事，如果确定这个版本的故事完整且无懈可击，不需要新的证据来帮助他澄清其中的疑惑之处，那么，他便根据所建构的故事版本作出对事实的相应判断。也就是说，无论担当事实裁判者的是职业法官还是普通民众，他进行断案的第一步都是听取当事人“两造”所输入的信息。在这一阶段他并没有提出多个案件故事版本的组合，相反，就像 DOS 命令下的子目录与根目录一般，在听取这些信息的同时，事实裁判者就已经选取了他的故事路径，只是人类的精神思维考虑的是这些叙事与日常生活经验的契合度，而信息技术的模型分析的是它所接受的词句的语义。像人类精神思考时所作出的作为故事框架粘连之处的推论一样，信息技术模型也在特定的语义分析之下建立了由多个推论构成的子集和，并从这些子集和中选取适当的推论分别与先前它根据词句语义分析所得出的子目录根目录建构起来的故事框架进行配对。如果匹配，那么便可完成证明过程，如果不匹配便重新进行运算。如果说信息技术模型与人类精神思维相比较有什么突出优势的话，那便是在人类精神思考的过程中，证据出示的顺序对裁决的作出具有决定性的影响。实验数据表明，人类更容易受到证据出示先后顺序、双方律师煽动性言论的干扰，从而无法在脑海中完全排除那些本来不具有可采性的证据的影响。[①]

① 参见［美］黑斯蒂主编:《陪审员的内心世界：陪审员裁决过程的心理分析》，刘威、李恒译，北京大学出版社 2006 年版，第 132 页。

基于上述原理，西方证据学者开始了对证明过程中“叙事模型”的建构。这一模型以诉讼效率、司法公正、社会伦理道德等价值的考量作为固有的限制性参数，采用信息采集技术对证据的语言进行深层次的分析。如迈克·戴尔（Michael Dyer）花费了数年心血在1983年开发出BORIS系统来分析叙事结构，奈森和他的学生进行的ALIBI项目的研究，代表了这一研究领域的前沿状况。该项目设计的情境是一名想要基于公众常识而非充分的法律理由为自己作无罪辩护的被告人，在ALIBI的项目中采用了树状的循环结构来表示可供选择的行为策略。在输入信息时，有的语言输入都采用自然语言的形式，并且任何一项指控都用平实的语言解释它所隐含的含义，如“盗窃”用“悄悄地拿取别人财物”来表示。在接受了所有的信息之后，模型所要做的就是对所有的信息进行重组，进而合法化被告人的行为。也就是说，采用计算机能够接受的语言来对事实进行表述，进而得到一种事实的模拟解释。法律符号学者本纳德·杰克逊（Benard Jackson）根据叙事分析的目的和用途对它们作出了如下分类：案件事实的修辞叙述；对事实可能性的评估；建构在陪审员看来具有似真性的故事；为证人出庭作证进行的心理学分析；对判决正当性进行的论证等。这些研究成果已卓有成效，它们为信息技术在司法证明中发挥更大作用指明了方向。

总之，人类的司法证明活动不可避免地受到人类观察能力的客观限制，同时又可以受益于新科学技术带来的人类认知范围的扩张。虽然上述论及的新发展难免有不完备之处，但它毕竟为我们提供了一种可资参考的研究视角与方法，它有助于突破传统司法证明理论的瓶颈，为司法证明科学的发展注入新的活力。

铸证据基石，促司法公正 *

“两高三部”《关于办理死刑案件审查判断证据若干问题的规定》（以下简称《办理死刑案件证据规定》）和《关于办理刑事案件排除非法证据若干问题的规定》（以下简称《非法证据排除规定》），对办理刑事案件特别是死刑案件证据的审查判断和运用作出了详细规定，并对刑事诉讼中的非法证据排除规则加以健全完善。这是刑事司法改革的重大成果，对保证刑事案件办案质量、保障诉讼参与人合法权益、准确惩罚犯罪、促进司法公正具有重要意义，同时对丰富刑事证据理论、完善刑事证据制度、健全刑事证据立法，亦具有积极的促进意义。两个规定内容丰富，亮点甚多，笔者主要从以下方面作初步解读和剖析：

一、强化证据意识，坚持证据裁判

办理刑事案件的过程首先就是运用证据认定案件事实的过程，在准确认定案件事实的基础上正确适用法律，案件才能得到正确处理。证据是证明案件事实的唯一手段，也是正确处理刑事案件的可靠保障。因此，当今世界各国和地区刑事诉讼法律大都明文规定了证据裁判原则。一般认为，证据裁判原则包括以下要求：首先，裁判的形成必须以证据为依据；其次，裁判所依据的必须是具有证据能力，即可以采纳为定案根据的证据；再次，据以作出裁判的证据必须在法庭审理中出示并经过当事人双方的质证和法官的认证；最后，据以作出裁判的证据必须达到法律规定的要求。[①] 我国法律要求对刑事案件的处理必须以事实为依据，也强调证据在处理案件中的重要作用。《刑事诉讼法》第46条规定：“对一切案件的判处都要重证据，重调查研究。”但是应当清醒地认识到，

---

* 原文发表于《法学杂志》2010年第7期。

① 陈光中主编：《中华人民共和国刑事证据法专家拟制稿（条文、释义与论证）》，中国法制出版社2004年版，第127页。

无论是作为证据裁判对象的事实，还是作为证据裁判依据的证据，我们所奉行的“以事实为根据”以及所认识到的证据作用，与证据裁判原则的要求相比，均存在很大的差异。

首先，对于作为证据裁判对象的事实，我国传统证据理论解释的是案件的客观事实或客观的案件事实，这体现在法律的有关规定上。按照刑事诉讼法的规定，公安机关报请批准逮捕书、人民检察院起诉书、人民法院判决书，必须忠实于事实真相；侦查机关侦查终结移送审查起诉、人民检察院提起公诉、人民法院判决有罪的证据要求都是“案件（或犯罪）事实清楚，证据确实、充分”。这种对事实的理解在司法实际中可能出现这样的情形：案件事实是不依赖于证据而客观存在的，无论有无证据，案件事实都实际发生过，因此没有证据也有客观事实。如果我们将侦查、起诉、审判机关在不同诉讼阶段所认定的事实都界定为客观的案件事实，那么极易导致办案人员主观地认为自己对案件事实的认识就是案件的客观事实本身，并以此为出发点去寻找证据来印证自己的认识，于是证据与事实之间的关系就发生了错位：证据裁判要求事实认定建立在证据的基础之上，没有证据或证据不足就不能认定任何事实，但实践中办案人员却在根据“事实”寻找证据，再用找到的证据来印证自己先前形成的对“事实”的认识。[①]这会产生两种不良后果：一是办案人员依凭自己对案件事实的认识去挑选证据，选择那些能够支持自己认识的证据，舍弃那些不能支持或者否定自己认识的证据。不科学的事实预断辅之以不全面的证据收集，必然导致错误的事实认定，造成实体不公。二是办案人员为获得支持自己认识的证据而不惜采用不正当的甚至违法的手段，如刑讯逼供、威胁欺骗等，从而严重侵犯公民的合法权利，产生程序不公。[②]

其次，对于作为证据裁判依据的证据，传统证据理论强调的是证据的真实性和证明力，而忽略证据的证据能力，即证据的可采性、容许性、适格性。因此，尽管法律明确规定，证据必须具备法定的形式，必须由法定的人员依照法定的程序收集，必须在法庭审理中公开出示，接

① 在证据理论上曾有人将我国的证据审查和事实认定方法概括为“印证法”或“求真印证法”。

② 史立梅:《程序正义与刑事证据法》，中国人民公安大学出版社2003年版，第215—216页。

受控辩双方讯问质证，严禁以刑讯逼供或其他非法的方法收集证据等，但所有这些规定的出发点主要是为了保证证据的客观真实性。因此当办案人员认为证据的真实性不存在疑问时，即使该证据在收集和运用的过程中存在问题，违反程序，甚至有刑讯逼供等严重违法现象，实践中亦照用不误，照定无疑。

随着法治观念的增强、证据意识的培养，人们认识到，所谓以事实为根据，应该是以证据为根据，以证据能够证明的事实或者已经证明的事实为根据。死刑案件人命关天，质量问题尤为重要，在认定事实和采信证据上更容不得半点的马虎和差错。在这一点上，公安司法人员已达成共识，必须强化证据意识，贯彻证据裁判原则。为此，《办理死刑案件证据规定》第2条强调，“认定案件事实，必须以证据为根据”。这是现代刑事诉讼普遍奉行的证据裁判原则在我国法律规范性文件上的首次明文确认。它强调，审理刑事案件，对被告人犯罪事实的认定，必须依据证据；作为认定被告人犯罪事实依据的证据，必须确实、充分。具体而言，就是要做到：定罪量刑的事实都有证据证明；每一个定案的证据均已经法定程序查证属实；证据与证据之间、证据与案件事实之间不存在矛盾或者矛盾得以合理排除；共同犯罪中被告人的地位、作用均已查清；根据证据推断案件事实的过程符合逻辑和经验规则，由证据得出的结论唯一。坚持证据裁判原则，才能够增强办案人员的证据意识，纠正办案人员的先入为主，防止办案人员的主观擅断，从而避免冤假错案的发生。没有证据，或者证据不足，在任何情况下都不能认定被告人有罪。死刑案件，更应如此。

二、强调审判中心，重视法庭查证

现代刑事诉讼，审判是关键阶段。在此阶段，被告人的刑事责任问题要得到最终确定，法庭要对被告人是否有罪以及应否处以刑罚的问题作出终局的、权威的裁决。因此，在现代诉讼构造理论上，有以审判为中心之说。因为只有法官才有权认定被告人有罪，只有法官依照正当的审判程序，才能认定被告人有罪。这是法治的要求，也是刑事诉讼规律使然。法官审案要实行直接言词审理，贯彻证据裁判原则，这就要求作为定案根据的证据必须在法庭审理中出示并经过控辩双方的质证和审判人员的认证。《办理死刑案件证据规定》很好地体现了直接言词审理和证据裁判原则的要求，其第4条明确“经过当庭出示、辨认、质证等法庭调查程序查证属实的证据，才能作为定罪的根据”。强调对于应当出庭作证并经依法通知不出庭作证证人的书面证言经质证无法确认的，不能作为定案的根据。

对于司法实践中常见的被告人当庭翻供或证人庭上作证与庭前陈述不一致的情况，应当如何审查、鉴别、处理，《办理死刑案件证据规定》也予以了充分详细的规定，有助于指导司法实践。该规定强调，对被告人的供述和辩解除了注意审查讯问的时间、地点、讯问人身份和人数、讯问笔录的制作、修改是否符合法律规定等情形外，应当着重审查以下内容：被告人的供述有无刑讯逼供或者以威胁、引诱、欺骗以及其他非法方法获取供述的情形，必要时可以调取被告人进出看守所的健康检查记录、笔录；被告人的供述是否前后一致，有无反复以及出现反复的原因；被告人的辩解内容是否符合案情和常理，有无矛盾；被告人的供述和辩解与同案犯的供述和辩解以及其他证据能否相互印证，有无矛盾。该规定要求，对被告人供述和辩解的审查，应当结合控辩双方提供的所有证据以及被告人本人的全部供述和辩解进行，侦查机关随案移送有录音录像资料的，应当结合相关录音录像资料进行。被告人庭前供述一致，庭审中翻供，但被告人不能合理说明翻供理由或者其辩解与全案证据相矛盾，而庭前供述与其他证据能够相互印证的，可以采信被告人庭前供述。被告人庭前供述和辩解反复，但庭审中供认，且庭审中的供述与其他证据能够印证的，可以采信庭审中的供述；被告人庭前供述和辩解反复，庭审中不供认，且无其他证据与庭前供述印证的，不能采信庭前供述。同样，证人在法庭上的证言与其庭前证言相互矛盾，若证人当庭能够对其翻证作出合理解释，并有相关证据印证的，应当采信庭审证言。对未出庭作证证人的书面证言，应当听取出庭检察人员、被告人及其辩护人的意见，并结合其他证据综合判断。未出庭作证证人的书面证言出现矛盾，不能排除矛盾且无证据印证的，不能作为定案的根据。

三、排除非法证据，维护程序公正

在刑事诉讼的程序公正中，必须给予刑讯逼供特别的关注。刑讯，是程序上最大的不公，它使犯罪嫌疑人、被告人在诉讼中、定罪前便受到残酷的肉体或精神折磨。刑讯，也是造成实体不公的重要缘由，我国司法实践中的冤假错案，绝大多数都与刑讯逼供有很大的关系，或者直白地说，就是根据刑讯逼供得来的口供定案而造成的。数年前的杜培武案、佘祥林案，新近披露的赵作海案，都是刑讯逼供导致冤假错案的典型案例。我国法律明令禁止刑讯逼供，但在刑事司法中刑讯却偏偏屡禁不止，这是一个很值得人们深思的现象。究其原因，比较复杂，但缺乏非法证据排除规则，允许以刑讯逼供获取的证据作为定案根据，无疑是其中一个重要的原因。此次《办理死刑案件证据规定》强调："采取刑讯逼供等非法方法取得的被告人供述，不能作为定案的根据。""以暴力、威胁等非法方法取得的证人证言，不能作为定案的根据。"《非法证据排除规定》则进一步明确："采用刑讯逼供等非法方法取得的犯罪嫌疑人、被告人供述和采用暴力、威胁等非法方法取得的证人证言、被害人陈述，属于非法言词证据。""非法言词证据，应当依法予以排除，不得作为定案根据。"

为使排除非法证据规则的要求落到实处，《非法证据排除规定》对排除非法证据的程序加以明确和细化，包括排除程序的启动、法庭初步的审查、证明责任的承担、控辩双方质证和法庭的认定处理等。尤其值得称道和肯定的是，与原先最高人民法院、最高人民检察院通过司法解释所确立的非法证据排除规则相比较，此次《非法证据排除规定》有新的突破和亮点：一是不仅要求排除非法言词证据，也规定了对非法实物证据的排除，即第14条规定，"物证、书证的取得明显违反法律规定，可能影响公正审判的，应当予以补正或作出合理解释，否则，该物证、书证不能作为定案的根据"。二是规定"人民检察院在审查批准逮捕、审查起诉中，对于非法言词证据应当依法予以排除，不能作为批准逮捕、提起公诉的根据"。明确人民检察院负有排除非法证据的义务，这与我国检察机关承担的诉讼监督职能是相适应的。而且，将非法证据的排除提前至审查批捕环节和审查起诉阶段，对于尽早发现和纠正侦查中可能出现的错误，及时维护诉讼参与人的合法权益，加强侦查监督，避免冤假错案，意义重大。三是明确取证合法性的证明责任和证明标准，建立侦查人员出庭作证制度。规定"法庭对被告人审判前供述取得的合法性有疑问的，公诉人应当向法庭提供讯问笔录、原始的讯问过程录音录像或者其他证据，提请法庭通知讯问时其他在场人员或者其他证人出庭作证，仍不能排除刑讯逼供嫌疑的，提请法庭通知讯问人员出庭作证，对该供述取得的合法性予以证明”，“对被告人审判前供述的合法性，公诉人不提供证据加以证明，或者已提供的证据不够确实、充分的，该供述不能作为定案的根据”。四是明确了法庭在对控辩双方提供的证据存在疑问时依职权主动调查核实的职责。上述规定，使非法证据排除规则的规定更加明确，程序更加严谨，措施更加具体，有望在司法实践中得到切实有效的贯彻执行。这对于有力遏制刑讯逼供、实现程序公正、避免冤假错案，对于树立法治尊严、保障公民人权、维护司法权威、提升司法机关公信力，具有十分重要的现实意义。

四、健全证据规则，完善证据制度

长期以来，我国的证据理论研究将运用证据认定案件事实的活动基本等同于办案人员主观认识客观世界的活动，研究的内容主要局限于认识论范畴，研究的目的着眼于武装办案人员头脑、提高办案人员认识，忽略证据法律的完善和证据规则的制定。于是形成脱离诉讼活动研究诉讼证据、脱离诉讼法律研究诉讼证据的现象。其后果之一就是有关证据的法律规定相当粗疏，关于证据如何出示、质证、审查判断的规则更是几乎空白，远远不能适应刑事诉讼法修改后的形势和审判方式改革的需要。与此同时，为解决刑事司法实践中证据运用方面的存在问题，适应刑事司法实践特别是死刑案件审理和核准方式变化的客观需要，一些地方司法机关在尝试和探索建立地方性的证据规则①。这些地方性证据规则的出台和适用，在全国引起了广泛关注。一方面是地方司法机关有无权力制定证据规则的问题引发了法律界的质疑，另一方面地方性证据规则的适用必然会造成全国范围内证据审查运用标准的不同甚至互相冲突，破坏国家刑事法制的统一，损害司法公正和司法权威。有鉴于此，“完善刑事诉讼证据制度”成为中央司法体制和工作机制改革确定的一项重要任务。这一改革主要涉及三个方面的内容：一是明确证据审查和采信规则以及不同诉讼程序的证明标准等；二是完善非法证据排除制度，明确非法证据排除的范围、证明责任、审查程序和救济途径等；三是完

① 例如，2007 年 11 月江西省公检法三机关出台的《关于规范故意杀人死刑案件证据工作的意见（试行）》，河南省公检法三机关制定的《关于规范死刑案件证据收集审查的意见》《关于死刑案件言词证据的若干意见》等。

善证人、鉴定人出庭制度和保护制度，明确侦查人员出庭作证的范围和程序。

在此背景下，“两高三部”联合制发了《办理死刑案件证据规定》和《非法证据排除规定》。两个规定以刑事案件为对象，以死刑案件为重点，明确了证据一般审查和采信原则，制定了各类证据的审查和运用规则，细化了不同诉讼程序的证明要求，区分了定罪事实与量刑事实的认定标准，完善了证人、鉴定人出庭作证制度和保护制度等，极大地丰富和完善了我国刑事证据规则，明确了判断标准，增强了可操作性，有利于司法实践中侦查人员、检察人员与审判人员在证据的审查与运用上统一认识、减少异议、共同遵守。

《办理死刑案件证据规定》内容丰富，规定翔实，措施明确。其第一部分是一般规定，规定了证据裁判原则、程序法定原则、证据质证原则及死刑案件的证明标准，强调对死刑案件应当实行最为严格的证据要求。第二部分是证据的分类审查与认定，主要根据不同的证据种类分别规定了审查和认定的内容。除法定的证据种类外，对司法实践中存在的其他证据材料如电子证据、辨认笔录等的审查与认定也作了单独规定。第三部分为证据的综合审查和运用。总体而言，对于证据的审查与认定，《非法证据排除规定》立足于刑事案件特别是死刑案件的司法实际，吸收和借鉴了近年来证据理论研究取得的成果，秉持实体真实与程序公正权衡的立场，作了比较全面细致并具灵活性的规定。举例来说，对于明显违反法律规定严重妨碍司法公正的证据实行排除原则，而对于一般程序违法或存在技术违法情形收集的证据，赋予法官自由裁量权，对于证据形式存在瑕疵但通过采取补救措施能够弥补或者作出合理解释的，规定可以采用。这些规定，基本确立了我国刑事证据运用规则，为刑事诉讼法再修改中对刑事证据制度的完善奠定了良好的基础。

当然，两个规定中有个别问题还需要进一步研究和推敲，两个规定之间有些规定的一致性、协调性也可以进一步加强和完善。总之，我们为两个规定的出台表示振奋，拍手叫好，同时我们更期待两个规定能够在司法实际中得到不折不扣地贯彻执行，筑牢证据基石，确保案件质量，促进司法公正。

非法证据排除规则在中国的确立与实施*

证据是认定案件事实、实现司法公正的基石，证据规则的完善与否对于刑事诉讼的顺利进行和证据制度的科学构建具有十分关键的作用。非法证据排除规则作为证据规则的重要组成部分，历来为中国理论界和实务界所关注和重视。笔者一直以来都积极主张在中国应当尽快确立非法证据排除规则，并努力寻求司法实践中实施非法证据排除规则的可行进路。2009 年 7 月，中国政法大学诉讼法学研究院与江苏省盐城市中级人民法院合作开展了"非法证据排除规则试点项目"。试点期间，最高人民法院、最高人民检察院、公安部、国家安全部、司法部于 2010 年 5 月联合发布《关于办理刑事案件排除非法证据若干问题的规定》(以下简称《非法证据排除规定》)。在此，笔者拟结合项目试点的情况和经验，对非法证据排除规则在中国的确立和实施进行梳理和论述，探讨我国实施非法证据排除规则中的问题与成因，并对解决对策与完善路径谈一些个人的意见。

一、我国确立非法证据排除规则的必要性

(一)规范司法行为

司法行为的规范与否是衡量一国司法文明程度以及法治建设水平的检验标准。当前，我国司法行为不规范的现象还普遍存在，其中最为突出的就是以刑讯逼供为代表的非法取证行为。来自广州大学人权研究中心于 2006 年对刑讯逼供所作的田野调查数据显示：在检察官办理的刑事案件中，只有 17%的犯罪嫌疑人没有提出遭受刑讯逼供；在法官和律师办理的刑事案件中，这一数字分别为 11%和 1.33%；此外，有 70%

---

* 原文载常林、张中主编:《证据理论与科学——第三届国际研讨会论文集》，中国政法大学出版社 2012 年版。

的服刑人员知道与他关押在一起的人曾经遭受过刑讯逼供。[1]虽然上述调查可能存在误差和有欠精确之处，但其应该还是能够基本揭示刑讯逼供在中国的严重程度。侦查能力的不足，对于口供的迷信，侦查程序的设置缺乏对抗性和透明度，再加上破案压力以及考核指标等影响，这些因素综合起来所形成的后果就是侦查过程中刑讯逼供、诱供等非法取证行为不断出现且难以遏制。这些不规范的司法行为严重侵犯了相对人的合法权益，损害了司法的公正、尊严和权威，亦与时代发展的潮流相违背。面对违法取证行为所带来的诸多弊端，确立非法证据排除规则在法治日益昌明的今天显得尤为迫切。通过非法证据的有效排除，否定以逼供、诱供等非法方式取得证据的证据能力，能够对侦查机关起到一定的警示作用，告诫侦查机关必须规范自己的执法行为，不能通过非法取证行为来完成证据的收集和固定。

（二）保障基本人权

我国在2004年将“国家尊重和保障人权”正式写入宪法，人权保障应当说获得了最高位阶的法律认可和权威。然而在司法实践中，一些国家专门机关工作人员侵犯当事人特别是被追诉人基本人权的现象却始终未能得到有效遏制。无论是刑讯逼供还是非法搜查、扣押，都是对相对人人身权、财产权以及隐私权等基本人权的严重侵犯。特别对于犯罪嫌疑人、被告人而言，其诉讼地位原本已经居于天然弱势，再加上当前侦查程序的不透明以及辩护制度的不发达，在面对强大的国家机关时基本人权受到侵犯的风险倍增。对此，司法实践提供了翔实而又令人痛心的注解，仅举一例予以说明。2006—2007年之间，吉林省白城市公安局洮北分局刑警大队副大队长谭伟等5人先后对阮某等嫌疑人使用涂抹芥末油和辣根的毛巾堵住口鼻，电棍电击胸、腋下、脖子、生殖器等身体敏感部位，将掰直的别针扎进指甲等手段进行刑讯逼供，其行为恶劣程度可谓令人发指。[2]近年来先后被披露的杜培武、佘祥林、赵作海等冤假错案，经查在侦查过程中均存在严重的刑讯逼供行为，在社会上造成极其负面的影响，严重损害公安司法机关的形象。因此，确立非法证据

① 任波：《刑讯逼供为何在中国大量存在？》，载《时代周末》2009年3月26日。

② 辛言：《吉林自城公安分局刑警大队5名警察刑讯逼供被审》，载搜狐新闻网，http://news.sohu.com/20090710/n265110813.shtml，最后访问时间：2011年5月21日。

排除规则，通过对侵犯基本人权的非法取证行为作出否定性评价并去除其所产生的行为利益，实现对刑事诉讼中警察侵权行为的威慑与警示，加强对诉讼中人权被侵犯者的权益保障，实可谓势在必行。

（三）实现司法公正

司法公正包括实体公正和程序公正两个方面。实体公正是从权利、义务、责任的确定和分配结果方面对司法所提出的要求；程序公正则是从整个司法活动所遵循的程序方面对司法所提出的要求。长期以来，强调真实发现、实现实体公正一直是我国司法活动所追求的首要目标，而程序公正的独立价值和重要作用则未能引起足够关注。“在考虑法制建设时，我国的法律家更多地强调令行禁止、正名定分的实体合法性方面，而对在现代政治、法律系统中理应占据枢纽位置的程序问题则语焉不详。偶有论及者，也并未把程序看作一个具有独立价值的要素。”①非法证据排除规则的确立和实施，即是要求对那些违反法定程序收集的证据否定其证据能力并将其排除出刑事诉讼程序之外。排除非法证据是司法机关依法对刑事诉讼中取证行为的合法性进行判断和评价的过程，而判断和评价的标准即在于取证行为是否遵循了法定的程序和方式。简言之，非法证据排除规则就是通过程序性制裁来实现对程序公正的追求。此外，非法证据排除规则对于实现实体公正同样具有重要意义。通过非法方法收集的证据虽然有些确实能够与案件事实相符，进而实现案件侦破工作的“短平快”，但很多时候这些证据的真实性是存有很大疑问的，特别是通过刑讯逼供、诱供等方式所获得的犯罪嫌疑人、被告人供述。有司法实务部门领导曾坦言，“侦查活动中的违法情况，特别是刑讯逼供、暴力取证等行为，严重侵犯诉讼当事人的合法权益，也是造成冤假错案的一个重要因素”。②因此，确立非法证据排除规则，将诉讼过程中通过刑讯逼供等非法方式取得的证据予以排除，不仅能够实现程序公正，而且也有利于减少和防止刑事错案的发生，保证实体公正的实现。

---

① 季卫东：《程序比较论》，载《比较法研究》1993年第1期。

② 童建明：《刑讯逼供暴力取证是造成冤假错案重要因素》，载人民网，http://society.people.com.cn/GB/159414/11103378.html，最后访问时间：2011年5月21日。

二、非法证据排除规则在我国的确立

在我国，早在1979年刑事诉讼法中即已对采取非法方法获取证据明令禁止。该法第32条规定："审判人员、检察人员、侦查人员必须依照法定程序，收集能够证实被告人有罪或者无罪、犯罪情节轻重的各种证据。严禁刑讯逼供和以威胁、引诱、欺骗以及其他非法的方法收集证据。"当时，理论界对于非法证据的理解和关注主要集中在反对刑讯逼供，并试图从阶级性、认识论以及实事求是原则等方面予以论证。一方面，刑讯逼供是"历代反动统治级阶级镇压和迫害劳动人民的一种残酷手段，是反革命暴力的重要组成部分，也是唯心主义世界观在办案中的具体反映"①；另一方面，刑讯逼供"不仅是违法行为，而且它可能使无罪的人违心地承认犯罪，也可能使有罪的人乱供乱辩，造成真假难分，给收集证据和准确认定案情造成困难，甚至造成冤案"②。1996年修改的刑事诉讼法对原第32条规定继续维护和确认。有关专家在立法释义中再次重申严禁以非法方法收集证据的原因在于这些证据是在"迫于压力或被欺骗情况下提供的，虚假的可能性非常之大，不能仅凭此就作为定案根据，否则极易造成冤假错案"③，与此同时，由于诉讼理论的发展和程序正义理念的弘扬，理论界对于刑讯逼供等问题的理解更趋全面。笔者也曾明确指出，之所以严禁刑讯逼供和以威胁、引诱、欺骗等非法方法收集证据，是因为从证据合法性或者证据能力的角度来看，上述证据不符合"证据必须是法定人员依法定程序以合法方法收集"这一基本要求从而使得证据不具有证据能力。④

无论是1979年刑事诉讼法还是1996年刑事诉讼法，其对于非法证据的处理都是以类似于宣示性的立法语言来表明其立场和态度，但却缺少具体排除的程序性设置，这显然给司法实践中排除非法证据带来了较大困难和障碍。为此，最高人民法院在《关于执行〈中华人民共和国刑

---

① 中央政法干校刑法、刑事诉讼法教研室编著:《中华人民共和国刑事诉讼法讲义》，群众出版社1982年版，第220页。

② 徐静村、樊崇义主编:《刑事诉讼法学》，中国政法大学出版社1994年版，164页。

③ 胡康生、李福成主编:《中华人民共和国刑事诉讼法释义》，法律出版社1996年版，第53页。

④ 樊崇义主编:《刑事诉讼法学》，中国政法大学出版社1998年版，第197页。

事诉讼法〉若干问题的解释》（以下简称《刑事诉讼法解释》）第61条规定："严禁以非法的方法收集证据。凡经查证确实属于采用刑讯逼供或者威胁、引诱、欺骗等非法的方法取得的证人证言、被害人陈述、被告人供述，不能作为定案的根据。"最高人民检察院亦在《人民检察院刑事诉讼规则》第265条中指出："严禁以非法的方法收集证据。以刑讯逼供或者威胁、引诱、欺骗等非法的方法收集的犯罪嫌疑人供述、被害人陈述、证人证言，不能作为指控犯罪的根据。"应该说，"两高"的司法解释初步确立了我国的非法证据排除规则，对非法证据在适用上的禁止予以了明确，但有些问题规定仍不够明确，如非法证据排除的范围，非法证据排除的证明责任、证明标准以及非法证据排除的具体程序，等等。

面对上述立法不足和司法实践中对非法证据排除的现实需要，理论界从21世纪初开始对非法证据排除规则进行了广泛和深入的讨论，有关如何在我国确立和实施非法证据排除规则的论述大量涌现。例如，杨宇冠教授2002年出版的《非法证据排除规则研究》一书系统研究了非法证据排除规则的基础理论以及国外司法实践，并提出了中国阶段式确立非法证据排除规则的设想。笔者亦曾从非法证据的排除标准、证明责任以及排除程序等方面对我国非法证据排除的若干问题进行了论述，以期能够澄清认识并有益于我国的刑事立法和司法实践。[①] 而在立法建议方面，陈光中教授主持的《中华人民共和国刑事证据法专家拟制稿（条文、释义与论证）》（中国法制出版社2004年版）和《中华人民共和国刑事诉讼法再修改专家建议稿与论证》（中国法制出版社2006年版）、徐静村教授主持的《中国刑事诉讼法（第二修正案）学者拟制稿及立法理由》（法律出版社2005年版）、陈卫东教授主编的《模范刑事诉讼法典》（中国人民大学出版社2005年版）以及毕玉谦教授主持的《中国证据法草案（建议稿及论证）》（法律出版社2003年版）等专家建议稿均对我国非法证据排除规则的立法条文设计作出了积极探讨和倡议。

上述成果有力地推动了我国非法证据排除理论研究的发展，也为非法证据排除规则在我国的确立提供了智力支持。遗憾的是，非法证据排

① 卞建林：《我国非法证据排除的若干重要问题》，载《国家检察官学院学报》2007年第1期。

除规则的研究很长一段时间内都只是停留在理论层面，而实证试点工作却未能得到有效开展。鉴于此，笔者自2008年起即与杨宇冠教授一道积极寻求开展非法证据排除规则的实证试点工作，期冀通过项目试点来发现我国确立非法证据排除规则的症结所在，促进我国非法证据排除规则的实施与完善。2009年7月，中国政法大学诉讼法学研究院与江苏省盐城市中级人民法院正式启动“非法证据排除规则试点项目”。项目开展两年多来，在合作各方的共同努力之下，项目试点取得了较为满意的成绩：制定了《刑事诉讼非法证据排除规则（试行）》（以下简称《试行规则》），规则文本在主要内容和条文设计上与此后“两高三部”颁布的《非法证据排除规定》具有一致性或共通性；组织侦查人员、检察人员、审判人员以及刑辩律师参加有关非法证据排除操作实务的业务培训，深化了上述人员对非法证据排除规则的认知和理解；设计并试行审判机关排除非法证据的具体程序，形成了非法证据排除的典型案例。试点工作不仅在试点地区取得了非法证据排除的突破和进步，更是为全国其他地方的非法证据排除工作提供了有益借鉴和思考，获得了社会各界的高度肯定和认可。

作为对理论界和实务界共同呼唤的回应，中央政法机关亦对非法证据排除规则予以了充分重视和关注。2010年5月，作为司法改革的重大成果，最高人民法院、最高人民检察院、公安部、国家安全部、司法部联合发布《非法证据排除规定》和《关于办理死刑案件审查判断证据若干问题的规定》（以下简称《死刑案件证据规定》）。其中，《非法证据排除规定》对与非法证据排除相关的诸多问题进行了详细规定：明确非法证据的排除范围包括言词证据和实物证据，规定法院排除非法证据的方式、程序并赋予法官对证据存在疑问时的主动调查核实权，明确排除程序中证据合法性的证明主体、证明责任和证明标准并建立侦查人员出庭作证制度，强调检察机关在审查批捕和审查起诉中的排除义务，等等。《非法证据排除规定》的颁布实施使得非法证据排除的程序更为清晰，措施更为具体，职责更为分明，对实现司法公正、维护司法权威、提升司法文明等具有重要意义，也标志着我国非法证据排除规则的基本确立。目前，刑事诉讼法的修改工作正在紧锣密鼓地进行。鉴于《非法证据排除规定》已在刑事证据制度方面先行一步，刑事诉讼法作为规范刑事程序的基本法律理当在再行修改时积极吸收其合理内容，在维护国家法制的协调性和统一性的同时以更高的法律位阶和权威来确立非法证据排除规则。当然,《非法证据排除规定》并非尽善尽美,其中有些问题仍需要在刑事诉讼法修改时加以进一步研究和探讨以求臻善。

三、审判程序与非法证据排除

审判程序是刑事诉讼的中心环节,承担着定罪与量刑的双重任务。虽然我国并不实行完全意义上的"审判中心主义",而更倾向于强调三机关在刑事诉讼中的分工负责、相互配合和相互制约,但是审判程序作为案件事实和证据的最后把关和认定环节,其对于非法证据排除所具有的重要作用不言而喻:如果审判程序不能够严格证据的审查判断,不能够依法排除非法证据,则造成冤假错案的可能性就会大大增加。正因如此,《非法证据排除规定》主要围绕刑事审判程序中如何排除非法证据进行了细致的规定,回答了有关非法证据的排除范围、证明责任、证明标准、排除程序等一系列问题。现择要简述如下:

(一)关于非法证据的范围界定

准确界定非法证据的范围是正确运用非法证据排除规则的前提和基础。在阐述我国关于非法证据范围界定的相关规定之前,有两个问题需要厘清。其一,"非法证据"和"瑕疵证据"(要素欠缺的证据)的区分。非法证据被否定的主要原因在于其取得方式严重侵犯了相对人的人身权、财产权、隐私权等基本人权,瑕疵证据的取得则并不存在严重侵犯相对人基本人权的情形,而是在取得程序方面未能符合法律对于证据的基本要求。例如,《死刑案件证据规定》中所提及的下列证据均属于"瑕疵证据":经勘验、检查、搜查提取、扣押的物证、书证,未附有勘验、检查笔录,搜查笔录,提取笔录,扣押清单,不能证明物证、书证来源的;对物证、书证的来源及收集过程有疑问,不能作出合理解释的;勘验、检查笔录存在明显不符合法律及有关规定的情形,并且不能作出合理解释或者说明的;等等。其二,将通过非法方法取得的证人证言、被害人陈述界定为非法言词证据的合理性分析。从英美法系国家的非法证据排除规则实践来看,非法言词证据主要针对被告人供述,其对非法证据最为经典的理解是通过非法取证行为所获得的证据不得被用以不利于非法取证行为的受害人。但就我国而言,由于证人及被害人出庭作证的比例偏低，通常做法就是提交书面证言或者书面陈述，而无法通过类似英美法系国家的交叉询问制度来检验证言或者陈述的真实性，这就给通过非法方式取得证人证言以及被害人陈述提供了较大空间，司法实践中亦存在侦查机关对证人暴力取证的现象。因此，将通过非法方法取得的证人证言、被害人陈述作为非法言词证据的种类之一是符合我国司法实情的，也是我国非法证据排除规则的特色之一。

根据《非法证据排除规定》的有关内容，我国目前予以排除的非法证据主要是如下两种：采用刑讯逼供等非法手段取得的犯罪嫌疑人、被告人供述和采用暴力、威胁等非法手段取得的证人证言、被害人陈述；取得明显违反法律规定，可能影响公正审判，且无法予以补正或者作出合理解释的物证、书证。从字面理解，本次规定与刑事诉讼法以及“两高”司法解释相比，采用“威胁、引诱、欺骗”取得的犯罪嫌疑人、被告人供述以及采用“引诱、欺骗”取得的证人证言、被害人陈述并未在规定中予以明示，而是选择通过“等”这一兜底性语言交由法官进行自由裁量。之所以这样规定，一方面可能由于司法实践中对于“威胁、引诱、欺骗”的界定一直存在争议，其与侦查讯问技巧、侦查策略的区分难以把握；另一方面该规定出台的主要宗旨是遏制司法实践中久禁不绝且影响恶劣的刑讯逼供等暴力取证行为。至于将物证、书证纳入非法证据的排除范围，其进步意义值得肯定，但由于我国目前对于物证、书证等实物证据的取得并不存在司法审查制度，这一规定更大意义上是起到一种象征和宣示作用。仅就非法言词证据而言，本次规定亦存在一些问题需要引起重视：

其一，“刑讯逼供”如何界定？虽然刑讯逼供一词对于很多人并不陌生，但细究其确切内涵以及外延表现，还是见仁见智，颇存争议。何种程度的暴力能归类于刑讯逼供？施加精神上的痛苦而非肉体上的折磨是否属于刑讯逼供？这些都是司法实践中经常面对且必须回答的问题。立法技术上采用概括式而非列举式，其优势在于解释余地较大而避免列举难以穷尽的不足，但就我国当前的法治状况以及司法素质而言，过于宽泛的解释余地的结果往往不是适用混乱就是不予适用。鉴于我国已经加入联合国《禁止酷刑和其他残忍、不人道或有辱人格的待遇或处罚公约》，对于刑讯逼供的界定可参考该公约第 1 条关于“酷刑”的定义，即是指为了向某人或第三者取得情报或供状，为了他或第三者所作或涉嫌的行为对他加以处罚，或为了恐吓或威胁他或第三者，或为了基于任何一种歧视的任何理由，蓄意使某人在肉体或精神上遭受剧烈疼痛或痛苦的任何行为，而这种疼痛或痛苦是由公职人员或以官方身份行使职权的其他人员所造成或在其唆使、同意或默许下造成的。[①]在此基础之上，再针对司法实践中较为常见且反响强烈的暴力取证具体表现予以科学总结，进而采行概括式与列举式并行的方法对刑讯逼供行为予以准确界定，这或许可以成为未来完善立法的可鉴进路。

其二，审判人员如何裁量？本次规定对于非法言词证据的界定整体上仍然是比较简洁的，很多内容其实是留给审判人员在非法证据的排除实践中进行具体裁量。这种立法技巧无可厚非，但现实的问题是司法人员如何在审判实践中对证据的合法性进行准确裁量？客观来讲，通过笔者的多次调研发现，审判人员对于非法证据的理解和把握尚存在一定偏差，甚至是误解，这些偏差和误解极有可能导致其就证据合法性作出不当裁量，或者过严要求，或者过宽解释。即使假定司法人员都具备进行准确裁量的业务素质，但是考虑到当前法院在整个司法环境中地位与权威，赋予审判人员过多的裁量权实际效果应当较为有限，特别在非法证据排除方面，能够自觉行使自由裁量权并排除非法证据的估计只是少数。因此，在立法上尽量细化非法言词证据的概念表述，明确非法言词证据的表现形式，而非过多赋予审判人员裁量权，不仅有利于审判人员在司法实践中准确排除非法证据，更有利于为审判人员排除非法证据创造良好的氛围支持，也是对审判人员的一种保护。

其三，"威胁、引诱、欺骗"是否需要明确？本次规定一个突出的特点就是对非法言词证据采用了与刑事诉讼法以及"两高"司法解释不一样的语言表述。规定制定者认为，"司法实践中，'威胁''引诱''欺骗'的含义及标准问题的确不好界定，很多从气势上、心理上压倒、摧垮犯罪嫌疑人心理防线的讯问语言、行为和策略很难与之区分开来，如果这些讯问方法都被认为非法，将导致大量口供被排除，给侦查工作带来较大冲击，因此，对此问题不必苛求严格，暂不作出规定"。[②]这一做

---

① 参见 http://www.un.org/chinese/hr/issue/docs/39.PDF，最后访问时间：2011 年 5 月 25 日。

② 吕广伦等：《〈关于办理刑事案件排除非法证据若干问题的规定〉理解与适用》，载《人民检察》2010 年第 16 期。

法，可以说是制定司法解释时对侦查实践需要的一种妥协。有学者认为，“这是考虑实际需要即实质合理性，暂不考虑形式合理性即法制原则要求的处理方式。然而，遵守法制，应当是司法与执法机关的基本职责，也是制定司法解释性文件的基本要求”。[①] 暂且抛开形式合理性不论，是否可以认为“引诱、欺骗”相对于“威胁”而言，违法性质就比较轻微、危害后果不太严重，因而不需要纳入非法证据排除的范围？答案恐怕是否定的。在笔者的调研过程中，不少刑事审判一线的法官都表示，诱供比逼供危害尤甚，因为逼供所反映的事实还可能与其他证据不尽一致，存在矛盾，但是诱供则基本上是让被告人“依葫芦画瓢”，法官在审判中很难辨别，区分真伪。实际上，1979 年刑事诉讼法将此三种违法取证行为加以列举明令禁止，是意图明确的有的放矢。所谓以威胁方法取证，就是逼供；以引诱方法取证，就是诱供；以欺骗方法取证，就是骗供，这三种是造成大量冤假错案的主要原因。因此，在加强民主、健全法治的今天，将“引诱、欺骗”取证行为置于排除范围之外，潜在意义上似乎赋予了这些违法行为某种正当性，令民众不免产生立法倒退之疑问。

（二）关于非法证据的证明责任

非法证据排除规则中证明责任的分配是规则能否正确实施的关键。“谁主张，谁举证”是证明责任分配的基本原理，唯有此才能防止对相对方造成过分的诉讼负累或者出现无法克服的诉讼意外，确保诉讼活动顺利运行，也符合诉讼公平的要求。但在非法证据排除过程中，由于证据非法的主张通常是由辩护方提出的，如果贯彻上述证明责任分配原理就意味着要由辩护方对证据是否为非法取得承担证明责任。然而考虑到刑事诉讼中被告人及辩护方实际的诉讼地位、诉讼权利以及取证能力等诸多因素，特别是我国当前侦查程序还呈现较大的封闭性和非对抗性，如若要求辩护方承担完全的证明责任实在是强人所难。《非法证据排除规定》显然在制定中亦注意到上述现实因素的存在而选择通过如下方式分配证明责任。

首先，对于辩护方提出供述系非法取得的主张，法庭应当要求其

① 龙宗智:《两个证据规定的规范与执行若干问题研究》，载《中国法学》2010 年第 6 期。

提供涉嫌非法取证的人员、时间、地点、方式、内容等相关线索或者证据。法庭经审查认为供述的合法性存有疑问的，则公诉方应当对供述的合法性承担证明责任，不能提供证据加以证明或者已经提供的证据不够确实、充分的，该供述不能作为定案的根据。可以看出，对于供述是否为非法取得的证明，该规定设置了不同的责任分配方式以及不同的证明要求。在排除程序正式启动之前，辩护方应当就其供述系非法取得的主张提供涉嫌非法取证的人员、时间、地点、方式、内容等相关线索或者证据加以证明，以说服法庭正式启动排除程序，并且证明应当能够达到使法庭就供述合法性存有疑问的程度。这一规定主要是防止辩护方恶意启动排除程序进而造成诉讼的过分迟延。“启动这个专门程序的初步责任即提供可能存在刑讯逼供或者其他非法取证行为的证据或者线索的责任，则应由辩护方承担，否则就会出现任意启动对证据合法性的‘审理’程序的情况，拖延审理期限。”① 在排除程序正式启动之后，公诉方应当对供述的合法性承担证明责任，并且证明需要达到确实、充分的程度。这一证明责任的分配方式主要基于以下考量：其一，刑事诉讼中应当由控方承担证明被告人有罪的责任，证据合法性的证明是其中的一部分；其二，诉讼中主张积极性（肯定）事实的当事人承担证明责任，主张消极性（否定）事实的当事人不承担证明责任；其三，控辩双方在诉讼中提出证据的能力存在强弱之分，由较强一方即公诉方承担证明责任更能体现出诉讼公平。总体而言，这种二元递进式的证明责任分配是符合司法的内在规律的，能够很好地平衡诉讼效率与诉讼公正之间的关系。今后需要注意的是，如何才能保证辩护方能够提出相关线索或者证据以启动排除程序？而这一问题也正是当前一些学者反对将提出线索或者证据作为辩护方责任或者义务的理由之一，认为这无疑使得非法证据排除程序的启动异常艰难。笔者认为，在肯定二元递进式证明责任分配合理性的基础上，强化侦查程序的对抗性、透明度和规范性以切实增强辩护方启动排除程序的能力实可谓当务之急。此外，审判人员在司法实务中对于辩护方提出线索或者相关证据的初步责任亦不能要求过严，应当在结合法律规定以及自由裁量权的基础上合理权衡、进行审查。

① 吕广伦等:《〈关于办理刑事案件排除非法证据若干问题的规定〉理解与适用》，载《人民检察》2010年第16期。

其次，对于控辩双方提出未到庭证人的书面证言、未到庭被害人的书面陈述系非法取得的主张，则提供书面证言或者书面陈述的一方应当对其取证的合法性予以证明。也就是说，无论是控诉方还是辩护方，只要其提出了未到庭的书面证言或者书面陈述而另一方质疑该证据系非法取得时，其都应当对证据的合法性进行证明。这种证明责任的分配方式其实是“我主张，你举证”，属于证明责任的倒置。之所以在非法证据排除中作出如此的证明责任分配，是因为这些证据在种类和属性上存在特殊性，即都属于未出庭接受质证的言词证据。按照直接言词原则以及传闻证据排除规则的要求，提供证言的证人应当出庭作证并接受交叉询问，以此检验其证言的可靠性和真实性。但在我国，“证人出庭难”堪为刑事诉讼久治难愈的一块“顽疾”，立法“证人出庭为原则，不出庭为例外”的规定在司法实践中受到了颠覆性的执行，基本是“证人不出庭为原则，出庭为例外”。故而，对于未出庭的书面证言以及书面陈述，在认可其在法庭使用的基础上要求证据提出一方对证据合法性承担完全的证明责任，是在综合权衡诉讼公平、提出证据能力等因素之下的无奈之举。

最后，对于物证、书证是否为非法取得的证明，该规定并未就证明责任分配以及证明标准等问题予以明确规定，但是依据有关条文表述，笔者认为可以进行如下理解：辩方如果主张排除某一物证或者书证，应当就该证据是否“明显违反法律规定”以及“可能影响公正审判”承担证明责任。考虑到辩护方提出证据的能力，这种证明在标准上不宜作过高要求，达到优势证据的程度即可。当辩护方完成“明显违反法律规定”以及“可能影响公正审判”的证明且获得法庭认可之后，证明责任则发生转移，公诉方应当就该证据不存在“明显违反法律规定”或者“可能影响公正审判”的情形承担证明责任，证明应当达到确实、充分的程度。当然，根据《非法证据排除规定》的有关内容，即使物证、书证的取得确实明显违反法律规定并且可能影响公正审判，亦并非就要排除，而可由公诉方予以补正或者作出合理解释。唯有在同时满足“明显违反法律规定”“可能影响公正审判”“不能予以补正”且“无法作出合理解释”四个要件时，才不能作为定案的依据。这种要件要求之严格，再加上我国当前在实物证据取得方面司法审查的缺失，排除物证、书证实可谓“难于上青天”。

（三）关于非法证据的排除程序

非法证据排除规则在我国长期得不到有效实施的原因之一就是排除程序的欠缺。《非法证据排除规定》的主要内容就是从程序启动、法庭初步审查、控方证明、控辩双方质证以及法庭决定等方面对审判人员排除非法证据的操作程序予以了明确。结合《非法证据排除规定》的具体规定，本次排除程序的亮点主要有如下几点：（1）设置优先程序以审查证据合法性。《非法证据排除规定》第5条规定：“被告人及其辩护人在开庭审理前或者庭审中，提出被告人审判前供述是非法取得的，法庭在公诉人宣读起诉书之后，应当先行当庭调查。法庭辩论结束前，被告人及其辩护人提出被告人审判前供述是非法取得的，法庭也应当进行调查。”由此可见，在一审程序中，辩护方可在开庭审理前或者庭审开始之后法庭辩论结束之前主张启动排除程序，且排除程序优先于定罪量刑程序。这样规定既能保证非法证据排除的效果，也符合刑事审判的客观要求。（2）规定侦查人员出庭作证制度以强化控方证明。侦查人员出庭作证一直是备受争议的话题，本次规定虽然是要求在穷尽其他手段仍不能排除刑讯逼供嫌疑方通知讯问人员出庭作证，且讯问人员出庭作证实际上又能起到多大效果尚存疑问，但能够作出如此规定其进步意义应当予以充分肯定。（3）设置非法证据排除的救济程序。《非法证据排除规定》第12条规定：“对于被告人及其辩护人提出的被告人审判前供述是非法取得的意见，第一审人民法院没有审查，并以被告人审判前供述作为定案根据的，第二审人民法院应当对被告人审判前供述取得的合法性进行审查……”这一救济程序主要适用于一审法院没有审查辩护方主张排除的证据并据以定案的情形，规定由二审法院就供述的合法性进行调查。但是，对于一审法院服回辩护方主张但又没有根据辩护方主张排除的据加以定案的情形却没有设置相应的救济程序。也就是说，设置救济程序的宗旨在于审查作为定案根据的证据是否合法，而不在于审查驳回辩护方排除申请的决定是否恰当。

《非法证据排除规定》对刑事审判中排除非法证据的具体操作程序作了较为完善的规定，也考虑到了我国司法的现实状况而作出了一些折中式的处理。例如，基于司法实践情况复杂，仅在法庭上可能难以解决证据合法性的问题，因而对证据合法性的审查也不排除适用庭外调查程序来进行调查核实，从而采取庭上和庭外相结合的方式。但规定的程序亦还存在一些可予改进完善之处。例如，鉴于被告人法律知识一般较为欠缺而律师辩护的比例又颇为低下，为方便被告人能够及时提出排除非法证据的申请，可设置一定的权利告知程序，要求法院向被告人及其法定代理人送达起诉书副本时，应告知被告人及其法定代理人有权申请排除非法证据。

（四）关于审判程序排除非法证据的反思

《非法证据排除规定》从颁布实施至今已近一年，综观我国各地法院排除非法证据的司法实践，其实际成效与颁布之初的社会预期和大众憧憬实可谓相差甚远，全国范围内能够作为非法证据排除的典型案例寥寥无几。固然侦查取证行为的逐步规范可能使得非法取证的发生概率降低，抑或是由于司法实务人员对非法证据排除的认知不足而导致部分本属于非法证据排除的案例未能充分体现，但出现这一现实的主要因素恐怕是非法证据排除在我国的司法实践中依然存在较大的阻力和障碍。倘若我们还没有确立排除非法证据的规则，则尚可将非法证据排除的困难归咎于立法的缺失。但是基于非法证据排除规则已经确立的事实，仍不能实现对非法证据的有效排除，无疑将会使社会大众尤其是被追诉人对于司法制度以及司法机关的公正性和权威性产生怀疑，这种灾难性的后果是任何人都不愿意看到的。从这一层面来看，非法证据排除虽然任重道远但却刻不容缓，我们也应当以更加理智和现实的态度对未来审判程序排除非法证据进行反思。

笔者认为，之所以法院践行非法证据排除规则的效果欠佳，更深层次的原因恐怕还是其受到制度内外一些因素的影响和掣肘而导致在实践中排除非法证据较为受限。虽然这些问题的解决并非朝夕之功，但沿着正确的方向坚定前行总是会拉近现实与理想的距离。概而言之，法院首先要不断强化自身的司法权威，敢于去排除那些通过非法方式取得的证据，一味求全式地采纳或者默认非法证据使用，其结果往往是导致法院权威的受损，甚至给审判人员自身带来很大的风险和负担，如冤假错案的责任追究等。其次，上级法院特别是最高人民法院要积极总结典型的非法证据排除案例并在全国范围内予以推广，以便下级法院在审判实务中能有更为明确的操作指南，同时也能强化非法证据排除的宣传效果，促进整个社会法治意识和观念的增强。最后也是最重要的，不应将非法证据排除进行单一化理解，抑或说不应将非法证据排除固化为法院一家在审判程序中应予承担的职责，对于检察机关通过强化其自身的职能行使来实现对非法证据的预防和排除同样应当引起重视并予以加强，甚至可以认为，在当前司法体制的整体环境之下，通过检察机关来实现非法证据的排除或许阻力更小、效果更佳。

四、检察机关与非法证据排除

（一）重视检察机关在非法证据排除中的作用

根据我国宪法、刑事诉讼法以及相关法律的规定，检察机关在刑事诉讼中的职能行使呈现出多元化的特点，依法行使侦查职能、控诉职能和诉讼监督职能，直接负责部分案件的侦查，对自诉以外的案件提起公诉和支持公诉，对刑事诉讼活动实行法律监督。与职能的多元化相对应，检察机关对刑事诉讼活动的参与也是全程性参与，无论是侦查、起诉，还是审判、执行，检察机关都自始至终贯穿刑事诉讼活动的全过程。基于检察机关在刑事诉讼中的这种特殊地位或者说是特有优势，检察机关对于非法证据的排除应当发挥重要作用。

1. 通过规范和强化检察机关的职权行使，实现对非法证据的有效预防，从源头上遏制非法证据的产生，从根本上解决非法证据的问题

虽然“阻却违法理论”认为非法证据排除规则能够实现一般预防的效果，即通过非法证据排除规则的适用能够对未来潜在的警察违法行为产生恫吓和阻却作用，但一般而言，非法证据排除规则毕竟是一种事后补救性措施，规则的适用需要建立在如下预设前提：非法取证行为已经发生，非法证据已经形成且对相对人的合法权益造成侵害，需要通过法律制度的有效回应来确认非法取证行为的不利益，使得受到损害的法律关系恢复正常。况且，在刑事诉讼中排除非法证据也是有代价的，除却刑事司法资源围绕排除与否的争论需要进行较大耗费并延误诉讼进程以外，由于非法证据的排除而不能定案进而导致有可能放纵犯罪以及非法证据本身对公安司法机关所产生的负面影响都是不能忽视的因素。正因如此，注重规范侦查过程中的证据收集和固定工作，预防非法证据的产生，应该说是对非法证据的一条“治本之道”。检察机关预防非法证据

的产生主要通过两个方面予以实现：一方面，检察机关侦查部门在侦查过程中严格规范证据的收集固定，保证取证行为的合法性，防止非法证据的出现；另一方面，检察机关通过其侦查监督职能的及时行使以及控诉职能的适当延伸，能够对侦查机关侦查取证行为的合法性和科学性进行有效引导、规范和监督，避免非法取证行为的产生。

2. 检察机关在非法证据排除中的重要作用还直接体现在检察机关审查逮捕和审查起诉中对证据合法性的审查判断，以及依法排除通过刑讯逼供等非法取证行为所取得的证据

"在刑事诉讼中，就世界范围来说，检察官既是当事人，又'不是当事人'或'不仅仅是当事人'、'不是实质上的当事人'，这是很多国家法学家的共识。"[①] 具体到我国，检察机关既是司法机关，也是国家的法律监督机关，这一独特的法律定位决定其行使诉讼监督职能和控诉职能时理当超出单纯"一造当事人"的地位而承担客观公正的义务：体现在诉讼工作中就要求检察机关在进行审查逮捕、审查起诉、支持公诉等活动时要秉持客观公正立场，根据事实与法律而不片面追求定罪与胜诉的结果，强化对诉讼活动尤其是侦查活动的法律监督，及时发现并依法纠正诉讼过程中的违法行为；体现在证据要求上就需要检察机关在审查判断证据时既要重视能够证明被追诉人有罪或者罪重的证据，也要重视证明被追诉人无罪或者罪轻的证据，依法审查证据的合法性并及时排除非法证据。联合国《关于检察官作用的准则》第 11 条亦指出："检察官应在刑事诉讼、包括提起诉讼，和根据法律授权或当地惯例，在调查犯罪、监督调查的合法性、监督法院判决的执行和作为公众利益的代表行使其他职能中发挥积极作用。"

3. 通过检察机关有效实现非法证据的预防和排除，还能够在客观上妥善解决我国因庭审模式设置而造成的法庭受到非法证据不当影响的问题

根据事实裁断者和法律适用者是否同一，法庭审理模式可区分为一元法庭和二元法庭。"在二元法庭，法官可以通过预审，裁定将不可采纳的信息阻挡在事实认定者的门外，使不可采但其他方面却可信的证据不在事实认定者的头脑中留下任何印记——假设法庭的这两部分相互间

① 朱孝清:《检察官客观公正义务及其在中国的发展》，载《中国法学》2009 年第 2 期。

实行声音隔离的话。相反，在一元法庭，虽然同样是由个体决定证据的可采行和证据应有的证明力，但却无法避免被禁止但又有说服力的信息的污染。它总是要对裁决者的思想产生影响。”① 我国是典型的一元法庭审理模式，案件审理者同时对事实和法律作出裁决，且不存在类似西方国家的预审法官或者中间程序，这就不可避免地导致法庭能够接触到非法证据，即使最后将非法证据予以排除也难以保证其不对案件审理者造成不良导向或者干扰。倘若在审前程序即能够有效预防或者排除非法证据，则显然会大大减少非法证据进入法庭审理环节的机会，也就使得法庭受到非法证据干扰的困惑迎刃而解。

（二）健全检察机关预防非法证据的措施

如前所述，检察机关对于非法证据的有效预防具有独特的作用和影响。然而，由于侦查措施的相对落后、不良办案思维的惯性影响以及侦查权制约监督不力等因素，当前检察机关预防非法证据的整体效果并不尽如人意。以职务犯罪侦查为例，检察机关作为法律监督机关，理当使其自侦案件的侦查行为更加规范，但实践中确实还存在各种执法不规范甚至违法办案的现象。例如，连续进行拘传或者延长拘传期限、变更执行地点甚至是修建专门地点来实行监视居住、不认真执行关于侦查期间允许律师会见的相关规定等，而这恰恰为非法证据的产生提供了便利条件。因此，为进一步增强非法证据排除的实际效果，今后检察机关应在证据的收集和固定方面强化合法性和真实性，在严格遵守现行法律规定的同时尝试通过健全完善如下措施来实现非法证据的有效预防。

1. 丰富职务犯罪的特殊侦查措施

虽然我国刑事诉讼法强调“重证据，重调查研究，不轻信口供”，但受到“口供中心主义”的长期影响，不少侦查人员在办理职务犯罪案件过程中仍然难以摆脱“以口供突破实现案件突破”的办案模式，往往习惯于采取强攻硬取、疲劳战术等侦查方式甚至是刑讯逼供的违法行为以获取口供来侦破案件。再加上职务犯罪由于其犯罪主体和犯罪行为的特殊性往往呈现出“智能型”和“高隐秘型”的特点，案件很难自行暴露，侦查进路则是“由人查事”，实物证据较少且难以查证，言词证据、

① ［美］达马斯卡：《漂移的证据法》，李学军等译，中国政法大学出版社2003年版，第66页。

书面证据等特别是犯罪嫌疑人的口供地位突出。[①] 未来我国应着力改变当前职务犯罪侦查过程中过度依赖口供的现状，在常规侦查措施的基础上，赋予职务犯罪侦查部门一系列必要的特殊侦查措施（包括诱惑侦查、技术侦查、卧底侦查等）并对这些措施的适用加以严格规范，通过侦查能力和效率的提高来促进其职侦查行为合法性的增强。

2. 强化全程同步录音录像的执行效果

讯问时全程同步录音录像能够真实再现犯罪嫌疑人接受讯问时的场景，准确证明侦查人员讯问行为合法与否并固定相关证据，是督促侦查人员依法取证、遏制刑讯逼供等非法取证行为、保障犯罪嫌疑人合法权益的有效路径。最高人民检察院早在 2005 年就通过《讯问职务犯罪嫌疑人实行全程同步录音录像的规定（试行）》并明确指出："人民检察院办理直接受理侦查的职务犯罪案件，每次讯问犯罪嫌疑人时，应当对讯问全过程实施不间断的录音录像。"[②] 但客观来讲，我国职务犯罪讯问时全程录音录像的整体情况依然不容乐观，主要表现为：其一，讯问时全程录音录像仍然难以得到全面保证；其二，一些地方录音录像硬件配套等技术设备落后，录音录像质量不高、证明力不强；其三，不少侦查人员对于录音录像仍然存在规避和抵触心理，制作的录音录像在全程性和同步性方面大打折扣；其四，庭审中辩护方要求公诉方出示同步录音录像的，基本得不到有效支持。为规范职务犯罪案件侦查，保证职务犯罪侦查过程中证据收集特别是犯罪嫌疑人供述获取的客观、真实、合法，我国应当大力推进讯问时全程同步录音录像制度，并对该制度的执行效果予以严格要求：其一，对于严重违反录音录像技术工作流程以及在全程性和同步性上无法进行印证的录音录像，不予认可其证据能力；其二，对于应当出示全程同步录音录像而拒不出示的，应承担拒不提供的不利后果；其三，对于未严格执行全程同步录音录像相关规定，或者在执行中弄虚作假造成不良后果的，依法追究有关人员的责任。

---

① 朱孝清:《职务犯罪侦查措施研究》，载《中国法学》2006 年第 1 期。

② 此后，最高人民检察院于 2006 年印发了《人民检察院讯问职务犯罪嫌疑人实行全程同步录音录像技术工作流程（试行）》和《人民检察院讯问职务犯罪嫌疑人实行全程同步录音录像系统建设规范（试行）》，且要求自 2007 年 10 月起全国检察机关开始全面实行讯问职务犯罪嫌疑人全程同步录音录像。

3. 完善检察介入引导侦查取证机制

最高人民检察院在 2002 年即提出要“深化侦查监督和公诉工作改革，建立和规范适时介入侦查、引导侦查取证、强化侦查监督的工作机制”。检察介入引导侦查取证，其主要目的有二：一是确保侦查过程中证据的收集和固定能够为公诉的顺利进行做好准备；二是防止侦查过程中非法取证等违法活动的发生。就非法证据排除而言，通过检察机关提前介入侦查机关的取证活动，一方面能够为检察机关做好案件事实（包括证据合法性）的证明准备工作，提高检察机关依法准确指控犯罪的能力；另一方面也能够避免或者及时纠正侦查机关在侦查过程中非法取证行为，遏制非法证据的产生和使用。为进一步规范侦查机关的取证行为，实现侦查与公诉的有效衔接，保证侦查监督的顺利实施，检察机关应当在已有实践经验的基础上健全和完善检察介入引导侦查取证的工作机制，对于需要介入侦查的案件及时予以介入引导，对侦查过程中证据的收集、固定、补充和完善适时提出意见和建议，对侦查活动中的非法取证行为依法及时纠正，特别是要解决好介入侦查的范围、时间、方式、程序等问题，处理好介入与监督、引导侦查与分工负责的相互关系，避免介入引导侦查异化为干涉替代侦查或者检警联合办案。

（三）规范检察机关排除非法证据的程序

审查逮捕和审查起诉是检察机关实现侦查监督和准确提起公诉的关键步骤，是关系到被追诉人合法权益保护以及案件事实准确认定的重要程序。如果在此过程中非法证据未能得到及时排除，势必会增加被追诉人被错误羁押或者错误起诉的危险，并且有可能对法院审判的准确、高效进行带来负面影响，甚至导致冤假错案的产生。故而，在审查逮捕和审查起诉中能否严格证据合法性的审查判断，能否及时对刑讯逼供等非法取证行为所取得的证据予以排除，对于刑事诉讼的顺利进行以及司法公正的实现意义重大。虽然《非法证据排除规定》对检察机关在审查逮捕和审查起诉中排除非法证据提出了明确要求，但对检察机关在司法实践中如何审查排除、遵循何种程序却未予以细化。参照《非法证据排除规定》中关于法庭排除非法证据的程序性规定，结合我国检察实践的具体情况，未来检察机关在审查逮捕和审查起诉中排除非法证据可大致遵循如下程序：

1. 非法证据排除程序的启动

（1）依申请启动。检察机关在审查逮捕和审查起诉中第一次讯问犯罪嫌疑人时，应当告知其有权对侦查过程中所获取证据的合法性特别是供述的真实性提出异议，并如实记入笔录。犯罪嫌疑人或者其聘请的律师对证据合法性存在异议的，应当向检察机关提供相关的线索或者证据。检察机关应当对上述线索或者证据进行认真核查。如果认为存在刑讯逼供或者暴力、威胁等非法取证行为嫌疑的，应当对有关证据进行调查核实；认为不存在刑讯逼供或者暴力、威胁等非法取证行为嫌疑的，应当告知犯罪嫌疑人理由。当然，对于审查逮捕而言，其期限一般较为短暂，这给检察机关实施对犯罪嫌疑人的讯问和权利告知带来困难。对此，有条件的检察机关可通过远程实时视频等高科技手段实现讯问和权利告知，目前尚不具备条件的检察机关可将包含有非法证据排除申请在内的权利告知书连同逮捕证一起交由执行逮捕的人员向被逮捕人出示，以便其及时提出排除非法证据的申请。①

（2）依职权启动。检察机关作为国家的法律监督机关，其在审查逮捕和审查起诉中应当主动对侦查机关（部门）所移送证据的合法性进行审查，如果认为存在刑讯逼供或者暴力、威胁等非法取证行为嫌疑的，应当对有关证据进行调查。在实践中存在这样一种情况，即检察机关通过案卷材料审查往往并不能够有效发现证据合法性尤其是供述真实性所存在的疑问，这就需要对审查逮捕和审查起诉的证据材料来源进行丰富和补充，其中最为有效的一点就是要求侦查机关（部门）提供讯问时的全程同步录音录像。在这方面，一些地方检察机关已经开始与侦查机关联合建立侦查讯问同步录音录像随案移送机制，将审查侦查讯问同步录音录像资料作为发现、排除非法证据及补强合法证据的重要手段和方法。据报道，目前苏州市公安局平江分局移送起诉的案件中，92.3%的案件都实现了讯问同步录音录像随案移送，为平江检察机关非法证据排除工作的有效开展提供了较大便利。②除此之外，为保证检察机关能够及时发现侦查过程中的非法取证行为，检察机关各部门之间还应当进

① 杨宇冠、孙军：《检察机关如何审查排除非法证据》，载《检察日报》2010年9月20日，第3版。

② 卢志坚：《非法证据不能留到法庭上再排除》，载《检察日报》2010年11月23日，第2版。

一步完善在信息通报、线索和证据移送等方面的协调和合作机制，特别是要发挥好控告申诉部门和监所检察部门在非法证据线索获取方面的作用。

2. 证据合法性的调查核实

检察机关在审查逮捕和审查起诉中认为存在刑讯逼供或者暴力、威胁等非法取证行为嫌疑的，应当要求侦查机关（部门）提供全部讯问笔录、原始的全程同步录音录像或者犯罪嫌疑人出入看守所的健康检查表等其他证据，必要时可以询问其他证人或者其他在场人员、看守管教人员以及检察机关驻看守所人员等。如果仍然不能排除嫌疑的，检察机关可以采取听证程序的方式对证据合法性进行调查核实，通知犯罪嫌疑人及其聘请的律师以及侦查人员出席听证，要求侦查人员对存疑证据的合法性进行说明，允许犯罪嫌疑人及其聘请的律师对证据合法性进行质证并与侦查人员辩论。需要指出的是，应当将对证据是否非法取得的调查核实和对采取非法取证人员的调查处理区分开来，前者主要是程序问题，而后者则主要是实体问题，两者不能混为一谈，否则会妨碍证据合法性调查核实工作的有效、顺利开展。

3. 非法证据排除程序的决定

经过调查核实，如果检察机关认为侦查机关（部门）提请逮捕或者移送审查起诉的证据不存在违法取得的情形，应当依法作出不予排除的决定并告知犯罪嫌疑人理由。如果检察机关认为侦查机关（部门）提请逮捕或者移送审查起诉的证据确系违法取得的，或者认为侦查机关（部门）提请逮捕或者移送审查起诉的证据不能排除刑讯逼供或者暴力、威胁等非法取证行为嫌疑的，应当依法予以排除。如果排除非法证据后其他证据不能证明犯罪嫌疑人实施犯罪行为的，应当依法作出不予批准或者决定逮捕的决定；如果案件已经移送审查起诉的，应当依法作出不起诉的决定。检察机关排除非法证据，应当告知侦查机关（部门）理由。此外，检察机关在调查核实后发现侦查人员存在刑讯逼供或者暴力、威胁等非法取证行为的，应当及时提出纠正意见，同时要求侦查机关（部门）另行指派侦查人员重新调查取证，必要时也可以自行调查取证。

五、辩护律师与非法证据排除

（一）重视辩护律师在非法证据排除中的作用

辩护律师作为刑事诉讼的重要参与人，承担着从程序和实体两个方面为犯罪嫌疑人、被告人进行辩护的责任，其对于平衡诉讼构造、保障诉讼人权以及实现司法公正有着十分重要的意义。“辩护制度是否健全，辩护人在刑事诉讼程序中能否发挥其应有之功能，不但事关犯罪嫌疑人或被告之权益，且亦足以影响刑事司法之成败。”[①] 具体到非法证据排除中，强调辩护律师的有效参与至少具有如下三个方面的重要作用：

1. 辩护律师的参与能够弥补被追诉人在非法证据排除中法律素养的不足

犯罪嫌疑人或者被告人虽然具有辩护权，但有时却得不到适当而有效的辩护，因为其对于刑事实体法与刑事程序法的规定一无所知，且因不能了解警察或者检察官在侦查或者起诉中对其不利资料的重点所在而未能对此重点提出有利于己的资料。[②] 在非法证据排除程序中，对于辩护方而言，无论是准确判定非法证据进而提出排除申请，还是提出初步证据以证明非法取证行为的存在，都需要具有较为高超的法律技巧和职业素养。这就表明犯罪嫌疑人、被告人在离开辩护律师帮助的情况下一般很难有效主张排除非法证据。在我国，虽然检察官、法官亦负有主动排除非法证据的责任和义务，但要求检察官、法官能够审慎审查案件所有证据的合法性似乎更大程度上仅仅停留于“理论层面”。因而，强调辩护律师在非法证据排除中的有效参与，显然能够弥补被追诉人在法律知识和法治意识上的薄弱和不足，提醒被追诉人依法维护其自身的合法权益，进而使得非法证据的排除工作能够顺利。

2. 辩护律师的参与能够解决被追诉人在非法证据排除中诉讼权利的受限

在刑事诉讼过程中，被追诉人往往人身自由受到较大限制，其诉讼权利的行使也存在诸多局限，但就我国而言，基于羁押率居高不下的现实，很多被诉人基本是在完全失去人身自由的状态下参加刑事诉讼的。鉴于此，如果期望通过被追诉人自身积极行使诉讼权利以发现、提起非

① 林山田:《刑事程序法》，五南图书出版有限公司 1999 年版，第 116 页。

② 林山田:《刑事程序法》，五南图书出版有限公司 1999 年版，第 116 页。

法证据排除申请并辅之以相应证据或者线索进行证明实可谓天方夜谭，这就使得辩护律师参与非法证据排除显得十分必要。辩护律师通过积极行使会见权、阅卷权以及调查取证权等辩护权利，能够及时发现刑事诉讼中可能存在的非法取证行为，开展调查取证工作以固定相应的证据和线索，并及时向检察机关和审判机关提出排除申请，从而解决被追诉人在非法证据排除中权利受限的困境。

3. 辩护律师的参与能够在客观上起到规范取证行为、防止非法证据产生的作用

当前之所以非法取证行为屡禁不绝，除却公安司法人员法治意识淡薄、过度依赖口供以及破案指标压力等主客观原因外，诉讼过程尤其是侦查过程的秘密性和封闭性有余而监督和对抗不足也是不容忽视的因素，这种程序设计的缺陷放纵了非法取证行为的产生。辩护律师在侦查阶段介入并发挥作用，会形成对侦查权行使的制约。倘若侦查机关在侦查过程中能够保证辩护律师的有效参与、保障辩护律师的作用发挥，可以有效规范侦查取证行为，防止侦查人员进行非法取证，从而在源头上遏制非法证据。

（二）强化辩护律师在非法证据排除中的权利行使

如前所述，基于辩护律师职业性与非法证据排除专业性所存在的有机契合，律师辩护权利的有效行使对于非法证据的顺利排除往往起到十分关键的作用。以非法证据排除规则较为成熟的美国为例：首先，律师有权与当事人保持顺畅、不被打扰的沟通与联系，因为排除非法证据的动议一般都是律师代表被告人提出来的，被告人本身鲜有专业知识和能力提出非法证据排除规则的有关问题；其次，律师提出非法证据排除的前提是对案情的深入了解，这就需要其在很多情况下对侦查阶段的行为有亲临现场的经历，如逮捕、搜查、扣押、讯问时律师都可以在场，并且能够查阅案卷，有效获取控方的相关信息；最后，为保证辩方能够提出初步证据证明非法取证行为的存在或者提出证据反驳控方关于取证行为合法性的证明，律师还享有调查取证权，可以自行取证，找证人出庭，找专家鉴定等。反观我国，律师在场制度一直未能得到确立，会见权、阅卷权、调查取证权等又迟迟不能在司法实践中得到落实，这必然导致非法证据排除过程中辩护方的“申请难”和“排除难”，使得非法

证据排除规则有形式化、虚置化的危险。因而，为保证辩护律师在非法证据排除中能够切实发挥其应有作用，并充分考虑到我国现实国情，未来可以在以下两个方面强化辩护律师的权利行使：

1. 允许侦查讯问时律师在场

虽然目前我国对于侦查讯问时是否允许律师在场尚有一定分歧，但这项制度是很多国家的普遍实践，也是国际刑事司法的发展趋势，主要包括以下内容：侦查机关（部门）讯问犯罪嫌疑人时，如果犯罪嫌疑人要求有律师在场，侦查部门应当通知律师到场；如果犯罪嫌疑人开始放弃律师在场权但在讯问中又要求律师在场的，侦查部门应当停止讯问并通知律师到场。此外，即使犯罪嫌疑人并未主张律师在场权，如果侦查部门认为确有必要，亦可通知律师到场。关于律师在场的实现方式，一般可分为三种：一是间接在场，即在犯罪嫌疑人接受讯问时，律师通过“看得见，听不见”的方式实现间接在场，如观看经过消音的同步录像等；二是直接在场，即在犯罪嫌疑人接受讯问时，律师在场陪同，但不能与犯罪嫌疑人进行交流或提供法律意见，仅对非法取证活动予以及时制止；三是咨询帮助，即在犯罪嫌疑人接受讯问时，律师不仅予以在场陪同，监督讯问的合法性，而且能够及时为犯罪嫌疑人提供法律帮助与咨询。前两种律师在场的实现方式主要定位于保证取证行为的合法性，而第三种律师在场的实现方式则在保证取证行为合法性的基础上，更加注重强化辩护效果，保障辩护权的充分行使。鉴于“我国目前尚不具备以物证证明为司法证明主要方式的条件，口供在诉讼中仍占有重要地位”[①]，并考虑到实务部门的可接受程度以及控制犯罪与保障人权的平衡，我国可以先采行间接在场的方式，即律师通过“看得见，听不见”的方式监督、见证侦查部门讯问行为的合法性，防止刑讯逼供等非法取证行为的发生。

2. 落实辩护律师的各项权利

2007 年新修改的律师法就刑事诉讼中律师的会见权、阅卷权、调查取证权等辩护权利作出了较刑事诉讼法更为进步的规定：会见权的内容更为充实和可靠，阅卷权的范围更为广泛，自行调查取证也更为便利和可行，且律师介入刑事诉讼的时间也得以适当提前，进而为律师在场权

① 朱孝清：《侦查讯问时律师在场权之我见》，载《人民检察》2006 年第 10 期。

的实现提供了可能。关于律师法和刑事诉讼法的效力之争，全国人大常委会法工委已有定论，即按照律师法执行。[①]因而，鉴于会见权、阅卷权、调查取证权等律师辩护权利在非法证据排除程序中的重要性，公安司法机关应当尽快落实律师法中关于上述权利的规定，切实在司法实践中尊重、保障并维护律师的辩护权利，为律师依法履行职责、排除非法证据营造良好的外部环境。同时，通过刑事诉讼法的修改，消除刑事诉讼法与律师法规定的不一致甚至冲突，进一步细化律师法在会见权、阅卷权、调查取证权等方面尚存语焉不详或不尽完善之处，如会见时“不被监听”的明确含义、通信权是否应当予以涵盖、调查取证权是否应当扩展到侦查阶段等。[②]

（三）健全辩护律师参与非法证据排除的配套措施

1. 扩大刑事法律援助的适用范围

我国刑事法律援助的适用范围总体呈现出“覆盖狭窄、受益困难”的特点：刑事法律援助一般仅存在于审判阶段；“应当指定辩护”的范围十分局限；“可以指定辩护”的强制性又不足，是否指定完全由法院自由裁量，但裁量的标准欠缺统一和规范，且被追诉人对于法院是否指定无权提出相关的异议和救济。随着我国经济建设的快速发展和国家财政力量的逐渐雄厚，政府理当在刑事法律援助方面投入更大的人力、物力和财力，逐步扩大刑事法律援助的受益面，延伸刑事法律援助的适用时间，以保障被追诉人的律师帮助权。基于非法证据排除在刑事诉讼中的重要性以及对律师需求的迫切性，可先行将符合经济困难标准且申请排除非法证据的被追诉人纳入刑事法律援助的范围之内，保证其能够在排除非法证据程序中获得律师的专业帮助。例如，在我们进行的“非法证据排除规则试点项目”中，《试行规则》第7条第2款便作出如下规定：“被告人提出排除非法证据的申请，但因属于当地政府规定的经济困难

① 全国人大常委会法工委在答复有关律师法与刑事诉讼法的“效力之争”时明确指出：“新修订的《律师法》，总结实践经验，对《刑事诉讼法》有关律师在刑事诉讼中执业权利的有些具体问题作了补充完善，实际上是以新的法律规定修改了《刑事诉讼法》的有关规定，对此应按修订后的《律师法》的规定执行。”参见孙继斌：《律师法与刑诉法冲突 人大法工委：按照律师法》，载《法制日报》2008年8月17日。

② 参见陈光中、汪海燕：《侦查阶段律师辩护问题研究——兼论修订后的〈律师法〉实施问题》，载《中国法学》2010年第1期。

而没有委托辩护人的，人民法院应当为其指定辩护人。”

2. 逐步设立公共辩护人制度

联合国《关于律师作用的基本原则》第7条规定：“各国政府还应确保，被逮捕或拘留的所有的人，不论是否受到刑事指控，均应迅速得到机会与一名律师联系，不管在何种情况下至迟不得超过自逮捕或拘留之时起的48小时。”为履行国际公约义务，并配合律师在场权的确立，我国应探索建立审前程序的公共辩护人制度，通过公共辩护人出席讯问来防止非法口供的形成并见证侦查行为的合法性。公共辩护人应当是具有法律职业资格的律师，由各地法律援助中心统一配备和管理，实行“专职化”和“值班制”，工作地点设置在侦查机关内部，以便利犯罪嫌疑人及时获得有效帮助。当侦查机关讯问犯罪嫌疑人时，如果犯罪嫌疑人并未聘请律师，则由公共辩护人作为其律师出席讯问。讯问结束后，如果犯罪嫌疑人符合法律援助的条件，公共辩护人可以继续为其提供法律服务；如果不符合法律援助条件，犯罪嫌疑人可以另行聘请律师。

3. 完善辩护权行使的保障措施和救济机制

律师法创设性地对会见权、阅卷权、调查取证权等律师辩护权利进行了新的规定，其进步意义和改革精神值得称道。然而，保障辩护权行使的配套措施和救济机制在相关法律中的疏漏，则难免使律师依法享有的权利成为“雾中花，水中月”，实现前景难以乐观。为切实保障律师的辩护权利，应当尽快建立健全与辩护权利密切相关的保障措施和救济机制，以制度的系统性、周密性来保证权利行使的有效性、充分性。例如，为配合律师阅卷权的行使，司法机关应当建立一套完整的卷宗登记、预约、公开制度；为配合律师申请调查取证权的行使，法律应当规定证据保全制度，明确律师申请调查取证的前提、司法机关审查决定是否调查取证的标准以及调查取证的范围等。[①] 又如，为保障律师辩护权利能够得到公安司法机关的尊重和维护，不受不当忽视和非法侵害，应当建立相应的违法制裁程序，赋予律师申请救济的权利，并明确救济机关、救济程序以及违法后果等。

① 汪海燕：《一部被“折扣”的法律——析〈律师法〉与〈刑事诉讼法〉的冲突》，载《政法论坛》2009年第2期。

守住证据底线　防止冤错案件 *

最近一段时间，若干个刑事冤错案件的曝光，使如何防止与纠正冤错案件问题在树立司法公信力的大背景下再次成为公众关注的热点。关于冤错案件的危害，人们已有充分的认识。其不仅直接危害了诉讼当事人的切身利益，使被冤屈者蒙受不白之冤，身陷囹圄，丧失财产、自由甚至生命，使被冤屈者家庭遭受沉重打击，夫妻分离，家庭破裂，甚至家破人亡，而且严重损害司法公信力，损害法治权威，并使社会治理付出高额成本，激化社会矛盾，增添不安定因素。导致冤错案件的原因是复杂的、多方面的，但综观近期发生的一系列冤错案件，绝大部分都存在比较严重的证据问题。证据是诉讼的基石，证据制度是诉讼制度的重要组成部分。2012 年刑事诉讼法修改，针对长期以来司法实践中在证据运用方面存在的问题，总结近年来有关司法改革的经验，吸收诉讼法学和证据理论研究取得的成果，对我国刑事证据制度作了重要修改和完善。在此之前，司法实务部门也从刑事司法实践出发，作出了完善证据制度、规范证据运用的共同努力。有鉴于此，本文将结合修改后的刑事诉讼法及相关司法解释，从落实证据法实施、规范证据运用的视角提出防范冤错案件之己见。

一、严格证明标准

证明标准，亦即刑事诉讼中运用证据证明案件事实所要达到的要求，这是证据制度的重要内容，也是防范冤错案件的核心问题。我国刑事诉讼法的任务，“是保证准确、及时地查明犯罪事实，正确应用法律，惩罚犯罪分子，保障无罪的人不受刑事追究”。为了实现刑事诉讼法的任务，法律要求认定犯罪事实和犯罪人必须“证据确实、充分”。当时理论上将此阐释为：“证据确实是指每一个证据必须经过查证属实，而不

---

*　原文发表于《法律适用》2013 年第 9 期，与白思敏合作。

是虚假的。在证据材料确实可靠的前提下，还要求证据充分，充分是要求证据有一定的数量，构成认定案件事实的足够依据。只有个别证据，没有若干证据相互补充，相互印证，相互审查，构成相互配合，有内在联系的证据体系，是不能证明案件事实的。”①一直以来，我国刑事诉讼都坚持高标准、严要求，把“证据确实、充分”作为定案的证明标准，但其内涵却是不断发展和深化的。1979年刑事诉讼法是新中国第一部刑事诉讼法，确立了我国刑事诉讼的任务、基本原则、诉讼程序和证据制度，但法律并没有关于法院审理后认定被告人有罪证据应当达到什么要求的明确规定。《刑事诉讼法》第120条只是规定，在法庭审理后合议庭进行评议，“根据已经查明的事实、证据和有关的法律规定，作出被告人有罪或者无罪、犯的什么罪、适用什么刑罚或者免除刑罚的判决”。而关于证明标准（当时称证明要求）的规定则散见于若干条文中，如《刑事诉讼法》第35条、第96条、第100条和第108条。1996年刑事诉讼法第一次大修，进一步明确了认定被告人有罪的证据标准。第162条规定：“对于案件事实清楚，证据确实、充分，依据法律认定被告人有罪的，应当作出有罪判决。”

在证据理论上，通常将证明标准分为主观标准和客观标准。像大陆法系国家的“内心确信”与英美法系国家的“排除合理怀疑”，都是指在诉讼中提出证据证明使法官所达到的一定程度的主观心理状态，属于主观证明标准。而我国的“案件事实清楚，证据确实、充分”是描绘的认定案件事实、审查判断证据总体所要达到的状况，属于客观证明标准。多年来，对我国刑事证明标准的批评主要在于其规定的客观性，在司法实践中难以掌握和适用。其实，案件事实是客观存在的，而人们对案件事实的认识是主观的，任何对案件事实的认定都离不开事实认定者的主观判断。“无论采用何种证明标准，对于是否符合此一标准之证明程度之判断无法求诸客观的数量化——对证明程度所为之判断，不外为法院主观之符合度判断。”②事实上，我国刑事证明标准本身也带有一定的主观色彩，虽然“案件事实清楚，证据确实、充分”是从客观方面设定的证明所要达到的程度，但在具体办案过程中，事实是否“清楚”，

① 张子培主编：《刑事诉讼法教程》，群众出版社1982年版，第170页。

② 蔡墩铭：《刑事证据法论》，五南图书出版公司1997年版，第360页。

证据是否“确实”、是否“充分”，还是办案人员主观上对事实和证据的评判，因此客观上设定的证明标准与裁判者主观上的相信程度是可以相对应的。如事实清楚，证据确实、充分在主观上可以与裁判人员确信无疑相对应。有学者分析指出：首先，“案件事实清楚”，是指认定事实的司法人员对与定罪量刑有关的事实和情节已经认识清楚，是主观状态。其次，“证据确实、充分”是对证据质和量的综合要求，是实现对案件事实认识清楚的客观依据。“确实”要求每个证据都必须是客观真实的，并具有关联性，“充分”要求一切与定罪量刑有关的事实都有证据证明，且证据数量足以确定性地认定案件事实。①

2010年，最高人民法院、最高人民检察院、公安部、国家安全部、司法部联合制定的《关于办理死刑案件审查判断证据若干问题的规定》第5条仍然将“证据确实、充分”作为死刑案件的证明标准，同时吸收和借鉴近年来证据理论研究取得的成果，将“证据确实、充分”细化为:“(一)定罪量刑的事实都有证据证明;(二)每一个定案的证据均已经法定程序查证属实;(三)证据与证据之间、证据与案件事实之间不存在矛盾或者矛盾得以合理排除;(四)共同犯罪案件中，被告人的地位、作用均已查清;(五)根据证据认定案件事实的过程符合逻辑和经验规则，由证据得出的结论为唯一结论。”2012年刑事诉讼法修改时，从立法上对“证据确实、充分”专门作出解释，规定:“证据确实、充分，应当符合以下条件:(一)定罪量刑的事实都有证据证明;(二)据以定案的证据均经法定程序查证属实;(三)综合全案证据，对所认定事实已排除合理怀疑。”

根据上述法律规定，认定证据确实、充分，应当符合以下3个条件：第一，定罪量刑的事实都有证据证明。这一条件是“证据裁判原则”的体现，也是认定“证据确实、充分”的基础。即凡认定关涉犯罪嫌疑人、被告人是否犯罪、犯何种罪和应否对其处以刑罚以及处以何种刑罚的事实，都需有相应的证据证明。无证据即无事实认定。第二，据以定案的证据均经法定程序查证属实。这是强调证据的真实性和合法性。过去，办案机关往往只关注证据的有无，并不重视取证的合法性和

① 陈光中主编:《刑事诉讼法》(第5版)，北京大学出版社、高等教育出版社2013年版，第179页。

举证、质证的必要性，这也成为冤错案件发生的重要诱因之一。这一条件要求，凡作为认定案件事实依据的证据本身应当经公安司法机关按照法律规定的程序查证属实，包括刑事诉讼法修改新增加的对非法证据排除的查证。第三，综合全案证据，对所认定事实已排除合理怀疑。这一条件要求“办案人员在每一证据均查证属实的基础上，经过对证据的综合审查，运用法律知识和逻辑、经验进行推理、判断，对认定的案件事实达到排除合理怀疑的程度”[①]。“排除合理怀疑”是指办案人员对于认定的事实，已没有符合常理的、有根据的怀疑，实际上达到确信的程度。“证据确实、充分”具有较强的客观性，但在司法实践中，这一标准是否达到，还是要通过办案人员的主观判断，以达到主客观相统一。只有办案人员对案件事实已经不存在合理的怀疑，形成内心确信，才能认定案件“证据确实、充分”。要防止和杜绝冤错案件的发生，必须严格坚持法律规定的证明标准，不符合标准就不能定罪。在证明标准上不打折扣，不降低要求，不搞留有余地，守住证据的底线。

二、正确对待口供

口供因其特殊性，历史上曾被奉为“证据之王”。我国古代便长期采取“无供不录案，罪从供定”“断狱必取输服供词”的办案模式，现实社会中“以供破案”“依供找证”在很大程度上仍是办理刑事案件的基本路径。办案人员往往将口供作为“突破口”，取得犯罪嫌疑人口供后再“按图索骥”，收集其他证据。口供本是一种重要的证据，但轻信口供，过于依赖口供，则是办案的大忌。特别是以非法方法甚至刑讯逼供获取口供，在口供反复、口供与其他证据存在矛盾或者其他有罪证据不充分时主要依赖口供作出有罪判决，极易导致冤假错案的发生。有研究表明，在调研的137起典型刑事错案中，存在“被告人虚假口供”的101起，占74%[②]；在对法官、检察官、警察和律师就“哪一种证据最容易导致刑事错案”进行问卷调查中，约有37%的被调查者选择“被告

① 郎胜主编:《〈中华人民共和国刑事诉讼法〉修改与适用》，新华出版社2012年版，第123页。

② 刘品新主编:《刑事错案的原因与对策》，中国法制出版社2009年版，第230页。

人口供”[①]，虚假口供的危害和对于冤错案件的诱发，可见一斑。在司法实践中，办案人员错误对待口供的情况往往表现为：或者在观念上坚持“有罪推定”，犯罪嫌疑人有罪的观念先入为主，对口供偏信轻信，不能客观、全面收集证据，不重视有利于犯罪嫌疑人、被告人证据的收集和核查；或者在有罪证据不充分或证据之间不能相互印证、存在矛盾时，通过反复讯问，使用犯罪嫌疑人、被告人供述来解释、消除证据之间的矛盾；或者在犯罪嫌疑人、被告人翻供的情况下，不能正确对待犯罪嫌疑人、被告人翻供和无罪辩解，不去认真分析和核查翻供原因，而是简单使用犯罪嫌疑人、被告人在侦查期间的认罪供述、讯问笔录来坐实案件，作为认定被告人有罪的根据。此种证据审查和事实认定方法容易产生两种不良后果。一是办案人员依凭自己对案件事实的认识去挑选证据，选择那些能够支持自己认识的证据，舍弃那些不能支持或者否定自己认识的证据。不科学的事实预断辅之以不全面的证据收集，必然导致错误的事实认定，造成实体不公。二是办案人员为获得支持自己认识的证据而不惜采用不正当的甚至违法的手段，如刑讯逼供、威胁欺骗等，从而严重侵犯公民的合法权利，产生程序不公。[②]在最近纠正的河南平顶山李怀亮杀人案中，应当如何慎重对待口供便留给人们很多的教训和思考。2001 年 8 月 2 日夜，平顶山市叶县邓李乡湾李村 13 岁女孩郭某在村北沙河河堤遇害，同村的李怀亮被列为嫌疑对象。在侦查阶段，李怀亮先后做了 10 次供述，其中前两次未供述犯罪事实，第 3 次至第 8 次做有罪供述，第 9 次后翻供并持续至今。叶县法院开庭审理此案时，李怀亮当庭翻供，但叶县法院没有采纳，一审以故意杀人罪判处李怀亮有期徒刑 15 年，剥夺政治权利 5 年。后来的 12 年里，经过多次发回重审，李怀亮又先后被判处死刑、死刑缓期执行，最终因“证据不足、事实不清”于 2013 年 4 月 25 日被宣判无罪，当庭释放。而最终无罪判决的根据之一就是李怀亮归案后的供述不稳定，有罪供述前后矛盾，侦查人员存在不在规定的羁押场所关押、审讯的情形，因此李怀亮的有罪供

① 何家弘：《证据的语言——法学新思维录》，中国人民公安大学出版社 2009 年版，第 190 页。

② 卞建林：《铸证据基石，促司法公正》，载《法学杂志》2010 年第 7 期。

述不能作为定案依据。[①]

正确对待口供，避免口供成为冤错案件的“导火索”，要做到以下几点。一是要全面认识口供。既要认识到口供的价值，更要警惕虚假口供的危害。二是要合法取得口供。要绝对禁止刑讯逼供，公安机关、人民检察院和人民法院一旦发现刑讯逼供取得的口供要坚决依法排除，不能作为有罪的定案根据。三是要加强对口供的审查。一方面要防范犯罪嫌疑人、被告人出于趋利避害而隐瞒事实真相或者编造谎言，另一方面更要防范犯罪嫌疑人、被告人因刑讯逼供而屈打成招。需要结合犯罪嫌疑人、被告人的自身情况和供述动机，重点审查口供取得的过程、口供是否前后一致、口供是否符合常理和口供是否存在矛盾等方面。四是要重视口供的补强。由于口供具有很高的虚假可能性，在运用口供认定案情时，必须有其他证据补强其证明力。我国《刑事诉讼法》第53条规定：“只有被告人供述，没有其他证据的，不能认定被告人有罪和处以刑罚。”最高人民法院《关于适用〈中华人民共和国刑事诉讼法〉的解释》第83条规定：“审查被告人供述和辩解，应当结合控辩双方提供的所有证据以及被告人的全部供述和辩解进行。被告人庭审中翻供，但不能合理说明翻供原因或者其辩解与全案证据矛盾，而其庭前供述与其他证据相互印证的，可以采信其庭前供述。被告人庭前供述和辩解存在反复，但庭审中供认，且与其他证据相互印证的，可以采信其庭审供述；被告人庭前供述和辩解存在反复，庭审中不供认，且无其他证据与庭前供述印证的，不得采信其庭前供述。”上述司法解释特别针对被告人庭前供述和辩解存在反复的情况，强调审判者要根据有无其他证据能够相互印证进而决定是否采信口供。

三、重视实物证据

“正确对待口供”和“重视实物证据”是一个事物的正、反面。言词证据可能受到提供者自身记忆和表达能力、趋利避害的心理或者外部环境的刺激等影响，从而导致事实认定者难以审查判断其真实性，相比

① 河南李怀亮案相关报道见《一起12年悬案压垮两个家庭》，载法制网，http://epaper.legaldaily.com.cn/fzrb/content/20130503/Articel04003GN.htm，最后访问时间：2013年6月20日。

较而言，实物证据客观性较强，不像言词证据那样易受到干扰。所以，在处理刑事案件时，特别是处理“命案”时，要重视实物证据。在未提取到实物证据，主要根据其他证据定案的情况下，应当特别慎重，以避免冤假错案的发生。最近“洗冤”的浙江张氏叔侄强奸杀人案就是一起典型的因片面依赖口供同时忽视实物证据而导致的刑事错案。[①]仔细分析本案，如果当初以下4处疑点得到足够重视，这场冤案就不会发生。疑点一：本案主要的定罪证据就是被告人的有罪供述，但是叔侄两个被告人的口供在前往作案现场的行车路线、抛尸的叙述等关键作案细节上严重的不吻合。事后证实，张辉的口供，系同监犯“号长”袁连芳将已写好笔录在“拳脚相加”后逼迫张辉抄写、背诵的。疑点二：本案同室犯人袁连芳证言作为本案直接证据，声称被告人张辉在拱墅区看守所关押期间告知其不小心将女子掐死的情况，在法庭上，张辉要求传唤袁连芳出庭作证，但被拒绝。疑点三：在尸体上找不到犯罪嫌疑人的精斑，而且犯罪嫌疑人口供称是在驾驶座上实施的强奸，技侦人员同样没有在车上查到任何痕迹物证。疑点四：当时的杭州市公安局作出《法医学DNA检验报告》，所提取的被害人王某8个指甲末端检出混合DNA谱带，可由死者王某和一名男性的DNA谱带混合形成，但排除张辉、张高平与王某混合形成，但浙江省高院的判决认为：“本案中的DNA鉴定结论与本案犯罪事实并无关联，不能作为排除两被告人作案的反证。”[②]从浙江张氏叔侄强奸杀人案我们应当反思：在命案中，没有充分、直接证明有罪的实物证据能不能定案？存在实物证据但只能证明有犯罪结果发生却不能证明犯罪行为由被告人所为时应当如何处理？

---

① 2003年5月18日，张辉和叔叔张高平驾车送货去上海，17岁的王某搭乘去往杭州。张氏叔侄将王某搭载到杭州后与其分手，随后二人前往上海。而王某于2003年5月19日早晨被害，张氏叔侄被认为是凶手。2004年杭州中院一审以强奸罪判处张辉死刑，张高平无期徒刑。二审张辉被改判死缓。在服刑近10年后，2013年3月26日，浙江高院依法对张辉、张高平强奸再审案后，撤销原审判决，宣告张辉、张高平无罪。

② 浙江张氏叔侄强奸杀人案相关报道见:《牢头狱霸10年前作伪证致冤案》，载《南方周末》，http://www.infzm.com/content/89144，最后访问时间：2013年5月7日;《浙江张氏叔侄冤案》，载凤凰网，http://news.ifeng.com/mainland/special/zhangshiyuanan/，最后访问时间：2013年6月20日;《杭州叔侄冤案无警察承认逼供　均称时间长记不清》，载新华网，http://www.zj.xinhuanet.com/newscenter/2013-04/08/c_115304642.htm，最后访问时间：2013年5月6日。

在充分认识实物证据重要性的同时，还需要加强对实物证据的审查。“证据物与证人不同，它不能故意撒谎。但是，相反对证据物的关联性需要慎重地进行判断。首先，因处理证据物的人出于故意或者过失等原因，可能把与证明目的无关的物品混入其中；在保存过程中可能因变质而丢失本来的性质等。”①尤其在纠正冤假错案时，因时过境迁，实物证据的真实性和同一性难以保证，更加需要谨慎地审查判断。现代科技水平的提高和刑事司法技术的发展，在丰富办案手段、提高认识准确度的同时，也增加了审查判断的难度。实物证据往往需要通过鉴定才能发挥证明作用，而鉴定则混杂了鉴定人的主观因素和人为因素，因此必须加强对鉴定意见的审查判断。2012 年刑事诉讼法修改，在将“鉴定结论”改为“鉴定意见”的同时，完善了对鉴定意见的审查程序，规定：公诉人、当事人或者辩护人、诉讼代理人对鉴定意见有异议，人民法院认为鉴定人有必要出庭的，鉴定人应当出庭作证。经人民法院通知，鉴定人拒不出庭作证的，鉴定意见不得作为定案的根据。在法庭审理中，公诉人、当事人或者辩护人、诉讼代理人可以申请法庭通知有专门知识的人出庭，就鉴定人作出的鉴定意见提出意见。在审判实践中，要认真贯彻新刑事诉讼法的这些规定，切实加强对鉴定意见的审查与运用。

四、禁止非法取证

非法取证包括非法取得言词证据和非法取得实物证据。综观业经披露的冤错案件，几乎无一例外都存在非法取证和刑讯逼供的情况。尤其是刑讯逼供，不仅严重践踏了诉讼参与人的人权，而且极大地损害了司法公信力，同时是造成冤错案件的重要原因。贝卡里亚曾对遭受刑讯进而致冤的无辜者进行了深刻描述：“刑讯必然造成这样一种奇怪的后果：无辜者处于比罪犯更坏的境地。尽管二者都受到折磨，前者却是进退维谷：他或者承认犯罪，接受惩罚，或者在屈受刑讯后，被宣布无罪。但罪犯的情况则对自己有利，当他强忍痛苦而最终被无罪释放时，他就把较重的刑罚改变成较轻的刑罚。所以，无辜者只有倒霉，罪犯则能占便

① ［日］松尾浩也：《日本刑事诉讼法》（下卷），张凌译，中国人民大学出版社 2005 年版，第 107 页。

宜。”[①]毋庸置疑，遏制实践中屡禁不绝的刑讯逼供现象，成为避免冤错案件发生的关键所在。2012年刑事诉讼法修改，在规范司法行为、遏制刑讯逼供方面采取了一系列重要举措。一是完善讯问程序。增加“不得强迫任何人证实自己有罪”的规定；规定公安机关执行拘留后，应当立即将被拘留人送看守所羁押；规定犯罪嫌疑人被送交看守所羁押后，侦查人员对其进行讯问，应当在看守所内进行；并规定对讯问过程实行录音录像的制度。二是确立非法证据排除规则，规定对采用刑讯逼供等非法方法收集的犯罪嫌疑人、被告人供述和采用暴力、威胁等非法方法收集的证人证言、被害人陈述，应当予以排除，不得作为起诉意见、起诉决定和判决的依据；规定当事人及其辩护人、诉讼代理人有权申请人民法院对以非法方法收集的证据予以排除；明确人民检察院应当对证据的合法性加以证明。非法取证并非“一日之疾”，为了禁止非法取证从而避免冤错案件的发生，仍需厘清以下两个问题。其一，证据的真实性与合法性。我国刑事诉讼长期存在“重实体，轻程序”“重惩罚犯罪，轻人权保障”的思想，认为手段为目的服务，只要最后发现事实真相，采用什么方法破案都具有正当性。在此诉讼观念影响下，传统证据理论强调的是证据的真实性和证明力，而忽略证据的证据能力。因此当办案人员认为证据的真实性不存在疑问时，即使该证据在收集和运用的过程中存在问题、违反程序，甚至有刑讯逼供等严重违法现象，实践中亦照用不误、照定无疑。随着刑事诉讼理念的发展和更新，刑事诉讼不仅要追求实体公正，还要追求程序正义；不仅要追求惩罚犯罪，还要重视保障人权。对于以非法方法获取的证据，特别通过刑讯逼供获取的口供，一旦发现，要坚决排除，绝对不能有半点含糊。这既是对当事人负责、对法律负责，也是对办案人员、办案机关和整个司法制度负责。其二，事先防范和事后制裁。禁止非法取证，非法证据排除规则被认为是最有效的路径之一。非法证据排除规则是以“阻却违法理论”为基础，认为通过非法证据的排除能够对未来潜在的侦查人员违法行为产生恫吓和阻却，进而实现一般预防的效果。非法证据排除规则以非法取证行为发生为前提，是一种程序性制裁措施。而需要注意的是，“在刑事诉讼中排

① ［意］贝卡里亚:《论犯罪与刑罚》，黄风译，中国大百科出版社1993年版，第33页。

除非法证据也是有代价的，除排除非法证据需要较大耗费刑事司法资源并延误诉讼进程以外，由于非法证据的排除而不能定案进而导致有可能放纵犯罪以及非法证据本身对公安司法机关所产生的负面影响都是不能忽视的因素”[①]。因此，办案人员在思想上要时刻保持警惕，坚持程序正义，规范取证行为，禁止非法取证行为，从源头上预防非法证据的产生，应该说是对非法证据的一条“治本之道”。

五、贯彻疑罪从无

无罪推定原则是现代刑事诉讼的基石，是被追诉人的一项重要人权，也是当代各国和国际公约普遍确认的司法原则。无罪推定原则，在程序上明确了犯罪嫌疑人、被告人的诉讼地位和诉讼权利，在证据上明确了举证责任的分配和疑难案件的解决。疑罪从无是无罪推定的核心内容，要求疑案要做有利于被告人的处理，罪疑从无，刑疑从轻。疑罪从无要求在依法定程序审查全案证据后，出现证据不足，不能认定被告人有罪时，应当对其作出无罪的处理。我国在1996年修改刑事诉讼法时就确立了疑罪从无的处理原则。当时的《刑事诉讼法》第162条规定：证据不足，不能认定被告人有罪的，应当作出证据不足、指控的犯罪不能成立的无罪判决。2012年刑事诉讼法修改时继续坚持疑罪从无的规定并加以完善。现行《刑事诉讼法》第171条第4款明确规定，在审查起诉阶段，证据不足，不符合起诉条件的应当作出不起诉的决定；第195条第3项明确规定，在审判阶段，证据不足，不能认定被告人有罪的，应当作出证据不足、指控的犯罪不能成立的无罪判决。根据上述法律规定，在出现证据不足，不能认定有罪时，作出无罪处理是没有任何问题的。那为何在司法实践中不能贯彻疑罪从无，而办案人员往往作出“疑罪从有、量刑从轻”所谓“留有余地”的判决呢？原因也是多方面的、错综复杂的。其中一个重要原因就是承审法院或法官面临体制内外的巨大压力，不能独立行使审判权，不能只服从宪法和法律。

在贯彻疑罪从无、权衡放与判的利弊得失时，有两个问题需要在观念上澄清：第一，到底能不能做到既不错判，也不错放。长期以来，我们的司法有一个口号，叫作“绝不放过一个坏人，也不冤枉一个好人”。

① 卞建林：《检察机关与非法证据排除》，载《人民检察》2011年第12期。

这种司法口号的思想根源在于对办案人员认识能力的夸张和曲解，其思维的逻辑进路大致如下：把客观世界是可以认识的等同于案件事实是可以查明的；既然案件事实是可以查明的，便要求对一切案件的处理都必须建立在查明案件事实的基础上；在查明案件事实的基础上再正确适用法律，那么就可以做到对一切案件的处理都是正确的。从政治路线上来看，我们是人民的司法，要对人民高度负责，便要求对一切案件的处理都要做到百分之百的正确。具体落实到刑事诉讼中，就是实现“不枉不纵”，即“既不冤枉一个好人，也不放过一个坏人”。实际上，古往今来的司法实践早已证明，由于人们认识能力的局限性、技术水平的相对性、司法资源的有限性、办案人员的疏漏性以及其他许多可知或不可知的因素，很多情况下案件事实是不可能彻底查清的。第二，在已知案件事实查不清的情况下对疑案究竟应该如何处理，更进一步说，判有可能冤枉无辜，放则有可能放纵坏人，在此两难境地下到底应该如何抉择，这是价值的判断，制度的选择。关于此问题，培根早有明确的回答，多年来为人们广泛传颂和引用，即“一次不公的判断比多次不平的举动为祸尤烈。因为这些不平的举动不过弄脏了水流，而不公的判断则把水源败坏了”[①]。从我国法治建设实际来说，1996 年刑事诉讼法修改时，早已对此作出明确的价值选择和制度安排。法律明确规定，证据不足，不能认定被告人有罪的，应当作出证据不足、指控的犯罪不能成立的无罪判决。

特别需要指出的是，所谓“错放”或者“错判”，是就客观结果而言的。也就是说，当疑案作无罪处理时，客观上可能出现放纵真正罪犯的结果，而作有罪处理时可能产生冤枉无辜的后果。在制度设计时，应该考虑到这两种可能性，作出符合我国司法制度本质属性和诉讼活动内在规律的价值权衡和理性抉择。一旦立法作出选择，作为司法人员，在具体裁判案件时是不存在所谓错放问题的。证据不足就应该依法判无罪，也只能判无罪。判无罪是正确的，而不是错误或“错放”。判有罪那就错了。

① ［英］培根:《培根论说文集》，水天同译，商务印书馆 1983 年版，第 193 页。

综上所述，从我国刑事司法实际出发，我们要充分认识证据在防范冤错案件上的重要作用，以严格证明标准，正确对待口供，重视实物证据，排除非法证据，贯彻疑罪从无等几方面进一步强调和改进工作，守住证据底线，防止或减少刑事冤错案件的发生。

我国刑事证明标准的理解与适用 *

证明标准是证据制度的核心问题。英国学者摩菲（Peter Murphy）较为全面地阐述了证明标准的含义和意义。“证明标准是指卸除证明责任必须达到的范围或程度，它是证据必须在事实审理者头脑中形成的确定性或盖然性的尺度，是负担证明责任的当事人在有权赢得诉讼之前必须运用证据说服事实审理者的标准，或是他为获得有利于己的认定而对某个争议事实进行证明所应达到的标准……”① 在我国，刑事诉讼中的证明标准通常指法律规定的认定犯罪嫌疑人、被告人犯罪所要达到的程度。② 刑事证明标准的确立受到诸如历史传统、宗教信仰、哲学思维与政治制度等多种因素的影响。当代刑事诉讼中关于有罪裁判的证明标准主要有大陆法系国家的“内心确信”与英美法系国家的“排除合理怀疑”。我国的法定刑事证明标准则为“事实清楚，证据确实、充分”。严格证明标准，既直接关涉案件的实体处理，也与犯罪嫌疑人、被告人的权利保障紧密联系。2012 年刑事诉讼法修改吸收了近年来证据理论研究成果与司法实践经验，增加了认定“证据确实、充分”的条件规定，成为证据制度完善的重要内容。经过一年的施行，此时再次对我国刑事证明标准的理解与适用问题进行探讨，具有理论与实践价值。

一、溯源——我国刑事证明标准立法与理论的演变

探讨我国刑事证明标准问题，首先应当对其立法与理论演变过程有所了解。在我国古代各朝律法中均有关于刑事定罪标准的内容。如《唐

---

* 原文发表于《法律适用》2014 年第 3 期，与张璐合作。

① Peter Murphy, *Murphy on Evidence*, Blackstone Press Limited, 6th ed., 1997, p.109.

② 陈光中主编：《刑事诉讼法》，北京大学出版社、高等教育出版社 2013 年版，第 178 页。

律疏议》中规定："若赃状露验，理不可疑，虽不承引，即据状断之。"[①]《宋刑统》在此基础上又规定："今后凡有刑狱，宜据所犯罪名，须具引律、令、格、式……事实无疑，方得定罪。"[②]到《大清律例》则进一步明确："凡在外审理案件，应照案内人犯籍贯，批委该管地方官审理明白，申详完结"，"如有情事未明，务须详细指驳"。[③]可见古代立法对刑事案件的审理重视事实真相的发现，要求定案须达到"明白""无疑"。到近代法律转型时期，关于刑事定罪标准有了更为明确的规定。例如，1906年《大清刑事民事诉讼法（草案）》第74条规定："承审官确查所得证据已足证明被告所犯之罪，然后将被告按律定拟。"第75条规定："被告如无自认供认而众证明白、确凿无疑即将被告按律定拟。"[④]国民政府1935年《刑事诉讼法》第269条规定，"证据之证明力，由法院自由判断之"，确立了自由心证原则，相应的证明标准即为内心确信。而中国共产党领导的革命政权从新民主主义革命时期开始就注重将实事求是的工作作风运用到司法实践中，强调要收集确实充分证据以查明案件事实真相，并在此基础上作出裁判。如1931年中央执行委员会非常会议通过的《中华苏维埃共和国中央执行委员会训令》中规定："在审讯方法上……必须坚决废除肉刑而采用收集确实证据及各种有效方法。"[⑤]1942年2月《陕甘宁边区保障人权财权条例》第8条规定："司法机关或公安机关逮捕人犯应有充分证据。"[⑥]中华人民共和国成立后，最高人民法院于1956年10月发布的《各级人民法院刑、民事案件审判程序总结》中指出："在法庭调查阶段，必须把案情彻底查清，取得确凿的证据……

---

① 刘俊文点校：《唐律疏议》卷第29"断狱"，"诸应讯囚"条，中国政法大学出版社1999年版，第593页。

② 薛梅卿点校：《宋刑统》卷第30"断狱律"，"断罪引律令格式"门，"诸制敕断罪"条，法律出版社1999年版，第551页。

③ 田涛、郑秦点校：《大清律例》卷37，"刑律"断狱门下"辨明冤枉"条例，中国政法大学出版社1999年版，第587页。

④《大清法规大全·法律部》卷11"法典草案1"，载《修订法律大臣沈家本等奏进呈诉讼法拟请先行试办折并清单》，第1915页。

⑤ 韩延龙：《中华人民共和国法制通史》（下），中共中央党校出版社1998年版，第56页。

⑥ 韩延龙：《中华人民共和国法制通史》（下），中共中央党校出版社1998年版，第57页。

被告人的供词，必须经过调查研究，查明确实与客观事实相符的，方可采用。”[①] 1979年刑事诉讼法则首次明确了“案件事实清楚，证据确实、充分”的刑事证明标准，并一直沿用至今。可见，我国刑事诉讼证明标准经历了漫长的自我发展过程，是历史的产物与司法经验的总结，符合我国语言表达习惯和诉讼文化背景，具有其存在的合理依据。[②]

在立法与司法实践的不断探索之外，证明标准的理论研究同样受到各方的关注。而肇始于20世纪90年代中期延伸至本世纪初关于客观真实与法律真实的大讨论更是其中的焦点。就案件事实能够被证明到何种程度或达到证明标准的事实应当是什么，我国证据学传统观点为客观真实说，即认为诉讼证明的任务是查明案件的客观真实，要求司法人员的主观认识必须符合客观实际[③]，进而认为“法院判决中所认定的案件事实与实际发生的事实完全一致”[④]。客观真实说要求诉讼证明必须达到客观真实的程度，法官在确定被告人有罪时，必须查明案件的客观真实，即“司法机关在刑事诉讼中所认定的有关犯罪嫌疑人、被告人刑事责任的事实……必须与客观上实际存在过的事实一致”[⑤]。但随着司法实践经验的总结和理论研究的深入，客观真实说逐渐受到质疑，被认为其以乐观主义可知论为基础，过于强调客观性而忽视了司法人员认定案件事实的主观性，“证据确实、充分”的标准模糊空泛不易掌握。针对客观真实说的缺陷，有学者提出了法律真实说，认为对案件事实的认识达到法律要求的标准时即可定罪量刑。[⑥]法律真实论者认为诉讼中纯粹的客观事实是不存在的，据以定案的事实是一种经验事实，是以诉讼方法对客观事实形成的认识结论，包括主观认识和客观存在两个方面；而要使这种认识结论即法律事实获得合理的可接受性，应当设置合适的精确度（即

---

① 韩延龙:《中华人民共和国法制通史》(下)，中共中央党校出版社1998年版，第61页。

② 陈光中、郑曦:《论刑事诉讼中的证据裁判原则——兼谈〈刑事诉讼法〉修改中的若干问题》，载《法学》2011年第9期。

③ 陈一云主编:《证据学》，中国人民大学出版社1991年版，第114页。

④ 巫宇甦主编:《证据学》，法律出版社1986年版，第80页。

⑤ 陈一云主编:《证据学》，中国人民大学出版社1991年版，第114页。

⑥ 樊崇义、锁正杰、吴宏耀、陈永生:《刑事证据前沿问题研究》，载何家弘主编:《证据法论坛》(第1卷)，中国检察出版社2000年版，第209页。

证明标准)，“排除合理怀疑”或“排他性”则是较为理想的选择。[①]而客观真实说后来亦进行了一定程度的修正，如放弃对所有刑事案件或法律所规定的案件事实都要达到客观真实的要求，主张对简易程序或自诉案件适当放宽证明标准，甚至在某些案件中实行法律真实，以及事实和情节轻重实行不同证明标准等。

根据辩证唯物主义认识论，人类的认识能力是无限的又是有限的，从整体上看，人类对客观事物的认识是绝对的，但从人对具体事物的认识上看，这种认识又是相对的，不仅表现为认识能力的相对性，也包含认识结果的相对性与不确定性。具体到诉讼证明中，由于证明主体、证明客体以及证明时空与资源的局限性，加之证明程序与相关规则的制约，决定了对案件事实的证明(或认定)在大多数情况下是达不到证明结论与案件客观事实完全一致的程度的。因此，诉讼中客观真实的存在是相对的，“客观真实”只能作为证明的客观要求而非具体的证明标准。承认诉讼证明的相对性，就应当认识到即使在性质最为严重的刑事案件中，其证明程度也只能最大限度地接近客观真实，只能要求司法人员在有限的时空和资源内尽最大努力实现对案件事实的认定，最大程度地符合案件事实的本来面貌，这也是刑事证明的外在客观标准设定的前提。但诉讼的目的在于定分止争，诉讼证明的实质是通过论证争议事实维护己方诉讼主张、说服裁判者以获得于己有利的裁决。在此意义上，证明标准则是规定裁判者接受证明方提出的有关事实主张时的确信程度。同时，实践中确认证明方举证是否达到法定标准，最终是通过裁判者根据其经验、理性即主观认识所作出的判断。诉讼认识是主客观相结合的过程，证明标准的设置也应体现主客观的结合。

因此，尽管有关刑事证明标准的理论研究呈现出百家争鸣之势，大家还是形成了一定程度的共识，即证明标准应当是明确、具体、可操作的标准，不能仅仅规定客观方面的确定性和真实程度，还需要着眼于司法人员对待证事实可信度的描述。而我国刑事诉讼法规定的“事实清楚，证据确实、充分”标准存在过于偏重客观层面的表述而忽略了裁判者主观方面的确信程度的问题。这一客观化表述方式容易造成对其进行

---

① 樊崇义:《客观真实管见——兼论刑事诉讼证明标准》，载《中国法学》2000年第1期。

任意解读，反而给司法人员以很大的自由裁量权，成为一些冤假错案发生的导火索。有鉴于此，2012年刑事诉讼法修改对证明标准的相关规定进行了完善，明确了“证据确实、充分”的必要条件，认可了主观判断在事实认定中的地位，增加了“排除合理怀疑”这一主观方面判断标准的表述作为对“证据确实、充分”的解释，符合证明标准的确立应坚持主客观相结合的原则，一定程度上体现了我国刑事证明标准由客观向主客观相结合的发展动向。

二、解读——对《刑事诉讼法》第53条第2款的理解

修改后的刑事诉讼法并未改变“事实清楚，证据确实、充分”的证明标准，侦查机关侦查终结移送审查起诉、检察机关提起公诉与法院判决被告人有罪，在事实认定与证据运用上均须达至此标准。但第53条第2款明确规定了“证据确实、充分”应当符合以下条件：（1）定罪量刑的事实都有证据证明；（2）据以定案的证据均经法定程序查证属实；（3）综合全案证据，对所认定事实已排除合理怀疑。据此，刑事诉讼中凡涉及“证据确实、充分”的要求均应适用该款规定加以认定。其中，“定罪量刑的事实都有证据证明”是证据裁判原则的体现，也是认定“证据确实、充分”的基础，即有关犯罪嫌疑人、被告人是否犯罪、犯何种罪、应否处以刑罚以及处以何种刑罚的事实都要有相应证据加以证明，无证据即无事实认定。该项条件以证明对象为参照标准，确定了证据量的规定性。只有与定罪量刑有关的全部证明对象都有证据加以证明才能达到“证据确实、充分”的标准。按照此规定，对犯罪构成要件等相关事实和影响量刑的各种情节都要有相应的证据证明，即为证明被告人犯罪，检察机关需要提出证据证明犯罪事实已经发生、被告人实施了犯罪行为以及犯罪行为的具体情节、被告人的身份与刑事责任能力、被告人的罪过以及共同犯罪中被告人的地位和作用等。如果未能提出相应证据，就是未能达到“有证据证明”的要求，即未达到证明标准。“据以定案的证据均经法定程序查证属实”是对作为证明依据而提出的证据转化为定案根据的要求，强调的是证据的真实性与合法性。“经法定程序”是对证据能力的要求，要求凡作为认定案件事实依据的证据本身应当经过公安司法机关依法律规定的程序（包括修改后刑事诉讼法增加规定的非法证据排除程序）进行查证。“查证属实”指证据要满足客观性

的要求。该项条件确定了证据质的规定性，对证据“确实”提出了具体要求，即对证据应从其来源、表现形式、收集程序等方面审查其是否具有合法性，排除非法证据；还要审查其是否具有真实性，鉴别虚假证据，既强调了用以定案的证据是查证属实的结果，又强调了对各种证据查证属实的过程。只有经法定程序查证属实的，才能作为据以定案的证据。“综合全案证据，对所认定事实已排除合理怀疑”要求办案人员在对每一个证据进行查证属实的基础上对全案证据进行综合审查，运用逻辑、经验和常识进行判断和推理，对所认定的案件事实达到不存在合理怀疑的程度。

“排除合理怀疑”是英美法系国家对刑事证明标准的表述。据考证，此标准最早出现于18世纪初期的英国判例法中，在当时仅适用于死刑案件。现代英美证据法则按照对事实认定确定性程度不同划分不同等级的证明标准，“排除合理怀疑”被看作是诉讼证明所能达到的最高程度而成为刑事诉讼中作出有罪裁决的证明标准。大陆法系国家与之相对应的术语为“内心确信”，从司法人员对案件事实的主观认识与案件客观事实相符合的程度而言，又可表示为“高度的盖然性”。日本传统的刑事证明标准即为“高度的盖然性”，但随着诉讼结构的当事人化而开始使用“超过合理怀疑”（即“排除合理怀疑”）的表述。对此，日本学者的解释是，“盖然性”不能否定相反事实存在的可能性，故“高度的盖然性”必须达到不允许相反事实存在的充分证明才是可信的判断。“高度的盖然性”标准是双重肯定的评价方法，“超过合理怀疑”则是排除否定的方法，二者是同一判断的表里关系，在“达到不允许相反事实”可能存在的程度上，两种证明没有大的差异；但以检察官的证明行为为基础进行评价、判断而形成心证，从这种当事人主义诉讼结构的观点来看，“超过合理的怀疑”标准是正确的。[①] 在国际刑事司法准则中也多采纳排除合理怀疑的证明标准，如联合国《公民权利和政治权利国际公约》第14条一般性意见规定，“有罪不能被推定，除非指控得到排除合理怀疑的证明”。

尽管作为刑事案件的证明标准，“排除合理怀疑”的表述已经得到

① ［日］田口守一：《刑事诉讼法》（第5版），张凌、于秀峰译，中国政法大学出版社2010年版，第271—272页。

普遍采用，但该术语本身却是一个比较复杂、微妙的概念。有人认为是指每个陪审员必须95%或99%相信被告人有罪，也有人认为是指如果没有其他对证据的解释是合理的，则起诉方已经完成了证明被告人有罪的举证责任。[①]而“合理怀疑”则通常被认为是“基于原因和常识的怀疑——那种将使一个理智正常的人犹豫不决的怀疑”。如美国加利福尼亚州刑法典中将其解释为：它不仅仅是一个可能的怀疑，而是指该案的状态，在经过对所有的证据的总的比较和考虑之后，陪审员的心理处于这种状况，他们不能说他们感到对指控罪行的真实性得出永久的裁决已达到内心确信的程度。[②]从英美法系国家的诉讼判例与证据理论看，排除合理怀疑证明标准强调的是事实裁判者综合全案证据对所需判定事实的认知状态。故而合理的怀疑，正如19世纪一位美国首席法官所言，“是在一起证据经过全部比较和考虑之后，审理事实的人出于道义和良知，对所指控的事实，不能信以为真”。[③]

为了在司法实务中便于把握，英美法系国家也力图通过判例或规则对排除合理怀疑标准加以细化或量化。如加拿大最高法院以排除合理怀疑标准的来源、功能、范围之理解为基础，制作了向陪审员进行解释的示范模式：本标准不可避免地与无罪推定交织在一起，在整个审判过程中证明责任始终由控诉方承担而不得转移给被告方；合理怀疑不是只凭想象或轻率的怀疑，也不是指基于同情或偏见的怀疑，它是基于推理和常识，而这些推理和常识必须合乎逻辑地建立在证据基础之上；排除合理怀疑的证明不只是要求证明被告人可能有罪；排除合理怀疑也不是指绝对确定的证明，后者是一种过高的不可能达到的证明要求；虽然合理怀疑在日常生活中经常使用，但其在法律的背景下有特殊含义，将法律要求达到的证明标准描述为与陪审员在日常生活中作出某种决定（即使是最重要的决定）时所采用的标准相同的证明标准是错误的；“怀疑”一词不应当以除形容词“合理的”以外的任何方式加以限制，使用像“萦

---

① ［美］爱伦·豪切斯泰勒·丝黛丽、南希·弗兰克：《美国刑事法院诉讼程序》，陈卫东、徐美君译，中国人民大学出版社2002年版，第72页。

② 《美国联邦刑事诉讼规则和证据规则》，卞建林译，中国政法大学出版社1996年版，第21页。

③ 转引自樊崇义：《客观真实管见——兼论刑事诉讼证明标准》，载《中国法学》2000年第1期。

绕于脑际”的怀疑、“重大”怀疑或者“严重”怀疑这样的修饰是容易产生误导的；只有在陪审团就“排除合理怀疑”的含义被恰当地谨慎地指示后，法官才能告诉他们，如果他们“确定”或者“确信”被告人有罪，才可以作出有罪裁决。[①]

我国刑事诉讼法规定“案件事实清楚，证据确实、充分”作为认定案件事实、审查判断证据总体所要达到的要求，属于客观证明标准。但正如有学者所言，无论采用何种证明标准，对于是否符合此一标准之判断无法求诸客观的数量化，即对证明程度之判断，不外为法官主观之符合的判断。[②]我国刑事证明标准的客观化规定固然持有摒弃司法人员主观随意性的美好初衷，但对于是否达到证明标准，实践中最终要归诸司法人员的主观判断；又因为该标准过于笼统，而导致实际上的任意解读、混乱适用。刑事诉讼法修改在总结实务经验并借鉴域外做法的基础上，将“排除合理怀疑”写入刑事诉讼法作为对“证据确实、充分”标准的解释和限定，是十分必要和很有意义的。

正确认识中国语境下的“排除合理怀疑”，首先应当明确，立法增加“排除合理怀疑”的规定并非对我国刑事诉讼证明标准的修改，而是从主观方面进一步明确了“证据确实、充分”的含义，以便于办案人员把握。对此，立法机关有清楚的说明：“‘证据确实、充分’具有较强的客观性，但司法实践中，这一标准是否达到，还是要通过侦查人员、检察人员、审判人员的主观判断，以达到主客观相统一。只有对案件已经不存在合理的怀疑，形成内心确信，才能认定案件‘证据确实、充分’。这里使用‘排除合理怀疑’这一提法，并不是修改了我国刑事诉讼的证明标准，而是从主观方面的角度进一步明确了‘证据确实、充分’的含义，便于办案人员把握。”[③]对案件事实的认定必然包含着裁判者的主观判断，故不能仅从客观的角度界定证明标准，而“排除合理怀疑”作为“证据确实、充分”在事实裁判者主观方面要求达到的标准，不仅符合人的认识规律，而且更具可操作性。因此，“排除合理怀疑”是对“证据确实、充分”的解释，是判断全案证据是否符合“证据确实、充分”

① 卞建林主编:《刑事证明理论》，中国人民公安大学2004年版，第239—240页。

② 蔡墩铭:《刑事证据法论》，五南图书出版公司1997年版，第363页。

③ 全国人大常委会法制工作委员会刑法室:《〈关于修改《中华人民共和国刑事诉讼法》的决定〉条文说明、立法理由及相关规定》，北京大学出版社2012年版，第53页。

标准的依据。将“排除合理怀疑”写入刑事诉讼法，是为在司法实践中如何判断“证据确实、充分”增加了一个容易掌握的主观性标准，而非对长期坚持的“排他性”“唯一性”标准的动摇。[①] 其次，关于“排除合理怀疑”的具体含义，应当理解为“对于事实的认定，已没有符合常理的、有根据的怀疑，实际上达到确信的程度”[②]。法律规定的“排除合理怀疑”作为对办案人员主观方面的要求，就是要求其对案件事实的认定在主观上已经达到确信无疑的程度。尽管我国传统证据理论一般从逻辑学的角度将“事实清楚，证据确实、充分”的标准解释为“唯一性”“排他性”，而“排除合理怀疑”的实质是要求法官确信指控的犯罪事实存在和为被告人所实施，因此在这一点上与“唯一性”或“排他性”是可以相通的。事实裁判者对案件事实的认识如果达到了“排除合理怀疑”，同时表明依据全部证据材料，对案件事实就不可能得出其他结论，换言之此时对案件事实的认识已经达到“唯一性”“排他性”的程度。

综上所述，《刑事诉讼法》第53条第2款的规定对理论界争论已久的何谓“证据确实、充分”的棘手问题作出了明确回应，大大丰富了我国刑事证明标准的内涵。但是，还应清醒认识到，现行立法关于证明标准的规定依然遗留有一些问题。例如，规定侦查终结移送审查起诉、决定提起公诉与作出定罪判决均适用“事实清楚，证据确实、充分”的同一标准。看起来，对侦查、起诉和审判作统一规定，高标准严要求，似乎有助于查明案件事实真相、保障无罪的人不受刑事追究。但实践中则容易成为造成冤假错案的原因，并且成为相关部门拒绝纠正错误的借口。此外，立法关于程序性事实的证明，关于适用简易程序或者刑事和解案件的证明标准未作区别性的规定，具体实施中可能造成司法证明机制混乱，甚至导致司法人员滥用自由裁量权。[③] 因此，我国关于刑事证明标准的立法仍待进一步的完善，当然首先得依赖证据理论研究的深化和司法实践经验的积累。

---

① 陈光中主编:《〈中华人民共和国刑事诉讼法〉修改条文释义与点评》，人民法院出版社2012年版，第68页。

② 全国人大法制工作委员会刑法室:《〈关于修改《中华人民共和国刑事诉讼法》的决定〉条文说明、立法理由及相关规定》，北京大学出版社2012年版，第53页。

③ 陈瑞华:《刑事诉讼中的证明标准》，载《苏州大学学报》2013年第3期。

三、适用——司法实践应注意的问题

新刑事诉讼法施行已满 1 年，总体状况良好。在证明标准问题上，公安司法机关亦努力执行法律规定，正确适用刑事证明标准。但不可否认，由于各种因素的影响，在刑事证明标准的理解和适用上仍然存在一些偏差或者困难。综合对司法实践情况特别是一些热点案件的分析，本文认为，为保证刑事证明标准的正确适用，需要对以下问题予以重点关注。

（一）“排除合理怀疑”不得孤立适用

“排除合理怀疑”标准并不是孤立存在的，而是与刑事诉讼法规定的“证据确实、充分”的其他两项条件紧密联系，形成统一的体系。对案件事实的认定，法律规定“综合全案证据，对所认定事实已排除合理怀疑”，是要求在对每一个证据依照法定程序进行查证属实的基础上，对全案证据进行综合审查，从整体上对与定罪量刑有关的案件事实作出判断，对已经达到证明标准的被告人予以定罪量刑。

因此，正确适用刑事证明标准，首先要做到与定罪量刑有关的证明对象均达到证明标准的要求。按照最高人民法院《关于适用〈中华人民共和国刑事诉讼法〉的解释》第 64 条的规定，认定被告人有罪和对被告人从重处罚，应当运用证据加以证明的事实主要包括：被告人、被害人的身份；被指控的犯罪是否存在；被指控的犯罪是否为被告人所实施；被告人有无刑事责任能力，有无罪过，实施犯罪的动机、目的；实施犯罪的时间、地点、手段、后果以及案件起因等；被告人在共同犯罪中的地位、作用；被告人有无从重处罚情节以及与定罪量刑有关的其他事实等。在明确应当予以证明的案件事实无遗漏后，还需要考察这些有待证明的事实是否都有充分的证据予以证明。特别是，为体现“重证据、重调查研究、不轻信口供”的司法方针，我国刑事诉讼法明确规定，只有被告人口供，没有其他证据的，不能认定被告人有罪和处以刑罚。故对某些案件，尤其是死刑案件，对与定罪量刑有关的重要事实，仅有被告人供述而无其他证据印证的，不得作出有罪认定。在 2013 年被披露和纠正的浙江张氏叔侄强奸杀人案中，侦查人员在被害人尸体上找不到被告人的精斑、被告人供称在驾驶座上在实施强奸而提取不到相关物证，而本案重要的物证——在被害人指甲中血样的 DNA 是被害人与另一名男性DNA混合而成，不能作为判定被告人有罪的证据的情况下，仅仅依据被告人供述及同室关押的犯人袁连芳关于被告人张辉被关押期间告知其不小心将被害人掐死的所谓的“证人证言”作出了有罪判决[①]，明显违反刑事诉讼法的有关规定，进而导致了错案的发生。

其次，据以定案的证据应经法定程序查证属实，未经法定程序进行查证并确认属实的证据不得作为定案根据。实施中尤其要注意非法证据排除的问题。刑事诉讼法修改确立了非法证据排除规则，要求在侦查、审查起诉、审判时发现有应当排除的证据的，应当依法予以排除，不得作为起诉意见、起诉决定和判决的依据。立法与司法解释亦对排除非法证据的程序作出具体规定。因此，对证据的审查判断应当严格按照法律规定，对其合法性依法定程序进行审查并作出处理决定。而实践中，排除规则虽然在遏制刑讯逼供及其他非法取证行为上起到了一定作用，但由于法律规定的缺陷、刑事司法机制的影响等，不敢、不愿排除的问题仍比较突出，实际排除仍相当困难。[②]非法证据未能排除而成为定案的根据，显然有悖于“证据确实、充分”的第二项条件，影响案件事实的准确认定，成为造成错案的重要原因。

最后，在符合前两个条件的基础上，综合全案证据，对案件事实是否达到排除合理怀疑进行认定。此时，要注意证据与证据之间是否一致，有无矛盾；如存在不一致或者矛盾，是否能够作出合理解释或者得到合理排除。以张氏叔侄案为例，被告人张高平、张辉的供述在关键作案细节上严重不吻合、被害人指甲中的DNA为被害人与另一男性混合而不能排除他人作案的可能，这些都属于能够影响认定指控犯罪事实成立的“合理怀疑”。不能对矛盾作出适当解释，不能排除合理怀疑，就是达不到法定证明标准，因而就不能作出有罪的判决。

（二）严格适用刑事证明标准

如前所述，增加“排除合理怀疑”的规定并不意味着定罪标准的降低，因此在司法实践中不能因此而降低证明标准。对此，应当结合相关司法解释进行把握。如2010年“两高三部”发布的《关于办理死刑案

① 有关张氏叔侄案的资料来源：载《南方周末》，http://www.infzm.com/content/89144，最后访问时间：2013年6月20日。

② 龙宗智：《新刑事诉讼法实施：半年初判》，载《清华法学》2013年第5期。

件审查判断证据若干问题的规定》提出的要求仍然需要严格执行，做到“证据与证据之间、证据与案件事实之间不存在矛盾或者矛盾得以合理排除”“根据证据认定案件事实的过程符合逻辑和经验规则，由证据得出的结论为唯一结论”等。

（三）坚持“疑罪从无”原则，不作“留有余地”判决

刑事诉讼中因事实不清、证据不足，没有达到证明标准而难以决断的案件即为疑案。司法实践中，由于各种主客观条件的限制，疑案的出现是不可避免的。我国刑事诉讼法确立了疑罪从无原则，第 159 条第 3 项规定，“证据不足，不能认定被告人有罪的，应当作出证据不足、指控的犯罪不能成立的无罪判决”。最高人民法院《关于适用〈中华人民共和国刑事诉讼法〉的解释》第 241 条进一步明确，“证据不足，不能认定被告人有罪的，应当以证据不足、指控的犯罪不能成立，判决宣告被告人无罪；案件部分事实清楚，证据确实、充分的，应当作出有罪或者无罪的判决；对事实不清、证据不足部分，不予认定”。但司法实践中，由于有罪推定观念的影响，以及担心放纵犯罪，打击不力，对于疑案往往采取“疑罪从有、量刑从轻”的做法。这是非常错误的，也是造成冤错案件的重要原因。必须坚持无罪推定和疑罪从无原则，对于事实不清、证据不足，没有达到法定证明标准的案件，坚决依法作出指控犯罪不能成立的无罪判决，不能“从挂从拖”，造成超期羁押；更不能“从有从轻”“留有余地”，作出冤枉无辜的错误判决。

新刑事诉讼法实施不久，针对一系列重大冤假错案的披露与纠错，有关部门开展了防范冤假错案的专项活动。中央政法委在《关于切实防止冤假错案的指导意见》中明确指出，对定罪证据不足的案件，应当坚持疑罪从无原则，依法宣告被告人无罪，不得降格作出“留有余地”的判决。最高人民法院《关于建立健全防范刑事冤假错案工作机制的意见》亦有相似规定。刑事证明标准的确立与细化，就是为了保证刑事案件办案质量，保障无辜的人不受错误的刑事追究。在具体实施中必须切实遵守，严格依法办案，严格证明标准，贯彻疑罪从无。对于那些定罪事实不清、证据不足而未达到法定证明标准的案件，只能严格依照法律规定，依法作出无罪判决。

庭审实质化与鉴定意见的有效质证*

一、庭审实质化的基本要义

《中共中央关于全面推进依法治国若干重大问题的决定》指出："推进以审判为中心的诉讼制度改革，确保侦查、审查起诉的案件事实证据经得起法律的检验。全面贯彻证据裁判规则，严格依法收集、固定、保存、审查、运用证据，完善证人、鉴定人出庭制度，保证庭审在查明事实、认定证据、保护诉权、公正裁判中发挥决定性作用。"在这一表述中，既明确了审判的中心地位，也强调了庭审的决定性作用。从结构上审视，"以审判为中心"基于纵向诉讼构造，梳理侦查、审查起诉、审判之间的外部关系；"以庭审为中心"则是基于横向诉讼构造，关照控、辩、审的相互关系，强调等腰三角形结构在庭审中的体现。两者有所区分却并不排斥，庭审是审判（尤其是一审）的重中之重，实质化的庭审及裁判即是"以审判为中心"在横向结构上需要兑现的基本要素。可以说，"以审判为中心"的核心在于"以庭审为中心"，重在落实"庭审的实质化"、加强控辩对抗和有效质证。①

"庭审实质化"是相对于"庭审形式化"而提出的。以侦查为中心的刑事诉讼造成庭审过分依赖侦查卷宗笔录等书面材料，庭审流于形式。这使得刑事诉讼通过法庭审理发现事实真相和保障人权的价值大打折扣，既不利于有效追究犯罪，也容易导致冤假错案的发生。而以审判为中心强调庭审在审判中的核心地位，要求充分发挥庭审在查明事实、认定证据、保护诉权、公正裁判中的决定性作用。就此而言，理想的庭审当是"等腰三角形结构"：裁判者位于顶角，居中而立，控辩双方分居两侧底角；法官中立、不偏不倚，诉审分离、不告不理，控辩平等、

---

* 原文发表于《中国司法鉴定》2016 年第 6 期，与谢澍合作。

① 卞建林、谢澍：《"以审判为中心"：域外经验与本土建构》，载《思想战线》2016 年第 4 期。

两造对抗[①]；贯彻直接言词原则、集中审理原则、证据裁判原则，进而提高证人、鉴定人、侦查人员出庭率，促使裁判以有效质证为依据。

庭审实质化的核心要义在于通过庭审的方式认定案件事实并在此基础上决定被告人的定罪量刑[②]，即“事实证据调查在法庭、定罪量刑辩论在法庭、裁判结果形成于法庭”。具体而言，“庭审实质化”首先要求法官审理案件应当在公诉人或自诉人、被告人、辩护人在场的情况下进行，除法律另有规定外，不得以书面方式进行，对被告人也不得缺席审理；其次，对证据的调查采取言词陈述的方式进行，被告人、被害人进行口头陈述，证人、鉴定人、侦查人员进行口头作证，公诉人、辩护人进行口头询问和辩论，实现控辩有效对抗和当庭质证，除法律另有规定外，凡是未经当庭以言词方式调查的证据材料，不得作为裁判的依据[③]；最后，案件自始至终应由同一法庭进行审判，法庭成员不可更换，且在案件审理已经开始尚未结束以前不允许法庭再审理任何其他案件[④]。集中证据调查与法庭辩论，保持裁判者基于直接言词所形成的内心确信具有连贯性、正确性，并尽可能迅速作出裁判。

“事实证据调查在法庭、定罪量刑辩论在法庭、裁判结果形成于法庭”所呈现出的是递进关系，法庭上的定罪量刑辩论应当以事实证据调查为前提，而裁判结果形成自然也应当以事实证据调查和定罪量刑辩论为基础。可见，事实证据调查的质量直接影响着后续庭审及裁判的质量。这也符合证据裁判原则之要义，即裁判所依据的必须是具有证据能力且经过法庭调查的证据。证据裁判原则的兑现有赖于实质的法庭审理，而法庭审理若是无法有效调查、检验证据并评价其证明力，其实质性即存在疑问。[⑤]因而，庭审应当以质证为中心，贯彻证据裁判原则，发挥庭审的决定性作用。质证之目的在于，借助证据材料在法庭上的呈现，进而消除法官与证据材料之间的隔阂，保证法官基于当庭的言词陈

---

① 卞建林、谢澍:《“以审判为中心”视野下的诉讼关系》，载《国家检察官学院学报》2016年第1期。

② 汪海燕:《论刑事庭审实质化》，载《中国社会科学》2015年第2期。

③ 卞建林:《直接言词原则与庭审方式改革》，载《中国法学》1995年第6期。

④ 陈卫东:《程序正义之路》(第2卷)，法律出版社2004年版，第250页。

⑤ 谢澍:《刑事司法规律:“以审判为中心”的本质定位》，载《学习与实践》2016年第8期。

述及辩论形成对案件事实的内心确信。为了真正消除“隔阂”，就需要法官接触以最原始的方式所呈现的证据材料，不仅要落实证人、鉴定人乃至侦查人员、有专门知识的人出庭，还应否定在庭外形成的案卷笔录之证据能力，对于证据能力和证明力的评价均应当以有效质证为基础。质证的范围包括所有案件证据材料，鉴定意见即是其中之一，并且在涉及司法鉴定的案件中，鉴定意见往往直接决定案件走势。一方面，以庭审实质化改革为机遇，应当围绕有效质证构建控辩平等的司法鉴定体系；另一方面，鉴定意见是否得到有效质证，也是检验庭审实质化改革成效的关键因素。因此，本文试图以“鉴定意见”为切入点，对庭审形式化背景下鉴定意见审查的形式化问题加以研判，并就如何以庭审实质化改革为契机实现鉴定意见有效质证进行深入思考。

二、鉴定意见审查的形式化

鉴定意见的有效质证是庭审实质化的应有之义，但在2012年刑事诉讼法修改之前，庭审形式化的实践状态直接导致了鉴定结论（意见）审查的形式化。其中具体问题包括：第一，鉴定结论具有权威性和终局性。2012年刑事诉讼法修改之前，立法上将鉴定人运用科学技术或者专门知识对涉及诉讼的专门性问题进行检验、鉴别和判断并提供的鉴定结果称为“鉴定结论”。基于“结论”之语义上的终局性和权威性，法庭往往忽视对其的质证和审查，盲目地轻信鉴定结论。但作为一种证据调查方法，司法鉴定的任务是为司法人员正确行使司法权提供科学依据，以弥补司法人员专业知识之不足，其本身并不应具有终局性。[①]第二，鉴定人普遍不出庭，缺乏有效质证的基础。曾有学者在上海市、青岛市和呼和浩特市中级人民法院随机调阅的所有法院案卷中，发现没有一起案件有鉴定人出庭接受质证的记录。对于鉴定人而言，其不出庭的主要原因是“无经济补贴”“无人身保障”和“无强制规定”，说明在2012年之前司法鉴定体制下，鉴定人不出庭的制度原因在于既没有鼓励鉴定人出庭的积极措施，也没有强制鉴定人出庭的消极措施。[②]而鉴定人不

① 卞建林、郭志媛:《司法鉴定的基本属性与制度定位》，载《中国司法鉴定》2003年第4期。

② 汪建成:《中国刑事司法鉴定制度实证调研报告》，载《中外法学》2010年第2期。

出庭即意味失去了对鉴定意见进行有效质证的基础。第三，即使鉴定人出庭，辩方也因为缺乏专门知识而难以对鉴定意见进行有效质证。辩护人基于法律知识为被告人进行辩护，但鉴定意见中的专门知识与法律知识之间存在知识鸿沟。因而，辩护人很难对鉴定意见的实质内容及其证明力提出质证意见，往往只能基于鉴定主体、鉴定程序等方面对证据能力进行质疑，并不能达到有效、全面质证的程度。

鉴于此，2012 年刑事诉讼法中关于司法鉴定问题有针对性地作出了三处重大修改，其目的即是摆脱过对鉴定结论（意见）审查形式化的困境。首先，2012 年《刑事诉讼法》第 48 条的证据种类中将“鉴定结论”修改为“鉴定意见”，使之不再具有“结论”的权威性，其证据能力与证明力需要通过庭审加以检验，法官在此基础上依法进行综合审查判断。其次，为促使鉴定人出庭作证，2012 年刑事诉讼法既细化了鉴定人应当出庭作证的条件，根据第 187 条第 3 款的规定:“公诉人、当事人或者辩护人、诉讼代理人对鉴定意见有异议，人民法院认为鉴定人有必要出庭的，鉴定人应当出庭作证”，又明确了鉴定人应当出庭而不出庭的法律后果，即“鉴定意见不得作为定案的根据”，相当于确立了鉴定意见的传闻排除规则。最后，2012 年刑事诉讼法还引入了“有专门知识的人”，第 192 条规定，“法庭审理过程中，公诉人、当事人和辩护人、诉讼代理人可以申请法庭通知有专门知识的人出庭，就鉴定人作出的鉴定意见提出意见。法庭对于上述申请，应当作出是否同意的决定”。由于鉴定意见是鉴定人对专门性问题的专业判断，一方面，法官对这种特殊证据缺乏足够的判断能力，只有依赖有专门知识的人的协助才能对鉴定意见进行有效的审查判断；另一方面，鉴定意见属于言词证据，对其质询与采信，也只有在鉴定人出庭的情况下才能有效进行。由于控辩双方均非专业人士，很难对专业性很强的鉴定意见提出切中要害的问题，因此，在鉴定意见的质证过程中引入其他专家协助质证是非常必要的，有助于鉴定意见证据质证程序的实质化，并能协助法庭有效审查判断相关鉴定意见的证明价值。[①]

立法是司法活动的依据和基础，构建控辩平等的司法鉴定体系，乃

① 卞建林、郭志媛:《健全统一规范公正的司法鉴定制度》，载《中国司法鉴定》2015 年第 3 期。

至实现庭审实质化，首先需要将刑事诉讼法的相关规定落到实处。涉及司法鉴定的刑事案件往往质证过程更加复杂，是否采纳鉴定意见会直接影响案件走势，但在这类案件中也更能检验庭审的实质化程度。在具有社会影响力的“林森浩案”中，二审庭审持续开庭13个小时，林森浩的辩护人及其申请出庭的有专门知识的人对于控方的鉴定意见等证据提出了一系列质疑。尽管最终辩方的辩护意见和专家意见尚不足以撼动控方鉴定意见的证明作用，但该案的二审中，辩方对于控方鉴定意见的一系列质疑，有利于督促职权机关谨慎履行鉴定权，从而保障司法公信力。①

从刑事诉讼法修改后的整体实施情况来看，在取得一定积极效果的同时，相关制度仍有待进一步完善。尤其是鉴定人出庭率及其实践效果，依然有待提升；同时，有专门知识的人之法律定位过于模糊，其意见属性为何，实践中仍存在争议。可见，鉴定意见审查形式化的问题虽有所改观，但需要以庭审实质化改革为契机，进一步实现鉴定意见的有效质证。

三、实现鉴定意见有效质证的若干思考

以庭审实质化为背景，审视鉴定意见审查形式化的实践问题，其完善方向也应当遵循“事实证据调查在法庭、定罪量刑辩论在法庭、裁判结果形成于法庭”之基本要义，并结合鉴定意见的特殊属性加以探索。因此，在未来的司法实践中，在保障刑事诉讼法贯彻落实的同时，需要有针对性地对相关制度加以完善，进一步端正对鉴定意见的认识、落实鉴定人出庭作证的规定、明确有专门知识的人的法律定位、实现对鉴定意见的有效质证。

（一）进一步端正对鉴定意见的认识

全国人大常委会法工委在2012年刑事诉讼法修改后的权威解读中指出:“将‘鉴定结论’修改为‘鉴定意见’，有利于摆正这类证据在诉讼中的位置，转变办案人员的观念，以便发挥办案人员在审查判断鉴定

① 王敏远、杨东亮、马永平等:《重构诉讼体制——以审判为中心的诉讼制度改革》，中国政法大学出版社2016年版，第176—178页。

意见时的主观性和能动性，提高办案质量。”① 同时，“通知有专门知识的人出庭，由其根据其专业知识，发现鉴定中存在的问题，如鉴定方法是否科学，检材的选取是否合适等，从而为法官甄别鉴定意见、作出科学的判断、提高内心的确信提供参考，是兼听则明的科学调查方式在刑事审判中的具体体现”②。因此，在司法实践中，应当更好地理解立法意图，把握立法要义，端正对鉴定意见的认识，注意发挥审判人员审查判断的主观能动性，并通过鉴定人和有专门知识的人出庭推动有效质证，帮助审判人员对鉴定意见之证据能力与证明力作出正确的审查判断。

（二）进一步落实鉴定人出庭作证的规定

《关于推进以审判为中心的刑事诉讼制度改革的意见》（以下简称《意见》）第 12 条明确指出：“完善对证人、鉴定人的法庭质证规则。落实证人、鉴定人、侦查人员出庭作证制度，提高出庭作证率。”2012 年刑事诉讼法将“公诉人、当事人或者辩护人、诉讼代理人对鉴定意见有异议”和“人民法院认为鉴定人有必要出庭”作为鉴定人出庭的两个基本条件，实际上降低了鉴定人出庭作证的要求，缩小了鉴定人出庭作证的义务范围，但是对于逐步推进鉴定人出庭作证制度更具现实可行性。为了进一步夯实鉴定意见有效质证之基础，首先，鉴定人出庭率仍需提高。有论者对新刑事诉讼法颁布实施后鉴定人出庭情况进行了实证调查，结果却与新刑事诉讼法颁布实施之前得出的实证数据并没有太大出入，鉴定人不愿出庭仍然是一种常态。③ 因而，仍然需要从“经济补贴”“人身保障”等激励措施着手，鼓励鉴定人积极出庭。其次，对于应当出庭而不出庭的鉴定人，其鉴定意见不得作为定案根据。实践中，依然存在应当出庭的鉴定人拒绝出庭，但其鉴定意见仍被法院采纳的情况。这显然与修改后刑事诉讼法的有关规定相悖，需要司法机关在诉讼过程中严格把关，不能得过且过。最后，应当对无正当理由拒绝出庭的

---

① 全国人大常委会法制工作委员会刑法室：《关于实施刑事诉讼法若干问题的规定解读》，中国法制出版社 2013 年版，第 148—149 页。

② 全国人大常委会法制工作委员会刑法室：《中华人民共和国刑事诉讼法解读》，中国法制出版社 2012 年版，第 423—424 页。

③ 孔令勇：《论涉鉴类刑事庭审实质化的实现——以庭审认证程序为视角》，载《中国司法鉴定》2016 年第 4 期。

鉴定人给予相关惩戒。修订后的《司法鉴定程序通则》同样增加“司法鉴定人出庭作证”一章，明确规定司法鉴定人无正当理由不得拒绝出庭作证，司法鉴定人出庭作证必须遵守诉讼程序和法庭规则，司法鉴定机构应当支持司法鉴定人出庭作证等。明确“强制规定”的同时，需要设置一系列消极后果，真正赋予相关规定以强制力。

（三）进一步明确有专门知识的人的法律定位

作为2012年刑事诉讼法修改中新增的制度，有专门知识的人之立法定位比较模糊，导致其在司法实践中地位尴尬。因而，首先需要通过立法及相关司法解释，明确有专门知识的人之诉讼地位。作为参与庭审并在质证中与鉴定人交锋之“对手”，有专门知识的人应具备诉讼参与人之地位及相关权利义务。法院在审查判断时应当将鉴定人与有专门知识的人所发表的意见平等对待，以此发挥有效质证的积极作用。其次，有专门知识的人所发表的意见，应当定位于控辩双方的质证意见，而非某一证据种类。最高人民法院原副院长黄尔梅在对刑事诉讼法司法解释稿进行说明时曾明确指出，有专门知识的人出庭发表的意见不属于证据材料的范畴，更不能作为定案的根据，只是以质证意见的形式归属于公诉意见或辩护意见。[①]但我们在调研中发现，部分司法机关仍将其视为证人证言等证据种类。[②]可见，需要明确其“质证意见”之属性，避免司法实践中产生认识混乱。最后，有专门知识的人出庭发表意见不应具有“依附性”。《刑事诉讼法》第192条将有专门知识的人出庭，定位于“就鉴定人作出的鉴定意见提出意见”，但法律并未明确有专门知识的人出庭的前提是鉴定人出庭。笔者认为，有专门知识的人出庭不应以鉴定人出庭为前提，即使鉴定人未出庭，也可以申请有专门知识的人出庭对作为证据出示的鉴定意见发表质证意见，以利于法庭对鉴定意见的证据能力和证明价值有更加全面客观的判断。

---

① 黄尔梅:《准确把握立法精神确保法律正确实施——最高人民法院刑事诉讼法司法解释稿简介》，载卞建林、谭世贵:《新刑事诉讼法的理解与实施》，中国人民公安大学出版社2013年版，第14页。

② 参见浙江省宁波市鄞州区人民法院刑事判决书（2014）甬鄞刑初字第737号。

（四）进一步强化对鉴定意见的有效质证

就鉴定意见的质证而言，其质证对象是作为证据的鉴定意见本身，而非鉴定人，但鉴定人应当出庭将鉴定意见以言词方式呈现。控辩双方作为质证主体对鉴定人提出的鉴定意见进行交叉询问，同时均可以申请有专门知识的人出庭发表质证意见，其意见属于控方或辩方质证意见的一部分。《刑事诉讼法》第 189 条规定“审判人员可以询问证人、鉴定人”，但这并不意味着法官可以作为质证主体，其询问的主要目的仍是主持和引导质证活动。庭审实质化强调控辩对抗之上的有效质证，倘若法官成为质证主体，则可能削弱控辩双方所发挥的实质作用，尤其可能降低有专门知识的人的参与程度。因而，法官的主要作用应当转向对鉴定意见的认证。尤其是在裁判说理中，仅以“与事实不符”为表述既不能回应公众的信息需求，也不利于消除当事人对鉴定意见的疑问，难以及时定分止争。因此，法官应当对控辩双方就鉴定意见所发表的质证意见适当梳理，并回应争议焦点，罗列审查判断依据，阐释认证理由。鉴于我国尚未构建起控辩平等的司法鉴定体系，辩方无权启动司法鉴定，因而，在中国语境之下，鉴定意见的质证主要是指辩方对于鉴定意见的质证，着重保障辩方对质权。

在质证策略上，应当实现由证据能力到证明力的全面质证。《意见》第 11 条指出：“规范法庭调查程序，确保诉讼证据出示在法庭、案件事实查明在法庭。证明被告人有罪或者无罪、罪轻或者罪重的证据，都应当在法庭上出示，依法保障控辩双方的质证权利。”过往，由于庭审参与人员“专门知识”的匮乏，对于鉴定意见的质证往往局限于证据能力之范畴，即鉴定主体是否适格、鉴定程序是否存有瑕疵等。并且，在最高人民法院《关于适用〈中华人民共和国刑事诉讼法〉的解释》第 84 条规定“对鉴定意见应当着重审查”的内容中，同样以审查证据能力为主。与此同时，关于鉴定意见内容的证明力，却通常因为庭审参与人员专门知识的不足而难以触碰。因而，在进一步端正对鉴定意见的认识、落实鉴定人出庭作证的规定、明确有专门知识的人的法律定位之基础上，应当对鉴定意见的证据能力和证明力进行全面质证。尤其是促使辩方有意识地通过经验法则、逻辑法则对鉴定意见的实质内容加以质疑，而不仅仅是止步于形式上的合法性。以美国为例，“Daubert 标准”要求

"审判法院须确保所采纳的任何科学证言或证据不但相关，而且可靠"。这一标准强调专家证言的"可靠性"以"科学的有效性"为基础，法官在判断证据可采性时应当仅仅关注专家所依据的"原理和方法"，而不是专家给出的所谓"结论"。[①] 同样，我国刑事司法实践中，对于鉴定意见的质证，也应当逐渐开始关注"科学的有效性"以及鉴定意见所依据的"原理和方法"，进而就其证明力展开有效质证。

① 美国国家科学院国家研究委员会:《美国法庭科学的加强之路》，王进喜译，中国人民大学出版社2012年版，第88—101页。

我国非法证据排除规则的重大发展

——以《严格排除非法证据规定》之颁布为视角 *

2017年4月18日，中央全面深化改革领导小组第三十四次会议审议通过了《关于办理刑事案件严格排除非法证据若干问题的规定》(以下简称《严格排除非法证据规定》)。会议指出:“严格排除非法证据，事关依法惩罚犯罪、保障人权。要加强对刑讯逼供和非法取证的源头预防，明确公安机关、检察机关、人民法院在各自诉讼阶段对非法证据的审查方式和排除职责，从侦查、审查逮捕和审查起诉、辩护、审判等各个环节明确排除非法证据的标准和程序，有效防范冤假错案产生。”①

证据是刑事案件得到正确处理的关键所在，运用证据准确认定案件事实，进而正确适用法律，方能实现司法公正、有效防范冤假错案。裁判所依据的必须是具有证据能力且经过法庭调查的证据，需要重视对证据能力的规范意义，强调对证据合法性的审查。确立非法证据排除规则之初衷在于对违法取证行为的震慑与制裁，意在切断非法取证行为与案件实体处理结果之间的关联，即通过排除非法证据之证据能力的方式进而规范取证行为、遏制非法取证，切实保障诉讼参与人的基本权利。因而，作为一种典型的程序性制裁，非法证据排除规则所重点规制的就是证据之准入资格，非法证据基于其证据能力的丧失而被排除，无须再对其证明力加以考量。② 2010年“两个证据规定”③ 的颁布，吸纳了

---

* 原文发表于《浙江工商大学学报》2017年第5期，与谢澍合作。

① 《拓展改革督察工作广度深度　提高发现问题解决问题实效》，载《人民日报》2017年4月19日，第1版。

② 杨波:《由证明力到证据能力——我国非法证据排除规则的实践困境与出路》，载《政法论坛》2015年第5期。

③ 即《关于办理死刑案件审查判断证据若干问题的规定》与《关于办理刑事案件排除非法证据若干问题的规定》。

一系列现代证据法原则，并将原有规则细化，初步形成我国刑事证据规则体系，尤其强调证据能力，对取证合法性的证明责任和证明标准加以明确。其中大部分成果被2012年修改的刑事诉讼法所接受，正式上升为法律规定。然而，修改后的刑事诉讼法实施以来，非法证据排除规则的实践效果并不乐观，不仅规定本身存在理论争议，实务中真正有效适用的案件也颇为有限。因而，为了实现保障人权和惩罚犯罪的目的，澄清理论与实务中的争议问题，进而将非法证据排除规则落到实处，有必要通过出台有针对性的规定将刑事诉讼法条文加以细化。有鉴于此，在《严格排除非法证据规定》颁布之际，本文试图对其出台背景、制度贡献加以初步梳理，并在此基础上进行理论反思。

一、《严格排除非法证据规定》之出台背景

当前出台《严格排除非法证据规定》的直接目的，是为了有针对性地解决非法证据排除规则运行中所遭遇的司法冷遇，进而准确惩罚犯罪、切实保障人权、规范司法行为、促进司法公正。近二十年来，非法证据排除始终是我国刑事诉讼法学研究的理论热点之一，但实践中却面临着截然相反的境遇。“两个证据规定”出台以及新刑事诉讼法实施后所展开的相关调研，更是描绘出非法证据排除规则适用的诸多困境。例如，有论者通过分析涉及非法证据排除请求的判决书发现，实践中法院往往将非法证据排除与供述的真实性问题捆绑在一起，不愿意仅仅因为取证手段违法而排除证据[①]；还有研究发现，我国非法证据排除案例主要发生在基层人民法院，上级司法机关，尤其是高级人民法院和最高人民法院几乎没有审理过相关案件[②]。我们曾先后前往浙江、湖南、江苏、安徽等地对新刑事诉讼法贯彻落实情况展开调研，其中非法证据排除规则的适用情况是重点之一，调研结果不容乐观。以我们对湖南省检察机关刑事诉讼法实施情况的调研为例，尽管基于检察机关在刑事诉讼中的地

① 吴宏耀：《非法证据排除的规则与实效——兼论我国非法证据排除规则的完善进路》，载《现代法学》2014年第4期。

② 杨宇冠、郭旭、杨依等：《非法证据排除规则在中国的实施问题研究》，中国检察出版社2015年版，第184页。

位和职能，检察机关在非法证据排除方面应当发挥重要作用[①]，但实践中却存在诸多问题，突出表现为“发现难、审查难、排除难”。第一，发现难。侦查机关不会主动提供或承认非法证据的存在，被告人或律师又在提出“排非”要求时提供不了线索或证明材料，导致排除程序启动难。且刑事诉讼法规定对言词类非法证据采取绝对排除之原则，对物证、书证采取相对排除之原则，这就使得实践中非法证据的排除局限于刑讯逼供取得的言词证据，随着司法办案观念的转变，明显的刑讯逼供基本杜绝，变相或隐形的刑讯逼供很难被发现和认定。第二，审查难。受审查逮捕期限的限制，侦查监督部门承办人没有充足的非法证据调查时间，在这种情况下，承办人难以在短期内查证侦查机关移送的证据是否为非法所得，加之案多人少的矛盾突出，使得这项工作缺少有效的方法与手段。第三，排除难。以A市检察机关非法证据排除工作为例，2013年至2014年6月，全市两级院在审查起诉过程中启动非法证据排除调查程序16次，排除非法证据4件次，因非法证据排除导致侦查机关移送的部分案件事实在起诉时未认定的案件1次。审查起诉与法院审理阶段没有因排除非法证据而导致全案事实不能认定的案例。2013年至2014年6月，A市两级院一审案件庭审过程中辩护人和被告人提出非法证据排除并明确提出线索的有86件，均没有被采纳。加之初步确立的非法证据排除规则稍显粗放，部分规定可操作性不强，其后刑事诉讼法修改以及相关司法解释的出台也没有从根本上改变这一制度现状。具体而言：其一，没有具体规定非法言词证据的排除范围及排除阶段，以至于司法实践中认识不一；其二，对以刑讯逼供之外的其他违法手段获取的言词证据是否属于非法证据认定困难，如殴打但没有明显伤痕，长时

---

① 根据刑事诉讼法和最高人民法院、最高人民检察院的司法解释，检察机关在刑事诉讼非法证据排除的整个过程都发挥着重要作用，主要体现在以下几个方面：第一，检察机关对侦查活动进行监督，防止侦查人员的非法取证行为，保护犯罪嫌疑人、被告人的合法权益。检察机关在自侦案件中也必须严格遵守刑事诉讼法的规定，杜绝刑讯逼供。第二，在审前阶段履行非法证据排除职能，检察机关的重点应放在审查起诉阶段，力争在审前就完成非法证据的排除，避免非法证据进入庭审影响法官判决。第三，在案件审理阶段，检察机关承担证明责任，要证明证据的合法来源。此外，在二审阶段，检察机关还肩负着因非法证据而提出抗诉的法律监督职能。相关详细论述可参见卞建林：《检察机关与非法证据排除》，载《人民检察》2011年第12期；谢佑平：《检察机关与非法证据排除》，载《中国检察官》2010年第11期。

间冻、晒、站立、讯问，欺骗、训斥、精神折磨、言语侮辱等行为如何界定；其三，非法实物证据认定标准模糊，虽然最高人民法院《关于适用〈中华人民共和国刑事诉讼法〉的解释》（以下简称《最高法解释》）第95条第2款作出了初步规定[①]，但并没有明确“严重程度”的具体标准；其四，非法证据排除之后的处置问题不明确，遭受刑讯逼供后的所有供述和相关证据是不是都应当排除存在不同见解；其五，二审程序中如何正确适用非法证据排除规则、完善证据体系、确保完成二审出庭任务和维护上诉人合法权益；等等。[②]

《严格排除非法证据规定》的出台，正是彰显出了在全面推进依法治国的大背景下，党中央自上而下贯彻落实严格司法、公正司法的信心和决心。[③]在过往以侦查为中心的诉讼制度中，法院往往受到侦查机关和起诉机关的影响，不能依据事实和证据独立作出判决，做无罪判决难、排除非法证据难，严重影响审判功能和法院权威。因此，十八届四中全会通过的《中共中央关于全面推进依法治国若干重大问题的决定》中提出“推进以审判为中心的诉讼制度改革”，其中要求全面贯彻证据裁判原则，严格依法收集、固定、保存、审查、运用证据，完善证人、鉴定人出庭制度。可见，非法证据排除规则乃至证据裁判原则之于以审判为中心的重要意义。[④]因而，应将严格实行非法证据排除规则视作推进以审判为中心之诉讼制度改革的“牛鼻子”，强调其牵引作用。习近平总书记亲自主持召开中央全面深化改革领导小组第三十四次会议，审议通过《严格排除非法证据规定》，更是充分体现了以习近平同志为核心的党中央对这项改革的高度重视。[⑤]

---

① 认定《刑事诉讼法》第54条规定的“可能严重影响司法公正”，应当综合考虑收集物证、书证违反法定程序以及所造成后果的严重程度等情况。

② 卞建林:《修改后的刑事诉讼法实施情况调查与研究》，中国检察出版社2016年版，第47页。

③ 卓泽渊:《全面推进依法治国的总体思路》，载《法学杂志》2016年第1期。

④ 卞建林、谢澍:《“以审判为中心”：域外经验与本土建构》，载《思想战线》2016年第4期。

⑤ 余茂玉:《紧紧抓住排除非法证据这个“牛鼻子” 加快推进以审判为中心的刑事诉讼制度改革》，载《人民法院报》2017年4月23日，第1版。

二、《严格排除非法证据规定》之制度贡献

相较以往,《严格排除非法证据规定》的内容范围更广，利于严格排除非法证据的规定均可能囊括在内，而不受原有非法证据排除规则束缚。事实上，仔细研读《严格排除非法证据规定》的内容，其中对非法证据排除规则实施中的现实问题作出了有针对性的正面回应，多处规定“严格”力度较大，一旦付诸实践，将可能改变非法证据排除规则“有名无实”的现状，是超越原有非法证据排除规则的一次“全面升级”。

第一，进一步界定了非法言词证据的范围。《严格排除非法证据规定》将“采取殴打、违法使用戒具等暴力方法或者变相肉刑的恶劣手段”及“采用以暴力或者严重损害本人及其近亲属合法权益等进行威胁的方法”，进而“使犯罪嫌疑人、被告人遭受难以忍受的痛苦而违背意愿作出的供述”视为非法言词证据。同时，“采用非法拘禁等非法限制人身自由的方法收集的犯罪嫌疑人、被告人供述”以及相应非法方法收集的证人证言、被害人陈述也属于非法言词证据。2012 年修改后的《刑事诉讼法》第 54 条所规定的“刑讯逼供等非法方法”，“两高”司法解释均将其进一步界定为“肉刑或者变相肉刑”以及“在肉体上或者精神上遭受剧烈疼痛或痛苦的方法”。对此，有学者将其称为“痛苦规则”，是以当事人对于痛苦的耐受性为基础，以侵权的严重性为中心进行评价的一种“外部标准”；其不同于以当事人的意志自由为基础，以自白的任意性即自愿性为中心进行评判的“自白任意性规则”。相比之下，“痛苦规则”因为其评价标准的外部性而具有可操作性强的优点，但也有鲜明的局限性，无法涵盖不同性质、不同形式的非法言词证据。“自白任意性规则”虽然因为评价标准的内部性而相对不易把握，但却更加尊重涉案个人与外界沟通的选择权，符合现代刑事司法的根本追求。[①]《严格排除非法证据规定》中强调“使犯罪嫌疑人、被告人遭受难以忍受的痛苦而违背意愿作出的供述”应当予以排除，其中“难以忍受的痛苦”延续了“痛苦规则”之内核，而“违背意愿”则显现出“自白任意性”的元素，因为这里的“痛苦”并不仅仅是暴力方法或变相肉刑所导致的肉

① 龙宗智:《我国非法口供排除的“痛苦规则”及相关问题》，载《政法论坛》2013 年第 5 期。

体痛苦，还包括“采用以暴力或者严重损害本人及其近亲属合法权益等进行威胁的方法”所导致的精神痛苦。当然，二者并非孤立适用的，所遵循的是因“痛苦”而“违背意愿”的因果关系，易言之，非法言词证据的判断要件逐步从“痛苦规则”转向以“痛苦规则”为主、兼具“自白任意性规则”要素。

第二，进一步明确了重复自白应当如何排除。过往，刑事诉讼法以及相关司法解释并未对“重复自白”问题作出规定，这也被认为是非法证据排除规则中最显著的缺漏。对此，《严格排除非法证据规定》明确指出：“采用刑讯逼供方法使犯罪嫌疑人、被告人作出供述，之后犯罪嫌疑人、被告人受该刑讯逼供行为影响而作出的与该供述相同的重复性供述，应当一并排除。”同时，规定了两项排除重复自白的例外，即“侦查期间，根据控告、举报或者自己发现等，侦查机关确认或者不能排除以非法方法收集证据而更换侦查人员，其他侦查人员再次讯问时告知诉讼权利和认罪的法律后果，犯罪嫌疑人自愿供述的”以及“审查逮捕、审查起诉和审判期间，检察人员、审判人员讯问时告知诉讼权利和认罪的法律后果，犯罪嫌疑人、被告人自愿供述的”。关于重复自白是否排除、如何排除，存在多种不同观点。就学界而言，基本观点是重复自白应当排除，至于绝对排除抑或相对排除，尚未达成理论共识。而此次《严格排除非法证据规定》对于重复自白所作出的规定显然是有较大进步的，原则上规定重复自白一并排除，仅有更换讯问主体并告知诉讼权利的情况下作出的供述可以视为例外。当然，有学者曾质疑，在我国这样同质性较高且追诉倾向较强的司法体制和办案模式之下，单纯变更取证主体，恐无法有效切断先前刑讯逼供行为的影响，因而只要侦查机关的非法讯问行为一经查证属实，则侦讯阶段形成的所有口供均应无例外地一体排除。[①] 但在我国的制度背景之下，打击犯罪和保障人权同等重要，需要实体真实与程序正义的协调，因而在更换讯问主体并告知诉讼权利的情况下，肯定重复自白的证据能力，是具有现实合理性的。此外，在最初的征求意见稿中，还曾就“毒树之果”问题征求意见，即对于根据非法证据（使用非法方法获取的犯罪嫌疑人、被告人供述）收集

① 万毅：《论“反复自白”的效力》，载《四川大学学报（哲学社会科学版）》2011年第5期。

的物证、书证，可能影响公正审判的，是否应当予以排除。但遗憾的是，最终《严格排除非法证据规定》并没有保留相关规定，因而，已就“重复自白”进行规定的情况下[①]，对于建立在原始非法（言词）证据之上的衍生（实物）证据如何处理，依然需要理论界与实务界进一步深入研究。

第三，进一步强调了非法证据排除的及时性和侦查监督的同步性。域外非法证据排除规则大多在审判阶段适用，即通过利害关系人的申请，由法官借助听证等程序性裁判行为决定是否排除非法证据。与域外非法证据排除实践不同，我国非法证据排除规则适用于刑事诉讼程序始终。这一运作模式的优势之一是对非法证据的及时发现和及时排除，因而《严格排除非法证据规定》同样强调了非法证据排除的及时性，对于依法予以排除的证据，“不得作为提请批准逮捕、移送审查起诉的根据”，“不得作为批准或者决定逮捕、提起公诉的根据”，“不得宣读、质证，不得作为判决的根据”。同时，强调了侦查监督的同步性，尤其是发挥人民检察院驻看守所检察人员的作用，包括在看守所收押犯罪嫌疑人进行身体检查时可以在场，以及“对重大案件，人民检察院驻看守所检察人员应当在侦查终结前询问犯罪嫌疑人，核查是否存在刑讯逼供、非法取证情形，并同步录音录像”。在推进以审判为中心的诉讼制度改革进程中，检察介入侦查、公诉指导侦查作为公诉职能向侦查阶段延伸与拓展的具体制度，已经开始实践探索。[②]但检察介入侦查不能仅仅是引导侦查机关依法全面收集、固定和完善证据，还应当对其证据收集的合法性进行监督和把关[③]，《严格排除非法证据规定》的相关规定正是进

---

① 当然，排除“重复自白”更多的是基于“证据禁止的继续效力”，其原理不能与“毒树之果”或“证据禁止的放射效力”相混淆。相关论述可参见万毅：《论“反复自白”的效力》，载《四川大学学报（哲学社会科学版）》2011 年第 5 期；吉冠浩：《论非法证据排除规则的继续效力——以重复供述为切入的分析》，载《法学家》2015 年第 2 期。

② 在推进以审判为中心的诉讼制度改革进程中，为了保证起诉的效果和质量，履行公诉职能的检察官对从事侦查活动的警察，在侦查取证方面予以指导和在法律事务方面予以咨询，具有正当性且十分必要。参见卞建林、谢澍：《“以审判为中心”视野下的诉讼关系》，载《国家检察官学院学报》2016 年第 1 期。

③ 谢小剑：《以审判为中心背景下侦诉关系的改革》，载《东方法学》2016 年第 4 期。

一步强化了其正当性。

第四，进一步重视对过程证据的收集和运用。过程证据作为一种记录特定诉讼行为过程事实的证据，在我国刑事司法实践中得到了较为广泛的使用，存在多种不同表现形式，包括笔录证据、录音录像、提讯登记、体检记录等，侦查人员出庭证明侦查行为合法性的证言也具有过程证据性质。过程证据虽然独立于结果证据，却足以印证结果证据的合法性与真实性，并对程序性事实与量刑事实具有直接的证明作用，尤其是在程序性裁判中扮演至关重要的角色。[①]《严格排除非法证据规定》中对于录音录像、提讯登记、体检记录的形成作出了较为具体的规定，同时明确“公诉人对证据收集的合法性加以证明，可以出示讯问笔录、提讯登记、体检记录、采取强制措施或者侦查措施的法律文书、侦查终结前对讯问合法性的核查材料等证据材料，有针对性地播放讯问录音录像，提请法庭通知侦查人员或者其他人员出庭说明情况。”根据这一规定，首先，强调了过程证据在对证据收集合法性进行证明时所占据的主导地位；其次，指引侦查机关、检察机关在诉讼进程中重视对于过程证据的收集、制作和保存；最后，审判机关应当着重审查过程证据，消除或形成针对证据收集合法性的合理怀疑，进而有效地排除非法证据。

第五，进一步发挥庭前会议中证据收集合法性审查的作用。《严格排除非法证据规定》规定：“被告人及其辩护人申请排除非法证据，应当在开庭审理前提出，但在庭审期间发现相关线索或者材料等情形除外。”并且，“被告人及其辩护人在开庭审理前申请排除非法证据，按照法律规定提供相关线索或者材料的，人民法院应当召开庭前会议。人民检察院应当通过出示有关证据材料等方式，有针对性地对证据收集的合法性作出说明。人民法院可以核实情况，听取意见”。由此可见，新规定希望尽可能发挥庭前会议的作用，尽可能地在庭前对证据收集的合法性问题达成一致意见。2012 年刑事诉讼法增设庭前会议制度之后，其实践运行效果始终不容乐观，实务部门对其具体内容和效力存有疑问。而《严格排除非法证据规定》将非法证据排除作为庭前会议的一项主要内容，可能由此达到激活庭前会议制度的作用。更重要的是，从长远来看，甚

① 陈瑞华：《刑事证据法的理论问题》，法律出版社 2015 年版，第 225 页。

至可能由此将庭前会议制度引导发展成我国刑事审判过程中的程序性裁判活动，作为“审判之中的审判”。当然，对于主持庭前会议的法官与主审法官是否同一，如何避免审前预断，仍需要进一步探讨。而在庭前即开始审查及处理证据收集的合法性问题，一方面是要在保障有效发挥非法证据排除规则之积极作用的同时提升效率，另一方面也是为了避免部分当事人及辩护律师恶意地将非法证据排除申请作为拖延诉讼进程的手段，因而，《严格排除非法证据规定》明确“法庭驳回排除非法证据申请后，被告人及其辩护人没有新的线索或者材料，以相同理由再次提出申请的，法庭不再审查”。

此外，《严格排除非法证据规定》还有诸多亮点，例如，强化针对证据收集合法性的裁判说理，规定人民法院对证据收集合法性的审查、调查结论，应当在裁判文书中写明，并说明理由；明确各阶段权利告知义务，避免犯罪嫌疑人、被告人因不知晓权利而错过申请非法证据排除的时机；细化第二审程序中排除非法证据应当如何申请、调查和裁判；规定法庭对证据收集的合法性进行调查后，应当庭作出是否排除有关证据的决定；等等。囿于篇幅所限，本文不能一一展开。

三、《严格排除非法证据规定》之理论反思

以域外为借镜，德国刑事诉讼之目的在于实体事实之正确性、诉讼程序之合法性以及法和平[①]之维持。因此，不能为了获取与实体真实相符之裁判，使用不计代价的手段；相反，应当在追求实体真实的过程中，通过程序之合法性来保护人性之尊严。德国证据禁止之理论基础亦在于此，对事实真相之调查并非刑事诉讼中的绝对价值，如果对犯罪行为之侦查不设任何限制，则将掩藏诸多破坏社会及个人价值观的危险。[②]而英美法系通常以自白任意性法则作为排除非法口供之依据，其初始目的是排除虚伪陈述，认为不具有任意性的陈述之虚伪性相对较高，一旦不予排除则会妨碍对事实真相的判断。美国联邦最高法院大法官史蒂文

① 这里所谓“和平”，只是法秩序上的和平。参见林钰雄:《刑事诉讼法（上册 总论编）》，元照出版有限公司 2006 年版，第 10—11 页。

② ［德］克劳思·罗科信:《刑事诉讼法（第 24 版）》，吴丽琪译，法律出版社 2003 年版，第 5 页。

斯曾指出，这一制度设计主要是为了防止不实证据被采用，并非针对不当的侦查方法，而在于确保被告人免受错误定罪。尽管如此，随着美国司法程序自上而下地经历正当程序革命，非法自白排除规则的理论基础也开始由虚伪排除理论向正当程序理论转变。[①]而美国联邦最高法院在Lisenba v. California[②]一案判决中亦认为，排除被认为是虚假的证据之理由在于，使用该证据是根本性不公正的——无论该证据究竟是真是假——这也是正当程序的目的。[③]由此观之，随着程序正义理念逐步深入人心，对非任意性自白排除之目的，由最初的注重实体真实而排除虚伪自白，逐渐转变为对人权的保障以及对正当程序的维护，只要获取自白的手段违反了法定程序就应当被排除，无论自白是否真实。我国传统证据理论强调证据之真实性及证明力[④]，却往往忽视了证据能力。因而，尽管法律早有明确规定，证据必须具备法定的形式，必须由法定的人员依照法定的程序收集，严禁以刑讯逼供或其他非法的方法收集证据，必须在庭审中公开出示进而接受控辩双方质证等，但上述规定之出发点主要是为了保障证据之客观真实性而非证据能力。[⑤]是故，只要办案人员认为证据的真实性不存在疑问，即使这一证据在收集和运用过程中存在问题、违反程序，甚至有刑讯逼供等严重违法现象，司法实践中依然倾向于采纳。[⑥]长此以往，本源上以程序正义、人权保障为正当性基础的

① 例如，逮捕后延迟移送犯罪嫌疑人所获得的非法自白，在McNabb v. United States和Mallory v. United States两个判例中，美国联邦最高法院以犯罪嫌疑人被延迟移送预审法官为由，裁定犯罪嫌疑人在移送前所做的自白不可采，其理由在于，该自白虽具备任意性及真实性的特征，但缺乏证据法则的文明标准即所谓的法律正当程序，故应予以排除。参见邓思清:《论非法证据排除规则的理论基础》，载《法律科学》2006年第3期。

② See Lisenba v. California, 314 U. S. 219 (1941).

③ ［美］德雷斯勒、迈克尔斯:《美国刑事诉讼法精解》（第一卷·刑事侦查），吴宏耀译，北京大学出版社2009年版，第435页。

④ 谢澍:《认罪认罚从宽制度中的证明标准》，载《东方法学》2017年第5期。

⑤ 除了制度初衷的偏离，“庭审形式化”的实践样态也是造成庭审中证据审查虚化的原因之一。参见卞建林、谢澍:《庭审实质化与鉴定意见的有效质证》，载《中国司法鉴定》2016年第6期。

⑥ 卞建林:《铸证据基石，促司法公正》，载《法学杂志》2010年第7期。

非法证据排除规则，其功能与作用也逐步被限定在预防冤假错案之上，但如果仅仅聚焦于证据是否真实、是否可能导致冤假错案，随之而来的问题是：一旦非法取得的证据是真实的、不会导致冤假错案，是否依然应当排除？就此而言，防范冤假错案抑或虚伪排除理论并不能诠释非法证据排除规则之精义，也不利于非法证据排除规则的有效运行，而程序正义、人权保障理论则能有效回应上述疑问：无论证据是否真实、是否可能导致冤假错案，只要取证手段违反正当程序、侵犯基本人权，就应当予以排除。在坚持程序正义、人权保障的基础上，通过规范的司法行为，自然能有效实现防范冤假错案的效用，但不能就此混淆其因果关系，而将防范冤假错案作为非法证据排除的根本目的和价值。

《严格排除非法证据规定》的出台，不仅意味着我国非法证据排除规则的“全面升级”，也标志着我国刑事司法领域排除非法证据的努力进入了一个新阶段，即从规则上的“初步确立”逐渐走向实践中的“严格实行”。作为我国非法证据排除规则发展进程中的重要节点，《严格排除非法证据规定》不仅仅昭示着从源头上防范冤假错案的决心，同时还体现出理念上的进一步推进，即对于程序正义的彰显、司法行为的规范和人权保障的强调。首先，程序正义是刑事诉讼程序本身固有的内在价值，它对刑事诉讼活动提出了独立于实体正义的基本标准。过往，片面追求实体正义是诱发冤假错案的主要缘由，以侵蚀程序正义为代价追求所谓“真相”，时常带来不可预估的后果。犯罪嫌疑人、被告人失去程序主体地位，其诉讼权利受到限缩，从杜培武到佘祥林、赵作海，再从张氏叔侄、李怀亮到呼格吉勒图、聂树斌，梳理这些冤错案件，皆是如此。《严格排除非法证据规定》通过明确程序性制裁的方式，强调刑事诉讼程序具有内在的、不受实体结果影响的独立价值，而以程序正义为保障来追求实体正义才是法治国家的正确选择，进而为不确定的实体正义提供正当性基础。其次，规范司法行为，目的是从源头杜绝非法取证、预防冤假错案。《严格排除非法证据规定》要求严格执行证据收集过程中的各项禁止性规定，坚决杜绝采取殴打、违法使用戒具等暴力方法或者变相肉刑的恶劣手段，严禁通过非法限制人身自由的方法获取言词证据，并且正确区分运用讯问谋略和技巧与采用“引诱、欺骗”等方法取证的界限。申言之，规范司法行为，就是以保证司法公正、提高司法公信力为宗旨，在司法过程中按照司法规律的要求，将宪法和法律规定不折不扣地落实到位，既不能逾越法律，也不能游走于合法与非法的模糊地带。最后，非法证据排除是“尊重和保障人权”的具体呈现。刑事诉讼的最大特征即是以国家公权力为主导并且以国家强制力为后盾，因此，刑事诉讼制度尤其强调避免国家公权力恣意，降低其侵犯个人权利的可能性。在人权保障目的观的指导下，刑事诉讼制度有能力清晰划分国家行为与个人行为的界限，一方面确保国家有效完成追诉职能，另一方面为个人提供有力的保护。[①]《严格排除非法证据规定》即是在界定司法机关行为限度的同时，为个人提供了保护措施和救济渠道。倘若不对侵犯或剥夺个人权利的行为加以严格限制，使得侦查和打击犯罪处于无序状态，不仅无法体现对于犯罪嫌疑人、被告人权利的尊重，还会使得整个社会人人自危。[②]

当然，除了规则本身，还应当持续关注《严格排除非法证据规定》的贯彻落实情况。“全面升级”后的非法证据排除规则将在实践中获得检验，一旦其可操作性受到实践认可，则会有效推动立法。而非法证据排除规则的实践效果，一方面体现于事后制裁，另一方面则体现于事先预防。[③]尽管从数据上审视，过往非法证据排除规则的实施效果有待改进，事后排除频次不高，但在调研中我们发现，部分省市司法机关在源头上避免非法证据的产生，实际上已经形成了一定经验。虽然相关经验并不会直接体现在非法证据排除的“数量”之上，但却与《严格排除非法证据规定》之精神存在某种暗合的相似性。因此，非法证据排除规则所带来的实践转变并不会全盘体现在非法证据排除的“数量”之上，还应关切其是否实质性地推动了刑事司法运作的规范化转变。尤其是在《严格排除非法证据规定》出台后，理论上会进一步压缩隐性违法的空间，一方面我们应当继续关注非法证据排除规则的实施问题，在实践中

---

① 卞建林、谢澍:《“以审判为中心”与刑事程序法治现代化》，载《法治现代化研究》2017年第1版。

② 杨宇冠:《非法证据排除规则研究》，中国人民公安大学出版社2002年版，第141页。

③ 申言之，非法证据排除规则以非法取证行为发生为前提，是一种程序性制裁措施；同时，非法证据排除规则是以“阻却违法理论”为基础，认为通过非法证据的排除能够对未来潜在的侦查人员违法行为产生吓阻，进而达到一般预防的效果。

检视规则的运作样态，通过实证研究对非法证据排除的典型案例以及整体数量进行研判；另一方面，我们要关注数据以外的变化，观察非法证据排除规则是否切实体现了阻却违法的效用，进而从源头上杜绝非法取证、预防冤假错案、坚持程序正义、规范司法行为、落实人权保障。

论监察法与刑事诉讼法衔接中录音录像制度 *

国家监察体制改革的重要内容之一，是将原由检察机关行使的职务犯罪侦查职权转由监察机关专门行使。[①] 自监察机关专门行使职务犯罪调查权后，最重要的问题就是监察机关如何与司法机关配合制约以及监察调查如何与刑事诉讼衔接。[②] 监察法并未构建完全独立于刑事诉讼的调查、审查起诉与审判程序的体系。监察调查的实质是收集证据、认定事实、确定犯罪嫌疑人的过程，在此之后，必然涉及适用刑事诉讼审查起诉与审判程序的规定。在以审判为中心的诉讼制度下，证据是形成判决结果的关键，尤其是证据的合法性问题，是首当其冲的考量要素，决定着监察调查收集的证据能否在刑事诉讼程序中作为认定被告人有罪的证据。囿于现阶段对监察调查收集证据合法性的审查具有相对滞后性，录音录像资料将是认定监察调查取证中讯问、查封、扣押等行为是否合法的重要依据之一。申言之，监察调查阶段的录音录像资料对于证明监察调查取证行为的合法性、所获取证据的证据能力以及促进实质化公正审判均具有重要意义，研究“两法衔接”中录音录像制度具有现实必要性。

一、录音录像的制度探索

考察我国录音录像制度的发展历史，可以发现其最初是由学界进行试点和推动的。中国政法大学诉讼法学研究院在 2002 年 7 月至 2004 年

---

* 原文发表于《中国刑事法杂志》2019 年第 3 期，与陶加培合作。

① 本文所讨论的职务犯罪，限于《监察法》第 11 条所规定的由监察委管辖的案件，不包括 2018 年 10 月 26 日修订后的刑事诉讼法所规定的由检察机关行使侦查权的司法人员职务犯罪案件。

② 卞建林:《配合与制约——监察调查与刑事诉讼的衔接》，载《法商研究》2019 年第 1 期。

9月以“讯问犯罪嫌疑人律师在场、录音、录像制度（试验）项目”在多地公安和检察机关进行实证试验研究。[①]律师在场和录音、录像可以把侦查讯问活动置于现场监督之下，从制度层面遏制刑讯逼供等讯问中的违法活动。同时，也可以证明讯问过程的合法性，固定犯罪嫌疑人的供述，避免犯罪嫌疑人以存在刑讯逼供为由翻供，保证侦查人员免受无根据的指控。这一试验的根本目的是打破侦查讯问的封闭性，强化对侦查权力的同步监督，促进司法公正，提升诉讼效率。

实践中最先采用录音录像制度的是检察机关，其将该制度视为一种内部监督制约机制的改革举措，主要目的是规范职务犯罪案件侦查讯问行为。2005年11月1日最高人民检察院检察委员会通过了《人民检察院讯问职务犯罪嫌疑人实行全程同步录音录像的规定（试行）》，从其第1条的内容来看，实行全程同步录音录像主要是为了惩罚犯罪、保障人权和提升办案质量；第13条和第14条明确了在审查逮捕和审查起诉阶段录音录像资料应当随案移送；第15条还规定了存在异议情况下的当庭播放质证。2006年最高人民检察院又相继发布了《人民检察院讯问职务犯罪嫌疑人实行全程同步录音录像技术工作流程（试行）》和《人民检察院讯问职务犯罪嫌疑人实行全程同步录音录像系统建设规范（试行）》。录音录像制度最初适用的侧重点集中在职务犯罪案件侦查阶段。主要原因是监察体制改革之前职务犯罪案件的侦查权由检察机关行使，形成了一种自我侦查、自我审查、自我监督的封闭模式，容易滋生权力滥用和权力腐败。在此情况下，对侦查讯问等取证行为进行录音录像，能够有效地发挥监督制约作用，是检察机关自我监督的有效方式之一。

录音录像制度具有保障人权的价值，其确立和推行契合了2004年将尊重与保障人权写入宪法的大背景。随着录音录像制度在刑事司法实务中不断发展，2012年《刑事诉讼法》第121条（现第123条）明确规定了侦查讯问录音录像制度：“侦查人员在讯问犯罪嫌疑人的时候，可以对讯问过程进行录音或者录像；对于可能判处无期徒刑、死刑的案件或者其他重大犯罪案件，应当对讯问过程进行录音或者录像。”根据这一规定，录音录像的适用范围由职务犯罪案件扩展至全部刑事案件，并

① 参见樊崇义、顾永忠：《侦查讯问程序改革实证研究——侦查讯问中律师在场、录音、录像制度试验》，中国人民公安大学出版社2007年版，第1—486页。

形成了一般案件任意性适用和无期徒刑、死刑等重大案件强制性适用的梯度划分。但在职务犯罪案件的侦查中，根据最高人民检察院的要求，仍然适用“全部全程同步”原则，高于刑事诉讼法所规定的一般案件任意性适用的标准。录音录像制度的确立，不仅有益于维护司法公正、保障人权，还有利于2012年刑事诉讼法新确立的非法证据排除规则的实施。①

随后，最高人民法院、最高人民检察院、公安部分别下发了关于录音录像制度的相关细化规定。2013年最高人民法院发布《关于建立健全防范刑事冤假错案工作机制的意见》，第8条规定：“未依法对讯问进行全程录音录像取得的供述，以及不能排除以非法方法取得的供述，应当排除”，规定了对违反录音录像制度后果的制裁性排除措施。2014年最高人民检察院修订《人民检察院讯问职务犯罪嫌疑人实行全程同步录音录像的规定》，贯彻了刑事诉讼法的规定，要求人民检察院办理直接受理侦查的职务犯罪案件，讯问犯罪嫌疑人时，应当对每一次讯问的全过程实施不间断的录音、录像。2014年公安部印发《公安机关讯问犯罪嫌疑人录音录像工作规定》，对录音录像的范围、内容、管理、使用、监督等作出较为详细的规定，既有益于规范执法办案和保障犯罪嫌疑人权利，也能够保护侦查办案人员。

随着司法改革的不断深化和刑事诉讼法的修改实施，我国录音录像制度已取得显著成效并不断发展完善，已成为刑事诉讼领域人权保障和司法公正的重要举措。2018年新制定的监察法也吸收刑事诉讼法的经验，明确对录音录像作出规定，并在适用范围上有所拓展。

二、录音录像制度的功能定位

所谓录音录像制度的功能定位，即立法规定讯问过程录音录像的目的和效用究竟如何。②申言之，也就是从制度设立所要解决的问题出发，分析其所蕴含的内在价值。录音录像制度主要体现了双重价值：一是为了规范侦查权行使，防止刑讯逼供等违法讯问行为，并且当证据收

① 杨宇冠：《侦查讯问录音录像制度研究》，载《中国刑事法杂志》2013年第9期。

② 马静华、纵博：《讯问录音录像：功能定位与司法适用——以刑事诉讼制度改革为背景》，载《西南民族大学学报（人文社会科学版）》2014年第10期。

集合法性受到质疑时，成为判明证据收集是否合法的重要手段；二是固定和记录犯罪嫌疑人供述和辩解，是证明口供真实性和案件事实的有效资料。

（一）自律工具的初始功能定位

2012 年刑事诉讼法首次明确规定了录音录像制度，2012 年 3 月 9 日全国人大常委会提交审议的关于《中华人民共和国刑事诉讼法修正案（草案）》的说明中指出了确立此制度的原因："为从制度上防止刑讯逼供行为的发生，修正案草案增加了……在看守所内进行讯问和讯问过程的录音录像制度。"由此可见，实行讯问时同步录音录像，首要目标是解决刑讯逼供问题。

刑讯逼供作为刑事司法程序中危害极大却又屡禁不止的行为，一直是程序法治关注的重点，但因法律制度自身的缺憾，特别是犯罪嫌疑人权利对审讯权力制约的严重不足，很难使我国刑讯逼供在司法实践中被彻底遏制或被控制在一定限度之内。[①] 纠正刑讯逼供行为，主要在于打破刑事侦查讯问活动的封闭性。学界在研究如何打破讯问封闭性时，除了录音录像手段外，还有律师在场权的构想。但是，时至今日，我国律师在场权问题在理论界和实务部门依然争论激烈，更未能在法律规范中得以体现。因此，录音录像制度是在日益强调程序正义的大环境下，对侦查讯问中刑讯逼供乱象治理时应运而生的制度。最高人民检察院孙谦副检察长也曾坦言，2012 年《刑事诉讼法》第 121 条确立的录音录像制度实际上是从工作层面而非证据角度提出的程序性要求。[②] 也就是说，录音录像制度设立的初始目的就是防止刑讯逼供行为，被视为一种内部的自我监督工作，有学者称之为"自律工具"。[③]

在录音录像资料是否随案移送问题上，并没有明确的立法要求。全国人大常委会法工委对 2012 年六部委发布的《关于实施刑事诉讼法若干问题的规定》第 19 条解释称："用于证明讯问合法性的录音录像不作

---

① 陈如超：《刑讯逼供的国家治理：1979—2013》，载《中国法学》2014 年第 5 期。

② 孙谦：《关于修改后刑事诉讼法执行情况的若干思考》，载《国家检察官学院学报》2015 年第 3 期。

③ 秦宗文：《讯问录音录像的功能定位：从自律工具到最佳证据》，载《法学家》2018 年第 5 期。

为证明案件实体事实的证据，也就不必要每个案件都随案移送。”① 从立法者的角度来看，录音录像资料仅是证明讯问合法性的资料，并非直接用于证明案件事实，全部随案移送并无必要，仅在当人民检察院、人民法院认为有需要调取讯问犯罪嫌疑人的录音或者录像时，有关机关才有及时提供的义务。

因此，无论从立法初衷上看，还是从权威部门对法律规范的解释来看，2012 年刑事诉讼法修改确立录音录像制度，是将其作为一种权力监督方式，用以规范侦查行为，完善讯问程序。有学者指出，我国立法者在录音录像制度的立法思路上存在限制性使用的意思表示。② 正是这种限制性思路，使得录音录像制度在设立之初就带有偏重自律工具价值的倾向。

（二）过程证据的实然功能定位

有学者认为，办案人员在调查取证过程当中获取的证据有过程证据和结果证据的区分。过程证据是指对某一调查取证过程的事实发挥证明作用的证据，结果证据指的是最终影响案件定罪量刑的实物证据和言词证据。但过程证据并非通过表现形式来区分，笔录证据、视听资料、书面说明材料等都可以是过程证据。③ 过程证据又可称为程序证据，是对司法实践当中“破案、抓获经过”“录音录像资料”“情况说明”“扣押清单”等“边缘性”文书资料的一种概括性表述，将其独立于直接证明案件事实的“定罪证据”来讨论，具有重要的意义。

还有一种观点认为，刑事诉讼中的证据材料存在“证据”和“证据资料”的划分。④ 这种划分的实质与“过程证据”和“结果证据”的划分有相似之处。该学者认为，理解“证据”与“证据资料”的划分，明白二者基本属性的不同是关键，“证据”具有客观性、关联性，而“证

① 王尚新编:《最高人民法院、最高人民检察院、公安部、国家安全部、司法部、全国人大常委会法制工作委员会关于实施刑事诉讼法若干问题的规定解读》，中国法制出版社 2013 年版，第 99 页。

② 秦宗文:《讯问录音录像的功能定位：从自律工具到最佳证据》，载《法学家》2018 年第 5 期。

③ 陈瑞华:《论刑事诉讼中的过程证据》，载《法商研究》2015 年第 1 期。

④ 参见裴苍龄:《论证据资料》，载《法律科学》1998 年第 1 期；裴苍龄:《论证据的种类》，载《法学研究》2003 年第 5 期。

据资料”具有主观性、派生性。证据来源于案件的实体真实，证据资料则来源于办案的程序过程。[①]这种来源于案件程序过程中的证据资料，不具有反映案件实体真实的作用，仅能够从侧面印证反映实体内容的证据，对于形成案件最终结果而言起着辅助性作用，不具备一定的“证据力”，只具备“证明力”。[②]

笔者认为，随着程序正义理念逐渐深入人心，程序性制裁措施也在法律上不断确立，将证据分为过程证据与结果证据，或者程序证据与实体证据，是必要的，也是可行的。划分的标准，一是证明对象不同。过程证据或程序证据用以证明诉讼过程中产生争议有待查明的事项，结果证据或实体证据用以证明与定罪量刑有关的事实，特别是影响定罪的事实。二是产生来源不同。过程证据或程序证据是在诉讼过程中产生的，如对侦查讯问进行录音录像所产生的音像资料，见证人对搜查扣押行为所作的见证等。而结果证据或实体证据则来源于案件自身，因犯罪行为而发生的客观变化、留下的蛛丝马迹，或者为人们所认识所感知而留下的主观映象。就我国当前关于录音录像的规定来看，对讯问进行录音录像产生的音像资料，除作为自律工具规范侦查讯问行为外，在证据意义上无疑属于过程证据或程序证据，其发挥作用的对象是侦查讯问行为的合法性，有助于判定讯问过程中是否存在刑讯逼供或威胁、引诱、欺骗等非法取证行为，并进而产生是否排除非法证据的后果。

可以预见，随着我国刑事诉讼制度不断完善、程序设置愈加缜密，加之非法证据排除规则等程序性制裁措施的确立与适用，过程证据在刑事诉讼中将发挥更加重要的作用，具有特殊的价值。

（三）诉讼证据的应然功能定位

按照刑事诉讼法的规定，刑事诉讼中用于记录犯罪嫌疑人供述与辩解的形式主要有讯问笔录与自书供述两种方式。但这些方式在司法实践中存在一些问题，尤其是讯问笔录证据。讯问时难以全面准确记录犯罪嫌疑人供述与辩解是不争的事实，且囿于讯问记录人员的先入为主，不可避免地会有选择性记录或曲解性记录，甚至臆断性记录。这是笔录证据的突出问题，也是造成冤假错案的重要因素之一。倘若仅仅因为记

① 裴苍龄:《论证据资料》，载《法律科学》1998年第1期。

② 裴苍龄:《论证据资料》，载《法律科学》1998年第1期。

录形式问题导致刑事错案形成、实体正义无法彰显，显然是令人惋惜的。比较而言，录音录像作为记录供述与辩解的另一种方式，虽然存在耗时长、查阅不够方便等缺点，但在反映供述与辩解内容真实性方面无疑要优于笔录证据。在此前提下，具有反映案件真实特点的录音录像资料也就当然具备诉讼证据的价值。有学者就曾直言："既然用笔录固定的犯罪嫌疑人供述和辩解是证据，那么，用录音录像记录并固定且效果优于笔录的犯罪嫌疑人供述和辩解同样应当属于证据。"①

将录音录像资料直接作为诉讼证据，用以证明案件事实并非一种超前性制度创新，其他国家已经有一定的实践基础。比如在英国，警察对被告人供述的保全以及向法庭出示被告人的供述基本上采用录音带录音甚至录像带录像的方式。在英国学者看来，法庭上采纳被告人在警察讯问阶段制作的供述作为证据，实际上是传闻证据规则的例外。②美国也有学者主张录音录像资料要优于笔录证据，认为与警察制作手写笔记并随后准备打字报告的习惯性讯问方式不同，电子记录包含事实的永久记录，不受办案人员意志影响，讯问录音录像可以直接用于证明案件事实。③

（四）以过程证据为基础、定案证据功能为延展

笔者认为，对于录音录像制度的功能定位而言，还是应当立足于当前的法律规定，以证明讯问合法性的过程证据为基础，在一定条件下进行延伸和拓展。从近些年的司法实践情况来看，特别是2012年刑事诉讼法修改之后，审判中侦查阶段获取的讯问录音录像资料其实不仅仅用来证明侦查讯问合法性，在很多案件当中，也有开始直接用于证明案件事实的倾向。如果仅仅以一种辅助性资料来定位录音录像制度似乎并不能彰显其应有的价值。录音录像资料成为定案证据是合理的发展方向。

实践当中录音录像资料之所以有成为定案证据的倾向，主要是考虑到其能清晰全面地记录讯问阶段犯罪嫌疑人的供述与辩解，弥补笔录证

---

① 朱孝清：《讯问录音录像三题》，载《人民检察》2014年第12期。

② 赵朝等：《英国刑事诉讼制度的新发展——赴英考察报告》，载陈光中主编：《诉讼法论丛》（第2卷），法律出版社1998年版，第360页。

③ Thomas Sullivan, *Electronic Recording of Custodial Interrogations: Everybody Wins,* Journal of Criminal Law & Criminology, Volume 95, Issue3 (2005), p.1128.

据存在的不足。不过，笔录证据也并不是都存在问题，并非所有案件均需要以录音录像资料来证实供述与辩解内容的真实性。如果刑事诉讼法规定了录音录像资料应当随案移送审查起诉与审判，那么作为一种普适性规则，其涉及的将是所有需要录音录像的案件，在当前笔录证据仍然能发挥有效价值的情况下，增加移送录音录像资料，不可避免地会给审查起诉与审判程序带来压力，加剧案多人少之矛盾。录音录像资料作为诉讼证据使用应当限定条件。简言之，就是当笔录证据出现问题时，比如前后矛盾、模糊不清时，犯罪嫌疑人、被告人及其辩护人质疑引起检察官、法官的合理怀疑时，可以要求侦查机关移送录音录像资料，作为一种记录载体来证明供述与辩解的内容，在笔录证据没有争议的情况下，一般不需要发挥录音录像资料记录载体的证据价值。

三、刑事诉讼中录音录像移送和调取问题

刑事诉讼法本身并没有直接关于录音录像资料移送与调取的规定，仅在第 123 条对适用范围作出规定。但移送与调取问题毫无疑问是录音录像制度能够发挥效用的关键所在，有需要明确的必要性。

2013 年六部委《关于实施刑事诉讼法若干问题的规定》第 19 条作出说明："人民检察院、人民法院可以根据需要调取讯问犯罪嫌疑人的录音或者录像，有关机关应当及时提供。"《人民检察院刑事诉讼规则（试行）》第 73 条规定："人民检察院直接受理立案侦查的案件，侦查部门移送审查逮捕、审查起诉时，应当将讯问录音、录像连同案卷材料一并移送审查。"第 310 条进一步规定："人民检察院直接受理立案侦查的案件，侦查部门在移送或者报请审查逮捕时，应当向侦查监督部门移送全部讯问犯罪嫌疑人的录音、录像，未移送或移送不全的，侦查监督部门应当要求侦查部门补充移送。经要求仍未移送或者未全部移送的，应当将案件退回侦查部门。"2017 年 6 月"两高三部"发布的《关于办理刑事案件严格排除非法证据若干问题的规定》第 22 条规定："犯罪嫌疑人、被告人及其辩护人向人民法院、人民检察院申请调取公安机关、国家安全机关、人民检察院收集但未提交的讯问录音录像、体检记录等证据材料，人民法院、人民检察院经审查认为犯罪嫌疑人、被告人及其辩护人申请调取的证据材料与证明证据收集的合法性有联系的，应当予以调取；认为与证明证据收集的合法性没有联系的，应当决定不予调取并向

犯罪嫌疑人、被告人及其辩护人说明理由。”由此可见，一般刑事案件并不随案移送录音录像资料，人民检察院、人民法院认为有需要时才能依职权调取，犯罪嫌疑人、被告人及其辩护人只能依申请调取，还需要经过检察机关、审判机关的审查。监察体制改革前，对于职务犯罪案件侦查讯问的录音录像资料坚持适用在审查逮捕、审查起诉中要移送检察机关的标准，还规定了补充移送和退回的惩罚性机制，不过对于是否继续移送法院并没有明确规定。

刑事诉讼法及相关解释没有关于录音录像资料移送问题的规定，仅有关于可依需要调取的规定。调取实质上是一种被设定条件的移送，讨论移送与调取问题，也是研究一般与特别的关系。如果存在应当全部随案移送录音录像资料的规定，那么关于调取的规定当然也就失去意义。刑事诉讼法的相关解释与规则之所以规定了录音录像资料可以调取，一方面是因为随案移送并无法律依据，需要通过赋权来实现录音录像资料在必要情形下可以被调取；另一方面也是因为司法实践中笔录证据确实可能存在问题，需要运用录音录像资料来证明收集证据的合法性，或者检验口供笔录的真假，甚至直接用于证明案件事实。移送和调取问题的根本仍然与录音录像资料的功能定位相关。当前，作为记录侦查讯问过程的录音录像资料对于诉讼活动的作用主要还是证明讯问获取笔录证据的合法性。如果被告人及其辩护人没有质疑，或者检察院、法院对证据收集合法性没有产生合理怀疑，录音录像资料一般就不需要调取。但如果将录音录像作为记录和固定犯罪嫌疑人供述的有效载体，赋予其定案证据定位，那么随案移送审查起诉以及在法庭审理中出示也就顺理成章。当然，目前刑事诉讼法及相关解释与规定尚未赋予录音录像资料定案证据的属性，是否调取仍然要看有无必要。笔者所讨论的定案证据定位是指未来在一定条件下录音录像的功能延伸。在随案移送不能实行的情况下，需要对调取进行必要性探讨，一定意义上也是为将来录音录像资料用作定案证据提供理论铺垫。

首先，录音录像资料无论是作为过程证据还是作为定案证据，其均具有一定的证据属性。2012 年《刑事诉讼法》第 172 条（现第 176 条）规定：“人民检察院认为犯罪嫌疑人的犯罪事实已经查清，证据确实、充分，依法应当追究刑事责任的，应当作出起诉决定，按照审判管辖的规定，向人民法院提起公诉，并将案卷材料、证据移送人民法院。”六部委《关于实施刑事诉讼法若干问题的规定》第 24 条也规定:“人民检察院向人民法院提起公诉时，应当将案卷材料和全部证据移送人民法院，包括犯罪嫌疑人、被告人翻供的材料，证人改变证言的材料，以及对犯罪嫌疑人、被告人有利的其他证据材料。”由此可知，提起诉公诉时移送全部证据材料是我国刑事诉讼制度的要求。在审前阶段，侦查机关提请审查逮捕和审查起诉时向检察机关移交全部证据材料亦是长期以来的实践。那么，何谓全部证据材料呢？刑事诉讼法对于证据的定义是，可以用于证明案件事实的材料，都是证据。过程证据虽然在证明案件事实方面起着辅助性作用，但依然具有证明案件事实的价值，因而作为证据材料随案移送不应该产生争议。刑事诉讼法虽未明确要求录音录像资料随案移送，但不能就此认为录音录像资料不能随案移送。在必要时录音录像资料能够被检察机关、审判机关调取，实际上就是一种附条件的移送，即需要移送就可以移送。

其次，从现行关于调取录音录像的规定来看，存在司法机关依职权调取和辩护方依申请调取两种方式，但对于依申请调取方式进行了一定的限制，即必须是经过人民法院、人民检察院的审查，认为申请调取的证据材料与证明证据收集的合法性有联系的才可以调取。也就是说，排除了关于辩方认为供述真实性存疑申请调取的情况。因此，就使用目的来看，两种方式明显存在差异。人民检察院与人民法院调取录音录像的目的不仅可以是审查讯问的合法性，同时也可以审查口供证据的真实性。从保障录音录像资料被有效使用的角度看，加强检察机关、审判机关依职权调取应该是录音录像制度发展的方向。我国刑事诉讼法确立的非法证据排除规则具有不同于其他国家的特点，就是在侦查、起诉、审判各个诉讼阶段，侦查机关、检察机关、审判机关都有发现非法证据并及时排除的责任。《刑事诉讼法》第 56 条第 2 款明确规定:“在侦查、审查起诉、审判时发现有应当排除的证据的，应当依法予以排除，不得作为起诉意见、起诉决定和判决的依据。”比较而言，依职权调取相较于依申请调取，主要有以下几方面的优点：一是有利于办案机关及时认定和排除非法证据，实现程序正义，节约司法资源；二是有利于及时保障犯罪嫌疑人、被告人的合法权利；三是有利于及时准确认定案件事实，保障案件质量，避免冤假错案。因此，人民法院、人民检察院加强依职权调取录音录像证据是十分必要的。

录音录像资料如何使用也是重要的问题。实践中，如果辩护方提出了存在非法讯问等行为并提供了相关线索时，公诉方调取录音录像资料后，可以通过提请当庭播放录音录像资料来证明讯问过程合法。现有证据材料不能证明证据收集的合法性的，检察机关可以提请人民法院通知侦查人员或者其他人员出庭说明情况。调取和出示录音录像资料，通知侦查人员出庭说明情况，从法律的规定来看，这两种方式是并存并相互补充的。在我国司法实践中，通常犯罪嫌疑人在侦查期间要接受多次讯问且每次讯问时间较长，因此同步全程录音录像资料数量较大，要当庭全部播放观看，耗时很长，可能影响庭审活动的顺利进行。为妥善解决此问题，在保障庭审活动顺利进行与保障被告人合法权益间寻求平衡，司法实践中通常通过庭前会议加以解决。即如果辩护律师认为需要，可以利用庭前会议时间对录音录像资料充分查看。对于不存在问题或者没有争议的部分，庭审中不再出示和观看。对于可能存在问题或者有争议的部分，也可以通过对录音录像资料进行标注和截取实现快速定位，如此节省庭审时间，提高审判效率。另外，录音录像当庭播放可能存在涉及国家秘密或者个人隐私等问题。对于保密问题，《人民检察院刑事诉讼规则（试行）》第75条第2款明确规定："需要播放的讯问录音、录像中涉及国家秘密、商业秘密、个人隐私或者含有其他不宜公开的内容的，公诉人应当建议在法庭组成人员、公诉人、侦查人员、被告人及其辩护人范围内播放。因涉及国家秘密、商业秘密、个人隐私或者其他犯罪线索等内容，人民检察院对讯问录音、录像的相关内容作技术处理的，公诉人应当向法庭作出说明。"

四、监察调查录音录像的移送与调取

（一）监察法关于录音录像的规定

《监察法》第41条第2款明确规定："调查人员进行讯问以及搜查、查封、扣押等重要取证工作，应当对全过程进行录音录像，留存备查。"从此条规定来看，监察法充分借鉴吸收了刑事诉讼中建立录音录像制度的积极意义和相关程序，并且在内容上有所进步。具体来说，主要有两个方面。首先，监察法对录音录像制度的适用范围进行了拓展。刑事诉讼法只规定录音录像适用于讯问犯罪嫌疑人程序，而监察法不仅将"搜查、查封、扣押”纳入适用录音录像的范围，还规定了“等重要取证工作”的兜底性条款。其次，刑事诉讼法规定适用录音录像制度，依据案件类型划分为任意性适用和强制性适用两种标准，而且强制性标准只适用于少数重大犯罪案件。而监察法则统一采用强制性标准，明确规定“调查人员进行讯问以及搜查、查封、扣押等重要取证工作，应当对全过程进行录音录像”。应当说，监察法规定录音录像制度，采用“全部全程”，较刑事诉讼法有较大进步，具有积极意义。既体现了监察法对程序正义的尊重和人权保障的重视，也反映出监察调查本质上与刑事侦查十分相似。

（二）关于监察调查录音录像资料的移送

依据监察法的规定，监察调查程序终结后需要移送检察机关审查起诉，监察调查程序开始与刑事诉讼程序产生衔接，这就不可避免地会产生监察调查收集证据材料的移送问题。审查起诉阶段，检察机关需要对监察调查所获取的证据材料进行全面的审查，包括证据的客观性、关联性以及合法性等问题。其中最为关键的就是合法性问题，这是证据材料具有证据资格的前提条件。在现阶段，对于监察调查程序中讯问、搜查、查封、扣押等重要取证工作获取证据材料合法性的判断最有效的依据还应当是录音录像资料。因此，监察调查程序中录音录像资料在刑事诉讼中的移送问题就显得十分重要。

从法律规范本身来看，监察法同刑事诉讼法一样，对录音录像资料的移送问题未作明确规定，只能通过一些对监察法的权威解释文本加以分析。由于监察法是新生事物，现行法律尚未明确国家监察委员会有权对监察法实施过程中的法律问题进行解释。目前，除第十二届全国人大常委会副委员长李建国同志在第十三届全国人大第一次会议上所作的《关于〈中华人民共和国监察法〉（草案）的说明》外，对监察法所作颇具权威性的解释就是由中央纪委、国家监委法规室编写的《〈中华人民共和国监察法〉释义》（以下简称《监察法释义》）。《监察法释义》对《监察法》第41条第2款规定的录音录像制度的解释称："监察机关对调查过程的录音录像不随案移送检察机关。检察机关认为需要调取与指控犯罪有关并且需要对证据合法性进行审查的录音录像，可以同监察机关沟通协商后予以调取。”①

在国家监察体制改革前，职务犯罪由检察机关立案侦查，因此对这部分案件来说，检察机关既是侦查机关，又是公诉机关。为打破检察机关权力封闭运行的状态，检察机关自身要求强化侦查监督部门、公诉部门对自侦部门的监督制约。《人民检察院刑事诉讼规则（试行）》第73条和第310条规定，对于职务犯罪案件，侦查机关提请批准逮捕，或者侦查终结移送审查起诉，录音录像资料要随案移送审查，并且明确了未按规定随案移送的法律后果。国家监察体制改革后，检察机关职务犯罪侦查职权，包括机构和人员，实行转隶。考虑到新组建监察机关的属性和监察调查程序的特点，《监察法释义》作出了不随案移送的表示。

监察机关具有政治性与特殊性。监察体制改革是以习近平同志为核心的党中央作出的重大政治体制改革。其目的是形成集中统一、权威高效的反腐败体制。监察机关不是行政机关、不是司法机关，而是政治机关。② 其政治机关的定位，使得监察机关在监察调查→审查起诉→法庭审判的职务犯罪案件诉讼流程中，具有区别于一般侦查机关的特殊性。

职务犯罪案件监察调查不公开进行，具有较强的封闭性和秘密性。一方面，为破除职务犯罪案件监察调查封闭性的消极影响，规范讯问或者搜查、查封、扣押等取证活动，防止发生违法取证行为，监察法要求对讯问和搜查、查封、扣押等重要取证活动实行全程同步录音录像；另一方面，由于职务犯罪案件，特别是领导干部职务犯罪案件，一般具有案情重大、疑难复杂、涉案人数多等特点，可能涉及国家或单位秘密，将有关录音录像资料随案移送，可能产生不必要的泄密风险。同时，录音录像在现阶段主要作为自律手段和防范措施，而不是定案的证据资料，因此，规定录音录像资料不随案移送具有正当性和合理性。从刑事诉讼的视角看，普通刑事案件法律尚未要求录音录像资料随案移送，那么对于职务犯罪案件，同样不随案移送录音录像资料是可以理解的。

---

① 参见中共中央纪律检查委员会、中华人民共和国国家监察委员会法规室编：《〈中华人民共和国监察法〉释义》，中国方正出版社2018年版，第194页。

② 闫鸣：《监察委员会是政治机关》，载《中国纪检监察报》2018年3月8日，第3版。

（三）关于监察调查录音录像资料的调取

如前分析，在刑事诉讼中当证据收集合法性产生争议时，赋权检察机关和审判机关在必要时可以调取相关录音录像资料。在监察调查终结移送司法机关依照刑事诉讼法追究被调查人刑事责任时，同样存在此种情形和此种需要。一定意义上说，由于职务犯罪特别是贿赂犯罪的特点，关于监察调查讯问被调查人合法性的争议在其后的审查起诉环节和法庭审判阶段，可能更易发生，更为常见。因此，调取录音录像资料的问题也更为迫切，更需明确。

同样，关于调取录音录像的问题，目前尚无权威的有法律效力的解释。《监察法释义》主张，检察机关认为需要调取与指控犯罪有关并且需要对证据合法性进行审查的录音录像，可以同监察机关沟通协商后予以调取。对此释义进行文本分析，可以解读出以下几点含义：一是检察机关对于监察调查移送审查起诉的案件，必要时，可以对监察机关实行讯问或搜查、查封、扣押等重要取证工作时的录音录像资料进行调取和审查；二是检察机关可以调取录音录像资料的范围只限于与指控被调查人犯罪有关，由于监察调查的对象既包括职务犯罪，也涉及职务违法，适用录音录像的范围必然比刑事诉讼广泛，因此只可以调取与指控犯罪有关的录音录像资料，这是当然之义；三是检察机关调取录音录像资料的必要性体现在监察调查收集证据的合法性在审查起诉中产生争议或者出现疑义，因此需要调取录音录像，以使对证据合法性进行审查；四是检察机关调取录音录像资料需要和监察机关沟通协商，而不是像刑事诉讼法规定的那样直接调取。

根据上述释义和分析，笔者认为，关于监察调查录音录像资料在刑事诉讼中的调取和使用，还有以下问题需要研究和关注。

首先，关于人民法院能否调取录音录像资料的问题。目前《监察法释义》所阐释的调取主体只有人民检察院，并没有涉及人民法院。笔者认为，在法庭审判阶段，当监察调查收集证据合法性产生争议或者出现疑义时，人民法院有权调取相关录音录像，这是毋庸置疑的。

第一，党的十八届四中全会提出推进以审判为中心的诉讼制度改革，要求刑事诉讼应当以审判为中心，审判应当以庭审为中心，庭审应当以证据审查为中心，全面贯彻证据裁判原则，真正发挥庭审在认定事实、审查证据、保护诉权、公正裁判中的决定性作用。监察调查终结移送人民检察院审查后提起公诉的案件，进入审判程序同样要遵循审判为中心的原则，同样要落实庭审实质化的要求。我国建立的非法证据排除规则，其排除非法证据的时空范围主要在庭审阶段，法律规定：法庭审理过程中，审判人员认为可能存在以非法方法收集证据情形的，应当对证据收集的合法性进行法庭调查。出于审查证据合法性的需要，人民法院可以要求检察机关出示播放有关录音录像，也可以依职权进行调取。对于这一点，2013 年六部委《关于实施刑事诉讼法若干问题的规定》第 19 条明确规定，人民检察院、人民法院可以根据需要调取讯问犯罪嫌疑人的录音或者录像，有关机关应当及时提供。

第二，从刑事诉讼的运行过程看，人民检察院审查起诉是位于侦查或调查与审判之间的中间环节，国家监察机关监察调查终结的案件，如果犯罪事实清楚，证据确实、充分，需要移送检察机关审查，依法提起公诉。其后，适用刑事诉讼法的相关规定。因此，监察法和刑事诉讼法规定监察调查与刑事诉讼的衔接，主要体现在移送审查起诉环节，此时涉及的国家机关主要是监察机关和检察机关，因此《监察法释义》在论及监察调查录音录像资料的调取时，只涉及检察机关，但并不据此排除审判机关。

第三，根据刑事诉讼法的规定，法庭审理过程中，在对证据收集的合法性进行法庭调查的过程中，人民检察院应当对证据收集的合法性加以证明。因此，检察机关在审查起诉中，根据需要调取的有关录音录像资料，一方面用于自己对证据收集合法性的审查，另一方面也是为在法庭审理时履行法律赋予的证明责任，包括对证据合法性的证明。

其次，关于被告人及其辩护人有无申请调取录音录像资料的权利。在刑事诉讼中，被告人及其辩护人申请排除非法证据的同时，依法享有申请司法机关调取有关录音录像的权利。2017 年“两高三部”《关于办理刑事案件严格排除非法证据若干问题的规定》第 22 条规定，犯罪嫌疑人、被告人及其辩护人拥有向人民法院、人民检察院申请调取公安机关、国家安全机关、人民检察院收集但未提交的录音录像资料的权利。这样规定，既为辩护方能够接触到录音录像资料提供了法律依据，有利于提升辩护方的辩护能力，加强犯罪嫌疑人、被告人的权利保障，也有利于排除非法证据规则的贯彻落实，防止冤假错案，维护程序正义。实践中，辩护一方提出申请，往往是检察机关、审判机关调取录音录像资料的缘起。但是，目前监察法和《监察法释义》均未论及被调查人、被告人申请调取录音录像的问题，而这必将成为监察案件刑事诉讼程序中的突出问题。秉持程序正义和人权保障的理念，笔者认为，被调查人、被告人及其辩护人申请调取与审查证据合法性有关的录音录像，是其辩护权的重要组成部分，应当在监察案件如何适用和完善非法证据排除规则中加以明确。在当前监察法未予明确的情况下，由于法庭审理适用刑事诉讼法，而刑事诉讼法及相关司法解释和规范性文件对排除非法证据的规则和程序有详细规定，包括犯罪嫌疑人、被告人及其辩护人申请司法机关调取录音录像的权利，因此应当适用刑事诉讼法及相关配套规定，赋予和保障辩护方在一定条件下申请调取监察调查录音录像资料的权利。

排除非法证据的制度探索与理论思考

非法证据排除规则是当代法治国家刑事诉讼法和刑事证据法中一项重要的规则。它起源于英国，兴起于美国，风行于全球，并为联合国刑事司法准则所确认。

我国法学界对非法证据排除规则非常重视，持续关注，许多学者和实务专家对如何在我国建立与完善刑事非法证据排除规则进行认真的探索与论证，产出了大量研究成果。[①] 这些学术探索与研究成果，为我国非法证据排除规则的建立和实施作出重要的理论论证与智力支持。

但是，伴随着我国非法证据排除规则的确立与实施，无论是立法规定还是实务操作，仍存在一些问题与困惑，反映出在排除非法证据问题上理论研究的不足与短板，从而影响非法证据排除规则的落实与完善。本文旨在通过对我国刑事诉讼建立非法证据规则过程的回顾与梳理，在比较研究的基础上凝练我国非法证据排除规则的制度特色与不足，考察其在中国司法背景下的现状与改革，进而从理论维度和体系层面对非法证据排除规则的几个基本问题进行思考，以期为我国非法证据排除规则的科学建构和健全完善建言献策。

---

① 在中国知网 CSSCI 来源类别中以“非法证据”为搜索词进行分类检索，可知：在“主题”检索项下的相关文献计 1143 篇，“篇名”项下为 287 篇，“关键词”项下为 169 篇；而以《关于办理刑事案件排除非法证据若干问题的规定》颁布的 2010 年为起始年进行限定，则对应数据分别为 915 篇、221 篇、125 篇。以“非法证据排除规则”为搜索词，在“主题”项下的结果为 437 篇，“篇名”项下为 154 篇，“关键词”项下为 374 篇，2010 年后的数据分别为 334 篇、111 篇、285 篇。如将搜索来源扩展到全部期刊，则以“非法证据”为“主题”的文章共计 6210 篇，“篇名”项为 2116 篇，“关键词”项为 1402 篇，2010 年之后分别为“主题”项下 4682 篇，“篇名”项下 1519 篇，“关键词”项下 899 篇；以“非法证据排除规则”为检索词，全部对应结果为“主题”项下 2639 篇，“篇名”项下 1173 篇，“关键词”项下 2339 篇，2010 年之后分别为 1826 篇、816 篇、1643 篇。

一、非法证据排除规则的确立发展

非法证据排除规则在我国刑事诉讼中的确立和发展是一个从无到有、不断发展、渐进完善的过程。

（一）1979 年刑事诉讼法

1979 年 7 月 1 日第五届全国人大第二次会议通过的刑事诉讼法是新中国第一部刑事诉讼法，标志着我国追究犯罪、惩罚犯罪的活动初步迈上法治的轨道。鉴于“文化大革命”期间的惨痛教训，法律对公安司法人员如何收集证据有明确的要求。该法第 32 条规定：“审判人员、检察人员、侦查人员必须依照法定程序，收集能够证明被告人有罪或者无罪、犯罪情节轻重的各种证据。”同时明令禁止以非法的方法收集证据，对司法实践中常见的逼供、诱供、骗供等违法取证行为作了禁止性规定：“严禁刑讯逼供和以威胁、引诱、欺骗以及其他非法方法收集证据。”然而，司法实践中刑讯逼供和其他非法取证现象屡禁不止，甚至愈演愈烈，使法律的禁止性规定形同一纸空文。

（二）1996 年修法及司法解释

1996 年刑事诉讼法修改前夕，学术界不少学者已在宣传倡议建立非法证据排除规则。[①] 在规范层面上，1994 年最高人民法院《关于审理刑事案件程序的具体规定》第一次规定了排除非法证据的内容。[②]1996 年刑事诉讼法作第一次修改，其后出台的最高人民法院、最高人民检察院关于刑事诉讼法适用的司法解释分别规定了非法言词证据排除的内容。1996 年 12 月 20 日发布的最高人民法院《关于适用〈中华人民共和国刑事诉讼法〉的解释》（以下简称《刑诉法解释》）第 58 条规定：“严禁以非法的方法收集证据。凡经查证确实属于采用刑讯逼供或者威胁、引诱、欺骗等非法的方法取得的证人证言、被害人陈述、被告人供述，不

---

① 中国政法大学陈光中教授受全国人大常委会法工委委托主持起草的《中华人民共和国刑事诉讼法》（修改建议稿）第 60 条就设计了“用非法方法获得的证据，不得作为定案的根据”的规定。

② 最高人民法院《关于审理刑事案件程序的具体规定》（法发〔1994〕4 号）第 45 条规定：“严禁以非法的方法收集证据。凡经查证确实属于采用刑讯逼供或者威胁、引诱、欺骗等非法的方法取得的证人证言、被害人陈述、被告人供述，不能作为证据使用。”

得作为定案的根据。”1997年1月15日最高人民检察院通过的《人民检察院刑事诉讼规则（试行）》（以下简称《刑诉规则》）第65条规定：“对采取刑讯逼供等非法方法收集的犯罪嫌疑人供述和采用暴力、威胁等非法方法收集的证人证言、被害人陈述应当依法排除，不得作为报请逮捕、批准或者决定逮捕、移送审查起诉以及提起公诉的依据。”① 坦率地说，这些规定在司法实践中基本未得到执行，但不容据此否定它的积极意义。正如陈光中教授指出的，“虽然它在司法实践中影响甚微，但毕竟启动了非法证据排除规则在中国的航程”。②

（三）2010年“两个证据规定”

为贯彻落实刑事诉讼法关于依法收集证据的规定，进一步遏制刑讯逼供和其他非法收集证据的行为，中央深化司法体制和工作机制改革的意见明确提出了完善非法证据排除制度的要求。2010年5月30日，“两高三部”联合发布《关于办理死刑案件审查判断证据若干问题的规定》（以下简称《死刑案件证据规定》）和《关于办理刑事案件排除非法证据若干问题的规定》（以下简称《排除非法证据规定》）。其中，《排除非法证据规定》对排除非法证据的问题作出了系统的规定。第1条规定：“采用刑讯逼供等非法手段取得的犯罪嫌疑人、被告人供述和采用暴力、威胁等非法手段取得的证人证言、被害人陈述属于非法言词证据。”第2条明确：“经依法确认的非法言词证据，应当予以排除，不得作为定案的根据。”第14条还规定：“物证、书证的取得明显违反法律规定，可能影响公正审判的，应当予以补正或者作出合理解释，否则，该物证、书证不能作为定案的根据。”由此初步明确了非法言词证据和非法实物证据的排除范围。此外，《排除非法证据规定》还对排除非法证据的启动方式、证明责任分配、法庭审查程序等作了规定，使排除非法证据不再停留在宣示意义上，而成为真正可以在实践中贯彻落实的证据规则。

---

① 比较《刑诉法解释》与《刑诉规则》，前者所规定的排除非法言词证据范围上要广于《刑诉规则》，包括了采取引诱、欺骗等非法的方法收集的证人证言、被害人陈述、被告人供述，但实际执行起来难度很大，因此2010年的《排除非法证据规定》和2012年刑事诉讼法修改，基本吸收了《刑诉规则》的规定，将需要排除的非法言词证据的范围限定在“采取刑讯逼供等非法方法收集的犯罪嫌疑人供述和采用暴力、威胁等非法方法收集的证人证言、被害人陈述”。

② 陈光中主编：《非法证据排除规则实施问题研究》，北京大学出版社2014年版。

《死刑案件证据规定》主要规范办理死刑案件对证据的审查判断，也从对证据的审查认定角度，对不同种类的证据确立了一些不予认定的规则。[①]这些规定主要适用于办理死刑案件，但也不限于死刑案件，办理其他刑事案件可以参照执行。[②]

“两个证据规定”的颁行，标志着我国非法证据排除规则的框架结构已经初步形成，可谓意义重大，影响深远。有学者指出：“两个规定对于依法、全面、客观地收集审查判断证据，准确认定案件事实，有力遏制刑讯逼供，有效防止冤假错案的发生，实现司法公正，加强司法公信力和权威性具有十分重要的现实意义，并为即将启动的刑事诉讼法再修改中的证据制度的完善奠定了良好的基础。”[③]

（四）2012年刑事诉讼法修改

2012年3月14日第十一届全国人大第五次会议通过的《关于修改〈中华人民共和国刑事诉讼法〉的决定》增加了排除非法证据的规定。修改后的《刑事诉讼法》第54条对应当排除的非法证据的范围和办案机关排除非法证据的义务作了规定。该条第1款规定：“采用刑讯逼供等非法方法收集的犯罪嫌疑人、被告人供述和采用暴力、威胁等方法收集的证人证言、被害人陈述应当予以排除。收集物证、书证不符合法定程序，可能严重影响司法公正的，应当予以补正或者作出合理解释，不能补正或者作出合理解释的，对该证据应当予以排除。”第2款规定：“在侦查、审查起诉、审判时发现有应当排除的证据的，应当依法予以排除，不得作为起诉意见、起诉决定和判决的依据。”除此之外，修改后

---

① 例如，对于经勘验、检查、搜查、提取、扣押的物证、书证，侦查人员未附有勘验、检查笔录，搜查笔录，提取笔录，扣押清单，不能证明物证、书证来源的，不能作为定案的根据；对于侦查人员讯问证人没有个别进行或者没有经证人核对确认并签名的书面证言，不能作为定案的根据；对于侦查人员讯问笔录没有经被告人核对确认并签名的被告人供述，不能作为定案的根据；对于鉴定机构、鉴定人不具备法定资格和条件、鉴定事项超出其鉴定项目范围或鉴定能力的鉴定意见，不能作为定案的根据；对于辨认不是在侦查人员主持下进行或者辨认中给辨认人明显暗示或者明显有指认嫌疑的辨认结果，也不能作为定案的根据。

② “两高三部”在印发《死刑案件证据规定》和《排除非法证据规定》的通知中专门指出，办理其他刑事案件，参照《死刑案件证据规定》执行。

③ 陈光中：《改革完善刑事证据制度的重大成就》，载《检察日报》2010年6月1日，第3版。

的刑事诉讼法还对排除非法证据的启动方式、证明责任、审查程序、认定标准以及侦查人员出庭作证等作了明确规定，由此在法律上正式确立了比较全面的非法证据排除规则。

（五）防范冤假错案的规范文件

针对刑事执法司法中突出存在的问题，为切实防范冤假错案，维护司法公正，中央政法委出台《关于切实防止冤假错案的决定》[①]，强调：在侦查、审查起诉、审判时发现有应当排除的证据的，应当依法予以排除，不得作为提请批准逮捕、批准或者决定逮捕、移送审查起诉、作出起诉决定和判决的依据。

2013 年 9 月，为贯彻执行中政委《关于切实防止冤假错案的决定》，提高法律监督水平，确保检察机关办案质量，坚决防止和纠正冤假错案，最高人民检察院制定《关于切实履行检察职能防止和纠正冤假错案的若干意见》，再次强调“依法排除非法证据”[②]，并且要求：对非法证据依法排除后，其他证据不能证明犯罪嫌疑人实施犯罪行为的，应当不批准或者决定逮捕，已经移送审查起诉的，可以将案件退回侦查机关补充侦查或者作出不起诉决定。2013 年 11 月 22 日，最高人民法院印发《关于建立健全防范冤假错案工作机制的意见》，其中关于排除非法证据有了新的突破，对刑讯逼供外的非法收集口供的方法作了例举并扩大了非法供述的排除范围。[③]

（六）深化诉讼制度改革和严格排除非法证据

2013 年 11 月 12 日，党的十八届三中全会通过《中共中央关于全面

---

① 《关于切实防止冤假错案的决定》（中政委〔2013〕27 号），2013 年 8 月 13 日发布。

② 第 13 条规定：“采用刑讯逼供等非法方法收集的犯罪嫌疑人供述和采用暴力、威胁等非法方法收集的证人证言、被害人陈述，应当依法排除，不得作为批准、决定逮捕或者提起公诉的依据。收集物证、书证不符合法定程序，可能严重影响司法公正的，应当及时要求侦查机关补正或者作出书面解释；不能补正或者无法作出合理解释的，对该证据应当予以排除。”

③ 第 8 条规定：“采用刑讯逼供或者冻、饿、晒、烤、疲劳审讯等非法方法收集的被告人供述，应当排除。除情况紧急必须现场讯问以外，在规定的办案场所外讯问取得的供述，未依法对讯问进行全程录音录像取得的供述，以及不能排除以非法方法取得的供述，应当排除。”

深化改革若干重大问题的决定》，明确要求“严禁刑讯逼供、体罚虐待，严格实行非法证据排除规则”。2014 年 10 月 23 日，党的十八届四中全会通过《中共中央关于全面推进依法治国若干重大问题的决定》，提出推进以审判为中心的诉讼制度改革，健全落实罪刑法定、疑罪从无、非法证据排除等法律原则的法律制度。

2016 年 8 月 3 日，“两高三部”联合印发《关于推进以审判为中心的刑事诉讼制度改革的意见》，对侦查机关依法收集证据和排除非法证据提出要求。[①] 2017 年 6 月 27 日，“两高三部”联合发布《关于办理刑事案件严格排除非法证据若干问题的规定》（以下简称《严格排除非法证据规定》），对排除非法证据的诸多问题作出最为严格最为详尽的规定[②]，并完善了在侦查、审查逮捕、审查起诉、审判等各个诉讼环节申请、审查和排除非法证据的程序。

2017 年 2 月 21 日，最高人民法院出台《关于全面推进以审判为中心的刑事诉讼制度改革的实施意见》，随后并配套推出落实以审判为中心的庭审实质化改革的“三项规程”[③]。其中，《排除非法证据规程》对中央改革文件进行了细化，重点针对非法证据排除程序适用中存在的启动难、证明难、认定难、排除难等问题，进一步明确人民法院审查和排除非法证据的具体规则和程序，规范庭前程序和庭审环节对证据合法性争议的处理程序，为司法实践提供了更为明确的指引。

---

① 该意见强调：侦查机关应当依法收集证据。对采取刑讯逼供、暴力、威胁等非法方法收集的言词证据，应当依法予以排除。侦查机关收集物证、书证不符合法定程序，可能严重影响司法公正，不能补正或者作出合理解释的，应当依法予以排除。

② 《严格排除非法证据规定》明确指出：采用殴打、违法使用戒具等暴力方法或者变相肉刑的恶劣手段，使犯罪嫌疑人、被告人遭受难以忍受的痛苦而违背意愿作出的供述，应当予以排除。采用以暴力或者严重损害本人及其近亲属合法权益等进行威胁的方法，使犯罪嫌疑人、被告人遭受难以忍受的痛苦而违背意愿作出的供述，应当予以排除。采用非法拘禁等非法限制人身自由的方法收集的犯罪嫌疑人、被告人供述，应当予以排除。采用暴力、威胁以及非法限制人身自由等非法方法收集的证人证言、被害人陈述，应当予以排除。收集物证、书证不符合法定程序，可能严重影响司法公正而又不能补正或者作出合理解释的，对有关证据应当予以排除。

③ 最高人民法院以法发〔2017〕31 号文下发《关于印发〈人民法院办理刑事案件庭前会议规程（试行）〉〈人民法院办理刑事案件排除非法证据规程（试行）〉〈人民法院办理刑事案件第一审普通程序法庭调查规程（试行）〉的通知》。

二、非法证据排除规则的制度特点

非法证据排除规则是舶来品。我国刑事诉讼中的非法证据排除规则是在了解、借鉴域外排除非法证据的做法和经验的基础上，立足中国国情，因应实践需要，所建立和发展起来的，具有鲜明的自身特点。

（一）平衡多元价值

众所周知，非法证据排除规则是刑事程序法、刑事证据法的一项规则，是诉讼制度和证据制度发展到一定时期的产物。排除执法人员以非法方法收集的证据，属于程序制裁的一种机制，强调的是不让执法违法者从自己的违法行为中获取利益，体现的是遵守法律正当程序，维护宪法和法律权威，加强刑事司法中的人权保障。

中国建立非法证据排除规则，贯彻惩罚犯罪与保障人权平衡、实体真实与程序公正兼顾的诉讼理念。[①]非法证据排除规则是一种事后制裁措施，把已经收集到的可以证明被追究人犯罪事实的证据，因收集手段方法违反法律规定而将其排除，不作为认定被追究人有罪的根据，是要付出一定代价的，在个案上可能因此而承担放纵罪犯的风险。故中国在讨论建立非法证据排除规则时，既期望借此规制侦查人员的侦查活动，遏制刑讯逼供、暴力、威胁等非法取证行为，维护司法公正，又考虑排除非法证据的范围不宜过大，以避免造成放纵犯罪、打击不力的负面影响。表现在规则的具体设计上，强调以排除非法言词证据为主，非法收集的实物证据一般不排除，而“毒树之果”则完全不排除。排除非法的言词证据，也限于排除采用刑讯逼供等非法手段收集的犯罪嫌疑人、被告人口供，和采用暴力、威胁等非法手段收集的证人证言、被害人陈述。[②]对于为什么非法实物证据一般不排除时，人们通常解释为：“与非法言词证据相比，非法取得的实物证据具有一个突出的特点，即发生虚假的可能性较小，可信度较高。即使是采取违法的方法去收集，如违法搜查、扣押，一般也不会改变物证本来的属性和状态。在此情形下，可

---

① “两高三部”印发《死刑案件证据规定》和《排除非法证据规定》的通知中强调：“各相关部门在司法实践中要严格贯彻落实两个《规定》，牢固树立惩罚犯罪与保障人权并重的观念、实体法与程序法并重的观念，依法、全面、客观地收集、审查、判断证据，严把事实关、证据关，切实提高刑事案件审判质量，确保将两个《规定》落到实处，把每一起刑事案件都办成铁案。”

② 参见《排除非法证据规定》第1条，《刑事诉讼法》第56条。

以考虑在一定的范围内采用非法取得的实物证据。”[1]显然，制定规则时考虑的不仅是取证手段的违法性，更看重的是手段违法性对证据真实性的影响。对此，有学者一针见血地指出：“这种确定是否排除的标准仍然是‘重证明力、轻证据能力’的，也是一种特殊的‘重实体、轻程序’的表现。”[2]不采纳“毒树之果”理论，更是为了避免排除范围的扩大化，妨碍惩治犯罪目标的实现。此外，在排除方式上，我国实行“强制排除”与“裁量排除”相结合的方式[3]，也体现了惩罚犯罪与保障人权平衡、实体真实与程序公正兼顾的理念。

（二）防范冤假错案

中国确立非法证据排除规则，一个重要的指导思想就是防止冤假错案的发生，加强对冤假错案的源头预防。回顾2010年“两个证据规定”的出台，一个重要的催化剂就是赵作海案件[4]。该案是当时经由媒体披露且引起公众广泛关注的一系列冤假错案中的最新一个。继佘祥林案之后，又一起因“死者复活”而不得不被平反的重大冤错案件，再次引起全社会对侦查机关滥用职权、非法取证的拷问，也得到中央的高度重视，从而加速了“两个证据规定”特别是《排除非法证据规定》的出台。因此，在中国非法证据排除规则甫经确立，便被赋予防止冤假错案发生的神圣使命。

为什么一项程序制裁性质的措施，会被赋予防范冤假错案的使命，大致源于这样的思维逻辑：但凡发生冤假错案，出错的根源往往是办案人员认定案件事实错误；为什么办案人员会错误地认定案件事实，是由

---

① 陈光中、张小玲:《论非法证据排除规则在我国的适用》，载《政治与法律》2005年第1期。

② 陈瑞华:《非法证据排除规则的中国模式》，载《中国法学》2010年第6期。

③ 对于采用刑讯逼供等非法方法收集的犯罪嫌疑人、被告人供述和采用暴力、威胁等方法收集的证人证言、被害人陈述，实行强制排除。对于收集物证、书证不符合法定程序，可能严重影响司法公正的，实行裁量排除，并允许对其予以补正或者作出合理解释。

④ 1999年，随着一具无头死尸在一井底被发现，警方很快确定该死尸系被人谋杀所致，而受害者即为此前已失踪两年的赵振晌。而在失踪之前不久，赵振晌曾与同村邻居赵作海发生过口角，并有激烈的争吵。警方遂以赵作海涉嫌谋杀为由将其羁押，随后检察院依据赵作海的供述将案件起诉到法院。法院判处赵作海死缓，在执行过程中转为长期监禁。10年后，也就是2010年4月，被认为是受害者的赵振晌回到村里，此前他一直以为自己严重打伤了赵作海，并可能导致赵作海死亡，因此长期逃亡在外。

于错误地采信了犯罪嫌疑人虚假的有罪供述；犯罪嫌疑人为什么要作虚假的有罪供述，是由于侦查人员对其实施了刑讯逼供等非法取证行为。因此，要加强对冤假错案的源头预防，既要采取有效措施规范侦查人员的讯问行为，也要建立非法证据排除规则，对采用刑讯逼供等非法方法获得的犯罪嫌疑人口供，不允许作为认定其有罪的根据。

（三）遏制刑讯逼供

在我国，非法证据排除规则的首要适用对象就是采用刑讯逼供所获得的犯罪嫌疑人、被告人有罪供述。这不仅是为了排除虚假口供，防范冤假错案，也是为了规范讯问行为，遏制刑讯逼供。刑讯逼供是指国家司法工作人员（主要指侦查人员）采用肉刑或变相肉刑等残酷的方法折磨被讯问人的肉体或精神，以获取其认罪供述的一种极其恶劣的审讯方法。刑讯逼供行为严重侵犯了被讯问人的人身权利和民主权利，使其在肉体或精神上遭受痛苦而被迫作出供述或承认。刑讯逼供行为可能造成审讯对象重伤甚至死亡的结果，严重损害了公安司法机关的形象，并往往导致冤假错案的发生。

在立法上，我国反对刑讯逼供的立场是鲜明的、毫不含糊的。1979年制定的新中国第一部《刑事诉讼法》第32条便明确规定：严禁刑讯逼供和以威胁、引诱、欺骗以及其他非法方法收集证据。同时制定的刑法规定国家工作人员实行刑讯逼供行为的，依法追究刑事责任。我国还于1986年加入联合国《禁止酷刑和其他残忍、不人道或有辱人格的待遇或处罚公约》（以下简称《联合国禁止酷刑公约》），借此向全世界昭示我国禁止包括刑讯逼供在内的一切酷刑的决心。但不可否认的是，刑讯逼供现象在我国司法实践中却长期存在，久禁不绝，有的时期有的部门甚至十分严重。特别是，陆续披露的一连串因刑讯逼供所酿成的冤假错案，引起了社会的强烈关注。禁绝刑讯逼供，是社会大众的呼唤，也是法治文明的要求。

为了遏制刑讯逼供，在2012年刑事诉讼法修改中采取了一系列组合措施[①]，其中一个重要的举措就是在立法上确立非法证据排除规则，明

---

① 例如，增加规定：逮捕后，应当立即将被逮捕人送看守所羁押；犯罪嫌疑人被送交看守所羁押以后，侦查人员对其进行讯问，应当在看守所内进行；侦查人员在讯问犯罪嫌疑人的时候，可以或者应当对讯问过程进行录音或者录像；等等。

确规定以刑讯逼供等非法方法收集的犯罪嫌疑人、被告人口供，应当依法排除。在法律中对非法证据的排除作出明确规定，是“为从制度上进一步遏制刑讯逼供和其他非法收集证据的行为，维护司法公正和刑事诉讼参与人的合法权利”①。同时，也是顺应《联合国禁止酷刑公约》的明确要求。②

（四）实施于诉讼各阶段

无论英美法系，抑或大陆法系，通常意义上的非法证据排除规则，指的是“执法人员及其授权的人员通过非法方法所收集的证据不得在刑事审判中采纳为证据”③。事实上，关于非法证据排除规则，不同国家的立法或司法有不同的表述，但基本含义是确定的，那就是法院应当排除警察或检察官用非法手段取得的证据，并不能容许使用这样的证据决定被告人是否有罪。④也就是说，通常排除非法证据的场域在法庭，排除非法证据的时间在审判，排除非法证据的主体是法官。

我国刑事诉讼法及司法解释性文件建立的非法证据排除规则，将排除非法证据的时间贯穿刑事诉讼的各个阶段。《刑事诉讼法》第 54 条第 2 款规定：“在侦查、审查起诉、审判时发现有应当排除的证据的，应当依法予以排除，不得作为起诉意见、起诉决定和判决的依据。”根据刑事诉讼法的这一规定，公检法三机关都是非法证据的排除主体，都有排除非法证据的义务，谁发现谁排除，在什么诉讼阶段发现就在什么诉讼

① 王兆国：《关于〈中华人民共和国刑事诉讼法修正案（草案）〉的说明》（2012 年 3 月 8 日在第十一届全国人民代表大会第五次会议上），载中国人大网，最后访问时间：2022 年 2 月 18 日。

② 《联合国禁止酷刑公约》第 15 条规定：“每一缔约国应确保在任何诉讼程序中，不得援引任何业经确定系以酷刑取得的口供为证据，但这类口供可用作被控施用酷刑者刑讯逼供的证据。”

③ See *Encyclopedia of Crime and Justice*, Free Press, 1983, p.715。原文如下：“An exclusionary rule is a rule that generally operates to exclude from admission at a criminal trial evidence obtained as a result of unlawful activity by law enforcement officers or their agents.”

④ 岳礼玲：《德、美证据排除规则的比较——我国确立刑事证据规则之经验借鉴》，载《政法论坛》2003 年第 3 期。

阶段排除。[①]这是我国非法证据排除制度的特点，作出这样的规定主要是出于两种考虑：一是“规定刑事诉讼每个阶段的办案机关都有排除非法证据的义务，有利于尽早发现和排除非法证据，提高办案质量，维护诉讼参与人合法权利”。[②]二是“鉴于我国刑事诉讼中诉讼阶段论的色彩还比较明显，立法部门要求有关机关在各自的诉讼阶段只要发现符合排除要求的非法证据均应当排除，应当说颇具中国特色，有利于非法证据在我国的排除”。[③]

然而，尽管立法者表达了要求三机关在各阶段层层把关的美好愿望，但由于这种愿望与侦诉机关承担的追诉职能相背离，导致侦诉机关缺乏排除非法证据的动力。例如，有学者的实证调研就发现：检察机关在审查批捕和审查起诉环节排除非法证据的效果并不理想，一个可能的原因是，检察机关主动排除非法证据的内在动力似有不足。[④]另据笔者主持的实证研究项目[⑤]发现，在侦查阶段由公安机关主动排除非法证据的程序规定存在问题，或者说是不切实际的。问题一：从源头上讲，侦查机关是非法证据的“制造者”，但是法律又赋予其“排除者”的角色，这两个角色性质上是冲突的，让侦查机关既当“运动员”，又做不利己方的“裁判员”，侦查机关很难同时扮演好相互冲突的两个角色，打击与控制犯罪的职能使得侦查机关积极追求、不肯轻易放弃证明犯罪嫌疑人有罪的证据。问题二：按照规定侦查阶段发现非法证据应当经县级以上公安机关负责人批准排除，这样“正式地”“大张旗鼓地”排除非法证据就更不现实了。侦查人员发现“非法证据”能够主动放弃不作为证

---

① 此外，逮捕是最严厉的强制措施，审查批准逮捕是人民检察院履行法律监督职能的重要活动，《排除非法证据规定》第3条规定：人民检察院在审查批准逮捕中，对于非法言词证据应当依法予以排除，不能作为批准逮捕的根据。《刑诉规则》对此作了进一步的细化规定。

② 郎胜主编:《中华人民共和国刑事诉讼法释义（最新修正版）》，法律出版社2012年版，第119页。

③ 陈光中主编:《中华人民共和国刑事诉讼法修改条文释义与点评》，人民法院出版社2012年版，第73页。

④ 万毅:《论瑕疵证据——以“两个证据规定”为分析对象》，载《法商研究》2011年第5期。

⑤ 卞建林主持的国家社科基金重大项目“十八届四中全会以来刑事诉讼重要改革实施效果实证研究”（项目号：17ZDA126）。

明犯罪嫌疑人有罪的证据就已经不错了，事实上也是这么实际运作的。因此，一线的侦查人员建议，将《刑事诉讼法》第54条“在侦查时发现有应当排除的证据的，应当依法予以排除，不得作为起诉意见的依据”改为“在侦查时发现有应当排除的证据的，不得作为起诉意见的依据”。并对《公安机关办理刑事案件程序规定》第71条第3款的规定作相应的修改。①

三、非法证据排除规则的理论思考

自20世纪90年代中期，最高人民法院、最高人民检察院先后通过司法解释在司法实务中初步建立非法证据排除规则，迄今已有二十余年。距2012年刑事诉讼法在立法上正式确立非法证据排除规则，也已整整10年。其间，我国的非法证据排除规则从无到有，逐步发展。但伴随着我国非法证据排除规则的确立与实施，无论是制度设计还是实务操作，均存在一些问题与困惑，从而影响非法证据排除规则的落实与完善。在此着重围绕以下几个基本问题作些思考和探索。

（一）关于排除非法证据的主导价值

在证据发展历史上，随着诉讼制度的进步和司法经验的积累，逐步建立起一系列证据规则，如关联证据规则、传闻证据规则、意见证据规则、最佳证据规则、补强证据规则等。总体来说，这些证据规则都是服务于实质真实发现的，企图禁止或者排除那些可能存在偏见、误差、谬误的证据，以帮助人们准确认定案件事实，并保障诉讼活动的顺利进行。而非法证据排除规则则不然，具有明显区别于其他证据规则的主导价值。“非法证据排除规则与其他规则不同之处在于它从违反证据规则的角度作出了规定。使证据的合法性有了法律的保障。”②

“非法证据排除规则在美国确立之后被许多国家的立法、司法借鉴和采纳，成为了很多国家刑事诉讼法和证据法的组成部分。由于不同的

---

① 将“在侦查阶段发现有应当排除的证据的，经县级以上公安机关负责人批准，应当依法予以排除，不得作为提请批准逮捕、移送审查起诉的依据”修改为“在侦查阶段发现有应当排除的证据的，不得作为提请批准逮捕、移送审查起诉的依据”。参见李玉华:《侦查制度改革实证研究》，载《中国刑事法杂志》2018年第6期。

② 杨宇冠:《论非法证据排除规则的价值》，载《政法论坛》2002年第3期。

国家和国际机构规定的非法证据排除规则的范围和条件不一致，对此规则的表述也存在差异。但是，基本意旨都在于把以侵犯当事人权利的非法方法所收集的证据排除在定案根据之外，从而阻止侦查人员的非法取证行为，保障公民免受不法行为的侵犯，维护司法的公正与权威。”①以排除采取刑讯逼供所获得的犯罪嫌疑人认罪口供为例，尽管其具有排除虚假陈述、防范冤假错案的意涵，但绝非其主导价值，主导价值应当是规范侦查行为、遏制刑讯逼供、维护司法公正，从而从根本上尊重和维护宪法和法律的尊严和权威，加强刑事司法中的人权保障。道理其实很简单，因为对于犯罪嫌疑人口供真伪的判断，属于对证据的审查判断，需要如对待其他证据一样，依据经验法则、逻辑法则，运用鉴真规则、印证规则，加以审查判断。凡是被认定虚假的证据，都不能用作定案的依据，而不需要借助非法证据排除规则来加以排除。而且，事实上，尽管采用刑讯逼供等非法方法收集的犯罪嫌疑人口供，由于其非出于犯罪嫌疑人自愿，因此时常有虚假的成分，但也不能说都是虚假的，甚至有时收集到其他确凿的证据可以印证口供是真实的。例如，对于某些隐秘性很强的案件，根据犯罪嫌疑人口供发现了被害人尸体，提取了作案工具或犯罪所得，等等。在此情况下，难不成因口供内容真实便忽略其收集手段违法吗？若如此，还能称其为非法证据排除规则吗？正如美国著名刑事法专家菲尼教授所指出的：“在美国，确认性证据有多么强并不重要。如果自白是通过刑讯或者以刑讯相威胁而获得的，它就被认为是不自愿的，应当被排除。即使确认性证据实际上确定自白是真实的，该自白也要被排除。美国法律排除刑讯取得的自白的根本原因不是为了有助于发现事实真相，而是有另外的更重要的目的。这一目的就是保护人的尊严。该规则体现了以下原则，即发现真实的结果并不能使刑讯手段合法化。”②

在我国，一定意义上说，非法证据排除规则因纠正冤假错案的需要而建立，因此其在防范冤假错案方面的作用普遍为人们所认可并强调。但是，很少有人意识到，在强调非法证据排除规则在防范冤假错案方面

① 杨宇冠：《论非法证据排除规则的价值》，载《政法论坛》2002年第3期。

② ［美］弗洛伊德·菲尼：《非法自白应否在刑事诉讼中作为证据使用——英美非法证据排除规则的简要历史》，郭志媛译，载《中国法学》2002年第4期。

作用的同时，却逐渐背离了设立非法证据排除规则的初衷。有学者指出："公正性是设立非法证据排除规则的唯一正当理由。以侵害他人合法权益或者违反法律禁止性规定的方法取得的证据，不能作为认定案件事实的依据。因为，证据来源的合法性原则体现了法治社会人权保护的最高价值，采纳非法证据将严重侵犯宪法和法律规定的公民权利和当事人合法权益。"①但是，在我国长期重打击轻保护、重实体轻程序的司法传统影响下，仅仅因为程序违法便将能够证明犯罪的证据舍弃，甚至可能因此造成个案放纵罪犯的后果，这往往难以被办案人员接受，也难以被社会大众理解。②但如果是为了保证案件质量，防止冤假错案，排除采取刑讯逼供等非法方法获取的证据，则容易被人们接受和理解。一些主张在我国建立非法证据排除规则的学者对此也予以认可："历史和经验已经无数次地告诉我们，依靠折磨犯罪嫌疑人、被告人的肉体和精神使之痛苦等不正当手段获取口供，并以此作为定案依据，极易造成错案，甚至铸成冤案。与合法取得的证据相比，非法取得的证据不真实的可能性更大。""非法证据排除规则将通过违法方法或手段获取的证据排除在诉讼之外，在很大程度上避免了根据虚假的证据对案件事实作出错误的认定，有助于对案件实体真实的发现。"③

如上认识在理论上存在两个问题。一是混淆了非法证据排除规则的规制对象。"非法证据排除是基于证据能力的排除还是基于证明力的排除，这是首先需要澄清的问题。"④证据必须兼备证据能力和证明力。证据能力是对证据的法律要求，解决的是证据的法律资格和容许性问题，依据法律对证据进行取舍确定证据的准入范围；证明力则是对证据的事实要求，即围绕真实性与相关性解决证据与待证事实证明强度的有无及大小。"证据必须先有证据能力，即须先为适格之证据，或可受容许之证据，而后始生证据（明）力之问题。"⑤二是运用非法证据排除规则排

---

① 张保生:《证据规则的价值基础和理论体系》，载《法学研究》2008 年第 2 期。

② 2003 年沈阳刘涌案二审和再审判决出现的适用死刑反复，以及社会大众对刘涌案二审改判的质疑和对法律专家的非难，充分说明了这一点。

③ 陈光中、张小玲:《论非法证据排除规则在我国的适用》，载《政治与法律》2005 年第 1 期。

④ 闵春雷:《非法证据排除规则适用范围探析》，载《法律适用》2015 年第 3 期。

⑤ 李学灯:《证据法比较研究》，五南图书出版公司 1992 年版，第 464 页。

除的本来就是“真实的”证据，或者说“有用的”证据。“在美国，证据排除法则乃是为遏阻执法人员不法搜集证据，由司法裁判所创设，将不法取得之有用证据予以排除，作为保障人权之一种制裁手段，凡以不正方法取得之证据均应排除，具有法定排除之性质。”①正因为非法证据排除规则排除的是真实的有用的证据，所以在确立的过程中才充满争议。对该规则最出名的批评意见是认为：“排除非法证据不构成对犯错误的警察的任何惩罚，但它可能，而且极有可能使犯有罪行的被告人逃避惩罚。”②正是鉴于非法证据排除规则可能存在的副作用，出于惩罚罪犯与保障人权之间的平衡，美国才在建立非法证据排除规则的同时，逐步发展确立了一系列例外。“依此法则所排除之证据，都是案件中极具关键之证据，当然会影响犯罪之有效追诉，因此，为兼顾真实发现之重要法益，审判实务又审时度势，逐渐创设对应的例外法则，建构完备的证据排除及其例外之具体法则，悬为侦审实务遵行之准则。”③

应当强调的是，非法证据排除规则作为现代法治社会的法律成果，它规制的不是证据的证明力问题而是证据能力的问题，其主导价值是加强权利保障，实现程序公正。若片面强调排除非法证据在防范冤假错案方面的作用，长此以往，本原上以程序正义、人权保障为正当性基础的非法证据排除规则，其功能与作用也逐步被限定在预防冤假错案之上。但如果仅仅聚焦于证据是否真实、是否可能导致冤假错案，随之而来的问题是：一旦非法取得的证据是真实的、不会导致冤假错案，是否依然应当排除？就此而言，防范冤假错案抑或虚伪排除理论并不能诠释非法证据排除规则之精义，也不利于非法证据排除规则的有效运行，而程序正义、人权保障理论则能有效回应上述疑问：无论证据是否真实、是否可能导致冤假错案，只要取证手段违反正当程序、侵犯基本人权，就应当予以排除。在坚持程序正义、人权保障的基础上，通过规范的司法行为，自然能有效实现防范冤假错案的效用，但不能就此混淆其因果关

① 林辉煌:《论证据之排除——美国法之理论与实务》，北京大学出版社2006年版，序言。

② 杨宇冠:《论非法证据排除规则的价值》，载《政法论坛》2002年第3期。

③ 林辉煌:《论证据之排除——美国法之理论与实务》，北京大学出版社2006年版，序言。

系，而将防范冤假错案作为非法证据排除的根本目的和价值。[①]

（二）关于排除非法证据的法律规范

非法取证问题在任何国家的刑事诉讼活动中都有可能发生，而对此问题的解决方案各个国家却不尽相同。争议主要集中在要不要在立法上明确规定排除非法证据，以及如果必要应当在立法上如何规定？目前，随着程序正义理念的弘扬和刑事司法中人权保障的加强，越来越多的国家或地区都在法律上明确规定了非法证据排除规则或者吸收了非法证据排除规则的合理因素。[②]

根据比较考察的结果，不同国家或地区关于排除非法证据的法律规定主要采用了以下几类立法模式。

第一类，宪法规定或源于宪法。宪法是一个国家的根本大法，也是制定和实施其他法律的依据。由于排除非法证据涉及司法中的人权保障，一些国家确立非法证据排除规则的法律依据直接源于宪法。例如，非法证据排除规则兴起于美国，其规则自创设之初便与公民的宪法性权利紧密相关。非法证据主要涉及两类，即刑事被告人受警方胁迫而做的自认和警方以非法手段获取的不利于被告人的证据。前者违反了美国宪法第五修正案规定的在刑事诉讼中被告人“不得被强迫……自证其罪的权利”。而后者则违反了美国宪法第四修正案规定人民拥有其“人身、住宅、文件和物品”不受“不合理搜查与扣押”之权利[③]。

加拿大法律中的排除规则是根据《加拿大权利和自由宪章》确立的。[④]非法证据排除规则就是一项补救措施，是权利受侵犯者提请排除非法证据的法律根据。该宪章第24条（2）规定：“在根据第（1）款所

① 卞建林、谢澍：《我国非法证据排除规则的重大发展》，载《浙江工商大学学报》2017年第5期。

② 根据卞建林主编的《世界各国刑事诉讼法》分解资料丛书之《刑事证据制度》分册统计，在书中所列52个国家或地区中，有38个国家或地区已在刑事诉讼法中明确规定了非法证据排除规则。

③ 满运龙：《美国证据法的宪法维度》，载于浩主编：《人大法律评论》第2辑（总第21辑），法律出版社2016年版，第163页。

④ 《加拿大权利和自由宪章》（Canadian Charter of Rights and Freedoms）第24条（1）规定：“此宪章保证的任何人的权利或自由遭受侵犯或拒绝时，可以向主管司法的法庭申诉，以得到法庭认为适当和正义的补救。”

提起的诉讼中，当法庭认定证据是以违反或者否认本宪章所保护的任何权利或自由的方式取得的，如果在考虑了各种因素之后，证实采纳该证据将破坏司法，则该证据应当排除。”在德国，法律中许多排除规则设立的主要目的也是保障公民个人的权利，特别是隐私权。该权利可以从保护人格尊严和个人自由发展的宪法规定中推导出来。①

第二类，刑事诉讼法规定。刑事诉讼法是规范刑事诉讼活动的专门法律。当今世界，随着诉讼民主的发展和人权保障的加强，越来越多的国家或地区在制定或修改刑事诉讼法时增加规定排除非法证据的内容。如俄罗斯《刑事诉讼法》第75条“不予采信的证据”规定：“违反本法典规定获取的证据不予采信。”最具典型意义的是德国《刑事诉讼法》。德国证据理论上将证据禁止分为两类：一类是证据取得禁止；另一类是证据使用禁止。德国《刑事诉讼法》第136 a条“予以禁止的讯问方法”②的立法表述通常被认为是融证据取得禁止和证据使用禁止于一体的完整的证据禁止条款。

第三类，刑事证据法规范。例如，1984年，英国颁布《警察与刑事证据法》。该法第78条规定：“在任何程序中，法庭可以拒绝将检察官据以作出指控的证据予以采纳，如果他在考虑到包括收集证据情况在内的所有情况以后，认为采纳这种证据将会对程序公正性造成不利的影响，因此不应将它采纳为证据。”

在我国，排除非法证据的法律根据存在多层次规范体系。从权利保障的角度可直接溯源于宪法。宪法作为国家根本大法规定了公民的基本权利③，但由于我国宪法未实现司法化，在个案诉讼中只具有抽象意义，

① [美]弗洛伊德·菲尼、[德]约阿希姆·赫尔曼、岳礼玲：《一个案例，两种制度：美德刑事司法比较》，郭志媛译，中国法制出版社2006年版。

② 该条规定：“(一)对被指控人决定和确认自己意志的自由，不允许用虐待、疲劳战术、伤害身体、服用药物、折磨、欺诈或者催眠等方法予以侵犯。只允许在刑事诉讼法准许的范围内实行强制。禁止以刑事诉讼法不准许的方法相威胁。禁止以法律没有规定的利益相许诺。(二)有损被指控人记忆力、理解力的措施，禁止使用。(三)第一、二款的禁止规定，不顾及被指控人承诺，必须适用。对违反这些禁令所获得的陈述，即使被指控人同意，也不允许使用。”

③ 宪法中与刑事司法关系密切的公民权利主要包括公民的合法的私有财产不受侵犯（第13条）、人身自由不受侵犯（第37条）、人格尊严不受侵犯（第38条）、住宅不受侵犯（第39条）、通信自由和通信秘密受法律的保护（第41条）、有权获得辩护（第130条）。

不能直接作为处理案件的法律依据。刑事诉讼法是规范刑事诉讼活动的基本法律，要对宪法的规定进行细化、落实和保障，对公安司法人员的取证行为予以规范，对公民的个人权利予以保障。2012 年刑事诉讼法第二次修改，在立法上确立了非法证据排除规则。除刑事诉讼法外，通过司法解释和司法改革文件，我国已建立起一套规范取证行为、排除非法证据的规范体系。

在规范意义上，确立非法证据排除规则需要明确以下要素，即何为非法证据（适用范围）、何谓排除非法证据（排除意涵）、如何排除非法证据（排除程序）。在此着重分析一下排除的含义及相关的规范表述。经过对现行法律和规范性文件的梳理[①]，具有“排除”意涵的规范表述主要有下列几种。

第一，“应当予以排除”。例如，《刑事诉讼法》第 56 条第 1 款规定：“采用刑讯逼供等非法方法收集的犯罪嫌疑人、被告人供述和采用暴力、威胁等非法方法收集的证人证言、被害人陈述，应当予以排除。”

第二，“应当予以排除，不能作为定案的根据”。例如，《非法证据排除规定》第 2 条规定：“经依法确认的非法言词证据，应当予以排除，不能作为定案的根据。”

第三，“不能作为定案的根据”。例如，最高人民法院《刑诉法解释》第 71 条规定：“证据未经当庭出示、辨认、质证等法庭调查程序查证属实，不得作为定案的根据。”

第四，“不能（得）作为证据使用”。例如，最高人民法院《刑诉法解释》第 88 条规定：“证人的猜测性、评论性、推断性的证言，不得作为证据使用，但根据一般生活经验判断符合事实的除外。”

有研究者认为，以上四种规范表述均产生实质上的证据使用禁止效果。[②]也有论者提出，“通过立法和司法解释我国构建起了有中国特色的证据排除规则，包括以执行外部政策，如以遏制刑讯逼供、维护司法公正和保障基本权利为目的而建立的‘非法证据排除规则’；以发现案

---

① 包括：《刑事诉讼法》，“两高三部”《死刑案件证据规定》《排除非法证据规定》《严格排除非法证据规定》，最高人民法院《关于建立健全防范刑事冤假错案工作机制的意见》《关于适用〈中华人民共和国刑事诉讼法〉的解释》，《人民检察院刑事诉讼规则》，《公安机关办理刑事案件程序规定》等。

② 艾明：《论我国刑事诉讼中的证据使用禁止——以证据取得禁止和证据使用禁止之间的关系为中心》，载《现代法学》2015 年第 5 期。

件真相，涤除虚假性证据为目的而设置的‘不可靠证据排除规则’；以改进技术性、细节性的不规范取证行为为目的而创设的‘瑕疵证据排除规则’”。[①] 笔者以为，在以上四种表述中，第一种和第二种应该说语义相同，在规范意义上均明令“排除”，也是严谨意义上的排除非法证据。但第三种和第四种表述，能否将其标签为排除非法证据的内容，显然是有疑问的。作为司法改革的重大成果，2010年“两高三部”联合制发“两个证据规定”。其中，《排除非法证据规定》对排除非法证据的问题作出了系统的规定，《死刑案件证据规定》主要涉及在死刑案件中审查判断证据的规则，其中包含着不少证据不予认定的内容。从背景考察，“两个证据规定”的出台与中央决定2007年1月1日起死刑立即执行案件的核准权全部由最高人民法院行使有着密切联系。“由于死刑核准权的收回，最高人民法院得以对死刑案件之质量进行审查。作为中国的最高审判机关，从而有机会对以命案为代表的重大刑事案件的办案情况特别是证据方面存在的问题，有了直接和充分的了解。实践中，审判机关与侦查机关时常对同一案件、同一证据的认识存在分歧。特别是，侦查机关在侦查取证中存在很多不足。例如，不能按照审判定罪的要求客观全面地收集证据，片面重视收集证明被告人有罪或者罪重的证据而不重视收集提取对被告人有利的证据，重视获取被告人认罪供述而不重视客观证据的收集，不能严格遵照法定程序收集证据，等等。这些问题严重影响审判机关对死刑案件的正确处理，促使最高人民法院对此进行思考并逐步采取措施加以解决。”[②] 因此，在《死刑案件证据规定》中，针对死刑案件证据运用存在的突出问题，围绕各种证据的审查和认定，以及证据的综合判断和运用，提出了详细的审查要求和认定规则。尽管这些要求和规则主要适用于办理死刑案件，但文件同时明确“办理其他刑事案件可以参照执行”。随后，在总结司法实践经验、巩固司法改革成果的基础上，最高人民法院在2012年和2020年分别发布的《刑诉法解释》中，吸收了办理死刑案件审查判断证据的经验做法，对办理刑事案件中各种证据的审查与认定作了详细规定，并且不断丰富，不断完善。

① 董坤:《中国化证据排除规则的范性梳理与反思》，载《政法论坛》2018年第2期。

② 卞建林:《统一行使死刑案件核准权：十年回顾与展望》，载《甘肃政法学院学报》2017年第3期。

以2020年《刑诉法解释》为例，可以清楚地看到排除非法证据与证据审查认定两者之间的区别。在《刑诉法解释》证据一章中，共有十节。其中，第一节是一般规定，第二节至第八节分别规定了对物证、书证、证人证言等各种证据的审查与认定，其中不乏“不得作为定案的根据”的表述。例如，物证的照片、录像、复制品，不能反映原物的外形和特征的，不得作为定案的根据；对书证的更改或者更改迹象不能作出合理解释，或者书证的副本、复制件不能反映原件及其内容的，不得作为定案的根据。同时，与“不得作为定案的根据”相对应的往往是“可以作为定案的根据”，如“物证的照片、录像、复制品，经与原物核对无误、经鉴定或者以其他方式确认真实的，可以作为定案的根据”；“书证的副本、复制件，经与原件核对无误、经鉴定或者以其他方式确认真实的，可以作为定案的根据”。[①]从内容上看，这是在法庭审理中，对经过控辩双方举证、质证后，法官如何对证据进行认证所做的规范和指引。

此外，《刑诉法解释》中也有关于证据能力即证据准入问题的规定。例如，第88条规定：“证人的猜测性、评论性、推断性的证言，不得作为证据使用，但根据一般生活经验判断符合事实的除外。”这是基于意见证据规则对证人证言所作的限制。还有《刑诉法解释》第71条：“证据未经当庭出示、辨认、质证等法庭调查程序查证属实，不得作为定案的根据。”对此，林钰雄教授指出：“证据应经当庭出示、辨认、质证等法庭调查程序查证，始能终局性地取得证据能力，此属于证据能力之积极要件概念，常归属严格证明法则讨论，不属于证据使用禁止范畴。”[②]

对于排除非法证据，《刑诉法解释》证据一章中以专节共16个条文加以详细规定，既有对刑事诉讼法规定排除范围的适用解释，也有关于审查排除非法证据程序的细化规定。显然，既不能将对证据的审查认定与排除非法证据混为一谈，也不能把根据其他证据规则对证据能力的规

---

① 最高人民法院《刑诉法解释》第83条第2款、第3款，第84条第2款、第3款。

② 林钰雄：《刑事诉讼法》（上册），中国人民大学出版社2005年版，第345页。

制视为排除非法证据。[①]若随意扩大非法证据的范围，或者对非法证据排除规则作泛化理解，都将偏离非法证据排除规则的立法宗旨，既可能导致非法证据排除规则不能准确适用，也不利于发挥非法证据排除规则在弘扬程序正义、强化权利保障方面的积极作用。

（三）关于排除非法证据的适用对象

适用对象是非法证据排除规则的核心内容。根据不同标准可以对非法证据排除规则的适用对象作不同分类。在国外的诉讼立法和证据理论上，往往将排除适用对象与规则保护法益联系起来。例如，排除非法搜查扣押所获取的证据，是为了保护公民的住宅权和隐私权；排除非法监听窃听获取的证据，是为了保护公民的通信自由和交往自由；排除采取刑讯逼供或暴力、威胁等非法方法获取的犯罪嫌疑人口供或证人证言，是为了保护公民自愿供述和不得被强迫自证其罪的权利；等等。

在我国立法和司法中，主要根据非法证据的表现形式将其区分为非法言词证据、非法实物证据和非法衍生证据。其中，非法言词证据是我国非法证据排除规则的重点适用对象。一定意义上说，我国的非法证据排除规则就是针对排除非法言词证据而建立和发展的。而排除非法供述又是排除非法言词证据的重点，因此成为整个非法证据排除规则的重中之重，理所当然成为我们分析的重点。

根据现行规定，适用排除的非法供述包括以下几类：第一，采用刑讯逼供方法取得的供述，应当予以排除。即采取殴打、违法使用戒具等暴力方法或者变相肉刑的恶劣手段，使犯罪嫌疑人、被告人遭受难以忍受的痛苦而违背意愿作出的供述，应当予以排除。第二，采用以暴力或者严重损害本人及其近亲属合法权益等进行威胁的方法，使犯罪嫌疑人、被告人遭受难以忍受的痛苦而违背意愿作出的供述，应当予以排除。第三，采用非法限制人身自由方法取得的供述，应当予以排除。司法实践中，有的办案单位违反法定程序非法拘禁犯罪嫌疑人，或者在强制措施超过法定期限后仍非法羁押犯罪嫌疑人，应视为刑事诉讼法规定

① “在美国有许多复杂的证据规则。某些规则授权排除非法获取的证据，而另一些则没有。某些授权排除是因为其他理由，与证据获取方式的合法性没关系。”参见［美］罗纳德·J. 艾伦:《排除规则的困难》，郑飞、强卉译，载《证据科学》2012 年第 6 期。

的“其他非法方法”。第四，受刑讯逼供影响的重复性供述。采用刑讯逼供方法使犯罪嫌疑人、被告人作出供述，之后犯罪嫌疑人、被告人受该刑讯逼供行为影响而作出的与该供述相同的重复性供述，应当一并排除。[①]

采用刑讯逼供获取的犯罪嫌疑人认罪供述必须实行强制排除，但何谓刑讯逼供却是困扰非法证据排除规则适用的疑难问题，这是因为刑讯逼供形式多样，不易定义，司法实务中变相刑讯逼供行为，更是花样百出，难以列举穷尽。对于《刑事诉讼法》第56条规定的“刑讯逼供等非法方法”，实践中存在一个逐步认识、不断深化的过程。刑事诉讼法修改后，学术界和实务部门围绕“等非法方法”的含义展开热烈讨论，大致形成“等内等”和“等外等”两大观点。[②] 2012年11月最高人民检察院修订的《刑诉规则（试行）》第65条对“刑讯逼供”和“其他非法方法”作了定义，即“刑讯逼供是指使用肉刑或者变相使用肉刑，使犯罪嫌疑人在肉体或者精神上遭受剧烈疼痛或者痛苦以逼取供述的行为。其他非法方法是指违法程度和对犯罪嫌疑人的强迫程度与刑讯逼供或者暴力、威胁相当而迫使其违背意愿供述的方法”。2012年底出台的最高人民法院《刑诉法解释》第95条将此解释为：“使用肉刑或者变相肉刑，或者采用其他使被告人在肉体上或者精神上遭受剧烈疼痛或者痛苦的方法，迫使被告人违背意愿供述的，应当认定为刑事诉讼法第五十四条规定的‘刑讯逼供等非法方法’。”在2013年10月最高人民法院印发的《关于建立健全防范刑事冤假错案工作机制的意见》中，对刑讯逼供及其他非法方法作了例举，规定：“采用刑讯逼供或者冻、饿、晒、烤、疲劳审讯等非法方法收集的被告人供述，应当排除。”2017年“两高三部”联合制发的《严格排除非法证据规定》对“刑讯逼供等非法方法”统一了认识，确定包括三类行为，即：采取殴打、违法使用戒

---

① 戴长林：《非法证据排除制度的新发展及重点问题研究》，载《法律适用》2018年第1期。

② “等内等”指“等”就等同于“刑讯逼供”，意在严格限制排除范围；“等外等”指“等”指其他“残忍、不人道、有辱人格的方法”，以及违法实施的“威胁、引诱、欺骗”方法，即以联合国《禁止酷刑和其他残忍不人道或有辱人格的待遇或处罚公约》和《刑事诉讼法》第50条关于取证方法禁止性规定为依据，强调收集证据的合法性、正当性。

具等暴力方法或者变相肉刑的恶劣手段，使犯罪嫌疑人、被告人遭受难以忍受的痛苦而违背意愿作出的供述；采用以暴力或者严重损害本人及其近亲属合法权益等进行威胁的方法，使犯罪嫌疑人、被告人遭受难以忍受的痛苦而违背意愿作出的供述；采用非法拘禁等非法限制人身自由的方法收集的犯罪嫌疑人、被告人供述。此后，最高人民法院《刑诉法解释》和最高人民检察院《刑诉规则》均秉持同一立场，以便司法实务中检法部门统一适用，协调一致。

但在证据理论上，关于排除非法供述仍有一些问题需要深入探讨。现以2020年最高人民法院《刑诉法解释》第123条的规定为样本作简要分析。该条规定："采用殴打、违法使用戒具等暴力方法或者变相肉刑的恶劣手段，使被告人遭受难以忍受的痛苦而违背意愿作出的供述"，应当予以排除。此规定，一是明确了刑讯逼供等非法方法的形式——肉刑，包括殴打、违法使用戒具等，或者变相肉刑，司法实践中常见的如冻、饿、晒、烤、疲劳审讯等；二是明确了刑讯逼供等非法方法的程度，即手段恶劣，使被告人遭受难以忍受的痛苦，或者"使被告人在肉体或精神上遭受剧烈疼痛和痛苦"①；三是明确了刑讯逼供等非法方法的后果，刑讯的目的是逼取供述，采用肉刑或变相肉刑使犯罪嫌疑人、被告人遭受难以忍受的痛苦而违背自己的意愿作出有罪供述。这三者是什么关系，什么是法律规制的重点，什么是适用排除规则的要害，显然值得深入探讨。②笔者认为，在这三者之中，"一"和"二"相加合为非法获取供述的行为要件，而"三"是非法获取供述的结果要件。即采用刑讯逼供等非法方法是因，迫使被讯问人违背自己的意愿作出有罪供述是果。因此，在适用和完善非法供述排除规则时，应当重视对被讯问人是否"违背自己的意愿"的审查，逐步树立尊重被讯问人意志自治的观念，并最终确立自愿供述规则。

众所周知，在刑事证据规则中，有一项重要的规则称作"自白任意

---

① 参见2012年最高人民法院《刑诉法解释》第95条的表述。

② 龙宗智教授曾对排除非法口供的要件及要件间的关系作了有意义的分析，主张非法取供的认定，不论其采用何种方法，关键在于具有使犯罪嫌疑人、被告人剧烈的疼痛和痛苦的效应。认为供述自愿性的要件依附于酷刑方法，因此在司法实践的规范适用上并无独立判断意义，从而缺乏实际功用。参见龙宗智:《我国非法口供排除的"痛苦规则"及相关问题》，载《政法论坛》2013年第5期。

性规则”。“自白任意性规则是判断供述是否具有证据能力的基本规则。自白任意性，又称供述自愿性，是指在刑事案件中只有基于被追诉人自由意志作出的自白才具有证据能力，在受到外力压迫或情境影响的情况下，个人意志受到强制，自白因缺乏自愿性不能作为证据使用。”① 我国2012年刑事诉讼法修改，在坚持收集证据的合法性要求和对非法取证的禁止性规定的基础上，增加规定“不得强迫任何人证实自己有罪”。这“是对司法机关收集口供的原则性要求，是指不得以任何强迫手段迫使任何人提供证明自己有罪的证据”。② 增加这一规定，具有重要意义。“这是具有刑事诉讼法的原则性质的规定，这一规定具有重要的法律引领和引导作用，体现了我国刑事诉讼制度对于程序公正的重视，体现了社会主义法治理念，体现了现代诉讼理念。”③ 由此，在非法证据排除规则的适用过程中，司法实践开始关注犯罪嫌疑人供述自愿性的问题，并逐步对认定和排除非法供述产生影响，发挥作用。主要表现在，2012年最高人民法院《刑诉法解释》在对刑讯逼供等非法行为予以界定时，首次使用了“迫使被告人违背意愿供述的”这一表述。也就是说，除了审查认定侦查主体是否实施了刑讯逼供等非法方法的取证行为外，还要综合判断侦查主体的非法取证行为是否达到“迫使被告人违背意愿供述”的程度。这是具有积极意义的。让我们以排除重复性供述和非法拘禁型供述为例来探讨其作用。

2017年6月27日，“两高三部”联合印发《严格排除非法证据规定》，其中一个重大的进步就是将重复性供述和非法拘禁型供述纳入排除非法证据的适用范围。④ 为什么要排除重复性供述和非法拘禁型供述？因为这两种类型的非法获取供述行为都与强制被讯问人的意志有关，涉及衡量被讯问人是否自愿供述的问题。“自白任意性主要以供述者的主

① 董坤:《非法拘禁型供述排除规则研究》，载《中国法学》2019年第5期。

② 全国人大常委会法工委刑法室编:《〈关于修改《中华人民共和国刑事诉讼法》的决定〉条文说明、立法理由及相关规定》，北京大学出版社2012年版，第46页。

③ 全国人大常委会法工委刑法室编:《〈关于修改《中华人民共和国刑事诉讼法》的决定〉条文说明、立法理由及相关规定》，北京大学出版社2012年版，第47页。

④ 根据《严格排除非法证据规定》第4条、第5条规定，采用非法拘禁等非法限制人身自由的方法收集的犯罪嫌疑人、被告人供述，应当予以排除；采用刑讯逼供方法使犯罪嫌疑人、被告人作出供述，之后犯罪嫌疑人、被告人受该刑讯逼供行为影响而作出的与该供述相同的重复性供述，除例外情形外，应当一并排除。

观心理状态为基准，操作上注重考量外在取供情境或取供行为对当事人内心世界的强制影响。判断一个自白是否为受到“强制”，主要有两个标准：一是存在强制、拷问、胁迫、不当长期拘禁等非法取证行为；二是该非法行为与自白之间是否存在因果关系。”[①] 在重复性供述中，尽管获得口供的这一次未采用刑讯逼供，但由于先前实施的刑讯逼供行为对被讯问人的心理强制依然存在，所谓“余威犹在，心有余悸”，因此被讯问人只得再一次违背自己意愿地作出供述，失去了自愿供述的选择自由。而排除采用非法拘禁等非法限制人身自由的方法收集的供述，看重的也是非法拘禁对被讯问者精神和肉体的强制力，强调的是非法拘禁的取证方法与被讯问者被迫作出有罪供述之间的因果关系。正如田口守一教授所指出的，“由于长期的留置或者羁押使自白丧失了任意性”[②]。在排除采用刑讯逼供等非法方法收集的供述时，增加排除重复性供述和非法拘禁型供述，对供述者心理因素和是否自愿供述的考量，是显而易见的。只是，虽然法律上增加“任何人不得被强迫证实自己有罪”的规定，但并未取消犯罪嫌疑人对侦查人员的提问应当如实回答的原有规定，造成法律规范上两者之间的悖论，也易引起人们对自白自愿性的疑问。[③] 当然，供述的自愿性，不仅关涉刑讯逼供等非法方法，还涉及以“引诱”“欺骗”等其他非法方法获取口供的问题。对此，已有学者作过比较详尽的分析。[④] 笔者只是认同：自白任意性规则具有一种重要的导向作用，那就是鼓励司法人员采取正当手段去获取可以被法庭采纳的证据，从而有效遏制非法取供行为。并在此强调，当自愿供述规则（即自白任意性规则）与法律的正当程序密切联系，当供述自愿性成为决定被告人口供是否具有可采性的主要标准时，自愿供述规则必将与非法证据排除规则异曲同工，相得益彰，形成合力，共同为规范取证行为，遏制

① 董坤：《非法拘禁型非法证据排除规则研究》，载《中国法学》2019 年第 5 期。

② ［日］田口守一：《刑事诉讼法》（第 5 版），张凌、于秀峰译，中国政法大学出版社 2010 年版，第 298 页。

③ 例如，龙宗智教授认为，虽然我国已经确立了“不得强迫自证其罪”的一般法律原则，但在立法保留犯罪嫌疑人对侦查人员提问应当如实回答的规范背景下，自白任意性难以作为判定是否非法口供的独立标准或主要标准。参见龙宗智：《我国非法口供排除的“痛苦规则”及相关问题》，载《政法论坛》2013 年第 5 期。

④ 张建伟：《自白任意性规则的法律价值》，载《法学研究》2012 年第 6 期。

刑讯逼供，强化人权保障发挥作用。

关于非法实物证据和非法衍生证据的排除，仍是我国完善非法证据排除规则的重要问题。2010年《排除非法证据规定》初步涉及非法实物证据排除问题，但由于其对非法实物证据所持的宽容立场和在是否排除上的模糊态度，受到学界与社会的质疑和诟病。客观上，由于我国刑事强制措施中不存在对物的强制措施，对搜查、扣押等侦查行为也未建立司法审查和令状许可制度，侦查机关采取搜查、扣押行为实行自行决定、自行执行的制度，作为判断“非法”与否基础的“法”本身并不健全，程序也不完善，因此在司法实务中违法收集实物证据的问题并不突出，当然也未作为非法证据排除规则适用的重点对象。在实物证据的收集和运用中可能存在的问题，通常是作为证据的审查判断来调整和规范的，而且立足于保证案件事实的准确认定，并非着眼于对非法侦查行为的程序制裁。[①] 对于非法衍生证据，也就是“毒树之果”的问题，实有必要在此稍加探讨，但主要集中在根据非法言词证据特别是非自愿供述所衍生的“毒树之果”。

所谓非自愿供述所衍生的“毒树之果”，指侦查人员通过刑讯逼供等非法手段获取犯罪嫌疑人供述后，再根据此供述或以此为线索所获取的物证、书证。在美国，此类衍生证据被视为受到侦查人员非法取证行为的影响或“污染”，属于“毒树之果”，成为非法证据排除规则的适用对象。[②] 而在德国，此类衍生证据由于与侦查人员的非法取证行为具有直接的因果关系，因此将这些证据予以排除，属于非法证据排除规则的“放射效力”。[③] 排除非自愿供述的衍生证据的理论依据是：对非自愿供述适用强制性排除规则，可以对侦查人员的非法取证行为产生有效的

---

① 在《死刑案件证据规定》和最高人民法院历次《刑诉法解释》中，都有不少对物证、书证等实物证据的审查认定的规则内容，而且也不乏“不得作为定案根据”的表述。

② 关于美国刑事诉讼中的“毒树之果规则”，可参见［美］伟恩·R. 拉费弗、杰罗德·H. 伊斯雷尔、南西·J. 金:《美国刑事诉讼》(下)，卞建林、沙丽金等译，中国政法大学出版社2003年版，第550—570页。

③ 关于德国刑事诉讼中证据使用禁止规则，可参见［德］克劳斯·罗科信:《刑事诉讼法》(第24版)，吴丽琪译，法律出版社2003年版，第210页以下;［德］托马斯·魏根特:《德国刑事诉讼程序》，岳礼玲等译，中国政法大学出版社2004年版，第187页以下。

遏制和阻吓作用。假如将排除规则的适用对象仅仅局限在非自愿供述上面，侦查人员完全有可能通过刑讯逼供或其他非法行为迫使被告人作出了有罪供述，然后根据该供述提供的线索，进一步获取相关物证或者书证。法院纵然将非自愿供述排除于法庭之外，也无法剥夺侦查人员违法所得的利益——物证、书证，更无法对侦查人员的违法取证行为产生遏制作用。[①]如是，为保证非法言词证据排除规则的有效实施，切实有效遏制侦查人员的非法取证行为，必须在排除范围上涵盖非法衍生证据，连带排除由非法言词证据所衍生的“毒树之果”。

四、非法证据排除规则的完善进路

非法证据排除规则作为一件舶来品，既有其产生的历史根源，也有其赖以生存的制度环境。为了使这项制度能够在我国刑事诉讼中发扬光大，行稳致远，还有许多工作要做。鉴于篇幅限制，以下简要从制度层面对非法证据排除规则的发展和完善谈些个人的意见。

第一，着力构建以宪法为统领、以权益保护为核心的非法证据排除规则体系。建立非法证据排除规则的根本目的是加强刑事司法中的人权保障，维护证据收集过程中对相关人基本权利的尊重。我国宪法要求尊重和保障人权，并设专章对公民的基本权利加以规定。完善非法证据排除规则，必须尊崇和遵守宪法，着力构建以宪法性权益保护为核心的非法证据排除规则体系，将收集证据过程中以侵犯宪法赋予和保障的公民基本权利，如人身自由权、身体健康权、人格尊严权、住宅安全权、名誉隐私权、通信自由权等为代价所获取的非法证据，都纳入排除规则的适用范围。同时，将非法证据排除规则的实用价值由重视实质真实发现、防止认定事实错误，转向强调程序正义价值，突出程序制裁功能。程序公正是设立非法证据排除规则的唯一正当理由，证据来源的合法性原则体现了法治社会人权保护的最高价值。建立非法证据排除规则的根本目标是规范侦查行为，杜绝违法取证，实践中是用得越少越好，甚至无非法证据需要排除。当非法证据排除规则成为一条悬置不用的条文时，中国的刑事司法便如臻化境，达最高境界。

---

① 陈瑞华:《非法证据排除规则的适用对象——以非自愿供述为范例的分析》，载《当代法学》2015年第1期。

第二，要确立以违反陈述者自由意志为标准的非法言词证据排除规则，切实贯彻“不得强迫任何人证实自己有罪”。对于非法供述的审查排除，要重点审查侦查人员是否采取违法手段迫使被讯问人违背自己的意愿作出有罪供述，而不再纠缠于刑讯逼供或其他非法方法的形式和程度。同时，要与认罪认罚从宽制度密切结合，以从宽处理的政策感召和法律兑现来换取有罪的被告人自愿认罪并接受处罚，以被告人认罪的自愿性保证其认罪供述的真实性，从而实现发现真相与程序正当的统一，落实宽严相济的刑事政策和繁简分流的诉讼理念。

第三，深化以审判为中心的诉讼制度改革，逐步消减被告人庭前陈述在认定案件事实中的分量，弱化非法证据排除规则的作用。以审判为中心的诉讼制度改革，要求克服“卷宗中心主义”，实现庭审实质化，贯彻直接言词审理，做到证据出示在法庭、案件事实查明在法庭、诉辩意见发表在法庭、裁判结果形成在法庭，以保证庭审在查明事实、认定证据、保护诉权、公正裁判中发挥决定性作用。如是，被告人是否实施被指控行为，端看其在法庭上如何陈述，以及是否经得起控辩双方的质证，而其在侦查期间所做的有罪供述则重要性大大降低。在此意义上，辩护方无须再借助排除非法证据而搬掉被告人审前有罪供述这块石头。并逐步转变口供中心主义，将非法证据排除规则的适用引向重视非法实物证据的排除，规范实物证据的依法收集运用。

第四，要建立健全适用非法证据排除规则的配套措施。非法证据排除规则只是现代证据规则中的一种，它的健全完善和有效实施端赖于国家的法治环境和诉讼制度的健康发展。随着全面依法治国的推进和司法改革的深化，我国的刑事诉讼制度将继续朝着诉讼民主和法治的道路前行，一些有利于非法证据排除规则实施的配套措施将逐步建立。例如，应当贯彻不得强迫自证其罪原则，确立沉默权规则，去除对侦查人员讯问应当如实回答的规定；应当优化侦查职权配置，区分强制性侦查行为与任意性侦查行为，对强制性侦查措施实行司法审查和令状许可制度，以规范实物证据的收集和运用；应当贯彻少捕慎押的刑事政策，完善强制措施的体系和适用，减少审前羁押，杜绝超期羁押；等等。

依法治国与刑事诉讼

卞建林法学文集

下

司法改革　立法完善

中国检察出版社

目录

司法改革

立法完善

附　录

司法改革

联合国刑事司法准则与我国刑事司法改革*

联合国刑事司法准则是联合国自1945年创建以来在刑事司法与犯罪预防领域中制定、认可或倡导的以国际人权法和其他有关刑事司法的国际公约为基础的标准、规范和政策。从其产生开始，联合国刑事司法准则就受到国际社会不同形式、不同程度的承认与支持，对世界各国国内刑事司法和犯罪预防制度的改革有十分重要的指导和参考价值。我国对联合国刑事司法准则长期以来予以尊重和关注，特别是1997年与1998年，我国政府先后签署了《经济、社会、文化权利国际公约》《公民权利和政治权利国际公约》，并于2001年春正式批准加入《经济、社会、文化权利国际公约》。党的十五大郑重提出“依法治国、建设社会主义法治国家”，要求“推进司法改革，从制度上保证司法机关依法独立公正地行使审判权和检察权”。因此当前，贯彻联合国刑事司法准则，并结合我国实际积极推进刑事司法改革，就成为我们面临的迫切而重要的任务。

一、联合国刑事司法准则的形成与发展

联合国刑事司法准则是指联合国制定、认可或倡导的，以联合国通过的文书所确认的在刑事司法中应当遵循和贯彻的政策、标准、规则和规范的总称。其宗旨在于促使世界各国在行使刑事司法权时，一方面保障迅速有效地追究犯罪、惩罚犯罪；另一方面保障司法公正、维护人权。

联合国刑事司法准则经过长期的发展，迄今为止已形成一个相对

---

* 原文载陈光中主编:《诉讼法学研究》(第1卷)，中国检察出版社2002年版，与李菁菁合作。

完备、科学的体系，对世界各国的刑事司法和诉讼程序产生重要的影响。本文首先就联合国刑事司法准则的形成、影响和效力作简要考察和评析。

（一）联合国刑事司法准则的形成

以人权保障为核心的联合国刑事司法准则，理论上源于西方早期启蒙思想家的民主法治思想，立法上则源于资产阶级革命胜利后通过法律确立的一些重要原则以及“二战”以后各国改革刑事司法、推进诉讼民主的伟大实践。

1945年联合国成立，并通过《联合国宪章》（以下简称《宪章》）。《宪章》第一次将“人权”规定在一个普遍性的国际组织文书中，成为会员国应遵守的最基本的国际准则。它向世界庄严宣告了联合国捍卫和维护和平的决心，并着重表明联合国将致力于促进对基本人权和自由的普遍尊重，改善人民生活福利，并协助各国经济发展和社会进步的宗旨。《宪章》虽然没有直接涉及刑事司法这一领域，但是它关于世界和平、基本人权和社会进步的一般宣告对于后来联合国在这一领域中发挥巨大作用仍具有重要的历史意义。尤其是《宪章》关于基本人权的宣告，为以后联合国制定刑事司法的基本人权标准和其他人权规范确立了基调，提供了基础，创造了条件。

1948年，联合国在刑事司法准则的制定方面取得重大进展，这主要表现为《世界人权宣言》（以下简称《宣言》）的发布。《宣言》在联合国的文件中有着极其重要的地位，它虽不是一项国际条约，但是它所规定的公民权利和政治权利为世界提供了一份不容剥夺的基本人权一览表，包括刑事司法方面“作为所有人民和所有国家努力实现的共同目标”。《宣言》要求任何个人不得为自己的自由而破坏他人的权利或社会的正当秩序，国家也不得为维护或建立某种秩序而践踏《宣言》所载明的基本人权。这就奠定了现代社会中国家与个人法律关系的基石。

联合国在成立最初的10年中所开展的工作，为以后它在刑事司法领域中全面展开制定准则的活动做了重要的准备，而联合国真正有系统地制定刑事司法准则，则是从1955年召开的“一大”开始的。1955年8月，第一届联合国预防犯罪和罪犯待遇大会在瑞士日内瓦隆重召开。这次大会，是联合国在预防犯罪和刑事司法领域中发挥主导作用的开

端。所以“一大”堪称是联合国刑事司法准则发展史上的重要里程碑。“一大”的议题有五项:（1）囚犯待遇最低限度标准规则;（2）监狱工作人员的挑选、培训和地位;（3）开放型刑罚和矫正机构;（4）监狱劳动;（5）预防少年犯罪。“一大”一致通过了《联合国囚犯待遇最低限度标准规则》。该规则虽以欧美国家为主制定通过，但它所体现的人道主义精神和规定的许多原则仍具有普遍适用的价值，是联合国刑事司法准则建立初期最重要的成果。

1966年12月16日第21届联大通过了《国际人权公约》(1976年生效，以下简称《公约》)，它包括《经济、社会、文化权利国际公约》《公民权利和政治权利国际公约》以及《公民权利和政治权利国际公约任择议定书》。《公约》规定的权利，基本上以《世界人权宣言》为基础，但有三点重要区别：第一,《公约》关于各项基本人权和自由的规定较为详细可行，更具有法律文件所要求的明确性。第二,《公约》明文规定，缔约国的义务不只是“尊重”各项人权，而且是必须“采取必要步骤，以采纳为实施本公约所承认的权利所需要的立法或其他措施”。要求缔约国对《公约》必须有相应的国内立法和司法制度上的保障，且要有行动来切实贯彻《公约》的规定。第三,《公约》创设了人权事务委员会，接受缔约国关于执行《公约》情况的报告并监督有关补救措施的适用。可见,《公约》对缔约国的刑事司法改革有直接指导意义，并且使有关联合国准则的贯彻受到国际监督。《公约》是迄今为止最集中、全面规定国际公认的刑事司法人权准则的联合国文书。从人权的角度看，贯彻联合国刑事司法准则，主要是贯彻《公约》的各项有关规定。

在此之后，联合国大会及其所属组织还就保护未成年人、保证公正司法和严格执法、拘捕、禁止酷刑、死刑、监狱囚犯待遇、被害人保护、预防和控制犯罪、刑事司法协助等方面通过了一系列与刑事司法有关的单项文书，规定了刑事司法领域某一方面的准则。例如:《联合国少年司法最低限度标准规则》(《北京规则》, 1985年11月29日通过);《关于司法机关独立的基本原则》(1985年11月29日通过);《关于律师作用的基本原则》;《关于检察官作用的准则》;《保护所有遭受任何形式拘留或监禁的人的原则》(1988年12月通过);《保护人人不受酷刑和其他残忍、不人道或有辱人格待遇或处罚宣言》(1975年12月9日通过);《关于保护面对死刑的人的权利的保障措施》(联合国经社理事会1984

年5月25日通过）;《囚犯待遇基本原则》(1990年12月14日通过)；《为罪行和滥用权利行为受害者取得公理的基本原则宣言》(1985年11月25日通过)；《加拉加斯宣言》;《刑事事件互助示范条约》(1990年12月14日通过)；等等。以上一系列联合国文书确立了比较系统、完备的刑事司法准则，逐步形成了一个科学的体系。

（二）联合国刑事司法准则的体系

联合国从其创立开始，通过在刑事司法和预防犯罪领域制定、认可或倡导一系列国际人权及其他有关刑事司法政策的标准、规范和准则，逐步形成了一个有机的、相互联系的联合国刑事司法准则体系，为世界各国刑事司法体制的改革和完善提供了国际标准。为了更好地了解和把握联合国刑事司法准则，下面从不同角度、不同层面对这一准则体系进行考察。

1. 就其构成和内容而言，联合国刑事司法准则体系包括以下六个互为联系的部分：

（1）由《宪章》以及《宣言》《经济、社会、文化权利国际公约》和以《公民权利和政治权利国际公约》为主的《国际人权宪章》中的有关规定构成的关于刑事司法根本性准则的体系。[①]这四项文献的规定对于其他种类的联合国刑事司法准则具有相当于基本法的意义，因而受到国际社会的普遍承认和尊重，对缔约国有法律约束力。尤其应当注意的是，《公民权利和政治权利国际公约》已经将无罪推定、不受任意逮捕或拘禁、公正和公开审判、辩护权和法律援助等刑事诉讼中的权利和基本原则，确立为国际法上的基本人权准则。[②]据联合国公布的统计数字，截至1995年6月底，已有132个国家加入了《经济、社会、文化权利国际公约》，有131个国家加入了《公民权利和政治权利国际公约》，可见这两个公约的普遍性和广泛性。另外，还有84个国家承认《公民权利和政治权利公约任择议定书》，28个国家承认《公民权利和政治权利

① 《宪章》在序言部分宣告，联合国的宗旨是维护基本人权，维护人类尊严和价值，建立符合正义与国际法责任原则的秩序等。同时规定了联大和经社理事会在保障人权、处理社会问题和促进国际合作方面的责任。这些规定，是最初联合国在刑事司法领域开展工作的法律依据。

② 参见第三部分的规定。

国际公约第二项任择议定书》[①]。我国已于 1997 年和 1998 年先后签署了《经济、社会、文化权利国际公约》《公民权利和政治权利国际公约》。在西方主要国家中，加拿大加入了上述两个公约和第一项《任择议定书》，尚未承认第二项《任择议定书》。至 1995 年 6 月底，美国加入了《公民权利和政治权利国际公约》和第一项《任择议定书》，签署了《经济、社会、文化权利国际公约》，但尚未经国会确认；英国和日本加入了两个公约但是未承认《任择议定书》；法国加入了两个公约和第一项《任择议定书》；德国、意大利和澳大利亚加入了两个公约和两项《任择议定书》。此外，俄罗斯加入了两个公约和第一项《任择议定书》。

（2）由关于国际犯罪的联合国公约规定为主构成的国际刑法体系。在这一体系中，又分为实体法规范和程序法规范。前者主要指像联合国早期制定的《防止及惩治灭绝种族罪公约》之类文书中关于各类国际犯罪定义和构成要件的规定，后者指有关这些犯罪的国际刑事管辖、罪犯的逮捕、引渡、审判和惩治程序等问题的规定。除了已经通过生效的公约以外，还有一些经联合国制定推荐或者正在酝酿创制过程中的有关文献也颇值得重视。例如，联合国制定的关于引渡等问题的一系列《示范条约》，关于《国际刑法典》的文书，关于国际环境犯罪规定的“示范刑法”建议；等等。

（3）关于囚犯待遇、非拘禁措施、刑罚和少年犯待遇的联合国准则体系。刑罚和矫正制度是联合国在刑事司法领域中最先关注的问题之一。在这一方面，《囚犯待遇最低限度标准规则》是由联合国最早制定的刑事司法准则性文献之一。以后，联合国又陆续制定通过了《切实执行〈囚犯待遇最低限度标准规则〉的程序》《有效防止和调查法外、任意和即决处决的原则》《联合国非拘禁措施最低限度标准规则》以及关于禁止酷刑的公约和宣言等一系列重要文献。此外，联合国还制定了一系列关于少年犯待遇的文献，其中影响较大的是《联合国少年司法最低限度标准规则》（北京规则）和《联合国预防少年犯罪准则》（利雅得准则）。

（4）关于执法、司法机关和官员以及律师守则的联合国准则体系。这一体系包括三方面的文书，即联合国制定的《执法人员行为守则》

① 第二项议定书的全称为《旨在废除死刑的公民权利和政治权利国际公约第二项任择议定书》。

《执法人员行为守则的有效执行准则》《执法人员使用武力和火器的基本原则》等适用于警方和其他执法人员的准则性文献,《关于司法机关独立的基本原则》和《关于司法机关独立的基本原则的有效执行程序》等适用于法官和审判机关的准则性文献,以及《关于检察官作用的准则》和《关于律师作用的基本原则》等适用于检察官和律师的准则性文献。

(5)关于受害人权利的联合国准则体系。在这一方面,联合国于1995年通过的《为罪行和滥用权力行为受害人取得公理的基本原则宣言》是具有历史性意义的文献。罪行和滥用权利行为受害人,在联合国刑事司法领域还是一个比较新的概念。但是,这方面的工作正在取得显著的进步。目前,家庭暴力的预防和处理是关于刑事受害人权利保护的最重要的课题之一。此外,联合国为保护遭受酷刑的被害人和受犯罪侵害的儿童,也制定、发布了一些重要文献。

(6)关于开展刑事司法国际合作以打击犯罪、尤其是跨国犯罪的联合国准则体系。这一体系的覆盖面很广,而且不断扩大。它与上述关于国际犯罪的国际刑法体系密切联系,包括《预防和控制有组织犯罪准则》、关于有组织犯罪的《那不勒斯政治宣言和行动计划》《关于犯罪和公共安全的联合国宣言》《关于消除国际恐怖主义的措施的宣言》《反对国际商业买卖中的腐败和贿赂的宣言》以及在联大第二十次特别会议上通过的关于禁毒的《政治宣言》和《在处理毒品问题上加强国际合作的措施》等重要文书中规定的有关准则。

2. 就其效力和影响而言,联合国刑事司法准则分为以下几个不同的层面:

(1)《宪章》。1945年,在英、美、法、苏等战胜国的倡议下成立了联合国,并通过了《宪章》。它既是联合国的纲领性文件,又第一次将“人权”规定在一个普遍性的国际组织文书中,成为会员国应遵守的最基本的国际准则,它向世界庄严宣告了联合国保卫和维护和平的决心,并郑重表明联合国将致力于促进对于基本人权和自由的普遍尊重和遵行,改善人民生活福利,并协助各国经济发展和社会进步的宗旨。《宪章》关于基本人权的宣告,为联合国以后制定刑事司法的基本人权标准和其他人权规范准备了重要条件。其中,《宪章》关于“全体人类的人权及基本自由”和“促进对人权和自由的普遍尊重和遵行”的宣言式规定,表明了创建和加入联合国的各个国家之间对普遍人权的基本共

识。而这种共识，正是联合国刑事司法准则体系得以形成和发展的基本条件。因此，在联合国刑事司法准则体系中，《宪章》的效力和影响居于首位，应当得到全体成员国的严格贯彻和执行，并在其国内刑事法律中加以充分体现。

（2）国际公约。联合国刑事司法准则以国际人权法和其他有关刑事司法的国际公约为基础和主干。这些国际公约为各国在刑事司法领域中最大限度的兼顾惩治、预防犯罪，保护、改善人权，实现司法公正，提供了国际标准和规范并施之以国际监督和制约，受到国际社会的普遍承认和遵行。其中1976年生效的《公约》，包括《经济、社会、文化国际公约》《公民权利和政治权利国际公约》以及《公民权利和政治权利国际公约任择议定书》，是迄今为止最为全面、集中地规定国际公认的司法人权准则的联合国文书。从人权的角度看，贯彻联合国刑事司法准则，主要是贯彻该《公约》的各项有关规定；同时这一《公约》对缔约国的刑事司法改革有直接的指导意义，并使有关国际准则的贯彻受到国际监督和促进。因此，根据“条约必须信守”（pacta sunt servanda）原则或曰“条约神圣”（sanctity of treaties，inviolability of treaties）原则，条约经过缔结之后，缔约各方必须按照条约规定，行使自己的权利，履行自己的义务。上述国际公约的缔约国必须承担遵守、履行公约的义务，并将国际公约中确立的刑事司法准则贯彻到国内的刑事法律中去。可见，在联合国刑事司法准则体系中，国际公约的效力和影响位居第二，应受到缔约国的遵守和执行。

（3）示范性、建议性准则。联合国通过制定、发布若干国际文书在刑事司法领域和预防犯罪领域所确立的示范性、建议性准则，虽然不像《宪章》、国际公约那样具有法律上的约束力、强制力，无须得到成员国的普遍遵守和执行，但是它们对于各成员国有道义上的约束力和政策上的重要参考价值，可以帮助各成员国在本国的刑事立法和司法上根据各自的需要和可能作出适当的选择，为其刑事司法体制改革提供一个可供参考的国际标准和导向。所以，示范性、建议性的准则，也应得到成员国的重视和尊重。

关于联合国刑事司法准则的影响和效力，下面还将作进一步的分析。

3. 就形式渊源而言，联合国刑事司法准则大致包括以下三类文书：

（1）由联合国制定、通过的国际公约，它对缔约国有法律上的约束

力。其中，以《公民权利和政治权利国际公约》为代表，它的有关规定构成联合国刑事司法根本性准则，是迄今为止最为全面、集中地规定国际公认的刑事司法人权准则的联合国文书。《公民权利和政治权利国际公约》以国际公约的形式在《宣言》的基础上，主要确定了以下刑事司法准则：①一切个人享有同等权利（第2条第1项）；②保证权利或自由被侵犯后能得到有效的司法补救（第2条第3项）；③不得任意剥夺任何人的生命，严格限制死刑的适用（第6条）；④对任何人不得施以酷刑或残忍的、不人道的或侮辱性的待遇或刑罚（第7条）；⑤对任何人不得加以任意逮捕或拘禁，被逮捕、拘禁的人有权向法院提起诉讼，法院认为拘禁不合法时就命令予以释放（第9条）；⑥对所有被剥夺自由的人应给予人道或尊重人格尊严的待遇，监狱制度应包括以争取囚犯改造和回归社会为基本目标的待遇（第10条第1节第3项）；⑦所有的人在法庭面前一律平等（第14条第1项）；⑧人人有资格由一个依法设立的合格的、独立的和无偏倚的法庭进行公正和公开的审判（第14条第1项）；⑨凡受刑事控告者，在未依法证实有罪之前，应有权被视为无罪（第14条第2项）；⑩受刑事指控的人有权亲自辩护和选择律师辩护，并享有法律援助权利（第14条第3项乙、丁目）；⑪在法庭上有权在同等条件下讯问对其不利和有利的证人（第14条第3项戊目）；⑫在法庭上能免费获得译员的援助（第14条第3项己目）；⑬不被强迫作不利于自己的证言或强迫承认犯罪（第14条第3项庚目）；⑭对未成年人的案件在程序上应考虑到他们的年龄和帮助他们重新做人的需要（第14条第4项）；⑮被判有罪者有权由较高级法官进行复审（第14条第5项）；⑯根据新事实原有罪判决确实错误而被推翻时，受刑罚人应依法得到赔偿（第14条第6项）；⑰任何人已受一次审判后，不得就同一罪名再予审判或者惩罚（第14条第7项）；⑱任何人的任何行为或不行为，在其发生时依照国家法律或国际法均不构成刑事罪者，不得据以认为犯有刑事罪（第15条第1项）。

《公民权利和政治权利国际公约》所确立的上述刑事司法准则具有国际法的效力，已得到缔约国的普遍承认和遵行。我国于1998年签署了该公约，即将成为其缔约国，因此如何使其所确立的刑事司法准则在我国得到贯彻和执行并指导我国刑事司法改革，日益受到刑事立法、理论和司法实务各界的关注和重视。

（2）具有“软法”性质或国际惯例特征的某些文书或文书中的某些规定，表现为联合国通过的有关宣言、决议及指导原则等。它们虽然不具有国际公约那样的法律强制力，但由于其产生和形成代表了成员国在刑事司法领域的“共识”和普遍做法，得到各成员国的认同和支持，所以也对各成员国具有道义上的约束和监督。这里以《宣言》为例，1948年联合国通过的《宣言》虽不是一项国际公约，但是它提供了一份不容剥夺的基本人权一览表，包括刑事司法方面的“作为所有人民和所有国家努力实现的共同目标”（序言）。《宣言》的多数条文规定了公民权利和政治权利。其中第3条至第14条规定了无罪推定，法律不溯及既往，不受任意逮捕和拘禁，公开审判，辩护权，人人平等，禁止酷刑或残忍的不人道的待遇和刑罚，生命权，人身自由和安全、迁徙和居住自由，政治庇护和禁止奴役他人，等等，这些对于刑法、刑事诉讼法以及警察法、监狱法都是基本的人权准则，具有直接适用价值。《宣言》第15条至第21条规定了思想自由、信仰自由、表达自由、集会和结社自由、男女平等、不得任意剥夺财产、不得任意剥夺国籍以及自由选举等，这些对于实体刑法的制定有重要指导意义。《宣言》第22条至第27条，规定了经济、社会和文化权利的基本内容。最后，《宣言》还在第28条至第30条中规定了权利与义务、自由与秩序、个人与社会的关系，同时还指出：“对本宣言的条文，不得解释为默许任何国家、集团或个人有权进行任何旨在破坏本宣言所载的任何权利和自由的活动或行为。”即任何个人不得为自己的自由而破坏他人的权利或社会的正当秩序，国家也不得为维持或建立某种秩序而践踏《宣言》所载明的基本人权。由此，《宣言》为现代社会中国家与个人的法律关系以及后来《公约》的制定奠定了基石，为各成员国的刑事司法人权提供了国际标准和监督，是联合国刑事司法准则的重要构成。

（3）示范性或倡议性文书，如由联合国制定并推荐的有关示范协定或模范立法，以及由历届联合国预防犯罪和刑事司法大会通过的有关预防犯罪战略设想之类的文书，等等，均属此类。这类形式的文书也不具有国际公约那样的国际法效力，但对各成员国的刑事司法政策却有重要的参考价值和导向作用。具体表现为联合国制定的关于引渡等问题的一系列示范条约，关于《国际刑法典》的文书，关于国际环境犯罪规定的“示范刑法”建议，等等。

4. 就其调整的领域而言，联合国刑事司法准则体系包括以下几个方面：

（1）关于保护未成年人的有《儿童权利宣言》（1959年11月20日通过）、《联合国少年司法最低限度标准规则》（《北京规则》，1985年11月29日通过）、《联合国预防少年人犯罪准则》（1990年12月14日通过）、《联合国保护被剥夺自由少年规则》（1990年12月14日通过）。这些法律文书规定从家庭、学校教育、社会环境、大众传媒及立法、司法等多方面有效地预防少年违法犯罪；少年司法制度应强调少年的幸福，并应确保对少年犯作出的任何反应均应与罪犯和违法行为情况相称；刑事责任年龄的起点不应规定得太低。在诉讼的各个阶段，应当有保证基本程序方面的保障措施，使少年享有各项诉讼权利，诸如假定无罪、指控罪状通知本人的权利、保持沉默的权利、委托律师的权利、要求父母或监护人在场的权利、与证人对质和盘诘证人的权利、向上级机关上诉的权利等。

（2）关于保护公正司法和严格执法的有《关于司法机关独立的基本原则》（1985年11月29日通过）、《〈关于司法机关独立的基本原则〉的有效执行程序》[①]、《关于检察官作用的准则》[②]、《关于律师作用的基本原则》[③]。这些文书强调：各国应保护司法机关的独立，并将此原则正式载入其本国的宪法或法律之中，司法机关应不偏不倚、以事实为根据并依法律规定来裁决其所管理的案件，而不应有任何约束，也不应为任何直接或间接不当影响、怂恿、压力、威胁或干涉所左右。检察官的职责应与司法（审判）职能严格分开；检察官应始终一贯迅速而公平地依法行事，不偏不倚地履行其职能，注意到对犯罪嫌疑人有利或不利的一切有关情况。所有的人都有权请求由其选择的一名律师协助保护和确立其权利并在刑事诉讼的各个阶段为其辩护。如果他无力支付费用，可以免费提供。

（3）关于拘捕方面的有《保护所有遭受任何形式拘留或监禁的人的原则》（1988年12月通过）、《联合国非拘禁措施最低限度标准规则》

① 联合国经社理事会1989年5月24日第1989/60号决议通过。

② 1990年哈瓦那第八届联合国预防犯罪与罪犯待遇大会通过。

③ 1990年哈瓦那第八届联合国预防犯罪与罪犯待遇大会通过。

（1990 年 12 月 14 日通过）、《执法人员行为守则》（1979 年 12 月 17 日通过）。这些法律文书确认：逮捕、拘留或监禁应严格依法进行；被拘捕的人应获得人道待遇和尊重其人格，有权获得律师的帮助，有权在合理期间内接受审判。应当采用非拘禁措施，以减少监禁办法的使用，促使刑事司法政策合理化。警察和执法人员在执行拘捕等任务时应当维护人权，只有在绝对必要时才能使用武力。

（4）关于禁止酷刑的有《保护人人不受酷刑和其他残忍、不人道或有辱人格待遇或处罚宣言》（1975 年 12 月 9 日通过）、《禁止酷刑和其他残忍不人道或有辱人格的待遇或处罚公约》（1984 年 12 月 10 日通过）、《有关医务人员、特别是医生在保护被监禁和拘留的人不受酷刑和其他残忍不人道或有辱人格的待遇或处罚方面的任务的医疗道德原则》（1982 年 12 月 18 日通过）。这些法律文书宣布：任何国家不得容忍酷刑或其他残忍、不人道或有辱人格的待遇或处罚。应确保在任何诉讼程序中，不得援引任何业经确定系以酷刑取得的口供为证据，但这类口供可用作被控施用酷刑者刑讯逼供的证据。应确保酷刑受害者得到补偿。医务人员、特别是医生，如积极或消极地从事构成参与、共谋、怂恿或企图施行酷刑或其他残忍、不人道或有辱人格的待遇或处罚的行为，为严重违反医疗道德。

（5）关于死刑的有《关于保护面对死刑的人的权利的保障措施》（联合国经社理事会 1984 年 5 月 25 日通过）、《关于有效防止和调查非法、任意和即决处决的原则》（联合国经社理事会 1989 年 5 月 24 日通过）。这些法律文书规定，在没有废除死刑的国家，只有对最严重的罪行，法律有明文规定的，年龄满 18 岁以上的人，才能判处死刑。执行死刑应尽量以引起最少痛苦的方式实施，应以法律禁止一切法外、任意和即决处决，应确保对任何此类处决均根据其刑法规定施用罪加以惩处。

（6）关于囚犯待遇的有《囚犯待遇最低限度标准规则》（联合国经社理事会 1984 年 5 月 25 日通过）、《囚犯待遇基本原则》（1990 年 12 月 14 日通过）、《关于外籍囚犯待遇的建议》[①]。这些法律文书规定，对于所有囚犯，均应尊重其作为人而固有的尊严和价值。应创造条件，使囚

① 1985 年米兰第七届联合国预防犯罪和罪犯待遇大会通过。

犯得以从事有意义的有酬工作，促进其重新加入本国的劳动力市场，并对囚犯的住宿、个人卫生、饮食、体育、医疗、戒具、同外界接触、申诉、纪律和惩处等方面的最低标准作出规定。

（7）关于被害人的有《为罪行和滥用权利行为受害者取得公理的基本原则宣言》（1985 年 11 月 25 日通过），该宣言宣布，对待罪行受害者应给予同情并尊重他们的尊严，他们有权向司法机构申诉，并特别指出，应考虑将为滥用权利受害者提供补救措施的规定纳入国家法律准则。

（8）关于预防和控制犯罪的有《加拉加斯宣言》①、《米兰行动计划》②、《发展和国际经济新秩序环境中预防犯罪和刑事司法的指导原则》③、《关于从发展角度进行预防犯罪和刑事司法国际合作的建议》④、《反腐败的实际措施》⑤、《综合性预防犯罪措施汇编》⑥、《预防和控制有组织犯罪准则》⑦、《打击国际恐怖主义的措施》⑧、《防止侵犯各民族动产形式文化遗产罪刑示范条约》⑨。这些法律文书指出，预防犯罪和刑事审判问题的探讨，必须联系经济发展、政治制度、社会文化价值、社会变动以及新的国际经济秩序等情况。应当把预防犯罪和改革刑法、程序法结合起来，包括实行非犯罪化、非刑罚化和移送观护等。预防犯罪要采取综合性措施，包括社会措施和预防犯罪的直接措施。预防犯罪应注重特别有害的行为，并制定反贪污腐败的实际措施、预防和控制有组织犯罪的实际措施、打击国际恐怖主义的实际措施。

（9）关于刑事司法协助方面的有《引渡示范条约》（1990 年 12 月 14 日通过）、《刑事事件互助示范条约》（1990 年 12 月 14 日通过）、《关

① 1980 年加拉加斯第六届联合国预防犯罪和罪犯待遇大会通过。
② 1985 年米兰第七届联合国预防犯罪和罪犯待遇大会通过。
③ 1985 年米兰第七届联合国预防犯罪和罪犯待遇大会通过。
④ 1990 年哈瓦那第八届联合国预防犯罪和罪犯待遇大会通过。
⑤ 1990 年哈瓦那第八届联合国预防犯罪和罪犯待遇大会通过。
⑥ 1990 年哈瓦那第八届联合国预防犯罪和罪犯待遇大会通过。
⑦ 1990 年哈瓦那第八届联合国预防犯罪和罪犯待遇大会通过。
⑧ 1990 年哈瓦那第八届联合国预防犯罪和罪犯待遇大会通过。
⑨ 1990 年哈瓦那第八届联合国预防犯罪和罪犯待遇大会通过。

于犯罪收益的刑事事件互助示范条约的任择议定书》[①]、《刑事事件转移诉讼示范条约》(1990年12月14日通过)等。这些文书确认，各国为预防犯罪、打击犯罪而需要提供最广泛的合作，包括引渡、收集证据、送达司法文件、执行搜查和查封、追查犯罪收益(非法所得财物)、合作打击盗窃文物出口行为等。

(三)联合国刑事司法准则的影响

联合国刑事司法准则经过五十多年的发展和完善，逐步形成一个有机的、相互联系的准则体系，受到国际社会不同形式、不同程序的承认与支持，对世界各国国内刑事司法和犯罪预防制度的改革有着十分重要的指导和参考价值。贯彻联合国刑事司法准则，不仅有助于促进一国国内实现司法公正、强化犯罪预防、改善人权保障，也有利于该国开展同各国在这一领域中平等互利的交流与合作，并发挥其国际影响、提高其国际地位。所以，联合国刑事司法准则从其产生开始就对国际社会发挥着重要影响，并具有无可争辩的重要价值。

第一，联合国刑事司法准则是全人类法律文化的宝贵遗产，是对伟大的法律先哲之法治思想的高度概括和总结。与人权保障密切相联的联合国刑事司法准则，理论上源于西方早期启蒙思想家的法治思想，立法上源于各国在资产阶级革命胜利后制定的法律所确定的一些重要原则。攀古览今，民主、自由、公平、正义一直是人们不懈追求的价值目标。十七、十八世纪，针对封建法制的野蛮、残酷、专制，觉醒的资产阶级启蒙思想家提出了"天赋人权""主权在民""三权分立"等理论，奠定了西方政治法律制度的理论基础。其中，法国启蒙思想家孟德斯鸠在其传世名著《论法的精神》中精辟地指出："一切有权力的人都容易滥用权力，这是万古不易的一条经验。"[②]因此国家权力应当分立，并且相互监督、制衡，因为"如果司法权不与立法权和行政权分立，自由也就不存在了。如果司法权与立法权合二为一，则将对公民的生命和自由实行专断的权力，因为法官就是立法者。如果司法权同行政权合二为一，法官

① 1990年哈瓦那第八届联合国预防犯罪和罪犯待遇大会通过。

② [法]孟德斯鸠:《论法的精神》(上册)，张雁深译，商务印书馆1982年版，第154页。

便将握有压迫者的力量”。[①]就在资产阶级启蒙思想家向世人阐述其民主、自由、平等等法律思想的同时，一部在刑事法律发展史上具有划时代意义的法学论著问世了，这就是1764年意大利贝卡里亚所著的《论犯罪与刑罚》。该书以精练的语言系统地提出了现代刑事法律的基本原则，即罪刑法定原则、罪刑相适应原则、刑罚人道化原则、无罪推定原则，并主张废除刑讯。上述法律思想和基本原则是对封建专制的无情揭露和批判，把千百年来人们为民主、自由的斗争推向新的高潮。资产阶级革命胜利后，各国相继在其颁布的法律中确认了这些宝贵的法律思想和法治原则。这些法律有宪章性的，如英国的《人身保护令》（1676年）、《权利法案》（1689年），美国的《美利坚合众国宪法》（1787年），法国的《人权和公民权利宣言》（即《人权宣言》）（1789年）及各国的宪法。有法典性及其他单行法律的，如各国的刑法典、刑事诉讼法典等。

经过一二百年的发展，特别是第二次世界大战以后，各国在充分认识法西斯专制独裁给人类造成巨大灾难的同时，痛定思痛，纷纷对本国的刑事司法制度进行改革，强调诉讼民主，加强诉讼法制。这些资产阶级的法治原则和战后各国刑事司法改革的实践，逐步为国际社会公认，为联合国刑事司法准则的制定提供了丰富的思想和法例资源。联合国成立后在其制定通过、发布的国际文书中总结、确认、吸收了这些原则、立法和司法实践，从而形成国际性刑事司法准则。可见，联合国刑事司法准则是对全人类法律文化遗产的继承与发扬，是法律先哲和人民大众千百年来以实现民主、自由、正义、平等为核心的法律思想的结晶和集萃，是刑事司法进步、文明的标志。

第二，联合国刑事司法准则是世界各国在刑事司法和犯罪预防领域共同追求的理想价值和通力协作的丰硕成果，也是衡量各国刑事司法文明、民主、进步与否的国际标准。惩治、预防犯罪，改善、保护人权，实现司法公正，以及如何使这些价值目标最大限度地兼容，长期以来一直是世界各国在刑事司法和犯罪预防领域共同追求的价值目标及共同探讨的重要课题。联合国通过积极开展各国之间的交流与合作，促使各国相互借鉴、取长补短、平等探讨，在上述问题上逐步达成普遍共识，商

① ［法］孟德斯鸠:《论法的精神》（上册），张雁深译，商务印书馆1982年版，第156页。

讨出较为统一的对策与措施，并将这种共识和对策、措施在联合国制定、通过、发布的国际文书中加以确认和采纳，使之成为国际社会普遍尊重和支持的联合国刑事司法准则。由于这些刑事司法准则代表了各国的共同见解，是各国共同努力的重大成果，所以它理应受到各国的普遍认可和遵行，并对各国刑事司法和犯罪预防工作的现状施以国际性的指导和监督，成为衡量一国司法民主、程序公正、人权保障状况的基本国际标准。如果不能满足，甚至违背这些国际标准，将受到国际社会的谴责和制裁。可见，联合国刑事司法准则为各国刑事法律的国际化提供了重要的参考标准，积极推动了国际刑事司法民主、文明的进程。

第三，联合国刑事司法准则作为国际社会对各国刑事司法和犯罪预防工作的基本要求和共同价值目标，必将对各国刑事司法制度改革产生重大影响并发挥积极的导向作用。联合国刑事司法准则既然是世界各国在刑事司法和犯罪预防领域达成的普遍共识，必然要求各国给予普遍的尊重和执行，并在各国国内的刑事法律中加以贯彻和体现，这就对各国的刑事司法制度提出国际公认的要求和目标，从而促使各国为实现这一要求和目标不断改革，完善自身的刑事司法制度。当前，随着国际交流与合作的加强，各国刑事法律国际化的进程不断加快，联合国刑事司法准则在国际社会中正发挥着日益重要的影响。各国为了满足国际社会的基本要求，都努力从本国国情出发，贯彻、执行联合国刑事司法准则，对本国刑事司法制度进行不同程度的改革。特别是德国、意大利、法国等大陆法系国家，借鉴、吸收英美法系的一些合理制度和措施以改革本国的刑事司法制度和诉讼程序，在增强司法民主、改善人权保障方面取得了显著的进步和成就。为了顺应这一国际趋势，同时也是为了适应我国政治经济形势发展的需要，我国于1996年和1997年先后对刑事诉讼法、刑法作了重大修改，将联合国刑事司法准则中的一些基本的重要的法律原则确立在我国刑事法典中，增强了我国刑事司法的民主性、科学性，加强了诉讼中的人权保障，大大推动了我国刑事法治的进程。可见，联合国刑事司法准则对世界各国的刑事司法体制改革具有直接的指导作用或重要的参考价值。

二、我国在贯彻联合国刑事司法准则上的一贯立场

我国政府对联合国刑事司法准则，从其产生开始，就给予了极大的

重视和关注，并对准则体系的形成和完善作出了重要的努力与贡献。在我们打开国门，积极参与国际事务，签署《经济、社会、文化权利国际公约》《公民权利和政治权利国际公约》，并且提出“依法治国”、大力推进司法改革的今天，认真贯彻联合国刑事司法准则，指导、促进我国刑事司法体制改革，更成为当前我们面临的迫切任务。

回顾过往，我国对联合国刑事司法准则的制定和发展进行了积极的参与。1980 年，随着我国改革开放政策的实施以及我国在预防犯罪和刑事司法领域开展国际交流与合作的需要，我国恢复参加了联合国预防犯罪和刑事司法领域的活动，同年派出代表团出席了在委内瑞拉加拉加斯召开的第六届联合国预防犯罪和罪犯待遇大会。此后近 20 年来，我国一直以积极、务实和合作的姿态参加联合国在该领域的活动，并参与、促成制定了若干联合国文书。1984 年 5 月，我国政府在北京主办了第七届联合国预防犯罪和罪犯待遇大会第四议题“青少年犯罪与司法”区域间筹备会议。此次会议修订了《联合国少年司法最低限度标准规则（草案）》，该项草案经第七届大会核定后于同年由第 40 届联大以第 40/33 号决议通过，并被定名为《北京规则》。1985 年和 1990 年，我国司法部部长率领中国代表团出席了在意大利米兰和古巴哈瓦那召开的第七届、第八届联合国预防犯罪和罪犯待遇大会，并在第八届大会上向联合国社会防护信托基金捐款 1 万美元。1985 年 12 月，我国司法部与联合国亚洲及远东预防犯罪和罪犯待遇研究所共同在北京举办了司法讨论会，探讨了公安、检察、审判、监狱管理等部门在预防犯罪和刑事司法中的作用，并向联合国提出了关于公众参与预防犯罪在公民中进行法律知识教育、协助专门机构的活动等 17 条建议。1987 年 10 月，联合国技术合作促进发展部、联合国社会防护研究所（现为联合国区域间犯罪和司法研究所）、联合国社会发展和人道事务中心预防犯罪和刑事司法处与我国司法部在北京签署了《在预防犯罪和刑事司法领域内有关人力资源开发的谅解备忘录》。根据该项备忘录，联合国在人员培训、应用研究、司法统计、罪犯回归社会等方面同我国合作，并向我国提供援助。[①]1988 年 10 月，在联合国有关机构的倡议和中国政府的支持下，联合国在北

① 徐景峰主编:《联合国预防犯罪和刑事司法领域活动与文献纵览》，法律出版社 1992 年版，第 5 页。

京举办了“青少年犯罪预防和待遇及公众参与国际讨论会”。会议交流了发展中国家预防和治理青少年犯罪的战略和措施以及各国政府执行《联合国少年司法最低限度标准规则》（北京规则）的情况。1991 年 11 月，我国司法部部长率领中国代表团出席了由联合国在法国巴黎举行的“制定有效的联合国预防犯罪和刑事司法方案部长级会议”。1992 年 2 月 6 日，在联合国经社理事会组织会议上，我国参加竞选并担任了联合国预防犯罪和刑事司法委员会首届委员；同年 4 月，我国派出中国代表团出席了在奥地利维也纳举行的该委员会的第 1 届会议；等等。

我国在参与联合国预防犯罪和刑事司法领域的活动中，积极参加了联合国有关文书和刑事司法准则的制定工作，并根据我国的具体情况和实际需要，在预防犯罪和刑事司法领域的各项工作中贯彻和实施这些文书与司法准则，在国际社会产生了重要影响。

联合国刑事司法准则与人权保障密切相联，我国政府长期以来对这一国际社会以国际法律文件形式所确认的人权准则一直持有积极肯定的立场。我国认为，尊重人权是一项重要的国际法原则，20 世纪特别是第二次世界大战以后，人权保障问题成为国际社会日益关注的国际化问题，也是联合国成立以来各项工作的重心。我国是联合国的创始国、成员国和安全理事会常任理事国，以及《宪章》的参与制定国。尽管中华人民共和国成立以后，一度被排除在联合国之外，直至 1971 年才恢复了在联合国的合法席位，但我国政府对于基本人权，早在新中国成立之初便鲜明地表示过积极的认同态度。1965 年，周恩来总理在亚非万隆会议上明确地向世界郑重宣告：“尊重基本人权，尊重联合国宪章的宗旨和原则……都是中国人民的一贯主张，也是中国人民一贯遵守的原则。”但由于时代的悲剧，这一庄严宣告在以后的极“左”思潮中没有得到切实贯彻，钳制、践踏基本人权的状况在“文化大革命”期间达到了登峰造极的地步。在极“左”思潮的笼罩下，对国际人权标准也采取否定、批判的态度。十一届三中全会以后，我国进入改革开放新的历史时期，开始进行法制的重建工作，此时人们经过对“文化大革命”的深刻反思，认识到权利保障的重要性。随着社会主义市场经济的不断发展和法制的逐步健全，全社会的法治意识和人权保障观念进一步提高，中国政府对人权问题表示高度重视，并对国际人权公约给予积极的评价。1991 年 11 月 1 日，国务院新闻办公室发表了《中国的人权状况》白皮书，

进一步阐述了中国关于人权问题的基本立场和基本政策，并认为：人权是全人类共同创造的精神财富，也是中国人民近一百多年来前赴后继、流血牺牲为之不懈努力奋斗的目标。1997 年时任国家主席的江泽民在访美期间，以国家元首的名义再次表明对人权问题的积极态度，他指出："中国政府依法保护人权，反对一切侵犯公民合法权利的行为，并为此进行了不懈的努力。""我们愿意同其他国家加强交流与合作，共同促进世界的人权事业。"1997 年 10 月 29 日中美两国发表的《中美联合公报》也指出："中美两国都认为《世界人权宣言》及其他的国际人权文书在促进人权方面发挥积极作用，并重申双方均致力于促进和保护人权和基本自由。"到目前为止，我国已陆续加入或签署包括《经济、社会、文化权利国际公约》《公民权利和政治权利国际公约》在内的 18 项国际人权公约，它们是：(1) 1933 年《农业工人的集会结社权公约》；(2) 1948 年《防止和惩治灭绝种族罪公约》；(3) 1949 年《改善战地武装部队伤病员待遇的日内瓦公约》；(4) 1949 年《改善海上武装部队伤病员及遇船难者待遇的日内瓦公约》；(5) 1949 年《关于战俘待遇的日内瓦公约》；(6) 1949 年《关于保护平民的日内瓦公约》；(7)《1949 年 8 月 12 日日内瓦公约关于保护非国际性武装冲突受难者的附加议定书》和《1949 年 8 月 12 日日内瓦公约关于保护国际性武装冲突受难者的附加议定书》；(8) 1951 年《男女同工同酬公约》；(9) 1951 年《关于难民地位的公约》；(10) 1966 年《消除一切形式种族歧视公约》；(11) 1966 年《经济、社会、文化权利国际公约》；(12) 1966 年《公民权利和政治权利国际公约》；(13) 1967 年《难民地位议定书》；(14) 1973 年《禁止并惩治种族隔离罪行国际公约》；(15) 1980 年《消除对妇女一切形式歧视公约》；(16) 1985 年《反对体育领域隔离国际公约》；(17) 1984 年《禁止酷刑和其他残忍、不人道或有辱人格的待遇或处罚公约》；(18) 1989 年《儿童权利公约》。

当前，人权国际准则已日益成为世界各国学术研究的重要课题。我国政府在国际人权问题上一贯持积极、肯定的态度，尤其是 1997 年、1998 年先后签署《经济、社会、文化权利国际公约》《公民权利和政治权利国际公约》，使得认真研究和贯彻联合国人权公约和国际司法准则，并参照这些国际司法准则，积极推进我国刑事司法改革，成为我国立法和司法界关注的焦点。

近年来，随着我国在联合国刑事司法和犯罪领域的积极参与以及对人权保障的高度重视，我们在贯彻联合国刑事司法准则方面取得了一些成就，突出表现在1996年和1997年先后对刑事诉讼法、刑法的重大修改和完善。为了更好地体现和贯彻联合国关于将追究、惩治犯罪同维护、保障人权有机结合的刑事司法和犯罪预防活动的宗旨，修改后的刑法把罪刑法定、法律的平等适用、罪刑相适应明确立为刑事实体法的三大基本原则并取消了类推制度，使其规定更为科学、民主。而作为一国刑事司法重心的刑事诉讼法，其修改在保障人权、加强诉讼民主性、透明度方面，更是取得了明显的进展，如增加规定司法机关依法独立行使职权，未经人民法院依法判决对任何人不得确定有罪，律师在侦查阶段可以介入诉讼，加强适用强制措施的制约，提高被害人的诉讼地位，等等。同时取消了免诉制度，改革法庭审判方式。这一系列的修改都使联合国刑事司法准则在我国得到了进一步贯彻。

具体而言，在我国刑事法律中，贯彻联合国刑事司法准则的规定，主要包括以下内容：

1. 罪刑法定。我国《刑法》第3条明确规定，法律明文规定为犯罪行为的，依照法律定罪处刑；法律没有明文规定为犯罪行为的，不得定罪处刑。这是1997年刑法修改后新增加的内容，同时取消了原刑法规定的类推制度，这对于防止滥用刑罚权，保障无辜者不受错误追究，保障犯罪人的合法权益免受非法侵害，有重要意义。

2. 平等适用法律。我国《宪法》第33条第2款确立了“中华人民共和国公民在法律面前一律平等”的原则。根据这一宪法原则，我国《刑法》第4条规定，对任何人犯罪，在适用法律上一律平等，不允许任何人有超越法律的特权。《刑事诉讼法》第3条也规定，对于一切公民，在适用法律上一律平等，在法律面前不允许有任何特权。这是公民平等权在法律上的体现和保障。

3. 罪刑相适应。我国《刑法》第5条规定，刑罚的轻重应与罪犯所犯罪行和承担的刑事责任相适应。这一规定体现了刑罚的公平、正义理念，有利于防止罚不当罪或严刑峻罚。

4. 司法机关独立行使职权。我国《宪法》第126条、第131条确立了人民法院、人民检察院依法独立行使职权的原则，《刑事诉讼法》第5条也规定，人民法院依照法律规定独立行使审判权，人民检察院依照法

律规定独立行使检察权，不受行政机关、社会团体和个人的干涉。这是司法公正的重要保障。

5. 未经法院依法判决不得定罪。我国《刑事诉讼法》第12条规定，未经人民法院依法判决，对任何人都不得确定有罪。这一规定在统一法院定罪权的同时也吸收了无罪推定的核心内容。

6. 公正审判。这是国家政治清明、奉行法治的重要体现，也是对司法权行使的当然要求。我国法律通过确立和完善一系列的诉讼原则、制度来保障实现公正审判。例如：

（1）确立公开审判原则。《刑事诉讼法》第11条规定，人民法院审判案件，除本法另有规定的以外，一律公开进行。据此，法院审理案件，除涉及国家秘密、个人隐私以及未成年人的案件以外，允许公民旁听，允许记者采访报道，从而把司法工作置于社会监督之下，增强了司法的透明度。

（2）改革庭审方式，增强诉讼中的对抗性。为了实现公正审判，修正后的刑事诉讼法改开庭前法院对公诉案件的实体审查为程序性审查，加强公诉人的当庭举证、质证责任和控辩双方的平等对抗，扩大合议庭的职权等。

（3）确立复审制度。我国刑事诉讼实行两审终审制，并设立审判监督程序和死刑复核程序，为被判有罪、处以死刑的人在向上级法院请求复审的权利上提供了机制保障。

7. 辩护制度。我国宪法明确规定，在刑事诉讼中被告人有权获得辩护。这一宪法保障在刑事诉讼法中得到具体制度和程序上的贯彻落实。刑事诉讼法详细规定了辩护权行使的方式和保障，将犯罪嫌疑人委托辩护人的时间提前到审查起诉阶段，并规定犯罪嫌疑人在被侦查机关第一次讯问后或采取强制措施之日起，可以聘请律师为其提供法律帮助，此外还首次在立法中明确规定了法律援助制度。

8. 禁止任意逮捕或拘禁。这两项强制措施的采用直接涉及公民的基本人权，因而必须严格限定其适用范围和规范适用的程序。我国《刑事诉讼法》第60条、第61条对逮捕和先行拘留的条件作了明确规定，并在第59条中指出，逮捕犯罪嫌疑人、被告人，必须经过人民检察院批准或人民法院决定，并由公安机关执行，以防止发生任意逮捕的情况。刑事诉讼法还规定了公安机关在执行拘留、逮捕时应遵守和注意的事

项。《人民警察法》第22条、第48条规定，警察非法剥夺、限制他人人身自由，非法搜查他人的身体、物品、住所或场所的，应当给予行政处分；构成犯罪的，依法追究刑事责任。

9. 禁止刑讯和殴打、体罚、虐待、侮辱被监管人员。我国《刑事诉讼法》第43条规定，严禁刑讯逼供和以威胁、引诱、欺骗以及其他非法方法收集证据。刑法将司法工作人员对犯罪嫌疑人、刑事被告人使用肉刑或变相肉刑、逼取口供的行为规定为“刑讯逼供罪”；将司法工作人员使用暴力逼取证人证言的行为规定为“暴力取证罪”；将监管人员对被监管人员进行殴打或虐待，情节严重的行为规定为“殴打、体罚被监管人员罪”。上述行为致人伤残、死亡的，以伤害罪、杀人罪从重论处。法官法、检察官法、警察法和监狱法也都规定，法官、检察官、警察和监管人员有刑讯逼供或体罚、虐待犯罪嫌疑人、被告人或罪犯，侮辱他们的人格等行为的，给予处分；构成犯罪的，依法追究刑事责任。

10. 使用本民族语言文字进行诉讼。我国《刑事诉讼法》第9条规定，各民族公民都有使用本民族语言文字进行诉讼的权利。公、检、法机关对不通晓当地通用的语言文字的诉讼参与人，应当为他们翻译。在少数民族聚居或多民族杂居的地区，应当用当地通用的文字发布判决书、布告和其他文件。

11. 对未成年人特殊保护。未成年人保护法专章规定了对未成年人的司法保护，确立了对违法犯罪的未成年人实行教育、感化、挽救的方针和坚持教育为主、惩罚为辅的原则。刑法规定：不满14周岁的人不负刑事责任；已满14周岁不满16周岁的人，只有犯8种特定罪行时，才应负刑事责任；已满14周岁不满18周岁的人犯罪，应当从轻或减轻处罚；犯罪时不满18周岁的人，不适用死刑。刑事诉讼法规定：讯问和审判不满18周岁的未成年人时，或询问不满18周岁的证人时，可通知其法定代理人到场；在审判阶段，被告人是未成年人而且没有委托辩护人的，人民法院应当为其指定辩护；14周岁以上不满16周岁未成年人犯罪的案件，一律不公开审理；16周岁以上不满18周岁未成年人犯罪的案件，一般也不公开审理。上述规定是针对未成年人的生理、心理特点和成长需要而对未成年人提供的诉讼程序中的特殊保障。

12. 控制死刑。我国刑法规定，死刑只适用于罪行极其严重的犯罪分子，并实行“死缓”制度。刑事诉讼法规定，对可能判处死刑而没有

委托辩护人的，人民法院应为被告人指定辩护人。同时该法还规定了死刑复核的特殊程序，以及执行死刑可采用注射等更人道的方法。

13. 保障被害人合法权益。强化对被害人合法权益的保障是刑事诉讼发展的世界性趋势。我国刑事诉讼法在修改时加强了对被害人的保障措施，赋予被害人诉讼当事人的地位，并扩大了自诉案件范围，使被害人的控诉权得到了进一步保障，同时在诉讼的各个环节上强化了被害人的诉讼权利。

14. 司法补救制度。在我国，司法补救制度主要包括两方面：一是刑事诉讼法所提供的司法补救机制。该法规定，诉讼参与人对于审判人员、检察人员和侦查人员侵犯公民诉讼权利和人身侮辱的行为，有权提出控告；二审法院发现一审法院的审理有违反诉讼程序的法定情形的，应当裁定撤销原判、发回原审法院重审；当事人对确有错误的生效判决，有权提出申诉，要求依审判监督程序进行再审。二是国家赔偿法所提供的司法补救机制。该法规定，行使侦查、检察、审判、监狱管理职权的机关及其工作人员在行使职权时有侵犯人身权的法定情形之一时，受害人有取得赔偿的权利。国家赔偿法对赔偿程序、赔偿方式和计算标准均作了详细规定。

15. 文明监狱制度。我国监狱法强调罪犯的人格不受侮辱，其人身安全、合法财产和辩护、申诉控告、检举以及其他未被剥夺的权利不受侵犯，同时强调根据改造罪犯和罪犯出狱后就业的需要，组织罪犯从事生产劳动，对罪犯实行思想教育、文化教育、技术教育。规定对罪犯实行惩罚和改造相结合、教育和劳动相结合的原则，力图将罪犯改造成守法公民。我国监狱法对于保障被剥夺自由的人的合法权益以及以争取罪犯改造和社会回归为基本目的的措施作出了具体的规定。

上述内容表明，我国现行刑事法律通过一系列确认和保障公民个人权利的规定，在我国刑事司法领域初步建立了权利保障体系。然而，我们也应清醒地看到，我国现行的法律规定与联合国刑事司法准则相比，还存在一定的差距。长期以来，在刑事立法和司法实践中重实体、轻程序，重职权、轻人权的观念和做法仍顽固存在。刑事诉讼独立的程序价值仍得不到充分认识和发挥，刑事司法人员的权力缺乏完备有效的制约，等等。这些都为我国进一步贯彻联合国刑事司法准则，改革完善我国的刑事司法制度提出了任务和目标。

三、贯彻联合国刑事司法准则，推进我国刑事司法改革

依笔者看来，尽管联合国关于人权保障和司法准则方面的法律文书卷帙浩繁，内容庞杂，但在刑事司法领域最基本、最核心、对世界各国具有普遍羁束力的政策、标准，主要是以下几点：

第一，司法机关独立行使职权。联合国《关于司法机关独立的基本原则》《〈关于司法机关独立的基本原则〉的有效执行程序》《关于检察官作用的准则》《关于律师作用的基本原则》均强调：各国应保证司法机关的独立，并将此原则正式载入其本国的宪法或法律之中，司法机关应不偏不倚，以事实为根据并依法律规定来裁决所受理的案件，而不应有任何约束，也不应为任何直接或间接不当影响、怂恿、压力、威胁或干涉所左右。检察官的职责应与司法（审判）职能严格分工。

第二，正当法律程序。联合国刑事司法准则的核心内容是刑事司法中的人权保护，而在刑事程序过程中实现人权保障的基础和关键，在于法律程序的正当化。正是正当法律程序及其相应诉讼机制的设置和建立，使得国家要追究一个公民的刑事责任，不能随心所欲、不择手段，而必须遵守法律程序、受到诉讼程序的制约。正当法律程序帮助受到追究的弱小公民在诉讼中与国家（控诉方）平等对抗，充分地为自己进行辩解，并由一个独立于行使追诉权的国家政府部门之外的司法机关（法院）不偏不倚地对国家和公民之间的争执作出公正裁判。因此，联合国刑事司法准则为了保障诉讼中的人权，规定了一系列诉讼原则和制度，以求充分发挥诉讼程序的独立价值，实现法律程序的正当化，并要求各国在国内的刑事诉讼法中加以贯彻、执行。

第三，公正审判。作为联合国刑事司法准则集中体现的《公民权利和政治权利国际公约》第 14 条第 1 项明确规定，人人有资格由一个依法设立的、合格的、独立的和无偏倚的法庭进行公正的和公开的审判。保证受到公开、公正、公平的审判，是被告人在刑事诉讼中享有的一项基本诉讼权利，为实现社会正义设置了最后一道防线。所以，它理应成为世界各国认真贯彻、遵守的最低限度国际刑事司法准则。

第四，无罪推定原则。无罪推定作为一项刑事诉讼特有的原则，在诉讼机制上为被告人人权提供了特殊的保护，已得到世界各国的普遍确认和执行。无罪推定对被告人的诉讼地位以及证明责任的承担等诉讼中

的基本问题作了明确的界定，因而成为联合国刑事司法准则的核心内容。《公民权利和政治权利国际公约》第14条第2项确认："凡受刑事控告者，在未依法证实有罪之前，应有权被视为无罪。"

鉴于联合国刑事司法准则对于各国国内刑事司法制度的改革与完善有着十分重要的参考和指导价值，加之我国签署的《公民权利和政治权利国际公约》中有关国际刑事司法准则的内容必须在国内刑事立法和司法实践中切实得到贯彻、体现，所以我国的刑事司法制度改革，需要紧密结合中国实际，把改革的重点放在贯彻、实施上述联合国一些最基本、最核心的司法准则上。对此，笔者试提出以下几方面的问题及其改革构想。

1. 正确认识刑事诉讼两大程序价值的关系，实现程序正义。刑事诉讼程序价值是指在刑事诉讼程序主体和客体的相互作用和关系中，作为客体的程序对于主体依照其内在需要而提出的，应在刑事诉讼程序中予以实现以及为了达成的某种理想和目标所努力给予的满足和实现。刑事诉讼程序价值分为两个基本层面：一是工具性价值，指刑事诉讼程序对于满足程序主体的实体目标是否有用和有效的价值标准。刑事诉讼程序如果能满足和促成独立于程序之外的实体目标，就被认为具有一种作为手段和工具的价值。二是独立价值，又称为目的性价值，指刑事诉讼程序对于满足程序主体就程序本身提出的目标（程序性目标）能否有用、有效的价值标准。它是刑事诉讼程序内在的、本身固有的一种优秀品质。这种优秀品质与工具性价值相比，其对程序结果的影响是不同的，即使公正、尊严和参与等（独立）价值并未增进判决的准确性，法律程序也要维护这些价值，因为独立价值"不依赖于判决结果，它们是来自程序本身的使人感到满意的东西"①。

对刑事诉讼这两大程序价值关系的正确认识，涉及对诉讼法地位和作用的正确定位、诉讼中人权保障的贯彻落实，以及刑事诉讼法治的最终实现。

首先，工具价值与独立价值相互依赖、不分主次，构成一个问题的两个方面。刑事诉讼的工具价值和独立价值（程序正义）是程序主体对

---

① ［美］迈克尔·D. 贝勒斯：《法律的原则》，中国大百科全书出版社1996年版，第34页。

刑事程序提出的两大目标和要求，也是人们评价刑事诉讼程序的两大基本价值标准。工具价值主要保障刑事实体目标的实现，而独立价值则确保那些其利益可能受到裁判结果直接影响的人获得公正的诉讼待遇，使其人格尊严得到尊重，保证诉讼程序公正、合理地进行。两者究其实质而言，是一种相互平行、独立的关系，构成一个问题的两个方面。且根据辩证唯物主义所阐释的本质决定表象的原理，作为刑事诉讼程序内在、本质目标的程序正义相对于依赖外在实体目标的工具价值而言，更应具有决定意义。与此相联系，诉讼法与实体法的关系也不是传统所谓“手段和目的”“形式与内容”的简单关系，而是既相互独立，又相辅相成，同在国家法制中占有重要的、不可相互替代的地位，它们各自有着独立价值和特殊功用，都对实现依法治国起着重要的保障作用。

其次，针对我国国情应把实现程序正义作为刑事诉讼法治的首要目标。长期以来，受我国传统法律思想的影响，“重实体、轻程序”的现象普遍存在于法制建设的各个层面。如立法上，修改后的刑事诉讼法仍然在第1条开宗明义地将“为保证刑法的正确实施”作为制定刑事诉讼法的唯一宗旨，丝毫未涉及刑事诉讼法在实现程序正义方面的作用。执法上，刑事诉讼中轻视程序的现象更为严重：刑讯逼供，非法搜查、扣押，超期羁押，变相拘禁，先定后审，非法限制、妨碍律师履行辩护职责，随意侵犯诉讼参与人的合法权益等做法屡禁不止，严重损害了刑事司法的公正，造成恶劣的影响。守法上，普通公民，特别是很多国家公务员、官员的“程序意识”极为淡薄，认为遵守法律就是遵守实体法，违反程序不算是违法。

上述这些忽视刑事诉讼法的内在独立价值，单纯把刑事诉讼法作为实施刑法的手段和工具等错误认识和做法，助长了刑事诉讼法治建设中的功利主义，导致执法上的非法专断和随心所欲，妨碍了诉讼中的民主建设和人权保障。所以，为了在刑事诉讼中切实贯彻“依法治国”的基本方略和联合国的人权准则，彻底根除“重实体、轻程序”的现象，应当把实现刑事程序正义，凸显刑事诉讼程序的内在、理性特征作为当前的首要任务和目标。

程序正义是刑事诉讼程序本身固有的一种过程性、复合性的价值目标，它对刑事诉讼活动提出了若干独立于结果公正的正义标准，这些标准的实现对于贯彻刑事诉讼法治和联合国人权准则有以下推动作用：

第一，程序正义有利于防止国家权力异化，避免人治在诉讼中膨胀。程序正义的独立性决定了国家专门机关绝不能为了追求惩罚犯罪而不择手段，违反诉讼程序的公正标准和原则，而必须在严格遵守公正程序的过程中实施刑法，实现国家刑罚权。

第二，程序正义有利于增强诉讼中的民主和人权保障。程序正义的重要作用在于确保诉讼参与人，尤其是与案件结果有利害关系的当事人，在诉讼中受到公正的待遇并享有与国家专门机关平等的诉讼地位，使他们能充分参与诉讼的全过程，并对程序结果产生积极、有效的影响，个人合法权益受到法律应有的保护。程序正义的这一功能，规制了司法权力的正当行使，弘扬了诉讼中的民主，保障了诉讼中的人权，让社会公众切实感受到法律的正义与公正，维护了法律的权威。

第三，程序正义自身体现了一国司法制度的公正与否，成为衡量刑事诉讼法治乃至国家法治程度的标准。刑事诉讼不仅是一种认识案件客观事实的活动，还是一个程序价值的选择和实现过程。程序正义的基本精神就在于它选择了程序本身的独立价值，从而使刑诉程序呈现出公正、民主和法治的特性，使诉讼活动理性化。从这一意义上说，程序正义自身体现着一个国家司法制度的公平与正义。同时法治和诉讼中的人权保障取决于一定形式的正义程序，一个国家和人民共同遵从程序的状态和程序是衡量该国法治程度和人权状况的标准。

当前我国贯彻联合国刑事司法准则，积极推进刑事司法制度改革，应以完善、优化程序，加强程序正义的保障机制，提高诉讼法的独立地位为首要目标和任务。具体而言，实现刑事程序正义，需要加强以下几方面的工作：

（1）转变执法人员的诉讼观念，加强司法权力运作制约。

第一，转变执法人员的诉讼观念：一方面，要增强诉讼中的平等观念，尊重诉讼参与人的程序主体地位。另一方面，增强诉讼中的人权保障观念，严禁侵犯公民人权的违宪行为发生，严格遵守办案程序。

第二，加强审判权对追诉权的制约。人民检察院“一身两任”的特殊身份不利于其客观、全面地进行法律监督，容易导致追诉权的膨胀甚至异化，使诉讼参与人处于更为不利的地位。而人民法院中立的诉讼地位和裁判职能决定了由它监督、制约公安、检察机关追诉权（广义上的追诉权）的依法行使更为合理、有效。就我国现状而言，迫切需要人民

法院运用司法权介入审判前程序，实行司法审查、令状主义，并参照联合国刑事司法准则，逐步确立具有中国特色的人身保护令制度。

第三，进一步实现诉讼职能区分，尤其是控审职能的分离。控审职能分离的关键在于彻底排除法院的证明责任，保障其在诉讼中的中立地位，法院不得从事任何带有追诉倾向的诉讼活动，以免给被告人的辩护和防御带来不应有的限制和阻碍。

（2）增强犯罪嫌疑人、被告人的抗辩能力，实现权利对权力的制约。

既然已经认识到程序正义独立于裁判结果单独存在，则在刑事诉讼中，对程序正义的违背和破坏就理应单独构成阻断诉讼程序进行，废止执法人员所作诉讼结论的根据。例如，应当增设“非法证据的排除规则”，将那些通过刑讯逼供、非法搜查、扣押等严重侵犯公民合法权益的非法行为获取的证据，排除在定案根据之外。这样做的目的在于实现权利对权力的制约，增强犯罪嫌疑人、被告人的防御能力和执法人员的“程序观念”，加大对严格执法的监督力度，加强诉讼中的人权保障。

（3）加强对被害人的权利保障。

从20世纪70年代中后期开始，被害人在刑事司法中的地位和权利开始回升，许多国家的刑事司法改革方向，包括联合国的刑事司法政策，都由以被告人为中心转化为强调被害人与被告人权利的平衡，以及被害人利益与国家利益的平衡。为了顺应这一世界发展趋势，我国刑事诉讼法修改后，加强了对被害人的权利保护，但这一改革仍有待进一步完善。笔者认为，被害人权利保障的核心应是加强并保证他的程序参与权。首先，赋予被害人对国家专门机关在诉讼进程中作出的重要法律决定的知悉权，增强诉讼的透明度。其次，赋予被害人对国家专门机关有关诉讼决定的申诉权、异议权，使其主体意志对诉讼进程产生有效的影响。最后，最大限度地兼顾、协调被害人与被告人的利益冲突、被害人与国家的利益冲突，确保被害人的个人合法权益在诉讼中得以实现。

2.重新检讨“分工负责、互相配合、互相制约”原则，理顺公、检、法三机关的关系。修改前后的刑事诉讼法都规定，人民法院、人民检察院和公安机关进行刑事诉讼，应当分工负责、互相配合、互相制约，以保证准确有效地执行法律。这一原则界定了国家专门机关在刑事诉讼中的地位和相互关系，并为刑事程序的运作设定了传统的线形诉讼

构造。立法确立这一原则表明，我国长期以来一直将刑事诉讼看作国家机关与犯罪分子之间展开的一场较量，认为作为国家专门机关的公、检、法机关尽管在诉讼中行使的职能不同，但诉讼任务却是共同的，即追究被告人的刑事责任。由此，公、检、法三机关在刑事诉讼中共同占据主导地位，彼此间注重配合、协作，形成一个强大的追诉整体，刑事诉讼呈现出以国家专门机关为主体、由侦诉审三道工序组成的结合紧密、配合默契、运转高效的司法流水线式的诉讼构造。犯罪嫌疑人、被告人只是这条司法流水线上的“物件”，没有诉讼主体地位。显然，这一原则所强调的“司法一体化”，违背了联合国刑事司法准则中的法官中立、法官独立、控审分离等原则，扭曲了刑事诉讼的应然构造，在司法实践中容易导致侵犯、剥夺被告人合法权益等诸多弊端，为刑事诉讼打上强烈的行政烙印。因此，有必要对这一原则的合理性提出质疑，重新界定公、检、法三机关在刑事诉讼中的地位和相互关系。

（1）公、检、法三机关“分工负责、互相配合、互相制约”原则违背刑事诉讼的客观规律和应然构造。

①在诉讼价值选择上，该原则偏重打击犯罪，背离程序正义。诉讼是解决社会冲突的活动，它是社会冲突得以解决的最高和最终方式。诉讼追求的理想目标，应是使社会冲突得到令冲突双方乃至整个社会均感满意、信服的解决。要实现这一目标，必然以正义为其基本价值理念。法哲学家们通常认为，正义（公正）是标志社会进步的一个普遍表现，但正义（公正）在解决冲突这一特殊过程中具有更高的价值。[①] 正义的闪光点就在于使利益冲突的双方均感到满意。在刑事诉讼中，冲突双方表现为：代表国家、维护社会公益的控诉主体和代表公民、维护个体利益的辩护主体。这两者在自然状态下是不平等的，但一旦将两者间的冲突纳入诉讼程序，他们便应享有司法上的平等。控辩主体其任何单方的利益都不能构成整个刑事诉讼的目的，刑事诉讼应当最大限度地兼顾各方利益，实现多重价值。因此，控诉主体一方积极追求的打击犯罪上的“高效率”，不能作为刑事诉讼的基本目标，必须让位于程序正义。刑事诉讼的目的应当是惩罚犯罪与保障人权并重，追求诉讼效率必须以实现程序正义为前提。可见，建立在片面追求惩治犯罪效率上的“分

① ［英］戈尔丁：《法律哲学》（中译本），三联书店 1987 年版，第 232 页。

工负责、互相配合、互相制约”原则，容易背离刑事诉讼的基本价值目标——正义。一旦背离了程序正义，某种意义上讲，在诉讼中“最大的效率意味着最多的司法暴行”。①

②在诉讼机制上，该原则背离了刑事诉讼的应然构造——等腰三角形结构。关于刑事诉讼的应然构造，中外学者提出了若干学说、理论。我国学者现有的观点主要有：传统的线形结构说；全过程三角结构论②；两重结构论③；倒三角结构说④。笔者认为，刑事诉讼的应然构造应当是一个等腰三角形，并且集中体现在诉讼中的审判阶段。这是因为：诉讼作为解决社会冲突的最终方式，它有着自身的机理和特征。法学家查比罗认为诉讼的特性与本质，就是“三方组合”，即发生冲突的两方要求第三方解决他们的争执。这包括两层含义：一是冲突双方之间的对立、争执是不可自行调和、化解的；二是作为解决冲突的第三方必须独立于冲突双方之外，与冲突主体均无隶属关系或其他牵连关系。在现代诉讼中，作为解决冲突的第三方由国家司法机关担任，所作裁判具有终局意义。在这三方组合中，冲突双方形成一定的对抗，而且应当是平等对抗。具体到刑事诉讼中，代表国家的控诉主体与代表公民个人的辩护主体通过诉讼机制上对权力的制约和对权利的补强而享有诉讼形式上的平等，辩护主体不是控诉主体职权的纯粹承受者、服从者，而是力量相当的积极对抗者，两者位于正三角形底边直线的两端；解决冲突的审判机关作为超然于控辩双方之外的最终裁判者，位于两者之上，高居三角形顶端；同时为了最大限度地兼顾控、辩双方的利益，确保裁判公正，审判机关必须保持中立，与控辩双方保持等距离，不得沦为控辩任何一方的参与者、辅佐者，由此形成一个等腰三角形的诉讼结构。这一结构是对诉讼“三方组合”特性的理性反映，是刑事诉讼的应然构造，它蕴含着刑事诉讼的基本原理：法官中立原则、控审分离原则、控辩对抗原则。这也是联合国刑事司法准则中关于公正审判的基本要求。

可见，“分工负责、互相配合、互相制约”原则所确立的惩治犯罪至上的线性诉讼结构，强调协同作战，崇尚效率优先，否定了被告人的

---

① 李心鉴：《刑事诉讼构造论》，中国政法大学出版社 1997 年版，第 90 页。

② 李心鉴：《刑事诉讼构造论》，中国政法大学出版社 1997 年版，第 90 页。

③ 龙宗智：《刑事诉讼的两重结构辨析》，载《现代法学》1991 年第 3 期。

④ 裴昌龄：《关于刑事诉讼结构的研究》，载《政治与法律》1996 年第 5 期。

诉讼主体地位，违背了现代诉讼的民主精神，其实质是一种“命令服从、效率优先”的行政治罪结构。

③在公、检、法三机关的相互关系上，该原则实行“司法一体化”，违背诉讼职能区分原理。诉讼职能区分是现代刑事诉讼民主、科学、进步的表现，也是构筑三角形的诉讼构造的理论基础。这一原理不仅要求侦、诉、审三大职能应分别由不同的诉讼主体承担，更为重要的是切断各个诉讼职能间的不当联系，形成程序阻断，特别是阻断审判与侦查、控诉之间的承继关系。而“分工负责、互相配合、互相制约”原则，在公、检、法三机关的相互关系上，实行“司法一体化”，强调的正是专门机关的整体性、权力行使上的承继性、流水作业的连续性，将刑事诉讼变成由侦查、起诉、审判三道工序组成的统一行使职权、快速高效运转的司法流水线，以“互相配合”模糊混淆了诉讼职能的区分，从而难以真正实现控审分离、法官中立。

④在公、检、法三机关的权力属性上，该原则混淆了行政权与司法权的界限，损害裁判权威。在公、检、法三机关中，公安机关是国家行政机关，在刑事诉讼中负责对犯罪的侦查。侦查是起诉的必要准备，起诉是侦查的法律后果，侦查、起诉合为诉讼中的控诉一方。法院是国家审判机关，行使的是司法权。现代诉讼的发展趋势，是加强司法权对行政权的监督与制约，以防止行政权的滥用或异化。具体说来，就是法官“提前”介入诉讼，对一些限制或剥夺公民人身自由、财产权益的强制措施、侦查措施，进行司法审查，利用司法权力来监督侦查权、公诉权的正确行使，保障公民的合法权益不受侵害。例如，实施逮捕、搜查的令状主义，强制起诉程序，等等。同时，审判权相对于侦查权、公诉权的独立性和裁判的终局性、权威性，都决定了审判机关必然超脱于公安、检察机关之上，中立于控辩主体之间，位于等腰三角形的顶端。强调国家专门机关整体化、司法权力一体化的“分工负责、互相配合、互相制约”原则，片面强调权力行使中的集中统一，模糊了诉讼职能的区分，有违司法权的行使规律。

⑤该原则混淆了诉讼发展轨迹与诉讼应然构造这两种不同性质的概念。辩证唯物主义哲学指出，事物的发展是波浪式前进、螺旋式上升，是一个不断向前的线性过程。刑事诉讼亦是如此，它由若干既相互联系、又相对独立的诉讼阶段组成，诉讼的发展就是这些诉讼阶段的前后

衔接、相互推动，呈现出一种线性的、单向的发展态势。这是诉讼的发展轨迹，而非诉讼构造。诉讼构造反映的不是诉讼的发展态势，而是诉讼主体在相对独立、稳定的诉讼阶段中各自所处的地位及相互间关系。公、检、法三机关在权力属性、诉讼职能上的差异，司法权在诉讼中至高无上的权威，被告人的主体资格，诉讼“三方组合”的特性和控辩双方的平等地位等，都决定了刑事诉讼不可能也不应当是如同诉讼发展轨迹那样的线性结构。“分工负责、互相配合、互相制约”原则所勾画的公、检、法三机关如不同车间、不同工序之间那样的司法流水线，源于对诉讼应然构造的错误认识，混淆了诉讼发展轨迹与诉讼构造这两种完全不同性质的概念。

（2）改革“分工负责、互相配合、互相制约”原则，理顺公、检、法三机关关系。

以上论述表明，“分工负责、互相配合、互相制约”原则，违背诉讼的客观规律和诉讼的应然构造，也与联合国刑事司法准则和各国通行做法不相吻合，需要进行改革，以建立合理科学的刑事诉讼机制，理顺公、检、法三机关之间的关系。在此笔者仅提出一些初步的构想：

①确立警、检一体原则。根据“三方组合”的诉讼特性，刑事诉讼的诉讼主体是控诉、辩护和审判三方，刑事诉讼的基本职能相应也为控诉、辩护、审判三大职能。公安机关的侦查职能实际是检察机关控诉职能的补充和延伸。二者皆代表政府追究犯罪，所以两者之间不是“分工负责、互相配合、互相制约”原则所确立的分立和平行关系，而应共同构成控诉主体。

为此，应当确立警、检一体原则。这一原则赋予检察机关主导侦查的权力，为其履行控诉职能打下良好的基础。而且检察机关的这种侦查主导权，有利于加强侦查监督，改变现在检察机关对公安机关侦查活动监督不力的状况。同时将公安机关的刑事侦查职能与其治安管理职能区分，将公安机关的刑事侦查活动真正纳入诉讼轨道，使其受刑事程序法调整。为贯彻警、检一体原则，可以在公安机关内部设立治安警察、刑事警察以及相关部门，刑事警察的侦查活动接受检察机关的指导和监督，向检察机关报告侦查进展，交付侦查成果。这也是世界上大多数国家的做法。

②确立司法审查原则，实行令状主义。我国现行侦查程序，实行强

国家职权主义的模式。作为承担主要侦查任务的公安机关，除适用逮捕需提请检察机关批准外，有权采用包括搜查、拘留在内的其他一切侦查手段和强制措施。犯罪嫌疑人在此过程中无权聘请辩护人，不享有沉默权，相反法律要求他如实回答侦查人员的讯问以配合侦查机关查明案件事实真相。

一方面是侦查机关为查明犯罪、追究犯罪需要拥有相应的手段和职权，以保护国家或公共利益，另一方面这些手段和职权的行使又直接影响、限制甚至剥夺了公民个人受法律保护的人身、财产或其他权益。侦查权的这一特性使其成为一把双刃剑，一旦行使不当或失去控制便会给社会造成危害，给公民带来灾难。从机制上来看，对侦查权行使进行监控的有效途径之一，就是要注意发挥审判机关的作用，运用司法权进行干预，实行“以权力制约权力”。为此，应当在我国刑事诉讼中确立司法审查原则，实行令状主义，建立有中国特色的人身保护令。在国家专门机关的相互关系上，加强法院对侦控机关的制约。

根据联合国刑事司法准则以及大多数国家的普遍做法，司法审查原则是指，对公民进行逮捕，必须以法官事先签发的逮捕令为依据（特殊情况可以例外），且不论是“有证逮捕”抑或是“无证逮捕”，执行逮捕的官员都应将被逮捕人在逮捕后毫不迟延地带到法官面前，由法官对逮捕的合法性和必要性进行审查。同时刑事侦查还应实行令状主义，即侦查中的搜查、扣押等凡是影响犯罪嫌疑人权利、自由的一切措施都以法官签发的令状为实施的依据。人身保护令制度，最早由英国确定，《公民权利和政治权利国际公约》第9条第4项将其规定为：“任何因逮捕或拘禁被剥夺自由的人，有资格向法庭提起诉讼，以便法庭能不拖延地决定拘禁他是否合法以及如果拘禁不合法时命令予以释放。”以上内容通过司法权（审判权）对审判前程序的介入，有效地遏制了控诉权的膨胀和异化，增强了辩护方的抗辩能力和自卫能力，保护了被告人的基本人权。

在我国刑事诉讼中确立并贯彻司法审查原则、实行令状主义、人身保护令制度，笔者认为具体应包括以下内容：其一，鉴于搜查和逮捕的强制程度以及对公民权利的影响程度，所以应把两者的批准权均交给人民法院行使，并在人民法院内部相应设置预审法官；其二，刑事侦查机关执行逮捕后，应及时将被逮捕的犯罪嫌疑人带到批准逮捕的预审法官

面前，由他就逮捕的实质要件和程序要件进行司法审查；其三，建立我国的人身保护令制度，赋予被羁押的犯罪嫌疑人就羁押的合法性以及羁押期限应否延长等向预审法官提出异议的权利，启动司法程序对犯罪嫌疑人进行有效保护。

③实行起诉书一本主义。“分工负责、互相配合、互相制约”原则的一个重要特征就是实行“司法一体化”，注重专门机关职权行使上的顺畅性、连续性。所以改造这一原则的关键，就在于打破司法一体化，切断公、检、法三机关在职权上的承接，阻断侦查、起诉同审判间的联系，加强控、审职能分离。而起诉书一本主义，恰为上述目标的实现提供了有效的解决方案。

起诉书一本主义是与案卷移送主义相对的一种起诉方式。这种起诉方式是指检察官向法院提起公诉时，只能移送一纸起诉书，不得同时移送案件的侦查、起诉卷宗和证据材料，检察官收集到的指控证据必须在法庭审判时当庭出示。刑事诉讼法修改后，我国由原先的全卷移送变为现在的只向人民法院移送四种材料：起诉书、证据目录、证人名单、主要证据复印件或照片。这与起诉书一本主义相比，仍有很大差距，控审之间的联系尚未得到彻底阻断。特别是司法解释规定，检察院可在庭后向法院移送证据，甚至包括未当庭出示的证据，这使审判中立，控辩平等仍然得不到有效保障。所以，笔者认为改造“分工负责、互相配合、互相制约”原则，应当严格实行起诉书一本主义，同时，为了弥补这一做法给辩护人庭前阅卷带来的限制，还应当配套建立证据展示制度。

3. 健全刑事陪审制度，加强人民群众对司法的参与和监督。近来，中央有关领导多次指出，“现在最大的问题是司法要公正。为此，除了制度建设和思想教育外……基层法院审判第一审案件，应当根据刑事诉讼法的规定，实行人民陪审员制度。这是审判工作中的群众路线，有助于人民群众对审判工作进行监督，同时也是对人民群众的法制教育”[①]。这表明刑事陪审制度在国家的法制建设和公正司法进程中占有重要的地位和作用。同时，诉讼理论界也将刑事陪审制度的完善与加强作为跨入21世纪的诉讼法学研究的重大课题。因此结合中国的司法实际，并参照联合国刑事司法准则以及各国陪审模式，改革、健全我国刑事陪审制

① 《法制日报》1995年9月17日，第1版。

度，已成为我们当前面临的重要任务。

综观世界各国的刑事陪审制度，公民参与审判主要有三种模式：一是公民法官制度。即公民直接被任命为法官，就特定种类的案件，大致独立地进行审判，并在整体审判制度中占有相当比重。①其典型代表为英国的治安法官制度。二是陪审制度。即公民与职业法官分工进行审判的一种制度，在审判中由公民中选出的陪审团就案件事实问题作出判断，而职业法官则负责诉讼的指挥、证据能力的取舍、法律的解释与适用等问题。现代陪审制度起源于英国，却在美国尤为盛行。三是参审制度。即将公民与职业法官结为一体，以合作方式从事审判的一种制度，在认定事实与适用法律上，公民与职业法官拥有同等权限。目前采用参审制的多为大陆法系国家，其中以德国最为典型。

中国的刑事陪审制最早发端于1906年《大清刑事、民事诉讼法》中有关陪审制度的规定，但该法制定后因阻碍重重而未能颁行。国内革命战争时期，中国共产党学习当时苏联的陪审制度，初步建立了人民陪审制度。新中国成立后，这一制度得到进一步的发展，1954年宪法将人民陪审制度确立为宪法原则，同年的人民法院组织法作了具体规定。1979年中华人民共和国第一部《刑事诉讼法》第9条规定，人民法院审判案件，依照本法实行人民陪审制度。第105条具体规定，“基层人民法院、中级人民法院审判第一审案件，除自诉案件和其他轻微的刑事案件可由审判员一人独任审判之外，应由审判员一人、人民陪审员二人组成合议庭进行，高级人民法院最高人民法院审判第一审案件，应由审判员一人至三人、人民陪审员二人至四人组成合议庭进行。人民陪审员在人民法院执行职务，同审判员有同等的权利”。同年人民法院组织法也作了规定。然而由于实践中对一审案件一律实行陪审存在诸多困难，1983年全国人大常委会将人民法院组织法的上述规定修改为：人民法院审判第一审案件，由审判员或由审判员和人民陪审员组成合议庭进行。1991年我国颁布了未成年人保护法，同年，最高人民法院、国家教委、团中央、全国总工会、全国妇联在《关于审理少年刑事案件聘请特邀陪审员的联合通知》中指出：为依靠社会力量审理好少年刑事案件，各级

① 参见蔡墩铭主编:《两岸比较刑事诉讼法》，五南图书出版公司1996年版，第225页。

人民法院可以从当地聘请教育机构的教育工作者、共青团、妇联、工会干部为特邀陪审员。这些规定补充和完善了我国的刑事陪审制度。从陪审合议庭的构成及人民陪审员的职权来看，我国的人民陪审制度虽名为“陪审”，实际上属于参审制，人民陪审员除不得担任审判长外，在法院执行职务，同审判员有同等权利，共同负责对刑事案件的审理、裁判和量刑。

刑事陪审制度之所以在国内外的刑事诉讼中被确立为一项重要的诉讼制度，主要缘于其具有以下价值和功能：第一，它是公民参与司法的重要表现，也是司法民主的重要标志。它可避免由职业法官垄断审判而引起的司法专断和独裁。第二，它是公民进行司法监督的有效途径，也是促进司法公正的重要手段。第三，它存在的理论基础在于，应由不受权力机关影响和其职业规范束缚的普通人根据常识和良知来判断被告人的行为是否构成犯罪，这比职业法官的判断更接近公正的目标。第四，它是对公民进行法制宣传教育的有效途径，也是推进法制建设的强大动力。第五，它客观上弥补了司法资源的稀缺，提高了审判效率。可见，刑事陪审制度对于发挥我国司法民主、实现司法公正，加强群众监督、提高司法效率有着重要的作用和影响。

然而，多年的实践表明，我国的刑事陪审制度并不完善、有效，亟待改革和健全。例如多数司法人员并未充分认识到人民陪审制度以及人民陪审员的职能和作用，限制甚至剥夺了人民参与审判的权利，使法律规定的刑事陪审制得不到切实地贯彻和保障；同时法律对人民陪审员的产生和资格没有作出严格、具体的规定，使人民陪审员的素质和参审能力得不到保证，“陪而不审”的现象普遍存在，没有发挥陪审的应有作用；加之法律对于一审刑事案件实行陪审的规定过于灵活，难以得到严格遵守和实行等，严重减损了我国刑事陪审制度的价值和作用，使这一制度“形同虚设”。

鉴于此，笔者对我国的刑事陪审制度提出以下改革方案，以期引起各界对这一问题的重视并进一步展开探讨。

（1）将“基层法院审判第一审刑事案件，应依法实行陪审”作为一项基本原则加以确立。这是刑事诉讼法的立法本意。同时，为了便于各地区基层法院在决定实行陪审时有统一的标准，建议最高人民法院作出司法解释，对应当陪审的案件规定一个范围。笔者认为可以包括下列案

件：①涉及现代科技的案件；②涉及技术契约的刑事案件；③部分重大贪污、受贿、渎职犯罪的案件；④部分重大责任事故案件；⑤涉及少年犯罪的案件。这样可以防止法院在贯彻刑事陪审制度上的随意性，便于实际操作。

（2）建立规范的陪审员选拔制度。应当借鉴吸收其他国家选拔陪审员的有关制度，结合我国国情，建立规范的陪审员选拔制度：①明确限定陪审员的资格，对陪审员的年龄、学历、职业范围、政治素质等方面作出严格限定。②采取推荐与申请相结合的方式产生陪审员候选人。这样既能保证陪审员有广泛的群众基础，又能充分调动其参审积极性。③陪审员的产生应采取选举和特邀相结合的方式。④根据以往陪审经验，并借鉴他国立法，确定陪审员的任期和名额，对陪审员每年参加陪审的时间也应有一定限制。⑤加强对陪审员的培训和管理。

（3）建立与陪审制度相适应的证据规则。证据是刑事诉讼的灵魂与核心，刑事诉讼的一切活动都围绕证据展开。因此，有人将证据法称作程序中的实体法。在刑事审判中，证据的采信往往涉及若干法律知识和专业技巧，而陪审员在这方面的欠缺为其充分发挥陪审职能增添了困难和阻碍。为此许多国家都建立了与之相应的证据规则，我国在证据立法上却相对滞后。为了确保人民陪审员在参审中正确、高效地运用证据，有章可循、有法可依，充分发挥陪审作用，我国应尽快建立与陪审制相适应的完备的证据规则。例如，非法证据排除规则以及传闻证据规则等。

（4）保障人民陪审员在庭审中充分发挥作用。首先，要使合议庭真正成为审判主体，强化合议庭的权力。其次，要充分发挥人民陪审员在合议庭中的作用，真正实现人民参审。

4. 贯彻司法机关独立行使职权，确保司法公正。肖扬同志曾经指出："司法公正是社会公正的最后防线"，它维系着国家安危、社会安宁和公民生命财产安全，也标志着一个国家民主、文明的程度，成为刑事诉讼法治的必然要求。而司法公正在相当大程度上取决于它是否具有和能否保持独立的地位，因此司法机关独立行使职权是实现司法公正的重要途径和保障。

《公民权利和政治权利国际公约》第 14 条第 1 项确认了司法机关独立原则。第七届联合国预防犯罪和罪犯待遇大会于 1985 年制定并经联

合国大会决议核准的《关于司法机关独立的基本原则》进一步指出："各国应保证司法机关的独立，并将此原则正式载入其本国的宪法或法律之中。尊重并遵守司法机关的独立，是各国政府机构及其他机构的职责。"并要求司法机关"应不偏不倚、以事实为根据并依法律规定来裁决其所受理的案件，而不应有任何约束，也不应为直接或间接不当影响、怂恿、压力、威胁或干涉所左右，不论其来自何方或出于何种原因"。

对照联合国的上述有关规定，我国《宪法》第126条、第131条，尤其是修改后的《刑事诉讼法》第5条均明确规定：人民法院依照法律规定独立行使审判权，人民检察院依照法律规定独立行使检察权，不受行政机关、社会团体和个人的干涉。这表明司法机关独立行使职权不仅是我国的一项宪法原则，也是一项重要的诉讼原则。然而，在我国的司法实践中，以言代法，以权代法，地方保护主义，部门保护主义，非法干扰、阻碍司法机关依法独立办案的情况时有发生，损害了司法的公正，使法律规定难以贯彻落实。关于地方保护主义久杜不绝的原因，主要在于司法机关在人、财、物上均受制于地方，完全置于地方权力的控制之下，使司法机关在办案中不可避免地受到地方非法干扰，丧失独立自主的地位。因此，笔者认为，为了全面贯彻司法机关独立行使职权原则，必须首先为其扫除"地方"障碍，可以考虑采取以下措施：（1）在法官、检察官的任命上，法院院长、检察院检察长应由上级人大作出决定，当地同级人大不能任命本级法院院长、检察院检察长，以免带上地方色彩，受到地方干预；（2）法院、检察院的财政经费，应由地方政府财政拨款转变为由国家财政统一拨款，避免司法机关在财政上受制于地方；（3）法院、检察院的设置应由按行政区划设置转变为跨行政区域设置若干司法审判区，以减少乃至杜绝地方非法干涉。

要想实现"审判独立"，仅有法院系统的独立是远远不够的，这只是审判独立的基础和起点；我们还必须逐步实现主审法官的个体独立，这是审判独立的真正含义。联合国人权委员会1988年《关于审判人员、陪审员和陪审技术顾问的独立性及律师的独立性的宣言草案》将其界定为："法官个人应当自由地履行其职责，根据他们对事实的分析和对法律的理解公正地裁决其所受理的案件，而不应有任何的约束，也不应为任何直接或间接不当影响、怂恿、压力、威胁或干涉所左右，不论其来自何方和出自何种理由。""在作出判决的过程中，法官应与其司法界的同

事和上级保持独立。”同时马克思也阐释道：“法官除了法律就没有别的上司。法官的责任是当法律运用到个别场合时，根据他对法律的诚挚的理解来解释法律……独立的法官既不属于我，也不属于政府。”[①] 鉴于此，在确保法院系统独立的基础上，我国还需为法官的个体独立创造条件。

（1）扩大合议庭的权力，强化合议庭对其审理的案件的判决权，减少乃至排除法院审判委员会对合议庭的不当干涉；同时改革审判委员会的组成，建立专业审判委员会，并逐步过渡到确立合议庭制度。

（2）建立、健全错案责任追究制度，将办案人员的职权与责任同个人紧密结合，增强法官的责任感、使命感，提高审判质量。

（3）理顺上下级法院的关系，我国上下级法院之间是一种审判监督关系而非行政领导关系，因此上级法院无权对下级法院管辖的案件横加干涉，下级法院也无须向上级法院请示、汇报，如确有必要，上级法院应严格依照法定程序对下级法院进行监督。

（4）建立、健全法官的职务、生活保障制度，为其独立办案提供法律物质保障，解除后顾之忧。

综上，联合国刑事司法准则是全人类法律文化的宝贵遗产，是世界各国在刑事司法和犯罪预防领域共同追求的价值目标、共同努力的重大成果，也是衡量一国刑事司法文明、民主、进步与否的国际标准。这些由世界各国在刑事司法上达成的普遍共识，对各国刑事司法制度的完善和发展产生了重大影响并发挥着积极的导向作用。我国作为国际社会的一员，特别是《经济、社会、文化权利国际公约》《公民权利和政治权利国际公约》的签署国和批准国，有责任在本国的刑事立法和司法实践中体现、贯彻联合国刑事司法准则，并参照这些准则结合我国实际大力推进刑事司法体制改革，实现司法公正，建设社会主义法治国家。

① 中共中央马克思恩格斯列宁斯大林著作编译局编译：《马克思恩格斯全集》（第1卷），人民出版社1972年版，第76页。

司法鉴定的基本属性与制度定位*

司法鉴定是鉴定人运用科学技术或者专门知识对涉及诉讼的专门性问题进行检验、鉴别和判断并提供鉴定结论的活动，由于长期以来缺乏专门法律的规范，司法鉴定存在着管理体制混乱、鉴定机构设置无序、鉴定人水平参差不齐等诸多问题，严重影响了司法鉴定的科学性、客观性和准确性，并在一定程度上妨碍了司法公正的实现。党的十六大报告明确提出要推进司法体制改革，逐步实现司法审判和检察同司法行政事务相分离。全国人大常委会起草的《关于司法鉴定管理问题的决定（草案）》，有利于我国司法鉴定事业的健康发展。

与一般科学鉴定不同，司法鉴定以诉讼中涉及的专门性问题为对象，且必须严格依照法定的程序进行。司法鉴定具有如下基本属性：

第一，专属性。由于我国的司法鉴定制度实行鉴定权主义，即国家明确规定哪些人具有鉴定人资格或哪些机构具有鉴定权。因此，只有具有鉴定人资格的人或具有鉴定权的机构才能向司法机关提供鉴定结论，任何未经国家授权的其他机关、团体或个人均不得擅自行使鉴定权。

第二，中立性。司法鉴定的中立性主要体现为鉴定机构的中立。除侦查机关因侦查犯罪需要在内部设立的技术鉴定部门外，其他从事司法鉴定业务的机构都应当是独立于司法机关之外，独立享有权利和承担义务的社会服务性组织。而且各鉴定机构之间互不隶属，没有等级高低之分。司法鉴定机构接受司法行政机关的有效监督和管理。

第三，独立性。司法鉴定在本质上是一种科学认识活动，必须遵循实事求是的原则，而不能具有任何倾向性。既不得掺杂鉴定人的感情好恶，也不得考虑与当事人的利害关系。凡是与案件或当事人有利害关系的鉴定人，均应回避。为了保障鉴定结论的客观性、公正性，鉴定人应依法独立从事鉴定活动，既不被当事人意志左右，也不受司法机关或者

---

* 原文发表于《中国司法鉴定》2003 年第 4 期，与郭志媛合作。

行政管理机关的影响。

第四，非终结性。司法鉴定作为一种证据调查方法，其任务是为司法人员正确行使司法权提供科学依据，以弥补司法人员专业知识之不足。但是司法鉴定本身并不具有终结性：一方面，鉴定结论并非“科学的判决”，它不具有预定的证明力，只有经法官审查判断后才能作为定案根据；另一方面，任何鉴定机构出具的鉴定结论都不具有当然的权威性，当事人对鉴定结论有异议的，可以申请补充鉴定或重新鉴定。

关于司法鉴定的制度定位，可以从以下几个层面进行分析：

首先，司法鉴定是一种为司法服务的行为，因此在诉讼中进行的司法鉴定活动理应接受诉讼法的规制和调整，属于诉讼制度的重要组成部分。其内容应当包括鉴定人的指定或委托、鉴定人的回避、鉴定人在诉讼中的权利义务、申请或要求补充鉴定、重新鉴定等程序问题。现行三大诉讼法均从各自角度对司法鉴定作了一些规定，但还有待于进一步完善。

其次，鉴定结论作为我国的法定证据种类之一，在诉讼证明中发挥着日益重要的作用。因此有关鉴定结论的证据能力和审查判断等问题应当接受证据法的规制和调整，属于证据制度的重要内容。但是由于我国目前尚没有单行的证据法，有关证据的内容均在诉讼中予以体现，可以先对诉讼法中有关鉴定结论证据及其运用的规定加以完善，待时机成熟时再将其纳入证据立法。

最后，司法鉴定作为鉴定人向委托人提供鉴定结论的一种社会服务活动，应当接受国家行政主管部门的监督和管理。近年来，针对司法鉴定管理工作中存在的问题，司法部制定了若干行政规章，部分地方人大常委会制定了一些地方性法规，最高人民法院也下发了有关司法鉴定管理的规定。但是，这些规章、地方性法规和规定在一些重大问题上存在分歧，具体措施也有相互矛盾之处。因此有必要由全国人大常委会进行立法，对鉴定机构的设置与管理、鉴定人的资格与条件、鉴定人的选任与管理等事项予以统一规范。

行政许可法的出台对司法鉴定管理的影响 *

2003年8月27日第十届全国人民代表大会常务委员会第四次会议通过的行政许可法已于2004年7月1日起正式施行。该法的出台不仅代表了行政立法领域的重大突破，而且对其他法律部门也产生了重要影响。本文仅就行政许可法对司法鉴定管理的影响作一简要考察。

根据《行政许可法》第2条之规定，行政许可是指行政机关根据公民、法人或者其他组织的申请，经依法审查，准予其从事特定活动的行为。同时第12条规定，下列事项可以设定行政许可：提供公众服务并且直接关系公共利益的职业、行业，需要确定具备特殊信誉、特殊条件或者特殊技能等资格、资质的事项。司法鉴定是鉴定人接受司法机关、仲裁机构、其他组织或当事人的委托，依照法律规定的条件和程序，运用专门的知识或技能，对诉讼、仲裁等活动中的专门性问题进行鉴别和评定的活动。因此，司法鉴定机构的设立及其从事鉴定活动资格的取得均属于需经行政许可的事项，换言之，司法鉴定机构的设立适用行政许可法的规定。

司法鉴定涉及诸多领域，当前实践中存在的司法鉴定主要包括：法医学鉴定（包括法医损伤鉴定、法医病理鉴定、法医物证鉴定等）、司法精神病鉴定、毒物鉴定、刑事科学技术鉴定[①]、司法会计鉴定[②]、产品质量鉴定、建筑工程质量鉴定、知识产权鉴定、事故责任鉴定、资产鉴定、价格鉴定以及司法机关认为应当进行的其他鉴定。随着社会的全面进步、科技的迅速发展和诉讼活动的增加，司法鉴定工作涉及的领域将

---

* 原文发表于《中国司法鉴定》2004年第3期，与郭志媛合作。

① 刑事科学技术鉴定主要是指对掌纹、足印、痕迹、字迹、枪弹等进行同一认定。

② 司法会计鉴定旨在确定账目、簿册、报表等是否真实地反映了有关的经济活动，是否符合会计制度，它有助于司法机关判明经济方面的犯罪情况。

越来越广泛。

作为鉴定人向委托人提供鉴定结论的一种社会服务活动，司法鉴定应当接受国家行政管理机关的监督和管理。但是除了三大诉讼法的原则规定之外，我国还没有专门的法律对司法鉴定进行详细规定，鉴定人的资格、鉴定程序和规则、技术标准、收费标准以及对鉴定活动的监管尚没有统一规定。近两年，司法部和最高人民法院依据各自职能相继出台了《司法鉴定机构登记管理办法》《司法鉴定人管理办法》《人民法院司法鉴定工作暂行办法》和《人民法院对外委托和组织司法鉴定管理办法》等规范性文件。但是，这些规定在一些重大问题上存在分歧，具体措施也有相互矛盾之处。有必要由全国人大常委会进行立法，对鉴定机构的设置与管理，鉴定人的资格条件、鉴定人的选任以及管理等事项予以规范。2002 年，九届全国人大常委会第 31 次会议初次审议了《关于司法鉴定管理问题的决定（草案）》。全国人大法律委员会认为还需要进一步的研究，并配合刑事诉讼法的修改进行。

行政许可法的出台适逢其时，它以基本法的形式规定了鉴定机构的设立程序、鉴定人的选拔方式以及鉴定机构的法律责任等内容，在一定程度上结束了司法鉴定在管理上法出多门、相互矛盾的现状，为司法鉴定体制改革的深入提供了立法条件。①

具体言之，行政许可法对司法鉴定管理的规范主要体现在如下几个方面。

一、完善鉴定机构的市场准入机制

传统司法鉴定体制“权力色彩”浓厚，缺乏中立性和社会公信力，其中鉴定权混乱是最严重的问题之一。对于该问题的解决对策，学界已基本达成共识，即建立独立于司法机关以外的统一的司法鉴定体系。鉴于鉴定为司法活动服务，但又不宜隶属于司法机关的中立属性，应将鉴定的授权与管理职能交由司法行政机关统一行使。这一设想已在有关主管部门的规范性法律文件中有所体现，司法部颁布并已于 2000 年 10 月

① 鉴定体制改革主要涉及鉴定机构与鉴定人制度的改革与完善，其中鉴定机构改革是司法鉴定体制改革的关键与核心，鉴定人制度的完善是鉴定制度走向法制化的重要保障。

1日起开始施行的《司法鉴定机构登记管理办法》和《司法鉴定人管理办法》均明确规定"司法行政机关为面向社会服务的司法鉴定工作的行业主管机关"，有权对符合法定条件的机构核准登记，颁发司法鉴定许可证，有权对司法鉴定人的资格进行考核确认，并对鉴定机构和鉴定人的职业活动进行指导和监督。将鉴定机构社会化，不仅树立了鉴定机关中立的形象，有利于鉴定结论的公信力和依此鉴定结论作出的判决的权威性，同时杜绝鉴定机构因隶属于直接参与诉讼司法机关而带来的不客观、不公正的现象。

对于现存公检法等国家专门机关所属鉴定机构的改造，理论界和实务部门提出了若干改革方案，包括取消公检法三机关下属的鉴定机构；取消法院的鉴定机构，保留公安、检察机关的鉴定机构[①]；取消法院、检察院的鉴定机构，继续保留公安机关的司法鉴定机构[②]；在取消公安司法机关下属鉴定机构的前提下，由统一的司法鉴定机构在侦查机关设立派出机构，以便及时对侦查活动中某些专门性问题作出鉴定。但其鉴定人员的编制以及行政领导、工资和福利等均与侦查机关脱钩，统一归其所属的司法鉴定机构管理。[③]同时为了适应公安机关、检察机关及时收集证据的需要，在其机构内部也可保留一定的专门技术人员。[④]我们认为最后一种方案较为妥善可行，因为我国自审判模式改革后，法院已不再承担收集证据和举证的责任，其所属鉴定机构对于审判职能的实现已无多少实际意义，且"自鉴自审"难免使鉴定结论的公正性受到质疑。而对于公安机关、检察机关而言，其侦查职能的行使离不开专业鉴定人员的帮助，如果完全取消公安机关、检察机关的鉴定机构，将严重影响其侦查工作的顺利开展。因此应由统一的司法鉴定机构在侦查机关内部设立派出机构，同时保留原有的一部分技术侦查力量，以适应收集证据及

---

① 刘之雄、唐金波:《我国司法鉴定制度改革与立法完善之构想》，载《中国法学》1999年第5期。

② 孙业群:《构筑我国司法鉴定新体制》，载《现代法学》1999年第6期。

③ 陈光中、汪海燕:《论刑事诉讼的"中立"理念——兼谈若干刑事诉讼制度的改革》，2001年诉讼法学年会论文。

④ 这种技术侦查人员在西班牙被称为"技术警察"，他们的任务主要是处理刑事案件中的专门技术问题，提出技术分析意见，但其意见仅供检察官和预审法官使用。法国、意大利和日本也有类似制度。

时性的要求。

由上可见，无论是新设统一、中立的鉴定机构，还是改造公检法内部或者其他现有鉴定机构，均需得到司法行政机关的授权，这一点已经没有什么疑义，关键是司法行政机关以何种形式、按照怎样的程序进行授权。《全国人民代表大会常务委员会关于司法鉴定管理问题的决定（草案）》2003 年底在九届全国人大常委会第 31 次会议上初次审议。在全国人大常委会 2003 年立法计划说明中提出，根据全国人大法律委员会建议，拟对这一决定草案作进一步调查研究论证，再确定何时安排审议。2004 年 1 月 7 日，司法部部长张福森在全国司法厅（局）长会议上透露，有关司法鉴定管理的立法是 2004 年我国司法体制改革的一项重要内容，对司法鉴定将实行统一规范管理。笔者认为，在相关立法中，根据目前司法鉴定行业管理混乱，缺少规矩的现实条件，最需要做的是主动培养司法鉴定作为特殊行业接受政府干预与指导的环境。行政机关应当主动把握社会脉动，从管理社会公共事务就是服务社会的角度来看待司法鉴定改革，大胆探索，初步搭建起适合国情的新型司法鉴定管理平台。这将有助于相关立法的最终制定出台，也能为制定一部良法提供鲜活的实践依据。

行政许可法的颁布实施，不仅为鉴定机构进入市场并作为中立机构向社会提供服务提供了准入途径，而且有利于推动司法鉴定管理立法的尽早出台。依据该法第 12 条的规定，对于提供公共服务并且直接关系公共利益的职业、行业，可以设立行政许可。司法鉴定具有的准司法性、中立性等本质属性决定了其完全属于应当依法设立行政许可的行业。国家行政机关通过行政权的行使，建立统一、完善的鉴定人和机构的职业准入制度，实现宏观监管，不仅有利于促进鉴定行业的规范与可持续发展，而且在极大程度上有助于当事人得到高质量的鉴定服务。大量从社会专业机构演变而来的司法鉴定机构无疑扩大了选择面，有利于当事人寻找自己满意的服务。曾长期被政法部门垄断的司法鉴定行业面向社会专业机构开放，无形中也扩大了当事人选择鉴定服务的范围。而且当事人寻求的鉴定服务有一套严格的保障和制约机制，也有利于其获得高质量的服务。

二、规范、简化鉴定机构的设立程序

在行政许可法出台以前，司法鉴定机构设立的主要法律依据是司法

部颁布的《司法鉴定机构登记管理办法》（以下简称《登记管理办法》）。根据该办法，“司法鉴定机构应当具备本办法规定的条件，经司法行政机关核准登记，取得司法鉴定许可证，方可从事面向社会服务的司法鉴定活动”。该办法还规定了司法鉴定机构的具体设立程序。如第 13 条规定：“申请设立司法鉴定机构，实行初审和复审制度。申请设立司法鉴定机构，应当向所在地的地（市）级司法行政机关提出书面申请。所在地的地（市）级司法行政机关应当自收到书面申请之日起 30 日内初审完毕并上报省级司法行政机关。中央国家机关及其直属单位申请设立司法鉴定机构，应当向所属行业主管部门提出书面申请，由行业主管部门签署意见后报国务院司法行政机关。”第 14 条规定：“登记管理机关应当自收到申请材料和初审意见之日起 30 日内审查完毕。对于符合条件的，作出准予设立登记的决定，颁发《司法鉴定许可证》；对于不符合条件的，作出不予设立登记的决定，并书面通知申请人。”

行政许可法将行政许可的设定分为申请、受理与审查、决定两个步骤。其中第 29 条规定了行政许可的申请，即“公民、法人或者其他组织从事特定活动，依法需要取得行政许可的，应当向行政机关提出申请。申请书需要采用格式文本的，行政机关应当向申请人提供行政许可申请书格式文本。申请书格式文本中不得包含与申请行政许可事项没有直接关系的内容”。该条还规定了委托申请以及多样化的申请方式，体现了简化程序和便民的立法思想。[①] 在审查与决定环节，申请人具备取得行政许可法定条件的，原则上应当场作出决定，需要对申请材料实质内容进行核实的，行政机关应指派两名以上工作人员进行核查。行政机关在审查过程中发现行政许可事项直接关系他人重大利益的，应当告知该利害关系人，并听取申请人和利害关系人的陈述与申辩。行政机关依法作出不予行政许可的书面决定的，应当说明理由，并告知申请人有关行政复议或行政诉讼等权利。此外，行政机关作出的准予行政许可决

① 该条第 2 款和第 3 款规定，申请人可以委托代理人提出行政许可申请。但是，依法应当由申请人到行政机关办公场所提出行政许可申请的除外。行政许可可以通过信函、电报、电传、传真、电子数据交换和电子邮件等方式提出。另外，第 32 条规定，行政机关应当建立和完善有关制度，推行电子政务，在行政机关的网站上公布行政许可事项，方便申请人采取数据电文等方式提出行政许可申请；应当与其他行政机关共享有关行政许可信息，提高办事效率。该条也体现了简化程序和便民思想。

定，应当予以公开，公众有权查阅。

在实施程序中，行政许可法还明确规定了严格的许可时限，避免久拖不决，规定了听证程序，对法律、法规、规章规定实施行政许可应当听证的事项或者行政机关认为需要听证的其他涉及公共利益的重大行政许可事项举行公开听证。行政许可的实施程序有许多创新，例如网上申请行政许可，借鉴政务超市的做法实行一站式办公等。这些创新都体现了简化许可程序、提高行政效率、方便群众的精神。

通过上述比较可以看出，行政许可法简化了行政审批手续，明确规定行政许可的范围和设定权限，更加适应经济全球化和加入世界贸易组织的新形势，为建立行为规范、运转协调、公正透明、廉洁高效的行政管理体制，进一步扩大对外开放，促进社会主义市场经济体制的建立和完善，提供了有力的法律保障。需要注意的是，行政许可法与《登记管理办法》之间是基本法与行政规章的关系，司法鉴定机构的设立应同时参照二者，其中凡行政许可法未作详细规定而登记管理办法中有相应规定的，可以参照后者，但是《登记管理办法》与行政许可法规定不一致之处，应以行政许可法为准。

三、规定统一的鉴定人选拔机制

鉴定人制度是司法鉴定得以规范运行的重要保障，它既包括有关立法对鉴定人的资格条件、诉讼地位、权利义务以及违反法定义务所须承担的法律责任的明确规定，也包括司法行政机关对鉴定人的规范化管理等内容，其中加强鉴定人的资格管理，建立统一的鉴定人选拔机制是鉴定人制度改革的关键。鉴定人是运用专门知识或特殊技能对诉讼中的某些专门性问题进行科学鉴别和判定的专业技术人员，他首先应具备与待鉴定事项相关的专门知识，且达到一定水平。为此，有必要对鉴定人实行行业管理，定期考核其专业知识与技能，符合一定专业水准者发给职业资格证书，在司法鉴定机构中执业者还要取得执业证书。2000 年颁布的《司法鉴定人管理办法》确立了司法鉴定人职业资格证书制度、司法鉴定人执业资格证书制度、司法鉴定人登记名册制度、司法鉴定人执业回避制度、司法鉴定人执业保密制度、司法鉴定人执业时限制度、错鉴责任追究制度、司法鉴定人专业技术评聘制度、司法鉴定人继续教育培训制度以及司法鉴定人的权利和义务规范。该规章基本上建构起鉴定人

制度的大体框架，但其中各项具体制度还有待进一步细化，例如司法鉴定人的考试、考核办法等。

《行政许可法》第 54 条的规定恰恰填补了这一立法空白，该条明确规定，实施该法第 12 条第 3 项所列事项的行政许可①，赋予公民特定资格，依法应当举行国家考试的，行政机关根据考试成绩和其他法定条件作出行政许可决定；赋予法人或者其他组织特定的资格、资质的，行政机关根据申请人的专业人员构成、技术条件、经营业绩和管理水平等的考核结果作出行政许可决定。但是，法律、行政法规另有规定的，依照其规定。

我国当前共存在三种类型的鉴定人：一为专门机关内部附属鉴定机构的鉴定人员，对此种鉴定人应由其所属机关进行行政管理，由司法部进行统一的行业管理。②二为资格型鉴定人，即取得司法鉴定人职业资格证书和执业证书，在司法鉴定机构中执业，并面向社会服务的专业技术人员。三为专聘型鉴定人，即遇有法定鉴定机构对某些不常见的专门性问题无鉴定能力的情况时，聘请非法定机构、非法定人员进行鉴定。除“专聘型鉴定人”外，前两种鉴定人均需通过国家举行的统一考试，取得司法行政机关的行政许可后，才可能取得鉴定人资格。另根据《行政许可法》第 54 条第 2 款的规定，公民特定资格的考试依法由行政机关或者行业组织实施，公开举行。行政机关或者行业组织应当事先公布资格考试的报名条件、报考办法、考试科目以及考试大纲。但是，不得组织强制性的资格考试的考前培训，不得指定教材或者其他助考材料。至此，鉴定人资格的授予方式和程序有了明确的法律依据。

四、明确司法鉴定的法律责任

对司法鉴定机构的监督和检查是确保其依法从事鉴定活动的重要保障。《登记管理办法》中对此已有规定，如第 27 条规定，登记管理机关

① 即提供公众服务并且直接关系公共利益的职业、行业，需要确定具备特殊信誉、特殊条件或者特殊技能等资格、资质的事项。

② 据《法制日报》2000 年 9 月 19 日《规范司法鉴定　促进司法公正——司法部有关负责人就司法鉴定有关管理办法答本报记者问》一文报道，司法部拟于 2001 年司法鉴定机构年检以前，开始对现有的司法鉴定机构的司法鉴定人的职业资格予以考核确认。

负责对司法鉴定机构实施年度检验。第29条规定，登记管理机关应当根据司法鉴定机构提交的年度检验材料，对与登记事项有关的情况进行审查，以确认其继续执业的资格。对于通过年度检验的司法鉴定机构，予以注册；对于未通过年度检验的司法鉴定机构，予以暂缓注册，暂缓注册期间不得继续执业。

行政许可法专设一章规定对被许可人的监督检查。其中第62条第2款规定，行政机关根据法律、行政法规的规定，对直接关系公共安全、人身健康、生命财产安全的重要设备、设施进行定期检验。对检验合格的，行政机关应当发给相应的证明文件。第67条规定，取得直接关系公共利益的特定行业的市场准入行政许可的被许可人，应当按照国家规定的服务标准、资费标准和行政机关依法规定的条件，向用户提供安全、方便、稳定和价格合理的服务，并履行普遍服务的义务；未经作出行政许可决定的行政机关批准，不得擅自停业、歇业。被许可人不履行前款规定义务的，行政机关应当责令限期改正，或者依法采取有效措施督促其履行义务。第68条规定，对直接关系公共安全、人身健康、生命财产安全的重要设备、设施，行政机关应当督促设计、建造、安装和使用单位建立相应的自检制度。

此外，行政许可法还规定了违反许可所应承担的法律责任，这些责任包括行政处罚和刑事责任。对于被许可人有下列行为之一的，行政机关应当依法给予行政处罚；构成犯罪的，依法追究刑事责任：（1）涂改、倒卖、出租、出借行政许可证件，或者以其他形式非法转让行政许可的；（2）超越行政许可范围进行活动的；（3）向负责监督检查的行政机关隐瞒有关情况，提供虚假材料或者拒绝提供反映其活动情况的真实材料的；（4）法律、法规、规章规定的其他违法行为。《登记管理办法》中对于被许可人的法律责任分两种情况，其中第34条规定，司法鉴定机构有下列情形之一的，由登记管理机关给予警告，有违法所得的，处违法所得1倍以上3倍以下的罚款，但最高不得超过人民币3万元：（1）年检中隐瞒真实情况、弄虚作假的；（2）未按规定申请办理变更登记的；（3）违反财务管理制度和会计制度的；（4）违反法律法规和规章规定的其他行为。此外，第33条规定，对于提交虚假证明文件或采取其他欺诈手段骗取设立登记的，除按照本办法第25条规定由登记管理机关予以注销外，有违法所得的处违法所得1倍以上、3倍以下的罚款，但最

高不超过人民币 3 万元；构成犯罪的，依法追究刑事责任。

对于未取得行政许可的人，其法律责任如下：公民、法人或者其他组织未经行政许可，擅自从事依法应当取得行政许可活动的，行政机关应当依法采取措施予以制止，并依法给予行政处罚；构成犯罪的，依法追究刑事责任。对此《登记管理办法》第 32 条也有类似规定。

综上，行政许可作为行政机关的一项重要行政权力，能否正当行使关系到公民、法人及其他组织的合法权益，关系到行政机关自身的廉洁与效率。长期以来，由于受落后的行政管理模式的影响，行政机关对行政审批手段过度依赖，造成了我国行政审批项目过多过滥、程序冗长复杂、群众不堪重负的现象。行政许可法的出台将从根本上改变这种状况，成为转变政府职能，改革行政管理体制的一个重要突破口。行政许可法通过对行政许可设定权的从严规定，将扭转设定权主体不明确、设定事项不规范而造成的随意设定许可的混乱局面；行政许可法通过对许可程序的科学设计以及便民服务制度的创设，追求高效率的政府；行政许可法首次肯定了行政许可领域的合法信赖保护原则，并用法律的形式将许可的责任属性固定下来，通过对行政许可行为的监督与监管，将改变行政机关重许可轻监管或只许可不监管的现象，将改变只有权力没有责任，缺乏公开有效监督机制的现状。总之，行政许可法的颁布与实施，是我国民主法制建设史上的又一座里程碑，它为司法鉴定管理的逐步规范化提供了良好的法制环境，并为司法鉴定管理立法的尽快出台做好了铺垫。

论我国检察机关领导体制和职权的改革与完善*

检察机关的领导体制是指检察机关与对于检察机关有官员任免、业务指导及工作监督等权限的其他国家机关之间、检察机关上下级之间和检察机关内部所形成的组织关系。检察机关的职权是指国家宪法赋予检察机关的职责、任务范围内的权力，就其性质而言是一项十分重要的国家权力。检察机关领导体制和职权配置是否科学、合理，直接关乎检察权能否有效行使，因此各国都依据本国检察机关的法律性质、地位以及政治制度和司法制度的特点来建立符合本国检察权运行规律的检察机关领导体制和职权配置方式。总体而言，我国检察机关领导体制和职权配置的基本内容适合我国对检察机关性质的定位和我国国情，但是随着我国法制文明的进步和法治实践的发展，现行有关立法的滞后性亦日益突出，与之有关的争鸣、探讨也因此成为我国检察改革中的一项重要内容和议题。本文试图系统梳理与二者相关的重要问题并提出具体的改革方案，以期能够为已经提上立法议程的“人民检察院组织法修改”提供一些学界意见。

一、我国检察机关领导体制和职权改革、完善的基本思路

我国的检察机关是我国“一府两院”权力配置体系的重要部分，其性质、组织形式、领导体制等都与其他国家存在很大不同。因此同所有其他已经进行和将要进行的检察改革相一致，对我国检察机关领导体制和职权进行改革、完善需要坚持以下基本思路：

首先，要坚持以宪法为依据。宪法是国家的根本大法，依法治国、奉行法治，首要的一点就是要遵守宪法，牢固树立宪法的崇高地位和权

---

* 原文发表于《国家检察官学院学报》2006年第5期，与田心则合作。

威。我们对检察机关领导体制和职权的改革、完善也应该严格坚持以宪法为根据。检察机关的领导体制以及所享有的具体职权与一个国家对检察机关的法律定位密切相关，而正是宪法确定了检察机关的性质与地位，构成了检察机关进行活动和行使职权的权力来源和基本出发点。以宪法为根据，还意味着在现行宪法未作修改时，我们对检察机关领导体制和职权的改革、完善应当搁置学界关于检察机关法律性质的争议，坚持人民代表大会制度下的“一府两院”政治体制，坚持人民检察院是国家专门法律监督机关的性质，从而坚持发展和健全有中国特色的检察机关领导体制和职权体系。

其次，要坚持以强化法律监督，维护公平正义为方向。加强社会主义法治建设的基本要求就是有法可依、有法必依、执法必严、违法必究。要保障法律的正确实施，维护法制的统一和尊严，就必须建立和健全切实有效的法律监督机制。宪法确立了我国检察机关为“专门的法律监督机关”，意味着保障法律的严格实施，维护法制的统一和尊严，乃是检察机关的法定职责强化法律监督，维护公平正义，乃是检察机关的神圣使命。因此检察机关领导体制和职权改革要以强化法律监督、维护公平正义为方向。在检察机关的职权改革中，对检察机关各项职权的设置和调整就应当紧密围绕检察机关的法律监督权而进行，并以坚持、完善和加强检察机关的法律监督权为目标。

最后，要坚持以人权保障为重点。人权保障水平直接体现着一个国家的文明程度和法治程度，因此它成为现代民主国家的基本追求。作为被赋予法律监督职责的检察机关，在其创设的初始即被赋予保障人权的重大职责[①]，其自身的成长、发展历程更是表明了检察机关应当和能够担此重任。在我国实现依法治国的进程中，检察机关同样应当担负起保障人权的重大职责。因此，我们所进行的检察机关领导体制和职权改革必须以人权保障为重点。无论是理顺检察机关的领导体制以使其高效运作，还是增加检察机关职权以拓宽其活动空间，目的都在于增强检察机关的人权保障能力，确保检察机关的人权保障活动能够更为及时有效。

① Zitiert nach Roxin, DRIZ, 1969, 385f; Eb, Schmidt, DRIZ.1957, 273, 277.

二、关于我国检察机关领导体制的改革和完善

（一）检察机关与国家权力机关之间的关系

在检察机关同国家权力机关的关系上，根据我国现行宪法及人民检察院组织法的有关规定，最高人民检察院要对全国人大及其常委会负责并报告工作，地方各级人民检察院要对本级人大及其常委会负责并报告工作。同时，最高人民检察院检察长由全国人大选举和罢免，地方各级人民检察院检察长由本级人大选举和罢免。我国检察机关的这种与国家权力机关之间的关系是我国人民代表大会制度有效运行的必要制度配置，构成我国人民代表大会制度的一项重要内容，因此应当切实坚持，不能动摇。

依据现行人民检察院组织法，地方各级人民检察院的检察长由同级人大选举和罢免，同时省级检察院检察长的任免，须报最高人民检察院检察长提请全国人大常委会批准，省级以下检察院检察长的任免，须报上一级检察院检察长提请该级人大常委会批准。也就是说，依据现行地方检察院检察长的产生程序，同级人大的选举和上级人大常委会的批准均是当选检察长的必要条件。依据我国《宪法》第 133 条规定，地方各级人民检察院对产生它的国家权力机关和上级人民检察院负责，即除了接受权力机关的监督之外，下级检察院还应当接受上级检察院的领导。然而在实践中，上下级检察机关的领导与被领导关系基本只局限于检察业务，而在非常重要的人事权方面，基本上由地方说了算，上级检察院所起作用十分有限。

因此，我们主张对地方各级检察院检察长的产生程序进行改革，改革所需遵循的原则应当是既要符合民主的原理，亦要有利于加强上级检察机关对下级检察机关的领导，保证检察权的统一有效行使。基于这两个方面的考虑，我们认为目前较为可行的改革举措是赋予上级检察院对下级检察院检察长以提名权。具体的改革方案为省级人民检察院的检察长，经最高人民检察院检察长提名，由本级人民代表大会选举产生。省级以下检察院检察长，由上一级检察院检察长提名，由本级人大选举产生。此种制度设计既维护人大选举的权威，从而坚持了人大对检察机关的监督关系，又有利于增强上级检察院对下级检察院检察长人事任免的话语权，强化上级检察机关对下级检察机关的领导关系。

（二）上下级检察机关之间的领导体制

检察机关上下级之间的关系，是检察领导体制的重要内容。一般说来，影响检察机关领导体制的因素主要涉及一国的政治体制以及检察机关的性质、任务、地位、职权等。考察当今各国检察机关体制，主要存在以下几种类型：（1）垂直领导制。特点是上级检察机关领导下级检察机关，最高检察机关领导全国检察机关不受地方政府和权力机构的领导。（2）双重领导制。特点是检察机关既要受同级政府或权力机关的领导，又要受上级检察机关的领导。（3）双轨制。主要实行于联邦制国家。例如美国在联邦和州甚至地方分别设有各自的检察机关，相互之间无领导或隶属关系。

关于我国检察机关领导体制，理论界有“双重领导”或“一重监督、一重领导”的表述。其中在理论上需要研究的主要是人大对检察机关究竟是监督关系还是领导关系，而上级检察机关对下级检察机关这一层领导关系法律已有明确规定，并不存在争议。现行《人民检察院组织法》第9条规定，最高人民检察院领导地方各级人民检察院和专门人民检察院的工作，上级人民检察院领导下级人民检察院的工作。鉴于上级检察院对下级检察院领导乏力和地方检察院“地方化”的现实，我们主张通过强化和落实下级检察机关对上级检察机关的服从关系最终在全国检察系统建立起严格的“上命下从”的领导体制和“检察一体化”的工作机制。

我国设置检察机关并赋予其独立的法律监督权，目的即在于专门而有效地监督制约行政、司法等国家权力的运行，以克服权力机关监督的一般化、抽象化、虚无化的弱点，从而维护社会主义法制的统一。然而，检察机关此种法律监督权的有效行使有赖于其权威的确立，没有权威的法律监督难以真正实现法律监督的效果。尤其是随着我国社会主义市场经济的建立，法律监督权所面对的部门或地方执法主体的利益多元化必然导致部门或地方保护主义的泛滥，而对位高权重者实施法律监督也必然会在实践中遭遇种种障碍。所以，为了保证社会主义法制的统一实施和法律监督的权威性、有效性，社会主义国家的检察权应当是一种“中央检察权”，具有强烈的国家属性，而唯有“上命下从”的领导机制方能使检察机关成为紧密结合的共同体，使地方各级检察院可以排除

地方利益对检察权运作的不当影响和干预，从而使检察权能够始终坚持其国家属性并运行在国家法制的轨道之上。所以，“上命下从”领导体制的建立是体现我国检察权属性的一个必然要求。最高人民检察院印发的《检察工作五年发展规划》中，就明确提出要健全上级检察院对下级检察院的领导体制，加大领导力度，形成“上下一体、政令畅行、指挥有力”的领导体制。由此可见，“上命下从”的领导体制及其所依附的“检察一体化”的工作机制在我国已经具有了深厚的现实根基。

从现有的立法规定来看，我国宪法和人民检察院组织法虽然对检察机关上下级的领导体制进行了规定，但是却过于原则，没有对上级检察机关领导下级检察机关的具体方式、程序等进行规定。因此，我们对检察机关上下级领导体制改革的侧重点应当放在细化现有法律规定之上，即可以在《人民检察院组织法》第10条增加1款规定，地方各级检察院和专门检察院向最高人民检察院报告工作，下级检察院向上级检察院报告工作；最高人民检察院可以改变或撤销地方各级检察院和专门检察院的决定，上级检察院可以改变或撤销下级检察院的决定；最高人民检察院的决定，地方各级检察院和专门检察院必须执行，上级检察院的决定，下级检察院必须执行。这样就明确了上级检察机关具体的领导方式和领导效力，从而在制度上增强下级检察机关遵从上级检察机关领导的义务，保证检察一体原则得以实现。

（二）检察机关内部的领导体制

检察机关的内部领导体制与检察机关的内部机构设置紧密相关。依据我国现行人民检察院组织法，我国检察机关内部的领导机构为检察长和检察委员会，即实行检察长负责和检察委员会集体领导相结合的模式。现行《人民检察院组织法》第3条规定，检察长作为检察机关的首长统一领导检察院的工作，检察委员会是实行集体领导的组织形式。我国检察制度中的检察委员会制度，将民主集中制引入检察机关的领导体制，使其对“一长制”形成限制，同时为保证首长负责制的权威又赋予检察长有将问题提交本级权力机关决定的权力，即“检察委员会实行民主集中制，在检察长的主持下，讨论决定重大案件和其他重大问题。如果检察长在重大问题上不同意多数人的决定，可以报请本级人民代表大会常务委员会决定”。应当说，我国检察机关这种独特的内部领导体制

确立的初衷是想既符合检察机关强调一体化、突出工作效率的要求，又要与我国国家机关普遍适用的民主集中制相一致的，即实现民主集中制和首长负责制的有机结合。但是，无论是从法理来分析还是从其实践运行的状况来看，这种检察机关的内部领导体制都存在着不尽合理之处。

第一，这一规定存在内在理论冲突。从议事和决定的程序看，审判机关均实行合议制，行政机关一般实行首长负责制。在国外，检察机关一般属于行政机关，多实行检察长负责制，而正如前述，我国则是两种体制并存。检察长作为检察机关的首长，统一领导人民检察院的工作，对检察机关的工作负全面责任，享有法律规定的各种权力。检察委员会是人民检察院内部设置的对检察工作实行集体领导的机构，在检察长主持下讨论决定重大案件和其他重大问题，是实行集体领导、具有合议性质的决策机构。检察长统一领导检察院的工作，带有明显首长负责的色彩，而检察委员会实行民主集中制，其基本特征就是少数服从多数。检察长虽然主持检察委员会，但在表决权力上同于检察委员会其他成员。这样，在理论上，检察长首长负责制与检察委员会民主集中制之间出现矛盾与冲突是在所难免的事。

第二，这一规定与人大的性质和职责亦不相符。首先，人大是权力机关，享有立法权和选举产生政府、司法机关并对其进行监督的权力，但是人大并不直接从事司法事务，如果由人大常委会对检察委员会的争议直接作出决定，事实上是降低了权力机关的地位。其次，由人大常委会来解决检察长与检察委员会的争议，也不利于人大监督权的行使。人大对检察工作实施监督，但并不意味着人大在监督检察机关时可以直接行使检察权。再次，因为我国检察机关的监督、领导体制是双重的，所以由人大常委会对检察委员会的争议作出决定，也容易导致同级人大行使权力与上级检察机关行使权力产生冲突，特别是在贯彻执行上级检察机关有关工作部署中检察长与检委会多数成员产生分歧时。最后，本级人大常委会有关人员的政策理论水平、专业水平、决策技能等知识背景决定了其无法保证及时、正确处理检察长与检察委员会之间的争议，甚至有可能造成对检察权的不当干预。实际上，从该规定在实践中的贯彻来看，基于维护本院工作和谐、统一等的需要，检察长通常不会将内部的分歧提交同级人大决定，因此这一规定缺乏实效性。

为了解决上述问题，同时又在坚持我国的检察长负责制和检察委员

会制度的前提下，我们建议在检察机关内部实行检察长领导下的民主集中制。其基本含义是检察长统一领导检察院的工作，检察委员会在检察长的主持下讨论决定重大案件和其他重大问题，检察委员会的决定，通过检察长的命令贯彻执行。检察长与检察委员会多数成员意见不一致时，采取两种方案，即检察长可以自行决定并独立对该决定负责，检察长也可以报请上一级检察机关决定。

三、关于我国检察机关职权的改革和完善

（一）我国检察机关职权的立法现状及问题

根据我国《立法法》第 8 条的规定，涉及人民检察院的产生、组织和职权的事项，只能由法律规定。目前我国检察机关的职权分别是由宪法、人民检察院组织法、检察官法、刑法、刑事诉讼法、民法、民事诉讼法、行政法、行政诉讼法等法律来加以规定的。

作为国家的根本大法，宪法中对检察机关职权的规定具有高屋建瓴的指导意义。根据我国《宪法》第 131 条的规定，人民检察院要依照法律规定独立行使检察权。这就为我国检察机关职权的正当行使提供了具有最高效力的宪法依据和保障。作为同样属于宪法类法律规范的人民检察院组织法是规范我国检察机关职权最为具体的法律，其第 5 条确立了我国检察机关所享有职权的基本框架。此外，其他部门法律对检察机关的职权亦有涉及，如国家赔偿法、监狱法、引渡法等。由于诉讼活动是检察机关职权运行的基本领域，因此三大诉讼法——尤其是刑事诉讼法——对检察机关职权的规定亦是相对比较集中的。

上述关于检察机关职权的法律规定体现了立法当时的检察实践需要，也是当时检察理论发展的成果，因此是比较适合我国国情的。但是，随着检察实践的发展和检察理论研究的深化，如果我们以现时的学术视野仔细审视这些法律规范的具体内容，将会发现其中存在以下一些问题：

第一，宪法规定了我国检察机关为法律监督机关，依法行使检察权，宪法的概括性规范需要通过相应部门法的具体规定来加以体现。但是，我国现有部门法中关于检察机关职权的规定并不能完全体现宪法对检察机关的授权或者满足宪法赋予检察机关的使命，滞后于我国法治实

践的发展，因此需要对检察职权进行重新界定解释，丰富其内涵。例如，随着我国市场经济的发展，有一些需要检察机关进入担当法律关系的主体，以维护国家利益和社会公益，因此检察机关有必要拥有提起公益诉讼的职权。但目前我国人民检察院组织法、民事诉讼法等相关部门法对此并无规定，以致一些地方的检察机关所进行的提起公益诉讼的改革尝试虽然符合宪法对检察机关“法律监督机关”性质的定位，但却缺乏具体部门法的支持，形成检察权在实践中某些领域某些场合的缺位现象。

第二，检察机关的职权是一个统一完整的权力体系，因此规定检察机关职权的部门法律之间应当在内容上相互协调、相互配合。然而，现行调整检察机关职权的法律规范之间还缺乏这种体系上的照应。尤其是，作为集中规定检察机关职权的人民检察院组织法与其他部门法之间在有关内容上所出现的断裂比较明显。比如，刑法规定了告诉才处理的案件，如果被害人因受强制、威吓无法告诉的，人民检察院也可以告诉；民事诉讼法和行政诉讼法则分别规定了人民检察院对该两大诉讼的法律监督权；但是这些职权却在人民检察院组织法中没有得到体现。

第三，从立法技术的角度来看，现有调整检察机关职权的部门法在有些相关内容的规定上还存在瑕疵。其中，有些瑕疵是由于立法本身的不明确所导致，例如，民事诉讼法规定人民检察院有权对“民事审判”活动实行监督，但所谓“民事审判”活动究竟是指狭义上的法院审判活动，还是指民事诉讼的全过程，并不明确，从而引起了检、法两机关的理解差异。而有些瑕疵则是由于有关法律修订、变更而导致的，如《人民检察院组织法》第5条中关于免予起诉的规定已经由于我国在1996年修订刑事诉讼法时废除免予起诉制度而显得不合时宜。

（二）我国检察机关职权改革与完善的立法建议

以上这些问题的存在，迫切需要我们通过完善立法来加以解决。由于人民检察院组织法是规范和调整检察机关职权最为集中的法律，因此改革和完善检察机关职权应当以人民检察院组织法为中心，通过对其相关条款的缜密设计和合理整合而建立起关于检察机关职权的科学体系。对此，我们认为我国现行的检察机关职权应作如下重大改革：

1. 赋予检察机关在刑事审前程序中的司法审查功能

强制措施如逮捕、羁押和强制侦查行为如搜查、扣押、强制人身检查等都是刑事侦查程序中伴随着国家强制力的公权力运作行为，其在行使的过程中必然涉及对公民相关基本人权的限制或者剥夺。为了实现侦查程序中的人权保障，西方法治国家普遍采取让法院介入侦查而对侦查机关强制措施和强制侦查行为的适用进行司法审查，以对侦查权施加有效的外部控制。在我国，此种对侦查机关进行权力外部控制的机制则相对薄弱，这突出地表现为除逮捕措施外，侦查机关自身掌握强制措施和强制性侦查行为的适用。从法律上讲，侦查机关不仅有权采取勘验检查、询问证人、鉴定等任意侦查行动，而且连适用拘传、取保候审、监视居住、拘留等强制措施和采取搜查、扣押、冻结财产等涉及侵犯公民基本权利的强制性侦查行为，也是自行决定，侦查权因此被滥用的危险增大。

据此，加强对侦查机关强制措施和强制侦查行为的外在监督和控制已是我国司法改革的当务之急。但根据我国国情和法制发展的现状，在近期实行由法官控制强制措施和强制侦查行为的令状制度不太现实，而比较适宜强化检察机关对侦查机关强制措施和强制侦查行为的监督与制约。主要基于以下两点考虑：第一，西方国家实行由法官对侦查机关的强制措施和强制侦查行为进行司法监控的前提条件之一是，有独立的、区别于庭审法官的治安法官或者预审法官、侦查法官。而在我国，不存在独立的、区别于庭审法官的治安法官、预审法官或侦查法官制度，而且我国的法院总体上与侦查机关是互相配合的关系。倘若由现有法院中的法官来实施对侦查机关强制措施和强制侦查行为的司法审查和监控，效果可能适得其反，背离制度设计者加强对犯罪嫌疑人权利保护的初衷。第二，基于检察机关的法律监督地位和对刑事诉讼活动实施监督的职能，由检察机关对侦查机关所采取的强制措施进行是否准许的审查批准，可以实际发挥司法审查的功能，同时也能避免在没有建立预审法官或者侦查法官之前，庭审法官过早介入审前程序而先入为主地产生被告人有罪的预断。

因此，为了更好地规范侦查权力、加强刑事诉讼中的人权保障，应当明确规定在我国刑事审前程序中由检察机关履行司法审查职能，扩大检察机关施行侦查控制的职权和范围，将那些直接限制或剥夺公民人身

自由、财产权利及其他权利的强制措施和强制侦查行为，如拘留、逮捕、搜查、扣押等，纳入检察机关的监督、控制范围，侦查机关需要采取此类措施或行为，必须经过检察机关的审查批准。

2. 赋予检察机关在自诉案件中，刑事自诉人由于特定原因不能继续参加或者维持诉讼的情况下担当诉讼的职权

自诉的对象尽管主要是涉及公民健康、人格、名誉、精神或物质财产等个人权益方面的犯罪，但既然构成犯罪，从根本上来说都是危害国家或社会利益的行为，而且如果这些案件得不到妥善处理，将会给国家和社会造成新的危害。因此，国家虽然将这些案件的起诉权交由被害人行使，是否追究犯罪人刑事责任由被害人处分，但并不是就此撒手不管，听之任之。当自诉机制由于某种原因发生障碍，致使被害人不能正常行使自己的诉讼权利，使犯罪分子有可能逃脱法律的制裁时，国家应进行必要的干预，以维护被害人的合法权益，保证法律的正确实施。

从有关国家和地区法律规定看来，国家对自诉进行干预主要适用于两种情况。[①]第一种情况是，被害人由于某种原因，致使不能或难以履行自己的起诉权，由检察机关代其提起和参加诉讼。这种情况在我国法律中已有相关规定，如《刑法》第98条规定，对于告诉才处理的犯罪，如果被害人因受强制、威吓无法告诉的，人民检察院可以告诉。国家对自诉进行干预的第二种情况就是检察机关担当自诉，即被害人已经提出控诉，自诉程序已经进行，但被害人在提起自诉后因某种原因不能继续进行其诉讼行为，在此种情况下，国家有必要进行干预，使已经开始的自诉程序得以继续进行下去，干预的方式就是由公诉机关介入，替代被害人行使支持控诉的职能。我国在民主革命时期曾采用过检察员协助担当自诉的做法。如1939年4月4日《陕甘宁边区高等法院组织条例》第14条规定，协助担当自诉是检察员的职权之一。但是这种做法在我国现行法律中却无相关规定，因此应当通过立法赋予检察机关在必要情况下担当自诉的职权。人民检察院担当自诉的必要情况应从诉讼需要和实体需要两个方面加以界定。诉讼需要指自诉人出于某种原因在诉讼过程中不能继续自己的诉讼行为，自诉机制出现障碍。实体需要指根据案件的性质、影响，为维护国家和社会利益，保证法律的正确实施，人民

① 卞建林:《刑事起诉制度的理论与实践》，中国检察出版社1993年版，第1页。

检察院认为有必要参与诉讼，进行干预。人民检察院在自诉过程中参与的缘由，可以应当事人及其亲属的请求，可以根据人民法院的通知或要求，也可以根据有关机关、团体或公民的反映依职权主动决定。

3. 落实并加强民事和行政领域中检察机关的法律监督权

在检察实践中一个比较突出的问题是检察机关一般将工作的重心放在刑事诉讼领域，法律监督权的行使也更多地侧重于进行刑事诉讼法律监督，而在民事和行政领域中，法律监督权的行使则相对乏力。为了充分行使宪法的授权，检察机关在注重刑事诉讼法律监督的同时，也要落实和加强民事和行政领域中检察机关的法律监督权。这其中主要包括两个方面，一是要在民事和行政的诉讼活动中加强检察机关的法律监督权，二是要对某些行政行为等非诉讼活动中确立和加强检察机关的法律监督权。为此，应当在立法中作如下两项职权的改革和完善：

第一，明确规定检察机关对民事诉讼活动和行政诉讼活动实行法律监督。对民事诉讼和行政诉讼进行法律监督，是人民检察院行使法律监督权的重要体现之一，在我国民事诉讼法和行政诉讼法中均有相关规定。但是人民检察院的此种监督权却没有规定在人民检察院组织法中，因此为了实现检察机关职权体系的完整性和协调性，有必要在人民检察院组织法中对此条予以明确规定。

此外，民事诉讼法对检察机关法律监督的对象表述为“民事审判”活动，实施监督的方式也主要为检察院对人民法院已经发生法律效力的民事裁判认为确有错误时，依照审判监督程序提出抗诉。而对于群众反映问题比较强烈的民事执行活动，检察机关是否有权监督以及如何监督，立法不太明确。行政诉讼中同样存在类似的问题。基于当前司法实践中存在的司法不公、司法腐败现象，不应将民事诉讼和行政诉讼中检察机关的监督职权仅限定于审判活动，将监督方式仅限定为提起抗诉，而应当将民事诉讼和行政诉讼的整个活动都纳入检察监督的视野之中，以切实强化法律监督，维护司法公正，保障公民合法权益。

第二，赋予检察机关对限制、剥夺人身自由的行政强制措施和行政处罚行为是否合法实行法律监督的职权。限制、剥夺人身自由的行政强制措施和行政处罚，与公民的基本权利密切相关，倘若不加以有效的监督和制约，将极易被滥用而侵犯公民的合法权益。而有效规制公权力既是法治的基本要求，也是检察机关职权行使的目标之一，因此要注意

全面发挥检察机关的法律监督功能，展示其对规制公权力和保障人权所具有的独特作用。但是，当下的检察理论及检察实践侧重于诉讼中的监督，甚至将检察机关的法律监督完全等同于诉讼监督，这是需要加以克服的。为维护国家法律的正确实施，加强对公民个人的人权保障，维护行政强制措施和行政处罚行为对象的合法权益，有必要赋予检察机关对限制、剥夺人身自由的行政强制措施和行政处罚行为是否合法实行监督的职权。事实上，我国现行的法律、法规中已经存在一些检察机关对于限制、剥夺人身自由的行政强制措施和行政处罚是否合法实行法律监督的规定。以劳动教养为例，《劳动教养试行办法》第6条规定“劳动教养机关的活动，接受人民检察院的监督”，最高人民检察院颁布的《人民检察院劳动教养检察工作办法（试行）》对劳动教养过程中的检察监督予以具体落实。对于现行法律已经赋予的这些职权，以及根据法治的要求需要增加的职权，应当通过修改人民检察院组织法加以明确和整合。

4.赋予检察机关对于涉及国家利益和重大公共利益的民事、行政案件，代表国家提起公益诉讼的职权

现代社会中的公益诉讼是指检察机关、社会组织、公民个人等在国家利益或者重大公共利益受到侵害时，以有关侵害主体或者行政机关为对象向法院提起民事诉讼或者行政诉讼的制度。具体又包括民事公益诉讼和行政公益诉讼。我国法律并未明确赋予检察机关提起公益诉讼的权力，因而目前检察机关提起公益诉讼面临着法律上原告资格的障碍。我国《民事诉讼法》第108条规定，原告必须是与本案有直接利害关系的公民、法人和其他组织。《行政诉讼法》第2条规定，公民、法人或者其他组织认为行政机关和行政机关工作人员的具体行政行为侵犯其合法权益，有权依照本法向人民法院提起诉讼。由此可见，无论是民事诉讼，还是行政诉讼，我国法律均要求原告必须与争议事项具有直接利害关系，从而给检察官提起公益诉讼造成障碍。

然而，我国社会发展的现实迫切要求尽快赋予检察机关提起公益诉讼的权力。当前我国正处于社会转型期，经济快速发展，利益分化加剧，各方面的制度建设还不完善，环境污染、破坏自然资源、侵害消费者权益、不正当竞争、国有资产流失等严重损害国家利益、公共利益和不特定多数人利益的案件数量呈不断上升趋势，公共利益得不到有效保

护的问题日益凸显。为应对此种情况，我们建议修改法律，拓宽我国民事诉讼和行政诉讼的原告资格，增设公益诉讼，赋予检察机关提起公益诉讼的权力，以便在国家利益、公共利益受到不法侵害时，检察机关可以作为原告提起公益诉讼，从而使国家利益、公共利益获得有效的救济。

从理论上来分析，我国的检察机关亦是堪当重任的：

第一，自检察制度产生以来，检察机关就以国家利益和公共利益代表的身份出现。而我国的国情以及检察机关作为法律监督机关的性质，更是要求检察机关把维护国家利益、公共利益作为首要职责予以履行。因此，在国家利益、公共利益受到损害时，检察机关有责任和义务代表国家和社会进行起诉。此外，由检察机关来起诉还能够平衡原告弱势、被告强势的实力差距，在调查取证方面也具备独有的优势。

第二，检察机关行使公益诉讼权在我国具有历史渊源和成功的经验。早在新民主主义革命时期，在检察机关参加民事诉讼方面就有了相关的规定。1954 年人民检察院组织法规定，各级人民检察院的职权之一是“对于有关国家和人民利益的重要的民事案件有权提起或参加诉讼”。这说明检察机关在创立之初，对于涉及国家和人民利益的重要民事案件是有权提起诉讼的。当前尽管我国法律没有明确规定公益诉讼制度，但在现实需求的强烈召唤下，我国一些地方的检察机关已经开始进行公益诉讼方面的尝试，并取得了一定的效果。这些都为公益诉讼制度在我国法律中的确立积累了丰富的经验。

第三，目前在国外，对于涉及国家利益和重大公共利益的民事、行政案件，由检察机关代表国家提起诉讼，已成为一种较为普遍的实践。例如，在美国，联邦检察官联合若干州检察官以及地方检察官状告微软公司垄断和不正当竞争的著名案例。又如在英国的民事诉讼中，“总检察长在相当一部分案件中是必要的当事人。在其余的案件中他有权发表意见。在有关慈善事业管理的诉讼中，总检察长作为王室代表，他是当然的当事人，这一原则同样适用于申请宣告合法的案件……”[①] 在行政诉讼方面，英国凡是涉及公共权利和利益的诉讼，并要颁布训令或宣言加

① 肖禾、杨志宏：《外国检察机关参与民事诉讼的两个特点》，载《人民检察》1989 年第 6 期。

以保护的，必须有检察长参加。检察长在行政诉讼中既可能是原告，也可能是被告。检察机关在行政诉讼中享有提起诉讼、参与诉讼、在法庭上发表评论、提出意见、向上级法院或主管法院提出控诉、上诉或复审请求等的权力。其他国家在此方面的有益经验也为我国的检察机关参加公益诉讼提供了借鉴。

公益诉讼制度的确立将会在相当大的程度上扩大司法对社会的间接管理功能。同时，由于公益诉讼涉及社会公共利益，由检察机关提起诉讼并由法院进行裁判，意味着检察和审判功能的同时拓展，而这正是法治社会的必要命题。因此，检察机关享有担当公益诉讼的职权是我国走向法治之路的正确选择。

综上，为建立起统一、协调的检察机关职权法律体系，《人民检察院组织法》第5条应作如下修改：

各级人民检察院行使下列职权：

（1）对危害国家安全、严重破坏宪法统一实施以及其他严重破坏法律统一实施的犯罪案件，行使检察权；

（2）对于法律规定由人民检察院立案侦查以及其他人民检察院认为需要立案侦查的刑事案件，进行侦查；

（3）对于侦查机关适用逮捕、拘留等限制人身自由的强制措施和搜查、扣押等强制性侦查行为进行审查，决定是否批准；

（4）对于刑事案件提起公诉、支持公诉、变更公诉或者撤回公诉；

（5）对于自诉案件，当刑事自诉人在诉讼过程中丧失行为能力或者死亡，没有承受诉讼的人或逾期不予承受的，可以担当诉讼；

（6）对刑事诉讼实行法律监督；

（7）对于涉及国家利益和重大公共利益的民事、行政案件，代表国家提起诉讼；

（8）对于民事诉讼和行政诉讼活动，实行法律监督；

（9）对于限制、剥夺人身自由的行政强制措施和行政处罚是否合法，实行法律监督；

（10）法律规定的其他职权。

鉴定机构性质辨析*

随着2005年2月28日第十届全国人民代表大会常务委员会第十四次会议通过的《关于司法鉴定管理问题的决定》(以下简称《决定》)的颁布和实施，过去在司法机关主导下的鉴定机构，将完成走向“中立”的转变，司法鉴定将朝着社会化的方向进行改革。司法鉴定的社会化加剧了鉴定机构经济利益与社会公信力之间的矛盾，引发了人们对鉴定机构性质定位的思考与争论。有人认为，鉴定机构中立化、社会化所带来的直接后果就是司法鉴定的市场化，鉴定机构的生存和发展应当以市场为导向，靠市场竞争机制来调节。但是，也有很多人认为，司法鉴定实质上属于具有公益性的法律服务业，公司化的操作方式，目前还很难得到认同。而且，司法鉴定是为诉讼活动服务的，是国家允许设定行政许可的涉及社会公共安全、公共利益的一种特殊活动，因此它绝不能以营利为目的。上述两种意见的分歧在于，鉴定机构究竟应定位于商业化的服务机构，还是公益性的服务机构。本文尝试对该问题略做探讨，以抛砖引玉，推动司法鉴定体制的改革。

一、司法鉴定机构的属性

根据《决定》的精神，司法鉴定机构应当是经司法行政机关审核登记，取得《司法鉴定许可证》，接受司法机关和其他组织或当事人的委托，为诉讼活动提供鉴定服务的中介性组织。笔者认为，司法鉴定机构应当具备“四性”：

首先，鉴定机构应当具有独立性。独立是指鉴定机构是一个无须依附于其他主体的可以自己名义承担责任的单独的主体，司法鉴定只接受司法行政机关的有效监督和管理，而不受其他任何行政部门和个人的干涉。各鉴定机构之间互不隶属，没有等级高低之分。独立性不仅是确保

* 原文发表于《中国司法鉴定》2007年第2期，与郭志媛合作。

鉴定结论客观性的前提，也是鉴定机构承担法律责任的需要。为了保障鉴定结论的客观性，鉴定人应依法独立从事鉴定活动，既不受当事人意志的约束，也不受法院或者行政管理机关的影响。这就要求鉴定人既要避免受利益驱动的影响，毫无原则地作出对当事人有利的鉴定结论，又要避免一味迎合法官作出不符合科学的鉴定结论。

其次，鉴定机构应当具有中立性。司法鉴定实质上是一种服务于诉讼程序的认识活动，其功能是从科学的角度帮助司法机关确认证据，这就要求司法鉴定必须居于中立的地位，从公正的角度提出符合客观规律和科学认识的鉴定结论。中立性强调鉴定机构超脱于诉讼中的各方，地位居中，不偏不倚。除侦查机关为侦查犯罪提供技术鉴定支持在内部设立的鉴定部门外[①]，其他从事司法鉴定业务的机构都应当是独立于司法机关之外、独立享有权利和承担义务的社会服务性组织。例如，英国的鉴定科学服务局是英国1988年以来司法鉴定体制改革的产物，该局原系内政部的一部分，1991年从内政部剥离出来，独立于警察、皇家检察官办公室、法院等系统，成为面向社会服务的专门的鉴定机构。

再次，鉴定机构应当具有服务性。司法鉴定是一种协助司法机关解决某些专门性问题的诉讼活动，旨在补充司法人员专门领域知识之不足，以达到正确判断之目的。司法鉴定基于诉讼需要而产生，因委托方的委托而启动，主要依靠在鉴定机构内执业的司法鉴定人运用其专业知识、技能、经验进行鉴定工作，从而为诉讼服务。因此，从本质上讲，它属于法律服务范畴。作为一种服务性组织，鉴定机构除了司法鉴定服务外，不应从事任何其他的业务工作。例如，英国有两个较大的“国家级”司法鉴定服务机构：一是英格兰和威尔士鉴定科学服务局；二是苏格兰的鉴定同盟会。两机构接受委托，在全英范围为所有委托人和单位提供所有的鉴定技术，与其他规模较小的鉴定机构（如国防部门的鉴定有限公司、大学内的鉴定试验室、警察署内部的鉴定机构等）平等竞争，共同组成英国司法鉴定服务的平台和网络。

① 侦查机关内部设立的鉴定机构所进行的鉴定又称为“犯罪鉴别”，与一般司法鉴定不同，其“主要目的是应用自然科学法则来发现和保全关于犯罪人和犯罪行为的证据资料，其性质是一种侦查手段”。其结论难以避免会带有一定的倾向性，因此只能作为一种有待查证的证据资料向法庭提出，法庭必须经过严格的审查判断才能将其作为定案的依据。

最后，鉴定机构应当具有一定的公益性。这是因为，司法鉴定是为诉讼活动服务的，国家设定行政许可的涉及社会公共安全、公共利益的一种特殊活动，它有别于普通的商业服务，其本身就是一种需要受到程序法规范的诉讼行为，因此它绝不能以营利为目的。尽管在为社会、为司法活动提供服务时可以适当收取一定费用，但主要是弥补仪器和材料的消耗所需的工作经费。例如，美国由政府投资的公立实验室，就具有非营利的公益性，这些实验室并不是由政府的某个部门投资，而是由联邦或州政府直接对鉴定机构进行投资，不得进行营利性的服务。

二、鉴定机构公益性的理论与实践依据

《决定》首先解决了鉴定机构独立性和中立性的问题。独立和中立是确保鉴定结论客观、公正的前提，有效的司法鉴定应该是建立在尊重科学、尊重事实、不受外界干扰的基础上的，任何一种可能来自相关部门的预设结论都是对司法鉴定权威性的损害。为此，《决定》排除了侦查机关接受社会委托从事有偿鉴定服务及法院和司法行政部门自设鉴定机构的情况，明确了司法鉴定这种服务行为既不是行政行为，也不属于检察和审判职权范畴，把司法鉴定机构放在一个不依附于任何一个司法机关、更为中立的立场上。《决定》第7条规定："侦查机关根据侦查工作的需要设立的鉴定机构，不得面向社会接受委托从事司法鉴定业务。人民法院和司法行政部门不得设立鉴定机构。"第8条规定："各鉴定机构之间没有隶属关系；鉴定机构接受委托从事司法鉴定业务，不受地域范围的限制。"这些规定都保证了鉴定机构在诉讼中的中立和独立地位。

《决定》第15条规定，司法鉴定的收费项目和收费标准由国务院司法行政部门商国务院价格主管部门确定。该规定虽然没有明确司法鉴定的收费标准，但从侧面肯定了司法鉴定属于服务性行业的性质定位。[①]

综上所述，《决定》的颁布与实施使鉴定机构获得了独立和中立的地位，并从以国家司法机关为主导转变为面向社会提供服务的中介机构。这一变化为鉴定机构带来了广阔的发展空间，但是，若将鉴定机构

① 有人认为，《决定》标志着司法体制改革迈出了重要的一步，特别是国家机关退出司法鉴定市场，给社会中介行业提供了生存发展空间，管理者、被管理者应该共同推动配套改革制度的尽快出台。

与律师事务所、会计师事务所等中介服务机构等量齐观，完全将其推向市场，则不仅不符合鉴定活动的本质要求，还会酿成一系列严重的不良后果。

（一）鉴定活动的本质决定了鉴定机构应当具有一定的公益性

对司法鉴定的本质可以从以下几个角度理解：

首先，司法鉴定是一种以科学性为基础，以法律性为保障的认识活动。一方面，鉴定活动是由掌握专门科学知识和技能的鉴定人运用专业知识、科学方法和手段，借助科学技术设备进行鉴别判断的活动；鉴定结果直接涉及的是从科学角度推理、概括的结论而非法律性的评价。另一方面，鉴定主体必须具有法定的资格；鉴定人的鉴定活动不能脱离法律程序；鉴定的结果必须依照法律规定的方式提出并终将被运用到法律性质的活动即诉讼中。

其次，司法鉴定是一种受程序法规范和制约的诉讼行为。这是因为，一方面，司法鉴定的进行与诉讼程序紧密相联，各个诉讼阶段都可能出现需要运用鉴定手段解决的问题，而且司法鉴定的正确运用有助于推动诉讼程序的顺利进行，反之则会延缓诉讼程序的进程；另一方面，鉴定活动本身就是一个彼此连接、由一定直接目的决定并按一定顺序进行的各种与鉴定有关的行为组成的完整过程。通常把整个鉴定程序划分为鉴定的开始程序、鉴定的进行程序，鉴定结论的提交与审查判断程序等。

最后，司法鉴定是一种对诉讼活动有着重大影响的服务行为。这主要体现在，司法鉴定的结果——鉴定结论作为确定事实的法定证据种类，对诉讼活动起着重要乃至决定性的作用。以刑事诉讼为例，在犯罪日趋复杂化、智能化的今天，有些案件事实的认定如果离开以专门知识和技术手段为依托的鉴定，几乎是不可能的。而且由于鉴定活动旨在补充司法人员专门领域知识之不足，法官本身对鉴定结论缺乏鉴别判断能力，因此鉴定结论比其他证据更容易影响法官对案件的审查判断。综上，考虑到司法鉴定作为影响法律运行及结果的特殊行业，不能将其简单地定位为商业服务，更不能允许其以市场为导向、盈利为目的地实行自由竞争，而应当使鉴定机构保有一定的公益性，以确保司法鉴定对诉讼活动的辅助作用。

（二）司法鉴定的专业性决定其无法完全实现市场化

与其他社会服务行业不同，司法鉴定的专业性决定了其收费与利润的对立。以法医学为例，其专业特点主要是解决涉及诉讼的人身伤亡的专门问题，鉴定收费尽管可以以市场调节价为依据（尚未定论），但司法鉴定收费与律师、会计审计和评估等行业相比较低，且司法鉴定具有团体协作和成本消耗的特点，人头、耗材等不可小视。利润的有限性决定鉴定人永远不可能获得巨额回报。因此，某些专业领域的司法鉴定被推向市场之后，其鉴定机构的发展反而更为艰难。例如，北京市共有3家医院有精神病司法鉴定资格，其中一家医院的负责人这样描述市场化将给他们带来的尴尬："精神病司法鉴定科是隶属于所在医院的，人员工资、鉴定设备等都由医院来承担，由于精神病司法鉴定的收费非常低，而成本又相对较大，市场化以后，生存都是个问题。"另据北京市C医院法医物证司法鉴定所的一位负责人介绍，鉴定所的法人是C医院，所里工作人员属医院编制，经济上不独立核算。从开始做DNA亲子鉴定到现在，总共做了数百起，鉴定业务量在逐年增加。但如果鉴定室独立核算，只做DNA亲子鉴定一项，不开展其他业务，则可能会亏本。以上例子说明，司法鉴定的专业性决定其无法完全实现市场化，对于其中一些成本高而利润又很低的专业领域，政府有义务对鉴定机构进行管理和扶持，包括政策上的倾斜和资金上的投入。这些鉴定机构就不能完全定位为商业服务机构，而是偏重于公益性的服务机构。

（三）司法鉴定全面市场化不良后果

如果对司法鉴定全面实行市场化管理，将会不可避免地出现以下不良后果：

首先，鉴定机构业务范围的不平衡分布。《决定》明确要求鉴定机构要有在业务范围内进行司法鉴定所必需的仪器、设备；有在业务范围内进行司法鉴定所必需的依法通过计量认证或者实验室认可的检测实验室。但是，由于购置仪器设备需要大量的资金投入，一般的民间鉴定机构难以承受，因此，就可能出现大家都去做投入少、见效快的项目；而投入大、见效慢的项目可能鲜有人问津，比如DNA鉴定、毒物分析等。这些项目一方面要求有大型、昂贵的设备投入，有长期的消耗性试剂投入、设备维护，有受过专门培训的高级技术人才；另一方面要求建立符

合国家认证标准的实验室，这也是一个长期的系统工程。最终的结果是，鉴定机构的鉴定业务范围都停留在低成本运作的范畴，而那些高成本运作的鉴定业务则无人问津，从而使鉴定市场的资源配置严重失衡。这将在很大程度上影响诉讼活动的顺利进行。

其次，竞争的无序化以及由单纯追逐利润造成的鉴定结论不公正。市场化的一个基本要求应当是平等竞争，但是如果没有健全的市场规则和管理机制，必然会出现不正当竞争盛行的局面。不正当竞争的表现之一为司法行政机关利用手中职权违规审批鉴定机构，另一个表现则是鉴定行业可能大兴回扣之风。这是因为，如果社会鉴定机构设立过多，必然会出现“僧多粥少”的现象。而鉴定机构为了生存就会采用给回扣等不正当竞争手段。司法鉴定行业的不正当竞争不仅会使鉴定市场混乱、无序，而且会直接影响鉴定的质量，导致鉴定结论的客观性和公正性受到质疑，从而损害了鉴定机构在社会上的中立、公正形象，破坏了司法鉴定的社会公信力。

最后，由财富多少所决定的鉴定服务质量的不平等。尽管《决定》明确了鉴定人和鉴定机构之间的平等关系，但鉴定人的影响力和鉴定机构的知名度差距却是现实存在的。实力强的鉴定机构能够聘请到有分量的专家，收费自然提高了。那么当富人和穷人因为官司都需要司法鉴定服务时，前者有实力购买昂贵的服务，后者只能寻找价格低廉的小机构，甚至没有条件进行鉴定。这时法律面前人人平等的原则如何体现?

三、完善司法鉴定体制改革的几点建议

基于上文对鉴定机构性质的辨析，笔者认为，鉴于鉴定机构既属于中介性服务机构又具有一定公益性的特点，应当从以下几方面加以完善:

首先要加强司法鉴定管理。随着司法部司法鉴定管理局以及各省专门负责司法鉴定管理的机构的相继成立，对司法鉴定的管理将进一步加强。只有在通过一定程序认定的、专家在鉴定活动中有主观故意或重大过失的、给当事人造成重大损失并不能通过诉讼途径弥补的情况下，专家应当承担一定的民事赔偿责任，除此之外，专家不承担此责。同时，责任认定标准和程序应当明确，认定主体应当是司法行政管理部门所组织的专门人员，赔偿额度应当合理设置。这一制度的细节所涉及的因素

较多，很多环节有相当的难度，但在某些环节中可以借鉴一些成熟的做法。如认定鉴定人是否存在主观故意，可以以该鉴定人是否尽到了合理注意为判断依据，即同专业一般能力人员在合理注意前提下，是否会出现同样的结果；再如赔偿金额问题，可以以所收取的鉴定费为参照合理确定。此类细节问题不是本文讨论的要点，重要的是，有了这样一种赔偿制度，既对强化鉴定人的执业纪律和责任心具有重要的价值，又为当事人提供了一条（尽管是有限的）救济渠道，有利于化解当事人因渠道不畅而激化的矛盾；对机构而言，也有利于相关问题的解决。

其次，应加快行业协会的建设。行业自律可以从另一个层面规范鉴定人的行为。行业协会的作用更多地体现在技术层面，如技术方法、技术规范、技术标准等更多地依赖于行业内各专业人员。因此，对诸如具体鉴定意见在技术上是否合理等问题行业协会应当具有一定的话语权，通过行业协会的技术评价体现对鉴定人鉴定活动的制约是行业协会在鉴定人责任负担体系中应当发挥的作用。

之所以就鉴定人的责任负担以本文陈抒笔者管见，求教于专家、学者，是因为在我国司法鉴定管理体制发生大变化的今天，这一问题已日益凸显其重要性，值得我们认真思考、梳理。鉴定人的责任负担，并非只是事关司法鉴定从业人员，对于事实裁判者、当事人（及其代理人）以及司法鉴定行政管理部门都有密切的联系。完善而合理的鉴定人责任负担制度，应当达到既能鼓励专家服务于法庭、无后顾之忧地发表独立、客观的鉴定意见，对鉴定人可能出现的违法、违规行为有“看得见”的威慑力；又能使案件利害关系人能够了解、理解鉴定活动，并有可资利用的渠道以申诉自己的合法权益……当然，鉴定人责任负担仅仅是整个司法鉴定制度的一方面内容，必须与其他制度内容密切配合，才有可能真正建立具有我国特色的完善的司法鉴定制度体系，促进我国司法鉴定事业的正常发展。

再次，要加强对司法鉴定的监督。一方面要加强对司法鉴定的外部监督，如建立与法院沟通和信息反馈制度，了解鉴定机构在各诉讼环节的表现。另一方面要加强鉴定机构的内部管理，特别是要明确鉴定人的岗位责任制和考核制。此外，还可以考虑建立司法鉴定机构资质等级评估、司法鉴定质量控制评估和司法鉴定人诚信等级评估等机制，定期向社会公布评估结果，通报经过查证属实的鉴定机构、鉴定人违法违纪的

情况。通过市场选择机制和竞争机制，淘汰一批鉴定机构和鉴定人，形成鉴定机构的平等、有序、良性竞争，促进司法鉴定事业健康发展。应当根据司法鉴定的专业特点，对特殊专业领域的鉴定机构进行扶持，包括政策上的倾斜和资金上的投入，避免鉴定机构的业务范围过于集中，实现鉴定市场资源的合理、平衡配置。

最后，应当尽快明确鉴定机构的收费标准。《决定》仅仅规定了“司法鉴定的收费项目和收费标准由国务院司法行政部门商国务院价格主管部门确定。”但实践中却尚无明确收费标准可以参照。据了解，市场中不乏乱开价的现象。以 DNA 鉴定为例，价格就从 2000 元到 2 万元不等，相差近 10 倍。对此有关部门应当尽快制定明确的收费标准，避免鉴定活动完全依靠市场调节，实现市场调节与行政管理有机结合的发展模式。

以死刑案件为切入点建立程序制裁机制 *

随着最高人民法院收回死刑复核权，理论界与实务界最大的共识就是死刑案件应当实行最为严格的诉讼程序和人权保障标准。下面围绕此问题谈几点意见：

一是关于死刑特别程序的概念。目前我国并不存在只适用于死刑案件并贯穿诉讼始终的特别程序，只有死刑复核程序。在诉讼的各个阶段或每项诉讼制度都要针对死刑案件作出特别规定，立法上也有困难。二是要保证死刑案件的质量，审前程序十分重要，这一点要引起高度重视。证据收集要全面、细致，诉讼活动要合法、有效，不要把难题留到审判阶段。三是要提前指定辩护的时间，扩大法律援助的范围，注意发挥辩护律师的作用。现在只要求法院有义务保障被告人的辩护权，法院要为符合法定条件的被告人指定辩护。这一点随着1996年刑事诉讼法的修改已经不符合辩护制度的发展趋势，法律规定之间也不相符合。四是要建立程序制裁制度，明确程序违法的后果，加大对程序违法的监督、制约力度。不要发现问题不纠正或纠正不了，让问题随着诉讼进展往下拖延，审查批捕，审查起诉，一审二审，程序一关关过，最后给最高人民法院复核时出难题。一定要从死刑案件做起，建立程序制裁机制，程序严重违法就不能再往下走。五是死刑复核程序的改革健全问题。死刑复核程序的性质是什么，应是诉讼程序，是审判程序，是特殊程序，即只对死刑案件适用的程序。但复核死刑案件到底依照什么程序，目前立法上基本是空白。这样就存在一个按照诉讼自身规律和审判内在机理对复核程序加以改造的命题。应当抓住刑事诉讼法修改的契机，在立法上对死刑复核的程序作具体规定，再由最高人民法院根据审判实践加以解释和补充。

---

* 原文发表于《人民检察》2007年第23期。

公正司法　维护社会公平正义*

本次“双百”活动的主题是“树立法治理念，建设和谐社会”，公正司法、维护社会公平与正义是其重要内容之一，因此，我想围绕活动的主题，对公正司法的若干问题作一简要的介绍和基本的阐释。

一、司法的功能与司法权的特征

司法是指国家司法机关及其工作人员依照法定职权和程序，适用法律审理案件的专门活动。

司法的原始和首要功能就是通过对案件的审理，解决社会争议，维护社会秩序。司法的扩展功能有司法救济功能、司法审查功能和司法造法功能等。肖扬同志提出：充分发挥司法惩罚犯罪和化解纠纷职能、权利救济职能、平衡利益职能和司法监督职能。

司法的基本功能表现在，一是为各种各样的个人权利提供特殊的救济，二是对各种各样的国家权力施加审查和控制。

司法权的特征包括被动性、判断性、中立性、程序性、终结性、权威性。

二、公正是司法的核心价值

公正，即公平和正义，是人们始终不渝追求的理想和目标。正义具有多义性。“正义具有一张普洛透斯似的脸，随时可呈现不同形状，并且具有极不相同的面貌。”（博登海默语）“正义乃是使每个人获得其应得的东西的永恒不变的意志。”（查士丁尼语）正义为“使每个人获得其应得的东西的人类精神意向”。什么是每个人所应得的东西呢？西方学者解释说：“一个人所应得的，就是他有权得到的。”可见正义是一个以

---

* 原文载百名法学家百场报告会组委会办公室：《法治百家谈·百名法学家纵论中国法治进程（第二辑）》，中国长安出版社 2008 年版，第 391—396 页。

权利为基础而不是以目的为基础的目标。最合理的正义要求便是“赋予人的自由、平等和安全，并应当在最大限度上与共同福利相一致。”

公正是司法的本质要求和核心价值。法律被称作一门公正的科学或公正的艺术。从英文“justice”的含义看，正义与司法、法官同义，公正司法的英文表述为“administration of justice”，直译为“公正的实施”。司法公正是社会公正的最后防线，如果一个国家没有司法公正，社会公正就无从谈起。

公正司法是人们对司法制度以及由此确定的诉讼程序和相关活动的要求和期望，也是评判国家司法权行使状况的首要价值标准。约翰·罗尔斯在其《正义论》一书中写道：“正义是社会制度的首要美德，正如真理是思想的首要美德一样。一种理论无论多么精致高雅和简洁实惠，假如它不真实，就必须被抛弃或修正。同样，法律与制度无论多么有效率和井然有序，只要它们不正义，就必须被改造或废除。”司法是实现、维护和争取社会正义的最后阵地。关于司法不公的危害，最有名也是最恰当的说法当数法国著名学者培根有关“弄脏水流”和“破坏水源”之间关系的比喻。

三、公正司法的内涵与程序的双重价值

公正司法，并非仅指案件处理的结果公正，还包括处理案件的过程要公正。理论界一般将此概括为实体公正与程序公正。

程序价值有两个基本层面：工具性价值、目的性价值。

西方两种迥然不同的司法公正观。一种是“过程公正观”或“程序公正观”，主张司法的公正主要是诉讼过程的公正，即“正义不仅应当实现，而且还应以人们看得见的方式得到实现”。因此，只要裁判是根据一个公正的司法程序作出的，那么这个裁判结果就是正确的。另一种是“结果公正观”或“实体公正观”，即体现对诉讼结果而非诉讼过程的公正追求，“刑事程序是为寻找实体真实服务的”，“只要真相能够得到，它是如何获得的并不重要”。

在我国，关于实体公正和程序公正的关系，法学界意见不一。归纳起来为以下几种观点：

坚持程序工具主义，认为诉讼程序的价值在于保障实体法目标得以实现的有用性和工具性，将刑事诉讼法和刑法的关系理解为“形式与内

容、手段与目标”的关系。

强调程序至上或程序优先，认为程序法不仅是一种手段，而且具有独立的价值。“程序产生的结果由于具体程序过程的差异可以有较大的差异，所以创制实体权利义务或决定实体权利义务是否存在，并不仅仅在实体法这一层次上，而应该说主要在程序法这一层次上”，进一步说“程序（法）具有实体（法）形成的母体作用”。①

主张实体公正与程序公正并重，认为诉讼程序既包括保证实体法实施的程序工具价值，也包括独立于实体法的自身价值，即诉讼法自身所体现出来的不取决于实体法实施的内在价值。两大价值各自有其特定的、不可替代的功用，应当是相互依存、相辅相成的。

实体公正由于评价主体的不同和认知能力的局限而具有相对性。“关于永恒公平的观念不仅因时因地而变，甚至也因人而异，它是如米尔伯格说过的那样，‘一个人有一个理解’。”程序公正却因其自身存在的合理性和稳定性，在公众心目中往往成为公正司法的直接表征。由于我国长期以来“重实体轻程序”的传统以及实体公正的相对性、局限性，我国的司法改革应更多地强调程序公正的理念，并在制度架构和程序完善中使这两种司法公正的价值得以最佳契合。

四、公正司法的评价要素

公正司法既是抽象的，同时又是实实在在可以看得见的。按照现代司法理念和正当程序要求，担任裁判者必须满足以下要素：第一，裁判者应当与争议利益无涉，所谓“任何人不得作自己案件的法官”。第二，裁判者应当对纠纷双方无偏倚。美国学者将此解释为：纠纷解决者不应有支持或者反对某一方的偏见；纠纷解决者应对各方当事人的意见给予公平的关注；纠纷解决者应听取双方的论据和证据；纠纷解决者应只能在另一方在场的情况下听取对方的意见；各方当事人均应得到公平的机会来对另一方提出的论据和证据作出反应等。第三，裁判者应居主导地位。“任何社会冲突，都包含着对某一社会公正原则的扭曲，因此，矫正这种现象必须有公正的意识、公正的评价和公正的力量。”与争议利益无涉和对争议双方无偏倚，只能保证裁判者具有公正的意识和能够作

① 田平安、杜睿哲：《程序正义初论》，载《现代法学》1998年第2期。

出公正的评价，除此之外，还必须赋予裁判者高于争议双方的优势地位和排除可能干扰其公正审判之因素的独立地位，使其取得公正的力量。即审判者不受争讼双方的牵制，而争讼双方必须服从审判者的裁断。

也有人提出，可以主要从以下方面评价公正司法：司法程序的公开性；司法人员的中立性和独立性；当事人地位的平等性；司法过程的参与性；司法活动的合法性；案件处理的正确性。

五、公正司法是构建和谐的法治社会的必然要求

肖扬同志提出：通过司法公正，保障社会公正，促进社会主义和谐社会的构建。公正司法在构建法治社会与和谐社会方面具有重大意义。

（一）公正司法是构建法治社会的必然要求

1. 公正司法是贯彻法治理念的必然要求

党中央提出了以“依法治国、执法为民、公平正义、服务大局、党的领导”为主要内容的社会主义法治理念，这是从社会主义现代化建设事业全局出发，坚持以马克思主义法学理论为指导，在认真总结中国法治建设实践经验、借鉴世界法治文明成果的基础上，作出的一项重大决策，标志着中国共产党对建设中国特色社会主义法治国家的规律、中国共产党执政规律有了更加深刻的认识和把握。其中，公平正义是社会主义法治的价值追求，是社会主义法治理念的重要内容。而公正司法正是实现社会公平正义的最后一道防线，司法权具有强制性和终结性，这一权力的行使关乎社会公平与正义最终能否实现，关乎社会主义法治理念最终是否得到了贯彻。

2. 公正司法是遏制人治现象的必然要求

孟德斯鸠说过：“一切有权力的人都容易滥用权力；有权力的人们使用权力一直到遇有界限的地方……”这正是我们反对人治、提倡法治的原因。司法权是国家权力中的一项重要权力，其本身也存在着被滥用的危险，而程序的意义正在于为这些权力的行使设定边界，因此按照法定的程序而不是按照个人的意志进行司法活动和作出相应的判断与决定，这正是公正司法的应有之义。

3. 公正司法是树立法治观念的必然要求

法治观念的树立有赖于人们对法律本身的认可和对司法活动的信

赖，而只有公正司法才能够取得这种信赖。只有人们都相信法律是至高无上的，法官会根据法律作出公正的判断，才谈得上法治观念的树立，如果人们总是认为法官会根据金钱或人情作出判断，那就根本谈不上法治观念的树立。

（二）公正司法是构建和谐社会的必然要求

首先，公正司法可以缓解纠纷双方之间的矛盾，可以通过法定的程序使冲突以一种有秩序的方式得到缓和和解决，避免冲突双方采取非法的过激手段自行解决纠纷，从而危害社会的秩序和稳定。

其次，公正司法也可以避免由于司法不公而产生的纠纷一方或双方与司法机关之间的矛盾，避免纠纷当事人对司法人员进行报复而产生新的冲突。

最后，公正司法还可以避免由于司法不公而产生的普通民众与司法机关之间的矛盾，增强民众对司法机关的信赖和司法权威的尊崇，从而使得通过有序的司法活动来解决纠纷成为人们普遍的选择，由此来维护社会的秩序和稳定。

构建刑事和解的中国模式

——以刑事谅解为基础*

近年来，全国各地司法机关开始在刑事司法活动中探索谅解机制，理论界也围绕刑事和解展开了热烈的讨论。然而，究竟何谓“刑事和解”，仁者见仁，智者见智。目前，通行的表述是将“刑事和解”定义为“被害人与犯罪人的和解”。这一界定导致了“刑事和解”定义与我国传统诉讼理论上“和解”定义之间的冲突，并且使得相关讨论偏离了刑事和解问题本身。为此，笔者拟从“刑事和解”的概念辨析入手，对国际范围内的刑事和解与刑事谅解实践进行考察，并在此基础上提出以刑事谅解为基础构建我国刑事和解制度的设想。①

一、“刑事和解”概念辨析

“任何科学的发展，总是与构成该学科内容的概念的明确和完整紧密联系的。只有在概念统一，内涵确切的条件下，才有可能对某一问题进行研究。”② 在某种意义上，对“刑事和解”概念的科学界定关系到刑事和解理论研究的成败。而“刑事和解”作为“和解”的一种样态，其定义是以“和解”的定义为基础的。

（一）何谓“和解”

从字面含义来看，“和”的含义是“平和、和缓、和谐、和睦”，而“和解”的含义则是“不再争执，归于和好”。③ 可见，日常用语意义上

---

* 原文发表于《政法论坛》2008 年第 6 期，与封利强合作。

① 如未特别指明，本文所称“刑事和解”均指公诉领域的刑事和解。

② 陈兴良：《刑法适用总论》（上卷），法律出版社 1999 年版，第 710 页。

③ 中国社会科学院语言研究所词典编辑室编：《现代汉语小词典》，商务印书馆 1980 年版，第 211—212 页。

的和解实际上就是以平和的方式来解决问题，其中“和”是手段，“解”是目的。

在我国，民事诉讼法学者较早对“和解”进行过研究。诉讼法意义上的和解是作为一种纠纷解决方式而存在的。一般认为，现代社会民事纠纷的解决方式主要有四种，即和解、调解、仲裁和诉讼。诉讼和解是指争议双方通过对话和协商，达成谅解或妥协，自行解决纠纷的活动。其基本内涵应当包括以下几个方面：第一，和解的前提是发生了纠纷。正是由于纠纷的存在，才有了解决争议的必要。所以，和解通常发生在利益对立的双方之间。第二，和解的主体是利益对立的双方。和解是双方自行、自主地解决纠纷，无须任何第三方的介入。这一点决定了和解与调解的区别。调解是指由第三人居中调停、斡旋，促使双方展开协商、达成谅解或妥协的纠纷解决方式。根据第三人的不同，调解又分为民间调解、行政调解和法院调解等。可见，和解与调解区别的关键在于是否有第三方的参与。第三，和解的手段具有非对抗性。与仲裁、诉讼等对抗性的纠纷解决方式不同，和解是通过对话、协商，互谅互让地解决纠纷。第四，和解的目标是解决纠纷。只有纠纷得以解决才能说双方达成了和解。可见，解决纠纷是和解的出发点和落脚点，而争议双方自行协商并达成谅解或妥协则是和解的特色所在。

在西方国家的诉讼理论上，和解分为诉讼外和解与诉讼上和解。通常意义上的诉讼上和解是指在诉讼系属中，当事人双方于诉讼的期日，在法官的参与下经协商和让步而达成的以终结诉讼为目的的合意。[①]可见“诉讼上和解”类似于我国的法院调解，而非我国诉讼理论中所谓的“和解”。我国学者一般将和解分为诉讼前和解与诉讼中和解。前者是指双方在诉讼程序启动前自行协商解决纠纷，不再通过诉讼方式予以解决。后者是指双方在诉讼过程中通过私下协商，达成一致意见，从而放弃以诉讼方式解决纠纷。二者的根本区别在于诉讼程序是否已经启动。由于前者与诉讼没有直接关系，所以，诉讼法学所研究的主要是后者，即诉讼中和解。就诉讼中和解而言，由于诉讼程序已经启动，所以，通常要依照法律规定的方式来进行，并产生诉讼法上的效果。比如，我国

① ［日］青山善充、伊藤真：《民事诉讼法的争点》，有斐阁1998年版，第260页。转引自熊跃敏：《诉讼上和解的比较研究》，载《比较法研究》2003年第2期。

《民事诉讼法》第51条规定:“双方当事人可以自行和解。”而争讼双方在诉讼过程中依据这一规定而达成和解的,通常以原告撤诉的方式来终结诉讼。

(二)“刑事和解”的基本内涵

在我国传统诉讼理论中,“和解”这一概念长期以来仅用来指代民事诉讼当事人之间的和解,“刑事和解”的概念没有容身之地。这是因为,和解以解决纠纷为出发点和落脚点,而在我国传统观念中,刑事案件从来不被作为“刑事纠纷”来看待。在马克思主义法学看来,犯罪是“孤立的个人反对统治关系的斗争”①,刑事诉讼并非旨在解决国家与被追诉人之间的纠纷,而是旨在查明和确定被追诉人的刑事责任。这一观念导致了实践中政策实施型的刑事司法模式。在这一模式下,刑事诉讼在很大程度上被异化为“行政治罪”活动。

其实,“刑事诉讼旨在查明和确定被追诉人的刑事责任”这一表述本身就隐含着一个潜台词,即被追诉人是真正的罪犯。而这一点与当今世界各国普遍奉行的无罪推定原则是相抵触的。实际上,被追诉人并不一定是真正的罪犯,而且,依据无罪推定原则,被追诉人在被法庭判定有罪之前应当被作为无罪的人来看待。而之所以需要刑事诉讼,就是因为国家与被追诉人在后者是否有罪、罪行轻重以及如何量刑等问题上存在争议。可见,刑事诉讼本质上是解决国家与被追诉人之间刑事纠纷的活动。只有确立了这一观念,刑事司法才有可能实现由政策实施型向纠纷解决型的转化。

“应该承认,作为人类社会解决纠纷的机制,刑事诉讼与民事诉讼在本质上是相通的,即都是国家司法机关运用司法权来解决当事人之间的争议与纠纷的活动。”②只要我们承认刑事领域存在刑事纠纷,那么就理所当然地应当认可通过和解方式来解决此类纠纷的可能性。可见,在纠纷解决型司法的背景下,刑事和解是不可或缺的一个法学概念。其实,我国在刑事自诉领域原本就存在刑事和解制度。我国《刑事诉讼法》第172条规定:“自诉人在宣告判决前,可以同被告人自行和解或者

---

① 《马克思恩格斯选集》(第四卷),人民出版社1995年版,第379页。

② 汪建成、祁建建:《论诉权理论在刑事诉讼中的导入》,载《中国法学》2002年第6期。

撤回自诉。”不过，由于当今世界各国普遍遵循国家追诉原则，刑事自诉只是作为例外情形出现的。所以，自诉领域的刑事和解制度也被看作是一种例外情况，比照民事和解来加以处理，理论界并没有给予太多的关注。所以，本文所探讨的“刑事和解”主要是就公诉领域的刑事和解而言的。

笔者认为，刑事和解是指控辩双方在刑事诉讼过程中，通过对话和协商，就刑事纠纷的解决达成一致意见，从而终结诉讼，不再将案件移交法庭审判的活动。具体来说，刑事和解的内涵应当从以下几个方面来把握：

第一，刑事和解的前提是发生了刑事纠纷。所谓刑事纠纷，就是国家与被追诉人之间就被追诉人的刑事责任问题所发生的争议。这意味着刑事和解只能在国家追诉机关将特定案件作为刑事案件立案之后的刑事诉讼过程中发生。

第二，刑事和解的主体是控辩双方，即公诉机关与被追诉人。上文提到，和解的主体是利益对立的双方。在有被害人的刑事案件中，虽然被害人是直接遭受犯罪行为侵害的人，但犯罪的特殊性在于其不仅是对被害人个体权益的侵害，更是对国家和社会利益的侵害。国家追诉原则正是在这一观念的支配下出现的。国家追诉原则的出现是人类社会发展史上的重大进步。美国著名学者霍贝尔曾言，在原始法的发展过程中，真正重大的转变并不是在人与人之间的关系中实体法上的从身份到契约——尽管这是欧洲法在其后来发展过程中的一个显著的特征，而是在程序法上所发生的重心的重大转移，维护法律规范的责任和权利从个人及其亲属团体的手中转由作为一个社会整体的政治机构的代表所掌管。①直到今天，国家追诉原则存在的基础并没有发生根本性的改变。而基于国家追诉原则，控诉犯罪的责任通常由国家承担，整个诉讼进程由国家机关主导，被害人不享有起诉权和上诉权，无权启动或终止诉讼。因此，刑事和解只能发生在公诉机关与被追诉人之间，被害人无权与被追诉人“私了”本属于公诉范围的刑事纠纷。此外，法院也不是刑事和解的主体。上文提到，和解是双方自行、自主地解决纠纷，无须任何第三

① ［美］E·A.霍贝尔：《初民的法律——法的动态比较研究》，周勇译，中国社会科学出版社1993年版，第369页。

方的介入。在刑事诉讼中，法院承担审判职责，居中裁判公诉机关与被追诉人就刑事责任问题所发生的争议，所以，如果法院围绕刑事责任问题在控辩双方之间展开调停和斡旋，那么，这一活动不属于刑事和解，而属于刑事调解。

第三，刑事和解的客体是刑事责任。刑事和解是控辩双方围绕刑事责任问题所展开的对话和协商活动。所以，刑事诉讼中控辩双方就附带民事赔偿问题展开协商并达成协议的活动不属于刑事和解。刑事和解协议属于公法契约，其特殊性就在于以刑事责任的处理为内容。

第四，刑事和解以被追诉人构成犯罪且自愿认罪为必要条件。在刑事诉讼中，追诉机关一旦认定被追诉人无罪就应当自行终结追诉，而不应当以刑事和解的方式结案，所以，只有真正的犯罪人才能作为刑事和解的主体参与协商。在刑事诉讼中，若被追诉人不自愿承认有罪，控辩双方就不可能在基本事实方面达成一致意见，也就排除了刑事和解的可能性，有关问题便只能移交法庭裁判。

第五，刑事和解的法律后果是终结诉讼。如果控辩双方之间虽然进行了协商，但并未因此放弃追诉，仍然需要通过审判的方式来解决刑事纠纷，那么，就不能称之为刑事和解。比如，在我国刑事自诉制度之下，自诉人和被告人的自行和解如成立，必须导致一系列诉讼上的后果，如自诉人撤诉，诉讼终结，给当事人双方的权利义务设定一定的后果。[①] 所以，刑事和解实际上就是控辩双方通过对话和协商，谋求以审判以外的方式来解决刑事责任问题。刑事和解的结果就是控辩双方找到了刑事责任问题的替代解决方案，国家追诉机关放弃追诉。

（三）刑事和解与刑事谅解的区分

尽管我国传统诉讼理论中没有“刑事和解”这一概念，但是，近年来“刑事和解”却逐渐成为理论界和实务界广泛使用的热门词汇。不过，与本文对“刑事和解”的界定不同的是，很多学者将“刑事和解”界定为“被害人与犯罪人的和解”。具有代表性的表述是“刑事和解，又称加害人与被害者的和解（victim-ofender-reconciliation，VOR）是指在犯罪后，经由调停人，使加害者和被害者直接相谈、协商，解决

① 陈卫东：《谈谈刑事自诉案件的自行和解》，载《法学杂志》1986年第2期。

纠纷冲突。其目的是恢复加害人和被害者的和睦关系，并使罪犯改过自新，复归社会”[①]。可见，这一界定的直接来源是学者对“victim–offender reconciliation”（也作“victim–offender mediation”）一词的翻译。

其实，西方恢复性司法语境下的“victim–ofender reconciliation”（被害人与犯罪人的和解）原本是犯罪学上的概念，而非诉讼法学上的概念。[②]德国犯罪学家汉斯·冯·亨蒂于1941年首次提出：“被害人在犯罪与预防犯罪的过程中，不只是一个被动的客体，而是一个积极的主体，不能只强调罪犯的人权，而且要充分地肯定和坚决保护被害人的人权。”这一观点遂为许多学者关注，并在“二战”后导致了一门新的犯罪学——被害人犯罪学的诞生。1957年英国的法改革者MargeryFry感到在刑事司法过程中不应无视被害人。因此提出应赔偿被害人，并着力于罪犯与被害人的和解。自此，“赔偿”与“犯罪人与被害人的和解”就成为被害人犯罪学中的两个重要概念。[③]众所周知，不同学科在概念使用上存在着差异，比如犯罪学上的“犯罪”概念就与刑法学上的“犯罪”概念截然不同。而犯罪学上所谓的“reconciliation”也不能简单地等同于诉讼法学上的“和解”。这是因为，诉讼法意义上的“和解”是指争议双方自行、自主地解决纠纷，无须任何第三方的介入。而“reconciliation”至少在两个方面不具备诉讼法意义上“和解”的特征：一是被害人与犯罪人并非刑事诉讼中的“争议双方”，也无权“私了”刑事纠纷；二是从“victim–ofender reconciliation”的实践来看，被害人与犯罪人自行协商并非唯一的表现形式，甚至不是主要的表现形式。“双方的和解一般是这样进行的：由一个已经受过司法训练的协调人把被害人与罪犯召集起来，由他来协调、促进二者之间的洽谈。……但在欧洲一些国家的惯常做法是：双方没有必要面谈，而是由协调人来回穿梭于被害人与犯罪人之间进行斡旋，直到双方最终达成了一致的意见及

---

① 刘凌梅：《西方国家刑事和解理论与实践介评》，载《现代法学》2001年第1期。

② “被害人与犯罪人和解”（victim-offender reconciliation）中采用了“犯罪人”（offender）的表述，而没有采用“被追诉人”（accused defendant）的表述，由此可见这一概念并非在诉讼程序意义上使用。

③ 刘凌梅：《西方国家刑事和解理论与实践介评》，载《现代法学》2001年第1期。

补偿的协议。”[①] 可见，“victim-ofender reconciliation” 在很多情况下都是在第三方的调解下实现的，由调停人居中斡旋是其常见形式。

在诉讼法学研究中，将“victim-ofender reconciliation”翻译为“刑事和解”会导致诉讼法学概念的混淆。这是因为，刑事和解作为诉讼法上的专有概念，是指刑事诉讼的控辩双方在刑事诉讼过程中，通过对话和协商，就刑事纠纷的解决达成一致意见，从而终结诉讼，不再将案件移交法庭审判的活动。刑事和解的主体应当是控辩双方，其法律后果是终结诉讼。而从西方国家的实践来看，“victim-ofender reconciliation”并非发生在刑事诉讼的控辩双方之间，而主要是发生在被害人与犯罪人之间；它并不当然导致终结诉讼的法律后果，而是将被害人与犯罪人之间的协商情况作为司法机关处理案件的依据，即被害人与犯罪人达成谅解协议的，司法机关可以对犯罪人作出不予追诉或者从轻、减轻处罚等处理。

鉴于“victim-ofender reconciliation”的主旨在于恢复被害人因犯罪所遭受的损害，即通过被害人与犯罪人之间的沟通和协商，促使双方达成谅解协议，将其翻译为“刑事和解”有所不妥，因此，笔者主张在诉讼法学研究中以“刑事谅解”的译法取而代之。

在刑事诉讼中，发生在国家与被追诉人之间的“刑事和解”与发生在被害人与犯罪人之间的“刑事谅解”具有完全不同的法律意义，应当严格地予以区分。“和解”是我国民事诉讼理论中一直存在的概念，甚至已经在刑事自诉理论中使用。所以，将西方恢复性司法语境下的“victim-ofender reconciliation”翻译为“刑事谅解”，而将“刑事和解”界定为控辩双方之间的和解，不仅能够实现刑事和解概念与民事和解概念之间的“接轨”，还有利于刑事公诉和解概念与刑事自诉和解概念之间的“并轨”。

二、刑事和解与刑事谅解：国际范围内的两种实践

尽管目前国内很多学者将“刑事和解”与恢复性司法语境下的“刑事谅解”相等同，但实际上，刑事和解与刑事谅解是国际范围内的两种

---

① ［美］丹尼尔·W. 凡奈思：《全球视野下的恢复性司法》，王莉译，载《南京大学学报》2005 年第 4 期。

实践，分别代表了两种不同的刑事司法潮流和趋势。

（一）国际范围内的刑事和解实践

近现代各国通常在刑事诉讼领域奉行国家追诉原则，并且，作为代表国家行使追诉权的公诉机关在行使追诉权方面不得任意放弃权力，这就是所谓的起诉法定原则。但是，绝对化的起诉法定主义在某些情况下并不有利于实现刑事追诉的目的，因此，适当地赋予公诉机关自由裁量权，由公诉机关对一定范围内的案件视情况而决定是否起诉逐渐成为一种潮流，这就是所谓的起诉裁量原则。目前世界各国公诉机关在决定是否起诉方面都拥有一定的自由裁量权，这就为控辩双方之间的刑事和解创造了条件。归结起来，目前国际范围内的刑事和解主要包括宽宥型、合作型和妥协型三种类型。

1. 宽宥型刑事和解

宽宥型刑事和解是指公诉机关对于犯有轻罪或轻微犯罪且自愿认罪、悔过的被追诉人，为了对其进行教育和感化，以便使其更好地回归社会，与之展开对话和协商，在被追诉人接受公诉机关提出的刑事责任替代解决方案后，终结刑事追诉的刑事和解模式。这种刑事和解模式是在刑罚目的观由报应型转向目的型，非犯罪化、非刑罚化成为一种刑事司法改革潮流的背景下形成的。对于犯有轻微犯罪或者轻罪的被追诉人提起公诉并定罪，不仅会给其贴上“犯罪标签”而不利于其回归社会，并且，将其投入监狱还可能导致不同类型罪犯之间的交叉感染，从而背离刑事司法的目的。这促使各国公诉机关改变“有罪必诉”的传统做法，对被追诉人采取灵活多样的处理。比如，在英国，检察官在审查起诉时要进行两个方面的审查：一是证据检验；二是公共利益检验。“所谓‘公共利益检验’就是要求检察官从社会公共利益的角度，审视是否有必要对被告人追究刑事责任，公众有无兴趣要求对该被告人提起公诉。”①不过，由于刑事和解发生在控辩双方之间，是一种双向的互动，所以，公诉机关基于公共利益的考虑而单方面地决定不予起诉并不属于刑事和解。尽管如此，公诉机关的起诉裁量权为刑事和解的制度构建创造了必要条件。

---

① 王以真主编:《外国刑事诉讼法学（新编本）》，北京大学出版社2004年版，第107页。

从国际范围来看，法国已确立了典型的宽宥型刑事和解（compositionpénale）制度。据学者介绍，法国的刑事和解是从“刑事指令”的基础上发展而来，1999年6月23日第99-515号法律对刑事和解作出了规定，刑事和解是指检察院（共和国检察官）在提起公诉之前与犯罪行为人就公诉进行（辩诉）交易的一种特别形式。[①]法国刑事和解制度的主要内容可以概括如下：第一，刑事和解的主体是共和国检察官和被追诉人。学者指出：“（法国）刑事和解中一个最基本的问题是：公诉的一方当事人是公诉人——具体地说是共和国检察官，另一方则是‘实行了犯罪、受到追诉的行为人’。受害人，不论是否‘在刑事诉讼中成为民事当事人’，从来就不享有‘处分公诉权’的权力，因此不可能享有‘就公诉进行和解的权力’。”[②]第二，刑事和解适用于被追诉人认罪的轻罪案件。法国《刑事诉讼法典》第41-2条规定，“只要尚未发动公诉，对已经承认自己犯有主刑当处罚金或刑期在5年或5年以下监禁刑的一项或数项轻罪的自然人，以及相应场合，承认自己犯有一项或数项违警罪的自然人，共和国检察官均可直接或者通过中间人实行刑事和解”。[③]第三，刑事和解以控辩双方达成协议为必要条件。由于刑事和解协议属于公法契约，所以，其在形式上较为特殊。与普通协议不同的是，刑事和解协议的要约方只能是控方，辩方只享有承诺的权利。在法国，刑事和解协议的达成过程包括共和国检察官的提议和被追诉人的同意，协议的形式则表现为被追诉人表示同意的笔录。《刑事诉讼法典》第41-2条明确规定：“由共和国检察官提出的刑事和解建议可以通过司法警察警官告知犯罪行为人”，“受刑事和解提议的人得到通知，在其对共和国检察官的提议表示同意之前，可以请求律师协助。受刑事和解提议的人所表示的同意以笔录接受之，并向该人提交笔录副本一份”。[④]从协议内容上来说，检察官可以决定采取法律规定的追诉替代措施。第四，刑事和解协议要接受法官的司法审查。“在犯罪行为人对所提议的措施表示同意的情况

① 罗结珍：《法国刑事诉讼中的刑事调解与刑事和解》，载《法学杂志》2008年第3期。

② 罗结珍：《法国刑事诉讼中的刑事调解与刑事和解》，载《法学杂志》2008年第3期。

③《法国刑事诉讼法典》，罗结珍译，中国法制出版社2006年版，第39页。

④《法国刑事诉讼法典》，罗结珍译，中国法制出版社2006年版，第41页。

下，共和国检察官以申请向法院院长提出请求，以便对刑事和解的有效性进行认定。”① 第五，刑事和解协议的履行具有消灭公诉的效果。“刑事和解得到执行，公诉即告消灭”，“如犯罪行为人不接受刑事和解或者在表示同意和解之后不完全执行已决定采取的各项措施，除有新的因素之外，共和国检察官得发动公诉”。② 显然，此类刑事和解是实现非刑罚化的途径之一，公诉机关通过与被追诉人对话和协商而放弃追诉的做法所体现出来的是国家对犯罪人的宽宥。

2. 合作型刑事和解

合作型刑事和解是指公诉机关基于打击有组织犯罪的需要，与部分参与实施共同犯罪的被追诉人展开对话和协商，在其承诺协助公诉机关追诉犯罪的情况下，决定对其终结刑事追诉的刑事和解模式。这种刑事和解模式是在有组织犯罪日益猖獗的国际背景下形成的。尽管此类刑事和解会导致部分犯罪人免受刑事处罚，但以此为代价来对换取对犯罪集团的瓦解和打击，有助于从根本上实现追诉目的。合作型刑事和解的具体体现是证人豁免（witness immunity）制度。所谓证人豁免是指在某些重大犯罪案件中，司法机关为促使涉案证人提供重要证据，给予作证证人承诺，司法机关不得在其作证后追究刑事责任或者不得以其提供的证据作为追究证人刑事责任的依据。③ 可见，证人豁免的具体方式通常包括两种，即刑事责任豁免和证据使用豁免。显然，只有其中的“刑事责任豁免”属于本文所谓的合作型刑事和解。

从国际范围来看，很多国家都确立了合作型刑事和解制度。比如，新西兰《1908年证据法》（1977年修正）第17条规定，如果证人作证可能导致自证其罪，应向对其进行询问的法官提出申请，要求其签发书面证明书，证明其对案情作了真实的且诚信的披露，如果该证人获得了上述证明书，则免除对其一切刑事起诉和刑事处罚，免除其在就有关事项作证前实施的不法行为所应承担的各种处罚、没收和惩罚。④ 尽管西方诉讼理论通常认为，证人豁免制度的确立是基于“任何人不被强迫自证其罪”的法理，不过，从实践的角度来说，公诉机关之所以要豁免污

① 《法国刑事诉讼法典》，罗结珍译，中国法制出版社2006年版，第41页。
② 《法国刑事诉讼法典》，罗结珍译，中国法制出版社2006年版，第41—42页。
③ 何家弘主编：《证人制度研究》，人民法院出版社2004年版，第262—263页。
④ 何家弘主编：《证人制度研究》，人民法院出版社2004年版，第272页。

点证人的刑事责任，还是为了鼓励污点证人与公诉机关展开合作。

3. 妥协型刑事和解

妥协型刑事和解是指公诉机关在指控证据不足的情况下，为了实现对被追诉人主要罪行的追诉，与被追诉人展开对话和协商，在其承诺向法庭自愿认罪的前提下，决定对其部分罪行终结追诉的刑事和解模式。妥协型刑事和解是在犯罪形势日益严峻并出现隐蔽化、智能化趋势，以致追诉机关取证困难的情况下出现的。依据无罪推定原则，指控犯罪的责任由公诉机关承担，如果公诉机关不能向法庭提交足够充分的证据来证实犯罪，便面临着被追诉人被法庭宣告无罪的后果。这样一来，不仅追诉犯罪的目标不能实现，公诉机关还将因追诉失败而面临社会各界的责难。在此情况下，妥协型刑事和解便应运而生。妥协型刑事和解的具体实现途径是辩诉交易（plea bargaining）制度。不过，需要说明的是，辩诉交易的具体方式通常包括三种，即撤销指控、降格指控和从轻量刑。显然，只有其中的“撤销指控”属于本文所谓的合作型刑事和解。

从国际范围来看，美国的辩诉交易制度最具有代表性。早在19世纪，辩诉交易便开始在美国的一些大城市的刑事司法中适用。1970年，联邦最高法院在Brady v. United States一案中正式确认了辩诉交易的合法性。美国《联邦刑事诉讼规则》第11条规定：“检察官和辩护律师或者没有辩护律师的被告人可以进行讨论，以期达成这么一项协议：一旦被告人就所指控的犯罪或者更轻的或与其有关联的犯罪作出有罪答辩或不予争辩的答辩，检察官将采取如下行动：（A）向法庭提议撤销其他指控……”[①] 由此，撤销部分指控成为美国辩诉交易的方式之一。可以说，以放弃部分指控来换取被追诉人认罪是公诉机关不得已而为之的一种妥协。美国学者认为，控辩双方通过辩诉交易交换了一种风险。“在决定交易以前，被告承担着以最严厉的判决定罪的风险，检察官相应地承担着高成本的审理后作无罪判决的风险……由于预先难知道在风险的减少中哪一方享有优势，当事各方减少不确定性和可能受挫造成的社会损失的惟一途径是自愿交易。”[②]

---

① 王以真主编：《外国刑事诉讼法学（新编本）》，北京大学出版社2004年版，第373页。

② ［美］罗伯特·E. 司各特、威廉姆·J. 斯汤兹：《作为合同的辩诉交易》，载江礼华、［加］杨诚主编：《外国刑事诉讼制度探微》，法律出版社2000年版。

由于刑事和解有助于实现刑事追诉的理性化，这一国际潮流也对我国司法实践产生了一些影响。近年来，我国地方司法机关的某些尝试已经包含了刑事和解的合理因素。比如，在1999年重庆綦江虹桥垮塌案中，公诉机关对于作为污点证人出庭作证、协助指控犯罪的行贿人费某不予追诉，实际上就属于合作型刑事和解的实践。再比如，在2002年牡丹江孟某故意伤害一案中，公诉机关针对该案取证困难的特殊情况与辩护人展开协商，最终双方达成妥协。辩护人同意放弃“事实不清、证据不足”的辩护意见，认可公诉机关指控的事实，但要求对被追诉人从轻处罚并适用缓刑。后来，牡丹江铁路运输法院对控辩双方达成的协议予以认可。尽管这一“辩诉交易”的内容是“从轻量刑”，而非“撤销指控”，但这一探索也包含了妥协型刑事和解的因素。

通过以上分析，我们可以看出，宽宥型、合作型、妥协型的刑事和解都能够实现刑事纠纷的全部或者部分解决，因此，在纠纷解决型司法的视野下，刑事和解也是实现诉讼目的的手段之一，对于预防和惩治犯罪具有特别重要的意义。不过，需要指出的是，虽然刑事和解制度的出现在一定程度上缓解了控辩对抗的紧张冲突关系，但并不因此而改变刑事诉讼中控辩对抗的基本格局。其实，在任何一种诉讼形态中，争讼双方之间都是对立统一的关系，在展开平等对抗的同时，还存在着双方通过对话和协商来消除对立的可能性。任何诉讼都同时包含着对抗因素与合作因素。所以，在刑事诉讼中，被告人的认罪如同民事被告的自认一样，是一种常见的诉讼行为；控辩双方达成和解，也如同民事诉讼中的和解一样，是一种处分诉权的具体方式。不过，与民事和解不同的是，刑事和解程序基本上由公诉机关来主导，被追诉人几乎没有任何讨价还价的余地，并且，公诉机关提议刑事和解往往旨在实现特定的刑事政策。但是，这并不影响控辩双方之间通过对话和协商来谋求“双赢”的诉讼结果。

（二）国际范围内的刑事谅解实践

西方国家的刑事谅解是恢复性司法理念的产物。从历史上来看，刑事司法曾经历了由报应性司法向矫正性司法的转型，前者强调对犯罪人的惩罚，后者则注重对犯罪人的教育和改造。但不论是报应性司法还是矫正性司法，其着眼点都是犯罪人，而受到犯罪行为直接侵害的被害人

却长期受到冷落。这一情况在20世纪中叶有所改变，被害人利益逐渐受到学者的关注。在六七十年代，西方国家的被害人犯罪学蓬勃发展，出现了“被害者导向”的刑事政策思潮。随后，美国、加拿大等国家的部分地区开展了恢复性司法（victim-ofender reconciliation）的探索，恢复性司法作为一种刑事司法的新潮流开始出现。根据Umbreit和Greenwood于1996年进行的一项跨国调查，北美与欧洲已有1000多个恢复性司法计划。其中美国有291个，加拿大有26个，德国有293个。[①] 据美国学者介绍，刑事谅解的模式主要有四种：被害人－犯罪人协商（victim-offender mediation），社区修复委员会（community reparative boards），家庭群体会议（family group conferencing）和圆桌判决（circle sentencing）。[②]

1. 被害人－犯罪人协商模式

被害人－犯罪人协商模式始于20世纪70年代中期，目前适用于整个北美和欧洲。这一模式旨在使被害人有机会在安全且精心设计下的环境中见到犯罪人，并参与到对犯罪行为的调解式的讨论中。在训练有素的调解员的帮助下，被害人能够告诉犯罪人其犯罪行为在身体上、情感上和经济上对自身造成的影响，得到关于犯罪行为和犯罪人的一些悬而未决的问题的答案，并且能够直接参与制定赔偿方案，让犯罪人赔偿被害人的经济损失。在某些刑事谅解计划中，被害人－犯罪人协商被作为起诉的替代程序；而在其他刑事谅解计划中，则适用于犯罪人的正式认罪已被法庭接受的场合，被害人－犯罪人协商被作为判处缓刑或者作出其他处理的条件。

2. 社区修复委员会模式

社区修复委员会模式始于1995年，目前适用于美国佛蒙特州和其他州的一些地区。典型的修复委员会主要由一小部分市民构成，而犯罪人则是在法庭的要求下参加会议的。委员们接受过专门的训练，负责主持与犯罪人公开的面对面的会议。委员们同犯罪人讨论其所犯罪行的本质以及所造成的负面结果，在向犯罪人发问和聆听其陈述后，拟订一系列制裁建议同犯罪人讨论，最后达成协议。犯罪人要遵照协议在指定的

① 马静华、罗宁:《西方刑事和解制度考略》，载《福建公安高等专科学校学报》2006年第1期。

② Gordon Bazemore and ark Umbreit, *A Comparison of Four Restorative Conferencing Models*, Juvenile Justice Bulletin 2001 (2), U.S.Department of Justice.

时间内采取特定的行动来对其造成的损害作出修复，并报告其履行协议条款的进展。委员会除了监督协议的履行外，还要将协议履行报告提交给法庭。

3. 家庭群体会议模式

家庭群体会议是以新西兰毛利人几个世纪以来的制裁和争议解决传统为基础的。1989 年，新西兰将这种家庭群体会议的现代形式纳入国家立法，成为最系统地制度化的刑事谅解模式。在澳大利亚南部，改良的家庭群体会议模式（Wagga Waggamodel）被作为警察主导的分流方式广泛地应用。目前除澳大利亚和新西兰以外，美国的明尼苏达州、宾夕法尼亚州等地以及加拿大的部分地区也在适用。家族群体会议涵盖了受犯罪行为影响最大的人群，由被害人、犯罪人、家庭成员、朋友以及双方各自的支持者来共同决定对犯罪和违法案件的解决方案。受过训练的协助员将受到影响的各方集中起来，讨论他们和其他人是如何被犯罪行为伤害的以及这种伤害如何修复。所有的参与者都为问题的解决出谋划策，决定犯罪人怎样才能最好地修复其所造成的伤害。会议结束时，参与者共同签订一个协议，该协议反映出参与者们的期望和他们对犯罪人作出的约束。

4. 圆桌判决模式

圆桌判决模式是加拿大原住民和美国印第安人传统上使用的制裁和补救方法的现代版本，1991 年被加拿大育空地区和加拿大北部其他社区的法官和社区司法委员会重新启用。1996 年伴随着一个试验项目在明尼苏达州发起，圆桌判决开始在美国传播。在这一模式中，被害人、犯罪人、双方的家人和朋友、法官和社区服务人员以及对此有兴趣的社区居民共同参与。所有的参与者在接到话语权（羽毛或木棍）后发言，真诚地谈论自己对案件的理解。他们共同确定所需的步骤，以帮助受影响各方关系的恢复并防止后续的犯罪。“圆桌”并不仅仅具有象征意义。所有圆桌中的成员，包括警官、律师、法官、被害人、犯罪人和社区居民等，都参与细致讨论，最后一致达成能充分反映各方利益的判决方案。圆桌判决模式是一种全面重新一体化的策略，其设计不仅是为了惩罚犯罪人的犯罪和违法行为，还要考虑被害人、家庭成员、社区的需要。

在我国，部分地方司法机关近年来也开始在刑事司法程序中探索谅解机制，允许被害人与犯罪人在侦查、起诉、一审和二审阶段展开协

商。对于犯罪人认罪悔过、积极赔偿被害人损失，并且得到被害人谅解的，司法机关可以酌情作出撤销案件、不起诉或者从轻、减轻处罚的决定。学界通常将这一探索和实践称为“刑事和解”，这显然是受到学界误译西方概念的影响。实际上，更准确的提法应当是“刑事谅解”。[①]

值得注意的是，我国的刑事谅解与西方国家的刑事谅解有着不同的产生背景。2002 年，中共中央在十六大报告中明确提出了构建社会主义和谐社会的思想，催生了和谐司法的理念。如何使司法工作服务于构建和谐社会这一宏伟目标便成为我国司法机关的崭新课题。比如，最高人民法院出台的《关于为构建社会主义和谐社会提供司法保障的若干意见》中就明确提出：“强化诉讼调解，完善多元化纠纷解决机制。坚持‘能调则调、当判则判、调判结合、案结事了’原则，加大通过调解方式解决纠纷的比重，引导当事人在自愿互让的基础上，达成协议，减少当事人之间的对抗；拓宽诉讼调解的适用范围，尝试刑事自诉案件和其他轻微刑事案件调解解决的新模式，加大刑事附带民事案件调解力度，探索行政诉讼和解制度，推行执行中的和解；加强对人民调解委员会的指导，支持人民调解委员会在调解纠纷、化解矛盾中发挥重要作用。”而在刑事司法领域，刑事谅解机制的出现无疑有助于从根本上化解被害人与犯罪人之间的矛盾，恢复被害人所遭受的伤害，同时还有助于促使犯罪人认罪悔过，以便使其早日回归社会。可见，我国和谐司法语境下的刑事谅解与西方恢复性司法语境下的刑事谅解可谓殊途同归，不约而同地开始关注被害人利益，促进被害人与犯罪人之间的协商。所以，我国的刑事谅解实践是独立产生的，并非来源于西方的刑事谅解实践。不过，近年来刑事谅解在我国的迅猛发展确实在一定程度上受到了西方恢复性司法理念的影响。

---

① 值得注意的是，北京市朝阳区人民检察院于 2002 年制定的《轻伤害案件处理程序实施规则（试行）》被认为是国内最早规定刑事谅解程序的规范性文件，然而，该文件并没有采用“刑事和解”的提法。直到后来“刑事和解”一词被“约定俗成”地用来描述这一实践活动之后，才出现了全国第一个以“刑事和解”命名的规范性文件，即湖南省人民检察院于 2006 年 11 月出台的《关于检察机关适用刑事和解办理刑事案件的规定（试行）》。

（三）刑事和解与刑事谅解之比较考察

刑事和解与刑事谅解是旨趣相异的两种实践，二者在理论基础、价值取向、参与主体、适用对象、实施程序和法律后果等方面都存在显著的差异。

1. 理论基础不同

刑事和解的理论基础主要是起诉裁量原则。在19世纪中叶以前，起诉法定原则在大陆法系国家被广泛采用，这种以“有罪必诉”为特征的起诉法定原则是报应性司法的产物。随着报应性司法向矫正性司法的转化，非犯罪化、非刑罚化逐渐成为一种潮流，起诉法定原则的弊端日益凸显，各国越来越注重刑事追诉的合目的性。在这一背景下，起诉裁量原则逐渐得到各国的广泛认可。在起诉裁量原则之下，公诉机关对于已经构成犯罪的行为人可以斟酌各种情况，进行公共利益的考量，在不必要起诉的情况下，可以作出不起诉的决定。日本《刑事诉讼法》第248条规定：“根据犯罪人的性格、年龄及境遇、犯罪的轻重及情节和犯罪后的情况，没有必要追诉时，可以不提起公诉。”① 正是由于公诉机关在一定范围内享有了处分公诉权的权力，才使刑事和解成为可能。在起诉裁量原则之下，公诉机关对公众利益的考量一般从以下几个方面展开：一是出于国家安全、国防、外交和其他国家政治需要的考虑；二是出于社会效果和民意趋向的考虑；三是出于预防犯罪、维护适合治安效果的考虑；四是符合被害人的意愿和要求。② 由此，对于起诉不符合公共利益的案件，公诉机关可以通过不予起诉来体现对被追诉人的宽宥，或者以不起诉为代价来换取被追诉人的合作或妥协；被追诉人则以向公诉机关承诺履行一定的义务为代价来换取不起诉的法律后果。这样一来，控辩双方就有可能达成和解协议，从而导致刑事纠纷的全部或者部分解决。

刑事谅解的理论基础主要是恢复正义理论或和谐司法理论。西方学界对于刑事谅解的理论基础所作的最为全面的解说是美国犯罪学家约翰·R. 戈姆在《刑事谅解计划：一个实践和理论构架的考察》一文中所

① 《日本刑事诉讼法》，宋英辉译，中国政法大学出版社2000年版，第58页。

② 陈光中、［德］汉斯·约格·阿尔布莱希特主编：《中德不起诉制度比较研究》，中国检察出版社2002年版，第85页。

提出的“恢复正义理论”（restorative justice）、“平衡理论”（equity theory）和“叙说理论”（narative theory）。[①]其中居于核心地位的是恢复正义理论。在西方学者看来，“恢复正义”（restorative justice）是与“报应正义”（retributive justice）相对应的概念，其基本内容包括：第一，不仅把犯罪看作是单纯的违法和对政府权力的侵犯，而是理解为对被害人、社区甚至犯罪人本人的多重伤害。第二，刑事司法程序应当有助于补救这些伤害。第三，反对政府明显垄断对犯罪的社会反应。西方国家的刑事谅解正是在这一理念的支配下出现的。在我国，刑事谅解是在构建和谐社会的时代背景下产生的，所以，和谐司法理论应该成为我国刑事谅解的主要理论基础。

2. 价值取向不同

刑事和解实质上是基于特定的刑事政策考量而对被追诉人不予追诉，从而不再将其交付法庭定罪的活动。它旨在更好地实现刑事追诉的目的，不仅有助于教育和感化被追诉人，以便使其更好地回归社会，还有助于整合有限的刑事司法资源，以便集中力量打击严重犯罪。可见，刑事和解致力于刑事纠纷在法律层面的解决。

刑事谅解实质上是在确认侵害行为已经构成犯罪的前提下，促成被害人与犯罪人之间的协商，以便最大限度地弥补因犯罪所遭受的损害的活动。“恢复性司法是对犯罪行为作出的系统性反应，它着重于治疗罪行给被害人和社会所带来的或者引发的伤害。”[②]可见，刑事谅解关注的重点不在于刑事纠纷在法律层面的解决，而是在于社会秩序和社会关系的修复。

3. 参与主体不同

刑事和解是控辩双方之间的协商机制，所以，其主体只能是公诉机关和被追诉人。并且，公诉机关在整个刑事和解程序中发挥主导作用，被追诉人只能被动地接受公诉机关的和解提议。在公诉机关没有提议和解的情况下，被追诉人无权提出关于和解的建议。在国家追诉原则之下，被害人因欠缺公诉处分权而不能成为刑事和解的主体。侦查机关和

---

① Gehm, John R., *Victim-Offender Mediation Programs: An Exploration of Practice and Theoretical Frameworks*, Western Criminology Review1 (1), 1998.

② ［美］丹尼尔·W. 凡奈思：《全球视野下的恢复性司法》，王莉译，载《南京大学学报》2005 年第 4 期。

法院分别代表国家行使侦查权和审判权，也不能成为刑事和解的主体。尽管在某些国家，比如法国，刑事和解协议的效力要接受司法审查，由法官来确认，但法官并不参与刑事和解的协商过程。

相比之下，刑事谅解的参与主体范围较广。尽管刑事谅解主要发生在被害人与犯罪人之间，但在实践中，被害人和犯罪人双方由于存在对立情绪，常常需要有人居中斡旋，所以刑事谅解程序通常都有调停人的参与。在我国的刑事谅解程序中，参与协商的主体不仅包括被害人和犯罪人，在被害人死亡、丧失行为能力或者犯罪人在押的情况下还包括被害人或犯罪人的亲属。被害人或犯罪人委托了代理人或辩护人的，代理人或辩护人也可以参与协商。而在西方的某些刑事谅解计划中，除了被害人和犯罪人本人及其亲属、朋友参与协商以外，还强调社区的参与。“这一新运动旨在使得刑事司法程序和青少年司法程序变得不那么正式，让司法程序进入社区，并让社区成员参与方案的制定和实施。”① 在参与主体之间的关系上，所有参与主体的地位平等，在调停人的组织和协调之下进行。

4. 适用对象不同

刑事和解一般只适用于轻罪或者轻微犯罪，并且，由于被害人并非刑事和解的主体，所以，案件有无被害人在所不论。

刑事谅解不仅可以适用于轻罪或者轻微犯罪，还可以适用于严重犯罪。不过，由于刑事谅解发生在被害人与犯罪人之间，所以，刑事谅解只适用于有明确被害人的案件。在我国，被害人死亡或者丧失行为能力的情况下，可以由被害人的亲属或者代理人参与协商。

5. 实施程序不同

刑事和解是公诉程序的重要组成部分，属于正式的司法程序。由于公诉机关在刑事和解中发挥主导作用，所以，刑事和解的过程也是公诉权力的行使过程，需要法律程序的严格规制。因此，无论是宽宥型刑事和解，还是合作型、妥协型刑事和解，都必须严格遵循刑事司法程序来进行。就适用的诉讼阶段来说，刑事和解一般只能发生在审查起诉阶段。虽然从理论上来说，即使已经提起公诉，在审判过程中控辩双方仍

① Gordon Bazemore and Mark Umbreit, *A Comparison of Four Restorative e Conferencing Models*, Juvenile Justice Bulletin 2001 (2), U. S. Department of Justice.

然存在协商解决刑事纠纷的可能性，一旦双方达成和解协议，公诉机关可以撤回公诉，不过，由于可能导致程序倒流，这一方式较少采用。就我国现行规定来说，《人民检察院刑事诉讼规则》第351条明确将检察机关撤回起诉的情形限定为“发现不存在犯罪事实、犯罪事实并非被告人所为或者不应当追究被告人刑事责任”三种情形。

刑事谅解通常游离于正式的司法程序之外，并非严格意义上的司法程序，具有较强的民间性质。在适用程序上表现出很大的灵活性，并没有严格的法律规则约束。此外，与刑事和解一般只适用于审查起诉阶段不同，刑事谅解被广泛适用于侦查、起诉、审判、刑罚执行等诉讼阶段。

6. 法律后果不同

刑事和解致力于调整国家与被追诉人之间的关系，是刑事纠纷的解决方式之一，而公诉机关与被追诉人协商的内容是刑事责任的替代解决方案。所以，一旦控辩双方达成和解协议，在被追诉人依约履行义务的同时，公诉机关也应当作出不起诉决定，从而导致消灭公诉的法律后果。只有在被追诉人违约的情况下，公诉机关才可以再次发动公诉。

刑事谅解致力于调整被害人与犯罪人之间的关系，是弥补被害人及其亲属因犯罪所遭受的损害的方式之一，而被害人与犯罪人之间协商的内容是物质赔偿、精神抚慰等民事责任的解决方案。刑事谅解程序中所达成的协议并不直接产生刑事司法效果，只能作为追诉机关、法庭或者执行机关在刑事裁量过程中酌情予以考虑的因素之一。联合国预防犯罪和刑事司法委员会第11次会议《关于在刑事事项中采用恢复性司法方案的基本原则》规定，“它（恢复性司法）并不妨碍国家起诉被指控罪犯的权力行使”。从间接效果来看，其刑事司法效果也是多种多样的，包括不予追诉、从轻或减轻量刑、判处缓刑或者批准假释等。从我国刑事谅解的实践来看，尽管司法机关普遍要求被害方在谅解协议中表明其“请求司法机关不予追究犯罪人刑事责任”或者“请求司法机关对犯罪人从轻、减轻处罚”的意见，甚至有的地方司法机关要求被害人单独提交包含类似意向的“请求书”，但这仅仅旨在表明被害人的谅解态度，以便司法机关确认刑事谅解协议的真实性和自愿性。被害人关于刑事责任处理的意见对司法机关没有任何拘束力，刑事责任的最终处理仍然取决于司法机关的决定，而检委会、审委会在当事人之间达成刑事谅解协

议的情况下仍然拒绝接受被害人此类意见的情况并不罕见。可见，刑事谅解着眼于民事责任的处理，并不会直接产生刑事司法效果，更不会直接导致刑事纠纷的解决。

尽管刑事和解与刑事谅解存在上述的诸多差别，但是，无论是刑事和解所体现的矫正性司法理念，还是刑事谅解所体现的恢复性司法理念，都反映了人类对传统的报应性司法理念的反思。这两种实践都致力于提升刑事司法的效果，是人类理性和智慧在刑事司法领域的反映。同时，二者不仅都有助于促进刑事纠纷的解决，还都有助于推动和实现国际范围内刑事司法的非犯罪化、非刑罚化。此外，值得注意的是，刑事和解是对刑事公诉权的行使方式和刑事纠纷解决方式的变通，而刑事谅解本身并不属于严格意义上的司法程序，所以，二者都不足以对国家追诉原则的实施构成根本性的影响，它们都是对现有刑事司法模式在一定范围内进行的修正和补充。

三、构建刑事和解的中国模式：以刑事谅解为基础

长期以来，在我国政策实施型司法模式下，刑事和解制度缺乏生存的空间和土壤。我国《刑事诉讼法》第 142 条所确立的酌定不起诉制度包含了刑事和解的因素，但还不是完整意义上的刑事和解制度。这是因为，酌定不起诉制度所强调的是公诉机关的单方行为，而刑事和解则应当包含控辩双方之间的协商、和解协议的订立和履行以及违约制裁等。从完善刑事追诉制度的角度来看，借鉴国外经验，立足于本国国情，构建具有中国特色的刑事和解制度势在必行。

（一）构建刑事和解中国模式的背景

“与私法领域相比，程序法的意义和效果更加依赖于外部环境——尤其是直接依赖于所在国家司法制度运行的制度背景。”[①] 从国际范围来看，刑事和解具有三种不同的类型，并且，即使同一类型的刑事和解制度在不同的国家都有着不同的实现方式。那么，我国是否有可能从本土实际出发构建刑事和解的中国模式，从而为人类法治文明作出自己独特的贡献？笔者认为，这是可能的，其主要依据在于近年来我国刑事司法

① ［美］米尔吉安·R. 达马斯卡:《比较法视野中的证据制度》，吴宏耀等译，中国人民公安大学出版社 2006 年版。

环境的不断优化。

1. 和谐社会思想的提出

党的十六大以来，和谐社会思想逐渐深入人心，和谐刑事司法理念也逐渐得以培育和形成。在这一背景下，刑事追诉工作也应当服务于构建和谐社会的总体目标。所以，刑事追诉不仅要追求法律效果，还要追求社会效果。

根据我国刑事诉讼法的规定，公诉机关依法提起公诉之后，无论人民法院作出有罪判决，还是作出无罪判决抑或终止审理的裁定，便意味着追诉任务完成，刑事纠纷在法律上得以解决。但是，刑事追诉的实际社会效果却未必理想。从实践的角度来看，成文法的局限性之一就在于其难免失之于僵化，而我国现行刑法条文的实施确实引发了某些刑事追诉合法而不合理的现象，从而导致了法律效果与社会效果的背离。所以，以起诉裁量原则为依据，赋予公诉机关通过刑事和解的方式处分公诉权的权力，是十分必要的。

2. 宽严相济刑事政策的出台

"宽严相济"作为我国刑事政策的崭新表述，由于契合了和谐社会的语境，已经得到我国理论界和实务界的普遍认同。"宽严相济"的一个基本含义就是"宽其所宽、严其所严"，即对不同种类的犯罪和不同情况的犯罪人区别对待，不搞"一刀切"，从而实现预防和控制犯罪的目标。此外，"宽严相济"还强调"宽"与"严"之间的对立统一，即"宽中有严，严中有宽"。可见，与西方国家奉行的"轻轻重重"或"两极化"刑事政策相比，"宽严相济"体现了"宽"与"严"的有机结合，蕴涵着丰富的辩证法思想。

我国现有的刑事司法资源是十分有限的，而近年来恶性刑事犯罪却层出不穷。如何优化配置刑事司法资源，集中力量打击严重刑事犯罪，成为刑事法学研究的重要课题。从实践的角度来看，对于某些轻微刑事犯罪，如轻伤害犯罪、未成年人犯罪、过失犯罪、初犯、偶犯等，予以追诉并处以刑罚并不一定能够收到预期的效果，反而可能导致罪犯之间的交叉感染，或者使被追诉者由于被贴上了犯罪标签而难以回归社会。因此，对于上述的轻微刑事犯罪，由公诉机关与被追诉人展开对话和协商，确认被追诉人主观恶性不深、人身危险性不大，并且被追诉人自愿履行公诉机关所规定的义务的，通过宽宥型刑事和解来解决刑事纠纷，

不失为明智之举。

3. 被追诉人主体地位的回归

保护被追诉人的合法权利，承认被追诉人在诉讼中的主体地位的理念几乎成为现代刑事诉讼制度的标志性理念，已被世界各国的刑事诉讼制度所接受。[①] 在这一背景下，“重打击、轻保护”的刑事司法传统正在发生改变，“以人为本”的刑事司法理念正在形成。近年来，程序法定、无罪推定、不强迫自证其罪等旨在保障被追诉人权利的诉讼原则已经得到我国理论界和实务界的广泛认同，我国被追诉人的主体地位不断得以提升。刑事纠纷既然是发生在国家与被追诉人之间的纠纷，那么，被追诉人作为刑事诉讼主体就理应拥有与公诉机关分庭抗礼、对等协商的权利和机会。而国家公诉机关与被追诉人展开对话和协商并不违背其追诉职责，反而能够体现其对被追诉人主体地位的尊重。

此外，我国刑事司法正在不断吸收当事人主义的合理因素，刑事司法模式正在由政策实施型向纠纷解决型转化。而在纠纷解决型刑事司法的视野下，刑事和解制度是公诉制度不可或缺的组成部分。近年来，我国各地司法机关对辩诉交易和证人豁免等制度的探索表明，我国构建刑事和解制度具有一定的现实基础。

（二）构建刑事和解中国模式的契机

近年来，我国刑事司法领域最引人注目的变化莫过于对刑事谅解机制的探索。学者指出：“对于这种法律规制不足却又充满实践活力的刑事案件解决方式，我们既不能以缺乏法律依据为由简单否定，也不能任其自由发展，而应当进行认真的研究和规制，使其充分发挥解决纠纷的功能。”[②] 从解决纠纷的角度来看，尽管在近现代以来，刑事纠纷被认为是国家与被追诉人之间的纠纷，但被害人与犯罪人之间矛盾的化解无疑有助于刑事纠纷的解决。所以，刑事谅解机制的探索为我国刑事和解制度的构建提供了良好的机遇。

1. 目前我国刑事谅解的实践情况

从 2002 年开始，我国基层检察机关开始在轻伤害案件办理中探索刑事谅解机制，其后，案件范围逐渐扩大到未成年人犯罪、过失犯罪等

① 陈光中、葛琳：《刑事和解初探》，载《中国法学》2006 年第 5 期。

② 陈光中、葛琳：《刑事和解初探》，载《中国法学》2006 年第 5 期。

轻微刑事犯罪。在刑事谅解的实践取得显著成效的情况下，公安机关和人民法院也开始展开刑事谅解的探索。目前，刑事谅解机制在侦查、起诉、一审和二审等各个诉讼阶段普遍存在。

（1）侦查阶段的刑事谅解

我国部分地区的公安机关办案过程中探索刑事谅解机制，对于被害人和犯罪人双方达成谅解协议的轻微刑事案件，视情况作出撤销案件的处理。例如，据山东威海实务部门研究人员统计，2001 年至 2002 年，威海市 40% 轻伤害案件通过“和解”撤案方式结案。2003 年 1 月至 2004 年 6 月，威海高区公安分局共受理轻伤害案件 89 起，立案后，当事人自行刑事和解后公安机关作撤案处理的 43 件，占 48.1%；威海环翠区公安分局受理轻伤害案 165 件，当事人刑事和解后公安机关撤案 34 件，占 20.6%。[①]

（2）起诉阶段的刑事谅解

审查起诉阶段是我国适用刑事谅解的主要诉讼阶段。北京市朝阳区人民检察院于 2002 年出台了国内第一个关于刑事谅解的规范性文件《轻伤害案件处理程序实施规则（试行）》，在全国率先开展了刑事谅解的实践。2003 年，北京市政法委在此基础上出台了《关于北京市政法机关办理轻伤害案件工作研讨会纪要》，把刑事谅解机制扩大适用到北京市各区县的公、检、法机关。如今，刑事谅解机制又逐渐被上海、浙江、湖南等地的司法机关所采用。在实践中，除当事人双方自行协商达成谅解的案件以外，检察机关对于具备刑事谅解可能性的案件积极促成双方的协商。对于双方当事人经协商达成谅解的，检察机关可以视情况作出酌定不起诉决定或者在起诉时向法院提出从轻、减轻处罚的量刑建议。

（3）审判阶段的刑事谅解

我国部分地方的法院在量刑环节探索刑事谅解机制。在一审程序中，对于犯罪人积极赔偿损失并取得被害人谅解的案件，酌情予以从轻或者减轻处罚；在二审程序中，对于犯罪人积极赔偿损失并取得被害人谅解的案件，酌情对原判刑罚予以减轻。不过，与侦查阶段和起诉阶段的刑事谅解不同的是，审判阶段的刑事谅解所适用的案件范围不再局限

① 陈光中、葛琳:《刑事和解初探》，载《中国法学》2006 年第 5 期。

于轻微刑事案件，还同时适用于抢劫、故意杀人等严重刑事案件。不少案件的犯罪人因在二审程序中积极赔偿被害人损失，取得了被害方的谅解，法院将一审判处的死刑改判为死缓。最高人民法院已经通过司法解释对这一做法予以认可。最高人民法院《关于为构建社会主义和谐社会提供司法保障的若干意见》指出:“对于具有法定从轻、减轻情节的，依法从轻或者减轻处罚，一般不判处死刑立即执行；对于因婚姻家庭、邻里纠纷等民间矛盾激化引发的案件，因被害方的过错行为引发的案件，案发后真诚悔罪并积极赔偿被害人损失的案件，应慎用死刑立即执行。”另外，值得注意的是，由于重罪案件的犯罪人在押，而被害人可能已经死亡或者丧失行为能力，所以，审判阶段的刑事谅解可能发生在双方当事人的亲属或者律师之间。

目前，我国的刑事谅解程序尚未适用于刑罚执行阶段，但是随着刑事谅解范围的扩大，执行中的假释等环节也可能逐渐引入刑事谅解机制。

总体来看，刑事谅解的实践开启了我国刑事司法的新思维，为我国刑事司法工作注入了活力。不过，从实践来看，司法机关仅仅将当事人之间达成的刑事谅解协议作为处理刑事责任问题的参考因素，因此，刑事谅解并没有突破现有的制度框架，也没有改变我国司法机关行使权力的方式，更谈不上对我国现有刑事司法模式的冲击。

2. 以刑事谅解为契机构建刑事和解制度的必要性

目前在起诉阶段的刑事谅解活动中，我国检察机关通常的做法是在被害人与被追诉人达成谅解协议后，视情况对被追诉人作酌定不起诉处理。对于被追诉人来说，正是由于刑事谅解可能导致不起诉的法律后果，其赔偿被害人损失的积极性才被充分调动起来，即使其本人没有赔偿能力，其亲属也会积极代为赔偿。对于被害人来说，正是由于其对被追诉人的谅解可能导致被追诉人免受刑事处罚，其在与被追诉人协商的过程中才获得了讨价还价的筹码。可见，酌定不起诉制度是起诉阶段实施刑事谅解的必要条件。学者注意到，“仅仅有加害方与被害方的和解协议，而没有司法机关对刑事追诉权的放弃，刑事和解（即本文所言的‘刑事谅解’——引者注）制度是不可能存在的”。[①]

---

① 陈瑞华:《刑事诉讼的私力合作模式——刑事和解在中国的兴起》，载《中国法学》2006 年第 5 期。

然而，这样的刑事谅解运作机制存在一些问题，其中之一便是其一般预防效果不佳。这是因为，在实践中，公诉机关作出酌定不起诉决定后，被追诉人除赔偿被害人损失以外，几乎受不到任何形式的惩戒。虽然我国《刑事诉讼法》第142条第3款规定："人民检察院决定不起诉的案件，应当同时对侦查中扣押、冻结的财物解除扣押、冻结。对被不起诉人需要给予行政处罚、行政处分或者需要没收其违法所得的，人民检察院应当提出检察意见，移送有关主管机关处理。有关主管机关应当将处理结果及时通知人民检察院。"《人民检察院刑事诉讼规则》第291条进一步明确："人民检察院决定不起诉的案件，可以根据案件的不同情况，对被不起诉人予以训诫或者责令具结悔过、赔礼道歉、赔偿损失。对被不起诉人需要给予行政处罚、行政处分或者需要没收其违法所得的，人民检察院应当提出检察意见，连同不起诉决定书一并移送有关主管机关处理。"然而，目前在实践中，检察机关对于当事人之间达成谅解协议的轻伤害案件作出酌定不起诉决定后，一般不会再移送公安机关给予行政处罚。这样一来，一个对他人实施了轻微伤害的人可能被行政拘留，而一个实施了轻伤害而构成犯罪的人却可能因酌定不起诉而只负民事赔偿责任，这容易导致刑事司法的悖论。可见，以刑事谅解为基础构建刑事和解制度，由公诉机关通过和解协议赋予被追诉人一定的义务作为刑罚替代措施是十分必要的。

此外，目前我国的刑事谅解实践还存在一些程序失范现象。比如在侦查阶段，某些地方的公安机关对于当事人双方达成谅解的案件直接作出撤销案件的处理。这一做法是不妥当的，因为在行为人已经构成犯罪的情况下，只有公诉机关才享有酌定不起诉的权力，侦查机关撤销案件应当仅限于"发现不存在犯罪事实、犯罪事实并非被告人所为或者不应当追究被告人刑事责任"三种情形。所以，正确的做法应当是将谅解协议连同案卷材料一并移交检察机关，作为检察机关酌定不起诉的依据。再比如，在起诉阶段，某些地方的检察机关对于当事人双方达成谅解的案件不是作出酌定不起诉决定，而是退回公安机关作撤案处理，这不仅会导致程序倒流，还存在违法之嫌，毕竟犯罪嫌疑人是构成犯罪的，公安机关移送审查起诉根本不存在任何错误。笔者认为，对于这些程序失范现象，可以通过构建与刑事谅解相衔接的刑事和解制度来加以解决。

3. 以刑事谅解为契机构建刑事和解制度的可行性

尽管刑事和解与刑事谅解是两种不同的实践，二者在理论基础、价值取向以及适用程序等方面存在诸多差异，但二者在精神和理念方面存在相通之处，都有利于实现刑事司法的法律效果与社会效果的统一，有利于贯彻宽严相济刑事政策和构建社会和谐。所以，刑事和解与刑事谅解能够在制度设计方面找到契合点。

从目前来看，合作型刑事和解与妥协型刑事和解在我国仍然面临着观念上的障碍，一时难以为民众所接受。不过，"宽严相济"刑事政策的出台为宽宥型刑事和解制度的构建创造了必要的条件。我们可以考虑将确立宽宥型刑事和解作为我国刑事和解制度构建的突破口。然而，假如公诉机关代表国家对被追诉人作出的宽宥处理不能得到被害人的理解和支持，刑事和解的开展便难以得到民众的认同。学者注意到，"被害人的个人意愿，虽不能简单地都归于社会公益，但如果被害人的心理要求和经济补偿得不到应有的满足，被害人不同意有罪作不起诉处理，他必然会提出申诉甚至会诉诸媒体，公之于众，那么这种轻罪不起诉是不符合社会公益原则的"。[①] 所以，将刑事谅解作为刑事和解的基础，便能够减少刑事和解可能面临的非议、风险和其他不利后果。

从长远来看，刑事谅解制度并不排斥刑事和解制度的存在。刑事和解的相关制度属于诉讼制度的重要组成部分，而刑事谅解游离于正式的刑事司法程序之外，并不属于诉讼制度。从发展前景来说，刑事谅解制度将与被害人国家补偿制度一样，构成我国司法制度的有机组成部分，对作为诉讼制度组成部分的刑事和解将起到推动和促进作用。

鉴于目前全国各地检察机关已经在刑事谅解方面积累了不少成功的经验，我们应当把握这一契机，以刑事谅解为基础来尝试构建宽宥型刑事和解制度，实现刑事和解与刑事谅解的有机衔接。

（三）构建刑事和解中国模式的设想

尽管西方国家尚无将刑事和解与刑事谅解这样两种制度相融合的先例，但在我国构建和谐社会的时代背景下，以刑事谅解为基础来构建具有中国特色的刑事和解制度仍然是可能的。卞建林教授主持的"刑事和

① 陈光中、[德]汉斯·约格·阿尔布莱希特主编：《中德不起诉制度比较研究》，中国检察出版社 2002 年版，第 85 页。

解与程序分流”课题组自2007年以来，与国内首创刑事谅解机制的北京市朝阳区人民检察院合作，开展了这方面的探索和实践，并取得了一定的成效。现结合项目开展情况，展开关于构建“中国式”刑事和解制度的讨论。

1.“刑事和解与程序分流”项目的开展情况

“刑事和解与程序分流”项目的总体思路是：全面总结检察机关开展刑事谅解工作的实践经验，深入考察刑事司法活动中存在的现实问题，并在此基础上探索“中国式”刑事和解的实现路径和方案。根据项目总体部署，该项目分四个阶段实施，即调研阶段、拟订试验方案阶段、正式试验阶段以及总结反馈阶段。目前已进入正式试验阶段。

（1）调研阶段

2007年7月至8月，项目调研组在北京市朝阳区人民检察院进行了调研，采用了阅卷、数据统计、访谈和座谈等方法，对北京市朝阳区人民检察院近5年来开展刑事谅解工作的成功经验和实践中亟待解决的问题进行了总结和梳理，形成了调研报告。

（2）拟定试验方案阶段

2007年9月，课题组成员在调研的基础上起草了《“刑事和解与程序分流”项目试验方案》，作为项目实施的指导性文件。其后，经过合作双方多次座谈和讨论，就试验的细节问题达成了一致，拟定了《“刑事和解与程序分流”项目实施细则》，并起草了《北京市朝阳区人民检察院刑事和解暂行规定》作为非正式文件下发。

上述文件所确立的基本试验思路是：成立“刑事和解办公室”作为专门的刑事和解机构，负责开展以刑事谅解为基础的刑事和解工作。刑事和解办公室肩负双重职责：一方面，刑事和解办公室代表公诉机关对承办人移交的案件进行审查，开展公共利益评估，以确定该刑事纠纷是否适于通过刑事和解方式解决，并在决定启动刑事和解程序后，拟订和解方案，代表公诉机关与被追诉人展开对话和协商；另一方面，刑事和解办公室作为主持被害人与被追诉人之间协商的调停机构，积极推动被害人与被追诉人之间的协商。

（3）正式试验阶段

2007年11月初，北京市朝阳区人民检察院刑事和解办公室正式成立。刑事和解办公室由资深检察官和课题组成员共同组成。从2007年

11 月至今，课题组以北京市朝阳区人民检察院为试点开展了“刑事和解与程序分流”项目的试验。本次试验将所有潜在的可能通过刑事和解方式处理的案件均列入筛选范围。项目组除了办理实际进入和解程序的案件外，还对潜在的可能通过和解程序予以解决的刑事案件进行调查摸底，并对未通过和解程序处理的轻微刑事案件进行分析。为此，和解办公室的工作人员包括三类，即分案人员、审查人员与和解人员。其中，分案人员负责试验范围内案件的专门登记，以便圈定试验对象，进行跟踪统计分析；审查人员负责对案件进行公共利益评估，以决定是否启动刑事和解程序；和解人员负责拟订和解方案、代表公诉机关与被追诉人展开对话和协商以及在谅解程序中组织和主持人当事人之间的协商。

刑事和解工作的具体流程（见图 1）：一是分案人员对公安机关移送的轻微刑事案件进行初步筛选和登记，并向公诉部门作出必要的提示。二是公诉部门认为符合《刑事和解暂行规定》有关规定的，应当将案件移交刑事和解办公室审查。三是刑事和解办公室经审查认为符合刑事和解标准的，应当决定启动和解程序；不符合刑事和解标准的，应当将案件退回承办人。四是启动和解程序后，刑事和解办公室应当拟订和解方案，并代表人民检察院与被追诉人展开协商。对于其中有明确被害人的刑事案件，刑事和解办公室应当首先积极促成被害人与被追诉人的协商，指导双方签订谅解协议，并对谅解协议的合法性进行审查。五是刑事和解办公室与被追诉人达成刑事和解协议的，应当在被追诉人履行相关义务后向公诉部门提出不起诉的处理建议；刑事和解办公室在与被追诉人协商的过程中发现案件不宜作不起诉处理的，应当充分考虑被害人与被追诉人之间达成的谅解协议，要求公诉部门在提起公诉的同时向法庭提出从轻或者减轻处罚的建议。

在北京市朝阳区人民检察院各级领导和检察官们的大力支持下，试验阶段至今已经取得了以下阶段性成果：一是和解工作人员先后将 90 个刑事案件纳入轻微刑事案件筛选范围，并向承办人作出了必要的提示。二是共有 33 个刑事案件被承办人移交刑事和解办公室审查，包括轻伤害案 27 件，过失致人重伤案 1 件，故意毁坏财物案 1 件，寻衅滋事案 1 件，盗窃案 3 件。三是经过刑事和解办公室审查，其中 25 个案件犯罪嫌疑人主观恶性不深、社会危险性不大，决定启动刑事和解程序，由和解人员组织和主持被害人与被追诉人之间的协商；另外 8 个案

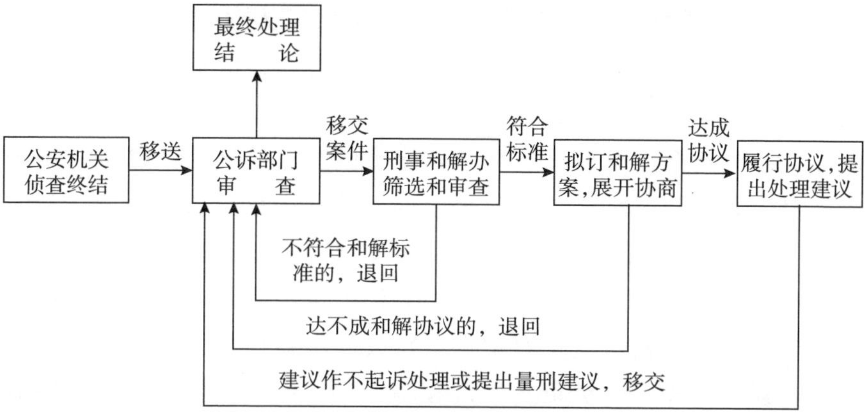

图 1　刑事和解工作流程

件则因定性分歧、需要退回补充侦查、犯罪嫌疑人有恶劣情节等原因，不符合刑事和解标准，未启动和解程序，将案件退回承办人。四是在启动和解程序的 25 个案件中，经和解人员的主持和斡旋，共有 10 个案件的当事人双方达成了谅解协议，犯罪嫌疑人以直接交付或通过检察院转交的方式积极赔偿被害人损失，而被害人则向检察机关出具了关于不予追究犯罪嫌疑人刑事责任的书面请求。对于这些案件，刑事和解办公室拟订和解方案并代表公诉机关与被追诉人展开对话和协商，确定其应当履行的义务，并据此向承办人提出对犯罪嫌疑人作相对不起诉处理的建议。另有 13 个案件因双方对赔偿数额存在严重分歧、被害人坚决不同意协商或犯罪嫌疑人没有赔偿能力等原因未能达成谅解协议，刑事和解办公室将案卷退回承办人。其余 2 个案件虽然当事人之间达成了谅解协议，但因犯罪性质和情节方面的原因，刑事和解办公室认为不适合作和解处理，从而向承办人提出了对犯罪嫌疑人提起公诉但建议法庭从轻量刑的处理建议。

2. 以刑事谅解为基础构建“中国式”刑事和解制度

我国刑事司法环境的优化为刑事和解制度的构建创造了良好的外部条件，我国检察机关对刑事谅解机制的积极探索又为刑事和解制度的构建积累了丰富的实践经验，而“刑事和解与程序分流”课题组近一年来的刑事和解试验则为刑事和解制度的构建提供了一个可供参考的模板。笔者认为，应当从以下几个方面着手构建“中国式”的刑事和解制度。

（1）确立和解检察官制度

在传统的审查起诉工作中，检察官代表国家行使追诉犯罪的权力，以“追诉者”的身份来指控和证实犯罪。然而，刑事和解则不仅涉及刑事政策的考量和对被追诉人的全面考察，还涉及拟订和解方案、与被追诉人开展对话和协商、订立和履行和解协议等内容，是一项与传统的刑事追诉性质不同的权力。在这一过程中，检察官代表国家行使刑事和解处分权，以“协商者”的身份与被追诉人展开对话和协商。所以，如果检察官同时肩负这两项职责，就会导致“追诉职责”与“协商职责”之间的冲突。为此，笔者建议在检察机关内部设立相对独立的刑事和解机构，并组建专业的和解检察官队伍，来开展刑事和解工作。

确立和解检察官制度是实现刑事和解规范化运作的必然选择。这是因为，和解检察官与公诉检察官的相对分离不仅有助于消除“追诉者”与“协商者”之间的角色冲突，还有助于实现刑事和解工作的专业化，特别是有助于保障不同案件刑事和解办案程序和适用标准的统一，体现“同等情况同等对待”的法治原则。[①] 从“刑事和解与程序分流”课题组开展试验的情况来看，刑事和解专门机构确实发挥了审查把关的作用，刑事和解办公室对承办人认为适于刑事和解而移交的部分案件进行全面审查后，作出了不予启动和解程序的决定。可见，和解检察官与公诉检察官各司其职、互相监督与制约，有利于减少各类主观因素的干扰，确保刑事和解的工作质量。

此外，和解检察官还可以作为协商主持人参与到被害人与被追诉人之间的谅解程序中来，积极促成当事人双方的协商。在过去的刑事谅解实践中，除被害人与被追诉人自行协商以外，通常由承办人主持协商。然而，在实践中，检察官们普遍对于如何摆正自身角色感到困惑。一方面，在有关政策精神的指引下，检察官有积极促成当事人双方谅解的愿望。而另一方面，检察官所担负的代表国家追诉犯罪的职责又与调停人的角色严重错位，这就使得承办人在促进当事人谅解的过程中必须告诫自己：要积极，但又不能太主动。针对承办人的这一尴尬处境，目前上海等地已经出现了由公诉机关委托人民调解委员会等社会组织主持刑事

① 封利强：《我国刑事和解的困境与出路——以基层检察机关为样本的分析》，载卞建林主编：《诉讼法学研究》（第13卷），中国检察出版社2008年版。

和解的做法。不过，这一做法在保障刑事谅解程序的正当性以及谅解协议内容的合法性方面，尤其是在社会组织的主持调解与公诉机关的审查起诉之间的衔接方面，都存在一些难以克服的问题。所以，相比之下，由检察机关内部专门机构中的和解检察官来担任协商主持人的角色更为妥当。从“刑事和解与程序分流”课题组开展的试验来看，刑事和解办公室确实在促进当事人谅解方面发挥了重要作用。比如，有个案件的被害人是外来打工者，在公安机关侦查终结以后就回了山东老家，刑事和解办公室在没有任何联系方式的情况下，经多方寻找，后来通过当地派出所找到了被害人，成功地组织双方展开了协商。再比如，有个案件的犯罪嫌疑人是外来打工人员，赔偿能力有限，而被害人起初要求赔偿金额为 20 万元。后来，经过和解人员的解释和说明，被害人改口主张 6 万元赔偿，随后和解人员又做了大量耐心细致的工作，最终把被害人的索赔金额降低到 6000 元，促使双方达成了谅解协议。诸如此类的工作需要投入大量的时间和精力，是过去承办人主持协商的模式所难以实现的。

（2）刑事和解程序的启动

公诉机关在刑事和解的启动上享有主导权，因此，和解机构应当对拟启动刑事和解程序的案件和当事人进行严格的筛选和审查。可以考虑分两个步骤展开：

第一步是对案件的筛选。宽宥型刑事和解的适用应当局限于轻微刑事犯罪，至于案件是否有明确的被害人在所不论。应当着重考虑以下几类案件：轻伤害犯罪；未成年人实施的各类犯罪；过失类犯罪；因亲友、邻里及同学、同事之间纠纷引发的各类轻微犯罪；因生活无着而偶然实施的犯罪；刑法分则第四、五章规定的其他侵犯公民人身权利、财产权利的非职务犯罪。

第二步是对被追诉人的审查。宽宥型刑事和解的适用旨在对被追诉人进行教育和感化，以便追求更好的预防犯罪效果。因此，被追诉人的主观恶性和人身危险性是两个最重要的审查指标。在过去刑事谅解的实践中，有的司法机关和人员在组织当事人协商的过程中，不注重对被追诉人主观恶性和人身危险性的考察，而是重点关注被追诉人的赔偿能力和被害人的态度。这是与刑事谅解的价值取向相适应的。然而，与刑事谅解不同的是，刑事和解是出于宽严相济刑事政策而对被追诉人作“非

犯罪化”处理，所以，其适用对象应当严格限定于主观恶性不深、人身危险性不大的被追诉人。

值得一提的是，目前有些公安机关在刑事侦查活动中以抓获犯罪嫌疑人和收集犯罪证据作为主要任务，而往往忽略对犯罪起因的调查。而在刑事和解实践中，犯罪起因常常是判断行为人主观恶性和人身危险性的重要因素。所以，刑事和解制度的实施有赖于侦查机制的配套改革。

（3）刑事和解方案的拟订

对于经审查认为符合刑事和解标准的案件，和解机构可以拟订和解方案，并对被追诉人进行权利告知。和解方案应当包括刑事责任的替代解决方案、对被害人的补偿方案以及和解协议的履行方案等内容。

其中，刑事责任的替代解决方案是一个十分重要的内容。刑事和解在法律后果方面区别于以往的酌定不起诉之处就在于，公诉机关除作出不起诉决定以外，还将对被追诉人实施替代性的惩罚或改造措施。这种替代性的惩罚或改造措施不仅能够产生促使被追诉人悔过自新的特殊预防效果，还能够对社会上的不稳定人员发挥告诫作用，从而产生一般预防的效果。同时，也就消除了实践中存在的“违法行为遭受行政处罚，而犯罪行为却可能不受任何处罚”的司法悖论。可见，刑事和解制度的构建有助于实现刑事制裁和行政制裁的衔接。除行政处罚外，我们还可以考虑借鉴域外经验，确立社区矫正、义务劳动等替代性惩罚和改造措施。

对被害人的补偿方案以及和解协议的履行方案也是和解方案的重要内容，后者可以由公诉机关自行确定，而前者则涉及到被害人的切身利益，同时也取决于被追诉人的赔偿能力，因此，对于有明确被害人的案件，应当启动刑事谅解程序，促使当事人双方展开协商，自主地达成被害人补偿方案。

（4）被害人与被追诉人之间的谅解程序

关于刑事谅解程序，我国实践中已经积累了不少宝贵的经验，本文不再赘述。由于刑事谅解并非正式的司法程序，因此，当事人双方协商的方式可以灵活多样，可以自行协商，也可以委托亲属或律师参与协商，还可以在和解检察官的主持下展开协商。双方经协商达成一致的，应当订立书面的谅解协议。值得一提的是，目前实践中有一种错误观念，也就是将“接受赔偿”等同于“谅解”。实际上，这是两个不同的

概念。实践中有的案件被害人没有要求任何赔偿，却真正地谅解了被追诉人；而有的案件被害人在订立谅解协议并接受赔偿之后却声称谅解协议的签订是“让钱逼的”，仍然要求司法机关严惩被追诉人。可见，目前刑事谅解实践中“重赔偿、轻谅解”的倾向亟待扭转，将“谅解”与“赔偿”脱钩是很有必要的。

这里还必须强调的是，被害人与被追诉人的谅解程序并非刑事和解的必经程序。一方面，只有存在明确被害人的案件才会涉及刑事谅解程序；另一方面，被害人与被追诉人之间达成的谅解协议仅供公诉机关参考。如果双方达成的谅解协议在内容上违反法律或者侵害国家、社会或第三人利益的，公诉机关可以拒绝认可其谅解协议的效力。尤其应当予以明确的是，因被害人漫天要价或者被追诉人缺乏赔偿能力而无法达成谅解协议的，并不影响刑事和解程序的继续进行。在此情况下，公诉机关可以单方面决定被害人补偿方案的内容或者决定以其他方案来取代被害人补偿方案。之所以要强调这一点，是因为目前的刑事谅解实践中出现了片面强调被害人利益，公诉机关一味迎合被害人意愿的不良倾向。而实际上，在刑事和解程序中过分强调被害人意愿是危险的。这是因为，当事人之间的协商虽然有助于实现当事人双方利益的最大化，但是，当事人利益并不能完全代表国家和社会利益。刑事谅解机制只着眼于“现实的被害人”，而容易忽略“潜在的被害人”，所以，在刑事和解活动中应当避免使国家和社会利益成为当事人双方利益博弈的牺牲品。此外，我们还应该注意到，早在各地司法机关开始探索刑事谅解机制之前，有些承办人在酌定不起诉决定作出前通常也会事先做好对被害人的安抚工作，以免日后的申诉和上访。而刑事谅解机制的引入使得这种“潜规则”变成了“显规则”，在此情况下，我们更应当注意防止审查起诉工作受到被害人态度的不当干扰。倘若将被害人谅解作为刑事和解的硬性条件，无疑将进一步恶化被追诉人的诉讼地位。所以，对于不符合刑事和解标准的案件，即使被害人获得了满意的赔偿并且请求公诉机关放弃追诉，公诉机关也只能酌情考虑被害人的意愿，在提起公诉时向法庭提出相应的量刑建议；而对于完全符合刑事和解标准，对被追诉人不予追诉更有利于实现预防犯罪目标的案件，即使无法取得被害人的谅解，公诉机关仍然可以通过刑事和解程序作出不起诉决定。

此外，在刑事谅解程序中，我们还可以考虑借鉴其他国家的刑事谅

解实践经验，将被害人以外的社区代表、其他相关单位和个人纳入刑事谅解程序。不过，在危害国家安全类犯罪、危害公共安全类犯罪以及其他针对不特定人实施的犯罪中直接受到犯罪行为侵害的人是否有资格与被追诉人展开协商和订立谅解协议，仍然值得进一步研究。

（5）刑事和解的协商和执行程序

在公诉机关与被追诉人之间展开的对话和协商活动中，被追诉人并没有太多讨价还价的余地，只能被动地接受公诉机关拟订的和解方案。所以，刑事和解的协商程序只不过是一个让被追诉人表明是否接受包括刑事责任的替代解决方案、对被害人的补偿方案以及和解协议的履行方案在内的刑事和解方案的程序。当然，在此过程中，被追诉人对和解方案提出修改意见的，公诉机关也应当予以考虑。如果被追诉人接受了和解方案，公诉机关应当要求被追诉人履行方案所确定的义务，并作出不起诉决定。刑事和解方案的全部内容应当写入不起诉决定书，以便作为公诉机关在被追诉人违反和解协议的情况下重新发动公诉的依据。

可见，通过刑事和解程序而对被追诉人作出的不起诉决定本质上是一种附条件不起诉决定。其所附的条件便是被追诉人认真履行刑事和解协议所确定的义务。而一旦被追诉人拒绝履行或者不完全履行相关义务，公诉机关有权撤销附条件不起诉决定，重新提起公诉。所以，刑事和解制度的构建还有赖于附条件不起诉制度的确立。

刑事诉讼制度改革论要 *

刑事诉讼制度的改革和完善是建设现代法治国家的组成部分和重要内容。在刑事诉讼领域，如何进一步认识诉讼原理，把握司法规律，改革完善诉讼制度，科学设置诉讼程序，是理论研究的重大课题。

一、刑事诉讼制度改革的宏观思考

（一）更新诉讼观念，强化人权意识观念是行动的先导

刑事诉讼制度的改革完善，需要以观念的革新为前提。在推进刑事程序法治建设时，首要的就是要解放思想，更新观念，在立法、执法、司法的过程中自觉地以现代法治意识和诉讼观念为指导。具体来说，以下基本的观念需要在刑事立法、执法、司法的过程中充分确立并予以贯彻。

首先是树立正确全面的刑事诉讼目的观。刑事诉讼法的任务绝不仅仅是保证刑法的正确实施，还是惩罚犯罪的工具，现代刑事诉讼法的一个重要目的是规范和约束国家公权力的行使，保证国家追究犯罪的活动严格遵守法律程序进行。

其次是树立人权保障观。我国宪法修正案明确规定了“国家尊重和保障人权”，这是中国人权发展的一个重要里程碑，同时也对刑事诉讼中的人权保障提出了更高要求。刑事诉讼作为国家公权力行使的典型场域，公权力的运行随时可能对公民自由、尊严、财产、隐私等基本权利造成侵害，因此，保障人权特别是犯罪嫌疑人、被告人的人权，尤为重要。

再次是树立程序正义观。必须正确认识实体与程序的关系，彻底扭转“重实体轻程序”的传统思维，既要重视程序法在实现实体法目的方面的工具价值，更要强调程序自身的独立价值，充分发挥程序对权力的

---

* 原文发表于《法学》2008 年第 6 期。

规制作用和对权利的保障作用。

最后是法律思维观。立法、执法和司法人员必须养成正确的法律思维习惯并在实践中自觉地遵循以下一些规则：合法性优先于客观性；程序公正优先于实体公正；形式合理性优先于实质合理性；普遍正义优先于个案正义；理由优先于结论；等等。特别是法律思维必须以权利义务分析作为思考问题的基本逻辑线索。

（二）崇尚程序法治，明确程序制裁

在现代法治国家，程序法具有重要地位。程序的作用在于将国家权力的行使纳入确定的轨道，在使权力运作保持理性并适度的同时亦使公民能够建立起对权力行使的合理预期和适当监督，从而达到限制、规制权力，保障权利的目的。关于程序的此种作用，美国联邦最高法院道格拉斯大法官曾作过精当的表述："权利法案的大多数规定都是程序性条款，这一事实绝不是无意义的，正是程序决定了法治与恣意的人治之间的基本区别。""程序法治"是刑事诉讼必须确立的首要原则。

确立程序法治原则，要求刑事诉讼的参与各方牢固树立法律至上、程序至上的意识，严格遵守刑事诉讼法和其他法律的规定。对于国家专门机关而言，没有法律的明确授权不可为，行使法定职权时必须严格遵守法律的规定，违反法律规定所实施的行为归于无效且应承担相应的法律后果，对公民依法享有的诉讼权利必须予以尊重和保障。这就是说，尊重法律，有法必依，恪守程序，乃程序法治的基本要求。

贯彻程序法治原则，重要的一点是必须明确程序违法的法律后果，对程序违法行为和程序违法者予以制裁。长期以来，受程序虚无主义和程序无用主义的影响，我国形成重实体轻程序的传统，诉讼程序仅仅被视为实现实体法目标的工具和手段。与此相联系，我国诉讼理论缺乏对程序制裁的研究，立法上也很少体现程序违法的后果，实践中更因违法制裁与诉讼无效制度的整体性制度缺失导致程序法的许多规定往往被束之高阁，视若无物。不能让违法者从其违法行为中获益，这就是程序违法的后果，也是正当程序的保障。对程序法规范的执行，必须体现程序法的权威性、强制性和义务性，确立严格的制裁性措施。刑事诉讼制度的改革需要注意为程序性法律规范设定相应的责任后果，明确违法的制裁措施，即为违法行为设置高额"成本"。

（三）健全监督机制，完善救济途径

权力总是趋向扩张，失去监督和制约的权力必然导致专制和腐败，这是权力运作的基本规律，权力的监督和制约因而也就成为亘古不变的重要课题。刑事诉讼是追究犯罪、惩罚犯罪的活动，以国家强制力作后盾。为了防止国家机关滥用权力，为了保障法律程序得到切实遵守，需要建立健全有效的诉讼监督制约机制。刑事诉讼中的监督大致有两种途径：一方面是通过执法、司法机关中内部组织体制的管理、教育、制裁功能而形成，另一方面是刑事诉讼程序中通过不同诉讼主体间行为的互动而实现。我国目前在体制内对诉讼活动的监督主要是由检察机关实施的，1996 年修改刑事诉讼法时专门增加了人民检察院依法对刑事诉讼实行法律监督的基本原则，并相应增设了如立案监督等配套制度。但修改后刑事诉讼法实施的情况表明，现行对诉讼活动的监督机制是存在不足的，检察机关实行诉讼监督的成效也不尽如人意。监督滞后，监督缺位，监督乏力，监督落空的情况绝非个别。为了使法律程序得到尊重和遵守，为了使公民的合法权益得到保障，检察机关的诉讼监督职能必须得到强化，刑事诉讼制度的改革应当对此作出恰当的程序设计和制度安排。除此之外，从诉讼规律和构造平衡考虑，还要注意发挥辩护律师对侦查起诉活动的制约作用，加强审判机关对审前程序的参与和监督，探讨建立契合中国国情的司法审查制度和司法救济制度。

如果说监督是用权力来制约权力的话，救济制度则主要是用权利来对抗权力。这也是现代法治社会用以规范和限制公权力行使的重要方式。法谚云，无救济即无权利。如果法律赋予公民个人的权利得不到执法、司法机关的尊重，公民合法权益受到侵害时得不到救济，那么所谓的权利就只能是空中楼阁，法律的规定也只能是一纸空文。从权力学的角度看，对公权力的有效规范和制约的最佳途径就是由遭受权力侵害之痛的当事人来启动救济和制约的程序。救济制度的完善和救济途径的通畅，是刑事诉讼制度改革完善的重要内容。

（四）参照国际准则，促进程序接轨

国际通行刑事司法准则，主要是指由联合国及其下属机构、组织制定、认可或倡导的有关刑事司法的标准、规范和政策。无论这些准则的历史渊源或理论基础如何，也不论它们是由哪些国家最先提出或采用

的，这些准则经过联合国的认可和推广，都具有国际标准的权威性。[①] 这些准则的权威性，并不在于联合国作为一个最重要国际组织所具有的影响力，而在于这些基本准则中所蕴含的、为世界各国所普遍承认、接受的理性与制度正义。在国际通行刑事司法准则中，最基本的如人权保障、正当程序、公正审判、无罪推定等原则都已经获得当今世界众多国家的广泛认同。我国政府于 1998 年签署《经济、社会、文化权利国际公约》和《公民权利和政治权利国际公约》。目前，《经济、社会、文化权利国际公约》已经得到批准，而对《公民权利和政治权利国际公约》的批准正在抓紧研究之中。对这两个重要人权公约的签署和批准，不仅为我国的刑事程序法治建设奠定了良好的价值基础并提供了最佳的参照标准，而且也使得国际人权公约和通行刑事司法准则在我国刑事司法中的贯彻和实施具有了现实的紧迫性。改革和完善我国刑事诉讼制度时，应当参照国际通行刑事司法准则中的相关要求，改革和去除一些与通行刑事司法准则不相一致的规定和做法，促进我国刑事诉讼程序与国际通行准则接轨。

（五）完善证据立法，建全证据规则

证据是诉讼活动的基础。在诉讼活动中，一方面对案件的实体处理取决于能否准确运用证据认定案件事实，另一方面诉讼程序的演进与程序正义的实现也有赖于证据之理念及其应用。“惟在法治社会之定分止争，首以证据为正义之基础，既需寻求事实，又需顾及法律上其他政策。认定事实，每为适用法律之前提。因而产生各种证据规则，遂为认事用法之所本。”[②]

在现代程序法治理念下，证据规则的作用除从事实认定角度规范证据的收集运用外，还重在从正当程序角度规范证据的可采性，即通过对证据能力的限制或证据资格的考量，而将违反正当程序收集的证据排除在诉讼之外，从而规范侦查机关的取证行为，防止侦查权力的滥用，保障程序法得到切实遵守和公民权利得到有力保障。对此，笔者提出以下框架性设想，供改革我国刑事诉讼制度时参考：其一，明确收集证据的程序和要求，明确证据能力的适格条件，确立非法证据排除规则；其

① 李学灯:《证据法比较研究》，五南图书出版公司 1992 年版，第 1 页。
② 李学灯:《证据法比较研究》，五南图书出版公司 1992 年版，第 1 页。

二，与直接言词审理相适应，建立科学合理的传闻证据规则，以否定或减低侦查讯问笔录的证据价值；其三，改革庭前证据移送制度，排除法官的审前有罪预断；其四，明确控方负证明责任，强调一切用作定案根据的证据必须在法庭上出示；其五，与公正审判的通行标准相一致，制定详尽并具可操作性的举证、质证、认证规则，注意保障被告人获悉控方证据和与控方证人对质的权利；其六，诉讼证明应当严格遵循诉讼机理，控辩双方作为提出证明的主体进行法庭举证和质证，法官作为接受证明的主体，保持中立超然的地位居中裁断；其七，确立科学可行的证明标准，明确疑罪从无，证据不足作有利于被告人的解释。

二、刑事诉讼制度改革的重点问题

改革和完善我国刑事诉讼制度，是一个漫长、渐进的过程，不可能一蹴而就。从我国刑事诉讼立法与司法的现实出发，当前改革我国刑事诉讼制度应当着重解决以下问题：

（一）确立无罪推定原则并加以贯彻和保障

无罪推定是现代各国刑事司法通行的一项重要原则，也是联合国在刑事司法领域制定和推行的正当程序最低限度标准之一。1996 年我国修订刑事诉讼法时，对无罪推定原则的基本精神作了借鉴，在基本原则部分第 12 条增加了相关规定并辅之以相关制度安排。但由于立法者没有明确采行无罪推定原则，法律上也未赋予犯罪嫌疑人、被告人沉默权，相反保留有犯罪嫌疑人如实回答侦查人员讯问的义务，现实中侦查仍存在以获取被告人口供为中心的倾向，以刑讯逼供或其他非法方法获取口供的现象也时有发生。为此，改革刑事诉讼制度，首先要在立法上明确规定无罪推定的原则，并赋予犯罪嫌疑人、被告人沉默权，将现行《刑事诉讼法》第 93 条中“犯罪嫌疑人对侦查人员的讯问应当如实回答”的规定，修改为“任何人不得被强迫提供不利于自己的证言或被强迫承认犯罪”。强化控方的举证责任，贯彻疑罪从无的精神，明确“不能认定犯罪嫌疑人、被告人有罪或无罪的，按无罪处理；不能认定犯罪嫌疑人、被告人罪重或罪轻的，按罪轻处理”。确认禁止重复归罪原则，不允许控诉机关对法院的无罪判决就同一事实再次提出指控。

（二）着力提高司法效率

笔者认为，刑事诉讼的立法修改和制度完善应该在公平优先兼顾效率原则的指导下，加大简易程序的适用力度，扩充简易程序的适用范围，并在“宽严相济”刑事政策的指导下，解放思想，更新观念，赋予并扩大司法人员裁量权，在诉讼的不同阶段都进行合理的程序分流设计，例如扩大相对不起诉、免予刑事处罚的适用，探索建立诉辩协商制度、附条件不起诉或暂缓起诉制度、当事人和解制度、量刑听证制度等，以切实体现宽严相济、区别对待的刑事政策，使当事人能够尽早摆脱诉累，并节约司法资源，提高诉讼效率，减轻办案人员压力。考虑到刑事和解制度既体现我国“和为贵”的传统和谐文化，又有利于化解犯罪所带来的各种纠纷和矛盾、提高诉讼效率，加之刑事和解和恢复性司法在国际社会的蓬勃发展趋势，应当将和解作为刑事诉讼法再修改的一项重要内容。

（三）下大气力解决刑讯逼供、非法取证问题

刑讯逼供和非法取证，既严重侵犯了相关人的基本人权，又是造成冤假错案的重要原因。解决此问题，应当着力改造侦查程序特别是讯问程序，构建能够有效制约侦查人员的外部监督机制，而不过分依赖于侦查人员的主观自觉，为此可以从以下几个方面着手：一是如前所述，赋予犯罪嫌疑人、被告人沉默权或不得被迫自证其罪的权利，免除犯罪嫌疑人、被告人非自愿供述的义务。二是建立非法证据排除规则，从立法上明确以暴力、威胁等非法方法取得的犯罪嫌疑人、被告人的供述、证人证言、被害人陈述，不得作为定案的根据。其他使用非法的方法收集的证据，严重侵犯犯罪嫌疑人、被告人、证人、被害人合法权益，或者严重影响司法公正的，也不得作为定案的根据。三是建立和推行讯问时同步录音录像制度，要求侦查人员对严重刑事案件以及其他有必要案件的犯罪嫌疑人、被告人进行讯问，应当对讯问过程进行全程录音录像，并保证录音录像的完整性和连续性。四是建立侦查讯问时辩护律师在场制度。规定侦查人员讯问犯罪嫌疑人时，如果犯罪嫌疑人有辩护律师并要求辩护律师在场的，辩护律师可以在场，以增加侦查活动的透明度。侦查人员讯问时律师在场，对防止侦查权力滥用，遏制刑讯逼供，保证犯罪嫌疑人供述的合法性与真实性，都将具有积极的意义。五是建立侦

押分离制度，将羁押机构中立化，明确羁押机构的职责，以保障犯罪嫌疑人的合法权益不受侦查机关的非法侵犯。

（四）完善辩护制度，强化律师作用

刑事诉讼法自1996年修正以来，在实施中存在的一个突出问题就是刑事辩护难。所谓“会见难，阅卷难，调查难，取证难，发表意见难，听取意见更难”。总之，刑事辩护环境恶化，律师作用难以发挥，控辩力量对比进一步失衡。为此，立法上可以采取以下措施：一是完善辩护人的职责，在辩护人的责任上增加程序辩护的内容，辩护人有权收集、提出维护犯罪嫌疑人、被告人诉讼权利的材料和意见，维护犯罪嫌疑人、被告人的合法权益。二是明确侦查阶段律师的辩护人地位。规定犯罪嫌疑人自第一次接受讯问或者被采取强制措施之日起，可以委托辩护人。三是扩大律师的诉讼权利，特别是在侦查阶段的诉讼权利。不再限于了解罪名权、会见权、提供法律咨询、代理申诉控告权等，还应赋予辩护律师了解案件情况和调查取证的权利，侦查人员讯问时在场的权利等，以充分发挥律师实体和程序的辩护作用。四是提前指定辩护的时间，扩大法律援助的范围。依据现行法律规定，只有在审判阶段才有指定辩护的要求，只有人民法院才有保障被告人辩护权行使的义务。显然，这一规定已经落后于我国辩护制度的发展。应当修改为，在侦查、起诉、审判各个诉讼阶段，公安机关、人民检察院、人民法院都有保障犯罪嫌疑人、被告人辩护权行使的义务和为符合法律援助条件的犯罪嫌疑人、被告人指定辩护的责任。

（五）关注并健全证据制度

证据是认定案件事实的唯一依据，是正确处理刑事案件的坚实基础。证据制度是一国司法制度和诉讼程序中的组成部分和重要内容。无论实体公正或程序公正，都离不开证据制度的完善。在我国，尽管刑事诉讼法以专章对证据问题作出规定，司法机关在法律适用的过程中也围绕证据问题制定了一些司法解释，但总体而言远未形成系统完备的刑事证据体系，证据运用的各个环节都缺乏法律或规则的规范和指引，证据制度的立法明显滞后于审判方式的改革和诉讼模式的转型。司法实践中也存在很多问题，证人作证难，证人出庭作证率低；司法鉴定混乱，多

头鉴定、重复鉴定等现象都十分突出。刑事诉讼制度的改革，应当针对司法实践中突出的问题拿出立法对策。要明确需要证人出庭作证的情况和例外，否定应当出庭而未出庭的证人书面证言的证据效力；要以国家强制力作后盾，建立强制或保障证人出庭的制度，同时考虑到权利义务的平衡，建立健全证人保护制度和证人补偿制度；要在司法鉴定体制改革的基础上，进一步完善司法鉴定的程序规范，提升和维护司法鉴定的公信力，充分发挥司法鉴定在准确认定案件事实、正确处理刑事案件中的独特效用。

刑事诉讼制度改革与检察权的配置 *

这次会议的主题是司法的规律与检察权的配置，给我的论题是刑事诉讼制度改革与检察权的配置，我感觉这个主题符合我国现在司法改革的趋势，应当从理论上进一步认识司法规律，探讨诉讼原理，以此来检讨和改革我们的司法制度与诉讼制度。我个人对我国刑事诉讼制度改革和进一步完善也有一点思考。当然这个题目很大，另外自己的个别想法还不是很成熟，刚好今天有这个机会向各位领导及同志们汇报一下。

一、刑事诉讼制度的改革与构建

作为一个国家的司法制度或者说诉讼制度，一方面本身要遵循诉讼的一般规律，使得我们追究犯罪的程序要按照诉讼的内在机理和要求来进行；另一方面还涉及国情的问题，即如何把一般规律与具体国情结合起来。下面我分几个方面谈一谈自己对刑事诉讼制度改革的一些想法。

（一）刑事诉讼目的的调整对我国刑事诉讼制度构建的影响

从 1979 年的刑事诉讼法以及 1996 年的刑事诉讼法比较大规模的修改来看，总体上我国的刑事诉讼法和刑事诉讼制度的特征是非常鲜明的，主要就是强调如何运用刑事诉讼程序去查明犯罪、惩治犯罪，所以我国公检法机关的权力配置和我们的程序运作都是围绕着这样一个目的。过去我们强调，刑事诉讼程序就是专政的工具，是“刀把子”的重要组成部分，其与刑法相互结合完成惩罚犯罪的任务。现在我们对之有了一个新的认识。

对诉讼目的可以从不同的视角、不同层次进行解读，现在最经常的就是从“打击犯罪、保障人权”的角度切入。法律上的提法是“惩罚犯罪，保护人民”，这个在理念上发生了很大变化，过去我们讲刑事诉

* 原文发表于《国家检察官学院学报》2008 年第 4 期。

讼程序的直接目的就是惩罚犯罪，通过惩罚犯罪的活动，达到保护人民的目标。而最近的十余年由于人权保障理念在刑事诉讼领域大力弘扬之后，现在的提法是惩罚犯罪与保障人权并重，或者说兼顾。这种“并重”或“兼顾”就对诉讼制度的构建起到一个深刻的指导意义。

另一个视角就是现在讲程序法治，很多人都谈刑事诉讼法就是为了限制公权力的行使。而刑事诉讼法在程序上运作的目的到底是什么呢？这也是一个并重或者兼顾的问题。大陆法系程序法治的原则认为，一方面国家必须建立刑事诉讼程序制度且通过这样的制度去惩罚犯罪；另一方面，为什么随着法制越来越健全、民主越来越加强，而对程序的要求越来越高呢？主要是通过程序来规制国家惩治犯罪的活动。也就是程序越来越健全，某种意义上说对公权力行使的束缚、限制可能更多。

结合这几年刑事诉讼法修改的过程，曾经在很多研讨会中有实务部门的同志提出，刑事诉讼法的修改首先要加强公安司法机关查明犯罪、惩罚犯罪的手段和力量。这就引起了我们对刑事诉讼目的另外一层思考，即刑事诉讼目的到底是“授权”还是“限权”。现在从限制公权力行使的角度大家认为程序法的一个重要目的是为了限权，但这是不是意味着就要从程序上完全限制住公安司法机关的手脚呢？所以应当辩证地、全面地看待这个问题。客观来说公安司法机关的责任就是要通过查明犯罪来惩罚犯罪，维护被犯罪所侵犯的社会秩序，保护公民个人权益、社会公益和国家利益，如果完全捆住了他们的手脚，则可能过于打击公安司法机关追究犯罪的积极性，也不太符合同犯罪作斗争的实际。

（二）程序正义理念的弘扬对刑事诉讼制度构建的影响

坦率地说，这一次刑事诉讼法的修改与1996年相比，我个人认为，立法的指导理念，或者说我们这十几年刑事诉讼法学研究的最大成果是认识了程序的独立价值，摆脱了程序作为实体法附庸的尴尬境地，从而对刑事诉讼制度的构建发挥作用。1979年的时候，不管是立法还是教科书以至于实务部门都认为，实体法与程序法的关系在于，程序法就是为了保障实体法的实现。1996年刑事诉讼法修改时对程序正义理念以及程序独立价值的认识还处于一种朦胧的状态，大家看我国现行《刑事诉讼法》第1条就可以看出来。1979年《刑事诉讼法》第1条是“指导思想”，大致表述为根据马列主义、毛泽东思想等等；后来1996年修改

了，改为“立法的宗旨”或“立法的目的”，法律规定刑事诉讼法的作用就是为了保证刑法的正确实施，这种说法是对的，但是不全面。这一规定就充分体现了当时理论界和立法界的指导思想实际上还是认为刑法与刑事诉讼法是目的与工具的关系。刑事诉讼法是为了保证刑法的规定得以实现，我们根据这样一个规定去办案就完成了惩罚犯罪的任务。

我清楚地记得刑事诉讼法在 1997 年 1 月 1 日开始实施，但是直到是年秋刑事诉讼法年会的时候才将程序的独立价值作为一个热门话题。经过这几年的发展应当说这一理念大家都耳熟能详了，为各界所认可，我们看到实务部门的很多专家包括很多领导在理解法律的精神，特别是司法实务部门在具体办案的时候实体与程序并重已经得到较充分重视。有人还主张程序法发展的三个阶段：第一个阶段实体本位，现在是实体与程序并重，将来随着法治的进一步健全要以程序为本或者说程序优先。也有学者在造舆论，说程序法是实体法之母，程序法是实施中的宪法等。这可能是因为过去我们被实体法压制了很多年，所以才导致矫枉过正。但是程序的作用确实不可忽视。

所谓程序的独立价值就是说不仅要保证实体法的正确实施，程序还有其内在的、独立存在的价值。随着法治的健全和人权保障的加强，程序方面的独立价值越来越大，越来越重要。如果我们是实体法优先，那么当实体和程序发生冲突的时候，可能就要把程序置于无关紧要的地位。比如说非法言词证据排除的问题，特别典型的是被告人的口供。如果以非法手段甚至刑讯逼供取得的被告人口供应当怎么处理呢？过去我们对于以非法手段甚至刑讯逼供取得的口供，是打着实事求是的旗号去对待的。一方面刑讯逼供不对，在中国无论是在法律上还是在政治上从来没有肯定过刑讯逼供的正当性。但实践中搞了刑讯逼供，逼供后犯罪嫌疑人就招了，所招供的又是“真”的（我们假设他是真的或者所招供的和其他证据能够相互印证），能不能因为取证的手段不合法而否定口供的证据效力，甚至冒着案件定不了、将罪犯放走的风险，是否敢承担这个责任呢？能不能下这个决心？实务中一方面强调刑讯逼供不对，要批评、教育和惩办，甚至追究刑事责任；另一方面刑讯逼供得到的东西又是“好东西”，舍不得丢掉，利用它就能够惩罚犯罪，将其否掉惩罚犯罪的功能就不能实现。所以这样的口供就继续被作为定案的证据。我们喊了几十年要整治刑讯逼供，但是那些通过刑讯逼供破了案甚至立

了功的现象还是存在的。我认为这个问题就是一个实体和程序的关系问题。

过去在我们的刑事诉讼中，违反程序本身并没有什么独立的后果。举个例子，原来1979年刑事诉讼法规定，二审法院要对一审判决作全面审查。一审判决认定事实不清楚怎么办？证据不充分怎么办？定罪量刑错了怎么办？法律都有明确规定。还有一种情况，就是一审如果严重违反诉讼程序该怎么办？法律规定一审严重违反诉讼程序本身并没有独立的法律后果，如果一审严重违反诉讼程序而可能影响定罪判刑，才撤销原判，发回重审。这就是说如果因为你的程序不合法而将实体问题判错了，这才会承担相应的后果。

现在我们强调程序的独立价值，弘扬程序正义的理念。确立程序正义的理念必然要对诉讼制度构建发挥很大的影响，如刚才所举的非法言词证据的排除规则就是一个。可能还会建立更多的程序性的制裁措施，也就是程序严重违法本身要承担法律后果，而不再是看案件有没有破获，这样就必须有一个程序性的制裁机制。这也是近几年刑事诉讼法学界研究的热点。在整个诉讼制度构建的时候，过去都是围绕着实体来进行的，而现在不但要强调实体问题，更应该强调程序违法的问题。例如不该关押的关押了，甚至长期超期羁押，非法取证或者采取刑讯逼供这样严重违法的手段收集证据应当排除。也就是当实体和程序发生冲突的时候要强调程序的价值。

（三）诉讼主体理念对我国刑事诉讼制度构建的影响

应当说诉讼主体理念也是近几年刑事诉讼法学界在基础理论研究方面取得的一个成绩。将诉讼主体理念结合我国现行的诉讼制度就会发现存在很多问题。最突出的就是到底怎么样看待犯罪嫌疑人和被告人在诉讼中的地位。从法律上讲这个一点问题都没有，或者说问题不大。犯罪嫌疑人、被告人在我国刑事诉讼程序里面当然是主体，在封建专制社会的诉讼程序里犯罪嫌疑人、被告人才是客体，而现在显然不是这样。我们看一下法条，当事人是诉讼过程中最核心的一类主体，而当事人中排第一位的就是犯罪嫌疑人和被告人，怎么能说他们不是“主体”呢？而且法律中还有一些关于犯罪嫌疑人、被告人诉讼权利的保障。但实际上犯罪嫌疑人、被告人在我国刑事诉讼中真的享受主体的待遇吗？这是很

值得反思的。苏力教授讲到辩诉交易，辩诉交易实际上就是通过被告人认罪解决案件，我们国家提倡“坦白从宽、抗拒从严”。那么认罪和供述到底有没有区别呢？我觉得有根本上的区别。所谓供述，就是你如果承认犯罪了，那么就从实招来，何时何地实现何种行为造成何种危害后果，这就叫供述，将来作为认定你有罪的一个重要证据，但“答辩有罪”或者“承认有罪”不一样，如在美国，如果被告人承认有罪，则法官就会省略审判而对被告人径行判决。这表现为被告人作为诉讼主体对诉讼程序的一种选择。宪法或者刑事诉讼法规定了被告人有获得公正审判的权利，包括辩护权、公开审判等，其目的就是通过法庭审理这种形式，在查明案件事实的基础上来解决被告人是否犯了被指控的罪行。审判本身就是在一个特定的场域，以一个特定的形式来确定被告人的刑事责任，就是通过法律所设定的诉讼程序，通过举证、质证来最终确定被告人是否犯了所指控的犯罪。如果被告人承认了指控是真实的，再通过审判这样一个方式去解决就存在是否合理以及是否必要的问题。因此在英美法系国家特别是美国就把正当程序的重心转移了，本来是关于公正审判的法律保障，但是如果审判都不发生了则权利如何保障呢？美国最高法院通过案例确立一系列的保障措施来保障被告人对指控所作的认罪答辩到底是不是被告人真实意志的反映，是否存在着外力或者其他一些因素的影响。自20世纪60年代辩诉交易制度得到美国最高法院的承认以至于逐步在解决刑事案件中扮演主角以后，美国的刑事诉讼程序在发生变化，由重视审判的正当程序逐步向审查、保障被告人认罪答辩的真实性自愿性方面转变。首先要审查被告人对指控的承认是否是出于自愿。但即使是自愿的也不够，人受到的教育和对法律的理解不一样，表面上看被告人是自愿的，但是他对认罪的法律后果并不清楚，不知道可能具有的严重后果。因此在自愿的基础上，还要注意审查犯罪嫌疑人、被告人对指控的认罪是否是理智的，也就是说犯罪嫌疑人、被告人是否是在充分认识指控的性质以及承认指控犯罪的法律后果的前提下作出的理智选择。当然，被告人自愿承认有罪是要有好处的，省略了审判，提高了效率，没有好处谁干呢？要不怎么叫“交易”呢。因此检察机关要开个价，如果你主动承认有罪就能得到好处，如减少指控、降低指控或者建议法官从轻量刑等。因此犯罪嫌疑人、被告人承认指控是在权衡利弊的基础上所作出的理智选择。但是如果被告人不懂法甚至不识字，尽

管你是自愿的、理智的，但很可能你对法律的理解或者后果的严重程度不太清楚，因此需要由律师来帮忙，通过法律专家来帮助你分析。而律师有时可能为了利益而和稀泥，或者与控方律师相勾结或串通。所以美国最高法院要求律师必须提供有效辩护，要求法官在采纳辩诉交易时注意审查，看看指控有没有事实基础。

在我们的诉讼程序中，被告人的主体地位是很有一些问题的。再举个简易程序的例子。1996年刑事诉讼法修改增加了简易程序。过去民事诉讼有简易程序而刑事诉讼没有，涉及定罪量刑的事情怎么能“简易”呢？其他的先不论，主要看看关于简易程序提起的规定，来体会一下犯罪嫌疑人、被告人在我国刑事诉讼中到底是不是主体。法律规定，检察院在审查起诉的时候认为可以适用简易程序可以提出建议，法院在对公诉进行审查时如认为有必要适用简易程序也可以提出，这就意味着检法两家商量商量就把被告人的“主”给做了。但是简易程序除了客观上提高了司法效率以外，最直接的就是对被告人的影响。因为从理论上讲，简易程序因其简易而比普通程序出错的几率要大，如果出错了首先影响被告人的利益。因此，如果被告人是主体的话，是否适用简易程序至少应当征求一下被告人的意见，而不能一味地为了提高司法效率就置被告人的利益于不顾，这样被告人才能感受到主体的概念。

再举个例子。过去法学界经常有这样一个比喻来形容公检法三机关在诉讼中分工配合的关系，我们的侦查、起诉和审判，就好比一个工厂里的三个车间、三道工序，下一个车间、下一道工序要对上一个车间、上一道工序的产品严格地检查，发现问题能及时解决。那么这就涉及一个问题，即如果公检法三机关是一个工厂的三个车间、三道工序，那被告人是什么呢？作为被告人显然不可能是加工者，那么其就变成了一个被加工的“东西”了，是一个在司法流水线上待加工的产品或物件。当然，由于我们是人民的司法制度，所以对我们的司法机关提出了前所未有的、任何制度下都不曾达到的要求，那就是绝对不能出错，表述为不枉不纵，也就是既不放过一个坏人，也不能冤枉一个好人，即经三个车间、三道工序加工出来的必须是百分之百的“正品”。这种要求是否能达到暂且不说，但不应该将犯罪嫌疑人、被告人完全看作被加工的物品。这就启示我们着力提升犯罪嫌疑人、被告人的主体地位。

另外就是诸多冤假错案的出现也让我们来检讨和审视我国诉讼制

度的设计。以审查起诉程序来看，我国的审查起诉程序有别于任何一个国家的诉讼阶段，它不仅仅是侦查终结的处理，不仅仅是通过审查而将案件送至法院。因为它是一个独立的审查起诉程序，是基于检察机关是国家专门法律监督机关而设计的，一方面要在案件质量上严格把关，另一方面要对侦查活动是否合法进行监督。立法在程序设计上是要检察机关审查起诉把一道关，人民法院第一审程序把一道关，第二审再把一道关，这样在诉讼过程尽量防止发生错误，或者发现错误能够及时纠正。这是立法的一个憧憬或者愿望。经过几十年的司法实践发现，这种程序设计并不符合实际情况，没能真正发挥作用。检察机关本来是要通过审查进行把关，结果这个“关”把不住，发现问题纠正不了、监督不力甚至被侦查机关牵着鼻子走。侦查机关破了案了、侦查终结了、犯罪嫌疑人抓获了，如果审查发现问题了，不可能简单否定就将“产品”报废吧，那样会影响惩罚犯罪啊。只能让他补充侦查，把工作再做细一些。如果侦查机关补充侦查不力，那就检察机关自行补充侦查，即搭上自己一份力量，帮助侦查机关尽量地把工作做好，然后向法院移送。在侦查和起诉两个机关都通过了以后，法院如果发现问题同样也把不住关。如果法院真正去贯彻无罪推定、疑罪从无、证据不足就判处无罪，那么这就否定了前面的侦查和起诉的活动，否定了警察和检察两家机关，当然更重要的担心影响打击犯罪。所以这时候实际运作与制度设计便事与愿违了：本来我是要把关和监督你的，但是由于司法惯性使然反而被你牵着鼻子走了，后面的机关和后面的程序只能帮助前面的机关和程序修修补补，或者遮遮掩掩。这样，为了完成共同的任务或使命而不断强化配合，监督和制约便流于形式或不能真正发挥作用了。

当然还涉及辩护人制度理论。这次立法对律师法的修改，对刑事诉讼制度有很大影响。目前面临一个急迫的问题就是新律师法于 2008 年 6 月 1 日就要实施了，但谁也不敢有这个自信，就是新律师法在 2008 年 6 月 1 日起可以不折不扣地得到实施。不仅作为公权力的公安、检察机关关心，律师行业更担心。问题的关键的还是在对辩护职能、辩护制度的理解上。在中国来说，辩护是一个新鲜事物，它的发展是最容易受到打击和误解的，因为你是拿着坏人的钱替坏人说话啊，你的职能就是跟我们公权力机关对着干的啊，这当然就导致了你的权利越充分、你的权利越有效，对我们公权力机关的消极影响就越大。这可以说是一种主流观

点但是是不正确的。所以1996年刑事诉讼法的修改，一方面随着民主的加强、法制的健全，律师制度做了很大的改动，如审查起诉阶段允许正式聘请律师作辩护人，侦查阶段允许律师介入等；另一方面也确实担心律师如果太活跃、太能干了，会对查明犯罪惩罚犯罪造成不利影响。所以不愿意律师在诉讼中展开手脚大干一场，设置了诸多限制，如会见权的限制、调查权的限制等等，司法实践中还有其他的问题，对律师有一种不公平的待遇。本来这也是此次刑事诉讼法再修改的一个热门话题，但是由于司法实务部门、特别是侦查机关对此尚存顾虑，所以刑事诉讼法的修改在这方面延缓了。现在的情况是，新的律师法通过了，但是实践中能否做到则人们不无担心。我认为这个担心是有道理的，由于刑事诉讼法这一基本法尚未修改，仅是由律师法作出了规定，那么这一规定能否被贯彻实行确实是个问题。但这些问题的根本还是一个对辩护权怎么看待的问题。

（四）按照诉的原理来审视我国刑事诉讼制度与程序设计

我们经常讲诉讼法和程序法，那么诉讼和程序有没有区别呢？可以说诉讼是我国的“国粹”，是我们的祖先发明的。“诉，告也；讼，争也。”这样就把诉讼理解为对纠纷解决的一种机制，诉讼的目的是为了解决纠纷。由于纠纷的内容不一样才分为刑事诉讼、民事诉讼等。而程序是办案的一个具体的操作规程、手续、方法、步骤，这两者之间的关系是什么呢？长期以来认为程序有广义和狭义之分。狭义的程序是从立案开始，包括立案、侦查、起诉和审判等。程序这个词是个外来词，其产生于古罗马时代，那时就强调办案的步骤、方法，所以他们的程序意识比我们浓，觉得程序很重要。而我们中国比较重视实体。现在我觉得“诉讼”这个词真是含义深远，博大精深。第一，从诉讼的发起来看，诉讼始于“诉”；第二，诉讼是原被告之间的争议，没有原告就没有被告；第三，既然是诉讼，解决原被告之间的争议总是要有一个第三方，没有第三方存在的诉讼不叫诉讼而叫私立救济。既然有三方了就要有各自的诉讼职能，简单来说就是控、辩、裁，这是最核心的和最基本的诉讼职能。承担这三项基本职能的三方在诉讼里处于何种地位并且其相互之间的关系如何，这就是构造理论。现在公认比较科学合理的诉讼构造是“正三角型”，其基本含义是控辩平等，在平等的基础上对抗；法官

中立，不偏不倚居中裁断。

国家通过诉讼的方式来实现惩治犯罪的任务就必须遵循诉讼的形式。而诉讼最基本的形式从静态来讲就是上面所描述的构造，即诉讼由控辩裁三方构成。但在诉讼的历史沿革中并不是这样，很长一段时间内诉讼的形态发生了异化，这段异化的时期我们称为“纠问式的诉讼”，出现在中国的封建社会和欧洲中世纪时期中，突出表现在诉讼职能不分，一个衙门、一个机关集控告、侦查、起诉、审判乃至于执行诸项职能于一身。这里没有职能的分工，没有权力的制约，导致的结果首先是诉讼构造发生了异化，因为这里没有三方而只有两方，即追究方与被追究方。最直观的表现可以看看我国封建时期法庭的设置：上面设一个公案，摆着惊堂木和几个签，尽管后面写着“明镜高悬”，但是明显的是我来审你的案子，你跪在下面受审。这就是两方而没有三方——我代表权力或者国家一方，而你是被审的一方。在严格意义上讲这不能称之为“诉讼”，通常在诉讼之前加上纠问的字样以称谓此一时期的诉讼。过去称诉讼法不叫“诉讼法”，而是叫作治罪法，法国是这样，日本也是这样。所谓治罪就是我治你的罪，我办你的案。大家可以反思一下，这种思想对我们现在的刑事立法或司法是否还有残余的影响呢？

动态层面的刑事诉讼是国家运用权力来惩罚犯罪的活动，这是毫无疑问的。但是这一惩罚犯罪的活动到底应该是怎么进行的？诉讼法所规定的程序对国家追究犯罪到底产生一种什么样的影响？我们应当围绕诉讼来完成惩罚犯罪的活动，通过诉讼这样一种形式来反映或者承载这样的内容。首先有一个发生或者提出的问题，现在的公诉案件是由检察机关来提出的，这是狭义的诉讼的开始。也就是审判的基础和前提是“诉”，没有检察机关的“诉”法院就不能开庭。但在现代社会，犯罪行为是如此隐蔽，犯罪分子是如此狡猾，非经侦查无从发现和收集证据，无从确定和保全被告人，所以绝大多数刑事案件要经过侦查，侦查活动在刑事诉讼中的地位越来越重要。因此在职能上就要对侦查有一个评价，到底侦查属于控辩审三方中的哪一方呢？有一种解释是说侦查是控诉职能的延伸和拓展，侦查的任务是为了收集证据、查获犯罪嫌疑人，这就明了了侦查和起诉的关系。前些时有人探讨检警关系，主张检警一体，检察领导警察。但这不符合我国的司法体制，甚至与法律的规定相违背，因为法律，包括宪法规定检察与警察是分工负责，配合制约的关

系。我觉得可以从侦查与起诉的关系来探讨检警关系，那就是侦查是为起诉服务的，侦查工作是为起诉打基础的，侦查机关应当为检察机关在法庭上举证提供证据。因为公诉人要在法庭上举证，法律对证据的要求又相当严格，对方还有辩护律师质证，这种情况下侦查机关不仅应当为检察机关提供证据，而且所提供的证据还要符合法律的要求，否则就会影响公诉任务的实现。为此检察机关可以而且需要从起诉的角度去指引、引导侦查机关。从这一点来看，起诉引导侦查的正当性和合理性就具备了，而不存在哪方强哪方弱、谁指挥谁谁服从谁的问题。当然了，在此需要说明一下，不能认为这是最先进的诉讼理论。其实这种“侦查为起诉服务”的理论在日本几十年前就遭到质疑和批判了，因为侦查为起诉服务，意味着要求侦查要全心全意地收集证明被告人有罪的证据，事实上应当要求侦查在收集证据时客观和全面，收集到有罪证据就起诉，反之就要解除嫌疑。如果一味强调侦查为起诉服务，就有可能使侦查方向发生偏离。但中国诉讼理论还没有发展到这一步，我们的现状实际上是侦查主导起诉，所以应当强调侦查是为起诉服务的，据此加强起诉对侦查的指导。可能若干年后就要强调侦查机关客观全面公正收集证据的问题，而不单是纯粹为起诉服务了。这涉及理论的阶段性问题，理论也应当服务于司法实践。这就是侦查与起诉的关系。

现在再来看一下起诉与审判的关系。大家知道检察机关是公诉机关，法院是审判机关。公诉机关与审判机关之间存在着机构上的分立，这一点很简单。那么二者之间的关系是什么呢？一个重要的原则就是“不告不理”。但是我们遗憾地看到1979年刑事诉讼法包括1996年刑事诉讼法对于这样一个重要的原则基本上没有涉及，现行的法律基本上找不到一个调整公诉和审判关系的规定。例如，检察机关起诉为此罪，而法院判决是另一个罪，检察机关能主张法院侵犯了自己的起诉权吗？这个目前在我国法律上是没有规定的。调整诉、审关系，最根本的目的就是要通过诉来限制审判。首先不诉就不能审；其次是诉什么就审什么。概括为起诉是审判的前提，审判受起诉的范围限制。这是从诉与审的关系上而言的。还有被告人呢？因此有的国家有另一种说法，即起诉的效力仅及于起诉书中所指控的人和事，这实际上也是讲的审判与起诉的关系。这就是所谓的“不告不理”。诉，不仅是确定了审判范围，同时还明确了辩护对象。辩护其与生俱来的功能就是应对控诉，是伴随着现代

诉讼制度中的审检分立、现代检察制度诞生以后才有法律制度层面上的辩护。辩护的职能就是从事实到法律，从实体到程序来反驳指控。所以检察机关的起诉一方面限制了审理的范围，另一方面明确了辩护的对象。如果检察机关的起诉和辩护方、被告人的辩护纠结于某个事实或法律，而法院置控辩双方的主张于不顾，自己提出了另外一个观点，那么这种控辩还有什么意义呢？过去我们对刑事诉讼是从阶级本质上分析的，刑事诉讼是惩罚犯罪的活动，而公检法三家是分工、配合和制约的关系，所以就没有围绕诉的提出、诉的审理、诉的确定乃至诉的消灭这样一个主线。这应当是公诉理论的核心。公诉部门的基本职能是提起公诉和支持公诉，特别是1996年刑事诉讼法修改之后强化了检察机关的公诉职能，使得公诉机关在法庭上举证的担子重了。这是因为检察机关本身的职能就是支持公诉，而诉是建立在侦查基础之上的诉讼请求，审判就是审理这样的诉讼请求成立与否。而诉讼请求包括事实和法律两个部分，首先通过举证证实所指控的行为是存在的，在这一前提下分析行为是否构成犯罪、触犯刑律及是否承担刑事责任。这正是公诉部门要干的事情，直至自己的诉讼请求被审判一方以判决方式加以确认或维护。尽管几十年来大家都在做这个事情，但实际上诉讼制度现在这样的设计并不是顺着诉的轨迹、按照诉的发展而考虑的，无论是静态的还是动态的均不是以“诉”来设定的。

（五）宽严相济的刑事政策对我国刑事诉讼制度改革和构建的影响

我国执行了几十年单向的刑事政策，包括“从严、从快、从重”。现在随着执政理念的变化，同时也随着司法经验的积累以及刑法理念的不断健全，而提出了宽严相济的刑事政策。我个人非常赞同，而且认为宽严相济的刑事政策博大精深，绝不是司法实践中出现了点问题说哪个“严”了或者哪个“宽”了这么简单。这里面的学问很大。我主要谈一下宽严相济刑事政策对我们刑事诉讼制度的影响。

为了在诉讼里面贯彻宽严相济刑事政策，就给诉讼制度的改革和创新提供了空间。因为提倡宽严相济意味着原来的“从重、从快”得到了修正，进而我们就要探讨多元化地解决刑事诉讼问题的相关制度。多元化地解决纠纷可能容易被人接受，但是多元化地解决犯罪就很难被人们

接受。长期以来解决犯罪似乎只有一条路，就是要同犯罪作斗争，犯罪是危害统治秩序和社会公益的行为。所以我们有一项重要的诉讼原则就是职权原则，公检法机关发现犯罪要主动追究，似乎不存在以其他形式来解决犯罪的可能。但是现在提出了宽严相济的刑事政策，例如和解、调解以至于其他方式都是我们要探求的解决方式。所以，宽严相济刑事政策的提出为我们探讨多元化地解决诉讼特别是犯罪提供了一个政策基础和支撑。甚至于像强奸这类严重犯罪，在国外都有很多可供我们借鉴的经验。在我们国家强奸罪是公诉犯罪，因为强奸犯罪是严重侵犯人身权利的犯罪，绝对不允许和解或者私了。而在国外可能就不这么处理，有些国家有关于自诉—公诉案件的规定，对像强奸这样的严重犯罪是否追究取决于被害人，首先要看被害人有没有追究行为人责任的愿望。但是绝不是要完全由被害人独立承担追究犯罪的责任，因为犯罪本身是很复杂的，诉讼成本也很大，所以要求司法机关来收集证据，这就涉及公权力机关的介入。那么，像强奸这样的严重犯罪都可以这么解决，其他犯罪就不可以探讨吗？

另外一个就是司法实践在积极探索的附条件不起诉、暂缓起诉等程序分流措施。这个问题实际上我们已经呼吁了很多年了，要扩大酌定不起诉的适用范围，要扩大检察机关的自由裁量权。我有一个基本的看法，就是公检法三家在承担侦查、起诉和审判职能过程中，刑事政策的主要实现者应当是检察机关。因为侦查机关首要的职责是收集证据、查明案件事实，试想如果侦查阶段就强调宽严相济，在事实没有查清的情况下就宽大处理，或者和解、私了，这显然是不合适的。而法院也要有一个公正的、中立的立场，不能偏向哪一方，如果法院要讲“从重从快、从严打击”那显然是不合适的，这就是法院要被动、消极的意思。所以检察机关是刑事政策的主要实现机关。如果某一个时期犯罪形势严峻，犯罪率居高不下，那么检察机关可能就要严格把握，加强追诉；否则就可以从宽把握，多采用附条件不起诉、暂缓起诉等措施。所以检察机关并不是一个案件“中转站”，而是要能动地体现刑事政策。要体现政策就要有裁量权，要摆脱一种僵硬的、教条的范式而追求起诉的合理性和必要性。在法律条件具备的情况下，就个案而言是不是要经过公诉追究其刑事责任，可以“公诉个别化”。过去大家可能只是听过量刑个别化，实际上公诉也可以个别化，如日本的起诉犹豫制度等。所以

宽严相济刑事政策为我们探讨多元地解决犯罪以及扩大检察机关的裁量权，为我们在公诉阶段搞一些制度创新提供了政策的依据和制度的空间。

（六）国家追诉权行驶的谦抑和适度

大家知道“谦抑”是一个刑法中的概念，刑法学家对这个概念谈的很多，刑事诉讼法中谈论较少，并且只是这几年的事情。国家赋予公检法三机关追诉和惩治犯罪的权力，三机关为了惩罚犯罪有必要适用这些权力，但是要适度行使、谦抑行使，不要什么犯罪都将所有手段用尽。这一点对检讨现在的诉讼制度很有意义。例如有没有必要区分任意性侦查和强制性侦查，以任意性侦查为一般，以强制性侦查为例外？或者说现在的强制措施有五种，将来可能健全为八种、九种，在适用这些强制措施的时候是不是有罪就必捕呢？这里有一个比例原则，也就是谦抑、适度、必要。采取强制措施的力度与犯罪的轻重或者犯罪人的个人情况要相均衡。还有一个重要原则就是所谓“一罪不二罚”“一事不再理”，是说不能因为一个事情对某人作出两次以上的处理。实际上我国还没有真正确立这一原则，尽管这是刑事诉讼里最基本的一个常识。例如司法实践中即使是疑罪从无了，但是日后发现了相关线索就再起诉，总之公权力一直在那里虎视眈眈，生怕漏掉犯罪或者打击不力。我认为公权力的行使应当有一个界线或者说边际。刑事诉讼中有“一事不再理”或者说“一事不二罚”，任何人不受两次以上的不利处罚，这就是对公权力的限制。

二、检察权的配置

尽管这个问题研究得比较多，讲起来也非常不容易，但由于这个问题也是我一直关注的，这里简单地谈点个人想法。检察权配置是一个大题目，我这里简单谈三个话题。

（一）职务犯罪侦查权

对这一权力国内有很多不同看法，大体上存在三种意见，一种是由警察行使，另一种是另起炉灶成立类似廉政公署等机构，再一种就是由检察机关行使。我个人是赞成由检察机关行使职务犯罪侦查权的。这

是最符合中国国情也是最有效的。我国古代有御史，御史的重要职能就是对付贪官污吏的，所谓纠弹百官。从民主革命时期到现在建设社会主义法治国家，这项工作一直是由检察机关承担的。再看看检察机关的宪法地位，即法律监督机关，这就要求检察机关要保障宪法和法律的统一正确实施，同时担负起对国家工作人员权力的监督。在权力行使的原则上，宪法和法律要求和保障检察机关独立行使检察权，包括独立行使侦查权，试问哪个行政机关能够被赋予独立行使侦查权呢？法律从未规定公安机关独立行使侦查权，因为公安机关是行政机关，行政机关本身就要求上命下从、首长负责。所以独立行使检察权就是检察机关行使职务犯罪侦查权的一种保障。再看看职务犯罪侦查权行使的对象，都是些曾经掌握权力的人，这里的权力主要就是行政权力，所以当然就不能将职务犯罪侦查权混同于行政权了。何况检察机关还具有丰富的职务犯罪侦查经验。最后一点就是司法资源的配置问题，再建立一个十几万人的机构显然是不现实的。

（二）批捕权和司法审查权

批捕权是法律赋予检察机关享有的一项重要诉讼权力。但是这个权力一直以来受到大家关注，一方面它与国外法律规定不符，国外基本是将这个权力交给法官行使的；另一方面有人说批捕权与起诉职能相冲突，检察机关行使起诉权就决定了其具有追究的倾向，而审查批捕要求基于一种中立的立场，是人权保障的一种措施。我认为批捕是我国法律上的一种授权，这与我国检察机关的设置相契合，检察机关是法律监督机关，在性质上又是司法机关，所以不能简单地将其看成是追诉机关。另外，如果说我们现在行使批捕权存在着问题，可能并不是缘于这个权力由检察机关行使了，主要还是因为公检法三机关之间的相互关系决定的，当然在程序设计上也是存在问题的。例如我们现在只是书面审查、一次性的审查，而国外有事前审查、事中审查还有事后审查等等。比如事前侦查机关写报告，而决定机关没有看到犯罪嫌疑人，主要看证据是不是成立；签发令状后将犯罪嫌疑人抓过来尽快地（很多国家规定在 12 小时以内）讯问，第一看是不是抓错了，第二看有没有继续关押的必要，我们将其简单地表述为“事中审查”；还有像德国的事后审查，审查批准机关经常地对被羁押的犯罪嫌疑人进行审查，看看还有没有继

续关押的必要。我国可以借鉴这些做法从程序上对审查批捕制度进行健全。如果说批捕权继续由检察机关行使，那么我个人认为，应当将我国的司法审查范围扩大为三大类，即自由、财产和隐私等。而强制措施实际上也就这三大类，涉及人身自由的是逮捕、拘留、羁押等；涉及财产的就是搜查、查封、扣押、冻结等；涉及隐私或者通信自由等其他重要权利的就是监听、窃听、检查扣押邮件等。将来在我国刑事诉讼制度进一步健全的情况下，凡是涉及公民基本权利的强制措施或者侦查行为，都应当纳入司法审查的范围。如果现阶段由检察机关行使的批捕权相当于司法审查权的话，那么这种审查的范围应当扩大，当然在扩大之后应当在程序上对其有所限制和制约。

（三）诉讼监督与自身监督

检察机关在刑事诉讼中参与的时间最长，检察机关的行为贯穿刑事诉讼的全过程；另外检察机关在刑事诉讼中承担的职能最多，别的机关介入刑事诉讼可能就干一件活或者一个职能，侦查就是侦查，审判就是审判，唯独检察机关“一身多任”，有侦查、批捕、起诉、监督等。但是这就在理论上产生一个冲突和悖论。根据现在诉讼职能的研究，有两个结论性的意见：第一个就是随着社会分工的越来越细，诉讼职能越来越多，可能由三职能变成五职能或者更多；第二个由于权力制衡的需要，防止专制，防止腐败，一个机关最好行使一个职能，或者说一个职能最好由一个机关行使，如审检分立。因此检察机关的诉讼监督权应当是权力配置研讨过程中的重要话题。1996年刑事诉讼法修改时，大家一致赞成强化检察机关的法律监督，认为检察机关作为国家法律监督机关，应当集中精力进行法律监督，不能把全部精力放到办案上，办理的案件越多监督就越不力，尤其表现在对自侦案件的监督上。因此刑事诉讼法增加了检察机关诉讼监督的基本原则，同时适当缩小了自侦案件的范围。这次刑事诉讼法再修改过程中，很多人对检察机关的法律监督职能提出异议，当然对这个问题进行研讨是非常必要的。我个人主张强化诉讼监督。现在往往是雷声大雨点小，一方面实践中监督的力度并不大，监督的效果并不好；另一方面又很不愿意听到反对监督者的声音，但是真正让你去监督做得又不太好。所以我觉得首先可以从理论上进行探讨，论证检察机关作为法律监督机关进行诉讼监督的合理性和必要

性，而且应当将这种诉讼监督同整个刑事诉讼机制统一起来。例如，起诉引导侦查从某种意义上应当说是两全其美，一方面为起诉做了准备，另一方面对侦查的监督也到位了。还有就是对审判机关的监督，包括抗诉等。我认为在保留诉讼监督的实质的前提下，对于称谓、形式可以进行变通。再一个真正需要监督的就是法律的统一实施，我非常欣赏日本的非常上告制度，韩国也有类似的规定。如许霆案件，涉及法律的理解和适用，对此最高司法机关和检察机关应当有所作为。当然最高司法机关的解释最好不涉及个案、效力不及于被告人，不是说许霆被判 5 年轻了，判无期重了，关键是要确立一个规则，一个制度，以便告诉人们此类事情以后会如何处理。我觉得这也是一个监督，甚至是一个大监督。

构建理性的司法解释规范*

新刑事诉讼法是我国刑事司法制度和诉讼程序的重大发展，是法治建设和司法改革取得的重大成就。为了贯彻好修改后的刑事诉讼法，最高人民检察院于2012年3月启动了《人民检察院刑事诉讼规则》(以下简称《规则》)的修订工作，经反复讨论和征求意见，《规则》终于2012年11月22日公布。这是一部重要的司法解释，将对人民检察院的刑事诉讼活动发挥重要的指导作用和保障作用。

一、修订完善《规则》的必要性

新刑事诉讼法是1996年以来我国对刑事诉讼法的又一次重大修改。为迎接和保障新刑事诉讼法的实施，最高人民检察院以及其他有关部门开展了紧张的准备工作，包括抓紧制定、修订、完善相关司法解释和配套措施等。

然而，关于是否有必要为刑事诉讼法的实施制定或修订司法解释的问题，理论界尚存在一些不同观点，有人不太赞成甚至持反对意见。主要理由是：目前我国的司法解释已经超出应有的定位，公检法三家的司法解释从条文内容上看无所不包，其不仅仅是解决法律适用的具体问题，而是更类似于准立法，从某种意义上讲是对立法权的僭越。这种司法解释体制不应当再继续延续，而应当转向指导性判例，回归真正意义上的司法解释。当然，更多的同志认为，当前我国不制定司法解释是不现实的，首先全国人大常委会对“两高”制定司法解释进行了授权，有授权就要实行；其次新刑事诉讼法条文数量依然比较有限，单凭刑事诉讼法很难全面地规范执法实践，不制定司法解释不具备实施条件。①

---

* 原文发表于《国家检察官学院学报》2013年第1期，与栗峥合作。

① 程雷等:《中国刑事诉讼法学研究会2012年年会综述》，载 http://www.procedurallaw.cn/yjhzl/zxxx/201211/t20121114_985707.html，最后访问时间：2012年12月1日。

笔者认为，最高司法机关制定司法解释从一定意义上看是一个因应中国国情、具有中国特色的问题。在当前甚至今后相当长一段时期内，最高人民检察院制定发布《规则》这样的司法解释，不仅十分必要，而且也具有正当性。

首先是历史经验的传承。中华人民共和国成立后，受法律无用论和法律虚无主义的影响，我国刑事法律领域长期无成文法典。结束“文化大革命”后，中央痛定思痛，决定倡导法治，这才抓紧进行刑事立法工作，并于1979年制定颁行了刑事诉讼法。由于这是新中国第一部刑事诉讼法典，立法经验不足，技术也不够成熟，因此采取原则性与灵活性相结合的方式，法律条文力求简明扼要、通俗易懂，同时简化和省略了属于公检法三机关内部办事手续的一些条款。[①]刑事诉讼法规范的是公安司法机关办理刑事案件的程序和手续，应该具有很强的可操作性，而由于法律规范相对比较原则、粗疏，因此迫切需要实务部门制定司法解释、实施细则来加以补充和细化，使之能在实践中得到很好地贯彻。1979年刑事诉讼法通过后，最高人民检察院曾单独或联合其他机关制定发布了一系列司法解释和规定，弥补了法律之不足，对于保证刑事诉讼法的贯彻实施发挥了重要作用。甚至可以说，没有这些解释或规定，刑事诉讼法的实施是难以想象的。1996年刑事诉讼法由于修改的内容比较多，涉及的面比较广，有些规定也不太明确，为贯彻这部法律，法检公各家都先后出台了关于贯彻实施刑事诉讼法的解释文件或部门规范。例如，1999年1月18日最高人民检察院制定并颁布了《规则》。由于各家解释或规定之间存在一些不太一致的地方，有些问题涉及几家也不可能由一家单独作出解释或决定，为解决这些问题，全国人大常委会法工委又牵头联合最高人民检察院等部门共同出台了《关于刑事诉讼法实施中若干问题的规定》，保证了刑事诉讼法的顺利实施。可以说，以最高人民检察院为代表的最高司法机关根据刑事诉讼法制定本部门的实施细则，是改革开放以来司法经验的总结，也是贯彻实施法律的重要途径。

其次是实施刑事诉讼法的客观需要。一般而言，法律具有高度的概括性与普适性，任何一国的法律都不可能事无巨细地规定司法实践的

① 张子培:《刑事诉讼法教程》，群众出版社1986年版，第59页。

方方面面。[①]在我国的法律体系中，刑事诉讼法属于基本法律，处于较高的位阶，主要确定刑事诉讼的任务、基本原则、国家专门机关的基本职权、当事人及其他诉讼参与人的权利义务以及办理刑事案件的基本程序、基本制度等，通常难以覆盖刑事诉讼过程的各个方面，也不可能完全解决实施过程中的各种问题，必须依赖一定的辅助形式进行细化以方便操作。尽管随着司法经验的积累和立法技术的成熟，刑事诉讼法每次修改后条文数量都大幅增加，但总体上看，我国刑事诉讼法的条文总量相对偏少，距离司法实践的客观需要仍有很大差距，需要通过司法解释来弥补不足。举例来说，管辖是刑事诉讼活动的基本问题，是公检法三机关行使职权、履行职责的基础。《刑事诉讼法》第 18 条对此作了原则性的规定，但仅有原则性的规定还不能满足司法实践的需要。刑事案件有好几百种，具体哪种案件到底由哪个机关管辖，必须加以明确，以避免出现互相推诿、懈怠职责或者互争管辖、滥用职权的现象。这就需要在立法之外，另行制定司法解释予以解决。

此外，本次刑事诉讼法修改幅度很大，内容很多，特别是增设了四种特别程序。对法律的修改和新增的规定如何理解、执行，迫切需要有权机关制定发布相应的司法解释。1999 年《规则》的诸多内容存在与新刑事诉讼法不匹配或不一致的地方，需要根据新刑事诉讼法对其作进一步的调整与完善。这也是贯彻落实刑事诉讼法的必然要求。

最后是有法律明确的授权。1981 年《全国人民代表大会常务委员会关于加强法律解释工作的决议》将司法解释权明确赋予了最高人民检察院，以保障制定司法解释的及时性和有效性。可以说，最高人民检察院根据刑事诉讼法的规定制定相关司法解释有足够的法律依据。

总而言之，最高人民检察院制定司法解释具有充分的正当性，而司法解释在刑事诉讼法的贯彻实施中也一直扮演重要角色，发挥了重要作用。那么，在刑事诉讼法作出重大修改后，对原有的司法解释及时进行修订、补充、完善，不仅是十分必要的，也是非常正常的。在目前的形势与条件下，夸大司法解释的问题甚至反对制定司法解释，显然不具有现实意义，简单地拒绝司法解释并不会为中国刑事诉讼制度带来更多具

---

① 赵玉梅、张兵:《我国司法解释制度存在的问题及成因》，载《法学》1994 年第 7 期。

有建设性和选择性的方案。当下问题的关键，不是应不应该或者需不需要修订司法解释的问题，而是应该如何修订和完善司法解释的问题。

二、修订完善《规则》的基本要求

应当如何修订和完善司法解释，或者说在修订司法解释时应当遵循哪些原则、注意哪些问题呢？在此方面，冷静对待、理性分析那些反对司法解释者的意见便显得十分重要。

对司法解释持不同意见的同志，其反对的理由是不断扩充的司法解释可能存在的弊端。其一，制定解释的司法机关很有可能因部门利益而肆意扩充权限，使部门权力超越刑事诉讼法所确定的权力边界；其二，公安司法机关各自制定符合本部门工作需要的司法解释或规章，可能产生某些制度与规则上的冲突，从而导致法律难以落实；其三，数量众多的司法解释规范可能会超越刑事诉讼法的立法内容，从而架空刑事诉讼法本身。应该说，这些担心和顾虑并非完全毫无道理。在制定或修订司法解释的过程中，一定要尽力避免产生上述问题，使司法解释做到理性、规范、合法。笔者认为，最高人民检察院修订《规则》应当注意遵循下列原则或满足下列要求：

其一，忠实于立法原意。刑事诉讼法是制定司法解释的依据与原始出发点，因此，制定司法解释必须围绕刑事诉讼法本身，必须符合刑事诉讼法规定的各项原则与立法精神，必须按照刑事诉讼法的规定加以解释。对此，有学者指出："司法机关制定的司法解释只能坚守法律、明确法律、丰富法律，而不能改变法律，更不能用司法解释替代法律，司法机关在理解、适用司法解释时也必须忠于法律原则，弘扬法律精神。"①忠实于立法原意是制定司法解释的基本要求，但要真正做到却很有难度。笔者认为，这大致适用于几种情况：一是法律已有明确规定的，司法解释的规定在任何情况下都不能和法律的规定相悖；二是法律只有原则规定，需要通过司法解释加以明确和细化的，司法解释的内容不能与法律的原则规定相左；三是法律只有原则而缺乏具体规定或者规定模糊，需要通过司法解释去填补空缺的，制定司法解释需要准确领会立法

① 刘敏：《司法解释的权威解读——访最高人民法院研究室主任胡云腾》，载《中国审判》2010年第9期。

意图，符合立法精神和法治要求。此时通常有一些判断准则。例如，当法条规定是有利于实现程序公正还是不利于实现程序公正不明确时应当作有利于实现程序公正的解释，当法条规定是有利于保障当事人权益还是不利于保障当事人权益难以确定时应当作有利于当事人的解释，当法条规定是限制还是扩张公权力不明朗时应当作限制公权力的解释等；四是法律虽有规定，但由于各种原因，法律规定自身可能存在一些问题的，司法解释应能克服法律存在的弊端，弥补法律之不足，抑制法律在适用中可能产生的消极因素和不利影响。这是司法解释所应竭力追求的理想境界。

其二，防止自我授权或部门扩权。刑事诉讼法在修订过程中，广泛听取了社会各阶层的意见，体现了人民群众的意志，代表了最广大民众的利益。可以说，最后通过的文本是筛选各种意见、考量各种利益并权衡各种价值后的成果。立法机关的中立性、立法人员的代表性、立法过程的开放性，决定了最终通过的立法不会片面采取哪一部门的意见，偏袒哪一部门的利益。但是，司法解释的制定却迥然不同。[①] 司法解释是由各部门自己制定并通过的，为了方便执行或者强调本部门利益，制定者可能有意无意地扩张本部门权力，扩大授权范围。这不仅可能导致各部门之间权力的冲突与矛盾，而且还会侵害当事人及其他诉讼参与人的合法权益，最终破坏法治的统一和权威。因此，修订《规则》务必要防止自我授权和权力扩张，要坚持法无明确授权不可为的公法原则。这也是司法解释赢得民众信任、信服的前提和基础。

其三，切合本部门实际，满足司法实践需要。制定司法解释需要立足司法实践，切合本部门实际，以解决刑事诉讼法实施中可能遇见的问题，同时弘扬先进的诉讼理念和司法文化，推动刑事程序法治的发展。鉴于我国地域差异明显、各地经济发展很不平衡、司法环境迥然有别的现状，法律没有简单采取“一刀切”的做法，而是给予各地各部门在具体贯彻实施中一定的变通空间。立法关于讯问时同步录音录像的规定，就是很好的例证。《刑事诉讼法》第121条规定：“侦查人员在讯问犯罪嫌疑人的时候，可以对讯问过程进行录音或者录像；对于可能判处无期

---

① 游伟、越剑峰:《论我国刑事司法解释权归属问题》，载《法学研究》1993年第1期。

徒刑、死刑的案件或者其他重大犯罪案件，应当对讯问过程进行录音或者录像。”这一规定与2010年“两高三部”制发的“两个证据规定”以及检察机关早就推行的讯问全程同步录音录像的做法相比，显然不一致甚至有所倒退。那么应该如何理解和执行这一规定呢？《规则》结合人民检察院查处职务犯罪的实际，强调“在讯问犯罪嫌疑人时实行全程同步录音、录像，每次讯问时，应当对讯问全过程实施不间断的录音、录像”，明确讯问人员与录制人员必须分离，要求“录音、录像应当由讯问人员以外的检察人员负责”。笔者以为，这样的解释和要求是符合增设录音录像制度的立法精神和检察机关查处职权犯罪的实际的，应当予以肯定和赞赏。制定和实施《规则》应当以此为范例，注重结合本部门实际，以满足实践需求为出发点。

其四，增强法律的可操作性。刑事诉讼法是规范刑事诉讼活动的程序法，程序法的基本要求便是可操作性强。公安司法机关要依据刑事诉讼法来办理案件，当事人和其他诉讼参与人也要依据刑事诉讼法来参与诉讼。在一定程度上，法律的规定越明确详尽，法律的可操作性便越强，法律便越能得到切实地遵守和履行。但法律由于空间限制，不可能事无巨细地面面俱到，这就需要司法解释来补充、细化，以增强其可操作性。《规则》作为联系刑事诉讼法与司法实践的桥梁和纽带，直接影响着刑事诉讼规范在中国大地真实土壤上的落实情况，决定着法律的执行成效。将纸面上的法变为行动中的法，要求司法解释的制定必须具有实际的可行性和有效的操作性。[①] 因此，《规则》的制定必须着重于增强法律的可操作性，成为全国检察人员办理刑事案件的指导手册与工作指南。

其五，创新办案机制。此次刑事诉讼法的修改幅度很大，其中与检察机关有关的内容就有很多，特别是在强化诉讼监督方面，立法赋予检察机关一些新的职能，扩大了诉讼监督的范围，增加了诉讼监督的内容。例如，为减少不必要的审前羁押，法律增加规定，要求检察机关在犯罪嫌疑人、被告人被逮捕以后仍应当对羁押的必要性进行审查；为了保证强制医疗措施依法得到正确适用，法律授权检察机关对强制医疗的决定和执行实行监督。为了切实履行好法律赋予的新职能，加强对刑事

---

① 董皞：《司法解释论》，中国政法大学出版社1999年版，第17页。

诉讼全过程的法律监督，检察机关需要在修订《规则》时，认真总结法律监督实践的经验和教训，大胆创新办案机制，适当调整内设机构及其分工，以满足实施新刑事诉讼法的需要。

三、修订完善《规则》的重点内容

新修订的《规则》在内容上有大幅增加，在原先468条的基础上增加了240条，新增了辩护与代理、证据、案件受理、特别程序、案件管理五章，除通则、管辖、回避、刑事司法协助、附则等章修改较小外，其他各章修改、增加的内容都较多，限于文章篇幅，这里不一一介绍和评价。在笔者看来，其中值得赞道的有以下重点内容：

其一，保障辩护权充分行使。1996年刑事诉讼法规定犯罪嫌疑人委托辩护人的时间从检察机关审查起诉开始，相应的，原来的《规则》将“辩护与代理”的内容放在了“审查起诉”一章，同时在“侦查”一章规定了律师参与诉讼的内容。为了适应修改后的刑事诉讼法对辩护制度所作的重大修改，保障辩护权的充分行使，新《规则》在体例与结构等方面都作了较大改变，特意将有关辩护（包括代理）的内容单独成一章，并根据修改后的刑事诉讼法的规定，增加了许多保障犯罪嫌疑人委托辩护人以及保障辩护人行使诉讼权利的条文。具体来说，在告知时间上，明确规定侦查部门在第一次开始讯问时或者对犯罪嫌疑人采取强制措施时，公诉部门在收到移送审查起诉案件材料后3日内，应当告知犯罪嫌疑人有权委托辩护人；在告知内容上，除了告知犯罪嫌疑人有权委托辩护人以外，还应当告知其可以依法申请法律援助。如果属于《刑事诉讼法》第34条规定的案件，还应当告知犯罪嫌疑人有权获得法律援助。此外还规定，侦查部门、公诉部门除了必须及时告知犯罪嫌疑人有权申请法律援助或者有权获得法律援助外，还应当及时转交犯罪嫌疑人提出的法律援助申请。发现犯罪嫌疑人符合《刑事诉讼法》第34条规定情形而没有委托辩护人的，应当及时书面通知法律援助机构指派律师为其提供辩护。

同时，《规则》修改完善了检察机关保障辩护人阅卷权的有关规定。具体来说，明确规定了检察机关自案件移送审查起诉之日起，应当允许辩护律师查阅、摘抄、复制本案的案卷材料，而不仅仅是原来规定的诉讼文书、技术性鉴定材料；辩护律师或者经过许可的其他辩护人到人民

检察院查阅、摘抄、复制案卷材料的，由案件管理部门及时安排，由公诉部门提供案卷材料。因公诉部门工作等原因无法及时安排的，应当向辩护人说明，并安排辩护人自即日起3个工作日以内阅卷，公诉部门应当予以配合；辩护人可以采取复印、拍照等方式复制案卷材料等内容；辩护人复制案卷材料的，检察机关只收取必需的工本费用；对于承办法律援助案件的律师，可以减收、免收相关费用。

此外，《规则》增加了辩护律师申请检察机关调取无罪、罪轻证据的有关规定。一是明确规定辩护人的申请程序。在案件移送审查逮捕或者审查起诉后，辩护人认为在侦查期间公安机关收集的证明犯罪嫌疑人无罪或者罪轻的证据材料未提交，申请人民检察院向公安机关调取的，应当提交申请书。二是明确规定检察机关履行职责的程序。辩护人提出申请后，收到申请的案件管理部门应当根据案件所处的诉讼环节及时分送侦查监督部门或者公诉部门。侦查监督部门或者公诉部门应当及时进行审查，决定不予调取的，应当向辩护人说明理由。三是明确规定对于检察机关直接受理立案侦查的案件，辩护人提出申请要求调取相关证据的，按照上述程序办理。

其二，规制强制措施的合理适用。《刑事诉讼法》第73条规定，监视居住应当在犯罪嫌疑人、被告人的住处执行；无固定住处的，可以在指定的居所执行。对于涉嫌危害国家安全犯罪、恐怖活动犯罪、特别重大贿赂犯罪，在住处执行可能有碍侦查的，经上一级人民检察院或者公安机关批准，也可以在指定的居所执行。为防止在司法实践中出现滥用“有碍侦查”的理由对犯罪嫌疑人指定居所监视居住的情况，《规则》参考了《刑事诉讼法》第75条关于被监视居住人应当履行的义务的内容，将“有碍侦查”的情形界定为：可能毁灭、伪造证据，干扰证人作证或者串供的；可能自杀或者逃跑的；可能导致同案犯逃避侦查的；在住处执行监视居住可能导致犯罪嫌疑人面临有人身危险的；犯罪嫌疑人的家属或者其所在单位的人与犯罪有牵连的；可能对举报人、控告人、证人及其他人员等实施打击报复的。

同时，《规则》对指定居所监视居住的执行地点作出了说明，规定了指定居所应当具备的条件，即具备正常的生活、休息条件；便于监视、管理；能够保证办案安全。《规定》还通过否定式列举的方法规定，“采取指定居所监视居住的，不得在看守所、拘留所、监狱等羁押、监

管场所以及留置室、讯问室等专门的办案场所或者检察机关的办公区域执行。”

此外，《规则》进一步完善了逮捕制度。根据《刑事诉讼法》第79条对逮捕条件的规定，《规则》分别规定了一般逮捕条件、迳行逮捕条件和违反取保候审、监视居住的规定转为逮捕的条件。在“一般逮捕条件”中，刑事诉讼法对“事实证据条件”和“刑罚条件”没有修改，而是将第三个条件“逮捕必要性”的提法取消，保留“社会危险性”的表述，并将其细化为五种情形。《规则》对这一重大变化予以回应，为加强审查逮捕中对社会危险性条件的把握，对五种社会危险性情形进行了具体解释，同时增加了“可以不捕”的情形。刑事诉讼法对逮捕条件从“应当逮捕”和“可以逮捕”的角度予以规范，《规则》从“不应当逮捕”以及“可以不捕”的角度列举规定，作为对逮捕活动的具体指导，有利于对逮捕条件的准确把握。

其三，落实非法证据排除规则。根据《刑事诉讼法》第54条至第58条的要求以及“两个证据规定”的规定，《规则》第五章规定了排除非法证据的具体操作程序。主要包括以下几个方面的内容：一是非法证据排除制度中“非法方法”的界定。《刑事诉讼法》第54条规定，采用刑讯逼供等非法方法收集的犯罪嫌疑人、被告人供述和采用暴力、威胁等非法方法收集的证人证言、被害人陈述，应当予以排除。《规则》规定，其他非法方法是指违法程度和对当事人的强迫程度与刑讯逼供或者暴力、威胁相当，迫使其违背意愿供述的方法。判断哪些具体情形属于非法方法，应当采用“程度相当性”的标准，重点把握其违法程度和对当事人的强迫程度是否与刑讯逼供和暴力、威胁手段相当。二是排除非法证据的效力。对于言词证据，被排除后不得作为报请逮捕、批准或者决定逮捕、移送审查起诉以及提起公诉的依据；对于物证、书证，经侦查机关补正或者能够作出合理解释的，可以作为批准或者决定逮捕、提起公诉的依据，侦查机关不能补正或者无法作出合理解释的，对该证据应当予以排除；要综合全案进行判断，如果该证据被排除后，其他证据不能证明犯罪嫌疑人实施犯罪行为的，应当不批准或者决定逮捕，已经移送审查起诉的，可以将案件退回侦查机关补充侦查或者作出不起诉决定。三是排除非法证据的诉讼环节。人民检察院在侦查、审查起诉和审判阶段均可启动非法证据排除程序。

其四，全面强化诉讼监督。关于刑事立案监督，《规则》进一步明确了人民检察院对公安机关刑事立案活动实行监督的范围，即包括公安机关应当立案侦查而不立案侦查和不应当立案而立案这两种情形。同时，进一步明确了立案监督案件的来源和立案监督的具体程序。被害人及其法定代理人、近亲属提出控告、申诉，或者行政执法机关提出意见的，人民检察院应当受理并进行审查。人民检察院进行立案监督，应当首先要求公安机关说明不立案或者立案的理由，经审查认为理由不成立的，应当通知公安机关立案或者撤销案件，公安机关收到立案通知后超过 15 日不立案的，人民检察院应当发出纠正违法通知书予以纠正，仍不纠正的，报上一级人民检察院协商同级公安机关处理。公安机关立案后 3 个月内未侦查终结的，可以进行催办。公安机关认为撤销案件通知有错误的，可以要求复议、复核。

关于侦查监督。《规则》根据新刑事诉讼法和其他法律的规定，充实了监督内容，将侦查监督主要针对的违法行为由 11 种增加为 21 种；增加了监督手段，规定对公安机关侦查活动中的违法行为，情节较轻的，可以由检察人员以口头方式提出纠正意见；增加规定公安机关不接受纠正意见的可以要求复查；增加规定上级人民检察院可以监督纠正下级人民检察院侦查活动中的违法行为。

关于审判监督，主要有两个方面的变化：一方面，《规则》充实了审判监督的内容，根据修改后的刑事诉讼法的有关规定，结合司法实践的具体情况，进一步明确了审判监督主要针对的违法行为的范围，将人民法院违反法律规定对人或物采取强制措施的情形纳入其中。另一方面，增加规定检察长列席法院审判委员会会议的内容。

关于羁押和办案期限监督。《规则》将“羁押和办案期限监督”单列一节，主要内容包括：羁押必要性审查制度；羁押期限和办案期限监督职责的内部分工；检察机关内部纠防超期羁押的协作配合通知机制；检察机关对看守所羁押期限管理活动的监督；对公安机关侦查羁押期限、人民法院审理期限的监督；对超期羁押的纠正程序和责任追究制度以及案件管理部门对人民检察院办案期限的内部监督程序等。

关于刑事判决、裁定执行监督。《规则》规定对刑事判决、裁定执行的监督统一由监所检察部门负责，并且规定，人民检察院收到监狱、看守所抄送的暂予监外执行书面意见副本后，应当逐案全面审查，发现

罪犯不符合暂予监外执行法定条件或者提请暂予监外执行违反法定程序的，应当向决定或者批准机关提出书面检察意见，同时可以向监狱、看守所提出书面纠正意见；人民检察院收到执行机关抄送的减刑、假释建议书副本后，应当逐案审查。

其五，创新办案机制。在传统案件管理模式下，案件由各个办案部门直接受理，有关案件受理的内容也分散规定在《规则》相关章节中。如原《规则》第98条规定了侦查监督部门对审查逮捕案件的受理与审查，第244条至第247条规定了公诉部门对移送审查起诉案件的受理与审查，这些内容分别规定在审查逮捕、审查起诉等章节中。而《规则》充分吸收了全国检察机关推行案件管理机制改革的经验，规定由案件管理部门统一受理案件，将“案件受理”作为单独的一章，将案件管理部门承担的受理工作作了集中规定。同时，为了使诉讼规则的体系结构更符合逻辑，《规则》还将原来规定在“立案”一章中的“受案”一节的内容调整至本章并作了进一步完善。

综上所述，最高人民检察院及时修订发布《规则》，为全国检察机关贯彻实施修改后的刑事诉讼法提供了操作指南和规范保障。从更深层次的角度来看，司法制度的建立需要一个不断酝酿、逐步走向成熟的过程[①]，《规则》的修订和施行实际上就是修改后刑事诉讼法落实、接地的过程。现代刑事诉讼制度如何由理念走向现实，如何从纸面变成行动，在一定程度上可以通过《规则》的制定和施行得到反映。我们应当更多地以平和的心态，理智冷静地观察《规则》在具体司法操作中的效果，深入分析《规则》在实际施行过程中出现的问题与原因，以检验司法解释在基层落实的速度、力度和幅度，为中国刑事司法的进一步改革提供有价值的判断和对策。

---

① 徐静村:《动态的法——关于刑事诉讼法解释的评析》，载《现代法学》2000年第2期。

转型期中国刑事诉讼制度的改革与发展*

改革开放三十余年来，中国在旧体制改造与新市场培育的相互作用下处于一个复杂艰难的治理时期：这既是一个依赖经济发展和GDP提升创造一系列“经济奇迹”的时期，也是一个为环境恶化“密集还账”的时期；既是一个物质丰厚与市场繁荣的时期，也是一个道德赤字与信仰亏空的时期；既是一个社会稳定、秩序和谐的时期，也是一个形势严峻、矛盾层出的时期；既是一个制度建构与规则破坏并存的时期，也是一个立法发展与司法滞后共生的时期。总之，以计划经济为主导的传统体制已被改革，以市场经济为主导的新兴体制正在培育，社会转轨所诱发的社会矛盾以及秩序的不稳定因素日趋增多，中国社会整体处于转型发展的时期。

一、转型期中国社会的特点

我国当前的社会转型是社会经济、政治、文化等因素分化重组、递升跃迁的历史运动，是整个社会由僵滞走向变革、由封闭走向开放、由落后走向文明的现代化时期。这一时期的社会转型，总体表现为“四个深刻”，即“经济体制深刻变革、社会结构深刻变动、利益格局深刻调整、思想观念深刻变化”。

学术界从不同角度对当代中国的社会转型作了全方位的研究。从社会学视角看，社会转型是中国社会从传统农业社会向现代工业社会乃至后工业社会、从传统封闭性社会向现代开放性社会的变迁和发展；从经济学视角看，社会转型是从传统经济向现代经济的转换、从传统计划经济体制向现代市场经济体制的转轨、从农业社会向工业社会的转化；从政治学的视角看，是从集权封闭管制导向的传统政治行政体制向分权开

---

* 原文载潘世伟、黄仁伟、乔兆红编:《中国学》(第三辑)，上海人民出版社2013年版。

放透明服务导向的现代政治行政体制的转轨，从刚性结构社会向弹性结构社会转化，从伦理社会向法治社会的转化；从文化学视角看，是从同质文化社会向异质文化社会的转型，是生存方式与生存模式的转变或重塑，是从农业文明向工业文明、由工业文明向可持续发展文明的双重社会转化；从哲学视角看，社会转型则是单一价值社会向多元价值社会的全面转型。根据世界各国经济发展的经验，人均 GDP 在 1000 美元到 3000 美元之间，是实现现代化的紧要阶段，同时社会矛盾会相对突出。在 2012 年，中国人均 GDP 已达 5432 美元，中国社会在进入一个快速发展期的同时，也步入了矛盾层出不穷的不稳定期，其主要表现在于：

第一，社会结构的改革。一般而言，制度或体制的转型往往以社会结构及关系的现代化为其外显特征。伴随着从计划经济向市场经济的转轨，社会资源配置的方式改变了，以市场经济关系为纽带的社会组织体制和社会结构代替了只以行政关系为纽带的社会组织体制和社会结构。这种社会结构和关系的改变，使得社会群体和个人开始重新思考和定位自己在社会之中的角色和位置，以求自身在新的社会结构中的生存与发展。伴随着新的社会阶层和职业群体的相继出现，所有制成分多样化，社会流动日趋加剧，进而因结构失衡而产生了一系列社会问题，比如地域差别、贫富分化、环境恶劣、保障乏力、就业困难、医疗烦琐、交通拥堵等问题。

第二，贫富差异的显著。社会财富的积累与分配是影响社会稳定的重要因素。总体上看，我国社会成员在社会财富受益分配上存在较大的鸿沟，这使得不同群体的生活水准和质量的差距过于悬殊。国际上通常将基尼系数作为衡量贫富差距的尺度，基尼系数 0.4 是警戒线，一旦超过 0.4，表明财富已过度集中于少数人，社会可能处于“危险”状态。据有关研究报告，我国基尼系数已从改革开放初的 0.28 上升到 2009 年的 0.49。全国总工会 2010 年 4 月发布的一个调研显示，我国的国民收入分配格局中劳动者报酬占 GDP 的比重不断下降，而资本所有者和政府的比重却大幅提高。据 2007 年中国人民银行发布的权威统计，中国银行体系总计 8940 亿元存款中的 80%，集中由 20% 存户持有。这种过于悬殊的财富差异预示着社会资源与资本严重不平衡，直接导致社会权力对比的明显倾斜与社会矛盾的加剧。

第三，利益结构的重构。所谓利益结构就是指不同个体或集团在

社会经济活动中结成的比较稳定的利益关系。社会改革的实质就是改变社会的利益关系，对社会利益进行重新分配，而社会利益格局的改变或重组，是社会转型的基础。我们看到，在计划经济体制下，人们所有的经济活动都听命于国家计划；在市场经济体制下，市场在资源配置中起基础性作用，个人的利益受到重视，个人的自主性、创造性得到社会的肯定，导致利益主体多元化、利益关系多元化。以公有制为主体的多种所有制形式、以按劳分配为主体的多种分配方式并存的新的经济格局导致人们在利益上存在一定差异和冲突，使整个社会利益格局出现分化和重组。

第四，社会矛盾的加剧。中国的改革发展，不仅引发了利益结构、社会结构发生了变化，而且引发了利益群体之间矛盾的日渐显性化，其具体表现在：一是社会矛盾多元化。随着市场经济的深入和公民权利意识的提高，社会矛盾已拓展到公民基本权利、社会治理基本秩序等多个方面。其中，近几年来最为突出的纠纷包括：由土地征用与城市拆迁引发的社会纠纷；企业改制引发的纠纷；特定利益群体因利益受损而引发的纠纷；由环境污染危害不特定多数人利益引发的纠纷；因官员腐败、渎职等行为引发的群体冲突；因权益得不到合法保障，公民自行采取非正常方式维权而导致的纠纷；以及因执法部门不作为或乱作为引发的社会纠纷；等等。① 二是社会矛盾复杂化。社会转型引发的直接后果是社会利益主体多样化、利益冲突尖锐化、利益实现极端化、利益诉求强烈化与利益表达无序化，它们形成相互牵制的社会利益网络。想要平衡这种多重利益格局，往往“牵一发而动全身”，会勾连出依附于其上的其他利益链接，有可能牵连更大的纠缠关系，导致利益平衡更为困难。三是社会矛盾群体化。现代传媒的迅捷、网络平台的强势发展，使人们获取信息更为便利，很容易聚合各种相似的不满情绪，吸引更多具有共同利益的群众，形成强化诉求、影响社会的“合力”。四是社会矛盾极端化。有些社会矛盾直接触及人们生存利益底线，回旋余地与妥协空间很小。比如，近几年来一系列的房屋拆迁问题，直接涉及人民群众的居住安全与根本生活利益，一旦处理不当，诱发民怨的大量聚集而无

① 顾培东：《试论我国社会中非常规性纠纷的解决机制》，载《中国法学》2007 年第 3 期。

从释放，就易于演化升级为触目惊心的极端惨烈事件。五是社会矛盾阶层化。最近几年，社会阶层间的紧张与对抗表现得尤为突出，贫富状态的拉大、教育水平的差距、社会资源占有的多寡、生活水平的悬殊，都在不断加剧社会群体内心情感的不满甚至仇视，一旦涉及不同阶层间的纠纷，其涉及的范围经常不仅限于争执的利益，而是“一触即发”地波及阶层间的长久对抗与积怨，诉求变成了抗争，个体纠纷变成了阶层矛盾，而此时的纠纷解决就会异常复杂棘手，因为其中会牵连诸多原本无关的线索与利益，形成“滚雪球”效应。

一般而言，社会转型所引发的诸多问题的解决过程需要较长时间。[①]然而，当下社会呼吁化解社会矛盾与不公的声音又愈发强烈，致使问题的解决既要“只争朝夕”，又不能“一蹴而就”，当两种合理性有力碰撞之时，就需要我们有智慧地开出一剂“良药”，这剂良药就是“法治”。

二、转型期中国法治的发展

在应对和处理转型期社会矛盾与危机时，“法治”始终是建设政治文明、构建社会主义和谐社会的核心内容和根本保障。当今世界，各国的经验表明，国家发展的方式与路径是多元的，但治理国家的方法只有一种渠道——法治。法治反映了人类管理自身能力的进步，其地位和作用是道德、政策、宗教等其他社会规范所不能替代的。法治全面地体现了现代政治文明的理念，因而是迄今为止人类所发现的最为理想、最为优越的政治。[②]法治是理性的秩序，法治通过对权力的规制，使权力的运行彻底摆脱了野蛮、任性的状态；法治是有序的制度，通过规定权利和义务的方式，法治为人们提供了一个人人都必须遵从的非人格的法律体系；法治是和谐的程序，在“和平的政治”中，强权只是作为最后的和不好的手段而被保留，解决冲突靠协商、法庭和“合法”的程序。[③]法治蕴含了民主、文明、自由、平等、人权等诸多理念，它倡导社会正

① 李培林主编:《中国社会》，社会科学文献出版社2011年版，第22页。

② ［美］罗·庞德:《通过法律的社会控制·法律的任务》，沈宗灵、董世昌译，商务印书馆1984年版，第35页。

③ 强世功:《法制与治理——国家转型中的法律》，中国政法大学出版社2003年版，第25页。

义与公平[1]，旨在维护全社会中的每一个个体的权利，使公民的合法利益得到保障，它是人类文明发展的最重要成果。在我们这样一个13亿多人口的大国，要实现政治清明、社会公平、民心稳定、长治久安，最根本的还是要靠法治。

正是基于此，中国共产党的十八大报告根据“到2020年全面建成小康社会”的新形势和新要求，作出了“全面推进依法治国”的重大决策和战略部署，明确指出：“法治是治国理政的基本方式。要推进科学立法、严格执法、公正司法、全民守法，坚持法律面前人人平等，保证有法必依、执法必严、违法必究。”从中可以清楚地看出，法治是构建和谐社会的首要内容和重要的政治保障，它超越了过去的传统，对当今社会发展的内涵赋予了极为现实的时代精神。

改革开放三十多年来，经历了大量艰苦卓绝的立法探索、民主科学的立法建设、务实有效的立法操作，至2010年底，中国特色社会主义法律体系基本形成，涵盖社会关系各个方面的法律部门已经齐全，各法律部门中基本的、主要的法律已经制定，相应的行政法规和地方性法规比较完备，法律体系内部总体做到科学统一。一个立足中国国情和实际、适应改革开放和社会主义现代化建设需要、集中体现党和人民意志，以宪法为统帅，以宪法相关法、民法商法、行政法、经济法、社会法、刑法、诉讼与非诉讼程序法等多个法律部门的法律为主干，由法律、行政法规、地方性法规三个层次的法律规范构成的中国特色社会主义法律体系基本形成，社会主义经济建设、政治建设、文化建设、社会建设、生态文明建设实现有法可依。这是我国社会主义民主法制建设史上的重要里程碑，是中国特色社会主义制度走向成熟的重要标志，具有重大的现实意义和深远的历史意义。中国特色社会主义法律体系，以宪法和法律的形式确立了国家发展中带有根本性、全局性、稳定性和长期性的一系列重要制度，是中国特色社会主义永葆本色的法制根基、创新实践的法制体现、兴旺发达的法制保障。

中国特色社会主义法律体系基本形成后，全国人大及其常务委员会分析我国法制建设面临的新形势新任务，强调中国特色社会主义法律体系是动态的、开放的、发展的，必然随着中国特色社会主义实践的发展

① 季卫东：《法治秩序的建构》，中国政法大学出版社1999年版，第10页。

而发展，我国立法任务依然艰巨而繁重，立法工作只能加强不能削弱；强调要在新的起点上继续加强和改进立法工作，把更多的精力放到法律的修改完善上，放到推动法律配套法规的制定修改上，同时为适应经济社会发展需要制定一些新的法律，不断完善中国特色社会主义法律体系；强调法律的生命力在于实施，法律体系的形成总体上解决了有法可依的问题，接下来要更加注重宪法和法律的有效实施，切实做到有法必依、执法必严、违法必究，切实维护宪法和法律的权威和尊严。

三、刑事诉讼法的修改与完善

我国刑事诉讼法律制度经历了一个从无到有、不断健全完善的过程。1979 年 7 月 1 日，第五届全国人民代表大会第二次会议审议通过了刑事诉讼法，并于 1980 年 1 月 1 日起实施，与此同时，修订颁布了法院组织法和人民检察院组织法。这些法律的颁布与实施，在相当程度上改变了过去在刑事诉讼活动中无法可依的状况，标志着我国的刑事诉讼活动初步走上法制的轨道。随着社会的发展和法治的建设，1996 年 3 月 5 日，《关于修改〈中华人民共和国刑事诉讼法〉的决定》在第八届全国人民代表大会第四次会议上顺利通过，这次修改加强了对公民权利的保障和对国家权力的制约，以防止国家机关任意或过度地侵犯公民权利与自由。从总体上看，这次修改基本符合惩罚犯罪、保护人民的需要，但仍然存在诸多不适应当下时代发展和人民需求的地方。

2012 年 3 月 14 日，十一届全国人大五次会议通过了《全国人民代表大会关于修改（中华人民共和国刑事诉讼法）的决定》（以下简称《决定》），并于 2013 年 1 月 1 日起开始施行。《决定》对刑事诉讼法中的证据制度、辩护制度、强制措施、侦查程序、审判程序、执行程序等方面做了完善。修改内容涉及 110 多处，修改比例超过总条文的 50%，修改后的条文总数已达 290 条，并增设了未成年人刑事案件诉讼程序等四种特别程序。这是 1996 年以来中国刑事诉讼法的又一次重大修改，是在新形势下对我国刑事司法产生重要指导作用和实践价值的里程碑式的立法成果，既加快了刑事司法迈向现代化的步伐，又顺应了当下全球范围内人权保障的国际趋势，可以说，是对中国特色刑事诉讼制度的重大发展，也是对当下我国转型期社会发展的有力响应。

（一）刑事诉讼法的修改兼顾了惩罚犯罪与保障人权的平衡

刑事诉讼法的修改完善，既有利于保证准确及时地查明犯罪事实，正确适用法律，惩罚犯罪分子，又有利于保障无罪的人不受刑事追究，尊重和保障人权，保护公民的诉讼权利和其他合法权利。对此，本次修改的几大亮点在于：

1. 贯彻“尊重和保障人权”的宪法原则

本次刑事诉讼法修改的最突出亮点，就是将“尊重和保障人权”写进刑事诉讼法总则，并在多项具体规定和制度完善中加以贯彻和体现。尊重和保障人权是我国宪法确立的一项重要原则，体现了社会主义制度的本质要求。刑事诉讼活动是国家追究犯罪、惩罚犯罪的活动，其诉讼过程与裁判结果均与公民的人身自由、财产权利等基本权利息息相关。此次修改刑事诉讼法，坚持统筹处理好惩罚犯罪与保障人权的关系，为此，《决定》将“尊重和保障人权”写入《刑事诉讼法》总则第2条，既有利于彰显我国司法制度的社会主义性质，也有利于公安司法机关在刑事诉讼程序中更好地遵循和贯彻这一宪法原则。

2. 改革侦查程序，健全强制措施

此次刑事诉讼法修改，着重完善了讯问犯罪嫌疑人的程序和必要的侦查措施，同时强化对侦查权力的规范和监督，防止滥用。同时，重点完善了逮捕、监视居住的条件和程序，以及采取强制措施后通知家属的规定。为保证检察院正确行使批准逮捕权，防止错误逮捕，增加规定了检察院审查批准逮捕时讯问犯罪嫌疑人和听取辩护律师意见的程序，以及在逮捕后对羁押必要性继续审查的程序。此外，《决定》还将监视居住定位于减少羁押的替代措施，规定了与取保候审不同的适用条件，增加了指定居所监视居住的执行方式，并明确检察机关对指定居所监视居住的决定和执行实行监督。

3. 规范司法行为，遏制刑讯逼供

此次刑事诉讼法修改，在规范司法行为、遏制刑讯逼供方面采取了一系列重要举措。比如，针对司法实践中刑讯逼供行为大多发生于将犯罪嫌疑人送交看守所之前的情况，《决定》明确规定，在拘留、逮捕后应当立即将被拘留、逮捕人送看守所羁押；增加规定犯罪嫌疑人被送交看守所羁押后，侦查人员对其进行讯问，应当在看守所内进行，并且对

讯问过程实行全程同步录音录像的制度。

4. 完善辩护制度，扩大法律援助

刑事诉讼法修改在完善辩护制度方面也有很多亮点，取得了长足进步。首先，明确律师在侦查阶段介入诉讼具有辩护人身份；其次，保障了律师在侦查期间会见在押犯罪嫌疑人的权利，并且规定辩护律师会见在押犯罪嫌疑人、被告人时不被监听；再次，保障了律师阅卷的权利，明确自审查起诉阶段始，辩护律师均可以查阅、摘抄、复制本案的案卷材料。此外，赋予辩护人申请回避的权利，增设了辩护人对阻碍其依法行使诉讼权利的申诉控告及处理机制。为贯彻公民在适用法律上一律平等的宪法原则，加强对诉讼弱势群体的特别保护，维护司法公正，刑事诉讼法修改还进一步完善了法律援助制度，扩大了法律援助的适用对象，将适用法律援助的时间提前至侦查阶段，明确为符合条件的人提供法律援助是国家责任和办案机关的义务。

（二）刑事诉讼法的修改兼顾了解决问题与完善制度的平衡

此次刑事诉讼法修改，一方面具有强烈的问题意识，着力解决司法实践中突出存在的问题、老百姓最为关切的问题；另一方面又重视诉讼制度的整体考量，努力从制度层面加以完善。主要体现在以下几个方面：

1. 完善证据，保证办案质量

证据是诉讼的基石，证据制度是刑事诉讼中的重要制度。刑事诉讼法修改针对长期以来司法实践在运用证据方面存在的问题，总结近几年来有关司法改革成功的经验，借鉴诉讼和证据理论研究取得的成果，对我国刑事证据制度作了重要修改和完善。主要内容有：一是修改了证据的定义，将“证明案件真实情况的一切事实，都是证据”改为“可以用于证明案件事实的材料，都是证据”，以修正“事实是证据”和“证据必须经过查证属实”这一在逻辑上和实践中都存在问题的提法。二是补充完善了证据的种类。为适应司法实践的发展需要，此次修改对证据的法定种类进行了调整和补充，将“物证”和“书证”分别规定，将“鉴定结论”改为“鉴定意见”，在笔录类证据中增加了“辨认、侦查实验等笔录”，增加“电子数据”这一新的证据形式。三是明确了刑事案件的举证责任，规定“公诉案件中被告人有罪的举证责任由人民检察院承

担，自诉案件中被告人有罪的举证责任由自诉人承担”。四是增加“不得强迫任何人证实自己有罪”的规定，进一步规范了侦查人员的讯问行为。五是增加行政机关依法收集的证据可以在刑事诉讼中使用的规定，完善刑事诉讼中的保密规定。六是完善了刑事案件的证明标准，对“证据确实、充分”的含义作了细化的解释，即“证据确实、充分，应当符合以下条件：（一）定罪量刑的事实都有证据证明；（二）据以定案的证据均经法定程序查证属实；（三）综合全案证据，对所认定事实已排除合理怀疑”。七是完善了证人和鉴定人出庭作证的相关制度，合理界定了证人应当出庭作证的案件范围，增加规定强制证人出庭作证的措施、对证人的特别保护措施和经济补助措施。

2. 健全审判程序，提高诉讼效率

审判是决定被告人是否有罪和判处刑罚的关键阶段。审判程序的改革完善是此次刑事诉讼法修改的重头戏，涉及内容广，修改条文多，改革力度大。第一，调整简易程序适用范围，完善第一审程序。《决定》将简易程序审判的案件范围，修改为“基层人民法院管辖的可能判处有期徒刑以下刑罚、被告人承认自己所犯罪行的案件”。同时，根据审判工作实际，对第一审普通程序中的案卷移送制度、开庭前的准备程序、与量刑有关的程序、中止审理程序等都作了补充完善。第二，明确第二审应当开庭审理的案件范围，对发回重审作出限制性规定。第三，完善附带民事诉讼程序，对附带民事诉讼程序作了补充修改。第四，对死刑复核程序作出具体规定。为体现适用死刑的慎重，保证死刑复核案件质量，加强对死刑复核程序的法律监督。第五，对审判监督程序进行补充完善，主要涉及对申诉案件决定重审的条件，指令原审法院以外的法院审理，检察院派员出席法庭，再审案件强制措施的决定，原判决、裁定的中止执行等内容。

3. 强化诉讼监督，维护司法公正

中国的检察机关是法律监督机关，负责监督国家专门机关依法行使职权，保障犯罪嫌疑人、被告人和其他诉讼参与人的合法权益。1996年修改刑事诉讼法时增加规定“人民检察院依法对刑事诉讼实行法律监督”的基本原则。此次修改，进一步强化了检察机关对刑事诉讼活动的法律监督，增添了诉讼监督的内容，扩展了诉讼监督的范围，丰富了诉讼监督的手段，明确了诉讼监督的效力，强化了诉讼监督的责任，健

全了诉讼监督的程序，以保障刑事诉讼活动严格依法进行，促进程序公正。

（三）刑事诉讼法的修改兼顾了借鉴国外与立足国情的平衡

在经济全球化的今天，一个国家的司法制度和诉讼程序，既要符合本国的国情和司法实践需求，也要顺应国际发展潮流，遵循国际社会普遍奉行的价值标准。对中国而言，刑事诉讼法的修改既要借鉴吸收国外先进的司法制度与经验，更要立足中国国情，切合司法实际，回应转型时期的社会需求，满足人民群众对司法的愿望和期盼。此次刑事诉讼法的修改在多处体现了回应全球化语境的特点。比如，关于讯问犯罪嫌疑人的程序，在坚持“严禁刑讯逼供和以威胁、引诱、欺骗以及其他非法的方法收集证据”原规定的基础上，增加规定“不得强迫任何人证实自己有罪”，与国际刑事司法准则中的“不得强迫自证其罪”原则接轨。再如，《决定》正式确立了非法证据排除规则，规定对采取刑讯逼供等非法方法获取的犯罪嫌疑人、被告人供述，应当予以排除，不得作为起诉意见、起诉决定和判决的依据，也顺应了排除非法证据的国际发展趋势。

另外，为适应我国社会发展形势和司法实践的需要，创制增设了四种特别程序：

其一，“未成年人刑事案件诉讼程序”对办理未成年人刑事案件的规范进行了集中规定，在强调办理未成年人案件的方针、原则的同时，加强对未成年人辩护权和其他权利的保护，同时还针对未成年人的特点，专门创设了附条件不起诉制度和犯罪记录封存制度。本特别程序的设置，是我国长期办理未成年人案件的经验总结，是我国加强对未成年人保护的具体体现。

其二，“当事人和解的公诉案件诉讼程序”是一项新的诉讼制度，对特定范围的公诉案件的和解程序作了规定。这一程序的设置有利于促进刑事案件当事人之间的和解、谅解，在处理刑事案件的同时，使被害人获得赔偿，有利于社会和谐稳定。考虑到公诉案件国家追诉的严肃性，为防止在司法实践中出现偏差，产生新的司法不公，刑事诉讼法修改对公诉案件当事人和解采谨慎态度，对和解的适用范围和条件作了严格限制。

其三，“犯罪嫌疑人、被告人逃匿、死亡案件违法所得的没收程序”对贪污贿赂犯罪、恐怖活动犯罪等重大犯罪案件，犯罪嫌疑人、被告人潜逃，在通缉一年后不能到案，或者犯罪嫌疑人死亡，依照刑法规定应当追缴其违法所得及其他涉案财产的没收程序作了规定。这一程序主要是根据联合国反腐败公约以及有关反恐怖活动的规范性文件的要求，以及惩治此类犯罪的实际需要设置的。它既加强了我国对腐败犯罪、恐怖犯罪等严重犯罪的打击力度，也体现了在犯罪嫌疑人、被告人不在场时，没收其违法所得财产的慎重态度。

其四，“依法不负刑事责任的精神病人的强制医疗程序”规定了对实施暴力行为，危害公共安全或者严重危害公民人身安全，经法定程序鉴定依法不负刑事责任，但有继续危害社会可能的精神病人，予以强制医疗的程序。这一程序，既是对有关精神病人的保护和医疗措施，保障了他们的合法权益，又是维护社会治安和稳定，保障社会公共安全和公民人身安全的必要手段。

总之，此次刑事诉讼法的修改本着弘扬程序正义、尊重保障人权的宗旨，进步强化了法治意识、人权意识、程序意识、证据意识和监督意识，从制度层面加强了对国家公权力的制约监督和对公民个人合法权益的尊重保障。刑事诉讼法的成功修改，充分展示了我国民主法制建设和司法体制改革取得的成就，体现了建设公正、高效、权威社会主义司法制度的要求，顺应了我国经济社会发展的形势和人民群众的期待，对司法实践中迫切需要解决的问题作出了积极的回应，使我国的刑事司法制度和诉讼程序在立法层面迈上了一个新的台阶。当下中国刑事司法的主要任务即是贯彻好落实好新的刑事诉讼法，使立法取得的进步真正落实到司法实践之中，从纸面上的法成为行动中的法，使人民群众在诉讼结果和诉讼过程两方面都能切实感受到司法公正，以维护社会的稳定和促进社会的和谐。在刑事诉讼法的实施过程中，一方面我们要适时跟踪法律的落实情况，全面评估新刑事诉讼法的实施，尤其是对基层司法的影响，以衡量一项法律规范逐渐下沉到基层的速度、力度和幅度；另一方面，通过了解司法实际，及时发现问题，不断总结经验，深入开展研究，为中国司法改革的进一步深化和诉讼制度的进一步完善提供理论论证和智力支持。

浙江检察机关新刑事诉讼法实施调研报告*

2012年3月14日第十一届全国人民代表大会第五次会议通过了《全国人民代表大会关于修改〈中华人民共和国刑事诉讼法〉的决定》，新法于2013年1月1日开始施行。这是1996年以来对我国刑事诉讼法的又一次重大修改，是对中国特色刑事司法制度和诉讼程序的重大发展。法律的生命在于实施。立法修改的宗旨需要通过实施来体现，立法修改的内容能否顺利实施也需要通过实践来检验。新旧法律交替过程中可能面临司法观念的更新、执法水平的提高、执法条件的改善等一系列问题。如何准确把握立法旨意，确保新刑事诉讼法在实践中合乎立法目的地贯彻实施，成为摆在司法实务界和学界面前的重大课题。

为系统掌握全国司法机关实施新刑事诉讼法的情况，根据“2011计划”司法文明协同创新中心的任务要求以及最高人民检察院《关于开展新〈刑事诉讼法〉贯彻落实情况调研工作的委托函》，本调研组于2013年11月15日、18日先后赴浙江省嘉兴市和绍兴市检察院开展调研，兹将调研情况报告如下：

一、贯彻落实新刑事诉讼法的主要做法与经验

总体来说，新刑事诉讼法正式实施后，被调研检察机关积极转变执法理念，紧密结合司法实践完善相关工作机制，加强工作规范化建设，在客观性证据的收集与审查、非法证据排除、职务犯罪案件的侦办、庭前会议、简易程序和二审上诉等刑事诉讼法修订的重要方面进行了探索尝试，出台了相关文件予以规范，实务部门工作人员也积累了丰富的经验。

---

* 原文发表于《国家检察官学院学报》2014年第3期。

（一）关于客观性证据的收集与审查

为进一步贯彻落实两个证据规定及新刑事诉讼法及相关司法解释的具体要求，浙江省检察机关率先提出证据客观性模式。此种模式着力构建以客观性证据为核心的收集审查工作机制，旨在确保办案质量，重点内容如下：

1. 关于证据收集

一是强调客观性证据的客观中立收集义务，审判人员、检察人员、侦查人员必须依照法定程序，全面、客观、及时收集证实犯罪嫌疑人、被告人有罪或者无罪、犯罪情节轻重的各种客观性证据。二是证据保全按照物证和书证、鉴定意见、现场勘验和检查笔录、电子证据和视听资料四大类区分对待。侦查人员对收集的证据应依照法定的有效方法进行保全，对于不能保全或者保全后容易消失、丢失、变质、毁损的客观证据应及时拍摄照片固定，同时注明证据来源。

2. 关于证据审查

一是明确三机关均有证据审查的义务，对于不具备法律规定形式要件存在明显瑕疵的，要予以补正，无法补正的应书面作出合理解释。二是审查采取全面审查的工作机制，明确审查内容包括：物证、书证的收集程序与方式、保管过程中动态变化、与案件事实关联性等；鉴定意见中鉴定机构、鉴定人的资质、鉴定基础材料、鉴定程序及方法、鉴定意见的形式、鉴定意见与案件事实的关联性以及与其他证据是否存在矛盾等以及勘验、检查程序是否合法及勘验、检查笔录内容等。三是明确了审查方式，包括踏勘现场，并向侦查人员了解侦查情况，必要时可以查阅侦查内卷和收集的其他证据材料。对根据犯罪嫌疑人、被告人的供述、指认后提取到的隐蔽性很强的物证、书证，应当审查侦查机关在犯罪嫌疑人、被告人供述、指认之前是否掌握该证据。

（二）关于非法证据排除

新刑事诉讼法吸收了司法解释的相关内容，确立了非法证据排除规则，提纲挈领的规定为实务部门倡导了立法精神，有利于司法、执法理念的转换，在此指导下，被调研检察机关对非法证据排除规则的适用予以了进一步的细致规定，方便办案人员掌握，其主要内容包括：

1. 明确非法证据的范围

适用排除的证据包括公安机关侦查时所获取的证据、检察机关自侦部门侦查时所获取的证据、审查起诉时公诉部门调取的证据、审判阶段法院获取的证据。

2. 注重非法证据的防范

侦查机关必须在犯罪嫌疑人被拘留或逮捕后立即将犯罪嫌疑人送看守所羁押，同时制作在看守所内的第一份全面供述，防止拘留、逮捕案件犯罪嫌疑人翻供或提出刑讯逼供主张。作为证据使用的书证应为原件，只有在取得原件确有困难时，才可以使用副本或者复印件。对于复印件，应做到单页的复印件上注明原件持有单位（人）的盖章或签名，多页的复印件在首页盖章，其他加盖骑缝章。同时复印件上注明材料提供人的签名，提取人员为办案人员两人签名，并注明提取日期。

3. 加强非法证据的审查发现

检察机关应在受理刑事案件 3 日内，告知犯罪嫌疑人及其法定代理人、辩护人有权提出非法证据排除的请求及救济方式，并告知非法证据排除的相关规定。承办人应认真审阅案件材料，注意发现非法证据的线索，在讯问犯罪嫌疑人时应讯问在侦查阶段是否有刑讯逼供等非法取证行为。在案件审查起诉阶段，除承办人发现非法证据嫌疑主动启动程序外，根据犯罪嫌疑人及其辩护人的申请，以及被害人、证人的反映也可启动非法证据排除程序。当事人及其辩护人、诉讼代理人申请排除非法证据的，应提出非法证据的种类及具体线索，提供涉嫌非法取证的人员、时间、地点、方式、内容等相关线索或者证据。

4. 加强非法证据的调查核实

对于涉嫌通过刑讯逼供等非法方法取得的犯罪嫌疑人供述与涉嫌通过暴力、威胁等方法取得的证人证言、被害人陈述等言词证据，承办人应采取下列措施予以核实：一是核查侦查过程、侦查措施以及获取证据的程序是否合法；二是向侦查机关（部门）了解取证的人员、时间、地点、方式、内容等基本情况并制作笔录或者要求侦查机关（部门）出具书面说明；三是调取取证时固定的同步录音或录像资料，严格查证是否存在刑讯逼供或暴力取证等情况；四是提取犯罪嫌疑人、证人、被害人有无因刑讯逼供或暴力取证致伤的体检证明和犯罪嫌疑人羁押期间同监室在押人员证言等证据；五是对于侦查机关（部门）使用狱侦办理的案

件，应仔细审查狱侦贴靠人员所作的关于犯罪嫌疑人讲述作案事实或抗审心理情况的笔录，必要时应询问同监室其他在押人员予以核实。对于涉嫌违法取得实物证据的，应要求侦查人员详细说明取证程序，取证过程中有证人的，应向证人核实具体情况。

5. 规范非法证据排除程序

起诉书副本送达后开庭审判前，被告人提出其审判前供述是非法取得的，应当向人民法院提出。人民法院应当将被告人的意见或者告诉笔录复印件在开庭前交人民检察院。被告人及其辩护人在庭前会议或庭审中首次提出非法证据排除请求，不能提出非法取证的时间、地点、人员、方式、内容等具体线索或证据的，或有充分证据证明取证合法性的，公诉人应予以反驳，并建议不启动非法证据排除程序。被告人及其辩护人提出非法证据排除请求，且有具体线索或证据，能达到合理怀疑程度的，公诉人应建议延期审理，申请侦查人员、相关证人出庭作证，也可以要求侦查机关（部门）提供相关证明，必要时可以自行调查核实。被告人及其辩护人在审查起诉阶段提出非法证据的排除请求不被检察机关采纳，在庭前会议或庭审中再次提出的，公诉人应根据审查起诉阶段的调查核实情况，提供证据证明取证的合法性。对于瑕疵证据的补强，法院应当提供补充侦查的提纲要求检察机关限期内补强证据。

（三）关于职务犯罪案件的侦办

2012年刑事诉讼法修改，围绕提高职务犯罪侦查工作的科学化水平提出了许多新目标，对于职务犯罪的侦查理念、侦查模式、侦查机制、侦查能力等方面都要求深刻的变革与全面的提升。为了应对这种要求，调研检察机关就职务犯罪侦办工作中的重点问题也展开了富有成效的探索。

1. 职务犯罪侦查信息化建设

关于职务犯罪案件的侦办，检察机关首先从信息平台方面着手，以期促成省、市、县（市、区）三级人民检察院互联互通的、以各种数据库搭建的侦查基础性数据平台、案件线索管理平台、犯罪案件信息平台和侦查指挥系统平台，通过网上初查、案件线索分析评估等工作方式，实现信息引导侦查，全面提升侦查能力和执法办案水平。具体内容包括：

第一，建立覆盖全市的涉案信息查询系统。全市检察机关要重点围绕涉案人员、单位、基本情况、资产状况、行踪轨迹、通讯记录等要素，加强与公安、工商、税务、房管等部门和金融系统、保险公司、通信运营公司以及水电气公司的协作沟通，通过建立终端连接或拷贝、专人联络查询等方式，实现涉案信息的实时查询或快速查询。涉案信息系统建设由侦查信息机构为主要责任主体，反贪、反渎部门协助并共建共享。要遵循便捷、快速、保密的要求，减少手续环节，严格案情保密，提高查询速度，通过与相关部门制定协作规范或出台会议纪要等方式，建立稳定、可靠的长效协作机制，实现信息联网与共享。

第二，建立内容全面、使用便捷的基础性数据信息库。侦查基础性数据信息库应当包括人员信息、综合信息和案件信息等。全市检察机关要按照“一个平台、二块内容”的框架建设侦查基础信息数据库，侦查基础信息数据库由反贪、反渎部门共建共享，两级院根据密级分级共享。全市检察机关反贪、反渎、职务犯罪预防部门应加强与相关部门的联系与沟通，根据各自的业务重点收集侦查基础性数据信息，并统一交由侦查信息机构录入信息库。

第三，进一步完善案件线索统一管理系统。首先，进一步规范案件线索流转办理（管理）机制。反贪、反渎部门负责人收到的举报由反贪、反渎部门负责人提出处理意见、分管领导审批、检察长决定；分管领导收到的举报由分管领导提出处理意见、检察长决定；举报中心收到的举报和民行、侦监、公诉、监所等内设机构以及反贪、反渎部门在办案中发现的职务犯罪案件线索的处理由该部门承办人提出处理意见、部门负责人审核、分管领导审批、检察长决定。其次，进一步完善基层院案件线索分类上报制度。最后，进一步加强信息及线索的整合评估。要加强对行业性、系统性职务犯罪的调查分析，及时把握职务犯罪的趋势和规律，最大限度地提升信息管理的规范化和科学化水平。

第四，加快建设完善全市两级院侦查指挥系统。依托检察专线网在全市两级院建立安全实用的侦查指挥中心、办案工作区和看守所检察讯问室，并使之与侦查指挥系统互联互通。按照“三全、二清”（“三全”，即全程、全面、全部；“二清”，即图像清晰、声音清晰）的要求，进一步加强对同步录音录像系统的升级改造。

2. 职务犯罪案件安全防范工作

为防止在检察机关办理职务犯罪案件时发生犯罪嫌疑人或其他涉案人员自伤、自残、自杀、脱逃、行凶、转移或毁灭证据等安全责任事故，侦查人员、司法警察和检察技术人员在传唤、拘传、看管、押送、协助执行拘留、逮捕等环节进一步加强安全防范工作。第一，案件初查时，除排摸案件线索、了解被调查对象基本信息等事项外，还应重点对被调查人的健康状况、精神状态以及心理素质等情况进行调查了解。侦查部门应与各大医院建立健康档案信息查询机制，与行业、部门建立信息联络员制度，多途径获取相关信息。第二，在传唤、拘传犯罪嫌疑人到检察机关接受讯问或通知其他涉案人员在检察机关接受询问时，均应在办案工作区进行，严格落实看管和讯（询）问分离制度、严格执行同步录音录像制度。第三，在安全检查后，可以由法医对被讯（询）问对象的身体状况进行检查，并询问有无重大疾病、住院就诊记录、以往病史等情况。身体检查的结果应形成书面记录并交讯（询）问对象签字、捺印。第四，明确两次传唤间隔的时间一般不少于 12 个小时；讯（询）问过程中，侦查人员应为讯（询）问对象提供正常、无安全隐患的食物和饮水；夜间休息时，应按照有关规定为犯罪嫌疑人提供适当的休息用具。第五，侦查部门可商请纪检监察部门指派一到两名纪检监察干部担任办案工作区安全监督员，加强对办案工作区办案活动的监督。

3. 侦查羁押期限审查工作

关于侦查羁押期限的延长，新刑事诉讼法在第 154 条至第 157 条有原则性的规定，但是具体的操作程序却需要实务部门予以落实，被调研检察机关对此问题也展开了细致的研究：首先，在确保诉讼顺利进行的前提下，可选择适用有利于犯罪嫌疑人的强制措施。其次，对新《刑事诉讼法》第 154 条规定的“案情复杂，期限届满不能终结的案件”进行列举式分析，包括：第一，涉案犯罪嫌疑人在 3 人以上或者同案犯在逃影响对已到案犯罪嫌疑人处理、期限届满不能终结的共同犯罪案件；第二，一名犯罪嫌疑人涉嫌多起犯罪或多个罪名，在案件事实认定上存在疑问或争议，期限届满不能终结的案件；第三，涉外案件或需要境外取证，期限届满不能终结的案件；第四，与大案要案有牵连，且影响大案要案处理，而大案要案尚未终结的案件；第五，其他案情复杂、期限届满不能终结的案件。并且，检察机关应对延长侦查羁押期限理由的审查

规定为实体性审查，一般以“可能判处三年有期徒刑以上刑罚”作为延长羁押期限的起点。再次，明确了具体程序。案件需要延长侦查羁押期限时，公安机关一般应报送全部案件材料。公安机关应当制作《提请批准延长侦查羁押期限意见书》，同时附《呈请延长侦查羁押期限报告书》《案情报告》；检察机关自侦部门应当制作《提请延长侦查羁押期限意见书》《简要案情报告》；并由提请机关或部门以人次为单位统一编号。最后，还增强了审查程序的公开性，听取各方意见。检察机关审查办理延长侦查羁押期限案件，拟作不批准决定的，必要时可听取侦查机关（检察机关自侦部门）的意见。拟作批准决定的，必要时可听取犯罪嫌疑人（代理人）的意见。听取意见可在检察机关进行，也可在看守所等专门场所进行。检察机关审查办理延长侦查羁押期限案件，作出不批准延长羁押期限决定的，应当书面阐明理由。在作出批准（不批准）延长侦查羁押期限的决定时，应综合考虑犯罪嫌疑人及其聘请的律师、被害人的意见、犯罪嫌疑人的认罪态度、案件的社会影响等因素，进行风险评估，启动案件预警机制。

（四）关于简易程序

新刑事诉讼法对简易程序进行了改革，为进一步规范简易程序刑事案件的移送起诉、公诉、审判和辩护工作，提高诉讼效率，依法保障诉讼参与人的合法权益，被调研检察院积极调整工作思路，有以下机制创新：

1. 进一步明确简易程序适用范围

涉及附带民事诉讼的公诉案件，一般不适用简易程序审理。但在开庭前，被告人和附带民事诉讼原告人已就民事部分达成协议并履行的，人民法院可以决定适用简易程序。

2. 规范审判组织形式

用简易程序审理案件，对可能判处 3 年有期徒刑以下刑罚的，可以由审判员一人独任审判，也可以组成合议庭进行审理；对可能判处的有期徒刑超过 3 年的，应当组成合议庭进行审判。

3. 确立相对集中的工作原则

简易程序案件采取相对集中移送起诉、相对集中提起公诉、相对集中开庭审判以及专人承办的原则。检察机关受理拟适用简易程序的案件

后，一般应做到相对集中分案、相对集中审查、相对集中提审，相对集中向法院提起公诉，以提高诉讼效率。对一周或一定时间段内受理的若干案件，经初步审查认为符合适用简易程序条件的案件，可相对集中分给某一个承办人或某一个办案组（主诉组）办理。

4. 探索模板化的审查报告

对简单、多发的类案，可以探索采用模板化的审查报告；对于案件事实清楚的单笔犯罪案件，可采用列举式方法简要摘录证据，阐明证明内容，对事实、证据可不作详细分析论证；对于一些案件事实清楚，证据确实、充分，可能判处 3 年有期徒刑以下刑罚的案件，既可模板化制作审查报告，也可将审查报告与起诉书、出庭预案一体化制作，做到简明扼要，突出重点，满足庭审需要即可。但对于可能判处的有期徒刑超过 3 年的犯罪案件、新类型犯罪案件、共同犯罪案件、主要靠言词证据定案及案情较复杂、社会关注度高的案件，应按照省检察院制作简易程序案件审查报告的相关规范制作审查报告和出庭预案。

5. 规范庭审活动

首先，公诉人应当宣读起诉书，但可以根据庭审需要选择全文宣读或者只宣读“案件事实”“起诉的根据和理由”等主要部分。其次，被告人对起诉书指控的事实无异议的，公诉人、辩护人、审判人员可以不再进行讯问或有针对性地简要讯问关键情节。但对主要靠言词证据定案且证据较为薄弱的、关键证据可能引起争议的、共同犯罪案件需要区分相关责任的、量刑情节需要核实的等情况应予讯问。法庭审理中可随时针对出现的新情况进行讯问。再次，公诉人可从有利于指控犯罪、提高诉讼效率的角度选择概括式等举证方式。对于控辩双方无异议的证据，可简化举证质证的程序和内容，举证时只需说明证据名称和证明事项；经庭前会议开示过的证据，可只宣读证据名单，不说明证明的内容；庭前未经过证据开示的，可宣读证据名单并概括说明所证明的内容；证据比较多的，可采取分组出示的方式，宣读每一组证据名单，同时概括说明每一组证据证明的内容。对于法庭认为有必要调查核实的证据，控辩双方有异议的证据，或者控方、辩方要求出示、宣读的证据，应当出示、宣读，并进行质证。最后，法庭辩论时，公诉人可直接围绕案件定性和对被告人的量刑发表公诉意见，控辩双方可对有争议的问题展开辩论。

（五）关于羁押必要性审查

为了保障被捕后的犯罪嫌疑人、被告人的合法权益，有效减少羁押，新刑事诉讼法确立羁押必要性审查制度，赋予了检察机关新的监督职责。面对这一新的工作任务，两地检察机关积极探索羁押必要性审查工作机制，根据不同的诉讼阶段来开展羁押必要性审查。

第一，在侦查监督阶段，侦查监督部门对羁押必要性审查主要从两个方面入手：一是对公安机关提请延长侦查羁押期限的案件由单纯的程序性审查扩展到全面审查，有效改变了以往“有报即延”的现象。全面审查在程序上要求公安机关提请延押必须随案移送全部案件材料，在实体上要求批准延押的最低起点是犯罪嫌疑人“可能判处三年有期徒刑以上刑罚”，实行多重把关，并在批准延押期限后继续对羁押必要性跟踪监督。绍兴市检察机关自2013年1月以来，共对7名不符合延长侦查羁押期限条件的犯罪嫌疑人作出不批准的决定，占提请延押人数的5%。二是对检察机关查处职务犯罪案件的羁押必要性予以审查，主要审查捕后申请变更强制措施的和附条件逮捕的。

第二，在审查起诉阶段，案件承办人主要通过审查案卷材料、询问犯罪嫌疑人、询问证人、听取辩护人意见等途径，了解掌握案件证据和事实的变化，具体审查犯罪嫌疑人主观恶性的大小、是否系初犯、偶犯、过失犯、捕后悔罪表现、身体健康状况、赔偿情况等方面，然后综合判断对犯罪嫌疑人是否作出变更强制措施的决定。2013年，绍兴市检察机关共对9人作出变更强制措施的决定，其中有4人是检察机关主动发现并变更的。

第三，在监所检察阶段，当前监所检察部门重点关注双方当事人达成和解的交通肇事案件、故意伤害（轻伤）案件、数额不大、积极退赃退赔的盗窃案件、社会危险性低且具备监护条件的未成年人犯罪案件等轻微刑事案件，主要通过审查看守所建议、查阅侦查、批捕材料，询问侦查机关及侦查监督部门承办人，向监管民警了解犯罪嫌疑人的监管情况，以及对犯罪嫌疑人进行检察谈话等多种途径，发现和审查不当羁押情况。2013年，绍兴市检察机关共开展羁押必要性审查案件5件5人，向有关部门提出释放或变更强制措施建议3件3人，有关部门采纳检察建议2件；嘉兴市检察院共开展羁押必要性审查案件16件20人，向公

安机关提出释放或变更强制措施建议 15 人，向检察院、法院提出释放或变更强制措施建议 2 人。

另外，为了确保公平公正执法，不因犯罪嫌疑人户籍、地域等不同而差别对待，被调研检察机关出台以下措施保证外来犯罪嫌疑人享有平等适用非羁押性强制措施的权利：首先，明确了外来犯罪嫌疑人可以认为没有逮捕必要的情况和具备取保候审的条件，特别是根据外来犯罪嫌疑人的特殊情况，明确了其在本地的亲友、同事、雇主、老师，以及所在企业、社区及有关合法自治组织的负责人等，符合《刑事诉讼法》第 67 条规定的保证人条件的，可以作为保证人，为扩大取保候审的适用提供条件。其次，对因无逮捕必要不批准逮捕的外来犯罪嫌疑人，公安机关应及时采取取保候审或监视居住等强制措施，明确告知犯罪嫌疑人及保证人应当遵守的规定和义务以及违反取保候审规定的法律后果，同时告知犯罪嫌疑人法院对其案件可能做轻缓的判决，以确保未被羁押的外来犯罪嫌疑人遵守取保候审规定，不致脱逃。再次，检察机关侦查监督部门和公安机关法制部门应加强对无逮捕必要不批准逮捕案件的后续侦查情况的跟踪监督，防止案件久拖不决。最后，检察机关可以联系外来犯罪嫌疑人所在单位、学校或者其居住地社区对其在取保候审期间的表现情况进行跟踪回访、监督帮教，确保诉讼程序顺利进行。对既不能交纳保证金又不能提出保证人，但涉嫌罪行较轻的外来犯罪嫌疑人，检察机关、公安机关、法院应当积极建议，推动属地市、县（市、区）综治委牵头有关部门、单位建立外来犯罪嫌疑人帮教基地，为适用非羁押性强制措施和确保诉讼顺利进行创造条件。

（六）关于庭前会议

新《刑事诉讼法》第 182 条确立了公诉案件庭前会议制度，但是将这一制度真正运行起来需要具体的程序设计，被调研检察机关的主要做法如下：

第一，对于适用庭前会议的案件以普通程序为原则，以简易程序为例外，具体包括：当事人及其法定代理人、辩护人、诉讼代理人申请排除非法证据的；证据材料较多或案情重大复杂的；社会影响重大的；刑事附带民事诉讼的；当事人和解的（符合刑事诉讼法第五编特别程序的规定）；人民法院认为确有必要召开庭前会议的其他情形的。

第二，庭前会议的启动是由检察院提出建议，法院决定。检察院的建议应当在案件提起公诉时一并提出。

第三，规范庭前会议的人员与场所。庭前会议由审判人员、公诉人、书记员、当事人和辩护人、诉讼代理人参加，视案情需要也可通知被告人及其近亲属、人民调解员参加会议。被告人表示不参加的，可由其辩护人代为表达意见。对应当通知法律援助机构为被告人指派律师担任其辩护人的案件，没有委托辩护人的，应在确定辩护人后再召开庭前会议。人民检察院可以不参加公诉案件中附带民事诉讼部分的庭前会议。被告人被羁押的，庭前会议可在羁押场所进行。

第四，进一步明确庭前会议的内容。庭前会议应当就控辩双方对案件事实、法律适用的意见和回避、证人出庭名单、量刑情节说明、强制措施变更等与审判相关的问题，了解情况，听取意见。也可就申请调取新的证据、重新鉴定、勘验、辨认、申请鉴定人、有专门知识的人出庭作证、是否延期审理、分案或并案审理、和解和调解等问题达成合意。庭前会议不得对被告人有罪与否、罪轻罪重予以评判。

第五，明确庭前会议的效力。庭前会议原则上只召开一次。庭前会议后，应当由审判人员制作庭前会议记录，参会人员应当在笔录中签字，签字后笔录中达成的合意具有法律效力。

第六，人民检察院对庭前会议的合法性进行监督。

（七）关于死刑执行法律监督

为了加大对死刑执行活动的监督力度，保障死刑罪犯的合法权益，防止错杀，将死刑执行法律监督分为死刑执行前监督、执行死刑临场监督和死刑执行后监督三个阶段，不同阶段有不同的监督重点。

第一，在死刑执行前监督阶段，死刑判决或者裁定后，驻所检察室应当通过查阅判决书、裁定书、与死刑罪犯谈话、向监管民警了解情况等形式掌握死刑罪犯基本情况及主要案情，并对看守所的执法活动实行监督。死刑核准后，驻所检察室重点对法院是否保障死刑罪犯会见其近亲属的权利实行监督。市院监所检察部门接到法院的死刑执行临场监督通知后，应当立即报告检察长，确定检察人员负责死刑执行临场监督工作，通知驻所检察室做好死刑执行前对看守所的监督检查工作。市院监所检察部门接到法院的死刑执行临场监督通知后，应当全面熟悉案情，

掌握死刑罪犯有无检举揭发及相应查证情况等。必要时，市院监所检察部门应当向市院公诉部门了解案件及被执行死刑罪犯有关情况，市院公诉部门应当提供有关情况，发现存在停止执行的情况时，及时发出《停止执行死刑意见书》。

第二，在执行死刑临场监督阶段，驻所检察室负责被执行死刑罪犯的出所检察，检察看守所对被执行死刑罪犯的出所管理活动是否符合有关法律规定、出所手续是否完备；协助对死刑罪犯从看守所至执行场所整个押解过程是否合法实行监督，并临场确认被执行死刑罪犯的真实身份。临刑前，临场监督执行的检察人员发现死刑罪犯具有停止执行情形之一的，应当向法院建议暂停执行，并立即层报检察长。检察长认为暂停执行建议正确的，临场监督执行的检察人员应当口头向法院提出停止执行的建议，并及时制作《停止执行死刑意见书》送达法院；检察长认为暂停执行建议不当的，临场监督执行的检察人员应当立即撤销暂停执行建议，建议法院继续执行。法院采纳停止执行建议的，临场监督执行的检察人员应当密切关注法院有关查证处理情况；法院未采纳停止执行建议的，临场监督执行的检察人员应当立即要求法院说明理由，并层报检察长，同时报告上一级监所检察部门。停止执行的原因消失后，市院监所检察部门应当报经检察长批准，及时发出《撤销停止执行死刑意见通知书》，建议法院恢复执行。

第三，在死刑执行后监督阶段，监督的重点是对已执行死刑罪犯的财物和遗书、遗言、信札，看守所是否移送其家属或通知其家属领取，并要求法院及时提供有关死刑罪犯尸体或者尸体器官被利用情况的材料。市院监所检察部门应当在死刑执行后 7 日内将死刑执行临场监督笔录一份送交市院公诉部门，并报上一级监所检察部门备案；在半个月以内建立死刑罪犯档案，并在年底统一归档。

二、贯彻落实新刑事诉讼法中遇到的问题与对策

在新刑事诉讼法全面贯彻落实的第一年里，旧理念与新制度不断地碰撞，实务工作在向着现代化、科学化的方向不断迈进的同时，也呈现出种种障碍，针对其中的突出问题，司法实务部门的同志提出了自己的看法与建议。

（一）关于辩护制度

辩护是现代刑事诉讼的重要制度，也是此次刑事诉讼法修改的重要内容。围绕刑事诉讼法修改关于辩护方面的新规定，调研中，律师代表与公安、检察机关代表分别提出了自己的一些经验与看法：

1. 关于侦查阶段律师向办案机关了解案情和提供意见的权利

律师了解案情的申请常常被拒绝，救济程序没有建立起来，了解范围的界定尚不明确，加之侦查阶段无阅卷权，律师无法充分了解案情，大部分案件中律师无法提供有效意见。

2. 关于会见权

律师提出，公安机关侦查的案件会见基本无障碍，但是在检察院自侦案件中，律师会见还是有阻碍，常常需要检察机关批准，律师感觉虽然法律已有相关规定，但是司法实践与修改前并无差别。针对这一问题，有律师建议需明确能否会见的标准以及批准后何时安排会见。对以上质疑，检察人员予以回应，提出对于普通刑事案件的律师会见基本不设障碍，而且司法观念已然转化，认可侦查人员与辩护律师的沟通比对抗更重要，早会见比晚会见更有助于刑事案件的办理。但是对于特别重大案件的会见，检察机关也有自身的一些疑虑。新刑事诉讼法规定特别重大案件会见受限制，而何谓重大案件却没有明确。实践中贿赂犯罪 50 万元以上为重大，2013 年浙江全省的职务犯罪侦查中数额 50 万元以上的案件只占 10%。同时对 50 万元的把握也存在分歧，是犯罪嫌疑人供述的还是其他渠道认定的没有定论。最后，虽然律师反映公安机关侦查案件会见基本无限制，但是公安机关工作人员也提出了一些现实状况，如律师会见有可能带来公安程序管理上的纰漏，如会见后翻供或者一个律师同时受几个同案犯的委托等情况，不知应如何处理，而且公安机关认为律师会见不受监听可以，现在已有物理隔离，但是应当有监控录像。

3. 关于控辩双方信息对等问题

律师认为控辩双方信息失衡，对于内部掌握的量刑规则标准及其他的规范性文件，律师难以接触和了解，在提供辩护意见时没有准确的法律依据能与公检法的资料相匹配。

4. 关于辩护权行使中的双向监督

一方面，是对阻碍辩护人诉讼代理人行使诉讼权利的监督，目前监

督机关是控告申诉部门，程序的开展尚待商榷，律师希望可以尽快完善相关规定。另一方面，检察人员也提出缺乏对辩护人的监督，希望出台约束辩护人的制度，让其依法行使辩护权。

（二）关于非法证据排除规则

证据制度历来是刑事诉讼研究中争议最大、分歧最多的领域，此次刑事诉讼法修改确立的非法证据排除规则也成为实务部门贯彻新刑事诉讼法的工作重点和难点。对于非法证据排除规则，虽然有刑事诉讼法及相关司法解释为依据，但是现实工作中还是存在诸多问题。

1. 对非法言词证据的排除范围及排除阶段的规定不够具体

新《刑事诉讼法》第 54 条采纳了《关于办理刑事案件排除非法证据若干问题的规定》(以下简称《非法证据排除规定》) 第 1 条、第 2 条的内容，规定采用刑讯逼供等非法方法收集的犯罪嫌疑人供述，以及用暴力、威胁等非法方法收集的证人证言、被害人陈述，必须予以排除。新《刑事诉讼法》第 50 条又明确规定，严禁以威胁、引诱、欺骗以及其他非法方法收集证据，而《非法证据排除规定》中却没有同样的内容。但这只是一种概况性规定，在具体操作中对如何排除非法言词证据以及排除的阶段，并没有作出更为详细具体的规定，因此易导致司法实践中对非法言词证据的排除范围存在不同认识。

2. 对以刑讯逼供之外的其他违法手段获取的言词证据是否属于非法证据认定困难

实践中，犯罪嫌疑人、被告人提出排除非法证据申请的理由，往往不是其被侦查人员暴打、火烧、水烫、捆绑等明显的刑讯逼供行为，而是如殴打但没有明显伤痕、长时间冻、晒、站立、连续长时间询问、不让吃饭、喝水、不让睡觉、不让上厕所、欺骗、精神折磨、训斥、言语侮辱等行为。对于上述行为，2010 年出台的“两高三部”的两个规定、新刑事诉讼法、最高人民法院和最高人民检察院的相关司法解释均没有明确的规定，对此能否认定为非法言词证据并予以排除，各检察机关之间、检察机关与法院之间经常存在分歧意见。

3. 对非法实物证据认定标准模糊，且司法实践中排除较少

新《刑事诉讼法》第 54 条规定：“收集物证、书证不符合法定程序，可能严重影响司法公正的，应当予以补正或者作出合理解释；不能

补正或者作出合理解释的，对该证据应当予以排除。”该条对于认定和排除非法实物证据实际上规定了三个条件：一是违反法定程序收集；二是有可能严重影响司法公正；三是不能补正并不能作出合理解释。但这三个条件中除了第一个条件有比较明确的判断标准之外，另外两个都存在较大的自由裁量空间。虽然最高人民法院《关于适用〈中华人民共和国刑事诉讼法〉的解释》第95条规定，认定可能严重影响司法公正，应当综合考虑收集物证、书证违反法定程序以及所造成后果的严重程度等情况，但并没有明确“严重程度”的标准。司法实践中检察机关往往对非法实物证据采取“宽容”的态度，大多给予补正或作出合理解释的机会，导致最终实物证据被排除的少之又少。对此如不加以控制，将不利于维护犯罪嫌疑人、被告人的合法权益，也违背了刑事诉讼法修正的初衷。

4. 瑕疵证据的转化问题

比如讯问犯罪嫌疑人的一份笔录中一名侦查人员的签名，在同一时间段内又出现在询问被害人的笔录中，说明存在单人提审，事后补签名的情况，根据新《刑事诉讼法》第54条瑕疵证据补正的合法性精神，单人讯问（询问）只是讯（询）问主体不符合刑事诉讼法规定，但这并不影响被讯（询）者在供述（陈述）时的意志自由，不会导致供述（陈述）丧失客观性和真实性，司法实践中只要通过重新制作（更换原承办人重新进行讯问和询问，重新制作笔录）、补充调查（调取原件核对等方式完备证据的法定要件）、征询同意（如询问证人前忘记告知证人的权利义务，事后告知其权利义务，并征得其同意，认可此前证言的内容）等方式予以补正后仍然可以作为定案的证据使用。

5. 诱惑侦查获得的证据是否属于非法证据难以认定

就目前而言，诱惑侦查主要使用在贩卖毒品案件的侦查活动中。新《刑事诉讼法》第151条规定：“对涉及给付毒品等违禁品或者财物的犯罪活动，公安机关根据侦查犯罪的需要，可以依照规定实施控制下交付。”此规定中的“实施控制下交付”可以认定为诱惑侦查中的为侦查犯罪所设计的情景或条件。然而该条规定的诱惑侦查颇为原则化，存在如诱惑侦查实施的主体为谁、实施的原则为何、适用的合法性标准为何、什么情况下应认定为非法证据等等诸多“把关”难题，导致检察机关在办理涉及毒品的案件时，适用此项制度缺乏操作性。

6. 排除之后的处置问题

遭受刑讯逼供后的所有供述和相关证据是不是都应当排除？司法实践中存在三种争议观点：一是“一排到底”的观点，即只要犯罪嫌疑人受到过一次刑讯逼供，那么之后的所有供述均应实行“一排到底”，全部作为非法证据予以排除，仅以当庭供述作为定案根据，认为新刑事诉讼法实际上在非法证据排除规定的基础上进一步扩展了非法证据排除的范围，对于新《刑事诉讼法》第43条规定的刑讯逼供之外的三种非法手段，即“威胁、引诱、欺骗”所获证据与保障人权、公正司法的目标不符，也必须予以排除。二是“同一主体排除”的观点，即非法言词证据的排除应限于同一主体。理由是犯罪嫌疑人即使仅受到一次刑讯逼供，但由于在同一阶段讯问主体没有发生变化，犯罪嫌疑人可能基于恐惧心理，仍可能做出不真实的供述。但当由另外一个不同的讯问主体如检察机关讯问时，则因为不同的讯问主体而产生“隔断效应”能够消除其恐惧心理，所以此时的供述可以作为定案根据。三是“适时排除”的观点，理由是既然法律规定受到刑讯逼供等非法取得的证据予以排除，那么没有受到刑讯逼供取得的证据就不应该排除，主张在办案过程中仅排除有证据证实犯罪嫌疑人受到刑讯逼供的讯问笔录，其他供述笔录只要排除刑讯逼供等非法取证情况均可以作为证据使用。

被调研机关检察人员倾向于第三种“适时排除观点”。理由是“一排到底”的观点显然是不利于打击犯罪的。在当前的侦查模式下某种轻微程度内的威胁、引诱、欺骗等方式应视作一种不可避免的讯问技巧，实际上在办案实践中对盘问技巧与诱供也很难作出绝对区分。从新《刑事诉讼法》第50条规定的精神上理解，这一规定的保留仅是为了防止向外界发出鼓励以威胁、引诱、欺骗的非法方法收集证据的错误信号，作出这一规定只是严禁采用威胁、引诱、欺骗的方法收集证据，并没有作出排除范围的扩展，并不是说必须作为非法证据予以绝对排除，但是“一排到底”的观点作为一种趋势的认同应引起检察同仁的重视。“同一主体排除”的观点有其可取性，但是对于检察机关办理的职务犯罪案件可能就会比较麻烦，因可能直接导致只有法官讯问才能采信证据，对法官的内心确信和断案能力提出了很高的要求，对案件质量也会产生影响。“适时排除”原则虽然有时也难以确保供述的真实性，但符合司法实践需要。

7. 关于二审中的非法证据排除问题

检察人员提出，在办理上诉案件，特别是职务犯罪上诉案件的过程中，经常会遇到上诉人和辩护律师申请排除非法证据，二审期间，辩护律师通过调取相关新证据，申请相关证人、侦查人员出庭作证，提交辩护材料与发表辩护意见等方式，围绕非法证据排除作无罪辩护，主要集中在取证程序的合法性、遭受刑讯逼供、同步录音录像的完整性方面。虽然修改后刑事诉讼法对非法证据排除规则的程序、证明责任和标准等事项作出了一系列的规定。但是在二审工作中如何正确适用该规则、完善证据体系、确保完成二审出庭任务和维护上诉人合法权益，还要在实践中进一步认真研究、分析和总结。

（三）关于职务犯罪案件的侦办

如前所述，职务犯罪的侦办工作迎来了全面延展和高效要求的契机，动力与压力共存，结合具体的办案经验，检察人员提出了以下突出问题：

第一，传唤时间。新刑事诉讼法实施以来，多数案件尝试用足 24 小时，鉴于受贿案件绝大部分不可能零口供突破，检察人员反映审讯时间太少。商业贿赂案件有企业领导压力、工商罚款等重重压力，逼得证人（通常就是行贿人）难以开口，谈话效果不是很明显，一般要 3 天至 5 天甚至一周之后才开始显现效果。检察人员认为传唤时间定为 48 小时比较符合办案规律。此外，对于传唤后 24 小时内保证必要休息饮食时间的规定，虽然设置了专门的休息室，但是时间上、方式方法上各有不同，南湖区是 2 小时至 4 小时，有人提出 6 个小时，但是多数检察人员认为太长了。

第二，技术侦查。被调研检察机关称还没有使用过，原因在于，首先是期待高、执行难；其次是技术侦查的适用时间上要求要立案之后，而检察人员认为技术侦查最好在初查阶段使用，因为立案之后前期工作已经完成，层层审批之后更已错过时机；最后是公安本身案件压力大，配合难，一般配合都是在追逃之后。

第三，指定居所监视居住措施，南湖区检察人员提出还没有用过，因为特别重大要求较高，成本太大，危险太高，而且点没有建立起来，没有指定居所监视居住的实施环境。2013 年浙江省 1300 多案件中只有

2 件实施了指定居所监视居住。

第四，查询、冻结有关债券、股票、基金份额等财产的执行。检察人员提出，办案中对党政干部的约束太小，配套措施包括财产查询等等不健全，建议上级机关包括研究机构在促成立法时考虑到本国国情，对具体制度予以明确，比如说在中国这样的人情社会，行贿人作证时应让受贿人回避等。

（四）关于审查起诉和审判

审查起诉和审判环节作为检察机关日常工作的重心，涉及诸多细节问题，包括：

1. 关于侦查终结

检察机关认为公安侦查终结移送审查起诉时应当有一个侦查终结报告，对案件的定性和证据、法律适用等问题作出分析。

2. 关于退回补充侦查

检察机关提出两次退补后公安只是形式上再讯问，造成的结果应如何处理不明确。

3. 关于不起诉

法定不起诉很少应用，考虑到公安内部绩效考核，一般都建议公安作撤诉处理。疑罪不起诉，有被害人信访的，一般采取地方政府进行救助的方法；刑事和解做不起诉的，被害人常常漫天要价，利用国家公权力进行敲诈，检察院一般不参与，由当事人协商，检方制作调解书。公安机关认为检察院起诉或不起诉应当在具体期限内告知公安机关。

4. 关于庭前会议

出席人员方面有些地区犯罪嫌疑人参加有些不参加，各院自己尝试有所不同。绍兴市中院是要求参加的，以确保庭审效力，被告人可以坐着查阅案卷。从效果来看只可以解决部分问题，但是对于一些对被告人有利的证据，常常在庭前会议不出示，在庭审中再提出。而且一审庭前会议制度已经开展，但二审阶段没有有效开展。依据修改后的《人民检察院刑事诉讼规则（试行）》的相关规定，二审检察机关调查核实内容主要包括对非法取证人员、时间、地点、方式和内容等材料或者线索进行甄别。目前有些上诉案件，特别是职务犯罪案件辩护律师进行无罪辩护的，出庭时大部分证据和质证意见还是依托一审阶段的原有材料，影

响了二审庭审效率和针对性。因此检察人员提出，在充分考虑案件证据数量、案情重大与否、难易程度、社会影响等问题的同时，二审检察机关与辩护律师参与二审法院组织的庭前会议，检察机关承办人、辩护律师及上诉人就非法证据排除等与庭审相关的问题提出和交换意见，能为正式庭审时法院决定是否启动非法证据排除程序提供方向，及时、集中解决可能导致庭审中断、影响庭审顺利进行、制约庭审效率的程序性事项，可以更为有效地确保庭审的质量和效率。

5. 关于简易程序

检察机关倾向原来的普通程序简易审，现在案多人少，监督难以深化，没有达到刑事诉讼法修改的初衷。而且现今简易程序要求出庭，检察机关表示工作压力很大，难以保证出庭能够取得实效。

6. 关于证人出庭作证

新刑事诉讼法实施以来，修改前证人出庭率低的情况并没有令人乐观的改观。刑事诉讼法及其解释虽然规定了证人出庭作证的义务，并规定了对拒绝作证的证人法院可以强制其到庭，并对没有正当理由拒绝出庭作证的证人采取训诫、拘留等处罚，但实践中为避免激化矛盾、证人可能遭受打击报复等多种因素考虑，司法机关实际上建议或采取强制措施的情况较少。侦查人员出庭作证的情况更是不容乐观。目前上诉人声称遭受刑讯逼供，常见的做法一般是调取入所体检记录，承办民警再出具一份情况说明证实未刑讯逼供，上述材料由公诉人或检察员提供法庭质证后审判机关一般也予以采信。实践中侦查人员出庭作证的极少。从新刑事诉讼法实施以来的司法实践看，侦查机关仍习惯就侦查人员调查取证的情况出具书面的“办案说明”，有些还加盖侦查机关的公章，作为证据使用来取代侦查人员出庭作证。

7. 关于量刑建议

量刑活动中检察机关有提出量刑建议，但是最后法院裁判不采纳，检察人员认为检察量刑建议制度的科学性需要加强；而且不同机关关于宽严相济刑事政策的把握差距较大，易造成信访问题。

8. 关于二审案件的审查

中院二审开庭量要求不少于30%，但是二审中存在大量翻供问题，而且证人出庭作证、非法证据排除等一审未解决的问题放到二审中能否得到解决也存在很大疑问。

（五）关于羁押必要性审查

为强化人民检察院对羁押措施的监督，防止超期羁押和不必要的关押，新《刑事诉讼法》第93条规定了逮捕后对羁押必要性进行审查的程序。作为新增加的规定，检察机关必须结合刑事诉讼法修改的精神和检察工作实际，在具体执行中对该制度进行细化和完善，法律条文的疏漏和实务经验的不足也带来了种种问题。

1. 检察机关开展审查的压力剧增、困难较多

虽然法律明确赋予了检察机关具有对捕后羁押必要性的审查职能，但检察机关在实际开展羁押必要性审查中遇到内外两方面的压力和阻力。首先，公、检、法等司法机关执法理念依然滞后，在执法观念上仍重打击、轻保护，重羁押、轻宽缓，且不同机关对变更强制措施的认识程度和标准把握不一。其次，对公安机关开展羁押必要性审查的难度较大。在当前公安机关内部强调破案率、绩效考核的情况下，其对羁押必要性审查工作并不重视，甚至有抵触情绪，认为犯罪嫌疑人已被检察机关批准逮捕，说明司法机关对其采取严厉强制措施具有必要性，检察机关不应对其再行变更强制措施；同时，对处于侦查阶段的犯罪嫌疑人变更强制措施后，公安机关担心会对案件的继续侦查造成不必要的阻力和障碍，因而与检察机关产生一定的分歧。最后，社会公众对羁押必要性审查存在不同认识，有一部分公众认为逮捕具有惩罚、报应功能，检察机关对有罪的人不予逮捕就是放纵犯罪，甚至认为这是司法不公的表现，特别是案件被害人及其家属更为敏感，易导致其到检察机关或政府机关进行上访申诉。目前嘉兴市检察院审查16件20人，建议公安变更15人，建议检察院、法院变更2人。南湖区审查13件16人。总体上看，办案人员还是够罪即捕，审查积极性不高，案多人少，要求又太高，制度容易流于形式。

2. 不当羁押发现机制尚不完善

实践中，检察机关开展羁押必要性审查的案件较少，羁押必要性审查工作大多是由被动受理而启动的，这说明检察机关对不当羁押的发现机制尚不完善，具体表现在：一方面，从侦查监督部门来看，存在对侦查机关的刑事羁押信息不了解、难以介入侦查、捕后监督途径有限等问题，使得检察机关对侦查机关刑事羁押的监督长期处于弱势地位；另一

方面，从审查起诉部门和监所检察部门来看，当前检察机关开展羁押必要性审查主要是依看守所、当事人及其家属、辩护律师的申请而启动审查和发现不当羁押，主动发现不当羁押的比例非常低。

3. 部门分段审查模式存在弊端

目前各地检察机关开展羁押必要性审查多数是分诉讼阶段进行的，但根据调研情况，发现目前的分段审查模式存在以下问题：一是侦查监督、公诉部门任务重、时间紧，难以有效开展全面审查工作。目前侦查监督部门开展羁押必要性审查的主要措施是加强对公安机关申请延长侦查羁押期限的审查，但这一审查时间紧、任务重，难以真正进行羁押必要性审查。二是审查部门之间存在相互推诿、重复审查，且难以应对当事人及其辩护人在前一诉讼阶段申请审查被驳回后，在事实和证据等方面没有变化的情况下反复申请的情况。三是审查部门之间存在缺乏沟通、认定标准不一、决定权不明确的情况。目前在南湖区检察院是由侦监部门负责的，但是什么阶段由什么部门审查不明确，嘉兴市检察院案管办正在筹办中。

4. 审查内容、评估程序有欠具体

一是审查内容并不全面。实践中检察机关审查的内容，主要是案件事实和证据的变化、羁押后的日常表现等情况，缺乏对原批准逮捕决定是否正确、捕后社会危险性是否消除等重要方面的审查判断。二是评估的程序并不科学。目前检察机关在开展羁押必要性审查中，主要通过开展调查和评估的程序来进行，但大部分检察机关对评估程序不够重视，只是笼统地要求审查中需进行评估，且并没有明确的评估对象和标准，导致评估缺乏具体操作性。另外，对于一些可能引发争议案件的评估，仍然实行书面审查，缺乏当事人及其家属、辩护人的有效参与。而且最初检察机关在羁押必要性审查启动时间上存在分歧，一般是在批准逮捕的时候，特别是移送审查起诉之后，工作重心是预防超期羁押和久押不决，预防超期羁押的途径一般是预警机制和催告制度，每一季度都有换押情况报道。

5. 羁押必要性审查检察建议缺乏刚性

新《刑事诉讼法》第93条规定：“对不需要继续羁押的，应当建议予以释放或者变更强制措施。有关机关应当在十日以内将处理情况通知人民检察院。”该条虽规定有关机关对检察机关的建议应在10内处理并

将处理情况通知检察机关，但其并没有明确有关机关未采纳羁押必要性审查建议的法律后果，实践中有关机关特别是公安机关对此类建议，有时置之不理或应付了事，找个搪塞的理由认为犯罪嫌疑人仍具有羁押的必要性、不适宜变更强制措施，而检察机关对此并不具有相应的制约措施，导致检察机关建议严重缺乏刚性。

（六）关于强制医疗程序

新刑事诉讼法增设了依法不负刑事责任的精神病人的强制医疗程序。绍兴市检察院调研显示，2013 年 1 月到 8 月，全市公诉部门共办理强制医疗案件 8 案 10 人，其中 9 人系由公安机关移送强制医疗意见书而启动，1 人系由检察机关在审查起诉环节发现无刑事责任能力作出不诉后直接向法院申请强制医疗。法院已对 9 人作出决定，其中 8 人被决定强制医疗，另 1 人被法院驳回强制医疗申请；执行环节 1 人已被新昌县法院解除强制医疗，现有 7 人接受强制医疗。强制医疗程序在实践中存在主要以下几个问题：

1. 强制医疗适用条件不细化，影响申请效果

办案实践中，对实施暴力行为的精神病人是否有继续危害社会可能的证明标准没有明确规定，判断这一条件需要有一定的医学专业知识，是否具有继续危害社会的可能性较难把握，易造成检法两家认识不一，导致检察机关提出的强制医疗申请可能得不到法院支持。如绍兴市越城区检察院办理赵某某故意伤害强制医疗案，检察机关审查认为赵某某所患病症发病没有规律，且已造成危害后果，故提出强制医疗申请，而法院审理认为赵某某病情已经稳定，继续危害社会的可能性不大，作出了驳回决定。

2. 强制医疗程序规定不明确，影响被申请人的权利保障

新刑事诉讼法仅规定了人民法院审理阶段，被申请人或被告人没有委托诉讼代理人应当通知法律援助机构指派律师为其提供法律援助的情形，在侦查、起诉阶段均无相关规定，导致实践中涉案精神病人辩护权利的缺失。涉案 10 人在审前均未委托代理人，越城区办理的叶某某故意杀人强制医疗案、诸暨市院办理的周某某放火强制医疗案，在审查起诉阶段通知法律援助中心指派律师，均被以法律无相关规定为由拒绝。此外，法律对于是否应当听取被申请人及其法定代理人、诉讼代理人的

意见、被申请人意见的性质、作用，以及开庭案件是否公开审理均无明确规定，导致实践中做法不一，不利于当事人诉讼权利的保护。如法院已审结的9人中，6人系不公开开庭审理，另3人则公开开庭审理，法律适用不统一。

3. 强制医疗办案程序规定不完全影响办案效率

法律及相关解释仅规定人民检察院在接到公安机关移送的强制医疗意见书后30日内作出是否提出强制医疗申请决定，未规定案件疑难复杂，30日内无法办结的是否可以延长，也未规定补充证据的期限和次数的问题，实践中是否违反程序也把握不准。如金某某寻衅滋事案，检察机关受理后，其间退回补充侦查并重新进行精神病鉴定，不计补充侦查时间，至向法院提出申请已超过30日。此外，也无司法解释对案件在公安移送审查之前是否应当撤案予以规定，公安办理9人，均在移送前撤案，易造成在检察或法院审理阶段如发现鉴定结论有误而致追究被申请人刑事责任出现障碍的隐患，影响办案效率。

4. 强制医疗监督规定有盲区影响司法公正

其一，对临时保护性约束措施监督的范围，《人民检察院刑事诉讼规则（试行）》仅规定了“公安机关应当启动而不启动”或“启动不当”两种。实践中，有的案件公安机关已启动了临时保护性约束措施，但涉案精神病人家属未经公安机关同意自行与医院协商就将精神病人带离出院，医院也未及时通知公安机关，在此期间公安机关未履行监管职责，检察机关是否应当监督、应如何监督于法无据。其二，对申请复议的案件，由哪一层级检察机关进行监督，法律并未明确。其三，对强制医疗案件何时交付执行法律规定不明，检察机关对强制医疗执行尚未开展有效监督，实际执行情况如何，监所检察部门无法及时得知。《人民检察院刑事诉讼规则（试行）》采用专节的篇幅对强制医疗执行监督进行了规定，但过于原则，是否设立医疗机构检察室开展监督，保障案件当事人合法权益还是一个设想。

5. 强制医疗经费目前无统一规定，影响特别程序适用效果

实践中，监护人往往不主动支付或无力负担，经费由当地政府负担，有些由公安机关垫付，经费压力较大。

健全司法权分工配合制约机制的思考 *

党的十八届四中全会《中共中央关于全面推进依法治国若干重大问题的决定》(以下简称《决定》)指出:必须完善司法权力运行机制,优化司法职权配置,健全公安机关、检察机关、审判机关、司法行政机关各司其职,侦查权、检察权、审判权、执行权相互配合、相互制约的体制机制。从刑事司法的角度看,健全司法权力运行机制,包括两部分重要内容:一是要健全司法权力分工负责、互相配合、互相制约机制;二是要健全侦查权、检察权、审判权、执行权各自的运行机制。前者因为涉及公检法三机关在刑事诉讼中的基本职能分工、基本职权配置、基本运行机制和相互关系,尤为重要。在此谈一点关于健全公检法三机关分工负责、互相配合、互相制约机制方面的思考。

一、分工配合制约机制的确立

1979 年《刑事诉讼法》第 5 条规定:"人民法院、人民检察院和公安机关进行刑事诉讼,应当分工负责,互相配合,互相制约,以保证准确有效地执行法律。"1982 年《宪法》第 135 条又对此项原则加以规定,将其上升到宪法高度。这是指导和处理人民法院、人民检察院和公安机关相互关系的基本原则,由此确立了具有中国特色的刑事司法体制和办案机制。

分工负责,就是公安、检察、法院三机关根据法律规定的职权,各司其职、各负其责,严格按照分工进行诉讼活动,不可混淆也不可替代。1979 年刑事诉讼法对公、检、法三机关的职权作了明确分工,即"对刑事案件的侦查、拘留、预审,由公安机关负责。批准逮捕和检察(包括侦查)、提起公诉,由人民检察院负责。审判由人民法院负责"。1996 年刑事诉讼法修改时将公、检、法三机关的职权调整为:"对刑事

---

* 原文发表于《河南社会科学》2015 年第 1 期。

案件的侦查、拘留、执行逮捕、预审，由公安机关负责。检察、批准逮捕、检察机关直接受理的案件的侦查、提起公诉，由人民检察院负责。审判由人民法院负责。”并且增加规定：“国家安全机关依照法律规定，办理危害国家安全的刑事案件，行使与公安机关相同的职权。”因此，凡我国刑事诉讼法所规定的公安机关，均含国家安全机关，广义上涵括依照法律规定行使侦查权的其他机关，例如军队保卫部门，对在监狱内犯罪的案件进行侦查的监狱，以及设在海关内的走私犯罪侦查部门。

互相配合，就是公安、检察、法院三机关在分工负责、各司其职的基础上，通力合作、互相支持、协调一致，共同完成刑事诉讼惩罚犯罪、保护人民的任务，而不是互不通气、各行其是、互相推诿、互相拆台。关于互相配合的要求在刑事诉讼法中的体现，通识教材大都作这样的列举：对于公安机关提请逮捕、移送审查起诉的案件，检察机关要认真审查并作出相应决定；对于人民检察院提起公诉的案件，人民法院应当审理并作出判决；对于人民检察院批准逮捕、决定逮捕和人民法院决定逮捕及需要公安机关执行的判决、裁定，公安机关应当执行。①

互相制约，就是公安、检察、法院三机关按照法律规定的分工和职权，互相监督，互相约束，互相防止和纠正在诉讼过程中可能发生的错误，以保证正确地执行法律。例如，公安机关要求逮捕犯罪嫌疑人时，应当提请人民检察院审查批准。人民检察院认为不符合逮捕条件的，就不批准逮捕。但公安机关对人民检察院不批准逮捕的决定认为有错误时，可以要求复议。如果意见不被接受，还可以向上一级人民检察院提请复核。

二、分工配合制约机制的解读

分工负责、互相配合、互相制约原则具有鲜明的中国特色，是刑事诉讼中处理国家专门机关相互关系的基本准则。历史地看，它是我国长期刑事司法实践的经验总结，也是1979年制定刑事诉讼法时对“文化大革命”惨痛教训的深刻反思。

分工负责，各司其职，是这一机制的前提和基础。没有分工，“一

① 陈光中主编：《刑事诉讼法学》，北京大学出版社、高等教育出版社2012年版，第98页。

家代三家”，或者“三家成一家”，就谈不上互相配合、互相制约。其基本思路就是代表国家进行刑事诉讼的职权和职能不能由一家机关行使，否则权力便得不到约束、得不到制衡，容易产生司法专横，造成冤假错案。历史上，我国曾经在“文化大革命”前整建制地撤销了人民检察院，将检察机关承担的追诉职能赋予公安机关代为行使，随后又将兼行侦查权和公诉权的公安机关与作为审判机关的人民法院合署办公，最后在“砸烂公检法”的错误口号下全国公检法机关被一起砸烂，机构撤销，人员裁减，实行军管。在长达十年间，一直由各级军事管制委员会实际行使司法职能，权力高度集中，失去控制，失去制衡，造成司法专横，冤狱遍野，使民主法制遭到极大破坏，人民利益受到极大危害。历史的教训深刻惨痛，痛定思痛，我国于1978年恢复重建人民检察院，1979年制定的新中国第一部刑事诉讼法明确规定公检法各自在刑事诉讼中的职权，同时明确三机关在刑事诉讼中的相互关系是分工负责、互相配合、互相制约，以保证准确有效地执行法律。在此意义上说，1979年刑事诉讼法确立公、检、法三机关分工负责、互相配合、互相制约的原则具有历史的进步性。而且，职能分工，职权分离，总体上也符合现代诉讼发展和改革的趋势。

互相制约，应该是这一机制的制度精华。强调在权力分离前提下的制衡，对于保证法律的统一正确实施、防止国家权力滥用和异化、保障诉讼参与人合法权益、预防和及时纠正诉讼中可能出现的错误和违法现象，具有特别重要的意义。有道是：“一切有权力的人都容易滥用权力，这是万古不易的一条经验。”“要防止滥用权力，就必须以权力制约权力。”[①]诉讼上实行职能分工，就是要实现不同职能之间的对抗与平衡。司法上采取职权分离，就是要实现权力之间的互相牵制，用权力制约权力，以防止权力滥用，防止和减少诉讼中的错误，以及一旦存在错误，能够及时发现及时纠正。有学者论证，这一原则的最初提法是“分工负责、互相制约”，而首倡者为社会主义法治的代表人物董必武同志。为健全司法制度，防止和减少错捕、错判事件的发生，根据董老的提议，政务院政法委员会分党组干事会在给中共中央的书面报告中正式建议：

① ［法］孟德斯鸠：《论法的精神》（上卷），张雁深译，商务印书馆1963年版，第154页。

公安、检察、法院三家在办理刑事案件中，实行分工负责、互相制约的原则。认为法院、公安、检察署通过分工负责、互相制约的比较完善的司法制度的保证，错捕、错押、错判的现象会减少到极小的限度。董老关于公、检、法“分工负责、互相制约”的观点，引起全党的重视，刘少奇同志在党的八大政治报告中指出：“我们的公安机关、检察机关和法院，必须贯彻执行法制方面的分工负责和互相制约的制度。”[①] 遗憾的是，由于1957年“反右”运动后，“左”的思想日益严重，“分工负责、互相制约”的正确提法被视为右倾观点而遭到批判，强调互相配合而轻视制约的思想开始蔓延。1958年6月召开的全国第四届司法工作会议批判了董老的观点，提出了“支持第一，制约第二”的口号，实际上是强调配合，削弱甚至取消制约。

互相配合，要求公检法三机关作为国家专门机关，共同担负代表国家查明犯罪，追诉犯罪，惩罚犯罪的任务，因此在刑事诉讼中应当通力合作，互相支持，协调一致，以保证国家刑罚权得到实现，不让犯罪分子逃脱法网。[②] 互相配合是公、检、法三机关权力同源性的必然反映，公安、检察、法院共同构成代表国家进行刑事诉讼的专门机关。国家视公安、检察、法院同为打击犯罪、维护秩序的统治工具，必然要求三家齐心，三家合力，共同承担和完成追究犯罪惩罚犯罪的任务。“它们之间的关系，就像工厂的三个车间，分别完成产品生产的三道工序。”“每道工序必须严格遵守一定的操作规程。这三道工序配合和制约得好，产品就愈合乎规格，效率愈高。”[③] 尽管制度设计者期待，互相配合与互相制约同等重要，二者既不偏重也不偏废，而实际上，在强调打击犯罪和肩负共同使命的背景下，三机关之间的互相配合必然会提升至更高的地位。一定意义上讲，讲配合就是讲政治，讲配合就是顾大局。在此情况下，本为制度精华的互相制约，由于互相配合的优势地位和强势作用，必然会退居其次，逐步削弱乃至丧失功效。20世纪80年代严打期间，在一片“从重从快”的声浪中互相制约基本上已无人提及，即便如此，

① 郝铁川：《公检法互相配合制约的历史沿革》，载中国法学创新网2014年12月4日。

② 朱孝清：《冤假错案的原因和对策》，载《中国刑事法杂志》2014年第2期。

③ 张子培主编：《刑事诉讼法教程》，法律出版社1982年版，第82页。

尚有人批评说:“有些地方对配合与制约的关系在认识上有所偏颇,不适当地强调了互相制约而对互相配合却注意得不够,致使有的严重刑事犯罪没有得到迅速而有力的打击,使国家和人民利益受到危害。”[①]管中窥豹,可见一斑。

三、分工配合制约机制的问题

在全面推进依法治国的大背景下,从刑事诉讼法颁布实施以来的司法实际出发,无论从理论视角还是实务层面,均有必要对公、检、法三机关分工配合制约原则重新审视,提出问题。从理论上看,公、检、法三机关分工配合制约的职权配置和运行机制,主要存在以下问题:

第一,法官不中立,审判不独立。在现代诉讼中,司法公正的首要条件就是法官中立,审判独立。中立,是指裁判者对诉讼争端各方保持一种超然和无偏私的态度,没有对任何一方抱有偏见,同时对该案件也不能包含有裁判者个人(包括其亲属、朋友)的利益。西方“自然正义”原则的第一条“任何人都不能成为自己案件的法官”要求的就是裁判者的中立地位。美国学者戈尔丁根据时代的精神,将“自然正义”扩展为七项具体衡量指标:(1)与自身有关的人不应该是法官;(2)结果中不应包含纠纷解决者个人的利益;(3)纠纷解决者不应有支持或反对某一方的偏见;(4)对各方当事人的意见均应给予公平的关注;(5)纠纷解决者应听取双方的论据和证据;(6)纠纷解决者应只在一方在场的情况下听取意见;(7)各方当事人都应得到平等的机会来对另一方提出的论据和证据作出反应。[②]其中第一、第二项要求法官与案件本身没有利害关系,第三项至第七项则要求法官公平地对待诉讼双方当事人。

发展至今,法官中立已成为司法公正的一项基本要求,也是公民应当享有的一项重要权利。《公民权利和政治权利国际公约》第14条第1项规定:“在判定对任何人提出的任何刑事指控或确定他在一件诉讼中的权利义务时,人人有资格由一个依法设立的、独立的和无偏倚的法庭进行公正的和公开的审讯。”[③]事实上,我国始于20世纪80年代后期的庭

---

① 傅宽芝:《论公检法三机关的互相配合》,载《河北法学》1984年第1期。

② [美]戈尔丁:《法律哲学》,齐海滨译,生活·读书·新知三联书店1987年版,第240页。

③ 袁建伟:《刑事法治的逻辑展开》,载《中国刑事法杂志》2014年第2期。

审方式改革，也朝着构建正三角形审判结构的方向努力，要求法官不偏不倚、居中裁断，要求控方承担证明责任、当庭举证，贯彻控辩平等、在平等的基础上对抗。然而，在审判机关与侦控机关互相配合的体制背景下，这种庭审形式上的改变只能是徒有其表，徒具虚名。曾有专家一针见血地指出，我国的审判构造实质上为底边在上的倒三角形结构，即检法两家在法庭上共同代表国家追究犯罪，被告人作为被控诉者接受审判①。

第二，控审不分离，控辩不平等。在司法进化史上，随着国家对社会控制能力的提升和对犯罪本质认识的变化，曾经出现过国家刑事司法权力高度集中的现象，盛行过纠问式诉讼模式。在纠问式诉讼模式中，“任何法官都是检察官”，法官集侦查、控诉、审判多项职权于一身，在自侦自查的基础上自诉自审，导致严重的控审职能不分。在权力高度集中的法官面前，被告人毫无权利可言，由诉讼主体沦为诉讼客体、追究对象。德国著名法学家拉德布鲁赫曾对此评论道：“纠问程序的功绩在于使人们认识到追究犯罪并非受害人的私事，而是国家的职责。其严重错误则在于将追究犯罪的任务交给法官，从而使法官与当事人合为一体。如果说此前的控告程序依循的是‘没有人告状，就没有法官’，此时根据纠问程序的本质，则允许在没有人控告的情况下，由法官‘依职权’干预。如果过去的控告程序是在原告、被告和法官三个主体之间进行，则纠问程序中就只有法官和被控人两方。被控人面对具备法官绝对权力的追诉人，束手无助。对纠问程序适用的谚语是‘控告人如果成为法官，就需要上帝作为律师’。”②

为克服封建专制时期纠问式诉讼的弊端，在近代司法变迁过程中围绕司法职权配置实行过重大改革。在诉讼职能上实行控审分离，在司法组织上采用审检分立，在诉审关系上贯彻不告不理。只有实行控审分离，法官才能够退去自己又当控告人又当裁判者的双重身份，同时限制法官依职权主动追究犯罪的冲动；只有实行控审分离，被告人才能从诉讼客体恢复自己的诉讼主体地位，依法行使以辩护权为核心的诉讼权

① 裴苍龄：《关于刑事诉讼结构的研究》，载《政治与法律》1995年第5期。

② ［德］拉德布鲁赫：《法学导论》，米健、朱林译，中国大百科全书出版社1997年版，第121页。

利；只有实行控审分离，辩护职能才能与控诉职能分庭抗礼，现代辩护制度才能得以建立和发展。然而，如果行使公诉权的检察机关与行使审判权的法院存在互相配合的关系，实际上就是法官与检察官联手，控审分离便成为一句空话，被告人的诉讼地位必然急剧恶化，辩护律师的作用也只能名存实亡。

第三，侦查权过于膨胀，形成“一家独大”，事实上难以制约。从比较法的视野看，很多国家区分任意侦查和强制侦查，实行任意侦查原则与强制侦查法定主义。如日本《刑事诉讼法》第179条第1款规定：“为了达到侦查目的，可以进行必要的调查。但是，如本法无特别规定时，不得实行强制措施。”据日本学者解释，“所谓强制措施，就是侵犯个人重要利益的措施。使用强制措施的侦查叫强制侦查，不使用强制措施的侦查叫任意侦查。因为强制侦查只限定在法律规定的领域，因此应该尽可能以任意侦查方式进行。这称为任意侦查的原则。在侦查中，任意侦查是原则，强制侦查是例外”。[①]强制性侦查行为，因受强制权益的不同大致分为三类：一类是关涉公民人身自由的侦查行为，包括拘留、逮捕、羁押等；一类是关涉公民住宅权、财产权的侦查行为，包括搜查、扣押、查封、冻结等；一类是关涉公民隐私权、通讯自由权的侦查行为，包括监听、窃听、检查邮件等。所有上述强制性侦查行为，侦查机关自身都无权采取，必须经过司法审查，获取令状许可。

我国刑事诉讼法在刑事司法职权配置方面，赋予侦查机关广泛的权力，以期侦查机关能够顺利完成查明犯罪、查获犯罪嫌疑人的任务。在我国，除逮捕需提请检察机关审查批准外，所有其他强制性侦查行为，均可由公安机关自行决定、自己执行。此种权力配置，存在不理性因素，一方面使侦查机关权力过于膨胀，容易产生过度适用甚至异化滥用的风险；另一方面使检法机关对侦查权力缺乏充分的制约能力和手段，对侦查中的违法现象难以有效纠正。[②]

从实务上看，刑事诉讼法颁布实施以来，法律确立的分工负责，互相配合，互相制约原则并未得到切实执行，使这一机制的积极因素在实

① ［日］田口守一：《刑事诉讼法》，刘迪等译，法律出版社2000年版，第28页。

② 夏阳、陈龙环：《完善检察机关与侦查、审判机关配合制约关系的域外启示》，载《中国刑事法杂志》2014年第5期。

际运行中未能得到充分体现，主要存在以下几方面的问题：

一是公、检、法三机关不能严格依照法定分工开展诉讼活动，各自行使职权。历史地看，在从重从快的严打时期，为片面追求惩罚犯罪的效率，曾普遍存在“以一长代三长，以一员代三员”“下去一把抓，回来再分家”的情况。三机关一致对外，徒具“分工”之名，而无“分工”之实。这是对分工配合制约原则的严重违反。时至今日，在某些时期、某些区域或者针对某些案件，还是常常出现公检法三机关“联合办案”，搞“三长协调”，或者检法机关提前介入，随时沟通。

二是公、检、法三机关之间“重配合、轻制约”，甚至“只配合、不制约”。在研究刑事错案的防范与纠正时，有学者指出：“从许许多多刑事司法错误的情形看，三机关之间片面重视互相配合，模糊职权分工，淡化互相制约，是刑事司法错误发生、发展的重要原因之一。这种重配合、轻制约的关系，往往使后一道诉讼环节放松对于刑事错案的防范，放弃对于容易导致刑事错案的程序性违法行为特别是非法证据的把关和排除。当刑事司法错误在自己的诉讼环节上被重复的时候，也可能是这一机关受到了前面诉讼环节上刑事司法机关的影响。”[①] 近期陆续披露纠正的一些重大冤错案件，究其成因，除了侦查机关违反程序，非法取证，甚至搞刑讯逼供以外，检察机关制约不力，审判机关把不住关，都是重要因素。后一机关后道程序不能够及时发现问题，即使发现了问题也不能及时加以纠正，相互回避矛盾、照顾关系，甚至不惜隐瞒事实、伪造证据，最终酿成冤假错案，给当事人合法权益造成严重侵害，给司法公信力造成严重损害。

三是检察院身兼数职，角色冲突，影响诉讼监督职能的有效发挥。我国宪法和法律明确规定，检察院为国家的法律监督机关。根据法律监督机关的宪法定位，我国检察机关被赋予内容广泛的法律监督权，其中诉讼监督是检察机关法律监督的核心内容，而刑事诉讼监督是检察机关诉讼监督的主要构成。根据我国的司法体制，检察机关在刑事诉讼中，地位重要，作用特殊。地位重要，是指检察机关参与刑事诉讼的时间最长，唯有检察机关的活动贯穿刑事诉讼的全过程；作用特殊，是指检察

① 李建明：《刑事司法错误——以刑事错案为中心的研究》，人民出版社2013年版，第449页。

机关在刑事诉讼中承担的职能最多，不仅负责批准逮捕、提起公诉和直接受理案件的侦查，同时对刑事诉讼实行法律监督。特别是，为纠正司法实践中有法定程序却不严格遵守的现象，充分发挥检察机关的法律监督职能，加强检察机关对刑事诉讼特别是公权力行使活动的监督，成为1996年和2012年两次刑事诉讼法修改的重要内容。然而，由于检察机关在刑事诉讼中身兼数职，角色之间存在矛盾和冲突，影响了诉讼监督职能的发挥。首先，检察机关承担法律赋予的诉讼任务，负责批准逮捕、审查起诉和支持公诉，以及自侦案件的侦查；其次，检察机关作为国家专门机关之一，与承担侦查职能的公安机关和负责审判工作的法院之间存在相互配合，互相制约的关系；最后，检察机关作为专门法律监督机关，对刑事诉讼实行法律监督，包括对公安机关立案活动的监督、侦查活动的监督和对法院审判活动的监督等。参与诉讼、配合诉讼、制约诉讼、监督诉讼，集多种职能于一身。角色之间存在矛盾，职能之间存在冲突，如何化解而突出检察机关的诉讼监督作用，确是司法实践中的一大难题。

四、分工配合制约机制的健全

笔者认为，应当认真研究现行刑事司法中的权力配置和运行状况，努力从司法实际出发，尊重司法客观规律，调整和优化司法职权配置，健全司法权分工配合制约机制。从长远来看，要健全司法权分工配合制约机制需要实行以下几方面的改革：一是要实现法官中立，审判独立，不能要求审判机关与侦控机关互相配合；二是要探索建立符合中国国情的针对强制性侦查行为的司法审查与令状许可制度，对侦查权力加以规制；三是要推进“以审判为中心”的刑事诉讼制度改革，理顺侦查、起诉与审判之间的关系。就目前而言，在贯彻公、检、法三机关分工负责、互相配合、互相制约原则时要着重注意以下问题：

一是公检法三机关一定要按照法律授权和分工进行诉讼，各负其责，各尽其职，既不允许相互混淆、相互替代，也不允许提前介入、联合办案。不管是什么案件，不得以任何借口，搞相互通气、内部协调。最高人民法院在《关于建立健全防范刑事冤假错案工作机制的意见》中明确指出，法院应严格依照法定程序和职责审判案件，不得参与公安机关、检察机关联合办案。各级党委政法委应当支持人民法院、人民检察

院依法独立公正地行使审判权、检察权，支持政法各机关依照宪法和法律独立负责地开展工作，不得对事实不清、证据不足、定性困难的案件进行协调。

二是大力加强侦查监督，规范侦查权行使。侦查在现代刑事诉讼中具有重要地位。一方面，由于现代犯罪的隐秘性、复杂性，绝大多数案件，非经侦查，无从发现收集证据，无从确定查获犯罪嫌疑人。另一方面，侦查以国家强制力为后盾，侦查活动的开展和侦查权力的行使，通常以限制甚至短期剥夺公民合法权益为代价，因此在法治国家必须对侦查权力进行规制。还有一个重要的因素，就是侦查活动违法和侦查结论错误，往往给后面的诉讼活动造成难以纠正的严重后果，也是导致冤假错案的重要原因，因此一定要加强对侦查活动的监督和对侦查权力的制约。在许多国家的侦查程序中，侦查权的行使虽然受到来自司法官员和辩护律师等多重制约，但检察官对警察的监督和指导无疑是制约侦查权行使的重要方面。为了保证侦查活动顺利进行，防止警察滥用职权，法律明确要求警察的侦查活动需要接受检察机关的监督。例如法国刑事诉讼法规定，司法警察官对拒绝履行作证义务的人需要使用警察力量强制其到庭时，应当报请共和国检察官批准。拘留重罪嫌疑犯时，应在24小时内解送共和国检察官。经共和国检察官书面许可，可以将此期限延长24小时。在德国，检察官作为“法律的守护人”，“负有彻头彻尾实现法律要求的职权”，其应该通过客观关照义务的担当时刻检视刑事诉讼中其他公权力的行使状况，以防范由于国家公权力的滥用而造成对被追诉人权利的侵犯。[①] 在美国，侦查机关要羁押犯罪嫌疑人，必须通过检察官向法官提出申请，实质上体现了检察官从中审查和监督的职能。

从我国的情况来看，法律明确赋予检察机关对刑事诉讼实行法律监督的责任，而刑事诉讼监督的重点应当放在侦查监督方面。人民检察院不仅要在审查起诉时注意查明“侦查活动是否合法”，而且要适时介入侦查活动，对侦查行为实行同步监督。要努力提高侦查监督的能力，丰富侦查监督的手段，完善侦查监督的程序，明确侦查监督的效力，切实解决侦查监督不力的状况。人民检察院应严格把好审查逮捕、审查起诉关，对不符合法定逮捕、起诉条件的案件，依法作出不批准逮捕、不起

---

① 林钰雄:《检察官论》，学林文化事业有限公司1999年版，第34页。

诉的决定。发现存在非法取证现象的要坚决纠正，对已查明的非法证据要坚决排除。

三是探索公诉指导侦查制度，保证侦查活动依法进行。在诉讼地位上，检察机关与公安机关同为国家专门机关，代表国家进行刑事诉讼，共同承担追究犯罪、惩罚犯罪的任务；在诉讼职能上，侦查与起诉诉讼目标一致，同属于行使控诉职能。鉴于检察官与警察诉讼地位的共同性和侦查与起诉诉讼目标的一致性，许多国家在检察官与警察的关系上采用检警一体模式。同时在侦查与起诉的关系上，侦查为起诉之准备，起诉为侦查之目的。我国在检警关系上以检警分立为基本特征，体制上检察机关与公安机关是平等协作关系，法律上的要求是分工负责，互相配合，大家各司其职，各负其责，共同承担追诉犯罪的任务。但由于公安机关是侦查阶段的主导机关，除逮捕以外，享有独立使用专门侦查手段和强制措施的权力，加之一切服从于打击犯罪的主流刑事意识影响，实际上形成警主检辅，以侦查为中心，公诉职能在一定程度上从属于、依附于侦查职能[①]，检察机关的审查起诉基本成为对公安机关侦查结论的确认和维护。此外，一旦犯罪发生，作为侦查机关，公安机关首先关注的是侦破案件，查获犯罪嫌疑人，头脑中证据意识、为起诉服务的意识不强。实践中，公安机关既不会针对侦查中收集、调取的证据是否符合公诉的要求向检察机关请求业务上的指导和帮助；检察机关也不会“提前介入”，主动对警察取证进行建议和指导，大都是在审查起诉阶段事后对侦查机关收集的证据作出评价，对未达到相应证据标准的案件作出补充侦查或者不起诉的处理。实际上，检察机关决定退回补充侦查或者因为证据不足不起诉，都意味着对侦查机关先期侦查工作的否定，可能导致侦查的无效或者低效，对犯罪的打击不力。另外，由于缺乏检察机关的指导，在侦查过程中可能有些应当收集的证据没有收集而造成证据的灭失，可能由于侦查机关未按法定程序收集证据甚至采取非法手段收集证据而导致证据在审判中被排除，这些都将影响到公诉的效果和质量。

鉴于此，尽管我国在司法体制上不实行检警一体，但由于侦查的直接目的是收集保全证据和确定犯罪嫌疑人，为提起公诉做准备，为了

---

① 陈兴良：《警检关系的构造》，载樊崇义主编：《刑事审前程序改革与展望》，中国人民公安大学出版社2005年版，第388页。

保证起诉的效果和质量，履行公诉职能的检察官对从事侦查活动的警察，在侦查取证方面予以指导和在法律事务方面予以咨询，是正当并必要的。我国刑事诉讼法中已有一些关于检察机关参加公安机关侦查的规定，最高人民检察院在检察改革中也在积极探索公诉引导侦查制度。要明确检察介入侦查的主要任务，一是指导侦查机关依法全面收集、保全证据，二是监督侦查机关严守法律程序，依法行使职权。

四是坚决实行控审分离，贯彻“不告不理”，规范公诉权、裁判权行使。如前所述，为克服封建专制纠问式诉讼的弊端，司法制度曾进行过重大变革，核心的内容就是采取审检分立，实行控审分离。控审分离，是刑事诉讼现代化的重要标志。因控审分离，从而实现了诉讼本源意义上的回归，使对犯罪的追究由审判机关与被告人的直接对抗回归为控辩双方对抗、法官居中裁断的三方格局；因控审分离，促成了现代检察制度和辩护制度的诞生与发展；因控审分离，被告人由诉讼客体、被纠问对象上升为诉讼的主体，享有充分的诉讼权利并得到法律的有力保障。①

对于公诉案件，探讨控审分离后的诉审关系是研究健全司法权运行机制的重要内容。从权力属性上来分析，公诉机关与审判机关都是国家机关，公诉权力与审判权力均根源于国家权力。这种权力的同源性容易使理想的诉审关系格局产生异化，或者控诉与审判关系过于紧密，造成控审不分；或者审判机关为实现国家刑罚权而主动追究，造成不告而理。在我国，由于检察机关为国家专门法律监督机关的宪法定位，本身便有凌驾于被告方之上的优势地位，再加上检察机关与审判机关“互相配合”的特殊关系，更容易使诉审关系偏离审判的理想构造，加剧恶化被告方的诉讼地位，抑制辩护律师的作用发挥。因此必须坚决实行控审分离，切断控诉方与裁判方的体制联系，树立法官中立形象，明确检察机关证明责任，加强法庭审理中的控辩对抗，保障被告人辩护权的充分行使。

关于“不告不理”，国内诉讼理论界尚缺乏深入的研究。“不告不理”是调整和规范起诉与审判关系的重要原则，其基本含义：一是明确

① 卞建林：《刑事诉讼中“诉”的功能思考》，载陈泽宪主编：《刑事法前沿》（第四卷），中国人民公安大学出版社2008年版。

审判以起诉为前提，未经起诉的案件法院不得径行审判，以避免审判权的主动启动；二是审判受起诉范围限制，不得及于起诉以外的人和事，即所谓“诉审同一”。在起诉对人的效力方面，各国法律规定得比较明确，理解上一般也不发生问题。在起诉事实和审判对象问题上，各国的立法和实践却不尽一致，大致可分为英美法系和大陆法系两大类型。英美法系国家传统上实行诉因制度，对于起诉书，不仅要求记载犯罪事实，还要求列明诉因。如美国，“大陪审团起诉书或检察官起诉书应当就指控的每条罪状说明该行为违反的法律、法规、条例或其他法律规定，援引有关法律条文”[①]。诉因制度的目的，一是确定审判对象；二是确定当事人攻防焦点。在采诉因制的国家，法官、陪审官的职责就是通过审理判断控方诉因是否存在或是否成立。在大陆法系国家，虽然起诉书上除要求记载犯罪事实外，也要求记载所犯法条，但此项记载，仅是进一步明确审判范围，并非起诉之绝对必要条件。在起诉事实效力方面，实行起诉不可分原则，法官在未超出基本控诉事实的前提下，可以依职权进行为正确裁判所必需的一切调查。如德国《刑事诉讼法》规定，在起诉书所指控的人员和确定的行为范围内，法院有权和有义务自主行动。为了调查事实真相，法院应当依职权将证据调查延伸到所有对于裁判具有意义的事实、证据上。

关于起诉书在法律适用方面的效力，大陆法系国家通常规定法官在认定被告人行为性质上一般不受起诉请求范围的限制。所谓“对于事实之法律评价，即如何谓法的适当运用，乃法院之职权，并不受起诉书所引应适用法条之约束”[②]。但法官变换适用刑法，应及时告知被告方，以保障被告人辩护权的行使。而在实行诉因制度的国家，法官变更适用法律条文的情况一般仅限于：认定之罪行包容于被起诉罪行之中，或者系较起诉罪行为轻之罪行或起诉罪行未完成形态，如果此未完成形态根据法律也构成犯罪的话。其实质是不得恶化被告人地位。

我国的刑事诉讼，固然因检法存在互相配合关系而在控审分离上存在体制性缺陷，在诉审同一方面同样存在严重不足。刑事诉讼法关于起诉效力与审判范围问题规定得不够明确，实践中审判对象超出起诉范

① 《美国联邦地区法院刑事诉讼规则》第 7 条（C）（1）。

② 陈朴生：《刑事诉讼法实务》，海天印刷厂有限公司 1987 年版，第 93 页。

围，或者法院认定罪名与起诉罪名不一致的情况，时有发生。对于起诉罪名与法院认定罪名不一致的情形，最高人民法院在《关于执行〈中华人民共和国刑事诉讼法〉若干问题的解释》第176条规定："起诉指控的犯罪事实清楚，证据确实、充分，指控的罪名与人民法院审理认定的罪名不一致的，应当作出有罪判决。"由此产生理论界与实务界关于公诉权与裁判权界限的激烈争论。该解释第178条还规定："人民法院在审理中发现新的事实，可能影响定罪的，应当建议人民检察院补充或者变更起诉；人民检察院不同意的，人民法院应当就起诉指控的犯罪事实，依照本解释第一百七十六条的有关规定依法作出裁判。"这就意味着，在审理中发现可能影响定罪的新的事实，在检察机关未补充起诉或变更起诉的情况下，人民法院也可以径行审理并改变罪名。这显然有违诉审同一的要求。当然，法院的上述解释和检法之间的争论，与我国刑事诉讼法对变更起诉、追加起诉的规定粗疏不无关系。

为规范公诉权和裁判权的行使，我国立法应当对不告不理、诉审同一的原则予以明确并对相关制度予以细化。在规范诉审关系方面，应当注意以下几点：第一，未经起诉之个人和事实，法院不得径行审理并定罪科刑。这是调整诉审关系的基本原则。第二，尽快在立法上明确规定撤销、变更、追加起诉制度。第三，变更或追加起诉应当立即通知被告人及其辩护律师。如果对被告人辩护权的行使有实质性影响，应当延期审理。第四，如果法院认为指控的罪名与指控事实不符，而检察机关不同意法院变更指控罪名的动议时，法院应当向控辩双方告知改变指控罪名的意图，在控辩双方进行必要的准备后，再行审理和判决。

行贿犯罪档案查询的制度完善 *

检察机关从本世纪初开始探索行贿犯罪档案查询工作，2002年，浙江省宁波市北仑区检察院率先建立行贿“黑名单”，在工程建设市场开展诚信咨询服务；2004年4月，最高人民检察院与建设部、交通部、水利部联合下发通知，确定在江苏、浙江、重庆、四川、广西五省、市、区开展行贿犯罪档案查询试点工作；2006年1月1日，全国检察机关正式受理社会查询；2010年1月1日，华东六省一市检察机关行贿犯罪档案查询系统实现区域性联网；2012年2月16日，检察机关行贿犯罪档案查询系统实现了全国联网，完成了“革命性”的推进、改造和升级，实现了“跨越式”的发展。[①] 行贿犯罪档案查询工作的迅速发展，一方面是社会经济发展的要求，是加快社会信用体系建设的重要组成部分；另一方面是检察机关立足职能，运用信息网络技术依靠制度建设预防职务犯罪、促进惩防腐败体系建设、促进诚信建设和促进社会管理的一项重要探索。为了进一步规范行贿犯罪档案查询工作和管理工作，2013年2月，最高人民检察院出台了《关于行贿犯罪档案查询工作的规定》(以下简称《规定》)；2013年11月，最高人民检察院职务犯罪预防厅又制定了《行贿犯罪档案查询工作管理办法》。不断发展的行贿犯罪档案查询工作对于遏制贿赂犯罪，促进市场主体守信、守法经营，促进社会诚信发挥了重要作用。为使本项制度进一步健全完善，更好地发挥预防职务犯罪的作用，促进社会诚信体系的建设，本文拟就行贿犯罪档案查询应当注意的问题进行探讨，提出几点完善的建议。

---

* 原文发表于《人民检察》2015年第1期，与白思敏合作。

① 柳晞春:《“革命性”的推进与“跨越式”的发展——检察机关行贿犯罪档案查询系统的全国联网与纵深发展》，载《中国检察官》2012年第17期。

一、完善行贿犯罪档案查询制度应遵循的原则

（一）公正原则

公正是法律的生命，当然也是完善行贿犯罪档案查询工作制度的根本。公正原则一方面要求“客观”，即行贿犯罪档案应当客观、真实地记载单位和个人行贿犯罪的历史记录，要与判决书、裁定书所记载内容保持完全一致，不能随意更改，但不得泄露国家秘密、商业秘密和个人隐私。同时，公正原则还要求“公平”，即无偏袒地对待查询单位和个人、被查询单位和个人，平等地保障其异议和投诉的权利。公正原则还要求行贿犯罪档案的管理和查询工作应当依法公开透明地进行，根据生效判决、裁定载明的内容录入、修改、删除信息，并采取实际措施，为查询单位和个人提供便利条件，提供优质、及时的查询服务。

（二）比例原则

比例原则，是指国家权力的行使应当兼顾公共利益的实现和公民权利的保护。如果国家权力的实现可能对大多数相对人的权益造成不利影响，则这种不利影响应被限制在尽可能小的范围和限度之内，二者应当处于适当的比例。[①]虽然将有行贿犯罪记录的单位和个人录入行贿犯罪档案库以供查询并不是一项行政处罚，也不是一项刑罚，而且行贿犯罪档案查询结果不具有法律上的约束力，但由于其广泛应用于工程建设市场准入管理、工程建设、项目招投标、政府采购、金融信贷、干部人事管理和人员招录等领域，有些甚至成为了“硬性指标”，会对被录入系统的行贿单位或者个人产生巨大影响，其实际效果类似于“资格刑”，具有一定的惩戒性质。所以，有必要适度、合比例地设置查询信息范围、查询期限和查询结果的应用，等等。

（三）惩戒和预防相结合原则

行贿犯罪档案查询工作通过对经查询有行贿犯罪记录的单位和个人作出限制准入、取消投标资格、降低信誉分或资质等级、中止业务关系等处置，使其承担行贿的代价，起到了惩戒、遏制贿赂犯罪的作用。同时，其加大了行贿成本和代价，使得潜在行贿人或者其他经济活动、商

① 王名扬、冯俊波:《论比例原则》，载《时代法学》2005 年第 4 期。

务活动的参加者感受到一定压力，对其他公司、企业或者单位、个人起到警示、教育作用，发挥了引导市场主体廉洁、诚信的预防功能。所以，在完善行贿犯罪档案查询工作时，既要重视切实惩戒行贿犯罪，又要重视充分发挥预防功能，两者不可偏废。

二、完善行贿犯罪档案查询工作制度的建议

（一）设置多层次的行贿犯罪档案查询期限

《规定》第23条规定了行贿犯罪信息的查询期限为10年。笔者认为，固定为10年的行贿犯罪档案查询期限，在理论上和实践中并不能合理地发挥行贿犯罪档案查询工作的价值和功能。现阶段可能的完善进路是，对于行贿犯罪信息应坚持“无期限保存，有期限查询”的原则，在规定期限内提供给申请主体查询；查询期限结束后，不再对外提供，只为检察机关内部机密存档。具体建议如下：

第一，根据刑罚分档设置查询期限。对于有行贿犯罪记录的单位或者个人，可以视其行贿情节轻重和整改表现，根据刑罚分档设置查询期限。例如，可以规定对于个人行贿犯罪案件，被判处5年以上有期徒刑的，行贿犯罪信息查询期限为10年；被判处5年以下有期徒刑的，行贿犯罪信息查询期限为5年；同时可规定，对于个人行贿被判处5年以上有期徒刑的，自刑罚执行完毕之日起5年内如未发现有再次行贿犯罪行为的，可不再提供查询结果。对于单位行贿犯罪案件，可以根据罪行轻重、危害结果设置5—10年的查询期。同时可规定对于积极采取措施开展整改和预防的，自刑罚执行完毕之日起5年内未发现有再次行贿犯罪行为的，可不再提供查询结果。

第二，根据不同项目类型、标的金额设置查询期限的例外。在实行上述分档设置查询期限的基础上，根据不同项目类型、标的金额进行划分，如为重大民生项目或投资数额巨大的项目，可以不受上述查询期间的限制，查询期间可以为10年或更长。

第三，设立累进制查询期限。行贿犯罪档案查询工作加大了行贿成本和代价，营造了守法、守信、廉洁经营的良好氛围。一方面，虽然检察机关只提供犯罪档案查询，不直接参与行政执法和行业主管（监管）部门对有行贿犯罪记录的单位和个人的实体处理，但通过惩戒行贿的单

位或者个人，实现了“特殊预防”的功能。同时，行贿犯罪档案查询工作使得潜在行贿人或者其他经济活动、商务活动的参加者感受到一定压力，实现了“一般预防”的功能。为了进一步加强特殊预防的功能，可以规定有行贿犯罪记录且处于查询期间的单位或者个人，如果自刑罚执行完毕之日起5年内再次有行贿犯罪行为的，可将其查询期限适当延长，并将其列为重点跟踪监督对象。

（二）进一步完善信息共享机制

检察机关要抓住机遇，在社会信用体系建设“利好”的形势下进一步完善信息共享机制，以充分发挥行贿犯罪档案查询工作的作用。现行的行贿犯罪档案查询工作机制，一方面，对于大型国有企业而言，尽管案后进行了整改和预防，但仍然因为行贿犯罪记录而在一定期限内受到限制，不利于企业的经营和发展；另一方面，对于一些小型企业尤其是民营企业而言，面对行贿犯罪档案，很有可能通过重新注册来规避查询、避免限制，而不是进行整改和预防，无法有效实现惩戒、遏制贿赂犯罪的功能。针对上述问题，可以首先与工商行政管理机关建立全国范围内的信息共享机制。一是工商行政管理机关在办理注册业务时，可以同步将新成立的企业信息提供给检察机关共享。二是工商行政管理机关在办理变更或者注销申请时，可以将检察机关出具的行贿犯罪档案查询告知函作为申请的必备材料，对有行贿犯罪记录的申请主体，工商行政管理机关及时向检察机关反映情况。三是严格根据申请人申请查询的范围来进行查询并出具告知函。实践中，出现了大量行贿犯罪记录与信用减损责任承担的问题，主要包括公司、企业中的个人行贿犯罪记录能否造成公司、企业信用减损的问题和分公司、子公司行贿犯罪记录造成的信用减损是否应由总公司、母公司承担及是否影响其他分公司、子公司的问题。对此，可以参考英国公司对自己的海外子公司承担商业贿赂责任的制度：按照英国法律规定，英国公司如果帮助或支持其海外子公司的贿赂行为或者共同参与贿赂行为的，需要负刑事责任。[①] 换言之，英国公司如果没有帮助或支持其海外子公司的贿赂行为或者没有共同参与贿赂行为，是不需要承担刑事责任的。在完善我国行贿犯罪记录与信用

① 张文铺、何增科主编:《公司应对商业贿赂指南》，中央编译出版社2008年版，第19页。

减损责任承担制度时，应坚持比例原则、惩戒和预防相结合原则，除非总公司、母公司存在帮助或者参与分公司、子公司的行贿行为，否则检察机关应当根据《规定》第三章、第四章的规定，严格根据申请人申请查询的范围来进行查询并出具告知函。

（三）合理强化查询结果的效力

行贿犯罪档案查询系统从2006年起正式对外公开受理查询，特别是从2012年实现了全国联网以来，对遏制行贿犯罪、引导市场主体守法廉洁经营和推进社会诚信建设发挥了重要作用。但由于检察机关的职能定位，在行贿犯罪档案查询工作中，人民检察院负责建立行贿犯罪档案库，受理查询并提供查询结果，并不参与、不干预对经查询有行贿犯罪记录的单位和个人的具体处置。加之相关配套制度没有建立，导致实践中是否查询、由谁查询和查询结果的应用存在较大的随意性，影响了行贿犯罪档案查询系统功能的充分发挥。针对此问题，在坚持“不参与、不干预”的原则下，检察机关一方面要下力气完善行贿犯罪档案查询系统，提高行贿犯罪档案查询系统的公信力；另一方面要合理、间接地强化查询结果的效力。笔者认为，可以借鉴德国和日本的预防措施：德国的一些州将贿赂黑名单进行公布，黑名单上的企业将被排除在公共招标项目的中标企业之外，从而对企业施加经济压力使其在项目投标过程中不使用贿赂手段。日本实施严格的招投标制度，只要超过一定数额的建设工程或者采购项目必须采用真实的招投标制度，并且设专人对招投标小组有无违反招投标程序的行为进行监督检查。[①] 结合我国国情，检察机关可以积极与相关行政管理部门协调，在行政审批、招标投标、政府采购和组织人事等过程中将行贿记录查询作为必备程序，一旦发现其有行贿记录则限制或者取消其资格，并尽快促成相关法规或行业规范的颁布，合理、间接地强化查询结果的效力。

① 《治理商业贿赂实用手册》编写组编:《治理商业贿赂实用手册》，中国检察出版社2006年版，第162—164页。

以审判为中心：刑事诉讼制度的重大改革 *

为贯彻落实《中共中央关于全面推进依法治国若干重大问题的决定》的有关要求，最高人民法院、最高人民检察院、公安部、国家安全部、司法部联合印发了《关于推进以审判为中心的刑事诉讼制度改革的意见》（以下简称《意见》），对如何落实中央要求、扎实推进此项改革作出明确部署。

一、改革目标

推进以审判为中心的诉讼制度改革，具有明确的针对性和强烈的问题意识。近年来陆续发现和纠正的一系列冤假错案，引起社会的极大关注，给司法制度造成一定影响。习近平总书记深刻指出："人民群众每一次经历求告无门、每一次经历冤假错案，损害的都不仅仅是他们的合法权益，更是法律的尊严和权威，是他们对社会公平正义的信心。"这些冤假错案的发生揭示了我国刑事司法实践存在的问题：一是有罪推定的思维定式贯穿诉讼始终，未能实现疑罪从无。二是在证明标准上打折扣、降要求，作出留有余地的判决。三是轻信口供、依赖口供，以口供为认定有罪的主要依据。四是缺乏必要的实物证据，或忽视对实物证据的审查和运用。五是存在以刑讯逼供等非法方法收集证据的情形。六是庭审虚化，以案卷笔录代替证人出庭，被告人质证权难以落实。七是阻碍律师依法履行职责，忽视律师辩护意见，使律师作用无法有效发挥。八是法外因素影响程序运作，干预司法。

由于职权配置、运行机制、程序设置等方面存在的不足，我国的刑事诉讼呈现"以侦查为中心"的实践样态。侦查机关满足于破案抓

---

* 原文发表于《紫光阁》2016 年第 12 期。

人，不能全面客观及时地收集证据，给后续的审查起诉和审判工作造成很大困扰。检察机关对侦查监督乏力，法院对审前程序无所作为。检察机关的审查起诉和法院的法庭审判，主要依据侦查收集的证据和形成的卷宗，实际成为对侦查结论的确认和维护。既造成审查和庭审走过场，流于形式，也难以防范和纠正冤错案件，出现“起点错、跟着错、错到底”的现象。在此背景下，推进以审判为中心的刑事诉讼制度改革，目的是促使办案人员树立“办案必须经得起法律检验”的理念，确保侦查、审查起诉的案件事实经得起法律检验，保证庭审在查明事实、认定证据、保护诉权、公正裁判中发挥决定性作用。这项改革有利于促使办案人员增强责任意识，通过法庭审判的程序公正实现案件裁判的实体公正，有效防范冤假错案产生。

二、改革路径

以审判为中心的诉讼制度改革，含义丰富，内容精深，其核心要义主要表现在以下方面：强调法官在定罪科刑方面的唯一性和权威性，法治国家唯有法官有权对被告人定罪并科以刑罚；强调审判特别是庭审在刑事诉讼中的核心地位，通过建立公开、理性、对抗的平台，贯彻证据裁判原则，在证据审查的基础上对指控进行判定，实现追究犯罪的正当性和合法性；强调法庭审理的实质意义，一切与定罪量刑有关的证据都要在审判中提交和质证，所有与判决有关的事项都要经过法庭辩论，法官判决必须建立在法庭审理基础之上；强调对被告人辩护权的保障，特别是被告人对不利自己证人当庭对质的权利；强调重视律师的辩护作用，切实保障辩护律师合法权利，认真听取律师辩护意见；强调发挥审判对审前诉讼行为的指引作用，规范侦查取证工作及审查起诉工作；强调推进案件繁简分流，优化司法资源配置，实现公正与效率的统一。

推进以审判为中心的刑事诉讼制度改革，需要明确以下几点：

首先，以审判为中心的前提是优化司法职权配置、健全司法权运行机制，重在理顺侦查权、检察权和审判权分工配合制约的关系，强调法官在定罪上的唯一性和权威性，保障法官独立行使审判权，落实司法责任制。在司法实践中，长期以来公、检、法三机关配合有余，监督和制约不足，导致整个刑事诉讼的重心向侦查阶段倾斜，形成所谓的“侦查中心主义”，许多案件在侦查阶段实际上已经确定，随后的审查起诉与

法庭审判只是对侦查结论的确认和维护，法官权力被架空，审判程序被虚化。以审判为中心，应当健全侦查权、检察权和审判权分工配合制约的体制，强化审判权在司法权力配置和运行中的核心地位。侦查和起诉必须为审判服务，是审判前的准备阶段。定罪量刑问题只能由法官通过审判解决。未经人民法院依法判决，对任何人都不得确定有罪。

其次，以审判为中心的核心在于以庭审为中心，重在实现庭审的实质化，关键在于实现控辩有效对抗和当庭质证。以侦查为中心的诉讼造成法庭裁判过于依赖侦查卷宗笔录等书面材料，形成所谓“笔录裁判”，使庭审流于形式或走过场。要扭转此种现象，克服庭审的形式化，实现庭审的实质化，使法官裁判真正建立在亲历审理而形成的心证之上，发挥庭审在审查证据、认定事实、适用法律、定罪量刑方面的决定性作用。

再次，以审判为中心在程序设置上要强调第一审程序在认定事实和适用法律方面的重要作用，完善二审、再审程序对第一审程序的权利救济和纠错功能。在刑事诉讼中，第一审程序是中心环节和主要阶段，是审判的必经程序。要充分认识和强调第一审程序的重要地位和作用，科学界定第一审后的程序与第一审程序的关系和衔接，明确“一审重在解决事实认定和法律适用，二审重在解决事实法律争议，实现二审终审，再审重在解决依法纠错，维护裁判权威。要注意发挥二审和再审对当事人实体权利和诉讼权利的救济，以及对第一审程序的监督和纠错作用”。

最后，以审判为中心需要全面贯彻证据裁判原则，严格依法收集、固定、保存、审查、运用证据，完善证人、鉴定人出庭制度。证据裁判是现代诉讼法和证据法的重要原则。在刑事诉讼中，认定被告人犯有指控罪行并科以刑罚，必须严格根据查证属实的证据进行，没有证据或者证据不能达到法定标准的，不能认定被告人有罪。法律明确规定，公诉案件中被告人有罪的举证责任由人民检察院承担，同时检察官承担客观义务，不仅要收集和提供被告人有罪和罪重的证据，还要重视证明被告人无罪和罪轻的证据。法官在注意审查证据真实性、关联性的同时，还要重视证据合法性的审查，坚决排除以侵犯公民基本权利、严重妨碍司法公正手段获取的证据。要严格遵照法律规定的定罪标准，切实把握证据确实、充分的条件。对于证据不足，不能认定被告人有罪的，坚决疑罪从无，作出无罪判决。

三、改革重点

《意见》对如何推进以审判为中心的诉讼制度改革作出明确规定，特别是对如何提高侦查质量、规范侦查行为和实现庭审实质化、发挥庭审决定性作用增添了许多具体措施。择其要者，简述如下：

其一，所有定罪的事实证据都要经得起法律检验。所有定罪的事实证据都要经过法庭质证，确保侦查、起诉、审判的案件事实证据经得起法律检验。犯罪嫌疑人、被告人有罪无罪，不是由侦查机关、人民检察院决定，而是由人民法院审判决定，靠证据说了算。侦查、起诉阶段要向审判阶段看齐，适用统一的法定证明标准。严格落实疑罪从无。审判阶段要严格落实疑罪从无，对定罪证据不足的案件，要依法作出无罪判决。起诉阶段，对经过两次补充侦查后，证据仍然不足的，应当作出不起诉决定。

其二，加强对侦查活动的指引和规范。侦查阶段，要全面客观及时地收集各种证据，尽可能查明案件事实真相。要求建立健全符合裁判要求、适应各类案件特点的证据收集指引，探索建立命案等重大案件检查、搜查、辨认、指认等过程录音录像制度，完善技术侦查证据的移送、审查程序，完善讯问制度，防止刑讯逼供，探索建立重大案件侦查终结前对讯问合法性进行核查制度等。

其三，推进庭审实质化。推进庭审实质化，是以审判为中心的诉讼制度改革的关键环节，对此《意见》作出了一系列规定，包括“规范法庭调查程序，确保诉讼证据出示在法庭、案件事实查明在法庭”“完善对证人、鉴定人的法庭质证规则”“完善法庭辩论规则，确保控辩意见发表在法庭”“完善当庭宣判制度，确保裁判结果形成在法庭”“严格依法裁判”等。确保通过庭审的方式认定案件事实，并在此基础上决定被告人的定罪量刑，即“事实证据调查在法庭、定罪量刑辩论在法庭、裁判结果形成于法庭”。

其四，健全当事人和其他诉讼参与人权利保障制度。依法保障当事人和其他诉讼参与人的知情权、陈述权、辩论辩护权、申请权、申诉权。犯罪嫌疑人、被告人有权获得辩护，人民法院、人民检察院、公安机关、国家安全机关有义务保证犯罪嫌疑人、被告人获得辩护。依法保障辩护人会见、阅卷、收集证据和发问、质证、辩论辩护等权利，完善

便利辩护人参与诉讼的工作机制。充分发挥辩护人依法维护当事人权益、实现司法公正的作用，依法保障辩护人在庭审中的合法诉讼权利，认真听取辩护意见。

其五，推进案件繁简分流。完善刑事案件速裁程序和认罪认罚从宽制度，对案件事实清楚、证据充分的轻微刑事案件，或者犯罪嫌疑人、被告人自愿认罪认罚的，可以适用速裁程序、简易程序或者普通程序简化审理。

“以审判为中心”：域外经验与本土建构 *

一、“以审判为中心”之现实语境

“推进以审判为中心的诉讼制度改革”是《中共中央关于全面推进依法治国若干重大问题的决定》(以下简称《决定》)所确定的司法改革方向。“保证公正司法，提高司法公信力”是全面推进依法治国的重要环节，但近年来陆续披露纠正的一系列冤假错案，使得原本就不高的司法公信力更加面临质疑和挑战。反思这一系列冤错案件，成因是多方面的，究其深层根源，在于刑事司法职权配置不完善，且与之相应的诉讼程序设置不合理，二者所产生的交互作用，使我国的刑事诉讼呈现出“以侦查为中心”的典型样态。我国刑事诉讼实行公检法三机关分工负责、互相配合、互相制约的权力运行机制，与之相匹配，在程序上采用以阶段论为理论基础的程序设置，即将诉讼过程主要分作立案侦查、提起公诉和审判三大阶段，公安、检察、法院分别为侦查、公诉、审判阶段的主导机关，从而形成侦诉审不分主次、相互接力、流水作业的纵向线形结构，使刑事诉讼沦为“惩罚犯罪”这一工厂的三个车间、三道工序，造成法官不中立、控审不分离、控辩不平等，侦查权“一家独大”、过于膨胀，检察机关对侦查监督不力，法院对审前程序无所作为。检察机关的审查起诉和法院的法庭审判，主要依据侦查收集的证据和形成的卷宗，实际成为对侦查结论的确认和维护。既造成庭审走过场、流于形式，也难以防范和纠正冤错案件，很容易出现“起点错、跟着错、错到底”的现象。司法实践中存在的这些问题，促使我们要从司法职权配置和诉讼程序设置的宏观层面去检视和反思现行的刑事诉讼制度，而不是头疼医头，脚痛医脚。因此，党的十八届四中全会提出“推进以审判为中心的诉讼制度改革”，体现了刑事司法规律的内在要求，明确了刑事诉讼制度的完善方向，意义十分重大。但“以审判为中心”并非发源于

---

* 原文发表于《思想战线》2016 年第 4 期，与谢澍合作。

本土语境而自给自足的理论话语。为了落实《决定》所确立的改革任务，首要之务就是对“以审判为中心”的概念和理论加强研究，准确解读，以便为推进以审判为中心的诉讼制度改革提供理论支撑和智力支持。有道是“他山之石，可以攻玉”。这就需要对“以审判为中心”的域外经验认真考察，对“以审判为中心”的理论体系正本清源，在此基础上结合中国语境来凝练“以审判为中心”的本土概念，指导“以审判为中心”的方案设计。

二、“以审判为中心”之域外经验

当今世界，刑事诉讼模式主要分为英美法系的当事人主义和大陆法系的职权主义。而无论当事人主义诉讼模式抑或职权主义诉讼模式，均秉持以审判为中心的诉讼理念或建立“以审判为中心”的诉讼制度。日本、韩国等东亚国家的诉讼制度，也经历了推进和确立“以审判为中心”的改革历程，特别是“审判中心主义”这一术语就直接源于日本的诉讼理论。

（一）德国：“以审判为中心”的制度样板

作为近现代刑事诉讼法典的样板，德国刑事诉讼法充分体现了诉讼“以审判为中心”、审判以一审为中心、一审以庭审为中心的诉讼理念。打开德国刑事诉讼法典，第一编为总则，规定诉讼主体、法院管辖、辩护代理等一般事务。第二编即为第一审程序，其中：法庭审判为主要程序，居核心地位；审判因公诉而发生，公诉为审判的准备程序；连接主要程序与准备程序的为中间程序，即对公诉进行审查以裁定是否开启审判；在公诉这一准备程序中，公诉是侦查终结的处理，侦查为公诉之准备。概言之，公诉为审判的准备程序，侦查为公诉的准备程序，审判的中心地位在刑诉法典体系中一目了然。[①]

德国著名刑事法学家克劳思·罗科信（Claus Roxin）从判决职权、判决基础、程序完整性和被告人权益保障四个向度，全面地阐释了“以审判为中心”的概念：审判程序中才开始就被告人的罪责之有无的问题作一最终、具法律效力确定之判断；所有的证据在此亦均需依言词辩论

① 参见《德国刑事诉讼法典》，李昌珂译，中国政法大学出版社1995年版。

及直接原则、依严格证据之规则及在审判公开的监控下被提出。判决只得“从审判程序中所获取者”才能作为依据；并且法定的审判原则只有在审判程序中才有如此广泛的运用；不论如何，审判程序在被告人为争取获判无罪或获判轻微的处罚所从事的辩护中，均予被告人极大的机会。[①] 而在托马斯·魏根特（Thomas Weigend）看来，审判为什么在诉讼中居如此重要的地位，是因为在现代程序中，所有与判决有关的事项都要经过辩论，所有的证据都要在审判中提交，法庭的判决必须完全建立在审判的基础上。[②]

为了摆脱行政权的不当干预，确保法官独立行使裁判权，德国刑事诉讼法突出审判程序之“主要”地位，并以此作为制度改革之重点。为了扭转法庭审判基于案卷进行举证的状态，德国刑事诉讼法确立了直接、言词原则，强调只有在法庭经过言词审理、法庭调查的，才能成为裁判之基础，进而突出庭审作用。为了促进刑事诉讼程序的迅速进行，德国刑事诉讼法在1975年废止了预审、检察机关的最后讯问和最后审问权，并确立“中间程序”，借此连接准备（侦查）程序和主要（审判）程序，侦查程序倘若未以刑事追诉之中止（中止程序）为结果，即进入中间程序。[③] 中间程序与业已废止之预审程序的区别在于，除法院可能裁定不开启审判之外，被诉人在裁定开启审判程序之前，可以申请收集个别证据或对开启审判程序提出异议。更重要的是，审判（主要）程序方为刑事诉讼之高潮，裁判援引的所有证据均必须在直接原则、言词辩论、严格证明及审判公开之下被提出。审判程序与证据调查由审判长指挥进行，原则上应当一气呵成，直到宣判均不中断（审判密集原则），借此作为直接、言词原则之基础。[④]

（二）美国：“以审判为中心”的司法传统

法律（司法）至上、判例和先例、辩论式诉讼程序是使得普通法区

---

① 参见［德］克劳思·罗科信:《刑事诉讼法（第24版）》，吴丽琪译，法律出版社2003年版，第7页。

② 参见［德］托马斯·魏根特:《德国刑事诉讼程序》，岳礼玲、温小洁译，中国政法大学出版社2004年版，第133页。

③ 仅有简易程序中，侦查终结后直接进入审判程序。

④ 参见［德］克劳思·罗科信:《刑事诉讼法（第24版）》，吴丽琪译，法律出版社2003年版，第377页以下。

别于其他法律制度的三个特征[①]，由此，也奠定了审判程序在美国司法制度中的中心地位。法律（司法）至上和辩论式诉讼程序意味着审判、庭审乃至法官的重要地位。正如达马斯卡（Mirjan R. Damaska）所言，审判作为向法庭提供信息的阶段，其至关重要的地位远远超过其他程序阶段。无论是审判之前或之后的程序是什么，那些程序似乎只是辅助性的，其设置好像只是使其有助于审判的正常开展。[②]

美国的刑事诉讼，弘扬正当程序理念，强调的是宪法对公民个人权利的保障和对执法机关权力的规制。由于美国没有系统的成文的刑事诉讼法典，不能从法典结构中体现“以审判为中心”的程序设置。但是，审前程序、审后程序的概念恰恰来自美国。所谓“审前”，英文表达为pre-trial，审后则为post-trial。从这些诉讼术语的单词构造即可看出，所谓审前、审后就是以审判（trial）为基准来确立的，而审判即trial则是指第一审审理。在美国刑事诉讼中，审前程序强调程序分流与审判准备。尽管司法实践中大部分刑事案件会通过辩诉交易由被告人作出有罪答辩而解决，但并不因此而否定或削弱审判程序的重要性。相反，正因为审前程序的分流功能，节约了大量的司法资源，使得审判程序更加实质化和精细化。在联邦宪法与陪审团制度的双重保证之下，证据规则和证明方法得以在庭审中运用至极致，控辩双方的对抗在法庭上实现最大化。在达马斯卡笔下，孕育美国证据制度的环境特征——审判法院的特殊结构、诉讼程序的集中、诉讼当事人及其律师在法律程序中的显著作用[③]，正是在审判程序得以集中呈现。而一审定罪判决后进入审后程序，包括量刑、上诉以及定罪后的救济，以检验审判程序、审前程序是否存在有害错误，保障被告人的基本权利。

（三）日本：混合式模式下的“审判中心”改革

日本是东亚地区中最先学习西方的国家，其现代刑事诉讼制度基

---

① 参见［美］罗斯科·庞德:《普通法的精神》，唐前红等译，法律出版社2010年版，第15页。

② 参见［美］达马斯卡:《漂移的证据法》，李学军等译，中国政法大学出版社2003年版，第82页。

③ 参见［美］达马斯卡:《漂移的证据法》，李学军等译，中国政法大学出版社2003年版，第2—5页。

本模仿德国而建立，第二次世界大战战败后则在美军占领下被迫进行改革。在传统大陆法系职权主义背景下，吸收借鉴了当事人主义诉讼的一些特点，从而形成具有一定日本特色的所谓“混合式”诉讼模式。尽管如此，考察日本近现代刑事诉讼制度的演变过程，不难发现其逐步摆脱行政治罪、限制警察权力、树立司法权威、实现审判中心的发展轨迹。日本1880年制定的《治罪法》，标志着日本刑事程序开启近代化，但其本质仍是行政治罪。而1890年颁布的《刑事诉讼法》（所谓明治刑事诉讼法）与1922年颁布的《刑事诉讼法》（通常称为大正刑事诉讼法或旧刑事诉讼法）的立法宗旨，则是实体真实主义与职权审理主义，实行最大限度侦查，排斥民众参与，倾向于使用侦查过程中的陈述笔录作为证据，庭审重在朗读证据文书而非口头辩论。第二次世界大战后，《日本国宪法》分别于1946年11月公布、1947年5月实施，其中大部分吸收了美国宪法条文，进而促成了刑事诉讼宪法化。1948年颁布、1949年实施的日本《刑事诉讼法》，其制定过程可以分为三个阶段：第一阶段是宪法修改方向尚不明确的1946年2月之前，日本法律家们仍力图实现强化侦查权、废除预审；而第二阶段是宪法生效后，需要将宪法与刑事程序相整合的时期，宪法规定的关于强制处分、辩护权、口供、禁止双重危险等内容，以及司法控制侦查的宗旨直接否定了前一阶段的部分修改方案；第三阶段由美国方面直接干预，对草案提出“质疑”甚至“劝告”，特别是强化庭审功能的唯起诉书主义、诉因制度、证据能力之限制、证据调查之当事人主义，以及确立司法审查的强制处分令状主义，甚至可以说部分继受了美国法。20世纪50年代末，日本最高法院制定的《刑事诉讼规则》就“以庭审为中心”进行了单独修改，其目的是强化诉讼审理并实现集中审理。①

第二次世界大战后，日本刑事诉讼制度改革的显著特征即是确立“以审判为中心”的程序设置，其中首要举措是废除预审。明治维新后制定第一部《刑事诉讼法》以来，预审制度始终存在，检察官提出申请的案件中，法官在庭审之前得以对案件进行审理。但随着战后日本侦查机关权限的扩大，主张预审程序无用、重复的行政优位型废止论，与主

① 参见［日］松尾浩也：《刑事诉讼法》（上），丁相顺译，中国人民大学出版社2005年版，第5—17页。

张向庭审中心主义转变的司法优位型废止论达成了共识统一，故而废除了预审制度。[①]与废除预审相伴的，是确立唯起诉书主义或“起诉状一本主义”。[②]但仅靠唯起诉书主义本身并不能实现“以审判为中心”，其真正作用在于激活“以审判为中心”的一系列配套措施，诸如公开主义、口头主义、直接主义以及传闻证据规则、严格证明规则等，将当事人主义审判程序视为实现“以审判为中心”的重要前提。

在日本诉讼理论上，称“以审判为中心”为“审判中心主义”（即裁判中心主义），与之相对的是“侦查中心主义”。“审判中心主义”指的是确认犯罪事实是否存在应当在审判中进行。田口守一教授指出，要在审判中确认犯罪事实是否存在，就必须要有公平的法院和公开的法庭，要对证据进行直接的调查，当事人要进行口头辩论。[③]“审判中心主义”强调的是，审判并非是对侦查结果的确认和追认，而是对被告人是否有罪进行实质意义上的审理。“侦查中心主义”是一种纠问式的侦查观，其特征是侦查机关对犯罪嫌疑人具有权威性和优位性，其收集的证据在审判程序中可以轻易地被采用作为事实认定的根据。

时至今日，日本刑事诉讼法典中“侦查”“公诉”“公审”均位于“第一编总则”后的“第二编第一审”之中，说明侦查和公诉是公审之准备，系第一审程序的一个环节，并没有与审判相当的地位。[④]尽管日本在1948年修法后实行“审判中心主义”并且已在刑事诉讼法典中予以确认和体现，但20世纪60—70年代却逐渐显现出会见通信、公诉权

---

① 实际上，自由主义与纠问主义的价值取向在预审制度中均有显现：自由主义在于，侦查阶段将强制处分权划归法官所有（现行犯除外），对于不开庭即可终结的案件，在预审阶段即可释放被告人；纠问主义在于，开庭审理前便进行缜密的证据收集，为有罪判决作出近乎完备的证据准备。参见［日］松尾浩也:《刑事诉讼法》(上)，丁相顺译，中国人民大学出版社2005年版，第8—9页。

② 我国学者对于“起诉书一本主义”的提法更加熟悉，但这只是此项原则的形式，在日本还存在另种说法——唯起诉书主义，方为该原则之本质。这一原则是指，提起公诉时，必须把只记载一定事项（包括被告人特定事项以及公诉事实中的诉因、记载罪名、罚条）的起诉书提交法院的原则，对于进行审理和判决的审判官，不能附加使其对案件产生先入为主的文书和物品或引用附件内容。参见［日］井户田侃:《唯起诉书主义》，Ritsumeikan law review, 1987, p. 23-28 .

③ 参见［日］三井城等编:《刑事法辞典》，日本信山社2003年版，第262页。

④ 参见《日本刑事诉讼法》，宋英辉译，中国政法大学出版社2000年版。

滥用、证据开示、证据排除等方面的问题，以至于“审判中心主义”形同虚设。日本学者称之为“审判程序被形骸化的危险”，而审判形骸化的危险具体表现为“笔录裁判”，即相较于在法庭上通过询问证人所获得的证据，法官更偏重侦查过程中所形成的供述笔录。正如日本学者白取祐司所指出的：日本现行刑事诉讼法采用了“起诉状一本主义”和传闻证据规则，限制侦查卷宗轻易地被法庭采用，欲实现“审判中心主义”。但是，刑事诉讼法中有关传闻证据规定的例外颇多，司法实务中这些例外也时常被灵活运用，故和法律制定的初衷不符。在日本，可以说法庭审判很大程度上被形骸化了。因此，如何解决“笔录裁判”的问题仍是刑事裁判的一个重要课题。①

（四）韩国：新世纪的“审判中心”改革推进

在过往韩国刑事司法实践中，实质的定罪量刑过程往往没有在公开的法庭上展开，而是由法官通过侦查案卷在自己的办公室进行“审判”，基于案卷的行政化审查方式缺乏现代意义的诉讼特征，导致审判程序不透明，其结果即是，出现“有钱无罪”“没钱有罪”“前官礼遇”等潜规则，从而降低司法信赖。尽管韩国刑事诉讼法典中的“侦查”“公诉”“公审”，同样位于“第一编总则”后的“第二编第一审”之中②，却并没有突出审判的中心地位，反而形成了卷宗中心主义的审判方式。因此，韩国于2000年以后即开始推行司法改革，主要围绕司法民主化和完善法律界人士的培养选拔制度。2004年12月15日起，随着司法制度改革推进委员会的成立，在刑事程序改革进程中，着重围绕“审判中心主义”与侦查机关制作之笔录的证据能力进行方案设计。对此，法院和检察院意见有了极大的分歧。法院主张实现“审判中心主义”就要排除侦查机关制作之笔录的证据能力，遭到作为侦查主体的检察官的强烈反对，而学者也不完全赞同法院的主张。2007年，韩国借修改刑事诉讼法之机，推动“以审判为中心”的诉讼制度改革，其热点问题之一，即是

① 日本学者白取祐司对“笔录裁判”的解释，可参见［日］三井城等编:《刑事法辞典》，日本信山社2003年版，第555页。

② 参见《韩国刑事诉讼法》，马相哲译，中国政法大学出版社2004年版。

打破原有的卷宗中心，进一步实现审判中心。[①]在这过程中，日本刑事诉讼制度的改革以及有关审判中心的学说产生了重大影响。先前，为强化“审判中心主义”，韩国业已废止了预审制度，但实践中依靠卷宗审判的方式仍未转变。此次强化审判中心的相关改革内容包括：（1）引进“起诉状一本主义”；（2）引进证据开示制度；（3）引进庭前准备程序；（4）庭审中被告人的沉默权及审问程序。2007年6月1日，韩国通过关于刑事诉讼法的第17次修正案，并已于2008年1月1日开始施行。本次修正案，以司法制度改革推进委员会的表决内容为基础而提案。可见，司法制度改革推进委员会反省过去的审判方式，根据时代发展的要求确立了“审判中心主义”的法定审理程序，其内涵包含了公开审判原则、直接审理原则、言词审理原则等，其功能是确保程序正当、保障人权，进而兑现实体真实发现的目标。[②]

三、“以审判为中心”之本土建构

如上所述，“以审判为中心”符合法治国家追究犯罪、保障人权的时代要求，符合现代刑事司法的自身规律，因此许多国家尽管国情有别、制度各异，但其诉讼程序都遵循或体现“以审判为中心”的理念。那些尚未确立“以审判为中心”的国家也正在向此目标努力，积极推进本国刑事诉讼制度的改革。

推进以审判为中心的诉讼制度改革，是党的十八届四中全会为健全刑事司法职权配置、深化刑事诉讼制度改革而作出的重要部署，是一项事关全局、决定我国刑事诉讼制度今后发展方向的重大改革。中央已经明确，2016年的司法改革以推进审判为中心的诉讼制度改革为主要内容。我们认为，探讨“以审判为中心”的诉讼制度，必须紧密联系司法实际，立足中国语境，不能照抄照搬域外经验，但也必须秉持科学严谨态度，尊重司法规律，不能以简单化、片面化甚至部门化的解读来影响或限制这项重大改革。对于“以审判为中心”的概念，人们可以见仁见智，但其核心含义无疑应当包括以下方面：强调法官在定罪科刑方面的

① 参见［韩］金范植：《以审判为中心的公诉与审判关系之调整——以韩国的起诉状变更为中心》，载《第八届韩中刑事司法对话研讨会论文集》，第282页。

② 参见［韩］吴庆植：《韩国刑事诉讼法上审判中心主义之解释上的问题》，载《第八届韩中刑事司法对话研讨会论文集》，第69页。

唯一性和权威性，法治国家唯有法官有权对被告人定罪并科以刑罚；强调审判在刑事诉讼中的核心地位，通过建立公开、理性、对抗的平台，对证据进行审查，对指控进行判定，实现追究犯罪的正当性和合法性；强调法庭审理的实质意义，一切与定罪量刑有关的证据都要在审判中提交和质证，所有与判决有关的事项都要经过法庭辩论，法官判决必须建立在法庭审理基础之上；强调对被告人辩护权的保障，特别是被告人对不利自己证人当庭对质的权利；强调切实保障辩护律师权利，认真听取律师辩护意见；强调司法权对侦查权的制约，发挥审判对审前诉讼行为的规范和指引作用。①

在现阶段，关于如何推进“以审判为中心”的诉讼制度改革，我们提出如下几点意见：

其一，“以审判为中心”的前提是优化司法职权配置、规范司法权力运行，重在理顺侦查权、检察权和审判权分工配合制约的关系，突出审判在刑事诉讼中的中心地位和法官在审判中的独立地位，保障其依法独立行使审判权。

“以审判为中心”是一项涉及侦查权、检察权、审判权等司法权力配置和运行的系统改革。我国的刑事诉讼总体上呈现一种线性结构，包括立案、侦查、审查起诉、审判和执行等主要阶段，公安机关、检察机关和法院分工负责、各司其职，同时强调公检法三机关之间的互相配合、互相制约。在司法实践中，长期以来公、检、法三机关配合有余，监督和制约不足，导致整个刑事诉讼的重心向侦查阶段倾斜，形成所谓的“侦查中心主义”。许多案件在侦查阶段实际上就已经确定，随后的审查起诉与法庭审判只是对侦查结论的确认与维护，审判程序被架空，走过场，难以发挥应有价值。

“以审判为中心”，首先应当进一步理顺侦查权、检察权和审判权分工配合制约的关系，强化审判权在司法权力配置和运行中的核心地位。侦查和起诉必须围绕审判进行，是审判前的准备阶段，定罪量刑问题必须通过审判实现。任何人在没有经过法庭的依法正式审判之前，都不得确定其有罪。此外，根据刑事诉讼原理，行使审判权的主体是法官，只

① 参见卞建林、谢澍：《“以审判为中心”视野下的诉讼关系》，载《国家检察官学院学报》2016年第1期。

有法官经过公正审判才能确定一个人有罪。因而，“以审判为中心”应当强调负责个案审理的法官或合议庭在审判中的独立属性，落实法官和其他司法人员分类管理制度，改革审判委员会制度，完善主审法官、合议庭责任制，真正做到让审理者裁判、由裁判者负责。

其二，“以审判为中心”的核心在于“以庭审为中心”，重在实现庭审的实质化，关键在于实现控辩有效对抗和当庭质证。

党的十八届四中全会《决定》规定，全面贯彻证据裁判规则，严格依法收集、固定、保存、审查、运用证据，完善证人、鉴定人出庭制度，保证庭审在查明事实、认定证据、保护诉权、公正裁判中发挥决定性作用。这就意味着，“以审判为中心”的诉讼制度改革，要充分发挥庭审的决定性作用，实现庭审实质化，克服庭审形式化。

“以侦查为中心”的刑事诉讼，容易造成庭审过分依赖侦查卷宗笔录等书面材料，庭审流于形式或庭审走过场，使刑事诉讼通过法庭审理发现事实真相和保障人权的价值大打折扣，既不利于有效追究犯罪，也容易导致冤假错案的发生。“以审判为中心”强调庭审在审判中的核心地位，要求充分发挥庭审在事实认定和保障人权、实体公正和程序公正、有效防范冤假错案等方面的决定性作用。

以庭审为中心，关键在于推进庭审的实质化，克服庭审的形式化，防止将侦查、起诉中带有明显追诉倾向的意见简单地、不加甄别地转化为庭审结果。其中包括五点要求：

一是严格贯彻直接言词原则和集中审理原则。审判人员必须在法庭上亲自听取控辩双方、证人、鉴定人的口头陈述，用于认定案件事实的证据必须当庭提出，并以口头辩论和质证的方式进行庭审调查。通常情况下，法院对案件的审理应当持续不间断地进行，以保证主审法官对案件事实有新鲜、清晰的判断。

二是完善庭前会议制度。明确主持庭前会议的法官与庭审法官的关系，明确庭前会议的效力，规范庭前会议程序等。刑事诉讼法规定，在开庭以前，审判人员可以召集公诉人、当事人和辩护人、诉讼代理人，了解回避、出庭证人名单、非法证据排除等与审判相关的情况，听取意见。庭前会议是对与审判有关的程序性问题以及案件主要争点进行庭前整理，可以阻断侦查和起诉对法庭实质审理的不当干扰，排除法官对案件实质问题的庭前预断，并保证庭审活动的顺利进行。

三是全面贯彻证据裁判原则。证据裁判原则是现代刑事诉讼确立的一项基本原则，是指认定案件事实和定罪量刑，必须严格根据查证属实的证据进行，没有证据或者不能达到法定的证明标准的，不能认定有罪。在这个意义上，庭审不能是简单地了解情况、核实证据，而是要充分进行交叉询问、辩论，发挥举证、质证、认证各个诉讼环节的作用。不仅要重视证明被告人有罪和罪重的证据，还要重视证明被告人无罪和罪轻的证据。对于证据确实、充分，排除合理怀疑的，依法判处有罪；对于不能排除合理怀疑的，坚持疑罪从无。同时重视对证据能力的规范意义，强调对证据合法性的审查，坚决落实非法证据排除规则。

四是庭审以有效质证为中心。庭审的关键是在法官的主持下、在社会的监督下，控辩双方进行举证质证，理性平等对抗，通过这种形式来审查判断证据，认定案件事实。这就要求，所有用作定案根据的证据都必须在法庭上出示和质证，尽量减少法官在法庭外调查核实的活动，这是庭审活动的关键和意义所在。加强证人、鉴定人出庭作证，限制证人在庭前特别是在侦查期间所作书面证言的使用。充分发挥律师依法维护当事人权益、实现司法公正的作用，依法保障律师在庭审中的诉讼权利，认真听取律师的辩护意见。

五是完善裁判文书说理制度。在法院作出的正式裁判文书中，应当对裁判理由作出详细解释，以增强诉讼各方对裁判结果的可接受度。并且通过裁判说理，展示法官对案件事实的认定和定案证据的梳理，披露法官心证过程，以接受控辩双方的检验。

其三，"以审判为中心"强调重视第一审程序在认定事实和适用法律方面的重要作用，注意发挥审后程序对一审的救济和监督作用。

我国刑事诉讼实行两审终审制。第一审程序是刑事诉讼的中心环节和主要阶段，是审判的必经程序。在第一审程序中，法院通过开庭审理，客观全面地审查判断证据，查明案件事实，对被告人是否有罪、应否处刑以及处以何种刑罚，作出裁决。第二审程序是对第一审法院尚未发生法律效力的裁判进行审理的程序。此外，还有只适用于死刑案件的死刑复核程序和针对已生效裁判而提起的审判监督程序。

《决定》对一审、二审和再审程序的关系作了界定，指出："一审重在解决事实认定和法律适用，二审重在解决事实法律争议、实现二审终审，再审重在解决依法纠错、维护裁判权威。"可见，"以审判为中

心”在诉讼程序上强调发挥第一审程序在事实认定和适用法律上的重要作用，使案件尽量在第一审程序得以解决，减少第二审和再审程序的诉累。同时，也要注意保障当事人对不服一审裁判的救济权利，发挥审后程序对一审程序的监督制约作用。

“以审判为中心”视野下的诉讼关系 *

推进以审判为中心的诉讼制度改革，是党的十八届四中全会为健全司法权运行机制、完善刑事诉讼程序[①]而作出的重要部署。“以审判为中心”意味着，确认指控犯罪事实是否发生、被告人应否承担刑事责任应当由法官通过审判进行。突出法庭审理的实质意义，要求所有与定罪量刑有关的证据都要在审判中提交和质证，所有与判决有关的事项都要经过法庭辩论，法官判决建立在法庭审理基础之上，被告人辩护权得到充分保障，认真审查辩护人提出的证据和意见；强调审判程序的终局性与权威性，侦查、起诉与审判的诉讼递进关系，法庭审理的正当程序与实质意义，以及审判对审前诉讼行为的指引与规范，以审判职能为中心发挥定分止争的作用。通过建立公开、理性、对抗的平台，对证据进行审查，对指控进行判定，尊重和保障人权，实现追究犯罪的正当性和合法性。

2015年6月，在全国检察机关第五次公诉工作会议上，最高人民检察院检察长指出：“各级检察机关要把思想和行动统一到四中全会精神上来，真正从保证公正司法、加强人权司法保障、提高司法公信力的高度，准确把握、全面理解以审判为中心诉讼制度改革的基本精神，深刻认识这项改革对公诉工作提出的重大挑战，正确把握和处理诉、侦、审、辩等关系，推动构建新型的诉侦、诉审、诉辩关系。”因此，如何从诉讼理论上解读以审判为中心的刑事诉讼制度改革，厘清公诉与审判、公诉与侦查、公诉与辩护的关系，并完善相关诉讼程序，是当前实务部门面对的重大挑战，也是亟待理论部门研究的前沿课题。

---

* 原文发表于《国家检察官学院学报》2016年第1期，与谢澍合作。

① 对于“以审判为中心的诉讼制度改革”，需要避免“宽泛化”理解，其仅限于刑事诉讼领域，因为“以审判为中心”的提出，是为了明确审判在刑事诉讼中的中心地位，为了扭转“以侦查为中心”的现实困境。

一、“以审判为中心”与新型诉审关系

尽管共同目的均为实现国家对犯罪的刑罚权，但起诉与审判是两种截然不同的诉讼行为，各自所承担的诉讼职能与诉讼任务并不一致，因此，这两种诉讼行为的主体、程序、要求和后果等也不尽相同。如何调整起诉与审判的关系，是决定一定历史时期刑事诉讼特征的关键因素，是衡量刑事诉讼制度文明与野蛮、民主与专横、先进与落后的重要尺度。在现代刑事诉讼中，调整起诉与审判的关系有两个最为基本的原则，即“控审分离”与“不告不理”[①]，加之“以庭审为中心”或“庭审实质化”的内在要求[②]，“以审判为中心”与新型诉审关系可以从控审分离、不告不理和庭审实质化三个方面加以诠释。

（一）控审分离前提下的诉审关系

以审判为中心的现代刑事诉讼制度建立在控审分离基础之上。司法史上，随着国家社会控制能力的增强和对犯罪本质认识的变化，曾经出现过国家刑事司法权力高度集中的现象，盛行过纠问式诉讼模式。在纠问式诉讼模式下，法官集侦查、控诉、审判多项职能于一身，在自侦自查的基础上自诉自审。在权力高度集中的法官面前，被告人由诉讼主体沦为诉讼客体、追究对象。拉德布鲁赫曾对此评论道：“纠问程序的功绩在于使人们认识到追究犯罪并非被害人的私事，而是国家的职责。其严重错误则在于将追究犯罪的任务交给法官，从而使法官与当事人合为一体。如果说此前的控告程序依循的是‘没有人告状，就没有法官’，此时根据纠问程序的本质，则允许在没有人控告的情况下，由法官‘依职权’干预。如果过去的控告程序是在原告、被告人和法官三个主体之间进行，则纠问程序中就只有法官和被控人两方。被控人面对具备法官绝对权力的追诉人，束手无助。对纠问程序适用的谚语是‘控告人如果成

① 参见卞建林：《刑事起诉制度的理论与实践》，中国检察出版社1993年版，第23页。

② 需要注意的是，“以审判为中心”关注的是侦查程序、审查起诉程序与审判程序的相互关系，目的是扭转“以侦查为中心”现实样态；而“以庭审为中心”或“庭审实质化”更多关注的是庭审与庭外的关系，与“案卷中心主义”相对，强调“让审理者裁判，让裁判者负责”。“以审判为中心”与“以庭审为中心”并不矛盾，但也不能完全等同。

为法官，就需要上帝作为律师’。”①

为克服纠问式诉讼的弊端，在近代司法变迁过程中围绕刑事司法职权配置实行过重大改革。在诉讼职能上实行控审分离，在司法组织上采用审检分立，在诉审关系上贯彻不告不理。只有控审分离，法官才可能免除既当控诉人又当裁判者的双重角色，限制法官依职权主动追究犯罪的冲动；被告人才可能恢复自己的诉讼主体地位，依法行使以辩护权为核心的诉讼权利；辩护职能才可能与控诉职能分庭抗礼，现代辩护制度才得以建立和发展。然而，如果法官与检察官联手，控审分离便成为一句空话，庭审方式改革也只能是走过场，被告人的诉讼地位必然急剧恶化，辩护律师的作用必然名存实亡。因此，推进以审判为中心的诉讼制度改革，必须坚决实行法官中立，贯彻控审分离。

在现代诉讼中，司法公正的首要条件就是法官中立。中立，是指裁判者对诉讼争端各方保持一种超然和无偏私的立场，既不对诉讼任何一方抱有偏见，也不与诉讼争端的利益有任何关联。“自然正义”原则的第一条“任何人不能成为自己案件的法官”，要求的就是裁判者的中立地位。发展至今，法官中立已成为公正审判的前提要求，也是公民应当享有的一项基本人权。在我国，由于检察机关为国家专门法律监督机关的宪法定位，具有优势诉讼地位，再加上检察机关与审判机关“互相配合”的特殊关系，容易使诉审关系偏离审判的理想构造，恶化被告人一方的诉讼地位，抑制辩护律师的作用发挥。因此，必须坚决实行控审分离，切断控诉方与裁判方的体制联系，树立法官中立形象，加强法庭审理中的控辩对抗，保障被告人辩护权的充分行使。

（二）不告不理原则下的诉审关系

“不告不理”是调整和规范起诉与审判关系的重要原则，其基本含义：一是明确审判以起诉为前提，未经起诉的案件法院不得径行审判，以避免审判权的主动启动；二是明确审判受起诉范围限制，不得及于起诉以外的人和事，即所谓“诉审同一”。

在起诉对人的效力方面，各国法律规定一般比较明确，理解上也不

① ［德］拉德布鲁赫:《法学导论》，米健、朱林译，中国大百科全书出版社 1997 年版，第 121 页。

发生问题。在起诉事实和审判对象问题上，各国的立法和实践却不尽一致，大致可分为英美法系和大陆法系两大类型。英美法系国家传统上实行诉因制度，对于起诉书，不仅要求记载犯罪事实，还要求列明诉因。采取诉因制度的目的：一是确定审判对象；二是明确当事人攻防焦点。在大陆法系国家，虽然起诉书上除要求记载犯罪事实外，也要求记载所犯法条，但此项记载，仅是进一步明确审判范围，并非起诉之绝对必要条件。在起诉事实效力方面，实行起诉不可分原则，法官在未超出基本控诉事实的前提下，可以依职权进行为正确裁判所必需的一切调查。

关于起诉在法律适用方面的效力，大陆法系国家通常规定法官在认定被告人行为性质上一般不受起诉请求范围的限制。所谓“对于事实之法律评价，即如何谓法的适当运用，乃法院之职权，并不受起诉书所引应适用法条之约束”①。但法官变换适用刑法，应及时告知被告人一方，以保障被告人辩护权的行使。而在实行诉因制度的国家，法官变更适用法律条文的情况一般仅限于：认定之罪行包容于被起诉罪行之中，或者系较起诉罪行为轻之罪行或起诉罪行未完成形态，如果此未完成形态根据法律也构成犯罪的话，其实质是不得恶化被告人地位。

我国的刑事诉讼，在诉审同一方面存在不足。刑事诉讼法关于起诉效力与审判范围问题规定得不够明确，实践中审判对象超出起诉范围，或者法院认定罪名与起诉罪名不一致的情况时有发生。为规范公诉权和裁判权的行使，我国立法应当对不告不理、诉审同一的原则予以明确并对相关制度予以细化。在规范诉审关系方面，应当注意以下几点：第一，未经起诉之个人和事实，法院不得径行审理并定罪科刑，这是调整诉审关系的基本原则。第二，尽快在立法上明确规定撤销、变更、追加起诉制度，以适应司法实践变更追诉之需要。第三，变更或追加起诉应当立即通知被告人及其辩护律师。如果对被告人辩护权的行使有实质性影响，应当延期审理。第四，如果法院认为指控的罪名与指控事实不符，而检察机关不同意法院变更指控罪名的动议时，法院应当向控辩双方告知改变指控罪名的意图，在控辩双方进行必要的准备后，再行审理和判决。

① 陈朴生:《刑事诉讼法实务(增订版)》，海天印刷厂有限公司1981年版，第93页。

（三）庭审实质化视角下的诉审关系

以审判为中心的诉讼制度改革，要求进一步推进庭审的实质化，做到事实证据调查在法庭、定罪量刑辩论在法庭、裁判结果形成于法庭，确实保证庭审在查明事实、认定证据、保护诉权、公正审判中发挥决定性作用。①

其一，庭审实质化与控方的证明责任。修改后的《刑事诉讼法》第49条首次强调，“公诉案件中被告人有罪的举证责任由人民检察院承担”。这是为了落实尊重和保障人权的原则，进一步规范诉讼活动，保障当事人的诉讼权利，保障无辜的人不受刑事追究。推进庭审实质化，必然要求在法庭审理中检察机关为履行好法律赋予的指控犯罪职能而落实好应当承担的证明被告人有罪的责任。为此，检察机关应当强化当庭指控，依法履行举证责任、说服责任，着力提高当庭讯问询问、示证质证能力。要配合法庭完善庭前会议制度，完善证人、鉴定人出庭制度，规范申请侦查人员出庭机制，推动重大案件关键证人出庭工作，切实解决证人出庭作证难问题。

其二，庭审实质化与控辩的法庭对抗。庭审是审判的关键环节、主要方式，也是控辩职能集中发挥、控辩对抗集中体现的主要平台、典型场域。刑事诉讼法规定，法庭审理过程中，对与定罪、量刑有关的事实、证据都应当进行调查、辩论。经审判长许可，公诉人、当事人和辩护人、诉讼代理人可以对证据和案件情况发表意见并且可以互相辩论。要真正发挥庭审的实质作用，检察机关必须加强公诉人员出庭能力建设，着力提高发表公诉意见和辩论意见能力，提高出庭应变能力，提高运用现代科技手段出庭能力，加强对公诉主张的说理，加强对证据合法性的证明。同时，充分尊重被告人及其辩护人的合法权益，注意听取辩护人的辩护意见，做到文明、规范、平和、理性地对抗，共同促进审判公正。

其三，庭审实质化与检察机关的审判监督。推进以审判为中心的诉讼制度改革，发挥庭审的实质性作用，检察机关既要尊重和支持法官在审判活动中的主导地位，又要依法全面履行法律监督职能，共同促进庭审实质化，共同维护司法公正和权威。公诉人出席法庭，既要增强法律

① 参见《中共中央关于全面推进依法治国若干重大问题的决定》。

监督意识，又要严格依照法定程序进行监督，平衡好履行诉讼职能与监督职能的关系。庭审中发现审判活动违法，除不立即提出纠正、事后无法弥补的情况外，应当记录在案并在庭审后依法提出监督意见。以审判为中心要求进一步发挥庭审实质作用，是对以往庭审形式化、走过场的反思与纠正。检察机关出庭支持公诉的标准更高、要求更严、作用更凸显，同样挑战也更加严峻。

二、"以审判为中心"与新型诉侦关系

我国现行刑事诉讼程序是以诉讼阶段论为理论基础加以建构的，但"以审判为中心"强调审判对审前诉讼行为的指引与规范作用，因而，应当将原本相对独立的侦查阶段与审查起诉阶段视为整体性的"审前程序"加以研判。侦查作为刑事诉讼进程之开端，决定着案件之基础可靠与否，一旦出现偏差，即会导致"起点错、跟着错、错到底"的现象，加之侦查权运行具有主动性、倾向性，启动国家强制力的初衷在于保障社会公益，倘若缺乏有效的指导和监督，则可能对个人权利产生侵害。以审判为中心的刑事诉讼制度，应当是由侦查向审判逐步递进的诉讼过程，审查起诉与侦查相衔接，因而需要建构新型诉侦关系推动"以侦查为中心"向"以审判为中心"的转变。

（一）侦查与公诉之关系辨析

侦查程序的目的可以界分为三个层次：其直接目的是寻获证据、查缉甄别犯罪嫌疑人；深层目的是衔接起诉、提升公诉质量和效果；根本目的则是规制侦查权力、保障公民权利。在以侦查为中心的刑事诉讼制度中，侦查行为并非仅限于实现侦查本身之目的[①]，警察权实质上在刑事诉讼程序中承担了侦查职能以外的角色，权力空间突破侦查程序而延伸至其他诉讼阶段；架空程序设计、有碍人权保障的同时，也不必然提升打击犯罪的准确性，于程序公正抑或实体公正均无裨益，以致动摇司法权威、消解司法公信力。因而，从"以侦查为中心"转向"以审判为中心"，首先需要转变侦查理念，正确认识侦查之目的及其职能定位。申言之，侦查职能应当定位于公诉之准备，而公诉作为侦查与审判之衔接

① 参见卞建林:《论我国侦查程序中检警关系的优化——以制度的功能分析为中心》，载《国家检察官学院学报》2005年第2期。

部分，其职能应当适当延伸与拓展，一方面指导、监督和制约侦查权运行，另一方面引起审判发生、限制审判范围。[①]

以审判为中心的刑事诉讼制度内部，应当形成正向的递进关系和反向的指引作用。所谓“正向递进关系”，意味着各环节层层推演，从侦查到审查起诉再到审判，在认识上由浅入深，有别于不分主次的传统诉讼阶段论，类似于德日刑事诉讼法学中的“动态理论”，即致使刑事诉讼程序启动的推定经过控辩双方的攻防对抗，其成立与否可能发生动摇和变化，而判决的作出必须依据其最终发展的态势加以判断，审判作为刑事诉讼中一锤定音的阶段，自然是刑事诉讼的中心和终局阶段。[②]所谓“反向指引作用”，意味着通过审判程序对于审前程序的指引和制约作用，进行程序控制，凸显审判之中心地位，司法职权的配置与运行、诉讼制度的设计与实现均围绕审判程序进行，进而统摄整个刑事诉讼程序。审查起诉阶段与侦查阶段均为审前之程序，而在审前程序内部，从正向关系看，审查起诉是侦查之进阶，从反向关系看，侦查是审查起诉之准备，因此，侦查阶段应当是公诉职能延伸与拓展的主要方向，新型诉侦关系应当以公诉职能为中心，指导、监督和制约侦查权运行。由此，诉讼阶段论意义上的侦查阶段与审查起诉阶段，得以向“以审判为中心”视野下的“审前程序”转变。

（二）检察介入侦查、公诉指导侦查

以审判为中心的诉讼理论认为，侦查系公诉之准备活动，公诉占据主导地位，并左右侦查活动的结局和进程。我国台湾地区学者陈朴生教

---

① 侦查为公诉之准备，审前程序为审判程序之准备，在域外刑事诉讼制度中并不鲜见。例如，德国刑事诉讼法典中，将公诉规定在第一审程序中，而侦查为公诉准备。在第一审程序中，审判为主要程序，公诉为预备程序，连接预备程序与主要程序的是中间程序，即对公诉的审查和裁判是否开始审判程序（参见《德国刑事诉讼法典》，李昌珂译，中国政法大学出版社 1995 年版）；日本和韩国刑事诉讼法典中的编排存在共同之处，其“侦查”“公诉”“公审”均位于“第一编总则”后的“第二编第一审”之中，说明侦查和公诉是公审之准备，系第一审程序的一个环节，并没有与审判相当的地位（参见《日本刑事诉讼法》，宋英辉译，中国政法大学出版社 2000 年版；《韩国刑事诉讼法》，马相哲译，中国政法大学出版社 2004 年版）。

② 关于“动态理论”，请参见［日］松尾浩也：《刑事诉讼法》（上），丁相顺译，中国人民大学出版社 2005 年版，第 3 页。

授曾指出："侦查，乃检察官为提起公诉或实行公诉而调查犯人及证据之程序。"[①] 非经侦查，无从发现犯罪真相，无从确定犯罪嫌疑人，因而也无从决定是否起诉。为了保证起诉的效果和质量，履行公诉职能的检察官对从事侦查活动的警察，在侦查取证方面予以指导和在法律事务方面予以咨询，具有正当性且十分必要。因此，检察介入侦查、公诉指导侦查作为公诉职能向侦查阶段延伸与拓展的具体制度，值得探索。最高人民检察院将"推动建立重大、疑难案件侦查机关听取检察机关意见建议制度"作为 2015 年度工作重点之一[②]，全国检察机关第五次公诉工作会议进一步提出公诉部门要发挥"诉前主导"作用，而检察介入侦查、公诉指导侦查制度也已有一定制度基础和实践经验。[③] 例如，《刑事诉讼法》第 132 条规定："人民检察院审查案件的时候，对公安机关的勘验、检查，认为需要复验、复查时，可以要求公安机关复验、复查，并且可以派检察人员参加。"中央政法委发布的《关于切实防止冤假错案的规定》第 4 条指出："人民检察院依法对侦查活动是否合法进行监督，及时提出收集、固定和完善证据的意见和建议，必要时指派检察官参加侦查机关对重大案件的讨论和对犯罪有关的场所、物品、人身、尸体的复验、复查。"最高人民检察院在《关于切实履行检察职能、防止和纠正冤假错案的若干意见》第 18 条中也要求："对命案等重大复杂案件、突发性恶性案件、争议较大的疑难案件、有重大社会影响的案件，应当与侦查机关协商，及时派员介入，通过介入现场勘查、参加案件讨论等方式，提出取证意见和适用法律的意见，引导侦查人员依法全面收集、固定和完善证据。"

无论制度设计抑或司法实践，检察机关在审前程序中的主导地位均应当进一步得到明确。尽管警察侦查案件之后是由检察官决定起诉与否，但一个既不能主导也不能实施侦查的检察官，究竟有多少起诉决定空间，本来就令人质疑。因此，侦查程序由检察官主导，检察官集侦查者、起诉者、公诉人之任务于一身，且具有中立性、客观性与独立性，

---

① 陈朴生:《刑事诉讼法实务（增订版）》，海天印刷厂有限公司 1981 年版，第 267 页。

② 参见《最高人民检察院工作报告》（2015 年 3 月 12 日）。

③ 参见卞建林:《健全司法权分工配合制约机制的思考》，载《河南社会科学》2015 年第 1 期。

乃欧陆刑事诉讼法之发展趋势。德国、意大利、奥地利、瑞士先后废除调查法官制度，而法国、荷兰、西班牙等国尽管保留调查法官制度，其检讨废除之声亦未曾间歇。以奥地利为例，过往调查法官主导侦查程序的制度设计，在实务中异化为警察或自行开启侦查程序，或经由检察官、调查法官之“概括委任”而从事侦查行为，侦查程序的实际重心转移至警察身上。而2008年1月1日起实施的奥地利新刑事诉讼法将检察官确立为侦查主导，通过检察官之司法机关地位入宪以及职务法之法官化、指令权之透明化，对检察官角色进行重新定位。[①] 对于我国而言，检察介入侦查、公诉指导侦查仍处于制度设计之初，需要在司法实践和理论研究中解决以下具体问题：其一，公诉指导侦查与检察监督侦查的关系亟待厘清，以避免诉讼职能与诉讼监督职能的混淆[②]；其二，有必要进一步明确指导、介入侦查的案件范围、条件和具体程序，并明确侦查机关不执行检察建议的程序性后果。

（三）强化侦查监督与动态制约机制

规范侦查权运行，除了侦查行为自身的诉讼化改造，还需要自始以审判中事实认定及法律适用的标准和要求规范侦查行为，但实践表明，尽管侦查终结移送起诉、提起公诉、作出有罪判决的证明标准均为“证据确实、充分”[③]，但司法错误的生成往往正是由于侦查终结移送起诉的案件未能达到法定证明标准，可见侦查机关自身规制抑或检察机关法律监督的作用均不如预期。理顺侦查、起诉、审判的相互关系、分清三者主次，需要首先纠正“侦查中心主义”的现状，方有可能将程序重心向审判阶段倾斜，质言之，制约应当重点指向侦查活动。我国并不实行警检一体，检察机关负有客观义务而非绝对当事人化，检察监督是内生型

① 参见林钰雄：《开启检察官定位的新纪元——从奥地利刑事诉讼与检察官制度的变革谈起》，载最高人民检察院侦查监督厅编：《侦查监督指南》（2015年第3辑），中国检察出版社2015年版，第71页以下。

② 我们认为，为了实现检察机关的诉讼职能与诉讼监督职能适度分离，需要通过在检察机关内部设立专门的监督机构以集中统一行使诉讼监督职能。目前看来，逐步探索将刑事执行检察机构拓展为专门的诉讼监督机构，监督范围进一步向刑事执行检察监督以外延伸，更符合检察改革的总体趋势，具有现实的合理性与可行性。参见卞建林、谢澍：《刑事执行检察监督：资源整合与体系建构》，载《河南社会科学》2015年第7期。

③ 参见《刑事诉讼法》第160条、第172条、第195条。

监督体系中的重要环节，其重点指向应是监督行政权力的行使，刑事诉讼中侦查权强势而审判权弱势，是故，检察监督的根本任务是限制侦查权，并保障审判权依法独立行使。

侦查监督部门处于刑事诉讼之上游，需要发挥程序初期的监督、引导和把关作用，坚持以证据为中心，严格把握逮捕条件，树立无罪推定、人权保障等法治理念，从源头上预防冤假错案。[①]具体而言，在监督和制约手段上：第一，应当从被动监督、事后监督转变为主动监督、同步监督，形成参与式的动态制约机制，例如，前文所述之检察介入侦查、公诉指导侦查，即是动态制约机制的实践探索；第二，应当保证犯罪嫌疑人及其辩护律师充分参与，在审查批准逮捕等环节设置诉讼化结构，通过第三方力量对侦查行为加以制约。“以审判为中心”要求诉讼特征贯穿程序始终，即侦查机关和检察机关的搜查、扣押、监听、羁押等行为也应受到诉讼化审查，使审前程序体现诉讼特征，以平衡、稳定的诉讼结构推进刑事诉讼程序，保障当事人合法权益。

三、“以审判为中心”与新型诉辩关系

刑事辩护之于刑事诉讼的积极意义，主要显现于两方面：其一，辩护律师能为犯罪嫌疑人、被告人提供法律帮助，有效遏制公权力滥用，确保被追诉人权利不受非法侵害；其二，刑辩律师的实质参与，可以实现控辩平等的诉讼构造，保障控辩双方平等武装、平等保护，在有效对抗的刑事诉讼程序中，提升事实认定和法律适用的准确性，切实防范冤假错案，维护司法公正。近年来，刑事辩护领域问题突出，司法机关与辩护律师之间的关系不够融洽，但正如孟建柱同志在全国律师工作会议上指出的那样，构建司法人员与律师之间的新型关系，主动权在司法机关。[②]对于检察机关而言，应当主动创造相互尊重、相互支持、相互监督的前提条件，在正当交往中实现良性互动：静态的诉讼构造中，诉辩平等，各尽其职、各负其责；动态的诉讼进程中，从审前程序到审判程序，整体地改善辩护环境。更重要的是，检察机关在诉讼职能之外还承

① 参见卞建林:《发挥侦查监督职能，把好防范错案关口》，载《检察日报》2015年6月17日，第3版。

② 参见孟建柱:《依法保障执业权利、切实规范执业行为，充分发挥律师队伍在全面依法治国中的重要作用》，载《检察日报》2015年9月16日，第1版。

担法律监督职能，理应承担维护律师合法权益之重任。

（一）诉讼构造中的诉辩关系

建构“以审判为中心”的刑事诉讼制度，需要充分发挥辩护的实质作用，保障其积极、有效地参与诉讼进程。既然诉讼是两造相争、法官居中裁判的三方法律关系，就要避免其异化为“国家—个人”二元对立的上下纠问模式，防止被告人沦为诉讼客体和被追究对象。庭审实质化之关键在于等腰三角结构是否稳定，是否各尽其职、各负其责。审判和控诉职能由作为国家机关的法院、检察院承担，其角色诠释较为稳定，而被告人基于自身社会地位、知识结构的限制，往往无法凭一己之力与控诉方对抗，因而，其是否获得有效辩护即成为庭审中等腰三角结构是否稳定的最大变量。在刑事诉讼中确立“诉”的机制，意味着被告人成为程序主体，获得“辩”的地位，与追诉犯罪的国家机关平等而立，将国家追诉权力导入程序规则从而避免膨胀和滥用的同时，也反向决定着“诉”能否发挥引导程序展开、贯穿程序始终的灵魂作用。[①] 但在司法实践中，七成以上刑事案件没有辩护律师参与，即便拥有辩护律师，要么是法律援助案件，整体辩护质量不高，要么是聘请社会律师，却受现有庭审方式所限，难以对裁判形成产生实质影响。“以审判为中心”的改革动向需要辩护意见发挥实质作用，从而与控方意见形成对抗，有利于发现真实，因而，应当首先转变理念，从排斥辩护参与，转向正确认识辩护意见。

理念的转变，是与改革步伐相适应的，发挥辩护的实质作用，需要在“质”和“量”上加以保障制度运行。所谓“质”的提升，首先，是辩护律师应当具备在实体辩护与程序辩护中切换、在审前辩护与法庭辩护中延续、在消极辩护与积极辩护中游走的技巧和策略，表现出说服法官的艺术；其次，是应当为辩护行为提供制度支撑，包括减少对辩护律师的制度限制，以及相关程序的平台建构，如庭审中保障证人出庭、规范交叉询问，为辩护技巧与策略的施展提供可能。而“量”的增加，则有赖于刑事法律援助制度的发展，2012 年刑事诉讼法对法律援助制度进行了大幅度修改，提供法律援助的诉讼阶段提前至侦查阶段，法律援

① 参见卞建林：《刑事诉讼中“诉”之辨析》，载《人民检察》2007 年第 8 期。

助的范围扩大至尚未完全丧失辨认或控制自己行为能力的精神病人和可能判处无期徒刑的人[①]，但刑事法律援助案件数量的增长幅度，与修法力度、学者预估相比，前进的步伐仍显迟缓[②]，需要进一步扩大范围、增加经费、强化质量控制。

（二）诉讼进程中的诉辩关系

刑事诉讼遵循侦查、审查起诉、审判之先后而逐步递进，诉讼进程中的诉辩关系不仅聚焦于审判程序，同时还应着眼于审前程序，进而整体地改善辩护环境。质言之，律师在庭上的发问、质证、辩论等活动，需要在庭前、审前进行准备，因而，检察机关首先要在庭前、审前为辩护律师提供充分的准备机会，保障律师知情权、申请权、申诉权以及会见、阅卷、收集证据等方面权利，使其在实体辩护与程序辩护、审前辩护与法庭辩护中均有足够的施展空间。过往的刑事司法实践中，“会见难”“阅卷难”“调查取证难”被称为刑辩律师的“三难”问题，不仅影响律师正常执业，更有碍犯罪嫌疑人、被告人的权利保障。尽管2012年刑事诉讼法修改后“三难”问题得到了一定程度的缓解，但检察机关仍须积极应对，尤其是在办理职务犯罪案件过程中，应当避免“特别重大贿赂犯罪案件”之条件扩大适用、不许会见等问题，细化、落实相关配套措施。辩护律师提出会见的，应当及时答复；不许可会见的，应当说明理由；在有碍侦查的情形消失后应当通知辩护律师，辩护律师可以不经许可进行会见；侦查终结前，应当许可辩护律师会见；检察机关在会见时不得派员在场，不得通过任何方式监听。[③]此外，此次刑事诉讼法修改新增了庭前会议制度，召开庭前会议的案件通常疑难、复杂，但在实践中，仍然有被告人在未获得辩护律师帮助的情况下参加庭前会议，庭前会议可能涉及回避、出庭证人名单、非法证据排除等与审判相关的问题，若无律师帮助，被告人很难凭借自身能力有效应对，因而，

---

① 参见《刑事诉讼法》第34条、第267条。

② 有学者曾预估修法后刑事法律援助案件数量的增长幅度会达到三至五倍。参见顾永忠、陈效:《中国刑事法律援助制度发展研究报告（1949—2011）》，载顾永忠主编:《刑事法律援助的中国实践与国际视野》，北京大学出版社2013年版，第27页。

③《人民检察院刑事诉讼规则》第46条已作出初步规定，《关于依法保障律师执业权利的规定》第9条对此同样予以明确。

需要在明确庭前会议效力、规范庭前会议程序的同时，保证律师充分参与，建构诉辩双方的信任基础。

刑事诉讼以审判为中心，审判程序以一审为中心，一审程序以庭审为中心，庭审以举证质证为中心，实质化的庭审就是要贯彻直接言词原则，真正由庭审法官通过开庭审理这种特殊场景和活动来审查判断证据，认定案件事实，独立适用法律，确定被告人刑事责任。做到事实调查在法庭，证据质证在法庭，控辩对抗在法庭，定罪量刑在法庭，裁判说理在法庭，保证庭审在查明事实、认定证据、保护诉权、公正裁判中发挥决定性作用。同时，要完善合议庭评议程序，尊重合议庭不同意见并在裁判文书中适当体现。贯彻直接言词原则，还要注意发挥辩护律师的辩护作用，实现律师的有效辩护。要在充分保障辩护律师庭前会见权、阅卷权、调查权的基础上，注意维护律师在法庭审理中的发问权、质证权、辩论权，认真听取律师的辩护意见，尤其是律师无罪、罪轻的辩护意见，并且在评议裁判中加以考虑，在裁判文书中加以体现，在程序上维护律师的合法权益，在实体上促进判决的公正权威。① 诉辩双方通过实质对抗，有利于发现真实、消解认知错误，两者间并非此消彼长的关系，其目标应当是统一的，即维护司法公正、保障当事人合法权益、防止冤错案件发生。

（三）检察机关维护律师合法权益之重任

“我国检察机关作为国家法律监督机关，既是诉讼参与者，也是诉讼监督者，还是诉讼权利的救济者。在诉讼活动中，检察机关不仅承担着批捕起诉、查办和预防职务犯罪等职责，而且肩负着对诉讼和执行活动进行法律监督的职责；不仅代表国家指控犯罪，而且必须严守客观公正立场，保障当事人合法权益，保障无罪的人不受法律追究；不仅要监督纠正刑讯逼供、违法取证等侵犯当事人合法权益的行为，而且要监督纠正阻碍辩护人、诉讼代理人依法行使诉讼权利的违法行为。”② 以上种种，不仅对检察机关全面、正确、有效履行法律监督职能设置了更高标准，也为诉辩之间形成良性互动打下了坚实的制度基础。过往，辩护律

① 卞建林:《应当以庭审为中心》，载《检察日报》2015 年 7 月 16 日，第 3 版。

② 曹建明:《着力构建彼此尊重良性互动的新型检律关系》，载《检察日报》2015 年 11 月 9 日，第 1 版。

师在执业过程中一旦遭遇阻碍其依法行使诉讼权利的情况，往往感到救济途径不足，使得不合理、不合法之现象难以得到纠正。因此，2012年刑事诉讼法新增加了关于辩护人、诉讼代理人申诉控告及处理程序的规定，通过法律明确检察机关维护律师合法权益之责任。

2015年9月，最高人民法院、最高人民检察院、公安部、国家安全部、司法部联合出台《关于依法保障律师执业权利的规定》，在明确律师执业权利的同时，设置了投诉机制、申诉控告机制、维护律师执业权利快速处置机制和联动机制、联席会议等四个层次的救济渠道。其中，申诉控告机制由检察机关主要负责，第42条具体罗列了五种可向检察机关申诉控告的情形，即“未依法向律师履行告知、转达、通知和送达义务的”“办案机关认定律师不得担任辩护人、代理人的情形有误的”“对律师依法提出的申请，不接收、不答复的”“依法应当许可律师提出的申请未许可的”“依法应当听取律师的意见未听取的”，并以“其他阻碍律师依法行使诉讼权利的行为”作为兜底条款。此外，明确检察机关审查期限为受理后10日以内，处理情况应当以书面形式答复律师；情况属实的，通知有关机关予以纠正，有关机关拒不纠正或者累纠累犯的，予以追责、处分；情况不属实的，同样需要做好说明解释工作。可以说，相关救济途径已初具体系性，律师在刑事诉讼中的诉讼权利行使有望得到全方位保障，但制度设计仍须在司法实践中加以落实，检察机关作为法律监督机关，理应带头履行职责使命，建构新型、健康、良性互动的诉辩关系，并推动以审判为中心的刑事诉讼制度改革。

“以审判为中心”与刑事程序法治现代化*

一、刑事程序法治现代化之时代图景

探讨中国刑事诉讼发展的方向，应当将其置于20世纪70年代末以来中国社会的现代化转型和当下的全球化视野中进行审视，以便使刑事诉讼的发展能够同中国社会和世界发展变迁契合，并与社会整体的现代化诉求相一致。一方面，刑事司法权力的运作区间比较特殊，与其他法律部门相比，更多地涉及以国家强制力限制甚至剥夺公民的基本权益，因而，刑事司法权力运作与社会意识主体命运息息相关，建构现代化的刑事程序法治决不能对社会意识的变迁无动于衷。从社会整体发展的视角考量，社会意识往往是对社会现实的映射，当社会变革导致社会现实发生变迁时，社会意识亦随之发生变迁。而当下中国正经历从传统社会向现代社会的转型，因此社会意识的变迁也以现代性为价值取向。另一方面，作为中国社会变革的外部环境，全球化构成了当今世界的发展潮流和客观趋势。随着不同文化与文明之间不断交流，法律亦出现全球化趋势，例如晚近各国进行的刑事司法改革中，不同诉讼模式之下的诉讼制度已经显现趋同之端倪。当然，传统与现代、本土与西方之间的碰撞亦不可避免，直面交锋并据此架构平等对话的话语体系，实现刑事司法领域的互动与交流，是刑事程序法治现代化进程的应然图景。①

正如有学者所言：“中国崛起的时代进程，打破了全球化、现代化等于西方化的神话，颠覆了西方中心主义所秉持的经典教义，向世人展示了中国模式的固有价值，增强了中国模式的影响力和吸引力。”② 伴随着我国市场经济化、权力内敛化、社会市民化的发展趋势，我国刑事程序法治现代化的基本条件已然成熟，应当把握司法规律、探索中国道路，

---

* 原文发表于《法治现代化研究》2017年第1期，与谢澍合作。

① 卞建林:《刑事诉讼的现代化》，中国法制出版社2003年版，第35页以下。

② 公丕祥:《全球化、中国崛起与法制现代化——一种概要性的分析》，载《中国法学》2009年第5期。

并将其上升至国家治理现代化的高度加以认识。国家治理法治化构成国家治理现代化的核心指标和主要标志，国家治理现代化则引领和驱动法治现代化。[①]而刑事程序法治现代化作为法治现代化的关键要素，应当为实现国家治理现代化发挥应有的作用。鉴于此，本文试图在梳理我国刑事程序法治现代化进程的基础上，解读《中共中央关于全面推进依法治国若干重大问题的决定》(以下简称《决定》)所提出的“推进以审判为中心的诉讼制度改革”，把握刑事程序法治现代化的基本要义与发展趋势，并探索刑事程序法治现代化的中国道路。

二、刑事程序法治现代化之基本要义

刑事程序是评价国家法治程度的标杆，通过程序的监督与约束，能有效地保障司法的公正和高效，避免法外因素对司法活动的干扰，防止公权力的滥用，维护公民的合法权益和尊严，构建司法权威与法律秩序。诚如有德国学者所指出的那样：“刑罚是国家对国民自由的侵害方式中最严峻的一项，也因此其被视为最受争议的一项；该项刑罚之执行亦正意味着，为了大众之安全利益而完全地忽视了犯罪行为人之自由利益。也正因为如此，使得团体与个人之利益绝无仅见地只有在刑事诉讼上才有如此重大的冲突，而这种在法律上所做之利益权衡正象征性说明了在一般公共事务中考量国家和个人间的关系时，刑事诉讼法就成了国家基本法的测震仪。”[②]可见，刑事程序法治现代化作为人类社会现代化进程的组成部分，具有独特的理论价值和研究意义，其中涉及社会内部机理与外来因素的相互作用及其后果、不同国家和地区在全球法治现代化进程中的自主性与依附性、国家与社会的历史互动及其对法律发展的影响，等等。[③]因而，需要在把握刑事程序法治现代化之基本要义的同时，梳理其发展趋势。

基于现代社会的程序性特征和主体性特征，刑事程序法治现代化之品质首先应有两点：一是基本人权的尊重，二是对程序正义的强调。而刑事程序以国家权力为主导、以国家强制力作后盾，考虑到权力本就具

---

① 张文显：《法治与国家治理现代化》，载《中国法学》2014年第4期。

② [德]克劳思·罗科信：《刑事诉讼法(第24版)》，吴丽琪译，法律出版社2003年版，第13页。

③ 公丕祥：《法制现代化的分析工具》，载《中国法学》2002年第5期。

有天然的膨胀倾向，因而需要将国家权力导入程序规则从而避免其膨胀和滥用。在此意义上，刑事程序法治现代化之品质还应具备另外两点，即权力制约和权利救济。质言之，人权保障、程序正义、权力制约和权利救济，是评价刑事程序法治现代化的基本标尺。

（一）人权保障

以国家权力为主导、以国家强制力为后盾是刑事诉讼的最大特征，单纯以“惩罚犯罪”为目的的刑事诉讼体现的则是国家权力对公民个人特别是被追诉人的单向度作用力，强调的是国家维护治安、恢复秩序的需要，公民个人则缺乏对国家权力的防范能力。是故，在现代刑事诉讼制度的构建过程中，强调的是对国家公权力恣意及对侵犯公民权利可能性的防范，其在诉讼理念上就直接体现为人权保障目的观的确立。在这一目的观的指导下，诉讼制度应当能够清晰界定刑事诉讼中国家与个人的各自行为界限，确保国家能够在完成其追究犯罪职能的同时，也能为公民个人提供有效的保护。可见，在刑事诉讼中，公民权利的充分享有与国家权力的恰当行使同等重要，因为在刑事诉讼中，公民权利的实现意味着权利相对方即国家权力的行使受到制约，从而使公民具备了制衡国家权力进而维护自身权利的基础。因而，人权保障目的观的确立就使得完善诉讼中的公民权利保障与救济体系成为刑事诉讼制度科学构建的现实要求和评价标准。[①]现代意义上的刑事诉讼应当在三方面体现出人权保障之要义：其一，保障社会公众的人权。犯罪是对社会和公众正常生活、合法权益最严重的破坏和侵犯，因而刑事诉讼必须保障准确、及时、有效地查明、惩罚犯罪，保障社会安定和公众人权；其二，保障无辜者的人权。刑罚是国家对公民最严厉的制裁和惩罚，倘若殃及无辜，无疑是对法治的破坏，因而现代刑事诉讼确立了一系列原则和制度，旨在保障无辜者不受错误追究，维护无辜者的人权；其三，保障诉讼参与人的人权。国家专门机关和诉讼参与人共同推进刑事诉讼，尤其是与案件结果具有利害关系的犯罪嫌疑人、被告人和被害人直接决定着诉讼的进程。然而诉讼参与人难以与国家专门机关相抗衡，其个人合法权益往往难以得到重视和保障。因此，现代刑事诉讼开始赋予诉讼参与人广泛

① 卞建林、田心则：《中国刑事诉讼制度科学构建论纲》，载《北方法学》2009年第1期。

的诉讼权利和必要的权利救济手段，制约、监督司法职权公正行使的同时，对其人权加以保障。①

（二）程序正义

现代社会具有程序性特征，诸多互动过程的进行即是借助某种程式化与类型化的做法，而价值理性的实现也经常需要依循程序的方式才能有所保证。程序运作的目的即是"去人格化"，通过程序控制身处其中的人们所进行的交互行为，避免预期结果受到人们主观恣意的影响。程序正义是刑事诉讼程序本身固有的内在价值，它对刑事诉讼活动提出了独立于实体正义的基本标准，包括法官中立、程序参与、程序对等、程序公开、程序及时、程序自治、程序理性等，对于实现刑事程序法治化具有显著的推动作用：其一，程序正义有利于防止国家权力的异化，为刑事程序法治的实现提供保障；其二，程序正义有利于增强诉讼中的民主与人权保障，推动刑事程序法治建设的顺利进行；其三，程序正义自身体现出司法制度的公正与否，是衡量刑事程序法治乃至国家法治程度的标尺。② 在刑事诉讼中要坚持程序法治，就要求参与诉讼各方牢固树立法律至上、程序至上的意识，尤其是对国家专门机关而言，法无明确授权不可为，行使法定职权时必须严格遵守法律的规定和程序的要求，对公民依法享有的诉讼权利必须予以尊重和保障。在程序正义理念的影响之下，人们开始对程序的独立价值进行重新认识，将其提高到与程序的工具价值等量齐观甚至更高一筹的程度，认为刑事诉讼程序具有内在的、不受实体结果影响的价值，这种价值的实现自身就能够满足程序主体在某一方面的利益诉求。以这种认识为基础，人们也开始对刑事诉讼中程序的功能进行全新的解读，并逐步认识到在现代法治国家中，"正是程序决定了法治与恣意的人治之间的基本区别"，亦即程序乃是实现权力运作法治化的基本依凭。③

---

① 卞建林:《刑事诉讼的现代化》，中国法制出版社 2003 年版，第 3 页。

② 卞建林:《刑事诉讼的现代化》，中国法制出版社 2003 年版，第 14—15 页、第 48—50 页。

③ 卞建林、田心则:《中国刑事诉讼制度科学构建论纲》，载《北方法学》2009 年第 1 期。

（三）权力制约

以权力分工为前提的权力制衡，对于保证法律的统一正确实施、防止国家权力滥用和异化、保障诉讼参与人合法权益、预防和及时纠正诉讼中可能出现的错误和违法现象，均有所裨益。而在现代刑事诉讼中，刑事司法权力配置与运行直接决定着程序法治的实现程度，其中以侦、诉、审之相互关系为关键。侦、诉、审之间的权力制约应当形成正向的递进关系和反向的指引作用。所谓“正向递进关系”，意味着各环节层层推演，从侦查到审查起诉再到审判，在认识上由浅入深，有别于不分主次的传统诉讼阶段论，类似于德日刑事诉讼法学中的“动态理论”，即致使刑事诉讼程序启动的推定经过控辩双方的攻防对抗，其成立与否可能发生动摇和变化，而判决的作出必须依据其最终发展的态势加以判断，审判作为刑事诉讼中“一锤定音”的阶段，自然是刑事诉讼的中心和终局阶段。① 所谓“反向指引作用”，意味着通过审判程序对审前程序的指引和制约作用，进行程序控制，凸显审判之中心地位，司法职权的配置与运行、诉讼制度的设计与实现均围绕审判程序进行，进而统摄整个刑事诉讼程序。审查起诉阶段与侦查阶段均为审前之程序，而在审前程序内部，从正向关系看，审查起诉是侦查之进阶，从反向关系看，侦查是审查起诉之准备，因此，侦查职能是公诉职能的延伸与拓展，诉侦关系应当以公诉职能为中心，指导、监督和制约侦查权运行。诉审之间的权力制约体现为“诉审分离”，作为刑事诉讼制度现代化的重要标志，借此实现了诉讼本源意义上的回归，使得纠问式诉讼中审判机关与被告人的直接对抗，回归为“两造对抗、法官居中”的三方格局，被告人也从诉讼客体、被纠问对象上升为诉讼主体。然而，公诉机关与审判机关均为国家机关，其职权源自国家权力，具有同源性，即可能导致诉审关系产生异化，二者关系过于紧密进而导致诉审不分。为了避免扭曲诉审分离的根本意义，应当保证审判者与冲突利益无涉、对控辩双方无偏倚并居于主导地位，借助唯起诉书主义与不告不理原则对诉审关系异化倾向进行抑制。②

---

① ［日］松尾浩也：《刑事诉讼法（上）》，丁相顺译，中国人民大学出版社 2005 年版，第 3 页。

② 卞建林、孙锐：《诉审关系论辩——兼论对诉审关系异化的程序性抑制》，载《环球法律评论》2006 年第 5 期。

（四）权利救济

如果说权力制约规范权力与权力之间的关系，权利救济则主要是用权利来对抗权力，这也是现代法治社会用以规范和限制公权力行使的重要方式。“无救济则无权利”，倘若法律赋予公民个人的权利无法得到司法机关的尊重，公民之合法权益受到侵害时得不到及时有效的救济，那么所谓权利即只能存于纸上，保障人权之刑事诉讼目的更是难以实现。因此，科学构建现代化的刑事诉讼制度，不能仅仅满足于形式上对诉讼参与人权利的宣告，还必须加强诉讼参与人权利救济机制的健全与完善，使得那些权利被不当侵犯、自由被错误剥夺的公民能够切实获得救济和纠正的机会。[①] 现代化的一大标志即是人类的认识趋于理性，对于刑事程序法治现代化来说同样如此。理性包括建构理性的程序，也包括理性地认识到程序的不足。即便再精密的程序也可能出现偏差，更何况囿于人类认知能力的有限性，刑事司法程序中的错误难以避免。因而，需要针对可能发生的程序错误提供相应的救济方式，使得错误可能得到纠正。就某种意义上而言，对制度合理与否的评价与挑战，对公权力的有效规范和制约，最佳途径即是由遭受权力侵害之痛的当事人来启动救济和制约的程序。而救济制度的完善与否和救济途径的通畅与否，则是评价刑事程序法治现代化程度的重要标准。

三、我国刑事程序法治现代化之历史进程

刑事程序法治现代化的进程中，的确存在着体现法律文明共同属性的普遍性构成要素，并反映在世界各国的法律制度之中，为国际社会所认同；然而，刑事程序法治现代化在不同民族或地区中的表现形式也不尽相同，那些普遍性构成要素的实现方式显然要打上鲜明的民族印记，从而独具个性特征。[②] 1840 年，西方列强的坚船利炮迫使清政府打开国门，中国开始被迫学习和接受西方法律文化，中国近现代法制现代化的进程由此开启。从清末修律到民国时期的法制变革，一系列法律创

① 卞建林、田心则：《中国刑事诉讼制度科学构建论纲》，载《北方法学》2009 年第 1 期。

② 公丕祥：《国际化与本土化：法制现代化的时代挑战》，载《法学研究》1997 年第 1 期。

制活动，使得中国近现代法制初具雏形。但中国法制现代化的进程却充满艰辛和曲折，刑事诉讼法的制定同样如此。在经历中华人民共和国成立初期的准备和1957年至1963年间对刑事诉讼法草案的反复斟酌修改之后，“文化大革命”期间“砸烂”公、检、法，法律规定与司法制度被斗争意识所取代。直到1978年12月十一届三中全会召开，基本的法制秩序和立法环境才得以恢复，首部刑事诉讼法得以在次年颁布，并于1996年、2012年经历两次大修。尽管已取得显著进步，但面对刑事法治现代化的时代目标，我国的刑事程序法治程度仍有待提高。

（一）刑事诉讼法的制定与修改

新中国诞生以后，在全国范围内废除了民国时期的六法全书，包括刑事诉讼法以及整个旧的司法制度，开始创建人民司法制度。但在这个过程中，刑事诉讼法典并没有马上制定。这个阶段的标志性的成果，是1954年宪法的制定，以及同时制定的人民法院组织法和人民检察院组织法。一部根本法，两部重要法律，其中规定了进行刑事诉讼的国家专门机关以及最基本的一些原则和制度，如审判公开、公民适用法律平等、被告人有辩护权、使用本民族语言文字、陪审制、两审终审制等，为我国刑事诉讼法的规范奠定了初步基础。这一时期，中央立法机关也着手为刑事诉讼法起草做一些准备。例如，刑事诉讼法的条例草案，特别是1955年最高人民法院总结了民刑事案件的程序，这一总结为中国进一步制定刑事诉讼法创造了条件。①1957年《中华人民共和国刑事诉讼法草案（草稿）》开始接受讨论，但当时正值“反右”斗争，1960年以后到1963年春，才有过一个短期的回暖时期，经过修改的《中华人民共和国刑事诉讼法草案（初稿）》也正是在1962年方得以重新开始征求意见，1963年3月至4月，《中华人民共和国刑事诉讼法草案》的三、四、五、六稿相继形成，其中对无罪推定原则、陪审制、审判委员会职权范围、审判组织成员不更易原则、审判人员回避由谁决定、可否免除被告人近亲属作证义务、人民检察院和公安机关的侦查分工、公诉案件中被害人的诉讼地位、免于起诉、侦查监督、自诉案件范围、第二审审理程序、被告人的近亲属及辩护人为被告人利益上诉、第二审是否可以加重

---

① 陈光中:《刑事诉讼立法的回顾与展望》，载《法学家》2009年第5期。

处罚、死刑复核审查等相关争议问题，均作了讨论。[①]遗憾的是，1963年后期就开始转向以阶级斗争为纲，1963年下半年的“左”倾思潮一直发展到1966年“文化大革命”爆发，十年浩劫，更是新中国法制发展不堪回首的一页，直到1978年12月，十一届三中全会的召开才算是终结了这一摧残法制的低潮时期。

1979年2月成立的全国人大常委会法制委员会在1963年初稿的基础上起草了新的《刑事诉讼法草案》（修正一稿、修正二稿），1979年7月1日，《刑事诉讼法草案》经第五届全国人民代表大会第二次会议通过，同年7月7日由全国人民代表大会常务委员会委员长令第6号公布，自1980年1月1日起施行。作为新中国第一部专门的刑事诉讼法典，1979年刑事诉讼法继承了此前法律起草已经取得的成果，并在总结正反两方面经验的基础上加以完善，体例上分为“总则”“立案、侦查和提起公诉”“审判”“执行”四编，共164条。在法典公布后、实施前，1979年9月9日，中共中央发布了64号文件，即《中共中央关于坚决保证刑法、刑事诉讼法切实实施的指示》，这一指示明确要求各级党委要坚决保证“两法”的实施，并明确宣布废除党委审批案件，表明了党中央对重建刑事法治的重大决心。[②]为了强化1979年刑事诉讼法的可操作性，确保其贯彻落实，全国人大常委会陆续又颁布了一系列单行法律，对陪审制度、审判组织、审判程序、办案期限、死刑复核权等作了补充规定。[③]

1979年刑事诉讼法受其制定时历史条件的限制，本身就存在一些不足，这些不足所产生的弊端在司法实践中逐渐显露出来。特别是随着改革开放的全面深入发展，中国社会生活的各个领域发生了深刻的变化，社会主义市场经济正在逐步形成，1979年刑事诉讼法中的一些内容已

① 参见最高人民法院党组《关于刑事诉讼法制定情况的汇报》（1957年）、《关于〈刑事诉讼法草案（初稿）〉的修改情况和几个主要问题的报告》（1963年4月12日）、《关于刑诉法修改情况的说明》（1963年4月13日）、《关于1963年刑事诉讼法草案讨论制定经过的汇报》和《关于讨论刑诉草案意见的汇集》（1963年11月16日），载吴宏耀、种松志主编：《中国刑事诉讼法典百年（中）1906年—2012年》，中国政法大学出版社2012年版，第724页以下。

② 陈光中：《刑事诉讼立法的回顾与展望》，载《法学家》2009年第5期。

③ 宋英辉等：《刑事诉讼法修改的历史梳理与阐释》，北京大学出版社2014年版，第1—2页。

不能适应形势的变化。与此同时，刑事犯罪呈现出新的特点和趋势，公安司法机关依照刑事诉讼程序追究犯罪上面临许多新情况新问题。正因为如此，全国人民代表大会常务委员会将刑事诉讼的修改列入了工作日程。[①] 1996年，刑事诉讼法完成了诞生以来的首次大修，在体例上增加了“附则”，并将条文数从164条增加至225条。此次修改标志着中国刑事诉讼制度向着科学化、民主化方向迈进了坚实的一步，对刑事诉讼的任务和基本原则、具体程序设计均有不同程度的修改。例如，吸收无罪推定精神、确立未经法院判决不得确定任何人有罪的原则；改革辩护制度、完善强制措施、细化逮捕条件、实行“复印件移送主义”、增强庭审对抗性，等等。[②]

由于1996年修法中部分制度在之前并未试点，因此出现了司法实践难以有效实施、进而架空程序设计的情况，有必要进一步予以完善。全国人大常委会法制工作委员会从2009年初开始着手刑事诉讼法修改方案的研究起草工作。经反复与最高人民法院、最高人民检察院、公安部、国家安全部、司法部等部门进行研究，多次听取全国人大代表、基层办案部门、律师和专家学者的意见，并专门征求部分地方人大常委会的意见，在充分论证并取得基本共识的基础上，形成了刑事诉讼法修正案草案稿。2011年8月24日，十一届全国人大常委会第二十二次会议对《刑事诉讼法修正案（草案）》进行了初次审议。会后，将草案印发中央有关部门、各地和有关方面征求意见，中国人大网站公布草案全文向社会征求意见。2011年12月26日，十一届全国人大常委会第二十四次会议对《刑事诉讼法修正案（草案）》进行了再次审议，决定将修正案草案提请十一届全国人大五次会议审议。全国人大常委会办公厅按照法定程序，于2012年1月11日将《刑事诉讼法修正案（草案）》发送全国人大代表进行阅读讨论，根据常委会组成人员的审议意见和代表们在讨论中提出的意见，修正案草案被进一步修改完善。2012年3月8日，《刑事诉讼法修正案（草案）》提交十一届全国人大五次会议审议，王兆国副委员长作了《关于〈中华人民共和国刑事诉讼法修正案（草案）〉

① 陈光中：《论刑事诉讼法修改的指导思想》，载《法制与社会发展》1995年第4期。

② 宋英辉等：《刑事诉讼法修改的历史梳理与阐释》，北京大学出版社2014年版，第3页。

的说明》。此后，各代表团全体会议、小组会议审议了《刑事诉讼法修正案（草案）》，并吸收代表们的审议意见，对修正案草案作出多处修改。3月14日，第十一届全国人民代表大会第五次会议顺利通过《关于修改〈中华人民共和国刑事诉讼法〉的决定》。国家主席胡锦涛签署第55号主席令予以公布，自2013年1月1日起施行。此次刑事诉讼法修改幅度较大，修改内容涉及110多处，修改比例超过总条文的50%，修正后的条文总数已达290条，并且增加了新的编、章、节。[①]

（二）刑事诉讼法的进步与不足

我国刑事诉讼法现已经历两次大修。1996年对刑事诉讼法的修改完善了我国刑事诉讼的部分制度和程序，解决了一些司法实践中突出存在的问题，体现出现代诉讼法治观念的影响。主要表现在以下三方面：其一，完善刑事诉讼原则。通过立法修改，确立了司法机关独立行使职权的原则；增加了未经人民法院依法判决，对任何人不得确定有罪的原则，结合证据不足不起诉、证据不足判无罪等相关规定，表现出吸收了无罪推定原则的精神；明确了检察机关对刑事诉讼的法律监督原则。其二，改造刑事诉讼模式。通过立法修改，对我国传统强职权主义诉讼模式进行改造，纠正国家专门机关权力过于集中膨胀的倾向，赋予当事人更多的程序参与权。总体方向是借鉴当事人主义诉讼模式的优点，使诉讼成为由控辩双方共同推进的程序，而不是国家专门机关一手包办的犯罪追纠程序。这一点可以从允许律师在侦查阶段"提前介入"、弱化公诉案件庭前审查、取消法院退回补充侦查等立法变化上体现出来。其三，改革刑事诉讼制度。通过立法修改，对原有诉讼制度和程序作了调整和改革。一是扩大拘留的范围，吸收了实践中适用收容审查措施的有关情形，将之纳入拘留范围。同时适当降低了逮捕的事实条件，以便这些法定的强制措施能够适应侦查的需要。二是加强对犯罪嫌疑人的权利保障，在侦查程序中允许其聘请律师，与其通信、会见，为其提供相应的法律帮助。三是设立指定辩护和法律援助制度。对于符合法定条件的被告人，司法机关为其指定承担法律援助义务的律师进行辩护。为落实指定辩护制度而不断发展壮大的法律援助制度，则成为我国法治建设中

① 卞建林：《中国特色刑事诉讼制度的重大发展》，载《法学杂志》2012年第5期。

的新生事物。四是弱化公诉案件的庭前审查，医治审判实践中“先定后审”的顽症。五是增设简易程序，为案件实行繁简分流开辟了重要途径。六是明确疑案从无处理，规定人民检察院对证据不足的案件可作不起诉处理，人民法院对证据不足的案件应当作出证据不足、指控罪名不能成立的无罪判决。①

然而，1996年刑事诉讼法修改后的贯彻实施情况并不理想，并且此后十余年间，国家的政治、经济和社会形势也发生了深刻的变化。首先，我国宪法于1999年和2004年进行了两次重要的修正，“依法治国，建立社会主义法治国家”成为国家的基本治国方略，“国家尊重和保障人权”和“公民合法的私有财产不受侵犯”被载入宪法中；其次，我国签署和批准了一系列国际公约，需要实现刑事诉讼法与国际刑事司法准则的接轨；最后，贯彻落实科学发展观、构建和谐社会等执政新理念，与刑事司法领域中宽严相济的刑事政策相辅相成，对刑事立法与司法产生指导作用。加之司法改革理论研究不断深入，司法改革实践不乏成功经验和有益启示，刑事诉讼法再修改因此提上议程。2012年刑事诉讼法修改正是在这样的背景下进行的。

2012年刑事诉讼法修改进步明显，其中亮点包括：第一，贯彻“尊重和保障人权”宪法原则。将“尊重和保障人权”写入《刑事诉讼法》总则第2条，既有利于彰显我国司法制度的社会主义性质，又有利于公安司法机关在刑事诉讼程序中更好地遵循和贯彻这一宪法原则。并且，在诸多具体诉讼制度和程序规定中都注意体现尊重和保障人权的原则。第二，改革侦查程序，健全强制措施。根据侦查取证工作的实际需要，增加规定了口头传唤犯罪嫌疑人的程序，适当延长了特别重大复杂案件传唤、拘传的时间，增加规定了询问证人的地点，完善人身检查的程序，在查询、冻结的范围中增加规定债券、股票、基金份额等财产，并根据侦查犯罪的实际需要，增加了严格规范技术侦查措施的规定。完善了逮捕、监视居住的条件和程序，以及采取强制措施后通知家属的规定；并将监视居住定位于减少羁押的替代措施，规定了与取保候审不同的适用条件，增加了指定居所监视居住的执行方式，并明确检察机关对

① 卞建林：《刑事程序法治化的期待——写在〈刑事诉讼法〉再修改之际》，载《中国司法》2008年第1期。

指定居所监视居住的决定和执行实行监督。第三，规范司法行为，遏制刑讯逼供。关于讯问犯罪嫌疑人的程序，在坚持“严禁刑讯逼供和以威胁、引诱、欺骗以及其他非法的方法收集证据”规定不动摇之外，又增加规定“不得强迫任何人证实自己有罪”；规定在拘留、逮捕后应当立即将被拘留、逮捕人送看守所羁押，增加规定犯罪嫌疑人被送交看守所羁押后，侦查人员对其进行讯问，应当在看守所内进行，并规定对讯问过程实行录音录像的制度；正式确立了非法证据排除规则，规定对采取刑讯逼供等非法方法获取的犯罪嫌疑人、被告人供述，应当予以排除，不得作为起诉意见、起诉决定和判决的依据。第四，完善辩护制度，扩大法律援助。首先，明确了律师在侦查阶段介入诉讼的辩护人身份，将现行立法关于犯罪嫌疑人在侦查阶段只能聘请律师提供法律帮助的规定修改为犯罪嫌疑人自被侦查机关第一次讯问或者采取强制措施起有权委托律师作为辩护人。其次，保障了律师会见在押犯罪嫌疑人的权利。再次，保障了律师阅卷的权利。另赋予辩护人申请回避的权利，增设了辩护人对阻碍其依法行使诉讼权利的申诉控告及处理机制。最后，进一步完善了法律援助制度，扩大了法律援助的适用对象、提前了法律援助的适用时间。第五，完善证据制度，保证办案质量。包括修改了证据的定义、补充完善了证据的种类、明确了刑事案件的举证责任、增加“不得强迫任何人证实自己有罪”的规定、增加行政机关依法收集的证据可以在刑事诉讼中使用的规定、完善了刑事案件的证明标准、在立法上确认了非法证据排除规则、完善了证人和鉴定人出庭作证的相关制度等。第六，健全审判程序，提高诉讼效率。如对现有程序加以改革完善，包括庭前审查和准备程序、一审普通程序、一审简易程序、二审程序、审判监督程序、死刑复核程序和附带民事诉讼程序等。第七，增设特别程序，回应实践需求。增设了四种特别程序，分别是未成年人刑事案件诉讼程序；当事人和解的公诉案件诉讼程序；犯罪嫌疑人、被告人逃匿、死亡案件违法所得的没收程序；依法不负刑事责任的精神病人的强制医疗程序。针对特殊情况规定不同于一般程序的特别程序，反映了我国刑事诉讼制度和诉讼理念的发展与完善。第八，强化诉讼监督，维护公平正义。包括增添了诉讼监督的内容，扩展了诉讼监督的范围；丰富了诉讼监督的手段，明确了诉讼监督的效力；强化了诉讼监督的责任，健全

了诉讼监督的程序。[1]

尽管如此，2012年刑事诉讼法修改仍有缺憾：首先，一些应当规定、可以规定的内容尚没有规定，例如无罪推定原则；其次，有些内容虽然作出了规定，但由于规定得不够到位而使其含金量降低，大打折扣，例如不得强迫自证其罪原则；最后，当立法着力完善一项制度时，立法的宗旨与其具体的制度设计显现矛盾，可能产生南辕北辙的效果，例如关于监视居住强制措施的改革。事实上，刑事诉讼法贯彻实施过程中，一系列问题也的确逐步显现。对此，在总结司法实践经验的基础上，2014年10月23日，中国共产党第十八届中央委员会第四次全体会议通过《决定》，提出“推进以审判为中心的诉讼制度改革”，以此为方向指引中国刑事诉讼制度的新一轮变革，进而完善司法管理体制、健全司法权力运行机制、规范司法行为、加强对司法活动的监督。

四、“以审判为中心”：刑事程序法治现代化之中国道路

曾有学者判断，法治现代化并非孤立封闭的法律现象，也不是某一个国家或某一个地区的个别态势，而是一个开放式的国际性的法律发展过程。这一革命性的进程，深刻地改变了人类法律生活世界的面貌，推动着各民族、各个国家和各个地区的法律文化的交流与融合，从而促进了人类法律文明的成长与飞跃。因此，法律发展的国际化是当代世界法治化进程中一个十分突出的时代趋势。[2]刑事程序法治同样如此，其现代化意味着刑事程序的全局优化，从人权保障到程序正义，从权力制约到权利救济。作为这一系列基本要素的集中呈现，“以审判为中心”的刑事诉讼制度改革在“二战”后应运而生，体现着刑事程序法治现代化之精义，在世界范围内引领着刑事诉讼制度的发展。德国作为近现代刑事诉讼法典的样板，充分体现了诉讼以审判为中心、审判以一审为中心、一审以庭审为中心的诉讼理念；为了摆脱行政权的不当干预，确保法官独立行使裁判权，德国刑事诉讼法突出审判程序之“主要”地位，并以此作为制度改革之重点。而以美国为典型的英美法系国家，虽然没

---

① 卞建林：《中国特色刑事诉讼制度的重大发展》，载《法学杂志》2012年第5期。

② 公丕祥：《国际化与本土化：法制现代化的时代挑战》，载《法学研究》1997年第1期。

有系统的成文法典，但其“审前”“审判”“审后”的程序设置本身便具有审判中心之传统，并且因为审前程序的分流功能，节约了大量的司法资源，使得审判程序更加实质化和精细化。日本是“审判中心主义”这一术语的发源地，“二战”后日本刑事诉讼制度改革的显著特征即是确立以审判为中心的程序设置，具体包括废除预审、确立唯起诉书主义等举措，进而激活以审判为中心的一系列配套措施，诸如公开主义、口头主义、直接主义以及传闻证据规则、严格证明规则等。新世纪以来，韩国推行了强化审判中心的相关改革，包括引进起诉状一本主义、证据开示制度、庭前准备程序和庭审中被告人的沉默权及审问程序。此外，那些尚未确立以审判为中心的国家也正在向此目标努力，积极推进本国刑事诉讼制度的改革。①

刑事程序法治现代化进程中，应当用全球化的眼光，关注本土化的问题。这意味着，需要超越法律发展问题上狭隘的东方主义抑或西方主义模式，走出一条适合中国国情的自主型刑事程序法治现代化道路，这一道路必须与我国的传统与现实相契合，能够反映出民族法律精神。②党的十八届三中全会将“完善和发展中国特色社会主义制度，推进国家治理体系和治理能力现代化”作为全面深化改革的总目标。而十八届四中全会将“依法治国”作为主题深入研讨，在党的历史上尚属首次，“保证公正司法，提高司法公信力”作为全面推进依法治国的重要环节，其核心即是以审判为中心的诉讼制度改革。当前，我国正处于全面推进依法治国、深化司法体制改革的关键时期。扎实推进以审判为中心的刑事诉讼制度改革，能在优化刑事司法职权配置、完善刑事诉讼程序、落实证据裁判原则、转变刑事庭审方式、发挥辩护实质作用等方面实现全方位提升。这也正是与刑事程序法治现代化的基本要义与发展趋势相适应的。前已述及，应当将刑事程序法治现代化上升至国家治理现代化的高度加以认识。正如有学者指出的那样：“在现代国家，法治是国家治理的基本方式，是国家治理现代化的重要标志，国家治理法治化是国家治理现代化的必由之路。通过健全和完善国家治理法律规范、法律制度、

---

① 相关详尽梳理请参见卞建林、谢澍:《“以审判为中心”：域外经验与本土构建》，载《思想战线》2016年第4期。

② 公丕祥:《全球化时代的中国法制现代化议题》，载《法学》2009年第5期。

法律程序和法律实施机制，形成科学完备、法治为基的国家治理体系，使中国特色社会主义制度更加成熟、更加定型、更加管用，并不断提高运用社会主义法治体系有效治理国家的能力和水平。”[①]从人治到法治，不仅是历史的进程，也标志着国家治理模式的变迁。现代法治强调良法善治，而国家治理现代化的实质内核即是在治理体系与治理能力上体现良法善治之精义。

可以说，国家治理现代化的前提是国家治理法治化，而国家治理法治化的重点则在于程序法治化。程序的作用在于将国家权力的行使纳入确定的轨道，在使权力运作保持理性并适度的同时亦使公民能够建立起对权力行使的合理预期和适当监督，从而达到限制恣意、规制权力、保障权利的目的。[②]司法作为解决社会纠纷与冲突的最终手段，其存在的价值即是公正。司法公正的内涵在于公平、正义并同时体现在司法活动的过程与结果之中。作为依法治国的基本要求，司法公正既要求法院在审判过程中坚持正当程序的原则，也要求法院的审判结果体现公平正义的精神。前者可以称为程序公正，后者可以称为实体公正。实体公正是对案件事实的准确认定和对实体法的正确适用，是司法活动所追求的根本目标和结果；程序公正是指司法过程的公正，保障司法过程中诉讼当事人权利不受侵害，是实现司法公正的基础与保证。两者共同构成了司法公正的基本内容。[③]程序工具主义认为程序法只是实体法的助法或者附法，边沁甚至曾将实体法与程序法的关系形象地比喻为“主人”与“侍女”。[④]程序法的所有价值和功能在于为实体法内容的实现提供手段或工具。而实际上，程序公正的确能保障实体公正的实现，但绝不仅仅是追求实体公正的工具，其独立价值并不低于实体公正。程序公正是评价国家法治程度的标杆，通过程序的监督与约束，能有效地保障司法的公正和高效，避免人为因素对司法活动的干扰，防止公权力的滥用，维护公民的合法权益和尊严，构建司法权威与法律秩序。无论是程序公正还是实体公正，目的都是为了公正地解决社会纠纷，二者缺一不可，否

---

① 张文显:《法治与国家治理现代化》，载《中国法学》2014年第4期。

② 卞建林:《刑事程序法治化的期待——写在〈刑事诉讼法〉再修改之际》，载《中国司法》2008年第1期。

③ 何家弘:《司法公正论》，载《中国法学》1999年第2期。

④ 谢佑平:《刑事程序法哲学》，中国检察出版社2010年版，第22页。

则司法公正无法实现，司法活动也将失去价值与生命力。片面追求实体公正是冤假错案的诱因，人们乐于追求真相，但以损害程序公正为代价追求真相，时常带来灾难般的后果。“在进行审判时，手续和仪式是必需的。这是因为它们可以使司法者无从随意行事；因为这样可以昭示人民：审判不是纷乱和徇私的，而是稳定和规则的；手续和仪式要想不成为灾难，法律就决不能把它规定得有损于揭示真相。”[①] 程序法治不仅是实现社会和谐的主要途径、确立司法权威与法律秩序的有效保障，更是国家治理法治化、现代化的基本前提。为了实现有效惩治犯罪和切实保障人权相统一，需要充分发挥审判特别是庭审的作用，将其作为确保案件处理质量和司法公正的重要环节。因而，从“以侦查为中心”转向“以审判为中心”不仅是我国刑事诉讼制度改革的基本方向，亦是我国刑事程序法治现代化的突破口，进而实现刑事程序法治全球化与本土化的接轨。

（一）“以侦查为中心”之现实问题

长期以来，我国“以侦查为中心”的刑事诉讼实践造成庭审过分依赖侦查卷宗笔录等书面材料，庭审流于形式，使得刑事诉讼通过法庭审理发现事实真相和保障人权的价值大打折扣，既不利于有效追究犯罪，也容易导致冤假错案的发生。近年来陆续平反纠正的一系列冤假错案，暴露了我国刑事司法制度和诉讼程序存在的问题：一是有罪推定的思维定势贯穿诉讼始终，未能实现疑罪从无；二是在证明标准上打折扣、降要求，作出留有余地的判决；三是轻信口供、依赖口供，以口供为认定有罪的主要依据甚至唯一依据；四是缺乏必要的实物证据，或忽视对实物证据的审查和运用；五是存在以刑讯逼供等非法方法收集证据的情形；六是庭审虚化，以案卷笔录代替证人出庭，被告人质证权难以落实；七是阻碍律师依法履行职责，忽视律师辩护意见，律师作用无法有效发挥；八是法外因素影响程序运作，领导意志、社会舆论干预司法。但上述种种仅为直观的表层缘由，究其深层根源，在刑事司法职权配置和诉讼程序设计上存在以下弊端：

其一，公安机关“一家独大”的权力配置。公安机关是国家治安保

① ［意］贝卡里亚:《论犯罪与刑罚》，黄风译，中国法制出版社 2002 年版，第 25 页。

卫机关，是武装性质的行政执法机关。在刑事诉讼中，既是主要的侦查机关，大部分刑事案件的侦查活动都由公安机关进行；也是刑罚的执行机关之一，担负着对判处管制、剥夺政治权利、宣告缓刑、假释、暂予监外执行罪犯的执行、监督和考察职责。为使公安机关有效侦查犯罪，法律赋予其广泛的职权。一是决定和执行除逮捕以外刑事强制措施的权力，包括拘留、取保候审、监视居住和传唤；二是实行强制性侦查行为的权力，包括搜查、扣押、查封、冻结、人身检查、检查邮件、通缉等；三是实行技术性侦查措施的权力，包括监听、窃听等；四是为侦查犯罪或保障诉讼活动顺利进行的其他权力，如边境控制等。此种权力配置，使得公安机关权力集中，检察机关和法院对侦查权力实际缺乏充分的制约能力和监督手段。

其二，公检法三机关“分工负责、互相配合、互相制约”的司法权运行机制。《宪法》第135条和《刑事诉讼法》第7条均有关于公检法三机关分工负责、互相配合、互相制约的规定，这是指导和处理人民法院、人民检察院和公安机关相互关系的基本原则，由此确立独具特色的刑事司法体制和办案机制。从司法规律和诉讼原理来看，此司法体制和办案机制，无论在制度设计还是实际运行方面都存在不足。在制度设计方面，这一机制的主要不足首先在于强调法院与侦控一方的配合从而损害法院在诉讼中的中立地位，造成控审不分，形成侦控审三位一体的追究犯罪机制；其次由于缺乏司法审查制度，使侦查机关权力集中，难以制约。在实际运行方面，法律确立的分工配合制约原则未能得到切实履行，制度设计者所期待的规制公权力行使和防错纠错功能，未能充分显现。主要存在以下问题：一是公检法三机关不能严格依照法定分工开展诉讼活动，各自行使职权，时而出现公检法三机关“联合办案”的情况。二是公检法三机关之间片面重视配合，淡化互相制约。这种重配合、轻制约的关系，往往使后一个司法机关、后一道诉讼环节放松对于前一个机关、前一道环节可能存在错误的防范，不能及时发现问题，发现了问题也不能及时纠正。三是法院受制于侦查机关和起诉机关，不能依据事实和证据独立作出判决，作无罪判决难，排除非法证据难，严重影响审判功能和法院权威。

其三，“司法流水线”的程序设置。与公检法三机关分工负责、互相配合、互相制约的权力运行机制相匹配，我国的刑事程序采用以诉讼

阶段论为理论基础的程序设置，即将诉讼过程主要分作立案侦查、提起公诉、审判和执行几大阶段，公安、检察、法院分别为侦查、公诉、审判阶段的主导机关，既“铁路警察，各管一段”，又互相配合，同心协力，从而形成侦诉审不分主次、相互接力、流水作业的纵向线形诉讼结构，类似“一个工厂、三个车间、三道工序”的追究犯罪生产线。

其四，审判权的行政化运作。在我国的刑事审判实践中，存在着严重的审判权行政化运作倾向，即以行政方式行使司法权，或者以行政管理权影响、干扰刑事审判权的行使。各级法院普遍存在主管院长、业务庭庭长审批案件的内部制度，具体从事审判工作的承审法官不能独立地对案件作出处理决定，出现“审者不判、判者不审”的错误做法。①另外，在上下级法院之间实际存在“内部请示报告”制度，即下级法院对于比较重大、疑难、复杂的案件，在作出裁判前先行向上级法院请示如何处理，以便裁判能够获得上级法院的支持和认可。这一做法使法律规定的上下级法院之间的审判监督关系异化为领导和服从的关系，使法律规定的二审终审制度形同虚设。

（二）“以审判为中心”之完善思路

正是“以侦查为中心”造成法官不中立、控审不分离、控辩不平等，侦查权“一家独大”、过于膨胀，检察机关对侦查监督不力，法院对审前程序无所作为。检察机关的审查起诉和法院的法庭审判，主要依据侦查收集的证据和形成的卷宗，实际成为对侦查结论的确认和维护。既造成庭审走过场，流于形式，也难以防范和纠正冤错案件，出现“起点错、跟着错、错到底”的现象。鉴于司法实践中这一怪现象，更凸显“以审判为中心”的诉讼制度改革之重要性与必要性。推进以审判为中心的刑事诉讼制度改革，作为健全刑事司法权力运行机制、规范刑事司法行为而作出的重要部署，强调庭审在审判中的核心地位，要求充分发挥庭审在事实认定和保障人权、实体公正和程序公正、有效防范冤假错案等方面的决定性作用，是一项事关全局、决定我国刑事诉讼制度今后发展方向的重大改革。

以审判为中心，涵义丰富，内容博大，其核心要义体现在以下方

---

① 陈光中、严端主编：《中华人民共和国刑事诉讼法释义与应用》，吉林人民出版社1996年版，第197页。

面：强调法官在定罪科刑方面的唯一性和权威性，法治国家唯有法官有权对被告人定罪并科以刑罚；强调审判特别是庭审在刑事诉讼中的核心地位，通过建立公开、理性、对抗的平台，贯彻证据裁判原则，在证据审查的基础上对指控进行判定，实现追究犯罪的正当性和合法性；强调法庭审理的实质意义，一切与定罪量刑有关的证据都要在审判中提交和质证，所有与判决有关的事项都要经过法庭辩论，法官判决必须建立在法庭审理基础之上；强调对被告人辩护权的保障，特别是被告人对不利自己证人当庭对质的权利；强调重视律师的辩护作用，切实保障辩护律师合法权利，认真听取律师辩护意见；强调发挥审判对审前诉讼行为的指引作用，规范侦查取证工作及审查起诉工作；强调推进案件繁简分流，优化司法资源配置，实现公正与效率的统一。①

对此，在推进以审判为中心的刑事诉讼制度的改革思路上，需要明确以下几点：首先，以审判为中心的前提是优化司法职权配置、规范司法权力运行，重在理顺侦查权、检察权和审判权分工配合制约的关系，突出审判在刑事诉讼中的中心地位和法官在审判中的独立地位，保障其依法独立行使审判权。应当强调负责个案审理的法官或合议庭在审判中的独立属性，落实法官和其他司法人员分类管理制度，改革审判委员会制度，完善主审法官、合议庭责任制，真正做到让审理者裁判、由裁判者负责。其次，以审判为中心的核心在于以庭审为中心，重在实现庭审的实质化，关键在于实现控辩有效对抗和当庭质证。其中包括三点要求：一是严格贯彻直接言词原则和集中审理原则；二是完善庭前会议制度，明确主持庭前会议的法官与庭审法官的关系，明确庭前会议的效力，规范庭前会议程序等；三是庭审以有效质证为中心。再次，以审判为中心在诉讼程序上强调发挥第一审程序在事实认定和适用法律上的重要作用，使案件尽量在第一审程序得以解决，减少第二审和再审程序的诉累。同时，也要注意保障当事人对不服一审裁判的救济权利，发挥审后程序对一审程序的监督制约作用。最后，以审判为中心需要全面贯彻证据裁判原则，严格依法收集、固定、保存、审查、运用证据，完善证人、鉴定人出庭制度。裁判所依据的必须是具有证据能力且经过法庭调

① 卞建林、谢澍:《“以审判为中心”视野下的诉讼关系》，载《国家检察官学院学报》2016 年第 1 期。

查的证据。而证据裁判原则的彰显有赖于实质的法庭审理，法庭审理若是无法通过法庭调查检验证据并评价证明力，其实质性即存在疑问。因而，庭审应当以举证质证为中心，以实质化的庭审贯彻证据裁判原则的同时，通过证据裁判原则检验庭审效果。

（三）“以审判为中心”之改革方案

为贯彻落实《决定》的有关要求，最高人民法院、最高人民检察院、公安部、国家安全部、司法部联合印发了《关于推进以审判为中心的刑事诉讼制度改革的意见》（以下简称《意见》），结合我国刑事司法的现实问题，对下一阶段的改革任务作出明确部署。在有效澄清理论研究误区、指导司法实践工作的同时，对于我国刑事诉讼制度的完善乃至达成刑事程序法治现代化的目标，具有重大的现实意义[①]，其要点如下：

其一，所有定罪的事实证据都要经得起法律检验。要坚持以审判为中心，突出审判程序在刑事诉讼中的中心地位，所有定罪的事实证据都要经过法庭质证，确保侦查、起诉、审判的案件事实证据经得起法律检验。犯罪嫌疑人、被告人有罪无罪，不是由侦查机关、人民检察院决定，而是由人民法院审判决定，靠证据说了算。侦查、起诉阶段要向审判阶段看齐，适用统一的法定证明标准。

其二，严格落实疑罪从无。疑罪从无是现代刑事司法的重要原则，对保障司法人权、防范冤假错案具有积极作用。审判阶段要严格落实疑罪从无，对定罪证据不足的案件，要依法作出无罪判决。起诉阶段，对经过两次补充侦查后，证据仍然不足的，应当作出不起诉决定。侦查阶段，要全面客观及时地收集各种证据，尽可能查明案件事实真相。

其三，推进庭审实质化。庭审实质化是以审判为中心的诉讼制度改革的关键环节。要贯彻证据裁判原则，确保庭审在查明事实、认定证据、保护诉权、公正裁判上发挥决定性作用。[②]对此，《意见》作出了一系列指引，包括“规范法庭调查程序，确保诉讼证据出示在法庭、案件事实查明在法庭”“完善对证人、鉴定人的法庭质证规则”“完善法庭

---

① 卞建林：《扎实推进以审判为中心的诉讼制度改革》，载《人民法院报》2016年10月11日。

② 关于“庭审实质化”，参见卞建林、谢澍：《庭审实质化与鉴定意见的有效质证》，载《中国司法鉴定》2016年第6期。

辩论规则，确保控辩意见发表在法庭”“完善当庭宣判制度，确保裁判结果形成在法庭”“严格依法裁判”，等等。确保通过庭审的方式认定案件事实，并在此基础上决定被告人的定罪量刑，即“事实证据调查在法庭、定罪量刑辩论在法庭、裁判结果形成于法庭”。

其四，健全当事人和其他诉讼参与人权利保障制度。依法保障当事人和其他诉讼参与人的知情权、陈述权、辩论辩护权、申请权、申诉权。犯罪嫌疑人、被告人有权获得辩护，人民法院、人民检察院、公安机关、国家安全机关有义务保证犯罪嫌疑人、被告人获得辩护。依法保障辩护人会见、阅卷、收集证据和发问、质证、辩论辩护等权利，完善便利辩护人参与诉讼的工作机制。充分发挥辩护人依法维护当事人权益、实现司法公正的作用，依法保障辩护人在庭审中的合法诉讼权利，认真听取辩护意见。

其五，推进案件繁简分流。完善刑事案件速裁程序和认罪认罚从宽制度，对案件事实清楚、证据充分的轻微刑事案件，或者犯罪嫌疑人、被告人自愿认罪认罚的，可以适用速裁程序、简易程序或者普通程序简化审理。过去两年的刑事案件速裁程序试点取得一定效果。在此基础之上，2016年9月3日，全国人大常委会通过《关于授权最高人民法院、最高人民检察院在部分地区开展刑事案件认罪认罚从宽制度试点工作的决定》，授权在北京等18个地区开展刑事案件认罪认罚从宽制度试点工作。对犯罪嫌疑人、刑事被告人自愿如实供述自己的罪行，对指控的犯罪事实没有异议，同意人民检察院量刑建议并签署具结书的案件，可以依法从宽处理。

关于司法行政职能的初步思考*

一、加强司法行政理论研究

一般来说司法行政具有点多、线长、面广的特点，笔者觉得还应该加上事杂。这么多项工作难道都具有普遍的规律、共同的要求？改革意见最后凝聚出来司法行政部门的主要职责是健全公共法律服务体系，那么司法行政机关到底是法律服务机关，还是管理法律服务的机关。这些基本问题都不太明确，反映出过去对司法行政理论研究重视不够，所以加强司法行政理论研究非常必要。

二、探讨司法行政权的定位

（一）强化司法行政机关

司法部是中央政府的一个部门，首先要明确它是一个行政部门，行政部门的运作就要遵循行政权行使的规律，简单说来领导体制上是首长负责，上命下从；职权行使上是积极作为，讲究效率，以区别于司法部门的中立、独立、消极、被动。一般说来，在立法、司法、行政权中，司法权主要是判断权，因此相对弱势，需要提供各种人财物的保障，以保障它的独立性。行政权容易扩张，相对强势。而我国则恰恰相反，在司法系统中，司法行政反而是弱势群体。另外一点，司法部是政府中与司法相关的一个部门，是行政部门但又与司法相关，因此需要好好来探讨它的职权或职能。

（二）司法行政包含三类权能

其一，与司法相关的行政。司法机关是行使判断权的机关，但是它同样存在行政事务，或者说它离不开行政，例如人员、经费、装备等。但司法机关自己解决不了这些问题，比如找钱盖房子，政府要提供

---

* 原文发表于《中国司法》2017 年第 9 期。

保障，具体就是政府下面的司法部来做这些工作。我们了解，德国的司法部有专门的司法行政管理权，如法院的经费编制预算都是由司法部来做的。

其二，政府法务职能。比如总理和相关联政府部门的法律问题应当由司法部把关，或者向司法部咨询。相关的政府部门都要有相应的法务部门，什么称谓可以研究，我们现在叫法律顾问有点混淆，实际就是政府部门里面从事法务的，而且政府里的法务部门或人员要与司法部这个大本营相关联，是司法部派驻的或者接受司法部业务指导。

其三，对社会提供法律服务。当然，不是直接提供，有管理有建设有完善。

（三）将党的十八届四中全会《决定》确定的司法行政几大职能体现在《意见》中

第一，行政职能。司法部首先是个行政部门，应当按照法治政府建设的要求，履行行政职能。

第二，司法职权。党的十八届四中全会通过的《中共中央关于全面推进依法治国若干重大问题的决定》（以下简称《决定》）从未有过地打破了原有的司法体制，提出构建四机关分工负责、相互配合、相互制约的体制机制。过去讲是公检法，现在讲公检法司，说的很明确，健全公安机关、检察机关、审判机关、司法行政机关各司其职，侦查权、检察权、审判权、执行权相互配合、相互制约的体制机制。这与我国的刑事诉讼程序设置是对应的、匹配的。我国刑事诉讼程序主要分为四段：立案侦查、公诉、审判、执行，侦诉审主要由公检法负责，现在把司法部纳入进来，执行由司法部负责，行使司法权，其性质就和公安机关一样，虽为行政机关，但行使侦查权，具有司法权性质。这么重大的改革，必须在司法部《关于进一步深化司法行政改革的意见》（以下简称《意见》）中有所体现。

第三，审执分离。存在内分外分争议。笔者观点是，要研究审执为什么分离，内分能不能解决这些问题，如果不能，那外分就是必然选择。

第四，统一的刑罚执行体系。这个问题已经很明确了，不存在争议，也不存在内分外分的问题。

第五，司法行政事务的外部分离。党的十八届四中全会提出，“改

革司法机关人财物管理体制，探索实行法院、检察院司法行政事务管理权和审判权、检察权相分离”。现在是由法院检察院自己来管。笔者认为，《决定》并未明确或者做这样的限制。司法行政的管理权与纯粹意义上的司法权（审判权、检察权）具体怎么相分离，自己内部分离还是国家统管分离，现在还可以继续探讨，因为实践中效果并不好。其一，人财物省级以上统管，发达地区的经费下降了，落后地区的经费也没得到有效改善。其二，省法院统一进行法官遴选，在去除地方化的同时可能也加强了行政化。这些问题会逐渐显露，应当允许继续探讨，寻求更为合适的路径。

第六，法律服务。党的十八届四中全会提出，增强全民法治观念，推进法治社会建设。司法部党组由此提出建设完备的公共法律服务体系，并以此为总抓手。但笔者认为，《决定》中还有其他重要方面涉及司法部，比如建设法治政府、司法权力配置，不宜只把法律服务作为总抓手。此外，司法部虽然作为政府的职能部门，与建设全社会的法律服务体系最近，但也不是直接做的。如果直接提供法律服务，必然强化对律师、公证、仲裁的管理。结果，该管的不管或者管不到，不该管的还在继续管。例如律师的行政管理和行业管理到现在也不分明，因为行政管理强，行业管理弱，行业依附于行政。

三、制定司法行政建设规划，分步分类推进改革

现在中央明确提出，统筹推进公安改革、国家安全机关改革、司法行政改革，当然要有整体规划。现在党的十九大召开在即，即使在这之前通过《意见》也不能面面俱到。笔者认为，要立足长远，分轻重缓急。另外，也要分类推进。应该像法院检察院一样，制定司法行政五年建设规划，一步一步推进，不必像现在一个《意见》就一二百条，事无巨细，面面俱到。

中国刑事司法改革的路径思考*

党的十八届四中全会审议通过的《中共中央关于全面推进依法治国若干重大问题的决定》(以下简称《决定》)提出"推进以审判为中心的诉讼制度改革""完善刑事诉讼中认罪认罚从宽制度"。自此，这两项制度举措作为中央深化司法改革的双重向度在司法改革的实践中铺陈开来。

综合最高人民法院、最高人民检察院、公安部、国家安全部、司法部联合印发的《关于推进以审判为中心的刑事诉讼制度改革的意见》(以下简称《意见》)、《关于在部分地区开展刑事案件认罪认罚从宽制度试点工作的办法》(以下简称《办法》)来看，虽然两种制度蕴含着迥然不同的价值追求，但是却拥有着相同的目的初衷，即通过程序法治来解决刑事司法实践中存在的突出问题，"保证公正司法，提高司法公信力"。因此，对于两种制度的解读和贯彻不能僵化孤立，更加理性的做法应当是在准确把握二者定位基础之上寻求制度间的和谐发展。

一、"以审判为中心"：刑事司法改革的基本方向

(一) 着力解决"以侦查为中心"的现实问题

过往我国"以侦查为中心"的刑事诉讼实践造成庭审过分依赖侦查卷宗笔录等书面材料，庭审流于形式，使得刑事诉讼通过法庭审理发现事实真相和保障人权的价值大打折扣，既不利于有效追究犯罪，也容易导致冤假错案的发生。近年来陆续平反纠正的一系列冤假错案，暴露了我国刑事司法制度和诉讼程序存在的一系列问题：一是有罪推定的思维定势贯穿诉讼始终，未能实现疑罪从无；二是在证明标准上打折扣、降要求，作出留有余地的判决；三是轻信口供、依赖口供，以口供作为认定有罪的主要依据甚至唯一依据；四是缺乏必要的实物证据，或忽视对

---

* 原文发表于《中国司法》2017 年第 1 期，与张可合作。

实物证据的审查和运用；五是存在以刑讯逼供等非法方法收集证据的情形；六是庭审虚化，以案卷笔录代替证人出庭，被告人质证权难以落实；七是阻碍律师依法履行职责，忽视律师辩护意见，律师作用无法有效发挥；八是法外因素影响程序运作，社会舆论干预司法[①]。

正是“以侦查为中心”，造成法官不中立、控审不分离、控辩不平等，侦查权“一家独大”、过于膨胀，检察机关对侦查监督不力，法院对审前程序无所作为。检察机关的审查起诉和法院的法庭审判，主要依据侦查收集的证据和形成的卷宗，实际成为对侦查结论的确认和维护。既造成庭审走过场，流于形式，也难以防范和纠正冤错案件，出现“起点错、跟着错、错到底”的现象。鉴于“以侦查为中心”的现实问题已经严重阻碍了司法进步和公平正义的实现，党中央通过十八届三中、四中全会确定了刑事司法改革的指导方案，目的就是要解决实践中存在的“以侦查为中心”的问题，切实防范冤假错案，努力让人民群众在每一个司法案件中感受到公平正义。

（二）着力推进“以审判为中心”的诉讼制度改革

推进以审判为中心的诉讼制度改革，作为健全刑事司法权力运行机制、规范刑事司法行为而作出的重要部署，强调庭审在审判中的核心地位，要求充分发挥庭审在事实认定和保障人权、实体公正和程序公正、有效防范冤假错案等方面的决定性作用，是一项事关全局、决定我国刑事诉讼制度今后发展方向的重大改革。根据“两高三部”的《意见》，“以审判为中心”的诉讼制度改革主要包括了以下五个方面的内容：

其一，所有定罪的事实证据都要经得起法律检验。要坚持以审判为中心，突出审判程序在刑事诉讼中的中心地位，所有定罪的事实证据都要经过法庭质证，确保侦查、起诉、审判的案件事实证据经得起法律检验。犯罪嫌疑人、被告人有罪无罪，不是由侦查机关、人民检察院决定，而是由人民法院审判决定，靠证据说了算。这就要求侦查、起诉阶段要向审判阶段看齐，适用统一的法定证明标准。

其二，严格落实疑罪从无。疑罪从无是现代刑事司法的重要原则，对保障司法人权、防范冤假错案具有积极作用。审判阶段要严格落实疑

① 卞建林：《扎实推进以审判为中心的诉讼制度改革》，载《人民法院报》2016年10月11日，第3版。

罪从无，对定罪证据不足的案件，要依法作出无罪判决。起诉阶段，对经过两次补充侦查后，证据仍然不足的，应当作出不起诉决定。侦查阶段，要全面客观及时地收集各种证据，尽可能查明案件事实真相。

其三，推进庭审实质化。庭审实质化是以审判为中心的诉讼制度改革的关键环节。要贯彻证据裁判原则，确保庭审在查明事实、认定证据、保护诉权、公正裁判上发挥决定性作用。[①] 对此，《意见》作出了一系列指引，包括“完善对证人、鉴定人的法庭质证规则”“完善法庭辩论规则，确保控辩意见发表在法庭”“完善当庭宣判制度，确保裁判结果形成在法庭”“严格依法裁判”等。确保通过庭审的方式认定案件事实，并在此基础上决定被告人的定罪量刑，即“事实证据调查在法庭、定罪量刑辩论在法庭、裁判结果形成于法庭”。

其四，健全当事人和其他诉讼参与人权利保障制度。依法保障当事人和其他诉讼参与人的知情权、陈述权、辩论辩护权、申请权、申诉权。犯罪嫌疑人、被告人有权获得辩护，人民法院、人民检察院、公安机关、国家安全机关有义务保证犯罪嫌疑人、被告人获得辩护。依法保障辩护人会见、阅卷、收集证据和发问、质证、辩论辩护等权利，完善便利辩护人参与诉讼的工作机制。充分发挥辩护人依法维护当事人权益、实现司法公正的作用，依法保障辩护人在庭审中的合法诉讼权利，认真听取辩护意见。

其五，推进案件繁简分流。完善刑事案件速裁程序和认罪认罚从宽制度，对案件事实清楚、证据充分的轻微刑事案件，或者犯罪嫌疑人、被告人自愿认罪认罚的，可以适用速裁程序、简易程序或者普通程序简化审理。过去两年的刑事案件速裁程序试点取得一定效果。在此基础之上，2016年9月3日，全国人大常委会通过《关于授权最高人民法院、最高人民检察院在部分地区开展刑事案件认罪认罚从宽制度试点工作的决定》，授权在北京等18个地区开展刑事案件认罪认罚从宽制度试点工作。对犯罪嫌疑人、刑事被告人自愿如实供述自己的罪行，对指控的犯罪事实没有异议，同意人民检察院量刑建议并签署具结书的案件，可以依法从宽处理。

① 关于“庭审实质化”，请参见卞建林、谢澍：《庭审实质化与鉴定意见的有效质证》，载《中国司法鉴定》2016年第6期。

（三）顺应刑事程序法治现代化的发展趋势

刑事程序是评价国家法治程度的标杆，通过程序的监督与约束，能有效地保障司法的公正和权威，避免法外因素对司法活动的干扰，防止公权力的滥用，维护公民的合法权益和尊严，构建司法权威与法律秩序。诚如有德国学者所指出的那样："刑罚是国家对国民自由的侵害方式中最严峻的一项，也因此其被视为最受争议的一项；该项刑罚之执行亦正意味着，为了大众之安全利益而完全地忽视了犯罪行为人之自由利益。也正因为如此，使得团体与个人之利益绝无仅见地只有在刑事诉讼上才有如此重大的冲突，而这种在法律上所做之利益权衡正象征性说明了在一般公共事务中考量国家和个人间的关系时，刑事诉讼法就成了国家基本法的测震仪。"[①] 可见，刑事程序法治现代化在全面推进依法治国、实现国家治理能力现代化方面具有独特价值和重要意义。基于现代社会的程序性特征和主体性特征，刑事程序法治现代化之品质首先应有两点：一是对基本人权的尊重，二是对程序正义的强调。具体说来，一方面，就审判程序而言，要求保障犯罪嫌疑人接受公正审判的权利，包括保障犯罪嫌疑人的辩护权、质证权，严格贯彻证明标准，推进庭审的实质化进程；另一方面，就审前程序而言，要求充分秉承无罪推定之原则，严格适用非法证据排除规则，强化侦查程序的司法审查，保证司法权对审前程序的有效介入。作为这一系列基本要素的集中呈现，"以审判为中心"的刑事诉讼制度改革应运而生，体现着刑事程序法治现代化之精义，并在世界范围内引领着刑事诉讼制度之发展。应当说，"以审判为中心"的诉讼制度改革顺应了刑事程序法治现代化的发展趋势，代表着刑事司法未来的发展方向。

二、认罪认罚从宽：刑事司法改革的必要保障

（一）认罪认罚从宽是"宽严相济"刑事政策的贯彻与发展

为了消除1982年以来"严厉打击""从重、从快"惩治犯罪所带来的不良后果，贯彻"构建和谐社会"的中央决策，2005年12月5日在全国政法工作会议上首次提出了"宽严相济"的刑事政策。随后2006

① ［德］克劳思·罗科信：《刑事诉讼法（第24版）》，吴丽琪译，法律出版社2003年版，第13页。

年党的十六届六中全会通过《中共中央关于构建社会主义和谐社会若干重大问题的决定》正式决定将该项政策贯彻于司法实践。“宽严相济”刑事政策的产生主要来源于我国维护社会治安的长期实践，目的在于根除“严打”遗毒，为刑事和解、社区矫正等改革措施提供法律依据①，试图通过处理社会矛盾方式的多元化实现社会的和谐稳定。它强调“根据犯罪的具体情况，实行区别对待，做到该宽则宽，当严则严，宽严相济，罚当其罪”。“要正确把握宽与严的关系，切实做到宽严并用。”②作为一项重要的刑事司法政策，“宽严相济”必然影响着刑事程序法的立法与实践，指导着刑事司法制度的改革进程。《办法》要求，办理认罪认罚案件应当坚持“贯彻宽严相济的刑事政策，充分考虑被告人的人身危险性，结合认罪认罚的具体情况，确定是否从宽或者从宽幅度，做到该宽则宽，当严则严，宽严相济，确保办案的法律效果和社会效果”。

值得指出的是，认罪认罚从宽制度作为一种兼具实体法与程序法内容的综合性制度，无疑是对宽严相济刑事政策的贯彻与发展。首先，认罪认罚从宽体现了宽严相济刑事政策区别对待的内在精神。宽严相济意味着宽严并举，一方面对于轻罪和真诚悔罪的犯罪分子应当在法律允许的范围内适当从宽，以感化、教育为主；另一方面对重罪及冥顽不灵的犯罪分子要严格依照法律处罚，以惩罚、震慑为主。而认罪认罚从宽的基本含义是根据犯罪嫌疑人的主观态度来决定适用刑罚的轻重，认罪认罚则从宽，拒绝认罪则从严。其次，认罪认罚从宽丰富了宽严相济刑事政策的程序法内涵，即认罪认罚则程序从简的制度设计。认罪认罚从宽使得原本以缓和社会矛盾、挽救犯罪分子为主要目的的刑事政策具备了简化办案流程、提高诉讼效率的内在含义，是对宽严相济刑事政策的一种延伸与发展。

（二）认罪认罚从宽是缓解案多人少压力的重要途径

案多人少一直以来都是困扰我国一线办案部门的突出问题。根据最

① 刘仁文：《宽严相济的刑事政策研究》，载中国法学网，http://www.iolaw.org.cn/showarticle.asp?id=2192，最后访问时间：2013 年 3 月 3 日。

② 《最高人民法院印发〈关于贯彻宽严相济刑事政策的若干意见〉的通知》，载最高人民法院网，http://www.court.gov.cn/fabu-xiangqing-174.html，最后访问时间：2016 年 2 月 20 日。

高人民法院关于刑事案件数量的统计，2015 年全国刑事案件数量稳中略升，各级法院新收刑事一审案件 1126748 件，同比上升 8.29%。[①] 伴随着员额制带来的法官、检察官离职潮的负面效应，基层法官、检察官辅助人员配备不足的现实状况以及“以审判为中心”诉讼制度改革对庭审实质化的客观要求，案件数量增加与办案资源匮乏之间的张力更加明显。传统的司法资源分配方式已经无法满足司法纠纷解决的实际需要，急需探索新思路和新办法。其实，如果将目光投射于类罪的动态研究之上便不难发现，在刑事案件当中，暴力犯罪案件的数量是普遍下降的，带动刑事案件总数增长的主要是盗窃、诈骗等多发性侵财案件，破坏金融管理秩序、金融诈骗、传销等金融犯罪案件以及涉毒涉赌犯罪案件。这种犯罪轻型化的趋势一方面反应了我国打击犯罪、维护社会稳定的突出成效，另一方面也成为了我国解决案多办案人员少问题的重要考量因素。

此种背景之下诞生出的认罪认罚从宽制度以刑事案件的繁简分流作为疏通案件堆积拖延的主要途径，要旨在于合理配置司法资源，节省情节轻微、案情简单、犯罪嫌疑人认罪案件所消耗的办案资源，将更多的优质资源用于重大复杂、存异存疑的案件处理上，在确保案件审理质量的基础上实现诉讼经济的优化。而且在恢复性司法、合意性司法逐步兴起的今天，刑事司法的目的逐步由惩治犯罪向恢复犯罪所破坏的社会秩序转变，认罪认罚从宽制度所蕴含的效率性和及时性不但有利于犯罪嫌疑人快速接受审判，避免正义的迟来，还可以使被害人迅速地获得补偿和慰藉，摆脱二次伤害，应当作为缓解当前案多人少压力的最佳选择。

（三）认罪认罚从宽是刑事司法改革诸项制度的重要补充

相较于既往的司法改革，本轮刑事司法改革无论从改革的深度还是从改革的广度上来说都是史无前例的，不仅涉及刑事司法管理体制等诸多技术层面的问题，而且深入到了司法职权配置、司法运行机制等顶层设计领域。鉴于改革针对的是司法实践中“侦查中心主义”所引发的权力异化问题，改革的诸项举措其基本出发点都是追求司法公正，确保公正司法。有代表意义的改革举措包括“以审判为中心”的诉讼制度改

① 《2015 年全国法院审判执行情况》，载最高人民法院网，http: //www.court.gov.cn/fabu-xiangqing-18362.html，最后访问时间：2016 年 12 月 7 日。

革、司法责任制、员额制、司法辖区与行政区划相分离制度等。与上述改革举措相比较，认罪认罚从宽制度在调和公正与效率之间的矛盾上更具意义，是刑事司法诸项改革举措的重要补充。具体而言，这种补充主要体现在三个方面：

首先，认罪认罚从宽通过刑事案件的繁简分流推动了庭审实质化和证据裁判。庭审实质化和证据裁判要求强化法庭举证、质证和认证环节，落实证人、鉴定人出庭作证，无疑需要消耗大量的时间和资源。如果不建立相应的分流机制，会极大地影响案件的处理进程，不但实体正义得不到及时的伸张，程序正义本身也饱受质疑。正如贝卡里亚所言："推迟刑罚尽管也给人以惩罚犯罪的结果，然而，它造成的印象不像是惩罚，倒像是在表演。"①

其次，认罪认罚从宽通过对犯罪嫌疑人的区别对待实现了刑罚惩戒与教化并重的二元价值追求。司法公正的一个基本要义是罚当其罪，即犯罪分子所受刑罚的程度应当与其犯罪行为的社会危害程度相当。然而，需要指出的是，在构建社会主义和谐社会的今天，刑罚之于司法的的意义并不仅仅在于惩戒，更在于教化。犯罪嫌疑人犯罪之后的主观态度，包括是否认罪认罚、是否主动赔付被害人，都应当被纳入定罪量刑的考量范畴。对于真诚悔罪的犯罪嫌疑人，在制度设计上应当给予他们改过自新的机会。

最后，认罪认罚从宽通过对当事人诉权自主性的保障体现了"尊重和保障人权"的司法理念。"尊重和保障人权"作为一项重要的宪法原则已经被写入我国的刑事诉讼法之中。从诉讼制度改革的推进情况来看，"尊重和保障人权"主要体现于对当事人和其他诉讼参与人的知情权、陈述权、辩护权、申诉权的制度保障，落脚于对侦查程序的司法监督。认罪认罚从宽意图从确保当事人诉权自主性的方面入手建立合理的控辩协商机制，为当事人处理自身的诉讼权利提供法律上的渠道，是"尊重与保障人权"在我国司法领域的一种创新和进步。

① ［意］贝卡里亚：《论犯罪与刑罚》，黄风译，中国大百科全书出版社 1993 年版，第 56—57 页。

三、对抗与合意并存：刑事司法改革的应然图景

一定意义上说，“以审判为中心”与认罪认罚从宽代表着刑事司法两种不同的价值理念。前者强调的是公正。因此制度特征更加侧重于提升被追究一方的诉讼地位，保障控辩双方地位的平等性、均衡性和对抗性，将充分、有效的法庭对抗作为实现正义的基本手段。后者强调的是效率，因此制度追求更多偏重于明确诉讼当事人特别是被追究人的主体地位，尊重他们的意思自治，保障他们行使和处分自身诉讼权利的自主性。从传统意义上来讲，对抗确实是发现案件实质真实、保障案件公正处理所需要坚持的一种司法模式。然而不容否认的是，随着恢复性理念对司法改革的不断影响，如何通过被告人真诚悔罪来换取被害人的谅解，从而有效化解社会矛盾，切实恢复被犯罪侵害的社会关系，同时简化诉讼程序，提高诉讼效率，避免当事人陷于诉累或遭受二次伤害，都成为现代刑事程序法治完善的重要考量。事实上，对抗与合意的对立统一才是刑事司法改革的应然图景。

（一）制度共存的正当性

一直以来，无论是在理论界还是在实务界，“以审判为中心”的诉讼制度改革与“认罪认罚从宽制度”共存的正当性都是争议的焦点。“以审判为中心”要求定罪量刑必须经过实质化的庭审，而认罪认罚从宽制度则期冀通过案件分流使相当一部分案件简化庭审流程。这种外在形式上的矛盾是两种制度共存首先需要解决的问题。

如果从制度依据上来考量，尽管两种制度在运行形式上有所差异，但实际上二者具有很大程度上的同源性。联合国《公民权利和政治权利国际公约》第 14 条规定：“……在判定对任何人提出的任何刑事指控或确定他在一件诉讼案中的权利和义务时，人人有资格由一个依法设立的合格的、独立的和无偏倚的法庭进行公正和公开的审讯……”这就意味着在刑事诉讼当中，每一位被追诉人都享有获得公正审判的权利。何谓公正的审判？实质化庭审、证据裁判、犯罪嫌疑人获得充分的辩护权等等，均是公正审判的应有之义。但是，既然获得公正的审判是一项权利，而不是一项义务，就意味着享有这项权利的被追诉人对这种权利拥有完全的自决权，即被追诉人既可以积极地主张这项权利，也可以放弃这项权利，选择简化的诉讼程序和方式获得审判，并在法定范围内获得

"好处"[①]。这同样为认罪认罚从宽制度的适用提供了法理基础。两种制度的同源性决定了外在形式上的矛盾并不会对制度并存产生消极影响，反而是价值层面的相互补充健全了制度运行的整体逻辑，为两种制度的和谐发展打下了基础。

（二）制度共存的合理性

制度共存的正当性回应的是为什么两种制度可以共存之问题，而制度共存的合理性则是要解释为什么两种制度需要共存之问题。"以审判为中心"的诉讼制度意在寻求一种理性的司法制度模式来实现刑事案件处理之公平正义。然而正义本身是一个多元化的概念。罗尔斯认为，正义论可以分为两个部分，第一部分是理想部分，确立了那些在有利环境下一个良序社会的原则；第二部分是非理想部分，面对的是现实，主要由解决不正义问题的原则组成[②]。其中，理想的正义要为怎样对待现实的不正义提供指导。也就是说，在一个绝对理想的环境之下，即案件数量适当，司法资源充足，法官检察官足够理性，所有案件的处置都应当是"以审判为中心"的，都须要坚持庭审实质化，鼓励和实现控辩双方在法庭上充分对抗。然而现实与理想往往是相背离的。一方面，社会转型时期，利益关系重组、社会矛盾凸显、犯罪率升高、刑事案件数量逐年攀升，直接导致处理刑事案件所需时间、成本与诉讼固有的公正诉求之间产生紧张。[③]另一方面，现代的人本主义思想和恢复性司法理念也要求在严格适用法律的同时应当更加注重社会关系的修复和犯罪人的自我悔悟。彻底地贯彻"以审判为中心"的诉讼制度对于控辩审三方既不适宜也不可能。此时，无论对于国家还是对于被追诉人，都需要一种制度作为应对正义之非理想部分的现实选择。从比较法的视野来看，确立被追诉人放弃接受公正审判权利、适用简化程序的机制是解决问题的通行做法。在此背景下，立足中国司法实际，探寻符合中国经验的控辩协

---

① 顾永忠:《关于"完善认罪认罚从宽制度"的几个理论问题》，载《当代法学》2016年第6期。

② ［美］约翰·罗尔斯:《正义论》，何怀宏等译，中国社会科学出版社2009年版，译者前言第3页。

③ 魏晓娜:《完善认罪认罚从宽制度：中国语境下的关键词展开》，载《法学研究》2016年第4期。

商，完善被追诉人认罪认罚从宽制度，便成为以审判为中心的诉讼制度改革的重要补充和必要保障。关键的是，要尊重被追诉人的诉讼主体地位，明确并保障被追诉人的程序选择权。如果说，“以审判为中心”的诉讼制度是刑事司法改革的应然要求，那么完善认罪认罚从宽制度便是刑事司法改革的实然选择。

（三）制度并行的几个问题

当前，“两高三部”已经通过《意见》和《办法》明确了“以审判为中心”的诉讼制度改革、完善认罪认罚从宽制度的总体方向和基本内容。然而，在制度具体的运行方面，尚有几个重要问题需要加以注意。

首先，“以审判为中心”的理念在认罪认罚从宽制度中仍然体现，主要表现为审判权对于侦查权、检察官自由裁量权的监督和制约。认罪认罚从宽制度并不否认审判权在刑事诉讼程序当中的核心地位。无论是检察权运行还是侦查权运行都应当服务于、受制于审判权的运行。根据《办法》，检察官的自由裁量权包括核准公安机关撤销案件、不起诉以及量刑建议的权力。试点阶段，审判权对检察官自由裁量权的制约主要体现在对量刑建议审核上。人民法院在审理认罪认罚案件时，发现量刑建议明显不当，或者被告人、辩护人有异议时，可以建议人民检察院进行调整，人民检察院不同意调整或调整后仍有异议的，应当依法作出判决。下一阶段的发展目标应当是强化人民法院对检察院不起诉、撤销案件审核权的监督。

其次，“以审判为中心”诉讼制度与认罪认罚从宽制度均要充分保障被追诉人的辩护权。“以审判为中心”对庭审实质化的要求夯实了保障被追诉人辩护权的基础。认罪认罚从宽制度尽管以追求效率作为主要考量，但其简化的是程序而不是权利。而且认罪认罚从宽制度以被告人自愿认罪为前提条件。这种自愿必须建立在充分了解案情、证据情况、认罪认罚法律后果以及相应法律知识的基础之上。这就要求被追诉人在认罪认罚从宽程序中获得有效的律师帮助。

最后，“以审判为中心”的诉讼制度与认罪认罚从宽制度均要严格贯彻证据裁判原则。“以审判为中心”的诉讼制度要求刑事案件的定罪量刑必须依照证据，严格适用证明标准，排除合理怀疑。认罪认罚从宽制度同样需要坚持证据裁判原则，程序从简并不意味着可以忽视证据。

《办法》专门指出，办理认罪认罚案件要“坚持证据裁判，依照法律规定收集、固定、审查和认定证据”。

总而言之，“以审判为中心”的诉讼制度与认罪认罚从宽制度是两种并行不悖的诉讼制度。它们所蕴含的对抗与合意的案件纠纷解决理念对于刑事司法运行模式的完善和丰富具有启发意义。两种理念和谐共存应当作为刑事司法未来的发展图景。然而需要指出的是，理念共存、制度并行的良否关键还是在于每项制度自身的落实情况，否则，“当繁不繁”“当简不简”，或者“繁者不繁”“简者不简”，司法改革的美好蓝图依旧是一种乌托邦式的憧憬。

刑事检察制度改革实证研究*

党的十八届四中全会将“依法治国”作为主题深入研讨在党的历史上尚属首次。作为全面推进依法治国的重要环节，“保证公正司法，提高司法公信力”的核心即是《中共中央关于全面推进依法治国若干重大问题的决定》(以下简称《决定》)所提出的“以审判为中心的诉讼制度改革”。党的十八届四中全会后，各级检察机关纷纷深入研习“以审判为中心”的相关理论和实践智识，不断推陈出新，探索和试点了一系列有利于推进“以审判为中心”的刑事检察制度改革，成绩斐然。与此同时，由于各地检察机关推行相关改革过程中进度有别、侧重不同，没有统一的实践尺度，因而有必要对党的十八届四中全会以来刑事检察制度改革的实施效果进行系统的实证研究，以便总结经验，为进一步深化刑事检察制度改革提供理论和实践层面上的参考。

党的十八届四中全会后，本课题组先后实地走访调研了北京、上海、湖南、江苏、山东、安徽、浙江、宁夏、陕西、四川等省、市、自治区的各级检察机关，获取了大量的第一手材料和相关规范性文件①，并结合全国其他地区的改革进程与相关数据，对党的十八届四中全会以来刑事检察制度改革实施效果进行了实证分析。由于篇幅所限，本文选取了当前检察制度改革的五个重点问题着重进行专题研究，分别是检察机关提前介入侦查的探索、公安派出所侦查活动监督机制、审查批准逮捕程序诉讼化改造、公诉因应庭审实质化的改革、检察环节贯彻认罪认罚从宽的举措。本文将从成效与经验、问题及对策两个向度切入，对上述改革的实施效果加以研判，以期阐释出可复制、可推广的若干经验，并呈现下一步亟需重点解决的具体问题。

---

* 原文发表于《中国刑事法杂志》2018年第6期，与谢澍合作。

① 本文所涉诸多内容及数据均是调研中所获取，因为部分材料此前并未公开，根据研究惯例，文中隐去部分单位实名，以英文字母代替。在此感谢各调研单位的协助与支持。

一、检察机关提前介入侦查的探索

为了保证起诉的效果和质量，履行公诉职能的检察官对从事侦查活动的警察，在侦查取证方面予以指导和在法律事务方面予以咨询，具有正当性和必要性。因此，检察介入侦查、公诉指导侦查作为公诉职能向侦查阶段延伸与拓展的具体制度值得探索[①]；同时，检察机关提前介入侦查，将原有的事后监督改为同步监督，也为进一步强化侦查监督提供可能，因而部分地区检察机关采取侦查监督部门与公诉部门共同介入侦查的方式，实现了公诉职能与监督职能同时性的向前延伸。2015 年，最高人民检察院即已将“推动建立重大、疑难案件侦查机关听取检察机关意见建议制度”作为当年度工作重点之一[②]，全国检察机关第五次公诉工作会议进一步提出公诉部门要发挥“诉前主导”作用。中央政法委发布的《关于切实防止冤假错案的规定》第 4 条指出：“人民检察院依法对侦查活动是否合法进行监督，及时提出收集、固定和完善证据的意见和建议，必要时指派检察官参加侦查机关对重大案件的讨论和对犯罪有关的场所、物品、人身、尸体的复验、复查。”最高人民检察院在《关于切实履行检察职能防止和纠正冤假错案的若干意见》第 18 条中也要求：“对命案等重大复杂案件、突发性恶性案件、争议较大的疑难案件、有重大社会影响的案件，应当与侦查机关协商，及时派员介入，通过介入现场勘查、参加案件讨论等方式，提出取证意见和适用法律的意见，引导侦查人员依法全面收集、固定和完善证据，防止隐匿、伪造证据。”近年来，已有部分典型案件借助检察机关提前介入侦查取得了良好的法律效果与社会效果，例如江苏“昆山反杀案”、滴滴顺风车司机杀人案、“长生疫苗事件”、携程亲子园虐童案等。

（一）改革实施中的成效与经验

以往，“以侦查为中心”的实践样态导致后续诉讼程序中审查起诉与审判对于侦查结论的纠偏、纠错功能极度弱化，一些案件中错误的侦

① 卞建林、谢澍：《“以审判为中心”视野下的诉讼关系》，载《国家检察官学院学报》2016 年第 1 期。

② 《最高人民检察院工作报告》（2015 年 3 月 12 日）。

查结论带病进入庭审，导致冤错案件产生。[①]当前，检察机关不仅通过提前介入指导收集有罪证据，也对无罪案件提前进行指导，避免案件移送检察机关后陷入诉与不诉的两难境地，无罪案件在侦查阶段就予以撤案，既节约司法资源也充分保障当事人合法权益，更是避免将存疑案件或无罪案件的压力传递至法庭。这一点在江苏“昆山反杀案”中得到了充分体现，在检察机关提前介入侦查后，犯罪嫌疑人最终被公安机关认定为正当防卫，并以撤案告终。数据显示，部分省市检察机关提前介入侦查的探索实效良好。例如，2014年至2015年底，山西省检察机关共介入命案侦查685件，提出引导取证意见和建议539条，公安机关采纳519条，采纳率96.3%；共提出纠正违法意见15件，公安机关纠正15件，纠正率100%。[②]而在制度建构和试点推广过程中，各级检察机关也逐步形成了较为成熟的工作经验。

首先，确立了检察机关提前介入的案件范围。对于检察机关提前介入重大疑难案件的类型范围，实践中通常包括情节有重大影响、认定有重大分歧、手法特殊新颖、社会舆论关注等几类，同时实践中也包括上级检察机关等单位督办或交办的案件，以及检察长指示需要派员介入的案件。一般而言，案件类型既有非法经营、合同诈骗、非法吸收公众存款等疑难复杂案件，也有生产销售有毒有害食品、污染环境、危害公共安全等受舆论关注的热点案件，部分省市结合知识产权犯罪案件和金融犯罪案件较多的特点，也要求此类案件中进一步加强检察对侦查的引导甚至主导，可谓在适用范围上充分考虑了案件的法律效果、社会效果等多方面因素。

其次，细化了检察机关提前介入的各项职责。实践中，检察机关提前介入侦查的主要职责包括：第一，就侦查取证的思路、方向和重点提出意见和建议，引导侦查部门依法、及时、规范地开展取证工作，全面客观地收集证明犯罪嫌疑人有罪、罪重以及无罪、罪轻的证据；第二，根据指控犯罪的需要，对侦查部门已经获取的证据材料进行分析，提出

① 单民、董坤:《以审判为中心背景下的诉审关系探讨》，载《人民检察》2015年第12期。

② 刘子阳:《检察机关频频提前介入大要案侦查专家建议提前介入侦查应把握“深度”和“尺度”》，载法制网，http: //www.legaldaily.com.cn/index/content/2018-09/03/content_7636776.htm?node=20908，最后访问时间：2018年10月11日。

进一步补充、固定、完善证据的具体建议，督促侦查部门及时收集容易毁损灭失、隐匿转移的证据；第三，对发现的非法证据，提出依法排除或者重新收集的意见，对瑕疵证据提出完善补正的意见；第四，对侦查部门提出的案件事实认定、法律适用问题，提出意见和建议；第五，依法监督侦查活动是否合法，发现侦查活动违法的，提出纠正意见；第六，就案件管辖提出意见和建议；第七，对法律文书是否齐全、卷宗材料是否齐备等提出意见和建议。

再次，丰富了检察机关提前介入的主要方式。一是坚持一般介入和专人介入相结合。一般介入即在介入案件方式上重引导、建议，在介入内容上重事实证据的排疑补漏，在介入程度上不干预和妨碍侦查，以“参与不干预、监督不越位、引导不代替”或“介入不越权、建议不决断、监督不干扰”为原则，不对案件处置做表态或承诺。而专人介入即选派业务过硬、经验丰富的检察官介入侦查，以提升介入侦查引导取证的质量。二是坚持通知介入与主动介入相结合。对侦查取证存在疑问、侦查方式有待研究的案件，以侦查机关通知介入为主，对新类型案件，选派理论扎实、工作经验丰富的检察官主动介入，以确保介入侦查引导取证质量。三是坚持专案介入与类案引导相结合。通过召开刑事案件联席会议、个案交流、专案研讨以及同类案件反馈等方式在证据收集和规范侦查活动等共性问题上进行整理和剖析，力求通过一件案件解决一类案件的侦查取证范围问题。

最后，明确了检察机关提前介入过程中侦查机关的配合义务。侦查机关在检察机关提前介入侦查后，应当做好相应配合工作。其中包括全面介绍案件情况，提供相关法律文书和已经取得的证据材料；根据侦查监督、公诉部门提出的意见，进一步收集、固定证据，完善证据体系；对侦查监督、公诉部门提出的证据瑕疵等问题及时进行补正或者作出合理解释；对侦查监督、公诉部门提出的侦查活动中存在的违法取证、违法采取强制措施等问题，依法及时纠正；等等。

（二）改革实施中的问题及对策

调研中，我们发现，部分办案人员对于检察机关提前介入侦查并不理解。例如，有侦查人员表示，过去办案期间就经常通过电话等方式向检察官咨询侦查中的相关问题，不知当前改革与以往做法有何差异；还

有检察官表示，提前介入增加了自身工作量，且侦查机关并不完全欢迎，属于“吃力不讨好”。总体而言，在检察机关提前介入侦查的探索过程中，呈现出以下几方面问题亟待解决。

第一，提前介入引导侦查案件数量比重仍然较小，部分地区甚至流于形式。C市W区检察院侦查监督部门过去两年收到公安机关通报并提前介入各类重大刑事案件200余件，占受理案件总数的10%。但这已经是我们调研中呈现比例较高的基层检察院。易言之，大多数检察机关提前介入引导侦查案件数量比重不足10%。由于信息不对称以及人力有限，检察机关对于绝大部分处于侦查阶段的案件不能及时掌握情况，目前对于侦查活动的监督仍以事后监督为主，提前介入引导侦查案件数量占比不高，部分案件在移送审查起诉时由于错过最佳取证时机，导致重要客观性证据无法调取，这也造成实践中依旧存在以言词证据为中心的情形。

第二，提前介入侦查缺乏足够的制度保障。大多数地区的检察机关虽然与侦查机关针对提前介入侦查活动会签了有关规范性文件，对检察机关提前介入侦查起到一定的保障和促进作用，但因在实践中缺乏刚性，检察机关在具体案件上能否介入、何时介入以及介入程度等仍主要取决于侦查机关的意愿。实践中，案件信息来源有的是检察机关通过新闻媒体获取、有的是上级部门指定，而侦查机关对属于提前介入的案件有时会出于种种原因而不及时通知检察机关，致使未能及时有效地开展介入工作。

第三，介入效果不明显，缺乏有效衡量标准。检察机关派员介入侦查，通常是听取侦查人员汇报、阅卷，以及对案件证据的发现、收集、固定、保全及侦查方向提出意见和建议。但一方面，侦查机关与检察机关在对侦查手段、方向、证据收集等问题上存在观念差异，对于检察机关提出的意见和建议，侦查机关时常提出异议，有时甚至难以调和，影响案件办理；另一方面，对于检察机关介入侦查并无硬性规定，能否破案对检察机关并无直接影响，以致出现部分检察官口中的“介入无压力、工作无动力”的情形，介入侦查效果并不明显。

综上所述，检察机关提前介入侦查的探索中仍有部分问题亟待解决，建议推广部分地区有益经验，注意提升介入侦查效果。首先，应当明确检察机关介入侦查的重大疑难案件之范围，除了有重大影响、认定

有重大分歧、手法特殊新颖、社会舆论关注等案件外，还应结合各地区特点，对辖区范围内具有普遍意义的重大疑难案件，给予重点关注和适时介入。其次，应当注意提升介入效果，选派理论扎实、工作经验丰富的检察官介入侦查，对证据收集进行有效指导，对证据材料进行细致分析，并对侦查活动提出适当建议。同时，对同类型疑难案件进行集中分析和梳理，实现有效的类案引导。最后，需要为检察机关提前介入侦查提供足够的制度保障。即通过规范性文件明确侦查机关在检察机关提前介入侦查过程中的配合义务，检察机关在具体案件上能否介入、何时介入、介入程度等方面问题不应取决于侦查机关意愿。

二、公安派出所侦查活动监督机制

当前公安派出所承担了大量刑事案件侦查工作，为保障办案质量，需要加强与检察机关的相互配合与制约。建立对公安派出所侦查活动的监督机制是贯彻落实党的十八届四中全会进一步深化司法体制改革的任务要求。2015 年以来，最高人民检察院选择山西等 10 个省、市进行试点，共计 1064 个基层检察院、8370 个公安派出所参与了试点工作。在两年的试点过程中，检察机关共监督公安派出所立案 5243 件，对违法侦查活动提出纠正意见 15162 件次，促进公安派出所办案质量明显提高。因而，2017 年 3 月，最高人民检察院要求各级检察院因地制宜，全面开展对公安派出所刑事侦查活动的监督工作，并于当年年底前实现全面铺开。根据最高人民检察院部署，检察机关对公安派出所刑事侦查活动监督重点有四个方面：一要把保证证据合法性，确保指控犯罪的效果作为对公安派出所刑事侦查活动监督的主要工作目标。二要结合实际情况，确定不同的监督模式。对主城区、城乡结合部、刑事案件高发等重点地区的派出所，可以采取设立派驻公安派出所检察室或检察官的模式；对办案量少的小型派出所，可以采取定期或者不定期巡查模式；对于所在地区大多数公安派出所不办理刑事案件的，也可以探索在区县公安局派驻检察室，统一开展对辖区公安派出所的侦查监督工作。三要突出重点，聚焦侦查违法易发多发问题。监督的重点是群众反映强烈、影响社会和谐稳定、违法动用刑事手段插手民事经济纠纷的案件，侦查活动中刑讯逼供、暴力取证等非法取证案件，以及采取强制措施、强制性侦查措施可能侵犯犯罪嫌疑人人身权利、财产权利的案件。四要加强协

作配合，形成合力。充分发挥检察一体优势，突出侦查监督部门的主力军作用，主动向相关部门通报情况，相互支持配合。[①]

（一）改革实施中的成效与经验

由于公安派出所深入基层社区，其日常工作样态往往由其辖区特点所决定，因而各地检察机关也根据地域特点和现实需求，探索出一系列颇具特色的监督机制。例如，X市作为省会城市，下辖11区、2县，常住人口共有近900万人，其中常住人口最多的派出所辖区内共有12.2万余人，最少的仅2000人左右；而全市派出所在2017年立案侦查的案件约占全市刑事案件的88%，2016年这一数值更是达到95%左右，较之同期其他省市而言比重较高。但即便如此，各派出所承担的压力也不尽相同，2017年X市全市办理刑事案件最多的派出所为2898件，最少的却为0件。因此，包括X市在内的各地检察机关均根据现实需求，探索出不同的公安派出所侦查活动监督模式，适用较多的有以下三种：一是派驻检察官办公室模式。这一模式是各地检察机关普遍采用的监督模式，即选择在主城区、城乡结合部、刑事案件高发、办案质量问题突出的重点派出所设立派驻检察官办公室，集中优质监督力量进行实地监督。这种模式在实践中适用面广、监督工作较为直接、检警交流较为顺畅，不足之处是因人力资源有限，难以覆盖到全部派出所。二是定期、不定期巡查模式。各地检察机关选择在设立派驻检察官办公室的同时，对于其余办案数量少、地点分散，尚不具备派驻条件的偏远地区派出所，通过定期或不定期派遣检察官走访巡查的模式进行监督。这一模式的优点在于监督的覆盖面广、时间和人员安排较为灵活，但监督工作难以得到规范、持久的落实。三是采取在区县公安局法制部门派驻检察室的模式开展集中监督工作。这一模式的优点是让检察机关与公安法制部门对接，公安法制部门可以比较系统地掌握辖区各派出所侦办案件的质量，便于统一开展业务指导和考评。但不足之处在于检察机关和派出所之间直接沟通不足，使得监督缺乏直接性与同步性。

尽管各地检察机关对公安派出所侦查活动所采用的监督模式不完全统一，但其实施过程中的总体效果却是积极的，也总结出了一系列行之

① 徐日丹:《最高检召开全国电视电话会议部署对公安派出所刑事侦查活动监督工作》，载《检察日报》2017年3月30日，第1版。

有效的工作经验，主要包括：第一，建立立体化的信息共享机制。监督的前提是信息通畅，部分检察机关秉持“前方摸清、后方对接、整体监督”的工作机制，建立起派驻检察官、基层院、省市级院联动的立体监督网络，实现信息共享。第二，个案监督与类案监督相结合。为了促进公安机关规范刑事侦查活动，调取对比受理、立案、侦破、处理等多方面有关数据，及时发现立案监督线索。对立而不侦等消极侦查现象进行监督，对同类案件深入剖析，以便提出侦查思路、提高破案率。第三，硬性监督与理念引导相结合。保障侦查监督的实施效果，需要打消侦查人员的抵触心理，部分检察机关通过制作常见案件证据目录、典型案例点评等方式，加强对公安机关的执法理念、侦查思维的引导，促进公安派出所树立正确的司法理念。

（二）改革实施中的问题及对策

经过归纳分析，课题组认为就改革实施中的问题而言主要包括三个方面。

第一，监督刚性不强。在对部分地区公安派出所侦查活动的监督过程中，检察机关提出的监督意见无法得到落实，监督事项难以及时纠正，侦查活动依然存在违法或瑕疵。对此，有的检察机关尝试对于提出监督事项未进行纠正的，依法作出书面纠正意见重点通报，并与公安内部执法考核相衔接，作为对派出所、民警执法质量的考评指标，以此提升监督刚性。但考评指标设计本身存在争议，且这一提升监督刚性的方法治标不治本，如何从源头上转变公安机关执法理念，使其主动接受监督，仍需从长计议。

第二，信息共享不畅。尽管部分地区检察机关已经建立了立体化的信息共享机制，却仍有个别地区尚未形成良好的信息沟通渠道，一些地方即便建立了信息共享机制，但驻所检察官却无查询权限。加之检察机关执法信息的收集受制于公安机关案件信息录入，有的案件已经破案，系统中仍然显示未立案；有的案件还在初查阶段，内勤为了省事直接将其录为已立案；还有的案件已经开展了大量初查工作，在系统中却没有反映；等等。[①] 这也造成监督线索知情难，监督渠道不畅，信息迟报、

① 检察机关对公安派出所监督机制研究课题组：《检察机关对公安派出所监督机制实证研究》，载《人民检察》2013 年第 9 期。

漏报、误报等情况的发生，检察机关无法主动、及时地开展立案和侦查监督活动。

第三，监督力量欠缺、工作规范不足。基层检察机关人员较为紧张，本身案件数量多、时间紧、任务重，往往造成重公诉而轻立案与侦查监督。部分检察机关与公安派出所联系较少，派驻派出所的检察官不能保证每天到岗，难以保障监督质量以及监督的同步性，而巡查监督也无法定期或有序开展。实践中，部分派出所仍然采取口头通知的传统方式邀请检察机关介入侦查活动进行监督和指导，部分办案人员也没有正确使用相关工作文书，没有对工作过程进行书面记录，或者没有将监督情况录入检察机关统一业务系统。

有鉴于此，我们认为，在完善公安派出所侦查活动监督机制的进程中，应当着重从两方面加以强化：一方面，需要进一步完善立体化的信息共享机制，保障各机关之间信息通畅，公安机关应当通过信息共享平台及时更新执法信息，向检察机关提供监督线索；另一方面，需要检察机关进一步出台实施细则，明确公安派出所侦查活动监督的工作原则、案件范围、承办部门、办理程序、责任追究等内容，在提升监督工作规范性的同时，强化监督刚性。以规范且具有刚性的监督为基础，进而丰富监督手段，推广个案监督与类案监督相结合、刚性监督与理念引导相结合的有效经验。

三、审查批准逮捕程序诉讼化改造

为贯彻党的十八届四中全会精神，并落实最高人民检察院《“十三五”时期检察工作发展规划纲要》中关于“围绕审查逮捕向司法审查转型，探索建立诉讼式审查机制”的工作要求，近年来各地检察机关均对审查批准逮捕程序的诉讼化、公开化改造进行了有益尝试。实际上，在此之前，部分地区即已先行试点，且卓有成效。例如，上海市检察机关在“十三五”规划之前，即于2012年起在最高人民检察院侦查监督厅的指导下，积极探索、稳步推进逮捕诉讼化、公开化审查工作。2013年，先在闵行、普陀、徐汇等区院开展试点，在积累经验的基础上，2014年逐步推广至全市，2015年所有区县院都开展了逮捕诉讼化审查。三年间，上海市检察机关共诉讼化审查逮捕案件320件373人。在诉讼

化审查逮捕的案件人数中，从启动方式看，依职权启动232人，依申请启动141人，依申请启动的比例2013年为24.7%，2014年为35.0%，2015年为43.9%；从罪名分布看，主要集中于常见多发犯罪，其中盗窃79人、寻衅滋事70人、故意伤害54人、妨害公务29人，上述罪名占诉讼化审查案件总数的62.2%；从律师参与情况看，有律师参与的共270人，占72.4%，其中2013年67人，2014年55人，2015年148人。①

正如最高人民检察院孙谦副检察长所言："现有的逮捕程序具有较浓厚的行政审批色彩，尽管有讯问犯罪嫌疑人等规定，但是书面审查、程序封闭等问题还比较突出，与逮捕制度重在对审前羁押进行法律监督这一制度定位和要求不相吻合。2012年刑事诉讼法的修改以及司法改革中推行的逮捕诉讼化改革，在办案组织和程序方面去行政化，逐步解决了办案亲历性、判断性、独立性的问题，让检察官真正回到居中处断者的位置。这一改革既是强化司法审查属性、突出程序正义的具体表现，也对检察官履职过程中树立司法审查和程序正义理念提出了新的要求。"②易言之，审查逮捕以裁判为中心进行诉讼化建构，正是顺应了以审判为中心的诉讼制度改革。

（一）改革实施中的成效与经验

审查批准逮捕程序诉讼化改造，首先需要设定诉讼化、公开化审查的案件范围。有检察机关在试点中以逮捕三要件确定适用范围，即对社会危险性有重大争议的、逮捕的刑罚要件和证据要件可能发生重大变化的案件进行诉讼化审查。以C市J区为例，试点以来进行逮捕诉讼化审查的75件案件中，辩护人提交了不予批捕书面意见且事实清楚、证据充分的有27件，犯罪嫌疑人、辩护人提出无罪证据或排除非法证据申请的有1件，犯罪嫌疑人近亲属、辩护人在审查批捕阶段提出影响案件事实认定的关键证据的有2件，侦辩双方对证明犯罪嫌疑人有无社会危险性、不可能判处徒刑以上刑罚的证据和事实有较大争议的17件，检察官认为通过诉讼化审查有利于查明事实、证据、刑罚和社会危险性的

---

① 《上海市逮捕公开审查工作三年情况总结（2013—2015）》。

② 孙谦：《司法改革背景下逮捕的若干问题研究》，载《中国法学》2017年第3期。

28件。另有地方检察机关诉讼化审查主要集中于针对社会危险性有争议的案件：一是辩护人对社会危险性提出意见，申请诉讼化审查的；二是案件社会危险性争议较大，诉讼化审查有利于充分听取各方意见，准确处理的；三是案件社会影响较大，媒体高度关注，诉讼化审查有利于展示司法公正、提升司法公信力的。考虑到审查逮捕办案期限短、人案矛盾突出，对于依照法律犯罪嫌疑人应当径行逮捕的案件，一般不进行诉讼化审查。

在具体运作样态上，关于启动方式，实践中主要采取由检察官依职权启动和依犯罪嫌疑人、辩护人申请启动两种方式，此外还有少量侦查机关申请复议、复核的。对于犯罪嫌疑人、辩护人提出申请的，原则上都进行诉讼化审查。关于审查重点，围绕社会危险性，重点审查对犯罪嫌疑人予以羁押的理由是否充分、证据是否充分。同时，大部分地区也对逮捕的刑罚要件和证据要件进行审查。关于参与人员，目前诉讼化审查主要由侦查人员、犯罪嫌疑人及其辩护律师参加，犯罪嫌疑人可以由侦查机关通知到院参加审查，有条件的也可以让犯罪嫌疑人通过远程视频的方式参加审查。关于审查地点，目前多地检察机关已经建立规范化的司法办案区，各单位设立了专门的诉讼化审查办案场所，诉讼化审查案件在专门的办案场所进行，有条件的全程同步录音录像，以保证诉讼化审查活动的严肃性。关于审查程序，审查逮捕是对羁押必要性的审查，不同于庭审的定罪量刑，主要围绕争议事项进行询问、示证、质证和发表意见，程序设置更加简便高效。部分检察机关试行宣布决定的同时进行说理，即检察官当场宣布是否逮捕的决定，并向侦辩双方阐述其采纳意见情况以及作出决定的依据。事后作出决定的，不批捕的要向侦查机关送达理由说明书，并告知辩护律师或值班律师并说明理由。

（二）改革实施中的问题及对策

总体而言，各地检察机关审查批准逮捕程序诉讼化改造的效果良好，个别地区不批准逮捕率占诉讼化审查案件的50%甚至60%以上，已逐步形成了较为成熟的工作经验，但仍存在一些具体问题亟待解决。

第一，部分检察官掌控听证的能力需要提升。对审查批准逮捕程序的重构，要求检察机关审查批准逮捕办案方式的适度司法化，反映其司法性审查的程序特点，为了贯彻平衡原则，要求审查主体较为中立和独

立。[①]逮捕案件听证审查由检察官把控、引导整个程序，并且需要做到客观中立、居中判断，这要求检察官具备良好的法律素养、较高的听证把控能力、明晰的审查思路以及当场决断的能力，这对检察官的综合素质提出了新的挑战。

第二，关于律师与侦查机关的配合。对律师而言，当前法律援助全覆盖尚未涉及批捕环节，大量的案件当事人没有委托辩护人。以C市W区为例，在其受理的审查逮捕案件中有辩护律师的仅占5%，这严重限制了诉讼化审查的发展。而辩护人由于在批捕环节没有阅卷权，更不能调查取证，其对案件事实、证据知悉信息量少，加之审查逮捕期限仅有7天，导致听证审查时不能充分发表意见，辩护力度和辩护效果受到影响。对侦查机关而言，大多数侦查人员认为增加了工作量，参与听证审查的侦查人员普遍反映不能适应，不清楚应当如何举证、如何发表意见以及如何与律师对抗。

第三，关于侦查秘密与听证审查的平衡。听证审查过程中，侦查人员、犯罪嫌疑人与辩护律师、检察官三方参与调查核实案件事实，相关证据势必会让犯罪嫌疑人知晓，尤其是关键证据和侦查取证程度（例如同案犯到案及供述情况），甚至可能暴露证人或为犯罪嫌疑人翻供提供机会，进而影响证人安全和证言稳定性。审查批捕环节仍处于侦查阶段，在听证审查中如何平衡与侦查秘密的关系还需进一步研究。

鉴于上述情况，课题组认为，在当前“捕诉合一”试点推广的进程中，似应进一步落实审查批准逮捕程序的诉讼化改造，通过优化程序加强对逮捕适用条件特别是社会危险性的审查，在保证诉讼活动顺利进行的同时，注意保障当事人的合法权益，贯彻慎捕少捕的刑事政策。特别是，要尽可能保障犯罪嫌疑人在逮捕审查中得到律师的有效帮助，以保证逮捕措施的正确适用。

四、公诉因应庭审实质化的改革

以审判为中心的重点在于实现庭审实质化，即控辩有效对抗和确保

① 龙宗智:《检察机关办案方式的适度司法化改革》，载《法学研究》2013年第1期。

庭审在查明事实、认定证据、保护诉权、公正裁判上发挥决定性作用。[①] 最高人民法院、最高人民检察院、公安部、国家安全部、司法部联合印发的《关于推进以审判为中心的刑事诉讼制度改革的意见》中对于推进庭审实质化作出了一系列指引，包括“规范法庭调查程序，确保诉讼证据出示在法庭、案件事实查明在法庭”“完善对证人、鉴定人的法庭质证规则”“完善法庭辩论规则，确保控辩意见发表在法庭”“完善当庭宣判制度，确保裁判结果形成在法庭”“严格依法裁判”，等等。由此，确保通过庭审的方式认定案件事实，并在此基础上决定被告人的定罪量刑，即“事实证据调查在法庭、定罪量刑辩论在法庭、裁判结果形成于法庭”。

以往我国以侦查为中心的刑事诉讼实践造成庭审过分依赖侦查卷宗笔录等书面材料，庭审流于形式，使得刑事诉讼通过法庭审理发现事实真相和保障人权的价值大打折扣，也难以防范和纠正冤错案件，出现“起点错、跟着错、错到底”的现象。以审判为中心的提出是为了扭转以侦查为中心的异化样态，即需要建构递进式的刑事诉讼程序，侦查、审查起诉和审判不再是不分主次的独立阶段，而是转变为刑事诉讼的初始阶段、递进阶段和终局阶段。[②] 而刑事诉讼是否体现递进关系，关键即在于纵向构造中的“诉”之运作。因此，以审判为中心不仅仅是法院抑或庭审层面的改革任务，对于检察机关而言，需要更好地履行公诉职能，进而有效推动庭审实质化乃至以审判为中心的改革进程。具体而言，一方面，侦查系公诉之准备活动，公诉占据主导地位，并左右侦查活动的结局和进程；另一方面，审判以起诉为前提，未经起诉的案件，法院不得径行审判，审判受起诉范围限制，不得及于起诉以外的人或事。如果说前文所述及的对公安派出所侦查活动设立的监督机制、检察机关提前介入侦查的探索、审查批准逮捕程序诉讼化改造均是强化对侦查机关的监督和引导，发挥检察机关诉前主导之地位；那么公诉作为审判之准备，即需要适应庭审实质化的改革动向，实践中检察机关的三项主要举措是强化客观性证据审查、参与庭前会议解决程序性问题并整理

① 汪海燕:《论刑事庭审实质化》，载《中国社会科学》2015年第2期。

② 卞建林、谢澍:《“以审判为中心”：域外经验与本土建构》，载《思想战线》2016年第4期。

争点和保障证人、鉴定人、侦查人员出庭。

（一）改革实施中的成效与经验

关于强化客观性证据[①]审查。部分地区检察机关推行亲历性审查确保证据质量，要求承办人对于案件关键证据存有疑点时，应当坚持书面审查与现场调查复核相结合，通过实际调查走访，亲身感受案件证据是否客观真实。同时鉴于言词证据的不稳定性，要求承办人在审查案件时更加重视口供以外的客观性证据，加强对重要客观性证据如物证、侦查实验、现场勘查笔录等的审查、运用，推动刑事指控从以主观证据为主向以客观证据为主的转变。客观性证据审查模式强调以客观性证据检验言词证据的真实性，有利于提升出庭公诉效果。以审判为中心强调直接言词原则，要求证人、鉴定人等出庭作证，影响言词证据稳定性的因素也随之增多。因而，在案件审查中更应凸显客观性证据证明案件事实的基石作用，防止因言词证据不稳定而影响定案证据体系的严密性、稳定性。例如，Z省检察机关在探索实践中即实现了从形式规范性审查向实质合法性审查转变，坚决排除非法证据；从书面审查向亲历性审查转变，确保证据的客观性；从简单印证审查向科学验证审查转变，夯实证明体系；从正向线性审查向与逆向反证审查相结合转变，有效排除合理怀疑。[②]

关于庭前会议的参与。部分地区检察机关依托庭前会议打造“精准公诉”，发挥庭前会议的程序性前置解决功能，将案件管辖、回避、证据合法性等问题在庭前予以解决；利用庭前会议的证据开示功能，主动

---

① “客观性证据”是指客观性较强，不易受人的主观认识影响，具有较为稳定的表现形式和判断标准的证据材料，而不仅仅是指物证、书证。其包括但不限于：通过证据本身所呈现的形态、特征等物理特点与案件建立关联的物证；通过法庭科学技术进行解释的技术类客观性证据，如DNA生物检验、指纹鉴定、痕迹鉴定、微量物质鉴定、毒物检验、尸体（人身）检验报告等鉴定意见；通过信息记载的内容与案件建立关联的记录类证据，如书证、视听资料、电子数据等；通过客观记载侦查活动过程并反映案件某一方面事实情节的记叙类证据，如勘验、检查、辨认、侦查实验等笔录；根据生活常识和经验法则可以推定某一事实存在的基础事实。参见客观性证据审查模式改革课题组:《探索审查模式改革确保死刑案件质量——以客观性证据为核心的死刑案件审查模式探索为例》，载《人民检察》2013年第5期。

② 黄生林、应建廷:《实现四个转变全面深化客观性证据审查》，载《检察日报》2017年5月19日，第3版。

了解辩方掌握的证据情况，防止证据突袭，化解和防范公诉风险；通过庭前会议明确诉争焦点，保证庭审集中高效，节约庭审时间。2015 年 7 月 1 日至 12 月 31 日，课题组曾与 J 省 Y 市检察院、法院合作进行庭前会议试点，在此期间 Y 市共有 149 件刑事案件召开庭前会议，同期 Y 市刑事案件为 2857 件，庭前会议的适用率为 5.22%；其中公诉人共参加了 112 件案件的庭前会议，同期 Y 市检察机关共提起公诉案件 2690 件，参加比例为 4.16%，而公诉方申请召开庭前会议的共 7 件，占 4.7%。试点期间，149 件召开庭前会议的案件中，有 127 件控辩双方就相关问题达成了一致性意见，占 85.23%，大幅缩减了正式庭审的审理周期，起到了消除部分辩诉分歧、提高庭审效率的作用。庭前会议内容以刑事和解、非法证据排除、固定争议焦点为主。在 149 件召开庭前会议的案件中，有 37 件案件因刑事和解而召开，有 28 件因非法证据排除而召开，绝大多数案件的庭前会议实质承担了明确诉讼各方案件争议焦点的功能。①

关于保障证人、鉴定人、侦查人员出庭。部分检察机关明确了申请相关人员出庭作证的案件范围，即同一名关键证人就影响案件定罪量刑的事实做的多次证言前后不一致、多名证人就影响案件定罪量刑的事实做的证言不一致、关键证人证言或鉴定意见与其他证据不一致，需要证人当庭进行解释说明的；案件争议较大，证人、鉴定人、侦查人员出庭有利于查明事实真相的；鉴定意见专业性较强，需要鉴定人出庭进行解释或说明的；就同一事实存在两份鉴定意见，且鉴定意见之间差异较大的；对证据收集合法性存在争议，需要侦查人员出庭的；等等。此外还就庭前沟通、庭上询问、保障措施等制定相关细则予以明确，以保障相关人员出庭质量。以省会城市 C 市为例，2016 年和 2017 年，全市证人、鉴定人、侦查人员出庭案件数量均共计 400 件以上，占全市适用普通程序的案件总数的 10% 以上。在保持相关人员出庭数量的基础上，C 市还不断采取措施，减少有“凑数”性质的侦查人员出庭比例，增加有专门知识的人、鉴定人等确有必要的出庭比例，减少乃至杜绝无必要、无效果的出庭“凑数”现象。过去 C 市出庭案件中，侦查人员占到 50% 以

① 卞建林、杨宇冠主编:《刑事诉讼庭前会议制度研究》，中国政法大学出版社 2017 年版，第 234 页以下。

上的比例，有专门知识的人和鉴定人的出庭比例不足5%；2018年以来，侦查人员出庭比例已降到30%，而有专门知识的人和鉴定人的出庭比例提高到10%以上。

（二）改革实施中的问题及对策

课题组通过深入调研，结合对现象、数据和案例的发掘，发现改革实践中暴露出以下问题。

首先，实践中片面依赖口供的现象仍然存在，“口供中心主义”虽有消减，但并未彻底根除。尤其是“由供到证”的证据审查顺序以及在此基础上形成的“以证印供”式证明思路，往往导致承办人“先入为主”，形成有罪预断。另一方面，2017年《关于办理刑事案件严格排除非法证据若干问题的规定》的颁布，对我国非法证据排除规则实施中的现实问题作出了有针对性的正面回应，多处规定“严格”力度较大。[①]但在调研中我们发现，部分地区实施这一规定的“严格”程度有所折扣，加之此次刑事诉讼法再修改并未吸收这一规定的进步之处，非法证据排除规则的实践效果是否依然不容乐观，存在疑问。

其次，2012年刑事诉讼法修改增加的庭前会议制度在实践中面临诸多争议。这在一定程度上影响了实务部门对庭前会议的主观认同度，进而在实践中体现为庭前会议适用比例仍然偏低。其一，功能定位不明确。根据刑事诉讼法及相关司法解释，庭前会议中审判人员向控辩双方“了解情况，听取意见”的内容有限，实践中实务部门往往根据自身的认知和解读来限缩或扩大庭前会议的制度功能。其二，程序设置存在空白。刑事诉讼法及相关司法解释对庭前会议的程序性规定，例如庭前会议的参与主体和召开方式、地点、次数等，都存在一定空白。不同地区庭前会议的实施细则又存在较大差异，亟需作出统一和细致的规定。其三，辩护权保障不到位。我们在调研中发现，还存在被告人在未获得辩护律师帮助的情况下参加庭前会议的案例。其四，法律效力存在争议。庭前会议的处理结果是否对控辩双方在庭审中的诉讼活动具有法律约束力是目前实践中争议的焦点，也是影响控辩审三方在司法实践中适用庭前会议积极性的核心问题之一。

---

① 卞建林、谢澍:《我国非法证据排除规则的重大发展——以〈严格排除非法证据规定〉之颁布为视角》，载《浙江工商大学学报》2017年第5期。

最后，各地检察机关在推动证人、鉴定人、侦查人员出庭过程中虽然取得一定成效，相关人员出庭率明显提升，但证人出庭率仍然不高。易言之，大多出庭人员系鉴定人与侦查人员，证人出庭难仍未得到有效解决。庭审实质化需要秉持直接言词原则，这就要求证人应当以出庭作证为原则，以提供书面证言为例外。而从提出证人出庭作证申请的实际情况来看，目前证人出庭主要由检察机关提出并联系证人出庭，效果并不理想，由法庭主动通知证人出庭的情况较少，辩护人申请证人出庭的情况也不多。

为了进一步推进庭审实质化改革，检察机关仍需从强化客观性证据审查、发挥庭前会议功能和保障证人、鉴定人、侦查人员出庭等三方面着手：第一，应当严格执行《关于办理刑事案件严格排除非法证据若干问题的规定》，并结合检察办案实际，探索出台人民检察院办理刑事案件排除非法证据的具体规程。其中，证据审查、判断应当遵循先审查客观性证据，再审查主观性证据，最后审查犯罪嫌疑人、被告人的供述和辩解之顺序。[①] 第二，应当进一步加强与审判机关的配合，注意发挥庭前会议的程序性功能，以保证庭审活动的顺利进行。第三，应当进一步完善证人出庭的配套措施，加强对证人人身和财产安全的保护，进而打消其顾虑，提升证人出庭作证的比例。

五、检察环节贯彻认罪认罚从宽的举措

党的十八届四中全会《决定》中提出“完善认罪认罚从宽制度”，这也是当前司法机关针对刑事案件进行程序分流、合理分配司法资源的必要举措。2014 年以来，全国人大常委会先后授权在 18 个省、市分别进行了为期两年的刑事速裁程序试点和认罪认罚从宽制度试点，取得良好成效。因而，为了将可复制、可推广的试点工作经验上升为法律规范，完善刑事案件认罪认罚从宽制度和增加速裁程序即成为刑事诉讼法再修改的重点之一。此次修法吸收了先前《关于在部分地区开展刑事案件认罪认罚从宽制度试点工作的办法》的主要内容，其中已对认罪认罚从宽制度的案件适用范围、基本原则、法律援助、强制措施以及侦查程序、审查起诉程序、审判程序中的实施方式和具体问题加以规范，形成

① 万毅:《论证据分类审查的逻辑顺位》，载《证据科学》2015 年第 4 期。

制度雏形并在试点中证明行之有效，刑事诉讼法再修改对此也基本予以认可。[①]

总体而言，认罪认罚从宽制度试点效果良好，即使在非试点地区，也积极探索轻刑快办机制，以适应完善程序分流、节约司法资源的趋势。最高人民法院院长周强在认罪认罚从宽制度试点情况的中期报告中，列举了一系列数据，充分展示了这一制度的实践样态：截至2017年11月底，18个试点地区共确定试点法院、检察院各281个，适用认罪认罚从宽制度审结刑事案件91121件103496人，占试点法院同期审结刑事案件的45%。其中检察机关建议适用的占98.4%。试点地区法律援助机构在看守所、法院、检察院设立法律援助工作站630个，其中设在看守所、法院的法律援助工作站覆盖率分别为97%和82%。检察机关对认罪认罚案件依法提出从宽量刑建议，其中建议量刑幅度的占70.6%，建议确定刑期的占29.4%，法院对量刑建议的采纳率为92.1%。认罪认罚案件犯罪嫌疑人、被告人被取保候审、监视居住的占42.2%，不起诉处理的占4.5%，免予刑事处罚的占0.3%；判处三年有期徒刑以下刑罚的占96.2%，其中判处有期徒刑缓刑、拘役缓刑的占33.6%，判处管制、单处附加刑的占2.7%，非羁押强制措施和非监禁刑适用比例进一步提高。对于认罪认罚案件，检察机关审查起诉平均用时26天，人民法院15日内审结的占83.5%。适用速裁程序审结的占68.5%，适用简易程序审结的占24.9%，适用普通程序审结的占6.6%；当庭宣判率为79.8%，其中速裁案件当庭宣判率达93.8%。[②]值得一提的是，与域外之辩诉交易或刑事协商相比，我国的认罪认罚从宽制度中检察机关扮演着举足轻重且不同于域外的角色[③]，其经验和问题也具有鲜明的本土特点，值得总结与反思。

---

① 卞建林、谢澍：《刑事诉讼法再修改：解读与反思》，载《中共中央党校学报》2018年第6期。

② 2017年12月23日，周强在第十二届全国人民代表大会常务委员会第三十一次会议上作《最高人民法院、最高人民检察院关于在部分地区开展刑事案件认罪认罚从宽制度试点工作情况的中期报告》。

③ 卞建林、谢澍：《职权主义诉讼模式中的认罪认罚从宽——以中德刑事司法理论与实践为线索》，载《比较法研究》2018年第3期。

（一）改革实施中的成效与经验

首先，检察机关与公安机关、审判机关、司法行政机关相互配合，建立侦查、起诉、审判、执行一体的认罪认罚案件快速办理机制。不仅在各程序环节的衔接上设置快速联动机制和绿色通道，还特别强调检察机关在认罪认罚案件中对侦查的介入和引导，以及公安机关对检察院的配合义务。一方面，检察机关应及时提前介入，视案情提出量刑幅度意见，公安机关根据该量刑幅度进一步全面收集证据。另一方面，在办理认罪认罚案件的过程中，检察机关要求公安机关补充相关证据的，公安机关应及时补充，以确保相关程序顺利适用。①此外，部分地区还试行了联络员制度，定期通报各单位认罪认罚案件的办理情况，并及时进行数据统计工作，对办案过程中暴露出来的问题进行汇总反馈和及时解决。

其次，实行案件分类、人员分组。试点中，部分检察机关将认罪认罚案件与普通案件进行区分，针对认罪认罚案件成立专案组，实现认罪认罚案件集中审查、集中起诉、集中开庭，明显提升了办案效率。通过上述案件分类、人员分组的办法解决了以往简易、速裁案件与普通案件同时办理所造成的“简案快不起来、繁案精不下去”的问题。同时，实行繁简分流与轻刑快办相结合。明确认罪认罚案件的范围、证据审查标准以及办理期限，对此类案件实行二次分类，简中挑简，对案情相对简单的酒驾、扒窃等类型的案件实行表格化办案，简化审查报告的制作，实现案件快速办理。

最后，在保障被追诉人自愿性的同时，调动被追诉人及办案人员积极性。实践中，对于认罪认罚案件之处理，最为核心的其实是审查起诉阶段，犯罪嫌疑人是否认罪认罚、是否同意适用速裁程序绝大多数都发生在此阶段。亦即，被追诉人对律师帮助需求最为迫切的是审查起诉，而非审判阶段。②因此，试点中检察机关以律师帮助的普遍性和有效性为突破口，切实保障被追诉人的自愿性。而在调动积极性方面，一

① 林喜芬：《认罪认罚从宽制度的地方样本阐释——L、S、H三个区速裁试点规则的分析》，载《东方法学》2017年第4期。

② 刘方权：《认罪认罚从宽制度的建设路径——基于刑事速裁程序试点经验的研究》，载《中国刑事法杂志》2017年第3期。

是简化诉讼程序和内部手续，使得办案人员有足够意愿助推认罪认罚从宽程序之启动；二是在提供足够法律帮助的前提下，给予被追诉人一定宽宥以激励其选择认罪认罚从宽。以北京市海淀区司法机关为例，其主要举措在于：其一，在刑事诉讼启动之初即进行“认罪认罚”的案件分流，进而启动“全流程”简化，强调各机关之配合；其二，倘若公安机关建议适用速裁程序的，检察院可以派员提前介入侦查，避免下一阶段重复审查；其三，消减各机关内部流转环节，同时有效压缩案件流转的在途时间；其四，规范量刑激励并简化文书，避免书面流转的工作繁复。①

（二）改革实施中的问题及对策

第一，部分检察机关在试点中一味求“快”，却忽视了制度本身的正当性基础。在调研中我们发现，部分地区检察机关与侦查机关、审判机关相互配合，建构快速办理机制，已经将个别案件的侦、诉、审全程整体压缩至 24 小时以下，甚至有 22 小时内同时完成 9 起案件的侦、诉、审全程，这固然体现出试点中各机关的协作精神和办案能力，但对于犯罪嫌疑人、被告人的权利保障却存在疑问。例如，诸如 24 小时或 48 小时的时间内，是否足以让犯罪嫌疑人、被告人对于认罪认罚考虑成熟，其自愿性是否有足够保障；倘若在 24 小时、48 小时后反悔并已交付执行的情况下如何处理，均值得进一步考量。毕竟当前实践中，仍然存在将“认罪认罚”局限于通过坦白等方式换取宽大处理的传统认识，却尚未足够意识到“认罪认罚”是被追诉人作为诉讼主体参与诉讼程序的理性选择之一。②

第二，检察机关量刑建议的效力需要进一步明确。试点中，检察机关量刑建议往往根据案件事实以及犯罪嫌疑人、被告人的认罪认罚态度而作出，在一定程度上决定被追诉人认罪认罚后的量刑从宽幅度。但部分被告人在庭审过程中却对此提出异议，希望在量刑上得到进一步从宽。此次《刑事诉讼法》修改新增第 201 条规定：“人民法院经审理认为

① 北京市海淀区人民法院课题组：《关于北京海淀全流程刑事案件速裁程序试点的调研——以认罪认罚为基础的资源配置模式》，载《法律适用》2016 年第 4 期。

② 卞建林、谢澍：《认罪认罚从宽与台湾地区刑事协商之比较研究》，载《法学杂志》2018 年第 5 期。

量刑建议明显不当，或者被告人、辩护人对量刑建议提出异议的，人民检察院可以调整量刑建议。人民检察院不调整量刑建议或者调整量刑建议后明显不当的，人民法院应当依法作出判决。”实际上，倘若被告人在审判阶段可以随意对量刑建议提出异议，可能导致检察院量刑建议失去意义，也动摇了认罪认罚从宽制度的基础。试点中更是有部分被告人为了留在条件相对更好的看守所而不前往监狱服刑，“策略性”地对量刑建议提出异议并使用上诉权，导致司法资源浪费。

尽管认罪认罚从宽制度已经在此次刑事诉讼法修改中得到认可，但仍需结合试点之经验与问题加以进一步完善：首先，认罪认罚从宽程序不得一味求快。对于被追诉人主动认罪认罚者予以从宽处理，是此项制度的核心理念，是落实宽严相济刑事政策的必然要求，压缩程序期限、节约司法资源固然是认罪认罚从宽制度的目标之一，但不是重点，更不是全部。检察机关作为承上启下的把控者，更应充分保障被追诉人的自愿性，确保其作出理性的思考和选择。其次，针对部分被告人“策略性”地对量刑建议提出异议并使用上诉权的问题，应当区分检察机关的一般量刑建议与建立在被追诉人认罪认罚基础上的量刑建议，对于在检察环节被追诉人自愿认罪并签署具结书，又得到了律师的帮助，在此情况下应当考虑对追诉人的异议权和上诉权作出一定限制，否则会动摇认罪认罚从宽的制度基础。

论公安机关刑事执法规范化*

公安执法规范化是全面推进依法治国、加快建设社会主义法治国家的客观要求，一直以来都作为评价公安队伍建设与公安工作进步的重要标准之一。2005 年，中央政法委提出“规范执法行为，促进执法公正”的号召。随后，公安部于 2008 年的“南京会议”上提出公安“三项建设”的战略要求，将公安执法规范化建设作为公安发展的重要一环。党的十八届三中、四中全会以来，在司法改革的大潮之下，强化公安执法规范化建设，已然成为公安改革的核心与关键。2016 年 5 月，中央全面深化改革领导小组第二十四次会议审议通过《关于深化公安执法规范化建设的意见》(以下简称《意见》)，预示着公安机关执法规范化建设已经成为一项重要的依法治国方略。在此形势下，厘清公安刑事规范化的内涵，审视公安刑事执法规范化的发展，展望刑事执法规范化的目标，明确刑事执法规范化的重点，对进一步深化公安执法规范化建设，推进公安执法体制机制改革，意义重大。

一、公安执法规范化之内涵

坦率地说，公安执法规范化建设是一个老生常谈却又历久弥新的话题。它在每个时期都有存在的必要性，却又有不同的侧重点与现实意义。公安执法规范化发展的历史既可以映射出我国法治建设不断健全与发展的过程，也可以凸显出不同时期我国公安机关所面临社会矛盾的不同指向。因此，要厘清公安机关执法规范化的内涵，就必须采用历史的眼光，系统梳理我国公安机关执法规范化在定位、内容、重点上的发展与变化。

---

* 原文发表于《东方法学》2019 年第 4 期。

（一）公安执法规范化之定位：全面建设法治公安的切入点与落脚点

深化公安执法规范化建设是我国依法治国基本方略在公安改革中的突出体现，在整个公安工作中居于全局性、基础性地位。在法治建设初期，公安执法规范化建设一直被定位为一项提高公安执法工作质量的部门专项改革，主要方式是出台大量规范性文本兼之制定自上而下的精细化的考评机制。自1996年以来，公安部在贯彻刑事诉讼法、人民警察法等相关法律的基础上陆续发布《公安机关办理刑事案件程序规定》《公安机关办理行政案件程序规定》《公安机关适用继续盘问规定》《公安机关执法公开规定》《公安机关人民警察盘查规范》《公安机关执法质量考核评议规定》等规范性文件，试图通过强化内部监督来实现限制权力、规范执法的目的。

随着我国法治进程的不断发展以及对执法实践认识的不断深入，单纯部门层面的改革已经不足以推动执法规范化建设取得突破性进展，部门间相互统一，相互协调的体系化改革成为主流。考虑到公安执法工作量大面宽，涉及利益广泛，关乎社会大局稳定和人民切身利益、关乎宪法法律权威和社会公平正义、关乎法治政府形象和执法公信力，公安执法规范化建设已不能被简单定位为一项公安系统内部对执法工作的专项整改活动。而且，形势的发展、环境的变化、事业的开拓、人民的期待也都对执法工作提出了新的更高要求[①]，公安执法规范化在新时期理应具备更高层次的定位和更为深远的意义。鉴于此，中央顺应司法改革的发展趋势，提出了“全面建设法治公安，着力推进公安执法规范化建设”的战略规划，意图以不断深化公安执法规范化建设作为建设法治公安的切入点和落脚点，配合依法治国的宏观大局，在公安系统中弘扬法治观念、提升法治素养、塑造法治思维，切实提高公安工作的法治化水平，在更高层次、更高水平上建设法治公安，不断提升公安机关依法履职能力和执法公信力，充分发挥公安机关在全面推进依法治国中践行者、推动者、保障者的作用。

---

① 郭声琨：《坚持严格规范公正文明执法》，载《人民日报》2014年11月13日，第6版。

（二）公安执法规范化之内容：严格、规范、公正、文明

考察不同时期公安执法规范化的内容与要求不难发现，我国对于公安机关执法规范化内涵的认知也走过了一条从表面到实质、从单一到多元的道路。早在 1978 年，邓小平同志便在中央工作会议上提出了“有法可依，有法必依，执法必严，违法必究”的社会主义法制原则。2005 年，中央政法委部署全国政法系统开展“规范执法行为、促进执法公正”的专项整改活动。2007 年，胡锦涛同志在全国政法工作会议上提出：“政法机关的执政能力，集中体现在执法公信力上。执法公信力来源于严格、公正、文明执法，来源于全心全意为人民服务的良好形象。”2008 年，公安部在“三项建设”中正式提及执法规范化建设。时任国务委员、公安部部长的孟建柱同志指出：“坚持严格、公正、文明执法，是公安工作的生命线，也是公安机关和公安民警最基本的履职要求和价值所在。一定要狠抓执法规范化建设，不断提高公安机关执法公信力。”2014 年，党的十八大报告提出要推进依法行政，切实做到严格规范公正文明执法，对执法规范化的内容作出了进一步的阐释。从严格执法到严格、公正、文明执法，再到严格、规范、公正、文明执法。中央对公安执法的要求不断提高，从而促进了公安执法规范化内容不断丰富、不断发展。

具体而言，当前对公安执法规范化的内容可以作四个层次的理解：首先，严格是执法的基本要求，是依法治国的重要体现。党的十八届四中全会要求全面推进依法治国，加快建设社会主义法治国家，落实到执法层面便是要求执法行为要严格遵循法律。一方面，执法行为必须授权有据，不得为法律未规定未授权之举。另一方面，执法行为必须严格依法而行，对法律规定之事项，必须严格执行，有法必依，执法必严。其次，规范是执法的行为准则，是为民理念的根本保障。规范执法要求每一名公安民警在执法过程中都要遵循以人民为中心的执法理念，内植于心，外践于行，在每一项执法活动，每一起案件办理中，始终站在人民的立场，体现人民的意志，落实人民的要求，维护人民的利益。再次，公正是执法的价值取向，是社会和谐的客观需要。公平正义是构建社会主义法治社会所需要追求的重要目标。可以说，如果没有公平正义，民主法治便落不到实处，诚信友爱、安定有序、充满活力、和谐相处的美

好梦想也无法实现。维护社会的公平正义不仅需要科学的立法、公正的司法，同样需要公平的执法。最后，文明是执法的职业素养，是权利本位的突出反映。尊重与保障人权是当代主流的司法理念，也是我国宪法和刑事诉讼法的基本要求。它不仅要求权力在运行过程中不得侵犯公民的基本权利，而且在运行方式上也应当克制、谦抑，努力服务于人民的根本利益。这就意味着公安机关在执法实践中，不仅要做到严格、规范、公正还要做到理性、平和与文明。

（三）公安执法规范化之重点：刑事执法规范化

公安机关是国家治安保卫机关，是国家具有武装性质的行政执法和刑事司法力量。在刑事诉讼中，公安机关既是主要的侦查机关，大部分刑事案件的侦查活动都由公安机关进行；也是刑罚的执行机关之一，担负着对判处管制、剥夺政治权利、宣告缓刑、假释、暂予监外执行罪犯的执行、监督和考察职责。刑事执法行为主要是指侦查行为。近年来，随着聂树斌案、赵作海案、呼格吉勒图案等冤假错案陆续被披露曝光，侦查程序中种种侵犯人民群众生命健康、人身自由、财产隐私等基本权益的严峻问题引起全社会高度关注和中央的高度重视。

刑事执法规范化之所以成为执法规范化的重中之重，原因主要基于以下两个方面：第一，刑事执法行为与公民基本权利息息相关。无论是关涉公民人身自由的拘留、羁押行为，还是关涉公民财产权利的搜查、扣押、查封、冻结行为，抑或关涉公民隐私权的技术侦查措施，每一项都与公民受宪法法律保护的基本权益密切相关，应当严格依法规范实施。第二，刑事执法行为的社会影响最为重大。在我国，执法部门一直处于政治社会化的第一线，代表着整个政治权力系统，对执法部门的不满很容易转嫁到对整个政治系统的不满上。[①] 刑事执法行为主要针对的是刑事犯罪案件，相较于一般违法案件人们关注度更高，社会影响更大。刑事执法行为是否规范，直接影响到法治的尊严和司法的权威。

二、公安刑事执法规范化之发展

公安执法规范化内涵的不断丰富，引领着公安刑事执法规范化不

① 蒋勇：《社会转型视域下侦查权的功能论纲——兼论我国侦查改革的方向》，载《中国人民公安大学学报（社会科学版）》2016 年第 1 期。

断发展。《意见》作为公安改革的纲领性文件，对深化公安执法规范化建设作出了全面系统的部署，对刑事执法规范化建设影响深远，意义重大。

（一）刑事执法理念的转变

理念是实践的指引和先导。没有正确的理念就不可能有行动上的自觉和决策上的合理。推动执法行为规范化，解决执法中的突出问题，必须树立正确的理念。就刑事执法而言，就是要更新诉讼观念，转变侦查理念。《意见》以侦查实践中的突出问题为导向，以新形势新时期公安刑事执法工作的基本需要为基础，对公安刑事执法理念提出了更高的要求，进一步体现了以人民为中心的目标追求。

第一，由“查明”案件向“证明”案件转变。长期以来，受“侦查中心主义”的影响，我国侦查机关在办理案件时仅具备“查明”案件意识，而未养成“证明”案件的习惯。这一方面是由于法检两家对于侦查终结提交的证据往往照单全收，缺乏严格的审查；另一方面则是因为“无罪推定”“疑罪从无”的观念在公安系统中尚没有得到全面的认可，侦查机关存在先入为主的偏见。这种“只注重说服自己，不注重说服别人”的工作方式是一直以来公安机关强势地位的有力佐证。《意见》提出要落实以审判为中心的诉讼制度改革要求，坚持全面客观及时收集证据，进一步明确非法证据排除、瑕疵证据补强的范围、程序及标准，为的就是通过明确司法终局原则、严格证据排除规则倒逼侦查机关规范取证行为，敦促侦查机关培养证据意识，锻炼证明思维，既要说服自己，更要说服别人。《意见》出台后，侦查主体取证工作的责任意识显著加强，侦查人员收集、固定证据的及时性、准确性和全面性得到了进一步的重视；侦查主体取证过程的程序意识显著加强，刑讯逼供、违法取证的状况得到了明显的改善；侦查主体取证手段的创新意识显著加强，取证手段的科学化逐步受到重视，大数据、“互联网 +”思维得到广泛应用，侦查机关的取证能力有所增强。公安机关的刑事执法观念逐步由“查明”案件向“证明”案件转变。

第二，由“注重结果”向“注重过程”转变。“重实体，轻程序”是我国侦查程序，乃至整个刑事诉讼程序的顽疾。司法实务界以追求实体正义为由，简化甚至规避程序一度成为常态。应当指出的是，实体正

义与程序正义并非此消彼长的两个概念。这种只注重办案结果，不注重办案过程的工作方式所得出的工作结果难以获得民众的认可和信任。《意见》提出实现执法队伍专业化、执法行为标准化、执法管理系统化、执法流程信息化，以保障执法质量和执法公信力。其意图就是要更新过往的执法观念，通过细化、严格程序，强化执法人员的过程意识，努力让人民群众在每一项执法活动、每一起案件办理中感受到社会公平正义，在刑事执法理念上实现由“注重结果”向“注重过程”的转变。

第三，由“权力本位”向“权利本位”转变。“以权力为核心”亦或“以权利为核心”是人治国家与法治国家的根本分野。警察国家以警察权力作为维系社会政治稳定的工具，而民主法治国家则以公民权利作为国家存续和发展的基石。应当承认的是，基于应对复杂社会环境的需要，在“严打”期间，我国曾经采取过“权力本位”的社会治理模式，并在之后相当长的一段时间内影响了公安机关的刑事执法观念，造成了司法实践中一系列的严重问题。通过刑事诉讼法的修改，特别是不断深化司法改革，“尊重与保障人权”的理念受到越来越多的关注和认同。《意见》要求增强执法主体依法履职能力，树立执法为民理念，严格执法监督，就是要确立“权利本位”的执法理念，在刑事执法过程中保障执法相对人的合法权益。

（二）刑事执法权力运行的转变

根据《意见》内容，刑事执法权运行的转变主要包括以下两个方面：

第一，由“以侦查为中心”向“以审判为中心”转变。以审判为中心的诉讼制度改革是党的十八届四中全会提出的重大改革举措，意在解决我国司法实践中客观存在的以侦查为中心的问题。长期以来，以侦查为中心使得我国侦查权力过度泛化，侦查权力运行不受制约和监督，造成了刑事执法实践中肆意执法、违规执法等诸多问题。《意见》提出要公安机关落实以审判为中心的诉讼制度改革要求，希冀通过改变权力的运转模式，强化对侦查权的规制，以达到促进侦查人员规范执法的目的。在刑事诉讼中坚持以审判为中心，根本上讲是由司法审判的最终裁判性质所决定的。坚持以审判为中心，是因为侦查、审查起诉工作的实际成效，最终需要通过，也必须通过法庭审理来检验，法庭审理是确保

案件公正处理的最终程序。刑事诉讼的应然构造是一个审判居中裁判，控辩两造平等对抗的等腰三角形结构。这种构造下，作为控诉一方的侦查权、公诉权以及作为辩护一方的辩护权自然要围绕审判权来运行。而司法的终局性，在刑事诉讼中体现为唯有法院，才能定罪；未经审判，不得定罪。以审判为中心的诉讼制度改革，目的就是要切实发挥审判程序应有的制约、把关作用，形成一种倒逼机制，促使公检法办案人员树立案件必须经得起法律检验、庭审检验的理念，严格依法规范侦查活动，从源头上防止冤假错案的发生。

第二，由“重配合轻制约”向“配合制约并重”转变。1979年《刑事诉讼法》第5条规定：“人民法院、人民检察院和公安机关进行刑事诉讼，应当分工负责，互相配合，互相制约，以保证准确有效地执行法律。”1982年《宪法》第135条再次确认了此项原则，将其上升到宪法的高度。由此，分工配合制约原则成为指导司法权力运行的基本原则。然而遗憾的是，政策的初衷并没有在司法实践中得到实现。公检法三机关之间“重配合，轻制约”，甚至“只配合、不制约”的现象普遍存在。近期陆续披露的一些重大冤假错案，纠其成因，除了侦查机关违反程序，非法取证，甚至搞刑讯逼供以外，检察机关制约不力、审判机关把关不严，都是重要因素。[①]《意见》提出要为公安民警提供执法指引，进一步明确非法证据排除规则，就是希望强化检察权与审判权对侦查权的监督和制约作用，做到配合与制约并重。在配合方面，探索公诉指导侦查，发挥检察机关对侦查机关收集证据的指引作用；在制约方面，夯实检察机关对侦查机关的立案监督、批准逮捕、审查起诉的把关作用，进一步加强检察机关、审判机关对侦查机关收集非法证据的排除以及违法侦查行为的惩戒。

（三）刑事执法管理监督的转变

《意见》提出完善公安执法管理监督体制，为刑事执法管理监督的改革提供了政策支持。在司法改革的宏观背景之下，我国公安刑事执法监督管理实现了跨越式的发展。

第一，由“静态”向“动态”转变。传统的刑事执法管理监督是一

① 卞建林：《健全司法权分工配合制约机制的思考》，载《河南社会科学》2015年第1期。

种静态的、孤立的模式。公安机关法制部门的内部监督，检察机关、法院的外部监督缺少有效的衔接，刑事执法行为的管理监督方式更像是结果的阶段性审查，无法贯穿刑事执法的整个过程。这种监管模式显然无法起到有效规制侦查权的作用。新时期新形势下的公安刑事执法规范化需要更加有效的监督管理。《意见》提出通过建立系统化、实时化、常态化的执法监督管理体系，实现对执法工作全方位、全过程的监督管理，意在扭转之前僵化的监督管理体制，构建动态的、互动的、全过程的监管模式。一是在内部实现全流程同步记录，实时监督。要求诸监管环节相关信息均要有记录在案，打造覆盖接处警、采取侦查措施到侦查终结的整个执法环节的记录机制，探索网上办案，实现执法办案全流程同步记录、实时监督，优化执法信息查询服务，提高刑事执法透明度，自觉接受人民群众监督。二是在外部建立与检察机关、审判机关有效的沟通衔接机制，实现检法机关对侦查行为的有效制约和监督，推行重大疑难案件听取检察机关意见和建议的制度。

第二，由"权责不清"向"权责统一"转变。行使权力必然要承担责任。合理的管理监督体制需要正确界定权力和责任。司法改革之前，侦查机关的权责界定是不明确的，制度给予了公安机关相当宽裕的权力行使空间，却极少规定滥用、错用权力所应承担的责任，更遑论相应的惩戒措施了。这也直接导致了部分侦查人员缺乏责任意识，滥用职权，违规侦查，侵害人民群众的合法权益，损害司法权威。《意见》从加强源头防控、过程监督和责任追究等方面提出了强化执法权力监督的一系列措施要求，核心便是要明确责任，将责任与权力对应起来。一是建立正确的责任评价机制，构建科学的办案考评机制。考核考评机制是执法工作的"指挥棒""风向标"。科学、合理的考评体系有助于明确、细化责任，引导民警规范执法行为，积极履行职责。一方面要增加群众评议在考评中的权重，另一方面要变年度考评为日常考评、动态考评，推行法制部门审核案件和逐案考评同时进行。二是建立严格的责任追究机制，构建错案责任倒追机制。权力必须要对应责任，只有建立有权必有责、用权受监督、失职要问责、违法要追究的执法责任体系，才能真正发挥执法监督管理的作用。错案倒追机制的核心在于办案质量终身负责制，关键在于正确区分故意责任、过失责任和无过错责任。对于因侦查人员主观故意影响案件质量的应坚决问责，对于因侦查人员主观过失影

响案件质量的应酌情追究，对于侦查人员主观方面无过错的办案差错，如客观上无违法违纪行为，应当豁免。

三、公安刑事执法规范化之目标

公安机关刑事执法规范化建设应当以现代的法治理念为指导，确立公安刑事执法的基本目标，并以此目标为指引，完善实现目标之路径。公安机关执法规范化的目标应当包括践行程序法治、保障基本人权和尊重司法规律。

（一）践行程序法治

刑事程序是评价国家法治程度的标杆，通过程序的监督与约束，能有效避免法外因素对司法活动的干扰，防止公权力的滥用，维护公民的合法权益和尊严，维护司法权威与法律秩序。①诚如有德国学者所指出的那样："刑罚是国家对国民自由的侵害方式中最严峻的一项，也因此其被视为最受争议的一项；该项刑罚之执行亦正意味着，为了大众之安全利益而完全地忽视了犯罪行为人之自由利益。也正因为如此，使得团体与个人之利益绝无仅见地只有在刑事诉讼上才有如此重大的冲突，而这种在法律上所做之利益权衡正象征性说明了在一般公共事务中考量国家和个人间的关系时，刑事诉讼法就成了国家基本法的测震仪。"②

刑事程序法治，具体而言有三个方面的内涵：第一，所有的刑事执法活动都应当严格遵循刑事程序法。侦查权运行的程序性设计必须通过法律明确规定，且一经明确即对侦查权运行产生既定力与约束力。第二，所有的程序性法律制度都应当尽可能地科学、完备。一部良法是保障刑事诉讼合理运行的基础。法律制度如果不完备，刑事诉讼便会漏洞百出，法律制度如果不科学，刑事诉讼便不能有效进行。所谓完备，是指刑事诉讼的各项程序、各类行为均有法律予以明文规定。所谓科学，是指刑事诉讼法的法律规定均符合刑事诉讼的基本原理。第三，应当树立程序正义与实体正义并重的诉讼价值观。重实体、轻程序是传统刑事

① 卞建林、张可：《中国刑事司法改革的路径思考》，载《中国司法》2017年第1期。

② ［德］克劳思·罗科信：《刑事诉讼法（第24版）》，吴丽琪译，法律出版社2003年版，第13页。

诉讼理念的一个典型特征。在相当长的一段时间内，对实体正义的追求是高于对程序正义的追求的。随着社会和诉讼法理论的发展，程序的独立价值愈来愈受到重视，程序正义观念得到了普遍的认可。通过程序上的正当合法来保障案件结果正义，即便是这种程序对结果正义的保障存在不确定性，至少这种程序上的努力也可以使这种结果被人接受。毕竟我们之所以能够忍受一种不正义，唯一的正当理由也是需要用它来避免另一种更大的不正义。①需要指出的是，程序正义与实体正义并不是一种此消彼长的关系，而更多是一种相辅相成的关系，追求实体正义并不能成为牺牲程序正义的理由。只有赋予程序法与实体法相同的强制力，改变程序法“软法”的特质，才能在真正意义上实现实体法与程序法并重。侦查程序作为刑事诉讼的一个重要阶段，也应当以刑事程序法治作为改革的一个重要目标。

（二）保障基本人权

保障公民的基本人权是法治国家普遍认可的一项重要准则，也是各国刑事司法的重要原则。《世界人权宣言》《公民权利和政治权利国际公约》《禁止酷刑和其他残忍、不人道或有侮辱人格的待遇或处罚公约》均通过有关条款对公民的人身权、财产权和隐私权等基本权利进行了保护。刑事执法行为，特别是侦查行为，作为与公民基本权利联系最为密切的活动，最应当确立和贯彻保障人权的理念。联合国于1979年通过的《执法人员行为守则》第2条明确规定：“执法人员在执行任务时，应尊重并保护人的尊严，并且维护每个人的人权。”

在侦查程序中，保障人权可以具化为三项基本要求：其一，严格贯彻无罪推定原则。1764年，贝卡里亚在《论犯罪与刑罚》中率先提出了无罪推定的思想：在法官判决之前，一个人是不能被称为罪犯的。只要还不能断定他已经侵犯了给予他公共保护的契约，社会就不能取消对他的公共保护。②至此200多年，无罪推定已经成为现代刑事诉讼的基石。侦查程序中，犯罪嫌疑人尚未接受法庭审判，理应被当作无罪之人来对

① ［美］约翰·罗尔斯：《正义论》，何怀宏等译，中国社会科学出版社1988年版，第2页。

② ［意］贝卡里亚：《论犯罪与刑罚》，黄风译，中国大百科全书出版社1993年版，第45页。

待，其人身、财产、隐私等各项权利应当受到平等的保护。其二，坚决保障犯罪嫌疑人辩护权。辩护权，是处于弱势一方的犯罪嫌疑人、被告人与国家控诉权力抗衡的主要手段。在侦查程序中，保障犯罪嫌疑人的辩护权，无论对于遏制刑讯逼供、防止冤假错案，还是对于把握正确侦查方向、及时侦破案件都具有积极作用。现代的刑事辩护以律师帮助为核心，保障犯罪嫌疑人的辩护权就是保障侦查阶段犯罪嫌疑人律师帮助的权利。其三，为犯罪嫌疑人提供有效的救济渠道。采取有效措施避免权利受到侵害固然重要，但是一旦侵害已然发生，及时救济弥补或者减少危害后果同样值得重视。从比较法的视野来看，各国为犯罪嫌疑人提供的救济渠道主要包括向法官、检察官申请审查侦查措施的合法性、必要性以及申请国家赔偿。前者意在及时阻止危害行为的发生，后者旨在危害行为发生后给予犯罪嫌疑人合理的补偿。

（三）尊重司法规律

习近平总书记在中央政治局关于深化司法体制改革、保证司法公正第二十一次集体学习中提到，深化司法体制改革，要遵循司法活动的客观规律，坚持符合国情与遵循司法规律相结合。尽管公安机关就其机构性质而言，属于行政机关，但其承担的侦查权能属于控诉权能的延伸与拓展，侦查行为具有司法活动属性，应当遵循司法的一般规律，符合诉讼活动的内在要求。当下中国正在推进以审判为中心的诉讼制度改革，这是刑事诉讼客观规律的要求。从侦查与审判的关系而言，主要有两方面内容：第一，侦查为审判服务，侦查权的运行服务于审判权的运行。现代刑事诉讼，公诉是审判的准备，审判以公诉为前提；而侦查是公诉的准备，非经侦查，无从决定是否起诉。因此，以审判为中心决定了侦查权、公诉权的运行都要为审判权的运行服务。这就要求在侦查阶段要切实贯彻证据裁判原则，侦查机关应当按照裁判的标准收集、固定、保存、审查、运用证据，确保侦查的案件事实证据经得起法律的检验。同时注意侦查活动遵守程序，依法开展，不得强迫任何人自证其罪，保障犯罪嫌疑人的各项合法权益。第二，侦查权的运行接受审判权的监督和制约。日本学者井户田侃认为，刑事诉讼构造存在于刑事诉讼的各个程序之中，是诉讼主体为达诉讼目的而以之为基础进行诉讼的诉讼法律

关系。[1]尽管在侦查程序中尚不存在如审判程序那样以等腰三角形为典型样态的控辩裁三方构造，但审判权对侦查权的控制和影响是必须加强的。在法治发达国家，法官作为裁判权行使的主体，对侦查权的规制主要体现在两个方面：一是对关涉公民基本权利的强制性侦查行为实行司法审查、令状许可；二是实行如非法证据排除这样的程序性制裁措施。

侦查活动还具有自身的特殊规律和要求。不可否认，侦查的直接目的就是破案，即收集保全证据，确定犯罪嫌疑人。这样，在遵循程序正义的要求下，必须赋予侦查主体应有的手段和随机应变的处置权。犯罪行为的隐秘性、侦查对象的不明确性、侦查环境的多变性以及刑事案件的突发性决定了侦查人员不可能循守固定的程序模式，墨守成规，而需要拥有灵活应变的能力和临机处置的权力。另外，侦查是与犯罪分子打交道的，为了避免打草惊蛇，影响诉讼活动的顺利进行，侦查活动需要隐秘进行。为了防止情报外泄，影响侦查进展，侦查活动的信息公开程度不可能达到像检察活动、审判活动那样的程度。因此，侦查不公开是各国侦查活动普遍遵循的原则。由此，司法一般规律和侦查特殊规律的冲突与协调构成了侦查规范化的合理路径：在尊重一般性司法规律的基础上，照顾侦查权运行的特殊规律，关注侦查权运行的内在需求。

四、公安刑事执法规范化之重点

《意见》出台后，“两高三部”联合印发了《关于推进以审判为中心的刑事诉讼制度改革的意见》（以下简称《改革意见》），中央深化改革领导小组审议通过了《关于办理刑事案件严格排除非法证据若干问题的规定》（以下简称《规定》），为深化刑事执法规范化建设提供了重要的理论指引和改革要点。综合三份法律文件的内容，以公安刑事执法规范化的目标作为基本方向，可以描绘出公安刑事执法规范化的重点工作。

（一）贯彻证据裁判原则

以审判为中心是侦查权运行的一般规律。《意见》提出要落实以审判为中心的诉讼制度改革要求，《改革意见》进一步明确推进以审判为中心的诉讼制度改革，需要严格按照法律规定的证据裁判要求，没有证

① ［日］井户田侃：《刑事程序构造论的展开》，日本有斐阁1982年版，第2页。

据不得认定犯罪事实。刑事案件侦查关涉犯罪嫌疑人切身权益，应当严格贯彻证据裁判原则，确保每一项侦查行为都以证据为指向，都有证据作支撑，从源头上尽一切努力防范和杜绝冤假错案的发生。具体来讲，在刑事执法中贯彻证据裁判原则包括以下几个方面的内容：

第一，依照法定程序全面、客观、及时地收集证据。司法实践中长期存在的“侦查中心主义”导致了公安机关在侦查取证过程中存在缺乏证据意识、缺乏程序意识、缺乏取证能力等诸多现实问题。《意见》与《改革意见》均对侦查机关取证行为作出了明确要求，即侦查机关应当全面、客观、及时地收集证据。全面，是指无论是实物证据还是言词证据、无论是过程证据还是结果证据都应当收集、固定，不能有所疏漏。客观，是指无论是无罪证据还是有罪证据，无论是罪轻证据还是罪重证据均应收集、固定，不能有所偏颇。及时是指所有证据都应在第一时间予以收集、固定，需要鉴定的，应当尽快送检，证据之间有矛盾的，应当尽快查证，不能有所拖延。

第二，健全常见、多发和重大案件的证据收集、固定工作指引。《意见》要求完善执法制度机制，细化执法标准和指引，为公安民警提供健全、完备、可操作的执法指引。检察机关作为法律监督机关和控诉一方，在理论上应当有监督和指导侦查机关的职责和优势。侦查机关在常见、多发、重大案件中积极听取检察机关的建议，接受检察机关的指导，可以更加全面、规范地收集证据。《改革意见》要求统一证明标准，侦查机关侦查终结、检察机关提起公诉、人民法院作出有罪判决都应当做到犯罪事实清楚，证据确实、充分。这便为检察机关引导侦查机关侦破案件提供了合理路径，即以法定的证明标准作为指导的基本依据，确保侦查机关收集的证据达到证据确实、充分的程度。公诉引导侦查应当注意：在引导的内容上，仅涉及侦查机关的取证活动，而不涉及其他；在引导的力度上，仅提供对于侦查工作的指导，而并非上令下从的领导。[①]

第三，明确非法证据排除、瑕疵证据补强的范围、程序及标准。非法证据排除规则是法治国家普遍适用的证据规则。2012年我国刑事诉讼法修改，确立了中国的非法证据排除规则。十八届四中全会进一步提出

---

① 卞建林：《论我国侦查程序中检警关系的优化——以制度的功能分析为中心》，载《国家检察官学院学报》2005年第2期。

健全落实非法证据排除规则。然而，规则实施以来的情况却不容乐观，非法证据“发现难、审查难、排除难”的状况普遍存在，各机关“不会用、不愿用、不敢用”的问题普遍存在。非法证据排除规则在司法实践中受到冷遇使得侦查阶段收集的非法证据无法得到有效排除，违规取证由于缺乏刚性束缚难以得到有效遏制。鉴于此，《意见》提出进一步明确非法证据排除、瑕疵证据补强的范围、程序及标准，《改革意见》要求侦查机关应当及时排除非法证据，不得作为提请批准逮捕、移送审查起诉的根据。随后，针对实践中非法证据排除规则适用所遇到的突出问题，中央深改组审议通过了《规定》，对非法证据排除规则中的若干问题进行了细化解释和明确要求，一是进一步界定了非法言词证据的范围和非法实物证据的排除标准；二是进一步明确了各类非法证据的排除方法和各阶段排除非法证据的法律程序；三是进一步强调了非法证据排除的及时性和侦查监督的同步性。《规定》为刑事执法实践中认真落实非法证据排除规则，规范取证行为奠定了基础，应当坚决贯彻落实。

第四，重视过程证据的收集和运用。“过程证据”作为一种纪录特定诉讼行为过程事实的证据，在我国刑事司法实践中得到了较为广泛的适用，存在多种不同表现形式，包括笔录证据、录音录像、提讯登记、体检记录等，侦查人员出庭证明侦查行为合法性的证言也具有过程证据的性质。它一般用来印证结果证据的真实性与合法性，并对程序性事实与量刑事实具有证明作用。一直以来，过程证据的收集与运用都没有引起足够的重视，司法改革之后，为了从根本上规制刑事程序，杜绝违规违法行为的发生，过程证据作为改革多项措施贯彻实施的有效支撑而被越来越多的运用起来。例如，《意见》提出打造“阳光警务”，确立错案倒追机制，需要通过检验过程证据来确定责任。《改革意见》要求完善讯问制度、防止刑讯逼供，需要通过收集过程证据来防止侦查人员非法取证。鉴于此，《规定》对录音录像、提讯登记、体检记录的形成作出了较为具体的规定，同时明确了过程证据证明证据合法性的主体地位，为司法实践提供了有效的帮助和指导。

（二）完善侦查监督体制

侦查是公安的主要刑事执法行为，在现代刑事诉讼中具有重要地位。一方面，由于现代犯罪的隐秘性、复杂性，绝大多数案件非经侦查

无从发现收集证据，无从确定查获犯罪嫌疑人。另一方面，侦查以国家强制力作为后盾，侦查活动的开展和侦查权力的行使，通常以限制甚至短期剥夺公民合法权益为代价，因此在法治国家必须对侦查权利进行规制①，践行程序法治也必然要求对侦查程序进行有效的引导和监督。基于我国侦查程序失控，侦查权力泛化的现实状况，《意见》《改革意见》《规定》提出了一系列的要求和改革措施，来强化对于侦查行为的监督。总结来看，可以归纳为两点：一为夯实自身监督；二为接受检察监督。

第一，夯实自身监督。公安机关的自身监督在相当长的一段时间内是刑事执法监督的主要方式。它主要有三个方面的内容：一是公安机关上下级监督，包括上级公安机关对下级公安机关的监督和同级公安机关内部上下级之间的监督，主要表现为上级公安机关督办案件，公安机关负责人批准拘传、拘留、搜查、扣押等强制性措施。二是公安督察系统的监督。根据《公安机关督察条例》第 4 条，督察机构可以对刑事案件的受理、立案、侦查、调查、处罚和强制措施的实施情况进行监督。三是公安法制部门的监督。公安法制部门主要依靠制定规章条例，对案件证据审核把关等方式监督刑事执法行为。《意见》对于完善公安执法监督管理体系的改革意见主要集中于后两个方面，其一，完善对民警违法违纪行为的督察机制，对违反制度规定的人、对触碰“高压线”的事，一经查实，坚决严肃查处；其二，全面实行刑事案件公安机关法制部门统一审核、统一出口制度，深化法制员制度，强化立案监督，严格源头防控。

第二，接受检察监督。为了监督侦查行为，西方国家的通常做法是贯彻司法审查与司法令状制度，由法院行使侦查监督的职能。就我国的情况来看，宪法明确赋予检察机关法律监督的责任，由检察机关对侦查程序进行监督。然而一直以来，受制于职能同源性以及公安机关的强势地位，检察机关对侦查行为的监督相对乏力。在现行司法职权配置和司法机关职能定位未作大的调整以前，对侦查的外部监督主要是强化检察监督。综合《意见》《改革意见》和《规定》的相关内容，强化检察监督主要落实在以下几个方面：其一，健全检察介入、引导侦查机制。建

① 卞建林：《健全司法权分工配合制约机制的思考》，载《河南社会科学》2015 年第 1 期。

立常见、多发、重大案件中公安机关听取检察机关意见的制度；完善补充侦查制度，进一步明确退回补充侦查的条件，建立人民检察院退回补充侦查引导和说理机制，明确补充侦查方向、标准和要求。其二，严格贯彻非法证据排除规则。强化检察机关在审查逮捕、审查起诉期间对证据合法性的审查；探索建立重大案件侦查终结前对讯问合法性进行核查制度，由人民检察院驻看守所检察人员询问犯罪嫌疑人，核查是否存在刑讯逼供、非法取证情形，并同步录音录像。其三，完善逮捕后羁押必要性审查机制，规范非羁押性强制措施的适用。

（三）保障犯罪嫌疑人辩护权

辩护权是犯罪嫌疑人的一项基本权利，在刑事诉讼中占有重要地位。保障犯罪嫌疑人的辩护权既是“尊重和保障人权”的必然要求，也是促进控辩平等对抗，发现案件实质真实的客观需要。有学者指出，“刑事诉讼的历史就是扩大刑事辩护权的历史”。[①] 充分、有效的辩护权既有利于遏制违法侦查行为的发生，也有利于公安机关转变侦查理念，专注修炼“内功”，提高侦查能力。传统上，我国刑事诉讼的职权主义色彩浓厚，犯罪嫌疑人的辩护权行使困难重重，具体表现为获得律师帮助的权利不受保障、律师权利受限、犯罪嫌疑人不享有沉默权等。刑事诉讼法经数次修改后，犯罪嫌疑人的辩护权得到了拓展和延伸，包括扩大了法律援助的范围，确立了律师在侦查阶段辩护人的身份，加强了对律师会见权、阅卷权的保护，确立了律师参与侦查、批准逮捕、审查起诉、庭前准备、死刑复核程序的制度。在深化司法改革中，犯罪嫌疑人的辩护权保障更是受到了高度关注，《意见》《改革意见》《规定》均对犯罪嫌疑人的辩护权保障作出了具体规定。

第一，保障犯罪嫌疑人获得律师帮助的权利。现代辩护权的核心在于保障犯罪嫌疑人获得律师帮助的权利，关键在于全面落实法律援助制度。对此，《意见》提出了两项举措：一是建立值班律师制度，在看守所、法院派驻值班律师随时为犯罪嫌疑人提供法律帮助；二是严格办案机关通知辩护工作机制，对未履行职责的办案人员实行问责机制。从长远来看，为适用以审判为中心的诉讼制度改革和公安执法规范化建设的

---

① ［日］田口守一：《刑事诉讼法》，刘迪等译，法律出版社2000年版，第89页。

形势，有必要对法律援助制度的发展和完善作进一步的思考，适当引入法律援助的市场化、社会化，实现法律援助律师的专业化、职业化。

第二，进一步保障律师的各项权利。保障律师的各项权利是保证辩护权在侦查程序中发挥有效作用的关键。《意见》《改革意见》《规定》对保障律师合法权利作出了具体要求：一是要进一步明确律师的各项权利，特别是侦查阶段律师的各项权利，如会见通信权、代理申诉控告权、案件案情的知情权、调查取证权等。侦查机关应当切实保障律师上述权利的行使。二是要进一步完善便利律师参与侦查工作的机制，落实告知辩护律师案件情况、听取辩护意见、接受律师申诉控告法律要求等。三是要进一步细化律师在非法证据排除中的各项权利，明确法律援助值班律师可以对刑讯逼供、非法取证情形代理申诉、控告，并进一步说明律师可以查阅、摘抄、复制讯问笔录、提讯登记、采取强制措施或侦查措施法律文书，申请调取讯问录音录像、体检记录等证据材料，赋予了律师对于过程证据收集与运用的权利。

检察机关侦查权的部分保留及其规范运行

——以国家监察体制改革与刑事诉讼法修改为背景*

一、国家监察体制改革对检察机关侦查权的影响

2018年3月，第十三届全国人民代表大会一次会议审议通过宪法修正案和监察法，国家监察体制改革得到宪法、法律层面的肯认，需要刑事诉讼法修改调整检察机关的侦查职权，解决监察制度与刑事诉讼制度的衔接问题，进而与监察法相衔接。① 正如有学者所言，国家监察体制改革将检察机关又一次推向重大改革的当口，作为宪法意义上的法律监督机关，检察机关如何实现法律监督，却始终是一个历史性难题。尤其是在当前依法治国之语境下，检察机关更应着力找寻践行法律监督的全新切入点，进而切实守护公民基本权利和宪法法律秩序。② 在此次国家监察体制改革试点启动后、刑事诉讼法修正草案公布前，曾有部分学者和实务人员悲观地认为，检察机关侦查权将被完全取消和转隶，诸如"检察院以后恐怕就是个公诉机关了""监察委的案件拿来就得诉"此类论调的蔓延，呈现出改革后检察机关的失落与焦虑；还有学者认为检察机关职务犯罪侦查权转隶后，其所行使的"刑事法律监督"职能即"走向终结"，仅保留"行政监督"与"诉讼监督"③。然而，2018年10月26日由第十三届全国人民代表大会常务委员会第六次会议审议通过的《全

---

* 原文发表于《现代法学》2020年第2期。

① 卞建林、谢澍:《新中国刑事诉讼制度的诞生和发展——写于中华人民共和国成立70周年暨〈刑事诉讼法〉颁布40周年之际》，载《暨南学报（哲学社会科学版）》2019年第10期。

② 魏晓娜:《依法治国语境下检察机关的性质与职权》，载《中国法学》2018年第1期。

③ 陈瑞华:《论检察机关的法律职能》，载《政法论坛》2018年第1期。

国人民代表大会常务委员会关于修改〈中华人民共和国刑事诉讼法〉的决定》（以下简称《修改决定》）显然否定了这一点，并且，检察机关保留部分侦查权很可能成为未来巩固检察机关法律监督地位的突破口与增长点。

检察机关行使侦查权是中国特色社会主义检察制度的重要组成部分，具有坚实的法理依据和实践基础：首先，检察机关侦查权是由检察机关的法律监督职能所派生的；其次，检察机关的独立法律地位和上下级领导体制均有助于其行使侦查权；再次，从诉讼原理上看，收集和提交证据的权力是诉权之重要组成部分，侦查权原本就是诉权的应有之义；最后，从实践角度来看，检察机关对于部分案件直接行使侦查权还有利于实现侦查与起诉的有机衔接。[①] 此次《修改决定》中虽然删去了检察机关对职务犯罪案件行使侦查权的规定，但也保留了部分侦查权：人民检察院在对诉讼活动实行法律监督中发现的司法工作人员利用职权实施的非法拘禁、刑讯逼供、非法搜查等侵犯公民权利、损害司法公正的犯罪，享有立案侦查权。对于监察机关移送的案件，《修改决定》规定，检察院依照刑事诉讼法和监察法的有关规定进行审查，认为需要补充核实的，应当退回监察机关补充调查，必要时可以自行补充侦查；此外，对于公安机关管辖的国家机关工作人员利用职权实施的重大犯罪案件，需要由人民检察院直接受理的时候，经省级以上人民检察院决定，可以由人民检察院立案侦查。就此而言，重新配置后的检察机关侦查权共有三类：自行侦查权、补充侦查权、机动侦查权。

其中，检察机关自行侦查权的范围，是此次刑事诉讼法修改的重点之一[②]。2012 年《刑事诉讼法》第 18 条第 2 款原本规定："贪污贿赂犯罪，国家工作人员的渎职犯罪，国家机关工作人员利用职权实施的非法拘禁、刑讯逼供、报复陷害、非法搜查的侵犯公民人身权利的犯罪以及侵犯公民民主权利的犯罪，由人民检察院立案侦查。对于国家机关工作人员利用职权实施的其他重大的犯罪案件，需要由人民检察院直接受理的时候，经省级以上人民检察院决定，可以由人民检察院立案侦查。"

① 卞建林：《论检察》，中国检察出版社 2013 年版，第 125 页以下。

② 卞建林、谢澍：《刑事诉讼法再修改：解读与反思》，载《中共中央党校学报》2018 年第 6 期。

随着国家监察体制改革，检察机关职务犯罪侦查权转隶，依照《监察法》第11条规定："监察委员会依照本法和有关法律规定履行监督、调查、处置职责：……对涉嫌贪污贿赂、滥用职权、玩忽职守、权力寻租、利益输送、徇私舞弊以及浪费国家资财等职务违法和职务犯罪进行调查……对涉嫌职务犯罪的，将调查结果移送人民检察院依法审查、提起公诉……"此后，中央纪律检查委员会、国家监察委员会颁行的《国家监察委员会管辖规定（试行）》进一步明确了监察机关管辖的案件内容，具体包括了6类犯罪88个罪名，涉及刑法条文共95条[①]。但原属检察机关立案侦查范围的非法拘禁、刑讯逼供、非法搜查等侵犯公民权利、损害司法公正的犯罪并不属于监察法规定的调查范围，因而检察机关在对诉讼活动实行法律监督过程中发现此类犯罪时，依然有权直接立案侦查。2018年修改后的《刑事诉讼法》第19条第2款即对此予以保留。2018年11月，最高人民检察院为做好刑事诉讼法修改后人民检察院与监察委员会案件管辖范围的衔接，对在诉讼监督中发现的司法工作人员利用职权实施的侵犯公民权利、损害司法公正的犯罪依法履行侦查职责，发布了《关于人民检察院立案侦查司法工作人员相关职务犯罪案件若干问题的规定》（以下简称《检察院侦查规定》），其中明确了人民检察院可以立案侦查的案件管辖范围具体包括：非法拘禁罪；非法搜查罪；刑讯逼供罪；暴力取证罪；虐待被监管人罪；滥用职权罪；玩忽职守罪；徇私枉法罪；民事、行政枉法裁判罪；执行判决、裁定失职罪；执行判决、裁定滥用职权罪；私放在押人员罪；失职致使在押人员脱逃罪；徇私舞弊减刑、假释、暂予监外执行罪。

自行侦查权、补充侦查权、机动侦查权构成了现有的检察机关侦查权之制度体系，但需要明确的是，这三类侦查权并非重新创设，而是在国家监察体制改革、检察机关职务犯罪侦查权转隶之背景下，检察机关对侦查权进行的部分保留。当然，对此并非毫无争议。近期我们就此专

① 关于监察机关调查范围之具体内容，可参见中共中央纪律检查委员会法规室、中华人民共和国国家监察委员会法规室：《〈中华人民共和国监察法〉释义》，中国方正出版社2018年版，第92—93页。

门走访调研了部分检察院[①]，有相关负责人员即对检察机关侦查权的部分保留提出质疑：一方面，对于检察机关侦查权的行使感到“无力”，认为职务犯罪侦查部门转隶后，检察机关内部没有专业的侦查力量，很难有效运行侦查权；另一方面，对于检察机关侦查权的行使感到“无心”，认为刑事诉讼法修改后检察机关侦查权极度限缩，可能出现的案件量不大，不应投入专门的人力、物力、财力。上述观点一定程度代表了实务部门当前的困惑，但也从侧面反映出对于检察机关保留部分侦查权的正当性和必要性认识不足，亟须理论上加以澄清和阐释。修法完成之初，检察机关侦查权之运行必然存在一定困难，毕竟相关人员、机构、装备及配套措施均很难紧跟此次刑事诉讼法修改的步伐。但实务人员不能因此就抗拒检察机关侦查权的部分保留，应当从更高的层面来认识和理解保留部分检察机关侦查权的理论与实践意义，即巩固检察机关法律监督的宪法地位。有鉴于此，下文将以检察机关自行侦查权为主要论域，深入分析其监督性以及规范运行的基本方向。

二、侦查权的部分保留与监督性的显著强化

从法教义学上分析，《刑事诉讼法》第19条第2款所部分保留的检察机关侦查权具有以下显著要点，需要审慎把握：其一，检察机关侦查权所面向的犯罪主体，必须是“司法工作人员”，即《刑法》第94条所规定的有侦查、检察、审判、监管职责的工作人员；其二，检察机关侦查权所针对的犯罪行为之性质，必须是“利用职权实施的非法拘禁、刑讯逼供、非法搜查等侵犯公民权利、损害司法公正的犯罪”，前已述及，《检察院侦查规定》中已将具体罪名进行罗列，主要涉及《刑法》第四章“侵犯公民人身权利、民主权利罪”和第九章“渎职罪”中的罪名；其三，检察机关侦查权的行使，其发现犯罪行为及线索的方式必须是“人民检察院在对诉讼活动实行法律监督”这一过程中，易言之，脱离了“诉讼活动”或“法律监督”，检察机关侦查权均是无法运行的。这与监察法相关规定正好形成了体系上的互补，《监察法》第3

① 近期我们对多省市的检察机关进行了实证研究，较为深入地了解了实务一线动态。更多调研情况请参见卞建林、谢澍：《刑事检察制度改革实证研究》，载《中国刑事法杂志》2018年第6期。

条规定："各级监察委员会是行使国家监察职能的专责机关，依照本法对所有行使公权力的公职人员（以下称公职人员）进行监察，调查职务违法和职务犯罪，开展廉政建设和反腐败工作，维护宪法和法律的尊严。"而本质上，"司法工作人员"也属于"行使公权力的公职人员"，但之所以在监察法规定之外，仍然通过刑事诉讼法授权检察机关保留部分侦查权，正是基于检察机关在诉讼活动中实行法律监督更利于发现司法工作人员犯罪的相关线索，提升特定领域职务犯罪侦查的效率，及时、有效地对相关犯罪进行侦查，维护国家法制的统一和法律的正确实施。并且，《刑事诉讼法》第19条第2款与《监察法》第3条在管辖上并不冲突，因为《刑事诉讼法》第19条第2款只是规定相关案件"可以"由人民检察院立案侦查，并非"应当"，这也意味着当案件涉及多条犯罪线索、多个罪名时，可以由监察机关与检察机关按照相关规定对管辖范围进行沟通，并非绝对由监察机关或检察机关管辖。但可以肯定的是，当前检察机关所保留的部分侦查权，由于强调犯罪主体必须是"司法工作人员"，犯罪行为之性质必须是"利用职权实施的非法拘禁、刑讯逼供、非法搜查等侵犯公民权利、损害司法公正的犯罪"，发现犯罪行为及线索的方式必须是"人民检察院在对诉讼活动实行法律监督"这一过程中，因而，检察机关侦查权的监督性得到了显著强化，具体原因可以从三方面展开。

首先，在国家监察体制改革、检察机关职务犯罪侦查权转隶的节点，保留并充分行使检察机关侦查权，是巩固检察机关法律监督地位的重要切入点。申言之，侦查权并非一项独立、专属的权力，检察机关、公安机关、国家安全机关、海关、监狱部门、军队保卫部门等均可以行使侦查权。但上述机关中，唯独检察机关行使侦查权具有监督性[①]，这是由检察机关侦查之目的与对象所决定的[②]。《宪法》第134条规定："中华人民共和国人民检察院是国家的法律监督机关。"作为我国检察机关履行法律监督职能的特色和亮点，其具有鲜明的"司法性"，是具体通过

① 法律监督本身即是一项专门、特殊的国家活动，除检察机关外，任何主体均无权实施。这不仅是宪法的规定，也是法律监督之理论实质所决定的。参见［俄］维诺库罗夫主编：《检察监督》（第七版），刘向文译，中国检察出版社2009年版，第1页。

② 张智辉：《检察权研究》，中国检察出版社2007年版，第52—53页。

侦查、批准逮捕、提起公诉、抗诉等环节加以实现的[①]，2018年刑事诉讼法修改后，检察机关侦查权可谓“回归”了“司法性”：第一，重新配置后的检察机关侦查权之行使，特指对诉讼活动实行法律监督过程中发现司法工作人员利用职权实施犯罪的侦查，对于公安机关或监察机关移送案件的自行补充侦查，以及公安机关侦查的国家机关工作人员利用职权实施的其他重大犯罪案件的机动侦查。其根本目的均是在诉讼活动中维护国家法制的统一和法律的正确实施，具有法律监督性质，不同于公安机关对普通刑事案件的侦查，后者更多是维护社会秩序的国家管理行为。第二，检察机关侦查的对象是国家机关工作人员、司法工作人员利用职权实施的犯罪，以及公安机关、监察机关移送的需要补充侦查的案件，前两项是相关人员在履行法定职责过程中利用职权损害国家利益、公民利益或有碍司法公正的犯罪行为，直接危害国家法制统一和法律正确实施，而后一项则是侦查、调查活动存在瑕疵，同样可能影响诉讼有效推进和法律正确实施，因而对上述几类对象的侦查活动同样具有法律监督性质。

其次，职务犯罪侦查权转隶并非弱化检察机关的法律监督地位，而是给法律监督“减负”。法律监督是内生型权力制约与监督体系中的重要环节，一旦检察机关的法律监督地位弱化，必然导致内生型监督机制的监督能力弱化，甚至动摇我国政治根基。[②]虽然，检察机关侦查权大幅限缩了适用范围，但却与法律监督理论形成逻辑内洽，为提升法律监督实践效果带来契机。诚如有论者所言，一方面，反腐之功能在一定程度上超出了检察机关的宪法职能。过往，包括法律监督在内的多种监督机制并没有真正阻止腐败现象蔓延。但法律监督未能充分发挥打击腐败之功用，其本质原因或许并不在于检察机关自身，现行领导体制下，检察机关的职务犯罪侦查权很难对同级地方党委以及其他级别更高的部门和人员形成有效监督。因而，需要整合资源，建构统一、权威、高效的国家监察体制。另一方面，职务犯罪侦查之对象超出了法律监督的应然

---

① 然而，检察机关的性质、职能与其“三级审批制”的行政性办案方式长期存在突出矛盾，这也是为何检察机关当前需要推进适度司法化的改革。参见龙宗智：《论检察》，中国检察出版社2013年版，第144页。

② 谢佑平等：《中国检察监督的政治性与司法性研究》，中国检察出版社2010年版，第1页以下。

范围。过往检察机关直接侦查的职务犯罪案件，主要是国家机关工作人员贪污、受贿、渎职类犯罪，以及国有公司、企业、事业单位人员的贪污、贿赂犯罪。对于前一类犯罪，其行为妨害了国家管理活动，损害了国家权力行使的廉洁性，但未必真正妨害法律正确实施；对于后一类犯罪，随着社会主义市场经济深入发展，国有企业经营活动同样在市场调节下进行，很难再仅把私营企业的经营活动视为纯粹经济活动，而国有企业的经营活动就是作为法律监督对象的法律实施行为。就此而言，与法律正确实施没有必然直接关联的职务犯罪案件转交由其他国家机关查办，反而有利于检察机关集中资源查办严重影响法律正确实施的犯罪案件，并不影响其作为法律监督机关维护法律尊严。①

最后，检察机关侦查权的监督性并不局限于“诉讼监督”，仍是一般意义上的“法律监督”，即维护国家法制的统一和法律的正确实施，只是范围较之以往有所限缩。我国检察机关侦查权具有法律监督性质、从属于法律监督权，这一论断在过去并无太大争议。②但在此次国家监察体制改革和刑事诉讼法修改的背景下，开始有论者将检察机关侦查权视为诉讼监督，而非法律监督，要么将二者混为一谈，要么认为检察机关的法律监督职能已经降格为诉讼监督职能。③可见，这一问题亟待澄清。从内容上看，“诉讼监督”更多是指对法律适用情况的监督，即对三大诉讼活动中确有错误的判决、裁定以及违反法定程序的情况进行监督；而“法律监督”在对法律适用情况的监督之外，还包括对法律执行情况的监督和法律遵守情况的监督。④《刑事诉讼法》第19条第2款中明确“人民检察院在对诉讼活动实行法律监督中发现的司法工作人员利用职权实施的非法拘禁、刑讯逼供、非法搜查等侵犯公民权利、损害司法公正的犯罪，可以由人民检察院立案侦查”，而此条在最初的“刑事

① 张智辉:《检察侦查权的回顾、反思与重构》，载《国家检察官学院学报》2018年第3期。

② 王桂五主编:《中华人民共和国检察制度研究》，中国检察出版社2008年版，第199页。

③ 由此延伸，检察机关在刑事诉讼之分工负责、互相配合、互相制约原则中所履行的是法律监督抑或诉讼监督，也是值得推敲的。参见卞建林、谢澍:《“以审判为中心”：域外经验与本土建构》，载《思想战线》2016年第4期。

④ 关于“法律监督”之概念与内容的探讨，可参见朱孝清、张智辉主编:《检察学》，中国检察出版社2010年版，第184—185页。

诉讼法修改初步方案”中表述为“人民检察院在诉讼监督中发现的司法工作人员违反法律规定、侵犯公民权利、损害司法公正的犯罪，由人民检察院立案侦查”①。由此观之，《修改决定》将原先“诉讼监督”之表述修改为当前“对诉讼活动实行法律监督”之表述，实际上是肯定了检察机关侦查权的法律监督性质，保留了法律监督中对法律执行情况的监督和法律遵守情况的监督，而不局限于对法律适用情况的监督。法律监督是为了维护国家法制统一和法律正确实施，而诉讼监督仅仅针对诉讼活动的合法、有序进行，加之前已述及，检察机关侦查之目的是在诉讼活动中维护国家法制统一和法律正确实施，而检察机关侦查之对象是危害国家法制统一和法律正确实施的国家机关工作人员、司法工作人员等。因而，尽管对诉讼活动实行法律监督相对于一般意义上的法律监督范围有所限缩，但不能就此将检察机关侦查权的法律监督性质“矮化”或“降格”为诉讼监督，检察机关的刑事法律监督职能显然也没有就此“走向终结”，而是迈入了新的历史阶段。

三、检察机关侦查权的规范运行

2018年刑事诉讼法修改后不久，浙江省湖州市人民检察院即依据最新规定，对湖州监狱民警钱某涉嫌虐待被监管人罪一案立案侦查；山东省济南市人民检察院也对某监狱民警尹某以涉嫌虐待被监管人罪立案侦查。②而安徽省人民检察院更是在近一年里通过其官方微信公众号发布了十余条检察机关行使自行侦查权的案例，包括以涉嫌徇私枉法罪对定远县公安局原党委副书记、政委施某某、滁州市公安局原副县级调研员曹某，亳州市蒙城县公安局原副局长张某、合肥市肥西县公安局桃花派出所原副所长陶某某、石台县人民法院民二庭原庭长陈某某、太和县公安局开发区派出所原副所长于某、六安市公安局金安分局东桥派出所指导员牛某某立案侦查，以涉嫌玩忽职守罪对石台县人民检察院原副检察长陈某某立案侦查，以涉嫌民事枉法裁判罪对望江县人民法院执行庭原庭长陈某某、临泉县人民法院民二庭原副庭长臧某某立案侦查，以涉

① 参见《刑事诉讼法修改初步方案（2018年3月5日稿）》。

② 范跃红：《浙江：立案侦查一监狱民警涉嫌虐待被监管人罪案》，载《检察日报》2018年11月29日，第1版；卢金增、鲁剑轩：《山东：立案侦查一起司法工作人员职务犯罪案》，载《检察日报》2018年12月1日，第1版。

嫌失职致使在押人员脱逃罪对池州市九华山风景区公安局辅警陶某、刘某某立案侦查，以涉嫌滥用职权罪对太和县公安局城北派出所原副所长田某某立案侦查，以涉嫌徇私舞弊减刑罪对阜阳监狱民警何某某立案侦查，以涉嫌执行判决、裁定滥用职权罪对马鞍山市花山区法院执行庭原副庭长桂某某立案侦查等。[①] 不难发现，《检察院侦查规定》中罗列的检察机关自行侦查权所涉及的案件管辖范围，已有超过半数罪名在近一年的司法实践中出现，检察机关自行侦查权的运行效果并没有制度设置之初那般悲观，各地检察机关不仅高度理解和把握了检察机关侦查权的制度内涵与要点，还创造条件有效运行自行侦查权，尤其是通过个别典型案例，让顶层设计者和社会公众意识到检察机关侦查权有效运行的重要性，有效维护了国家法制的统一和法律的正确实施。在此基础上，理论界与实务界有必要适度将关注重点转向检察机关侦查权的规范运行，明确制度运行中的重点和难点，从检察机关侦查权与监察机关调查权的协调、检察机关内部的分工与合作、检察机关侦查能力的培养与强化等方面着手，提出有效的对策建议，以确保检察机关侦查权形成长效的规范运行机制。

（一）检察机关侦查权与监察机关调查权的协调

随着2018年《宪法修正案》和监察法的通过，以及刑事诉讼法的修改完成，刑事案件的侦查（调查）权被划分为三大部分[②]，即监察机关对职务违法和职务犯罪的调查，公安机关对普通刑事案件的侦查，检察机关对诉讼活动实行法律监督中发现的司法工作人员利用职权实施的非法拘禁、刑讯逼供、非法搜查等侵犯公民权利、损害司法公正的犯罪的侦查，其中可能存在管辖的竞合问题。前已述及，《刑事诉讼法》第19条第2款只是规定相关案件“可以”由人民检察院立案侦查，并非“应当”，而本款所明确的犯罪主体必须是“司法工作人员”，犯罪行为之性

① 以上信息均来自微信公众号“安徽检察”。

② 因监察调查对象包括职务违法和职务犯罪，不能统称为监察侦查，但其中对职务犯罪的调查实际上具有侦查性质。由于例如搜查、扣押、查封、冻结、留置、技术侦查等调查措施所具有的强制性质，可能对公民个人合法权益造成很大限制或者侵害，不能因为称其为调查便掩盖其侦查的实质。特别是像留置这样长时间限制或剥夺人身自由的措施，不容掩饰其实际具有的羁押性质。参见卞建林:《监察机关办案程序初探》，载《法律科学（西北政法大学学报）》2017年第6期。

质必须是“利用职权实施的非法拘禁、刑讯逼供、非法搜查等侵犯公民权利、损害司法公正的犯罪”，发现犯罪行为及线索的方式必须是“人民检察院在对诉讼活动实行法律监督”。由此观之，刑事诉讼法规定的检察机关自行侦查权相较于《监察法》第3条关于监察机关对职务违法和职务犯罪的全面调查之定位，其在职务犯罪侦查（调查）中所扮演的只是补充的角色。而当监察机关与检察机关在管辖问题上存在竞合时，检察机关所占据的也是配合、协助而非主导的位置，《监察法》第34条即对此作出规定：“人民法院、人民检察院、公安机关、审计机关等国家机关在工作中发现公职人员涉嫌贪污贿赂、失职渎职等职务违法或者职务犯罪的问题线索，应当移送监察机关，由监察机关依法调查处置。被调查人既涉嫌严重职务违法或者职务犯罪，又涉嫌其他违法犯罪的，一般应当由监察机关为主调查，其他机关予以协助。”这一规定确立了所谓的“监察优先原则”，一方面，涉案线索优先移送监察机关，另一方面，管辖竞合时由监察机关优先主导调查。其后，《检察院侦查规定》制定时，也对这一“监察优先原则”予以明确。①

我们认为，“监察优先原则”固然存在一定合理性，但不能“一刀切”地适用“监察优先原则”。一方面，部分案件可能与监察机关承担的反腐败职能不符；另一方面，可能淡化检察机关对诉讼活动实行法律监督的职能优势，反而不利于案件的及时、有效办理。妥当处理检察机关侦查权与监察机关调查权的冲突与协调，应当建立案件管辖的前置协调沟通机制，即先由检察机关与监察机关、公安机关等协商解决管辖问题。根据过往司法实践的经验，当检察机关与公安机关产生管辖竞合的

---

① 《检察院侦查规定》规定：“人民检察院立案侦查本规定所列犯罪时，发现犯罪嫌疑人同时涉嫌监察委员会管辖的职务犯罪线索的，应当及时与同级监察委员会沟通，一般应当由监察委员会为主调查，人民检察院予以协助。经沟通，认为全案由监察委员会管辖更为适宜的，人民检察院应当撤销案件，将案件和相应职务犯罪线索一并移送监察委员会；认为由监察委员会和人民检察院分别管辖更为适宜的，人民检察院应当将监察委员会管辖的相应职务犯罪线索移送监察委员会，对依法由人民检察院管辖的犯罪案件继续侦查。人民检察院应当及时将沟通情况报告上一级人民检察院。沟通期间，人民检察院不得停止对案件的侦查。监察委员会和人民检察院分别管辖的案件，调查（侦查）终结前，人民检察院应当就移送审查起诉有关事宜与监察委员会加强沟通，协调一致，由人民检察院依法对全案审查起诉。”

情况时，通常分别立案侦查，但以涉嫌主罪来确定管辖主体。[①]例如，内蒙古自治区政协原副主席赵黎平故意杀人、受贿、非法持有枪支、弹药、非法储存爆炸物案，这起案件既有受贿犯罪，同时也涉及故意杀人、非法持有枪支、弹药、非法储存爆炸物等重大刑事犯罪。故在主罪系普通刑事犯罪的情况下，由公安机关负责管辖、检察机关作为配合将更有利于案件之办理。而在检察机关侦查权与监察机关调查权存在管辖竞合时，应当具体区分案件性质。例如，刑讯逼供、暴力取证、非法拘禁、非法搜查以及采取伪造、抽取、添加证据等方法进行徇私枉法等犯罪，均是司法工作人员在办案过程中实施的犯罪，检察机关在审查“前案”时，对发现的上述犯罪直接实施侦查，有利于及时、有效地对“前案”某些证据是否合法、是否应当认定为非法证据予以排除、案件是否构成犯罪等问题作出正确判断。[②]倘若主罪是检察机关在对诉讼活动实行法律监督中发现的司法工作人员利用职权实施的此类犯罪，且同时发现其他职务犯罪的线索，仍坚持“监察优先原则”并移送监察机关依法调查处置，则可能延误对“前案”相关问题的判断，既不利于案件的及时、有效办理，也不利于“前案”当事人的权益保护。有鉴于此，为了确保刑事案件管辖分工之清晰，同时确保刑事案件办理之高效，有必要加强监察机关、检察机关、公安机关之间的管辖协调，具体问题具体沟通，而不是“一刀切”地适用“监察优先原则”，这亦与《监察法》第4条所确立的监察机关、审判机关、检察机关、执法部门互相配合、互相制约原则相一致。[③]

---

① 参见《最高人民法院、最高人民检察院、公安部、国家安全部、司法部、全国人大常委会法制工作委员会关于实施刑事诉讼法若干问题的规定》第1条：“公安机关侦查刑事案件涉及人民检察院管辖的贪污贿赂案件时，应当将贪污贿赂案件移送人民检察院；人民检察院侦查贪污贿赂案件涉及公安机关管辖的刑事案件，应当将属于公安机关管辖的刑事案件移送公安机关。在上述情况中，如果涉嫌主罪属于公安机关管辖，由公安机关为主侦查，人民检察院予以配合；如果涉嫌主罪属于人民检察院管辖，由人民检察院为主侦查，公安机关予以配合。”

② 朱孝清：《检察机关如何行使好保留的职务犯罪侦查权》，载《中国刑事法杂志》2019年第1期。

③ 卞建林：《配合与制约：监察调查与刑事诉讼的衔接》，载《法商研究》2019年第1期。

（二）检察机关内部的分工与合作

根据当前最高人民检察院内设机构改革以及地方检察机关内设机构改革的推进情况，最高人民检察院第五检察厅负责对监狱、看守所和社区矫正机构等执法活动的监督，对刑事判决、裁定执行、强制医疗执行、羁押和办案期限的监督以及对羁押必要性进行审查，办理罪犯又犯罪案，负责对法律规定由最高人民检察院办理的司法工作人员利用职权实施的非法拘禁、刑讯逼供、非法搜查等侵犯公民权利、损害司法公正犯罪，以及按照刑事诉讼法规定需要由人民检察院直接受理的其他重大犯罪案件的侦查。而地方检察机关同样作为刑事执行检察部门侦查主体，负责检察机关自行侦查权的运行。从职能上看，在刑事执行检察部门中配置侦查力量，能在检察机关内部保证侦查与控诉、批捕的相对分离。曾有观点主张，检察机关承担的诉讼职能与监督职能应适度分离，并需要通过在检察机关内部设立专门的监督机构以集中统一行使监督职能。在此意义上看，借助检察机关侦查权部分保留的契机，将刑事执行检察部门进一步拓展为专门的监督机构，似乎也更符合检察改革的总体趋势。[①] 但检察机关侦查权的规范运行，不能仅仅倚仗于刑事执行检察部门，自行侦查案件的办理还需检察机关内部的通力协作，形成规范的配合与制约机制。例如，《检察院侦查规定》即明确："设区的市级以上人民检察院侦查终结的案件，可以交有管辖权的基层人民法院相对应的基层人民检察院提起公诉；需要指定其他基层人民检察院提起公诉的，应当与同级人民法院协商指定管辖；依法应当由中级人民法院管辖的案件，应当由设区的市级人民检察院提起公诉。""对本规定所列犯罪案件，人民检察院拟作撤销案件、不起诉决定的，应当报上一级人民检察院审查批准。""人民检察院负责刑事检察工作的专门部门办理本规定所列犯罪案件，认为需要逮捕犯罪嫌疑人的，应当由相应的刑事检察部门审查，报检察长或者检察委员会决定。""人民检察院办理本规定所列犯罪案件，应当依法接受人民监督员的监督。"

此外，依照《检察院侦查规定》，检察机关自行侦查权所涉及的案

---

① 关于刑事执行检察改革，以及诉讼职能与监督职能适度分离的问题，可参见卞建林、谢澍:《刑事执行检察监督：资源整合与体系建构》，载《河南社会科学》2015 年第 7 期。

件，原则上由设区的市级人民检察院立案侦查[①]，但“基层人民检察院发现犯罪线索的，应当报设区的市级人民检察院决定立案侦查。设区的市级人民检察院也可以将案件交由基层人民检察院立案侦查，或者由基层人民检察院协助侦查。最高人民检察院、省级人民检察院发现犯罪线索的，可以自行决定立案侦查，也可以将案件线索交由指定的省级人民检察院、设区的市级人民检察院立案侦查”。曾有学者对此质疑：基层检察机关是否具有足够的侦查能力？如果案件属于检察机关与监察机关互涉案件，履行立案调查职能的监察机关属于区县级监察机关，地市级检察机关如何予以协助？[②]我们认为，这有赖于检察机关内部的沟通与协调，原则上无论由何种级别的检察机关具体立案侦查，上级检察机关均应当给予适当指导并进行监督，同理，在协助监察机关调查的过程中亦然。倘若基层检察机关在立案侦查和协助监察机关调查的过程中存在具体困难，可以与上级检察机关进行沟通。

（三）检察机关侦查能力的培养与强化

检察机关侦查权的规范运行，还有赖于具备专业化能力的侦查人员，以及具有科技含量的侦查装备，这既需要当前检察机关内部资源整合，更需要日后检察机关有意识地培养和强化侦查能力。首先，检察机关应当重视侦查队伍的建设。侦查活动需要一定的经验和技巧，并非具备一般的法律知识即能胜任，过往检察机关内部的侦查专家往往是多年实践积累所练就的，需要通过个案积累侦查经验。因此，倘若过往曾有反贪、反渎工作经验的办案人员应当优先加入检察机关内部的侦查队伍，并作为骨干力量委以重任。无论是宏观的侦查思路、原则、策略等方面的经验，抑或中观的侦查各类案件、采取各种侦查措施和强制措施

① 根据最高人民检察院陈国庆副检察长的介绍，之所以规定由市级院管辖，主要基于三点考虑：一是办案质量，由上一级人民检察院管辖便于办案资源优化配置，更有利于确保案件侦查工作质量；二是案件数量，总体上检察院立案侦查司法工作人员相关职务犯罪案件的数量不多，从前几年的平均案件量来说，全国也就1000件左右，完全可以胜任；三是排除阻力，在刑事诉讼中，侦查机关、审判机关和检察机关互相制约，由上一级人民检察院立案侦查，可以排除可能发生的干扰。参见陈国庆:《刑事诉讼法修改与刑事检察工作的新发展》，载《国家检察官学院学报》2019年第1期。

② 郭华:《我国检察机关侦查权调整及其互涉案件程序的探讨》，载《法治研究》2019年第1期。

的经验，以及微观的侦查个案的经验，均应当得到传承和借鉴[①]；其次，检察机关应当保留并发展侦查装备。职务犯罪侦查部门整体转隶后，一些原先供侦查使用的装备、系统和多少年来积累的有形、无形资产仍归属检察机关，需要加以合理利用。同时，适应“科技强检”“智慧检察”的建设目标，检察机关应当尽快实现侦查装备的科技化转型升级，充分利用大数据、人工智能产品，在与监察机关、公安机关的沟通过程中实现信息共享；最后，检察机关侦查权的公正、专业、规范运行，还应注重培养和提升检察机关侦查人员的业务水平。除了日常业务的积累和总结，还需创造条件加强检察机关侦查人员与科研院所、公安机关、监察机关的交流与合作，增加侦查技能的培训，一是强化检察机关侦查人员的侦查知识和水平；二是通过交流促使各机关明确业务标准和侦查活动的规范程度，尤其是检察机关、监察机关、公安机关之间需要明确侦查合法性标准和证据标准。[②]毕竟无论是国家监察体制改革，抑或此次刑事诉讼法修改，均有要求相关程序在合法、规范的制度框架下运行，这与以审判为中心的刑事诉讼制度改革方向亦不冲突。[③]

---

① 朱孝清:《检察机关如何行使好保留的职务犯罪侦查权》，载《中国刑事法杂志》2019年第1期。

② 刑事诉讼各阶段的证明（证据）标准究竟是统一抑或递进，在理论上存在争议，国家监察体制改革后，调查与侦查是否标准同一更需要审慎把握。《监察法》第40条规定:“监察机关对职务违法和职务犯罪案件，应当进行调查，收集被调查人有无违法犯罪以及情节轻重的证据，查明违法犯罪事实，形成相互印证、完整稳定的证据链。严禁以威胁、引诱、欺骗及其他非法方式收集证据，严禁侮辱、打骂、虐待、体罚或者变相体罚被调查人和涉案人员。”这是“印证”首次正式写入我国法律，实际上提出了更高标准。参见谢澍:《反思印证:“亚整体主义”证明模式之理论研判》，载《华东政法大学学报》2019年第3期。

③ 原本“以审判为中心”提出时只涉及公安机关、检察机关、审判机关、当事人及其辩护律师之间的关系，国家监察体制改革之后，由于监察机关的出现，其相互关系更加多元和复杂，但在刑事诉讼程序中被追诉人是否有罪的标准仍然需要由审判机关具体把握。参见卞建林、谢澍:《“以审判为中心”视野下的诉讼关系》，载《国家检察官学院学报》2016年第1期。

刑事附带民事公益诉讼的实践探索

——东乌珠穆沁旗人民检察院诉王某某等三人非法狩猎案评析*

改革开放以来，我国刑事诉讼制度走过了雏形设计、初步实践、广泛探索和深化改革四个重要历史阶段，中国特色社会主义刑事程序法治取得非凡成就，但基于本土需求的制度创新并未由此停滞[①]，其中，刑事附带民事公益诉讼制度是近年来备受关注的改革动向。探索建立检察机关提起公益诉讼制度是党的十八届四中全会所作出的重大部署。2018年，“两高”联合发布的《关于检察公益诉讼案件适用法律若干问题的解释》（以下简称《检察公益诉讼解释》），明确增加了刑事附带民事公益诉讼类型。《检察公益诉讼解释》要求，人民检察院对在履行职责中发现的生态环境和资源保护、食品药品安全、国有财产保护、国有土地使用权出让、英烈权益保护等领域损害国家利益或者社会公共利益的案件，应当根据刑事诉讼法、民事诉讼法、行政诉讼法等法律规定，以诉讼方式履行宪法所赋予的法律监督职责。自此，司法实践中刑事附带民事公益诉讼案件逐渐增多，甚至取代行政公益诉讼案件，成为检察公益诉讼的重中之重，所占比例超过七至八成。“内蒙古自治区锡林郭勒盟东乌珠穆沁旗人民检察院诉王某某等三人非法狩猎刑事附带民事公益诉讼案”，即是司法实践中一起具有代表意义的典型案件。本文通过梳理此案，明确刑事附带民事公益诉讼的制度定位，总结检察机关在办理刑事附带民事公益诉讼案件中的有益经验，推动中国特色刑事附带民事公益诉讼制度的完善。

---

* 原文发表于《中国法律评论》2020年第5期，与谢澍合作。

① 卞建林、谢澍：《新中国刑事诉讼制度的诞生和发展——写于中华人民共和国成立70周年暨〈刑事诉讼法〉颁布40周年之际》，载《暨南学报（哲学社会科学版）》2019年第10期。

一、基本案情回顾

2017 年 12 月，被告人王某某与另一被告人商量到东乌珠穆沁旗狩猎野生鸟，准备出售给东北地区的“野味店”供食客食用。两人分别负责寻找狩猎野生鸟的地方和提供交通工具及相关支出，并联系被告人郝某某一同前往。被告人郝某某负责提供狩猎野生鸟时所使用的谷物糜子、克百威、食用油。王某某等三人商定平分所得经济利益。2017 年 12 月 20 日，王某某等三人一同驾车从吉林省松原市来到内蒙古自治区锡林郭勒盟东乌珠穆沁旗乌里雅斯太镇，在第九加油站北 1 公里附近的草滩上投撒事先用苜蓿草籽和百克威配置好的 60 斤毒饵。2017 年 12 月 21 日晚，王某某等三人到投放毒饵现场，捡回被毒死的百灵鸟十余只。2018 年 1 月 16 日，东乌珠穆沁旗森林公安民警在乌里雅斯太镇第九加油站北 1 公里处路东 500 米草滩内发现大量野生百灵鸟死体，共计 870 只。2018 年 3 月 12 日，东乌珠穆沁旗森林公安民警再次到上述地点巡查时又发现大量野生百灵鸟死体，共计 3614 只。经查，王某某等三人先后毒杀了 4484 只百灵鸟，其中，被毒杀的 3735 只蒙古百灵和 165 只角百灵均被列入《国家保护的有益的或者有重要经济、科学研究价值的陆生野生动物名录》。

刑事案件侦查阶段，东乌珠穆沁旗人民检察院提前介入，查阅证据材料，并引导公安机关重点侦查非法狩猎人毒杀鸟类的种类、数量，对草原生态环境的影响等公益损害方面的违法事实。经审查认定，王某某等三人猎杀 4484 只百灵鸟的行为严重破坏草原生态平衡和草原生物多样性，严重损害社会公共利益。

2018 年 5 月，东乌珠穆沁旗人民检察院将王某某等三人以涉嫌非法狩猎罪起诉至东乌珠穆沁旗人民法院，同时提起刑事附带民事公益诉讼，请求法院判令王某某等三人对非法猎杀百灵鸟产生的国家财产损失、生态经济价值损失、鉴定费用等共计 440.45 万元承担连带赔偿责任，并在新闻媒体上向社会公开赔礼道歉。

2018 年 11 月 21 日，东乌珠穆沁旗人民法院作出一审判决，对检察机关提出的公益诉讼请求中生态经济价值损失、鉴定费用、赔礼道歉三项予以支持，驳回赔偿国有财产损失的诉讼请求。检察机关依法向锡林郭勒盟中级人民法院提出上诉，二审判决撤销原判决，依法改判支持了检察机关的全部诉讼请求。

二、刑事附带民事公益诉讼的制度定位

《检察公益诉讼解释》第20条规定：“人民检察院对破坏生态环境和资源保护、食品药品安全领域侵害众多消费者合法权益等损害社会公共利益的犯罪行为提起刑事公诉时，可以向人民法院一并提起附带民事公益诉讼，由人民法院同一审判组织审理。人民检察院提起的刑事附带民事公益诉讼案件由审理刑事案件的人民法院管辖。”本案显然属于破坏生态环境和资源保护这一损害社会公共利益的犯罪行为，东乌珠穆沁旗人民检察院对本案提起刑事附带民事公益诉讼，不仅遵循了规范依据，也符合刑事附带民事公益诉讼的制度定位。

首先，刑事附带民事公益诉讼有利于发挥检察机关法律监督职能，维护宪法法律权威，维护社会公平正义，维护国家利益和社会公共利益。检察机关是行使公权力的国家机关，办理公益诉讼案件是履行法律监督职能的职权行为，因此，检察机关的诉讼地位具有其特殊性。《检察公益诉讼解释》明确检察机关以“公益诉讼起诉人”的身份提起公益诉讼，更加合理、明确地界定了检察机关提起诉讼的身份。[①]本案中，东乌珠穆沁旗人民检察院一方面履行法律监督职能，无论是提前介入侦查、提起刑事附带民事公益诉讼，还是针对一审判决依法提出上诉，均有效地将法律监督职能贯穿程序始终；另一方面牢牢坚持“保护公益”这一核心要旨，草原上的百灵鸟被大量毒杀导致草原生物多样性及生态平衡受到破坏，检察机关依法启动刑事附带民事公益诉讼程序，追究非法狩猎者的环境侵权责任，保护了草原生态资源，维护了受损的社会公共利益。

其次，刑事附带民事公益诉讼彰显检察机关坚持打击刑事犯罪与赔偿损失、修复生态并重的办案理念，加强了维护生态平衡和生物多样性的司法保护力度。独立的刑事或民事诉讼无法形成合力，以至于法益和公益保护难以协同，甚至本应兑现的制度功能亦遭遇尴尬。例如，过往我国污染环境罪的量刑大多适用基础量刑，仅5%左右的案件适用加重量刑，而在97%的基础量刑中还适用缓刑。结果即是，传统刑罚既不能遏制污染环境犯罪，也无法恢复被破坏的环境。而在此类案件中适用刑事附带民事公益诉讼，其客观效果不仅表现在可以直接修复环境，让被

---

① 张雪樵：《〈关于检察公益诉讼案件适用法律若干问题的解释〉的理解与适用》，载《人民检察》2018年第7期。

告人承担生态修复和功能损失的费用，也大大提升了环境刑事制裁的威慑力。[①] 本案中，二审法院最终支持了检察机关的全部诉讼请求，被告人王某某等三人除了负刑事责任外，还对其犯罪行为造成的损失，依法承担民事赔偿责任，包括国家财产损失、生态经济价值损失、鉴定费用等，并在新闻媒体上向社会公开赔礼道歉。可见，刑事附带民事诉讼不仅保护法益，更保护公益，以强有力的制裁手段对此类犯罪产生震慑作用，呈现出过往未曾有过的司法保护力度。

最后，刑事附带民事公益诉讼有助于提高办案效率、节约司法资源。本案中，检察机关在办案过程中发现，犯罪嫌疑人王某某等三人猎杀 4484 只百灵鸟，严重破坏草原生态平衡和草原生物多样性，严重损害了国家利益和社会公共利益，因此依法提起刑事附带民事公益诉讼。通过刑事附带民事公益诉讼，检察机关在依法追究行为人刑事责任的同时，能够一并追究其损害社会公共利益的民事责任，提高了诉讼效率，节约了诉讼资源。与独立的民事公益诉讼相比，刑事附带民事公益诉讼往往能够形成追责合力。东乌珠穆沁旗人民检察院即坚持“一案双查”，提前介入侦查，并引导公安机关就公益受损事实进行补充侦查，为公益诉讼案件办理奠定了扎实基础。同时，刑事附带民事公益诉讼不仅在个案层面加大了对破坏野生动物资源与生态环境犯罪的打击力度，对保护野生动物、保护生态环境具有积极意义，而且针对在野生动物与生态环境保护中的监管漏洞，检察机关也能够依法提出检察建议，督促相关机关履职整改。

三、刑事附带民事公益诉讼中的赔偿数额认定

在刑事附带民事公益诉讼中，检察机关应当承担证明责任，以确保控诉的有效性。而在检察机关需要举证证明的事项中，对于案件基本事实的证明仍属于检察机关的“常规操作”，但刑事附带民事公益诉讼中往往还涉及国家财产损失、生态经济价值损失，其赔偿数额的具体认定需要检察机关借助专门知识加以证明，具有一定难度。因此，刑事附带民事公益诉讼中的赔偿数额认定，是当前实践探索中检察机关亟待强化的重点内容之一，应当与鉴定人、有专门知识的人乃至行政机关、社会

① 刘艺:《刑事附带民事公益诉讼的协同问题研究》，载《中国刑事法杂志》2019 年第 5 期。

团体形成合力。

本案一审中，对于国家财产损失395.97万元的主张，附带民事公益诉讼起诉人向一审法院提交了东乌珠穆沁旗林业水利局出具的《野生动物价值说明》。一审法院认为，东乌珠穆沁旗林业水利局不具有价格鉴定资质，驳回赔偿国有财产损失的诉讼请求。东乌珠穆沁旗人民检察院提出上诉，理由在于：其一,一审判决已经对三被上诉人涉案犯罪事实给予依法认定，可以证实毒杀百灵鸟的事实客观存在；其二,三被上诉人毒杀百灵鸟的数量及品种是明确的；其三,三被上诉人毒杀的百灵鸟的价格认定标准是明确的；其四，东乌珠穆沁旗林业水利局出具的《野生动物价值说明》符合相关文件及附件的规定，能够证实涉案百灵鸟的国家经济损失价值。

在东乌珠穆沁旗人民检察院所提出的四项上诉请求的事实和理由中，第二、三项均涉及被毒杀鸟类的数量、品种和价值，这需要相关鉴定机构进行判断并出具意见；而第四项则关乎《野生动物价值说明》是否具备证明相关经济价值损失的效力。一审法院驳回赔偿国有财产损失的诉讼请求，是因为认定出具《野生动物价值说明》的东乌珠穆沁旗林业水利局不具有价格鉴定资质。在二审审理过程中，上诉人东乌珠穆沁旗人民检察院提交了由张家口鼎盛林业司法鉴定中心出具的司法鉴定意见书，二审法院认为，该司法鉴定意见符合法律规定，法院予以支持，三被上诉人应共同予以赔偿，并承担连带责任。

在刑事附带民事公益诉讼中，检察机关需要证明社会公益损害、国有财产损失的具体数额。传统上，公安机关并不收集此类证据。环境公共利益损害、国有财产损失以及修复费用，一般需要通过鉴定的方式证明。但在我国基层许多县市，符合要求的鉴定机构很少，且鉴定费用较高，一些案件的鉴定费用甚至超过损害数额。相关鉴定费用主要由检察机关支付，但长年来检察机关办案费用始终紧张，导致检察机关在刑事附带民事公益诉讼中证明具体赔偿数额存在难度。[①]本案即是实例之一。

---

① 有实证研究发现，部分案件的鉴定费用由被告人承担，多数在3万元以内，少数几个案件鉴定费用达到近10万元。鉴定费用过高成为阻碍刑事附带民事公益诉讼的重要因素，为了化解该难题，实践中很多鉴定由主管行政部门作出，大大降低了鉴定费用，但也带来鉴定不准确等新问题。参见谢小剑:《刑事附带民事公益诉讼：制度创新与实践突围——以207份裁判文书为样本》，载《中国刑事法杂志》2019年第5期。

为解决这一问题，可能的方向是借助“有专门知识的人”出庭提供专业意见，以更为灵活的证明方式降低鉴定成本。最高人民法院《关于审理环境侵权责任纠纷案件适用法律若干问题的解释》第9条规定：“当事人申请通知一至两名具有专门知识的人出庭，就鉴定意见或者污染物认定、损害结果、因果关系、修复措施等专业问题提出意见的，人民法院可以准许。当事人未申请，人民法院认为有必要的，可以进行释明。具有专门知识的人在法庭上提出的意见，经当事人质证，可以作为认定案件事实的根据。”涉及生态环境和资源保护的案件中，损害行为和损害结果之间的因果关系以及具体赔偿数额的认定，均具有一定专业性，因此需要“有专门知识的人”为法庭审理和司法裁判提供知识上的帮助。本案中，王某某等三位被告人不满一审裁判结果并提出上诉，其理由包括被毒杀百灵鸟的数量、撒药面积和地点、是否存在其他导致百灵鸟死亡的可能以及赔偿额度过高，这些争议点均是需要基于专门知识进行判断的。

原本，根据刑事诉讼法和司法实践样态，有专门知识的人提供的意见仅仅是控辩双方质证意见的组成部分，并没有独立的证据效力，并且法律将“有专门知识的人出庭”定位于“就鉴定人作出的鉴定意见提出意见”。虽然相关条文并未明确“有专门知识的人”出庭的前提是鉴定人出庭，但显然，“鉴定意见”与“有专门知识的人”之意见缺乏“同等地位”。易言之，前者是占据主导地位的证据，而后者仅是在前者基础之上所提出的意见。但最高人民法院《关于审理环境侵权责任纠纷案件适用法律若干问题的解释》第9条规定，具有专门知识的人在法庭上提出的意见，经当事人质证，可以作为认定案件事实的根据。在一定程度上，这是突破了原有的法律规定，赋予有专门知识的人之意见“证据效力”。由此，在刑事附带民事公益诉讼的实践中，可以进一步激活“有专门知识的人”，并为下一步规则的修改和制定奠定基础：首先，即使未申请鉴定人出庭或法院认为鉴定人没有必要出庭的，控辩双方也可以申请有专门知识的人出庭，法院应当同意相关申请；其次，有专门知识的人出庭发表意见，在范围上不应仅局限于“就鉴定人作出的鉴定意见提出意见”，还可以就案件中鉴定意见以外其他涉及专门知识的问题发表意见，使其意见由“依附性”向“独立性”和“主动性”转化，以

便于作为认定案件事实的根据。[1]进而，在以审判为中心及庭审实质化的改革语境下，控辩双方就经济价值损失的具体数额展开质证，以利于法庭对刑事附带民事公益诉讼中相关鉴定问题及赔偿数额有更加全面客观的判断。

四、刑事附带民事公益诉讼中的检察职能延伸

前述之刑事附带民事公益诉讼中的赔偿数额认定，是检察机关在承担证明责任中较为棘手的问题，而这不仅仅涉及诉讼证明本身，还有赖于检察职能的延伸和制度规范的保障。当前，刑事附带民事公益诉讼仍处于制度运行之初，有些问题存有争议，其中就包括刑事附带民事公益诉讼制度的基本法律规范依据，以及规范授权的职能边界。有学者即认为，我国民事诉讼法是刑事附带民事公益诉讼的基本法依据，刑事附带民事公益诉讼的起诉书不应将我国刑事诉讼法列为法律依据。[2]其实，在 2018 年刑事诉讼法修改之时，就有观点提出应当在刑事诉讼法中及时增加有关刑事附带民事公益诉讼制度的基本规定。但 2018 年刑事诉讼法修改时间紧、任务重，主要聚焦于监察法与刑事诉讼法的衔接、建构刑事缺席审判制度、完善认罪认罚从宽制度和增加速裁程序，并没有对刑事附带民事公益诉讼制度加以规范。[3]因而，在未来的一段时间里，刑事附带民事公益诉讼制度仍是“摸着石头过河”。但对于检察机关而言，2018 年刑事诉讼法修改为了和监察法相衔接，对检察职能进行了相应调整，职务犯罪侦查权实行转隶，检察机关为有效履行宪法和法律赋予的法律监督职能需要找寻新的着力点和增长点，发展和完善公益诉讼制度应该大有可为、大有作为。

其一，服务“四大检察”的战略格局，拓展检察机关与行政机关、

---

① 谢澍:《刑事司法证明中的专门知识：从权力支配到认知偏差》，载《法律科学》2018 年第 4 期。

② 论者进一步认为，如果一味等待我国刑事诉讼法的未来修改并拒绝把民事诉讼法作为刑事附带民事公益诉讼的上位法，一方面相当于指责刑事附带民事公益诉讼的过往运行欠缺合法性，另一方面相当于默认刑事附带民事公益诉讼在我国刑事诉讼法未来修改前仍可违法运行。参见刘加良:《刑事附带民事公益诉讼的困局与出路》，载《政治与法律》2019 年第 10 期。

③ 卞建林、谢澍:《刑事诉讼法再修改：解读与反思》，载《中共中央党校学报》2018 年第 6 期。

社会组织的密切关联。最高人民检察院领导曾明确提出“做优刑事检察、做强民事检察、做实行政检察、做好公益诉讼检察”的工作目标，为检察工作转型发展指明了基本方向。作为“四大检察”中较为“年轻”的业务范畴，检察公益诉讼应当把开展公益诉讼特别是行政公益诉讼工作的出发点和落脚点放在以法治手段帮助党委政府解决仅凭行政手段难以解决的公益难题上，树牢公益协同保护和效果导向理念，积极稳妥开展工作。① 检察公益诉讼服务于社会公益，本就是国家治理中的关键一环，2018 年，最高人民检察院与生态环境部、国家发改委、司法部、自然资源部、住房和城乡建设部、交通运输部、农业农村部、水利部、国家林业和草原局等九个部委联合发布《关于在检察公益诉讼中加强协作配合依法打好污染防治攻坚战的意见》，正是检察机关与各级行政机关协同治理的体现。本案中，检察机关便积极寻求了行政机关的协助和配合，取得了良好效果。对于涉及生态环境和资源保护的检察公益诉讼，因为涉及相关专业问题，检察机关可以并且应当与对口行政管理机关相互配合。在诉前，检察机关应当把握好检察建议、诉前督促等手段，借助诉前督促来促进行政机关履职整改；坚持监督与支持并重，与行政机关建立常态化沟通平台，不断创新诉前督促的形式和机制，形成整体协同②；还要注意调动和保护社会组织参与公益保护的积极性、主动性，壮大生态环境和资源保护的队伍和力量。

其二，在刑事附带民事公益诉讼中，检察机关需要转变办案思路，从单向的刑事或民事思维，转向刑事与民事思维并重，进而形成合力。在过往涉及生态环境和资源保护、食品药品安全等领域的检察公益诉讼中，一个特别的现象是，检察民事公益诉讼线索大多是通过刑事检察部门移交获取的。由于相关刑事案件涉及公益损害及赔偿问题，检察机关需要再次提起民事公益诉讼。因而，刑事附带民事公益诉讼显然存在其制度必要性，对于疏通刑民关系、提升司法治理的全面性均具有积极意

① 顾雪飞:《落实落细推动“四大检察”全面协调充分发展》，载《检察日报》2019 年 4 月 9 日，第 3 版。

② 张雪樵:《检察公益诉讼的“智慧之门”》，载《检察日报》2019 年 4 月 9 日，第 3 版。

义。[①]但刑事附带民事公益诉讼不同于一般的刑事或民事诉讼，无论在制度定位、程序设计、证明标准、实践样态上均存在显著差异，不能简单地套用刑事诉讼或民事诉讼中的惯常操作来解决刑事附带民事公益诉讼中的诸多疑难问题。司法实践中，即有办案人员总结和梳理了一系列需要刑民协同的关键点。例如，针对实践中刑事附带民事公益诉讼案件线索过滤不恰当、移送不及时、不到位等问题，需要建立起公益诉讼检察部门与刑事检察部门公益诉讼案件线索移送机制。又如，民事公益诉讼部分的侵权事实调查是起诉的前提和基础。案件调查根据立案阶段不同，可以在刑事侦查环节展开，也可能在刑事审查起诉环节启动。不论在哪个环节，都会涉及调查与侦查的协同问题。为做好公益诉讼的前期准备，与刑事侦查的协同要强调预见性和前瞻性。[②]

其三，在刑事附带民事公益诉讼中，检察机关应坚持提前介入侦查，并根据需要进行补充侦查。本案中，东乌珠穆沁旗人民检察院提前介入侦查，并引导公安机关就公益受损事实进行补充侦查，为公益诉讼案件办理奠定了扎实基础。实际上，检察提前介入、公诉指导侦查本就是近年来刑事诉讼制度改革的一项重点内容。为了保证起诉的效果和质量，履行公诉职能的检察官对从事侦查活动的公安人员，在侦查取证方面和法律事务方面予以指导，具有正当性且十分必要。因此，检察提前介入、公诉指导侦查作为公诉职能向侦查阶段延伸与拓展的具体制度，值得探索。同时，检察机关提前介入侦查也为进一步强化侦查监督提供了可能，将原有的事后监督改为同步监督，实现公诉职能与监督职能同时向前延伸。[③]检察机关提前介入重大疑难案件的类型范围，实践中通常包括案件有重大影响、认定有重大分歧、犯罪手法特殊新颖、社会舆论广泛关注等几类。刑事附带民事公益诉讼涉及破坏生态环境和资源保护、食品药品安全领域侵害众多消费者合法权益等损害社会公共利益的犯罪行为，关乎国家利益和社会公益，本就属于具有重大影响且社会舆

① 刘艺:《刑事附带民事公益诉讼的协同问题研究》，载《中国刑事法杂志》2019年第5期。

② 刘昌强:《刑事附带民事公益诉讼应注意六方面衔接协调》，载《检察日报》2020年1月21日，第3版。

③ 卞建林、谢澍:《刑事检察制度改革实证研究》，载《中国刑事法杂志》2018年第6期。

论高度关注的案件，检察机关适时介入和指导侦查很有必要。当然，出于效率的考量，检察机关在刑事附带民事公益诉讼中可以坚持专案介入与类案引导相结合。以召开刑事附带民事公益诉讼案件联席会议、个案交流、专案研讨以及同类案件反馈等方式对证据收集和规范侦查活动方面的共性问题进行整理和剖析，既可通过一件案件明确同类案件的侦查取证范围，也可通过对几类难点案件的证据特点进行分析归纳，制定证据收集指引，使侦查人员在侦查该类案件、收集相关证据时有章可循、明确重点，从而起到事半功倍的效果。

人工智能时代我国刑事诉讼制度的机遇与挑战 *

随着移动互联网、大数据、超级计算、区块链等新技术的出现，全球人工智能发展进入崭新阶段，呈现出跨界融合、人机协同、群智开放等新特征，深刻改变了人类生活，并给各个领域带来变革性影响。人工智能在我国司法领域的运用及发展也受到党中央的高度重视，政法智能化建设成为推动国家治理现代化的重要一环。如何遵循刑事诉讼的自身规律，顺应司法智能化的发展趋势，回应人工智能发展所带来的系列挑战，进一步健全我国刑事诉讼制度和程序，是我们必须慎重思考与认真对待的问题。

一、人工智能给刑事诉讼制度发展带来的机遇

在人工智能的时代背景之下，我国刑事诉讼制度面临着前所未有的发展机遇。这是由于人工智能显著区别于传统科技，蕴含着不断增长的“自主性”，能够自我学习、改造与进化，正是这一特性为刑事诉讼全过程注入了智慧与动力。

（一）侦查手段得以创新，利于侦查模式的转型升级

将人工智能运用于刑事侦查领域，即借助人工智能等尖端技术辅助办案人员进行专门调查工作，并将相关智能设备运用于刑事侦查活动，以达到获取线索、查明犯罪事实、确定犯罪嫌疑等目的。当前，人工智能在我国刑事侦查领域的具体运用包括智能识别、情报检索、犯罪数据挖掘、犯罪监控等方面。

人工智能极大地创新了侦查手段，为侦查机关履行侦查职能提供了智能支持。一是尖端科技手段的引入有利于及时锁定犯罪嫌疑人。例

---

* 原文发表于《江淮论坛》2020 年第 4 期。

如，依托智能人脸识别系统与DNA数据库等，通过挖掘与分析相关信息，能够准确地确认与追踪犯罪嫌疑人的身份，为侦查提供有力的方向，提升了案件的侦破率。二是多类型数据库的运用有利于及时发现犯罪线索与证据资料。基于计算机算法对数据进行分析对比，其强大的信息和分析优势将弥补传统侦查手段的“短板”，尤其利于互联网犯罪、跨国犯罪、恐怖主义犯罪等新型犯罪的侦破。例如，2016年浙江省公安厅开展的“云剑行动”，依托“阿里巴巴”大数据在一年时间内查处制售假货窝点417个，破获假货案件总案值达14.3亿元[①]，有力打击了互联网领域的假冒伪劣犯罪行为。三是犯罪数据系统的开发有利于预防与遏制犯罪。如前述“云剑行动”，其衍生效果在于打假地图的绘制，基于对历史数据与信息的分析，不仅实现了对涉假商品、售假团伙的溯源追踪，并且帮助侦查机关确定了犯罪行为的活跃范围与犯罪嫌疑人的主要分布，最终在全国范围内成功挖掘了数千个活跃的售假团伙。当前，旨在预测与预防犯罪的公安犯罪预测系统已在我国部分地区正式投入运行，并取得了相当成效。[②]总的来看，将人工智能运用于侦查领域，有效应对了当前犯罪活动愈发智能化与隐蔽化的趋势，不仅有利于打击犯罪、维护社会治安，还将合理配置侦查资源，有效指导相关区域的犯罪防控，从客观上减少犯罪行为的发生，继而促使事后、被动的传统侦查模式向事前、主动的智能侦查模式转型。

（二）检察工作得以助力，利于办案规范化与精准化

利用科技力量推行“智慧检务”，是新时代我国检察工作的重心。2017年最高人民检察院工作报告即指出，检察机关将强化大数据战略思维，深化“智慧检务”建设，实现四级检察机关司法办案、检务公开等“六大平台”全覆盖。2018年，最高人民检察院在充分调研论证基础上，正式印发了《关于深化智慧检务建设的意见》，勾勒出我国“智慧检务”建设的未来蓝图。

当前，“智慧检务”建设的主要实践包括办案智能辅助系统、量刑

---

① 《阿里大数据一年助浙江打掉14亿元假货，“云剑行动”升级“云剑联盟”》，载 http://www.techweb.com.cn/news/2016-12-08/2447568.shtml。

② 《苏州公安犯罪预测系统上线6个月：大数据助推警务改革》，载 http://legal.china.com.cn/2014-10/09/content_33711795.htm。

建议辅助系统、远程提讯系统、监狱检察信息指挥系统等，随着人工智能运用于检察工作的实践，检察工作的实效得到了提升。其中一项重要举措即推行量刑建议辅助系统，这一系统促使检察官从经验思维逐步转向数据思维，并增强了量刑工作的精准性与规范性。在认罪认罚从宽制度入法后，检察机关的量刑建议不仅是解决量刑问题的"牛鼻子"，也是能否真正贯彻落实认罪认罚从宽制度的关键所在。① 在量刑建议辅助系统的帮助下，检察官能够提出更为准确的量刑建议，避免量刑畸轻或畸重，弥补了实践中开放式量刑建议占多数的缺憾。这不仅增强了被告人对量刑从宽的可预见性，有利于提高其选择适用认罪认罚从宽制度的积极性，同时也在一定程度上化解了同案不同判的实践难题，确保了量刑建议的公正性与规范性。值得一提的是，量刑建议辅助系统不仅关注量刑的精细化，基于人工智能的本质，其在对海量数据进行分析的基础上，还能依靠自身强大的运算能力与学习能力实现对思维过程的模拟。因此，根据录入系统的信息与数据，量刑建议辅助系统还能进行学习与研判，从而确保量刑建议的理性与逻辑，避免陷入纯粹机械化量刑的误区。除了量刑建议辅助系统之外，基于大数据构建起来的办案智能辅助系统也对检察工作产生了诸多积极影响。通过类案推送、风险评估、数据检索等功能，办案智能辅助系统为检察官办案决策提供了强大的"外脑"支持，客观上缩短了检察官的办案时间，提高了检察工作的效率，使得司法实践中"案多人少"的矛盾得到相当缓解，继而有益于实现司法资源的优化配置。②

（三）审判能力得以改善，利于提升司法公正与公信

在我国司法大数据发展已初具规模的基础上，人工智能介入审判领域成为了司法制度发展的必然趋势。最高人民法院先后颁布《关于加快建设智慧法院的意见》《人民法院信息化建设五年发展规划（2019—2023）》等文件。当前，以网络化、阳光化、智能化为特征的"智慧法院"格局基本形成。此外，杭州、北京与广州互联网法院相继挂牌成

① 卞建林：《认罪认罚从宽制度赋予量刑建议全新内容》，载《检察日报》2019年7月29日，第3版。

② 管莹、卢志坚：《给检察官配个机器人助手》，载《检察日报》2018年5月13日，第1版。

立，集中管辖辖区内应当由基层人民法院受理的特定类型互联网案件，标志着我国“智慧法院”建设迈上了新台阶。

当前，许多地方法院在建设“智慧法院”的过程中，积极将人工智能运用于刑事审判活动之中。通过发挥人工智能的独特优势，不仅极大地辅助了法官办理刑事案件，并且促使诉讼程序更为便捷。一方面，借助算法与大数据的优势建立诉讼智能系统，通过结果预判、类案推送、电子送达、电子卷宗生成、裁判文书分析等功能，不仅分担了法官大量的事务性与基础性工作，更是为法官类案裁判经验和证据规则转化提供了智能支持。例如，上海市高级人民法院研发的刑事案件智能辅助办案系统（简称“206系统”），体现了强大的智能性，不仅能够实现对刑事案件证明标准、证据规则的统一指引，还能发现单一证据的瑕疵及证据之间的冲突。[①]类似智能辅助办案系统在其他地方法院亦有相关实践，这些智能辅助办案系统通过对刑事证据的校验与提示，可以减少法官认定与采纳证据的随意性，统一规范刑事案件的证明标准，从而有助于降低冤假错案发生的风险。另一方面，将人工智能技术融入诉讼全过程，也为诉讼当事人、诉讼参与人及社会公众提供了更为便捷化的诉讼服务。就刑事审判而言，远程审判、远程提讯、视频作证、语言识别与转化等技术的成熟运用，不仅极大地提升了案件审理的质效，也显著提升了司法为民、便民的程度。应当说，人工智能的智能性与高效性与以审判为中心的诉讼制度改革具有内在的契合，深刻改变了法官的裁判思维与裁判方式，有助于促进我国审判体系和审判能力的现代化发展。

二、人工智能给刑事诉讼制度发展带来的挑战

科学技术如同一把双刃剑，在为人类文明带来进步的同时，总是伴随着危机与阵痛。人工智能是一场全新的科技文明，在为制度发展带来智慧动力的同时，也存在着巨大的风险隐患。应当警惕在立法相对滞后的情况下，人工智能发展可能对我国刑事诉讼制度建设所带来的冲击。

（一）数据的昂贵与垄断，可能恶化被追诉人的处境

前述刑事司法实践中的各种智能辅助系统，无论是分析运行或是自

① 《上海高院研发“刑事案件智能辅助办案系统”避免冤错案》，载 http: //www.legaldaily.com.cn/zt/content/2018-01/25/content_7458140.htm?node=90866。

我学习，都需要依靠大量的数据。大数据作为一种前所未有的方式，成为新发明和新服务的源泉，而更多的改变正蓄势待发。[①] 然而，由于技术运用的昂贵与稀缺，当前，国家处于独占数据的优势，司法机关在刑事诉讼过程中的优势地位也得到进一步巩固。对于本就处于弱势地位的刑事被追诉人而言，却将由此陷入信息不对称、资源不平等的困境，加大了其与司法机关进行抗衡的难度。换言之，即如研究者指出，当国家占据这一知识权力的优势时，势必将以更为强大的方式来体现对权利主体的约束[②]，那么期望数据的开放和共享也就变得愈发困难，司法机关即可以利用数据的垄断优势不断拉开与被追诉人之间的差距。

对于刑事被追诉人来说，其在刑事诉讼中本就处于较为弱势的地位，随着人工智能在刑事司法领域的不断推行，数据的昂贵与垄断可能进一步恶化其在刑事诉讼中的处境。例如，当前侦查机关利用侦查数据库来获取破案的证据材料，这部分数据以电子监控信息、GPS 信息、个人身份信息等为基础，事关公民的隐私，但却脱离了刑事诉讼程序的严格规制，使得侦查权实际处于一种恣意的状态之中；再如，当前刑事案件智能辅助办案系统尽管实现了公检法三机关之间的数据整合，但却从源头上把辩方给剥离出来了。换言之，司法数据库欠缺辩方的证据与资料，这一显著的缺陷无疑对人工智能进行深度学习形成了障碍。试想，如果人工智能所依赖的是不完整的数据，那么其所形成的司法决策亦值得怀疑。因此，正如学者所言，唯有通过充分准确的司法数据“喂养”法律人工智能，进而才能生产出正确的司法结论。[③]

（二）算法的偏见与隐蔽，可能增加司法决策不公的风险

人工智能高度依赖于以数据为基础的算法运行。所谓“算法”，通常可以理解为解题方案的准确而完整的描述，是一系列解决问题的清晰指令，代表着用系统的方法描述解决问题的策略机制。我国刑事司法实

---

① ［英］维克托·迈尔·舍恩伯格:《大数据时代》，周涛译，浙江人民出版社 2012 年版，第 17 页。

② 吴思远:《我国控辩协商模式的困境及转型——由“确认核准模式”转向“商谈审查模式”》，载《中国刑事法杂志》2020 年第 1 期。

③ 左卫民:《热与冷：中国法律人工智能的再思考》，载《环球法律评论》2019 年第 2 期。

践中已经推行与运用的诸多智能辅助系统，与其他领域的人工智能一样，基于大数据得以构建、通过算法得以运行。然而，随着人工智能广泛运用于刑事诉讼领域，算法的“先天缺陷”也逐渐暴露，并可能对刑事司法实践产生相应的消极影响。

一方面，受制于数据采集的数量与质量，以及算法设计者的能力与认知，算法极易出现偏见与歧视的问题。例如，美国“威斯康星州诉卢米斯”一案，即因法官所使用的量刑智能辅助工具（COMPAS）而引发了激烈争议。争议焦点就在于COMPAS本身是否存在算法歧视，并最终导致COMPAS倾向于判定黑人犯罪者比白人犯罪者更有可能获得较高的风险等级。[①]正因算法存在着偏见的风险，其在辅助司法工作者作出决策时，也为决策结果埋下了不确定与不公正的隐患。更为消极的后果在于，由于被追诉人处于天然弱势的一方，其往往难有对算法质疑的能力，或者即使质疑，也很难得到司法机关的回应，这也在无形中助长了司法机关的权力扩张。另一方面，算法分析与决策过程的可知性低，欠缺公开与透明，即使是算法研发者也未必能对其进行确切的描述，更不用说是并不通晓这些技术的司法工作者了。即使是当算法被恶意篡改时，也往往难以得到及时的察觉与纠正，这种难以知悉的“黑箱”效应也在客观上增加了司法决策不公的风险。尤其是随着开源代码的兴起，人工智能的研发门槛随之降低，算法风险的预防可能将变得更为困难。遗憾的是，针对上述司法决策不公的风险，无论是当事人还是社会公众都欠缺有效监督的途径。

（三）技术的机械与瓶颈，可能削弱司法工作者的能动性

受制于人工智能技术特征的机械与局限，其在刑事司法实践中的运用应当具有一定的限度。正如研究者指出，除非人工智能达到人类对于外在世界的认识能力，否则其难以实现比较精准的事实判断能力。[②]因此，即使人工智能具有深度学习与进化的能力，我们也不应指望其能完全代替法官来作出裁判。更何况，刑事案件的裁判并非只是简单的推

① 朱体正：《人工智能辅助刑事裁判的不确定性风险及其防范——美国威斯康星州诉卢米斯案的启示》，载《浙江社会科学》2018年第6期。

② 吴旭阳：《法律与人工智能的法哲学思考——以大数据深度学习为考察重点》，载《东方法学》2018年第3期。

算，公正裁判的作出不仅离不开法官的法律知识，更离不开法官的经验与良心。

不仅如此，由于人工智能自我学习的能力及限度究竟如何，在技术层面仍存在相当争议与不确定，故盲目夸大智能辅助系统对于刑事裁判的功效，必然会导致司法工作者对其过度依赖，继而削弱了自身的能动性。尤其是在当前司法实践“案多人少”的重压之下，智能辅助系统的推行极大地减轻了司法工作者的办案负担，但在权力行使便利与快捷的同时，则难免对提供便利的载体产生依赖。久而久之，算法甚至可能会取代司法工作者成为刑事诉讼的主导。对于刑事司法裁判来说，这种冲击无疑是巨大的。果真如此，那么就像学者批评的那样，“大数据和人工智能将会变成法庭辩论的‘断头台’，酿成‘一切取决于既定的软件，面对面的对话式论证算不了什么’的氛围，使中国本来就很孱弱的法律推理、法律议论以及法律解释学更加无足轻重”。[①] 我们还应当警惕的是，人工智能的迅速发展也将最终促使智能机器人的产生，其是完成人工智能任务的载体[②]，但智能机器人摆脱人类的纯粹工具地位而获取主体身份又是一个必然的趋势[③]，那么在这一发展趋势之下，如何界分智能机器人与司法工作者之间的身份及责任，不仅将关系到刑事诉讼程序的设置与实施，更将深刻影响整个刑事司法系统的定位与构造。

三、人工智能时代我国刑事诉讼制度的应对

尽管目前人工智能还处于弱人工智能的阶段，但因其具有长期积累、短期爆发的特点，强人工智能时代很可能不期而至。我们应当以前瞻性的视角来看待人工智能及其发展，尤其是其衍生而来的法律、伦理与安全问题，需要我们审慎应对。就人工智能运用于刑事诉讼而言，应当明确必须坚持的基本原则，妥善设置相关规则及程序，并健全完善相应的协同机制，从而确保人工智能时代我国刑事诉讼制度的健全发展。

（一）人工智能运用于刑事诉讼的基本原则

为了促进新时代人工智能的健康发展，2019 年 6 月，中国国家新

---

① 季卫东:《人工智能时代的司法权之变》，载《东方法学》2018 年第 1 期。
② 李德毅:《人工智能导论》，中国科学技术出版社 2018 年版，第 247 页。
③ 马长山:《智能互联网时代的法律变革》，载《法学研究》2018 年第 4 期。

一代人工智能治理专业委员会在北京发布了《新一代人工智能治理原则——发展负责任的人工智能》，明确提出“和谐友好、公平公正、包容共享、尊重隐私、安全可控、共担责任、开放协作、敏捷治理”八项原则。上述原则为人工智能运用于刑事诉讼提供了重要参照。我们认为，人工智能运用于刑事诉讼应当贯彻尊重与保障人权，遵循正当程序要求，并坚持如下几方面的基本原则：

其一，程序法治原则。程序法治的核心是程序正义，即通过正当程序的约束来确保诉讼过程与诉讼结果的正当性。现代程序法治原则的根本目标在于抑制权力的恣意行使，防止权力的异化滥用，加强诉讼中的人权保障。[①]当前，人工智能在为司法机关行使权力提供强大辅助与便利的同时，客观上也给予公权力扩张与膨胀的空间。若不加以合理干预，则可能导致权力对于权利的不当侵害，使得权力与权利处于极度不平衡的状态。因此，人工智能运用于刑事诉讼应当首先坚持程序法治原则，即着重对公权力进行合理控制，通过严苛的程序来规制与约束人工智能在刑事诉讼领域的运用。为了确保公民的人身权、隐私权等基本权利不受侵犯，应当对适用人工智能的案件标准、条件与程序等内容作出明确规范，通过严格正当的程序来防止权力的恣意与滥用。

其二，比例原则。人工智能运用于刑事诉讼还应当遵循比例原则，即在考量是否适用人工智能时，应当切实考量具体手段或方式的适当性、相称性、必要性。比例原则贯穿于刑事诉讼全过程，故要求司法机关使用人工智能时不能毫无节制，而应该根据案件情节的轻重来加以衡量确定。为了最大限度地降低人工智能对被追诉人权利的侵入与伤害，司法机关应当选择对被追诉人权利限制和干预最小的方式，将技术不确定所可能带来的风险控制在最低。例如，对于大数据侦查来说，鉴于大数据侦查对犯罪嫌疑人和大量无辜公民的个人信息甚至隐私信息施加了全面监控与比对，有学者即提出应当坚持重罪原则与最后手段原则，即该项措施只能限于预防或者侦查严重犯罪时方可使用。[②]

其三，参与原则。刑事程序法治现代化的基本要义包括了程序正义的要求，其对刑事诉讼活动提出了独立于实体正义的基本标准，具体包

① 卞建林:《刑事诉讼的现代化》，中国法制出版社 2003 年版，第 50—51 页。

② 程雷:《大数据侦查的法律控制》，载《中国社会科学》2018 年第 11 期。

括法官中立、程序参与、程序对等、程序公开、程序及时、程序自治、程序理性等内容，对于实现刑事程序法治具有显著的推动作用。[①]在人工智能广泛运用于刑事诉讼的情景之下，程序正义旨在应对人工智能隐蔽性、自发性等特征，防止人工智能运用的风险与失控。其中，参与原则显得尤为重要，其具体指向为被追诉人在刑事诉讼中享有对人工智能、大数据及算法的知悉权、选择权、更正权。毕竟，国家权力可以借助大数据、人工智能技术实现对每一个人的全方位、立体化、全天候彻底监控。[②]那么，出于对权力的限制以及控辩平等的考量，就应当通过赋予被追诉人相应权利来对抗这一权力鸿沟。更重要的是，考虑到被追诉人在刑事诉讼中处于天然脆弱的地位，在国家已经掌握数据优势的情况下，为了避免这一垄断优势不断扩大，还应当明确司法机关对于被追诉人知悉权、选择权、更正权等权利负有关照义务。因此，司法机关还应当诚实地履行信息披露义务，并确保披露信息的完整性、准确性与充分性，依法实现数据的共享与开放，克服算法歧视和算法黑箱，确保辩方能够对等参与刑事诉讼活动。

（二）人工智能运用于刑事诉讼的程序规则

为了有效防范与应对人工智能的自身性风险，如学者所言，必须以人工智能的技术发展与规制为主题，形成包含法律规则、政策规定和伦理规范的社会治理体系。[③]就刑事诉讼而言，我国刑事诉讼法应当顺应司法智能化的发展趋势，回应人工智能发展所带来的系列挑战，在遵循刑事诉讼规律、立足我国国情和司法现实的基础上，及时增补与完善相应的法律条文，妥善设置相关规则及程序，为人工智能运用于刑事诉讼各个环节提供相应支撑，规范公权力借助人工智能行使权力。例如，对于人工智能运用于刑事侦查领域，刑事诉讼法应当对其适用条件、法定程序、救济机制、证据效力等问题作出明确的规范，使之与刑事诉讼程

---

① 卞建林、谢澍:《“以审判为中心”与刑事程序法治现代化》，载《法治现代化研究》2017年第1期。

② 齐延平:《论人工智能时代法律场景的变迁》，载《法律科学（西北政法大学学报）》2018年第4期。

③ 吴汉东:《人工智能时代的制度安排与法律规制》，载《法律科学（西北政法大学学报）》2017年第5期。

序有效衔接，充分实现对于人工智能技术的法律规制。特别是在使用人工智能进行证据判断时，为了确保技术“无偏见”地助力司法决策，应当在进一步优化算法编制与程序设置的基础上，遵循辅助性、有限性、可反驳性三大原则对证据能力、证明力、证明标准作出相应的判断[①]，从而最大限度地避免人工智能技术可能对司法实践带来的负面效应。当然，刑事诉讼制度也应当为人工智能的发展预留必要的空间。在当前司法实践的基础上，立法除了要体现相当前瞻性，还应当不妨碍科技的创新与进步，并适当从促进与发展的角度为人工智能技术提供相应的支撑。

（三）人工智能运用于刑事诉讼的协同机制

为了促进人工智能运用于刑事诉讼中的正当性，除了前述法律规制之外，还应当健全完善相应的协同机制来提供必要合力。这些协同机制应当包括但并不限于信息共享机制、风险评估机制、责任追究机制与人才培养机制。

其一，信息共享机制。伴随人工智能的不断发展，更为复杂的算法与更为庞大的数据也将成为必然。由于刑事诉讼领域涉及公共利益，为了避免上述发展可能加剧的偏见与歧视，就需要更大程度的公开与透明。对此，应当尽快建立完善的信息公开与共享机制，努力消除在数据获取、算法设计与适用过程中可能产生的偏见与歧视。对于司法机关来说，还应当依法强制信息披露，即将除了涉及国家秘密之外的算法内容，通过可理解的方式向社会公开并接受公众的监督。

其二，风险评估机制。人工智能的不确定性蕴含了运用过程中失控的风险，随着人工智能自主性的不断提升，这种风险也在不断增强。因此，应当以降低风险为目标，建立相应的风险评估机制，重点关注算法的安全问题。除了在事前严格审查适用标准之外，还应当对算法错误设置相应的处理机制，避免算法的误用与滥用，尤其要防止算法被恶意篡改而引发相应的风险。国家层面还应当尽快出台相应的技术标准和安全标准体系，不断提高人工智能的可控性和抗干扰性，逐步形成人工智能安全评估体系。

---

① 纵博：《人工智能在刑事证据判断中的运用问题探析》，载《法律科学》2019 年第 1 期。

其三，责任追究机制。应当逐步构建人工智能的问责机制，明确系统研发者、司法工作者和受用者之间的法律责任。这一问责机制应当与现行司法责任制有机结合，厘清人工智能与司法工作者之间的责任分担，防止司法工作者将个人责任转嫁给人工智能技术。此外，为了更好地理解人工智能的决策过程并作出必要修正，还应当构建相应的人工智能决策追溯机制，通过收集与记录人工智能运行与学习的情况，对其存在的缺陷与潜在不足进行追踪与修复，以提高人工智能辅助司法决策的准确性。

其四，人才培养机制。当前单一学科的法律人才培养模式显然已经无法满足人工智能的迅猛发展。为了防止司法工作者对人工智能辅助系统产生过度依赖，以及算法技术被第三方垄断而可能带来的决策风险，应当重视培养既懂法律又懂技术的复合型人才，以适应我国司法智能化的现实要求。即如研究者指出，在人工智能时代，充分把握我国司法实践发展的时代机遇与有效应对所面临的现实挑战的关键之处均在人类自身。[①] 面对人工智能所带来的全新变革，人类只有自我强化，才能更为从容与理性地应对挑战。

---

① 高鲁嘉:《人工智能时代我国司法智慧化的机遇、挑战及发展路径》，载《山东大学学报（哲学社会科学版）》2019 年第 3 期。

信息化时代刑事诉讼面临的挑战与应对 *

一、问题的提出

随着科技的迅猛发展，人类步入了信息化时代，高科技、大数据的广泛运用给人们的工作生活带来深刻影响。信息化、大数据对社会各个领域的影响无所不在，刑事诉讼也不例外。刑事诉讼作为查明犯罪、惩罚犯罪的法律专业活动，在维护国家安全、社会安定和人民安居乐业中发挥着重要作用，同时也是衡量国家法治建设程度与人权保障水平的重要标杆。随着信息化时代的发展，刑事诉讼在不断改革和完善自身制度的同时，也注意吸纳科技发展的成果，运用先进的技术和手段以提升刑事诉讼的能力和效率。全国公安司法机关提出科技强警、科技强检、建设智慧法院等目标，依托大数据、云计算、互联网、人工智能等信息技术，提高公安司法机关的办公、办案、服务、决策、监督的智能化水平，使得刑事诉讼中侦查、起诉、审判活动的模式和方法均有所创新，不断改变。以公安机关为例，2017 年 7 月，国务院发布《新一代人工智能发展规划》，从国家层面制定未来 10 年人工智能的战略部署，提出"要利用人工智能提升公共安全保障能力。促进人工智能在公共安全领域的深度应用，推动构建公共安全智能化监测预警与控制体系，围绕社会综合治理、新型犯罪侦查、反恐等迫切需求，研发集成多种探测传感技术、视频图像信息分析识别技术、生物特征识别技术的智能安防与警用产品，建立智能化监测平台。加强对重点公共区域安防设备的智能化改造升级，支持有条件的社区或城市开展基于人工智能的公共安防区域示范"①，从国家战略的高度为公安信息化的发展指明了方向。在公安信息化建设中，大数据在侦查实务领域获得广泛应用，已经取得很多的

* 原文发表于《吉首大学学报（社会科学版）》2021 年第 5 期，与曹璨合作。

① 《国务院印发〈新一代人工智能发展规划〉》，载 http://www.xinhuanet.com/2017-07/20/c_1121353544.htm。

经验和成果，形成大数据侦查的概念和理论。大数据侦查是指通过计算机、网络等科技手段采集、储存、共享、验证、比对、分析虚拟空间和实体空间当中的数据资源，发现犯罪线索、收集犯罪信息、缉获犯罪嫌疑人的侦查模式。它在实践中主要有以风险控制为目标的预判预警、以精确打击为目标的技战法运用、以动态管理为目标的智能管理三种运行样态。[①]相较于传统侦查模式，大数据侦查具有明显的自身特点。

同样，信息化技术在审判工作中得到广泛应用，取得很大成效。《最高人民法院2020年工作报告》中指出："司法改革和智慧法院作为人民法院审判体系和审判能力现代化的'车之两轮、鸟之双翼'，有力提升了审判质效。2019年，全国法院法官人均办案228件，同比增长13.4%；各类案件一审后当事人服判息诉率89.2%，二审后达到98.2%；涉诉信访总量、涉诉进京访同比分别下降13.3%和40%；互联网法院案件平均审理周期42天，比传统模式缩短57.1%。"[②]信息化技术在刑事诉讼程序中带来了很多成效，提升了公安司法人员的办案能力，减轻了"案多人少"的压力，提高了司法效率，舒缓了老百姓不断增长的司法需求和司法产品供给不足的矛盾。但是，信息化在给刑事诉讼带来便利和高效的同时，也会造成一定的负面影响，产生一些传统司法模式所不存在的问题。最为突出的是刑事诉讼信息化对刑事诉讼既有的理念和原则、现行的制度和程序、当前的法律规范和司法实践产生了一些冲突和挑战。如何正确应对这些冲突和挑战，如何规划和规范刑事诉讼中信息技术的运用，是深化刑事司法改革、推进刑事诉讼体系和能力现代化必须妥善解决的问题。面对信息化社会迅猛发展的大趋势，刑事诉讼作为社会的产物，其发展和完善也必将追随社会的进步，顺应时代的潮流。因此，积极面对信息化给刑事诉讼带来的挑战，认真研究信息化给刑事诉讼造成的问题，稳妥推进刑事诉讼信息化建设，及时为信息技术在刑事诉讼中的运用划好范围、扎好"篱笆"，是刑事诉讼理论界和司法实务部门共同面临的任务。

---

① 张可:《大数据侦查措施程控体系建构：前提、核心与保障》，载《东方法学》2019年第6期。

② 《最高人民法院2020年工作报告》，载https://www.chinacourt.org/article/detail/2020/06/id/5253643.shtml。

二、信息化对刑事诉讼的挑战

信息新技术在刑事诉讼中的广泛运用，对刑事诉讼在理念原则、制度规范、司法实践等各个方面均产生重要影响。

（一）刑事诉讼理念原则面临的挑战

1. 与程序正当原则的冲突

程序正当是刑事诉讼现代化的重要原则和核心价值。在刑事诉讼中，国家专门机关和诉讼参与人要严格遵守法律的规定和程序，遵循刑事诉讼的理念与原则，从而对权力进行制约，对权利加以保障，以维护司法公正，尊重和保障人权。我国刑事诉讼中严格遵守法定程序、法院统一定罪、保障人权等原则和理念便是程序正当的体现。[①] 当前，刑事诉讼的信息化对刑事诉讼理念原则的挑战首先表现在与程序正当原则的冲突。以刑事侦查活动为例，利用大数据辅助侦查是侦查机关积极探索的信息化侦查方式之一。大数据技术在司法活动中的应用，以智能化的方式改变了传统侦查手段，主要表现于：一是在获取数据时，可以运用传感技术、网络爬虫；二是在分析数据时，可以运用人脸识别、数据挖掘技术[②]。因此，大数据侦查的价值和优势主要体现为犯罪预测和信息分析。犯罪预测是侦查机关在未实际发现犯罪行为发生的情况下，通过大数据的预测结果对犯罪嫌疑人作出有罪假设。这种预测可以在犯罪活动发生前将犯罪行为阻止，即使没有阻止犯罪行为发生，也能及时精准地锁定犯罪嫌疑人。大数据预测的前提是通过设定目标，发现目标对象的运行趋势，并以此为基础进行后续相应的监控、预测等环节。这就导致了在确定犯罪行为发生和发现犯罪嫌疑人之前就要预先设定目标，推定目标"有罪"，然后运用大数据技术进行监控和追踪。而现代刑事诉讼奉行无罪推定原则，其基本要义是任何人在未经依法确定有罪之前，应当推定或假定其无罪。我国《刑事诉讼法》第 12 条也明确规定："未经人民法院依法判决，对任何人都不得确定有罪。"这是无罪推定原则在我国刑事诉讼法中的体现。无罪推定是一项兼具诉讼技术层面与法律层

---

① 杨宇冠：《论构建我国刑事诉讼的正当法律程序体系》，载《杭州师范学院学报（社会科学版）》2004 年第 9 期。

② 陈纯柱、黎盛夏：《大数据侦查在司法活动中的应用与制度构建》，载《重庆邮电大学学报（社会科学版）》2018 年第 1 期。

面的基本人权保障制度，其本质上仍然属于一种法律拟制，其目的是解决裁判生效前程序中被追诉人的主体身份和应享有哪些诉讼权利问题。[①]而通过大数据预测犯罪的侦查方式与无罪推定原则的最大冲突就在于前者将有罪认定前置，在开始进行大数据侦查时，给特定人预先贴上了有罪标签，预设了有罪嫌疑，导致限制或侵害了当事人相关权利，这无疑与无罪推定原则相违背。另外，利用大数据进行的信息分析，是通过对海量数据与信息的比对和识别，来进行信息的采集及分析。在大数据时代，人、事、物的所有运行与活动痕迹都会以数据信息的方式被追踪与存储[②]，这些信息正是大数据信息的来源。对数据和信息的采集和分析需要预定目标，对相关人员信息进行采集和比对，从而得出相应的结论。利用大数据采集分析信息的过程，对于与案件无关人员的信息的采集和利用会造成对其个人信息以及隐私权的侵犯。从程序正当的角度看，公民的个人信息权以及隐私权应当受到保护，因此，采集和利用这些信息的正当性便不无疑问。

2. 对法官自由裁量权的挑战

在刑事诉讼中，自由裁量权体现在法官审理案件时，对证据的认定经过举证、质证以及听取控辩双方意见，对证据进行审查判断、认定案件事实、结合相关事实和被告人有无从宽情节等情况，最终对被告人定罪量刑。[③]在审判阶段根据法官审理案件的过程和步骤，可以将法官的自由裁量权分为事实认定的自由裁量权、定罪的自由裁量权和量刑的自由裁量权。法官对事实认定的自由裁量权是通过证据来判断和认定事实的。我国刑事诉讼中的证明标准是案件事实清楚，证据确实、充分。而证据确实、充分所应达到的具体标准为：定罪量刑的事实都有证据证明；据以定案的证据均经法定程序查证属实；综合全案证据，对所认定事实已排除合理怀疑。在司法实践中，对于排除合理怀疑这一标准，需要通过审判人员的主观判断，以达到主客观相统一。只有对案件

① 汪海燕:《刑事冤错案件的制度防范与纠正——基于聂树斌案的思考》，载《比较法研究》2017 年第 3 期。

② 陈纯柱、黎盛夏:《大数据侦查在司法活动中的应用与制度构建》，载《重庆邮电大学学报（社会科学版）》2018 年第 1 期。

③ 张素莲:《论法官自由裁量权——侧重从刑事审判的角度》，中国人民公安大学出版社 2004 年版，第 4—5 页。

已经不存在合理的怀疑，形成内心确信，才能认定案件“证据确实、充分”。[①]法官对定罪的自由裁量权是法官根据对事实的认定和法律的适用，判断被告人是否构成犯罪以及构成何种犯罪。由于定罪的自由裁量权涉及罪与非罪、此罪与彼罪，以及罪数多少和犯罪形态，是一个十分复杂的问题，其中法官的主观判断对于定罪而言是非常重要的因素。法官对量刑的自由裁量权是在采信证据、认定事实、适用法律、对被告人定罪后，根据被告人犯罪的主观恶性大小、情节轻重、后果程度以及犯罪后的表现，对被告人予以裁量确定刑罚。我国刑法规定，在法定量刑幅度内，法官可以根据被告人的犯罪情节和认罪态度自由裁量，确定刑罚。总之，法官审理刑事案件，在采信证据、认定事实、适用法律、定罪量刑等各个环节，都需要根据个案的具体情况，在法律许可的范围内予以主观判断，作出自由裁量。而在信息化的审判过程中，信息化的运用主要体现在人工智能裁判中。人工智能审判实际上指在法院建设和审判工作中引进人工智能技术，建设集审判、人员、数据运用、司法公开和动态监控于一体的智慧法庭数据平台，促进人工智能在证据收集、案例分析、法律文书阅读与分析中的运用，实现法院审判体系和审判能力智能化。[②]人工智能裁判根据其智能程度以及所能达到的功能可以分为弱人工智能裁判和强人工智能裁判。弱人工智能裁判具备明显的司法辅助技术特征，主要为司法人员分析证据、检索法律、查找案例、书写文书等提供帮助，以便为司法人员减负、增速、提效。而强人工智能裁判经过人工智能算法，可以自主得出裁判结果。当前我国人工智能裁判的发展是以弱人工智能裁判为主，逐步向强人工智能裁判延伸和发展。目前具有代表性的弱人工智能裁判为上海刑事案件智能辅助办案系统，简称“206 系统”。其主要功能便是证据标准、证据规则指引功能，对刑事案件证据标准、证据指引规则进行统一，为办案人员收集、固定证据提供统一的指引。[③]该“206 系统”设计有 26 项功能，88 项子功能，其中

---

① 卞建林、张璐:《我国刑事证明标准的理解与适用》，载《法律适用》2014 年第 3 期。

② 吴小龙:《人工智能审判的法文化思考》，载《人民法院报》2020 年 1 月 3 日，第 5 版。

③《上海高院研发“刑事案件智能辅助办案系统”避免冤错案》，载 http: //www.legal-daily.com.cn/zt/content/2018-01/26/content_7458140.htm? node=90866。

系统的证据标准、证据规则指引功能，为办案人员提供了“看得见、摸得着、可操作”的标准化、数据化指引。

人工智能是根据事先设定好的程序规定的模式使其进行后续类似于人的思考和运算，其实质是对人类行为的模仿，本质上还属于智能的人工系统，因此其不具备人的主观情感和判断能力。而法官自由裁量权的运用，不仅包含了法官的主观情感和判断能力，还包括法官参与社会实践的个体体验和经验积累。这便是人工智能裁判与法官自由裁量权的冲突所在。弱人工智能裁判与法官自由裁量权的冲突主要体现在对事实认定的自由裁量权上，前者在客观上试图保证案件事实认定符合法定证明标准，却忽略了证明过程中需要加以考量的主观因素。强人工智能裁判与法官自由裁量权的冲突不仅体现在对事实认定的自由裁量权上，还体现在定罪和量刑的自由裁量权上。强人工智能裁判系统不仅对证据和事实进行判断，对于定罪量刑也可以进行裁判，直接得出最后的裁判结果，但过程中可能会忽略裁判主体的主观因素。法律的生命在于经验，在于丰富的社会实践。机器不是社会的个体，不能实践，因此机器绝对不能完全替代法官。

3. 对控辩平等对抗的影响

在现代刑事诉讼中，控辩平等是一项重要原则。有学者提出：“控辩平等从内在的权力（利）配置原则上要求，应当具备平等武装和平等保护，其中，平等武装所追求的是一种实质的平等，平等保护所追求的是一种形式的平等；控辩平等从外在的权力（利）行使目的上规范，应当包括平等对抗和平等合作，其中平等对抗是手段和现象，平等合作是目标和本质。”[①] 在刑事诉讼中，控辩双方应当受到同等待遇，享有同等机会。唯有在控辩平等的条件下，才有利于辩方行使辩护权，更好地发挥辩护权的作用。对于控辩平等关系的理解，不应仅仅停留在控辩双方在诉讼中的地位平等上，还应当全面地从双方诉讼能力的平等和诉讼资讯的平等方面进行考量。[②] 而信息化的刑事诉讼对控辩平等关系所带来的挑战，更多地集中在诉讼能力和诉讼资讯的不平等上。首先，“智慧警务”“智慧检察”“智慧法院”的工作模式，均是以侦查机关、检察机

① 冀祥德：《控辩平等论》，法律出版社2018年版，第34—38页。

② 卞建林：《刑事诉讼法学》，中国政法大学出版社2014年版，第65—68页。

关、审判机关为主导而设定的系统，多数系统和内容是内部使用状态，有些甚至是机密状态。这直接导致辩方在获取诉讼资讯方面处于劣势，辩方难以加入控方已有的信息化的系统运行中。辩方要想获得在控方系统内的有关信息和内容，需通过控方才能得到。这不仅使得辩方在诉讼地位上明显处于劣势地位，对于后续在获取诉讼资讯上的不平等状态也不言而喻。其次，办案机关采用相应的信息化系统后，会加强办案机关相互之间的联系和合作，客观上恶化了辩方的诉讼地位。以“206 系统”为例，其具备证据校验、提示、把关、监督等功能，可以及时发现证据方面存在的瑕疵和矛盾，及时给办案人员以提示，由办案人员决定是否补正或者作出说明①，甚至可以对案件是否达到刑事诉讼各个阶段的证明标准作出提示。这样，从平等武装、平等对抗的理念来看，对辩方而言显然是不公平的。控方先天在获取诉讼资讯方面已然居于优势地位，其后又有人工智能技术的辅助，在控辩双方诉讼地位不平等的情况下，更加大了双方诉讼能力的不对称，从而影响辩护权的有效行使。

（二）刑事诉讼法律规范面临的挑战

刑事诉讼中信息技术的广泛运用，对刑事诉讼法律规范的挑战主要表现在立法滞后，使信息技术在刑事诉讼中的运用缺乏相应的法律规范和指引。以大数据证据为例，大数据在当前刑事侦查和其后的诉讼程序中获得广泛运用，然而现行刑事诉讼法并没有规定大数据这一证据种类。为了使通过大数据收集的证据可以在刑事诉讼中作为证据使用，目前实践中的普遍做法是将通过大数据收集的证据进行转化，使其成为电子数据或书证等符合相关规定的证据。但是，刑事诉讼法规定的电子数据、书证等证据和通过大数据收集的证据，其差异还是显而易见的，对每种证据的合法性和真实性的审查也不尽相同。以电子数据为例，电子数据是通过计算机应用、通信和现代管理技术等电子化技术手段形成包括文字、图形符号、数字、字母等的客观资料，是信息化时代初期信息技术在刑事诉讼中运用的产物。作为一种新型证据种类，其收集和运用尚处于不断探索、不断完善的过程中。即便何谓电子数据，在不同规范性文件中也存在不同定义和解释。直至 2016 年 9 月，最高人民法院、

① 《上海高院研发“刑事案件智能辅助办案系统”避免冤错案》，载 http: //www.legal-daily.com.cn/zt/content/2018-01/26/content_7458140.htm? node=90866。

最高人民检察院、公安部联合制发《关于办理刑事案件收集提取和审查判断电子数据若干问题的规定》，才初步统一了电子数据在刑事诉讼中的收集和运用。而大数据证据作为信息化时代更深层次、更复杂的产物，其在刑事诉讼程序中的运用迫切需要相应的法律进行规范和指引。

在推进刑事诉讼信息化的过程中，对适用信息化的程序的监督是不可或缺的。无论是大数据，还是人工智能，其前提都是通过人为的程序设置进行的，这就不能完全避免错误的发生。对于适用信息化的系统而言，可能产生的错误和问题主要分为两类：一类是在程序运行前人为的信息录入错误；另一类是算法和程序设置自身所存在的问题。人为信息录入的错误主要集中在系统运行前司法工作人员将案件信息录入系统时出现的错误，如犯罪嫌疑人身份和信息、案件证据信息等，由于信息录入的错误，导致最后的结果出现偏差。系统运行的问题所涉及的是算法暗箱的问题。算法暗箱是一个过程或现象，利用大数据、人工智能等方式在录入信息和设置程序时，人们了解输入暗箱的信息和程序，但由于程序和算法的因素，暗箱中间发生了什么却不得而知，程序运行中是否存在问题也无从考究。对于程序错误和问题的发现，只有在得出结论后才能知晓。人为信息录入的错误相比较而言尚容易被发现和更正，而算法暗箱所带来的问题，只有在结果产生后、对结果的合理性产生疑问时，才能进一步发现问题。因此，在采用信息化的程序中，对于错误的发现、纠正与监督是需要思考和规制的问题。对于程序运行前人为录入信息的错误，虽然比较容易发现和纠正，但由谁纠正，怎样纠正，需要完善制度进行规范。而对于算法错误这类程序本身的错误，可能需要专业的技术人员，甚至需要进行反复实验，才能发现和纠正。那么，对此类问题和错误，应当如何监督与纠错，也需要制定法律法规加以明确和规范。

（三）刑事诉讼司法实践面临的挑战

1. 司法信息化建设缺乏统筹规划

在司法信息化建设的浪潮下，各级公安司法机关迸发出极大的热情，纷纷结合自身需求，进行探索研发，形形色色的信息化成果不断涌现。例如，在“智慧警务”建设中，广东省中山市以智情预警平台、智感防控平台、智侦合成平台、智服惠民平台、智管强警平台为框架进行

"智慧警务"建设，率先开始建设"智能防控小区"试点。江苏省南京市智慧警务的功能主要通过"一中心三平台"来实现，警务大数据中心可为警员提供全息档案、轨迹等信息的查询服务，也可通过模型构建完成布控分析、可视化分析、人像追踪等功能。[①] 在"科技强检"建设中，安徽省检察机关创立了审查逮捕智能辅助系统，浙江省杭州市检察机关创立了"智慧侦监"辅助办案系统，福建省泉州市检察机关创立了刑事拘留检察监督平台，等等。在法院系统中，全国法院深入推进"智慧法院"建设，不断完善智慧服务、智慧审判、智慧执行、智慧管理，推动了诉讼服务和审判辅助智能化。这些系统的建立对司法信息化的建设所起的促进作用是有目共睹、不可否认的，但是缺乏统一的规划和调配，可能造成的负面影响也不容忽视。在司法信息化建设缺乏统筹规划的情况下，可能造成资源的极大浪费。在政法系统中，各地区各部门都在投入大量的人力、物力、财力进行信息化系统研发。这些研发的系统内容不同，功能各异，不同的信息化系统适用于不同的刑事诉讼阶段，服务于不同的刑事诉讼任务。而随着信息化在刑事诉讼中的运用常态化，或者说要实现刑事诉讼的信息化，最终必然需要一个统一的、完备的、能够适用整个刑事诉讼过程、连接各个诉讼阶段的系统体系。这样的系统才能真正发挥信息技术的优势，满足刑事诉讼的需要，提高刑事诉讼的质效。

2. 刑事诉讼信息共建共享明显滞后

信息化时代最显著的特征之一是信息的共享和传播，特别是在大数据和人工智能技术支持下的主动共享与快速传播。由于司法信息化建设缺乏统一领导、统筹规划，故而缺乏统一的信息共建共享机制或平台。特别是在刑事诉讼中，公检法机关出于安全性、保密性等方面的考虑，各自为战，互设壁垒，使刑事诉讼信息的共建共享工作明显滞后，已成为阻碍司法信息化发展的基础性老大难问题。例如，司法统计工作缺乏信息整合，没有互联互通，信息孤岛现象严重，致使信息资源浪费严重，并严重阻碍刑事诉讼质效的提高。

在司法实践中，刑事诉讼中的"信息孤岛"现象甚至消解了司法

① 杜琨、何巍：《人工智能时代智慧警务构建机制初探》，载《福建电脑》2020年第5期。

信息化建设带来的效率提升。举个简单的例子。北京市海淀区检察院于2013年率先实现全部卷宗电子化，但迄今未能实现检法之间的信息共建共享。该院2017年全年共受理审查逮捕案件3410件4335人，受理审查起诉案件3634件4494人，提起公诉3200件3777人。[①] 由此，海淀区检察院2017年需要扫描共计7044个案件的全部卷宗材料。海淀区法院在受理该院提起公诉的3200个案件后同样需要对卷宗材料进行全面扫描。这样该区检法机关一年就需对刑事案件进行10244次扫描工作，而其中3200次扫描的内容是完全一致的。如果以平均每个案件10本卷宗来计算，则有32000本卷宗是重复扫描。显然，“信息孤岛”现象增加了办案人员工作量，重复劳动造成了大量数据和资源的浪费，给诉讼成本的降低和诉讼效率的提升带来负面影响。公安机关和检察机关之间的信息共建共享工作则更加落后，侦查不公开原则使侦查获得的信息数据不对检察机关开放，严重影响了检察机关对侦查监督的效果和质量。

除却部门壁垒等人为因素外，影响刑事诉讼信息共建共享还有其他一些现实原因。例如，公检法的业务应用系统由不同的研发公司制造，甚至分支的业务系统会分包给不同的供应商，因此各系统之间的端口和指标设计不一致，存在不兼容的问题。司法信息化建设需要投入相当的人、财、物，硬件设施的更新换代、系统设计的技术支持、系统上线后的日常维护等一系列工作需要经费支持和统筹安排。

3. 信息专业技术和专门人才严重不足

我国的司法工作人员大部分是法学专业出身，一般拥有较好的法学素养和专业能力，但普遍欠缺科技方面的知识背景，缺乏运用信息科学技术的能力。随着刑事诉讼信息化的推进，随着“智慧警务”“智慧检务”“智慧法院”的推进，不仅要投资研发系统，对于公安司法人员操作信息化系统的能力也有很高的要求。而当前公安司法机关中同时具备法学专业素养和信息技术知识的复合型人才少之又少，不能很好地操作系统、使用系统，这将对刑事诉讼信息化的建设造成一定阻碍。虽然信息化系统的研发、升级和维护等专业工作可以与相关科技公司合作，但是在系统的日常使用中，由于司法责任制的要求、由于案件保密的需

① 赵志坚:《海淀区人民检察院工作报告》，载 https://www.bjjc.gov.cn/bjoweb/minfo/view.jsp?DMKID=323&ZLMBH=0&XXBH=53296。

要，办案人员只能自己动手，亲力亲为。这样，加快普及公安司法人员现代科技的知识，迅速提升公安司法人员运用信息技术的能力，成为推动刑事诉讼信息化的实践需求。

三、信息化时代刑事诉讼的应对

（一）规范运用，制约权力

信息技术在刑事诉讼中的广泛运用，在为公安司法机关履职尽责提供强大辅助和便利的同时，客观上也给予公权力扩张与膨胀的机会和空间。面对公权力不断扩张和膨胀，若不加以合理干预，则可能导致权力对权利的不当侵害。[①] 为防止权力的扩张和异化，保障公民个人合法权益，需要对刑事诉讼中信息技术适用的范围和程度有合理的考量和必要的限制。公安司法机关在刑事诉讼中运用信息化的手段时，首先，要强化法治意识规范意识，注意对权力的行使进行必要的规制，把对公民个人权利的侵害和干涉降到最低。其次，在运用相关信息化手段时，应当贯彻比例原则，考虑具体手段或方式的必要性和适当性。公安司法机关使用信息化手段不能不受节制，应根据案件的情节轻重和办案的实际需要来加以权衡确定。为了最大限度地降低信息技术对被追诉人权利的侵害，司法机关应当选择对被追诉人权利限制和干预最小的方式，将技术不确定性所可能带来的风险控制在最低。[②] 最后，公安司法机关还应当强化对公民个人权利的保障意识，在使用信息化手段时注重对公民的合法权利如信息权、隐私权等进行保护，规范对公民个人信息资讯的采集、保管、使用和销毁，避免对公民合法权益造成不当侵害。

（二）更新理念，科学定位

刑事诉讼是国家查明犯罪、惩罚犯罪的活动，是全面推进依法治国的重要内容。刑事诉讼制度是国家治理体系的基本构成，是维护社会和谐稳定、确保国家长治久安、实现人民安居乐业的可靠保证。在信息技术迅猛发展的今天，信息技术已全方位地融入社会生活的方方面面，给

---

① 卞建林：《人工智能时代我国刑事诉讼制度的机遇与挑战》，载《江淮论坛》2020 年第 4 期。

② 卞建林：《人工智能时代我国刑事诉讼制度的机遇与挑战》，载《江淮论坛》2020 年第 4 期。

人们的工作生活带来极大影响。刑事诉讼制度的发展必须顺应信息化的发展潮流，满足高科技发展的要求。因此，在改革完善刑事诉讼制度的同时，大力推进刑事诉讼的信息化建设，是刑事诉讼现代化的必由之路。同时，刑事诉讼是国家公权力与公民私权利角力的典型场域，刑事诉讼制度的价值实现离不开刑事诉讼的一些基本理念和原则的共同维护。特别是，惩罚犯罪与保障人权并重，实体公正与程序公正权衡，公正与效率兼顾，等等。2012 年刑事诉讼法修改，把宪法规定的国家尊重与保障人权写进法律，作为刑事诉讼的一项重要任务。因此，在吸收、引入、运用现代信息技术时，要妥善处理好现代科技与诉讼价值的关系。一方面，要充分认识到现代信息技术对刑事诉讼活动的帮助促进作用，立足社会的变化，秉持开放的立场，以积极的态度大力推进刑事诉讼的现代化、信息化建设。另一方面，不能因为科技的发展、能力的提升而造成权力的扩张、权力的异化，进而冲击刑事诉讼的基本价值，使公权力的行使失去控制，使公民的合法权益受到侵害。这就需要对刑事诉讼中引入和运用现代信息技术、推进刑事诉讼的信息化建设科学定位，准确定位，解决好为何建设、如何建设的问题，为信息技术在刑事诉讼中的运用划好“范围”、扎好“篱笆”，发挥好信息技术在刑事诉讼中的提速、增效、减负、监督作用。

（三）增改法律，完善制度

刑事诉讼法作为规范刑事诉讼制度的基本法律，是一项专门调整刑事诉讼活动的法律规范，其调整对象涉及公、检、法机关，当事人以及律师在刑事诉讼过程中的相关活动，被称为“小宪法”“行动中的宪法”。[①] 随着现代信息技术在刑事诉讼中的广泛运用，适时修改完善相关法律，为推进刑事诉讼信息化进行规制、提供保障，是十分必要和紧迫的。首先，法律对运用信息化手段的授权和规定，是信息化手段在刑事诉讼程序中运用的基础和保障。有了法律法规的授权，满足了司法信息化运用的合法性要求，可以为司法信息化的运用和推进打下坚实基础。其次，法律关于在刑事诉讼中如何具体运用信息化手段的制度和程序也应当明确和完善。应当明确信息化手段的适用范围、适用程度、适用标

① 卞建林:《刑事诉讼法再修改面面观》，载《法治研究》2019 年第 1 期。

准、适用程序、适用效力等，以指导和规范信息化手段的运用。我国刑事诉讼法应当顺应司法信息化的发展趋势，积极回应信息化发展所带来的挑战，在遵循刑事诉讼理念原则、契合司法实践需求的基础上，及时增补与完善相应的法律条文，妥善设置相关规则及程序，为信息化手段能运用于刑事诉讼各个环节提供相应支撑。最后，加强刑事诉讼程序中运用信息化手段的监督。一方面，要对刑事诉讼中运行信息化手段可能出现的问题和错误加强监督。既需要明确监督主体，赋予其监督职权，避免无人监督、监督缺位的现象发生，也需要明确监督程序，细化监督的方式和方法，追求监督的作用和效果。另一方面，要加强对因在刑事诉讼中使用信息化手段而遭受不法侵害的个人权利的救济。法谚云："无救济即无权利。"对于在刑事诉讼过程中由于采用信息化手段对公民个人造成的信息权、名誉权、隐私权等权利的不当侵害，法律应当规定必要的救济程序和补偿措施。

（四）统筹规划，培养人才

为了顺应刑事诉讼信息化的发展趋势，不仅需要加强法治建设，从制度规范层面加以完善和规制，也应当关注司法实际，研究解决实践中存在的问题。如上分析，在推进司法信息化建设中存在的突出问题，一方面是缺乏统筹规划和部门协调，另一方面是缺乏专业知识和专门人才。因此，应当从整体出发，从宏观层面加强对司法信息化建设的顶层设计、统一规划、统筹安排和合理调配。要注意发挥中央和地方两个积极性，发挥政法系统整体和公安司法各部门两个积极性，有序推进司法信息化建设，着力打造有助于整体提升司法体系和诉讼能力、有助于实现司法公正和维护公民权利的现代化信息化的诉讼业务系统。

针对实践中公安司法人员科学技术素养不足、信息化能力欠缺的问题，可以从两个方面进行改善：一方面开展对在岗公安司法人员的专业培训，学习科技知识，培养科技素养，提升科技能力，提高在岗公安司法人员操作和运用信息化系统的技术水平；另一方面着眼长远，有目标、有计划地开展高层次复合型人才培养，促进法律与科技两类知识的融合，以此满足推进司法现代化、科技化、信息化的人才需求。

司法人员分类管理再思考 *

在党的十八大以来的司法改革中，“司法人员分类管理”是一个重要课题。经过改革试点的持续推进，目前，司法人员分类管理改革已经基本完成。改革后的司法人员总体上分为司法官、司法辅助人员、司法行政人员三大类。司法人员分类管理是遵循司法规律的巨大进步，对于提升司法人员的能力素质、落实司法责任、优化司法资源配置都具有重要意义。但由于现实存在的各种原因，从某种意义上讲，司法人员分类的完成只是改革形式上的成功。在人员分类后，旧有的管理思维、行政化的管理模式依然存在。例如，在司法人员分类后实行了单独职务序列，但司法官进行职务、职级晋升时，首先还是要考虑其行政级别，而单独职务序列只解决其待遇问题。再如，各类司法人员之间的权力界限、在司法运行管理中的相互关系、司法官在管理中的主体地位、司法官的遴选等一系列问题还需要作进一步的研究和完善，即需要在人员分类的基础上，进一步研究“管理”的内涵、原则及架构，有针对性地解决实践中存在的诸多问题，使“管理”更加符合司法的发展规律。

一、司法人员分类管理的内涵和原则

（一）司法人员分类管理的内涵

科学界定司法人员分类管理，首先要明确“司法人员”的概念。长期以来，“司法人员”一直是一个较为笼统的概念，对其广义的理解是指在司法机关工作的人员，狭义的理解则是从事与司法相关工作的人员。“司法人员”的概念笼统、范围不清，在司法实践中这一称谓不仅包括法律明确规定的法官、检察官，还包括行政人员、技术人员、后勤管理人员、书记员等，甚至还包括大量在法院和检察院工作的聘用人员。从严格意义上讲，在我国，司法人员是指在法院和检察院工作的具

---

* 原文发表于《内蒙古社会科学》2021 年第 6 期，与王天保合作。

有中央政法专项编制、从事与审判和检察职能密切相关工作的人员。

“司法人员分类管理”的内涵是要按照具有中国特色、符合司法工作规律、体现司法工作人员职业特点的要求，建立分类科学、结构合理、职责明晰、管理规范的人员管理制度。司法人员分类管理，旨在使模糊的概念清晰化，明确从事司法以及与司法相关工作的各类人员的边界和职责，规范各类人员的管理模式，使各类人员各归其类、各司其职、各尽其才。

（二）司法人员分类管理的原则

“司法人员分类管理”作为一项重要的司法管理制度，最重要的就是遵循司法的规律和管理逻辑。司法规律是司法运行中内在的、不以人的意志为转移的、本质的、必然的联系，它是司法价值的集中体现，同时也是司法价值实现的保障。司法的终极目的，或者说司法价值的终极体现即是公平正义。为了实现公平和正义，在司法人员管理方面需要配备高素质、专业化的司法人员，需要司法人员之间能够权责清晰、相互协作，还需要完善的制度以保障司法官独立的主体地位，这些都是保障司法价值得以体现的重要因素。而违背司法发展规律的制度则会造成逻辑关系的错乱和模式上不相匹配的结果。如以行政模式对司法人员进行管理，不但在内在逻辑上容易造成行政权对司法权的侵蚀，在管理模式上，也会造成司法管理模式与行政管理模式的相互冲突。

在遵循司法规律的同时，还应看到我国的法治进程是一个渐进式的漫长发展过程，而司法制度要适合国家的国情才能够生根发芽。因此，需要在司法人员管理不断深化的改革和实践中遵循以下三个原则，逐步推进司法制度的完善。

首先，要遵循原则性与灵活性有机统一的原则。作为一个单一制国家，我国既要求法制的统一，又必须考虑到各地、各级复杂的司法环境存在的差异。例如，在员额比例的确定上，既要有原则性的总体控制，又要兼顾各省、各层级司法机关的具体情况。在法官和检察官选任的标准上，既要有严格的基本标准，又要考虑到当前社会经济发展欠发达地区法律人才的具体情况。

其次，要遵循当前与长远相统一的原则。我国的司法改革是在摸索中前行的，当前还面临着许多具体问题。例如，员额制的实行使法官和

检察官占司法人员的比例大幅下降，而司法辅助人员在短期内又不能得到充分配备，这必然会造成法官和检察官工作量的大幅增加。但并不能因为这些问题的存在就降低对司法官的选任标准，或放松员额的比例限制。从中国法治建设的长远目标看，人员分类管理是建设高素质专业化司法人员队伍的必由之路，在这个逐步完善的过程中，应立足于全面推进依法治国的目标，妥善解决当前存在的各种问题。

最后，要遵循借鉴域外经验与结合中国实际相统一的原则。英美法系国家和德法等大陆法系国家在司法人员管理方面都已经形成了较为成熟的体系，其中的有益经验值得我们学习和借鉴。但同时要看到，我国的法治进程是一个长期的过程，如果盲目照搬照抄他国的管理体系，就会出现不符合国情和司法实际的问题。因此，在学习和借鉴域外经验的同时要注意摒弃与我国政治体制、经济社会发展及法治建设所处阶段不相适应的内容。

二、我国司法人员分类管理中存在的主要问题

党的十八届三中全会提出："建立符合职业特点的司法人员管理制度，健全法官、检察官、人民警察统一招录、有序交流、逐级遴选机制，完善司法人员分类管理制度，健全法官、检察官、人民警察职业保障制度。"党的十八届四中全会作出的《中共中央关于全面推进依法治国若干重大问题的决定》强调，要"明确各类司法人员工作职责、工作流程、工作标准，实行办案质量终身负责制和错案责任倒查问责制，确保案件处理经得起法律和历史检验"。由此，司法人员分类管理真正作为一个影响法治国家建设进程的重大问题被提上了改革的日程。之后，《关于司法体制改革试点若干问题的框架意见》《人民法院工作人员分类管理制度改革意见》《人民检察院工作人员分类管理制度改革意见》等一系列关于司法人员分类管理的框架性文件明确提出要实行司法人员分类管理制度，建立单独职务序列、实行法官和检察官员额制，对法官和检察官在编制限额内进行员额管理。到目前为止，司法人员分类管理的改革已经初见成效，但在具体的管理方面仍然存在着诸多问题有待于进一步研究。

（一）对司法人员的管理还存在混同化的现象

司法人员管理制度改革涉及国家组织人事制度，因此在外部环境没有改变的情况下，司法机关内部的人员管理体制改革必然会受到一定的制约。由于我国历来将司法人员视为普通公务员，因而会将其置于公务员管理制度和干部管理制度的规制范畴之内。因此，在司法人员分类管理改革后，相关的国家组织人事制度没有发生改变，相应的配套措施也并不完善，同时旧有的行政管理思维依然存在，这些问题致使分类后的司法人员特别是司法官不得不接受“双重管理模式”的约束，既要按照公务员序列对其进行行政管理，又要按照单独职务序列对其进行管理。在二者不协调、不吻合的情况下，行政管理的强势地位及惯性作用使得人员分类管理、单独职务序列等改革措施的效果大打折扣。

司法改革之后，在法院和检察院内部司法人员混同管理的现象依然存在。改革后的司法人员基本被分为三大类，即司法官（法官和检察官）、司法辅助人员和司法行政人员。这样概括性的分类主要区分了司法官与非司法官，而对司法官以外的其他司法人员在分类上并未进行严格的把握，致使司法辅助人员与司法行政人员的分类边界并不清晰。司法改革中，将司法辅助人员的范围框定为法官助理、检察官助理、书记员、司法技术人员以及司法警察，而司法行政人员主要是指在办公室、政治部、机关党委、后勤保障等部门工作的人员。这两类人员一类主要是以职务来确定的，一类主要是以岗位来确定的，由于确定标准不一造成了两类人员的边界不清。而有些岗位，如办公室、研究室或案件管理办公室的岗位到底是业务岗位还是司法辅助岗位，抑或是行政岗位，这在改革之中一直存有争议。如办公室的工作人员原本是行政人员，但后被任命为书记员，成为司法辅助人员。有的工作人员在政治部工作，而后却被套改为司法官助理，甚至有的成为高级司法官助理。人员的边界不清导致在实际操作中存在很大的随意性。由此可见，这一阶段的改革更注重各类人员的比例是否达到了相关规定的要求，而并未重视各类人员所在的岗位与其身份是否相匹配。虽然，改革在形式上对司法官和非司法官的界限作了区分，但无论在实践中还是在管理意识上，二者都是作为司法队伍、司法干警的整体而存在的。司法官与非司法官在管理框架中的关系依据的不是司法业务或司法运行的规律，而依旧是双方的行

政关系。行政职级、职位高的行政人员似乎天然地对行政职级、职位低的司法官享有“管理”的权限，且职级高的行政管理人员更容易被推荐成为下级法院的院长和下级检察院的检察长。

2019年修改的法官法和检察官法对法院院长和检察院检察长的选任条件做了新的规定[①]，但由于规定过于粗疏，因此对“法学专业知识和法律职业经历”的理解可以非常宽泛，例如，对于在法院、检察院工作的司法行政人员，也可以被认为是有法学专业知识和法律职业经历而被任命为院长或检察长。法官法对法院副院长、检察官法对检察院副检察长选任方式的规定有了较大的进步，规定其要在法官、检察官当中产生，这比较符合司法管理规律和人员分类管理制度的规定，但同时又在产生条件上附加了“其他具备法官（检察官）条件”的表述，导致规定变得模糊，进而使副院长、副检察长也可以从其他非法官、非检察官但“具备法官（检察官）条件”的人员中产生。因此，貌似严格的分类又可以被任意的、扩张的解释打破而使得人员管理在实质上趋于混同。其他法官、检察官与非司法官的界限，也因遴选程序的不公开、遴选委员会的作用虚化以及行政管理权的强势等原因而逐渐趋于模糊。

（二）司法人员的结构比例仍不尽合理

司法人员的结构比例是各类司法人员占总核定编制人数的比例。它不仅是法官和检察官的比例（也就是司法改革所说的“员额内”法官、“员额内”检察官的比例），还包括司法辅助人员的比例和司法行政人员的比例。法官和检察官的员额比例是员额制改革的重点。虽然中央在改革的框架方案中确定了总体的比例要求，但各地在实践中的操作并不一致，如上海将司法官的比例控制在司法工作人员数量的33%以下，而更多的省份则控制在39%以下。由于多地对员额比例的确定并未给出合理的理由和依据，因此，原则性地设定39%的司法官员额比例的方式也遭到了有关学者的质疑。[②]

设定法官和检察官员额比例所需参考的要素较多，很难形成统一的

① 《法官法》第14条、《检察官法》第14条规定了法院院长、检察院检察长“应当具有法学专业知识和法律职业经历”。

② 陈永生、白冰:《法官、检察官员额制改革的限度》，载《比较法研究》2016年第2期。

规定，因此，在实践中需要原则性和灵活性的统一。员额比例的设定既要体现出法官和检察官的少数化、精英化，又要考虑现实情况，保证满足办案的需求。从横向上看，这个比例的设定需要参考本地区的案件数量、社会经济发展的总体情况（人口、辖区面积和位置、经济发展水平等）来确定。例如，经济发达地区的人口多、案件数量大，其司法官的员额比例设置则应适当有所增加。从纵向上看，还需要考虑不同层级的司法机关所承担的业务量。我国有四级司法机关，其中约 80% 的案件分布在各基层法院、中级人民法院、县级检察院及市级检察院，而高级法院、最高人民法院、省级检察院及最高人民检察院承担的案件数量较少。因此，四级司法机关员额比例总体上应当呈现金字塔的形状。① 考虑到这些因素，司法官的员额比例设定需要具备一定的灵活性。

司法官的员额比例决定了整体司法人员的结构。司法官实行员额制以后，需要一定比例的司法辅助人员辅助其办理案件。从世界各国的情况看，司法官与司法辅助人员的比例表明在司法官的背后普遍存在着强大的辅助团队。在日本，法官与司法辅助人员的比例为 1 ∶ 7.7；在美国的亚拉巴马州，法官与辅助人员、行政人员的比例为 1 ∶ 10，在加利福尼亚州的最高法院二者的比例达到 1 ∶ 11。② 在我国的司法改革中，人员分类管理的初衷即包含了为司法官、司法辅助人员及司法行政人员设定合适的比例。但实际上，改革后的多数办案团队中甚至达不到一名司法官配备一名司法辅助人员的最低标准。原计划要在改革中大幅压缩的行政人员比例也只在名义上达到了标准，还有一定数量的工作人员名为司法辅助人员，实际上却仍然承担着行政工作。除对员额司法官的比例控制较为严格外，辅助人员与行政人员似乎可以随意确定或转换身份和岗位。因此，不仅应当严格确定司法辅助人员的比例，还应让绝大多数司

① 2013 年 3 月 1 日，中央组织部和最高人民检察院联合下发《关于印发〈人民检察院工作人员分类管理制度改革意见〉的通知》明确规定：“最高人民检察院、省级、地市级、县级人民检察院的检察官和检察辅助人员两类人员在人民检察院的中央政法专项编制中所占员额比例分别为 70%、75%、80%、85% 左右，司法行政人员所占员额比例分别为 30%、25%、20%、15% 左右。”从这里可以看到员额比例呈金字塔的形状排列，在北京、吉林等地的改革方案中，也可以看到省一级司法机关的员额比例要低于下级司法机关。

② 陈陟云、孙文波：《法官员额问题研究》，中国民主法制出版社 2016 年版，第 25 页。

法辅助人员真正到办案一线为司法办案发挥辅助作用。而实际上，办案一线的司法官与司法辅助人员的比例失衡导致司法官在员额数量骤降而工作量大幅上升的情况下不堪重负，“案多人少”的问题也更加凸出。

（三）司法官的选任标准和程序趋于原则和行政化

法官和检察官选任标准的科学和明晰是司法官群体实现职业化、专业化的决定性因素。在法官法和检察官法实施之前，我国并没有对法官和检察官的选任标准和程序作出规定，采用了与其他公务员相同的选任标准和程序，进而造成了法官和检察官群体的“大众化”和专业素质的低下。随着法治的进步，整个社会都认识到了严格把握司法官的选任标准和程序对于提高司法官的整体素质和建设现代法治国家的重要意义。

世界上许多国家都把法官和检察官作为特殊的职业群体，实行有别于其他国家公务人员的严格的准入管理。在大陆法系国家，如德国、法国等，普遍实行国家司法考试和司法官职业研修制度。要成为一名法官或检察官，首先要取得大学法律专业毕业的学历，然后经过严格的国家司法考试选拔，从而进入国家司法官学院接受职业培训。培训见习期满，再根据法官、检察官的缺额情况和本人意愿正式任命其为法官或检察官。[①] 在美国，要成为联邦法院法官，首先要在美国大学的法学院毕业并获得JD学位，同时通过律师资格考试，并从事律师工作若干年，才有资格被遴选为法官。[②]

公正严谨的选任程序是法官和检察官整体素质的保障。以法官为例，域外国家的法官选任模式大致可以分为五种，即行政首长选任制、立法机关选任制、首席大法官选任制、司法委员会选任制和公民选任制。还有的国家采取了“混搭的选任模式”，如美国联邦法官的产生即是以“总统提名 + 参议院司法委员会听证 + 参议院批准 + 总统任命”的模式产生的。[③]

我国长期以来一直遵循党管干部的原则，法官和检察官一般先由

---

① 童建明、王利民：《检察官管理体制改革探究》，载孙谦、郑成良主编：《司法改革报告：中国的检察院、法院改革》，法律出版社2004年版，第179页。

② 王琦：《国外法官遴选制度的考察与借鉴——以美、英、德、法、日五国法官遴选制度为中心》，载《法学论坛》2010年第5期。

③ 何帆：《法官遴选委员会的五个关键词》，载《人民法院报》2014年6月27日。

党委（党组）提名，再由人大按照法律程序任命。在实际工作中，这种行政模式选任程序的显著特点即它可以随着行政干部管理模式的变化而变化。在本轮司法改革之前，司法官选任与其他公务员一样主要以公开竞争上岗的方式进行，竞争的岗位包括领导岗位（行政岗位），如处长、科长，也包括非领导岗位，如处级、科级。而相应的法律职务则成为岗位竞争后的“附属品”。近年来，公开竞争的方式基本被抛弃，而是改为由党组织研究决定产生相应的人员，表现出非公开化、非竞争化、标准不明等特性。但没有发生改变的是法律职务职级仍与行政职级挂钩，是行政职级的附属品，而单独职务序列则异化为“待遇”的衡量标准。

为增强法官和检察官选任的中立性、专业性和权威性，司法改革的一个重大措施是在国家和省级设立法官、检察官遴选委员会。由专业委员会对法官和检察官的专业能力进行把关，这是司法文明的一大进步，但由于该项制度尚存在不完善之处，如遴选委员会的设置不明、主管不明，因而其存在被架空的嫌疑，且遴选委员会的组成和运行都处于不公开的状态，也不免会让人对遴选的公平、公正心生疑虑。同时，遴选委员会与省级法院和检察院的党组、省人大在工作机制方面存在何种关系？怎样才能够使遴选委员会真正发挥作用？针对这些问题仍需要做进一步的研究。

（四）司法人员管理模式行政化色彩浓厚，司法官主体地位缺失

在司法人员的分类管理中，首先应当明确司法官的主体地位。司法工作的主旨是“公正司法”，司法的主体是法官、检察官，法院和检察院应当围绕着法官和检察官进行管理，管理应服务于法官和检察官，并由法官和检察官进行决策，这是现代人本管理理念的要义和精髓。[①]然而，当前的司法人员管理制度忽略了法官和检察官的主体地位，管理过程中的行政化色彩较为浓厚。从管理模式上看，法官和检察官在整个管理架构中，总体上处于被监督、管理、考评的地位，即成为被管理的对象。人事管理权、业务管理权以及行政管理权被分配至政治部、案管部门、办公室等以行政人员和司法辅助人员为主体的职能部门。在行政管

① 袁勤华：《司法人员管理体制研究》，中国法制出版社2016年版，第79页。

理模式下，除担任院领导的司法官掌握一定的管理权外，其他的司法官在管理方面的参与度很低。司法官的地位只能依其所具备的行政职级来确定，一般司法官的权利只体现在案件办理方面。法官法、检察官法在管理方面赋予了法官和检察官一定的参与权利，但也只体现在新设定的法官、检察官遴选委员会的制度上。①

域外一些发达国家的司法制度在管理模式上虽存在差异，但其共同的特点是各类司法人员中法官和检察官的地位最高。例如，依据德国《法院组织法》规定，检察机构工作人员分为四类：一是检察官，包括检察长、主任检察官、检察官和职务检察官；二是司法辅助人员，属于中高级公务员，其地位低于检察官；三是书记官，属于中级公务员，地位要低于司法辅助人员；四是其他辅助人员。②

目前，我国法律并没有对司法官的地位作出明确规定。在行政管理的思维和模式中，司法队伍是一个整体，用其中的一部分人去管理另一部分人是当然的逻辑。因而，司法机关中人员的地位更多地取决于其担任的行政职务，而非法律职务。司法责任制的改革使法官或检察官在办案过程中获得了更多业务上的决定权，这甚至引起了作为“管理者”的司法行政人员对法官或检察官滥用司法权的担忧，并认为应当强化对法官或检察官的监督和管理。笔者认为，在一定程度上加强对法官和检察官的监督和管理是合理的，问题的实质是如何运用符合司法规律的方式和模式进行监督和管理。从根本上讲，司法责任制的落实恰恰是对法官和检察官最好的约束。司法责任的终身追责比任何的监督或管理都更有力度。但在实践中，由于司法责任制并未落实到位，致使追责存在一定的困难，在这样的情况下采取了用行政监管的办法管理法官和检察官的方式，进而出现了行政人员、司法辅助人员管理法官和检察官的怪象。类似的情况在域外国家也曾经存在过。例如，英国在1971年进行了司法系统改组，实质上是将法官手中的管理控制权转移到了大法官办公厅的文职人员手中，致使法院内部出现了管理人员和法官之间的冲突。

相比之下，其他一些国家，如南欧的意大利、西班牙、葡萄牙，北

① 参见《法官法》第16条第2款、《检察官法》第16条第2款规定，在遴选委员会的组成人员中法官、检察官代表不少于三分之一。

② 袁勤华:《司法人员管理体制研究》，中国法制出版社2016年版，第98页。

欧的荷兰、丹麦和爱尔兰，则是通过建立司法委员会的管理模式来提高司法机关和法官的独立性，并意图通过司法委员会的有效行政管理来最大可能地提高司法服务质量，从而避免行政管理对司法权的直接或间接的不当干预。美国和日本则是通过建立司法自治型的管理体制来保障司法官的独立地位。如日本最高法院以法官会议的形式管理行政事务，各高等法院、地方法院也均在内部成立由法院全体法官组成的法官会议具体实行有关的司法行政管理。[①] 在这样的管理模式中，司法官的主体地位和独立性也能够得到很好的保障。

三、完善司法人员分类管理的路径思考

（一）坚持“去行政化”的总体思路，构建“双轨制”的管理模式

实际上，早在20世纪就已经有学者提出了对我国司法制度中存在的“行政化”问题的质疑。[②] 在本轮司法改革中“去行政化”是一个隐含的重要命题。在行政化的管理模式下，由于责任的分散和不明确极易导致冤假错案的产生，并且在出现冤假错案时无法进行追责，因此，“去行政化”的一个主要目的是落实司法责任制。司法责任制改革提出要实现“让审理者裁判，由裁判者负责”的目标，办案的行政化审批首当其冲地成为批判和改革的对象。司法责任的落实也理所当然地要求针对司法人员的管理模式实现“去行政化”。案件办理中层层审批的行政化问题已经在司法改革中得到了一定程度的改善，但司法人员管理行政化的问题仍然较为严重，这使得司法人员的分类流于形式，使法官、检察官失去了应有的主体地位，其独立性受到了影响。这些问题反过来又必将会影响司法责任制的落实。

从司法规律的角度看，司法权与司法行政管理权的分离是未来发展的必然趋势。党的十六大就曾提出，“改革司法机关的工作机制和人财物管理体制，逐步实现司法审判和检察同司法行政事务相分离”。党的十八届四中全会通过的《中共中央关于全面推进依法治国若干重大问

① 袁勤华：《司法人员管理体制研究》，中国法制出版社2016年版，第108—122页。

② 朱苏力：《论法院的审判职能与行政管理》，载《中外法学》1999年第5期。

题的决定》明确指出，要“改革司法机关人财物管理体制，探索实行法院、检察院司法行政事务管理权和审判权、检察权相分离”。

因此，要实现司法权运行的“去行政化”，重要的举措是做到司法权与司法行政管理权相分离。在司法改革中有一些司法单位采取了比较大胆的去行政化措施，如广东佛山中级人民法院的“审判长负责制”改革，即弱化了庭长、副庭长对法官的行政管理职权。[①]然而，“去行政化”并不是要彻底消除“司法行政管理”，而是要使司法权和司法管理权合理并存、相互保障、相互促进。事实上，不论设计怎样的法院（检察院）管理体制，都无法完全清除其中的行政化因素。[②]有学者还提出，根据中国目前的司法实际，骤然废除司法管理权，让司法权完全独立运行而不受监管，可能会产生一定的副作用，甚至会影响到司法公正。因此，在当前的司法系统内，构建一种司法权与司法管理权之间的平衡关系可能更符合中国的司法实际。[③]

司法权与司法行政管理权的适当分离与司法人员分类管理的关系极为密切。从一般逻辑上讲，司法权的行使主体是司法官及司法辅助人员，司法行政管理权的行使主体是司法行政人员。从前，在司法人员没有明确分类的情况下，管理混同、职责不清，致使司法官行使司法行政管理权，或不具有司法职务的行政人员参与办理案件甚至主办案件的情况并不鲜见。在司法人员分类管理改革后，后一种现象已经得到根治，但司法官行使司法行政管理权的情况仍然存在。由于内设机构以及管理层级的设置，作为院级领导和部门领导的司法官以及办案组的负责人都在很大程度上承担着大量司法行政管理权，如案件分配、人员调配、业绩考核、干部管理等等。也就是说，司法人员的分类管理并未推动司法权与司法行政管理权的分离。

若要实现两种权力的分离，需要对现有的管理模式进行改革。在混同化的管理模式下，司法官、司法辅助人员及司法行政人员共同作为

---

① 姚伟:《“司法去行政化”改革的思考——以佛山中院审判长负责制为视角》，载《法制与社会》2014年第7期。

② 乔生彪:《法院管理体制之症结及改革》，载孙谦、郑成良主编:《司法改革报告：中国的检察院、法院改革》，法律出版社2004年版，第269页。

③ 崔永东:《司法改革与司法管理机制的“去行政化”》，载《政法论丛》2014年第6期。

“司法队伍”“干部队伍”进行整体管理。在行政化管理模式下，司法行政人员成为管理的主体，而其他人员则成为管理的对象。而在符合司法规律的管理模式下，司法官应当是司法权运行的主体，司法辅助人员、司法行政人员围绕辅助司法官行使司法权来履行职责。在这一方面，美国、英国法院的管理模式可供我们借鉴和参考。美国和英国虽同属一个法系，但各自的法院管理模式却并不相同。美国是自治型的管理模式，即法官对法院从管理事务的决策到司法辅助人员的招聘、使用及管理都享有决定权，即法官既有司法权，又有行政管理权，其行政管理主要通过法官会议等形式予以决策，而由专门的行政部门实施。英国是分离型管理模式，即法官只负责审理案件，不负责管理其他事项。司法辅助人员、行政管理人员都由行政管理部门统一雇用和管理，属于政府的雇员。虽然两国的管理模式不同，但二者的共同之处在于都强调法官的主体性和独立性，无论是在制度设计还是制度运行上，都注意突出和保障法官的中心地位，以防止司法权遭受行政管理权的侵蚀，保障司法权的独立运行。

笔者认为，虽然我国不可能照抄照搬美国或英国的管理模式，但应当吸收其中的有益成分。无论是美国的自治型管理模式还是英国的分离型管理模式，抑或前述的欧洲的委员会型管理模式，其核心主要是从保障司法权独立运行出发，强调司法官的主体地位和独立性，防止行政管理权干扰或影响司法权的行使。那么在司法人员的分类管理中，应当遵循这一规律，以制度形式确立法官、检察官的主体地位，保障其依法独立行使职权，防止他类人员以“管理”为名侵蚀司法权。

合理的改进路径应考虑建立“双轨制”的管理结构，协调司法权与司法行政管理权的二元矛盾。为此，可采取以下三个方面的措施。一是以司法官为核心建立专业化的司法业务团队。各司法办案组织以员额制法官（检察官）为核心，配备一定数量的司法辅助人员和书记员，形成小型的司法团队。各团队之间形成平等、独立的关系，在业务方面行使相同的权力。二是明确司法行政的科层制管理体系及管理范畴。主要对司法辅助人员、司法行政人员的培训、晋升、交流、调动、考核等进行管理，形成一套上令下达、标准统一的内部行政管理体系。[①] 三是两

① 王禄生:《法院人员分类管理体制与机制转型研究》，载《比较法研究》2016年第1期。

套管理系统既要相对独立，又要形成相互之间的有机联系，即形成双轨制的管理结构。应明确司法行政管理系统是司法权运行系统的辅助和支撑，其职责和任务是服务于司法业务运行。司法官的选任、考评、晋升、惩戒等均通过以司法官为主体组成的司法官遴选委员会、司法官考评委员会、司法官惩戒委员会进行。

在双轨制管理结构下，为保障司法权不被行政管理权所侵蚀，可借鉴美国的管理模式建立法官和检察官自治管理制度，突出法官和检察官独立的法律地位，司法辅助和行政人员应当辅助和服务于法官、检察官，而不是由司法辅助或行政人员来管理法官和检察官。需要注意的是，在双轨制管理结构中，如果不能以制度形式确定并保证司法官在管理中的主体地位，就可能还会出现行政权以"管理"为名干扰甚至"绑架"司法权的情形。① 类似的问题在美国、日本等国家也发生过。例如，在日本，由于法官会议决策机制的弱化，事务管理总局成为法官的上司。针对事务管理局的角色定位问题，美国也一直存在着其究竟应当管理法官还是为法官服务的疑问。② 因此，即使建立了二元制的结构，还可能存在一方管理和控制另一方的问题。

为了解决二元制结构下司法行政权干扰、侵蚀司法权的问题，应当建立司法官自治的管理模式。这种管理模式的核心要义是大幅提升司法官在管理上的参与度。司法官的管理参与度决定了二元制管理结构下一方对另一方的管控程度。司法官参与管理程度低，则司法行政管理权将处于强势地位，结果就可能控制或影响司法权的运行；反之，司法官参与管理的程度越高，则越可能实现司法权运行与司法管理权的分离。具体到实践中，针对法官、检察官的业务管理、业绩评价、职级晋升、奖惩等均应在法官、检察官的范围内由法官、检察官来决定，而不是由行政人员及辅助人员来决定。为此，可以考虑建立由司法官代表组成的司法官管理委员会对司法官进行单独管理。在司法官管理委员会下设遴选、考评、惩戒等委员会。通过委员会的自治型管理模式来消解司法行政管理权对司法权的干扰或侵蚀。例如，在考评方面应充分发挥法官或

---

① 张智辉：《论司法责任制综合配套改革》，载童建明主编：《检察智库成果》（第3辑），中国检察出版社2019年版，第224页。

② 袁勤华：《司法人员管理体制研究》，中国法制出版社2016年版，第128页。

检察官考评委员会的作用，将法官、检察官的考评与司法辅助人员、司法行政人员考评完全分离。应明确法官、检察官为司法官考评委员会的组成人员，而不得由其他人员参与，从而实现由司法官自主地以专业的视角来对司法业务进行评价，以专业的考评来引导、督导司法业务的目的。对法官和检察官的考评以案件办理等业务实绩为主，取消以“民主投票”决定其优秀与否的评价方式。用法官、检察官的年度业绩考评取代公务员管理的年度考核，不对司法官进行双重考核评价。对于司法辅助人员中的法官、检察官助理可以参考法官、检察官的考评方式单独进行考核，重点考虑其辅助办案的情况。对于其他辅助人员、行政人员可以继续以公务员的管理方式进行考评。司法官应当在对辅助人员、行政人员的考评中享有相应的建议权。根据法官法、检察官法的规定，应组成以司法官为主体的司法惩戒委员会，由司法官自主地以专业的视角来对司法行为进行评价。惩戒的对象既包括司法官，还应包括司法官的助理。

（二）全面落实司法责任制，实现司法官在人员分类管理中的主体地位

司法责任制改革是本轮司法改革的重点。党的十八届四中全会作出的《中共中央关于全面推进依法治国若干重大问题的决定》强调，要“明确各类司法人员工作职责、工作流程、工作标准，实行办案质量终身负责制和错案责任倒查问责制”。从逻辑上讲，司法人员分类管理的前提是各类人员的责、权、利分配清晰，而要全面推进司法责任制的落实，就必须实行司法人员的分类管理。反之，司法人员分类管理实现的程度也会对司法责任制的落实产生一定的影响。

有学者论述了全面推进司法责任制与人员管理结构的关系，主张“改革法官、检察官的管理模式，突出司法职权的重要地位”，指出“全面推进司法责任制，其中一个重要而紧迫的问题是要改革法院、检察院的人员结构，切实减少法院、检察院从事行政工作和管理工作人员的数量，让现有编制中的绝大多数人来从事业务工作”。[①]法院、检察院的主要业务是司法办案，且这个主业必须要突出，而从事这个主业的主体即

① 张智辉:《论司法责任制综合配套改革》，载童建明主编:《检察智库成果》（第3辑），中国检察出版社2019年版，第223页。

法官、检察官。

实现司法官的主体地位并不存在法律上的障碍。以检察官为例，宪法、人民检察院组织法规定了“检察长统一领导”“检察委员会民主决策”“人民检察院行使检察权”等检察权运行的体制和机制。有人认为，检察权的行使主体并非检察官，而是检察长、检察委员会，甚至是检察院整体。这种观点的错误在于其没有意识到检察长本身即由法律明确规定的检察官，而检察委员会是由检察官组成的。检察长（检察委员会）以民主集中制的形式对检察机关进行管理，这本身就体现出了“检察官管理检察官”的原则。实际运行中会出现司法辅助人员或司法行政人员管理检察官的现象，是因为在管理方式上出现了问题。例如，在现行制度下，检察机关内部的诸多行政性内设机构在检察长（或分管副检察长）领导下对各项行政事务进行管理，这些行政性内设机构在对行政事务的管理过程中因权力边界不明而过度膨胀，进而造成了行政管理权力凌驾于司法权之上的状态。

要解决这一问题，就要改革内设行政机构代法院院长（检察院检察长）行使管理权的管理模式。党的十八大以来确定的司法改革的思路是明确的，即大幅压缩司法行政人员、减少管理岗位和管理权能，从而实现司法业务与司法行政管理并行的目的。在减少管理岗位和压缩管理权能的情况下，如何能更好地落实责任制，保障司法业务高质高效运转，保证司法人员公正廉洁司法？笔者认为，借鉴某些国家的经验，建立委员会制的自治管理模式是在减少行政管理情况下较为科学的管理模式。在委员会制的管理模式下，法官、检察官实现自我管理会增加法官、检察官的责任感，突出法官、检察官在管理中的主体地位。

有学者对此提出了质疑，即采用这种管理模式是否会违背党管干部的原则，是否会产生司法权滥用的现象？笔者认为，这种质疑是没有必要的。“党管干部”主要体现在司法官的任用方面，在司法权运行的过程中，完全可以由司法官来实现对自身的业务管理，这并不违背党管干部的原则。同时，经过严格的选任标准和程序产生的司法官应当被给予高度的信任，且在司法业务的运行中保持权责清晰，使管理模式遵循司法化、科学化的发展趋势，并将司法责任制落实到位，即能够有效防止司法权的滥用。

在党的十八大以来的司法改革过程中，一些地区的法院和检察院在

内设机构和司法人员管理模式方面进行了有益的尝试性改革。例如，珠海市横琴法院和深圳市前海法院取消了业务庭的庭长职位，精简、合并了行政管理机构，创设法官会议以行使原业务庭和庭长的行政管理职能，致力于实现法官民主决策和自治管理，提升了法官的职业尊荣感。[①]院长、副院长不再如以往一般，拥有管人、管事、管业务的权利。作为行政领导，其对外仍具有代表权，但对内的管理权则受到了极大的限制。有的法院还列出院长、副院长的权利清单，以约束其利用行政管理权介入、干预审判权。[②]这些尝试性的举措改革了原内设行政机构的管理权能，提升了法官和检察官在管理中的参与度，真正实现了法官和检察官在管理上的主体地位。

（三）完善司法官遴选委员会机制，真正发挥司法官遴选在司法人员管理中的关键作用

法官、检察官遴选委员会的创设是党的十八大以来司法改革的一个亮点。社会对遴选委员会在法治国家建设中的作用寄予了很高的期望。如法官和检察官的选任程序更加严谨、科学，并符合司法规律，那么遴选出的司法官也将更加专业、司法能力更强、更能够获得人民群众的信任。司法官遴选程序的相对独立将从制度上保证部分司法行政管理权与司法权的适当分离，从而保证司法人员分类管理能够真正得到实现，保证司法官依法独立行使司法权。

完善司法官遴选委员会制度，应当以问题为导向，而目前存在的问题主要集中于遴选委员会的机构设置、人员组成以及运行程序公开性等方面。

首先，应进一步明确遴选委员会的设置。修订后的法官法、检察官法规定，省、自治区、直辖市应设立法官遴选委员会和检察官遴选委员会，但对机构设置的具体归属及设置方式并没有作出明确规定。在司法改革的探索过程中，遴选委员会的设置大致有三种方式：一是由党委政法委主导设置和管理；二是在人大之下成立一个非常设的委员会；三是

---

① 钟小凯：《横琴新区法院"去行政化"改革的调研报告》，载《司法改革评论》2016 年第 1 期。

② 陈陟云、肖启明：《回归本质——司法改革的逻辑之维与实践向度》，法律出版社 2015 年版，第 156 页。

独立设置遴选委员会。目前多地普遍采用的是以政法委为统筹的设置模式。从法律的基本逻辑层面分析，如要保证遴选审查的中立性，独立设置遴选委员会是最合理的模式。对此，曾任职最高人民法院司改办的何帆撰写了《法官遴选委员会的五个关键词》一文，对遴选委员会的中立性进行了详细的阐述。何帆特别指出，对于“科层制”下的大陆法系国家，“设立一个相对独立、多方参与的委员会，负责司法选任事宜，有利于确保法院依法独立行使审判权”①。

在遴选委员会的设置问题上，需妥善处理遴选委员会与党委政法委、人大以及法检两院的关系，保障遴选委员会的中立性和权威性。遴选委员的法律地位决定着遴选程序的司法属性。目前，遴选委员会一般设置在党委政法委，但由于在省级法、检两院均设立遴选委员会办公室以便处理日常的工作，所以党委政法委实际上只能够发挥一些有限的协调作用。实践中，省级法、检两院会从各自的需要出发启动遴选程序、抽选委员、组织审查，因而主导权基本都落实在了省级法、检两院手中。从实际的运作中看，这种操作模式已经与长期以来各自进行的“干部选拔”融为一体，遴选委员会仅发挥了较为有限的审查作用，从而沦为了新的“形式主义”，而这可能是何帆撰写《法官遴选委员会的五个关键词》时没有考虑到的情况。②

因此，要保证法官、检察官遴选委员会发挥真正的作用，保证遴选委员会的中立性和权威性，笔者认为，应当在国家和省一级设置独立的、中立性的委员会，日常的办公室可以设在中央政法委和省委政法委，主要进行协调和服务工作。这样即可有效防止遴选委员会成为省级法院、检察院的附属，从而避免被旧有的“干部”管理体制架空。

其次，遴选委员会在人员组成上应当处理好专业性与代表广泛性的关系。在改革探索中，一般都由党委组织部门及人大、政法单位的领导任专门委员，同时选取若干法学界的专家任专业委员，从综合政治多元和强化专业性的方向进行了尝试，但各类组成人员在其中的占比问题、组成人员如何产生、具体的工作机制应如何设计，这些影响遴选的重大

① 何帆:《法官遴选委员会的五个关键词》，载《人民法院报》2014年6月27日。

② 何帆在《法官遴选委员会的五个关键词》一文中指出:“在确定法官遴选委员会的办事机构时，应充分考虑其了解、考察候选人职业操守与业务能力的便利性与专业性，更适宜设在司法机关内部。”

问题尚处在各地的改革探索当中。

在这些方面，域外国家的做法也存在较大差异。例如，德国联邦司法遴选委员会注重吸收立法、行政部门的代表，其中并不涉及法官和律师的代表，比较注重政治的多元化；而各州的司法遴选委员会则会吸收法官和律师代表，即更注重专业的多元化。美国的密苏里州设立了由专业人士组成的法官遴选委员会，其侧重从专业和业绩角度对代表进行把关，这种做法又被称为“密苏里方案”，被视为美国州法官选任制度的改革方向。①

2019年修订的法官法、检察官法规定，法官、检察官在各自遴选委员会组成人员中占比不得少于1/3②，此规定是管理专业化的重大进步。但从目前的调研情况看，全国各省份都没有达到这样的标准，法律对此只作了原则性的规定，对如何选任占比不少于1/3的法官和检察官代表并未作出明确的规定。因此，笔者认为，明确规定遴选委员会的人员组成比例、各类组成人员的选聘和改选程序以及会议的运行程序，才能够确保充分发挥法官、检察官在管理过程中的主体作用。

最后，遴选委员会的工作应当公开化，以达到“以公开促公正”的目的。遴选委员会的委员应当向社会公开，委员的选任、改选等程序应当在公开的状态下以民主的方式进行。特别是为落实法官法、检察官法关于法官、检察官代表至少占比1/3以上的规定，在法官、检察官的各自群体中以公开、民主的方式进行代表的举荐和选拔，确保选任的代表能够正确行使代表的权利。参照人民陪审员的产生以及抽选模式，遴选委员会应当建立严格的代表选任制度。遴选过程可以采取类似于听证会的形式进行，并尽可能地公开化。遴选的决策机制应当明确，且决策的结果应当被公开。如以投票的方式进行，则应在投票后当场公布投票的结果，并给予候选人以后续救济的机会和渠道。

自20世纪90年代起，“司法人员分类管理”的模式就已经被提出了，法院和检察院也分别在这方面进行了若干的尝试，如检察院关于主办检察官、主诉检察官进行的改革试点，法院进行的书记员单独职务序列改革等等。虽然改革的成效并不显著，但却为之后的改革积累了一些

① 何帆:《法官遴选委员会的五个关键词》，载《人民法院报》2014年6月27日。

② 参见《法官法》第16条、《检察官法》第16条。

经验。党的十八大以来司法改革的力度是空前的，也取得了较大的成就，但同时应当看到，改革的目标还未完全实现，改革的道路依然漫长。习近平总书记指出："我们啃下了不少硬骨头但还有许多硬骨头要啃，我们攻克了不少难关但还有许多难关要攻克，我们决不能停下脚步，决不能有松口气、歇歇脚的想法。"[①] 司法人员分类管理的内容非常丰富，如单独职务序列、司法官等级、员额制、各类司法人员的任职交流等等问题，都需要进一步研究和完善。2020 年和 2021 年的中央政法工作会议都提出要在政法领域"全面深化改革"。2021 年 7 月 24 日在北京召开的政法领域全面深化改革推进会要求，要明确主体办案责任，严格落实"让审理者裁判、由裁判者负责""谁办案谁负责、谁决定谁负责"，突出法官、检察官办案的主体地位。赋予法官、检察官对司法辅助人员的工作分配权、考核建议权以及一定的人事管理建议权，落实法官、检察官对辅助人员的管理、教育、引导责任。这些改革要求为司法人员分类管理的体制和机制的完善提出了新的课题、明确了新的思路、制定了新的举措。随着司法改革的不断深入，司法人员分类管理会更加科学和规范，更加符合司法运行规律和司法职业特点。

① 习近平:《关于〈中共中央关于坚持和完善中国特色社会主义制度推进国家治理体系和治理能力现代化若干重大问题的决定〉的说明》，载《人民日报》2019 年 11 月 6 日，第 2 版。

立足数字正义要求，深化数字司法建设*

随着信息革命的不断深入，中国社会再次迎来生产力与生产关系的重大调整，以大数据、人工智能和区块链等为代表的数字技术全面介入社会治理活动，引发人类认知范式和社会治理思路的再次转变。在此背景下，国家高度重视大数据、人工智能和区块链等新兴网络数字技术在司法领域的运用，司法数字化、网络化和智能化建设正成为推动国家治理现代化的重要一环。数字正义是传统正义理论在网络信息时代的转型升级，是数字社会对公平正义的更高需求，是数字司法建设的出发点和落脚点。为了满足数字经济高质量发展对司法的新需求，需要以保护数字社会主体合法权益为出发点，以激励和保护数字经济依法有序发展为原则，以互联网司法模式的深度改革和高度发展为保障，以多方联动的数字治理技术为手段，规范数字空间秩序和数字技术应用伦理、消减因数字技术发展带来的数字鸿沟，进而实现数字社会更高水平的公平正义。

一、数字司法建设的时代意义

鉴于新时代新发展阶段的新要求、新战略和新实践，数字司法建设有其必然性和必要性，主要体现在以下方面：

首先，数字司法建设是新时代实现数字社会治理的内在要求。中国正在经历数字化转型，数字技术已经全方位渗入社会。以“数字化、网络化和智能化”为特征的数字经济、数字政府和数字社会建设正在稳步向前推进。人们认识到数字技术在赋能数字社会发展的同时，也给社会带来了纠纷种类和数量上的变化，传统的纠纷解决模式已经无法完全适用数字社会的发展，亟须创设新的纠纷解决方式。

其次，数字司法建设是助力实现数字正义的关键环节。“努力让人

---

* 原文发表于《北京航空航天大学学报（社会科学版）》2022 年第 2 期。

民群众在每一个司法案件中感受到公平正义”，是习近平对政法机关和政法工作提出的工作目标和明确要求。公正是司法的核心价值。数字正义是传统正义观在数字时代的转型和发展，是人类发展到数字社会对公平正义具有更高水平需求的体现，是数字社会司法文明的重要组成部分，也是数字司法的最高价值目标。因此，只有通过对数字司法良性建设，才能更好地实现数字正义。

最后，数字司法建设是促进数字法治发展，护航数字中国建设，助力国家治理现代化的题中应有之义和重要实现路径。习近平指出：“数字技术正以新理念、新业态、新模式全面融入人类经济、政治、文化、社会、生态文明建设各领域和全过程，给人类生产生活带来广泛而深刻的影响。”“十四五”规划纲要对“加强数字化发展，建设数字中国”作出明确目标要求，提出要“迎接数字时代，激活数据要素潜能，推进网络强国建设，加快建设数字经济、数字社会、数字政府，以数字化转型整体驱动生产方式、生活方式和治理方式变革”。按照“法治化规范数字化，数字化赋能法治化”的总体要求，为助力数字中国建设，必须健全数字法治体系；而健全数字法治体系，促进数字法治发展的重要路径恰恰在于数字司法建设。

二、数字司法建设的具体成效

基于此，在数字时代，司法体制在不断改革和完善自身的同时，也要注意吸纳科技发展的成果，运用先进的技术和手段以提升和改善司法效能，并促进数字司法建设取得进展和成效。以刑事诉讼为例，全国公安司法机关提出科技强警、科技强检和建设智慧法院等目标，依托大数据、云计算、互联网和人工智能等数字技术，提高公安司法机关办案、办公、服务、决策和监督的智能化水平，使刑事诉讼中侦查、起诉和审判活动的模式和方法均得到持续优化和创新。

（一）侦查手段得以创新，侦查模式转型升级

数字技术的运用极大地创新了侦查手段，为侦查机关履行侦查职能提供了智能支持。目前，数字技术在中国刑事侦查领域的具体运用包括智能识别、情报检索、犯罪数据挖掘和犯罪监控等。数字技术在侦查领域的实践，促使事后和被动的传统侦查模式向事前和主动的智能侦查模

式转型，大大提高了预防犯罪和侦查犯罪的能力。

（二）检察工作得以助力，办案更具规范化与精准化

利用科技力量推行“智慧检务”，是新时代中国检察工作的重要内容。当前，“智慧检务”建设的主要实践系统包括办案智能辅助系统、量刑建议辅助系统、远程提讯系统和监狱检察信息指挥系统等，检察工作的实效也随其运用得到了提升。

（三）审判能力得以改善，司法公信力进一步提升

人民法院高度重视数字司法建设，最高人民法院先后颁布《关于加快建设智慧法院的意见》《人民法院信息化建设五年发展规划（2019—2023）》等文件。当前，以网络化、阳光化和智能化为特征的“智慧法院”格局已基本形成。许多地方法院在建设“智慧法院”的过程中，积极将数字技术运用于刑事审判活动中。一方面，借助算法与大数据的优势建立诉讼智能系统；另一方面，将人工智能等数字技术融入诉讼全过程，也为诉讼当事人、诉讼参与人和社会公众提供了更为便捷化的诉讼服务。

三、数字司法建设面临的挑战

数字技术是一场全新的科技文明，在为制度发展带来智慧动力的同时，也存在巨大的风险隐患。以刑事诉讼为例，主要表现在以下方面：

（一）数据的昂贵与垄断，可能恶化被追诉人的处境

大数据作为一种前所未有的方式，成为新发明和新服务的源泉，但由于其技术的昂贵与稀缺，目前，国家拥有独占数据的优势，因而，司法机关在刑事诉讼过程中的优势地位也得到了进一步巩固。这对于本就处于弱势地位的刑事被追诉人而言，将由此陷入信息不对称和资源不平等的困境，加大了其与司法机关进行“抗衡”的难度。

（二）算法的偏见与隐蔽，可能增加司法决策不公的风险

中国刑事司法实践中已经推行与运用的多种智能辅助系统，是基于大数据得以构建，并通过算法得以运行的。然而，随着数字技术广泛运用于刑事诉讼领域，算法的“先天缺陷”也逐渐暴露，并可能对刑事司

法实践产生相应的消极影响。一方面，受制于数据采集的数量与质量，以及算法设计者的能力与认知，算法容易出现偏见和歧视等问题；另一方面，算法分析与决策过程的可知性低，欠缺公开性与透明度，当算法被恶意篡改时，也往往难以被及时察觉和纠正。

（三）技术的机械与瓶颈，可能削弱司法工作者的能动性

受制于人工智能等数字技术的机械性与局限性，数字司法其在刑事司法实践中的运用应当具有一定的限度。刑事案件的裁判并不只是简单的推算，案件的公正审理离不开公安司法人员的法律知识储备，更离不开公安司法人员的经验与良心。因而，盲目夸大智能辅助系统对刑事裁判的功效，必然会导致司法工作者对其过度依赖，继而削弱了司法工作者自身的能动性。还应当警惕的是，人工智能的迅速发展终将可能促使智能机器人的产生。智能机器人是完成人工智能任务的载体，但其摆脱人类的纯粹工具地位而获取主体身份，也是一种必然的趋势。那么，在这一趋势下，如何界分智能机器人与司法工作者之间的身份和责任，不仅将关系刑事诉讼程序的设置与实施，更将深刻影响整个刑事司法系统的定位与构造。

（四）网络信息业者参与数字犯罪治理的多重义务叠加，可能引发企业数字合规困境

在传统刑事案件办理过程中，是以公安司法人员为主体的。但随着数字化技术的发展，以互联网企业为代表的网络信息业者在犯罪治理中的作用也得到了不断提升，与刑事司法权力机关的合作亦不断密切。在此语境下，一方面，网络信息业者承担着具体个案刑事诉讼活动中的协助义务，并从数据聚合、算法开发和平台建设等方面广泛支撑刑事司法权力机关的日常运行；另一方面，网络信息业者往往还承担着保护用户隐私与个人信息等方面的义务。因此，在犯罪治理过程中，网络信息业者所承担的多项法律义务之间往往存在重叠甚至冲突，并由此导致了一系列的企业合规困境。

四、深化推进数字司法建设

在认识和把握数字司法建设的意义、成效和挑战的基础上，应从以

下三个方面深化数字司法建设：

其一，把握数字时代要求，明确数字司法建设目标。数字司法建设，是新时代对司法体制改革提出的要求。数字司法建设必须以习近平法治思想为指导，以维护党和国家大局、服务数字法治建设、促进数字社会稳定和发展、实现数字正义以及保障合法权益为目标。

其二，加强数字法学学科建设，培养数字司法人才。当前，单一学科的法律人才培养模式，显然已经无法满足数字时代迅猛发展的要求。为了防止司法工作者对人工智能辅助系统等数字技术的过度依赖，以及算法等数字技术本身可能带来的决策风险，应以合理的数字法学学科设置为依托，突破传统部门法格局和学术研究阵营，以系统性的思维和跨部门跨学科的理论为指引，培养既懂法律又懂技术的复合型人才，来适应中国司法数字化的现实需求。

其三，规制数字技术运用，提升数字司法建设效能。为有效防范与应对数字技术的自身风险，必须以数字技术的发展与规制为主题，形成包含法律规则、政策规定和伦理规范等在内的社会综合治理体系。

大数据侦查的适用限度与程序规制*

近年来，大数据、云计算、区块链、人工智能等技术广泛应用于刑事司法领域，大数据侦查作为一种高度技术性的新型侦查措施应运而生。大数据侦查应用领域颇为广泛，涵盖刑事案件侦破与犯罪预测防控，如利用大数据查询获取犯罪嫌疑人个人信息并进行定位追踪，以地域、户籍、行迹等信息要素为数据建模要件判断犯罪高频区域以进行犯罪预测等。大数据侦查在提升刑事案件侦破效率和犯罪防控精度层面成效显著。但是侦查机关广泛应用大数据侦查的背后，是科学技术助力下的侦查权显著扩张和公民权利隐形收缩。大数据侦查中技术第三方参与侦查主体建设，侦查阶段启动时点前移，侦查对象范围从因果性走向相关性，这些扩张中隐含着公权力以大数据技术为扩展利器，对公民隐私权、个人信息权等基本权利的侵蚀和干预。目前，大数据侦查在传统侦查法律体系中属性不明、刑事程序规范控制乏力，难以对其有效规制。侦查机关泛用大数据侦查隐然有越界行使，冲击刑事正当程序、侵犯公民基本权利等风险。故有必要对大数据侦查的适用进行必要的原则限制和明确的程序规制，在大数据侦查控制犯罪与公民权利保障之间寻求平衡。本文所讨论的大数据侦查适用为狭义的大数据侦查，即以大数据技术为核心的侦查措施与侦查方法，暂不讨论大数据证据适用问题。

一、实践检视：大数据侦查的现实应用

（一）大数据侦查应用的主要方法

2015年国务院印发的《促进大数据发展行动纲要》将大数据界定为以容量大、类型多、存取速度快、应用价值高为主要特征的数据集

---

* 原文发表于《贵州社会科学》2022年第3期，与钱程合作。

合。[①] 大数据侦查是侦查机关针对已经发生或尚未发生的犯罪行为，通过运用数据搜索、数据挖掘、数据碰撞对比、数据分析、数据共享等技术手段，确定犯罪嫌疑人、发现犯罪线索、收集并固定证据信息的侦查行为。[②]

数据搜索查询、对比碰撞、挖掘分析是大数据侦查应用中的核心方法。数据搜索查询是大数据侦查的基础运行方式，侦查机关通过对数据库、互联网、电子数据等数据收集存储介质进行侦查目标信息的大范围搜索和精准查询。数据对比碰撞是大数据侦查寻找犯罪线索的重要方式，其寻找内容包括但不限于刑事犯罪嫌疑人的身份信息、行动轨迹、活动范围、同行人员查找、涉案物品确定。数据对比碰撞的过程一般为侦查机关选择相对确定的查找对象，运用专门程序软件筛选与之相关的数据库、数据集，对两个及以上的数据库、数据集进行碰撞比对，其后产生的重合数据、交叉数据往往是案件重要节点数据，发现节点数据后再对其及相关数据进一步研判分析。数据挖掘分析是大数据侦查得以高效防控犯罪的核心方法，侦查机关通过特定算法形成的类案、类罪的模型、规律对数据进行自动分析，揭示节点间的隐藏关系，并作出预测分析。挖掘分析方式包括关联分析、分类分析、聚类分析、异常分析等多种，可以进行多次深度分析。目前，手机取证软件、邮件分析软件、话单分析软件等取证软件均可以进行侦查大数据的挖掘分析。[③] 大数据侦查属于技术密集型侦查措施，体现着刑事侦查模式通过大数据技术方法的合理适用逐渐由信奉口供、依赖侦查经验、人力密集型侦查模式向数据驱动型侦查模式转变，侦查机关通过对所收集数据的分析、判断以及应用有效扩大案件线索的来源、准确确定案件的侦查方向，在吸收传统侦查模式合理内核基础上进行创新与发展。[④]

---

① 国务院《促进大数据发展行动纲要》(国发〔2015〕50号)，载 http://www.gov.cn/gongbao/content/2015/content_2929345.htm。

② 王燃:《大数据侦查》，清华大学出版社 2017 年版，第 109—123 页。

③ 王燃:《大数据侦查》，清华大学出版社 2017 年版，第 109—123 页。

④ 杨婷:《论大数据时代我国刑事侦查模式的转型》，载《法商研究》2018 年第 2 期。

（二）大数据侦查运行的典型模式

大数据侦查应用模式与实践类型存在多种划分方式，如个案分析模式和整体分析模式、原生数据模式和衍生数据模式、回溯型侦查模式和预测型侦查模式等。[①] 本文对实践中较为典型的回溯侦查模式与预测防控模式进行简要分析。

传统侦查活动往往是在刑事案件实际发生后进行，属于依托侦查人员办案经验的人力密集型侦查活动。大数据回溯侦查模式也是针对已经发生犯罪行为的具体刑事案件进行案件事实查明、证据收集与固定，但更侧重于寻找犯罪线索与证据材料、锁定犯罪嫌疑人。大数据技术的数据收集能力强大，其所获的数据几近达到样本即全体的量级程度，基于此，大数据回溯侦查模式得以进行全景式、多维度侦查，弥补了传统侦查活动中信息有限、线索难寻的局限。侦查机关通过大数据技术进行高速数据检索对比，寻找犯罪线索和证据，依托高新技术和办案经验进行精准定点打击，刑事侦查的精度、准度、效度均明显提升。如山东省各地公安机关运用大数据侦查，利用动态人像比对等新技术新手段，对在逃嫌疑人展开集中研判分析和实时布控，数据追逃效果显著。截至2019年，抓获各类在逃人员2.1万余名，其中10年以上在逃嫌疑人257名、20年以上在逃嫌疑人43名、八类严重暴力犯罪在逃嫌疑人837名。[②]

大数据预测防控模式是针对尚未发生的犯罪行为进行预测与防控。其运行机理在于对历史犯罪数据进行挖掘分析，通过以人物、时间、地点、行为方式、结果等要素进行数据分析与机器模型构建，总结各种因素的关联性和各类型犯罪活动规律，形成类案模型、类罪模型。根据数据挖掘和分析形成的犯罪行为模型和犯罪风险规律，侦查人员得以判断各类犯罪行为在时间、地点、人群、方式等方面的走势，能够及时识别风险。同时，侦查机关借助大数据技术在大范围、模糊化、匿名化的数据用户中发现其真实身份、行动轨迹、犯罪预期，可以迅速实现“预警信息发布”“犯罪地图编制”。如上海市公安局“反扒地图”、北京市公安局“犯罪数据分析和趋势预测系统”以事前预测、能动预防的方式进

① 王燃:《大数据侦查》，清华大学出版社2017年版，第109—123页。

② 《山东“大数据+合成战”提升追逃效能》，载https://www.mps.gov.cn/n2255079/n4242954/n4841045/n4841055/c6787094/content.html。

行犯罪防控，均是大数据预测防控模式有效运行的体现。

（三）大数据侦查隐含的权力扩张

刑事侦查目的在于查明案件真相，收集调取证据，确定犯罪嫌疑人。侦查权运行是一个探索性的认识活动，权力运行要义在于“发现”，这意味着侦查权的启动、行使、运行方式选择都具有较强的自发性和能动性。同时侦查权运行的主动性决定其内部不稳定，缺少必要约束便可能为达到破案之目的而脱离法治的轨道，肆意扩张。① 大数据侦查进一步强化了侦查权运行的主动性和能动性，使得侦查权扩展更具张力。

相较于传统的刑事侦查活动，大数据侦查具有以下特点：第一，侦查空间具有广泛性，以数据侦查形式囊括虚拟空间和实体空间。第二，侦查功能兼具回溯性和预测性，大数据侦查针对已经发生的犯罪行为和尚未发生的犯罪行为进行犯罪事实查明与犯罪分析预测。第三，侦查行为具有高度技术性，大数据侦查应用数据处理、人工智能、神经网络等高新技术，属于技术密集型侦查活动。以上特点使大数据侦查具有更为强势的适用拓展张力。首先，技术第三方进入侦查主体建设，使大数据侦查的主体隐性扩张。大数据时代，技术的专业性让第三方主体顺势进入侦查主体建设中，是技术红利转化成司法红利过程中不可避免的侦查权力外溢现象。② 网络信息业者以技术持有者或数据控制者身份参与大数据侦查平台建设或大数据侦查方法适用，为侦查机关提供技术支持或协助执法，直接或间接地融入大数据侦查主体建设，影响侦查权的行使。其次，大数据侦查中侦查措施启动时点前移。刑事立案前不可进行强制性侦查，而犯罪预测防控模式中数据对比碰撞、挖掘分析具有强制性，这意味着强制性侦查启动时点隐性前移，扩展了侦查权适用阶段。最后，大数据侦查以数据相关性为逻辑展开，通过关联物分析和量化挖掘进行更大范围的侦查，侦查对象范围从因果性走向相关性。侦查权扩张存在越界行使、权力滥用侵蚀私权利的风险，大数据侦查在监控犯罪过程中对合法公民正常生活的大范围监控亦是公民权利隐性收缩的典型体现。

---

① 卞建林、张可：《侦查权运行规律初探》，载《中国刑事法杂志》2017 年第 1 期。

② 胡铭、张传玺：《大数据时代侦查权的扩张与规制》，载《法学论坛》2021 年第 3 期。

二、泛用风险：适用大数据侦查的潜在问题

目前刑事诉讼法未明确大数据侦查的法律属性，相应的程序规制和被指控人权利保障机制尚显模糊。在侦查规范程序控制缺位的情况下，泛用大数据侦查存在冲击刑事正当程序、侵犯公民基本权利、导致实体错案的风险。

（一）冲击刑事正当程序

刑事正当程序是刑事诉讼的重要原则，有学者将其基本内涵概括为：为规范刑事诉讼立法和司法而规定的程序法定原则；为防止国家任意追诉而规定的无罪推定原则；为维系控辩平等、实现“平等武装”而设立的“抑控护辩”机制；为公正裁判而设立的审判程序标准；为纠正违法、错误而设立的权利救济机制。[①]大数据侦查的广泛适用对刑事正当程序中程序法定原则、无罪推定原则、控辩平等原则产生不同程度的冲击。

第一，大数据侦查的适用可能有违程序法定原则。大数据侦查作为一种新型侦查措施，其适用范围、运行模式与传统侦查措施有所不同，但是目前刑事诉讼法尚未对大数据侦查进行明确规定，缺乏相应的程序规范。在刑事程序法缺位情况下大范围适用新型侦查措施，与程序法定原则要求相悖。

第二，大数据侦查的适用冲击无罪推定原则。大数据侦查的犯罪预测和防控功能思路为侦查机关寻找并确定案情关联物，围绕关联物的相关关系进行广泛的数据挖掘分析。这种利用大数据技术进行的常态性犯罪风险侦控措施使得犯罪治理提前启动，在预测犯罪中形成预期判断并以数据分析结论强化有罪推定的假设。[②]在“无罪推定”“疑罪从无”的观念在公安系统中尚没有得到全面的认可，某些侦查人员存在先入为主的偏见的办案环境下[③]，通过大数据技术进行广泛的相关性监测，对碎片化信息进行分析重组，会进一步建立并强化有罪链条，削弱无罪推定原

① 朱孝清:《刑事正当程序视野下的认罪认罚从宽制度》，载《法学》2020年第8期。

② 裴炜:《数字正当程序　网络时代的刑事诉讼》，中国法制出版社2021年版，第87—89页。

③ 卞建林:《论公安刑事执法规范化》，载《东方法学》2019年第4期。

则在侦查程序中对公民的保护。

第三，大数据侦查的适用冲击控辩平等原则。一方面，大数据侦查的数据海量性和高度技术性加剧控辩资源不对称、力量差距悬殊的程度。大数据侦查所利用的数据库包括侦查机关自行构建、其他公权力机关以及社会机构构建、联机分析共享等多种数据源。在信息提取层面，被追诉方难以获得与国家机关相同的权限和资源。同时，大数据侦查的数据处理方法具有高度技术性，被追诉方缺乏与侦查机关相当的数据处理能力，这在一定程度上使得其适用相关权利保护规则能力虚置。另一方面，大数据侦查的不公开性、算法的隐蔽性使得数据收集分析和模型决策过程缺乏可知性，导致被追诉人知情权受损。被追诉方对于侦查机关实施侦查措施、案件处理所依据的数据信息及技术工具缺乏了解，也不具备分析进而辩驳的能力，难以进行有效辩护。

（二）广泛侵蚀公民权利

大数据侦查对公民权利的干预与侵蚀是广泛且深刻的。这种广泛程度是小数据时代难以企及的，其体现于公民范围和信息类别的广泛性。大数据侦查措施依托的数据不仅源于公权力机关自行构建的数据库，也源于侦查机关可调取的社会机构数据库。2003 年公安系统通过“金盾工程”建立常住人口和流动人口管理信息系统、违法犯罪人员信息系统、涉案物品管理系统、指纹自动识别系统等信息系统，进行信息全面录入。此外，网络科技公司在正常业务中也会进行公民信息收集，通过程序软件、网页留存大量信息。侦查机关通过数据技术可以对公民的基本信息、行动轨迹、生产生活内容进行立体多维复原，其中包括大量与个案侦查目标无关的公民信息。大数据侦查所秉承的由因果关系到相关关系的转化使得侦查对象客观范围扩大，侦查措施所关涉的公民权利范围也随之扩大。如宁夏回族自治区公安厅通过警务云二期建设项目，建立涵盖全区公安机关 14 个警种数十个系统以及公安系统数百亿条数据的数据服务体系，建成联网视频监控探头 4.32 万个。[①] 大数据侦查附随着大规模监控的社会效果，每个公民均可能存在于侦查数据库或侦查机关可调取的数据库中。大数据监测对不特定公民进行不特定目的的数据

① 《宁夏大数据智能化建设成效显著》，载 https：//www.mps.gov.cn/n2255079/n4876594/n4974590/n5374167/c6780298/content.html。

收集以及不限制使用目的的数据处理已然威胁公民的独立人格，数据泄露、数据不当利用更存在威胁公民人身、人格、财产安全的风险。

大数据侦查所涉及的公民权利主要体现为隐私权和个人信息权。隐私权指自然人享有的私人生活安宁与私人信息秘密依法受到保护，不被他人非法侵扰、知悉、搜集、利用和公开的一种具体人格权。[①]侦查机关可以通过对聊天软件、购物软件、出行软件等程序的数据检索查询、公共网页的监控，收集获悉案件的数据信息。尽管大数据侦查并无侵蚀隐私权之目的，但大面积的数据搜索与监控已然触碰公民的私密权利空间。隐私权主要是一种消极的、防御性、静态的权利，而个人信息权主要是一种积极的、控制性、动态的权利，强调对个人信息的利用及控制。[②]隐私权与个人信息权内容存在交叉，但两种权利无法互相覆盖。个人信息包括个人姓名、出生日期、身份证号码、医疗记录等多领域内容，一部分属于隐私内容，一部分则属公开或相对公开的信息。公民在个人信息使用中产生数据留痕，即便被第三方获取，也并非意味着公民放弃对个人信息保密、不受任意查询分析的权利。侦查机关通过大数据侦查对未公开以及相对公开的个人信息进行数据搜索查询、挖掘分析并未获得权利人同意，一定程度上有悖个人信息保护要求。

（三）存在实体错案风险

大数据侦查是高度依托数据信息技术的侦查措施，在获享高端科学技术带来的侦查功能扩展、侦查效率提高的红利的同时，大数据侦查也难以抵御科技介入刑事司法带来的内生风险，即数据错误和技术缺陷使得大数据侦查泛用可能导致刑事实体错案。

首先，大数据侦查中基础数据与技术运行潜在的错误或瑕疵会影响侦查效果和案件判断。大数据侦查依托的基础数据源可能存在数据错误、重复、缺失等问题，同时大数据技术并非完全准确，在数据收集、挖掘、分析过程中，受制于数据本身质量、数据处理的技术水平，可能出现瑕疵或者错误，进而降低数据分析结果的可靠性。刑事司法容错率低，刑事程序中每一个阶段公权力机关作出判断所依据的事实、证据的

① 王利明:《隐私权概念的再界定》，载《法学家》2012 年第 1 期。

② 王燃:《大数据时代个人信息保护视野下的电子取证——以网络平台为视角》，载《山东警察学院学报》2015 年第 5 期。

瑕疵和错误，均会影响对案件的判断，进而在侦查阶段埋下错案风险。其次，大数据技术中隐含的算法偏见会影响案件的实体处理。大数据侦查应用数据处理、人工智能、神经网络等技术，数据处理、算法运行本身是去个性化、去价值化的过程，但是数据收集、分析者以及程序设计者是有价值判断的个性自然人，在数据选用、模型建构中融入自身价值判断是不可避免的现实。人类主观经验、价值判断嵌套在数据收集、机器学习、模型训练的各个环节，可能产生地域、性别、民族、信仰、学历、年龄、职业等多方面认知偏见与歧视。侦查阶段的歧视风险延续至后续程序中，存在造成案件实体判断不公正的风险。最后，大数据侦查所依赖的数据挖掘分析是作出概率结果判断，并非作出精准定性定量结果判断，这种数据概率判断、趋势预测分析本就不是精准无误的。但是大量侦查人员出于对高端技术的信赖，缺乏否定大数据侦查分析结论的信心，在个案侦查中难以依据已知事实和侦查经验作出与大数据侦查分析预测相悖的结论。另外，大数据侦查下控辩双方的数据获取和分析能力差距过大，力量结构失衡，犯罪嫌疑人、被告人难以有效行使辩护权，侦查机关更容易忽略对辩方有利的信息证据，也会增加侦查机关收集证据不全面、导出错误结论的风险。

三、原则回归：大数据侦查适用的应然限度

大数据侦查是侦查权在大数据技术驱动下生成的新型侦查措施，其运行也需遵循侦查权运行规律。侦查权运行规律包括内生性规律和外源性规律，内生性规律即侦查权运行的探索性、隐秘性和效率优位，外源性规律为侦查权运行应严格依照法律、以审判为中心和恪守比例原则。[①]大数据侦查适用的应然限度正是以侦查权运行规律为边界，寻求刑事正当程序下大数据侦查控制犯罪与公民权利保障的平衡，遵循程序合法性原则、侦查比例原则以及侦查不公开原则。

（一）程序合法性原则归正

刑事程序合法性原则要求公权力干预个人基本权利必须具有合法的授权，同时在诉讼过程中公权力的干预行为均应符合法律明定的程序要

① 卞建林、张可：《侦查权运行规律初探》，载《中国刑事法杂志》2017年第1期。

件，程序行为的后果具有明确性与必然性。强制侦查法定原则是刑事程序合法性原则在侦查程序中的下位原则，该原则要求强制侦查只有在符合法律规定的实体要件和程序要件的前提下方可进行。[①]目前刑事诉讼法并未对大数据侦查这一新型侦查措施进行直接规定，以程序合法性原则考量大数据侦查，应当判断现行刑事诉讼法律规范中与大数据侦查存在关联的侦查措施规范能否容纳并有效规制大数据侦查。

现行刑事诉讼法律规范中与大数据侦查存在关联的侦查活动有搜查、调取证据、技术侦查措施三种。

首先，搜查的适用对象、范围与程序要求和大数据侦查实际运行样态并不契合。搜查针对与犯罪嫌疑人、犯罪证据有关人身、物品、住处和其他有关地方，刑事诉讼法并未将搜查对象明确指向数据空间，而是侧重对有形对象和物理空间的搜查。程序上以有证搜查为原则，同时要求被搜查人与见证人在场，即被搜查人对程序进行当属知情状态。大数据侦查中数据收集与搜查有相似之处，但大数据侦查针对与案件有相关性的数据信息，覆盖实体空间与虚拟空间留存及转化的数据信息，数据相对人对数据收集与后续深度数据利用可能并不知情。

其次，调取证据与大数据侦查中数据收集调取范围、程序不尽相同。依《刑事诉讼法》第54条可知，公安机关有权向有关单位和个人收集、调取证据，有关单位和个人应当如实提供证据。所调取证据包括物证、书证、视听资料、电子数据、证言等。[②]《公安机关办理刑事案件程序规定》第62条对公安机关调取证据的程序和要求作出规定，即需经办案部门负责人批准，开具调取证据通知书，明确调取的证据和提供时限。必要时应当采用录音录像方式固定证据内容及取证过程。大数据侦查的诸多具体方法中包括数据收集调取，其调取的数据仍是大范围、高量级的数据样本，用于全量级的数据碰撞对比与挖掘分析，并非调取证据所要求的与证明案件事实因果相关且范围缩小至列明名称、编号、数量、特征的证据材料。大数据侦查在程序上也无明确的审批规定和程序留痕要求。可见，侦查机关调取证据行为并不能涵盖大数据侦查中的

---

① 陈卫东、程雷：《刑事程序合法性原则论纲》，载《法律科学（西北政法学院学报）》2004年第1期。

② 王爱立主编：《〈中华人民共和国刑事诉讼法〉修改与适用》，中国民主法制出版社2019年版，第115页。

数据调取查询方法。

最后，技术侦查措施与大数据侦查存在相似之处，但适用差异更为明显。技术侦查措施启用坚持重罪适用，程序从严限制的精神，即案件类型限制为危害国家安全犯罪、恐怖活动犯罪、黑社会性质的组织犯罪、重大毒品犯罪或者其他严重危害社会的犯罪案件。适用技术侦查措施需要经过严格的批准手续，必须按照批准的措施种类、适用对象和期限执行。技术侦查措施通常包括电子侦听、电话监听、电子监控、秘密拍照或者秘密录像、秘密获取某些物证、邮件检查等专门技术手段。[①]可见，技术侦查措施核心在于秘密性和监控性。大数据侦查的实际应用中并无案件类型的限制，方法上集中于数据深度应用，并非侧重同步性、实时性、秘密性的人身、行迹、通信监控追踪。目前，大数据侦查的程序启动和方法适用也并无严格程序限制，因技术侦查与大数据侦查存在交叉，实践中存在以大数据侦查之名行技术侦查之实的大数据侦查措施滥用情况。

经上分析可知，大数据侦查与法定侦查行为中搜查、调取证据、技术侦查措施均存在差异，现行刑事诉讼法明确规定的侦查行为类型尚难以容纳大数据侦查这一措施。在大数据侦查适用限度的应然考量中，首要之举即应当归正程序合法性原则，以明确的法律授权进行大数据侦查的程序规制。依据大数据侦查的实际运行样态和其干预的公民基本权利情况，将大数据侦查界定为强制性侦查措施较为适宜。在明确大数据侦查法律属性的基础上回归程序合法性原则，以刑事诉讼法明确规定形式对大数据侦查适用进行合法授权，规定大数据侦查的法律属性、适用案件范围、程序启动要件、程序审批主体和执行主体、程序监督与救济措施等多方面内容。

（二）侦查比例原则归正

比例原则基本内涵为国家公权力机关在实现其法定职能过程中不得不对公民个人权利施加限制情况下，应尽可能选择对公民个人权利损害最小的方式，并且其行为可能对公民个人权利造成的损害不得大于该行

---

① 王爱立主编：《中华人民共和国刑事诉讼法修改与适用》，中国民主法制出版社 2019 年版，第 275 页。

为可能保护的社会利益。[1] 侦查比例原则要求刑事侦查措施的适用符合适当性原则、必要性原则和相称性原则，即侦查措施的类型、属性、具体程序应当与侦查目的、案件情况相适应，非必要不得适用强制性侦查措施，且侦查措施对公民个人权利干预程度不得超过刑事诉讼程序所欲实现的公民权益保护程度。

侦查适当性原则调整侦查行为方法与侦查目的之间的关系，要求实现行为目的的方式和方法必须是适宜的、妥当的、可欲的，对于与目的不相符合或没有联系的行为方式和方法应当排除在侦查措施范围之外。[2] 刑事侦查目的在于及时、客观、准确地查明犯罪事实，查获犯罪嫌疑人、追回赃物，排除无辜，收集、审查各种证据材料并构建科学的证据体系。[3] 大数据侦查作为一种强制性侦查措施，其适用目的也在于此，且侧重利用大数据技术发现犯罪线索、证据信息、犯罪嫌疑人，高效地进行犯罪控制与预防。以适当性原则归正大数据侦查适用，应明确大数据侦查只能应用于对刑事案件的犯罪侦查，不得用于维护社会治安等用途。公安机关肩负行政执法和刑事侦查双重职能，在数据收集调取前应明确界分数据获取目的，不得以行政执法为由采集数据，其后未经权利人同意将数据应用于刑事侦查。反之，以高度技术性、侵入性的大数据技术获取用于刑事侦破的数据信息，也不得扩大其使用范围，将数据应用于治安管理等领域。

侦查必要性原则是指侦查机关所适用的侦查措施和侦查方法是确有必要的，强调侦查行为类型和方法的最小侵害性。判断是否符合必要性原则，应考量是否存在可以达成侦查目的且对公民基本权利损害更小的侦查措施，若不存在，则侦查措施的选用符合必要性原则。一方面，大数据侦查的启用应符合必要性原则。以是否侵犯公民基本权利为标准，可将侦查措施分为任意性侦查措施与强制性侦查措施，大数据侦查当归属强制性侦查措施。若任意性侦查措施可达到侦查目的，则应优先选用任意性而非强制性侦查措施。以最小侵害性考量大数据侦查适用的应然限度，即在缺乏与大数据侦查方法效用相当且对公民权利损害程序更低

① 陈永生:《侦查程序原理论》，中国人民公安大学出版社2003年版，第132—133页。

② 韩德明:《侦查比例原则论》，载《山东警察学院学报》2007年第2期。

③ 刘静坤:《论侦查的功能、目的和价值》，载《犯罪研究》2007年第3期。

的侦查方法情况下，大数据侦查的适用才是必要的。另一方面，大数据侦查的具体方法选用应当符合必要性。数据搜索查询、碰撞对比、挖掘分析等方法对公民基本权利干预程度不同，应根据必要性原则所追求的侦查措施合理性，对具体侦查数据技术进行程度划分并慎重选用。

侦查相称性原则要求侦查措施的严厉程度不得超过实现侦查目的所需要的程度，该原则侧重调整侦查行为与权利干预的结果性关系。大数据侦查对公民隐私权与个人信息权影响最为明显。目前大数据侦查适用范围广泛，未受到案件类型、犯罪严重程度的限制，这与侦查相称性原则不符。与大数据侦查较为相似的技术侦查措施，因侵蚀公民隐私权程度较深，其适用范围和程序均受到严格限制。技术侦查措施适用于危害国家安全犯罪、恐怖活动犯罪、黑社会性质的组织犯罪、重大毒品犯罪或者其他严重危害社会的犯罪案件，正是权利干预与保护的结果相称性体现。以相称性原则归正大数据侦查适用，应当明确大数据侦查适用的案件类型、犯罪类型，大数据侦查对行为对象所造成的权利干预和损失必须小于大数据侦查可能实现的价值效果。

（三）侦查不公开原则归正

侦查不公开原则，又称为“侦查秘密原则”，是指侦查活动的内容不对外公开，除当事人以及相关关系人外，任何人均不得介入侦查活动，以避免侦查保密事项的泄露。[①] 侦查不公开原则的意义在于防止犯罪嫌疑人知晓侦查情况后阻碍证人作证、畏罪逃匿，社会舆论影响司法机关独立办案。我国刑事诉讼职权主义传统深厚，为有效控制犯罪、保障刑事诉讼程序顺利进行，侦查程序中始终贯彻侦查不公开原则。相较于传统侦查活动，大数据侦查的适用隐秘性和高度技术性加剧了侦查不公开的程度。信息社会公民行为大量转化为数据，并被公权力机关及社会第三方机构收集获取。大数据侦查的数据收集及深度利用往往未获得权利人许可，权利人对数据利用情况不知情也无从质疑反对。即便权利人在使用各种软件或信息采集中知晓个人信息被录入留存，也并不知悉其或被用于刑事侦查。侦查机关启用大数据侦查措施并未将大数据侦查适用的事实与依据告知权利人，遑论反馈大数据侦查所具体涉及的数据

① 程雷、吴纪奎:《侦查秘密原则初步研究》，载《山东警察学院学报》2006 年第 4 期。

深度分析过程、结果。刑事搜查与调取证据中存在告知程序，相对方基本知晓程序运行，技术侦查措施则相对秘密进行，相对方不知情。相较于传统侦查程序适用，大数据侦查适用中的侦查不公开是一种绝对性、全程性的不公开、不告知。

侦查不公开原则是一种相对不公开和暂时不公开，并非绝对不公开。侦查不公开有其范围与限度，反言之，侦查程序存在可以且应当适度公开的内容。在刑事诉讼中，在不影响侦查程序推进、不损害被追诉人名誉的前提下，侦查行为决定根据和实施过程、侦查措施的选择采取、案件证据的收集程度、案件事实的调查情况、侦查结果等方面应适当向社会、犯罪嫌疑人及其辩护人、其他诉讼参与人公开。[①] 侦查适度公开具有重要意义，一方面，侦查适度公开是对公民知情权，尤其是犯罪嫌疑人知情权的保障。“公开性原则，乃是法治国家原则……对于人民而言，国家的行为必须是公开的，亦是可预见的及可评估的。”[②] 被追诉人在知晓侦查程序相关内容基础上，得进行有效辩护和获取程序救济。另一方面，侦查公开对于发现实体真实有不可替代的作用。侦查机关作为侦控方，其职能与权力特点即具有强烈的追诉倾向，在侦查程序中侧重于寻找对犯罪嫌疑人不利的线索，收集证明犯罪嫌疑人有罪、罪重的证据，而容易忽略对犯罪嫌疑人有利的线索和证据。侦查适度公开有助于被追诉方了解案件情况，通过法定权限内的程序参与提供有利于犯罪嫌疑人的证据，为案件事实查明提供全面信息。

在大数据侦查适用限度的应然考量中，应当归正侦查不公开原则。公开侦查措施的本质在于对侦查相对人知情权的保障，而告知程序则是维护其知情权的重要手段。[③] 在不影响侦查程序顺利进行、有效控制犯罪的前提下，侦查机关应当向因适用大数据侦查措施可能遭受权利损伤的当事人及利害关系人进行适度的侦查信息公开。公开内容包括但不限于侦查机关适用大数据侦查措施的事实和依据、大数据侦查分析结果、数据来源及基本算法原理。大数据侦查的适用公开应体现信息技术赋予

---

① 韩德明:《适度公开侦查原则论》,载《中国人民公安大学学报》2004 年第 4 期。

② 陈志龙:《法治国检察官之侦查与检察制度》,载《台大法学论丛》1998 年第 3 期。

③ 陈刚:《解释与规制：程序法定主义下的大数据侦查》,载《法学杂志》2020 年第 12 期。

侦查信息公开的新内容，如信息数据被收集分析程度、大数据基础之上智能算法客观性、涉及与案情无关之个人隐私数据销毁情况等。[①] 在大数据侦查中归正侦查不公开原则，是保障犯罪嫌疑人、被告人知情权、辩护权的重要内容，也为监督大数据侦查运行提供基础依据。

四、规制路径：建构大数据侦查法律规制体系

大数据侦查隶属强制性侦查措施，其程序规制延续侦查措施的法律规制思路，应当从侦查程序控制和被追诉人权利保护两方面展开，但大数据侦查所干预的公民权利类型除传统的隐私权外，更明显地指向个人信息权这一新型权利，所以法律规范层面具有一定的特殊性。即大数据侦查法律规制体系并非单维的刑事程序规范体系，而是以刑事程序规范体系和数据应用规范体系为轴的双轨式法律规范体系。大数据侦查的数据应用规范体系内容含量大，制度构建层面分为个人信息保护机制和辅助配套机制两方面进行。

（一）构建大数据侦查的刑事程序规范机制

大数据侦查属于新型强制性侦查措施，在其刑事程序规范机制构建中，应回归程序合法性原则，明确大数据侦查的法律地位，构建符合比例原则的程序规范。

第一，通过刑事程序法明确大数据侦查的法律地位。构建大数据侦查的刑事程序规范机制，首先应当解决合法性问题。2016 年公安部印发的《公安机关执法细则（第三版）》在第十六章“犯罪信息采集与网上侦查措施”中将“查询、检索、比对数据”作为一种侦查措施单独列明，但公安机关执法细则仅是公安机关内部规定，并非法律规定。在程序合法性原则归正要求下，应当在刑事诉讼法侦查措施中明确规定，侦查机关利用信息技术对数据库所进行的数据查询、数据对比、数据挖掘、数据共享等措施均属大数据侦查。大数据侦查所涉数据库包括但不限于政府机关数据库、信息网络公司数据库、其他第三方数据库。侦查机关拟适用大数据侦查措施，应当按照大数据侦查的程序要求进行，不得将大数据侦查与技术侦查措施混淆适用，进行大面积、无期限的大数

① 彭俊磊：《大数据侦查的程序法治要义——以人权保障为基本视角》，载《人权研究》2019 年第 2 期。

据监控追踪。

第二，大数据侦查适用范围与程序启动要求。首先，大数据侦查适用范围限于预防及侦破严重犯罪，所涉犯罪类型可借鉴技术侦查措施适用类型，即危害国家安全犯罪、恐怖活动犯罪、黑社会性质组织犯罪、重大毒品犯罪以及其他严重危害社会的犯罪案件。行政执法活动与常态化维稳不得使用大数据侦查项下的数据调取、对比分析措施。其次，启动大数据侦查应具备初步犯罪嫌疑的事实要件，不可进行无犯罪嫌疑、无犯罪事实的大面积撒网式数据侦查。数据查询检索、对比分析的具体内容可借鉴《公安机关执法细则（第三版）》16-02 的规定，即公安机关进行侦查活动时得利用有关信息数据库查询、检索、比对有关数据，进行核查犯罪嫌疑人身份、前科信息；查找无名尸体、失踪人员、犯罪、犯罪嫌疑人线索；分析案情和犯罪规律，串并案件，确定下步侦查方向。最后，大数据侦查隶属强制性侦查措施，理论上强制性侦查措施应经司法审查获得法官签发的令状后适用。但由于侦查程序中法官司法审查体系尚未全面构建以及大数据侦查的防控应急性，我国启动大数据侦查尚不具备法官司法审查的现实条件。目前适用大数据侦查的事前审查可以采取检察官审批制，辅之以紧急情形下的侦查机关自我先行审批机制。[①] 一般情况下，由侦查机关向同级检察机关申请适用大数据侦查措施，申请书中应载明案件基本事实及初步嫌疑判断、申请适用大数据侦查的具体方法、申请依据、适用期限。紧急情况可进行侦查机关内部审批后即采用大数据侦查措施，并在开始后 24 小时内补办审批手续，以防止审批程序影响到侦查效率，贻误侦查战机。[②]

第三，大数据侦查的备案审查与法律监督。在大数据侦查程序启动环节进行监督较为困难，事前审查的过度介入也容易影响大数据侦查防控犯罪的及时性和有效性，故可以强化事后审查补强大数据侦查的程序监督。一方面，建立大数据侦查程序留痕和备案机制。侦查机关在适用大数据侦查过程中应进行程序留痕，将大数据侦查实际应用的数据处理方式、所涉数据库范围、数据技术使用次数与时限、纳入数据分析的公民信息等内容进行明确记录，侦查结束后将大数据侦查适用基本情况及

① 程雷:《大数据侦查的法律控制》，载《中国社会科学》2018 年第 11 期。
② 程雷:《秘密侦查立法宏观问题研究》，载《政法论坛》2011 年第 5 期。

与案情相关的数据分析结果向同级检察机关报备。另一方面，由负责侦查监督的检察官依职权或依当事人申请对大数据侦查进行事后审查。审查应当参照比例原则、程序合法原则要求对个案侦查措施或预警防控措施适用的必要性、合法性和谦抑性进行全方位审查[①]，审查内容包括但不限于适用主体、适用案件范围、适用具体方式、适用次数和时限、数据处理结果。检察机关审查后，认为侦查机关适用大数据侦查措施存在不当或违法情况，应通知侦查机关及时纠正，并将审查结果告知相关权利人。

（二）构建大数据侦查的个人信息保护机制

第一，明确个人信息权在刑事司法中的地位。在侦查程序中导入个人信息权，需要宪法层面对个人信息权的接纳以及刑事诉讼立法方法论的革新。[②]在刑事司法领域将个人信息权作为公民基本权利予以保护，将侦查机关对公民个人信息的收集处理转为法定侦查措施予以规制，对于规范大数据侦查运行至关重要。大数据侦查个人信息保护机制中，宜将公民个人信息分为个人敏感信息和个人一般信息，按照敏感程度信息分级，对侦查机关进行的数据收集利用进行不同程度的程序规制。侦查机关适用大数据侦查对公民个人信息进行深度分析处理，应遵循目的明确、最少够用、公开告知、质量保证、安全保障、诚信履行等基本原则[③]，谨慎使用公民个人信息进行犯罪控制与防范。

第二，保障大数据侦查权利相对人信息数据知情权。基于打击犯罪、保障刑事诉讼程序顺利进行的需要，刑事侦查措施中的数据收集和数据利用行为难以完全贯彻个人信息保护领域的知情同意原则。但是出于对公民个人信息的基本保护，在难以达到信息主体同意要求的情况下，应对知情权予以保障，尤其是犯罪嫌疑人的知情权。犯罪嫌疑人数据知情权的内容包括大数据侦查之数据来源、数据类型、数据的算法模

---

① 张可：《大数据侦查之程序控制：从行政逻辑迈向司法逻辑》，载《中国刑事法杂志》2019 年第 2 期。

② 蒋勇：《大数据时代个人信息权在侦查程序中的导入》，载《武汉大学学报（哲学社会科学版）》2019 年第 3 期。

③ 参见《信息安全技术公共及商用服务信息系统个人信息保护指南》第 3.7 条、第 3.8 条、第 4.2 条的规定。

型以及由此产生的结论。[①] 犯罪嫌疑人的数据知情权与其辩护权的行使紧密相连，被追诉人通过数据情况分析判断控方的指控方向与证据掌握情况，是后续诉讼程序中进行有效辩护的重要基础。

第三，保障大数据侦查权利相对人信息数据异议与更正权。信息数据异议与更正权是指信息主体及利害关系人在知悉大数据侦查数据来源、数据类型、数据算法模型以及由此得出的结论基础上，发现数据中基本信息存在不准确、不客观的，有权要求修改及更正；对基本数据信息无异议，但对大数据侦查的结论有异议的，可以申请对大数据侦查启动审查程序，申请检察机关审查大数据侦查的合法性、合理性，其间权利人可以直接提出与大数据分析结果相悖的证据材料供检察机关参考。

（三）完善大数据侦查的相关辅助配套机制

第一，建立大数据侦查的数据共享平台。侦查数据共享平台可以破除地区、级别的数据壁垒，以相对完整、客观的数据为基础，进行高质量的数据分析。侦查人员应当经批准后适用大数据侦查措施，持有效令状通过侦查数据共享平台进行数据查询与提取，超出申请适用范围的数据不得使用。同时，设置数据信息违法违规使用预警程序，实时监测侦查人员违法违规或超出申请范围使用平台信息的行为，进行同步预警监督。

第二，建立大数据侦查的数据审查机制。此处数据审查机制是指由中立的专业技术机构对大数据侦查所依托的数据收集、数据挖掘、数据对比等技术进行数据信息安全和技术质量把控，中立机构通过程序溯源进行数据质量和数据技术运行审查，借助数据清洗、多库交叉检验等方式验证数据的真实性和技术的可适性。这种技术审查分为大数据侦查技术个案审查和常态化审查。个案审查是在权利人申请审查或检察机关依职权审查的案件中，技术机构对大数据侦查技术进行审查，审查后形成审查结果报告供检察机关参考；常态化审查是数据审查机构依照侦查数据库维护要求，进行定期数据清洗和安全检查维护。对大数据侦查进行中立技术审查，能够维护并提升大数据侦查技术的准确度，也为检察机关进行法律监督提供技术支持。

---

① 张可:《大数据侦查措施程控体系建构：前提、核心与保障》，载《东方法学》2019 年第 6 期。

立法完善

起诉制度的重大变革*

此次修正刑事诉讼法，对起诉制度作了重要修改。主要表现在以下几个方面：

一、扩大不起诉范围，取消免予起诉

长期以来，我国法学界和司法实务部门对免予起诉存在不同看法，基本分肯定与否定两大观点。在此次修改刑事诉讼法的过程中，免予起诉的存废依然是争论的热点问题。免予起诉的实质是未经法院审判而由公诉机关对被告人定罪，不符合现代法制原则，不符合人民法院统一独立行使审判权和公检法三机关分工制约的宪法原则，不利于保护被告人合法权益。这是必须对免予起诉制度进行改革的根本原因。但不可否认，免予起诉确实也有其存在的合理因素，如有利于及时体现惩办与宽大相结合的刑事政策，有利于节省司法投入，提高司法效率。从国际上的情况来看，公诉机关在决定是否对被告人追诉上拥有一定的裁量权，也是各国普遍的做法。因此，如何取其利而去其弊，是修正立法中需要解决的问题。此次修正，采纳有关部门和法律专家的意见，取消免予起诉，改为扩大不起诉范围，将不起诉处分分为两种，即绝对不起诉和相对不起诉。绝对不起诉与原刑事诉讼法规定的不起诉条件相同，即凡具有第 15 条规定的情形之一，人民检察院就应当作出不起诉的决定，从而终结诉讼。相对不起诉适用于原免予起诉的对象，即对于犯罪情节轻微，依照刑法规定不需要判处刑罚或者免除刑罚的，人民检察院可以不起诉。这样，在取消免予起诉的同时，又保留了免予起诉的合理因素。

---

* 原文发表于《中外法学》1996 年第 3 期。

二、限制补充侦查次数，完善审查起诉处理

根据原刑事诉讼法的规定，人民检察院对案件进行审查后的处理分为两大类。一类是案件事实已经查清，证据确实、充分，在此前提下检察机关可以根据不同情况分别作出提起公诉、免予起诉和不起诉的决定；另一类是对于需要补充侦查的，可以退回公安机关补充侦查，或者自行侦查。关于补充侦查，法律未作次数上的限制。由于起诉、免诉、不起诉的首要条件均是案件事实已经查清，而在司法实践中，由于各种主观因素的影响和客观条件的限制，对某些案件，在事实的认定和证据的收集上可能达不到法律的要求。这是现实存在的，也是难以避免的。对于此种情况，特别是经过退回补充侦查甚至多次补充侦查后，事实仍然查不清，证据仍然不“确实、充分”，应当如何处理，立法没有明确，这就意味着对那些出于各种原因确实无法查清的案件只能继续查下去，使被告人处于犯罪嫌疑人的身份得不到解脱，甚至被长期羁押。此次修正从立法上解决了这一问题，规定补充侦查以两次为限。对于补充侦查的案件，人民检察院仍然认为证据不足，不符合起诉条件的，可以作出不起诉的决定。

三、采公、自诉双轨制，保护被害人权益

被害人是犯罪行为的直接受害者，是否追究犯罪分子的刑事责任，直接关系其切身利益。但根据原刑事诉讼法的规定，被害人在公诉案件中并不具有直接向法院控告犯罪要求惩罚犯罪的权利。对于人民检察院对被告人免诉或者不起诉的决定，被害人如果不服，只能向人民检察院申诉。此次修正刑事诉讼法，为了解决司法实践中“告状难”的问题，切实保护被害人合法权益，在此问题上有两大修改。第一，原刑事诉讼法规定被害人如果不服检察机关不起诉的决定，可以在收到不起诉决定书后 7 日内，向人民检察院申诉。此次修正改为向上一级人民检察院申诉。之所以这样修改，是考虑到实践中被害人向作出不起诉决定的检察机关申诉，其请求往往得不到应有的重视，收效甚微。改为向上一级人民检察院申诉，并且要求人民检察院立即复查。这样更有利于保障被害人合法权益，有利于及时纠正检察机关审查起诉中可能出现的错误。第二，如果上一级人民检察院维持不起诉的决定，被害人可以向人民法院

起诉。被害人也可以不经申诉，直接向人民法院起诉。新的规定表明，对于有被害人的案件，在追诉问题上，修正后的刑事诉讼法实行双轨制的做法，即公诉自诉并存，以公诉为主，公诉优先；以自诉为辅，自诉补救。显然，立法这样修改，意在更好地保护被害人的利益，同时也是对国家公诉机关正确行使权力、严格执法的一种制约。

以上是修正后的刑事诉讼法与起诉制度有关的主要变革，从中反映出强调保障公民权益、制约国家权力行使的立法主旨，这无疑在加强诉讼民主、健全诉讼法制方面前进了一大步。尽管如此，若对新的法律条文细加研读，关于起诉制度，仍不难发现有程序不够缜密、技术有失粗疏之处。举例来说，第140条第1款规定：“人民检察院审查案件，可以要求公安机关提供法庭审判所需的证据材料。”显然，增加这一规定是与庭审方式改革相关联的。修正后的刑事诉讼法要求，在法庭审理中由公诉人承担举证证明被告人犯有被控罪行的责任；规定公诉人应当向法庭出示物证，让当事人辨认。因此在审查起诉部分，增添了上述规定。然而，实际上却并非必要，甚至有画蛇添足之嫌。因为根据庭审方式改革，检察机关向人民法院提起公诉，与公安机关侦查终结向人民检察院移送审查起诉，在程序上有很大不同。前者，为强调庭审作用，防止法官预断，将法院对公诉案件的开庭前审查由全面审查改为形式审查，不要求检察机关随起诉书向法院移送全部证据材料；后者，为使检察机关全面了解案情，正确作出起诉或不起诉的决定，要求公安机关侦查终结应写出起诉意见书，连同案卷材料、证据一并移送人民检察院审查起诉。人民检察院应根据第137条规定从事实、证据、适用法律等各个方面进行全面审查，认为事实不清、证据不足还可以退回补充侦查或自行侦查。在本来就应当将所有证据移送审查的情况下，再于第140条增加上述一款规定，显无必要。

关于起诉，最为关切的还是法律设计的公诉、自诉双轨并行的制度到底如何实施，这无论在诉讼理论上还是具体操作上都存在不少问题。例如，此类案件原由公安或检察机关侦查，后又移送检察机关审查，全部证据均掌握在检察机关手中，被害人从何了解详细案情，何以能够提供足够证据使法院受理？法律规定当被害人自诉并为法院受理后，人民检察院应当将有关案件材料移送受理案件的人民法院，是否意味着此类案件的审理，仍沿用旧的做法，由法院在举证方面扮演主要角色？

既然由被害人直接向法院起诉，当然性质为自诉案件，应当适用自诉程序，却又规定不适用调解，如何体现自诉案件当事人处分的原则？诸如此类，尚不甚明了，均有待刑事诉讼法实施细则或者司法部门的有权解释来加以具体化，指导操作。同时，这种公、自诉交叉、并行的制度本身，也有待今后的司法实践来检验。

中国刑事诉讼制度的重要变革 *

1996年3月17日《关于修改〈刑事诉讼法〉的决定》（以下简称《修改决定》）已经八届全国人大第四次会议审议通过，将自1997年1月1日起施行。这是我国刑事诉讼法自1979年颁布、1980年实施以来，第一次比较系统的修改，在充分肯定原法确立的基本诉讼原则、诉讼制度、诉讼程序的基础上，总结原法施行16年来的实践经验，适应实行改革开放和建立市场经济新的形势，根据惩治犯罪和保护公民合法权益的实际需要，同时考虑联合国有关刑事司法的基本原则和标准，借鉴国外刑事诉讼制度中的有益做法，对刑事诉讼的各个环节，作了一系列重大修改和补充。可以说，此次修改在促进诉讼民主、完善诉讼法制、加强人权保障诸方面均有长足进步，学界和媒介有称此为我国刑事诉讼法制"新的里程碑"。

从总体上看，修改的内容主要集中在以下方面：一是为了适应犯罪情况的变化和侦查犯罪的需要，增补了侦查手段，调整了刑事强制措施；二是随着国家民主的发展和法制的逐步健全，加强了对公民人权的保护，扩大了被告人、被害人的诉讼权利；三是进一步明确了公安检察机关和法院在刑事诉讼中的职能分工，强化了权力制约；四是对一些具体的诉讼程序、诉讼活动中存在的问题，作了有针对性的补充修改。[①] 下面试对此次修改涉及的主要内容作一简要的介绍，以期对我国台湾地区学者和民众了解祖国大陆刑事诉讼制度的变革和发展有所裨益。

一、吸收无罪推定，取消免予起诉

关于无罪推定原则是否适用于刑事诉讼的问题，长期以来在法学界

---

* 原文发表于《月旦法学》1996年第14期。

① 崔敏：《中国刑事诉讼法的新发展——刑事诉讼法修改研讨的全面回顾》，中国人民公安大学出版社1996年版。

和司法实务部门看法不一，争论激烈，甚至曾在较长的一段时间内成为禁区。此次修改刑事诉讼法，对是否对无罪推定问题作规定进行了热烈研讨，最后本着以事实为根据和加强法制的精神，吸收了无罪推定中合理的部分。立法上的表现如下：

1. 在刑事诉讼基本原则部分增加规定

增加“未经人民法院依法判决，对任何人都不得确定有罪”（第12条），以加强对犯罪嫌疑人、被告人诉讼地位的保护，强调法院对刑事案件审判权的统一和完整。

2. 区分刑事被告人与犯罪嫌疑人

在原刑事诉讼法中，一般将受刑事追诉者在侦查、审查起诉和审判阶段统称为“被告人”，但在少数场合也把现行犯或应受逮捕的人称作“人犯”。此次修改，接受法律专家的意见①，将刑事被告人与犯罪嫌疑人加以区分，公诉案件在人民检察院提起公诉前，称为“犯罪嫌疑人”；提起公诉或提起自诉后，称为“刑事被告人”。同时去除“人犯”这一明显带有有罪推定色彩、易与罪犯概念混淆的称谓。

3. 明确由控诉方负举证责任

被告人不负提供证明自己无罪证据的义务，不得因被告人不能证明自己无罪，便推定其有罪。控诉方履行证明责任必须达到法律的要求，否则应当作出对被告人有利的处理。具体说来，在审查起诉阶段，对于补充侦查的案件，检察机关仍然认为证据不足、不能认定被告人有罪的，法院应当作出证据不足、指控罪名不能确定的无罪判决。

4. 废除免予起诉

免予起诉是我国刑事诉讼特有的一项制度。根据原规定，免予起诉指检察机关对于犯罪情节轻微，依照刑法规定不需要判处刑罚或者免除刑罚的被告人，决定不向法院起诉的一种处理，也是对被告人进行实体处理即定罪但不予起诉的一种方法，其效力与法院认定犯罪但免除刑罚的判决相同。

长期以来，法学界和司法实务部门对免予起诉存在不同看法，主要

---

① 陈瑞华:《刑事诉讼法修改中需要重新研究的一个问题——“嫌疑人”、“被告人”和“人犯”名称的区分与使用》，载《政法论坛》1994年第4期。

有肯定与否定两种观点，近年来更是有人对免诉制度予以激烈的抨击。[①]否定的理由主要为：免予起诉的实质是未经法院审判而由公诉机关对被告人定罪，不符合现代法制原则，不符合法院是国家唯一审判机关和公、检、法三机关分工制约的宪法原则，侵犯了被告人的合法权益。实践当中，免予起诉也确实存在许多问题。例如，对一些根本不构成犯罪的人给予免予起诉，侵犯了公民的合法权益；对一些依法应当判刑的，也作了免诉处理，使罪犯得不到应有的惩罚。此次修正刑事诉讼法，采纳有关部门和法律专家的意见，取消了免予起诉，将原来可以适用免诉的对象纳入不起诉的范围。这样既可以体现惩办与宽大相结合的刑事政策，有利于轻微案件的及时结案，又符合现代法制原则，有利于保障人权。

二、取消收容审查，完善强制措施

为了查清犯罪，追究犯罪，保证刑事诉讼活动顺利进行，对犯罪嫌疑人或被告人采取一定的强制措施，是必要的。原刑事诉讼法规定的强制措施，有拘传、取保候审、监视居住、拘留和逮捕五种。但在实践中，各地公安机关大量使用了收容审查的手段。收容审查不是刑事强制措施，而是行政强制手段，虽然对查清流窜作案和来历不明的犯罪分子起了一定作用，但存在不少问题。首先，对应当采取刑事强制措施的不采取刑事强制措施，而采用收审的办法，实际上架空了刑事诉讼法关于刑事强制措施的规定，规避了适用强制措施的法律程序；其次，不经司法机关审查批准，由公安机关一家说了算，对公民强制收容审查，缺少监督制约机制，不符合法制原则；最后，尽管有关主管部门一再强调采用收容审查要从严掌握。不少地方“以收代侦”的现象仍十分普通，超范围、超期限收容审查情况相当严重，严重侵犯了公民人身权利，损害国家的民主与法制建设。

鉴于实践中的这一状况，在研究修改刑事一开始，便提出如何解决收容审查的问题。基本思路，既要适应惩治犯罪的需要，增强与犯罪作斗争的手段，又要加强法制，保障人权。最后对刑事强制措施作了适当调整和补充，同时明确不再保留作为行政强制手段的收容审查：

① 崔敏：《免予起诉制度理应废除》，载《人民法院报》1994年2月3日。

1. 修改逮捕条件，调整拘留对象

原法规定，逮捕的首要条件是“主要犯罪事实已经查清”，执行当中感到这一要求偏高，不能适应需要。特别是有些重大复杂的犯罪案件，要在拘留期间（7日）将主要犯罪事实查清，是有困难的。如果将嫌疑人释放或采取取保候审、监视居住的方法，又不足以防止其逃跑或者继续危害社会。因此，此次修改将“主要犯罪事实已经查清”改为“有证据证明有犯罪事实”。另外规定，对不讲真实姓名、住址、身份不明和有流窜作案、多次作案、结伙作案重大嫌疑的，公安机关可以先行拘留，并对此类人员拘留的期间适当延长，可以至1个月。

2. 增设财产保释，明确保人责任

为了能够在新的情况下，有效地采取取保候审这项强制措施，做了以下补充：一是除保证人外，增加了财产担保，即责令被取保候审的犯罪嫌疑人或被告人交纳保证金，如果在保释期间违反规定，没收保证金。二是规定了保证人应当履行的义务和承担的责任，以加重保证人的责任。三是明确了被取保候审的人应当遵守的规定和违反规定所应承担的法律后果。四是对取保候审的对象、程序、期限等作了补充规定，予以规范。

3. 完善监视居住，禁止变相羁押

为了纠正有的地方将监视居住搞成了变相羁押的错误做法，弥补监视居住没有时间限制等不足，此次修改明确规定监视居住应当在犯罪嫌疑人、被告人信息或者指定的居所执行，监视居住最长不得超过6个月，对于发现不应当追究刑事责任或者监视居住期限届满的，应当及时解除监视居住。

三、改革辩护制度，律师提前介入

辩护是被告人的一项基本诉讼权利，被告人除自己行使辩护权外，还可以委托律师辩护。被告委托律师进行辩护，对保障其辩护权的充分行使有重要作用。目前，辩护律师介入刑事诉讼的时间始于审判阶段，法律规定法院至迟在开庭7日以前告知被告人可以委托代理人。虽然规定是开庭7日以前，实际上往往就是开庭前7日。在短短的数日之内，辩护律师既要阅卷，又要会见被告人，还要进行必要的调查取证和开庭

的准备，时间过于紧迫，无法进行充分有效的辩护。法学界一致认为[①]，现行律师介入刑事诉讼的时间过于滞后，既不能保护被告人依据宪法享有的辩护权利，与联合国确立的基本标准和各国通行的做法也相去甚远，因此改革辩护制度、律师提前介入势在必行，这一点上已经达成共识。但是，提前到什么时候，在诉讼的什么阶段介入，修改中对此意见不一。有的主张，按照国际惯例在侦查阶段介入，有的担心过早介入可能有碍侦查，主张在审查起诉阶段介入。考虑的因素既要注意保障犯罪嫌疑人、被告人人权，发挥律师的辩护作用，又不致妨碍案件的侦查工作。最后确定，"公诉案件自案件移送审查起诉之日起，犯罪嫌疑人有权委托辩护人。自诉案件的被告人有权随时委托辩护人"。此外，在侦查阶段，"犯罪嫌疑人在被侦查机关第一次讯问后或者采取强制措施之日起，可以聘请律师为其提供法律咨询、代理申诉、控告"。

除了辩护律师介入诉讼的时间提前以外，修改后的刑事诉讼法扩大了辩护律师和其他辩护人的诉讼权利：一是赋予辩护律师和其他辩护人查阅、摘抄、复制本案材料的权利；二是赋予律师调查取证权和申诉检察机关、审判机关收集、调取证据的权利；三是加强了律师和其他辩护人在法庭审判中的抗辩地位，在庭审程序中增加了"经审判长许可，公诉人、当事人和辩护人、诉讼代理人可以对证据和案件情况发表意见并且可以互相辩论"的规定。

改革辩护制度的另外一项重要内容，是建立法律援助制度。《刑事诉讼法》第34条规定：对于因经济困难或者其他原因没有委托辩护人的，被告人是盲、聋、哑或者未成年人而没有委托辩护人的，以及被告人可能被判处死刑而没有委托辩护人，法院可以或者应当指定承担法律援助义务的律师为其提供辩护，费用不由被告人负担。总之，律师介入诉讼的时间提前，律师权限的扩大和法律援助制度的建立，将有效地减少侦查过程中刑讯逼供、非法取证等违法事件的发生，维护犯罪嫌疑人、被告人合法权益，促使公安司法人员严格依法办案。

四、加强被害人权益保护，被告公诉自诉二元制

被害人是遭受犯罪行为直接侵害的人，如何在刑事诉讼中注意维

---

① 陈光中、严端主编：《刑事诉讼法修改建议稿与论证》，中国方正出版社1995年版，第145页。

护被害人的利益，充分保障被害人诉讼权利，是当代各国刑事司法中迫切需要研究解决的问题。根据原刑事诉讼法的规定，公诉案件的被害人属于控诉一方独立的诉讼参与人，但不是当事人，其合法权益主要由公诉机关予以保护。此次修改中，不少人提出原法关于被害人诉讼权利的规定存在许多不足，建议加强对被害人权益的保护。立法采纳了这一建议，在被害人权益保护方面作了较大调查和增补，主要为：

一是将被害人规定为当事人。除上诉权外，被害人享有法律赋予当事人的其他各项诉讼权利，如依法申请侦查、检察、审判人员回避。

二是允许被害人委托诉讼代理人。新增加的第40条规定，公诉案件的被害人及其法定代理人或者近亲属自案件移送审查起诉之日起，有权委托诉讼代理人。

三是新增加的第87条和第145条规定，被害人认为公安机关对应当立案侦查的案件而不立案侦查，可以向检察机关提出，要求检察机关通知公安机关立案；被害人不服检察机关对犯罪嫌疑人不起诉的决定，可以向上一级检察院申诉，要求对犯罪嫌疑人提起公诉。

四是被害人有证据证明对被告人侵犯自己人身、财产权利的行为应当追究刑事责任，而公安机关或者检察机关不予追究被告人刑事责任的案件，可以直接向法院起诉。也就是说，改变了原来严格区分公诉与自诉的一贯做法，对有被害人的刑事案件在追诉问题上实行公诉自诉二元制或双轨制，以公诉为主、公诉优先，以自诉为辅、自诉补充。

五、调整管辖分工，缩小自侦范围

管辖是公、检、法三机关在受理刑事案件范围上的分工，是刑事诉讼中的一项重要制度。刑事案件一旦发生，首先需要解决的是由谁来受理的问题。由于这一问题直接关系到公、检、法三机关职责权限的划分，在此次修改中备受关注。为了对管辖进行必要的调整，以保证追究犯罪机制的合理高效，各有关部门和专家学者就此展开热烈讨论。主要涉及两个方面：一是法院直接受理的案件，即自诉案件，范围要不要调整；二是检察机关直接受理、自行侦查的案件范围要不要适当缩小。关于前者，本着加强保护被害人合法权益的精神，解决实践中老百姓“告状”难的问题，将法院直接受理的案件范围扩大至包括以下三类案件：（1）刑法规定告诉才处理（告诉乃论）的案件；（2）被害人有证据证明

的轻微刑事案件;(3)前述有被害人的公诉案件，公安机关、检察机关不予追究被告人刑事责任的。关于后者，涉及检察机关在国家机构中的地位和在刑事诉讼中的主要职能。由于检察机关是国家专门法律监督机关，在刑事诉讼中主要承担控诉职能和监督职能，多数意见主张检察机关自侦案件的范围不宜过宽，应当缩小。[①]经激烈争论，最终确定，为使检察机关集中力量履行公诉和法律监督职能，加大反腐败、惩治贪污贿赂犯罪的力度，加强对国家机关工作人员滥用职权行为的检察，将检察机关直接受理、自行侦查的案件范围适当缩小，由原来的二十余种调整为主要侦查贪污贿赂、渎职和国家机关工作人员利用职权侵犯公民人身权利、民主权利方面的犯罪。

六、改革庭审方式，加强控辩对抗

法庭审判方式的改革，早在刑事诉讼法修改以前便在若干地区试点进行。现行审判方式的主要弊端是：主审法官职权削弱、功能退化；法官与控诉人角色错位，法官承担举证责任，包揽一切；庭前预审实体化，开庭审查，主审法官庭审前片面接触控方材料，对案件形成先入为主的预断，甚至对判决结果已作决定，出现“先定后审”的现象；控辩地位不平等，辩护功能难以发挥[②]等。因此显然具有“纠问式诉讼”的色彩，已到非改不可的地步。然而，如何改革法庭审判方式，意见却很不统一。由于检察机关的特殊性质，尽管其实际履行控诉职能，处于原告地位，但法律明确规定不是当事人，不是诉讼“两造”的一方，这样就给审判构造的设计带来影响。从具体国情出发，此次修改着重从以下方面对法庭审理程序进行了变革：

一是明确合议庭的职权，规定:“合议庭开庭审理并且评议后，应当作出判决。对于疑难、复杂、重大的案件，合议庭认为难以作出决定的，由合议庭提请院长决定提交审判委员会讨论决定”(第149条)。

二是将原《刑事诉讼法》第108条规定的对公诉案件在开庭前进行实质性审查改为程序性审查，将法院决定开庭审判的条件由“犯罪事实

① 崔敏:《中国刑事诉讼法的新发展——刑事诉讼法修改研讨的全面回顾》，中国人民公安大学出版社1996年版，第55页。

② 左卫民:《价值与结构——刑事程序的双重分析》，四川大学出版社1994年版，第182页。

清楚、证据充分的”改为“起诉书中有明确的指控犯罪事实并且附有证据目录、证人名单和主要证据复印件或者照片的”，从而将犯罪事实是否清楚、被告人是否有罪的问题留待开庭审理去查明、去确定，以纠正“先定后审”“开庭走过场”的不正常现象。同时还去掉了关于法院在庭审前和庭审中认为案件事实不清，证据不足，主动决定将案件退回补充侦查的规定。

三是明确控方举证，加强控辩对抗。指控犯罪，必须由控方举证证明，这是各国刑事司法无一例外的通行做法，修改后的刑事诉讼法吸收了无罪推定中的这一基本内容，将原来的“审判人员应当向被告人出示物证，让他辩论”（第116条）改为“公诉人、辩护人应当向法庭出示物证，让当事人辩论”（第157条）。这是一条实质性的重要修改，从而厘清了审判与控诉职能的分工，明确公诉人承担证明被告人有罪的责任，使法官回到“公正的审判者”的位置。此外，修改中还适当吸收了西方控辩式审判程序的合理内容，在一定程度上建立了法庭询问规则，加强了控辩双方法庭上的对抗，规定：“公诉人、当事人和辩护人、诉讼代理人经审判人员许可，可以对证人、鉴定人发问（第156条）；经审判长许可，公诉人、当事人和辩护人、诉讼代理人可以对证据和案件情况发表意见并且可以相互辩论（第160条）。”

七、强化诉讼监督，健全制约机制

加强公、检、法三机关在刑事诉讼中的互相制约，特别是加强检察机关对刑事诉讼活动的法律监督，对防止或减少诉讼中的违法行为、保证法律的正确实施、保障诉讼参与人合法权益有重要作用。此次修改，对诉讼各个环节的监督，做了补充和增强。首先，把检察机关依刑事诉讼实行法律监督作为基本原则规定下来，突出了检察机关的监督地位和作用。其次，新增加了检察机关对立案、再审、监外执行等诉讼环节的监督，使检察机关的监督作用贯穿刑事诉讼活动的始终。最后，对检察机关行使监督职能的手段和效力作了明确规定，使检察机关的监督作用充分落到实处。[①] 例如，新增的第87条规定：“人民检察院认为公安机关对应当立案侦查的案件而不立案侦查的，或者被害人认为公安机关对

① 张穹：《刑事法制的重要发展与进步》，载《法制日报》1996年4月4日。

应当立案侦查的案件而不立案侦查，向人民检察院提出的，人民检察院应当要求公安机关说明不立案的理由。人民检察院认为公安机关不立案理由不能成立的，应当通知公安机关立案，公安机关接到通知后应当立案。”

八、实行简易程序，提高司法效率

节省司法投入，提高诉讼效率，是刑事诉讼价值目标的重要方面，也是当代各国刑事司法发展的趋势之一。1989 年 10 月在维也纳召开的第十四届国际刑事法学协会代表大会决议就曾提出如下建议：“对简单的案件，可能采取，也应该采取简易程序。但是应当使被告人保有获悉被控内容和有罪证据的权利，受审的权利，包括提供证据的权利和延请律师为其辩护的权利。”① 可见，在保证被告人基本的诉讼权利的前提下采用简易程序，已成为世界许多国家的共识。此次修改，对设立简易程序的必要性和可行性进行了探讨。由于近年来刑事案件发案率呈上升趋势，造成未决案件大量积压，提高审判效率的客观要求日益迫切。再从每年审结的案件来分析，绝大多数属于轻微犯罪，一般事实清楚，课刑多在五年徒刑以下，对于这些案件由法官独任，适用简易程序审判，可以保证案件质量。鉴于此，此次修改在第一审增加了“简易程序”一节，规定对如下三种案件可以适用简易程序，由审判员一人独任审判：（1）对依法可能判处 3 年以下有期徒刑、拘役、管制、单处罚金的公诉案件，事实清楚、证据充分，人民检察院建议或者同意适用简易程序的；（2）告诉才处理的案件；（3）被害人起诉的有证据证明的轻微刑事案件。适用简易程序审理案件，不受普通程序关于讯问被告人、询问证人或鉴定人、出示证据、法庭辩论程序规定的限制。为避免和补救因适用简易程序可能出现的问题，规定法官在审理过程中，发现不宜适用简易程序的应当按照普通程序重新审理。

除了上述修改刑事诉讼法涉及的主要方面外，还针对司法实践中存在的问题，对其他有关诉讼缺席和诉讼程序作了程度不同的修改，并宣布自新法施行之日起，《逮捕拘留条例》《全国人大常委会关于迅速审判严重危害社会治安的犯罪分子的程序的决定》《全国人大常委会关于刑

① 转引自李新建：《简易程序的选择和涉及问题》，载《政法论坛》1994 年第 4 期。

事案件办案期限的补充规定》同时废止。此次修改，是刑事诉讼实践经验的结晶，也是长期以来刑事诉讼理论研究的总结，使法制发展至一个新的阶段。可以预料，将于 1997 年 1 月 1 日施行的修改后的刑事诉讼法，必将在惩治犯罪、维护治安、保障人权和推进民主法制建设方面发挥重要作用。

保障刑事诉讼法正确实施的重要举措

——试议全国人大法工委等六部门《关于刑事诉讼法实施中若干问题的规定》*

全国人大常委会法制工作委员会会同最高人民法院、最高人民检察院、公安部、国家安全部、司法部制定了《关于刑事诉讼法实施中若干问题的规定》(以下简称《规定》),于1998年1月19日下发实行。这是中央有关部门为保障刑事诉讼法的正确实施而采取的非常举措,对确保刑事诉讼立法修改所取得的进步、解决司法实践中亟待解决的问题、保障刑事诉讼活动的顺利进行,具有十分重要的意义。

众所周知,中国现行刑事诉讼法是经八届全国人大四次会议作重大修改后,于1997年1月1日施行的。修改后的刑事诉讼法,顺应中国民主法治的发展,借鉴国外先进的立法,注意加强诉讼中对公民个人权益的保障,强化对办案机关职权行为的监督和制约,使中国的刑事诉讼制度在民主化法制化方面前进了一大步。刑事诉讼立法修改所取得的成绩,获得海内外一致赞誉,甚至有人称此为"中国刑事诉讼法制新的里程碑"。但新法实施一年来,也出现了许多不容忽视、亟待解决的问题。例如,一些同志或司法机关对刑事诉讼法的某些规定认识不统一,理解不一致;不同部门作出司法解释时相互配合协调不够;某些执法机关或人员未能转变诉讼观念,增强法制意识,执法过程中存在随意性,有法不依的现象时有发生。上述种种,必然导致刑事诉讼法实施过程中有关部门步调不一,妨碍修改后的刑事诉讼法的全面、准确的贯彻实施。为了保证执法部门严格遵守法定程序,依法保护当事人合法权益。有关部门共同出台了这一《规定》。

《规定》贯彻了维护社会主义法制统一与尊严的原则,对政法各部

* 原文发表于《中国法律》1998年第2期。

门在管辖、立案、侦查、起诉、审判等刑事诉讼各环节中的相互关系作了统一明确的规定，并宣布中央政法各部门制订的关于刑事诉讼法执行问题的解释或者规定与《规定》不一致的，以《规定》为准，从而在法律意义上消除了政法各部门在实施刑事诉讼法中的分歧与争论，避免了在一些具体程序上的争议与推诿，这无疑是对刑事诉讼法权威与尊严的维护。具体说来，《规定》在保障刑事诉讼法正确实施方面主要有以下内容：

第一，正确贯彻执行刑事诉讼法的规定和立法精神，切实保障诉讼当事人特别是犯罪嫌疑人、被告人的合法权益。刑事诉讼法修改所取得的重大进步之一，就是在完善追究犯罪机制的同时，加强了对人权的保障。然而，法律的规定在一些地区或部门执行得不够理想。例如，有的侦查部门不告知犯罪嫌疑人可以聘请律师，有的不允许律师在侦查期间会见在押的犯罪嫌疑人。甚至有的检察机关、审判机关在审查起诉和审判阶段也要求辩护律师会见在押犯罪嫌疑人、被告人时必须获得他们批准或者可以派员在场。为此，《规定》对于律师参加刑事诉讼的有关权利再次予以确认，对“涉及国家秘密的案件”范围予以严格界定，强调在侦查阶段对于不涉及国家秘密的案件，律师会见犯罪嫌疑人不需要经过批准，要求对律师提出会见犯罪嫌疑人的应当在48小时内安排会见；强调在审查起诉和审判阶段，辩护律师和其他辩护人会见在押犯罪嫌疑人、被告人，不需要取得检察机关、审判机关的批准，会见时人民检察院、人民法院不派员在场；并且对律师的阅卷权、调查权、申请调取证据权等都作了明确表述，从而将有效地制止实践当中一些部门随意限制甚至剥夺法律赋予犯罪嫌疑人、被告人和律师诉讼权利的做法。

第二，理顺政法各部门间的关系，处理好诉讼程序间的衔接。修改后的刑事诉讼法调整了政法部门对刑事案件的管辖范围，加强了对专门机关职权行为的监督和制约，并且对法庭审判方式进行了较大力度的改革。但由于法律的一些条文具有一定的原则性，因而在执行中有些政法部门对法律的一些规定在理解上产生歧义，或者从本位出发对法律作出相应的解释，使得立法的本意得不到实现，造成具体办案人员在执行中无所适从，已严重妨碍刑事诉讼法的正确顺利实施。《规定》的一项重要任务，就是进一步明确规范政法各部门在刑事诉讼中的职权，理顺各部门之间分工、配合和制约的关系，处理好不同诉讼阶段间的移转和衔

接。《规定》对检察机关立案侦查的案件范围严格界定，明确涉税等案件由公安机关立案侦查，人民检察院不再受理；确定了刑事诉讼法关于人民法院直接受理的具体的案件种类；对检察机关起诉时应当随案移送的"主要证据"范围加以明确；对辩护律师如何申请收集、调取证据和公诉机关如何在庭审后向法庭移交案卷材料等实践中存在较大争议的问题均作了明确表述。《规定》采取的这些措施，有些是对刑事诉讼法条文的具体化明确化，有些是针对实施以来的情况所作的补充性规定，有些是对各部门间不同意见的协调，这对于消除政法部门间实施法律过程中的相互争执或推诿现象，有积极的意义。

第三，强调依法办案，健全诉讼法制。实践中诉讼法得不到切实贯彻的重要原因，是部分司法人员法治观念不强，权利保障意识淡薄，职业素质较差，不能够及时转变诉讼观念，视程序法的规定为可有可无、法定程序可遵守可不遵守，以致在执行中出现有法不依或随意变通的现象，对犯罪嫌疑人、被告人任意超期羁押，对证人进行变相拘禁取证。针对此种状况，《规定》要求司法机关严格依法办案，严格遵守法律程序，对司法机关在刑事诉讼各环节当中的主观随意性（如指定管辖、回避、司法鉴定、取保候审、监视居住、赃款赃物处理等）都作了较明确的限制。这对于防止一些司法机关超出刑事诉讼法的规定滥用"自由裁量权"、促进政法各部门严格按照法定程序进行刑事诉讼具有积极作用。

由全国人大常委会法制工作委员会牵头，中央政法六部门联合作出调整刑事诉讼实施状况的决定，在中国司法制度史上尚属罕见。其性质既不是立法解释，也不是司法解释，只能作为一种协调各有关部门全面准确地贯彻执行法律的非常措施。这一举措是重要的和必要的。这也说明中央政法部门加强诉讼法制，坚持依法办案的决心和魄力。但是由此引发人们对中国立法程序和司法解释体系的深层次思索。首先是立法的配套问题。作为国家基本法律之一的刑事诉讼法，其正确实施的保证应当制定相应的全面的实施细则，以增强法律的可操作性，减少执法中的误差。而制定实施细则的任务应当由立法机关来完成，这属于立法权的内容。如果每个司法部门都来制定一个本部门实施刑事诉讼法的细则或规定，势必在客观上造成刑事诉讼法有多个版本，从而妨碍法律的统一正确实施。其次要加强立法解释。立法解释的目的在于排除或消除对法律规定本身的不同理解，以保证法律的正确适用。立法解释具有最高的

权威，对其他主体的解释活动具有约束力，司法机关必须遵照执行。中国宪法将立法解释的权力赋予全国人大常委会，后者应当加强和规范对法律的解释工作，避免类似刑事诉讼法实施中的不正常现象再次发生。最后是改革和完善司法解释制度。根据现行的法律规定，最高人民法院和最高人民检察院有权就审判工作、检察工作中具体应用法律、法令出现的问题进行解释。长期以来，中国的司法解释相对于立法解释较为发达。但近几年发展的情况却不太正常，审判解释和检察解释顶牛的现象时有发生，给法律的适用造成负面影响。因此学者主张要尽快对司法解释制度加以改革和完善。一是司法解释不能越权，解释的对象只能是司法实践中遇到的具体适用法律的问题，解决法律规定从一般到特殊、从抽象到具体运动过程中的问题，而不是法律规定本身。二是改造现行司法解释体制，明确审判机关和检察机关解释权限的分工。三是建立解决审判解释与检察解释争议的机制，以保障法律的正确实施。

关于人民检察院组织法修改的若干思考*

现行人民检察院组织法是1979年制定的，1983年曾对个别条款进行过修订。20多年来，我国社会主义民主和法治建设不断加强，检察工作也有很大发展，现行人民检察院组织法有许多地方已不能适应我国法治发展形势和检察工作需要。为了贯彻党的十六大提出的进一步完善我国司法体制，加强执法监督的要求，切实保障人民检察院依法独立行使检察权，有必要对人民检察院组织法进行修改。目前，国家立法机关已将人民检察院组织法的修改列入立法规划。本课题组承担2004年度最高人民检察院检察理论研究重大课题，即“人民检察院组织法专家论证稿”。现将关于人民检察院组织法修改的基本思路和涉及的若干重要问题，简要说明如下：

一、关于人民检察院组织法修改的指导原则

我们认为，此次人民检察院组织法的修改，贯彻以下指导原则是十分必要的。

（一）以宪法为根据

宪法是国家的根本大法，依法治国、奉行法治，首要的一点就是要遵守宪法，牢固树立宪法的崇高地位和权威。人民检察院组织法的修改是一项涉宪性很强的工作，必须坚持以宪法为根据。以宪法为根据，就意味着在现行宪法未作修改时，应当搁置学界关于检察机关法律性质的争议，坚持人民代表大会制度下的一府两院政治体制，坚持人民检察院是国家专门法律监督机关的性质和地位，坚持发展和健全有中国特色的检察制度。

---

* 原文发表于《人民检察》2005年第13期。

（二）强化法律监督，维护公平正义

法谚云“徒法不足以自行”“世不患无法，而患无必行之法”。加强社会主义法治建设的基本要求就是有法可依、有法必依、执法必严、违法必究。要保障法律的正确实施，维护法制的统一和尊严，就必须建立和健全切实有效的法律监督机制。同时，公正是司法的内在品质，也是社会各界对司法的最大期盼。党的十六大报告要求，社会主义司法制度必须保障在全社会实现公平和正义。而毋庸讳言，目前我国司法工作的现状还存在许多问题，司法不公、司法腐败，甚至司法黑暗的现象绝非个别。作为专司法律监督职能的国家机关，保障法律的严格实施，维护法制的统一和尊严，是检察机关的法定职责；强化法律监督，维护公平正义，是检察机关的神圣使命。因而，在此次人民检察院组织法修改的专家论证稿中，我们将秉持这样的原则，并将其反映、落实在检察机关的相关职权和制度中。

（三）适当吸收借鉴检察改革的有益经验

近年来，我们欣喜地看到，检察理论研究不断深入，取得丰硕的成果；检察改革实践搞得轰轰烈烈，有许多成功的经验和有益的启示。这些都为人民检察院组织法的修改提供了宝贵的实践经验和理论支持。在此次人民检察院组织法修改专家论证稿中，我们将注意吸收和借鉴检察改革实践的有益经验，将一些业经实践检验比较成熟的做法提升为法律加以确认和规范。

二、关于检察机关的职权

人民检察院的职权界定，检察权与法律监督权的关系，向来是学界探讨的焦点，也是备受争议的问题。现行法律规定和运作状况是，检察权的范围比较广泛，但实现路径则相对狭窄，主要集中在刑事领域。此次组织法修改，关于检察机关的职权，我们的总体思路是，不局限于刑事监督，但也不搞一般监督。具体而言，着重考虑了以下几方面的问题：

（一）检察机关在刑事诉讼中的职权

根据现行检察院组织法和刑事诉讼法的规定，检察机关的活动贯穿

刑事诉讼的全过程，拥有自侦、公诉、批捕、诉讼监督等广泛职权，承担多项诉讼职能。从我国具体国情出发，检察机关继续保留这些职权是必要的和可行的。研究的难点是，如何遵循刑事诉讼的自身规律，妥善处理检察机关所承担的追诉职能与诉讼监督职能的矛盾，化解其因同时担当不同诉讼角色而可能引起的冲突。但这不是检察院组织法所调整的范围，只能期待刑事诉讼法的再修改来解决。在此次组织法的修改中，在刑事领域，除保持检察机关的现有职权外，考虑增加了两项职权。第一，依现行体制，我国检察机关实际是以诉讼监督之名行司法审查之责。审查批捕便是典型的例证。鉴于此，应当明确在我国刑事审前程序中由检察机关实际履行司法审查职能，并相应扩大审查范围，将侦查过程中一切限制公民基本人权的强制侦查行为和强制措施的适用都纳入检察机关审查批准的范围，实行令状主义。第二，建立附条件的检察机关担当自诉的制度。为此，我们在专家论证稿检察机关职权部分增加了如下条款：“对于自诉案件，当刑事自诉人在诉讼过程中丧失行为能力或者死亡，没有承受诉讼的人或逾期不予承受的，检察官可以担当诉讼。”

（二）关于检察机关在民事诉讼、行政诉讼方面的职权

为保障社会主义市场经济健康有序发展，推进依法行政，维护司法公正，人民检察院作为法律监督机关，除保留现行法律所赋予其对民事审判和行政诉讼活动实施监督的职权外，我们考虑应当赋予检察机关提起公益诉讼的职权，为此专家论证稿在人民检察院的职权部分增加了如下条款：“对于涉及国家利益和重大公共利益的民事、行政案件，代表国家提起诉讼。”

（三）关于检察机关对部分行政行为实施监督的职权

从依法治国的理念和保障人权的角度出发，一切涉及公民人身自由的处分均应由司法机关作出决定或者经过司法审查，均应为相对人提供正当的程序保障和适当的权利救济。从我国目前情况来看，在非刑事领域尚存在若干限制和剥夺人身自由的处罚措施，如治安拘留、劳动教养等等，而且一定时期内不可能完全改变此种状况。出于推行法治和保障人权方面的考虑，我们建议将此类行政处罚措施纳入检察机关法律监督的视野，并加大法律监督的力度，为此在专家论证稿中明确人民检察院

"对于限制、剥夺公民人身自由的行政强制措施和行政处罚是否合法，实行监督"。

三、关于检察机关的领导体制

检察机关的领导体制是关乎检察权合理配置与有效行使的重大问题，是独立行使检察权的制度保障。针对我国现行政治体制和检察权运行的自身特点，我们在检察机关领导体制方面着重探讨了以下问题，并提出一些创新举措：

（一）检察机关与同级权力机关之间的关系及检察长的产生

根据现行宪法及人民检察院组织法的有关规定，最高人民检察院对全国人大及其常委会负责并报告工作，地方各级人民检察院对本级人大及其常委会负责并报告工作；最高人民检察院检察长由全国人大选举和罢免，地方各级人民检察院检察长由本级人大选举和罢免。这是我国人民代表大会制度的重要内容，应当坚持，不能动摇。为此，我们在检察院组织法修改的专家论证稿中进一步明确"最高人民检察院对全国人民代表大会及其常务委员会负责，向其报告工作，接受其监督；地方各级人民检察院对同级人民代表大会及其常务委员会负责，向其报告工作，接受其监督"。但是，关于检察长的产生程序，特别是地方各级人民检察院检察长的产生，现行法律规定却有不尽合理之处，需要加以修改。

（二）上下级检察机关之间的领导体制

检察机关上下级之间的关系，是检察领导体制的重要内容。一般说来，影响检察机关领导体制的因素包括检察机关的性质、任务、地位、职权以及一国的国情。考察当今各国检察机关体制，主要存在以下几种类型：（1）垂直领导制。特点是上级检察机关领导下级检察机关，最高检察机关领导全国检察机关，检察机关不受地方政府和权力机构的领导。（2）双重领导制。特点是检察机关既要受同级政府或权力机关的领导，又要受上级检察机关的领导。（3）双轨制。主要实行于联邦制国家。例如，美国在联邦和州甚至地方分别设有各自的检察机关，相互之间无领导或隶属关系。关于我国检察机关领导体制，理论界有"双重领导"或"一重监督、一重领导"的表述。此次组织法修改，我们在明确

检察机关与同级权力机关是“由其产生，对其负责，受其监督”关系的同时，注意强化、落实检察机关上下级之间的领导与服从关系。即最高人民检察院领导地方各级人民检察院和专门人民检察院的工作，上级人民检察院领导下级人民检察院的工作，地方各级人民检察院和专门人民检察院向最高人民检察院报告工作，下级人民检察院向上级人民检察院报告工作；最高人民检察院可以改变或撤销地方各级人民检察院和专门人民检察院的决定，上级人民检察院可以改变或撤销下级人民检察院的决定；最高人民检察院的决定，地方各级人民检察院和专门人民检察院必须执行，上级检察院的决定，下级检察院必须执行。

（三）检察机关内部领导体制

从议事和决定的程序看，司法机关（通常指审判机关）均实行合议制，行政机关则实行首长负责制。在国外，检察机关一般属于行政机关，多实行检察长负责制。目前，我国关于检察机关内部领导关系的规定，可以说是两种体制并存。即检察长统一领导检察院的工作，带有明显首长负责制的色彩。同时在检察院设立检察委员会，检察委员会实行民主集中制，其基本特征就是少数服从多数。检察长虽然主持检察委员会，但在表决权力上同于检委会其他成员。这样，在理论上，检察长首长负责制与检察委员会民主集中制之间出现矛盾与冲突是在所难免的事。现行法律对此的解决办法是，“如果检察长在重大问题上不同意多数人的决定，可以报请本级人民代表大会常务委员会决定”。这样的规定，从制度设计上不尽合理，实际操作中也存在很大困难。为协调此方面的矛盾，我们的创意是在检察机关内部实行检察长领导下的民主集中制。其基本含义是检察长统一领导检察院的工作，检察委员会在检察长的主持下讨论决定重大案件和其他重大问题，检察委员会的决定，通过检察长的命令贯彻执行，检察长与检察委员会多数成员意见不一致时，采取两种方案，即检察长可以自行决定并独立对该决定负责，检察长也可以报请上一级检察机关决定。

此外，检察院组织法与检察官法的协调问题、检察机关的内部机构设置问题、检察官与检察行政人员的划分等问题，也是我们修改中予以关注的议题。

论我国人民检察院组织法结构体系的立法完善*

新中国成立以来，我国共颁布了四部人民检察院组织法，即1949年12月颁布的《中央人民政府最高人民检察署试行组织条例》、1951年9月颁布的《中央人民政府最高人民检察署暂行组织条例》及《各级地方人民检察署组织通则》、1954年9月颁布的人民检察院组织法和1979年7月颁布的人民检察院组织法。1983年9月2日第六届全国人民代表大会常务委员会第二次会议通过了《关于修改〈中华人民共和国人民检察院组织法〉的决定》，对1979年人民检察院组织法进行修订后形成了现行的人民检察院组织法。随着我国民主法制建设的进一步发展，现行人民检察院组织法在规范内容和结构体系方面都暴露出了比较明显的不足，因此对该法的修订工作再次提上立法议程。立法应当遵循特定的立法技术和立法规律，实现法律内容与法律结构的协调统一，而法律文本的结构体系又是其具体内容规范成逻辑化的前提，为此本文参照国外立法例，重点探讨我国人民检察院组织法的结构体系，以期对立法有所裨益。

一、人民检察院组织法的性质定位及其结构的比较法考察

具体部门法应然的结构体系与该法性质紧密相关，甚至同一部门法在相同法系国家已经形成大体相同的模式化的立法结构，因此探讨人民检察院组织法的结构体系首先要讨论检察院组织法的性质定位。

世界各国检察机关及其组织法名称并不相同，在前者有“检察院”“检察厅”“检察署”等之分，在后者则有“组织法”“组织章程”“检察厅法”“检察机关法”等之别。各国检察机关的性质与该国的国家性质及法律制度环境有密切的关系，具有不同的阶级属性和职能属性。

---

* 原文发表于《人民检察》2007年第2期，与田心则合作。

与此相同，各国检察院组织法的性质亦因此而有所不同。就我国而言，我国的检察机关是人民检察院，是属于社会主义国家的检察机关，是与我国以人民代表大会制度为中心的政权组织形式密切相关的。我国根据人民代表大会制度这一根本政治制度及其要求，分别采取和实行国家行政制度、国家审判制度、国家检察制度以及国家军事制度，形成了国家权力横向分配的国家政权组织形式。同时，国家制定颁布全国人民代表大会组织法、国务院组织法、人民法院组织法、人民检察院组织法等，以此规范国家政权组织各部门的基本组织架构，以通过合理的组织形式来确保分配给其的权力和职能的实现。所以，正是我国检察机关的性质及其在国家政权组织体系中的重要地位直接决定了我国检察院组织法在我国法律体系中的重要性。

除此之外，抛开上述阶级属性，各国检察机关及检察院组织法还具有性质上相同的一面，这正是我们进行比较法考察的基础所在。就检察机关而言，尽管检察机关在国家机构中的地位不同，其阶级属性和职能属性也不相同，但是检察机关作为一种组织，其组织属性是相同的，即各国检察机关组织都属于国家政权组织，是国家政权组织的一个组成部分，或者说是国家政权组织系统中的一个子系统。检察机关是根据特定的宗旨和目的而建立起来的，担负着特定的社会职能并为实现其社会职能而行使国家权力和承担相应的义务。为确保这些职能、权力、义务的实现，要求检察机关在组织构成上应当符合特定的规律，即检察机关组织应当是一个完整的组织系统，其各个组织要素要能够构成纵向的层次结构和联系，并能够构成横向的分工结构和联系。这种横向和纵向的结构体系构成要科学、合理方能有效发挥检察机关作为国家政权组织的功能、达到其组织的目的，这就需要检察院组织法来进行规范。所以，各国的检察院组织法都是反映检察机关的组织系统、组织构成、组织目的、组织职能、组织人员、组织活动、组织行为等方面内容的法律。如在日本，“检察厅法是规定检察厅组织和机构以及检察官和其他检察厅职员的资格与权限的法律”①。“对组织的规范性”成为各国检察院组织法最鲜明的特性，并直接指导和影响着各国检察院组织法的立法。从国外

① ［日］伊藤荣树：《日本检察厅法逐条解释》，徐益初、林青译，中国检察出版社 1990 年版。

的具体立法实践来看，比如1947年日本颁布的西方国家第一部《检察厅法》共42条，对检察机关的设置、检察官的职权、资格、职级、领导体制、弹劾与任免作了规定；葡萄牙于1986年颁布的《检察署组织法》共202条，就检察机关的体制、职权、机构、人员、考核、任用、退休和处分等作了详细的规定；西班牙于1981年颁布的《检察部组织章程》共72条，具体规定了检察机关的职能、活动原则、与其他公共权力机构的关系、机构设置、组织原则、领导体制、检察官的职业与级别、检察官资格的获得和丧失、检察官的地位与权利义务等。

应当说，从比较法的角度而言，对苏联、俄罗斯等国家的检察院组织法律文本的研究对我国立法最具借鉴意义。这主要是因为英美法系国家的判例法传统使其以不成文法为主，没有制定专门的检察机关组织法；在大陆法系的代表性国家法国和德国，检察机关都附设于法院之内，关于检察机关的组织规定也都载于法院组织法或者刑事诉讼法之中，不具有典型的“检察院组织法”结构特征。而我国以及其他社会主义国家的检察制度和检察组织的设立都深受苏联的影响，都以列宁的法律监督学说作为理论基础并注重充分发挥检察机关的法律监督职能，因此也都对检察机关的组织建设给予高度重视。体现在立法上就是这些国家的检察院组织法体例比较完备并具有比较相近的法律结构，形成了模式化的“检察院组织法”结构规范。综观这些国家的检察院组织法律文本，其基本的结构模式为：

一是一般都有“总则”部分，主要规定检察机关的组织性质、组织活动原则、组织任务、组织内部的领导体制以及组织与权力机关等其他机关的关系等。如1979年通过的苏联《检察院法》第一章为“总则”，规定了检察机关的最高监督权、检察院的任务、组织与活动原则、各级检察长的任命和任期、检察机关的其他职权等内容；1999年2月10日修订的《俄罗斯联邦检察院组织法》第一章“总则”部分规定了检察机关的职责与职权、检察院组织活动原则等；1992年颁布的《越南社会主义共和国检察院组织法》第一章“总则”部分规定了检察机关的职能、任务、领导体制等。

二是规定检察机关的组织体系。如苏联《检察院法》第二章为“检察机关的体系及组织机构”；俄罗斯《检察院组织法》第二章为“俄罗斯联邦检察院的组织体系”；越南《检察院组织法》第七章为“人民检

察院的组织机构”等。

三是分一章或者若干章系统规定检察机关的组织职能，集中围绕检察机关的法律监督职能而展开。如苏联《检察院法》第三章为“检察长的监督”；俄罗斯《检察院组织法》第三章为“检察监督”、第四章为“检查员出席法庭参加案件审理”；保加利亚《检察院组织法》第三章到第六章分别为“一般监督”“对预审机关执法的领导和监督”“参加法院和其他立法机关对案件的审理及其权限”“监督判决的执行情况和实行处罚、采取其他强制性措施以及监听的执法情况”；此特点最为鲜明的是越南《检察院组织法》，其第二章到第六章分别规定了“依法对各部、相当于部的机关、其他政府所属机关、地方政权机关、经济组织、社会团体、人民武装单位和公民的执法情况施行监督”“侦查监督工作”“审判监督工作”“执行监督工作”“拘留、监禁、改造监督工作”等。

四是规定组织主体即检察人员的设置、任免、权利、义务等。如俄罗斯《检察院组织法》第五章规定了“检察机关的任职和检察干部”；波兰《检察院组织法》第四章规定了“检察官的权利和义务”，第五章规定了“实习检察官和助理检察官”等。

五是对军事检察机关的特殊规定。如俄罗斯《检察院组织法》第六章为“军事检察机关的特殊性和活动保障”、越南《检察院组织法》第八章为“军事检察院”，波兰《检察院法》第八章规定了“关于军事检察院和军事检察官的特别条款”，保加利亚《检察院组织法》第十七章为“军事检察院”，等等。

二、我国人民检察院组织法结构体系的调整

我国现行人民检察院组织法具体的结构体系为：第一章“总则”，规定了检察机关的组织性质、组织构成、组织内部领导体制、组织任务、组织职权、组织与权力机关的关系、组织原则等。第二章为“人民检察院行使职权的程序”，第三章为“人民检察院的机构设置和人员的任免”。对比上述苏联、俄罗斯和部分社会主义国家的“检察院组织法”的一般结构模式，我国的现行“检察院组织法”在结构上存在以下几个特点：一是总体结构体系比较简约，条文较少，仅分为3章28条；二是没有就军事检察机关作出特殊规定。

如何评价我国人民检察院组织法的上述两个结构特点是其修订过程

中的一个重要问题，关系到修订后的人民检察院组织法的整体面貌。具体而言：

第一，关于现行法“总体结构体系比较简约，条文较少”的问题。我们认为，虽然某一特定部门法的立法内容应当在规模上达到何种程度并无定制，但是我国的人民检察院组织法作为国家政权机构组织法部门是直接体现和贯彻宪法的宪法性法律，具有仅次于宪法文本的重要法律位阶，其所规范的内容直接关乎检察机关作为组织的正常运作，因此其内容应当尽可能完善、结构体系应当尽可能完备。有些国家的检察院组织法多达一二百条，结构也比较复杂，如波兰《检察院法》共9章120条。而我国现行人民检察院组织法从条文数量上来看，28条显然过少；结构体系亦不够严谨、周到，各章之间缺乏严密的逻辑关系和内在联系，如没有规定“检察职权”的章节却规定了“行使检察职权的程序”。这需要在人民检察院组织法进行修订的时候，除了要从内容上进行完善外，更要从结构上进行调整和理顺，确立起各章之间清晰的逻辑关联。

第二，关于现行法没有就“军事检察院”进行专门规定的问题。我国的军事检察院是我国统一的检察体系即人民检察体系中的一个组成部分，它和各级人民检察院共同行使国家的检察权，但是，军事检察院是在军队这一特定的组织系统内设置的检察机关，以其专属的管辖权和所保护的特定社会关系而在组织机构设立原则、组织职能、组织人员任免等诸多方面有别于其他检察机关。基于此，苏联、俄罗斯、越南、波兰等设立有军事检察机关的国家都在各自的检察院组织法中对军事检察机关作出单独一章的规定，我们认为此种立法结构值得我国在修订人民检察院组织法时予以借鉴。

综上所述，结合可资比较的国外立法例和我国现行人民检察院组织法结构体系所暴露出来的问题，我们认为人民检察院组织法修订的理想结构应当是：

第一部分：“总则”，要系统规定检察机关的组织性质、组织任务、组织与外部的权力机关的关系、组织内部的领导体制、组织活动原则等组织制度方面的基本规范内容。需要着重指出的是，这一部分必须要能够反映我国法治建设过程中所取得的重大成果，比如宪法修正案所确立的依法治国方略和保障人权原则，就应当吸纳进总则中，作为我国检察机关的组织活动原则之一。

第二部分:“组织体系”，即关于检察机关的机构设置体系的规范。

第三部分:“组织职能”，即关于检察机关的职权体系的规范。

第四部分:“组织主体”，即关于检察机关中检察人员的设置、任免、权利、义务方面的规范。

第五部分:“特殊组织”，即关于军事检察机关在组织方面的特殊规范。

当然，以上结构体系仅仅是一种理想结构，而人民检察院组织法在具体修订过程中要确保修订前后法律文本的承继性和递进性，因此可以依据具体内容逻辑进行系统组织安排，因地制宜，同一部分可以分化，不同部分可以组合，除第一部分和第五部分之外，其他三个部分的次序亦可调整。比如，依据现行法的结构，调整后的结构可以依然设定为三个部分：第一章“总则”；第二章“人民检察院的职权”；第三章“人民检察院的机构设置和人员任免”。此种结构变化虽属微调，却包括了理想结构中的绝大多数内容，既能够使人民检察院组织法名副其实，从根本上克服现行法的结构不严谨的问题，又可以保持法律修订的连贯性，符合立法的基本规律和原理。

刑事诉讼法再修改之展望*

一、刑事诉讼法再修改的背景

我国刑事诉讼法自1979年7月1日第五届全国人民代表大会第二次会议通过以后，已于1996年3月17日经第八届全国人民代表大会第四次会议进行了一次修改。应当说，经过刑事诉讼法修改后近10年的实践，现代刑事程序法治的观念、原则、制度的影响已经得到人们更普适的认同；同时国家的政治、经济和社会形势也发生了深刻的变化，其中一些重要的背景是本次刑事诉讼法修改必须认真考虑的。

首先，其间我国宪法于1999年和2004年进行了两次重要的修正，依法治国，建立社会主义法治国家成为国家的基本治国方略，国家尊重和保障人权和公民合法的私有财产不受侵犯被载入宪法中。以民主科学的刑事诉讼立法为基础的刑事程序法治将是现代法治的重要构成部分，同时以国家强制力为特征的刑事诉讼活动更是直接关涉公民的基本人权。因此，具有“应用宪法”之称的刑事诉讼法在修改时应与时俱进，彰显依法治国与保障人权的宪法精神。

其次，中国于1998年签署了《经济、社会及文化权利国际公约》和《公民权利和政治权利国际公约》，并于2001年2月批准了前一公约，对后一公约的批准工作也已列入了全国人大的议事日程。作为国际上最为重要的两个人权公约，特别是《公民权利和政治权利国际公约》，涉及刑事诉讼中的人权保障，设定了刑事司法特别是公正审判的国际准则。而我国刑事诉讼法的现有规定与公约的有关要求相比，显然还存在一定的差距和不足，因此在立法修改时需要参照国际人权公约中的相关内容对中国的刑事诉讼制度和程序作进一步完善。另外，2005年中国批准了《联合国反腐败公约》，公约从实体与程序两个方面对各缔约国的反腐败工作提出了新的要求，这同样需要对刑事诉讼法中的相应条款进

---

* 原文发表于《中国法律》2007年第5期。

行修订。

再次，贯彻落实科学发展观、构建和谐社会已经成为时代的主旋律，执政的新理念。在刑事司法领域，党和国家明确提出要实施宽严相济的刑事司法政策，为在刑事司法领域中推动社会和谐指引了方向。这一刑事政策正有待于转化为刑事法律规定并应用到刑事诉讼实践中去，将会对刑事诉讼法的修改发挥指导作用。

最后，应当适当吸收和借鉴司法改革中的有益经验和成功做法。例如，司法实务部门关于被告人认罪案件简化审理的探索，关于完善讯问程序、防止刑讯逼供的三项制度的试点，都将为刑事诉讼立法的修改提供实践依据和实证资料。

二、刑事诉讼法再修改的原则

此次刑事诉讼法修改，应当秉持加强民主、健全法治、保障人权的诉讼理念，贯彻以下原则：

一是要切实改善和加强对人权的保障。从修改立法的指导思想上，应该顺应时代发展，确立刑事诉讼法为人权保障法、国家权力限权法的立法定位，采取切实措施改善和加强刑事诉讼中的人权保障。关于此，修订后的俄罗斯刑事诉讼法典予我们以很好的启示和示范。

二是要确立程序法定原则，弘扬程序正义理念。程序法定原则，在大陆法系国家称为“法制国家程序原则”，在英美法系则与正当程序理念接近。其含义，一方面要公正地实施程序的规定，即严格按照法律规定的程序进行刑事诉讼，禁止国家滥用权力，要求国家权力自我限制，赋予公民防御权利借以抵御国家权力的侵犯。当然，法律规定的程序本身应当体现程序正义的要求，具备正当性。另一方面，要建立起能够发挥作用的刑事司法制度，以惩治犯罪，伸张正义。由于刑事诉讼是国家权力运作的典型场域，极易因公权力的扩张和任意而造成对公民权利的限制和侵犯，因此发挥程序和程序法对权力的规制作用进而保障刑事诉讼中的人权就显得尤其重要。据此，在刑事诉讼中，我们既要重视程序在实现刑事实体法目的方面的工具作用，更要强调程序自身的独立价值，确立程序法定原则，弘扬程序正义理念。刑事诉讼法应当通过再修改致力于程序公正价值的实现。

三是要坚持公正优先兼顾效率。刑事诉讼法的再修改应该追求公

平与效率的最佳结合，而不应把二者割裂开来，对立起来。但是应当看到，公正与效率也存在矛盾的一面，当二者发生冲突时，应当以公正为优先。任何丧失了以公正为前提的效率只能是一种更大的恶，正如罗尔斯所指出的，“某些法律和制度，不管它们如何有效率和有条理，只要它们不正义，就必须加以改造或废除”[①]。事实上，诉讼公正的实现正是依赖于一套缜密、复杂的程序，这也必然意味着在效率上的某种牺牲。因此片面强调效率、过分追求效率，实际上是对程序公正的漠视。

三、刑事诉讼法再修改的重点

第一，刑事诉讼法的修改要确立无罪推定原则并贯彻其理念。无罪推定是现代各国刑事司法通行的一项重要原则，是国际公约确认和维护的一项基本人权，也是联合国在刑事司法领域制定和推行的正当程序最低限度标准之一。1996 年我国修订刑事诉讼法时，对无罪推定原则的基本精神作了借鉴，在基本原则部分增加第 12 条，即“未经人民法院依法判决，对任何人都不得确定有罪”。与此相联系，从立法上首次对犯罪嫌疑人和被告人加以区分，取消了检察机关长期实行的免予起诉制度，并且规定，人民检察院对于补充侦查后证据仍然不足不符合起诉条件的案件不予起诉；人民法院经过审理，对于证据不足不能认定被告人有罪的，应当作出证据不足、指控犯罪不能成立的无罪判决。在刑事诉讼法的修改中首先要贯彻《世界人权宣言》和《公民权利和政治权利国际公约》的要求，在立法上明确规定无罪推定的原则，同时予以相关配套措施。例如，赋予犯罪嫌疑人、被告人沉默权，将现行刑事诉讼法第 93 条中“犯罪嫌疑人对侦查人员的讯问应当如实回答”的规定，修改为“任何人不得被强迫提供不利于自己的证言或被强迫承认犯罪”。强化控方的举证责任，贯彻疑罪从无的精神，明确“不能认定犯罪嫌疑人、被告人有罪或无罪的，按无罪处理；不能认定犯罪嫌疑人、被告人罪重或罪轻的，按罪轻处理”。承认一事不再理或禁止重复归罪原则，维护法院生效判决的既判力和稳定性，禁止控诉机关对法院的无罪判决就同一事实和证据再次提出指控。

---

① ［美］约翰·罗尔斯:《正义论》，何怀宏、何包钢、廖申白译，中国社会科学出版社 1988 年版，第 3 页。

第二，刑事诉讼法的修改要着力解决犯罪数量增长、案件堆积如山与司法资源有限、诉讼效率低下的矛盾。对此，笔者认为，刑事诉讼法的再修改应该在公平优先兼顾效率原则的指导下，加大简易程序的适用力度，扩充简易程序的适用范围，并在宽严相济刑事政策的指导下，赋予并扩大司法人员裁量权，在诉讼的不同阶段都进行合理的程序分流设计，如扩大相对不起诉、免予刑事处罚的适用，探索建立诉辩协商制度、附条件不起诉或暂缓起诉制度、当事人和解制度、量刑听证制度等。应当将刑事和解制度作为刑事诉讼法再修改的一项重要内容。

第三，刑事诉讼法的修改要下大气力解决刑讯逼供、非法取证的问题。应当着力改造侦查程序特别是讯问程序，构建能够有效制约侦查人员的外部监督机制，而不能过分依赖于侦查人员的主观自觉，为此可以从以下几个方面着手：一是如前所述，赋予犯罪嫌疑人、被告人沉默权或不得被迫自证其罪的权利，免除犯罪嫌疑人、被告人非自愿供述的义务。二是建立非法证据排除规则，从立法上明确以暴力、威胁等非法方法取得的犯罪嫌疑人、被告人的供述、证人证言、被害人陈述，不得作为定案的根据。其他使用非法的方法收集的证据，严重侵犯犯罪嫌疑人、被告人、证人、被害人合法权益，或者严重影响司法公正的，也不得作为定案的根据。三是建立和推行讯问时同步录音录像制度，要求侦查人员对严重刑事案件以及其他有必要案件的犯罪嫌疑人、被告人进行讯问，应当对讯问过程进行全程录音录像，并保证录音录像的完整性和连续性。四是建立侦查讯问时辩护律师在场制度。规定侦查人员讯问犯罪嫌疑人时，如果犯罪嫌疑人有辩护律师并要求辩护律师在场的，辩护律师可以在场，以增加侦查活动的透明度。五是建立侦押分离制度，将羁押机构中立化，明确羁押机构的职责，以保障犯罪嫌疑人的合法权益不受侦查机关的非法侵犯。

第四，刑事诉讼法的修改应当进一步完善辩护制度，强化律师作用。刑事诉讼法自 1996 年修正以来存在的刑事辩护难应当成为此次修改关注的重点。为此，立法上可以采取以下措施：一是完善辩护人的职责，在辩护人的责任上增加程序辩护的内容，辩护人有权收集、提出维护犯罪嫌疑人、被告人诉讼权利的材料和意见，维护犯罪嫌疑人、被告人的合法权益。二是明确侦查阶段律师的辩护人地位。应规定，犯罪嫌

疑人自第一次接受讯问或者被采取强制措施之日起，可以委托辩护人。三是扩大律师的诉讼权利，特别是在侦查阶段的诉讼权利。明确律师在侦查阶段的辩护人地位后，一方面要使律师依照现行法律享有的权利得到充分保障，另一方面辩护律师的权利应相应扩大，不再限于了解罪名权、会见权、提供法律咨询、代理申诉控告权等，还应赋予辩护律师调查取证权，侦查人员讯问时在场权等。四是提前指定辩护的时间，扩大法律援助的范围。在侦查、起诉、审判各个诉讼阶段，人民法院、人民检察院、公安机关都有保障犯罪嫌疑人、被告人辩护权行使的义务和为符合法律援助条件的犯罪嫌疑人、被告人指定辩护的责任。

第五，刑事诉讼法的修改应当完善死刑复核程序。死刑案件的核准权已于 2007 年 1 月 1 日统一收归最高人民法院行使，这对于中国刑事司法中贯彻保留死刑，严格控制死刑的基本死刑政策，防止错杀、贯彻少杀慎杀，保障人权，发挥了十分重要的作用，但同时，现行刑事诉讼法中对死刑复核程序的规定却极为简略，很不明确，仅第 202 条对人民法院复核死刑案件的合议庭组成作了要求，影响了司法实务中死刑复核的程序运用和死刑复核整体制度效能的发挥。笔者以为，作为刑事诉讼法规定的特殊程序，死刑复核程序应当明确是一种审判程序，死刑复核程序的完善应当以死刑复核程序的诉讼化改造和加强对死刑案件质量的监督为重点。如有学者对控辩双方参与问题提出建议，主张被告人有限参与，辩护律师必须参与，检察机关应当参与，被害人灵活参与，并建议死刑复核区分法律审与事实审，定罪与量刑等。这些探讨和见解，对死刑复核程序的改革和刑诉立法的完善，很有益处。

第六，此次刑事诉讼法的修改应当对证据制度予以足够的关注。在我国，尽管刑事诉讼法以专章对证据问题作出规定，司法机关在法律适用的过程中也围绕证据问题制定了一些司法解释，但总体而言远未形成系统完备的刑事证据体系，证据运用的各个环节都缺乏法律或规则的规范和指引，证据制度的立法明显滞后于审判方式的改革和诉讼模式的转型。司法实践中也存在很多问题，证人作证难、证人出庭作证率低、司法鉴定明显不公、多头鉴定、重复鉴定等现象都十分突出。此次刑事诉讼法修改，应针对司法实践中突出的问题拿出立对策。要明确需要证人出庭作证的情况和例外，否定应当出庭而未出庭证人书面证言的证据效

力；要以国家强制力作后盾，建立强制或保障证出庭的制度，同时考虑到权利义务平衡，建立健全证人保护制度和证人补偿制度；要在司法鉴定体制改革基础上，进一步完善司法鉴定的程序规范，维护司法鉴定的公信力，充分发挥司法鉴定在准确认定案件事实、准确处理刑事案件中的独特效用。

刑事程序法治化的期待

——写在刑事诉讼法再修改之际*

1996年3月，经过长期酝酿，我国刑事诉讼法作出重大修正，并于1997年1月1日正式实施，已逾十年。十年间，我国的政治、经济、社会形势发生了深刻变化，社会主义民主法治建设也取得显著成就。随着“依法治国”基本方略的确立，刑事诉讼制度的健全和完善作为现代法治的重要组成部分更为世人关注，而“国家尊重与保障人权”的入宪，则对刑事诉讼程序的民主和人权保障提出了更高要求。同时，修改后刑事诉讼法在实施中暴露的不足和存在的问题，也迫切需要通过修改立法加以改革与完善。鉴于此，第十届全国人大将刑事诉讼法的修改列入立法规划，刑事诉讼法的再修改已进入关键阶段。如何遵循刑事诉讼的自身规律和内在机理，顺应当代刑事诉讼法治的改革趋势和发展潮流，并立足我国国情和司法现实，进一步健全我国刑事诉讼制度和程序，着力解决司法实践中突出存在的问题，加快推进我国刑事诉讼法治化的进程，是人们对此次刑事诉讼法再修改的期待和要求。

一、1996年刑事诉讼法修改的回顾

我国1996年对刑事诉讼法的修改，总体而言是成功的，改革了我国刑事诉讼的部分制度和程序，解决了一些司法实践中突出存在的问题，体现了现代诉讼法治观念的影响。成功之处，主要表现在以下方面：

（一）完善刑事诉讼原则

通过立法修改，确立了司法机关独立行使职权的原则；增加了未经

---

* 原文发表于《中国司法》2008年第1期。

人民法院依法判决，对任何人不得确定有罪的原则，结合疑罪不起诉、疑罪判无罪等相关规定，表现出吸收了无罪推定原则的精神；明确了检察机关对刑事诉讼的法律监督原则。

（二）改造刑事诉讼模式

通过立法修改，对我国传统强职权主义诉讼模式进行改造，纠正国家专门机关权力过于集中而且职能分工不清的倾向，赋予当事人更多的程序参与权。总体方向是借鉴当事人主义诉讼模式的优点，使诉讼成为由控辩双方共同推进的程序，而不是国家专门机关一手包办的犯罪追究程序。这一点可以从允许律师在侦查阶段“提前介入”、弱化公诉案件庭前审查、取消法院退回补充侦查等立法变化上体现出来。

（三）改革刑事诉讼制度

通过立法修改，对原有诉讼制度和程序作了调整和改革，主要有：（1）扩大拘留的范围，吸收了实践中适用收容审查措施的有关情形，将之纳入拘留范围之内。同时适当降低了逮捕的事实条件，以便这些法定的强制措施能够适应侦查的需要。（2）加强对犯罪嫌疑人的权利保障，在侦查程序中就允许其聘请律师，与其通信、会见，为其提供相应的法律帮助。（3）设立指定辩护和法律援助制度。对于符合法定条件的被告人，司法机关为其指定承担法律援助义务的律师进行辩护。为落实指定辩护制度而不断发展壮大的法律援助制度，则成为我国法治建设中的新生事物。（4）弱化公诉案件的庭前审查，医治审判实践中“先定后审”的顽症。（5）增设简易程序，为案件实行繁简分流开辟了重要途径。（6）明确疑案从无处理，规定人民检察院对证据不足的案件可作不起诉处分，人民法院对证据不足的案件应当作出证据不足、指控罪名不能成立的无罪判决。

我国1996年修改刑事诉讼法引起了国内外的广泛关注，修改后的刑事诉讼法也获得了各界的普遍认同。转眼之间，修正后的刑事诉讼法实施已逾十年。耐人寻味的是，法律的实施，往往不是简单的贯彻立法本意、体现立法初衷的过程，而更多的是一个理想与现实交互作用、法律文本最终形成实在法律制度的过程。我国修正后刑事诉讼法的实施，便是一个极具典型意义的例证。为了执行修改后的刑事诉讼法，中央和

地方各级执法、司法机关都作出了很大努力，循着刑事诉讼法修改所倡导的现代诉讼理念，许多司法实务部门还进行了一些改革探索和制度创新。但毋庸讳言，刑事诉讼法的总体实施情况并不令人满意，修改后的一些规定至今尚未得到有效的贯彻落实，立法所取得的一些进步也大多沦为一纸空文。在修法之后的很长时间里，困扰我国刑事诉讼制度的诸多沉疴痼疾并未消除，有的依然如故，有的改头换面，甚至伴随着法律的修改还产生了一些人们始料未及的新问题。全国人大曾专门对刑事诉讼法的执行情况作了专项检查，但这些都难以扭转刑事诉讼法的实施不尽如人意的局面。例如，违法取证，甚至刑讯逼供现象依然存在；滥用强制措施，任意羁押、超期羁押现象依然严重；辩护律师履行职务困难重重，辩护方权利名增实降，律师执业环境反而恶化；证人出庭作证难以落实，刑事庭审改革举步维艰。这些都是修正后刑事诉讼法实施以来比较突出的问题，或者原本存在但在法律修改后并未获得实质性的解决。

二、刑事诉讼法再修改的背景

经过刑事诉讼法修改后的10年运作实践，现代刑事程序法治的观念、原则、制度的影响已经得到人们更普遍的认同，同时国家的政治、经济和社会形势也发生了深刻的变化，其中一些重要的背景是此次刑事诉讼法修改必须认真考虑的。

首先是其间我国宪法于1999年和2004年进行了两次重要的修正，“依法治国，建立社会主义法治国家”成为国家的基本治国方略，“国家尊重和保障人权”和“公民合法的私有财产不受侵犯”被载入宪法中。以民主科学的刑事诉讼立法为基础的刑事程序法治将是现代法治的重要构成部分，同时以国家强制力为特征的刑事诉讼活动更是直接关涉公民的基本人权。因此，具有“应用宪法”之称的刑事诉讼法在修改时应当与时俱进，彰显依法治国与保障人权的宪法精神。

其次，我国于1998年签署了《经济、社会及文化权利国际公约》和《公民权利和政治权利国际公约》，并于2001年2月批准了前一公约，对后一公约的批准工作也已列入了全国人大的议事日程。作为国际上最为重要的两个人权公约，特别是《公民权利和政治权利国际公约》，涉及刑事诉讼中的人权保障，设定了刑事司法特别是公正审判的国际准则。而我国刑事诉讼法的现有规定与公约的有关要求相比，显然还存在

一定的差距和不足，因此在立法修改时需要参照国际人权公约中的相关内容对我国的刑事诉讼制度和程序作进一步完善。另外，2005 年我国批准了《联合国反腐败公约》，该公约从实体与程序两个方面对各缔约国的反腐败工作提出了新的要求，这同样需要对我国刑事诉讼法中的相应条款进行修订以贯彻落实公约的要求。

再次，贯彻落实科学发展观、构建和谐社会已经成为时代的主旋律，执政的新理念。在刑事司法领域，党和国家明确提出要实施“宽严相济的刑事司法政策”，为在刑事司法领域中推动“社会和谐”指引了方向。这一刑事政策正有待于转化为刑事法律规定并应用到刑事诉讼实践中去，将会对刑事诉讼法的修改发挥指导作用。

最后，应当适当吸收和借鉴司法改革中的有益经验和成功做法。近年来，司法改革理论研究不断深入，司法改革实践搞得有声有色，其中不乏成功的经验和有益的启示。例如，司法实务部门关于被告人认罪案件简化审理的探索，关于完善讯问程序、防止刑讯逼供的“三项制度”的试点[①]，都将为刑事诉讼立法的修改提供实践依据和实证资料。

三、刑事诉讼法再修改的方向

从 1996 年我国刑事诉讼法修改后的施行情况，特别是存在问题与背后深层次的原因来看，刑事程序法治化的实现在我国尚需要一个长期的过程。我们应当以刑事诉讼法再修改为契机，加快推进我国刑事程序法治建设。修改刑事诉讼法，应当秉持加强民主，健全法治，保障人权，实现公正的理念。本文谨就刑事诉讼法再修改的方向作一些宏观思考。

（一）更新诉讼观念，强化人权意识

观念是行动的先导。刑事正当程序的建构，需要以观念的革新为前提。在推进刑事程序法治建设时，首要的就是要解放思想，更新观念，在立法、执法、司法的过程中自觉地以现代法治意识和诉讼观念为指导。具体来说，以下基本的观念需要在刑事立法、执法、司法的过程中充分确立并予以贯彻：

① 由中国政法大学诉讼法学研究院樊崇义教授主持的“刑事审前程序改革示范项目”——侦查讯问程序中录音、录像和律师在场（试验）。

首先是正确的全面的刑事诉讼目的观。刑事诉讼法的任务绝不仅仅是保证刑法的正确实施，是惩罚犯罪的工具，现代刑事诉讼法的一个重要目的或功能是规范和约束国家公权力的行使，保证国家追究犯罪的活动严格遵守法律程序进行。其次是人权保障观。我国宪法修正案明确规定了“国家尊重和保障人权”，这是中国人权发展的一个重要里程碑，同时也对刑事诉讼中的人权保障提出了更高要求。刑事诉讼作为国家公权力行使的典型场域，公权力的运行随时可能对公民自由、尊严、财产、隐私等基本权利造成侵害，因此，保障人权特别是犯罪嫌疑人、被告人的人权，尤为重要。再次是程序正义观。必须正确认识实体与程序的关系，彻底扭转“重实体轻程序”的传统思维，既要重视程序法在实现实体法目的方面的工具价值，更要强调程序自身的独立价值，充分发挥程序对权力的规制作用和对权利的保障作用。最后是法律思维观。立法、执法和司法人员，所秉持的法律思维应当遵循以下一些规则，例如，合法性优先于客观性；程序公正优先于实体公正；形式合理性优先于实质合理性；普遍正义优先于个案正义；理由优先于结论；等等。特别是，法律思维必须以权利义务分析作为思考问题的基本逻辑线索。[①]

（二）崇尚程序法治，明确程序制裁

在现代法治国家，程序法具有重要地位。程序的作用在于将国家权力的行使纳入确定的轨道，在使权力运作保持理性并适度的同时亦使公民能够建立起对权力行使的合理预期和适当监督，从而达到限制恣意、规制权力、保障权利的目的。关于程序的此种作用，美国联邦最高法院道格拉斯大法官曾作过精当的表述：“权利法案的大多数规定都是程序性条款，这一事实绝不是无意义的，正是程序决定了法治与恣意的人治之间的基本区别。”“程序法治”是刑事诉讼必须确立的首要原则。

确立程序法治原则，要求刑事诉讼的参与各方牢固树立法律至上、程序至上的意识，严格遵守刑事诉讼法和其他法律的规定。对于国家专门机关而言，没有法律的明确授权不可为，行使法定职权时必须严格遵守法律的规定，违反法律规定所实施的行为归于无效且应承担相应的法律后果，对公民依法享有的诉讼权利必须予以尊重和保障。这就是说，

---

① 郑成良：《论法律思维的基本规则》，2003年12月9日于中国社会科学院法学研究所讲座。

尊重法律，有法必依，恪守程序，乃程序法治的基本要求。

贯彻程序法治原则，重要的一点是必须明确程序违法的法律后果，对程序违法行为和程序违法者予以制裁。长期以来，受程序虚无主义和程序无用主义的影响，我国形成重实体轻程序的传统，诉讼程序仅仅被视为实现实体法目标的工具和手段。与此相联系，我国诉讼理论缺乏对程序制裁的研究，立法上也很少体现程序违法的后果，实践中更因违法制裁与诉讼无效制度的整体性制度缺失导致程序法的许多规定往往被束之高阁，视若无物。不能让违法者从其违法行为中获益，这就是程序违法的后果，也是正当程序的保障。对程序法规范的执行，必须体现程序法的权威性、强制性和义务性，确立严格的制裁性措施。刑事诉讼法修改时需要注意为程序性规范设定相应的责任后果，明确违法的制裁措施，即为违法行为设置高额“成本”。

（三）健全监督机制，完善救济途径

权力总是趋向扩张，失去监督和制约的权力必然导致专制和腐败，这是人所共知的规律。权力的监督和制约因而也就成为亘古不变的重要课题。刑事诉讼是追究犯罪、惩罚犯罪的活动，以国家强制力作后盾。为了防止国家机关滥用权力，为了保障法律程序得到切实遵守，需要建立健全有效的诉讼监督制约机制。刑事诉讼中的监督大致有两种途径：一方面是在执法、司法机关中通过内部组织体制的管理、教育、制裁功能形成的，另一方面是在刑事诉讼程序中通过不同诉讼主体间行为的互动实现的。我国目前在体制内对诉讼活动的监督主要是由检察机关实施的，1996 年修改刑事诉讼法时专门增加了人民检察院依法对刑事诉讼实行法律监督的基本原则，并相应增设了如立案监督等配套制度。但修改后刑事诉讼法实施的情况表明，现行对诉讼活动的监督机制是存在不足的，检察机关实行诉讼监督的成效也不尽如人意。监督滞后、监督缺位、监督乏力、监督落空的情况，绝非个别。为了使法律程序得到尊重和遵守，为了使公民的合法权益得到保障，检察机关的诉讼监督职能必须得到强化，刑事诉讼法再修改时应当为此作出恰当的程序设计和制度安排。除此之外，从诉讼规律和构造平衡考虑，还要注意发挥辩护律师对侦查起诉活动的制约作用，加强审判机关对审前程序的参与和监督，探讨建立契合中国国情的司法审查制度和司法救济制度。

如果说监督是用权力来制约权力的话，救济制度则主要是用权利来对抗权力。这也是现代法治社会用以规范和限制公权力行使的重要方式。法谚云，无救济即无权利。如果法律赋予公民个人的权利得不到执法、司法机关的尊重，公民合法权益受到侵害时得不到救济，那么所谓权利就只能是空中楼阁，法律的规定也只能是一纸空文。从权力学的角度看，对制度合理与否的评价与挑战，对公权力的有效规范和制约，最佳途径就是由遭受权力侵害之痛的当事人来启动救济和制约的程序。救济制度的完善和救济途径的通畅，必须在刑事诉讼法的再修改中加以考虑。

（四）参照国际准则，促进程序接轨

国际通行刑事司法准则，主要是指由联合国及其下属机构、组织制定、认可或倡导的有关刑事司法的标准、规范和政策。无论这些准则的历史渊源或理论基础如何，也不论它们是由哪些国家最先提出或采用的，这些准则经过联合国的认可和推广，都具有国际标准的权威性。[①]这样的权威性，并不在于联合国作为一个最重要国际组织所具有的影响力，而在于这些基本准则中所蕴含的、为世界各国所普遍承认、接受的理性与制度正义。在国际通行刑事司法准则中，最基本的如人权保障、正当程序、公正审判、无罪推定等原则都已经获得当今世界众多国家的广泛认同。我国于1998年签署《经济、社会及文化权利国际公约》和《公民权利和政治权利国际公约》。目前，《经济、社会及文化权利国际公约》已经得到批准，而对《公民权利和政治权利国际公约》的批准正在抓紧研究之中。对这两个重要人权公约的签署和批准，不仅为我国的刑事程序法治建设奠定了良好的价值基础并提供了最佳的参照标准，而且也使得国际人权公约和通行刑事司法准则在我国刑事司法中的贯彻和实施具有了现实的紧迫性。刑事诉讼立法修改时应当参照国际通行刑事司法准则中的相关内容，对我国的刑事诉讼制度和程序作进一步完善，促进我国刑事诉讼程序与国际通行准则接轨。

① 陈光中、丹尼尔·普瑞方庭主编:《联合国刑事司法准则与中国刑事法制》，法律出版社1998年版，第一章。

四、刑事诉讼法再修改的重点

刑事诉讼法的再修改既要谋划全局，统筹兼顾，又要秉持一定的“问题意识”，坚持一切从实际出发，着重解决现行立法和司法实践中突出存在的问题。

第一，刑事诉讼法的修改要确立无罪推定原则并贯彻其理念。无罪推定是现代各国刑事司法通行的一项重要原则，是国际公约确认和维护的一项基本人权，也是联合国在刑事司法领域制定和推行的正当程序最低限度标准之一。1996 年我国修订刑事诉讼法时，对无罪推定原则的基本精神作了借鉴，在基本原则部分增加第 12 条，即“未经人民法院依法判决，对任何人都不得确定有罪”。与此相联系，从立法上首次对犯罪嫌疑人和被告人加以区分，取消了检察机关长期实行的免予起诉制度，并且规定，人民检察院对于补充侦查后证据仍然不足不符合起诉条件的案件不予起诉；人民法院经过审理，对于证据不足不能认定被告人有罪的，应当作出证据不足、指控犯罪不能成立的无罪判决。上述修改，有利于克服司法实践中办案人员先入为主地认定犯罪嫌疑人、被告人有罪的错误观念，有利于犯罪嫌疑人、被告人行使以辩护权为核心的各项诉讼权利。但由于法律未赋予犯罪嫌疑人、被告人沉默权，相反课以其如实回答侦查人员讯问的义务，现实中侦查仍存在以获取被告人口供为中心的倾向，以刑讯逼供或其他非法方法获取口供的现象也时有发生。加之立法没有明确否定非法证据的效力，疑罪从无的原则贯彻也很不彻底，使得在我国的刑事诉讼中并未真正确立无罪推定的理念，与国际人权公约要求和各国刑事司法通行的准则仍有很大差距。为此，在刑事诉讼法的修改中首先要贯彻《世界人权宣言》和《公民权利和政治权利国际公约》的要求，在立法上明确规定无罪推定的原则，同时予以相关配套措施。例如，赋予犯罪嫌疑人、被告人沉默权，将现行《刑事诉讼法》第 93 条中“犯罪嫌疑人对侦查人员的讯问应当如实回答”的规定，修改为“任何人不得被强迫提供不利于自己的证言或被强迫承认犯罪”。强化控方的举证责任，贯彻疑罪从无的精神，明确“不能认定犯罪嫌疑人、被告人有罪或无罪的，按无罪处理；不能认定犯罪嫌疑人、被告人罪重或罪轻的，按罪轻处理”。承认一事不再理或禁止重复归罪原则，维护法院生效判决的既判力和稳定性，禁止控诉机关对法院的无罪判决就同一事实和证据再次提出指控。

第二，刑事诉讼法的修改要着力解决犯罪数量增长、案件堆积如山与司法资源有限、诉讼效率低下的矛盾。对此，笔者认为，刑事诉讼法的再修改应该在公平优先兼顾效率原则的指导下，加大简易程序的适用力度，扩充简易程序的适用范围，并在“宽严相济”刑事政策的指导下，解放思想，更新观念，赋予并扩大司法人员裁量权，在诉讼的不同阶段都进行合理的程序分流设计，如扩大相对不起诉、免予刑事处罚的适用，探索建立诉辩协商制度，附条件不起诉或暂缓起诉制度，当事人和解制度，量刑听证制度等，以切实体现宽严相济、区别对待的刑事政策，使当事人能够尽早摆脱诉累，并节约司法资源，提高诉讼效率，减轻办案人员压力。考虑到刑事和解制度既体现我国古代“和为贵”的传统和谐文化，又有利于化解因犯罪所带来的各种纠纷和矛盾，提高诉讼效率，并考虑到刑事和解和恢复性司法在国际社会的蓬勃发展趋势，应当将和解作为刑事诉讼法再修改的一项重要内容。

第三，刑事诉讼法的修改要下大的气力解决刑讯逼供、非法取证的问题。刑讯逼供和非法取证，既严重侵犯了相关人的基本人权，又是造成冤假错案的重要原因。解决此问题，应当着力改造侦查程序特别是讯问程序，构建能够有效制约侦查人员的外部监督机制，而不能过分依赖于侦查人员的主观自觉，为此可以从以下几个方面着手：一是如前所述，赋予犯罪嫌疑人、被告人沉默权或不得被迫自证其罪的权利，免除犯罪嫌疑人、被告人非自愿供述的义务。二是建立非法证据排除规则，从立法上明确以暴力、威胁等非法方法取得的犯罪嫌疑人、被告人的供述，证人证言，被害人陈述，不得作为定案的根据。其他使用非法的方法收集的证据，严重侵犯犯罪嫌疑人、被告人、证人、被害人合法权益，或者严重影响司法公正的，也不得作为定案的根据。三是建立和推行讯问时同步录音录像制度，要求侦查人员对严重刑事案件以及其他有必要案件的犯罪嫌疑人、被告人进行讯问，应当对讯问过程进行全程录音录像，并保证录音录像的完整性和连续性。实践中公安部和最高人民检察院已分别在杀人案件和职务犯罪案件的侦查中予以要求并逐步推广适用，司法实践中所取得的有益经验将为刑事诉讼法的再修改提供良好的实证支持。四是建立侦查讯问时辩护律师在场制度。规定侦查人员讯问犯罪嫌疑人时，如果犯罪嫌疑人有辩护律师并要求辩护律师在场的，辩护律师可以在场，以增加侦查活动的透明度。侦查人员讯问时律师在

场，对防止侦查权力滥用，遏制刑讯逼供，保证犯罪嫌疑人供述的合法性与真实性，都将具有积极的意义。五是建立侦押分离制度，将羁押机构中立化，明确羁押机构的职责，以保障犯罪嫌疑人的合法权益不受侦查机关的非法侵犯。

第四，刑事诉讼法的修改应当进一步完善辩护制度，强化律师作用。刑事诉讼法自 1996 年修正以来，在实施中存在的一个突出问题就是刑事辩护难。所谓会见难，阅卷难，调查难，取证难，发表意见难，听取意见更难。总之，刑事辩护环境恶化，律师作用难以发挥，控辩力量对比进一步失衡。这应当成为此次刑事诉讼法修改关注的重点。为此，立法上可以采取以下措施：一是完善辩护人的职责，在辩护人的责任上增加程序辩护的内容，辩护人有权收集、提出维护犯罪嫌疑人、被告人诉讼权利的材料和意见，维护犯罪嫌疑人、被告人的合法权益。二是明确侦查阶段律师的辩护人地位。根据现行《刑事诉讼法》第 96 条的规定，犯罪嫌疑人在被侦查人员第一次讯问后或者采取强制措施之日起，可以聘请律师为其提供法律咨询，代理申诉、控告。但立法没有明确赋予律师的辩护人地位，从而使得律师在侦查阶段的介入名不正，言不顺。应当改为：“犯罪嫌疑人自第一次接受讯问或者被采取强制措施之日起，可以委托辩护人。”三是扩大律师的诉讼权利，特别是在侦查阶段的诉讼权利。明确律师在侦查阶段的辩护人地位后，一方面要使律师依照现行法律享有的权利得到充分保障，另一方面辩护律师的权利应相应扩大，不再限于了解罪名权、会见权、提供法律咨询、代理申诉控告权等，还应赋予辩护律师了解案件情况和调查取证的权利，侦查人员讯问时在场的权利等，以充分发挥律师在实体和程序方面的辩护作用。四是提前指定辩护的时间，扩大法律援助的范围。依据现行法律规定，只有在审判阶段才有指定辩护的要求，只有人民法院才有保障被告人辩护权行使的义务。显然，这一规定已经落后于我国辩护制度的发展。应当改为，在侦查、起诉、审判各个诉讼阶段，公安机关、人民检察院、人民法院都有保障犯罪嫌疑人、被告人辩护权行使的义务和为符合法律援助条件的犯罪嫌疑人、被告人指定辩护的责任。

第五，刑事诉讼法的修改应当完善死刑复核程序。众所周知，死刑案件的核准权已于 2007 年 1 月 1 日统一收归最高人民法院行使，这对于我国刑事司法中贯彻“保留死刑，严格控制死刑”的基本死刑政策，

防止错杀、贯彻少杀慎杀，保障人权，发挥了十分重要的作用。但同时，现行刑事诉讼法中对死刑复核程序的规定却极为简略，很不明确，仅第202条对人民法院复核死刑案件的合议庭组成作了要求，影响了司法实务中死刑复核的程序运用和死刑复核整体制度效能的发挥。此种状况应当在刑事诉讼法再修改中予以解决。从目前死刑复核的实际运作状况来看，死刑复核采取类似法院内部审批性质的方式，存在的主要问题是程序不公开，当事人不知情，控辩双方不参与。笔者以为，作为刑事诉讼法规定的特殊程序，死刑复核程序应当明确是一种审判程序，死刑复核程序的完善应当以死刑复核程序的诉讼化改造和加强对死刑案件质量的监督为重点。如有学者对控辩双方参与问题提出建议，主张被告人有限参与，辩护律师必须参与，检察机关应当参与，被害人灵活参与，并建议死刑复核区分法律审与事实审，定罪与量刑等。[①] 这些探讨和见解，对死刑复核程序的改革和刑诉立法的完善，很有益处。

第六，刑事诉讼法的修改应当对证据制度予以足够的关注。证据是认定案件事实的唯一依据，是正确处理刑事案件的坚实基础。证据制度是一国司法制度和诉讼程序中的组成部分和重要内容。无论实体公正或程序公正，都离不开证据制度的完善。在我国，尽管刑事诉讼法以专章对证据问题作出规定，司法机关在法律适用的过程中也围绕证据问题制定了一些司法解释，但总体而言远未形成系统完备的刑事证据体系，证据运用的各个环节都缺乏法律或规则的规范和指引，证据制度的立法明显滞后于审判方式的改革和诉讼模式的转型。司法实践中也存在很多问题，证人作证难、证人出庭作证率低、司法鉴定混乱不公、多头鉴定、重复鉴定等现象都十分突出。此次刑事诉讼法修改，应当针对司法实践中突出的问题拿出立法对策。要明确需要证人出庭作证的情况和例外，否定应当出庭而未出庭的证人书面证言的证据效力；要以国家强制力作后盾，建立强制或保障证人出庭的制度，同时考虑到权利义务的平衡，建立健全证人保护制度和证人补偿制度；要在司法鉴定体制改革的基础上，进一步完善司法鉴定的程序规范，提升和维护司法鉴定的公信力，充分发挥司法鉴定在准确认定案件事实、正确处理刑事案件中的独特效用。

---

① 陈卫东:《关于完善死刑复核程序的几点意见》，载陈光中等主编:《诉讼法理论与实践》，北京大学出版社2006年版，第515页。

我国刑事强制措施的功能回归与制度完善*

一、刑事强制措施的概念解读

从哲学范畴来看，功能是事物作用于他物的能力，亦即系统作用于环境的能力。功能不应孤立地被理解为一种静态的概念描述或者内容陈述，其取决于事物自身的内部构造或者结构并与之互成动态影响，“结构—功能分析”亦是社会学中最为重要的方法论之一。厘清刑事强制措施的功能，也就首先需要对刑事强制措施的概念、结构等予以明晰。

在许多国家和地区，强制措施所涵盖的范围都较为宽泛，几乎包括所有干预或者限制公民基本权利的行为。在德国，强制措施包括对人格自由权之侵犯、对生理权之侵犯、对财产权之侵犯、对住宅权之侵犯、对通信秘密权之侵犯、对职业自由权之侵犯以及对信息自主权之侵犯，且实施侵犯的职权单位不仅包括法官、检察官以及检察官的辅助机关，还包括不属于检察官辅助机关的警察及每个国民。① 在俄罗斯，诉讼强制措施分为三类，即拘捕、强制处分和其他诉讼强制措施。拘捕是短期剥夺犯罪嫌疑人的自由以查清其身份并解决是否需要对其适用强制处分等；强制处分是通过限制刑事被告人（特殊情况下亦包括犯罪嫌疑人）的人身自由以制止其实施妨碍具体刑事案件诉讼行为的可能性；其他强制措施则是为诉讼程序顺利推进以及生效裁判正确执行创造条件。在我国台湾地区，强制处分是指违反受强制的诉讼主体的意思而干预或者剥夺其基本自由与权利，包括对人身自由之剥夺、对身体不可侵犯性之干预、对居住自由权之干预、对秘密通信自由之干预以及对财产

* 原文发表于《中国法学》2011 年第 6 期，与李晶合作。

① 参见［德］克劳思·罗科信:《刑事诉讼法（第 24 版）》，吴丽琪译，法律出版社 2003 年版，第 273 页。

权之剥夺。[1]

我国刑事诉讼中的强制措施则是指公安机关、人民检察院和人民法院在刑事诉讼过程中，为了保证诉讼的顺利进行，依法对犯罪嫌疑人、被告人以及现行犯采取的在一定期限内暂时限制或者剥夺其人身自由的法定强制方法，并在刑事诉讼法中设有专章予以规定，包括拘传、取保候审、监视居住、拘留和逮捕五种类型。而搜查、扣押、查封、冻结等对财产权的强制处分以及监听、监控等对隐私权的强制处分则均被划归至“侦查”章节之中作为强制性侦查行为予以规制。[2]关于我国强制措施的内涵与外延，理论界批评之声此起彼伏，大多数观点都认为当前法定强制措施仅限于限制和剥夺犯罪嫌疑人、被告人人身自由的五种类型显得过于狭窄，与法治国家强化人权保障的理念相脱节，并进而提出了相应的改革主张：有论者提出应当将所有用于办理刑事案件的人身强制方法统一作为刑事强制措施加以规定[3]；有论者则主张按照基本权利是否受到侵犯为标准来界定刑事强制措施，将搜查、监听等强制性侦查行为也纳入强制措施范围之内，从而突出强制措施的本质特征以及在法律制度中的地位[4]；还有论者在支持应当将搜查、扣押等对物的强制措施纳入刑事强制措施体系的基础上，提出应探索限制经营、停止经营等符合我国目前实际情况的对单位犯罪嫌疑人、被告人的强制措施，使刑事强制措施体系更趋完整[5]。为调和强制措施内涵与外延所存在的争议，“强制性措施”这一概念应运而生，并被用以包容和丰富强制措施的相关内容，具体包括对人身自由的强制性措施、对物的强制性措施以及对隐私权的强制性措施三个方面。[6]笔者认为，对财产权的强制处分以及对隐私权的强制处分，考虑到其强制干预基本人权的内在属性，无论是否类

① 参见林山田:《刑事程序法》，五南图书出版有限公司 1998 年版，第 170 页。

② 监听、监控等对隐私权的强制处分在我国现行刑事诉讼法中并无专门条文予以规范，但在《修正案（草案）》中已经将其作为技术侦查的部分内容纳入“侦查”专章之中。

③ 参见孙长永:《比较法视野中的刑事强制措施》，载《法学研究》2005 年第 1 期。

④ 参见杨雄:《刑事强制措施实体化倾向之反思——以预防性羁押为范例》，载《政法论坛》2008 年第 4 期。

⑤ 参见宋英辉:《完善刑事强制措施的理念与总体构想》，载《人民检察》2004 年第 17 期。

⑥ 参见卞建林主编:《刑事诉讼法学》，科学出版社 2008 年版，第 284 页。

属于强制措施，都应当在立法上参照强制措施的规范理念予以严格控制进而保证其能够依法、谦抑进行，国际上已有许多成熟先例可循，这也是我国刑事诉讼立法应当努力完善的重要内容。至于我国强制措施的具体含义，为符合现行法律体系的规范逻辑以及理论实务部门的用语惯例，目前而言还是以对公民人身自由的强制处分为宜，此亦本文的研究立基所在。

二、诉讼保障与人权保障：我国刑事强制措施的双重功能

我国刑事强制措施较其他国家而言呈现出更为明显的单一性特征：首先是适用主体单一，即只能由办理刑事案件的公安司法机关适用，其他机关和个人无权实施强制措施；其次是适用对象单一，即只能适用于犯罪嫌疑人、被告人以及现行犯和重大嫌疑分子，而不能对其他诉讼参与人以及诉讼以外的人适用；最后是适用目的单一，强制措施立足于保障刑事诉讼活动的依法顺利进行，而非用以进行实体制裁或者替代侦查行为。基于这种单一性特征，我国刑事强制措施主要具备如下两种功能。

（一）诉讼保障功能

所谓诉讼保障功能，是指刑事强制措施用以保障刑事诉讼活动的顺利进行，或者说用以排除刑事诉讼活动的不当妨碍。强制措施的诉讼保障功能具体体现为两个方面：一是保证被追诉人能够始终参与刑事诉讼程序以及法院裁判的结果能够得到执行，如果被追诉人拒不到案或者有自杀或逃跑可能的，则构成适用强制措施的事由；二是保证公安司法机关能够依法顺利进行案件事实和证据的调查认定工作，如果被追诉人有毁灭、伪造、变造证据或者串供、干扰证人作证可能的，则构成适用强制措施的事由。诉讼保障功能是刑事强制措施的原初功能，设置刑事强制措施的主要目的在于保障侦查、起诉、审判以及执行等诉讼活动能够顺利推进，而这也是刑事强制措施能够获得正当性的基础所在。考察世界主要国家和地区的强制措施制度，诉讼保障都被视为强制措施尤其是羁押性强制措施的主要功能。我国台湾地区学者林山田指出："强制处分虽然无可避免地限制或者剥夺个人之自由与权利，但并非对于受强制者个人之处罚，而只是为达下列目的之强制措施：（1）确实掌握犯罪嫌疑

人或被告，使其确实得以在场，始终参与刑事程序；(2) 发掘或保全刑事证据；(3) 确保刑事诉讼程序之顺利进行；(4) 确保审判结果之执行，以建立刑法与刑事程序之威信。”[①]

(二) 人权保障功能

“在刑事诉讼领域，秩序价值包含两种含义：其一是通过追究犯罪以恢复社会秩序；其二是追究犯罪的活动必须是有序的，不得导致无序状态。”[②] 如果将诉讼保障作为强制措施唯一功能，那无疑等于认可国家机关仅凭追诉需要而任意地、无节制地对公民人身自由等基本权利加以恣意干预和侵犯，其结果不仅导致刑事诉讼的无序和混乱，更会使得强制措施特别是羁押性强制措施被过度适用，因为处于羁押状态的被追诉人无论是在生理上还是心理上都更易受到控制。此外，按照无罪推定的基本原则，被追诉人在被依法判决有罪之前在法律上处于无罪状态，对居于无罪状态的被追诉人适用强制措施以限制或者剥夺其人身自由，完全是基于追诉犯罪的考量而对被追诉人课以容忍义务的无奈之举，但是这种容忍义务必须是有限度的。赋予强制措施以人权保障功能显然是调和上述矛盾的当为之道。强制措施的人权保障功能应当至少从两个方面予以体现：一是强制措施的内容设计必须体现对被追诉人人权的充分尊重与保护，除确有必要外不得强制处分公民人身自由且这种处分必须符合国际通行的人权保障基本要求；二是适用强制措施过程中违反人权保障的行为必须得到制裁，人身自由遭受不当强制处分的被追诉人必须能够得到有效救济。

为实现强制措施的人权保障功能，有三项最为重要的原则应当在强制措施制度中得到确立，即程序法定原则、比例原则和令状原则。程序法定原则是现代程序法的基石，被视为刑事诉讼的首要原则，并早在法国1789年《人权宣言》中即获确立。《人权宣言》第7条指出：“除非在法律所规定的情况下并按照法律所指示的手续，不得控告、逮捕或拘留任何人。”程序法定原则一方面要求强制措施的种类、适用主体、条件、对象以及程序等具体内容必须由法律预先明确规定，否则不能予以适

① 参见林山田:《刑事程序法》，五南图书出版有限公司1998年版，第170页。

② [英]彼得·斯坦、约翰·香德:《西方社会的法律价值》，王献平译，中国人民公安大学出版社1990年版，第38页。

用，这亦是法律可预见性的内在要求；另一方面则要求强制措施必须依据业已明确规定的法律进行，国家机关不能违反法律的既有规定适用强制措施，否则可能因违法行为承受程序性制裁。比例原则是国家干预公民基本权利时所必须遵守的基础原则，即国家行使权力、干预公民基本权利所使用的“手段”与所欲达到的“目的”之间必须合乎比例，抑或说具有相当性关系。比例原则在肯定国家公权力行使的前提下，通过强调权力行使必须审慎、必要且预先进行利益衡量，进而实现法律对基本人权的保障，使得国家权力对公民的干预降低到最低限度。令状原则要求除特殊情形以外对被追诉人适用强制措施应当预先经由司法官员判断许可并签发令状，并在执行强制措施时出示相应令状。与令状原则相关联的就是司法审查制度，即由经法律授权行使司法权力的审判官或者其他官员对强制措施的合法性、必要性进行审查以决定是否适用。令状原则和司法审查制度通过将强制措施的决定权交由具有独立性和中立性的司法官员行使来保证强制措施的适用更加审慎，保证被追诉人的人权保障更为坚实。

（三）我国刑事强制措施的功能误区

1. 惩罚教育功能

强制措施与刑罚制裁以及行政处罚不同，其作为一种程序性保障措施，适用目的主要在于保障刑事诉讼活动的依法、顺利进行，而不具备惩罚犯罪的实体性功能。但在司法实践中，强制措施的实体化倾向却普遍存在，最为典型的就是将强制措施作为对犯罪嫌疑人、被告人的一种惩罚手段以及对其他人的一种威慑来予以运用，“公捕大会”等惩罚性适用强制措施就是例证。如果说强制措施的惩罚功能尚不能为理论界所肯定，那么其教育功能似乎获得了较为广泛的支持。有论者还将强制措施的教育功能细化为对被采取强制措施本人的教育、对社会上不稳定分子的教育以及对公众的鼓舞教育三个方面。[①]客观来讲，通过对被追诉人适用强制措施在有些情况下确实具有一定的教育效果，但这只是强制措施的附带效应，如果将其视为强制措施的功能甚至主要功能则难免失之偏颇，且有纵容强制措施实体化之嫌，对正确、谦抑适用强制措施具有消极影响，亦不符合立法对强制措施的基本定位以及无罪推定、人权

① 参见李忠诚：《刑事强制措施功能研究》，载《法制与社会发展》2002年第5期。

保障等刑事诉讼的基本原则。

2. 刑罚预支功能

刑罚预支功能的误用主要体现在羁押的适用方面。由于羁押可以折抵刑期，办案人员往往藉此抱有将犯罪嫌疑人、被告人“先行羁押、再予折抵”的心态，这不但为其办理刑事案件提供了极大方便，亦造成了貌似实质公平的假象。[①]除却刑罚与强制措施二者的性质存在根本差异而不能加以混同以外，将刑罚预支作为强制措施的功能可谓危害极大：第一，如果被追诉人最后可能被认定无罪，那么司法机关是否可能因其已经承受的羁押而将错就错地进行判决？第二，即使被追诉人最后被认定有罪，那么司法机关是否可能对照其已经羁押的期限来予以量刑而避免刑期短于羁押期限所带来的国家赔偿问题？对于后者，司法实践中的“实报实销”做法已经作出了生动说明。

3. 证据发现功能

强制措施的证据发现功能在司法实务中极易引起混淆。从一定程度来说，强制措施确实具有发现证据的功能，但其应当从属于诉讼保障功能且只能通过如下两个方式予以实现：一是公安司法机关强制被追诉人到案接受讯问，并在此期间内收集是否应当将其予以羁押的证据；二是公安司法机关适用强制措施保全相关证据，防止被追诉人毁灭、伪造、变造证据以及串供和干扰证人作证。除此之外，由于强制措施不同于强制性侦查行为，不应再行作为证据发现的手段予以适用，即公安司法机关不能再行通过强制措施来为其案件侦破工作提供便利并将强制措施作为侦查替代行为来获得相关证据，特别是犯罪嫌疑人、被告人的供述，因为这种做法已经不再符合强制措施保障诉讼的初衷。[②]

4. 犯罪预防功能

强制措施的犯罪预防功能主要表现在预防性羁押，即以被追诉人可能再行犯罪[③]而将其予以羁押。从强制措施的目的与宗旨来看，强制措施的适用只是着眼于被追诉人是否存在妨碍刑事诉讼顺利进行的可能，而并非着眼于被追诉人是否再行犯罪的可能；从无罪推定的基本内容来

① 参见林钰雄:《刑事诉讼法》，中国人民大学出版社2005年版，第265页。

② 参见林钰雄:《刑事诉讼法》，中国人民大学出版社2005年版，第263页。

③ 预防性羁押在国外主要适用于有反复实施同一犯罪可能的情形，但在我国的适用情形却包括再犯新罪的可能以及有危害国家安全、公共安全或者社会秩序的危险。

看，对于一个尚未实施犯罪行为的被追诉人加以羁押，以被追诉人过去所犯之罪来推定其未来之犯罪，有实施有罪推定之嫌。尽管存在上述争议，预防性羁押仍为德国、法国等国家刑事诉讼立法所肯定并被纳入刑事强制措施的体系，其主要还是考虑到“这样的羁押理由能使得特别需要保护的国民不受极可能发生的重大犯罪之侵害”[①]。与此同时，承认预防性羁押的国家和地区大多会在预防性羁押的适用要件方面相较其他强制措施作出更为严格的规定，如限定为可能反复实施同一犯罪且对可能再犯的罪名予以详细列明，以尽可能限制其适用，此当为我国所借鉴。

概言之，惩罚教育功能和刑罚预支功能实属于强制措施功能异化的情形，是将强制措施这一程序性保障措施予以实体化适用的错误做法。证据发现功能和犯罪预防功能则是强制措施功能泛化的表现：证据发现在本质上从属于诉讼保障功能，且不能与侦查行为的证据发现功能相混淆；犯罪预防是基于特殊利益保护而附加给强制措施的例外功能，必须受到严格限制。

三、我国刑事强制措施的立法修改

刑事强制措施是刑事诉讼最为重要的制度之一，历来为立法者所关注和重视。我国1996年修改刑事诉讼法就以较大篇幅对强制措施制度进行了修正，使得我国刑事强制措施制度得到显著进步。时至今日，刑事诉讼法正式施行已近15年，其间执法环境以及犯罪情况发生很大变化，宪法历经两次重要修正，贯彻宽严相济的刑事政策、强化人权保障成为时代主题，司法体制和工作机制改革亦稳步推进并成效显著。在此背景之下，十一届全国人大常委会第二十二次会议于近日初步审议了《中华人民共和国刑事诉讼法修正案（草案）》（以下简称《修正案（草案）》）并向社会公开征集意见。《修正案（草案）》的主要亮点之一就是对刑事强制措施再次进行了较大幅度的修改，以满足司法实践的切实需要、因应刑事司法的发展趋势，具体修改内容简要分述如下。

（一）完善监视居住措施

虽然监视居住和取保候审都是用以限制犯罪嫌疑人、被告人人身自

① 参见［德］克劳思·罗科信：《刑事诉讼法（第24版）》，吴丽琪译，法律出版社2003年版，第285页。

由的强制措施，但二者限制自由的程度却并不相同，立法原本也是意欲通过这种强制程度的差异性来体现出强制措施的层次性。但是，现行刑事诉讼法对监视居住和取保候审规定了相同的适用对象和适用条件，仅仅是在遵守义务以及执行场所上有所区别，且具体选择何种场所（住处或者指定的居所）执行监视居住随意性较大，这就造成了实践中适用监视居住的“两难”境地：若是将犯罪嫌疑人、被告人置于住处执行监视居住，囿于执行机关人力、财力以及条件的限制，犯罪嫌疑人、被告人实际上很难得到严格有效的监控；若是将犯罪嫌疑人、被告人置于指定的居所执行监视居住，由于“指定的居所”其具体含义并不明确，监视居住易于被办案机关异化为变相羁押，考虑到监视居住的期间较长等因素，其实际强制效果较拘留甚至逮捕而言更重。

鉴于上述监视居住的适用困境，《修正案（草案）》对监视居住制度进行了以下修改：第一，将监视居住作为逮捕的替代措施并规定与取保候审不同的适用条件，即监视居住适用于符合逮捕条件，但患有严重疾病、生活不能自理的，怀孕或者正在哺乳自己婴儿的，因为案件的特殊情况或者办理案件的需要而采取监视居住措施更为适宜的，以及羁押期限届满但案件尚未办结，需要采取监视居住措施的情形；第二，将监视居住同时作为取保候审的补充措施，即对于符合取保候审条件，但犯罪嫌疑人、被告人不能提出保证人，也不能交纳保证金的，也可以监视居住；第三，为保证监视居住的效果能够顺利实现，规定执行机关可以采取电子监控、通信监控、不定期检查等监视方法对被监视居住人进行监督，并增设被监视居住人应当将身份证件、旅行证件、驾驶证件交执行机关保存的资格限制规定；第四，对监视居住的执行场所进行细化，即监视居住原则上应当在犯罪嫌疑人、被告人住处进行，无固定住处的可以在指定的居所进行，涉嫌危害国家安全犯罪、恐怖活动犯罪、重大贿赂犯罪且在住处执行可能有碍侦查的，经上一级检察机关或者公安机关批准也可以在指定的居所执行，但不得指定在羁押场所、专门的办案场所执行监视居住；第五，考虑到指定居所监视居住对犯罪嫌疑人、被告人人身自由限制较大，规定除无法通知或者涉嫌危害国家安全犯罪、恐怖活动犯罪，通知可能有碍侦查的情形以外，应当把监视居住的原因和执行的处所通知被监视居住人的家属，并明确被监视居住人的委托辩护权以及检察机关的监督义务。

（二）完善逮捕要件和审查逮捕程序

准确把握逮捕要件是正确适用逮捕措施的前提和基础。长期以来，司法实务机关围绕逮捕要件特别是逮捕必要性进行了一系列的改革和探索并取得了不少成效。根据现行刑事诉讼法的规定，逮捕要件包括三个方面：一是证据要件，即有证据证明有犯罪事实；二是刑罚要件，即可能判处徒刑以上刑罚；三是必要性要件，即采取取保候审、监视居住等方法尚不足以防止发生社会危险性而有逮捕必要。在这三个要件中，最难为司法实务机关所掌握也最容易引起混乱的当属逮捕必要性。何谓“发生社会危险性，而有逮捕必要”？要件标准过松会导致逮捕羁押率的居高不下以及司法资源的较大浪费，要件标准过严又易使得强制措施保障诉讼顺利进行的既有目的无法实现。为解决司法实践中对于逮捕要件理解和适用混乱的问题，《修正案（草案）》细化规定为：可能实施新的犯罪的；有危害国家安全、公共安全或者社会秩序的现实危险的；可能毁灭、伪造、隐匿证据，干扰证人作证或者串供的；可能对被害人、举报人、控告人实施打击报复的；可能自杀或者逃跑的。此外，《修正案（草案）》还将特定重罪以及特定被追诉人列入了逮捕事由，即对证据证明有犯罪事实，可能判处10年有期徒刑以上刑罚的，或者可能判处徒刑以上刑罚，曾经故意犯罪或者身份不明的犯罪嫌疑人、被告人，应当予以逮捕。

规范审查逮捕程序是正确适用逮捕措施的重要环节。针对审查逮捕程序在现行立法中较为薄弱以及在司法实践中操作混乱的现象，《修正案（草案）》对检察机关审查批准逮捕的程序予以了明确和细化，规定检察机关审查批准逮捕可以讯问犯罪嫌疑人、询问证人等诉讼参与人并听取律师的意见，如果出现对是否符合逮捕条件有疑问、犯罪嫌疑人要求向检察人员当面陈述或者侦查活动可能有重大违法行为的情形，则应当讯问犯罪嫌疑人，如果辩护律师提出要求则应当听取辩护律师的意见。同时，为防止不必要羁押和超期羁押，《修正案（草案）》还规定了检察机关在逮捕后对羁押必要性进行审查的义务，要求检察机关对于不需要继续羁押的应当建议予以释放或者变更强制措施。

（三）完善强制措施制度的其他内容

除上述修改以外，《修正案（草案）》还对强制措施的其他内容予以

了完善，以满足公安司法机关的办案需要，同时注意对被追诉人的人权保障：第一，适当延长拘传时间，在原则不得超过12小时的基础上增加规定案情重大、复杂且需要采取拘留、逮捕措施的不得超过24小时；第二，丰富了被取保候审人的义务，增加被取保候审人应当在住址、工作单位和联系方式发生变动时予以及时报告的义务，增加可以要求被取保候审人不得进入特定场所、不得与特定人员会见或者通信、不得从事特定活动的行为限制规定以及将旅行证件、驾驶证件交执行机关保存的资格限制规定；第三，将辩护律师介入刑事诉讼的时间提前至犯罪嫌疑人被侦查机关第一次讯问后或者采取强制措施之日起；第四，规定拘传犯罪嫌疑人应当保证其必要的饮食和休息时间；第五，规范犯罪嫌疑人被拘留、逮捕后不予通知家属的情形，将“有碍侦查”的情形限定只适用于“涉嫌危害国家安全犯罪、恐怖活动犯罪等严重犯罪”。

四、完善我国刑事强制措施制度的若干建议

总体而言，《修正案（草案）》的修改强化了我国强制措施体系的层次性和系统性，明确和细化了强制措施的适用条件与程序，丰富了强制措施的内容，总体上体现了控制犯罪与保障人权相统一的立法指导思想。但同时应该看到，与国际刑事司法准则的基本要求和法治发达国家的普遍做法相比，《修正案（草案）》对强制措施的修改亦存在一些不足和有待商榷之处，有些修改甚至可谓不合理、不科学。囿于篇幅限制，本文择其要者论述如下：

（一）完善强制措施制度的整体思路

完善强制措施制度应当具备“三种视野”：一是宪法视野。刑事强制措施制度的设计与实施从根本上均涉及宪法有关公权力行使和私权利保护的规定，只有坚持以宪法为根据来探讨刑事强制措施的改革与完善才具有正当性和合法性，也易获得社会不同利益群体的普遍认可。二是实践视野。完善刑事强制措施，必须正视当前我国司法实践尤其是侦查实践的真实状况和问题，在此基础之上开展对策化研究，分析原因，寻找对策，解决问题。三是国际视野。刑事强制措施作为与公民基本权利密切相关的一项制度，已为许多国际重要人权条约所明确规范并形成了一系列相关的国际刑事司法准则，我国刑事强制措施制度的完善应努力

与国际刑事司法准则的基本要求接轨、呼应。

以实现强制措施的诉讼保障和人权保障双重功能为主线，在秉持宪法视野、实践视野和国际视野的基础上，笔者认为，我国刑事强制措施制度完善的方向和目标为：第一，健全刑事强制措施制度以强化其层次性，形成一套强制力轻重有别、选择性丰富多元并且能够适用于不同案件需要的刑事强制措施体系；第二，将强制措施从整体上区分为羁押措施和非羁押措施，明确“非羁押措施为主，羁押措施为辅”的强制措施适用原则，丰富羁押替代措施的种类并实行权利化改造，优化羁押措施和羁押替代措施之间的衔接与变更；第三，严格并限制羁押措施的适用，确立程序法定原则、比例原则和令状原则，建立完整的司法审查与救济制度。

（二）设置独立的羁押程序

我国实行“捕押合一”的模式，羁押成为逮捕的必然后果，逮捕的实施即意味着相对人将在相当长一段时间内被剥夺人身自由，而羁押则缺乏明确的法律地位以及单独的适用程序。虽然《修正案（草案）》试图在审查批准逮捕程序中引入犯罪嫌疑人、证人、辩护律师等多方诉讼参与人以保证逮捕措施的审慎适用，但逮捕和羁押混同这一问题的症结仍未能得到彻底改变。笔者主张，应当从根本上对我国的逮捕制度进行改革，逮捕和羁押是不同的强制措施，具有不同的法律后果，适用不同的诉讼情形，应当对逮捕与羁押明确加以区分，实现逮捕和羁押相分离，将逮捕定位于羁押的前置程序，实行“逮捕前置主义”，继而设置独立的羁押程序，以控制羁押的适用。这种以逮捕为前置的羁押制度，一方面能够适当放宽逮捕的适用条件，以满足侦查机关侦查犯罪的现实需要；另一方面能够严格羁押的适用条件和程序，通过强化羁押的司法审查来规范和控制羁押措施的适用。

1. 羁押的审查

基于逮捕和羁押相分离的设想，羁押的审查与批准应当包含三个方面的内容：

首先，对逮捕的审查批准。检察机关在收到公安机关的逮捕申请之后，应当对被追诉人是否符合逮捕要件进行严格的书面审查。经审查批准逮捕的，检察机关应当签发逮捕令状并交由公安机关执行，逮捕的令

状应当明确被逮捕人、逮捕事由和执行时间等。

其次，逮捕后对被逮捕人是否予以羁押的审查。公安机关逮捕犯罪嫌疑人之后，认为需要对其予以羁押的，应当在逮捕之后的法定时间内（如 24 小时）向检察机关提出羁押申请。检察机关应当对羁押的事实依据、法律依据和羁押必要性进行审查。羁押审查应当以聆讯的方式进行，检察机关应当告知犯罪嫌疑人所涉嫌的犯罪事实以及罪名，告知其有权委托律师作为辩护人。审查时应当讯问犯罪嫌疑人并听取其辩护律师的意见，可以要求办理案件的侦查人员到场说明情况，陈述羁押的理由与必要性。检察机关经审查后，应当根据具体情况作出批准羁押、不批准羁押或者予以取保候审、监视居住等决定。

最后，羁押后对羁押必要性的审查。检察机关批准羁押之后，仍应当定期对羁押的必要性进行审查，对于因情况变化而不需要继续羁押的，应当及时解除羁押措施；需要采取其他强制措施的，亦应作出相应决定。

2. 羁押的期限

检察机关批准羁押的，应当签发羁押证并载明羁押期限。羁押期限即将届至，公安机关认为有继续羁押之必要，需要延长羁押期限的，应当在期限届满的 7 日前向检察机关提交延长羁押的申请，检察机关按照羁押审查程序作出是否延长羁押的决定，决定延长羁押的同样应当载明延长期限。如果羁押期限届满且公安机关没有向检察机关申请延长羁押或者申请未被检察机关批准的，应当及时解除对犯罪嫌疑人的羁押。

超期羁押是羁押的一个突出问题，我国司法实践中检察机关纠正超期羁押主要采取侦查监督的方式进行，即检察机关认为公安机关存在超期羁押的，不能直接作出决定或采取解除措施，而是通过侦查监督的方式来要求公安机关予以纠正。这种做法与宪法与法律赋予检察机关的职权并不符合，甚至可以说偏离了宪法和法律关于逮捕的权力配置。根据《宪法》第 37 条规定，检察机关享有对逮捕的批准和决定权，而公安机关只有逮捕执行权。即在任何情况下，公安机关都不享有决定逮捕的权力。犯罪嫌疑人之所以处在羁押状态下，完全是基于检察机关批准逮捕权的效力所在，即犯罪嫌疑人因检察机关批准而羁押。如果羁押期限届满且又未获延长，则检察机关的批准逮捕权至此即效力终结，再无法定理由或法定授权对犯罪嫌疑人继续羁押，而只能解除其羁押状态。换言

之，侦查期间只要检察机关不继续行使其批准逮捕权以延长羁押期限，则羁押期限届满即无正当理由对犯罪嫌疑人继续实施羁押，检察机关无须通过行使侦查监督权来建议公安机关解除或者变更强制措施。同理，羁押期间检察机关通过羁押必要性审查认为不应当继续羁押的，应当直接解除羁押措施，而非仅仅建议予以释放，这是检察机关批准逮捕权的既有内容。关于羁押期限的另一个问题就是将羁押期限与办案期限予以混同。羁押期限与办案期限是两个性质完全不同的概念。前者着眼于是否存在羁押事由，一旦羁押事由不复存在则羁押期限即行届满，而不论案件办理是否结束；后者则是公安司法机关用以办理刑事案件的期限总和，包括侦查、审查起诉以及审判期限。

3. 羁押的场所

检察机关批准羁押的，由公安机关将犯罪嫌疑人送交看守所予以羁押。《修正案（草案）》进一步从法律层面明确了看守所的羁押场所地位，要求公安机关逮捕后应当立即将被逮捕人送看守所羁押。鉴于司法实践中看守所管理体制弊端所引起的诸多问题，曾有学界呼吁对看守所进行中立化改革，将看守所从公安机关独立出来，划归为司法行政部门领导，其理由主要如下：一是看守所在体制上属于公安机关领导和管理，这使得看守所不可能在侦查机关与被羁押人之间保持应有的中立性；二是基于看守所和侦查机关实现追究和惩罚犯罪的共同目标，看守所对侦查机关的侦查行为乃至违法行为，包括超期羁押在内，往往会提供相应的便利。[①] 毋庸置疑，从体制上实现看守所中立化的改革建议具有相当的合理性，但目前实现这一目标似乎难度较大，正在进行的看守所条例修改亦并未涉及“侦羁分离”的内容。[②] 鉴于这一现实，笔者认为看守所中立化的理念重在实质而非形式。即看守所虽然归公安机关管理和领导，但是其作为法定羁押场所必须保持与侦查部门的中立性和独立性。在职能方面，看守所作为羁押执行场所，其职能亦须符合强制措

---

① 参见陈光中、张小玲:《中国刑事强制措施制度的改革与完善》，载《政法论坛》2003 年第 5 期；孙长永:《比较法视野中的刑事强制措施》，载《法学研究》2005 年第 1 期；徐静村、潘金贵:《我国刑事强制措施制度改革的基本构想》，载《甘肃社会科学》2006 年第 2 期；等等。

② 参见王丽娜:《在押人员判决前有望见家属》，载《京华时报》2011 年 3 月 9 日，第 8 版。

施功能设定的基本要求，即诉讼保障与人权保障。加强被羁押人人权保障是看守所改革的方向和重点，应当保障被追诉人在羁押期间与其近亲属和辩护律师的会见通信权，从制度上排除在看守所进行刑讯逼供等违法取证行为的可能，如实现讯问的物理隔离和录音录像、规范提外审程序、建立独立医生制度等。在外部监督方面，应当强化检察机关的监所监督职能，明确检察机关驻所机构进行监督的方式、程序和责任，探索建立巡回驻所监督机制。同时，提高看守所的公开性和透明度，注意发挥社会和媒体对看守所的监督作用。

4. 羁押的救济

我国目前尚不存在完全意义上的羁押救济程序，仅仅是规定被追诉人及其法定代理人、近亲属或者辩护人对于超期羁押的有权要求解除强制措施，这不仅在司法实践中收效甚微，亦是与国际通行做法存在很大差距。笔者认为，应当借鉴我国台湾地区针对羁押设置的“准抗告”制度，建立对检察机关羁押决定的救济程序。检察机关批准羁押而被羁押人不服该决定的，有权向上一级检察机关提请复核，上一级检察机关应当立即复核并作出是否变更的决定，维持羁押决定的应当告知被羁押人理由。羁押期限尚未届满，但是被羁押人认为羁押事由已经消灭的，有权请求检察机关再行对羁押必要性进行审查并作出是否继续羁押的决定。羁押期限届满后仍处于羁押状态的，被羁押人及其近亲属以及辩护人有权要求羁押执行机关立即解除羁押措施；羁押执行机关拒不解除的，检察机关应当命令解除，并视情形对超期羁押的违法行为作出相应处理决定。

（三）完善羁押替代措施

1. 丰富羁押替代措施的种类并实现权利化改造

我国强制措施制度的一个重要问题就是羁押替代措施过于薄弱，公安司法机关在羁押与释放被追诉人之外并不存在很大的选择空间：拘传主要用以强制被追诉人到案接受讯问，拘留则主要适用于案情紧急的现行犯和重大嫌疑分子，取保候审相对适用较多但现实约束力不强，监视居住难以执行且易于演变为变相羁押，除此之外办案机关缺乏其他选择。这种羁押替代措施的选择困境成为导致我国司法实践中羁押率过高的一个现实因素。未来在对现有羁押替代措施加以修改完善的基础上，

也应当积极借鉴国外立法经验创设其他限制人身自由程度不同、轻重有别的羁押替代措施，如定期报告行踪、限制从事特定活动、强制接受医疗检查与治疗等，并实现羁押替代措施的权利化改造，即除法律规定的特殊情形以外，被追诉人都有权向公安司法机关申请适用取保候审等羁押替代措施而不被羁押或解除羁押。

2. 完善监视居住制度

我国的监视居住制度历来为理论界所诟病，司法实务中亦适用率不高，主张取消监视居住的观点不在少数。有论者从三个方面详细论述了取消监视居住的理由：一是监视居住与变相羁押之间的界限难以把握，执行难度大；二是监视居住极大地增加了执行机关的诉讼成本，不符合诉讼经济原则；三是监视居住适用条件模糊，适用率低，实践价值不大。监视居住确实存在实用性较差以及执行起来不好把握等诸多问题，但鉴于我国目前羁押率依然较高以及羁押替代措施明显不足的现实局面，保留监视居住制度无疑能够在羁押与取保候审之间形成一种有效缓冲和过渡机制，在丰富公安司法机关适用强制措施选择的同时，也有助于扩大羁押替代措施的适用，实现诉讼保障与人权保障的平衡。关键问题在于如何完善现有的监视居住制度，以使其能够切实发挥应有效用。

《修正案（草案）》将监视居住定位于羁押替代措施的立法意图值得肯定，这一定位可以从两个方面进行理解：一是监视居住适用于符合羁押条件但又存在不适宜进行羁押的情形；二是监视居住适用于不符合羁押条件但是需要采取强制措施的情形。总的方向，应当是限制和减少羁押措施的适用。但仔细研读后不难发现，《修正案（草案）》关于监视居住的具体规定存在如下问题：第一，监视居住的功能定位模糊，既想将监视居住作为羁押替代措施以减少羁押的适用，又把监视居住作为类羁押或准羁押措施；既想将监视居住与取保候审区分，又把监视居住作为取保候审的补充措施。第二，指定居所监视居住立法任意性过大，适用的范围广、持续的时间长，缺乏外部监督等，很有可能在具体实施中被扩大适用，歪曲适用，甚至异化为类似1996年刑事诉讼法修改前的收容审查制度，使法律规定的强制措施体系受到冲击，徒具形式。侦查机关完全可能规避法律规定的提请批准逮捕程序，转而采用指定居所监视居住。第三，鉴于指定居所监视居住的秘密性和随意性，极易产生变相羁押的效果，进而使本次立法修改可能取得的其他进步，如逮捕后必

须立即送交看守所予以羁押、讯问必须在看守所内进行、讯问时同步录音录像、非法证据排除规则等，实施中全都化为泡影，客观上为刑讯逼供、超期羁押等违法行为大开绿灯。

笔者认为，完善监视居住必须严格坚持其羁押替代措施的立法定位，目的是限制和减少羁押的适用。为此应当作出如下修改：第一，监视居住的适用对象为符合羁押条件但是不适宜进行羁押的，以及不符合羁押条件但是需要采取监视居住这一强制措施的被追诉人；第二，监视居住的实质是非羁押，因此不能完全剥夺被监视居住者的人身自由，不能形成变相羁押或实质羁押；第三，规范监视居住的执行场所，取消指定居所监视居住的规定，对于有住处的被追诉人必须在其住处执行监视居住，对于没有固定住处又确实需要对其采取监视居住的，则可以在工作单位、居住社区或特定的公共场所进行；第四，缩短监视居住的期限，以不超过3个月为宜；第五，强化被监视居住人的权利保障，明确被监视居住人有权会见其亲属和聘请的律师，而且无须经过办案机关的批准，被监视居住人及其聘请的律师有权申请取消监视居住等。

刑事诉讼法再修改：解读与反思 *

《关于修改〈中华人民共和国刑事诉讼法〉的决定》（以下简称《修正案》）已由第十三届全国人民代表大会常务委员会第六次会议于2018年10月26日通过，这标志着我国刑事诉讼法的第三次修改业已完成。按照经验，在法律作出重大修改后，通常需要10年甚至更长的时间，方能将纸面上的法落实为实践中的法。在此期间，需要不断借助司法解释完善相关制度，并通过司法活动持续加深对法律的理解。因此，1979年刑事诉讼法立法、1996年刑事诉讼法修改、2012年刑事诉讼法修改之间分别间隔17年和16年，这也是较为合理的期间。但当前我们处于改革的全新时期，2012年刑事诉讼法修改后，改革措施不断推陈出新，尤其是党的十八大以来，以习近平同志为核心的党中央在深化国家监察体制改革、反腐败追逃追赃、深化司法体制改革等方面作出了一系列重大决策部署，取得了重大成果。但其中部分改革内容超出了刑事诉讼法原本的规定，加上《宪法修正案》和监察法、《刑法修正案》、律师法、公证法、人民陪审员法等法律对部分制度业已明确或作出修改，为保障宪法、法律的权威以及改革的有序进行，刑事诉讼法再修改自然应当被提上日程。

审议通过后的《修正案》共有26条，主要体现从三大方面所作出的调整和跟进：一是为保障国家监察体制改革顺利进行，需要完善监察与刑事诉讼的衔接机制；二是为加强境外追逃工作力度和手段，需要建立刑事缺席审判制度；三是总结认罪认罚从宽制度、速裁程序试点工作经验，需要将可复制、可推广的有效做法上升为法律规范，在全国范围内实行。此外还涉及与其他相关法律的衔接问题，吸收了部分改革成果。总体而言，此次刑事诉讼法再修改虽然幅度不大，但颇为及时，其中不乏亮点，但囿于修法模式等因素所限，也存在一定的缺憾。

---

* 原文发表于《中共中央党校学报》2018年第6期，与谢澍合作。

一、刑事诉讼法再修改的要点解读

（一）监察法与刑事诉讼法的衔接

全国人大常委会于2016年12月、2017年11月先后作出在北京市、山西省、浙江省以及在全国各地开展国家监察体制改革试点工作的决定，暂时调整或者暂时停止适用刑事诉讼法关于检察机关对直接受理的案件进行侦查的有关规定。2018年3月，十三届全国人大一次会议审议通过了宪法修正案和监察法。自此，国家监察体制改革得到了宪法、法律层面的认可，而检察机关职务犯罪侦查权也正式完全转隶。其中需要明确的是，国家监察调查的对象包括职务违法和职务犯罪，因此不能把监察调查完全等同于刑事侦查；同时，由于如搜查、扣押、查封、冻结、留置、技术侦查等调查措施所具有的强制性质，可能对公民个人合法权益造成限制甚至侵害，也不能因为称其为调查便掩盖其侦查的实质。尤其是针对职务犯罪进行的监察调查，其性质相当于对普通犯罪进行的刑事侦查。可以说名为调查，实为侦查。对于调查终结认为犯罪事实清楚，证据确实、充分的，应当移送检察机关审查起诉，并开始适用刑事诉讼法的规定。可见，国家监察法与刑事诉讼法、国家监察机关与刑事诉讼专门机关、国家监察调查程序与刑事诉讼程序均有着密切联系。[①] 因而，需要刑事诉讼法及时按照宪法精神作出修改，并与监察法有效衔接。

《修正案》中共有7条涉及监察法与刑事诉讼法的衔接问题。其中第2条明确了检察机关侦查权与监察机关调查权的衔接，职务犯罪侦查权完全转隶，所有行使公权力的公职人员的职务犯罪调查权归于监察委员会，但同时保留了检察机关部分侦查权，包括“在对诉讼活动实行法律监督中发现的司法工作人员利用职权实施的非法拘禁、刑讯逼供、非法搜查等侵犯公民权利、损害司法公正的犯罪”的自行侦查权以及“对于公安机关管辖的国家机关工作人员利用职权实施的重大犯罪案件”的机动侦查权。《修正案》第12条赋予了检察机关对于监察机关移送起诉的案件退回补充调查和自行补充侦查的权力，并明确了留置措施与刑事强制措施的衔接机制，即“人民检察院对于监察机关移送起诉的案件，

① 卞建林:《监察机关办案程序初探》，载《法律科学》2017年第6期。

依照本法和监察法的有关规定进行审查。人民检察院经审查，认为需要补充核实的，应当退回监察机关补充调查，必要时可以自行补充侦查。对于监察机关移送起诉的已采取留置措施的案件，人民检察院应当对犯罪嫌疑人先行拘留，留置措施自动解除。人民检察院应当在拘留后的十日以内作出是否逮捕、取保候审或者监视居住的决定。在特殊情况下，决定的时间可以延长一日至四日。人民检察院决定采取强制措施的期间不计入审查起诉期限"。此外，《修正案》中，关于侦查期间辩护律师会见、指定居所监视居住、采取技术侦查措施之规定中有关贪污贿赂犯罪的内容以及"侦查"定义的修改，亦与同监察法之衔接相关。

（二）建构刑事缺席审判制度

党的十八大以来，制度反腐效果显著，正如习近平总书记所指出的："坚持反腐败无禁区、全覆盖、零容忍，坚定不移'打虎''拍蝇''猎狐'，不敢腐的目标初步实现，不能腐的笼子越扎越牢，不想腐的堤坝正在构筑，反腐败斗争压倒性态势已经形成并巩固发展。"[①] 但同时，"夺取反腐败斗争压倒性胜利"仍是新时代的重要目标。2016 年 7 月，全国人大常委会法制工作委员会提出了关于建立刑事缺席审判制度的研究报告，中央纪委建议在配合国家监察体制改革修改刑事诉讼法时，对刑事缺席审判制度作出规定。此后，全国人大常委会法制工作委员会刑法室召开专家座谈会研究刑事诉讼法修改问题时，也就此广泛征求意见，为立法进行理论准备。

《修正案》第 25 条，拟在刑事诉讼法第五编增加一章，作为第三章，即"缺席审判程序"，包括第 291 条至 297 条共 7 个全新条文。其中，刑事缺席审判制度的基本适用范围限定于"对于贪污贿赂犯罪案件，以及需要及时进行审判，经最高人民检察院核准的严重的危害国家安全犯罪、恐怖活动犯罪案件，犯罪嫌疑人、被告人潜逃境外，监察机关、公安机关移送起诉，人民检察院认为犯罪事实已经查清，证据确实、充分，依法应当追究刑事责任的"，此外，"由于被告人患有严重疾病，无法出庭的原因中止审理超过六个月，被告人仍无法出庭，被告人

① 习近平:《决胜全面建成小康社会　夺取新时代中国特色社会主义伟大胜利——在中国共产党第十九次全国代表大会上的报告》，载《党的十九大报告辅导读本》，人民出版社 2017 年版，第 1—69 页。

及其法定代理人申请或者同意恢复审理的”“被告人死亡的，人民法院应当裁定终止审理；但有证据证明被告人无罪”以及“人民法院按照审判监督程序重新审判的案件，被告人死亡的”也可以缺席审判。同时，《修正案》一方面规定了犯罪嫌疑人、被告人潜逃境外的缺席审判的具体程序，包括管辖、送达、判决、涉案财产处理、交付执行刑罚等；另一方面，充分保障被告人的诉讼权利，对委托辩护和提供法律援助作出规定，并赋予被告人近亲属上诉权以及罪犯异议权。考虑到2012年刑事诉讼法修改时，只是新增了“犯罪嫌疑人、被告人逃匿、死亡案件违法所得的没收程序”，尚未确立真正意义上的刑事缺席审判制度。因而，此次刑事诉讼法再修改，初步建构起中国特色的刑事缺席审判制度，作为一大亮点，必将引起理论与实务界的广泛关注和深入研讨。

（三）完善认罪认罚从宽制度和增加速裁程序

完善认罪认罚从宽制度既是十八届四中全会《中共中央关于全面推进依法治国若干重大问题的决定》（以下简称《决定》）中的明确要求，也是当前司法机关针对刑事案件进行程序分流、合理分配司法资源的必要措施。[①] 2014年以来，全国人大常委会先后授权在18个省市进行了为期两年的刑事速裁程序试点和认罪认罚从宽制度试点，取得良好成效。为将可复制、可推广的试点工作经验上升为法律规范，完善刑事案件认罪认罚从宽制度和增加速裁程序即成为刑事诉讼法再修改的重点之一。

此次《修正案》中，有关认罪认罚从宽制度与刑事速裁程序的共有13条，达到《修正案》内容的半数。可见，对于认罪认罚从宽制度和刑事速裁程序试点经验的总结和提炼，是本次刑事诉讼法再修改的重要内容，具体包括：其一，明确刑事案件认罪认罚可以依法从宽处理的原则，即“犯罪嫌疑人、被告人自愿如实供述自己的罪行，对指控的犯罪事实没有异议，愿意接受处罚的，可以依法从宽处理”；其二，完善刑事案件认罪认罚从宽的程序规定。包括侦查机关告知诉讼权利和将认罪情况记录在案、人民检察院在审查起诉阶段就案件处理听取意见、犯罪嫌疑人签署认罪认罚具结书、人民检察院提出量刑建议和人民法院如何采纳量刑建议、人民法院审查认罪认罚自愿性和具结书真实性合法性

① 卞建林、谢澍：《职权主义诉讼模式中的认罪认罚从宽》，载《比较法研究》2018年第3期。

等；其三，增加速裁程序，适用于基层人民法院管辖的可能判处3年有期徒刑以下刑罚、被告人认罪认罚，民事赔偿问题已经解决的案件；其四，加强对当事人的权利保障。对诉讼权利告知、建立值班律师制度、明确将认罪认罚作为采取强制措施时判断社会危险性的考虑因素等作出规定。总体而言，《修正案》吸收了此前《关于在部分地区开展刑事案件认罪认罚从宽制度试点工作的办法》的主要内容，其中已对认罪认罚从宽制度的案件适用范围、基本原则、法律援助、强制措施以及侦查程序、审查起诉程序、审判程序中的实施方式和具体问题加以规范，形成制度雏形并在试点中证明行之有效，此次刑事诉讼法再修改对此也基本予以认可。

二、刑事诉讼法再修改的缺憾反思

（一）未能充分体现以审判为中心改革成果

2012年修改后的刑事诉讼法在贯彻实施过程中，逐步呈现出一系列问题，甚至部分架空原有的程序设计。对此，在总结司法实践经验的基础上，党的十八届四中全会《决定》提出“推进以审判为中心的诉讼制度改革”，以此为方向指引中国刑事诉讼制度的新一轮变革。[①] 为了落实改革，中央深改组及有关部门先后审议通过、出台了多项文件。其中部分规定较之现行刑事诉讼法已有显著进步，并且在实践中已经得到广泛认可。包括2016年6月27日经中央深改组第25次会议审议通过，7月20日“两高三部”联合颁布的《关于推进以审判为中心的刑事诉讼制度改革的意见》；最高人民法院2017年2月17日颁布的《关于全面推进以审判为中心的刑事诉讼制度改革的实施意见》；2017年4月18日经中央深改组第34次会议审议通过，2017年6月20日“两高三部”联合颁布的《关于办理刑事案件严格排除非法证据若干问题的规定》；最高人民法院2017年11月27日颁布的《关于印发〈人民法院办理刑事案件庭前会议规程（试行）〉〈人民法院办理刑事案件排除非法证据规程（试行）〉〈人民法院办理刑事案件第一审普通程序法庭调查规程（试行）〉的通知》，等等。

① 卞建林、谢澍：《“以审判为中心”视野下的诉讼关系》，载《国家检察官学院学报》2016年第1期。

遗憾的是，此次《修正案》并未充分吸收以审判为中心的改革成果。尽管以审判为中心的诉讼制度改革与完善认罪认罚从宽制度作为刑事司法改革中最引人瞩目的两项改革举措，被称为刑事诉讼改革的基本方向，但二者间却是有主次之分的，即“以审判为中心”是改革主线，“认罪认罚从宽”是配合“以审判为中心”的配套举措。也就是说，以审判为中心的诉讼制度，必然要求落实庭审实质化，而实质化的庭审需要投入更多的司法资源，在现有司法资源不变的前提下，需要通过认罪认罚从宽制度对刑事案件进行繁简分流，节约司法资源。[①]然而，此次《修正案》将完善认罪认罚从宽制度作为重点，却未能充分体现以审判为中心的改革成果，不能不说是一个缺憾。实际上，此前呼吁刑事诉讼法再修改的学者们，也普遍将以审判为中心的诉讼制度改革视为修法之动因和修法之要点。例如，有学者认为，从确保依法独立行使审判权检察权，到完善分工负责、互相配合、互相制约原则，再到庭审实质化与完善证人、鉴定人出庭作证制度等，均是此次修改需要涉及的内容。[②]当然，也有论者指出，为了真正建构起审判机关在诉讼结构中的中心位置，刑事诉讼法需要进行一系列的改革与调整。[③]或许正是考虑到以审判为中心所涉及的内容与条文范围较大，在此次规模并不大的刑事诉讼法再修改过程中，未能就此作出充分和有效的回应。

（二）未能吸收“严格排除非法证据”最新规定

2010年《关于办理死刑案件审查判断证据若干问题的规定》与《关于办理刑事案件排除非法证据若干问题的规定》的颁布，吸纳了一系列现代证据法原则，并将原有规则细化，初步形成我国刑事证据规则体系，其中尤其强调证据能力，对取证合法性的证明责任和证明标准加以明确。其中大部分成果被2012年修正的刑事诉讼法所接受，正式上升为法律规定。然而，修正后的刑事诉讼法实施以来，非法证据排除规则

---

① 卞建林、谢澍:《认罪认罚从宽与台湾地区刑事协商之比较研究》，载《法学杂志》2018年第5期。

② 陈光中:《修正案方式:〈刑事诉讼法〉新修改的现实途径》，载《中国司法》2016年第1期。

③ 左卫民:《背景与方略：中国〈刑事诉讼法〉第三次修改前瞻》，载《现代法学》2015年第4期。

的实践效果并不乐观，不仅对规定本身存在理论争议，实务中真正有效适用的案件也颇为有限。

2017年4月18日，中央全面深化改革领导小组第三十四次会议审议通过了《关于办理刑事案件严格排除非法证据若干问题的规定》，会议指出："严格排除非法证据，事关依法惩罚犯罪、保障人权。要加强对刑讯逼供和非法取证的源头预防，明确公安机关、检察机关、人民法院在各自诉讼阶段对非法证据的审查方式和排除职责，从侦查、审查逮捕和审查起诉、辩护、审判等各个环节明确排除非法证据的标准和程序，有效防范冤假错案产生。"这一规定的颁布，对我国非法证据排除规则实施中的现实问题作出了有针对性的正面回应，多处规定"严格"力度较大，包括进一步界定了非法言词证据的范围、明确了重复自白应当如何排除、强调了非法证据排除的及时性和侦查监督的同步性、重视对过程证据的收集和运用、发挥庭前会议中证据收集合法性审查的作用，等等。相较以往，制定这一规定的范围更广，利于严格排除非法证据的规定均可能囊括在内，而不受原有刑事诉讼法及"两个证据规定"中的非法证据排除规则束缚。相关规定一旦有效付诸实践，将可能改变非法证据排除规则"有名无实"的现状，是超越原有非法证据排除规则的一次"全面升级"。[①] 此后最高人民法院还专门将《人民法院办理刑事案件排除非法证据规程（试行）》作为"三项规程"之一，对其进行程序细化，并在全国范围内试行。但此次《修正案》并未涉及非法证据排除的相关条文，这也意味着在未来一段时间内仍是"规定"严格于"法律"。"规定"之严格程度在运行过程中能否真正落实，与相关法律规定之间的冲突能否较好化解，非法证据排除规则的实践效果如何，还有待进一步检验。

（三）部分条文有待进一步斟酌

第一，关于《修正案》第2条："将第十八条改为第十九条，第二款修改为：人民检察院在对诉讼活动实行法律监督中发现的司法工作人员利用职权实施的非法拘禁、刑讯逼供、非法搜查等侵犯公民权利、损害司法公正的犯罪，可以由人民检察院立案侦查。对于公安机关管辖的

① 卞建林、谢澍：《我国非法证据排除规则的重大发展——以〈严格排除非法证据规定〉之颁布为视角》，载《浙江工商大学学报》2017年第5期。

国家机关工作人员利用职权实施的重大犯罪案件，需要由人民检察院直接受理的时候，经省级以上人民检察院决定，可以由人民检察院立案侦查。”建议将“司法工作人员”改为“司法、监察工作人员”。因为，各级监察工作人员在履行职责过程中也可能利用职权实施非法拘禁、刑讯逼供、非法搜查等侵犯公民权利、损害司法公正的犯罪。人民检察院的法律监督地位由宪法所确认，倘若仅对司法工作人员的上述行为进行法律监督，则可能造成监察工作人员无人监督或自我监督的局面，不利于维护国家法制的统一和法律的正确实施。

第二，关于《修正案》第8条：“将第一百零六条改为第一百零八条，第一项修改为：（一）侦查是指公安机关、人民检察院对于刑事案件，依照法律进行的收集证据、查明案情的工作和有关的强制性措施。”此处关于侦查的定义可以删除。因为，本条中其他款项均与诉讼参与人相关，却专门规定侦查之定义略显突兀，且此条定义并不准确和严谨，仅局限于“强制性侦查”，而在侦查之定义中并没有考虑到“任意性侦查”。在刑事诉讼法中仅对侦查定义进行规定，与以审判为中心的诉讼制度改革之方向并不相符，在域外立法例中专门对侦查定义进行规定的也颇为少见。

第三，关于《修正案》第12条：“增加一条，作为第一百七十条：人民检察院对于监察机关移送起诉的案件，依照本法和监察法的有关规定进行审查。人民检察院经审查，认为需要补充核实的，应当退回监察机关补充调查，必要时可以自行补充侦查。对于监察机关移送起诉的已采取留置措施的案件，人民检察院应当对犯罪嫌疑人先行拘留，留置措施自动解除。人民检察院应当在拘留后的十日以内作出是否逮捕、取保候审或者监视居住的决定。在特殊情况下，决定的时间可以延长一日至四日。人民检察院决定采取强制措施的期间不计入审查起诉期限。”此条赋予检察机关对于监察机关移送起诉的案件退回补充调查和自行补充侦查的权力，但未明确补充调查的次数、期限及相应的程序后果，并且补充调查期间犯罪嫌疑人究竟沿用检察机关作出的强制措施抑或恢复留置存在疑问。实际上，近期制定的《国家监察委员会与最高人民检察院办理职务犯罪案件工作衔接办法》中对于上述问题已有规定，例如其中第38条规定“补充调查期间，犯罪嫌疑人沿用人民检察院作出的强制措施”，第39条规定“调查部门应当在一个月内补充调查完毕并形成补

充调查报告……补充调查以二次为限”，并且对于补充调查或自行补充侦查后检察机关应当作出不起诉决定的情形进行了具体规定。但此类内部工作办法的效力毕竟难以与法律比肩，既然国家监察委员会已经与最高人民检察院就上述问题达成共识，就应在此次刑事诉讼法修改中加以体现。

第四，关于《修正案》第18条：“第二编第三章增加一条，作为第一百八十二条：犯罪嫌疑人自愿如实供述涉嫌犯罪的事实，有重大立功或者案件涉及国家重大利益的，经最高人民检察院核准，公安机关可以撤销案件，人民检察院可以作出不起诉决定，也可以对涉嫌数罪中的一项或者多项不起诉。根据前款规定不起诉或者撤销案件的，人民检察院、公安机关应当及时对查封、扣押、冻结的财物及其孳息作出处理。”此条规定“公安机关可以撤销案件”在立法逻辑上存在问题，因为本条中“人民检察院”是主体，应该将“公安机关可以撤销案件”修改为“也可以退回公安机关撤销案件”。

三、“修正案模式”的理论反思

1996年、2012年两次刑事诉讼法修改分别由第八届全国人民代表大会第四次会议和第十一届全国人民代表大会第五次会议通过。而2018年3月召开的十三届全国人民代表大会第一次会议任务较多、较重，先后审议通过了宪法修正案和监察法，因此刑事诉讼法修改并未排上日程。但由于涉及与宪法精神的契合，且与监察法有效衔接，此次刑事诉讼法修改刻不容缓，因而选择由全国人民代表大会常务委员会进行修改，即采用“修正案模式”。此前有学者在研讨刑事诉讼法再修改问题时，即呼吁可以借鉴刑法的成功经验，采用“修正案模式”，其理由在于刑事诉讼法于2012年刚刚进行了较大修改，近期再通过全国人大进行较大幅度修改显然不太现实。然而，当“修正案模式”真正运用至刑事诉讼法修改时，也凸显出一系列问题，值得深入反思。

其一，“修正案模式”决定了本次刑事诉讼法再修改的局限性。《立法法》第7条规定：“全国人民代表大会和全国人民代表大会常务委员会行使国家立法权。全国人民代表大会制定和修改刑事、民事、国家机构的和其他的基本法律。全国人民代表大会常务委员会制定和修改除应当由全国人民代表大会制定的法律以外的其他法律；在全国人民代表大会

闭会期间，对全国人民代表大会制定的法律进行部分补充和修改，但是不得同该法律的基本原则相抵触。”因此，“修正案模式”本身即是“小修小补”，不能进行“伤筋动骨”的大修，更不能与现有基本原则相抵触。有观点即提出，《修正案》第1条在总则部分增加认罪认罚从宽作为基本原则并不合理，因为基本原则不宜以修正案的方式增加，且认罪认罚从宽也不是刑事诉讼的基本原理和规律。同时，未能体现以审判为中心之改革成果，作为此次刑事诉讼法再修改的缺憾之一，很大程度上也是囿于“修正案模式”所限。毕竟，以审判为中心牵一发而动全身，从侦查到审查起诉再到审判，涉及刑事诉讼的方方面面，影响公、检、法三机关的职权配置与运行，需要进行体系性的修改，而非“修正案模式”之小修小补即能满足需求。

其二，程序法与实体法的本质区别，决定了“修正案模式”并不适合刑事诉讼法。自1999年以来，全国人大常委会先后通过了10个《刑法修正案》，主要属于对刑法的个别修改与局部完善，其内容包括分则个别罪名的增设、构成要件的改变与法定刑的调整，此外也涉及总则刑罚结构、刑罚制度的优化与完善。[①]可以说，“修正案模式”已经成为刑法修改的基本模式，一方面最大程度地解决了社会发展与刑法稳定之间的矛盾，另一方面维护了刑法的权威性、统一性和连续性。但与刑法相比，刑事诉讼法关乎人权保障、程序正义、权力制约和权利救济等基本要义[②]，其法律本身具有体系性，并非个别修改与局部完善即能满足现实需求。质言之，无论是人权保障、程序正义、权力制约抑或权利救济，均需要从原则到规则的全面提升，而不仅仅是增加或删减某一具体条文。在此次刑事诉讼法再修改过程中，也曾试图借鉴刑法修正案的模式，在总条文数量不变的前提下，于某条文后增加“之一”“之二”。但考虑到认罪认罚从宽、速裁程序以及刑事缺席审判等均是此前刑事诉讼法中未有规定的制度，只能新设条文，因此总条文数量不变的做法并不可取。这也进一步体现出，刑事诉讼法修改对体系性的要求更高，并非类似刑法个别罪名修改那般灵活。有学者对于此次增设刑事缺席审判制

① 梁根林:《刑法修正：维度、策略、评价与反思》，载《法学研究》2017年第1期。

② 卞建林、谢澍:《“以审判为中心”：域外经验与本土建构》，载《思想战线》2016年第4期。

度之立法技术作出检讨，认为一是在篇章结构上，将三种缺席审判程序作为一项整体制度规定并列为特别程序仍需斟酌；二是在法条关系上，新增之缺席审判制度与现行法规定之独立没收程序存在着一定的竞合关系。[①]这是刑事诉讼法增设制度与刑法增设罪名所存在的区别，前者需要进行全盘的体系性思考，在篇章结构上和法条关系上仔细斟酌，进而形成内在融贯性，但后者更多是出于刑法干预的必要性考量，增设或删减条文，并不会直接影响法律本身的体系性。因而，“修正案模式”更适合实体法修改，对于程序法而言，其灵活、高效的特点，反而可能破坏法律体系性或导致修法不完整。

基于上述分析，为使尊重和保障人权精神得到有效兑现，未来的刑事诉讼法修改是否仍继续坚持“修正案模式”，有待进一步商榷。我们建议，刑事诉讼法作为国家的基本法律之一，未来原则上仍应由全国人民代表大会审议通过，特别是增加基本原则、新设诉讼制度等，不宜以修正案的方式予以变更。这样，一方面保证法律的体系性和修法的有效性，另一方面将关于人权保障、程序正义、权力制约和权利救济等基本要义的法律交由更具权威性的最高国家权力机关而非其常设机关进行决策。

① 万毅:《刑事缺席审判制度立法技术三题——以〈中华人民共和国刑事诉讼法（修正草案）〉为中心》，载《中国刑事法杂志》2018年第3期。

通向司法民主：人民陪审员法的功能定位及其优化路径*

在现代社会，公民直接参与公共活动，维护社会公共利益，有利于克服代议制民主的弊端，也有利缓和“精英”和“大众”矛盾。“公众参与”不仅意味着国家对公民权利的尊重和保护，也意味着公民权利对国家权力的监督和制约，有利于防止公共权力滥用，确保公共权力为公共利益服务。因此，“公众参与”的核心和实质是公民权利的尊重、保障和救济。① 陪审制度是普通公民直接参与司法的主要制度形式。法国历史学家、政治学家托克维尔就认为：“陪审制度首先是一种政治制度，应当把它看成是人民主权的一种形式——犹如议会是国家的负责立法的机构一样，陪审团是国家的负责执行的机构。”② 广泛吸纳普通公民参与司法是实现司法民主的重要途径。陪审制度和选举制度在现代社会被列为人民主权原则的直接体现以及公众参与民主政治的两种主要方式，很多国家的宪法将参与陪审确定为公民的基本权利之一。2018 年 4 月，第十三届全国人大常委会通过并实施的人民陪审员法首次将担任人民陪审员确定为我国公民享有的权利和应尽的义务。

在以前的司法实践中，人民陪审员“陪而不审、审而不议、议而不言”现象相当严重，这使得人民陪审员制度的主要功能——实现司法民主得不到很好的发挥。很多学者将人民陪审员制度存在的主要问题归咎于人民陪审员的法律素质，遂提出提高其法律素质的建议。在具体的制度设计和运行上也以“提高法律素质”为重点将人民陪审员“法官

---

* 原文发表于《浙江工商大学学报》2019 年第 4 期，与孙卫华合作。

① 王维国：《公民有序政治参与的途径》，人民出版社 2007 年版，第 99 页。

② ［法］托克维尔：《论美国的民主》（上卷），董果良译，商务印书馆 2002 年版，第 315 页。

化”。[①] 而人民陪审员优势和作用恰恰是“平民化”。“法官化”偏离了人民陪审员制度的价值方向，也使得“陪而不审、审而不议、议而不言”的主要问题难以消除。问题的根源是法官和人民陪审员在权力无分工的状态下，法律专业化与司法民主化存在不可调和的矛盾和冲突，使得职业法官“影响”人民陪审员成为常态，人民陪审员成为“陪衬”和“法律稻草人”，其参审的实质作用难以发挥，这也是参审制的通病。人民陪审员法从人民陪审员的“平民化”入手，“参”和“审”并重，能够较好地体现和落实司法民主。

一、人民陪审员法的功能定位：导向并实现司法民主

无论是从历史还是从现实来看，虽然陪审制度有促进司法公正、增强司法权威、加强司法监督、集中公众智慧、促进法治教育等功能，但是实现司法民主是其主要功能，陪审制度是实现司法民主的基本制度，无论是英美法系的陪审团制还是大陆法系的参审制，都是以体现、实现司法民主为出发点和落脚点的。人民陪审员法的颁布、实施，使得越来越多的人民群众直接参与审判活动，依法行使民主权利，充分体现了司法权的人民属性。那么，衡量人民陪审员制度是否有效的最根本标准是其是否实现了实质意义上的司法民主。

（一）何谓司法民主

“什么是司法民主”是一个见仁见智的问题。马岭教授认为，司法民主就是在司法领域由“民”做主，就是由民众直接审理案件，并以多数决的方式形成判决。司法民主的典型模式是公民审判。[②] 陈忠林教授认为：司法民主是司法公正的根本保证，必须使司法权的行使置于民众的监督之下，必须让普通民众有序参与决定案件基本事实、性质、措施等司法过程。[③] 周永坤教授在梳理多种民主理论后，认为应当从以下几个可能的视角或者指标来衡量司法是否民主或者司法民主的程度：一是

---

① 于呐洋：《结合审判工作实际加大人民陪审员培训力度》，载《法制日报》2013年11月6日，第3版。

② 马岭：《究竟什么是司法民主？》，载《河南省政法管理干部学院学报》2011年第4期。

③ 陈忠林：《司法民主是司法公正的根本保证》，载《法学杂志》2010年第5期。

司法人员产生的制度是否民主。二是司法的“制度环境”即政体的民主性问题。三是司法制度的“规范导向”或者价值导向是否民主。四是司法程序是否民主。五是司法本身的结构及在政治结构中的地位是否有利于控制他项权力。这五条标准应当整体来衡量，任何一方面的严重缺损，都会影响司法民主的成立与司法的民主程度。[①]从上述司法民主的定义可知，司法民主不可缺少的元素是国民做主，因为司法的专业性、职业性，不可能完全由普通公民来决定案件的裁判结果，而是由职业法官和国民共同来行使司法权，从而共同决定裁判结果。所以，司法民主就是让普通国民参与司法，而不是垄断司法、主导司法。同时，国民在司法中做主是让普通国民在司法中实际发挥作用，而不是沦为“陪衬”。所以，司法民主就是让普通国民参与司法并对案件裁判的结果起实质性的作用。

（二）司法民主的内容

现代的陪审制度是民主政治的一部分，而“民主政治的实践，基本上必须建立在‘人民的同意’、‘知的公民’及一个‘有效的公众参与系统’这三个必要条件之上”[②]，司法民主的内容应涵盖这三个必要条件。现代民主政治的内容在法律上表现为公民的宪法权利和自由，概括而言，公民的宪法权利可以概括为知情权、参与权、表达权和监督权这四项权利。同样，司法民主也可以通过这四项权利的保障和行使得以体现。

2010年3月，最高人民法院首次将“司法民主”写入工作报告，并给予如下阐释：“完善司法公开和司法民主机制，进一步发挥人民陪审员作用，加强民意沟通，做到透明公开、阳光司法。”“司法为民”的理念被包含在司法民主中，这也是中国共产党群众路线的体现。事实上，我国的司法民主实践的目标是直接指向“为民司法”的。

2014年10月，中国共产党第十八届四中全会通过的《中共中央关于全面推进依法治国若干重大问题的决定》强调要保障人民群众参与司法，完善人民陪审员制度，保障公民陪审权利，扩大参审范围，完善随

① 周永坤：《我们需要什么样的司法民主》，载《法学》2009年第2期。

② 吴英明：《公私部门协力关系之研究：兼论公私部门联合开发与都市发展》，丽文文化事业公司1996年版，第75页。

机抽选方式，提高人民陪审制度公信度。逐步实行人民陪审员不再审理法律适用问题，只参与审理事实认定问题。

从世界范围近几十年的司法改革过程来看，司法改革的一个重要内容是构建公众参与司法的制度，保障公众实质参与司法。实行陪审制度的英美两国，虽然陪审率大大下降，但其改革措施则是在公众参与司法的民主性与有效性上着力，如英国改革了陪审的一致裁决原则，美国不断放开陪审员的限制条件、改革陪审员裁决的内容，又如美国联邦陪审员可以参与死刑裁决、超过半数的州法院陪审员可以参与量刑。而大陆法系主要国家公众参与制度方兴未艾，除德国和法国不断完善参审制度外，西班牙、葡萄牙等恢复陪审制度，俄罗斯建立陪审制度，长期实行职业法官制度的日本、韩国建立了公众参与司法的制度。

（三）司法公正和司法民主的关系

在“什么是司法公正”的问题上，仁者见仁，智者见智，但其基本类型有两类，一是“结果本位的司法公正理论”，二是“程序本位的司法公正理论”。① 就“结果本位的司法公正理论”而言，其核心在于司法裁判的结果是公正的即可实现司法公正，此为实体公正；而“程序本位的司法公正理论”着重强调的是程序公正，即只要严格按照正当程序的结果就应当是妥当的。② 事实上，司法的本质功能在于解决纠纷，而随着目前对解决纠纷的要求不同，主要表现为实体规范通过一定的程序得到落实，司法公正与实体公正、程序公正密不可分。借助陪审制度，普通公民可以参与司法活动，以此促进司法公正。普通公民在司法过程中的角色较为丰富，不仅可以对案件事实进行评论，而且也能缓解相关的矛盾。如美国学者所言：“陪审团的真正优点似乎是对司法制度起一种安全阀的作用，它可以缓解法官在决定诸如人身伤害诉讼案件中双方当事人势均力敌的案件事实之时，所具有的负担以及由此所引起的憎恨。”③ 普通公民参与司法活动有利于促进司法机关与普通民众的沟通，提升司法

---

① 公丕祥、刘敏：《论司法公正的价值蕴含及制度保障》，载《法商研究》1999 年第 5 期。

② 姚莉：《司法公正要素分析》，载《法学研究》2003 年第 5 期。

③ 汤维建：《英美陪审团的价值论争——简议我国人民陪审员制度的改造》，载《人大法律评论》2000 年第 2 期。

参与的广泛性和透明度。作为利害关系人之外的第三方的陪审员能参与司法活动并能发表意见，增加了司法的公信度。司法民主虽然能促进司法公正，但是司法民主不必然带来司法公正，苏格拉底就是在司法民主机制下被判处死刑的。陪审制在瑞士就遭到冷遇甚至被废除，原因之一是，与职业法官相比，作为普通公民的陪审员更容易受到非理性因素的影响，导致裁判结果与真实情况发生偏离。①

司法可以保障民主，而民主可以让司法获得更多的合法性。司法和民主的“对接”以国民参与司法为主要形式，其典型的制度就是陪审制度。陪审制度不仅是一项司法制度，更是一项政治制度。从政治制度发展的历史来看，代议制民主更强调国民代理人——精英的参与，而不是国民自己直接参与。而协商民主则更强调国民的直接参与。尽管司法不等于民主，但基于人民主权原则，不能排斥国民对司法的参与。任何权力如果不受到监督和制约，都会异化和腐化，司法权也不例外。公民参与司法的另一重要的功能就是监督和制约司法权，防止其异化和腐化。美国的研究人员通过对2410名陪审员的调查，发现国民担任陪审员可以促进公民参与，即通过面对面的交流可以增强公民对公共机构的信心，从而使国民从群体中的“私人”蜕变为社会中的“公民”。②在个体参审的视角下，陪审员没有获得法官裁决的比较优势。③

在现代民主社会，“专家统治”“精英统治”的危机主要表现为公民对政府的信任危机。司法是典型的专家、精英适用法律的活动。司法不能搞垄断主义、孤立主义、神秘主义，否则就会失去公众的信任，遭遇合法性危机。因此，国民有序、有效参与司法是化解信任危机的主要方式。可以通过公民有序、有效参与的方式实现民主化。“陪审制度所承载的政治参与，司法民主等本源价值，不仅是由人民陪审员权力行使的赋权基础、行权方式所决定，更是由其内在的‘外行’身份，以及旨在

---

① 施鹏鹏、徐嘉敏:《瑞士废除陪审制与中国人民陪审员制度的持续完善》，载《贵州省党校学报》2019年第2期。

② JOHN G, LAURA W B, PIERRE D, etc. *From Group Member to Democratic Citizen: How Deliberating with Fellow Jurors Reshapes Civic Attitudes*, Human Communication Research, 137-169 (2008).

③ 樊传明:《陪审员是好的事实认定者吗？——对〈人民陪审员法〉中职能设定的反思与推进》，载《华东政法大学学报》2018年第5期。

确保陪审广泛性与代表性的特定选任、管理程式所决定。”[①] 因此，司法民主的主要含义应当是国民有序、有效地参与司法，司法民主是陪审制度的基本价值和功能。换言之，司法民主而不是司法公正是陪审制度的第一位价值。

（四）审判权力无分工导致法律专业化与司法民主化冲突

专业化是社会分工的产物，正如法国社会学家涂尔干所说：“分工并不是经济生活所特有的情况……我们的时代，早已不再是以哲学为唯一科学的时代了，它已经分解成了许许多多的专业学科，每个学科都有自己的目的、方法以至气质。”[②] 社会分工促使法律专业形成，法律专业的形成又成就了法律职业。法官的职业化是法治现代化的重要标志，是法官依法独立行使审判权的必然要求。

随着法学学科专业化程度的加深，某一法学学科的学者不可能精通其他法学学科的知识和实践经验，何况是没有掌握过法律知识的普通人？在法律高度专业化的今天，要想掌握法律知识和获得丰富的司法实务经验，必须经过相当长的法学教育和司法实践，而法律知识和司法经验正是成为职业法官必备的条件。也就是说在职业法官和普通人之间存在着不可逾越的“知识鸿沟”。职业法官本来就在法律知识和司法实践方面占有优势，即使职业法官和普通人获得法律知识的机会是相同的，但职业法官获取法律知识的速度比普通人要快得多，两者之间法律知识的差距会越拉越大。要求缺乏法律专业知识和司法实践经验的普通人担任人民陪审员并同职业法官一样在审判中发挥相同的作用既不现实也不合理。[③]

以职业法官和陪审员是否有审判权力的分工为分类标准，可以将陪审制度分为两种：一种是“分工式陪审制”，即陪审团模式，陪审员仅享有事实认定权，而法官仅享有法律适用权；另一种是“无分工式陪审制”，即参审模式，陪审员和法官具有同等的权力——认定事实和适用法

---

① 步洋洋：《中国式陪审制度的溯源与重构》，载《中国刑事法杂志》2018年第5期。

② ［法］涂尔干：《社会分工论》，渠东译，三联书店2002年版，第2页。

③ 苗炎：《司法民主：完善人民陪审员制度的价值依归》，载《法商研究》2015年第1期。

律。[1]无论是在陪审制还是在参审制中，职业法官和非法律专业的平民都是必不可少的，两者区分的关键是职业法官是否享有不可分割的审判权。在陪审制中，职业法官只享有部分的审判权，即法律适用权，事实认定权被从平民中挑选出来的陪审员所独享（一些国家和地区的陪审员享有量刑的权力），法官不享有事实认定权。在参审制中，职业法官享有完整的审判权，既有事实认定权，又有法律适用权。[2]

按照我国《人民陪审员法》第2条第2款的规定，人民陪审员在参加审判活动时，同法官有同等权利，法律另有规定的除外。我国的人民陪审员制度虽有“陪审”字样，但不属于陪审制，而属于参审制。

采用参审还是陪审，在大陆法系国家如德国、日本、俄罗斯有过反复。德国于1924年取消了陪审团制而建立参审制，原因是陪审团制的审判效率不高和容易放纵犯罪。[3]日本在1928—1943年间采用过陪审团制度，但在1943年被废止，“二战”后，日本又采用了参审制度。[4]俄罗斯在1864年引进了陪审团制度，1917年十月革命废除了陪审团制度，改为人民参审制度。1993年开始重建陪审团制度。[5]无论是采用陪审制还是参审制，都应当适应本国、本地区司法实践的需要。在德国，虽然采用了参审制，陪审员在庭审调查和评议过程中容易受到法官影响，缺少独立性，但是德国法官具有较高的法律专业和道德素养，司法公信力和司法权威都很高，而且参审制效率高，故不需要将参审制改为陪审制。[6]正是因为普通人与职业法官在法律知识和司法经验上的巨大差距，从普通人中挑选出来的陪审员不可能在解决法律问题方面取得优势，也难以给出有说服力的判决意见，容易沦为“法律稻草人”，久而久之，

① 何家弘：《中国陪审制度的改革方向——以世界陪审制度的历史发展为借鉴》，载《法学家》2006年第1期。

② 苏永钦：《司法改革的再改革——从人民的角度看问题，用社会科学的方法解决问题》，月旦出版社股份有限公司1998年版，第70—71页。

③ 张培田：《审判民主化选择的理论与实践（二）——陪审制与参审制之比较》，载《国家检察官学院学报》2000年第2期。

④ 任容：《日本重建刑事陪审制度的启示》，载《南昌航空大学学报（社会科学版）》2008年第6期。

⑤ 胡云红：《俄罗斯陪审团制度的重建及其对完善我国人民陪审员制度的启示》，载《法律适用》2015年第2期。

⑥ 何家弘：《德国的陪审不用团》，载《法制资讯》2010年第22期。

陪审员成为偏坐法庭一角、沉默不语的“陪衬”，对参与审判的热情越来越低。被告人对陪审员的作用也会感到怀疑和失望。而社会公众对陪审员的信任和关注将不复存在。事实上，职业法官在法律知识上影响、控制参审员是参审制的常态，因此，与其说是平民监督法官，毋宁说是法官指导平民，参审制的原意因而备受质疑。[①]陪审员不能发挥其实际作用，是参审制的通病。不是陪审员不想在审判中发挥实际作用，而是由于法律知识和司法经验方面的劣势使得他们在审判中不能发挥实际作用。

在职业法官和陪审员无权力分工的参审制模式下，法律专业化和司法民主化之间的矛盾是不可调和的，“鱼和熊掌不可得兼”。如果要求陪审员和法官在认定事实和适用法律中一样发挥作用，那么，必然要求陪审员和法官一样具备法律知识和司法经验。如果要求陪审员和法官一样具备法律知识和司法经验，则又和司法民主化的价值取向相违背。因为司法民主化要求陪审员具有广泛性、代表性、随机性，而具有法律知识和司法经验的人毕竟很少。在实践中，为了调和法律专业化和司法民主化之间的矛盾，切实发挥人民陪审员在审判中的实际作用，我们倾向于强调提高人民陪审员的法律素质。而对人民陪审员法律素质的强调又会偏离了司法民主的价值。

在职业法官和陪审员权力分工的陪审制模式下，法律专业化和司法民主化之间的矛盾是可以消除的。职业法官在法律适用和司法经验上有优势但在事实认定上无优势，而陪审员在事实认定上有优势但在法律适用和司法经验上无优势，两者正好取长补短。以法律知识专业化为核心的法官职业化并非百利而无一害：“就司法领域而言，法官职业化的过程就是法官官僚化（中性词）的过程。这一过程，如果不辅以民主和开放，不伴以公民有序的司法参与，一个封闭的法律人共同体就完全可能变成渔利的共同体。”[②]法律职业要求法官必须理性，不能被情感所左右。但长期的职业化，又使得审判成为一项高度专业化、标准化、理性化的作业，会出现“职业麻木、职业孤傲、脱离社区等诸多官僚作风”[③]。由

① 苗炎：《司法民主：完善人民陪审员制度的价值依归》，载《法商研究》2015年第1期。

② 林钰雄：《人民参审制度的利弊得失》，载 http://chuansongme.com/n/1199424851430，最后访问时间：2019年1月28日。

③ 何兵：《司法职业化与民主化》，载《法学研究》2005年第4期。

于众所周知的原因，我国法院大量存在着“三门法官”[①]，虽然学历高、法律知识丰富，但是社会阅历浅、对社情民意了解较少，容易脱离社会。而普通人具有非法律知识和经验，如果担任陪审员审理案件，能够将常识、常情、常理输入审判[②]，弥补法官职业化思维的不足。

在法律“专业槽”越来越深的今天，司法与民众的距离却越来越远，民众对司法的信任越来越少，司法的民众基础受到动摇，这是十分危险的。因此，我们必须正视人民审判员制度的不足，对其加以改革完善，让更多的民众实质性地参与司法，增强人民对司法的信心和信赖，夯实司法制度的人民基础。而建立公民广泛参与的审判制度，有利于增强国民的主体意识，有利于打破司法活动的封闭性，在一定程度上有利于减少冤假错案。

二、人民陪审员的“法官化”：人民陪审员制度走过的歧路

在参审制模式下，为了克服人民审判员“陪而不审、审而不议、议而不言”的问题，使人民审判员与法官一样在审判中发挥作用，在曾经的司法实践中强调提高人民陪审员的法律素质，甚至设置驻庭陪审员，这使得人民陪审员严重“法官化”，陪审制度导向和实现司法民主的功能被忽视：

（一）人民陪审员的“精英化”

陪审制度建立的初衷就是让没有法律知识的普通民众参与审判，陪审员应当来自各个社会阶层，体现司法权来源于人民的特性。但是全国人大常委会《关于完善人民陪审员制度的决定》（以下简称《陪审决定》）要求人民陪审员一般应当具有大学专科以上文化程度。这样规定也是无奈之举，既然要求人民陪审员在认定事实、适用法律方面都发挥实质作用，必须要求其具备一定的文化水平、法律知识、审判经验，否则是难以胜任审判工作的。然而，国家统计局《2010 年第六次全国人口普查主要数据公报（第 1 号）》显示，我国具有大学（指大专以上）文化程度的人口仅占人口总数的 8.9%。这一规定事实上剥夺了绝大多数

① 青年法官多从家门到校门再到院门，被网民戏称为“三门法官”。

② 陈忠林：《“常识、常理、常情”：一种法治观与法律教育观》，载《太平洋学报》2007 年第 6 期。

公众担任人民陪审员的资格，使得陪审员“精英化”。人民陪审员选任结果的“精英化”与人民陪审员制度的初衷是相矛盾的，实际上削弱了人民陪审员反映普通民众意志的功能。从世界各国对陪审员的资格规定看，都没有学历的限制，至多只有基本的读写能力和没有犯罪记录的要求。

（二）人民陪审员的“法律专业化”

由于人民陪审员法律知识欠缺、审判经验不足，其参审的效果并不明显：在庭审中主动发问不多，有的甚至完全只是“陪坐”。在合议阶段，很少有人民陪审员能就案件事实认定及法律适用发表独立意见，多附和法官意见。实践中，法律素养培训成为解决这一问题的主要途径。[①]陪审员的作用主要是根据其作为普通公民的生活经验及缺乏法律专业前见的影响，依据常识、常情、常理判断某具体事实与法律规定的行为类型是否具有同一性，弥补法官在生活经验及相关常识、常理、常情方面的不足。陪审员参与案件审判，不是凭法律知识而是凭借其良心与经验参与案件事实判断与法律适用，以其最朴素的、最基本的常识、常理、常情作为检验法官对法律的解释及法官对事实的判断。对人民陪审员进行法律专业知识和庭审技能的培训，消解了人民陪审员作为普通公众判断事实与理解法律的价值。

（三）人民陪审员的“专职化”

法律知识和司法经验的获得必须经过相当长时间的学习和参审，但学习和参审会增加制度运行的成本，为节约培养成本，法院倾向于人民陪审员“固定化”“专职化”。人民陪审员只有对案件投入更多的精力，才能更好地发挥陪审作用。而大多数人民陪审员都有自己的本职工作，在“工审”矛盾发生时，大部分人民陪审员会以自己的本职工作为先，其履行职责的时间无法保证，法院基于“方便陪审”的实用考量，也倾向于人民陪审员“专职化”。在法院案件数量“井喷”的现实压力下，人民陪审员参审成为缓解“案多人少”的有力手段，法院倾向于选择熟悉的、空闲的、退休的人员作为人民陪审员，法院出现众多的“驻庭陪

① 林栎：《福建法院集中培训人民陪审员》，载《人民法院报》2011年10月24日，第5版。

审员”也就不奇怪了。① 人民陪审员“专职化”和“固定化”实际上剥夺了其他人被选为人民陪审员的机会，使得陪审成为“少数人的游戏”。而专职人员陪审员与法官在日常接触中容易建立起熟人关系，不利于其监督司法。久而久之，人民陪审员事实上成为“编外法官”，消解了促进司法民主的制度功能。而英美法系国家的陪审员是“一案一选”，陪审员的选取是随机的，案件审理完毕后就不再担任，这保证了人人都有被选为陪审员的机会。

（四）人民陪审员成为“多面手”

在法院，法官一般都被安排在固定的审判庭办理某一类型的案件。为了充分发挥人民陪审员来源于群众的优势，人民陪审员却被分配了“超法官”的任务，不仅要成为“审判员”审理案件，还要充当导诉员、调解员、监督员、宣传员，参与案件诉前调解、判后答疑、民事案件执行、涉诉信访、法制宣传、社区矫正等工作。② 为加强对人民陪审员的管理，法院平时对人民陪审员的陪审率和陪审实效进行考核，定期将考核结果向人民陪审员所在单位反馈，年终根据考核结果对人民陪审员进行奖惩。对严重不履行职责的，还会报请同级人大免除其任命。将人民陪审员作为“法官”进行使用和管理，将陪审员混同于法官，让其失去了“陪审”的价值。

（五）人民陪审员“势单力薄”

《陪审决定》规定的参审人数、参与方式及表决形式使得人民陪审员与法官的对话作用不能得到有效发挥，其意见难以形成与法官相抗衡的力量。根据刑事诉讼法的规定，基层人民法院、中级人民法院审判第一审案件，合议庭由法官3人或者陪审员与法官共3人组成，按照现有法律的规定，基层人民法院或中级人民法院的第一审案件中，合议庭的陪审员可以有1名或2名，加之评议案件实行“少数服从多数”原则，容易造成案件中或者忽视了陪审员的意见或者使法官处于虚无的地位。

---

① 孙国华:《安吉驻庭陪审员化身“老娘舅”》，载《人民法院报》2012年7月14日，第8版。

② 刘辉:《固阳：发挥人民陪审员的“五员”作用》，载《人民法院报》2013年5月11日，第6版。

从世界各国的陪审的人员构成来看，美国和英国都是由12名陪审员组成陪审团，必须达成一致意见才能作出裁决。陪审制设计的基础是：在承认审判的专业性的基础上，又限制法官的任意解释。"民主政治的决策能够承认，专业主张不是必然建立在民主基础之上，或者是不为民主所承认的话，它们就不存在。"① 在大陆法系国家的合议庭中，陪审员数量都较多，并且表决票一般都要求包括法官和陪审员在内的多数票。日本的审判庭通常由3名法官和6名裁判员组成，当符合一定要件时，也可以由1名法官和4名裁判员组成。日本在裁判员参加审判作出裁定时，要求有包含法官和裁判员双方意见的合议庭过半数成员赞成。法国则由参审员9名、法官3名组成合议庭，所有对被告人不利的判决，包括拒绝对被告人适用减刑情节的决定，均至少应达到8票。

三、人民陪审员的"平民化"：人民陪审员法的优化路径

在现代社会，虽然司法具有非常强的专业性，但是司法是不能排斥民主的，司法民主对于防止司法专断、提升司法公信、促进司法公正仍具有现实意义。实践证明，只有让国民亲身感知、参与、体验司法，才能使国民亲近司法。司法民主的核心在于扩大公民对司法的有序参与和有效参与。"有序"不仅意味着公众参与方式有法可依，而且意味着公众参与目的的正当性。"无序"必定造成混乱，使得公众参与的目的落空；而"有效"是公众在司法中能够充分地发挥作用，裁判的结果能够最大限度地接近参与方式所预设的目的。"无效"则使公众参与司法形同"走过场"，既白白浪费了司法资源，又透支了司法公信力。

（一）人民陪审员参与审判的模式选择

从我国人民陪审制改革试点情况及世界其他国家的陪审制度实践来看，我国的人民陪审制度宜采用无分工的参审模式。从目前世界各国和地区公众参与审判模式来看，采用无分工的参审制的国家和地区的数量显然多于采用有分工的陪审制的数量。主要理由是：第一，虽然有分工的陪审制不容易受法官左右，但却难以实现法官与平民智识的融合与互补，因此，在英美法系国家，特别是在美国，陪审团可以作出超出法律

① ［美］威廉·A. 盖尔斯敦：《自由多元主义》，佟德志、庞金友译，江苏人民出版社2005年版，第111页。

的裁判，而法官拥有否决的权力，从而导致陪审团审判结果不符合法律的规定；第二，如何划分法律与事实是实践中的难点，也常常导致案件处理的分歧；第三，陪审员只负责事实认定，法官只负责法律适用的责任分配是否具有合理性也存疑问。虽然根据普通民众的经验更容易认定事实，但很多事实仅凭经验难以认定，因此，法官难以认定的事实，陪审员认定同样具有难度。例如，在邓玉娇案、于欢案等案件中，被告人行为的法律性质认定才是案件的核心，也是公众与法官分歧所在。在许霆案、李昌奎案等案件中，案件事实清楚，证据确凿，公众对此没有任何意见，而量刑却是公众与法官的争议焦点。对于具体案件的处理，法官的意见并不比公众意见正确，相反，正需要公众意见弥补法官裁判的偏差。日本法官认为将事实认定与法律适用分开，会使公众参与失去应有的价值。实行事实与法律的认定分工，不是解决人民陪审员“陪而不审”“和而不议”的关键路径。人民陪审员制度改革的关键在于如何合理设置合议庭、评议程序、表决机制，充分调动人民陪审员的能动性，有效发挥人民陪审员的作用。因此，在无分工的参审制度模式下，还需要深入研究如何科学、合理构建人民陪审员参审的具体形式。

（二）人民陪审员法“平民化”倾向的体现

陪审员制度的主要功能是导向和实现司法民主，改革和完善人民陪审员制度是保障和实现司法民主的主要任务。而司法民主的本质是国民有序、有效地参与司法。人民陪审员制度要实现司法民主，必须在国民有序、有效地参与司法上下功夫。而要保障国民有序、有效地参与司法，不能让人民陪审员“法官化”，而是要让人民陪审员“平民化”。

1. 重视人民陪审员来源的广泛性

国民参与司法的广泛性是司法民主的标准之一，即国民越是有机会参与司法，司法的民主程度就越高。从世界各地区关于陪审员资格的规定来看，除对陪审员的年龄、读写能力有限制外，对其他方面没有太多限制。我国人民陪审员法降低了学历要求，限制了人民陪审员的任期（5年），且一般不得连任，这可以让更多的公民获得担任人民陪审员的机会。

2. 重视人民陪审员的代表性

代表性作为司法民主的基础，对实现司法民主起到了重要的作用，陪审员的数量应当与其所代表的阶层、行业的人口数量成正比。以西方

国家的陪审或参审制度为例，各个国家都认为其采取的是明显的“平民化”的标准，但是各国的标准并不一样，例如，法国只需要具有法语读写能力的人即可，美国要求能用英语完成陪审任务即可，而日本要求完成初中教育。为了能够落实司法民主的要求，人民陪审员法禁止绝大部分国家机关工作人员和法律专业人士担任人民陪审员，防止陪审成为少数专业人士的权利。

3. 重视人民陪审员参审的随机性

陪审员随机抽取的意义在于保障所有有资格担任陪审员的人都有同等的机会被选中，可以说，参审的随机性是确保人民陪审员广泛性和代表性的保障。在陪审团制度中，采取随机挑选陪审员的方法，陪审员一案一选，案件审理完毕后即解散。但采取此种方法，将耗费很多司法资源。我国的人民陪审员不一定要一案一选，但要确保选任陪审员的“随机性”。人民陪审员法规定了人民陪审员选任的“三个随机”，即随机抽取人民陪审员候选人、随机抽取确定人民陪审员人选、随机抽取人民陪审员审理具体案件，这一规定能保障更多的人有机会担任人民陪审员。

4. 重视人民陪审员参审的有效性

许多民众认为，只要能够发表意见就能影响判决，然而事实并非如此。发表意见与表决不能等同，发表意见只是对该事件表明看法，而表决才能最终影响和决定该事件的走向。吸纳社会公众参与其中，如果只是听取其看法而不让其表决或者最终影响结果，那么就不能实现利用普通民众的非法律性知识和经验的优势弥补法官等专业人士的职业思维的不足。[①] 目前，赋予更多的社会民众在参与中的表决权或者影响力，在不断发挥其作用的同时，也有效兼顾了实现司法民主的价值。在人民陪审员制改革之前，人民陪审员遭受到未能充分发挥作用的质疑。实现人民陪审员对案件审判的实质性参与是人民陪审员的改革方向。人民陪审员法创设了“七人合议庭”，即由法官 3 人、人民陪审员 4 人组成合议庭审理重大案件，虽然其中的人民陪审员只对事实问题享有表决权，但人

① 虽然说陪审员能够将大众的经验和情感注入审判，弥补法官生活经验的不足，软化法官的职业理性，但是法官作为普通大众的一员，生活在信息社会，也有生活经验和普通人的情感，法官是否真的缺少生活经验和普通人的情感，这一问题需要实证研究。

数的绝对优势可以增强其心理优势，强化其“存在感”，激发其参审积极性。

（三）人民陪审员法的完善建议

通过改革人民陪审员制度，实现法律专业人士的知识、技术与思维和普通民众的常识、情感、诉求的有机结合，保障民主框架下的审判独立。虽然人民陪审员法在人民陪审员的“平民化”上更进了一步，有利于保障公民参审权利和有效推进司法民主，但是仍有完善的空间。

1. 从任期制逐渐过渡到“一案一选”

根据《人民陪审员法》第13条的规定，我国人民陪审员实行任期制，任期为五年，一般不得连任。在法官员额制改革的背景下，法官数量减少，任命的人民陪审员人数系法官数的3—5倍。如此必然导致人民陪审员在任期内每一年度参与审判的案件数量较多，如果遇到疑难、复杂案件审判耗时长、工作量大，势必会影响其工作、生活。法院出于“方便陪审”的实用考量，也倾向于人民陪审员“专职化”。任期制是导致人民陪审员“专职化”的主要原因，也相对剥夺了其他公民担任陪审员的机会。大多数国家和地区的陪审员都是随机抽取的，而且案件审理完毕后即解散，这使得更多的普通国民能参与到审判中来。而且，与固定的职业法官相比，他人对陪审员施加干扰显然困难得多，实行陪审制度更能保障审判独立。因此，应逐步取消人民陪审员任期制，最终实现人民陪审员“一案一选”，既增加了其他公民担任人民陪审员的机会，又可防止权力、金钱、人情等对裁判的干扰。

2. 合理确定人民陪审员每年参审案件的数量上限

在以前的司法实践中，没有对人民陪审员每年参审案件的数量进行限制，这导致有的人民陪审员长期“驻庭陪审”，每年参审案件数量高达百余件。1957年7月司法部《关于人民陪审员的名额、任期和产生办法的指示》规定：“人民陪审员参与案件审判，一年参与审判的时间原则上不超过十天，如果是选举产生的，则任期为两年。”人民陪审员法没有对人民陪审员在任期内或者每年参审案件的数量进行限制。为保障其他公民参审的权利和确保参审的质量，应合理确定每个人民陪审员每年参审案件的数量上限，防止人民陪审员“驻庭陪审”。

3. 逐渐改变对人民陪审员进行法律知识培训的做法

在通常的情况下，案件事实的认定还需要将案件置于特定时间、空间及特定地区的风俗人情，根据常识常情常理及认定人的经验做出判断。陪审员贴近社会生活，更熟悉社区民情，更能反映民意，弥补职业法官社会经验的不足，而陪审员对法官的比较优势正在于此。人民陪审员在法律知识上处于劣势，对其法律知识的培训，背离了陪审制度的初衷。《人民陪审员法》第2条第2款规定了除法律另有规定外，人民陪审员同法官有同等权利，从第21条、22条的规定来看，人民陪审员在参加3人合议庭时，在认定事实与法律适用方面享有同等权利与义务，而在参加7人合议庭时，只能对认定事实问题进行表决。根据第21条的规定，事实上要求人民陪审员具有一定的法律专业知识，而根据第22条的规定，人民陪审员不一定要具有法律知识。《人民陪审员法》第21条、第22条的规定实际上对3人合议庭、7人合议庭中的人民陪审员的法律知识的要求不同，前者要求人民陪审员具有法律知识，后者则不要求人民陪审员具有法律知识。由此带来的难题是，要对3人合议庭中的人民陪审员进行法律知识的培训，而对7人合议庭中的人民陪审员则不需要进行法律知识的培训，在陪审员选任时就要区分参加3人合议庭和参加7人合议庭的人民陪审员。根据上述的分析，对人民陪审员进行法律知识的培训，就是对人民陪审员的普法，事实上是再造“法官”的行为，如此便使人民陪审员丧失了存在的意义。《人民陪审员法》第22条规定人民陪审员只负责事实认定，不再决定法律适用，都不要求人民陪审员具有法律知识。如果要实现人民陪审员实质参审，就要实行事实审和法律审的分离，人民陪审员只负责事实审，这也是人民陪审员法的优化方向。因此，对人民陪审员的培训应限于程序性及履行职责等方面的培训，而有关法律问题由法官在个案中给予必要的指引与解释。

4. 逐步限缩人民陪审员审理案件的范围

人民陪审员参与审判的案件范围不是越广越好，而是要根据人民陪审员参审的目标与价值合理确定。要确定公众参与审判的案件类型，既要考虑公众参与的目标与功能，又要考虑制度的成本与效率。英美法系国家的陪审团因低效和成本高的问题而一直遭人诟病，限缩陪审员审理案件的范围，是“出于成本和便于管理的因素考虑，而非原理方面的因

素”[①]。英国作为现代陪审制度起源的国家，实行陪审制度审判是其传统，但陪审案件数也逐年减少。就刑事案件而言，95% 的案件由治安法院进行审理，不需要适用陪审制度。在刑事法院审理的案件中，有 60% 的被告人认罪，也不需要适用陪审制度。故在英国，适用陪审制审理的刑事案件只是极少数。[②]我国人民陪审制度均只适用于一审案件的审判，且由于审判实践中强调陪审率，陪审的实质效果不佳，由于众多简单案件不需要人民陪审员参与审判而引入人民陪审员参与审判，而有的案件则需要人民陪审员参与审判却有可能没有邀请人民陪审员。《人民陪审员法》第 15 条中规定的“涉及群体利益、社会公共利益”“人民群众广泛关注或者其他社会影响大”，缺乏明确的认定标准，是否由人民陪审员参审完全由法院决定。为了实现人民陪审员“一案一选”，实现实质参审，必须进一步缩小参审案件范围。

5. 借鉴问题列表制度

《人民陪审员法》第 22 条规定的 7 人合议庭是我国人民陪审员制度的理想模式，最有利于实现司法民主。但是人民陪审员之参与事实认定的前提是如何区分事实审和法律审。在司法中，事实问题具有法律性，法律问题具有事实性，事实和法律之间很难找到一个清晰的区分标准。[③]其实，事实和法律的区分具有主观性，可借鉴欧陆国家的问题列表制度，由法官归纳案件事实的争议焦点作为陪审员的“裁决对象”。[④]当然，这种问题列表要从类案中进行总结，并在审判实践中经受检验，不能由法官随意发挥。

6. 改革人民陪审员参与审判案件的表决方式

陪审制度中表决机制是其重要的内容，各国都对陪审员审判的表决机制作出了具体的规定。根据我国刑事诉讼法的规定，人民陪审员参与

---

① ［英］麦高伟、杰弗里·威尔逊:《英国刑事司法程序》，姚永吉等译，法律出版社 2002 年版，第 349 页。

② 陈国文:《英国陪审制及其思考》，载《西北师大学报（社会科学版）》2014 年第 2 期。

③ 陈学权:《刑事陪审中法律问题与事实问题的区分》，载《中国法学》2017 年第 1 期。

④ 施鹏鹏:《刑事问题列表制度研究——以完善人民陪审员事实认定机制为切入点》，载《北方法学》2017 年第 6 期。

案件审判实行“少数服从多数”的原则，由于合议庭的人员构成主要是“1+2”或“2+1”模式，法官与陪审员在表决时，难以体现二者的融合或互补，尤其是在死刑案件或其他疑难案件中，多数意见也仅或法官或陪审员 2 人的意见即为裁决意见，难以充分体现专业知识与大众常识、常情的融合，难以实现专业化与民主化的统一。在目前的人民陪审制度改革中，有的法院探索 3 人以上人民陪审员参与审判的“大合议庭”制度。然而，由于表决机制仍采用“少数服从多数”，表决弊端仍然存在。为避免法官与人民陪审员意见对立，防止人民陪审员多数且认定事实与适用法律错误，强化人民陪审员参审案件中法官的责任，建议对被告人不利判决采用至少包括 1 名法官在内的三分之二多数票的表决形式，建议对判处死刑、死缓的判决，采用至少包括 1 名法官在内的三分之二多数票表决形式，而其他判决则可采用至少包括 1 名法官在内的过半数票表决形式。

四、结语

陪审制度是公众参与司法的基本制度，体现了司法民主，与司法民主的关系最密切，有利于实现审判独立、司法公正和司法公开。尽管陪审制度在某些国家、地区遭受了批评和质疑，但是陪审制度仍被广泛地采用，有着十分旺盛的生命力。一个国家、地区采用什么样的陪审形式，与其历史、文化传统、诉讼结构等有着密切的关系。我国人民陪审员法规定的陪审制度吸收了参审制和陪审制的合理因素而独具特色。目前，应细化、优化人民陪审员法，先立足于“参”，实现人民群众参与审判的广泛性，后着眼于“审”，充分发挥人民陪审员在审判中的实质作用。

新中国刑事诉讼制度的诞生和发展

——写于中华人民共和国成立70周年暨刑事诉讼法颁布40周年之际 *

2019年是中华人民共和国成立70周年，在这70年的岁月里，我国在政治、经济、文化、社会建设上取得了令世人瞩目的非凡成就。而在法律制度建设层面，同样成果丰硕，尤其是从“法制”到“法治”的转变，逐步确立了依法治国基本方略，以宪法为核心的中国特色社会主义法律体系基本形成，依法行政和公正司法水平不断提高，经济发展与社会和谐的法治环境得到显著改善。2019年也是我国刑事诉讼法颁布40周年，刑事诉讼制度的确立与发展，正是中华人民共和国成立70周年来法治中国建设的一个缩影，虽然曾经历坎坷，但整体发展趋势良好、制度成就显著，尤其是在新时代深化司法体制改革的背景下，正面临着难得的历史机遇。在此语境下，有必要对中华人民共和国成立以来刑事诉讼制度的变迁进行系统梳理，明确制度完善的理论基础，力求对刑事诉讼制度的进一步发展有所启示。

一、新中国刑事诉讼制度建立与发展的四个阶段

70年来，我国刑事诉讼制度的发展，可以总结为雏形设计、初步实践、广泛探索和深化改革四个重要的历史阶段。这一进程经历了1979年刑事诉讼法颁布、1996年刑事诉讼法首次修改、2012年刑事诉讼法第二次修改以及2018年刑事诉讼法第三次修改。随着刑事诉讼法的颁布和修改，我国刑事诉讼制度从无到有，从粗到细，不断发展完善。

---

* 原文发表于《暨南学报（哲学社会科学版）》2019年第10期，与谢澍合作。

（一）1949 年至 1979 年：刑事诉讼制度的雏形设计

中华人民共和国成立后，开始创建人民司法制度。首部宪法于 1954 年颁布，同时制定了人民法院组织法和人民检察院组织法，其中规定了进行刑事诉讼的国家专门机关以及最基本的一些原则和制度，为我国刑事诉讼制度的建立奠定了初步基础。这一时期，中央立法机关开始着手为刑事诉讼法起草做准备。例如，刑事诉讼法条例草案的起草，特别是 1955 年最高人民法院总结了民刑事案件的审判程序，这一总结为中国进一步制定刑事诉讼法创造了条件。[①] 1957 年《刑事诉讼法草案（草稿）》开始接受讨论，但由于正值“反右”斗争，经过修改的《刑事诉讼法草案（初稿）》在 1962 年方得以重新开始征求意见。1963 年 3—4 月《刑事诉讼法草案》的三、四、五、六稿相继形成，其中对于无罪推定原则、陪审制、审判委员会职权范围、审判组织成员不更易原则、审判人员回避由谁决定、可否免除被告人近亲属作证义务、人民检察院和公安机关的侦查分工、公诉案件中被害人的诉讼地位、免予起诉、侦查监督、自诉案件范围、第二审审理程序、被告人的近亲属及辩护人为被告人利益上诉、第二审是否可以加重处罚、死刑复核审查等相关争议问题，均作了讨论。[②] 遗憾的是，由于历史原因，直到 1978 年 12 月，党的十一届三中全会召开，才让刑事诉讼法的制定重回正轨。[③]1979 年 2 月成立的全国人大常委会法制委员会在 1963 年初稿的基础上起草了新的《刑事诉讼法草案》（修正一稿、修正二稿），1979 年 7 月 1 日《刑事诉讼法草案》经第五届全国人民代表大会第二次会议通过，同年 7 月 7 日由全国人民代表大会常务委员会委员长令第 6 号公布，自 1980 年 1

---

① 陈光中：《刑事诉讼立法的回顾与展望》，载《法学家》2009 年第 5 期。

② 《最高人民法院党组关于刑事诉讼法制定情况的汇报（1957 年）》《关于〈刑事诉讼法草案（初稿）〉的修改情况和几个主要问题的报告（1963 年 4 月 12 日）》《关于刑诉法修改情况的说明（1963 年 4 月 13 日）》《关于 1963 年刑事诉讼法草案讨论制定经过的汇报》《关于讨论刑诉草案意见的汇集（1963 年 11 月 16 日）》，载吴宏耀、种松志主编：《中国刑事诉讼法典百年（1906 年—2012 年）》（中），中国政法大学出版社 2012 年版，第 724 页以下。

③ 卞建林、谢澍：《“以审判为中心”与刑事程序法治现代化》，载《法治现代化研究》2017 年第 1 期。

月1日起施行。[①]

（二）1979年至1996年：刑事诉讼制度的初步实践

1979年刑事诉讼法受其制定时历史条件的限制，本身就存在一些不足，这些不足所产生的弊端在司法实践中逐渐显露出来。特别是随着改革开放的全面深入发展，中国社会生活的各个领域发生了深刻变化，社会主义市场经济正在逐步形成，1979年刑事诉讼法中的一些内容已不能适应形势变化。与此同时，刑事犯罪呈现出新的特点和趋势，公安司法机关依照刑事诉讼程序追究犯罪上面临许多新情况、新问题。[②]根据第八届全国人大常委会的五年立法规划，法制工作委员会从1993年开始，就修改刑事诉讼法问题进行了广泛的调查和研究，多次征求了公、检、法、司机关和法律专家的意见，并到有些地方进行专题调查研究，又将修改刑事诉讼法的主要问题和初步意见发到全国各省、自治区、直辖市征求意见。在调查研究、总结经验和广泛听取各方面意见、借鉴对我有益的国外有关刑事诉讼规定的基础上，起草了《关于修改〈中华人民共和国刑事诉讼法〉的决定（草案）》。1995年12月，全国人大常委会第十七次会议对刑事诉讼法修改草案进行了初步审议。1996年1月15日至19日，法律委员会、内务司法委员会和法制工作委员会召开了有部分地方人大、公、检、法、司、国家安全等有关部门和一些法律专家、律师参加的座谈会，进一步就修正案进行讨论、研究修改。根据全国人大常委会委员的审议意见和其他各方面的意见，法制工作委员会对草案又作了一些修改。1996年2月，全国人大常委会第十八次会议听取了修改情况的汇报，再次进行审议，决定提请第八届全国人民代表大会第四次会议审议。1996年3月17日，第八届全国人民代表大会第四次会议通过了《全国人民代表大会关于修改〈中华人民共和国刑事诉讼法〉的决定》。[③]

---

① 宋英辉等:《刑事诉讼法修改的历史梳理与阐释》，北京大学出版社2014年版，第1—2页。

② 陈光中:《论刑事诉讼法修改的指导思想》，载《法制与社会发展》1995年第4期。

③ 李寿伟:《我国刑事诉讼制度的重大改革——谈八届人大四次会议关于〈中华人民共和国刑事诉讼法〉的修改》，载《中国行政管理》1996年第5期。

（三）1996年至2012年：刑事诉讼制度的广泛探索

由于1996年修法中部分制度在之前并未试点，因而出现了司法实践难以有效实施、进而架空程序设计的情况，有必要进一步予以完善。并且此后十余年间，国家的政治、经济和社会形势也发生了深刻的变化。首先，我国宪法于1999年和2004年进行了两次重要的修正，“依法治国，建立社会主义法治国家”成为国家的基本治国方略，“国家尊重和保障人权”和“公民合法的私有财产不受侵犯”被载入宪法中。其次，我国签署和批准了一系列国际公约，需要实现刑事诉讼法与国际刑事司法准则的接轨。再次，贯彻落实科学发展观、构建和谐社会等执政新理念，与刑事司法领域中宽严相济的刑事政策相辅相成，对刑事立法与司法产生指导作用。最后，加之司法改革理论研究不断深入，司法改革实践不乏成功经验和有益启示，刑事诉讼法再修改因此提上议程。2012年刑事诉讼法修改正是在这样的背景下进行的。全国人大常委会法制工作委员会从2009年初开始着手刑事诉讼法修改方案的研究起草工作。经反复与最高人民法院、最高人民检察院、公安部、国家安全部、司法部等部门进行研究，多次听取全国人大代表、基层办案部门、律师和专家学者的意见，并专门征求部分地方人大常委会的意见，在充分论证并取得基本共识的基础上，形成了《刑事诉讼法修正案（草案）》。2011年8月24日，第十一届全国人大常委会第二十二次会议对刑事诉讼法修正案草案进行了初次审议。会后，将草案印发中央有关部门、各地和有关方面征求意见，中国人大网站公布草案全文向社会征求意见。2012年3月8日，刑事诉讼法修正案草案提交第十一届全国人大五次会议审议，此后，各代表团全体会议、小组会议审议了《刑事诉讼法修正案（草案）》，并吸收代表们的审议意见，对修正案（草案）作出多处修改；3月14日，第十一届全国人民代表大会第五次会议顺利通过《关于修改〈中华人民共和国刑事诉讼法〉的决定》。①

（四）2012年至2018年：刑事诉讼制度的深化改革

2012年刑事诉讼法修改后，改革措施不断推出，以至于自上而下的焦点不仅仅是刑事诉讼法的贯彻实施，更要推进和落实刑事司法改革举

① 卞建林：《中国特色刑事诉讼制度的重大发展》，载《法学杂志》2012年第5期。

措。尤其是党的十八大以来，以习近平同志为核心的党中央提出推进以审判为中心的诉讼制度改革、完善认罪认罚从宽制度，并在深化国家监察体制改革、反腐败追逃追赃、深化司法体制改革等方面作出了一系列重大决策部署，取得了重大成果。然而，其中部分改革内容超出了刑事诉讼法原本的规定，加之《宪法修正案》和监察法、《刑法修正案》、律师法、公证法、人民陪审员法等法律对部分刑事诉讼制度业已明确或作出修改，为保障宪法、法律的权威以及改革的有序进行，刑事诉讼法再修改自然应当被提上日程。2018 年 10 月 26 日，《全国人民代表大会常务委员会关于修改〈中华人民共和国刑事诉讼法〉的决定》由第十三届全国人民代表大会常务委员会第六次会议通过，这标志着我国刑事诉讼法的第三次修改完成。监察法与刑事诉讼法的衔接、建构刑事缺席审判制度、完善认罪认罚从宽制度和增加速裁程序是此次刑事诉讼法再修改的要点。[①]

二、刑事诉讼制度完善的理论基础

基础理论的研究水平直接关系到整个刑事诉讼法学理论体系的完善与发展，20 世纪 90 年代初期以来，刑事诉讼法学基础理论得到足够重视，产出了一系列奠基性成果，为刑事诉讼制度改革进行理论准备。其中，以刑事诉讼目的、刑事诉讼价值、刑事诉讼构造、刑事诉讼文化最为典型，其他理论范畴，包括刑事诉讼主体、刑事诉讼客体、刑事诉讼职能等方面亦有涉及，但囿于篇幅所限，本部分主要介绍四个方面的理论成就。

（一）刑事诉讼目的

刑事诉讼目的是以观念形式表达的国家进行刑事诉讼所期望达到的目的。[②]有研究进一步提出，刑事诉讼目的可分为直接目的和根本目的，根本目的要通过直接目的才能实现。我国刑事诉讼的直接目的是实现国家刑罚权与保障人权的统一，根本目的是维护社会秩序。[③]大体上看，

① 卞建林、谢澍:《刑事诉讼法再修改：解读与反思》，载《中共中央党校学报》2018 年第 6 期。

② 宋英辉:《刑事诉讼目的论》，中国人民公安大学出版社 1995 年版，第 3 页。

③ 陈光中:《刑事审判结构之研究》，载《法学家》1993 年第 4 期。

我国刑事诉讼目的研究经历了两个阶段：首先是早期刑事诉讼法学教科书的有关论述，认为惩罚犯罪是刑事诉讼的首要目的；其次是20世纪90年代后，部分学者将惩罚犯罪与保障人权并列为刑事诉讼目的。虽然目的讨论上有差异，但刑事诉讼目的“双重性”理论以及“多层次性”理论，至今仍然是具有较高共识的观点。惩罚犯罪与保障人权并重的诉讼目的观，促使我国刑事诉讼法学者围绕尊重与保障人权开展了诸多研究。2004年尊重与保障人权写入宪法后，进一步引发了广泛而激烈的研讨，相应的刑事司法改革也被提上日程。2012年刑事诉讼法修改，尊重与保障人权作为指导性原则写入刑事诉讼法。刑事诉讼法作为“行动中的宪法”是法治文明与人权保障的试金石，尊重与保障人权原则的确立，是我国刑事司法人权保障事业的又一次飞跃。

（二）刑事诉讼价值

有研究认为，刑事诉讼程序价值可以分为两个基本层面：一是工具性价值，指刑事诉讼程序对于满足程序主体的实体目标是否有用和有效的价值标准；二是独立价值，又称为目的性价值，指刑事诉讼程序对于满足程序主体就程序本身提出的目标能否有用、有效的价值标准。[①]也有观点认为，程序独立价值涉及对法律程序自身正当性的判断问题，它实际上是法律程序的内在价值，因而与法律程序外在价值即功利性或工具性价值是相对应的。[②]还有研究指出，程序独立价值与程序工具价值标准各自有着其特定的、不可替代的功用，不能有主次、轻重之分；但保障实体法的正确实施，即诉讼法工具价值，是诉讼法的首要价值。[③]无论如何，诉讼程序独立价值与工具价值的区分，有助于理顺程序法与实体法学科之间的交叉关系。基于此，有研究指出，实体的实现必须依靠程序的运作，程序服务但不服从于实体。刑事实体与刑事程序各有独自的发展规律。前者受制于立法者对行为危害性程度大小的判断，后者则基于统治者对国家权力与诉讼权利分配关系的认识。[④]亦有观点认为，

① 卞建林、李菁菁：《依法治国与刑事诉讼》，载《诉讼法论丛》1998年第2期。

② 陈瑞华：《程序正义论纲》，载《诉讼法论丛》1998年第1期。

③ 陈光中、王万华：《论诉讼法与实体法的关系》，载《诉讼法论丛》1998年第1期。

④ 陈卫东、刘计划：《论刑事程序正当化》，载《诉讼法论丛》1999年第1期。

司法公正是诉讼活动中实现正义的保障，司法机关在适用法律时，无论从实体上还是程序上都应体现其公正性。[①]还有学者指出，程序公正和实体公正是辩证统一的。程序公正是追求实体公正的手段，程序公正并不意味着必然会有实体公正，在正当程序下仍有出现冤假错案的可能性，因此，程序公正和实体公正不可偏废。[②]经过学者们不断的探索与争鸣，“重实体、轻程序”的主张基本不复存在，代之以实体公正与程序公正并重的学说为主导。

（三）刑事诉讼构造

刑事诉讼构造是由一定的刑事诉讼目的所决定的，主要是控诉、辩护和裁判三方的法律地位和相互关系。[③]在有关刑事诉讼构造类型的研究上，有观点认为刑事诉讼构造有“三角结构”和“线性结构”的基本分类。所谓“三角结构”是指原告和被告形成一定的诉讼对抗，法官则是居于其间、居于其上的仲裁者，由此而形成一个正三角结构。而刑事诉讼“线性结构”是将诉讼活动视为一种“双方组合”，一方是国家权力机关，另一方则是犯罪嫌疑人、被告人。[④]但有学者对“线性结构”提出质疑，认为把“线性结构”作为刑事诉讼的一重结构，于理论上讲不通。从概念上讲，真正的诉讼仅指控、辩、审的三方组合，严格意义的诉讼，就是法院和双方当事人的有机结合，这也是诉讼的基本形式。[⑤]学者们对刑事诉讼构造本身的含义进行归纳和概括，不仅确定了刑事诉讼构造这一基本范畴的内容，还界定了影响刑事诉讼构造的主要因素与表现形式。虽有争鸣，但在将控诉、辩护和裁判三方法律关系作为诉讼构造的内容上达成了共识。而我国刑事诉讼程序也按照理想的刑事诉讼构造逐步完善。

（四）刑事诉讼文化

自20世纪80年代起中国兴起“文化热”，并于90年代初波及法学

① 徐益初:《论司法公正与司法体制改革》，载《诉讼法论丛》1998年第1期。

② 谢佑平、万毅:《论司法改革与司法公正》，载《中国法学》2002年第5期。

③ 李心鉴:《刑事诉讼构造论》，中国政法大学出版社1992年版，第7页。

④ 龙宗智:《刑事诉讼的两重结构辨析》，载《现代法学》1991年第3期。

⑤ 马贵翔:《刑事诉讼的“两重结构论”质疑——与龙宗智同志商榷》，载《现代法学》1991年第6期。

领域，“法律文化”的研究逐渐成为法学界的一大热点问题。因而，有学者撰文提出，刑事诉讼研究不能仅限于执法过程本身作法理推导，而应当从更广阔的社会生活和社会思想中吸取养分，应当从国家管理社会的宏观背景来探讨具体的司法模式。研究诉讼文化的意义在于：首先，有助于把握诉讼模式的内在生命及运行机制；其次，有助于把握刑事诉讼模式的运行环境和功能效应，从而保障实际制度有效而合理地运行并科学地谋划其改革完善；最后，诉讼文化研究是诉讼制度比较研究的重要方式。[①]在诉讼文化的定义上，有学者提出，诉讼文化是一种综合、宏观研究诉讼问题的代名词，目的在于揭示诉讼活动的本质特征和内在规律。认为我国诉讼文化结构内部存在着制度与观念的冲突，导致理想诉讼文化与真实诉讼文化错位。因此，需要促使国民诉讼文化心理和价值观念由传统型向现代型转变。[②]也有学者认为，刑事诉讼文化具有抽象性、地域性、延续性等特征，可以从广义和狭义两个角度理解。广义上的刑事诉讼文化既包括制度文化，又包括观念文化；狭义上的刑事诉讼文化专指观念文化。[③]

三、中国特色刑事诉讼制度的重要发展

以刑事诉讼目的、刑事诉讼价值、刑事诉讼构造以及刑事诉讼文化等理论为基础，我国刑事诉讼制度逐步强调惩罚犯罪与保障人权并重、程序正义与实体正义并重，并结合司法实践和改革试点经验对刑事诉讼法进行了三次修改，初步形成了中国特色社会主义刑事程序法治体系，其中刑事审前程序、刑事审判程序、刑事特别程序、刑事证据制度和刑事辩护制度作为刑事诉讼制度发展的重要面向，较之制度运行初期，已取得了明显进步。

（一）刑事审前程序

通常认为，审判前包括立案、侦查和审查起诉三大阶段，审前程序在我国并非完整意义上法律层面的概念，更多是源自20世纪初以来

① 龙宗智：《应当研究“诉讼文化”》，载《中外法学》1990年第6期。

② 谢佑平：《讼诉文化论——兼谈我国诉讼法制的现代化》，载《现代法学》1992年第5期。

③ 汪建成：《刑事诉讼文化研讨》，载《政法论坛》1999年第6期。

的学理解读，尤其是关于警检关系。有观点认为，侦、检一体化刑事司法模式是科学的，它不仅能够充分满足诉讼效率的内在要求，且能够促使该刑事司法体制最终成为连接司法理想与社会现实的桥梁。[①]但有学者并不完全赞成，认为“检警一体化”主张不符合各国检警关系的设置模式，不利于维系检警之间的合理“张力”，会削弱国家刑事侦查能力，而且不具备实践可行性。[②]也有学者从制度功能分析的角度出发，提出建立检察引导警察进行侦查取证的机制，强化检察机关对公安机关的侦查监督。[③]尤其是党的十八届四中全会提出“推进以审判为中心的诉讼制度改革”之后，有学者指出，推进以审判为中心的刑事诉讼制度改革，其核心含义即包括强调司法权对侦查权的制约，发挥审判对审前诉讼行为的规范和指引作用。[④]

1. 关于侦查程序

过往，基于侦查中心主义的运作样态，侦查权的运行既缺乏有效的检察监督，又缺少必要的司法控制。因此，围绕着加强对侦查权的控制与监督和保障侦查阶段犯罪嫌疑人的权利，学界开展了较多的研究工作。有学者认为，侦查程序中充斥着国家权力与公民权利的冲突与衡平，侦查程序的架构必须突出程序的限权功能和体现程序的控权性，通过科学、合理的程序设置制约国家侦查权。[⑤]2018 年刑事诉讼法的修改，明确了检察机关侦查权与监察机关调查权的衔接，职务犯罪侦查权完全转隶，所有行使公权力的公职人员的职务犯罪调查权划归监察委员会，但同时保留了检察机关部分侦查权，包括“在对诉讼活动实行法律监督中发现的司法工作人员利用职权实施的非法拘禁、刑讯逼供、非法搜查等侵犯公民权利、损害司法公正的犯罪”的自行侦查权以及“对于公安

---

① 陈卫东、郝银钟:《侦、检一体化模式研究——兼论我国刑事司法体制改革的必要性》，载《法学研究》1999 年第 1 期。

② 龙宗智:《评“检警一体化”兼论我国的检警关系》，载《法学研究》2000 年第 2 期。

③ 卞建林:《论我国侦查程序中检警关系的优化》，载《国家检察官学院学报》2005 年第 2 期。

④ 卞建林、谢澍:《“以审判为中心”视野下的诉讼关系》，载《国家检察官学院学报》2016 年第 1 期。

⑤ 万毅:《程序正义的重心：刑事侦查程序论》，载《金陵法律评论》2002 年第 2 期。

机关管辖的国家机关工作人员利用职权实施的重大犯罪案件”的机动侦查权。

2. 关于强制措施

1996年刑事诉讼法对强制措施制度进行了修改，如放宽逮捕条件、完善取保候审和监视居住适用程序等，使我国刑事强制措施制度有了显著进步。2012年的修改又完善了监视居住措施、逮捕要件和审查逮捕程序等方面。整体上看，这些修改强化了我国强制措施体系的层次性和系统性，明确和细化了强制措施的适用条件与程序，丰富了强制措施的内容，总体上体现了控制犯罪与保障人权相统一的立法指导思想。[①] 2018年刑事诉讼法的修改，明确了留置措施与刑事强制措施的衔接机制，对于监察机关移送起诉的已采取留置措施的案件，人民检察院应当对犯罪嫌疑人先行拘留，留置措施自动解除。

3. 关于审查起诉制度

起诉制度是我国刑事诉讼制度中的重要组成部分。在1996年刑事诉讼法修改之前，学界主要关注免予起诉制度的存废，认为其是特定历史时期的政策，不应当作为常设制度。1996年刑事诉讼法修改废除了免予起诉制度，将合理内容改造为酌定不起诉；同时增加了经两次退回补充侦查，证据不足可以不起诉的规定；增设了“公诉转自诉”规定，更好地保障了被害人的正当权益。2012年刑事诉讼法的修改，将两次发回补充侦查，证据不足可以不起诉的规定改为应当不起诉，强有力地落实疑罪从无精神；而且增设了未成年人附条件不起诉制度，加强了对未成年人的保护。2018年刑事诉讼法修改后，检察机关作为宪法法律的守护者、诉讼进程的调控者、案件质量的把关者，决定了检察机关在认罪认罚从宽制度中的主导作用和责任[②]，进而需要在审查起诉阶段从同步法律监督、诉讼进程调控、案件质量把关三个向度主导认罪认罚从宽制度实践。

（二）刑事审判程序

关于庭前会议制度。庭前会议制度是我国刑事诉讼法2012年修订

---

① 卞建林:《我国刑事强制措施的功能回归与制度完善》，载《中国法学》2011年第6期。

② 卞建林、谢澍:《职权主义诉讼模式中的认罪认罚从宽》，载《比较法研究》2018年第3期。

后新增的程序。有观点认为，设立庭前会议制度，有利于保障诉讼主体在程序方面的各项权利，特别是有利于辩护人有效行使辩护权，促进控辩双方平等对抗，彰显程序公正；也有利于审判人员全面把握案件的相关情况，解决一些程序性问题，以便更好地把握庭审重点。[①] 当然亦有研究指出，该制度实施以来，在实践中取得的效果并不理想，特别是功能定位不明、法律效力模糊、程序设置缺位、律师参与不足等一系列问题影响了庭前会议制度作用的发挥。[②] 2018 年，最高人民法院印发的《人民法院办理刑事案件庭前会议规程（试行）》作为其“三项规程”之一，凸显出庭前会议制度在推进庭审实质化之背景下的显著意义，对此需要进一步深入研究。

1. 关于庭审实质化

1996 年刑事诉讼法修改前，我国刑事诉讼具有强职权主义特征，诉讼程序基本上以公权力机关为主导，当事人及辩护律师的参与感较低。为改善这一状况，1996 年刑事诉讼法的修改借鉴了域外当事人主义诉讼模式，着重就庭审制度进行改革。集中表现在重新配置了控、辩、审职能，改变了过去由法官直接调查证据的方式，确定了控辩双方向法院举证的模式，修改了法院在庭审前作实体性审查的程序，限制了检察机关案卷移送范围，等等。但囿于本土资源的限制与抵抗，形成不彻底的实质化、不充分的对抗性与不完全的平等制等问题。[③] 推进以审判为中心的诉讼制度改革提出以来，庭审实质化成为改革要点。[④] 有学者提出，我国刑事审判方式并非当事人主义和职权主义的简单相加，而是受多重因素限制，体现出明显的混合性、过渡性和变动性。我国宜确立直接言词原则和维持卷宗移送主义，细化直接言词原则的例外情形并加强案卷移送制度自身正当性。[⑤] 还有学者提出，庭审中心或庭审实质化是审判

---

① 胡云腾、喻海松:《刑事一审普通程序修改解读》，载《法律适用》2012 年第 9 期。

② 卞建林、杨宇冠:《刑事诉讼庭前会议制度研究》，中国政法大学出版社 2017 年版，第 1 页。

③ 龙宗智:《论我国刑事庭审方式》，载《中国法学》1998 年第 4 期。

④ 卞建林、谢澍:《“以审判为中心”：域外经验与本土建构》，载《思想战线》2016 年第 4 期。

⑤ 熊秋红:《刑事庭审实质化与审判方式改革》，载《比较法研究》2016 年第 5 期。

中心的核心内容，但审判中心命题不仅涉及诉讼权力的配置，还关乎庭审中心或庭审实质化的外部环境保障，如审判独立、去审判行政化等。[①]

2. 关于简易与速裁程序

1979 年刑事诉讼法仅建立刑事普通审判程序，所有案件不分轻重繁简都适用相同之审判程序，诉讼资源的平均分配必然造成大量案件处理效率低下。为此，1996 年刑事诉讼法专门增设了简易程序。但遗憾的是，刑事诉讼实践中简易程序的适用率始终不理想，无法实现其分流案件、节约司法资源之目的。在此背景下，部分法院开始尝试刑事公诉案件普通程序简化审改革，并得到了最高立法和司法机关认可。2012 年刑事诉讼法将简易程序的适用范围扩大到基层法院一审的所有案件。此后刑事速裁程序与认罪认罚从宽制度试点，进一步回应了日益突出的人案矛盾，构建了刑事案件繁简分流机制。针对简易程序的结构性缺憾，营造出多元化的刑事诉讼格局，并在 2018 年刑事诉讼法再修改时得到立法机关认可。[②] 当然，关于认罪认罚从宽制度以及简易、速裁程序还需进一步研究和完善。有学者强调，认罪认罚从宽制度是建立在检察机关指控被追诉人有罪的基础上的一种制度延伸，适用于任何案件性质、诉讼程序类型，在性质上兼具实体与程序双重属性，有别于域外辩诉交易制度。[③] 也有观点认为，不能仅局限于认罪认罚的实体从宽、程序从简，应当以认罪认罚在刑事程序中的证据价值为基础，坚持无罪推定、权利保障、职权规制等原则，研究解决相关权利保障问题、职权部门之间的制约问题等。[④]

3. 关于死刑复核程序

在最高人民法院收回死刑复核权之前，学界关于死刑复核程序是否是一切死刑案件的必经程序曾有过争鸣。[⑤] 及至 2007 年最高人民法院收回死刑复核权后，相关理论问题成为研究重点，学界普遍认为，必须完

① 汪海燕：《庭前会议制度若干问题研究——以“审判中心”为视角》，载《中国政法大学学报》2016 年第 5 期。

② 卞建林、吴思远：《刑事速裁程序的实践观察与立法展望》，载《中国政法大学学报》2019 年第 1 期。

③ 陈卫东：《认罪认罚从宽制度研究》，载《中国法学》2016 年第 2 期。

④ 王敏远：《认罪认罚从宽制度疑难问题研究》，载《中国法学》2017 年第 1 期。

⑤ 陈卫东：《死刑复核是死刑案件的必经程序》，载《法学评论》1992 年第 2 期。

善死刑复核程序和直接影响死刑案件质量的相关制度。[①]而在死刑复核权收回十周年之际，有观点提出，未来死刑复核程序的完善，需要加强死刑复核程序的诉讼化改革，明确死刑案件的强制辩护与法律援助，并探索建构死刑案件三审终审制。[②]

（三）刑事特别程序

2012年刑事诉讼法增设特别程序一章。其中，未成年人附条件不起诉制度是我国未成年人刑事立法及司法实践的重大突破，有益于实现对未成年人的特殊优先保护。刑事和解制度虽然对正当程序与司法公正存在一定程度上的冲击，但其私力合作的模式蕴含着恢复性司法的理念，在我国具有生根发芽的沃土，在实践中能够取得良好的效益。设立违法所得特别没收程序是刑事立法和司法实践的共同需要，其不仅填补了对于死亡、逃匿的犯罪嫌疑人和被告人的涉案财产如何处理的立法空白，而且有利于实现没收财产程序中控制犯罪与保障人权双重价值目标的平衡兼顾。强制医疗制度的确立，有助于解决精神病鉴定与判定的基本问题，也有助于保障公民的自由与权利，维护社会的安全、秩序与稳定。四种特别程序的确立是回应社会治理、犯罪控制工作日益复杂、多元的挑战所作出的必要调整，标志着我国刑事诉讼制度的进一步精细化与科学化。[③]

2018年刑事诉讼法修改，因应国际反腐败追逃追赃的需要增设刑事缺席审判程序，将适用范围基本限定于“对于贪污贿赂犯罪案件，以及需要及时进行审判，经最高人民检察院核准的严重的危害国家安全犯罪、恐怖活动犯罪案件，犯罪嫌疑人、被告人潜逃境外，监察机关、公安机关移送起诉，人民检察院认为犯罪事实已经查清，证据确实、充分，依法应当追究刑事责任的”。此外“由于被告人患有严重疾病，无法出庭的原因中止审理超过六个月，被告人仍无法出庭，被告人及其法定代理人申请或者同意恢复审理的”“被告人死亡的，人民法院应当裁定终止审理；但有证据证明被告人无罪”以及“人民法院按照审判监督

---

① 龙宗智：《收回死刑复核权面临的难题及其破解》，载《中国法学》2006年第1期。

② 卞建林：《统一行使死刑案件核准权：十年回顾与展望》，载《甘肃政法学院学报》2017年第3期。

③ 陈卫东：《构建中国特色刑事特别程序》，载《中国法学》2011年第6期。

程序重新审判的案件，被告人死亡的”，也可以缺席审判。同时，规定了犯罪嫌疑人、被告人潜逃境外的缺席审判的具体程序，包括管辖、送达、判决、涉案财产处理、交付执行刑罚等；并且，充分保障被告人的诉讼权利，对委托辩护和提供法律援助作出规定，并赋予被告人近亲属上诉权以及罪犯异议权。

（四）刑事证据制度

2012年刑事诉讼法修改了证据的定义，补充完善了证据的种类，明确了刑事案件的举证责任，增加“不得强迫任何人证实自己有罪”的规定，增加行政机关依法收集的证据可以在刑事诉讼中使用的规定，细化了刑事案件的证明标准，在立法上确认了非法证据排除规则，完善了证人和鉴定人出庭作证的相关制度等。其中，在法典层面确立非法证据排除规则是我国刑事证据制度发展中的重点内容，其功能与价值不仅在于防范冤假错案，更体现于程序正义的彰显、司法行为的规范和人权保障的强调。早在20世纪80年代末，即有学者曾结合我国刑事诉讼现状，提出应当有效排除非法证据。[①]2010年“两高三部”“两个证据规定”的颁布，标志着非法证据排除规则的确立。其中，不仅规定了非法言词证据排除，还规定了非法实物证据排除，并详细规定了排除程序、举证责任、证明标准等配套制度，这无疑是一项突破性的改革举措。[②]为了进一步严格排除非法证据，2017年“两高三部”又颁布了《关于办理刑事案件严格排除非法证据若干问题的规定》，对我国非法证据排除规则实施中的现实问题作出了有针对性的正面回应，包括进一步界定了非法言词证据的范围，明确了重复自白应当如何排除，强调了非法证据排除的及时性和侦查监督的同步性，重视对过程证据的收集和运用，发挥庭前会议中证据收集合法性审查的作用，等等。[③]

---

① 徐益初:《略论发展和完善我国的刑事证据制度》，载《法学研究》1988年第2期。

② 陈光中:《刑事证据制度改革若干理论与实践问题之探讨》，载《中国法学》2010年第6期。

③ 卞建林、谢澍:《我国非法证据排除规则的重大发展》，载《浙江工商大学学报》2017年第5期。

（五）刑事辩护制度

刑事辩护制度是现代刑事诉讼的基本制度，刑事诉讼的进化历史也可以说是刑事辩护制度不断扩大、加强的历史。[①]有研究曾对我国刑事辩护制度的理论基础进行了深入剖析，并认为刑事辩护制度的理论基础是由无罪推定原则、程序主体理论和对立统一规律三者共同组成的。[②]长期以来，在理论与实践的共同推动下，我国刑事诉讼法的修改工作也一直聚焦于辩护制度。1996年刑事诉讼法将律师介入诉讼程序的时间从审判阶段提前到侦查阶段，是较为重大的跨越。但当时并没有赋予律师以辩护人身份，导致侦查阶段律师名不正、言不顺，而且律师的会见权、阅卷权与调查取证权行使时困难重重，权益得不到应有的保障。2012年刑事诉讼法修改，确立了实体辩护与程序辩护并重的辩护格局，明确了侦查阶段律师作为“辩护人”的法律地位，增加了辩护人介入死刑复核程序的规定，采取一系列措施解决辩护律师“会见难”“阅卷难”问题。[③]以审判为中心提出后，与之相关的有效辩护问题得到重视，有学者认为，以审判为中心的精神内涵在于形成判决基础的信息应当有机会得到反驳性检验，推进以审判为中心，必然以有效辩护为最终落脚点。完善有效辩护制度，一方面应当确立并保障被告人的对质权，另一方面需要落实辩护律师的调查取证权。[④]此外，2018年刑事诉讼法修改后，正式确立了提供“法律帮助”的值班律师制度，但当前值班律师定位模糊，实效有限[⑤]，如何在保证“量”之全覆盖的同时，实现充分且有效之“质”，是需要进一步研究的课题[⑥]。

---

① 谢佑平：《生成与发展：刑事辩护制度的进化历程论纲》，载《法律科学》2002年第1期。

② 熊秋红：《刑事辩护论》，法律出版社1998年版。

③ 顾永忠：《我国刑事辩护制度的重要发展、进步与实施——以新〈刑事诉讼法〉为背景的考察分析》，载《法学杂志》2012年第6期。

④ 魏晓娜：《审判中心视角下的有效辩护问题》，载《当代法学》2017年第3期。

⑤ 姚莉：《认罪认罚程序中值班律师的角色与功能》，载《法商研究》2017年第6期；闵春雷：《认罪认罚案件中的有效辩护》，载《当代法学》2017年第4期。

⑥ 卞建林、谢澍：《认罪认罚从宽与台湾地区刑事协商之比较研究》，载《法学杂志》2018年第5期。

四、刑事诉讼法学研究的未来展望

中华人民共和国成立 70 年来，刑事诉讼制度建设取得了非凡成就，刑事诉讼法学研究功不可没。尤其是在改革开放后，刑事诉讼法学研究紧跟刑事司法改革的步伐，强调惩罚犯罪与保障人权并重、程序正义与实体正义并重，以程序的独立价值为本，进而逐步推进以审判为中心的诉讼制度改革、完善认罪认罚从宽制度等，各项制度改革得到充分讨论，理论指导实践，效果显著。展望未来，繁荣刑事诉讼法学研究是促进刑事诉讼制度完善的基础和前提，刑事诉讼法学研究应当继续为刑事司法改革提供有效的智力支持。结合当前时代背景和现实需求，刑事诉讼法学研究助力刑事诉讼制度完善的应然方向，主要包括以下三方面基本内容：

（一）发展新时代中国特色社会主义程序法治理论体系

首先，应当明确程序法治的重要意义。西方现代法律制度的构建，契约和程序两个范畴居功至伟，前者是构成私法领域的核心，后者是构建公权力领域的核心。制度化、规范化、程序化是社会主义民主政治的基本保障，程序的重要性毋庸置疑。现代政治就是程序政治，现代法治就是规则之治，规则之治主要是程序法治。其次，程序与诉讼有分有合，不同领域有不同的区别。刑事诉讼与民事诉讼、行政诉讼各有不同，其需要依托诉讼来研究程序法治。诉讼程序是最严谨、最严格的程序，在法律体系中要发挥独特作用。最后，理论体系的形成需要借助法教义学分析，随着法治环境的改善不断赋予其新的制度内涵。并且，法教义学不能等同于法解释学，除了解释法律，法教义学之精义还体现在应用以及发展（续造）法律。法解释学更多地存于“规范—实践”的维度，并不能涵盖法教义学的概念、立场和作用维度。[①]需要认识到，我国刑事诉讼法治领域的不断拓展，多项原则和规则的确立，说明刑事诉讼领域的程序法治已经获得长足的进步。虽然我国程序法治还存在不尽如人意之处，但是发展前景是乐观的。这也是为什么要持续推进新时代中国特色社会主义程序法治理论研究走向深入，进而促使我国程序法治

① 谢澍:《刑事诉讼法教义学：学术憧憬抑或理论迷雾》，载《中国法律评论》2016 年第 1 期。

不断进步的原因所在。

（二）推进我国刑事诉讼制度重大改革实施效果的实证研究

近年来，刑事诉讼领域改革措施推陈出新，呈现出愈加繁荣的态势，如以审判为中心、认罪认罚从宽以及监察制度与刑事诉讼制度的衔接等。然而，在改革的年代，更有必要深入解读改革意义，展示改革效果，提供改革建议。而这不仅依赖于理论上的思辨和域外经验的梳理，更需要采用更加多元的研究方法，尤其采用实证方法，对实践展开调研，对效果予以评估，在此基础上总结改革中的经验与问题，为未来深化改革提出更有针对性的建议。[①] 改革开放四十多年来，我国刑事诉讼法研究方法经历了较大的转型，形成多元方法共存的局面。其中，近十余年间，实证研究在刑事诉讼法学领域尤为盛行。实证研究主张从经验入手，采用程序化、操作化和定量分析的手段，使社会现象的研究达到精细化和准确化的水平。它强调科学结论的客观性和普遍性，强调知识必须建立在观察和实验的经验事实上，通过经验观察的数据和实验研究的手段来揭示一般结论。[②] 因此，针对我国刑事诉讼制度重大改革实施效果，我们更应充分运用人文社会科学研究的各种视角，充分收集资料，准确掌握数据，形成科学结论，进而为深化改革指引方向。

（三）迎接大数据与人工智能之于刑事诉讼制度的挑战

大数据、人工智能抑或认知科学，不仅是当下社会的流行热词，也切实地影响着我们的日常生活。在刑事司法领域，实务部门已经开始运用相关技术探索办案指引及处理系统，但理论争议尚未消除，仍需要深入研究，避免相关技术的误用。正如有学者所言，在数据化、信息化的新时代背景下审视我国刑事司法的机遇与挑战，可以看到我国刑事司法活动在各个环节出现了主动适应信息时代的变化，呈现出科技化、宽容化等趋势。刑事司法应在理想、理性和执着的指引下，在坚守人权保

---

① 例如，针对十八届四中全会以来侦查、检察、审判制度改革的实证研究，可参见卞建林、谢澍:《刑事检察制度改革实证研究》，载《中国刑事法杂志》2018 年第 6 期；汪海燕:《刑事审判制度改革实证研究》，载《中国刑事法杂志》2018 年第 6 期；李玉华:《侦查制度改革实证研究》，载《中国刑事法杂志》2018 年第 6 期。

② 左卫民:《范式转型与中国刑事诉讼制度改革》，载《中国法学》2009 年第 2 期。

障、正当程序的前提下，以更加开放的姿态来迎接数据科学、信息技术带来的变革。[①] 在法律人工智能与法律大数据飞速发展的今天，无论是理论抑或实践，均不能对法律科技手段片面地拒绝或排斥[②]，即便现有的大数据、人工智能产品实践效果不佳，我们也应当从理论上对其进行深入分析，为可能之变革作出理论准备。

---

① 胡铭:《大数据、信息社会与刑事司法变革》，载《法治现代化研究》2017 年第 3 期。

② 左卫民:《如何通过人工智能实现类案类判》，载《中国法律评论》2018 年第 2 期。

刑事诉讼法再修改面面观*

2018年10月，十三届全国人大常委会审议通过了《关于修改〈中华人民共和国刑事诉讼法〉的决定》(以下简称《修改决定》)。《修改决定》共26条，对2012年刑事诉讼法18个条款进行了修改，新增条款18条，修改后刑事诉讼法条文总数由原290条增至308条。这是刑事诉讼法自1979年制定以来的第三次修改，并且修改工作首次由全国人大常委会进行。相对于1996年和2012年两次“大修”，本次刑事诉讼法的修改，紧紧围绕党中央的重大决策部署，体现了新时代全面推进依法治国的新发展，顺应了新时代对刑事诉讼制度的新要求。

一、刑事诉讼法再修改的背景

刑事诉讼法作为规范刑事诉讼制度的基本法律，是一项专门调整刑事诉讼活动的法律规范，其调整对象涉及公、检、法机关，当事人以及律师在刑事诉讼过程中的相关活动，被称作“小宪法”“行动中的宪法”。自1979年第一部刑事诉讼法颁布以来，始终坚持以宪法为根据，在保障准确及时地查明案件事实、正确适用法律、惩罚犯罪分子、保障无罪的人不受刑事追究等方面发挥了十分重要的作用。但是随着我国经济社会的快速发展，民主法治建设的不断进步，司法体制改革的不断深入，刑事诉讼法也迫切需要补充与完善。鉴于此，我国刑事诉讼法相继于1996年和2012年有过两次修改。党的十八大以来，以习近平同志为核心的党中央在深化国家监察体制改革、国际反腐败追逃追赃、深化司法体制改革等方面作出了一系列重大决策部署，取得了重大成果和进展。因此，为了贯彻党中央精神，配合国家监察体制改革，体现司法改革成果，刑事诉讼法有必要及时调整与跟进。

---

* 原文发表于《法治研究》2019年第1期。

（一）国家监察体制重大改革

2018年3月，十三届全国人民代表大会表决通过了监察法。这是对国家监察体制改革成果的立法确认和肯定，标志着我国新的监察体制基本确立，国家监察体制改革在经历先行试点与全面铺开后步入了新的发展阶段。我国宪法与法律奠定了国家监察体制改革的合法性基础，但作为“事关全局的重大政治体制改革”，监察制度牵涉内容广泛、主体众多，需要统筹谋划，审慎推进，尤其要处理好与刑事诉讼的衔接机制。

国家监察体制改革的重要内容，是将检察机关的职务犯罪侦查职能和机构转隶监察委员会，这是一项牵一发而动全身的改革，要解决好职务犯罪的监察调查与刑事诉讼制度的衔接，必然会涉及检察机关侦查权的调整、刑事管辖分工和竞合、留置措施与刑事强制措施的转换以及监察调查证据在刑事诉讼中适用等问题。因此，有针对性地修改刑事诉讼法非常必要也十分迫切。

（二）国际反腐败追逃追赃需要

党的十八大以来，以习近平同志为核心的党中央对反腐败国际追逃追赃工作作出重大战略部署，追逃追赃成为全面从严治党和反腐败斗争的重要一环。随着宪法修订与监察法的颁布，充实了反腐败工作的法律体系，基本做到反腐败工作有法可依。但是，在反腐败法律法规的执行和落实方面，还存在许多问题，尤其是在海外追逃追赃工作中，仍存在一些制度性的不足和缺陷，一定程度上影响了反腐败斗争向纵深发展。因此，建立刑事缺席审判制度，为反腐败追逃追赃提供司法支持，是党中央推进反腐败国家立法和国际追逃追赃工作所作出的顶层设计。

（三）司法体制改革不断深化

深化司法体制改革，建设公正高效权威的社会主义司法制度，是推进国家治理体系和治理能力现代化的重要举措。2014年6月、2016年9月，全国人大常委会相继授权最高人民法院、最高人民检察院在部分地区开展刑事案件速裁程序及认罪认罚从宽制度试点工作。时至2018年10月，这两项试点工作已取得良好成效。结合试点地区实践情况来看，试点工作提高了诉讼效率，保证了审判质量，保障了当事人合法权益，积累了可复制、可推广的经验，为完善刑事诉讼立法提供了实践基

础。刑事诉讼制度改革理应遵循“试点实践先行，立法保障跟进”的要求，因此，适时修改刑事诉讼法，将司法改革成功经验和有益做法上升至立法层面，十分重要也十分必要。

二、刑事诉讼法再修改的意义

本次刑事诉讼法修改适时回应了当前监察体制改革、国家反腐败事业发展以及司法体制改革对刑事诉讼法再修改提出的要求，很好地体现了政治性、法律性、时代性与实践性的特点。

（一）彰显新理念新思想新战略

党的十八届四中全会通过了《中共中央关于全面推进依法治国若干重大问题的决定》(以下简称《决定》)，这是新中国法治建设史上具有里程碑意义的事件。《决定》明确了全面推进依法治国的总目标、重大任务，还提出了“贯彻中国特色社会主义法治理论”的重大命题。习近平总书记反复强调，要让人民群众在每一个案件中都感受到公平正义。公平正义具体到程序法治当中就是首先要实现程序正义，这就要求具备完善的程序法治体系。此次刑事诉讼法修改结合了时代发展当中重大的改革举措，有针对性地回应了现实问题，体现了新时代全面推进依法治国的基本方略，是深入贯彻习近平总书记系列重要讲话精神，坚定不移走中国特色社会主义法治道路，坚决维护宪法法律权威，依法维护人民权益、维护社会公平正义、维护国家安全稳定的重要体现。

本次刑事诉讼法的修改，紧紧围绕党中央的重大决策部署，完善了与国家监察体制改革衔接配套方面的相关内容。监察体制改革作为事关全局的重大政治改革，具有明显的时代特征。监察法与刑事诉讼法关系紧密，对职务犯罪的监察调查与刑事诉讼活动相互衔接，监察机关与刑事诉讼国家专门机关存在互相配合、互相制约的关系，这些都迫切需要刑事诉讼法予以回应和明确。据此，本次刑事诉讼法修改调整了人民检察院的侦查职权；修改了侦查定义；规定了监察调查与审查起诉的衔接、留置措施与刑事诉讼强制措施的转换；等等。这些内容指向明确、重点突出，从总体上解决了监察调查与刑事诉讼程序的衔接问题，保证了监察法的顺利实施，达成了重要法律之间的和谐一致，很好地贯彻和体现了新时代依法治国的新理念新思想新战略。

（二）实现司法改革与立法完善的良好衔接

我国现行的司法制度，是立足于中国国情、为适应建设社会主义法治国家需要而建立和不断发展完善的，是贯彻依法治国方略必不可少的重要环节。随着改革开放的逐步深入，特别是随着民主法治建设的推进，公民的权利意识、法律意识不断增强，经济社会转型中各种利益冲突和矛盾纠纷大量以诉讼形式进入司法领域，人民群众对通过司法手段维护合法权益和保障实现社会公平正义的要求越来越高。司法环境出现的这种新变化，必然要对司法工作提出新的要求。而司法体制改革就是要适应这种新变化、新要求，把维护人民群众的根本利益作为推进司法改革的根本出发点，从促进司法公正、提高司法效率、保障诉讼权利等环节入手，进而完善程序法律体系，使改革的成果不断满足现实需要。

司法体制改革必须坚持维护宪法和法律的权威，坚持重大改革于法有据。如果一些改革举措需要突破现行法律，但是修改现行法律条件暂不具备，就需要试行一些改革举措为修改法律积累经验、创建条件。比如，全国人大常委会授权部分地区开展刑事案件速裁程序和认罪认罚从宽制度试点。刑事速裁程序与认罪认罚从宽制度作为近几年司法体制改革的重点内容，自试点工作以来，已经取得了良好的实践效果，在此基础之上，将其以立法的形式确立于刑事诉讼法当中，这是科学立法与民主立法的体现。这样的立法模式，体现了一切从实际出发的立法规律，符合司法实践状况，是实现司法改革与立法完善良好衔接的恰当模式。

（三）强调解放思想、落实制度创新

随着司法体制改革的逐步深入，一些较为合理的司法理念逐渐对我国刑事诉讼的程序与制度产生重要影响，迫切需要适时修改法律，来增设、丰富和完善刑事诉讼制度，以强调解放思想、落实制度创新。法律制度创新本质上是规则的合理变更，有助于促进司法资源合理配置，推动司法进步，本次刑事诉讼法修改确立了认罪认罚从宽制度，增设了缺席审判程序与刑事速裁程序，这对于完善刑事诉讼程序法治具有重要意义。

根据全国人大常委会作出关于认罪认罚从宽的试点决定，对犯罪嫌疑人、刑事被告人自愿如实供述自己的罪行，对指控的犯罪事实没有异议，同意人民检察院量刑建议并签署具结书的案件，可以依法从宽处

理。本次修改后的刑事诉讼法不仅确立了认罪认罚从宽的原则性地位，还通过修改相关程序性条文，使该项制度得到落实。

本次刑事诉讼法修改最具创新意义的就是建立刑事缺席审判制度，明确了缺席审判适用范围，还对案件起诉、管辖、送达、审判、辩护以及司法救济等内容作出了较为详尽的规定。

刑事速裁程序旨在提高诉讼效率，及时惩治犯罪，保障人权，并可以为进一步完善刑事诉讼制度积累实践经验。本次刑事诉讼法修改增设了刑事速裁程序，把速裁程序试点中形成的成功经验和有益做法上升到立法层面，为全面推开和普遍适用提供了法律依据。

（四）强化刑事诉讼中的人权保障

长久以来，刑事诉讼程序中的人权保障一直是诉讼理论与司法实务研究的重点。2012 年刑事诉讼法修改在内容中加上了尊重与保障人权，不仅具有宣示意义，更具有规范意义，昭示着我国刑事立法在不断地朝着更加民主法治的方向发展，是我国人权保障事业的重大进步。

值班律师制度作为中央深化司法改革的一项重要任务，是推进以审判为中心的刑事诉讼制度改革的重要内容，其对于切实保障犯罪嫌疑人、被告人刑事诉讼权利，进一步完善刑事法律援助制度，加强人权司法保障，促进司法公正具有重要意义。本次刑事诉讼法修改较为详细地规定了值班律师的定位、工作场所、职责、权利，并赋予了犯罪嫌疑人、被告人约见值班律师的权利。值班律师制度的建立，使得更多刑事案件犯罪嫌疑人、被告人有了行使自己诉讼权利的途径。而且，值班律师制度适用范围广泛，具有及时性、辅助性的特点，也不需要考虑涉案罪名和犯罪嫌疑人、被告人经济状况，有效地强化了对刑事案件被追诉人的权利保障。

（五）强调问题意识、坚持问题导向

党的十八大以来，习近平总书记的系列重要讲话，深刻回答了新的历史条件下党和国家发展面临的一系列重大理论和现实问题，贯穿着强烈的问题意识、鲜明的问题导向，体现了求真务实的科学态度，展现了坚定信仰和责任担当。本次刑事诉讼法的修改同样体现强调问题意识、坚持问题导向的精神。关于完善监察制度与刑事诉讼制度衔接的相关内

容，体现了以程序衔接问题为导向，着力解决国家政治体制改革中迫切需要解决的问题，有效地促进了具有中国特色的监察制度的改革。关于建立刑事缺席审判程序的相关内容，体现了以国际反腐败追逃追赃问题为导向，着力解决国家反腐败斗争中的现实问题，使得潜逃海外的犯罪分子面临刑事指控和审判的可能，对腐败分子产生了很大的震慑作用。关于认罪认罚从宽制度与刑事速裁程序的相关内容，体现了以贯彻宽严相济的刑事政策和提高诉讼效率为导向，着力解决刑事诉讼程序单一的相关问题，完善了认罪认罚从宽制度设计和刑事速裁程序设置。关于建立值班律师制度的相关内容，体现了以人权保障为导向，着力解决司法实践中刑事辩护覆盖率不足的问题，注意发挥值班律师在刑事诉讼中的作用，落实刑事被追诉人获取律师帮助的权利。

三、刑事诉讼法再修改的要点

十三届全国人大常委会第六次会议通过的《修改决定》主要从以下三大方面进行调整和完善。此外还涉及与其他相关法律的衔接问题，吸收了部分改革成果。

（一）监察法与刑事诉讼法的衔接

全国人大常委会于2016年12月、2017年11月先后作出在北京市、山西省、浙江省以及在全国各地开展国家监察体制改革试点工作的决定，暂时调整或者暂时停止适用刑事诉讼法关于检察机关对直接受理的案件进行侦查的有关规定。2018年3月，十三届全国人大第一次会议审议通过了《宪法修正案》和监察法。自此，国家监察体制改革得到了宪法、法律层面的肯认，而检察机关职务犯罪侦查权也正式完成转隶。其中需要明确的是，国家监察调查的对象包括职务违法和职务犯罪，因此不能把监察调查完全等同于原先检察机关对职务犯罪的刑事侦查；同时，由于搜查、扣押、查封、冻结、留置、技术侦查等调查措施所具有的强制性质，可能对公民个人合法权益造成限制或者侵害，也不能因为称其为调查而掩盖其侦查的实质。尤其是针对职务犯罪进行的监察调查，其性质相当于对普通犯罪进行的刑事侦查。可以说是名为调查，实为侦查；或者说，以调查之名，行侦查之实。对于调查终结认为犯罪事实清楚，证据确实、充分的，应当移送检察机关审查起诉，并开

始适用刑事诉讼法的规定。可见，监察法与刑事诉讼法、国家监察机关与刑事诉讼专门机关、国家监察调查程序与刑事诉讼程序均有着密切联系。因而，需要刑事诉讼法及时按照宪法精神作出修改，并与监察法有效衔接。

《修改决定》中共有 7 条涉及监察法与刑事诉讼法的衔接问题。其中第 2 条明确了检察机关侦查权与监察机关调查权的衔接，职务犯罪侦查权实行转隶，所有行使公权力的公职人员的职务犯罪调查权归于监察委员会，但同时保留了检察机关部分侦查权，包括“在对诉讼活动实行法律监督中发现的司法工作人员利用职权实施的非法拘禁、刑讯逼供、非法搜查等侵犯公民权利、损害司法公正的犯罪”的自行侦查权及“对于公安机关管辖的国家机关工作人员利用职权实施的重大犯罪案件”的机动侦查权。《修改决定》第 12 条赋予了检察机关对于监察机关移送起诉的案件退回补充调查和自行补充侦查的权力，并确立了留置措施与刑事强制措施的衔接机制，此外，《修改决定》删去原关于侦查期间辩护律师会见、指定居所监视居住、采取技术侦查措施之规定中有关贪污贿赂犯罪的内容，并对“侦查”的概念重新定义，以与监察法规定相一致、相衔接。

（二）建构刑事缺席审判制度

党的十八大以来，制度反腐效果显著，但同时，“夺取反腐败斗争压倒性胜利”仍是新时代的重要目标。2016 年 7 月，全国人大常委会法制工作委员会提出了关于建立刑事缺席审判制度的研究报告，中央纪委建议在配合国家监察体制改革修改刑事诉讼法时，对刑事缺席审判制度作出规定。此后，全国人大常委会法制工作委员会刑法室召开专家座谈会研究刑事诉讼法修改问题时，也就此广泛征求意见。2017 年，中国刑事诉讼法学研究会更是将“刑事缺席审判制度”作为年会的议题之一，展开了深入而热烈的研讨，以便为立法进行理论准备。

《修改决定》在《刑事诉讼法》第五编增加一章，作为第三章，即“缺席审判程序”，包括第 291 条至 297 条共 7 个全新条文。其中，刑事缺席审判制度的基本适用范围限定于“对于贪污贿赂犯罪案件，以及需要及时进行审判，经最高人民检察院核准的严重的危害国家安全犯罪、恐怖活动犯罪案件，犯罪嫌疑人、被告人在境外，监察机关、公安机关

移送起诉，人民检察院认为犯罪事实已经查清，证据确实、充分，依法应当追究刑事责任的”。此外，“因被告人患有严重疾病无法出庭，中止审理超过六个月，被告人仍无法出庭，被告人及其法定代理人、近亲属申请或者同意恢复审理的”，以及“被告人死亡的，人民法院应当裁定终止审理；但有证据证明被告人无罪”和“人民法院按照审判监督程序重新审判的案件，被告人死亡的”，也可以缺席审判。同时，《修改决定》一方面规定了犯罪嫌疑人、被告人在境外的缺席审判的具体程序，包括管辖、送达、判决、涉案财产处理、交付执行刑罚等；另一方面，为充分保障被告人的诉讼权利，对委托辩护和提供法律援助作出规定，并赋予被告人近亲属上诉权以及罪犯异议权。考虑到2012年刑事诉讼法修改时，只是新增了“犯罪嫌疑人、被告人逃匿、死亡案件违法所得的没收程序”，尚未确立真正意义上的刑事缺席审判制度。因而，此次刑事诉讼法再修改，初步建构起中国特色的刑事缺席审判制度，作为一大亮点，必将引起理论与实务界的广泛关注和深入研讨。

（三）完善认罪认罚从宽制度和增加刑事速裁程序

2014年以来，全国人大常委会先后授权在18个省市进行了为期两年的刑事速裁程序试点和认罪认罚从宽制度试点，取得良好成效。因而，为了将可复制、可推广的试点工作经验上升为法律规范，完善刑事案件认罪认罚从宽制度和增加速裁程序即成为刑事诉讼法再修改的重点之一。

此次《修改决定》中，有关认罪认罚从宽制度与刑事速裁程序的共有13条，达到《修改决定》内容的半数。可见，对于认罪认罚从宽制度和刑事速裁程序试点经验的总结和提炼，是本次刑事诉讼法再修改的重要内容，它吸收了此前《关于在部分地区开展刑事案件认罪认罚从宽制度试点工作的办法》的主要内容，其中已对认罪认罚从宽制度的案件适用范围、基本原则、法律援助、强制措施以及侦查程序、审查起诉程序、审判程序中的实施方式和具体问题加以规范，形成制度雏形并在试点中证明行之有效，此次刑事诉讼法再修改对此基本予以认可和肯定。

四、刑事诉讼法再修改的争点

在本次刑事诉讼法修改过程中，围绕某些问题存在一些争议，修改

条文也曾出现反复。为把握刑事诉讼法条文的确切含义，加深对刑事诉讼法修改决定的理解，在此谨做一些简要的梳理和分析。

（一）关于检察机关的自侦权及范围

按照国家监察体制改革精神和监察法的相关规定，新组建的各级监察委员会是行使国家监察职能的专责机关，依法对所有行使公权力的公职人员进行监察，调查职务违法和职务犯罪。

那么，实行转隶后检察机关是否还拥有对一定职务犯罪的侦查权？或者说作为国家法律监督机关，还是否需要保留一定的职务犯罪侦查权？这是刑事诉讼法和人民检察院组织法修改必须要回答的重大问题。我国宪法和法律规定，人民检察院是国家的法律监督机关，其重要职责就是对诉讼活动实行法律监督，对判决、裁定等生效法律文书的执行工作实行法律监督，对监狱、看守所的执法活动实行法律监督。如果在对诉讼活动实行法律监督的过程中，发现司法工作人员利用职权实施犯罪而进行立案侦查，既是其履行法律监督的职责所在，也更为合理，更为便捷，有利于及时收集保全证据，依法惩治犯罪。同时，保留或明确检察机关对在实行诉讼监督过程中发现的职务犯罪的立案侦查权，有利于强化检察机关的法律监督地位，有利于保障其法律监督职能的行使。基于此，新修订的《人民检察院组织法》第 20 条规定，人民检察院行使职权的第一项就是“依照法律规定对有关刑事案件行使侦查权”。同日由《修改决定》第 2 条将检察机关立案侦查的职务犯罪范围予以明确，即“人民检察院在对诉讼活动实行法律监督中发现的司法工作人员利用职权实施的非法拘禁、刑讯逼供、非法搜查等侵犯公民权利、损害司法公正的犯罪，可以由人民检察院立案侦查”。根据修改后的人民检察院组织法和刑事诉讼法，最高人民检察院于 2018 年 11 月 24 日印发《关于人民检察院立案侦查司法工作人员相关职务犯罪案件若干问题的规定》，将刑事诉讼法修改决定确立的检察机关自侦案件范围予以细化，具体包括以下 14 个罪名：非法拘禁罪；非法搜查罪；刑讯逼供罪；暴力取证罪；虐待被监管人罪；滥用职权罪；玩忽职守罪；徇私枉法罪；民事、行政枉法裁判罪；执行判决、裁定失职罪；执行判决、裁定滥用职权罪；私放在押人员罪；失职致使在押人员脱逃罪；徇私舞弊减刑、假释、暂予监外执行罪。

检察机关立案侦查的案件，可能与国家监察机关存在管辖竞合或交叉的问题。关于案件线索的移送和互涉案件的处理，根据《监察法》第34条的规定，人民法院、人民检察院、公安机关、审计机关等国家机关在工作中发现公职人员涉嫌贪污贿赂、失职渎职等职务违法或者职务犯罪的问题线索，应当移送监察机关，由监察机关依法调查处置。被调查人既涉嫌职务违法或者职务犯罪，又涉嫌其他违法犯罪的，一般应当由监察机关为主调查，其他机关予以协助。当刑事诉讼法修改将司法工作人员利用职权实施的犯罪明确可以由检察机关立案侦查后，为妥善解决管辖竞合和互设案件处理，最高人民检察院规定，人民检察院立案侦查司法工作人员利用职权实施的犯罪时，发现犯罪嫌疑人同时涉嫌监察委员会管辖的职务犯罪线索的，应当及时与同级监察委员会沟通，一般应当由监察委员会为主调查，人民检察院予以协助。经沟通，认为全案由监察委员会管辖更为适宜的，人民检察院应当撤销案件，将案件和相应职务犯罪线索一并移送监察委员会；认为由监察委员会和人民检察院分别管辖更为适宜的，人民检察院应当将监察委员会管辖的相应职务犯罪线索移送监察委员会，对依法由人民检察院管辖的犯罪案件继续侦查。监察委员会和人民检察院分别管辖的案件，调查（侦查）终结前，人民检察院应当就移送审查起诉有关事宜与监察委员会加强沟通，协调一致，由人民检察院依法对全案审查起诉。

（二）关于缺席审判程序的适用范围

本次刑事诉讼法修改的一项重要内容，就是建立刑事缺席审判制度。《修改决定》第25条是关于建立缺席审判程序的专门规定，决定在《刑事诉讼法》第五编特别程序中增加一章，作为第三章缺席审判程序。由于缺席审判制度是“新生事物”，且在法治发达国家鲜有成熟立法例，故在修法过程中，围绕缺席审判制度出现不同意见，前后产生反复，特别是关于缺席审判程序的适用范围，主要是严格限制还是适当放宽的问题。众所周知，探索建立刑事缺席审判制度是中央深化反腐败斗争的要求，是国际反腐败追逃追赃的需要。根据中央有关决策部署精神，2016年7月，全国人大常委会法制工作委员会提出了关于建立刑事缺席审判制度的研究报告，中央纪委建议在配合国家监察体制改革修改刑事诉讼法时，对刑事缺席审判制度作出规定。此后，全国人大常委会法工委

刑法室召开专家座谈会研究刑事诉讼法修改问题时，也曾就建立缺席审判制度多次征求意见。既然建立缺席审判制度是深化反腐败斗争的要求，是国家反腐败追逃追赃的需要，那么缺席审判的对象主要是涉嫌贪污贿赂的犯罪，这是毋庸置疑的。既然建立了缺席审判制度，能否将其适用的范围适度扩大呢？这是需要研究并产生争议的问题，修改条文在此问题上也曾出现过反复。刑事诉讼法修正草案（一审稿）第24条关于缺席审判程序的适用范围，限定为贪污贿赂案件，拟增加第291条规定："对于贪污贿赂等犯罪案件，犯罪嫌疑人、被告人潜逃境外，监察机关移送起诉，人民检察院认为犯罪事实已经查清，证据确实、充分，依法应当追究刑事责任的，可以向人民法院提起公诉。"在2016年8月27日提请十三届全国人大常委会二审稿中，关于缺席审判程序的适用范围，除保留对于贪污贿赂犯罪案件外，增加了"以及需要及时进行审判，经最高人民检察院核准的严重的危害国家安全犯罪、恐怖活动犯罪案件"。

在理论界，普遍主张对刑事缺席审判程序要谨慎适用。有人认为，刑事缺席审判程序实际是对被告人权利的克减，而程序正义已经成为法治的基石。按照程序正义的要求，利害关系人有权参加诉讼程序向法庭提交证据并提出自己的主张。也有学者给缺席审判制度定义为"天然有缺陷的刑事审判制度，必须严格地限制它的适用范围"。据此，为保证缺席审判程序的准确适用，保障被追究人的合法权益，修改后的刑事诉讼法从以下方面予以体现：一是确保将诉讼文书依法送达在境外的犯罪嫌疑人、被告人；二是实行辩护律师全覆盖；三是赋予被告人近亲属独立的上诉权；四是赋予被告人事后异议权；五是赋予检察机关抗诉权。

（三）关于值班律师的法律定位

值班律师制度是深化司法改革产生的新生事物，在试点刑事速裁程序、推进以审判为中心的诉讼制度改革和完善刑事诉讼中的认罪认罚制度中发挥重要作用。

在立法修改中，如何确定值班律师的性质是一个重要问题。有人提出："值班律师的定位不是单纯的学术问题，而是关于值班律师制度的定性、发展的根本问题，也是与我国刑事辩护制度发展完善直接相关的重要问题。"围绕值班律师的定位问题存在不同意见。一个问题是值班

律师是不是法律援助律师？实务部门同志，包括大多数法律援助工作者认为，值班律师的职责是提供“法律帮助”，因此不属于法律援助律师。也有人提出，“值班律师的工作性质应当是法律援助工作性质”。另一个问题是值班律师是不是或者应不应该是辩护律师或辩护人。围绕这个问题更是存在分歧，大致有几种代表性的观点。

一是将值班律师定位为“见证而非提供法律咨询，更非辩护律师”。论者认为：“依据试点经验，将值班律师职责明确为见证律师，通过形式监督，见证与排除公安讯问、检察提审、法院庭审时不存在违法情形，规范执法行为应当是值班律师的核心职责。”

二是认为值班律师是为当事人提供法律帮助的律师，其行使的是律师帮助权而非辩护权。论者认为：“律师帮助权与辩护权存在许多交叉，辩护权是指被指控的人针对指控进行反驳、辩解以及获得律师帮助的权利。而律师帮助权则是指被追诉人获得为其辩护的律师帮助的权利。辩护权直接为犯罪嫌疑人、被告人辩护，在对象上是对外的；而律师帮助权则是帮助犯罪嫌疑人、被告人实现辩护权，对象上是对内的。”

三是认为值班律师因其参与诉讼活动的特殊性可定位为“准辩护人”。论者认为，“由于值班律师与被追诉人之间并不需要签订专门的委托代理合同，因此将值班律师定位为传统意义上的辩护律师确实有一定的难度，但是起码可以赋予其‘准辩护人’的身份”，“较为理想的折中方案是，区分不同的诉讼阶段分别赋予值班律师不同的身份”。

四是认为值班律师应当是辩护律师或辩护人的法律地位。核心思想是无论在抽象意义上还是在特定意义上，无论在国际公约及西方发达国家法律上还是在我国刑事诉讼制度及刑事诉讼法的发展变化上，“法律帮助”与刑事辩护或律师辩护是无法截然分开的。

在刑事诉讼法修改的过程中，关于值班律师的定位或职责发生过变化。一审稿中第4条规定：“法律援助机构可以在人民法院、人民检察院、看守所派驻值班律师。犯罪嫌疑人、被告人没有委托辩护人，法律援助机构没有指派律师为其提供辩护的，由值班律师为犯罪嫌疑人、被告人提供法律咨询，程序选择建议，代理申诉、控告，申请变更强制措施，对案件处理提出意见等辩护。”也就是说，值班律师也是辩护律师，与委托律师、指定律师一起构成律师体系。但很多同志认为，值班律师在不同诉讼阶段应当承担不同角色，而且如果要求值班律师担负辩护职

责，应当赋予其相应的知情权，包括会见、阅卷、调查等，否则在值班律师不知情的情况下，要求其对案件处理提供辩护意见，是勉为其难，也是不负责任的。

据此，在二审稿中将值班律师的职责改为，“由值班律师为犯罪嫌疑人、被告人提供法律咨询、程序选择建议、申请变更强制措施、对案件处理提出意见等法律帮助”。即去掉了值班律师代理申诉、控告的职责，同时将值班律师履行四项职责的属性界定为提供法律帮助，而不是提供辩护意见。最终通过的修改决定仍持此立场。当然，并不是说围绕值班律师法律定位的探讨也随之宣告终结，相反，作为学术问题，同时也是影响值班律师制度健康发展的重要问题，仍需大家继续关注，深入讨论。

论刑事诉讼法的修法技术

——由2018年刑事诉讼法再修改展开*

一、问题的提出

2018年10月26日，全国人大常委会第六次会议表决通过了《关于修改〈中华人民共和国刑事诉讼法〉的决定》(以下简称《决定》)，至此，中国刑事诉讼法的第三次修改落下帷幕。本次修改是在深化国家监察体制改革、国际反腐败追赃追逃、推进司法体制改革等方面均取得重大成果的背景下，我国刑事诉讼法典进行的必要调整和及时跟进，也是首次由全国人大常委会完成修改工作的刑事诉讼立法活动。《决定》合计26个条文，其中，18个条文对2012年刑事诉讼法作出修正，新增条款18条，修改后的刑事诉讼法条文总数升至308条。本次修改的要点有三：一是实现监察法与刑事诉讼法的有效衔接；二是建构刑事缺席审判制度；三是完善认罪认罚从宽制度、增设刑事速裁程序。

在现代社会，法律的修订大量存在且频繁发生。① 正如美国法学家罗斯科·庞德指出的那样，社会生活情势的不断变化要求法律根据其他社会利益的压力和种种危及安全的新形势不断作出新的调整，人们必须根据法律予以调整的实际生活的各种变化，不断地对法律进行检查和修正。② 回顾历史，1979年刑事诉讼法制定后，历经1996年、2012年两次修正，且均以全部法条重排、整体重新公布的修改方式分别于八届全国人大四次会议和十一届全国人大五次会议上表决通过。其中，1996年修改涉及条文110条，涵盖十大方面的内容，首次确立疑罪从无原

---

* 原文发表于《法学》2020年第5期，与孔祥伟合作。

① ［英］P. S. 阿蒂亚:《法律与现代社会》，范悦等译，辽宁教育出版社、牛津大学出版社1998年版，第178页。

② ［美］罗斯科·庞德:《法律史解释》，邓正来译，中国法制出版社2003年版，第2页。

则，推动了我国刑事诉讼立法面向21世纪的初步现代化转型。2012年修改在“刑事诉讼法的任务”一条中增加规定“尊重和保障人权”，对刑事诉讼整体的基本原则、制度与程序起到了提纲挈领的指导作用，也是“国家尊重和保障人权”原则入宪后“落地”部门法的首次实践，进一步明确了刑事诉讼法作为“小宪法”“行动宪法”的“重器”地位。[①]而本次刑事诉讼法的修改，紧紧围绕党的十八大以来以习近平同志为核心的党中央系列重大决策部署，体现了新时代全面推进依法治国的新发展，顺应了新时代对刑事诉讼法律制度自我完善、自我更新的新要求，具有刑事诉讼法治建构与创新发展新篇章的肇始意义。

虽如此，本次刑事诉讼法的修改仍有些许缺憾。例如，此次修改并未充分吸收依法独立行使审判权、检察权保障机制、庭审实质化等以审判为中心的诉讼制度改革的诸多重要成果；在证据制度方面，2017年《关于办理刑事案件严格排除非法证据若干问题的规定》《人民法院办理刑事案件排除非法证据规程（试行）》等文件对于我国非法证据排除规则的新发展亦在《决定》中未能体现。凡此种种，皆与本次修法所采用的由全国人大常委会负责审议通过的修改方式不无关系。事实上，此次修法所采用之方法与技术也在理论界引发了不同程度的讨论和争鸣。我们认为，刑事诉讼立法的技术模式（包括法律修改模式）对于诉讼规则实施、运行的整体效果有着实质性的影响和作用。在刑事诉讼规范体系的完善与更新过程中，仅仅采取扩大外延、创设新规的立法方式，而忽视修法模式、修法技术的选择问题，则必将减损法的整体功能效用。

“一切制度性的改革，必须依靠系统集成。”[②]诚哉斯言，刑事诉讼制度的革故鼎新同样是一项系统性的工程，无法毕其功于一役。从长远来看，刑事诉讼法的再修改还将继续。当前，全面评估我国刑事诉讼法典的修订状况与发展历程，已成为承前启后推进刑事诉讼制度科学立法的重要课题。刑事诉讼法的修改必然涉及公权与私权之间紧张关系的纾

---

① 关于1996年、2012年两次刑事诉讼法修改的总体情况可参见陈光中、曾新华：《中国刑事诉讼法立法四十年》，载《法学》2018年第7期；陈光中：《刑事诉讼立法的回顾与展望》，载《法学家》2009年第5期；卞建林：《改革开放30年中国刑事诉讼制度发展之回顾与展望》，载《法学杂志》2009年第1期；等等。

② 王战：《制度性的改革必须依靠系统集成》，载《新华每日电讯》2017年3月14日，第6版。

解、专门机关的职权分配、刑事司法的流程再造等重大利益调整，牵一发而动全身，因此，指导刑事诉讼法修改的科学理念是什么，刑事诉讼规范体系的最佳修改模式是否存在，理论界关于修正案模式及其适配的“固化法条删加式”的呼吁具有多大程度的可行性，如何从顶层上设计未来刑事诉讼立法的总体思路和最优方法，这些命题都应被认真对待并加以研究。基于此，笔者拟以 2018 年刑事诉讼法再修改为切入点，对本次修法的主要情况进行概括介绍，对 1979 年以来三次刑事诉讼法修改的主要规律与主要技术进行回顾和反思，通过对修法模式、修法机关、整理技术等问题的多元检视，全面评估现有修法技术与理论界相关意见的利弊得失，并对未来我国刑事诉讼法典修正的应然路径作出展望。

二、刑事诉讼法修改的模式选择

方法论意义上，“模式”一般指某个较长时间段内形成的具有某种显性特征的运作方式，“模式论”是学术研究的基本范式之一。[①]“从刑事司法的经验事实出发抽象出运作的理论模式，可以为设计立法与解释司法实践提供体系化的价值选择。”[②]在立法领域，模式选择同样会对法的创制与修正带来深远影响。本次刑事诉讼法修改采用的是由全国人大常委会负责审议表决、以局部修改为特征的类修正案模式。[③]具体来说，本次修改以 2012 年旧法为基础作出调整从而延续了一元化的立法模式，由全国人大常委会审议通过确保了修法程序的及时迅速，重排法条序号使新法在阅读上连贯流畅，自公布之日起施行以实现刑事诉讼法与监察法的有效衔接。但事实上，刑事诉讼法的地位、功能及特性都决定了修正案模式、类修正案模式并非刑事诉讼法的最佳修改模式。前文所提之未能充分吸收审判中心改革的诸多成果等本次修法的缺憾和不足，一定

---

① 卞建林：《刑事诉讼模式的演化与流变——以海峡两岸刑事司法改革为线索》，载《政法论坛》2019 年第 1 期。

② 左卫民：《冲突与竞合：刑事诉讼的模式分析——读帕克教授的〈刑事制裁的界限〉》，载《政法论坛》2017 年第 5 期。

③ 之所以将本次刑事诉讼法修改模式界定为“类修正案式”，是因为本次修法的决议形式仍采用“修改决定”这一文本种类，在新法颁布时立法机关仍循旧例将全部法条依序重排。上述修法技术均与宪法、刑法等法律部门长期采用的修正案模式存在一定差距，故可概之为“类修正案模式”。

程度上也与本次修法所采模式有关。

（一）模式选择的前提：法典化与一元化

遍览世界各国刑事程序的立法实践，其主要模式有三。一是多元化模式，持此模式的国家多属英美法系。尽管英美法以判例著称，但自20世纪以来，不少英美法系国家和地区掀起法典编纂浪潮，在刑事诉讼领域颁布了大量制定法。例如，英国虽无独立的刑事诉讼法典，但近年来因应社会形势陆续制定一系列单行法规，如《1984年警察与刑事证据法》《1996年刑事诉讼和侦查法》《1998年犯罪与妨害治安法》《2003年刑事司法法》，等等。[①]《加拿大刑事法典》融刑事实体法与程序法为一体。除此之外，加拿大还存在着一些涉及刑事程序的单行法规，如《青少年刑事司法法》《加拿大证据法》《引渡法》等。[②]二是一元化模式，以法、德等传统大陆法系国家为代表，此模式下的刑事诉讼法典在内容上全面，在数量上唯一，在效力上最高（除宪法规范外），是规制刑事程序最为基本也最为重要的制定法渊源。三是以美国为代表的分散化模式。由于美国存在着联邦与州两套独立运行的司法体系，刑事诉讼立法呈现出分散化特征。《联邦刑事诉讼规则》在规范刑事司法程序方面发挥着重要作用，其条款适用于联邦地区法院几乎由提起指控到案件最终处理的全过程。但在各州，刑事程序规范的分散性则十分显著，“每一个州都有一组广泛的规范刑事司法程序的成文法规定，通常被描述为‘刑事诉讼法典’。然而，有10个州的刑事诉讼‘法典’只不过是一个刑事诉讼程序成文法的松散集合体……剩下的司法辖区，其基本的成文法规定则介于真正意义的法典和松散的法条集合之间”[③]。

从沿革来看，中国传统法律文化历来就有“法典情结”，1979年刑法和刑事诉讼法的颁布标志着中国法典化之路的重新启动。[④]颁行至今，刑事诉讼法的主体文本虽经三度修正，却始终未能跳脱一元法典化的范

---

① 宋英辉、孙长永、朴宗根等：《外国刑事诉讼法》，北京大学出版社2011年版，第1页。

② 宋英辉、孙长永、朴宗根等：《外国刑事诉讼法》，北京大学出版社2011年版，第122页。

③ 卞建林、刘玫主编：《外国刑事诉讼法》，中国政法大学出版社2008年版，第55页。

④ 卢建平：《刑法法源与刑事立法模式》，载《环球法律评论》2018年第6期。

畴。即使是那种对刑事诉讼法有着“暂时调整适用”或“暂时停止适用”[①]效力的全国人大常委会授权部分地区试点改革、变通执行相关法律的决定[②]，也仍然属于在特定区域内变通法律、试行新规的局部调整，且多有时间限制，并不具备法律修正的普遍效力。这表明我国刑事诉讼的规则体系已逐渐形成一种以法典为核心和载体的稳定结构。可以说，法典化与一元化是我国现行刑事诉讼法典的首要特征，也是在中国语境下讨论刑事诉讼法修改技术问题所必须明确的基本前提。

（二）模式选择的范围：附属化与整体化

法律修改是制定法本体及其立法模式的延展与续造。因此，刑事诉讼法的立法模式决定了其所应取的修改技术。一般来说，刑事诉讼法的修改体例主要有三种类型：一是附属化模式，即在保持原法典体系、结构、主要内容乃至条文顺序不变的情形下，补充、修正或删除有关法律条文并在法典中一一加以标识的修法形式。附属化模式是法、德等大陆法系国家普遍采用的修法技术，一般通过法律修正案来具体实施，故这一模式又被称作“修正案模式”。二是分立化模式，即当原法典需修改或增设较多体量的内容时，立法机关以制定单行法的方式将其专门规定的修法技术。这一模式在否认法典唯一性的基础上明确提出了分散立法的要求。例如，1999年至2004年间，日本刑事诉讼法分别就有组织犯罪、被害人权益保护、陪审制度等事项进行三次修改，制定了《关于以犯罪侦查为目的的通讯监听的法律》《关于以保护犯罪被害人等为目的的刑事程序附属措施的法律》和《关于裁判员参加的刑事审判的法

① 《立法法》第13条规定，全国人大及其常委会可根据改革发展需要，决定就行政管理等领域的特定事项授权一定期限内部分地方暂时调整或者暂时停止适用法律的部分规定。

② 迄今为止，第十二、十三届全国人大常委会为推进全面深化改革，相继颁布了15项授权部分试点改革地区变通执行相关法律的决定，其中与刑事诉讼法有关的授权决定共3项，分别是：2014年6月27日通过的《全国人民代表大会常务委员会关于授权最高人民法院、最高人民检察院在部分地区开展刑事案件速裁程序试点工作的决定》、2015年4月24日通过的《全国人民代表大会常务委员会关于授权在部分地区开展人民陪审员制度改革试点工作的决定》和2016年9月3日通过的《全国人民代表大会常务委员会关于授权最高人民法院、最高人民检察院在部分地区开展刑事案件认罪认罚从宽制度试点工作的决定》。

律》。[①] 三是整体化模式，即修法虽以原法典为基础，但由于删改或补充的范围牵涉面广，需要调整乃至变更原法典的体系结构，故将新旧法律条文重新编排，从而形成一种新整体的修法形式。[②] 在我国，整体化技术一般通过全国人大及其常委会所作关于修改某部法律的决定加以实现。

由此可见，上述三种修法模式的差异化特质，实则反映出修法内容对修法技术取舍的重要影响。附属化模式适于法典的局部微调，整体化模式适于法典的整体大修，而当法律修改仅聚焦于新增、创设独立的诉讼制度、诉讼程序时，分立化模式的采用则具有确保主法典完整、稳定的突出优势。但同时也应看到，单行立法的泛化运用又将促使制定法体系走向多元结构而与我国诉讼立法的一元传统相悖。因此，对于那些在刑事诉讼立法方面具有一元法典化传统的国家来说，附属化与整体化模式才是其可选的修法技术。事实上，我国除宪法与刑法的修改采用修正案模式外，其他基本、非基本法律的修正大都通过"修改决定"或"打包修法"[③] 的形式完成，由此，各法律部门主体法典的一元结构得以有效维系。如是观之，人们不禁要问，在整体化与附属化之间，究竟何者才是我国刑事诉讼法修正的应然之道？又有哪些是立法机关在选择修法模式时所必须考量的因素和条件呢？

（三）模式选择的考量：内容、篇幅与体量

事实上，自刑事诉讼法第二次大修以来，理论界就存在着一种意见认为，以修正案为核心的附属化模式"在保持法典基本框架不变的情形

---

① ［日］松尾浩也：《日本刑事诉讼法修改的动向》，金光旭译，载陈光中主编：《21世纪域外刑事诉讼立法最新发展》，中国政法大学出版社2004年版，第253—260页。

② 牟军、张青：《刑事诉讼的立法模式与立法技术批判——以〈刑事诉讼法第二修正案〉为中心》，载《法制与社会发展》2012年第6期。

③ "打包修法"是指"对多部法律中涉及同类事项的个别条款进行修改，一并提出法律案，进行合并表决"。十三届全国人大履新以来，全国人大常委会先后4次"打包"修改法律33件次。参见朱宁宁：《开局之年立法工作全面提质加速——十三届全国人大及其常委会2018年立法工作回眸》，载《法制日报》2019年2月26日，第5版；姜洪：《"打包立法"：快不得急不得马虎不得》，载《检察日报》2015年4月27日，第5版。

下，法律的历次修改在新法中得到一目了然的体现，符合人们长期以来所形成的对法典的阅读习惯，因而更易于对修正后法律的理解、掌握和遵循”①，当为今后立法所借鉴。“如果采用修正案方式，针对刑事诉讼法实践中的问题，成熟一个，修改一个，就能避免法律明显滞后于社会现实，实现法律安定性与变动性的有机统一。”② 甚至认为，“虽然以审判为中心的诉讼制度改革对刑事诉讼法的波及面较宽，但这些改革措施在将来‘入法’时，仍属于若干局部修改的组合，可以通过修正案的方式实现”。③ 在研讨本次刑事诉讼法再修改问题时，亦有部分学者吁请借鉴刑法部门的成功经验，倡用“修正案”修法。由于上述观点影响颇大，又因本次修法涉及刑事诉讼法与宪法规定的契合，与监察法的有效衔接等特定背景，本次修改遂在一定程度上运用了附属化模式的某些措施，如提请全国人大常委会进行审议和表决，新法颁布后立即实施并不预留缓冲过渡时间等。

不可否认，附属化模式对于维持原法典结构体系的完整具有极大优势。“即使经过多次修正，法条顺序、体系框架及其对应内容基本保持不变，使法典不仅具有时代感，而且具有历史感。” ④ 是故，我们并不反对附属化模式在我国刑事诉讼立法上的应用。但这是否就意味着未来我国刑事诉讼法典的修正可一概而论地奉行此道，答案或许同样有疑问。事实上，修正案并非十全十美的修法技术，它的妥当运用不仅受制于特定的先决条件，如要求原法典本身体系完备、结构合理、趋近成熟等，更有着一些明显的局限。一是修正案裨于法典分则的修改而不适宜于总则部分。一般来说，法典的总则涉及立法目的、基本原则、适用范围等基础规范，犹如建筑物的主体框架和承重结构，即使稍加微调，往往也会产生“伤筋动骨”性的综合影响。近年来陆续通过的 10 次《刑法修正案》，也大都针对刑法分则进行修正。二是当原法典本身存在重大瑕疵或结构缺陷时，修正案更非最佳修法技术，倘使勉强为之，则修改后

---

① 牟军、张青:《刑事诉讼的立法模式与立法技术批判——以〈刑事诉讼法第二修正案〉为中心》，载《法制与社会发展》2012 年第 6 期。

② 莫湘益:《刑事诉讼立法技术研究》，法律出版社 2017 年版，第 197 页。

③ 莫湘益:《刑事诉讼立法技术研究》，法律出版社 2017 年版，第 199 页。

④ 梁根林:《刑法修正：维度、策略、评价与反思》，载《法学研究》2017 年第 1 期。

的法典文本必然周身补丁、臃肿肥大，内部逻辑混乱不堪。即便是在运用修正案最为频繁的刑法部门，亦有不少学者发出了“刑法修正案的立法模式已难以为继”“刑法修正何时休”的质疑，认为“继续沿用刑法修正案模式对刑法进行修正，已经无法消除1997年刑法固有的结构缺陷与功能失调”，并建议尽快将全面修订1997年刑法纳入全国人大立法规划。①三是修正案适于个别条款的修改而不适于结构性的大改。修正案是附属化模式的主导技术，其附属性主要体现在该技术以原法典为母体和基础进行删改、调整。修正案的有限承载力决定了法典整体的结构性变动及较大篇幅、体量的修法安排难以依靠附属化模式实现。事实上，本次刑事诉讼法修改未能充分吸收以审判为中心的诉讼制度改革的诸多重要成果等立法缺憾，很大程度上也是由于“修正案模式”所限。毕竟，以审判为中心涉及刑事诉讼的方方面面，影响公检法三机关的职权配置与运行，需要进行体系性修改，非“修正案模式”之小修小补即能满足。②

综上，我们认为，制定法的修改模式取决于立法背景、立法目的、自身性质等多种因素，对于各种修法技术及措施的组合运用，也不存在恒定不变的判断标准，一概而论地坚守固定的匹配形式并非科学的立法态度。当然，宪法作为一国法律体系内的最高法与根本法，可不受此规律支配。这是因为宪法的稳定既是维持秩序有效运行的基础，也是宪法作为根本法的原则性的具体要求。③对宪法作出全面修订，往往意味着国家最重大的政治关系发生了全面性甚至颠覆性的变革。因而，现代国家大多以修正案作为宪法修改的唯一形式。但到了其他部门法领域，就不可片面机械地断言某种修法模式的绝对优劣，而应结合每次修法的具体情形包括修法的背景、内容、所涉条文、篇幅体量、修法对篇章结构

① 类似观点参见卢建平:《刑法法源与刑事立法模式》，载《环球法律评论》2018年第6期；郭泽强:《从立法技术层面看刑法修正案》，载《法学》2011年第4期；卢勤忠:《我国刑法修正案立法的问题及对策》，载《南京大学学报（哲学·人文科学·社会科学版）》2009年第3期；等等。

② 卞建林、谢澍:《刑事诉讼法再修改：解读与反思》，载《中共中央党校学报》2018年第6期。

③ 张德瑞:《宪法的稳定性与稳定性的宪法——以中美宪法文本的比较为视角》，载《现代法学》2009年第2期。

的影响大小等因素作出最适选择，并对条序整理、生效时间等具体的技术性问题做出妥善安排。

三、刑事诉讼法修改的职权归属

立法理论认为，法律修改是法律制定的延伸和继续，此即制定权与修改权同一理论。据此，法律修改与法律制定性质相同，须拥有立法权的机关才有权修改。①但自1978年迄今，在那些由历次全国人民代表大会全体会议（以下简称“全国人大”）通过的法律规范当中，仅有7部法律②的后续修改工作仍由全国人大完成，余者均由全国人大常委会负责修正。即使是这7部法律，晚近以来的多次修改亦主要为全国人大常委会包揽，最典型者莫过于我国刑法典的修正。1997年刑法典全面修订后，22年以来，全国人大常委会先后通过了1个单行刑法（1998年《关于惩治骗购外汇、逃汇和非法买卖外汇犯罪的决定》）和10个《刑法修正案》。可以说，刑法典的最初制定机关——全国人大已基本放弃了对刑法典的修改权。迄今为止，修法工作始终为全国人大掌握的法律规范仅有宪法与立法法两部。

我们以为，厘清刑事诉讼法修改的职权归属，首先应当明确我国宪法、立法法就基本法律的立法（修改）体制做出了怎样的安排，在此基础上，仍需继续遵循宪法法治原则和立法权运行的基本规律，统筹配置最高立法机关与其常设机构间的刑事诉讼法修改权限。

---

① 李林:《立法理论与制度》，中国法制出版社2005年版，第213页。

② 这7部法律分别是：宪法（1978年制定，1979年、1980年修改，1982年全面修改，1988年、1993年、1999年、2004年、2018年修正）、立法法（2000年制定，2015年修改）、刑法（1979年制定，1997年全面修改）、刑事诉讼法（1979年制定，1997年全面修改，2012年全面修改）、中外合资经营企业法（1979年制定，1990年修改，2001年修改）、全国人民代表大会和地方各级人民代表大会选举法（1979年制定，1982年修改，2010年修改）、地方各级人民代表大会和地方各级人民政府组织法（1979年制定，1982年修改）。迄今为止，人大全体会议为修正上述7部法律，共审议通过法律修改案16件次。另需指出的是，上述法律中，除了宪法、立法法、中外合资经营企业法（已为2019年外商投资法废止）外，其余法律的现行有效版本均为全国人大常委会修正。

（一）两级立法体制的基本安排

党的十八届四中全会提出：“坚持依法治国首先要坚持依宪治国，坚持依法执政首先要坚持依宪执政。”立法权的配置本质上属于宪法制度。我国宪法和立法法均规定，全国人大负责制定和修改刑事、民事等基本法律，除此以外的其他法律由全国人大常委会负责制定和修改；在全国人大闭会期间，对于全国人大制定的法律，常委会有权进行部分补充和修改，但不得同该法的基本原则相抵触。这一规定确立了我国全国人大与其常委会之间互有分工、一定条件下常委会获得立法授权的两级立法体制。事实上，该立法体制使常委会拥有了较大弹性和灵活度的立法授权。对此，立法法的起草者们曾解释道：“全国人大每年仅召开一次会议，议程多，会期短，不可能对各项法律都进行补充和修改，且经济社会发展较快，新问题不断涌现，由全国人大常委会行使该权力，可让法律得到及时的补充和修改。”[①]

正是由于目前这种以两级立法体制为核心的制度安排在一定程度上压缩了全国人大的立法空间，不利于立法权力的统一行使，党的十八届四中全会遂作出了“健全有立法权的人大主导立法工作的体制机制”和“明确立法权力边界”两项重大部署，这是在新时代背景下执政党对依宪治国与厉行法治原则的重申与发展。考虑到宪法和立法法之所以将基本法律修改权一定条件下授予全国人大常委会，“恰恰是基于全国人大自身立法能力的不足，即因受会期制度和议事效率等因素的制约而不能经常和有效地行使立法权所做出的制度性安排”[②]。我们认为，1982 年宪法的制定者们从实际国情出发确立的两级立法体制仍须继续坚持，在此前提下，应当寻求该体制在配置、行使基本法律修改权方面的最佳运作机制，即在未来的立法实践中对全国人大常委会的基本法律修改权做出一定的限制性安排：对于那些关涉公民宪法权利、对原法典作出新设诉讼制度、增删基本原则等重大变更的法律修改案而言，因其调整的社会关系具有重大性和基础性，或对现行制度的影响具有根本性和原则性，

---

① 全国人大常委会法制工作委员会国家法室编：《中华人民共和国立法法释义》，法律出版社 2015 年版，第 408 页。

② 易有禄：《全国人大常委会基本法律修改权行使的实证分析》，载《清华法学》2014 年第 5 期。

故为贯彻立法权法定、专属原则[1]，应当将此类修改法案的审议、表决权统一配置于全国人大，并将此作为立法权保留原则加诸明文规定。同时，对于那种不触及基本原则、基本制度和法典结构的小幅修正来说，效率导向相对凸显。在全国人大闭会期间，由其常设机构负责刑事诉讼法的局部补充和修改，从而确保法典文本能够及时依据社会形势的发展变化调整跟进，这正是常委会行使修法权的优势所在。

（二）基本法律大修应回归人大主导

我们以为，刑事诉讼法大修应由全国人大主导，这不仅是两级立法体制关于基本法律制定、修改权划分的核心安排，更具有深层次的法理依据。

一方面，人权法与控权法的性质决定了全国人大是刑事诉讼法大修的最佳主体。刑事诉讼法素有“小宪法”“行动宪法”之称。作为一部人权法和控权法，刑事诉讼法关乎程序正义、权力制约与权利救济。法典任一条文的规则内涵虽不尽相同，但其精神实质和共同指向无一不体现着刑事诉讼的基本原则，从而形成了一个内在融贯的制度整体。因此，对于任何有关刑事诉讼法大修的动议，立法机关都需要进行全盘的体系化思考，在法条关系和篇章结构上仔细斟酌，这对修法主体的权威性和议决程序的严谨性都提出了较高的要求。从规范的辐射范围来看，刑事诉讼法典中单一条文的修正都隐含着连锁修法的可能。“无论是人权保障、程序正义、权力制约抑或权利救济，均需要从原则到规则的全面提升，而不仅仅是增加或删减某一具体条文。”[2] 当那些具有统摄法典全局功能的基本原则、基本制度条款发生重大变动时尤其如此。此外，由于刑事诉讼活动关涉国家司法权力与公民基本权利间的此消彼长，刑

---

① 立法权法定原则和特定专属原则是立法机关权力行使的重要原则。所谓立法权法定原则是指，不论是全国人大还是全国人大常委会，其职权依据都是宪法上的明确规定。所谓特定专属原则是指，宪法明确确定为全国人大或全国人大常委会专属所有的职权就只能属于全国人大或全国人大常委会专属所有，全国人大或全国人大常委会不能越俎代庖，超越自己的职权界限去行使宪法规定专属于其他机关的职权。参见秦强：《论全国人大与全国人大常委会的职权关系》，载《人大研究》2010 年第 12 期。

② 卞建林、谢澍：《刑事诉讼法再修改：解读与反思》，载《中共中央党校学报》2018 年第 6 期。

事诉讼法的重大修改皆须遵循人民主权原则并依靠较为深厚的民意基础方可为之。根据现行政制，全国人大常委会组成人员数远远低于全国人大代表人数，且在立法程序方面，无论是法律案的提出、审议，还是送审稿的修改、表决，两者之间差异颇大，倘使今后刑事诉讼法的大修工作一律由常委会专司，其民意基础与程序刚性则显不足。由此可见，人权法与控权法的本质属性既是使刑事诉讼法与其他基本法律相区别的天然界限，更决定了全国人大的最佳修法主体地位。

另一方面，"谁制定谁修改"的立法规律也决定了全国人大应为刑事诉讼法大修的责任机关。如前所述，法律修改与法律制定在性质上同一，原则上只有法典的制定机关才真正享有法典的修正之权。"越权修改法律同越权制定法律一样，同属越权立法，因而是无效的。"① 在宪法法治原则下，法律的重要性程度总是与其制定机关（多数为代议机关）民意基础的广泛性、立法技术的完备性、议决程序的严谨性等量齐观。而以刑事诉讼法为代表的刑事法律乃治国之重器，若今后这些刑事重典的大修工作均由立法机关的常设机构代劳，则不仅易使扩大犯罪圈界、密化刑事法网的门槛降低，使构罪乃至定罪之标准有所矮化，更有动摇罪刑法定、人权保障等刑事法基本原则之虞。事实上，已有不少学者对全国人大常委会频繁制定《刑法修正案》的活跃立法现象表示担忧：如果刑法修改的速度大致不变，不能排除在后一个10年，甚至更长时间内，《刑法修正案》"集腋成裘""积少成多"地不断"补充和修改"，进而使刑法典大"换血"。到那时，刑法典还可以说是全国人大制定的基本法律吗？② 刑事诉讼法亦同此理。

当然，全国人大对于基本法律修改权的行使会受到议事成本、会期安排等因素的影响和限制，但我们以为，刑事诉讼法乃制度重器，当其亟须改弦易辙式的重大修订时，效率并非唯一的价值导向，立法资源的侧重配置与适当投入不仅必要而且必须，特别是在做出新设诉讼制度、增加基本原则等重大调整时尤应为修订案的审议讨论充分预留时间，以确保立法调研、论证的深入全面和立法效果评估的系统、科学。

---

① 李林:《立法理论与制度》，中国法制出版社2005年版，第213页。

② 参见蔡道通:《论刑法修正案的修正主体》，载《南京社会科学》2012年第5期。

（三）常委会适时修法应凸显灵活优势

我国宪法和立法法均规定，全国人大常委会在全国人大闭会期间，有权对基本法律进行部分补充和修改，但不得同该法的基本原则相抵触。基于此，全国人大常委会可根据社会形势的发展变化，迅即跟进，针对刑事诉讼法中个别操作性、技术性的条款适时做出必要调整。在我们看来，这一立法授权不仅是现行两级立法体制的重要内容，更为及时填补立法漏洞、防止规则适用出现冲突紊乱奠定了良好的制度基础，应成为日后刑事诉讼法修改职权配置的另一基本遵循。

1. 修法幅度与修法程序的价值导向

法典修正有整体大修和局部调整之分。与之对应的是，在立法实践中，“法律修订”与“法律修改”有着截然不同的内涵差异。[①]“修订”指法律的全面修改，其实质是以新代旧、废旧立新。而“修改”则是在旧法的基本原则和主要条款基本适应社会发展程度，法典的表现形式与内部结构也基本合理的前提下，立法机关对旧法当中那些不能有效契合经济社会发展要求的个别条款、词句做出的小幅调整。仅有一个条文的《刑法修正案（十）》即为局部修法的典型例证。[②]

修法的幅度与修法程序的价值导向密切相关。基本法律的整体大修需突出立法民主精神，尤其对于如刑事诉讼法一类关涉公民宪法权利保障的刑事法律而言，应由层级较高并具备广泛民意基础的权力机关为之，这不仅是贯彻依宪治国和法治原则的基本要求，更有助于最大限度地凝聚社会共识，提升立法品质。相比之下，法典的局部修改更加偏重效率价值。将那些不触及宪法、法律基本原则和公民基本权利的法律修

---

① 在立法程序上，“法律修订”与“法律修改”的区分主要体现在新法公布的呈现形式上。一般来说，经立法机关大修通过后的法典文本须由主席令公布，形式为“××法（修订）”；而经局部修改后的法典文本，通常以“关于修改××法的决定”或“某某法修正案”形式公布。参见吴高盛：《“修订草案”与“修正案草案”两种法律修改形式的异同》，载《检察日报》2019年4月29日，第5版；李正斌：《“修正案”“修订”与“修改决定”应用之辩》，载《检察日报》2012年6月11日，第6版。

② 为配合国歌法的颁行，2017年11月4日十二届全国人大常委会第三十次会议审议通过了《刑法修正案（十）》。该案仅以一个条文面世，即在《刑法》第299条中增设“侮辱国歌罪”。参见邱可嘉、王利荣：《侮辱国歌行为的入罪分析：基于〈刑法修正案（十）〉的解读》，载《学术论坛》2017年第6期。

改案提交全国人大常委会审议表决，恰好可以发挥常委会行使立法权的灵活机动优势。随着我国社会转型的不断加快，全面深化改革渐入深水区与攻坚期，立法的及时性、针对性和有效性成为实现良法善治的制度前提。近年来，民生、环保、财税、外商投资等重点领域的立法速度明显加快，那种将不同法律中的共性或相似问题予以批量修改的“打包修法”形式得到频繁运用。近些年来的上述实践表明，我国正逐渐进入一个全面的活跃立法时期。可以预见，在今后较长一段时期内，基本法律出现整体大修的可能性相对走低，那种聚焦于法典局部、不触及结构、体例的小幅修正将渐趋主流。

2. 常委会修改基本法律的优势与限制

对于基本法律的局部修正，理论界长期存在的一种观点认为，由全国人大统一行使基本法律修改权，这在宪法权力的配置方面更具合理性基础。①“哪怕程序繁琐一些，时间拖长一些，也只能这么办。”②亦有部分较为缓和的观点建议立法法在保留全国人大常委会基本法律修改权的基础上，限制其所能修改的基本法律范围。③“诸如刑法、立法法、香港特别行政区基本法、刑事诉讼法等更偏重立法民主的部门法律只能由全国人大进行修改。”④我们认为，刑事诉讼法所调整之法律关系固然重大且基础，但这种不分情形地将基本法律修改权统一赋予全国人大的改造思路实则并不现实。一方面，全国人大每年仅召开一次会议，会期较短，日程紧凑，其议事的灵活度与机动性皆不如人大常委会。受此限制，全国人大难以概括承担各项基本法律的所有修改工作。同时，全国人大代表人数众多，分布广泛，召集成本颇高，若仅为增删、调整基本法律的个别条款、词句之故而加开临时会议，所费不赀，既不必要地加重了全国人大的工作负荷，也并非立法资源的优化配置之举，显然不甚合理。另一方面，假使为节省立法成本考虑而暂时搁置已经暴露的立法

① 韩大元:《“全国人大修改选举法”与基本法律的修改权》，载《法学杂志》2010年第7期。

② 崔敏:《关于对基本法律的修改权限问题》，载《人大研究》2007年第4期。

③ 林彦:《再论全国人大常委会的基本法律修改权》，载《法学家》2011年第1期；张千帆:《全国人大常委会无权修改代表法》，载《财经》2010年第22期。

④ 秦前红、刘怡达:《全国人大常委会基本法律修改权之实证研究——以刑法修正案为样本的统计学分析》，载《华东政法大学学报》2016年第4期。

缺陷，待其集腋成裘，累积到一定程度再进行修正，则不免出现规范之间冲突抵牾、联系脱节的龃龉现象。事实上，在我国刑事诉讼法制的发展进程中，确曾出现过类似的立法冲突现象。1996年，刑事诉讼法第一次大修完成。翌年，全国人大全面修订刑法典，将分则第一章“反革命罪”修改为“危害国家安全罪”。由于程序法修改在前，刑事诉讼法关于中级人民法院管辖第一审刑事案件范围的规定依然列有“反革命案件”。这种实体法已取消某项罪名而程序法仍保留相应条款的衔接失调局面一直维持了15年，直至2012年刑事诉讼法第二次大修时为止。[①]今天看来，其时如能充分发挥全国人大常委会对基本法律局部缺陷的补充、修改功能，那种程序法与实体法之间长期抵牾的情况或可避免。

我们认为，为维护各部门法律规则的协调一致，当刑事诉讼法的个别条款出现与基本原则、基本制度、结构体例无涉的局部缺陷时，全国人大常委会应适时启动修法程序，对于诸如术语纠正、罪名调整一类的简单事项，常委会甚至可以考虑采用“打包修法”的方式实现一揽子修正。当然，全国人大常委会行使基本法律修改权必须满足法典文本仅存在局部缺陷这一前提，并严格遵循宪法与立法法为其设下的“在全国人大闭会期间”“部分补充和修改”“不得同基本原则相抵触”这三项限制条件。一旦法典文本出现非局部修法所能弥补的结构缺陷或体系漏洞，相关修改案就应提交至更具权威性的最高权力机关决策。

四、修法后条文设置的整理技术

法律条文是法律规范外在表现的基本单元。修法的过程必然带来法条内容的更改、条文数量的增减乃至先后次序的重新编排。因此，在将新法文本正式公布前，立法机关有必要对条文序号的设置作出适当安排。

法条序号是立法者基于特定立法目的以及法条内容的内在关联，对法律文本中各个条文先后顺序所做安排的数字符号。[②]法条序号的出现是人类社会的立法技术达到一定高度的标志。“在现代立法制度中，所

---

① 陈光中主编:《〈中华人民共和国刑事诉讼法〉修改条文释义与点评》，人民法院出版社2012年版，第7—8页。

② 刘风景:《法条序号的功能定位与设置技术》，载《环球法律评论》2014年第3期。

有以条文形式承载法律规范的法条，无一例外都冠以序号。”[①] 今天，序号早已成为法条正文结构的必备要素而不可或缺。对新法文本的条文序号进行统一化整理，就是要在遵循立法活动一般规律的基础上，结合考察本次修法的范围、幅度、意义等客观情势，对法条序号的编列组合作出妥善安排，以确保法典结构形式的科学化、合理化。综观我国当前的立法实践，修法后常用的条序整理技术主要有两种：一是将新法条文序号从头至尾依次重新编排，也即“全部条文重排式”；二是以原法典文本为基础，改动内容作为修正案附后，不触及旧法框架与序号排列，理论界一般称此为“固化法条删加式”[②]。

（一）“全部条文重排式”的利弊分析

在我国，“全部条文重排式”是立法机关修法的主流技术方法。多数法律修改案通过后都将据此进行条文序号的重新整理。1996 年、2012 年以及本次刑事诉讼法的修改也都无一例外地采用了“全部条文重排式”技术。以上述 3 次刑事诉讼法修改为例，可以比较全面地总结出“全部条文重排式”的主要特征，即法律修改案对原法典部分条文做出的包括增加、删减、先后次序易位在内的所有调整都需直接作用于原法典的文本上，继之再按照从第一条到最后一条的顺序依次连续为修改后的法律文本排列序号。根据目前的立法实践，当全国人大或其常委会采用《修改决定》作为制定法修改的整体模式时，对应的序号整理技术即为“全部条文重排式”。采用“全部条文重排式”的优点在于：一方面，全部法条重排使新法各条之间联系紧密，篇章衔接不存在断带和缺口，法律文本形式美观，齐整如切；另一方面，连续性好、逻辑贯通的法律文本便于读者顺畅阅读、清晰理解法条含义，“因为修改法律时将全部条文重新排序，其间没有因删除而发生的条文空缺，也没有加进‘某条之一’‘某条之二’时的叠加累赘，所以阅读法律条文时可保持顺畅”[③]。

与此同时，“全部条文重排式”也存在着明显的缺陷。首先，重排

---

① 沈贵明:《论法律修改与法条序号的稳定——兼论〈立法法〉的完善》，载《法学评论》2015 年第 4 期。

② 陈甦:《法律修改时条文序号整理模式分析》，载《法学杂志》2012 年第 4 期。

③ 陈甦:《法律修改时条文序号整理模式分析》，载《法学杂志》2012 年第 4 期。

序号不仅易产生准用性规范与被准用规范不相吻合的现象，更会造成本法与相关法律法规的联系脱节，进而导致“连锁修法”，提高了修法的成本。[①] 所谓准用性规范，是指“没有明确规定某一具体行为，但明确指出了准许适用某一法律文件中的某个规范的法律规范”[②]。在准用性规范的行文中，为求法律语言的简练精悍，被准用法条通常以其条文序号代称而不必罗列全文。此时，被准用法条的序号调整将产生波及其他条文的蝴蝶效应。例如，2007 年十届全国人大常委会第 29 次会议审议通过的《全国人大常委会关于修改〈中华人民共和国城市房地产管理法〉的决定》对城市房地产管理法作出“增加一条，作为第六条”的简单修改。新增第 6 条后，该法原第 6 条及之后条文依次顺延递增一位数字。虽然此次修改实质上仅涉及 1 个法条的内容变动，但由于原第 6 条之后的部分条文被该法其他条款援引准用，故为保持准用规范与被准用规范间的对应关系，修改决定继而又对其他 6 处条文中的序号数字作出了修改。实际上，“全部条文重排式”的“连锁修法”效应不仅出现在本法体系内，更会波及其他相关法律规范。例如，2007 年十届全国人大常委会第三十次会议对 1991 年民事诉讼法作出全面修改并重新颁布。最高人民法院随即专门制定了《关于调整司法解释等文件中引用〈中华人民共和国民事诉讼法〉条文序号的决定》，对涉及引用 1991 年民事诉讼法条文的 32 件司法解释逐一按照新法条文序号进行了调整。

其次，重排序号破坏了法条的表征功能，或将扰乱法律职业群体的话语基础和共同记忆。条序具有特殊的表征功能，尤其对于那些重要、常用的法条来说，人们大多以其序号代指正文内容进行使用、讨论或研究。如果说准用性规范与被准用规范之间联系的脱节缘于条序重排造成序号指代功能弱化，那么，扰乱法律职业群体的话语基础和共同记忆则是因为序号重排破坏了条序的表征功能。指代功能仅仅赋予法条序号以援引依据之效用，为被准用规范的识别与查找提供了路径，而表征功能则可以使条文序号与法条正文所蕴含的具体规则融为一体。例如，2012 年《刑事诉讼法》第 15 条规定了具有法定情形不予追究刑事责任的基

① 沈贵明：《论法律修改与法条序号的稳定——兼论〈立法法〉的完善》，载《法学评论》2015 年第 4 期。

② 葛洪义主编：《法理学》，中国政法大学出版社 2012 年版，第 267 页。

本原则，第53条规定了刑事案件的证明标准，第54条规定了言词类非法证据绝对排除、物证书证类非法证据相对排除的两类非法证据排除规则，[①] 由于适用频繁，这些条文早已为我国刑事法律的研究者和实务人员所熟识。无独有偶，在美国，言及《联邦宪法（第四修正案）》关于禁止非法搜查、扣押而取得证据之规定，司法人员均会不约而同地想到“非法证据排除规则”，这是因为涉及非法证据排除之范围与适用方法的主要法律规则大都滥觞自《联邦宪法（第四修正案）》。由此可见，在中外的法律实践中，许多重要法律的经典条文或常用条文的序号编码，已逐渐转化为法律职业群体的共同记忆，在法学著述中，以条序代称具体规则并将其有机地融入论述体系的做法更是司空见惯。诚如学者所言：“在法律修改前是一个序号，在法律修改后又是另一个序号，无疑毫无必要地扰乱了法律共同体的集体记忆，阻碍法律研究者或法律工作者对法律条文的方便检索和顺畅表达。”[②]

（二）“固化法条删加式”的利弊分析

保持条文序号稳定以确保法典结构不因频繁修法而“伤筋动骨”，这是“固化法条删加式”的突出优势。根据我国的立法实践，全国人大及其常委会以修正案模式对制定法作出修改时，序号整理技术大多采用“固化法条删加式”。目前，该技术主要适用于我国刑法典的修改，迄今为止颁布的10个刑法修正案均较好地体现了“固化法条删加式”对条文序号编列的基本要求。譬如，2015年8月，十二届全国人大常委会第十六次会议审议通过的《刑法修正案（九）》第1条增设了犯罪后相关职业从业禁止制度。此条规定，“在刑法第三十七条后增加一条，作为第三十七条之一”。而新条文“第三十七条之一”又下辖三款，分别称为“第三十七条之一第一款”“第三十七条之一第二款”和“第三十七条之一第三款”。可见，这种固化原条序的整理技术其实是修正案模式得以维持法典框架基本稳定的重要保障。

值得注意的是，在域外多数国家和地区，“固化法条删加式”是最为主要的条序整理技术。例言之，在美国，当“给新条文编号时，起草

---

① 卞建林、谢澍：《我国非法证据排除规则的重大发展——以〈严格排除非法证据规定〉之颁布为视角》，载《浙江工商大学学报》2017年第5期。

② 陈甦：《法律修改时条文序号整理模式分析》，载《法学杂志》2012年第4期。

者应该在旧法以前条文序号后加上一个字母，例如，在现在的第 14 条和第 15 条中间插入一个新的条文，第 14A 条。起草者应该使用同样的技术区分新的篇、章（例如，第 5A 章，或者第 2B 篇）”①。在法国，《法国刑事诉讼法典》的历次修改均不触动旧法结构及其条文序号，需要增设法条的，在与之相关的旧法条文之后补进，且仍以该旧法条文的序号为基础为新条文依次编码，新编码与旧法条序之间以连字符（“-”）连接。如 2013 年法国国民议会通过了一部关于规范检察官职权行使的法案，在《法国刑事诉讼法典》原第 39 条之后新增两个条文，作为“第 39-1 条”和“第 39-2 条”，并在序号之后、正文之前注明修改的时间及依据的法案。② 当法律修改案决定将旧法某条整体删除时，“固化法条删加式”要求起草者仅删除正文内容而保留条文序号，并于序号后标识“已删除”字样，从而形成“天窗条款”。

相对而言，“固化法条删加式”的比较优势恰好可以弥补“全部条文重排式”的若干不足。其一，修法活动不触及原法典的序号排列，仅将新增条款补入旧法相关条文之后列明，可以有效避免因维持准用规范的对应关系而产生的连锁修法现象，使那些并不发生实质性变动的被准用规范免受立法修改的波及，进一步克减了不必要的修法成本。其二，那些被法律修改案删除或废止的条文，内容虽被剔去，但序号得以保留。新旧规则的衔接延续不致断裂，阅读者仍能通过新法管窥法典文本的历史原貌乃至历次修正的沿革脉络。其三，“在保持法典基本框架不变的情形下，法律的历次修改在新法中得到一目了然的体现……符合人们长期以来所形成的对法典的阅读习惯，因而更易于对修正后法律的理解、掌握和遵循”③，尤其对于那些重要、常用的条文而言，序号的表征功能得以延续，法律职业群体的共同记忆不致紊乱。

当然，“固化法条删加式”也非尽善尽美。这种试图最大限度地保持法典结构稳定的技术必然导致法典外在形态的美观性和连贯性有所损

---

① ［美］安·赛德曼、罗伯特·鲍勃·赛德曼、那林·阿比斯卡：《立法学理论与实践》，刘国富等译，中国经济出版社 2008 年版，第 448 页。

② 《世界各国刑事诉讼法》编辑委员会编译：《世界各国刑事诉讼法·欧洲卷》（上），中国检察出版社 2016 年版，第 549 页。

③ 牟军、张青：《刑事诉讼的立法模式与立法技术批判——以〈刑事诉讼法第二修正案〉为中心》，载《法制与社会发展》2012 年第 6 期。

益。一方面，固化原条序的处理方式容易导致法典通篇的前后融贯性下降，阅读效果不及采用“全部条文重排式”修改而成的新法；另一方面，“固化法条删加式”更加契合仅对原法典作出局部修改的修正案模式，当某次修法涉及范围广泛、幅度较大，甚至需要增删完整章、节内容时，固化原条序的做法就将造成法典局部臃肿肥大而某些部分全文缺失的情况，久而久之，法典的基本结构难免比例失衡而无法协调一致。

（三）两种技术的权衡取舍

无论是“全部条文重排式”，还是“固化法条删加式”，两者都有着不可替代的功能价值，同时，两者的内在缺陷亦不容忽视。在迄今为止的立法实践中，“全部条文重排式”始终作为我国制定法修改的主要应用技术而存在，那种固化条序的处理方法并未得到广泛的运用。当未来刑事诉讼法的修正工程再度启动时，是继续坚持“全部条文重排式”，还是逐步尝试“固化法条删加式”，这是立法机关在制度设计的同时必须加以重视的技术难题。事实上，在2018年刑事诉讼法再修改过程中，立法机关也曾试图借鉴《刑法修正案》的模式，在总条文数量不变的前提下，于某条文后增加“之一”“之二”，但考虑到认罪认罚从宽、速裁程序及刑事缺席审判[①]等均是此前刑事诉讼法中未曾规定的制度，只能新设条文，遂未采用此议。

风物长宜放眼量。尽管我国现行刑事诉讼法历经40年的发展完善，结构体系日趋成熟，但仍不能排除在未来一段时间内，再度出现增删章、节整体一类较大幅度的立法修订活动。例如，在1996年刑事诉讼法中，特别程序之规定尚付阙如。2012年修法根据刑事诉讼活动的实际情况和当时司法改革探索的经验新增了“未成年人刑事案件诉讼程

① 在2018年刑事诉讼法修改过程中，对于缺席审判制度的入法方式存在不同理解。有观点认为，缺席审判程序在功能上足以覆盖犯罪嫌疑人、被告人逃匿、死亡案件违法所得没收程序，为避免诉讼立法出现程序竞合，应当整合二者，合并规定为一章。也有观点认为，犯罪嫌疑人在审判前死亡的，审前阶段可以撤销案件或不起诉，但就其违法所得或其他涉案财产而言，仍有必要通过提起独立没收程序的方式确认其权属并做出相应处置，这一功能是缺席审判程序所无法替代的。但无论如何，由于缺席审判程序的新增，刑事诉讼法“特别程序”编发生章节体例的变动已在所难免。参见万毅:《刑事缺席审判制度立法技术三题——以〈中华人民共和国刑事诉讼法（修正草案）〉为中心》，载《中国刑事法杂志》2018年第3期。

序”“当事人和解的公诉案件诉讼程序”“犯罪嫌疑人、被告人逃匿、死亡案件违法所得的没收程序”及“依法不负刑事责任的精神病人的强制医疗程序”这4个特别程序。[①]本次修法又在前述基础上新增“缺席审判程序”作为“特别程序编”的独立一章。这5种刑事特别程序的入法皆属制度新设，旧法体系内既不存在关联条款，更缺乏可资容纳的章节空间。鉴于此，晚近两次修法均未采用固化法条序号、保持条文总数不变的做法。当前，理论界对于某些特定类型的严重犯罪，诸如“恐怖活动犯罪”“官员腐败犯罪”“有组织犯罪”等，存在对其专门设置独立化、体系化的刑事特别程序的呼声[②]，以上设想在论证成熟并于局部试点取得积极成效后，或可入法。这就意味着我国刑事诉讼法典的体系结构仍有局部新增或大改的可能。当然，部分大陆法系国家的修法技术对此也有相应的处理措施。例如，法国国民议会2011年通过《803法案》，在《法国刑事诉讼法典》第4卷中新增一编规定“在司法程序范围内收集的个人性质的资料查询系统”相关条文。由于新增内容与原第二十编“全国遗传标记信息化档案处理系统”存在逻辑上的关联性，故新增编被命名为“第二十编（二）”，置于原第二十编之后。[③]又如，根据瑞士2012年12月14日关于特工侦查与调查的联邦法案第1条，《瑞士刑事诉讼法典》第五编第五节之后新增一节作为“第五节之一”，就“乔装调查”作出规定。[④]我们认为，尽管他国的立法模式可以借鉴，但就刑事司法活动的立法而言，“却是一个国家视自己的国情随时而动、随势而动、随情而动的国家活动”[⑤]。在我国，成文法典向来没有编后设副编、章后设副章的传统，实践中也从未考虑过采用“某章之一”“某节

① 卞建林主编：《中华人民共和国刑事诉讼法最新解读》，中国人民公安大学出版社2012年版，第325页。

② 相关观点参见秦策：《刑事程序比例构造方法论探析》，载《法学研究》2016年第5期；陈磊：《高官贪腐案件异地审理渐成常态》，载《法制日报》2015年3月31日，第4版；吴高庆：《试论有组织犯罪特别程序》，载《河北法学》2007年第12期；等等。

③ 《世界各国刑事诉讼法》编辑委员会编译：《世界各国刑事诉讼法·欧洲卷》（上），中国检察出版社2016年版，第735页。

④ 《世界各国刑事诉讼法》编辑委员会编译：《世界各国刑事诉讼法·欧洲卷》（中），中国检察出版社2016年版，第1387页。

⑤ 杨兴培：《论经济犯罪刑事责任的立法模式》，载《环球法律评论》2018年第6期。

之二”的立法体例。保持编、章条目的紧密连续是我国立法技术的一贯追求，在原有编、章、节条目后叠床架屋地增设结构的做法不具有切实可行性。综上来看，“固化法条删加”技术与修正案模式存在诸多关联，二者皆以应急立法、回应立法为基本特征，适于法律的个别修正和局部改进，偶或为之，或只针对刑事诉讼法的部分条文进行修正时尚可，但若修法工作持续不断，或对包括总则、各编在内的众多条文进行全面修订，此时继续采用“固化法条删加式”的做法必然导致修订后的法典文本周身补丁，章节之间轻重失衡，反而抑损了制定法应有的逻辑性与协调性。

需要指出的是，我们虽不主张在法典发生大幅修改或重大修改时选用修正案模式及“固化法条删加”技术，但这并不表示我们否认“固化法条删加式”在保障法典结构稳定、呈现法律发展脉络方面的独特优势。在法治现代化的今天，任何成文法国家的法律体系都是由若干独立且相互联系的部门法构筑而成的有机整体。衡量法律体系的稳定与否，不仅要关注各部门法规范的动态变化，更要关注诸法之间的内在联系。准用性规范存在的立法学意义和价值正在于其能够保障法条行文的简洁规范，同时又有效维系本法诸条及本法与外法的联结关系。当条序变动频繁时，为保持准用性规范与被准用规范间的对应关系，避免法律规则出现逻辑结构上的残破与适用上的混乱，立法者势必拓宽修法范围。此时，修法活动的成本消耗呈几何扩倍。因此，当修法动议不涉及新增程序，仅对既有条文作出局部调整或个别匡正时，我们赞成立法机关在修法实践中逐步探索、研究乃至尝试运用“固化法条删加”技术，以此确保今后的法典结构能渐趋稳定，同时实现立法资源的有效节省。

五、对未来修法技术路径的总体展望

刑事诉讼法作为一部重要的基本法律，“它上通宪法，是宪法的权威注脚；下涉民权，是人权保障的标准尺度”。“历史和现实都表明，法治国家的建设，在相当程度上依赖于程序法的发达，而程序法发达的关键是刑事诉讼法的精进。”[①] 当前，全面评估 1979 年以来刑事诉讼法典的

① 孙谦、卞建林、陈卫东:《刑事诉讼法典翻译：放眼世界、走向大国》，载《检察日报》2016 年 6 月 20 日，第 3 版。

修订状况与发展历程，已成为承前启后推进诉讼法治现代转型的重要课题。未来，我国的刑事诉讼法还将紧紧围绕中国特色社会主义法治实践这一根本前提，从域外刑事诉讼法律规范的制度精华中汲取养分，玉石相攻，不断精进。对于今后我国刑事诉讼法持续发展完善的技术路径，我们有着以下三个方面的总体思考。

第一，全国人大常委会行使基本法律修改权具有灵活、机动、效率等优势，能较好地适应社会形势的发展变化，不排除未来刑事诉讼法在不发生大规模修订的情况下仍由其议决。但应明确，刑事诉讼法作为刑典重器，凡有关其重大修改的法律案必须交由更具权威性的最高权力机关而非其常设机构决策，特别是在做出新设诉讼制度、增加基本原则等重大调整时尤应如此。尽管晚近以来的立法实践表明，受议事条件等因素的制约，全国人大正逐渐放弃部分基本法律的补充、修改权，但不能因此否认全国人大作为刑事诉讼法大修的责任机关与最佳主体的法律地位。当这样一部关乎程序正义、人权保障、权力制约等法治要义的基本法律出现结构性、根本性的漏洞或缺陷时，理应重申全国人大的最高权力机关地位，并及时激活其修法权能。唯其如此，方可在立法权合宪行使的前提下确保刑事诉讼法本身的体系性与修法的有效性。

第二，修法的内容决定修法的形式。所谓“内容”，一方面表现为修法动议所涉及的条文数量。一次性修正的法条规模越大，修正案的适用空间也就越小，同时，那种以固化原条序为主要特征的整理技术的功能优势相对趋弱。反之，当修法动议仅对刑事诉讼法的局部环节进行完善时，法典的整体结构基本不受影响，此时运用修正案模式和“固化法条删加”技术的实际效果相对更好。另一方面，修法动议中的一些具有突破性与创设性的条款或内容也决定着修法形式的选择。例如，由于没有可资依附的主条，有关基本原则、基本制度的整体新增就不宜以修正案形式立法，更无法采用“固化法条删加式”来整理新法文本。由此可见，修法形式的取舍会受到修法内容的篇幅规模、重要性程度等多重因素的影响。所谓法典修正的“最佳模式”或“最佳技术”可能并不存在。科学、理性的立法态度必然要求立法者善于视情决断而不可偏执一端。

第三，“道阻且长，行则将至”，我国刑事诉讼法的法典化之路仍需砥砺前行。尽管40年来我国刑事诉讼制度的立法变革取得了令人瞩目

的巨大成就，但现行刑事诉讼法与内容完备、体系科学、结构合理等现代刑事诉讼法典的若干基本要求相比，差距依然不小。2018年刑事诉讼法修改结束后，有学者根据中国刑诉立法从“大改”到“小改”的历史变迁判断，刑事诉讼法的未来变化很可能是针对社会现实进行适应性调整，“很难再具有‘推倒重来’或者‘大刀阔斧’改革的现实可能与实际需要”[①]。对此，我们认为，本次修法具有特殊的应急、即时属性，这使《修改决定》中的诸多内容无法包罗万象而只能局于一隅。那些《修改决定》未作调整的法律条文并非不存在可予进一步修改完善的空间和余地，尤其在诉讼程序的整体形塑方面，自2014年以来，为落实党的十八届四中全会提出的“推进以审判为中心的诉讼制度改革”之要求，中央全面深改组及有关机关先后审议通过、制定出台了多项法规、文件，形成了比较完善的“法庭调查制度”“庭前会议制度”“证人、鉴定人、侦查人员出庭作证制度”，以及“确保审判机关、检察机关依法独立公正行使审判权、检察权的体制机制”等若干重大改革成果。然而，此次刑事诉讼法修改仅吸收了“认罪认罚从宽”试点的成功经验和有益做法，未能充分体现“以审判为中心”等其他重要改革成果，实属一大遗憾。事实上，现行刑事诉讼法仍“采用以阶段论为理论基础的程序设置”[②]，侦、控、审三阶段平分秋色。而“以审判为中心”就必然要求程序重心向审判阶段倾斜。[③]为此进行的制度改革终将涉及刑事司法的方方面面，影响公、检、法三机关的职权配置与运行，尤需针对法典本身进行体系性调整，这绝非局部完善与个别修正即能满足。鉴于此，我们认为，中国的刑事诉讼立法仍需“量”与“质”两方面的提升。

在“量”上，为限制司法解释的“二次立法”，应逐渐扩充法典体量。遍览西方法治发达国家的刑事诉讼法典，中等体量者亦有五六百条

① 左卫民:《改革开放与中国刑事诉讼制度的立法变革》，载《西南民族大学学报（人文社会科学版）》2019年第4期。

② 卞建林、谢澍:《“以审判为中心”：域外经验与本土建构》，载《思想战线》2016年第4期。

③ 卞建林:《“以审判为中心”强化司法权力的配置与运行》，载《法制日报》2016年3月9日，第9版。

之众。[①] 反观我国，经 2018 年修正后，刑事诉讼法条文总数达到历史峰值，但也仅为 308 条，其间差距可想而知。在这种立法真空的局面下，那些由非立法机关制订、颁布的解释、规章实则以“二次立法”的形式发挥着重要的替代作用。据统计，《人民检察院刑事诉讼规则（试行）》《最高人民法院关于适用〈刑事诉讼法〉的解释》《公安机关办理刑事案件程序规定》《关于实施刑事诉讼法若干问题的规定》等目前仍然有效的刑事诉讼法主要配套解释、规定共计条文总数 1672 条，为法典条数的五倍之多。[②] 其实，对于司法解释的制度功能，我国立法法早有规定。根据《立法法》第 104 条的规定，“两高”制定的司法解释，属于审判、检察工作中具体应用法律的解释，应针对具体的法律条文，并符合立法的目的、原则与原意。在我们看来，消解司法解释恣意“二次立法”问题，必须从完善刑事诉讼法典本身着手。作为一部重要的基本法律，刑事诉讼法的首要标准是明确、具体、可操作，这就意味着法典本身必须具备相当体量的文本篇幅以支撑程序规则的精密运行。从这个意义上讲，刑事诉讼法的扩容工程仍需继续，尤其对于现行解释当中那些事关程序公正、人权保障、权力制约的条款来说，更应尽快通过能够广泛汇集民意的人大立法程序来进行完善、修正，使之上升为成熟的立法规定，并使司法解释的实然功能回归到立法法为其设计的应然定位，不可再以“解释”之名，行“规制”之实。

在“质”上，克制象征主义倾向，着力提升立法技术尤其是法条的表达、构造技术。有学者通过对 303 万份一审刑事判决书的挖掘分析指出，部分与刑事法治改革效果息息相关的深层指标并未同步改善，其成因在于刑事诉讼“象征性立法”所导致的“权利虚化”与“权力异

---

① 例言之，《法国刑事诉讼法典》共计 803 条，《意大利刑事诉讼法典》共计 746 条，《葡萄牙刑事诉讼法典》共计 524 条，《奥地利共和国刑事诉讼法典》共计 517 条，《德国刑事诉讼法典》共计 495 条。参见《世界各国刑事诉讼法》编辑委员会编译：《世界各国刑事诉讼法·欧洲卷》，中国检察出版社 2016 年版。

② 其中，《人民检察院刑事诉讼规则（试行）》共计 708 条，《最高人民法院关于适用〈刑事诉讼法〉的解释》共计 548 条，《公安机关办理刑事案件程序规定》共计 376 条，《关于实施刑事诉讼法若干问题的规定》共计 40 条。实际上，上述文件仅是为配套《刑事诉讼法》的实施而制定的主要解释或规定，仍有大量单行、专项的刑事诉讼法相关规范性文件并未在列、统计。参见叶青主编：《刑事诉讼法学》，上海人民出版社、北京大学出版社 2013 年版，第三版修订说明页。

化”。[①]立法的象征主义这一概念发轫于20世纪80年代德国及瑞士学者有关立法论的分析。在刑事诉讼领域，“象征性立法”指“立法者为了满足社会公众的期待或者受到国际规则接轨的压力影响，而通过修订刑事诉讼法的方法宣示国家已经着手采取措施来限制公安司法机关的权力，保障被告人的权利”[②]。一旦立法象征主义在修法理念中占据主流，立法技术特别是法条用语的表达构造技术就将成为可有可无的“细枝末节”而不被重视。其主要表现为，法典中的诸多条文并不具备完整的构成要素，或缺失权利行使的有效方式，或缺失直接的救济途径，或缺失有力的制裁后果，凡此种种，均使诉讼规则的宣示性较强而操作性较弱。同时，法条用语前后不一、似是而非的现象比较普遍。仅就“重罪案件”一义，现行刑事诉讼法就采用了“重大的犯罪案件”“重大刑事案件”“重大复杂案件”“特别重大复杂的案件”等多种称谓，有时还用“有重大社会影响”等词语修饰。[③]我们以为，中国刑事诉讼法典的现代转型，既表现为规则的扩充、体量的丰满，更表现为立法技术尤其是语言技术的全面提升。没有语言技术对条文内涵的构造形塑，任何外在结构不过虚存其表而已。从本质上看，语言技术即法条的表达、构造技术，其中，表达技术要求用词得当、意涵清晰，构造技术要求逻辑严密、要素齐备，两者共同构成了程序规则可操作性的重要技术支撑。

六、结语

法律修改是一种通过严格的法定程序对现行制定法进行变更调整，并在实质上创设新法的立法活动。在转型时期，伴随着经济体制的深刻变革，社会关系日益复杂，治理形势瞬息万变，刑事实体法与刑事程序法必须及时跟进，加强规范。晚近以来，刑事法律的频繁制定和活跃修法，恰恰是上述社会情势的鲜明写照。修法越活跃，就越考验立法者的智慧，越需要我们从理论角度反思以往立法在顶层设计和方法论运用上的不足之处。

---

① 王禄生:《论刑事诉讼的象征性立法及其后果——基于303万判决书大数据的自然语义挖掘》，载《清华法学》2018年第6期。

② 王禄生:《论刑事诉讼的象征性立法及其后果——基于303万判决书大数据的自然语义挖掘》，载《清华法学》2018年第6期。

③ 秦策:《刑事程序比例构造方法论探析》，载《法学研究》2016年第5期。

1979年至今，我国刑事诉讼法历尽40年的发展完善。40年来，以《刑事诉讼法》制定和3次修改为主线的立法活动虽遍尝挫折与徘徊，但成就巨大，为中国特色社会主义法治建设提供了宝贵的经验和启示。[①]同时也应看到，与刑事实体法相比，我们的立法技术还稍显滞后。从长远来看，如果不从立法技术的层面提高刑事诉讼立法的科学性，那么诸多关于具体程序规则的改革方案将缺失实现路径和有效载体。因此我们认为，今后刑事诉讼法再修改的最大课题，与其说是扩大程序适用、增设诉讼制度，倒不如说是如何完善立法技术、提升立法品质的问题。

法律修改技术是立法技术的延伸和继续，绝非“细枝末节”。高质量的法律应当是良善的规则内容与科学的表现形式的有机结合。迄今为止，我国刑事诉讼法经历了3次修改，既有1996年、2012年两次整体大修，也有2018年的局部调整。3次修法的实践表明，刑事诉讼法应当形成一套成熟的自有修法技术。其中，整体模式、修法机关和条序整理构成了这一技术的核心要件。任何一次严谨的修法活动都应当对上述3项内容进行慎重考虑并做出妥善安排。

① 陈光中、曹新华:《中国刑事诉讼立法四十周年》，载《法学》2018年第7期。

刑事缺席审判程序：立法反思与实践走向*

一、问题的提出

2018年10月26日，十三届全国人大常委会第六次会议表决通过了关于修改刑事诉讼法的决定，标志着我国刑事诉讼法的第三次修改完成，具有中国特色的刑事诉讼制度得到了进一步完善与发展。[①] 本次刑事诉讼法修改的亮点颇多，其中一处引人注目的修改是增设了刑事缺席审判程序。刑事缺席审判是指在特定的刑事案件中，人民法院对符合法定条件的被告人，在其未到庭参与审判的情况下，根据控方的起诉对案件进行审理并依法确定其刑事责任的一种特殊审判程序。也有学者认为，广义的刑事缺席审判还包括审判日控方不出庭的这种情形。[②] 我们认为，根据刑事诉讼规律与我国刑事缺席审判程序的立法设计，不宜采纳广义上的这一概念。由于刑事缺席审判程序与传统刑事审判程序大相径庭，即允许在特定情形下对不到场的被告人进行审判并继而确定其定罪量刑，改变了控辩审三方成"两造对抗、居中裁判"的基本诉讼构造，因而关于其是否与刑事诉讼基本原理相悖引发了不少争议。甚至有学者直言，刑事缺席审判程序是"一项有天然缺陷的制度"。[③]

尽管缺席审判程序在我国民事诉讼领域已有多年实践经验，即允许法院根据现已掌握的诉讼资料以及到场一方当事人的辩论而径直作出判

---

* 原文发表于《求是学刊》2020年第5期，与吴思远合作。

① 关于刑事诉讼法再修改的要点与评价，参见卞建林、谢澍：《刑事诉讼法再修改：解读与反思》，载《中共中央党校学报》2018年第6期。

② 参见邓思清：《刑事缺席审判制度研究》，载《法学研究》2007年第3期。

③ 这是由于被告人在普通刑事审判中的权利因缺席而缺失且难以完全弥补，这对公正审判将造成现实的威胁。参见王敏远：《刑事缺席审判制度探讨》，载《法学杂志》2018年第8期。

决[①]，但是刑事缺席审判程序显然更为复杂、更需慎重。这是因为刑事诉讼被告人的缺席意味着其在场权被剥夺，继而无法行使辩护权、对质权、最后陈述权等一系列诉讼权利。而在现代法治社会，被告人在场权被公认为对其最低限度的保障。[②]据此，被告人有权通过主张有利于己方的事由、反驳对己不利的事实、提出证据进行辩论等方式富有实质意义地参与审判。由此可见，在场权是被告人最基本的权利之一，这项权利的剥夺将导致刑事审理程序在一定意义上失去控辩对抗的基本特征，刑事审判的基本功能也可能受到一定的减损，从而为刑事裁判埋下了公正性的风险。

理论界曾经围绕刑事缺席审判程序进行过一些有益的讨论。[③]随着这一程序正式入法，更多新的问题逐渐浮现。目前实践中已经陆续出现多例适用刑事缺席审判程序的案件，例如丹东、黄山、厦门等地都办理了相关案件[④]，但其共同点均在于针对被告人患有严重疾病无法出庭从而造成中止审理的情形，似乎与本次缺席审判立法的初衷有所背离。因此，为了厘清相关争议，正确地理解并更好地发挥刑事缺席审判程序的价值功能，我们有必要对这一全新的制度进行解读与反思。本文将结合现有立法的规定对刑事缺席审判程序的基本问题进行解构，概括阐释其立法基础与内在逻辑，并在此基础上把握程序完善的方向，以期对我国刑事缺席审判程序的未来实践与理论研究有所裨益。

---

① 参见毕玉谦:《缺席判决制度的基本法意与焦点问题之探析》，载《法学评论》2006年第3期，第83页。

② 参见《联合国公民权利和政治权利国际公约》第14条第3款丁项规定:“在判定对他提出的任何刑事指控时，人人完全平等地有资格享受以下的最低限度的保证:……（丁）出席受审并亲自替自己辩护或经由他自己所选择所法律援助进行辩护……”

③ 参见万毅:《刑事缺席判决制度引论》，载《当代法学》2004年第1期；张小玲:《问题与误读：刑事缺席审判制度质疑》，载《政法论坛》2006年第3期；邓思清:《刑事缺席审判制度研究》，载《法学研究》2007年第3期。

④ 相关新闻报道参见《丹东首例刑事被告人缺席审判案宣判》，载 http: //www. sohu.com/a/313872909_355244;《黄山市首例刑事被告人缺席审判案当庭宣判》，载 http: //www.hscaw.com/hscaw/quxiandongtai/2019-08-13/7844.html;《我院办理刑诉法修改后首例缺席审判程序案件》，载 http: //www.xiamensm.jcy.gov.cn/zfba/201812/t20181214_2441836.shtml。除此之外，文成、上林、阜新、屏山等地司法机关也有适用刑事缺席审判程序的案例，并且都是针对被告人患有严重疾病无法出庭从而造成中止审理的情形。

二、刑事缺席审判程序的基本样态

本次刑事诉讼法修改以条文增补的形式，在现行刑事诉讼法第五编“特别程序”中另增一章“缺席审判程序”，对缺席审判程序的适用范围、管辖、案件审查、送达、权利保障、重新审理等问题作出了规范。根据现有立法的规定，我国刑事缺席审判程序呈现了如下基本特征：

（一）刑事缺席审判程序具有例外性与特殊性

我国1979年及1996年刑事诉讼法均未对特别程序作出规定，2012年刑事诉讼法修订时增设了四种特别程序，反映了我国刑事诉讼制度和诉讼理念的发展与完善。[①] 本次刑事诉讼法修改后于第五编“特别程序”中又新增一章“缺席审判程序”，意味着缺席审判程序的基本定位是一项刑事特别程序，即与刑事普通程序相对，适用于特殊类型案件或特定被告人的诉讼程序。[②] 鉴于缺席审判程序是针对被告人不到场而进行审判这一特殊情况所规定的特别程序，其相对于刑事普通程序而言，显然不具有普适性，而应当是例外的、非常规的程序。缺席审判程序的例外性具体又包含了两方面的要求。其一，由于刑事缺席审判程序以被告人权利受到一定的减损为代价，其适用应当格外谨慎，故必须通过严格的程序规制来确保其在特定情况下才得以适用。本次刑事诉讼法修改为刑事缺席审判程序构建了一套符合自身特点的规范，使其具有特定的适用对象与特殊的程序规则，从而防止对被告人权利的减损超过合理限度。其二，为了体现缺席审判程序的例外性，其适用还应当严格遵循比例性原则，即其只能在迫不得已的情况下作为最后手段来予以适用，倘若通过其他方式就能够达到进行缺席审判之目的，那么国家就不得径直启动这一非常规化的程序。

除了例外性，刑事缺席审判程序还具有特殊性，即其是一项特殊的审判程序。一方面，缺席审判本质上仍是审判程序。修改后的《刑事诉讼法》第292条规定，被告人未按要求到案的，人民法院应当开庭审理，依法作出判决，并对违法所得及其他涉案财产作出处理。据此，被

① 卞建林:《中国特色刑事诉讼制度的重大发展》，载《法学杂志》2012年第5期。

② 陈卫东、张弢:《刑事特别程序的实践与探讨》，人民法院出版社1992年版，第1页。

告人缺席的案件仍然应当开庭审理，法院不得径直以书面方式审理，并且必须通过法庭调查来确定其定罪量刑，不能仅仅依靠控方的起诉材料作出裁决。即如学者所言，缺席审判程序“本质上仍然是言词审理程序”[①]。既然刑事缺席审判仍是审判程序，而并非处理刑事案件特殊问题的程序性规则，那么其应当具备审判程序的一般属性，并且必须遵循刑事诉讼的基本规律和原理。除了遵循缺席审判程序有关权利保障、程序救济等方面的特别规定之外，其还应与一般审判程序的基本要求相一致，即法院在判断被告人是否负有刑事责任、如何承担刑事责任等问题时，必须通过实质化的法庭调查来确定，严格遵循证据规则与证明标准。另一方面，缺席审判又有别于普通的审判程序，其显著特征是被告人不到场。也正因如此，缺席审判程序突破了传统的刑事诉讼构造，即控辩审三方成“两造对抗、居中裁判”的基本形态将不复存在。为了弥补这一构造上的缺陷，如何从程序上体现对缺席被告人权利的“倾斜性”保障是其应有之义。值得注意的是，即使法院最终作出对被告人不利的判决，该不利判决是基于法院对事实与证据的查明认定，与被告人不出庭并无因果联系，继而也就显著有别于通过程序来制裁不到庭被告人的这样一种做法。

（二）刑事缺席审判程序包含三种形态

明确刑事缺席审判的形态，有助于我们认清我国缺席审判程序的全貌。根据新《刑事诉讼法》第 291 条、第 296 条、第 297 条的规定，我国刑事缺席审判实际可划分为如下三种基本形态：

其一，明确刑事责任型缺席审判。即贪污贿赂犯罪案件，以及需要及时进行审判，经最高人民检察院核准的严重危害国家安全犯罪、恐怖活动犯罪案件，犯罪嫌疑人、被告人在境外的情形。人民法院对起诉进行审查后，认为符合缺席审判适用条件的，应当决定开庭审判。这种形态的缺席审判实际是为了解决被告人潜逃境外、逃避审判的司法实践难题，是本次缺席审判立法的重点。

其二，解决诉讼障碍型缺席审判。即因被告人患有严重疾病无法出庭，中止审理超过 6 个月，被告人仍无法出庭的情形。根据《刑事诉讼

① 万毅：《刑事缺席判决制度引论》，载《当代法学》2004 年第 1 期。

法》第206条的规定，对于被告人患有严重疾病无法出庭的，法院可以依法决定中止审理，待中止审理的原因消失后再予以恢复。不过，由于被告人患有严重疾病具有不确定性，即其何时痊愈能够出庭往往难以预料，故可能导致审判长期无法正常进行，这也成为司法实践中的一大难题。有鉴于此，立法设置了上述形态的缺席审判，试图排除诉讼障碍以确保诉讼不被过分拖累与延误。

其三，为被告人正名型缺席审判。即被告人死亡但有证据证明被告人无罪的，人民法院经缺席审理确认无罪的，应当依法作出判决。这种形态的缺席审判是基于保障被告人权利而设置的，目的是给被告人一个沉冤昭雪的机会，故须遵循利于被告人之原则，不得通过缺席审判判处被告人有罪。无论是被告人于审判过程中突然死亡，抑或按照审判监督程序重新审判的被告人已经死亡的案件，只要法院能够经审理确认被告人无罪的，即应通过缺席审判程序为其“正名”，以及时保护无辜者的名誉。①

三、刑事缺席审判程序的立法基础

本次刑事缺席审判程序的立法经过了反复论证与讨论，是在较为成熟的立法基础上所构建起来的，符合我国当前政治、经济、社会等方面的现实情况。其中，明确刑事责任型缺席审判是本次缺席审判立法的重点。下文将着重探讨明确刑事责任型缺席审判的立法背景与意义。

（一）国家反腐败工作的深入推进，凸显了缺席审判立法的重要性

党的十八大以来，以习近平同志为核心的党中央在国家反腐败工作方面作出了一系列重大决策部署，取得了重大的成果与进展。正如党的十九大报告指出，“坚持反腐败无禁区、全覆盖、零容忍，坚定不移

① 实际上，修改前的刑事诉讼法已经确立了这种形态的缺席审判。根据修改前的《刑事诉讼法》第15条的规定，犯罪嫌疑人、被告人死亡的，应当终止审理。《最高人民法院关于适用〈中华人民共和国刑事诉讼法〉的解释》第241条第1款进一步明确，一审法院根据已查明的案件事实和认定的证据，能够确认无罪的，应当判决宣告被告人无罪；第312条则明确，二审法院经审查，死亡的被告人不构成犯罪的，应当宣告无罪。本次刑事诉讼法修改吸收了上述内容，从立法上正式构建了这种形态的缺席审判。

‘打虎’‘拍蝇’‘猎狐’，不敢腐的目标初步实现，不能腐的笼子越扎越牢，不想腐的堤坝正在构筑，反腐败斗争压倒性态势已经形成并巩固发展”。[①] 党中央将从严惩治腐败放在突出位置，坚持有腐必反、有贪必肃，体现了国家反腐败斗争的决心与立场。贯彻党中央精神、为国家反腐败工作提供制度支持，是本次刑事诉讼法构建刑事缺席审判程序的初衷所在。此前公布的《刑事诉讼法（修正草案）》将缺席审判的范围限定为“贪污贿赂等犯罪”，即充分说明增设这一程序的主要目的是顺应我国反腐败斗争的需要。[②]

随着党中央反腐败工作的不断深入，人民群众对反腐败期待的不断提升，缺席审判立法的重要性愈发凸显，主要体现为以下两个方面：其一，发挥刑事缺席审判程序于反腐败领域震慑和惩治的双重功能。近年来，不少腐败分子潜逃境外、躲避审判，使得境外很多区域成为“避罪天堂”。这不仅严重损害了我国的法律尊严与司法权威，而且无益于国家反腐败斗争的推进。刑事缺席审判程序的构建有力回应了党的十九大报告所提出的“不管腐败分子逃到哪里，都要缉拿归案、绳之以法”[③] 的要求，自此，我国法院可依法对不到场的被告人作出判决，并依据《联合国反腐败公约》第44条第13款向缔约国提出引渡或执行刑罚的请求[④]，这无疑将对外逃境外的腐败分子形成震慑，有利于督促其自动归案接受审判或服刑，继而有效地维护国家法律权威。其二，构建刑事缺席审判程序，其价值还在于运用法治思维与法治方式推进国家反腐败工作。在全面依法治国的时代背景下，国家反腐败工作理应纳入法治轨

① 习近平：《决胜全面建成小康社会，夺取新时代中国特色社会主义伟大胜利——在中国共产党第十九次全国代表大会上的报告》，人民出版社2017年版，第8页。

② 在《刑事诉讼法（修正草案）》在向社会公开征集意见后，一些常委委员、地方、部门和社会公众则建议根据实际需求，适当扩大缺席审判的适用范围。最终，立法适当采纳了上述建议。参见朱宁宁：《拟适当扩大缺席审判适用范围》，载《法制日报》2018年8月28日，第2版。

③ 习近平：《决胜全面建成小康社会，夺取新时代中国特色社会主义伟大胜利——在中国共产党第十九次全国代表大会上的报告》，人民出版社2017年版，第67页。

④ 参见《联合国反腐败公约》第44条第13款：“如果为执行判决而提出的引渡请求由于被请求引渡人为被请求缔约国的国民而遭到拒绝，被请求缔约国应当在其本国法律允许并且符合该法律的要求的情况下，根据请求缔约国的请求，考虑执行根据请求缔约国本国法律判处的刑罚或者尚未服满的刑期。”

道，使之逐步走向规范化、制度化、长效化。作为推进国家反腐败工作的重要举措，刑事缺席审判程序也不能脱离现代程序法治的框架，除了严格限定其适用范围之外，更重要的是通过程序规制达到保障被告人权利的目标。这也是对程序法治根本要义的践行，简言之，即通过技术性的精致设定保证公权力内容意旨的完满实现，同时通过限制专横的权力使之服从法律统制。[①]

（二）国际追逃追赃的现实性需要，体现了缺席审判立法的必要性

国际追逃追赃是国家反腐败工作的重要一环。近年来，随着国家反腐败斗争的不断深入，我国加大了国际追逃追赃的力度，先后开展“猎狐”“天网”等行动，并且取得了显著成效。2014 年至 2020 年 6 月，我国共从 120 多个国家和地区追回外逃人员 7831 人，追回赃款 196.54 亿元。[②]尽管国际追赃追逃取得了重大进展，但是由于各国法律制度的差异、国际执法合作的困难等方面的原因，这项工作的开展仍然任重道远，尤其是境外追逃工作面临着较大阻力。实践中，大部分外逃人员是以劝返的方式实现成功追逃的，真正通过国际司法合作和执法合作，例如采用引渡、异地追诉、强制遣返等手段成功追逃的案例仅占少数。[③]这与我国相关立法的空白也有着一定的关系。目前，我国追逃的主要依据是国际公约和与部分国家签署的引渡条约，而在某些情况下，由于与一些国家没有签署引渡条约，就必须先经过国内司法机关审理，并以生效判决为相关国家司法配合的依据。正是由于刑事缺席审判程序的缺失，我国往往无法提供相应的司法文书，这给引渡、遣返境外在逃人员带来了相当难度。

面对国际追逃追赃的现实性需要，建立刑事缺席审判程序无疑将丰富反腐败和国际追逃追赃的手段，最大限度地实现境外追逃追赃的国际合作。值得注意的是，依据有罪缺席判决而提出的引渡请求，许多国家

① 参见卞建林：《刑事诉讼的现代化》，中国法制出版社 2003 年版，第 50—51 页。

② 参见《国家监察委员会关于开展反腐败国际追逃追赃工作情况的报告》。

③ 徐行、于亚杰：《反腐国际追逃追赃之功效及现存问题分析》，载《学习与探索》2018 年第 4 期。

通常都要求请求方作出重新审判的承诺。[①] 因此，本次缺席审判立法特别赋予了被告人对缺席判决的异议权，使被告人在到案后有权获得重新审判的机会，[②] 如此设计将为国际追逃追赃的顺利进行提供条件。此外，国际追逃追赃需要在国际法框架下开展，而我国已经加入的《联合国反腐败公约》则为缺席审判立法提供了相应依据，如前文所提到的公约第44条第13款“或引渡或惩处”条款，实际已经暗含了对刑事缺席审判程序的认可。此外，《联合国反腐败公约》第35条规定，各缔约国应当根据本国法律的原则采取必要的措施，确保因腐败行为而受到损害的实体或者人员有权为获得赔偿而提起法律程序；第57条3款亦明确，对于腐败犯罪所得财产的返还请求，应基于请求缔约国的生效判决。这些条款也应视为公约对刑事缺席审判程序的认可。从上述角度来看，构建刑事缺席审判程序亦与国际刑事司法准则相符合，故将有利于我国履行反腐败国际条约义务、树立负责任大国形象。

（三）反腐败法律体系的不断健全，提供了缺席审判立法的可行性

尽管并未经前期试点改革即直接上升为立法，但就在刑事诉讼领域是否建立缺席审判程序实际已经进行了长期的论证与酝酿。根据党中央统一部署，全国人大常委会法工委从2014年就会同有关部门就此问题进行了广泛的研究和深入的探讨。2016年7月，全国人大常委会法制工作委员会提出了关于建立刑事缺席审判制度的研究报告，中央纪委建议在配合国家监察体制改革修改刑事诉讼法时，对刑事缺席审判制度作出规定。此后，全国人大常委会法制工作委员会刑法室召开专家座谈会研究刑事诉讼法修改问题时，也就此广泛征求意见。但毕竟刑事缺席审判程序限制了被告人的重要诉讼权利，如何给予缺席审判的被告人充分的

---

① 事实上，我国也持相同的立场。根据《引渡法》第8条第8款的规定，请求国根据缺席判决提出引渡请求的，应当拒绝引渡；但请求国承诺在引渡后对被请求引渡人给予在其出庭的情况下进行重新审判机会的除外。我国与外国缔结的双边引渡条约也都谨慎处理缺席审判的问题。参见黄风：《对外逃人员缺席审判需注意的法律问题》，载《法治研究》2018年第4期。

② 参见《刑事诉讼法》第295条第2款：“罪犯在判决、裁定发生法律效力后到案的，人民法院应当将罪犯交付执行刑罚。交付执行刑罚前，人民法院应当告知罪犯有权对判决、裁定提出异议。罪犯对判决、裁定提出异议的，人民法院应当重新审理。”

程序保障及补救，立法理应谨慎权衡；更为重要的是，刑事缺席审判程序能否有效实施，更有赖于反腐败领域其他法律制度的建设与完善，否则必然有损制度的实际功效。

经过前期深入的论证，加之当前我国反腐败法律体系的基本形成，当前刑事缺席审判程序的立法条件业已成熟。具体来看，其一，2012年刑事诉讼法修改所增设的违法所得没收程序为缺席审判立法提供了实践经验。违法所得没收程序实施至今已有8年，解决了因被告人潜逃或死亡而导致无法实质开展追赃工作的重大现实难题，其与刑事缺席审判程序在立法动因上具有同一性，在某种程度上“体现了刑事缺席审判的基本精神”[①]，故对刑事缺席审判程序的构建有相当的参考性。当然，应当注意的是，由于两种程序所体现的本质特征并不相同，违法所得没收程序是“对物不对人”的特别程序，其仅判定涉案财物之性质与归属，故亟须构建与之并列的特别程序来明确被告人的刑事责任，这也更加凸显了缺席审判立法的紧迫性。其二，监察法的颁布实施为缺席审判立法提供了指引。监察法专设第六章“反腐败国际合作”，明确了国家监察委员会与其他国家、地区、国际组织开展反腐败工作与合作的诸多内容，为国际追逃追赃提供了重要的法律依据和程序保障。为了更好地实现反腐败国际合作之目标，本次刑事诉讼法修改即应及时作出调整，通过构建缺席审判程序来予以协调及配合，确保两法衔接的顺利与妥当。其三，2018年审议通过的国际刑事司法协助法为刑事缺席审判程序的实施提供了必要支撑。国际刑事司法协助法的出台，填补了反腐败刑事司法协助国际合作的国内法律空白，改变了此前我国与国外开展反腐败刑事司法协助无法可依的局面。该法中有关送达、引渡、遣返等方面的内容与刑事缺席审判程序的适用紧密相连，更为后者的实践提供了必要支持。综上所述，随着我国反腐败领域法律制度的日渐完善，当前我国缺席审判立法的条件已经基本成熟，构建刑事缺席审判程序的时机恰当，而本次缺席审判立法也必将进一步健全我国反腐败法律体系。

四、刑事缺席审判程序的内在逻辑

尽管刑事缺席审判程序的构建具有重要的现实意义，但这一程序毕

---

① 彭新林：《腐败犯罪缺席审判制度之构建》，载《法学》2016年第12期。

竟以减损被告人的在场权为代价，与以人权保障为核心的正当程序存在着天然的冲突。因此，如何从理论上把握刑事缺席审判程序的内在逻辑是制度推进与实施的关键所在。我们认为，基于公正与效率的平衡、程序安定性的考量、权义复合性的逻辑，在合理范围内对被告人在场权进行限制并不违背刑事诉讼的基本原理与规律，同时也构成了刑事缺席审判程序的正当性基础。

（一）刑事缺席审判是对公正与效率的平衡

公正是刑事诉讼中永恒的主题。[①] 随着现代社会的不断发展，公正面临着更为艰难的效率难题。司法资源的稀缺性与发现案件真实、实现司法公正之间的矛盾显得越发尖锐。甚至对一些极为复杂疑难的案件来说，即使花费再多的司法资源可能也无法揭示真正的事实，最终只能在可能的范围内作出盖然性判断而已。因此，刑事诉讼固然要以追求公正为首要目标，但同时亦要兼顾效率。或者说，公正与效率本就互相交织，公正的内涵理应包含效率。正如法谚所云，迟来的正义非正义。能否有效平衡公正与效率之间的矛盾，已经成为衡量一国司法制度现代化程度的重要标尺。从实现公正与效率平衡的角度来说，刑事缺席审判程序具备了正当性。无论是被告人消极回避审判抑或突发严重疾病，都将导致审判无法正常进行，如果不及时消除这种不确定的状态，诉讼成本与诉讼周期都将随之增加，并可能最终导致证据灭失与诉讼迟延。然而，案件的久拖不决不仅使犯罪者无法得到及时的惩罚，并且被害人的利益与社会法益亦无法得到及时的弥补。这样的结果往往意味着刑罚的威慑、预防与修复的效果难以真正实现，国家司法制度的权威性亦将会受到质疑。这显然有悖于司法公正的目标追求。因此，允许在被告人缺席的情况下开启对特定案件的审判活动，尽管这在一定范围内减损了被告人的诉讼权利，但这种减损无疑是基于公正与效率矛盾而作出的合理平衡。

近年来，国际刑事法院的缺席审判实践也充分说明了这项制度并不与国际司法的基本准则相违背。[②] 并且，国际刑事法院在适用刑事缺席

---

① 宋冰:《程序、正义与现代化》，中国政法大学出版社 1998 年版，第 2 页。

② See Alexander Schwartz, *The Legacy of the Kenyatta Case: Trials in Absentia at the International Criminal Court and Their Compatibility with Human Rights*, African Human Rights Law Journal.2016, 16, (99).

审判程序时亦将公正与效率的关系放在首位考虑，其于2013年在《程序与证据规则》中新增了三项规定，即第134条之二、之三、之四，明确了对不在场的被告人进行审判的法律基础。具体包括：第134条之二允许被告人通过远程视频等方式参与庭审；第134条之三明确被告人有权提出书面请求放弃其在场权，由其辩护律师代为出席庭审或部分庭审；第134条之四则强调了被告人不出庭的具体标准，即国际刑事法院应当审查被告人不出庭是否有违司法公正、其诉讼权利是否得到充分保障以及其他替代性手段是否已经用尽。由此可见，妥洽处理好公正与效率的关系是刑事缺席审判程序构建与实施的前提。

（二）刑事缺席审判是对程序安定性的考量

程序安定的本质是使诉讼保持有条不紊的稳定状态，其包含程序规范的安定和程序运作的安定。[①]程序规范的安定引导诉讼当事人与国家权力机关遵循程序法的规定来推动诉讼进程，而程序运作的安定则将避免程序的无序与任意。在现代法治社会，程序安定性具有重要意义，其符合人们对安全与秩序的追求。我们认为，程序安定还应当涵括通过程序达到的一种结果上的安定，即发挥诉讼程序定分止争的功能，实现诉讼结果的确定性与终结性，进而达到法律秩序的稳定与有序。[②]之所以刑事诉讼程序安定性受到越来越多的推崇，与其重要价值密不可分，或如林钰雄教授所言，即要尽可能地透过程序过程与裁判结果来恢复法秩序，宣告案件在法律上已经“终局落幕”，以便被告人、被害人、社会公众都可以恢复和平生活。[③]

由此可见，如果法秩序没有最终处于安定状态，社会共同体之间的相互关系仍然存在不安与不信任，这也就意味着，无论犯罪人是否通过诉讼程序获得了应有的处罚，其对于整个社会共同体来说，仍然是一种潜在的威胁。而对于被告人而说，其生活与利益也将同样处于不安定的状态之中，有违人权保障之精神。因此，出于对程序安定性的追求，案

---

① 参见陈桂明：《程序理念与程序规则》，中国法制出版社1999年版，第2页。

② 近年来，德国学者施密特黑尔斯所提倡的刑事诉讼目的之“法的平和”与程序的安定性理念有着一定的相通之处。参见［日］田口守一：《刑事诉讼的目的》（增补版），张凌、于秀峰译，中国政法大学出版社2011年版，第34—35页。

③ 林钰雄：《刑事诉讼法》（上册），中国人民大学出版社2005年版，第10页。

件不宜长时间停留在待定的状态。倘若在被告人故意逃避审判或身患严重疾病的情况下，仍然毫无例外地要求以其在场为进行审判的条件，则显然难以满足程序安定性的要求。因此，在特定情况下对不在场的被告人开启审判，消解刑事诉讼冲突以达到法秩序的安定状态，在诉讼原理上亦具有正当性。

（三）刑事缺席审判是权义复合性的逻辑结果

有研究者提出，被告人在场权作为一项权利可通过自身的放弃来得到行使；而尊重被告人不参加庭审的主观意愿，即反映了对被告人诉讼主体地位的尊重。[①] 该观点有一定的道理，但以“权利放弃说”来论证缺席审判的正当性仍不免片面。我们认为，被告人在场权不仅是被告人所享有的一项权利，对其而言亦是一项义务，故其从本质上来说体现了权义的复合性。在案件日益负荷以及新型犯罪案件的冲击下，刑事司法范式转型成为现代法治国家所面临的共同难题，而保障与追诉的权益平衡之道仍然是转型的核心所在。

基于被告人在场权的复合性本质，刑事缺席审判程序也具备了正当性依据。一方面，被告人在场权作为一项权利，基于被告人诉讼主体地位的确立与强化，即应当允许其在一定情况下自愿放弃这项权利。被告人在场权权利性的一面，充分彰显了其不同于诉讼客体的主体身份，故其得以自愿地处分权利来决定自我的诉讼命运。正如达马斯卡教授所做的描述，“当事人被承认为他所参与的诉讼的主人，有权按照他所愿意的方式来展开程序行动，甚至包括选择程序形式”。[②] 另一方面，被告人在场权也是一项义务。既然如此，国家基于特定事由亦有权对这项义务予以免除，具体方式即以缺席审判作为这项义务的例外规定。许多法治发达国家的立法都对此有所体现，即在普遍确立了被告人履行庭审在场义务的前提下，同时设置了许多例外条款。[③] 应当注意的是，我们强

---

① 参见肖沛权:《价值平衡下刑事缺席审判制度的适用》，载《法学杂志》2018 年第 8 期。

② ［美］米尔伊安·R. 达玛什卡:《司法和国家权力的多种面孔——比较视野中的法律程序》，郑戈译，中国政法大学出版社 2015 年版，第 136 页。

③ 参见崔凯:《义务视阈下的被告人庭审在场问题研究》，载《政法论坛》2017 年第 2 期。

调被告人出庭权义务性的一面，所期望的是权利主体以承担义务的方式来预防其自我权利的损害，绝非借以对其不履行义务之行为进行惩戒。这也从根本上明确了被告人诉讼主体的身份，即其具有独立的地位与人格，并且受到国家的尊重与保障，故国家仅能通过免除其义务来体现被告人出庭权义务性的一面。当然，尽管被告人在场权具有权义复合性，但是从内在上来说，更应当偏重权利性的一面。这与现代刑事诉讼的发展方向也是相一致的。

五、刑事缺席审判程序的实践走向

随着刑事缺席审判程序入法，我国反腐败法律体系得以完善协调，刑事特别程序也得到了进一步的发展。然而，遗憾的是，从当前刑事缺席审判程序的实践情况来看，其并没有充分发挥相应的制度价值，尤其是在国家反腐败领域的初衷作用。因此，在未来的司法实践中，我们应当准确把握程序完善的几个重要问题。

（一）适用要件的规范性界定

为了实现严格限制缺席审判适用之初衷，我们有必要对现行的三种缺席审判形态的适用要件作出规范性界定。毕竟缺席审判是一项例外性的程序，如果例外要件过于宽松，则难免将空洞化对席审判作为原则性的内涵。

首先，明确刑事责任型缺席审判。修改后的刑事诉讼法对这一形态缺席审判的范围作出了较为严格的限定，即其必须符合两方面的条件：一是仅限于贪污贿赂犯罪案件，以及需要及时进行审判并经最高人民检察院核准的严重危害国家安全犯罪、恐怖活动犯罪案件；二是犯罪嫌疑人、被告人应当在境外，而并不包括逃匿境内的这种情况。相较此前《刑事诉讼法（修正草案）》的表述，即“贪污贿赂等犯罪案件”，修改决定的规定显然更为严谨与明确，避免了因“等”字模糊所可能造成的扩大化适用。我们认为，司法解释应当进一步明确“在境外”的内涵与外延，即办案机关应当查明了犯罪嫌疑人、被告人境外的基本情况及明确的所在地，以便送达传票与起诉书副本。对于下落不明的犯罪嫌疑人、被告人，则不宜适用缺席审判程序。

其次，解决诉讼障碍型缺席审判。这一形态缺席审判的主要功能

在于排除诉讼障碍以确保审判之正常进行，但落脚点仍然在于保障被告人，故修改后的刑事诉讼法对这一形态缺席审判的适用范围也作了较为严格的规定。一是对被告人患有严重疾病无法出庭设置了法定的诉讼中止期限，即明确中止审理超过6个月以上才得以适用缺席审判；二是以被告人及其法定代理人、近亲属申请或者同意恢复审理为前提，即充分尊重其程序选择权。如学者所言，如此设计“彰显出立法者对被告方意思的尊重和维护”[①]。为了防止这一形态的缺席审判被滥用，我们建议对“被告人患有严重疾病”作出严格释义，对此理解应当参照刑事诉讼法有关监视居住、监外执行等条款的内容。同时，为了防止被告人违背真实意愿而放弃在场权，应当进一步明确法院的告知义务。

最后，为被告人正名型缺席审判。与前述两种形态的缺席审判相比，为被告人正名型缺席审判具有非典型性，因为这一形态中的被告人并非严格意义上的缺席，而是诉讼主体的消亡，故本质上应当属于终止审理的一种例外。在当前立法的设计之下，应当进一步协调其与《刑事诉讼法》第16条的关系，明确对第297条“有证据证明被告人无罪”的理解。我们认为，应当遵循疑点利益归于被告人的原则，在案件事实无法查清的情况下，即应依法作出无罪判决，如此也是落实为被告人正名型缺席审判的立法初衷。

（二）程序流转的明确规制

由于明确刑事责任型缺席审判是本次缺席审判立法的重点，因而修改后的刑事诉讼法主要针对这一形态的缺席审判作出了程序设计。这也是考虑到明确刑事责任型缺席审判实为被告人自始缺席的情形[②]，故有必要作出完整的程序性规制，确保案件流转的每个步骤都有据可循。为了进一步加强刑事责任型缺席审判的实践操作性，有必要对其中几个关乎

---

① 万毅：《刑事缺席审判制度立法技术三题——以〈中华人民共和国刑事诉讼法（修正草案）〉为中心》，载《中国刑事法杂志》2018年第3期。

② 根据我国缺席审判立法的设计，刑事缺席审判程序实际包括了被告人自始缺席与被告人中途缺席两种情形，但并未涵括被告人因违反法庭秩序被责令退出法庭而缺席审判的这种情况，故与一些国家的实践做法有一定的区别。例如，美国、英国、德国、法国等则允许在被告人违反法庭秩序被责令退出法庭后进行缺席审判。参见张吉喜：《论刑事缺席审判的适用范围——比较法的视角》，载《中国刑事法杂志》2007年第5期。

程序适用的问题予以明确。

其一，关于法院审查的问题。经过草案三次审议，立法最终确立了由法院先行审查的把关程序，即法院应当对案件进行严格审查，以确定是否符合缺席审判的适用要件。根据修改后的《刑事诉讼法》第 291 条的规定，对于人民检察院提起公诉的缺席审判案件，人民法院进行审查后，对于起诉书中有明确的指控犯罪事实，符合缺席审判程序适用条件的，应当决定开庭审判。由此可见，法院审查实际分为两个层面：一是查明起诉书中是否有明确的指控犯罪事实，这即根据《刑事诉讼法》第 186 条对公诉案件进行庭前审查，从形式上确定案件是否符合审判的条件；二是对案件是否符合缺席审判的适用条件进行审查，即结合缺席审判案件的适用范围、被告人在境外、送达等情况，决定是否启动缺席审判程序。在实践中，法院进行审查把关时应当严格遵循上述两个方面的内容，确保缺席审判程序启动的慎重性与严格性。对于不能满足条件的案件，法院应当建议人民检察院撤回起诉。

其二，关于送达的问题。送达的根本目的在于确保被告人对审判的知悉。只有在被告人已经知悉刑事诉讼活动的前提下，如果其自愿决定不出席审判，那么基于在场权权义复合性的本质，其可自愿放弃出席庭审并承担可能带来的法律后果，国家亦有权免除其出席庭审的义务。据此，修改后的《刑事诉讼法》第 292 条对送达作出了规定，即人民法院应当通过有关国际条约规定的或者外交途径提出的司法协助方式，或者被告人所在地法律允许的其他方式，将传票和人民检察院的起诉书副本送达被告人。传票和起诉书副本送达后，被告人未按要求到案的，人民法院应当开庭审理，依法作出判决，并对违法所得及其他涉案财产作出处理。我们认为，送达是否完成直接决定了案件是否具备缺席审判的条件，故法院应当穷尽各种方式进行送达，并严格审查与确定送达的状态。此外，出于对国际通行做法的尊重，对于被告人一般不得采取公告送达的方式。当前刑事诉讼法对于送达的相关规定过于原则与笼统，因而有必要通过司法解释进一步明确送达的方式、法院调查的程序以及送达成功的标准等，以真正落实对被告人知悉权的保障。

（三）被告人权利保障的进一步加强

修改后的刑事诉讼法对于缺席审判被告人的权利保障，主要可以体

现为三个方面：一是赋予被告人及其近亲属委托辩护人的权利，同时引入强制法律援助辩护制度。二是明确被告人及其近亲属的上诉权。即被告人或者其近亲属不服判决的，有权向上一级人民法院上诉。辩护人经被告人或者其近亲属同意，也可以提出上诉。三是赋予被告人归案后的异议权。即被告人在判决、裁定发生法律效力后到案的，人民法院应当在交付执行刑罚前告知其有权对判决、裁定提出异议，一旦被告人提出异议的，人民法院应当重新审理。此外，值得关注的是，最终修改决定还增加了检察机关的抗诉权，即检察机关认为缺席判决确有错误的，应当向上级人民法院提出抗诉，故在确保缺席审判公正性方面，与《刑事诉讼法（修正草案）》相比可谓更进一步。

应当说，当前立法对于缺席审判被告人的权利保障作了较为完善的规定。但是，毕竟对于贪污贿赂犯罪案件以及严重危害国家安全犯罪、恐怖活动犯罪案件引入缺席审判机制尚无成熟经验可循，如何在被告人缺席的情况下保障其权利不受过分克减，终将是制度完善面临的重要议题。今后，明确刑事责任型缺席审判在保障被告人权利方面可能将面临如下现实难题，值得我们重点关注：其一，辩护律师如何开展辩护工作。缺席审判的案件中，由于被告人的缺席，辩护律师可能无法与被告人直接进行会见与接触，而只能与被告人的家属进行联系，因而在这种情况下如何开展辩护工作有待进一步实践探索。为了更好地保障辩护律师开展相关工作，司法解释应当进一步细化律师执业的相关内容，如境外委托、出境会见等，以确保其在执业过程中不受阻碍。其二，被告人近亲属上诉权的问题。当前立法赋予了被告人近亲属对于缺席判决的独立上诉权，主要考虑到缺席判决不仅将解决被告人的刑事责任问题，还可能对违法所得及其他涉案财产作出处理，故可能将对被告人近亲属的合法权利造成影响。不过，当前立法的规定过于原则，我们建议进一步明确其行使上诉权的条件以及上诉后适用的程序等问题，同时还应厘清其与被告人上诉权之间的关系。其三，被告人异议权的问题。从条文来看，当前立法赋予了被告人无条件的异议权，即只要被告人在归案后提出异议的，法院即应当重新启动审理程序。我们认为，如此制度设计保留了被告人获得公正审判的机会，将最大限度地补救缺席审判对于被告人权利所可能造成的减损。更为重要的是，如此制度设计考虑到了国际通行准则，这一程序性保障也是其他国家认可我国缺席判决的重要前

提，继而将有效保障我国与其他国家引渡合作机制的相洽。值得注意的是，为了保障被告人的异议权，应当通过司法解释进一步明确，被告人提出异议的，原则上经过重新审判后不应加重对其量刑，否则恐怕难以落实保障被告人权利的立法初衷。

（四）与违法所得没收程序之间关系的厘清

刑事诉讼法修改实施后，理论界与实务界对于缺席审判程序与违法所得没收程序之间的关系仍然有所争议，这或许也是当前制约缺席审判程序功效的原因之一。有学者主张，将刑事缺席审判程序与违法所得没收程序进行合并，即将违法所得没收程序并入刑事缺席审判程序之中。[①]对此，我们并不认同。缺席审判程序与违法所得没收程序应当是各自独立、相互并列的关系，两者均是我国推进反腐败斗争的重要法治手段。在制度推进的过程中，应当充分发挥刑事缺席审判程序与违法所得没收程序的各自优势，进一步完善推动国际追逃追赃工作的开展。

其一，两种程序的指向性有所不同，所能发挥的作用也有所区别。违法所得没收程序仅针对违法所得及其他涉案财产，而并不解决缺席被告人的刑事责任问题；刑事缺席审判程序既能明确被告人的定罪量刑问题，同时涵盖了对违法所得及其他涉案财产的处理。其二，两种程序的特点不同。由于违法所得没收程序不是严格意义上的刑事审判程序，适用相对简单灵活，在送达、举证、执行等方面都具有一定的便利[②]；如前文所述，刑事缺席审判程序本质上仍然是审判程序，故设计更为精密与严苛，运行也更为复杂与耗时。因此，办案机关应当根据案情的具体情况来选择最为适宜的程序，尤其是要充分考虑既有的证据情况、追赃的紧迫性以及境外送达的难度等情况，最大限度地发挥两种程序对于相关犯罪的威慑与惩戒作用。当然，刑事缺席审判程序毕竟是一项例外性的制度，基于对被告人权利最大化保障的考量，如果能够通过违法所得没收程序就能达到追赃之功能，那么就应当保持权力的相对克制与谦抑，选择适用对被告人权利减损相对小的违法所得没收程序。

---

① 参见施鹏鹏:《缺席审判程序的进步与局限——以境外追逃追赃为视角》，载《法学杂志》2019年第6期。

② 参见黄风:《刑事缺席审判与特别没收程序关系辨析》，载《法律适用》2018年第23期。

六、结语

尽管理论界与实务界围绕刑事缺席审判程序多有争议，但随着本次刑事诉讼法修改，制度已经入法，我们更应当把关注的焦点聚焦于如何更好地发挥程序的功能上来。当前实践中鲜有明确刑事责任型缺席审判的实例，程序的适用多集中于解决诉讼障碍型缺席审判。然而，如果仅仅是局限于此，显然未能完全激活我国缺席审判程序之重要价值，与本次缺席审判立法的初衷亦有所背离。因此，在日后的实践推进过程中，我们应当有针对性地围绕刑事责任型缺席审判进行完善。在坚持刑事缺席审判程序例外性的前提之下，进一步细化程序的适用规则，加强被告人的权利保障，提高司法实践的可操作性，继而发挥刑事缺席审判程序在国家反腐败领域的法治作用。

附　录

主要学术成果

一、著作

1. 卞建林:《刑事起诉制度的理论与实践》，中国检察出版社 1993 年版

2. 卞建林:《刑事诉讼的现代化》，中国法制出版社 2003 年版

3. 卞建林、杨宇冠:《联合国刑事司法准则撮要》，中国政法大学出版社 2003 年版

4. 卞建林主编:《刑事证明理论》，中国人民公安大学出版社 2004 年版

5. 卞建林主编:《〈中华人民共和国人民检察院组织法〉修改专家意见稿》，中国检察出版社 2006 年版

6. 卞建林、杨诚主编:《刑事正当程序研究：法理与案例》，中国检察出版社 2006 年版

7. 卞建林、焦洪昌等:《传媒与司法》，中国人民公安大学出版社 2006 年版

8. 卞建林主编:《中国刑事司法改革探索——以联合国刑事司法准则为参照》，中国人民公安大学出版社 2007 年版

9. 卞建林、李兰英、韩阳:《刑事诉讼法专题研究》，科学出版社 2007 年版

10. 卞建林主编:《中国诉讼法判解》（第 5 卷），中国人民公安大学出版社 2007 年版

11. 卞建林主编:《诉讼法学研究》（第 12 卷），中国检察出版社 2007 年版

12. 卞建林、王肃元主编:《刑事诉讼法修改：问题与前瞻》，北京大学出版社 2008 年版

13. 卞建林主编:《中国诉讼法判解》(第6卷),中国人民公安大学出版社2008年版

14. 卞建林主编:《诉讼法学研究》(第13卷),中国检察出版社2008年版

15. 卞建林主编:《诉讼法学研究》(第14卷),中国检察出版社2008年版

16. 卞建林主编:《共和国六十年法学论争实录·诉讼法卷》,厦门大学出版社2009年版

17. 卞建林、张国轩主编:《刑事诉讼制度的科学构建》,中国人民公安大学出版社2009年版

18. 卞建林主编:《中国诉讼法判解》(第7卷),中国人民公安大学出版社2009年版

19. 卞建林主编:《诉讼法学研究》(第15卷),中国检察出版社2009年版

20. 卞建林等:《法治社会与律师职业》,中国人民公安大学出版社2010年版

21. 卞建林、王立主编:《刑事和解与程序分流》,中国人民公安大学出版社2010年版

22. 卞建林、侯建军主编:《深化刑事司法改革的理论与实践:新中国成立60年刑事诉讼法制的回顾与展望》,中国人民公安大学出版社2010年版

23. 卞建林主编:《诉讼法学研究》(第16卷),中国检察出版社2010年版

24. 卢希、卞建林主编:《检察机关诉讼职权与监督职权优化配置问题研究》,法律出版社2011年版

25. 卞建林、文晓平主编:《建言献策:刑事诉讼法再修改》,中国人民公安大学出版社2011年版

26. 卞建林、杨宇冠主编:《非法证据排除规则实证研究》,中国政法大学出版社2012年版

27. 卞建林主编:《中华人民共和国刑事诉讼法最新解读》,中国人民公安大学出版社2012年版

28. 卞建林主编:《现代司法理念研究》,中国人民公安大学出版社

2012年版

29. 卞建林、邓修明主编:《〈刑事诉讼法修正案（草案）〉重点问题研究》，中国人民公安大学出版社2012年版

30. 卞建林主编:《诉讼法学研究》（第17卷），中国检察出版社2012年版

31. 卞建林主编:《中国社会主义司法制度构建》（系列丛书），中国人民公安大学出版社2013年版

32. 卞建林等:《中国司法制度基础理论研究》，中国人民公安大学出版社2013年版

33. 卞建林:《论检察》，中国检察出版社2013年版

34. 卞建林、谭世贵主编:《新刑事诉讼法的理解与实施》，中国人民公安大学出版社2013年版

35. 卞建林主编:《诉讼法学研究》（第18卷），中国检察出版社2013年版

36. 卞建林主编:《中国诉讼法治发展报告（2012~2013）》，中国政法大学出版社2014年版

37. 卞建林主编:《腐败犯罪诉讼程序专题研究》，中国人民公安大学出版社2014年版

38. 卞建林、敬大力主编:《刑事诉讼法的实施、问题与对策》，中国人民公安大学出版社2014年版

39. 卞建林主编:《中国诉讼法判解》（第8卷），中国人民公安大学出版社2014年版

40. 卞建林、陈旭主编:《法治中国视野下的刑事程序建设》，中国人民公安大学出版社2015年版

41. 卞建林主编:《中国诉讼法治发展报告（2014）》，中国政法大学出版社2015年版

42. 卞建林主编:《诉讼法学研究》（第19卷），中国检察出版社2015年版

43. 卞建林主编:《修改后的刑事诉讼法实施情况调查与研究》，中国检察出版社2016年版

44. 卞建林、孙长永主编:《全面推进依法治国与刑事诉讼制度改革》，中国人民公安大学出版社2016年版

45. 卞建林主编:《中国诉讼法治发展报告(2015)》,中国政法大学出版社2016年版

46. 卞建林主编:《中国诉讼法判解》(第9卷),中国人民公安大学出版社2016年版

47. 卞建林主编:《诉讼法学研究》(第20卷),中国检察出版社2016年版

48. 卞建林、陈卫东等:《新刑事诉讼法实施问题研究》,中国法制出版社2017年版

49. 卞建林、杨宇冠主编:《刑事诉讼庭前会议制度研究》,中国政法大学出版社2017年版

50. 卞建林、杨松主编:《推进以审判为中心的诉讼制度改革》,中国人民公安大学出版社2017年版

51. 卞建林主编:《中国诉讼法治发展报告(2016)》,中国政法大学出版社2017年版

52. 卞建林、沈羲基、韩明官主编:《第七届、第八届中韩刑事司法学术研讨会论文集》,上海社会科学院出版社2017年版

53. 卞建林主编:《中国诉讼法判解》(第10卷),中国人民公安大学出版社2017年版

54. 卞建林主编:《诉讼法学研究》(第21卷),中国检察出版社2017年版

55. 卞建林等:《改革开放40年法律制度变迁·刑事诉讼法卷》,厦门大学出版社2018年版

56. 卞建林、李兰英主编:《司法改革背景下刑事诉讼制度的完善》,中国人民公安大学出版社2018年版

57. 卞建林、韩旭主编:《刑事庭审实质化和有效性问题——第九届中韩刑事司法学术研讨会论文集》,法律出版社2018年版

58. 卞建林主编:《中国诉讼法治发展报告(2017)》,中国政法大学出版社2018年版

59. 卞建林主编:《中国诉讼法判解》(第11卷),中国人民公安大学出版社2018年版

60. 卞建林主编:《诉讼法学研究》(第22卷),中国检察出版社2018年版

61. 卞建林、杨宗科主编:《新时代中国特色刑事诉讼制度新发展》,中国人民公安大学出版社 2019 年版

62. 卞建林等:《司法规律研究》,中国人民公安大学出版社、群众出版社 2019 年版

63. 卞建林主编:《中国诉讼法治发展报告(2018)》,中国政法大学出版社 2019 年版

64. 卞建林主编:《诉讼法学研究》(第 23 卷),中国检察出版社 2019 年版

65. 卞建林主编:《诉讼法学理论新苑》(第一卷),中国人民公安大学出版社、群众出版社 2019 年版

66. 卞建林、陈云良主编:《法治建设与刑事诉讼——刑事诉讼法 40 年》,中国人民公安大学出版社 2020 年版

67. 卞建林主编:《诉讼法学研究》(第 24 卷),中国检察出版社 2020 年版

68. 卞建林、李晶主编:《公安机关办理刑事案件程序规定》,中国法制出版社 2021 年版

69. 卞建林、阎喜春主编:《刑事诉讼制度与理论的新发展》,中国人民公安大学出版社 2021 版

70. 卞建林、陈卫东主编:《刑事诉讼法实施重点问题研究》,中国人民公安大学出版社 2021 年版

二、教材

71. 卞建林主编:《刑事诉讼法学》(高等学校法学教材),法律出版社 1997 年版

72. 卞建林主编:《证据法学》(高等政法院校规划教材 – 司法部法学教材编辑部编审),中国政法大学出版社 2000 年版

73. 卞建林主编:《证据法学(2002 年修订版)》(高等政法院校规划教材 – 司法部法学教材编辑部编审),中国政法大学出版社 2002 年版

74. 卞建林主编:《证据法学(修订二版)》(高等政法院校规划教材 – 司法部法学教材编辑部编审),中国政法大学出版社 2007 年版

75. 卞建林主编:《证据法学(第三版)》(高等政法院校规划教材 – 司法部法学教材编辑部编审),中国政法大学出版社 2007 版

76. 卞建林主编:《证据法学》(最高人民法院、国家法官学院选定法院系统专项培训指定教材),中国政法大学出版社2002年版

77. 卞建林、刘玫:《外国刑事诉讼法》(21世纪高等教育法学教材),人民法院出版社、中国社会科学出版社2002年版

78. 卞建林、刘玫主编:《外国刑事诉讼法》,中国政法大学出版社2008年版

79. 卞建林、刘玫主编:《证据法学案例教程》(高等教育法学专业案例教材),知识产权出版社2003年版

80. 卞建林、刘玫主编:《证据法学案例教程(第二版)》(高等教育法学专业案例教材),知识产权出版社2012年版

81. 卞建林主编:《证据法学》(普通高等教育"十五"国家级规划教材),中国政法大学出版社2005年版

82. 卞建林、谭世贵主编:《证据法学(第二版)》(普通高等教育"十一五"国家级规划教材),中国政法大学出版社2010年版

83. 卞建林、谭世贵主编:《证据法学(第三版)》(普通高等教育"十一五"国家级规划教材),中国政法大学出版社2014年版

84. 卞建林、谭世贵主编:《证据法学(第四版)》(普通高等教育"十一五"国家级规划教材),中国政法大学出版社2019年版

85. 卞建林主编:《刑事诉讼法学》(新世纪法学创新教材),科学出版社2008年版

86. 卞建林主编:《刑事诉讼法学》(中国政法大学精品系列教材),中国政法大学出版社2008年版

87. 卞建林主编:《刑事诉讼法学(第二版)》(中国政法大学精品系列教材),中国政法大学出版社2012年版

88. 卞建林主编:《刑事诉讼法学(第三版)》(中国政法大学精品系列教材),中国政法大学出版社2014年版

89. 卞建林主编:《刑事诉讼法学(第四版)》(中国政法大学精品系列教材),中国政法大学出版社2019年版

90. 卞建林:《刑事诉讼法学》,中共中央党校出版社2009年版

91. 卞建林主编:《证据法:原理·图解·案例·司考》(全国高等学校卓越法律人才教育培养计划系列教材),中国民主法制出版社2015年版

92. 卞建林主编:《证据法学》(全国高等学校法学专业核心课程教材),高等教育出版社 2020 年版

三、参编

93. 陈光中主编:《刑事诉讼法学(新编)》(高等学校法学教材),中国政法大学出版社 1996 年版,第三章、第九章、第十一章、第十九章第七节

94. 陈光中、徐静村主编:《刑事诉讼法学》(高等政法院校法学主干课程教材),中国政法大学出版社 1999 年版,第二章第一节、第五章、第十四章、第二十九章

95. 陈光中、徐静村主编:《刑事诉讼法学(修订版)》(高等政法院校法学主干课程教材),中国政法大学出版社 2000 年版,第二章第一节、第五章、第十四章、第二十九章

96. 陈光中、徐静村主编:《刑事诉讼法学(修订二版)》(高等政法院校法学主干课程教材),中国政法大学出版社 2002 年版,第二章第一节、第五章、第十四章、第二十九章

97. 陈光中主编:《中华人民共和国刑事证据法专家拟制稿(条文、释义与论证)》,中国法制出版社 2004 年版——条文设计:第二编第二章、第三章;条文释义与论证:第二编第三章

98. 陈光中主编:《中华人民共和国刑事诉讼法再修改专家建议稿与论证》,中国法制出版社 2006 年版

99. 陈光中、徐静村主编:《刑事诉讼法学(第四版)》(高等政法院校法学主干课程教材),中国政法大学出版社 2010 年版,第二章第一节、第五章、第十四章、第二十九章

100. 陈光中、徐静村主编:《刑事诉讼法学(第五版)》(高等政法院校法学主干课程教材),中国政法大学出版社 2015 年版,第二章第一节、第五章、第十四章、第二十九章

101. 樊崇义主编:《刑事诉讼法学》(高等政法院校规划教材),中国政法大学出版社 1996 年版,第十三章、第十四章、第十八章、第二十一章、第二十四章、第二十七章

102. 樊崇义主编:《刑事诉讼法学(1999 年修订本)》(高等政法院校规划教材),中国政法大学出版社 1999 年版,第十三章、第十四章、

第十八章、第二十一章、第二十四章、第二十七章

103. 樊崇义主编，卞建林副主编:《刑事诉讼法学（2002年修订版）》（高等政法院校规划教材），中国政法大学出版社2002年版，第十三章、第十四章、第十八章、第二十一章、第二十四章、第二十七章

104. 樊崇义主编:《中国刑事诉讼法》（全国司法学校法学教材），中国政法大学出版社1996年版，第十三章、第十四章、第十八章、第二十章、第二十三章、第二十六章

105. 姚莉主编:《刑事诉法法学》（高等学校法学教材），中国法制出版社1999年版，第四章、第九章、第十章、第十四章、第十五章、第十八章、第二十六章

106. 谭世贵主编:《律师法学》（高等学校法学教材–司法部法学教材编辑部编审），法律出版社1997年版，第八章、第十章、第十二章、第十三章、第十四章

107. 谭世贵主编:《律师法学（第二版）》（普通高等教育“十一五”国家级规划教材），法律出版社2005年版，第八章、第十章、第十二章、第十三章、第十四章

108. 谭世贵主编:《律师法学（第三版）》（普通高等教育“十一五”国家级规划教材），法律出版社2008年版，第八章、第十章、第十二章、第十三章、第十四章

109. 谭世贵主编:《律师法学（第四版）》（普通高等教育“十一五”国家级规划教材），法律出版社2013年版，第九章、第十章、第十三章、第十七章、第十八章

110. 谭世贵主编:《中国司法制度》（普通高等教育“十五”国家级规划教材），法律出版社2005年版，第三章、第四章、第十一章

111. 谭世贵主编:《中国司法制度（第二版）》（普通高等教育“十一五”国家级规划教材），法律出版社2008年版，第四章、第五章、第十二章

112. 谭世贵主编:《中国司法制度（第三版）》（普通高等院校“十一五”国家级规划教材），法律出版社2013年版，第四章、第五章、第十二章

113. 谭世贵主编:《刑事诉讼法学》，法律出版社2009年版，第九章、第十章、第十三章、第十四章、第十七章、第二十五章

四、译著

114. 卞建林译:《美国联邦刑事诉讼规则和证据规则》，中国政法大学出版社 1996 年版

115. 卞建林等译:《加拿大刑事法典》，中国政法大学出版社 1999 年版

116. 白绿铉、卞建林译:《美国联邦民事诉讼规则、证据规则》，中国法制出版社 2000 年版

117. 卞建林、沙丽金等译，［美］伟恩 · R. 拉费弗、杰罗德 · H. 伊斯雷尔、南西 · J. 金:《美国法律文库：刑事诉讼法》（上、下册），中国政法大学出版社 2003 年版

118. 孙谦、卞建林、陈卫东主编:《世界各国刑事诉讼法》，中国检察出版社 2016 年版

119. 卞建林等译:《加拿大刑事法典》，中国检察出版社 2016 年版

120. 卞建林、李晶等译:《美国联邦刑事诉讼规则 美国联邦证据规则》，中国检察出版社 2016 年版

121. 卞建林主编:《刑事证据制度：外国刑事诉讼法有关规定》（上、下），中国检察出版社 2017 年版

122. 卞建林主编:《未成年人刑事司法程序：外国刑事诉讼法有关规定》，中国检察出版社 2017 年版

123. 卞建林主编:《刑事诉讼原则：外国刑事诉讼法有关规定》，中国检察出版社 2017 年版

124. 卞建林主编:《刑事执行程序：外国刑事诉讼法有关规定》，中国检察出版社 2017 年版

五、项目

125. 2000 年，主持教育部人文社会科学重点研究基地重大项目：证据立法研究

126. 2001 年，主持司法部法治建设与法学理论研究部级一般项目：大众传媒与司法公正

127. 2004 年，主持最高人民检察院检察理论研究重大课题：人民检察院组织法修改专家论证稿

128. 2005年，主持教育部人文社会科学重点研究基地重大项目：依法治国与律师权利保障

129. 2006年，主持北京市哲学社会科学“十一五”规划项目（重点项目）：现代司法理念研究

130. 2007年，主持教育部重大攻关项目之子课题：证明责任研究

131. 2007年，主持联合国人权高专、外交部委托课题：警察调查中防止酷刑

132. 2007年，主持北京市教委共建计划研究生产学研合作项目：刑事和解与程序分流

133. 2008年，主持国家社会科学基金重大招标项目：建设公正、高效、权威的社会主义司法制度研究

134. 2009年，主持美国律师协会资助项目：非法证据排除规则试点项目实证研究

135. 2011年，主持中国法学会委托课题：刑事诉讼法修改若干问题研究

136. 2012年，主持最高人民检察院检察理论研究重点课题：人民监督员制度实证研究

137. 2013年，主持中国法学会委托课题：两岸刑事诉讼制度比较研究

138. 2013年，主持美国律师协会资助项目：提高涉及家暴案件审理项目研究

139. 2014年，主持美国律师协会资助项目：庭前会议制度实证研究

140. 2014年，主持教育部人文社会科学重点研究基地重大项目：刑事诉讼庭前会议制度研究

141. 2014年，主持江苏金陵科技集团委托课题：电子证据问题研究

142. 2015年，主持中国法学会部级法学研究课题（重大课题）：推进以审判为中心的诉讼制度改革研究

143. 2015年，主持最高人民检察院检察理论研究重大课题：欧洲、美洲国家刑事诉讼法与刑事诉讼制度研究

144. 2015年，主持中国法学会“法律实施”专项委托课题：新刑

事诉讼法实施状况评估与对策研究

145. 2016 年，主持中央政法委委托课题：司法规律研究

146. 2017 年，主持教育部人文社会科学重点研究基地重大项目：加强人权司法保障研究

147. 2017 年，主持国家社会科学基金重大项目：十八届四中全会以来我国刑事诉讼制度重大改革实施效果的实证研究

148. 2017 年，主持中国法学会重点委托课题（研究方阵课题）：监察委员会的设置与刑事诉讼法的衔接问题研究

149. 2020 年，主持中国法学会重大委托课题：习近平司法改革思想研究

指导博士生、博士后名录

一、博士研究生

1. 2000 级，谭淼，刑事诉讼法学，北京盈科律师事务所律师

2. 2001 级，姜涛，刑事诉讼法学，中国政法大学法学院副教授

3. 2001 级，蒋啸，刑事诉讼法学，北京市通州区纪委副书记、监委副主任

4. 2001 级，左德起，刑事诉讼法学，深圳大学法学院教授

5. 2002 级，韩阳，刑事诉讼法学，北京第二外国语学院马克思主义学院教授

6. 2002 级，张剑秋，刑事诉讼法学，黑龙江省人民检察院检察委员会委员、二级高级检察官兼省检察官学院院长

7. 2002 级，沙丽金，刑事诉讼法学，中国政法大学外国语学院教授

8. 2002 级，刘革新，证据法学，中国政法大学刑事司法学院教授

9. 2002 级，侯亚辉，刑事诉讼法学，最高人民检察院第五检察厅厅长

10. 2002 级，李菁菁，刑事诉讼法学，公安部网络安全保卫局法制工作处处长

11. 2002 级，屈新，刑事诉讼法学，中国政法大学刑事司法学院教授

12. 2002 级，俞亮，刑事诉讼法学，北京工商大学法学院副院长（主持工作）、副教授

13. 2003 级，管宇，刑事诉讼法学，北京华予人防设备有限公司董事长

14. 2003 级，林林，刑事诉讼法学，中国政法大学比较法学研究院教授

15. 2003级，金玄默，刑事诉讼法学，北京北斗鼎铭律师事务所律师

16. 2003级，刘玉江，刑事诉讼法学，河南省人民政府党组成员、副省长

17. 2003级，邓颖，刑事诉讼法学，北京市高级人民法院信息技术处处长

18. 2003级，朱立恒，刑事诉讼法学，大有数字资源有限责任公司法务总监

19. 2004级，田心则，刑事诉讼法学，最高人民法院环境资源审判庭主审法官

20. 2004级，刘召，刑事诉讼法学，吉利大学校长助理，教授

21. 2004级，钟得志，刑事诉讼法学，广西壮族自治区纪委副书记、监委副主任

22. 2004级，王建明，刑事诉讼法学，原山西省委常委、政法委书记

23. 2004级，叶青，刑事诉讼法学，华东政法大学校长、教授、博士生导师

24. 2004级，沈黎，刑事诉讼法学，澳门特别行政区初级法院法官

25. 2005级，孙锐，刑事诉讼法学，国家检察官学院副教授

26. 2005级，栗峥，证据法学，中国政法大学科研处处长，教授、博士生导师

27. 2005级，胡昊昕，刑事诉讼法学，江西省人大常委会法工委行政法规处处长

28. 2006级，王佳，刑事诉讼法学，最高人民检察院法律政策研究室法律专题研究处处长

29. 2006级，李树真，刑事诉讼法学，嘉兴学院文法学院教授

30. 2007级，滕健，刑事诉讼法学，北京警察学院原院长

31. 2007级，魏玉民，刑事诉讼法学，山东省淄博市人民检察院党组书记、检察长

32. 2008级，李明，刑事诉讼法学，最高人民法院中国应用法学研究所副研究员

33. 2008级，董超，刑事诉讼法学，最高人民法院办公厅副主任

34. 2008级，薛少林（厦门大学），刑事诉讼法学，北京盈科（上海）律师事务所高级合伙人

35. 2009级，李晶，刑事诉讼法学，北京警察学院学科建设处副处长（主持工作）、副教授

36. 2009级，李婵媛，刑事诉讼法学，中国农业银行总行法务部专员

37. 2009级，周颖佳，刑事诉讼法学，最高人民法院刑二庭法官

38. 2009级，苏琳伟（厦门大学），刑事诉讼法学，福建省委政法委法治处一级调研员

39. 2010级，夏天，刑事诉讼法学，哈尔滨市道里区安静街道党工委书记

40. 2010级，孙康，刑事诉讼法学，安徽省宣城市中级人民法院党组书记、院长

41. 2010级，温道军，刑事诉讼法学，公安部物证鉴定中心副主任

42. 2010级，廖森林（厦门大学），刑事诉讼法学，广东科技学院副教授、北京道可特（深圳）律师事务所合伙人

43. 2011级，张璐，刑事诉讼法学，中国政法大学诉讼法学研究院讲师

44. 2011级，安婧，刑事诉讼法学，西安交通大学法学院助理教授

45. 2011级，邢娜，刑事诉讼法学，内蒙古大学法学院副教授

46. 2011级，林帮钦，刑事诉讼法学，中国政法大学国际法学院兼职研究员

47. 2011级，李亚凝（厦门大学），刑事诉讼法学，中国民航科学技术研究院副研究员

48. 2012级，褚宁，刑事诉讼法学，中国政法大学法律硕士学院副教授

49. 2012级，宋寒松，刑事诉讼法学，中央纪委国家监委驻住房和城乡建设部纪检监察组组长、部党组成员

50. 2012级，曾志滨，刑事诉讼法学，中央编办机改局改革五处副处长

51. 2012级，高波（厦门大学），证据法学，集美大学海洋文化和法律学院教授

52. 2013 级，陈辐宽，刑事诉讼法学，十九届中央纪委委员，天津市委常委、市纪委书记、市监察委员会主任

53. 2013 级，白思敏，刑事诉讼法学，北京市人大常委会城建环保办公室法规处副处长

54. 2013 级，许慧君，刑事诉讼法学，最高人民检察院检察理论研究所科研管理部副主任

55. 2013 级，袁红，刑事诉讼法学，甘肃省高级人民法院研究室副主任

56. 2013 级，马文（厦门大学），刑事诉讼法学，集美大学海洋文化和法律学院讲师

57. 2014 级，刘太宗，刑事诉讼法学，最高人民检察院知识产权检察办公室主任

58. 2014 级，桂梦美，刑事诉讼法学，西北政法大学公安学院副教授

59. 2014 级，霍艳丽，刑事诉讼法学，交通运输部管理干部学院发展研究中心副研究员

60. 2014 级，丁鼎（澳门科技大学），刑事诉讼法学，北京炜衡律师事务所律师

61. 2015 级，邹开红，刑事诉讼法学，中央纪委国家监委法规室主任

62. 2015 级，许玺铮，刑事诉讼法学，中国政法大学学校办公室副主任

63. 2015 级，张可，刑事诉讼法学，中国政法大学刑事司法学院副教授

64. 2015 级，孙宏斌，司法文明，中央纪委国家监委十二室处长

65. 2015 级，魏世欣（台湾地区），刑事诉讼法学

66. 2015 级，王天保（吉林大学），司法文明，吉林省长春经济技术开发区人民检察院常务副检察长

67. 2016 级，李昊昕，刑事诉讼法学，最高人民检察院案件管理办公室副主任，海南省人民检察院党组成员、副检察长（挂职）

68. 2016 级，侯思倩，司法文明，最高人民检察院法律政策研究室法律专题研究处检察官助理

69. 2016级，孙卫华，刑事诉讼法学，浙江省宁波市中级人民法院党组成员、副院长

70. 2016级，石贤平（吉林大学），司法文明，哈尔滨商业大学法学院副院长、副教授

71. 2017级，谢澍，刑事诉讼法学，中国政法大学刑事司法学院副教授

72. 2017级，那艳芳，刑事诉讼法学，最高人民检察院第九检察厅厅长

73. 2017级，刘华英，司法文明，最高人民检察院案件管理办公室案件流程管理处处长

74. 2018级，荣钰湘，刑事诉讼法学，中国中铁股份有限公司

75. 2018级，陶加培，司法文明，浙江大学光华法学院博士后

76. 2018级，李峰，刑事诉讼法学，最高人民检察院第九检察厅副厅长

77. 2018级，孔祥伟（华东政法大学），刑事诉讼法学，汕头大学法学院讲师

78. 2019级，李松岩，司法文明，中国人民公安大学新生院党委副书记

79. 2019级，李艳玲，刑事诉讼法学，深圳大学法学院专职研究人员

80. 2020级，钱程，刑事诉讼法学，中国政法大学博士研究生

81. 2020级，曹璨，司法文明，中国政法大学博士研究生

82. 2020级，强文燕，刑事诉讼法学，甘肃政法大学法学院讲师

83. 2020级，韩东成（华东政法大学），刑事诉讼法学，上海市人民检察院第三分院第八检察部副主任

84. 2021级，袁家韵，刑事诉讼法学，中国人民公安大学涉外警务学院讲师

85. 2021级，卢迪，司法文明，中国政法大学博士研究生

86. 2021级，刘博法，刑事诉讼法学，天津市人民检察院第二分院检察长

87. 2022级，张谦（华东政法大学），刑事诉讼法学，江苏省泰州市中级人民法院法官

二、博士后

1. 2004 年入站，周长军，刑事诉讼法学，山东大学法学院院长、教授、博士生导师

2. 2005 年入站，李兰英，刑事诉讼法学，厦门大学法学院教授、博士生导师

3. 2008 年入站，王永杰，刑事诉讼法学，中国浦东干部学院科研部副主任兼科研合作处处长、教授

4. 2009 年入站，林俊辉，刑事诉讼法学，福建省公安厅办公室副主任

5. 2010 年入站，佀化强，刑事诉讼法学，华东师范大学法学院教授、博士生导师

6. 2011 年入站，刘润发，刑事诉讼法学，湖南省人民检察院政治部综合处副处长

7. 2012 年入站，韩成军，刑事诉讼法学，最高人民检察院第七检察厅二级高级检察官

8. 2013 年入站，原美林，刑事诉讼法学，山西大学法学院教授、博士生导师

9. 2016 年入站，王帅，刑事诉讼法学，中央民族大学法学院副院长、讲师

10. 2017 年入站，董桂武（华东政法大学），刑事诉讼法学，青岛大学法学院副教授

11. 2018 年入站，吴思远，刑事诉讼法学，华东政法大学刑事法学院副教授

图书在版编目（CIP）数据

依法治国与刑事诉讼：卞建林法学文集（上中下）/ 卞建林著
. -- 北京：中国检察出版社，2023.9
ISBN 978-7-5102-2611-3

Ⅰ. ①依… Ⅱ. ①卞… Ⅲ. ①刑事诉讼法—中国—文集 Ⅳ. ① D925.204-53

中国版本图书馆 CIP 数据核字（2022）第 254706 号

依法治国与刑事诉讼——卞建林法学文集（上中下）

卞建林　著

书名题写：龚　超
责任编辑：柴凯菲　俞　骊　彭羽涵
技术编辑：王英英
美术编辑：曹　晓

出版发行：中国检察出版社
社　　址：北京市石景山区香山南路 109 号（100144）
网　　址：中国检察出版社（www.zgjccbs.com）
编辑电话：（010）86423768
发行电话：（010）86423726　86423727　86423728
（010）86423730　86423732
经　　销：新华书店
印　　刷：北京联兴盛业印刷股份有限公司
开　　本：710 mm × 1000 mm　16 开
印　　张：114.25　插页 16
字　　数：1816 千字
版　　次：2023 年 9 月第一版　　2023 年 9 月第一次印刷
书　　号：ISBN 978-7-5102-2611-3
定　　价：689.00 元（上中下）